YUNNANGUOSHUINIANJIAN · 2012 ·

云南国税年鉴

YUNNANGUOSHUINIANJIAN

2012

云南国税年鉴编辑委员会　编

云南人民出版社

图书在版编目（C I P）数据

云南国税年鉴 . 2012 / 《云南国税年鉴》编辑委员会编 . -- 昆明 : 云南人民出版社 , 2014.12
ISBN 978-7-222-11653-5

Ⅰ . ①云… Ⅱ . ①云… Ⅲ . ①国家税收—税收管理—云南省— 2012 —年鉴 Ⅳ . ① F812.774.42-54

中国版本图书馆CIP数据核字(2014)第256321号

责任编辑：陈粤梅 王 韬 桂 瑗 荣 璟 刀保厚 陈定萍
责任校对：刀保厚 陈定萍
装帧设计：杨晓东
责任印制：洪中丽

书 名	云南国税年鉴 2012
作 者	云南国税年鉴编辑委员会 编
出 版	云南人民出版社
发 行	云南人民出版社
社 址	昆明市环城西路 609 号
邮 编	650034
网 址	www.ynpph.com.cn
E-mail	rmszbs@public.km.yn.cn
开 本	889 × 1194 1/16
印 张	60
字 数	2300 千
版 次	2014 年 12月第 1 版第 1 次印刷
印 数	1—3500
印 刷	昆明富新春彩色印务有限公司
书 号	ISBN 978-7-222-11653-5
定 价	280.00 元

编辑委员会

编辑工作人员

主　　编： 李　杰

副 主 编： 鄢登麒　廖　韧

责任编辑： 辛　红　王重斌

编　　辑： （按姓氏笔画排列）

王金莲　尹少荣　田江华　华　艳　刘兴莲

孙　燕　杨国安　杨家勇　李　策　佟万奇

希　文　罗正艳　郑碧锋　查文娟　徐　霞

谭颖瑜

特约审稿人

（按姓氏笔画排列）

丁　勇　于智广　马晓颖　马儒瀚　王　镶
太家林　龙　晖　卢国孝　朵志红　刘卫民
刘　丹　阮志强　苏大荣　杨边边　杨丽君
杨春天　杨银波　杨毅力　杨毅玲　李　杰
李鸿文　何忠宏　谷　鸣　沈　琪　张炳华
张　霞　陈志平　和志刚　郑　青　赵　明
赵金友　赵学周　洪　泉　徐　翔　徐新式
席世宏　唐明山　资宗宁　黄　永　梅书灿
梁汝俗　梁丽明　董　恒　谢云丹　鄢登麒
阙　雄　蔡　杰　廖　韧　墨玉章

特约撰稿人

（按姓氏笔画排列）

丁艺芸　丁立立　丁国瑾　丁密传　万里鹏　马建光　马惠玲　王　丹
王文碧　王艾忠　王永清　王　刚　王咏梅　王金莲　王振明　王　娟
王娟娟　王　敏　王鸿佳　王　越　王　雄　王　焱　太家林　方　焱
尹少荣　邓元江　邓龙云　世文选　龙府城　叶长飞　田江华　只玛次里
白继荣　白雪梅　冯丽清　毕　仁　朱生忠　朱建忠　朱淑敏　任俊峰
华志星　华　艳　后加玉　刘亚萍　刘兴莲　刘江益　刘雪敏　汤荣红
字绍礼　许正槐　阮志强　孙　燕　杨正邦　杨平波　杨永健　杨边边
杨体华　杨　宏　杨　雨　杨国安　杨春天　杨荣华　杨炳林　杨家勇
杨银彪　杨朝勇　杨　锋　杨　媚　杨璨源　李红云　李红萍　李沙龙
李启红　李林洪　李松慧　李依蔓　李　波　李剑锋　李　洁　李　娟
李　琴　李朝圣　李　策　李静雄　豆思鸿　吴建伟　佟万奇　余泽瑶
邹春华　汪英能　张云春　张永平　张会明　张志勤　张　波　张　虹
张　楠　张煦聆　张　腾　陈外平　陈　昆　陈　勋　陈俊松　陈　舒
范洲顺　罗正艳　罗安周　罗志华　罗忠琼　罗智勇　岳照清　周兆英
周恒东　周雪莹　郑友军　郑碧锋　屈　晴　孟建泽　赵　平　赵成斌
赵志武　赵英辉　赵娅玲　赵　敏　赵　锋　赵瑞刚　荀　萍　胡　永
柯术勇　查文娟　钟礼能　段　冰　段　涛　段滤萍　施　思　祖映俊
骆远品　秦丽娟　袁婧琳　夏国先　徐永刚　徐永菊　徐丽华　徐　霞
殷文斌　殷代安　高加堂　高顺贤　席　文　陶建辉　黄千红　黄忠宏
黄惠民　黄新华　曹志刚　曹星河　崔瑞芳　梁自蕊　梁丽君　梁　萍
梁　蕊　彭　燕　董云林　董　恒　覃　娜　普鹏飞　曾昌田　曾　基
赖志成　雷　庄　雷新海　蔡　颖　裴晓梅　廖晓丽　谭颖瑜　熊长虹
黎洁美　滕　杨　戴汝忠　魏宝慧　籍晋江

2011年2月22日，云南省财税工作会议在昆明召开。中共云南省委常委、常务副省长罗正富在会上作了题为《再接再厉 锐意进取 推动云南财税工作迈上新台阶》的重要讲话。罗副省长充分肯定了2010年全省各级财税部门紧紧抓住国家实施积极财政政策、加快转变经济发展方式的有利时机，特别是中央实施新一轮西部大开发战略的重要机遇，立足云南实际，积极培植税源，加强税收征管，认真落实各项税费征收政策，深入整顿和规范税收秩序，加强税收效应分析和信息反馈，财政收支实现较快增长。全省国税系统共组织收入1070.1亿元，增长18.9%，突破了千亿元大关，为顺利实现省委、省政府的决策部署，促进经济社会平稳较快发展提供了坚实的财力保障。罗副省长要求，2011年全省财税工作要坚持以科学发展观为指导，认真贯彻落实十七届五中全会、中央经济工作会议和省委八届十次全委会、省“两会”精神，紧紧围绕“两强一堡”建设战略目标，以科学发展为主题，以加快转变经济发展方式为主线，坚持依法行政、从严治税、科学理财的原则，着力推进信息管税、科技兴税、人才强税、廉洁从税，不断加强财政科学化、精细化管理，努力开创云南财税科学发展的新局面

2011年2月22日至23日，云南省国税工作会议在昆明召开。云南省国家税务局党组书记、局长李鸿文作了题为《承前启后 服务基层 推动云南国税事业在新的起点实现新发展》的工作报告，全面总结了“十一五”时期云南国税工作取得成绩和经验，进一步明确了“十二五”时期云南国税工作发展思路，提出了2011年国税工作的各项目标任务。会议期间，云南省国家税务局领导班子进行了述职述廉，云南省国家税务局与各州市国家税务局签订了2011年国税收入任务、社会治安综合治理维护稳定责任书，表彰了学习型机关、“三读”活动先进单位和读书标兵、文明单位和巾帼文明岗

2011年3月10日，云南省国税系统党风廉政建设工作会议在江川召开。中共云南省纪委副书记杨玉清、云南省人民检察院副检察长祁鶱昌、中共云南省委省直机关纪工委书记罗正元、云南省国家税务局领导、云南省国家税务局党风廉政建设领导小组成员、云南省国家税务局特邀监察员出席会议，各州、市国家税务局局长、纪检组长、监察室主任参加了会议。云南省国家税务局党组书记、局长李鸿文作了重要讲话，云南省国家税务局党组成员、纪检组长魏贵和代表云南省国家税务局党组作了题为《突出重点 统筹推进 不断取得党风廉政建设和反腐败工作新成效》的工作报告，中共云南省纪委副书记杨玉清、云南省人民检察院副检察长祁鶱昌、中共云南省委省直机关纪工委书记罗正元分别作了会议指导

2011年12月31日，中共云南省委常委、常务副省长罗正富，中共云南省委常委、副省长李江率省级有关部门领导到云南省财政厅、人行昆明中心支行（省金库）、呈贡区财政局、呈贡区地方税务局、呈贡区国家税务局和昆明市财政局亲切看望慰问基层财税干部职工，代表云南省委、省政府送去节日问候，并召开工作座谈会

2011年9月27日，云南省政协副主席陈勋儒率云南省政协年度提案办理工作视察组到云南省国家税务局检查指导工作，云南省国家税务局党组书记、局长李鸿文作了专题工作汇报

2011年9月21日至22日，全国税务学会会长座谈会在昆明召开。中国税务学会会长、原国家税务总局党组成员、副局长崔俊慧，中国税务学会副会长、原国家税务总局党组成员、总会计师张英惠，中国税务学会副会长兼秘书长、原国家税务总局党组成员董志林等领导出席会议。云南省人民政府副省长曹建方出席会议开幕式并致欢迎辞，云南省国家税务局党组书记、局长李鸿文代表云南国税、地税部门致辞

2011 年 3 月 22 日，云南省政协原常务副主席、云南中国西部研究发展促进会会长孟继尧，云南省政协原副主席、云南中国西部研究发展促进会副会长和占钧带领“新一轮西部大开发云南的重点、难点问题及对策研究”课题组到云南省国家税务局开展调研并召开座谈会，听取我省国税部门对新一轮西部大开发政策实施的意见和建议。云南省国家税务局党组书记、局长李鸿文，党组成员、副局长蔡杰，党组成员、总经济师朵志红和相关业务处室负责人及工作人员参加了座谈会

2011年8月4日至5日，全省国税系统干部队伍和党风廉政建设工作会议在昆明召开，云南省国家税务局领导班子成员，各州、市国家税务局局长和纪检组长，云南省国家税务局机关各单位主要负责人参加了会议。云南省国家税务局党组书记、局长李鸿文代表云南省国家税务局党组作工作报告

2011年8月15日，云南省政府加快发展非公经济工作督导组就全省国税系统促进加快发展非公有制经济工作开展情况到云南省国家税务局进行督导检查。督导组先后考察了盘龙区国家税务局办税大厅和云南省国家税务局数据处理中心，并召开督导工作座谈会，云南省国家税务局党组成员、副局长蔡杰作了工作汇报

2011年11月10日，云南省国家税务局局党组围绕“坚持以人为本执政为民理念，发扬密切联系群众优良作风”主题召开2011年度民主生活会，云南省国家税务局党组成员、副局长于智广发言

2011 年 5 月 19 日，全省国税系统信访工作座谈会暨省局信访工作联席会议办公室第一次会议在江川培训中心召开。各州、市国家税务局分管信访工作的局领导和办公室主任，云南省国家税务局信访工作联席会议成员单位主要负责人和联络员参加了会议，云南省国家税务局党组成员、副局长李杰出席会议并作讲话

2011 年 9 月 1 日，云南省纪委检查考核组对云南省国家税务局创建廉政文化示范点进行检查考核。云南省国家税务局党组成员、副局长许赞霖作创建活动情况汇报

2011年3月4日，中共云南省委省直机关工委党建工作责任制考核第11考核组莅临云南省国家税务局检查指导工作，对云南省国家税务局机关2010年度党建工作责任制落实情况进行了考核，云南省国家税务局党组成员、纪检组长魏贵和代表云南省国家税务局党组作了汇报

2011年12月13日，韩国国税厅工作级别代表团一行7人到云南省国家税务局进行访问，云南省国家税务局党组成员、总经济师朵志红介绍云南国税情况

2011年12月31日，云南省国家税务局召开全局干部职工大会，云南省国家税务局党组成员、总审计师王镶在会上作任职发言

2011年1月18日，云南省国家税务局召开全省国税系统“四亮四评”主题实践活动（视频）动员大会

2011 年 3 月 31 日，云南省国家税务局、昆明市国家税务局联合召开“纪念税收宣传月 20 周年座谈会”，以此活动拉开 2011 年全省税收宣传月活动的序幕。座谈会邀请全国人大代表和全国政协委员，昆明市委、人大、政府、政协领导，纳税企业代表，中央和省市新闻单位记者参加

2011 年 6 月 10 日，云南省国家税务局党组召开扩大会议，专题传达学习《国务院关于支持云南省加快建设面向西南开放重要桥头堡的意见》，中共云南省委常委扩大会议，中共云南省委、云南省人民政府召开的云南省加快建设面向西南开放重要桥头堡动员大会，云南省人民政府德宏专题会议精神，并对云南国税支持服务云南桥头堡建设相关事宜进行安排布置

2011年6月23日，云南省国家税务局党组召开"学习杨善洲精神 做人民满意的好党员好干部"专题学习生活会，深入学习杨善洲同志的先进事迹，紧密联系思想和税收工作实际，交流学习心得，开展党性分析

2011年8月26日，云南省国家税务局召开全省国税系统开展《廉政准则》贯彻执行情况专项检查工作（视频）会议。云南省国家税务局党组书记、局长李鸿文就全系统开展《廉政准则》贯彻执行情况专项检查工作进行了安排部署

2011 年 9 月 16 日，云南省国家税务局召开党组中心组学习暨党组扩大会议，深入学习中共云南省委书记秦光荣在省委常委（扩大）会上的重要讲话和李纪恒代省长在云南省人民政府工作会议上的重要讲话精神

2011 年 11 月 3 日，云南省国家税务局召开党组中心组学习暨党组扩大会议，传达学习了党的十七届六中全会精神

2011 年 11 月 10 日，云南省国家税务局党组围绕“坚持以人为本执政为民理念，发扬密切联系群众优良作风”主题召开 2011 年度民主生活会

2011 年 11 月 17 日，云南省国家税务局组织全省国税系统 1 万余人举行《行政强制法》视频培训

2011 年 11 月 29 日，云南省国家税务局举行了《行政强制法》考试，云南省国家税务局共 170 人参加了考试

2011 年 12 月 5 日，云南省国家税务局党组书记、局长李鸿文主持召开云南省国家税务局党组扩大会议，传达学习了云南省第九次党代会精神

2011年12月7日，云南省国家税务局召开全局干部职工大会，就2011年度云南省国家税务局党组民主生活会征求的意见建议及整改措施进行了通报

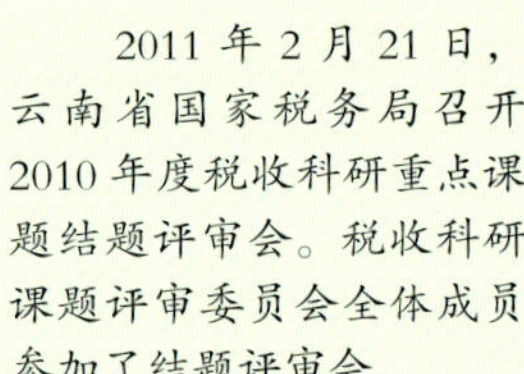

2011年2月21日，云南省国家税务局召开2010年度税收科研重点课题结题评审会。税收科研课题评审委员会全体成员参加了结题评审会

2011年3月4日，中共云南省委省直机关工委党建工作责任制考核第11考核组莅临云南省国家税务局检查指导工作，对云南省国家税务局机关2010年度党建工作责任制落实情况进行了考核

2011 年 3 月 31 日，中共云南省委省直机关工委书记董志红带领调研督查组对云南省国家税务局开展创先争优活动情况进行调研督查

2011 年 5 月 13 日，中共云南省委省直机关工作委员会考核组到云南省国家税务局对创建省直机关基层党建示范点工作进行考核

2011 年 5 月 30 日，云南省国家税务局机关全体干部参观了“全国检察机关惩治和预防渎职侵权犯罪展览”昆明巡展，并观看反渎职侵权警示教育片

2011 年 6 月 19 日，云南省文明办全国文明单位考评组一行对云南省国家税务局创建全国文明单位进行了考核检查

2011 年 8 月 30 日，全省国税系统副处级领导干部竞争上岗笔试在昆明进行

2011 年 9 月 6 日，全省国税系统副处级领导干部竞争上岗面试在昆明统一举行，共 42 人参加面试

2011 年 10 月 31 日，中共云南省委省直机关工委副巡视员何兆光带领调研督察组对云南省国家税务局学习型党组织建设示范点建设情况进行调研督察

2011 年 11 月 30 日，云南省国家税务局举办“云南国税讲坛”第 19 讲，邀请国家税务总局法规司调研员、法学硕士、经济学博士王世宇作“税收执法风险与渎职犯罪防范”的专题讲座

2011 年 1 月 27 日，云南省国家税务局机关举行 2011 年新春团拜会。云南省国家税务局领导班子成员、离退休老领导、机关全体干部职工、离退休干部职工及云南省税务干部学校、云南省国家税务局印刷厂、云南省国家税务局招待所、江川培训中心的部分职工欢聚一堂，共贺新春佳节

2011年3月15日，云南省国家税务局机关举行了向盈江地震灾区献爱心捐赠仪式，党员领导干部积极带头，全局干部职工纷纷伸出援助关爱之手，踊跃向灾区人民捐款，捐款活动共筹得善款69320元，并通过干部职工爱心捐款账户迅速汇往灾区

2011年5月17日，云南省国家税务局合唱队在“云南省直机关庆祝中国共产党成立90周年歌咏比赛”中荣获一等奖

2011年6月14日，由中共云南省委省直机关工委主办的省直机关庆祝中国共产党成立90周年文艺展演暨“旗帜颂”歌咏比赛颁奖大会在云南海埂会堂举行，云南省国家税务局合唱队荣获比赛一等奖

2011年6月29日，“心中的歌献给党·云南省国家税务局庆祝中国共产党成立90周年大会”在云南省国家税务局机关隆重举行。庆祝大会开展了红色歌曲歌咏比赛，表彰了2010年度创先争优活动中涌现出的先进基层党组织、优秀共产党员、优秀党务工作者，举行了新党员入党宣誓、老党员重温入党誓词活动

编辑说明

盛世修史、垂鉴后世、以史为鉴、鉴往知来。为真实记载云南国税事业的发展历程，系统总结云南国税工作取得的成就，宣传云南国税系统在经济建设和社会发展中的地位和作用，展现当代云南国税人解放思想、与时俱进、开拓创新、求真务实、奋力拼搏、乐于奉献的优秀品质和精神风貌，云南省国家税务局决定编辑出版发行《云南国税年鉴》。

《云南国税年鉴》是由云南省国家税务局主管和主办、云南人民出版社出版发行的地区性国税专业年鉴，是综合介绍云南省国税系统基本情况的大型文献资料，是云南国税广大干部职工深化税情认识、探索发展规律的有力工具，是机关、团体、学校、研究部门、企事业单位及社会各界人士了解、研究云南国税工作的有益参考。

《云南国税年鉴》的宗旨是：通过严谨的文字、记实的语言、生动的图片，全面、系统、真实记述自机构分设以来云南省国税系统工作的基本情况，刊载云南国税税收政策、信息资料、统计数据，为云南经济社会发展服务，为云南国税事业发展服务，为广大读者服务。

《云南国税年鉴》2012 刊，主要反映 2011 年云南省国税工作的基本情况。共分八篇：

第一篇　重要文献。主要收集云南省委、省政府领导关于税收工作的重要讲话，云南省国家税务局领导的重要讲话。

第二篇　全省国税工作概述。本篇主要由云南省国家税务局机关各处室供稿，按类别综述全年各项工作开展基本情况。内容包括：全省国税工作综述、政务建设、税收法制建设、货物和劳务税管理、企业所得税管理、税收会计统计、纳税服务、征管和科技发展工作、财务管理、督察内审工作、人事管理、巡视工作、教育培训、思想政治工作和精神文明建设、纪检监察工作、大企业和国际税收管理、党的建设工作、工会工作、离退休干部管理、税务稽查、信息化建设、后勤建设、税收科研工作、注册税务师管理、税务干部学校、云南省税务学会、云南省国际税收研究会、云南省注册税务师协会、《中国税务报》驻云南记者站等。

第三篇　各地国税工作概述。本篇由各州、市、县国家税务局共 154 个单位供稿，按行政区划规定统一排列。内容包括：经济概况、税收概况、各项工作、队伍建设等。

第四篇　税收法律法规目录及选编。本篇主要由云南省国家税务局政策法规处供稿，税收法律法规目录按照云南省国家税务局征收管理的税种及发布时间排列，税收法律法规选编是对 2011 年发布的主要税收法律、法规、政策进行选编。

第五篇　税收统计资料。本篇由云南省国家税务局收入规划核算处、征收和科技发展处、稽查局供稿，主要内容包括：全省各级国税机关分地区、分税种、分类型税收收入综合统计资料，征管综合统计资料，稽查综合统计资料，重点税源综合统计资料等。

第六篇　机构和人员。本篇由云南省国家税务局人事处供稿，内容包括：云南省国家税务局领导名单，省局机关及局属各单位处级机构和领导名单（包括起止期），各州、市级国家税务局处级干部名单（包括起止期），省局及州、市局处级干部任免名单，各县（区）国家税务局领导名单，国税系统机构设置情况表，国税系统从业人员基本情况表等。

第七篇　税收文选。本篇由 16 个州、市国家税务局及云南省国家税务局科研所供稿。主要内容包括：16 个州、市国家税务局主要领导撰写的局长专文，2011 年全省国税系统税务理论、税收科研的研究成果及优秀论文。

第八篇　附录。本篇主要由云南省国家税务局办公室、教育处、稽查局、信息中心以及部分州、市、县国家税务局供稿，内容包括：全年税收工作大事记，中央精神文明建设指导委员会、云南省人民政府、国家税务总局、共青团中央、全国妇女“巾帼建功”活动领导小组、云南省国家税务局党组、云南省国家税务局、云南省妇女联合会的各项表彰决定，局机关获奖项目及名单，重大涉税案件，信息化建设与应用情况统计表，网络节点情况表，辅助线路情况表，全年获得中央精神文明建设指导委员会、云南省国家税务局党组、云南省国家税务局表彰的“第三批全国文明单位”、“继续保留的全国文明单位”、“全省国税系统 2010 年度文明单位”的先进材料等。

本年鉴在编辑出版过程中得到了云南省国家税务局系统各级领导、广大国税干部职工以及云南人民出版社的大力支持，在此表示衷心的感谢！为提高本年鉴的质量，殷切希望广大读者提出宝贵意见。

前 言

2011 年，全省各级国税部门紧扣“服务基层年”工作主题，围绕“服务基层”制定工作措施，通过“服务基层”促进工作落实，坚持“服务基层”推动工作发展，在“十二五”开局之年的新起点上圆满完成各项税收工作任务，取得了显著成效。

始终坚持服务基层，国税收入稳定增长。2011 年，全省国税收入完成 1296.6 亿元（不含海关代征），同比增收 226.5 亿元，增长 21.17%，全面超额完成国家税务总局及省政府确定的收入目标；落实各项税收优惠政策共减免税收 38.45 亿元，同比增长 12.45%；办理出口退（免）税 29.12 亿元，同比增长 48.72%，其中人民币结算退（免）税 9.57 亿元；税收调节经济的作用得到进一步加强。

始终坚持服务基层，服务意识牢固树立。2011 年，全省各级国税机关更加突出强调把工作重心放到基层，坚持想问题、作决策、做工作都更加注重从基层实际出发，问政于基层、问需于基层、问计于基层，把解决基层问题、增强基层活力作为出发点和落脚点。适应时代的新要求、顺应基层的新期待，积极探索服务基层的有效途径，准确把握服务基层的切入点和契合点，有针对性地化解突出矛盾，解决实际问题，努力做到服务意识牢固、上下信息对称、措施方法得当、执行落实有力，营造出上下联动、干事创业的良好氛围。

始终坚持服务基层，工作机制效率突显。建立健全防范税收执法风险工作机制，前移法治工作关口，帮助和引导基层一线执法人员有效规避执法风险，最大限度地保护基层干部。推广应用税收管理员辅助信息系统，建立风险管理流程，进一步减轻税收管理员获取税源信息的压力，有效解决基层征管信息不对称问题。在全省开通了 12366 纳税服务热线，为纳税人提供了专业的咨询、投诉服务，有效减轻了基层国税干部工作负担。加强企业所得税减免税政策执行及后续管理，规范减免税备案程序和要件，统一政策执行口径，有效降低基层国税机关的执法风险。启动网上国税（iTax）项目建设，推进各部门信息共享，为基层国税干部提供灵活便捷的个人操作平台。新增《企业年度关联业务往来报告表》网络申报功能模块，实现与所得税年度申报数据的衔接和同步报送。全省纳入总局、省局、州市局监控的 2559 户重点税源户 100% 通过重点税源网上直报系统报送税收资料，切实减轻基层工作压力。在巩固内控机制建设试点成果的基础上，将内控机制建设推行到全系统所有单位，做到内控机制建设与税收业务工作有机融合，初步形成权责明晰、科学合理的权力制约机制，有效防范和化解廉政风险。

始终坚持服务基层，基层工作环境持续改善。坚持把人力、财力、物力更多地投入基层，努力夯实基层组织、壮大基层力量、整合基层资源、强化基础工作。加大基层资金投入力度，坚持落实基层经费最低保障线制度，积极筹措，多方反映，争取和协调各级政府，努力解决基层特别是边疆民族贫困地区的经费缺口问题，为基层国税机关提高工作质量和效率提供了坚实的硬件设施保障。

始终坚持服务基层，队伍建设成效显著。优化基层人力资源配置，新招录公务员全部充实到基层一线，持续优化基层干部队伍年龄结构和知识结构。切实加强教育培训，创新培训方法，提升培训效果，着力为基层培养高素质专业化人才队伍。建立健全基层干部选拔任用机制，21 名具有基层一线工作经历的干部走上副处级领导岗位，一大批中青年干部走上科级岗位，4 名基层同志通过公开遴选进入省局机关工作，改善了州（市）局班子结构，激发了干部队伍活力。

始终坚持服务基层，文明创建成绩斐然。在创先争优活动中，全系统136名党员、75名党务工作者、80个基层党组织被地方各级党委政府分别授予“优秀共产党员”、“优秀党务工作者”和“先进基层党组织”荣誉称号。全系统有7家单位被中央文明委授予“全国文明单位”称号；有4位同志获得省部级“先进工作者”称号；省局机关相继被省委、省纪委、省直机关工委命名为全省“创先争优活动示范点”、“廉政文化建设示范点”、“学习型党组织建设示范点”；被省委省政府授予“政治思想工作先进单位”、“理论武装工作先进单位”、“综治维稳工作先进单位”、“科普工作先进单位”、“社会扶贫工作先进集体”等荣誉称号。许多州（市）、县（区）国家税务局荣获当地党委政府授予的多种荣誉称号。

2011年开展的“服务基层年”主题实践活动，使全系统和谐稳定的环境得到巩固，风清气正的作风得到继续弘扬，爱岗敬业精神得到持续提升，国税部门社会形象得到进一步树立，国税干部的精、气、神得到不断彰显，有力地推动了全省国税系统依法行政、科技兴税、信息管税、组织收入、纳税服务、队伍建设、党风廉政建设等各项工作任务的圆满完成。

目 录

第一篇 重要文献

第二篇 全省国税工作概述

第三篇　各地国税工作概述

第四篇　税收法律法规目录及选编

第五篇　税收统计资料

第六篇　机构和人员

第七篇　税收文选

第八篇　附　录

第一篇

重要文献

再接再厉　锐意进取
推动云南财税工作迈上新台阶

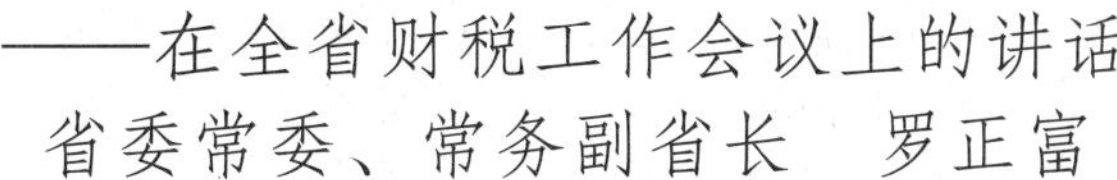

——在全省财税工作会议上的讲话
省委常委、常务副省长　罗正富

（2011 年 2 月 22 日）

今年是实施“十二五”规划的开局之年，做好今年的财税工作具有极其重要的意义。新春伊始，省人民政府就决定召开全省财税工作会议，充分表明了省委、省政府对财税工作的高度重视。这次会议的主要任务是：深入贯彻落实党的十七届五中全会、中央经济工作会议和全国财政、税务工作会议以及省委八届十次全委会、省“两会”精神，总结成绩、分析形势、明确任务，部署 2011 年全省财税工作。下面，我讲四点意见。

一、坚定信心，迎难而上，2010 年财税工作再上新台阶

去年是我省经济社会发展进程中极不平凡的一年。面对金融危机后续影响和百年一遇的特大干旱，在党中央、国务院的正确领导下，省委、省政府团结和带领全省各族干部群众，深入贯彻落实科学发展观，谋划全局、果断决策、主动应对，坚持“一手抓抗旱保民生、一手抓生产促发展”，增投资、扩消费，转方式、调结构，重民生、建和谐，快发展、上水平，全省经济社会保持了平稳较快发展的态势，为“十一五”发展画上了圆满的句号。全省生产总值突破 7000 亿元大关，达到 7220 亿元，增长 12. 3%；全社会固定资产投资完成 5528. 71 亿元，增长 22. 1%；社会消费品零售总额完成 2500. 25 亿元，增长 21. 9%；外贸工作实现了历史性突破，实现进出口总额 133. 68 亿美元，增长 66. 7%；城乡居民收入分别达到 16065 元和 3952 元，增长 8. 1% 和 13. 2%。除居民消费价格总水平以外，省十一届人大三次会议确定的目标任务均全面完成或超额完成。

一年来，全省各级财税部门围绕贯彻落实中央和省委、省政府的决策部署，按照“增加总量、提高质量、突出重点、服务发展”的要求，坚持向上争取与强化征收相统一，坚持强化支出责任与加强支出监管相统一，坚持突出重点与整合资金相统一，在促进发展方式转变和经济结构调整上迈出了新步伐，在加强基础设施和生态文明建设上实现了新突破，在改善民生和保持社会和谐稳定上取得了新成绩，为全省经济社会平稳较快发展提供了强有力的财税支撑。

第一，财税收支实现较快增长。全省各级财税部门紧紧抓住国家实施积极财政政策、加快转变经济发展方式的有利时机，特别是中央实施新一轮西部大开发战略的重要机遇，围绕建设绿色经济强省、民族文化强省和中国向西南开放的桥头堡战略目标，立足云南实际，积极培植税源，加强税收征管，认真落实各项税费征收政策，深入整顿和规范税收秩序，加强税收效应分析和信息反馈，财政收支实现较快增长。全省财政总收入完成 1809. 2 亿元，增长 21. 4%。其中，地方财政一般预算收入完成 871. 2 亿元，增长 24. 8%。全省国税系统共组织收入 1070. 1 亿元，增长 18. 9%，突破了千亿元大关；地税系统税费收入完成 920. 61 亿元，增长 26. 9%。全省地方财政一般预算支出完成

2285.6亿元，增长17.1%。财政总收支增长双双突破300亿元，支出总量突破2000亿元大关。在抓好自有收入的同时，财税部门深入贯彻省委、省政府关于争取中央支持的精神，根据中央政策的调整方向，把握重点，做好争取项目的协调汇报工作。在各方面的不懈努力下，中央补助收入大幅增加，达到1281.7亿元，比上年增加147.2亿元，增长13%；争取中央代我省发行地方政府债券75亿元，规模居全国第九位，西部第二位。财政收支的快速增长，为顺利实现省委、省政府的决策部署，促进经济社会平稳较快发展提供了坚实的财力保障。

第二，支持经济发展成效明显。各级财税部门始终坚持把支持经济发展作为第一要务，围绕推进经济结构调整和发展方式转变，运用贴息引导、政策扶持等方式，充分发挥职能作用，不断提高经济发展的质量和效益。省财政累计下达20个重大建设项目和20项重点工作任务资金234.07亿元，推进牛栏江—滇池补水工程、“润滇工程”、滇池水污染防治、城乡保障性安居工程、机场建设和地质灾害防治等项目建设。积极落实中央扩大内需政策，兑现“家电下乡、汽车摩托车下乡”补贴资金，实施重点工业产品生产和促销财政奖补，健全完善重要商品储备制度，推动非公有制经济发展和中小企业信用担保体系建设，大力支持企业实施走出去战略。充分发挥税收杠杆调节作用，用足、用活、用好各项税收优惠措施，继续实施结构性减税政策，减轻了企业负担，有力地支持了地方经济发展。

第三，强农惠农政策落实有力。认真落实中央和省委、省政府各项强农惠农政策，足额安排粮食作物良种补贴、农资综合直补、粮食直补、农机具购置补贴资金，切实整合资金支持涉农重点工作。其中，整合资金30.7亿元，实施百亿斤粮食增产计划；整合资金13.1亿元，支持农业产业化发展；整合资金18亿元，实施6622个扶贫整村推进、500个村容村貌整治、23个整乡推进试点，着力解决了一批关系农业发展、农村繁荣、农民增收的重点问题，为全面贯彻落实好党中央、国务院各项强农惠农政策措施提供了可靠保证。面对百年一遇特大旱情，千方百计筹措抗旱救灾补助资金24.8亿元，帮助灾区群众解决生产生活困难；深入贯彻落实“兴水十策”，加大以水利工程为重点的农业基础设施建设，多渠道筹集水利建设资金48.4亿元，开工建设了一批水利工程项目。加大扶贫开发投入力度，实施扶贫易地搬迁、农村贫困劳动力培训转移、扶持人口较少民族发展等。加快推进农村综合改革，加大实施村级公益事业建设“一事一议”财政奖补试点，实施了一大批以道路硬化、村容村貌整治为重点的村级公益事业建设项目，使广大农民生产生活条件得到明显改善。

第四，民生财政理念有效体现。各级财税部门继续坚持把保障和改善民生作为重点工作，牢固树立以人为本、为民理财的思想，坚持财力下移，集中财力办实事，积极调整和优化支出结构，全年民生方面的支出达到1570亿元，比上年增长22.1%，占一般预算支出的比重达到69%。继续加大教育投入力度，巩固完善农村义务教育经费保障机制，进一步提高农村义务教育阶段贫困家庭寄宿生、特殊教育学校学生生活补助和农村中小学公用经费补助标准，全面兑现义务教育教师绩效工资，努力化解农村义务教育债务。积极支持医药卫生体制改革，扩大城镇居民基本医疗保险和新型农村合作医疗制度覆盖范围，推进公共卫生服务均等化。加大对社会保障和就业的投入，确保企业退休人员基本养老金按时足额发放，全省92.6万城市低保对象实现应保尽保，农村低保对象扩大到378万人。加大保障性住房建设力度，推动预防和处置地震灾害10大能力建设。继续实施农村广播电视节目无线覆盖工程、农村免费放电影、农家书屋、村级文化体育活动广场、文化共享工程、基层文化阵地、博物馆、纪念馆免费开放等重大公共文化工程。

第五，财税管理水平不断提升。各级财税部门按照实施效能政府四项制度的要求，理顺思路、突破重点，深入推进财税管理改革，使各级财税部门保障经济社会发展的内生动力进一步增强。继续深化预算管理改革，积极研究完善基本支出定额标准，在全国率先启动省级预算单位基础信息动态管理。进一步规范省级财政追加预算支出申报流程，推进全省追加预算审批制度建设。积极创新2011年省级部门预算编制方式，财政预算管理更加科学、精细、理性、民主。在全国率先组织编写政府预算公众读本，主动向人大代表、政协委员和社会公众解读政府预算，阳光财政建设取得新成效。

加强地方政府融资平台公司管理工作取得阶段性成果，财政可持续发展能力明显增强。组织开展了全省财政基本情况调研，精心设计了省对下财政管理体制调整方案，进一步明确政府间支出和收入责任划分。省直管县财政改革试点平稳运行，着力强化乡镇财政资金监管，深入推进乡镇财政管理改革。国库集中支付改革进一步深入，以推行公务卡结算为重点，全面实施行政成本控制制度。加强税务稽查，进一步整顿和规范税收秩序。国税系统推进税收征管信息化，进一步完善银行储蓄扣税、银行网点申报、网络申报等多元化申报方式，积极扩大财税库银横向联网试点工作，开发网络申报接口程序和网上开具缴款凭证系统，业务成功率位居全国第二批新增试点单位第一名，促进了依法治税，进一步提高了税收征管和纳税服务的质量与效率。地税系统稳步推进信息化建设，不断夯实税收征管基础，加大对重点税源的监控力度，建立了房地产税收监控指标体系，深入开展数据大清理活动，累计清理了75万纳税户的征管资料。顺利完成了普通发票改革工作，为从源头上强化税收征管奠定了扎实的基础。

2010年为“十一五”画上了圆满的句号。回顾过去五年的财税工作，我们走过了极不平凡的历程，经受住了复杂多变的国内外经济环境洗礼，取得了令人欣慰的成绩。一是财政收支快速增长，连续迈上新台阶。全省财政总收入从2005年的766亿元增加到2010年的1809.2亿元。地方财政一般预算支出从2005年的766亿元增加到2010年的2285.6亿元，年均增长24.4%。二是支出结构不断优化，民生问题得到明显改善。五年来，全省三分之二的财政资金投向民生领域，累计达5126亿元，比“十五”增加3207亿元，增长1.67倍，解决了一大批群众关心的难点、热点问题，保证了广大人民群众共享经济社会发展成果。三是切实强化基层服务，地区间发展不平衡的问题有所缓解。不断改进和完善省对下均衡性转移支付办法，统筹兼顾，重点向民族地区、贫困地区和边境地区倾斜，基层政府提供公共服务的能力明显提高。四是切实加强科学管理，财税支持经济社会发展的效益和质量不断提高。预算管理方法不断创新，财税体制改革不断深化，财政支出管理更加规范，资金配置效率大幅提高。

这些成绩的取得，是省委、省政府正确领导的结果，是全省各族干部群众奋力拼博的结果，凝聚着广大财税工作者的智慧和汗水。

二、认清形势，理清思路，明确今年财税工作的目标任务

省委八届十次全委会和省“两会”，全面总结了我省“十一五”发展成就，科学描绘了我省未来五年的发展蓝图，提出了今年经济社会发展的目标任务：生产总值增长10%以上，全社会固定资产投资增长20%以上，地方财政一般预算收入增长15%，社会消费品零售总额增长18%以上，城乡居民收入增长10%以上，居民消费价格总水平涨幅控制在4%左右。实现上述目标，需要包括财税干部职工在内的全省各族干部群众的共同努力。

今年是“十二五”开局之年，也是加快“两强一堡”建设的关键之年。从总体上看，今年我省同全国一样，发展的形势更加复杂、发展的任务更加艰巨。从国际看，世界经济复苏的基础并不牢固，复苏的动力并不强，欧洲主权债务危机尚未消除，美国实施第二轮量化宽松货币政策，不断向世界转嫁危机；各种形式的国际保护主义重新抬头，世界经济发展不稳定不确定性因素增加，我国的外部发展环境更加复杂。从国内看，当前物价上涨压力较大，通胀预期不断走高，节能减排、经济结构调整和加快转变发展方式任务艰巨，国家管理通胀预期、调整经济结构、转变发展方式、保持经济平稳较快发展的任务十分繁重。从省内看，当前我省正处于加快转变经济发展方式的攻坚期，发展不充分、不平衡、不协调、不可持续的问题仍然突出，经济社会发展的基础仍然薄弱，发展方式仍然粗放，加快经济发展的任务十分繁重。从财税工作自身情况看，收入方面，全省经济增长的内生动力不强，部分行业经济效益尚未根本好转，支撑税收较快增长的基础不牢；结构性减税和政策性减收因素仍需逐步加以消化；财源结构单一、县域经济发展水平较低、区域发展不平衡状况短期内难以得到根本扭转，制约了财政收入的持续快速协调增长；全省财政收入的增量空间有限，增收压力较大。支出方面，在实施积极财政政策与稳健的货币政策，以及抗通胀预期加大的新形势下，要保持经济平稳较快发展，与2010年相比，需要更多的财政资金投入，财政收支矛盾会更为突出。在全省基层财政保障能力不足、历史欠账较多的情况下，推进基本公共服务均等化，省级财政加大转移支付的任务依然十分艰巨；随着经济社会的快速发展。人民群众对物质和文化方面的需求日益增长，保增长、促发展、惠民生的任务异常繁重。

在看到困难的同时，我们也应该看到，促进我省经济社会发展和促进财税工作的有利条件也不少，中央深入实施西部大开发战略、支持云南加快建设我国向西南开放“桥头堡”将为我省加快发展增添强劲动力和广阔空间；近年来我省布局建设了一大批重要基础设施项目、重点民生工程和产业发展项目，积蓄的发展潜力开始逐步释放，特别是创先争优、“三个一”主题活动的深入开展，广大党员干部贯彻落实科学发展观的能力不断增强，各族群众盼发展的愿望更加强烈、促发展的信心更加坚定。各地、各部门特别是财税部门要充分利用各种有利条件，积极化解不利因素，牢牢把握发展机遇，加快财税改革发展步伐。今年全省财税工作的总体思路是：坚持以科学发展观为指导，认真贯彻落实十七届五中全会、中央经济工作会议和省委八届十次全委会、省“两会”精神，紧紧围绕“两强一堡”建设战略目标，以科学发展为主题，以加快转变经济发展方式为主线，坚持依法行政、从严治税、科学理财的原则，着力推进信息管税、科技兴税、人才强税、廉洁从税，不断加强财政科学化、精细化管理，进一步调整和优化财政支出结构，全面促进基本公共服务均等化，努力开创云南财税科学发展的新局面。

三、统筹谋划，真抓实干，扎实做好今年财税工作

今年是实施“十二五”规划的开局之年，做好今年的财税工作，对于促进未来五年财税改革与发展、保持经济平稳较快增长及社会和谐稳定具有十分重要的意义。全省各级财税部门要认真贯彻省委、省政府的决策部署，抓住机遇，开拓创新，统筹兼顾，更加积极稳妥地处理好稳增长、转方式、调结构、防通胀的关系，加快转变经济发展方式，着力保障和改善民生，促进经济社会又好又快发展。

第一，要围绕推进科学发展，进一步加大支持经济发展方式转变的力度。近年来，省委、省政府高度重视并积极推动经济发展方式的转变，并取得了初步成效，但转变经济发展方式的任务仍然十分繁重，经济发展对资源要素的依赖性仍然较强，土地、能源、环境等要素制约加剧；基础设施建设仍然滞后，难以满足经济社会快速发展的需要；产业结构不合理的状况并未发生根本性的变化。解决这些问题，实现科学发展，需要全省各地、各部门的共同努力和配合，尤其需要财税政策工具的引导。各级财税部门要紧紧围绕推进科学发展这个主题和加快转变经济发展方式这条主线，主动履行职责，把握好财税政策和财税工作的着力点，积极争取中央支持，认真研究、加快构建我省推动科学发展的财税政策体系，促进经济发展方式的转变，不断增强我省经济社会可持续发展能力。要紧紧围绕“桥头堡”建设，继续加强重大政策研究，加强项目和政策之间的衔接，加强建设资金的筹措，着力打造开放合作平台，扩展发展空间。要围绕中央深入实施西部大开发战略，积极支持重大基础设施建设，继续完成一批重大标志性文化工程，推进特色乡镇建设；积极支持低碳经济试点工作，稳步推进生态环境补偿机制建设，大力实施生态功能区转移支付，有效促进资源合理开发利用和生态环境保护；深入实施“创新型云南行动计划”，不断加大科技工作和人才培养投入力度，不断提升科技进步对经济增长的贡献，夯实发展基础。要深入实施“央企入滇”、“民企入滇”战略，继续加大国有企业的支持，制订突破性、创新性政策，扶持中小民营企业加快发展；巩固和壮大现有支柱产业。支持发展特色优势产业；加快培育新兴产业，促进资源优势转变为经济优势，实现经济增长与财政增收良性互动。

第二，要坚持以改善民生为重点，促进社会事业协调发展。财政投入倾向民生是经济社会发展的现实要求，也是贯彻落实科学发展观、建设和谐社会的必然选择。在今年的“两会”上，省财政厅印发的《阳光财政公民读本》显示我省2010年财政对民生的投入占到财政总支出的七成，得到了社会的普遍赞扬。要继续坚持财政重点支持民生建设不动摇，积极推进教育事业加快发展，确保完成国家核定分解到我省的财政教育支出任务，进一步巩固和完善农村义务教育经费保障机制，提高全省农村义务教育阶段的资金保障水平。要坚持投入与改革并重的原则，深入推进医药卫生体制改革，健全基层医疗卫生服务体系，推进基本医疗公共服务均等化。要继续加大社会保障事业投入，探索建立城镇居民基本养老保险制度，不断扩大新型农村社会养老保险覆盖范围，重点向边境县、贫困县倾斜，加快研究和探索社会保险关系跨省转移接续办法和新农保与其他社会保障制度衔接的措施，切实完善新型农村社会保障体系。要加快完善促进就业的各项财税措施，稳步推进“贷免扶补”小额贷款、失业人员小额担保贷款和劳动密集型小企业贷款工作，持续扩大就业规模，有效促进多种形式就业。要积极筹措资金，确保完成50万套保障性住房建设任务，推进廉租住房建设和棚户区改造，解决好低收入家庭和困难职工的基本住房问题。要稳步实施其他事业单位绩效工资改革，建立健全职工工资的正常增长和支付保障体系，不断完善基本公共服务体系，促进城乡居民增加转移性收入。要以农民增收为核心，认真落实好各项强农惠农补贴措施，保持粮食直接补贴、粮食良种补贴政策的稳定性和连续性，继续实施农机具购置补贴，做好退耕还林现金补助和森林生态效益补偿工作，完善对农民的直接补贴机制，稳步提高农民生活水平。

第三，要坚持以预算执行为抓手，全面完成财税收支任务。按照省十一届人大四次会议确定的目标任务，综合分析我省经济社会发展情况和影响财政收支的各种因素，2011年财政收支安排是：全省地方财政一般预算收入计划完成1002亿元，增长15%；地方财政一般预算支出计划完成2583亿元，增长13%。围绕实现这一目标，要认真分析和查找财税运行中存在的突出问题，采取切实有效措施，确保全年财税收支目标任务的圆满完成。收入方面，各级财税部门要通力合作，按照科学化、精细化、专业化、信息化管理的要求，加强宏观经济运行分析，密切跟踪和分析经济运行中出现的新情况、新问题，做好收入形势分析工作，重点抓好烟草、金融、保险、电力、有色金属、耕地占用等重点税源的监控，加强和规范非税收入征管。要加强省级与州市财税部门之间的联系与沟通，充分调动各地、各部门增收的积极性，及时采取相应措施，加强纳税评估和税源分析工作，不断提高分析的“深度”和预测的“精度”，确保财政收入稳定增长。支出方面，要与时俱进地创新财政预算管理，在做好预算编制、批复、及时分析预算执行情况的同时，针对预算执行不均衡，物别是专项支出进度偏慢的问题，重点分析研究，采取切实有效措施，加强预算执行各环节之间的衔接，全面实施预算执行动态监控机制，把握好财政支出进度，提高预算执行的均衡性和时效性。

第四，要坚持以深化改革为动力，调整完善新一轮省对下财政管理体制。做好新一轮省对下财政体制调整，是省委、省政府根据形势变化作出的一项重要决策，也是促进全省经济社会平稳较快发展的必然要求。要按照有利于促进全省经济社会发展，有利于经济结构转型升级，有利于形成规范的分税制财政体制，有利于实现财力与事权相匹配，有利于实现基本公共服务均等化，有利于省直管县改革的推进、促进县域经济发展，进一步调整、完善省对下财政管理机制，力争在体制的统一性、支出责任划分和转移支付制度建设上实现新的突破，做到简化规范各级政府间收入划分、加大财力向基层倾斜力度的目的。要围绕推进基本公共服务均等化，建立健全目标明确、体系简洁、办法科学、功能完备的省对下财政转移支付制度。要加快建立基层基本财力保障制度，满足各地“保工资、保运转、保基本民生”的支出需要。要完善均衡性转移支付制度，逐步提升各地公共服务水平，促进地区间财力均衡。要继续抓好省直管县财政改革试点工作，按照“深化试点、提前谋划”的原则，针对省直管县财政改革试点中出现的新情况、新问题，切实清理和规范改革后省、州（市）、县（市、区）三级之间的财政关系，进一步强化对试点县财政工作的监督和指导。要积极深化乡镇财政管理改革，着力巩固和夯实财政发展基础，切实加强乡镇财政资金监管工作，确保乡镇财政资金使用安全、规范、高效。

第五，要坚持以资金整合为手段，切实加强专项资金管理。省委、省政府高度重视财政资金整合问题，去年，围绕整合资金、支持农业产业化发展这一专题，白恩培书记亲自带队开展了集体调研。省财政厅会同有关部门认真按照省委、省政府的要求，切实加大资金整合力度，并取得了阶段性成效。要在全面总结近年来资金整合经验的基础上，继续做好资金整合的各项工作，加强财政专项资金管理，以确保重大建设项目和重点民生领域的资金投入，全面提升资金使用效益。要逐步完善专项资金管理办法，引入竞争性转移支付分配模式，确保资金安排科学合理、统筹兼顾、重点突出，进一步查找资金管理的薄弱环节，引导各地进一步加强资金监管，提高资金使用的效益。当前的重点是要深入开展支农资金的整合工作。各地、各部门要按照集中力量办大事的要求，依托产业发展规划引导财政支农资金形成合力，把县级作为支农资金整合的基本单位，以项目为载体整合各方面资金形成动力，以重点产业、重点区域、重点项目为平台，采取项目推动、部门联动、产业带动等方式，将性质趋同、目标接近的资金整合起来，集中力量重点突破。财政部门要依托预算手段确定财政支农资金的整合渠道，发挥县级在涉农资金整合工作中的主体作用，通过联席会议制度和绩效考评工作等措施，确保资金整合的渠道畅通，充分发挥资金效益，优化财政资金对农业产业化的扶持。

第六，要坚持以融资平台规范管理为突破，增强可持续发展能力。去年，根据国务院关于加强政府融资平台公司管理的精神和要求，我省各州（市）成立了相应的领导和工作机构，对融资平台公司及其债务进行了全面的清理核实，为规范管理奠定了基础。今年，各地、各部门要围绕加强地方政府性债务管理，进一步做好政府投融资平台的规范管理工作，切实降低财政运行风险，增强财政可持续发展能力。要以同级财政部门为主导，正确处理好政府投融资平台与社会投融资体系的关系，认真开展风险识别、分析、跟踪、预测和应对等债务风险监管的研究与实践，督促各级融资平台公司建立政府性债务财务，加快建立以市场为基础，政府、企业和民间相互配合、多种手段综合运用，分工明确、功能完善、行为规范的良性投融资体系。要建立健全地方政府性债务规模管理和风险预警机制，逐步形成地方政府规范举债、合理融资、风险可控、运行高效的管理机制。要继续积极向中央争取我省发行地方政府债券额度，进一步完善有关管理制度及办法，科学、合理地安排、使用好债券资金，在发挥资金使用效益的同时，严格防范地方政府的债务风险，切实提高地方财政的可持续发展能力。

四、克己奉公，勤政廉政，建设高素质财税干部队伍

确保今年各项财税工作任务落实，关键在人，重点在各级财税部门的领导干部。各级财税部门要结合“创先争优”活动的深入开展，以全面提升财税干部的整体素质为核心，加快建设一支政治坚定、业务精通、作风优良、清正廉洁的财税干部队伍，为全省财税发展改革奠定思想基础和组织基础。

第一，要抓学习教育，牢固树立优良作风。面对复杂多变的经济社会发展形势，各级财税干部特别是领导干部要不断加强学习，积累经验，全面提高驾驭复杂局势和应对突发事件的能力。要密切关注、善于研究财税工作中出现的新情况、新问题，及时提出应对措施，不断增强工作的前瞻性、时效性，提升工作效率。要围绕贯彻落实法制政府、责任政府、阳光政府、效能政府各项制度的部署及要求，要以解决好人民群众高度关注、反映强烈的突出问题为重点，保持和发扬求真务实和密切联系群众的优良作风，做群众的贴心人，优先保障和改善民生。要继续加强党风廉政建设，坚持原则，严格按照政策和规章制度办事，完善程序，完备手续，规范权力运行。

第二，要坚持抓改革创新，提高财税管理水平。各地、各部门要不断创新预算编制方法，提高部门预算与年度工作计划的契合度，增强预算编制的完整性与可执行性。要全面推进预算信息公开工作，将实施预算内部公示制度的单位拓展到省级所有编制部门预算的行政事业单位。要牢固树立过紧日子的思想，从全面推进公务卡结算、公务用车改革、装备共建和资源共享、领导干部职务消费等制度入手，巩固和扩大实施行政成本控制制度的成效。要妥善研究制定省级行政事业单位经营性国有资产管理改革的总体方案和配套政策，深化政府非税收入管理改革。要通过财政一体化管理信息系统的推广应用，整合、规范财政核心业务系统，逐步实现财政与同级预算单位之间，以及财政系统内部的数据共享，确保信息畅通，推进“金财工程”建设。要积极创新国税、地税协作方式和内容，全面探索共同办理税务登记、加强宣传咨询、改进办税服务、互相委托代征等多种形式的联合办税模式，加快实现征管资源、服务资源和信息资源共享，提高税收征管效率。

第三，要抓调查研究，提升科学决策能力。各级财税干部特别是领导干部要围绕省委、省政府的决策部署，深入基层、深入一线，广泛开展调查研究，问政于民、问需于民、问计于民，努力使财税部门在国家宏观调控政策的指导下，制定出更加符合实际、更加符合人民群众的期待和经济社会发展规律的政策措施。要围绕健全和完善财政监督管理机制，推进依法行政、依法理财，继续加强对涉及教育、医疗、社保、“三农”、住房、抗灾救灾等资金监管的调研，结合推进乡镇财政预算管理方式改革，切实强化乡镇财政的监管功能。要提高财政投资决策的科学性、投资项目的可行性，在投资项目的选择上，既要有利于促进经济增长，也要有利于推动经济发展方式转变，更要有利于增强经济发展后劲。要把有限的资金用在刀刃上，扎扎实实用好纳税人的每一分钱，确保每一个项目、每一项决策都经得起实践、群众和历史的检验，让人民的钱更好地为人民谋福利。

做好今年的财税工作，任务艰巨、责任重大。让我们在省委、省政府的正确领导下，深入贯彻落实科学发展观，统一思想，开拓创新，再接再厉，团结拼搏，圆满完成今年财税各项工作任务，为迎接建党90周年，为建设富裕民主文明开放和谐云南作出新的更大的贡献！

承前启后　服务基层
推动云南国税事业在新的起点实现新发展

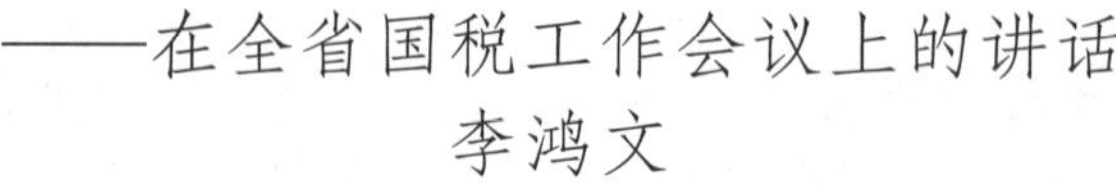
——在全省国税工作会议上的讲话

李鸿文

（2011 年 2 月 22 日）

同志们：

这次全省国税工作会议，是在圆满完成“十一五”时期各项任务，满怀激情跨入“十二五”时期的历史时刻召开的一次重要会议。主要的任务是：深入学习贯彻党的十七届五中全会、中央经济工作会议、全国税务工作会议、省委八届九次、十次全委会和全省财税工作会议精神，认真学习贯彻李克强副总理对税收工作的重要批示以及国家税务总局肖捷局长调研考察云南税收工作时的重要指示精神，总结“十一五”时期税收工作情况，研究“十二五”时期税收发展思路，部署 2011 年国税工作任务。2 月上旬，省委常委、常务副省长罗正富同志对我省国税工作做出重要批示，充分肯定了去年以来云南国税工作取得的成绩，并提出了殷切的期望和要求。今天上午省政府召开了全省财税工作会议，罗副省长对“十二五”时期要重点抓好的财税工作进行了部署，对 2011 年的工作作了全面的安排。我们要认真学习领会，深入贯彻落实。下面，我代表省局党组作工作报告。

一、“十一五”时期全省国税工作成绩显著

“十一五”时期是云南国税事业发展极不平凡的五年，是国税工作全面迈上新台阶的五年。面对国内外环境的复杂变化和各种风险挑战，面对我省经济社会加快发展的环境和形势，面对广大纳税人对国税工作的诉求和期望，在国家税务总局和省委、省政府的正确领导下，全省国税系统认真贯彻党的路线方针政策，扎实做好各项税收工作，为国聚财，为民收税，坚持一年一个工作主题，实现了“十一五”时期云南国税事业新的发展，取得了显著的成就。

（一）“十一五”时期是国税收入显著增长的五年。国税收入从 2006 年的 592.42 亿元（不含海关代征，下同），达到 2010 年的 1070.1 亿元，五年累计组织收入 4154.6 亿元。“十一五”期末比“十五”期末增长 1.09 倍，年均增幅达到 15.87%。国税收入占全省财政总收入的比重均在 60% 以上。从主要税种情况看，增值税从“十五”期末的 229 亿元，达到“十一五”期末的 460 亿元，增长 1.01 倍，年均增长率 14.97%；消费税从 203 亿元，达到 428 亿元，增长 1.11 倍，年均增长率 16.09%；企业所得税从 60 亿元，达到 134 亿元，增长 1.23 倍，年均增长率 17.43%；组织储蓄存款利息所得个人所得税 23.4 亿元（政策因素不可比）；车购税从 15 亿元，达到 47 亿元，增长 2.13 倍，年均增长率 25.66%。各税种协调增长，为我省经济社会发展做出了积极的贡献。

（二）“十一五”时期是税收调控职能作用显著发挥的五年。落实各项税收优惠政策，共减免税 301 亿元。其中，落实西部大开发、鼓励资源综合利用、鼓励安置残疾人企业发展、促进高新技术产业等税收优惠政策，共减免企业所得税 215.18 亿元，减免增值税 83.36 亿元。支持出口企业发展，办理出口货物退（免）税 88.59 亿元，比“十五”期间增长

16.98 亿元，增长 23.71%，其中边境小额贸易人民币结算退税 19.63 亿元。落实增值税转型政策，一般纳税人申报抵扣固定资产进项税额 61 亿元，小规模纳税人增值税征收率统一下调为 3%，减征税款 6 亿元。减征 1.6 升及以下排量小汽车车购税 10.49 亿元。这些减免税政策的有效落实，为支持我省经济社会发展发挥了不可替代的作用。

（三）“十一五”时期是税收管理与服务显著强化的五年。截至“十一五”期末，全省国税系统共有税务登记户数 87.27 万户，比“十五”期末增加 48.18 万户，增长 123.25%。其中，处于正常状态的纳税人 55.88 万户，在处于正常状态的纳税人中：一般纳税人 3.93 万户，占 7.04%；小规模企业 5.24 万户，占 9.38%；个体工商业户 44.22 万户，占 79.15%；非增值税纳税人 2.48 万户，占 4.44%。加强重点税源管理，2010 年纳入全省重点税源监控管理的企业为 1695 户，缴税 921 亿元，占全省国税总收入的 86%。抓好户籍管理，累计清查漏征漏管户 9.9 万户。深入推进纳税评估工作，进一步加强税务稽查，五年累计查补入库 47.67 亿元（含企业自查补税、纳税评估），移送司法机关处理案件 192 件。2008 年以来，共查处发票违法案件 3400 余件，查获涉案发票 1153 万份。规范税收执法，从 2006 年执法管理信息系统上线以来，通过系统考核追究执法过错 1542 项，执法过错数量与上线初期相比较，减少 32.3%。加强税收规范性文件管理，对 1994 年税制改革以来的 9.6 万余份税收规范性文件及相关税收法规、规章进行了清理审查。依托信息化建设，不断提高纳税服务质量和层次，通过推广应用网络申报、储蓄扣税、银行网点申报等多元化申报方式，实现了纳税人足不出户完成纳税申报。全省有 3 家单位税收征管质量获得 ISO 国际标准认证。深化税务行政审批制度改革，各项审批项目精简率达到 26%，审批时限压缩了 1/3 以上。积极推广应用财税库银横向联网。全省共建立税法宣传教育基地 13 个，拍摄税收宣传电视专题片 18 部，编印各类税收政策法规汇编、选编、业务手册、管理指南等 23 万余册免费发放各级党政部门和广大纳税人。目前，全省审批、监管税务师事务所 85 家，比“十五”期间新增 44 家，从业人员 1200 多人。

（四）“十一五”时期是国税信息化建设显著推进的五年。从硬件设施来看，省局完成了数据处理中心、数据支持中心、数据备份中心、广域网络扩容改建、网络教育培训系统等硬件设施建设。全省国税系统五年间新增加台式机 6000 多台，网络设备增加了 1 倍，带宽增加了 2 倍，小型机增加到 8 台，增加了 2 倍。从软件应用情况看，目前全系统统一应用的软件达 63 个。加大自主研发力度，先后开发应用了云南国税数据监控分析、网络申报、重点税源网上直报、出口退税预审、新版普通发票网上填开、税收管理员辅助信息等 10 多个系统，并对内外网站进行了升级改版。信息化建设快速发展，为科学组织收入、强化税收管理、优化纳税服务、严格税收执法提供了强有力的支撑。

（五）“十一五”时期是干部队伍素质显著提升的五年。全省国税系统组织各类业务培训班 5195 期，培训 22 万人次。举办正处级以上领导干部培训班 5 期。举办全省国税系统业务能手竞赛 2 届，产生云南省国税系统业务能手 41 名。建立各类人才库 6 个，共 535 人入选。其中：“云南省国税系统兼职教师师资库”120 人，“税收信息化人才库”80 人，“税收执法检查人才库”52 人，“税收稽查人才库”150 人，“云南省国税系统督察人才库”68 人，“云南省国税系统内审人才库”65 人。评选表彰优秀“三员”（税收管理员、办税服务厅人员、稽查人员）共 300 名。干部学历结构得到进一步改善，与“十五”期末相比，大学专科以上学历由 80% 提高到 87.7%，本科学历由 23.4% 提高到 42.2%，研究生学历由 0.5% 提高到 1.66%。重视干部培养，省局机关与基层的上挂下派干部以及挂钩扶贫乡镇、新农村建设工作队挂职锻炼的干部达到 77 名。大力推进国税文化建设，编辑国税文化丛书 5 辑，云南国税年鉴 3 卷，税志 1 卷，《云南国税》（内刊）连续二届获省级杂志金奖。创作了一批以《乐于奉献在高原》为代表的国税之歌，举办云南国税讲坛 8 期，有 5 项税收科研报告和 3 篇国税文化建设论文获得总局优秀项目奖。举办了 17 个节目参演的大型国庆文艺汇演并受到省委宣传部表彰，组织 3 个节目参加总局《廉政准则》成果展示并获二等奖，参加省运会获得 7 枚奖牌（3 金 1 银 3 铜）。

（六）“十一五”时期是基层基础建设显著改善的五年。坚持人、财、物向基层倾斜，落实基层经费最低保障线制度，圆满完成财政部、国家税务总局定员定额试点工作，基层单位人均增加基本支出经费近2000元。五年间，支持基层的业务补助、困难补助、救灾补助等各项经费达到5.1亿元，新配置基层的公务用车达到348辆，完成和正在实施的基建项目91个，总投资5.42亿元，较大地改善了基层工作和生活环境。加强财务管理，厉行节约。政府采购预算金额3.85亿元，节约资金9241万元。完成竣工审计送审金额5.45亿元，审减4378万元。加强后勤服务工作，省局招待所、安宁、江川等培训基地共接待系统内会议452期，接待参会人员3.3万人次。省局招待所接待基层干部及家属住宿近7万人次。

（七）“十一五”时期是反腐倡廉工作显著落实的五年。干部职工违法违纪率从2006年的1.26‰，下降到2010年的0.67‰。全系统与28万户（次）纳税人签订了税企《廉政公约》；聘请特邀监察员1270名，全系统积极参与“政风行风热线”节目，加强税收宣传和社会舆论监督。累计开展廉政谈话4959人次，开展领导干部述职述廉4254人次，有3955人次执行了重大事项报告制度。各级国税机关开展了数十轮（次）明察暗访，进一步促进行风税风建设。

（八）“十一五”时期是国税部门形象显著提升的五年。我省国税系统被省委、省政府授予“全省文明行业”称号。全系统有全国文明单位2个、全国精神文明建设工作先进单位8个、全国模范职工之家1个；人力资源和社会保障部、国家税务总局先进集体9个、先进工作者5名；国家税务总局文明单位14个、先进集体11个、最佳办税服务厅1个、纪检先进集体1个；团中央青年文明号5个；团省委青年文明号16个；省委、省政府文明单位114个；“人民满意公务员集体”1个、省委、省政府创建文明行业工作先进单位5个、创建文明单位工作先进单位4个；全国妇联“争创巾帼文明岗，优质服务迎奥运”活动优秀组织奖1个，全国妇联“巾帼文明岗”7个；省妇联“云南省三八红旗集体”6个，“云南省三八红旗手”4人；云南省国家税务局文明单位125个；省国税局、省妇联“巾帼文明岗”89个、“巾帼建功标兵”40名。省局在“十一五”期间荣获省委、省政府表彰的综治维稳、廉政责任、信访工作、政务信息、社会扶贫、新农村建设、党建责任等奖励就达到18项（次）。国税工作受到总局和各级党委、政府的肯定和表扬，受到广大纳税人和社会各界的进一步认可。

回首“十一五”云南国税工作，最显著的成绩是始终坚持以科学发展观为指导，实现了国税事业又好又快发展；最突出的标志是始终坚持科技兴税，征管质量和效率得到大幅提升；最鲜明的特点是始终坚持一年一个工作主题，走出了一条符合云南国税工作实际的特色之路；最有力的保障是始终坚持以人为本，形成了一支忠于国税事业、团结进取、爱岗敬业、业务精良、乐于奉献的高素质干部队伍。在“十一五”国税工作实践中，我们积累了一些有益经验，为“十二五”时期云南国税发展提供了宝贵的财富。一是注重解放思想、更新观念，把握国税事业科学发展的正确方向；二是注重服务大局，立足我省经济社会发展实际，充分发挥税收职能作用；三是注重依法行政，构建法治公平的税收环境；四是注重改革创新，增强税收工作的活力和动力；五是注重以人为本，全面提升干部队伍的凝聚力和战斗力；六是注重基层建设，构筑国税工作的牢固根基；七是注重国税文化建设，打造国税干部共同依托的精神家园。

回首“十一五”，我们深深感到成绩来之不易。这是国家税务总局和省委、省政府统揽全局、正确领导、关心帮助的结果，是社会各界大力支持、理解配合的结果，也是广大国税干部职工奋发进取、辛勤工作的结果。在此，我代表省局党组，向关心支持国税工作的各级党政领导、各界人士和广大纳税人表示衷心的感谢！向全省广大国税干部职工表示崇高的敬意和亲切的问候！

在取得成绩的同时，我们也清醒地认识到国税工作中还存在一些困难和问题。主要是：税务机关和纳税人税法遵从度需要进一步提高；有利于科学发展的体制机制还有待健全，行政效能需要进一步提升；税收执法不够规范，税源管理基础仍需打牢，税收管理水平有待进一步提高；纳税服务需要进一步改进，服务体系尚不完善；队伍建设还需不断加强，执政能力有待进一步提升。这些问题，我们将在今后的工作中认真加以解决。

二、认真谋划和落实“十二五”时期云南国税工作发展思路

“十二五”时期是全面建设小康社会的关键时期，是加快转变经济发展方式的攻坚时期，是我省推进“两强一堡”建设的黄金期。党的十七届五中全会审议通过的《中共中央关于制定国民经济和社会发展第十二个五年规划的建议》，站在历史新高度，从战略全局出发，描绘了我国在新世纪第三个五年经济社会发展的宏伟蓝图。在“十一五”和“十二五”交替的关键时刻，国家税务总局肖捷局长于去年11月底专程到云南检查指导工作，对云南国税过去五年的工作给予了充分肯定，结合“十二五”时期税收事业发展，提出了新的要求和期望，给予了我们极大的鼓舞和鞭策。根据中央、总局和省委、省政府的有关精神，我省国税系统从去年初着手编制《云南省“十二五”时期国税工作发展规划纲要》，经过广泛调研、多方参与、集思广益和反复修改，提交这次会议讨论审定。规划编制过程中，全系统对“十二五”时期云南国税发展形成了七个方面的重要共识。

一是必须坚持把科学发展观作为国税工作的指导方针。以科学发展为主题、以加快转变经济发展方式为主线，是“十二五”时期党和国家工作的大局，也是税收服务经济社会发展的主旋律。服务科学发展、共建和谐税收是新时期税收工作的主题，是国税部门推动科学发展和促进加快转变经济发展方式的具体体现。要紧紧围绕这一主题，充分发挥税收筹集财政收入和调控经济、调节分配的职能作用，为加快转变经济发展方式做出积极的贡献。

二是必须坚持把服务云南经济社会发展作为国税工作的重要任务。“十二五”时期，党中央、国务院高度重视云南的发展，作出了把云南建成我国面向西南开放桥头堡的重大部署，为我省实现跨越发展提供了重大契机。国家深入实施西部大开发战略，为我省进一步打牢基础、培育产业、改善民生、建设生态提供了难得机遇。省委八届九次、十次全委会进一步勾画出我省“十二五”时期“两强一堡”建设的重大发展战略蓝图。云南国税必须紧紧抓住深入实施西部大开发战略、建设中国面向西南开放桥头堡的两大发展机遇，为促进经济社会发展做出积极的贡献。

三是必须坚持把促进经济发展方式转变作为国税工作的着力点。扎实有效地落实好各项促进转方式调结构的税收政策。在鼓励自主创新和科技进步方面，加强政策支持，推动高新技术产业做强做大；在支持产业结构调整方面，落实有保有压的税收政策，营造有利于产业结构升级和服务业发展的税收政策和体制环境；在加快建设资源节约型、环境友好型社会方面，落实促进节能减排的税收政策，推进生产、流通、消费各环节循环经济发展；在保障和改善民生方面，落实好促进就业再就业、支持中小企业发展等税收政策，加强税收对收入分配的调节作用；在深化税制改革方面，积极适应扩大增值税征收范围，合理调整消费税范围和税率结构等政策调整，更有力地服务于经济转型和社会转型。

四是必须坚持把依法行政作为国税工作的基本准则。推行依法行政，建设法治政府是我们党治国理政从理念到方式的根本变化。“十二五”时期既是发展的战略机遇期，又面临诸多的社会矛盾。从实践来看，依法治税是衡量税收工作成效的重要标准，是解决征纳矛盾的根本方法和有效途径。因此，必须充分认识新形势下全面推进依法行政的重大意义，进一步转变治税理念、健全执法体系、规范执法行为、提升服务质量，进一步解决越权执法、随意执法、违法或不当行政行为等问题，切实维护纳税人合法权益，提高税务机关和纳税人的税法遵从度。

五是必须坚持把改革创新作为国税工作的强大动力。把推行专业化、信息化管理方式作为改革创新的重要内容，科学全面地加以推进。专业化涉及税收工作的各个层级、各个方面，既包括推进税源专业化管理和实施专业化纳税服务，也包括培养专业化人才队伍；既体现在对服务和管理对象进行科学分类，也体现在对工作环节和内容进行合理分工；既强调分工负责，又注重协作配合。信息化贯穿于税收工作的全过程，随着经济社会各领域信息化建设步伐的加快，将为税收工作提供重要的技术支撑和信息支持。坚持不懈地推进科技兴税战略，是做好税收工作的强劲动力。

六是必须坚持把造就高素质的干部队伍作为国税工作的重要保证。政以才治，业以人兴。国税事业要实现全面协调可持续发展，必须坚持以人为本，积极推进干部队伍的思想、组织、

作风、制度和党风廉政建设，为税收事业科学发展提供坚强保证。要围绕提高能力素质和激发活力动力，加强教育培训和实践锻炼，完善制度机制，努力造就高素质专业化人才队伍，充分调动广大干部职工的积极性、主动性和创造性。

七是必须坚持把抓基层打基础作为推动全盘工作的重要抓手。党的十七届五中全会指出，要继续抓住和用好我国发展的重要战略机遇期，实现“十二五”时期我国经济社会发展目标任务，必须紧紧依靠广大人民群众，必须加强和改进新形势下群众工作。胡锦涛总书记从五个方面提出了做好群众工作的要求。结合云南国税工作实际，做好群众工作的重点和关键在基层。我省国税系统基层一线人员占全系统近85%的人力资源，是直接负责征收管理和为纳税人服务的一线力量，是各项税收法律法规的具体执行者，是管理决策的最终落实者。“求木之长，必固其根。欲流之远，必浚其源。”基层兴，则国税兴，基层强，则国税强。高度重视基层建设、扎实做好服务基层工作，是深入贯彻落实十七届五中全会精神的重要举措，是完成各项税收任务的根本保障，是贯彻落实总局党组和省局党组多年来一贯坚持“密切联系群众，倾力关心基层”工作思路的进一步深化和突显，是推进“十二五”云南国税发展的重要抓手和关键环节。

基于以上共识，《云南省“十二五”时期国税工作发展规划纲要（会议审定稿）》提出了今后五年国税工作的指导思想、基本原则和目标任务。指导思想是：以邓小平理论和“三个代表”重要思想为指导，深入贯彻落实科学发展观，把服务科学发展，共建和谐税收作为国税工作的第一要务，坚持依法行政，为国聚财，为民收税，充分发挥税收作为国家财政收入主要来源和实施宏观调控重要杠杆的职能作用，围绕云南建设绿色经济强省、民族文化强省和面向西南开放桥头堡战略，坚持以纳税服务和税收征管为核心，以贯彻落实税收政策服务科学发展，以专业化管理与服务构建和谐征纳关系，以完善惩防体系促进干部廉洁从政，建设法治、责任、服务、廉洁的国税机关。坚持国税文化建设核心理念，造就高素质国税干部队伍，加快推进云南国税事业又好又快发展，为保持国家和云南经济平稳较快增长和社会和谐稳定作出新的贡献。基本原则是：坚持科学发展、服务大局、依法行政、以人为本、管理创新。主要目标涵盖：组织收入、服务大局、规范执法、科学管理、和谐征纳、队伍建设、党风廉政建设等七个方面。其中，“十二五”时期国税收入年均保持两位数的增幅。重点任务是：以服务科学发展为根本，推进依法行政；以落实税收政策为基础，加强税种管理；以创新征管机制为动力，深化信息管税；以和谐征纳关系为目标，优化纳税服务；以树立人本理念为核心，坚持人才强税；以构筑制度防线为保证，强化廉洁从税。

当前和今后一个时期，各级国税机关要把深入学习贯彻十七届五中全会精神作为一项重大政治任务切实抓紧抓好，真正落实到税收工作的各个方面，认真编制并积极实施好“十二五”税收规划，以更加昂扬向上的斗志和更加扎实有效的工作，努力开创“十二五”时期云南国税事业科学发展、创新发展、和谐发展的新局面。

三、扎实抓好“服务基层年”各项工作

“十二五”开局之年，从推动云南国税事业实现更大发展的战略高度，省局党组在总结“十一五”时期工作的基础上，结合2010年党组民主生活会征求意见，深入分析云南国税工作实际，根据形势发展的要求，提出今年国税工作的主题是“服务基层年”，要求各级国税机关全心全意服务基层，靠前指挥，上下联动，围绕服务基层制定工作思路，通过服务基层解决困难和问题，以基层工作实绩推动国税事业再上新台阶。

2011年全省国税工作的总体要求是：坚持以科学发展观为统领，全面贯彻中央经济工作会议、全国税务工作会议、省委八届九次、十次全委会及全省财税工作会议精神，围绕西部大开发和我省“两强一堡”战略，把以人为本、执政为民的要求贯彻到各项国税工作中，围绕坚持基本准则、发挥调控作用、抓好核心业务、加强队伍建设、推进反腐倡廉，全力服务基层，在新的起点上继续强根基、建和谐、促发展，为云南国税“十二五”开局奠定坚实的基础。

根据总体要求，结合“服务基层年”工作思路，要重点抓好以下工作：

（一）面向基层，全面做好各项工作指导。一是加强对组织收入工作的指导。根据总局和省委、省政府的工作部署，今年全省国税系统要确保完成1171.7亿元（不含海关代征，含车购税）收入任务，同比增收101.6亿元，增长9.5%；力争完成1200亿元奋斗目标，同比增收129.9亿元，增长12.14%。围绕组织收入中心工作，要认真落实《税收分析工作制度》，指导基层正确把握国民经济与税收、收入总量与结构、税收成本与效益等方面的关系，进一步提高组织收入工作的分析决策管理能力。加强税收票证管理、税款缴库管理、税收会计监督，完善收入工作考核机制，积极推进税收资料调查网上直报系统开发立项和重点税源网上直报系统优化升级，为基层收入统计分析工作减压提效。二是加强税收政策指导。进一步树立上级机关高效准确地解读政策就是为基层贯彻落实提供最有力支持的观念，认真做好政策调整的解读，为基层贯彻执行提供准确指导依据。针对税收执法中的重点、难点问题，鼓励各级国税机关特别是税政部门广泛开展“两个上门”活动：送政策上门到基层，帮助基层及时掌握一批政策信息；当参谋上门到基层，帮助基层出谋划策抓落实。梳理归并相关政策，抓好重点地区、重点行业的政策指导和落实。围绕“两强一堡”建设，积极向有关部门反映和争取更有利的政策支持。三是加强税收执法风险防控工作。认真总结分析上年度内部和外部各类专项检查工作情况，重点从基础工作和机制体制建设上进行整改，防范执法风险。进一步梳理和防控执法风险的重点环节，解决基层在执法与服务中容易出现的政策执行边界交叉问题，制定税收执法风险防控指导意见。开展定点联系企业的税收风险管理，防止税款流失。继续加大内控机制建设力度，在去年试点的基础上逐步在16个州、市局和部分县、区局推开。加强各类考核的分析应用，及时指导基层改进工作。

（二）立足基层，进一步规范税收管理和服务工作。一是加强各税种管理。认真落实促进转方式调结构的税收政策，做好各项税收优惠政策的规范执行和有效落实。加强增值税转型、卷烟消费税管理，改进增值税抵扣管理和申报评估工作。深化一般纳税人税收负担行业分析，强化薄弱环节控管。认真落实人民币结算退税政策，加强出口货物退（免）税管理。进一步规范实施新企业所得税法，针对配套政策滞后、执行口径模糊等问题，加大政策调研、请示和辅导力度，统一执行口径、明确执行标准。加强企业所得税预缴管理，落实好企业预缴税款占年度应纳税款不低于70%的总体要求，保证税款及时足额均衡入库。强化企业所得税分类管理，结合实际制定烟草商业企业、汽车销售、信用社行业分类管理办法。严格税基控管，加大汇算清缴电子化申报推广力度。制定全省统一的大企业税收管理工作流程，建立协调会议制度、定点联系企业涉税诉求处理制度等一系列保障制度。抓好国际税收源头控管，提高非居民和非政府组织的税收管理效率。强化税收协定的执行，做好“走出去”企业的税收政策咨询服务。二是加强重点税源管理。在继续加强对全省1695户重点税源监控的基础上，按照科学化、精细化管理理念完善重点税源专业化、信息化管理方式。深化信息利用，根据纳税人规模、行业，兼顾特定业务和各税种特点，对税源进行科学分类，探索和把握管理规律，增强管理的针对性和实效性。三是进一步规范税收执法。认真贯彻落实《国务院关于加强法治政府建设的意见》，加强税收效应分析和政策执行情况反馈，开展全省规范性文件清理工作。深入开展税法宣传，推进“六五”普法。加强执法监督检查，重点规范税收自由裁量权，进一步细化自由裁量权适用规则和裁量基准，便于基层操作实施。加强重大税务案件审理，依法规范处理各类涉税案件。加强对基层复议应诉工作的指导，妥善处理行政复议、应诉案件。落实领导干部学法制度，举办全系统州市局领导和县区局领导干部法制研修班，进一步提高基层领导干部学法用法的能力和水平。四是切实改进纳税评估组织工作。根据总局关于加强税源管理、推行税源与征管状况监控分析一体化工作制度、开展税源专业化管理等三个文件精神，结合工作实际，修改完善纳税评估办法，建立健全纵向互动、横向联动、内外协作的运行机制，进一步解决交叉评估、多头布置、协调不畅的问题，保持各税种评估协调开展。五是加强税务稽查。继续抓好分级分类稽查，推进以查促管、以查促训，提高基层稽查业务水平。改进稽查基础管理工作，加快税务稽查信息化进程，完善综合征管软件稽查模块的升级和应用，规范稽查报表，保持基层稽查队伍相对稳定。六是做好纳税服务工作。以开展“四亮四评”主题实践活动为契机，进一步健全和完善纳税服务的制度规范体系。积极推进全省办税服务平台建设，进一步规范统一办税服务厅建设，规范全省纳税人涉税文书填报，试点自助办税装置。按照“省级集中、两级共建、立足昆明、面向全省”的原则，做好12366纳税服务热线推广应用工作。加强注册税务师管理工作，促进行业规范发展。

（三）支持基层，切实提升信息化建设水平。一是推动信息化管理工作重心向基层转移。省局及各州、市局要建立基层信息化工作日制度，由分管领导牵头，信息部门每月至少一天下基层了解各系统运行状况，及时发现和处理系统存在的问题，掌握和解决基层最迫切的需求，帮助基层特别是税源管理一线提高数据分析利用能力和操作水平。进一步推进省局、州市局二级运维一体化工作，梳理优化流程，合理划分运维权限。继续做好省局数据处理中心改造工作，建设全省机房监控系统，提升应急响应速度。二是切实加强计算机类设备的配置与管理。研究制定全系统计算机类设备管理办法，重点解决设备管理不够规范、设备陈旧和不足、多头配发等问题，加快更新换代，合理增加配置数量。计算机类设备原则上由省局统一采购，以州、市为单位进行配发，不再进行部门的单独配发。三是加强信息资源的整合应用。继续做好金税工程三期建设。结合省局电子政务网站内外网改造项目，建设规范、高效、安全的信息化软件系统基础平台，开通网上国税（iTAX），整合提升目前已有的应用系统，提供统一的登录门户、信息发布和权限管理，促进应用系统便捷、稳定、安全运行。进一步完善数据监控分析系统、数据分发系统，拓展网上办税服务功能。完善升级增值税、消费税、出口退税网络申报系统和网上发票认证系统。高度重视和加强信息网络安全管理，以保障基层安全使用为目标，进一步建立和完善安全管理制度办法，并形成长效机制。四是全面推进信息管税。把握税收征管科技工作的发展趋势，落实税源与征管状况监控分析一体化工作制度，进一步做好普通发票简并换版工作，全面推行“财税库银税收收入电子缴税横向联网系统”，提高税款征收缴库效率。有序推广应用税收管理员辅助信息系统，逐步建立风险识别、排序、应对、监控体系。深化“税务与组织机构代码信息系统”应用，强化税务登记管理。积极探索档案资料电子化管理方式，进一步规范征管档案管理。

（四）心系基层，努力解决实际困难和问题。一是进一步完善各级领导基层工作制度。今年从省局党组开始，班子成员将分别负责部分州市、县区的调研工作，覆盖全部州市局和大部分县区局。调研工作要重点就一些实际的问题形成解决的思路，提出解决的办法，抓好工作落实。各级党组班子要比照执行，扎扎实实办实事。二是继续推动人力、财力、物力向基层、边疆、艰苦、边远地区倾斜。进一步加强资金管理，细化部门预算，及时掌握各地资金收支状况，保障运转有序。继续加大对基层投入，中西部资金将全额安排到基层。适度增加基层业务补助、困难补助、离退休津补贴三项经费。逐步探索建立特困离退休干部扶贫救助机制。进一步加大信息化建设和纳税服务工作的经费投入。做好税务制服配发工作，适当增加基层配发数量。继续推进政府采购工作的科学化管理，对涉及基层的设备采购事项，尽量缩短办事时间，提供满意服务。进一步完善固定资产管理，制定出台全省国税系统固定资产调拨验收管理办法。按照中央的要求做好公务用车专项治理工作，在不超编制和“三项经费”支出控制数的前提下，进一步解决基层公务用车的更新和缺口问题。加强基本建设项目全程动态监控，严格控制项目投资，防止项目“三超”。今年力争进入总局项目库的基建项目14个，总投资超过1亿元，进一步改善基层办公和生活条件。三是继续做好规范津补贴工作。按照总局的统一部署，做好国税系统京外三级以下单位规范津补贴工作。各地要从大局出发，全面掌握政策，广泛宣传，严格执行标准，严肃财经纪律，确保工作落实到位。同时，要关注一些州市局与所辖县区局津贴补贴差距过大的问题，做到公平合理，群众满意。上半年要按照国家公务员局、国家税务总局在十个省、直辖市、自治区开展国家税务局系统行政执法类公务员管理试点工作的通知要求，认真做好我省4个县（市、区）局行政执法类公务员管理试点工作，积极探索经验，进一步拓宽基层干部职业发展空间，激发队伍活力。四是有力推动“两个减负”工作。认真抓好各项减负措施的制定和落实，重点抓好统筹简并基层单位上报的各类总结资料和统计报表，通过规范取数标准，逐步实现综合性的报表统一采集、集中处理、自动生成、按需取用。切实提高各级机关办事效率，杜绝工作中不作为、乱作为和效率低下等不履行或不正确履行职责的问题。改进上下级沟通协调机制，进一步完善基层问题请示的快速应答机制。进一步提高办文质量，为基层抓落实创造良好的环境和条件。

（五）植根基层，打造一支作风优良、廉洁高效、文明和谐的基层干部队伍。一是进一步加强基层领导班子建设。坚持竞争性选拔领导干部的改革方向，完善多种方式并举的干部选拔任用工作机制。对省局机关副处级领导干部和州市局缺额班子副职开展竞争上岗选拔任用。认真落实民主集中制，加强班子团结协作。进一步做好巡视工作，及时发现和解决存在的问题。二是加大基层干部培养力度。继续坚持干部上挂下派，鼓励机关年轻干部到基层和艰苦地区锻炼成长，注重从基层选拔优秀年轻干部到上级机关学习提高。高度重视发挥好基层不同年龄段干部在工作中的积极作用，人尽其能，增强群体活力，从组织上保障和营造干事创业的良好氛围。三是加强干部教育培训工作。创新形式，大力开展“三支队伍”建设，以提高领导科学发展的能力为重点，进一步加强领导干部培训；以提高攻坚克难的能力为重点，进一步加强业务骨干培训；以提高履行职责的能力为重点，进一步抓好基层干部培训。坚持省局和州市局共同承担、以省局为主的培训原则，按照“十二五”时期形成县（市、区）局级专业人才200人、州（市）局级专业人才100人、省局级专业人才10人的培养目标，推进专业人才培养工程。坚持以信息化项目建设带动人才培养，全系统每年组织开展一次软件开发交流研讨会，每两年举办一届信息技术大赛，及时发现和培养信息技术人才。省局将委托云南大学继续培养软件工程硕士，并积极探索招录事业编制信息技术人员，不断拓宽信息化人才选用渠道。加强各类人才库管理，扩大基层人才库人员的覆盖面。在迪庆、怒江、德宏等地组织业务骨干培训班，为边疆地区培养税收骨干人才。加快省局税务干部学校建设，找准工作定位，明确职能需求，为全系统干部特别是基层干部创造更多的学习机会，提供更好的学习条件。四是加强党风廉政建设和反腐败工作。认真贯彻落实全国税务系统党风廉政建设工作会议精神。以完善惩防体系为重点，整体推进反腐倡廉各项工作。认真落实党员领导干部廉洁从政有关规定，强化各级党组反腐倡廉的主体责任和主要领导干部“第一责任人”的政治责任，落实“一岗双责”。继续加大查办案件力度，严肃行政问责。加强税收执法监察子系统的数据应用和考核，创新廉政教育方式方法。加强督察内审工作，建立健全工作机制，按规定有计划地开展各项财务收支审计、领导干部经济责任审计及专项审计。强化后续管理，督促内外部的督察审计整改意见有效落实。建立和完善“小金库”治理长效机制。坚持依法理财，勤俭节约，严肃财经纪律，提高资金使用效益。继续加强监管，进一步规范税务代理，坚决禁止任何单位和个人通过税务中介机构谋取私利。五是全面加强党建工作。落实党建工作责任制，认真开展庆祝建党90周年系列活动，巩固扩大“三读”活动成果，深入推进学习型党组织建设，积极开展创先争优和精神文明创建活动。认真落实省委关于在创先争优活动中推动领导干部下基层切实做好新形势下群众工作的要求，把注重人文关怀，建设和谐基层作为创先争优活动的一项重要内容抓紧抓好。广泛开展向杨善洲同志学习活动，教育和激励干部扎根基层、艰苦创业。六是大力推进国税文化建设。注重总结和推广好的经验和做法，推进文化兴税、以文化人。积极倡导“健康生活、快乐工作”，多形式开展文化建设活动。继续办好云南国税讲坛，发挥书法、美术、摄影协会的引导作用，做好云南国税文化系列丛书出版工作。抓好税收科研，提高科研成果质量，加大科研成果的交流、评选、表彰及推广力度。创新《云南国税》组稿形式，增强基层干部对杂志采编工作的参与度。认真负责地做好《云南国税年鉴》编撰审校及出版工作，全面客观地记述工作情况和发展历史。

（六）倾力基层，为各项工作开展提供有力的支撑。目标任务确定之后，能否有效落实是事业成败的关键。围绕上述工作的开展，全系统各级机关和领导干部要认真把握以下几点：一是要牢固树立全心全意服务基层的思想。坚持从基层中来，到基层中去，想问题、作决策、做工作都要从基层实际出发，坚持问政于基层、问需于基层，把服务基层发展作为制定各项政策措施的出发点和落脚点。二是要切实改进服务基层的作风。清醒地认识服务基层方面还存在的不足和不适应的地方，准确把握服务重点，加快提升服务基层的能力，对症下药地解决突出问题，真正做到认识到位、需求对称、方法得当、措施得力。三是要积极探索服务基层的有效途径。基层建设是一个系统工程，具有全面性和整体性的特点，既包括给钱给物、丰富物质生活，又包括固本培元、培植创业精神；既包括加大投入、完善硬件设施，又包括建章立制、提高管理水平；既包括面上指导、把握建设方向，也包括具体帮扶、增强自建能力。四是要全面形成服务基层的合力。对于任何一级国税机关，下级部门就是基层。服务基层不仅仅是省局机关的职责所在，也是各级机关和各级领导干部的一项基本工作要求。要全面推动省局机关为全系统服务，州市局机关为县区局服务，县区局机关为基层一线服务，各司其职，各尽其能。基层一线要充分发挥主观能动性，借力促发展。要充分发挥各级党组织和工、青、妇的职能作用，共同做好基层群众工作，要积极争取各级党委政府的领导和支持，形成加强和改进新形势下服务基层的工作合力。

同志们，认真谋划好、实施好“十二五”云南国税发展规划，努力做好今年工作，意义重大，任务艰巨。让我们承前启后，励精图治，团结进取，扎实工作，圆满完成今年各项国税工作任务，顺利实现“十二五”时期云南国税事业发展的良好开局，以优异的成绩迎接建党九十周年！

在全省国税系统党风廉政建设工作会议上的讲话

李鸿文

（2011 年 3 月 10 日）

同志们：

这次全省国税系统党风廉政建设工作会议，是在“十二五”开局之年召开的一次重要会议。刚才，贵和同志代表省局党组作了工作报告，部署了全省国税系统 2011 年党风廉政建设和反腐败工作任务，我完全同意，请大家结合各地实际认真抓好贯彻落实。省纪委等有关部门对我省国税系统党风廉政建设工作非常重视，今天省纪委副书记杨玉清同志、省检察院副检察长祁鸯昌同志、省直机关纪工委书记罗正元同志亲临大会指导，并将作重要讲话，我们要认真学习，抓好落实，促进国税系统反腐倡廉建设深入发展。省局还将与各州、市局签订 2011 年党风廉政建设责任书，各地要认真落实责任。下面，结合贯彻十七届中纪委六次全会、省纪委八届六次全会和全国税务系统党风廉政建设工作会议精神的要求，我讲三点意见。

一、突出围绕“以人为本、执政为民”，深入开展党风廉政建设和反腐败斗争

在十七届中央纪委六次全会上，胡锦涛总书记从党和国家事业发展全局和战略的高度，科学分析了当前反腐倡廉形势，深刻阐述了把“以人为本、执政为民”贯彻落实到党风廉政建设和反腐败斗争之中的重要性、紧迫性以及总体要求、工作重点，对纪检监察机关工作和队伍建设提出了新的更高要求。胡总书记提出，把“以人为本、执政为民”贯彻落实到党风廉政建设和反腐败斗争之中，是对反腐倡廉工作新的更高的要求。贯彻落实这一要求，并不是离开原有的工作另搞一套，而是要把它寓于现阶段中央关于反腐倡廉建设的总体要求当中，更好地落实总体要求。“以人为本、执政为民”的理念被突出强调，充分体现了我们党新形势下反腐倡廉工作鲜明的群众观。以人为本，强调的是要注重“人”的尊严与价值；执政为民，强调的是执政的宗旨与目的。“人”与“民”合二为一即为“人民”，而全心全意为人民服务恰恰是中国共产党建党 90 年来始终一以贯之的根本宗旨。从“为人民服务”到“以人为本，执政为民”，是我们党顺应党情国情社情的深刻变化，在实践与理论的不断探索中，逐步形成的符合新时期社会发展需要的执政理念和执政情怀。中纪委六次全会突出强调“以人为本，执政为民”，表明在新时期，我们党坚持把人民群众作为最高价值主体，把为民执政作为最高价值取向，把为民谋福祉作为最高价值追求，体现了我们党根本宗旨的时代内涵。

1 月 16 日在省纪委八届六次全会上，省委白恩培书记就认真贯彻中央纪委六次全会精神，紧密结合云南实际深入推进党风廉政建设和反腐败工作作出了部署。2 月 15 日在全国税务系统党风廉政建设工作会议上，肖捷局长结合税务工作实际，就税务部门贯彻落实以人为本、执政为民，做好税务系统反腐倡廉工作提出明确要求。我们一定要认真贯彻中央纪委、省纪委全会和总局会议精神，突出围绕“以人为本、执政为民”，把思想和行动统一到中央和省委的部署和要求上来，以更加坚定的决心和更加有力的举措，坚持不懈地深入推进党风廉政建设

和反腐败斗争。

一是要强化思想教育，筑牢“以人为本、执政为民”的思想基础。国税部门作为管理经济事务的职能部门之一，肩负着为国聚财、为民收税，服务地方经济发展的重要职责。社会主义税收取之于民，用之于民的性质，决定了国税机关必须把“以人为本、执政为民”的要求融入税收工作的实践中去。各级国税机关要切实加强以人为本、执政为民教育，把“以人为本、执政为民”教育作为反腐倡廉教育的重点，引导广大干部职工牢固树立和自觉实践“以人为本、执政为民”的理念，牢记为国聚财、为民收税的神圣使命，时刻把人民利益放在首位，使为民、务实、清廉成为广大国税干部的自觉行为。

二是要切实维护民利，建立健全“以人为本、执政为民”的制度机制。要认真落实各项税收优惠政策，加强监督检查，使纳税人在政策框架下真正享受到税收支持，充分体现发展为了人民、发展依靠人民、发展成果由人民共享的目标取向。要切实维护纳税人合法权益，在制定税收工作的具体措施时，主动贴近纳税人，以纳税人的需求为出发点，以纳税人的满意为落脚点，健全纳税人诉求收集、分析和响应制度，坚决纠正损害纳税人利益的不正之风。要顺应时代发展的要求和纳税人的期待，持续推进纳税服务的制度创新和手段创新，实施标准化模式下的服务细分策略工作，用最高效便捷的服务、最科学专业的管理和最公平公正的征管来提高纳税人的满意度和税法遵从度。

三是要坚持依法行政，强化“以人为本、执政为民”的法制保障。依法行政是我们党治国理政从理念到方式的根本变化，是国税工作的基本准则。各级国税机关要严格依照法律规定的权限和程序行使权力、开展工作、协调利益、化解矛盾，保证权力规范运行。建立健全体现“以人为本、执政为民”要求的决策机制，广泛听取纳税人和国税干部职工的意见，从根本上防止因决策不当损害群众利益的事发生。大力实施各项公开制度，畅通监督渠道，确保纳税人和干部职工的知情权、参与权、表达权、监督权的行使。正确处理加强税收征管与支持地方经济发展的关系，为纳税人营造公平竞争的税收环境，实现执政为民与依法行政、对上级负责与对纳税人负责、规范税收执法与促进地方经济发展的高度统一。

四是要加强作风建设，形成“以人为本、执政为民”的良好风气。结合深入开展创先争优活动，切实加强对国税干部的思想教育和作风整顿。大力弘扬密切联系群众的优良作风，以“四亮四评”主题活动为抓手，不断提高窗口单位的服务质量，巩固国税系统省级文明行业建设成果，健全完善服务激励、监督机制，真正把国税部门窗口服务工作做成人民群众满意工程。要加强对党的群众路线执行情况的监督检查，坚持把维护纳税人权益作为加强干部队伍作风建设的突破口，有效整治庸懒散问题。按照深入推进法治政府、责任政府、阳光政府和效能政府建设的统一部署，既坚定不移地推进四个主题、16 项制度的实施，又要完善薄弱环节、充实制度内容，进一步提高国税机关工作效率和服务质量，努力建设法治、服务、效能、廉洁的国税机关。各级领导干部要紧紧围绕“服务基层年”各项任务目标，牢固树立全局观念，切实增强为基层服务的意识，提升为基层服务的能力，拓展为基层服务的空间，以认真负责的工作态度、严谨求实的工作作风、科学有效的工作方法保证服务基层任务的高标准落实。

二、注重落实“以人为本、执政为民”，全力提升国税系统反腐倡廉工作实效

“十一五”时期，全省国税系统始终把党风廉政建设和反腐败工作作为关系全局的重大政治任务来抓，深入贯彻中央、总局和省委关于加强反腐倡廉建设的一系列决策部署，坚持标本兼治、综合治理、惩防并举、注重预防的方针，大力推进制度创新，把反腐倡廉建设融入税收征管、纳税服务和内部管理，坚持与组织建设、作风建设、文化建设协同推进，围绕服务大局、优化环境，突出完善制度、强化监督，着眼风险防控、源头治理，坚持规范执法、严格问责，着力提高反腐倡廉建设科学化水平，全系统党风廉政建设和反腐败斗争思路更加清晰、措施更加有力、惩防体系建设整体推进，党风廉政建设和反腐败工作取得了明显成效，实现了“事业科学发展，干部健康成长”，在云南国税事业持续健康发展大局中发挥了重要作用。贵和同志在刚才的报告中简要回顾了“十一五”时期的工作，并总结了三个方面的

经验，希望大家在下午的讨论中进一步总结，推动国税部门党风廉政建设工作突出亮点、克服弱点、发挥优势、兴利除弊。

同时，我们也要清醒地看到，在各级机关的反腐倡廉建设中，少数国税干部特别是领导干部还存在一些亟待解决的问题。部分领导干部对党风廉政建设和反腐败工作重要性认识不足，依然存在一手硬、一手软的问题；一些领导干部履行“一岗双责”意识不强，工作仅停留在文件和会议上；部分单位制度执行不力，党风廉政建设责任制落实不到位，惩防体系建设推进力度不够；极少数干部廉洁自律意识不强，利用职权或职务上的影响谋取不正当利益；一些重点岗位和关键环节还存在违纪违规现象。解决这些问题，需要全系统上下共同努力，深刻认识反腐败斗争的长期性、复杂性、艰巨性，坚持权为民所用、情为民所系、利为民所谋，有针对性地进一步加大党风廉政建设和反腐败工作力度，整体推进全省国税系统反腐倡廉工作。

（一）严明党的政治纪律，加大监督检查力度，确保重大决策部署贯彻落实。要认真贯彻党的十七届五中全会和中央经济工作会议精神，在落实中央一系列重大决策部署及总局重要工作安排上，严明政治纪律，令行禁止，切实抓好监督检查，确保政令畅通。对总局巡视、财政监察和审计检查指出的存在问题，要认真进行整改。以严明的政治纪律作保证，坚决纠正有令不行、有禁不止的现象，对违纪违法案件予以严肃处理。要认真贯彻总局和省委、省政府办公厅关于做好当前维护稳定有关工作的要求，及时受理解决纳税人和干部职工的合理诉求，对于不符合政策规定的要求要做耐心细致的解释工作。有效排查和化解矛盾，做好内、外部的安全保卫和维护稳定工作，全力构建和谐税收征纳关系，确保国税系统平安和谐建设深入推进。

（二）切实抓好党风廉政建设责任制的贯彻执行。充分认识贯彻执行中央新修订的《关于实行党风廉政建设责任制的规定》的重要性，加强学习宣传教育，对照规定分析查找本单位、本部门在落实党风廉政建设责任制方面存在的差距和不足，总结和发扬国税系统多年来执行党风廉政建设责任制的经验和特点，采取有效措施加以解决。要结合实际，层层抓好责任分解，抓紧完善责任制检查考核制度，规范检查考核评价标准、指标体系，明确考核内容、方法和程序，加强对《规定》贯彻执行情况的监督检查，及时纠正并严肃处理违反规定的行为，做到责任明确、考核到位、追究有力。

（三）高度重视防范涉税渎职犯罪。去年底，中办、国办转发了中纪委等部门《关于加大惩治和预防渎职侵权违法犯罪工作力度的若干意见》，强调各级纪检监察、司法和行政执法机关要进一步加大办案力度，严肃查办渎职侵权违法犯罪案件。各级党组要充分认识做好惩治和预防渎职侵权违法犯罪工作的重要性和紧迫性，切实把这项工作纳入党风廉政建设和反腐败斗争总体格局中抓紧抓好。要坚持教育为先，管理为重，监督为要，以保护干部为根本目的，进一步树立和强化各级国税干部依法行政意识，结合预防职务犯罪，加强涉税渎职犯罪法制教育，切实防止执法人员因对税收法律法规和政策掌握不够、不深、不透和执法不到位造成工作不负责、执法随意、出现不作为或乱作为的问题。各地要对现行税收管理制度进行全面清理，对于基层国税机关难以做到的、不够严密和不便操作的制度规定，实事求是地予以废止或修改完善，真正从制度上化解税收执法风险和防范涉税渎职犯罪。要加强与检察机关的工作联系和协调配合，加强对税收工作的宣传，及时通报和沟通有关工作和案件情况，积极争取理解和帮助。

（四）着力开展专项治理工作。要抓住热点、破解难点，抓机关带基层，强化对基层税收执法行为的监督，集中力量解决纳税人反映强烈的突出问题。不仅注重解决当前存在的问题，而且注重分析产生问题的原因，采取有效措施，从源头上加以治理。要加强专项治理工作，重点深化工程领域、公务用车管理以及利用涉税中介、信息技术运维和服务损害纳税人利益等问题的专项治理。要正确处理税收执法与税务代理中介服务的关系，坚决禁止任何集体和个人违反规定通过税务中介机构从事代理业务谋取私利。要严肃查处违纪违法案件，继续加大对损害纳税人利益案件的查处，以党风廉政建设和反腐败斗争的实际成效取信于民。

（五）扎实做好领导干部廉洁从政工作。把学习宣传《廉政准则》作为开展反腐倡廉教育的重要内容，进一步增强贯彻执行《廉政准则》的自觉性。认真落实《税务系统贯彻落实〈廉政准则〉实施意见》、《税务系统领导班子和领导干部监督管理办法》和《领导干部廉洁从政“八不准”》。以党性党风党纪教育为重点，加强对党员干部的理想信念和廉洁从政教育，深入开展示范教育、警示教育和岗位廉政教育。要加强党性修养，提高党员领导干部的拒腐防变能力，对群众要有深爱之情，对工作要有守土之责，对利益要有淡泊之怀，对法制要有敬畏之心，对修身要有勤勉之志，大力倡导勤政为民的好作风。要严肃组织人事工作纪律，加强对干部选拔任用工作的监督检查，防止和纠正选人用人上的不正之风，选好用好干部。

三、始终强化“以人为本、执政为民”，努力加强国税系统纪检监察队伍建设

长期以来，全省国税系统各级纪检监察部门和广大纪检监察干部，在各级党委纪检监察机关、司法监督机关以及各级特邀监察员的大力支持下，以强烈的事业心和责任感，发挥职能作用，以反腐倡廉的实际成效体现了“做党的忠诚卫士，当群众贴心人”的职责要求，赢得了各级党组和广大国税干部职工的信任。借此机会，我代表省局党组向一直以来关心、支持国税工作的各级纪委、监察机关、司法监督机关，以及全省国税系统特邀监察员表示衷心的感谢！向全省国税系统纪检监察战线的同志们致以崇高的敬意和亲切的问候！

各级国税机关党组要高度重视纪检监察工作，旗帜鲜明地支持纪检监察部门履行党章和行政监察法赋予的工作职责，采取有效措施，加大纪检监察工作力度，加强纪检监察干部队伍建设，充分发挥纪检监察的职能作用。省局要加强与总局纪检组监察局的工作请示汇报，争取总局在工作指导、人员配备、经费倾斜和装备保障上的大力支持。要配齐、配强、配好纪检监察干部队伍，把年富力强、责任心强、德才兼备的干部充实到纪检监察部门。广大纪检监察干部要牢固树立大局观念，忠诚党的事业，忠实履行职责，严于律己，秉公执纪，坚持原则，大胆工作，加强学习，提高能力，不断开创新的工作局面。要坚持把“以人为本、执政为民”融入纪检监察自身建设中。全系统各级纪检监察部门和广大纪检监察干部要带头落实“以人为本、执政为民”的要求，自觉加强实践锻炼，努力提高履职能力和水平，做到队伍要有新加强，组织要有新拓展，形象要有新提升，进一步树立纪检监察干部“可亲、可敬、可信”的良好形象。

同志们，坚持“以人为本、执政为民”，不能只靠口号和文件，需要的是实实在在的行动、踏踏实实的作风、一抓到底抓出成效的韧劲。新形势下国税系统反腐倡廉建设任务艰巨、责任重大，我们一定要扎扎实实地开展各项工作，真正维护人民群众的合法权益，确保反腐倡廉建设取得实效，为推动云南国税事业科学发展提供坚强保证。

在副处级领导干部任职谈话会议上的讲话

李鸿文

（2011 年 4 月 28 日）

同志们：

加强各级领导班子建设是省局党组和全系统始终高度重视的一项工作。为了改善州、市局领导班子结构，按照局党组2010年初的工作部署，经请示总局同意，于2010年5月开始，历时半年，严格按照《党政领导干部选拔任用工作条例》的规定和要求，采取差额推荐、差额考察的方式组织开展了对各州、市局副处级领导干部的补充调整。经严格履行考察程序，省局党组在60名考察对象中确定提拔任用了31人为副处级领导干部，并在9个州、市局确定9人异地交流任职。在座各位同志的任用，是经过严格的程序并报请总局批准的。这是各级党组和干部群众对同志们的信任和期望。希望同志们珍惜机会，爱岗敬业，在领导岗位上履行好职责，扎扎实实干出成绩。

在对同志们表示祝贺的同时，对大家在今后的工作中如何履好职、服好务，我讲四点意见。

一、勤于学习，加强修养，不断提高自身理论水平和工作能力

学习是提高素质、增长才干的重要途径，也是做好工作，干好事业的重要基础，学习对于个人素质和能力提高的作用是不言而喻的。一是要树立终身学习的理念。“玉不琢，不成器。”要不断提高自己，经受住各种考验，履行好岗位职责，就要把学习作为一种习惯，通过学习来增长知识、增加智慧、增强本领，就要把学习作为一种责任，作为履职尽责的内在要求。二是要选择正确的学习内容。选择那些坚定信仰、武装头脑的理论来武装自己，选择那些激励精神、培育心智的经典来充实自己，选择那些与所从事的工作关系密切、对业务水平有帮助的教材来提高自己。三是要掌握科学的学习方法。学习不仅要有明确的目标、有不移的恒心，还要讲究方法和技巧，注意提高学习的效率和质量。我们常说：活到老、学到老，大家走上了领导岗位后更要加强学习。

古人讲：修身、齐家、治国、平天下。为何要把“修身”放在首位？因为这是前提，是基础。如何修身呢？学习历来都是修身养性的重要途径，也是衡量人品道德的重要标准。作为领导干部，一方面要加强党性锻炼，始终坚持共产党员的标准，严格要求自己，锤炼品质，提升政治素养。另一方面，要加强人格修养。所谓人格就是人的道德品质、气质修养、能力才干和作风素质的综合反映。做官先做人，做人讲人格。自古以来，凡有作为的人，都把人格作为提升道德修养的要求，只有人格提升，才能做到重品行、有节操、守信用。

二、摆正位置，端正态度，发挥好参谋助手作用

一是在决策上做到参与不干预，善于围绕“一把手”的意图出主意、当参谋。衡量一个副手的作用无外乎两个方面，一方面是看其参与决策的水平，另一方面是看其组织落实的能力。参与决策时能拿出主意，组织落实时能干出成绩，这才算是一个好副职领导干部。要善于围绕全局中心工作当参谋、提建议，动脑筋、想办法。在提建议时，要多费心、多动脑，要考虑所提建议是否符合党的方针政策、符合有关政策规定、符合税收工作实际，是否有利于工作的开展，是否切实可行。要积极建言献策，充分发表个人意见，一旦形成集体决议，集体中的各位成员必须无条件地服从。

二是在职责上做到到位不越位，按照分工积极主动抓落实。要正确认识自己，凡事以整体利益为重，强化“助手”意识，避免出现角色错位。该“一把手”决定的事，自己不拍板；该其他副职分管的事，自己不揽权，但要协作配合；该分管部门落实的事，自己不干扰，处理好各个层面的关系。要熟悉政策，掌握情况，求真务实，务求实效，扎实深入地把党组的决策贯彻落实下去，悉心抓好自己所分管的工作。要勇挑重担，主动承担急难险重的工作，尽量减轻“一把手”的事务性负担。要敢于决策、勇于负责、大胆工作，对上要当好参谋助手、对下要领导下属开展好工作，起到承上启下，协调各方的作用。

三是在工作上做到补台不拆台，自觉维护班子团结和“一把手”的威信。领导班子是一个系统、一个整体，它的功能如何，绝不仅仅取决于“一把手”或某个“副手”，而取决于班子成员的互相支持和配合。作为“副手”，要自觉维护班子团结，做到不利于团结的话不说，不利于团结的事不做，互相信任、互相支持，襟怀坦荡、表里如一。要齐心协力，主动配合，竭尽全力地做好自己分管的本职工作。要充分发挥模范带头作用，在塑造好自身形象的同时，像爱护自己的眼睛一样维护班子的形象，特别是要自觉维护“一把手”的形象和权威。

四是在行为上做到理智不偏激，增强班子的凝聚力和向心力。要牢固树立全局意识，当好配角，为“一把手”排忧解难，化解矛盾，铺路搭桥。要正确行使职权，严格防止越位，掌握分寸，做到揽事不揽权，解放思想、开拓创新，创造性地完成自己的分管工作。要把握良好的心理定位，经得住考验，受得住委屈，以和谐的心态思考人和事。面对奉承时头脑清醒、自身淡定，受到批评时认真反思、保持理智。俗话说“忠言逆耳利于行”，要听得进不同的声音，求同存异，共谋大事。暂时看不到成绩时莫丧失斗志，相信风雨过后必有彩虹；时刻保持谦虚谨慎的态度，切忌趾高气扬。要自觉遵守组织原则，凡事以大局为重，正确处理好全局与局部的关系，在任何时候都以全局利益定取舍、定进退，以全局统揽局部，以局部推动全局。

三、忠于职守，勤奋工作，发挥好先锋模范作用

一要讲政治。时刻保持政治敏锐性，对国家方针政策保持敏感，要深入分析社会经济形势与国税工作的关系，从中把握国税工作规律，坚持以人为本，依法治税。在座的各位要充分发挥工作主动性和创造性，提振“精、气、神”。在各自分管的工作中，要坚持解放思想、实事求是，善于发现问题、分析问题和解决问题，用科学的世界观和方法论来分析和处理国税工作中存在的各种问题。要坚决克服因循守旧的思想观念，在工作中始终保持求真务实、开拓创新的精神状态，站在服务科学发展的高度，切实维护国家的利益和纳税人合法权益，在事关大局、事关原则的政治问题上始终保持清醒头脑，确保党的路线方针政策、国家的法律法规、国税工作的重大决策和各项部署落到实处。

二要守纪律。纪律就是一种约束和规范，要自觉遵守政治纪律、组织纪律、经济工作纪律和人事工作纪律。随着市场经济的深入推进，各种社会矛盾日益突出，多方利益面临深层次调整，在这种情况下，一方面依法治税的要求越来越严，另一方面，包括纳税人在内各方各面对我们的要求越来越高。近年来少数干部之所以抵制不住诱惑，经受不起考验，关键时刻还是触碰了“高压线”，就是因为对党纪国法缺乏敬畏，对纪律要求缺乏认识，对礼义廉耻缺乏操守，才导致理想信念淡化，纪律观念淡化，最终走向违法犯罪的深渊。云南国税的精神文明建设之所以一直走在全省前列，这是因为我们长期以来形成了包括廉政文化在内的国税文化“软实力”。党风廉政建设作为其中一项重要的内容，我们长期坚持并一以贯之，“以廉为荣”就是守纪律，并注重将人的问题、人的情感、人的智慧融入廉政教育，在潜移默化中形成教育和监督的有效手段。

三要顾大局。要按照“个人形象一面旗、工作热情一团火，谋事布局一盘棋”的要求，自觉服从服务于国税系统的大局和当地经济社会发展的大局，形成全系统“一盘棋”思想。在地方经济社会发展的大局中，国税部门要找

准位置，发挥作用，在依法征收的前提下，尽可能做大税收收入盘子，壮大地方财力，为地方经济社会发展提供财力支持。要充分发挥国税部门的职能作用，为地方经济发展出谋划策，认真做好培植税源工作，用足用好税收优惠政策。要主动加强与外部的沟通协调，积极争取各级党委、政府对税收工作的理解和支持，为全局工作创造一个良好的外部环境。

四要求实效。要大力弘扬求真务实精神、大兴求真务实之风，增强事业心和责任感，克服浮躁情绪，抛弃私心杂念，把心思用在干事业上，把精力投到抓落实中，谋思路、想办法、定措施、上水平。要树立正确的政绩观，坚持一切从实际出发，按客观规律办事，察实情、讲实话、办实事、求实效，励精图治，尽职尽责，严谨细致，认真负责，聚精会神、心无旁骛地抓好各项工作的落实，努力提高税收征管质量和效率。要坚决防止抓而不紧、浮而不深、粗而不细、华而不实，定下来的事情就要雷厉风行、抓紧实施，部署了的工作就要督促检查、一抓到底，重要环节要身先士卒、靠前指挥，一步一个脚印地把国税事业推向前进。要尊重干部职工的首创精神，善于集中群众的智慧和力量，充分调动他们的积极性和创造性，使他们以饱满的工作热情、良好的精神状态投入到税收工作之中，使税收工作始终充满生机与活力，实现税收与经济又好又快协调发展。

四、严于律己，廉洁从政，发挥好示范带头作用

廉政问题是一个老问题，也是一个新问题。随着社会经济的不断发展，领导干部面临的诱惑在种类和数量上都在不断增加，腐败行为的表现形式也在不断变化。可以说，我们每一位干部，特别是领导干部，都面临廉政风险的问题。因此，希望大家在今后的工作中严于律己，廉洁从政。

一是要维护党的纪律，正确对待监督。古人说：善禁者，先禁身而后人。不善禁者，先禁人而后身。政治纪律是维护党的集中统一，提高党的凝聚力和战斗力的根本保证。模范执行党的纪律，最重要的是执行政治纪律。要坚持民主集中制，坚持个人服从组织、少数服从多数的原则，在政治上、思想上、行为上同党中央保持高度一致。要注意听取不同意见，特别要注意听取分管科室的意见，不能搞个人说了算，要严格按照程序和规定办事。同时，要自觉参加党的组织生活，认真参加民主生活会，开展批评与自我批评。要正确对待并自觉接受党内监督、群众监督和纪律监督，不能把上级的监督看成是为难自己，怀有抵触情绪；更不能把群众的监督看成是挑战自己的权威，怀有反感情绪。要把监督看成是组织对我们的爱护和保护，按照《党内监督条例》的要求，自觉在组织和群众的监督下，正确行使权力。

二是要落实“一岗双责”，认真履行职责。要按照党风廉政建设责任制的要求，切实担负起“一岗双责”的职责。作为处级领导干部，作为班子的一员，要充分认识党风廉政建设与业务工作之间紧密联系、相互促进的关系。大家不仅自己要廉政勤政，还要抓好分管范围内的队伍建设。抓好党风廉政建设，在广大职工中就有威信，班子就有凝聚力、战斗力，在工作中就可以攻坚克难，无往不胜。

三是要廉洁自律，发挥表率作用。领导干部手中的权力是党和人民赋予的，是用于为人民谋利益、为党和国家作贡献的，决不是用来为个人捞好处、谋私利的。因此，党员领导干部必须加强自律。正如胡锦涛总书记要求的那样：各级领导干部要坚持清正廉洁，严于律己，廉洁奉公，兢兢业业、干干净净为国家和人民工作。年初，中央纪委书记贺国强同志又对党员领导干部自律提出“四慎”的要求，即慎独、慎微、慎情、慎友。在这里，我和大家一起学习并共勉：

第一，要慎独。慎独，是我国古代先贤倡导的一种自我修养方法，指一个人在独处一室、无人监督的时候，也能够严格要求、时刻检点自己的言行，不做有违道德和法律的事。人生最大的“敌人”是自己，最难战胜的也是自己。能不能“慎独”，是检验一个人自觉性、自制力和意志力强不强的重要标志。希望大家时刻保持清醒头脑，处处严格要求自己，加强自我规范和约束，切实做到人前人后一个样、八小时内外一个样、有没有监督一个样，做到不仁之事不做、不义之财不取、不正之风不沾、不法之事不干，始终保持共产党人的革命气节和政治本色。

第二，要慎微。细节决定成败，祸患积于忽微。许多干部走上违纪违法道路，往往是从生活中的小事、小节开始的。希望大家无论在什么岗位、从事什么工作，都要算好“人生大账”，时时刻刻、事事处处把握好自己，认真做好每件小事、管好每个小节，见微知著、防微杜渐、洁身自好，不以善小而不为，不以恶小而为之，切实做到不该说的话不说、不该拿的东西不拿、不该去的地方不去、不该办的事情不办，避免第一次放任、守住第一道防线。

第三，要慎情。人之有爱，本由亲立。我们不是不食人间烟火的神仙，也是重感情、讲亲情的。领导干部关爱家庭、关爱亲人是人之常情，但是关爱什么、怎么关爱，则需要我们认真思考、严肃对待。从这些年来查处的违纪违法案件来看，不少领导干部就是因为对配偶、子女、亲属要求不严，甚至利用手中的权力为亲友谋取私利，最终毁掉前程。亲情再深也要理智对待，而不能错位、不能越界。希望大家树立正确的亲情观，既要讲亲情、更要讲情理，教育引导自己的配偶、子女和亲友奋发进取、积极向上，靠自己的努力干事发展，决不允许他们利用自己的职权或职务影响谋取不正当利益，防止为情所累、为情所伤、为情所误。

第四，要慎友。领导干部并不是生活在真空中，也需要有正常的社会交往，但如何对待社会交往，需要认真把握。领导干部在社会交往问题上应有更加审慎的态度、更加严格的要求，不能随便交友、滥交友，更不能把人际交往异化为酒肉关系、交换关系和金钱关系。希望大家慎重对待社会交往，正确处理人际关系，注意净化自己的社交圈、生活圈和朋友圈，善交益友、乐交诤友、不交损友，远离“小圈子”、“小兄弟”，特别是对那些千方百计同你拉关系、给你送好处的人，一定要保持头脑清醒，不为所动，不为所用。

大家一定要常怀律己之心，常思贪欲之害，常修为政之德，坚持自重、自省、自警、自励，做到立党为公不争权夺利，淡泊名利不争功诿过，严于律己不争待遇厚薄，把干净和干事有机结合起来。在日常的工作、学习和生活中，要带头落实《中国共产党党员干部廉洁从政若干准则》，自觉遵守《税务系统领导干部廉洁从政“八不准”》和《税务系统领导班子和领导干部监督管理办法》，时时处处用共产党员和领导干部的标准严格要求自己，要求别人做到的，自己首先做到，要求别人不做的，自己首先不做。

总之，一个人的成长，除了个人的努力和勤奋外，离不开组织的培养、教育和帮助。在座的各位走上处级领导岗位应该说是很不容易，但是要毁于一旦是很容易的事。希望各位能珍惜好今天，作为领导干部要一分为二地认识自己，实事求是地估量自己，更要正确对待自己，做到“三个正确对待”，即：正确对待同志，心胸开阔、虚怀若谷，要经常唱“团结就是力量”；正确对待组织，个人的进步、工作取得的成绩都离不开组织的培养、教育和帮助，不能居功自傲，不能把工作成绩当成向组织讨价还价的资本，更不能凌驾于组织之上；正确对待群众，坚定不移地把以人为本、执政为民的理念贯彻落实到税收工作的各个方面，把人民群众的利益放在首位，才能使我们的工作获得最广泛、最可靠、最牢固的群众基础和力量源泉。

当前，云南国税正处于改革、发展的关键时期，税收工作任务更加繁重、更加艰巨，在座的各位同志都是云南国税的骨干力量，肩负的责任重大。希望大家不要辜负省局党组的重托和群众的厚望，时刻牢记“为国聚财、为民收税”的神圣使命，不断开拓创新，真抓实干，廉洁自律，团结一致，同心同德，为云南国税事业又好又快发展作出自己应有的贡献！

在全省国税系统开展向杨善洲同志学习活动动员大会上的讲话

李鸿文

（2011 年 4 月 29 日）

同志们：

深入开展向杨善洲同志学习活动，是中央、省委作出的一项重要决定，也是着力推进创先争优活动的一项具体举措，作为近年来我省涌现出的先进典型，杨善洲同志的先进事迹引起了中央领导同志的高度重视，胡锦涛、李长春、习近平、李源潮等中央领导同志先后作出重要批示，号召广大党员干部向杨善洲同志学习。去年底，省委创先争优活动领导小组组织开展了“学习杨善洲先进事迹、争做优秀共产党员”主题实践活动，我省国税系统积极响应，及时下发了《云南省国家税务局转发省委创先争优活动领导小组关于开展“学习杨善洲先进事迹、争做优秀共产党员”活动的通知》，迅速在全系统掀起了学习高潮。今年 2 月 25 日，习近平同志会见杨善洲同志先进事迹报告团全体成员，并作了重要讲话；全国“两会”期间，习近平同志参加云南代表团审议时，要求各级党组织深入开展向杨善洲同志学习活动，进一步形成学习先进、赶超先进、争当先进的浓厚氛围。中央有关部门多次组织中央新闻媒体对杨善洲同志先进事迹进行了集中宣传报道，组织报告团在人民大会堂、中组部机关和北京等省市进行了巡回报告，杨善洲同志先进事迹在全国各地引起了热烈反响，在广大党员、干部和群众中产生了广泛共鸣。

3 月 7 日，胡锦涛总书记对杨善洲同志的先进事迹作出重要指示，要求广大党员干部向杨善洲同志学习。同时，中共中央组织部印发了《关于追授杨善洲同志“全国优秀共产党员”称号的决定》，中共中央组织部、宣传部和中央创先争优活动领导小组联合下发了《关于认真学习贯彻胡锦涛同志重要批示精神广泛开展向杨善洲同志学习活动的通知》。胡锦涛总书记的重要指示，是对杨善洲同志先进事迹的充分肯定，是对全省党员干部的极大鼓励和鞭策，也是对我们广大党员干部尤其是领导干部向杨善洲同志学习的最高动员，为我们开展向杨善洲同志学习活动指明了方向。今天，我们在这里召开动员部署会，主要任务是认真学习胡锦涛总书记的重要指示精神，深切缅怀杨善洲同志的先进事迹，对开展向杨善洲同志学习活动进行再动员、再部署。

下面，我讲四点意见。

一、深刻领会胡锦涛总书记的重要指示精神，充分认识深入开展向杨善洲同志学习的重大意义

胡锦涛总书记指出：“杨善洲同志是党员干部的学习楷模，是离退休老同志的优秀代表。他一辈子忠于党的事业，一辈子全心全意为群众谋利益。他的模范事迹和崇高精神感人至深。每一个党员干部特别是领导干部都要向他学习，自觉加强党性修养，自觉实践党的宗旨，努力做人民满意的好党员、好干部。”我们要认真学习领会胡锦涛总书记的重要指示精神，更好地把思想认识统一到中央的要求上来。

进一步把向杨善洲同志学习活动引向深入，是时代的呼唤。杨善洲同志 60 年如一日，坚守理想信念不动摇；60 年如一日，忠诚党的事业不懈怠；60 年如一日，牢记党的宗旨不淡化；60 年如一日，严格自律不褪色。在他的身上集中体现了共产党人的优秀品质、良好作风和精神风貌。在革命和建设的艰苦岁月里，我们党正是依靠这种优秀品质和崇高精神，团结带领各族人民群众，克服了一个又一个的困难，战胜了一个又一个的挑战，取得了革命和社会主义建设的伟大胜利。现在我们正处在经济转轨、社会转型的关键时期，人们的思想意识、道德观念和价值追求更加多元，我们党面临着长期执政、发展社会主义市场经济和深化改革扩大开放的重大考验。在这种时代特征和重大考验面前，尤其需要我们学习和弘扬杨善洲同志的先进事迹和崇高精神，更好地坚持和传承共产党人的优秀品德、优良传统和良好作风，战胜前进道路上的各种困难和挑战。

进一步把向杨善洲同志学习活动引向深入，是加强党性修养的要求。加强党性修养是共产党员的永恒主题，对于每一名党员来说，组织上入党是一生一次的，思想上入党是一生一世的。杨善洲同志一辈子恪守信念、对党忠诚，忠实履行共产党员的神圣职责和光荣使命，用一生的实践回答了入党为了什么、当干部干些什么、身后给人民和后代留下什么，他用全部生命和心血践行了入党誓言，是当代共产党人一部生动的教科书。广大党员尤其是各级党员干部，只有像杨善洲同志那样，不断加强党性修养，在复杂的国际国内形势面前，站稳脚跟、把好方向；在大是大非面前，旗帜鲜明、敢于斗争；在事关方向性、原则性的问题上，始终保持清醒头脑，做到坚定理想不动摇、践行宗旨不含糊、面对诱惑不变质，始终保持共产党员的政治本色，才能切实担当起职责，完成好肩负的使命。

进一步把向杨善洲同志学习活动引向深入，是推动云南国税争科学发展之先、创和谐发展之优的迫切需要。税务机关是国家的执法机关之一，紧密结合国税工作实际，深入开展学习杨善洲活动，有利于提高干部职工的道德觉悟、激发干部职工的工作热情，在全系统营造“创建先进基层党组织、争当优秀共产党员”的争创氛围。当前，我省经济发展面临的形势仍然十分复杂，组织收入任务依然非常艰巨，迫切需要各级党组织履行职责、担当重任，迫切需要广大党员干部坚定信念，以更高的站位、更高的标准、更高的要求，确保以组织收入为中心的各项任务圆满完成。今年是“十二五”开局之年，我省“十二五”时期国税工作发展规划纲要已经制定，奋斗目标已经明确，实现这些目标和任务，我们需要稳定的外部环境和和谐的内部环境。对于我们各级干部来说，十分重要的是需要杨善洲同志那种可贵的品质和精神。如果我们每一位党员干部，尤其是领导干部，都能像杨善洲同志那样，不断地加强学习、不断地努力工作、不断地提高自己的修养和水平，做到对理想信念始终不渝，对党的事业永不懈怠，对人民群众充满热情，对自己严格自律、淡泊名利，我们的干部队伍就将是一支攻无不克、战无不胜的铁的队伍，我们的国税事业必将欣欣向荣，无往而不胜。

二、以杨善洲同志为榜样，努力做人民满意的好党员、好干部

杨善洲同志用忠诚与信念、汗水与生命、追求与奉献，书写了一个共产党人平凡而伟大的一生，为广大党员干部树起了一座不朽的丰碑。向杨善洲同志学习，要突出以下几个方面：

一是要学习他恪守信念、对党忠诚的政治品质。坚定的理想信念，是共产党员的立身之本、成事之基、动力之源。杨善洲同志之所以退休后放弃省城的舒适条件，带领家人和群众扎根荒山、植树造林，就是因为他具有崇高的理想和坚定的信念。正是怀着对党的忠诚、对家乡和人民群众的无比热爱，杨善洲同志把全部精力倾注山区的治理和发展，把整个身心献给了山区人民，以自己的实际行动，忠实履行了共产党员的神圣职责和光荣使命，给我们树立了光辉典范。放眼未来，我们要抓好组织收入、税收征管、纳税服务、队伍建设等各项工作，要实现国税事业的健康、有序、蓬勃发展，要建设富裕民主文明开放和谐云南，还有很长的路要走。在这一过程中，势必会碰到这样或那样的干扰和诱惑，如果没有坚定的理想信念，就会迷失方向甚至误入歧途。我们要朝着既定目标奋勇前进，就要像杨善洲同志那样，忠诚党的事业，做到干扰面前不分神、诱惑面前不变质，坚定不移信仰共产主义，坚定不移地走中国特色社会主义道路，让共产党人的理想信念在心灵深处牢牢扎根。

二是要学习他牢记宗旨、一心为民的公仆情怀。我们党一切工作的出发点和落脚点就是为了造福群众。杨善洲同志担任保山地委领导20多年，退休后植树造林20多年，他始终坚持群众利益高于一切，殚精竭虑地为群众办事。我们每个共产党人要像杨善洲同志那样，牢记党的宗旨，永葆公仆本色，一心想着群众，一切为了群众，以实际行动实现好、维护好、发展好人民群众的根本利益。在具体工作中，要真正“身”入基层，“心”系纳税人，真正做到想纳税人之所想、急纳税人之所急、办纳税人之所盼、解纳税人之所难，要结合今年“服务基层年”工作主题，把以人为本、执政为民的要求贯彻到各项国税工作中，要进一步提速工作进程、提升工作水平、提高工作效率。要围绕服务基层制定工作思路，通过服务基层解决困难和问题，以基层工作实绩推动国税事业再上新台阶，真正做到“面向基层作指导、立足基层服好务、心系基层解难题、植根基层强队伍、倾力基层促发展”，促进系统内外和谐稳定。

三是要学习他献身党的事业、鞠躬尽瘁的革命精神。忠诚于党和人民的事业，需要我们每个党员干部满怀激情，勇担责任，恪尽职守。杨善洲同志把有限的生命融入无限的为人民服务中，他一生鞠躬尽瘁，至死不渝地带领群众谋发展，他的形象如苍松屹立、青山不老。夺取全面建设小康社会新胜利，谱写人民美好生活新篇章，需要一代代共产党人坚持不懈地努力奋斗。党的十七届五中全会描绘了我国未来5年发展的宏伟蓝图，强调要以科学发展为主题、以加快转变经济发展方式为主线，促进经济长期平稳较快发展和社会和谐稳定。省委八届十次全委会，确立了“十二五”时期我省经济社会发展思路和目标。年初全省国税工作会议，审议通过了“十二五”时期云南国税发展规划，明确了各项目标任务。我们要把中央和省委的决策部署贯彻好、落实好，像杨善洲同志那样，坚定不移地走科学发展之路，以心无旁骛的执着、百折不挠的坚毅、奋发有为的干劲，聚精会神搞建设，一心一意谋发展，按照省局党组的工作部署，承前启后，继往开来，圆满完成今年各项国税工作任务，努力开创“十二五”时期云南国税事业科学发展、创新发展、和谐发展的新局面。

四是要学习他不计个人得失、无私奉献的高尚情操。对于共产党人来说，不仅要有崇高的理想和坚定的信念，还要有无私奉献的高尚境界和优秀品德。杨善洲同志无论什么时候都把无私奉献作为行为准则，始终坚持党和人民的利益高于一切。他在任期间，为了贫困山区通电通路、早日脱贫致富，呕心沥血，日夜操劳，忘我工作，付出了常人难以想象的艰辛；他对群众真情付出、不计回报，常常替困难群众买粮食、购种子、送衣被，先后为灾区和地方经济社会发展捐款数十万元。退休后，植树造林5万多亩，活立木蓄积量价值达3亿多元，他将林场的经营管理权无偿交给国家却不要一分钱。我们向杨善洲同志学习，就是要以他为榜样，大力弘扬无私奉献的精神，自觉抵御个人主义、拜金主义、享乐主义腐朽思想的侵蚀，始终保持共产党人的蓬勃朝气、昂扬锐气、浩然正气，始终做到自重、自省、自警、自励，始终坚持把实现远大目标和做好本职工作统一起来，兢兢业业工作，踏踏实实干事，树立云南国税文明、和谐的良好形象。

五是要学习他艰苦朴素、勤俭节约的优良作风。艰苦奋斗是我们党的一大优良传统，是我们各项事业发展的重要保证。杨善洲同志一辈子节衣缩食、生活俭朴，两袖清风，清正廉洁，从不以职务之便为家人和身边工作人员谋取任何私利。他身居在简陋的住所，工作在寂寞的深山，始终无怨无悔，以苦为乐、以苦为荣，用自己的一言一行和人格力量鼓舞和激励着广大干部群众，感召和引领着人们为建设美好家园而不懈奋斗。我们要以杨善洲同志为榜样，始终坚持“两个务必”，艰苦奋斗、勤俭办事，坚决反对铺张浪费，进一步营造崇尚节俭、朴素文明的社会风尚。

向杨善洲同志学习，最关键的是要抓住本质，学习他如何正确对待群众、对待自己、对待事业、对待名利，学习他对党的无限忠诚和对群众的深厚感情，学习他的优秀品质、精神境界和人生态度，认真对照检查自身的差距，像杨善洲同志那样清清白白做官、勤勤恳恳做事、踏踏实实做人，努力在为党和人民的事业不懈奋斗中实现人生价值。

三、以杨善洲精神为动力，不断将学习活动引向深入

各级国税机关要紧密联系实际，认真学习贯彻胡锦涛总书记重要指示精神，进一步将向杨善洲同志学习活动引向深入，推动各项工作取得新成效。

一是要围绕学习贯彻党的十七届五中全会精神和省委八届十次全委会精神，把向杨善洲同志学习活动引向深入。教育引导各级党组织和广大党员干部牢牢把握科学发展主题，紧紧扣住加快转变经济发展方式主线，开展“查找服务大局差距，在推动科学发展上争先；查找作风差距，在切实为民服务上争先；查找业绩差距，在促进社会和谐上争先；查找发挥作用差距，在发挥先锋模范作用上争先”的“四查找四争先”活动，引导全系统广大党员干部特别是领导干部，把心思凝聚到干事创业、促进发展上，把精力用在踏实工作、服务群众上，聚精会神搞建设，一心一意谋发展，努力推动“十二五”顺利开局。

二是要围绕开展纪念建党90周年活动，把向杨善洲同志学习活动引向深入。按照《中共云南省国家税务局党组关于认真贯彻落实总局党组和云南省委关于中国共产党成立90周年纪念活动的安排意见》（云国税党字〔2011〕19号）要求，各级国税机关要以迎接建党90周年为契机，深入开展有特色的群众性纪念活动，大力开展学习党员先进典型活动，精心组织媒体宣传，组织举办党史知识教育活动，积极参与地方党委组织的各类纪念活动，在全系统掀起创先争优高潮。为抓好有关活动的开展，省局成立了纪念建党90周年活动综合协调领导小组，建立了相应的工作机制，制定了工作方案，确保各项活动落实到位。全系统要认真开展好以“读红色经典、唱红色歌曲、讲红色故事、看红色影片、走红色道路”为重点的系列活动。举办以“学习杨善洲，为党旗添光彩”为主题的红土地之歌演讲大赛，唱响时代主旋律。要大力宣传基层党组织和党员先进事迹，在广大党员干部和群众中树立新时期共产党员、领导干部的良好形象，树立基层党组织建设的先进典型。在“七一”前，省局将围绕建党90周年纪念活动，评选表彰一批在学习杨善洲和创先争优活动中成绩显著的单位和个人。总局和各级党委今年也将举办相关表彰活动。各级国税机关要早行动、早落实，积极争取榜上有名。目前，省局机关正积极准备在“七一”前夕举办一场唱红色歌曲比赛，并组织一支由省局机关和昆明市国税局共同组队的合唱团，参加“省直机关纪念中国共产党成立90周年歌咏比赛”和“云岭颂歌献给党——云南省庆祝中国共产党建党90周年文艺汇演”。6月底前将举办省局机关“红色引领——第四届硬笔书法比赛”。10月下旬，举办一场“优秀文章诵读会”。同时，将选拔人员参加“云南省第八届红土地之歌演讲比赛”。全省各地都在积极筹办纪念活动。系统上下要相互学习借鉴，以多种形式庆祝建党90周年。

三是要围绕加强领导班子和干部队伍建设，把向杨善洲同志学习活动引向深入。各级党组要把向杨善洲同志学习活动作为今年理论学习中心组学习的重点内容，今年上半年至少组织一次集中学习，时间不少于2天。各州（市）、县（市、区）局领导班子和领导干部要以“学习杨善洲，自觉加强党性修养，自觉实践党的宗旨”为主题，召开一次专题组织生活会。各级党组织要组织“学习杨善洲精神，做人民满意的好党员好干部”的专题讨论，重点围绕杨善洲同志“如何为政、如何干事、如何做人”深入讨论，引导广大党员干部树立正确的权力观、地位观、利益观。要把向杨善洲同志学习活动贯穿于全省各级国税机关干部竞争上岗、竞争性选拔任用全过程，坚持原则，公道正派，努力营造风清气正的选人用人环境。

四是要围绕做好新形势下的群众工作，把向杨善洲同志学习活动引向深入。国税系统各级领导干部要按照《关于在创先争优活动中推动领导干部下基层切实做好新形势下群众工作的通知》（云创组〔2010〕32号）要求，围绕“服务基层年”主题，开展一次驻点调研，结对帮扶一户困难群众，解决一批群众反映强烈的突出问题，在5月底前召开一次专题民主生活会。各级领导干部要坚持群众路线，带头深入基层一线调查研究，真正了解掌握基层党员和群众对经济社会发展的愿望、改善民生的期盼、解决问题的诉求，要把实现和维护好群众利益作为加强新形势下群众工作的着力点和落脚点，要着力解决一批纳税人最期盼、最渴望解决的重点难点问题，要健全完善科学民主决策、群众诉求表达、矛盾纠纷排查调处、督查督办等机制，坚决查处损害纳税人利益的失职渎职和违纪违法行为，维护好纳税人合法权益。要继续坚持扶贫联系点制度，把帮助基层困难群众脱贫致富作为创先争优活动的一项重要任务，宣传并执行好国家支农惠农等税收优惠政策。在6月底之前，要组织召开一次做好新形势下群众工作专题民主生活会（或党支部组织生活会），领导干部要认真开展对照检查，查找自身在加强新形势下群众工作的问题和不足，对症提出整改落实承诺，自觉践行承诺，切实增强领导科学发展、应对突出问题、化解矛盾纠纷、维护和谐稳定的能力。

五是要围绕做好老干部工作，把向杨善洲同志学习活动引向深入。贯彻落实中央出台的一系列惠及离退休老干部的政策措施，全面落实好老干部的政治待遇、生活待遇，充分发挥老干部积极作用，丰富老干部精神文化生活，努力提高老干部工作部门自身建设水平，着力营造政治上尊重、思想上关心、生活上照顾、精神上关怀老同志的良好氛围。要组织老干部认真学习杨善洲同志的先进事迹和崇高精神，抓好离退休干部思想政治建设和党支部建设，引导离退休干部党组织和党员争创“五好”党支部、争当“四好”党员，为党和人民的事业发挥余热、多作贡献。

六是要围绕创先争优活动和学习型党组织建设，把向杨善洲同志学习活动引向深入。3月31日，省委省直机关工委常务副书记董志红同志带领调研组，对省局机关和国税系统开展创先争优活动情况进行了调研指导，对我局工作情况给予了高度评价和充分肯定。作为省直机关工委选定的20个党建示范点之一，省局机关要在创先争优和学习杨善洲同志活动中带好头，真正发挥好示范作用。各级国税机关要把深入开展向杨善洲同志学习活动作为创先争优活动的重要内容，全面落实服务承诺、领导点评、群众评议、评选表彰、授旗评星等活动，进一步创新活动载体，深入开展“四亮四评”、“五比五创”等各种争创活动，教育引导基层党组织履职尽责创先进、党员立足岗位争优秀、干部示范引导作表率，努力争科学发展之先、创社会和谐之优，为推动科学发展、构建和谐云南、维护边疆安宁、服务人民群众、加强基层组织提供强大动力。要把深入开展向杨善洲同志学习活动作为学习型党组织建设的重要内容，组织党员、干部认真学习杨善洲同志先进事迹，提高知识素养，激发干事创业热情，促进国税事业发展。

四、加强组织领导，务求学习活动取得新成效

深入开展向杨善洲同志学习活动，关键在领导。各级党组织要进一步加强组织领导，强化工作措施，采取集中学习、专题辅导、个人自学等方式，及时组织广大党员干部认真学习胡锦涛总书记重要指示精神，按照省委关于深入开展向杨善洲同志学习活动的有关工作部署，深入开展好以进行一次集中学习动员、组织一次专题学习讨论、开展一次为民服务主题活动、开展一次百万党员义务植树纪念活动、召开一次专题组织生活会为主要内容的“五个一”主题实践活动。

深入开展向杨善洲同志学习活动，重在实践，贵在行动。各级领导干部要率先垂范，认真学习杨善洲同志先进事迹，模范践行杨善洲精神，使之成为一种精神追求、一种价值理念、一种自觉行动。广大党员干部要结合实际认真向杨善洲同志学习，立足本职充分发挥先锋模范作用，努力争创佳绩。离退休干部要积极响应党的号召，认真学习杨善洲同志的先进事迹和崇高精神，保持本色，发挥作用，老有所为。全系统要积极行动起来，以杨善洲同志为榜样，做好本职工作，要充分利用网络、简报、新闻媒体等多种形式，大力宣传和学习杨善洲同志先进事迹，大力宣传和报道基层党组织和党员干部开展学习杨善洲同志活动的生动事例和新鲜经验，在全系统形成学习先进、争当先进、赶超先进的浓厚氛围。

要通过广泛深入持久的学习宣传，把杨善洲同志先进事迹和崇高精神宣传到基层、宣传到党员、宣传到群众，努力在学习宣传上取得成果；要把学习中激发出来的热情转化为实际行动，体现到具体工作中，努力在工作实践上取得成果；要通过深入研究杨善洲同志成长背景、工作经历，挖掘杨善洲精神的深刻内涵，探索培养造就优秀干部的规律，努力在理论研究上取得成果；要探索和建立完善党员干部学先进、找差距、增干劲的长效机制，努力在制度建设上取得成果。

同志们，杨善洲同志的先进事迹和崇高精神，是激励我们顽强拼搏、创先争优的强大精神动力。我们要深入开展向杨善洲同志学习活动，大力弘扬杨善洲同志的崇高品质，自觉践行“个人形象一面旗、工作热情一团火、谋事布局一盘棋”的要求，开拓进取，扎实工作，为云南“两强一堡”建设作出更大的贡献！

在注册税务师行业管理工作座谈会上的讲话

李鸿文

（2011 年 5 月 5 日）

同志们：

今天非常高兴和注税行业的同志们一起座谈，听取各方各面的意见和建议，进一步了解注税行业取得的成绩、存在的困难和同志们的期盼。这对于进一步规范行业管理、进一步加大对注税行业的支持力度、进一步做好行业服务和监管，有着十分重要的意义。刚才，省国税局蔡杰副局长通报了我省注册税务师行业管理工作情况，省地税局张红霞副局长对注册税务师行业的发展提出了具体的要求和希望。在座的各位代表在座谈中对云南注册税务师行业的发展建言献策，提出了很多很好的意见和建议，在此，我代表云南省注册税务师管理领导小组向各位表示衷心的感谢！

五年来，伴随着云南经济社会的快速发展和税收事业的长足进步，我省的注册税务师行业发展势头良好，行业队伍逐步壮大，业务范围不断拓展，注册税务师行业在征与纳之间的中介地位越来越受到纳税人及社会各界的重视，业务发展前景更加广阔。注册税务师作为市场服务体系的重要组成部分，正逐步成为构建和谐税收征纳关系的一支重要力量，并在税收征收管理中发挥着积极的作用。但是，与省外和注税行业发展较快的地区相比，我省注册税务师行业目前仍然处于发展的起步阶段，从规模、质量和各方面的支持力度来看，尚不能满足市场经济发展和税收管理规范执法、征收率高、成本降低、社会满意的需要。与全国同行业相比，也还存在一些不尽如人意之处：经营规模在全国尚属后位，对纳税人的覆盖影响较小；从业人员素质参差不齐，执业质量不理想；市场观念、服务意识还需进一步增强，个别事务所在发展过程中缺乏自律、违反法规制度甚至还发生商业贿赂等违法违纪的情况，行业行政监管和自律管理应进一步强化。这些问题都需要我们在今后的工作中认真研究解决。下面，结合云南注册税务师行业的发展实际，我代表领导小组讲三点意见。

一、要充分认识注册税务师行业对推进依法治税的积极作用

近年来，国家税务总局根据经济全球化和税收管理专业化的发展趋势，引入国际先进税收管理理念和方式，鼓励税收中介组织和注册税务师代理纳税人的涉税事项办理，注册税务师行业的发展对提高纳税人税法遵从度、促进税务机关依法行政的积极作用越来越显现，概括起来讲，就是着眼于“三个降低”：

一是促进纳税人依法诚信纳税，降低税法遵从成本。随着我国税收法律体系的不断完善，税收执法更加规范和严密，纳税人需要更加专业的指导和更加高效的服务，准确地理解税收法律、法规，正确办理各类涉税事项，防范涉税风险。在这种情况下，纳税人必然会选择具有专业知识和执业能力的税务中介机构提供涉税咨询和代理涉税事项，达到降低税法遵从成本的目的，客观上促进纳税人依法诚信纳税。刚才，有的同志在发言中讲到加强注税行业自身建设的问题，讲得非常好。加强行业自律和自身建设，是推进注税行业健康发展的重要保

障。同时，培养复合型的注税行业人才也是支撑行业发展的重要因素。当前，随着经济社会发展和税收管理工作的不断加强，过去一些在经营上依赖税务机关的思路是行不通的，对于中介机构向个别税务干部利益输送的问题，必须严肃查处，坚决杜绝。因此，注税行业的健康发展就需要不断加强自身建设，自强自立，以良好的服务来赢得市场，以良好的管理来共同促进纳税人依法诚信纳税，共建和谐税收。

二是维护纳税人合法权益，降低纳税成本和涉税风险。享受税法规定的各类税收优惠和依法开展税收筹划既是纳税人的权利，也是纳税人选择税务中介服务的内在动力。注册税务师作为从事涉税业务的专业人员，能够帮助纳税人正确选择投资领域和核算方式，享受税法规定的各类税收优惠，防范和化解涉税风险，最大限度地维护纳税人的合法权益，降低和节约纳税成本。

三是开展涉税鉴证业务，降低了征收成本和执法风险。注册税务师行业对纳税人申报涉税事项依法进行审核鉴证，提高了申报涉税事项的依法可信度，减少了税务机关直接审核和检查程序，降低了征收成本，提高了工作效率。另一方面，涉税鉴证具有较大的执业风险，注册税务师在承接业务的同时，也承担了相应的法律责任，从而降低了税务机关的执法风险，减轻了税务干部渎职追究的压力和责任。

要充分发挥注税行业在依法治税中的“三个降低”作用，对税务机关和中介机构来说，在理念上是值得研究的重要课题；在实践中既是机遇，也是挑战。税务机关和中介机构要在坚持依法治税的前提下，准确把握在税收征管和纳税服务两个核心业务中开展工作遵循法定业务和规范程序，共同构建和谐征纳关系，推动税收管理科学化、精细化、专业化水平的提高。

二、税务机关要发挥职能作用促进注册税务师行业健康发展

对于税务机关来说，促进注税行业健康发展，今天我要强调三点：

（一）依法支持

各级税务机关要正确把握好依法治税与依法支持注册税务师行业发展的准则，认真划清税务机关职责和税务代理的政策界限，从制度的落实检查上约束事务所或注册税务师不规范不合法的行为发生。切实做到“一严禁、五不得、一引导”，即：严禁把税收执法权、强制执行权等其他税收行政执法权委托给税务师事务所；不得委托税务师事务所代征税款，不得参与税务师事务所的经营活动，不得以任何名目从税务师事务所获取经济利益，不得以税务机关的名义组织企业由税务师事务所进行业务培训，不得指定代理、强制代理；要引导税务干部树立正确的权力观，自觉规范和约束自己的执法行为，严守纪律，清正廉洁。

（二）服务发展

各级国税机关要按照“依法支持，利于征管”的原则，一手抓管理，一手抓扶持，促进税务师事务所的健康发展。要积极探索为事务所和注册税务师服务的内容和领域，进一步拓展税务代理业务范围，加快鉴证业务试点工作的开展。对代理涉税业务信誉好的事务所，适当减少委托代理户税务检查次数，在开展涉税培训、税收政策辅导方面给予支持和倾斜。在支持注税行业发展方面，这些年我们做了积极的探索，但力度需要进一步加强。特别是在税收政策宣传和辅导等方面，税务机关要充分利用门户网站等手段，及时、准确地做好宣传辅导。近期，我们还将编辑税收优惠政策汇编。通过税收政策和管理上的沟通协调，为注税行业提供更好的发展环境。

（三）规范监督

注税管理中心要重视质量监管，引导事务所依法诚信执业。将监管的重点向执业质量转移，改变过去只重视检查注册税务师的执业资质，向既重视执业资质，更重视执业质量和执业行为规范的监管发展。进一步加强对事务所和注册税务师的日常监管检查。加强国、地税部门间的沟通联系，及时了解和掌握事务所及注册税务师的执业情况。继续全面推行行业公告制度，采取评选先进税务师事务所和优秀注册税务师等多种方式，提升行业的社会认知度和影响力。对税务师事务所的不良竞争行为加强管理，以创造公平、有序的竞争环境。

三、注册税务师行业要加强自身建设实现行业发展壮大

对于我省注册税务师行业来说，今天，我也要强调三点：

（一）珍惜形象

注册税务师行业要坚持职业操守，通过依法从业在社会上和纳税人中树立良好的行业形象，进一步提高社会的认知度和对纳税人的影响力。不能因为业务拓展，采取非法手段；不能人为干扰税务机关的税收执法行为；不得邀请税务干部参与税务师事务所的经营活动；不得以任何名目从税务师事务所给税务干部经济利益；不得以税务机关的名义组织企业由税务师事务所进行业务培训；不得要求税务干部为事务所指定代理、强制代理。国、地税人员较多，战线长，管理上不可避免地存在不到位的地方。这就需要征纳双方以及事务所共同努力，遵纪守法，优化服务，提高税法遵从度，减少税收执法风险。同时，税务机关要依法支持注税行业发展。

（二）苦练内功

要坚持发展与规范并重，在规范中加快发展，在发展中规范完善的发展思路；确立既重视数量扩张、更重视质量建设的发展模式，既要鼓励行业做大，更要鼓励行业做强。要针对不同需求的服务对象、不同层次的纳税人，提供差别化、个性化的服务，将代理业务做精做优。站在行业发展全局的高度，遵循优胜劣汰的市场法则，拓展税务师事务所跨地区经营，实现重组、并购或联合，向集团化、规模化方向发展。

（三）诚信执业

依法诚信执业既是发展市场经济和建立市场服务体系的客观要求，更是注册税务师行业发展的内在要求；诚信执业是事务所和注册税务师的生命线和执业底线。诚信执业不但是道德层面上的自律，也还是经济效益最优化的必然选择。因为诚信是克服眼前利益和短期行为，追求远期利益和长效发展。从这个意义上讲，依法诚信执业不仅不吃亏，而且必将长久受益。因此，注册税务师行业要高度重视，坚持依法诚信执业，以依法代理、独立公正、维护国家和纳税人合法权益为原则，坚决防止有悖法律法规和职业道德准则的行为发生。

注册税务师行业的健康发展，离不开管理机构和事务所双方的共同努力，离不开税务机关的依法支持，更离不开广大纳税人和社会各界的理解和帮助，让我们共同努力，为促进云南的注册税务师行业健康发展贡献自己的力量。

谢谢大家！

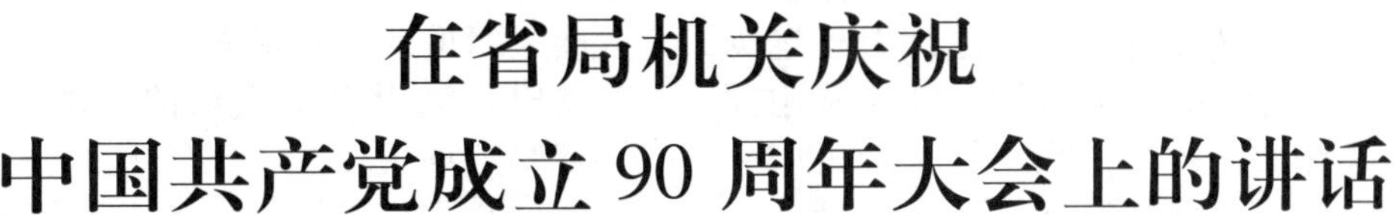

在省局机关庆祝
中国共产党成立90周年大会上的讲话

李鸿文

（2011年6月29日）

同志们：

在“七一”建党节即将到来之际，我们在这里隆重集会，共同庆祝中国共产党成立90周年。在这个喜庆的日子里，我们举办了省局机关唱红色歌曲比赛，举行了新党员入党宣誓，老党员重温入党誓词，并对一年来党建工作、“创先争优”活动中涌现出的先进基层党组织、优秀共产党员、优秀党务工作者进行表彰。今天的唱红歌比赛，省局机关各支部组成10个合唱队经过精心准备和排练，取得了优秀的成绩。省局机关9个先进党支部、22名优秀党务工作者、53名优秀共产党员受到表彰。有18名先进积极分子宣誓并加入党组织，成为光荣的共产党员。我代表省局党组，对受到表彰的单位和个人，以及宣誓入党的同志们表示热烈的祝贺！

纪念中国共产党成立90周年，是党和国家政治生活中的一件大事。以开展庆祝建党90周年为契机，组织引导基层党组织和广大党员讲党性、学党史、树典型、当先锋，对于广泛开展爱国主义教育、理想信念教育，进一步加强党的建设，深入开展创先争优活动，为“十二五”开好局起好步提供动力和保证，具有重要的意义。按照中央、总局党组、省委和省局党组的安排部署，全省国税系统以迎接建党90周年为契机，围绕我省“十二五”开局各项工作、“两强一堡”战略目标和国税工作实际，结合向杨善洲同志学习活动，广泛开展以“读红色经典、唱红色歌曲、讲红色故事、写红色书法、看红色影片、走红色道路”为重点的系列活动，进一步创新活动载体、丰富活动内容。6月23日，省局第14期《云南国税讲坛》邀请了国家税务总局党校、国家税务总局扬州税务进修学院丁建农教授以《中国共产党九十年的伟大创举》为题，从分析1840以来的历史背景入手，以“应运而生、历经磨难、生命优势、丰功伟绩、雄心壮志”五个专题系统解读了中国共产党90年走过的光辉历程，为全省国税系统一万多国税干部上了一堂生动的党史课。昨天，省局召开老同志庆祝建党90周年座谈会，回顾光辉历程，抒发爱党情怀。省局党组成员李杰副局长代表省局党组向为云南革命、建设和改革开放以及税收事业作出积极贡献的离退休老同志致以诚挚的问候和崇高的敬意，并看望慰问了省局机关全体老党员、老干部。刚才，省局机关歌咏比赛气氛热烈、高潮迭起，具有较高的艺术性和很强的感染力。作为我国红色经典的重要组成部分，红色革命歌曲产生和流传在中国革命、建设和改革的各个时期，至今依然长盛不衰、魅力不减。一首红歌就是一面旗帜，一支红曲就是一把号角，红歌代表着先进的文化、民族的精神和传统的美德。我们唱红歌，就是要用最真挚的歌声回顾革命时期的峥嵘岁月，缅怀革命先辈们的丰功伟绩，永远铭记我们党的光辉历史；就是要尽情讴歌新中国成立以来，特别是改革开放以来取得的辉煌成就，抒发爱国主义情怀，坚定社会主义现代化建设的理想信念；就是要传承革命传统，弘扬时代主旋律，勇于担当起时代赋予我们的责任，进一步振奋精神，加快推进云南国税事业又好又快发展。同时，省局机关和昆明市国税局联合组成的合唱队，参加了省直机关工委举行的“旗帜颂——省直机关庆祝中国共产党成立90周年歌咏比赛”，在62个参赛队中荣获一等奖；在参加昆明市延安精神研究会举行的合唱比赛中荣获金奖；在参加“盘江艺术节合唱比赛”中荣获第一名。此外，全省各地国税机关认真开展了读党史书籍、上党课、重温入党誓词、参观爱国主义教育基地、走访看望老党员等活动，在当地组织的群众性歌咏比赛中捷报频传、屡获殊荣，并在税收征管和纳税服务工作中，以振奋的精神和良好的作风让纳税人真切感受到迎接建党90周年展现的新面貌、新风尚，为建党90周年营造了良好的氛围。

中国共产党已经走过了90年不平凡的历程。纪念活动的开展，是为了更好地传承，传承是为了把党的宏伟事业继续推向前进。在建党90周年之际，我们进入了“十二五”新的发展时期。我们要紧紧抓住和充分用好我国、我省发展的重要战略机遇期，以崭新的精神风貌和过硬的工作作风，推动国税事业又好又快发展，努力形成千帆竞发、百舸争流的良好局面。借此机会，我讲三点意见：

一、坚定信念，毫不动摇地坚持走中国特色社会主义道路

中国共产党走过的90年，是艰苦创业的90年，是激情燃烧的90年，也是光辉灿烂的90年。90年来，在党中央的坚强领导下，我们党带领全国人民克服一个又一个困难，取得一个又一个胜利，谱写了一曲又一曲动人的革命之歌、奉献之歌、创业之歌。回顾历史，站在历史的高点，才能放眼长河巨浪，领略壮阔波澜。90年始终如一，中国共产党为了人民利益不懈奋斗。90年与时俱进，中国共产党为人民利益不断开拓进取。90年来，中国共产党始终高举为人民服务的旗帜，团结带领人民求解放、谋幸福、图发展，奋力开创幸福美好的生活，赢得亿万群众的衷心拥护。历史已经证明，没有共产党就没有新中国；没有共产党就没有中国的改革开放和现代化；没有共产党就没有中华民族的伟大复兴！在党的正确领导下，我省经济社会稳定繁荣，云南国税事业欣欣向荣，在科学发展、和谐发展、创新发展的道路上取得了喜人的成绩。全省国税系统将以建党90周年作为新的起点，毫不动摇地坚持中国共产党的领导，毫不动摇地坚持中国特色社会主义理论体系，毫不动摇地坚持走中国特色社会主义道路，全面贯彻党的十七大及历次全会精神，高举中国特色社会主义伟大旗帜，以马克思主义、毛泽东思想、邓小平理论和“三个代表”重要思想为指导，深入贯彻落实科学发展观，唱响共产党好、社会主义好、改革开放好、伟大祖国好的时代主旋律，在全系统认真组织学习贯彻胡锦涛总书记在庆祝中国共产党成立90周年大会上的重要讲话精神，学习省委庆祝中国共产党成立90周年大会精神，教育引导广大党员干部坚定理想信念，牢记党的宗旨，服务科学发展，共建和谐税收，着力实施云南国税“十二五”规划，全面推进国税系统党的建设，为国家和我省经济社会发展做出应有的贡献。

二、认清形势，紧紧抓住国税事业发展的重要机遇期

当前，我们正处在加速发展的重要历史阶段，面临着来自各个方面的重大历史机遇和比较优势。一是我省桥头堡建设已经拉开帷幕。国务院支持云南加快建设面向西南开放重要桥头堡的意见不久前正式出台，明确了7个方面的工作重点、16大战略目标和30条突破性政策，分别从区位、通道、开放、产业、生态等方面明确了云南在全国的地位，凸显了云南的优势和特色。这不仅是云南全省各族人民期盼已久的喜事，也标志着国家对桥头堡建设的部署进入了全面实施阶段。近期，省局党组召开了党组中心学习组扩大会议，认真学习了《国务院关于支持云南省加快建设面向西南开放重要桥头堡的意见》。省局党组充分认识到，桥头堡战略的实施对云南具有划时代的意义，云南已经站在一个新的历史起点上。《意见》对国税工作明确了许多新的任务，要求我们站在促进我省经济社会全面发展的高度，围绕全省工作大局，进一步找准国税工作与“桥头堡”建设的结合点和着力点，不断创新工作思路和方式方法，为“桥头堡”建设发挥应有的作用。要认真学习贯彻昨天刚刚结束的省委八届十一次全委会精神，省局机关要积极带头，为系统作出表率，要恪尽职守，不辱使命，心无旁骛，扎实工作，要心系基层，真情为民，以优异的成绩迎接云南省第九次党代会的召开。二是西部大开发战略深入实施。云南省实施西部大开发10年来取得了巨大的成就，云南国税在落实各项促进西部大开发税收政策，支持经济社会发展上，做出了重要的贡献。展望下一个10年，是巩固和发展实施西部大开发战略取得初步成果的关键时期。近期，省委、省政府下发了贯彻《中共中央、国务院关于深入实施西部大开发战略的若干意见》精神的实施意见，国税部门必须进一步推进依法治税，抓好组织收入工作，不折不扣地落实各项税收优惠政策，在促进新阶段西部大开发建设中有所作为。三是云南国税迈入“十二五”新的发展时期。《云南省“十二五”时期国税工作发展规划纲要》提出了今后五年云南国税工作的指导思想、基本原则和目标任务。全省各级国税机关和广大国税干部要牢牢把握科学发展主题，紧扣加快转变经济发展方式主线，始终抓住保障和改善民生为重点，时刻铭记为国聚财、为民收税的神圣使命，锐意进取、埋头苦干，结合当地实际，科学分解规划提出的目标任务，明确工作责任，努力推动“十二五”顺利开局。

政治路线确定之后，干部就是决定因素。实现国税事业新的发展，围绕新的任务和使命，自觉地向更高的目标奋进，归根到底要靠各级党组织来实施，要靠党员干部和全系统干部职工来推动。在新的形势下，抢抓新机遇，就是要始终坚持党的领导，不断探索国税工作的新方法和新途径，切实提高各级党组织的凝聚力和战斗力，增强广大党员干部的责任感和紧迫感，承担起历史和时代赋予我们的光荣使命，以饱满的工作热情、创新的工作思路，不断完善加快科学发展的工作举措，切实把外部机遇转化为推动国税事业又好又快发展的强大动力。

三、求真务实，自觉把党的先进性转化为履职尽责的实际成效

全省国税系统广大党员是国税建设的主力军。在云南国税发展的道路上，锻炼了一批特别能战斗的党员干部队伍，为我们迎接新挑战提供了坚实的基础。“十二五”建设的开局之年，头绪多，任务重。因此，全系统各级党组织要在抓好自身建设的基础上，科学谋划，真抓实干，奋勇争先，促进广大党员干部在各自的工作岗位上发挥出先锋模范带头作用。一是要做科学发展的先锋。围绕党的中心任务抓党建，是我们党的优良传统和历史经验。各级党组织、党务工作部门要牢固树立“抓好党建促发展”的意识，切实找准在“实现新发展”中的着力点和结合点，抓住“十二五”规划、桥头堡建设和西部大开发战略机遇，立足国税工作实际，乘势而上，顺势而为，争当工作排头兵。二是要做创先争优的表率。要继续巩固和深化创先争优工作成果，深入开展向杨善洲同志学习活动，把向杨善洲同志学习活动与向身边典型学习结合起来，引导广大党员干部学先进、见行动，坚守共产党人的精神家园，争做人民满意的好党员好干部。要广泛开展为“十二五”开局作贡献活动，动员基层党组织和党员围绕“服务基层年”各项工作勇挑重担，做出业绩。广大党员干部要从自己做起、从岗位做起，比学习、比工作、比贡献，争创一流业绩、争当时代先锋。各基层单位作为税收服务的窗口，党组织和党员要带头争创群众满意窗口、优质服务品牌、优秀服务标兵，进一步改进服务作风、提高办税效率，认真解决纳税人反映的突出问题，让群众和纳税人切身感受到创先争优带来的新气象、新变化。三是要做真抓实干的模范。要把加强党员干部队伍建设作为党建工作的重要环节来抓，不断提高素质，努力增强本领，建设一支特别能吃苦、特别能战斗、特别能奉献的党员干部队伍。要紧密结合国税工作实际勤奋工作，为科学发展树形象，营造团结和谐、风清气正的良好环境。今年上半年，云南国税各项工作扎实推进，税收执法进一步强化，管理工作进一步加强，征纳关系进一步改善，国税部门形象进一步提升，党建工作、精神文明建设、国税文化建设取得新的成绩，服务基层年主题活动得到有效落实，税收收入保持快速增长的势头。截至今天，国税收入达到656.70亿元，同比增收136.14亿元，增长26.15%，完成确保目标的56.05%，完成奋斗目标的54.73%，实现了时间过半、任务过半。上半年的工作成效为顺利实现“十二五”良好开局奠定了坚实的基础。下半年的工作任务依然繁重，我们要再接再厉，毫不松懈地落实依法行政准则，抓好纳税服务和税收征管核心业务，加快推进科技兴税，加强干部队伍建设和党风廉政建设，有效落实服务基层的各项举措，进一步落实好年初全省国税工作会议部署的各项任务，凝心聚力、同心同德，推动云南国税工作再上新台阶，国税事业实现新发展。

同志们，今天我们唱响红歌，就是要铭记红色历史，传承革命精神，抒发爱党情怀，弘扬时代风采。站在历史的新起点上，让我们更加激情满怀，更加奋发有为，更加求真务实，为我省建设中国面向西南开放重要桥头堡，为云南国税事业又好又快发展作出新的更大的贡献，以实际行动为党旗增光添彩！

再接再厉　常抓不懈 切实提升内控机制建设的质量和效率

——在全省国税系统内控机制建设现场推进会上的讲话

李鸿文

（2011 年 8 月 2 日）

同志们：

这次内控机制建设现场推进会，是省局党组为加强和推进全省国税系统内控机制建设而决定召开的。去年，省局机关开展了内控机制建设，昆明、曲靖市国税局开展了内控机制建设试点工作，取得了一定成效。今年初，省局党组根据总局党组要求，立足云南国税党风廉政建设工作实际，作出将内控机制建设向全省各州、市、县（区）国税机关全面推行的重要部署，并将其列为“服务基层年”的重要工作任务。

今天上午，我们现场观摩了曲靖市国税局的内控机制建设开展情况，刚才，听取了部分州市局的经验交流发言。总的来说，全省各级国税机关都按照总局、省局部署，把内控机制建设当作一项重要工作来抓，取得了较为明显的成效。对税收执法权和行政管理权行使的监督得到进一步规范，税收岗责体系得到进一步明晰，干部的责任意识和执法风险意识得到有效提升，云南国税惩防体系建设得到有效推进。当然，少数地方也还不同程度的存在一些问题和不足，需要我们引起高度重视，在下一步的工作中切实加以改进。在这里，我讲四点意见。

一、整体推进，全省国税系统内控机制建设取得初步成效

一直以来，云南国税认真贯彻中央、总局和省委关于加强反腐倡廉建设的一系列决策部署，坚持标本兼治、综合治理、惩防并举、注重预防的方针，始终把党风廉政建设和反腐败工作作为关系全局的重大政治任务来抓，取得了明显成效，实现了“事业科学发展，干部健康成长”，在云南国税事业持续健康发展大局中发挥了重要作用。但与此同时，在全省国税系统反腐倡廉建设中，还面临一些不容忽视的问题。少数领导干部对党风廉政建设和反腐败工作重要性认识不足，依然存在“一手硬、一手软”的问题；少数单位党风廉政建设与业务工作“两张皮”的现象还没有得到根本扭转；极少数干部廉洁自律意识不强，利用职权或职务上的影响谋取不正当利益；少数单位税收岗责体系不明晰，干部风险意识不强，一些重点岗位和关键环节还存在违规现象，干部面临的执法风险隐患呈加大态势。基于这些现实问题，省局党组按照总局要求，把推行内控机制建设作为全省国税系统惩防体系建设的重要载体，对全系统内控机制建设的开展进行了周密的部署，并加强了督促指导。各级国税机关紧紧围绕总局、省局部署和要求，加强宣传动员，认真排查风险，完善岗责体系，规范权力流程，制定防控措施，清理整合制度，内控机制建设取得了初步成效。

（一）权力监控得到了有效加强

由于税收工作的特殊性，国税干部经常面临各种经济利益的诱惑和各种不正之风的腐蚀，反腐倡廉工作面临严峻挑战。如何对权力的运行进行直接、明确、有效的监督，成为国税部门党风廉政建设工作需要认真研究的现实课题。

各地在内控机制建设过程中，认真进行风险岗位梳理，明晰权力运行程序，全面排查风险点，强化制约措施，落实岗位责任，最大限度地把预防腐败的要求和对权力运行的监督制约融入税收工作的各个环节、各个岗位和每一位国税干部，使权力运行的轨迹直接置于有效监督之下，使税收管理工作过程的违规违纪行为苗头更易于被发现，有利于将风险控制在萌芽状态，起到保护干部的作用。去年，省局机关共排查出风险岗位108个，廉政风险点191个，共整合防控制度23个，制定具体防控措施230条；今年，各州市局开展内控机制建设以来，平均排查出风险岗位280个，廉政风险点648个，平均制定具体防控措施554条。实践证明，内控机制建设是反腐倡廉建设与业务工作的结合点，有效使反腐倡廉工作渗透到税收日常管理和税收工作全过程，把预防腐败的要求落实到权力运行的各个环节，对权力的监督得到规范和加强。

（二）干部的廉政风险意识和执法风险意识得到有效提升

国税部门处于利益分配的前沿，管理层级多，国税干部权力行使直接具体，执法风险和廉政风险时刻存在。在以往的工作中，执法人员因对税收法律法规和政策掌握不够、不深、不透和执法不到位造成工作不负责、执法随意、不作为或乱作为的现象时有发生。国税干部防范风险的意识和能力亟待提升。针对以上问题，各地在内控机制建设中一方面切实加强了宣传教育，通过召开动员会、组织学习等形式，大力宣讲内控机制建设的意义和作用。结合近年来发生的违法违纪案件、工作中检查出的纰漏、各项考核中存在的问题，组织开展专题讨论，深刻剖析根源，使广大干部清醒地意识到风险就在身边，防范风险就是对自己最好的保护，有效增强了国税干部主动认识风险、认真排查风险、积极化解风险的意识。另一方面，通过全员参与梳理岗位职责和权力事项、排查廉政风险点等工作，使广大干部清楚地了解自己所在岗位涉及的风险点，明确风险防控的要求和措施，并通过将内控机制建设与税收风险管理、税源专业化管理等重点工作有机结合，促使广大干部在工作中自觉落实，抓好预防，变被动遵守为主动防控，切实提升了国税干部识别风险、规避风险、防御风险的能力。

（三）国税部门政风行风建设得到有效促进

各地通过开展内控机制建设，充分发挥各部门抓反腐倡廉建设的积极性和主动性，从源头和机制上防范腐败风险，使广大干部在日常行政管理和税收执法过程中自我发现和纠正问题的意识和能力得到加强。同时，各地国税机关通过推行内控机制建设，加强内部制约，税收岗责体系、办税流程得到进一步完善，促进了税收管理精细化、科学化、规范化，促进了国税干部服务意识、责任意识和廉政意识的树立，改进了工作作风，提升了纳税人满意度和社会满意度。在曲靖等地，国税部门的内控机制建设得到了当地纪委和有关部门的较高评价和充分肯定。

（四）内控机制建设积累了一些好的做法和经验

在各地开展内控机制建设过程中，不少单位采取了一些行之有效的做法，有的立足于本单位税收信息化工作实际，推进信息化与内控机制建设的紧密结合，初步实现了事前预警、事中控制、事后处理的全过程防控，提高了制度的执行力和落实力；有的抽调相关部门骨干组建成项目攻关组，集中力量开展工作，提升了风险排查的周密度和防控措施制定的有效性；有的切实加强宣传教育，提高了广大干部的责任意识和风险防范意识，促进了管理水平的提升；楚雄、玉溪等州（市）局还召开了内控机制现场推进会，加强经验交流，促进本州（市）国税系统内控机制建设整体推进，等等。这些好的经验和做法，对全系统下一阶段的内控机制建设工作开展，有着良好的示范作用和借鉴意义。

在内控机制建设取得成效的同时，我们也要看到，全省国税系统的内控机制建设工作还存在着一些问题和不足，主要表现在：一是思想认识还不到位。当前仍有少数干部对内控机制建设工作重视不够，没有充分认识到内控机制建设的重要性、必要性，没有把内控机制建设作为内部管理的基础性工作加以重视，认为违法违纪是领导干部的事，执法执纪是纪检监察干部的事，开展内控机制建设与己无关。还有少数干部在认识上存在误区，片面地认为开展内控机制建设使各种风险摆在了明面上，在工作中容易让人揪住小辫子，会对工作造成束缚，因而缺乏参与内控机制建设的积极性和主动性。二是工作质量还有待提高。少数单位对前期各阶段工作把关不严，风险排查不够全面和细致，防控制度及措施制定过于模糊和笼统，操作性和针对性不强，一定程度上存在应付思想；少数单位一把手没有严格履行内控机制建设直接责任人的职责，把内控机制建设简单地当成了纪检监察部门的局部性工作，跟踪督促不严，给予的重视和关注不够，投入人力物力不足，影响了工作质量的提升。三是工作进展还不平衡。全省大多数单位内控机制建设进展顺利，成效明显，但少数单位工作相对滞后，工作落实的力度有待加强。全系统内控机制建设进展不平衡。

这些问题的存在，影响了全省国税系统内控机制建设的整体质量和效率，必须认真加以解决和改进。各级党组要进一步加大督导力度，及时帮助基层解决工作中存在的困难，确保全系统内控机制建设的有力、有序、有效、如期推进。

二、再接再厉，着力提升内控机制建设工作的质量和效率

今年来，按照省局关于开展内控机制建设的指导意见，经过系统上下的不懈努力，全省国税系统的内控机制建设已经取得阶段性成果，一些进度较快的单位和部门已经初显成效。但是，离全面构建起各职能部门之间和层级管理之间既相互制约、又相互协调的权力结构和运行机制还有较大的差距。全省各级国税机关要进一步加以重视，明确任务，深刻理解内控机制建设的内涵，紧紧围绕总局、省局对内控机制建设的部署和要求，认真研究，不断深化，切实提升内控机制建设的质量和效率，最大限度地把防治腐败的要求融入权力结构和运行机制各个环节，从源头和机制上防范腐败风险。

（一）要以明确责任为基础抓好内控机制建设

推行内控机制建设，必须以规范完善岗位职责为基础，明确各岗位权力和责任。各地要按照“合理高效、相互制约、以事定岗、依法定责、权责匹配”的原则，在前期工作的基础上，不断分析总结，进一步梳理工作职能、明确工作目标要求、分解细化部门责任，把内控机制的核心嵌入到税收业务工作之中。通过对岗位职责的规范和完善，明确各岗位在处理有关业务时所具有的权力和责任，实现权力、岗位、责任、制度有机结合，初步形成设置科学、分工合理、任务具体、责任明确的较为完备的岗责体系，为高质量地开展内控机制建设奠定良好的基础。

（二）要以权力制衡为核心抓好内控机制建设

内控机制建设的核心，是对权力进行科学配置和制衡，做到分权、示权、控权。各地要对照有关法律、法规和相关文件精神，对各部门的权力事项，特别是税收业务管理权、人、财、物管理权等，进行科学、全面的梳理和分析，按照分权制衡的要求，严格划分不同权力的使用边界，按照不同类别权力的特征和作用，建立职权清楚、责任明确，既相互制约又相互协调的权力制衡机制，进一步增强职务分工的合理性和科学性。对权力进行梳理和分析的过程，也是对风险点进行排查的过程。在实践中，税收执法权与行政管理权的每一项权力往往就是一个个风险点，就是埋在岗位上的一个个“地雷”和隐患。只有查明风险，明确岗位风险存在及危害，使广大干部都清楚不同风险的分量，并明白自己在工作中该干什么、能干什么和不能干什么，才能进行科学有效地防范。因此，各地要正确认识和把握权力、风险、控制、责任之间的关系，消除认识误区，认真进行风险排查，并根据风险发生的概率和危害程度大小进行合理分类和分级，制定相应的防控措施，确保权力运行到哪里，风险防范就跟随到哪里。

（三）要以流程控制为主线抓好内控机制建设

各单位、各部门要在对权力事项作进一步梳理和科学分解的基础上，结合自身岗位职责体系，形成层层分解、环环相扣、有效制约的管理链条，实现对权力运行的分权制衡和流程制约。一要优化权力运行流程。明确具体权力事项的业务操作程序，通过程序控制，做到下一道程序对上一道程序进行控制，每道程序之间互相制衡。坚持制权与增效相结合，简化办事程序，减少不必要的环节。通过建立和规范工作流程，明确具体工作要求和时限标准，发挥各部门自身的监督职能，实现对权力的分权制衡。二要科学编制内控流程图。按照相互协

调、关联制约、规范高效、简明直观的要求，对权力运行流程按事项和岗位进行细化和分类，把权力事项的运行程序、职责要求、监督制约环节、相对人的权利、投诉举报途径和方式等内容，绘制成权力运行流程图，通过流程图将权力行使过程进行固化，使每项权力的行使过程都做到可查可控。

（四）要以完善制度为根本抓好内控机制建设

内控机制建设中，制度建设是最具有根本性的要素。加强内控机制建设必须以完善制度为根本保障。各地要在现有制度体系基础上，围绕征、管、查、罚、减、免、缓、退、人、财、物等环节，全面清理整合工作规程和内部管理制度。对制度链条上的缺失和断裂的环节，要及时进行弥补，加以健全和完善，最大限度地堵塞以权谋私、权钱交易的漏洞，减少不廉行为滋生的土壤和条件；对那些基层国税机关难以做到的、不够严密和不便操作的制度规定，要实事求是地予以废止或加以修订，既确保制度的刚性权威，又提高制度的合理性、科学性、可操作性，真正从制度上化解税收执法风险和防范涉税渎职犯罪，从源头上预防腐败。

（五）要以公开透明为保障抓好内控机制建设

阳光是最好的“防腐剂”，公开是最好的“照明灯”。各级国税机关在内控机制建设中，要抓住公开透明运行这个关键，以推行政务公开为契机，严格执行公开办事制度，不断提高权力运行的透明度和公信力。一是通过编制业务操作指南、风险提示手册等形式，明确各个岗位、各项权力的行使内容、对象、标准、时限等，使各岗位人员职责清晰，风险可估。二是对权力运行中触发的风险，要及时督促相关部门和岗位制定整改措施并跟踪回访，强化监督。三是要立足本单位信息化实际，利用好现有的电子政务平台，推动各项权力网上规范、公开、透明、高效运行，逐步建立起结构合理、配置科学、程序严密、公开透明、制约有效、监督有力的权力阳光运行机制。

三、常抓不懈，切实把内控机制建设作为云南国税一项长期性系统性工程抓紧抓好

内控机制建设是税务系统惩治和预防腐败体系建设的重要载体，随着云南国税系统惩防体系建设的不断深入，内控机制必将承载起越来越重要的反腐倡廉职责和使命。7 月 19 日，在全国税务系统干部队伍建设和党风廉政建设工作会议上，国家税务总局党组成员、纪检组长冯惠敏要求：“当前和今后的一个时期，各级税务机关要坚持不懈深化内控机制建设，使其贯穿于税务系统惩防体系建设的始终。要把内控机制建设作为一项重大工作任务，列入重要议事日程，牢牢把握权力制衡这个核心和防控风险这个目标，深入研究，扎实推进。”对于这次会议的精神，省局还将在 8 月 4 日召开的全省国税系统干部队伍和党风廉政建设工作会议上进行深入的贯彻落实。当前和今后一个时期，各级国税机关要按照总局要求，把内控机制建设贯穿于国税系统惩防体系建设的始终，在管用有效上下功夫，并根据形势的发展变化，不断加以动态校正。

（一）要强化风险教育，建立常态的内控教育机制

内控机制建设能否推行到位，加强干部风险教育，提高干部风险意识至关重要。各级国税机关要让干部职工充分认识到开展内控机制建设是为了保护干部，不是凭空生事、可有可无。要把风险教育制度化、经常化，特别是针对领导干部和具有专项执法权、审批权、自由行政裁量权的重点岗位和人员，要通过定期组织学习、举办预防职务犯罪报告会、召开执法与风险座谈会等多种形式和手段，把风险教育融入日常税收工作中，使广大国税干部清醒地认识到风险就在身边、隐患就在身边，提高他们风险防范意识和责任意识，增强其自我约束和相互监督的能力，努力营造内控机制建设的良好氛围。

（二）要注重日常管理，建立动态的风险管理机制

内控机制建设是一个动态发展的过程，随着新形势、新任务的变化，内控机制的各项要素也需要不断补充、调整和完善。一是要建立动态的风险点查找机制。每年要针对税收工作新的政策、任务和要求，认真进行新生风险点的查找，及时删减已不存在的风险点。对各类新生风险要及时发现、及时登记、及时评估、及时防控，确保新查找的风险点与税收新形势、新变化、新要求相适应。二是要对风险等级实行动态管理。根据不同时期税收工作特点，对

风险等级实行动态监控，根据实际及时调整风险等级。三是要建立动态的防控机制。防范措施不能一劳永逸、一成不变。随着税收形势的发展以及风险等级的变化，防控措施也要不断发展变化，尤其对新发现的各类新生风险点要迅速应对、及时布控、妥善处置，确保防控做得到、起作用、执行好。

（三）要强化监督检查，建立完善的运行保障机制

要确保内控机制长期有效、管用，离不开完善的运行保障机制。各级国税机关在工作中要做到日常督促、全程监控、定期检查相结合。一是事前要强化预警。对发现的风险事项，要正确把握预警级别，明确预警对象、事项、要求等内容，及时、正确实施分级预警，及时采取有效措施进行处置，确保风险事项早发现、早提醒、早干预、早处理。二是事中要加强监控。整合监督资源和监督力量，对风险防控实行领导分级负责，采取联合审批、网络监控等措施进行防范。对预警信息要进行跟踪管理，确保每一条预警信息能够得到及时、快速的传递和处理。三是事后要严格督查。各级国税纪检监察部门要加大监督检查的力度，对监督检查中发现的防控缺陷，要及时分析原因，督促相应部门采取针对性措施予以整改，同时对发现的内控机制建设推进不力的部门，要严格问责，确保部门权力事项应控尽控，保证内控机制建设工作真正落到实处。

四、齐抓共管，切实加强对纪检监察工作及内控机制建设的组织领导

内控机制建设是当前和今后一段时期国税系统党风廉政建设的重要内容，是国税系统惩防体系建设的重要推手，也是国税系统纪检监察工作的重点任务。各级国税机关要切实加强领导，整合监督资源，形成内控合力，齐抓共管，确保内控机制建设取得实效。

（一）各级班子要加强组织领导

各级国税机关党组要高度重视纪检监察工作，进一步加强对纪检监察工作及内控机制建设的领导。

一是主要领导和班子成员要高度重视。各级国税机关主要领导是党风廉政建设第一责任人，也是内控机制建设直接责任人。所以从这个意义上说，内控机制建设是一项“一把手”工程，其推进的程度、取得的效果，关键在于各级各部门“一把手”。“一把手”重视了，不仅工作进展顺利，而且也有深度。各级国税机关主要领导对内控机制建设要主动跟踪督促，经常听取纪检监察部门的工作汇报，研究解决内控机制建设中遇到的困难，对突出问题要亲自过问，亲自协调。领导班子其他成员也要提高认识，落实“一岗双责”的要求，充分调动分管部门的积极性、主动性，抓好管辖范围内的内控机制建设。

二是要突出“职能部门”这个关键点。工作中要找准内控机制建设与税收工作的结合点，突出“职能部门”这个关键点，将反腐倡廉责任真正落实到每一个职能部门。采取分权、限权、控权等多种权力制衡方式，促使职能部门由习惯于被动接受监督向主动防控转变，加强自我发现、自我纠正、自我完善和持续改进的能力，形成有效的内部权力制约机制，实现从源头上预防和消除腐败的目标。各职能部门负责人要切实履行内控机制建设直接责任人的职责，在工作中抓好落实，勤于探索，勇于创新，大胆实践。

三是纪检监察部门要认真履职。纪检监察部门要认真履行职责，出于公心，敢于监督，善于监督。各级纪检组长要全身心融入纪检监察工作，注重工作创新，讲求工作实效，充分调动纪检监察干部工作积极性，充分发挥广大兼职监察员的监督作用，形成工作合力。

四是要整合监督资源，形成内控合力。要以内控机制建设为契机，强化对权力运行的制约和监督，整合纪检监察、人事、巡视、督察内审等部门的监督资源，形成内控合力，逐步建立横向职能部门内部、各职能部门之间既相互制约又相互协调的权力结构和运行机制，纵向省、市、县国税机关三级权力监督控制体系，认真落实用制度管权、按制度办事、靠制度管人的良性机制，构筑起具有国税工作特色的“大预防”工作格局。

（二）各级领导干部要率先垂范

内控机制建设的核心是对权力的监督和制约。各级领导干部因为工作性质，往往身处权力的交汇点。加强内控机制建设，很大程度上也是加强对各级领导干部权力行使的监控。领导干部要有主动接受监督的胸怀，要有敬畏制度约束的意识，率先垂范，模范遵守制度，带

头执行制度，做到制度面前没有特权、制度约束没有例外。要切实扭转“重制度建立、轻责任追究”的倾向，不能仅仅把制度挂在嘴上、写在纸上，更要落实到行动中，真心实意地做制度的遵从者、执行者、落实者，这是领导干部作风的体现，也是内控机制建设能否取得实效的关键。

（三）要进一步加强纪检监察干部队伍建设

国税纪检监察部门承担着国税系统党风廉政建设和反腐倡廉工作具体组织、协调、检查、督导的职责。一支高素质、强有力的纪检监察干部队伍，是内控机制建设乃至整个党风廉政建设工作取得实效的重要组织保证。各级国税机关要配齐、配强、配好纪检监察干部队伍，把年富力强、责任心强、德才兼备的干部充实到纪检监察部门。要主动关心纪检监察干部的思想、学习、工作、生活和进步，为他们的健康成长和全面提高创造良好条件。要加强理论培训，培养纪检监察干部勤于学习的意识、爱岗敬业的意识、秉公执纪的意识、服务大局的意识；要加强实践训练，营造纪检监察干部“想干事、敢干事”的氛围、提高纪检监察干部“会干事、干好事”的能力，着力打造一支政治坚定、纪律严明、业务精通、作风优良、廉洁自律的国税纪检监察干部队伍。

同志们，内控机制建设是全省国税系统的一项全局性、系统性、长期性工程，意义重大，需要全省国税系统各级领导班子科学筹划和周密安排，需要各级各单位勇于探索和大胆实践，更需要广大国税干部共同参与和不懈努力。让我们紧紧围绕总局党组和我省各级党委的工作部署和要求，开拓创新，扎实工作，切实加强内控机制建设，落实廉政责任，规范权力运行，着力推进全省国税系统惩防体系建设深入开展，确保反腐倡廉建设取得实效，为推动云南国税事业科学发展提供坚强保证。

创新管理机制 激发队伍活力 全面推进云南国税干部队伍和党风廉政建设

——在全省国税系统干部队伍和党风廉政建设工作会议上的讲话

李鸿文

（2011 年 8 月 4 日）

同志们：

今天，我们召开全省国税系统干部队伍和党风廉政建设工作会议，主要任务是学习贯彻全国税务系统干部队伍和党风廉政建设工作会议、省委八届十一次全体会议精神，总结“十一五”时期云南国税干部队伍和党风廉政建设工作取得的成绩和经验，分析形势，部署当前和今后一个时期云南国税干部队伍和党风廉政建设工作任务，推动国税事业科学发展。下面，结合总局和省委会议精神，我代表省局党组作工作报告。

一、“十一五”时期云南国税干部队伍和党风廉政建设成效显著

“十一五”时期，全省国税系统深入贯彻落实科学发展观，围绕服务科学发展、共建和谐税收的工作主题，坚定不移地推进干部人事制度改革，切实抓好选干部、配班子、建队伍、育人才、促廉政等重点工作任务，努力建设高素质干部队伍，干部队伍和党风廉政建设取得显著成效。

（一）领导班子更强了。坚持不懈地加强领导班子建设，着力提高领导干部分析形势、把握规律的能力，依法治税、规范行政的能力，科学管理、服务大局的能力，求真务实、开拓创新的能力，做思想政治工作、群众工作、带好队伍的能力，拒腐防变、经得起各种诱惑和考验的能力，增强领导干部的政治意识、大局意识、为民意识，努力把各级领导班子建设成为学习型组织、创新型团队、实干型集体、廉洁型班子。严格按照《党政领导干部选拔任用工作条例》的相关规定，以竞争性选拔为主，采取多种方式做好各级领导班子的充实和调整工作，进一步优化班子结构，重视从优秀的少数民族、妇女同志中选拔干部，领导班子团结干事能力明显增强。“十一五”期间，全省国税系统采取竞争上岗方式选拔任用处级领导干部 14 人、科级领导干部 171 人，采取差额考察等方式选拔任用处级领导干部 72 人（其中：纪检组长 9 人，异地交流 13 人，妇女干部 13 人），科级领导干部 560 人。

（二）队伍素质更高了。全面推进人才强税战略，广泛开展学历教育，提高基础知识层次。与“十五”期末相比，全系统大学专科以上学历由 80% 提高到 87.7%；本科学历由 23.4% 提高到 42.2%；研究生学历由 0.5% 提高到 1.66%，达到 196 人。结合基层一线的岗位职责和业务需求，围绕新企业所得税法、税收执法、纳税评估、财务会计以及增值税、所得税查账技巧等重点培训内容，采取“送教下基层”，“巡回培训”、“递进式培训”等方式，切实提高基层一线干部的基本技能和业务素质。2006 年以来，全省国税系统组织各类业务培训 5195 期，参训 22 万人次。加大专业化人才队伍建设力度，加强人才库建设，重点培养懂法律政策、会会计审计、能统计分析、善纳税评估的急需紧缺人才。“十一五”期间共举办业务能手竞赛 2 届，产生业务能手 41 名，省级业务

能手人数达到122人；建立各类人才库6个，535人入选人才库。截至2010年底，全系统取得注册会计师、律师、注册税务师资格证书人员共245人，占在职干部总数的2.07%。

（三）干部成长更快了。结合实施机构、征管等方面改革，从整体上优化人力组织结构和职能资源，充分调动了各个年龄层次干部的工作积极性。建设了一支能够担当重任、经得起风浪考验、有发展潜力的后备干部队伍，对深化我省国税系统干部人事制度改革起到了积极的促进作用。实施基层优秀年轻干部遴选制度，先后选调13人到省局机关工作，为公开透明的选人用人机制探索了新路，激发了广大年轻干部奋勇争先、乐于进取的工作活力。各级国税机关持续开展干部上挂下派制度，鼓励机关年轻干部到基层和艰苦地区锻炼成长，注重从基层选拔优秀年轻干部到领导机关学习提高。“十一五”期间，省局机关共选派40人到基层一线、挂钩扶贫单位、新农村建设工作队挂职锻炼，从基层选拔37人到省局机关进行工作锻炼。目前，在已结束上挂下派锻炼的52名年轻干部中，已有33人晋升到上一职务层次，其中省局机关下派干部中有10人走上处级领导岗位。

（四）工作机制更全了。进一步完善干部管理制度建设，制定下发了云南省国家税务局系统《处级领导干部交流工作办法（暂行）》、《领导干部职务任期办法（暂行）》、《领导干部竞争上岗工作办法（暂行）》、《处级非领导职务管理办法（暂行）》、《副处级后备干部管理办法（暂行）》、《副处级领导干部破格、越级提拔任用办法（试行）》、《云南省国家税务局机关公开选调公务员试行办法》等制度规范，同时，各州、市局结合自身实际制定本系统的管理办法，进一步加强管理制度本身的可操作性。这些制度的实施，建立健全了国税系统干部选拔任用机制，推进了干部选拔任用工作的科学化、民主化、制度化建设，将全省国税系统干部培养、选拔、任用工作提高到一个新的水平。坚持以党风廉政建设责任制为抓手，把惩防体系建设的各项任务融入税收管理体制建设、制度建设和信息化建设之中，着力构建以内控机制为主体的大预防工作格局。健全干部监督管理、廉政教育宣传、违法违纪处分等多项制度，完善明察暗访、行政问责、“两权”监督等实施办法，促进权力运行程序化和公开透明，源头预防更加有效。

（五）部门形象更好了。坚持在做好税收工作、服务经济社会发展过程中展示国税部门的良好形象。强化反腐倡廉宣传教育，积极建设廉政文化，不断增强干部队伍廉洁从政意识，筑牢拒腐防变思想防线。全省国税系统干部职工违法违纪率从2006年的1.26‰，下降到2010年的0.67‰。建立健全文明创建工作长效机制，突出抓好基层一线窗口单位的文明创建，使广大人民群众切实感受到国税部门呈现的新气象和国税工作取得的新进展。勇于担当社会责任，积极发挥国税部门在社会管理中的重要作用，扎实开展扶贫助困、综治维稳、新农村建设等工作，得到了社会各界的充分肯定和广泛认同。“十一五”期末，全系统共有全国文明单位2个，省级文明单位114个。在今年云南省公示上报中央文明办审批的44个“第三批全国文明单位”候选单位中，云南国税系统有5家单位。大力开展创先争优活动，开展党员先锋岗、党员承诺、结对帮扶等形式多样的活动，许多国税机关党组织被当地党委挂牌授予党建工作示范点。从“乐于奉献在高原”的精、气、神入手，推动国税文化大发展大繁荣，形成云南国税文化核心价值理念，编辑出版云南国税文化丛书7部，编印各类文化丛书210部，制作音像制品198张，创作国税歌曲380首，全省国税系统涌现出了一批文化建设领域的优秀人才。广泛参与各级书法美术摄影比赛和税务文化论坛，在全国税务系统树起云南国税文化品牌。

通过不断加强干部队伍和党风廉政建设，有力推进了全省国税系统纳税服务、税收征管等工作的深入开展，为有效发挥税收筹集收入和调控经济、调节分配职能作用，服务经济社会科学发展提供了坚强保证。“十一五”时期，全系统累计组织收入4154.6亿元。“十一五”期末比“十五”期末增长1.09倍，年均增幅达到15.87%。特别是在国际金融危机冲击的严峻形势下，认真落实结构性减税政策，为保持经济平稳较快发展、保障和改善民生发挥了不可替代的作用。实践证明，云南国税干部队伍是一支顾全大局、敢打硬仗、能打胜仗的高素质干部队伍。在此，我代表省局党组，向全系统广大干部职工表示衷心感谢和崇高敬意！

回顾这几年来的实践，我们深刻认识到，做好新时期国税部门干部队伍和党风廉政建设工作，必须始终坚持以人为本的方针不动摇。尊重人、爱护人、依靠人，调动一切积极因素，协调各种利益关系，营造有利于国税干部成长成才、干事创业的良好环境，激发国税干部的积极性、主动性和创造性，促进每个人的全面发展。必须始终坚持重在培养的战略不动摇。培养是干部队伍建设过程中最具战略性、基础性的基本环节，只有大规模开展教育培训，大幅度提升人员素质，形成人人得到培养、人人皆可成才的良好局面，才能为国税事业又好又快发展提供坚强的思想基础、人才保障和智力支持。必须始终坚持选准用好干部的标准不动摇。坚持德才兼备、以德为先的选人用人标准，建立科学的选人用人机制，才能真正使那些靠得住、有本事、作风好、经得住考验的优秀干部脱颖而出，才能真正形成人才辈出、人尽其才的良好格局。必须始终坚持严格管理的原则不动摇。紧紧抓住规范权力运行这个关键，不断健全干部队伍管理的组织体系、制度体系和工作体系，切实加强对国税干部特别是领导干部的监督，形成用制度控权、按制度办事、靠制度管人的规范化工作格局。必须始终坚持和谐发展的目标不动摇。紧紧围绕税收中心工作，找准干部队伍和党风廉政建设的着力点，把组织优势和人才资源转化为推动国税事业科学发展的强大力量，促进干部个人价值实现与国税工作整体推进的目标一致。这五条基本经验在今后的工作中我们必须始终坚持并不断丰富发展。

在肯定成绩的同时，我们也要清醒地看到，当前国税干部队伍建设中还存在一些与形势发展不相适应的问题，主要是：一些领导干部"一岗双责"落实不到位，存在队伍建设与业务工作、惩防体系建设与业务工作"两张皮"的现象；部分领导干部对清理规范津贴补贴后出现的新情况、新问题、新矛盾如何加以化解在思想上存在畏难情绪；有些领导干部狭隘理解干部思想状况，不愿做不会做思想政治工作，遇到矛盾简单上交；少数领导干部老好人主义思想严重，不敢抓、不敢管或管理不到位。干部队伍结构不够优化，特别是年龄梯次结构不够合理，人力资源配置不够科学；干部激励机制不健全，考核评价体系不完善，干部发展空间相对狭窄。教育培训的针对性和实效性有待提高，高层次人才、复合型人才、专业化人才匮乏的现象同时存在。部分干部法纪意识不强，违反法律法规和社会公德的现象时有发生；个别干部自我要求不严，存在失职渎职、以权谋私行为。这些问题的存在，制约国税事业科学发展，影响干部队伍和谐稳定，今后必须下大力气加以解决。

二、新形势下云南国税干部队伍和党风廉政建设的总体思路

当前，我国已进入全面建设小康社会的关键时期，经济社会发展呈现新的阶段性特征，国税事业面临新的发展环境。干部队伍作为国税事业发展的"基石"，关系到国税事业的兴衰。国税事业要取得更长足的发展，关键也要在"人"这个决定因素上下功夫。各级国税机关要充分认识新形势下进一步加强和改进干部队伍和党风廉政建设的重要性和紧迫性，善于发现和抓住一切有利于促进自身发展的战略机遇，努力打造出一支高素质、高水平的国税队伍，才能真正把握住实现国税工作整体跃升的关键。

不断提高干部队伍和党风廉政建设科学化水平，是贯彻落实中央和省委关于加强党的建设一系列重要决策部署的职责所系。党的十七大强调，以改革创新精神推进党的建设新的伟大工程。十七届四中全会就加强和改进新形势下党的建设作出重大部署。在今年7月1日召开的庆祝建党90周年大会上，胡锦涛总书记发表重要讲话，强调在新的历史条件下提高党的建设科学化水平，必须坚持解放思想、实事求是、与时俱进，大力推进马克思主义中国化时代化大众化，提高全党思想政治水平；必须坚持五湖四海、任人唯贤，坚持德才兼备、以德为先用人标准，把各方面优秀人才集聚到党和国家事业中来。省委八届十一次全委会号召全省广大党员干部要更加坚定自觉地深入贯彻落实科学发展观，抢抓机遇，同心同德，以优异的成绩迎接省第九次党代会的召开。干部队伍建设问题，是党的建设的根本性问题。党的思想建设、组织建设、作风建设、制度建设、反腐倡廉建设成效如何，很大程度上体现在干部队伍建设上。中央和省委的这些决策部署特别是胡锦涛总书记的重要讲话精神，为国税部门加强和改进干部队伍建设指明了努力方向，提出了新的任务。当前和今后一个时期，全省各级国税机关一定要把学习贯彻胡锦涛总书记的重要讲话精神作为一项十分重大的政治任务，切实把思想和行动高度统一到中央和省委的重大决策部署上来，切实增强责任感和使命感，把干部队伍和党风廉政建设抓紧抓实抓好。

不断提高干部队伍和党风廉政建设科学化水平，是有效发挥税收服务经济社会发展职能作用的关键所在。税收在推动科学发展和加快转变经济发展方式中发挥着重要作用，在发展社会事业和改善民生中承担着重要职责，在深化改革和扩大开放中肩负着重要使命。“十二五”规划纲要提出以科学发展为主题、以加快转变经济发展方式为主线，全面做好推进经济结构战略性调整、保障和改善民生、促进群众增收和财政增长等工作，对发挥税收职能作用提出了明确要求。与此同时，云南省加快建设面向西南开放重要桥头堡工作已经进入实施阶段，各级党委、政府对国税部门用好用足税收政策、不断优化税收环境寄予了厚望。面对“十二五”时期经济社会发展的宏伟目标，面对全省改革发展稳定的繁重任务，面对前进中的各种困难和风险，国税部门要做好各项税收工作，有效发挥税收职能作用，关键是要有一支具备较高素质和优良作风的干部队伍，始终坚持依法行政基本准则，不折不扣贯彻落实各项税收政策，不断强化税收征管和纳税服务两项核心业务，更有力地服务于经济转型和社会转型。

不断提高干部队伍和党风廉政建设科学化水平，是深入推进国税事业全面协调可持续发展的根本保证。税收管理是社会管理的重要组成部分，国税部门和国税干部直接面对广大纳税人，在提供公共服务和加强社会管理中责任重大。税收征管和纳税服务水平的好坏，直接关系到税收征纳关系的和谐，关系到党和政府的形象，关系到社会的和谐稳定。国税机关要在加强和创新社会管理工作中有所作为，将税收管理融入社会管理工作格局，提升税收管理科学化水平的任务艰巨、责任重大。纳税人法律意识不断增强，纳税服务需求不断拓展，需要国税部门在提升纳税服务理念和纳税服务水平等方面付出更多努力。科技进步日新月异，金税三期工程建设深入推进，对国税干部提高信息管税能力、着力解决征纳双方信息不对称问题提出新的要求。加大税收管理的社会化程度，动员社会力量参与税收管理，切实拓展税收管理和纳税服务的广度和深度，这些现实都使国税干部的思想观念、能力素质、工作作风等面临新的挑战。广大国税干部职工是做好纳税服务、税收征管等工作的主体，在税收征管复杂性和工作难度明显加大、纳税服务要求越来越高的情况下，适应形势发展变化要求，实现国税干部队伍建设的与时俱进，日益成为提高税收工作质量和效率，在新的历史起点上把税收事业全面推向前进的决定性因素。

不断提高干部队伍和党风廉政建设科学化水平，是切实破解制约国税工作健康发展瓶颈的迫切需要。税收与经济社会各领域联系紧密，经济社会环境的深刻变化和税收改革发展的不断推进不可避免地给国税干部职工带来一些影响。受经济体制深刻变革、社会结构深刻变动、利益格局深刻调整、思想观念深刻变化的影响，国税干部职工思想活动的独立性、选择性、多变性和差异性明显增强，需要引起高度关注。近年来，国税部门按照中央和总局的要求，大力推进干部人事、收入分配等方面改革，有力地推动了国税事业发展。但改革也带来了利益关系的调整，使部分国税干部的思想产生波动，同时一些制度还存在不健全、不完善的地方，影响了干部工作积极性的充分发挥，需要在制度机制上有所突破。现阶段我国社会主义市场经济体制尚不健全，民主法治建设任重道远，一些不法分子拉拢、腐蚀国税干部的现象依然存在，国税干部面临诸多风险和考验，需要提高干部的政治素质、法纪意识和道德修养。这些情况表明，密切关注干部发展成长环境变化，有针对性地解决干部的思想问题和实际问题，已经成为新形势下加强国税干部队伍建设的重要方面。

根据上述形势，当前和今后一个时期加强云南国税干部队伍和党风廉政建设的总体要求是：高举中国特色社会主义伟大旗帜，以邓小平理论和“三个代表”重要思想为指导，深入贯彻落实科学发展观，认真执行中央、国家税务总局、省委省政府关于群众工作、组织工作和队伍建设的一系列重要决策部署，坚持以人为本、服务群众、贴近基层方针，不断适应形势变化，主动化解困难矛盾，积极创新理念、机制和方式，进一步加强和改进新时期干部队伍管理，最大限度地激发干事创业活力，最大限度地提升履职尽责能力，最大限度地监督关心爱护干部，最大限度地增加内外和谐因素，努力建设一支政治坚定、业务精湛、作风优良、勤政廉洁、团结和谐的高素质专业化国税干部队伍，为全省国税事业的科学发展提供坚强的政治、思想、组织和纪律保证。

最大限度地激发干事创业活力，就是要着力推进国税事业发展愿景与干部职工个人职业追求有机结合，通过改革制度机制、强化管理监督等措施，使广大国税干部职工干事创业的内在动力竞相迸发，良好的行为规范逐步养成，始终保持奋发向上、开拓进取的昂扬斗志，始终保持勤勉尽责、踏实肯干的工作态度，始终保持谦虚谨慎、遵章守纪的品德操守，为推动国税事业科学发展贡献自己的智慧和力量。

最大限度地提升履职尽责能力，就是要把全面提升广大干部职工的整体素质和工作能力摆在更为突出的位置，通过加强思想政治教育、素质能力教育，使广大国税干部职工不断完善知识结构，提高业务水平，把握工作规律、增强管理预见、提升服务实效，把全部心智和精力都投入到国税工作之中，把个人追求融入系统发展之中，倾心履职、倾力尽责，在推动国税事业发展中突显个人价值、展示才华风采。

最大限度地监督关心爱护干部，就是要正确树立“对干部严格的监督管理就是对干部最大的关怀保护”的理念，坚持以人为本，从关心爱护干部入手，把党风廉政建设贯穿于税收工作大局之中，完善权力运行监督约束机制，从制度的建立健全上监督权力运行的全过程，给违规用权以及时的预警和控制，有效规避权力不规范行使带来的风险，使干部在履职过程中不犯错误或少犯错误，促进干部廉洁自律。

最大限度地增加内外和谐因素，就是要满足国税干部和纳税人不断增长变化的物质和精神需求，使个人与组织，组织内部与外部利益相关、和衷共济。要努力培育和谐互信的税收征纳关系，打造和谐稳定的国税干部队伍，构建和谐统一的税收执法环境，使国税工作与政府管理体系、地方经济发展、社会繁荣进步处于共进多赢的平衡状态，为国税事业发展营造人和气顺的良好氛围。

三、当前和今后一段时期云南国税干部队伍和党风廉政建设的主要任务

（一）抓关键，提升领导班子整体效能，进一步提高领导国税事业科学发展的能力

领导班子建设是整个干部队伍建设的关键所在。要把国税系统各级领导班子建设成为坚决贯彻党的路线方针政策、全心全意为人民服务、具有推动科学发展能力的坚强领导集体。

加强领导班子思想政治建设。要严明党的政治纪律，切实提高执行力，始终与党中央保持高度一致，坚决维护党的集中统一。不折不扣地贯彻执行党的理论和路线方针政策以及国家税收法律法规，做到令行禁止，确保政令畅通。要高度重视理论学习，尤其是主要领导干部要处理好工作和学习的关系，从繁忙的日常事务中解脱出来，有计划地多读点书，养成勤奋学习和深入思考的习惯，把整个班子的学习带动起来。要坚持理论联系实际，学以致用。少数领导干部工作中之所以没思路、少方法、缺措施，始终在低层次上徘徊，主要原因就是学习空对空，不联系实际。因此，在学好政治理论的同时，要重视历史、经济、法律、税收业务、计算机等各方面知识的学习，做到学用结合。

加强领导班子作风建设。在胡锦涛总书记“七一”重要讲话中，“人民”一词出现多达136次。“紧紧依靠人民”、“拜人民为师”、“人民是真正的英雄”等等充满感情的论述，既是对辉煌成就的科学总结，也为我们提供了开启未来的“钥匙”。要进一步加强领导班子的民主作风、思想作风、工作作风建设。要坚持工作重心下移，经常深入实际、深入基层、深入群众，拓宽倾听群众意见的渠道，吃透上情，了解下情，保证党的路线方针政策的贯彻执行。要结合《国家税务局系统领导干部基层联系点工作制度》相关要求，制定符合我省国税系统实际的领导干部联系基层工作制度。州市局以上领导班子成员要抽出时间参加下级联系单位的党组民主生活会，把深入基层作为了解基层、掌握实情、促进工作落实的有力抓手。通过调查研究、谈心谈话、信访接待等工作，体察民情，征求民意，及时了解和掌握基层工作情况以及干部职工的思想动态，统筹好上级思路与基层情况的关系，避免工作执行中的偏差和失误。

加强领导班子组织建设。核心是配好、配强各级领导班子，重点是选好“班长”。明确“一把手”的选拔、培养、监督、考核、激励

和后备干部队伍建设等措施，充分发挥“一把手”的“领头雁”作用，激发领导班子活力。要根据各类领导班子的不同情况，合理调整和优化班子结构。既要考虑专业、能力结构上的合理性，又要考虑个性特点、工作阅历上的互补性，注重年龄的梯次配备，实现优化组合，增强整体功能。要认真贯彻民主集中制原则，完善领导班子议事规则、明确班子讨论重大问题的范围、程序。上级党组和人事部门要加强对民主集中制执行情况的检查，及时帮助解决存在的矛盾和问题。各级局党组要认真开好一年一度的民主生活会，坚持开展批评与自我批评，使民主生活会成为领导班子化解矛盾的“催化剂”，增进团结的“加油站”。与巡视、审计等工作有机结合，建立健全对各级领导班子和领导干部的考核评价机制。落实各级领导班子配备年轻干部的规定要求，到2015年，州市局、县区局领导班子分别形成48岁、45岁左右干部为主体的梯次配备，州市局40岁以下、县区局35岁左右的班子成员有一定数量。认真执行《云南省国家税务局系统领导干部职务任期办法》，推行主要领导干部任期制，做好任职时间较长人员的岗位轮换工作，领导班子正职一般以5年为1个任期，在同一职位连续任职满2个任期的，必须交流任职。同时，严格落实《云南省国家税务局系统处级领导干部交流工作办法》，通过调任、转任、挂职锻炼等方式，不断拓宽领导干部交流渠道，班子正职和纪检组长原则上实行易地任职，领导班子中应有1~2名易地任职干部，其他副职至少每5年调整一次分工，凡是符合交流情形的都必须严格执行交流规定。

（二）抓机制，营造干部成长良好环境，进一步激发谋划国税事业科学发展的活力

继续完善干部选拔任用制度。用人导向是方向，是标杆，是旗帜，选什么样的人关乎人心向背。要在总结经验的基础上，进一步将竞争机制引入干部选用工作中，为广大国税干部提供公平竞争、施展才华的舞台。结合总局近年来干部选拔任用工作中的新规定、新要求，在2003年《云南省国家税务局系统干部选拔任用管理工作暂行办法》的基础上，修订《云南省国家税务局系统干部管理工作暂行办法》，对选拔任用、任职回避、免职、降职、辞职、干部日常管理等工作进行细化，提高制度的针对性、指导性和可操作性。要坚持从有基层工作经历的干部中，从整体工作比较出色的地方、从条件差但面貌变化较大的地方、从敢挑重担勇于改革的干部中去发现和提拔领导干部。对年轻干部，只要基本素质是好的，有发展潜力，群众拥护，就要及时大胆提拔使用，尽早尽快起用处于最佳使用期的干部。要重视做好女干部、少数民族干部的选拔工作。根据干部选拔任用四项监督制度的有关规定，制定我省国税系统《干部选拔任用工作“一报告两评议”实施办法》、《党政领导干部选拔任用工作全程记实试行办法》、《严重违规用人问题立项督查调查实施办法》、《党组书记履行干部选拔任用工作职责离任检查办法》等制度，进一步净化用人环境，提高选人用人公信度。要加强后备干部队伍建设，把后备干部放到复杂、艰苦的工作岗位上锻炼，或让他们承担“急难险重”的工作任务，提高他们克服各种困难、处理复杂问题的能力和本领。根据2008年以来副处级后备干部的培养和使用情况，适时对全省国税系统副处级后备干部进行集中调整，进一步加强后备干部队伍建设。近期，省局党组将采取竞争上岗的方式对省局机关及州市局缺额的部分副处级领导干部进行选拔补充。要认真落实发扬民主、严格程序、严肃纪律三项关键举措，坚持德才兼备、以德为先、注重实绩、群众公认，使选拔出来的干部真正让组织放心、让群众满意。绝不能让那种投机取巧、夸夸其谈、当面一套、背后一套的人得好处，也绝不让勤勤恳恳、脚踏实地干工作并取得实绩的人吃亏。选用一名在基层踏实苦干的干部，可以激励一批在一线创业奉献的干部；重用一批有群众基础、有能力素养的干部，就能带动一个单位、一个部门的工作水平整体提升。要通过干部的选用，选出士气、选出正气、选出活力。

健全完善干部激励机制。激励不单纯是“奖勤罚懒”，激励的目的是为了让干部职工产生被认同感、有作为感，从而焕发积极的工作热情，发挥出创造力。人的感受和需求是多层次、多方面的，激励不能仅仅只停留在物质利益层面，还要更加关注人的精神需求，促进人的全面发展，通过有效手段满足干部职工自我发展、自我实现的强烈愿望。要善于发现和使用人才，做到各得其所、各尽其能。对有发展潜力和能力的人员要思想上给予帮扶，生活上

给予关心，工作上给予支持，营造一个爱才、惜才、用才的良好氛围。要坚持正确的用人导向，以发展论英雄，凭实绩用干部，为干部顺利成长提供坚强的制度保障。使“处理问题会上手，面对困难敢上手，遇到事情快上手，对待工作勤上手”的干部干事成业有平台、有机会，真正能迅速脱颖而出。要不断创新绩效管理的办法，调优绩效考核指标，进一步加强考核结果的应用和引导。

有序推进公务员分类管理。国税系统第一批行政执法类公务员管理试点工作，在试点单位的努力下，目前已完成了制定职位说明书、组织进行职务套改等工作，下步将按照国家公务员局和总局的要求，进一步探索建立健全相关配套制度，为行政执法类公务员管理的全面实施打好基础。要积极争取专业技术类公务员管理试点，加强综合管理类公务员管理和晋升、考核、奖惩等制度建设。要创新公务员内部交流和选拔方式，促进公务员上下流动，在省局机关公开选调公务员工作已取得经验的基础上，抓紧研究制定公开遴选制度，使从基层国税干部中公开遴选成为州市局以上国税机关进人的主渠道。要积极探索实施国税系统事业单位管理办法，认真贯彻落实《事业单位人事管理暂行条例》，加快事业单位人事管理制度建设，探索推行聘用制度，完善公开招聘办法，把好事业单位工作人员“进口关”。稳步探索国税系统事业单位岗位设置、专业技术职称管理等工作。

进一步优化人力资源配置。自 2006 年以来，云南省国税系统每年招录公务员的人数均保持在 100 人以上。五年来全系统共招录公务员 542 人，并全部充实到县区级国税机关，为国税事业的持续发展提供了人力资源保障。然而，在一些地方由于人力资源配置的不合理，造成了中心城区、经济较发达县（区）局人员居多甚至臃肿，而边远、条件艰苦县局人员紧张、人手不足的现象。这种人力资源配置的差异，不仅表现为人员绝对数的差异，而且表现为年龄结构和知识结构的差异。总体而言，州市局机关和中心城区局相对集中了数量较多、年龄较轻的“优势兵力”。各级国税机关要在利用现有人力资源上做文章，在更高层次上优化人力资源配置，充实基层力量。各州市局要制定相关办法，结合最低服务年限等限制性指标，保持不同地区人力资源分布的均衡性。要按照管理力量与担负任务相匹配、管理效能最大化的原则，合理确定机关和基层、综合部门和业务部门、基层一线征管查各环节的人员比例。根据干部的年龄层次、知识层次和专业水平，参考个人志向和特长，加大机关干部岗位交流力度，将每个干部安排到合适的岗位，实现人适其事、事适其人，人尽其才、才尽其用。省局将向总局及时、足额申报公务员招录计划，以达到公务员的均衡招录，从质量和数量上保证每年都有新生力量充实进来，保证干部队伍的持续发展，最大限度地为基层提供人员保障。在设置岗位条件过程中，将积极争取有利于本地生源报考的招录条件，严格执行新录用公务员在报考单位最低服务年限的规定，确保新录用公务员能够长期扎根基层，保持基层干部队伍稳定。

（三）抓基础，造就高素质专业化队伍，进一步增强推动国税事业科学发展的动力

牢固树立人才是第一资源、人人皆可成才的观念，积极实施人才强税战略，下大力气提高教育培训的针对性和实效性，努力使每个干部都成为国税事业发展的有用之才。

创新教育培训方式。从提高国税干部队伍整体素质出发，认真研究干部教育工作的特点和规律，合理设定培训标准，积极整合培训资源，实现教育形式从单纯经验型、灌输型向科学型双向交流转变。强调干部教育培训与国税中心工作贴得更紧，分层次开展专题专项培训，根据不同类别、不同层次、不同岗位干部的特点，因人而异，因岗而异，合理设计班次、内容和方法，依托内外部教学资源，构建长期稳定的培训机制。丰富专题研讨、专家讲座、现场教学等多种教学形式。开展各类高层次培训活动，加大高端培训资源的整合使用。适应形势发展要求和各级干部实际状况，把理论素养、学习能力和参加培训情况作为考核和选拔领导干部的重要依据。积极组织开展与实际工作相联系的职业拓展培训，磨炼意志，陶冶情操，完善自我，促进广大干部树立共同目标，实现协调统一，增强干部对团队的归属感和责任感。

推进专业人才队伍建设。坚持省局和州市局共同承担、以省局为主的培训原则，按照“十二五”时期云南国税系统人才培养目标，推进专业人才培养，努力形成一支数量充足、

专业齐全、结构合理、素质优良的国税人才队伍。实施“八·一·五”人才培养工程：力争到2015年底前，培养出80名左右能够把握经济社会发展形势、熟悉社会主义市场经济发展规律、拥有先进管理理念、在税收工作某一方面具有专长的领军人才，其中进入总局领军人才队伍的人数力争达到15人左右。培养出1000名以上高层次、复合型、专业化人才，其中：注册税务师、注册会计师、律师等“三师”450名以上，省级各类人才库和专兼职教师700名以上；研究生750名以上，使研究生比例达到总局要求的6%。培养出5000名以上熟练掌握岗位所需要专业基础知识和技能的人员。基层一线干部5年内参加集中脱产培训累计要达到60天以上，90%以上基层一线干部税收专业素养和岗位知识技能得到全面提高。

增强教育培训保障能力。坚持统筹规划，进一步强化经费投入、评价考核、师资队伍建设三项工作的基础作用。充分利用系统内部培训基地和远程教育网络，扩大培训渠道和覆盖面。加快完成省税务干部学校建设，开辟我省国税干部教育培训的新阵地。坚持健全和落实各项培训制度机制，不断提高教育培训的质量和效率。及时掌握和解决干部培训工作中的困难、问题，对干部培训指标完成情况进行绩效考核。

（四）抓灵魂，创新思想建设工作思路，进一步挖掘促进国税事业科学发展的潜力

适应新形势新任务，创新党建和思想政治工作的思路、机制和方法，在系统上下积极营造奋发向上、团结和谐的良好氛围。

着力加强机关党建工作。认真落实党组抓党建工作责任制，实行基层党建工作联系点制度，加强对基层党建工作的指导。进一步完善党员经常性教育机制，坚持民主评议党员、党性分析、党员领导干部“过双重组织生活会”等制度，使党员真正成为牢记宗旨、心系群众的先进分子。把胡锦涛总书记“七一”重要讲话中“五个必须”的基本要求全面贯彻落实到创先争优活动和党的建设的各项工作中去，加强对基层党组织和基层干部、党员的党性教育、能力培育，促使基层窗口和税源管理部门党组织和党员更好地联系服务纳税人，推动基层党组织和党员更加自觉地解决自身存在的突出问题和群众反映强烈的突出问题，从而真正把创先争优作为一种理念融入思想、作为一种动力融入工作、作为一种追求融入人生，积极应对“四种考验”，着力破解“四种危险”，在争科学发展之先、创社会和谐之优的生动实践中充分展现共产党员的先进性。

继续深化精神文明创建。经过几年来卓有成效的工作，全省国税系统的精神文明创建工作已经站在了一个新的台阶，要弘扬“忠诚、敬业、守法、廉洁、创新”的税务精神和“爱岗敬业、公正执法、诚信服务、廉洁奉公”的税务职业道德，坚持重心下移、群众参与，让广大纳税人和国税干部从创建活动中得实惠、受教育。要巩固省级文明行业创建成果，积极争取省以上高级别的文明单位等荣誉，各州、市局都要建成州、市级文明行业。在推进文明创建活动科学化、制度化和规范化上下功夫，使创建工作有章可循、有据可依。要按照中央文明委不断更新的标准要求做好文明创建文档和环境营造工作，有条件的要建立电子文档。要大张旗鼓地宣传、推广文明创建经验做法，不断扩大文明创建成果的影响，为树立良好的国税形象发挥积极作用。要积极参与青年志愿者和社会公益活动，延伸奉献社会的爱心义举，树立国税干部“文明使者”的公众形象。要丰富创建载体，以活动促活力，使每一名干部职工都能积极参与到文明创建工作中来，在全系统形成争创文明和谐的良好风气，使文明创建工作一年一个新变化，一年一个新台阶。

大力推进国税文化建设。在我省国税文化建设已取得显著成效的基础上，注重总结和推广好的经验和做法，继续推陈出新、精益求精，争取实现更多的亮点和更大的突破。要始终突出国税机关作为执法部门和政府部门的行业特色，着重把握信息化、知识化、人文化的发展方向。结合税收工作大局、各个单位部门的实际、不同层面干部思想的现状，进一步挖掘符合社会主义核心价值体系要求、能够促进广大干部职工自觉维护国税事业科学发展大局的新的文化内涵，引导广大干部职工坚持正义、追求真理，在工作中追求幸福、在和谐中追求快乐、在勤奋中追求进步、在奉献中推动国税事业的发展。

（五）抓预防，完善干部监督管理制度，进一步驱动规范国税事业科学发展的内力

促进权力运行规范有序。强化重点领域监

督，围绕容易发生问题的重点岗位和关键环节，集中力量、突出重点开展执法监察工作。强化重点对象监督，加强对领导班子及其成员权力行使的监督管理，规范领导干部从政行为。强化重点事项监督，加大对重大事项集体研究、集体决策过程的监督力度，加大对干部选拔任用各环节的监督力度，加大对预算编制和执行情况、基本建设管理、固定资产管理、政府采购、信息化建设项目等工作的监督力度。

促进监督资源科学整合。探索监督部门联席会议制度，研究确定具体的检查对象及时间安排，整合开展每年度的领导干部经济责任审计、执法检查、巡视检查和执法监察。成立联合巡视检查组，拟定联合检查方案和日程安排，统一组织实施，避免重复检查。州市局要加大对县区局的巡视监督力度，切实强化对基层领导班子的监督。选择部分县区局领导班子作为省局延伸巡视监督对象，与加强州市局领导班子监督有机结合、同时进行，不断拓展巡视监督的广度和深度。推进检查成果共享，把检查结果及其整改落实情况作为干部考核评价、选拔任用、奖励惩处和对干部进行调整、免职、降职等组织处理的重要依据。

促进内控机制建设深入推进。要认真贯彻曲靖现场会精神，进一步推进内控机制建设的深度和广度。对权力事项进行全面梳理，针对不同部门的权力事项和用权方式，优化权力运行流程，实现权力运行的过程制约和程序控制。把风险排查、分析、防控等工作落实到具体岗位、具体人员和具体工作环节，实现风险的有效防范、控制和化解。全面清理、修改、完善、规范现有制度，探索建立制度执行与评价反馈机制。依托信息化手段，将权力行使过程变为信息处理过程，弱化人为因素，形成程序控权的制约机制。

促进政风行风不断优化。认真开展专项治理工作，对公务用车、清理规范庆典、研讨会、论坛活动、工程建设领域突出问题、“小金库”、利用税务师事务所等中介机构谋取不正当利益问题、信息技术运维和服务中增加纳税人不合理负担问题等六个方面进行全面对照检查，抓住关键环节，务求取得实效。要认真总结我省国税系统在基建项目管理、加强注税行业管理、信息化建设坚持“三自”原则不增加纳税人负担等方面的经验和成效，加强宣传引导，营造良好氛围，从而促进各地把握工作规律，不断完善通过专项治理解决人民群众反映强烈突出问题的机制和办法。省政府纠风办近期将云南国税作为政风行风民主评议对象之一，各地各单位要引起高度重视。对自查中发现的政务公开、办事效率、服务态度、依法行政、廉洁自律等方面存在的问题，要迅速进行整改。要重视问卷、电话、网络等方面的评议，畅通意见建议反馈渠道，健全政风行风建设长效机制，促进国税部门行业风气进一步好转。

（六）抓落实，加大反腐倡廉工作力度，努力营造风清气正、廉洁高效的国税事业发展氛围

统筹落实惩防体系建设任务。今明两年是贯彻中央惩防体系五年工作规划、落实总局和我省实施办法的关键时期。要开展“回头看”，认真分析梳理本单位惩防体系建设工作情况，看哪些工作任务已经落实了，哪些还需要加大力度。对已经落实的要总结经验、巩固完善，对尚未完成的要加快进度。各级党组要从政治的高度承担起主体责任，及时全面掌握情况，把握大局，突出重点，破解难题，务求实效。“一把手”要履行第一责任人责任，亲自抓、负总责，对惩防体系建设总体情况和重大问题亲自部署、亲自协调、亲自督导，确保各项任务落到实处。班子成员要按照分工，在部署、检查、调研工作时，主动督促检查惩防体系建设情况，落实“一岗双责”。牵头部门要主动承担牵头任务，加强沟通协调，搞好细化分解，抓好任务落实。协办部门要积极配合牵头部门，落实分解任务。纪检监察部门要发挥组织协调作用，履行监督检查职责，协助党组抓好落实。

认真执行党风廉政建设责任制。在总局召开的全国税务系统干部队伍和党风廉政建设工作会议上，印发了《税务系统贯彻中央〈关于实行党风廉政建设责任制的规定〉实施办法》征求意见。待总局实施办法下发后，省局将制定我省实施细则，修改2009年下发的《云南省国家税务局系统党风廉政建设责任制考核办法》。各地要结合实际，层层抓好责任分解，抓紧完善责任制检查考核制度，规范检查考核评价标准、指标体系，明确考核内容、方法和程序，做到责任明确、考核到位、追究有力。

加大查办案件工作力度。各级党组要认真落实总局即将下发的《关于进一步加强纪检监

察部门查办案件工作的意见》，加强对查办案件工作的领导和支持，“一把手”要经常听取案件查办工作汇报，重大案件的查处要亲自协调、亲自督办。要拓宽案源渠道，发挥信访举报主渠道作用，注重从督审、巡视、稽查等工作中发现案件线索，建立集体排查和案件线索移交制度，提高初核率立案率。要提高查办案件工作能力，配齐、配强、配好纪检监察干部队伍，保持纪检办案骨干人员的相对稳定。要建立查办案件工作报告和督办制度，加强检查督导，对长期不办案、而被地方纪检机关屡次查办违纪案件的，严肃追究责任，既要追究直接责任人的责任，也要追究领导责任。要发挥查办案件的治本功能，把查办案件与剖析原因堵塞漏洞相结合，与警示教育加强预防相结合，与强化监督制衡权力相结合，积极推动惩治成果向预防成果转化。

高度重视防范涉税渎职犯罪。去年底，中办、国办转发了中纪委等部门《关于加大惩治和预防渎职侵权违法犯罪工作力度的若干意见》，强调各级纪检监察、司法和行政执法机关要进一步加大办案力度，严肃查办渎职侵权违法犯罪案件。各级党组要充分认识做好惩治和预防渎职侵权违法犯罪工作的重要性和紧迫性，切实把这项工作纳入党风廉政建设和反腐败斗争总体格局中抓紧抓好。要进一步树立和强化各级国税干部依法行政意识，结合预防职务犯罪，加强涉税渎职犯罪法制教育，组织干部认真学习有关渎职侵权犯罪案件立案标准的规定和相关典型案例，解读法条以明理，警示教育以慎行，切实防止执法人员因对税收法律法规和政策掌握不够、不深、不透和执法不到位造成工作不负责、执法随意、出现不作为或乱作为的问题。各地要对现行税收管理制度进行全面清理，对于基层国税机关难以做到的、不够严密和不便操作的制度规定，实事求是地予以废止或修改完善，真正从制度上化解税收执法风险和防范涉税渎职犯罪。要加强与地方纪委、检察机关、审计等部门的沟通协调，形成良好的协调机制和工作合力。

（七）抓人本，倡导人文关怀带队伍，进一步形成保障国税事业科学发展的凝聚力

随着经济社会的迅猛发展和改革开放的深入推进，国税部门干部队伍的成长和发展面临新的挑战。信息化建设对国税干部税收管理技能的要求越来越高，税收管理难度日益加大；纳税户成倍增长与国税部门人力资源不足的矛盾日益突出；依法行政的不断推进对税收执法行为的规范度要求越来越高，国税干部的执法风险逐步加大。这些使基层一线干部职工思想压力增大、工作学习负担沉重。在一些单位，领导干部高高在上，上下级之间、同事之间缺乏情感沟通和思想交流，干部职工不能充分感受到集体的温暖，人际关系冷漠，上下级关系疏远，团队凝聚力下降。针对干部存在的思想问题，过去，我们依赖和侧重的办法大多是制度的约束、过程的控制、硬性的监督，忽视了或是弱化了对人的本性的研究。当然，这并不是说约束、控制、监督不重要，而是很多时候对人实行人文关怀式的“柔性管理”所带来的积极作用比“硬性管理”更为有效。因此，在思想政治工作的视野中，我们要更加强调人文关怀的力度，真正做到尊重人、关心人、理解人、爱护人，激发人的主动性、积极性和创造性，促进人的全面发展。

要更加注重保障干部职工的主体地位。领导干部特别是各级“一把手”要加强个人修养，把握沟通艺术，增强亲和力，广泛贴近干部职工，在正确实施“职务影响力”的同时发挥好“人格影响力”，与下属进行平等交往和相互沟通，善教、善政、善治，潜移默化、润物无声地带好队伍。在管理决策时要虚心听取各方面的意见和建议，高度重视干部职工主体感受上是否满意、是否赞成、是否高兴的情绪反应，充分关注每一个人自身成长与发展的需要，关注人的理想、信念和情感，促进人的个性、才智和潜能的充分实现。要尊重人性的活泼与灵动，让干部职工生活在如沐春风的工作环境和人际环境中。由于文化程度不同、成长环境不同，每个人的个性也不同，大家在一起工作是一种为国聚财的共同目标带来的缘分，也必将有实现目标过程中的差异和矛盾，人各有所长，各有所短，与人相处，不必过分求全责备；在处理问题时，多换位思考，相互体谅，相互支持。特别是对一些有潜质、有才气但锋芒毕露，或性格内向、内心压抑的同志，同事和领导要有宽容之心、存异之量，使个性不同的同志在一起相互补充，相得益彰。

要切实解决干部职工的后顾之忧。把解决思想问题同解决实际问题结合起来，把解除干

部职工的后顾之忧作为人文关怀的重要内容。针对干部职工最关心、最直接、最现实的利益问题，在法律政策允许的范围内，尽最大可能想办法给予解决。减少干部职工正常生活和发展的后顾之忧，最大限度地消除引发干部心理失衡、失调的外部诱因，为培育干部的心理和谐提供良好的环境支持。一是在工作上减压。一方面要采取多种途径缓解工作量饱和、工作难度增加与人力资源不足的矛盾，减轻干部职工的工作压力和心理压力；另一方面要结合干部职务变动、个人待遇变化等，开展有针对性的思想工作，引导干部正确对待个人的名誉、地位、利益，自觉把精力投入到工作中去。二是在生活上排忧。关注干部职工身心健康，对干部职工生活上遇到的实际困难和问题，努力做到“心想到、话说到、力尽到”。干部职工遇到生病住院、婚丧嫁娶、岗位调动、家庭纠纷、思想包袱等，要及时安排上门慰问，提供帮助，把组织的关怀送到干部职工的心坎上，使干部职工从一件件看得见、摸得着的事情中切身体验到人文关怀的精神。

要更加关注干部职工的心理健康。及时了解干部队伍思想动态，广泛开展谈心活动，加强心理疏导，缓解干部职工心理压力，促进情绪交流渠道畅通，正确对待干部职工的心理期待随着社会发展而水涨船高，引导干部职工塑造阳光心态，通过有效调适与平衡，帮助干部职工在潜移默化中达到心理和谐。要完善干部职工诉求表达机制，畅通诉求渠道，引导干部职工通过党组织生活会、处室例会、群团活动、局领导接待日活动、机关内网交流平台、座谈会等多种形式和渠道，民主参与管理，依法理智表达合理诉求。要建立网络舆情监控分析和应对处理机制，高度关注 QQ 群、网上论坛等新的思想阵地，及时预警，科学研判，合理引导舆论。要着力丰富干部职工业余文化生活，满足他们的精神文化需求，充分发挥文学艺术陶冶情操、愉悦身心的独特作用，用健康丰富的文体活动有效调节干部职工的情感和心理，消除忧郁感、孤独感、失落感等不良情绪，使大家不仅在物质生活上达到小康，而且精神生活上心情舒畅，提升国税干部职工的幸福指数。

要一如既往地重视老干部工作。离退休干部是国税系统的宝贵财富，离退休干部工作是党的干部工作的重要组成部分。要继续落实好离退休干部的政治待遇和生活待遇，对老同志政治上多关心、思想上多沟通、生活上多照顾、精神上多关怀，使他们老有所养、老有所乐、安享晚年。要切实加强离退休干部党支部建设，改进党员教育管理，引导离退休干部党员增强党性观念和党员意识，做到政治坚定、思想常新、理想永存，发挥老同志在推动国税干部队伍建设、关心和支持税收事业发展以及促进加强和创新社会管理等方面的作用。

要始终高度重视基层建设。切实增强为基层服务的意识，帮助基层更好地开展工作。领导机关制定措施、部署工作要坚持实事求是，广泛征求基层的意见和建议，充分考虑基层的实际情况，切实增强工作的计划性、针对性和可操作性。要进一步精简要求基层报送的报表资料，避免给基层增加额外负担、增添无效劳动。人力资源配置优先基层，机关不能随意借调占用基层人员，不能随意干扰基层工作。继续贯彻人、财、物分配向基层、征管和困难地区倾斜的原则，严格落实基本支出经费最低保障线制度，努力为基层创造良好的工作环境。

同志们，百舸争流，不进则退，唯有奋勇前行，方能不辱使命。“十二五”发展的帷幕已经拉开，国税事业的未来蕴含着蓬勃的生机。在全党上下深入学习贯彻胡锦涛总书记“七一”重要讲话精神之际，让我们牢记使命，用笃实行动凝聚起更加强大的发展力量，创造出更加优异的发展成绩，用辛勤努力的汗水交出一份让时代铭记、让人民满意的答卷。

在全省国税系统干部队伍和党风廉政建设工作会议结束时的讲话

李鸿文

（2011 年 8 月 5 日）

同志们：

这次全省国税系统干部队伍和党风廉政建设工作会议就要结束了。通过对总局会议精神的认真学习，并结合我省国税工作实际，省局党组对加强新形势下干部队伍建设和党风廉政建设工作做了进一步部署和安排。与会同志进行了认真的学习讨论，站在推进国税事业发展全局的高度，深刻分析形势，提出了很多建设性的意见和建议。下面，我对会议作简要的总结，并就下半年工作讲几点意见。

一、明确目标，细化任务，将会议精神落到实处

这次会议是在全国上下深入学习贯彻胡锦涛总书记在庆祝中国共产党成立 90 周年大会上的重要讲话精神之际，云南省国税系统认真贯彻落实总局年中会议精神，加强新形势下国税系统干部队伍和党风廉政建设而召开的一次重要会议。大家一致认为，在中国共产党成立 90 周年之际，在“十二五”开局之年，在云南桥头堡建设拉开序幕的关键起步时刻，专题研究干部队伍和党风廉政建设工作，既准确把握了形势发展的要求，又牢牢抓住了干部队伍和党风廉政建设的突出问题；既科学谋划了未来的发展蓝图，又明确提出了切实可行的具体措施，具有很强的针对性和指导性，非常及时，非常必要。归纳大家的意见，这次会议的主要收获有以下三点：

第一，进一步明确了新形势下加强干部队伍建设的思路和目标任务。干部队伍建设是事关税收工作全局和税收事业长远发展的基础性、战略性工程。会议根据形势发展的要求，进一步明确了当前和今后一个时期加强干部队伍建设的总体要求，并强调指出以激发活力、创新管理为重点，结合我省国税系统实际，提出了“四个最大限度”的要求，着力造就高素质专业化的国税干部队伍。为保障这一思路的有效落实，会议重点在 7 个方面提出了更为具体的目标和任务。大家感到，这次会议部署的有关工作，思路清晰，措施明确，抓好这些工作，对于促进干部想干事、能干事、干成事而又不出事，自觉做到勤政廉政有着十分重要的意义。

第二、进一步增强了做好党风廉政建设工作的紧迫感、责任感和使命感。继今年 2 月 15 日总局召开全国税务系统党风廉政建设工作会议之后，总局和我省对贯彻落实国务院第四次廉政工作会议，贯彻落实中央关于实行党风廉政建设责任制等工作进行了全面部署。今年 5 月以来，总局通报了税务系统连续发生的几起社会影响较大的治安、刑事案件和虚开增值税发票查办案件，要求各级税务机关进一步重视和加强税务干部法纪教育管理。这次总局召开的年中会议，对税务系统反腐倡廉建设工作予以了突出强调，对落实廉政建设责任制、加大查办案件工作力度、防范涉税渎职犯罪等方面提出了更严更细的工作要求。近期，社会各界对国家各部委公布“三公”支出等给予了高度关注。这一系列重大举措和舆论导向都充分说明，党和国家对党风廉政建设工作的高度重视，同时也表明了当前抓好税务系统干部队伍建设和党风廉政建设面临着更重要的机遇和更严峻的形势。应当说，我们过去的成绩令人欣慰，存在的问题使人警醒，发展的形势更催人奋进。今年下半年，党风廉政建设工作任务非常繁重，按照有关工作部署，要继续深化内控机制建设，开展廉政准则执行情况检查，进一步加大案件查办工作力度，严肃查处违纪违法行为，大力实施廉政教育“六个一”工程，积极参与政风行风评议，持续推进税务廉政文化建设。大家要切实深化认识，迅速行动，努力开创云南国税干部队伍和党风廉政建设工作的新局面。

第三，进一步推动了“服务基层年”工作的有效落实。基层是做好各项税收工作的基础。这次会议研究部署的很多工作是围绕基层来开展，很多工作最终要落实到基层。干部队伍建设和党风廉政建设的各项新要求不仅覆盖全系统各级机关，更突出强调把工作重心放到基层。从“服务基层年”工作主题提出以来，省局党组和全系统对基层的情况做了更深、更透的广泛调研，就存在的问题来看，由于体制机制等各方面的原因，基层工作活力不够、动力不强的问题仍然存在。结合这次会议的召开，省局党组积极回应基层干部职工的期待，进一步明确了领导班子建设、公务员分类管理、干部教育培训、精神文明建设、思想政治工作、党风廉政建设、干部主体地位等问题的思路，充分体现省局党组对基层的重视和关心，体现“服务基层年”的真抓实干精神。这次会议把“加强人文关怀”放到了干部队伍建设工作的突出位置。我们必须清醒地认识到，近年来干部人事、收入分配等方面的改革带来了利益关系的调整，使少部分干部职工的思想产生波动。一些制度还存在不健全、不完善的地方，影响了干部的工作积极性。同时，由于执法风险问题较为突出，一些基层一线干部不同程度存在畏难情绪，少数一线干部不愿执法、不敢执法。面对这些状况，各级领导决不能回避矛盾，高高在上，必须要有深入务实的工作作风，高度关注干部的工作状况、思想状况和生活状况，真正做到尊重人、理解人、关心人、爱护人，不折不扣地落实好中央、总局和省局出台的各项惠及基层干部的改革措施和政策规定。

同志们，新时期云南国税干部队伍和党风廉政建设的工作思路和主要任务已经明确，关键是要抓好落实。省局将按照总局的工作要求和步骤，对会议作出的各项部署逐一进行梳理，制定实施办法，分解任务，明确责任，一项一项抓好落实。各地要认真传达贯彻本次会议精神，结合实际，提出具体落实意见，进一步细化工作措施。各级机关“一把手”要切实负起抓好干部队伍和党风廉政建设第一责任人的政治责任，要坚持干部队伍建设和党风廉政建设与各项税收业务工作相结合，一起部署、一起推进、一起落实，做到两手抓、两手都要硬，在推动国税事业科学发展中实现相互促进、共同提高。

二、围绕主题，扎实推进，1～7月各项工作开局良好

今年1～7月，我省国税工作发展势头良好。概括起来，主要表现为“一个贯穿，两个增长，三个加强，四个提升”的特点。

“一个贯穿”：即“服务基层年”工作主题贯穿于1～7月各项工作之中。形成了各级领导各部门关心基层、支持基层的良好氛围。全系统在思想上全面深化服务意识，把服务基层作为工作中重要的出发点和落脚点。在行动上，步调一致，措施得力，上下联动得到有效加强。省局领导积极深入基层一线调研，看望基层职工，多次亲临地震灾区指导救灾重建工作，切实帮助基层解决实际困难。召开全省信访工作座谈会，落实领导包案制度，妥善解决困扰基层多年的信访积案。为基层提供及时准确的政策解读培训和政策执行指导服务，通过优惠政策执行情况调研、业务培训、问题解析、文件清理废止、现场交流，为基层详细梳理了政策执行中的难点问题、边界交叉模糊问题和风险环节，有效帮助基层规范政策执行。另一方面，从人力、物力、财力上加大基层投入，省局上半年拨付基层单位的各类补助资金7039万元落实到位，申报16个基建项目，完成了为系统配备的1500台PC机及1500台打印机的招标采购工作。举办的3期基层业务骨干培训班和1期“智力援西”业务培训班，着力为基层培养业务骨干，使“服务基层年”工作主题从思想上、行动上、措施上贯穿于税收工作全过程。

“两个增长”：一是税收收入快速增长。继上半年实现了“时间过半、任务过半”的目标后，7月份全省组织国税收入工作仍然保持良好的势头。1～7月累计完成税收收入786.66亿元，同比增收166.44亿元，增长26.84%，比省政府下达年度1200亿元的计划进度快7.4个百分点，比总局下达年度1171.70亿元的计划进度快8.8个百分点，预计增幅仍高于全国国税平均水平。二是减免税及出口退税实现增长。上半年共办理税收减免18.33亿元，同比增长3.29%；办理出口退（免）税11.75亿元，同比增加3.19亿元，增长37.31%，为加快转变经济发展方式、促进经济转型升级，提供了有力的税收支持。

“三个加强”：一是党建工作不断加强。围绕庆祝建党90周年，全系统举办了丰富多彩的纪念活动。省局机关及基层单位的多项活动受到表彰，屡获殊荣。在“七一”建党节前夕，开展了走访慰问老党员老干部活动。认真落实党建工作责任制，深入开展创先争优活动，积极开展向杨善洲同志学习和“四亮四评”等活动。举办了全系统党务知识培训班，开展了读党史书籍、上党课、重温入党誓词、参观爱国主义教育基地、走访看望老党员等活动，组织引导基层党组织和广大党员讲党性、学党史、树典型、当先锋，开展爱国主义教育、理想信念教育，进一步加强党的建设。全省多家单位被省委和各级党委直属机关工委确定为党建工作示范点，省局被省委评为理论武装工作先进单位，信息中心党支部被省委表彰为先进基层党组织。二是精神文明建设不断加强。顺利通过了省级文明行业复查，全国文明单位申报工作形势喜人，省局机关等5个新申报单位和届满重新申报的玉溪市局机关、澜沧县局都顺利通过评审和复查。在总局组织的税务系统“庆祝建党90周年书画摄影展”作品征集活动中，云南省国税局获“优秀组织奖”，分别有1人获一等奖，7人获二等奖，7人获三等奖，30人获优秀奖，44人作品入选。全系统广泛开展支持地震灾区重建活动，共向盈江县局捐款220.7万元，其中：单位捐款107.9万元，个人捐款112.8万元，体现了国税大家庭一方有难、八方支援的优良传统。同时，全系统各级国税机关还克服自身困难，积极承担起社会扶贫、综治维稳、新农村建设挂钩联系和见义勇为事业的社会责任。三是队伍建设不断加强。认真贯彻落实干部选拔任用四项监督制度，对部分州市局领导班子进行了充实调整。公开选调了4名基层干部到省局机关工作。积极参与“云南省先进工作者”评选活动，系统内有3位同志获得此项荣誉称号。认真做好各类干部培训工作，进一步重视人才培养。通过多方协调和加大投入力度，委托厦门大学软件工程学院培养50名软件工程专业硕士，有重点、分步骤地开展高层次、专业化人才培养。

“四个提升”：一是税收执法水平进一步提升。全面推动内控机制建设，认真开展税收执法检查和执法监察，严格过错责任追究。规范行政审批工作，省级层面取消审批项目5个，合并审批项目1个。严厉打击发票违法犯罪活动。以防范税收执法风险为重点，进一步完善相关体制机制。召开注册税务师管理工作座谈会，进一步依法规范税务中介服务。深入开展第20个税收宣传月活动，圆满完成“五五”普法工作任务。围绕“两强一堡”建设，积极向有关部门反映和争取更有利的政策支持。二是税收管理水平进一步提升。积极落实增值税优惠政策，进一步规范固定资产抵扣管理，加强卷烟消费税管理，防范和打击骗取出口退税。电子化申报方式，尤其是网络申报在2010年度企业所得税汇算清缴工作普遍推广和运用，真正实现了税务机关和纳税人的“双减负”。继续做好普通发票简并换版和管理工作，扩大“税收管理员辅助信息系统”和“财税库银税收收入电子缴税横向联网系统”推广应用。完善重点税源专业化、信息化管理。成功上线“关联业务往来报告表网络申报系统”，进一步加强反避税工作。完善纳税评估制度，统筹安排综合评估。三是信息化建设质量进一步提升。推动信息化管理工作重心向基层转移，落实基层计算机类设备的配置与管理。继续做好金税工程三期建设。启动了网上国税iTAX系统和内外网站升级改造项目。加强各类应用系统的运行维护，提高数据质量。开通了12366纳税服务热线，及时响应纳税人的服务需求。四是税务稽查效能进一步提升。抓好分级分类稽查、专项检查和区域专项整治，抓紧重大税收违法案件查处。1~7月，全省国税稽查实现查补收入6.1亿元（含企业自查补税）。

同时，今年以来，全省国税系统在党风廉政建设、巡视检查、审计监督、科研编志、后勤服务及工青妇组织建设等工作上也取得了较为突出的成绩，为完成全年目标任务奠定了良好基础。

三、突出重点，统筹兼顾，努力完成全年工作任务

今年后5个月，要按照总局和省局的部署和要求，严格落实年初全省国税工作会议确定的各项目标任务，并在此基础上，重点抓好以下工作。

（一）深入学习贯彻胡锦涛总书记“七一”重要讲话精神

在今年7月1日召开的庆祝建党90周年大会上，胡锦涛总书记发表了重要讲话。全系统各级机关组织了收听收看。7月中旬，省局举办了为期4天的全系统党务知识培训班，对学习贯彻胡锦涛总书记重要讲话精神做了专门培训和指导。近期，省局党组中心组召开扩大会议再次学习了重要讲话，并进一步要求全系统把学习贯彻胡锦涛总书记“七一”重要讲话作为一项重大的政治任务，重点抓好五个方面的学习贯彻：一是要抓学习，在领会把握讲话精神上有新进步；二是要抓落实，在提高党的建设科学化水平上有新进步；三是要抓重点领域和关键环节，在全面落实党建工作责任制上有新进步；四是要抓好党建示范点建设，在推进创先争优和向杨善洲同志学习活动中取得新成效。努力把学习成果转化为推动国税事业科学发展的强大动力，不断提高干部队伍和党风廉政建设工作实效。五是抓好出席省第九次党代会代表选举和各州、市、县党代会代表选举工作，严格按照各级党委直属机关工委规定的程序和代表条件，选好国税部门的代表。

（二）全力服务我省桥头堡建设工作

把云南建设成为我国面向西南开放的重要桥头堡，是党中央、国务院的重大战略部署，是促进我省经济社会科学发展的重大历史机遇，也是推动全省国税事业科学发展的重要契机。省委八届十一次全会对我省加快桥头堡建设进行了全面的部署，全系统要充分认识加快桥头堡建设的重大意义，找准推动桥头堡建设的对接点，探索落实桥头堡建设要求的着力点，打造体现国税特色的新亮点。一是要深入分析。准确把握中央和省委、省政府的战略部署精神，因地制宜、有针对性地研究国税工作的发展思路、工作重点和工作措施。当前，要积极推进我省出口货物人民币结算退（免）税扩大试点口岸和重点通道等工作，积极研究提出资源性产品增值税政策建议。二是要积极作为。搞好政策衔接，注重工作落实。近期，各级政府和有关部门相继提出了桥头堡建设的具体设想和措施，德宏州桥头堡“黄金口岸”和瑞丽国家重点开发试验区建设等，都在加快推进。国税部门要积极参与，在配套服务、税收执法、政策研究等方面给予积极支持，特别是对一些突破性政策，要研究透、利用好，在落实上体现实效。三是要形成合力。建立健全工作协调机制，加强组织领导和统筹协调，形成全面启动、上下联动、左右互动的工作格局。

（三）扎实做好组织收入工作

截至7月底，全系统完成税收收入786.66亿元，距离1200亿元的奋斗目标还有413.34亿元。在经济环境和税收政策不发生较大变化的情况下，实现或者超额完成年初确定的目标任务是完全有基础、有条件的。1～7月国税收入主要呈现5个特点：一是税收收入连续7个月持续实现20%以上的高增长，但增幅逐渐趋缓。1～4月平均增幅为33%，后3月平均增幅为22.17%。二是地方级收入增幅高于中央级收入增幅。1～7月，国税收入的地方级收入增幅为32.19%，高于中央级收入6.54个百分点。三是主体税种四增一降。增值税收入同比增长30.03%，消费税收入同比增长20.56%，企业所得税收入同比增长37.17%，车购税收入同比增长17.80%。储蓄存款利息所得个人所得税收入同比下降52.02%。四是12个重点行业增值税8增4降。其中增幅最大的电力行业达到增长69.65%，降幅最大的专用设备行业同比下降22.83%。五是各州市税收收入发展不平衡。4个州市上半年国税收入增幅在50%以上，有15个州市税收收入超过奋斗目标的时间进度。

综合分析后5个月的收入形势，抗通胀、稳物价面临艰巨任务，能源消费较快增长带来节能降耗压力加大，国家宏观调控资金制约影响不容忽视，税收收入增幅将出现前高后低的趋势。为抓好组织收入工作，一是要认真抓好重点行业企业的管理。高度关注卷烟、有色金属、电力、煤炭、大型商业企业等经营情况和税收收入变化，定期分析收入形势，及时发现组织收入工作中的苗头性、倾向性问题，依法加强税收征管，努力实现税收收入稳定增长。二是进一步关注地区、行业的税负问题。今年省局下发了2010年宏观税负与税收弹性情况的

通报，要求税负低于全省平均水平及与相关经济指标不协调的州、市局，要认真分析，有针对性地查找问题，努力实现税收与经济协调增长。三是要提升计统工作质量。国税税收资金运动从申报、征收、到入库、退库全过程都可以从监控软件中实时进行查询，收入规划、税源管理部门要把工作重心从汇总、统计等工作进一步转移到收入的监控分析和税源预测上来。通过经常性分析，及时发现税收管理中可能存在的问题，采取相应措施，提出意见建议，推动组织收入工作科学发展。

（四）深入推进依法行政

一是进一步加强各税种管理。做好增值税优惠政策调研后的整改落实，规范政策执行。做好税收规范性文件清理，完成对省局制定文件和条款的废止发布。要大力培训基层税务干部的信息管税技能，从7月下旬起实施5期数据分析应用人才培训。要按照纳税评估工作要求，追踪落实评估工作进展。加强出口退税风险防控管理，加强所得税管理工作，做好七个重点行业的《企业所得税管理操作指引》编写工作，进一步指导和推进所得税专业化分类管理。要按照总局的部署，做好新的车购税征收管理办法的贯彻执行。二是认真做好发票检查管理工作。要认真贯彻落实《国家税务总局关于认真做好2011年打击发票违法犯罪活动工作的通知》和《全国打击发票违法犯罪活动工作协调小组第四次会议纪要》精神，各级国税部门要与公安、地税部门一道，按照“打击与建设相结合、治标与治本相结合”的原则谋划布局，加强统一领导和协作配合，做好煤炭、建材、交通运输等行业仿造真票套打、虚开增值税专用发票及其他抵扣凭证等违法行为的查处工作。同时，认真查处利用电子、服装类产品等骗取出口退税案件以及房地产等行业偷逃税案件，加强重点税源企业税收检查，进一步强化普通发票管理工作。三是切实重视规范执法问题。要进一步深化对税收执法风险的认识和防范。各级国税机关和国税干部要清醒地认识，在执法过程中，无论是执行税收政策、履行执法程序、还是公开办税、优化服务，都要在法治、公平、文明、效率上下功夫，稍有不慎，就有受到法纪、政纪惩处的危险，这种风险在基层尤为明显。要结合内控机制建设、干部教育培训和党风廉政建设等工作，对各地已经出现的执法风险案例，进行分析、研究各个执法风险的程度及成因，进一步提出完善防范税收执法风险的工作机制和制度，最大限度地降低或化解执法风险，依法保护干部，促进税收制度、执法管理的完善和规范。根据省人大常委会2011年监督工作计划安排，省人大常委会主任会议决定于今年8月上旬对我省贯彻实施《税收征管法》情况进行执法检查，按照工作安排，昆明市、大理州由省人大组织检查组检查，其余州、市由省人大委托州、市人大组织检查组检查。为做好迎接执法检查工作，各地要进一步提高认识，精心准备，加强与当地人大机关工作联系，同时以此为契机，推动社会各界特别是人大代表更加关注税务人员执法风险和税收工作过程中的困难问题。

（五）切实抓好专项治理和审计整改工作

为贯彻十七届中央纪委六次全会关于专项治理的要求，总局于今年5月底专门召开视频会议对专项治理工作进行了部署。主要涉及开展公务用车问题专项治理，清理规范庆典、研讨会、论坛活动，进一步解决工程建设领域突出问题，继续推进“小金库”治理工作，检查利用中介机构谋取不正当利益问题，信息技术运维和服务中增加纳税人不合理负担问题等6项专项治理工作。我省国税系统按照总局的工作部署，认真开展了专项检查，在取得较好成效的同时也发现了一些存在问题。这里重点强调三个问题：

第一，切实加强“小金库”治理工作。今年4月，中央纪委书记贺国强同志对“小金库”治理工作再次作出了明确指示，要求必须下大力气解决走过场问题。从我省国税系统前阶段的工作情况看，已经完成对全系统16个州市局所属154个行政机关和1个事业单位设立、管理的749个银行账户的对照检查。总体情况是好的，但也不排除个别单位由于理解偏差、把握不准、核实不严，可能存在自查不深、隐瞒不报、变相存在“小金库”的问题。下一步，总局将把自查自纠“双零”单位列为督导抽查重点。全系统各级领导要继续高度重视这项工作，特别要重点关注以往应纳入而未纳入“小金库”专项治理范围，以及组织过自查自纠但不重视、走过场的单位，确保“双零”单位的承诺经得起检查。对于“小金库”问题，总局、省局已经重申规定过规定，明确了纪律，各级局“一把手”要高度负责，不要心存侥幸，我行我素，对于不按规矩办事、屡教不改的，一经查实，必须按规定严肃追究相关领导和责任人的责任。

第二，切实规范津贴补贴发放。根据中共中央纪委、中央组织部等六部委关于做好三级以下管理京外中央国家机关规范津贴补贴工作有关问题的通知要求，各级国税部门认真组织开展了各项规范工作。经过初步测算，一些地区津贴补贴规范后，个人收入水平可能出现比目前下降。因此，各地要早谋划，从维护政策的严肃性、权威性的高度，正确引导干部职工全面地、动态地看待地区、部门之间的差异性，认真做好干部职工的思想稳定工作。

第三，认真落实审计整改工作。自去年以来，省局开展了对部分州、市局的财务收支、基本建设、政府采购、资产管理的专项审计和部分领导干部的经济责任审计，及时发现问题，并督促整改，使预算的编制和执行更加刚性化，维护了财经纪律的严肃性，有力地促进了各级国税机关提高资金的使用效率。通过对领导干部经济责任的审计，强化了经济责任审计作为加强干部管理、健全监督机制、规范从政行为的重要手段，取得了较好的审计成果。各级国税机关领导干部特别是“一把手”要高度重视审计监督工作，自觉接受监督、配合监督、重视监督，在日常工作中积极抓好科学决策和民主管理，进一步规范领导干部的从政行为，强化“两权”监督，防范管理风险。一是要坚持以人为本，从关心爱护干部、促进干部健康成长的角度加强干部监督工作。“严是爱，宽是害”。通过清理整顿、规范管理，有利于及早发现缺点毛病，及时提醒纠正，防止小错铸成大错，这是对干部最大的爱护、最好的保护、最真诚的帮助。二是要切实增强接受监督、敢于监督的意识。一方面，要在本地区扎实开展审计监督工作，做到多教育、多提醒、多打招呼，对苗头性问题做到早发现、早纠正，防止小毛病发展成大错误。另一方面，极少数领导干部喜欢我行我素，不愿意接受监督，好像监督是跟自己过不去。这是一种极其错误、有害的认识。监督不是故意找茬，不是与谁过不去，而是依靠制度的力量，在制度建立完善与制度落实上下功夫，引导各级依法办事。制度要靠严格的执行，才能体现成效。因此，各级国税机关和领导干部都要习惯于在严密的监督下开展工作。三是要严肃纪律。财务、审计、监察、巡视、人事等监督管理部门要把监督当作对干部的一种爱护，敢于监督，及时监督，防患于未然。要从多个方面强化敢于监督的意识，针对发现问题，把问题讲清、把道理讲透，不顾及情面，并坚决整改落实。要积极督促帮助下级规范管理，才能有效预防风险，在本地、本单位形成良好的风气。要充分认识到，一时的“短痛”是为了长久的平安，一时接受不了的最终将会感谢组织的监督爱护。对审计出的问题如整改不力的，对主要领导要实行问责；如拒不整改的，要严格执行包括组织调整措施在内的各项纪律。另外，根据对部分州市局专项审计和财务收支审计中发现的一些问题，为进一步落实审计整改工作，完善治理“小金库”长效机制，省局决定近期将召开全省国税系统宾馆、招待所清理整顿专题会议，切实防范和化解系统内部宾馆、招待所在财务管理、资产管理、经营管理等方面的隐患和风险。

（六）继续推进信息化建设工作

一是加快完善全系统“十二五”时期信息化建设规划。目前省局已经制定了初步的规划方案，下一步将广泛征求意见，制定切实可行、符合实际的目标和措施，力争在资源整合、运维效率和质量、安全防护体系、运行监控、网络纳税服务、信息管税、队伍素质等7个方面实现新突破。二是加快推进网上国税iTAX系统项目建设。该项目是贯穿于“十二五”信息化建设规划的一项重点工作，是在现有省局电子政务网站内外网原有业务应用的基础上，建立起支持国税业务、政务、事务工作运行的统一资源整合平台框架，使之成为云南国税信息化系统的重要基础设施。第一期工程项目建设从7月份开始，今年底前完成，明年1月1日正式上线运行。本期主要完成的重点任务是：系统的框架搭建，实现应用系统的初步整合，完成内外网站升级改造。各单位要通力合作，加强统筹协调和力量整合，形成上下联动、协调配合、齐抓共管、共同推进的工作局面。三是加强信息化建设对税收业务的支撑作用。结合近期的工作重点，要进一步做好税收管理员辅助信息系统的推广应用工作，积极改进12366热线运行服务，稳步扩大财税库银横向联网推广应用工作，推广执法管理系统疑点信息库功能应用。加强税收征管业务数据质量控管，做好各系统的升级和维护，加快税干校数据中心机房建设。

（七）认真开展政风行风民主评议活动

这次省政府纠风办正在开展的对11个部门政风行风民主评议活动，各级国税机关务必引起高度重视，加强组织领导，及时改进和优化纳税服务。回顾过去，云南国税在行风评议工作中取得了较好的成绩，各地要再接再厉，把此次评议工作作为今年的一项重大工作来抓。评议工作结束后，省局将对各地的测评排名及存在的问题在全系统内进行通报，对因工作不力造成不良影响的，将严肃进行问责。各地要齐心协力，发扬成绩、查缺补漏，以这次民主评议活动为契机，以民主评议政风行风为契机，切实加强税收执法和办税服务人员教育管理。按照总局的要求，进一步合理调整窗口职能和数量，积极推行全职能窗口，缓解办税压力。要改进办税方法，提高办税效率。要进一步完善办税设施，定期检查办税服务厅各项便民设备，确保正常使用。特别是对于纳税人在办税过程中遇到的特殊情况，要在合法的前提下提供便利，切实解决纳税人的困难和问题，创造和谐的征纳环境。

同志们，做好后5个月的工作，贯彻落实好本次会议精神，意义重大。相信在同志们的共同努力下，一定能够圆满完成今年工作，以优异的成绩迎接省第九次党代会的召开，实现“十二五”云南国税工作的良好开局！

在全省国税系统开展《廉政准则》贯彻执行情况专项检查工作（视频）会议上的讲话

李鸿文

（2011 年 8 月 26 日）

同志们：

根据中央纪委《关于开展〈中国共产党党员领导干部廉洁从政若干准则〉贯彻执行情况专项检查工作的通知》要求，国家税务总局决定今年下半年在全国税务系统开展《廉政准则》贯彻执行情况专项检查工作。8 月 17 日上午，总局召开了全国税务系统开展《廉政准则》贯彻执行情况专项检查工作视频会议，钱冠林副局长代表总局党组就贯彻中央纪委精神，在全国税务系统开展《廉政准则》贯彻执行情况专项检查工作进行了动员和部署。下面，我代表省局党组，结合当前云南国税工作实际，就贯彻落实总局会议精神，扎实推进全省国税系统《廉政准则》贯彻执行情况专项检查工作讲三点意见。

一、坚持四个强化，贯彻落实《廉政准则》取得阶段性成效

《廉政准则》是规范党员领导干部从政行为的重要基础性党内法规，是党中央在新的历史时期，坚持党要管党、从严治党，深入开展党风廉政建设的重大举措，是扎实推进反腐倡廉制度建设的又一重要成果。深入贯彻落实《廉政准则》，对于保证党员领导干部廉洁从政，形成“用制度规范从政行为、按制度办事、靠制度管人”的有效机制具有重要的促进作用，对加强领导干部廉洁自律和干部队伍建设，进一步提高执政能力和拒腐防变能力具有十分重大的意义。《廉政准则》修订颁布一年多来，全省国税系统紧紧围绕中央、总局和省委省政府的部署要求，结合国税部门行业特点，始终坚持“四个强化”，确保《廉政准则》落到实处。

（一）强化学习宣传，确保贯彻落实《廉政准则》有氛围

把学习贯彻《廉政准则》作为党风廉政宣传教育的一项重要内容抓紧抓实，采取党组中心学习组带头学、机关全体党员干部集中学、党员活动分组学习讨论和自查等多种形式，把学习《廉政准则》与学习党章、《党内监督条例》等其他法规制度结合起来，与学习总局三个配套文件结合起来，促进党员干部全面掌握《廉政准则》的基本要求和主要内容。将《廉政准则》列为全省国税系统“三读”活动的必读书目，开展学习经验交流活动，组织广大党员干部撰写学习心得，共选出 67 篇优秀体会文章在廉政文化示范点成果展示中进行展出。将学习贯彻《廉政准则》的具体要求与开展向杨善洲学习活动、参观反腐倡廉警示教育基地、参观反渎职侵权展览、参观革命教育基地、举办廉政教育专题讲座等形式多样的廉政教育活动结合起来，使广大党员干部在生动的实践中始终铭记“8 项禁止、52 个不准”的要求，使《廉政准则》的精神实质和具体规定内化为党员干部的思想观念，外化为党员干部的廉政行为，不断增强廉洁从税的自觉性和责任感，在全系统形成了深入学习贯彻《廉政准则》的浓厚氛围。

（二）强化规范管理，确保贯彻落实《廉

政准则》有力度

一是把贯彻《廉政准则》与落实党组民主生活会制度相结合。2010年，各级局党组以“贯彻落实《廉政准则》，切实加强领导干部作风建设”为主题召开民主生活会，紧密联系思想和税收工作实际，认真开展党性分析，深入对照检查，严格按照中央关于加强领导干部作风建设、廉洁从政的规定和要求，实事求是地开展批评和自我批评，有效提高了民主生活会质量。二是坚持在干部选拔任用工作中贯彻落实《廉政准则》。认真落实“发扬民主、严格程序、严肃纪律”三项关键举措，坚持按照“德才兼备、注重实绩、群众公认”的原则和《廉政准则》有关规定，选拔任用让组织放心、让群众满意的干部，提高选人用人公信度。2010年，在全系统选拔配备了9名州市局纪检组长，进一步优化了班子结构，提高了班子整体素质，强化了对领导干部的监督管理。三是不断深化政风行风建设。通过学习贯彻《廉政准则》，促进党员干部进一步转变作风，以优良的党风促政风、带行风。各级领导积极参与政风行风热线节目上线，切实解决人民群众关心的热点、难点问题，宣传展示国税工作的新成绩和国税部门的新形象，收到了良好的社会效应。在加强和创新社会管理中发挥国税部门的作用，积极拓展外部监督渠道，充分关注纳税人涉税诉求，进一步规范税收执法行为和行政管理行为。至2010年底，全系统共与28.45万户纳税人签订了《廉政公约》，聘请特邀监察员1270名。建立健全监督举报机制，今年上半年，全系统共收到来信来访14件，初核5件，立案1件，处分1人。四是把学习贯彻《廉政准则》作为廉政文化建设的重要内容。深入推进廉政文化进机关、进基层、进家庭、进各类纳税人活动，统筹推进廉政文化示范点创建工作，不断丰富国税部门廉政文化建设的内涵和外延，形成征纳双方知廉、守廉、护廉的良好氛围。2010年，在全国税务系统学习落实《廉政准则》成果展示汇报会上，我省国税系统选送的三个节目被国家税务总局表彰为全国税务系统学习落实《廉政准则》成果展示二等奖。

（三）强化监督检查，确保贯彻落实《廉政准则》有效果

坚持将《廉政准则》的要求贯彻到监督检查工作中，加强民主监督，提升措施效果。对照《廉政准则》的有关规定，制定了《云南省国税系统行政行为监督制度实施办法》，分析查找各级国税机关党员领导干部廉洁从政方面存在的薄弱环节，着力解决对权力运行的监督制约问题。把对《廉政准则》的贯彻落实列为各级巡视检查工作的重要内容，坚持预防为先，关口前移，强化权力制约，规范权力运行，减少制度漏洞，有效防范和化解风险，形成从源头上预防腐败的有效机制。紧密结合《廉政准则》有关规定，深入开展公务用车，清理和规范庆典、研讨会、论坛活动，“小金库”、工程建设领域突出问题，利用税务师事务所等中介机构谋取不正当利益问题及信息技术运维和服务中增加纳税人不合理负担问题专项治理工作，认真对照检查，迅速清理整改，坚决制止和纠正违规行为，引导干部树立正确的权力观和政绩观，自觉规范和约束权力运行，做到严守纪律、清正廉洁。

（四）强化制度建设，确保贯彻落实《廉政准则》有保障

将《廉政准则》贯彻落实到惩防体系建设过程中，坚持标本兼治、综合治理、惩防并举、注重预防的方针，进一步规范党组议事规则、集体领导和分工负责、任期交流和回避、重大事项报告、财务监督、审计监督、巡视检查、行政问责等制度。积极发挥龙头作用，层层签订《党风廉政建设责任书》，形成各级党组高度重视，“一把手”负总责、亲自抓，班子成员按照分工各司其职、具体负责，层层抓好落实的良好局面。推进内控机制建设，全面排查风险，界定监督制约重点；完善岗责体系，明确岗位廉政责任；科学配置权力，健全制衡控制流程。省局机关共排查出风险岗位108个，廉政风险点191个，共整合防控制度23个，制定具体防控措施230条。今年，各州、市局开展内控机制建设以来，平均排查出风险岗位280个，廉政风险点648个，平均制定具体防控措施554条，使反腐倡廉工作渗透到税收管理工作的全过程，把预防腐败要求落实到权力运行的各环节，对权力的监督制约得到了进一步规范和加强。

二、应对四个挑战，进一步提升贯彻落实《廉政准则》的执行力度

多年来，全省国税系统始终高度重视党风廉政建设和反腐败工作，把反腐倡廉工作作为

推进国税事业科学发展的一项重要任务常抓不懈，全系统干部队伍和党风廉政建设呈现出总体情况良好的有利局面。但是，随着经济社会的迅猛发展和改革开放的深入推进，世情、国情、党情、税情正在发生深刻变化。提高党的领导水平和执政水平、提高拒腐防变和抵御风险能力，加强党的执政能力建设和先进性建设，面临着许多前所未有的新情况、新问题、新挑战。胡锦涛总书记在庆祝中国共产党成立90周年大会上的重要讲话中指出："执政考验、改革开放考验、市场经济考验、外部环境考验是长期的、复杂的、严峻的。精神懈怠的危险，能力不足的危险，脱离群众的危险，消极腐败的危险，更加尖锐地摆在全党面前。"深刻理解并积极应对胡锦涛同志所指出的"四个考验"和"四个危险"，是摆在全党面前的一项重大政治任务。以胡锦涛总书记的讲话精神来检视云南国税工作，我们可以发现新形势下的云南国税工作同样面临着诸多的新情况、新问题、新挑战，集中表现在以下四个方面：

一是体制机制不完善使精神懈怠危险加大的挑战。目前，国税系统正处于事业的发展期和转型期，体制机制不完善的问题仍然存在，带队收税面临诸多现实困难。干部职业发展空间有限，职级晋升难度较大，一定程度上影响了干部工作积极性，少数干部的思想变得保守甚至僵化。缺乏科学完备的激励机制，客观上造成一部分干部产生了精神懈怠，得过且过的思想有所抬头。甚至一些领导干部也逐渐散失了奋发进取的斗志和精神，工作责任意识下滑，甚至推诿扯皮，该抓的不愿抓，该管的不敢管，思想上缺乏内在动力。

二是利益深刻调整变化对领导干部执政能力和管理水平的挑战。近期，国税系统干部职工的利益分配格局将面临较大调整变化。特别是三、四级单位的津补贴即将要步入一个规范轨道，干部职工的切身利益受到影响，导致少数干部心态失衡，思想言行出现极端化趋向。对此，需要各级领导干部切实提升执政能力和管理水平，认真思考，积极应对，不怨天尤人，不放任自流，主动积极化解矛盾。津补贴规范是全国的大势，虽然总局、省局也在积极争取更为宽松的职工利益格局，但总的来说，还是需要各级领导加大政策宣传、解释和教育，提高管理水平，采取有效措施激发干部职工的工作活力。

三是国税事业发展的健康环境需要进一步巩固的挑战。云南国税发展到今天，全系统总体呈现出风清气正，朝气蓬勃的良好局面，很多单位成为了当地党委政府树立的标杆单位。这样的事业发展环境来之不易，凝聚了全系统各级领导和广大干部职工的辛勤汗水，一旦失去这样的良好环境，云南国税事业的发展将会遇到不可估量的困难和损失。创业容易守业难，要把这个良好的局面坚持下去并不断发展，需要我们付出更为艰苦的努力。各级国税机关必须不断加强党建工作，不断加强党风廉政建设和精神文明创建，树立云南国税新的良好形象，把目前这样一个干事创业的良好环境巩固好、发展好。

四是税收管理难度加大带来执法风险日益增大的挑战。从内部环境来说，税收管理体制还需进一步健全，税收管理水平还需进一步提高，岗责体系、办税流程还需进一步完善，执法人员的综合业务素质还需进一步加强。在实际工作中，由于执法人员对税收法律法规和政策掌握不够、不深、不透和执法不到位造成工作不负责、执法随意、不作为或乱作为的现象还时有发生。从外部环境看，国税管理涉及面广，直接涉及经济利益分配，容易触发各种利益矛盾。加之去年以来，从中央到地方各级检察机关加大了查处渎职侵权犯罪的力度。国税部门、国税干部面临的税收执法风险不断加大。在执法过程中，如何有效地防范、规避和化解执法风险，已经成为摆在各级领导面前的一个不容回避的课题。

面对以上四方面的严峻考验，需要我们系统上下认真思考，深入实践，大胆开拓，积极应对。本着以人为本的思想，不断完善体制机制，激发活力，创新管理；不断健全管理制度，规避风险、化解矛盾，最大限度地监督保护干部，最大限度地创造和谐环境。

要完成这样的任务，关键在各级领导干部；要规范国税部门的管理，关键在对权力运行的监督与制约。《廉政准则》的贯彻实施，既是一道"紧箍咒"，对党员干部的行为产生威慑作用，达到廉洁从税的目的；又是一道"安全网"，提醒广大党员干部以此为镜，"常思贪欲之害，常怀律己之心"，利用法律警示和监督干部廉洁。充分发挥《廉政准则》的作用，贵在通过贯彻执行，进一步解决党员领导干部在党性党风党纪方面存在的突出问题，形成凝聚党心民心的强大力量。

执行的基础，在于认知。一是深刻认识《廉政准则》是对从政行为的规范。《廉政准则》所列的8方面52项禁止性规定，对权力行使中容易滋生腐败的各个风险点加以明示，明确了哪里是“禁区”、哪些是“高压线”。二是深刻认识《廉政准则》是对党员领导干部的保护。《廉政准则》涉及党员领导干部工作、生活的方方面面，每条都紧贴实际，为党员领导干部安装上“过滤网”、“防火墙”，体现了对党员领导干部的警示、警醒，也彰显了组织对党员领导干部的关心、关爱。三是深刻认识《廉政准则》是对群众关切的回应。党员领导干部不廉洁，必然损害群众利益，影响公平正义，损害党的形象，动摇党的执政根基。《廉政准则》正是对群众关切的直接回应，表明了我们党深入推进反腐倡廉建设的坚强决心。

执行的关键，在于表率。党员领导干部要当好人民的公仆、树好干部的标杆，就必须身体力行、率先垂范。党员领导干部要把《廉政准则》当作从政、为人的“金科玉律”，学而时习之，真正把《廉政准则》内化为意识、升华为信条，筑牢拒腐防变的思想防线。要牢固树立制度面前没有特权、准则约束没有例外的意识，带头严于律己、令行禁止。主动把自己置于《廉政准则》的约束下、置于公开透明的监督中，时时矫正行为，始终保持共产党人清正廉洁、公道正派的良好形象。

执行的重点，在于实效。一看发展环境是否更加优化。这包括国税机关内部的政务环境是否更加廉洁高效，税收征纳环境是否更加和谐有序，干部职工干事创业的热情是否得到充分激发。二看干部职工和广大纳税人是否更加满意。这包括干部职工和纳税人最急、最盼的难题是否得到有效破解，利民之举、惠民之策是否得到有力实施。三看反腐倡廉体系是否更加完善。既看《廉政准则》所列的禁止性规定是否得到普遍遵循，又看防范廉政风险的制度机制是否得到进一步健全完善；既看内部纪检监察等部门监督检查的职能是否得到充分发挥，又看全社会的监督合力是否得到进一步加强。

三、把握四个重点，确保《廉政准则》贯彻执行情况专项检查落实到位

总局按照中央纪委要求在全国税务系统范围内组织开展对《廉政准则》贯彻执行情况的专项检查，是促进《廉政准则》贯彻执行的现实要求，是解决当前党员领导干部队伍中存在的突出问题的客观需要，是督促党员领导干部严格自律的有效途径。有利于广泛宣传中央关于贯彻执行《廉政准则》的部署要求，增强各级国税机关和领导干部落实中央精神的自觉性和坚定性；有利于及时发现和解决各种违反《廉政准则》的问题和行为，切实维护党规党纪的严肃性；有利于督促广大党员领导干部对照《廉政准则》对自身廉洁从政情况进行一次全面的体检，把清正廉洁履行职责、自觉践行党的宗旨作为从政履职的自觉追求和实际行动。各级国税机关和党员领导干部要从战略和全局的高度充分认识开展专项检查工作的重要意义，切实把专项检查工作作为一项重要的政治任务抓实抓好。

（一）加强组织领导。各级国税机关党组要高度重视专项检查工作，把其作为一项紧迫的任务列入重要议事日程，建立相应的领导机构和工作机制，对专项检查工作进行全面的安排部署，确保完成任务。抓好专项检查工作，领导重视是关键。为了做好此次专项检查，省局党组明确由省局党风廉政建设工作领导小组负责牵头，由我任总负责人，省局监察室负责具体落实的工作机制。各州、市局党组特别是“一把手”要切实履行本单位总负责人责任，纪检监察、人事、督察内审、巡视、财务等部门要密切配合，严格对照检查内容，认真开展自查、督导检查和整改落实工作，防止专项检查工作打折扣、走过场，确保检查工作规范、有序、高效进行。要加大查处力度，对违反《廉政准则》及总局、省局相关规定的党员领导干部，要依照有关规定严肃处理。

（二）明确检查内容。这次专项检查内容涉及两个方面：一是对各级国税机关贯彻落实《廉政准则》情况进行检查；二是对党员领导干部执行《廉政准则》情况进行检查。主要检查学习宣传《廉政准则》及总局《监督管理办法》等三个配套文件的情况、廉洁自律方面突出问题专项治理情况、相关信访举报及案件受理查处情况、配套制度完善及制度清理情况。对党员领导干部个人来说，主要是围绕遵守“八个禁止”、“52个不准”及总局“八不准”对照检查、自查自纠的情况和执行《关于领导干部报告个人有关事项的规定》的情况。其中，对领导干部廉洁自律方面的突出问题的专项治理，除了中央特别强调的治理违规收受礼金、违规多占和买卖住房，利用职权委托理财或获取内幕信息谋取不正当利益问题，总局还结合实际增加了违反税务系统领导干部廉洁从政“八不准”的内容。

省局党组于近日印发了《廉政准则》贯彻执行情况专项检查工作方案，各级国税机关要高度重视这次专项检查工作，加强领导，周密部署，明确责任，强化督查，认真开展自查自纠工作，认真整治专项检查中发现的问题，建立健全各项规章制度，确保专项检查活动取得实效。党员领导干部要自觉接受组织、群众和社会的监督，以身作则，率先垂范，真查真纠，廉洁自律，切实做到为民、务实、清廉。

（三）掌握实施步骤。专项检查工作分为两个阶段：第一阶段是自查自纠阶段，时间为8月份。要求各单位严格按照检查范围、内容、要求开展自查自纠，确保自查面达到100%，对自查过程中发现的问题按照有关政策规定及时进行纠正处理。对党员领导干部个人来说，自查自纠是自我反思、自我净化的提升过程，要如实、全面反馈自身情况，各级领导班子成员要带头参与，做好表率。各州、市国税局应将自查情况于9月10日前上报省局，省局各处室应于8月31日前将自查情况报监察室。第二阶段是督查整改阶段，时间为9月至10月。省局将于9月下旬对各州、市国税局开展专项检查情况的重点抽查。各州、市国税局要在自查自纠的基础上，按照分级负责、下管一级的原则，组织力量对所属单位进行督导检查，检查面不得低于所属单位总数的30%。督查既要全面、深入、客观地了解情况，又要针对各自的薄弱环节有所侧重，解决突出问题。督导检查过程中要抓住发现和整改问题这个关键环节，对检查发现的问题，督促被检查单位制定并落实整改措施，确保纠正及时、处理到位、防范有效。检查结果和整改情况要在一定范围内进行通报或公示，并作为领导班子、领导干部年度考核奖惩和干部选拔任用的重要依据，作为党政领导干部问责的重要方面。

（四）讲求工作方法。这次专项检查时间紧、要求高、任务重，各级国税机关务必要讲求方式方法，提高工作效率，力求取得工作实效。要认真组织传达学习总局、省局视频会议精神，深入宣传《廉政准则》和这次专项检查的目的意义，引导党员领导干部积极支持和参与专项检查工作，切实把思想和行动统一到中央和总局的部署要求上来。要通过听取被检查单位的情况汇报，召开不同类型、层面的座谈会，调阅有关文件、会议记录等资料，与干部职工进行个别约谈，受理信访举报，组织民主测评等方式方法，广泛了解被检查单位的有关情况。要注意利用巡视、惩防体系检查、党风廉政建设责任制检查考核以及其他专项治理工作成果，对被检查单位贯彻落实《廉政准则》情况进行全面、深入、客观的分析判断。

结合年初工作安排和不久前召开的全省国税系统干部队伍和党风廉政建设工作会议要求，今年下半年的党风廉政建设工作任务非常繁重。各级国税机关要统筹安排，迅速行动，既要深入开展《廉政准则》执行情况检查，又要继续深化内控机制建设，同时，要积极参与政风行风评议、加大案件查办工作力度，严肃查处违纪违法行为，推进税务廉政文化建设，确保各项工作稳步开展，取得实效。在专项检查中，要充分利用检查成果，认真分析查找本单位、本部门党员领导干部廉洁从政方面存在的薄弱环节及其产生原因，注意了解把握国税部门领导干部廉洁自律工作的特点规律，积极探索监督检查工作的新思路、新举措。要把制度建设摆在重要位置，围绕“八个禁止”、“52个不准”，进一步细化、完善、创新党员领导干部廉洁从政制度，形成贯彻执行《廉政准则》、总局三个配套文件以及省局有关规定的有效管用的制度体系，建立领导干部廉洁从政的长效机制。要不断加大源头治理和预防腐败工作力度，切实解决人民群众反映强烈的领导干部廉洁自律方面的突出问题，以党风廉政建设和反腐败工作实际成效取信于民。

同志们，开展《廉政准则》贯彻执行情况的专项检查工作时间紧、任务重，意义深远。我们一定要切实增强使命感和紧迫感，坚决贯彻落实中央纪委以及总局的部署和要求，以扎实的作风和有力的举措，在狠抓落实、解决问题上下功夫，确保专项检查取得实实在在的成效，努力开创全省国税系统党风廉政建设工作新局面。

完善机制　提高效能　服务基层
推动全省货物劳务税工作新发展

——在2011年全省货物劳务税工作会议上的讲话

蔡　杰

（2011年6月1日）

同志们：

经局长办公会同意，2011年全省货物劳务税工作会议今天召开了。会议的主要任务是：总结"十一五"时期货物劳务税主要工作，谋划"十二五"时期货物劳务税发展思路，安排今年工作。受李局长的委托，我下面讲四个方面的意见。

一、"十一五"时期全省货物劳务税工作的新成绩

"十一五"时期是云南国税事业发展不平凡的五年，是国税工作科学发展、创新发展、和谐发展的五年。全省货物劳务税部门按照省局党组的要求部署，五年来围绕"管理基础年"、"质量效率年"、"作风建设年"、"创新发展年"、"和谐发展年"工作主题，坚持"为国聚财、为民收税"的根本宗旨，规范执行政策，强化税收征管，加强纳税评估，拓展信息管税，提高队伍素质，服务科学发展，工作取得显著进步。

（一）税收保持快速增长，依法落实税收优惠

"十一五"时期，全省增值税、消费税、车购税"三税"收入3，596亿元，占同期国税总收入的86.56%。"三税"收入比"十五"时期增加1，816亿元，增长1倍，年均增幅达15.9%。办理出口退（免）税88.6亿元，比"十五"时期增加17亿元，增长23.74%，其中退税72.75亿元，免抵15.85亿元。依法落实税收优惠政策，共办理增值税免税销售额3，930.79亿元，减免增值税1.15亿元，即征即退增值税72.75亿元，免征车购税3.22亿元，小排量乘用车减征车购税10.49亿元。无论在经济快速增长的形势之下，或是国际金融危机影响之时，始终坚持依法组织收入原则，落实政策、加强管理，保持了税收收入与经济的协调增长，充分发挥了税收对经济的调控作用、对生产生活的保障作用、对循环经济的促进作用、对社会公平的平衡作用，为实现全省国税收入目标和经济社会发展奠定了坚实基础。

（二）积极推进改革实施，认真贯彻税收政策

一是顺利贯彻增值税转型改革。2009年和2010年一般纳税人申报抵扣固定资产进项税额61亿元，小规模纳税人征收率下调至3%减税6亿元，矿产品税率由13%恢复至17%，对减轻金融危机影响、企业减负、促进投资、产业升级、经济发展产生了积极效应。在转型改革实施中提早研究测算和制定操作办法，及时下发政策解读，直接面对企业广泛宣传辅导，创新运用信息化申报和监控手段进行跟踪管理，转出不应抵扣的进项税额0.7亿元，确保了改革的推进。

二是准确执行消费税改革。2006年4月国家对实施十多年的消费税税目和税率首次大幅调整，我省认真解决了所涉及的新增税目实木地板、一次性木筷、润滑油和燃料油的征管问题。2009年5月起实施卷烟消费税改革，上调

工业卷烟税率并在商业批发环节加征一道消费税，我省通过信息管税方式实现了将卷烟工业企业最低计税价格及商业企业批发价格纳入电子清单比对管理的税源控管。我省对卷烟消费税的管理经验，被总局采纳进新的《卷烟消费税计税价格信息采集和核定管理办法》（总局5号令）方案，即将在全国推广。

三是切实规范增值税政策的依法落实。按规定对达到一般纳税人销售额标准的小规模纳税人进行认定，一般纳税人户数由2006年初的1.91万户增加到2010年末的3.96万户。找准突破口，针对政策执行难点问题，努力对水泥资源综合利用、福利企业安置残疾人、废旧物资经营和利废行业加强税收管理，先后制定落实了多项规范优惠政策执行的措施，既保证了各项税收优惠贯彻到位，又有效堵塞了税收漏洞。

四是积极进行出口退税改革试点和落实退（免）税政策。2004年起，边境小额贸易人民币结算退税在我省开展试点，几年来运行成效显著，“十一五”期间办理退税19.63亿元，促进了与毗邻国家的贸易往来。2010年3月起，试点扩大到全国边境省份，经我省多次向总局提出指定口岸和单证匹配等难点问题的解决建议，得到总局采纳并下发了补充通知，推动了该政策在全国范围的顺利实施。积极贯彻落实国家5次降低或取消部分“两高一资”产品退税率，以及连续7次上调劳动密集型产品、高附加值产品退税率的政策。

五是认真落实车购税政策。结合实际制订和试行我省车购税征收管理实施办法，与车管部门建立车辆信息交换制度，在试点基础上推广了摩托车和农用运输车委托代征。2009年和2010年落实小排量乘用车分别按5%、7.5%的税率减征车购税的政策，刺激了小排量车消费，促进节能减排。

（三）推进纳税评估工作，以评促管提高遵从

“十一五”期间以“年初定计划、培训加辅导、带头抓落实、按期搞考核”的方式促进评估工作取得实效，累计评估补缴增值税14.82亿元。

一是强化案头分析建立行业模型。通过开展税负、异常指标、行业专项指标等分析比对，建立了多行业评估指标体系和行业专业模型。

二是推行多种模式提高评估效率。在日常评估基础上开展重点专项评估，省、州、县局深入企业共同评估，既推进了评估工作的开展，又为基层锻炼出一批从事评估工作的骨干力量。

三是注重行业评估规范管理。全省开展了烟草、废旧物资、福利企业、预征结算、农村电网维护费、商贸企业滞留票、农产品发票抵扣、运输发票抵扣、水泥生产、药品生产、出口企业等行业的专项评估，实施增值税即征即退“先评估、后退税”管理，不仅挽回了税款流失，同时规范了税收政策执行，提高了企业税法遵从度。

四是推动税种衔接关注综合监控。五年来通过机动车辆税收“一条龙”评估，补缴增值税195万元。加强出口退（免）税“征退衔接”管理，对不予退（免）税的出口货物按期核查，确保按规定视同内销计提销项，督促企业补计销项税额0.8亿元。

（四）信息管税拓展深入，信息服务覆盖各个税种

一是税收管理系统不断延伸拓展。“十一五”期间成功推行了网络版防伪税控系统省局集中和“一机多票”、抵扣凭证核查系统、货运发票税控系统、新版车购税征管系统、法规库查询系统、增值税税负预警评估系统、出口退税审核系统数据省局集中，并与技术部门共同保障了这些系统的平稳高效运行和工作的顺利开展。

二是税收数据分析运用平台逐年提升。2006年我们开始摸索征管税收数据运用，对政策执行进行查询监控，提出了各级税务机关数据分析的分工职责和提高数据质量的办法；2007年与信息中心紧密合作，把数据监控系统的货物劳务税功能模块扩展至十三个，涵盖了增值税基础业务，发现和规范了大量管理流程、政策执行、垃圾数据问题，第一次实现全省一般纳税人申报表数据零差错；2008年与信息中心再次合作进行数据监控系统二期开发，扩展了数据分析、税源管理的强大数据支持平台；2009年与信息中心共同开发出口退税模块，提高出口退税数据分析的质量和效率；2010年随着干部信息运用水平的提高和业务管理的需要，数据分析运用不再局限于查询系统，而进一步拓展到数据分发系统的数据运用。“十一五”期间，随着系统运用逐渐深入纳税评估案头分

析过程、税负收入分析过程，全省货物劳务税干部运用信息化的能力大幅度提升。

三是信息化纳税服务覆盖各税种。大力开发和推行网上办税系统，免费提供纳税人自愿使用，极大方便了纳税人办理业务，降低办税成本。增值税方面，自主开发实现网络报税、申报、一窗式比对、扣税“一体化”，全省近60%的一般纳税人使用网络申报服务。消费税方面，不仅实现了各类消费税的网络申报，而且在全国率先将卷烟计税价格纳入电子清单比对管理。出口退（免）税方面，90%以上的出口企业实现退（免）税网络申报，解决了企业多次往返税务机关的问题。车购税方面，推广电子信息二维条码采集系统，推行委托代征软件，推进刷卡缴税等多元化缴税方式，推行电子档案系统，服务水平大幅提高。

（五）寓服务于政策管理，服务经济社会发展

一是坚持政策服务是为纳税人提供最大服务的理念，送税法到企业。在新政策落实中、在纳税评估中、在企业调研中，不把工作简单局限为检查落实抓收入，而是在加强管理的同时帮助纳税人准确理解和自觉遵从税收政策，帮助其规范账务和处理涉税业务。“十一五”期间，省局带头深入工业和商业烟草系统、电网公司、云铜集团、澜沧江啤酒集团、华能澜沧江水电公司、昆钢集团等一批重点企业开展送政策服务，各级货物劳务税部门针对本地企业开展了更加广泛的政策辅导，受到纳税人的欢迎与赞扬。

二是实现企业集团的税收高效管理和跨区税收公平分配。“十一五”时期我省工业烟草系统经过多次重组，最终整合为两大卷烟集团，云南国税在每次重组改革中均及时有效实施了相应的税收管理办法，按照分配比例将税收在各地征收入库，在全国率先实现了卷烟集团“生产计划统一、管理机制统一、财务核算统一、市场销售统一”的先进管理模式，确保了烟草战略重组和相关地方财政的公平稳定增长。五年间一批大型水电站相继投产发电，通过跨区分配办法实现了对云鹏电站、雷打滩电站、景洪电站、小湾电站的税收管理。

三是加强和改进增值税预征结算，支持企业集团化发展。修订了我省预征结算管理办法，对预征结算企业进行清理和规范。将中石化、中石油云南公司预征率调整为依销售收入比例分摊，适时调整云南电网预征率，最大程度地实现税收与税源一致。

四是妥善解决经济改革中的税收问题，保证改革进行和税源稳定。针对东川再就业特区、云南农垦体制改革、各类经济园区招商、昆钢集团财政返还等，出台和落实一系列强化管理的措施，防止税收转移流失。在国家烟草专卖局推行“原烟交接，委托加工”过程中，及时争取维持我省片烟结算方式，避免了每年3亿元的税收转移。

五是实行重点出口企业联系制度。2008年起省局确定了30户重点联系出口企业，直接向企业宣传政策和提供政策咨询，听取意见改进工作方法，了解税务机关工作作风，掌握企业生产经营情况，规范出口涉税行为，并及时对异常企业分析评估。联系制度有效密切了省局对企业的业务服务关系，提高了服务质量。

（六）培训学习加实践考验，干部队伍锻炼成长

“十一五”期间，省局每年组织业务培训、专项培训、视频培训，深入州市局和区县局现场培训，仅省局就直接培训干部3，550人次，各级税务机关结合实际开展了多层次的培训，干部业务素质得到提高。培训内容有的放矢，密切针对基层管理的实际需要，着重加强干部的政策理解技能、纳税评估技能、信息管税技能。培训对象覆盖所有区县局，向基层一线税政人员和税收管理员倾斜。培训理念上注重培养干部自觉学习、主动研究的观念，培养干部发现问题和解决实际问题的能力。

注重政策调研、收集、整理，2009年机构改革后，编制了《生产企业免、抵（退）税办理流程》、《边贸人民币结算办理退税流程》等五项办理出口货物退（免）税的管理流程，制定和实施出口货物退（免）税分类管理办法，规范岗责和业务流程，实现了机构人员变动大而各项工作稳步开展。五年间先后出版了《增值税税收优惠政策及一般纳税人管理指南》、《现行增值税消费税政策汇编》、《出口货物退（免）税和车辆购置税文件汇编》，编印了《纳税评估行业模型选编》，发给全省货物劳务税干部学习，成为必不可少的业务工具书。

“十一五”时期的这些成绩，是在省局党组的正确领导下，全省国税系统共同努力下取

得的。广大从事货物劳务税工作的同志不畏艰辛、任劳任怨，做了大量卓有成效的工作。特别是在机构改革时、重大政策调整时大家顾全大局、思想不散、秩序不乱，圆满完成了各项工作任务。在此，我代表省局党组向你们，并通过你们向辛勤工作在货物劳务税战线的全体同志，表示最衷心的感谢和崇高的敬意！

二、我省货物劳务税工作存在的问题

在肯定成绩的同时，我们也必须清醒地看到，货物劳务税工作还存在一些问题和不足。

一是研究加强政策管理的主动性不足。一部分货物劳务税人员没有充分认识强化税种管理的重要性，简单当传话筒的角色。只关注是否将国家税收政策传达到基层，却不愿思考如何将贯彻执行与基层征管活动有机结合，如何抓住管理的薄弱环节，如何研究制定具体可行的管理办法和措施。对管理过程中遇到的新情况、新问题，不进行深入调研，不结合实际多想办法，而一旦政策执行效果不理想，却归咎于尚不完善的税制。这种淡化管理责任和弱化职能的现象不转变，是很难做好工作的。

二是政策执行的力度还不够。部分地区政策执行把关不严，未严格执行财政部、总局、省局的相关政策和管理措施，调查研究、督促检查、贯彻落实不够，对政策执行、制度落实情况心中没底。如去年年底至今年年初审计署特派办检查出的宣传文化单位出版物广告收入进项税额未按规定转出的问题，除小规模纳税人外未按规定做进项税转出的企业数占被检查户数的78.57%。此外，增值税扣税凭证异常票的检查核实工作，个别地区至今仍未全面落实。

三是信息数据运用能力弱，数据分析运用效果不好。部分地区不够重视数据分析运用，不能充分有效利用我们信息系统提供的税收、财务资料，与外部信息交换和利用不够。不懂得如何通过数据测算来掌握税源的变化趋势和分析影响收入的经济、政策因素，并从中发现问题。税控稽核数据只管传递，不会分析运用。不会通过税源监控进行分析评估，纳税评估的数据案头分析工作不扎实，导致企业深层次的问题抓得不准。前段时间测算增值税起征点调整影响增值税收入的数据，大部分地区拿不出来。最近三年全省培训中都安排有运用数据分发系统进行数据分析的课程，但从培训效果看，部分参训人员学习较为被动，运用上仍然感觉困难，甚至有个别地区还提出不来参加培训的要求。其实，掌握数据分发系统运用是能力积累和练习问题，先简后难，用得多了，分析的数据达到一定量，自然就学会了。

四是服务观念要调整，政策服务思想要转变。在服务观念上，有些地区对新出台的政策，不能及时有针对性地开展宣传辅导；少数干部认为纳税服务是其他部门的工作，没有认识到税收政策服务是企业最需要的服务；有的货物劳务税管理人员对基本政策法规不熟悉，解答咨询问题不够准确，还有的机关人员缺乏对下级基层服务的意识。目前虽然有的政策没有完全适应社会经济快速发展的变化，但在政策服务思想上不应消极地坐等政策调整，而要多主动研究如何在现有条件下开展政策服务。

对上述问题，务必高度重视，要在“十二五”期间采取切实可行的措施加以解决。

三、“十二五”时期全省货物劳务税工作的新要求

总局货物劳务税“十二五”工作要求和全省国税“十二五”规划纲要为我们今后五年工作指明了方向，更加坚定了我们努力解决存在问题的决心、战胜困难的信心，勇于迎接“十二五”时期的新形势、新挑战，坚决承担“十二五”时期的新使命。

（一）“十二五”时期总局货物劳务税工作的要求

4月28日总局召开了2011年全国货物劳务税工作会议，解学智副局长在讲话中总结了“十一五”期间在组织收入、税制改革、税收职能、税收管理、纳税服务、队伍建设方面的成绩，明确了“十二五”时期全国货物劳务税的工作要求。

“十二五”时期全国货物劳务税制度建设上面临转变经济发展方式、保障和改善民生、提升对外开放水平的新形势，管理工作上面临着管理理念法制化与服务化需进一步提升、管理手段信息化与现代化程度需进一步推进、管理方式专业化与协同化需进一步加深的新挑战。

“十二五”时期全国货物劳务税工作的指导思想确定为：以邓小平理论和“三个代表”重要思想为指导，深入贯彻落实科学发展观，

坚持依法行政、执政为民的宗旨理念，牢记为国聚财、为民执法的神圣使命，以服务科学发展、共建和谐税收为主题，以完善税制、强化管理、优化服务为主线，围绕税制与管理相互促进、管理与服务相互融合，全面增进税制运行效率，着力提升社会纳税遵从，为税收事业实现科学发展发挥更加积极的作用。为此，全国货物劳务税工作目标是在八个方面实现新突破、新跨越：收入规模进一步合理适度、调节作用进一步规范发挥、法制基础进一步夯实牢固、税制结构进一步科学精简、管理效能进一步彰显强化、纳税服务进一步优化提升、队伍素质进一步改善增强、机构运行进一步协调高效。围绕目标，重点任务是抓好“四个建设”。一是积极深化税收制度建设。以增值税立法为契机，扩大增值税征收范围，统筹改进消费税和车购税，逐步完善进出口税制安排，取消一些不合理、不规范的优惠政策。二是大力加强管理机制建设。坚持“以票控税、信息管税、征退衔接、综合监控”的思路，改进提升管理水平。三是深入开展服务体系建设。寓服务于税制完善之中、寓服务于管理改进之中、寓服务于公正执法之中、寓服务于纳税风险防控之中。四是全面推进人才队伍建设。

（二）“十二五”时期全省货物劳务税工作的思路

基于我省货物劳务税工作存在的问题，根据全省国税“十二五”规划纲要和总局货物劳务税“十二五”工作要求，我们研究和确定了未来五年的基本任务和重点工作。

“十二五”时期全省货物劳务税工作的基本任务是：以云南国税“十二五”时期指导思想、基本原则、重点任务为工作重心，以执行政策、强化管理为方向，建立机制、提高效能、服务基层，致力于解决实际问题，落实总局“四个建设”任务，为实现云南国税“十二五”规划纲要制定的组织收入、服务大局、规范执法、科学管理、和谐征纳、队伍建设、党风廉政建设“七个目标”而努力工作。

“十二五”时期全省货物劳务税的重点工作是：通过进一步建立和完善“五项机制”，实现总局“四个建设”任务和省局“七个目标”。五项机制相互联系，不可偏废。

——政策执行机制。省级及省以下税务机关没有政策制定权，政策执行机制定位于依法行政、依法征税、落实税制改革和政策调整、应退尽退、不折不扣贯彻税收优惠政策，防止和纠正政策执行偏差，与组织收入、服务大局、规范执法目标紧密相连。在政策执行机制引导下，除日常工作外重点抓好三个方面。一是税收优惠政策执行，在今年已对优惠政策执行情况进行调研的基础上，继续动态追踪优惠政策的实际落实情况，规范享受优惠的纳税人资格条件和涉税行为，切实将政策惠及符合条件的纳税人。二是规范税收风险环节的执法，梳理存在的执法风险，规范执行依据、执法程序、执法内容，减少执法过错、化解执法风险。三是落实税制改革和政策调整，按照全国部署实施增值税税制改革，落实消费税、出口退税、车购税政策优化调整。

——强化管理机制。强化管理机制定位于在实施日常管理的基础上，重点强化纳税评估管理、重点税源管理、税源专业化管理，与组织收入、规范执法、科学管理目标紧密联系。一是强化纳税评估工作机制，将纳税评估与税收数据深度利用“一体化”，纳税申报数据评估常态化。二是强化重点税源管理机制，科学确定重点税源风险防控对象，省局、州市局和区县局定期开展分级分类的分析监控、税企沟通、疑问核实。三是强化税源专业化管理机制，对本地重点行业、重点税源以提高纳税遵从度为目标实施重点管理、专业团队管理，积极掌握生产经营特点、基本规律及常见问题，进行风险预警分析，发挥税政部门对税源专业化管理的支撑作用。

——信息管税机制。信息管税机制定位于信息数据深度利用，与组织收入、规范执法、科学管理、和谐征纳目标紧密相连，围绕三个方面进行。一是围绕组织税收收入与经济协调发展而进行的收入分析预测，侧重于依法组织收入和落实税收政策；二是围绕强化管理而进行的征管数据分析，侧重于发现问题规范管理；三是围绕纳税服务而进行的信息服务，侧重于优化信息办税服务。机制运行上由省局、州市局、区县局三级层面共同进行，根据实际需要各有侧重。

——纳税服务机制。纳税服务机制定位在政策服务是首要服务，为基层服务、为纳税人服务、为社会经济发展服务，与规范执法、和谐征纳、服务大局目标紧密联系。一是为基层服务，不仅是2011年“服务基层年”工作主题，更是未来五年要一以贯之的服务理念，我们要寓服务于基层政策执行风险防控中，送政策培训到基层、调研解决问题到基层、政策执行指导到基层，为基层实实在在解决政策执行边界交叉模糊、政策执法风险防控、政策管理要求与实际脱节等问题。二是为纳税人服务，寓服务于企业纳税风险防控中，送政策宣传到企业、送政策遵从指导到企业、送规范涉税辅导到企业，减少企业政策理解偏差、涉税财务核算不规范的风险。三是为社会经济发展服务，贯彻落实促进科学发展、转变经济发展方式、保障社会公平和改善民生、提升对外开放水平的税收政策，积极围绕我省“两强一堡”战略开展政策服务，充分发挥税收对财政收入和社会经济发展的杠杆职能作用。

——人才培养机制。人才队伍是货物劳务税管理的第一资源，人是工作开展的首要能动因素。人才培养机制定位于在工作实践中，培养一批业务精、能力强、素质高、行动实、思想正、作风廉，专业化与复合型相结合的税务干部，与队伍建设、党风廉政建设目标紧密相连。通过三引导、三结合实现，一是学习引导，培训与自学结合；二是工作引导，实践与学习结合；三是督促引导，鼓励与交流结合。

四、全面做好今年货物劳务税的各项工作

2011年是“十二五”开局之年，各级货物劳务税部门要立足新的更高起点，结合“服务基层年”工作主题，按照建立和完善“五项机制”的思路，认真落实工作要求，服务基层、提升效能。

（一）管理和服务并举，提高政策贯彻落实力度

在依法治税的前提下，围绕“以票控税、信息管税、征退衔接、综合监控”的总体思路，继续不折不扣地落实各项政策，推进经济发展方式转变和经济结构转型升级。

一要坚持依法治税，抓好货物劳务税政策执行。贯彻落实好增值税、消费税、车购税、出口退税各项政策，做好宣传服务。对达不到优惠政策规定条件的纳税人，要做好纳税服务，帮助企业完善各项手续、完备各项资料，使企业达到享受优惠政策的条件和标准，积极支持经济又好又快发展。认真落实人民币结算退税政策，加强跨境贸易人民币结算退（免）税管理。工作中要注意部门工作统筹，各级货物劳务税部门要主动加强与征管、稽查、法规等相关部门的协调配合、齐心协力抓工作，分设出口退税、车购税管理部门的地方，更要重视出口税收“征退衔接”、车辆税收协同化的落实。

二要提高服务质量，加强基层政策执行指导。今年及今后一段时间，省局将加大对各地在政策执行中的指导力度。各地要强化政策执行情况的跟踪和反馈，及时解决反映政策执行中的难点、疑点、盲点问题，防止和纠正政策执行偏差，化解政策执行风险。今年上半年，省局已经废止了过去出台的，已不适应现在社会经济发展形势的一些文件，各地回去后也要认真清理调整。对总局、省局没有具体明确要求，各地从提高管理质量的良好愿望出发，对基层税务机关、税收管理员的具体管理行为作出的约束性规定或工作要求，要谨慎对待。

三要加强政策调研，服务经济社会发展。第一，积极开展税制改革调研。增值税方面，配合总局开展改革问题研究，进一步研究和完善农产品抵扣制度、做好增值税起征点调整测算，做好增值税扩围的调研测算和准备。消费税方面，积极做好《卷烟计税价格采集管理办法》（总局5号令）修改后的落实，确保新办法顺利实施。车购税方面，调研完善新车型最低计税价格备案制度。第二，结合服务我省“两强一堡”建设的要求进行调研。对云南电力、矿产等资源优势与资源类产品的税收贡献开展专题调研分析，提出税收政策建议和管理意见。对瑞丽国家重点开发开放试验区的有关工作做好政策服务。第三，继续完成对国有粮食企业、珠宝玉石企业、饲料生产企业、购进农产品深加工企业、以农产品为原料简单加工的出口企业、建筑材料销售企业的增值税行业政策管理调研。上半年，省局对优惠政策执行情况布置了全省调研，目前各地情况都已收集上来，到6月底将完成规范和整改，各地要积极帮助企业理解政策、引导企业规范运作，不要引起社会矛盾，有问题及时上报省局。

（二）采取有效措施，加强货物劳务税管理

一是以组织收入为中心，继续强化重点税源管理。首先，确定服务和防控的重点税源，进行政策执行、风险防范指导。各州市、区县

局选择重点税源企业，通过层层服务、步步监控，实现对95%的增值税一般纳税人税源的监控、管理和服务。这个工作将建立定期的重点税源企业税收分析报告，逐步开展，户数不求多求全。其次，继续做好卷烟、电力、矿产品、冶金、医药、商业批零等重点税源行业监控，加强管理，防止侵蚀税基。各地可以研究和建立重点税源行业税收管理服务的办法或制度，突出我省重点税源特色管理与服务。

二是加强增值税抵扣凭证管理。抵扣凭证是增值税管理的一项极为重要的工作，我们要高度重视，毫不懈怠。近年来稽查、评估中发现的问题大部是在抵扣凭证上做文章，运输发票、农产品发票、专用发票抵扣都存在问题。因此，要进一步加强抵扣凭证日常审核，建立健全抵扣凭证抵扣以后的审核管理制度，建立动态管理、间接管理、事后监督的有效机制，防范风险。加强专用发票管理，规范落实专用发票存根联滞留票核查长效机制；强化异常抵扣凭证审核检查，发现问题，及时解决；加强发票认证管理，尽量避免逾期未认证发票的发生。请同志们站在政策管理及服务经济社会纳税人的角度进行研究分析，怎样解决运输发票、农产品及专用发票抵扣管理存在的问题？请各地认真研究，提出意见，管理与服务并举，既要让政策贯彻落实又要让纳税人满意。对普通发票滞留票的监控管理，昆明市局已经摸索出经验，各地可以相互交流学习。

三是强化增值税预征结算管理。今年省局将对部分预征结算企业进行一次总体税负测算，对预征率偏低的要重新核定预征率。各地要加强对分支机构进项税额、购进货物、预征增值税的监控和管理，发现异常的及时与总机构主管税务机关联系查找问题，防止违法违规行为。

四是做好增值税日常管理工作。提高一般纳税人申报数据质量，这项工作2006年、2007年狠抓过，效果不错，但近年来申报质量问题有所松懈，影响了数据分析的准确性，今年要再次狠抓申报质量，要将这项工作作为日常管理来做。加强专用发票开具的管理，对最高开票限额、发售限量以及红字发票等突出问题开展调查，尤其是对生产建筑材料且销售对象大部分为营业税纳税人的企业，其专用发票的开具要重点监控。规范专用发票的代开行为，严格按照总局文件要求为纳税人代开专用发票，程度要规范，服务要到位。按规定做好一般纳税人认定工作。

五是加强出口退（免）税管理。强化审核审批工作，加大单证审核和延伸审核力度。对列入审核特别关注信息的企业和商品，严格按有关规定处理。强化征退衔接，密切出口货物征税部门与退税部门的协调配合。完善内部管理制度，做好全年出口退税计划的预测和分配。

六是加强车购税征收管理。完善车购税征管系统和电子申报办法，定期开展车辆价格信息采集、审核工作，及时更新相关信息，进一步规范免税车辆申报审核，帮助基层解决车购税政策执行问题。

（三）强化案头分析评估，全面提升税源管理水平

税收分析评估是加强税源管理的重要手段。近年来，各级税务机关通过税收分析、评估、稽查的良性互动机制，有力地加强了税源管理，取得了明显成效。但我们也清醒地认识到，一些地方分析评估走过场、质量不高、流于形式的情况还比较严重，信息资源的可用程度不够，需要我们引起高度重视，加以改进。

一要运用第三方信息。拓展外部信息来源，充分利用各种信息资源，开展货物劳务税关联性分析，要将纳税评估调研作为日常管理的手段来运用，全面提高分析质量。

二要突出分析评估的重点，增强分析评估针对性。抓住重点税源行业和重点企业，如矿产品、成品油、商业批发、医药生产等企业的评估。对总局安排的“先评估，后退税”工作，定位在纳税申报和退税申请数据的评估上。

三要加强纳税评估工作的后续管理和服务。对评估调研出现问题整改过的纳税人要建立不定期的回访制度，提高纳税评估调研的服务质量。各地要积极认真完成省局统筹安排评估工作的各项内容。同时结合本地实际，有针对性地开展一些有利于加强当地货物劳务税管理的调研评估，形成各地自己的亮点。

（四）推进数据分析运用，提高管理与服务能力

一是分层次建立税收数据深度运用的机制。今后，数据信息的深度运用将逐渐成为货物劳务税的工作重点之一，拓展各个信息系统数据运用的深度、广度，实现各税种各环节的综合监控，提升管理效率。省局、州市局定位于方

向性、全局性、战略性和前瞻性的问题，如税收经济发展分析预测、税收政策执行分析、税收数据信息掌握、纳税服务平台支撑等方面；区县局定位于数据质量监控、强化税源专业化管理、执法风险指标防控、优化办税服务等方面。省局将建立货物劳务税各税种的信息收集、整理、分析、报告机制，通过机制引导来实现运用信息化手段提高管理和服务的目的。

二是提出业务需求，完善信息系统功能。根据“以票控税、信息管税、征退衔接、综合监控”的总体思路，省局将针对数据监控系统货物劳务税模块，增值税、消费税、出口退税网络申报运行中的问题提出业务需求，完善各系统应用功能，该项工作将在今年逐步完成。推行和使用出口退税宏观分析及预警系统，加强出口退税信息运用和分析。

三是做好系统升级与运行维护工作。按照总局部署做好防伪税控汉字防伪项目、出口退税申报系统和审核系统，及其他信息系统的升级工作，推进出口退税税库银联网工作。保持网上认证系统，增值税、消费税、出口退税网络申报系统、车购税各系统的正常运行，确保系统稳定。

（五）加强干部培训，提高执法风险防范能力

一是加强对基层货物劳务税工作的服务和指导。开展分层次、多形式的业务培训，通过分级培训，培养一批业务精、能力强、能战斗的专家队伍。省局已在 3 月份组织了全省业务培训，下半年将进一步加强服务和风险防范能力、管理思路、政策分析能力的指导和培训，着力提高干部队伍的政策水平和管理能力。

二是做好问题解析和执法风险防控。为落实高效解读政策就是为基层贯彻落实政策提供服务的观念，省局已认真研究解答基层反映的 150 多个税收执法和税种管理中的重点难点问题，近期将发布政策解析。今年还将梳理执法的重点风险环节，为基层解决政策执行边界交叉问题提供指导。

三是组织部分州市局集中分批到省局“跟班学习”运用信息化手段开展案头评估分析。下半年分批次、有计划地安排部分州市局集中业务骨干，到省局同工作同学习，相互交流提高，由省局指导运用数据分发系统等相关系统，开展本地一般纳税人税负分析、数据疑点分析和专项税收分析等工作，在实战中教会干部如何进行信息数据深度分析运用。

通过过去五年的辛勤工作，在进入“十二五”这一关键时期之时，货物劳务税工作站到了新的起跑线前。同志们，工作思路已确定，工作重点已明确，我们要紧紧围绕中心任务，真抓实干，团结拼搏，务实进取，奋力开创货物劳务税工作新局面，为我省经济振兴和国税事业的发展做出新的更大的贡献！

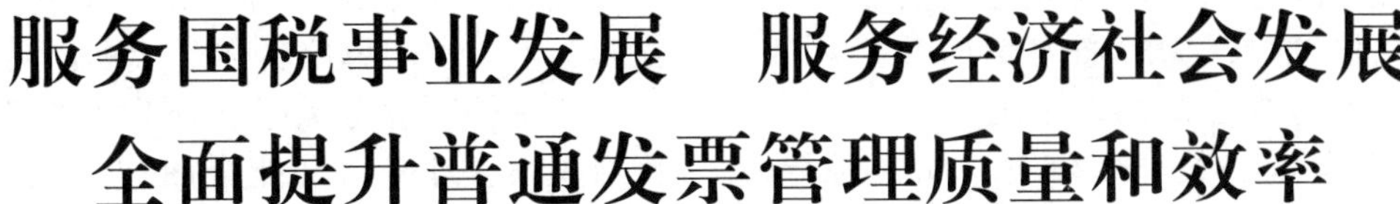

服务国税事业发展　服务经济社会发展 全面提升普通发票管理质量和效率

——在普通发票简并换版工作总结暨普通发票管理业务培训会议上的讲话

副局长　于智广

（2011 年 6 月 13 日）

同志们：

经省局研究决定，今天召开全省国税系统普通发票简并换版工作总结暨普通发票管理业务培训会议。这次会议的主要任务是：以邓小平理论和“三个代表”重要思想为指导，全面贯彻落实科学发展观，紧紧围绕国家税务总局和省局党组关于做好发票管理工作的要求，全面落实省局党组“服务基层年”的工作主题，站在经济社会发展和国税事业发展大局的高度，认真总结普通发票简并换版工作经验，安排部署下一步发票管理工作的任务。受李局长的委托，讲两点意见。

一、普通发票简并换版工作的顺利完成，提升了我省国税系统信息管税的水平

全省各级国税机关在省局党组的正确领导下，站在服务经济社会发展和国税事业发展的大局上，统一思想、提高认识、广泛宣传、精心准备，采取有力措施，健全和完善制度，发扬不怕苦、不怕累和连续作战的作风，奋战了 8 个月，全面完成了普通发票简并换版工作。普通发票简并换版工作的顺利完成，再一次有力地证明，云南国税全体干部职工是一支敢打硬战、能打硬战、业务精、作风实的队伍；再一次有力地证明，云南国税的全体干部职工是一支在任何条件下都能完成好国家税务总局、省委、省政府交给的各项工作任务的队伍；再一次有力地证明，云南国税全体干部职工是一支服务国税事业发展，服务经济社会发展，促进税收征管质量和效率提高的干部队伍。

（一）认识到位，为普通发票简并换版工作顺利完成提供了有力的思想保证

我省国税系统在国家税务总局和省委、省政府的正确领导下，始终坚持为全省经济社会发展和稳定大局服务，加强学习，提高认识，为普通发票简并换版工作顺利完成提供了有力的思想保证。

一是充分认识普通发票简并换版工作是事关全省经济社会发展和维护市场经济稳定大局的重要工作。普通发票简并换版工作涉及经济社会生活的方方面面，不仅涉及每一个纳税人的切身利益，而且涉及全省党政机关、事业单位、社团组织以及个人的切身利益。

二是充分认识普通发票简并换版工作是进一步强化税源监控的重要措施。通过“简并种类、强化机打、压缩手工，合理使用手工发票，解决信息采集”等手段，发挥发票在税源管理中的作用，建立发票管理长效机制，实现发票管理水平质的飞跃。

三是普通发票简并换版工作是提升纳税服务质量的重要工作。通过简并换版克服了过去普通发票票种繁多，给纳税人在使用发票过程中带来诸多不便的问题。真正落实了税务机关适应经济发展，提高社会满意度，坚持“以人为本”，落实“两个减负”，优化纳税服务的各项要求。

四是普通发票简并换版工作是提高普通发

票管理信息化应用水平的重要途径。通过简并票种、压缩手工发票，有效地推进机打发票的使用和网络在线开票的推广，全面提高普通发票管理水平和数据应用水平，为实现由“以票控税”向“信息管税”转变奠定坚实基础。

（二）加强领导，为普通发票简并换版工作顺利完成提供了坚强的组织保证

全省各级国税机关高度重视，加强领导，把普通发票换版工作摆上2010年度党组重要工作日程。省局成立了以分管局长为组长，相关处室领导为成员的普通发票简并换版工作领导小组。对全省普通发票简并换版工作统一部署安排、统一督促指导、统一协调推进、统一研究解决问题，并将普通发票换版工作实行项目化管理。各州、市局按照总局和省局的统一部署，成立了相应的组织领导机构，明确职责、合理分工。由于全省各级国税机关党组的高度重视，加强领导，确保了普通发票换版工作的顺利实施。

（三）精心准备，为普通发票简并换版工作顺利完成提供了坚实的基础保证

一是完成印制企业公开招标工作。从2010年起，省局认真做好普通发票简并换版的各环节准备工作。2010年1至3月份，多次对新版发票用纸、防伪措施及印刷企业招投标等问题进行研究，并于4月份派人前往北京、江苏、浙江三省进行考察学习。5月省局召开专题会议研究确定了我省新版普通发票的用纸和防伪措施，6月省局制作了印制发票企业招标文件，并报省政府招标采购局进行公开招标。通过艰苦努力，多方协调，9月我省国税系统普通发票印制企业公开招标工作圆满完成，为普通发票简并换版工作顺利完成奠定了坚实的基础。

二是确定新版普通发票票种。按照国家税务总局“简并票种、统一式样、建立平台、网络开具”的总体要求，将所有普通发票简并为通用机打发票、通用手工发票两大类。新确定的发票种类有10种，其中机打发票7种（含总局保留票种2种），纳税人有条件接入互联网的，在线使用和打印发票，简化发票内容的传输报送；无条件的则以电子介质的方式完成打印内容的抄报。手工发票3种（含总局保留票种和换票证），我省新版手工发票只启用百元版，供经营规模较小的个体工商业户使用。印有单位名称的发票可按两种方式处理：一是由用票单位选择一种通用机打发票，并通过软件程序控制打印单位名称（或标识），平推式发票打印在票头左侧，卷式发票打印在票头下方；二是选择一种通用机打发票，平推式发票可在票头左侧加印单位名称（或标识），卷式发票在票头下方加印单位名称（或标识）。

三是编写业务需求，研发开票系统。为使普通发票管理平台功能全面和方便易用，根据税收政策和普通发票的日常管理需要，省局组织编写了十余万字的普通发票管理业务需求。开发了通用机打发票填开系统软件，无偿提供纳税人选择使用。对于纳税人已经有自己的开票系统，或根据自己经营业务的特殊要求自行开发的开票软件，统一为纳税人提供数据接口标准和要求。逐步开发发票查询系统，发票真伪鉴定管理系统，数据分析比对系统等等，形成云南省国税局普通发票管理信息系统。

四是健全普通发票制度。为了加强对新版普通发票的规范管理，根据新版普通发票的特点和管理要求，制定下发了《云南省国家税务局通用机打普通发票管理办法（试行）》、《云南省国家税务局普通发票管理的若干规定（试行）》、《云南省国家税务局普通发票真伪鉴定管理办法（试行）》、《云南省国家税务局印有单位名称发票管理办法（试行）》等四个规范性管理文件，并组织实施，确保了普通发票简并换版工作的顺利完成。

（四）制订方案，为普通发票简并换版工作顺利完成提供了切实可行的实施保证

一是制定科学合理和操作性强的实施方案。按照国家税务总局“简并票种、统一式样、建立平台、网络开具”的总体要求，本着有利于我省经济社会发展，有利于纳税人生产经营需要，有利于税收管理，提高税收管理质量和效率的要求，制定了我省普通发票简并换版工作实施方案。

二是统一安排部署，分步实施换版工作。全省国税系统于2010年10月15日正式启用新版发票。2010年10月15日至12月31日为过渡期，新旧版发票可以交替使用。省局要求在11月20日前各县（市、区）要有30户以上纳税人能正常使用通用机打发票填开系统填开发票；在11月30日前所有县（市、区）所辖50%以上使用机打发票的纳税人能正常使用通用机打发票填开系统开具发票；在12月15日

前全省所有使用机打发票的纳税人均能正常使用通用机打发票填开系统开具发票，基本完成普通发票换版的过渡，确保了2011年1月1日全面完成换版工作。截止2010年12月31日，全省核定新版普通发票用票户10.8万户，其中网络版4.8万户，单机版0.3万户，手工版5.7万户。领购发票4万户，共发售机打发票268万份，手工发票4.8万本，实际使用通用机打发票系统填开发票4万户，填开发票金额为42.04亿元。全省所有州市都按省局要求在2010年11月30日提前完成50%以上使用机打发票的纳税人能正常使用通用机打发票，到12月15日所有使用机打发票的纳税人都能正常使用通用机打发票。

截止2011年5月31日，我省共有7.1万户纳税人能正常使用通用机打发票系统填开发票。

三是合理调剂旧版发票，减少换版损失，确保普通发票简并换版工作新旧版发票平稳过渡。各地能严格按照省局的部署和要求对旧版普通发票认真清理库存，摸清家底，做到账实相符，尽量消化旧版发票库存。对多余部分进行调剂、替代使用，既保证了纳税人的生产经营需求，又最大限度地减少因发票换版带来的损失。同时，各地对2010年12月31日仍未填开使用的旧版发票进行了认真全部清缴。省局全程监管，认真做好旧版发票电子信息在综合征管软件中的核销处理和销毁工作，科学合理调剂使用，减少了普通发票简并换版损失，损失金额由原来预计的240万元左右降低至129万元。

四是认真做好普通发票简并换版工作的应急准备。在考虑多种因素的前提下，针对可能出现的问题制定了《云南省国家税务局关于部分行业推行使用卷式普通发票的应急预案》、《云南省国家税务局关于代开普通发票的应急预案》、《云南省国家税务局关于对冠名发票用票企业可以使用国税统一开票程序的应急预案》、《云南省国家税务局关于启动千元版手工普通发票的应急预案》。各地在省局出台应急预案的基础上，也针对各地实际制订应急预案，对各种可能出现的问题均有应对的措施和办法，确保普通发票换版工作不出大问题，少出或不出小问题。建立普通发票换版工作问题反馈机制，对出现的问题基层能解决的就地马上解决，不能解决的及时整理逐级上报省局。省局相关部门对各州、市局上报的问题本着特事特办、急事急办的原则，一般问题及时解决回复基层，需经有关负责人审定的问题，一般不超过3个工作日予以回复解决。

五是严格执行新版发票上线初期的值班制度。云南省国家税务局建立了全省国税系统征管、信息中心人员值班制度，从2010年12月30日至2011年2月11日（含元旦、春节假期），省、州（市）、县三级征管、信息中心人员安排联合值班，协调处理新版普通发票填开系统及业务咨询等相关问题。在值班期间，遇到一般情况通过电话或网络的方式与纳税人和基层管理员进行沟通，解决纳税人存在的问题，对个别特殊情况还派出专人及时赶赴企业现场帮助解决。

（五）大力宣传，为普通发票简并换版工作顺利完成提供了强大的舆论保证

一是及时认真向各级党委政府汇报。全省各级国税机关及时向当地党委政府汇报普通发票换版工作的重要意义和对经济社会发展的影响，取得了各级党委政府对此次发票换版工作的支持、理解、帮助和指导，营造了良好的外部环境。

二是全省各级国税机关充分利用广播、电视、报纸、网络等媒体开展了全方位的宣传。从普通发票简并换版工作启动以来，全省各级国税机关开展了形式多样的宣传活动，做到了广播里有声，电视里有影，报纸上有宣传，网络上有文章，宣传范围广、内容多，覆盖了城市和乡村。确保了普通发票简并换版工作深入到党政机关、企事业单位、社团组织、所有纳税人和社会公众。同时，各级国税机关还在办税服务厅等公共场所张贴宣传公告海报3000多份，向纳税人发放宣传指南25万份。

（六）培训到位，为普通发票简并换版工作顺利完成提供了的技术保证

一是召开专题工作会议。2010年9月15日至17日省局召开全省普通发票简并换版专题工作会议。我在会上传达了总局普通发票换版工作精神，要求全省上下统一思想、明确任务，安排部署了我省普通发票简并换版工作，对我省普通发票简并换版工作提出了具体的工作要求。根据工作进度情况，省局在2010年11月18日再次召开了由全省各级国税机关所有局领

导、各处室负责人和相关业务技术人员参加的视频会议。省局党组书记、局长李鸿文同志亲自部署和动员，要求全省各级国税机关和全体国税干部特别是领导干部，要站在全省经济社会发展和稳定的大局，站在国税事业发展的大局，认识此次普通发票简并换版工作的重要性，全面抓好普通发票简并换版工作。要采取多种方式和手段，全面培训，广泛辅导，让所有国税干部和广大纳税人熟悉并能熟练使用普通发票填开系统，正确使用，正确开票。

二是全面开展发票简并换版工作操作培训。2010 年 10 月 18 日，省局召开了全省普通发票换版工作业务和填开软件培训视频会议，对全省各州（市）、区（县）局征管、办税服务厅、信息中心业务人员进行了培训。在全省统一视频培训的基础上，全省各级国税机关针对各地的实际，认真组织了本辖区内使用机开票纳税人的辅导工作。一方面组织对纳税人进行集中培训，确保参与集中培训的纳税人能熟练操作普通发票开票软件，准确开具发票；另一方面组织税收管理员对所有用票户进行一对一的辅导，保证所有使用机打发票的纳税人都会安装和使用开票软件系统，准确开具发票。全省各级国税机关共组织各类培训 400 余场次，培训区县发票管理人员、办税厅发票发售人员、税收管理员、技术支持人员近七千人次；培训用票纳税人五万多户；辅导帮助三万多户机打发票用票户安装调试机打环境。

经过全省各级国税机关和全体国税干部及纳税人的共同努力，此次普通发票简并换版工作取得了阶段性胜利，做到了纳税人满意，党委、政府满意，税务机关满意“三个满意”，为我省推进“信息管税”征管模式打下坚实的基础。通过简并换版工作，进一步提高了普通发票管理质量和效率，为云南经济社会发展和推进税收中心工作任务的完成作出了积极贡献。在此，我谨代表省局党组，对全省各级党委政府给予国税工作的关心指导，各有关部门对发票换版工作的积极配合，广大纳税人的理解与支持，全省国税系统干部职工付出的艰辛努力，表示最诚挚的感谢。

二、树立新观念，采取新措施，进一步提高普通发票管理质量和效率

全省普通发票简并换版工作，实现了票种简并、统一票样、机具开票、网络传输。为落实“信息管税”，建立发票管理长效机制，构建发票闭环管理模式，打下了良好的基础，由“以票控税”向“信息管税”迈进到走出了坚实的一步。

但是，随着社会经济不断发展，税收制度改革的逐步深化，普通发票管理所面临的形式依然严峻，存在的问题和困难依然还很多。从主客观两方面看，不可能通过一次换版或者几个制度就能完全解决发票管理过程中存在的所有问题。因此，需要我们切实转变观念，紧紧围绕服务社会经济发展大局，不断总结经验，创新发票管理模式，逐步完善发票管理制度。一是要认真落实新修订的发票管理办法及其实施细则，研究制定相关配套制度；二是要进一步做好《全国普通发票简并票种统一式样工作实施方案》的落实；三是要采取有效措施，逐步建立“机具开票、查询辨伪、票表比对”的普通发票监督管理机制，全面强化普通发票管理，提高服务水平。使新版普通发票成为我省国税系统强化税源监控、优化纳税服务、加强税收执法的有力抓手，更好地为我省国税事业发展、经济社会发展服务。

（一）认清形势，准确把握普通发票管理面临的挑战和机遇

普通发票简并换版工作的顺利完成和新版普通发票的启用，解决了普通发票票种繁多、手工填写不规范、发票信息采集困难的问题。但是，也出现了一些新问题，原有的一些老问题仍然未完全得到解决，这些问题的存在，既是挑战也是机遇。

一是普通发票管理发生了新的变化，对管理水平提出了新的要求。发票票种由原来的 28 种简并为 10 种，样式由多样统一为通用；发票开具由手工填写方式转变为计算机开具；票面填开信息由千差万别、缺项转变为统一、规范、全面的信息；发票填开信息由不能采集、难以采集的手工采集方式转变为简单、方便、快捷的网络传输。这是发票管理方式的一次根本性革命，对纳税人应用计算机的水平，对税务机关服务纳税人的水平，对税务干部采集、加工、分析利用发票信息的水平，都提出了新的要求。

二是普通发票填开系统有待优化，对技术开发提出了新的任务。我省普通发票填开系统是由省局自行开发的，由于涉及面广、任务重、

时间紧迫，采取的是边开发，边使用，边完善的方式进行。发票填开系统框架已基本确定，但部分功能还处于完善阶段，有时系统还不稳定，登陆还不方便。纳税人对发票开具还有新的需求，发票信息的维护、查询还不能满足纳税人和税务管理的需要。针对出现的问题，省局还在根据使用情况对系统进行补充和完善，也在根据新的业务需求进行软件开发。

三是普通发票信息资源有待整合，对业务和技术提出了更高的要求。随着发票填开信息采集水平的提高，各级国税机关及广大税务干部利用发票信息，强化税源管理，优化纳税服务的意识在不断增强。对发票自动验旧，发票预警，风险管理，票表比对、票票比对、交叉比对的需求也越来越高。这些问题，需要投入更多的人力、物力、财力，通过业务和技术的创新，来实现信息资源的有效整合，才能进一步提高信息加工、分析、利用的水平。这是发票简并换版的目的，也是落实“信息管税”的要求。

四是普通发票制售假发票和非法代开等老问题亟待解决，对税收管理提出了更高的要求。不法分子以假身份证等手段骗购普通发票，纳税人虚开发票，携票走逃失踪，使用自制收据，代开发票超范围、手续不完备，资料不齐全，无货虚开，发票真假查询平台不畅等，这些问题过去存在，现在存在，将来还会存在。肖捷局长明确指出：“制售假发票和非法代开发票危害巨大，它不仅侵蚀国家税基，威胁国家经济安全特别是税收安全，而且败坏了社会道德，直接影响了社会主义核心价值体系的建立。我们一定要从政治、经济的高度来充分认识到制售假发票和非法代开发票的巨大危害，充分认识到当前在这个工作领域我们所面临的严峻挑战。”解决这些问题，不仅是个经济问题，而且是个政治问题。对发票的管理不仅是管税，管好发票的同时也是反腐倡廉有力手段，是事关维护国家利益、建设社会主义核心价值体系的重大问题，必须引起高度重视。

在巩固发票简并换版工作取得阶段性成果的基础上，各级国税机关要切实转变观念，客观、辩证的分析和看待问题和不足。加强部门联动，上下互动，深化业务和技术融合，健全管理制度，深化体制、机制改革，不断提升管理水平，在解决好新问题的同时，着力解决好老问题。

（二）树立新理念，站在经济社会和国税事业发展大局的高度做好发普通发票管理工作

全省各级国税机关在对普通发票的管理工作中，要站在经济社会发展的高度，国税事业发展的高度，提高税收征管质量和效率的高度，树立新理念强化普通发票管理。

一是全面树立发票管理为经济社会发展服务的理念。树立发票管理不仅要为税收管理服务，更要为经济社会发展服务的新理念，明确为经济社会发展服务不仅是经济社会发展对发票管理的要求，也是发票管理自身职责的基本要求。

二是全面树立发票管理为税收中心工作服务的理念。发票管理的出发点和落脚点是为税收中心工作服务，即为组织收入服务。离开了这一点，国税部门管理发票就失去了应有的意义。

三是全面树立信息管税的理念。信息管税是当前和今后税收管理的发展方向和趋势，传统的“以票控税”在特定的历史时期发挥了作用，经济社会发展和国税事业不断发展，对税收管理提出了新的要求和挑战，我们必须与时俱进，树立“信息管税”理念。在“信息管税”理念指导下，完善发票管理，实现发票信息的集中处理和共享。

四是全面树立发票管理为纳税人服务的理念。税务机关按照法律法规的授权开展发票管理活动，不仅仅是为税收中心工作服务，更重要的是为纳税人服务。确保纳税人的生产经营活动不因发票管理受到影响。要确保税收中心任务的依法完成；要确保满足纳税人的生产经营需要。二者缺一不可。

五是全面树立发票管理为国家经济管理活动服务的理念。发票是商事活动的依据，是会计记账、核算最主要的原始凭证。国家经济最基本的要求对所有经济活动通过记账进行反映和核算。一方面通过发票管理提高税收管理的质量和效率，以税收管理质量和效率的提高反映国家经济管理质量和效率；另一方面通过发票管理质量和效率的提高，确保发票信息的真实有效，为国家其他经济管理质量和效率的提高提供有效的保障。

六是全面树立发票管理为党风廉政建设和反腐败斗争服务的理念。发票具有证明的作用，

在一定条件下兼有合同的性质，发票这道防线一松，就为经济领域的违法犯罪打开方便之门。在党风廉政建设和反腐败工作中，贪污、挪用等经济问题都是与发票有直接的联系。在日常经济检查监督中，财政、审计、公检法等部门从发票入手对企事业单位的经济活动进行检查监督，能及时发现并纠正利用发票从事违法活动，制止企事业单位乱收乱支、财务造假、贪污贿赂、滥发奖金、挥霍公款、侵吞国家资财等违法犯罪行为的发生，保障社会主义市场经济的健康发展。发票管理的质量和效率如何，直接影响着党风廉政建设和反腐败工作。在发票管理中树立为党风廉政建设和反腐败工作服务的理念，是税务机关与党中央保持一致的具体体现。

（三）放眼未来，依托信息技术将普通发票管理工作向纵深推进，构建发票闭环管理模式

“十二五”时期，税收事业面临新的发展环境。我国发展仍处于可以大有作为的重要战略机遇期，面临难得的历史机遇，但是发展中不平衡、不协调、不可持续问题依然突出，加快转变经济发展方式刻不容缓，对发挥税收职能作用推动科学发展提出了新任务。

在总局的《“十二五”时期税收发展规划纲要》中明确提出要构建税收征管新格局：要以加强税收风险管理为导向，以实施信息管税为依托，以核查申报纳税真实性、合法性为重点，以规范税收征管程序和完善运行机制为保障，完善创新税收征管模式。《云南省“十二五”时期国税工作发展规划纲要》进一步明确提出：要以解决征纳双方信息不对称问题为重点，以对涉税信息的采集、分析、利用为主线，以整合现有信息资源和拓展、提升信息系统软件功能为主要内容，树立税收风险管理理念，将技术、业务、管理融为一体，努力形成税源控管合力，构建信息化引领下的新的税源管理模式。发票管理模式是税源管理模式的重要组成部分，在“十二五”时期，发票管理工作要按照总局、省局确定的税收发展指导思想、基本原则和主要目标，以新的发票管理理念，健全制度，依托信息技术，采取新的措施，构建发票闭环管理模式，建立发票管理长效机制。

一是逐步建立健全与新的发票管理办法及其实施细则相配套的制度。按照新修订的办法，结合实际，针对普通发票管理中存在的问题，着力抓好制度建设。省局和州（市）、区（县）局联动，深入开展调查研究，认真总结和完善工作经验，在清理、完善现有制度的基础上，并逐步建立健全普通发票跨县、区使用制度，普通发票使用提供保证人或交纳保证金制度，零售小额商品或提供零星服务普通发票汇总开具制度等新的相关配套管理办法，与现有的制度形成较为完备的制度体系。为普通发票管理工作提供有力的制度保障。

二是依托信息技术逐步整合发票信息资源，实现发票信息共享。对发票信息资源进行技术整合，实现网络开具发票信息的自动采集、存储、处理、使用和共享；实现普通发票填开信息的“票表比对”、“票票比对”和“交叉比对；逐步建立发票管理风险预警指标体系；逐步建立纳税人、社会公众对发票信息的查询平台，为“信息管税”提供真实有效的共享数据。

三是落实税源与征管状况监控分析一体化工作制度，深化普通发票数据分析工作。数据分析是信息化条件下实施税源管理的一种主要方式，各地要采取有力措施，贯彻落实好总局、省局对税源与征管状况监控分析一体化的工作要求，在分析工作中进一步深化发票数据的分析，把采集到的发票信息转变为加强发票管理的现实生产力。要以综合征管软件、监控系统、税收管理员辅助系统、普通发票填开系统等系统为基础，通过发票数据分析，查找发票管理薄弱环节，从而制定强化发票管理的有效措施和办法，建立监控预警的发票长效管理机制。对发票数据分析，这次会议安排了培训内容。各地要认真总结经验，转变观念、统一思想、加强领导、充实人员，创新分析方法和工作方式，将分析工作日常化，并作为一项长期性的工作坚持下来，解决好发票信息分析、应用工作。

四是逐步建立健全普通发票事前、事中、事后管理机制。

全面落实各项管理制度和办法。强化基础，从细节管理入手，规范普通发票管理的过程内控机制，努力做到源头控制。加强普通发票票种核定、验旧和发售环节的事中管理，把普通发票的预警监控管理融入税源管理中。强化发票采集核查比对和对违法违章行为严惩重罚的

事后管理。逐步建立与财政、审计、公安等部门间的发票管理信息沟通机制；逐步建立与行业协会的发票管理信息沟通机制。从而形成“税务机关——发票开具单位——发票接受单位”相互制约的运行机制。

（四）加大力度，认真做好当前普通发票管理工作，巩固普通发票简并换版工作取得的成果

李鸿文局长在年初召开的全省国税工作会议上，明确指出：“要进一步做好普通发票简并换版工作”。当前，要按照总局、省局对普通发票管理工作的总体要求，围绕“服务基层年”的工作主题，结合实际，落实好以下工作任务。

一是确保普通发票填开系统的稳定性，为全面推行网络发票奠定坚实基础。普通发票填开系统的稳定性，直接影响着全面推行网络发票的使用质量和效率，影响着“信息管税”的质量和效率。省局征管和科技发展处、信息中心要进一步加强与相关部门协作配合，加强与州、市、县的互动，以纳税人的需要为出发点，以基层实际工作需求为出发点，充分听取纳税人和基层意见。在开展调查研究的基础上，认真分析填开系统运行中存在的问题，找准问题症结，从业务、技术、设备等方面进一步完善，让纳税人能用、爱用。

二是严格普通发票的计划管理，建立发票库存预警机制。各地要做好发票使用量的预测和计划工作，做好发票使用计划，设置合理的发票库存数量。分别按年和季度向上级提出使用计划，省局将按照各地的计划做好印制和配送。各地要随时监控库存情况，当发票库存低于预先设定的发票库存预警值时，自动产生预警信息，根据提示情况及时提交用票计划，向上级库房申请配送发票。确保普通发票的供应，解决好目前计划编制准确性不高、配送统筹性不强，有时脱节的问题。

三是进一步扩大网络开具发票的范围。发票管理从“以票控税”转变为“信息管税”，其重点就是要紧紧抓住“信息管税”的核心，解决好发票数据采集的问题。实施网络开具发票，是落实“信息管税”的实质性突破。各地要压缩单机版的使用，逐步过渡到网络版开具发票。对全省现在使用单机版填开发票的3400多户纳税人，要引导其尽早改用网络版开票，省局要求最迟在明年4月1日前取消单机版填开系统；对新增使用机开票的纳税人，不得再使用单机版开票系统，全部使用网络版系统；待条件成熟逐步在部分大型商场和超市的收银台推行机打发票，要求大型商场和超市向所有消费者开具机打发票，取消企业的自制小票。解决好信息采集全面性的问题。

四是着力研究解决普通发票代开的问题。代开普通发票存在着转引税款、侵蚀税基、扰乱社会经济秩序的问题，具有较大的执法风险。省局通过调查研究和总结近年来的管理经验，草拟了《云南省国家税务局普通发票代开管理办法》（讨论稿）提交会议讨论，还安排了代开发票相关内容的讲解。各地要结合本地实际，认真研究，解决好代开普通发票在优化纳税服务、强化税源管理、规避执法风险、维护经济秩序等方面存在的问题，加强和规范代开普通发票管理。

五是规范全省普通发票真伪鉴定工作的管理。去年11月8日，省局以（2010年第5号）公告发布了《云南省国家税务局普通发票真伪鉴定管理办法（试行）》。按照办法规定：省局征管和科技发展处负责全省普通发票真伪鉴定工作的领导、指导和管理工作；主管国税机关按要求具体负责本辖区内的普通发票真伪鉴定工作。特殊情况或受理鉴定机关无法做出准确鉴定的，应在规定的时间内向上一级国税机关提请鉴定。前一段时间，由于培训工作没跟上，各地还没有严格按照规定开展工作。这次培训会议结束后，省局征管和科技发展处将不再对外进行具体的普通发票真伪鉴定工作，各地要严格按照规定履行好自己的工作职责。

同志们，在国家税务总局和省委、省政府的正确领导下，在全省国税系统，特别是基层广大干部的艰苦努力下，我省国税系统已顺利完成普通发票简并换版工作，我们将以普通发票简并换版工作为契机，转变观念，进一步加强普通发票管理，为进一步提高我省税收管理质量和效率，促进云南经济社会又好又快发展作出积极的贡献。

全面实施专业化管理 开创所得税管理工作新局面

——在全省国税系统所得税管理工作会议上的讲话

李　杰

（2011 年 3 月 1 日）

同志们：

全省国税系统所得税工作会议今天召开。这次会议的主要任务是认真贯彻落实全国所得税管理工作会议和全省国税工作会议精神，回顾总结 2010 年所得税工作，安排部署 2011 年所得税工作任务。同时，还将组织部分州、市局交流所得税纳税评估经验。受李鸿文局长的委托，下面我讲三个问题。

一、全国所得税管理工作会议主要精神

去年 12 月 9 日 ~10 日，国家税务总局在深圳召开了全国所得税管理工作会议。各省、自治区、直辖市和计划单列市国家税务局、地方税务局所得税处负责人参加了会议，部分省、市、区国、地税局分管所得税工作的局领导也应邀参加了会议。这次会议是在全面完成“十一五”各项工作目标，编制“十二五”发展规划的关键时期召开的，会议对于回顾总结“十一五”所得税工作，研究部署今后一个时期所得税管理工作起到了继往开来的重要作用。会议开始时，总局王力副局长作了题为《深入推进专业化管理 进一步提高所得税管理质量和效率》的报告；会议结束时，马林司长对会议进行了总结。

王力副局长在会议开始时的讲话中首先对“十一五”及 2010 年所得税工作情况进行了回顾，充分肯定了全国各级税务机关在所得税管理工作中取得的成绩，同时也指出了存在的问题和不足。根据全国税务工作会议和总局“十二五”时期税收发展座谈会的工作部署以及所得税管理中存在的问题，王力副局长提出了当前和今后一个时期加强所得税管理工作的总体要求，并对总体要求进行了明晰的诠释。总体要求是：“以科学发展观为指导，认真贯彻总局党组的工作部署和南京会议精神，落实基本要求，突出工作重点，强化科技支撑，加强两个建设，发挥职能作用，提高所得税专业化管理水平”。落实基本要求，就是要继续贯彻落实企业所得税管理“二十四字”总体要求和个人所得税管理“四一三”工作思路；突出工作重点，就是重点加强企业所得税分类管理和强化以高收入者为重点的个人所得税管理；强化科技支撑，就是要全面落实“信息管税”思路，推进所得税信息化建设；加强两个建设，就是要加强所得税制度建设和专业化人才队伍建设；发挥所得税职能作用，就是要充分发挥所得税组织收入、调控经济和调节收入分配的积极作用；提高所得税专业化管理水平，就是要在继续坚持科学化、精细化管理基础上，大力实施所得税专业化管理。王力副局长特别强调：2011 年是“十二五”的开局之年，各地所得税管理部门要根据本地实际，认真总结管理经验，积极提出建设性意见。通过各级所得税管理部门上下联动、群策群力，切实将“十二五”所得税发展规划编制好，确保该规划既具有指导性和前瞻性，又符合所得税工作实际，使之成为引领所得税工作的指导性文件。

二、2010 年全省所得税工作回顾

“十一五”期间，所得税工作面临着全球金融危机、严峻的干旱灾害，以及新法实施、政策调整等多重因素的影响，但全省各级国税机关紧紧围绕省局确定的各年工作主题和所得税征管工作的总体要求，大力加强所得税科学化、专业化、精细化管理，不断提高企业所得税征管质量和效率，克服重重困难，圆满完成了各项工作任务，保证了所得税收入持续稳定增长。“十一五”期间，云南国税共入库企业所得税 535.02 亿元，企业所得税收入由 2006 年的75.29 亿元提高到 2010 年的 134.25 亿元，突破百亿元大关并保持了年均增长 17.54% 的速度，为云南经济社会发展作出了应有的贡献。2010 年作为“十一五”的收官之年，各方面的工作成绩尤为显著，为“十一五”工作画上了一个圆满的句号。主要表现在以下方面：

（一）所得税收入再创新高

2010 年，全省国税系统累计征收企业所得税 134.25 亿元，较上年同期的 109.6 亿元增加 24.65 亿元，增幅 22.49%，完成年度计划的 126.65%，完成年度奋斗目标的 116.74%，全省各州、市均超额完成了年度计划，企业所得税收入创下了 1994 年以来的新高。储蓄存款利息所得个人所得税受政策调整因素影响，征收入库 0.65 亿元，较上年同期下降 68.90%。所得税收入占国税总收入的比重达 12.61%，较上年上升了 0.2 个百分点，所得税收入规模不断扩大，对整体税收增长的贡献率明显提升，对优化税制结构起到了很好的作用，为超额完成国税收入任务作出了积极的贡献。2010 年所得税收入的突破性增长，是在结构性减收影响明显，自然灾害频发的形势下实现的，成绩来之不易，各级国税机关切实遵循“依法征税，应收尽收，坚决不收过头税，坚决防止和制止越权减免税，坚决落实各项税收优惠政策”的组织收入原则，加强所得税税源管理和收入分析，及时发现和堵塞征管漏洞，通过不断强化征管，将组织收入工作抓出了实效。

（二）所得税管理水平显著提高

2010 年所得税工作取得的各项成绩中，所得税管理水平的提高是其中最大的亮点，各项统计数据有力地证明了 2010 年是所得税管理取得突破的一年。

第一，分类管理初见成效。各地按照省局的统一部署，积极探索分类管理的方法和经验，各州市根据税源结构和征管力量配置，分别确定 1 ~ 2 个试点县区局开展行业分类管理工作，全省共确定了 21 个试点的县区局单位。通过近一段时间的工作，现已取得初步成效，省局和曲靖市局合作，在对曲靖市烟草公司全面评估的基础上，总结烟草商业企业特点，完成了烟草商业企业所得税管理指南的初稿，进一步完善后，与烟草工业企业指南合并，将形成完整的烟草业所得税管理指南，对我省支柱税源的管理将起到积极的作用；昆明市局、大理州局也分别完成了汽车销售行业和信用社的所得税行业管理指南，对行业分类管理做出了有益的探索。在探索行业分类管理的同时，省局健全了烟草商业企业总分机构的管理办法。针对我省烟草商业企业取消了原县级烟草公司法人资格后，征管不规范、与法人所得税制及总局制定的跨区经营企业所得税征管办法相违背问题，年初，省局所得税处在大量调研和征求云南省烟草公司意见的基础上，根据总局相关规定制定了我省国税系统烟草商业企业所得税征收管理办法，并对其税务登记、税款分配、预缴申报、年度申报等环节操作进行了统一和规范。一年来，新的征管方式运行顺利，促进了主管税务机关对县级烟草公司分支机构的日常监管。

第二，纳税评估工作取得了新的进展。2010 年，全省国税系统共对 7161 户企业实施了企业所得税纳税评估，占开业查账征收企业 51923 户的 13.79%，同比评估面上升了 9.86 个百分点，全省 15 个州、市达到了省局对评估面的要求；有问题户 3494 户，选户准确率 48.79%，同比提高了 2.90 个百分点；补缴入库企业所得税 34138.52 万元，同比增加了 22835.52 万元，增幅 202.31%；调减企业待弥补亏损额 54833.26 万元，同比增加了 28471.26 万元，增幅 108%。评估工作取得的成效，不仅仅体现在评估面和评估效果的大幅提升上，更重要的是积极探索了科学的评估方法，如各地采用了税收、财务以及物耗、能耗指标分析，第三方证据采集等多种方法，这些方法的应用是评估面和评估效果上升的根本基础，昆明、曲靖、玉溪、保山、德宏等州、市在这方面做出了表率，这次会议他们也将进行这方面的经验交流。

第三，强化核定征收工作成绩斐然。云南

国税系统核定征收面一直远低于全国平均水平，部分企业核算不规范、账证不健全，采用查账征收方式难以管理的问题突出，各州、市按照省局的要求，认真对征收方式进行了全面清理鉴定，对于账证不健全、无正当理由长期零负申报企业的征收方式进行调整。通过卓有成效的清理工作，截至2010年末，核定征收户数达到17534户，较上年增加8078户，同比增幅达85.43%，核定征收面达到25.53%，较上年同期的15.13%上升了10.4%，完成省局年初提出的目标，规范征收方式，有效地节约了征管资源，提升了征管效率。

第四，严格税前扣除政策的审批。各级国税机关在税前扣除审批管理中坚持集体审批机制，严格把关，保证审批质量。2009年汇算清缴，全省国税系统共计受理税前扣除申请552户，涉及金额21.18亿元，经审核，对不符合税前扣除条件的5.14亿元不予在2009年度税前扣除，避免税款流失1.29亿元。通过加强对审批事项的管理，确保了税基的完整。

第五，汇算清缴质量明显提升。2010年组织开展的2009年度汇算清缴工作中，通过大规模的业务培训和采取有效措施推广企业所得税介质、网络申报系统，年度申报质量得到提升，在此基础上，各级国税机关利用电子申报设定的逻辑校验关系和汇算工作中的人工统计分析，及时发现申报中出现的不规范问题，通知纳税人进行补充申报，进一步保证了申报数据的完整性、规范性和准确性。在各项管理措施的共同作用下，汇算清缴质量明显提升：一是汇算清缴的全面性得以体现。2009年，企业所得税管户开业61670户，开业面达93.17%，同比上升3.08个百分点；实际参加汇算清缴企业58270户，汇算面达98.72%，同比上升3.83个百分点；二是盈亏结构明显改善。2009年度汇算清缴盈利企业21646户，盈利面37.15%，同比上升10.64个百分点，实现利润总额544.29亿元，同比增幅16.12%；亏损企业27513户，亏损面47.22%，同比下降13.71个百分点，亏损总额33.64亿元，同比降幅73.61%，全省平均大幅超额完成省局年初提出的降亏3个百分点的目标。分地区看，全省13个州、市实现了降亏，其中10个州、市降亏幅度超过3%；三是税源结构进一步优化。烟草行业所占比重连续8年持续下降，2009年度实现“实际应纳所得税额”占比52.19%，同比下降3.17个百分点，非烟草行业税源增长较快，2009年度实现“实际应纳所得税额”占比47.81%，同比上升3.17个百分点，逐步形成了多元化的税源格局；四是实际税负全面提升。2009年度汇算清缴，我省国税系统企业实际税负率为19.56%，同比上升1.45个百分点，增加税额7.41亿元，提升明显，除电力、燃气及水的生产和供应业、住宿和餐饮业、金融业外，其余所有行业实际税负率均有不同程度增长，尤其以房地产、文化体育和娱乐业、建筑业、交通运输仓储及邮政业上升较快，实际税负增加达4个百分点以上。

（三）信息管税不断深化

在信息化建设方面，2009年末省局对介质和网络申报系统进行了升级，将新政策融入申报表各项指标中，实现自动判断、自动计算、自动审核的数据占总数据量的40%；同时将核定征收企业B类申报表整合进系统中，实现电子申报功能全面覆盖。升级后的系统功能更加完善，使用更加方便，得到纳税人的一致好评。信息管税方面更大的成绩在于信息技术的普遍使用，网络申报系统2009年仅在昆明市局推行，2010年又对该软件进行不断的升级完善，推广范围覆盖了全省，全省139个县、区局中的137个使用了网络申报，2009年度实际参加汇算清缴的58270户企业中，通过介质、网络申报系统进行申报的企业57326户，电子化申报率达98.38%，其中：通过介质申报方式进行申报企业16351户，占28.52%；通过网络申报方式进行申报企业40975户，占71.48%。同时，监控系统所得税模块、数据分发系统的使用也得以深化，被各地广泛应用于纳税评估、税源监控等各项工作中，有效提升了工作效率。

（四）优化纳税服务进一步提升

全省各级国税机关坚持“多样化、广泛化、经常化、纵深化”的服务思路，不断优化纳税服务：一是自主开发应用了网络申报和介质申报系统，免费提供纳税人使用，有效解决了征期征收大厅拥堵问题，方便了纳税人；二是大力开展宣传培训，汇算清缴期间，全省国税系统共免费组织纳税人培训近2万人次，印制6000册《企业所得税业务手册》（第九册）免费发放基层和社会各界，保证了纳税人及时了解、更新政策规定；三是对重点税源企业开展

“送政策上门”活动，根据企业经营模式和经营特点对相关重点、难点政策进行解析，提供个性化辅导，帮助企业规避税收风险；四是召开税企座谈会，认真听取纳税人的意见、建议和需求，对由于纳税人不理解税收政策而提出的不合理要求进行耐心解释，对合理的要求逐一进行整理并在工作中加以落实；五是耐心细致答复纳税人来人、来电咨询的问题，认真及时地答复网站提交的各种咨询问题。

（五）所得税干部业务素质明显提高

省局依托高校办学力量，配合教育处在云南财经大学组织100人参训的高级业务培训班，培养了一批所得税业务骨干。各地也结合企业所得税法相关配套政策的出台，以不同的专题和不同的培训方式开展了对基层税务干部的培训，2010年全省培训所得税业务参训干部近千人。通过有针对性、分批次、分层次进行培训，使所得税干部的业务素质得到了进一步提高。2010年11月16日，云南省国税局组织了全省16个州、市及57个县、区局共80名从事企业所得税管理的干部参加了国家税务总局企业所得税业务知识考试并取得了不错的成绩，参考人员平均分达81分，体现了云南省国税系统近年来狠抓培训的成果。同时，为准备和参加此次考试，各地组织了不同形式的业务学习，通过考试，一方面检验了所得税管理工作人员政策业务水平，另一方面达到了以考促学，学考结合的目的，掀起了学习、钻研所得税业务的热潮。

以上几个方面，是自去年以来我省所得税管理工作取得的主要成效以及发生的可喜变化。各级税务机关为加强所得税管理做了大量卓有成效的工作，成绩的取得离不开国家税务总局和省委省政府的正确决策和坚强领导，离不开社会各方面和广大纳税人的理解配合，更离不开所有从事所得税管理工作的税务干部辛勤劳动和无私奉献。在此，我代表省局向全省各级国税机关的从事所得税管理的干部表示崇高的敬意和诚挚的感谢！

在充分肯定所得税管理工作取得成绩的同时，我们应当清楚地看到，现行所得税管理工作中还存在不少问题和不足，所得税管理的质量和效率总体上还比较低，管理水平有待进一步提高。具体表现在以下几方面：一是所得税专业化管理还停留在比较初级的层次，各地虽然做出了一些有益的探索，但未全部在实际工作中加以落实；二是纳税评估水平亟待提高，案头分析能力还有欠缺，选案准确率不高，对征管资源浪费较大，专业评估模型、指标体系还未有效建立，制约了评估效率的提升；三是降低亏损面的任务依然艰巨，去年虽然降亏面成绩突出，但客观上是因为昆明市局降亏幅度较大，同时纳税户在全省比重较高而形成的结果，有的地方在控制亏损方面依然存在较大差距；四是所得税管理软件应用水平不高，信息应用地区之间发展不平衡；五是所得税管理人员力量和业务能力需要进一步提高，精通政策、能熟练开展评估、会管理的所得税管理人才依然比较匮乏。以上问题要引起我们的高度重视，在实际工作中着力加以解决。

三、2011年所得税工作安排

2011年是“十二五”的开局之年，圆满完成各项工作任务对于顺利实施“十二五”计划具有重要的意义。2011年的所得税工作将认真贯彻总局所得税管理工作会议和全省国税工作会议精神，落实总局提出的当前和今后一个时期加强所得税管理工作的总体要求，并紧密围绕省局党组确定的“服务基层年”主题实践活动，将落实总体要求贯穿于服务基层的各项活动之中。结合云南国税所得税工作实际情况，今年所得税工作的重点是：着力加强政策执行情况调研，规范税收政策执行口径，解决好执行政策中的统一性问题；着力加强业务培训，不断提高业务素质，解决好干部业务素质与所得税管理工作不相适应问题；着力加强工作指导，结合税源、行业特点，完善汇缴、评估、分类管理办法，解决好专业化管理的方向性问题；着力加强信息化建设，不断完善所得税电子化申报及监控系统所得税管理模块应用水平，充分发挥好信息管税的功能性问题。

（一）大力组织收入，确保所得税收入任务完成

2011年，省局确定全省企业所得税收入任务为确保完成142亿元，奋斗目标148亿元。所得税收入要求在去年大幅增长的基础上，今年再次实现突破，确实面临着巨大的压力，一方面，国内外经济环境尚有许多不确定因素；另一方面，云南国税主体税源企业烟草行业由于消费税政策的调整和产量的计划控制，所得

税收入增长空间不大，2010 年仅增长 0.86%。所得税收入的增长点主要还得依靠非烟行业，而非烟行业税源较为零散，管理难度大，所以，完成所得税收入任务的重点还是要强化税源管理。各地要高度重视，组织收入工作要抓早、抓紧、抓出实效，主要做好三个环节的工作：一是加强汇算清缴的管理，保证汇算税款的及时足额入库；二是加强预缴管理，落实好预缴税款比例不低于 70% 的要求；三是加强税源的监控，尤其是重点税源的监控，对税源变化及时做出反应，采取增收堵漏措施，确保收入任务完成。

（二）强化政策管理，保证政策执行口径的统一

2008 年新法实施，由于实施时间较短，部分相关政策配套文件滞后，目前又处于新、旧法的交替时期，既要求按照新法的立法思想转变观念，又有部分政策存在新、旧法交织的问题，也有一些政策规定不明晰，需要执法人员进行职业判断，对所得税业务素质要求较高，客观上导致了由于政策理解不同，政策执行口径不统一的问题，从而引发了税务机关和纳税人、税务机关内部相关部门间的政策争议，增加了基层的执法难度。为了维护税法的严肃性，保证政策执行口径的统一，省局将根据新法的立法原则，对上述存在争议的问题，明确解释执行口径，以方便基层税务工作者及广大纳税人。为了保证问题反映的全面性和政策解释的准确性，需要各州、市局的鼎力协助，以州、市局为单位，广泛征求各方面的意见，包括纳税人、中介机构和相关部门，将执行中口径模糊、争议较大的焦点问题进行全面的归集整理，并提出倾向性的解释意见，报经省局研究后，统一解释口径，明确执行标准，并编印成册，在汇算清缴期间下发各地，作为政策执行中的参考。

政策管理是税政部门的本职工作，各级所得税管理部门在政策口径的解释方面要发挥积极的作用，面对政策争议，要发挥专业管理部门的业务优势，依法正确做出判断，对于无法解答的问题，要主动、及时请示，不能因为收入压力等原因随意调整政策口径，各州、市、县局的领导要加强对所得税工作的指导，高度重视所得税管理部门的工作并给予充分的支持。

（三）大力推进分类管理，开创所得税管理工作新局面

分类管理是所得税专业化管理的重中之重，也是我省国税系统所得税管理的薄弱环节，当前和今后一段时期的所得税管理工作就是要以分类管理为突破口，通过大力推进分类管理，全面提高所得税管理的质量和效率，开创所得税管理工作新局面。

第一，按规模实施分类管理。将企业分为重点税源企业、一般企业和核定征收企业实施管理的分类管理模式，是提出最早，实施时间最长的管理模式，其中对重点税源企业的管理又是省局反复强调的管理重点，近年来还建立了省、州市、县区局的三级监控体系，分别确定监控对象，实施税源监控，但目前来看，管理效果不尽如人意。去年税务稽查和各项检查的结果显示，一部分重点税源企业不同程度的存在涉税问题，有的还比较严重。省局布置的对 211 户企业所得税重点税源企业的评估，发现存在问题企业 113 户，所占比例超过了 50%。在去年全省所得税工作会议报告中就明确指出，部分地区对重点税源企业的管理在认识上存在偏差，侧重于关注收入、单纯强调服务，管理力量配置不到位，欠缺对重点税源企业税收政策执行情况的跟踪监督，对企业核算情况的掌握了解。现在看来，这些问题并未得到完全有效地解决。对于重点税源企业的管理，关键在于体现一个“全”字，要全面掌握企业生产经营特点、组织结构、财务核算、内控制度、税源变化、税款缴纳等情况，实施全方位的监控。在近年的管理实践中发现重点税源企业对政策的理解和执行依然存在较多问题，要重视对财务与税法存在差异的项目进行辅导和督促其进行调整。实现上述的管理目标，就必须在征管力量的配置上向重点税源企业倾斜。各级国税机关尤其是领导干部，要充分认识到重点税源企业是组织收入工作的主要对象，管好了重点税源企业，就掌握了组织收入工作的主动性，要选拔一批责任心强、业务素质高的干部管理重点税源企业，明确工作职责，建立工作机制，切实管出成效。

对于核定征收企业的管理，主要还是引导其建账建制，所以要强调核定水平公平合理，不能为完成核定面任务而从低核定，反而使核定征收成为企业合理避税的空间。今年依然要加强征收方式鉴定工作，2010 年核定征收面达

25.35%，同比上升了10.4%，升幅较大，随着今年新办企业的增加和原有企业的关、停、并、转，比例会随之变化，2011年核定征收面至少必须保持2010年的水平，个别达不到全省平均比重的地区，要进一步加大核定工作力度。

第二，按行业实施分类管理。行业分类管理模式是总局近年来提出的新理念，也是当前和今后一个时期所得税分类管理的工作重点。按税源规模分类管理和按行业分类管理两种管理模式并非孤立的、截然不同的分类方法，二者相互交织、相辅相成。按税源规模分类管理主要强调的是征管力量的配置，按行业分类管理主要强调的是管理的方法，就是要发现和总结行业的共性，针对性地确定管理重点，安排管理方法，其既适用于重点税源企业，也适用于一般企业。所以行业分类管理是实现所得税专业化管理、提高所得税征管质量和效率的必经之路，同时，行业分类管理要求对行业的经营模式、业务流程、核算方式等深刻地把握，并提出管理对策，也是一项高标准的工作任务，需要下功夫去完成。当前我省国税系统实施行业分类管理主要做好以下三个方面的工作：

一是充分利用现有资源，开展行业分类管理。去年国家税务总局印发了第一批七个行业的所得税管理操作指南，今年又将下发七个行业的操作指南，这些指南由总局组织编写，具有较高的水准，其中电力行业、建筑行业、房地产业等多个行业在我省国税系统均有广泛的适用性，各地要充分的运用相关指南，指导开展行业分类管理工作。总局组织编写的指南，站在全国的角度考虑，可能部分内容与我省现阶段的征管实际不完全吻合，但其毕竟提供了一个良好的基础，各地要根据自身征管实际，有选择的加以应用，并在应用中总结调整，使之更加符合本地实际，有效推进分类管理工作。

二是要自主创新，逐步建立我省国税系统行业分类管理体系。总局组织编写的行业操作指南毕竟覆盖范围有限，而且部分行业与我省税源结构不尽一致，要建立我省国税系统行业分类管理体系，必须走自主创新之路。去年所得税工作会议上就提出了各州市要选择1~2个行业，制定行业管理办法，现阶段已经完成的是省局与曲靖市局共同编写的烟草商业、昆明市局编写的汽车销售行业、大理州局编写的信用社三个行业的管理办法，均具有一定的质量，省局将继续深入相关行业调研，并与三个州、市局共同修改完善，在今年下发各地执行，形成我省的第一批行业管理操作指南。今年此项工作还将提速，各地均要积极参与，根据本地税源结构选择税源较大或管户较多的1~2个行业探索行业分类管理。会后，各地将选定的行业报所得税处，省局根据各地的选择，合理进行归并，既可以一个州市单独完成，也可2~3个州市合作完成一个行业的操作指南，在今年内形成初稿，水平较高、条件成熟的，经省局审核，在全省推广。争取做到每年覆盖几个行业，在“十二五”期间完成覆盖我省主要税源行业的行业分类管理体系。

三是要狠抓落实，力保行业分类管理实效。各行业分类管理的办法由所得税管理部门牵头编写，但管理成果要在基层一线的工作中体现，各地要狠抓落实，加强监督检查，保证各行业的分类管理办法在实际工作中得到充分应用，不能让耗费大量人力、物力、财力编写的管理办法束之高阁。

第三，抓好分事项管理。对于所得税日常管理中的重要事项各地也要充分重视，抓紧抓好。

一是严格财产损失税前扣除的审批工作。国家税务总局正在研究财产损失税前扣除的管理问题，为了优化服务、减少办事流程，下一步财产损失税前扣除将可能调整为备案管理，今年将可能是最后一次进行审批，各地要坚持集体审批制度，严格审批程序，严把审批证据关，将审批工作抓紧抓好，确保在年度申报期内完成审批工作，画一个完美的句号。

二是要加强新法优惠政策的备案管理。新法实施后，大量优惠政策采用备案管理方式，管理权限下放到县级税务机关，管理程序的减少，一方面提高了办事效率，方便了纳税人，另一方面也增加了基层单位的执法风险，省局对备案管理的程序作出了严格的规定，但对各优惠政策的管理内容和证据资料要求尚未予以明确，为保证备案管理的质量，汇算清缴期间，各州、市局要专门组织针对备案事项的检查和调研，充分掌握备案事项管理现状，并向省局反馈，为下一步研究完善备案管理办法提供依据。

三是要做好西部大开发的年审工作。去年，在税务稽查、财监办和审计署的检查中，均发现了一些企业已不符合享受西部大开发所得税优惠政策条件，但通过了年审。违反政策规定享受税收优惠的情况，各地要引起高度重视，加强西部大开发年审工作。西部大开发税收优惠政策已经执行了十年，按照中央的精神，还将继续执行，由于执行期长，后续管理工作就尤为重要，年审作为后续管理最重要的环节，决不能流于形式，各地要认真清理，对经营情况发生变化或实际经营业务与审批材料不一致不符合享受优惠政策条件的，要坚决予以纠正。

四是要对重组业务，境外所得税收抵免、汇总纳税、清算所得等特殊事项进行调查，研究相应的管理办法。尤其是对于汇总纳税企业不分配税款的，要研究建立总、分机构主管税务机关之间的信息交换机制，确保分支机构不漏管。

（四）深化纳税评估，提升评估水平

2010 年的纳税评估工作取得了不错的成绩，评估面达到并超过了省局年初的要求，评估税款实现了大幅的增长，评估方法也更加的科学、丰富，但也暴露出了一些问题，突出的是选户准确率低，仅达 48.79%。从深层次看，反映出纳税评估工作存在的两个方面问题：一方面是案头分析能力不强，无法做到有的放矢的选择评估对象，致使一半以上的评估企业入户之后是无功而返，大量浪费了人力资源；另一方面，也可能存在评估水平不高，没有完全掌握科学的评估工作方法和手段，不具备发现问题的能力。所以，深化纳税评估工作，要重点解决好案头分析和评估方法两个方面的问题。

一是解决好案头分析的问题。如何准确地确定评估对象，并准确地确定企业疑点，是纳税评估效率提高的关键，必须要建立一套科学的评估指标体系，通过指标的预警分析，发现问题企业和企业的问题。指标体系的建立与日常管理息息相关，纳税评估必须与日常管理工作紧密结合，在日常管理中注意收集企业的税收指标、财务指标、生产经营信息、第三方涉税信息，为评估的案头分析提供数据来源。各地要在纳税评估工作中不断总结验证各种指标的实用性，筛选出一些实用性强的指标构建评估指标体系，指标中既要包括适用于各行业的通用指标，也要包括行业的物耗、能耗等特殊指标，使指标体系的构建多元化，增强指标分析的准确性。

二是要解决好评估方法的问题。有效的评估方法能使评估工作事半功倍，由于企业情况的千差万别，评估方法的确定也要因事制宜，根据企业情况灵活选择。在去年各地的评估工作中，评估方法丰富多样，效果明显。曲靖、红河、保山、丽江、玉溪、迪庆、临沧等地充分运用所得税贡献率、主营业务收入变动率、主营业务利润变动率等指标对企业存在问题进行分析；昆明、玉溪、曲靖、昭通、大理等地充分利用规划、国土、产权等部门资源信息对房地产行业进行评估；保山、丽江通过从第三方获取矿石、煤炭售价，对企业存在问题进行定位分析；普洱、德宏、玉溪、大理等地运用了增值税税负、增值税销售收入与所得税营业收入比对的多税种联合评估方法；省局所得税处和曲靖市国税局联合对曲靖市烟草公司开展的评估中，运用了“进、销、存”和“价格利润”评估模型，德宏运用了投入产出分析方法对水泥企业进行评估分析。这次会议，我们从中挑选了五个最具代表性的评估案例进行大会交流，希望对大家有所启发，能够汲取精华不断改进评估方法，提高纳税评估工作质量。

开展评估工作我要特别强调的是，除单纯的所得税管户外，所得税的纳税评估必须和增值税联合进行，一方面可以互相借鉴、互相利用评估成果，提高效率；另一方面，要避免重复进户干扰纳税人正常的生产经营活动，这也是优化纳税服务的一个具体体现。

（五）切实做好 2010 年汇算清缴工作

总局征求了各地对企业所得税年度申报表的修改意见，将对年度申报表进行调整，但 2010 年的汇算清缴在总局报表没有修改之前，仍将沿用原表，所以省局今年也暂未对介质、网络申报系统进行调整，待新表发布后一并升级，今年汇算清缴将不会面临繁重的电子申报推广任务，所以工作重心要转移到提高汇算清缴质量上来。

一是要保证汇算报表数据质量，切实解决年度申报规范性问题。历年来，在汇算清缴报表统计过程中，各级国税机关都面临着大量的数据清理工作，电子申报手段应用以后，申报的规范性得到了提高，但不规范申报的情况还未杜绝，今年的汇算清缴是使用现版介质、网络申报系统的第三年，各地要总结前两年申报中出现频率较高的填写不规范问题，在汇算培训中要加以重视和解决，同时要加强对申报规范性的审核，及时发现问题并在当期解决。

二是要努力降低亏损面，切实解决年度申报的真实性问题。

2009年全省汇算亏损面47.22%，同比下降13.71个百分点，降幅较大，但客观上一个重要原因是由于昆明降亏18.38个百分点，而昆明的企业户数占全省的71.39%，权重影响较大形成的，2009年全省16个州、市局中有13个单位实现了降亏，其中10个州、市降亏幅度超过3%，有的地区降亏情况依然不理想，今年要进一步加大降亏力度，四季度申报后，各地要对申报亏损的企业进行清理，对疑点企业开展纳税评估，发现虚报亏损的在年度申报中调整，继续降低亏损面。各地要力争将亏损面控制在去年全省的平均水平内，低于全省平均水平的地区要继续努力避免反弹，高于全省平均水平的地区要采取措施迎头赶上。

（六）深化信息技术应用

各地反映了一些监控系统所得税模块、介质（网络）申报系统中存在的设计缺陷和功能不完善问题，能够发现问题，说明了各地信息化应用水平不断提高，但信息化的建设是一个长期的过程，不可能一蹴而就，各地还要进一步深化信息技术的应用，更深入地发现系统中存在的问题，并提出可行性方案，省局将根据各地反映的问题，择机对监控系统所得税模块进行完善升级，查缺补漏，强化功能，尽量满足基层的应用需求。介质（网络）申报系统将根据年度申报表的调整而进行升级，升级过程中省局将征求各地意见，尽可能地加以完善。

（七）提升培训效果，加强所得税队伍建设

要通过加大培训力度，提升培训效果，建立一支高素质的专业化人才队伍，为深入推进所得税专业化管理提供重要保障。今后的所得税业务培训，要以保证质量为前提，各级都要建立以基层需求为导向的有针对性的培训机制，分层次、分专题对不同情况、不同程度、不同需求的干部分别进行培训。今年省局自主举办的培训，不预先确定培训内容，各地可根据自身的情况和需求，提出需要进行培训的内容，省局根据各地的实际需求，再确定培训内容，参训人员名额不再平均分配，而是结合各地业务量和业务需求的实际情况进行分配。会后大家将培训的需求报所得税处，省局将会合理的进行安排。今年省局将自主举办两期的培训，同时依托高校办学力量，配合教育处在云南财经大学组织一期100人参训的所得税业务培训，各地要选拔具备较好的业务基础，具备较强的责任感和事业心，能学用结合，培训后能承担起本辖区所得税管理和指导工作的同志参训。

在培训职责的划分上，省局主要负责对全省的师资进行培训，对基层税务干部的业务培训由州、市局负责，但各地在培训中需要省局支援师资的，省局将尽力满足。

（八）深入基层，加强调研

按照省局“服务基层年”的工作安排，今年要加大深入基层的力度，省局将适时派出业务骨干深入基层单位，全面了解基层单位所得税管理工作情况，对基层所得税管理中存在的问题现场解答、辅导，畅通省局与基层的沟通渠道，加强省局工作指导的针对性，更好地为基层服务。

同志们，所得税专业化管理工作任重而道远。我们要进一步提高认识，转变观念，扎实工作，勇于创新，全面落实“服务基层年”各项工作部署，深入推进专业化管理，把所得税管理工作提高到一个新水平，努力开创所得税工作的新局面，以丰硕的成果为“十二五”迎来开门红。

文明执法　和谐稽查
开创“十二五”时期国税稽查工作新局面

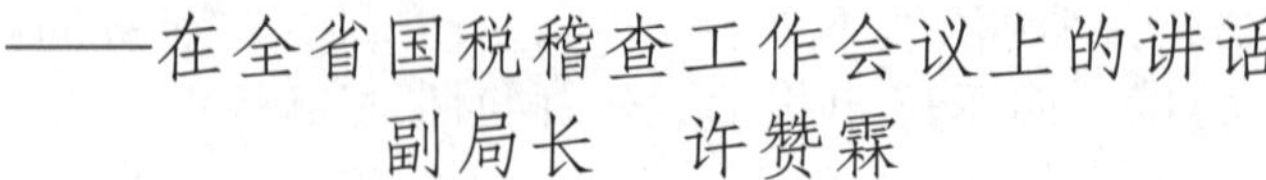

——在全省国税稽查工作会议上的讲话

副局长　许赞霖

（2011 年 3 月 3 日）

同志们：

经省局党组批准，今天召开全省国税稽查工作会议。这次会议是在全省国税系统深入学习十七届五中全会精神，贯彻落实全省国税工作会议提出的各项工作任务，落实“服务基层年”工作主题的形势下召开的。开好这次会议，对于开创“十二五”时期我省国税稽查新局面，完成新年度各项稽查工作具有非常重要的意义。会议的主要任务是：贯彻全国税务稽查工作会议和全省国税工作会议精神，总结“十一五”时期全省国税稽查工作，明确“十二五”时期稽查工作思路，部署今年的稽查重点工作。受李鸿文局长委托，下面，我讲三个问题：

一、全国税务稽查工作会议精神

2011 年 2 月 22 日至 23 日，全国税务稽查工作会议在广西南宁召开。总局党组成员、副局长解学智同志出席了会议，总局稽查局领导、稽查局各处室主要负责人，总局各相关司局、公安部经侦局、全国部分国、地税分管稽查的局领导、全国国、地税稽查局长及新闻媒体 100 多人出席了会议。

会议传达了肖捷局长对稽查工作的专题批示，解学智副局长在会上作了题为《牢记为国聚财，为民收税神圣使命，开创税务稽查工作新局面》的主题报告，会议围绕肖局长的批示、解副局长的讲话进行了讨论，广西国税稽查等 8 个单位在会上作了经验交流。总局稽查局马毅民局长为会议作了小结，进一步强调了贯彻落实总局领导指示和今年稽查工作重点。

（一）肖捷局长的批示

总局肖捷局长对此会议十分重视，亲自审阅了解副局长的讲话稿并对全国稽查工作会议做出专题批示：

全国税务稽查工作围绕中心，服务大局，为税收事业发展做出了特有贡献。我代表总局党组向全体税务稽查人员致以崇高的敬意！希望各级税务稽查部门在“十二五”开局之年继续奋发有为，不断提升稽查工作整体水平，再创新的佳绩。

（二）解副局长讲话主要精神

解副局长讲话全面总结了“十一五”时期全国税务稽查工作、对“十二五”时期税务稽查工作提出了新的要求，安排部署了今年的重点工作。

1. “十一五”时期工作回顾 五年来全国税务稽查共查处各类税收违法案件 136 万起、查获各类非法印制发票 7.5 亿份，对 29 个行业 118 万户企业开展检查，累计查补入库税款 3468 亿元，比“十一五”时期增加 2376 亿元。

解副局长从四个方面归纳了“十一五”时期税务稽查工作的经验，即：关键在于我们始终坚持“服务科学发展，共建和谐税收”这一新时期税收工作主题，甘于奉献，勇挑重担，不辱使命；关键在于我们始终牢记聚财为国、为民收税的神圣使命，依法行政，规范执法，和谐奋进；关键在于我们始终突出规范税收秩序、改善税收环境的工作目标，明确工作重点，创新工作方法，提升工作质量；关键在于我们始终把握稽查部门的职责定位，充分发挥以查促查、以查促管、以查促收和以查促改的职能作用，自觉服务于税收事业发展大局。指出这是全国税务稽查干部在过去五年工作中积累的宝贵经验，应加倍珍惜并不断继承发扬光大。

解副局长从五个方面客观的分析了“十一五”时期税务稽查存在的问题：一是稽查工作的理念、方法、手段等还不能完全适应当前经济发展形势，稽查现代化、国际化水平急需提高；二是稽查信息化建设相对落后，在信息稽查方面还有许多工作要做；三是受各方面因素制约，稽查执法刚性仍然不足；四是稽查廉政内控机制尚不完善，尤其是对检查的全环节监控有待加强，廉政制度和监督机制需要进一步健全；五是高素质稽查人才还比较欠缺。

2. “十二五”时期税务稽查工作要求

把握四项要求：一是充分发挥稽查职能作用，确保税收法治环境持续改善，税收调控信息传导准确到位，促进税收政策不断完善和税收征管水平不断提高；二是深入推进依法行政，强化纳税服务理念，着力规范稽查执法行为；三是坚持体制创新、制度创新、管理创新和方法创新，全面提高税务稽查执法效能；四是努力造就一支政治坚定、业务娴熟、作风优良、廉洁高效的高素质专业化稽查队伍。

坚持四个方向：一是坚持围绕中心、服务大局的观念，把为税收事业发展保驾护航作为稽查工作的光荣使命；二是坚持依法行政、执政为民的理念，把公平执法作为稽查工作的灵魂核心；三是坚持锐意进取、真抓实干的精神，把改革创新作为推动稽查工作不断前进的强大动力；四是坚持以人为本、人才兴税的思路，把着力培养高素质干部队伍作为稽查工作的重要支撑。

实现四个目标：一是稽查工作现代化水平显著提升；二是稽查执法质量和效率明显提高（全国平均选案准确率达85%以上，入库率达95%以上，税收违法案件平均处罚率达60%以上，到期结案率达95%以上）；三是发票违法犯罪活动高发态势有效遏制；四是基础队伍建设取得新进展。

五项重点任务：一是坚决依法查处各类税收违法案件；二是根据经济形势变化和宏观调控政策需要，结合税收征管状况，继续选择信息不对称的重点行业、重点地区开展税收专项检查和专项整治工作；三是有序实施重点税源企业的定期轮查，规范重点税源企业纳税行为，引导全社会纳税遵从度；四是充分发挥各地打击发票违法犯罪活动工作协调小组办公室职能作用，坚持标本兼治，继续开展打击发票违法犯罪活动工作；五是初步建立稽查执法能级管理办法，拓宽稽查人员发展空间，激发队伍活力。

八项措施：一是积极开展省、市两级稽查管理模式创新工作试点，研究分级分类稽查办法（今年将在全国公布实行），实现对各类税源的有效监控，提高对不同类型税收违法案件的查处效率；二是基本建立涵盖稽查执法全过程的各项管理制度，全面规范稽查执法行为；三是全力推行依法行政和纳税服务；四是加大培训力度、提高稽查队伍中高层次专业型人才和复合型人才比重；五是大力推进查前及查中约谈，审计式底稿制度建设；六是提高稽查信息化应用水平；七是构建稽查内部、上下、内外廉政建设、预防和惩治腐败体系（稽查局内设纪检监察机构、人员待总局进一步明确）；八是加大对稽查执法装备的投入力度，不断改善装备水平，规范稽查经费使用管理，提高经费使用水平。

3. 强调今年六项工作 各省、市全面完成总局稽查局今年布置的各项工作时，重点抓好六个方面：一是改革稽查管理方式，优化稽查资源配置；二是坚持依法行政要求，加大稽查执法力度；三是强化执法服务理念，促进征纳关系和谐；四是夯实稽查执法基础，落实各项重点工作；五是突出信息管税意识，提升各项工作水平；六是狠抓干部素质建设，塑造廉洁高效队伍。

（三）总局稽查局马毅民局长讲话主要精神

马毅民局长从三个方面为本次会议做了小结：第一，指出这次会议是“十二五”开局之年的重要会议，要求各省、市回去后及时向党组汇报，认真贯彻落实肖局长、解副局长的指示，安排部署今年的各项工作。第二，要求稽查工作：一是要树立大局意识、依法意识、服务意识、创新意识；二是要树立以查促查、以查促收、以查促管、以查促改的工作理念；三是重申组织纪律，做到上下一致、令行禁止、提高执行力、保证指挥权；四是强调廉政建设，做到“戒慎恐惧”、“常在河边走，就是不能湿鞋”。第三，强调今年稽查工作：一是进一步明确稽查的五项工作（案件查处、专项检查和专项整治、重点税源检查、打击发票违法犯罪、常规性的日常检查）；二是稳步推进稽查体制机制改革；三是积极推行审计型稽查工作底稿；四是不断加强稽查工作制度建设；五是严格管理使用稽查办案经费，专款专用、厉行节约（哪个省挪用被财政部扣，总局稽查局加倍扣哪个省）。

二、“十一五”时期全省国税稽查工作的回顾

从2006年到2010年，我省国税稽查工作在国家税务总局和省局党组的领导下，紧紧围绕税收中心工作，以党的十七大精神为指引，进一步解放思想，深入学习实践科学发展观，紧扣省局每年的工作主题，大力推进依法稽查，加强和改进稽查工作作风建设，努力提高稽查干部队伍素质，深入开展整顿和规范税收秩序，抓好税收违法案件查处，规范税务稽查工作体制，不断推进稽查信息化建设，努力构建和谐的税务稽查关系。五年来，全省国税各级稽查部门共检查各类纳税户16135户，其中有问题户10800户，实现查补收入48.08亿元（其中稽查重点检查查补收入13.81亿元），是十五时期9.48亿元的5倍。平均选案准确率66.94%，入库率99.15%，偷税处罚率54.9%，结案率为99.1%。全面完成了总局稽查局、省局布置的各项工作，实现每年既定的工作目标和任务。五年来稽查工作成效主要有如下几个方面：

（一）稽查工作理念创新发展

五年来，由于不断认真学习、践行科学发展观，把握经济决定税收、税收促进经济发展的关系，思想观念有了新的认识和突破，表现在：一是牢固树立为纳税人服务的思想。通过广泛的税法宣传，务实的纳税辅导，扎实的税收检查，提高纳税人的税法遵从度，真正理解严格秉公执法就是做好服务的含义，不断推进税务稽查服务工作。二是转变执法观念，实现从“有错推定向无错推定”的转变、从“以查补收入为重点向以落实税收法规为重点”的转变。三是进一步推动税务稽查工作的精细化、科学化，在检查工作中做到“三个确保”，即查深，确保检查质量；查全，确保检查广度；查实，确保检查实效，经得起历史检验。

（二）稽查体制改革顺利进行

一是以贯彻总局910号文件精神为契机，全面落实了县区、州市稽查局升格和稽查局长选调任命。二是理顺稽查岗责，定员定岗，进一步规范了各级稽查局机构设置，促进稽查各环节之间衔接紧密、分工明确、权责清晰、运作规范、均衡协调，有效实现稽查职能管理目标。三是不断探索、推进适合我省各地实际的稽查体制模式。2009年，玉溪实行在地（州）市范围内实行“一级稽查”，撤销了所有县区稽查局。

（三）稽查信息化应用不断深化

一是做好综合征管软件稽查模块的系统维护及操作指导工作，保证稽查模块的正常使用。保证举报案件管理系统、协查系统正常运行。二是不断深化数据监控系统的应用。在对数据监控系统中稽查部分“日常管理”进行完善的基础上，提出新的业务需求开发“报表管理”模块，使稽查报表相关数据通过监控系统平台自动取数，按稽查机构直接生成稽查报表，自2009年4月1日起基层停止报送稽查报表，减轻了基层工作负担。三是大力推广运用电算化查账软件。我省国税系统于2007年10月全面推广运用无锡版电算化查账软件。该软件在我省各级稽查部门的全面推广运用，丰富了国税部门稽查手段和技能，实现了税务稽查工作与会计电算化发展的与时俱进。同时改变了手工检查的传统模式，采用固定模型查账和灵活的自定义模型查帐的方法，使检查工作更具针对性和科学性。该软件的推广运用，是我省国税系统稽查工作科学化、精细化的一大突破。

（四）分类稽查工作成效显著

实施分类稽查是国家税务总局对国税稽查工作提出的新思路、新要求。自2006年以来，我省国税稽查就按照科学合理分类、突破地域界限、整合稽查资源的思路，全面开始在全省实施分级分类稽查。在三年一轮的分级分类稽查工作中，第一轮确定169户、第二轮确定170户纳税人为省局分级分类稽查的对象，各地也结合实际，确定了本级分类稽查标准和范围。为规范全省分级分类稽查，省局稽查局设计下发了分税种（增、消、所）、分行业的《税务

稽查项目书》，项目书中将稽查内容项目化，要求稽查人员按照所列稽查项目对企业进行深入、细致、全面的检查，减少检查过程中的遗漏和疏忽，保证检查工作的深度和广度，有效提高了稽查的质量和效率。通过几年来的实践，形成了“科学分类、突出重点、协调配合、阳光操作”的工作模式，建立了“查前告知、企业自查、纳税辅导、重点检查”的稽查方式和省、市、县三级统一指挥、分类稽查、协调高效的稽查体系，提高了稽查效能，增强了稽查威慑力。同时，根据总局关于税收专项检查的工作部署，结合分级分类稽查统筹完成了总局部署的指令性及指导性专项检查。各地还结合实际，选取了本地区税收问题较为突出的行业开展专项检查。五年来，全省分级分类稽查和税收专项检查共检查企业6368户，查补收入8.83亿元。

2009年，省局稽查局在调研和分析的基础上，制定了《云南省国家税务局稽查系统税务稽查查前告知办法》，在全省专项检查和分类稽查中积极推行。凡总局部署的行业性专项检查、大型企业集团检查和省内分级分类检查，均通过召开税企座谈会，实行集体查前告知，贯彻落实总局、省局检查要求，与企业进行深入沟通，全面布置自查工作。如全省烟草企业认真、主动地开展自查工作，取得了很好的效果，实现了执法与服务的有效结合。构建了和谐的税务执法环境，做法和经验得到了总局和省政府的肯定，也得到了纳税人的认可。《国家税务总局稽查局关于转发云南省国家税务局稽查查前告知办法的通知》将我省的办法转发全国各省、自治区、直辖市和计划单列市国家税务局稽查局、地方税务局稽查局供工作参考。省局党组书记、局长李鸿文对这项工作给予了充分肯定和高度评价：“要继续坚持查前告知、税收宣传、纳税辅导、纳税评估、企业自查、部门联动的有效方法和经验，切实提升征纳双方的税法遵从度和税企和谐度。”五年来，全省国税系统共组织企业自查56633户，查补收入34.27亿元。

（五）整顿和规范税收秩序工作持续推进

大要案查处加大力度。保持严厉打击偷税、骗税和虚开增值税专用发票等涉税违法行为的高压态势，不断加大对全省涉税大案要案的查处和督办力度，重点查处了一批骗取出口退税、虚开增值税专用发票的恶性案件，切实提高稽查威慑力。五年来，全省共查处达到省局大要案标准的案件308件，查补收入合计2.57亿元，移送司法机关处理案件192件。查处了包括：利用农副产品收购发票骗取出口退税和虚开废旧物资收购发票骗取进项税款抵扣的“8.10”系列案件；以“废旧物资”为幌子虚开废旧物资收购发票进行骗抵税款的“5.10”案件，无货虚开发票骗取即征即退税款的“4.09”案件。2010年查处的虚开增值税专用发票“南疆税案”，截至去年12月底，全省共检查企业1503户，其中调帐检查108户，采取税收保全措施13户，保全金额768.91万元，追缴入库税款、滞纳金、罚款合计9885.08万元。全省公安机关已立案侦查企业37户，刑事拘留相关人员4人，批捕、逮捕17人，网上追逃5人，取保候审10人，监视居住2人，扣押车辆2辆，冻结相关涉案企业及人员银行存款4648.04万元。我省大要案件的查处得到了省政府、总局的充分肯定，省政府多次召开省长专题会议，听取我局的汇报，罗副省长做出专门批示，指示案件的查处。总局解学智副局长在今年全国税务稽查会议讲话中点名表扬云南国税对大要案件抓得紧、查得好。

举报案件查处规范有序。强化举报服务意识，认真接待来信、来访人员。省局通过云南日报等媒体和省局网站公布了省、州市局涉税违法举报电话，积极引导举报人实事求是地检举涉税违法行为。宣传举报奖励政策，依法确认、计算和兑付奖金，不断完善举报信函呈报、转办、跟踪、归档机制，确保举报的涉税问题查深、查细、查透。严格为举报人保守秘密，做好举报案件中当事人疏导、说服工作，妥善处理和化解各类矛盾，促进社会和谐。“十一五”期间全省共受理举报案件3，444件，查处3，126件，查补收入合计15，663.64万元，移送公安举报案件48件。

案件协查工作扎实开展。金税协查系统平稳运行，不断提高协查委托发函和受托协查回函的质量和效率。凡能够通过协查系统发起的增值税专用发票协查，都通过协查系统开展协查。“十一五”期间，全省共发起委托协查1845起，委托协查发票14708份；收到受托协查发票2818起，受托协查发票10233份，平均按期回复率为99.88%。

树立全国一盘棋的思想，做好总局布置、省外、省内税务机关及有关部门来人、来函的案件协查及专案协查工作。五年来协查检查了包括："雷霆一号"，"利剑二号"、"海南橡胶协查"，"临江税案"、"黄金专票" 等一批总局督办的专案，力争使每个协查案件都查深、查细、查实，最大限度挽回国家税款损失。

发票专项整治行动深入开展。2008 年以来，按照国务院、省委、省政府、公安部、国家税务总局的部署和要求，全省国税稽查部门加强和公安、地税等部门协作配合，充分发挥各自优势，认真履行工作职责，积极开展打击发票违法犯罪专项行动，有力地打击了犯罪分子的嚣张气焰，有效遏制了发票违法犯罪的上升势头。三年来，全省共查处发票违法案件 2853 起，抓获涉案人员 361 名，捣毁制售假发票窝点 70 个，打掉犯罪团伙 71 个，缴获作案设备 65 台，缴获印章 1471 枚，查获涉案发票 1142 万份。

各级国税部门结合工作实际，不断加大虚假发票 "买方市场" 整治力度。2009 年，开展重点行业发票使用情况检查工作，在全省范围内对商业零售企业发票使用情况进行检查。全省共检查企业 6131 户，检查个体户 39415 户，查出发票违法企业 509 户、个体 4764 户，检查有问题的发票 66105 份，查补收入合计 975 万元。省局稽查局还开展了普通发票典型户调查检查工作，确定 5 户受票企业作为典型户，对其涉及的问题发票进行检查，并延伸对问题发票涉及的领票方 115 户和开票方 123 户进行协查调查。2010 年，联合地税系统对房地产、药品经销、交通运输、金融保险、商业销售、医疗机构、教育培训、餐饮娱乐、自选行业开展检查，共检查企业 1716 户，查出有问题发票 75734 份，查补收入 9436 万元。在打击发票违法犯罪工作中，我省昆明市、大理州、保山市国家税务局等 3 个单位及 6 名个人受到了国家税务总局及公安部的通报表彰。

专项整治针对性强。各地根据总局、省局要求，结合工作实际认真分析本地税收征管秩序，每年都选取一至两个整体税负偏低、案件线索指向集中、征管秩序比较混乱的行业或地区开展有重点、有计划、有针对性的税收专项整治。

（六）稽查干部队伍建设不断加强，稽查干部素质不断提高

加强干部思想作风建设。提出全省国税稽查应 "遵守一条纪律，树立四种意识，健全一项制度"。遵守一条纪律，即讲政治、讲党性、服从领导、听从指挥。树立四种意识，一是树立服务意识，为纳税人服务，为征收、管理、税政服务，为基层服务；二是树立大局意识，税务稽查是税收征管的重要组成部分，稽查不仅仅是查账，更要通过秉公执法，为纳税人创造公平公正的竞争环境，树立税务机关的良好形象；三是树立忧患意识，能正确规避行政执法风险，增强自我保护意识；四是树立责任意识，要认真担负起稽查职责，正确履行职责。健全一项制度，即加强党风廉政建设。以树立正确的权力观、地位观、利益观、荣辱观为核心建立和完善廉政执法的长效机制。

加强稽查领导班子建设。切实加强各级稽查局领导班子的自身建设，认真落实 "一岗两责"，与监察部门密切协作，推行 "一案双查" 制度，在全省稽查局推行使用《云南国税稽查纪律监督表》，实施检查前，稽查人员将稽查纪律监督表发放给纳税人，在对纳税单位检查期间，请纳税人对稽查人员执行稽查工作纪律情况给予监督。纪律监督表在检查结束后由纳税人将其在检查期间的执法、廉政情况监督结果寄送反馈给税务机关，规范了稽查执法行为，加强了廉政监督。

加大稽查人才培养力度。2006 年，在全省稽查业务考试成绩及日常查办案件的基础上，经层层选拔，确定了思想品质好、业务素质过硬的 120 位同志为省局稽查人才库人员，各地稽查部门也建立了本级稽查人才库。2009 年，以全国稽查人员考试为基础，通过综合评定，选拔 150 名作为省局稽查人才库人员。加强稽查人才库的管理，优先组织稽查人才库人员培训学习，抽调人才库人员集中完成大要案和分类稽查检查，着力打造稽查 "高、精、专" 人才队伍。同时，坚持开展多形式、多层次的稽查业务培训。几年来，省局先后在扬州税务学院、厦门大学、无锡税专、云南财大举办稽查业务培训班。昆明市、大理州等州市分别组织州、市局稽查人才库人员到省外进行稽查业务培训。省局及各州市局根据稽查干部的业务需求组织了稽查基础业务、协查、财务会计、所得税、查账软件等专业培训。2009 年 3 月，组

织全省国税系统稽查人员参加全国统一的税务系统稽查业务考试，全省共有1822人报名参加考试。为备战考试，省局聘请师资，购买教学视频课件，选拔165名优秀人员进行集中封闭训练，在全省范围内进行视频教学，参训人员达1998人。通过培训及考试，涌现了一批勤奋学习、钻研业务的稽查干部，有效提升了稽查人员业务素质。

（七）注重稽查内外协调、规范稽查执法行为

实行税收执法责任制。严格依照法定的程序办案，切实落实选案、检查、审理、执行和移送等各环节相应的法定程序和手续，最大限度降低执法风险。积极开展案件抽查复查工作，加强对下级稽查局案件检查质量的监督。充分发挥审理在规范执法行为和防范执法风险方面的积极作用，严把案件审理质量关，认真分析总结稽查取证工作中存在的共性问题，突出稽查证据的合法和规范，提高案件检查及案卷归档质量。省局查办案件的有关案卷资料，经受住了审计等相关部门的审查，被给予了充分的肯定。

办案经费向基层倾斜。省局按照基数与考核相结合，公平与效率同兼顾、向基层倾斜的办案补助经费分配原则，在总局下拨经费不变的情况下，逐年增加州市办案补助经费。对省局抽调人员，充分考虑基层的实际困难，按照借调每满3个月补助借调人员所在国税局1万元的标准分配经费。制定完善稽查办案经费管理分配办法，跟踪各州、市稽查办案经费的使用情况，保障办案经费专款专用。

加大稽查办案设备投入。不断改善基层稽查装备。五年来，共为各地稽查局更新台式计算机1423台，保证对每个稽查干部的台式电脑都作了更新。配发各地笔记本电脑310台。为各州、市、县、区局稽查局更新了传真机、复印机，为各州、市稽查局配置了装订机、投影仪、照相机、摄像机。配发各地移动硬盘380个，为全省稽查考试前150名人员配发移动硬盘。

部门协作互动机制不断完善。进一步加强与管理、评估、监控等部门的联系和配合，在部署有关检查前，主动征求相关部门意见，搞好统筹协调，避免多头检查和重复检查。进一步健全国、地税稽查协作机制，定期召开联席会议，联合开展税收专项检查、区域专项整治、大要案查处、发票协查等工作，多层次多领域的加强与地税部门的稽查协作。进一步巩固完善税警协作办案机制和情报交换制度，与公安部门定期召开联席会议，联合办案，共同开展打击发票违法犯罪活动工作，加强与公安部门的协调沟通合作，充分发挥打击税收违法犯罪的合力优势。加强与海关、银行、工商、财政、监察、法院、检查等部门的交流沟通、协作配合。

五年的工作给我们的启示是：要做好国税稽查工作必须始终坚持依法治税、廉洁奉公；必须始终坚持更新观念、勇于创新；必须始终坚持文明执法、促进税企和谐；必须始终坚持不惧困难、乐于奉献。

五年来，在省局党组的领导下，面对诸多挑战和严峻考验，通过各级稽查干部的共同努力，我省国税稽查各方面工作都取得了较好的成绩。这次会议之前，省局党组书记、局长李鸿文同志对稽查工作做了重要批示，李局长批示如下："十一五"时期全省稽查工作成效显著，为规范税收秩序，加强税收管理，增加税收收入作出了积极贡献，省局党组向全系统稽查干部所付出的辛勤努力表示衷心谢意！今年是"十二五"开局之年，希望认真学习领会好全国稽查会议和全省财税工作会议及全省国税工作会议精神，再接再厉，狠抓落实，充分发挥稽查职能作用，为云南国税事业发展再立新功。这是省局党组省局领导对稽查工作的充分肯定，在此，我代表省局党组向长期工作在稽查战线上的全体同志表示衷心的感谢和亲切的问候！

在肯定成绩的同时，我们也必须清醒地看到工作中还存在的问题：一是稽查队伍不稳定，人员素质有待进一步提高；二是信息化应用程度偏低，达不到应有效果；三是案件查处取证难，影响案件定性；四是基础工作不扎实，需要不断完善规范。希望大家扬长避短，再接再厉，再创新业绩。

三、今年我省国税稽查工作的主要任务

今年是"十二五"开局之年，做好今年稽查工作对于落实"十二五"规划具有特殊的意义。今年我省国税稽查工作的指导思想是：以邓小平理论和"三个代表"重要思想为指导，

全面落实科学发展观，深入学习贯彻党的十七届五中全会精神，紧紧围绕税收工作宗旨和省局党组提出的“服务基层年”工作主题，加强稽查工作作风建设，努力提高稽查干部队伍素质，继续开展分类稽查和专项检查工作，深入开展整顿和规范税收秩序和区域专项整治，抓好涉税违法行为特别是重大税收违法案件查处，规范稽查基础工作，巩固和推进稽查信息化建设，为促进经济发展和社会和谐作出更大的贡献。工作目标是：选案准确率达80%以上、结案率90%以上、入库率达95%以上、偷税处罚率50%以上、督办案件协查回复率达100%、协查信息完整率达95%以上。总体工作思路是：抓好三项工作、着力两个围绕、注重四个突出。

（一）服务大局，抓好三项工作

依法整顿规范税收秩序，确保大局税收目标的圆满完成是税务稽查的基本职责。我们必须清醒地看到，在税收领域，逃避缴纳税款、骗取出口退税、不按规定使用发票等涉税问题依然比较突出，有的甚至是经过预谋、精心策划的涉税犯罪。整顿规范税收秩序将是贯穿“十二五”期间的一项长期工作，各级稽查局务必保持清醒的认识，并全力抓好以下三项工作：

第一，继续抓好涉税案件的查处，尤其是要加大重大案件的查处力度，保持高压态势、震慑涉税犯罪。一是继续严厉打击逃避缴税、骗税和虚开增值税专用发票等涉税违法行为，重点查处增值税专用发票中文比对不符，销货清单不符合利用虚开“四小票”骗抵税款的违法行为。继续严厉打击骗取出口退税违法行为，严肃查处利用计算机中央处理器（CPU）、移动手机及配件、液晶显示板、集成电路板、太阳能电池、偏光片等电子产品和各类服装出口骗取退税的案件。二是进一步加大纳入总局、省局督办的大要案件查处力度，要在人力、物力方面给予保障，涉案的各州市，要加强领导，高度重视，密切同公安、地税部门配合，做好本地涉案企业的立案查处、移送工作。三是认真做好案件协查，严格按照协查的要求取证、回函，达到总局案件协查按期回复率100%、协查信息完整率95%的考核标准。四是必须坚持大要案件报告制度，严禁有案不查，瞒案不报。五是加大对税收违法案件的处罚力度和执行力度，提高稽查威慑力。各地在案件查处中要善于研究涉税违法新动态、新手段、新方式，及时做好违法动向预警工作，为稽查、征收、管理部门提供有价值的线索和信息，达到以查促查、以查促管的作用。

第二，继续抓好分级分类稽查，提高税法遵从度，促进经济有序发展。今年是第二轮分级分类稽查最后一年，各级稽查局要结合本地实际，把分级分类稽查、专项检查和专项整治工作有机结合。一是要领导重视，省局成立以李鸿文局长为组长，我为副组长，稽查局等相关处室负责人为成员的领导小组，负责领导全省此项工作。各州市也要相应成立领导小组，统筹安排、部署此项工作，检查工作从3月起至10月止。二是把握重点，检查中要把总局安排的指令性检查内容（即上市公司和非上市公司的股权交易项目）作为重点。各级稽查局要针对股权交易涉及的税收政策、财务处理方面的知识进行培训。三是在工作安排中要主动与税政、征收、管理部门协调联系，把税收政策辅导、纳税评估、查前告知、企业自查、稽查检查等工作形成统一要求，统一布置。对纳入今年各级分级分类稽查标准范围内的纳税人，查前告知面必须达到100%，企业自查面100%，重点检查面不得低于50%。四是省局把昆明市区的钢材销售企业、曲靖市的货运发票受票企业和德宏州的电子产品、服装出口企业作为今年我省专项检查和专项整治的重点工作，请涉及地区纳入本地今年工作重点，安排好、落实好。

第三，继续开展打击发票违法犯罪工作，堵塞买方市场，维护经济秩序。严厉打击和整治制售假发票和非法代开发票违法犯罪活动是一项长期工作，各地要充分认识发票违法犯罪的危害性及实行综合治理的重要意义。一是主动配合征收、管理部门建立发票长效管理机制；二是在积极配合公安部门严厉打击发票卖方市场的同时，坚持查税必查票、查账必查票、查案必查票，有效堵塞买方市场、把全省打击发票违法犯罪专项行动继续推向深入。三是按照总局部署，认真做好我省500户企业和总局安排9户企业的发票、涉税检查。四是充分利用新闻媒体、税务机关门户网站等途径宣传发票使用知识、曝光违法案件，帮助广大纳税人提高依法取得、使用发票的意识。五是各级稽查局要积极配合地方政府建立打击发票违法犯罪活动工作协调机制，承担协调机构办公室日常工作，及时掌握本地区打击发票违法犯罪活动工作的进展情况，督促相关部门落实各项工作任务，并根据工作开展情况和需要，定期编发工作简报，充分反映工作成果及工作开展中存在的问题，接受上级机关的考核。

（二）求真务实，着力“两个围绕”

第一，围绕“服务基层年”的工作主题，在贴近基层、心系基层、服务基层上下功夫。服务基层年是今年全省国税工作主题，省局党组要求各处室要在服务基层上动真情、出真招、见真效。省局稽查局年前做了专门调研，提出了具体措施，进一步加大对下级稽查局业务指导力度：一是选择2个州市，开展以查促管工作调研和督导，剖析案件，认真分析发现各个税种的征管漏洞，提出加强和改进征管的有针对性措施。二是选择2个州市调研探索大稽查模式，重点探索纳税评估和稽查的衔接和配合问题。三是选择2个州市针对分级分类稽查开展情况、效果、力度，提高税法遵从度情况进行调研，促进以查促查。四是开展办案经费、设备使用情况调研，为“十二五”时期科学配备办案设备，提高办案经费使用效益提供依据。

第二，围绕依法稽查的工作原则，在严格程序、提升质量、提高效率上下功夫。一是坚持依法稽查文明执法。严格依照法定职责、法定权限和法定程序实施稽查，依法稽查、文明执法理念要贯穿到税务稽查全过程。落实稽查内部选案、检查、审理、执行四环节分工制约机制，有效监督选案、回避、检查时限、案件撤案、调查取证、税收保全、税收强制、结案等流程。实施检查应当告知纳税人享有的法定权利和应承担的法定义务，充分听取纳税人意见。坚持重大税收违法案件集体审议制度，严格审核证据和适用法律，确保权限合法、程序无误、事实清楚、证据确凿、定性准确、处理得当。二是高度重视税收违法行为检举工作。贯彻落实《税收违法行为检举管理办法》，实施检举案件分类处理，明确分类权限和程序，提高检举案件管理水平。提高稽查案源管理质量效率，积极探索案源管理方法。强化服务意识，提高服务质量，引导检举人准确检举税收违法行为，树立稽查窗口良好形象。严格为检举人保守秘密，依法确认、计算和兑付奖金。做好检举案件中矛盾化解、疏导、说服工作。三是切实加强协查工作。充分利用协查网络，开展好受托、委托协查工作，保证受托协查回复率和回复结果的准确性。将货物运输发票逐步纳入协查系统。总局在稽查工作要点中已明确将重点考核总局督办案件协查和总局组织发起的协查案件质量并定期通报。各地要树立协查地就是案发地的理念，通过协查线索拓展稽查案源，提升案件查办的质量和效率。

（三）转变观念，注重四个突出

第一，认真转变工作作风，突出为基层办实事，服务好基层。一是不断加强思想政治学习，树立服务大局、服务基层、服务纳税人的服务意识，摆正位置，转变作风，贴近基层办实事。二是深入基层调研，今年省局稽查局提了三个题目涉及六个州市，帮助探讨、解决以查促查、以查促管和税政、征收、管理、稽查衔接互动三个方面的问题。三是加大培训基层稽查干部的力度，今年省局稽查局安排了一系列长、短期培训，以改变基层稽查干部变动频繁导致的稽查业务不适应的局面，提高稽查干部业务素质。四是注重监控数据的运用，简并各种表类资料，减轻基层负担。五是加强稽查专项办案经费的管理和使用监督，严格办案专项经费和装备的用途及其开支范围，切实保证专款专物专用。加大对一线稽查办案和基层稽查办案的经费投入，尽可能为基层解决稽查办案所需的设备。

第二，积极探索稽查长效机制，突出稽查工作方式的创新。一是推广应用稽查审计型检查工作底稿模式。按总局要求试点和适时推广应用稽查审计型检查工作底稿模式，统一规范检查流程，强化检查环节痕迹管理，加强对稽查检查环节的规范管理和监督制约，做到税种查全、环节查到、项目查清、问题查透，实现对稽查过程和质量的控制、监督。二是选择开展调研式案件检查。根据涉税违法行为新情况、作案新手段，以及部分社会热点、新型产业和传统征管监管盲点行业，对部分企业开展调研式税收检查。调研式检查要及时总结共性问题，归纳有效检查方法，注重摸透作案新手段、违法新情况，掌握行业的运作规律，发现行业存在的税收风险点，为重点、全面、深入检查和提高稽查选案准确性提供可靠依据。三是提高稽查信息化水平。继续发挥好电子查账软件的作用。要在培训、运用上下大力气，真正发挥电子查账的科技威力。建立信息技术平台，逐步实现全省稽查电子查账信息在省局集中管理，增加查账软件案例分析模块的功能作用，逐步建立稽查案例库，提高查账软件的使用功效。四是完善部门协作机制。继续建立健全国、地税稽查协作机制，提高案件查处协作水平。继续建立健全与征管、法规、税政和电税中心等部门的良性互动机制。巩固完善税警协作办案机制和情报交换制度，发挥税警打击税收违法犯罪的合力优势。完善与海关的防范和打击骗取出口退税联合工作机制，加强与银行、工商、财政以及监察、法院、检察院等部门的协调配合。

第三，加强思想政治工作，突出稽查队伍建设和廉政建设。一是探索完善稽查执法内控机制。围绕保证权力正确行使、促进廉政建设目标完善，落实稽查执法内部监控机制，突出对税务稽查内部工作环节的监督制约，提高稽查干部廉洁自律意识，完善查办案件中的制约措施，实现科学分权、强化流程监督制约。深入开展廉政执法教育，教育和警示广大稽查干部筑牢反腐倡廉的思想防线，严于执法、廉洁奉公。按照总局肖捷局长在全国税务系统党风廉政建设会议上的讲话要求，经省局党组同意，为进一步加强对稽查执法的有效监督，我省各州市、县区达20人以上的稽查局，指定一名稽查局副局长负责本局党风廉政建设工作。二是不断提高稽查队伍整体素质。加强充实省、市两级稽查力量，积极探索稽查人员业务能级管理办法。调整充实稽查人才库，提高一线检查人员占全体稽查人员的比例，提高具备独立查账能力人员和电子查账能力人员占一线检查人员的比例。省局计划在省内外举办几期稽查综合业务培训班。同时有针对性地用以会代训的形式举办几期实用型单项稽查业务培训班，提高稽查干部的税收政策水平、综合素质、查账技能水平。同时鼓励稽查干部参加在职学历教育和注册税务师、注册会计师、司法资格等考试。

第四，不断完善稽查工作制度，突出基础性工作规范，规避稽查执法风险。一是以总局拟起草下发的有关稽查工作的一系列办法为基础，包括《税务稽查分级分类管理暂行办法》、《税务稽查案卷管理暂行办法》、《税收违法行为检举管理办法》、《普通发票案件协查管理暂行办法》、《税务稽查工作规程》等，各级稽查局要对“十一五”期间的相关稽查工作制度、文件、案卷、基础资料进行清理，基本建立涵盖稽查执法全过程的基础性工作制度及资料体系，为规范稽查执法行为提供制度保障。二是各级稽查部门要加强稽查执法的督促和引导，探索建立税务稽查渎职犯罪预警机制。稽查干部要树立执法风险意识，始终坚持依法行政、依法办案，努力提高执法水平，从根本上规避稽查执法风险。推行稽查业务公开制度和查前告知制度。严把案件审理质量关，认真分析总结稽查取证工作中存在的共性问题，突出稽查证据的合法和规范，充分发挥审理在规范执法行为和防范执法风险方面的积极作用。坚持大要案集体审理制度，使查办案件经得起时间、司法部门、上级部门的检验，办成“铁案”。

同志们，我们圆满地完成了“十一五”时期稽查的各项工作。“十二五”为我们展现了一个更加辉煌的前景和希望，我们各级稽查局要团结一致，坚定信心，在省局党组的领导下认真贯彻会议精神，落实各项工作措施，文明执法、和谐稽查，全面完成今年各项稽查工作，开创“十二五”时期云南国税稽查工作新局面。

突出重点 统筹推进
不断取得党风廉政建设和反腐败工作新成效

——在全省国税系统党风廉政建设工作会议上的讲话

魏贵和

（2011 年 3 月 10 日）

同志们：

这次全省国税系统党风廉政建设工作会议主要任务是：总结“十一五”期间我省国税系统党风廉政建设和反腐败工作，研究部署今年工作任务。各级国税机关要认真学习贯彻好这次会议的精神。下面，受省局党组书记、局长李鸿文同志委托，我代表省局党组作工作报告。

一、“十一五”期间我省国税系统党风廉政建设和反腐败工作简要回顾

“十一五”期间，全省国税系统党风廉政建设和反腐败工作紧紧围绕税收中心工作，融入省局一年一个的工作主题，把党风廉政建设贯穿于国税工作大局之中，贯穿于税收管理体制机制建设和改革的总体设计之中，贯穿于“两权”运行全过程之中，全面推进惩防体系建设，分步实施内控机制建设，夯实纪检监察基础工作，为云南国税“十一五”各项工作目标的圆满完成提供了坚强的政治和纪律保障。

（一）整体推进，惩治和预防腐败体系建设不断加强

坚持标本兼治、综合治理、惩防并举、注重预防的工作方针，省局党组制定下发了《贯彻落实〈建立健全惩治和预防腐败体系 2008－2012 年工作规划〉实施意见和分工方案》（简称《实施意见》)。《实施意见》将 89 项任务分解到各职能处室，明确牵头部门和协办部门，落实工作职责，形成工作合力，推进惩防体系建设深入开展。“十一五”期间，省局先后制定下发了《云南省国家税务局机关内控机制建设方案》等 12 项制度，从源头防范入手，规范权力运行，注重过程监控，落实跟踪问效，有力推动全系统党风廉政建设和反腐败工作。2009 年，在省委、省政府对 158 个省级单位党风廉政建设责任制考核中，云南省国家税务局考核得分为 99 分，被评为 25 个优秀单位之一，位列中央驻滇单位第一名。

（二）强化监督检查，促进中央和总局重大决策部署的贯彻落实

认真开展中央关于扩大内需，促进经济增长有关税收政策执行情况的监督检查，全面落实增值税转型、新企业所得税法以及鼓励出口高新技术企业、节能环保企业的发展和促进残疾人、下岗人员再就业等税收优惠政策的检查，充分发挥税收在保增长、调结构、惠民生中的积极作用。深入开展“小金库”专项治理、厉行节约专项检查，各级纪检监察部门把厉行节约、反对奢侈浪费作为对州、市局党风廉政建设责任制考核的重要内容，纳入对州、市局领导班子和领导干部的考核，强化责任追究，推动厉行节约要求落到实处。全系统出国（境）经费、车辆购置费、会议费、通信费、办公费均压缩控制在规定比率之内，项目支出预算实现了按零增长控制。深入开展工程建设领域突出问题专项治理，对 2008 年以来全系统规模以上基本建设投资项目和金税工程等信息化建设投资项目进行全面排查，把专项治理工作中的

有效措施和经验转化为规章制度办法，建立健全工程领域专项治理的长效机制。

（三）分步实施，内控机制建设稳步推进

建立内控机制作为推进惩防体系建设的重要载体，对强化源头治理具有十分重要的现实意义。省局采取自上而下、分步实施的方法，率先在省局机关开展内控机制建设，通过全面梳理权力事项，准确查找廉政风险点，省局排查出风险岗位108个，廉政风险点191个，在此基础上，清理整合制度，制定相应防控措施，省局机关各处室共上报具体的防控制度23个，制定具体防控措施230条。为保证工作实效，省局将内控机制建设情况列入了机关目标管理考核和党风廉政建设责任制考核。

（四）领导干部廉洁自律、案件查办、执法监察和“两权”监督不断加强

“十一五”期间，全系统认真贯彻落实“三谈两述”和询问质询制度，共开展廉政谈话5276人（次），有2308名领导干部执行了重大事项报告，参加民主生活会6312人，自查自纠问题3525条，拒收礼金47人（次），计人民币25.363万元。认真查办案件，5年来省局共收到来信来访262件，初核75件，立案25件，处分36人（其中受党政纪双重处分8人），五年平均违纪率为0.61‰。切实做好执法监察和“两权”监督。各级纪检监察部门重点监督税收优惠政策落实情况、税收执法关键环节，建立和完善“一案双查”制度，加强对基本建设、大宗物品采购、财务列支、人事任用及公务员录用等方面的监督，认真开展了执法监察。

（五）纠建并举，大力推进国税系统政风行风建设

“十一五”期间，省局党组班子成员先后参与云南人民广播电台“政风行风热线”节目，答疑解惑，解决纳税人反映的实际困难，受到社会各界的一致好评。营造廉洁征税环境，共筑征纳双方廉政防线。坚持不懈开展与纳税人签订《廉政公约》工作，5年来全系统共与284，395户纳税人签订了税企《廉政公约》。切实转变工作作风，持之以恒开展明察暗访，落实行政问责，自《云南省国家税务局系统行政问责实施办法》施行以来，省局对全省16个州市国税局的104个单位及其下属部门开展了六轮明察暗访，全省国税系统共实施行政问责576人次。

（六）注重实效，纪检监察基础工作全面加强

“十一五”期间，制度加科技在纪检监察工作中得到有效应用，先后上线税收执法管理信息系统监察子系统、纪检监察机关案件管理信息系统、税务纪检监察管理信息系统、行政问责管理信息系统，依托信息技术手段开展执法监察，夯实信息化管理基础，加强对行政问责的跟踪管理，不断提高反腐倡廉建设的科技含量。从专业化人才、专业化基础、专业化管理三个方面，加强纪检监察制度化、专业化建设。开展学习型纪检监察组织建设。围绕政治理论、经济理论、税收业务、纪检监察业务知识、信息化知识五个方面的学习内容，不断提高履职能力。加大纪检监察干部教育培训力度。“十一五”期间，全系统共举办各类培训班34期，培训纪检监察干部1053人次，为适应经济社会发展和税收工作新要求奠定了良好基础。

五年来的工作成绩来之不易，经验弥足宝贵。一是始终坚持围绕中心，将省局党组工作主题贯穿于党风廉政建设工作之中。只有自觉把反腐倡廉建设放在云南国税事业发展的大局中来思考、把握和谋划，才能始终做到围绕中心不偏离，服务大局不游移、促进发展不动摇。二是始终坚持标本兼治、综合治理的原则，着重从源头上预防腐败。惩治和预防腐败是反腐倡廉建设相辅相成、相互促进的两个方面。惩治腐败是成绩，有效预防腐败更是成绩。只有注重惩防并举、标本兼治、综合治理，才能有效提升国税系统党风廉政建设和反腐倡廉建设的整体效能，构建符合国税系统实际的大预防工作格局。三是始终坚持“创新、充实、改进”三位一体的工作方法。始终做到运用系统的思维、统筹的观点、科学的方法去研究、部署、检查、督导党风廉政建设，保持工作思路的稳定性，增进工作思路的开放性，增强工作思路的先进性，实现纪检监察工作政治效应、社会效应、税收效应的和谐统一。

在充分肯定成绩的同时，我们也清醒地看到，当前全系统党风廉政建设和反腐败工作还存在一些不容忽视的问题。主要是：少数领导干部存在思想认识不足和工作力度不够的现象，致使在抓干部教育和管理方面未切实履行“一岗双责”；个别单位党风廉政建设齐抓共管的工作格局还没有完全形成；廉政宣传教育创新不

够；一些单位“两权”监督工作有待加强；有些单位对制度执行的监督检查力度不够，存在失之于宽、失之于软的问题；少数干部职工廉政风险意识还不够强；一些纳税人反映强烈的突出问题还没有从根本上得到解决。对这些问题，各级国税机关一定要采取有力措施认真加以解决，把全系统党风廉政建设不断引向深入。

二、2011 年党风廉政建设和反腐败工作主要任务

2011 年是中国共产党成立90 周年，是全面实施“十二五”规划的开局之年。今年全省国税系统党风廉政建设工作总的要求是：全面贯彻落实党的十七大、十七届五中全会精神，深入贯彻落实科学发展观，按照中央纪委六次全会、全国税务系统党风廉政建设会议、省纪委八届六次全会要求，坚持标本兼治、综合治理、惩防并举、注重预防的方针，以构建符合国税系统实际的惩治和预防腐败体系为重点，严格落实党风廉政建设责任制，全面推进内控机制建设，加大领导干部教育和监督力度，加强政风行风建设，围绕中心，服务大局，突出重点，狠抓落实，努力取得党风廉政建设和反腐败工作新成效，为云南国税事业“十二五”开好局、起好步提供有力的政治和纪律保证。

（一）强化监督检查，确保重大决策部署贯彻落实

各级国税机关要切实抓好中央重大决策部署及总局、省局重要工作安排的贯彻落实，增强服务科学发展、共建和谐税收的自觉性和责任感。加强对以人为本、执政为民各项要求贯彻落实情况的监督检查。按照“十二五”规划和中央经济工作会议、国家税务总局、省委、省政府工作要求，加强对实行结构性减税政策促进经济社会又好又快发展、依法加强税收征管保证财政收入持续稳定增长落实情况的监督检查。加强对组织收入原则落实情况的监督检查，确保应收尽收，坚决防止寅吃卯粮收过头税、转引税款、越权减免税等问题的发生。加强对政治纪律执行情况的监督检查，严肃批评和处理违反政治纪律的行为。严格按照总局和省纪委的要求，扎实开展惩防体系建设推进情况检查，保证各项任务落实。加强对“服务基层年”各项工作要求落实情况的监督检查，保证政令畅通、令行禁止。

（二）巩固成果，全面推进部门内控机制建设

明确目标。去年，省局机关开展了部门内控机制建设，昆明、曲靖市国税局开展了内控机制建设试点。今年，按照总局及省局党组要求，要在巩固省局和两个试点地区内控机制成果的基础上，将内控机制建设推行到全省国税系统各州市县局。通过有计划、分阶段地开展部门内控机制建设，初步建立以履行“一岗双责”为前提，以排查廉政风险点为基础，以完善内控制度体系为支撑，以强化对权力运行监控为核心，以制度执行评估问责为手段的部门内控机制，使广大干部进一步增强制度意识，保证权力正确行使。

落实任务。各地要在《云南省国家税务局关于开展内控机制建设指导意见》的基础上，结合国税行业特点和本地实际，完善岗责体系，明确岗位廉政责任；全面排查税收廉政风险，界定制约监督重点；科学配置权力，健全制衡控制流程；完善制度规范，健全内控长效机制；将内控机制建设与业务工作有机融合，形成权责明晰、科学合理的权力制约机制，提高风险防控能力，有效防范和化解廉政风险、构建大预防工作格局。

加强领导。各级国税机关要高度重视，精心组织，真正落实“一把手”负总责，分管领导“一岗双责”，部门各负其责的领导体制和工作机制；注重协调配合，既要分工，更要合作，从而增强内控机制建设的整体合力；注重工作创新，加强指导检查，适时总结经验，建立长效机制。

（三）学习落实廉政准则，强化对领导干部的教育监督管理

加强对领导干部的教育。大力开展理想信念教育、党的优良传统和作风教育、反腐倡廉法规制度教育和道德修养教育，不断改进教育方式方法，推进示范教育、警示教育、岗位廉政教育，注重干部自我养成教育，拓展教育渠道，抓好教育培训，将反腐倡廉教育融入领导干部培养、选拔、管理、使用全过程。

促进领导干部作风建设。一是大力弘扬坚持原则、真抓实干、开拓进取、顾全大局、清正廉洁的作风，切实解决领导干部在思想作风、学风、工作作风、领导作风、生活作风方面存在的问题。二是领导干部要充分发挥表率作用，

坚持以人为本、执政为民，结合“创先争优”活动，加强作风建设，真正做到行动先于一般干部，标准高于一般干部，要求严于一般干部，能力强于一般干部，作风严于一般干部。三是各级国税机关领导干部要认真执行关于厉行节约的规定，严格执行财经纪律，加强公务用车配备、使用管理，规范公务接待，严禁借培训、考察的名义公款旅游。

强化对各级领导班子和领导干部的监督管理。一是认真落实《廉政准则》和总局贯彻意见，严格执行《全国税务系统领导班子和领导干部监督管理办法》、《税务系统领导干部廉洁从政“八不准”》，规范领导干部从政行为。二是加强对领导班子及领导干部维护党的政治纪律、贯彻执行民主集中制、选拔任用领导干部、贯彻落实党风廉政建设责任制和勤政廉政情况的监督。三是认真落实《关于党员领导干部报告个人有关事项的规定》，严格执行和不断完善领导干部述职述廉、诫勉谈话、函询、质询等制度。四是严格执行《关于实行党政领导干部问责的暂行规定》、《云南省国家税务局行政问责实施办法》，对违反制度规定等行为进行责任追究。今年省局将对《廉政准则》及总局的三个配套文件等制度落实情况进行检查。

（四）加强政风行风建设，深化“两权”监督

加强对国税干部的教育、引导。教育和引导广大国税干部依法行政，依规管理，进一步规范执法行为，优化纳税服务，切实保障纳税人合法权益。

深入推进政风行风建设，落实监督机制。一是认真贯彻执行总局《关于进一步加强税务系统政风行风建设的意见》要求，坚决纠正损害纳税人利益的不正之风，认真落实法治政府、责任政府、阳光政府、效能政府四项制度。二是各级国税机关要进一步拓展监督方式，继续开展与纳税人签订《廉政公约》，提升《廉政公约》回访质量；积极参加地方民主评议，自觉接受地方党委、政府和社会各界的监督。三是加大行政问责力度，省局将继续开展对四项制度、“四亮四评”执行情况进行明察暗访。各地也要不定期开展明察暗访，进一步推动作风建设。

加强“两权”监督，规范税收执法。各级国税机关要严格按照法定权限行使权力、履行职责，严格规范和约束税收执法中的自由裁量权。重点加强对基层税收执法权的制约和监督，围绕税源管理、纳税申报、税额核定、增值税一般纳税人认定、增值税专用发票和其他发票管理、纳税人日常管理、纳税评估、税务稽查、行政处罚等关键环节和重点领域，进一步开展税收执法监察和执法检查，加大考核和过错追究力度，对严重损害纳税人利益和国税部门形象，在社会上造成恶劣影响的责任人，要采取组织处理和纪律处分措施，严肃追究责任。

（五）拓宽信访举报渠道，严肃查处违纪违法案件

完善信访举报收集、分析、核查、应用制度，拓宽信访渠道。建立网络举报机制，接受纳税人和社会各界对国税部门的监督举报。同时，要进一步健全网络、新闻媒体信息收集和处置机制，加强对反腐倡廉舆情的收集、研判。

加大查处案件工作力度，保持查办案件的高压态势。严肃查处在行政审批、纳税评估、征收管理、税务稽查等重点领域和关键环节索贿受贿、徇私舞弊的案件；严肃查处利用干部选拔任用、基建工程、政府采购、资产处置、信息化建设等事项谋取私利的案件；严肃查处重大涉税案件中税务人员失职渎职、内外勾结等问题；严肃查办严重侵害群众利益的案件；严肃查处国税机关、国税干部与中介机构串通谋利的案件。进一步落实“一案双查”制度，加大信访举报直查和核查力度。加大案件剖析和通报力度，根据干部管理权限，对社会关注度高、影响面大的典型案件，要剖析发案原因，制定整改措施并在系统内通报，进一步发挥查办案件的综合效应。

（六）深入开展专项治理，解决群众反映强烈的突出问题

一是抓好工程建设领域突出问题的专项治理。认真落实党中央、国务院、国家税务总局关于开展工程建设领域突出问题专项治理的部署和要求，严肃查处基建项目违反招标规定、擅自改变工程使用功能、违规扩大建筑面积、超预算建设、超标准装修、不按规定竣工结算等问题。凡省州市县区国税局基本建设一律委托有资质的中介机构进行招投标，国税机关重点负责监督基建工程质量。上级国税机关主管部门要及时跟踪下级国税机关基建进程，坚决防止超规模、超投资情况的发生。二是抓好对

利用税务师事务所等中介机构谋取不正当利益问题的专项治理。认真划清税务机关职责和税务代理的政策界限，严禁把税收征收管理权委托给税务师事务所等中介机构，对已经委托的，应及时进行清理纠正；不得参与税务师事务所等中介机构的经营活动，不得以任何名目从中获取经济利益，不得以税务机关的名义组织纳税人到税务师事务所等中介机构进行业务培训；不得指定代理、强制代理。三是抓好公务用车问题专项治理。认真落实党政机关和领导干部公务用车配备使用管理办法，坚持标准合规、总量控制、勤俭节约和严格审批的原则，严格执行新增车辆购置报批程序和用车标准。不断完善公务用车规定，规范公车管理。四是开展对信息技术运维和服务中损害纳税人利益问题的专项治理。努力解决在信息技术运维和服务中高收费、只收费不服务、服务不到位、“搭车”推销机器设备等问题。

（七）切实加强纪检监察基础建设，提高履职能力

推进纪检监察组织建设。认真落实中央关于新形势下纪检监察工作只能加强、不能削弱的要求，健全完善纪检监察机构设置，配强配齐纪检组长和纪检监察干部，确保组织机构到位、人员落实到位、工作经费到位。根据总局关于在人数较多的稽查局设置监察机构的要求，省局党组决定，各级国税机关先在20人以上的稽查局中指定一位稽查局领导负责纪检监察工作，待总局机构设置意见下发后，我省国税系统再研究具体贯彻措施。

推进纪检监察工作制度化和专业化建设。各级纪检监察部门要认真落实省局《关于推进全省国税系统纪检监察工作制度化专业化的意见》，加强调查研究，把实践中积累的成功经验和成熟办法不断上升到制度层面，推进纪检监察工作制度化建设。进一步规范纪检监察岗责体系，完善档案资料管理、流程痕迹管理等制度。

推进纪检监察干部队伍建设。巩固“做党的忠诚卫士、当群众贴心人”主题实践活动成果，深入开展创先争优活动，按照政治坚强、公正清廉、纪律严明、业务精通、作风优良的要求，围绕税收中心工作，打造一支坚持原则、忠于职守、知全局、懂本行、精业务、干实事的纪检监察干部队伍。自觉加强政治、经济理论、税收业务、纪检监察业务、信息化知识的学习，着力提高履行职责的能力。各级国税机关要重视、关心纪检监察干部的培养和成长。

推进反腐倡廉信息化建设。一是充分发挥税收执法监察子系统作用，促进执法监察工作日常化。今年省局将按月提取系统疑点数据，认真分析系统产生疑点的总体情况，并与上月及上年同期数据进行分析比较，找出高发疑点，加强税收执法环节预警。同时，加大对疑点数据的核实力度，季末对本季度系统产生的疑点立卷归档的情况进行核查，对核查中发现的问题及时进行必要的复查，确保执法监察的真实性、准确性。二是做好已上线系统的管理应用。目前税务纪检监察管理信息系统V1.0版、中央纪委纪检监察机关案件管理系统网络2.0版和行政问责管理信息系统已在全系统推广运行，各级纪检监察部门要加强基础数据审核，熟悉操作流程，提高数据准确性，有效提升纪检监察信息化工作的质量和水平。三是以信息化手段提高廉政预警水平。各级纪检监察部门充分应用信息技术手段，依托税收征管、税收执法和监察信息管理系统，把廉政风险预警管理融入综合管理信息系统中，形成以廉政风险岗位为点、以程序为线、以制度为面、以信息化手段为主的廉政风险预警管理机制，增强监督合力，提升了反腐倡廉的科技含量。

三、扎实工作，确保反腐倡廉各项任务落到实处

（一）将“服务基层年”工作主题贯穿于各项工作之中

一是树立服务基层理念。要尽可能站在基层角度想问题、定措施、做方案。二是大兴调查研究之风。多了解基层干部的思想动态、工作状况、生活状态。我们要对重点问题进行广泛、深入调研，找准问题根源，拿出解决办法，抓好工作落实。三是靠前指挥。各级国税机关纪检监察部门要进一步增强工作的前瞻性、主动性、指导性，今年要重点推进内控机制建设。四是尽量解决基层纪检监察工作中的困难，减轻基层负担，能通过系统软件解决的问题不要求基层重复上报，同时最大限度地减少临时上报的各种材料。五是注重对基层纪检监察干部的“人文关怀”，进一步增强广大纪检监察干部事业上的成就感、学习上的收获感、政治上

的进步感、生活上的关心感。

（二）严格执行党风廉政建设责任制

认真落实《中共云南省国家税务局党组贯彻落实〈建立健全惩治和预防腐败体系2008－2012年工作规划〉实施意见和分工方案》，建立健全权责明确、协调有力、运转高效的落实机制，认真梳理和盘点任务进展情况，加快工作进度，严把工作质量。

抓好党风廉政建设关键在领导，责任在班子。各级国税机关要严格执行新修订的《关于实行党风廉政建设责任制的规定》，加强组织领导，层层分工负责，层层抓好落实。“一把手”要认真落实党风廉政建设第一责任人的政治责任，对班子内部和管辖范围内的反腐倡廉建设负总责，做到重要工作亲自部署、重大问题亲自过问、重点环节亲自协调、重要案件亲自指导督办。班子成员要自觉履行“一岗双责”，落实所承担的反腐倡廉任务，抓好自己职责范围内的反腐倡廉建设，形成齐抓共管，分工协作的整体工作合力。严格执行《云南省国家税务局系统党风廉政建设责任制考核办法》，加大制度执行和责任追究力度，发现有党风廉政建设工作领导不力，以致职责范围内明令禁止的不正之风得不到有效治理、造成不良影响的，本系统、本单位发现的严重违纪违法行为隐瞒不报、压案不查或处理失之于宽、失之于软的，疏于监督管理、致使领导班子成员或者直接管辖的下属发生严重违纪违法问题的，要严格追究领导班子和领导干部责任。

（三）落实各项任务，为“十二五”时期国税系统党风廉政建设工作打下良好基础

明确职责，服务大局。各级纪检监察部门要切实增强做好纪检监察工作的责任感、紧迫感和历史使命感，把以人为本、执政为民的理念贯穿于工作始终。找准位置，立足本职，有所作为，真正做到“在其位、谋其职、尽其责”。要把反腐倡廉工作有机融入税收中心工作之中，找准权力运行的关键点，抓住强化监督的切入点，努力提高依纪依法查办案件的能力，忠实履行纪检监察职责。带头弘扬党的优良传统和作风，有针对性地加强教育、建章立制、强化监督，切实维护纳税人权益，促进各项工作任务的落实，开创纪检监察工作新局面。

强化措施，提高制度执行力。抓好当前全系统党风廉政建设和反腐败工作任务的贯彻落实，必须不断提高制度执行力。要强化制度的学习。组织国税干部认真学习反腐倡廉及其他各项制度规定，深刻领会每项制度的基本精神、核心内容和重点要求，增强执行制度的意识。各级国税机关领导干部要带头学习制度、严格执行制度、自觉维护制度，发挥引领、导向作用，做到感情面前不突破、利益面前不变通、干扰面前不迂回、难题面前不退缩，带动和促进制度的落实。各级国税机关要把制度执行情况纳入党风廉政建设责任制考核和领导干部述职述廉的内容，明确主体，落实责任，消除监督空白，防止监督不力。纪检监察部门要切实查处有令不行、有禁不止、随意变通、恶意规避等严重违反制度的行为，以提高制度执行力，推动反腐倡廉各项任务落到实处。

同志们，今年全省国税系统党风廉政建设工作任务艰巨，使命光荣。让我们在省局党组的领导下，开拓进取，狠抓落实，不断取得党风廉政建设和反腐败工作新成效，为云南国税“十二五”开局之年起好头、迈好步，做出应有的贡献！

正视差距　找准不足
认真扎实做好云南国税税收科研工作

——在2010年度税收科研专项课题结题评审会上的讲话

总经济师　朵志红

（2011年3月23日）

同志们：

今天我们经省局批准立项的18个税收专项课题组，进行课题评审的最后一关即结题评审的陈述答辩，刚才各位专家评委根据之前的课题通讯评审以及今天的专项课题陈述作了点评和对课题提出了修改意见和建议，在此我受李局长委托先代表评审委向对我们税收科研专项课题作出指导和评审的各位专家表示衷心的感谢！对我们2010年立项的18个专项课题组所作的税收理论探索和工作实践研究付出的艰辛表示真诚的敬意！

下面，我就两年来税收科研工作开展的情况，2010年课题结题评审过程中专家评委对税收科研工作所提的建议，以及下一步如何进一步提高税收科研工作的措施讲三点意见。

一、云南国税税收科研工作取得长足进步

近两年来，云南国税税收科研工作取得了长足的发展。总结起来表现在以下四个方面：

（一）税收科研工作得到了各级领导的重视关心和支持

近两年来，省局李局长和省局党组对税收科研工作给予了高度重视，李局长多次对税收科研工作作出重要指示和提出工作要求。2009年，亲自主持召开了2009年度省局整合重点课题牵头单位负责人会议，部署安排整合课题研究工作，省局局领导全部参加了课题的立项评审、课题指导和结题评审；2010年在李局长的亲自主持下局党组成员参加了2010年度税收科研课题立项评审会和税收科研重点课题结题评审会。省局领导对科研工作的重视，不仅从组织上体现在对课题的立项指导、立项审批和科研把关以及结题评审全程参与，而且还从经费保障上安排预算确定标准给予支持，为课题研究的顺利开展提供了组织领导和物质保障，从而促进了省局相关处室和部分州市局的局领导亲自带头开展调查研究，亲自撰写税收科研论文和接受课题的评审修改，确保了一批有质量的科研成果被专家学者认可。

（二）税收科研工作服务税收中心工作的作用日益突出

税收科研的立项内容越来越关注结合当地、结合税情、结合税收工作的重点、难点确定选题开展课题研究；研究的成果越来越具有为省内国税系统的税收工作服务，为税务机关的职能服务，为税收中心工作服务，为云南经济的发展服务特点。并在贴近云南税收工作实际、贴近领导决策，紧跟省内外、国内外的税收政策动向上有所突破，有力促进了依法治税的实施、税收改革的深化、税收制度的完善、税收征管的加强、干部队伍素质的提高。

（三）税收科研工作的制度建设和申报机制逐步健全

一方面近两年来云南国税逐步完善了基础管理制度和研究机制。制定了《云南省国家税务局税收科研工作管理办法（暂行）》，规范了科研工作的组织与基础管理，科研课题计划与实施，科研工作的评审与奖励的内容；在不断

实践的基础上进一步规范了课题研究的管理流程，即从课题立项到课题组织、研究调研、经费保障到成果提交、审评、奖励、推广等各个环节都形成与课题管理相关的大量基础性文书和规范化文档；完善了表彰和奖励制度，对评选出的优秀论文及先进单位以正式公文的形式通报全省国税系统，推动群众性调研工作的开展；完善了税收科研课题研究经费管理制度。

另一方面探索税收科研课题申报管理制度取得初步成效。2009 年在广泛征求意见的基础上创新税收科研管理制度，在全省国税系统首次试行税收科研课题申报制。除总局、省委、省政府以及省局的重大课题外，省局不再直接对下安排课题任务，只规定基本目标要求和申报方向，由各单位结合实际工作提出课题申请，经评审委员会评审，对具有一定创新性、指导性和前瞻性的课题予以立项，列为省级年度重点课题和税收专项课题两个层次。由省局统一管理，提供一定的科研经费，建立内外专家、学者和资深决策参谋结合的评委会，从申报管理制度上确保各课题研究单位重视科研工作的目标质量，重视税收科研成果对税收工作的促进作用，重视科研工作本身是培养干部、提升干部素质能力的途径之一。

（四）税收科研成果转化运用的效率得到明显的提高

为了促进税收科研成果转化，省局科研所千方百计，多渠道通过结题评审确定课题等级、加大对好文章的推广力度、多形式地扩大科研成果影响力，充分利用报刊、出版物、网络、情况内参等方式，加大科研成果的应用和提高参考价值，使一批具有一定学术理论价值和实践指导意义的科研成果被决策机关和报纸杂志所采用。2008 和 2010 年，陆续有 12 项成果被发表和收录在省部级刊物上，有部分成果专报被总局科研所和省委省政府的内参以及《云南国税》所采用。

二、正视差距，找准云南国税税收科研工作存在的不足

近几年，我局由科研所组织开展的税收科研课题研究质量提高受制的因素和环节很多，一个评审质量好的课题基本要经历课题立项、资料收集、调查研究、报告撰写、结题评审、成果推出等阶段，每一个环节都需要耗费研究人员和组织科研工作同志大量的时间和精力；一个评审后公认的好课题还取决于研究人员的理论素养和业务视野。但是从我们引入申报评审管理机制后，对达到规范的科研课题申报立项评审还存在一些共性上的不足，主要表现在：

从税收科研项目的内容立项上看：一是税收科研管理制度有待进一步完善，云南国税干部开展税收研究的能力和水平有待进一步提升；二是理论研究层次不高，调研文章质量有待进一步提高，与全国税务系统兄弟省市相比优秀科研成果较少；三是税收科研工作的视野不够，对本地经济社会形势发展变化研究多，对当前国内外经济形势变化以及新情况、新问题研究少。

从结题评审的写作技术质量上看：一是研究报告中对数据和文献引用标注不够规范；二是主报告和子报告之间缺少关联性，甚至咨询报告的撰写不规范；三是研究方法单一，经验总结多，理论研究少，对策研究、应用研究、比较研究和预测研究少，采用量化分析手段如数理统计、计量经济分析少等等。这是我们在今后的科研工作中要加以引导、努力改进完善的。

三、认真扎实做好 2011 年云南国税税收科研工作

在国税系统组织开展税收科研工作的目的在于：国税事业的科学发展需要以科学的理论做指导、以科学的制度作保障、以科学的方法来推进。税收工作实践中，具体问题千差万别，没有工作思路上的审慎思考、没有理论探索的大胆研究，就没有面对解决具体问题时的淡定自如。为此，开展好 2011 年税收科研工作需要着重做好以下几个方面的工作：

一是切实做好评审后续工作。经今天结题评审通过的 2010 年度各课题组要结合评审会评委的意见和建议在进一步修改、优化的基础上完成课题的定稿工作，于 4 月 6 日前报科研所；由科研所分类分专题向总局税收科研所、相关决策部门和局领导以及报纸杂志推荐成果；科研所要将科研成果汇编成册下发全省国税部门，促进系统学习并有效指导国税部门的科研工作。没有通过的课题要根据评委组的评审意见进行内容和写作上的重新修改，转为下一年度的课题结题评审。

二是继续围绕税收中心工作做好科研工作

今年的税收科研工作要坚持好“三突出、三服务、四围绕”的原则：“三突出”，即突出研究工作的前瞻性、实效性、针对性，“三服务”，即主动服务于决策、服务于税收工作、服务于解决重点难题，“四围绕”，即紧紧围绕党中央、国务院和省委省政府对国税工作的要求、紧紧围绕云南的省情、紧紧围绕云南国税实际、紧紧围绕云南国税“服务基层年”工作主题来展开。在选题上，一方面从结合云南实际鼓励全省国税系统开展解决工作实际困难和问题的方法措施的实证研究，探讨研究不同时期国税工作中的重点问题和难点问题，提出解决措施和方法，借助各方力量开展政策区域性影响实证研究，探讨研究全国税制改革和税收政策法规在云南省执行过程中出现的有关问题和对策；另一方面从结合税收专业化研究上，鼓励开展深化税制改革研究、加强宏观税收管理研究、税收发展战略研究、税收基础理论研究、税收经济形势的系统分析和研究，拓宽研究人员的跨界交流渠道，借助税收科研院所开展税收前沿理论研究，发挥全系统和社会的力量，上下结合，横向联合，专业科研人员与非专业科研人员结合，研究工作和实际工作结合，优势互补，联合攻关，促进我们的税收研究成果走出系统，走向专业化的科研领域。

三是进一步完善开展分层次的税收课题研究。在课题的立项上坚持课题立项评审制和结题评审等级制，同时按重点课题和专项课题分层级的管理体制，确保专业性与群众性科研、重点课题与个性化课题的有机结合。今年的科研课题指南，省局科研所将尽快下发，以便供各级税务机关和省局处室选题申报立项参考。今年的课题经费保障，省局经费预算总额不变，希望大家以优质的税收科研选题、立项、结题来争取课题经费支持。

四是继续完善税收科研管理。继续完善制度和机制，推进税收科研工作，进一步提升立项审批和结题评审机制的科学性，确保产生更多的高质量的科研成果；在税收科研管理中逐步引入先进的信息技术和设备，借助信息化手段使税收科研资料、税收科研成果收集、整理、查询等管理更加规范高效；进一步提高对研究方法的培训，在重视基础理论研究和总结历史经验的基础上，加强对策研究、应用研究、比较研究和预测研究的指导和服务。

五是加强成果转化运用。在不断提高科研队伍的科研能力、不断提高选题立项的针对性和实用性、不断提高税收科研成果的质量基础上，提高税收科研成果的转化应用。加强与当地和国内学术机构的学术交流，鼓励向相关媒体投稿发表，积极向决策管理部门推荐研究成果、按年汇编科研成果集等多元化的方式，让科研成果入眼进心，成为决策者的参谋。

同志们，税收科研工作机遇与挑战并存，让我们扩宽视野，超前谋划，迎难而上，开拓创新，共同努力，认真扎实做好2011年税收科研工作，尽心尽力服务云南国税“十二五”时期的发展，为“十二五”开局之年奠定良好的基础做出应有的贡献！

第二篇

全省国税工作概述

全省国税工作综述

综　述

2011年，云南省国家税务局按照国家税务总局对税收工作的部署和云南省委、省政府提出的全省经济社会发展目标和任务，以深入推进西部大开发和云南“两强一堡”建设战略为契机，始终坚持以科学发展观为统领，以服务社会经济发展大局为目标，把以人为本、执政为民的要求贯穿到各项国税工作中，紧紧围绕“服务基层年”工作主题，通过服务基层促进工作落实，坚持服务基层推动工作发展，在“十二五”开局之年的新起点上继续强根基、建和谐、促发展，圆满完成全年各项工作任务目标。

业务概述

【税收收入】 截至2011年12月31日，云南省国税收入完成1296.6亿元（不含海关代征），同比增长21.17%，增收226.5亿元，完成省政府年度目标任务1200亿元的108.05%；完成国家税务总局下达计划任务1171.70亿元的110.66%，提前一个月完成了全年国税收入任务。其中：增值税完成553.48亿元，同比增长20.26%，消费税完成509.66亿元，同比增长19.08%，企业所得税完成181.12亿元，同比增长34.89%，储蓄存款利息所得个人所得税完成0.3亿元，同比下降53.85%，车辆购置税完成52.04亿元，同比增长10.66%。

2011年全国国税税收收入完成48854.76亿元，同比增收7884.08亿元，增长19.2%。在全国36个省份中，云南省国税税收收入总量在全国国税排名15位，比上年后移2位，四川省、陕西省跃入前15位。税收增量云南省国税排名15位，排位与上年一样。税收增幅云南省国税排名19位，比上年前移8位。2011年云南省国税税收收入总量在西部12个省份中排名第3位，比上年后移2位；税收增量排位第4位，排位与上年一样。

【税收收入特点】 2011年，全省国税系统顺利完成了组织收入任务。税收收入主要呈现四个特点。一是税收规模迈上新台阶。2011年作为“十二五”的开局之年，国税收入达到1296.6亿万元，同比增长21.17%，国税收入再创新高。二是地方级收入高于中央级收入。2011年中央级收入（含海关代征）1104.27亿元，同比增长20.32%，占税收收入的比重为84.08%；地方级收入209.15亿元，同比增长24.27%，占税收收入的比重为15.92%。三是税收增长呈现“前高后低”的态势。分季度看，一季度全省国税税收收入增长31.74%，二季度增长23.47%，三季度增长22.74%，从10月份增幅逐月回落，10月至12月单月增幅分别为16.52%、-2.21%、6.9%，四季度增长8.23%。四是国内“两税”双双突破500亿元，企业所得税突破180亿元。2011年全省国内增值税收入完成553.45亿元，同比增长20.26%，国内消费税收入完成509.63亿元，同比增长19.07%。企业所得税收入完成181.08亿元，同比增长34.89%。

【税收收入分析】 一是经济较快发展为税收增长奠定了坚实的税源基础。2011年是云南省“十二五”起步之年，也是云南省桥头堡建设扬帆起航之年。面对宏观经济政策调整的新形势，全省上下坚持以科学发展观为统领，认真贯彻落实国家各项宏观调控政策，加大转方式、调结构力度，积极推进“两强一堡”发展战略，全省主要经济指标保持平稳较快增长，经济继续保持平稳较快发展。1月至11月，全省规模以上工业完成工业增加值2527.49亿元，同比增长18%，比全国快4个百分点，高于西部省份平均增速1.1百分点，居全国第16位。全省固定资产投资完成5317.82亿元，同比增长27.6%，比全国高3.1个百分点。全省实现社会消费品零售总额2550.32亿元，同比增长18.3%，比全国平均水平高1.3个百分点。二是国内增值税收入完成553.45亿元，比上年同期增收93.25亿元，增长20.26%。其中，工业增值税完成418.96亿元，同比增收67.34亿元，增长19.15%；商业增值税完成134.48亿元，同比增收25.91亿元，增长23.86%。在增值税重点监控的12个行业增值税8增4降，其中：卷烟、建材、有色金属、通用设备、化工产品、煤炭、电力和商业等8个行业增值税增长；钢坯钢材、专用设备、电气器材和交通运输设备等4个行业的增值税下降。三是国内消费税收入509.63亿元，比上年增收81.64亿元，增长19.07%。卷烟消费税收入506.13亿元，同比增收80.85亿元，增长19.01%。红塔烟草（集团）有限责任公司卷烟增值税消费税入库246.94亿元，同比增收43.12亿元，增长21.16%，红云红河（集团）有限责任公司卷烟消费税入库254.57亿元，同比增收37亿元，增长17.01%。卷烟消费税增长主要在于卷烟产品结构提高。剔除卷烟后的其他消费税收入3.50亿元，同比增收7852万元，增长28.95%。四是企业所得税收入181.08亿元，比上年增收46.83亿元，增长34.89%。其中：内资企业所得税收入156.67亿元，同比增收431106万元，增长37.96%，外资企业所得税收入24.41亿元，同比增收3.72亿元，增长17.97%。从行业构成看，工业、商业、金融保险、电信和房地产仍然是主要税源行业，5个行业全年实现所得税169.73亿元，占所得税总收入的93.73%。五是储蓄存款利息所得个人所得税收入3008万元，比上年减收3494万元，下降53.74%。政策减收作用导致储蓄存款利息个人所得税收入逐年持续大幅减收。六是车辆购置税收入52.15亿元，比上年增收5.13亿元，增长10.92%。2011年由于小排量乘用车减税优惠政策到期及纳税人购置车辆平均价值上升，税收保持两位数增长。

各项工作

【税收征收管理】 认真做好税收管理员辅助信息系统推广应用工作，进一步加快税收征管科学化、精细化、专业化、信息化进程，有效解决基层征管信息不对称问题，促进税源管理效能的提高。建立风险管理流程，采取“省市联动，各有侧重”的方式，积极探索税源专业化管理。在进一步巩固普通发票简并换版工作取得成绩的同时，积极扩大机打票用户范围。“普通发票开填系统”平稳运行，全省上线使用发票开填系统纳税人共计94820户，开票份数为1650万份，开票金额1200亿元。开通利用因特网和智能手机进行发票比对的查询功能，为打击虚开普通发票的违法犯罪行为提供了强有力的科技手段。以信息技术为依托，以对涉税信息的采集、应用为主线，继续深化“税务与组织机构代码信息系统”及第三方信息的应用，认真配合省工信委做好“云南省企业基础数据交换平台”的试点工作。采取上下联动、点面结合的方式认真开展调研工作，全面掌握全省国税系统征管档案的管理现状和存在的问题，积极探索档案资料电子化管理模式。统筹安排纳税评估工作，实施各税种综合评估，2011年，全省共完成纳税评估6708户，补缴税款6.85亿元，调减待弥补亏损8.18亿元，加收滞纳金及罚款0.37亿元。

【依法行政】 一是全面总结全省国税系统贯彻落实《全面推进依法行政实施纲要》的成绩和经验，切实增强全局意识、法治意识和合作意识，为推动“十二五”时期依法行政工作的开展做好思想准备。二是及时对省局制定的《关于支持和促进就业有关税收政策具体实施问题的公告》等10份规范性文件向国家税务总局和云南省人民政府法制办公室登记备案并对外公示，切实做好全省规范性文件的备案审查工作，提高税收制度建设质量。三是全面启动税收规范性文件清理工作，共清理税收规范性文件2004件，其中：现行有效文件358件，全文失效废止文件734件，部分条款失效废止文件105件，转发总局现行有效文件807件。为降低基层税务机关和税务干部执法风险，在初步清理的基础上，再次对涉及税收执法风险的文件进行专项清理，清理出涉及税收执法风险的文件69件，其中：作为全文失效废止文件处理的29件，部分条款失效废止文件30件，提请总局修改文件2件，后期待修改8件。清理出的全文有效、全文失效废止、部分条款失效废止文件目录均以公告对外公布。四是按照《云南省人民政府关于开展第5轮行政审批制度改革的通知》，开展行政审批清理和改革。在省局实施的12项审批项目中，取消改变管理方式、政策执行到期、设定依据失效的审批项目5项，合并审批项目2项为1项，清理后保留审批项目6项，精简率达50%，审批时限严格按照第四轮行政审批制度改革后确定公布的时限执行。五是针对近年来税收执法风险凸显，影响税收执法、税务机关形象和干部队伍建设的客观实际，前移法治工作关口，引导执法人员有效规避税收执法风险，对目前税收执法中的风险环节和风险点进行认真分析，提出了应对及防范意见和措施，梳理下发《税收执法风险防范与控制》，为基层防控执法风险提供指导。六是举办全省国税系统依法行政培训班，通过以讲促学、以考促学的形式，顺利完成了《行政强制法》培训考试工作，为《行政强制法》顺利实施做好充分准备。七是认真做好重大案件审理、复议、应诉等依法行政日常工作。

【货物和劳务税管理】 对农业生产资料、粮食企业、福利企业、软件企业等12个类别的税收优惠政策执行情况进行广泛调研，针对基层提出的问题集中研究并形成《问题解析》，供基层国税机关参照进行整改规范。及时贯彻落实增值税起征点上调各项工作，采取多种形式，拓宽宣传渠道，充分利用广播、电视、报刊等各种媒体向纳税人做好宣传解释工作，做好政策下发前多征收税款的退税工作指导，制定应急方案和相关制度规范，及时对综合征管软件进行参数调整和数据维护，确保云南省增值税起征点调整工作顺利实施。2011年11月，为该政策调整执行首月，全省国税系统共计免征增值税额2525.64万元，惠及约9.24万户个体工商户。经测算，提高增值税起征点后，将惠及全省月销售额20000元及以下的个体工商户11.83万户，每年享受增值税起征点政策优惠3.48亿元，惠及社会从业人员22万人以上，对云南省发展非公经济，拓宽就业渠道，缓解就业压力起到重要促进作用。紧紧围绕增值税转型结构性减税政策核心，全面落实固定资产抵扣政策，2011年，全省7628户一般纳税人申报抵扣了固定资产进项税额49.79亿元，同比增加抵扣税额8.19亿元，增长19.68%，有效促进了社会扩大再生产和拉动资本投资，对企业技术升级和产业结构调整起到了积极的促进作用。完善消费税网络申报管理，实现价格的网络申报采集，同时进行重点税源管理，目前网络申报系统管理的工业卷烟牌号120个，商业963个。积极争取退税指标，确保出口企业及时足额退税。加强免税车辆管理，共为1921辆各类型车辆免征车购税1.13亿元。

【所得税管理】 认真做好2010年度企业所得税汇算清缴工作。强化培训和辅导，在申报系统自动审核的基础上，加大人工审核力度，不断总结电子化申报经验和存在的问题，继续巩固扩大电子化申报面。全省国税征管的参加汇算清缴企业64265户中，通过介质、网络申报系统进行申报企业63623户，电子化申报率达99%，其中：通过网络申报方式进行申报企业53511户，占83.26%，同比上升11.78个百分点。深入推进所得税专业化管理，探索建立行之有效的分类管理模式。结合云南省税源状况，探索自主推进行业管理的方法和思路，全省共确定21个试点县（区）局开展行业分类管理工作，逐步建立全省国税系统行业分类管理体系，提高行业管理水平。加强企业所得税减免税政策执行及后续管理，规范、统一减免税备案程序和要件，在保证减免税优惠政策落实到位的同时又降低基层国税机关执法风险；强化减免税后续管理，建立省、市、县局三级监控机制，运用数据监控系统、数据分发系统，结合减免税台账围绕减免税事项进行监控分析，并结合纳税评估，对优惠项目真实性、准确性进行复核，堵塞税收流失漏洞。针对陆续出台的企业所得税法相关配套政策，着力加强政策执行情况调研，规范、统一政策执行口径，制定了《企业所得税政策解答》发放全省参考执行。加强汇总纳税管理信息系统运用，及时掌握跨省总分机构税源变动情况，防止税收流失。

【大企业税收管理】 在明确大企业税收管理范围要求基础上，鼓励各地积极探索和创新大企业税收管理与服务模式，确定本地大企业税收管理的对象和内容。通过建立完善定点联系企业涉税事宜协调会议制度，构建税企沟通平台，加强对跨地区分支机构的管理监控，利用信息化手段对大企业行业动态数据进行整合、分析、更新。目前，全省已有7个州、市国税局率先确定了州、市级定点联系企业，共计145户。

【国际税收管理】 以非居民企业所得税申报和汇算清缴为重点，继续强化非居民企业税收管理。研究分析非居民税源的分布规律和风险，依托并充分利用居民企业税收日常管理成果，牢牢抓好占全省非居民税源比重80%以上的股息、利息、财产收益等法定扣缴税源，按时完成非居民税收收入预测与分析工作。认真开展了2011年度金融行业非居民企业所得税专项检查工作。加强对重点建设项目中的涉外经济活动进行跟踪，及时获取国际税源信息，确保了非居民企业所得税收入的增长。2011年1月至9月，全省国税系统组织入库非居民企业所得税1.32亿元（其中：据实申报34.31万元，核定征收141.34万元，源泉扣缴1.3亿元），同比增收5390.15万元，增幅为69.16%。

【税务稽查管理】 以组织分级分类稽查、专项检查和区域专项整治为中心，以查处税收违法案件和打击发票违法犯罪活动为重点，全面推行“查前告知、纳税辅导、企业自查、分类管理”四位一体稽查管理模式。开展重点税源审计式检查底稿试点工作，大力推进依法稽查，强化稽查管理体制，努力构建税务稽查长效机制。截止2011年12月31日，全省国税系统共查补税款14.58亿元，实际入库14.44亿元；入库率99.03%，重点检查选案准确率96.68%，结案率99.68%。配合公安机关继续开展打击发票违法犯罪活动，从虚假发票“卖方市场”和“买方市场”入手，切实采取强有力措施，强化部门协作，注重区域联动，不断形成打击合力。2011年，全省国税系统共查处发票违法案件2759起，抓获犯罪嫌疑人员139名，移送起诉案件7件，打掉团伙35个，捣毁制售假发票窝点40个，缴获假印章232枚，收缴作案设备22台，查获涉案发票192.2万份。

【征纳和谐】 以纳税人需求为导向，持续完善纳税服务体系。结合省委、省政府开展“四亮四评”活动要求，在全省国税系统内开展以创建办税服务厅为“四亮四评”示范窗口，推动其他窗口部门“四亮四评”的主题实践活动。认真贯彻总局“两个减负”要求，简化办税流程，精简涉税资料报送，积极推进办税服务厅标准化建设试点工作，按照统一办税职责、统一窗口设置、统一办税规程、统一区域划分、统一形象标识的要求，不断拓展办税服务厅服务功能，得到纳税人和社会各界的一致好评。依照“流程最短、质量最优、效率最高”的原则，深化税务行政审批制度改革，审批项目精简率达26%，多数项目审批时限缩短1/3以上。自主开发运用一系列办税服务信息化系统，免费提供给纳税人使用。不断完善储蓄扣税、银行网点申报、介质申报、网络申报、财税库银横向联网等方便、快捷的申报缴税方式，进一步提高征税效率，降低办税成本。成功运行全省国税系统“12366”纳税服务热线，紧紧依靠国家税务总局在设备、技术等方面的投入和支持，按照“省级集中，两级共建，立足昆明，面向全省”的建设原则，认真做好安装环境准备工作，开展地方知识库建设，大力开展人员培训，积极与地税部门协调，于2011年8月18日正式开通了全省国税系统“12366”纳税服务热线，并于2011年9月1日开始试运行。全年纳税人来电总量达10024个，语音服务量8444个。

【税收宣传】 将“四五”依法治省工作和“六五”普法工作同研究、同部署、同开展，做到相互促进，有机结合。明确指导思想、主要目标和工作原则，制定具体普法方案，拓展普法宣传思路和模式，多措并举，分年度确定工作要点并组织实施。以宣传税收法律法规和政策为重点，对税收优惠政策进行调研清理、整改规范，编印《税收优惠政策选编》一书共60000册，全部免费发放至地方党委、政府、人大、政协和省级各有关部门，以及基层一线执法人员和广大纳税人手中，确保各项税收优惠政策落到实处。及时编发工作简报，推动法制宣传教育工作开展，收到较好的宣传效果，社会各界及广大纳税人对国税工作的认可度、配合度、支持度进一步提升。创新税收宣传新方式，利用报刊、杂志和互联网等资源，举办云南省“走出去”企业系列讲座，上线云南人民广播电台“金色热线”栏目，认真做好各项税收政策的宣传辅导。

【信息化建设】 一是有效整合，重大项目建设稳步推进。有效整合了全省国税系统在线使用的各类系统软件，完成网上国税（iTax）项目一期工作框架搭建目标。实现面向纳税人的一站式网上办税服务厅，形成了相关信息和资源高度共享的全省内外网统一平台。网络申报系统进一步完善，全省推行网络申报户数达到6.3万户，征收税款826亿。新增《企业年度关联业务往来报告表》网络申报功能模块，实现与所得税年度申报数据衔接与报送同步。重点税源网上直报系统成功升级，全省纳入总局、省局、州市局监控的2170户重点税源户100%通过重点税源网上直报系统报送税收资料。二是系统运维工作扎实有效。做好全省63个应用系统的日常维护和监控工作，先后完成了47次系统补丁升级和调优工作，确保各项税收业务正常开展。按照总局有关规定，对综合征管软件进行10次升级完善。为省政府信息办提供了4次综合征管登记及违章相关数据信息，有效支持了“企业共享平台”建设。三是信息安全规范逐步完善。高度重视信息安全，强化网络安全保密教育，加大安全防范技术培训，从源头上杜绝信息安全隐患。完成总局三期安全防护系统项目的实施及上线工作，部署了网络准入控制系统、因特网上网行为管理系统、安全基线系统、WEB应用评估系统、数据库审计系统和桌面管理系统的推广应用。四是进一步完善税收信息化人才库管理，大力推进税收信息化人才的全面、协调、可持续发展。组织各种形式和内容的信息技术岗位练兵，进一步拓宽信息化人才培养渠道，完善信息化人才培养机制。举办全省信息化人才库培训班，全面促进税收业务与信息技术的协调发展。调动全系统信息化力量实施省、州（市）、县（区）三级联动运维模式，培养基层一线信息化建设能力，壮大全系统信息化运维队伍，为金税三期工程储备了技术力量。

队伍建设

【“创先争优”活动】 以实现服务主动化、服务全程化、服务创新化、服务制度化、服务常态化“五化”为目标开展“四亮四评”活动。以推进党群共建全力服务基层，坚持把创先争优活动与税收中心工作、与开展学习型组织建设、与党风廉政建设、与机关作风建设、与国税文化建设相结合，确保创先争优活动取得实效。积极开展“争国税先锋旗、创国税优秀星”活动，激发各级党组织和全体共产党员团结拼搏、锐意进取、无私奉献的热情。创先争优活动得到了省委省直机关工委高度评价和充分肯定，全省国税系统136名党员、75名党务工作者、80个基层党组织被地方各级党委政府分别授予优秀共产党员、优秀党务工作者和先进基层党组织荣誉称号。云南省国家税务局被中共云南省委授予“学习型党组织建设示范点”称号；云南省国家税务局直属机关委员会被授予“省直机关基层党建示范点”称号；省局信息中心党支部被表彰为全省“先进基层党组织”，楚雄州国税局机关党委副书记褚德云被表彰为全省“优秀党务工作者”。

【学习杨善洲同志活动】 按照省委创先争优活动领导小组的安排与部署，及时下发了《云南省国家税务局转发省委创先争优活动领导小组关于开展“学习杨善洲先进事迹、争做优秀共产党员”活动的通知》，迅速在全系统掀起了学习高潮。4月11日，下发了关于认真贯彻落实胡锦涛总书记重要指示精神深入开展向杨善洲同志学习活动的通知，突出“六个围绕”深入开展学习活动，即一是围绕学习贯彻党的十七届五中全会精神和省委八届十次全委会精神，把向杨善洲同志学习活动引向深入；二是围绕开展纪念建党90周年活动，把向杨善洲同志学习活动引向深入；三是围绕加强领导班子和干部队伍建设，把向杨善洲同志学习活动引向深入；四是围绕做好新形势下的群众工作，把向杨善洲同志学习活动引向深入；五是围绕做好老干部工作，把向杨善洲同志学习活动引向深入；六是围绕创先争优活动和学习型党组织建设，把向杨善洲同志学习活动引向深入。6月23日，省局党组召开专题学习生活会，以“学习杨善洲精神做人民满意的好党员好干部”为主题，深入学习杨善洲同志的先进事迹，紧密联系思想和税收工作实际，交流学习心得，开展党性分析，深入查找自身在理想信念、践行宗旨、履职尽责、秉公用权、遵守纪律等方面的差距。以开展学习杨善洲同志活动为契机，号召全系统干部职工特别是领导干部，以杨善洲精神为动力，争做人民满意的好党员好干部，全面推进各项国税工作健康有序、协调发展。

【领导班子建设】 全省国税系统各级领导班子采取中心组理论学习、专题研讨等多种方式认真学习十七届四中、五中、六中全会以及省第九次党代会精神，全面贯彻落实科学发展观，紧密联系思想、工作实际，结合开展创先争优活动和学习杨善洲活动，组织好党章、党性、党风、党纪等内容的学习教育，向杨善洲看齐，争做“带头学习提高、带头争创佳绩、带头服务群众、带头遵纪守法、带头弘扬正气”的“五带头”优秀共产党员。根据总局党组的工作要求，省局党组对2011年党组民主生活会高度重视、精心准备，广泛征求意见建议，提出整改措施，制定任务分解方案，确保整改取得实效。严格执行党内监督条例和纪律处分条例，认真落实领导干部廉洁从政若干准则以及廉洁自律的各项规定。深入贯彻实施干部选拔任用四项监督制度，不断强化领导班子的内部监督。严格执行《党政领导干部选拔任用工作条例》规定，认真做好各级领导班子充实和调整工作，优化班子结构，增强整体功能。继续采用竞争性选拔的方式考察任命正处级领导干部1人，副处级领导干部7人，副处级非领导职务3人；正处级领导干部试用期转正5人，副处级领导干部试用期转正1人；根据工作需要交流副处级领导干部2人；通过竞争上岗选拔任用副处级领导干部15人，其中省局机关7人、州市局8人。

【干部培训】 为进一步提升全系统基层领导干部综合素质和管理水平，举办了县（市、区）局副局长科学发展主题培训班，全省国税系统135名分管政务工作的副局长（或纪检组长）参加了培训。委托省委党校组织了科级领导干部任职培训班，全省国税系统2010年至2011年部分新任职的161名科级领导干部参加了培训，提高了领导干部的思想政治水平、理论水平、领导艺术、管理能力，增强了党性修养，树立了正确的人生观、价值观、政绩观、权力观。组织实施2011年“智力援西”培训项目，为云南省大规模开展税收管理员培训奠定坚实的基础。全年共举办云南国税讲坛12期，内容涵盖文化建设、国防安全、环境保护和摄影、社会管理、心理调试、党史党建等专题，对开拓国税干部视野，接受新思维、新理念起到了积极的推动作用，受到了广大干部职工的好评和欢迎，有力地促进了学习型组织建设。

【党风廉政建设】 为促进全省国税系统党风廉政建设责任制考核工作系统化、制度化、规范化，结合云南国税实际和总局《税务系统贯彻中央〈关于实行党风廉政建设责任制的规定〉实施办法》，制定下发了《云南省国家税务局系统党风廉政建设责任制实施细则》。各地结合实际，层层抓好责任分解，抓紧完善责任制检查考核制度，规范检查考核评价标准、指标体系，明确考核内容、方法和程序，做到责任明确、考核到位、追究有力。深入贯彻落实《廉政准则》，促进党员领导干部廉洁从政，形成“用制度规范从政行为、按制度办事、靠制度管人”的有效机制。在巩固省局和昆明、曲靖试点地区内控机制建设成果的基础上，将内控机制建设推行到全系统所有州（市）和县（区）局。切实抓好领导干部重大事项报告、民主生活会、诫勉谈话和述职述廉等制度的落实。2011年，纪检组负责人同下级主要负责人谈话590（次），领导干部任前廉政谈话495人（次），诫勉谈话54人（次），领导干部述职述廉1163人（次），1276人执行了领导干部报告个人有关事项，拒收礼金12人（次），合计人民币16.77万元。组建了由巡视办牵头，由人事、监察、督察内审、政策法规、教育等处室组成的联合巡视组，开展对州、市局领导班子的监督检查。2011年省局联合巡视组实施了对红河、保山、丽江三个州、市局的巡视检查，先后列席党组会议3次，组织了525人参加民主测评6次，与干部群众个别谈话173人次，召开座谈会9次，深入4个县、区局实地了解情况，分别走访了当地政府、纪委和组织部，收集到群众意见建议138条，撰写巡视报告3份，向被巡视单位提出意见建议16条，向省局党组提出工作建议5条。

【文明创建】 进一步拓展国税文化建设载体，加强领导，健全机制、营造氛围，开展丰富多彩、健康向上的文化活动，干部职工的科学素养和人文素养不断提高，有力推动云南国税文化建设大繁荣大发展。积极组织参加省委省直机关工委主办的省直机关庆祝中国共产党成立90周年文艺展演暨“旗帜颂”歌咏比赛，国家税务总局举办的庆祝建党90周年书画摄影展，制作拍摄展示云南国税风采、反映全系统文化底蕴、展现国税人“精气神”的文化专题片——《云岭放歌》。认真开展“三读”活动，努力做到工作学习化、学习工作化，全系统形成了以工作带动学习、以学习提升工作，热爱学习、崇尚学习的良好氛围。2011年，全省国税系统涌现出一批成绩突出、影响广泛的先进典型，玉溪市国家税务局（机关）、澜沧拉祜族自治县国家税务局2家“全国文明单位”顺利通过省文明办复查验收；12月20日，中央精神文明建设指导委员会在北京召开全国精神文明建设工作表彰大会，云南省国税系统包括省局机关在内的5个单位荣获第三批“全国文明单位”荣誉称号。

内部管理

【政务管理】 突出“强化政务服务，提升工作效能”主线，坚持理论联系实际，注重前瞻思考，围绕十七届六中全会、全国税务工作会议、省第九次党代会等重要会议精神，以及省局党组工作思路和重要决策精神，积极开展调研。围绕省局“服务基层年”工作主题，认真就工作中存在问题、提高工作质量的措施、服务基层的举措等开展调研，集思广益，形成工作目标明确、工作措施具体的调研报告，并就重大问题的处理提出对策性建议，为科学决策提供有价值的参考资料。积极研究部署各项税收重点工作，围绕“服务基层年”工作主题，及时印发《2011年国税工作主要任务分解方案》，并对各单位贯彻落实《方案》的情况进行全面跟踪督查督办，确保各项工作落到实处。围绕中心，服务大局，结合学习贯彻十七届六中全会、全国税务工作会议、省第九次党代会等，认真做好各类文件、领导讲话和其他材料的起草撰写工作，既较好地体现了上级精神，又切合具体工作时间，增强了各类文件的指导性和可操作。充分调动各部门积极性和主动性，形成工作合力，积极参与承办了中国税务杂志社“三刊”宣传工作座谈会、中国税务报社“优化纳税服务，创新社会管理”座谈会及全国税务学会会长座谈会等全国性会议。

【财务管理】 坚持依法理财，厉行节约，强化制度，规范管理，不断提高财务管理水平。一是贯彻省局党组经费保障“面向征管业务、面向基层、面向边远贫困单位”倾斜的原则，继续加大对基层保障资金的投入，有效缓解系统内各单位的资金困难局面。省局在年初批复预算基础上拨付各预算单位的各类补助资金达26887.34万元，其中：中财拨款13060.01万元，其他资金13827.33万元。累计补助离退休人员经费10452万元，在职人员住房公积金3012万元，救灾、困难及其他业务补助13423.34万元。二是要求各单位按月上报预算执行情况，有效提高了各项经费的管理使用效率。三是厉行节约，加强“三公”经费、公务用车配备使用管理以及会议、庆典、论坛，以及楼堂管所建设的管理，从严控制系统行政运行成本。四是进一步加强基建项目管理。强化基本建设日常审批，做好基建项目计划编报、竣工审核等工作，推进项目建设进度，管好用好项目资金。五是加强固定资产管理。严格把关，做好固定资产配置、处置工作。制定下发《云南省国税系统二三级预算单位资产配置验收及调拨管理暂行规定》完善管理制度。在全系统组织开展公务用车问题专项治理工作。六是认真编制采购计划，大力规范采购行为，严格按计划实施采购，不断规范政府采购管理。

【事务管理】 坚持“以人为本、完善制度、优化服务”的工作理念，完善服务措施、拓展服务外延，为各项工作的圆满完成做好后勤保障。一是完善物业管理、内部综合管理、驾驶员管理及车辆管理等措施，抓好小区服务，打造职工舒心家园。有效地降低修理费用，合理调配车辆、降低运行支出，充分调动驾驶员的积极性，确保出行安全。二是开展公车治理，规范车辆管理。三是坚持从强化细节管理和完善保障措施入手，做好会议、培训服务工作。不断提高会务管理水平，为全省国税系统上情下传、教育培训提供了会务保障。四是以规范的流程、严格的程序、统一的标准和科学的方法统筹开展公务接待工作。五是落实省局党组“密切联系群众、倾力关心基层”的指导思想，把“以人为本”、“和谐接待”的理念贯穿到接待工作中，热情周到、真心诚意地把基层干部服务好。积极为基层国税机关配置节能灯具，开展为基层送票上门的服务，减轻基层不必要的工作量。六是组织全局干部职工及物业部门参加消防安全知识讲座，普及消防知识、提高消防意识。

【税收科研】 一是服务税收中心工作，加强税收科研。大力贯彻和实施“精品”战略，注重成果运用，不断完善税收科研课题申报管理制度，建立了内外专家、学者和资深决策参谋结合的评委会，从申报管理制度上确保各课题研究单位重视科研工作的目标质量。结合云南国税工作实际拟定了《云南省国家税务局2011年税收科研课题指南》，明确税收科研课题指南方向。针对税收工作中的新情况、新问题，规范税收科研课题选题立项申报，2011年，全省国税系统共提出课题立项申请42项。从选题、立项、资料收集、调查研究、报告撰写、结题评审、成果推出等环节进一步提高税收科研课题研究质量，推进税收科研成果转化应用，税收科研工作服务税收中心工作的作用日益突出。二是突出主题体现特色，增强《云南国税》影响力。充分发挥《云南国税》内刊作为学术交流、国税文化建设、展示云南国税工作成果和时代风采的主要载体和渠道作用，真实反映基层工作状况，切实反映干部心声，满足干部精神需求，提升干部业务和文化素养，促进个人涵养提升。采取交叉采访、培训等方式加强《云南国税》通讯员培训，发挥通讯员文化创造积极性，增强基层干部对内刊采编工作参与度。注重创新栏目设计和办刊方式，不断提高内刊质量，连续荣获第二、三两届“云南省优秀连续性内部出版物奖”金奖。三是尊重历史严格把关，完成国税志稿编撰。圆满完成《云南省志财税志》国税部分的志稿，内容涉及大事、志文、专记、附录四个部分的内容。四是积极服务国税文化建设。云南国税书法、美术摄影协会开展书法、美术、摄影等兴趣活动，陶冶情操，培养广泛的兴趣爱好，以协会为平台，以活动为载体，促进云南国税文化的大发展大繁荣。2011年编辑出版以“我的事业，我的家”为主题的《云南国税文化系列丛书之八》。通过镜头，展现云南国税人良好的工作、生活态度以及对美好家园的热爱。

（赵　平）

政务建设

综　述

2011年，办公室在省局党组的正确领导下，紧紧围绕“服务基层年”工作主题和国税中心工作，突出“强化政务服务，提升工作效能”这条主线，做好对内、对外两个协调，围绕“参与政务、管理事务、做好服务”三大职能，认真履行职责，不断加强自身建设，着力提升办公室各项工作的质量和效率，有效地保障了全局工作的正常运转。

各项工作

【政务服务】 充分发挥综合部门的优势，坚持理论联系实际，注重前瞻思考，围绕十七届六中全会、全国税务工作会议、省第九次党代会等重要会议精神，以及省局党组工作思路和重要决策精神，积极开展调研。围绕省局“服务基层年”工作主题，认真就工作中存在问题、提高工作质量的措施、服务基层的举措等开展调研，集思广益，形成工作目标明确、工作措施具体的调研报告，并就重大问题的处理提出对策性建议，为领导科学决策提供有价值的参考资料。积极协助领导研究部署各项税收重点工作，围绕全省国税工作会议精神，全面推进“服务基层年”各项工作，在全省国税工作会议召开后，及时印发《2011年国税工作主要任务分解方案》，并对各单位贯彻落实《方案》的情况进行全面跟踪督查督办，确保各项工作落到实处。围绕中心，服务大局，结合学习贯彻十七届六中全会、全国税务工作会议、省第九次党代会等，认真做好各类文件、领导讲话和其他材料的起草撰写工作，既较好地体现了上级精神，又切合具体工作时间，增强了各类文件的指导性和可操作。充分调动各部门积极性和主动性，形成工作合力，积极参与承办了中国税务杂志社“三刊”宣传工作座谈会、中国税务报社“优化纳税服务，创新社会管理”座谈会及全国税务学会会长座谈会等全国性会议。

【公文处理】 在办文质量上，按照规范化、制度化、科学化的要求，严格程序，严格审核，确保公文快速有序流转。严把公文审核关、时效关、格式关、文字关、校对关和封发关，认真落实收发文各环节工作，强化责任、狠抓规范、精心制文，确保公文有效、快速、有序流转，提高了文件质量，精简了文件数量，规范了办文程序。机关和基层公文差错率比上年有了明显下降，质量效率有了明显提高。完成全局1097份文件的审核、排版、校对、封发工作。其中：云国税发265份，云国税函439份，云国税办发24份，云国税任57份，专报260期，简报28期500余条，国税情况通报24期。处理各类外收文1839份。

【电子政务】 做好云南国税内、外网站的信息更新维护及网站日常管理。按照依法、真实、便民、规范的原则，积极发挥网站不受时空限制的优势，拓宽政府信息公开渠道，加大政府信息主动公开力度，全面、准确、及时公开在职责范围内需主动公开的信息内容，有效地推进了政府信息公开工作的深入开展。将云南省国税局电子政务网站作为政府信息公开的重要平台和载体，广泛宣传税收政策、服务事项，主动公开国税机关工作情况，及时准确地更新国税新闻动态，发布税收法律法规和办税流程，报送听证、公示、通报事项目录，公示公务员招考录用、任免等事项，分项目通报组织收入情况等，为社会各界和纳税人获取国税信息提供了便利，拓宽了纳税服务的深度和广度。全年共计通过电子政务门户网站上发布政府信息公开相关内容2451条。

【保密与档案管理】 严格落实档案保管各项制度规定，从制度建设、硬件配备、软件管理及文件归档等方面入手加强文档归档管理。按时完成2010年档案整理归档工作，整理归档各类档案资料30余卷，做到档案资料按时归档，档案目录翔实完备，档案实体与档案目录一致。认真按照云南省档案局关于推行机关数字档案室建设有关规定，配备设备，规范管理，按规定完成2009年、2010年归档期限为永久卷的电子档案扫描、归档以及移交工作，完成云南省国税局OA系统与电子文件归档利用管理系统的数据对接，实现省国税局档案电子文件数据的顺利导入导出，提高档案管理和利用的效率。认真围绕《保密法》的贯彻实施，积极开展新修订《保密法》实施一周年纪念宣传暨保密宣传月活动。9月22日组织机关副处级以上干部职工、各处室保密人员以及涉密重点岗位工作人员实地参观，认真学习了“全国失窃密案例警示教育展”，及时召开大会，学习贯彻省委书记秦光荣同志在参观“全国失窃密案例警示教育展”时的重要讲话精神以及省委副书记、代省长李纪恒同志的重要批示精神。引导教育广大干部职工吸取教训，进一步增强保密责任意识，筑牢保密思想防线，确保国家秘密安全。认真把学习贯彻《“十二五”时期全国保密事业发展规划》与“六五”保密法制宣传教育紧密结合起来，进一步建立健全保密工作制度，贯彻落实保密承诺有关规定，规范执法程序，全面提高保密工作水平。

【税收宣传与政务信息】 发挥办公室窗口作用，采取灵活有效手段，处理好国税机关与政府其他部门、社会组织和纳税人之间的关系。积极探索和创新税收宣传形式，突出云南特色，开展丰富多彩的税收宣传月活动，充分运用报纸、广播、网络等大众媒体，形成宣传合力，积极宣传税收法律法规和政策。税收宣传月期间，共编发税收宣传月活动专报15期报国家税务总局和省委、省政府，编报简报8期在系统内交流学习，涌现出“纪念税收宣传月20周年纪念座谈会”、“和谐之韵”税收宣传文艺晚会等一大批税收宣传月创新项目。在首届中国税务出版社向全国税务系统开展的税收平面宣传品征集活动中，云南省国税局报送的税收宣传画系列荣获三等奖。充分发挥云南省国家税务局互联网门户网站作用，拓宽政府信息公开渠道，加大政府信息主动公开力度，为社会各界和纳税人获取国税信息提供了便利，拓宽了纳税服务的深度和广度。根据国家税务总局办公厅关于进一步加强税收信息调研和税收宣传工作的意见，结合全省实际形成工作意见，及时下发至各州、市国税局。及时、准确、全面地编报信息，健全和完善税收信息和调研工作机制。在做好动态性和问题性信息报送的基础上，加强综合性信息的报送，信息数量和质量均有显著提高。全年共采编专报260期，简报28期500余条。在《中国税务报》、《经济参考报》、《香港文汇报》、《云南日报》、《春城晚报》、《云南经济日报》等省级以上报刊刊登税收宣传专版、专题、新闻稿件70余篇，其中2篇新闻获得国家税务总局全国税收好新闻评选优秀奖。

【机关财务】 坚持依法理财、科学管理、规范预算、厉行节约、降低成本、提高效益、服务全局的工作理念，严格财经纪律，强化服务意识。认真执行财务收支预算管理，严格按照预算批复和用款计划的要求、项目的进度、经费支出范围和标准支付资金，预算安排和资金支付做到依据合法，标准明确，程序规范，手续完备。坚持厉行节约，严格控制出国费、招待费、会议费、车辆购置及运行费等一般性支出。认真执行政府采购工作，努力降低行政运行成本，在全面推行公务卡的基础上，进一步规范机关财务报销制度，规范资金审核，提高报账效率，有力地保障了机关各项工作的高效运转。继续做好“小金库”清理清查工作，杜绝“小金库”问题的发生。按期编制各类财务报表，强化财务数据分析，做好机关财务工作服务全局正常运转。结合省局机关第二步规范津补贴工作的安排和部署，做好省局机关254名在职干部和离退休干部的医疗保险以及

195 名在职干部的住房公积金缴费基数测算和缴纳工作，切实为全局干部职工切身利益服务。按期编制各类财务报表，强化财务数据分析，财务报表质量明显提高。全年共审核报销原始凭证 3400 余份，制作会计凭证 1260 余份，整理归档会计凭证 180 余册。

【信访工作】 密切关注涉税舆情，主动加强涉税舆情的监控分析、宣传引导和妥善处置工作。及时转发总局关于加强舆情管理的通知，结合实际，对加强舆情管理工作提出要求。拟定《云南省国家税务局网络舆情管理工作方案》（征求意见稿），在全省国税系统办公室工作会议上广泛征求各州市国税局分管局领导和办公室主任的意见建议。高度重视信访工作，及时组织召开全省国税系统信访工作座谈会暨省局信访工作联席会议办公室第一次会议。采取以会代训的方式，加强对基层开展信访工作规范化流程培训，提高基层国税机关处理群众工作的能力，夯实信访工作基础。认真贯彻执行信访工作要求，对全省国税系统的信访渠道、接待程序、信访受理、信访办理等事项进行了规范。结合当前全省国税信访工作中存在的突出问题，积极开展调研，完成省局专项课题《国税部门做好新形势下信访维稳工作的问题研究》。拓宽信访渠道，充分利用云南省国家税务局互联网站、总局网站和省“两办”信访局的网上信访网站等多种途径，切实做好信访和纳税咨询服务工作，努力形成群众通过信访、咨询依法有序、及时就地解决问题的良好局面。全年共计办理云南省“两办”信访局转办的办理件 20 件，办理国家税务总局转办的办理件 167 件。共接到群众来信 203 封，其中初信 149 封，重复信 54 封；接待来访群众 39 批 68 人次，其中初访 32 批 51 人次，重复访 7 批 17 人次，无集体访。全年共办理网上信访信件 287 件，其中：办理云南省国家税务局电子政务网局长信箱中的信件 60 件，稽查案件举报信箱中的信件 72 件，税务干部违法违纪投诉信箱中的信件 34 件，咨询答复中的信件 121 件。对实名信访件均做到了件件有回复，来访接待均做到事事有回音。

【综治维稳】 坚持将做好综治维稳工作与抓好全系统和谐发展有机结合起来，努力营造更加和谐的综治维稳工作环境。切实履行好国税部门“化解矛盾、综合治理”的社会职能，及时有效地把矛盾纠纷化解在萌芽状态，把问题解决在基层，解决好广大纳税人和干部职工最关心、最直接、最现实的利益问题。加强安全值班和检查工作，严格落实值守应急制度。严格执行 24 小时政务值班制度和重大事项报告制度，快速反应、有效处置应急事件。结合安全工作的形势，对安全保卫工作实行定期检查、抽查，继续保持安全“零事故”记录。2011 年，云南省国家税务局被省委、省政府授予“2010 年度社会治安综合治理维护稳定先进单位”称号，连续三年获此荣誉。

【年鉴编撰】 本着对历史负责，对国税事业负责、对未来负责的态度，按时完成《云南国税年鉴（2009 卷）》的印制、发放工作。督促和指导各州、市国税局、省局各处室按时完成《云南国税年鉴（2010 卷）》的稿件编撰，召开集中审校会议认真做好《云南国税年鉴（2010 卷）》编辑部的审稿、审核工作。认真做好《云南国税年鉴（2011 卷）》组稿、审稿工作，制定下发了《云南国税年鉴（2001 – 2015 年）》合卷编撰大纲，加快推进年鉴编撰工作。

【协调督办】 严格按照《云南省国家税务局督查工作暂行办法》，将全局中心工作，局党组会议、局务会、局长办公会确定的主要工作任务，上级党政机关和局领导交办的重要事项及《2011 年国税工作主要任务分解方案》等列入督办范围。认真落实督办责任，及时向局领导报告各项工作进展情况。对列为督办的事项，除了发出督办通知、简报反馈外，还积极采取联合督办、跟踪督办、实地督查、催报检查、督查调研等方式，提高了督查工作的针对性和有效性。认真贯彻省委人大工作会议、省委政协工作会议和《中共云南省委关于加强和改进新形势下人大工作的意见》（云发〔2010〕9 号）、《中共云南省委关于支持人民政协履行职能发挥作用的意见》（云发〔2010〕10 号）精神，按照相关通知和省人大代表建议交办会议、省政协提案交办会议要求，结合国税部门工作职能，把建议提案办理作为推动税收工作的动力，切实做到了领导亲自抓、部门配合、上下联动、注重协调，既提高了办理工作的质量和效率，又促进了各项税收中心工作的不断发展。2011 年，6 件由省局主办和分办的建议提案中，所提问题已经解决、正在解决和已列入计划逐步解决的“A”、“B”两类建议占 5 件，占总数的 83.3%，建议提案办理质量是近年来最好的一年，也是解决问题最多的一年。在 2011 年 9 月云南省政协年度提案办理情况视察组到省局检查指导工作时，云南省国税局提案办理工作受到检查组的一致好评。

【服务基层国税】 做好机关与基层单位的协调工作，对基层提出的困难和问题，耐心指导，主动协调，促进问题的解决，减轻基层工作负担，为基层税收工作顺利开展创造良好条件。2011 年 11 月 22 日至 23 日，在昆明召开全省国税系统办公室工作会议，全面传达贯彻全国税务系统办公室主任会议精神，总结回顾了“十一五”时期全省国税系统办公室工作，研究部署当前和今后一个时期办公室工作任务；同时，听取了各地对“服务基层年”工作进展情况的汇报，征求了各地对 2012 年云南国税工作思路和工作主题的意见建议。认真贯彻落实“服务基层年”工作主题，开展“送教上门”活动，就公文处理、信息写作、调研工作、信访工作等，组织省局办公室相关人员到普洱、昭通、曲靖等地开展专题培训、调研，送业务、送制度、送服务到基层，提高基层公文及信息写作水平。为切实提高工作效率和改善办公条件，根据基层提出的业务需求，通过政府采购统一为全省各州市国税局配发 16 台摄像机，为基层国税机关收集宣传资料、纪录工作动态、展示国税风采创造了便利条件。

【内部管理】 积极在办公室营造尊重知识、尊重人才、尊重劳动的浓厚氛围，不断提高办公室人员的政治觉悟、奉献精神、业务本领和纪律观念。要求办公室人员不断加强自身建设，提高综合素质，积极学习党的路线方针政策、法律法规及各项税收政策，不断改进管理和服务的方式方法，与时俱进。积极组织办公室人员参加总局、省局各类培训，围绕时事政治、文秘知识、写作知识、税收业务等开展学习，做到勤学、勤思，理论联系实际，把所学到的知识和学习的成果充分运用到实践中，分析问题，解决问题，不断提升理论水平和综合素质。注重办公室人员间的相互协作，强化团队意识，促进办公室整体效能提升。处理好与局内各部门间的沟通协调，强化服务理念，促进机关整体效能提升。围绕省局党组的安排部署，组织办公室党支部深入开展学习杨善洲活动，深入学习贯彻十七届六中全会、省第九次党代会等重要精神，坚持集中学习与个人自学、通读文件与专题研讨相结合等多种学习方式，开展学习。积极发挥党组织的战斗堡垒作用，共产党员的先锋模范作用，做到认真学习、深刻领会、全面贯彻，以良好的精神状态、扎实的工作作风、丰硕的工作成果来检验学习实效。认真开展办公室党支部活动，结合省局党组庆祝中国共产党成立90周年开展“六红”纪念活动，认真组织办公室人员收看红色经典影片，读红色经典书籍，讲红色经典故事，走红色道路，写红色书法，唱红色歌曲。6月29日，在“心中的歌献给党 云南省国家税务局庆祝中国共产党成立90周年大会”上，办公室党支部从省局机关各党支部组成的10支代表队中脱颖而出，表演的歌伴舞《再唱山歌给党听》受到一致好评，荣获二等奖。

（赵 平）

税收法制建设

综 述

2011年，是“十二五”规划的开局之年，政策法规处按照全国依法行政工作视频会议和全省税务工作会议总体要求和任务部署，结合政策法规工作实际，围绕“服务基层年”工作主题，理清工作思路，明确工作目标，积极开展“依法治省示范单位”创建和“六五”普法工作，编印《税收优惠政策选编》6万册，免费向全省各级各部门领导及相关纳税人赠阅，编发《“依法治省示范单位”“六五”普法工作简报》52期，有效扩大税收宣传力度；开展区域税收政策调研，认真落实包括支持“桥头堡”建设在内的各项税收优惠政策，为瑞丽开发开放试验区建设建言献策，积极争取更为有利的税收政策；清理税收规范性文件2004件，其中：现行有效文件358件，全文失效废止文件734件，部分条款失效废止文件105件；组织2011年度税务人员执法资格统一考试，参加考试人员145人，及格135人，及格率为93.1%，平均分68.02分；开展以领导干部为重点的依法行政培训，及时研究解决和答复基层在执法管理中提出和遇到的问题，切实强化对基层工作的服务和指导，帮助基层出谋划策抓落实，秉承为基层服务的理念和意识，切实提高政策法规工作的质量和效率。推进依法行政、完善制度措施、促进政策执行，积极推动政策法规工作服务于税收中心工作和经济社会发展大局，为“十二五”时期政策法规工作的科学发展奠定坚实基础。

各项工作

【依法行政和依法治税】 （一）大力推进依法行政，提高税收法治水平。全面总结全省国税系统贯彻落实《全面推进依法行政实施纲要》的成绩和经验，深入贯彻国务院和国家税务总局依法行政工作会议精神，组织云南省各级国税局通过视频会议系统参加国家税务总局依法行政工作会议。落实《实施纲要》和《关于加强法治政府建设的意见》、《云南省人民政府贯彻落实国务院关于加强法治政府建设文件的实施意见》等有关要求和部署，根据总局依法行政工作会议的工作要求和精神，进一步统一思想，切实增强全局意识、法治意识和责任意识，积极采取措施，大力推动“十二五”时期依法行政工作开展。（二）开展“四五”依法治省工作。积极贯彻《云南省2011～2015年依法治省规划》，围绕“服务科学发展，共建和谐税收”工作主题，确定以加强法治建设为基础、以规范税收执法为手段、以强化执法监督为保障、以开展法制宣传为动力的依法治省工作重点。鉴于“四五”依法治省和“六五”普法规划在同一时段实施，将“四五”依法治省和“六五”普法规划工作同研究、同部署、同开展，做到相互促进，有机结合，积极做好依法治省相关工作，编发《“依法治省示范单位”“六五”普法工作简报》52期，为推进依法治省、构建和谐社会营造良好的法治环境。同时，综合推进依法行政、加强法治政府建设，继续推行法治政府、效能政府、责任政府、阳光政府四项制度，开展综治维稳等各项工作，充分发挥法治的引导、规范、保障和促进作用，以推动依法治省工作实施为抓手，加快创建法治云南进程，全面推动全省国税事业又好又快发展。

【六五普法】 （一）总结“五五”普法工作。在全面总结前五年普法工作的基础上，向省普法办报送了“五五”普法经验交流材料，制作《云岭国税·普法春风》专题纪实片。在全省法制宣传教育工作会议上，省国税局作为5家交流单位之一进行普法工作经验交流，“五五”普法工作得到省委依法治省办、省司法厅、省直机关工委的高度评价。在中央宣传部、司法部联合表彰的2006~2010年全国法制宣传教育先进单位和先进个人中，全系统丽江市局、德宏州局2家单位被授予全国法制宣传教育先进单位，省局王映祥同志被授予全国法制宣传教育先进个人。（二）开展“六五”普法工作。一是为全面落实依法治国基本方略，深入开展法制宣传教育，加快依法治省工作进程，按照中共中央、国务院及国家税务总局关于开展“六五”普法工作的要求，结合“四五”依法治省工作实际，研究制定《云南省国家税务局开展法制宣传教育第六个五年规划（2011~2015年）》，明确“六五”普法指导思想、主要目标和工作原则，普法对象和任务，工作措施和要求。要求各地结合本地实际，制定普法工作方案，确保“六五”普法规划按时启动；在组织实施过程中，分年度确定工作要点并组织实施，确保“六五”普法规划落到实处；注重收集普法工作措施、方法、成功经验、典型事例，及时上报工作信息，以便省局总结推介。二是围绕国家经济社会发展大局，着眼于群众实际需求，为解决目前一些纳税人不了解税收优惠政策，不能及时申请和享受税收优惠的实际问题，组织力量对国务院、财政部、国家税务总局及云南省政府历年来制定发布的，目前仍有效的国税税收优惠政策进行整理收录。采用全文或摘要的形式编辑印制《税收优惠政策选编》一书，供全省各级各部门和纳税人学习参阅。《税收优惠政策选编》共印制60000册，全部免费发放至云南省委省政府和省级各有关部门、基层一线执法人员和广大纳税人手中。三是及时贯彻《胡锦涛总书记在中共中央政治局第二十七次集体学习时重要讲话的通知》等有关文件，编发《“依法治省示范单位”“六五”普法工作简报》52期，其中6期被省依法治省办采用，并向全省推广，有效推动法制宣传教育工作开展。

【重大税务案件审理】 落实重大税务案件审理工作制度，依法、公正地开展重大案件审理，完善审理程序、严格证据审查，切实把好重大税务案件审理关，做到内部执法管理和加强政策宣传并重，促进税收执法的规范和增强纳税人对税法的遵从度，维护税法的严肃性和纳税人的权益，努力避免税务行政争议的发生。2011年，省局完成了德宏州姐告王氏兄弟贸易有限责任公司案件的审理并移交省局稽查局处理；对勐腊县普阳运输有限公司案件进行前期审理，认真研究稽查报告以及各项证据材料，对不清楚或不全面的情况及时与检查人员及有关业务部门多次沟通，在全面了解案情的基础上提出了初步的审理意见。同时，按照“服务基层年”的工作主题，加大对各地重大税务案件审理工作的指导，及时解决基层反映的案件审理中存在的问题，促进全省重大税务案件审理工作依法、有序开展。2011年全省共完成重大税务案件审理210件，审理率为15.46%，其中：维持初审意见175件、发回复查14件，改变调查部门拟处理意见21件。

【税务行政复议】 认真做好行政复议工作，加强对基层税务机关行政复议工作的指导和监督，提高税务系统复议工作质量和效率。2011年，云南省各级复议机关共收到行政复议申请7件，受理6件，受理率为85.71%；不予受理案件1件，属因申请人未缴清税款和滞纳金，也未提供相应的担保，而作出不予受理决定。在受理的6件复议案件中，经复议机关对事实证据、法律程序、法律依据和权利义务合法性、适当性审查，决定维持2件、撤销2件，另2件因案件已移送公安机关并进入刑事诉讼程序，而进行了中止处理。复议审理过程中，遵循合法、公正、公开、及时和便民的原则充分听取纳税人意见，发挥税务行政复议的救济功能和监督功能，保护税务行政相对人的合法权益，保障和监督下级国税机关依法行使职权，在促进依法行政和构建和谐征纳关系中发挥了积极的作用。

【行政审批清理】 坚持合法、合理、效能、责任、监督的原则，按照省政府开展第五轮行政审批制度改革的要求，对照《国务院关于第五批取消和下放管理层级行政审批项目的决定》（国发〔2010〕21号），全面开展清理简并工作。省局成立了由局领导为组长，相关业务处室负责人为成员的深化行政审批制度改革领导小组，在2008年行政审批制度改革的基础上，按照“进一步减少行政审批项目，规范审批程序，创新审批方式，健全审批制约监督机制”的规定，组织开展省局行政审批项目清理工作，清理结果报经省政府常务会议通过。经清理，在省局层面实施的12项审批项目中，取消改变管理方式、政策执行到期、设定依据失效的审批项目5项，合并审批项目2项为1项，清理后保留审批项目6项，精简率达50%，审批时限严格按照第四轮行政审批制度改革后确定公布的时限执行。清理结果以《云南省人民政府关于第五轮取消和调整行政审批项目的决定》（省政府令第171号）对外公布。在清理省局行政审批项目的同时，还对全省国税系统原有的26项审批项目进行了清理调整，调整结果下发各州市局，供其在开展审批清理工作时参照使用。经清理，全系统共保留审批项目20项，包括行政许可审批项目3项，非许可审批项目17项，审批时限严格按压缩后的时限执行。

【税收规范性文件制定和备案】 严格按照《税收规范性文件制定管理办法》和《云南省行政机关规范性文件制定和备案办法》落实规范性文件制定管理的各项制度，着力提高规范性文件的质量。一是严格制发程序，按照“业务部门起草→法规部门审核→办公室核稿→局办公会议决定→局领导签发→报同级政府法制办登记→对外公布→报总局和法制办备案”的程序制发规范性文

件。二是严把重点环节，在文件起草环节通过书面、网上征求意见、召开座谈会等形式多方听取意见，在文件流转环节严格对文件进行合法性审核，在对外公布环节积极落实政务信息公开制度，及时在同级政府公报、国税门户网站等发布规范性文件，确保决策科学化、民主化。三是强化备案审查，对省局制定的《关于支持和促进就业有关税收政策具体实施问题的公告》等10份规范性文件及时向国家税务总局和云南省人民政府法制办公室登记备案并对外公示；对各州市局报备的《昆明市国家税务局普通发票代开管理办法（试行）》、《曲靖市房地产开发企业所得税管理暂行办法》等规范性文件进行认真审核，切实做到有件必备、有备必查、有错必纠。四是积极总结经验，按照省政府法制办召开的全省规范性文件监督管理工作会议要求，对2005年至2011年开展规范性文件管理工作的情况进行总结，认真查找不足，以便更好开展此项工作。

【税收规范性文件清理】 按照总局和省政府要求，认真部署开展规范性文件清理工作。一是迅速启动，加强领导。省局于2011年3月2日成立了由分管副局长担任组长，相关业务部门负责人为成员的清理工作领导小组，下设领导小组办公室在政策法规处。办公室负责具体组织、综合、协调、汇总、整合等工作；相关业务部门按照职能分工，负责税收规范性文件的具体清理工作。两次召开各处室负责人和清理人员参加的专题会议，研究和布置规范性文件清理工作，把清理任务落实到个人，加强领导，明确职责，为顺利开展清理工作提供组织保障。二是制订方案，明确任务。为确保清理工作有计划、有组织、有步骤的进行，及时制定了《云南省国家税务局税收规范性文件清理工作方案》，阐述了清理工作的重要意义，明确了清理工作的内容、方法、依据、步骤等要求，为清理工作有序开展提供制度保证。三是加强学习，注重协调。组织清理工作人员认真学习《税收规范性文件制定管理办法》和总局相关文件精神，熟悉掌握现行有效的税收政策，对照清理方案中的“清理依据”逐件逐条进行清理，把清理过程变为税收政策的学习过程。同时，注重协调配合，在遇到涉及多个税种综合类文件和同一管理职责涉及不同管理部门的情况时，注重加强有关业务部门之间的沟通、协调与配合，力求使清理结果准确无误。四是做好综合评估工作，在各处室清理工作基础上，由法规部门进行综合整理、评估分析，提出处理意见，形成最终清理结果，并以公告的形式对外公布全文有效、全文失效废止、部分条款失效废止文件目录。经过历时半年的工作，省局对上世纪80年代末至2010年12月31日前制发的全部文件进行清理，共清理税收规范性文件2004件，其中：现行有效文件358件，全文失效废止文件734件，部分条款失效废止文件105件，转发总局现行有效文件807件。通过对税收规范性文件全面、细致的清理，一方面查找出文件或条款中存在的突出问题，保证了税法体系的统一、完整，为规范税收执法和优化纳税服务提供有效的制度依据；另一方面通过分析研究规范性文件制发中存在的问题，为进一步提高规范性文件的制发质量总结和积累了更多的经验。在做好定期清理的同时，还开展了涉及税收执法风险、行政强制、阻碍企业兼并重组等规范性文件的专项清理。清理出涉及税收执法风险的文件69件，其中已作为全文失效废止处理的29件，部分条款失效废止处理的30件，提请总局修改文件2件，后期待修改8件。清理出涉及与行政强制法规定不一致的规范性文件共7件，其中已作为全文废止处理的4件，已作部分条款废止处理的1件，待总局修改后省局再做进一步修改的1件，已发文提请省政府废止1件。同时，安排部署各州、市局规范性文件清理工作，要求各州、市局对1994年税制改革以后至2010年12月31日前制定发布或与其他部门联合发布的、在本辖区内对征纳双方具有普遍约束力的税收规范性文件进行全面清理。按照部署准备、提出清理意见、分析评估确认、上报及对外公布四个步骤开展清理工作，清理结果公布后，按照政务公开的要求，通过各州、市局互联网站向社会公布全部现行有效文件文本，对此前未曾公布文本的文件，予以补充、完善，以便于基层税务机关和纳税人查阅和使用。

【政策执行情况反馈】 政策执行情况反馈是全面及时了解税收政策执行情况、分析税收政策执行效果、不断改进和完善税收政策、规范税收制度建设的有效措施。2011年，结合“服务基层年”工作主题，省局从以下几个方面认真做好政策执行情况反馈工作：一是从推进税制改革和结构优化的高度出发，密切关注云南省经济社会发展形势，结合宏观经济数据，从定性和定量的角度，对应对金融危机、促进残疾人事业发展等税收优惠政策与经济运行情况的适应性做出评价，分析研究税收政策执行中存在的新问题、新情况，促进税收政策执行效率的提高。二是结合《中华人民共和国行政强制法》的实施，认真开展调研、分析，查找现行税收法律法规与行政强制法规定的差异，分析存在问题及对税法存在问题进行客观评价，积极做好税法与行政强制法实施的衔接，在调研分析的基础上向总局上报了《关于行政强制规范性文件清理及税收执法调研有关工作情况的报告》，提出了贯彻实施意见及相关工作建议。三是从有利于推进文化体制改革，促进文化产业发展出发，对文化体制改革及文化产业发展的税收政策进行认真梳理、研究和分析，向总局上报了《关于文化体制改革中税收政策执行情况的报告》，提出了现行文化产业发展的税收优惠政策存在划分难、优惠形式单一、关系老百姓切身利益的文化企业扶持不够等方面的问题，并有针对性地提出了改进文化产业发展的税收扶持政策建议和意见。四是针对临散户代开发票、中小企业增值税一般纳税人认定、固定资产进项税抵扣、农机批发零售环节免征增值税等政策在执行中存在的问题及风险进行了分析研究，向总局上报了《临散户累计代开发票超过80万元的政策建议》、《中小企业认定一般纳税人的困惑》、

《关于固定资产进项税抵扣政策上存在的执法风险》、《农机批发零售环节免征增值税的政策建议》等反馈报告，分析了存在问题和产生原因，提出了政策改进意见和建议。在2011年的税收政策执行情况反馈中，采取“法规牵头、信息共享”的工作方法，及时跟踪反馈政策执行情况，及时提出适应科学发展要求的税收政策完善建议，增强税收政策的科学性、合理性和可操作性。

【税收执法风险防控】 税收执法风险是税收风险的重要组成部分，存在于税收执法管理的每一个环节，是目前税收执法活动中不可回避的问题。税收执法风险防范，就是对其进行分析、研究，从合理设置岗位、优化办税流程、增强执法人员法治意识、风险意识，提高业务素质入手，建立税收执法风险防范的工作机制和制度，从而最大限度地降低或化解执法风险，依法保护干部，促进税收制度完善、执法管理规范和税收征管质量提高。2011年，按照“服务基层年”工作主题，省局全面开展了税收执法风险防范工作：一是开展了规范性文件清理，及时废止那些增加基层执法管理人员职责、或者缺乏操作性以及超越职权职责范围内的规定和规范性文件，回归税法的统一规定和基本职责，规避制度陷阱，防范制度风险。2011年省局清理涉及税收执法风险的文件69件，其中，全文废止29件，部分条款废止30件，提请总局修改2件，需要修改完善8件。二是开展业务培训，不断提高业务素质和业务能力，增强依法行政意识、法治意识，从而有效防控税收执法风险。省局各业务处室开展了大量的业务培训，对各业务操作和管理中存在的风险进行分析、提醒，在省局开发的管理员操作平台中增加了风险提醒等内容，从而增强了防范税收执法风险的能力；开展了有州、市、县（市、区）局分管法规领导及法规科长参加的依法行政培训，增强各级领导干部的法治意识和法治理念，提高运用法治思维和法治手段解决实际问题的能力。三是严把制度关，认真贯彻落实《税收规范性文件制定管理办法》。对省局制发的规范性文件认真进行合法性及可操作性审核，确保不出现增加基层风险的规范性文件出台，确保纳税人的权益得到保障；对各地制发的规范性文件，认真审查备案，出现的问题及时纠正，从制度建设上切实防范税收执法风险；注意收集各地执法、管理、案件查处中反映出来的风险问题，及时与有关部门反馈和配合，做好执法风险的防范工作。四是在2010年开展税收执法风险课题研究的基础上，按照局领导指示，对课题内容进行删节后以“云南国税情况通报”第7期下发了《税收执法风险防范与控制》（节选），将税收执法风险的基本含义及风险分析、主要的风险环节及如何进行防控等内容下发全省，供各地参阅，指导基层防范税收执法风险。同时，从全面推进依法行政和规范执法、提高税收征管质量效率的高度，积极探索建立防范税收执法风险的体制、机制和制度，营造良好的税收执法环境。

【桥头堡建设】 积极主动做好云南桥头堡建设的各项工作。一是根据《中共中央关于制定国民经济和社会发展第十二个五年计划的建议》，结合国家主体规划和云南边疆地区发展实际，正确把握区域税收政策导向，在税收管理和完善政策方面积极献言献策。二是参与云南省贯彻落实国务院桥头堡政策研讨、瑞丽重点开发开放试验区建设调研、滇中经济区建设恳谈，2010年以来，就云南桥头堡和瑞丽试验区建设先后7次向总局反映有关政策需求，请求给予税收优惠政策支持。三是在《国务院关于支持云南加快建设面向西南开放重要桥头堡的意见》和省政府云政发〔2011〕109号文转发贯彻意见后，我局进行了全面的学习讨论和贯彻落实。省局于6月10日召开由副处以上干部参加的党组扩大会议，认真传达学习了《国务院关于支持云南省加快建设面向西南开放重要桥头堡的意见》（以下简称《意见》）、省委、省政府动员大会精神和《云南省人民政府转发国务院关于支持云南省加快建设面向西南开放重要桥头堡的意见的通知》，要求省局各单位和全省各级国税机关高度重视，认真学习，切实把握文件的深刻内涵和省委、省政府的要求，认真研究《意见》提出的一系列支持桥头堡建设的政策措施，就涉及云南省加强桥头堡建设中的税收政策和瑞丽重点开发开放实验区建设的税收优惠政策做好调研，在政策支持、纳税服务、税收征管等方面有超前性和预见性，做到解放思想，大力支持，用好用足各项支持政策。四是成立机构，加强对推进桥头堡建设的组织领导。为加强领导，协调配合，全面贯彻落实税收政策，云南国税成立云南省国税局桥头堡建设政策支持服务工作领导小组，由省局党组成员、副局长蔡杰任组长，政策法规处、货物和劳务税处、所得税处、大企业和国际税务管理处、征管和科技发展处、纳税服务处等业务部门负责人为成员，负责研究、协调和落实桥头堡建设各项税收优惠政策的服务支持工作。五是制定贯彻实施意见。为贯彻落实《意见》和省政府要求，结合云南国税实际，在认真研究《意见》的基础上，制定下发了《云南省国家税务局关于贯彻落实国务院支持云南加快建设面向西南开放重要桥头堡意见的通知》，提出了做好支持桥头堡建设的政策保障工作等七个方面的贯彻实施意见。同时，加强与省级有关部门的配合，做好《桥头堡建设总体规划（2011～2020）》政策研究和配合上报工作，在政策支持、纳税服务、税收征管等方面超前谋划，积极发挥职能作用，为推进云南桥头堡建设作出积极努力。

【依法行政培训】 为落实领导干部学法用法要求，不断增强领导干部依法行政的意识和能力，进一步提高全省国税系统依法行政工作水平，于11月16日至19日在昆明举办全省国税系统领导干部学法用法暨依法行政培训班，组织全省16个州市局分管法规工作的局领导、法规科长、各县（市、区）局分管法规工作的局领导共200人参加了培训。培训邀请省政府法制办、省高级人民法院、省局法律顾问等领导和资深法律专家讲授了行政强制法、依法行政的理论与实践、行政诉讼法与税务行政诉讼、行政处罚法与税务行政处罚等内容，使参训人员充分认识到新形势下推进依法治税、依法行政的重要性和紧迫性，为进一步推进依法行政工作起到了积极的促进作用。此次培训一是规格高，培训人员均为各州市县国税局领导，在省国税局多年组织的法制培训中是第一次；二是培训内容紧密结合税收征管现实需要，内容涵盖行政强制法、行政诉讼法、行政处罚法等结合工作实际的领域，实用性较强；三是在两天的培训中，参训人员能严格遵守纪律，专心听讲，认真记录，积极思考，课后，参训人员积极与授课老师探讨问题，学员间相互交流学习心得和工作经验，学习气氛热烈，培训效果良好；四是培训内容丰富，知识面广，是一次较好的理论和实践知识的学习过程，大家普遍反映在培训中学到了不少知识，丰富了自己，开阔了视野，拓宽了思路，更新了知识，收获较大。

【行政强制法学习培训】 按照《云南省人民政府转发国务院关于贯彻实施〈中华人民共和国行政强制法〉文件的通知》和《云南省人民政府法制办公室关于开展〈行政强制法〉学习培训工作的通知》要求，以开展培训考试工作为契机，进一步统一思想，提高认识。一是准备充分，有条不紊。及时制定培训考试方案，明确培训考试的时间、地点、方式、人员和责任等；征订和发放培训考试教材《行政强制法要义》，做到省局干部人手一册；组织省局3名干部参加了省法制办于10月29日至30日举办的师资培训班，提前确定培训内容，做好面向全省的授课准备。二是端正态度，认真学习。11月17日组织开展全省《行政强制法》视频培训，省局蔡杰副局长作动员讲话，强调联系工作实际，注重“三个结合”，即把学习贯彻行政强制法与税收征管工作实际相结合、与“六五”普法工作相结合、与防范税收执法风险相结合；并从认真学法、规范立法、严格执法、强化监督、优化服务五方面做好“五项工作”，从而结合实际，达到学以致用的目的。三是省局机关11月29日上午组织进行《行政强制法》闭卷考试，全局共170人参加了此次考试，省法制办领导亲临考场监考巡视。通过以讲促学、以考促学的形式，顺利完成了《行政强制法》培训考试工作，使全局干部全面掌握了该法的要义和规定，进一步增强了我局依法治税的意识和能力，提高了依法行政的水平，为确保《行政强制法》顺利实施做好充分的准备。

【执法资格考试】 按照《国家税务总局关于印发〈全国税务系统税务人员执法资格考试与新录用公务员初任培训结合工作实施办法（试行）〉的通知》和有关工作要求，认真组织、精心准备，于11月16日组织符合条件的执法人员145人参加了2011年度执法资格考试。一是考试的组织领导情况。按总局工作要求，由教育处、人事处、监察室、政策法规处分工配合，具体负责执法资格考试的组织实施。确保各项考务工作如期、准确完成。二是考试报名情况。按执法资格考试人员范围，以县局为单位组织报名，州市、省局负责逐级进行审核、汇总，经报名、审核、汇总，全省共有147人报名参加考试，其中上年度未通过考试人员19人，本年度新录用人员128人；申请免试人员2人，其中45周岁以上人员1人，取得“三师”资格人员1人。三是考务工作情况。为确保考试公平公正、公开透明举行，在考场设置、试卷印制保管、监考巡考、阅卷登分等重要环节均进行周密部署。考点按省局集中、统一的模式设置在昆明，考场设在承担初任培训任务的云南财经大学。考场设单人单桌，参加考试人员持《身份证》或附有照片的《工作证》参加考试，现场抽取考号，对号入座。考场聘请培训院校教师8人承担监考任务，同时抽调考试工作领导小组成员单位人员7人进行监考巡考，考场纪律严格。本年度考试，试卷印制及保管严密，考场纪律严明，试卷评阅与统分严谨，考试工作规范有序，通过考试及格人员135人，通过率93.1%，全省平均分68.02分。

【聘请法律顾问】 为维护云南省各级机关的合法权益，提高科学决策、依法决策水平，保障国税工作的顺利开展，规范执法行为，提高法制管理能力，经省局研究决定，继续从云南刘胡乐律师事务所和云南博凡律师事务所聘请2名法律顾问，为云南国税行政管理、行政执法和民事活动提供法律帮助。具体职责包括提供对税收征收管理、税务稽查、行政处罚、行政强制措施、税收保全措施和税务行政复议等有关法律问题的咨询，为依法行政提供法律依据和法律意见，为税务机关就行政管理、行政执法上的法律问题提供咨询意见等。

（赵　敏）

货物和劳务税

综　述

2011年是“十二五”开局的关键一年，货物和劳务税处在省局党组和分管局长的领导下，认真贯彻全国货物和劳务税工作会议和全省国税工作会议精神，紧紧围绕省局党组提出的“服务基层年”工作主题，引导全省货物和劳务税部门全面理解、准确把握货物和劳务税“完善税制、强化管理、优化服务”的工作主线，按照“以票控税、信息管税、征退衔接、综合监控”的工作思路，认真落实各项工作要求，服务基层、提升效能。大力探索建立政策执行机制、强化管理机制、信息管税机制、纳税服务机制、人才培养机制。

业务概述

【税收收入】 2011年全省货物和劳务税“增值税、消费税、车辆购置税”入库1115.23亿元，同比增收180.02亿元，增长19.25%。其中，增值税入库553.45亿元，同比增收93.25亿元、增长20.26%；消费税入库509.63亿元，同比增收81.64亿元、增长19.07%；车购税入库52.15亿元，同比增收5.13亿元、增长10.92%。全省办理出口退（免）税29.12亿元（退税26.25亿元，免抵2.87亿元），比上年增加9.54亿元、增长48.72%，其中以人民币结算出口货物退（免）税为9.57亿元，税收与经济协调增长。

【分税种税收管理】 （一）增值税管理。2011年货物和劳务税处紧紧围绕工作重点，一是加强一般纳税人认定工作，做好对纳税人的政策宣传。2011年新认定一般纳税人11443户，月均954户，截至2011年末，全省一般纳税人达到47831户。二是落实增值税起征点上调政策。按照国家调整增值税起征点的幅度，省委省政府决定11月1日起将云南省增值税起征点提高为销售货物和应税劳务为2万元/月，按次纳税提高至500元/次（日），各级税务机关迅速贯彻落实。经测算，起征提高后，云南省个体工商户受惠户数约为11.83万户，减税为3.48亿元。三是落实增值税转型政策，规范抵扣管理。2011年全省一般纳税人申报抵扣固定资产进项税额为49.80亿元，比上年同期增加8.20亿元、增长19.71%，对企业减负、产业升级、拉动投资产生了积极效应。各级税务机关依托纳税申报和数据监控系统，对不符合抵扣范围的转出进项税额645万元。四是加强预征—结算管理。为支持一般纳税人集团化发展和跨地区经营管理，同时解决税收利益和征管问题，对省局确定的29户企业预征率进行科学测算，拟调整预征率23户，年内已调整9户。

（二）消费税管理。2011年年初参加全国修订卷烟消费税计税价格核定管理办法座谈会，11月总局下发了新的采集办法，借鉴了云南省对卷烟消费税的信息化管理方法和思路。为确保新办法从明年正式实施，我处与信息中心和昆明市局共同对消费税网络申报系统进行升级，实现卷烟价格的网络申报采集。日常管理中，从卷烟消费税纳税申报管理入手，进行重点税源管理，目前网络申报系统管理的工业卷烟牌号125个，商业牌号977个。

（三）车辆购置税管理。一是贯彻落实《国家税务总局关于进一步加强车辆购置税征收管理工作的通知》，组织三个调研组对昆明、红河、普洱三个州市局下辖九个县（区、市）国税局的计税价格管理、减免税管理、适用税率管理、档案管理和税收票证管理等方面进行调研，针对电子档案系统存在的问题整理出需求供开发商完善系统。二是组织各州市局对摩托车、农用运输车车购税委托代征进行调研，及时解决代征中存在的问题。三是加强免税车辆管理，2011年共有2064辆各类型车辆免征车购税1.22亿元。四是进行六期车辆价格信息采集，配合信息中心完成六次最低计税价格升级。2011年12月13日，组织完成了车辆购置税电子档案系统验收。

（四）出口退（免）税管理。一是积极争取退税指标，确保出口企业及时足额退税。2011年云南省对外贸易额增长快，通过反复测算向总局申请27.5亿元指标，并积极协调联系，确保出口企业退税资金及时到位，促进了外贸出口企业的发展。二是解决了人民币结算退税的“瓶颈”问题。财税〔2010〕26号文件自2010来3月1日执行以来，在出口货物以及核销退税手续上，给云南省的人民币结算退税造成了制约发展的政策“瓶颈”。我处积极反映协调，由省政府牵头与商务、外管等多部门共同努力下，财政部、国家税务总局下发了《关于边境地区一般贸易和边境小额贸易以人民币结算准予退（免）税试点的补充通知》（财税〔2011〕8号），明确了非陆地指定口岸出口货物退税和人民币核销退税手续等问题，解决了云南省部分出口企业由于上述问题无法办理出口退（免）税的困难。三是加强货物税收函调、复函工作的调研和指导。重点对昆明采取有力措施加强函调工作，发挥征退税衔接的桥梁作用。下发《关于进一步加强出口货物税收函调工作的通知》，规范回函工作的流程、人员、职责、情况处理。对回函做到了份份有落实，户户实地调查，次次有调查报告等工作痕迹备查，提高了税务干部的责任心。四是深入基层面对面解决实际问题。先后四次赴德宏和玉溪，深入出口退税科和出口企业，对税务机关政策问题讲解和辅导，直接面对出口企业倾听办税诉求，实地解决问题，助推企业发展。

【税源管理】 2011年，将全省支柱产业作为税源监控的重点，结合全省宏观经济运行状况，把握强化货物和劳务税税种管理的主线，采取得力措施提高管理质效。一是强化重点行业税源管理，对全省特色的行业如煤、电、冶金等重点进行专业化管理。二是把纳税评估融入税种管理，通过评估案头分析和典型分析，发现和梳理风险集中点，辅导企业按照政策规范经营，提高税法遵从度。如对钢材批发企业开具专用发票进行专项比对和评估，对部分涉嫌骗取出口退（免）税的企业开展评估调查，对纺织、服装、家具、皮革、电子类等出口骗税高风险产品适时开展重点评估。三是加强出口退（免）税政策的落实，主动联系相关部门征求工作建议，主动倾听出口企业诉求，狠抓出口退（免）税政策的落实。做好出口货物税收新函调办法的贯彻执行，重点加强异地购货出口货源的核查工作。四是认真贯彻总局加强车购税征管的要求，组织落实总局将要修订下发的车购税征管办法，做好车购税完税证明换版工作。

【税收分析】 2011年，云南省税收收入分析按照“以票控税、信息管税、征退衔接、综合监控”的思路，将信息管税融入政策管理中，围绕强化税种管理进行征管数据深度分析运用。一是完成了一般纳税人税收比重分析、全省重点行业税负与全国比较分析、重点税源分析、跨区收入分配数据分析、预征结算分析，为加强税种管理提供决策支持。二是进行起征点调整测算、卷烟计税价格采集办法调整测算、小规模纳税人征收率下调测算、固定资产抵扣分析等，预测和追踪政策效应。三是结合纳税评估案头分析，对服装制品行业开具和取得增值税专票进行筛选、开展减免税数据分析、筛选纳税评估案头分析指标、监控一般纳税人认定情况，实时动态进行全方位的征管涉税数据挖掘利用，为政策执行、强化管理奠定了信息化基础。四是围绕组织税收收入进行税源征管监控分析，按月开展税收收入分析、定期预测全年收入。

【税收特点】 围绕“信息化、专业化、协同化”的管理方式，将取得的经验制度化、常态化。拓展信息数据的深度分析运用，建立货物和劳务税各税种相互结合、彼此促进的税收分析、纳税评估和税源监控良性互动机制。一是强化对重点税源行业的专业分析，探寻行业税收与经济发展、企业经营、政策管理方面的规律，研究解决行业税收管理的普遍性问题。二是强化对管理薄弱环节的专项分析，为纳税评估的案源筛选、案头分析提供有力支撑。三是整合税种管理的数据来源，运用信息化手段加强出口退（免）税管理，强化审核审批工作，严格审核特别关注信息，强化征退衔接，加强预警评估预防骗税。四是规范车购税征管系统、电子档案系统的管理。

【税收科学化精细化管理】 抓好案头分析与信息管税、数据分析紧密结合。（一）开展钢材经销企业增值税专用发票流向分析和票面汉字信息采集比对，探索防止钢材经销企业虚开代开专用发票的评估管理方法。对昆明钢材经销企业专用发票的开具流向抽样分析后，组织各州市对29户经销企业开具给工矿企业的1017份专用发票进行票面汉字信息采集，对购销双方名称、货物名称等关键要素比对核实。（二）解决橡胶行业增值税长期倒挂问题。参考《天然橡胶术语》（GB/T14795－2008），征询版纳州政府和云南省热带作物科学研究所意见，结合橡胶产品生产工艺特点，在总局召开的农产品征税范围讨论会上，提交了“属农产品的天然橡胶仅限于从橡胶树上采割下来呈白色乳状的新鲜胶乳和自然凝固的杂胶（包括胶线、树皮胶线、杯凝胶、泥胶、湿胶块）”的界定。提高各地发展橡胶产业的积极性，将资源优势转化为经济优势和财政优势。（三）增值税防伪税控系统、稽核系统平稳运行，完成防伪税控系统汉字防伪功能的税务端升级。2011年云南省增值税一般纳税人抄报专用发票5479805份，认证专用发票5913030份、认证货运发票566018份、认证机动车发票3114份。稽核比对专用发票5878082份、机动车发票3156份。通过抵扣凭证核查系统核查异常专用发票和机动车发票1839份，查补收入78万元，核减留抵94万元。异常海关缴款书和货运发票共核查7491份，查补收入1836万元。

【增值税专用发票管理】 严格落实增值税专用发票收、发、存、仓储管理制度，对防伪税控专用设备保管、运行质量、使用情况进行了日常检查，对存在问题进行了督促整改，保证了专用发票收、发、存安全，供应及时准确，确保了防伪税控系统运行质量。增值税专用发票管理工作安全有序，保证了各用票单位的需求。2011年发放三联票4770000份（2385箱），六联票508000份（508箱）。发放专用设备：发行卡17块、发售卡54张、代开卡3张、代开IC卡3张、授权IC卡164张、认证报税卡53张、大读卡器45个、小读卡器7个。

【纳税服务】 一是提供优质网络申报服务。2011年全省33051户一般纳税人实现增值税、消费税两税的网络申报，申报两税837.3亿元，覆盖率达到一般纳税人总户数47831户的69.1%。其中14069户实现网络抄报税，占全部抄报税总户数29906的47.04%，18469户实现网络扣税195.53亿元。已使用出口退（免）税网络申报的出口企业893户，占实际发生退（免）税业务企业912户的98%，办理退（免）税占80%以上。二是积极帮助引导企业调整生产经营方式。总局将桉叶油适用税率明确为17%后，云南省香料协会多次向省政府和国家税务总局反映企业增值税税负上升较大，影响生产经营发展。我处积极深入调研，与协会和部分企业座谈，按照现行农产品政策规定对企业耐心细致地进行宣传解释，积极引导企业在税收法规规定内，调整自身生产经营模式，依法合理降低税负，实现农民增收、企业发展、经济增长、和谐共赢。

【政策调研】 （一）完成省局重点税收科研课题《瑞丽开发开放试验区税收征管与政策问题研究》，立足云南“两强一堡”战略和瑞丽的比较优势，分析优势资源加工、进出口产业、政策环境中的税收问题，提出了应向国家积极争取的税收政策和税务部门应该努力的工作，推动瑞丽试验区的建设。（二）开展珠宝玉石行业税收调研。对全省金银首饰及珠宝玉石行业税收及管理现状进行调研，掌握税收收入情况、征收管理情况、管理薄弱环节和难点问题，通过调研掌握了云南省珠宝玉石行业的征管状况，以及制约珠宝玉石行业发展的非税因素，提出了合理化的措施和建议，为省局制定行业管理措施提供基础材料。（三）全面收集和解析基层政策执行疑难问题，为基层提供明晰的政策依据、管理思路和执行规范。我处认真调研，结合管理实际逐一对135个问题详细明确解析，编写下发了《货物和劳务税相关问题解析》。

【信息化建设】 按“以票控税、信息管税、征退衔接、综合监控”新的货物劳务税管理思路和要求，2011年8月至10月，举办了3期货物和劳务税“信息管税”人才培训，以创新的方式实施人才培养，取得了显著成效。一是创新学习目标，让基层业务骨干熟练掌握SQL基本数据查询，会操作使用各种应用系统抽取数据开展综合分析和纳税评估案头分析，达到发现问题、解决问题、促进管理的目的。二是以“点对点”、“面对面”的灵活教学，通过集体讨论交流、实际动手操作运用等方式边学边练，加强了学习的互动性和实际性，确保人人都学会数据分析运用，并把分析结果带回工作中落实和检验。三是创新学习内容，介绍税收分析的工具、常用信息系统的运用、SQL查询语句和数据分发系统的运用。增值税防伪税控系统、计算机稽核系统、抵扣凭证核查系统运行平稳。

【重大政策调整】 积极分析测算增值税起征点调整后增值税减收数据，并与云南省财政厅、云南省地税局联合向省委省政府提出建议。经省委省政府同意，从2011年11月1日起以国家规定的最高上限执行新的增值税起征点。即：销售货物的由现行月销售额5000元提高到20000元；销售应税劳务的由现行月销售额3000元提高到20000元；按次纳税的由现行每次（日）销售额200元提高到每次（日）500元。经测算，提高增值税起征点后，惠及云南省月销售额20000元及以下的个体工商户11.83万户，每年享受增值税起征点政策优惠3.48亿元，惠及社会从业人员22万人以上。

【纳税评估】 2011年货物和劳务税部门积极与征管、所得税、稽查等部门配合，提出评估需求，推动日常评估，重点强化对享受增值税优惠政策的纳税人的评估。专项评估针对管理重点、难点、弱点行业和企业，开展对出口退税企业、商贸企业、饲料生产销售企业、金属和非金属矿采选企业的专项评估。2011年，全省共评估6708户，评估发现有问题的企业4425户，移交稽查34户，补缴增值税3.01亿元、消费税113万元、车辆购置税51万元，调减增值税留抵税额1826万元，加收滞纳金及罚款3693万元。

【增值税优惠政策贯彻落实】 以增值税优惠政策清理调研促进各项优惠政策有效落实和规范执行。货物和劳务税处从2011年4月至10月对全省增值税政策进行了调研清理、整改规范，逐户清理规范了减免税文书的填写，化解基层执法风险。2011年办理增值税征前减免销售额1444.5亿元，同比增长40.13%，减征增值税额0.28亿元，同比增长39.56%；即征即退增值税8.17亿元，同比增长25.11%。其中办理涉农征前减免销售额1139.64亿元，增长37.05%，占征前减免总额的78.9%。认真落实资源综合利用政策，为51户企业办理免税销售额6.63亿元，同比增长41.91%；为68户水泥生产、新型建材生产、二氧化碳制品制造、风力发电及煤矸石发电、烟气回收制酸等企业办理即征即退增值税1.39亿元，同比增长12.37%。积极落实安置残疾人税收优惠政策，扶持社会弱势群体，457户社会福利企业安置24424名残疾人，退还341户企业增值税6.46亿元，同比增长35.94%。落实文化产业税收优惠支持文化产业蓬勃发展，办理党报党刊发行及印刷收入销售额769.77万元，软件和动漫企业超3%税负即征即退2063.33万元。

【业务培训】 2011年根据基层需要，面向基层培训政策业务两期，每期三天的政策业务培训，参训人员辐射到所有县区局税务机关，人数达到320人，在组织、内容、课件、考试等方面均围绕服务基层的主题。一是立足基层精心准备。首先由基层调研，对培训提出问题和需求，我处认真归集整理并结合现行政策提出解决问题的方法和思路，作为培训重点。二是广泛收集掌握基层意见建议。每期培训向每位学员发放《服务基层征询意见调查表》，从增值税、消费税、车购税、出口退税政策执行和管理中的存在问题、意见建议及需要省局协调解决的问题三个方面征询反馈信息，进行后续问题解析，突出货物和劳务税部门服务基层解决政策业务问题的重点和有效性。三是立足基层需求，以更加扎实的举措开展送课到基层。先后到保山、德宏、版纳、普洱四个边境州市，对州市局、县区局166名税务干部开展出口货物退（免）税政策业务培训，帮助基层提高政策业务水平和服务出口企业的能力。培训方式得到基层广泛好评，问卷调查满意率达100%。

（陈外平）

企业所得税管理

综　述

2011年，云南国税所得税工作围绕“服务基层年”工作主题要求，全面贯彻落实企业所得税法及其实施条例，认真执行各项所得税政策，贯彻总局“分类管理，优化服务，核实税基，完善汇缴，强化评估，防范避税”所得税管理工作要求，以规范税收政策执行口径，加强实施专业化分类管理，提高汇算清缴质量，优化干部队伍素质为着力点，强化征管，推进和完善所得税科学化、专业化、精细化管理。在夯实所得税管理基础、强化税源监控、收入分析、提高得税管理质量效率等方面取得了进步。企业所得税各项工作任务得到有效落实，企业所得税管理管理与服务水平明显提升，为推进云南国税事业又好又快发展做出积极贡献。

业务概述

【组织收入】 2011年，在全省经济稳定持续增长的基础上，企业经济效益普遍提高，云南国税坚持组织收入原则，正确处理好组织收入与依法治税的关系，加强税收征管，及时了解税源增减变化情况，强化税源的监控、分析、报告，加强预缴跟踪管理，夯实税基，发现和堵塞征管漏洞，保证所得税税款及时、足额入库，全年组织企业所得税收入181.08亿元，同比增长34.89%，增收46.83亿元，完成年度计划的127.53%。其中：内资企业所得税收入156.67亿元，较上年增加43.11亿元，增幅37.96%；外资企业所得税收入24.41亿元，较上年增加3.72亿元，增幅17.97%。储蓄存款利息所得个人所得税收入2860万元，同比下降53.27%，减收3260万元。所得税收入占全省国税系统税收收入比重达到13.99%，较上年上升1.38个百分点，所得税贡献率明显提升，为全省税收任务完成做出积极贡献。

【税源管理】 2011年，云南国税所得税管理继续坚持科学化、专业化和精细化管理，依照国家税务总局“分类管理，优化服务，核实税基，完善汇缴，强化评估，防范避税”的所得税管理要求，继续创新管理方法，夯实税源管理、税基管理，通过推行按行业分类和企业规模分类相结合的分类管理模式，在烟草等重点税源行业，探索实施分层级的管理方法，在总局制定所得税行业管理指南或规范的基础上，结合云南省税源特点，通过调研，拟定了烟草商业企业、农村信用社、汽车销售、小水电开发、茶叶生产及加工、煤炭开采与销售行业、磷矿开采与销售等7个行业的所得税管理操作指引的编写提纲、内容及工作安排。旨在进一步规范行业管理，明确管理内容，突出管理重点，增强企业所得税管理的针对性和实效性。规范、强化涉税事项审批及备案管理，加强税源监控和分析，及对重点纳税人的宣传辅导，落实企业所得税预缴管理政策，把行业分类管理和纳税评估方法结合，推进纳税评估管理，提高税源管理的质量。

【税收特点】 （一）企业所得税。2011年，全省国税组织企业所得税收入181.08亿元，企业所得税收入主要呈现如下特点：一是2011年在全省经济稳定持续增长的基础上，企业经济效益普遍提高，云南国税所得税收入实现了稳步增长，企业所得税收入占全省国税税收比重13.97%，较上年同口径上升0.2%，所得税贡献率提升对优化税制结构起到了良好作用。二是税源高度集中于工业、商业、金融保险、电信和房地产业行业，五个行业实现企业所得税收入171.21亿元，占全省企业所得税收入的94.55%。三是企业所得税收入地域差异明显。在全省16个州市入库企业所得税收入中，昆明市国税局组织入库企业所得税92.51亿元，占全省所得税收入的50.97%；企业所得税收入排名前5位的昆明、玉溪、曲靖、红河、大理州市国税局入库企业所得税150.36亿元，占全省企业所得税收入的83.04%，收入呈现地域分布的不平衡。四是烟草工商企业所得税收入比重下降。尽管烟草工商业在保持业绩稳定增长、利润稳中有增，实现企业所得税62.28亿元，较上年同比增加9.28亿元，占全部所得税比重34.4%，但其比重仍较上年下降了5.08个百分点。五是外资企业所得税收入比重下降，全省外资企业入库企业所得税24.63亿元，同比增加3.94亿元，增长19.05%，但占全省国税企业所得税收入比重13.61%，仍较上年同比下降1.81个百分点。（二）储蓄存款利息所得个人所得税。全省国税系统组织储蓄存款利息所得个人所得税收入2860万元。一是收入具有明显的地域经济特征，昆明市国税征收的储蓄存款利息所得个人所得税占全省收入的33.11%。二是国家对储蓄存款利息所得税收政策调整，对收入产生的影响在持续。

【税收分析】 （一）2011年，企业所得税收入181.08亿元，较上年同比增收46.83亿元，增长34.89%。税收增长主要原因：一是在国家实施积极财政政策的推动下，宏观经济企稳向好，全省国民经济呈持续稳定增长，企业经济效益普遍提升，为企业所得税收入增长奠定了基础，2011年，在云南省重点行业和企业的带动下，工业经济保持平稳增长，全省国民生产总值实现增长13.7%，全省规模以上工业增加值增长18%，工业企业经济效益提升，盈利企业数量增加，为企业所得税收入增长打下良好基础。二是“非烟”行业税源的快速增长，2011年在金融业等部分非烟草重点税源企业实现利润上升、业务规模扩大、分支机构增加等因素影响下，“非烟”税源成为增长的主要动力，全年入库企业所得税118.8亿元，同比增长46.22%，占全省国税企业所得税收入的65.61%，较上年增长5.09个百分点。其中，金融保险业实现企业所得税税收入29.1亿元，同比增长125.44%。三是烟草工商企业所得税收入是稳定企业所得税收入的重要因素。2011年，在烟草企业主体税源产销量基本不变的情况下，继续优化产品结构，提升管理效益，全省烟草工商企业缴纳企业所得税62.28亿元，占全省国税企业所得税收入的34.4%。四是加强所得税管理，认真做好税基核实、税源监控、纳税评估、分类管理等工作，提高企业所得税征收效率，通过加大评估、稽查力度，有效避免税款流失。五是部分过渡期税收优惠政策逐步到期，纳税人恢复缴税，带来税源增加，推动了企业所得税税收收入的增长。六是信息化建设的技术支持，保障了税款的应收尽收。通过企业所得税申报管理软件及相关信息技术的运用，进一步提高了企业所得税管理的质量和效率，确保了税款的及时有效征收。

（二）2011年，云南国税征收储蓄存款利息所得个

人所得税2860万元，较上年减收3260万元，同比下降53.27％。主要原因仍是国家实施降低储蓄存款利息所得个人所得税税率和对储蓄存款在2008年10月9日后（含10月9日）孳生的利息所得暂免征收个人所得税政策的影响，带来储蓄存款利息所得个人所得税收入的持续减收。

各项工作

【税务管理】 2011年，面对国内外经济环境影响和国家宏观调控政策的实施，云南国税全面贯彻落实企业所得税法及其实施条例，按照国家税务总局加强企业所得税管理的“24字”工作要求，积极探索创新所得税管理与服务工作思路和方法，以分类管理为抓手，在规范税收政策执行口径的同时，加强实施专业化分类管理，强化征管，推进和完善所得税科学化、专业化、精细化管理。做到税源监控到位，税基核实准确，汇算清缴完善，纳税评估科学，分类管理有序，纳税服务优化。

（一）强化企业所得税征收管理。2011年，云南国税结合所得税管理工作面临的形势和任务的紧迫要求，提出了继续创新管理方法，探索有效手段，提升企业所得税征管质量和效率，全面推进所得税专业化管理的工作目标。在年初（3月1日）召开的全省国税系统企业所得税管理工作会议上，李杰副局长作了题为《全面实施专业化管理开创所得税管理工作新局面》的主题报告，在分析云南省所得税工作面临的形势任务的基础上提出，要以总局所得税管理“24字”工作总要求为指导，紧密围绕省局党组确定的“服务基层年”主题，将服务落实到基层，推进云南省国税系统企业所得税科学化、专业化、精细化管理。要以解决政策执行的统一性，解决干部业务素质与管理的不相适应性，解决专业化管理的方向性，完善所得税电子化管理等问题作为管理工作的重点。对抓好组织收入，加强税收征管，开展纳税评估，认真贯彻落实各项税收政策等重点工作进行了全面安排部署。

（二）深化企业所得税分类管理。2011年，云南省国税部门结合重点税源的监控管理，探索分行业、分规模的分类管理手段，全面推进所得税专业化管理。一是探索建立按企业规模、行业等进行分类的分类管理模式。在学习运用总局下发行业管理操作指南的同时，结合云南省税源实际，组织调研编写重点行业企业所得税管理操作指引，不断深化分类管理内容，探索推进行业管理的方法，建立云南省国税系统行业分类管理体系，使行业管理得到有效提升。二是加强跨地区汇总纳税企业的专业化管理，健全对总分机构的管理。在云南省烟草商业企业管理过程中，针对原县级烟草公司法人资格取消后存在的跨区经营企业所得税征管不规范问题，依据跨地区经营总分机构管理办法及要求，制定烟草商业企业所得税征收管理办法，在税务登记、税款分配、预缴申报、年度申报等管理环节强化管理，进一步规范烟草商业企业总分机构所得税管理。三是强化核定征收管理。对长期亏损、会计核算不健全企业实行核定征收。截至2011年底，全省核定征收户数达到21918户，核定征收面达到27.79％，较上年提高了2.26个百分点，有效地节约了征管资源，提升了征管效率。四是加强对减免税企业的管理。按照企业所得税减免税管理办法及规定，做好各环节管理工作，加强审批、备案管理和督促检查，实行企业减免税台账跟踪管理。通过全面实施企业所得税专业化分类管理，为推进所得税税源的精细化管理奠定了良好的基础。

（三）做好所得税纳税评估管理工作。2011年，云南国税为提升企业所得税征管工作质量，研究制定了《云南省国家税务局关于统筹开展纳税评估工作的通知》（云国税函〔2011〕93号），对全省纳税评估工作进行了部署，一是建立部门联合评估机制，由征管、所得税、货物与劳务等部门参与，合理配置管理资源，避免重复评估；二是日常评估与专项评估相结合。对重点税源企业、涉税指标差异明显、连续亏损、连续零申报等异常企业开展日常评估，对优惠政策执行情况开展专项评估；三是加强评估基础信息及指标的采集分析，探索运用评估模型，利用税收、财务、物耗、能耗等指标及第三方证据进行分析研究，增值税与所得税联合评估，有效提高了纳税评估的质量和效率。2011年，全省对5302户企业进行日常评估，对649户企业进行了专项评估，经评估企业占全部企业的11.69％，选案准确率达60.88％，较上年上升12个百分点；评估补缴企业所得税4.08亿元，较上年增加6616万元，增幅19.38％；调减企业待弥补亏损额8.81亿元，较上年增加3.33亿元，增幅60.73％。

（四）规范涉税事项管理，强化税源税基监控管理。2011年，云南国税认真贯彻落实总局《关于企业所得税减免税管理问题的通知》及《企业资产损失税前扣除管理办法》。一是主动适应由纳税人依照法律法规自主申报扣除的管理方式，同时与地税部门协调，制定全省统一的管理办法。二是严格减免税审批、备案等案头资料的审核管理，保证企业申请事项的真实、准确。三是强化减免税后续管理，强化税源税基的监控，确保审批结果的准确。在西部大开发优惠政策的年度审核中，对企业符合享受税收优惠政策的条件要素认真核查，保证政策执行的准确。通过加强日常检查和纳税评估，进一步促进了企业自行申报扣除的资产损失真实性和准确性。

（五）加强企业所得税税源分析管理。一是依托综合征管软件、数据监控系统，建立重点税源监控和沟通机制，加强重点税源企业涉税事项的日常管理，把握税源发展总体态势；二是加强所得税户籍监管，夯实税基确保税源不流失。同时，运用汇总纳税管理信息系统，及时掌握跨省总分机构税源变动情况，防止税源和税款的流失；三是加强对企业所得税税收收入与经济发展相关性的分析，提高企业所得税税源及收入变化预测分析的准确性；四是建立所得税收入分析工作制度，实行按月定期分析，采取综合分析与重点行业企业分析相结合的方式，分析所得税收入与经济、政策、征管等因素的相关关系，掌握税源总量、构成、分布和发展变化情况；五是完善征管质量预警机制，通过应用综合征管信息系统及数据监控分析系统平台，加强企业所得税征管质量监控，发现有质量问题的数据、有疑问的业务及其他需注意事项，及时对相关地区发布预警提示或整改要求，强化税收征收管理。2011 年云南国税企业所得税年度分析报告和季度税源分析报告工作均受到总局通报表扬。

（六）加强企业所得税预缴管理，保证税款及时入库。2011 年，云南国税认真贯彻落实总局加强企业所得税预缴工作要求，对企业所得税预缴情况进行跟踪管理，对重点税源企业原则上按照实际利润额预征企业所得税，要求企业预缴税款占年度应纳税款不低于 70%。通过征管系统对重点税源企业预缴情况进行跟踪，严禁人为调节税收进度、防止发生寅吃卯粮或寅粮卯吃情况，同时，对按月预缴所得税的部分烟草工商企业等重点税源企业，及时分析研究税源变化情况，保证了国家税款的及时入库。2011 年，全省国税系统企业所得税预缴率 81%。

（七）加强对核定征收企业所得税的管理。2011 年，在实施企业所得税分类管理时，针对一些企业存在的长期零、负申报，账制不健全，核算不规范，不具备查账征收条件等问题，依据总局核定征收办法的规定，调整按核定征收管理。2011 年，云南国税实行核定征收所得税企业 21918 户，核定征收面为 27.79%，较上年同期上升 2.26 个百分点。征收方式的规范节约了征管资源，提升了征管效率。同时也提出了要避免为降低亏损面，一味强调甚至违规扩大核定征收面，而带来税收执法风险的问题。

（八）做好外商投资企业联合年检工作。2011 年，云南国税系统通过与商务、财政、地税、工商、外汇管理、统计部门的共同配合协作，根据部门工作职责，认真组织开展了外商投资企业联合年检工作，完成了全省国税部门承担的外资企业网上联合年检工作任务。云南国税对全省参检的 1200 户外商投资企业进行了检审，对参检企业相关税收征管信息进行了比较分析，为进一步加强外商投资企业所得税管理提供了依据。

【宏观调控】 2011 年，面对“十二五”开局之年的形势和任务要求，云南国税紧密结合经济发展实际，坚持依法行政，正确处理好组织收入与规范执法，把依法治税、强化管理、优化服务和培育税源有机结合，加强政策宣传辅导，完善制度措施，简化审批备案程序，加强监督检查，认真贯彻落实企业所得税法及其实施条例规定的各项税收优惠政策和过渡期优惠政策。在鼓励自主创新和科技进步方面，落实好推动高新技术产业发展的税收优惠政策；在支持产业结构调整方面，落实好有利于产业结构升级和服务业发展的税收优惠政策；在加快建设资源节约型、环境友好型社会方面，落实好促进节能减排的税收优惠政策；在保障和改善民生方面，落实好促进就业再就业、支持中小企业发展的税收优惠政策；在鼓励农牧业发展方面，落实好农、林、牧、渔业的相关税收优惠政策。充分发挥税收调节职能作用，强化政策效用，用足、用活、用好税收优惠政策。据 2011 年度企业所得税汇算清缴统计，全省国税系统有 6000 余户企业受惠于企业所得税优惠政策，减免企业所得税 81.72 亿元，其中：直接减免税 25.41 亿元，税基性优惠折算为减免税 56.31 亿元（依据免税收入、减免所得等税基性优惠额 225.22 亿元计算）。税收优惠政策的有效贯彻落实，对促进全省产业结构调整和发展方式转变，支持云南社会经济全面、协调、可持续发展发挥了积极的作用。

【税收政策执行】 （一）认真贯彻落实企业所得税法及其实施条例规定的各项税收政策。2011 年，财政部、国家税务总局根据企业所得税法及实施条例的相关规定，先后出台了专项用途财政性资金企业所得税处理、地方政府债券利息所得免征所得税、农产品初加工有关免税范围补充规定，以及继续支持小型微利企业发展、促进节能服务产业发展、支持和促进就业等所得税优惠政策。云南国税在准确把握政策精神的基础上，深入开展政策宣传辅导，认真贯彻落实各项政策，并做好政策执行的调研和反馈，确保各项政策落实到位。

（二）认真贯彻落实西部大开发企业所得税优惠政策。实施西部大开发战略是国家为统筹社会经济发展，缩小区域经济发展差距，加快西部地区经济发展的重要举措。2011 年，为进一步贯彻落实党中央、国务院深入实施西部大开发战略有关税收政策要求，财政部 海关总署 国家税务总局联发了《关于深入实施西部大开发战略有关税收政策问题的通知》（财税〔2011〕58 号）文件，对实施新一轮西部大开发税收优惠政策做出了规定，自 2011 年 1 月 1 日至 2020 年 12 月 31 日，对设在西部地区以《西部地区鼓励类产业目录》中规定的产业项目为主营业务，且其主营业务收入占企业收入总额 70% 以上的企业减按 15% 税率征收企业所得税。经云南省人民政府同意，省财政厅、省国税局、省地税局、昆明海关联合以云财税〔2011〕129 号文件转发了财税〔2011〕58 号文件，并就相关问题给予了明确，对已批准执行原西部大开发税收优惠政策享受按 15% 税率征收企业所得税的，执行至 2011 年 12 月 31 日止；2010 年 12 月 31 日前的新办企业已经批准享受企业所得税“两免三减半”税收优惠政策的，执行到期满为止。

2011 年，云南国税认真贯彻落实西部大开发企业所得税优惠政策，加强对执行优惠政策的审批及年度审核管理，对减免税条件发生变化不符合享受减免税条件的，一律停止执行相关年度的优惠政策，确保了优惠政策的正确贯彻执行。据 2011 年度企业所得税汇算统计，云南省国税系统有 1016 户企业享受了西部大开发企业所得税优惠政策，减免企业所得税 21.82 亿元，占同期减免企业所得税总额的 26.7%。西部大开发税收优惠政策的全面贯彻落实对优化区域经济发展，调整产业结构，促进云南经济全面、协调、可持续发展发挥了积极作用。

（三）认真贯彻落实促进企业科技创新及高新技术企业所得税优惠政策。为鼓励企业开展研发活动，提升企业自主创新能力和核心竞争力，扶持高新技术企业发展，云南国税充分发挥税收职能作用，认真贯彻落实高新技术企业所得税优惠政策和企业研究开发费用税前加计扣除政策。2011 年，全省共有 211 户企业享受高新技术企业税收优惠政策，减免企业所得税 5.71 亿元，比上年增加 1.39 亿元，增幅 32.18%。同时，云南国税积极与省科技厅、省地税局协调，联合制定了《云南省企业研究开发费用税前加计扣除实施办法》，对企业研发项目的管理程序、扣除范围和备案程序进行了规范。2011 年，在云南省国税征管范围税前据实扣除的研发费 8.34 亿元，加计扣除 4.17 亿元，实际减免企业所得税 1.04 亿元，加计扣除额较上年增加 7000 万元，增幅 20%。高新技术企业所得税优惠政策的贯彻落实，对推进云南省高新技术企业发展，促进经济结构调整和产业结构的转型升级，推进创新型经济社会建设发挥了积极作用。

（四）认真贯彻落实小型微利企业所得税优惠政策。2011 年，为巩固和扩大应对国际金融危机冲击的成果，发挥小企业在促进经济发展、增加就业等方面的积极作用，根据《财政部 国家税务总局关于继续实施小型微利企业所得税优惠政策的通知》（财税〔2011〕4 号）规定，2011 年度，继续对年应纳税所得额低于 3 万元（含 3 万元）的小型微利企业，其所得减按 50% 计入应纳税所得额，按 20% 的税率缴纳企业所得税。云南国税加大政策落实力度、强化政策的宣传培训辅导和政策的跟踪问效，确保了小型微利企业税收优惠政策的落实。2011 年度，在全省国税征管企业中共有 11142 户企业享受到小型微利企业所得税优惠政策，减免企业所得税 2031 万元，较上年增加 1552 万元，增长了 3 倍多。小型微利企业所得税优惠政策的贯彻落实，对促进经济发展和社会和谐稳定发挥了积极作用。

（五）认真贯彻落实涉农企业所得税优惠政策。根据企业所得税法及其实施条例的规定，企业从事农、林、牧、渔业项目的所得，可以免征、减征企业所得税。为认真贯彻落实这一涉农税收优惠政策，云南国税结合落实总局“公司 + 农户”经营模式企业所得税优惠政策，积极广泛开展优惠政策宣传，简化、规范办理涉税备案程序，有效地推进了涉农税收优惠政策的贯彻落实。2011 年，全省共有 666 户涉农企业享受了减征或免征企业所得税优惠政策，免征和减征计税所得额 18.08 亿元，减免企业所得税 4.52 亿元，较上年同期增长 2.7 倍。涉农税收优惠政策的贯彻落实，为促进农村经济社会发展发挥了积极作用。

（六）贯彻落实公益性捐赠税前扣除政策。为支持社会公益性事业发展，云南国税认真贯彻落实国家有关公益性捐赠企业所得税前扣除政策，积极配合财政、民政等部门，依照公益性社会团体税前扣除资格认定管理有关规定，认真参与做好云南省基金会、慈善组织等公益性社会团体税前扣除资格的审核认定工作，发挥税收支持社会公益性事业发展的政策引导作用。2011 年，通过联合审核认定，全省共有 30 个公益性社会团体获得公益性捐赠税前扣除资格，其中：基金会 24 个、社团组织 6 个。公益性捐赠税前扣除政策的贯彻落实，为调动和促进全民参与社会公益事业发展的积极性，促进云南省社会公益性事业的健康发展，发挥了积极引导作用。

【信息化建设】 （一）推进企业所得税信息化建设和应用。2011 年，云南国税在继续推进企业所得税网络、介质申报系统应用的基础上，根据企业所得税政策调整变化情况及应用中出现的问题，对申报系统进行修改、升级完善，进一步依托信息化手段，提高企业所得税管理水平。在全省国税系统开展的 2010 年度企业所得税年度汇算清缴工作中，64265 户参加汇算清缴的企业，通过介质、网络申报系统申报的企业有 63623 户，电子化申报率达 99%。其中：通过网络申报方式进行申报企业 53511 户，占 83.26%，较上年同比上升 11.78 个百分点。使用电子化方式，尤其是采取网络申报企业所得税，成为纳税申报的首选。税收信息化管理的完善，提升了企业所得税管理的效率和质量，保障了年度汇算清缴工作的顺利完成。同时，网络申报也减轻了纳税人和基层税务机关的负担，为提升国税部门所得税管理水平发挥了积极作用。

（二）强化企业所得税数据监控系统的应用功能。为适应企业所得税分类管理要求，云南国税所得税管理部门在信息中心的技术支持下，在强化数据监控系统的企业所得税管理模块功能的同时，通过加强对重点税源企业、减免税企业、零申报和亏损企业、纳税评估指标异常企业的监控，强化了对所得税收入和增值税收入的比对分析，有效提高了对税源的后续管理质量和效率。企业所得税数据系统运用的完善，为企业所得税管理搭建了科学高效的应用平台，为企业所得税纳税评估的有效完成奠定了重要的基础。

（三）做好企业所得税汇算清缴汇总软件的升级运用。根据总局的通知要求，及时安排各级国税机关做好汇总软件的升级工作，并通过系统数据的归集，全面掌握税源在行业、经济类型、规模及地区间的分布，实现 2010 年度企业所得税汇算清缴数据的高效集中，为做好企业所得税收入统计、分析对比及政策研究提供了依据。

（四）加强对企业所得税汇总纳税信息系统的管理应用。根据《国家税务总局关于印发〈企业所得税汇总纳税信息管理系统实施办法（试行）〉的通知》（国税函〔2010〕82 号）要求，云南国税在规范应用企业所得税汇总纳税信息管理系统的基础上，进一步细化措施，强化管理，确保了跨省市总分机构汇总纳税企业所得税的征收管理。

【教育培训】 2011年，云南国税结合企业所得税政策管理及运用的实际需要，依托系统内师资及专业办学力量，把课堂教学与实践结合，中长期培训与专题、短期集训结合，针对企业所得税专项政策，及企业所得税业务与相关财务会计知识及税收信息化管理技术运用等方面的专业知识技能进行培训，为所得税管理提供了重要的人才保障。

（一）组织企业所得税专题业务培训。2011年，云南国税所得税管理部门，在广泛征求基层培训需求基础上，为100名基层所得税干部举办了企业所得税专题业务培训班。针对企业所得税纳税评估，资产损失及减免税管理，企业重组及清算所得税业务处理，企业所得税专业化管理，境外投资抵免所得税政策及管理，金融企业所得税政策及管理，房地产企业所得税政策及管理，数据分发系统、数据监控系统及汇总纳税信息管理系统相关操作应用，企业所得税核定征收管理，以及烟草行业企业所得税管理等17个业务专题，组织了专门培训，同时围绕培训内容组织考试检测，为推进所得税专业化管理打下了良好基础。

（二）配合省局教育处组织所得税管理干部的专题业务培训。为有效促进云南省国税系统所得税干部业务知识更新，2011年，云南国税委托云南财经大学举办了为期一个月，共有100人参加的，以企业所得税相关政策业务，企业财务会计核算及管理为主要内容的培训。对包括会计学基础、中级会计实务、会计报表阅读与分析、企业所得税法、纳税评估、国际税收问题研究、会计准则与税法差异分析、国内外企业所得税税制比较与征管方式比较、公务员心理调适等9个专题内容进行了专业培训，提高了全省国税系统所得税干部的业务技能和政策水平。同时，各地结合企业所得税法实施后政策业务变动的需要，还以不同的专题和不同的培训方式，组织了基层税务干部和纳税人的培训。

据统计，2011年，云南省国税局组织省内或参加总局的培训3期，共有200余人直接参加了省局及有关培训机构组织的企业所得税政策业务培训。同时，由各州、市、县（区）局组织开展的基层税务干部和纳税人培训2.5万余人次。

【政策调研】 （一）认真做好企业所得税优惠政策执行情况的调查研究。2011年，云南国税结合实际，在分析云南省农村信用社承担的社会职能作用和面临的困难，以及在执行企业所得税优惠政策中存在的问题情况，进行了专题调查研究，结合国家对鼓励支持农村信用合作社企业发展的所得税优惠政策运用实际，从支持云南经济发展的实际出发，提出完善农村信用社企业所得税优惠政策的建议和意见，探索研究税收优惠政策管理的制度建设，为政策的完善和政府决策提出有针对性的意见和建议。在保山市国税局的配合下，完成了2万字的课题调研报告，包括咨询报告和研究报告，经云南省国税局组织的专家评审，《云南省农村信用社企业所得税优惠政策探讨》报告被评为2011年度云南国税系统优秀专题论文。

（二）积极做好企业所得税法实施有关税收政策执行及管理情况的调查研究。2011年，云南国税从贯彻落实企业所得税法及税收政策的实际出发，有针对地对企业所得税政策执行中存在的问题，开展深入的调查研究，从基层税收管理层面和重点税源企业等方面收集意见调查研究，包括对税前扣除的凭证问题、手续费扣除计算问题、房地产企业招待费、广告宣传费等政策问题进行调研，提出意见建议，形成统一的政策执行口径及要求，为确保所得税政策的正确贯彻执行，做好前瞻性研究。

【纳税服务】 提高纳税人税法遵从度，优化纳税服务。2011年，云南国税所得税管理部门，把优化服务作为提高纳税人税法遵从度，构建和谐税收的重要举措，不断突出纳税服务地位，结合企业所得税政策的贯彻落实，通过多种渠道及服务形式，从为经济发展、为纳税人和为基层服务等层面，优化纳税服务，提高服务水平。

（一）充分发挥税收职能，为经济社会发展服务。2011年，云南国税结合企业所得税政策的贯彻落实，加强与相关部门的协调配合，积极参与高新技术企业、资源综合利用企业、转制文化企业、公益性捐赠社团资格、非营利组织免税资格审核确认等工作，为正确贯彻落实相关税收优惠政策奠定了基础。在处理相关部门提出的涉税事项征求意见时，从服务云南经济发展，支持企业发展壮大，保障纳税人合法权益，发挥所得税调节经济的杠杆作用出发，结合企业所得税法原则，积极提出意见建议，为相关部门准确了解掌握税收政策提供了依据。

（二）结合企业所得税政策业务及管理实际，服务基层、服务社会各界及广大纳税人。2011年，云南国税以年度企业所得税汇缴、税收宣传月等为契机，充分利用税收电子政务网站、税务宣传栏、业务手册、广播、电视、报刊等媒介，细化宣传内容，做好税收政策宣传、业务辅导、涉税咨询工作。一是继续推行企业所得税网络、介质申报系统，通过所得税电子化申报的运用，方便了纳税人，解决了征税期办税服务厅拥堵问题，实现了纳税人和基层税务机关“双减负”。二是广泛开展政策宣传、业务辅导和政策咨询答复。组织编印《企业所得税业务手册》（第十一册）免费发放基层，在开展的2010年度所得税汇算清缴期间，全省国税组织了近2.5万人次的纳税人免费培训，对纳税人在网站或以其他方式提交的各类问题，认真及时地解释答复。三是对重点税源企业开展“送政策上门”活动，根据企业经营模式和经营特点，有针对性地对重点、难点政策问题进行解析，提供个性化辅导，帮助企业准确理解政策，降低涉税风险。四是深入基层调查研究，召开税企座谈会，认真听取基层税务干部和纳税人的意见、建议和需求，从而不断改进和提高税务机关为基层服务，税收工作为纳税人服务的工作水平。五是及时办理人大、政协代表的相关提案、议案，答复各类征求意见，以及提供各类支持相关行业、企业发展的政策执行情况，通过政府相关部门及人大、政协代表搭建向广大纳税人宣传税收政策的平台。

【汇算清缴】 2011年，云南国税组织开展了2010年度的居民企业所得税汇算清缴。全省各级国税机关认真按照总局《企业所得税汇算清缴管理工作办法》的要求，加强领导、精心组织、周密计划、统筹安排，确保了汇算工作的圆满完成。汇算清缴工作得到了国家税务总局的通报表扬。

（一）2010年度汇算清缴基本情况。全省参加汇算清缴企业64265户，汇算面99.11%，同比上升0.39个百分点。其中：盈利企业29874户，比上年增加8228户，增长38.02%，盈利面为46.49%，较上年上升9.34个百分点；亏损企业23536户，比上年减少3977户，下降14.45%，亏损面36.62%，同比下降10.6个百分点。汇算清缴盈利企业实现销售（营业）收入8220.9亿元，同比增加2209.25亿元，增长36.6%；实现利润总额633.6亿元，同比增加91.69亿元，上升16.41%；实现应纳税所得额659.79亿元，同比增加132.57亿元，增幅25.15%；减免所得税25.68亿元，同比减少3.29亿元，下降11.36%；实现实际应纳所得税139.44亿元，同比增加36.47亿元，上升35.42%；实际税收负担率20.92%，比上年上升1.5个百分点。

（二）企业所得税税源及收入特点。1. 2010年，在全省国民经济呈持续稳定增长，全省重点行业和企业经济效益普遍提升，税收征管质量提升的带动下，企业所得税实际收入同比上升了35.42%。2. 企业所得税税源仍集中于以烟草业为主的重点税源企业，同时“非烟”行业税源呈逐步扩大态势，多元化税源结构逐步形成。在2010年度全省国税汇算企业中，资产总额在5000万元以上的3414户企业（占实际参加汇算清缴户数的5.32%），实现企业所得税109.03亿元，占全部实际应纳税额的78.2%，税源呈现高度集中。其中，烟草工商企业所得税收入52.93亿元，较上年同比减少1.14亿元，占全省所得税收入比重37.96%，较上年比重有大幅下降，下降14.23个百分点，但仍是云南省的重点税源。与此同时，云南省“非烟”企业所得税收入86.51亿元，占全省所得税收入比重上升至62.05%，较上年同比上升14.23个百分点，“非烟”税源收入规模比重呈大幅上升。3. 企业所得税收入在地区间呈地域性集中分布。2010年度，在全省“实际应纳所得税额”139.44亿元中，昆明占了56.71%，其次是玉溪占14.5%，两市“实际应纳所得税额”合计占全省的71.21%，其余14个州市仅占28.79%；在全省16个州市中“实际应纳所得税额”达3亿元以上的有昆明、玉溪、曲靖、红河、大理、楚雄、昭通、保山、文山9个州市，其收入占总额的94.12%。4. 企业所得税政策性优惠减免更多体现为税基优惠。2010年度，全省国税系统有2943户企业实际享受了企业所得税优惠待遇，较上年同比减少1309户，下降30.79%，实际减免企业所得税65.73亿元（含税基式减免税），较上年下降13.88%。其中：直接减免企业所得税25.68亿元，占实际减免税总额的39.07%，较上年占比上升1.12个百分点；税基式优惠折算减免税40.05亿元，占实际减免税总额的60.93%，较上年同比下降1.12个百分点。5. 企业所得税税负有所提升。2010年度，云南省国税系统征管企业实际税负率20.92%，较上年同比上升1.36个百分点。其中：内资企业税负21.48%，较外资企业税负18.25%，高3.23个百分点。

（裴晓梅）

税收会计统计

综　述

2011年，收入规划核算处在省局党组的正确领导下，在各处（室、局、中心）的大力配合支持下，按照国家税务总局收入规划核算工作要求和全省国税工作会议工作部署，紧紧围绕“服务基层年”及省局“任务分解”工作要求，认真贯彻新时期税收工作指导思想，充分发挥收入规划核算工作为组织收入服务、为加强征管服务、为税制改革服务、为宏观调控服务的职能作用，全面践行统筹、指导、分析、反映、监督五项职能，以组织收入为中心，以信息化建设为依托，全处同志团结协作，努力工作，圆满完成了各项工作任务。云南省国税的收入规划核算工作由于质量高，成绩突出，国家税务总局下发了《国家税务总局关于2011年全国税收会计统计年报会审情况的通报》，表彰云南省国家税务局为“2011年度全国税收会计统计报表工作优秀等级单位”；由于2011年进一步拓展重点税源监控领域，强化数据质量管理，深化数据分析应用，被国家税务总局通报表扬（《国家税务总局关于2011年度重点税源监控工作开展情况的通报》）；2011年上半年因数据质量明显提高、数据时效性稳步提升，被国家税务总局通报表扬（《国家税务总局关于2011年上半年重点税源监控工作开展情况的通报》）；经省局组织相关部门进行考核，收入规划核算处位于一级处室首位（《云南省国家税务局关于2011年度省局机关目标管理责任制考核结果的通报》)。

业务概述

【**税收收入**】 2011年云南省国税税收收入累计完成1296.60亿元(不含海关代征,下同),比上年增收226.5亿元,增长21.17%。完成总局年初1171.7亿元任务的110.66%,完成省政府下达1200亿元任务的108.05%。2011年云南国税税收收入在全国排名第15位,比2010后移2位;增量在全国排名第15位,与2010年保持同一排名;增幅比全国平均增幅19.2%高1.97个百分点,在全国排名第19位,比2010年前移了7位。增值税总量排名第20位,增量排名14位;增幅比全国平均增幅13.6%高6.7个百分点,排名第9位。消费税总量排名3位,排名前两位的分别是广东省和上海市;增量排名1位;增幅比全国平均增幅15.1%高4个百分点,排名第16位。企业所得税总量排名22位;增量排名25位,增幅比全国平均增幅35.9%低1个百分点,排名24位。

【**税收特点**】 (一)受经济增长和价格上涨推动,税收收入呈现快速增长的势态,税收增长与经济基本面同步协调一致。2011年全省GDP总量达到8750.95亿元,按可比价口径,增幅在13.7%,同时,2011年1~12月CPI累计上涨4.9%,可比价GDP增幅与CPI增幅之和为18.6%,与税收收入21.17%的增幅较为接近,税收总量增长略高于经济和物价的增长,税收与经济基本面变动趋势和步调基本趋同。

(二)主体税种全面增长,企业所得税增速居首。2011年,云南国税共入库国内增值税收入553.45亿元,同比增收93.25亿元,增长20.26%,拉动整体税收增长8.71个百分点,对整体税收增长的贡献率为41.14%;国内消费税收入509.63亿元,同比增收81.64亿元,增长19.07%,拉动整体税收增长7.63个百分点,对整体税收增长的贡献率为36.04%;企业所得税收入181.08亿元,同比增收46.83亿元,增长34.89%,拉动整体税收增长4.38个百分点,对整体税收增长的贡献率为20.69%;车辆购置税收入52.14亿元,同比增收5.13亿元,增长10.92%,拉动整体税收增长0.48个百分点,对整体税收增长的贡献率为2.27%;储蓄存款利息个人所得税收入0.30亿元,同比减收0.35亿元,下降53.74%,拉动整体税收增长负的0.03个百分点,对整体税收增长的贡献率为负的0.14%。

(三)16个州市税收收入全面增收,并全面完成确保任务和奋斗目标。全省15个州市税收收入增幅均超过两位数,其中增幅位居前三位的是迪庆、临沧和德宏,增幅分别为70.16%、53.22%和39.34%。税收主要来源地区昆明增长22.49%,曲靖增长18.14%,玉溪增长16.59%,红河增长20.20%。对全省2011年税收增长贡献最大的前三个地区是昆明、玉溪和曲靖,其税收增长分别拉动全省税收增长6.91、3.65和2.54个百分点,对全省税收增长的贡献率分别为32.64%、17.24%和12%。

(四)重点监控的12个行业增值税8增4降。卷烟、建材、有色金属、通用设备、化工产品、煤炭、电力和商业等10个行业增值税实现增长,增长率依次为14.17%、13.39%、30.07%、19.49%、14.37%、27.65%、41.86%和23.86%;钢坯钢材、交通运输设备、专用设备和电气器材4个行业的增值税分别下降29.25%、12.08%、31.47%和9.48%。

(五)云南省国税税收收入总量在西部12个省区排第3位,增幅高于全国国税收入整体增幅。2011年,全省国税收入为1296.6亿元,税收收入总量在西部12省区排名第3位,在全国国税系统排名第15位,后移2位。2011年云南省国税税收收入增幅为21.17%,较全国国税税收收入整体增幅19.2%高1.97个百分点,增幅在全国排名列第19位,较去年的第26位前移7位;在西部12个省区中,云南省增幅高于新疆(17.1%)和重庆市(21.1%)。

【**税收收入增长原因分析**】 (一)重点税源卷烟税收平稳较快增长。

1. 卷烟制造业税收。(1)卷烟制造业“三税”总量平稳较快增长。2011年,卷烟制造业“三税”入库675.19亿元,同比增收104.46亿元,增长18.3%,实现平稳较快增长。卷烟制造业“三税”增速较税收总额21.17%的增速低2.87个百分点。(2)卷烟制造业“三税”实现两位数增长。2011年,卷烟制造业增值税入库134.6亿元,同比增收16.7亿元,增长14.17%;卷烟制造业消费税入库506.13亿元,同比增收80.85亿元,增长19.01%;卷烟制造业企业所得税入库34.46亿元,同比增收6.9亿元,增长25.03%。卷烟制造业增值税、消费税和企业所得税均保持两位数增长,卷烟制造业企业所得税增长态势强劲。(3)卷烟制造业“二税”增长率超过上年。2011年,卷烟制造业增值税、消费税合计入库640.73亿元,同比增收97.56亿元,增长17.96%。卷烟制造业两税增速,较去年同期15.76%的增速高2.2个百分点,较其他两税22.41%的增速低4.45百分点,较税收总额21.17%的增速低3.21个百分点。(4)卷烟制造业“三税”占总税收的比重同比有所上升。2011年,卷烟制造业“三税”占总税收的比重为52.07%,较2010年的51.88%上升0.19个百分点。分税种看,卷烟制造业增值税占总税收的比重为10.38%,较2010年的11.02%下降0.64个百分点;卷烟制造业消费税占总税收的比重为39.04%,较2009年的38.29%上升0.75个百分点;卷烟制造业企业所得税占总税收的比重为2.66%,较2010年的2.58%上升0.08个百分点。(5)卷烟税收增收的原因是卷烟产量同比保持增长,卷烟产品结构进一步提升。2011 年 1～12 月全省生产卷烟（省内，不含出口）729.98 万箱，同比增加 15.22 万箱，增长 2.13%。卷烟结构进一步优化，省内企业一、二、三类卷烟累计产量同比增长 41.41%、49.33% 和 2.99%，一、二类卷烟比重上升 6.2 和 0.4 个百分点。卷烟结构的提升替代总量增加成为行业增长的“主动力”，结构提升对销售收入增长的贡献度首次超过 80%。

2. 卷烟批发业税收。2011 年，卷烟批发业“三税”入库 84.67 亿元，同比增收 15.31 亿元，增长 22.07%，实现快速增长。卷烟批发业“三税”增速与税收总额 21.17% 的增速基本持平。分税种看，卷烟批发业增值税入库 43.07 亿元，同比增收 10.51 亿元，增长 32.28%；卷烟批发业消费税入库 15.69 亿元，同比增收 2.61 亿元，增长 19.95%；卷烟批发业企业所得税入库 25.91 亿元，同比增收 2.19 亿元，增长 9.23%；卷烟批发业“三税”占总税收的比重为 6.53%，较 2010 年的 6.48% 增长 0.05 个百分点。分税种看，卷烟批发业增值税占总税收的比重为 3.32%，较 2010 年的 3.04% 上升 0.28 个百分点；卷烟批发业消费税占总税收的比重为 1.21%，较 2010 年的 1.22% 下降 0.01 个百分点；卷烟制造业企业所得税占总税收的比重为 2%，较 2010 年的 2.22% 下降 0.22 个百分点。卷烟批发业税收快速增长的原因是 2011 年全省烟草系统经济运行继续保持稳定健康的发展态势，“两烟”销售、销售收入等经济指标稳定增长。1～12 月，云南省烟草公司全省累计销售卷烟 725.15 万箱，同比增加 27.99 万箱，增长 4.01%，实现销售收入 1010.45 亿元，同比增加 136.13 亿元，增长 15.57%。

（二）国内增值税收入实现平稳较快增长。2011 年，云南国税系统国内增值税入库 553.45 亿元，同比增收 93.25 亿元，增长 20.26%，实现平稳较快增长。其中：卷烟制造业增值税入库 134.6 亿元，同比增收 16.7 亿元，增长 14.17%；其他增值税入库 422.35 亿元，同比增收 77.33 亿元，增长 22.41%。国内增值税占总税收的比重为 42.68%。国内增值税的增收得益于全省国民经济保持持续复苏，工业和商业稳定增长。2011 年 1～12 月份，全省规模以上工业共完成增加值 2753.64 亿元，同比增长 18.0%，增速比去年同期高 2.8 个百分点；工业生产者出厂价格同比上涨 4.7%；工业生产者购进价格同比上涨 8.0%。全社会消费品零售总额 3000.14 亿元，同比增长 20.0%；居民消费价格总指数上涨 4.9%。

1. 电力。2011 年，全省电力增值税入库 64.72 亿元，同比增收 19.10 亿元，增长 41.86%。电力增值税占总税收的比重为 4.99%，占国内增值税的比重为 11.69 %。

2011 年 1～12 月，全省共完成发电量 1555.1 亿千瓦时，增长 13.9%。电力行业累计完成增加值 290.53 亿元，增长 18.3%。全省全社会用电量 1204.07 亿千瓦时，增长 19.9%。

2. 有色金属。2011 年，全省有色金属增值税入库 27.95 亿元，同比增收 6.46 亿元，增长 30.07%。有色增值税占总税收的比重为 2.16%，占国内增值税的比重为 5.05%。2011 年 1～12 月，累计生产十种有色金属 270.79 万吨，同比增长 12.7%。其中，铝产量 88.32 万吨，增长 30.6%；铜产量 39.08 万吨，增长 14.6%；铅产量 43.15 万吨，增长 13.5%；锌产量 89.67 万吨，增长 0.6%；锡产量 7.65 万吨，增长 1.6%。有色冶炼及压延加工业增加值 247.67 亿元，增长 16.7%。12 月底，铜价 5.63 万元/吨，铝 1.61 万元/吨，铅 1.56 万元/吨，锌 1.51 万元/吨，涨跌幅度不大。锡价 16.17 万元/吨，比 11 月每吨回落 1.66 万元。

3. 商业。2011 年，云南国税系统批发业增值税入库 92.77 亿元，同比增收 16.40 亿元，增长 21.47%；零售业增值税入库 41.71 亿元，同比增收 9.51 亿元，增长 29.54%。商业增值税占总税收的比重为 10.37%，占国内增值税的比重为 24.30%。消费品市场平稳较快增长，热点商品持续旺销，商品市场交易额同比增长是批发零售增值税增长的主要原因。2011 年 1～12 月份，全省社会消费品零售总额为 3000.14 亿元，同比增长 20.0%；居民消费价格总指数同比上升 4.9%；批发业零售额 241.74 亿元，增长 35.9%；零售业零售额 2140.42 亿元，增长 16.2%。

4. 煤炭。2011 年，云南国税系统煤炭增值税入库 44.11 亿元，同比增收 9.55 亿元，增长 27.65%。煤炭增值税占总税收的比重为 3.40%，占国内增值税的比重为 7.97%。2011 年 1～12 月，累计生产原煤 9957.41 万吨，增长 2.0%；洗精煤 1142.14 万吨，增长 15.3%。规模以上煤炭行业增加值 174.16 亿元，增长 29%。煤炭价格继续不同程度上涨，12 月底，曲靖市地方煤矿原煤均价 576 元/吨，增长 55.3%，洗精煤均价 1125 元/吨，增长 47.1%；红河州原煤均价 400 元/吨，增长 11.1%；昭通市原煤均价 468 元/吨，增长 40.1%。2011 年，全省煤炭企业供应化工用煤 2068.6 万吨，增长 17.3%；供应冶金用煤 1424.89 万吨，增长 5.3%；供应建材用煤 1248.31 万吨，增长 1.1 倍；供应电煤 3323.22 万吨，增长 6.8%。小龙潭矿务局生产原煤 1166.34 万吨，增长 19.2%；东源煤电公司产煤 534.18 万吨，增长 10.9%；云南先锋煤业公司产煤 248.04 万吨，增长 23.5%；乡镇及以下煤矿产煤 7928.19 万吨，下降 1.1%。

5. 钢铁行业。2011 年，云南国税系统钢铁行业增值税入库 7.95 亿元，同比减收 3.29 亿元，下降 29.25%。钢铁行业增值税占总税收的比重为 0.61%，占国内增值税的比重为 1.43%。2011 年 1～12 月，全省生产粗钢 1323.23 万吨，增长 2.3%；成品钢材 1351.85 万吨，增长 11.3%；生铁 1350.01 万吨，增长 1.0%。规模以上黑色冶炼及压延加工业增加值 153.01 亿元，增长 12.6%。钢材价格 9、10 月份出现波动，从 5000 元以上水平跌至 4600 元左右，后期逐步趋于稳定。

12月底，Φ6.5高线价格4690元/吨；螺纹钢Φ12—Φ14价格5000元/吨，均与11月持平。

（三）国内消费税实现快速稳步增长。2011年，全省国内消费税入库509.63亿元，同比增收81.64亿元，增长19.07%，实现快速稳步增长。其中：卷烟消费税（含卷烟批发）入库506.13亿元，同比增收80.85亿元，增长19.01%；其他消费税入库3.50亿元，同比增收0.79亿元，增长28.95%。从比重关系看，国内消费税占总税收的比重为39.31%。卷烟消费税（含卷烟批发）占总税收的比重为39.04%，占国内消费税的比重为99.31%；其他消费税占总税收的比重为0.27%，占国内消费税的比重为0.69%。国内消费税实现快速稳定增长的主要原因首先在于云南省卷烟制造业卷烟产销量增长，产品结构层次提高；其次在于卷烟消费税政策调整提高了卷烟制造业和卷烟批发业的消费税创税能力。

（四）企业所得税实现大幅增长。2011年，全省国税系统企业所得税入库181.08亿元，同比增收46.83亿元，增长34.89%；企业所得税占总税收比重为13.97%。其中：预缴入库141.07亿元，同比增收37.28亿元，增长35.92%；汇算清缴入库33.17亿元，同比增收8.77亿元，增长35.95%；清欠入库6.84亿元，同比增收0.78亿元，增长12.93%。2011年1～12月，云南省宏观经济持续向好发展，规模以上企业实现利润同比增长24.5%，盈利企业大量增加，为企业所得税大幅增长提供了税源基础。跨期税款增加和减免税优惠政策到期也是企业所得税增收的重要原因。

（五）储蓄存款利息所得个人所得税持续大幅下降。2011年，全省国税系统储蓄存款利息所得个人所得税入库0.30亿元，同比减收0.35亿元，下降53.74%。减收的原因是：2008年10月9日起对储蓄存款利息免征个人所得税，政策减收作用显现，导致储蓄存款利息个人所得税收入逐年持续大幅减收。

（六）车辆购置税高速增长。2011年，全省车辆购置税收入52.15亿元，同比增收5.13亿元，增长10.92%，占总税收比重为4.02%。车辆购置税大幅增长的原因是：随着我国经济社会的快速发展，国民财富不断增加，私人购车需求开始爆发式增长，在国家一系列刺激汽车消费政策的激发下，2011年云南省车市延续了2010年的产销两旺景象，且1.6升以下排量机动车车辆购置税由2011年将恢复全率10%征收车辆购置税的政策性增收效应作用显著。

【税收减免】 根据《2011年税收会计统计年报》显示，2011年全省国税系统共办理减免税38.48亿元。其中，减免增值税9.14亿元，减免企业所得税28.16亿元，减免车辆购置税1.18亿元。分减免项目情况看，其中高新技术企业减免1.09亿元，疾人就业减免7.14亿元，其他减免30.25亿元。

【宏观税负及税收弹性】 2011年，全省国税税收收入完成1296.60亿元（含车辆购置税，不含海关代征），比上年增长21.17%。同期，全省GDP完成8893.12亿元，可比价增长13.7%，现价增长23.17%。2011年全省国税宏观税负（税收收入与GDP之比）为14.58%，比上年14.82下降0.24个百分点，较全国同口径的国税收入宏观税负13.2%高1.38个百分点。现价税收弹性（税收收入增长率与GDP现价增长率之比）为0.91，比上年1.11下降0.2，较全国同口径的国税收入弹性1.19低0.28。

2011年，全省工业增值税完成418.96亿元，比上年增长19.15%，同期工业增加值完成2753.64亿元，可比价增长18.0%，现价增长22.55%，工业增值税税负为15.21%，比2010年的15.65%下降0.44个百分点；工业增值税现价税收弹性为0.85，比2010年的0.75上升了0.1。批发和零售业增值税完成134.48亿元，同比增长23.86%，同期批发和零售业增加值完成932.21亿元，同比增长41.16%，批发和零售业增值税税负为14.43%，比2010年下降了2.02个百分点。

各项工作

【税收计划】 2011年初，国家税务总局、云南省政府分别下了云南省国税税收收入计划任务和奋斗目标。为努力完成省政府的下达的1200亿元确保任务，力争完成国家税务总局下达的1171.7亿元奋斗目标，我处按照省局党组的要求，一是在年初全省国税工作会议上，按各地税源实际，分别将确保任务和奋斗目标进行认真分解，下达了各州市2011年收入任务，并由省局局领导与各州市国税局局长签订了《2011年国税收入目标责任书》，要求各地尽快、及早将税收计划任务落实到基层国税机关，并定期上报落实情况，据此进行目标责任制考核。二是狠抓税收收入进度，并对税收计划执行情况及时进行分析通报。三是进一步加强与各州市局的联系，及时掌握税收收入情况和存在问题。

【税收分析】 （一）深化税收经济分析，提高收入预测的科学性与准确度。一是针对2011年宏观经济和国税收入形势，为准确把握组织收入工作的目标任务及时间，为省局领导提供全省国税收入的规模趋势，收入规划核算处与省局相关处室、地州市国税局分两次全面分析预测了2011年的国税收入规模及2012年的国税收入规划。二是年底积极与省财政厅相关处室共同研究，对2012年全省社会经济、重点税源及分税种收入情况进行分析判断，并结合2012年全省财政收入初步预算结果，规划了2012年全省国税收入的规模。（二）测算云南省宏观税负、税收弹性与企业类纳税人增值税销售额税负情况。测算云南省分州市宏观税负与税收弹性情况，下发了《云南省国家税务局关于2010年宏观税负与税收弹性情况的通报》，文件按照国家税务总局的标准、方法和公式，根据综合征管信息系统中抽取的数据，结合云南省税款缴纳特点，测算出云南省宏观税负和税收弹性总体情况、卷烟制造和非卷烟制造两大板块税负和税收弹性情况、主要非卷烟制造工业行业增值税税负变化和弹性情况和工业、批发和零售业增值税税负和税收弹性情况，并要求各地结合本地情况，与有关部门配合，对税收和经济进行全面对比分析，发现税收和经济相互背离的现象，有针对性地查找深层次的根源所在，制定和落实切实可行的征管措施，实现税收与经济协调增长，全面发挥税收经济分析、企业纳税评估、税源监控和税务稽查良性互动机制的作用，进一步提高税收征收管理的质量和效率。（三）认真落实《税收分析工作制度》，保证税收分析工作常态化、制度化。进一步建立健全了税收分析的定期汇报制度，注重税收分析与预测的深度，强化了税收分析在整个税收管理工作中的作用，认真做好税收收入完成情况分析、经济税收关联分析、税收统计和各项专题调研分析工作。对内，按月召开了8次税收收入月度分析会议，按季以局长办公会形式（或送达分析材料的形式）进行了4次税收分析预测的税收综合分析会。对外，与省发改委、工信委、省统计局和省财政厅等部门进行税收与经济相关性及协调度分析。

【税收会计】 认真做好税收会统月报的收集、整理、汇总、上报等工作，严把质量关，准确记录会统数据，利用数字语言详细反映云南省各项税收收入及经济发展状况。按时按质完成了2010年全省年报和2011年全年《税收会计统计月报》的编制和上报工作。一是对各地上报的各种报表逐一认真审核，做到不合格的报表不汇总，不合格的数据不报出；二是严格报表报送口径，做好与财政、金库的对账、签证工作；三是加大对各地会统票报表质量的审核、考核力度，有力促进了报表质量的提高。四是加强税收会计监督。强化信息化条件下税收会计核算的规范性、完整性、准确性和统一性，充分发挥税收会计监督的作用，及时发现和解决税收执法与税款征收中存在的问题。五是加强CTAIS计会统功能模块的运维工作。通过网上交流、电话沟通等方式做好辅导工作，加强应用管理，提高CTAIS计会统功能模块操作水平，减少差错。六是进一步加强税务代保管资金账户监控工作，按总局要求顺利完成了车辆购置税账户的撤销工作。六是积极配合财政部驻云南监察专员办事处、审计署驻昆明特派办对做好云南国税的审计工作。

【税收统计】 通过对综合征管信息系统数据进行实时在线的查询、分析和监控，利用“数据监控分析系统”严格对欠税、预缴、应退税款、呆账等动态数据的事前、事中和事后监控和审核，及时处理旧系统中产生的垃圾数据，确保新系统做到企业申报数据、征管软件数据和TRS报表数据三者一致，为软件的顺利运行和会统报表的准确生成打下坚实的基础。

【税收票证】 一是圆满完成了2011年度各类税收票证的印制和发放工作，保证了基层单位税收票证的及时供应。二是按季对各类税收票证进行盘点，做到了账账相符、账表相符、账实相符。三是对收入规划核算类表证单书的用量及库存进行了全面的清查，并安排2012年的印制工作。四是根据国家税务总局《关于请报送税收票证管理存在问题和相关建议的通知》，2011年总局将重新修订《税收票证管理办法》，按总局要求，我处及时征集了各基层局单位税收票证工作中存在的问题及对《税收票证管理办法》有关修改建议，并汇总上报总局，配合做好税收票证制度修订完善工作。五是税收资金安全检查方面，首先严格按照《国家税务总局关于开展税收资金安全为重点的税收会计检查的通知》要求，圆满完成了全省及对陕西省国家税务局、地方税务局的税收资金安全检查的工作任务。

【重点税源管理】 2011年，国家税务总局对重点税源报表项目进行了调整，并增加了大量审核公式和产品代码，信息中心和我处加班加点，修改完毕后，于2月14至15日安排各地州进行测试，测试结果基本正常。本着服务基层，心系基层的工作要求，我处协调信息中心，根据深入基层、企业调研情况和各地反映的建议意见，对重点税源网上直报系统进一步进行了完善和优化，并安排各地州对优化后的系统进行测试。经过对系统优化完善，重点税源网上直报系统为基层人员和广大纳税人采集、上报、审核数据提供了便捷高效的工作平台。为确保重点税源数据质量，收规处提出了“加强分析应用，通过应用查找数据存在问题，促进数据质量的提高”的工作思路。第一，通过电话、网上交流等形式指导全省重点税源数据采集和上报工作，及时处理各地提出的业务需求，保证数据质量。第二，加强监控成果的运用，各地将税源监控中发现的问题通过定期或不定期召开协调会的方式及时通报征管、稽查部门，对加强征管、堵塞漏洞、增加收入起到了促进作用。第三，建立重点税源税负的预警机制。通报了云南省税源和重点行业税负情况，要求各地要对税负低于平均水平的重点税源企业进行筛查，查找异常税负企业进行分析评估。第四，开展重点税源数据质量检查工作。下发了《云南省国家税务局关于2010年重点税源监控情况的通报》、《云南省国家税务局关于2011年一季度重点税源监控情况的通报》、《云南省国家税务局关于2011年上半年重点税源监控情况的通报》和《云南省国家税务局关于2011年1～9月重点税源监控情况的通报》，定期对各州、市重点税源工作进行了总结；为保证重点税源工作的顺利开展，经多次与省财政厅协调，省财政厅拨付重点税源专项经费59万元。

【税收资料调查】 按照财政部、国家税务总局2011年全国税收资料调查工作会议的部署，以及《财政部·国家税务总局关于做好2011年全国税收调查工作的通知》精神，于2011年4月在昆明召开了“全省国税系统税收资料调查工作会议”。在总结2010年税收资料调查工作的经验和不足的基础上，对2011年税收资料调查工作进行了安排和布置。6月底，圆满完成全省国税系统2011年税收数据调查工作。全省国税系统纳入2010年度税收资料调查的户数共7036户，比上年增加120户。全部调查户“两税”共入库816.7亿元，占全省2010年度“两税”收入904亿元的90.34%。全部调查户中有6518户为增值税一般纳税人，占2010年末云南省增值税一般纳税人42907户的15.19%。一是继续强化审核说明填写，严把审核关。二是继续加强与征管系统数据比对，提高数据质量。三是以表促审，加强审核分析表的运用。分析表的大量运用成为今年税收资料调查提高数据质量的一个重点。各单位在收到调查数据后，首先通过分析表查找可疑数据，根据审核分析表提供的线索，及时对可疑数据进行核实并修正。四是积极组织汇审。今年全省组织了为期两天的数据汇审，全省16个州市和调查户数较多的昆明市五个城区局参加了省局数据汇审。汇审中，通过面对面的信息沟通和交流，极大提高了工作效率。五是加强难点数据调查管理。由于集团企业存在成员单位众多、核算复杂等实际情况，今年云南省重点加强对企业集团的服务辅导，切实提高了企业集团数据质量，增强了数据的可比性和连续性。六是加强沟通交流。为便于及时沟通工作信息、交流工作经验，省局工作人员在加入全国调查工作讨论群的同时建立了全省调查工作讨论群，及时了解工作动态、反馈工作信息，充分运用网络信息技术的优势，加快信息传递速度，明显提高了工作效率；税收资料调查工作历时长，涉及的部门层级多，数据繁杂，工作量大，经多次向国家税务总局和财政部申请，税收资料调查的经费由原来的16万元增加到2011年的31万元。

【财税库银横向联网】 按照财政部、国家税务总局、人民银行和省局党组的规定和要求，收入规划核算处遵循积极稳妥原则，积极配合征管和科技发展处加强与财政、国库、商业银行等外部单位的协调，稳妥做好该项工作，实现云南省国税系统税款缴库电子化，推进电子缴税工作向前开展。

（滕杨　陈昆）

纳税服务

综　述

2011年，纳税服务处坚持以全国、全省税务工作会议精神为指导，深入贯彻依法征税、和谐征税的要求，围绕省局党组确立的“服务基层年”工作主题，认真落实总局2010～2012年纳税服务规划和“十二五”时期纳税服务工作发展规划，进一步加强办税服务厅标准化建设，加大12366纳税服务热线推广运用力度，梳理优化解决纳税服务工作中存在的问题和困难，纳税服务水平得到明显提升，纳税人权益得到更好保障。

各项工作

【办税服务厅标准化建设试点】 在昆明、楚雄、曲靖和临沧开展纳税服务标准化管理建设试点工作。按照统一设置、整合业务、理顺职责、优化流程、强化服务的总体思路，在保持现有办税服务厅整体布局的基础上，统一办税职责、统一窗口设置、统一办税规程、统一区域划分、统一形象标识，按照不同功能需求划分办税服务区、咨询辅导区、自助办税区、休息等候区四大功能区域，窗口标识统一按综合服务、发票管理、申报纳税三类设置。2011年8月24日，省委常委、副省长李江在全省深化政务公开加强政务服务工作会议楚雄观摩现场高度赞扬楚雄国税“一窗通办”服务模式。试点工作取得明显成效，得到纳税人和社会各界的一致好评。

【“四亮四创四评”活动】 在办税服务厅广泛开展“四亮四创四评”主题实践活动，针对不同服务对象需求，从优化便民服务流程和措施，公开透明相关服务信息，细化并规范岗位职责和工作标准，大力推行多元化办税和缴款方式，精简涉税资料，丰富服务内容，突出工作质量、办事效率等方面着力，把办税服务厅从侧重办税服务转型为集办税服务、税法宣传、咨询辅导、权益保护以及征纳沟通等多种服务于一体的实体化综合服务场所。

【办税服务厅建设自查和检查】 在各县市区局认真自查和州市局重点抽查基础上，于10月13日至10月21日组成四个检查组对昆明、昭通、曲靖、玉溪、楚雄、红河、大理、临沧8个州市国家税务局所属的33个办税服务厅环境建设、服务制度落实和业务开展、设备配置、规范化标准化建设、工作纪律、管理制度的制定和落实等情况开展了交叉检查，形成了办税服务厅现状和存在问题以及下一步整改措施、意见建议报告。

【12366纳税服务热线推广应用】 以信息化为支撑，按照“省级集中，两级共建，立足昆明，面向全省”的建设原则，认真做好安装环境准备工作，开展地方知识库建设，完成运营商谈判、中继线路接入工作，配合中软公司进场施工，组织进行硬件设备、系统软件、知识库软件的安装调试、业务测试和系统初始化设置工作，同时，大力开展人员培训，积极与省地税局协调，于2011年8月18日正式开通全省国税系统12366纳税服务热线，并于9月1日开始试运行。截至2011年12月31日，共设有8个坐席，累计来电总量10024个，累计语音服务量8444个，其中：自动语音服务量2660个，人工语音服

务量5784个。人工语音服务量中：人工接听量5438个，呼出话务量346个。20秒内接通率为95.73%。

【“96128”政务查询专线】 按照省政府要求，建立政务信息查询工作机制，指定专人负责，设立“96128”专用电话，接受公众和政府部门的监督检查。在工作中，实行岗位AB角制度，做到电话有人接，咨询有人答。

【国、地税协作工作】 制定下发《云南省国家税务局地方税务局关于进一步加强合作的指导意见》（云国地税发〔2011〕号）。昆明市国税局与市地税局积极探索，召开联席会议，选取盘龙和三个开发区局开展联合办税试点，从推进办税服务厅共建、联合开展税法宣传和咨询辅导、联合开展信用等级评定、共同优化办税流程、联合办理税务登记、联合开展税额核定、联合开展专业市场税收管理、联合开展纳税评估和税务稽查等八个方面开展联合办税工作。其他州市也根据实际开展了有益探索。

【解答收集纳税咨询热点难点问题】 按照总局要求，各州市局及时解答纳税人咨询的税收问题，按月收集10个热点难点问题上报省局，省局对收集的纳税咨询热点难点问题向涉及的相关业务处室做进一步核实，在处室反馈后整理上报总局，形成了收集、汇总、核实、反馈、上报的长效机制。

（周庆云）

征管和科技发展工作

综　述

2011年，全省征管和科技发展工作在省局党组的正确领导下，全面落实科学发展观，紧紧围绕省局党组确定的“服务基层年”的工作主题，全面落实了全省国税工作会议确定的工作任务，按照省局任务分解的要求，努力探索税源管理专业化管理和信息管税新路子、新方法，积极探索税源专业化管理。依托信息技术，加强税收风险管理，重新整合职能，探索管理新方式。认真做好税收管理员辅助信息系统推广应用工作，积极做好系统试点运行工作，及时做好系统推广应用工作。进一步深化普通发票管理工作，提升信息管税水平。进一步加强综合征管软件业务运行维护工作。进一步深化税源与征管状况监控分析工作。进一步深化第三方信息应用。积极探索征管档案管理方式。统筹开展纳税评估工作初见成效。认真做好个体税收管理工作。切实加强欠税管理。稳步推进财税库银横向联网工作。按时完成征管类税务检查证换发工作。配合督察内审处，认真做好对云南省国税系统的审计工作。积极配合总局做好税收征管模式专题研究。使全省征管和科技发展有了长足的发展和进步。

业务概述

【税务登记情况】 2011年度全省累计税务登记997949户，比2010年的871822户增加126127户，增长14.47%；全省处于正常状态的纳税人有2011年有613181户，比2010年的557101户增加56080户，增长10.07%；2011年全省停业户755户，比2010的1075户减少320户，降低29.77%；2011年全省非正常户9227户，比2010年的5156户增加4071户，增长78.96%；2011年全省注销374786户，比2010的308490户增加66296户，增长21.49%。

【普通发票管理情况】 2010年全省印制普通发票137812263份，比2010年度的87903321份增加49908942份，增长56.78%。2011年度全省使用普通发票90552551份，比2010年度的93543695份减少2991141份，降低3.20%。2011年度全省开展普通发票检查225373户次，比2010年的135612户次增加89761户次，增长66.19%；2011年普通发票检查中查出有问题3212户次，比2010的9278户次减少6066户次，降低65.38%；2011年查出违法发票58031份，比2010年的61018份减少2987份，降低4.90%；2011年全省对3058户次违章使用普通发票的纳税人进行了处罚，比2010年的4781户次减少了1723户次，降低36.04%；2011年全省对普通发票违法违章处以罚款443.85万元，比2010年的384.84万元增加59.02万元，增长15.34%。

【纳税服务情况】 2011年度全省办税服务厅185个，比2009年度的187个减少2个，降低1.07%；申报税款13134215万元，比2010年度的10701000万元增加2433245万元，增长22.74%；对外宣传网站68105人次，比2010年的40806人次增加27299人次，增长66.90%；2011年全省发放税收宣传资料1259659份，比2010年的1258500份增加1159份，增长0.09%；2011年全省其他纳税辅导宣传275845人次，比2010年的256907人次增加18938份，增长7.37%。

【个体私营经济税收征管情况】 2011年全省个体私营纳税户67446户，比2010年的266769户减少199323

户，降低74.72%。其中：私营企业54973户，比2010年的61107户减少6134户，降低2.15%，个体工商户12473户，比2010年的205662户减少193189户，降低93.94%（主要是从2011年11月1日，云南省再一次调整增值税起征点，货物销售从原来的5000元提高到20000元，劳务提供从原来的3000元提高到20000元）。2011年全省个体私营税收收入1263907万元，比2010的1207020万元增加56887万元，增长4.71%。其中：私营企业税收收入1122139万元，比2010年的1098514万元增加23625万元，增长2.15%；个体工商户税收收入141768万元，比2010年的108513万元增加33255万元，增长30.65%。

【集体市场管理情况】 2011年全省集贸市场836个，比2010年的900个减少64个，降低-7.11%；2011年集贸市场纳税34076万元，比2010年的20751万元增加13325万元，增长64.24%；2011年度集贸市场工商登记户数81218户，比2010年的978600户减少16642户，降低17.01%；2011年集贸市场税务登记户数74401户，比2010年的83410户减少9009户，降低-10.80%；2011年集贸市场纳税户48853户，比2010年的55167户减少6314户，降低11.45%。

各项工作

【积极探索税源专业化管理】 为适应经济活动日趋复杂对税源管理提出的新挑战，根据总局关于税源专业化管理试点的指导意见，结合云南省实际，坚持以提高税法遵从度为目标、税收风险管理为导向、认真实施信息管税思路，积极探索税源专业化管理。目前已取得初步成效，并在2011年全国税收征管和科技工作会议上以题为《因地制宜 突出特点 积极探索税源专业化管理》作书面经验交流。

（一）依托信息技术，加强风险管理。为了落实信息管税的思路，在税收管理员辅助信息系统中建立了风险管理流程，通过风险识别、风险评估、问题诊断、风险应对、反馈改进节点，查找纳税人的涉税风险，并以风险值的高低向税收管理员发出综合风险信号，引导税收管理员实施有针对性的风险管理。一是建立风险特征库，实施预警管理。根据云南省税源实际，从税种管理、专业管理综合管理出发，建立风险特征库，并做到指标体系的完整性，尽可能使指标体系为指标集中的最小完备集。同时又考虑重点性，做到全面和重点兼顾，实现不同的评价指标之间的相互联系、相互配合。二是利用风险评估，实施分类管理。根据风险的不同表现形式和风险发生可能造成的税收后果，将纳税人的风险等级分为一般、关注、重视和严重，税收管理员据此对纳税人采取不同的风险应对措施，做到高风险优先处理，低风险及时化解，从而形成自上而下分析督导和自下而上核实反馈的良好机制。2011年，对全省纳税人进行风险扫描和排序，评定有税收风险的纳税人69924户，其中风险等级为一般共62092户，风险等级为关注共5721户，风险等级为重视共1604户，风险等级为严重共507户。三是提供问题诊断，及时化解风险。根据税收管理员反馈的各预警指标存在的问题，通过梳理将纳税人在某个指标中存在的共性原因维护到系统中，以便税收管理员遇到同样预警信息时可以根据诊断原因库的提示，及时采取针对性的措施，有效防范税收风险。

（二）重新整合职能，探索管理方式。按照《国家税务总局关于开展税源专业化管理试点工作的指导意见》（国税发〔2010〕101号）精神，针对云南省税源管理实际，借鉴省外税收管理先进理念和经验，采取“省市联动，各有侧重”的方式，在昆明、曲靖、普洱三个市积极探索税源专业化管理。一是昆明市以“强化纳税评估、行业规模管理、社会协税护税”，探索现有机构设置下的专业化管理模式。二是曲靖市以“职能重组、团队作业、链式应对、防范风险”，探索管户和管事相结合的专业化管理模式。三是普洱市以“上下联动、分级分类、行业管理”，探索大企业税收专业化管理模式。

【税收管理员辅助信息系统推广应用工作】 为了进一步加快税收征管科学化、精细化、专业化、信息化进程，减轻税收管理员获取税源信息的压力，有效解决基层信息不对称问题，及时查找税收管理中存在的薄弱环节和漏洞，加强征管，堵漏增收，促进全省税源管理效能的提高，根据2010年11月18日局长专题会议和2011年全省国税工作会议精神，认真做好税收管理员辅助信息系统全省推广应用工作。

（一）认真做好系统试点运行工作。为进一步论证系统性能，及时发现存在的不足和问题，于2010年12月20日在玉溪市、文山州、楚雄州禄丰县、大理州大理市、昭通市昭阳区和西双版纳州景洪市22个县（市、区）局的35个分局试点运行系统。通过半年试点，22个试点县（区、市）局充分结合自身实际，按照“学会操作、熟悉操作、全面操作”的递进式步骤，不断地总结和创新系统应用分析方法，从而为全省推广应用打下了坚实的基础。一是建立例会点评制度。各试点单位领导小组每月听取系统应用的基本情况、存在问题及下一步工作计划等，做到及时发现问题，及时做出指导。同时，实行定期点评制度，把操作规范、税收调查和风险管理作为点评重点，对各分局和税收管理员应用系统的先进做法进行实时交流，从而达到互相学习、共同提高的目的；二是建立运行通报制度。为了提高系统运行质量，省局定期对各地试点运行情况进行通报。期间，省局共通报思想认识问题4个、业务操作问题5个和系统应用问题3个，从而进一步提高了各试点单位的运行质量。税收调查任务的完成率由原来的88.54%提高到95.98%，风险预警的反馈率由原来的60.85%提高到80.64%；三是建立问题反馈制度。为了保障系统的有效运行，各试点单位建立健全问题反馈制度，疏通反馈渠道，及时收集和分析系统应用中存在的业务、技术问题。在试点过程中，共发现系统运行问题1个，完善和修改税收管理员工作平台意见及建议17条；四是建立质量管理制度。为发挥系统在加强税源管理的辅助作用，省、州（市）、县随机抽查系统的运行质量，对存在疑点的信息，及时反馈税收管理员，并帮助其制定管理措施，督促认真落实，从而避免数据缺失和信息失真。期间，共抽查税收调查任务360条，反馈问题23条；抽查风险预警反馈信息1500条，反馈问题36条。与此同时，部分试点单位还采取一些先进做法，提高系统试点运行质量。如昭阳区国税局建立评估和奖励激励机制，对应用先进个人进行表彰奖励；禄丰县国家税务局采取案例通报制度，促进互相学习、共同提高；景洪市国税局采取边应用、边总结、边培训的方式，逐步规范统一、提高应用实效；大理市国税局采取现场办公会的方式，督促问题整改。通过试点，取得以下主要成效：一是规范了税收执法行为，促进了日常税源管理工作的程序化、标准化，利于防范执法风险；二是方便了税源信息查询，促进了基层落实信息管税的思路，提高了工作效率；三是明晰了风险预警导向，促进了税源的专业化管理，提高了纳税遵从。如，楚雄州禄丰县国家税务局通过系统发票验旧信息，发现某家电下乡纳税人利用虚假作废发票信息的手段少申报收入185，620.33元的违法行为；昭通市昭阳区国家税务局通过预警指标“发票验旧金额与增值税申报金额相比大于5000元”的风险预警提示，发现某车业有限公司和某商贸有限公司分别少申报销售收入158251.25元和92478.62元，造成发票开具金额（不含税）大于申报金额；22个试点单位根据预警指标“双定户销售收入连续三月超核定收入未及时调整”的风险预警提示，对324户定额核定偏低的纳税人进行了定额调增处理，月调增核定收入2234200.00元，月增加税款67026.00元。

（二）认真做好系统推广应用工作。在全省22个县区局成功试点运行税收管理员辅助信息系统的基础上，按照“分步实施、稳步推进”的原则，从7月开始在16个州市分二批全面推广应用系统，并于8月22日在全省成功上线运行。截至12月30日，共发起税收调查任务82363条（其中：系统自动发起49900条，手工发起32463条，分别占总任务数的60.59%、39.41%），已完成76891条，完成率93.36%。同时，风险指标预警86378条，其中需反馈50451条，不需反馈35927条，分别占58.41%、41.59%。一是提高认识、统一思想。各级税务机关从风险管理、标准管理、流程管理、分类管理、整合服务、资源配置等视角，全方位地认知系统，准确把握系统推广应用的工作任务，以高度负责的态度，务实的工作作风，成立了以局领导为组长、各相关科室负责人为成员的推广领导小组，并结合本地实际制定了翔实可行的推广实施方案，确保了系统成功上线。二是充分准备，分步实施。首先，认真组织实施全员培训。针对时间紧任务重的实际，各推广应用州市立足本地情况，紧紧以学会操作、学会应用、学会分析为主线，认真选择适合本地的教学方式，做到理论联系实际，深入浅出，案例说教，确保各个层次、各个岗位的全体人员掌握其所需的应知、应会技能。为了保障效果，省局还采取送教上门的方式，积极深入基层与税收管理员进行面对面传授；其次，认真组织实施全员业务演练。通过对规定业务类型和本地特殊业务的演练，进一步检验系统运行的可靠性，进一步检验系统操作的准确和熟练程度。期间共演练税收调查19676条，预警信息21321条；第三，认真做好数据清理和系统初始化工作。按照无主管税务官员清册，完成了纳税人与主管税务官员对应关系的清理和补录。按照初始化方案，完成了系统数据抽取、用户信息初始化和调查时限设置，为系统成功上线提供了坚实的保障。三是统筹关系，认真应用。首先，认真处理好四个方面的关系。各级税务机关以规范化的管理为前提，以标准化的流程为基础，以系统化的理念为保证，以数据化的模式为方向，以信息化的支撑为手段，从加强源泉管理入手，着眼数据增值应用、化解税收风险，认真处理好四个方面的关系，即处理好各阶段推行任务的关系，做到各项任务按时、按质完成；处理好近期目标和长期目标的关系，做到独自熟练操作系统与应用好系统相结合；处理好部门之间的关系，形成纵向联动、横向协作的合力局面；处理好技术和业务的关系，做到既要强调发挥信息化的支持保障作用，又要注重管理业务的创新。其次，以钻研的精神应用好系统。各县区局立足于强化税源管理的实践，坚持以实际问题为中心，认真学习和研究系统的操作及应用，切实做到认识上有新的提高，操作上有新的收获，应用上有新的创新，从而真正提高税收管理员驾驭系统的能力。首先，在学习应用中，不仅从业务视角全面掌握系统功能，还从技术视角了解信息技术对系统功能的支撑程度，从而采取有效措施和手段，在充分保障系统现有功能发挥的基础上，进一步激活系统潜在功能；其次，勇于突破部门界限和业务界限，做到不仅从部门的视角单独掌握系统对应的功能，更从整体和全局的视角全面掌握系统的功能；第三，积极发挥主观能动性，做到举一反三，主动挖掘系统潜在的功能，切实提高数据的增值效应。四是持续改进，不断创新。首先，为了使系统更加适应税源管理的需要，不定期地深入基层一线，仔细了解系统应用中的功能缺陷，并及时进行修改和维护。截止11月30日，共收集问题5个，修改完善5个。其次，各地采取专题研究、团队攻关、课题研讨等方式，积极探索和创新系统应用的新方法、新手段，尽可能发挥系统的潜在功能。如楚雄州制定《风险管理反馈信息操作指引》，规范和提高税收管理员预警反馈信息质量；普洱市采取部门联动的方式，成立工作组全面负责系统应用质量跟踪，并通过友情提示的方式及时告知操作应用的方法和存在的问题；昆明市和曲靖市积极探索系统对税源专业化团队管理模式的支撑，确保了税源专业化试点工作的顺利开展。

【进一步深化普通发票管理工作，提升信息管税水平】

在进一步巩固普通发票简并换版工作取得成绩的同时，积极扩大机打票用户。一是做好普通发票开填系统的业务咨询及日常运维服务。为基层税务机关和广大纳税人解决换版工作中的各种问题，确保云南省普通发票换版工作的平稳过渡和开填系统的正常运行，并积极探索新版普通发票管理的纵深推进。二是严格执行普通发票配送制度，保证普通发票运输安全。从2011年1月1日起，派送平推式机打票6571.4万套、卷式机打发票71.9万卷、手工票76.34万本，并实行专车派送、专人押运，保证了普通发票运输安全。三是认真做好烟草、电力、供水、石油、石化等大型企业的服务工作。四是认真研究普通发票管理中委托代开问题，通过调查研究和总结近年来管理经验，拟定了《云南省国家税务局普通发票代开管理办法》。五是建立普通发票查询平台，实现普通发票社会公众查询功能，通过查询平台，纳税人只要输入其需要查询的发票的代码、号码等相关信息，就能核查发票信息真实与否，让社会公众对取得的发票能通过查询平台准确地确认发票信息的真伪，为社会公众提供所查询发票的权威信息。六是严格普通发票的计划管理，建立发票预警机制。七是进一步规范全省普通发票真伪鉴定的管理。制定和实施了《云南省国家税务局关于发布［云南国家税务局普通发票真伪鉴定管理办法（试行）］的公告》，明确了省局、州、市和县区局的工作职责和任务。八是及时完成全省旧版普通发票收缴和核销工作。共收缴旧版普通发票965055（本、套、卷），核销旧版普通发票损失129.63万元，从源头上有效防止旧版发票流失。九是为了加强普通发票内部管理，以学会操作、学会应用、学会分析为目的，进一步提高普通发票数据分析的质量，规范全省综合征管系统后台普通发票业务操作、提升普通发票计划编制、报表汇总质量和水平、有效开展普通发票合理库存设置及查询，今年11月7日至11月9日，进行了全省国税系统普通发票管理专题培训。十是全面宣传贯彻落实新发票管理办法。在新发票管理办法出台后，及时征订《中华人民共和国发票管理办法》及《中华人民共和国发票管理办法实施细则》《中华人民共和国发票管理办法释义》下发各基层，要求基层对新办法真正做到懂、知、会，增强了做好发票管理工作的法律意识。十一是进一步完善普通发票填开系统，对新版普通发票开填系统的18个业务需求和系统运行中存在的9个问题。根据纳税人和基层税务管理人员的意见和需求，积极配合信息中心提出业务需求和修改意见，完善现有的开填系统，完成了普通发票开填系统的升级。

截至2011年12月31日，全省上线使用发票开填系统纳税人共计75188户，其中：网络版用户71592户，比上月增加4092户；单机版用户3596户；自行开发软件企业338户。全省共开具发票17865821份，正常填开金额710.32亿元。其中：网络版开具8694128份，作废431569份，正常填开金额627.32亿元，；单机版开具336518份，作废13347份，正常填开金额14.02亿元，自研发软件开具8835175份，作废117019份，正常填开金额68.98亿元，属于发票代开180926份，作废7725份，正常填开金额6.90亿元，其中：代开金额超过200元的发票应征税款20，535，702.49元。

截至2011年10月31日止，全省普通发票发售金额2990.08万元，库存金额3483.27万元。2011年全年共制作《发票领购簿》45万本，保证了全省《发票领购簿》的正常供应使用。共制作、分发税务登记证正本内芯175500张、副本内芯184700张、副本外套121800本、正本外框134300个。

截至2011年10月31日止，全省共印制平推式机打发票8078.4万套、通用卷式机打发票102.17卷、通用手工发票105万本。其中：

（一）统票类：共印制通用平推式机打发票4620万套、通用卷式机打发票10万卷、通用手工发票101万本；

（二）冠名发票类：涉及中石化、中石油、苏宁电器、昆仑燃气、五星电器、买乐电视购物、锦江麦德龙、家乐福超市等8个单位和电力、烟草两个行业。共印制平推式机打发票3448.4万套、通用卷式机打发票92.17卷；

（三）文山市有奖发票类：共印制机打有奖发票10万套、手工有奖发票4万本。截至2011年12月30日止，共印制新版普通发票手工票 万本、电脑发票16009万套，按计划向各州市局派送手工票92.47万本、电脑发票12882.1万套，保证了新版普通发票的正常供应使用。

同时加强表证单书管理工作。共统计汇总、安排印制表证单书90种，其中：货物和劳务系列类报表35种、所得税系列类报表20种、收入规划系列类报表16种、征管系列类报表19种，保证了全省国税系统和纳税人相关表证单书的正常供应使用。

【进一步加强综合征管软件业务运行维护工作】 为保障系统的正常运转，从日常问题解答、补丁升级测试与制订操作规范、数据质量管理、送教上门当参谋四个方面做好综合征管软件业务运行维护工作。

（一）做好日常问题解答。2011年度，通过网站、FTP、电话等方式共计对下回复2千多个（次），通过总局应用支持网站提交软件修改建议7个（次），全省国税系统使用总局运维技术支持热线15次。

（二）进一步完善综合征管软件补丁升级测试与制订操作规范。随着《中华人民共和国发票管理办法》（中华人民共和国国务院令第587号）、《中华人民共和国发票管理办法实施细则》（国家税务总局令第25号）、《国家税务总局关于进一步完善税务登记管理有关问题的公告》（国家税务总局公告2011年第21号）的施行，发票管理、税务登记管理等业务出现了一些重要的变化和调整。按照国家税务总局综合征管软件升级的要求，我处组织人员进行了认真细致的测试，根据测试情况制定了《云南省国家税务局关于明确综合征管软件42号综合补丁和43L01号补丁升级后若干业务操作规范的通知》、《云南省国家税务局关于明确综合征管软件43号综合补丁和44L01号补丁升级后若干业务操作规范的通知》，确保了升级后的综合征管软件的正常应用，为各项业务的正常开展提供了保障。

（三）进一步加强数据质量管理。为了加强数据质量管理，由我处牵头，对综合征管软件数据质量管理的现状及问题进行了分析，提出了从事前规范、事中控制、事后清理三个方面强化数据质量管理的建议。具体内容包括：清理作废停用模块，建立健全数据质量评价指标体系，定期开展数据检测，定期发布疑点数据、收集整理各部门的常见应用问题解答，逐步建立业务运维知识库。经征求法规处、收入规划处、货物与劳务税处、所得税处、大企业和国际税收处、纳税服务处、稽查局、信息中心的意见，已达成共识，一致同意共同做好该项工作。

（四）进一步开展送教上门为基层加强税源管理当好参谋。为了贯彻“服务基层年”工作主题，我处组织开展了送教上门当参谋的培训。培训课程紧密结合税收综合征管软件补丁升级带来的业务处理的调整和变化，详细讲解了各项税收政策、制度调整和变化对税收综合征管软件操作带来的变化和影响，包括各项税收政策、制度的调整在税收综合征管软件中功能的实现，涉及系统模块的变动、业务模式的确定、岗责流程的变更、系统参数的设置、业务操作的方法、实施管理的要求等。培训教学中，以当地的实际案例对综合征管软件实际操作中存在的问题进行了有针对性、典型性的分析研究，既摆出了问题，又提出了解决问题的思路和方法，与基层一线共同研究解决存在的问题，促进了基层一线干部业务操作技能的提升。

【进一步深化税源与征管状况监控分析工作】 税源与征管状况监控分析工作是当前“信息管税”的主要载体之一，要求高、头绪多、战线长、知识性强、协调面广、工作量大。面对人员素质与工作要求有一定差距、人力资源得不到充分保障的现状，通过理清工作思路，分期分批地建立健全监控分析指标体系，围绕数据质量控制、分析质量控制、整改质量控制来开展工作，取得了一定成效。

按照税务总局税源与征管状况监控分析工作一体化制度的要求和工作安排，全省开展了2010年度、2011年上半年的税源与征管状况监控分析存在问题的核查整改工作，分两次下发了57个待整改清册，涉及47925户次纳税人，已整改完成 户次，整改完成率为 %。通过核查整改，视情况依法采取了收缴发票、停供发票、调高定额、税务事项告知、责令限期改正、补充申报、补税、加收滞纳金、罚款等征管措施，对管理过程中的业务处理问题、系统操作问题进行了更正和规范，共计补缴税款 元，加收滞纳金 元，罚款 元，调增增值税留抵税额 元，调减所得税亏损数额 元，追缴发票 份，调高定额 户。根据整改情况开展纳税评估 户，移交稽查进一步查处 户。随着工作的深入开展，监控管理层的分析质量、操作应用层的整改质量得到稳步提升，进一步规范了业务处理、规范了系统操作、规范了税收执法、提升了数据质量、防范了执法风险、促进了税收征管。

【认真做好个体税收管理工作】 围绕“公平公开、落实优惠、简化流程、优化服务、提高遵从”的目标，以“四个着力”进一步做好个体税收管理工作。一是着力关注民生重落实。严格贯彻执行国务院关于支持小型和微利企业发展的要求，于2011年11月1日起将增值税起征点调高的税收优惠政策落实到全省每一位个体工商户和其他个人，真正发挥税收政策对改善民生的支持力度。首先，认真做好政策宣传，确保广大纳税人知晓增值税起征点调高的相关规定；其次，严格按照新的起征点标准，做好原有管户的整体划转工作；第三，深入基层开展调研，及时解决政策执行过程中出现的新问题；第四，结合当地税源分布和征管力量状况，积极做好征管资源的优化配置工作，正确处理政策的适度放宽与严格管理的关系，有效发挥税收的宏观调控作用；第五，切实简化流程，方便纳税人办理多缴退税，真正维护纳税人合法权益。二是着力依法行政重公平。认真执行税收征管法及其实施细则和《个体工商户税收定期定额征收管理办法》等规定，严格依法办事，规范对个体工商户的税收征管，确保公正、公平、公开执法，维护正常的税收秩序，促进个体经济发展。首先，加强户籍管理，有效杜绝漏征漏管户。各级国税机关以计算机为基础，加强与地税、工商、质检等部门的联系，及时沟通相关信息，加强源头控管、堵塞征管漏洞；其次，加强核定管理，进一步增强定额核定的科学性、准确性、合理性和透明度，有重点做好定额调整工作，推进定额管理的准确性和规范化。今年，全省各地纷纷结合自身实际，分行业、分地段、分规模科学调整定税系数，使定额核定更加公平、合理。第三，加强信息管税，有效解决征管力量不足、监控手段落后、管理效能低下等问题。尤其是充分利用票表比对、第三方信息，评估业户的实际经营额与主管国税机关的纳税核定额是否相吻合，并及时对连续三个月超定额的个体工商户进行定额调整。如永善县国家税务局开展了个体税收管理“五比对”工作，使得个体税收比去年增收116万元，增长15.02%，有效提高了个体税收征管质量和效率。三是着力转变观念优服务。牢固树立征纳双方法律地位平等的理念，针对个体工商户的发票供应、税款核定等工作，在优质服务的基础上强化管理，在规范管理的前提下实现服务前移。首先，认真实践“三零服务”理念，积极推行首问责任、全程服务、限时服务、承诺服务、提醒服务、预约服务等深层次服务方式，使纳税服务在普遍化的基础上兼顾个性化，进一步提升服务质量水平，为纳税人提供方便、快捷、高效的优质服务；其次，加大税收政策宣传力度，积极开展纳税咨询服务。

通过多途径、多形式、横到边、纵到底的大量有效的税收宣传、辅导工作，引导广大个体工商户学法、懂法、守法，自觉地从思想上确立“纳税光荣，偷税可耻”的观念，在行动上逐渐养成自觉如实全面申报，足额缴纳税款的良好行为。四是着力创新机制求突破。不断完善、创新个体税收征管工作的新模式，着力提升信息管税水平。首先，建立协税护税新机制。通过与市场开发方、市场管理方协作配合，成立以市场管理方为主体，包括税务部门、商户代表、行业协会在内的协税护税专门机构，专门从事税款委托代征、税法宣传、行业税收调查以及税务代理等全方面、多方位的协税护税工作，积极推动大型市场个体税源专业化管理；其次，加强国地税协作办公。国、地税按照“全面核定、全面征税、公平公正、简化流程、公开透明、遵从税法”的原则，共同搭建信息共享、管理一致、便民高效的税收管理平台，实现联合办证和联合核税，从而极大提高了办税效率；第三，积极探索个体税源专业化管理。针对目前税收管理员存在从头到尾包揽各项税收业务的弊端，通过成立个体税源专业化管理团队，细化职责，明确分工，加强协作，强化监督，使之做到各司其职、相互配合。同时，突出重点行业管理，做到有的放矢。如砚山县国税局对个体税收实施“色差管理”，即，将纳税人划分为“绿、黄、红”三个颜色区，管理时实行“绿区”鼓励，“黄区”引导，“红区”处罚，从俄有效促进了纳税人税法遵从意识和办税水平的提高。

【切实加强欠税管理】 为防止新欠税款产生，堵塞税收征管漏洞，实现税款的应收尽收，各级税务机关从加强申报征收管理、延期缴纳税款审批管理和加大陈欠税款追缴力度入手，采取有效措施进一步加强欠税管理。一是做好欠税防范。对可能形成欠税的情形，及时进行核实，注重了解纳税人生产经营和资金运作等情况，着重掌握纳税人的当期销售收入、应收账款、存货等项目的资金增减变化情况，督促纳税人按期足额缴纳税款，防范新增欠税发生。二是加强欠税监控。借助税收管理员辅助信息系统，强化信息共享与应用，及时发现欠税监控管理疑点，实现对欠税纳税人人的全面监控。同时，督促基层税务机关加强欠税监控力度，积极查找欠税走逃失踪纳税人并追缴其欠税，尽可能地避免税款的流失。三是加强欠税基础管理。年初，对全省欠税信息开展了一次核实工作，做到企业账面欠税与税务机关欠税台账一致，征管欠税台账与收入规划部门欠税核算台账一致。对数字有出入的，限期基层进行实地调查核实，说明真实原因，经确认后及时进行调账处理，确保欠税基础数据准确无误。四是加强欠税公告管理。针对综合征管软件欠税公告管理模块的功能缺陷，进一步明确了公告的内容、公告的形式、公告程序、审批权限和工作职责，使得操作更规范、更合理。五是加强缓缴审批管理。首先，制定审核要点，指导基层严把审核关；其次，规范资料报送，防范税收执法风险；第三，严格审批流程，加强实时监控；第四，强化纳税服务，提高审批效率。2011 年共审批延期缴纳税款 40 户，税款共计 2.28 亿元。

【稳步推进财税库银横向联网工作】 按照云南省财税库银横向联网工作领导小组的要求和工作安排，2011 年我局切实加强组织领导和沟通协调，制定了国税系统全面推行财税库银横向联网推广实施方案，继续稳步推进横向联网系统。自主研发的网络申报接口程序、电子缴款凭证网上开具系统和横向联网业务监控系统运行平稳，业务量稳步上升。同时建立健全了各层级、点对点的联系机制，做好重大突发事件的应急处理工作，进一步提高了税收收入征缴运行效率。截至 11 月 30 日，三方协议共验证通过 56848 户，实时扣税共发 421243 笔，解缴入库税款 329.43 万元。一是加强协调，密切配合。首先，做好外部协调工作，及时将试点运行中存在问题反馈国库，同时在总结昆明、曲靖试点经验的基础上，与相关部门共同研究相关制度和业务操作规范，真正从细节上强化规范管理、从制度上保障协调畅通、从服务上体现人性关怀；其次，做好内部协调工作，及时与信息中心、收入规划核算处和试点单位互通系统运行情况，切实做到各司其职，互相支持。二是实时监控，定期调研。利用自主研发的横向联网业务监控系统实时监控业务运行情况，及时掌握商业银行响应速度、扣税笔数和成功率，同时认真分析扣税失败原因，为试点单位提供最大限度的帮助和支持。另外，定期深入昆明和曲靖市了解系统运行中存在的问题，尤其对重复扣税、库银对账差异、三方协议验证成功但扣税失败、TIPS 数据信息流向不明等问题进行了专题调研，并与基层操作人员共同实地商讨解决办法和应对措施。与此同时，认真撰写了《财税库银税收收入电子缴库横向联网系统运行情况及下步工作建议》，具体描述了存在的问题及工作建议。三是加强运维，确保稳定。首先，认真做好横向联网系统与云南省多元化申报系统的接口程序和网上开具缴税凭证系统运行维护工作，进一步提高税款入库效率和纳税服务质量；其次，针对财税库银横向联网的故障，及时启动系统应急预案，确保税款及时、安全入库。截至 11 月 30 日，共启动系统应急预案 11 次；第三，认真做好财税库银系统 03、04、05 号综合补丁的升级工作，及时组织人员进行系统业务功能测试，确保了业务的连续性和一致性；第四，收集和整理基层实际操作中遇到的常见问题，并组织相关人员编写了《财税库银横向联网问题汇编》，以供基层参考使用。四是勤于汇报，扩大宣传。首先，定期向云南省财税库银横向联网工作领导小组汇报全省国税系统运行情况、推行计划和工作建议；其次，加大宣传力度，扩大宣传范围，增强广大纳税人和社会各界对财税库银横向联网工作的认识，为下一步推广应用工作争取更大的理解和支持。五是精心计划，准备推广。首先，依据“积极稳妥、分步实施”的工作要求，详细制定下一步全省推广计划；其次，认真做好银行端查询缴税业务测试的各项准备工作；第三，提前测算和印制《委托缴税三方协议书》，以供下一步推广使用；第四，协调云南省财税库银横向联网办公室，使国税系统推行财税库银横向联网计划资金全部到位。

【进一步深化第三方信息应用】 按照《2011年国税工作主要任务分解方案》的要求，以现代信息技术为依托，以对涉税信息的采集、应用为主线，继续深化“税务与组织机构代码信息系统”及第三方信息的应用，努力解决征纳双方信息不对称的问题。一是继续加强“税务与组织机构代码信息系统”的实践和应用。首先，总结和分析全省推广应用系统以来取得的主要成效和不足，并逐一查找问题根源；其次，根据操作实践积极向总局反馈系统数据重复问题及修改建议，获得总局认可并及时下发了优化脚本；第三，针对基层数据清分困难、核实工作量大等实际问题，积极深入盘龙区和宜良县国税局开展实地调研，与基层共同研究解决办法，并确定对基层无指导意义且增加基层负担的数据信息由后台过滤处理的实施方案；第四，采取上下联动的方式，在盘龙区国税局确定替换的范围、内容、标准，提出了未登记信息、重码信息、比对差异信息由后台过滤的业务需求，并与省局信息中心完成了技术可行性论证，目前已基本完成了脚本编写工作。二是继续在楚雄开展与第三方户籍信息的比对分析。首先，继续与统计局、工商局、地税局、质监局建立第三方户籍信息共享长效机制。其次，继续探索和建立内外部户籍信息的共享数据口径和标准，查找出差异数据产生的原因，提高数据比对效率；第三，利用比对结果，积极开展户籍清理工作，进一步夯实征管基础；第四，根据新的共享数据口径和标准及时修改和完善第三方信息比对系统，从而切实提高数据的可用性。三是积极与政府相关部门建立第三方数据共享机制。首先，认真配合工信委做好“云南省企业基础数据交换平台”在玉溪市的试点工作，同时根据国税工作实际，积极与工商、质监、地税等部门研究探讨系统数据共享机制；其次，认真参与“云南省企业基础数据交换平台”项目申报资料撰写修改工作，并与工信委、工商局、地税局、质监局、公安厅、人保厅、统计局等七家单位共同实施项目的申报工作。若该项目能够申报成功，必将成为云南省政府部门之间信息资源共享的重要标志，具有跨时代的意义。通过该平台，将为全省国税系统落实信息管税提供强有力的数据信息支撑，进一步促进税源管理效能的提高。

【积极探索征管档案管理方式】 按照《2011年国税工作主要任务分解方案》中“积极探索档案资料电子化管理方式，进一步规范征管档案管理”主要工作内容的安排，采取上下联动、点面结合的方式认真开展调研工作。通过定性和定量分析，掌握全省征管档案的管理现状和存在的问题，为积极探索税收征管档案管理新方式打下了坚实的基础。一是认真开展内部调研。首先，在全省国税系统范围内开展征管档案管理现状调研，详细了解征管档案的管理种类、管理方式、管理手段、管理人员和存在的问题；其次，在昆明、曲靖、普洱、文山四个州市开展专题调研，探讨信息管税模式下征管档案的管理方式、管理载体、管理流程和管理应用，重点研究征管档案与信息管税的关系、征管纸质档案与电子档案的关系、通过CA认证电子档案与未通过CA认证电子档案的关系、方便管理与工作负担的关系、征管档案共享与重复采集的关系、征管档案管理流程与税收征管业务流程的关系，从而进一步厘清信息化条件下征管档案管理的工作方向。二是认真开展调查统计分析。首先，向全省142个县区局制定下发《征管档案资料管理调查统计表》，全面收集基础数据；其次，认真开展数据统计分析，为科学决策提供数据支持。经统计分析，全省企业纳税人档案资料种类涉及10个大类205种，其中纳税人报送的有128种，税务机关形成的有77种；个体纳税人档案资料种类涉及10个大类121种，其中纳税人报送的有73种，税务机关形成的有48种。在实际管理中，采取一个部门集中管理的占60%，多部门分散管理的占40%；142个县区局除昆明市高新区局及易门县国税局采用浩瀚档案软件归集档案资料外，均采用半手工方式归集档案资料；全省档案管理人员共376名，平均年龄45岁，其中专职人员90名，兼职人员286名。三是认真开展外部调研。首先，主动与省档案局沟通联系，并两次实地参观学习其档案数字化、电子化管理的经验及做法。同时采取座谈会的方式，认真听取省档案局的管理建议。其次，通过电话和纸质资料了解广东、海南、广西、黑龙江、深圳、江苏淮安等省市国税系统推行征管档案资料电子化管理的经验及做法。四是在昆明市五华区国税局开展征管档案试点工作，积极探索符合云南国税实际的征管档案管理模式。五是认真撰写《关于我省征管档案资料管理调研情况报告》，以供领导决策。

【统筹开展纳税评估工作初见成效】 为进一步提高税收征管质量和效率，加强税源管理，积极探索纳税评估新路子，创新评估方式、转变评估理念，规范程序，完善方法，在全省国税系统内统筹开展纳税评估工作，力求在实践中逐步规范评估流程，统一评估方法，建立健全纳税评估制度。2011年度，全省共组织完成纳税评估6708户，其中有问题4425户，选户准确率66%。补缴增值税30085.74万元，消费税113.05万元，企业所得税38218.88万元，车辆购置税50.5万元，增值税留底税额调减1826.38万元，调减待弥补亏损81793.07万元，加收滞纳金及罚款3693.28万元。

（一）统筹安排纳税评估工作。由各级国税机关征管部门负责牵头开展纳税评估工作，货物和劳务税、所得税、大企业国际税收、稽查局等业务部门统一协调配合，以分类指导、分级管理为基础，以风险管理为导向，以信息管税为依托，以专业化人才队伍为支撑，以核查申报纳税真实性、合法性为重点，从日常评估、专项评估及其他专项评估三个方面具体明确了纳税评估的切入点及重点。鼓励和支持各地结合本地实际大胆探索，充分发挥纳税评估对加强征管、规范执法、促进税法遵从的作用。

（二）统筹选定评估范围。由各州、市局按照省局提出的日常评估和专项评估工作任务，按照年度内不重复入户的原则，结合实际情况确定货物和劳务税、企业所得税评估范围，拟定评估企业名单。

（三）统筹实施各税种综合评估。除不属国税征管范围的企业所得税外，对企业开展纳税评估和纳税辅导均包括增值税、消费税和企业所得税三个税种。凡增值税、消费税和企业所得税评估对象是同一纳税人的，各税种疑点问题比对分析、约谈举证、实地调查核实和评估结果处理各环节工作都同时进行。

（四）统筹进行工作总结。以“重质量、重成效、重完成率、重评实率”为标准，以不重复上报为原则，按照统一的时限统一的标准统一的格式，分部门上报各税种纳税评估总结、评估工作情况表及典型案例分析材料，及时总结好的经验和做法，以实现“以评促收、以评促管、以评促评”的目的。

【按时完成征管类税务检查证换发工作】 按照《税务检查证管理暂行办法》管理规定，云南省征管类税务检查证于2011年4月30日到期，为此省局从方便基层、提高效率的角度出发，采取属地采录、分级审核、集中打证的方式，确保了全省国税系统征管类税务检查证换发工作顺利完成。一是提高认识。全省国税系统认真学习《税务检查证管理暂行办法》，在认真学习的基础上，充分认识换发征管类税务检查证是严格执法的需要，是规范税务执法的需要，是降低税收执法风险的需要。二是统一安排。省局根据全省国税系统需要换发征管类税务检查证工作的实际，分州、市进行了统一安排。明确了由各级国税机关填报办证信息，省局统一打印发放，确保了征管类税务检查证换发工作的有序开展。三是认真准备。安装升级了国家税务总局征管类税务检查证管理系统，指导各地下载并安装新的客户端软件。制定下发了《云南省国家税务局征管类税务检查证操作手册》，规范了征管类税务检查证管理系统客户端操作规程。四是严格审核。按照《税务检查证管理暂行办法》的规定，对各地上报的人员进行严格审核，认真筛选甄别不具备执法资格的内部行政管理人员，没有执法资格的工人和没有取得执法证书的人员，确保了每一个换证人员持证的合法性，降低了税收执法风险。截至2011年12月31日，全省换发征管类税务检查证7442份。

【配合督察内审处，认真做好对云南省国税系统的审计工作】 按照工作职责，对《审计署昆明特派办关于云南省国税部门2009年至2010年税收征管情况审计报告（征求意见稿）》中涉及我处业务的问题的核实及反馈工作，并向各州市对报告中涉及的延期申报、发票管理等问题的规章制度进行强调重申，要求各地严格执行有关制度，进一步规范延期申报、发票管理工作。按照督察内审处《关于落实财监办“税收优惠政策执行情况及税收征管质量检查结论与处理决定的意见”有关事项的通知》的要求，就涉及我处职责范围的相关问题，迅速对昆明、楚雄、临沧就整改情况开展落实工作，采取“州市先整改、省局落实整改情况、州市根据省局反馈情况再整改”的步骤对涉及州市的相关问题进行督促整改，并对涉及问题的成因、整改情况进行的书面反馈说明，要求州市进一步规范相应工作。

【积极配合总局做好税收征管模式专题研究】

为了配合总局做好创新完善税收征管模式专题研究，云南省紧紧围绕“以纳税人自主申报纳税为前提，以促进税法遵从为目标，以风险管理为导向，依托专业化、信息化管理方式，优化服务，加强评估，集约稽查，强化监督”初定征管思路，认真开展调研，总结实践经验，提供参考意见。一是充分认识新形势下创新完善税收征管模式、深化税收征管改革的必要性和紧迫性，积极参加专题研究，做到思想重视、措施有力。二是组织相关州市进行专题调研。首先，结合“南疆税案”，多次深入曲靖市、昆明市开展税收管理员制度修改完善专题调研。通过对现行税收管理员制度实施情况的分析，实事求是地总结了制度发挥的作用和实施中存在的主要问题，并撰文向总局提出具体修改完善建议；其次，结合当前税收征管模式积极开展创新完善税收征管模式专题调研。通过对我国税收征管模式的历史演变分析，认真总结现行税收征管模式取得的成效和面临的问题，进一步认识税收征管模式的内涵和外延，初步厘清影响税收征管模式的主要因素。三是成功举办全国税收征管模式专题研讨会。11月8日至11日在腾冲举办了由总局征科司等十一家单位参加的全国税收征管模式专题研讨会。经过认真研讨，与会代表初步达成了一致意见，为最终形成具有科学性、前瞻性、可操作性的调研报告打下了坚实的基础。同时，通过会议交流，我们认真汲取了省外兄弟单位的先进理念和先进做法，为下一步云南省创新税收征管模式提供了有益的借鉴。四是参与总局创新完善税收征管模式、税收管理理念和税收管理员制度修订完善三个课题研究。

（岳照清）

财务管理

综　述

2011年，云南省国税财务工作在国家税务总局（以下简称总局）和省局党组的正确领导下，认真贯彻落实全国国税系统财务工作会议、政府采购工作会议和全省国税工作会议精神，紧紧围绕组织税收收入这一中心任务和省局党组确定的“服务基层年”工作主题，进一步规范和加强部门预算、国库集中支付、银行账户、基本建设和国有资产等管理，积极开展严控“三公”经费支出、人员经费保障水平统计及缺口资金测算、公务用车问题专项治理、政府采购检查、“小金库”清理等工作，深入基层调研和检查指导工作，完善制度，切实提高财务管理水平，为圆满完成全省国税系统各项工作任务提供了有力保障。

各项工作

【预算管理】 2011年，省局经费预算管理除认真组织做好全省国税系统2010年中央财政拨款结转和结余资金确认、本年度部门预算安排和2012年部门预算编制等日常工作外，主要做了以下工作：（一）继续加大对基层资金投入力度。经费分配坚持省局党组提出的向征管、基层和边远贫困地区倾斜原则。通过多方努力，在年初批复部门预算的基础上，全年共追加基层预算单位离退休人员经费、在职人员住房公积金和业务补助费等2.53亿元，有效缓解了基层预算单位特别是边远贫困地区正常经费紧张状况。（二）加强预算执行监管，切实提高资金使用效率。从2011年起，省局要求各基层预算单位将中央财政拨款经费支出预算执行情况，由按季上报省局改为按月上报，对发现执行进度异常的单位，及时进行提醒或督促。同时，实时召开预算执行分析和基建专题座谈会，按季度将各地区、各单位预算执行情况在全省国税系统范围内进行通报。通过采取以上有效措施，确保了全省国税系统除基建项目和三代手续费由于国家政策原因，导致支出执行进度偏慢外，其余各项经费预算执行进度均达到或超过财政部和总局要求，资金使用效益较好。（三）按照中央六部委要求和总局的统一部署，组织开展全省国税系统启动津贴补贴规范工作以来的相关情况清理统计核实，以及参加地方医疗保险及缴费情况调查统计工作。其中，前一项工作主要是根据总局于2011年3月11日在河北省召开的全国国税系统规范津贴补贴工作会议精神，清理统计和核实全省国税系统各预算单位2010年在职、离休、退休等各类各职级人员津贴补贴实际发放标准，以及2010年所在城市政府部门相应各类各职级人员津贴补贴执行标准、本单位所在城市和其上级单位所在城市两个标准的各50%之和等相关数据及情况。后一项工作，主要是调查统计全省国税系统各预算单位应参加和实际参加地方医疗保险改革的人数（分在职人员、离退休人员）、缴费标准、缴费金额，以及参保前的职工医疗费开支渠道及经费来源等情况。上述两项调查统计和核实工作结束后，省局均按要求分别将结果进行认真审核汇总，并附带基层单位数据如实上报财政部（或中央六部委）和总局。（四）探索建立经费安排使用情况跟踪反馈机制。为了进一步加强经费管理，有效监督各预算单位的资金管理使用情况，省局决定，从2011年起建立全省国税系统经费安排使用情况跟踪反馈机制。该机制要求各预算单位定期不定期通过省局统一设定的电子表格，将本单位所有银行账户的各项收入来源及其支出情况上报省局备案，以便省局预算分配及管理决策时参考，同时也利于及时发现和纠正经费收支中存在的问题。其中，省局补助资金的使用情况为跟踪反馈重点内容。

【支出管理】 2011年，省局在经费支出管理方面，除认真做好会计核算、部门决算编报等日常工作外，主要做了四方面的工作：（一）按照财政部和总局有关要求，通过调整会计科目及账务处理方法，进一步规范各预算单位中央财政拨款结转和结余资金的核算。如取消“应缴财政专户”科目和“其他收入”科目下的“固定资产处置收入”、“租赁收入”明细科目；在“经费支出”科目的“基本支出”和“项目支出”两个二级科目下，逐级增设明细科目，并按资金来源进行辅助核算，以满足财政部每一笔支出必须与来源对应的要求；结余科目与收入对应，均按来源设置明细科目；项目经费不得超来源列支，因特殊情况确需超支部分只能列入“暂付款”科目核算，待以后有来源补足时再转入相应的项目支出科目。（二）大力开展厉行节约工作。根据中央有关文件精神和省局6月中旬转发《国家税务总局办公厅关于进一步做好厉行节约工作的通知》（国税办发〔2011〕59号）要求，全省国税系统除继续严格执行财政部关于逐级下达所属预算单位因公出国（境）经费、公务接待费、公务用车购置及运行费等“三公”经费支出控制数并进行考核、通报规定外，通过采取细化预算编制和严格审核各项支出，加强机构编制和人员经费管理，加强和规范公务用车配备使用管理，严格控制因公出国（境）团组数量和规模，规范公务接待工作，严格控制差旅费、会议费、培训费和文件的数量和规模，推进机关水电油等能源节约降耗，严格控制楼堂馆所建设，大力推行信息共建共享等有效措施，切实降低行政运行成本，树立国税部门良好形象。12月末，省局按要求将全系统开展厉行节约工作情况以正式文件上报总局。（三）积极实施公务卡制度改革。根据《国家税务总局关于印发〈国家税务局系统公务卡管理暂行办法〉的通知》（国税发〔2010〕83号）和《国家税务总局转发〈财政部关于实施中央预算单位公务卡强制结算目录的通知〉的通知》（国税函〔2011〕706号）要求，结合云南实际，省局发文通知全省国税系统各预算单位大力推行公务卡制度改革，并要求各地区于年底前将推行公务卡改革进度、执行公务卡强制结算目录的具体措施、执行中存在的问题等情况汇总上报省局。上报结果显示，截至2011年末，省局、省税务干部学校和15个州、市国税局机关均推行了公务卡改革（迪庆州国税局机关因条件不成熟而暂未推行），并不同程度地执行公务卡强制结算目录，传统的现金支付业务大为减少。（四）规范工会账户资金的收支核算。省局在对全系统各预算单位2009年和2010年工会账户资金收支情况进行调查统计的基础上，统一规范了单位工会账户的资金来源渠道、支出范围及账务处理方法。

【银行账户管理】 2011年，省局严格按照财政部、总局要求和财政部驻云南省财政监察专员办事处（以下简称省财监办）的具体规定，继续认真组织做好全省国税系统银行账户开立、变更、撤销的报批备案和年检工作。其中，主要是于年初完成了向省财监办汇总报送2010年度全省国税系统155个预算单位共计678个各类银行账户的年检工作。年检合格率达100%。

【国库集中支付】 2011年，省局按照总局要求，及时组织完成须逐级进行操作的中财拨款“二上”部门预算控制数、年初部门预算批复数和年内追加（减）预算数的确认、拆分和用款计划上报工作，确保了各预算单位零余额账户用款额度的及时正确使用。同时，根据财政部和总局关于进一步做好国库集中支付改革工作要求，将全省国税系统部分项目经费支出按一定比例纳入财政直接支付管理。具体为：本年度安排中财拨款预算达到500万元以上（含500万元）的基本建设项目，70%纳入直接支付，30%实行授权支付，共涉及西山、会泽等区（县）国税局的业务用房新建等11个项目；省局机关以项目经费开支的单批（次）预算在200万元以上（含200万元）的货物和服务类政府采购项目，60%纳入直接支付，40%实行授权支付，共涉及全省普通发票印制费等3个项目。为此，省局全年共向省财监办申请办理财政直接支付业务19笔，累计直接支付金额达3545万元，为2010年直接支付金额的3倍。

【基本建设管理】 2011年，省局在加强全省国税系统基本建设管理方面，主要做了以下工作：（一）召开基本建设专题会议。为进一步加强和规范基本建设管理，保证基建工程质量，加快项目建设进度，2011年3月23日至24日，省局在江川瑞文培训中心召开了全省国税系统2010年度基建入库项目建设专题会议。会议的主要任务是：认真总结2010年全省国税系统基本建设管理工作，正确分析基本建设管理工作面临的新形势，安排部署2011年基本建设管理工作任务。会议首先由省局党组成员、副局长蔡杰作了题为《加强领导 强化控制 进一步推动基本建设项目精细化管理》的动员讲话。之后，与会代表分组对蔡杰副局长讲话进行了讨论，并请云南亚太工程造价咨询有限公司专家、省局监察室主任、省局财务处处长、省局财务处负责系统基建管理的同志等到会，分别讲解基本建设程序及工程施工控制等相关知识、基建领域廉政建设要求、国税系统基建管理规定等。期间，省局还按照总局规定，分别与新上项目建设单位所属州、市国税局签订了《基本建设管理责任状》。全省16个州、市国税局和省税务干部学校分管财务的领导、财务科（处）长和系统基建管理人员，以及2010年25个新入库项目单位分管基建工作的局领导和基建管理人员等，共计93人参加了专题会议。（二）申报新增基建项目入库。2011年，根据基层上报立项申请和省局财务处赴昆明、曲靖、玉溪、西双版纳、保山、德宏、临沧等7个州、市实地调研情况，省局最后批准立项并申请进入总局项目库新增基建项目16个，计划总建筑面积4.12万平方米，计划总投资9583万元（全部为中财拨款）。其中，新建综合业务办公用房项目4个，总建筑面积1.89万平方米，总投资6981万元；置换综合业务办公用房项目2个，总建筑面积0.63万平方米（按双方评估价对等原则置换，未涉及计划投资）；装修修缮老办公楼等项目5个，总建筑面积0.93万平方米，总投资913万元；新建职工食堂等附属用房项目5个，总建筑面积0.67万平方米，总投资1689万元。上述新增项目中，规模最大为官渡区国税局综合业务办公用房新建项目，计划建筑面积为0.9万余平方米，计划总投资3415万元。该项目因总投资超过3000万元，为总局直接批准立项。（三）编报2015年基建项目计划。根据总局财务司基建处要求，2011年5月，省局向总局编报全系统2015年拟入库建设基建项目17个，计划总投资5294万元（全部申请中财拨款）。（四）强化基本建设日常审批工作。2011年，省局进一步严格项目管理，加快项目审批进度，在规定权限范围内，共审核批复开工基建项目28个，基建竣工财务决算项目21个。（五）做好基本建设项目竣工审核工作。2011年，省局积极加强与中介机构的协调与联系，全年共委托审结基建竣工工程结算和财务决算项目18个，送审总投资7139.21万元，审定总投资6758.50万元，审减380.71万元，审减率为5.33%。（六）开展灾情调研。2011年3月10日和6月20日，云南省德宏州盈江县和保山市腾冲县分别发生了5.8级和5.2级地震。为体现对基层的关怀，省局财务处按照局党组要求，先后及时赶赴盈江县和腾冲县国税局开展了地震灾情调研工作，并代表省局慰问了灾区国税干部职工。之后，根据地震灾情，及时向总局上报了盈江县“3.10”地震和腾冲县“6.20”地震受灾要求补助资金的请示，最终得到了一定救灾补助。

【资产管理】 2011年，省局在资产管理方面主要开展了以下工作：（一）批复处置资产。全年共审核批复基层预算单位房屋及建筑物处置事项5个，涉及房屋建筑面积0.34万平方米，账面原值225.12万元；批复处置公务用车32辆，原值566.90万元；批复处置计算机等其他固定资产共357件，账面原值398.74万元。以上各项资产处置在办理正式文件批复前，省局都要对有关单位上报的拟处置资产产权证明等相关资料和处置理由及处置方式等进行认真审核，以确保该资产处置合法、合理。（二）办理资产调拨。2011年，省局通过政府采购大量统一配置基层预算单位计算机等办公设备。全年共制作下发资产调拨单98份，涉及各类资产4570件，原值1474.33万元。所有调拨资产，省局要求调入部门及时组织验收和入账，并将情况反馈省局，确保调拨资产发收一致，账实相符。（三）完善管理制度。2011年，省局针对基层预算单位普遍存在资产“重采购轻验收”和调拨管理不规范等状况，经广泛征求省局机关各处室和16个州、市国税局意见后，制定下发了《云南省国税系统二三级预算单位资产配置验收及调拨管理暂行规定》。该《规定》对省局统一配置资产的签收部门分类，必须履行的验收和调拨手续，验收依据和具体内容，验收过程中发现质量问题的处理办法，以及资产验收弄虚作假行为的处理办法等进行了明确。《规定》下发后，省局机关和基层预算单位反映执行效果明显，进一步加强和规范了省局统配资产的验收和调拨管理工作。（四）开展公务用车问题专项治理工作。2011年，根据中共中央办公厅、国务院办公厅有关规定和《国家税务总局关于开展国家税务局系统行政事业单位公务用车问题专项治理工作的通知》要求，省局下发通知在全省国税系统行政事业单位开展公务用车问题专项治理（以下简称“公车专治”）工作，重点整治超编制、超标准配备公务用车，以及违规换车、借车、摊派款项购车、豪华装饰和公车私用等问题。此次“公车专治”工作从5月初起至12月底基本结束，共分为动员部署、清理纠正、重点检查、建章立制等四个阶段。其中，重点为清理纠正阶段。该阶段要求各预算单位先将本单位所有公务用车的牌照号、价格（不含车辆购置附加费或车购税及落户费等其他费用）、排气量等基本信息和违规情况，如实填入总局统一设计的登记表，并在该单位公共场所向广大国税干部职工公示，无异议后，逐级汇总上报至总局。另外，为了切实做好此项工作，省局按照总局规定，成立了由省局副局长蔡杰为组长，副局长于智广、李杰为副组长，省局财务处、监察室、督察内审处、人事处、机关后勤服务中心、办公室等为成员单位的“云南省国家税务局公务用车问题专项治理工作领导小组”，负责指导和协调全省国税系统“公车专治”工作。同时，要求各州、市国税局及其所属基层预算单位均参照省局办法成立“公车专治”领导小组，负责组织实施好本地区、本单位的“公车专治”工作。由于省局加强组织领导，严格落实责任，强化督促指导，全省“公车专治”工作取得了实效。截至2011年5月31日，全省国税系统共清理出实有公务用车为1，888辆，其中有236辆为违规车辆（超编车146辆，超标车81辆，违反规定借车9辆）。上述清理出的违规车辆，经省局审核汇总上报总局确认后，相关预算单位于当年内严格按照中共中央办公厅、国务院办公厅有关规定，进行了公开拍卖或者报废、系统内调剂、退回原单位等处理。其中，公开拍卖或报废车辆取得的收入，扣除相关税费后，全部上缴中央财政。（五）收缴非税收入。2011年，根据财政部有关规定，省局通过严格审核，并与银行和基层汇款预算单位三方核对一致后，共办理上缴中央财政全省国税系统国有资产处置收入和出租出借收入业务236笔，金额1990.91万元，其中国有资产处置收入522.32万元，房屋出租出借收入1468.59万元。（六）编报资产类报表。按照总局和省人民政府有关要求，2011年，省局定期编报的资产类报表有《资产配置处置报表》、《能源资源消耗统计报表》、《垂直管理单位公务用车情况统计表》和《云南省国税系统2010年公务用车报表》等。

【政府采购】 2011年，省局在政府采购方面主要做了以下工作：（一）编制采购计划并严格组织实施。2011年，省局根据总局批复部门预算和《国家税务总局关于改革政府采购计划和信息统计编报制度有关事项的通知》具体要求，认真布置和审核编报全省国税系统2011年分季度政府采购计划，并按照已报总局和财政部的采购计划实施采购。其中省局机关年度政府采购计划（含省局集中采购部分），因采购资金供需矛盾突出，省局采购办在反复与信息中心等相关部门协商、调整的基础上，提出最终方案，并逐级报分管领导和局长办公会议审定后，按轻重缓急情况严格组织实施采购。据年报反映，2011年，全省国税系统共计完成采购预算8258.70万元（其中，货物类5133.09万元，工程类1104.63万元，服务类2020.98万元），实际采购金额6878.66万元，节约资金1380.04万元，节约率为16.71%。其中，省局机关完成采购预算4247.11万元，实际采购金额3715.95万元，节约资金531.16万元，节约率为12.51%。由于严格实行依法采购、“阳光”采购，全年国税系统政府采购工作实现了零质疑、零投诉。（二）进一步扩大政府采购范围。2011年，结合国税工作实际，在不违反《政府采购法》和《招标投标法》的基础上，省局首次以邀请招标方式，从云南省财政厅（政府采购管理处）认定资格的采购代理机构中，邀请8家进行竞争后，从中选定云南国内招标有限公司、云南中咨海外咨询有限公司、云南策佳招标代理有限责任公司等3家公司，为省局今后依法委托其办理省局机关非集中采购目录内大宗项目政府采购活动的采购代理机构。此举，改变了过去省局非集中采购目录内的大宗项目政府采购活动只委托给云南中咨海外咨询有限公司独家代理的状况，提高了省局委托代理采购项目的工作效率和服务质量。（三）召开政府采购工作座谈会。为加强与广大供货商之间的沟通，营造良好的政府采购氛围，进一步做好国税系统政府采购工作，经请示局领导同意，2011年3月31日，省局采购办与信息中心、稽查局、监察室及货物劳务税处等部门联合，召开了有24家供货商代表共计35人参加的首次云南省国家税务局政府采购工作座谈会。会上，省局采购办和信息中心充分肯定了广大供货商多年来对云南国税政府采购工作和税收信息化健康发展做出的积极贡献，指出了双方合作过程中存在的不足，并对供货商今后参加国税系统政府采购活动作了"约法三章"，即必须规范投标、廉洁投标、严格履行合同，否则一律将其列入不良行为记录名单，并给予拒绝其参加国税部门政府采购活动等惩罚。会上，供应商代表踊跃发言，对云南国税政府采购工作提出了一些意见和建议。这次座谈会的召开，及时消除了个别供应商与省局采购办之间过去产生的一些误解，增进了供采双方之间的理解、支持和配合，同时也为拓展省局政府采购工作新思路和促进该工作更加规范奠定了基础。（四）试行批量集中采购。根据《国家税务总局关于国税系统开展批量集中采购试点工作的通知》（国税函〔2011〕489号）要求，省局规定，从2011年6月份起，全省国税系统各预算单位需要采购的台式计算机、打印机，除因紧急需要等特殊情况发生的零星小额采购仍可实行协议供货等方式外，其他正常采购原则上全部实行批量集中采购。即，由各预算单位按月逐级编制采购计划，省局审核汇总上报到总局，由总局汇总整合、分类打包后，按照政府采购规定和程序组织集中采购，并与中标供应商签订采购协议。接到省局转发总局招标采购结果通知后，各有关预算单位再按通知要求和程序，分别与中标供应商或授权协议供货商签订采购合同，办理提货和付款等事宜。台式计算机、打印机实行批量集中采购后，基层预算单位普遍反映规模采购效益明显，但采购工作效率偏低。（五）招标采购服装制作。根据《国家税务总局财政部关于印发〈税务工作人员制式服装管理办法〉的通知》的有关规定，省局决定于2011年对全省国税系统在职人员进行换装（含春秋装和夏装）。鉴于此项工作涉及面广，资金需求量大，社会和广大国税干部职工关注度高，省局经过认真研究，决定将服装制作项目标分为A、B两个包（A包为税务春秋装及夏裤、裙制作，B包为税务内外穿长袖衬衣及短袖夹克制作。服装制作所需面料及标识由总局统一招标采购）委托给云南省招标采购局进行国内公开招标。结果为云南奥斯迪实业有限公司和云南坤宇服装总厂分别中标A包和B包。此次服装制作项目招标，在云南税务服装制作和发放历史上实现了几个第一：第一次要求投标企业将投标服装样品提交省局采购办送到云南省纤维检验所进行质量检测，检测结果作为评标要素之一，整个过程在公证机关和省局监察部门的公证和监督下进行；第一次要求中标企业分赴到全省国税系统各预算单位按每个着装人员进行实地量体，并建立电子数据档案报存省局；第一次要求中标企业按照着装人员姓名对服装进行单独包装，并在内外包装上注明着装人员姓名及服装型号后，按照预算单位发送服装；第一次要求中标企业做到服装穿身后发现质量问题一律实行包改或包换。事后，根据收集的情况反馈，广大国税干部职工对省局此次换装工作较为满意。（六）圆满承办政府采购工作调研座谈会。2011年2月25日至26日，总局集中采购中心在云南召开了部分省（自治区）国税局政府采购调研座谈会。调研座谈主要内容为："十二五"时期国税系统政府采购工作面临的形势、任务与工作思路；当前国税系统政府采购工作存在的薄弱环节和问题，以及2011应抓好的工作重点；如何贯彻落实好国务院办公厅印发的《中央预算单位2011－2012年政府集中采购目录及标准》；对2011年全国税务服装面料、标识等招标采购工作的意见及建议。黑龙江、河北、河南、江西、广东、浙江、宁夏、云南等八省（区）国税局负责政府采购工作的财务处长或采购中心主任，以及总局集中采购中心赵兴玉主任等同志，共计16人参加了会议。为确保这次会议顺利召开，省局在相关地区国税局的积极配合下，全力以赴认真做好服务工作，最终得到了总局集中采购中心领导及与会代表的赞誉。

【财务培训】 2011年，省局共组织举办了两期全省县（市、区）国税局及以上财务人员参加的培训班。一是于5月26至31日，组织财务人员共计182人，赴大连市辽宁税务高等专科学校参加总局为云南举办的第二期会计操作实务培训班。二是于10月25日至28日，在江川县省局瑞文培训中心举办了一期共计208人参加的全省国税系统财务人员培训班。其中，第二期培训班主要由省局财务处同志负责授课，培训内容涉及财务规范、预算管理、政府采购、资产管理及资产处置收入收缴、基本建设项目审批及项目库管理等。通过两期培训，财务人员素质有了较大提高。

【其他工作】 （一）积极配合审计署驻昆明特派员办事处（以下简称审计署驻昆办）做好财务审计收尾工作。2010年11月22日，审计署驻昆办开始对云南省国税局2009年至2010年税收征管情况、预算执行和其他财务收支情况进行审计。2011年初，针对审计中发现财务收支方面存在的问题，省局经过认真分析，认为经费保障中，中财拨款资金缺口大，是导致许多基层国税部门基本支出科目经费相互混用、人员经费和公用经费相互拉用，以及批复预算与执行预算不符等的主要原因，并将此情况和解决问题的措施建议如实向审计署驻昆办进行了反馈，最终得到了审计署驻昆办的理解和采纳。同时，对审计发现的财务违规问题，省局督促被审单位及时进行了整改，并将情况反馈审计署驻昆办。（二）参与"小金库"专项治理督导抽查工作。8月份，省局财务处参与由督查内审处牵头开展的全省国税系统

"小金库"专项治理督导抽查工作。按照分工，重点对昆明市国税局机关和云南省国税印刷厂近年来的财务收支管理情况进行了抽查，并对发现账务处理不规范等问题提出了整改意见和建议，责令其限期纠正。（三）召开全省国税系统财务工作会议。为贯彻落实好总局于5月分别召开的全国国税系统财务工作会议和政府采购工作会议精神，进一步提高财务管理水平，2011年6月28日，省局在昆明召开全省国税系统财务工作会议。会议主要任务是：学习贯彻全国国税系统财务工作会议和政府采购工作会议精神；总结"十一五"时期云南国税财务工作，明确"十二五"时期财务工作思路；部署2011年财务工作任务。省局党组成员、副局长蔡杰在会议上作了题为《提高认识 加强领导 努力开创"十二五"时期财务工作新局面》的重要讲话，并从"统一思想、转变观念，切实做到依法理财"、"全力以赴做好政府采购工作"、"细化部门预算，集中财力为基层服好务"、"加强基本建设项目动态监控，努力提高管理水平"、"切实加强固定资产管理"、"严肃财经纪律，加强财务规范"、"进一步加强财务人员队伍建设，提高财务管理水平"等7个方面，对本年度财务工作作了具体安排。全省各州、市国税局、省税务干部学校分管财务工作的领导和财务科（处）长，以及省局有关部门人员共约50人参加了会议。

（毕　仁）

督察内审工作

综　述

2011年，督察内审处在总局和省局党组的正确领导和相关部门的积极支持配合下，按照国家税务总局督察内审司下发的工作思路和云南省国税局党组提出的"服务基层年"的工作要求，紧紧围绕工作主题，全面落实科学发展观，认真贯彻全国税务工作会议、全省国税工作会议精神和全国督察内审工作会议精神，按既定的工作计划进度，积极实践，开拓进取，圆满完成了全年的各项工作任务。

各项工作

【认真践行科学发展观，努力提升自身素质】 督察内审工作政策性强，要求督察内审干部首先应具备过硬的政治素质和业务素质。始终把加强学习摆在首位，按照省局党组、机关党委的部署和要求，结合工作实际，我处干部认真参加和组织了各项政治业务学习、讨论。认真学习了《中国共产党员领导干部廉洁从政若干准则》，认真贯彻落实省委、省政府"四亮四评"争先创优活动，认真学习、领会杨善洲同志优秀工作事迹，提高党性修养。加强督察内审人员的思想和作风建设，严格遵守工作纪律，认真落实廉政规定，确保对税收执法权和财务管理权监督职责的正确行使。围绕工作重心、进一步明确工作思路和工作职责，积极认真地开展了年内督察内审的各项工作，圆满完成了各项工作任务。

【加强基础建设，完善工作机制】 结合云南省实际认真贯彻全国税务系统督察内审工作会议，完善基础建设，重申并明确提出省以下国税局分管领导要求，同时提出配备专职及兼职督察内审人员的要求。一是逐步完善工作机制。逐步实现督察内审整改落实工作的制度化。采取了通报、预警、后续审计和跟踪检查等形式，对各类督察审计结论的整改情况进行检查督促。对外部监督部门反映的税收执法和财务管理方面问题加强督促整改。统筹安排了今年的督察审计项目，避免重复检查、多头审计，减轻基层负担，提高监督效率。密切与各职能部门的联系沟通，加强分工协作、成果共享。二是建立工作成果运行机制。抓好成果综合分析应用，提升督察审计成果的质量和水平。针对2010年对州市局的督察审计中发现的苗头性、多发性、普遍性问题，深入查找原因，有针对性地通过会议、培训等多种形式对全省国税系统提高认识、完善制度、强化管理提出了建议和预警，为领导决策和有关部门加强管理、完善制度、改进工作发挥建设性作用，实现了审计成果的有效应用。通过去年财监办的专项检查和审计署昆明办对云南省的审计，认真总结外部专项检查审计工作中督察内审部门的协调配合制度建设，积极完善和逐步提高工作水平。

【积极部署、认真审计、成效显著】 根据《国家税务总局2011年督察内审工作要点》和《国家税务总局关于开展2011年专项督察审计有关事项的通知》精神，结合云南省实际，制定下发了云南省国家税务局《2011年督察内审工作要点》和《云南省国家税务局关于开展2011年专项督察审计有关事项的通知》，进一步明确了全省2011年督察内审工作思路、重点工作任务及具体要求。（一）扎实开展预算执行情况审计工作。按照2011年云南省内审工作计划，组织完成了对怒江州国税局2009年至2010年财务收支及专项审计；组织完成了对德宏州局2008年至2010年财务收支及专项审计；按照工作流程，经复核、征求被审单位意见，形成了审计意见。通过审计，被审计单位能够按照国家税务总局和省局加强财务管理工作的总体要求，认真执行各项收入的管理制度，健全内控制度，规范财务管理，规范财务会计核算、规范账户设置、规范资金的使用管理，不断提高财务人员业务素质，财务核算、政府采购、资产管理工作水平明显得到提高。对还存在薄弱环节和需要改进和完善的方面，有的在审计期间进行了整改，有的按照上级单位下发的审计意见进行了整改，对于存在薄弱环节和风险点的控制，被审计单位及时建立和完善相关内控制度。（二）积极开展经济责任审计工作。2011年，按照省局提出的工作要求，结合财务收支及专项审计工作，组织完成了德宏州国税局原局长杨家正同志的离任经济责任审计工作，并下发了正式审计意见。按照国家税务总局提出的要求，组织完成了对昆明市国税局局长王镶同志的任前经济责任审计工作，形成了省局的审计意见上报总局。

【加强日常监控、防范执法风险、提高执法水平】 按照总局和省局税收执法督察工作的整体要求和部署，2011年省局督察内审处强化税收执法管理信息系统的日常监督管理工作，圆满完成了今年全省税收执法管理信息系统的日常管理和运行维护工作。一是坚持日常管理工作机制。二是坚持执法通报工作制度。坚持对税收执法管理信息系统运行情况进行定期通报。三是强化申辩调整管理，严把调查审核关，规范申辩资料的收集、整理和归档，确保申辩调整真实、有效。2011年1月至12月，我局执法人员对系统自动考核产生的部分执法过错进行了申辩调整处理，共有1605人次提出申辩调整申请150份、申辩调整请求8065条，经审核同意给予调整7983条，其中：无过错责任调整7983条、调整过错责任人56条、追加责任人1条、不予调整9条，申辩调整率为93.13%。四是坚持申辩调整复查制度。为确保执法考核结果的准确性，坚持按月开展申辩调整复查，以《中华人民共和国税收征收管理法》及其《实施细则》、《行政处罚法》、国家税务总局《全国国税系统税收执法责任制岗位职责和工作规程范本》以及相关法律、法规的规定为依据，结合执法考核子系统考核指标设置及综合征管软件业务数据对无过错调整事项进行分析判定。四是坚持执法过错分析制度。加强业务部门合作，做好执法分析和调研，及时向相关业务部门反馈执法责任制考核中反映出的业务系统应用问题、政策执行问题，综合各部门力量促进整体执法质量和效率的提高。五是认真考核，严格责任追究。2011年全年税收执法管理信息系统在全省共对执法人员476人次的536项执法过错进行了自动考核追究，其中给予执法过错人员经济惩戒350人次，惩戒金额52669.32元；给予批评教育161人次，责令做出书面检查3人、通报批评11人，无取消执法资格和责令待岗的情况。通过落实考核追究机制，多层次、多方面、多环节调动执法人员的工作积极性和主动性，有效提升了执法人员依法征税的意识，提高了执法能力和水平。

【加强信息化建设、积极推进疑点信息库上线运行】（一）领导重视，周密部署。2011年3月总局发布《国家税务总局办公厅关于税收执法管理信息系统（7号补丁）功能升级的通知》和《督察内审司关于推行税收执法管理信息系统疑点信息库的通知》（以下简称《通知》），该项工作得到省局领导高度重视和大力的支持。一是成立了以分管局领导为组长，相关处室领导为成员的推行工作领导小组，在领导小组下省局成立了技术组和业务组具体负责系统升级和数据分析等工作。二是按照局领导的“周密部署，稳步推进”要求，云南省进行了周密部署，业务组制定下发了《云南省国家税务局推行税收执法管理信息系统疑点信息库实施方案》、初始化数据采集、审核和录入方案以及师资培训方案等，技术组制定了补丁升级和搭建模拟环境方案。（二）认真测试，顺利升级。为保证补丁升级期间税收执法系统考核数据的公平、公正和准确性，技术组认真研究软件补丁，搭建模拟环境对疑点数据库补丁进行测试和分析，评估升级风险，对补丁升级中可能出现的情况进行了应急准备及数据备份，以确保补丁升级按时按质完成。2011年3月23日至25日期间疑点数据库补丁顺利升级。由于准备充分升级在24日提前完成，并于同日提前开放，各项功能开始运行。同时，省局按照疑点库初始化采方案按计划将初始化数据录入了模拟环境和正式环境，按时完成模拟环境和正式环境后台数据抽取、疑点指标计算、数据存储、疑点项开启等工作。（三）组织培训，充分准备。按照《实施方案》，省局于4月20日统一运用省局模拟环境，对全省国税系统督察员和调查员师资讲解了点库工作原理、疑点项基本内容、各个功能模块的作用与操作等内容，为信息库上线运行打下坚实基础。（四）完成模拟，全面上线。按照《实施方案》在税收执法管理信息系统疑点信息库模拟环境中，组织开展了2008至2010年真实数据的模拟运行工作，全面检测前期工作质量。通过模拟运行，向总局提报了问题及修改完善意见和建议，为总局进一步修改完善系统功能提供可靠依据，为云南省疑点信息库在正式环境中提取疑点做好周全的准备。2011年5月云南省国税系统排除各种困难，疑点信息库成功上线。（五）积极行动，实地核查。疑点信息库顺利上线后，省局确定了昆明、玉溪、楚雄三地市共15个县（区）为重点实地核查调研的单位，并于5月下旬至6月中旬期间实施了疑点数据实地核查及调研工作。经过实地核查调研后，确定了云南省疑点运用的方面和重点，同时提交核查报告，向被查单位提出整改意见。

【加强事后监督，认真开展税收执法督察和检查】 每年的税收执法督察是对税收执法行为事后监督的重要手段。2011年省局按照总局的部署认真开展税收执法督察和税收执法督察的重点检查工作。一是按照总局的部署，以云国税发〔2011〕128号文对全省国税系统2011年应进行的税收执法督察工作结合税收执法管理信息系统疑点信息库的推行进行了全面安排和部署。各州、市局按要求完成了有关部署，按时完成了2011年税收执法督察的各项任务并提交了工作报告及相关报表。二是结合税收执法管理信息系统疑点信息库的推行，各地国税机关尝试利用疑点信息库的有关数据有序开展税收执法督察的自查和重点检查，成效显著。三是结合疑点信息库推行工作有序展开，省局开展了2011年税收执法督察重点检查工作。经充分细致的案头准备工作后，2011年11月，省局组成了两个督察组对西双版纳州国税局和曲靖市国税局及辖区内的部分县区局开展了税收执法督察的重点核查工作，并按质按量完成省局督察工作报告提交总局。

【建立工作长效机制，全面复查“小金库”专项治理工作】 按照中央、国务院、总局、省委、省政府的统一部署，按阶段、按进度完成2011年全省国税系统16个州市局累计190个自查单位“小金库”专项治理全面复查阶段的各项工作。一是按照国家税务总局关于印发《国家税务局系统2011年“小金库”专项治理工作实施方案》的通知要求，云南省国家税务局采取有力措施，认真对照通知要求，精心组织认真督办，按进度、按要求完成了云南省国家税务局系统2011年“小金库”治理督导抽查阶段的各项工作。二是为贯彻落实党中央、国务院的要求，建立高效廉洁的国税机关，杜绝“小金库”问题的发生，参照国家税务总局治理“小金库”工作领导小组办公室制定的《关于防治国家税务总局机关“小金库”问题的规定（试行）》，云南省国家税务局治理“小金库”工作领导小组制定了《关于防治云南省国家税务局系统“小金库”问题的规定（试行）》，印发至全省国税系统严格遵照执行。

【认真配合、积极协调、完成特派办专项检查及审计工作】 2010年11月审计署昆明特派办进驻省局的审计一直持续至2011年4月。2011年省局督察内审处按照省局的工作要求，继续积极协调、配合审计署昆明特派办审计组对我局的审计，同时配合财政部驻云南监察专员办事处去年对我局检查的后续整改工作。一是配合特派办的实地延伸昆明市国税局、安宁市国税局、曲靖市国税局、麒麟区国税局、富源国税局、红河州国税局、个旧市国税局关于云南省国家税务局2009年至2010年税收征管情况、预算执行和其他财政收支情况的审计工作。二是配合审计署昆明特派办审计组认真完成对云南省国家税务局2009年至2010年税收征管情况、预算执行和其他财政收支情况审计报告征求意见稿与省局相关处室、昆明市局、曲靖市局、的沟通、协调、交流和说明工作。三是按照国家税务总局、审计署、审计署昆明特派办审计组的工作要求，积极组织和配合省局相关处室和相关州市局完成审计署审计报告（代拟稿）税收征管情况部分和预算执行和其他财政收支情况部分的意见反馈；审计署《审计报告》、《审计决定书》税收征管情况部分和预算执行和其他财政收支情况部分、《国家税务总局关于整改落实审计发现问题的函》的整改落实及情况反馈、汇总上报等工作。四是协调省局相关处室和州市局，按照财政部驻云南监察专员办事处2010年关于对我局进行税收优惠政策执行情况和税收征管质量专项检查下达的有关检查结论和处理意见，积极沟通、协调完成各项整改工作，并将各项整改工作情况上报了财政部驻云南监察专员办事处。

【强化培训、提高素质】 2010年省局建立督察内审人才库，2011年，为提高全省国税系统督察人员的业务素质和审计检查业务水平，省局强化了该人才库人员的业务培训力度，通过岗位能力培训、督察审计重点检查查前培训和实践锻炼等多种形式，切实提高督察内审人才库人员的专业技能和综合素质。举办了全省国税系统督察业务培训班，为了使此次培训取得预期的效果，在培训督察业务的同时，还聘请与督察工作业务密切相关的省局所得税处、征管处领导及业务骨干分别进行授课，本着实用性的目的，从执法风险及政策法规人手，以典型案例进行了深入浅出的督察审计方法讲授。并结合云南省国税系统当前执法风险的实际对督察工作中的难点热点和需要注意的问题进行了认真细致的分析、预警和督察辅导，为大力提高督察人员的业务素质，确保各项工作效率及有序开展奠定了扎实的基础。

【整合资源、形成合力、完成督察及相关工作】 2011年，督察内审处积极参与省局整合监督资源、形成监督合力的工作，取得较好的效果。一是专门抽调人员参加了2011年省局联合巡视组对红河州国税局和保山市国税局开展的税收执法情况的巡视检查；在巡视中对被巡视单位进行税收法律法规的执行情况、税收政策及税收日常执法工作和管理工作情况进行检查；二是在完成巡视组要求完成的巡视内容的前提下，结合督察内审处的工作职责和今年的相关工作安排，积极开展了税收执法督察重点检查工作；三是提高了税收执法督察的力度，减轻了基层税务机关的压力。经参加巡视组检查过的单位，按照计划在年度的税收执法的重点检查中将不再列入检查单位，避免了重复检查，减轻了基层的负担。四是按照省局统一部署，按阶段、按进度完成省局机关内控制度建设阶段廉政风险点的排查和上报工作；五是配合省局工作组完成了对安宁培训中心撤销进行的审计收尾工作和国税印刷厂的搬迁准备工作。

（廖晓丽）

人事管理

综　述

2011年，人事处在总局人事司和省局党组的领导下，以邓小平理论和“三个代表”重要思想为指导，努力践行科学发展观，以加强人事部门自身能力建设、造就一支高素质的人事干部队伍为依托，紧紧围绕“服务基层年”这一主题，改革创新、求真务实，以“为税收中心工作服务、为干部职工服务、为各类人才服务，让组织满意、让群众满意”为目标，围绕税收工作中心、服务税收工作大局，以领导班子建设、完善干部选拔任用机制、探索公务员分类管理、维护干部职工切身利益为重点，统筹做好各项工作，为“十二五”时期税收工作开好局、起好步提供坚强的组织保证和人才支持。

各项工作

【机构人员情况】　截至2011年12月31日，云南省国家税务局内设14个行政机构、1个直属机构、5个事业单位，下辖16个州、市局，138个县（市、区）局，全省国税系统共设置221个税务分局。全省国税系统在职人员11763人，其中：研究生学历200人、本科学历5256人、专科学历4971人、中专学历681人、高中以下学历655人，中共党员6910人、共青团员215人、民主党派42人，35岁以下1675人、36至45岁4744人、46岁至54岁4779人，55岁以上565人。

【领导班子建设】　一年来，全省国税系统各级税务机关按照“政治坚定、求真务实、开拓创新、勤政廉政、团结协调”的标准，以健全民主集中制为重点，以提高领导水平和执政能力为核心，切实加强领导班子的思想建设、组织建设、制度建设和作风建设，努力把各级领导班子建设成为学习型组织、创新型团队、实干型集体、廉洁型班子，领导班子建设得到全面加强。

（一）重点抓好各级领导班子党组民主生活会和中心组理论学习。上半年，各级局党组结合“学习杨善洲”活动分别开展了形式多样的中心组理论学习。下半年，根据总局党组和省局党组的工作要求，省局党组和各州、市局党组对2011年的民主生活会高度重视、精心准备，广泛征求意见建议，认真制定整改措施，确保党组民主生活会达到预期目的。省局挂钩处室派员参加各州、市局党组民主生活会，各党组成员围绕“坚持以人为本执政为民理念，发扬密切联系群众优良作风”主题，紧密联系思想和工作实际，总结分析工作、学习和生活情况，开展党性分析，认真对照检查，对存在问题剖析原因，提出整改措施，实事求是地开展批评和自我批评，对上一年度党组民主生活会征求意见建议的落实情况进行了通报，对本次党组民主生活会征求到的意见建议进行认真研究，会议取得良好收效。

（二）严格执行《条例》规定，认真做好各级领导班子充实和调整工作，优化班子结构，增强整体功能。2010年底选拔任用的30名州市局副处级领导干部于今年初全部到岗履职，在此基础上，年内继续采用竞争性选拔的方式考察任命正处级领导干部1人（临沧），副处级领导干部7人（玉溪、楚雄、文山、版纳、德宏、丽江、怒江）、其中5人为异地交流选用，副处级非领导职务3人（大理1人、德宏2人）；正处级领导干部试用期满转正5人（省局3人、保山1人、怒江1人），副处级领导干部试用期满转正1人（昆明）；根据工作需要交流副处级领导干部2人；通过竞争上岗选拔任用副处级领导干部15人，其中省局机关7人、州市局8人，州市局8人中有4人为异地选用。

（三）强化对领导干部的管理监督。严格执行党内监督条例和纪律处分条例，认真落实领导干部廉洁从政的若干准则以及廉洁自律的各项规定，坚持领导干部个人有关事项报告制度，深入贯彻实施干部选拔任用四项监督制度，不断强化领导班子的内部监督。

【人才引进和培养】　实施人才兴税战略既是国税事业发展的重要内容，也是推进国税事业发展的重要保证。

（一）全面贯彻干部队伍年轻化、知识化、专业化方针，认真抓好年轻干部的培养工作。一方面下派干部在基层一线锻炼成长。上半年，省局机关选派了2位同志为新农村建设指导员到艰苦地区挂职锻炼，下派干部按照省局党组的要求，注重在新的工作岗位上不断加强自身锻炼，提高自身素质，力求通过挂职锻炼这一形式，进一步提高做群众工作的能力、处理实际问题的能力、应对复杂局面的能力。另一方面上挂干部在省局机关提升能力。2011年选拔22名基层优秀干部到省局工作锻炼，上挂干部到省局机关工作以来，爱岗敬业，任劳任怨，尽职尽责地干好本职工作，努力开阔视野、拓宽思路，进一步领会省局决策意图和工作思路，增强了工作的主动性、积极性，业务能力得到很大提高，宏观意识及处理问题的能力得到了锻炼和提升。

（二）重视基层的公开遴选制度步入常态化。在2010年公开选调工作取得良好收效的基础上，按照《云南省国家税务局机关公开选调公务员试行办法》，经严格履行各项规定程序，从基层选调4名干部到省局信息中心工作。从此次选调的情况看，应试人员在税收信息化岗位上积累了丰富的工作经验，能熟练地操作计算机，并能较好地运用综合征管软件数据库，具备了较强的业务素质以及运用信息化手段为税收工作服务的能力。公开选调全面测试了应试人员的计算机操作水平和综合素质，达到了通过选调工作选拔人才、储备人才的目的。此次省局机关计算机专业技术人员的选调，是对系统计算机专业人才的一次检阅，省局为年轻干部提供了一个公平竞争、展示自我的平台，体现了省局重视基层、重视年轻干部的用人导向，树立了省局机关尊重知识、尊重人才的良好形象，体现了“服务基层年”的工作主旨，为优秀年轻干部脱颖而出提供了制度保障，大大激发了年轻干部的工作积极性。

（三）圆满完成公务员招录相关工作。一方面，按照国家公务员局和总局的工作要求，2011年中央国家机关公务员招录笔试成绩公布后，随即展开公务员招录各项工作。一是积极与总局人事司及省人事厅联系，抽调有关人员认真组织开展面试工作。面试采用结构化方式进行，严格坚持外派考官不低于50%的规定，监督人员全部由省纪委抽调，2月26日至27日在云南警官学院对报考云南省国税系统120个岗位的329名考生进行了面试，按照面试程序及要求，确定121名（含成绩并列）考生进入体检、考察阶段。二是严格对照《公务员录用体检通用标准》，面试结束后即于3月1日组织121名考生在省红十字会医院进行了体检；三是抽调部分州市局人事部门同志组成4个考察组分赴各地对体检合格的考生进行实地考察，全面了解考生思想政治素质、遵纪守法意识、道德品质修养、人际沟通能力、社会活动、学习能力等情况。经公务员录用各项规定程序，确定121人为拟录用公务员，实际录用121人。另一方面按要求完成2012年公务员招录网络报名资格审查工作。2012年云南省国税系统公务员招录共设置120个职位，计划招录155人。10月15日至25日共对16126人进行了报名资格审查，9506人审查通过，平均竞争比例为61:1。根据国家公务员局和国家税务总局的工作要求，在整个资格审查过程中，严格按照招考职位所要求的资格条件客观、公正地对报考申请进行审查，及时提出审查意见，认真解答考生的问题咨询，按要求完成了网络报名资格审查阶段的各项工作任务。

（四）圆满完成全省国税系统副处级领导干部竞争上岗工作。为进一步深化干部人事制度改革，加强各州、市局领导班子建设，优化省局机关处室领导配备，拓宽选人用人渠道，建立“公开、平等、竞争、择优”的选人用人机制，省局党组于8月正式启动了机构分设以来规模最大的全省国税系统副处级领导干部竞争上岗工作，共设15个职位，其中：州市局职位8个、省局机关职位7个，州市局8个竞争职位中异地交流职位4个、本地使用职位4个。经过制定和公布方案、个人报名、资格审查、笔试、面试、投票推荐、组织考察、党组讨论议定、公示、征求意见、报备审批等程序，最终提拔任用15名副处级领导干部。此次竞争上岗工作在省局党组的领导下，一是准备充分，方案完备。根据总局竞争上岗工作的新规定、新要求，结合云南省国税系统的实际，《实施方案》初稿拟定完毕以后，省局党组开门纳谏，广泛征求省局机关各处室、各州市局的意见和建议，经过反复讨论和修改，最终形成了设计合理、操作性强的《实施方案》，对各环节的工作步骤及具体要求作了明确规定，使竞争上岗工作按部就班、有章可循。此次竞争上岗最显著的特点是参与竞争各环节的情况均量化为分值，确保了竞争结果的客观公正，同时也使竞争者的群众基础和个人能力得到充分体现。二是领导重视，机构健全。为了保证竞争上岗工作的顺利开展，省局成立了由主要领导和分管领导分别担任竞争上岗领导小组组长、副组长，人事处、监察室、办公室主要负责人为成员的全省副处级领导干部竞争上岗工作领导小组，并设立了办公室和监督组，加强对竞争上岗工作的组织领导。三是组织严密，公开透明。此次竞争上岗涉及面广、竞争职位多，既有省局机关职位、又有州市局职位，采取多渠道任职，既有本地选用职位、又有异地交流选用职位，因此，竞争上岗工作启动伊始，就广受干部职工的关注。为了保证竞争上岗工作的公平公正，一方面由省局监察室组成监督组全程参与竞争上岗各环节的工作，包括笔试监考、阅卷、面试监督、推荐票和测评票的统计、考察对象廉政鉴定的出具等。在面试阶段，选用了2名不涉及回避情形的州、市局局长担任主考官，并聘请了省委组织部、省人力资源和社会保障厅以及高校的4名专家参加考官组，同时在面试考场内设置旁听席，竞争职位涉及的省局机关处室和州、市局分别派代表对面试进行全程旁听，保证了面试工作的公平、公正、公开。另一方面及时通报各阶段的工作进展，包括通过资格审查参加笔试人员和进入面试人员的公示、确定考察对象后考察工作的预告、决定拟任人选后的公示等，让干部职工及时掌握竞争上岗工作的进展情况，自觉接受组织和群众和监督。四是激发干劲，收效良好。由于竞争上岗工作公开透明，干部职工对选用结果较为满意，普遍认为竞争上岗是构建干部竞争激励机制的重要方式，并希望今后尽可能采取竞争性选拔的方式选用干部。通过竞争上岗，一是扩大了选人用人方面的民主，提高了群众参与干部选拔任用工作的程度，较好地解决了“由少数人选人、在少数人中选人”的问题，变“伯乐相马”为“赛场选马”，充分体现了“公开、平等、竞争、择优”的原则。二是有助于形成正确的用人导向，增强机关干部的竞争意识。参与竞争上岗的同志认识到，要担当重任，要赢得组织和群众的认可，就必须勤奋学习、努力工作，内强素质、外树形象，按照德才兼备的标准塑造自我，比学习、比工作、比才干在系统内已蔚然成风。三是营造了风清气正的用人氛围。干部的选用均以其德才、成绩和民意为依据，有效杜绝了凭个人好恶、远近亲疏取人，以及利用不正当手段谋取职位的现象。

全省副处级领导干部竞争上岗工作的圆满完成，使各州、市局班子建设得到有效加强，班子整体合力不断提升，年龄、学历、民族、性别结构逐步趋于合理；省局机关处室领导的配备更加合理，通过组织与个人的“双向选择”，使个人才干得到更好的发挥。今后，各级国税机关将进一步完善领导干部竞争上岗制度，不断拓宽干部选拔任用的渠道和途径，坚持德才兼备、以德为先的用人标准，使更多想干事、能干事、会干事、干成事的优秀人才走上领导岗位。

（五）认真开展行政执法类公务员管理试点工作。国税系统行政执法类公务员管理试点工作经过前期充分的调研准备，于2011年正式启动，根据国家公务员局和国家税务总局3月5日国税系统行政执法类公务员管理试点会议精神，以及《关于开展国家税务局系统行政执法类公务员管理试点工作的通知》（国公局发〔2011〕4号）的相关规定，云南省各试点单位严格按照要求认真组织开展了试点工作，一是加强组织领导，提高对试点工作重要性的认识，省局及基层试点单位均成立了“一把手”任组长、分管局领导任副组长的试点工作领导小组，抽调专人组成办公室，明确工作目标和职责，责任到人，全力以赴。二是精心组织，周密安排，稳妥推进，严格按照试点方案的要求有计划、有步骤地进行，做好试点工作的解释动员工作，维护好队伍和大局的稳定，保证各项税收工作正常有序开展。三是处理好综合管理类公务员与行政执法类公务员的关系，处理好当前和长远的关系，积极主动地加强与当地人力资源和社会保障部门、公务员局的沟通协调，争取理解、指导和支持。7月初总局试点工作总结会议后，此项工作已告一段落，下步将根据国家公务员局及总局的安排部署，研究制定相关配套制度。

11月15日至17日，中组部、国家公务员局、总局人事司有关领导一行6人先后到丽江市国税局、云南省国税局，采取座谈会、现场会的形式就行政执法类公务员管理试点工作进行调研，省委组织部、省公务员局相关同志应邀参与了调研工作。调研过程中，试点单位分别汇报了开展行政执法类公务员管理试点工作的情况，介绍了试点工作的前期准备、人员统计、编制职位说明书、组织套改等情况，从开展行政执法类公务员管理试点工作的意义、影响、作用、效果等方面畅谈了对该项工作的理解和认识，并结合实际，围绕如何拓展基层税务公务员职业发展空间，更加有力地激发和调动广大基层一线国税干部的工作热情等问题，提出了合理化的意见及建议。调研组详细了解了实施分类管理后将会对国税工作有哪些促进、给基层税务干部带来哪些实惠、试点工作中存在哪些问题等，要求大家统一思想，提高认识，顾全大局，支持试点工作，进一步将试点工作做深、做细、做实，并鼓励大家安心基层工作，努力为国聚财，为税收事业作出新的贡献。

【人事基础工作】 2011年，全省国税系统各级人事部门围绕“服务基层年”工作主题，广大人事干部带头讲党性、重品行、作表率，努力建设模范部门，打造过硬队伍，进一步提高人事工作水平，不断提高人事工作满意度。

（一）完成2010年考核工作。按照《云南省国家税务局系统公务员考核办法（试行）》，考评委员会于3月份对省局机关及各州市局副处以上干部2010年度公务员考核等次进行评议，经报省局党组审定，评定省局机关43名干部职工及各州市局20名副处以上干部为优秀等次，并分别予以嘉奖或记三等功；根据《目标管理责任制考核办法》，考核评定16个州市局为一级局。5月，在广泛征求省局机关各处室和各州市局意见的基础上，修改完善了《云南省国家税务局对州市国家税务局目标管理责任制考核办法》、《云南省国家税务局机关目标管理考核办法》，使考核工作更加规范和切合实际，并按考核办法按时通报考核结果。

（二）严格执行各项工资及津补贴政策，工资管理更加规范。

1. 按照国税发〔2008〕105号、云政发〔2006〕194号文件规定，对省局机关、税务干部学校在职公务员、工人、提前退休人员，按照年度考核结果进行年终一次性奖金的计算、发放，共涉及214人，发放金额295304.31元。对2011年云南省机关事业单位正常晋升级别工资、晋升级别工资档次、薪级工资等工作作了安排部署，并对省局机关进行了统计测算，及时将测算结果向省人力资源和社会保障厅报批，经批复，省局机关于2011年7月兑现，共涉及58人，月增资1484.1元，补发8468.6元；随后对各州、市局上报的正常晋升级别工资、晋升级别工资档次、薪级工资审批表进行认真审核、批复，共晋升级别工资2095人，月增资47225元；晋升级别工资档次227人，月增资6778元。

2. 做好日常性工资审批工作：一是对州市局上报的职务晋升、人员调动、工人晋升技术等级、转正定级人员等工资情况进行审核批复；二是完成省局机关职务晋升人员及达到法定退休年龄人员的工资计发工作；三是将省局机关领导工资变动情况上报总局审批并及时归档；四是安排布置全省国税系统开展工考信息库更新工作，确定专人负责工人数据采集、更新和维护；五是传达并做好云国税函〔2011〕172号和云国税发〔2011〕147号文件精神的贯彻落实工作。

3. 11月，根据《中共云南省委办公厅、云南省人民政府办公厅关于印发〈云南省文明单位创建管理办法〉和〈云南省文明村创建管理办法〉的通知》（云办发〔2004〕3号）中的有关规定，省局机关于2009年1月20日被中央精神文明建设指导委员会授予“精神文明建设工作先进单位”荣誉称号，一次性发给省局机关（含税务干部学校）在职职工和离退休人员一个月基本工资奖励，共计281人（在职职工203人，离退休人员78人），发放金额409289.03元。

4. 12月，按照《云南省人力资源和社会保障厅、财政厅转发人力资源和社会保障部、财政部关于调整艰苦边远地区津贴一至三类区标准的通知》（云人社发〔2011〕275号）文件精神，对下转发文件和审批表格，对全省国税系统符合调整标准的115个地区所在单位进行统计、批复。

5. 拟文转发《民政部、财政部关于调整部分优抚对象等人员抚恤和生活补助标准的通知》（云国税发〔2011〕216号），传达民政部、财政部精神，从2010年10月1日起，提高部分优抚对象抚恤和生活补助标准。

6. 及时做好厅级干部工资变动情况的上报、审批、归档等工作。

（三）按照干管权限，认真做好干部管理日常工作。上半年共批复任免县区局局长46人、人事科科长4人，办理系统内借调手续213人次，办理机关及系统副处以上干部退休手续9人，省局机关晋升科级非领导职务9人，办理调动手续15人，其中：调出外系统9人、系统外调入1人、州市系统内调动5人。

（四）认真做好人事统计工作，不断提高人事统计工作的质量和效率。对各州、市国家税务局、税务印刷厂、祥瑞宾馆、税务干部学校19个单位上报的工资月报按统计法的规定进行数据把关、审核，同时根据昆明市劳动统计局的要求做好劳动工资季报、年报工作，审核、汇总云南省国税系统13个在昆单位上报的基础数据，并撰写情况分析报告；做好国家税务总局布置的2011年国税系统人事统计年报工作。

（五）认真做好全省国税系统工人技术等级评聘工作。根据《云南省人力资源和社会保障厅关于做好2011年机关事业单位技术工人职业资格评定工作的通知》（云人社发〔2011〕35号）精神，组织全省国税系统做好2011年技术工人职业资格晋升等级培训申报工作，对各州、市局上报的培训申报材料严格把关、查遗补漏，经审核，共批复43人参加培训，其中技师1人，高级工37人，中级工5人。

（六）做好出国出境人员的政审和日常管理工作。一是认真做好因私出国出境人员的政审工作；二是应地方党委政府邀请，选派1人参加地方团组出国执行公务；三是认真做好因公出国人员出国手续的办理和服务工作。按照总局年初的出国计划，2011年由我局牵头，与海南省国税局联合组团赴澳大利亚参加“大企业税收管理与服务”培训，参训人员共23人，其中我局13人。组团过程中，与总局国际司和海南省国税局保持密切联系，加强请示汇报，认真、及时办理好团组人员相关出国手续，做好后勤保障工作，保证了培训团组于9月10日至30日在境外为期21天业务培训的顺利进行。

（七）做好机构设置的管理工作。按照国务院和省政府的文件精神，上报总局关于昆明市呈贡县国家税务局机构名称更改的请示，并按照总局的批复对昆明市进行批复。

（八）按照人事部《机关事业单位工作人员带薪年休假实施办法》，以及省人事厅、财政厅《关于云南省机关事业单位工作人员实施带薪年休假制度有关问题的通知》（云人〔2008〕31号）的有关规定，对省局机关工作人员的参加工作时间、考勤情况进行认真审核、计算，发放了《休假单》，要求各处室拟定个人休假计划。

【人事专项工作】 认真贯彻落实省局“服务基层年”的相关要求，努力做好人事各项专项工作。

（一）以权力制衡为核心抓好内控机制建设。对照有关法律、法规和相关文件精神，对人事部门的权力事项进行科学、全面的梳理和分析，按照分权制衡的要求，严格划分不同权力的使用边界，按照不同类别权力的特征和作用，建立职权清楚、责任明确，既相互制约又相互协调的权力制衡机制，进一步增强职务分工的合理性和科学性。正确认识和把握权力、风险、控制、责任之间的关系，消除认识误区，并根据风险发生的概率和危害程度大小进行合理分类和分级，制定相应的防控措施，确保权力运行到哪里，风险防范就跟随到哪里。

（二）按要求做好规范津贴补贴相关工作。

1. 2011年3月至4月，根据国家税务总局《关于做好国家税务局系统三级以下管理京外机关单位规范津贴补贴工作的通知》精神，安排布置全省各单位填报《国税系统离、退休人员2010年津贴补贴发放情况表》、《三级以下管理京外单位调整在职（离休、退休）人员津贴标准报备表》等，分别将各单位各类人员所发放的津补贴标准（含国家统一规定津补贴、改革性补贴和其他津补贴）、文件依据进行了搜集、填报，省局人事处、财务处联合召开了全省汇审会议，对各单位上报的3100余份报表进行了审核、汇总，并按时将报表报送总局参加全国会审。

2. 4月至5月，根据国家税务总局的要求，安排布置全省各单位填报《三级以下管理京外单位在职（退休、离休）人员津贴补贴地市级政府提供标准表》、《三级以下管理京外单位在职（退休、离休）人员津贴补贴标准外项目表》，要求各单位积极向所在地政府索取当地规范津贴补贴标准（目前执行的标准）以及规范津贴补贴后仍保留设立的津贴补贴项目，并提供文件依据。省局人事处、财务处联合召开了全省汇审会议，对各单位上报的近2000份报表以及各种文件依据进行核对、确认，并按时参加全国会审。

3. 5月至6月，根据国家税务总局《关于做好国家税务局系统二级管理京外机关单位第二步规范津贴补贴实施工作的通知》（国税发〔2011〕32号）文件精神，认真填报《二级管理京外单位在职人员第二步规范津贴补贴实施情况表》、《二级管理京外单位离休（退休）人员第二步规范津贴补贴实施情况表》。总局于2011年5月16日在北京召开了津补贴报表会审会，对全国国税系统二级单位上报表进行了审核，并下发的《二级管理京外单位在职人员津贴补贴标准表》、《二级管理京外单位退休人员补贴标准表》（2011年4月以后退休人员），根据批复，省局机关于2011年6月起执行新标准，并对涉及补发的217人进行了补发，共增资补发890291元。

4.10月，根据国家税务总局《关于报送国家税务局系统其他事业单位津贴补贴清理核查工作情况的通知》精神，我处对全省国税系统独立预算事业单位2010年发放津贴补贴的情况进行了认真全面的清理核查，经核查，符合填报单位1个（即云南省税务干部学校），符合填报范围共8人，按照要求，向总局填报《2010年国税系统事业单位津补贴统计表》共14份。

5.11月，根据总局人事司、财务司11月9日上午的“紧急通知”要求，对总局反馈的云南省29个县市国税局所在地津贴补贴标准与六部委财政审核数存在差异的情况进行认真核对，并组织各单位向地方政府索取规范津补贴的正式文件。确认无误后，派专人将地方政府规范津补贴正式文件送达总局，以维护云南省国税干部职工利益为原则，圆满解决数据差异问题。

（三）做好人事信息化管理工作。

1.“税务人事管理系统（2.0版）”顺利上线运行。

为深化人事制度改革，提高国税系统人事工作信息化水平，进一步提高人事工作效率，加强人事工作的规范管理，按照总局要求，国税系统人事管理工作将纳入税务人事管理系统（2.0版）管理，人事管理系统将成为国税系统人事部门工作的一个平台，今后国税系统人事管理工作将逐步进入系统进行流程化管理。根据总局的工作部署，我处派员参加了总局于7月举办的税务人事管理系统（2.0版）实施培训会，系统学习了人事管理系统各模块的功能及工作流程；培训结束后，按照总局要求，结合云南实际，及时制定了《云南省国家税务局税务人事管理系统（2.0版）实施工作方案》，在全省国税系统开展了人事管理系统的上线实施工作。

一是明确责任，保障实施。省局人事处作为系统运用推行的第一责任部门，负责系统的系统管理、业务处理和数据的更新维护；省局信息中心负责系统网络环境的搭建、运行及设备的日常维护。各级人事部门根据本部门职责分工，负责各自工作模块的日常业务处理和数据更新维护，同时还设立专人负责系统的日常管理及运行工作。二是搭建系统，组织培训。在系统上线工作中，省局人事处与信息中心相关人员沟通协作，完成了虚拟培训系统和正式上线系统的搭建工作，同时于8月初开展了对州市国税局的软件培训工作。培训中，采用角色扮演法，将理论学习与实际操作相结合，按照不同的干部管理权限和工作岗位，将对应人员所涉及的工作模块进行有侧重点、有针对性地进行了培训，保证了培训的效率和质量。之后，在培训的基础上，组建了培训师资库，负责人事管理系统在全省各级国税部门的运用推广工作。三是集中力量，部署实施。为保证工作质量，圆满完成总局部署的工作任务，全省国税系统各级人事部门不辞辛劳、加班加点、克服困难，在任务重、时间紧的情况下，集中人力、集中时间认真了做好上线相关工作。全省各级人事部门集中进行了数据准备、数据补录及数据校核工作，涉及人事工作的内机构设置、人员调动、干部任免、工资初始化、公务员录用分配等工作，同时对本单位干部职工的数据进行进一步维护更新，把每一位干部职工的简历、职务、奖惩情况及工资情况更新维护到最新状况，全省共更新维护信息数十万条。四是完成验收，推广运用。经过全省国税系统各级人事干部的共同努力，云南省“税务人事管理系统（2.0版）”严格按照总局人事司项目实施计划实施步骤，完成了人事软件上线工作，并通过了总局的验收工作。目前，人事管理系统正按照总局的相关要求运用到各项人事日常工作中。

与此同时，为保证系统的顺利上线和正常运作，对全省国税系统人事部门计算机设备现状展开深入调查，经过收集汇总全省十六个州市共55份统计调查表及调查报告，及时向相关部门提出设备增配和更新需求。

2. 按照省人力资源和社会保障厅工考办的要求，安排布置全省国税系统于6月份开展工考信息库更新工作，确定专人负责工人数据采集、更新和维护，确保云南省国税系统工考信息在2010年的基础上及时更新、维护。

（四）慰问基层干部职工。春节前夕，省局领导带领相关处室人员，分7个组分别对16个州市43个县区局3600多名干部职工进行了走访慰问。省局各慰问组每到一个地方，首先察看干部职工的工作和生活环境，并与一线干部职工亲切交谈，然后系统听取工作情况汇报，在肯定成绩的同时，对下步工作提出希望和要求。慰问组所到之处，干部职工备受鼓舞，纷纷表示要以加倍的努力，勤奋的工作，争取各项工作再上新台阶。

（五）按省委要求继续开展好新农村建设工作。2月，省委召开“全省第四批新农村建设工作队和指导员总结表彰大会暨欢送第五批新农村建设指导员视频大会”，省局选派参加第四批新农村建设工作的2位同志较好地完成了各项工作任务，云南省国家税务局被昆明市委、市人民政府表彰为“昆明市第三批新农村建设指导员工作先进派出单位”，郑捷、苏杰平二位同志被同时表彰为“昆明市新农村建设优秀指导员”。同时，我局继续选派2位同志担任第五批新农村建设指导员，按照省委的工作要求，深入持久地开展好新农村建设工作。

（六）积极配合总局考察组对云南省国税系统厅级干部的考察工作。一是按照副厅级领导干部竞争上岗工作的要求，做好宣传动员、组织报名、资格审查、资料报送等工作，同时做好云南省国税系统参试人员到京笔试、面试的组织、管理和服务工作，并配合考察组完成各项考察任务。二是积极协调各部门，切实做好副巡视员考察和纪检组长人选推荐的各项准备工作，配合考察组圆满完成各项工作任务，进一步规范了干部选拔任用的程序，加强了云南省国税系统的领导班子建设。

（七）根据国家税务总局人事司《关于税务系统2011年度电子工程系列中级专业技术职务任职资格评

审有关问题的通知》（国税人函〔2011〕154号）的有关精神，我处积极协同省局信息中心就此项工作做了布置安排。

（八）认真完成人事管理课题研究工作。一是在总局人事司的统一领导下，与江苏省国税局、深圳市国税局共同承担了“公务员岗位职责规范”课题研究。该课题为国家公务员局立项课题，旨在明确公务员岗位职责规范基本内涵和目标定位的基础上，构建以职务、职责、职权为主线的公务员分类岗位职责规范的基本内容框架，建立公务员岗位职责规范的原则、方针和步骤，提出公务员岗位职责规范的建议方案和动态维护，指导各级机关建立责任明确、权力清晰、权重科学的职位划分、职位设置体系，从制度上解决权力比较集中又不易有效制约的问题。二是按照省局党组的要求，与省局教育处、机关党委办公室、昆明市国税局、普洱市国税局、红河州国税局共同承担了“新形势下进一步加强云南国税系统干部队伍建设”课题研究，该课题作为省局立项的重点课题，旨在结合云南省国税系统实际，通过分析近年来干部队伍建设取得的成绩、面临的形势和存在的问题，就如何面对新形势、把握新特点、研究新情况、解决新问题，进一步加强干部队伍建设工作进行研究，并提出对策和建议。

（九）按照省局《云南国税年鉴》、《云南省志·财税志》、《云南人力资源和社会保障年鉴》的编写要求，积极组织人力做好人事工作方面的文稿撰写、报送等工作，力求完整、准确、系统地反映出全省国税系统人事工作情况。

（曹志刚　荀　萍）

巡视工作

综　述

2011年，全省国税系统巡视工作认真贯彻省局党组“服务基层年”工作主题，坚持“围绕中心、服务大局”的工作思路，依照整合内部监督资源，减轻基层负担，充分发挥综合监督作用的工作要求，积极推进联合巡视，努力完善巡视工作机制，突出巡视监督重点，创新方式方法，扎实开展省局对州市局的巡视检查工作。大力加强对州市局巡视工作的指导和服务，确保巡视工作在服务税收事业科学发展、促进领导班子建设和反腐倡廉建设中发挥重要的积极作用。

各项工作

【更新观念、转变作风，加大联合巡视力度】　遵照省局党组“树立服务基层的思想，改进服务基层的作风”的要求，积极探索最大限度整合系统监督资源，竭力减轻基层负担的工作模式。在省局党组重视支持和相关处室主动配合下，联合巡视模式有了新的发展，由上年巡视、人事、监察、督查内审4家联合巡视，发展为巡视、人事、监察、督查内审、教育、政策法规6家联合巡视，增强了巡视监督效能。一是各监督单位具有双重职责，既代表省局党组巡视组完成党组交给的各项任务，同时，又代表所在处室直接监督对口业务工作。经联合巡视组检查的内容，处室一般不再安排专项检查，避免了多头重复检查，减轻了基层负担。二是巡视结束后，联合巡视组成员既向巡视组提交专项巡视报告，又向本处室领导报告对口工作检查结果，便于处室掌握基层情况，巡视检查结果可作为相关处室考核工作的依据，实现了巡视成果共享。三是联合巡视组及时综合情况，形成巡视报告提交省局党组会议，便于党组多方位了解基层情况，尽快处置问题，提高工作效率。

【认真履行职责，扎实实施联合巡视检查】　年内，先后组织实施了对红河、保山、丽江3个州市局的联合巡视检查。巡视中，列席州市局党组会议3次；组织民主测评6次，共525人次参加测评；与干部群众个别谈话173人次；召开座谈会9次；分别走访了当地政府、纪委和组织部等相关部门；深入4个县区局进行了实地调研，共收集群众意见和建议138条；向被巡单位提出建议16条；向省局党组提出工作建议5条。巡视全过程始终坚持深入基层、讲求实际，对所发现问题及时与被巡单位沟通核实，巡视组会议上认真分析甄别、政策认定，务求客观公正，使对省局党组和被巡单位负责的一致性得到保证。

【及时反馈巡视意见，严格整改检查】　依据省局党组会议审定的对被巡单位的整改意见，巡视办分别向昭通、曲靖、德宏、红河、保山、丽江6个州市局进行了巡视意见反馈。并组织巡视检查组对大理、德宏、昭通、曲靖4个州市局进行了巡视整改检查。检查采取听取被检查单位党组整改落实情况汇报，与相关人员个别谈话，召开座谈会，调阅会议记录，查阅相关整改工作痕迹资料等方式，全面了解被检查单位对省局党组巡视反馈意见的整改部署、措施以及落实情况，督促有效解决问题，确保巡视整改落到实处。

【加强业务指导，推动州市局巡视工作健康发展】　依据巡视办工作职能和分级管理原则，采取多种形式指导和推动州市局对县区局领导班子的巡视工作。一是及时传达贯彻上级关于巡视工作的重要文件精神。以省局党组文件形式转发了总局党组《关于进一步加强和改进巡视工作的意见》、《国家税务局系统巡视工作规定（试行）》等文件。二是适时下发巡视工作要点，明确年度巡视工作的指导思想、具体工作任务和目标要求，指导州市局开展巡视工作。三是认真组织业务培训。巡视工作会议期间，以会代训，对州市局分管局领导、分管科室领导和专职巡视干部，进行了巡视、人事、监察、政策法规、督查内审等业务知识培训，组织昆明、曲靖、红河、普洱、大理5个州市局进行巡视工作经验交流，对于提升巡视分管领导和专职干部工作能力，取得了良好效果。四是巡视办分工专人负责督导州市局的巡视工作，帮助州市局解决巡视工作中存在的困难和问题，定期编发巡视工作情况通报、专项工作落实情况通报、督促巡视计划、阶段进展情况和总结等工作的落实，随时掌握各地工作动态，促进了州市局对县区局领导班子巡视工作的健康发展。

【召开系统巡视工作会议，贯彻总局巡视工作部署】 10月11至13日，总局在湖南长沙召开了全国国税系统巡视工作会议，全面总结回顾了“十一五”时期的巡视工作，研究部署了当前和今后一个时期的巡视工作任务，提出了新的更高的工作要求。省局党组高度重视，决定召开全省国税系统巡视工作会议认真贯彻落实。

全省国税系统巡视工作会议于12月13日至14日召开。会议传达贯彻全国国税系统巡视工作会议精神，总结“十一五”时期全省国税系统巡视工作，部署了下一阶段的巡视工作任务。会议特邀省局人事、监察、法规、督察内审等处室领导到会授课，开展巡视工作业务培训。印发了省局党组转发总局党组《关于进一步加强和改进巡视工作的意见》、《国家税务局系统巡视监督内容检查指南》以及部分州市局巡视工作经验交流材料。

会议认为：进一步建立健全“党组统一领导，分级负责，巡视机构组织实施，人事和纪检监察等相关部门共同参与”的巡视工作领导体制，是搞好云南国税系统巡视工作的重要保证；坚持走整合监督资源路子，整体推进监督效果，是进一步巩固和完善联合巡视制度的有效手段。会议要求进一步加大州市局对县市区局开展巡视监督的工作力度。重视积极开展业务培训，着力提升巡视干部队伍业务能力，努力提高巡视工作的质量和水平，使云南国税系统巡视工作开展得更加扎实有效，步入更高层次。

（赵成斌　杨春天）

教育培训

综　述

2011年，云南省国税系统干部教育培训工作在国家税务总局和省局党组的正确领导下，以邓小平理论和“三个代表”重要思想为指导，认真贯彻党的十七大和十七届五中、六中全会精神，深入贯彻落实科学发展观，按照《云南省国税系统“十二五”干部教育培训规划》、《云南省国税系统2008－2012年大规模培训干部工作实施意见》的要求，以加强干部的素质建设、提升干部的岗位技能、推进学习型党组织建设为主要目标，坚持以人为本，努力提高培训质量，加大教育培训力度，全面提升干部队伍素质，较好地完成了全年教育培训工作任务，为实现“服务基层年”工作主题，奠定了坚实地人才保障和智力支持。

各项工作

【服务基层新举措，业务培训面向基层】 2011年，教育处以“全心全意服务基层，靠前指挥，上下联动，围绕服务基层制定工作思路，通过服务基层解决困难和问题”为总体思路，不断创新教育培训形式，在坚持送教到基层的同时，于4月12日至30日，分别在深圳和大连为怒江等9个边疆欠发达地区，组织了三期每期10天的基层业务骨干培训班。来自边疆基层第一线的180多名业务骨干参加了此次培训。在培训中，学员们纷纷表示，这是省局党组对基层的关心，是省局落实“服务基层年”工作的具体行动。这次业务骨干培训班有四个特点。一是领导重视。在今年的教育培训工作中，云南省国税局坚持以提高攻坚克难的能力为重点，进一步加强业务骨干培训，以提高履行职责的能力为重点，进一步抓好基层干部培训，把培训的重点向基层（特别是欠发达地区）倾斜。省局党组经过研究，决定为怒江、迪庆、德宏、临沧、丽江、保山、文山、版纳、普洱等9个欠发达地州举办三期共180名业务骨干参加的培训班，为了确保培训经费，省局党组经过研究取消了每年一期的正处以上执政能力培训班，把培训机会让给基层。党组成员、副局长许赞霖在出发前召集所有学员作了动员讲话，提出了要求。在培训过程中，许副局长又亲临培训班看望学员，并作了重要指示。真正做到了服务基层，为基层办实事，办好事。省局党组的关心，让基层一线业务骨干倍感温暖。二是纪律严明。省局对培训期间的纪律作出了严格的要求，成立了临时党支部和班委会对培训班进行管理。要求学员必须遵守规章制度和纪律，树立团队意识，服从教学管理，遵守时间安排，确保培训顺利进行；加强个人品质修养，不得饮酒影响学习，不得组织和参与赌博等违法活动，注意维护个人形象。培训结束时进行了严格考试，整个培训和考试正规、严格、成效明显。事实证明，严格的纪律要求，确保了此次培训取得圆满成功，展示了云南国税良好形象，受到培训机构的好评。三是创新教育培训形式。这次培训是省局第一次组织基层业务骨干到省外培训，通过与发达地区国税局合作办学，采取横向互动，相互交流形式，学习发达地区国税局的先进经验和做法，创新了教育培训的形式。培训内容涉及《高绩效团队建设与拓展训练》、《领导怎样即兴发言》、《怎样做一名优秀的基层税务机关领导者》、《最新涉税风险剖析》、《最新增值税涉税案例分析》、《税收疑难问题解析—增值税》、《会计信息在企业所得税管理中的应用》、《机关中层实战执行力》、《高绩效人士的工作习惯》等课程。培训内容全面，针对性强，上课教师具有扎实理论功底和丰富实践经验。培训中还开展了形式新颖的拓展训练，增进了学员的沟通了解能力，提升了团队精神。培训期间组织学员到深圳市国税局福田分局、东莞市国税局虎门分局参观，学习发达地区国税部门如何把传统的经验式管理转向科学化管理，把创新发展战略逐步引向深入，使学员深受启发。四是效果良好。通过十天的培训，与发达地区国税局同事交流，亲身体验了发达地区先进管理模式，开阔了基层国税干部的视野，增强了基层国税干部履行岗位职责的能力，提升了基层干部的自身综合管理能力和业务素质，使基层业务骨干掌握了相应职位要求的业务知识，具备组织开展相关业务工作的能力和水平，培训取得了较好的效果。

【国家税务总局“智力援西”项目云南培训班在大连顺利开班】 为进一步提升基层税务干部，尤其是一线税收管理员的综合业务素质和岗位工作技能，6月7日至7月6日，总局委托辽宁税务高等专科学校为云南省举办了一期税收征管业务培训班，全省国税系统50名业务骨干参加了培训。开班典礼上，“智力援西”项目组长、辽宁税务高等专科学校副校长张雅君同志作了热情洋溢的欢迎辞，并对“智力援西”项目背景、学校基本情况等进行了详细介绍。省局许副局长在听取了张副校长的介绍后，对学校提供的优异学习环境表示衷心感谢，并对此次参训学员提出了具体要求。

【云南省国税局委托厦门大学培养软件工程专业硕士招生考试】 7月11日至12日，来自全省国税系统的75名干部，在昆明参加了云南省国税局委托厦门大学培养软件工程专业硕士笔试和面试，整个招生考试工作圆满结束。这次委托厦门大学为云南省国税系统培养的50名软件工程硕士，采取“推荐加考试”，择优录取的办法，由厦门大学严格按照研究生考试的标准，由厦门大学出题，考试内容按GCT（工程硕士研究生入学资格考试）安排，共四门课程：数学、语文、逻辑、英语，每门100分，共计400分，实行按培养人数的1.5倍推荐75人参加考试。云南省国税局有计划、有组织地委托国内知名高校进行专业人才的培养，是为贯彻落实2008—2012年税务系统高层次人才培养计划，根据税收信息化发展的需要，培养具有应用能力的高层次复合型、实用型税收信息化人才而组织的，是实施干部教育培训工程，加强云南省国税系统干部队伍建设，培养高层次、专业化、复合型、实用型人才的重要举措，是省局党组着眼于云南省国税系统长远发展做出的重要决策。

【全省国税系统企业会计核算及所得税业务培训班顺利开班】 为适应新形势下所得税工作的发展需要，尽快改变企业所得税管理存在的“短板”状况，切实提高全省国税系统对企业所得税的管理水平，2011年8月2日至8月31日，在云南财经大学举办了为期30天的企业会计核算及所得税培训班。来自全省16个州、市的100名所得税业务骨干将在一个月的时间里接受会计学基础、企业会计准则、企业所得税法、税法与会计差异分析与协调及纳税评估等方面的系统培训。省局党组成员、副局长许赞霖参加了开班仪式并作了重要讲话，云南财经大学财政与经济学院党委书记张文华、院长王敏，省国税局所得税处处长资宗宁，教育处处长杨云飞等参加了开班仪式。在开班仪式上，许副局长以“三看”、“三加强”强调了举办所得税培训班的重要性和办好本次培训的具体要求。

【云南省国税局举办县（市、区）国家税务局副局长科学发展主题培训班】 为认真贯彻落实《国家税务总局办公厅关于在全国税务系统实施基层干部“科学发展观主题培训行动计划”的通知》（国税办函〔2011〕457号）精神，云南省国税局积极做到早部署、早安排，结合云南国税工作的实际，认真制定下发了《云南省国税系统基层干部“科学发展主题培训行动计划”实施方案》，对全省国税系统今后两年实施“科学发展主题培训行动计划”工作做了详细的部署和安排。同时，于8月29日至9月8日举办全省国税系统县（市、区）国家税务局副局长科学发展主题培训班，以实际行动贯彻落实总局的通知精神。此次科学发展主题培训班的对象是全省各县（市、区）国家税务局分管政务工作的副局长（或纪检组长），共136人。目的是紧紧围绕中组部和国家税务总局关于实施“科学发展主题培训行动计划”的要求，结合云南国税实际，通过学习培训，进一步加强全省国税系统基层领导干部对科学发展主题的深刻认识，切实提高基层领导干部的专业知识和业务技能，使基层领导干部的综合素质和领导能力进一步提升，把握大局、依法行政、科学管理、纳税服务和带好队的本领明显增强，努力培育造就适应“十二五”时期税收事业发展的高素质干部队伍，为税收事业科学发展提供有力的思想政治保证、人才保证和智力支持。此次为期10天的培训班，共安排了48个课时，并分别邀请中共云南省委宣传部、中共云南省委党校、云南师范大学等知名专家学者，就科学发展、胡锦涛总书记“七一”重要讲话、政务礼仪、领导能力和领导艺术、文学艺术等进行专题讲授。同时邀请省局领导和省局有关处室的负责人、业务骨干就税收信息化建设、税收管理、数据监控分析、税务公文写作、反腐倡廉等内容进行专题辅导。培训结束时，还将组织闭卷考试，并对考试成绩进行通报，确保培训效果。

【云南省国税系统软件工程专业硕士班在昆明开班】 2011年10月17日，云南省国家税务局委托厦门大学培养软件工程专业硕士研究生班在昆明顺利开班，云南省国家税务局党组成员、副局长许赞霖亲临开班仪式并作重要讲话，云南省国家税务局教育处、信息中心和厦门大学软件学院有关负责人，以及来自全省国税系统的55名学员参加了开班仪式。许副局长在讲话中对举办培训班的重要意义进行了详细地阐述，并对学员寄语了深厚的希望。此次软件工程专业硕士班，是省局党组着眼于云南省国税系统长远发展做出的专业化人才培养的重要决策，省局教育处和信息中心按照省局党组的要求，制订了详细的培养方案，在报考条件、培养目标等方面作了具体规定。采取“推荐加考试”，由各州市局根据条件层层推荐报考人选，统一参加厦门大学入学考试，然后按照笔试成绩加面试成绩总和从高到低排序，择优录取的办法确定培养对象。在培养方式上，充分考虑根据专业特点，采取在职不脱产（函授）的学习形式，进行“教学＋实践”式培养方式，学制两年，第一年以课程为主，第二年进行工程实践和撰写论文。

【新录用人员初任培训班在昆明开班】 根据国家税务总局关于新录用人员初任培训的有关要求和云南省国家税务局2011年度培训工作计划安排，云南省国家税务局于2011年10月21日，在云南财经大学举办“云南省国家税务局2011年度新录用人员初任培训班”。全省国税系统122名大学生和6名军队转业干部共128人将参加此次为期一个月的初任培训，培训结束后还将参加全国税务人员执法资格考试。此次培训班旨在提高新录用人员的政治思想素质和理论水平，牢固树立全心全意为人民服务的公仆意识，增强责任感和使命感，正确履行国家公务员职责。云南省国家税务局党组成员、副局长许赞霖，云南财经大学党委委员、副校长周跃出席开班仪式并作重要讲话。许副局长代表省局党组和李鸿文局长对新进入国税系统的人员表示了热烈的欢迎和祝贺，并给学员们详细介绍了云南省国税系统的有关情况。同时，许副局长对新参加工作的128名同志提出了殷切的希望和要求。

【提升履职能力，举办全省国税系统科级领导干部任职培训班】 为进一步提升新任科级领导干部的履职能力，增强做好国税工作的责任感和使命感。按照国家税务总局对税务系统科级领导干部任职培训的相关要求，根据《云南省国家税务局关于2011年培训计划安排的通知》安排，全省国税系统2011年科级领导干部任职培训班于12月6日在中共云南省委党校如期举行。云南省国税局党组成员、副局长许赞霖，省委党校党委委员、副校长杨赛光，省局教育处副处长罗继富，省委党校干部继续教育学院副院长郑群出席了开班仪式。来自全省国税系统16个州市部分新任职的161名科级领导干部参加了开班仪式。杨赛光副校长代表省委党校发表了热情洋溢的致辞讲话；省局党组成员、副局长许赞霖作了开班动员讲话并提出了具体要求。

【提高依法行政意识，举办税收执法风险与防范渎职犯罪专题讲座】 在《行政强制法》即将正式实施之际，为了帮助全省国税系统干部职工深入了解涉税渎职犯罪的表现形式和成因，采取有效措施，实现“关口前移”，进一步树立“依法行政”意识，努力减少涉税渎职犯罪案件的发生。11月30日，第19期《云南国税讲坛》邀请到国家税务总局法规司调研员、法学硕士、经济学博士王世宇老师作了税收执法风险与渎职犯罪防范的专题讲座。讲座由省局党组成员、副局长许赞霖主持，讲座主会场设在省局四楼报告厅，分会场设在各州（市）、县（市、区）国家税局，全省国税系统一万多名干部职工通过视频系统收看了讲座。《行政强制法》将于2012年1月1日起实施，省局党组对提高依法行政工作非常重视，11月16日至19日，举办了全省国税系统领导干部依法行政培训班，来自全省16个州市局分管局领导、法规科长、各县（市、区）局分管局领导近200人参加了培训。11月17日，全省国税系统约一万余人参加了《行政强制法》视频培训。11月29日，省局机关全体干部职工参加《行政强制法》考试。通过各种途径有效地提高全省国税系统干部职工依法行政意识，为避免职务犯罪和渎职犯罪，创建平安国税、和谐税收打下了坚实的基础。

【加强管理，提高教育培训的质量和效率】 为进一步增强教育培训工作的针对性和有效性，教育培训工作始终紧扣“服务基层年”工作主题，对所有培训班实行项目管理，按照需求分析、项目设计、项目组织实施、项目评估、考评检查等环节，大力加强各类培训班的管理。同时，坚持“凡训必考”的原则，对各类培训班参训人员进行严格考试，并建立成绩通报制度，有效地提高了教育培训工作的质量和效率。

【认真做好教育培训计划、总结和科研申报工作】 为进一步做好教育培训工作，对2010年的工作情况进行分析总结，向总局上报了关于2010年度教育培训工作考评情况的报告，全面梳理总结2010年度全省国税系统教育培训工作所取得的成绩和经验，并就存在问题提出下一步工作打算。制订了2011年度教育培训工作方案，下发了云南省国家税务局关于2011年度教育培训计划安排通知，明确了教育培训的内容和重点。下发了关于做好2011年教育培训科研课题申报工作的通知，认真组织各州市局做好教育培训科研课题申报工作。

（籍晋江）

思想政治工作和精神文明建设

综 述

2011年，全省国税系统思想政治工作和精神文明建设在国家税务总局和省局党组的正确领导下，始终坚持以党的十七大和十七届五中、六中全会精神为指导，全面贯彻落实科学发展观，认真贯彻全国税务工作会议和全省国税工作会议精神，围绕“服务基层年”工作主题，开拓创新、求真务实，加强思想政治工作和精神文明建设，强化系统党的建设，着力推进创先争优活动，大力提升国税文化建设水平，加大教育培训力度，全面提升干部队伍素质，为云南国税事业和谐发展提供强有力的思想政治保障和智力支持。

各项工作

【领导班子思想政治建设进一步加强】 一是政治理论学习得到加强。坚持党组中心组学习制度，加强对党的路线、方针、政策的学习，准确把握国内外形势的新特点新变化，准确把握“十二五”发展主题，准确把握开展工作的结合点和着力点；二是民主集中制原则得到有效贯彻。各级领导班子成员之间既有明确分工，又协调配合，凝聚力、战斗力、向心力、决策力和执行力进一步增强；三是作风建设更加强化。思想作风、工作作风、生活作风建设进一步强化，在全系统上下营造了一种风清气正，干事创业的良好氛围；四是勤政廉政教育深入持久。以学习贯彻《廉政准则》为契机，深入开展廉政教育，领导干部抵制腐败行为的自觉性得到提高；五是执政能力不断加强。坚持把“以人为本、执政为民”融入具体工作中，努力提高履职能力和水平，确保上级党组织的指示、命令、决议落实到位，圆满完成各项工作任务。

【加强思想政治教育】 一是抓好普遍性思想教育。结合创先争优、学习杨善洲同志先进事迹、庆祝建党90周年，深入开展党的基本理论、基本路线、基本纲领、基本经验教育以及爱国主义、集体主义、社会主义教育，牢固树立爱国、爱党、爱国税事业的思想。扎实开展思想道德教育、职业道德教育、社会公德教育和家庭美德教育，认真贯彻公民道德建设实施纲要，自觉遵守道德规范。开展法制纪律教育，掌握运用法律法规，遵守各项税收纪律和规章制度，不断增强依法治国、依法行政、依法治税的意识，增强遵章守纪意识。开展文明服务教育，不断增强为经济社会服务、为纳税人服务、为基层服务的意识，大力提升全省国税系统的文明服务水平。二是抓好党员教育。结合开展创先争优和学习杨善洲同志先进事迹活动，组织好党章、党性、党风、党纪等内容的学习教育，争做“带头学习提高、带头争创佳绩、带头服务群众、带头遵纪守法、带头弘扬正气”的“五带头”优秀共产党员。三是抓好各级领导干部的勤政廉政教育。结合开展创先争优、学习杨善洲同志先进事迹活动，深入开展勤政廉政教育，通过参观廉政图片展和在各类培训班开设党风廉政课程等方式，提高各级领导干部抵制腐败行为的自觉性。

【认真做好基层思想政治工作】 一是紧密结合基层干部实际，不断提高思想政治工作的针对性和实效性。运用先进性教育活动中积累的好经验、好作法，把思想政治工作贯穿于日常工作的各个方面，持之以恒，坚持不懈。定期开展干部职工思想状况调查，及时发现和掌握思想动态、问题苗头，有的放矢地做好思想政治工作。加强对办税服务厅人员的思想政治工作，大力开展文明窗口建设，展示国税干部的良好精神风貌，以开展“四亮四评”活动为契机，进一步提高纳税服务质量和水平。二是充分利用信息化手段，不断扩大思想政治工作的影响力。利用已开设的《云南国税讲坛》、“国税园地”等形式，反映干部职工的心声，交流思想，丰富文化生活，不断拓展思想政治工作的渠道和空间。通过开展各种形式的思想政治工作，发动干部职工进行自我教育，不断激发开拓创新的内在活力。三是积极开展帮扶救助活动。通过各种方式对有特殊困难的干部职工给予帮助。重视对干部职工心理状况研究，关心干部的心理健康，通过心理知识讲座、咨询辅导、谈心等形式，引导干部职工保持健康心态，形成良好的思维方式和行为习惯。

【推进社会主义核心价值体系建设】 切实加强社会主义核心价值体系建设，将其渗透到国税干部职工的日常生活之中，转化为自觉追求。认真抓好政治思想教育，坚持不懈地用马克思主义中国化最新成果武装和教育广大干部职工，用中国特色社会主义共同理想凝聚力量，用民族精神和时代精神鼓舞斗志，用社会主义荣辱观引领风尚，积极创新理论学习形式、转变思想教育观念、改进思想工作方法，全面系统地开展社会主义核心价值体系教育，使之成为全体干部职工普遍理解接受、自觉遵守奉行的价值理念，成为全体干部职工奋发向上的精神力量和团结和睦的精神纽带。

【有效落实思想政治工作制度】 一是认真贯彻《全国税务系统思想政治工作条例》，下发了《云南省国家税务局关于印发〈2011年思想政治工作和教育培训工作要点〉的通知》，细化工作职责，抓实思想政治工作。严格落实党组中心组学习制度、干部职工政治学习制度、谈心制度、走访慰问制度、干部体检休假制度、信息沟通制度、领导干部接待日制度、基层联系点制度、思想政治工作联系点等有关制度。二是坚持以人为本，坚持贴近基层、贴近一线干部职工，了解和掌握基层实际，倾听一线干部职工的呼声，有针对性地开展思想政治工作，取得了明显成效。2011年省局被省委评为理论武装工作先进单位和思想政治工作先进集体，被省政府评为综治维稳先进单位。

【深入开展创先争优活动】 一是认真开展“四亮四评”主题实践活动，制定下发了活动的实施意见，对全省国税系统开展“四亮四评”作出安排部署。二是开展“创先争优、服务群众”主题实践活动。以春节为契机，结合“四亮四评”的相关要求，通过领导干部带头服务、党团员主动服务、办税服务厅示范服务、志愿者结对服务，把党的温暖送到人民群众家中，在全社会营造喜庆、祥和的节日氛围。三是开展青年文明号创先争优活动。以“五四”青年节为契机，在全系统“青年文明号”和党团员青年中掀起创先争优高潮。四是围绕“服务基层年”工作主题，抓实创先争优。充分发挥领导干部示范带头作用，认真落实省委关于在创先争优活动中推动领导干部下基层，切实做好新形势下群众工作的要求，全省国税系统各级领导班子和领导干部充分发挥示范带头作用，做到“四个一”。即：开展一次驻点调研、结对帮扶一户困难群众、解决一批群众反映强烈的突出问题、召开一次专题民主生活会。五是深入开展“为民服务创先争优活动”，制定下发了开展“为民服务创先争优”活动实施意见。各基层窗口单位党组织和党员带头争创群众满意窗口、优质服务品牌、优秀服务标兵，进一步改进服务作风、提高办税效率，认真解决纳税人反映的突出问题，让群众和纳税人切身感受到创先争优带来的新气象、新变化。六是开展庆祝中国共产党成立90周年系列活动。根据总局、省委通知要求，结合云南国税系统实际，制定下发了关于庆祝中国共产党成立90周年纪念活动的安排意见。通过开展以“读红色经典、唱红色歌曲、讲红色故事、写红色书法、看红色影片、走红色道路”为重点的系列活动，激励广大党员干部进一步增强创先争优意识。“七一”前夕，全省国税系统136名党员、75名党务工作者、80个基层党组织被地方各级党委分别授予优秀共产党员、优秀党务工作者和先进基层党组织荣誉称号。七是积极参与云南报业集团组织的编辑出版大型文献书籍《“创先争优”在云南》的约稿，在稿件撰写过程中，认真总结了全系统开展创先争优活动取得成绩和经验，充分展示云南国税在创先争优活动中所体现出的精气神。七是创先争优活动得到了总局和省委创先办的认可。总局创先争优领导小组办公室以简报的形式介绍了云南国税“深入开展向杨善洲同志学习活动”和“以为民服务为主线扎实深入开展创先争优活动”的经验和做法；积极向省委创先争优领导小组办公室报送创先争优活动信息简报，反映全系统的创先争优活动开展情况，全年共报送简报信息40多期，同时上报了3个创先争优典型案例。2011年省局被省委授予“学习型党组织建设示范点”，被省直机关工委授予“基层党建工作示范点”。

【开展党务知识培训，提高党务工作者自身素质】 为深入贯彻胡锦涛总书记“七一”重要讲话精神，进一步提高全省国税系统党建工作科学化水平，全面推进系统党建工作。7月18日至7月21日举办了全省国税系统党务知识培训班，这次培训班是机构分设以来，省局首次举办的党务知识培训班，全省国税系统16个州（市）局的教育科（处）长、机关党办主任及部分县（市、区）局党务工作者共100人参加了培训。培训期间，学员们认真学习了胡锦涛总书记在庆祝中国共产党成立90周年大会上的重要讲话精神，系统学习党务知识，研究探索新形势下进一步做好党建工作的新思路和新方法，为助推全省国税系统党建工作再上新台阶起到了积极作用。

【周密安排，精心部署，文明创建深入开展】 一是下发了《云南省国家税务局、云南省妇女联合会关于评选表彰2011年度全省国税系统“巾帼文明岗”、“巾帼建功标兵”的通知》，拟与省妇联联合表彰20个“巾帼文明岗”和20名“巾帼建功标兵”。二是下发了《云南省国家税务局关于申报（复查）2011年度文明单位和评选精神文明建设先进工作者的通知》，对申报、评选和复查工作进行了全面安排，并于12月组织8个工作组对全省16个州市的23个县区局申报“文明单位”，21个部门申报“巾帼文明岗”进行了检查考评。

【召开文明创建现场观摩会，再掀文明创建热潮】 7月21日，云南省国税系统文明创建现场观摩会在玉溪市国税局召开。会议的主要内容是：传达省精神文明建设指导委员会全会精神，并对全省国税系统文明创建工作进行再动员、再部署。全省国税系统16个州（市）局教育科（处）长、机关党办主任及部分县（市、区）局党务工作者共100人参加了会议。省局党组成员、副局长许赞霖同志传达了当日上午召开的省文明委全会精神，强调此次全会对全省国税系统今后一段时期的精神文明建设具有重要的指导意义，并要求各级国税机关要深刻领会省委副书记李纪恒在全会上的讲话精神，自觉增强文明创建的主动性、积极性，通过文明创建充分展示云南国税人的精气神。同时，许副局长通报了省文明办关于第三批全国文明单位申报验收情况。最后，许副局长作了题为“再接再厉　再鼓实劲　再上文明创建新台阶”的主题报告，结合全省国税系统文明创建工作实际，分析了创建工作的现状、总结了取得的经验、查找了存在的问题，并部署了今后的工作，提出了具体的措施和要求。玉溪市国税局党组书记、局长陈志平就文明创建的基本做法、基本经验作了“与时俱进谋发展，凝心聚力创卓越”的交流发言，介绍了玉溪市国税局抓文明创建取得的成果、主要做法和经验。会议结束时，参会人员对玉溪市国税局文明创建文档资料、创建氛围和创建环境进行了观摩学习，对进一步提升文明创建的质量和水平有了更加直观地感受。通过此次会议，参会人员及时领会了省文明委全会精神，进一步统一了思想，提高了做好文明创建工作的认识，明确了全省国税系统文明创建的目标任务，为全系统再掀文明创建高潮、再提文明创建工作质量和水平、再推文明创建工作上台阶夯实了基础。

【全省国税系统文明创建水平向高层次迈进】 2011年，全省国税系统涌现出一批成绩突出、影响面大的先进典型，受到省部级以上有关部门的表彰。2011年6月，玉溪市国家税务局（机关）、澜沧拉祜族自治县国家税务局“全国文明单位”顺利通过省文明办复查验收；2011年12月，中央文明委授予云南省国家税务局（机关）、昭通市国家税务局（机关）、大理州国家税务局（机关）、保山市国家税务局（机关）、临沧市国家税务局（机关）“第三批全国文明单位”荣誉称号。2011年3月，全国妇联授予大理市国家税务局、水富县国家税务局办税服务厅“全国巾帼文明岗”荣誉称号；授予省局党组书记、局长李鸿文同志“全国巾帼建功先进工作者”荣誉称号。2011年7月，国家税务总局、共青团中央授予香格里拉县国家税务局办税服务厅“全国青年文明号”荣誉称号。2011年4月，全省国税系统有3人被云南省人民政府授予“先进工作者”。

【做好全系统表彰先进工作】 为大力营造学习先进、崇尚先进、赶超先进的良好氛围。在2月23日召开的全省国税工作表彰会上，对2010年度省局“文明单位”、省级“巾帼文明岗”、“三读”活动“学习型机关”、“先进单位”和“读书标兵”等单位和个人进行了表彰。授予昆明市高新技术产业开发区国家税务局等20个县（市、区）国税局“文明单位”称号，授予昆明市经济技术开发区国家税务局税政科等21个单位省级“巾帼文明岗”称号，授予昆明市国家税务局（机关）等20个单位“学习型机关”荣誉称号，授予省局人事处等40个单位“读书先进单位”荣誉称号，授予卢国孝等100名同志“读书标兵”荣誉称号。

【文明行业创建工作得到省文明委高度认可】 根据省文明办关于对省级文明行业复查的通知精神，云南省国家税务局进行了周密部署和认真组织，要求全省各州、市国税局积极行动，做好省级文明行业复查工作。3月14至19日，由省文明办组织的省级文明行业复查组对昆明、玉溪、普洱、版纳、红河、文山、楚雄、临沧等8个州市局进行了复查，复查组对复查单位的工作均给予高度评价。

【建立健全精神文明建设工作报告制度】 为进一步规范全省国税系统精神文明建设工作制度，及时了解和掌握各州、市局精神文明建设动态，省局建立了精神文明建设工作报告制度。要求各级国税机关凡参加当地县（区）以上党委、政府和有关部门组织的精神文明建设方面的相关活动，要及时逐级由州、市局汇总上报省局，使省局更好的统筹指导全省国税系统精神文明建设工作。

【创新载体，推动国税文化建设繁荣发展】 按照党的十七大及十七届六中全会推动社会主义文化大发展大繁荣的要求和《国家税务总局关于加强税务文化建设的指导意见》精神，全省国税系统紧紧围绕服务基层的工作主题，牢固树立“以国为根、以税为业、以人为本、以学为乐、以绩为真、以廉为荣”的核心价值理念，不断增强“文化铸就灵魂、和谐凝聚力量、文明推动发展”的文化建设共识，进一步丰富国税文化建设的载体，加强领导，进一步健全机制、营造氛围，开展丰富多彩、健康向上的文化活动，干部职工的科学素养和人文素养不断提高，大力推动了云南国税文化建设繁荣发展。

【组织开展建党90周年文艺汇演成绩突出】 认真组织由省委、省直机关工委主办的庆祝中国共产党成立90周年文艺展演暨“旗帜颂”歌咏比赛。经过激烈角逐，云南国税合唱队从62支参赛队伍中脱颖而出，最终以《春之永恒》和《乐于奉献在高原》两首参赛曲目荣获本次比赛一等奖。

【参加总局举办的庆祝建党90周年书画摄影展取得优异成绩】 根据《中共国家税务总局党组和中国税务学会关于举办庆祝建党90周年书画摄影展活动的通知》要求，教育处认真组织全系统作品征集活动，各级国税机关和干部职工热情参与，共征集到书法作品154幅、绘画作品46幅、摄影作品604幅，每类作品数量和作品总数均为全国第一。经过评选，云南省国税系统参赛作品取得了优异的成绩：云南省国税局获“优秀组织奖”；1人获一等奖、7人获二等奖、7人获三等奖、30人获优秀奖、44人作品入选。

【国税文化建设专题片《云岭放歌》充分展示国税人风采】 为进一步推动国税文化建设，全面梳理并总结“十一五”时期云南国税文化建设取得的辉煌成就，省局决定拍摄一部反映全系统文化底蕴、展现国税人精气神的文化专题片。通过近半年的调研总结和实地采风，在充分听取省局领导和各州市局意见、建议的基础上，由教育处牵头组织并高质量地完成了该专题片的拍摄。

【《云南国税讲坛》影响大，效果好】 2011年，省局共举办《云南国税讲坛》12期，内容涵盖文化建设、国防安全、环境保护、绘画和摄影、社会管理、心理调试、党史党建等专题，受到了广大干部职工的好评和欢迎。为了延伸论坛影响，对每讲均进行全程录像，并按期制成视频光盘，供全系统干部职工延伸学习。举办云南国税讲坛，有力地促进了学习型组织的建设。同时，为进一步办好云南国税讲坛，使其更贴近工作，贴近生活，教育处于2011年10月在全系统组织了云南国税讲坛问卷调查，95%以上干部职工认为《云南国税讲坛》对于开阔视野、接受新思维、新理念，有很大帮助，并为进一步办好《云南国税讲坛》提出很多好的意见或建议。

【云南国税文化建设科研课题被国家税务总局评为二等奖】 2011年，教育处牵头撰写的“以高度的文化自觉与文化自信，大力提升云南国税文化软实力”文化建设课题，同时被总局和省局列为重点课题。课题从云南国税文化的概念和内涵、加强云南国税文化建设的重要意义和责任、云南国税文化建设现状、云南国税文化建设面临的机遇和挑战、大力提升云南国税文化软实力的主要对策等五个方面展开研究，总结十年来全省国税系统在国税文化建设中取得的成效与经验，分析当前国税文化建设中存在的问题和原因，探索深化与发展国税文化建设的新思路、新办法，为进一步发挥国税文化在推进依法治税、深化税收改革、强化科学管理、优化税收服务、加强队伍建设、促进国税事业全面和谐发展等方面提供了新的理论支持。

【“四亮四评”活动全面启动】 1月18日下午，省局召开全省国税系统“四亮四评”主题实践活动视频动员大会。省局党组书记、局长李鸿文，党组成员、副局长李杰，党组成员、副局长许赞霖，党组成员、纪检组长魏贵和出席会议，省局机关全体干部职工参加了大会，各州市、县（区）国税局通过视频会议系统收看了会议实况。大会由李杰副局长主持，许赞霖副局长受李局长委托作了动员讲话。许副局长在讲话中要求全省国税系统进一步提高对开展“四亮四评”活动的认识，统一思想，明确目标，切实把做好服务、推动发展贯穿于创先争优活动全过程，体现在优化服务、提升服务水平的具体实践中，通过开展“四亮四评”活动，全面提升全省国税工作的社会满意度。许赞霖副局长还对“四亮四评”活动的组织实施做了全面具体的部署，要求各级国税机关要按照省委的安排和部署，加强领导，提高认识；统筹组织，重点推进；加强协调，部门联动；强化督察，抓好典型；注重实效，优化服务。要按照本次会议的统一部署和要求，迅速行动起来，以高度的政治责任感把“四亮四评”活动组织好、开展好，确保活动取得成效。

【全省国税系统掀起向杨善洲同志学习热潮】 4月29日上午，云南省国家税务局召开全省国税系统向杨善洲同志学习活动动员暨杨善洲事迹报告会。省局党组书记、局长李鸿文同志作动员讲话。李局长深入阐述了开展向杨善洲同志学习的重大意义，指出进一步把向杨善洲同志学习活动引向深入是时代的呼唤，是加强党性修养的要求，同时也是推动云南国税争科学发展之先、创和谐发展之优的迫切需要。李局长要求，各级国税机关要紧密联系实际，认真学习贯彻胡锦涛总书记重要指示精神，进一步把学习活动引向深入，推动各项工作取得新成效。李局长对学习活动的组织领导做了全面具体的部署，要求各级党组织要进一步加强组织领导，强化工作措施，及时组织广大党员干部认真学习胡锦涛总书记重要指示精神。动员会后，全省国税系统迅速掀起了学习杨善洲同志先进事迹活动热潮，并将“六个结合”贯穿于活动之中。一是把开展向杨善洲同志学习活动同贯彻落实党的十七届五中全会和省委八届十次全委会精神相结合，努力提高各级党组织和广大党员把握科学发展主题的能力。结合实际，认真研究制定向杨善洲同志学习活动方案，及时召开动员部署会，各级党组织采取中心组学习的方式，认真学习杨善洲同志的先进思想、先进事迹和先进精神，围绕“入党为什么、当官做什么、身后留什么”，组织党员干部深入开展专题学习讨论，交流学习体会，引导全系统广大党员干部特别是领导干部，把心思凝聚到干事创业、促进发展上，把精力用在改善民生、服务群众上，时刻践行“聚财为国、执法为民”的光荣使命，推动云南国税“十二五”顺利开局。二是把开展向杨善洲同志学习活动同纪念建党90周年活动相结合，不断增强党的创造力、凝聚力和战斗力，永葆党的生机与活力。省局制定下发了《中共云南省国家税务局党组关于认真贯彻落实总局党组和云南省委关于中国共产党成立90周年纪念活动的安排意见》，明确了纪念活动的指导思想和宣传教育内容，要求全省各级国税机关在积极参与地方党委组织的各类活动的同时，深入开展有国税特色的纪念活动。2011年“七一”前，省局将评选上报一批在创先争优活动中成绩显著的先进单位和个人，组织一期党务干部培训班，组织一场杨善洲先进事迹报告会，并将邀请全国知名党史专家走进《云南国税讲坛》，在全系统开展党史教育。三是把开展向杨善洲同志学习活动同加强领导班子和干部队伍建设相结合，锻造一支政治过硬、业务熟练、作风优良、执法公正、服务规范的国税干部队伍。明确把向杨善洲同志学习活动作为今年理论学习中心组学习的重点内容，通过组织集中学习、召开专题民主生活会、观看杨善洲同志先进事迹报告会实况录像、组织专题讨论、参观杨善洲林场等多种方式，教育全系统国税干部向杨善洲同志学习，像他那样清清白白为官、认认真真做事、踏踏实实做人，争做奉献型、务实型、廉洁型党员。四是把开展向杨善洲同志学习活动同“创先争优、服务群众”主题活动相结合，引导广大党员干部牢固树立以人为本、执政为民的理念，增强做好新形势下群众工作的本领。春节前夕，省局制定下发了《关于结合春节开展“创先争优、服务群众”主题活动的通知》，要求各级国税机关以春节为契机，积极开展“创先争优、服务群众”主题活动，把党的温暖送到千家万户。春节期间，全省国税系统通过多种形式，开展了各类形式多样、内容丰富的扶贫帮困、走访慰问活动。省局及各州市、县区局领导通过春节团拜会、座谈会、走访看望等形式对国税干部职工、离退休干部及家属进行了春节慰问，并对挂钩扶贫点、军民共建单位的党员和困难群众进行了慰问。各级国税机关也积极参与当地党委、团委组织的植树、清扫街道、义务献血等各类志愿服务活动，营造出欢乐、祥和、文明、廉洁的节日氛围。五是把开展向杨善洲同志学习活动同“四亮四评”主题实践活动相结合，提高窗口单位服务质量，树立云南国税文明、和谐的良好形象。省局制定下发了《中共云南省国家税务局党组关于印发〈在全省国税系统窗口单位全面开展“四亮四评”主题实践活动的实施意见〉的通知》（云国税党字〔2011〕13号），明确了此次活动的目标任务。各级国税机关按照活动方案，围绕提高办税服务厅的办税质量和服务效率，从强化服务意识、加强税法宣传、推进办税服务厅标准化建设、优化办税流程、推行多元化办税和缴款方式、提高税务人员素质等六个方面进行了自查和优化，有效提升了服务质量，提高了办事效率。六是把开展向杨善洲同志学习活动同税收中心工作相结合，将学习活动的成果转化为完成各项税收工作任务的动力。紧紧围绕年初国税工作会议提出的总体要求，以杨善洲先进事迹和精神鼓舞士气，通过创先争优活动，全面落实“十二五”时期“组织收入、服务大局、规范执法、科学管理、和谐征纳、队伍建设、党风廉政建设”等七个方面的主要工作，围绕西部大开发和云南省“两强一堡”战略，把以人为本、执政为民的要求贯彻到各项国税工作中去，立足基层，服务基层，在新的起点上继续强根基、建和谐、促发展。

【增强党性意识，举办党史知识讲座】 为庆祝中国共产党成立90周年，6月23日，云南省国税局邀请国家税务总局党校、国家税务总局扬州税务进修学院特聘教授、教研二部主任丁建农走进《云南国税讲坛》，为全省国税系统一万多国税干部上了一堂生动的党史课。丁建农教授的讲座以《中国共产党九十年的伟大创举》为题，从分析1840年以来的历史背景入手，分别从“应运而生、历经磨难、生命优势、丰功伟绩、雄心壮志”五个方面系统解读了中国共产党90年走过的光辉历程。干部职工纷纷表示，在纪念中国共产党成立90周年之际，认真学习和重温中国共产党90年的光辉历史，其目的就是要透过历史，牢记使命，肩负责任。中国共产党走过的90年征程中，面临着各种各样的问题和困难，内外矛盾空前尖锐，斗争局面极其复杂，外部的围追堵截，艰苦卓绝的万里长征，复杂多变的党内矛盾，前赴后继的流血牺牲，中国共产党人正是经历了如此的地狱之火，带领中华民族走上复兴之路，完成了中国历史最富史诗意义的壮举。中国革命也由此成为一只火中凤凰，从苦难走向辉煌。历史深刻地告诉我们，中国共产党的产生，是历史的必然。没有共产党就没有新中国。

（籍晋江）

纪检监察工作

综　述

2011年，全省国税系统党风廉政建设工作在国家税务总局和省局党组的领导下，认真贯彻十七届中央纪委六次全会、全国税务系统纪检监察工作会议、云南省纪委八届六次全会和全省国税系统党风廉政建设会议精神，坚持以人为本、执政为民，紧紧围绕标本兼治、综合治理、惩防并举、注重预防的方针，以构建符合国税系统实际的惩治和预防腐败体系为重点，严格落实党风廉政建设责任制，全面推进内控机制建设，加大领导干部教育和监督力度，加强政风行风建设，认真落实省局党组确定的“服务基层年”工作主题，突出重点，整体推进，改革创新，狠抓落实，为云南国税“十二五”开好局、起好步提供了有力的政治和纪律保证。

各项工作

【领导班子建设】 （一）加强对领导干部的教育。在全省国税系统内大力开展理想信念教育、党的优良传统和作风教育、反腐倡廉法规制度教育和道德修养教育，不断改进教育方式方法，推进示范教育、警示教育、岗位廉政教育，注重干部自我养成教育，拓展教育渠道，抓好教育培训，将反腐倡廉教育融入领导干部培养、选拔、管理、使用全过程。（二）促进领导干部作风建设。一是大力弘扬坚持原则、真抓实干、开拓进取、顾全大局、清正廉洁的作风，切实解决领导干部在思想作风、学风、工作作风、领导作风、生活作风方面存在的问题。二是领导干部充分发挥表率作用，坚持以人为本、执政为民，结合“创先争优”活动，加强作风建设，真正做到行动先于一般干部，标准高于一般干部，要求严于一般干部，能力强于一般干部，作风严于一般干部。三是各级国税机关领导干部认真执行关于厉行节约的规定，严格执行财经纪律，加强公务用车配备、使用管理，规范公务接待，严禁借培训、考察的名义公款旅游。（三）强化对各级领导班子和领导干部的监督管理。一是认真落实《廉政准则》和总局贯彻意见，严格执行《全国税务系统领导班子和领导干部监督管理办法》、《税务系统领导干部廉洁从政“八不准”》，规范领导干部从政行为。二是加强对领导班子及领导干部维护党的政治纪律、贯彻执行民主集中制、选拔任用领导干部、贯彻落实党风廉政建设责任制和勤政廉政情况的监督。三是认真落实《关于党员领导干部报告个人有关事项的规定》，严格执行和不断完善领导干部述职述廉、诫勉谈话、函询、质询等制度。四是严格执行《关于实行党政领导干部问责的暂行规定》、《云南省国家税务局行政问责实施办法》，对违反制度规定等行为进行责任追究。

【部署党风廉政建设工作任务】 省局于年初召开了全省国税系统党风廉政建设工作会议，总结了“十一五”期间全省国税系统党风廉政建设和反腐败工作，研究部署2011年党风廉政建设工作任务；层层签订党风廉政建设责任书，李鸿文局长分别与省局分管领导和16个州、市国税局局长签订了《党风廉政建设责任书》，省局分管领导与分管处室负责人签订了《党风廉政建设责任书》；省纪委杨玉清副书记、省检察院祁鶱昌副检察长、省直纪工委罗正元书记作了重要讲话。按照会议部署，省局下发了《云南省国税系统2011年纪检监察工作要点》，印发了《2011年云南省国家税务局机关党风廉政建设任务分解方案》。8月，省局又召开了全省国税系统干部队伍和党风廉政建设工作会议，传达学习了总局会议精神，并就云南国税加强新形势下干部队伍和党风廉政建设工作作了进一步部署和安排。

【监督检查重大工作部署的落实情况】 各级国税机关围绕贯彻落实保民生促发展、结构性减税、公平税负、促进中小企业发展、推进桥头堡建设等一系列税收政策，采取专项检查、执法监察、执法督察等方式，深入开展监督检查，确保重大决策部署落到实处、各项税收政策执行到位，确保《云南省“十二五”时期国税工作发展规划纲要》部署的各项工作顺利开局。2011年，全省各级国税机关落实各项税收优惠政策共减免税收38.45亿元，办理出口退（免）税29.12亿元，其中人民币结算退（免）税9.57亿元。各级纪检监察部门开展执法监察210次，提出监察建议147件，协助建章立制11项。

【深入落实党风廉政建设责任制】 一是认真学习贯彻总局下发的《税务系统贯彻中央〈关于实行党风廉政建设责任制的规定〉实施办法》（以下简称《实施办法》），省局要求各级国税机关深刻认识《实施办法》作为深入推进税务系统党风廉政建设和反腐败工作的一项重要基础性制度，对于强化各级税务机关领导班子和领导干部抓反腐倡廉建设的政治责任，保证反腐倡廉工作任务的贯彻落实，推动税收事业科学发展具有的重要意义。二是为促进全省国税系统党风廉政建设责任制考核工作系统化、制度化、规范化，结合云南国税实际和总局《实施办法》，省局党组制定下发了《云南省国家税务局系统党风廉政建设责任制实施细则》（以下简称《实施细则》）。《实施细则》考核对象既包括领导班子主要负责人、领导班子及其成员，也把职能部门主要负责人和纪检监察部门主要负责人首次列入考核范围；考核内容涵盖执行党风廉政建设责任制及履行“一岗双责”、贯彻落实反腐倡廉重点工作、遵守执行廉洁自律规定、加强对查办案件工作领导、执行责任追究等五个方面，共38项具体内容。《实施细则》规定考核分值占年度综合考核总分值15%以上，并作为对各州、市国税机关领导班子总体评价和领导干部业绩评定、奖励惩处、选拔任用的重要依据。三是对违反党风廉政建设责任制的，严格追究责任。省局对2个州、市国税局各一名科级领导干部收受税务代理中介机构贿赂款的案件进行了责任追究，并在系统内进行了通报。

【全面推进内控机制建设】 2010年，省局机关开展了部门内控机制建设，昆明、曲靖市国税局开展了内控机制建设试点。2011年，按照总局及省局党组要求，在巩固省局和两个试点地区内控机制建设成果的基础上，将内控机制建设推行到全省国税系统各州（市）、县（区）局。各级国税机关在《云南省国家税务局关于开展内控机制建设指导意见》的基础上，结合国税行业特点和本地实际，成立工作机构，深入学习宣传，制订实施方案，并根据内控机制建设的分阶段工作要求，完善岗责体系，明确岗位廉政责任；全面排查税收廉政风险，界定制约监督重点；科学配置权力，健全制衡控制流程；完善制度规范，健全内控长效机制，明确每一阶段的具体工作要求、完成时限、责任单位和责任人。将内控机制建设与业务工作有机融合，形成权责明晰、科学合理的权力制约机制，提高风险防控能力，有效防范和化解廉政风险，加强内部控制管理。省局党组为全面加强和推进全系统内控机制建设，8月在曲靖市国税局召开了全省国税系统内控机制建设现场推进会。省局监察室、办公室、人事处、巡视办、督查内审处负责人，各州、市国税局纪检组长、监察室主任参加了会议。曲靖市国税局汇报了内控机制建设成效，重点是将信息化融入内控机制的做法，参会人员现场观摩了曲靖市国家税务局内控机制建设开展情况，曲靖、昆明、楚雄、保山、临沧等五个单位分别作了经验交流发言。李鸿文局长在讲话中总结、分析了2011年以来全省国税系统内控机制建设取得的成效和存在的不足，安排部署了下一阶段的内控机制建设工作。全省国税系统内控机制建设阶段性工作取得了明显成效。一是各级国税机关干部职工风险防范意识、自律意识进一步提高。二是有力推进了各项制度的贯彻落实。一项涉及廉政风险的工作必须由经办人、部门负责人、兼职监察员或专职监察员对相关环节进行回访监督，多层次监督提高了税收执法人员和行政管理人员的责任意识和廉洁自律意识，执法和廉政相关制度的落实力度明显加大。三是实现与税收中心工作的紧密结合。在内控机制建设方案的制订和实施过程中，紧紧围绕税收中心工作，与深化税收管理、干部素质教育、信息化建设紧密结合，做到了与税收业务工作有机融合、协调推进，廉政监督由监察部门单打独斗向多部门共同参与、齐抓共管转变，构建了大预防工作格局。

【贯彻《廉政准则》】 一是征订《廉政准则》手册发放到省局机关全体干部职工和州、市国税系统副科级以上干部手中学习，对照《廉政准则》关于廉洁从政行为规范“八个方面、五十二个不准”的规定，认真查找分析党员领导干部廉洁从政方面存在的薄弱环节，结合单位实际，梳理问题，进一步落实党风廉政建设各项制度。二是认真落实《廉政准则》和总局贯彻意见，严格执行《全国税务系统领导班子和领导干部监督管理办法》、《税务系统领导干部廉洁从政“八不准”》，召开全省国税系统开展《廉政准则》贯彻执行情况专项检查工作视频会议，部署《廉政准则》贯彻执行情况专项检查工作，下发了《云南省国家税务局开展〈中国共产党党员领导干部廉洁从政若干准则〉贯彻执行情况专项检查工作实施方案》。三是开展《廉政准则》重点督导检查。省局于9月派出检查组对昆明、昭通、玉溪、红河、普洱、西双版纳六个州、市国税局贯彻执行《廉政准则》情况进行重点督导检查，通过检查学习贯彻执行《廉政准则》、突出问题专项治理、落实党风廉政建设责任制、党员领导干部自查自纠等七大方面的内容，六个州、市国税局在贯彻执行《廉政准则》及总局配套制度过程中，领导重视，组织有力，措施到位，并且结合自身实际采取了一些各有特色的方式方法，取得了明显成效。对检查中暴露出来的廉政谈话制度、干部交流制度、“一案双查”制度、领导干部报告个人有关事项制度、部门间联系协调制度执行落实不够到位等普遍性问题，省局要求及时制定整改措施，并切实抓好整改措施的完善和落实。四是组织省局干部职工到昆明市人民检察院参观全国检察机关惩治和预防渎职侵权犯罪展览，进一步深化干部对惩治和预防渎职侵权犯罪重要性、必要性的认识，使干部职工更加牢记宗旨和使命，恪尽职守，勤政廉政。五是开展基建廉政谈话，有效预防国税干部在基建项目中的违纪违法问题的发生。2011年，省局对保山市局、大理市局、宁蒗县局、绥江县局、砚山县局开展了基建廉政谈话。

【深入开展专项治理工作】 全省国税系统认真开展专项治理工作，把“以人为本、执政为民”落实到专项治理工作中，深入推进云南国税系统反腐倡廉建设。针对中央部署的公务用车问题专项治理和清理规范庆典工作以及前期的四项专项治理工作，全省国税系统精心组织，周密部署，制订方案，狠抓落实。一是抓好公务用车问题的专项治理。各级国税机关严格逐车核实甄别，自查登记，严格按照规定程序在本单位进行公示。省局要求严禁超编、超标准购置公务用车。通过清理，全省国税系统清理出违规车辆共计180辆。二是抓好清理规范庆典、研讨会、论坛活动的专项治理。各级国税机关对照六大项清理内容，认真清理自查。通过审核，全省国税系统2011年以来未发现有不符合规定举办的庆典、研讨会、论坛活动。三是抓好工程建设领域突出问题的专项治理。转发了《国家税务总局工程建设领域突出问题专项检查情况的通报》，做到专题部署与监督检查并重、项目排查与日常管理结合、全面自查与重点抽查同步。四是抓好“小金库”专项治理。全省国税系统“小金库”专项治理工作实行分级负责制，各州（市）、县（区）局健全工作机制，建立了一级抓一级、层层抓落实的责任体系，“小金库”专项治理工作坚持不走过场，全面覆盖，不留死角。对16个州、市局191个自查单位678个银行账户进行了对照检查，对82个单位进行了重点督导，共计整改违规资金165.89万元，补缴应纳税款0.19万元，并建立了防治“小金库”长效机制。五是抓好对利用税务师事务所等中介机构谋取不正当利益问题的专项治理。省局要求各级国税机关要正确把握好依法治税与依法支持注册税务师行业发展的准则，提出“一严禁、五不得、一引导”，即：严禁把税收执法权、强制执行权等其他税收行政执法权委托给税务师事务所；不得委托税务师事务所代征税款，不得参与税务师事务所的经营活动，不得以任何名目从税务师事务所获取经济利益，不得以税务机关的名义组织企业由税务师事务所进行业务培训，不得指定代理、强制代理；引导税务干部树立正确的权力观，自觉规范和约束自己的执法行为，严守纪律，清正廉洁。全省84个税务师事务所开展了自查工作。六是抓好对信息技术运维和服务中增加纳税人不合理负担问题的专项治理。近年来，云南国税积极致力于优化纳税服务，构建和谐征纳关系。在信息化建设上，立足省局党组提出的“自力更生、自主开发、自主运维”原则，自行推广的应用系统全部由国税干部自己开发。云南国税面向纳税人推广的所有系统，没有向纳税人收取服务费用，没有增加纳税人不合理负担的任何服务收费。通过开展扎实有效的专项清理工作，既严明了廉政纪律，加强了廉政教育，又密切了与群众、纳税人的血肉联系，有力推进了全系统党风廉政建设和反腐败工作。七是开展移送涉嫌犯罪案件专项监督。2011年各级国税机关稽查部门对2008~2010年立案的5396件案件作了自查，其中应移送公安机关的166件案件全部作了移送。

【严肃信访举报案件查处】 全省国税系统认真执行中央纪委《关于严格禁止利用职务上的便利谋取不正当利益的若干规定》，深入贯彻落实《税务系统领导班子和领导干部监督管理办法（试行）》，认真清理领导干部违反规定收送现金、有价证券、支付凭证和收受干股，以及以赌博和交易等形式收受财物，利用婚丧嫁娶事宜收钱敛财等问题。及时制止和纠正超投资、超面积进行基本建设，超编、超标配备使用小汽车，领导干部违规插手招投标、闲置资产处置、政府采购等谋取私利的不正之风。配合有关部门深入推进规范津贴补贴工作，推进“小金库”问题的集中清理整治。切实抓好领导干部重大事项报告、民主生活会、诫勉谈话和述职述廉等制度的落实。2011年，各级国税机关纪检组负责人同下级主要负责人谈话590人次，领导干部任前廉政谈话495人次，诫勉谈话54人次，领导干部述职述廉1163人次，1276人执行了领导干部报告个人有关事项，拒收礼金12人次，计人民币16.77万元。按照实事求是、以事实为依据的原则，全省国税机关纪检监察部门分级负责、归口办理信访举报，重要案件由上级机关直接查办。2011年，全省国税系统共收到来信来访25件，初核18件，立案7件，涉及科级干部4人，一般干部3人；处分7人，其中降级5人，撤职1人，开除1人。省局监察室加强了查办案件和对下指导工作，省局对3件信访举报件进行了调查核实，对迪庆、丽江、曲靖、玉溪等地案件查处情况进行了及时跟踪指导。同时加强了与检察机关、纪委等部门的协调配合。3月，省局纪检组长带领政策法规处、监察室、稽查局、征管科技处、货物和劳务税处等部门同志向省检察院汇报“南疆税案”中涉及国税干部玩忽职守的相关情况，双方就配合检察机关查办案件工作，维护国税干部合法权益作了沟通交流。7月，省局征管科技处、监察室在曲靖共同召开了“南疆税案”案情分析会，并向总局上报了《关于“南疆税案”中部分税收管理员被检察机关以涉嫌玩忽职守罪立案并审查起诉的情况报告》。以案件警示国税干部，省局转发了《国家税务总局办公厅关于两起税务干部组织参与虚开增值税专用发票重大案件的通报》、《国家税务总局办公厅转发〈贵州省国家税务局关于陈安平受贿案件的通报〉的通知》、中共云南省纪委《关于李恩阔诽谤案的通报》和《关于李瀛诽谤案的通报》，下发了《云南省国家税务局关于和德文、肖清和受贿案的通报》。

【全面推进国税系统政风行风建设】 一是上线“金色热线”。5月19日，省局党组成员、总经济师朵志红同志率省局部分处室负责人参加“金色热线”节目，接受省人民广播电台主持人访谈和接听答复听众热线电话的咨询与投诉。监察室及时把听众来电的全部电话内容和短信问题分送到省局相关职能处室，相关处室及时进行了处理答复，并将处理答复情况以文件形式向省政府纠风办作了反馈。二是落实省政府纠风办关于在行政执法部门进行政风行风民主评议的决定，组织开展自查工作。根据《云南省政府纠风办关于对部分具有行政执法职能部门进行重点评议工作的通知》的安排，省政府纠风办对包括云南省国税系统在内的省11个行政执法部门开展政风行风民主评议，省局成立了政风行风评议领导小组和办公室，各级国税机关高度重视，把此次政风行风评议工作作为2011年一项重大工作来抓，结合本地实际，制订贯彻落实具体方案，做到组织、人员、时间、任务四落实。各地按要求开展了自查自评活动，重点自查了政务公开、办事效率、服务态度、依法行政、廉洁执法等方面工作开展情况，对自查过程中发现的问题，迅速进行了整改。省局及时将全省自查情况报送省政府纠风办，经过评议，云南省国家税务局获得政风行风民主评议第一名。2011年，全省国税系统有4个州、市国税局获得第一名，有1个州市国税局获得第二名，县级国税局参加当地政风行风评议78个，有25个单位被评为前三名，有8个单位被评为优秀。

【创新国税机关廉政文化建设】 云南国税廉政文化建设紧扣时代脉搏，突出国税特色，坚持把廉政文化建设作为反腐倡廉的一项基础性工作来抓，强化组织领导，建立健全制度，拓展载体形式，强化成果展示，不断创新国税机关廉政文化建设实践，初步建设成为具有鲜明时代特征和云南国税特色的廉政文化体系，推动了反腐倡廉建设和税收各项工作的深入开展。一是建立健全制度，规范廉政文化建设运行机制。制订下发了《云南省国税系统廉政文化建设工作方案》，突出先进思想和廉政文化内涵，明确了全系统廉政文化建设的指导思想、总体目标，加强“爱岗敬业、公正执法、诚信服务、廉洁奉公”职业道德教育，不断增强国税干部为经济社会服务、为纳税人服务的意识，着力提升全系统廉洁自律、文明服务水平。通过提高制度执行力，促进全系统反腐倡廉建设和廉政文化建设。二是拓展载体形式，增强廉政文化宣传教育效果。通过网络布廉、环境促廉、活动引廉、作品展廉等多种形式，全方位、多角度、多层次开展廉政文化宣传教育，使廉政文化入脑、入耳、入眼、入心。省局在机关四楼布展了“云南省国家税务局廉政文化（教育）基地展”，引导广大干部廉洁从税。三是突出国税特色，助推廉政文化建设深入开展。坚持每年组织干部职工开展警示教育活动，2011年组织干部职工参观全国检察机关惩治和预防渎职侵权犯罪展览；坚持与纳税人签订《廉政公约》，云南省国税系统从2004年起推行与纳税人签订《廉政公约》工作，至2011年底，全系统共与31.01万户纳税人签订了税企《廉政公约》，进一步规范征纳双方权利与义务，有效遏制了吃、拿、卡、要、报等不正之风；开展家庭助廉活动，通过创建“廉洁家庭”、争当“廉内助”活动，引导国税干部家庭成员做守廉、倡廉、助廉的表率，当好国税干部的监督员和守门员。2011年，云南省国税局、晋宁县国税局被云南省纪委命名为云南省第一批廉政文化示范点；腾冲县国家税务局监察室被国家税务总局表彰为全国税务系统纪检监察先进集体，大理州国家税务局监察室副主任陈宏秀被国家税务总局表彰为全国税务系统纪检监察先进工作者；德宏州国家税务局纪检监察干部罗宏娅被中共云南省纪委、省监察厅、省人力资源和社会保障厅表彰为全省纪检监察系统先进工作者。

【加强纪检监察干部队伍建设】 一是结合基层实际安排课程，统一培训。2011年省局监察室组织50名基层纪检监察干部参加统一培训，内容有对全省国税系统党风廉政建设责任制总体情况的介绍及考核办法的课程，有省局法规处和督察内审处老师对防范税收执法风险的讲解，昆明市检察院反渎职侵权局王松柏局长结合国税行业特点讲授了预防职务犯罪的课程。培训后通过考试对培训效果进行了检验，考试合格率100%。二是单项培训满足基层诉求。针对各级国税机关纪检组长和监察室干部变动较多、要求增加培训的实际，省局监察室把到中纪委北京、北戴河、杭州培训中心的培训名额全部分配给基层纪检监察部门。并应基层要求，省局监察室到迪庆等州、市进行纪检监察业务培训。据统计，2011年全省各级国税机关组织纪检监察培训和参加外系统培训97期874人次。三是纪检监察专项经费向基层倾斜，为基层配置办公设备。2011 年总局下拨 40 万元纪检监察专项经费，省局监察室为 138 个县（区）局、16 个州（市）局纪检监察部门配置了激光打印机，按照各地需要，为 16 个州（市）局纪检监察部门配置了手提电脑、多功能打印机、复印机等办公设备。

（董 恒）

大企业和国际税收管理

综 述

2011 年是“十二五”规划开局第一年，也是大企业和国际税收工作承前启后的重要一年，云南省国税系统大企业和国际税收管理工作以科学发展观为统领，坚持“聚财为国，执法为民”的宗旨，认真贯彻落实全国大企业税收工作会议和全国国际税收工作会议以及全省国税工作会议精神，确定了 2011 年乃至今后一段时期全省大企业和国际税收工作的总体要求和工作任务是：以邓小平理论，“三个代表”重要思想和党的十七大精神为指导，认真贯彻落实科学发展观，完善工作机制，强化基础管理，全面充实和加强大企业和国际税收工作，不断提升大企业和国际税收工作能力和管理服务水平。全省国税系统大企业和国际税收部门在国家税务总局和省局党组的坚强领导下，结合云南省大企业和国际税收工作的实际以及云南国税“服务基层年”工作主题，准确把握大企业和国际税收工作的特点、重点和难点，不断抓落实、重质量、求实效，全面完成各项工作任务，为云南国税事业的发展和促进云南经济社会的和谐健康发展作出积极贡献。

业务概述

【积极探索适合云南省的大企业税收管理模式】 2011 年初大企业和国际税务管理处及时制定和下发了云南省《2011 年大企业和国际税收管理工作要点》，明确了大企业税收管理范围要求，指导各州市积极探索和创新大企业税收管理与服务的模式，鼓励各地结合实际，确定本地大企业税收管理的对象和内容。全省大企业税收管理主要形成三种管理模式。第一种模式，已有七个州市局率先确定了州市级定点联系企业，共计 145 户。第二种模式，部分州市虽然未定本级定点联系企业，但按专业化管理在州市设置了直属分局或重点税源管理分局。第三种模式，部分收入较小州市，未确定本级定点联系企业，采取突出重点税源企业，辅以创新管理服务措施的方法提高征管质量。各地管理特色鲜明，通行的做法主要有：一是建立和完善了定点联系企业涉税事宜协调会议制度；二是构建税企沟通平台，开展纳税服务问卷调查或座谈会，强调税务风险管理，提供个性化服务；三是强调大企业管理行业化管理，加强对跨地区分支机构征管；四是充分利用信息化手段，对内加强对大企业行业动态数据的整合、分析、更新，对外采用多种便捷方式强化政策宣传和服务。

【大企业基础数据采集与分析情况】 2011 年，大企业和国际税务管理处圆满完成了国家税务总局定点联系企业在滇成员单位名册更新、信息比对和重点税源筛选等各项工作，并确定了 169 户企业为国家税务总局定点联系企业重点税源数据上报成员单位。国家税务总局定点联系企业现在云南省成员单位企业共有 1849 户，与 2010 年的 440 户相比增加了 1409 户，重点税源数据上报成员单位与 2010 年相比增加 66 户，增幅为 39%。

大企业和国际税务管理处狠抓对大企业基础数据的分析，对国家税务总局定点联系企业在云南省的成员单位 103 户企业 2010 年 1～12 月的经济指标和纳税数据，通过多种方式，多项指标计算，进行了系统分析，及时掌握大企业税收征缴情况，通过对比分析、趋势分析等多种分析方法及时发现异常点，并将存在的问题下发各地进行辅导，对今后上报数据信息工作提出了要求，为更好地对定点联系企业做好管理与服务打下基础。

【非居民企业所得税收入情况】 2011 年度全省共组织非居民企业所得税 22334.16 万元，突破两亿元大关，与 2010 年的 15515.37 万元相比增收 6818.79 万元，增幅为 43.95%。

【非居民企业所得税收入特点】 由于非居民税收具有纳税人分散、支付人相对集中，纳税人在境内短暂存在停留或无物理存在，净所得难以认定，境外纳税人申报困难，非居民纳税义务判定难度大等特点，导致非居民企业所得税收入具有以下特点：一是税源零散，税源大小不均衡；二是地域分布零散；三是绝大部分税款需要支付人代扣代缴；四是绝大多数非居民企业都属于临时纳税人，组织入库的税款为一次性收入，税收收入不具有很强的持续性、稳定性，不易于分析、预测；五是具体业务发生时间、空间不固定，突发性、偶然性强，税源监控和征管难度大。

【非居民企业所得税收入分析】 非居民企业所得税虽然在云南省国税系统组织的收入中所占比重较小，但近几年来却呈现持续快速增长态势。收入增长的原因主要是：一是经济全球化在世界范围内的兴起和不断加深，资本、技术、人员等诸多要素在全球范围内进行大规模的配置和流动，频繁的跨国经济活动创造了大量的非居民税源；二是新《企业所得税法》对外商投资企业向外方股东分配利润进行征税，而老税法是不征税的。非居民企业所得税收入中，以按照10%的税率或低于10%的协定税率征收的非居民企业所得税为主，比重超过90%，按照25%的税率征收的非居民企业所得税所占比重不足10%。这种收入构成，与全国非居民企业所得税收入的总体形势相一致，原因主要是境外来华提供劳务和承包工程作业等积极所得的规模远低于股息红利等消极所得的规模。非居民企业所得税地域集中度较高，收入主要集中在对外经济活动较多的省会城市昆明，其他州、市每年只有零星几笔税源。非居民企业所得税地区差异性较大，昆明市的收入相对持续、稳定增长，而其他州、市则时有时无不稳定，收入变化起伏较大。

各项工作

【大企业税收服务与管理】 （一）狠抓大企业原始数据采集质量，要求各地采集上报的原始数据必须及时、统计口径必须准确，只有把好原始数据采集关，才能有效开展数据分析监控工作。（二）将大企业数据分析监控、大企业综合纳税评估、大企业税收日常检查，以及非居民税收管理和跨国反避税调查等五个方面内容有机结合起来，在数据分析中查找税收管理疑点和反避税线索，将日常检查和综合评估普遍性结论和共性问题纳入数据分析中，提高数据分析的有效性和指导性。（三）烟草行业是云南的支柱产业，我局参加了总局烟草行业工作小组，为搞清烟草行业管理现状和税收管理存在问题，我处在先后多次进入企业和基层税务机关开展烟草税收调研工作的基础上，围绕烟草企业重组兼并税收问题及对策问题进行了深刻的思考和探讨，就烟草企业重组兼并税收问题及对策方面向总局提交了具有较高质量的调研材料。（四）深入基层，对基层机构改革以来大企业和国际税收管理工作开展情况进行了工作调研，现场解答了基层管理部门提出的各项疑难问题，并就进一步开展好大企业和国际税务管理与服务工作提出了指导性意见。

【非居民企业所得税管理】 （一）建立健全“走出去”企业、大企业涉税诉求管理、在滇境外非政府组织三套台账，实现了基础信息的动态管理。1. 为进一步贯彻落实国家“走出去”发展战略，支持和鼓励企业到境外投资，拓展海外业务，帮助企业解决在境外经营遇到的涉税问题，更好地为“走出去”企业提供更具针对性的税收服务，促进企业发展，省局建立和完善了“走出去”企业管理台账，摸清了服务和管理对象的底数，并对台账实行动态监控和管理，每半年定期与基层税务机关进行数据比对，更新变动情况。2. 建立了企业涉税诉求服务与管理台账。通过建立台账，并实行按半年定期更新，动态管理的模式，多种渠道了解境外投资税收服务与管理工作存在的问题和困难，及时跟踪记录企业涉税诉求受理和解决情况，为企业提供更具体的个性化服务。3. 建立了在滇境外非政府组织管理台账，并半年定期更新台账信息，从而规范在滇境外非政府组织的涉税管理与服务。三套台账的建立，实现了底数明、思路清的良性工作模式，为有效开展大企业和国际税收管理与服务工作夯实了基础。（二）继续强化非居民企业税收管理，以非居民企业所得税申报和汇算清缴为重点，认真贯彻落实《国家税务总局关于印发〈外国企业常驻代表机构税收管理暂行办法〉的通知》（国税发〔2010〕18号），进一步提高非居民企业汇算清缴工作质量。以归属应税所得、提高据实申报面和加大违章处罚力度为重点，强化非居民企业承包工程作业和提供劳务的税收管理。严格执行《国家税务总局关于印发〈非居民企业所得税核定征收管理办法〉的通知》（国税发〔2010〕19号），防范滥用核定征收方式少缴或漏缴税款现象和非居民企业虚构境外劳务逃避纳税义务行为。研究分析非居民税源的分布规律和风险，依托并充分利用居民企业税收日常管理成果，牢牢抓好占云南省非居民税源比重80%以上的股息、利息、财产收益等法定扣缴税源。（三）按时完成非居民税收收入预测与分析工作。认真按照国家税务总局国际司的要求，按时按质统计上报了一、二、三季度的《非居民企业所得税收入统计分析表》，并按时参加收入规划核算处每月例行召开的收入分析会，通报非居民企业所得税的入库情况，对收入形势进行了统计和预测，研究了组织收入过程中应采取的措施，分析整理了组织收入遇到的问题和困难。（四）按照《国家税务总局国际税务司关于征集非居民税收政策管理问题》（际便函〔2011〕124号）的要求，编写了三个典型性非居民税收管理案例，查找和分析了企业所得税法实施以来非居民税收管理工作中亟待明确的政策问题及难点，并提出具体意见和建议上报了总局国际司。（五）认真开展了2011年度金融行业非居民企业所得税专项检查工作。对泰国泰京银行大众有限公司昆明分行和泰国泰华农民银行（大众）有限公司昆明代表处开展了专项调查，对汇丰银行（中国）有限公司昆明分行、五洲（北京）保险经纪有限公司云南分公司、恒生银行（中国）有限公司昆明分行、韦莱保险经纪有限公司昆明分公司等4户居民企业（外资企业）在昆分支机构的基本情况进行了调查，及时向国际司上报了检查报告。（六）多措并举，大力组织非居民企业所得税收入，指导各地积极加强与外汇、银行、商务、发改委等有关部门的沟通联系，对本地重点建设项目中的涉外经济活动进行跟踪，及时获取国际税源信息，确保了非居民企业所得税收入的增长。

【税收协定执行】 税收协定作为我国所得税法国际方面的核心部分，主要协调国家与国家之间的税收关系，其工作质量关乎中国税务部门的国际形象。对此，全省国税系统高度重视，并积极采取措施做好税收协定执行工作。为了做好税收协定的执行，我处继续坚持执行与宣传并重，在执行过程中严格按照规定的程序和要求处理每一项涉及税收协定执行的业务。一是加强指导各地对税收协定和税收协定执行手册的学习和理解，确保税收协定各项待遇的正确执行，防范协定的滥用。收集、整理总局历年所下发协定文本和协定解释文件，上挂FTP上方便各地快捷下载查询，及时解决实际工作难题。二是做好综合征管软件非居民企业所得税征管模块各环节和协定税率的维护，及时收集基层反映的各种操作问题，与信息中心研究解决。三是建立各州市局非居民享受税收协定待遇管理台账，对享受税收协定待遇等情况要分类认真进行统计分析。四是不断收集典型案例，半年进行一次整理自查，年终对全年的税收协定执行情况进行汇总分析和总结，并写出协定案例。

【反避税】 2011年度我处高度重视反避税工作的开展突破，多次深入楚雄、临沧、保山等州市一线开展反避税调研，积极参与总局国际司举办的各类反避税培训班，向总局汇报反映云南反避税工作进展，为反避税工作献言进策，得到了总局国际司反避税处的支持和肯定，从2012年开始在现有基础上总局追加云南反避税工作经费一倍，鼓励我处反避税工作要迎难而上，迈出坚定的步伐。（一）成功开发上线关联业务往来报告表网络申报系统，为反避税工作奠定了坚实的基础。《企业年度关联业务往来报告表》是进行反避税工作的重要基础信息来源，只有做好关联业务申报基础工作，提升申报质量，才能有效发现反避税案源。税法规定将其作为企业所得税年度报表应附送的9张表格。云南省所得税实现网络、介质申报后，企业仍需往返到税务机关手工填报这9张表，税务干部还要人工录入CTIAS系统。为落实“两个减负”，创新服务手段，优化纳税服务，提高申报质量，2011年初我处提出开发《企业年度关联业务往来报告表》网络申报的业务需求，经省局领导同意立项，在信息中心和所得税处通力协作、紧密配合下，经过两个月的艰苦奋斗、攻坚克难，圆满完成了该项目的开发。2011年5月17日在全省统一上线推广应用。关联业务往来网络申报的成功上线，极大地减轻了纳税人和基层的负担，是落实两个“减负”的最好体现，得到了基层税务机关和广大纳税人的好评。同时，为税收管理进行案头数据分析提供了信息来源，也为开展反避税调查工作打下了坚实的基础。（二）深入基层调研，现场答疑释惑，实地指导培训，将服务基层落到实处。2011年5月31日至6月2日我处深入到楚雄州国家税务局、经济开发区局，对楚雄州国税局机构改革以来大企业和国际税收管理工作开展情况进行了工作调研。现场解决了楚雄州局提出的各项疑难问题，并就进一步开展好大企业和国际税务管理与服务工作提出了指导性意见。在经济开发区局办税厅，省局调研小组为一线操作人员现场培训辅导办理非居民企业所得税源泉扣缴、关联业务往来报告表申报的全部操作流程，得到了广大一线税务干部的高度赞扬。11月，我处在做了大量案头分析的基础上，深入临沧、保山等地做了反避税工作调研，现场对临沧市进一步开展好国际税收管理工作提出了指导性意见和要求。在镇康县局，调研小组为税政人员现场就关联企业的认定、关联业务申报表的正确填写、系统操作及反避税线索的发现、六种特别纳税调整方法的使用等做了辅导培训。

【税收情报交换】 税收情报交换是税收协定缔约国承担的一项国际义务，是国家之间开展税收征管合作的主要方式。按照总局要求，我处积极开展税收情报交换工作，一是不断加强对税收情报的基本规则、类型、执行程序和保密规定的学习，为规范开展情报交换工作打好基础，运用好情报交换方式将成为打击国际反避税的重要手段；二是加强对各州市局了解、熟悉情报交换的业务指导，在日常税收征管工作中增强敏锐性，提高通过税收情报交换加强税收管理的意识和能力，打击国际偷逃税行为；三是按照《税收情报管理规程》的保密规定，对税收情报的传递、披露和使用进行严格规定，设置专门机构、专人负责、层层加密，以防范税收情报泄密。2011年度核查总局转办的日本国税厅情报一份，并及时上报了核查报告和英文回函。

（吴建伟）

党的建设工作

综　述

2011年，“十二五”的开局之年，机关党委办公室认真学习党的十七届五中、六中全会和云南省委第九次党代会及省委八届九次、十次、十一次会议精神，积极落实全省国税工作会议和云南省党的工作会议各项要求，围绕“服务科学发展，共建和谐税收”主题，按照“服务中心、建设队伍”的党建目标，以加强党的执政能力和先进性建设为主线，以党建带工建、党建带团建、党建带妇建为机制，全面加强党的思想建设、组织建设、作风建设、反腐倡廉建设、制度建设。一年来，省局机关党委办公室认真履行岗位职责，积极发挥好应有的作用，较好地完成了省局党组和省直机关工委安排的各项工作任务，为省局机关的风清气正、全面发展提供了强有力的保障。

各项工作

【深化学习，加强理论武装】 不断深化学习机制，强化理论武装，为各项工作打下了坚实基础。（一）坚持理论中心组学习制度，发挥领导的模范带头作用 。一是2011年共组织学习6次，省局机关副处级以上领导干部累计600余人参加了学习。二是召开以“学习杨善洲精神做人民满意的好党员好干部”为主题的学习生活会。会上，省局党组班子成员结合各自学习和工作实际，就学习杨善洲精神的认识体会、践行杨善洲精神的思路措施等方面作了深刻的发言。随后，向省委组织部和省直机关工委上报了总结和个人党性分析材料。三是协助省局党组开好2011年度民主生活会。负责征求意见、归集整理反馈意见并提出整改措施。本次省局党组民主生活会共收到来自全省国税系统16个州市局和省局机关25个处室的反馈意见254条（包括不同地区、部门相同的意见和建议），其中：总体评价17条、肯定性意见145条，意见和建议92条。经过认真梳理、分类和归并，各州市局和省局机关本次反馈意见共31条，其中：总体评价2个方面2条，肯定性意见6个方面6条，意见建议12个方面23条。并按照省局党组的要求，结合实际对这些意见建议进行深入分析，本着实事求是的原则，制定了具体整改措施。（二）安排局内各单位、各党支部进行政治学习。按照年初有计划，季度有安排的工作程序，围绕国务院关于支持云南省加快建设面向西南开放重要桥头堡的意见、学习杨善洲精神做人民满意的好党员好干部、学习党的十七届六中全会精神和贯彻落实省第九次党代会精神等主题进行落实，并按照《省局机关2011年度目标管理考核办法》的规定对局内各单位、各党支部的政治学习进行了考核。（三）积极推进学习型机关建设。云南省省直机关“爱读书读好书善读书”活动组委会下发了《关于表彰“学习型机关”、“三读”活动先进集体、“读书标兵”的通知》，授予云南省国税局等10个单位“学习型机关”、罗继富等76名同志“读书标兵”荣誉称号。省局李鸿文局长撰写的《加强国税文化建设彰显云南国税文化核心价值体系 读〈税务文化修炼〉启示》、许赞霖副局长撰写的《〈云南读本〉的掩卷之思》荣获“优秀心得体会文章”。省局机关扎实开展“爱读书读好书善读书”活动，各处室、各党支部积极行动，广大干部职工踊跃参与，在省局机关形成了爱读书、爱学习的良好氛围，起到了学习推动工作、工作促进学习的作用。经研究评选出人事处等10个处室为“先进单位”、赵金友等50人为“读书标兵”、《读〈提问〉而想到的态度与信心》等50篇心得体会为“优秀心得体会”。（四）努力创建“学习型党组织建设示范点”。中共云南省委召开全省学习型党组织建设工作汇报会，授予中共云南省国家税务局直属机关委员会等全省50个党组织为“学习型党组织建设示范点”。对此，省局党组书记、局长李鸿文同志批示：“请进一步加大工作力度，持续推动机关党的组织、思想、作风建设，并将示范点活动工作按照省委和总局要求深入开展下去。”10月31日，省直机关工委副巡视员何兆光带领调研督察组对我局开展学习型党组织建设示范点情况进行调研督察，李杰副局长就省国税局开展示范点建设情况作了汇报。调研督察组认为，学习型党组织建设示范点各项工作取得显著成效，走在了省直机关的前列。希望再接再厉，不断总结经验，继续扎实抓好学习型党组织建设各项工作，力争取得更大的成效。（五）理论武装工作卓有成效。按照“党的理论创新每前进一步，理论武装工作就跟进一步”的要求，省局机关结合实际，积极探索用党的理论创新成果武装党员干部的新方法、新途径，不断增强理论武装工作的针对性和实效性，较好地发挥用科学理论统一思想、凝聚力量、激发动力的强大作用，为各项工作提供了坚强的思想保障和理论支撑。被中共云南省委宣传部评为“理论武装工作先进单位”。（六）思想政治工作成绩突出。被省委宣传部评为云南省思想政治工作先进集体，成为省直机关工委3个思想政治工作先进集体之一。9月22日，省委宣传部、云南省思想政治工作研究会在连云宾馆联合召开云南省思想政治工作经验交流会。省局党组成员、副局长李杰作为省直机关工委思想政治工作先进集体代表，在会议安排的5名先进集体代表和1名先进个人交流发言中首先交流发言，得到与会代表的高度评价。（七）完成省第九次党代会党代表的选举工作。严格程序、按章进行，经过初步人选、预备人选、正式人选三个阶段，最后选举李鸿文同志为省第九次党代会党代表，充分体现了民意。

【榜样引领，深入开展创先争优活动】 坚持把创先争优活动与税收中心工作、与开展学习型组织建设、与党风廉政建设、与作风建设、与国税文化建设相结合，确保了创先争优活动取得实效。（一）坚持按照省直机关工委创先争优领导小组办公室创先争优活动半月一报及基层党建示范点工作情况一月一报工作要求，认真做好省局机关创先争优活动及基层党建示范点工作情况上报工作。按照省委创先争优领导小组办公室工作要求，10月18日起，全面开展授旗评星活动。下发《关于开展授旗评星活动实施方案》，召开机关党支部书记会议，结合云南国税工作实际，制定以“争国税先锋旗、创国税优秀星”为主题的授旗评星活动方案，每半年评比一次。省局机关2011年上半年授旗评星活动于11月23日结束，除老干支部外的20个党支部参加活动。评出“国税先锋旗”3面，分别为：办公室党支部、征管和科技发展处党支部、监察党办工会党支部；“国税优秀星”32颗，分别为：各党支部按党员总数的15%推荐上报，并制作成展板在办公大楼一楼一并进行公示。（二）创先争优活动受到高度肯定 。一是2011年3月31日，省委省直机关工委常务副书记董志红带领调研督察组一行5人对我局开展创先争优活动情况进行调研督察，召开了座谈会并实地检查了省局机关创先争优公示栏和相关档案资料。董志红副书记对云南国税开展创先争优活动的情况给予了高度评价和充分肯定。二是5月13日，中共云南省委省直机关工作委员会考核组一行到我局对开展创建省直机关基层党建示范点工作进行考核。认为各方面工作都抓得比较好，起到很好的示范带头作用。（三）创先争优活动成绩斐然 。一是在6月29日省直机关工委召开的庆祝中国共产党成立90周年暨创先争优活动优秀共产党员先进事迹报告会上，中共云南省国家税务局直属机关委员会等20家基层党组织被评为“省直机关基层党建示范点”并授牌。三是6月30日，云南省庆祝中国共产党成立90周年纪念大会在昆明隆重举行，会上表彰了100个先进基层党组织、100名优秀共产党员、100名优秀党务工作者、20个基层党组织建设先进县（市、区）。省局信息中心党支部被表彰为“全省先进基层党组织”，楚雄州国税局机关党委副书记褚德云被表彰为“优秀党务工作者”。（四）强化党的组织建设。吸收罗磊等16位同志为中共预备党员，批准杨世昌等2位同志按期转为中共正式党员，确保了党的事业后继有人。

【彰显特色，隆重纪念中国共产党成立90周年系列活动】 省局机关组织开展以“读红色经典、唱红色歌曲、讲红色故事、写红色书法、看红色影片、走红色道路”为重点的系列活动。（一）组织了“心中的歌献给党·云南省国家税务局庆祝中国共产党成立90周年大会”。一是6月29日，“心中的歌献给党·云南省国家税务局庆祝中国共产党成立90周年大会”在省局机关隆重举行。由省局机关各党支部组成的10支代表队参加了红色歌曲歌咏比赛，庆祝大会还表彰了2010年度创先争优活动中涌现出的9个先进基层党组织、53名优秀共产党员、22名优秀党务工作者，举行了新党员入党宣誓、老党员重温入党誓词活动。二是省局党组书记、局长李鸿文同志在庆祝大会上作重要讲话，回顾了中国共产党成立九十年来的伟大历程，进一步坚定了毫不动摇坚持中国特色社会主义道路的信心和信念；分析了当前云南国税事业发展面临的重要机遇，进一步明确了新时期国税人肩负的光荣使命和历史责任；要求国税系统广大党员干部要争做科学发展的先锋、创先争优的表率、真抓实干的模范，为云南省建设中国面向西南开放重要桥头堡、为云南国税事业又好又快发展作出新的更大的贡献，以实际行动为党旗增光添彩！（二）在“云南省直机关纪念中国共产党成立90周年歌咏比赛”中荣获一等奖 。一是5月17日，“云南省直机关纪念中国共产党成立90周年歌咏比赛”在省直机关工委礼堂隆重举行，来自省直各部门及直属单位的62支合唱队在这里共同唱响红色歌曲，热烈庆祝中国共产党成立90周年。这次比赛云南国税派出了由120名队员组成的阵容强大的合唱队，参赛队员中既有省局领导，也有基层一线干部职工，反映出云南国税人团结奋斗、勇于进取、开拓创新的精神风貌。经过激烈的角逐，云南国税合唱队从62支参赛队伍中脱颖而出，最终以《春之永恒》和《乐于奉献在高原》两首参赛曲目荣获本次比赛一等奖，出色地完成了参赛任务。二是在参加昆明市延安精神研究会举办的合唱比赛中荣获金奖，参加第三届盘江艺术节合唱比赛荣获一等奖，进一步展示了云南国税的风采。（三）参加省直机关庆祝中国共产党成立90周年文艺展演暨“旗帜颂”歌咏比赛颁奖大会 。6月14日，由省委省直机关工委主办的省直机关庆祝中国共产党成立90周年文艺展演暨“旗帜颂”歌咏比赛颁奖大会在云南海埂会堂举行。省委副书记李纪恒，省委常委、省纪委书记李汉柏，省委常委、常务副省长罗正富，省委常委、省委宣传部部长张田欣，省人大常委会副主任程映萱，省政协副主席王学智等观看演出并为“旗帜颂”歌咏比赛获奖队颁奖。在历时两个多月的省直机关庆祝中国共产党成立90周年“旗帜颂”歌咏比赛中，来自各单位的62支合唱队共4000余人，欢聚一堂，满怀激情，演绎红歌盛会。省局李鸿文局长作为颁奖嘉宾出席了颁奖大会，许赞霖副局长代表云南国税上台领奖。云南国税合唱队以大合唱《走向复兴》、《没有共产党就没有新中国》为整台演出画上了圆满句号。（四）开展“读红色经典活动”有声有色。作为“三读”活动的主要内容，为了配合学习型党组织建设和机关文化建设，广泛开展“读红色经典活动”，共发放红色经典读物10余类2600余册，广大干部职工开展了形式多样的读书活动，积极撰写心得体会文章50余篇，为省局机关的和谐发展提供了文化支撑。（五）认真组织“党在我心中”知识竞赛活动 。为隆重纪念中国共产党成立90周年，结合省局机关开展纪念中国共产党成立90周年系列活动安排，在省局党组的高度重视下，机关党委以“知党情、感党恩”为主题，认真组织全体共产党员、入党积极分子和部分离退休老干部党员代表积极参与由中共云南省委宣传部、中共云南省委党史研究室、中共云南省委学习型党组织建设领导小组办公室联合组织的“党在我心中”知识竞赛活动，省局领导带头参加，全局机关共236人参与了竞赛，参赛面达100%。（六）举办“红色引领·第四届硬笔书法比赛”。结合云南国税文化建设，举办了“红色引领·第四届硬笔书法比赛”，局领导带头参与，来自省局机关的干部职工全部书写了书法作品，参赛率达到100%。大家用书法的形式，讴歌了对党的热爱和忠诚。（七）开展“走红色道路”活动。各党支部迅速行动，组织干部职工分别开展“走红色道路”活动，整个活动丰富多彩，起到了很好的教育作用。（八）观看红色经典影片。利用省局机关自办电视台放映红色经典影片，已放映21部，受到了广大干部职工及其家属的一致好评。同时，结合时事教育，在省局机关放映电影3部，进一步加大了宣传力度。

【创建全国文明单位】 省局机关进一步完善文明创建工作长效机制，全面推进云南国税精神文明建设再上新台阶。全国“文明单位”考评组一行对省局创建全国文明单位进行了考核检查。省局李鸿文局长主持召开工作汇报会，李杰副局长就省局创建全国文明单位情况向考评组作了汇报。已通过了中央文明委的检查验收和公示。

【扶贫工作硕果累累】 省局机关在注重税收业务工作的同时，勇于承担社会责任，积极开展挂钩扶贫工作。（一）2011 年，在省局党组的高度重视下，省局全面贯彻落实扶贫开发工作有关要求，把对口帮扶工作列入重要议事日程，对扶贫工作给予高度重视和大力投入。2011 年度我局共投入扶贫专项资金 15 万元用于因民镇桃树坪、瓦岗寨村的基础设施建设，积极改善当地村民的生产生活条件，帮助贫困农村脱贫致富。投入抗旱救灾资金 8.53 万元，救助因灾饮水困难农户 155 户 416 人，帮扶因灾返贫农户 536 户 2016 人。在灾难面前，代表全省国税干部第一时间给人民群众送去温暖。扶贫工作取得显著成效，得到省委、省政府的充分认可，省局机关党委办公室被表彰为“2010 年度云南省扶贫工作先进单位”。（二）2011 年，云南省国家税务局积极响应省委关于下派社会主义新农村建设工作队的号召，一方面积极抓好下派指导员的思想政治工作和后勤保障工作，为指导员驻村创造良好的工作条件；另一方面，下派指导员按照省委的要求，认真做好政策法规的宣传贯彻、驻村经济发展、基础设施建设、党组织建设等工作，协助当地在一定程度上解决了发展中遇到的困难和问题，圆满完成了各级党委政府交办的工作任务。近日，云南省国家税务局被昆明市委、市人民政府表彰为“昆明市第三批新农村建设指导员工作先进派出单位”，郑捷、苏杰平二位同志被同时表彰为“昆明市新农村建设优秀指导员”。

【狠抓党风廉政建设和反腐败建设】 作为机关党建的主要工作之一，机关党委狠抓党风廉政建设和反腐败建设。（一）狠抓党风廉政建设和反腐败建设工作，加强党风廉政规定的学习和贯彻。出资 20 万元，与云南省第三女子监狱建立了云南省国税系统警示教育基地，多形式、全方位地开展警示教育活动。（二）省局组织机关全体干部参观“全国检察机关惩治和预防渎职侵权犯罪展览”昆明巡展，并观看反渎职侵权警示教育片。

【落实党建责任制】 积极落实党建责任制考核，年度考核荣获优秀单位。（一）省直机关工委第 11 考核组一行 3 人对我局机关 2010 年度党建工作责任制落实情况进行了考核。按照李局长的批示，省局党组成员、纪检组长魏贵和同志代表党组作了《提升机关党建工作水平不断推动云南国税事业和谐发展》的汇报。机关党委办公室对省局机关党委 2010 年度党建工作责任制考核的自查自评情况进行了报告。考核组给予了充分肯定并提出了希望。省直机关工委在连云宾馆礼堂召开庆祝建党 90 周年暨创先争优活动优秀共产党员先进事迹报告会。会上，省直机关工委对在省直机关 2010 年党建目标责任制考核工作中评为优秀单位的 55 家单位进行了通报表彰，省局机关名列其中，其余 65 家单位被评为合格单位。（二）在省直机关工委对省直 123 个填报单位机关党组织 2010 年党内统计及党员党组织信息库上报工作评审中，省局直属机关党委报表及信息库的填报质量、报送时间等情况良好，被省直机关工委评为 2010 年党内统计及党员党组织信息库上报工作全优报表单位，成为全省省直机关 27 家全优报表单位之一。工委对省直各单位机关党组织 2010 年度党统工作进行的综合评审，还评出优秀报表单位 85 家，合格单位 11 家，评审结果以“云直党工组〔2011〕31 号”文件向省直各单位机关党组织进行了通报。

【努力做好其他工作】 在完成各项主要工作任务的前提下，认真完成了以下工作。（一）认真开展“党建带工建、党建带团建、党建带妇建”工作，有效发挥了群团组织的桥梁和纽带作用。协助组织了省局机关春节团拜活动、职工医疗保险等工作；出板报 7 期，发挥了窗口的宣传作用。（二）组织对第三届硬笔书法比赛的评选表彰 。为进一步促进机关文化建设，开展了第三届硬笔书法比赛。各处室积极参与，认真书写书法作品参赛，整体水平较前两届有明显上升。评委会组织评委对收到的所有共 226 幅参赛作品进行了认真评选，评选出特别奖 13 名、一等奖 5 名、二等奖 15 名、三等奖 20 名、进步奖 30 名，并进行了表彰。（三）省局机关积极响应“见义勇为募捐”倡议，向省见义勇为基金会捐款 5 万元。同时，号召省局机关广大干部职工为综治维稳点捐赠书籍活动，共捐赠书籍 1600 余册。体现了省局机关心系综治维稳点的情怀和对综治维稳工作的支持。（四）参加盘龙区文明单位志愿者 2011 年清明节祭扫红军墓活动 。机关党委派了局机关内的 4 名入党积极分子作为单位代表，前往昆明市茨坝街道办事处花渔沟社区老鸹山参加由盘龙区委组织的清明节祭扫红军墓活动。（五）省局机关向盈江地震灾区捐款献爱心 。3 月 15 日下午，省局机关举行了向盈江地震灾区献爱心捐赠仪式，党员领导干部积极带头，全局干部职工纷纷伸出援助关爱之手。这次捐款活动共筹得善款 69320 元，并通过干部职工爱心捐款账户迅速汇往灾区。（六）认真完成党建课题。在课题组人员的齐心努力下，完成了科研所安排的 2010 年科研课题，《推进省局机关学习型党组织建设初探》被评为优秀课题。积极参与了 2011 年度云南国税的重大课题《新形势下进一步加强云南国税系统干部队伍建设研究》，被评为优秀课题。同时，认真做好省直机关党建研究会的课题研究工作，及时上报了课题。（七）积极做好关爱农民工志愿服务活动，将关爱农民工作为精神文明创建的主要工作来抓，参加了昆明市委宣传部、昆明市文明办在螺蛳湾国际商贸城举办了“全国关爱农民工志愿服务活动启动仪式”，活动中向中国志愿服务基金会捐款 6000 元人民币，用爱心向广大农民工朋友传递“奉献、友爱、互助、进步”的理念。

（阮志强、张煦聆）

工会工作

综　述

2011年，省局直属机关工会在省局党组的正确领导下，在省直机关工会和省局机关党委的正确指导下，在局机关各处室的大力支持和各工会小组、基层工会的积极配合下，坚持以邓小平理论和“三个代表”重要思想为指导，深入贯彻落实科学发展观，学习贯彻党的十七届六中全会、全总十五大、省第九次党代会精神，按照“党政所谋、职工所需、工会所能”的工作要求，紧紧围绕云南国税“服务基层年”中心工作，以开展“党工共建创先争优”活动为载体，积极开展各项有利于构建和谐机关、促进健康发展的工作。

各项工作

【加强工会组织建设，切实履行工会职责】 （一）自觉履行教育职能。从工会的教育职能出发，开展职工思想教育，积极组织职工参与文化体育活动，推动国税文化建设不断向前发展。配合机关党委在省局机关开展建党90周年纪念活动，一是组织省局机关和昆明市国税系统120人的合唱队，参加“云南省省直机关纪念中国共产党成立90周年歌咏比赛”，在62支参赛队伍中脱颖而出，以《春之永恒》和《乐于奉献在高原》两首参赛曲目荣获一等奖，并参加省直机关庆祝中国共产党成立90周年文艺展演暨“旗帜颂”歌咏比赛颁奖大会演出，展示了云南国税人的精神风貌和时代风采。参加昆明市延安精神研究会庆祝中国共产党成立90周年“心中的歌献给党”合唱比赛荣获“云岭金奖”。参加盘龙区委、政府庆祝中国共产党成立90周年暨盘龙江文化艺术节“红旗颂”歌咏比赛荣获第一名；二是组织举办省局机关庆祝中国共产党成立90周年“心中的歌献给党”唱红歌比赛，省局机关干部职工、离退休干部职工、省局直属单位的职工200余人，以不同的艺术形式，歌唱中国共产党90年来走过的光辉历程，歌唱改革开放和社会主义现代化建设取得的巨大成就，在省局机关范围再次掀起唱红歌热潮。（二）认真履行工会职责。机关工会委员、经审委员、女工委员和工会小组长紧密联系当前的形势和任务，深入研究和探索新形势下依法加强和改进工会工作的方法和途径，不断规范工会组织的自身行为，以高度的政治责任感和强烈的使命感，牢固树立全心全意为职工服务的思想，认真履行工会各项工作职责，严格执行《工会法》、《工会章程》和各项工作制度，确保了各项工作任务落到实处。（三）积极履行维护职能。认真宣传贯彻《工会法》的有关精神，注重加强对机关内部事务的民主参与和民主监督，经常向局党组、机关党委汇报工会工作情况和职工的思想状况，适时召开工会委员及小组长会议研究工作，广泛收集和听取职工的意见和建议，自觉地依法维护机关干部职工的合法权益和依法行使自己的权利。同时注意搞好深入调查研究，正确处理职工群众的合理要求，研究解决问题的对策和方法，做好上情下达，下情上达工作。（四）确保干部职工思想稳定。机关工会十分注意观察、了解和掌握职工的思想动态，坚持寓教于乐、潜移默化、细致入微的思想政治工作方法，与职工谈心交心，解决职工家庭纠纷，帮助职工消除思想顾虑，确保了职工队伍的思想稳定，以良好的状态勤奋工作。（五）深入开展党工共建创先争优活动。以构建和谐机关、创建学习型组织、争当模范职工为重点，切实发挥工会组织的战斗堡垒作用，以党组织和广大党员的创先争优带动工会组织和广大会员的创先争优，掀起了学习先进、崇尚先进、争当先进的热潮。一是省局机关许建昆同志在平凡的后勤岗位上做出了突出的成绩，被云南省人民政府授予“云南省第二十届先进工作者”称号；二是积极参加省直机关评选表彰活动，省局机关工会被省直机关工会评为“工会先进集体”，李鸿文同志被评为“支持工会工作的党政领导”，张霞同志被评为“优秀工会工作者”，梁蕾燕同志被评为“优秀工会积极分子”；三是推选张霞同志为云南省第十次妇女代表大会代表；四是组织省局机关干部职工参加“云南省劳动模范先进事迹报告会”；五是加强班组建设，动员组织广大职工为桥头堡建设作贡献，云南国税印刷厂电脑票据印刷（轮转）机组在云南省班组建设中被云南省总工会授予“模范班组”称号。

【积极抓好机关文化建设，努力为职工办实事、做好事、解难事，做职工的贴心人，促进机关和谐建设】（一）关爱干部职工，营造和谐氛围。从职工最关心、最现实、最直接的事情做起、做好，使干部职工时时刻刻都能感受到组织的关心、大家庭的温暖及和谐的工作生活氛围。一年来共看望慰问住院、生育、直系亲属亡故职工64人（次）。（二）努力为干部职工办实事、做好事、解难事。继续帮助职工解决子女就近入小学、中学的问题，今年共解决5个职工子女入小学、中学。针对今年幼教体制改革带来职工子女入托难的问题，经多方协调与昆明市政府机关幼儿园达成协作协议，今年九月省局机关干部职工子女适龄儿童已全部入托昆明市政府机关幼儿园。协调解决了多起职工家庭财产纠纷，促进了职工家庭和谐。（三）注重干部职工健康、保健工作。组织全局干部职工（包括离退休干部和上挂借调人员）303人进行了体检，动员组织全局干部职工（包括基层单位）447人参加云南省第八期职工医疗互助活动，共缴纳活动费54440元，继续做好第七期职工医疗互助补助工作，全年共对12人（次）实施了医疗互助补助，补助金额为4993元。继续办好机关医疗诊所方便职工、家属就诊及健康咨询，诊所全年共为1938人（次）提供了医疗服务。积极帮助局机关和基层干部职工解决看病就诊难的问题。（四）丰富干部职工的文化生活。以新开设的形体舞蹈班、声乐班和太极拳班为基础，组织省局机关干部职工、离退休老干部及职工家属自编、自导、自演节目，举办了别开生面的2011春节团拜会；继续开设羽毛球、形体舞蹈、瑜伽、声乐、养生太极拳培训班，以丰富工会活动内容，针对瑜伽爱好者增多，增加瑜伽活动时间；继续抓好机关足球队、网球队、游泳队、篮球队、健身操队每周的活动，不定期组织篮球队、足球队与昆明市国税局和各区局举行友谊联赛；坚持每天中午、晚上及双休节假日机关活动室向职工及家属开放；坚持周末及节假日为职工及家属放映电影，配合机关党办，为纪念中国共产党成立90周年开展“红色电影展播”活动；做好职工宿舍增开卫星电视频道的日常维护工作。全年共为机关职工及家属放映电影53场（次），到活动室参加活动的职工及家属约计10000人（次）。（五）组织干部职工向地震灾区捐款。云南省盈江县发生里氏5.8级地震，造成重大人员伤亡和财产损失，震区的灾情牵动了省局机关干部职工的心。为弘扬“一方有难，八方支援”精神，帮助灾区人民尽快恢复生产、重建家园，组织全局干部职工、离退休干部职工及国税印刷厂、省局招待所、江川培训中心员工向灾区人民捐款79136元，为灾区人民献上真情、传递温暖、送去爱心，帮助灾区同胞战胜灾难。

【加强机关工会自身建设，促进工会工作再上新台阶】

（一）加强工会财务管理，规范制度办法。健全工会的财务制度，认真执行工会财务制度和工会经费管理办法，经费收支严格按工会财务制度执行，坚持厉行节约的原则，使有限的工会经费在工会活动中发挥较好的作用。按时到地税机关足额缴纳工会经费，及时按比例下拨4个基层单位的工会经费，及时足额收缴会费。发挥工会经审委员会的审查监督作用，加强工会内部审计。完善工会档案的整理、保管和应用工作。（二）做好机关计划生育工作。组织宣传《中华人民共和国人口与计划生育法》，做好计划生育咨询、保健服务，对机关育龄妇女的计生用品使用情况进行随访，按时、准确报送计生月、季度报表，按时参加地区、社区组织的计划生育学习、培训、讲座，及时为机关职工办理《生育证》、《独生子女父母光荣证》。配合街道办事处，在机关范围内开展2011年计划生育家庭意外伤害保险，关怀计划生育家庭的幸福生活，促进和谐发展。（三）维护女职工的特殊权益。工会女职工委员会注重关心机关女职工的工作和生活，为女职工订阅了《中国妇女报》、《健康报》、《女性大世界》、《中国妇女》、《时代风采》等报纸杂志丰富机关女职工的文化生活。开展纪念三八妇女节活动，组织机关女职工以及离退休女职工到师宗，与基层女税务干部互相学习与交流，共庆佳节，积极表达了对美好生活的珍视之情。为切实保护女职工的健康，每年在组织干部职工体检的基础上，增加女职工专项检查，帮助女职工随时掌握自己的身体信息，发现健康隐患，及时治疗，保证身体健康；组织女职工参加省直机关工会第四期“女性安康团体重大疾病保险”，为女职工再建一道保险屏障。（四）认真完成各项工作任务。完成“小金库”专项治理复查、总结阶段的各项工作。完成了云南财税志机构篇工会、妇女工作部分的撰写修改工作。省局机关工会的课题通过结题评审，被评定为“良好”等级。按时参加省直机关工会、街道办事处、社区居委会组织召开的各类会议、培训，积极参加省直机关工会第三片区的工作考核、财务互审、工作交流等活动。及时、准确、完整地报送各种统计报表资料，编报工会工作信息、通报等。

（王　焱）

离退休干部管理

综　述

2011年离退休干部处在省局党组的重视和领导下，紧紧围绕“服务基层年”工作主题，认真贯彻落实全国税务工作会议和全省国税工作会议精神，全面落实离退休干部政治、生活待遇，切实加强离退休干部思想政治建设和党支部建设，充分发挥离退休干部积极作用，丰富离退休干部精神文化生活，努力为老干部办实事、做好事、解难事，为老有所养、老有所医、老有所教、老有所学、老有所乐、老有所为创造良好条件，切实履行好离退休干部工作的职责和职能，取得了较好的成绩。

各项工作

【认真落实“两个待遇”和“三个机制”，扎实做好服务管理工作】 首先，各级国税局党组（党委）从加强党的建设高度，充分认识新形势下加强和改进离退休干部工作的重要性，真正把离退休干部工作摆在同等重要位置，切实抓紧抓好，形成层层负责、齐抓共管的良好局面。在省局机关，省局党组把离退休干部工作列入重要议事日程，专门研究、规划和指导离退休干部工作。主要领导及分管领导经常过问离退休干部工作情况，看望老干部，深入调查研究，定期或不定期地听取汇报，及时解决离退休干部工作中的重点难点和老干部普遍关心的问题。其次，切实加强对系统离退休干部工作的组织领导和督促指导，把系统离退休干部工作纳入工作总体规划，与省局机关离退休干部工作同步推进，结合形势任务需要和离退休干部的实际情况，在政策规定把握和落实方面，在全年重点工作和阶段性工作计划安排方面，在组织开展相关活动方面和建立工作考核机制方面等，有针对性地开展系统离退休干部工作的指导和监督。

【充分发挥离退休干部的积极作用，丰富离退休干部的精神文化生活】 （一）积极开展老干部“开心工程”活动，使老干部老有所乐。牢固树立服务为本、服务为先的理念，为离退休干部全心全意办实事、尽心竭力做好事、千方百计解难事，把党组织对离退休干部的关怀和温暖落到实处，积极组织丰富多彩的活动，使老干部老有所乐。按月组织省局机关老干部到昆明附近郊游，把每月一次到昆明附近郊游作为一项“开心工程”来实施，认真筹划、精心选点。今年共组织老干部到昆明附近郊游12次，参加人员达500人次，让老干部真正“走出来，动起来、乐起来”，增进了老干部之间的思想交流和感情沟通，得到了老干部的好评。（二）组织开展建党90周年文艺作品征文活动。为纪念中国共产党成立90周年，歌颂党的丰功伟绩，反映税收事业的发展历程，抒发广大离退休干部对党、对祖国、对社会主义、对改革开放的热爱之情，组织全省离退休干部开展了建党90周年文艺作品征文活动，全省共征集到各种诗歌、散文、短篇小说共79篇。（三）组织开展了2010年度创先争优先进基层党组织、优秀共产党员、优秀党务工作者的评选活动。在纪念中国共产党成立90周年之际，省局机关表彰了一批2010年度创先争优优秀党务工作者、先进基层党组织和优秀共产党员。省局机关共有10名离退休干部被授予优秀共产党员称号，2名退休干部被授予优秀党务工作者称号。（四）组织离退休干部开展了“走红色道路”活动。为了纪念中国共产党成立90周年，缅怀革命先烈的丰功伟绩，6月9日，组织机关全体离退休干部开展了一次“走红色道路”活动。在寻甸县革命老区组织离退休干部沿着当年红军走过的地方开展“走红色道路”活动，对党员进行党性教育，充分感受到“长征精神”的革命意义和时代内涵。通过活动，帮助广大离退休干部职工感受中国共产党艰苦卓绝、波澜壮阔的奋斗历程，理解在中国革命伟大征途中形成的革命精神，引导广大离退休干部职工热爱党、热爱祖国、热爱社会主义，进一步增强对党的感情，坚定在党的领导下实现中华民族伟大复兴的理想和信念。大家意气风发，斗志昂扬，全体离退休党员干部面对鲜红的党旗庄严宣誓，高唱《没有共产党就没有新中国》歌曲，纷纷表示要充分发挥先锋模范作用，以实际行动为党旗添光争彩。（五）组织开展了“七一”建党节慰问活动。为了进一步体现省局党组对离退休干部职工的关心和爱护，在“七一”建党节前，开展了对省局机关离退休干部的慰问活动，为省局机关全体离退休干部发放了“七一”建党节慰问金，对每一位离退休干部职工发给慰问金1000元。（六）组织开展了重阳节的慰问活动。2011年9月，为了进一步体现省局党组对离退休干部职工的关心和爱护，在重阳节到来之际，组织开展了对全省离退休厅级干部、担任过州市局长的老干部及省局机关离退休干部的慰问活动，并发给慰问金或慰问品。（七）组织开展了学习杨善洲同志活动。为了深入开展向杨善洲同志学习，在离退休干部中掀起学习杨善洲同志热潮，积极组织省局机关离退休干部学习杨善洲同志的先进事迹以及胡锦涛总书记关于学习杨善洲同志的指示精神，并按照中组部关于认真组织离退休干部观看电影杨善洲的通知精神和要求，积极组织全省国税系统离退休干部观看电影《杨善洲》。据统计，全省各地大都采取不同的形式和方法积极组织了观看活动，通过学习和组织电影观看活动，云南省国税系统的离退休干部工作者及老干部们都受到了深刻的教育。（八）及时兑现离休干部新增发的生活补贴。对2011年新增发的生活补贴，通过走访慰问送到每一位离休干部手中，使离休干部充分感受到党的温暖，更进一步增强了他们思想常新、理想永存的信念。

【认真组织召开了全省国税系统离退休厅级干部、担任过州（市）局长的离退休干部座谈会】 2011年9月21日全省国税系统离退休厅级干部、州市局长座谈会在昭通召开。全省国税系统离退休厅级干部、担任过州（市）局长的离退休干部及其家属、省局离退休干部处相关人员和昭通市国税局领导等60多人参加了会议。昭通市国税局党组书记、局长唐明山代表昭通市国税局党组及全体干部职工对老干部们的到来表示热烈欢迎，并在座谈会上发表了热情洋溢的欢迎辞，向大家介绍了昭通市的人文地理、风土人情和经济社会发展情况，并向与会代表汇报了“十一五”时期昭通市国税系统的工作开展情况及“十二五”时期昭通国税的发展愿景。省局老领导鲁国伦、戈纯鉴对昭通巨大的变化表示赞赏，对昭通国税近年来各项工作取得的成绩给予了高度评价，对国税工作的未来提出了许多建设性的意见和建议；其他参会老干部们也积极踊跃发言，对省局党组的关心、对昭通市国税局的热情服务表示感谢，对国税工作给予了充分肯定，对今后工作提出了殷切希望。

【召开了省局机关离退休干部情况通报会和座谈会】

（一）2011年5月12日组织召开了省局机关离退休干部情况通报会，通报会上，省局党组成员、副局长许赞霖向离退休干部通报了国税工作情况，主要内容包括“十一五”时期的主要工作情况、“十二五”时期云南国税工作发展思路和2011年的收入任务。会议充分听取了离退休干部的意见和建议，并对离退休干部所反映出来的问题作了认真耐心的回答和解释。老干部们畅所欲言，畅谈云南国税事业的发展，为云南国税工作的每一个进步而欢欣鼓舞，为云南国税工作的每一项成绩而深感自豪，并真心实意支持云南国税继续创新发展。

（二）为纪念中国共产党成立90周年，6月23日下午，组织召开了离退休干部座谈会。座谈会上，省局党组成员、副局长李杰同志向到会的离退休老党员、老领导、老干部通报了全省国税系统今年前5个月的国税工作情况和税收收入完成情况。并对离退休老党员、老干部退休后长期对国税工作的理解、关心和支持表示衷心的感谢，希望大家一如既往的关心支持国税工作和国税事业的发展，为国家、为云南国税工作作出贡献，祝大家身体好、心情好、家庭好，一切好。会上，离退休老党员、老干部们一致表示，感谢省局党组对他们的尊重、关心和帮助，他们将一如既往地支持和关心国税工作，积极发挥余热、贡献力量。

（太家林）

税务稽查

综　述

云南国税稽查工作在总局稽查局和省局党组的领导下，以邓小平理论和“三个代表”重要思想为指导，全面落实科学发展观，深入学习贯彻全国税务稽查工作会议精神，紧紧围绕税收工作宗旨和省局党组提出的“服务基层年”工作主题，以整顿规范税收秩序为目标，以查处税收违法案件和开展税收专项检查为重点，大力推进依法稽查，强化稽查管理，全面提升稽查队伍素质和廉政水平，按照“抓好三项工作、着力两个围绕、注重四个突出”的年初工作思路，狠抓落实，圆满完成各项工作任务，为促进云南省经济发展和社会和谐做出积极贡献。

业务概述

【稽查查补收入】 2011年，全省国税稽查系统实现查补收入14.59亿元，实际入库14.44亿元，入库率99.01%，其中：组织企业自查34334户，入库查补收入12.16亿元；稽查重点检查1655户，检查有问题1600户，查补收入2.43亿元，实际入库2.28亿元，重点检查选案准确率96.67%，结案率99.69%，偷税处罚率59.04%。

各项工作

【大要案件查处】 2011年，全省国税稽查系统在认真开展常规性税务检查工作的基础上，进一步加大了对大要案件的查办、督办力度，持续保持打击涉税违法犯罪的高压态势，重点查处了“南疆税案”、“11·10专案”等一批涉税金额巨大、违法手段恶劣的虚开增值税抵扣凭证的重大税收违法案件，净化了税收环境，提高了稽查威慑力。全年各州市稽查局查处的大要案件中达到省局大要案标准的30件，至年末在查10件，已结案20件，涉案金额8732万元，查实补税3004万元，罚款357万元，滞纳金574万元，合计3935万元，已入库3935万元；省局稽查局在查大要案4件，其中列为总局督办案件的有2件，分别是“南疆税案”和“11·10专案”。从立案查处至2011年年底，“南疆税案”全省共检查企业1503户，其中调帐检查108户，采取税收保全措施13户，保全金额768.91万元，已追缴入库税款9163.31万元，滞纳金1723.95万元，罚款34.88万元，合计10922.14万元，全省公安机关已立案侦查企业37户，刑事拘留相关人员4人，批捕、逮捕19人，网上追逃5人，取保候审10人，监视居住11人，扣押车辆2辆，冻结相关涉案企业及人员银行存款4648.04万元，已移送检察机关审查起诉9件，起诉27人；“11·10专案”全省协查3827户（其中注销户219户、非正常户24户，未协查15户），补缴各税1.23亿元（其中已入库增值税8557.41万元，所得税1666.06万元，罚款33.99万元，加收滞纳金2002.57万元），调增应纳税所得额5205.06万元，查实普阳公司虚列成本少缴企业所得税3729万元。

【专项检查】 根据总局2011年税收专项检查的安排部署，省局及时发文对全省2011年税收专项检查工作作了总体安排部署。一是将总局安排部署与云南实际相结合，确定全省指令性和指导性专项检查项目。指令性专项检查项目确定为资本性交易项目、广告业、办理电子、服装类产品等出口退（免）税的企业即“一个项目”和“两个行业”；指导性专项检查对象确定为房地产业、建筑安装业，金融行业非居民企业，各州市根据本地实际情况确定的检查项目。二是将税收违法犯罪新动向与区域税收专项整治相结合，确定区域税收专项整治重点。2011 年省局认真总结正在查处的“南疆税案”、“11·10 专案”反映出的税收违法犯罪动向，将线索指向较集中的行业和地区确定为区域税收专项整治的重点，把昆明市区的钢材销售企业、曲靖市的货运发票受票企业、德宏州的电子产品出口企业列为本年区域税收专项整治的重点，并由省局进行督办，确保专项整治工作取得实效。三是将税收专项检查与分级分类稽查、打击发票违法犯罪行动相结合，确定全省税收专项检查工作新思路。要求各地在完成好各项税收专项检查任务的同时，要统筹安排，全面开展和组织好第二轮第三年分级分类稽查工作，落实好总局布置的打击发票违法犯罪活动工作。全年全省专项检查布置企业自查3673户，自查补缴税款、滞纳金合计 3. 70 亿元，重点检查企业1018 户，查结936 户，其中有问题户数922 户，实际入库 1. 23 亿元。

【分级分类稽查工作】 2011 年是云南省国税第二轮分级分类稽查工作的最后一年，省局采取多种措施做好本年的分级分类稽查工作。一是全面实施查前告知、开展企业自查工作，积极主动为企业提供纳税咨询服务，继续实行稽查纪律监督制度，构建公平和谐的税收环境，不断提高纳税人的税法遵从度。二是集中全省稽查人才库人员组成检查组承担省级的分级分类检查任务，为检查顺利开展提供人员保障。三是开展有针对性的查前培训，精心组织系统内的师资对抽调人员有针对性地举办了查前培训，培训内容涉及新企业所得税的检查要点提示、出口退税稽查实务、电子表格应用和查账软件运用等业务知识，做好查前分析基本功。四是在企业自查结束后，及时对企业自查结果进行评估分析，结合企业自查和日常征管情况确定分级分类重点检查名单，组织稽查力量对其进行重点检查，增强税务稽查的震慑力。五是检查项目与专项检查和打击发票违法犯罪活动相结合。2011 年，全省分级分类稽查共安排 1276 户企业开展自查，自查有问题 1209 户，自查查补收入合计 3. 20 亿元，重点检查 426 户，有问题 397 户，实际入库 8359. 24 万元。

【打击发票违法犯罪活动】 按照《国家税务总局关于认真做好 2011 年打击发票违法犯罪活动工作的通知》的相关要求，省局结合工作实际，及时安排部署，多措并举深入开展打击发票违法犯罪活动。一是积极配合公安、地税等部门开展假发票“卖方市场”的打击整治工作，强化部门协作，不断形成打击合力，力争打击“卖方市场”工作再有突破。二是重点部署，狠抓落实，进一步加大“买方市场”打击力度。牢固树立“查账必查票、查案必查票、查税必查票”发票检查工作新理念，进一步加强对纳税单位和个人发票使用情况的检查，全省各级国税部门结合本年的税收日常检查、专案检查以及税收专项检查、分级分类稽查等检查工作的部署，将发票检查作为税务检查和企业自查的必查步骤和必查项目一同布置、一同组织、一同进行，对检查发现存在使用非法发票的企业，严肃依法予以处理。同时，突出重点，抓好重点企业及重点行业发票使用情况检查，按照总局《重点企业发票使用情况检查工作方案》和《国家税务总局稽查局关于重点企业发票使用情况检查工作相关问题的补充通知》要求，全省国税系统对总局明确的 9 户重点企业在云南省的分支机构及建筑、金融、保险、通讯、石油石化、房地产行业进行检查。2011 年全省公安国税、地税机关共查处发票违法案件 648 起，查获涉案发票 207. 05 万份，抓获涉案人员 102 名，判处有期徒刑 19 人。税务机关（国、地税）检查企业 4299 户，查处违法企业 3605 户，查处非法发票 336189 份，查补入库税款 2. 31 亿元，加收滞纳金 0. 24 亿元，罚款 0. 19 亿元，合计 2. 74 亿元。其中，全省国税系统开展发票使用情况共检查企业 2347 户，查处违法企业 1879 户，涉及非法发票 139911 份，涉及金额 16. 16 亿元，查补税款 1. 66 亿元，加收滞纳金 0. 19 亿元，罚款 0. 18 亿元，合计 2. 03 亿元。

【举报案件】 省局不断加强举报案件管理，进一步强化举报服务意识，认真接待来信、来访人员，以“四个注重”为核心，积极稳妥地做好举报案件查处工作，树立稽查窗口良好形象。一是注重举报中心人员培训工作，以贯彻落实《税收违法行为检举管理办法》为契机，及时召开全省举报管理工作会议，对全省举报工作人员开展培训，统一认识，明确要求，提升举报案件管理水平；二是注重拓宽举报人举报渠道，在原有来访、书信、网络、电话、传真举报方式的基础上，借助云南省 12366 纳税服务热线平台，为举报人增加了新的举报途径，完善举报服务；三是注重引导检举人实事求是地检举涉税违法行为，提高举报工作质量；四是注重对当事人的疏导、说服工作，妥善处理和化解矛盾，促进社会和谐。2011 年云南省共受理涉税违法举报案件 707 件，已经查处 686 件，全年查补总额 3710. 23 万元，其中：税款 2433. 48 万元；滞纳金 572. 49 万元；罚款 704. 26 万元。全年实际入库 3528. 14 万元，其中：税款 2423. 16 万元；滞纳金 508. 23 万元；罚款 596. 75 万元；移送公安部门的举报案件 5 件；全年支付举报奖励 2. 17 万元。

【金税协查系统】 牢固树立协查地就是案发地的理念，积极主动做好案件协查工作，深挖协查案件线索，拓宽稽查选案渠道，充分发挥协查促查职能。一是协查系统运行平稳，全年全省共发起委托协查 634 起，委托协查增值税专用发票 3742 份，涉及金额 10. 01 亿元，税额 1. 68 亿元，收到回复有问题发票 2522 份，无法核实发票 1135 份，选票准确率 38. 1%；全省共收到受托协查增值税专用发票 618 起，涉及 7560 份增值税专用发票，涉及金额 14. 46 亿元，税额 2. 45 亿元，发现有问题发票604份，无法核实发票76份，累计回复率为99.95%，累计按期回复率均为99.52%。二是确保总局督办案件协查和总局组织发起协查案件质量。按照总局要求，认真开展了贵州省六盘水“3·30”涉嫌虚开增值税专用发票案件、深圳市“9·17”虚开黄金销售增值税专用发票案、湖南省长沙市“12·03”虚开增值税专用发票案等案件的协查及税款追缴工作，共计追缴税款638.07万元，罚款21万元；根据总局稽查局安排，对腾冲县经纬矿业有限公司与绵阳市益多园房地产开发有限公司股权转让涉税问题进行了检查，及时向总局报告了检查情况及处理意见；根据公安部、国家税务总局《关于深入推进重点地区打击整治黄金销售增值税专用发票犯罪专项工作的通知》要求，对外省开往云南省的401份发票以及云南省开往省外的15303份发票进行了清分，安排企业所属稽查局开展检查工作，并对云南兴龙珠宝有限公司进行了重点检查，已追缴入库税款300万元。

【稽查信息化建设】 2011年，全省国税稽查系统立足综合征管软件和稽查查账软件运用，以加强综合征管软件数据分析运用和查账软件培训为重点，不断强化信息支撑，推进稽查信息化建设进程。一是进一步优化综合征管软件稽查模块的使用，认真做好综合征管软件的日常维护、操作指导工作，同时，加强综合征管软件数据分析利用，提高稽查工作效率，减轻基层工作负担。二是继续深化电子查账软件的推广运用工作，创新培训方式，开展送培训、送服务进基层活动，完成了昆明市、红河州、曲靖市、大理州等地的基层培训工作扩大了培训面，使更多的检查人员得到培训，提高了检查人员对软件的兴趣，为提升软件运用空间奠定了基础。三是积极做好数据监控系统稽查报表部分改造升级工作，保证稽查报表及时准确生成，以满足了稽查工作需要。四是积极推广应用稽查审计型检查工作底稿模式。根据总局《关于开展审计型检查底稿办法试点工作的通知》要求，云南省领导高度重视此项工作，在总局培训结束后，及时成立审计型检查专用工作底稿办法推广工作小组，制订推广运用方案，落实推广运用工作，并结合各地区税源结构现状，选取了重点税源企业较为集中的昆明、曲靖两市作为试点单位，在对两市检查人员进行了全面培训后，根据审计型检查的相关要求，认真筛选，选取“云南省医药公司”和“云南曲靖麒麟煤化工有限公司”2户企业作为试点检查对象，认真开展试点工作。

【队伍建设及培训】 2011年底，全省国税系统共有稽查人员1312人，占税务干部总人数11237人的11.68%，省地（州、市）县三级国税机关共设立了稽查机构138个，其中省局1个，地、州、市级16个，县（市、区）级121个。全省国税稽查系统积极开展多层次、多形式、专业化的稽查业务培训，全面提升稽查干部业务素质、执法水平。一是针对稽查干部业务水平参差不齐的现状，开展分层次综合业务培训。省局稽查局举办了两期稽查业务综合培训班，一期为稽查人才库人员培训，2011年5月在大连税院举办了89人参加的稽查人才库培训班，完成了对150名省局稽查人才库人员轮训工作；11月份在云南财经大学举办一期为期15天的稽查初级业务培训班，为新进稽查人员充实稽查基础业务知识。二是针对不同职位业务需求开展专业化培训。省局稽查局采取以会代训的方式，分别组织举报中心工作人员、审理人员参加岗位专业化培训。三是针对不同类型案件检查特点开展多形式的专题式培训。省局稽查局结合分级分类稽查、专项检查特点，对检查人员进行有针对性的个性化查前培训，各地稽查局结合当地电算化企业特点，积极联系软件公司，开展形式多样的查账软件培训。

【廉政建设】 一是加强学习教育，营造廉政建设良好氛围。全省国税稽查系统以学习全省国税系统党风廉政建设会议精神和《廉政准则》为重点，运用正反两方面典型案例，对稽查干部开展党风廉政建设教育、职业道德教育，提高稽查干部廉洁自律意识，营造反腐倡廉良好氛围。二是加强制度建设，以规范化管理为廉政建设护航。坚持完善和落实稽查执法内控机制建设，强化对税务稽查内部工作环节的相互制约，实现科学分权、强化流程监督制约；坚持完善查办案件中的过程监督，继续实施《云南国税稽查纪律监督表》加强对稽查人员的廉政监督，严肃稽查纪律，强化检查过程控制，为廉政建设提供有力的制度保障。三是加强监督检查，确保廉政建设取得实效。全省各级稽查部门以贯彻落实《廉政准则》为契机，围绕“八个严禁”、“52个不准”以及税务系统领导干部廉洁从政“八不准”深入开展自查自纠，确保廉政建设有效果。

【稽查调研】 积极开展税务稽查现代化理论研讨工作。按照总局领导关于加强税务稽查现代化进程的指示精神，全省国税稽查系统认真分析当前稽查工作存在的问题、困难和矛盾，深入学习国内外税收征管模式及稽查职能定位，围绕稽查现代化的内容、目标、任务、实现途径等内容，积极开展稽查现代化理论研讨，形成了20余篇特色鲜明、观点新颖的论文，为稽查现代化建设建言献策。

（李生忠）

信息化建设

综 述

2011年，是“十二五”的开局之年，也是云南省税收信息化建设创新发展、科学发展的一年。信息中心在省局党组的正确领导下，在分管局长的悉心指导及有关处室、单位的密切配合下，始终坚持以科学发展观为统领，以加强“信息管税”为抓手，紧紧围绕“抓住重点，突破难点，展示亮点，夯实基础，加强运维，强化支撑，注重应用，优化服务”这一总体思路，全省国税系统信息化建设工作紧扣“服务基层年”工作主题，继续坚持“自力更生，自主开发，自行运维”的信息化工作原则，进一步深化和突显“凝聚智慧力量，倾力服务基层”工作理念，大力创新云南国税信息化建设的思路和方法，着力构建支持云南省税收事业政务事务管理的资源整合平台，不断提升信息化支撑、服务及促进税收工作发展的能力和水平，在信息资源整合、重大项目建设、系统运行维护、信息网络安全、技术支持服务、数据分析利用、人才队伍建设等方面取得显著成绩，较好地完成了全年的各项工作任务，顺利实现“十二五”良好开局。

各项工作

【机构人员概况】 截至2011年12月31日，全省信息中心机构数为144个，其中：省局1个、州市局16个、区县局127个。全省各级信息中心在职人员292人，其中：省局22人、州市局60人、区县局210人，省局22人中，35岁及以下15人、36~45岁5人、45岁以上2人。全省信息中心获得国家税务总局电子工程系列专业技术资格证书21人、计算机技术与软件专业技术资格（水平）证书（高级程序员）3人、计算机技术与软件专业技术资格（水平）证书（程序员）3人、Oracle OCP认证7人、Java认证程序员8人、IBM AIX 5L系统管理4人、ITAL运维证书3人、CCNE 2人、CISP安全认证4人、HCNE（华三）认证证书1人、TCSE（趋势）安全认证5人、BCFA（博科）认证2人。

【基础设施概况】 2011年，全省各级信息中心继续以“夯实基础，整合资源，加强管理，优化服务”为着力点，狠抓硬件建设，基础设施建设持续优化，管理水平显著提升。截至2011年12月31日，全省共有中小型计算机7台、PC服务器1283台、存储设备总容量109TB、PC机15247台（其中：台式机13879台、笔记本电脑1368台）、打印机9208台、路由器703台、交换机1350台、省内广域网联通节点数864个（其中：地市级节点48个、区县级节点411个、税务所级节点405个）、与省级互联的外部门单位数8个、安装防火墙数量53台、入侵检测IDS 28台、漏洞扫描8套、省本级机房面积1600平方米。

（一）基础设施建设。打牢基础，注重整合，信息化基础设施建设显著加强。2011年，全省各级信息中心按照“强基础，重整合，保应用”的工作宗旨，继续狠抓基础设施建设，进一步强化管理，整合软硬件资源，努力开创打牢基础增效率的工作新格局。

1. 硬件建设。（1）更新硬件基础设施，保障各项工作的顺利开展。一是全年分批次配发PC设备1765台，笔记本电脑37台，打印机1995台，以及配合项目建设与推广配套的网络设备、安全设备、多媒体设备等专用设备，确保税收管理第一线工作的正常开展。二是对省局办公楼三个会议室的环境、灯光、音响等进行升级改造，对原有的老线路进行了更换，对原有灯光、音响设备进行了梳理，更换了部分设备，并对会议室的灯光、音响进行了整体调试以确保所有灯光、音响设备发挥最好功效，满足各种会议的需要。（2）注重整合，统筹考虑，信息化预算执行严格高效。按计划完成了服务器及存储设备项目（原纪检监察管理信息系统服务器、车购税电子档案系统服务器、网站运行服务器三个项目预算整合）设备采购；完成了1500台套PC和打印机、10台笔记本电脑的招标采购、分配调拨及验收报销等工作；完成了总局1000台PC采购的技术需求商定等前期准备工作。（3）随着数据处理中心和省局小型机房环境监控的正式启用，以及基础运维的制度化、流程化与岗位化管理，基础设施管理水平得到显著提高。体现为：硬件设备的定期巡检、维护进一步落实；全省各类专用设备（小型机、存储设备、网络设备、安全设备、UPS等）的管理维护进一步加强；服务器资源的系统安装、软件升级等调配效率进一步提高；综合征管软件、防伪税控系统、稽核系统、数据库等系统软件的健康检查和升级优化能力的进一步提升。

2. 网络建设。我省广域网系统是一个结构规范、策略严谨、应用复杂程度较高的系统，是全省国税系统的生命线。2011年，云南省网络建设始终秉承“强化安全，确保畅通”的原则，进一步加强信息网络的安全建设。首先是圆满完成了广域网维保项目，该项目于2009年启动，经过多次论证和调研，历时一年多才宣告完成。项目先后进行了省、州、县、分局四级路由设备的更换、全网集成以及整合调试等工作，使全省国税广域网系统带宽更高、运行更加稳定，策略应用更加可靠和有效，故障更容易被发现等，成功实现了项目建设的预期目标。其次是根据工作需要，更新了部分州市局老化的网络设备。于今年3月份完成了玉溪广域网路由设备及省局办公楼局域网交换设备的项目改造实施工作，为确保省局办公楼计算机网络和玉溪全市广域网的健康运行奠定了基础。再次是提升手段，加强网络资源运行状况监控。通过应用新的监控手段，部署新的监控软件Solarwinds实现对网络线路带宽、响应时间、数据流量、流量峰值、报警信息等指标的实时监控，准确掌握全省600多条网络线路运行情况，及时发现和处理线路和设备故障，为国税业务的流畅运行提供基础保障。

（二）日常运维管理。注重应用，保障稳定，运行维护工作持续加强。

1. 应用系统运维。（1）按照相关规程和管理职能，一如既往地做好63个应用系统的日常维护和监控工作。（2）应用系统补丁平稳升级。按照相关部署和要求，全年先后完成了47次系统补丁升级和调优工作，有力确保了各应用系统的稳定运行和各项税收业务的正常开展。其中，综合征管软件先后10次升级完善；防伪税控系统税务端网络版升级为V5.01，成功实现对发票汉字信息采集，以及二维码、84位字符和108位字符三种密文形式的支持；出口退税审核系统完成了V9.1版本的升级工作；网络版财务软件进行了3号至6号四个补丁的升级；财税库银横向联网软件进行了3号、4号、5号、6号四个补丁的升级；稽核系统实施了一次大的升级工作（包括专票稽核系统6.2版2号补丁升级、机动车稽核系统1.0版1号补丁升级、货运稽核系统1.2版1号补丁升级等）；出口退税审核系统全省库、烟厂库进行了版本号V9.1，V9.2版以及V9.3版的三次大的升级工作；车购税系统先后进行了5次最低计税价格信息的升级，并同步完成车购税系统功能12号、13号和14号补丁升级工作；税收执法系统进行了6号、7号、8号补丁和疑点信息库升级工作；最后是配合各应用系统的升级，完成后续相应的调试工作。（3）及时响应，高效解决系统运行中存在的问题。一是认真做好综合征管软件的日常运维。全年共计处理系统故障34次，其中：综合征管软件重大故障2次，一般故障15次；车购税系统重大故障1次，一般故障8次；执法系统一般故障6次。2011年度通过省局内网网站“应用支持”栏目受理各类相关请示1200份，处理更正各类错误数据39000余条，有力确保了基层单位对各系统的正常应用。其中：综合征管软件请示830份，处理更正错误数据21000余条；车购税系统请求330份，处理更正错误数据16000余条；执法系统为实现软件考核准确性，每月均受理督察内审处数据调整需求，处理请示40笔，累计处理更正错误数据2000多笔次条。二是高效解决防伪税控系统BUG存在的问题。防伪税控系统升级到5.0版本后，由于升级补丁存在BUG，全省出现变更发行后的纳税人无法购买发票，需要进行数据库修改底层版本信息等问题，信息中心在总局系统新的补丁下发之前，第一时间安排专人电话受理各地请求，并及时进行后台处理，快捷服务基层纳税干部和纳税人。三是实时监控财税库银横向联网系统。财税库银横向联网系统由于国库系统的原因，多次短暂中断信息交换，给基层扣款带来很大的不便。为了加强对基层工作的支撑，信息中心每天专人监控财税库银横向联网系统运行情况，发现问题及时同国库联系，争取在最短时间内解决问题。四是及时调整所得税介质申报系统。今年5月份基层普遍反映所得税申报突然变慢，省局信息中心经过实地调研，查找原因，紧急新增部署了三台PC应用服务器，突破了堵塞瓶颈，顺利渡过了年度所得税介质申报的高峰期。五是实现失控发票快速反应系统的全国比对同步。由于系统运行时间较长，失控发票快速反应系统在全国各省的采集和汇总库都有出入，为解决这一问题，在总局的统一协调下，云南省按时完成了失控发票数据库信息的全国比对同步工作。（4）按时进行数据传输，认真做好健康检查。按照总局规定，每月定时完成稽核数据、货运发票数据、成品油以进控销、海关完税凭证、全省失控发票等相关系统数据的采集、汇总统计、报送总局以及接收下发州市等日常性事务工作和系统健康检查工作。（5）数据分析利用拓展。按照“信息管税”要求，信息中心根据局领导、各处室提出的数据分析、数据处理需求进行数据处理分析工作。全年多次为省局货物和劳务税处、所得税处、征管科技发展处、收入规划核算处等部门进行数据处理分析工作，配合相关业务部门做好征管税收状况分析工作，为该项工作提供了大量的征管状况分析数据表。最大程度践行了“信息管税”工作思路，发挥了信息化支撑、服务及促进税收工作发展的作用。（6）做好与系统外部门的信息交换工作。全年为省政府信息办提供了4次综合征管登记及登记违章相关数据信息，大力支持了工业信息发展委员会“企业共享平台”的建设工作。

2. 基础设施运维。（1）按照规程认真做好全省各级各类硬件基础设施的运行维护和定期巡检工作，包括：数据处理中心和省局小型机房环境的监控，硬件设备的定期巡检和维护，核心设备（HP、IBM小型机、EMC存储、ADIC磁带库、NAS及相关设备）的管理和维护，以及为省局各部门和基层单位做好计算机应用方面的技术支持保障工作，保障相关处室计算机等信息化设备的正常运转，并提供信息技术咨询服务、设备健康检查、计算机故障修理等工作。（2）认真做好增值税相关设备发行工作。包括税务发行，网上发行，网上认证的密钥发放等相关工作，以及面向纳税人的防伪税控系统企业发行和机动车税控收款机管理企业的税控盘发行工作。并对全省信息中心系列的相关专用设备，如解密机、金税卡、扫描仪等专用设备做好管理工作。（3）快速处理硬件设备故障。一些PC服务器由于使用年限长，硬件故障频发，需要进行设备硬件的更换或系统软件的重装调整等，省局信息中心都力求在最短的时间内解决故障，将影响降到最小。(4) 做好网络、安全各项日常基础性工作。一是管理好省局办公楼及盘龙数据中心机房局域网的日常运行维护，全省广域网系统的管理维护，以及省局互联网的管理维护等。二是一如既往做好省局及全省安全方面的管理、维护工作，认真执行总局布置的各项安全管理工作。三是继续做好全省网络教育培训系统调试、开启和设备维护、故障处理等工作，确保省局公文处理系统、省局电子政务网内外网系统、省局 NOTES 系统、省局 FTP 系统的管理、维护工作，力保网络不中断，应用不出错。

3. 安全保障运维。注重安全，确保应用，信息网络安全建设成绩斐然。全省网络及安全平台的管理是一项基础、繁琐却又极其重要的工作，网络不能断、安全事故不能出，是保障国税系统各项工作正常开展的硬指标，信息中心自始至终均以高度负责的态度做好网络、安全的运维保障工作，确保各类税收业务数据与应用的安全性。一是完成总局三期安全防护系统项目的实施及上线工作，部署了网络准入控制系统、因特网上网行为管理系统、安全基线系统、WEB 应用评估系统、数据库审计系统和桌面管理系统，从网络接入到数据审计各方面加强税务专网的内部安全管理。二是圆满完成了三期安全防护系统各个分系统的巡检工作，及时发现信息网络安全的薄弱环节并加以解决。三是做好各系统的杀毒软件升级、安全涉密、数据备份及安全管理等工作，确保各应用系统的安全平稳运行。四是开展全省信息网络安全大检查，在安全检查过程中认真、负责，不走形式、不弄虚作假，及时发现信息网络安全的薄弱环节，并对检查发现的问题、难题进行了归类、整理，提出具体的解决方案和整改措施加以贯彻执行。

（三）信息化系统开发与应用。立足整体、稳扎稳打，信息化重大项目稳步推进。

1. 新信息系统建设。(1) 网上云南国税（iTAX）项目建设取得重大进展。云南国税网上 iTAX 系统项目是根据总局对信息化建设 32 字方针，以及年初全省国税工作会议的安排和部署，在结合“服务基层年”工作主题的基础上，为真正做到倾力基层、服务基层，切实提升信息化建设水平，着力推进应用系统整合而打造的云南省自己的信息整合平台。该项目是在现有省局电子政务网站内外网原有业务应用的基础上，建立起支持国税业务、政务、事务工作运行的统一资源整合平台框架，突出对业务创新的支持效能，提供整合和扩展各种信息系统应用的便捷途径，使之成为全省国税信息化系统的重要基础设施。iTAX 项目自 2011 年 7 月 18 日启动至今，项目一期工程框架搭建目标基本完成，已实现面向纳税人的一站式便捷纳税服务的网上办税服务厅、面向税务工作人员灵活便捷的个人工作台等框架，形成相关信息和资源高度共享的全省内外网统一平台。后台采用技术更加成熟的权限管理和工作流引擎机制，结合省局统一考虑的数据库和安全管理，将使整个系统更加规范、高效、安全，使用户更加专注于相关业务，极大地提高新增需求的开发效率，延伸了新增业务的扩展空间。基本实现了李鸿文局长在 2011 年初国税工作会议上的要求：进一步整合全系统在线使用的各类系统软件，结合省局电子政务网站内外网改造项目，逐步解决基层反映较多的应用系统及登录窗口偏多、存在信息孤岛等问题，推进各部门共通共用；拓展网上办税服务功能，完善宣传咨询、权益保护、信用管理等服务功能，增强疑难问题在线解答、网络发票开具等功能。(2) 企业年度关联业务往来报告表网络申报项目顺利推行。《企业年度关联业务往来报告表》网络申报项目是在紧密结合省局“服务基层年”工作主题，充分落实“两个减负”的基础上于 2011 年 3 月 8 日正式启动，目的是为了高效快捷地完成总局信息采集任务，实现与所得税年度申报数据衔接与报送同步，从而进一步减轻纳税人负担和基层税务人员工作压力，同时为下一步反避税工作提供基础信息来源。《企业年度关联业务往来报告表》网络申报是在网络申报系统基础上新增的功能模块，由纳税人每年在企业所得税年度申报的同时进行网络申报。该项目突显了以下技术亮点：一是成功实现所得税申报表与关联业务报告表的松耦合，有效将关联业务功能对网络申报的影响降到最小；二是完美攻克 CIAIS 中 3 个附表无外部接口表的难题，使得这 3 张附表数据能正确写入 CTAIS 中。项目于 2011 年 5 月 23 日全省成功上线，在全省取得了良好的应用效果。(3) 发票比对查询系统顺利完成开发，并成功投入使用。目前，系统运行平稳，成效显著。

2. 信息系统升级完善。(1) 扎实做好重点税源网上直报系统的运维一体化机制建设及系统的升级完善工作。根据基层用户和省局收入规划处的业务需求，在红河州国税系统的大力支持下，信息中心进行了产品表审核公式修改、税收表审核公式修改、税收表计算公式修改、企业景气调查表计算公式修改、发电供电价格区间审核公式删除、专管员管户信息更新、2011 年已取消重点税源监控的用户及报表信息的清理，同时根据业务需求升级系统开放纳税人对当期报表所有数据的修改，延长了系统的在线填报时间，成功完成了针对系统 BUG 的两次大的系统升级，不仅为系统的平稳运行提供了有力的技术保障，也对云南省国税信息系统的运行维护一体化机制进行了非常有益的尝试。目前全省纳入总局、省局和州市局监控的 2170 户重点税源户税收资料均已 100% 通过重点税源网上直报系统进行报送。(2)“普通发票开填系统”平稳运行。普通发票开填系统从 2010 年 10 月 15 日上线至今，本着边开发边完善的原则不断对系统进行开发升级，在昆明市国税局的运维支持下，信息中心对系统不断进行升级和功能完善，逐步加强发票数据的分析比对功能，实现了税务人员对发票存根的详细比对，开通了纳税人通过 internet 和智能手机进行发票的比对查询功能，为打击虚开普通发票的违法犯罪行为提供了强有力的手段。截止 2011 年 11 月 30 日，根据已返回数据库的数据，全省上线使用发票开填系统的纳税人共计94820户，开票份数为1650万份，开票金额达1200亿元。（3）网络申报系统进一步完善。云南省国家税务局网络申报系统自2008年6月上线以来，已逐步形成了涵盖增值税（一般纳税人、小规模纳税人）、所得税（季报、年报、介质申报）、消费税等主要税种申报的纳税服务平台，全省纳税人均能实现足不出户完成纳税申报和扣税操作。按照《云南省国税局信息化管理系统省州（市）两级运行维护一体化管理办法》要求，网络申报系统在昆明市国税局的日常运维下，新增《企业年度关联业务往来报告表》网络申报功能模块，实现与所得税年度申报数据衔接与报送同步，从而进一步减轻纳税人负担和基层税务人员工作压力，同时为下一步反避税工作提供基础信息来源。2011年01月01日至2011年11月30日，全省可推行网络申报的户数约为63000多户，征收税款826亿元。（4）12366纳税服务热线多方调试，如期开通。12366纳税服务热线系统是支撑税收业务、为纳税人提供便捷服务的关键系统，系统的建设涉及硬件设备安装调试、各电信运营商间的相互协调以及用户方各级的协调工作。系统整个实施过程经历了多次调试、整改、论证、再调试等多个阶段，于今年9月份成功上线运行，进一步优化了纳税服务。

（四）系统管理与制度建设。更新理念，优化服务，信息化促进税收工作效能显著提升。

1. 注重服务，落实“基层工作日”制度。为贯彻落实“服务基层年”工作主题，进一步增强信息化服务于税收中心工作，服务于基层国税机关，服务于广大纳税人的工作意识，经局领导批准，建立了信息中心基层工作日制度。即中心领导带领相关技术人员每月至少利用一天时间，在每个月的税款征收期、应用系统上线或升级后，深入基层第一线，了解各系统的健康和运行情况，及时发现和处理存在的问题，加强与系统终端用户的沟通，掌握基层最迫切的需求，进一步优化省局对基层的服务。在做好基层服务的同时，信息中心也注意做好省局机关的信息化技术保障服务，分职责、分岗位对处室进行对口技术支持，确保机关各项政务和事务办公效能的最大化。

2. 整合人力资源，省州运维一体化机制成效卓著。随着信息化的日益加速发展，数据越来越集中，应用系统越来越多，各系统补丁升级以及日常运维工作越来越繁重，省局有限的人力物力如何适应和承担繁重的运维工作这个问题日趋凸显。针对这一难题，省局调动全省信息化力量进行人力资源的有效整合，并于2010年建立了省州两级联动运维模式，至今成效显著。目前，已初步建立了由昆明负责“网络申报系统”、红河负责“重点税源直报系统”、昭通负责“税库银系统”、曲靖负责“监控分析系统”、文山负责“普通发票填开系统”的省州运维一体化模式。既减轻了省局的运维工作压力，又培养了州市的信息化建设能力，更壮大了全省的运维队伍，既为税收信息化的科学发展提供强有力的支撑，也为金税三期工程建设储备了技术力量。

（五）队伍建设。抓住重点，突破难点，税收信息化人才队伍建设持续优化。

1. 强化培训，提升能力。（1）积极认真参加总局相关培训。2011年，全省共计578人次参加了总局举办的网络知识更新、安全建设、数据库、MQ运行维护、CTAIS健康检查、运维管理、数据处理、EMC存储技术、车购税升级和灾备培训等14项培训，为适应新形势、新发展，及时更新前沿理论知识，丰满和优化知识架构，不断提升技术能力。（2）税收信息化培训工作效果良好。为加大信息技术培训力度，进一步推进云南国税信息化发展，充分发挥信息化支撑和服务税收业务发展的需要，按照《云南省国家税务局2010年至2013年信息技术培训》规划组织了税收信息化人才中级培训，参训人员反映良好，培训达到预期目的。

2. 完善机制，激励人才。为充分调动全省信息技术人员的积极性、主动性与创造性，信息中心对人才的培养、竞争与选拔机制进行了有益的探索和实践，力图为人才的培养搭建有效的激励平台，为个人的发展提供有利的成长空间，从制度上最大限度地保障干事创业的热情和动力得到充分的尊重和褒奖。

（六）其他。注重实绩，齐头并进，信息中心工作广受赞誉。信息中心始终以“服务科学发展，共建和谐税收”为统领，以践行“信息管税”为抓手，以加快云南国税信息化建设为着力点，税收信息化工作与党建工作齐头并进，多元发展，广受赞誉。一是，为表彰在“十一五”期间为推进云南科普事业发展所做出的重要贡献，省局信息中心被省科技厅、省委宣传部、省科协联合表彰为“云南省‘十一五’科普工作先进集体”。二是，省局信息中心被中共云南省国家税务局直属机关委员会表彰为“2010年先进基层党组织”。三是，在中共云南省委庆祝建党90周年大会上，省局信息中心被中共云南省委表彰为“先进基层党组织”。

（李依蔓）

后勤建设

综　述

2011年，省局机关服务中心的各项工作在省局党组的正确领导下，在各处室的支持配合下，机关服务中心工作紧扣“服务基层年”工作主题，坚持“以人为本、完善制度、优化服务”的工作理念，不断拓展服务领域和服务手段，创新工作思路，较好地完成了机关后勤服务的各项工作，为局机关各项工作的顺利组织开展提供了坚实的后勤保障。

各项工作

【加强政治业务学习、提高干部综合素质】 2011年，机关服务中心按照省局党组、机关党委的部署和要求，组织干部职工认真学习党的十七届五中、六中全会和云南省委第九次党代会及省委八届九次、十次、十一次会议精神，并以建党90周年为契机，积极参加“读红色经典、唱红色歌曲、讲红色故事、写红色书法、看红色电影、走红色道路”为重点的建党纪念活动，重温党史，重学《党章》，激励中心干部职工坚定理想信念，坚定走中国特色社会主义道路和构建社会主义和谐社会的信心和决心，自觉加强党性修养，努力做人民满意的好党员、好干部。

通过学习贯彻落实全国税务工作会议精神，全省国税系统工作会议、党风廉政建设工作会议精神，使干部职工把握年度税收工作的重点和方向，科学地分析如何围绕完成税收中心任务做好服务保障工作，进一步提高科学管理能力和服务水平。同时，组织干部职工积极参加省局机关的各项活动，增强干部职工的团队意识和集体荣誉感，筑牢爱岗敬业的思想意识。

【会议、培训工作】 坚持从强化细节管理和完善保障措施入手，做好会议、培训服务工作。一是在会务安排阶段，主动了解会议主办单位需求，统筹兼顾、按需安排；二是在流程实施阶段，主动了解会议进程及后勤落实情况，全省性会议及总局会议直接派员进行参与，全程进行跟踪服务；三是在会议结算阶段，主动与招待所及会议主办单位衔接，了解会议服务满意度，认真做好单据审核，保证结算的及时性和准确性。年内以优质的服务先后完成了中国税务学会会长会，中国注册税务师协会、总局收规司、总局教育中心、总局财务司等总局各司局在云南召开的片会，以及全省国税工作会议、全省党风廉政建设会议等大型会议的后勤服务，并做好省局各处室专业性会议、培训的安排落实。据不完全统计，全年共安排组织各类会议、培训121个，服务参会参训人员3196人次。

【接待工作】 规范接待流程，完善公务接待工作。在接待工作中，我们坚持把服务国税大局作为接待工作的重要原则，不断丰富服务内容，以规范的流程、严格的程序、统一的标准和科学的方法统筹开展工作，在服务中实施规范管理，在服务中实现对工作的有力保障。既做到统筹规划、合理安排，又做到抓住核心，把握来宾要求。年内，先后完成了总局考察组、省直机关检查组等到省局调研考察的接待工作。据不完全统计，全年共接待上级领导及省外来宾3580人次。

【服务基层】 倾力关心基层，进一步做好基层服务。2011年是云南国税的“服务基层年”，根据省局党组“密切联系群众、倾力关心基层”的指导思想，我们在基层服务中始终贯穿“以人为本”、“和谐接待”的理念，热情周到、真心诚意地把基层干部服务好。一是为基层国税机关配置了一批节能灯具。2011年，总局机关服务中心给云南国税系统（含州市局）安排了一批节能灯具，费用由中央财政承担90%，使用单位承担10%，省局领导对此事十分重视，确定全省（含州市局）自付10%部分的费用30.6万余元全部由省局承担，无偿调拨提供各州市局使用，用实际行动为基层办实事、办好事；二是加强对基层国税机关的服务，国税印刷厂在做好票据印制工作的同时，开展为基层送票上门的服务，减轻基层不必要的工作量；三是在省局招待所做好基层干部职工到昆的服务接待，在坚持执行规定的同时，以基层干部职工的需求为出发点，坚持人性化原则，灵活处理遇到的实际问题。对于到昆明看病或办理其他事项的基层人员，在规定期限内没有办理完的，只要能提供相应的证明就可再行续住。2011年以来，省局招待所共接待基层到昆干部职工19982人次。

【为机关干部职工解决后顾之忧】 优化对机关干部职工的服务，做和谐国税机关的推进剂。一是对干部职工提出的食堂打饭拥挤的问题，采取了增加菜品的供应量、延长供餐时间、适当增加餐厅服务人员加快打菜的速度等措施进行解决，尽量满足干部职工的要求；二是针对干部职工提出的进一步解决宿舍区停车、通行管理的建议，要求物业部门加强对车辆停放的管理，严禁在消防通道及宿舍区非车位的位置上停放车辆。加强车辆在一号院的通行管理；三是继续提高机关食堂的服务质量，不断丰富菜品内容，保证菜品及面点的供应量，努力满足干部职工及家属的需求。

【车辆管理】 严格车辆管理，保障行车安全。年内，我们继续把安全驾驶、建章建制和贯彻落实制度作为车辆管理工作的重点，突出做好对机关的服务。一是根据省局机关各处室年度工作在上下半年之间不均衡的状况，将处室加油油票的有效期由半年延长至一年结算，发放时间调整为每季度发放一次，方便处室工作；二是合理调配车辆、降低运行支出，车辆使用采取与直属企业整合的方式，机关工作繁忙时，调用直属企业车辆解决困难，减少租车数量，充分利用共有资源降低成本、节约开支；三是开展公车治理。经查，省局机关不存在超编制、调换、租用、摊派款项购买、豪华装饰的公务用车情况，对于原有的2台超标车辆因到报废年限，已办理报废手续，作报废处理；借用直属企业的5台车辆，已办理退回手续，作退回处理。2011年，省局机关服务中心车辆肇事率和违章行为大幅下降，未出现重大安全事故，保障了机关各项运输任务的顺利完成，全年共出车1232台次，安全行车666080公里。

【物业管理】 加强物业管理，提供优质保障。一是维护好机关环境，保持良好的卫生和服务，营造干净、整洁、舒适和安全的办公环境；二是抓好机关宿舍区物业管理。年内，先后对福德小区干部周转房进行维修、更换和补充家具用具，对重点办公室进行修缮改造，对二号院垃圾房进行改造，开辟二号院和办公楼之间的通道，提升安全指数。同时，增加保洁人员负责小区清洁卫生，创建优美环境；三是加强对出租房的管理，对尚义街临街商铺的租金进行调整，收取的租金全部上缴中央。

【直属企业管理】 加强对直属企业管理，推动企业不断向前发展。我们本着“积极协调、分类指导、推动企业发展和壮大”的思路，鼓励企业在服务云南国税系统的同时，服务社会，争取更大的效益。截至2011年年底，各直属企业与去年同期相比均取得了较好的经济效益。一是根据中央和总局的要求，在直属企业开展了“小金库”专项治理工作，结合2009年和2010年“小金库”专项治理工作的开展情况，以文件规定的治理内容为清查重点，认真对照“小金库”的表现形式开展复查，完成了“小金库”专项治理工作。经查直属企业均未存在或设置“小金库”的行为；二是协调印刷厂做好搬迁及新厂建设工作，省局成立“印刷厂搬迁建设领导小组”，指导办理行政、融资、地勘、规划等相关事宜，新厂建设工作正在进行中；三是直属企业争创荣誉，国税印刷厂取得了科技部批准核发的“高新技术企业认证证书”。

【加强制度落实，完善内部管理】 一是完善物业管理。建立了会议服务反馈制度，制定《会议接待意见反馈表》，提升会议服务的质量和水平；加强对低耗品的管理，在2010年大宗低耗品由经销商直供的基础上，2011年对消耗量较大的灯具、卷纸等卫生保洁用品改由商家直供，减少了中间环节，降低了费用；二是完善处室内部综合管理。加强了处室内部的基础管理，从处室内部的文件资料、办公用具，到局内的固定资产，指定专人进行管理、登记；对处室内部的接待及会议培训统计表进行了完善，丰富了统计信息，为领导提供信息参考；继续做好新增固定资产的录入工作，确保账实相符；三是加强机关安全管理。在机关服务工作中，我们牢固树立了“安全第一”的思想，认真落实各项安全工作责任制，强化社会治安综合治理工作，防范自然灾害及突发性事件发生，加强办公楼及小区的安全保卫工作及食堂食品安全管理，切实保障机关和干部职工的安全，提高安全保障能力；四是狠抓厉行节约措施，落实三项费用“零增长”。2011年中央要求公务接待费用、机关车辆运行费用和机关一般性支出费用必须控制在2010年的支出数之内，即实现三项费用“零增长”。在国内汽油、柴油价格节节攀升，水价、电价比2010年均有上浮的情况下，我们坚持从细节入手，在确保工作运转的前提下，深挖潜力，努力提高公用经费的使用效能。2011年省局机关公务接待费控制在全年公务经费控制数269.80万元之内；一般性支出控制在控制数162.96万元之内；车辆运行费用控制在控制数133.09万元之内，虽然其中的燃料费较去年同期有所增加，但主要原因是由于年内油价上浮三次，平均每升油价上涨1元。三项指标均未超过控制数，基本实现了压缩行政开支的目标。

（梁　蕊）

税收科研工作

综　述

2011年云南国税科研工作在总局科研所指导和省局党组领导下，在省局各处室及全省各级税务机关的大力协助和支持下，紧密结合税收中心工作要求，树立大局意识，强化创新引领，按照省局“服务基层年”工作主题，认真谋划、精心组织、扎实工作，圆满完成了全年各项工作任务。

各项工作

【税收科研工作】 科研所在税收科研工作上大力贯彻和实施“精品”战略，注重成果运用，在突出研究工作的前瞻性、实效性、针对性基础上，紧紧围绕党中央、国务院和省委省政府对国税工作的要求、紧紧围绕云南的省情、紧紧围绕云南国税实际、紧紧围绕云南国税“服务基层年”工作主题来展开研究，把主动服务于决策、服务于税收工作、服务于解决重点难题作为税收科研工作的落脚点。突出五个重点：一是继续完善税收科研课题申报管理制度。除总局、省委、省政府以及省局的重大课题外，省局只规定基本目标要求和申报方向，由各单位结合实际工作提出课题申请，经评审委员会评审，对具有一定创新性、指导性和前瞻性的课题予以立项，列为省级年度重点课题和税收专项课题两个层次，由省局统一管理，提供科研经费。建立了内外专家、学者和资深决策参谋结合的评委会，从申报管理制度上确保各课题研究单位重视科研工作的目标质量。二是抓好税收科研课题指南。省局科研所在认真分析中央经济工作会、全国税务工作会、省委八届十次全会、全省国税工作会等重要会议精神基础上，结合云南国税工作实际制定下发《云南省国家税务局2011年税收科研课题指南》，指导全省国税系统各单位做好税收科研选题，促使税收课题更好地为经济社会发展大局服务。三是税收科研课题选题立项申报更加规范。2011年，全省国税系统各单位围绕“服务基层年”工作要求，针对税收工作中的新情况、新问题积极进行了课题申报，全省国税系统共提出课题立项申请42项。共申报重点课题14项，专项课题28项；其中省局机关有14个处室提出16项课题立项申请，省局领导参与的课题3项；16个州市局都提出了课题申报申请，共申报课题26项。税收科研立项内容更加注重结合当地、结合税情、结合税收工作的新情况和新问题。各研究单位上报的税收科研课题申请书填报质量较往年均有较大进步，课题申请书填写规范，课题研究思路设计清晰，理论依据充分。四是税收科研工作服务税收中心工作的作用日益突出。2011年经评审同意立项18项，其中重点课题5项，专项课题13项。准予立项的《新一轮西部大开发云南有关税收政策研究》、《瑞丽重点开发开放试验区税收政策及管理研究》、《云南省国家税务局信息化建设实践与发展研究》、《新形势下进一步加强干部队伍建设研究》、《全面推动云南国税文化繁荣发展研究》等重点课题都紧密结合实际、结合税情、结合税收工作的重点、难点，其研究重点放在“十二五”开局时期新一轮西部大开发、“两强一堡”战略、滇中城市经济圈等全省经济建设的热点、焦点、难点问题上。准予立项的专项课题侧重于云南国税系统自身的实际工作，如信息化管税、构建和谐征纳关系、队伍建设、国税文化建设等方面。以上研究成果直接为省内国税系统的税收工作服务，为税务机关的职能服务，为税收中心工作服务，为云南经济发展服务的特点十分显著。而且十分贴近云南税收工作实际、贴近领导决策，紧跟省内外、国内外的税收政策动向。五是税收科研课题研究质量进一步提高。为确保课题研究质量，科研所紧抓课题选题、立项、资料收集、调查研究、报告撰写、结题评审、成果推出等环节。首先，在选题上注重结合云南实际，开展解决工作实际困难和问题的方法措施实证研究；其次，在立项上坚持课题立项评审制和结题评审等级制，按重点课题和专项课题分层级管理，确保专业性与群众性科研、重点课题与个性化课题的有机结合。第三，在研究过程中督促准予立项的科研课题按照研究工作要求和时间进度高质量开展研究。四是研究报告注重报告的规范性，多开展理论研究、对策研究、应用研究、比较研究和预测研究，引导课题组在研究中采用数理统计、计量经济分析等量化分析手段。

【科研成果】 税收科研成果转化应用取得了新成绩。为促进税收科研成果转化，省局科研所在课题研究形成成果时就督促课题组进行成果转化，确保成果应用的时效性。省局科研所多渠道通过结题评审确定课题等级、加大对好文章的推广力度、多形式地扩大科研成果影响力，充分利用报刊、出版物、网络、情况内参等方式，加大科研成果的应用力度。一是对2010年度通过结题评审的课题，集结成《2010年度云南国税研究报告汇编》，为税收工作实践提供理论指导。二是对前三年形成的成果进行整理，将科研成果积极推荐参加2009年至2010年全国税务系统优秀税收科研成果评选和第六次全国税收学术研究优秀成果评选，使一批具有一定学术理论价值和实践指导意义的科研成果被决策机关和报纸杂志所采用。三是积极推荐论文对外发表。省局科研所2010年承担总局重点课题并独立完成的《促进经济发展方式转变的税制改革研究》被总局2011年4月的《研究报告》采用。昭通市局牵头完成的《关于现行财政体制下水电税收收入分配制度的研究》被总局2011年9月的《研究报告》采用。

【办好《云南国税》杂志】 2011年，《云南国税》内刊纸质媒介全年共发行7期，印制发行86100册；电子媒介全年共维护更新云南国税网站《云南国税》电子期刊7次。

（一）坚持正确舆论导向，发挥文化引领作用。《云南国税》内刊是省局的机关刊物，是指导全省国税工作的内刊，是全省12000名国税干部的精神食粮，是云南国税文化开展内外宣传的主阵地。2011年，《云南国税》在办刊中始终坚持紧紧围绕全省国税系统年度工作主题和阶段中心工作以及干部职工关心的热点难点问题组织栏目和内容。宣传报道全省国税系统深入贯彻落实科学发展观、自觉服从服务于云南经济社会发展“两强一堡”建设工作大局的工作举措。宣传报道云南国税服务科学发展，共建和谐税收，坚持依法行政，为国聚财，为民收税等方面取得的新成果。宣传报道“服务基层年”，省局面向基层、立足基层、支持基层、心系基层、植根基层、倾力基层所付出的努力和取得的进展。宣传报道全省国税系统干部队伍“政治坚定、作风优良、纪律严明、恪尽职守、勤政为民、清正廉洁”的精神风貌。宣传报道庆祝建党90周年系列活动，创先争优、“四亮四评四创”以及精神文明创建活动。

（二）坚持凝聚奋斗力量，共建和谐精神家园。《云南国税》始终坚持“国税人自己的杂志自己办”的办刊理念，坚持“真实反映基层的人、基层的事”的办刊思路，按照“真实反映基层工作状况，切实反映干部心声，满足干部精神需求，提升干部业务和文化素养，最终促进个人涵养提升”的目标，及时深入到第一线了解基层干部职工的需求，认真处理每一篇基层干部来稿，努力做到“三贴近”，即贴近税收工作、贴近基层、贴近干部职工。2011年内刊《地州专版》栏目以精美的版面、高质量的文章突出反映了德宏、保山、昆明、玉溪、红河、迪庆等地区的税收、人文、经济、社会发展现状。《国税风采》栏目集中对大理州祥云县、昭通市昭阳区，怒江州泸水县、楚雄州南华县，玉溪市澄江县、红河州个旧市，保山市施甸县、迪庆州维西县，普洱市江城县、曲靖市马龙县，昆明市官渡区、文山州文山市等基层局忠于国税事业、团结进取、爱岗敬业、业务精良、乐于奉献的干部队伍进行了宣传报道。为发挥国税系统尊重老干部、尊重历史、尊重国税工作的优良传统，鼓励和支持老干部通过撰写回忆录鼓舞后人奋进，对青年国税干部进行爱国主义教育、革命传统教育和从税经历教育，《云南国税》增设了《流金岁月》栏目，该栏目自设立以来，全省国税系统反响强烈，一致认为这是一个传承精神财富，教育和激励后来人扎根基层、艰苦创业的好栏目。

坚持质量和创新立刊，不断提高内刊质量。注重创新栏目设计和办刊方式，严把刊物的政治关、政策关、文字关和细节关。根据新形势和省局党组对《云南国税》的要求，从编者到作者牢固树立精品意识，加强了在办刊过程中的策划和选题。与时俱进调整刊物栏目设置，从2011年第1期开始，对栏目进行调整，原《政经连线》、《局长论坛》整合为《人物访谈》，原《专家纵横》、《国际税收》整合为《理论前沿》，原《交流与探讨》改为《论坛》，刊物内容形式更丰富，资料性、趣味性、可读性强不断增强。对杂志编辑的工作流程、人员分工进行了梳理和优化，完善了责任编辑制度。编辑部加强了与排版公司、印刷厂相互之间的联系与交流，完善了内刊的编、排、校、印工作制度。经过不断调整和完善，《云南国税》现设有卷首、资讯、人物访谈、流金岁月、理论前沿、论坛、稽查主页、征纳万花筒、会员画廊、国税风采、读书、电子税务、撷英、艺术广角、大事记、州市专版共16个栏目，每期发行12300册，连续荣获第二、三两届“云南省优秀连续性内部出版物奖”金奖。

【组织通讯员培训】 办好《云南国税》，通讯员队伍是基础，人才是关键。省局历来十分重视《云南国税》通讯员队伍的培养，注重增强基层干部对内刊采编工作参与度。始终坚持开展通讯员培训，2011年6月举办了第六期通讯员培训班暨笔会活动，省政府办公厅黄立新副秘书长、省文联雷平阳老师和《昆明日报》的新闻工作者为通讯员授课，就如何进行通讯、消息写作谈了体会。昭通、大理、楚雄、怒江、玉溪、红河6个州市通讯员代表就交叉采访工作进行了经验交流。对通讯员学员习作进行点评，对2011年的办刊思路进行通报。试行交叉采访制度，从2011年第1期开始，“人物访谈”和“国税风采”两个栏目，实行通讯员异地交叉采访制度，以此开阔通讯员队伍视野，达到相互学习借鉴和共同提高之目的。创造条件和环境促进通讯员实现自我成长。要求全省国税系统把通讯员当作税务人才来看待、来使用、来培养，为通讯员的工作提供便利，多给通讯员参加各种学习和活动的机会，使其掌握尽可能多的可写素材，能够更好地宣传好本单位的税收工作。截至2011年，《云南国税》共培训了300多名业余通讯员，制定了通讯员管理办法，给200余名写作爱好者颁发了《通讯员》证。

【组织《云南省志·财税志》编纂】 按照省政府关于《云南省第二轮地方志续修工作规划》文件规定，《云南省志·财税志》为续修《云南省志》专业分志多卷本之一，排列序号为第三十三卷。由省财政厅、省国家税务局、省地方税务局共同承编，省财政厅为编纂牵头单位。本志记述时限上限始于1978年，下限断于2005年。《云南省志·财税志》的编写篇目由凡例、概述、大事（记）、志文、专记、附录（含图表）六个部分组成，省财政厅牵头，国税部分的志稿涉及大事、志文、专记、附录四个部分的内容。2011年1月省局召开了《云南省志·财税志》（国税部分）终审会，经会后修改，最终形成了《云南省志·财税志（国税部分）》定稿，涉及3篇13章52节，字数为39．8万字。志稿按财税志的要求，突出了1978年以来的云南经济税源和税收收入以及税收改革发展的历程和特色。2011年3月进入财政、国税、地税三家合编阶段，经过反复的讨论、修改，形成了《云南省志·财税志》终审稿，于2011年8月1日由省财政厅牵头，召开了财政、国税、地税三家联合编委大会，对志稿进行了审定，会后将《云南省志·财税志》上报省地方志编撰委员会。至此，历时6年的《云南省志·财税志》编撰工作基本圆满完成。

【编辑出版《云南国税文化系列丛书之八》】 按照2009年“云南国税文化系列丛书编辑工作会议”精神，2011年拟出版的《云南国税文化系列丛书之八》定位为摄影画册，主题为“我的事业，我的家”。通过镜头，把发生在我们国税干部身边的生活、学习、工作中的人和事以及我们家园的变化及其美景展现在大家面前，用美好的画卷来反映云南国税人良好的工作、生活态度以及对美好家园的热爱。截至2011年12月12日通过普遍征集和重点选取的方式，共征集到1900余幅作品，选定300幅作品编辑入册。

【举办全省国税系统首届国画培训班】 2011年7月25日至8月8日，协会邀请嘉州画院的中国著名画家杨松葛老师为16个州市局选送的27名青年绘画爱好者和文艺工作骨干进行15天中国画培训，部分省局局领导在工作之余亲自参加了培训。培训期间，省局李局长多次到培训班看望和鼓励参训学员，中国文联副主席、中国作协副主席丹增同志也亲临视察指导。丹增副主席在视察培训情况后，对云南国税在文化建设上取得的丰硕成果和坚持不懈、孜孜以求的精神给予了充分肯定，并期望云南国税在更高的起点上取得更好的成绩。省局李局长勉励大家要珍惜机会，打牢基础，用手中的笔墨寄情山水，抒发对祖国山河的热爱，抒发对国税事业的热爱，体现出国税干部的“精、气、神”，为进一步推动国税文化建设营造良好的氛围。此次培训从中国画的基本常识入手，以作品欣赏的形式，结合自己的实践创作，并加以现场示范，要求学员以点带面，以此提高全省国税系统绘画爱好者的绘画、鉴赏理论水平和实际操作能力。经过培训，参训学员都完成了多幅绘画习作，使大家初步掌握了国画绘画技巧，对中国画有了更深更透的理解和掌握。培训结束后，省局书、美、摄协会将学员绘画习作和学习心得集结成册，以《云南国税》特刊的形式印发全省国税系统，在全省产生了广泛的影响。

（李林洪）

注册税务师管理

综　述

在省局党组的领导下，云南省注册税务师管理中心以坚持服务云南国税工作大局为原则，继续以抓规范管理为基础，提升执业质量为切入点，推动行业健康发展为目标，完成了2011年的工作任务。

各项工作

【行业监管】 继续认真贯彻落实《注册税务师管理暂行办法》。对云南注册税务师行业管理的工作重点从行政审批、组织考试等工作，转移到对税务师事务所的执业规范和监督管理上来。严格按照《国家税务总局办公厅关于调整税务师事务所设立审批管理方式的通知》的有关规定上半年已审批、办理新设立税务师事务所及分所共8家，办理变更事宜8家，注销2家。同时将有关资料复印件报国家税务总局（纳税服务司）备案。

【行业宣传】 一是利用云南省国家税务局网站加大宣传力度，专门开辟云南省注册税务师行业网页，指定专职人员负责网站的维护和内容更新，加大新闻宣传和信息发布力度，将行业的政策文件及时公布，编发行业动态、政策解答，供社会各界及时了解全省注税行业的情况。二是利用《云南日报》，进行专题宣传，刊登年检公告。协会积极组织撰写行业宣传文章，在《中国税务报》等报刊上发表了多篇介绍云南注册税务师行业发展的文章。

【行业自律】 在各级税务机关和社会各界的支持下，在各位理事的支持下，我们深入实践科学发展观，坚持服务会员的宗旨，始终将“健康发展”作为行业建设的第一要务。十年来，通过全体会员的共同努力，行业规模不断壮大，人才素质不断提高，自律管理水平不断增强，执业行为逐步规范，经营收入连续增长，全行业呈现健康发展的良好局面。

【年检工作】 顺利完成了2010年检工作。云南省2010年度参加年检的税务师事务所共84家，分支机构6家，抽查事务所12家。全省注税行业从业人员1325人，其中执业注册税务师649人 其他从业人员676人。对年检中发现的问题，及时纠正，妥善处理和解决，年检工作落实到位，取得了实效。

【行业报表】 根据《国家税务总局关于报送注册税务师行业年度报表有关问题的通知》，于2011年3月完成了《2010年度税务师事务所基本情况统计表》报表及统计分析报告。加强国、地税合作，通过定期召开国、地税联席会议等方式，

【国地税合作】 解决行业发展中存在的突出矛盾和问题，进一步完善岗责体系；理顺了云南省注册税务师协会资金账户的管理归属问题。

【税务师等级考试】 2011年1月14日，组织全国税务师等级考试，129人参考，上线89人。

【A级税务师事务所评定】 完成了2011年云南省等级税务师事务所认定工作。本年度认定6家A级事务所，复查11家。截至目前共有A级事务所17家。

【等级考试】 2011年9月25日上午，全国注册税务师等级考试云南考点的考试工作圆满结束。中税协巡考领导一行四人及云南省注册税务师协会秘书处主持完成此项工作。10月18日为云南省等级注册税务师成绩优异者进行了颁奖仪式。

【所长座谈会】 2011年9月28日下午，云南省国税局注册税务师管理中心和注册税务师协会主持召开了部

分税务师事务所所长座谈会。会议邀请了省国税局所得税处相关人员和云南天赢等12家税务师事务所所长。

会议旨在通过这种形式的座谈会，听取涉税中介机构在税务代理过程中，对税收业务工作的意见建议。所得税处资宗宁处长、杨劲松副处长、苏若愚、杨绍玲就所得税业务政策和管理工作方面等进行了讨论并作了解答发言。

【税收政策业务培训】 10月18日至20日云南省注册税务师行业工作会议暨2011年度注册税务师后续教育培训班在昆明举行。云南省86家税务师事务所所长及业务骨干近300人参加了会议和培训。协会邀请了云南省国税局稽查局赵金友局长、昆明尚贤税务师事务所熊斌所长、北京市税协副会长郭鸿荣老师讲课。

【接待会议】 （一）2011年3月14～18日，中税协教育培训委员会2011年工作会议在云南大理召开，云南省税协秘书处承办会议。教育培训委员会主任、浙江注册税务师协会会长周永卫、教育培训委员会副主任、中税协副秘书长赵申年主持了会议。李南副主任、朱诗柱副主任、丁芸副主任、协会培训部主任王岩以及扬州税务学院、浙江、重庆、四川、大连、河南、吉林、广西、北京等参加了此次会议。（二）中国注册税务师行业发展工作座谈会于5月5～6日在云南昆明召开。这次座谈会的主要任务是讨论在“十二五”开局之年，中税协如何推进注册税务师行业党建、统战与发展之间的关系，在新的发展形势下，如何为注册税务师行业准确定位等问题。会议由中税协秘书长、副会长刘太明主持，中税协会长许善达、副会长王文彦、李建成主任等领导出席了本次会议，并邀请了山西、上海、福建、山东、重庆、四川、贵州、云南等省市协会会长参加了座谈会。云南省国家税务局李鸿文局长和班子全体成员参加了会议开幕式。李鸿文局长致欢迎辞，并向会议代表介绍了云南省注册税务师协会的工作情况。

【管理工作抽查】 开展全省注册税务师行业监督管理自查工作。2011年5月26日，省局下发了《云南省国家税务局关于开展注册税务师行业监督管理自查工作的通知》，成立了以省国税局党组书记、局长李鸿文为组长，省局党组成员、总经济师朵志红为副组长的检查领导小组。再次要求各州、市、县（区）国税机关，对是否存在参与税务师事务所经营活动和获取经济利益、是否委托税务师事务所代征税款等进行自查，要求州市、县（区）国税机关要高度重视，加强领导，认真学习《云南省国家税务局关于进一步加强注册税务师行业监督管理工作的通知》及云南省注册税务师行业管理工作座谈会精神，认真细致在组织好本地区自查工作，发现问题及时纠正，坚决杜绝查而不实、查而不细等走过场的做法。

【行业专项治理】 开展行业专项治理工作。5月27日收看了全国税务系统专项治理工作视频会议，5月31日云南省国税局部署专项治理工作，明确了专项治理工作的工作目标和具体步骤。为贯彻国家税务总局和省局专项治理工作部署。

【行业工作会】 2011年5月5日，在昆明召开了云南省注册税务师行业管理工作座谈会。注册税务师管理中心成立五年来，行业的快速发展对行业管理工作提出了更新更高的要求。为总结“十一五”时期注税管理工作情况，在“十二五”开启之年，研究如何解决行业发展中存在的突出矛盾和问题，促进注册税务师行业健康发展等工作措施. 参会人员：省国税局9个州市纳税服务科科长和分管领导、税务师事务所30家；邀请省地税局分管副局长和有关处室、云南省国家税务局、地方税务局主要领导及有关税政处室负责人近80人参加了会议。

这次座谈会的主要任务是总结“十一五”时期云南注册税务师行业管理工作情况，在“十二五”开局之年如何更好地发挥注册税务师的积极作用。

会议由省国税局朵志红总经济师主持，注册税务师协会副会长、国税局蔡杰副局长通报了云南省注册税务师行业管理工作情况，地税局张红霞副局长就地税系统如何支持、服务作了讲话，事务所所长们踊跃发言，对云南注册税务师行业的发展建言献策、提建议、提意见。云南省注册税务师领导小组组长、国税局李鸿文局长就税务机关如何依法支持，服务发展，规范监督；税务师事务所如何珍惜形象，苦练内功，诚信执业作了重要讲话。李鸿文局长肯定了注册税务师行业对推进依法治税的积极作用，一是促进纳税人依法诚信纳税，降低税法遵从成本；二是维护纳税人合法权益，降低纳税成本和涉税风险；三是开展涉税鉴证业务，降低了征收成本和执法风险。李局长强调税务机关要发挥职能作用促进注册税务师行业健康发展，各级税务机关要正确把握好依法治税与依法支持注册税务师行业发展的准则，认真划清税务机关职责和税务代理的政策界限，从制度的落实检查上约束事务所或注册税务师不规范不合法的行为发生。切实做到“一严禁、五不得、一引导”，即：严禁把税收执法权、强制执行权等其他税收行政执法权委托给税务师事务所；不得委托税务师事务所代征税款，不得参与税务师事务所的经营活动，不得以任何名目从税务师事务所获取经济利益，不得以税务机关的名义组织企业由税务师事务所进行业务培训，不得指定代理、强制代理；要引导税务干部树立正确的权力观，自觉规范和约束自己的执法行为，严守纪律，清正廉洁；要按照“依法支持，利于征管”的原则，一手抓管理，一手抓扶持，促进税务师事务所的健康发展；注税管理中心要重视质量监管，引导事务所依法诚信执业。同时，李局长对云南省注册税务师行业也强调了三点：珍惜形象、苦练内功、诚信执业，要加强自身建设实现行业发展壮大。开展2011注册税务师协会“小金库”治理工作。

【专项治理】 根据《云南省国家税务局印发云南省国家税务局系统2011年“小金库”专项治理实施方案的通知》（云国税发〔2011〕114号）要求，按照“小金库”专项治理工作小组的总体部署和安排，我们高度重视，积极开展工作。建立长效机制，对治理工作实行动态监管 。

【长效机制建设】 开展注册税务师行业专项治理工作，不仅要抓紧解决当前存在的问题，而且要通过深化改革和完善制度，巩固和扩大治理成果，逐步形成防治同类问题的长效机制。按照总局、省局要求，结合行业实际，重点落实和完善管理制度。一是开展对各中介机构的税收检查工作，以查促管。二是进一步巩固脱钩改制成果。三是加强行业监督检查，促进行业规范运作。四是提高队伍素质和管理水平是当前和今后一个时期行业管理工作的一项重要任务，要尽可能选派懂管理、精通业务、协调能力较强的干部充实管理队伍。

【知识竞赛】 云南省国家税务局获"税收和注册税务师知识竞赛"组织奖三等奖. 在2011年7月国家税务总局办公厅和中国注册税务师杂志社共同举办的"税收和注册税务师知识竞赛"活动中，云南省国家税务局获组织奖三等奖，是全国税务系统中税务干部参赛最多的省份，受到了总局和中税协的表彰。

【中税协检查】 2011年9月19~24日，协助中国注册税务师协会部门领导到云南注册税务师行业检查指导工作。检查组一行四人深入迪庆、丽江、昆明的税务师事务所，在省注册税务师管理中心和省税协年检工作的基础上，进行重点抽查，认真细致指导具体工作，发现问题及时纠正，把检查工作落实到实处。帮助促进云南注税行业健康有序发展。

【书画摄影展】 8月，举办了云南省注册税务师协会以"依法支持. 诚信执业"为主题举办这次书画摄影展. 云南省注册税务师行业在发展的历史进程中，积极致力于行业文化建设，教育和引导广大注册税务师，用笔墨和镜头表达对祖国、对"税收. 发展. 民生"的深深情怀，讴歌注册税务师队求真务实的精神风貌。根据中国注册税务师协会《关于开展2011年全国注册税务师行业税收宣传活动的通知》(中税协发〔2011〕029号)，云南省注册税务师协会以"依法支持. 诚信执业"为主题举办这次书画摄影展，得到了社会各界的支持。作品来自注册税务师行业、省委统战部、省人事厅、国地税系统、其他省税协会等，是宣传各级税务机关依法支持行业健康有序发展，税务师事务所恪守职业道德诚信执业、依照税法和相关标准开展业务，发挥注册税务师在税收征收管理中的积极作用的一次有益的尝试。

【网站建设】 以网站为平台，持之以恒抓好网站建设及网络教育的组织管理工作，发布通知，经验交流，政策转发，抓好执业注册税务师的后续教育培训工作。

【资格考试考务工作】 与省人事厅考试中心共同完了成组织2011年全省注册税务师执业资格考试考务工作。为系统内干部职工注册税务师资格考试提供支持和帮助。

【做好服务】 免费为全省注册税务师举办各类培训班；免费为事务所提供《税收政策法规汇编》等书籍。同时，以网站为平台，抓好网络教育的组织管理工作，抓好执业注册税务师的后续教育培训工作。

【组织竞赛】 继续组织国家税务总局和中税协组织的全国"注册杯"注册税务师知识大赛。

【协会秘书处工作】 做好省注册税务师协会秘书处的工作。

(杨　雨)

云南省税务干部学校

综　述

2011年，在省局党组的正确领导下，在分管局领导和省局相关部门的指导下，税干校紧紧围绕省局"服务基层年"的工作主题，牢固树立"税校为税"的理念和方向，以基本建设为中心工作，进一步强化和完善内部管理。主要完成了以下工作：一是加强学习，注重实效，全面提升税干校干部职工管理和服务的能力和水平；二是高度重视，全力以赴，合法规范积极推进基建工程进度，力争早日完成基建工作，发挥税干校干部教育主渠道、主阵地作用；三是以"创先争优"活动为契机，推动各项工作积极开展。

各项工作

【全面提升干部职工管理和服务的能力和水平】 结合省局党组庆祝中国共产党成立90周年开展纪念活动，认真组织干部职工收看红色经典影片，读红色经典书籍，讲红色经典故事，走红色道路，写红色书法，唱红色歌曲；组织干部职工认真传达学习党的十七届六中全会精神和云南省委第九次党代会精神。围绕省局党组关于学习杨善洲先进事迹的安排部署，认真组织收看杨善洲先进事迹报告会，深入学习杨善洲同志先进事迹。进一步加强学校党支部建设。紧密联系思想和工作实际，交流学习心得，开展党性分析，深入查找自身存在的问题和差距，深刻剖析思想根源，提出整改措施，找准努力方向，着力提升学校各项工作的质量和效率。积极组织学校干部职工参加省局各类培训、讲座，做到勤学、勤思，理论联系实际，把所学到的知识和学习的成果充分运用到实践中，分析问题，解决问题，不断提升理论水平和综合素质，不断提高干部职工的政治觉悟、奉献精神、业务本领和纪律观念。要求干部职工不断加强自身建设，提高综合素质，不断改进管理和服务的方式方法，与时俱进。加强学校干部职工的相互协作，强化团队意识，促进整体效能提升。

【全力以赴做好基建工作】 基建工作依然是云南省税务干部学校的中心工作。在省局党组的关心和直接领导下，校干校全体干部职工，提高认识，全力以赴，积极推进基建工作，一是加强对省局党组及相关处室的汇报和沟通；二是坚持集体研究，分工合作，积极发挥监理、跟踪审计单位作用，三是既积极主动，想方设法，又强调程序合法合规；四是强化廉政意识，加强廉政教育。截至2011年底，新建工程综合楼主楼、附楼都已完成主体验收，装修施工已进场，进入装修阶段；弱电招标已完成，正进行深度设计；篮球馆已完成施工可投入使用；积极联系“双电源”的具体事项；即将进行绿化、中水、太阳能设备的招标和采购工作。截至2011年底，支付基建项目资金2600万。

【以“创先争优”活动为契机 推动各项工作积极开展】

作为全省国税系统唯一一家独立核算的事业单位，多年来在不断发展变迁。干校立足实际，按照省局领导提出的目标定位，克服不足，不断强化和完善内部管理，提高工作效率。以“创先争优”活动为契机，推动各项工作积极开展。（一）培训工作的思考和探索。教育培训工作是干校的主要工作。我们始终在思考和探索此项工作的方向和目标，充分利用总局教育中心召开的会议和培训，积极收集信息和资料，把握培训干部的总体进程和需求，同时积极收集各地培训机构的先进经验和好的做法，为我们即将开展的培训工作做准备。（二）财务管理工作。坚持依法理财、科学管理、规范预算、厉行节约、降低成本、提高效益、服务全局的工作理念，严格财经纪律，强化服务意识。认真执行财务收支预算管理，严格按照预算批复和用款计划的要求、项目的进度、经费支出范围和标准支付资金，包括行政支出和基建支出，预算安排和资金支付做到依据合法，标准明确，程序规范，手续完备。坚持厉行节约，严格控制出国费、招待费、会议费、车辆购置及运行费等一般性支出。认真执行政府采购工作，规范财务报销制度，规范资金审核，继续做好“小金库”清理清查工作，杜绝“小金库”问题的发生。认真对待抽查，认真总结，找准存在问题，不断完善内控机制。按期编制各类财务报表，强化财务数据分析。做好干部的医疗保险以及住房公积金缴费基数测算和缴纳工作。（三）人事管理工作。按要求及时完成在职人员和离退休人员津贴补贴调查统计和汇总上报工作；根据人事厅和省局有关工资的文件规定，及时对单位的干部职工进行了晋级进档；按时报送各种人事工资报表。（四）退休干部管理。有退休干部职工19人，超过在职（12人）人数，工作中我们坚持以下原则：全面落实退休干部政治、生活待遇，切实加强退休干部思想政治建设，充分发挥退休干部积极作用，丰富退休干部精神文化生活，努力为老干部办实事、做好事、解难事。1. 采取定期和不定期地组织退休干部学习，积极引导退休干部学习党的各项方针政策，及时了解退休干部思想状况。2. 尽量满足老同志的合理要求，积极主动做好待遇解释，政策落实；做好学习引导、工作通报，争取老同志对学校工作的理解和支持。3. 牢固树立服务为本、服务为先的理念，工作积极主动，耐心细致，订阅报刊，组织活动，领导看望，座谈交流，通过这些学习和活动，增进了老干部之间的思想交流、感情沟通，得到了老干部的好评。（五）运动场馆管理及房屋设施的管理。加强对服务人员教育和管理，强化服务意识，规范服务行为，提高服务质量。完善管理制度，最大限度提升服务满意度。同时对校区、住宅区的房屋设施精心维护，规范管理，定期保养，最大限度保证国家财产安全和维护干部职工的切身利益。（六）安全保卫工作。在当前基建环境下，人员繁杂，不安全因素增多，为防患于未然，学校一方面加强安全意识教育，另一方面加强管理，加强与保安公司的联系，对保安人员提出高标准、严要求，并与施工单位进行总控联防，保障校园和工地的安全。

（黄千红）

云南省税务学会

综 述

2011年，云南省税务学会以科学发展为主题，以加快转变经济发展方式为主线，紧密联系云南省经济社会发展现状、趋势和税收工作实际，认真组织开展学会活动，安排布置了“关于桥头堡建设的税收政策研究”和“优化纳税服务及税收队伍建设研究”两个税收调研课题。在组织开展群众性税收调研活动中，积极引导税收调研紧密结合实际，针对实践中出现的新情况、新问题、新矛盾，经过深入调查研究后，拿出相应的解决之道。大力提倡税收调研多出成果、多出精品，努力促进税收调研成果的转化。

各项工作

【组织开展群众性调研活动】 在安排布置全省群众性税收学术调研课题时，注重选题的针对性、实用性。于年初下发了云南省税务学会关于《2011年税收调研课题及编组名单》的通知，分别将各州、市税务学会及省国税局、省地税局相关处室编成两个课题组。课题组各参与单位深入开展调查研究，按计划、按要求形成了格式更加规范，研究思路和视角更加新颖，结构完整、论述系统、观点明确、见解独到、分析到位的税收调研论文。临沧市税务学会、红河州税务学会对课题牵头工作进行了精心组织和周密安排，认真组织召开了课题调研研讨会，收到论文58篇。其中大会交流发言20篇，书面交流38篇。评选出优秀论文19篇，并汇编成2011年云南省税务学会《税收理论研讨文集》。

【强化精品意识、转化意识】 紧紧抓住学术研究成果质量提高这个关键点不松手，把提高税收理论研究成果的质量当作一件关乎学会前途和命运的大事来抓，尽可能组织更多的力量，投入更多的时间、精力，把基础工作做实、做透。我们既把提高研究成果质量提到一定的高度来加以重视，又通过不同的方式来努力促进税收调研成果的转化。税收理论成果源于实践，是实践的提炼和结晶，但至关重要的是把税收理论成果应用于实践，哪怕是一点一滴的应用，都能充分体现税收理论调研的价值和作用。

【召开云南省税务学会会长秘书长会议】 7月25—26日，云南省税务学会会长、秘书长会议在德宏州瑞丽市召开。这次会议的主要内容是传达全国税务学会秘书长会议精神，总结2010年全省税务学会的主要工作，研究省税务学会换届相关事项，讨论先进税务学会的评选办法。云南省税务学会会长段捷庆、省税务学会秘书长杨毅力、副秘书长严松山出席了会议，瑞丽市委副书记、市长刀晓瑞到会致辞。

【组织部分学会会长学习交流】 8月22－9月6日，段捷庆会长率保山市、文山州税务学会会长及省税务学会秘书处人员等6人，到黑龙江、吉林、辽宁省等地进行了学习和交流。通过实地考察和学习交流，为云南省税务学会工作的开展获得有益的启示。

【承办全国税务学会会长座谈会】 9月21日至22日，全国税务学会会长座谈会在昆明召开。中国税务学会会长崔俊慧，中国税务学会副会长陆石甫、张英惠、董志林、郭庆旺等领导出席会议。来自全国24个省、自治区、直辖市和计划单列市税务学会的领导参加了会议。省政府曹建方副省长出席会议开幕式并致欢迎辞。省国税局党组书记、局长李鸿文代表云南国税、地税致辞，并介绍了近年来云南省税收事业发展情况。省税务学会会长段捷庆、省国税局党组成员、副局长、省税务学会副会长蔡杰参加了会议。会议期间，省委常委、常务副省长罗正富到会看望了参会代表。本次座谈会本着“把握宗旨，谋划长远”的原则，认真贯彻落实兰州会议精神，对税务学会长期工作和未来发展进行了科学谋划，对中国税务学会章程修改意见进行了充分讨论，听取了中国税务学会副会长郭庆旺所作的学术报告，会议取得了丰硕成果，对推动税务学会工作起到了积极作用。

【参加税收学术交流和业务骨干培训】 组织撰写了“宏观经济与税收若干问题的思考”的税收调研论文，参加了2011年中国税务学会在宁波召开的“宏观经济与税收政策研究”课题研讨会，并在会上作了交流发言。为提高学会工作人员业务素质，组织曲靖、临沧市税务学会业务骨干，参加了中国税务学会在扬州税务学院举办的学会骨干培训班。

【积极参加全国先进税务学会评选】 遵照中国税务学会开展第六次先进税务学会评选活动的要求，云南省税务学会将2008～2011年四年来的工作情况，认真分析总结，形成书面材料报送，参加全国先进税务学会评选。

【认真组织评审积极推荐优秀论文】 为了全面检阅税收学术研究的成果，进一步推动税务学会的税收调研活动，不断提高税收学术研究水平，中国税务学会开展了第六次全国税收学术研究优秀成果评选活动。云南省税务学会按要求，认真组织评审，积极推荐了8篇云南省优秀论文参加全国税收学术优秀成果评选。

【组织全省先进税务学会评选工作】 为了推进各地税务学会认真学习贯彻党和国家的路线、方针、政策，鼓励各地税务学会在组织推动税收学术研究，促进税收事业发展中作出成绩，开展了先进税务学会评选活动。制定了《云南省税务学会关于先进税务学会评选办法（试行）》。

【积极筹备云南省税务学会换届工作】 全面总结云南省税务学会第四届理事会工作，起草了本届理事会工作报告。根据经济社会和税收工作发展实践，提出了修订学会章程的意见。

（高加堂）

云南省国际税收研究会

综　述

2011年，云南省国际税收研究会在各级领导的关心支持下，始终坚持"立足本职、业研结合、力推精品"的理念，以构建创新、活力、和谐研究会发展为目标，树立创新性研究思想，紧紧围绕税收中心工作，积极开展国际税收科研课题研究，使研究工作服务于云南经济建设、促进发展大局，把国际税收理论研究植根于国际税收工作实践，前瞻性地研究解决实际工作中出现的新情况、新问题，有力地推动了云南省国际税收研究和实践的科学发展。

各项工作

【课题调研】 按照中国国际税收研究会《关于2011年国际税收调研课题安排意见的通知》内容并结合全省国际税收研究的实际，云南省国际税收研究会确定了2011年的国际税收调研课题为"税收鼓励战略性新兴产业发展的国际借鉴研究"。调研内容主要是：我国现行税制设计对鼓励战略性新兴产业发展的作用与不足；国际上以税收鼓励战略性新兴产业发展的通行做法；针对战略性新兴产业的不同特点，研究完善鼓励创新、引导投资和消费的税收支持政策；分行业进行分析研究，提出完善税收政策的具体建议。经过认真组织调研，共完成具有较高质量的调研论文18篇。

【税收研究】 参加了中国国际税收研究会"税收鼓励战略性新兴产业发展的国际借鉴研究"课题结题会，向中国国际税收研究会总课题组提交了云南省国际税收研究会课题组撰写的《税收鼓励战略性新兴产业发展的国际借鉴研究》论文1篇。

积极做好中国国际税收研究会"边境口岸城市开发开放税收政策的国际借鉴研究"专项课题，通过对瑞丽市边境口岸多年开发开放情况的调研，撰写并提交中国国际税收研究会题为《加快推进云南瑞丽开发开放实验区建设税收政策建议》的调研报告1篇。

在中国国际税收研究会第七次国际税收优秀科研成果评选中，云南省国际税收研究会撰写的《提高"走出去"企业税收征管能力的国际借鉴研究》及《构建云南省非居民企业所得税税源管理体系研究》获得一等奖。

（吴建伟）

云南省注册税务师协会

综　述

在中国注册税务师协会的指导下，在省局党组的领导下，云南省注册税务师协会以坚持服务云南国税工作大局为原则，继续以抓规范管理为基础，提升执业质量为切入点，推动行业健康发展为目标，完成了2011年的工作任务。

各项工作

【行业自律】 在各级税务机关和社会各界的支持下，在各位理事的支持下，协会深入实践科学发展观，坚持服务会员的宗旨，始终将"健康发展"作为行业建设的第一要务。十年来，通过全体会员的共同努力，行业规模不断壮大，人才素质不断提高，自律管理水平不断增强，执业行为逐步规范，经营收入连续增长，全行业呈现健康发展的良好局面。

【年检工作】 顺利完成了2010年检工作。云南省2010年度参加年检的税务师事务所共84家，分支机构6家，抽查事务所12家。全省注税行业从业人员1325人，其中执业注册税务师649人 其他从业人员676人。对年检中发现的问题，及时纠正，妥善处理和解决，年检工作落实到位，取得了实效。

【行业报表】 根据《国家税务总局关于报送注册税务师行业年度报表有关问题的通知》，于2011年3月完成

了《2010年度税务师事务所基本情况统计表》报表及统计分析报告。加强国、地税合作，通过定期召开国、地税联席会议等方式，

【国地税合作】 解决行业发展中存在的突出矛盾和问题，进一步完善岗责体系；理顺了云南省注册税务师协会资金账户的管理归属问题。

【税务师等级考试】 2011年1月6日，云南省首次注册税务师等级认定考试昆明市祥瑞宾馆顺利举行。符合二级注册税务师申请资格的124位注册税务师参加统一的闭卷考试。对现有在事务所工作的执业的和非执业的注册税务师进行等级认定，是中国注册税务师协会为提高行业素质，方便纳税人选择服务标准推出的一项重要措施。

针对全行业没有全国统一的注册税务师等级标准和纳税人不便区分注册税务师资质的现实，中国注册税务师协会于2010年推出了注册税务师等级认定标准，按照不同的执业能力，将注册税务师确定为三级、二级、一级和特级。在对其经营业绩和执业年限审核的基础上，二级、一级和特级还要参加相应的执业技能考试，其中二级侧重纳税审核，一级突出纳税筹划，特级要求能够用外语开展工作。

通过考试后，相关人员还要经过地方税协和中税协的审核、公示等环节，才能最终取得中国注册税务师协会授予的二级注册税务师资质。

【A级税务师事务所评定】 完成了2011年云南省等级税务师事务所认定工作。本年度认定6家A级事务所，复查11家。截至目前共有A级事务所17家。

【一级注册税务等级考试】 全国一级注册税务师等级认定考试于4月10日在全国9个地区同时开展。按照中税协要求，云南考生集中到广西南宁参加统一的闭卷考试。

一级注册税务师等级认定的意义在于为注税行业选拔业务能力强、专业水平高的行业精英，是中国注册税务师协会为提高行业素质，方便纳税人选择服务标准推出的一项重要措施。经过二级注册税务师等级认定考试筛选，云南有11家税务师事务所所长及部分注册税务师16人符合申请资格报考一级注册税务师。

2011年9月25日上午，全国注册税务师第二批二级等级考试云南考点的考试工作圆满结束。中税协巡考领导一行四人及云南省注册税务师协会秘书处主持完成此项工作。10月18日为云南省等级注册税务师成绩优异者进行了颁奖仪式。

【所长座谈会】 2011年9月28日下午，云南省国税局注册税务师管理中心和注册税务师协会主持召开了部分税务师事务所所长座谈会。会议邀请了省国税局所得税处相关人员和天赢等12家税务师事务所所长。

会议旨在通过这种形式的座谈会，听取涉税中介机构在税务代理过程中，对税收业务工作的意见建议。所得税处资宗宁处长、杨劲松副处长、苏若愚、杨绍玲就所得税业务政策和管理工作方面等进行了讨论并作了解答发言。

【税收政策业务培训】 10月18日至20日云南省注册税务师行业工作会议暨2011年度注册税务师后续教育培训班在昆明举行。云南省86家税务师事务所所长及业务骨干近300人参加了会议和培训。协会邀请了云南省国税局稽查局赵金友局长、昆明熊斌所长、北京市税协副会长郭鸿荣老师讲课。

【接待会议】 2011年3月14～18日，中税协教育培训委员会2011年工作会议在云南大理召开，云南省税协秘书处承办会议。教育培训委员会主任、浙江注册税务师协会会长周永卫、教育培训委员会副主任、中税协副秘书长赵申年主持了会议。李南副主任、朱诗柱副主任、丁芸副主任、协会培训部主任王岩以及扬州税务学院、浙江、重庆、四川、大连、河南、吉林、广西、北京等参加了此次会议。

中国注册税务师行业发展工作座谈会于5月5日—6日在云南昆明召开。这次座谈会的主要任务是讨论在“十二五”开局之年，中税协如何推进注册税务师行业党建、统战与发展之间的关系，在新的发展形势下，如何为注册税务师行业准确定位等问题。会议由中税协秘书长、副会长刘太明主持，中税协会长许善达、副会长王文彦、李建成主任等领导出席了本次会议，并邀请了山西、上海、福建、山东、重庆、四川、贵州、云南等省市协会会长参加了座谈会。云南省国家税务局李鸿文局长和班子全体成员参加了会议开幕式。李鸿文局长致欢迎辞，并向会议代表介绍了云南省注册税务师协会的工作情况。

【管理工作抽查】 开展全省注册税务师行业监督管理自查工作 。2011年5月26日，省局下发了《云南省国家税务局关于开展注册税务师行业监督管理自查工作的通知》（云国税函〔2011年〕200号），成立了以省国税局党组书记、局长李鸿文为组长，省局党组成员、总经济师朵志红为副组长的检查领导小组。再次要求各州、市、县（区）国税机关，对是否存在参与税务师事务所经营活动和获取经济利益、是否委托税务师事务所代征税款等进行自查，要求州市、县（区）国税机关要高度重视，加强领导，认真学习《云南省国家税务局关于进一步加强注册税务师行业监督管理工作的通知》及云南省注册税务师行业管理工作座谈会精神，认真细致在组织好本地区自查工作，发现问题及时纠正，坚决杜绝查而不实，查而不细等走过场的做法。

【业专项治理】 开展行业专项治理工作。5月27日收看了全国税务系统专项治理工作视频会议，5月31日云南省国税局部署专项治理工作，明确了专项治理工作的工作目标和具体步骤。为贯彻国家税务总局和省局专项治理工作部署，

【行业工作会】 2011年5月5日，在昆明召开了云南省注册税务师行业管理工作座谈会。注册税务师管理中心成立五年来，行业的快速发展对行业管理工作提出了更新更高的要求。为总结“十一五”时期注税管理工

作情况，在“十二五”开启之年，研究如何解决行业发展中存在的突出矛盾和问题，促进注册税务师行业健康发展等工作措施. 参会人员：省国税局9个州市纳税服务科长和分管领导、税务师事务所30家；邀请省地税局分管副局长和有关处室、云南省国家税务局、地方税务局主要领导及有关税政处室负责人近80人参加了会议。

这次座谈会的主要任务是总结“十一五”时期云南注册税务师行业管理工作情况，在“十二五”开局之年如何更好地发挥注册税务师的积极作用。

会议由省国税局朵志红总经济师主持，注册税务师协会副会长、国税局蔡杰副局长通报了云南省注册税务师行业管理工作情况，地税局张红霞副局长就地税系统如何支持、服务作了讲话，事务所所长们踊跃发言，对云南注册税务师行业的发展建言献策、提建议、提意见。云南省注册税务师领导小组组长、国税局李鸿文局长就税务机关如何依法支持，服务发展，规范监督；税务师事务所如何珍惜形象，苦练内功，诚信执业作了重要讲话。李鸿文局长肯定了注册税务师行业对推进依法治税的积极作用，一是促进纳税人依法诚信纳税，降低税法遵从成本；二是维护纳税人合法权益，降低纳税成本和涉税风险；三是开展涉税鉴证业务，降低了征收成本和执法风险。李局长强调税务机关要发挥职能作用促进注册税务师行业健康发展，各级税务机关要正确把握好依法治税与依法支持注册税务师行业发展的准则，认真划清税务机关职责和税务代理的政策界限，从制度的落实检查上约束事务所或注册税务师不规范不合法的行为发生。切实做到“一严禁、五不得、一引导”，即：严禁把税收执法权、强制执行权等其他税收行政执法权委托给税务师事务所；不得委托税务师事务所代征税款，不得参与税务师事务所的经营活动，不得以任何名目从税务师事务所获取经济利益，不得以税务机关的名义组织企业由税务师事务所进行业务培训，不得指定代理、强制代理；要引导税务干部树立正确的权力观，自觉规范和约束自己的执法行为，严守纪律，清正廉洁；要按照“依法支持，利于征管”的原则，一手抓管理，一手抓扶持，促进税务师事务所的健康发展；注税管理中心要重视质量监管，引导事务所依法诚信执业。同时，李局长对云南省注册税务师行业也强调了三点：珍惜形象、苦练内功、诚信执业，要加强自身建设实现行业发展壮大。开展2011注册税务师协会“小金库”治理工作，截至5月底。

【知识竞赛】 云南省国家税务局获“税收和注册税务师知识竞赛”组织奖三等奖. 在2011年7月国家税务总局办公厅和中国注册税务师杂志社共同举办的“税收和注册税务师知识竞赛”活动中，云南省国家税务局获组织奖三等奖，是全国税务系统中税务干部参赛最多的省份，受到了总局和中税协的表彰。

【中税协检查】 2011年9月19～24日，协助中国注册税务师协会部门领导到云南注册税务师行业检查指导工作。检查组一行四人深入迪庆、丽江、昆明的税务师事务所，在省注册税务师管理中心和省税协年检工作的基础上，进行重点抽查，认真细致指导具体工作，发现问题及时纠正，把检查工作落实到实处。帮助促进云南注税行业健康有序发展。

【书画摄影展】 8月，举办了云南省注册税务师协会以“依法支持·诚信执业”为主题举办这次书画摄影展. 云南省注册税务师行业在发展的历史进程中，积极致力于行业文化建设，教育和引导广大注册税务师，用笔墨和镜头表达对祖国、对“税收. 发展. 民生”的深深情怀，讴歌注册税务师队求真务实的精神风貌。根据中国注册税务师协会《关于开展2011年全国注册税务师行业税收宣传活动的通知》（中税协发〔2011〕029号），云南省注册税务师协会以“依法支持. 诚信执业”为主题举办这次书画摄影展，得到了社会各界的支持。作品来自注册税务师行业、省委统战部、省人事厅、国地税系统、其他省税协会等，是宣传各级税务机关依法支持行业健康有序发展，税务师事务所恪守职业道德诚信执业、依照税法和相关标准开展业务，发挥注册税务师在税收征收管理中的积极作用的一次有益的尝试。

【网站建设】 以网站为平台，持之以恒抓好网站建设及网络教育的组织管理工作，发布通知，经验交流，政策转发，抓好执业注册税务师的后续教育培训工作。

【资格考试考务工作】 与省人事厅考试中心共同完了成组织2011年全省注册税务师执业资格考试考务工作。为系统内干部职工注册税务师资格考试提供支持和帮助。

【做好服务】 免费为全省注册税务师举办各类培训班；免费为事务所提供《税收政策法规汇编》等书籍。同时，以网站为平台，抓好网络教育的组织管理工作，抓好执业注册税务师的后续教育培训工作。

【组织竞赛】 继续组织国家税务总局和中税协组织的全国“注册杯”注册税务师知识大赛。

（杨　雨）

《中国税务报》驻云南记者站

综　述

2011年，《中国税务报》驻云南记者站在中国税务报社和云南省国家税务局的领导下，围绕云南国税“服务基层”工作主题，在全省各级税务部门的支持下，顺利开展各项工作，圆满完成各项任务。

各项工作

【按时超额完成宣传报道各项任务】 全年刊发稿件86篇，图片18幅，比上年完成总数超额20多篇，超额完成报社全年发稿任务。在当地报纸、杂志、网站刊发文图20余篇幅。

（一）对重点税源、重点事件进行重点报道，刊登了：

《云南国税推进普通发票换版工作》2011.01.05第3版。

《云南国税领导赴盈江帮助救灾》2011.03.23第1版；

《云南国税建设学习型党组织》2011.05.04第1版；

《云南国税系统开展向杨善洲学习活动》2011.05.23第1版；

《云南国税：积极支持“非公”经济发展》2011.08.19第1版；

《西部大开发税收优惠又10年西部建设再发力》2011.09.02第5版；

《云南省政协视察组到国税局检查工作》2011.10.26第1版；

《发挥职能　护航地方经济发展》2011.11.23第1版；

（二）对信息化建投入更多关注，刊登了：

《云南启用税收执法管理系统疑点信息库》2011.05.25第9版；

《昆明上线运行普通发票代开系统》2011.07.06第9版；

《云南启动网上国税新系统建设》2011.08.03第9版；

《税收管理员有了电子助手》2011.08.24第9版；

《利用网络技术 提高服务水平》2011.08.31第11版。

【专题宣传】 对工作有特点，工作成效显著的单位积极组织宣传材料，在报社的支持下进行了专题宣传。刊发了：

《雄关漫道真如铁 而今迈步从头越》2011.07.22第3版；

《迪庆国税“十一五”时期文化建设工作回顾》2011.10.10第3版。

【表彰】 2011年1月，记者李洁采写的“云南应用出口退税网上申报系统”在中国税务报社和西安市国税局联合主办的“信息管税”专题征文活动中，被评为三等奖。2011年4月，在中共云南省委办公厅、云南省人民政府办公厅联合评比中，记者李洁拍摄的“云南国税在南屏广场开展税法宣传”获“驻滇新闻对外宣传云南好新闻奖”。由于各项工作成绩突出，记者李洁被评为“《中国税务报》2011年度先进记者”。

（李　洁）

云南省国家税务局办公室

省检查组对云南国税2011年度综治维稳工作进行考核

协调各方，注重配合。充分发挥承上启下、联系左右、协调各方的枢纽作用，对外发挥窗口作用，处理好国税机关与政府其他部门和社会组织之间的关系，增进和谐。对内当好配角，加强沟通协调，建立情况通报制度，拓宽为机关各部门服务的领域，增强决策实施的穿透力，确保机关工作正常运转。

强化保障，规范管理。全面提升素质，激发干部活力，增强责任意识，为做好核心工作提供有力保障。重视岗位能力培养，提高履职尽责能力，狠抓工作落实，实现工作思路创新、工作方法创新，推动工作落实。

召开全省国税系统信访工作座谈会暨省局信访工作联席会议办公室第一次会议

全省国税系统办公室工作会议在昆召开

2011年，办公室紧紧围绕省局党组提出的“服务基层年”工作主题和国税中心工作，切实增强责任意识、服务意识和创新意识，加强与机关各部门间的协调配合，积极发挥“枢纽”作用，突出“参与政务、管理事务、综合服务”三大职能，着力提升办公室各项工作的质量和效率，有效地保障了全局工作的正常运转。

以文辅政，服务大局。紧紧围绕领导关注的重点、工作中的难点、群众反映的热点，以辅助决策职能为核心，抓住决策前的调查研究，决策中的对策建议，决策后的宣传、督查、反馈等主要环节，加强重点工作调研，不断提高综合文稿质量，积极编报政务信息，切实提高文稿质量，充分发挥参谋助手作用。

办公室支部在“心中的歌献给党·云南省国家税务局庆祝中国共产党成立90周年大会”上表演歌伴舞《再唱山歌给党听》

云南省国家税务局政策法规处

举办全省国税系统领导干部学法用法暨依法行政培训

组织符合条件的执法人员 145 人参加 2011 年度执法资格考试

2011 年，是“十二五”规划的开局之年，政策法规处按照全国依法行政工作视频会议和全省税务工作会议总体要求和任务部署，结合政策法规工作实际，围绕“服务基层年”工作主题，理清工作思路，明确工作目标，积极推进依法行政，进一步提高税收法治水平；完善制度措施，提高综合税政管理工作质量；坚持普法宣传，营造良好税收法治环境。开展“依法治省示范单位”创建和“六五”普法，编发《“依法治省示范单位”“六五”普法工作简报》52 期，有效扩大税收宣传力度；开展区域税收政策调研，认真落实包括支持“桥头堡”建设在内的各项税收优惠政策，为瑞丽开发开放试验区建设建言献策；清理税收规范性文件 2004 件，组织执法人员 145 人参加 2011 年度税务人员执法资格统一考试，及格率为 93.1%；开展以领导干部为重点的依法行政培训，及时研究解决和答复基层在执法管理中提出和遇到的问题，切实强化对基层工作的服务和指导，推进依法行政、完善制度措施、促进政策执行，积极推动政策法规工作服务于税收中心工作和经济社会发展大局，为“十二五”时期政策法规工作的科学发展奠定坚实基础。

组织开展全省《行政强制法》视频培训

组织省局机关《行政强制法》闭卷考试

云南省国家税务局所得税处

全省国税系统企业所得税工作会议

2011年，云南国税所得税工作围绕“服务基层年”工作主题要求，全面贯彻落实企业所得税法及实施条例，认真执行各项所得税政策，根据总局所得税管理工作的“二十四字”总体要求，积极探索实施所得税专业化分类管理，不断强化征管，推进和完善所得税科学化、专业化、精细化管理。企业所得税各项工作任务得到有效落实，企业所得税管理与服务水平明显提升，为推进云南国税事业又好又快发展做出积极贡献。

2011年，云南国税紧密结合经济发展实际，坚持依法行政，正确处理好组织收入与规范执法、把依法治税、强化管理、优化服务、培育税源和组织收入有机结合，加强政策宣传辅导，完善制度措施，简化审批备案程序，加强监督检查，认真贯彻落实企业所得税法及其实施条例规定的各项税收优惠政策和过渡期优惠政策。为促进和优化产业结构调整升级及云南经济社会全面、协调、可持续发展提供积极的政策支持。

2011年，认真做好政策执行情况的调查研究，多种渠道开展纳税服务，深化所得税管理的信息化建设与应用；有针对性地开展业务培训，为所得税管理提供重要的人才保障。

全省国税系统企业所得税工作会议

云南省国家税务局收入规划核算处

2011年，收入规划核算处在省局党组的正确领导下，在各处（室、局、中心）的大力配合支持下，按照国家税务总局收入规划核算工作要求和全省国税工作会议工作部署，紧紧围绕“服务基层年”及省局“任务分解”工作要求，认真贯彻新时期税收工作指导思想，充分发挥收入规划核算工作为组织收入服务、为加强征管服务、为税制改革服务、为宏观调控服务的职能作用，全面践行统筹、指导、分析、反映、监督五项职能，以组织收入为中心，以信息化建设为依托，全处同志团结协作，努力工作，圆满完成了各项工作任务。2011年云南省国税税收收入累计完成1296.60亿元（不含海关代征，下同），比上年同期增收226.5亿元，增长21.17%。完成总局年初1171.7亿元任务的110.66%，完成省政府下达1200亿元任务的108.05%。

云南省国税的收入规划核算工作由于质量高，成绩突出，国家税务总局下发了《国家税务总局关于2011年全国税收会计统计年报会审情况的通报》，表彰云南省国家税务局为“2011年度全国税收会计统计报表工作优秀等级单位”；由于2011年进一步拓展重点税源监控领域，强化数据质量管理，深化数据分析应用，被国家税务总局通报表扬（《国家税务总局关于2011年度重点税源监控工作开展情况的通报》）；2011年上半年因数据质量明显提高、数据时效性稳步提升，被国家税务总局通报表扬（《国家税务总局关于2011年上半年重点税源监控工作开展情况的通报》）；经省局组织相关部门进行考核，收入规划核算处位于一级处室首位（《云南省国家税务局关于2011年度省局机关目标管理责任制考核结果的通报》）。

2011年11月，收入规划核算处党支部开展活动，到禄劝重走红军长征路

云南省国家税务局纳税服务处

2011年8月18日正式开通全省国税系统12366纳税服务热线

2011年，纳税服务处坚持以全国、全省税务工作会议精神为指导，深入贯彻依法征税、和谐征税的要求，围绕省局党组确定的“服务基层年”工作主题，认真落实总局2010-2012年纳税服务规划和“十二五”时期纳税服务工作发展规划，在昆明、楚雄、曲靖和临沧试点纳税服务标准化管理建设工作取得明显成效，通过办税服务厅广泛开展“四亮四创四评”主题实践活动，实现了办税服务厅向实体化综合服务场所的转变，按照“省级集中，两级共建，立足昆明，面向全省”的建设原则，于8月18日正式开通运行全省国税系统12366纳税服务热线，按照省政府要求在各级国税机关开通“96128”政务查询专线，检查昆明、昭通、曲靖、玉溪、楚雄、红河、大理、临沧等八个州市国家税务局所属的33个办税服务厅，进一步梳理优化解决纳税服务工作中存在的问题和困难，继续加大国地税联合办税新方式的探索实践，全省国税系统的纳税服务水平明显提升，纳税人权益得到更好保障。

2011年在昆明、楚雄、曲靖和临沧开展纳税服务标准化管理建设试点工作

云南省国家税务局财务管理处

2011 年，云南省国税财务工作在国家税务总局（以下简称总局）和省局党组的正确领导下，紧紧围绕组织税收收入这一中心任务和省局党组确定的“服务基层年”工作主题，进一步规范和加强部门预算、国库集中支付、银行账户、基本建设和国有资产等管理，积极开展严控“三公”经费支出、公务用车问题专项治理、“小金库”清理等工作，切实提高财务管理水平，为圆满完成全省国税系统各项工作任务提供了有力保障。

2011 年 2 月 25 日至 26 日，总局集中采购中心在云南召开部分省（自治区）国税局政府采购调研座谈会，黑龙江、宁夏、云南等八省（区）国税局负责政府采购工作的财务处长或采购中心主任，以及总局集中采购中心赵兴玉主任等同志，共计 16 人参加了会议

2011 年 3 月 31 日，省局政府采购办与信息中心等部门联合，在昆明召开了有 24 家供货商代表共计 35 人参加的首次云南省国家税务局政府采购工作座谈会

为贯彻落实全国国税系统财务工作会议和政府采购工作会议精神，2011 年 6 月 28 日，省局在昆明召开全省国税系统财务工作会议，省局党组成员、副局长蔡杰在会上作了题为《提高认识 加强领导 努力开创“十二五”时期财务工作新局面》的重要讲话

（毕 仁）

云南省国家税务局督察内审处

全省督查内审会议

2011年，督察内审处在总局和省局党组的正确领导和相关部门的积极支持配合下，按照国家税务总局督察内审司下发的工作思路和云南省国税局党组提出的“服务基层年”的工作要求，紧紧围绕工作主题，全面落实科学发展观，认真贯彻全国税务工作会议、全省国税工作会议精神和全国督察内审工作会议精神，按既定的工作计划进度，加强制度建设，突出监督重点，积极实践，开拓进取，认真履行督察内审职责，圆满完成了全年的各项工作任务。

全省督查内审会议

全省督查内审会议

云南省国家税务局人事处

2011年9月6月，全省国税系统副处级领导干部竞争上岗面试在昆明举行，共42人参加面试。面试由省局人事处组织实施，采取结构化面试方法，主要测试应试人员履行竞争岗位职责所必备的素质和能力。面试考官抽调省局机关和州、市局有丰富面试工作经验的同志组成，共2个考官组，每个考官组由7名考官组成，其中：每组配备2名外请考官，由省委组织部、省人力资源和社会保障厅抽调。面试考场内设置旁听席，竞争职位涉及的省局机关处室和州、市局分别派代表对面试进行全程旁听，保证了面试工作的公开、公平、公正。

竞争上岗面试考场

为了将公开选调工作进一步引向深入，继2010年省局机关首次开展公开选调工作取得良好收效以后，省局党组决定2011年继续开展公开选调工作，从全省国税系统各基层单位选调4人充实到省局信息中心，为我省国税系统信息化建设提供更加坚强的人才支持。经过前期的宣传动员、个人报名、资格审查等程序，5月24日，符合报名资格条件的45名基层单位计算机专业人员参加了在昆明统一举行的笔试。

公开选调公务员笔试考场

3月17日，云南省国家税务局在丽江召开全省国税系统行政执法类公务员管理试点工作部署会议，正式启动行政执法类公务员管理试点工作。云南省国家税务局、云南省公务员局、各试点单位分管领导、人事科长及公务员主管部门相关同志参加会议。会议对试点各阶段的工作进行了详细布置，并就有关事项以及需要注意的关键环节提出了具体要求，与会人员结合前期准备工作中遇到的问题进行了交流和讨论，达到了统一思想、提高认识、明确目标、分解任务的目的。

执法类公务员管理试点工作会议

按照国家公务员局《关于做好2011年度中央机关直属机构录用公务员面试工作的意见》，以及国家税务总局《关于做好国税系统2011年度招考公务员面试等有关工作的通知》要求，2011年云南省国税系统公务员招考面试工作交由省局组织实施，采取结构化面试的方式进行。为确保面试工作的公平公正，每个考官组均由系统内考官3名、外派考官4名组成，同时邀请省纪委工作人员进行现场监督，增加了面试工作的透明度；考官与考生实行双抽签，分别于当天上午和下午面试开始前进行，增加了考官与考生匹配的随机性。

公务员招考面试现场

云南省国家税务局教育处

2011年，全省国税系统始终坚持以小平理论、“三个代表”重要思想和科学发展观为指导，深入贯彻落实党的十七届五中、六中全会精神和省第九次党代会精神，紧紧围绕“服务基层年”工作主题，坚持以人为本、开拓创新、狠抓落实，不断加强和改进系统党建和思想政治工作，加大教育培训力度，深入开展群众性精神文明建设活动，进一步推进国税文化建设，促进了云南国税事业科学发展、和谐发展、稳定发展。

一是深入开展创先争优活动。围绕“服务基层年”工作主题，抓实创先争优，充分发挥领导干部示范带头作用，认真落实省委关于在创先争优活动中推动领导干部下基层，切实做好新形势下群众工作的要求，全省国税系统各级领导班子和领导干部充分发挥示范带头作用，做到“四个一”。即：开展一次驻点调研、结对帮扶一户困难群众、解决一批群众反映强烈的突出问题、召开一次专题民主生活会。同时，制定下发了开展“为民服务创先争优”活动实施意见。各基层窗口单位党组织和党员带头争创群众满意窗口、优质服务品牌、优秀服务标兵，进一步改进服务作风、提高办税效率，认真解决纳税人反映的突出问题，让群众和纳税人切身感受到创先争优带来的新气象、新变化。2011年省局被省委授予“学习型党组织建设示范点”，被省直机关工委授予“基层党建工作示范点”。

二是服务基层新举措，业务培训向基层倾斜。以“全心全意服务基层，靠前指挥，上下联动，围绕服务基层制定工作思路，通过服务基层解决困难和问题”为总体思路，不断创新教育培训形式，4月12日至30日，分别在深圳和大连为怒江等9个边疆欠发达地区，组织了三期每期10天的基层业务骨干培训班。来自边疆基层第一线的180多名业务骨干参加了此次培训。在培训中，学员们纷纷表示，这是省局党组对基层的关心，是省局落实“服务基层年”工作的具体行动。

三是全省国税系统文明创建水平向高层次迈进。2011年，全省国税系统涌现出一批成绩突出、影响广泛的先进典型，荣获省部级以上表彰。2011年6月，玉溪市国家税务局（机关）、澜沧拉祜族自治县国家税务局2家“全国文明单位”顺利通过省文明办复查验收；2011年12月，中央文明委授予云南省国家税务局（机关）、昭通市国家税务局（机关）、大理州国家税务局（机关）、保山市国家税务局（机关）、临沧市国家税务局（机关）“第三批全国文明单位”荣誉称号。2011年3月，全国妇联授予大理市国家税务局、水富县国家税务局办税服务厅“全国巾帼文明岗”荣誉称号；授予省局党组书记、局长李鸿文同志“全国巾帼建功先进工作者”荣誉称号。2011年7月，国家税务总局、共青团中央授予香格里拉县国家税务局办税服务厅“全国青年文明号”荣誉称号。2011年4月，全省国税系统有3人被云南省人民政府授予“先进工作者”。

1月18日下午，省局召开全省国税系统“四亮四评”主题实践活动视频动员大会。省局党组书记、局长李鸿文，党组成员、副局长李杰，党组成员、副局长许赞霖，党组成员、纪检组长魏贵和出席会议，省局机关全体干部职工参加了大会，各州市、县（区）国税局通过视频会议系统收看了会议实况

7月21日，云南省国税系统文明创建现场观摩会在玉溪市国税局召开。会议的主要内容是：传达省精神文明建设指导委员会全会精神，并对全省国税系统文明创建工作进行再动员、再部署。全省国税系统16个州（市）局教育科（处）长、机关党办主任及部分县（市、区）局党务工作者共100人参加了会议

在2月23日召开的全省国税工作会议上，省局隆重表彰了2010年度全省国税系统“文明单位”、“巾帼文明岗”以及“三读”活动“学习型机关”、“先进单位”和“读书标兵”等单位和个人

在省委、省直机关工委主办的庆祝中国共产党成立90周年文艺展演暨“旗帜颂”歌咏比赛中，云南省国家税务局合唱队从62支参赛队伍中脱颖而出，最终以《春之永恒》和《乐于奉献在高原》两首参赛曲目荣获本次比赛一等奖

云南省国家税务局监察室

2011年，全省国税系统党风廉政建设工作认真贯彻十七届中央纪委六次全会、全国税务系统纪检监察工作会议、云南省纪委八届六次全会和全省国税系统党风廉政建设会议精神，坚持以人为本、执政为民，紧紧围绕标本兼治、综合治理、惩防并举、注重预防的方针，以构建符合国税系统实际的惩治和预防腐败体系为重点，严格落实党风廉政建设责任制，全面推进内控机制建设，加大领导干部教育和监督力度，加强政风行风建设，认真落实云南省局党组确定的“服务基层年”工作主题，突出重点，整体推进，改革创新，狠抓落实，为云南国税 “十二五”开好局、起好步提供了有力的政治和纪律保证。

2011年8月4日至5日，省局召开干部队伍和党风廉政建设会议

李鸿文局长在《廉政准则》专项检查视频会议上讲话

2011年5月19日，朵志红总经济师上线“金色热线”

全省内控机制建设现场会

《廉政准则》专项检查视频会议

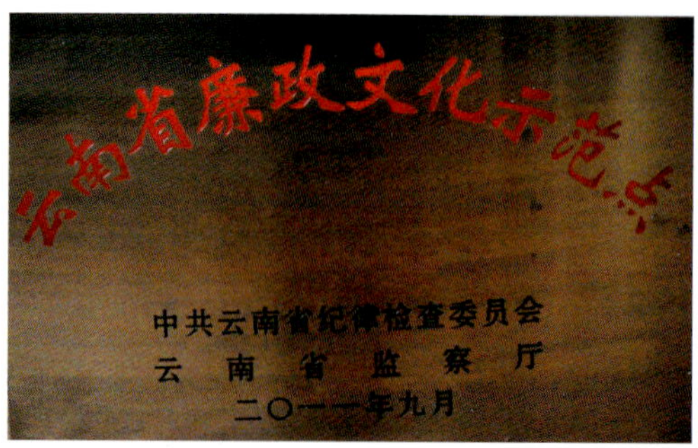

云南省纪委授予云南省国家税务局机关云南省廉政文化示范点

云南省国家税务局机关党委办公室

省局党组召开学习杨善洲精神综合体民主生活会

积极创建全国文明单位

2011年，机关党委办公室积极落实全省国税工作会议和云南省党的工作会议各项要求，围绕“服务科学发展，共建和谐税收”主题，按照“服务中心、建设队伍”的党建目标，以加强党的执政能力和先进性建设为主线，以党建带工建、党建带团建、党建带妇建为机制，全面加强党的思想建设、组织建设、作风建设、反腐倡廉建设、制度建设。

不断深化学习机制，强化理论武装。全年共组织学习6次，省局机关副处级以上领导干部累计600余人参加了学习；召开以“学习杨善洲精神做人民满意的好党员好干部”为主题，召开专题学习生活会；协助省局党组开好2011年度民主生活会。

积极推进学习型机关建设，省直机关“爱读书读好书善读书”活动组委会授予云南省国税局为“学习型机关”、罗继富同志为“读书标兵”荣誉称号。省局李鸿文局长撰写的《加强国税文化建设 彰显云南国税文化核心价值体系　读〈税务文化修炼〉启示》、许赞霖副局长撰写的《〈云南读本〉的掩卷之思》荣获“优秀心得体会文章”。

创先争优活动成绩斐然，省局信息中心党支部被中共云南省委表彰为“全省先进基层党组织”。省局机关被中共云南省委宣传部评为“理论武装工作先进单位”，被省直机关工委确定为“学习型党组织建设示范点”。在党建责任制考核中被评为“优秀单位”。

被省委省政府授予“社会扶贫先进单位”。

隆重纪念建党90周年，举办“心中的歌献给党”歌咏比赛

信息中心党支部被云南省委授予“先进基层党组织”荣誉称号

举办“果树栽培培训班”

积极参加“关爱农民工志愿服务”活动

云南省国家税务局机关工会

参加省直机关纪念中国共产党成立90周年歌咏比赛荣获一等奖

2011年，省局直属机关工会坚持以邓小平理论和“三个代表”重要思想为指导，深入贯彻落实科学发展观，学习贯彻党的十七届六中全会、全总十五大、省第九次党代会精神，按照“党政所谋、职工所需、工会所能”的工作要求，紧紧围绕云南国税“服务基层年”中心工作，以开展“党工共建创先争优”活动为载体，积极开展各项有利于构建和谐机关、促进健康发展的工作。

配合机关党办组织省局机关和昆明市国税系统120人的合唱队，参加“云南省省直机关纪念中国共产党成立90周年歌咏比赛”，在62支参赛队伍中以《春之永恒》和《乐于奉献在高原》两首参赛曲目荣获一等奖。组织举办省局机关庆祝中国共产党成立90周年“心中的歌献给党”唱红歌比赛，省局机关干部职工、离退休干部职工、省局直属单位的职工200余人，以不同的艺术形式，歌唱中国共产党90年来走过的光辉历程，歌唱改革开放和社会主义现代化建设取得的巨大成就，在省局机关范围再次掀起唱红歌热潮。

以党组织和广大党员的创先争优带动工会组织和广大会员的创先争优，掀起了学习先进、崇尚先进、争当先进的热潮。省局机关许建昆同志被云南省人民政府授予“云南省第二十届先进工作者”称号；省局机关工会被省直机关工会评为“工会先进集体”，李鸿文同志被评为“支持工会工作的党政领导”；云南国税印刷厂电脑票据印刷（轮转）机组在云南省班组建设中被云南省总工会授予“模范班组”称号。

捐赠仪式

创先争优先进集体奖牌

云南省国税印刷厂电脑票据印刷（轮转）机组被授予模范班组

许建昆同志被云南省人民政府授予“云南第二十届先进工作者”称号

云南省国家税务局稽查局

召开全省国税稽查工作会

云南国税稽查工作在总局稽查局和省局党组的领导下，以邓小平理论和“三个代表”重要思想为指导，全面落实科学发展观，深入学习贯彻全国税务稽查工作会议精神，紧紧围绕税收工作宗旨和省局党组提出的“服务基层年”工作主题，以整顿规范税收秩序为目标，以查处税收违法案件和开展税收专项检查为重点，大力推进依法稽查，强化稽查管理，全面提升稽查队伍素质和廉政水平，按照“抓好三项工作、着力两个围绕、注重四个突出”的年初工作思路，狠抓落实，圆满完成各项工作任务，为促进我省经济发展和社会和谐做出积极贡献。2011年，全省国税稽查系统实现查补收入14.59亿元，实际入库14.44亿元，入库率99.01%，其中：组织企业自查34334户，入库查补收入12.16亿万元；稽查重点检查1655户，检查有问题1600户，查补收入2.43亿元，实际入库2.28亿元，重点检查选案准确率96.67%，结案率99.69%，偷税处罚率59.04%。下一步的国税稽查工作，任务艰巨，使命光荣，我们将继续加强稽查工作作风建设，提高稽查干部执法能力，抓住机遇，迎接挑战，努力开创新时期国税稽查工作新局面，为构建社会主义和谐社会，促进社会经济的全面、协调和可持续发展做出积极贡献。

召开全省税收违法行为检举管理工作会

召开全省国税稽查局长座谈会

云南省国家税务局信息中心

2011 年 7 月 18 日，“网上云南国税 iTAX”项目正式启动，省局于智广副局长作动员讲话

2011 年 8 月 15 日下午，省政府加快发展非公经济工作督导组苏国正副主席（省政协原副主席、省工商联原会长）一行 12 人到省局进行督导视察，对“信息管税”体现出的高效行政和优质服务留下了深刻印象

先进基层党组织

中共云南省委

二〇一一年六月

2011 年 6 月，在中共云南省委庆祝建党 90 周年大会上，省局信息中心被中共云南省委表彰为“先进基层党组织”

2011 年，信息中心在省局党组的正确领导下，在分管局长的悉心指导及有关处室、单位的密切配合下，全省国税系统信息化建设工作紧紧围绕“服务基层年”年”工作主题，坚持“信息管税”发展方针，以“自力更生，自主开发，自行运维”为原则，进一步深化和突显“凝聚智慧力量，倾力服务基层”工作理念，大力创新云南国税信息化建设的思路和方法，着力构建支持我省税收事业政务事物管理的资源整合平台，不断提升信息化支撑、服务及促进税收工作发展的能力和水平，税收信息化建设取得重大成绩，顺利实现“十二五”良好开局。

荣誉证书

云南省国家税务局信息中心

被评为云南省“十一五”科普工作先进集体，特颁此证，予以表彰。

2011 年 6 月，省局信息中心被省科技厅、省委宣传部、省科协联合表彰为“云南省‘十一五’科普工作先进集体”

2011 年 9 月 27 日，云南省政协副主席陈勋儒率领省政协年度提案办理工作视察组到云南省国税局检查工作，高度评价信息化工作建设成效

云南省国家税务局机关服务中心

李鸿文局长到国税印刷厂搬迁新址查看、了解情况

的思想，认真落实各项安全工作责任制，强化社会治安综合治理工作，防范自然灾害及突发性事件发生，加强办公楼及小区的安全保卫工作及食堂食品安全管理，切实保障机关和干部职工的安全，提高安全保障能力；四是狠抓厉行节约措施，落实三项费用“零增长”。2011年中央要求公务接待费用、机关车辆运行费用和机关一般性支出费用必须控制在2010年的支出数之内，即实现三项费用“零增长”。在国内汽油、柴油价格节节攀升，水价、电价比2010年均有上浮的情况下，我们坚持从细节入手，在确保工作运转的前提下，深挖潜力，努力提高公用经费的使用效能。2011年省局机关公务接待费控制在全年公务经费控制数269.80万元之内；一般性支出控制在控制数162.96万元之内；车辆运行费用控制在控制数133.09万元之内，虽然其中的燃料费较去年同期有所增加，但主要原因是由于年内油价上浮三次，平均每升油价上涨1元。三项指标均未超过控制数，基本实现了压缩行政开支的目标。

加强制度落实，完善内部管理。一是完善物业管理。建立了会议服务反馈制度，制定《会议接待意见反馈表》，提升会议服务的质量和水平；加强对低耗品的管理，在2010年大宗低耗品由经销商直供的基础上，2011年对消耗量较大的灯具、卷纸等卫生保洁用品改由商家直供，减少了中间环节，降低了费用；二是完善处室内部综合管理。(一)加强了处室内部的基础管理，从处室内部的文件资料、办公用具，到局内的固定资产，指定专人进行管理、登记；(二)对处室内部的接待及会议培训统计表进行了完善，丰富了统计信息，为领导提供信息参考；(三)继续做好新增固定资产的录入工作，确保账实相符；三是加强机关安全管理。在机关服务工作中，我们牢固树立了“安全第一”

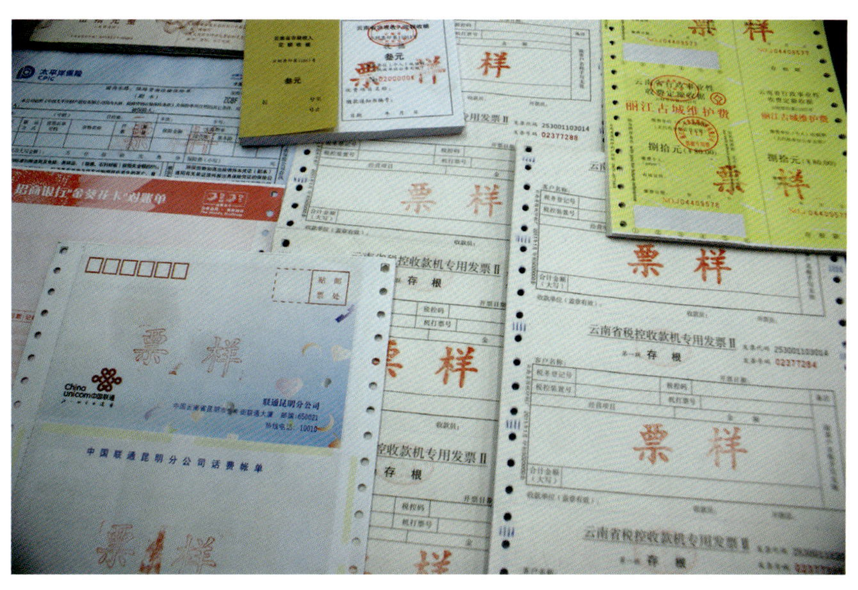

云南省税控收款机专用发票票样

云南省国家税务局税收科学研究所

7月25日至8月8日云南国税书法美术摄影协会举办首届国画培训班，邀请文化部中国诗书画研究院研究员杨松葛老师进行现场授课、辅导。培训期间，中国文联副主席、中国作协副主席丹增同志亲临视察指导，省国税局李鸿文局长多次到培训班看望和鼓励参训学员

2011年6月8日云南省国家税务局在江川瑞文举办全省国税系统2011年《云南国税》通讯员培训班

2011年云南国税科研工作在总局科研所指导和省局党组领导下，在省局各处室及全省各级税务机关的大力协助和支持下，紧密结合税收中心工作要求，按照省局"服务基层年"工作主题，认真谋划、精心组织、扎实工作，圆满完成了全年各项工作任务。继续完善税收科研课题管理制度，紧扣国情、省情、税情开展研究，省局批准立项重点课题5项，专项课题13项，坚持实施"精品"战略，注重成果运用，突出研究的前瞻性、实效性、针对性，主动服务于决策、服务于税收工作、服务于解决重点难题。《云南国税》纸质媒介全年共发行7期，印制发行86100册，电子媒介全年共维护更新电子期刊7次。《云南省志·财税志（国税部分）》定稿，涉及3篇13章52节，字数为39.8万字。举办全省国税系统首届国画培训班，为进一步推动国税文化建设营造良好的氛围。

2011年2月11日省国税局李鸿文局长主持召开《云南省志·财税志》国税部分合编稿评审会，提交会议的终审稿涉及3篇13章52节，字数为39.8万字

2011年2月21日云南省国税局召开2010年度税收科研重点课题结题评审会，对完成研究提出结题申请的7项重点课题进行结题评审

云南省国家税务局注册税务师管理中心

2011 年 1 月 6 日全国二级注册税务师等级认定考试，监考人员在现场宣读考试纪律

2011 年 5 月 5 日注税工作座谈会现场

2011 年 1 月 6 日，云南省首次注册税务师等级认定考试在昆明市祥瑞宾馆顺利举行。符合二级注册税务师申请资格的 124 位注册税务师参加统一的闭卷考试。

2011 年 4 月 10 日，全国一级注册税务师等级认定考试在全国 9 个地区同时开展。按照中税协要求，云南考生集中到广西南宁参加统一的闭卷考试。

2011 年 5 月 5 日，云南省注册税务师行业管理工作座谈会在昆明召开。云南省国家税务局、地方税务局及有关税政处室主要领导、昆明等 9 个州市局分管领导和纳税服务科长、30 家税务师事务所所长参加了会议。

2011 年 8 月 26 日，云南省注册税务师协会举办了以“依法支持．诚信执业”为主题的书画摄影展，得到了省局领导和各位干部职工以及社会各界的支持。作品来自注册税务师行业、省委统战部、省人事厅、国地税系统、其他省税协会等，是宣传各级税务机关依法支持行业健康有序发展，税务师事务所恪守职业道德诚信执业、依照税法和相关标准开展业务，发挥注册税务师在税收征收管理中的积极作用的一次有益的尝试。

2011 年 10 月 18 日至 20 日云南省注册税务师行业工作会议暨 2011 年度注册税务师后续教育培训班在昆明举行。云南省 86 家税务师事务所所长及业务骨干近 300 人参加了会议和培训。云南省税协邀请了云南省国税局稽查局赵金友局长老师讲课。

2011 年云南参加一级注册税务师考试人员

2011 年 8 月 26 日云南省国税局领班子参观书画摄影展

注册税务师后继教育培训班赵金友老师讲课

云南省税务干部学校

省局领导到税干校考察

2011年，在省局党组的正确领导下，在分管局领导和省局相关部门的指导下，税干校紧紧围绕省局“服务基层年”的工作主题，牢固树立“税校为税”的理念和方向，以基本建设为中心工作，进一步强化和完善内部管理。

2011年4月6日，省局领导班子考察了云南省税务干部学校培训综合楼建设工地，审阅了效果图，并听取了税干校的汇报，对税干校下一步工作做了重要指示。

省局领导考察税干校培训楼工地

省局领导到税干校研究装修方案

云南省税务学会

2011年11月11日优化纳税服务及税收队伍建设研究课题研讨会在红河蒙自召开

2011年9月全国税务学会会长座谈会在昆明召开

2011年，云南省税务学会以科学发展为主题，以加快转变经济发展方式为主线，紧密联系我省经济社会发展现状、趋势和税收工作实际，安排布置了两个税收调研课题。

2011年，云南省税务学会注重选题的针对性、实用性。于年初下发了云南省税务学会关于《2011年税收调研课题及编组名单》的通知，分别将各州、市税务学会及省国税局、省地税局相关处室编成两个课题组。课题组各参与单位深入开展调查研究，按计划、按要求形成了格式更加规范，研究思路和视角更加新颖，结构完整、论述系统、观点明确、见解独到、分析到位的税收调研论文。临沧市税务学会、红河州税务学会对课题牵头工作进行了精心组织和周密安排，认真组织召开了课题调研研讨会，收到论文58篇。

2011年11月1日关于桥头堡建设的税收政策研究课题研讨会在临沧召开

召开云南省税务学会会长秘书长会议，7月25~26日，全省税务学会会长、秘书长会议在德宏州瑞丽市召开。云南省税务学会会长段捷庆、秘书长杨毅力、副秘书长严松山参加了会议，瑞丽市委副书记、市长刀晓瑞出席了会议并致辞。

积极承办了全国税务学会会长座谈会。中国税务学会会长崔俊慧，中国税务学会副会长陆百甫、张英惠、董志林、郭庆旺等领导出席会议。来自全国24个省、自治区、直辖市和计划单列市税务学会的领导参加了会议。副省长曹建方出席会议开幕式并致欢迎辞。省国税局党组书记、局长李鸿文代表云南国税、地税致辞，并介绍了近年来云南省税收事业发展情况。省税务学会会长段捷庆，省国税局党组成员、副局长、省税务学会副会长蔡杰参加了会议。会议期间，省委常委、常务副省长罗正富到会看望了参会代表。

2011年7月全省税务学会会长秘书长会议在德宏瑞丽召开

《中国税务报》社驻云南记者站

中国税务报云南记者站严格按照国家税务总局的要求，贯彻中国税务报"立足税务、置身经济、面向社会"的办报宗旨，按照围绕税收工作的中心任务，积极采写新闻稿件向报社供稿。

2011年1月，记者李洁采写的"云南应用出口退税网上申报系统"在中国税务报社和西安市国税局联合主办的"信息管税"专题证文活动中，被评为三等奖。

2011年4月，在中共云南省委办公厅、云南省人民政府办公厅联合评比中，记者李洁拍摄的"云南国税在南屏广场开展税法宣传"获"驻滇新闻对外宣传云南好新闻奖"。

由于各项工作成绩突出，记者李洁被评为"中国税务报2011年度先进记者"。

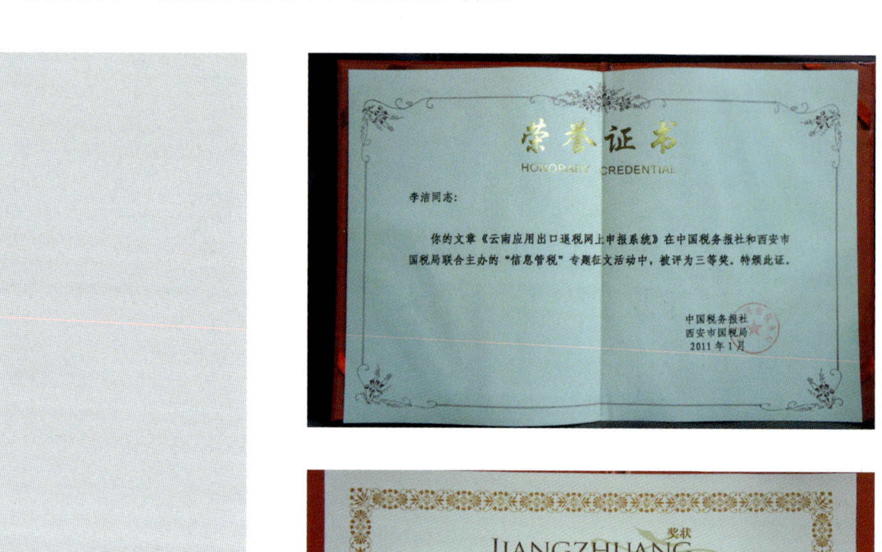

荣誉证书

HONORARY CREDENTIAL

李洁同志：

你的文章《云南应用出口退税网上申报系统》在中国税务报社和西安市国税局联合主办的"信息管税"专题征文活动中，被评为三等奖。特颁此证。

中国税务报社
西安市国税局
2011年1月

JIANGZHUANG 奖状

奖给

李洁

您的作品

《云南国税打造ISO质量环境管理平台》

荣获2010年度

"驻滇新闻单位宣传云南好新闻奖"

三等奖

中共云南省委办公厅
云南省人民政府办公厅
中共云南省委宣传部
（代章）
2011年4月

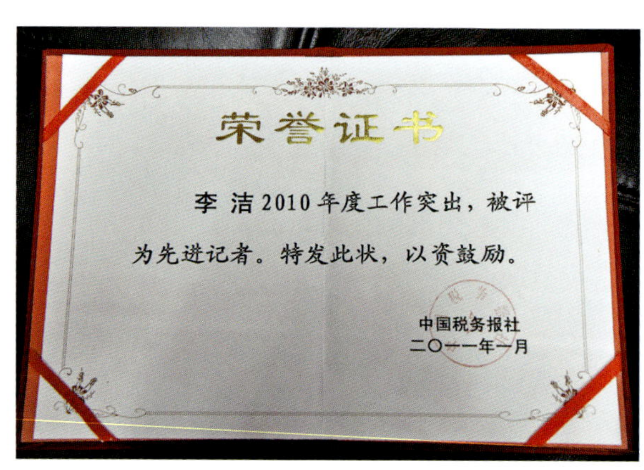

荣誉证书

李洁2010年度工作突出，被评为先进记者。特发此状，以资鼓励。

中国税务报社
二〇一一年一月

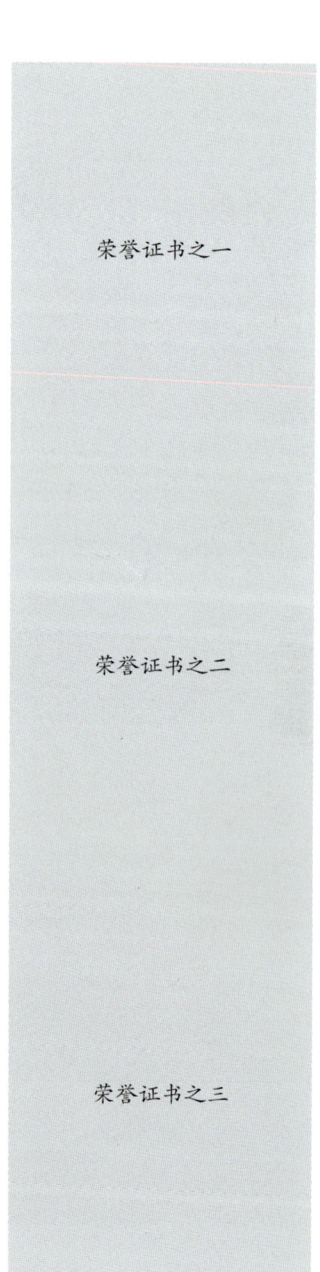

荣誉证书之一

荣誉证书之二

荣誉证书之三

第三篇

各地国税工作概述

Y U N N A N G U O S H U I N I A N J I A N

昆明市国家税务局

经济概况

2011年，昆明市在市委、市政府的正确领导下，深入贯彻落实科学发展观，团结一致，奋力拼搏，开拓创新，有效应对国内外复杂多变的经济形势，克服连续三年旱情影响，坚定不移推进现代新昆明建设，国民经济持续增长，综合实力明显提升，人民生活持续改善，社会更加稳定和谐。2011年全市实现地区生产总值（GDP）2509.58亿元，比上年增长14%。其中，第一产业实现增加值133.83亿元，增长6.1%；第二产业实现增加值1161.18亿元，增长16.7%；第三产业实现增加值1214.57亿元，增长12.3%。三次产业结构比为5.3∶46.3∶48.4。人均生产总值达到3.88万元。全年地方财政总收入700.9亿元，比上年增长25.3%，地方财政一般预算收入317.7亿元，增长25.2%，其中，税收收入283亿元，增长25.2%。在税收收入中，增值税43.8亿元，营业税100亿元。地方财政一般预算支出441.6亿元，增长27.5%。

税收概况

【收入完成情况】 2011年，昆明市国税系统共组织国税收入410.17亿元，同比增长21.7%，增收73.13亿元，剔除海关代征完成402.8亿元，同比增长22.49%，增收73.96亿元。除储蓄存款利息所得个人所得税有所减收外，主体各税种均有不同程度增长。其中：国内增值税完成176.24亿元，增长23%，增收32.96亿元。国内消费税完成111.36亿元，增长21.63%，增收19.8亿元。企业所得税完成92.51亿元，增长25.22%，增收18.63亿元。储蓄存款利息所得个人所得税完成990万元，下降57.09%，减收1317万元。车辆购置税完成22.6亿元，增长13.57%，增收2.7亿元。

【收入特点】 （一）税收总收入平均增幅达25%。2011年税收整体收入快速增长，月平均增幅达24.73%，高于2010年月平均增幅8.56个百分点。主要受三个因素拉动：一是上年增幅偏低。2010年全年平均增幅为16.18%，最低的月份仅有8.6%的增长。二是工业烟草快速增长。2011年，工业卷烟三税入库150.24亿元，同比增长21.06%，增收26.14亿元，增幅高于上年12个百分点。三是剔烟以外行业的高速增长。2011年，剔烟以外其他税收（增值税和企业所得税）入库225.5亿元，同比增长24.3%，增收44亿元。（二）增值税成为增收的主力税种。2011年，增值税收入一直以较快的增速运行，除1、2、11月份和12月份未达20%外，其他各月收入增幅均在20%以上，成为增幅最高的税种，其增长贡献率为45.06%，比2010年提升了9.8个百分点，对总体税收增长提供了有力的支撑。（三）总体税收收入前高后低，累计增幅逐月下降。2011年国税收入总体增长较快，但税收累计增幅从28%逐月回落至12月份的21.7%；地方一般预算收入累计增幅从32.15%逐月回落至12月份的24.5%，税收增幅呈现出前高后低态势。

【税源分析】 2011年全市纳入监控的848户重点企业入库税收占同口径税收收入比重达83.85%，卷烟、商业、电力、有色、化工、建材六个行业收入占总收入比重为67.08%，比上年提高2.55个百分点；增长贡献率达78.86%，比上年提高32.12个百分点，对全市税收的快速增长起到了明显的支撑作用。其中，卷烟、商业、电力、有色、化工、建材六个行业的增长贡献率分别为35.74%、19.25%、13.12%、7.4%、1.68%和1.67%；卷烟、电力、有色、化工分别比上年提高13.59、22.61、5.08、0.49个百分点，而商业和建材增长贡献率比上年降低9.15和0.51个百分点。工业卷烟入库增值税33.07亿元，同比增长21.35%，增收5.82亿元；入库消费税107亿元，同比增长21.08%，增收18.63亿元；入库企业所得税10.15亿元，同比增长19.93%，增收1.69亿元。完成地方一般预算收入9.89亿元，同比增长21.12%，增收1.72亿元。

各项工作

【税收征管】 （一）各税管理。增值税方面：2011年增值税即征即退98户，共计1.05亿元，比上年即征即退1.61亿元下降34.83%。其中：福利企业81户，共计7697.8万元，比上年1.08亿元下降28.95%；资源综合利用企业11户，共计1855.56万元，比上年2568.16万元下降27.75%；软件企业4户，共计848.35万元，比上年2611.77万元下降67.52%；其他企业2户，共计112.53万元，比上年118.64万元下降5.15%。2011年增值税免税销售额913.74亿元，比上年增加296.85亿元，增幅为32.49%。其中：一般纳税人免税销售额892.6亿元，比上年增加309.3亿元，增幅为34.65%，小规模纳税人21.14亿元，比上年减少12.45亿元，减幅为37.06%。消费税方面：一是2011年1月，按省局安排，通过市局重点企业调研与各县区局自行摸底调查结合，摸清金银首饰和珠宝玉石行业管理现状，并从认定、征收、发票使用等环节向上级部门提出征管建议和管理措施。二是通过对2011年1~3月（所属期）消费税收入结构进行分析以及啤酒行业消费税呈现的新变化，掌握各企业2011年的发展趋势。三是参与省局对卷烟消费税网络申报进行调整，以确保政策得到及时贯彻。车辆购置税管理方面：市局组织研发的车购税“一体化”管理系统（车购税网络开票系统）至2011年12月已全面上线运行成功。2011年昆明市国税局共组织征收车辆购置税收入22.64亿元，比2010

年的20.06亿元增长了13%，增收税款2.58亿元，确保了应收尽收，实现了税收收入随经济发展平稳增长。企业所得税管理方面：一是明确了资产损失税前扣除内部办理流程要求，将资产损失税前扣除企业纳入2011年的所得税纳税评估工作。二是对规模较小、长期零负申报，以及难以查账和申报计税依据明显偏低又无正当理由的企业实行核定征收。三是认真做好所得税网络及介质申报系统的推广应用工作。截至2011年12月31日全市企业所得税管户季月报网络应申报户为39713户，同期管户46422户，比率达85.55%。（二）出口退税管理。2011年昆明市国家税务局共对190户外贸企业和222户生产企业办理出口货物退（免）税14.77亿元，其中：办理退税12.84亿元、办理免抵调库1.93亿元。一是成功使用出口退税网络申报系统进行出口退税申报。2011年昆明市共有423户企业申报出口货物退（免）税，其中422户企业成功使用"出口退税网络申报系统"进行出口退税申报，网络申报率为99.76%。二是严格按照规定对出口企业的出口货物退（免）税申报进行审核，2011年共审核出口货物退（免）税申报资料3668册，审核出口货物报关单记录48747条、出口货物涉及的增值税专用发票记录28577份，对1265条出口报关单记录审核后开具470份出口代理证明，开具《税收收入退还书》2175份、下达《生产企业出口货物免、抵、退税审批通知单》1174份。三是继续加强出口货物征退衔接管理，2011年共对出口不予退（免）税信息进行了12期核查，对出口不予退（免）税货物已视同内销计提销项税额1.62亿元，但也发现少量出口企业对出口不予退（免）税货物已视同内销申报不规范，共补征增值税9.11万元。四是全面启动昆明市出口企业人民币结算出口退税。2011年共对15户出口企业办理出口货物人民币结算出口退税252.1万元。（三）发票管理。一是有效防止旧版普通发票的再次流通，保障了新版普票的顺利推广使用，圆满完成普通发票换版工作。二是取消增值税专用发票领购簿和普通发票领购簿，统一使用发票领购簿。三是对领发的发票及票证及时登账记录，做到账实相符、账表相符、账账相符（账款相符）；保证了全市发票和表证单书的供应。截至2011年12月31日，领、发增值税专用发票307万份；领增值税普通发票34.96万份、发增值税普通发票350.8万份。四是积极配合税务稽查、公安、检察院、法院、纪检、工商等部门对涉税发票案件的协查工作。全年共协查发票流向131份，为协查涉税案件提供了证据。

【税收执法】 （一）税法宣传。昆明市国税局不断创新税收宣传形式，突出重点，注重实效，使税收宣传贴近实际、贴近生活、贴近纳税人。一是围绕2011年全国第20个税收宣传月"税收·发展·民生"主题，按照省局"服务基层年"工作要求，多层次、全方位开展了一系列内容充实、形式新颖、影响力大的税收宣传活动。开展"送税法、识风险、共建和谐税收"宣传活动，开展以外商投资企业过渡税收优惠政策年检工作为载体的税收宣传。针对新修订《中华人民共和国发票管理办法》实行不久的情况，通过网上征纳互动平台及时向纳税人发布发票填开规定涉税提醒公告，为纳税人提供税收政策专题宣传服务。二是注重在传统新闻媒体上的宣传报道。全市2011年度被各级报刊杂志新闻媒体使用的稿件共计147篇。其中《中国税务报》5篇，"中国广播网"1篇；《香港文汇报》1篇；《云南日报》5篇，《云南经济日报》19篇，《云南省信息报》3篇，《云南法制报》1篇，《云南社会主义研究》1篇，《云南广播电视报》1篇，《云南电视台都市频道》1篇（次），《云南国税》38篇。三是积极配合省局举办"纪念税收宣传月20周年座谈会"，并以此活动作为启动仪式，拉开全市税收宣传月活动的序幕。《中国税务报》、《云南日报》、云南电视台、《昆明日报》、昆明电视台等专业和地方主要新闻媒体受邀对会议进行报道。四是注重在新兴媒体上的宣传报道。2011年，在《昆明信息港》登载宣传文章8篇，共发布信息公开84篇，内容包括公示公告、主动公开信息、昆明国税动态。将网上征纳互动平台作为税法宣传的一个创新项目来抓，开辟税收宣传和国税文化建设的新阵地，共受理税收咨询250户（次），发送主页公告142条，发布涉税通知235期（条），涉及纳税人239221户（次），受理投诉10条，受理建议27条。发送手机短信293868条，其中宣传"12366"纳税服务热线的有138322条，内容包括按期申报纳税提醒、预期纳税催报服务、征期依法顺延告知、传达系统故障、谨防受骗提醒、其他涉税（管理）信息提示。五是注重语音热线的点对点宣传。截至2011年12月31日，纳税人来电总量达10024个，语音服务量为8444个，其中：自动语音服务量为2660个，人工语音服务量为5784个。人工语音服务量中：人工接听量为5438个，人均接听话务量为679.75个，工作日人均接听话务量为8.3个，呼出话务量总量346个，20秒内接通量5206个，20秒内接通率为95.73%。（二）税务稽查。2011年，昆明市国税局把依法行政作为工作基本准则，围绕中心、服务大局，以查处税收违法案件和开展税收专项检查、分级分类稽查为重点，继续开展调研式检查和探索审计型稽查，进一步完善内部管理制度，全面提高执法水平，各项考核指标全部完成。全市国税各级部门共检查各类纳税户2.2万户，查补收入合计9.52亿元，入库合计9.51亿元，入库收入较2010年同期增长6.71%，增加5977.93万元。其中：重点稽查和稽查安排企业自查查补收入3.34亿元，占全部稽查收入的35%。重点稽查选案准确率95.83%、结案率99.31%、入库率97.89%，超额完成省国税局下达目标任务。一是突出稽查重点，集中优势查办好大要案。2011年，通过"税警联合、外调办案"、"成立专案组"、"大力开展外调协查"、"召开专题分析会议"等方式，重点查处"南疆税案"、"11·10"专案、"制伞、服装等行业"专案，为继续深入开展重大案件查处工作积累了丰富经验，有力震慑涉税违法犯罪，规范钢材、制伞、服装等行业税收经济秩序，净化税收执法环境。二是夯实基础工作，依法文明稽查。深入开展专项、分级分类和重点税源稽查，突出依法稽查和文明执法。2011年，专项、分级分类和重点税源稽查企业自查和重点稽查共计入库收入4425.52万元，占全市稽查收入的13%。深入打击发票违法犯罪行为，突出协同办案。2011年，全市各级国税部门共计查处发票违法案件213件，涉及非法发票2141份，涉及税额1335.41万元。打掉制售假发票团伙2个，捣毁窝点2个，抓获犯罪嫌疑人6人，收缴涉案发票1.38万份，查补收入1866.35万元，移送公安机关处理案件16件。全市对建筑、金融、保险等8个重点行业进行了检查，共查处有发票违法行为的企业102户，各类非法开具发票1120份，涉及金额7235.23万元，查补收入843.47万元。创新工作方法，探索审计稽查。设立工作领导小组，在全市范围内选取1户重点税源企业进行审计型稽查，初步搭建起审计型稽查模式，为今后开展审计型稽查工作打下坚实的基础。（三）执法检查。2011年共对10个单位进行重点督察，对督察中发现的问题及时进行通报。一是通过运用征管软件“查询、统计”模块和综合征管软件监控系统功能，及税收执法管理信息系统等现有资源，有针对性地实施重点督察工作。二是共享税收执法督察资源，增强“联动式督察”效应。对发现执法问题及时反馈有关业务部门，督促整改。（四）依法治税。一是严格税收执法，加强执法考核。2011年1~12月考核期全市执法业务量1493235项（次），实际发生执法过错66个，考核期平均过错率为0.044‰，同比降低0.011‰。二是进一步提高行政审批工作效率。实施行政审批4000余件，各件行政审批均按照规定程序、承诺时限要求进行了认真办理。三是安排部署规范性文件清理工作。共清理税收规范性文件1797件，对省局规章及规范性文件清理结果提出反馈意见的49件。四是加大“四项制度”贯彻落实力度。每月在市政府重要事项公示平台发布2条公示事项，并及时发布报告；每月制作一期《昆明市国家税务局实施“阳光政府”四项制度工作简报》向云南省国家税务局、市政府法制办公室、市政府目督办、市政府信息产业办报送。2011年度无重大决策听证的项目，共公示重要事项24项，并均已发布公示结果报告。

【信息化建设】 （一）应用系统推行情况、数据分析利用情况。一是网络申报运行维护。2011年进行应用程序更新部署6次，全年网络申报系统共成功受理各类申报753329户（次），其中：增值税申报557134户（次）（一般纳税人303257户次，小规模纳税人253877户次），消费税申报2937户（次），企业所得税申报193258户（次）。二是金税工程各系统和增值税专用发票、货运发票网上认证系统、网络抄报税运行维护。2011年全年增值税专用发票和货运发票网上认证系统运行正常。通过网络抄报税开票金额3031.4亿元，占总金额的49.2%；税额510.29亿元，占总税额的49.31%。三是储蓄扣税系统运行维护。2011年，储蓄扣税系统运行稳定，应扣税489686笔，应扣税金额16916.53亿元；扣税成功471469笔。2011年度储蓄扣税应扣税笔数比2010年度减少28904笔，减少5.57%，应扣税金额增长658.39万元，增长4.05%，扣税成功笔数减少30629笔，减少6.1%，扣税成功金额增长526.06万元，增长3.35%。四是车辆购置税一体化开票系统运行稳定。五是完成相关软件的开发工作。进行了“昆明市国家税务局网上征纳互动平台二期”项目开发。完善“征管数据质量评价管理系统”功能。2011年共完成27个预警指标，6个报表，月均采集数据680万余条。在部分县（区）局组织培训，目前系统平稳正常运行。开发网络版普通发票代开系统。共进行8次内部测试和3次外部测试，2011年共征收税款1.35亿元。六是新系统推广应用。完成了倘甸产业园区和轿子山旅游开发区税务分局的机房建设、综合布线、机器设备采购安装和调试、一般纳税人的划转迁移和各个信息系统的人员授权、初始化工作。推行税收管理员辅助信息系统（V2.0）。2011年7月25日上线运行税收管理员辅助信息系统（V2.0）。2011年11月3日完成市社会信用体系信息化系统前置机的部署及数据交换软件的安装、调试等工作。七是深化数据分析和应用，为提高税收工作质量和效率提供新的手段和技术支持。2011年，进行数据处理分析50余次，处理数据量100余万条；构建部门间横向数据交换和比对系统，月均自动清分比对数据680万余条；建立漏征漏管户电子数据比对机制，通过国税、地税和工商间登记数据的交叉比对，月均清分比对数据10万余条（次），进一步做好税负预警系统的运行完善工作，全年发布预警数据12期，征收（追缴）税款4000万元；做好储蓄扣税系统按银行、税种、区县局等各种参数指标的数据统计分析工作，全年合计提取统计数据489686笔，制作各类统计报表48份。（二）税收电子信息化基础设施建设及税收信息化管理维护工作。一是各应用系统的补丁升级。按照相关部署和要求，协助省局先后完成了27次系统补丁升级和调优工作；综合征管软件先后完成了42L02、42L03、42L04、42L05、42综合补丁和43L01号补丁的升级工作；数据分发系统也进行了相应升级，执法管理信息系统进行了6号补丁和7号补丁的升级工作，先后解决了部分软件应用问题，以及实现了疑点信息库相关功能；完成了“组织机构代码共享系统”的升级维护工作；车购税系统完成了12号补丁、第23册免税车辆图册以及两次车辆购置税最低计税价格的升级工作；进行了发票系统税务端的升级工作；完成了公文处理系统4.0到4.0.4的升级工作；完成了网络申报系统的升级调试工作，最大限度保障了2011年度所得税申报工作的正常运行；做好昆明市国家税务局网站的维护、升级等工作，确保网络顺畅、系统稳定、数据安全。二是各运用系统数据修改。2011年度通过市局内网网站“应用支持”、“咨询答复”、FTP及电话方式共受理相关各类请示近600份，请示提交省局处理更正各类错误数据3000多条，确保了基层单位对各系统的正常应用。按月做好财税库银系统的用户添加授权工作，完成了人员调整信息变更工作，使新到岗位的人员能够及时开展工作，保证了全市信息化工作的顺利进行。三是硬件、网络和安全维护。2011年，共处理计算机、网络设备及电话等维护工作550余次，对市局机房的核心网络设备进行了更新。2011年信息中心调拨基层计算机352台，市局1台，合计353台；调拨基层打印机350台，市局9台，合计359台；调拨基层投影仪15台。完成全市设备清查工作。2011年里共完成大功率UPS、精密空调及各业务主营服务器维保39次，保证了各业务系统设备的安全、高效运行。（三）网络化建设。网络及系统安全维护工作。安装、配置安全防护设备（软件、硬件），确保安全防护设备、服务器的良好运行；部署网络监控服务器和软件，维护好网络监控系统的运行，确保监控服务器和监控软件运行良好；认真做好网络监控平台（HP OPEN VIEW 等）的管理和应用工作，及时准确地发现可能存在的问题和隐患，认真做好瑞星网络版防病毒软件、VRV 桌面管理系统的管理和应用推广工作；严格进行内、外网隔离，确保网络和信息系统安全。

队伍建设

【机构人员情况】 （一）人员情况。2011 年，全系统在职干部职工 2296 人，其中：女性 1049 人，占 45.69%；少数民族 279 人，占 12.15 %；党员 1223 人，占 53.27%；共青团员 39 人，占 1.69 %；民主党派 17 人，占 0.74%。年龄结构：30 岁以下 141 人，占 6.14 %；31～35 岁 157 人，占 6.83%；36～45 岁 920 人，占 12.72%；46～50 岁 663 人，占 28.88 %；51～54 岁 292 人，占 12.72 %；55～59 岁 123 人，占 5.36%。学历结构：研究生 40 人，占 1.74%；本科毕业 1124 人，占 48.95 %；大专毕业 944 人，占 41.11%；中专以下毕业 188 人，占 8.19%。（二）机构设置。2011 年，局机关内设机构 13 个，办公室、政策法规处、货物和劳务说处、所得税管理处、收入核算处、纳税服务处、征收管理处、财务管理处、人事处、教育处、监察室、进出口税收管理处、大企业和国际税务管理处；3 个直属机构，稽查局、直属税务分局、车辆购置税征收管理分局；3 个事业单位，信息中心、机关服务中心、票证中心；下辖 3 个开发区局，1 个风景名胜区局，14 个区县（市）局，14 个稽查局，40 个税务分局，14 个事业单位。

【廉政建设】 一是坚持一岗双责，认真落实党风廉政建设责任制。为贯彻落实好市委“执行力提升年”、省局“服务基层年”的工作要求，始终坚持实行党组统一领导，党政齐抓共管，纪检组织协调，部门各负其责，依靠干部职工支持和参与的党风廉政建设工作机制。市局局长与 19 个基层局局长签订了 2011 年《党风廉政建设责任书》，市局领导班子成员与分管部门签订了《廉政纠风目标管理责任书》。全系统共签订《责任书》2362 份，其中：集体部分 40 份、个人部分 2322 份。同时，坚持税企双方签订《廉政公约》并进行回访的制度，从开展实行税企双方签订《廉政公约》和进行回访制度以来，至 2011 年 10 月累计应签订户数 136878 户，实际签订 135393 户，签订率 99%；累计应回访 26127 户，实际回访 27351 户，回访率 105%。通过内外结合，上下贯通，落实责任，更加有力地推进了党风廉政建设责任的落实。二是加强风险防范，全面推进内控机制建设。根据省局《关于印发〈云南省国家税务局关于开展部门内控机制建设的指导意见〉的通知》的部署，2011 年在盘龙区局和晋宁县局分别对管理系列和稽查系列进行试点的基础上，在全系统推行部门内控机制建设。全系统 19 个基层局和市局机关共梳理设置岗位 1454 个，梳理部门工作职责 2530 条，梳理岗位职责 10361 条；排查风险点（重点环节）2604 个，查找风险表现 5011 条；确定风险等级 2801 个。三是加强巡视工作，进一步强化基层班子建设。制定下发了《中共昆明市国家税务局党组关于贯彻落实总局党组〈关于进一步加强和改进巡视工作的意见〉和云南省国家税务局党组〈巡视工作实施办法（试行）〉的意见》（昆国税党字〔2011〕3 号）和《昆明市国家税务局关于对官渡区局等五个单位开展巡视工作的通知》，明确了巡视工作的内容、重点、目标和方法。到 2011 年 10 月底该项工作已全部结束。四是重视信访举报工作，严肃查处违法违纪案件。2011 年市局收到群众来信 6 件，其中：省局转来 4 件；本局收 2 件。6 件信访件中 5 件按照信访件程序已办结，并按时限上报省局；1 件正在办理中。2010 年以来全系统稽查立案 100 万元以上 19 件，其中，500 万元以上 2 件，没有移送纪检监察部门案件。2011 年共办理 2 件人大建议，均办结。共处理“12345”交办件 11 件，均已办结。五是坚持廉政教育，不断增强干部职工反腐倡廉意识。以开展学习杨善洲、“执行力提升年”、“服务基层年”等活动为契机，强化干部责任意识，提高干部廉洁自律能力和拒腐防变能力，进一步加强廉政风险防控。全年在系统网站交流读书心得、学习体会 80 余篇，在局域网《廉政宣传教育》专栏上登载了 90 余篇学习心得，共撰写各类宣传报道 23 篇，共编发 12 期 50 多篇警示教育文章。通过利用信息网络，加强廉政预警，抓实教育、丰富载体、严格制度、强化监督，使警示教育活动入脑入心，营造了风清气正的廉政氛围，收到了较好的效果。六是全面提升执行力，不断推进行政效能建设和作风建设。认真贯彻“带头解放思想、带头改革创新、带头诚信服务、带头深入一线、带头提高效能、带头勤政廉政”的执政理念，向社会进行国税系统“执行力提升”的公开承诺，通过发放征集意见表、召开纳税人座谈会、个别走访和政务网征询等形式，广泛公开征求人大代表、政协委员、政府有关部门、特邀监察员、纳税人对昆明国税的意见和建议。共发出征求意见汇总表 30 份，收回 27 份，收集到肯定性意见 101 条、批评性意见 18 条，建议性意见 83 条。对外共发出《征求意见表》和问卷调查表 1432 份，收回 1425 份，其中满意率 89.1%，比较满意率 10.5%，基本满意率 0.4%。七是积极参加昆明市市政府纠风办《春城热线》。6 月 15 日昆明国税上线《春城热线》，全系统共设集中收听点 20 个，各级领导班子成员和部分中层干部 360 人参加了集中收听。上线过程中，热心听众共拨打电话提出意见和咨询问题 12 个，在现场的领导和嘉宾为纳税人进行沟通交流、答疑解惑，并认真倾听纳税人的意见和建议，不断提升国税机关的服务质量和执行力。

【精神文明建设】 2011 年，不断加强精神文明建设，广泛深入开展文明创建活动，命名表彰昆明市国税系统第八批“文明单位”：昆明市国家税务局直属税务分局、昆明市西山区国家税务局、嵩明县国家税务局三家单位。

【教育培训】 （一）思想政治工作。拟定 2011 年思想政治工作要点，明确思想政治工作内容，对理想信念教育、思想道德教育等内容提出要求。加强政治学习和教育，积极引导干部职工加强自身学习和修养，树立正确思想，保持健康心态，不断提高在各种压力、困难和考验面前自我调适能力。并通过多种形式，听取干部职工心声，交流思想，开展各种文化体育活动，丰富干部职工文化生活。认真学习宣传贯彻党的十七届六中全会精神，坚定跨越发展信心和决心，把广大干部职工的思想统一到会议精神上，把力量凝聚到实现会议确定的各项目标任务上，集中时间，集中人员，集中精力，把学习贯彻会议精神与“服务基层年”工作主题活动相结合，掀起学习十七届六中全会精神的热潮。（二）党建工作。及时掌握全系统党的组织机构和党员队伍基本情况，收集统计全市国税系统党的基层组织和党员情况。全市国税系统共设有党委6个，党总支8个，党支部99个，在职党员1216人，离退休党员274人。继续深入开展创先争优活动。按照省局、市委创先办的统一部署，围绕昆明国税中心工作，按计划深入推进创先争优各项活动。开展纪念建党90周年书法、绘画、摄影、唱红歌、义务植树等系列活动。紧紧围绕中心工作开展“创先争优”活动，认真开展支部承诺和党员承诺活动，以“五个一”活动为载体，以争创“五好”班子为目标，积极组织党员争创“五带头”活动。充分利用市局电子政务网络阅览的方便性和广泛性，开设“创先争优”活动专栏，为全市国税系统干部职工提供深入学习和广泛交流的平台。认真开展“四亮四评”活动。按照省局和市委的统一部署，全市国税系统以创先争优活动为主线，积极开展“四亮四评”活动，及时制定下发《昆明市国家税务局“四亮四评”活动实施方案》，以“五个一”活动为载体，认真组织开展支部承诺和党员承诺制度，开展争创“五个好”班子和争创“五带头”优秀党员活动。在昆明市国税局电子政务网开设“四亮四评”活动专栏，为干部职工提供学习交流平台。为全面掌握全市国税系统“四亮四评”工作的开展落实情况，及时发现解决开展活动过程中存在的问题，有效促进全市国税系统“四亮四评”活动扎实推进，取得实效，7月份组成两个检查小组分别到8个分、区、县（市）局抽查“四亮四评”主题实践活动情况。组织开展建党90周年纪念活动。按照省局和市委要求，动员全市国税系统各级党组织以高度的政治责任感积极参加当地党委组织的各种纪念活动。以建党90周年系列活动为契机，不断推进税务文化建设，在全市国税系统征集书法、绘画、摄影等作品120余件上报省局参加总局组织的评选活动。全系统积极参加当地组织建党90周年各类纪念活动受到表彰，获奖23项；全系统受到当地党委（党工委）表彰的先进基层党组织有14个，优秀共产党员15名，优秀党务工作者11名。参加省局组织的全省国税系统党务知识培训班，并在大会上作交流发言，介绍和交流在做好教育培训工作等方面的经验做法。（三）教育培训工作。组织全市国税系统正科级领导干部培训。为全面提高全市国税系统领导干部的执政意识和执政能力，丰富理论知识、提高理论素养，5月份组织在北京大学举办正科级以上领导干部培训班，50人参加培训。抓好以税源专业化管理为重点，不断完善大规模干部教育培训机制，加强各级各类业务培训。2011年全系统共组织各类业务培训559期13189人，积极完成省局下达的各类业务类培训任务和分配名额，选派参加省局安排的处级领导干部培训6人。加强学习型组织建设，购买有关书籍认真组织各类专题学习。组织对《公司的力量》的学习及市局机关干部考试。开展“阅读红色经典”活动，购买有关党的光辉历程方面的书籍《长征》和《解放战争》，供广大干部职工学习。积极组织收看“云南国税讲坛”。讲坛已成为全市国税干部职工拓展视野、获取知识的重要途径，受到广大干部的欢迎和好评。组织18名副局长参加省局举办的县（市）区国家税务局副局长科学发展主题培训班。11月份组织全市19名科级干部参加省局举办科级领导干部任职培训班。组织机关和直属税务分局350人进行2011年全市普法考试。

（席　文）

昆明市国家税务局直属税务分局

税收概况

【收入完成情况】 2011年，昆明市国家税务局直属税务分局组织税收收入222.98亿元，同比增收39.31亿元，增长21.41%。国内“两税”（增值税、消费税）入库174.45亿元，同比增收32.26亿元，增长22.69%，其中：增值税入库72.19亿元，同比增收14.21亿元，增长24.51%；消费税入库102.25亿元，同比增收18.05亿元，增长21.44%。企业所得税入库48.5亿元，同比增收7.1亿元，增长17.14%。储蓄存款利息所得个人所得税入库318万元，同比减收430万元，下降57.47%。

【收入特点】 2011年，昆明市国家税务局直属税务分局组织的税收收入总体呈增长态势，所征收的四个税种收入呈现“三增一减”，即国内增值税、国内消费税、企业所得税收入同比增长；储蓄存款利息所得个人所得税同比减收。

【税源分析】 （一）红云红河烟草（集团）有限责任公司卷烟“三税”分析。红云红河集团2011年入库国税收入324亿元，同比增长21.39%，增收57亿元，首次突破300亿元。其中：增值税入库68亿元，同比增长22%，增收12亿元；消费税入库238亿元，同比增长21%，增收42亿元；企业所得税入库18亿元，同比增长19.74%，增收2.97亿元。主要原因：一是昆明卷烟厂易地技改项目完工。技改项目完工促进一、二、三类卷烟生产同比增长，固定资产进项税抵扣同比减少。二是卷烟产品结构提高。集团卷烟品牌结构调整使销量增加。三是企业所得税汇算入库增长。（二）其他增值税入库41.63亿元，同比增收8.69亿元，增长26.39%。（三）其他消费税入库2108万元，同比增收732万元，增长53.25%。（四）企业所得税入库48.5亿元，同比增收7.1亿元，增长17.14%。

【税务管理】 （一）加强税源预测，强化税收分析。

及时掌握影响税收收入变化的重大因素及变动趋势。定期召开税收收入分析会，定期公布税收预测误差率、重点税源采集质量情况，并进行排名。（二）推行税源专业化管理。在保持现有税源管理机构（六个税源管理分局）数量不变的基础上，对原有按属地管理的税源管理机构模式，改变为按规模（行业）分类的税源专业化管理机构模式。专门成立了纳税评估分局，强化纳税评估。（三）加强户籍管理。2011 年征管户为 3863 户，其中，内资企业 2215 户，外资企业 1141 户，外国企业 75 户，个体户 432 户；一般纳税人 879 户；纳税户 2427 户。重点税源监控企业为 196 户（总局监控 100 户，省局监控 96 户）。在户籍管理上，适时监控新办、变更、注销及失踪户情况，每季度对户籍进行一次清理。（四）加强数据监控。加大征管状况数据监控分析工作，对市局下发的征管数据质量分析存在问题进行整改落实。

各项工作

【税收法制建设】 （一）税法宣传。按月汇编《直属税务分局最新税收政策选编》，通过网上征纳互动平台、电子邮件、U 盘和直接上门等方式每月“送政策上门”，利用税收宣传月和“最佳党日”等活动，由税源管理分局和所得税科、征管科、纳服科等业务部门联合到部分重点企业开展个性化纳税服务，有针对性地宣讲和解释最新税收政策，进一步提高纳税服务质效。运用网上征纳互动宣传平台发布涉税通知并进行个性化预警提示信息。组织了 700 多户纳税企业的 1000 多名财务人员开展企业所得税汇算专项培训。组织出口退免税企业对办理跨境贸易人民币决算出口退税政策及操作要求进行了培训以及增值税相关政策、新版普通发票简并换版、网上征纳互动宣传平台操作、重点税源网上直报培训等。

【税收征管】 （一）各税管理。1. 增值税管理。（1）加强固定资产进项税抵扣管理。开展实地核查，转出不予抵扣固定资产进项税金额 37 万元。（2）做好增值税税负预警核实。通过核查评估，补缴增值税 1798 万元。（3）落实增值税减免政策。办理增值税即征即退 19 户，退税 186 万元。（4）规范增值税征前减免报批类、备案类的管理工作。对 79 户申报办理享受增值税优惠政策的企业进行逐户调查核实，按年分户建立管理台账，完善规范增值税征前减免管理，全年享受征前减免税企业 79 户，减免增值税 4.41 亿元。（5）认真做好出口企业税收管理。核查出口不予退免税信息 5352 条，督促企业及时进行账务调整并做备案管理。确保各项出口退税业务申报质量，审核生产企业出口免抵退税企业 285 户（次），审核通过免抵增值税 3900 万元、退增值税 1600 万元。（6）加强一般纳税人认定管理。规范认定流程，办理增值税一般纳税人认定 65 户。2. 所得税管理。（1）完成 2010 年度企业所得税汇算清缴。对 84 户企业进行了资产损失税前扣除集体审批，审批后可在税前扣除 4419 万元，剔除不得在税前扣除 1002 万元。对 100 户企业进行减免税备案审核，备案金额 102.21 亿元，审核后剔除不予备案的减免所得、加计扣除 1.62 亿元。加强所得税税基核实，大幅降低汇算亏损面，实现了下降 2.28 个百分点的好成绩。汇算企业 782 户，实际应纳所得税额 46.74 亿元，已预缴企业所得税 36.72 亿元，应补企业所得税 10.02 亿元。（2）加大企业所得税核定征收力度。已核定 261 户，达到企业所得税管户的 18.7%，核定面同比上升 1.7%。（3）加强跨地区经营汇总纳税企业税收管理。加强对跨省市二级分支机构分配税款的监督管理。所征管的 218 户分支机构申报预缴所得税入库 1.41 亿元，同比增长 58%。（4）加强企业所得税汇算后续管理。对未进行减免税备案企业补缴企业所得税 2143.31 万元，调减亏损 206.26 万元。（5）加强非居民纳税人税收管理。规范管理流程，进一步明确职责，提高服务质效，非居民企业所得税入库 8689 万元。（二）出口退税管理。1. 核查出口不予退免税信息 5352 条。2. 严格按照工作流程办理各项出口退税业务，审核生产企业出口免抵退税 285 户（次），审核通过免抵增值税 3900 万元，退增值税 1600 万元。3. 对 20 户 A 类出口企业、99 户 B 类出口企业出口单证备案情况进行全面检查，开展政策宣传辅导及整改。4. 对出口退税审核系统信息实时监控管理，海关代码变更 3 户，其他基本信息变更 34 户，出口退税认定 17 户。5. 对 235 户出口企业外币销售额的人民币折合率进行了备案管理。6. 加强出口货物税收函调管理工作，做到来函件件有落实，对通过出口货物税收函调电子考核系统 107 份来函及时复函，向上游企业发函 9 条并已接收核实。（三）发票管理。按照新版普通发票制度要求，从票种的核定、发票的发售、发票的使用到发票的管理，严格规范流程和操作，受理纳税人咨询，及时协调、处理临时出现的系统操作、业务办理等问题，帮助纳税人顺利使用新版普通发票。认真做好发票的发售及领、用、存、销等工作，简化了发票发售环节和手续，销售发票 938 户，销售发票 520.37 万份。

【税务管理信息化建设】 加强网络建设，确保信息系统的正常运行。及时做好各个业务系统和运用系统的授权维护工作，及时处理普通发票开票系统、网络申报系统、综合征管软件、公文处理系统、执法考核系统企业端和税务端的相关问题，确保各业务系统和运用系统平稳运行。

【税收执法】 成立纳税评估分局，建立内部反馈机制，不断挖掘税源管理的深度，减少漏征漏管，增加税收收入，有效防范征纳双方的税收风险，实现以评促管工作要求。实施评估 137 户，占全年 177 户的 77.40%；入库税额（含税款、滞纳金）1.14 亿元，所得税亏损数额调减 2.41 亿元。

队伍建设

【机构人员情况】 （一）机构设置。直属税务分局共有机构 16 个，其中，内设机构 9 个：办公室、人事教育科、监察室、征收管理科、纳税服务科、货物和劳务税科、企业所得税科、收入核算科、办税服务厅；事业单位 1 个：信息中心；派出机构 6 个：第一税务分局、第二税务分局、第三税务分局、第四税务分局、第五税务分局、第六税务分局。（二）人员配置。人员编制为

164人，行政编制159人、事业编制5人。实有人数157人，其中，男职工73人，占职工总数的46%；女职工84人，占职工总数的54%。年龄结构为：35岁以下19人，占职工总数的12%。平均年龄46岁。学历结构为：大专以上学历149人，占职工总数的94%。离退休干部45人，其中离休干部5人、退休干部40人。

【廉政建设】 （一）落实党风廉政责任制，认真实施“两权”监督。1. 层层签订2011年《廉政纠风目标管理责任书》346份（其中集体责任书32份，个人责任书314份），并进行考核。2. 新签订《廉政公约》59户。回访纳税人27户，调查问卷645份，纳税人满意率100%。3. 开展“警示教育”活动。组织全局副科以上领导干部参加“全国检察机关惩治和预防渎职侵犯罪展览”，邀请昆明市检察院反渎职侵权局局长王松柏为全局干部职工作预防职务犯罪及执法风险防范专题讲座。4. 加强监督检查。开展内部督察24次，考核34人。（二）全面开展推行内控机制建设的阶段性工作。完成了围绕“人、财、物、权、钱、事”六个方面强化内控机制的阶段工作，即岗责体系清理、风险岗位、重点环节廉政风险点排查、风险等级划分、监督防控措施拟订、部门具体岗位内控流程的绘制工作，形成有效的内部权力制约机制，实现从源头上预防和减少腐败的目的。（三）切实开展“执行力提升年”活动组织实施和推进落实阶段的各项工作。针对干部思想观念、工作作风、体制机制、工作落实和工作创新五个方面广泛公开征求意见，制定切实可行的整改措施，认真落实整改任务。

【精神文明建设】 （一）加强领导班子自身建设。班子成员以身作则、率先垂范。在工作作风、工作纪律上，班子成员严格执行领导干部廉洁从政的各项规定，自觉抵制不正之风，做到勤政廉洁。班子成员努力创造以人为本的人文环境，形成尊重劳动、尊重知识、尊重人才、尊重创造的工作氛围。关心、尊重、支持每一个干部职工，倾听群众的合理诉求，以有限的财力解决干部职工的生活、学习、工作困难。（二）表彰先进，弘扬正气。通过在网站公布每月考核加分排名、在公文系统发文通报、召开大会总结表彰等方式，及时奖励在完成税收工作任务中做出成绩的单位和个人，全年共通报表彰目标管理考核、税收预测分析和重点税源采集工作等先进单位26个，优秀公务员23人，政务信息宣传工作先进工作者10人，党风廉政先进个人16人，工会积极分子24人，全员业务考试卷面成绩前10名个人。

【教育培训】 （一）开展出口跨境人民币结算、征管业务、所得税汇算、车辆购置税网络开票系统、增值税出口退税政策、非居民企业管理、定点联系企业数据采集、税收管理员辅助系统、出口货物函调系统、税收管理存在问题及薄弱环节业务、党务工作者、综合能力提升及税源专业化管理等33期培训，人数达867人，培训时间达165天。参加国家局和省、市举办的培训8期，参训29人（次），培训天数182天。（二）通过网站“学习园地”专栏，每周发布一期“综合业务知识题”供干部自学，共发布了32期，组织了全员考试，全局参考人员117人，平均成绩75.5分，对取得集体成绩前3名的单位和个人成绩前10名的人员给予通报表扬和奖励。

（李　琴）

昆明高新技术产业开发区国家税务局

经济概况

2011年昆明国家级高新技术产业开发区实现总收入1088.6亿元，较上年增长182.6亿元；实现规模以上工业产值576亿元，工业增加值120.5亿元，现价增速达28.2%；规模以上工业利税总额29.5亿元，同比增长35.3%；完成工业固定资产投资79.9亿元，同比增长41.2%；实现进出口5.2亿美元；实现地方财政一般预算收入14.8亿元，增收3.3亿元，增长28.8%。

税收概况

【收入完成情况】 2011年，昆明高新技术产业开发区国家税务局组织税收收入18.92亿元，同比增长30.95%，增收4.47亿元，创历史新高；完成地方一般预算收入4.21亿元，同比增长33.36%，增收1.05亿元。其中：国内增值税收入完成13.79亿元，同比增长38.68%，增收3.85亿元；企业所得税收入完成5.14亿元，同比增长13.99%，增收6304万元。

【收入特点】 一是增值税占税收总数比重较上年增加，2011年增值税收入13.79亿元，由2010年占总收入的68.81%上升到72.9%。企业所得税收入5.14亿元，对总税收的贡献率由2010年占总收入的31.18%下降到27.1%。二是云南铜业股份有限公司发挥龙头作用，2011年入库增值税2.54亿元，同比增收2.44亿元，占总税收的13.42%。

【税源分析】 一是重点税源税收贡献率大。2011年高新区国税局年纳税100万元以上重点税源企业有88户，占征管户的2%；税收14亿元，占总收入的74%。年纳税额在50万元以上的重点税源有144户，占征管户的3.27%；税收17.03亿元，占总收入的90%。二是重点行业中，有色金属、印刷、医药制造、商业几大行业税收均呈增长。其中：有色金属行业入库3.68亿元，同比增长305.39%，增收2.77亿元；印刷业入库7809万元，同比增长10.56%，增收746万元；医药制造业入库1.55亿元，同比增长11.95%，增收1656万元；商业入库4.42亿元，同比增长14%，增收5433万元。

各项工作

【税法宣传】 以开展税收宣传月活动为契机，紧紧围绕“税收·发展·民生”主题，一是加强宣传力度，利用大厅电子显示屏，在办税大厅及园区内显著位置悬挂宣传布标和张贴宣传画，发放宣传资料，营造税收宣传的良好氛围。二是主动公开政务信息，利用电子显示屏及网络服务平台，做到重要事项公示；加强监察举报电话和稽查举报电话的值班力度，自觉接受纳税人的监督。三是开展多种形式的税收政策培训和宣传辅导12场，培训3500余人（次），印发税收政策宣传资料及声像资料6000余份，大力宣传增值税转型、结构性减税等税收政策，帮助纳税人正确掌握运用税收政策，确保各项政策贯彻到位。四是利用昆明国税征纳互动平台，宣传税收优惠政策及新出台的各项税收政策，并以政策汇编、税法解读的形式为纳税人了解相关税收知识提供便利，在税收宣传月期间在征纳互动平台上共发布涉税通知 10000 余户（次），相关资料下载 10000 余户（次），发布涉税公告5条，接受咨询答复7000余次，帮助纳税人办理解决事务率达到100%。五是不断加强与管委会及友邻单位的沟通协调力度，得到各级领导的重视、关心、支持，使2011年的税法宣传活动开展得更加扎实有效。高新区国税局被管委会评为2010年度“先进集体”和“五五普法先进集体”。

【税收征管】 （一）流转税管理：一是做好增值税一般纳税人认定，加强对1266户增值税一般纳税人的日常管理。通过增值税抵扣凭证核查系统，严格增值税专用发票的抵扣监控管理，对33户一般纳税人涉及抵扣的增值税专用发票共70份进行进项税转出1.01万元。二是依托征管信息平台提供的“三小票”异常发票信息，核查货物运输发票126份、海关完税凭证异常发票5份，对其中缺联、重号的，均作进项税额转出。（二）企业所得税管理：一是顺利完成2010年度企业所得税汇算清缴。2010年度应参加汇算户3054户，实际汇算3033户，汇算面达99.31%，与全市平均汇算面持平。汇算清缴企业实际应纳所得税额3.82亿元，同比增长92.07%，增加1.83亿元。预缴所得税1.79亿元，实际缴纳企业所得税2020万元，预缴税款比例达91.09%。盈利企业1302户，赢利面42.93%，亏损企业957户，亏损面为31.55%，同比下降13.69%，零申报企业774户，零申报比例25.52%。定期定率征收企业1062户，核定面为35.03%，同比上升12.41%，超市局目标23个百分点。二是认真开展企业所得税纳税评估工作，通过筛选汇算清缴数据、企业自查、税务机关重点检查等方式，共实施所得税纳税评估165户，评估面为5.61%。实际评估的165户中，有问题企业100户，选户准确率为60%。通过纳税评估共调增应纳税所得额9298万元，补缴入库2323万元，入库滞纳金及罚款17万元，调减待弥补亏损107.1万元。三是结合实际，对规模较小、长期零、负申报，难以查账以及申报的计税依据明显偏低、又无正当理由的1398户企业实行核定征收，并督促、引导企业依法申报，逐步减少实行核定征收的户数。

【出口退税管理】 高新区国税局征管出口企业165户，其中：内资生产企业49户，外贸（工贸）企业57户，小规模纳税人25户，外商投资企业34户。为加强管理，一是做好出口退税企业认定、变更、注销等相关工作，确保户籍基础信息准确。二是认真做好对进出口企业、出口货物退（免）税的审核审批工作。2011年共完成退（免）税额9215万元，免抵税额2920万元，退税额6296万元。三是根据省、市局预警指标，及时对异常企业及相关出口商品进行全面调查核实。认真做好不予退（免）税信息核查工作，督促出口企业按政策规定及时申报纳税，确保出口企业不予退（免）税货物的应缴税款及时征收入库。四是认真做好各项出口货物税收函调复核签发工作。

【发票管理】 根据市局下发的普通发票管理疑点数据清册，对273条数据进行了核查，通过核查整改，20户纳税人补缴增值税14.9万元，4户“双定户”共调高定额3806元，5户认定为一般纳税人，2户调减了发票月用量，14户删除了票种登记。认真组织开展对增值税专用发票、普通发票使用情况的清理调查工作。其中：涉及票种清理的101户企业，经清理共取消了17户企业的相关票种；涉及“一机多票”清理的28户企业，经清理全部确定为使用“一机多票”系统。

【税务管理信息化建设】 成功推行了“新版普通发票开填系统”、“管理员辅助平台”及“企业纳税信用等级评定系统”，为实行“痕迹管理”，不断提高税收征管质量和效率，奠定了坚实的基础。

【税收执法】 一是顺利实现税源专业化管理。结合本局征管现状，对现有的管理机制和管户情况进行合理的人员优化和户籍分类的调整管理。分别组建纳税评估组、重点税源管理组、中小税源管理组、零散税源管理组。纳税评估组分别由税务分局、税政科、征管科选定人员组成；税务分局内部分别设立重点税源管理组、中小税源管理组、零散税源管理组。按照税源结构，确定以2010年实际缴纳税款在10万元（含10万元）以上的户籍为重点税源管理组征管范围，10万元以下的户籍为中小税源管理组征管范围，个体工商业户、核定征收企业为零散税源管理组征管范围。实现了同行业、同规模有比较、有针对的税源管理模式，较好地掌握了税源变化情况，能够及时发现和解决税源管理过程中出现的问题。二是认真开展评估。2011年度全局通过自行组织纳税评估、发票协查、钢材经销企业自查及日常检查等工作，累计入库税款4847.65万元，其中：增值税入库2456.11万元，企业所得税入库2248.73万元，加收滞纳金142.81万元。三是认真开展个体税收征管清查。分别对建成区及马金铺所管个体户的税款核定情况及发票使用情况进行实地核实，并结合核定工作对所管辖区域开展漏征漏管户的清理。通过清理完成核查558户，起征点以上定额从原来的10.7万元调增到12.85万元；发票用户从原297户调减为288户；清理漏管户73户并全部纳入征管。四是加强优惠政策的备案管理。对32户享受农林牧渔、高新技术企业、研发费加计扣除、软件企业等优惠政策的企业进行了年审。通过年审，发现违反政策，多列研发费进行加计扣除的企业7户，金额500万元，经营情况发生变化不符合享受优惠政策条件的企业2户，指标未达到的企业1户。对43户享受西部大开发的企业年审，取消了3户企业当年享受优惠的资格。五是加强对增值税各项优惠政策的审批。全年共审批了59户符合资料要件的纳税人享受增值税减免税优惠政策，共涉及减免税销售收入99.98亿元，减免税额171.14万元。

队伍建设

【机构人员情况】 局领导设1正2副1名纪检组长，内设机构7个，具体分布为：办公室（5人）、人事教育科（4人，含监察室）、税政科（5人）、征管科（3人）、办税服务厅（5人）、税务管理一分局（14人）、税务管理二分局（12人）。2011年，全局在职干部职工53人，退休干部7人，在职人员中：男干部为24人、女干部为29人；党员33人，占总人数的63.46%；大专以上50人，占96%。全局平均年龄43岁。2011年，通过民主推荐提拔了税务分局分局长2名，征管科长1名，人教科副科长1名。通过竞争上岗，将3名年轻干部选拔到中层副职岗位上。

【廉政建设】 高新区国税局结合实际，突出重点，从思想道德、岗位职责、业务流程、制度机制、外部环境等全面排查税收执法和行政管理过程中潜在的权力风险，全局共梳理部门工作职责74条，岗位职责337条，确认风险点120个，有针对性地制定防范措施209条，建立完善规章制度37个，将加强税务风险防范措施落实到党风廉政工作中。一是加强廉政风险教育。邀请昆明市检察院反渎职侵权管理局局长进行《预防职务犯罪专题讲座》、邀请昆明市交警七大队队长进行《交通法规安全知识专题讲座》等，组织参观昆明市检察院举办的反渎职侵权展览，教育引导干部职工树立正确的人生观、价值观，筑牢拒腐防变的思想防线，增强风险意识和廉洁从税意识。二是进一步强化制度落实。将组织收入与年终奖励、评先评优直接挂钩，严格绩效考核，增强全局干部职工的工作责任心和克难攻坚的主动性。不断强化行政管理，特别是在经费管理、政府采购、车辆运行、干部提拔等关键环节严格工作规程。征管业务方面重点对一般纳税人认定、发票管理、出口退税、审核审批、税收核定等高风险环节作进一步规范，使权力运行的关键节点得到了制约，有效规避风险。三是进一步加大监督力度。层层签订《廉政责任书》集体部分8份，个人部分52份，半年进行一次考核，考核结果与单位目标管理考核挂钩，并作为干部人事任用、年度评先选优的依据。结合廉洁自律、依法行政、纳税服务和勤政效能向纳税人发放调查问卷550份；召开特邀监察员座谈会，倾听纳税人意见和建议；落实跟踪督导、回访企业80余户，增强社会监督。四是强化目标考核制度落实。每月对照依法征管、工作绩效、行风政风、廉洁自律等内容实行执法安全考核，严格责任追究。全年共有6名干部分别受到落实工作不到位、劳动纪律、着装规范考核。五是营造廉政文化氛围。在办公区走廊建立“廉政文化走廊”，制作以廉政文化为主题的电脑屏保，以图文并茂的形式营造廉政文化氛围，使干部职工随时受到廉政文化熏陶，保持廉洁从政、文明执法的良好形象。全局被管委会定为“高新区廉政建设示范窗口”。

【精神文明建设】 充分发挥党群组织作用，切实开展丰富多彩的工会活动，在高新区开展建党90周年书法、摄影竞赛中，1名干部书法作品获二等奖，3名干部摄影作品分别获二等奖、三等奖。全局开展各类献爱心活动捐款2.17万元、衣物165件、电脑5台，并与东川区达朵乡达朵小学建立长期帮扶关系。被云南省国家税务局命名为“云南省国税系统文明单位”称号；局办公室被昆明市妇联评为2009～2010年度昆明市“巾帼文明示范岗”。

【教育培训】 依托“高新国税课堂”，采取干部上台讲课、外请专业人士授课等方式，开展革命人生观教育、理想信念教育党风廉政知识教育及业务知识培训等，全年组织开展了《预防职务犯罪专题讲座》、《交通法规安全知识专题讲座》、劳动纪律及休假管理、增值税、所得税有关政策讲座，努力提高干部的综合素质和实际操作能力。

【党支部、工会换届】 高新区国税局党支部原支部书记何玉玺、组织委员桂蕊、宣传委员艾俊利，2011年4月换届后，为支部书记何玉玺、组织委员杨大庆、宣传委员艾俊利。原工会主席何玉玺、文体委员张雪梅、女工委员符林凤，2011年5月换届后，为工会主席张虹、女工委员张雪梅、组织委员丁雪玲，文体委员孙华勇。

（张　虹）

昆明滇池国家旅游度假区国家税务局

经济概况

2011年，度假区经济运行情况良好，旅游服务业总收入快速递增，全社会固定资产投资不断加大，第三产业增加值、旅游接待人数逐年递增。2011年1～12月，全区旅游服务业总收入完成277.4亿元，增长23.45%；第三产业增加值完成102.4亿元，增长19.91%；完成财政总收入63.8亿元，增长593.48%，其中完成地方一般预算收入8.4亿元，增长33.33%；全社会固定资产投资完成56亿元，增长9.29%。旅游接待961.2万人（次），增长17.02%。招商引资实际到位资金内资36.5亿元，增长22.19%。外资0.52亿元，增长40.39%。

税收概况

【收入完成情况】 2011年，昆明滇池国家旅游度假区国家税务局共计组织税收收入3.88亿元，比2010年增长21.13%，增收8200万元，完成昆明市国家税务局调整下达的奋斗目标3.72亿元的104.3%。其中：中央级税收收入完成3亿元，省级税收收入完成3722.81万元，区级税收收入完成5047.26万元。

【收入特点】 一是2011年度假区生产总值增长17.8%，度假区国税税收收入增长21.13%。近年来由于全域城镇化推进及部分品牌汽车销售企业入驻发展和总部经济的崛起，使国税税收收入比重与经济增长相关性进一步密切。二是2011年各项税收收入3.88亿元，较2010年增长21.13%，其中：增值税收入1.03亿元，同比增长25.61%，增收2100万元；企业所得税收入1.55亿元，同比下降11.43%，减收2000万元；车购税收入1.30亿元，同比增长168%，增收8142万元；储蓄存款利息所得个人所得税收入5.49万元，同比下降57.47%，减收7.42万元；消费税收入1.77万元，同比增长24.65%，增收3500元。三是所得税、增值税以及车购税收入占税收总收入的比重较大。2011年，企业所得税收入为1.55亿元，占税收收入的比重为39.94%，较2010年有所下降；增值税收入1.03亿元，占税收收入的比重为26.54%，较2010年略有下降；车购税收入为1.30亿元，占税收收入的比重为33.51%，较2010年有所增长；三税合计占综合税收比重为99.59%。

【税源分析】 一是重点税源主导作用明显。200万元以上重点税源监控企业11户，缴纳各项税收2.08亿元，占税收收入的比重为53.61%。缴纳增值税5797万元，占增值税收入的比重为56.46%。缴纳企业所得税1.5亿元，占企业所得税收入的比重为96.7%。二是随着汽车批发和零售业增值税税收近年的逐渐增长，5户汽车批发和零售企业重点税源2011年增值税共计完成4342万元，在全球经济环境恶化，消费萎缩的情况下，仍然同比增收8.6%，增收344万元。三是房地产行业税收收入1.08亿元，同比下降33%，减收3300万元。其中，昆明万达房地产开发有限公司2011年缴纳税收7852万元，占行业税收比重的72.7%，同比下降38.17%，减收4848万元。四是骨干税源调控作用日趋明显。随着近年来总部经济的逐渐发展，云南云天化集团经过旗下业务整合以经营和代理进出口贸易为主的“云南云天化联合商务有限公司”已逐渐发展成为度假区国税收入的骨干税源之一。但2011年在逐渐消化上年留抵和出口衰退等不利因素的影响下，仅缴纳增值税974万元，占增值税收入的比重为9.46%；同比下降10.02%，减收108万元；缴纳企业所得税1730万元，占所得税收入的比重为11.61%，同比增长233.13%，增收1211万元。

各项工作

【依法治税】 2011年，度假区国税局在组织收入任务异常严峻的形势下，严格遵循“依法征税，应收尽收，坚决不收过头税，坚决防止和制止越权减免税，坚决落实各项税收优惠”的组织收入原则，依法加强征管，认真落实各项减免税政策，努力推进税收法制建设。2011年在“企业所得税减免税审批”、“企业财产损失税前扣除审批”、“延期缴纳税款审批”以及“出口免、抵、退税审批”等方面，均严格按照法定权限和程序办理税收减免，2011年共办理增值税征前减免销售额6.02亿元。一是贯彻支农惠农增值税免税政策，减免销售额4.9亿元；二是落实资源综合利用增值税优惠政策，促进节能减排和循环经济，减免销售额达2.03亿元；三是办理其他减免销售额350万元。执行各项企业所得税优惠政策。共计减免企业所得税6211万元。贯彻西部大开发优惠政策减免5496万元；扶持新办文化产业减免21万元；办理其他政策减免694万元。2011年度共有出口退税企业15户，预审核出口退税2户12次，全年办理退税38.18万元。认真开展并圆满完成2010年度企业所得税汇算清缴工作；认真开展税收执法检查工作；2011年共组织各项行业纳税评估11户，评估入库税款11.32万元，所得税亏损数额调减1010万元。认真完成2011年度重点企业及行业的纳税评估工作。

【税务管理】 一是强化重点税源管理。将年增值税额在100万元以上，年所得税额在200万元以上的11户企业纳入重点监控管理，实行重点动态监控和跟踪监控，这11户重点企业2011年缴纳增值税及企业所得税共计2.08亿元，占全局增值税收入的56.46%，企业所得税收入的96.7%。二是完善税源监管机制，坚持度假区国税、地税、工商、质监、经济发展局等单位之间的信息传递和工作联席会议制度。三是深入开展纳税培训和企业辅导，召开了有320户企业参加的企业所得税汇算培训；适时地组织了对新转入企业的增值税专用发票抵扣联网上认证培训和网络申报及认证培训；对167户一般纳税人进行了集中政策宣传培训及辅导。四是落实中央经济调控政策，执行结构性减免税，强化税收管理。落实增值税起征点上调政策，有占91.88%的249户个体工商户享受到税收优惠，全年减免销售额60.12万元。五是加强纳税评估，建立纳税评估指标档案，全年共进行纳税评估11户，补税11.32万元。六是车辆购置税征收点工作开展顺利，车购税收入1.30亿元，同比增长168%，增收8142万元，已成为目前昆明市所有“车辆购置征收点”中制度创新的亮点窗口。七是在2011年4月，继续开展以“税收·发展·民生”为主题的全国第20个税收宣传月活动。充分利用地域性特征，采取多种形式，开展税收宣传月活动，共发放、赠送宣传册及资料350份、册，提供税收服务300余人（次）。同时在办税服务大厅采用电子显示屏制作宣传标语、口号15条并实行不间断滚动播放，告示税收政策法规46项；提供其他服务180多次；召开有重点纳税企业法人和财务负责人参加的税收宣传座谈会1次；把税收服务于经济、服务于民生、服务于发展真正贯穿于税收工作中，树立了国税机关的良好形象。

【税收征管】 一是加强各税管理。完成增值税专用发票抵扣联网上认证推行工作，有48户纳税人进行了网上认证开户。对320户所管企业年度所得税进行了汇算清缴。对11户企业进行了企业所得税评估，139户企业改按核定征收管理。二是加强出口退税管理。2011年，共有15户出口企业，预审核出口退税2户12次，办理退税额38.18万元。三是加强发票管理。严格执行发票发售管理制度和验旧购新制度。2011年用票户365户，进行企业发票日常检查365户；处理违法违章行为2户（次），罚款金额为3400元。认证增值税专用发票2171户（次），共计21.33万份，金额97.27亿元，税额16.54亿元；代开增值税专票96份，金额313万元，税额9.39万元；代开普通发票455份，金额1.36亿元，税额407.04万元。

【信息化建设】 明确职能职责，严格内外网分离，加强计算机网络管理和安全防护体系建设，确保网络畅通进行各项网络调试维护62次。对省、市下发使用的各系统进行人员设置、授权、维护90余次。在申报系统、车购税征收管理系统、档案系统、税负预警系统、机开发票系统、纳税人信息管理平台等多项运行工作中及时提供技术保障，确保计算机应用系统的正常运行。多元化申报工作继续稳步开展，储蓄扣税全年应扣税2508户次，扣税金额60.72万元。

【创新发展】 度假区国税局以创新为动力，以发展为目标，结合“服务基层年”工作主题，紧紧围绕各项工作目标和任务，坚持依法行政，认真贯彻执行税收政策法规，进一步转变观念，以增强服务意识，和谐征纳关系为契机，在创新发展工作中实现了六个转变：一是服务意识的转变，促进多元化申报工作稳步开展；二是明确纳税服务工作思路的转变，保护纳税人的合理诉求，切实减轻纳税人办税负担；三是创新纳税服务内容和手段的转变，以流程为导向，以信息化为依托，以为纳税人提供高效服务作为工作的出发点和落脚点；四是开展纳税服务需求调查，更新服务理念的转变，因地制宜地公开征求纳税人的意见和建议，全面了解和掌握纳税人涉税服务需求，提高纳税服务工作的针对性和实效性；五是积极开展税收调研，变事后被动处罚为事前主动提醒的转变，加强纳税辅导，向纳税人提示税收风险，发现异常及时进行调查处理，推进了依法治税，保证了税收秩序的健康发展；六是有针对性地开展个性化纳税服务方式的转变，深入重点税源企业、听取意见和建议，分析原因、查找不足，提供力所能及的全方位服务，保证了税收秩序的健康发展。

队伍建设

【机构人员情况】 2011年，度假区国税局共有6个内设机构：办公室、人教科、税政科、征管科、税务分局、办税服务厅。在职干部职工25人，男职工13人，占在职人数的52%，女职工12人，占在职人数的48%，党员18人，占在职人数的72%。公务员24人，占在职人数的96%，工勤人员1人，占在职人数的4%。在职干部职工学历结构：研究生1人，占4%；大学本科9人，占36%，大专15人，占60%，在职干部年龄结构：平均年龄44.76岁。55～59岁1人，占4%；50～54岁3人，占12%；45～49岁12人，占48%；40～44岁1人，占4%；30～39岁5人，占20%；20～29岁2人，占8%。

【领导班子建设】 2011年，度假区国税局不断健全完善党组中心组学习制度，认真组织学习，学习贯彻党的十七及十七大以来历次全会精神，学习实践科学发展观，结合省国税局“服务基层年”活动和市政府“执行力提升年”活动的开展，完成了推行部门内控机制建设工作。领导带头树立良好的学习风气，并撰写了领导班子分析报告和个人学习心得8篇。在“提升工作效能、争创一流业绩”的活动中，以身作则，引导和促进全体干部树立危机意识、责任意识。用新的信念、理念、观念，新的思想、思维、思路谋求工作中有突破。不断完善决策机制，完善和明确人员管理、财物管理、车辆管理等权限。

【廉政建设】 围绕“执行力提升年”的工作思路，结合内控机制建设，抓好廉政纠风，适时开展警示教育，强化职责，加强“两权”监督。努力构建惩治和预防腐败体系，创建平安、和谐国税。继续落实廉政纠风目标管理责任制。继续推行《廉政公约》，回访纳税人135户，满意率达98%。签订了《党风廉政建设责任书》和《软环境建设责任书》25份，在管委会年终考核通报中，考核分为99分。

【精神文明建设】 （一）积极参与创建国家卫生城市、文明城市活动。积极参与管委会组织的环境整治和文明创建督导小组的系列工作并取得阶段性成果。（二）深入持久开展文明创建活动。健全精神文明建设工作机制，确保精神文明建设工作的持续开展。（三）加强税务文化建设，定期开展文体活动；关心职工身体健康，建立每两年一次的职工身体健康定期体检制度；参加并组织职工听健康讲座4次，组织摄影协会会员活动，参加市局摄影作品展览10幅5人（次）。（四）积极参与社会公益活动，2011年全局干部职工积极响应市局盈江地震爱心捐款以及开展扶贫济困送温暖活动和建设“度假区善洲林”慈善捐赠活动，共计捐款1.46万元，捐款人52人。度假区慈善总会成立后，单位捐款2000元，个人捐款2600元。2011年，度假区国税局被昆明市政府办公厅授予“昆明市财税系统先进单位”称号；干部崔梅获市国税系统“精神文明建设先进工作者”称号；职工潘惠清、干部周世霖获市国税局“星级党员”称号。办公室主任余泽瑶家庭再次被推选申报昆明市国家税务局“五好文明家庭”。

【教育培训】 2011年区局共举办或参加各类教育培训共32期，培训职工71人（次），外出培训1人（次），共计420天；培训经费支出4.2万元。通过因地制宜的培训，提高了干部职工的整体素质。

【招商引资】 通过全局干部职工的共同势力，2011年共招商引资新办企业项目5个，经管委会考核办认定金额为1亿，圆满地完成了度假区管委会年初下达的招商引资任务。

（余泽瑶）

昆明经济技术开发区国家税务局

经济概况

2011年是“十二五”时期的开局之年，昆明经济技术开发区按照“提升建设新经开、再造改造创一流”的战略目标，依据“科技、生态、工业新城”的功能定位，坚持走“集聚优势资源、创新引领发展”的开发建设新道路，着力把全区建设成为聚集一流产业创新要素、一流产业投资环境、一流产业体制机制和一流产业发展绩效，国内先进、西部一流的国家级经济技术开发区。2011 年，昆明经济技术开发区主要经济指标保持平稳增长，全区 GDP 完成 137.37 亿元，同比增长 25.85%；完成工业总产值 290.1 亿元，同比增长 29.03%；完成工业增加值 81.35 亿元，同比增长 22.1%；规模以上工业企业已达 113 户，实现规模以上工业增加值 77.3 亿元，同比增长 28%；实现地方财政收入 12.53 亿元，同比增长 37.33%；完成固定资产投资 118.02 亿元，同比增长 37.1%；进出口总额 12.58 亿美元，同比增长 28.1%。

税收概况

【收入完成情况】 2011 年，昆明经济技术开发区国家税务局共计组织税收收入 16.24 亿元，同比增长 33.39%，增收 4.06 亿元。其中：增值税税收累计入库 11.46 亿元，同比增长 28.15%，增收 2.52 亿元；消费税累计入库 462 万元，同比增长 335.85%，增收 356 万元；企业所得税累计入库 4.73 亿元，同比增长 46.91%，增收 1.51 亿元。累计组织地方一般预算收入 3.62 亿元，同比增长 31.79%，增收 8725 万元。

【收入特点】 增值税转型政策影响有所减弱，随着经济回归常态，货币政策收紧，投资增幅回落，企业技改项目有所减少，增值税转型政策带来的集中抵扣有所减少，全年重点企业抵扣固定资产进项税额 6333 万元，同比减少 2894 万元，带来增值税增长。2011 年度主导产业制造业共入库税款 9.03 亿元，同比增长 10.39%，增收 8500 万元，占比同期税款总入库数的 55.64%。

【税源分析】 （一）云南省烟草烟叶公司生产经营稳健，产品结构提升，市场销售较好，技改项目完成后产能增加，抵扣固定资产进项税额减少，带来税收增长，同比增长 13.63%，增收 3135 万元。（二）采掘和化工、非金属矿物制品行业拥有较多矿山资源，行业景气度上升，资源价格上涨，税收随之增加，同比增长 27.03%，增收 1047 万元。（三）处于产业链中游的商业行业，随着经济技术开发区主行政区和三大园区的加紧建设，投资环境日益改善，带动第三产业迅速发展，税收收入同比增长 83.72%，增收 3.23 亿元。（四）医药制造行业保障供应，提前备货，低价位库存增加高于往年正常水平，受市场涨价因素影响，当期税收增加，同比增长 46.04%，增收 3406 万元。冶炼和医药两个行业还受增值税转型减税政策影响，固定资产进项税额抵扣减少，也是税收有所增加的原因之一。

【管理创新】 在省、市国税局的指导下，积极推行管理创新。（一）经济技术开发区国家税务局、地方税务局于 2011 年 11 月 1 日正式开展联合办证。截至 12 月 31 日，国、地税办税服务厅已联合办理税务登记 334 户，办理注销税务登记 68 户。（二）税收管理员辅助信息系统于 2011 年 7 月 1 日正式上线运行，截至 12 月，全局依托系统共发起调查任务 420 条，完成 420 条，有效地促进"税源管理系统化、痕迹管理细致化、信息管税便捷化、税收执法低风险化"推行目标的逐步实现。（三）从 2011 年 6 月份开始，按照昆明市国家税务局关于推进税源专业管理的实施意见，经济技术开发区国家税务局坚持把改革创新作为税收发展的强大动力，以改变税收管理员"分户到人，各事统管"的管理方法为切入点，在第二税务分局探索建立了以税收风险管理为导向的"管事制"税源管理新模式。经过半年多的运行，第二税务分局在运行过程中不断完善丰富"管事制"为主导的税源专业化管理，并初步取得成效。截至 2011 年 12 月第二税务分局征管户籍 7082 户（人均管户 708 户），占全局 8083 户的 87.62%；征管一般纳税人 2068 户，占全局 2908 户的 71.1%，2011 年所辖管户缴纳税款 6250 万元。圆满完成了全年任务，同时顺利进行了由管户制向管事制的转变，实现了对纳税人专人专管向多人服务的转变。

各项工作

【税收征管】 （一）加强户籍管理。2011 年共征管纳税人 8083 户（其中企业 7061 户，个体 1022 户），同比增长 26%。（二）提高申报率、入库率、处罚率。2011 年平均申报率 99.01%，平均入库率 100%，平均行政处罚率 100%。（三）提高纳税申报质量，强化数据分析。落实增值税一般纳税人认定的各项措施和申报纳税"一窗式"管理操作规程，完善对"三小票"和税务机关代开增值税专用发票的管理，强化稽核比对和数据分析，认真做好对异常票的审核检查工作。

【税收执法】 （一）加强税法宣传。以新政策法规为主线进行宣传培训，2011 年组织内部培训 11 期，参加培训 344 人（次），组织外部培训 6 期，涉及企业 900 余户（次）。（二）规范欠税管理。做到年初制订清欠计划，季度进行欠税公告，建立欠税台账，2011 年清缴昆明烟机设备有限公司陈欠税款 3.6 万元。（三）逐步规范个体管理。完成昆明市国家税务局下达起征点核定面和核定税额的指标，对调整定额和新核定定额的个体户每月进行公示。（四）继续开展整顿和规范税收秩序。2011 年对省市国家税务局点名和安排、税负预警系统提示及自选重点评估 272 户进行认真评估，累计补缴税款 239.5 万元。（五）继续全面推行政务公开和文明办税"八公开"制度。把法治的要求融入到各项税收工作中，坚持合法行政、合理行政、程序正当、高效便民、权责统一，促进全局干部规范、公正、文明执法。

【信息化建设】 （一）全力确保税收征管信息系统、防伪税控系统、出口退税审核等系统的顺利运行。（二）做好信息应用、网络维护及各系统监控工作。开展计算机类设备固定资产检查工作；对办税服务厅计算机形成按月备份制度；对综合征管软件和执法管理系统进行监控，全年共对 6.85 万项系统数据进行实时监控，发现问题 684 户（次），及时进行维护纠正，降低税收执法管理信息出错率；搞好信息化基础和视频会议系统建设。（三）加强安全防护体系建设。维护计算机设备各种硬件和软件问题 12 台（次），及时解决和上报系统运行中出现的问题，确保系统正常运行。

队伍建设

【廉政建设】 党风廉政建设以部门内控机制建设和

"执行力提升年"活动为载体；以创先争优"四亮四评"活动为抓手；以提高领导干部的廉政意识、责任意识和履行"一岗双责"能力为重点；全面推进党风廉政建设和反腐败工作的深入开展。干部职工的责任意识得到增强，执行力和工作效率得到提升，为各项工作的圆满完成提供了有力的组织和纪律保证。一是以党风廉政建设责任制为龙头，突出抓好责任落实。分层级层层签订责任书，全局共签订《党风廉政建设和纠风目标管理责任书》53份；继续做好《廉政公约》的签订和回访工作，以公约形式明确征纳双方的权利和义务，共与纳税人签订《廉政公约》1251份；发放问卷调查表600份，收回587份。通过回访和调查，纳税人对国税干部遵守公约的满意率达100%；通过层层签订责任书，形成了党风廉政建设责任制部门有任务，人人有指标，一级抓一级，一级对一级负责，层层抓落实的格局。二是以"政治学习日"、"纪检日"、"最佳党日"活动为载体，扎实加强廉洁勤政教育。通过集中学习讨论、参观预防职务犯罪展览、阅读红色经典书籍、观看革命历史题材影片、组织反渎职侵权犯罪专题讲座、进行党性分析和民主评议党员活动等多种宣传教育方式，深入持久地开展广大干部喜闻乐见的廉政文化建设活动，突出抓好对国税干部特别是党员领导干部的法纪意识、公仆意识、责任意识和岗位廉政教育。在昆明市委办公厅、经开区纪工委年终对经开区局惩治体系建设、廉政风险防范管理和"廉政文化建设示范单位"的检查考核中，上级部门和领导给予了充分的肯定和高度的评价。三是积极推进部门内控机制建设，不断强化内部管理。通过制定工作方案、广泛宣传动员、梳理岗位职责、查找廉政风险、制定防范措施、绘制工作流程图和健全完善规章等工作，进一步强化对权力运行关键环节和重点岗位的内部管理和制约。共排查廉政风险点112个，制定防范措施236条，绘制流程图46幅，健全和完善内部规章3个，努力形成凭制度用权、靠制度办事、以制度管人的良好氛围。四是强化"两权"监督，有效防止不廉洁行为发生。把从严治队理念落实到行动上，对发生的问题敢管敢查，只要遇到投诉，就列入目标管理考核，一经查实，从严处理。

【提效能　优作风】　始终坚持把政风行风建设作为反腐倡廉的重要工作来抓，以"执行力提升年"和"效能经开"建设活动为载体，切实转变行业和部门风气，进一步提升行政效能、改进干部作风、优化发展软环境，推进国税工作提速增效，科学发展。一是以执行力提升为重点，切实改进存在问题。通过召开特邀监察员座谈会、发放调查问卷和实地走访等方式广泛征求纳税人对行风建设的意见和建议；认真查找部门及个人在执行力和工作效能上存在的突出问题，分析根源、制定有针对性的改进措施，将措施落实的责任明确到具体部门，并将服务承诺向社会公开，接受社会各界的监督。二是开展"增强工作责任心、提升工作质量效率"专题教育活动。引导干部树立"征纳双方法律地位平等"、"纳税人的合理诉求应予满足"和"公正执法就是最佳服务"的理念，并将思想认识落实到工作中，在工作中牢记"为国聚财、为民收税"的神圣使命，规范执法，文明服务，确保干部履职生涯平安，为构建和谐国税打好思想基础。三是努力创新管理机制和体制。以重点税源专业化管理为契机，推行"管户制"和"管事制"相结合的新型征管模式；并以"文明办税八公开"和"四亮四创四评"为实行途径，努力做到业务审批无阻力、办税程序无障碍、征纳协调无投诉，促进国税软环境建设再上新台阶，树立务实、文明、高效、清廉的部门形象。

【精神文明建设】　围绕云南省国家税务局提出的"服务基层年"工作主题和昆明市"争科学发展之先，创和谐社会之优，加快建设中国面向西南开放的区域性国际城市"战略目标，坚持服务科学发展、共建和谐税收，牢记"为国聚财、为民收税"神圣使命，以精神文明创建工作促进"四项制度"贯彻落实。开展"执行力提升年"活动，各部门围绕执行税收政策、落实工作、必达目标，组织干部职工围绕"愿不愿执行"、"会不会执行"、"执行快不快"和"效果好不好"四个方面开展了对照检查。积极开展学习杨善洲先进事迹活动，专题学习胡锦涛同志在庆祝中国共产党成立90周年大会上的讲话，深入开展"四亮四评"主题实践活动，组织观看红色电影、读党史经典著作活动，认真组织收看"云南国税讲坛"。2011年继续保持云南省国家税务局"文明单位"称号，税政科被云南省妇联和云南省国家税务局授予"巾帼文明岗"称号。

【教育培训】　高度重视教育培训工作，利用税务系统内外的教育资源，多层次、多渠道、大规模对干部进行培训。参加省、市国家税务局组织业务培训、专业培训16期，参加培训37人（次）；组织内部培训11期，参加培训344人（次）；组织外部培训6期，对900余户企业进行专题辅导培训，把税收宣传月活动与"效能昆明""效能国税"建设活动结合起来，开展送政策上门服务，开拓思路、创新方法。共支出教育经费9.26万元，占税务事业费的12.14%，人均支出经费2152元。

（覃　娜）

盘龙区国家税务局

经济概况

2011年，盘龙区生产总值（GDP）完成301.85亿元，比2010年增长13.9%，三次产业结构比为1.37:29.04:69.59。人均生产总值达到3.71万元，比2010年增长7.54%。全区财政总收入完成79.03亿元，比2010年增长89.94%。地方财政收入完成51.73亿元，比2010年增长28.83%，其中，一般预算收入22.01亿元，比2010年增长32.02%。全区地方财政一般预算支出25.11亿元，比2010年增长24.87%。

税收概况

【收入完成情况】 2011年，盘龙区国家税务局共组织各项税收收入入库25.09亿元，比2010年同期增长28.88%，增收5.6亿元，完成昆明市国家税务局下达奋斗目标24.61亿元的101.92%，超收0.5亿元。

【收入特点】 总体税收呈现快速增长态势，同比增长28.88%，增收5.6亿元，其中：企业所得税、消费税高速增长，比2010年同期分别增长45%和35.57%；车辆购置税、增值税快速增长，比2010年同期分别增长25.88%和24.35%；仅有个人所得税受政策因素减收。

【税源分析】 （一）增值税2011年累计入库8.1亿元，同比增长24.35%，增收1.6亿元。其中增值税增加较大的企业：一是昆明船舶设备集团有限公司，2011年共缴纳增值税2622万元，增收498万元。增收因素主要是烟草行业整合后，技改步伐加快，对烟机等设备需求量大，该集团公司烟草机械成套设备的生产技术已达到国际先进水平，竞争力较强，在国内烟草工业领域已达到70%的市场占有率，销售、税款相应增加。同时注重创新开发，新技术设备开发拉动公司利润增长。二是昆明金美百货有限公司，2011年共缴纳增值税2836万元，增收336万元，增收因素主要是黄金、玉石、银等市场价格上涨，带动金银玉首饰消费增长，拉动销售收入增幅大，增值税增值空间大即税收增长幅度大。三是TCL电器云南销售有限公司，2011年共缴纳增值税758万元，增加231万元。增收因素主要是公司加大促销力度，加上产品适销对路，使得销售量大幅增加，税款也随之增加。（二）消费税2011年累计入库850万元，同比增长35.57%，增收223万元。（三）企业所得税2011年累计入库5.22亿元，同比增长45%，增收1.62亿元。（四）储蓄存款利息所得个人所得税2011年累计入库58万元，同比下降54.33%，减收69万元。（五）车辆购置税2011年累计入库11.7亿元，比上年同期增长25.88%，增收2.4亿元。2011年全年税收总体收入增长，但从2011年三季度开始，许多企业税收收入大幅度下降，尤其表现在房地产、汽车销售、钢材企业这几个支柱行业。

各项工作

【税收征管】 （一）各税管理。一是加强核定征收工作。将长亏不倒企业及账务核算不规范仍实行查账征收的企业作为主攻方向，采用季度通报、年度考核的方式，确保核定工作的顺利完成。二是抓好2010年企业所得税年度申报工作。为提高2010年度企业所得税汇算清缴工作质量，共组织培训132人（次），辅导重点企业30户。2008年度企业所得税亏损面为71.93%，2009年度企业所得税亏损面降为55.3%，2010年企业所得税亏损面又降到49%。三是做好西部大开发企业税收优惠政策年审工作。落实西部开发年度审核工作要点，完成了31户西部大开发企业的年度审核工作并上报市局审批，对其中发现的企业申报问题进行了落实整改。对企业所得税享受备案类减免企业进行年审，核实审批条件，共有11户企业进行审核。四是做好新旧资产损失税前扣除审批工作。根据新的《企业资产损失税前扣除管理办法》，对已受理的11户进行了清理，要求企业重新按新规定申报财产损失，同时制定了新的工作流程。五是做好企业所得税注销清算工作。2011年有561户企业办理企业所得税注销清算，共缴纳企业所得税28.67万元。六是开展专业化纳税评估工作。2011年，完成纳税评估543户，移交稽查1户。评估入库税款1827.82万元。其中：增值税入库753.91万元，企业所得税入库971.41万元，滞纳金入库102.50万元；增值税留抵税额调减68.93万元，企业所得税亏损数额调减4473.63万元，专业化纳税评估成效明显。七是做好增值税一般纳税人网络抄报税推行工作，对增值税一般纳税人的认定严格按照《一般纳税人认定管理办法》审核审批，切实落实集体讨论，做到手续齐全，程序到位，2011年共审批577户，其中：辅导期245户，超标认定323户，正式一般纳税人9户。按相关要求做好清理认定小规模纳税人工作，运用数据平台清理认定的纳税人共323户。认真做好增值税专用发票和“三小票”的稽核比对异常信息的清理，严格按要求对不符合抵扣的扣税凭证及时做进项税金转出。（二）出口退税管理。2011年共调查回函73份，全部在规定时间内回函，无超期回复函调，并向上游企业发函21份，调查核实向上游企业购进情况。（三）发票管理。认真贯彻落实专票的“四专”规定和税控系统的操作管理制度。对注销的防伪税控企业按金税工程的操作规程规定，对各个环节逐一进行认真审核，在手续完备的情况下予以注销，保证工作的质量。切实做好普通发票换版工作，通过“昆明国税征纳互动平台”向纳税人发送公告，发放宣传手册并举行多场培训。按照“强化机打，压缩手工”的基本原则，全面推行新版机打发票，积极推广使用网络版开票软件，严格控制和压缩手工发票使用范围，新版机打普通发票推行面达99%，强化了税源监控，提升了普通发票管理的规范化和信息化水平。组织开展2011年1~8月个体普通发票用票户用票情况专项清查及小规模纳税人普通发票管理疑点数据核查工作，对涉及全局88户个体用票户的110条疑点信息及小规模纳税人用票户的7个问题清册909条疑点数据，认真进行核查整改落实。加强受托代开单位管理，组织开展2011年6~8月普通发票委托代开情况核查工作，对涉及全局的13个问题清册、共计369条疑点数据，认真进行核实整改。

【税收执法】 （一）税法宣传。认真开展第20个全国税收宣传月活动。2011年4月16日，在金格集团汇都国际广场与盘龙区地方税务局联合举行以“税收·发展·民生”为主题的大型综合税收宣传咨询及文艺演出活动。邀请了盘龙辖区内的部分纳税人到场，采用现场税收知识问答活动、歌舞表演、设立税收政策咨询台的形式，加强税法宣传辅导。共向过往行人发放各类税收宣传资料1000余份。活动当天，云南省国家税务局、昆明市国家税务局、昆明市地方税务局有关领导、盘龙区人民政府高中建副区长等领导亲临现场参加宣传活动。（二）税务稽查。2011年共组织各类稽查检查收入4100万元，占全局税收总收入22.6亿元的1.8%，查处税收违法案件45户，立案45户，结案45户。选案准确率到达100%，查补入库率到达100%，案件结案率到达100%。举行了5场国家税务总局指令性检查项目资本交易、广告业、出口企业及盘龙区国家税务局分级分类查前告知会，进行增值税、所得税、出口退税等相关政策的培训辅导，参加企业共计468户，人员达534人。各项专项检查自查工作共计补税87万元。对省、市稽查局下发的“11·10”专案涉案企业、对涉及的404户受票企业、运输发票3256份，进行了逐户核查取证处理及政策宣传动员，对企业自查情况坚持边核实、边督促、边入库原则，确保组织收入工作落实到位。共计补增值税、所得税及加收滞纳金780万元。受“5·31”专案组委托做好省外金税协查工作，完成了全国27个省市34条协查请求，涉及574户企业，3588份发票，42049条发票开票条数的协查工作，并且对7户涉案企业进行了查处，查补税款230余万元。2011年10月联合盘龙区地方税务局稽查局协助昆明市公安局经侦大队及昆明市公安局盘龙区经侦大队，查获了某公司虚开的321份销项发票和310份虚假进项发票，同时，对该公司取得的310份虚假进项发票进行大量的取证，协查范围遍及昆明市四城区及部分县市区。共涉及70多家关联企业，询问笔录人次达110人左右，对发票违法犯罪活动高发态势进行了有效遏制，提高了稽查威慑力，有效遏制了发票违法犯罪的上升势头。（三）执法检查。推行执法责任制、自由裁量权，严格问责制。完善落实原有的月反馈通报制、报批备案制以及“主要违法违章事实”表述规范制，维护纳税人的合法权益，促进执法人员正确行使执法权。2011年1～6月共计对全局处理的违法违章“已履行”记录679起、“终结”记录197起进行了清理监控。对其中对照“执行标准”处罚从轻的55起和从重的16起记录均对当事人和部门进行了详细了解并逐一对审批表进行了备案。对事实不明的记录及违章手段错误的记录要求涉及部门的人员写出书面调查说明情况，并要求执法人员规范详细录入违法违章事实。监控、督促执法人员修正了执法考核子系统（V1.1升级版）4大系列32项指标820条过错行为。开展2011年度依法行政目标考核相关工作自评自查工作，对2010年度的执法案卷进行自评自查，于2011年6月开始全面评查工作，并接受全区执法案卷集中评查。2011年共承担受理审结稽查局查处的重大税收案件6起；登记审理了10户纳税人在日常管理环节发现的违法违章处罚。（四）依法治税。认真贯彻落实全省、全市税收工作会议有关政策法规及督察工作要求，推进依法治税，进一步完善执法监控，跟踪问效税务行政处罚自由裁量权适用规则及执行标准的实行情况，围绕“服务基层年”着力依法行政。把“进一步推进行政权力透明运行工作”作为2011年工作的创新项目。于2011年6月前完成了全局行政执法职权目录、行政执法职权运行流程图以及行政处罚程序、行政复议程序、行政赔偿程序的编制工作，在规定时限内上报盘龙区政府法制办公室审核通过，于2011年7月正式行文并及时通过政府信息公开网向社会予以公布。在2010年创建“依法行政示范单位”的基础上，根据昆明市政府及盘龙区政府文件要求制定了《盘龙区国家税务局2011年度推进依法行政工作计划》，进一步全面推进依法行政工作。制定了《盘龙区国家税务局二〇一一年普法与依法治局工作计划》确保全局普法与依法治局工作任务的圆满完成。

【信息化建设】 （一）应用系统推行、数据分析利用情况。推行税收管理员辅助信息系统（V2.0），于2011年7月25日顺利上线运行。截至2011年12月31日，盘龙区国家税务局在系统中税收调查模块共发起调查任务2870条，其中，系统自动发起1632条，手工发起1238条；已完成调查任务2522条，完成率87.87%。风险管理模块中，全局共有4144条预警信息，其中不需反馈1290条，需要反馈2854条，已反馈1363条，未反馈1491条，反馈率为47.76%。全局税收管理员辅助信息系统（V2.0）总体运行平稳。组织对市局下发的涉及全局的各类征管状况整改清册28个，信息1222条记录进行深入分析，结合工作实际，有针对性地比对、整改，及时处理系统中的可疑及错误信息，对不能解决的问题及时上报，规范了业务处理和系统操作，提升了数据质量。继续做好税收执法管理信息系统考核子系统的运行维护工作和数据监控工作，自2006年11月～2011年12月，盘龙区国家税务局税收执法管理信息系统考核子系统已连续62个月实现“零过错”目标，数据监控收效显著，数据质量得到大幅提高。（二）信息化基础设施建设及税收信息化管理维护工作。推广应用税务与组织机构代码信息共享系统。作为全省“税务与组织机构代码信息共享系统”推广应用试点单位，精心组织，积极探索代码共享信息差异核实反馈的有效实现方式和途径，成立了税务与组织机构代码信息共享工作领导小组及办公室，制定了《盘龙区国家税务局推广应用税务与组织机构代码信息共享系统工作实施方案》，撰写了《盘龙区国家税务局税务与组织机构代码信息共享差异核实反馈业务需求》，并提请省市局信息中心运用信息技术手段帮助实现差异数据的清分及核实反馈，加强共享差异反馈信息数据分析和研究，对利用技术手段实现的反馈信息内容进行再次核实，组织人力实地核查测试，验证技术反馈信息的真实性和准确性，撰写测试报告，总结工作经验方法，为系统全面推行应用打牢基础。（三）税收电子化、信息化、网络化建设。加强个体户电子定税工作。增值税起征点标准调整前，截至2011年10月底，核定户征税面达91.06%，高于市局标准2.06%；征税户户均月核定税额达342.56元，高于市局标准47.56元，超出市局规定任务下限的16%，圆满完成市局下达的核定征收目标任务。增值税起征点标准上调后，截至2011年12月底，实行定期定额征收的个体工商户有5807户，核定销售额2万元以下的户数为5237户，核定销售额2万元以上的户数为570户。核定户征税面达9.82%，征税户户均月核定税额达867.92元。积极宣传征纳互动平台，建立“收集—受理—改进—反馈”纳税服务工作新模式。平台运行期间，共发送涉税通知511条，已发送92665户（次），受理税收咨询42户（次），发送主页公告5条，受理纳税人建议6户（次），受理纳税人投诉5户（次）。纳税人对国税机关建立以服务为目的的、征纳互动的“网上税企宣传互动平台”表示满意。网络申报推行力度不断提高，2011 年，全局增值税网络申报 8771 户，占增值税应推行 8872 户的 98.86%，增值税网络申报率 97.46%；企业所得税网络申报 6225 户，占所得税应推行 6379 户的 97.58%。通过网上税务登记系统共办理了 3587 户税务登记。积极推进信息管税。逐步建立了以“机具开票，鼓励索票，查询辨伪，防堵假票，票表比对，管好税源”为主要内容的发票管理长效机制，控制税源，逐步实现由“以票控税”向“信息管税”的转变，全面强化了普通发票管理。继续完善了税负预警系统，分级建立税源风险预警指标，并进行分类管理。加大了机动车销售税源管理控管力度，积极与地税、工商、质监的四部门进行数据信息共享交换。

队伍建设

【机构人员情况】 2011 年全局机构编制 20 个。分别为：办公室、人事教育科、监察室、征收管理科、政策法规科、收入核算科、企业所得税科、货物和劳务税科、纳税服务科、办税服务厅、稽查局、第一税务分局、第二税务分局、第三税务分局、第四税务分局、第五税务分局、第六税务分局、信息中心、工会、妇委会。2011 年全局在职职工 263 人，其中女职工 155 人，占全局在职人数的 58.94%，男职工 108 人，占 41.06%；离退休 80 人。年龄结构：30 岁以下 6 人，31～35 岁 20 人，36～40 岁 32 人，41～45 岁 85 人，46～50岁 81 人，51～54 岁 26 人，55～59 岁 13 人。学历结构：研究生 2 人，本科 153 人，大专 100 人，中专及以下 8 人。

【廉政建设】 一是认真开展“执行力提升年”活动。按照市软建办《关于在全市开展“执行力提升年”活动的实施意见》，围绕“抓执行、强作风、讲效能、促发展”，认真组织开展四项主题活动，开展“一把手”谈“执行力提升”、“一把手”公开承诺活动。按照惩防体系基本制度的要求，进一步细化分解工作任务；落实联席会议制度，定期交流情况，认真研究问题，做到上下联动、部门配合、齐抓共管。认真抓好“四项制度”执行情况的检查落实。二是全面推行内控机制建设。在2010 年管理系统试点的基础上，扩大风险排查范围。统一思想，树立风险防范理念。结合系统内近年发生的违法违纪案件，深刻剖析根源，提高识别风险、规避风险、化解风险、防御风险的能力，增强参与内控机制建设的积极性和主动性，形成大预防的管理格局和大监督的工作体系。规范权力运行，增强内控机制建设的针对性。权力公开透明运行，强化内控机制建设的执行力。三是认真落实党风廉政建设责任制。认真贯彻落实廉政纠风目标管理责任制。按照“一把手”负总责一级抓一级，责任到人的工作方法，对 18 个部门、2 个组织，269 名干部职工层层签订了《责任书》。269 名干部职工对自己贯彻执行《廉政纠风目标管理责任书》的情况作了自评，经过自查、互评，总结工作，全局的考评平均为 98 分，无违反纠风目标管理责任制的情况发生。四是认真落实行政审批电子监察机制，建立征管数据效能监控机构，加强对行政行为的监管，进一步理顺行政职能。五是加强对干部职工的教育和监督。坚持“纪检日”活动制度。认真开展预防职务犯罪工作。根据“两权”运行过程中易发生职务犯罪的各个环节，全局 18 个部门 269 名干部职工制定了具体的预防条款，层层签订《预防职务犯罪责任书》。认真落实《廉政公约》制度。落实纪检监察信访工作制度，严肃查处违法违纪案件。2011 年共受理市局转来信访举报件 2 件，根据举报的内容认真进行了调查，查清问题，保护了干部，维护了信访举报人的合法权益。

【精神文明建设】 一是完善队伍建设，积极开展“创先争优”活动。根据省、市国税局和盘龙区委的各项工作安排部署，局党组从加强理论学习入手，进一步抓好思想政治、理想信念建设，积极响应上级号召，用邓小平理论和“三个代表”重要思想、科学发展观及构建社会主义和谐社会理论武装头脑，通过开展“创先争优”活动，提高了班子成员的思想政治水平，提高了班子科学化、民主化决策水平。二是扎实开展“四亮四评”活动。召开“创先争优”领导小组会议，安排部署“四亮四评”工作。党支部书记对每个党员进行了客观点评。对这次点评的个人小结和领导点评内容，全部进行公示。在“四亮四评”主体实践活动中，建立了“党员示范点”，“党员示范岗”，改选了党支部；把“服务基层年”和“人人是窗口，个个树形象”结合起来，把“四亮”和“四评”的有机整体紧密地结合起来，党组织的战斗堡垒作用得到增强，党员的先锋模范作用进一步提高。三是继续做好思想政治工作，充分发挥思想政治工作的服务和保障作用。继续按照《昆明市国家税务局思想政治工作办法》不断规范思想政治工作的方式方法。坚持把思想政治工作同税收业务工作相结合，做到了同时布置，同时检查，同时考核。发扬盘龙国税关心职工的优良传统，切实把涉及职工个人利益的事办好办实，有效地增强了思想政治工作的主动性和针对性。

【教育培训】 把增强干部税收执法风险意识作为培训重点内容，购买扬州税务学院的“红盾”在线培训软件，组织一线工作人员通过视频观看扬州税务学院老师的教学，开展“每月一课”的税收执法风险专题培训，通过培训提高了干部的执法风险意识、自我保护意识，增强了工作责任心，在税收管理员中取得了较好的反响。根据税收业务需要，先后组织了车辆购置税网络开票管理系统培训、出口退税管理员培训、企业所得税汇算清缴培训、重点税源管理培训、税收专业化管理培训、评估专项业务政策培训、增值税相关业务培训等专题培训 20 余期，计统业务培训、交叉评估培训、非居民所得税培训、征管质量考核报表培训、一般纳税人增值税税负预警系统培训、税收管理员辅助系统培训等培训 30 余期，局领导参加所有盘龙区区委宣传部组织的每周一次的“领导干部培训日”培训活动。2011 年全局达到了干部职工每人年均 12 天脱产培训的任务，取得了较好的培训效果。

（段　冰）

五华区国家税务局

经济概况

五华区按照“商贸立区、工业兴区、科技强区、立足社区、城乡统筹、协调发展”的总体发展思路，多次被评为全省县域经济十强县区之首。规划设计完成了“141”一区多园的园区规划和发展模式，五华科技产业园进入省级工业园区行列，国家科技部批准了昆明高新五华科技园创业服务中心。五华区委、区政府，围绕科学发展这一主题，切实紧扣转变经济发展方式这一主线，坚持奋发有为，奋力攻坚克难，全区经济社会全面进步，区域发展活力进一步增强。2011 年实现地区生产总值 608 亿元，同比增长 13%；实现社会消费品零售总额 346 亿元，同比增长 22%；实现地方财政一般预算收入 25.42 亿元，同比增长 23.71%。

税收概况

【收入完成情况】 2011 年，五华区国家税务局共组织收入 30.47 亿元，同比增收 4.24 亿元，增幅为 16.15%。其中，“其他”两税 9.54 亿元，同比增幅为 26.12%，卷烟“两税”10.88 亿元，同比增幅为 19.36%，企业所得税 6.06 亿元，增幅为 12.49%；车辆购置税 3.98 亿元，减幅为 4.15%；储蓄存款利息所得个人所得税 45 万元，减幅为 48.28%。2011 年累计实现区级地方一般预算收入 1.97 亿元，较 2010 年同比增收 3286 万元，增长 20.08%，实现了税收收入的大幅增长。

【收入特点】 一是受调控需求影响，税收增长高于经济增长，2011 年，五华区实现国内生产总值 608 亿元，较上年增长 13%，税收弹性为 1.24，说明税收增长高于经济增长，主要原因是受调控需求影响。二是收入规模占比略有下降，2011 年，五华区国家税务局收入占全市国税收入比重 7.57%，比 2010 年下降了 0.4 个百分点，税收收入全省排名第八位，居昆明市第二位。三是税收继续保持持续增长态势，但增幅两头高，呈“阶梯”型跳跃，逐渐收窄。四是卷烟“两税”增势良好，但税收结构不理想，对地方财政贡献率较低，2011 年，入库卷烟“两税”10.89 亿元，同比增长 19.36%，增收税款 1.77 亿元，占 2011 年“两税”总收入的 53.28%，虽然占比较大，但结构却非常不合理，可形成地方财政一般预算收入的卷烟增值税在卷烟“两税”中的占比仅为 23.12%，对地方财政的贡献率较低，仅占 16%。五是其他增值税收入保持持续增长，但税收起伏较大，呈现“W”型结构走势。

【税源分析】 五华区特殊的地理环境因素，形成了独特的商业支撑局面，由于市场活跃，2011 年批发、零售行业实现销售收入 590.58 亿元，较 2010 年相比增加 93.14 亿元，增长 18.73%。从行业细目来看，一是家电行业增幅较大。二是百货、服装类行业增长迅猛。批发零售行业总实现税收 8.10 亿元，其中，增值税为 6.99 亿元，所得税为 1.06 亿元，消费税为 470 万元。三是汽车、摩托车及零配件销售行业效益看长带动税收增长。

各项工作

【依法治税】 开展税收宣传月活动，构建税收宣传立体网，通过税企宣传互动平台、ISO 管理平台、短信、飞信、楼宇电视、媒体、张贴画、宣传品、横幅等，形成渠道广泛、形式多样、覆盖面广的宣传氛围。结合推行税源专业化管理、深入推进楼宇经济税收工作、“百日会战”等工作，开展广泛深入的宣传。组织开展五华区国家税务局税收宣传月摄影比赛活动，反映“税收·发展·民生”主题，反映税收工作中的先进人物和先进事迹，促进纳税服务质量的提高，树立国税机关新形象；让广大纳税人理解和支持税收工作的税收理念，形成征纳双方共同维护税收秩序的良好氛围。一是严格执行增值税减免税政策，实行先评估、后退税的规定。2011 年，备案增值税税收优惠政策企业 170 户，共办理增值税征前免税销售额 29.74 亿元，比 2010 年增加 16.26%；增值税即征即退企业 18 户，共计退税 1313 万元，与 2010 年同比减少 17.52%。车辆购置税减免符合政策规定的特殊车辆 120 辆（次），办理减免税额 555.15 万元。二是着力创新选案工作方法，健全完善选案体系，不断提高稽查选案科学性、规范性和准确性。抓好分级分类稽查，改进稽查基础管理工作，提高信息化运用水平，健全与征管、法规、税政等部门的良性互动机制，进一步加强国、地税双方多层次多领域的稽查协作，总结税收违法行为发生的规律、特点和新动向，提高整顿和规范税收秩序的水平。2011 年共查补税款 5792 万元。三是贯彻落实打击发票违法犯罪活动工作要求，围绕“破大案、打团伙、捣窝点、破网络”总体工作方针，坚持区域整治与集中整治、突击整治与固守管理、打击卖方市场与买方市场并重、打击贩卖与摧毁制假窝点相结合，加强部门协作和区域联动，坚决查处发票违法犯罪案件。2011 年联合公安，端掉 3 个发票贩卖窝点，抓获犯罪嫌疑人 13 人，收缴国、地税发票 168 万份，为国家挽回税收损失 317 亿元。2011 年 6 月，因打击发票违法犯罪活动工作成绩突出，在云南省国税系统为独家、在全国国税系统是两个县区局单位之一，受到国家税务总局表彰。

【税收征管】 一是推行 ISO9001、ISO14001 国际质量、环境管理标准，建立涵盖税收征管、纳税服务、检查评估、队伍建设、后勤保障等全方位的质量环境管理体系。把税收工作以标准的形式在质和量上进行考评，促进了税收执法水平的提升和干部队伍的管理，共设置考核目标 628 个，非考核预警指标 38 个，ISO 质量环境管理体系的运行，使五华区国家税务局各项工作在质和量上按季考核，在标准化管理上各项工作得到了提升。标志着 ISO 质量环境管理体系这一源自企业管理的模式成功地移植到了国税机关。二是根据昆明市国家税务局关于出口退税函调复函情况自查的通知要求，对2010年1月1日至2011年7月31日之间的复函情况进行了自查。共涉及函调702份，总体情况良好，各环节的工作职责明确，对存在的如对企业生产经营能力的分析过于形式化等问题进行了整改。明确要求在核实过程中对于生产企业的生产设备、工具、能耗以及购进的原材料与所销售产品的规模、性质要进行分析，对于各行业要有一定的常识性判断，要综合分析企业的生产能力。通过自查和整改，强化对函调实地调查核实工作的管理，进一步注重痕迹管理，切实规避渎职风险。三是企业所得税减免税审核、备案和后续管理工作，取消不符合减免税资格29户，补缴所得税113.71万元；取消不符合小型微利企业条件23户，共补税6.59万元；对执行西部大开发税收优惠的37户企业逐户按规定进行年度审核。清理备案类减免税，对2010年企业汇算清缴自行申报填列的免税收入、减税收入、加计扣除、不征税收入逐户进行核实，经核实评估，共有6户自行申报但不符合相关减免税条件，督促进行了补充申报，共计补税107.12万元。四是强化收入分析预测和政策辅导，强化数据质量的监控和通报，2011年汇算清缴8427户，入库税款6789万元，同比增加1200万元，增幅为21.47%。

【税务管理】 做好普通发票换版工作，强化旧版发票缴销工作，编写下发《新版普通发票问题汇编》，组织11次集中培训，受理咨询电话6000余次，向纳税人发送相关短信10余万条，保证普通发票换版工作顺利进行。2011年五华区国家税务局新版普通发票用户6274户，占纳税人总数20327户的30.9%。开展网络版普通发票代开试点工作。2011年6月，护国办事处普通发票代开点成功开具出云南省第一份网络版代开普通发票。通过普通发票换版工作，“以票控税”成效更加明显，个体税收管理得到进一步加强。加强对税收调查任务和风险反馈的监控和监督，强化税收调查痕迹管理，提高风险自主意识，有效防范和减少了税收执法风险。2011年辅助信息系统共发起税收调查任务2893起，完成2595起，调查任务完成率90%；上线初期，税收风险预警数据5435条（其中：需反馈3249条，不需反馈2186条），经过清理和风险反馈，2011年需反馈数据已降低为1248条，风险反馈率达72%。

【信息化建设】 做好税源专业化管理改革保障工作，保障电脑设备调整到位。按照税源专业化管理改革方案，部门变动的人员实行“机随人走”确保了日常征管工作的顺利开展。开展数据质量监控工作，按照数据质量四级监测机制的要求，依托国税系统信息化建设的各个应用、监控平台，制定五华区国家税务局《ISO信息管税重点指标监控工作规程》，确定日常工作中涉及的181个重点监控指标，对重点指标按执法考核类、过错类、预警类、分析类等四个类别实行分类管理，并将数据整改情况纳入ISO日常工作考评，将监控责任明确到工作流程各个环节中具体负有管理责任的人员，实现对工作流程中各个环节的清晰监控，做到数据质量零差错，服务操作零缺陷。

队伍建设

【队伍建设】 坚持党组中心组学习制度，不断提高政治理论水平。2011年以来，坚持中心组学习制度，各部门负责人全程参与，重点学习党的方针政策，党员领导干部廉洁从政、廉洁自律等规定的要求，学习省市国税系统各阶段的工作部署，进一步理清工作思路，不断转变思想观念，做到了学习有主题，学习有目的，学习有具体内容与要求。围绕“服务基层年，学习杨善洲同志先进事迹，自觉加强党性修养，践行党的宗旨，忠诚于党”和“坚持以人为本，执政为民理念，发扬密切联系群众优良作风”两个主题，召开两次民主生活会，学习了相关文件精神，在干部职工中广泛征求了意见建议，切实查找了班子建设、队伍建设以及影响税收建设事业等方面存在的问题，分析了原因，制定了抓工作落实的改进措施，确保全面建设有效开展。

【机构人员情况】 2011年，五华区国家税务局共设有10个内设机构、1个直属机构、1个事业部门、2个党群组织、7个税务分局，现有干部职工349人，其中：在职272人；离、退休77人。在职干部职工平均年龄45岁，其中：45岁以上131人，45岁以下141人，中层干部59名。

【廉政建设】 推进党风廉政建设，完善反腐倡廉长效机制，落实党风廉政建设责任制的领导，履行“一岗双责”工作。2011年，按照《昆明市国家税务局系统党风廉政建设责任制考核办法》，坚持一级抓一级、一级对一级负责，层层抓落实。部门向区局党风廉政建设目标管理责任制工作领导小组签订《目标管理责任书》20份，个人向部门领导签订《廉政纠风目标管理责任书》278份。为加强党风廉政建设教育，提高干部职工对反腐倡廉重要性的认识，利用“政治学习日”和“纪检日”组织学习反腐倡廉文件的相关内容，深入开展学习杨善洲先进事迹、“执行力提升年”、“创先争优”、“四亮四评”等活动，从“易斌”个案中收集整理了相关资料，制作了PPT对干部进行以案释法的警示教育。推行部门内控机制建设，规范税收执法权和行政管理权的运行机制，通过岗位自查、集体联查、相互帮查、部门督查、组织审查的“五查”模式，依靠ISO9000质量管理体系的成功经验和基础支撑，按照内控机制建设工作贯穿于整个税收工作的整体要求，以全面实施风险管理为切入点，实行“部门与部门之间、岗位与岗位之间、环节与环节之间”的横向制约机制，实现“区局、部门、个人”三级联动。对20个部门的内控事项分别列明风险岗位，设定风险控制目标，通过风险点的梳理和排查，逐步寻求和完善内控防范的措施和路径。优化工作流程。按照“环环相扣、流转便捷、公开透明”的基本要求，绘制权力运行流程图，使权力的行使过程转变为按流程处理事项的过程，理顺整合办税服务、税源管理、税务稽查之间以及各流程节点、各岗位之间的职责分工，不断完善工作衔接。

【精神文明建设】 五华区国家税务局党组坚持“两手抓，两手都要硬”方针，按照“内强素质，外树形象”的工作思路，采取领导抓，抓领导；有载体、多形式；面向社会，共创文明等措施，广泛深入地开展精神文明建设和“四亮四评”活动，成立“四亮四评”活动领导小组由一把手负总责，分管领导主要抓，做到“四明四严四创”，激发党员内在动力，提升群众满意度。开展“创先争优”示范点与示范岗，以创建“巾帼文明岗”、“文明单位”为载体，争当“优秀税收管理员、业务能手”，争创先进党支部、优秀共产党员和优秀党务工作者，营造“四亮四评”活动浓厚氛围。强化服务意识，提高办税服务质效。营造优质的纳税服务环境，合理划分功能区、设置窗口，优化办税流程、工作服务流程。通过佩戴党徽、挂牌等方式，实施“党员亮牌示范工程”，引导党员亮身份树形象；通过电子显示屏、公示牌对工作职责、履职要求、工作时限等进行公开。窗口部门每月开展自评与互评，通过发放问卷调查、评价表等方式，让纳税人对工作质量进行评价，广泛征求群众意见；建立领导点评制度，实事求是的肯定成绩，指出问题，提出改进意见；制定服务考核评价办法，建立月评、季评、年表彰的考评机制。参加昆明市“四创两争”活动，深入乡村开展结对帮扶活动和市容市貌整治工程，开展“走千家、访万户、办实事、解难题”活动。对重点人口和困难群众进行走访慰问。

【教育培训】 2011 年，五华区国家税务局有 7 名领导干部分别参加省、市、区局举办的培训班，中层干部分 2 期在扬州税务学院集中培训；委托云南财经大学开展了 2 期培训。2011 年共举办各类业务培训 70 期，参训人员 2803 人。投入培训经费 64.4 万多元。加强法制宣传教育，提高法律素养，做到依法决策、依法行政、依法管理，不断提高工作效率和为纳税人服务的水平。下发了《2011 年全民普法教育读本》学习资料，学习《宪法》、《公务员法》、《中华人民共和国社会保险法》、《中华人民共和国国家赔偿法》、《工伤保险条例》、《道路交通安全法》以及劳动争议仲裁等法规；组织 273 名干部职工参加了五华区组织的普法考试，1 个先进集体、2 个先进单位、3 个先进个人受到五华区“五五普法”奖励。

（陶建辉）

西山区国家税务局

经济概况

2011 年，西山区生产总值（GDP）完成 289.8 亿元，同比增长 14%；地方财政总收入完成 57.2 亿元，同比增长 23.4%；实现社会消费品零售总额 240 亿元，同比增长 20.2%；城镇固定资产投资总额完成 274.7 亿元，同比增长 30.5%。在全省县域经济十强县排名中由第四位上升至第三位。产业发展态势良好，全区第一、二、三产业分别实现增加值 2.9 亿元、86.4 亿元和 200.5 亿元，同比分别增长 1.2%、15.6% 和 12.7%。城镇居民人均可支配收入达 2.29 万元，农民人均纯收入达 9696 元，同比分别实际增长 10.1% 和 12.3%，人民生活水平进一步提高，和谐西山建设成效显著。

税收概况

【收入完成情况】 2011 年，西山区国家税务局共组织税收收入 17.72 亿元，比上年同期增长 20.63%，增收 3.03 亿元。入库地方一般预算收入 1.64 亿元，同比增长 25.48%，完成年初计划数 1.51 亿元的 108.84%，超额圆满完成全年收入任务。

【收入特点】 一是主体税种对地方一般预算增长贡献不平衡。地方一般预算同比增幅 25.56%，增值税增长贡献率为 91.31%，企业所得税增长贡献率为 8.72%，企业所得税占地方一般预算总收入比重由 2010 年同期的 20.77% 下降到 18.58%，同比减少 2.19%。全年增值税累计入库 10.74 亿元，增长 29.44%，增收 2.44 亿元；企业所得税累计入库 3.77 亿元，下降 10.70%，减收 3640 万元。二是重点税源增值税税负微降。重点税源实现增值税应税销售收入 242 亿元，同比增长 30.81%；进项税额 31.16 亿元，同比增长达 38.43%；应纳税额 5.69 亿元，增长 28.97%；期末留抵税额 2747 万元，增加 784 万元，上升达 39.94%；应交税负 2.09%，微降 0.36 个百分点。三是税源过于集中。全局实际征管户 17788 户，其中：内资企业 7789 户，个体工商户 9913 户，其他 86 户。重点监控企业 67 户，2011 年累计入库增值税 5.69 亿元，同比增收 1.28 亿元，增长 28.97%，占全局增值税收入的 68.54%（不含免抵调），其中：缴纳税款 1000 万元以上的重点企业仅 16 户，累计入库增值税 4.75 亿元，在 67 户监控企业中税收占比达 83.40%。

【税源分析】 全年税收与经济均呈增长趋势，一是国内增值税和消费税“两税”收入累计完成 10.75 亿元（不含免抵调），同比增长 29.44%，增收 2.45 亿元。二是企业所得税收入累计完成 3.77 亿元，同比增长 10.70%，增收 3640 万元。三是储蓄存款利息所得个人所得税收入累计完成 112 万元，同比减少 54.66%，减收 135 万元。四是车辆购置税收入累计完成 3.19 亿元，同比增长 7.88%，增收 2327 万元。

【税务管理】 一是遵循“依法征税，坚决防止和制止越权减免税，应收尽收，坚决落实各项税收优惠政策，坚决不收过头税”的组织收入原则，认真研究和部署组织收入工作，科学分解收入任务，细化目标责任，加大责任追究力度。二是建立收入督导考核机制。实施了分管领导对口分局的收入督导考核机制，局领导和相关科室定期深入各分局，及时发现和解决组织收入工作中遇到的矛盾和问题，促进组织收入工作。三是强化税源监控和税收预测分析，加大对重点税源的分析预测力度，及时掌握中小税源变化情况，提高分析预测质量，不断增强税收分析预测的时效性和准确性。四是加强重点税源的监控，特别是加强对重点企业的监控力度，从企业会计指标、经济指标到税收指标等方面进行了全面细致的监控分析，把握企业的生产经营变化和经济税收指标情况，切实把地方经济发展成果体现到税收收入上来。五是深化税源专业化管理工作，摸清行业经营特点和经营规律，进行同行业税负比较，纳税能力估算，掌握税源收入变化趋势，强化专业化税收管理，规范税收执法、优化纳税服务、促进纳税遵从，不断提升税收征管质量和效率，促进组织收入工作。六是部门联动，加强普通发票管理，以票管税促收。继续加强与财政、地税、公安等部门的联动，加大对发票违法违章行为的打击力度，狠抓“以票控税”工作的落实，规范发票管理，促进税收收入增收。七是严格政策，加强企业所得税管理。以纳税评估和约谈为重点，完善企业所得税分类管理机制，重点做好所得税的规范管理和核定征收工作，依法加大对房地产行业的企业所得税管理和清算工作，确保所得税收入的应收尽收。八是加强税源调查及户籍清漏工作。及时掌握税源变动情况，进一步强化税源管理，堵塞征管漏洞，构建公平环境，不断提高税收征管质量和效率，清漏促收。九是加强税务稽查、纳税评估工作。发挥“以查促管，以查促收；以评促管，以评促收”作用，以税收分析、日常管理、纳税评估、税务稽查“四位一体”的联动机制促进收入。

各项工作

【税收法制建设】 （一）税法宣传。在全国第20个税收宣传月活动中，在辖区内各专业市场举办了以“税收·发展·民生”为主题的“税收宣传进市场”大型宣传咨询活动。宣传活动共接待各种涉税咨询900人（次），悬挂标语、横幅22条，向广大市民发放各类税收宣传材料2000份，在各类媒体登载税收宣传文章9篇。（二）税务稽查。坚决查处涉税违法案件，依法打击税收违法行为，整顿和规范税收秩序工作取得了较好成果。全局共检查纳税人325户，查补入库增值税2591.71万元，所得税1399.65万元，加收滞纳金、罚款总额303.49万元，移送公安机关案件1件，曝光案件6件。

【税收征管】 （一）各税管理。1. 增值税管理。截至2011年12月31日，共征管一般纳税人2408户，其中，辅导期一般纳税人25户，正式认定工业674户，商业1709户。2011年，一般纳税人增值税收入达9.53亿元，占全局增值税收入88.61%。2011年全年申请清理认定一般纳税人户数为95户。审批不予认定的企业户数备案12户。2011年超标认定140户，暂不予认定备案20户。与2010年同期相比清理认定户降低32.14%；不予认定户降低40%。因企业申请，完成“两卡”清缴，取消一般纳税人资格，并注销税务登记审批75户次，注销清算补缴增值税税款895万元。变更一般纳税人认定5户（次）。审核检查增值税异常专用发票，完成核查41份，转出进项税金50万，罚款3400元。2011年审核检查增值税异常专用发票已完成核查62份，转出进项税金142.77万元，罚款1100元。核查数量同比增长51.22%，进项税金转出同比增长185.54%。网络报税、网络认证方面，共推广网络报税企业2217户，占一般纳税人户数的92.06%；推行增值税专用发票和运输发票网上认证企业1999户，占区局2408户一般纳税人比例达83.02%。在方便纳税人的同时，有效缓解了办税服务厅的压力。一般纳税人税负情况，一般纳税人2011年应税销售收入547.89亿，应纳税额9.17亿，总体税负1.67%，税负水平在昆明市四城区中第一。2. 消费税管理。做好消费税政策宣传执行工作，按月准确向市局报送《云南省消费税重点税源指标月报汇总表》及税收收入分析报告。3. 车购税管理。共征收车辆购置税的车辆33367辆，税额3.19亿元，同比车辆减少5922辆，减少了15.07%，税额增加了2343万元，增加了7.92%。办理车辆购置税减免税车辆157辆，免税税额910万，同比车辆减少91辆，减少36.7%，免税税额减少423万元，减少31.73%。办理车辆购置税退税车辆38辆，退税税额48.66万元，同比2010年的47辆，退税税额54.58万元，减少10.84%，车辆减少9辆，减少了19.15%。2011年1月1日起实行车辆购置税征管档案电子化，2011年，共扫描录入车购税电子档案45116份。车辆购置税网络开票一体化管理情况，2011年4月对全区141户机动车经销企业的销售、财务人员和税务机关相关人员共240余名进行推行“车辆购置税网络开票一体化”管理系统业务培训。组织配合软件开发商及时做好141户机动车经销企业的网络开票系统的初始化工作。销售机动车开具发票的企业全部纳入车辆购置税网络开票一体化。4. 企业所得税管理。企业所得税户籍共计5319户，其中：查账征收企业4069户，定期定率核定征收企业756户，定期定额核定征收企业494户。2011年度，区内核定征收企业1250户，完成核定面23.5%。全年完成评估辅导243户，年度评估辅导面达5.03%。完成市局下发三项考核指标。2010年度申报中，企业所得税年度应申报户5419户，实际参加汇算清缴户5404户，汇算面达99.72%。其中：查账征收户4364户，定率征收1055户，应汇算而未汇算户15户。征管户汇算企业共计实现营业收入313.56亿元，纳税调整增加1.11亿元，纳税调整减少额1.62亿元，纳税调整后所得15.65亿元，实际应纳企业所得税2.91亿元。年度申报实际入库企业所得税8720万元。减免企业所得税6337.98万元。征管户汇算企业应纳税所得盈利企业3194户，亏损企业1746户，零申报户464户。2010年度申报亏损面由41.31%下降至32.31%，亏损面下降9%。（二）出口退税管理。西山区国税局共有出口企业89户，同比增加18.6%，其中，内资生产企业26户，同比增加8.3%；外（边）贸企业48户，同比增加20%；小规模企业15户，同比增加36%。全年共退增值税额86.53万元，同比降低62%。（三）发票管理。继续加强与财政、地税、公安等部门的联动，加大对发票违法违章行为的打击力度，结合新版普通发票的换版后续工作，以推广运用新版“普通发票管理系统”为切入点，狠抓“以票控税”工作的落实。针对西山区范围内普通发票代开点少且所处位置较偏远的局限性，以开展税收宣传月活动为契机，增设9个普通发票代开点，既方便代开发票户，又避免各普通发票代开点拥挤，减少税款流失。

【税务管理信息化建设】 （一）按照省、市局网络信息建设标准，积极配合相关单位做好主干网络的升级改造工作，每天进行两次网络安全性检查，确保网络畅通。（二）做好计算机信息安全病毒监控与预防工作，制定相应管理的办法措施，加强中心机房的管理与监控，每星期均进行机房设备安全检查，对每台计算机均安装瑞星杀毒软件，实时对病毒软件升级情况进行监控，确保计算机信息安全运行工作。（三）做好税收征管信息系统、公文处理系统、金税工程、出口货物、内部网站等税收信息系统的升级和维护工作，认真抓好办公自动化、FTP、“四小票”等系统后台数据库日常维护、升级和数据备份工作以及各运用系统日常运行维护工作。（四）认真做好金税工程发行、金税网上认证秘钥发行维护工作，2011 年，共计受理金税卡初始发行 124 户（次），变更发行 206 户（次），注销发行 73 户（次），发行维护 138 户（次），金税企业网上认证发行密钥 302 次，极大地方便了广大纳税人。（五）结合税收专业化管理工作，切实加强计算机设备日常管理工作，做好计算机、打印机的日常维修、维护工作。2011 年，计算机网络调线 300 多次，计算机及显示器维修 39 次，维护 312 次；打印机维修 35 次，维护 296 次，及时解决处理故障，保障计算机相关设备正常工作秩序。（六）强化对计算机及打印机设备管理，定期或不定期进行清理和盘点，进行登记造册，合理调配，分类管理，规范计算机、打印机设备的领用相关。（七）做好相关信息化技术服务培训工作。

【税收执法】 （一）执法检查。根据《税收规范性文件制定管理办法（试行）》的规定，认真执行企业所得税相关文件会签及报备制度，无越权（违规）制定涉税文件。严格执行相关业务文件要求及规定，严格按照出口退免税“免、抵、退”政策开展各项审核、单证备案和函调等工作。严格执行废弃资源综合利用和废旧物资回收经营等税收优惠政策。严格按照国家税法规定对享受减免税、退税企业开展调查、集体审批、资料备案、后续管理等工作。严格按规定认定增值税一般纳税人、审批增值税专用发票和其他发票，无违反国家统一规定执行涉税违规文件。认真开展执法专项工作自查，按照国家规定的税收征管范围和税款入库预算级次将税款及时、足额入库；无积压、挪用、截留、转引税款现象；无违反国家税法规定批准企业减免税、退税、抵税、延期纳税、汇总纳税问题；无违反规定核定税额、认定增值税一般纳税人、发售增值税专用发票和其他发票问题。进一步推进规范执法和强化执法监督，税收执法管理信息系统应用水平不断提高。按照法制化建设的需求，积极做好税收执法管理信息系统 V1.1 版运行工作，确保税收执法规范。全年共处理系统监控业务数据有 210772 条、获取执法疑点数据 7 项共 482 个数据，甄别处理后出现 6 条错误数据，全部纳入目标管理考核，其过错率仅占万分之 0.03。税收执法工作迈入规范化、程序化、效率化轨道。贯彻实施阳光政府“四项制度”。定期向纳税人公布当月纳税定额核定及调整事项，公开处罚标准、处罚依据。2011 年税务行政许可公示 197 户，定额公示 18387 户（次），行政处罚公示 2212 户（次），累计公示 11 期。为民众提供监督信息和提高协税护税能力创造了更多的条件。

【纳税服务】 （一）加强网上税收政策宣传服务，强化网络的税法宣传辅导等服务功效。充分重视并利用征纳互动平台开展纳税服务工作。2011 年，发布针对平台用户的公告 29 条，涉税通知 242 条，涉及纳税人 6480 户（次），受理税收咨询 43 条，受理建议 3 条，投诉 1 条。所有受理的咨询和建议均能准确及时地进行回复处理。（二）进一步优化纳税服务，拓宽纳税服务渠道，丰富税法宣传的形式。自 2011 年以来，先后在乡镇街道办事处的便民服务窗口、办税服务厅、管理分局发放税收宣传材料共计 4000 余份。同时利用电话短信功能发布涉税短信 17504 条，利用办税服务厅的电子广告屏滚动发布各项涉税通知和相关税收政策法规。进一步方便了广大人民群众对税收政策、法律法规的了解，增进了征纳双方的相互理解。（三）严格按照“首问责任制”的要求接受纳税咨询和纳税辅导。建立了纳税服务 AB 角工作制度并设立专人专线，确实保障“96128”热线电话的畅通。全年西山区国税局“96128”热线电话共计接听 96 条。其他电话咨询 900 余次。（四）畅通纳税人反映问题的渠道，建立纳税人需求调查收集的长效机制。于 2011 年 3 月开始进行纳税服务需求的调查活动。要求全局每季对 70 户有代表性的企业开展服务需求调查，并认真采集情况，进行有针对性的分析研究，提出整改意见，以最大限度地挖掘服务潜能。（五）招商引资工作成效显著。积极克服市场拆迁及城市改造等不利情况，全局动员，采取多项新举措大力开展招商引资工作。共实现招商引资项目 7 个，实际利用市外资金 3977 万元，超任务数 977 万元，完成区政府下达任务数的 132.57%。

队伍建设

【机构人员情况】 （一）机构设置。内设科（室）10 个：办公室、征管科、政策法规科、纳税服务科、货物与劳务税科、所得税科、收入核算科、人事教育科、监察室、办税服务厅；事业单位 1 个：信息中心；直属机构 1 个：稽查局；外设机构 7 个：第一税务分局、第二税务分局、第三税务分局、第四税务分局、第五税务分局、第六税务分局、海口税务分局。另设机关党办、工会、妇委会。（二）人员配备。在职干部职工 271 人。其中：机关人员 89 人（含办税服务厅 23 人），稽查局 31 人，基层一线税务分局 151 人。其中：中层以上领导干部 55 人，一般干部 216 人。大专以上学历 239 人，占总人数的 88.19%，中专学历以下学历 32 人，占总人数的 11.81%。设有 11 个在职党员党支部和 1 个退休干部党员党支部。在职党员 127 人，占全局在职干部职工总人数的 47.04%。全局在职干部职工平均年龄 44 岁。

【廉政建设】 一是深入开展反腐倡廉教育，筑牢思想道德防线。认真贯彻落实《云南省国税系统廉政文化建设工作方案》精神，通过请专家作报告、上法制课、参观“廉政教育示范基地”、在区局网站开辟“廉政之舟”专栏等形式，强化对干部职工的法纪教育、廉政教育和警示教育。二是坚持实行廉政纠风目标管理责任制，认真落实上级党风廉政建设工作会议精神，层层签订《廉政建设责任书》，2011年全局共签订《党风廉政建设责任书》272份。三是细化“一岗双责”任务，加强“两权”监督制约，抓好《廉政准则》的学习教育，促进领导干部廉洁自律。四是坚持税企双方签订《廉政公约》并进行回访制度。2011年签订《廉政公约》2357户，回访450户。五是认真落实政府“四项制度”，以“执行力提升年”为载体，着力改进工作作风，提高办事效率，利用巡视工作载体，开展对行政行为监督制度执行情况的检查。重点巡视税收政策法规执行、财务管理工作、人事管理工作、党风廉政建设等四个方面的工作，特别是对各局确定的关键岗位和重点环节进行重点巡视检查，切实推进行政行为监督制度的落实。六是围绕效能监察、行业作风、劳动纪律等方面继续开展明察暗访工作。七是认真落实党风廉政建设责任制考核、税检联席会议、特邀监察员座谈会等制度，形成内外结合、上下联动、部门配合、齐抓共管的工作格局。

【精神文明建设】 按照云南省国税局、昆明市国税局文明创建管理办法的有关规定，西山区国税局紧紧围绕“服务基层年”工作主题，紧扣组织收入中心任务，下大力气加强党组班子建设和干部队伍建设，认真开展“执行力提升年”和创先争优“四亮四评”活动，税收征管质量进一步提高，纳税人满意度明显提升，群众性精神文明创建工作成效显著，2011年，再次荣获云南省国税系统“文明单位”称号，所得税科被云南省妇联和云南省国税局联合授予“巾帼文明岗”荣誉称号。

【教育培训】 一是按照推行税源专业化管理机构职能划分，分机构、分岗位、分批次开展税源专业化管理业务培训，确保推行税源专业化管理后，进一步强化基层一线单位税源专业化管理职能，打牢税源专业化管理基础，提高税源专业化管理水平，为服务组织税收收入工作，发挥积极作用。二是在开展税源专业化管理业务知识培训中，注重基础知识、基本流程与基本技能运用培训，突出各岗位应知应会业务知识，从做好基础工作入手，有针对性地组织全员培训，确保在推行税源专业化管理后，税源管理岗、申报征收岗、纳税评估与稽查岗人员，熟练掌握岗位业务知识与技能，切实履行好岗位职责，提高税收征管、评估与检查工作质量效率。三是在开展税源专业化管理基本知识培训中，突出对各岗位日常工作中常见薄弱环节的辅导，从细微处入手，做好对各岗位实际操作中易错易漏环节与常见易错易漏问题解决办法的提示，提高干部职工发现常见问题的技能。

【平安创建】 一是加强学习教育工作力度，努力提高全局干部职工对社会治安综合治理工作的认识。西山区国税局党组对社会治安综合治理工作极为重视，把其列入重点工作议事日程，召开专题工作会议进行认真研究，针对工作中存在的问题和困难，从抓教育入手，采取集中学习与自学相结合的方法，积极组织干部职工学习各项法律、法规，认真开展自查自纠，为社会治安综合治理工作开展打下了坚实的基础。二是认真做好普法工作，不断巩固普法成果。严格按照社会治安综合治理工作要求，不断充实和健全法制宣传队伍，重点宣传以宪法为中心的法律法规，并结合工作实际，针对群众关心的热点和难点问题，积极开展依法治理工作，全面提高依法治税工作水平。三是制定措施，严格落实，认真做好相关工作。与西山区公安分局梁源派出所、交警四大队和九大队联手共建“警民文明单位”，共同协作、互通信息，共同维护良好社会治安。对社会治安、安全保卫、车辆使用、票证管理等方面的规章制度和措施进行修改完善，建立健全各项规章制度，层层落实。与各部门签订《目标管理责任书》，明确部门责任。对安全保卫工作，聘请专职保安人员担任，做到有制度、有措施、有检查、有督促。节假日期间，由局领导和部门负责人带头值班，确保系统安全稳定。对增值税专用发票的保管、使用，在由专人负责的同时，进一步加强检查督促，并在办税服务厅和发票库房等重要部门安装了与110联网的报警装置及灭火器。经常性地对车辆驾驶员组织开展学习《中华人民共和国道路交通安全法》，广泛开展职业道德教育，做到警钟长鸣。为确保安全，坚持定期和不定期安全检查制度。同时，与各级政府签订《综合治理目标管理责任书》，有效预防违法违纪案件的发生，促进各项国税工作的顺利开展。

（陈　舒）

官渡区国家税务局

经济概况

2011年，官渡区按照加快推进“三区”建设的安排部署，积极应对各种困难和挑战，全力以赴促增收、调结构、抓生态、强创新、惠民生，经济社会发展取得重大成就。2011年，全区实现生产总值549.23亿元，同比增长13.8%；财政总收入完成83.55亿元，同比增长25.1%；固定资产投资463.92亿元，同比增长30.3%；消费品零售总额238.05亿元，同比增长20.4%；第一产业增加值7.84亿元，同比降低3.8%；第二产业增加值214.42亿元，同比增长17.7%；第三产业增加值326.97亿元，同比增长11.7%。三次产业结构比调整为1.4: 39: 59.6；城镇居民人均可支配收入2.39万元，同比增长15.8%；农民人均纯收入1.06万元，同比增长18.8%。全区主要经济指标实现重大突破，位列云南省县域经济十强县（区）第一名。

税收概况

【收入完成情况】 2011年，官渡区国家税务局共组织税收收入19.41亿元，同比增长27.70%，增收4.21亿元，完成市局下达全年奋斗目标18.01亿元的107.78%，超目标7.78个百分点。其中：增值税累计完成9.83亿元，同比增长25.23%，增收1.98亿元；国内消费税累计完成654万元，同比下降15.28%，减收118万元；企业所得税累计完成8.59亿元，同比增长45.6%，增收2.69亿元；储蓄存款利息所得个人所得税累计完成96万元，同比下降65.09%，减收179万元；车辆购置税累计完成9186万元，同比下降31.88%，减收4299万元。完成地方一般预算收入1.85亿元，占官渡区区政府下达任务1.73亿元的106.86%，超目标6.86个百分点。

【收入特点】 2011年，国税收入突破19亿元。税收收入连续三年以年增长4亿元以上的速度再创历史新高。从分税种收入情况看，全年所征收的五个税种中，除主体税种增值税和企业所得税出现增收外，其余税种均出现不同幅度减收。2011年，官渡区国税局共有开业户2.48万户，其中：一般纳税人4033户，其他企业6358户，个体1.44万户。纳税户籍整体结构水平与官渡区经济发展走势相吻合，征管户籍基础数真实、合法、有效。在总体收入构成中，76户重点税源企业占开业户的0.31%，重点税源企业两税收入9.99亿元，占全局两税收入18.41亿元的54.25%。企业所得税增长迅猛，尤其金融企业所得税增幅巨大，全年金融业入库税款4.23亿元，同比增长101.47%，增收2.13亿元；房地产业入库税款1.62亿元；同比增长18.54%，增收2534万元；批发零售业入库税款1.26亿元，同比增长12.58%，增收1408万元。

【税源分析】 2011年，各经济类型税收收入总体呈增长态势，非公有制经济发展较快，逐渐发展成为官渡区税收贡献的主要力量。全年国有企业入库税款8993万元，同比增长3.59%，增收312万元；集体企业入库税款1709万元，同比增长5.04%，增收82万元；股份合作企业入库税款7700万元，同比增长116.11%，增收4137万元；联营企业入库税款155万元，同比下降18.85%，减收36万元；股份公司入库税款10.23亿元，同比增长34.10%，增收2.60亿元；私营企业入库税款5.50亿元，同比增长29.21%，增收1.24亿元；其他企业入库税款3986万元，同比增长5.53%，增收209万元；个体经营入库税款1.39亿元，同比下降10.64%，减收1663万元。从分行业情况分析：受市场需求扩大，产销两旺，物价上涨因素影响，医药制造业，批发零售业增值税增收显著。其中医药制造业：全年共入库税款3389万元，同比增长76.51%，增收1469万元；批发零售业入库税款5.71亿元，同比增长28.76%，增收1.27亿元。受市场竞争和原材料价格上涨因素影响，交通运输设备制造业增值税适量减收，全年共入库税款1.05亿元，同比下降12.05%，税款减收1445万元。金融业因贷款利率上调、存贷款规模扩大、利息收入等因素影响，收入和利润大幅增加，因此税收贡献大幅增长。房地产业则因从事商业地产开发的企业受调控政策影响不大而保持较好业绩。

各项工作

【税收法制建设】 紧紧围绕“税收·发展·民生”的主题，以“税收促进发展，发展为了民生”为主要内容，结合云南国税系统“服务基层年”的中心工作，服务经济社会大局，认真筹划、周密部署，贴近实际、创新形式、突出重点、确保税收宣传月活动顺利开展，做到税收宣传亮点突出、特色鲜明，取得了明显的效果。在2011年的税法宣传工作中，召开了由企业、社会各界参加的“税收促发展，发展惠民生”座谈会，为税收宣传月营造声势。3月下旬，首届全国非物质文化遗产联展在官渡古镇举行。官渡区国家税务局抓住时机，及早筹划，提前介入，把税收宣传的阵地搭在了联展主会场，扩大税收宣传声势。联合官渡区地方税务局以“国家4A级旅游景区”中国·昆明螺蛳湾国际商贸城为主阵地开展税法宣传。同时积极主动参与和配合省、市国家税务局开展的税收宣传月活动，利用报刊、网络等媒体进行宣传报道，扩大宣传效果。力求通过开展声势浩大的税法宣传，努力营造诚信纳税的良好社会氛围，推进税收法治化社会环境的形成。

【税务稽查】 继续加强整顿和规范税收秩序工作，把虚开、骗购增值税专用发票、做假账、利用各种税收优惠政策进行偷税及税收违法行为的打击作为工作的重点，同时把各种专项检查与整顿和规范税收秩序工作相结合，切实加大对涉税犯罪行为的打击力度，充分发挥稽查局打击偷税、震慑涉税犯罪的职能作用，高质量完成税收专项检查工作和各类案件的查处工作。全年共查办各类涉税案件178件；组织企业自查75户，合计查补入库2136.71万元，其中：增值税903.80万元，企业所得税820.26万元，滞纳金279.90万元，罚款132.75万元。同时认真做好“南疆税案”及“11·10”专案协查取证及处理工作，对涉及“11·10”专案的477户受票企业进行了税款追缴，补缴增值税188.44万元，企业所得税442.17万元，加收滞纳金98.36万元。为堵塞税收漏洞，维护税收征管秩序作出了贡献，促进了全区税收秩序的进一步好转，维护了税法的尊严。

【税收征管】 各税管理。一是抓“税负”促重点税源管理水平提高。根据官渡区的税源构成特点，适时监控，重点排查，确保重点税源税负保持合理水平，实现应收尽收。全年76户重点税源企业两税收入9.99亿元，占全局两税收入18.42亿元的54.25%。税负管理工作取得明显成效，凸显出重点税源在税收收入上的主导作用。二是细“监控”提高一般纳税人管理水平。从3月起进一步完善了一般纳税人的认定管理，加强了对超标小规模纳税人的监控，对超标企业进行了清理，从系统上完善了对超标不进行一般纳税人认定企业的适用税率的监控，简化了辅导期转正式一般纳税人的认定手续及认定资料，优化了对纳税人的服务，提升了服务质量。2011年新认定（含继续认定户数）676户。三是严“核定”促个体税收管理水平提高。针对辖区城郊结合部经济特点，结合区内多数专业市场由于市政规划的搬迁重建，加大了对个体工商户的管控力度，坚持在公平、公正、公开、透明的原则下，不断实现个体核定的程序化、科学化和规范化。在个体户零散税收管理上，率先在螺蛳湾国际商贸城推行“协税护税+委托代征”的社会化管理模式，逐步改变个体税收管理人海战术、税收管理员疲于应对个体纳税户迅猛增长的局面，有效提高个体税收管理水平。在官渡区内专业市场大量拆迁的情况下，“双定户”仍实现国税收入7765万元。四是重“汇算”提高所得税管理水平。在开展2011年度企业所得税汇算清缴工作中，适时开展了对内、对外300人（次）的业务培训，并采取了自上而下专人负责、专人汇总、分户管理的工作方法，充分运用综合征管软件对全局汇算清缴工作进行实时监控。按时、按质、按量地完成了对6366户纳税户的汇算清缴工作，通过汇算入库税款1.67亿元，企业盈利面为58.43%，比上年增长3.97%，结合日常管理中对所得税预缴率、盈亏率的适时监控，切实提高所得税管理水平。五是求“规范”确保政策执行正确、到位。2011年，对金银首饰及珠宝玉石行业税收及管理现状进行调研，通过调研找准在金银首饰和珠宝玉石税收征管方面存在的焦点、难点问题采取针对性措施规范政策执行，对增值税优惠政策执行情况的调研清理，共检查402户、免税销售收入82亿元，补征增值税43万元。增强各部门之间协调配合，进一步拓展和完善车购税征收管理系统，实现机动车辆税收“以票控税、信息共享、协同管理”的一体化管理。自2011年11月1日起大幅调整增值税起征点的政策出台后，官渡区2.27万户个体工商户受此政策的影响不再纳税，及时调整征管思路，不折不扣地贯彻落实增值税新政。

【出口退税管理】 认真贯彻人民币结算出口退税优惠政策。为积极贯彻边境一般贸易人民币结算和跨境贸易人民币结算的政策，专门组织对管理分局主管出口退税的税收管理员的业务培训，以提高政策执行力度。推行昆明市出口退税网上直报系统，认真做好辅导系统维护工作，实现出口企业可以在电脑上完成单证查询、单证提醒、网络预审、申报上传、退税查询等事项，减少了企业往返税务机关的次数，缩短了退税时间，支持了企业扩大出口。2011年，共认定8户外贸企业，审核有业务发生的生产企业12户，共审核免抵退税额185.57万元，其中免抵税额95.11万元，退税额为90.46万元，清理不予免退税数据2559条，出口额为3858万美元，共计提销项税588.95万元。

【发票管理】 以推行新版机开发票为契机，以“云南省国家税务局新版普通发票开填系统”作为推行新版普通发票网络开具工作的标准软件，适用对象覆盖国税部门管理的小规模企业、个体工商户以及未纳入“一机多票”系统管理的一般纳税人，从源头上加强对发票违法行为的防范和监控能力。同时，将打击普通发票违章行为作为全年征管工作重点，通过建立发票交叉采集比对长效机制，加大查处力度，保持严厉打击发票违章的高压态势，有效遏制发票虚开、转借、使用假票行为，切实推进“以票控税”。

【税务管理信息化建设】 按照上级要求积极做好税收执法管理信息系统疑点信息库及税收管理员辅助信息系统的推行工作，要求全体税务干部充分认识到两个系统的推行对加强执法监督，健全税收执法内控机制，规范税收执法具有的重要意义，做到政令畅通，落实到位。通过组织培训，明确部门责任，快速解决推行工作中发生的问题，不断提高干部执法能力，有效规避执法风险，确保系统按照既定目标稳步推行。“两个系统”的上线运行将实现税收执法从事后监督到事前预警质的飞跃。结合税收执法管理信息系统的考核，2011年实现执法考核系统全年无过错的记录。税收执法活动得以进一步规范，税收执法管理水平有了显著提高。

【税收执法】 在税收工作的每个环节力求做到要求具体，目标明确，操作规范，为促进依法治税，提高征管水平，强化科学管理，保证政令畅通，完善监管机制，简化手续、减少环节、提高办事效率和工作质量，切实保护纳税人合法权利奠定更加坚实的基础。改进创新国税行政管理方式，加快推进税收管理“专业化、信息化”进程。按照精确、细致、深入的要求，将法律规定的职责的权限分解落实到具体执法岗位的人员，既避免职能交叉与重叠，又确保各环节相互衔接。严格按照法定程序行使权力，构建和谐征纳关系，改善税收征管环境，建立协税护税机制。科学合理界定税务机关行政决策权限，完善内部决策程序，完善决策监督制度。对企业所得税的减免审批严格按规定的权限、时限和程序办理，按照统一的格式建立台账，同时严格实行两轮集体审批制度，即由税政集体审批后提交局务会再次进行集体审批。与纳税人利益密切相关的重大决策事项，除涉及秘密事项外的，均主动告知纳税人。推行涉税事项“一站式”服务，提高纳税服务水平。通过应用综合征管软件，完善了税收管理员制度，落实、完善纳税评估、纳税约谈、纳税辅导等制度措施，加强税源管理力度，提高税法的遵从度。完善了增值税申报纳税“一窗式”管理模式，建立增值税失控发票快速反应机制。认真贯彻实施行政许可法，深化税务行政审批制度改革，不断规范税务行政许可和审批行为。完善监督制度和机制，强化对税收行政行为的监督。加强对税收规范性文件的审查和监督，加强对税务行政执法行为的过程监控，自觉接受外部监督，切实依法解决人民群众通过信访举报反映的问题。2007年度以来，未发生行政复议案件，无违反案件范围、管辖权、法定程序等办理各类税务行政复议案件。

队伍建设

【机构人员情况】 设10个职能部门：办公室、人事教育科、监察室、货物和劳务税科、所得税科、收入核算科、征收管理科、政策法规科、办税服务厅、信息中心（事业单位）。区局直属机构有：稽查局。派出机构有：第一税务分局、第二税务分局、第三税务分局、第四税务分局、第五税务分局、第六税务分局。人员构成情况：全局在册人数320人，离退休干部40人，现有在职人员280人（公务员262人、工勤人员18人）。在职人员中研究生1人，占0.36%；大学本科147人，占52.50%；大学专科121人，占43.21%；中专6人，占2.14%；高中以下5人，占1.79%；年龄结构：30岁以下12人，占4.29%；31～40岁49人，占17.5%；41～50岁185人，占66.07%；50岁以上34人，占12.14%。平均年龄44.3岁；政治面貌：党员122人，占43.57%；团员7人，占2.5%；民主党派2人，占0.71%；群众149人，占53.21%；性别构成：男性150人，占53.57%；女性130人，占46.43%。

【廉政建设】 通过召开2011年党风廉政建设和反腐败工作会议，签订了《党风廉政建设责任书》，明确了目标任务及奖罚措施，巩固和加强政（行）风建设成果。

结合内控机制建设的具体要求，认真开展职业道德和预防职务犯罪教育，邀请检察院的专业领导对全局干部举行职务犯罪专题讲座，促使干部在税务稽查、信息化建设、税控器具推广应用、税额核定、纳税信用等级评定、各类涉税事项审批等方面，严格按照税法、国家有关法律法规和规定办事，严格遵守工作程序和纪律要求，增强办事的透明度和执法的公开公正性，增强全体干部的自我约束和自我保护能力，切实提高拒腐防变能力，推进党风廉政建设和反腐败斗争深入开展。树立正确的履职观，切实改进工作作风，真正做到一切为了纳税人，一切方便纳税人，一切服务纳税人，自觉接受社会和纳税人的监督，推进税风、税纪实现根本性好转。

【精神文明建设】 根据区委、区政府以及上级部门的要求，认真开展经济社会发展软环境建设活动，并按照活动的要求坚持以文明创建为载体，形成爱岗敬业、公正执法，文明服务、廉洁奉公的良好风气，在全局范围内掀起“学习杨善洲先进事迹”的高潮，结合创先争优活动、“四亮四评”、“读好书 求新知”等活动的开展，大力开展文明创建活动。区局所得税科被官渡区妇联命名为2011年区级“巾帼文明示范岗”。

【教育培训】 切实加强干部队伍建设，努力打造一支政治素质高、业务技能强的专业化队伍。更新思想理念，探索在岗培训的可行性，加强在岗培训，走“边学边练边干”的成才之路，在统一认识、坚定信心的基础上，采用领导带头、业务科室倾力、要求指标过硬、上下一齐联动等方式，推进干部的在岗培训工作。2011年，共举办各类培训35期，参加上级部门和其他单位组织的培训17期，参加培训人次1450人（次），人员平均参加培训16.38天。

（董云林）

东川区国家税务局

经济概况

2011年，东川区实现生产总值（GDP）56.08亿元，同比增长15.1%。其中，第一产业完成增加值3.74亿元，第二产业完成增加值38.01亿元，第三产业完成增加值14.33亿元，分别比上年增长7.5%、17.6%、10.8%，人均国内生产总值2.05万元，第一、二、三产业结构比为6.6:67.9:25.5，第二产业在全区生产总值中的比重进一步增大。完成固定资产投资59.9亿元，同比增长35.6%，社会消费品零售总额实现11.9亿元，同比增长19.2%。非公经济占全区区域生产总值的70%，成为全区经济发展的重要支柱。城镇居民人均可支配收入达1.70万元，同比增长16.1%，农民纯收入3760元，同比增长12%。

税收概况

【收入完成情况】 2011年，东川区国家税务局共组织税收收入8.14亿元（含车购税、不含免抵调），同比增长41.86%，增收2.4亿元，完成昆明市国税局调整计划任务数8.13亿元的100.04%。分税种完成情况：增值税6.77亿元，同比增长37.45%，增收1.84亿元；消费税7万元，同比持平，储蓄存款利息所得个人所得税37万元，同比下降45.59%，减收31万元；企业所得税1.1亿元，同比增长93.45%，增收0.53亿元；车辆购置税0.26亿元，同比增长11.66%，增收274万元。

【收入特点】 一是2011年东川区国家税务局收入比上年同期增长41.86%，税收总收入连续11个月保持同比增长，平均月入库6780万元，比上年同期平均月入库的4779万元增收2001万元，增长税种主要是增值税，月均增收为1636万元。企业所得税（按季度征收）全年增收5333万元，季度平均增收为1333万元。东川区GDP（按可比价计算）增长11.3%；二是2011年有色金属增值税及压延加工业和有色金属采选业收入为5.57亿元，同比增长67.69%，增长幅度较大的行业仍然是有色金属冶炼及压延加工业和有色金属采选业，全年两个行业共入库增值税占全年总收入的67.69%，产量、销量、销售价格的高低仍是决定东川区经济增长的主要因素。

【税源分析】 一是国内增值税和消费税“两税”收入完成6.77亿元，同比增长37.44%，增收1.84亿元。从各行业税收减收情况看，有色金属冶炼及压延加工业构成增值税减收的主体；二是企业所得税收入完成1.1亿元，同比增长93.45%，增收0.53亿元；三是储蓄存款利息所得个人所得税收入37万元，同比下降45.59%，减收31万元；四是车辆购置税收入累计完成0.26亿元，同比增长11.66%，增收274万元。税收收入增减原因分析。增值税15个征收品目中9个与上年同比增收2.15亿元，6个征收品目与上年同比减收2966万元。增值税6.77亿元与上年同比增长37.70%，增收2.08亿元。减收的主要因素：一是矿产品销售价格对税收收入的影响。全年该行业平均销售价格5.53万元/吨，同比下降11.67%，缴纳增值税55077万元，同比增长54.62%，增收19456万元，占全年总收入81360万元的67.69%。二是矿产品产销对税收收入的影响。有色金属冶炼及加工业销售收入2.45亿元，同比下降58.74%，减少3.49亿元，应纳税额978万元，同比下降60.86%，减少1521万元。有色金属采选业销售收入7662万元，同比下降38.40%，减少4778万元，应纳税额477万元，同比下降62.44%，减少793万元。三是其他产品对税收收入的影响。化工产品销售收入1159万元，同比下降20.56%，减少300万元，应纳税额34万元，同比下降50.72%，减少35万元。医药产品销售收入642万元，同比下降68.17%，减少1375万元，应纳税额16万元，同比下降78.66%，减少59万元。电力产品销售收入4871万元，同比增长35.26%，增加1270万元，应纳税额191万元，同比增长11.04%，增加19万元。四是再就业特区优惠政策产生的影响。2011年是东川再就业特区优惠政策执行的第九年，区局征管的特区企业，共缴纳增值税688万元。2011年累计缴纳3.35亿元，占税收总额的41.23%。

【税务管理】 增长的主要原因：一是坚持税收组织收入原则，应收尽收。二是加强对规模以上工业企业的分析监控，强化重点税源管理。三是大力开展纳税评估和税收政策辅导。四是严格欠税管理，实现年税年清。五是加强再就业特区企业税收管理，做好税返审核。六是加强税收稽查，以查促收、以查促管。七是积极推进税收专业化管理模式。

各项工作

【税收法制建设】 进一步规范和减少税务行政审批项目，保证审批权力正确行使、后续管理科学有效的制度和机制。加强税收执法检查，进一步推行税收执法管理信息系统，全面落实执法责任制。区国税局从2010年6个过错行为下降到2011年3个过错行为，正确率达99.98%；加强税务行政复议、行政处罚和行政赔偿等工作。一是制定了《东川区国家税务局违法违章处罚管理办法》，对税收违法行为进行分类管理，细化过程管理考核指标，明确职责权限和岗位责任，以制度管人；二是在案件审理过程中，对认定的事实全方位进行监控，杜绝行政处罚的随意性，实施行政处罚告知申辩制度，对行政处罚实行集体审议和重大案件审理等监督措施，确保税收案件处理质量。

【税收征管】 （一）深入分析监控保收。充分利用综合征管软件、收入分析监控系统和重点税源监控系统，对税源进行全方位监控，了解重点企业每月税收入库的增减变化情况，对其产供销和申缴欠税情况进行全过程跟踪控管，并按月及时准确编报重点税源月报表，提高税源管理的质量和效率。在此基础上建立起日常分析、专题分析、综合分析相结合的税收分析，结合每月的收入执行情况，从收入概况、收入运行特点、增减因素、存在的问题、下步工作安排及建议等5个方面，对税收的增减因素进行客观分析。另外，区局还建立了“旬预测月、月预测季、季预测全年”的税收预测制度，全年税收预测精确度达到95%以上，为组织收入工作提供了有力参考，从而及时、全面掌握全区税源变化情况和发展趋势，牢牢把握了组织收入的主动权。2011年比2009年增长近3倍，年均增幅达到95%以上，成功实现了组织税收收入新跨越，为服务东川经济社会发展提供了财力保障。（二）健全清欠措施护收。严格按照欠税管理办法对欠税实施监控和追缴，将责任落实到税收管理员和管理分局领导，并纳入目标管理考核。2011年我局新增欠税11户（次），共计发生新欠为392万元。由于我局严格按征管法及时进行催缴，对新欠实施跟踪监控，摸清企业的资金流动情况，及时与企业负责人和财务人员进行约谈，有效采取税收保权措施，督促企业履行清缴义务，年内对11户欠税户实行清缴，追缴入库税款392万元，已申报税款实现年税年清。（三）提升税收征管水平。坚持把是否应收尽收作为检验税收征管工作的重要标准，认真把握经济形势，将收入任务层层分解，并细化到部门、责任人。坚持科室例会制度，加强重点税源监控，认真分析税收入库情况、企业税源情况，安排、协调、解决各项业务工作。坚持向加强税源管理要收入、向加强纳税评估要收入、向加强税务检查要收入、向加强普通发票管理要收入、向加强所得税管理要收入的工作思路，把目光拓展至申报数以外，进一步强化税收征管，堵塞税收漏洞，深化税收经济分析，掌握重点税源，加强收入监控管理，全面提升应收尽收的水平。（四）强化重点税源管理。对规模以上工业企业的生产经营情况、行业税负情况、缴税情况与各兄弟局统计的情况，进行对比分析，查找管理中的疑点，有针对性地开展纳税评估和税收政策辅导。并加强区局25户（总局监控7户、省局监控11户、市局监控6户、区局监控1户）重点税源企业的监控，对影响收入的重大因素、重点问题和重点税源，有针对性地开展调研，为各项决策提供了依据，强化了税源管理。重点税源企业全年缴纳增值税4.8亿元，占全年增值税6.77亿元的70.9%，同比增长45.22%，增收1.49亿元。牢牢把握了组织收入的主动权，提升应收尽收的水平。（五）夯实纳税评估工作。充分运用省国税局数据监控系统对管户纳税情况进行分析，结合日常管理资料分析结果，科学筛选评估对象，以施行约谈、实地核查相结合，及时排查疑点问题，合法全面地取得举证材料，在评估中同时开展有针对性的税法辅导和税收政策宣传工作。重点开展了39户企业的日常评估，增值税评估补税（入库）共117.34万元。（六）税收政策落实到位。严格按照福利企业退税管理相关政策，全年共办理民政福利企业退税业务132户余次，退税金额2726万元；审核再就业特区企业奖补资金3.04亿元，其中增值税2.43亿元，企业所得税6102万元，重点审核了不予奖补的企业，经层层审核把关，共审减不予奖补企业15户，审减不予奖补资金508万元。自2011年11月1日起，云南省将个体月核定额起征点确定为2万元，按次征收起征点由200元提高为500元，东川区起征点以上个体工商户户数从614户减少至58户。对调整前起征点以上而未达2万元的556户个体工商给予了税收停征优惠，月免征增值税12.35万元。同时，对按次征收销售额未达500元的临时纳税户按时进行停征，使广大个体工商户充分享受到国家税收优惠政策，确保了个体税收政策变更的平稳过渡。（七）税源专业化有效推进。按照纳税人规模、行业，兼顾特定业务，对税源进行科学分类，优化管理资源配置，完善大企业税收管理与服务机制，健全风险评价、监控体系，帮助大企业提升风险防控能力。强化对中小企业的税源监控。对个体户和零散税源积极推行集约化、社会化的最优征收管理。（八）提升征管质量考核指标。征管质量提高，2011年申报率和入库率进一步提高，1～12月平均申报率99.8%，较上年同期99.78%上升了0.02个百分点，平均入库率100%。对市局确定的重大部署、重点工作、重要事项层层分解，逐项细化量化，完善目标管理考核和督查督办工作，着力加强对重要决策、重点任务落实情况的考核。根据省市局各项税收征管指标，结合区局具体工作，认真制定修改完善了东川区局目标管理考核办法，制定横向、纵向相关联的捆绑式“连挫”考核机制，明确了责任人、部门负责人、分管局领导的责任及奖惩，实行“重奖重惩”，以奖为先。长期以来区局在昆明市国税系统排名一直处于倒数位置，2011年区局确立要挤入全市第三名的目标。（九）代开发票管理成效显著。不断宣传风险理念，提高风险认识，严格按照省市发票代开管理工作要求，结合我局实情，在各种场合，各种会议上，多次强调发票管理的重要性，多次布置和责令分管局领导和相关部门认真调研，完善制度和流程，要求各部门认真审核纳税人提供的代开资料，做到发票、税票、代开申请表、代开资料“四个统一”，要求做到代开申请表和代开人一致、代开资料和代开人一致的“两个一致”，严格执行代开发票的各项法定程序，并控制代开金额。代开发票金额从2007年的17亿元下降到2011年的7亿元。通过加强发票代开管理工作，发票代开情况整体呈现逐年下降趋势，降低了执法风险。

【依法治税】　（一）加大税收宣传力度，认真落实各项税收优惠政策。一是区局通过纳税评估和税务稽查发现问题后认真准备课件，有针对性地对税务干部及纳税人开展各项业务辅导培训工作。送政策到企业进行有针对性培训，共辅导培训纳税人360人多次，做到纳税人在政策方面提出的相关疑问现场解答；由于政策宣传到位，受到纳税人好评。二是2011年4月16日，东川区国、地税局、工商局首次联合在区钻石年华广场开展税收宣传月活动，区国、地税局、区工商局领导共计80余人参加了活动。还与地税局、工商局共同将工作业务流程汇编成《工商、国税、地税服务指南》，并将服务指南、相关税务政策等资料送到各镇便民服务中心。（二）稽查工作成效显著。依法开展税收检查，整顿和规范税收秩序，推行税务稽查查前告知制度，认真开展交叉稽查、重点稽查，加强分类稽查与专项检查，动员企业开展纳税自查，做好日常检查工作，并做到税收检查与纳税辅导同步，提高纳税人的税法遵从度。全年下达稽查任务11户，下达《税务稽查查前告知书》80户，稽查查补收入入库336.52万元，入库率100%。查处的两件大要案，昆明云铜稀贵铅业有限责任公司案和云铜银业有限公司案，涉及应查补税款共4586.46万元已移送司法部门，增强税务稽查威慑力。（三）大力推进“阳光政府”四项制度建设工作。制订年度工作实施计划，认真落实四项制度的具体实施情况按月报告制度、重要事项公示发布和政府信息公开制度，2011年实现昆明市政府“12345”市长热线电话全年“零差错”。

【税收管理信息化建设】　一是做好FTP、办公自动化、“四小票”采集等系统后台数据库的日常维护、升级和数据备份工作，做好计算机网络安全维护，全年维修维护各类计算机近156多台/次；二是金税二期建设全年初始发行岗位32户，变更发行授权167户，重新发行9户，注销发行15户，重写IC卡25户，更换金税卡14户，更换IC卡8户，修改时钟授权维护15户；三是修改购票员信息2户，技术管理岗位全年共排除认证系统故障6起，报税系统故障5起，发票发售系统故障8起，按时上传、下载金税数据，保证金税数据安全无误。

队伍建设

【机构人员情况】　（一）机构设置。内设机构7个：办公室（7人）、人事教育科（4人）、监察室（2人）、征收管理科（3人）、税政管理科（3人）、办税服务厅（9人）、收入核算科（3人）；直属机构1个：稽查局（11人）；事业单位1个：信息中心（2人）；税务分局1个：铜都分局（18人）。（二）人员配备。2011年在职干部67人，离、退休人员33人。男性干部41人、女性干部26人。（三）学历结构。本科生42人，占62.68%；大专生24人，占35.82%；中专生1人，占1.49%。（四）年龄结构。50岁以上9人，占总人数的13.43%；40～49岁37人，占总人数的55.22%；30～39岁16人，占总人数的23.88%；29岁以下5人，占总人数的7.46%。

【领导班子建设】　一个团队的生命在于团结，团结就是大局、团结就是力量、团结就能稳定、团结能出成绩。俗话说：“兵熊熊一个，将熊熊一窝”，因而，我局把区局班子建设作为工作中的重中之重来抓。倡导互相补台好戏连台，互相拆台共同垮台，班子成员达成共识，互相协调，互相配合，确保政令畅通。目前，区局班子成员已形成了讲大局、讲风格、讲奉献的格局。正朝着“思想上成为肝胆相照的知己、政治上成为志同道合的同志、工作上成为密切配合的同事、生活上成为相互关心的挚友”这一目标努力。

【廉政建设】　区局全面落实党风廉政建设责任制，采取有效措施，切实加强党风廉政建设、机关作风建设，扎实开展内控机制建设。按照市局的要求，在区局开展廉政风险防范工作。做到将内控机制建设延伸到全局每个岗位，细化疏理职责、排查廉政风险、制定防范举措。从思想道德、岗位职责、业务流程、制度机制、外部环境风险等5个方面共同排查部门廉政风险涉及税收执法、税源管理、行政管理等多个方面，涵盖多个工作环节，此项工作正在有序开展。认真做好《廉政公约》的签订和回访工作，共召开纳税人座谈会5次，向纳税人发放《征求意见表》106户；共签订《廉政公约》176户，回访98户。认真落实服务承诺制等四项制度，切实纠正不作为、乱作为和慢作为，加强机关作风建设，优化纳税服务，努力提升国税部门的社会形象。

【精神文明建设】　2011年，认真贯彻落实省、市国税局工作要求，全体干部职工群策群力，认真抓好各项工作，圆满完成全年工作任务，为服务地方经济发展作出了积极贡献，获得2011年度“区突出贡献奖”、“区综合考核一等奖”及“平安创建先进单位”等殊荣；采取多种形式对汤丹镇新塘村和达朵村两个挂钩扶贫村进行扶贫工作，为贫困村办实事办好事，现已筹集资金129万元，彻底解决新塘、达朵两村饮水困难。积极推进国税文化建设。文化铸就灵魂，和谐凝聚力量。结合东川“新老三宝”文化特点，区局用海纳百川，春融万物的理念引导干部敞开心扉，不断灌输“居处恭，执事敬，待人忠”等理念，营造“健康生活，快乐工作”的氛围。成立了美术书法、摄影、奇石、乒乓球协会，制作国税文化展板，张贴职工奖状；树立“敬业、勤业、精业、赶先、争先、为先”的精神。同时积极组织职工参加省、市国税美术、书法、摄影赛，共组织上交摄影作品43幅，在办公楼走廊挂置职工的书画、摄影、奇石作品40余幅。通过加强国税文化建设，充分运用文化的力量，培养干部职工的情操，共同的发展愿景凝聚精神力量，使广大干部职工精神风貌更加昂扬向上，共同价值取向充分展现，进而形成推动税收事业发展的巨大动力。

【创先争优活动】 区局以“创先争优”、“四亮四评”为契机，认真开展建党90周年、向杨善洲同志学习系列活动，党建工作明显提升。在区局网站上开设创先争优专栏，编发专题活动简报26期，通过开展深入学习“创先争优”、“四亮四评”活动，全局上下讲学习、重实绩，创一流的氛围日益形成，促进了国税工作的全面发展。荣获“2010～2011年度东川区先进基层党组织”称号，被区委列为首批“东川区创先争优”示范点，全区唯一一家被推荐申报“昆明市创先争优示范点”单位，参加区建党90周年党史知识竞赛获三等奖，被省、市国税系统表彰创先争优先进个人各一名。

【教育培训】 立足本岗位工作实际，本着干什么、学什么、精什么的原则，认真学习本岗位急需的业务知识，成为从事本职工作的行家里手。为全局干部职工创造良好的学习条件和氛围，为提升学习效率，给全局人员每人配置一套汉王电子书。分别与武警中队、交警大队、消防大队联合举行了警示教育活动、交通安全知识培训、消防安全知识培训，通过活动开展，增强了预防职务犯罪、文明出行，安全行车、消防应急逃生等意识，深受全局干部职工好评。开展“一对一”培训，采取“送出去，请进来”多种方式加大对全员干部的培训力度，进一步拓宽视野、提高素质、增长才干。除积极组织干部参加省、市局安排的各项业务培训，还定期组织全员业务考试，在做好干部技能培训、心理健康辅导的基础上，营造自觉学习、集体学习的良好氛围。2011年“三零”目标考核均得100分，排名从上年同期的倒数第2名大幅提升至前列，并实现了全年税收执法管理信息系统考核零过错的较好成绩。在全年培训中，支出各项培训经费18.53万元，人均支出培训经费2762元。

（李启红）

安宁市国家税务局

经济概况

2011年，安宁市实现生产总值（GDP）168.23亿元，比2010年增长15.5%。其中：第一产业增加值8.9亿元，增长9.5%；第二产业增加值99.25亿元，增长16.5%；第三产业增加值60.08亿元，增长15.1%。全市城镇居民人均可支配收入为2.37万元，增长15.6%，人均消费性支出1.46万元，增长3.6%。社会消费品零售总额36.95亿元，比2010年增长22.1%，农民人均纯收入8104元，比2010年增长17.2%。全市国民经济继续保持了增长的态势，市域综合实力处于中国西部百强县市前列，各项社会事业全面发展，人民生活水平稳步提高。

税收概况

【收入完成情况】 2011年，安宁市国家税务局共组织各项税收收入14.70亿元，与2010年度完成税收收入15.31亿元相比，下降3.98%，减收6093万元。完成市局下达的收入确保目标15.93亿元的92.27%，塌进度7.69个百分点，同比下降7.73%，减收1.23亿元。其中：国内增值税收入完成11.92亿元，比上年同期下降12.99%，减收1.78亿元；国内消费税收入完成26万元，比上年同期增长18.18%；企业所得税收入累计完成2.14亿元，比上年同期增长143.62%，增收1.26亿万元；储蓄存款利息所得个人所得税收入累计完成38万元，比上年同期下降64.81%，减收70万元；车辆购置税累计完成6383万元，比上年同期下降11.47%，减收827万元。

【收入特点】 一是“两税”收入增值税收入累计完成11.92亿元，与2010年度完成增值税收入13.70亿元相比下降12.99%，减收1.78亿元。消费税收入累计完成26万元，与2010年度完成消费税收入22万元相比，增长18.18%，增收4万元。完成市局下达“两税”收入确保目标的84.64%，塌进度15.32个百分点，比上年下降15.36%，减收2.16亿元。二是企业所得税收入较上年大幅增长。企业所得税收入完成2.14亿元，与2010年度完成企业所得税收入8776万元相比增长143.62%，增收1.26亿元。增长的原因是：认真开展所得税年度汇算清缴。安宁市农村信用合作联社企业所得税政策性减免2009年到期，2010年开始征收企业所得税，故2011年1～12月入库7013万元。部分房地产企业2010年底整体楼盘清算缴纳税款1.40亿元，尤其是恒大鑫源（昆明）置业有限公司2011年2季度企业所得税同比增长100%。三是储蓄存款利息所得个人所得税收入下降。个人所得税收入累计完成38万元，与2010年度完成个人所得税收入108万元相比下降64.81%。减收70万元。减收原因是受利息所得税税率的调整和受到其他不确定因素影响。四是车辆购置税收入累计完成6383万元，与2010年度完成车辆购置税收入7210万元相比下降11.47%，减收827万元。减收的原因是2010年凡是购买1.6升及以下排量乘用车车辆购置税享受减征政策，由原来10%税率调整为7.5%税率征收，而从2011年1月1日起税率又调整为10%征收。

【税源分析】 2011年，全球金融危机的影响减弱和受国家宏观经济调控的影响，全年税收收入出现喜忧参半的态势，安宁市的支柱产业是钢材，武钢集团昆明钢铁股份有限公司作为安宁市国税局重点税源户，税款的缴纳直接影响全局税收收入的完成。分析如下：武钢集团昆明钢铁股份有限公司新建草铺新区项目，生产设备投入较多，185项目预计投资60亿元，2010年已完成13亿元，2011年完成了26亿元的投资（其中设备投资17亿元），1～12月份共计抵扣固定资产进项税金2.84亿元，与2010年同期相比增加进项税金2.75亿元。另外，昆明钢铁控股有限公司和昆明钢铁集团有限公司及下属分公司由于销售价格下降，购进的原材料和半产品价格上升，导致进项税额增加，增值税与上年同比减少0.5亿元。以上原因造成2011年度昆钢公司整体减收增值税4亿元。

各项工作

【依法治税】 （一）税法宣传。2011年，安宁市国税局围绕“税收·发展·民生”税收宣传月的宣传主题，制定并下发了《安宁市国家税务局关于开展2011年全国税收宣传月活动安排意见》，成立了税法宣传月活动领导小组，围绕主题，精心安排。一是在各繁华路段、办税服务厅和窗口部门悬挂宣传标语、张贴宣传画进行税收政策和图片资料的宣传。二是在办税服务厅利用电子显示屏进行税收政策及相关法规的播放。三是在安宁市区繁华路段设立税法宣传咨询台，发放宣传资料，解答税收政策。四是与安宁电视台协作，结合“服务基层年”各项工作要求，围绕干部作风方面、服务质量方面、工作效率方面、干部能力方面、行政行为方面取得的新成果进行专题报道。扩大宣传效果。五是发动全体干部职工以“税收·发展·民生”主题积极编辑税收短信和漫画。六是结合农村扶贫点帮扶工作，深入农村积极开展惠民利民和惠农支农的税收优惠政策的宣传。七是创新宣传模式，改变税收宣传方式，开展“送政策”活动，结合税收专项检查工作及钢材销售企业税收专项整治工作的开展，组织辖区内的钢材经销企业，宣讲税收政策，进一步普及税收知识，对企业存在的具体问题进行现场解答和指导，切实满足纳税人的需要。（二）税务稽查。2011年，安宁市国家税务局进一步解放思想、开拓创新，充分发挥稽查“以查促查、以查促管、以查促收、以查促改”的职能作用。全局累计检查户数201户，有问题160户，查补入库税款2117.63万元，滞纳金373.98万元，罚款157.70万元，合计2649.31万元，其中，稽查安排自查167户，自查有问题129户，自查补税及滞纳金1880万元，稽查选案检查34户，检查执行完毕34户，有问题31户，无问题3户。移送公安机关4户，查补收入769.23万元。选案准确率91.18%，入库率100%，结案率100%，偷税处罚率63.80%。

【税收征管】 （一）各税管理。一是加强增值税一般纳税人认定工作。2011年，全局共有增值税一般纳税人959户，其中：正式认定工业企业增值税一般纳税人458户；正式认定商贸企业增值税一般纳税人500户；纳税辅导期增值税一般纳税人1户。企业关停被取消一般纳税人资格41户，新认定符合条件的增值税一般纳税人249户。二是所得税清算汇算工作。2011年，按照“核实税基、完善汇缴、强化评估、分类管理”的要求，认真做好2010年度企业所得税的汇算工作，2010年度参加企业所得税汇算清缴750户，汇算面达98%；亏损企业395户，亏损面达52.6%；享受企业所得税优惠19户（其中小型微利企业3户），减免税额4044万元；2011年度企业所得税核定户202户，核定率达22%。三是加强车辆购置税管理。2011年，共征收各类车辆7183辆，征收车辆购置税6412万元，其中，汽车6260辆，税款6364万元，与上年同期比较下降26%；摩托车912辆，税款37.72万元，与上年比较下降27%；挂车9辆，税款6.86万元；农用车2辆，税款8644元；处罚逾期缴税车40辆，加收滞纳金2.41万元；免征设有固定装置的各类专用车辆76辆，免征税款429万元。（二）加强个体税收管理。一是认真履行个体税收管理职能，采取电子定税方式依法确定、调整个体户双定额，并对未达起征点个体工商户实施了动态管理。同时运用征管数据信息，开展税源税负排查，对个体户发票超定额或有其他疑点的，及时进行评估补税或进行双定额调整，保障个体税收依法征纳。2011年11月起，严格执行个体工商户增值税起征点调整为2万元，全市个体增值税起征点户由1700户，下降到85户，98.50%的个体工商户受惠。进一步完善发票存根联缴销制度，降低了税企双方的执法风险。二是加强税源户籍管理。认真落实《税务登记管理办法》，打牢税源管理基础，积极抓好全市个体户停（歇）业户、注销户和非正常户跟踪检查的管理，充分运用《财税工商登记信息交换比对管理信息系统》，建立了漏征漏管清理的工作机制，适时掌握税源底数。三是加强申报管理。全年实行储蓄扣税1571户，网络申报1038户，介质申报91户，银行网点申报2户。四是根据昆明市国家税务局财税库银横向联网推广应用项目实施方案的通知精神，积极推广财税库银横向联网，2011年已录入《三方协议书》945户。其中：验证通过925户，通过率为97.88%；超额完成市局下达884户须签订《三方协议书》的任务。五是加强政策执行。认真落实流转税的各项税收优惠政策，按照流转税优惠的审核审批程序，坚持按权限审批和报批。全年免税232户，减征税额25.68万元，福利企业增值税退税933.2万元。（三）发票管理。2011年，严格按照《中华人民共和国发票管理办法》及其实施细则和相关法律法规的规定，一是加强发票库房管理，按照“五专六防”的要求确保库房安全。二是开展打击制售假发票和非法代开发票专项整治及增值税专用发票存根联滞留专项核查工作。三是积极推广普通发票监管信息系统，实现全省普通发票联、存根联比对。四是加强发票出入库的管理，做到“日清月结”，确保发票出入库无差错。未发生票证被盗、票证遗失等现象。

【信息化建设】 （一）推广维护各类应用系统，在做好防伪税控、综合征管软件、网络申报、执法考核、办公自动化等系统的运维和使用的同时，根据省、市局的统一安排，大力推广网络版普通发票开填系统、云南省网络视频教育、会议系统相关工作。（二）做好网络与信息安全的日常工作，一是严格执行上级下发的相关网络与信息安全管理制度和技术标准。在上级的安全管理制度的基础上，结合本单位的实际情况，制定并实施了计算机网络与信息安全管理规定、计算机设备管理制度。二是按照总局要求的采取物理隔离的办法，严格区别内部网络和外部网络，保证信息安全。内外网之间采取物理隔离的方法。有业务需要的人员给予开通外网，其余人员只能上内网。三是按照要求做好了防尘、防潮湿、防静电、防火等防护措施，保证了机房的物理和环境的安全。四是定时对指定的数据进行备份，指定专人进行数据的备份，对数据进行多重备份。安装瑞星杀毒软件并及时升级，定时查杀病毒。留意病毒最新动态，针对瑞星杀毒软件不能查杀的，及时下载病毒的专杀工具。五是加强个人计算机管理，加强对便携式计算机的管理，规范个人计算机使用方法。加强移动存储设备管理，规范使用方法。移动存储介质实行专盘专用，用于工作的U盘只允许在内网使用，外网机所用的移动存储介质不得联到内网机上，禁止移动存储介质未经处理在内、外网之间交叉使用。六是根据硬件状况和2011年的采购计划，继续做好计算机设备的更新工作，及时采购设备，确保各科室计算机配置与其工作需求相适应。

【税务管理】 2011年，安宁市国税局按照《征管法》及《征管法实施细则》的规定，加强税收征管，夯实税收基础。一是积极推行税源专业化管理制度。合理配置资源，实施有针对性的分类管理，按事设岗，分岗管事。工作效能和防范执法风险的能力有了进一步的提高。二是税收管理员辅助信息系统（V2.0）的运行，减轻了税收管理员工作负担，提高了管理员对税源信息的分析运用能力，使管理员能准确掌握税源管理和税种管理等方面的情况和问题，并对其实施有针对性的管理措施，促进了税源管理良性互动机制的形成。三是深化纳税评估工作。2011年，共评估74户（次），入库金额986.69万元。其中：增值税入库792.78万元，所得税入库109.38万元，滞纳金入库84.53万元，增值税留抵税额调减171.33万元，所得税亏损数额调减3232.61万元。四是做好纳税人的税务登记管理工作，2011年，全局共有征管户7553户，其中：港、澳、台商独资经营公司6户，合资经营企业（港或澳、台资）9户，个人独资企业户18户，股份有限公司59户，国有独资公司11户，国有企业户27户，集体企业户117户，其他有限责任公司922户，其他企业84户，私营独资企业83户，私营股份有限公司545户，外资企业8户，中外合资经营企业户7户，个体工商户5657户。

【税收法制建设】 一是坚持“合法行政、合理行政、程序正当、高效便民、诚实守信、权责统一”的原则，严格按照法定权限和法定程序行使权力、履行职责，认真组织税收收入，严厉打击税收违法犯罪行为。二是以深化税务行政审批制度改革为契机，减少审批项目，进一步规范税务行政审批行为，为纳税人提供高效便捷的服务。三是全面推行税收执法责任制，应用好税收执法管理信息系统对日常执法行为实施过程监控，完善工作制度，改进方式方法，督促整改发现的问题。四是依托信息化手段，利用政府信息公开平台、电子显示屏、公告栏、咨询台、举报箱等公开政务信息，为纳税人提供及时、便捷的涉税服务，切实落实好“四项制度”，自觉接受社会各界的监督。

队伍建设

【机构人员情况】 2011年，共设置内设机构8个（办公室、政策法规科、税政科、收入核算科、征收管理科、人事教育科、监察室、办税服务厅）；直属机构1个（稽查局）；派出机构2个（管理一分局、管理二分局）；事业编制1个（信息中心）。2011年共有在职职工87人，其中：女职工25人，占28.73%；男职工62人，占71.27%。中共党员35人，占40%；具有大专以上学历的67人，占77%；中专、高中14人，占16%；高中以下6人，占6.8%；30岁以下4人，占4.5%；31～40岁15人，占17%；41～50岁47人，占54%；51岁以上21人，占24%。离退休人员37人，中共党员14人，提前退休1人。

【廉政建设】 一是落实省、市局党风廉政责任制考核办法，持续营造抓廉政纠风工作的重要氛围。严格各部门、科（室）廉政纠风目标责任制考核工作，保持行风建设良好态势，确保2011年各项工作目标得到有效落实；二是注重预防，深化反腐倡廉教育。以“防”为切入点，突现反腐倡廉教育的特色，营造浓厚的教育氛围。开展学习、贯彻《廉政准则》教育。组织干部职工集中逐条学习《廉政准则》；三是制定了《2011年党风廉政建设工作计划》下发各部门遵照执行，并层层签订了《廉政纠风目标管理责任书》和《软环境建设责任书》，各签订87份；四是积极开展部门内控机制建设工作，开展风险排查，找准风险点，开展了2次排查，12个科室（部门）57个岗位统计排查出风险点111个，制定防范措施195条；五是完善制度，强化监督，针对排查出的风险环节和风险点，根据制定的防范措施，进一步完善制度，达到预防风险的目的。

【精神文明建设】 2011年，围绕执法与服务两个重点，以塑造国税形象和提升服务质量为突破口，一是组织干部职工认真学习《云南省精神文明创建工作手册》、《昆明市国税系统文明创建管理办法》，让干部职工深刻了解精神文明创建的内涵，明确文明单位创建的条件、标准、要求，提高创建意识。二是按照昆明市局“效能国税”和安宁市政府“效能安宁”建设活动及省局提出的“服务基层年”要求，认真贯彻落实“服务基层年”各项工作措施，切实加强物质文明、政治文明、精神文明建设。三是按照安宁市委、市政府的要求，积极做好安宁市创建“国家级卫生城市”的工作，做好工作区域周五卫生大扫除的工作，组织税务干部走上街道做好安宁市市政府开展的各单位指定区域周五义务劳动活动，为安宁市创建“国家级卫生城市”作出积极的贡献。四是以多种方式开展了职工工会活动，丰富了干部职工的业余文化生活，极大地提升了广大职工的生活情趣，进一步增强了干部职工的向心力和凝聚力。

【教育培训】 一是加强对干部职工综合素质的培训。对数据的采集录入、个体双定额动态管理、单户定额和行业定额的调整、审批，进行了全流程的现场操作培训；二是加强了税收管理员“增值税纳税评估及操作”“普通发票简并换版业务”培训，针对工作中存在的实际问题，组织税收管理员在工作现场以会代训的方式进行了培训学习；三是结合税收宣传月活动，进行了税法的宣传及“12366”纳税服务热线的培训、学习。全年共组织和参加上级培训21期，参训人数215人（次），人均培训14.8天。

（马建光）

呈贡区国家税务局

经济概况

呈贡区（2011年11月1日后前呈贡县）地处滇东高原滇池盆地东部，省会昆明市的东南面、滇池东岸。呈贡区北与官渡区接壤，东和宜良、澄江两县毗邻，南与晋宁县交界，西隔滇池与西山区相望，现代新昆明行政中心所在地，是享誉中外的滇中“花乡、菜乡、果乡”和中国花卉第一区。呈贡区是一个以汉族人口居多的多民族聚居区。全区共有汉、回、彝、白族等22个民族。2011年，全区户籍人口数19.44万人。2011年，呈贡区实现生产总值（GDP）84.77亿元，同比增幅15%；其中：第一产业完成6.05亿元，第二产业完成42.62亿元，第三产业完成36.09亿元，同比增（减）幅分别为：-12.0%，14.2%，22.25%；地方财政总收入9.59亿元，同比减少5.14%。

税收概况

【收入完成情况】 2011年，呈贡区国家税务局共组织税收收入2.02亿元，同口径（剔除七甸街道区划调整收入8373万元）比上年增收2.13亿元，增长11.75%，完成昆明市国家税务局下达年度税收确保目标1.93亿元的104.84%，奋斗目标1.95亿元的103.45%。

【收入特点】 随着呈贡新区发展需求的不断增长，推动呈贡部分重点税源企业税源实现增长，2011年国内增值税、企业所得税分别实现21.86%和44.93%的增幅，增收税款4446万元；同时因房地产政策因素及企业搬迁造成减收1556万元。除国有企业、集体企业同比上年较大增幅外，股份公司、私营企业和个体经济均呈大幅减收。国有企业入库税款1087万元，同比增收161万元，增幅17.37%；集体企业入库税款7459万元，增收3674万元，增幅97.01%；股份公司入库税款6483万元，减收5836万元，减幅47.37%；私营企业入库税款2198万元，减收1024万元，减幅31.78%；个体经济入库税款2673万元，减收2038万元，减幅43.26%。

【税源分析】 一是增值税一般纳税人收入（含免抵调）7465万元，下降46.26%，减收6427万元。税源主要集中在供电、烟草、水泥制品等行业。分别入库税款1093万元、543万元、639万元，同比增幅分别为3.90%、22.30%、42.00%。二是企业所得税收入9381万元，增长29.75%。三是储蓄存款利息所得个人所得税收入63万元，同比减收99万元，减幅157.14%。四是车辆购置税收入2169万元，减收2230万元，减幅达50.69%。

【税务管理】 一是强化增值税小规模纳税人、专业市场个体税收和普通发票管理，控制税源稳固税基。在2011年税收征管中，适时分析小规模纳税人零低申报原因，加强申报审核，按月对个体核定结果通过网络公示，接受纳税人监督，实行定额核定的个体户有2247户（含非正常户），核定征税面达到70%，户均核定达到210元。二是进一步加强与地方政府沟通，联手打造协税护税网络。抓好专业市场以外的个体税收的委托代征工作，提高个体税收征管质效。确定了两个街道办事处及一户市场管理法人单位为委托代征单位，共代征入库增值税377.89万元，聚拢了辖区零散税收。三是强化纳税评估，完善评估模型，促进税款增收。2011年累计完成评估44户，有问题32户，占比73%，补缴增值税397.68万元，补缴企业所得税512.13万元，加收滞纳金50.01万元，合计入库959.82万元。年内上报了3期“以评促管成效”和1个纳税评估典型案例分析，建立了“预应力混凝土管桩生产企业”、“免烧砖行业”、“摩托车零售行业”、“塑料制品行业”、“批发行业”等5个行业增值税纳税评估模型。

各项工作

【税收法制建设】 紧紧围绕组织税收收入这个中心工作，坚持“聚财为国、执法为民”的税务工作宗旨，大力推进依法行政、依法治税工作，严格依照法律法规办事，做到“有法必依、执法必严、违法必究”。全面深入推进依法治税，继续规范和加强税收执法。全面提高依法行政水平，严格按照法定权限和程序行使权力、切实履行工作职责，进一步增强法制理念，增强程序意识、服务意识、责任意识，不断提高税法遵从度。

【税务稽查】 严格执行重大税务案件审理，完善一般程序审批。按照国家税务总局及省、市国家税务局有关对重大税务案件审理标准和要求，2011年对5户达到标准的案件，通过重大案件审理委员会进行审理，达到上年稽查局立案案件14件的35.7%；加大税务稽查力度，整顿和规范税收秩序。充分发挥稽查“以查促查、以查促管、以查促收”的职能作用，加强对纳税评估异常户和协查案件的检查。全年共计发出自查表76份，收回自查表76份，自查补缴增值税税433.01万元，所得税515.32万元，加收滞纳金52.86万元，罚款358.43万元；稽查检查12户，其中有问题10户，查补增值税税款25.67万元，所得税97.05万元，罚款38.51万元，加收滞纳金9.39万元。共计入库税款罚款滞纳金1530万元。

【税法宣传】 于2011年4月18日联合呈贡区地方税务局开展2011年第20个全国税收宣传月活动。现场民众及纳税人达2000多人，发放相关税收宣传资料1500余份，并于2011年4月19日走进行政中心开展税收宣传月活动，使整个宣传活动收到实实在在的效应。认真做好日常税收宣传工作，加大宣传力度，进一步改善征纳关系，优化税收环境，努力营造良好的国税工作外部环境。进一步加强向地方政府的请示汇报，赢得对税收工作的关心支持，加强与友邻单位的合作联系，共同创建和谐平安的税收环境。

【税务信息化建设】 完善规范计算机信息和网络维护，保障税收各系统正常运转。网络信息化在税收领域的不断拓展，再次提升了计算机信息和网络维护的重要性。积极做好网络升级改造项目，及时完成网络版普通发票代开系统和税收管理员辅助信息系统（V2.0）推行工作。

【税收执法】 始终坚持“聚财为国、执法为民”的税务工作宗旨，大力推进依法行政、依法治税工作，做到“有法必依、执法必严、违法必究”。进一步增强法制理念，增强程序意识、服务意识、责任意识，不断提高税法遵从度。认真落实税收执法考核工作各项要求，加大对税收执法的监督检查力度。始终坚持以法制宣传教育为基础，以依法治理为主线，按要求圆满完成了2011年普法任务，参考率和合格率均达到100%。加强执法考核，认真落实税收执法责任制。全年共发生税收执法信息4.02万条，执法正确率99.98%。在昆明市国家税务局执法通报中连续两个季度排名第一。

队伍建设

【机构人员情况】 设有办公室、人事教育科、监察室、税政科、征收管理科、政策法规科、收入核算科、稽查局、信息中心、龙城税务分局、办税服务厅11个机构。在职干部60人，其中：男职工38人，女职工22人，中共党员28人。在职干部职工平均年龄为46岁。

【廉政建设】 继续规范《廉政纠风目标管理责任书》的签订考核。逐步健全部门内控机制建设和廉政风险管理工作，促使各部门负责人履行“一岗双责”的重任进一步提高，促使广大干部职工更进一步增强了风险意识和制度意识；全面开展软环境建设“执行力提升年”活动，有力推动全体干部职工在执行各项税收政策、遵守各项规章制度、为纳税人做好优质服务和落实各项税收工作任务等方面的提高；认真开展《廉政公约》签订、回访和走访工作。全年签订《廉政公约》3179份，回访走访1205份，回访走访率达百分之百。2011年，呈贡区国家税务局税务干部职工未发生违法违纪行为。

【精神文明建设】 深入推进国税文化建设，广泛开展精神文明创建活动。在保持已创建的各个荣誉称号的基础上，积极争创省政府文明单位。坚持以人为本，注重对干部职工的人文关怀，关心干部职工的心理需求，关注干部职工的合理诉求，着力解决好关系干部职工切身利益的困难和问题，积极引导干部职工正确看待进退得失，营造干事创业的和谐氛围。

【教育培训】 继续强化政治理论学习制度的贯彻落实，全面提升干部队伍整体综合素质。坚持每周一的政治学习及部门工作汇报制度，认真抓好党员的理论学习教育。全年党支部召开支委会5次，组织党员干部开展理论学习12次，300多人（次）参加学习，组织机关政治学习36次，900人（次）参加。继续开展“一对一”、“一对多”和“多对一”培训工作，着力提高干部业务能力。全面落实国税系统“阅读红色经典，传承革命传统”学习活动要求，认真组织“三读活动”，积极创建学习型国税机关。继续加强干部业务培训，不断提升干部综合素质。2011年共组织各类业务培训13期，380多人（次）参加，其中：5、6月份，分两批组织全局干部到长沙税务学院进行拓展综合业务培训 。同时，进一步落实教育培训项目管理办法，组织参加省局举办的《国税论坛》视频讲座12期，500多人（次）参加。通过多层次、多形式、多渠道的培训，全面有效地提高了干部的综合执法水平。

其他工作

【服务基层年】 积极落实云南省国家税务局“服务基层年”各项工作要求，积极创建和谐呈贡国税。一是认真做好政策调整解读，加强税收政策指导，严格贯彻执行各项税收政策；二是继续加强基层思想教育工作，深入了解干部职工思想动态、加快形成有利于干部职工持续发展、健康成长的环境和机制；三是强化内部行政管理，提高工作质效；四是加强社会治安综合治理维护稳定和平安创建工作，积极防范安全事故发生，荣获2011年社会治安综合治理维护稳定暨平安创建工作一等奖；五是积极完成地方政府下达呈贡区国家税务局招商引资任务。2011年，区局完成2个招商项目，引资6200万元，项目考核认定3720万元，占任务数124%，超进度完成了下达的招商任务，受到地方政府的好评。

（杨永健）

晋宁县国家税务局

经济概况

2011年，晋宁县经济继续保持快速增长良好势头，经济社会效益显著提升。全县实现生产总值完成67.37亿元，增长14.6%，其中：第一产业完成13.6亿元，增长8.2%；第二产业完成35.62亿元，增长18.2%；第三产业完成18.14亿元，增长14%。三次产业结构调整为20.3:52.8:26.9。财政总收入完成14.2亿元，增长42%。地方一般预算收入完成8.43亿元，增长35.1%。全社会固定资产投资完成86.91亿元，增长56.9%。城镇居民人均可支配收入达2.05万元，增长17.6%，农民人均纯收入7522元，增长23.8%。社会消费品零售总额17.9亿元，增长21.1%。

税收概况

【收入完成情况】 2011年，紧紧围绕组织中心收入工作，超前谋划、科学定位，确定“五项工作目标、三项创新工作和十项重点工作”及具体措施，精心组织、狠抓落实，倾全力抓征收管理，晋宁县国家税务局全年共组织税收收入5.5亿元，比2010年同期增长36.15%，增收1.4亿元。完成县级地方一般预算收入1.24亿元，同比增长32.75%，增收3059万元，圆满完成了昆明市国税局和晋宁县政府下达的税收计划任务和奋斗目标。

【收入特点】 一是五个税种“四升一降”。“四升”即增值税、消费税、企业所得税和车辆购置税较往年都有大幅增长，分别入库税收4.39亿元、33万元、1.08亿元和322万元，同比分别增长19.93%、65%、209.1%和27.27%。“一降”主要是个人所得税全年入库税收40万元，同比下降56.99%。二是从行业看，除商业和其他税收外，磷矿石、化工产品和酒类税收也实现了大幅增长。其中，磷矿石税收全年入库2.74亿元，同比增长32.44%；化工产品税收全年入库税收2132万元，同比增长66.56；酒类税收全年入库27万元，同比增长68.75%。三是从经济类型看，在非公经济的带领下，国有经济、集体经济和股份制经济均实现平衡增长。非公有制经济入库1.85亿元，同比增长16.44%，国有经济收入入库3097万元，同比增长16.08%，集体经济入库3685万元，同比增长279.12%，股份制经济入库2.97亿元，同比增长42.48%。

【税源分析】 随着全县磷化工、建材、机械制造、加工等行业的壮大和发展，国家税收也得到了平稳发展，从2006年国税收入的2.02亿元增长至2011年的5.5亿元，平均年增长30%。这主要得益于经济发展、税收政策和税源培植三大因素。一是经济发展。2011年，我国经济增长由政策刺激向自主增长有序转变，经济增长动力十足，工业回升强劲。特别是作为晋宁的支柱产业磷矿石税收，全年共实现税收2.74亿元，占全年总税收的49.8%，同比增长32%，增收6710万元。二是税收政策。近年来，国家先后出台了一系列的税收优惠政策，特别是新一轮西部大开发税收优惠政策，使我县从中受益，当地政府也出台了一些相关扶持地方经济发展的优惠政策助推了企业的健康发展，2011年为纳税人减免各类税收1.38亿元，为1451户个体工商户免征了增值税。三是税源培植。加大工业园区企业的纳税服务和税收管理，是晋宁县国税局为后续税收打好基础，培植税源的重要举措。2011年晋宁县入驻工业园区企业265家，规模以上工业企业达29户，一批投资5000万元以上的工业项目竣工投产。随着中国南车、益海嘉里、中储粮、德展服装等重大工业项目落户晋宁，园区的规模和实力得到提升。2011年园区企业共完成税收收入1.03亿元，占总收入的18.73%。

【税务管理】 认真贯彻落实《增值税一般纳税人认定管理办法》，严格认定、审核和审批工作，对增值税减免税前审批备案，强化所得税管理和税源监控，公平税负保护纳税人的合法权益，严格执行《昆明市国家税务局核定征收企业所得税办法》，积极实施专业化管理，开展纳税评估，促进企业经济的健康发展，有效化解税收执法风险，进一步提升了纳税人的税法遵从度。

各项工作

【税收法制建设】 2011年，进一步规范执法行为，构建执法机制，整顿税收秩序，执法水平和效率得到进一步提升。一是大力开展税法宣传。在做好日常税法宣传的同时，大力开展第20个全国税收宣传月活动。2011年，制作“以党建促税收、以税收促发展”宣传展板4块，举行税企座谈会2次，播放税法宣传动漫600多分钟，接受咨询60余人（次），发放各类宣传资料1000余份，进一步提高了纳税人对税收法律的知晓度和遵从度。二是着力规范执法行为。继续深化税收执法责任制，强化目标管理、绩效考核和责任追究，不断规范税收执法行为，确保系统应用质量和效率逐步提高。2011年，共审理重大税务案件4件，补税1246.34万元。全局的月申报率达到了99.73%。三是继续强化整顿和规范税收秩序。通过持续开展税收检查工作，有力地打击了偷逃税款的违法犯罪行为。2011年共检查案件20件，查实率、督办案件协查按期回复、协查信息完整率和入库率均为100%，查补收入1394.6万元。四是开展纳税信用等级评定。2011年，对辖区3243户纳税户信用等级进行评定，评出A级4户，B级3232户，C级1户，D级6户，进一步促进了全县纳税信用体系建设。

【税收征管】 2011年，有征管户5566户，同比增加1625户，增长41%。为加强税收征管工作，县局以评估促管、以查促收，完善措施，大力加强税收征管工作。2011年开展纳税评估23户，补缴税款、滞纳金1165.33万元，调减企业所得税亏损322.91万元，调研测算企业砂、石料生产加工行业12户，补缴税款283.73万元。预审、人工审核和清算26户，组织非居民企业所得税收入1236万元。严格执行发票管理规定，定期不定期地开展内部发票安全检查，确保安全。同时积极推行网络发票，编制网络发票操作流程发放给网络机打发票户，到2011年底全局发票使用户已达1400户，其中，为机打发票用户884户销售机打发票12.25万份，网络发票用票户已占发票用票户的63%。

【税务管理信息化建设】 2011年，县局有服务器10余台，客户机100余台，防伪税控及协查系统客户端16个。在做好机房、内外部网络、电话内网等日常维护、计算机病毒防范和各类应用系统软件升级工作的基础上，圆满完成了车辆购置税征收管理系统、车购税电子档案管理系统客户端、普通发票开填系统、县委党建信息网和远程网络教育培训系统、瑞星网络版防病毒软件、VRV桌面管理系统、天融信安全审计系统和WSUS补丁管理系统的数据维护和上线工作。在金税工程增值税防伪税控发行子系统中，工作人员严格遵守业务流程，仔细核对企业信息，认真做好企业金税卡、IC卡的发行、授权、维护及统计核定工作，保证金税工程零差错。2011年共受理税务登记类业务4152户/次；发票各类发票1418户/次19.97万份/本。通过储蓄扣税方式申报1.42万户/次，征收税款335万元；通过网络方式申报1812户/次，征收税款685万元；通过财税库银方式申报1527户/次，征收税款3847万元。

【税收执法】 从提高纳税人税法遵从度入手，强化执法检查，减少国家税款的流失。一是强化稽查干部业务学习培训，提高业务技能；二是充分利用CTAIS、数据监控分析系统获取选案信息，确定选案指标，对举报案源优先安排检查；三是对专项检查、分级分类检查的纳税人，在查前告知的同时安排专人联系被告知企业，进行一对一的查前自查辅导；四是结合个案特点梳理税收政策，制定检查预案、确定检查重点和方法步骤，利用查账软件展开内查外调，深挖细查，查深查透每一个案件；五是关注关联案件，扩大战果；六是强化协查，严厉打击涉票税收违法行为，净化税收环境。

队伍建设

【机构人员情况】 （一）机构设置。2011年，共设机构11个。其中内设机构8个，即办公室、人事教育科、监察室、税政科、征收管理科、收入核算科、政策法规科和办税服务厅；直属机构1个，即稽查局；派出机构1个，即昆阳税务分局；事业单位1个，即信息中心。（二）人员配置。在职干部职工79人。其中，少数民族干部11人占在职人员的13.92%；妇女干部28人，占35.44%；党员46人，占58.22%。离退休职工31人，占在职人数的39.24%。（三）学历结构。研究生学历2人，占在职人员的2.53%；本科学历17人，占在职人员的21.5%；专科学历52人，占在职人员的65.82%；中专以下学历8人，占在职人员的10.2%。（四）年龄结构。在职干部职工30岁以下有6人，占7.59%；31～40岁有13人，占16.46%，41～50岁有44人，占55.70%，51岁以上有16人，占20.25%。平均年龄46岁。

【廉政建设】 大力加强廉政建设，强化党风廉政建设责任制的落实，大力开展内控机制建设。2011年共梳理职责142项，岗位职责、权力事项764项，排查权力运行中存在的或潜在风险362项，制定防范措施367条。2011年10月被中共云南省纪委、云南省监察厅评为“云南省第一批廉政文化示范点”。

【精神文明建设】 始终以“创建文明单位 ”为载体，将精神文明工作贯穿于税收工作中，以严为本狠抓各项工作落实。一是将精神文明建设纳入目标管理及各项工作的议事日程，坚持税收工作和文明创建工作同部署、同落实、同检查，利用中心学习组、民主生活会等会议定期研究，有针对性地开展职工教育培训，确保干部职工不违法乱纪，不受到党纪政纪处理；二是大力推进办税服务大厅标准化建设，加大“四项制度”落实力度，全面推行“一线工作法”和“五办”作风，营造和谐的征纳关系；三是规范税收执法、优化纳税服务、促进纳税遵从，成立税源专业化管理工作领导小组，对税源进行科学化、精细化、专业化管理，不断提升征管质量和效率；四是建立廉政文化墙、税务文化走廊、荣誉室、职工健身房、“老年人活动室”丰富职工文化生活，组织职工参加扶贫帮困，社会救助等公益活动，提升税务干部对精神文明建设的认知和影响。2011年，县局先后荣获云南省国税系统文明单位、云南省国税系统“爱读书、读好书、善读书”活动先进单位、昆明市财税系统先进集体、晋宁县建党90周年红歌合唱比赛第一名及昆明市“唱响昆明”电视展播大赛一等奖等省、市（县）各项荣誉15项。

【教育培训】 县局立足实际，着眼税收未来发展，以教育培训为桥梁，大力实施人才兴税战略，开展系统全面培训，促进税务干部素质提升，有力地推动了税收工作全面发展。在2011年5月份分两期到长沙税务高等专科学校全员培训基础上，积极开展税收法律法规、综合征管、税收执法、计算机操作技能等各种专项培训。2011年共进行各类培训15期次，培训总人数500余人次。通过培训，全局职工提升了学习力，特别是税收理论、业务能力得到了明显提升，为晋宁县国税局税收各项工作扎实推进奠定了坚实基础。

（王振明）

富民县国家税务局

经济概况

2011年，富民县实现生产总值（GDP）33.68亿元，同比增长14.5%。其中：第一产业增加值6.8亿元，增长0.72亿元；第二产业增加值16.52亿元，增长3.67亿元；第三产业增加值10.36亿元，增长1.69亿元。三次产业的结构比例为20.19：49.05：30.76。2011年完成财政收入4.46亿元，城镇居民可支配收入达到1.97万元，农民人均纯收入提高到6858元。各项数据表明富民县国民经济发展动力十足，人民生活水平稳步提升。

税收概况

【收入完成情况】 2011年，富民县国家税务局税收收入增长额创历史最高，达到1.64亿元，完成市局年初下达任务的141.81%，增收5627万元，同比增长51.91%。其中：增值税1.3亿元，完成年度计划的131.86%，同比增长42.45%；企业所得税2876万元，完成年度计划的228.28%，同比增长133.63%；储蓄存款利息所得个人所得税12.9万元，完成年度计划的128.96%；消费税、车购税收入有所下降，消费税2.68万元，完成年度计划的89.17%；车购税87万元，完成年度计划的79%。

【收入特点】 一是税收收入快速增长，收入增收额、增幅均创历史最高，跃居昆明市国税系统首位，“三税”收入实现两年翻番。二是“三税”收入完成情况呈现“两增一降”，增值税和企业所得税收入大幅度提高，消费税收入同比下降。三是收入结构中增值税所占比重仍然偏大，达到81.91%，企业所得税占17.46%；储蓄存款利息所得个人所得税、车辆购置税和消费税三项收入共占0.62%。四是征管质量明显提高，2011年税收执法管理信息系统考核首次实现零过错。五是零散税收收入增加，普通发票换版以后，手工票版面改为百元版，采取临时代开的零散纳税人增多，2011年代开普通发票收入1288.45万元，占增值税总收入的9.6%。

【税源分析】 一是招商引资力度持续加大。2011年办理税务登记证的开业户共计509户，其中企业为74户，全局管户达到2340户。二是消费税收入降低，完成全年任务的89.17%，减收的原因是辖区内消费税最大的纳税人佑康酒业销售市场受其他酒厂冲击较大，销售收入减少。三是重点税源企业税收贡献突出。辖区内7家纳入国家和省级监控的重点税源企业全年缴纳税款共计6224万元，占“三税”总收入的38.2%；纳入省局数据监控系统的28户重点税源企业共计上缴税款7304万元，占“三税”总收入的44.8%。

【税务管理】 与工商、地税加强信息交换。通过网上办税服务厅系统及时掌握在工商局登记的开业户信息，每月与地税局交换纳税人注册、停业和注销的信息。税收管理员定期到管辖范围内检查漏征漏管户。对纳税人档案资料严格执行“一户一人一档”管理，确保纳税人信息的安全和便于查找。

各项工作

【税收法制建设】 （一）税法宣传。2011年是实施“六五”普法规划的开局之年，利用第十一个“12·4”全国法制宣传日活动，紧紧围绕“税收·发展·民生”的税收宣传主题，深入市集、街头分发税收法律法规及优惠政策资料，向基层老百姓讲解税法的难点疑点。充分利用县局内部网站和政府政务信息公开网公开各项办税事宜，自觉接受社会各界和广大纳税人的监督。制作“税务联系卡”，方便纳税人联系税收管理员随时随地解决税收问题，赠送“税法宣传扑克”给纳税人，使纳税人在轻松娱乐当中了解税法相关知识。（二）税务稽查。以“有法可依、有法必依、执法必严、违法必究”为原则严厉打击各种偷税漏税行为。2011年县局稽查局实施专项检查和分类稽查共9户，查补入库税款16万。企业自查补税共计95户，补税394万元，查补入库率和案件结案率均达到100%。在“11·10”专案协查工作中，稽查局对涉及到的45户企业、613份发票全面清查，发现涉及自查补税发票共254份，通过自查补缴增值税共计67.33万元，加收滞纳金10.69万元，所有税款及滞纳金均在规定时间内上解入库。

【税收征管】 （一）各税管理。1. 增值税管理。增值税管理抓大不放小。2011年，共有增值税纳税人2340户，其中，增值税一般纳税人212户，占全部管户的9%，2011年上缴税款9524万元，占“三税”总收入的80.21%，一般纳税人增值税税负为3.19%，高出全市平均水平0.7个百分点。2011年进行“双定户”定额核定调整1677户（次），个体工商户核定征税面达到20.8%，户均核定税额315元，同比增加12元，超过市局下达的251元的标准。2. 企业所得税管理。2011年全局共有企业所得税纳税人262户，同比增长35户，企业所得税收入2876万元，完成年度计划的228.28%，增幅较大。享受企业所得税减免税政策优惠的企业共计7户，对申请享受企业所得税减免税资格严格把关，对已申请企业所得税减免税优惠的企业积极复审。强化对企业所得税亏损数的纳税评估，全年通过纳税评估，所得税亏损数额调减1587万元。3. 车购税管理。建立“一车一票一档案”，继续实行“一条龙”管理，同时积极协调对汽车车辆购置税的征收工作。（二）发票管理。一是按照增值税专用发票、普通发票的管理规定，对纳税人的购票资格、抵扣项目严格审查。2011年共发售增值税专用发票19575份，共认证增值税专用发票20785份，金额34.99亿元，税额5.79亿元。二是普通发票简并换版工作顺利完成。对使用普通发票的纳税人积极开展换版工作，旧版发票全部收缴验旧完毕，推行机开票纳税人339户，占普通发票用票户的42.43%。对普通发票继续实行“月报表”和“验旧供新”制度，切实加强以票控税的效果。三是代开发票不断规范。对申请代开专用发票、普通发票的纳税人，严格核对其代开资料，确保实际业务的发生，发票代开申请表要求税收管理员、分管领导层层签字，对申请资料一人一档案专柜保管，2011年代开发票收入1633.68万元，占增值税总收入的12.46%。四是借永定分局办公楼装修之机，对发票库房重新改造，严格执行节假日期间发票库房封库的管理规定，从内到外确保发票的安全。

【税务管理信息化建设】 （一）应用系统推行和数据分析利用。一是顺利推行税收管理员辅助信息系统和云南国税普通发票开填系统，广泛开展业务培训，使税收管理员和纳税人迅速掌握新系统工具的操作应用。二是积极与纳税人签订《财税库银横向联网三方协议书》，认真辅导增值税一般纳税人开展网络申报和网上认证。2011年共计有275户纳税人签订《财税库银横向联网三方协议书》，实行介质申报18户、网络申报357户、储蓄扣税101户。三是对数据监控系统各项指标数字深入分析，提高数据监控等信息系统运用效率，将数据分析结果提供给税收管理员运用到纳税评估和日常管理中。（二）信息化基础设施建设及税收信息化管理维护工作。做好CTAIS、执法信息系统、FTP、公文处理系统等各类应用系统程序的维护、升级、备份工作。加强对全局51台连接内网的工作机系统安全维护工作，及时对瑞星杀毒软件网络版进行升级，确保设备正常运行。（三）税收电子化、信息化、网络化建设。2011年省局、市局采用信息20篇，在富民县电子政务公开网上发布信息110篇。各项通知、公开事项、信息宣传及时在网络上公开公布。

队伍建设

【机构人员情况】 （一）机构设置。2011年，县局设有7个科室：办公室、人事教育科、监察室、税政管理科、征收管理科、收入核算科、办税服务厅；直属机构1个：稽查局；派出机构1个：永定税务分局；事业单位1个：信息中心。（二）人员配备。自2009年以来，每年考入1名大学毕业生，2011年共有干部职工71人，其中：在职人员51人（包含2名工勤人员），离退休职工20人。在职人员中，男职工30人，女职工21人，男女比例为58.8:41.2，平均年龄为44.6岁，年龄结构为：35岁及以下5人，占在职人数的9.8%；36~40岁6人，占在职人数的11.76%；41~50岁33人，占在职人员的64.71%；51岁及以上人员7人，占在职人数的13.73%。学历结构：研究生1人，占1.96%；本科生21人，占41.18%；大专生19人，占37.25%；中专生4人，占7.84%；高中生5人，占9.8%；高中以下共1人，占1.96%。中共党员24人，占在职人员的47%。

【领导班子建设】 以“执行力提升年”活动为契机，提高工作执行力，创建民主型领导班子，以民主集中制原则和党组议事原则贯彻落实上级安排的各项工作。领导班子重视政治理论和税收业务学习，在政治过硬的基础上增强把握机遇、解放思想、与时俱进的创新能力，把创新作为班子进取、有为的动力。重视激发全局职工的工作动力和活力，不断加强干部队伍建设，致力于建设一支“政治合格、业务过硬、纪律严明、执法规范、服务优质”的干部队伍。

【教育培训】 一是积极举办参加各种教育培训活动。2011年，共组织参加各项教育培训36次，培训内容涉及税收业务、日常生活、思想政治等方方面面，对于部职工队伍业务技能的提升、世界观人生观价值观的改造、政治觉悟的提高起到了巨大的推动作用。二是注重学习榜样的引领作用，把近年来在省市局业务竞赛中取得优异成绩的同志作为全局干部职工学习的榜样，以激励干部的学习热情，并给干部提供比学赶超的目标。三是对年轻干部，注重培养、选拔和使用，鼓励参与继续教育和“三师一证”资格考试。

【廉政建设】 一是反腐倡廉工作常抓不懈。在各部门设置兼职监察员，将本部门每月开展纪检监察日活动情况及效果上报县局监察室，季度小总结、年度大总结。二是局长与副局长，副局长与分管部门负责人，各部门与部门内干部职工层层签订《党风廉政建设责任书》，按照责任书中各项细则考核全局干部职工。三是积极开展部门内控机制建设，防范执法风险。2011年通过开展部门内控机制建设，梳理设置岗位39个，梳理出部门工作职责104条，岗位工作职责431条，排查出廉政风险点336个，制定防控措施341条，编制岗位流程图53幅。四是继续与纳税人签订《廉政公约》，2011年累计签订《廉政公约》1019户，其中，一般纳税人213户，小规模纳税人806户。设立回访信箱，增强约束力。五是认真组织开展警示教育。利用党员政治生活日活动，组织全局党员到寻甸县柯渡纪念馆重温长征路，进行廉政爱国教育，组织学习上级下发的违法违纪处理案例，观看反腐倡廉教育片，提高干部职工的拒腐防变能力。六是继续面向全县各行各业聘请特邀监察员，对国税部门及工作人员实行有效监督，不定期地召开座谈会，听取他们的意见和建议。

【精神文明建设】 一是踊跃参与市、县及全省国税系统文明创建活动，重点做好省级“文明单位”、省局“文明单位”和县级“平安单位”的保持巩固工作。二是成立篮球、摄影等兴趣爱好小组，丰富广大职工的业余文化生活，与兄弟单位和企业开展篮球友谊赛，加强与外界的沟通和联系；摄影作品多次被县委、县政府采用，得到社会各界的好评；开展爬山、拔河、趣味体育等文体活动，培养职工健康文明的生活情趣，营造稳定和谐、蓬勃向上、团结干事的工作氛围。三是继续资助县高中4名贫困学生和扶贫挂钩点的9户贫困老党员。将“送温暖、献爱心”活动落到实处。每逢节假日，局领导带队慰问退休职工、老党员，向他们发放生活必需品和补恤金。

（张　腾）

宜良县国家税务局

经济概况

2011年，宜良县生产总值（GDP）完成78.5亿元，增长12.8%；三次产业结构调整为28.6:28.3:43.1；地方财政一般预算收入完成4.52亿元，增长45.8%；城镇固定资产投资达39.6亿元，增长62.8%；社会消费品零售总额完成17.16亿元，增长22.6%；城镇居民人均可支配收入达2.14万元，农民人均纯收入达7087元，分别增长10.6%和14.6%。

税收概况

【收入完成情况】 2011年，宜良县国家税务局共组织税收收入2.43亿元，同比增长23.6%，增收4793万元。其中：增值税1.70亿元，企业所得税收入6609万元，储蓄存款利息所得个人所得税收入57万元，消费税15万元，车辆购置税收入590万元。完成地方一般预算收入5305万元，同比增长22.4%，增收948万元。

【收入特点】 一是辖区内所征收的税种呈现“四增一减”。经济的平稳增长拉动增值税、企业所得税、消费税、车辆购置税同比分别增长15.09%、50.10%、7.14%、111.47%，而储蓄存款利息所得个人所得税受政策因素影响同比下降54.03%。二是增值税占总收入的比重下降，而企业所得税占总收入的比重则明显增长。其中，增值税收入比重从2010年的83.81%下降到2011年71.07%，企业所得税占收入比重则从2010年14.86%上升到2011年的26.3%。三是基础设施建设及房地产业的迅速发展带动了水泥、建材、零售行业的强劲增长，加之农村信用社受政策因素影响恢复征税，企业所得税呈多元化发展格局。四是个别小税种收入成为增收亮点。由于政府持续实施家电下乡政策，拉动乡村对摩托车的购买力度，加之汽车车辆购置税征管权限下放县区，2011年受理车购税5827户（次）征收税款590万元，同比增长111.47%，增收311万元，创历史新高。

【税源分析】 一是区划调整后，税收比重占50%以上的国电阳宗海发电有限公司划出，改变了历年来县域经济以电力和烟草为支撑的税源格局，税收收入总量自2010年7月1日起首次下降到3亿元以下。二是2011年年末受增值税起征点上调政策的影响，个体工商户核定征税面由原来的45.57%降至9.49%，起征点以上的仅有253户，起征点以下的2413户受惠增值税起征点新政直接减免，预计每年将减少增值税1200万元左右。三是以红狮和金珠水泥为龙头的招商引资重点税源企业逐渐形成主导税源，但由于增值税转型政策的影响，固定资产抵扣持续增大，增值税增长乏力，短期内税源无明显增长优势。

【税务管理】 一是加强户籍和申报管理。认真开展漏征漏管户清理和专业市场清查，2011年共有管户3427户，其中，增值税一般纳税人301户，增值税小规模纳税人3126户。全年平均申报率99.89%，入库率100%，年末无欠税，实现年税年清。二是强化税源专业化管理。按照行业特点和纳税规模，将税收收入占全局85%的55户纳税人划为重点税源户，将剔除重点税源户及个体核定征收户后的543户纳税人划为一般税源，将采取核定征收方式的2458户个体工商户划为个体核定征收税源，实施风险管理与分类管理。三是与县地税局联合开展纳税信用等级评定共筑诚信。2011年共评定2014户，其中，评定为A级1户，B级2000户，C级9户，D级4户，促进企业诚信纳税。四是加强税收管理员辅助信息系统的运用，夯实税源管理。2011年，在税收管理员辅助信息系统上线后，对系统自动发起的税收调查任务389条，手工发起的调查任务157条以及风险预警指标306条进行了调查核实，开展数据分析，查找管理风险，提升税源管理水平。

各项工作

【税收法制建设】 （一）税法宣传。一是围绕“税收·发展·民生”主题，组成宣传小分队到汇辉建材城，与首批协税护税人员联袂组织召开个体电子定税税企座谈会，倾听纳税人的心声，税企和谐谋发展。二是深入外资企业——昆明方德波尔格玫瑰花卉有限公司及本土苗圃，开展以“花香伴税宣，低碳绿色行”为主题的政策辅导活动，助推“花乡水城”建设。三是抓好信息宣传报道工作，全年共向各级报送信息稿件167篇，被各类报刊采用42篇；创新发票管理新举措及年末组织全体干部职工开展业务竞赛被新闻记者进行专题采访，并在宜良电视台播出，调研论文入选县委“冲刺‘十二五’打造增长点”征文选编，充分发挥了税收宣传的导向作用。（二）税务稽查。认真执行查前告知制度，开展阳光稽查；与工商、地税、公安等部门建立信息共享与联席制度，实施联合稽查；扩大稽查查账软件与纳税评估软件的应用，提高查账水平。全年共查处案件15件，查补税款175万元；纳税评估39户，查补税款354万元；检查面达100%，选案准确率达90%，入库率达100%，向税源管理部门反馈稽查建议18条；开展专项协查检查19户共92份发票，查补税款87万元，增值税留抵抵减查补税款3.73万元，圆满完成云南省国税局“11·10”专案协查工作。

【税收征管】 （一）各税管理。一是加强增值税管理。2011年新认定一般纳税人67户，年末共有增值税一般纳税人300户，比上年净增45户。根据税负预警信息，对13户税负异常的企业进行了纳税评估，补税77万元，增值税进项税转出19万元；加强固定资产抵扣管理，全年共有48户纳税人申报固定资产，抵扣进项税1722万元，经核查转出进项税54万元，年末一般纳税人总体税负为3.98%，在昆明市国税局排名第六位。二是加强企业所得税管理。全年共261户企业所得税纳税人进行了汇算清缴，企业所得税汇算面达100%，实际应纳所得税额6609万元，增长50.10%，增收2206万元，亏损面由49.5%下降至9.58%，企业所得税核定征收面由23.11%提高到29.13%。（二）出口退税管理。全年4户企业全部实现出口退税网络申报，全年共审核办理增值税出口退税29万元，免抵增值税63万元。（三）发票管理。全年共有普通发票用票户1400户，发售发票4937户（次）339321份，代开临时发票7430户（次）；推行新版普通发票1042户，其中手工票604户，机打发票438户；网络版开票123户，单机开票315户；对普通发票开展专项核查及疑点数据排查，核查补税3.49万元。

【信息化建设】 （一）应用系统推行情况及数据分析利用。2011推行增值税网络申报591户，储蓄扣税310户，介质申报18户，网点申报2户；通过征纳宣传互动平台发布涉税通告2个，受理纳税人咨询1户（次）；推行财税库银横向联网1401户，征收税款1.66亿元；对各应用系统开展数据分析下发整改数据4次。（二）信息化基础设施建设及税收信息化管理维护工作。2011年共完成各应用系统的9次升级以及车辆购置税电子档案系统的安装；对全局86台计算机的检查任务和对机房UPS进行了两次巡检，网络设备全年无故障发生。（三）税收电子化、信息化、网络化建设。认真做好增值税防伪税控系统IC卡变更、发行及日常维护工作；协助完成办公楼监控设备安装、公文备份及全局电脑设备的病毒监控工作；加强网站建设与管理，2011年共在网站上发表通知公告187条，新闻动态54条，廉政信息13条，学习资料294条；全年通过电子政务信息网发布个体定额公示及报告各12条，收入通报12条，回复税收政策咨询12条，认真落实阳光政府“四项制度”。

【税收执法】 一是严格按行政处罚自由裁量权标准对税收执法权力运行实施监控，开展行政执法案件评查，规范税收执法，2011年共完成大要案审理4件，受理并组织听证案件2件，移送司法机关案件1件。二是落实集体审批和阳光审批。2011年共审批增值税防伪税控系统最高开票限额15户（次），批准一般纳税人实行简易征收2户，对45户增值税、19户企业所得税减免税进行了备案。三是不折不扣地执行税收优惠政策。全年为8户福利企业2户资源综合利用企业办理退税1475万元；免征102户纳税人增值税，免税销售额9.17亿元；减免23户纳税人企业所得税，减免税额505万元，减免范围主要是化肥、国有粮食、饲料、农产品、资源综合利用产品等，对支持“三农”建设，促进产业结构发展起到了积极作用。

队伍建设

【机构人员情况】 （一）机构设置。2011年共有内设机构6个：办公室、税政科、征收管理科、人事教育科、监察室、办税服务厅；直属机构1个：稽查局；事业单位1个：信息中心；派出机构1个：匡远税务分局。（二）人员配置。实有人员107人，在职72人，离退休35人。其中，在职党员37人，占在职人数的51.39%；男职工47人，占在职人数的65.28%，女职工25人，占在职人数的34.72%；大专以上文化程度63人，占在职人数的87.50%，硕士1人，本科20人。30岁以下（含30岁，下同）7人，占在职人数的9.72%；31～40岁8人，占在职人数的11.11%；41～50岁40人，占在职人数的55.56%；50岁以上17人，占在职人数的23.61%，平均年龄44.15岁。全年根据和干部选拔任用的工作程序和要求，民主推荐提拔任用中层干部5人，同级转任5人，岗位人员调整14人（次），增强干部队伍的原动力和活力。

【廉政建设】 一是落实党风廉政建设责任制，按照“一岗双责”的原则，与部门及个人签订《廉政纠风目标管理责任书》79份。二是抓好廉政预警工作。对外向社会各界聘请10人作为特邀监察员，对内置9名廉政预警人员，补充完善中层以上干部纸质和电子《廉政档案》各19套，开展“纪检日”学习教育及自检自查活动12次。三是认真抓好政风行风建设和纠风工作。与417户纳税人签订《廉政公约》，发放问卷调查表240份，发放《测评表》和《征求意见表》110份，回访纳税人40户。四是加强部门内控机制建设提升执行力。围绕“人、财、物、权、钱、事”六个方面，对行政审批、资格认定、税额核定、金税运行、行政处罚等高风险行为，设置税收执法“警戒线”，制定防范措施，向全局干部职工、纳税人和社会各界发放征求意见表210份，对收集到的5个问题对照整改，提升风险防范能力与执行力。

【精神文明建设】 一是开展走访纳税人“春风活动”，彰显国税干部“聚财为国，执法为民”的税收理念和心系群众、立党为公、执政为民的熠熠风采。二是充分发挥党团组织的战斗堡垒作用，成立“青年团员突击队”、“党员抗旱突击队”，开展对口支农点的帮扶活动。三是全年向德宏傣族景颇族自治州盈江县国税局捐款1.2万元，向定点扶贫点九乡甸尾及陇城村委会送去单位帮扶资金2.4万元，向受灾地区捐款2.7万元，见义勇为、爱心助学、慈善基金捐款1.4万元。2011年共获云南省“文明单位”（届满重创）、云南省国税局“文明单位”（届满重创）、“昆明市财税系统先进集体”、昆明市国税局“2011年税收宣传月创新项目奖”、宜良县“先进基层党组织”、匡远镇“社会治安综合治理先进单位”、宜良县、县政府“打造增长点”征文三等奖七项殊荣，汤庆同志被评为云南省第七批精神文明建设先进个人。在目标管理考核中，宜良县国税局党总支代表县级机关党委接受市委考核获得好评。

【教育培训】 一是注重业务操作及信息化技术培训。本着“缺什么补什么”的原则，集中组织对税收管理员辅导信息系统、税企宣传互动平台、纳税评估软件、稽查查账软件的培训。二是认真组织收听收看《云南国税讲坛》，结合实际开展创先争优、阅读红色经典、“四亮四创四评”、学习杨善洲同志先进事迹、庆祝建党90周年系列活动，增强党组织的创造力、凝聚力和战斗力。三是以“执行力提升年”为主题，利用局域网“学习园地”开设“每日一题”栏目，开展“岗位大练兵”和“业务大比拼”活动，掀起“学技能、赶先进、比贡献”的热潮。全年共组织培训33期530人次，累计天数1034天，年度人均培训14天，对提升管理与服务能力起到了积极的作用。

（李红萍）

石林彝族自治县国家税务局

经济概况

2011年，石林彝族自治县实现生产总值（GDP）44.68亿元，同比增长16.30%，实现4年倍增，三次产业结构调整为26.6:31.7:41.7。全县财政总收入7.19亿元，同比增长39.88%；完成地方一般预算收入4.73亿元，同比增长35%。固定资产投资66.40亿元，同比增长56.40%。社会消费品零售总额18.32亿元，同比增长20.70%。城镇居民人均可支配收入2.12万元，同比增长18.50%。农民人均纯收入7011元，同比增长16.64%。大小石林景区购票入园人数首次突破300万人（次），达320万人（次），同比增长15.20%；旅游直接收入首次突破5亿元大关，达5.10亿元，同比增长17.80%。招商引资成效明显，实际到位资金39亿元，同比增长83.30%。

税收概况

【收入完成情况】 2011年，石林县国家税务局共组织税收收入2.35亿元，同比增长47.58%，增收7570万元。完成地方一般预算收入5245万元，完成昆明市国税局调增下达奋斗目标任务的100.86%，完成县政府下达奋斗目标任务的102.84%，同比增长48.41%，增收1711万元。

【收入特点】 （一）五个税种收入呈现“四增一降”态势。1.增值税入库1.79亿元，同比增长57.87%，增收6570万元；内资企业所得税入库4781万元，同比增长9.85%，增收429万元；消费税入库11万元，同比增长42.62%，增收3万元；车辆购置税入库752万元，同比增长345.26%。2.储蓄存款利息所得个人所得税入库14万元，同比下降50.74%。（二）增值税收入占年度税收总收入的76.17%，增值税一般纳税人税负率为7.80%，与上年同期相比增长0.83个百分点。

（三）增值税所有征收品目收入全部实现不同程度的增长，煤炭增幅最大，增长 103.10%，烟叶批发增幅最小，增长 22.30%。

【税源分析】 2011 年有 6 个重点行业低于全国重点行业税负，有 17 个重点行业高于全国重点行业税负。1. 烟草、烟叶复烤、金融、煤炭、电力等重点税源企业缴纳增值税、企业所得税 1.88 亿元，占县局税收总收入的 80%。2. 增值税收入同比增长 57.87%，内资企业所得税同比增长 9.85%，税源主要集中在烟草、复烤、金融、煤炭、房地产、商业零售等行业。3. 车辆购置税同比增长 345.26%，主要是汽车车辆购置税征管下划，征税车辆增加，致使车购税收入大幅增长。4. 储蓄存款利息个人所得税税率自 2007 年 8 月 15 日起由原来的 20% 调减到 5%；自 2008 年 10 月 9 日起暂免征收个人利息所得税，个人所得税收入大幅下降。

各项工作

【依法治税】 （一）税法宣传。2011 年继续围绕“税收·发展·民生”主题，结合“服务基层年”各项要求和县局工作实际，以集中主题宣传为契机，于 4 月 16 日，联合县地税局在县城中心区开展全国第 20 个税收宣传月活动，发放宣传资料 100 余份，接受税务咨询、纳税辅导 10 余人（次）。同时，依托政府综合信息发布平台，利用石林县农村气象综合信息服务系统，发布“税收取之于民、用之于民、造福于民”等动态主题宣传标语 5 条，扩大宣传覆盖面。（二）税务稽查。加强税务稽查，强化依法治税。县国税局先后对混凝土生产、钢材销售等企业实施税收专项检查，对 6 户企业实施分级分类稽查，对 6 户石材企业开展税收检查。全面加强区域税收专项整治，加强举报案件的受理和查处，做好案件协查，提高协同办案能力，加强税警协作配合，开展打击发票违法犯罪活动。2011 年“大稽查”查补入库税款 323.08 万元。稽查选案准确率、结案率、查补税款入库率均达 100%，偷税处罚率达 50%，督办案件协查按期回复率达 100%，协查信息完整率 100%。

【税收征管】 （一）各税管理。1. 做好增值税一般纳税人的审核认定，对符合认定标准条件的一律按程序给予认定。2011 年纳入征管系统管户 2353 户，其中：企业 679 户，个体户 1674 户。增值税一般纳税人 287 户。年内新办税务登记户 268 户，注销户 262 户。2. 认真贯彻落实增值税转型政策，加强固定资产抵扣政策的执行和管理，全年共核查申报抵扣固定资产进项税额 1740 万元。贯彻落实各项税收优惠政策，全年办理增值税减免税备案企业 100 户，免税销售收入 5.92 亿元。受理增值税即征即退 2 户，退税 102.87 万元。审批车购税免税 2 户，免征车购税 1.6 万元。严格税务行政许可审批，加强增值税专用发票最高开票限额审核工作，按政策办理税务行政许可审批 17 户。3. 认真贯彻落实《昆明市国家税务局专业化纳税评估工作实施意见》，结合行业特点、监控预警状况、风险大小有计划地实施重点评估，2011 年组织开展并完成纳税评估 23 户，补缴入库增值税 9.41 万元、企业所得税 2.23 万元。企业所得税纳税评估面达 6.9%，超上级局下达纳税评估面指标 1.9 个百分点。4. 做好税收定额核定工作。2011 年，企业核定征收增值税户 156 户，户均定额 313.02 元，企业所得税核定征收 96 户，核定面为 35.29%；个体核定征收户 1609 户，起征点调高后，年底达起征点户 55 户，户均核定定额 929.24 元，达点率 3.42%。（二）发票管理。严格执行增值税专用发票领购审批制度和专票代开管理办法，对普通发票实行验旧售新、限量发售，加强发票用票户籍管理。2011 年共鉴定发票票种 960 户次，其中：增值税专用发票票种 73 户，普通发票票种 887 户。全年无发票遗失、被盗现象和违规代开发票行为的发生。

【税务管理信息化建设】 （一）加强应用系统推行和数据分析利用工作。做好综合征管软件 44L01 号补丁的升级和测试，按照昆明市国税局的工作要求，积极做好财税库银横向联网、新版发票填开系统、税收管理员辅助系统的推广运用及技术保障工作。（二）做好增值税一般纳税人认证、报税、固定资产数据采集和传送工作。2011 年共受理 IC 卡报税户 3984 次，增值税专用发票认证 8972 份，货运发票认证 637 份，机动车发票认证 9 份。（三）做好内部电子政务网、FTP、办公自动化、“四小票”采集、视频会议等系统数据的日常维护、升级和数据备份工作，保障系统网络设备的安全运行和网络的顺利畅通。

【税收执法】 （一）加强税收执法管理信息系统数据的监控，对 53 个指标 90 项过错行为按行业分工，分别对各个考核指标项目进行监控。2011 年共产生执法过错 36 条，可以申辩调整 36 条，按规定及时进行了无过错申辩调整，无虚假申辩调整，全年考核为“零过错”，无执法过错行为。（二）做好执法管理系统外的执法监控，强化减免税、核定税款工作的监控管理，全年未出现违规减免税和超规定核定税款。（三）执行《云南省国税系统税务行政处罚自由裁量适用规则（试行）》及其《执行标准（试行）》，未发现超标准从重或从轻处罚的情况。（四）执行“阳光政府”四项制度，按期在政府网站公示个体税收核定、收入进度、行政许可等情况，全年公示核定信息 12 期、行政许可 6 期，收入情况通报 12 期、承诺服务 2 期。全年未发生重大决策、行政复议和处罚听证。

队伍建设

【机构人员情况】 （一）机构设置。2011 年内设办公室、政策法规科、税政科、收入核算科、征收管理科、人事教育科、监察室、办税服务厅；有直属机构稽查局；有事业单位信息中心；有派出机构鹿阜税务分局、石林税务分局。（二）人员情况。全局干部职工 78 人，其中：在职 59 人，离退休 19 人。在职干部职工中，妇女干部 15 人，占 25.42%；少数民族干部 21 人，占 35.59%；中共党员 34 人，占 57.62%。（三）学历结构。在职干部职工具有本科学历的 19 人，占 32.20%；专科 35 人，占 59.32%；中专以下 5 人，占 8.48%。（四）年龄结构。在职干部职工 29 岁以下的 6 人，占 10.17%；30～39 岁 10 人，占 16.95%；40～49 岁 33 人，占 55.93%；50 岁以上 10 人，占 16.95%。平均年龄42.15岁。

【廉政建设】 （一）落实党风廉政责任制，强化责任追究。年初签订《廉政纠风目标管理责任书》58份，其中：县局局长与3名局领导、1名副调研员、12个部门正职签订了《责任书》，部门正职与部门副职、一般干部签订《责任书》43份，年内分上、下半年对《责任书》的内容进行了考核。（二）抓好内控机制建设。认真梳理各职能部门岗位职责，分岗位仔细排查风险点，制定相应的防控措施，规避执法和廉政风险，从源头和机制上预防和减少腐败，保证干部职工权力正确行使。全局12个部门共梳理设置岗位71个，部门工作职责142条，岗位职责585条；排查风险点202个（其中：一级风险点3个，二级风险点44个，三级风险点155个），风险表现形式393条，制定防范措施202条，编制岗位流程图56幅，建立完善规章制度53个（其中：自制3个，引用国家和上级法律法令规章50个）。（三）深化“两权”监督。税收执法权方面：认真执行市局税务行政处罚自由裁量权的有关规定，严格监督组织收入原则的贯彻落实，没有出现有税不收、寅吃卯粮收过头税，严格执行税收优惠政策。行政管理权方面：加强了对干部选拔任用、经费审批使用、基本建设、政府采购、公务接待等重点环节的监督，没有出现违反人事、财经纪律的行为。（四）加强廉政宣传教育。6月30日组织全体国税干部职工到昆明市检察院参观渎职侵权巡回展，8月26日以易斌案件等典型案例加强警示教育学习，开展预防职务犯罪警示教育和“纪检日”活动，促进干部职工规范执法、廉洁从政。（五）继续推行税企双方签订《廉政公约》。2011年签订126户，注销86户，回访230户，走访70户，满意率达99.6%。全局未发现有违反党风廉政建设有关规定的人和事。

【精神文明建设】 2011年围绕“基层服务年”工作主题，在全面巩固取得省委、省政府“文明单位”创建成果的基础上，努力强化“国税工作为经济社会发展服务、国税干部为纳税人服务、国税机关为基层服务”的意识，加强服务窗口建设，优化办税服务。以开展“创先争优”、学习杨善洲精神、“四亮四创四评”、庆祝建党90周年等各项主题实践活动为契机，全面加强干部队伍建设，进一步推动国税文化建设和精神文明建设纵深发展。2011年1月被云南省国家税务局命名为“云南省国税系统‘爱读书、读好书、善读书’活动先进单位”，2011年2月被昆明市人民政府授予“全市财税系统先进集体”荣誉称号，2011年11月被昆明市爱国卫生运动委员会授予“昆明市爱国卫生先进单位”称号。

【教育培训】 （一）加强业务培训。按照分级培训原则，按时限完成上级组织的各类培训11期，参训人数21人。2011年，结合工作实际，组织开展以个体户电子定税、流转税业务、所得税业务、发票管理、公务员文明礼仪等为内容的全员业务培训，共计培训8期，培训期为14.25天，参训人数562人。（二）开展读书学习活动。按照市局和县委的有关要求，积极开展“读好书、求新知”、“阅读红色经典，继承革命传统”一系列读书活动，认真组织学习，并撰写心得体会，营造良好的学习氛围，进一步推进学习型机关建设，促进干部职工综合素质全面提高。

（王文碧）

嵩明县国家税务局

经济概况

2011年，嵩明县实现生产总值（GDP）50.6亿元，同比增长16.2%；三次产业结构预计调整为18: 53: 29。固定资产投资预计完成78亿元，增长50.1%；财政总收入完成9.3亿元，增长36%；全社会消费品零售总额预计完成13亿元，增长18%。完成融资19.6亿元，增长42.92%；招商引资继续保持全市前列，实际利用外资2102万美元，增长18%，市外实际到位资金45.3亿元，市内到位资金33.6亿元，外贸进出口总额达8868万美元。

税收概况

【收入完成情况】 2011年，嵩明县国家税务局共完成国税收入3.31亿元，增长39.39%，增收9366万元，完成昆明市国家税务局下达确保目标任务的138.49%。其中组织增值税、消费税“两税”收入2.52亿元，增长36.54%，增收6744万元，完成昆明市国家税务局下达确保目标的132.21%。企业所得税收入6439万元，增长77.01%。储蓄存款利息所得个人所得税收入23万元，下降58.70%。车辆购置税收入1480万元，下降9.02%。

【收入特点】 一是地方级收入增幅高于中央级收入。2011年，中央级收入完成2.54亿元，增长38.80 %；地方级收入完成7706万元，增长41.37 %。二是“两税”增长带动整体税收增收。同比增收额中，有6744万元是“两税”收入，占全年增收额的72 %。三是除国有企业增幅与上年同期相比下降外，集体企业、股份公司、私营企业、涉外企业、个体经济、其他企业均呈不同程度增长。国有企业入库税款3664万元，下降15.15%，减收654万元；集体企业入库税款1567万元，增长632.24 %，增收1353万元；股份公司入库税款1.06亿元，增长68.09%，增收4291万元；私营企业入库税款8141万元，增长57.16%，增收2961万元；涉外企业入库税款6991万元，增长22.69%，增收1293万元；个体经济入库税款2149万元，增长5.24%，增收107万元；其他企业入库税款36万元，增长71.43%，增收15万元。

【税源分析】 （一）“两税”增收6744万元，其中增值税增收4619万元，增长29.06%；消费税增收2125万元，增长82.99%。主要增收原因：一是橡胶制造业入库2299万元，同比增长185%，增收1492万元；二是皮革制品业入库1613万元，同比增长246%，增收

1147万元；三是酒类入库5682万元，同比增长33.2%，增收1417万元；四是煤炭开采业入库790万元，同比增收786万元；五是金属制品业入库1889万元，同比增长53.3%，增收657万元；六是批发和零售入库5055万元，同比增长9.5%，增收437万元；七是软饮料制造业入库234万元，同比增收234万元；八是石油加工、炼焦业490万元，同比增收195万元。（二）企业所得税增收2801万元，同比增长77.01%。主要增收原因：一是嵩明县农村信用合作联社入库1463万元，同比增收1367万元；二是查补企业所得税入库839万元，同比增收431万元；三是云南丰年建筑工程有限公司除查补税款外，入库599万元；四是花卉企业入库345万元，同比增收252万元；五是云南高深橡胶有限公司入库232万元，同比增收215万元；六是奥瑞金包装昆明分公司入库270万元，同比增收253万元；七是阿麦仔化工（云南）有限公司入库166万元，同比增收137万元。

各项工作

【依法治税】 以科学发展观统领全局，大力推进依法治税，落实好税收政策，充分发挥税收调节经济的职能作用，积极支持社会经济协调发展。一是严格按照法定权限与程序执行好各项税收政策，做到按政策征收、按程序管理、按权限减免，切实维护税法的权威和严肃性。二是落实好“惠民富民，改善民生”的税收优惠政策，促进经济发展，全年共办理减免税1991万元。三是严厉打击涉税违法犯罪行为，整顿和规范了税收秩序。全年共查补入库税款1239万元，同比增长57.03%，增加448万元。四是紧紧围绕税收宣传主题，以让广大公民和纳税人知法、守法、懂法、护法为着力点，为纳税人量身定做了税宣“服务套餐”。将税法宣传工作向多样化、纵深化拓展，取得明显效果。

【税收征管】 加强目标管理考核，强化责任追究，着力解决“疏于管理，淡化责任”的问题，进一步夯实征管基础，不断提升税收管理水平。一是基础管理得到加强。登记率100%；申报率100%；税款入库率100%；滞纳金加收率100%；查补税收入库率100%。二是强化纳税评估。全年共评估38户，入库税款、滞纳金170.1万元。其中评估增值税企业29户（税负预警系统预警评估11户），经评估有问题户数18户，无问题户数11户（税负预警系统预警户数为9户），17户纳税人入库增值税70.39万元，入库滞纳金1.84万元，1户纳税人增值税留抵税额调减1.19万元，未有罚款入库；评估企业所得税企业19户，有问题补交增值税、所得税的企业11户，占选户准确率58%，其中：企业所得税7户有问题，占选户准确率37%，已入库所得税92.98万元，滞纳金4.89万元，调减企业所得税亏损数额7.79万元。三是完成纳税信用等级评定。全年评分审核户籍1889户。评定为A级的纳税人4户，评定B级的纳税人1885户，无C、D级纳税人。四是国、地税“联合办证平台”正式启动。自2011年6月28日国、地税“联合办证平台”启动以来，嵩明县国、地税联合办证平台共受理税务登记302户，登记成功率100%，全县302户纳税人得到实惠。五是完善征管机制，制定下发了《嵩明县国家税务局关于税务登记等项管理措施及实施意见的通知》、《嵩明县国家税务局税源方案》等10余管理制度和措施，促进管理的规范化。六是实施分类管理取得了明显成效。2011年，全局年纳税额在40万元以上的60户重点税源企业共入库税款25617万元，同比增长35.41%。七是规范了农产品行业税收管理，使“香精香料”、“橡胶制造”和“皮革制品”3大农产品行业增加税收4662万元。八是强化“小煤窑”税收管理，增加税收791万元。九是优化纳税服务，实施办税服务厅规范化建设试点取得明显成效。从2011年7月开始，打破窗口职能界限，把原分设的单一窗口功能全部合并，设置“全职能”窗口，按照“一人一窗”的标准，对所有操作软件按“一站式”要求进行编排，并对窗口软硬件设备进行更新配置。实现“一个综合窗口、受办一切事情”的目标。并在各办税窗口设置2个显示屏，征收人员使用“双屏”办理涉税事宜，纳税人可现场查看整个办税操作过程，有效避免由于硬件设备或网络运行等问题引发的误解，让纳税人办明白事、交明白税。截至9月25日，全面完成办税服务厅软、硬件更新改造工作，取得“五统一、三提升、一改善”的良好成效。并顺利通过了省、市局考核验收。

【税务管理信息化建设】 （一）落实应用系统推行、数据分析利用工作。完成对CTAIS综合征管软件的补丁3次升级；完成公路内河运输发票认证的推行和维护工作；完成对110户增值税一般纳税人推行增值税专用发票抵扣联网上认证工作，继续做好企业所得税介质申报和增值税的网上申报推行工作。完成对北信源内网安全管理（VRV桌面防护系统）的推行运用，安装、注册率达到100%。（二）强化信息化基础设施建设及税收信息化管理维护工作。一是做好FTP、办公自动化、“四小票”采集等系统后台数据库的日常维护、升级和数据备份工作。二是金税二期建设新户发行53户，升级发行1户，变更企业基本信息18户（次），变更发行授权125户（次），重新发行5户，注销发行10户、重写IC卡41户（次），更换金税卡17户，更换IC卡17户。三是技术管理岗位全年共排除认证系统故障24起，报税系统故障4起，发票发售系统故障2起。四是做好增值税防伪税控系统稽核和协查两个子系统的维护，一年来运行稳定。（三）信息化及网络化建设。全力做好计算机网络安全维护，全年维修维护各类计算机500多台（次）。

队伍建设

【机构人员情况】 （一）机构设置：内设机构7个：办公室（13人）、税政科（3人）、收入核算科（2人）、征收管理科（3人）、人事教育科（3人）、监察室（2人）、办税服务厅（9人）。直属机构1个：稽查局（9人）。事业单位1个：信息中心（2人）。税务分局2个：嵩阳分局（11人）、杨林分局（12）。（二）人员情况：全年在职干部职工69人，离、退休人员33人。男职工45人、女职工24人，男、女干部比率为65.2%、

34.7%。学历结构：硕士生 2 人，占 2.9%，本科生 30 人，占 43.5%，大专生 27 人，占 39.1%，中专生及以下 10 人，占 14.5%；全局有注册税务师人员 4 人，占全局总人数 5.8%。年龄结构：50 岁以上 12 人，占总人数的 17.4%；40～50 岁 37 人，占总人数的 53.6%；35～40 岁 8 人，占总人数的 11.59%；30～35 岁以下 8 人，占总人数的 11.6%。30 岁以下 4 人，占总人数的 5.7%。

【廉政建设】 一是认真学习贯彻省市国税工作暨党风廉政建设工作会议精神，制定下发了《嵩明县国税局 2011 年度党风廉政建设和反腐败工作实施意见》。在全县国税系统党风廉政建设工作会议上，中层以上干部进行了集体廉政承诺和签名活动。二是积极组织开展“执行力提升年”为主题的软环境建设活动。三是认真做好推行部门内控机制建设和廉政风险防范管理工作，制定下发了《嵩明县国税局推行部门内控机制建设实施方案》，按时限完成了各阶段工作任务，得到市局检查组好评。全局 11 个部门共梳理设置岗位 63 个，部门工作职责 124 条，岗位职责 410 条；排查风险点（重点环节）87 个，查找风险表现 189 条，确定风险等级 87 个，其中一级风险点 13 个，二级风险点 31 个，三级风险点 43 个，制定防范措施 189 条，编制岗位流程图 69 幅。四是认真落实内外监督制约制度，开展预防职务犯罪教育。邀请县检察院领导对全局干部职工进行了预防职务犯罪暨渎职侵权知识培训；召开嵩明县国家税务局特邀监察员会议，分别聘用了 4 名内部兼职监察员和 9 名外部特邀监察员，并颁发了《聘书》。五是认真贯彻落实省、市政风行风民主评议活动。制定下发了《嵩明县国家税务局关于贯彻落实政风行风民主评议工作实施意见》，采取六项措施确保测评质量取得实效。六是进一步完善税企双方《廉政公约》的签订工作。2011 年，累计已签订《廉政公约》1933 户，其中 2011 年新签订 188 户，注销 4 户，对签订户进行回访发出问卷调查表 142 份，反馈结果为国税服务质量进一步的提升。全年拒吃、请累计 364 人（次），保持了 18 年“零犯罪”和“零违纪”。

【精神文明建设】 在取得“全国精神文明创建先进单位”和省委、省政府“文明单位”荣誉的基础上，进一步强化“国税工作为经济社会发展服务、国税干部为纳税人服务、国税机关为基层服务”的意识，以优化纳税服务为着力点，不断丰富创建活动载体。开展“创先争优”、“四亮四创四评”、学习杨善洲同志先进事迹、执行力提升年、庆祝建党 90 周年——唱响嵩明、党员“创先争优之星”、创党员先锋岗、文明示范岗，党员佩戴徽章亮身份、党组织向先进党支部授旗授星流动红旗、创“为民服务创先争优示范窗口”等活动，全面优化纳税服务，赢得了纳税人的好评和上级局的认可。分别荣获云南省国税系统“文明单位”和昆明市国税系统“文明单位”称号；被中共嵩明县委表彰为“先进基层党组织标兵”、“为民服务创先争优示范窗口”单位。

【教育培训】 本着“缺什么、补什么”的原则，从有利于干部整体思想素质和业务能力提升出发，制定了《嵩明县国家税务教育培训方案》，并认真抓好落实。开展了《征管法》、会计法规、税收政策、税收业务操作流程、职业道德、廉政教育、涉网业务操作、稽查查账软件运用等培训。2011 年全局共组织各项培训 6 期，累计培训 12 天（次）。参加云南省国家税务局、昆明市国家税务局、嵩明县委、县政府等组织的各项更新知识理论和业务培训 17 次，总人数 872 人（次）；参加能力提升及任职培训 4 人（次）。

（彭　燕）

禄劝彝族苗族自治县国家税务局

经济概况

2011 年，禄劝彝族苗族自治县实现生产总值（GDP）38.68 亿元，同比增长 13.5%，其中，第一产业实现 12.59 亿元，第二产业实现 10.63 亿元，第三产业实现 15.46 亿元，三次产业结构由 2010 年的 33.1∶26.5∶40.4 调整为 32.5∶27.5∶40。地方财政收入 5.98 亿元，同比增长 20.6%，地方财政一般预算收入 3.58 亿元，增长 22.6%；上划中央“两税”9139.33 万元，增长 30.48%；财政总支出 15.13 亿元，增长 18%；社会消费品零售总额 14.76 亿元，增长 19.4%；全社会固定资产投资总额 60.9 亿元，增长 43.1%。城镇居民人均可支配收入 1.68 万元，增长 10.5%；工业投资实现历史性突破，工业投资首次突破 30 亿元大关，共完成投资 32.5 亿元，增长 42.1%。农民人均纯收入 3808 元，同比增长 12.8%。

税收概况

【收入完成情况】 2011 年，禄劝县国家税务局共完成国税收入 1.68 亿元，同比增长 29%，增收 3710.53 万元。其中：增值税入库 1.22 亿元，同比增长 31%，增收 2847.26 万元；消费税入库 5.12 万元，同比下降 7%，减收 0.37 万元；企业所得税入库 4209.91 万元，同比增长 22%，增收 760.64 万元；储蓄存款利息所得个人所得税入库 50.35 万元，同比下降 34%，减收 25.88 万元；车辆购置税入库 318.97 万元，同比增长 68%，增收 128.88 万元。中央级收入入库 1.2 亿元，同比增长 29%，增收税款 2704.80 万元。省级收入入库 1030.52 万元，同比增长 20%，增收税款 172.20 万元。县级收入入库 3718.33 万元，同比增长 29%，增收税款 833.53 万元。

【收入特点】 2011 年全县税源结构较为单一，主要以烤烟、电力和矿产品税收为主。税收收入主要有以下几个特点：一是由于受交通运输道路不畅的原因，导致黑色金属矿产品、有色金属矿产品税收与 2010 年相比减收1064万元。二是招商引资电力企业相继投产发电，促使电力企业增值税同比增收1169万元。三是由于基础设施建设拉动，水泥生产企业销售旺盛，促使水泥产品增值税同比增收728万元。四是农村信用社在国家优惠政策的扶持下，经济效益进一步提高，企业所得税同比出现较大增长，同比增收901万元。

【税源分析】 消费税、个人利息所得税与2010年同比下降外，其他各税种均呈现增长，主体税种增值税和企业所得税保持20%以上的增幅。（一）“两税”（增值税、消费税）入库1.22亿元，同比增长31%，增收2846.89万元。“两税”同比增收因素主要在于：虽然消费税同比有所下降，但增值税呈现较大增长，共完成1.22亿元，税款同比增收2847.26万元。其中：水泥产品增值税入库1256.91万元，同比增收728.79万元；电力增值税入库3086.42万元，同比增收1169.08万元；烤烟零售及批发2511.92万元，同比增收456.02万元；其他零售及批发增值税入库3313.37万元，同比增收2205.93万元；有色金属矿产品增值税入库427.46万元，同比减收140.21万元；黑色金属矿产品增值税入库1514.59万元，同比减收924.31万元。（二）企业所得税完成4209.91万元，同比增长22%，增收760.63万元。其中：烟草企业所得税2019.45万元，同比增收193.7万元；其他行业企业所得税入库2190.46万元，同比增收566.93万元。（三）储蓄存款利息所得个人所得税完成50.35万元，同比下降34%，减收25.88万元，由于个人利息所得税应税所得额减少，导致个人利息所得税减收。（四）车辆购置税完成318.96万元，同比增长68%，增收128.87万元。

各项工作

【依法治税】 （一）税法宣传。深入开展法制宣传教育，进一步提高广大干部职工的法治意识、责任意识，增强依法行政、依法治税的责任感。认真开展第20个全国税收宣传月活动。围绕“税收·发展·民生”的主题，与县地税局一起，联合开展税收宣传活动。整个宣传活动共出动税收宣传人员45人，发放各类税收宣传材料、倡议书2500余份，答复有关税收咨询50余起。创新税收宣传形式，国、地税部分少数民族干部职工身着民族服装用民族语言宣传税收政策，贴近少数民族群众进行交流沟通。（二）税务稽查。有针对性地开展稽查工作，努力实现稽查与纳税人的和谐发展。2011年共完成：分级分类稽查11户，自查辅导面达100%；“11·10”协查案11件，涉及发票136份，含税金额3242万元；专项检查3户；协查案件6件，已圆满回复相关部门；发票专项检查以及日常检查5户，处罚违章户2户，罚款7000元；以上各项共检查评估补缴税款264万元，滞纳金36万元，罚款3万元。选案准确率、查补入库率、案件结案率均达100%。（三）执法检查。认真贯彻国务院《全面推进依法行政实施纲要》，落实税收执法责任制，减少执法过错，全年执法系统过错率0.1‰，低于市局0.5‰的控制目标。

【税收征管】 （一）各税种管理。一是增值税管理。做好增值税一般纳税人认定管理工作，全年认定增值税一般纳税人30户，取消增值税一般纳税人15户，批准32户企业按简易办法征收。一般纳税人整体税负5.8%，高于2011全市平均税负，位居全市第二位。二是企业所得税管理。认真组织企业所得税汇算清缴，2011年组织所得税汇算清缴242户，汇算面达100%，汇算清缴入库税款15.9万元。三是减免税管理。认真贯彻落实税收制度改革和结构性减税政策。全年减免销售额3044.51万元，减免所得额580万元。（二）税源管理。一是继续实行领导干部管户制度，强化税源管理，促进税收征管质量和效率全面提升。二是加强户籍管理，清理漏征漏管户。2011年，全县共征管开业户3188户，其中：企业667户，事业单位7户，其他企业18户，个体工商业2496户。三是加强重点税源管理。县局成立了纳税评估工作组，完成评估企业35户，补缴增值税32万元，补缴企业所得税15.9万元，加收滞纳金2万元，调减增值税留抵税额13.79万元，调减亏损225.11万元。四是积极推进信息管税。利用税收管理员辅助信息系统（V2.0）查找风险点443条，在规定时间内完成反馈意见。认真落实税收征管状况的分析整改工作，先后4次对涉及禄劝国税局10个方面，70个问题进行整改，并全部整改完成。（三）发票管理。全面强化普通发票管理。一是对使用发票的纳税人采取由管理员一对一的培训。2011年，起征点以上用票户推行网络版机开票户154户，通用手工开票户152户。二是全年共检查普通发票1994户，其中，企业120户，个体1874户。检查发票75663份，其中，违规违章的有14户，违规开具发票71份，查补税款382万元，罚款2.2万元。

【信息化建设】 一是构建纳税人诉求响应平台，建立收集、分析、改进和反馈的闭环运作模式。二是积极推进办税服务厅标准化建设。推行“一窗多能”服务模式，逐步将办税服务厅从侧重办税服务转型为集办税服务、税法宣传、咨询辅导、权益保护及征纳沟通等多种服务于一体的实体化综合服务场所。三是配合总局做好“12366”纳税服务热线平台上线工作。四是加快纳税服务平台建设。

【服务基层】 围绕省局“服务基层年”工作要求，进一步重视基层、关心基层、服务基层，提高基层工作能力。一是全面做好各项工作指导，完善领导基层工作制度。二是继续推动人力、财力、物力向基层倾斜，认真落实“两个减负”工作，加强基层思想政治工作，全面形成服务基层工作体系。

【扶贫工作】 做好挂钩帮扶点——中屏镇拖井村委会和则黑乡卡租村委会帮带扶贫工作，全年共投入资金4.3万元，为贫困地区人民群众的脱贫致富创造条件。

队伍建设

【机构人员情况】 共设置机构10个。其中，内设机构7个，即办公室、税政科、收入核算科、征收管理科、人事教育科、监察室、办税服务厅。直属机构1个，即稽查局。事业单位1个，即信息中心。派出机构1个，即屏山税务分局。在职干部职工77人，离退休人员30

人。在职人员中，男性54人，占70.1%，女性23人，占29.9%；中共党员52人，占67.5%；少数民族30人，占39%。学历结构：本科文化23人，大专文化40人。大专以上文化程度共63人，占在职人数的81.8%。在职干部职工平均年龄42岁。

【廉政建设】 认真贯彻落实全市国税工作暨党风廉政建设工作会议精神，大力推进党风廉政建设。一是按照"谁主管、谁负责"的原则和"一岗双责"的要求，及时分解落实党风廉政建设和反腐败工作任务。二是利用"纪检日"活动和"政治学习日"开展经常性的廉政知识教育，邀请县检察院就预防渎职侵权、职务犯罪举办了一场专题法制讲座。三是做好《廉政公约》的签订工作，坚持回访工作制度。四是抓好部门内控机制建设工作。在推行部门内控机制建设中，共设置岗位64个，部门工作职责121条，岗位职责431条。排查风险点92个，查找风险表现203条，确定风险等级92个，制定防范措施203条。五是按照"分级负责、归口管理"的原则，坚持监督干部与信任、保护、激励干部相结合，做好信访举报工作。

【提效能 优环境】 "执行力提升年"活动成效显著。一是召开全局中层干部参加的动员大会，成立了开展"执行力提升年"活动领导小组，制定了活动实施方案，全面部署各阶段具体活动方法和步骤。二是认真开展征求意见工作，共发放征求意见表88份，收回88份。其中，党代表2人，人大代表3人，政协委员8人，社会监督员（特邀监察员）2人，服务对象10人，其他63人。对征求到的意见建议进行了认真梳理和归类。局党组召开专题民主生活会对所征集的意见和建议进行整改，对存在的问题制定了整改方案及措施，切实抓好整改工作。

【创先争优活动】 （一）深入开展创先争优活动，紧紧围绕"为民服务创先争优"活动主题，开展好以"四亮四评"为主要内容的主题实践活动。通过活动带动"文明单位"和"巾帼文明岗"、"青年文明号"等文明创建工作，通过创建活动提升个人的思想境界和情操，努力塑造禄劝国税良好的社会形象。（二）在"四亮四评"活动中，重点突出抓执法准确度和服务质量的提升。围绕"执行力提升年"的主题，牢牢把握新形势下国税工作的重点和难点，做到"四强化"，努力开创"内控机制更有效，政策宣传更广泛，税收执法更规范，审批管理更合理"的税收管理新局面。

【精神文明建设】 认真做好"文明单位"的复查工作，做好省国税系统"精神文明建设先进工作者"、"巾帼文明岗""巾帼建功标兵"创建评选推荐工作。2011年荣获"昆明市财税系统先进集体"、"禄劝县2011年先进基层党组织"荣誉称号，精神文明建设取得了可喜成绩。积极开展向盈江地震灾区捐款"献爱心"活动，全局干部职工捐款3888元，献出了国税干部职工对灾区群众的一片爱心。开展"送温暖、献爱心"活动，全局干部职工踊跃参与为困难群众献爱心捐款活动，共捐献2590元。

【教育培训】 认真落实昆明市国家税务局《教育培训管理办法》，根据工作需要确定培训重点内容，制订年度培训计划并加以落实。全年共组织培训10期，12天，562人（次）。

（杨荣华）

寻甸回族彝族自治县国家税务局

经济概况

2011年，寻甸回族彝族自治县实现生产总值（GDP）45亿元，工业总产值52.77亿元，农业总产值23.8亿元，工业增加值11.6亿元，地方财政一般预算收入完成4.59亿元，地区生产总值增长达到12.5%以上，地方财政一般预算收入增长达到44%以上。

税收概况

【收入完成情况】 2011年，寻甸县国家税务局共组织税收收入2.63亿元，组织地方一般预算收入5619.21万元，入库增值税1.66亿元，消费税41万元，企业所得税9231万元，储蓄存款利息所得个人所得税21万元，车辆购置税480万元。

【收入特点】 一是重点税源主导地位明显，纳入重点监控的年纳税额50万元以上的27户企业入库增值税15621.08万元，占增值税收入的94.28%，占总收入的59.30%，对全局税收收入的稳定增长起到了有力的支撑作用；二是车辆购置税成为新的税源增长点，自2011年5月份开始征收汽车车辆购置税以来，车辆购置税成倍增长，全年共计征收车辆购置税480万元，同比增长303.36%，增收361万元。

【税源分析】 同期主要指标对比：2011年共组织税收收入2.63亿元，比上年的2.32亿元增长13.31%，增收3094万元。分税种看：增值税1.66亿元，同比下降12.29%，减收2321万元；消费税41万元，同比增长24.24%，增收8万元；企业所得税9231万元，同比增长121.74%，增收5068万元；储蓄存款利息所得个人所得税21万元，同比下降52.27%，减收23万元；车辆购置税480万元，同比增长303.36%，增收361万元。一是云南常青树化工有限公司，享受西部大开发税收优惠政策"两免三减半"到期，恢复征收企业所得税；二是随着寻甸县城乡建设项目增多，工程用电量相应增加，供电有限公司累计入库税款1168万元，比上年的846万元增长38.06%，增收322万元；三是寻甸龙蟒化工集团有限公司由于年初购进用于生产主产品的原材料不合格，影响了主产品的生产，致使企业生产的中间产品磷酸未使用，只有对外销售，故增值税增加；四是由于寻甸县烟草种植面积扩大，寻甸县烟草公司收购总值增加，收入分配比例所占份额较高，全年累计入库增值税3854万元，比上年的3151万元增长22.31%，增收703万元；五是云南旭东磷化工集团旭东化工厂受限电影响，产量减少，2011年累计入库增值税633万元，比上年的788万元减少19.67%，减收155万元；六是享受税收优惠政策企业共计退增值税1415万元；七是云南泰康消防化工有限公司和云南常青树化工有限公司因在购销原料价格上意见有分歧，长期存在企业纠纷，直接减少增值税收入1200万元。

【税务管理】 一是规范收入管理。首先，加强收入计划管理和税源调查预测，科学分配年度税收计划，严格按计划执行情况进行考核，促使收入快速、稳步增长；其次，强化经济税收分析，完善税收分析制度，深入调查研究；第三，规范税收会计核算，大胆探索、积极试点，有效推进了税收核算规范化管理。二是夯实征管基础。在组织收入异常艰难的情况下，认真总结，积极采取有效措施，通过强化日常管理、深入开展纳税评估和加强重点税源管理及监控，迅速把握了收入主动权，确保收入均衡入库。三是强化税源监控。重点税源户年税收收入占到县局总收入的90%以上，对完成全年税收任务起着决定性的作用。加强重点税源的监控工作，为税收经济分析、征收管理、稽查等环节服务。2011年除总局监控的5户、省局监控的3户企业外，我们将县年纳税额在50万元以上的5户企业纳入了监控范围，对这些企业要求按月报送有关资料，分户建立重点税源档案，以便随时了解税源动态，为领导决策及其他管理环节提供服务。

各项工作

【税收法制建设】 （一）税法宣传。一是积极开展税法宣传。通过税收咨询日、税企篮球赛、“12·4”法制宣传平台，开展税法宣传、接受税务咨询，有效促进征纳良性互动，营造税收宣传月氛围；二是及时解读税收政策调整。对纳税人关心的增值税转型新政策，以及增值税起征点上调政策进行及时宣传、解读，使纳税人能够及时了解税收新政策；三是开展送税法下乡活动。2011年将新增汽车车辆购置税窗口作为优化纳税服务的一项重大举措，针对偏远乡镇纳税人对该业务不太了解的情况，积极开展送税法下乡，将办理各项业务应当准备的材料进行了罗列说明，尽可能地避免纳税人因资料准备不充分而来回奔波的麻烦。（二）税务稽查。一是认真布置企业自查，对纳入日常稽查计划的重点纳税企业推行了“查前告知、企业自查、案头分析、重点检查”的稽查方式。共发出《查前告知书》22户，让企业自查，稽查局再入户检查。收回企业自查表22份，自查补税143.59万元（增值税138.68万元、企业所得税4.91万元）；二是积极开展日常稽查，2011年共查结案件13件，有问题13件，查实率为100%；查补收入334.81万元，其中增值税254.16万元，企业所得税13.37万元、滞纳金16.98万元、罚款50.3万元，入库率为100%，严厉打击偷、逃、欠税行为，进一步整顿税收秩序和环境。达到了以查促管、以查促收的目的；三是协助省局“11·10”专案协查取证工作，协查22户企业虚开的运输发票119份，查补税款17.5万元，滞纳金2.4万元，合计19.9万元。

【税收征管】 各税管理。（一）增值税。一是加强对增值税一般纳税人的认定和管理，全年共认定增值税一般纳税人73户。二是加强对增值税一般纳税人重点税源行业、零负申报行业的税负分析、纳税评估和税负预警评估工作。评估加油站16户，补缴增值税37.75万元；摩托车经销商3户，补缴增值税6.46万元；零负申报和重点税源户18户，补缴增值税399.70万元，加收滞纳金15.68万元；补缴企业所得税127.82万元，调减亏损106.66万元。（二）消费税。根据市局《关于开展金银首饰及珠宝玉石行业税收及管理现状调研的通知》要求，及时对县局征管范围内的纳税人进行了认真的清理调查，清理调查结果显示，全县从事金银首饰加工、销售的纳税人有5户个体工商业户，除1户纳税人月核定增值税240元外，其余4户纳税人均达不到起征点未核定征收增值税。（三）企业所得税。2011年我局全面夯实企业所得税的基础管理，以行业管理为突破口，以纳税评估为手段，管理质效不断提升，全年共入库企业所得税9231万元，同比增长121.74%，增收5068万元。（四）储蓄存款利息所得个人所得税。2011年度共征收入库储蓄存款利息所得个人所得税21万元，比上年同期44万元减收52.27%，减收税款23万元。（五）车辆购置税。做好车辆购置税计税价格审核、审批工作，确保按时准确征收车购税。每月按时按质上报车购税各种报表。对没有计税价格的车辆根据纳税人提供的生产合格证、机动车销售统一发票、购进车辆的发票价格等相关资料在车辆购置税征收管理系统中做最低计税价格的审核、审批管理工作，确保车购税的征收管理质量。（六）出口退税管理。一是全年办理出口登记的企业有9户（生产企业8户，外贸企业1户），有出口退税业务的有3户12笔，全年出口退税53.49万元，比2010年的26.91万元增加26.58万元，增长98.55%。二是大力推行出口退税网络申报，按时完成了出口退税网络申报推行任务，全年申报率为100%。（七）发票管理。强化安全意识，加固设施、设备的防盗措施；在发票调拨中严格按规定专人专车按时领取，做到人不离车、票不离人，确保运输过程的安全；同时认真核对，做到账实、账册相符，电子信息与实物相符；做到日清月结，按日对账，按月盘存，确保发票实物、调拨清单和手工账相一致，做到账物相符；严格按照纳税人申请，严格票种录入程序，做好日常的交旧验旧工作；全年顺利通过了省、市局的检查，并得到了好评。

【税务管理信息化建设】 应用系统推行情况、数据分析利用：一是正确设置用户和部门信息，用户和部门发生变动时及时修改相关信息，及时对变动和新增人员在政务网站进行维护；二是对“综合征管软件”、“增值税管理信息系统”、“税收执法考核子系统”、“车辆购置税征管系统”等应用系统需要修改的数据及时提交省局进行后台数据修改，使所有系统中的数据资料规范完整；三是严格规范操作“综合征管软件”、“增值税管理信息系统”、“税收执法考核子系统”、“车辆购置税征管系统”、“储蓄扣税系统”，没有出现因操作失误而被市局扣分的情况发生；四是做好权限范围内的人员授权、税务发行、企业发行、网上认证纳税人密钥发行、外网开户等工作。信息化设施建设及税收信息化管理维护工作：一是认真保管好相关专用设备，全年共发行防伪税控设备22套，注销发行1户，为企业重写IC卡41次，重新发行1户；二是做好网络运行情况管理，及时排除网络故障，确保网络通畅；三是采取多项措施确保网络安全，全局在用的内网计算机全部装有病毒防护软件，各用户利用瑞星软件能及时发现病毒和漏洞攻击，每月在瑞星病毒监控中心生成病毒分析报告，从而对多发性病毒实施重点监控；四是积极完成各类应用系统的升级工作，全年完成省、市局下达的各项升级任务16次，确保应用系统安全稳定运行，为税收工作提供优质服务。税收电子化、信息化、网络化建设：一是改造车购税委托代征点通讯线路，成功解决车辆购置税业务出现的一系列问题；二是上半年开通的财税库银横向联网系统，依托网络的优势将财政、税务、国库、银行4个部门的信息共享，使税款征收更加方便、快捷，且纳税人缴税不用再携带现金，只需将现金存入与税务、银行、纳税人三方共同签订协议账中，既可将税款在短时间内缴入国库，又简化了缴税入库的手续；三是对于纳税人提出的各类税收政策疑问，可利用“12366”税收知识库信息查询系统，方便快捷的查出答案告知纳税人，纳税人也可通过“12366”服务热线及税企网上互动平台，解决自己所遇到的各种疑问。

【税收执法】 一是加强税收执法检查，注重税收异常数据分析在执法检查工作中的运用，加强对税收执法的日常监控考核，有针对性地开展执法检查。做到执法检查对象确定与税源管理联动相结合，日常执法检查与专项执法检查相结合，职能部门日常检查与组织人员重点检查相结合，内部检查与外部延伸检查相结合，切实提高税收执法检查的实际效果；二是加强税收执法监督，积极推行总局的税收执法管理信息系统，严格执法过错责任追究，通过一年来执法管理信息系统的考核情况来看，县局的考核率较上年有所上升，至2011年12月31日止县局共发生执法考核业务量22643条，考核率达99.98%。

队伍建设

【机构人员情况】 2011年，有在职人员68人，其中公务员58人，工勤人员10人。学历情况是：研究生1人，占总人数的1%；大专及以上48人，占总人数的71%；中专10人，占总人数的15%；高中及以下9人，占总人数的13%。年龄结构情况：30岁以下16人，占总人数的23.5%；31~40岁8人，占总人数的11.8%；41~50岁35人，占总人数的51.5%；50岁以上的9人，占总人数的13.2%。

【廉政建设】 一是以“纪检日”活动为载体，认真开展廉政教育，拓展教育渠道、创新教育方式。二是认真开展警示教育活动，利用现有条件，采取集中与分散相结合的方式，以开展学习违法违纪典型案例，把握人生“七笔账”和观看党风廉政教育片，结合学习实践科学发展观活动，做到学习有心得，交流有认识、发言有见解、会后有记录、问题有整改、措施有落实、作风有改进、效能有提升，确保“纪检日”活动的质量。三是整顿作风，巩固政风行风建设成果，2011年以92.85分位列寻甸县垂管单位行风评议第一名。

【精神文明建设】 一是保持现有的省、市局文明单位荣誉，做好日常的文明创建基础工作，按照文明单位的有关标准，严格对照，认真自查，迎接省、市局文明单位复查。二是为2012年省政府文明单位到届重新申报做好准备，制订创建工作计划、措施，做好文明创建的宣传发动，积极引导干部职工参加到文明创建的工作中，做好文档资料的搜集、整理、归档，把文明创建工作作为推动国税工作的动力和载体，积极创造条件，继续申请创建省级“文明单位”。三是积极推荐省局精神文明先进工作者，认真组织评选推荐，严格把关，把工作积极、事迹突出、工作成绩显著的优秀同志评选推荐出来，进行表彰，在全局范围内形成学先进、比贡献的良好风气。

【教育培训】 一是做好全员培训工作。全年共组织干部职工参加省、市、县局培训30期，参加培训人数283人，教育培训经费支出43万元，人均培训费6231.9元，年度人均培训天数为17.51天，达到干部职工每年培训不少于12天的要求。二是认真组织全局干部职工参加“学习杨善洲先进事迹”活动。通过学习活动的开展，把杨善洲同志的崇高品质渗透到国税工作中，使之成为一种精神理念、一种价值追求、一种工作常态，在各自的工作岗位上，自觉践行“个人形象一面旗、工作热情一团火、谋事布局一盘棋”的要求，在实际工作中争先进、比业绩、作表率，争当优秀共产党员。

（赵娅玲）

昆明阳宗海风景名胜区国家税务局

经济概况

2011年，昆明阳宗海风景名胜区，围绕建设国际生态旅游区的总体思路和打造“三区一名片”的目标要求，大力招商引资，加快推进生态旅游园区、新型工业园区建设，区域经济得到较快发展，实现生产总值（GDP）20.81亿元，其中，第一产业增加值4.58亿元；第二产业增加值12.29亿元；第三产业增加值3.94亿元；三次产业结构比例为22:59.08:18.92。全区工业总产值完成12.06亿元；固定资产投资完成29.92亿元；财政总收入完成5.84亿元，其中，地方财政一般预算收入2.81亿元；农民人均纯收入达6923元。

税收概况

【收入完成情况】 2011年，昆明阳宗海风景名胜区国家税务局组织税收收入3.53亿元，同比增长52.96%，增收1.22亿元；完成区级净入库收入8612万元，同比增长52.42%，增收2961.7万元。其中国内增值税收入完成3.30亿元，同比增长51.3%，增收1.12亿元；消费税收入完成10.2万元，同比增长827.2%，增收9.1

万元；企业所得税收入完成2290.8万元，同比增长75.5%，增收986.2万元。

【收入特点】 一是收入总量实现新突破。2011年，国税收入总量突破3亿元大关，主要因素是，两大重点税源企业国电阳宗海发电有限公司扩大发电量和云南铝业股份有限公司铝价上涨，带动“两税”收入增收12319.3万元，因而国税收入总量大幅增长。二是从产业完成情况看，第二产业入库税收从绝对数和相对数两方面领先其他两个产业。其中：第一产业入库税收4万元，同比减收3万元；第二产业入库税收3.3亿元，占全年总收入93.5%，同比下降3.3%；第三产业入库税收2273万元，占税收总收入的6.4%，同比增长3.3%。三是企业所得税随着经济形势好转，实现恢复性增长，同比增长75.5%，增收986.2万元。四是享受出口退税免、抵优惠政策，2011年全年免抵调库增值税5942.92万元，调增地方一般预算收入1485万元。

【税源分析】 一是国内增值税和消费税“两税”收入完成3.3亿元，比上年同期增长51.5%，增收1.12亿元，“两税”占总收入的比重从2010年95.26%下降到93.4%，企业所得税占总收入比重从2010年4.74%上升到6.5%。二是从各行业税收增减和贡献情况看，重点行业电力、有色金属冶炼和饮料制造行业增值税位居前三位，占增值税总收入的88.8%，比上年下降0.65个百分点，其中，电力行业全年缴纳增值税1.06亿元，占增值税总收入的32.1%，所占比重比上年下降11.68个百分点；有色金属冶炼行业全年缴纳增值税1.58亿元。占增值税总收入的47.8%，所占比重比上年增长17.83个百分点，饮料制造行业全年缴纳增值税1992万元，占增值税总收入的6%，所占比重比上年下降9.7个百分点。由于能源煤价上涨，带动煤炭行业成为2011年增长行业，全年缴纳增值税1863万元，占增值税总收入的5.6%，跃居增值税收入第四位重点行业。三是消费税大幅增长，2011年累计入库10.2万元，比上年同期增长8.27倍，增收9.1万元。

【税务管理】 （一）加强户籍管理。加强与地税、工商、技术监督等部门的协调配合，开展阳宗海区域整顿和规范市场主体生产经营秩序，强化财税征管清理检查工作，2011年新办税务登记222户，全年共有征管户975户，其中：一般纳税人114户，小规模纳税人124户，个体工商户737户，全年增值税申报率达到99.87%、企业所得税申报率达99.8%，全年实现无欠税。（二）推进网络申报。全年网络申报的增值税纳税人118户，其中：一般纳税人64户，小规模纳税人54户，占查账征收增值税200户的59%；所得税网络申报户76户，占查账征收企业所得税118户的64.41%。（三）深化电子定税工作。2011年11月前纳入“个体工商户计算机核定定额系统”核定的个体工商户共有692户，起征点以上的个体工商户有100户，户均定额达到389元。自2011年11月1日起，严格执行增值税起征点税率调整政策，于2011年12月征期前完成了增值税起征点调整工作，起征点以上个体工商户22户，征税面为3.18%，起征点以上户均税额1267元，月减少应纳增值税2.22万元。（四）推行财税库银横向联网。推行财税库银横向联网企业162户，实际签署录入《三方协议》162户，录入比例100%，验证通过162户，验证通过率100%。（五）开展纳税评估。全年组织对辖区内缴纳增值税的企业7户，评估发现存在问题企业2户，补缴增值税（含滞纳金）4万元。评估企业所得税企业6户，评估入库所得税1万元，调减扣除类调整项目822.44万元，调减汇算产生的多缴企业所得税205.61万元。（六）开展信用等级评定。联合地税局开展2009~2010年度纳税信用等级评定工作，于2011年10月顺利完成纳税信用等级评定工作，应评定585户，共评定585户纳税户，其中：A级2户，B级582户，D级1户。

各项工作

【税收法制建设】 认真学习贯彻落实《中华人民共和国行政强制法》，贯彻落实增值税起征点调整政策，资源综合利用税收优惠、小型微利企业所得税优惠政策等税收法律法规，规范行政处罚自由裁量权，推进税收法制化进程。

【税收征管】 （一）各税管理。一是加强增值税一般纳税人认定管理。2011年新办理一般纳税人认定31户，全年增值税一般纳税人114户，同比增加19户，增长20%，增值税一般纳税人总体税负率2.87%。二是贯彻落实增值税转型政策。加强固定资产抵扣管理，严格划分抵扣范围，全年共有28户纳税人申报抵扣固定资产进项税7649万元。三是做好所得税管理。2011年企业所得税征管户123户，其中，查账征收的102户，定期定率征收的17户，定期定额征收的3户，其他征收方式的1户。查账征收的102户中，有73户实行网络申报，占查账征收的71.57%，6户为介质申报，占查账征收的5.88%。应汇算企业所得税企业共95户，其中，查账征收72户，定率征收22户，定期定额1户。申报率为100%。汇算清缴入库所得税488万元。（二）出口退税管理。对出口退税的5户企业实行分类分级管理，全年共审核出口货物免、抵、退税申报表48户（次），为纳税人办理免抵退金额7975.9万元，其中：“免抵”调库金额5942.9万元，退税金额2033万元。（三）非居民税收管理。向6户企业下发了《非居民企业所得税扣缴义务通知书》，扣缴非居民企业所得税269万元。（四）发票管理。一是加强发票票种核定管理，严控发票领购量、持票量，2011年使用发票纳税人共有480户。二是加强发票验旧工作，及时发现纳税人发票违法违章行为，确保发票应补税款及时足额入库，全年对273户纳税人114538份普通发票使用情况进行验旧检查，补充申报88户（次），补缴税款12.88万元，处理发票违法违障8户（次），罚款4850元。

【税收执法】 （一）税法宣传。创新税收宣传形式，以“税收微博”、“网络QQ”零距离互动方式开展税收宣传，充分发挥互联网络的快速、便捷功能，通过博文宣传、QQ解答，架起了一座税务机关与广大纳税人更为便捷的沟通桥梁。随时让纳税人感到“税收在我身边”。（二）执法检查。一是对2010年8~12月企业注销清算、增值税一般纳税人资格认定管理等6个方面的税收执法情况进行了执法督查，通过督查均按税收政策严格执行办理。二是开展行政执法案卷评查，对2010

年以来的行政处罚、行政许可和行政复议3个种类的案卷认真进行了评查，均按要求进行了规范管理。三是开展对1户享受资源综合利用增值税即征即退税收优惠，4户享受农业种植、养殖企业所得税税收优惠的纳税人进行实地调查、资质认定、减免税备案管理；对1户享受增值税即征即退税收优惠的民政福利企业实施“先评估后退税”检查，对其执行政策情况进行跟踪调查，实行动态管理。（三）依法治税。一是开展漏征漏管户清理检查工作。对所管辖的七甸街道办、汤池街道办和阳宗镇辖区内无证经营户进行专项清理检查，共清查出34户未及时办理税务登记证，对清查出的漏征漏管户罚款8500元，并对3户砖厂已按规定补缴了增值税28万元；顺利完成中国石油化工股份有限公司云南昆明石油分公司阳宗服务区加油站（双向）的税收征管移交，做到边清理、边办证、边纳入规范管理。二是严格执行各项税收优惠政策，办理增值税、所得税减免税优惠备案审批20件（次），办理退税2件（次），退税金额10.66万元。

【信息化建设】 一是认真做好网络维护工作，确保征管信息系统正常运转。二是金税工程新上防伪税控企业初始发行18户，最高开票限额变更3户、发票购票量变更21户（次），并在各申报期按规定报税、认证，实时在稽核系统中查询未报税企业信息，保证金税数据安全无误。三是顺利上线税收管理员辅助信息系统和征管质量监控评价管理系统。四是做好普通发票网络在线开票相关技术保障工作。

队伍建设

【机构设置、人员配置】 局班子成员3人。内设机构3个：办公室（2人）、综合业务科（3人）、收入核算科（3人）。派出机构汤池税务分局尚未成立。2011年全局在职干部11人，其中男性6人，占在职人数的54.5%，女性5人，占在职人数45.5%；大专以上文化程度11人，其中硕士研究生1人；大学本科7人；大学专科3人。平均年龄39.8岁，其中，30岁以下2人，占在职人数的18.2%；36~40岁3人，占在职人数的27.3%；41~45岁2人，占在职人数的18.2%；46~50岁以上4人，占在职人数的36.3%。

【领导班子建设】 2011年3月，市局配齐该局领导班子，局长1人，副局长1人、纪检组长1人，成立昆明阳宗海风景名胜区国家税务局党组，按照政治坚定、求真务实、开拓创新、勤政廉政、团结协作要求加强领导班子建设。按照《党政领导干部选拔任用工作条例》规定和要求，做好3名中层干部的选拔任用工作，充实领导中坚力量，坚持党组中心组学习制度、领导接待日、重大事项报告和民主集中制的执行，开好“坚持以人为本执政为民理念，发扬密切联系群众优良作风”为主题的党组民主生活会，提高领导班子总揽全局、依法行政、科学决策和精细管理能力，班子坚强有力，团结协作，作风良好，廉洁勤政，表率作用突出，引领全局干部职工圆满完成了税收各项工作任务。

【执行力提升年活动】 围绕“抓执行、强作风、讲效能、促发展”目标，积极开展执行力提升年活动，通过宣传发动阶段抓教育提升执行理念，组织实施阶段抓对照检查重点进行整改，推进落实阶段抓制度建设，着力解决干部队伍中存在的落实不力、效率不高、服务不优、效果不好等突出问题，总结考评阶段抓查缺补漏，严格考核执行力落实情况，促使全局上下形成人人讲执行、人人抓执行、人人促执行的良好局面。

【教育培训】 一是开展“阅读红色经典，继承革命传统”读书活动，引导税务干部多读书、读好书、善读书，通过“读经典、思发展、承传统、比奉献、创先进”，更新思想观念，学习先进思维，全局上下“书香滋养”国税蔚然成风，促进学习型和谐国税建设；二是采取“走出去”学习方式，推选干部参加各级组织的教育培训，先后组织了以提高领导干部思想理论水平、执行力为重点的领导干部政治理论培训，以提高税收业务及技能培训为重点的税收专业知识培训，以提高财务管理水平为重点的财务知识培训，以加强共产党员党性教育为重点的党员干部培训，其中，参加各级组织出省培训的有8人，占全局干部的73%。通过教育培训，干部视野得到拓展，思想观念得到更新，干部队伍的整体素质得到有效提升。

【精神文明建设】 结合国税行业特点，组织开展特色鲜明的国税文化活动，一是积极组织摄影爱好干部参加省国税局组织的“我的事业、我的家”摄影作品比赛，征集作品6件。二是以“唱红歌、颂祖国、爱国税”为主题，积极参加阳宗海管委会举办的“颂歌献给党”庆祝建党90周年红歌合唱比赛。一曲《给力阳宗海》获得团体二等奖。三是参加阳宗海管委会组织的“相逢是首歌”文艺晚会，诗歌朗诵《我骄傲，我们是阳宗海的国税人》获得全场赞誉，展现出了国税人无私奉献、积极进取的精神风采。四是全局干部齐心协力，攻坚克难，全力完成各级下达的税收收入目标任务。

【创先争优 党建工作】 强化党务工作与税收业务工作紧密结合，教育和培养党员干部“讲党性、重品行、作表率”，对党员实行党支部目标管理考核，（一）开展“四亮四评”活动。以提升服务质量为目标、以纳税人满意为标准，以收入核算科的办税服务厅为重点开展“亮流程、亮身份、亮职责、亮承诺”和“自己评、群众评、领导评、组织评”的“四亮四评”主题实践活动，引导党员佩戴党徽、挂牌，亮身份、树形象，通过开通服务投诉监督电话、公布服务监督信箱、发放问卷调查、评价表等方式，让纳税人对工作质量进行评价，纳税服务质量得到大幅提升。（二）开展“为民服务，创先争优”活动。一是组织全局9名党员向优秀共产党员杨善洲学习，参加阳宗海管委会组织的绿化阳宗海建造“善洲林”植树活动，激发全局干部立足本职，爱岗敬业、创先争优。二是参加阳宗海管委会组织的“学习杨善洲精神，立足岗位建功业”征文活动，其中《闪光在国税、奉献在岗位》征文获得二等奖，1人被评为“先进党务工作者”称号。2011年区局被阳宗海管委会授旗评为“星级先进单位”。

【廉政建设】 一是层层签订《廉政纠风目标管理责任书》15份，认真落实《廉政准则》，严格执行《党内监督条例》，落实“一岗双责”，促进干部队伍依法行政，秉公用权，廉洁执法。二是开展部门内控机制建设，围绕岗位职责，重点排查“税收执法”岗位风险点，完善内部制度机制建设，制定有效防控措施，全局共梳理设置岗位 24 个；梳理部门工作职责 43 条；梳理岗位职责 205 条；排查风险点（重点环节）60 个；查找风险表现 144 条；确定风险等级 61 个，其中：一级 10 个，二级 23 个，三级 28 个；制定防范措施 122 条；编制岗位流程图 29 幅；建立、完善规章制度 66 个，其中：自行制定规章制度 11 个，引用上级规章制度 55 个。通过风险排查，明确了岗位、规范了程序、优化了流程、健全和完善了各项制度，干部廉政风险意识得到加强。三是与 467 户纳税人签订了《廉政公约》，并加强对《廉政公约》的后续管理和跟踪问效，共走访纳税人 72 户，回访面达 15.4%，未发现干部有违纪情况发生。四是开展民主评议机关作风活动，共走访纳税人 26 户，征求到意见建议 10 条；共发放回访问卷调查表 120 份，收回 120 份，纳税人满意率达 98%。

【新闻人物】 2011 年，罗静同志被云南省国家税务局表彰命名为“精神文明建设先进个人”。

（张志勤）

昭通市国家税务局

经济概况

2011 年，昭通市实现生产总值（GDP）465.03 亿元，比上年同期增长 14.7%。其中：第一产业增加值 91.59 亿元，增长 6.8%；第二产业增加值 222.87 亿元，增长 21.4%；第三产业增加值 150.57 亿元，增长 10.2%；三大产业结构比例由上年的 19.5∶46.1∶34.4 调整为 19.69∶47.93∶32.38。固定资产投资完成 487.39 亿元，增长 36.9%；工业生产总值 357.78 亿元，同比增长 26.2%，其中规模以上工业总产值 225.05 亿元，同比增长 22.9%；社会消费品零售总额 126.83 亿元，增长 20.0%；城镇居民人均可支配收入和人均消费性支出分别为 1.41 万元和 9095 元，增长 14.5% 和 8.7%。农民人均总收入和人均总支出达 4651 元和 4543 元，增长 24.6% 和 33.5%。全市地方财政一般预算收入 32.59 亿元，增长 27.2%。一般预算支出 178.28 亿元，增长 21.6%。年末金融机构存贷款余额分别为 619.70 亿元和 355.56 亿元，增长 19.1% 和 24.2%。

税收概况

【收入完成情况】 2011 年，昭通市国税系统共计入库各项税收收入 57.30 亿元，与上年同比增收 8.56 亿元，增长了 17.55%，完成全年计划的 106.26%。其中：增值税入库 24.86 亿元，与上年同比增收 2.98 亿元，增长了 13.61%，完成全年计划的 103.17%；消费税入库 25.34 亿元，与上年同比增收 3.73 亿元，增长了 17.25%，完成全年计划的 105.06%；企业所得税入库 5.34 亿元，与上年同比增收 1.68 亿元，增长了 46.12%，完成全年计划的 136.87%；储蓄存款利息所得个人所得税入库 139 万元，与上年同比减收 154 万元，下降了 52.56%，完成全年计划的 139%；车辆购置税入库 1.75 亿元，与上年同比增收 1793 万元，增长了 11.41%，完成全年计划的 97.28%。

【收入特点】 （一）国税收入增速快于 GDP 增速，国税收入同比增长 17.55%，GDP 同比增长 14.7%。（二）国税系统征收的五税种“四增一减”。其中：增值税、消费税、企业所得税和车辆购置税分别增长 13.61%、17.25%、46.12% 和 11.41%，储蓄存款利息所得个人所得税下降 52.56%。（三）12 个县区，除威信县因其主要税源煤炭企业因安全事故停产整顿未完成年初下达的收入计划外，其余 11 个征收单位均圆满完成了全年收入目标。鲁甸、巧家、盐津、大关、永善、绥江、彝良 7 个县的增速高于全市平均水平。绥江县税收收入增长达到 50.04%，增速居全市首位，水富县增长 7.29%，排全市末位。昭阳、鲁甸、镇雄、彝良、水富仍处于亿元县行列。（四）“两税”收入完成 50.20 亿元，突破 50 亿元大关，同比增长 15.42%，占总收入的 87.61%。（五）非公经济税收继续稳定增长。全市非公经济国税收入达到 16.67 亿元，同比增收 2.16 亿元，增长 14.92%，占总收入的 29.09%。（六）卷烟税收仍是国税收入的最大税源，占总收入的 60.05%。卷烟“三税”累计入库 34.41 亿元，同比增收 4.66 亿元，增长 15.67%。（七）非居民税收大幅增长。云南云天化股份有限公司受让购买国外两家公司持有的重庆国际复合材料有限公司部分股权，实现非居民税收 3470 万元。全年入库非居民税收 3774 万元，同比增收 3598 万元。

【税源分析】 全市经济发展总体保持持续稳定增长态势，主要经济指标增长态势良好，2011 年全年完成工业投资 250 亿元，增长 35%，实现工业总产值 357.8 亿元，增长 26.2%，工业增加值 169.4 亿元，增长 22%，其中规模以上工业增加值 119.1 亿元，增长 23%。经济较快发展为税收增长奠定了坚实的税源基础。（一）增值税完成 24.86 亿元，同比增收 2.98 亿元。分行业来看，政府切实加大煤电油运保障力度，促进产能充分释放，重点行业增值税税收平稳增长。卷烟增值税收入 8.04 亿元，同比增收 6299 万元，增长 8.50%。昭通烟厂并入红塔集团后卷烟产销量增长、产品结构提高，单箱利税增加，2011 年卷烟产量完成 53.67 万箱，同比增加 6060 箱，增长 13.1%；煤炭增值税收入 5.46 亿元，同比增收 7127 万元，增长 15.03%。煤炭市场价格上涨，生产规模的扩大促进了煤炭增值税的增长，2011 年煤炭开采和洗选业实现产值 68.06 亿元，同比增长

33.4%；建材增值税收入1.07亿元，同比增收966万元，增长9.96%。2011年固定资产投资大幅增加拉动了建材行业税收增长，全年水泥产量达328.79万吨，同比增长10.2%；电力行业增值税收入2.14亿元，同比增收2293万元，增长12%，昭通经济保持较快增长态势拉动了电力需求，全年发电量达58.13亿千瓦时，同比增长11.8%；商业增值税收入4.61亿元，同比增收1.21亿元，增长35.73%。社会消费需求增大，全市全年社会消费品零售总额126.83亿元，同比增长20%；因原材料采购不足化工行业增值税收入3476万元，同比减收2641万元，占上年同期的56.83%。（二）消费税完成25.34亿元，同比增收3.73亿元，增长17.25%。其中：卷烟消费税完成25.32亿元，占消费税总量的99.93%，增收3.73亿元，增长5.06%，消费税增长的原因为卷烟产品结构的提高。（三）企业所得税完成5.34亿元，同比增收1.68亿元，增长了46.12%。企业所得税增收的主要原因：一是全市经济增长良好，在经济的有力支撑下企业所得税增长较快。二是2011年非居民企业所得税收入3774万元，同比增收3598万元。（四）车购税完成1.75亿元，同比增收1792万元，增长了11.40%。2011年小排量乘用车减税优惠政策到期及纳税人购置车辆平均价值上升，在汽车车辆数增幅不高的情况下，税收仍保持两位数增长。（五）储蓄存款利息所得个人所得税收入140万元，比上年同期减少153万元，占上年同期的47.78%，政策减收作用导致储蓄存款利息所得个人所得税收入逐年持续大幅减收。

各项工作

【税收法制建设】 （一）推进"六五"普法工作，贯彻阳光政府"四项制度"。一是制定了"六五普法"工作规划和具体实施方案，把普法工作成效列入目标管理进行考核。二是利用税收宣传月活动和法制宣传日活动，开展送税法到矿山、企业和重点工程、学校等活动。三是贯彻落实重大决策听证制度、重要事项公示制度、重点工作通报制度、政务信息查询制度。（二）依法开展税收规范性文件的起草、审核、决定、公布、备案、清理等工作。加强规范性文件监管，将地方党政、税务机关及其部门有无越权或违规制定涉税文件纳入每年税收日常检查和重点检查的项目。（三）做好重大税务案件审理工作。全年共审理重大税务案件18件，是2010年稽查案件数116件的15.5%，通过审理，维持初审意见16件，改变调查部门拟处理意见2件。

【税收征管】 （一）税源管理。一是加强户籍管理，加强停、复业户跟踪管理和非正常户、失踪户的重点巡查，杜绝户籍管理漏洞。2011年全市共有征管户32466户，比2010年增加1983户，增长6.5%，其中，纳税户4921户，未达起征点户27545户。落实增值税起征点调整政策，个体工商户由原来的23521户减少至564户，有22957户个体工商户享受了增值税起征点调整税收优惠政策，全年减免增值税293万元。二是建立税源与征管状况监控分析一体化工作制度。召开了征管状况监控分析工作领导小组会议，领导组成员对税务登记、非正常户认定管理、个体税收户籍管理和发票管理等工作中涉及的23个项目，1250个指标结合实际逐项目进行了分析。三是召开由征管、货劳、所得、稽查、管理人员参加的案例分析研讨会，从分析稽查案例入手，将案件检查中存在的问题、征管建议及规避风险等情况反馈管理部门，使管理部门从中找出管理中存在的不足，达到以查促管，以查促查的目的。四是规范代理记账业务管理，强化对代理记账公司违反税收法律法规办理税务事宜的处罚力度。五是开展纳税评估。全年评估户数为299户，经评估确认存在问题户数111户，评估移交稽查5户，经评估入库增值税127.22万元，入库消费税420元，入库企业所得税236.45万元，增值税留抵税额调减138.9万元，企业所得税亏损数额调减6784.85万元。

（二）税种管理。1. 增值税管理。一是做好一般纳税人的认定工作。全市共有一般纳税人1336户，比上年增加144户，增长12.08%。二是继续强化固定资产抵扣工作，对国家重点水电工程溪洛渡电站建设期间的固定资产抵扣要求专门建立账簿进行管理，对设备安装前、中、后的状况要求做好文字记录、影像资料的收集和归档。全市共抵扣固定资产进项税6.09亿元，占总进项税34.2亿元的17.81%。同时强化固定资产抵扣明细核查工作，共转出不符合抵扣条件的固定资产进项税2.81万元。2. 所得税管理。一是继续实施分类管理，结合全市的税源结构特点，完成《煤炭行业税收管理操作指引》的编辑，指导全市煤炭行业税收专业化管理。二是扎实做好2010年所得税汇算清缴工作。搞好纳税人汇算清缴前的业务培训，加强对申报规范性的审核，加强对重点税源企业的监控管理。全市有1341户企业参加企业所得税汇算清缴，汇算面为98.46%。应纳税所得额16.85亿元，应纳所得税额4.22亿元，减免所得税额9632.73万元，实际应纳税额3.26亿元。三是强化数据分析，对账证不健全、无正当理由长期零负申报的企业实行核定征收管理方式。四是落实税收优惠政策，做好西部大开发的年审工作，共对21户西部大开发企业进行年审，审批减免税企业2户。3. 消费税管理。我市除卷烟消费税外，主要是白酒消费税，白酒主要是小作坊粮食白酒，分散在基层乡镇，基本没有建账能力。税收征管主要综合出酒率、销售价格、税收负担率、毛利率等指标采取核定管理。4. 车辆购置税管理。一是继续加强对车辆购置税减免税管理，认真审核减免税申报和退税申请。二是加强车辆购置税申报信息管理，对录入申报的车辆，必须对申报信息进行复核确认。三是核查产生异常发票信息的机动车经销企业。5. 大企业国际税收管理。做好国家税务总局80户涉昭企业摸底排查工作，完成了关联业务往来报告表网络直报上线运行的模拟运行和正式运行工作。6. 出口退税管理。一是认真审核出口企业出口货物的退税申报资料、单证及其相关电子信息，防止不法分子利用虚假出口骗取国家出口退税。二是加强退税前管理，了解农产品收购、加工、销售、备案单证及账务等情况，核实出口企业增值税进项税额的真实性，确保每笔退税款安全。2011年申报办理出口货物退（免）税的企业有4户，累计审核审批办理出口货物退（免）税449.74万元，其中退税325万元，免抵调库124.74万元。

（三）发票管理。1. 强化增值税专用发票管理。严格控制专用发票入口关，抓住重点环节和岗位严格把关，对增值税防伪税控系统最高开票限额税务行政许可、增值税专用发票用量调整等重点环节和岗位实行监控。2. 强化宣传教育。一是加大舆论宣传，公布举报电话，鼓励群众举报发票违法案件，提供违法线索。二是加强新修订的《中华人民共和国发票管理办法》的学习培训。将该办法打印成册，发放到税务干部和用票纳税户手中，便于查阅学习，并在市局内网公布新法全文及变化内容，要求税务干部尽快掌握新法各项规定及新旧法的区别，认真解决纳税人办理发票事宜时出现的困难和问题。3. 开展打击发票违法犯罪活动。一是确定建筑、金融、保险、通讯 、石油石化、房地产6个重点行业及全市的7户重点企业为检查对象，做到“查账必查票”、“查案必查票”。二是加强与公安、财政、工商等部门的协作，联合制定整治虚假发票“卖方市场”的具体方案，重点查处涉及面广、影响恶劣的重大案件。对发票犯罪问题突出的重点地区，采取有效措施打源头、端窝点，严厉打击不法分子的嚣张气焰。截至12月底，全市共对187户企业使用发票情况进行了检查，涉案发票3409份，查补税款266.61万元、加收滞纳金43.45万元、罚款138.35万元。

【税收执法】 （一）税法宣传。一是开展了“税收·发展·民生”万人签名活动拉开税收宣传月序幕，当天共散发宣传材料12000余份，接受咨询千余人（次）。二是与昭通电视台合作，精心制作了四期专题片，宣传了昭通国税“十一五”取得的辉煌成就、全市支柱产业对税收的贡献以及党政领导对国税工作的评价。三是与昭通人民广播电台合作，以“税收·发展·民生”为主线，通过“行风政风热线”、“975与法同行”、“理财直通车”等热播栏目，与广大纳税人和听众朋友进行互动交流，使税法宣传更贴近群众，更具有针对性和实效性。四是与中国电信、中国移动、中国联通联合发送税收公益短信，得到了纳税人的一致肯定。召开了税企座谈会，开展了送税法上矿山、重点企业、重点工程、学校等活动，受到社会各界欢迎。（二）税收执法考核系统监管工作。2011年1月~2011年12月，全市13个考核单位有11个单位产生过错，共产生11项过错指标14项过错行为30个过错数。其中鲁甸、市局直属分局实现税收执法考核零过错。（三）落实税收执法责任制和过错追究制。2011年，全市有执法人员22人（次）受到考核追究和通报批评，其中，18人（次）受到直接追究，4人（次）受到连带责任追究，经济惩戒金额共2235元。（四）税收执法督察工作。检查组在检查中采取合并检查与重点抽查相结合的形式，把重点督察、离任审计和巡视检查的单位作为重点抽查的对象，对昭阳、鲁甸、威信、巧家、水富、镇雄、盐津、永善8个县局的税收执法情况进行重点督察，重点检查面达73%。（五）税务稽查。全市共对123户纳税户进行了纳税检查，查处有问题户109户，查补收入1913万元，其中：查补税款417.12万元，处以罚款242.16万元，处罚率58.1%，加收滞纳金104.88万元，企业自查补税1148.84万元。一是根据“5·31”及“11·10”案件的发案规律及线索，组织开展煤炭等行业的税收专项检查，共对72户纳税户开展了自查，自查有问题20户，自查补税金额111.47万元。二是开展区域税收专项整治。确定把产煤大县昭阳区及镇雄县的煤炭行业作为区域性税收专项整治检查重点区域。共计对28户纳税户开展自查，自查有问题13户，自查补税金额68.83万元。（六）税收优惠政策。全系统从服务全市经济发展大局出发，不折不扣的落实上级出台的各项税收政策。全年累计减免税收1.02亿元，其中：增值税1426万元、企业所得税8263万元、车辆购置税557万元。

【纳税服务】 （一）转变服务方式，创新服务手段。一是开展送政策上门活动。将近几年来的相关税收政策、特别是促进经济方式转变的税收优惠政策整理成册送到企业，送到政府部门，送到农村，送到重点工程开工地，方便纳税人和相关决策部门查阅了解。二是为重点税源企业提供个性化服务。坚持领导班子成员挂钩重点税源企业的制度，班子成员定期带领相关人员下到挂钩企业，进行实地调研，根据重点企业的需求，提供个性化服务。三是进一步拓宽信息技术应用平台，借助介质和网络开展好多元化纳税申报，以此解决征期办税大厅拥堵的问题，真正地为纳税人实现“两个减负”。（二）做好“12366”纳税服务平台上线的准备工作。一是设立“12366”专职接线员和督办员。二是定期汇编成《税收咨询难点、热点问题解答手册》，将《手册》发放到干部手中，并通过内、外网站同步发布。三是深化税情信息分析，定期分析引发涉税咨询的原因，及时发现前端宣传、辅导工作的盲点和漏洞，科学评估“未辅导”群体的潜在遵从风险。

【税务管理信息化建设】 （一）认真做好相关系统推行实施工作。一是切实做好税收执法管理系统疑点信息库上线运行工作。通过对初始化数据的汇总和审核，圆满完成全市疑点信息库初始化数据采集工作，并对省局下派昭通的4个疑点项759条疑点数据进行了认真的分析筛选。二是狠抓落实开展好税收管理员辅助信息系统（V2.0）的试运行工作，做好管户信息清理准备工作，对错误信息进行修改。三是做好云南省国家税务局普通发票开填系统相关模块启用推行工作。四是完成了“12366”纳税服务热线系统设备的验收、安装和调试工作。五是运用信息技术编写《生产企业出口退（免）税操作指南》电子书，方便基层税务机关全面、准确学习掌握出口退（免）税政策及各项操作。（二）做好综合征管软件、防伪税控系统、增值税网络申报系统等的日常运行维护工作，按时按质完成各系统数据处理工作。（三）认真做好网络教育培训系统操作应用和运行维护工作，成功运用网络教育培训系统举办了多次面向全市国税干部的健康讲座、知识讲座。（四）做好办公自动化应用系统的日常维护、数据备份。对原使用的公文处理系统服务器进行更换，完成ODPS数据的迁移和相关系统设置，成功启用了新的公文服务器，实现了公文数据的自动备份。（五）做好内部政务网站的运行维护和日常信息管理工作。（六）做好全市国税系统网络运行维护和病毒防御工作。对全市机器进行补丁更新、桌面防护系统安装和防毒软件部署等措施加强安全防护。

【税收科研】 2011年，全市国税系统共撰写各类调研报告47篇，其中市局作为税收科研成果编发27篇。市局编发的27篇成果中，有3篇被各级采用或获奖。其中，昭通市国税局撰写的《关于现行财政体制下水电税收收入分配制度的研究——水电税收收入分配问题分析及建议》调研报告被国家税务总局于2011年9月以《研究报告》第32期报中共中央办公厅、国务院办公厅，供相关决策参考。

【综治维稳】 （一）将综治维稳宣传月活动与税收宣传月活动紧密结合，开展培训宣传活动。一是宣传税收在保增长、调结构、促转变、惠民生等各方面的积极作用，着力构建和谐税收环境。二是着力宣传打击涉税违法犯罪行为方面取得的成果，以典型案例教育广大纳税人提升依法诚信纳税意识。三是宣传反邪教、禁毒品和防盗骗工作，教育广大干部职工提高识邪、辩邪、防邪能力，形成拒绝毒品、珍惜生命的良好风尚。四是加强调研，排查化解矛盾纠纷。全市国税系统有针对性地对一些热点、焦点问题进行调查，对可能发生的矛盾纠风进行排查化解，积极预防群体性上访事件和越级上访事件发生。五是开展治安文明、交通文明、卫生文明、文化文明、环境文明等一系列文明安全素质提升活动，努力营造平安文明城市的浓厚氛围，提升干部文明素质，改善城市环境，树立现代城市形象。（二）倡导见义勇为，学习铁飞燕、杨善洲、刀会祥等同志先进事迹。通过组织干部听取铁飞燕事迹报告，宣扬铁飞燕精神，弘扬社会正气，推进社会和谐。

【挂钩扶贫】 “十二五”期间昭通市国税局的挂钩扶贫点调整到大关县天星镇沿河村。市局党组先后两次率领中层以上干部到沿河村开展调研，确定了抓发展产业，抓基础设施，抓扶贫龙头的扶贫工作思路，采取切实有效的措施开展挂钩扶贫。一是及时制定了挂钩扶贫工作计划，成立了扶贫工作领导组。二是落实100个贫困户为局机关干部“十二五”结对帮扶户，建立了有1.26万元的扶贫基金，市局7名处级干部带头，向12户结对帮扶户捐款2400元。三是出资1万元，改善沿河村“两委”办公条件，赠送价值1.3万元的办公设备给村“两委”和沿河完小，向沿河村“农民读书屋”、村完小赠送了价值2388元的科普书籍。四是协调资金15万元用于沿河村村级公路建设和修建公厕等，协调有关方面对沿河村电网、生活用水管道进行改造。

队伍建设

【机构人员情况】 市局机关共设有18个科室。其中13个内设科室，即办公室、财务管理科、人事科、教育科、监察室、政策法规科、货物与劳务税科、收入核算科、纳税服务科、所得税科、征收管理科、大企业与国际税务管理科、离退休干部科；3个直属机构，即稽查局、直属税务分局、车辆购置税征收管理分局；2个事业单位，即信息中心，机关服务中心。另设机关党办、机关工会、妇委会和书摄协会。全市国税系统设有11个县、区局，11个基层分局，12个稽查局。全系统共有干部职工1147人，其中，在职人员841人。在职人员中，妇女276人，占32.82%，中共党员530人，占63.02%，大专以上学历706人，占83.95%，其中研究生13人，本科学历354人，专科学历339人，中专及以下学历135人；离退休干部职工306人，其中离休12人，退休294人。

【领导班子建设】 市局领导带头实践“国税工作为经济社会服务、国税干部为纳税人服务、市局机关为基层服务”的服务宗旨，始终发挥领导班子的带头作用。一是带头深入基层调研，党组班子带队到基层及时了解掌握工作动态和干部职工思想状况，着力解决基层干部职工反映强烈的难点、热点问题。二是始终带头坚持落实。落实领导挂钩重点税源户制度，带头深入重点税源企业进行税源监控和分析。三是加强科级领导干部交流，增强领导班子的活力，提高干部的整体素质。全年共交流科级领导干部12人（次）。四是严格按照程序组织开好党组民主生活会。共征求到各方面建议、意见87条，其中肯定性意见66条，建设性意见21条。

【廉政建设】 （一）强化制度建设。全市国税系统顺利完成内控机制建设工作，共排查出风险岗位93个，廉政风险点169个，建立防控措施205个，防控流程图40个，防控制度52个。（二）强化教育预防。一是开展贯彻《廉政准则》的专题学习，党组书记以《社会管理的知与行》为主题为干部职工上党课。二是结合《廉政准则》的宣传贯彻，组织人员编制了《廉政准则警示漫画》画册。三是组织副处级领导干部到省反腐倡廉警示教育基地接受警示教育。四是邀请了市纪委副书记夏琼作廉政教育专题讲座，邀请昭通市检察院预防职务犯罪处处长陈鸣梅作预防职务犯罪专题讲座。五是认真组织开展明察暗访。各级领导干部和纪检监察干部在征税期间深入办税厅和纳税户开展明察暗访，发现问题及时组织整改，督促各项制度落实到位。（三）加强信访举报工作。全年共收到信访件2件（其中省局转办1件）。经过认真的调查核实，市局对涉及的监察对象开展了严肃的批评教育，并对1人在全市国税系统进行了通报批评。（四）强化权力监管。一是认真落实“一案双查”制度。坚持召开联席会议，通报情况，分析研究“一案双查”实施情况。二是将巡视、审计、执法检查、执法监察等多种监督手段进行整合，制定方案，到县区局开展联合检查。（五）强化专项治理，开展各类专项治理。一是开展了公务用车、“小金库”、工程建设领域突出问题等专项治理工作。二是围绕政务公开、办事效率、服务态度、依法行政、廉洁自律等内容开展政风行风评议工作。（六）落实党风廉政建设责任制。从市局到县（区）局逐级签订了《党风廉政建设责任书》。

【精神文明建设】 （一）一如既往开展文明创建活动，文明创建工作取得新的成绩。一是市局机关积极申报“全国文明单位”。全局干部职工在准备时间短、竞争激烈、工作量大的情况下，完成了全部申报工作，并于12月20日受到中央文明委的表彰。二是各县区局积极开展文明创建活动。在2011年2月的全省国税工作会议上，我市有4个县局被命名为“文明单位”；3个县局计征股被授予“巾帼文明岗”称号。有2个单位被评为“学习型机关”，3个单位被评为“三读活动先进单位”，7名同志被评为“读书标兵”。8月，水富县局办税服务厅被全国妇联表彰为“巾帼文明岗”。(二) 深入开展纪念建党90周年、向杨善洲同志学习和“四亮四评”活动。将活动内容全面融入到每个税务干部办事理念中和言行举止上，想纳税人所想、急纳税人所急、办纳税人所需，摆正工作态度，改进工作作风，完善服务细节，进一步提升工作水平和服务质量，形成各部门相互配合，全员共同参与的活动局面。(三) 丰富职工文体活动，增强凝聚力。在节假日期间与工会、妇委会、团支部联合举办职工迎春、迎新年文体活动，开展了爬山比赛、拔河比赛、跳绳比赛、歌舞晚会、唱歌比赛等活动，极大地丰富了干部职工的文体活动，在锻炼了身体的同时也增进了友谊，促进了和谐。(四) 报送9名同志的书法、美术、摄影作品参加全国税务系统“庆祝建党90周年书画摄影展”竞赛获得了优异的成绩。

【教育培训】 一是在业务培训上继续坚持“走出去”的既定工作思路，先后在扬州税务学院举办了两期业务培训班，100名干部参加培训。至此我局已连续五年共派出500名干部到扬州学习，参训面达60%。二是积极开展“送教上门”培训活动，分别到昭阳区等7个县、区局开办了所得税业务培训班，共685人参加了培训。三是坚持做好函授学历教育工作，圆满完成了本科学历教育函授班的全部工作。四是积极鼓励干部通过自学参加与税收工作相关的注册税务师、注册会计师、律师等资格考试，2011年又有1名干部取得了注册税务师资格证书。五是打造网络教育平台。开设了货物和劳务税、所得税工作网站，打造网络教育平台。信息管理员开辟了税法教学、会计教学、党建和健康等专栏，采取税务学堂、网上视频等方式向税务干部进行知识传授。

（刘兴莲）

昭阳区国家税务局

经济概况

昭阳区是昭通市的政治、经济、文化中心。2011年全区实现生产总值（GDP）147.98亿元，同比增长12.70%。其中，第一产业增加值16.38亿元，同比增长6.50%；第二产业增加值77.03亿元，同比增长15.50%；第三产业增加值54.57亿元，同比增长10.60%。三次产业结构由上年的10.63:53.27:36.10调整为11.07: 52.06: 36.87。固定资产投资完成82.42亿元，同比增长25.09%。城镇居民人均可支配收入1.26万元，同比增长7.1%，农民人均纯收入3226元，同比增长10.22%。地方财政一般预算收入完成5.03亿元，同比增长23.65%。

税收概况

【收入完成情况】 2011年，昭阳区国家税务局税收收入首次突破5亿元大关，达5.43亿元，完成年计划5.42亿元的100.23%，同比增长14.24%，增收6772万元。其中：增值税入库3.43亿元，同比增长12.5%，增收3808万元；消费税入库13万元，同比增长30%，增收3万元；企业所得税入库1.05亿元，同比增长29.29%，增收2378万元；储蓄存款利息所得个人所得税入库37万元，完成年计划的148%，同比减收51万元；车辆购置税入库9508万元，同比增长7.14%，增收634万元。

【收入特点】 (一) 国税收入增速快于GDP增速，国税收入同比增长14.24%，GDP同比增长12.70%。(二) 收入再创新高。2011年是“十二五”的开局之年，税收突破5亿元大关。(三) 在收入结构中，增值税所占比重最大，占总收入的62.98%；企业所得税大幅增长，突破亿元大关。(四) 五个税种的收入较2010年呈“四增一减”的变化特点，增值税、企业所得税、车辆购置税、消费税增长，储蓄存款利息所得个人所得税下降。

【税源分析】 (一) 从产业结构看，国税收入主要来源于第二和第三产业。第一产业入库43万元，第二产业入库2.57亿元，第三产业入库2.86亿元，三大产业的税收贡献率分别为0.08%、47.29%和52.63%。(二) 从行业看：四大行业（采矿业、制造业、批发零售业和电力燃气和水的供应）税收是区局税收的主要支柱税源，入库3.73亿元，占总入库数的77%。(三) 从重点税源看，大税源企业的税收保持大幅增长趋势，华新水泥（昭通）有限公司、云南电网公司昭通供电局、云南省烟草昭阳区分公司、云南昭通高桥发电有限公司4户企业共计入库1.68亿元，占总入库数的30.91%，增长34.86%，增收4346万元。

各项工作

【税收征管】 (一) 税源管理。一是加强户籍管理，抽调33名干部参加由区政府组织的税源调查工作，清理漏征漏管户166户。2011年末累计税务登记户数13746户，比上年同期增加1834户，增长15.64%。其中，企业2027户，个体户11719户。二是强化税源分析监控。按照分行业税负预警值指标，对纳税人实施动态监控。三是加强对个私加油站的管理，继续对管辖的个私加油站实行IC卡报税，确保申报数据的真实、准确。四是加强纳税评估。对102户企业开展了纳税评估，评估入库增值税84.89万元，滞纳金和罚款1.04万元。(二) 各税管理。1. 增值税管理。一是做好增值税起征点调整政策的贯彻实施工作。按照“保民生、保发展、保稳定”的工作思想，积极做好政策学习、宣传解释和税款核定等工作。11月起，起征点个体户由2624户调整为321户。二是规范煤炭行业税收管理。与政府相关部门配合实行数据共享，严把煤炭销售和进项抵扣关。三是继续做好增值税一般纳税人的认定管理工作，全年共有增值税一般纳税人395户。2. 消费税管理。一是开展辖区内小酒厂的摸底排查工作，全面清理征管家底。二是推行建账建制，对账务不健全的个体户加大核定征收管理力度。3. 企业所得税管理。一是圆满完成2010年度的企业所得税汇算清缴工作。汇算清缴531户，补缴企业所得税541.9万元。二是全面贯彻落实新一轮西部大开发企业所得税优惠政策，确保政策学习到位、宣传到位、落实到位。4. 车辆购置税管理。一是加强学习修订后的《车辆购置税征收管理办法》，确保政策执行不走样。二是完善与车辆管理所等相关部门的工作机制，实现数据信息共享。（三）发票管理。一是继续抓好普通发票简并换版工作。年底，区局使用新版普通发票1434户，累计发售网络版通用机打发票64470份，手工版通用普通发票919本。二是建立发票管理台账，认真登记纳税人发票领、销、用、存情况。三是严格发票代开工作纪律。严把代开发票的范围、对象审定、资料关。

【税收执法】 （一）税法宣传。1. 4月1日，在新百货大楼门前，市、区两级国税局组织百名税干，在市局唐明山局长的带领下，激情饱满，向往行人和沿街业户广泛散发税收宣传资料。2. 在区局四楼会议室举行“纳税人的需求就是我们的追求”的座谈会。纳税人代表和区局相关科室负责人参加座谈会，“面对面”地真情倾听纳税人的意见和建议。3. 开展“三进三走访”活动。即进学校、进新农村建设点及扶贫点、进机关和事业单位，走访重点企业、走访煤矿企业、走访所得税企业。4. 邀请纳税人作客昭通人民广播电台，开展税收宣传活动。（二）执法检查。一是组织开展两次未办证户、非正常户、注销户、停业户、新办户等的执法监察和执法检查。二是充分发挥税收执法考核子系统的监控作用。全年考核发生执法过错8人（次），对责任人进行经济惩戒2500元。三是注重广度和深度开展“六五”普法，局内各单位均达到了合格标准。四是组织干部学习《中华人民共和国行政强制法》。（三）税务稽查。一是开展税务稽查。涉税案件检查中做到“查账必查票”、“查案必查票”、“查税必查票”。全年检查纳税户38户，查补税款341万元。二是开展重点稽查和专项检查，先后对煤炭、建材等行业开展了专项检查工作，查补税款50.49万元。三是加强与公安部门协作配合，严厉打击发票违法犯罪活动，查处“5·31”案件和“11·10”案件，追缴税款121.46万元，加收滞纳金27.04万元。

【税务管理信息化建设】 （一）加强各操作系统的数据质量管理，严格按照征管流程和岗位职责来操作软件，保证信息化建设下数据的真实、准确、完整，杜绝产生“垃圾数据”。（二）对计算机二级维护员开展计算机知识培训，保证有关软、硬件系统的安装和日常维护等工作，确保网络运行安全畅通。（三）建立信息管税理念，利用数据分发系统、数据监控系统和综合征管软件逐步建立了人机结合的税源监控新模式，强化数据对比分析，加强宏观和微观税源分析工作。

队伍建设

【机构人员情况】 2011年12月，经机构改革全局有10个内设机构，即办公室、监察室、人事教育科、征收管理科、纳税服务科、政策法规科、货物和劳务税科、所得税科、办税服务厅、收入规划核算科；1个事业单位，即信息中心；1个派出机构，即昭阳税务分局；1个直属机构，即稽查局。2011年末，全局共有职工197人。其中在职147人，退休50人。在职干部中本科生已达45人，占30.52%；大专生达92人，占60.38%；中专以下14人。

【领导班子建设】 （一）加强领导班子思想政治建设，强化自身理论学习和修养。（二）强化实践锻炼，实施领导干部管户制度，每个领导干部管理两户重点税源企业，提高了领导干部驾驭税收征管和指导税源管理工作的能力。（三）加强作风建设，开展分析检查专项活动，党组成员撰写个人对照检查材料，查自身问题，促个人发展。（四）坚持民主集中制，按照“集体领导、民主集中、个别酝酿、会议决定”的程序进行决策。（五）认真贯彻《党政领导干部选拔任用工作条例》，严格把好选人用人关。

【廉政建设】 （一）党组领导班子紧密结合税收工作实际，以身作则，率先垂范，带头执行各项规定和《党风廉政建设责任书》的要求，把党风廉政建设和反腐败工作与税收工作同安排、同落实、同考核，做到“一岗双责”。（二）同纳税人签订《廉政公约》，强化权力监督。（三）组织学习《廉政准则》，并对贯彻执行情况开展专项检查和行风评议，加强机关效能建设。（四）组织干部到影院看警示教育片、到监狱看犯人、述职述廉等活动，强化了廉洁自律意识。

【精神文明建设】 （一）精神文明建设。掀起全国文明单位创建工作热潮，全局确立了“文化铸就灵魂，和谐凝聚人心，文明推动发展”的文化共识。（二）开展纪念建党90周年、学习杨善洲、扶贫攻坚和新农村建设系列活动。组织科室负责人到扶贫挂钩点为15户生活困难的老党员送慰问金共计3000元，购买10吨化肥送给村民，组织干部职工义务植树650余株、捐出价值2000余元的图书360册帮助新田村村民建设“惠农书屋”。组织干部职工向盈江灾区捐款2.06万元。

【教育培训】 加大干部教育培训力度，组织以税收业务、公文处理、干部礼仪等为主要内容的培训共13期，受训1245人（次）。派出张燕、雷瑜琳、朱建琼同志参加了由总局举办的培训班，进一步提高基层干部业务素质和综合能力。加强机关基层党组织建设，发挥了党组织的战斗堡垒作用、党员先锋模范作用、工青妇组织的桥梁纽带作用，全局上下树立了学无止境的理念。

（周雪莹）

鲁甸县国家税务局

经济概况

2011年，鲁甸县完成生产总值（GDP）30.96亿元，同比增长17.8%。其中：第一产业实现增加值7亿元，同比增长6.2%；第二产业实现增加值16.17亿元，同比增长28.3%；第三产业实现增加值7.79亿元，同比增长8.6%。三次产业结构比例由2010年的23.12∶49.54∶27.34调整为22.6∶52.2∶25.2。完成固定资产投资30.09亿元，同比增长25.4%。地方财政一般预算收入2.04亿元，同比增长30.5%，一般预算支出14.12亿元，同比增长20.1%。社会消费品零售总额完成5.5亿元，同比增长21.7%。城镇居民人均纯收入1.35万元，同比增长9.3%，农民人均纯收入3046元，同比增长18.4%。

税收概况

【收入完成情况】 2011年，鲁甸县国家税务局共组织入库各项税收收入2.92亿元，增长20.77%，完成年度计划2.98亿元的98.21%。其中：增值税累计入库1.92亿元，与上年同比增收2343万元，增长了13.86%，完成年度计划的97.2%；企业所得税累计入库9250万元，与上年同比增收2585万元，增长了38.78%，完成年度计划的100.22%；储蓄存款利息所得个人所得税累计入库6万元，与上年同比减少6万元，减少了50%；消费税累计入库1万元，与上年持平，完成年度计划的100%；车辆购置税累计入库746万元，与上年同比增收109万元，增长了17.11%，完成年度计划的100.4%。

【收入特点】 （一）国税收入增速快于GDP增速，国税收入同比增长20.77%，GDP同比增长17.8%。（二）国税系统征收的五税种呈现“三增一减一持平”态势。其中：增值税、企业所得税和车辆购置税分别增长13.86%、38.78%、17.11%，储蓄存款利息所得个人所得税下降50%，消费税和上年持平。（三）增值税居税收收入主导地位，占税收总收入的65.8%，企业所得税占31.63%，车辆购置税占2.55%、储蓄存款利息所得个人所得税占0.02%，消费税占0.003%。（四）主体税种增值税中，有色金属矿产品、建材和电力三大行业分别入库增值税1.4亿元、1353万元、1516万元，共入库1.69亿元，占增值税收入总额的87.85%，占税收收入总额的57.8%。（五）非公经济税收占税收收入总额的比重由2010年的89.2%下降到86.89%。非公经济税收入库2.54亿元，同比增收3811万元，增长17.64%。

【税源分析】 （一）从重点税源看。鲁甸昊龙实业集团共入库税款2.63亿元，占国税税收收入的89.97%，其中：入库增值税1.8亿元，占全县入库增值税的93.75%；入库企业所得税8270万元，占全县入库企业所得税的89.41%。（二）从税种上看。增值税同比增收2343万元，增长13.86%，主要原因是作为主要支柱税源的有色金属矿产品、建材、电力均实现增长，分别增长10.29%，6.28%，22.65%；企业所得税同比增收2585万元，增长38.78%，其中有色金属矿产业增收1847万元，增长31.72%，烟草企业所得税增收412万元，增长117.67%；储蓄存款利息所得个人所得税同比减收6万元，减少50%，主要原因是受政策因素影响；消费税无增长，原因是无新增个体白酒作坊；车辆购置税同比增收109万元，增长17.11%，主要原因是1.6排量以下乘用车恢复10%税率征税和摩托车销量增加。（三）从行业上看。有色金属矿产业增收原因是价格回升，企业产量和销量增加。建材行业增收原因是昭鲁快捷通道建设对水泥需求增加；电力行业增收原因是工业产业的持续发展，用电量大幅度增加。

各项工作

【税收征管】 （一）税源管理。1.强化户籍管理。定期与工商、地税进行信息交换，做好开业登记、变更登记、停复业登记，并对漏征漏管户进行全面清理，清理漏征漏管户18户。年末，税务登记户2274户。其中，企业170户，个体2104户。2.不定期召开税源分析会，对税收增减因素进行分析，针对存在问题，采取措施加以解决。3.强化重点税源管理力度，坚持领导干部挂钩重点税源管理制度，领导成员定期下到企业进行实地调研，掌握税源变化情况，分析税源变化异常原因，及时采取措施，堵塞税收流失漏洞。4.认真落实增值税起征点调整政策。2011年11月1日起征点调整为按月2万元，按次500元，县局在办税服务厅和街道显眼位置张贴公告，组织税干对全县的个体户进行认真清理和定额调整，经过调整，全县共有个体“双定户”40户，年应税销售额2666.67万元，年度应交增值税80万元，增值税起征点调高后，全县240户个体享受了增值税起征点调高优惠政策，增值税减少180万元。（二）各税管理。1.增值税管理。一是切实做好增值税一般纳税人的认定管理工作。严格按照一般纳税人认定新标准和程序开展增值税一般纳税人认定工作，全县共有增值税一般纳税人55户，其中新认定一般纳税人7户。二是加强纳税评估工作。评估纳税人8户，补缴增值税4000元，滞纳金1000元。三是落实增值税即征即退税收优惠政策，退税15万元。2.企业所得税管理。一是认真落实税收优惠政策，全年共审核4户企业的所得税减免情况，减免税额4219万元。二是圆满完成2010年度的企业所得税汇算清缴工作。参加汇算清缴企业66户，应纳税所得额合计4.37亿元，应纳所得税额1.09亿元。三是评估企业8户，调增应纳税所得额56万元，补缴企业所得税14万元。3.车辆购置税管理。一是加强与交警部门的协调配合，交警部门打击无牌车辆，要求将车辆购置税完税证明（注册登记联）交与交警部门，才予以落户，促使车辆购置税纳税人到国税部门缴纳车辆购置税，全年征收车辆购置税5267辆，征收车辆购置税746万元。4.消费税管理。抽调人员组成消费税征收管理组，对城区及乡镇白酒作坊进行清理，与地方政府部门汇报和协调工作，杜绝漏征漏管现象，避免税收流失。

【发票管理】 一是按规定做好增值税专用发票的认证和代开工作。全年认证增值税专用发票4258份，税额2.22亿元；代开增值税专用发票19份，金额224.19万元，征税6.73万元。二是办理发票违章案件9件，涉及发票47份，涉及金额101.38万元，补税1.37万元，加收滞纳金3300元，罚款6800元。三是严格执行普通发票管理制度，并在代开普通发票过程中坚持按规定征税。四是认真做好普通发票简并换版工作，对需要用票的纳税人进行票种核定，并及时在综合征管软件中进行数据维护，确保纳税人的用票需求，年末共有网络版普通发票用票户377户，手工版普通发票用票户95户。五是做好发票售后服务，对纳税人在开具、打印发票中出现的问题，采取电话辅导或亲自对用票户进行全面辅导，保证纳税人能正确使用机打发票。

【纳税服务】 一是推行AB角工作制。二是建立了税企定期联络机制，举办税收座谈会、政策培训会，面对面问需于纳税人、问计于纳税人，以利于开展针对性的纳税服务工作。三是开展“大走访”活动，了解企业生产经营状况，广泛征询纳税人的意见和建议。四是利用办税服务厅、“96128”服务热线、网站投诉、涉税举报、局长现场办公等平台多形式、多渠道为纳税人服务。五是推出快速反应服务项目，加强对涉税事项的应急管理，通过电话指导、上门服务等方式，第一时间解决企业在纳税申报、网络开票、信息技术等方面的涉税疑难，积极为纳税人提供个性化服务。

【税收执法】 （一）税法宣传。围绕“税收·发展·民生”主题开展全国第20个税收宣传月活动，共接待税收咨询68人（次）、散发税收宣传单5000余份。一是将税法宣传口号“依法诚信纳税，税收取之于民，用之于民，造福于民”通过手机短信，向纳税人发送信息18000条。二是邀请全县10户重点税源企业负责人、企业财务人员及7户个体私营纳税大户代表参加座谈会，广泛征求社会各界对国税工作的意见和建议，宣传国家新制定的税收政策。三是邀请14家重点企业的126名会计、财务主管参加税收知识讲座活动。（二）税务稽查。全年共计检查户数为6户，查出有问题6户，结案6户。查补税款6.9万元，加收滞纳金1.26万元，罚款4.35万元，企业自查补缴共计30万元。（三）执法检查。一是由税收执法检查组对个体税收核定、税务稽查、一般纳税人认定、内外涉税文书等工作情况进行检查。二是严格执行税收执法责任制和税收执法过错责任追究制，利用税收执法管理信息系统对税务人员的执法行为进行检查考核，全年考核无过错。三是成立执法监察领导小组，认真开展每月一次的执法检查，加强对“两权”的监督制约，（四）依法治税。一是认真开展“六五”普法活动，制订“六五”普法规划和年度计划。二是认真贯彻实施省政府“四项制度”。严格按照限时办结制、首问责任制、服务承诺制的要求开展工作。三是组织54人（次）开展《中华人民共和国行政强制法》培训和考试，积极准备实施《中华人民共和国行政强制法》。四是做好重大案件审理工作。实行重大案件集体审理制度、“一把手”负责制。全年审理重大案件3件，经过审理，程序合法，计算准确，处理处罚适当。

【税务信息化管理】 一是继续强化科技兴税和信息管税的理念，切实做好对上级新配发微机设备和原有设备的维护工作，加强病毒防范，确保综合征管软件、防伪税控系统、稽核系统、货运发票税控系统等正常运行。二是积极做好重点税源网上直报系统和新版普通发票开票系统推广应用工作。三是与工商、地税、质量技术监督等部门加强信息交换，强化数据分析利用，提高信息管税水平。四是切实做好税收管理员辅助信息系统上线运行和推行网络抄报税申报工作。五是对CTAIS系统中的垃圾数据进行全面清理，减少个体税收核定等工作中的重复劳动，提高了征管数据质量。

队伍建设

【机构人员】 2011年，县国税局内设办公室、税政股、收入核算股、政策法规股、征管股、人事教育股、监察室、办税服务厅。直属机构1个（稽查局）。事业单位1个（信息中心）。派出机构1个（文屏税务分局）。另设1个机关党务办公室。全局共有干部职工82人，其中，在职干部职工54人，退休人员28人。在职干部职工中，有党员38人，所占比例为70%；少数民族干部19人，所占比例为35%；研究生1人，所占比例1.9%；本科以上学历32人，所占比例为59%；大专以上学历46人，所占比例为85%。

【领导班子建设】 一是以开展创先争优活动为载体，促进领导干部起好表率作用，带头开展调研活动，带头改进工作作风，带头执行各项规章制度。二是坚持党组中心组学习制度，促进领导干部加强政治理论学习，增强政治敏锐性，提高领导科学决策的能力。三是认真贯彻民主集中制，对干部任免、重要建设项目安排、大额资金使用等重大决策问题，由党组会议进行讨论，并坚持局长末位发言制，防止独断专行。四是按要求召开民主生活会，促进班子成员开展批评与自我批评，认真查找自身存在的问题并加以改进，增强班子团结，加强集体领导。五是认真落实《税务系统领导班子和领导干部监督管理办法》，切实加强领导干部述职述廉等监督管理工作，促进领导干部廉洁自律。

【党风廉政建设】 全局继续加大党风廉政建设和反腐败工作力度。一是及时传达市局党风廉政建设会议精神，总结全局过去的党风廉政建设、反腐败工作经验，制定2011年党风廉政建设工作计划。二是层层签订《党风廉政建设责任书》和《预防职务犯罪责任书》，分解落实工作任务。三是每季度由各分管领导牵头对制定的各项制度、各项工作进行督查，对有令不行、有禁不止的严格按照党风廉政建设责任制和有关规定进行严肃查处。四是认真做好《廉政公约》的签订和回访，明确税务机关和纳税人的权利与义务，充分听取各方面意见，促进党风廉政建设工作有序开展。

【精神文明建设】 （一）积极开展“四亮四评”主题实践活动。设立“党员示范岗”及税收咨询台，党员同志佩戴党徽，为纳税人提供优质服务。（二）深入开展“创先争优”活动。组织党员干部参加“十万党员进农家、万名党员下基层”活动，建立民情联系卡，记录民情日记，筹资5万元帮助挂钩扶贫点解决房屋修缮及道路硬化工程。（三）参加建党90周年系列活动。组织50余名国税干部开展“红色歌曲大家唱”活动。（四）向杨善洲同志学习活动。组织观看杨善洲先进事迹报告会，学习杨善洲同志淡泊名利，一身正气，两袖清风，始终如一，无私奉献的精神。（五）开展丰富多彩的职工文体活动。设置跳棋、象棋、扑克、定点投篮等项目，按取得名次分别给予适当奖励，通过活动使广大职工交流了感情，增进了友谊。（六）帮扶工作。结合“四群工作”，组织国税干部16人，对挂钩扶贫点鲁甸县火德红乡李家山村13户一对一帮扶户进行慰问，共发放慰问金1.5万元，大米14袋，优质菜子油14桶。（七）精神文明建设成效显著。县局被昭通市委、市政府授予“文明单位”称号，职工杨焕琼被昭通市精神文明建设指导委员会授予“昭通市孝老爱亲道德模范”荣誉称号。

【教育培训】 2011年，县国税局重视干部教育培训工作。一是加强干部职工的思想政治教育。借建党90周年之机，参加当地党委、政府组织的一系列教育活动。二是着力加强干部业务培训。办税厅纳税服务人员参加总局党校培训3人，市局“送教上门”进行税收政策、管理培训，税企参加人员147人。组织税收政策法规培训一期，历时13天，有力地促进了职工业务水平的提高。三是组织干部职工收看《云南国税讲坛》，增长了知识，陶冶了情操。

（王　雄）

巧家县国家税务局

经济概况

2011年，巧家县完成生产总值（GDP）33亿元，同比增长15%，其中：第一产业增加值12.38亿元，同比增长9.2%；第二产业增加值9.99亿元，同比增长28.2%；第三产业增加值10.63亿元，同比增长10.8%。三次产业的结构比例由2010年的38.75∶27.41∶33.84调整为37.52∶30.27∶32.21。地方财政一般预算收入1.4亿元，同比增长28.9%；固定资产投资24.6亿元，同比增长50.4%；全社会消费品零售总额8.17亿元，同比增长21.3%；城镇居民人均可支配收入1.39万元、农民人均纯收入3164元，分别增长13.6%和15.3%。

税收概况

【收入完成情况】 2011年，巧家县国家税务局累计组织入库各项税收收入9040万元，比上年入库的7094万元增收1946万元，增长27.43%，完成市局下达年度计划7360万元的122.83%，其中：国内增值税入库6336万元，完成年度计划5500万元的115.20%，比上年增收961万元，增长17.88%；国内消费税入库11万元，完成年度计划8万元的137.50%，比上年减收2万元，下降15.38%；企业所得税入库1580万元，完成年度计划840万元的188.1%，比上年增收770万元，增长95.06%；储蓄存款利息所得个人所得税入库11万元，完成年度计划12万元的91.67%，比上年减收7万元，下降38.89%；车辆购置税入库1102万元，完成年度计划1000万元的110.2%，比上年增收224万元，增长25.51%。累计完成中央级收入6820万元，同比增收1401万元，增长25.85%；完成地方级收入2220万元，同比增收545万元，增长32.53%（其中完成县级收入1837万元，比上年同期入库的1473万元增收364万元，增长24.71%，占县政府下达任务1768万元的103.9%。）

【收入特点】 一是国税收入继续保持较快增长。首次突破9000万元再创历史新高，同比增收1946万元。二是国税收入增速快于GDP，GDP同比增长15%，而国税收入同比增长27.43%。三是国税部门负责征收的五个税种“三增二减”。增值税、企业所得税、车辆购置税增长强劲带动全年税收实现增长，消费税、储蓄存款利息所得个人所得税小幅下降。四是增值税占据收入主体地位，单个税种占总收入的70.08%。五是企业所得税收入实现突破性增长。全年入库1580万元，同比增收770万元，增长95.06%。六是从全县整体经济来看，产业结构单一，主要以水电、矿产品、丝织品、糖为支柱产业，工业经济规模小，直接造成税源结构单一，新增税源匮乏，又因受气候干旱影响，导致水电、蚕桑、糖产业产值下滑，直接导致国税税收总收入难以实现大的突破。

【税源分析】 （一）从税种来看：1. 增值税增长明显。主要得益于煤炭、丝织品税收增长幅度大，增值税收入占全年税收总收入的70.08%，显著地拉动了全年收入增长。2. 企业所得税实现强劲增长，全年入库1580万元，同比增收770万元，增长95.06%。主要为巧家县农村信用合作联社优惠政策到期企业所得税入库662万元所致。3. 消费税累计入库11万元，同比下降15.38%，原因是县域消费税应税产品单一，税收增收空间小。4. 储蓄存款利息所得个人所得税因受国家政策影响，同比减收7万元，下降38.89%。5. 车辆购置税增幅大，同比增长达25.51%。随着白鹤滩水电站的前期开发和我县城市规划及交通的日益完善、居民生活水平的提高，加快了车辆购置税增速。（二）从行业来看：1. 增收的行业有煤炭、丝织品、商业，分别增长272.48%、32.12%和54.09%。2011年煤炭企业生产稳定、销路良好，煤炭成为县局又一重点骨干税源；昭通市长江丝绸有限公司生产稳定，产品量价齐升（均价达31万元/吨），入库939.68万元，同比增长32.12%；商业税收得益于县域经济向好及消费需求拉动入库税收达1960万元，同比增长54.09%。2. 减收的行业有蔗糖、建材及电力同比分别下降44.16%、59.26%和

5.51%。蔗糖企业巧家白鹤滩食品有限责任公司受雪灾影响产糖2928吨，同比下降34.4%，加之甘蔗收购价格上涨，生产成本上升，产品利润空间进一步缩小；建材企业巧家昊龙实业有限公司百万吨水泥厂虽6月投产运行，但生产不稳定，同时该厂有大量进项税抵扣，2011年无税款产生，直接导致建材税收同比减收128万。电力企业中红石岩电站和巧家县炉房沟电站受干旱影响，分别减收139万元和132万元。

各项工作

【税收法制建设】 一是以贯彻《中华人民共和国行政强制法》为契机，加强干部法制教育工作力度，在集中学习加自学的基础上，组织全体干部对《中华人民共和国行政强制法》进行考试。二是认真落实税收规范性文件制定管理办法。对照《税收规范性文件制定管理办法》拟制文件，提高税收规范性文件的规范化管理水平。三是做好“六五”普法工作和督察内审工作。结合税收宣传月活动和“纪检日”活动开展多种形式的普法工作；配合市局重点对减免税审批、资产损失税前扣除审批、增值税专用发票最高开票限额审批、定额核定管理审批、一般纳税人认定审批等进行督察内审，没有发现违规情况。四是审理重大案件1件。补缴增值税1.03万元；补缴企业所得税12.39万元。

【税收征管】 （一）税源管理。1. 强化户籍管理，完善日常巡查巡管制度，加大清理漏征漏管户的力度，实行户籍动态管理，2011年有税务登记户3176户，纳入一般纳税人管理99户。2. 加强重点税源管理。把年纳税额50万元以上的企业纳入重点税源监控系统，实行分户按月跟踪，按月定期分析。11户重点税源企业共入库税收4256万元，占全年税收收入比重的47.35%，重点税源管理成效凸显。3. 针对增值税起征点调整政策实施后对县局税收收入造成的影响进行专题调研。自2011年11月1日起征点调整为按月2万元、按次500元，县局领导带头调查并撰写《关于增值税起征点调整后对巧家县国税收入的影响和管理需求分析》调研，结合巧家县国税局实际，对增值税起征点调整后存在的问题及对策进行深入探索和思考。4. 准确贯彻执行增值税起征点调整优惠政策。从2011年11月1日起，全县达到增值税起征点的个体工商户由原来的423户减少至20户，按年计算增值税收入减少200万元，80%的个体户受惠。（二）税种管理。1. 增值税管理。一是通过对矿产品、煤炭的市场价格和各企业的抵扣情况进行调研，切实加强对矿产品、煤炭企业的管理。二是加强增值税纳税评估工作。评估增值税纳税户6户，补缴增值税1.94万元。三是贯彻落实好税收优惠政策。全年执行增值税税收优惠政策退税87.9万元，对1户企业进行了小型微利企业备案。2. 企业所得税管理。一是督促和辅导企业建立健全账务，促进纳税人准确进行财务核算，如实申报缴纳企业所得税。二是做好汇算清缴工作。圆满完成83户企业所得税汇算清缴工作，汇算清缴面达到100%；严格执行新的企业所得税税前扣除办法，审核接收资产损失税前扣除457.71万元，并做好企业报送企业年度关联业务往来报告表辅导和审核工作。三是强化核定征收工作。对29户财务制度不健全、不符合查账征收条件、连续亏损、长期零申报、计税依据明显偏低又无正当理由的纳税人实行核定征收，核定面达32%。3. 车辆购置税管理。建立车辆购置税征收管理工作制度，规范车辆购置税工作，及时更新车辆购置最低计税价格，完善车辆购置税电子档案。（三）发票管理。一是推进普通发票换版工作。积极推进新版普通发票简并换版工作，旧版发票收缴率达到100%，2011年有使用新版发票用户851户。二是加强增值税专用发票管理。认证增值税专用发票3979份，无认证不符发票和无法认证发票。三是开展打击发票违法活动。加强发票违法违章处罚和超定额补税，全年发票违章罚款15户、处罚率100%。

【税收执法】 （一）税法宣传。一是紧扣“税收·发展·民生”税收宣传主题，联合巧家县地税局共同拉开“税收宣传月”活动序幕，在新华路设立咨询点，开展送税法上矿山、进企业、进学校活动。二是经过周密筹备，通过初赛选拔和决赛环节，成功举办首次税收知识竞赛，巧家县委、县政府、宣传部、政法委、广电局、司法局等相关领导莅临现场，并为获奖的巧家县人民医院等8个代表队颁发了奖牌及奖金，同时为获得2010年度“先进纳税人”的4户企业颁发了奖牌，巧家县电视台作了现场采访报道。三是加强税收宣传报道，全年上报信息市局采用各类信息58篇，其中省局采用3篇，市局及县委采用调研1篇，市县两级媒体采用信息7篇。（二）税务稽查。全年立案查处案件8户，无在查案件。选案准确率80%以上，督办案件协查回复率100%，稽查查补收入112.35万元，调减企业待弥补亏损额57.6万元，使税收违法案件得到有效遏制。（三）执法检查。一是制定《巧家县国家税务局执法检查考核办法》，严格执法人员考核，以考核促执法规范，2011年执法考核实现“零过错”，执法水平显著提高。二是严格违法违章处理。全年处理日常税收违法违章174户（次），限期改正171户（次），其中通过税务行政处罚110户（次），处罚款3.67万元。

【纳税服务】 一是优化服务窗口设置。设置综合受理、车购税征收、发票管理三个窗口，全面推行办税业务“一窗式”、“一站式”服务。二是建立《纳税服务应急处理预案》，防止出现网络中断、纳税人拥挤等问题，最大限度地节约纳税人的办税成本。三是征期内在办税服务大厅实行领导带班制度，现场受理纳税人的咨询、投诉、举报，及时处理日常涉税事宜。四是对纳税人遇到困难需要延时服务、预约服务等特殊服务时，实行电话预约登记。五是开展纳税信用等级评定管理工作，2011年评定B类纳税人22户，C类纳税人54户。六是做好储蓄扣税工作，实行储蓄扣税申报定期定额户353户。

【税收信息化建设】 一是按照税务信息化建设要求，加强对网络、计算机及其外围设备的检查与维护，严禁将国税内部办公网络与宽带网络连接，杜绝一机两网，切实提高和加强安全风险防范意识。二是做好综合征管软件升级工作，确保综合征管软件升级后的正常运行。三是对接收到的10套计算机和打印机及时进行分配投入使用。四是加强对网络运行情况的监控检查。按照

"网络不能断、系统不能停、数据不能丢"运维管理的基本要求做好网络管理。五是推广应用税收管理员辅助信息系统。2011年共发起税收调查任务230条，经调查存在风险点157条，其中需反馈143条，不需反馈14条，对促进税源管理收到较好实效。六是做好防伪税控系统管理和发行工作，全年新发行企业7家。

队伍建设

【机构人员情况】 2011年，县局内设机构8个：办公室、监察室、人事教育股、政策法规股、税政管理股、征收管理股、收入核算股、办税服务厅；1个事业单位：信息中心；1个直属机构：稽查局；1个派出机构：白鹤滩税务分局。全年在职干部职工54人，其中：干部52人，工勤人员2人；学历结构：本科26人，占在职干部的48.15%；大专20人，占在职干部的37.04%；中专4人，占在职干部的7.4%；高中3人，占在职干部的0.56%；初中1人，占在职干部的0.19%；其中党员38人，占在职干部的70.37%。

【领导班子建设】 2011年，县局新一届党组领导班子成立，充分发挥领导干部模范带头和表率示范作用。一是坚持政治理论和税收业务学习不放松，通过党组中心学习组学习、自学和参加讲座培训等方式深入学习各项理论知识和业务知识。二是落实民主集中制、个人重大事项报告、任前公示等制度，重大经费开支、重大问题决策由党组集体讨论决定。三是全体班子成员带头深入群众，强化调查研究，为科学决策打下坚实基础。四是党组一把手带头深入哆车村白鹤滩村民小组开展移民搬迁挂钩调研，带领25名党员干部深入大寨镇药峰村开展"双百双千"活动并开展新农村建设调研活动。

【廉政建设】 一是全面贯彻党风廉政建设责任制，层层签订《党风廉政建设责任书》，并纳入年度责任制考核。二是深入推进内控机制建设。成立内控机制建设领导小组，认真开展岗位廉政风险排查工作，共排查出91个风险点、制定了65个制度、采取了79条措施，使广大税务干部廉政风险防范意识得到普遍提高。三是开展政风行风评议活动，先后召开民主评议政风行风动员会及工作会议，发放《行风状况满意度测评表》561份，收回550份，并聘请40户纳税人为政风行风评议代表，针对纳税人提出的5条建议县局采取措施积极整改。四是严格"三公"经费管理，加强财务预算监督。按季将财务收支情况进行公示，2011年，出国出境考察费零支出，车辆运行费、公务接待费在控制的范围内使用。

【精神文明建设】 一是积极申报并荣获省级局文明单位称号，围绕"带好队，执好法，收好税"的总体要求，加强精神文明建设，县局精神文明建设得到肯定。二是成功举办巧家县国税局首届运动会。开展了定点投篮、男女羽毛球、男女乒乓球、象棋、越野跑等五个项目的比赛活动，全局有52人共215人（次）参加了比赛。三是组建登山健身、乒乓球、篮球、羽毛球、棋牌、书法、摄影等兴趣活动小组开展文体娱乐活动。四是组织参加巧家县第五届运动会。派出17名选手，分别获得女子乒乓球团体第三名、男子乒乓球团体第八名、男子羽毛球团体第七名、男子长跑第五名的好成绩。五是积极参加新农村建设工作。给困难群众发放慰问金800元，向村两委补助办公经费1600元，赠送办公桌椅两套、电视机一台，协调电力通电工程一件，为困难群众送去159张床单被套、20对枕套及枕头，拿出3450元帮助药峰解决"双百双千"活动经费。年终荣获"新农村建设指导员工作先进派出单位"及"优秀新农村指导员"称号。六是全局向盈江灾区捐款5090元，义务献血3000毫升。七是深入开展"创先争优"、学习杨善洲等先进人物事迹、重走红军路、表彰优秀共产党员活动，参加全县"党在我心中"演讲比赛、唱红歌等迎接建党90周年系列庆祝活动。

【教育培训】 县局始终把教育培训重点放在提升岗位技能上。通过组织职工外出学习发达地区先进经验，参加系列培训和专题讲座，使干部队伍的业务素质和心理素质进一步得到提高。全年共组织选派20余人（次）参加省市局组织的纳税服务、增值税优惠政策、纳税评估、出口退税系统操作运用、会计实务操作、企业所得税、采访技巧、通讯报道、采写知识、初任培训等面对面培训。组织干部观看由省局举办的国税讲坛专题视频讲座，通过系列培训和专题讲座，使全局干部职工开阔视野、陶冶情操。

（高顺贤）

镇雄县国家税务局

经济概况

2011年，镇雄县生产总值（GDP）完成66.98亿元，同比增长19%。其中：第一产业实现16.63亿元，同比增长4.3%；第二产业实现28.87亿元，同比增长38.2%；第三产业实现21.48亿元，同比增长10.3%。三次产业结构比由2010年的27.7∶37.2∶35.1调整为2011年的24.8∶43.1∶32.1。固定资产投资完成55.69亿元，同比增长32.1%。地方财政一般预算收入完成3.80亿元，同比增长40.8%。一般预算支出完成33.19亿元，同比增长26.7%。社会消费品零售总额完成20.37亿元，同比增长21.2%。农民人均纯收入达3040元，同比增长22.5%。城镇居民人均可支配收入达1.23万元，同比增长14.4%。

税收概况

【收入完成情况】 2011年，镇雄县国家税务局完成税收收入3.41亿元，同比增收5005万元，增长17.21%。其中：增值税2.95亿元，同比增收3969万元，增长15.56%；消费税14万元，同比增收1万元，增长7.69%；企业所得税2537万元，同比增收618万元，增长32.2%；储蓄存款利息所得个人所得税17万元，同比减收16万元，下降48.48%；车辆购置税2039万元，同比增收433万元，增长26.96%。

【收入特点】 （一）从经济与税收的关系来看，2011年GDP同比增长19%，国税收入同比增长17.21%，国税收入增长速度略低于GDP增长速度，经济与税收基本实现同步增长。（二）从税收收入结构来看。一是增值税占主导地位，增值税、企业所得税、车辆购置税、储蓄存款利息所得个人所得税、消费税，总量比重依次为86.51%、7.43%、5.97%、0.05%、0.04%。二是五大税种呈现“四增一降”的正常态势，增值税、企业所得税、车辆购置税、消费税同比增长，分别增长15.56%、32.2%、26.96%、7.69%，储蓄存款利息所得个人所得税同比下降，下降48.48%。（三）从经济结构来看，非公经济税收持续增长，完成2.93亿元，同比增收3900万元，增长15.35%。（四）从行业来看，工业税收持续增长，完成税收2.39亿元，同比增收2600万元，增长12.21%。

【税源分析】 （一）从行业来分析：一是煤炭税收快速增长，完成2.34亿元，同比增收2954万元，增长14.46%，其主要原因是县委、县政府加大了扩能技改力度和实行煤炭产业集团化经营，提升了煤炭产业竞争力。二是烟草税收平稳增长，完成3511万元，同比增收213万元，增长6.46%，其原因是国家对烟草限产，经济增长相对平稳。三是建材税收下降，完成610万元，同比减收66万元，下降9.76%，其主要原因是关停小水泥厂，组建的三合水泥厂没有正常生产，水泥产量下降。四是电力税收增速加快，完成1239万元，同比增收213万元，增长20.76%，其原因是工业产业的持续发展，用电量大幅度增加。五是商业税收完成5587万元，同比增收1063万元，增长23.5%，其主要原因是社会消费品零售总额快速增长，城乡商贸市场繁荣活跃。（二）从税种来分析：一是增值税增收4000万元，增长15.56%，其主要原因是煤炭、电力、烟叶等行业税收的增长。二是白酒消费税增收1万元，增长7.69%，其原因是加强小酒厂的税收管理。三是企业所得税增收618万元，增长32.2%，原因是烟草企业增收231万元，煤炭企业减收411万元，农村信用社增收761万元。四是车辆购置税增收433万元，增长26.96%，是由于县委、县政府调整经济结构，加快经济发展，城乡居民可支配收入大幅增长，促进了小汽车进家庭。

各项工作

【税收法制建设】 一是制定《镇雄县国家税务局贯彻依法治县第四个五年工作规划》，全面推行依法治县工作。二是制定《镇雄县国家税务局煤炭税收专业化管理实施方案》，实施煤炭税收专业化管理。三是组织96人次开展《中华人民共和国行政强制法》培训和考试，积极准备实施《中华人民共和国行政强制法》。四是制定《税收法制宣传教育第六个五年工作规划》，切实加强法律宣传，提高干部职工的法律意识。五是认真开展《公务员法》实施五周年宣传教育活动，加强国税公务员管理。

【税收征管】 （一）税源管理。一是强化煤炭税收专业化管理，建立产量、价格、成本、进项税额抵扣、税负比对分析等管理体系，全面监控煤炭税收。二是加强零负申报管理，按月抽查零负申报的纳税人，确保纳税申报真实、准确。三是按照《云南省国税局定期定额管理办法》的有关规定和推行电子定税工作的相关要求，完成4300户定额到期户和500户新增业户的税款核定工作。四是开展发票使用情况及开具情况检查，对9户发票使用不规范的业户进行了行政处罚，处以罚款5000元。五是建立纳税人生产经营房屋信息台账和定期收集房屋租赁信息制度，充分利用各方房屋信息加强非正常户管理，预防纳税人失踪，堵塞税收流失。

（二）税种管理。1. 增值税。一是不折不扣贯彻落实增值税起征点调整政策，核定按月纳税户由政策执行之前的478户下降到299户，核定税款减少230万元。二是对煤炭开采、煤炭经销、矿山设备经销、用煤企业等纳税人，凡符合条件的全部认定为增值税一般纳税人进行规范管理。三是加强增值税专用发票、农产品收购发票、交通运输发票的结算检查，确保资金流、货物流、发票流三大流向的对应关系一致。四是认真落实民政福利企业税收优惠政策，对2户民政福利企业办理增值税退税527.48万元。2. 企业所得税。一是加强农村信用社恢复征收企业所得税政策宣传和辅导，征收入库农村信用社企业所得税1008万元。二是组织开展企业所得税数据信息采集、数据信息比对分析、分类管理方法、税源分析、税收预测、纳税评估和纳税服务等方面的业务培训。三是依法对216户企业所得税纳税人开展汇算清缴工作，汇算面达93.5%，依法审批减免企业所得税7400元，应纳企业所得税1366.1万元，预缴663.77万元，实际补缴企业所得税702.33万元。3. 车辆购置税。一是进一步加强车辆购置税档案管理，有效发挥车辆购置税电子档案系统功能。二是规范车购税减免税管理，确保各项审批手续完整，适用图册准确。三是做好与公安机关交通管理部门的协作配合，定期交换车辆征税（注册）信息并互通车辆管理中的涉税工作情况，实现信息共享，协同管理，有效控制税收流失。

【纳税服务】 一是在办税大厅设立办税联络员，引导纳税人办税，减少纳税人的办税时间。二是设置《首问责任登记簿》，全面登记纳税人的税收问询事宜，同时，由纳税服务部门和征管部门实行定期或者不定期的检查。三是积极尝试推行文明用语和讲普通话制度，以体现对纳税人的尊重和方便同纳税人的交流。四是巩固征期内领导进办税厅轮流带班制度，面对面地为办税人员解难释疑，对出现的问题，力争做到在第一时间和第一现场解决。五是及时化解征纳双方争议，引导争议双方平等交流，换位思考，体谅互让，共解决征纳双方争议3件，优质率100%。

【税收执法】 （一）税法宣传。一是按照“税收·发展·民生”的宣传主题，在县城赤水源广场设立税收宣传点，解答纳税人的涉税咨询和发放税收宣传材料。二是开展税收短信宣传活动，组织干部职工向纳税人、亲朋好友编发税收短信，宣传税收政策、沟通征纳感情。三是加强税收宣传报道，发掘国税工作中的亮点、难点和热点，积极编报税收专报90期，市局采用82件，其中省局采用4件，全面地宣传了国税工作。四是召开税企共谋发展座谈会，镇雄华电公司作了“腾飞的煤电与国税收入展望”、镇雄东源煤业公司作了“诚信纳税做法与经验一席谈”、民政福利企业五德电石厂作了“我与‘税收·发展·民生’一路前行”的发言，极大地激发了纳税人依法纳税的热情。五是利用省、市局电子政务网站—国税园地—诗歌散文这一平台，开展税收宣传网上行活动。（二）税务稽查。一是以煤炭行业为重点，对32户企业开展税收检查，辅导自查32户，自查有问题23户，查补税收131.37万元，稽查32户，结案21户，查补税款、罚款、滞纳金合计188.04万元。二是加大税收违法犯罪案件的打击力度，移送公安侦察的案件4件。三是认真落实金税协查工作，委托协查2户，协查发票96份，金额955.67万元，税额133.71万元；受托协查案件3件，协查发票8份，金额185万元，税额31.45万元，立案虚开发票案件1件，查补增值税6.72万元，处以罚款3.36万元，加收滞纳金2117元。（三）开展税收执法检查。一是按照《国家税务局税收执法责任制考核评议办法》的规定，认真开展评议考核，考核税收执法过错1项，扣2分，受理无过错申辩调整19项，作无过错调整19项。制作税收执法考核情况通报1期，追究责任人1人，惩扣金额100元，扣责任部门2分。二是认真开展普通发票代开检查，对违规代开发票的责任人员进行了通报批评。三是开展税收执法文书规范使用检查，对2010年以来的税收执法文书进行认真清理整改，共清理税收执法文书2980份，规范180份。四是对县局自查和市局重点检查存在的问题进行清理整改，清理新办税务登记个体89户，企业3户，对逾期办理税务登记证的86户处以罚款2600元。

【税务管理信息化建设】　一是严格按《金税工程技术管理部门岗位职责及管理办法（试行）》的规定，按时按质上传金税数据、“四小票”数据、征管数据，并对相关重要数据按时备份。二是对系统内纳税人信息进行变更维护180户（次）。三是按照市局对综合征管软件升级的要求，积极组织人员对综合征管软件进行了7次升级，保证综合征管软件的正常运行。四是认真做好新版普通发票的相关工作，切实做好系统维护和纳税人系统操作的指导，为纳税人提供发票系统操作咨询、故障处理共1200户次，保证开票系统正常运行。五是利用现有设备安装了内部FTP，方便各股室之间的资料传递和上报。

队伍建设

【机构人员情况】　2011年，全局设有10个内设机构，即办公室、人事教育股、监察室、政策法规股、征收管理股、纳税服务股、货物和劳务税股、所得税股、收入核算股、办税服务厅；1个事业单位，即信息中心；1个直属机构，即稽查局；1个派出机构，即乌峰税务分局。共有干部职工142人，其中在职98人。在职人员中，公务员83人，工勤人员15人，男性77人，妇女干部21人，中共党员64人，占65.31%；大专以上学历71人，占72.45%，其中本科学历35人，专科学历36人，中专及以下学历27人。离退休44人中，离休1人，退休41人，提前退休2人。

【领导班子建设】　一是认真学习实践科学发展观，加强领导班子的思想建设、作风建设、组织建设、廉政建设，提升领导班子的法治执行力、服务亲和力、征管创新力。二是党组中心学习组坚持开展每月一次的政治理论和税收业务学习，提高班子成员的综合素质，加强执政能力建设。三是坚持开展党组民主生活会，广泛征求干部职工和纳税人的意见、建议，并对意见和建议进行梳理整改，推进民主政治建设。四是认真研究解决党组民主生活会职工提出的意见和建议，切实为职工办实事办好事。五是推行谈心制度，注重人文关怀，加强心理疏导，倡导用正确的方法处理人际关系，营造和谐的人际环境。

【廉政建设】　一是以学习、宣传和贯彻落实“七一”讲话、《廉政准则》为内容，开展党风廉政建设宣传教育月活动。二是把党风廉政建设工作内容逐项分解细化，与各股室、分局签订《党风廉政建设和预防职务犯罪工作目标责任书》。三是坚持开展《廉政公约》回访，明察暗访国税干部履行《廉政公约》的情况，发放调查问卷表290份，收回290份，收集意见和建议8条，满意率达98%。三是严格落实“一岗双责”制度，抓好责任分解、责任考核、责任追究三个环节，确保各项工作任务落实到位。四是认真贯彻落实《廉政准则》及总局的3个配套文件，完善领导干部述职述廉、诫勉谈话、函询、质询等制度，规范领导干部从政行为。

【精神文明建设】　一是认真总结国、地税机构分设以来国税干部思想状况及国税工作的发展历程，分析成功与挫折，经验和教训，集中全体干部的智慧，提炼了“厚道善行，卓越致真”的镇雄国税文化核心价值理念。二是认真做好挂钩扶贫工作，发动干部职工捐资2.4万元，为贫困群众送去了生产用的化肥4吨，过春节用的大米5000斤。同时针对村委会没有电脑办公的实际，调整出两台电脑赠送给挂钩村，并帮助培训计算机基础知识，对挂钩村实施科技扶贫。三是开展亮身份、亮职责、亮流程、亮承诺的“四亮”活动，评选“服务之星”，树立进取和标杆意识，展示国税风采风貌。四是开展摄影、书法、读书、歌舞、健身五个文化建设项目，激励干部职工“健康生活，快乐工作”，推进文化兴税、以文化人发展国税文化软实力。五是开展向盈江灾区奉献爱心的捐款活动，共捐款1.23万元，帮助盈江国税重建家园。六是开展学习宣传杨善洲同志的先进事迹，激励党员干部学习先进、争当优秀。

【教育培训】　一是配合上级局实施“送出去”与“请进来”战略，结合工作实际，选派重点工作岗位人员参加市局、省局、总局举办的各类培训学习，增强干部职工的综合素质。二是认真组织学习党的十七大和十七届六中全会精神，切实做好各项税收工作。三是以心得交流、大讨论等活动形式为载体，依托网络、图书阅览室等学习平台，开展形式多样、趣味性强的学习活动。四是开展摄影知识讲座，提高摄影水平，组建摄影兴趣小组，丰富干部职工的业余生活。

（邓元江）

彝良县国家税务局

经济概况

2011 年，彝良县完成生产总值（GDP）38.13 亿元，按可比价计算，同比增长 17.60%。其中：第一产业增加值 12.05 亿元，增长 8.80%；第二产业增加值 17.18 亿元，增长 26.40%；第三产业增加值 8.90 亿元，增长 11.20%。三次产业结构比例由上年的 27.18∶43.38∶29.44 调整为 31.60∶45.06∶23.34。固定资产投资完成 38.48 亿元，同比增长 36.96%；社会消费品零售总额 9.40 亿元，增长 17.50%；财政收入和支出分别为 4.18 亿元和 17.14 亿元，增长 32.15% 和 42.37%；城镇居民人均可支配收入和人均消费性支出分别为 1.38 万元和 7673 元，增长 12% 和 2.67%。

税收概况

【收入完成情况】 2011 年，彝良县国家税务局共组织各项收入 2.27 亿元，同比增收 4892 万元，增幅 27.44%，完成了年度目标任务的 100.43%。其中：增值税 2.03 亿元，同比增收 3989 万元，增幅 24.52%，完成年度目标任务的 100.30%；消费税 4 万元，同比增收 2 万元，增幅 100%，完成年度目标任务的 200%；企业所得税 1836 万元，同比增收 779 万元，增幅 73.70%，完成年度目标任务的 100.33%；储蓄存款利息所得个人所得税 8 万元，同比减收 14 万元，减幅 63.64%，完成年度目标任务的 88.89%；车辆购置税 586 万元，同比增收 131 万元，增幅 28.79%，完成年度目标任务的 101.21%；其他收入 23 万元。

【收入特点】 （一）国税收入增幅快于 GDP 增速，国税收入增幅为 27.44%，GDP 增幅为 17.60%。（二）收入结构中，增值税所占比重最大。增值税、企业所得税、车辆购置税、储蓄存款利息所得个人所得税和消费税所占比重分别为 89.18%、8.08%、2.58%、0.04%、0.03%。（三）五税种“四增一减”，增值税、消费税、企业所得税、车辆购置税分别增长 24.52%、100%、73.70%、28.79%；储蓄存款利息所得个人所得税下降 63.64%。（四）增值税构成集中在煤炭、有色金属、电力三大行业。煤炭税收入库 9408 万元，首次超过有色金属矿产品税收，成为彝良县第一大支柱产业。有色金属矿产品税收入库 5933 万元，电力税收入库 2441 万元。三行业入库增值税 1.78 亿元，占总收入的 78.41%。（五）从经济结构来看，非公经济税收占主导，达到 1.92 亿元，同比增收 4736 万元，增长 32.80%，占税收总量的 94.62%。

【税源分析】 （一）从行业来看：1. 煤炭税收入库 9408 万元，同比增收 3128 万元，增长 49.81%。原因是煤炭企业通过整合技改后产能大幅提高，煤炭市场走强，受量价齐升的双轮驱动，原煤产量同比增加 27 万吨，拉动税收同比增加。2. 有色金属矿产品税收入库 5933 万元，同比减收 863 万元，减幅 12.70%。原因是彝良县高家滩选矿厂、耀德选矿厂、沂岭洗选厂等选矿企业存货在 2010 年 12 月全部销售完后进行注销，2011 年正常生产经营的只有彝良驰宏矿业有限公司，所以税收比上年有较大减幅。3. 电力税收入库 2441 万元，同比增收 771 万元，增长 46.17%。主要原因：一是居民用电量增大。二是庙林电站投产后上网电量增加，推动彝良县供电公司、彝良县能发公司和彝良县滇能洛泽河流域有限公司等工业售电量增加，所以税收比上年有较大增幅。（二）从税种来看：一是增值税完成 2.03 亿元，同比增收 3989 万元，增幅 24.52%。其主要原因是煤炭、电力等行业税收的大幅增长。二是消费税完成 4 万元，同比增收 2 万元，增幅 100%。主要原因是彝良功能食品保健公司天麻酒生产规模扩大，产品技术提高，市场走势好。三是企业所得税完成 1836 万元，同比增收 779 万元，增幅 73.70%，主要原因是彝良县农村信用合作社贷款规模扩大，利润大幅度增长，入库所得税 1056 万元，同比增收 626 万元；昭通烟草公司彝良烟草经营部卷烟利润同比增长，入库所得税 707 万元，同比增收 129 万元。四是车辆购置税同比增收 131 万元，增幅 28.79%，原因是交通便利，老百姓消费意识提高，轿车购车需求增强。五是储蓄存款利息所得个人所得税同比减收 14 万元，减幅 63.64%，属于政策性调整减收。

各项工作

【税收征管】 （一）税源管理。1. 强化户籍管理，坚持源头控管。定期与工商、地税等部门交换信息，依托信息化落实“一户式”管理。2011 年新办理税务登记 400 户，共有征管户 2481 户，比 2010 年增加了 345 户，增长 16.15%。2. 加强重点税源管理。针对彝良县 2011 年煤炭企业收入变动大、法人变更频繁的问题，组织专项检查，深入小草坝、龙海、牛街、洛旺、钟鸣等乡镇，考察当地煤矿企业的实际生产情况，宣传税法及相关规章，督促纳税人尽快办理变更登记手续，以便税务机关及时掌握真实有效的企业信息。3. 认真完成个体税源专项清理工作。成立个体税源专项巡查小组，以乡镇为线逐乡镇进行调查核实，及时了解个体管户的实际情况。通过调查核实，对 84 户个体户的定额核定标准进行了调整。4. 完成零申报企业清理工作。对辖区内 56 户零申报企业进行实地调查，查看账簿，向企业法人或会计人员了解企业的实际情况。（二）税种管理。1. 增值税管理。一是做好增值税一般纳税人认定管理，全年新认定一般纳税人 23 户，共有一般纳税人 126 户（包括 11 户加油站），其中 A 级 90 户，B 级 36 户。二是切实开展纳税评估，实现以评促管的目标。评估企业 15 户，有问题户 4 户，调增增值税收入 27.8 万元，查补税款 3.4 万元，加收滞纳金 5037.79 元；作进项税额转出 137.8 万元。三是认真贯彻落实增值税起征点调整政策。2011 年 11 月 1 日起征点调整为按月 2 万元，按次 500 元后，全县达到增值税起征点的个体工商户由原来的297户，减少至52户，月减免税款达6.34万元，年度减收76.08万元。2. 消费税管理。全县消费税仅来源于白酒消费税。2011年加大了对辖区内小酒厂的核定征收管理力度，消费税同比增收2万元，增幅100%。3. 企业所得税管理。一是全年对10户企业开展纳税评估，调整应纳税所得额111.5万元，补缴税额200元，滞纳金70元。二是做好企业所得税核定征收，对财务制度不健全、不符合查账征收条件的企业实行核定征收。全年核定征收24户，占企业总户数87户的27.59%。三是顺利完成2010年度汇算清缴工作。对77户企业进行了汇算清缴，其中查账征收企业53户，核定征收24户。4. 车辆购置税管理。一是加强与交警部门的密切配合，加大宣传力度，按规定完善车辆购置税档案。二是做好本地清分的异常价格清单的核对工作。（三）发票管理。1. 全年累计发售增值税专用发票10815份，代开专用发票253份，代开普通发票9754份。2. 加强发票专项整治力度，全年查处发票违法企业13户，查获非法代开或虚开发票7份，非法取得发票99份，查补税款4.43万元，加收滞纳金1300元，罚款3.57万元。查出涉及地税发票2份，移送2份，查补税款7600元，罚款2000元。3. 继续抓好普通发票简并换版工作，2011年有使用新版发票用户599户。

【税收执法】 （一）税收宣传。一是紧扣“税收·发展·民生”宣传主题，与彝良县地税局联合设置咨询台，向广大群众发放各类税收资料500余份，接受群众咨询60余人（次）。二是组织收听“政风行风热线”节目，着重从认真贯彻落实税收优惠政策等六个方面做好税收宣传工作。三是送税法到重点税源企业、到学校、进社区、到乡镇卫生院、沙石场等边远地区。四是结合彝良实际，深入开展“红色税收宣传”活动、税收宣传进“农家文化大院”、税法宣传进“天麻一条街”等特色税宣活动。（二）税务稽查。2011年，共计查补收入45.84万元，其中：稽查查补收入10.06万元（查补税款5.22万元，处以罚款4.27万元，处罚率为81.80%，加收滞纳金5700元）；稽查布置、安排、辅导44户企业进行了自查，自查补税11.61万元；其他自查87户，补税24.17万元。查补收入已全部入库，入库率100%。（三）执法检查。一是认真开展税收执法检查和执法专项检查，定期进行规范性文件清理。二是严格执行《税收执法责任制》和《税收执法责任过错追究制》，对1位过错责任人进行了经济惩戒。三是切实开展重大案件审理工作，全年审理重大案件1件，补缴企业所得税3.73万元，加收滞纳金313.98元，处以罚款1.86万元。

【纳税服务】 （一）完善纳税服务工作机制。健全纳税服务责任制、考核制和奖惩制，建立纳税人对税务机关纳税服务质量的评议、评价和监督制度；大力推进办税公开，充分保障纳税人的知情权、参与权、表达权、监督权。（二）统一规范纳税服务标准、流程、时限和办税程序。积极推行纳税服务标准化操作，使纳税人对“办什么事、找谁办、怎么办、何时办完”等都能一目了然和有章可循。（三）在继续实行“一窗式”、“一站式”服务以及全程服务、提醒服务、预约服务、限时办理等多种服务方式的基础上，依托信息化技术，大力推进网络申报、银行网点申报等多元化申报方式。（四）加强应急管理。增派专人对办税服务厅进行巡查，对可能发生的纳税人排队等候、秩序混乱、网络故障、纳税帮助、纳税投诉等事件，确保在第一时间发现、报告和解决。保证纳税人遇到特事、急事时，办税服务厅能够及时协调处理。

【税务管理信息化建设】 （一）加强日常安全管理，做好网络安全管理和病毒防御工作，确保网络运行的安全畅通。（二）顺利完成税务系统应用软件的安装、升级和维护工作，并对安装和维护情况进行详细记录。（三）及时、准确地对金税工程数据、“四小票”数据、车辆购置税数据等进行处理、传输。（四）加强IT类固定资产管理。对IT类固定资产进行认真清理，利用《IT类固定资产辅助账》，对设备的进出、领用及保管情况进行详细登记。

队伍建设

【机构人员情况】 2011年，有内设机构8个，即办公室、政策法规股、税政股、收入核算股、征收管理股、人事教育股、监察室、办税服务厅；直属机构1个，即稽查局；派出机构1个，即角奎分局；事业单位1个，即信息中心。全年共有干部职工71人，其中，在职干部56人，离退休干部15人。在职干部中有大学本科学历22人，占39.29%；大学专科学历25人，占44.64%；中共党员35人，占62.5%；少数民族4人，占7.14%；男性38人，占67.86%；女性18人，占32.14%。

【领导班子建设】 （一）认真落实领导干部理论学习制度，坚持每季一次的党组中心组学习和每月两次的班子学习例会，坚持主要领导为机关干部上党课每年不少于一次，增强班子和机关干部党性意识。（二）坚持民主集中制原则。严格落实局党组议事规则和县局工作规则，规范党组会、局长办公会、局务会议事程序，坚持“一把手”最后发言制，重大事项须经集体研究商定；重大事项决策前，坚持事前调研制度，听取基层意见和建议，防止决策的随意性。（三）提升执行效率。班子成员加强沟通交流，注重分工与合作相协调，及时协调职责交叉工作事项，促进部门间的协作共赢。（四）建立领导班子成员基层联系点制度。班子成员分别联系不同股室，定期督促指导工作，听取干部职工的意见和建议。

【廉政建设】 一是加强勤政廉政教育。每月开展一次“纪检日”活动，每季度不少于一次的党风廉政建设教育。同时定期召开“预防职务犯罪工作联席会”、“税检联系会”和“特邀监察员座谈会”，增强干部职工防腐拒变能力。二是落实党风廉政建设责任制。层层签订《党风廉政建设责任书》，做到责任到人，严格考核，履行好“一岗双责”。三是严禁强行指定税务代理，严禁税务机关和税务人员违规强行推广纳税申报方式、违规强行指定税控器具品牌产品以及乱摊派、乱收费。四是与400户新登记注册纳税户签订《廉政公约》，签订面100%；发放回访问卷表100份，收回94份，满意率达96.8%。五是加强对税收执法权、行政管理权重点岗位和关键环节的执法监察；围绕改善税务行政管理、提高行政效能开展监督检查，对存在问题和不足及时纠正和整改。

【精神文明建设】 （一）制定《彝良县国家税务局2011年精神文明建设工作计划》，对全局的精神文明建设工作进行统一的安排部署。（二）建成全县学习型党组织建设示范点。2011年，县局制定出台相关文件8份、上报简报19期、记录学习情况14次，56名参学人员平均参学时间达到140小时、撰写心得体会共30篇。（三）认真开展“创先争优”活动。举办“党员示范岗”、“征管能手”、“爱岗敬业先锋”等一系列评选活动；组织35名党员参加了“十万党员进农家、万名干部下基层”等活动。（四）热心参与打扫河道、助学、无偿献血等社会公益活动。筹资1.5万元帮助扶贫点解决300户群众合作医疗；自发捐款7000余元到扶贫点开展结对帮扶、慰问留守儿童等活动，得到了社会各界的一致好评。（五）积极参与昭通市国税局以及彝良县委、县政府组织的各类摄影、书法、演讲比赛等，促进国税文化建设。（六）精神文明创建成效显著。2011年1月，被云南省国家税务局评为云南省国税系统“爱读书、读好书、善读书”活动先进单位；4月，被县委、县政府授予2010年度党建工作先进单位和2010年度宣传思想文化工作先进集体等称号。

【教育培训】 一是保障经费投入。全年支出培训费10.87万元，占日常办公经费的6.61%。二是积极抽调干部外出培训。全年参加省局培训9人（次），市局培训10人（次）。三是组织各类业务技能培训。先后举办了公文处理、纳税评估、会计实务操作、税收管理员知识培训、稽查业务培训等。四是鼓励干部职工主动自学，对通过自学考试途径取得高等学历毕业证书和取得“三师”资格的人员，给予一定数额的物质奖励。2011年共有4名干部报名参加了注册税务师资格考试。

（丁国瑾）

威信县国家税务局

经济概况

2011年，威信县生产总值（GDP）实现24.76亿元，比2010年增长16.1%。其中：第一产业实现增加值4.46亿元，同比增长7.2%；第二产业实现增加值10.88亿元，同比增长26%；第三产业实现增加值9.42亿元，同比增长10.4%。三次产业的结构比例由2010年的19.6:40.4:40调整为18:43.9:38.1。全县完成固定资产投资38.48亿元，同比增长25.6%。城镇居民人均可支配收入1.39万元，同比增长16.1%；农民人均纯收入3331元，同比增长18.2%。地方财政一般预算收入完成1.62亿元，同比增长27.6%，创分税制以来的最高水平。

税收概况

【收入完成情况】 2011年，威信县国家税务局共组织入库各项收入7895万元，其中税收收入7878万元，比上年同期减收918万元，下降10.44%，完成全年计划的77.24%。其中：增值税入库6403万元，同比减收1328万元，下降29.09%；企业所得税入库989万元，同比增收404万元，增长69.06%；储蓄存款利息所得个人所得税入库14万元，同比减收8万元，下降36.36%；消费税入库1万元，同比减收1万元，下降50%；车辆购置税入库471万元，同比增收15万元，增长3.29%；其他收入入库17万元，同比增收9万元，增长112.5%。

【收入特点】 一是税收收入自2007年以来首次下滑。二是税收收入与全县GDP增长呈现反向态势，税收同比减少10.44%，GDP同比增长16.1%。三是增值税处于税收支柱地位，占税收总收入的81.1%。四是煤炭增值税收入减少，累计入库3781万元，同比下降35.05%。五是非公经济发展放缓，全年入库非公经济税收6517万元，占税收总收入的比重由2010年的88.63%下滑到2011年的80.56%。六是“两税”收入共完成7392万元，同比减收924万元，减少11.11%，占税收总收入的比重从2010年的94.54%下降为2011年的93.83%。

【税源分析】 （一）从总体来看，全县经济结构单一，税源主要来自煤炭、商业、电力。2011年全县煤矿企业因安全事故停产整顿7个月，原煤产量锐减，同比下降41.2%，造成煤炭增值税同比减收2040万元，完成年计划的54.09%。商业增值税入库1723万元，同比增收587万元，增长51.67%，增长的主要原因是烟草增值税入库同比增加274万元，新华书店享受优惠政策到期，入库增值税59万元。电力增值税累计入库711万元，同比增收73万元，增长11.44%，原因是县域经济发展，供电量增加。（二）从税种来看：1. 增值税大幅下滑，减收1328万元，下降29.09%，主要是因为煤炭企业停产整顿导致税收收入锐减。2. 企业所得税入库989万元，同比增收404万元。增收的主要原因是县信用合作联社享受优惠政策到期，入库企业所得税446万元。3. 储蓄存款利息所得个人所得税入库14万元，同比减收8万元，主要是受国家政策的影响减收。

各项工作

【税收法制建设】 一是认真落实国家税务总局公布的《税收规范性文件制定管理办法》，提高税收规范性文件的管理水平。二是通过培训考试，认真学习贯彻《中华人民共和国行政许可法》和《中华人民共和国行政强制法》，规避执法风险，提高执法水平。三是做好“六五”普法工作。结合税收宣传月活动和“纪检日”活动开展多种形式的普法工作。

【税收征管】 （一）税源管理。一是切实加强户籍管理，在划片管理的基础上不断完善巡回管理。全年新增纳税人248户，累计正常开业登记户数1899户，其中：企业207户，个体工商户1692户。二是全面落实税收管理员制度，定期深入一线，及时了解税源变化。三是充分利用重点税源网上直报系统，建立重点税源分析制度，提升重点税源管理信息化水平。四是认真落实增值税起征点调整政策。2011年11月1日起征点调整为按月2万元，按次500元后，月减免税款达20.5万元，按年计算减收246万元。五是做好纳税评估工作。全年共实施纳税评估9户，通过对企业内部信息与外部信息、账上内容与实际经营情况、不同年度生产经营情况与税收情况等信息进行比对，评估补缴税款共计2.69万元。（二）税种管理。1. 增值税管理。一是把好增值税一般纳税人认定关，严格按照《增值税一般纳税人资格认定管理办法》对6户企业进行了一般纳税人资格认定，其中3户纳入防伪税控管理。二是抓好进项税抵扣管理工作。深入42户煤炭企业督促健全账务，要求企业建立《固定资产抵扣台账》，加强固定资产抵扣备查管理和日常监控，辅导纳税人严格按政策规定核算应抵扣的进项税款。2. 企业所得税管理。一是抓好企业所得税汇算清缴工作。全县有46户企业参加2010年度企业所得税汇算清缴，汇算面达96%。2010年盈利企业7户，亏损企业21户，零申报企业18户。二是加强对所得税纳税申报的审核，严格对资产损失税前扣除项目和减免税的审核、审批制度。三是做好企业报送企业年度关联业务往来报告表辅导和审核工作。3. 车辆购置税管理。一是建立《威信县国家税务局车辆购置税征收管理工作制度》，规范车辆购置税工作。二是做好车辆购置税征收系统的升级工作，及时更新车辆购置税最低计税价格。三是做好本地清分异常价格清单的核对工作。四是完善车辆购置税电子档案。（三）发票管理。一是积极落实新《发票管理办法》，简化发票领购程序，截至2011年底，共有发票用票户647户，其中：使用增值税专用发票58户，使用新版普通发票589户。二是规范发票代开行为，全年共代开普通发票3519份、开票金额8666万元、征收税款225万元。三是加强发票安全管理，建立发票管理台账，认真登记纳税人发票领、销、用、存情况。全年处理携票走逃户2户，清理未缴销旧版发票6户。四是大力开展打击制售假发票和非法代开发票专项整治工作，强化发票使用情况的日常检查。共检查煤矿企业、商业销售企业15户，查处发票违法案件3户，查补税款、滞纳金、罚款共计28.25万元。

【税收执法】 （一）税法宣传。一是在扎西广场开展税收宣传活动，共接受咨询900余人（次），发放税收宣传材料5000余份。二是深入全国爱国主义教育基地“扎西会议会址”开展红色税收宣传活动。组织干部沿威信境内红军长征路，深入纳税人经营地，为纳税人送政策上门。三是召开税企座谈会。组织全县58户纳税人参加会议，对增值税、企业所得税法等相关税收政策业务进行宣传讲解。四是开展送税法进矿山活动，组织税干上山下乡，走进全县42家煤矿，深入开展了富有成效的税收宣传活动。五是在办税服务厅设置税收咨询服务窗口，提供税收知识咨询服务，为纳税人解答疑难问题。（二）税务稽查。一是安排企业自查6户，有问题4户，自查入库增值税税款3.42万元、所得税3.37万元、滞纳金9424.47元。二是开展纳税检查，共检查纳税户10户，有问题10户，结案10户。查补入库增值税24.46万元、所得税21万元、加收滞纳金7.95万元，处以罚款10.7万元。（三）执法检查。一是认真按照上级部署，成立税收执法管理信息系统疑点信息库推行工作领导小组，确保税收执法管理信息系统疑点信息库工作顺利开展。二是加强执法考核系统预警数据分析和部门之间业务流程操作提醒，2011年的执法过错比2010年减少5个。三是根据昭通市国家税务局2011年税收执法检查通报内容，就普通发票管理、税务稽查、重大案件审理三个方面存在的问题迅速展开整改。（四）依法治税。一是制定了《威信县国家税务局2011年税收法制宣传教育工作计划》，全面加强税收法制宣传教育。二是认真落实云南省阳光政府“四项制度”，在税收政务公开网站上录入涉税热点、难点问题，及时公开相关涉税信息，方便纳税人和公众进行查询。三是规范行政执法行为，做到程序合法、事实清楚、证据确凿、定性准确，全年无行政复议、行政诉讼案件发生。

【税务管理信息化建设】 一是抓好金税工程建设，做好金税卡、IC卡的发行和维护工作，保证数据的接收、清分、比对和上传工作准确及时。二是做好网络申报管理工作，保证2家企业每月顺利完成网上申报。三是做好CTAIS综合征管软件升级工作，做好FTP、办公自动化、“四小票”采集系统等后台数据库的日常维护和数据备份工作。四是做好税收管理员辅助系统的推广应用工作。五是做好全局各项硬件设备的巡检工作和网络运行监测、维护工作，2011年维护计算机达260余次，保证全局工作正常开展。

【纳税服务】 一是做好12366纳税服务热线上线准备工作，选拔2名“12366”热线联络员，配合“12366”呼叫中心做好转办事项的衔接工作。二是认真落实首问负责制，首问责任人负责指导纳税人办理各项涉税事宜，为纳税人查询纳税情况、了解税收政策等提供方便。三是切实改善办税服务环境，在办税服务厅设置通用窗口及温馨提示，为纳税人提供办理税务登记、车购税缴纳、发票领用、代开发票等流程导向图。四是简化审批程序，缩短审批时限，减并纳税人上报资料，减轻纳税人负担。五是推行多元化申报，开展银行网点代扣代缴、代收代缴，边远山区委托代开发票和介质申报等方便快捷的办税形式。六是通过开展送税法上门和召开税企座谈会活动，主动为纳税人解决涉税问题，宣传税收政策，讲解办税流程，认真收集纳税人意见和建议，创建和谐征纳关系。

队伍建设

【机构人员情况】 全局共有内设机构8个，即办公室、人事教育股、监察室、征收管理股、税政管理股、收入核算股、办税服务厅、信息中心；直属机构1个，即稽查局；派出机构1个，即扎西税务分局。全局有退休人员16人，在职干部64人。在职干部中男性48人、女性16人。在职干部中有研究生1人，占1.56%；本科生17人，占26.56%；大专生28人，占43.75%；中专及以下18人，占28.13%。

【领导班子建设】 一是加强政治理论学习，不断提高班子成员素质。党组中心学习组坚持每周五集体组织学习1次，认真学习党的十七大精神，副科级以上干部撰写了学习心得体会。二是多次深入纳税户中，就纳税服务、税收征管等课题进行调研，有效促进各项工作开展。三是坚持党组民主生活会制度，采取发放征求意见表、召开座谈会等方式在全体干部职工中征求意见和建议，2011年共收集意见和建议26条，对职工提出的问题认真研究，拟定8条措施及时进行整改落实。四是坚持民主决策。对人事任免、基建项目、大额经费支出、大宗物品采购等重大事项坚持按照规定程序操作，由集体讨论决定。

【廉政建设】 一是强化内控机制建设，制定了《威信县国家税务局机关工作规则》，从体制和机制上抓好税收行政权和税收执法权的监督制约。二是积极与纳税人签订了《廉政公约》，并积极做好《廉政公约》回访工作，回访率达95%。三是在社会各界聘请5名特邀监察员，主动接受社会监督。四是县局与各股室分别签订《党风廉政建设责任书》和《预防职务犯罪责任书》，明确了工作职责和责任。五是组织开展廉政理论教育和警示教育，强化预防职务犯罪工作，全年没有发生干部违法违纪行为。六是通过自查自纠、问卷调查等手段，认真开展政风行风评议工作。

【精神文明建设】 一是制定了《威信县国家税务局精神文明建设规划》，健全各项制度，完善奖惩办法，做到有计划、有安排、有检查、有评比。二是积极开展创先争优活动。组织开展争当"优质服务星"、"先进税务工作者"、"文明国税人"等系列活动，并积极争取县委文明办的指导，与县内各单位进行文明创建学习交流，进一步提高全局文明创建工作水平，巩固了省级文明单位的创建成果。三是全面推进学习型机关建设，提高国税干部队伍素质。加强学习的持续性和深入性，强化对学习的过程管理，采取安排部署与督促检查相结合的办法，鼓励干部职工"在工作中学习、在学习中工作"。四是开展学习实践科学发展观活动，做到重点突出、特色鲜明，确保思想认识到位、查摆问题到位、工作措施到位。

【教育培训】 一是制订2011年度教育培训计划，全年共组织税收业务培训6期，参加培训干部62人（次）。二是参加省局、市局组织的税收业务培训共计27期42人（次）。三是开展岗位大练兵活动，共组织税收法律法规考核6期。

（魏宝慧）

盐津县国家税务局

经济概况

2011年，盐津县实现生产总值（GDP）26.14亿元，同比增长15.50%。其中：第一产业完成增加值6.01亿元，同比增长4.90%；第二产业完成增加值11.90亿元，同比增长26.40%；第三产业完成增加值8.23亿元，同比增长9.60%，三次产业结构由2010年的23.90∶42.10∶34调整为2011年的23∶45.50∶31.50，社会消费品零售总额实现5.41亿元，同比增长22%。城镇居民人均可支配收入为1.59万元，同比增长17.17%，农民人均纯收入3290元，同比增长20.50%。

税收概况

【收入完成情况】 2011年，盐津县国家税务局共入库税收收入1.22亿元，同比增长38.20%，增收3372.35万元，完成年度计划的125.78%。其中，增值税入库9760.05万元，同比增长26.25%；消费税入库10.74万元，同比增长33.42%；企业所得税入库2130.81万元，同比增长141.71%；储蓄存款利息所得个人所得税入库8.69万元，同比下降51.72%；车辆购置税入库290.44万元，同比增长52.77%。

【收入特点】 （一）税收收入增速快于GDP增速，税收收入同比增长38.20%，GDP同比增长15.50%。（二）五税种"四增一降"。增值税、消费税、企业所得税、车辆购置税分别增长26.25%、33.42%、141.71%和52.77%，储蓄存款利息所得个人所得税下降51.72%。（三）增值税占税收收入总额的比重由2010年的87.57%下降到80%；企业所得税占税收收入总额的比重由2010年的9.99%增长到17.46%。（四）主体税种增值税中，煤炭、电力、商业和化工四大行业分别入库增值税3517.79万元、2506.21万元、1726.67万元、1404.09万元，四大行业共入库增值税9154.76万元，占增值税总额的93.80%，占税收收入总额的75.03%。（五）非公经济增长快，但占税收收入总额的比重下降。非公经济税收入库1.04亿元，同比增长34.10%，占税收收入总额的比重由2010年的88.03%下降到85.25%。

【税源分析】 （一）增值税完成9760.05万元，同比增收2029.37万元。其中：煤炭、商业、化工三大行业增值税分别增收1092.87万元、624.20万元和375.54万元，建材行业增值税仅增收20.31万元。煤炭增值税的增长原因主要是煤炭产量增加和价格上涨，煤炭产量达108万吨，同比增加14万吨；块煤均价每吨430.85元，同比提高107.51元，面煤均价每吨268.70元，同比提高58.53元；其次是加大了对煤炭企业的纳税评估力度，全年对7户煤炭生产企业进行纳税评估，评估补税19.28万元，加收滞纳金3988.90元；商业增值税的增长原因主要是烟草公司经营顺畅，全年入库税款1223.67万元，同比增收318.07万元；化工行业增值税的增长原因主要是电石生产行业2011年的固定资产留抵税款较2010年减少，税款增长；电力增值税下降主要是因为干旱导致发电企业税收减少，发电企业税收入库1103.92万元，同比减收305.97万元；建材行业生产和销售比较平稳，建材行业入库增值税433.78万元，同比增收20.31万元。（二）消费税完成10.74万元，同比增收2.69万元。其中：白酒消费税完成10.06万元，占消费税总额的93.67%，增收2.20万元。增收原因是加强了对白酒生产经营户的税收监管。（三）企业所得税完成2130.81万元，同比增收1249.27万元。增收的主要原因是4户企业所得税重点税源企业烟草公司、云宏电石厂、红原电石厂和信用联社利润增加，全年共入库企业所得税1599.82万元，同比增收778.29万元，其次是云南中大盐津发电有限公司入库非居民企业所得税203.32万元，再次是三川能源发电有限公司新增税收50.06万元。（四）车辆购置税完成290.44万元，同比增收100.33万元。增收的主要原因是居民生活水平提高，消费需求不断提高，全年办理车辆购置税的车辆数为3769辆，同比增加1130辆。

各项工作

【税收征管】 （一）税源管理。一是与工商、地税等部门配合，加强户籍管理。年末，已办理税务登记2225户，其中：增值税一般纳税人111户，小规模纳税人2114户。二是充实税源管理力量，加强重点税源管理。将盐井分局人员由10人增加到15人，在煤炭、化工、电力等行业筛选出17户企业进行重点管理。三是加强砂石行业的税收管理。在深入进行调查了解的基础上，将经营砂石场和采砂船的业户纳入“双定户”管理，全面核定税收定额，堵塞征管漏洞。四是认真落实提高个体户起征点政策。从2011年11月1日起执行新的起征点政策后，达到起征点的“双定户”由532户减少到79户，核定月税额从19.88万元减少到6.69万元。（二）各税管理。1. 增值税管理。一是认真落实新的《一般纳税人资格认定管理办法》，全年新认定一般纳税人16户，辅导期一般纳税人转正2户。二是对13户企业进行纳税评估，其中有问题9户，补缴税款22.23万元，加收滞纳金4294.37元。三是严格核实企业的票流、物流、资金流，防止取得虚开专用发票造成虚抵进项税额。2. 消费税管理。将白酒业户纳入“双定户”管理，召开白酒业户座谈会，加强税收宣传、纳税辅导和对停（歇）业户的监督检查，全年入库消费税10.74万元，同比增收2.69万元。3. 企业所得税管理。一是以市局“送教上门”为契机，对税干和纳税人进行企业所得税业务培训，进一步夯实所得税管理基础。二是坚持按政策和程序办理减免税及资产损失税前扣除审批事项，对1户企业办理税前减免315.47万元，审核批准1户企业资产损失税前扣除96.78万元。三是对75户企业进行汇算清缴，其中盈利17户，应补企业所得税104.52万元；亏损37户，亏损额2235.55万元；零申报21户。四是对账务不健全、难以实行查账征收的19户企业实行核定征收。4. 车辆购置税管理。加强与交警部门的配合，交警部门在办理车辆落户手续时严格把关，对没有办理车辆购置税完税证明的购车人不予办理车辆落户手续，促使购车人尽快缴纳车辆购置税。（三）发票管理。一是坚持按规定做好增值税专用发票的认证和代开工作。全年认证增值税专用发票8950份，税额1.99亿元；代开增值税专用发票67份、金额252.63万元，征税7.58万元。二是办理发票违章案件5件，涉及发票1010份，共查补收入280.82万元，其中补税133.99万元，加收滞纳金40.32万元，罚款106.51万元。三是严格执行普通发票管理制度，并在代开普通发票过程中坚持按规定征税。四是认真做好普通发票简并换版工作，年末共有网络版普通发票用票户437户，手工版普通发票用票户186户。五是加强“四小票”的稽核工作，全年稽核农副产品发票1255份，金额2016.46万元，税款253.50万元；稽核增值税专用发票6812份，金额9.64亿元，抵扣税款1.69万元；稽核运输发票186份，金额898.93万元，抵扣税款62.93万元。

【纳税服务】 一是积极开展纳税人需求项目调查，有针对性地改进纳税服务措施。二是切实改善办税环境和办税设备，为提高办税效率打下坚实基础。三是进一步完善和落实纳税服务制度，着力加强政策宣传、纳税辅导和“96128”电话咨询服务工作。四是坚持政务公开，制作公示牌，对办事程序、办税资料、收费标准等内容进行公布。五是继续推行邮政储蓄扣税、介质申报、网络申报等多元化纳税申报方式，为纳税人提供便捷、文明、高效的服务。

【税收执法】 （一）税法宣传。一是围绕“税收·发展·民生”的宣传主题，开展了“税收管理员服务纳税人”、“送税法进重点企业”、“送税法进七里半苗寨”、“送税法到白水江畔”、“送税法进豆沙古镇”等宣传活动，共悬挂宣传标语9幅，举办宣传专栏2期，发放宣传材料500份，召开纳税人座谈会4次，接受纳税咨询100人（次）。二是对2010年度纳税额50万元以上的纳税户进行公示，表彰“先进纳税人”3户，同时曝光典型涉税违法案例2例。三是通过报刊、网络等媒体宣传税收政策、办税流程、办税资料等内容，拓宽税收宣传面。（二）税务稽查。全年对15户纳税户进行稽查，查出有问题14户，共查补收入332.77万元，其中补税163.07万元，加收滞纳金54.77万元，罚款114.93万元。（三）执法检查。按要求成立税收执法检查领导组，就本单位工作人员执行税收政策、开展税务稽查、遵守廉政规定等内容进行检查，及时纠正涉税文书不规范等问题，并在检查过程中加强税收宣传，征求纳税人意见或建议，切实完善税收管理和服务措施。（四）依法治税。一是认真贯彻落实国务院《全面推进依法行政实施纲要》，做到合法行政、合理行政、程序正当、高效便民、诚实守信、权责统一。二是采取人机结合方式对税收执法行为进行事前、事中、事后监督，特别对省局和市局通报的2010年税源与征管状况监控分析中发现的问题及时进行整改。三是积极开展“六五”普法工作，深入普及纳税知识。四是严格执行税收执法责任制和税收执法过错责任追究制，切实防范税收执法风险，全年税收执法工作实现零过错。五是全年审结重大税务案件2件，共查补入库收入337.17万元，其中税款196.41万元、滞纳金42.55万元、罚款98.21万元。

【税务管理信息化建设】 一是继续强化科技兴税和信

息管税的理念，切实做好对上级新配发微机设备和原有设备的维护工作，加强病毒防范，确保综合征管软件、防伪税控系统、稽核系统、货运发票税控系统正常运行。二是积极做好重点税源网上直报系统和新版普通发票开票系统推广应用工作。三是与工商、地税、煤工局等部门加强信息交换，利用第三方信息加强税源管理。四是切实做好税收管理员辅助信息系统上线运行和推行网络抄报税申报工作。五是对 CTAIS 系统中的垃圾数据进行全面清理，减少个体税收核定等工作中的重复劳动，提高了征管数据质量。

队伍建设

【机构人员情况】 全局内设机构 9 个，即征收管理股、政策法规股、税政管理股、收入核算股、办税服务厅、办公室、人事教育股、监察室、党办；直属机构 1 个，即稽查局；税务分局 1 个，即盐井税务分局；事业单位 1 个，即信息中心。有退休人员 28 人，在职干部职工 54 人，其中：男性 40 人、女性 14 人。本科 11 人，占在职人员的 20.37%；大专 33 人，占 61.11%；中专以下 10 人，占 18.52%。

【领导班子建设】 一是积极向上级局和县委、县政府争取班子成员到北京、扬州等地学习的机会，让班子成员开阔视野、拓展思维、更新知识。二是坚持开展党组中心组学习活动，提高班子成员的理论水平和分析问题、解决问题的能力。三是坚持民主集中制，提高领导班子的议事决策水平和集体领导能力。四是以“学习型党组织”建设和“创先争优”活动为载体，促进班子成员讲党性、重品行、作表率。

【廉政建设】 一是与所属各机构签订《党风廉政建设和预防职务犯罪责任书》，落实“一岗两责”要求，做到日常工作和党风廉政建设工作一起抓。二是与新开业的 299 户纳税户签订《廉政公约》，主动接受监督。三是与电力、煤炭两个行业的 57 户纳税人座谈，开展廉政回访，在自行组织和县政府纠风办组织的测评中，纳税人对国税局政风行风的满意率为 96% 以上。四是请县检察院贺焜检察长为全局干部职工上廉政教育课，以案示法。五是从 77 个岗位排查出 89 个廉政风险点，并划分三个风险等级，采取 93 条风险防控措施。六是坚持召开党组民主生活会，认真查找党组班子和个人存在的问题或不足之处，有针对性地制定整改措施。

【精神文明建设】 一是将精神文明建设与宣传思想、党建和国税文化建设等工作有机结合起来，积极开展“税收宣传月”、“三读”、“庆祝建党 90 周年”、创先争优、“四亮四评”、“五争当”、“学习杨善洲精神”等丰富多彩的精神文明创建活动。二是着力加强警示教育和廉政监督，促进国税干部正确行使权力，做到勤政廉洁。三是积极树立“把纳税人当亲人”的理念，通过认真落实延时服务、提醒服务、查前告知、帮助解决实际问题等措施，促进纳税服务工作更加精细化。四是挂钩扶贫工作中全年出资 2.84 万元用于盐井镇桃子村、中和镇天宁村的基础设施建设，县局领导还经常深入挂钩扶贫点进行调研和指导，帮助协调资金解决扶贫点的村社公路建设和人畜饮水等困难；关注民生，促进社会和谐，单位向德宏盈江地震灾区捐款 1 万元，干部职工捐款 4985.80 元。通过努力，县局被县委、县政府表彰为“宣传思想暨精神文明建设先进单位”，被市局表彰为“税收宣传工作先进单位（三等奖）”、信息工作先进单位（二等奖）；县局党总支被表彰为“党建工作先进单位”，获得县直工委授予的创先争优授旗评星活动“流动红旗”；县局税政管理股被省妇联、省国税局表彰为“巾帼文明岗”；县局被省局命名为“文明单位”。

【教育培训】 一是切实制订和落实 2011 年干部教育培训计划，共投入教育经费 4.06 万元。二是要求中层干部每月 25 号后进行工作汇报，促进中层干部增强工作的计划性和抓落实的意识。三是自行组织业务培训 2 次，参训 54 人。四是全年参加上级组织的各类培训 184 人（次）。

（郑友军）

大关县国家税务局

经济概况

2011 年，大关县完成生产总值（GDP）14.9 亿元，增加 2 亿元，同比增长 13.1%，其中：第一产业完成 4.43 亿元，同比增长 6.8%；第二产业完成 4.84 亿元，同比增长 25%；第三产业完成 5.63 亿元，同比增长 9.3%。三次产业的结构比例由 2010 年的 31.7∶29.2∶39.1 调整为 30∶32∶38。完成固定资产投资 15.78 亿元，同比增长 31.5%。社会消费品零售总额 4.23 亿元，同比增长 23.9%。地方财政收入完成 6742 万元，同比增长 25.3%。城镇居民人均可支配收入 1.04 万元，同比增长 10.7%，农民人均纯收入完成 3002 元，同比增长 15.5%。

税收概况

【收入完成情况】 2011 年，大关县国家税务局共组织入库各项税收收入 6059.9 万元，增收 1095.8 万元，同比增长 22.1%。其中：增值税入库 4587.9 万元，增收 354.7 万元，同比增长 8.4%；消费税入库 2 万元，与上年持平；企业所得税入库 1218.9 万元，同比增收 784.4 万元，增长 180.5%；储蓄存款利息所得个人所得税入库 7.4 万元，同比减收 7.5 万元，下降 50.3%；车辆购置税入库 243.7 万元，同比减收 35.7 万元，下降 12.8%。

【收入特点】 一是税收收入增幅快于 GDP 增幅，国税收入同比增长 22.1%，GDP 增长 13.1%。二是五个税种“两增两减一持平”，增值税、企业所得税实现增长，车辆购置税、储蓄存款利息所得个人所得税下降，消费税同比持平。三是增值税完成4593.7万元，增值税在税收收入中所占比重由上年的85.27%下降至2011年的75.71%。四是企业所得税大幅度增长，入库1218.9万元，同比增长180.5%。五是从收入结构看，增值税收入集中在电力和煤炭两大行业，分别占增值税总额的49%和32%。

【税源分析】 2011年，大关县经济增长速度创历史新高，全县工业总产值达10.5亿元，较2010年增长了31.3%。工业增加值2.61亿元，占生产总值的比重为17.6%，工业发展速度的进一步加快促进了税收收入的增长。（一）从行业来看：1. 增收的行业有煤炭、电力和建材，分别增收669.3万元、510.3万元、15.6万元，增长82.3%、29.7%和9.18%。煤炭税收得益于煤炭行业企业生产经营稳步上升，煤炭产量较2010年增加了5.77万吨，税收收入共增加669.3万元；电力税收得益于降雨量增大，电力行业效益转好促进税收收入的增长，其中，高桥电站增加265.4万元，庙林电站增加136.9万元，吉利水电开发有限责任公司增加43.7万元，鑫河电力有限公司增加16万元；建材税收得益于县城基础设施建设提速，全县固定资产投资增加3.78亿元，直接促进建材企业产销两旺。2. 减收的行业主要为商业，同比减收866.2万元，下降58.4%，其中：大关县烟草公司增值税同比减收1076.4万元，其他则增收210万元，最终导致商业税收大幅下降。（二）从税种来看：一是增值税完成4593.7万元，同比增收360.5万元，增长8.5%。原因是煤炭生产企业都转入正常生产轨道，特别是煤炭销售总厂开始大规模投产，增加510.7万元，天星沿河煤矿增加82万元。二是受政策因素影响，储蓄存款利息所得个人所得税完成7.4万元，减收7.5万元，同比下降50.3%。三是企业所得税完成1219万元，增收784.5万元，同比增长180.6%，其中大关县农村信用联社因企业所得税税收优惠政策到期增加500.2万元，大关鑫河电力有限公司企业所得税增加205万元，烟草公司增加64.1万元。四是车辆购置税入库243.7万元，同比减收35.7万元，下降12.8%，原因是受国家宏观政策调整影响，从2011年1月1日起恢复对小排量汽车10%的车辆购置税征收标准，居民汽车消费受到抑制，购车量下降。

各项工作

【税收法制建设】 一是继续深入贯彻国务院《全面推进依法行政实施纲要》，严格执行各项税收法律、法规和政策。二是认真学习《中华人民共和国行政强制法》、《行政许可法》、《行政复议法》、《税收征管法》及其《实施细则》。三是对每个执法岗位的税务行政行为进行监督，杜绝税收执法随意性。四是开展"六五"普法工作，提高干部职工的法律意识。

【税收征管】 （一）税源管理。一是加强户籍管理，做好个体税收核定。2011年全县税务登记户1213户，其中个体"双定户"1076户（核定税款546.33万元），一般纳税人57户。二是落实领导班子成员挂钩重点税源企业制度，班子成员定期下到重点企业，进行实地调研，实时监控重点税源变化情况，针对存在问题，及时采取措施加以解决。坚持按季度召开征管专题会议，分析税收征管状况，有针对性加强税收征管。三是认真落实增值税起征点调整政策。增值税调整前全县有达起征点户数32户，调整后为8户，共有24户纳税人享受到增值税起征点调整税收优惠政策，受益面达75%。

（二）税种管理。1. 增值税。一是规范增值税一般纳税人的认定管理，及时开展一般纳税人认定调查和辅导，新认定6户，转正13户，全年共有增值税一般纳税人57户，纳入防伪税控管理37户。二是严格按规定审核、认证增值税专用发票和货运发票，加强进项税抵扣管理，及时比对固定资产抵扣情况，转出固定资产进项税额3.4万元。三是加强加油站税收管理，按月提取加油机的数据，实行IC卡报税，认真核实进、销、存等情况。2. 消费税。消费税全年仅有2万元，全部来源于小酒厂的白酒生产。在税收征管过程中，主要采取核定征收方式进行征管，对生产经营发生变化的业户适时调整纳税定额。3. 企业所得税。一是开展4期新企业所得税法和相关税收法规知识培训，培训干部职工72人（次），纳税人105人（次）。二是认真开展2010年度企业所得税汇算清缴工作，汇算清缴户数44户，汇算清缴面达100%，汇算清缴调增应纳所得税额21万元。三是开展实地调查，掌握纳税人的财务会计核算情况，做好新办企业所得税征收方式鉴定，打牢企业所得税管理基础。4. 车辆购置税。一是推进车辆购置税征管档案电子化管理，设立车辆购置税征收管理工作制度规范车辆购置税工作，及时更新车辆购置税最低计税价格，完善车辆购置税电子档案。二是严格执行车购税相关政策，积极与交警部门协调配合，由交警部门协助在办理落户手续时督促纳税人及时缴纳车辆购置税。

（三）发票管理。一是严把增值税专用发票认证、审核、稽核关。认证增值税专票3812份，认证金额2.69亿元，税额4233.20万元。二是严格按规定配售发票，发售普通发票98094份。三是按期完成新版发票换版工作，售出新版机打发票3299份，并对新版发票用票户进行一对一业务辅导，使用票户正确开具新版发票。四是坚持以票管税，对连续三个月发票开具金额超定额的6户个体调增纳税额1.2万元。

【纳税服务】 一是紧紧围绕"服务基层年"工作主题，推行个性化服务，为重点行业、重点企业提供预约服务、延时服务、上门服务等措施，因地制宜为企业排忧解难。二是优化纳税服务，构建纳税服务新格局。以纳税人需求为导向，以持续提高纳税人满意度和税法遵从度为目标，扎扎实实地做好纳税服务工作，进一步加大网上办税厅的建设力度，积极推行网上办税，做好财税库银横向联网的前期各项准备工作。三是不断丰富纳税服务的内容。继续拓展税法宣传、纳税咨询、办税服务、权益保护等纳税服务内容，继续开展好对重点行业、重点税源企业的纳税服务。四是进一步加强纳税服务平台建设。利用"12366"纳税服务热线系统，拓展热线系统覆盖面、业务处理能力和影响力；深化办税服务厅的标准化建设，认真落实"一窗式"受理、"一站式"服务等管理模式，为纳税人提供集约化的纳税服务。

【税收执法】 （一）税法宣传。一是通过广播、电视等媒体工具，宣传税收知识。二是创编“三句半”税收宣传节目，在县城文化广场表演，提高税收宣传实效。三是制作税收宣传专栏6期、画报200张、税收宣传资料1000份在县城进行张贴和分发。四是曝光一批涉税违法案件，增强依法诚信纳税意识，提高税法遵从度。（二）税务稽查。一是以煤炭、银行、电力行业为重点，对4户纳税人实施了税务检查，共查补收入177.65万元，其中补税94.54万元，加收滞纳金15.66万元，罚款67.45万元。（三）执法检查。一是通过税收执法考核信息系统，加强税收执法行为的考核监督，2011年，县局有4人受到考核追究和通报批评。二是抓住税款核定、一般纳税人资格认定、减免税审批、税前扣除审批、代开发票、发票配售等税收管理的关键部位和重点环节，开展税收执法检查，切实加强税收执法监督，并对检查中发现的问题进行了及时整改。

【税务管理信息化建设】 一是做好综合征管软件的升级和维护工作，保障税收征管信息系统正常运行，做好网络版稽核、协查系统的维护，保证系统的正常运行。二是做好金税工程相关工作，严格按《金税工程技术管理部门岗位职责及管理办法（试行）》的规定，按时按质上传金税数据、“四小票”数据、征管数据，并对相关数据按时备份。三是对办公自动化软件严格执行数据备份工作。四是对机房的电源、防雷设施和网线等进行检查，确保网络畅通和设备安全，对全局计算机内外网混用情况进行清理，做到内外分离、专机专网，增强网络运行的安全系数。

队伍建设

【机构人员情况】 2011年县局有内设机构6个，即办公室、人事教育股、监察室、税政管理股、征收管理股、计划征收股；直属机构1个，即大关县国家税务局稽查局；派出机构1个，即大关县国家税务局翠华税务分局；1个下属事业单位，即信息中心。全局有干部职工63人，其中：在职人员44人，离退休人员19人。在职人员中男性28人，女性16人。全局有党员31人。在职人员中有本科学历16人，占在职人员的36.36%，专科学历20人，占在职人员的45.45%，中专以下学历8人，占在职人员的18.19%。

【领导班子建设】 一是在领导班子中开展创先争优活动。提升党组班子执行力，加大“一线工作法”、“定点工作法”的落实力度，班子成员对各自分管的工作定期召开会议解决相关问题，适时下到挂钩企业进行涉税事项的指导，力求工作在一线落实，稳定在一线确保，问题在一线发现和解决，重点和难点工作定点负责。二是开展领导班子交心谈心、批评与自我批评活动，不断增强领导班子凝聚力。三是坚持按月召开党组民主生活会，广泛征求干部职工的意见、建议，收集意见、建议20余条，并对意见和建议进行梳理整改，及时答复和解决干部职工的合理化建议和问题，推进民主政治建设。四是坚持局长负总责，班子成员分工负责，重大事项集体研究决定的民主集中制原则，促进领导班子科学决策、民主决策。

【廉政建设】 一是在党员干部中签订《党风廉政建设责任书》32份，将党风廉政建设责任制分解到人。二是邀请检察院相关工作人员进行廉政建设专题讲座，组织全体国税干部认真学习最高人民检察院新公布的“渎职侵权犯罪立案标准”，把握失职渎职案件的重点部位和重点环节，规范税收执法，落实执法责任，不断提高执法水平，杜绝失职渎职案件的发生。三是向纳税人送达《廉政公约》200份，坚持开展《廉政公约》回访活动，明察暗访国税干部履行《廉政公约》的情况。四是加强“两权”监督，规范权力运行，走访纳税人，调查了解国税干部的文明执法情况和廉政建设情况。

【精神文明建设】 一是制定精神文明创建工作方案，开展队伍建设、文明环境、健康家庭工程等活动，从纳税服务、廉政建设、干部素质等方面打造执法严格的国税干部队伍。二是继续推进“创先争优”活动深入展开，积极开展“学习杨善洲”活动，加强党员干部的先进性教育和党性教育。三是用实际行动把扶贫工作当作最大事情、最硬任务、最紧迫工作来抓。在大旱来临之际，全局干部出资4000元，购买塑料管道，用“圈水”方法，将水引至农田，尽量缓解旱情；动员当地群众采取抽、拉、提、挑、引的方法保障人畜用水；同时，积极向县委、县政府汇报扶贫点实际受灾情况，并书面向水务局、县减灾办等部门反映扶贫点急需的救灾项目，争取补贴资金和救灾物资达10余万元。

【培训教育】 一是开展思想道德教育、财务会计知识、税收法律法规知识等专题讲座14期，培训干部职工150人（次）。二是加强干部学历教育，鼓励干部职工通过成人高考、自学考试、电大、在职教育等方式提升学历层次，其中，4名干部顺利完成本科层次在职教育，获得本科文凭。三是强化岗位培训。继续坚持“请进来，送出去”的方式，以提高履职能力为重点，实施素质教育工程，进一步抓好干部培训，其中参加省局、市局组织的各类培训和考试12期，112人（次）。

（罗安周）

永善县国家税务局

经济概况

2011年，永善县实现生产总值（GDP）32.13亿元，同比增长11.50%。其中：第一产业7.68亿元，增长5.90%；第二产业13.11亿元，增长16.80%；第三产业11.34亿元，增长9.50%。第一、二、三产业分别拉动GDP增长1.4、6.6和3.5个百分点。全县三次产业的结构比例为23.90:40.80:35.30。全县非公经济实现增加值11.18亿元，占GDP的比重达34.80%。城镇居民人均可支配收入达1.30万元，增长8.20%；农民人均纯收入达3183元，同比增长16.90%。

税收概况

【收入完成情况】 2011年，永善县国家税务局组织入库税收收入8640万元，完成年度计划的123.61%，同比增长36.34%，增收2303万元。其中：增值税入库7268万元，完成年度计划的123.40%，同比增长37.91%，增收1998万元；消费税入库3万元，完成年度计划的150%，同比增长200%，增收2万元；企业所得税入库630万元，完成年度计划的105%，同比增长9.38%，增收54万元；储蓄存款利息所得个人所得税入库16万元，完成年度计划的133.33%，同比下降46.67%，减收14万元；车辆购置税入库703万元，完成年度计划的144.65%，同比增长55.19%，增收250万元；其他收入入库20万元，同比增长185.71%，增收13万元。

【收入特点】 （一）国税收入增幅高于GDP增幅。2011年永善国税收入同比增长36.34 %，GDP同比增长11.50%。（二）实现收入总量再创新高，永善国税收入首次突破8000万元。（三）五税种呈现“四增一减”特征。增值税同比增长37.91%；消费税同比增长200%；企业所得税同比增长9.38%；车辆购置税同比增长55.19%。储蓄存款利息所得个人所得税同比下降46.67%。（四）中央级、地方级预算级次收入齐头并进、协调增长。中央级同比增收177万元，增长37.19%；地方级同比增收515万元，增长33.04%。（五）主体税种增值税增量最大，同比增收1998万元，增长37.91%，有力地支撑了整个国税收入的增速，对税收收入贡献率达84.32%。

【税源分析】 （一）从重点税源看。2011年全县重点税源企业累计入库税收5312万元，占总收入的61.48%。其中：金沙矿业有限责任公司入库税收1608万元，增收458万元。县烟草公司入库税收1112万元，增收405万元。永善供电有限责任公司和云南昭通高桥发电有限公司累计入库税收1904万元，增收99万元。桧溪煤矿入库税收688万元，增收112万元。（二）从行业看。有色金属矿产品市场价格上升，累计入库增值税1608万元，同比增长39.83%，增收458万元。2011年煤炭产销量增加，税收增幅明显，原煤增值税累计入库688万元，同比增长19.44%，增收112万元。电力税收保持上升势头，增值税累计入库2002万元，同比增长5.7%，增收108万元。商业增值税累计入库1560万元，同比增长70.12%，增收643万元。其他行业增值税累计入库918万元，同比增长59.1%，增收341万元。（三）从税种看。增值税增长较快，其原因是企业经营稳定向好。2011年入库增值税7268万元，同比增长37.91%，增收1998万元。2011年企业产销两旺，利润增加，所得税入库630万元，同比增长9.38%，增收54万元。小酒厂生产正常，消费税增长，消费税入库3万元，同比增长200%，增收2万元。储蓄存款利息所得个人所得税因政策因素减收，累计入库16万元，同比下降46.67%，减收14万元。经济形势稳定，汽车购买力增强，车辆购置税大幅增长，2011年入库车辆购置税703万元，同比增长55.19%，增收250万元。

各项工作

【税收征管】 （一）税源管理。一是认真落实税收管理员制度。进一步细化税收管理员岗责体系，做到管事与管户相结合。实行工作痕迹管理制，推行管理员工作日志，强化管理员的工作积极性和主动性。二是积极推行税源专业化管理工作。在分类、分片管理的基础上，推行行业专业化管理。三是强化户籍管理，夯实税源基础。截至2011年底共有征管户2592户，其中企业198户，个体2394户。四是加强与相关部门的协调配合，强化第三方信息的分析利用。五是积极开展实地检查，督促纳税人主动依法办理税务登记，严格税务登记违章行为的处罚，2011年共对33户逾期办理税务登记证的纳税人进行税务行政处罚，共处罚款1.08万元。（二）税种管理。1. 增值税。一是加强固定资产抵扣管理。2011年累计发生固定资产抵扣8户，留抵1.89亿元。其中：中国长江三峡集团总公司溪洛渡工程建设部固定资产留抵达1.88亿元。二是认真做好增值税一般纳税人管理工作。2011年增值税一般纳税人66户，其中，商业企业43户，工业企业23户，纳入防伪税控管理24户。三是充分利用数据监控分析系统加强对一般纳税人申报、抵扣和重点税源企业的监控管理。四是加强增值税专用发票管理。严格执行开票限额审批制度，加强代开发票审核管理。2. 消费税。加强对小酒厂生产经营活动的日常管理和检查，严格执行核定征收的相关规定，对生产经营发生变化的业户适时调整纳税定额。3. 车辆购置税。做好车辆购置税“一条龙”管理服务，加强与交警部门的密切配合，积极做好车购税电子信息采集和电子档案管理工作。4. 所得税。一是所得税汇算清缴工作。2010年应汇算户为64户，已汇算64户，汇算率达100%，税款入库率达100%。2010年度汇算盈利企业4户，享受优惠税收政策的免征企业所得税1户，亏损企业35户，核定征收24户。二是按照《企业资产损失所得税税前扣除管理办法》审核批准3户纳税人的资产损失税前扣除申请，审核批准扣除损失金额195.28万元。（三）发票管理。一是强化宣传，正确使用发票，让纳税人理解掌握发票使用相关规定，不断扩大发票使用面。2011年发票使用户达509户，其中企业74户、个体435户。二是落实发票使用管理三级审核制度。即：办税服务厅审核，税源管理分局复核，发票管理部门抽查。三是加强普通发票的日常检查和违章处罚，2011年共查处发票违章户10户，共处罚款3600元。四是扩大电脑票使用范围，并上门帮助安装调试开票机，指导纳税人如何进行开票操作，确保了新版普通发票填开系统的正常运行。

【税收执法】 （一）税法宣传。一是紧紧围绕“税收·发展·民生”的税宣主题，认真开展税法宣传，与地税联合举行了声势浩大的“税收宣传月”启动仪式，开展丰富多彩的宣传活动，收到良好的宣传效果。活动期间，悬挂税收宣传标语条幅15条，设立“税务咨询点”，共接受涉税咨询300人次，散发税收宣传资料2700份。二是邀请纳税人代表，召开税企座谈会，辅导有关税收政策、法律、法规，并请他们向纳税人和社会各界进行宣传。三是召开由溪洛渡水电站施工单位参加的税法宣传咨询培训服务会5次，散发税收宣传资料120份。四是组织税法宣传工作组，开展送税法下乡活动。（二）税务稽查。2011年共立案查处税收违法案件5户，结案5户，查补税款5.24万元，加收滞纳金3.40万元，罚款3.07万元，合计入库收入11.71万元。企业自查26户，查补税款2.92万元，滞纳金4095.27元，罚款1.48万元，合计入库4.81万元。2011年对总局督办的协查案件，即“黄金”案件和“11·10”案件进行了协查与结果回复。（三）执法检查。一是坚持严格执法，严格按照法定权限和程序行使权力、履行职责。二是在内部监控上，严格税收执法系统的考核监控，坚持“有错必纠、有责必问”。通过税收执法管理信息系统考核子系统自动考核，全年共出现5个执法过错行为，作无过错调整4个，确定执法过错行为1个，考核执法正确率达99.99%。三是在外部监督上，推行政务公开，实施阳光执法，主动把执法行为置于纳税人和社会各界的监督之下，避免了“关系税”、“人情税”等一系列不公正现象的发生。（四）依法治税。一是加大对增值税起征点调整工作的宣传，做好解释和辅导工作，制定落实政策调整的操作办法，规范工作流程，确保税收政策正确贯彻落实。二是密切关注政策变化对纳税人和税务机关的影响，要求管理员不得因起征点调整而擅自调高定额，最大限度地加大对个体工商户的税收扶持力度。三是严格定额动态管理。坚持推行定额调整动态监管制度，实现定额的动态适时浮动，做到免征不免管，全力堵塞征管漏洞。四是认真落实税收优惠政策，对永善县农村信用合作联社免征企业所得税690.48万元。

【纳税服务】 一是积极推进标准化办税服务厅建设，加强办税服务厅运行管理。优化申报纳税“一窗式”管理和“涉税”事项“一站式”服务。二是积极推广POS机刷卡缴税服务。简化工作程序，提高工作效能，进一步提高纳税服务水平，方便纳税人。三是进一步搞好预约服务、限时服务、提醒服务、延时服务，并针对不同纳税人特点，开展人性化服务。四是主动服务地方经济社会发展大局。加强与地方各部门的沟通、协调、配合，营造良好和谐的外部环境。

【税务管理信息化建设】 一是加强对网络运行情况的监控检查，对全局计算机和打印机等设备进行日常维护，确保全局网络畅通和相关设备的正常运行。二是有序搞好相关软件的升级工作。及时对综合征管软件进行升级，掌握客户端需完善和操作的相关技术。三是搞好税收管理员辅助系统V2.0上线业务演练工作。重点税源网上直报系统、新版普通发票开票系统等软件推广使用工作。四是按时参与省、市局信息中心组织的网络教育系统视频会议联调，确保视频会议顺利召开。五是协助相关股室搞好新版普通发票填开系统推广使用工作。到企业接受纳税人咨询和解决相关问题40余次。

队伍建设

【机构人员情况】 内设机构8个：办公室、人事教育股、监察室、办税服务厅、政策法规股、税政股、收入核算股、征收管理股。1个直属机构：稽查局。1个派出机构：溪洛渡税务分局。1个事业单位：信息中心。全县在职干部职工65人，其中：男性54人，女性11人。学历结构：研究生1人，占职工总数的1.54%；本科17人，占职工总数的26.15%；大专43人，占职工总数的66.16%；中专及以下4人，占职工总数的6.15%。

【领导班子建设】 一是加强思想建设，增强领导干部党性修养。组织党组理论中心组集体学习，促使班子成员牢固树立正确的世界观、人生观、价值观，自觉增强党性修养、政治意识、大局意识和责任意识。二是转变工作作风，发挥领导班子模范作用。积极开展班子成员谈心活动，诚恳接受批评和建议。认真贯彻执行民主集中制原则，实行民主决策和集体研究，增强决策的透明度。三是突出工作落实。进一步完善《目标责任制考核管理办法》，狠抓责任分解、调查研究、督查督办、目标考核等关键环节，健全一抓到底的落实机制，促进了各项工作的落实。

【廉政建设】 一是紧密结合“服务基层年”税收工作主题，深化作风建设，抓好源头治理，推进惩治和预防腐败体系建设。二是落实党风廉政建设责任制。层层签订《党风廉政建设责任书》和《预防职务犯罪工作责任书》。三是加强学习和教育，增强干部拒腐防变能力。开展以爱岗敬业，公正执法，诚信服务，廉洁奉公为主要内容的国税干部职业道德和警示教育。四是认真开展廉政风险排查和行风测评工作 。在纳税户中发放调查表500份，对政务公开、办事效率、服务态度、依法行政、廉洁执法五个方面进行测评。“满意”和“比较满意”率达98.60%。

【精神文明建设】 一是按照精神文明创建规划，有组织有计划地开展精神文明创建活动，把精神文明建设工作纳入目标管理责任制，严格进行考核。通过不懈努力，2011年度永善县国税局被昭通市文明办授予“昭通市2011～2013年度市级文明单位”荣誉称号。二是在干部中广泛开展“创先争优”、“学习杨善洲”、“四评四亮”等活动，营造了学先进、争先进、当先进的良好氛围。三是丰富创建载体，组织干部职工参加有益于身心健康的文体活动。与溪洛渡电站建设部开展“篮球”赛、“乒乓球”赛等文体活动来丰富职工业余文化生活，增强队伍凝聚力。四是组织干部职工参加6月28日由永善县委、县政府组织的“党旗红，永善美”大型红歌会，并获三等奖。五是积极参与社会公益活动。3月16日全体干部职工踊跃向盈江地震灾区捐款，共捐款5300元，单位捐款3000元，合计捐款8300元。3月18日，7名干部职工到永善县中医院参加无偿献血活动，共计献血1400ml。

【教育培训】 一是根据年度教育培训计划，认真开展各类定岗培训和综合工作能力培训工作，着力提高干部队伍整体素质。二是组织28名干部参加省、市局组织的各类业务培训。三是加强日常培训工作，不断提高广大国税干部的政治素质和业务水平。四是开展学历教育，投入资金2万元支持11人攻读专、本科和研究生学历。

（殷代安）

绥江县国家税务局

经济概况

2011年，绥江县实现生产总值（GDP）14.91亿元，按可比价计算，同比增长15.10%。其中，第一产业实现增加值2.78亿元，同比增长5.30%；第二产业实现增加值6.19亿元，同比增长23.70%；第三产业实现增加值5.94亿元，同比增长11.40%。三次产业的比重由2010年的19.09:39.42:41.49调整为18.65:41.52:39.83。全年完成地方固定资产投资23.65亿元，同比增长38.99%。全社会消费品零售总额4.15亿元，同比增长22.96%。全县职工年平均工资2.81万元，同比增长0.79%。全县农民人均纯收入3416元，同比增长17.35%。全县地方财政一般预算收入1.48亿元，同比增长66.05%。全县财政支出8.36亿元，同比增长47.56%。

税收概况

【收入完成情况】 2011年，绥江县国家税务局完成税收收入8833.22万元，完成年计划税收任务的104.02%，同比增收2946.65万元，增长50.06%。其中：增值税7879.70万元，同比增收2663.48万元，增长51.06%；消费税1.06万元，同比持平；企业所得税完成356.56万元，同比增收79.71万元，增长28.79%；储蓄存款利息所得个人所得税6.55万元，同比减收10.32万元，下降61.17%；车辆购置税589.35万元，同比增收213.78万元，增长56.92%。

【收入特点】 （一）税收突破8000万元大关，首次超过绥江烟厂政策性关闭前的最好水平，创历史新高。（二）税收增长速度快于GDP增长速度，税收同比增长50.06%，GDP同比增长15.10%。（三）宏观税负提高，由2010年的4.89%上升为5.92%。（四）五大税种“三增一降一持平”，增值税、车辆购置税、企业所得税增收，储蓄存款利息所得个人所得税减收，消费税持平。（五）增值税在税收收入中占主体地位。增值税完成7879.70万元，占总收入的89.21%。车辆购置税、企业所得税、储蓄存款利息所得个人所得税、消费税占税收收入的比重分别为6.67%、4.04%、0.07%、0.01%。（六）煤炭税收完成4105万元，占税收收入的比重由2010年的55.31%下降到46.47%，但仍是主要税源。（七）建材税收增长较快。入库建材税收1582万元，同比增收1328万元，增长522.83%。

【税源分析】 （一）从行业看：煤炭、建材、商业、电力四大行业实现税收收入7774万元，占税收总额的比重由2010年87.40%上升到88.01%。其中：煤炭税收完成4105万元，同比增收849万元，增长26.07%，原因是煤炭产量同比增长0.88%，价格上涨；建材完成1582万元，同比增收1328万元，增长522.83%，原因是新县城建设全面启动，建材市场供需强盛，税务机关加强建材税收管理，建材税收增长迅猛；商业行业完成1419万元，同比增收426万元，增长42.90%，原因是来自煤炭经营企业的税收增长较快；电力完成668万元，同比增收23万元，增长3.57%，原因是全县发电量和售电量分别同比增长26.39%和43.88%，移民工程全线开工建设，用电量增加。（二）从税种看：1. 增值税。增值税完成7879.70万元，同比增收2663.48万元，增长51.06%，原因是固定资产投资总额同比增长38.99%，有效拉动经济增长，带动主要支柱税源煤炭、建材、商业、电力四大行业增长。2. 企业所得税。同比增收79.71万元，增长28.79%，原因是绥江县烟草公司同期税款增加。3. 消费税。同比税收持平，原因是个体白酒小作坊全年白酒生产销售同比持平，税源没有发生变化。4. 车辆购置税。税收实现大幅增长，同比增长56.92%，原因是居民可支配收入增加，消费能力增强。5. 储蓄存款利息所得个人所得税下降主要受政策因素影响。

各项工作

【税收征管】 （一）税源管理。一是强化纳税人户籍管理。充分发挥部门协作作用，依托信息化落实纳税人户籍资料的“一户式”管理，及时归纳、整理和分析户籍管理的各类信息，加强日常管理，做好新开业户、变更、停业、复业、注销、外出经营报验登记管理工作。2011年共办理新开业户478户，全县共有管户2566户，其中：个体2385户，企业181户。二是理顺纳税评估协调机制，统一制定纳税评估计划。纳税评估企业6户，共补缴税款22.21万元，滞纳金7万元。三是加强税收专业化管理。大力整顿建材行业，组织涉及建材生产、销售业务的54户纳税人召开座谈会，规范税收管理秩序，建材税收同比增长522.83%；成立煤炭税收管理组，负责煤炭行业日常税收征收管理，行业专业调研等工作，对纳税申报异常的煤炭企业进行日常纳税评估，共查补增值税2万元。（二）税种管理。1. 增值税管理。一是加强一般纳税人管理。按规定严格认定增值税一般纳税人资格，全年新认定增值税一般纳税人11户，共有一般纳税人64户，其中：纳入防伪税控管理的30户。加强对一般纳税人专票的认证、审核、抵扣管理，审核检查增值税货物运输发票抵扣凭证110份，均比对相符。二是个体税收管理。核定增值税“双定户”2344户；严格执行增值税起征点调高政策，达到起征点的个体工商户由202户下降为41户，因经济快速发展，个体税收增长强劲，起征点调高政策对个体税收增长未造成较大影响，累计入库1309万元，同比增长106.14%，增收674万元。2. 消费税管理。税源无较大变化，税款实行定额征收。3. 企业所得税管理。一是全面、系统、真实掌握全县所得税税源状况及变化动态。企业所得税税种登记的纳税人有82户、注销22户，开业户60户，其中定额核定所得税企业17户，有2户为汇缴成员企业。二是全面落实企业所得税优惠政策。审核2010年符合西部大开发减免所得税企业2户、符合汶川地震灾区农村信用社继续免征企业所得税 1 户、符合小型微利企业减免企业所得税 3 户，减免 5 户盈利企业所得税 327.67 万元。三是认真组织 2010 年度企业所得税汇算清缴工作，组织 41 户企业进行汇算清缴，批准企业所得税财产损失税前扣除 121.78 万元，汇算补缴企业所得税 10.23 万元，汇算清缴面达 100%。四是对账务不健全、核算不准确的 18 户企业进行所得税核定征收管理。4. 车辆购置税管理。及时更新车辆购置税最低计税价格；完善车辆购置税电子档案；受理纳税人车辆购置税纳税申报 4730 份。（三）发票管理。一是加强机打发票的推广，全县有 325 户征管户使用机打发票，占全部普通发票用票户的 94.20%，占全部征管户的 12.67%。二是加强发票安全检查管理。严格按“三专六防”要求加强发票安全管理。三是加强发票发售、使用管理。普通发票坚持先申请后售票、合理确定月发票发售数，坚持先验旧再售新制度，专用发票严格执行限额限量、购票预缴税款、先比对后抵扣等制度。四是开展税收票证检查，打击税收票证违法行为，进一步规范发票领发、保管、填用等管理。

【纳税服务】 一是不断完善信息化支撑下的办税服务方式。加大网上办税厅的建设力度，积极推行网上办税。扎实做好财税库银横向联网的各项准备工作，拓展多元化申报方式。全力推行网络版发票，提高网上信息交换的效能。二是不断规范和完善“一窗式”、“一站式”服务，简化和优化办税流程。精简涉税资料，切实将“两个减负”落到实处，为纳税人提供便捷高效的税收服务。三是完善信用管理，引导纳税遵从。通过加强纳税信用评定管理，强化纳税信用评定结果应用，提高税收管理和纳税服务的综合效能。四是积极开展“四亮四评”主题实践活动。采取有效措施提升窗口服务水平，促进纳税服务质量的有效提升。五是开展“大走访”活动，了解企业生产经营状况，广泛征询纳税人的意见和建议。定期开展“局长接待日”活动，公开、公平、公正地解决税收争议，切实维护纳税人的合法权益。大力推进办税服务厅建设，通过打造服务型窗口，窗口按时办结率达 100%；纳税人投诉率为零，满意率达 98.8%，切实树立起纳税服务标杆形象。

【税收执法】 （一）税法宣传。一是紧扣“税收·发展·民生”宣传主题，组织干部职工上街设立税收咨询点，召开税企座谈会、开展进企业送税法等活动、活动期间发放税收宣传资料 4300 份，接受税收知识咨询 137 人（次），税法宣传成效显著。二是利用绥江党建网、《今日绥江》和政府信息公开网、税务大厅税收宣传专栏等载体，开展税收法律法规宣传，扩大宣传的有效性。三是宣传月表彰先进纳税人 4 户，以正面典型引导纳税人，提高纳税人对税法的遵从度。（二）税务稽查。一是稽查工作强化“和谐稽查”的理念，进一步完善“查前告知”制度，要求 20 户企业开展自查，其中 16 户企业自查有问题补税 41.36 万元，加收滞纳金 9.57 万元；二是对 3 户企业开展日常稽查，查补增值税及加收滞纳金、罚款合计 7.74 万元；三是转交 1 起重大涉税案件由重大案件审理委员会审理；四是办结回复协查案件 4 件；五是联合公安部门开展打击发票违法犯罪活动工作，查处发票类违法、违章案件 5 件，罚款 1.83 万元。（三）执法检查。一是深入推行税收执法责任制，严格执行《执法过错追究实施办法》和《执法管理子系统考核实施办法》，全年无过错申辩调整 10 户（次），产生 2 户（次）扣 3 分的执法过错。二是开展 2011 年税收专项检查，对药品经销行业 2010 年纳税情况进行检查，5 户药品经销行业纳税人自查补缴增值税 2.58 万元，滞纳金 1198.86 元。（四）依法治税。一是大力开展法制机关建设。制定了《绥江县国家税务局 2011 年普法依法治理暨“法治机关”创建工作意见》，切实做好“六五”普法和“四五”依法治理规划及“法治绥江”工作。二是县局积极推进社会矛盾化解、社会管理创新、公正廉洁执法三项重点工作，为全县经济社会发展营造良好的法治环境。三是重大案件审理委员会审理完结重大税务案件 1 件。四是成立政府信息公开暨工程建设领域项目信息公开和诚信体系建设工作领导组，深入推进政府信息公开工作。五是参加省局举办的全省国税系统《中华人民共和国行政强制法》视频培训。六是县局被中共绥江县委、县政府表彰为“五五”普法和“三五”依法治县先进成员单位。

【税务管理信息化建设】 一是做好计算机的日常维护和病毒清理工作，确保网络运行的安全畅通。二是发挥各征管系统的作用，加大数据资源应用力度，准确地对金税工程数据和其他数据进行处理、传输，为内部管理和外部需求服务。三是对上级配备的新设备进行合理分配，有效改善各部门的工作条件。四是做好各系统的维护、上线、升级等工作，确保各系统的正常运行。完善普通发票开填系统，对纳税人进行辅导，不断提高发票管理工作水平；推广应用专管员辅助系统，进一步推进税收管理精细化、科学化；完成对综合征管软件 42L02 号补丁到 44L01 号补丁的升级及本级维护、网络版防伪税控系统 5.00 版各分系统客户端的升级。

队伍建设

【机构人员情况】 2011 年，绥江县国家税务局内设办公室、政策法规股、征收管理股、税政股、人事教育股、监察室、收入核算股、办税服务厅；直属机构：稽查局；派出机构：中城税务分局；事业单位：信息中心。年末有干部职工 54 人，其中在岗 42 人，占 77.78%；退休 12 人，占 22.22%。在岗干部中：男干部 26 人，占 61.90%；女干部 16 人，占 38.10%；大专及以上文化 39 人，占 92.86%；中专及以下 3 人，占 7.14%；中共党员 18 人，占 42.86%。

【领导班子建设】 一是开展领导班子民主建设。领导班子认真执行党内制度，贯彻民主集中制原则，在用人、大额经费支出、大宗物资采购等方面实行集体研究。二是努力提升领导干部执行力，认真落实“一线工作法”、“定点工作法”，带头挂钩重点税源企业，深入企业开展调研，与企业加强联系，为企业解决困难。三是强化领导班子领导力量。在上级的关心下，培养提拔 1 名县局副科级干部，充实领导班子力量，在 12 月完成县局新老班子负责人交接工作。四是加强党风廉政建设，班子成员带头学习，加强自身建设，自觉提高班子自律意识，全面接受监督。

【精神文明建设】 一是开展走访慰问老党员干部、参观绥江建设成就大型图片展、参与“党在我心中”知识竞赛等系列活动庆祝建党90周年。二是开展书法、摄影等活动，活跃干部的文化生活。三是开展公益事业活动。组织职工向遭受地震的云南省德宏傣族景颇族自治州盈江县国税局捐款献爱心。四是加强部门交流合作。与县财政局等6家单位联合举办迎新春晚会，促进各部门干部职工的交流和团结协作。五是继续深入推进创先争优活动，大力开展学习杨善洲活动，结合工作实际，着力“改、建、办、进”四个方面开展工作，巩固精神文明创建成果。六是全面落实移民工作要求，抽出8名干部挂钩中城镇凤凰社区8个居民小组开展移民工作，积极宣传移民政策，做好移民思想工作及安置意愿调查等工作，推进移民工作的落实。七是继续开展扶贫帮困工作，开展“春节送温暖”慰问66户困难户和抗旱救灾工作，完成春季造竹50亩。八是基建工作全面启动，县局综合办公楼基建工作和国税小区移民安置房建设工作相继动工，基建工程完工后将全面改善干部职工的工作环境和生活环境。

【廉政建设】 一是推进内控机制建设，增强领导干部廉政风险意识，促进税收执法权和行政管理权透明、规范、高效运行。二是在500户企业中开展行风测评工作，纳税人对县局的执法满意率均在90%以上。三是在全局开展廉政准则贯彻执行情况专项检查，通过检查促进党员领导干部自觉接受组织、群众和社会的监督，切实做到为民、务实、清廉。四是与县检察院共同举行预防职务犯罪专题联席会，分析税务干部发生职务犯罪的原因，提出预防职务犯罪的意见和建议。五是召开特邀监察员座谈会，向特邀监察员汇报全局党风廉政建设以及税收工作开展情况，听取特邀监察员在税收执法、机关作风、廉政建设等方面的意见和建议。六是制定《绥江县国税局落实税收违法案件“一案双查”实施办法》，规范税收征管和执法行为，有效预防和查处税收违法行为问题。

【教育培训】 一是加强干部教育培训工作。有针对性地加强业务技能培训和岗位练兵活动，开展各项培训活动4次，68人（次）接受教育培训。二是充分利用云南省国税系统网络在线教育培训系统和《云南国税讲坛》优势，帮助国税干部学习时政、调整心理、改进工作、改善生活。三是巩固“三读”活动成果，深入推进学习型党组织建设。

（柯术勇）

水富县国家税务局

经济概况

2011年，水富县实现生产总值（GDP）30.95亿元，按可比价计算，同比增长14%。其中，第一产业完成增加值1.49亿元，同比增长1.50%；第二产业完成增加值21.11亿元，同比增长17.30%；第三产业完成增加值8.35亿元，同比增长8.30%；三次产业结构比例为4.80∶68.20∶27；人均生产总值3.02万元；完成固定资产投资87.52亿元，同比增长44%；社会消费品零售总额实现5.12亿元，同比增长19.20%，非公经济实现增加值6.82亿元，同比增长23.40%；城镇居民人均可支配收入1.65万元，同比增长10.60%；农民人均纯收入3886元，同比增长17.10%；地方财政收入2.76亿元，同比增长10.30%。税务部门组织收入3.46亿元，同比增长7.50%。

税收概况

【收入完成情况】 2011年，水富县国家税务局共计入库税收收入1.33亿元，完成年度确保目标的128.17%，同比增长7.29%。其中：增值税累计入库8019万元，完成年度计划的94.90%，同比下降19.06%；消费税累计入库124万元，完成年度计划的112.73%，同比增长13.76%；储蓄存款利息所得个人所得税累计入库8万元，完成年度计划的80%，同比下降55.56%；企业所得税累计入库3951万元，完成年度计划7.45倍，同比增长3.5倍；车辆购置税累计入库1228万元，完成年度计划的94.46%，同比下降18.94%。

【收入特点】 一是税收收入增速慢于GDP增速。税收收入同比增长7.29%，GDP同比增长14%。二是税收收入同比呈“三降二增”。“三降”为增值税同比减收1888万元，下降19.06%；车辆购置税同比减收287万元，下降18.94%；储蓄存款利息所得个人所得税同比减收10万元，下降55.56%。“二增”为消费税同比增收15万元，增长13.76%；企业所得税同比增收3076万元，增长350%。三是“两税”收入下滑出“1亿元”台阶，“两税”累计入库8143万元，完成年度计划的95.13%，同比下降18.70%。四是税源结构变化明显，化工行业税收急剧下降，商业和建材行业税收比重增大。多年来占主导地位的化工行业税收，2011年仅入库税款1748万元，占增值税比重的21.80%，同比减收3000万元，下降63.18%；商业和建材行业2011年共完成税收3986万元，占增值税比重的49.71%，较2010年所占增值税比重高出21.14个百分点。五是企业所得税大幅增长，共组织入库3951万元，占总收入的29.64%，其中，非居民企业所得税入库3412万元。

【税源分析】 （一）从税种来看：一是增值税减收1888万元，其主要原因是云天化股份有限公司因煤化工技改工程购入固定资产造成进项税抵扣额巨大，导致全年无增值税入库，上年同期入库3113万元。二是企业所得税增收3076万元，其主要原因是云天化股份有限公司代扣毛里求斯凯雷柯维有限公司（中国）股权转让所得产生的非居民企业所得税3412万元；杨柳滩电站享受西部大开发“免二减三”税收优惠政策，退2010年及2011年入库435万元。三是车辆购置税减收287万元，其主要原因是车辆购置税优惠政策终止，车市销售量萎缩。四是消费税增收15万元，其主要原因是醉明月酒厂白酒产品销量回升，全年入库消费税124万元。五是政策性因素导致储蓄存款利息所得个人所得税减收10万元，下降55.56%。（二）从行业来看：一是化工税收完成1748万元，同比减收3000万元，下降63.18%，其主要原因是云天化股份有限公司因固定资产进项税抵扣导致全年无增值税入库。二是商业税收完成2508万元，同比增收1154万元，增长85.23%，其中商业批发中卷烟批发同比增收239万元，增长43.85%；商业零售同比增收785万元，增长209.33%。三是建材税收完成1478万元，同比增收2万元，税收收入与上一年基本持平。四是电力行业呈现“发电企业减收，供电企业增收”的态势。电力税收完成1745万元，同比减收108万元，同比下降5.83%。主要是由于发达电力业务萎缩减收715万元，张窝电站减收61万元，杨柳滩电站增收295万元；供电环节因向家坝水电站建设用电需求增大，入库税款860万元，同比增收373万元，增长76.59%。

各项工作

【税收征管】 （一）税源管理。一是加强户籍管理。经清理，全县有税务登记户2147户，其中企业163户，个体1984户；全年办理停歇业96户，清理非正常户21户，按规定进行了注销处理；及时清理漏征漏管户，实现了对纳税人信息的动态监控，为全面摸清税源情况奠定了基础。二是积极开展税源专业化管理工作。在分类、分片管理的基础上，推行行业专业化管理。三是认真落实税收管理员制度，对税收管理员实行定岗定责，实行管理员工作日志。四是开展纳税评估工作。全年共评估纳税人15户，评估补税2.82万元。（二）税种管理。1. 增值税管理。一是认真做好增值税转型政策法规的宣传辅导工作，进一步加强固定资产进项税抵扣管理，完善《固定资产进项税抵扣管理台账》和重点纳税人《固定资产清册》。二是严格按规定对增值税专用发票和货运发票进行审核和认证。三是利用数据监控系统加强对一般纳税人申报、固定资产抵扣和重点税源的监控管理。四是认真贯彻执行增值税起征点调整政策，优惠政策惠及个体纳税人2038户，享受税收优惠面达到98.7%，全年共减免税款58万余元。2. 消费税管理。加强对白酒生产企业的监控管理，了解掌握其生产经营变化情况。3. 企业所得税管理。一是认真做好2010年度企业所得税汇算清缴工作，组织97户企业参加汇算清缴，经汇算清缴盈利企业22户，比同期增加10户，亏损企业58户，比同期减少13户，零申报17户，比同期减少了9户。二是采取集中培训、上门宣传辅导等方式开展所得税法及相关优惠政策的宣传和会计知识培训。三是对账务不健全、无法进行查账征收的35户企业进行核定征收，核定征收所得税额5.66万元。四是严把所得税税前扣除审批关，按规定批准2户企业税前扣除财产损失共计65.44万元。五是执行税收优惠政策，依法减免水富县农村信用合作社联社等3户企业所得税额共计1156万元。六是企业所得税收入创历史新高。云南云天化股份有限公司代扣代缴毛里求斯共和国凯雷科维有限公司出售股权所得非居民企业所得税3470万元顺利入库，使2011年征收非居民企业所得税累计达到3477万元。4. 车辆购置税管理。一是积极做好车购税电子信息采集和电子档案管理工作。二是加强对反馈机动车销售异常发票的清理和检查，未发现异常发票。三是积极主动与县交警车管所协调，完善信息交换和信息共享机制，进一步加强车辆购置税的税源监控力度。（三）发票管理。一是认真开展了发票验旧、补税、监管和售后服务工作，按规定发售普通发票391035份，共计验旧普通发票390324份，据此调整纳税定额41户次，补税8.60万元；代开普通发票3065份，征税65万元。二是按期完成发票简并换版工作，对用票户进行全方位的业务辅导，并安排征管和信息中心人员24小时值班，真正做到有求必应，上门为纳税人解决疑难问题。三是开展普通发票专项检查。全年查处发票违章6户，查补收入5.50万元。四是按规定发售专用发票3194份；代开专用发票33份，征税5.60万元。

【税收执法】 （一）税收宣传。一是紧紧围绕“税收·发展·民生”的税宣主题，认真开展税法宣传，悬挂税收宣传标语条幅10条，设立“税务咨询点”3个，共接受涉税咨询400人（次），散发税收宣传资料3000余份。二是开展“送税法”活动，进企业、进工地、进课堂、进景区，进行税法宣传和相关税收政策培训。三是评选和表彰年度“十佳纳税单位”，树立依法纳税正面典型。四是通过举办税企座谈会，广泛征求纳税人意见和建议，既增进互信，又促进征纳和谐。五是以“北大门之夜”广场文化主题文艺晚会为平台，开展税收宣传活动，把整个税收宣传活动推向高潮。六是借助广播、电视等宣传媒体广泛开展税法宣传。（二）税务稽查。一是2011年共检查纳税户15户，查处有问题12户，查补入库税款8.18万元，加收滞纳金4600元，罚款3.74万元，合计12.38万元。二是对建材生产销售行业进行重点整治，选取了两户企业检查，查结1户，查补税款1.96万元，罚款1.28万元，合计3.24万元。三是分级分类稽查成效显著，查补税款3574.08元，罚款1787.05元，加收滞纳金423.20元，合计5784.33元。四是加大发票整治力度，严厉打击发票违法行为，对21户纳税人共计1000余份发票进行检查，办结案件6件，补缴税款2.23万元、滞纳金1700元、罚款3.1万元，合计5.5万元。（三）执法检查。一是做好税收规范性文件的备案审查工作，定期清理税收规范性文件，确保规范性文件合法有效。二是根据水富县人民政府推行效能政府“四项制度”工作的安排，对县级国税机关现有行政许可类审批（服务）项目和非行政许可类审批（服务）项目逐一进行了清理和规范。三是采取“自查+重点抽查”的模式，开展全局税收执法自查自纠工作，严格落实税收执法责任制和过错追究制，对不规范的执法行为进行了及时整改。（四）依法治税。一是加强重大涉税案件审理工作。2011年共审理重大涉税案件1件。二是进一步抓好《全面推进依法行政实施纲要》的贯彻落实。

【纳税服务】 一是完善纳税服务制度体系。成立了纳税服务工作小组，协调解决纳税服务全局性问题，确保纳税服务工作有序开展。二是突出做好涉税咨询“一线通”工作。建立热线咨询查访机制，设立专职督办员，负责监督服务热线的正常运行，促进纳税服务整体效能的进一步提升。三是深化咨询成果的加工应用。根据纳税人咨询的热点、难点问题，按照税种、办税环节和纳税人类型做好“精”加工，定期汇编成《税收咨询热点、难点问题解答手册》供纳税人参照使用。四是加强服务平台建设。精心谋划税法宣传活动，通过“税讯通”、“国税微博”等途径将最新的税收政策快捷地送到纳税人手中。五是拓展多元办税，积极引导纳税人选择网上办税，POS机刷卡缴税，推广储蓄扣税、银行卡、电子结算等方式缴纳税款，特别是加快推行以财税库银横向联网为依托的电子缴税方式。六是加强个性化服务，为重点行业、重点企业提供预约服务、延时服务、上门服务等措施为企业排忧解难。

【税收信息化建设】 一是做好网络维护，稳定系统运行，完成各项系统升级、上线工作，尤其是确保云南省新版普通发票填开系统的正常运行及使用。二是加强设备管理，建立各项设备管理台账，切实做到“设备、使用人、台账”三对应。三是加强网络教育培训视频会议系统管理，确保网络教育培训系统正常运行，全年共参与总局，省、市局视频联调和视频会议55次。四是全面实行计算机内外网物理隔离，安装防病毒软件，防范病毒入侵和数据泄密，加强计算机安全管理。五是加强信息人才培养，全年组织干部职工参加网络、计算机知识培训40人（次）。

队伍建设

【机构人员】 （一）机构设置。2011年县局有内设机构8个：办公室、监察室、人事教育股、税政股、办税服务厅、征管股、政策法规股、收入核算股；直属机构1个：稽查局；派出机构1个：向家坝税务分局；事业单位1个：信息中心。（二）人员结构。年末有在职干部51人，其中：男性30人，女性21人；年末退休干部12人，其中：男性7人，女性5人。（三）学历概况。全局在职干部51人中大学专科以上学历比例达到94.12%，大学本科及以上学历所占比例达到43.14%。（四）人员增减。2011年3月，陈际强到我局任局长、党组书记职务；2011年8月，刘启航同志正式转正；2011年8月，新招录公务员向佳沂到我局报到，正式参加工作。

【领导班子建设】 一是抓好党组中心组理论学习，贯彻落实科学发展观，着力提高领导干部理论素养和解决实际问题的能力。二是召开党组民主生活会，广泛征求意见，共收集到意见和建议10条，对存在的问题进行整改落实。三是贯彻落实民主集中制原则，重大问题集体研究决策。四是转变工作作风。班子成员挂钩企业，分别深入企业开展调研，指导税收工作。五是领导班子成员带头开展批评与自我批评，认真查找自身存在的问题并切实加以改进，增进班子团结。

【廉政建设】 一是层层签订《2011年党风廉政建设责任书》和《2011年预防职务犯罪工作目标管理责任书》，分解落实廉政工作责任。二是认真开展《廉政准则》贯彻执行情况的自查工作，修订和完善各项制度，做到用制度管人管事，为《廉政准则》的贯彻执行奠定了基础。三是开展廉政风险自查活动。为进一步增强干部职工的岗位责任意识和廉政风险意识，不断完善廉政预警和内控防范机制。四是认真开展《廉政公约》签订回访工作，共回访312户，回访面占已签订户数的14.65%；占纳税户673户的46.36%。五是认真开展行风测评工作，共发出《行风状况满意测评表》500份，收回500份。六是加强内控机制建设，加强“两权”监督，推进惩防体制建设。

【精神文明建设】 一是进一步丰富创先争优活动载体，积极开展向杨善洲同志学习活动，加强中国共产党的宗旨教育和共产党员的理想信念教育。二是结合国税工作实际，积极开展办税服务窗口“四亮四创四评”活动，立足于方便、优质、高效提供纳税服务，接受广大纳税人和社会各界监督，集中展示国税机关为民服务的良好形象。三是以全县创建全国文明县城为契机，要求县局干部职工讲文明话，办文明事，做文明人，大力整治自身薄弱环节，提升了文明程度。四是办税服务厅荣获“全国巾帼文明岗”称号，是继2006年向家坝分局获得全国青年文明号之后我局获得的第二个国家级荣誉，实现了“十二五”精神文明创建“开门红”。

【教育培训】 一是县局最后一批6名同志专升本学历教育圆满结束，顺利获得毕业证书。二是投入教育经费2.4万元，保障教育培训的顺利开展。三是组织82人（次）参加上级组织的各类业务培训。四是组织260人（次）收看《云南国税讲坛》，收听专家、学者讲座，使干部职工拓展了视野、丰富了知识。

（王　越）

曲靖市国家税务局

经济概况

2011年，曲靖市实现生产总值（GDP）1209.9亿元，按可比价计算比上年增长13.1%，人均GDP突破20000元。其中：第一产业实现增加值225.7亿元，增长8.1%，拉动GDP增长1.5个百分点，对经济增长的贡献率为11.3%；第二产业实现增加值647.2亿元，增长17.2%，拉动GDP增长9个百分点，对经济增长贡献率为69%；第三产业实现增加值337亿元，增长8.7%，拉动GDP增长2.6个百分点，对经济增长贡献率为19.6%。三次产业结构为18.6∶53.5∶27.9。2011年，全市社会固定资产投资规模跨越800亿元大关，完成877.73亿元，增长25.1%。全年实现社会消费品零售总额280.8亿元，增长20.6%。全市居民消费价格指数（CPI）上涨4.9%，工业品零售价格指数

(PPI) 上涨8.8%。

税收概况

【收入完成情况】 2011年，曲靖市国税系统共组织入库税收收入176.74亿元，同比增收27.14亿元，增长18.14%，完成年计划的108.68%，完成奋斗目标的105.58%。

【收入特点】 一是2011年有10个月的税收收入为当月历史最高值。其中2月份税收收入突破20亿元，创下单月税收收入历史最高值。与2010年同期相比，增幅超过30%的月份有3、5、6月，3月增长率高达49.11%，5、6月增长率达30.39%、30.47%。二是国税征收的五个税种“四增一减”。增值税同比增收12.15亿元，增长17.39%；消费税同比增收12.95亿元，增长20.74%；企业所得税同比增收1.89亿元，增长15.41%；车辆购置税同比增收1816万元，增长3.70%；储蓄存款利息所得个人所得税同比减收383万元，下降48.12%。三是地区间发展不平衡，呈“九增一减”态势。富源县增长40.17%，师宗县增长30.69%，沾益县增长26.34%，马龙县增长25.25%，麒麟区增长21.33%，陆良县增长18.98%，宣威市增长16.82%，开发区增长15.27%，会泽县增长12.79%；罗平县下降0.52%。四是卷烟工业“三税”收入突破90亿元，增势强劲。2011年，全系统共入库卷烟工业“三税”收入96.86亿元，同比增收16.90亿元，增长21.13%。占全市国税总收入的54.80%，对税收收入的影响举足轻重。五是商业、煤炭、卷烟、电力拉动增值税的较快增长。2011年，增值税增收额上亿元的行业有：商业增收4.50亿元，煤炭增收4.38亿元，卷烟增收3.44亿元，电力增收2.07亿元。这四大行业增值税收入合计68.16亿元，占增值税总收入82.04亿元的83.09%，较大地拉动了增值税的增长。六是重点税源企业总体同比增收。2011年，按2010年口径排名纳税前30名的企业共入库“三税”123.27亿元，占税收总收入的69.74%，同比增收15.19亿元，增长14.05%；有17户企业同比增收，13户企业同比下降。七是全市地方一般预算收入同比增收。2011年，全系统共组织入库地方一般预算收入22.78亿元，同比增收3.34亿元，增长17.18%。其中：市本级地方一般预算收入5.98亿元，同比增收6658万元，增长12.53%。

【税源分析】 (一) 增值税主要行业增减因素分析。1. 煤炭。2011年共入库21.70亿元，同比增收4.38亿元，增长25.29%。主要原因是煤炭市场需求旺盛，煤炭价格同比上涨，平均售价同比上涨155.65元/吨。年内，煤炭开采和洗选业规模以上工业增加值完成77.23亿元，同比增长36.4%；其次是全市国税部门以加强行业税收管理为切入点，强化全市煤炭行业税收管理，成效显著。2. 卷烟。2011年共入库19.54亿元，同比增收3.44亿元，增长21.35%。主要原因是红云红河集团易地技改项目完工，固定资产进项税抵扣同比减少，产能扩大，销售增加，销售收入稳步提高；其次是产品结构提升，单箱税负增加。3. 商业。2011年共入库17.75亿元，同比增收4.50亿元，增长33.96%。主要原因是物价上涨、市场活跃，销售收入增加，税款随之增加。年内，批发零售贸易243.4亿元，同比增长20.7%。4. 电力。2011年共入库9.16亿元，同比增收2.07亿元，增长29.14%。主要原因：一是电力、热力的生产和供应业规模以上工业增加值完成62.74亿元，同比增长8.2%；二是电力产品增值税预征率由2%调整为2.5%，供电企业增值税政策性增收。5. 化工产品。2011年共入库2.29亿元，同比增收1804万元，增长8.56%。主要原因是产销量增长，黄磷产量13.31万吨，同比增长27.9%；合成氨产量63.3万吨，同比增长20.4%。6. 建材产品。2011年共入库1.30亿元，同比增收53万元，增长0.41%。主要原因是水泥产销量增长，水泥产量1203.2万吨，同比增长8.9%。7. 黑色金属。2011年共入库1.24亿元，同比增收210万元，增长1.72%。主要原因：一是产销量增长，生铁产量172.93万吨，同比增长33.4%；二是生铁、钢坯价格上涨，平均售价同比分别上涨了565.44元/吨、566.06元/吨。8. 石油加工及炼焦业。2011年共入库4.69亿元，同比减收2128万元，下降4.34%。主要原因是退税1.13亿元，同比增加9622万元。9. 有色金属。2011年共入库1.27亿元，同比减收2.86亿元，下降69.27%。主要原因是进项税额影响。如云南驰宏锌锗股份有限公司会泽新厂大量购进生产设备、原料、材料，发生进项税额7亿元，同比增加2.97亿元；入库税款9689万元，同比减收2.74亿元。

(二) 消费税增减因素分析。1. 工业卷烟、烟丝。2011年共入库73.42亿元，同比增收12.83亿元，增长21.18%。主要原因是红云红河集团产能扩大，销售增加，产品结构提升。2. 卷烟批发。2011年共入库1.96亿元，同比增收2287万元，增长13.22%。主要原因是卷烟销售结构提高。

(三) 企业所得税增减因素分析。1. 卷烟。2011年入库3.90亿元，同比增收6291万元，增长19.24%。主要原因是红云红河集团产能扩大，销售增加，产品结构提升，销售收入和利润稳步提高。2. 金融保险。2011年入库2.33亿元，同比增收1.73亿元，增长289.16%。主要原因是农村信用合作联社企业所得税税收优惠政策到期，2010年1月1日恢复征税，本期预缴税款及汇算清缴税款同比增长较大。3. 商业。2011年入库4.86亿元，同比减收7716万元，下降13.71%。主要是烟草公司入库企业所得税4.05亿元，同比减收1.09亿元，下降21.25%。主要原因是预缴税款同比减少。

(四) 储蓄存款利息所得个人所得税增减因素分析。储蓄存款利息所得个人所得税2011年入库413万元，同比减收383万元，下降48.12%，主要原因是储蓄存款利息所得个人所得税只对2008年10月9日以前孳生的利息收入征税，税款越来越少。

(五) 车辆购置税增减因素分析。车辆购置税2011年入库5.09亿元，同比增收1816万元，增长3.70%。主要原因是进口车辆销售增加，致使车购税增长。年内，申报进口汽车纳税车辆1739辆，同比增加253辆，增幅14.55%；征收车购税1.14亿元，同比增长3392

万元，增幅 29.69%。

【税务管理】 （一）户籍管理。截至 2011 年底，全市国税系统共有税收征管户 57174 户，同比增加 8243 户，增长 16.84%。其中：国有企业 304 户、集体企业 438 户、股份合作企业 83 户、联营企业 5 户、有限责任公司 2803 户、股份有限公司 333 户、私营有限责任公司 2621 户、私营股份有限公司 28 户、私营独资企业 99 户、私营合伙 40 户、个人独资企业 747 户、其他企业 150 户；合资经营企业（港澳台）24 户、合作经营企业（港澳台）4 户、独资经营企业（港澳台）20 户、投资股份有限公司（港澳台）11 户、提供劳务或承包工程作业（港澳台）1 户；中外合资经营企业 20 户、中外合作经营企业 1 户、外资企业 11 户、外商投资股份有限公司 2 户、其他外国企业 2 户、提供劳务或承包工程作业 1 户；非企业单位 3 户；个人合伙 3 户、个人 6 户、个体工商户 49414 户。（二）税源专业化管理。2011 年，在上年探索税源专业化管理新模式的基础上，市局制定了《曲靖市国家税务局推行税源专业化管理实施意见》，各县（市、区）局结合本地征管机构、管户数量、税源结构、人力资源等实际制定具体实施方案经市局审批后执行。到年底，马龙、师宗、开发区、罗平、富源、沾益、会泽和麒麟区 8 个县（区）局实行了专业化管理，切实解决了纳税人无处找、多头找、多头跑、重复接受调查、重复报送资料等问题，减轻了纳税人负担，使基层税源管理力量得到进一步充实，税收征管质效有了明显提高。（三）发票管理。一是普通发票管理。2011 年 3 月，市局下发了《关于进行经营二手车纳税人税收征管情况调研的通知》，对全市经营二手车业务的纳税人生产经营和税收征管情况进行调研。全市涉及二手车收购、销售、转让、评估等业务的纳税人有 34 户，经各县（市、区）局清理，实际经营 12 户，其中增值税一般纳税人 4 户。此次调研，进一步理清了涉及二手车经营业务的相关税收政策，发现了税收征管中存在的问题，提出了加强对经营二手车纳税人发票使用管理、增强与相关职能部门协调配合等多项措施；并提请省局和有关部门对二手车经营相关政策进行修改、补充和统一的建议。二是增值税发票管理。严格按规定发售增值税发票，增值税专用发票、增值税普通发票的调拨没有发生错误。年内，省局向市局调拨增值税专用发票 262 箱，发票 46.2 万份；调拨二联版增值税普通发票 181 箱，发票 36.2 万份。市局向各地调拨增值税专用发票 310 箱，发票 57.8 万份；调拨增值税普通发票 235 箱，发票 34.4 万份。（四）欠税管理。截至 2011 年底，全系统欠缴税款纳税人 24 户，欠缴增值税 2134.44 万元，同比增加欠税 1086.74 万元，增长 103.73%。（五）纳税评估。2011 年，全系统共评估调研 837 户，评估有问题户 584 户，占评估户数的 69.77%，评估补缴税款 11048.9 万元，移交稽查 5 户。其中：货物和劳务税评估调研 83 户，有问题 40 户，评估补缴增值税 3341.17 万元，滞纳金 16.67 万元，进项税转出 15.31 万元；所得税评估 754 户，有问题 544 户，评估调整应纳税所得额 29938.46 万元，285 户补缴所得税 7707.73 万元，调减待弥补亏损 254 户，调减金额 6782.27 万元。（六）征管档案管理。2011 年，市局下发了《曲靖市国家税务局关于做好税收征管档案工作的通知》，要求各县（市、区）局对 2008～2010 年的税收征管档案进行清理、自查。并从各县（市、区）局抽调 10 人，分成 5 个小组，对全市的税收征管档案硬件建设、设备及管理人员配备、制度建设、本年度及历年的征管档案管理情况进行了检查。针对检查发现的问题，对全市征管档案硬件、人员配备及归集、立卷归档进行规范，并纳入市局对各县（市、区）局的目标责任制考核。

各项工作

【税收法制建设】 （一）“六五”普法启动实施工作。2011 年是“六五”普法的开局之年，市局制定了《曲靖市国家税务局开展法制宣传教育的第六个五年规划（2011～2015 年）》，按照《曲靖市二〇一一年普法依法治市工作实施意见》的要求，做好“六五”普法启动实施工作，组织干部职工学习《中华人民共和国行政强制法》、《中华人民共和国人民调解法》和《中华人民共和国律师法》，并组织干部参加考试，合格率为百分百。（二）规范性文件制定和管理工作。结合全市房地产开发企业所得税征收管理现状，在深入调查研究、分析存在问题、反复征求意见建议的基础上，形成了《曲靖市房地产开发企业所得税管理暂行办法》，并于 2011 年 6 月 8 日举行听证会，按照规范性文件的管理规定和程序，做好制定、备案报批、公告实施工作，保证了规范性文件制定的合法、有效。（三）税收规范性文件和行政审批项目清理工作。一是按照省局部署对 1994～2010 年底前由本单位制定发布或与其他部门联合发布的在本辖区内对征纳双方具有普遍约束力的全部税收规范性文件进行了清理。二是按照市政府法制办的要求，对 2011 年 4 月 30 日前本局制定的规范性文件和 2011 年 8 月 31 日前本局制定有关行政强制的规范性文件进行了清理。三是按照省、市政府关于开展第五轮行政审批制度改革的通知，对现行的行政审批项目和行政许可项目进行清理。四是按照市政府法制办的要求在规定的时间内完成行政执法主体资格的清理、认定和上报。

【税收征管】 （一）增值税管理。1. 加强增值税一般纳税人认定管理。认真做好增值税一般纳税人认定的相关宣传解释工作，严格按照工作流程开展资格认定管理；按月监控辅导期一般纳税人有效期到期情况，及时下发数据，指导各地按照流程在规定的期限内完成一般纳税人按期转正业务；通过省局数据分发系统查询超标未认定纳税人，及时下发名单。年内，完成一般纳税人认定 829 户。截至年底，全市共有 4213 户一般纳税人，同比增加 648 户，增长 18.18%。2. 规范增值税政策执行标准。先后归纳下发了运费抵扣政策汇集、农产品进项税抵扣政策相关规定、煤炭行业固定资产抵扣政策意见和建议、增值税专用发票管理等操作指南。3. 落实各项税收优惠政策。2011 年共办理增值税征前减免销售额 77.81 亿元，减免增值税税款 97.68 万元，即征即退增值税 2.97 亿元。一是落实增值税征前减免税收优惠，共办理用于农业生产的农膜、农药、种子、种苗、饲料等免税项目减免增值税销售额 61.23 亿元，占比 78.69%；初级农业产品减免销售额 3.05 亿元，占比 3.92%；居民用粮油产品减免销售额 7.85 亿元，占比 10.09%。二是为 11 户企业办理资源综合利用征前减免销售额 5186.52 万元，办理增值税即征即退税 2439.79 万元。三是落实安置残疾人税收优惠政策，共为 64 户企业办理退税 2.73 亿元。4. 强化固定资产进项税抵扣管理。年内，全市共发生抵扣 1051 户，申报抵扣固定资产进项税额 5.29 亿元，同比增加 1.19 亿元，增长 29.02%，占全市全部进项税额抵扣的 2.61%。位列前三位的行业是有色金属冶炼和压延加工业、石油加工、炼焦和核燃料加工业、煤炭开采和洗选业，分别抵扣进项税 1.08 亿元、1.079 亿元、8054 万元。5. 做好增值税起征点政策调整工作。自 2011 年 11 月 1 日起，云南省增值税起征点政策调整，销售货物的由现行月销售额 5000 元提高到 20000 元，销售应税劳务的由现行月销售额 3000 元提高到 20000 元，按次纳税的由现行每次（日）销售额 200 元提高到每次（日）500 元。经过调整，全市达增值税起征点的纳税人 948 户（调整前全市达起征点个体工商户 5561 户），到年底，全市达起征点个体工商户 976 户，占个体工商户总户数的 1.99%。

（二）消费税管理。一是全面落实消费税调整政策及各项消费税政策规定。加强对国家新颁布消费税政策的贯彻落实，针对税收专项检查、调查中发现的消费税政策落实不到位、执法行为不规范的问题，采取有效措施，健全机制，落实责任，确保消费税政策规定落实到位和正确执行。二是规范金银珠宝行业税收管理。对全市的金银首饰和珠宝玉石行业的税源分布及征管现状、行业生产经营的主要运作方式、税负等方面的情况进行调研，对该行业在税收征管方面存在问题及形成问题的原因进行分析，提出加强税收管理建议。三是强化消费税的征收管理。对日常消费税管理中涉及白酒生产企业利用关联企业转移定价逃税、白酒与其他酒税率混用、借用委托加工方式侵蚀税基的难题，实行税收政策宣传、辅导、落实工作反馈制度，加强和规范纳税企业的日常征收及税源控管工作。

（三）企业所得税管理。1. 圆满完成 2010 年度企业所得税汇算清缴工作。全市汇算清缴面 99.97%，盈利面 56.57%，超额完成了年初确定的汇算清缴面不得低于 99.5%，盈利面不得低于 48% 目标任务。2011 年的汇算清缴工作由于各项指标准确、数据质量高、报送及时得到省局所得税处通报表扬。2. 进一步提高中小企业所得税核定征收面，超额完成了省局下达的核定征收面 25% 的工作任务，有效降低企业所得税“零、负”申报面。3. 着力帮助基层提高所得税管理的水平。一是编写了《曲靖市企业所得税优惠政策备案时间及资料参考》，后被省局整理为《云南省企业所得税优惠项目审批、备案工作指引》供全省各级基层税务机关参考；二是研发了《企业所得税资产损失台账》模块，减轻了基层工作量，提高了税务机关资产损失统计工作的效率和质量；三是编写了《居民企业所得税税种管理操作流程指引》，指导基层税收管理员准确完成企业所得税各过程和环节的操作，降低基层操作失误；四是制定下发了《曲靖市房地产企业所得税管理办法》；五是发布《企业所得税专题政策汇编》4 期，提供基层参考学习。

（四）车辆购置税管理。1. 认真执行车购税减免税政策。全市共办理可享受 2010 年减征政策在 2011 年申报纳税的车辆 442 辆，减征车购税 61.46 万元；共办理免税车辆 120 辆，免征车购税 838.30 万元，同比减少 30 辆，减幅 20%；免征车购税减少 23.19 万元，减幅 2.69%。2. 全面启用车购税电子档案系统。从 2011 年 1 月 1 日起全市正式运行车购税电子档案管理系统，结束了实物管理的历史，通过电子档案管理系统，各级国税机关能方便快捷地对本地车购税征收情况进行查询、统计、分析，提高了车购税征管工作水平。3. 加强完税证明管理。严格执行《曲靖市国家税务局车辆购置税完税证明管理办法（暂行）》，认真做好票证的领用、发出、使用和库存管理工作，各地坚持每月最后一天认真盘点完税证明及其他税收票证，切实做好完税证明安全管理。

（五）国际（涉外）税收管理。1. 规范非居民企业所得税管理。严格按照非居民企业所得税管理的相关要求，完善日常申报制度，狠抓扣缴登记和合同备案制度的落实。加强宣传和调研，注重与相关部门的协调配合，充分掌握非居民税源基础，准确划分所得类型、明确政策、税率适用和纳税义务判断。年内，全系统共组织非居民企业所得税 233.99 万元，同比减收 21.19 万元，减少 8.3%。同时，认真落实协定待遇，维护纳税人权益。年内，按《非居民享受税收协定待遇管理办法（试行）》及《内地和香港特别行政区关于对所得避免双重征税和防止偷漏税安排》规定，审核批复 2 户非居民企业享受协定优惠税率，优惠税款 72.77 万元。2. 做好国际税收相关工作。一是建立境外投资企业联系制度，帮助“走出去”企业解决生产经营过程中遇到的困难和问题；建立《曲靖市 2011 年“走出去”企业基础信息管理台账》，保持与“走出去”企业的密切联系，通过税收情报交换、国际反避税手段、为其提供有效的税收管理与服务。二是做好税收情报交换工作，并将情报交换工作与国际税收管理的其他事项紧密结合，实现互补和相互促进。三是做好税收协定的执行工作。年内，经企业申请并提供享受税收协定待遇相关资料，主管税务机关实地调查核实，对香港东方国际企业集团有限公司从曲靖福牌彩印有限公司分得利润批复享受 5% 协定税率，对美力（香港）企业有限公司从曲靖昆钢嘉华水泥有限公司分得利润批复享受 5% 协定税率。四是建立台账，加强“非政府组织”管理。五是强化协调配合，努力做好反避税基础工作。

（六）出口退税管理。2011 年，全市共认定登记出口企业 100 户，其中：内资生产企业 61 户，外商投资生产企业 13 户，外贸企业 24 户，委托出口企业 2 户；实际发生出口业务企业 20 户，其中：内资生产企业 14 户、外资生产企业 2 户、外贸企业 4 户。年内，共审核审批办理出口退（免）税 6247 万元，同比增加 57 万元，其中：免抵 2557 万元，退税 3690 万元。一是做好出口退税预警风险评估工作。完成了省局布置的 2010～2011 年上半年“服装、雨伞、伞骨”办理出口退免税的清理、复查工作，对曲靖市进出口有限公司复查期间的13册出口退税申报表进行了清理、复查；从“出口退税审核系统”抽取数据资料，对全市出口企业出口退（免）税情况进行评估分析，根据分析情况发出的预警信息提示，对会泽金土地经贸有限公司2010年9月～2011年1月葵花子连续5个月存在单品种出口数量明显放大的异常现象进行了重点退税评估，对企业不符合政策规定所抵扣的进项税进行了转出，共转出进项税100.27万元，补缴增值税6.71万元。二是做好服务基层和纳税服务工作。加强对基层税务机关和出口企业的政策指导和业务辅导，严格执行出口退税申报、审核、审批程序管理；帮助出口企业使用好网络申报系统，提高申报和预审工作质量和效率；认真落实跨境贸易人民币结算退税政策，年内，共审核、审批办理跨境贸易人民币结算退税91.91万元，办理跨境贸易人民币结算免抵4.93万元。

【纳税服务】 2011年，全市20个办税服务厅实现了办税服务八个大类32个大项126个小项近150万笔的涉税事项业务工作无差错，完成了全市57174户纳税人的税收执法、办税服务工作和176.7亿元的税款征收任务。有17个办税服务厅安装了窗口服务评价器，年内，总票数59844票，其中：非常满意33366票，占55.80%；满意4803票，占8%；一般67票，占0.1%；不满意66票，占0.1%；未评价21542票，占36.0%。1.深入开展纳税服务调研工作。由市局领导分别带队深入全市10个基层局和纳税户，以推进纳税服务体系建设为主线，以解决制约纳税服务发展的突出问题为重点，就纳税服务规范化建设、国地税合作、“12366”纳税服务热线、网上办税、两个“减负”、权益保护、纳税信用体系、绩效考核八项重点工作进行了深入调研分析，形成了《曲靖市国家税务局纳税服务工作调研报告》，为纳税服务工作打下了良好基础。2.开展办税服务厅规范化建设试点工作。拟定了《曲靖市国家税务局办税服务厅规范化建设试点实施方案》、《曲靖市国家税务局办税服务厅服务规范手册》、《曲靖市国家税务局办税服务厅业务规范手册》、《曲靖市国家税务局办税指南》，开展了以规范办税服务厅制度、职能、业务流程、工作人员行为、办税环境建设为重点的规范化建设，并组织开展了办税服务厅建设情况自查和检查。3.成功开通12366纳税服务热线。2011年3月，曲靖市成功开通了以省级集中的“12366”纳税服务热线，建立了由24名联络员、72名承办人员组成的热线服务队伍，广泛宣传积极引导纳税人使用“12366”纳税服务热线，充分发挥服务热线作为纳税咨询、办税指南、涉税举报、投诉监督等服务功能的支撑作用。4.加强大企业税收管理服务工作。一是针对大企业涉税事项办理所需政策业务、申报征收的需求，不断更新观念，创新管理服务内容和方式，引导大企业提高税收遵从，以服务促管理，着力构建相互理解、相互支持、合作双赢的新型税企关系。二是根据定点联系企业税收服务的特点和要求，积极主动宣传税收政策，了解税收政策执行情况，认真受理定点联系企业提出的重大涉税诉求和个性化服务申请，组织协调各相关业务部门进行研究并及时处理回复。三是根据《大企业税务风险管理指引》的要求，建立财务信息交换平台，按季度开展本级定点联系企业数据监控、分析，对分析发现的疑点，深入企业交换意见，引导和帮助企业采取有效措施建立和完善税务风险内控机制，提升企业对税收风险的自我防控能力，将化解企业税收风险的管理工作前移，促进建立平等、互信、合作的新型税企关系。

【税收执法】 （一）税收宣传。2011年的税收宣传突出了“十一五”时期的辉煌成就，惠农利农支农税收优惠政策、落实结构性减税政策、发票简并换版实行机开票、纳税服务等税收工作重点，以社会各界、广大纳税人关心的税收热点、焦点问题为着力点，创新方式，从税收宣传广度、深度入手，利用报刊、网络、广播、短信平台等方式多角度、多渠道开展集中宣传。1.借助信息科技的力量，使宣传工作快捷、方便、实用。一是以网络信息技术为载体，将西部大开发税收优惠政策、办理流程、年度审核要求等一系列政策制作成“税收政策电子包”，发放至47户纳税人邮箱中，实现了点对点的个性化税收宣传服务。二是开通“信息直通车”纳税服务新模式，对定点联系企业建立纳税服务QQ群，通过QQ及时向企业发布最新政策、告知相关事项、进行业务指导、第一时间回复纳税人咨询、及时发送给企业涉税表、证、单、书及政策法规；依托QQ按季传送财务信息，进行季度税收分析，并将分析发现的涉税疑似问题进行反馈和提示，有效降低税收风险、提高税收遵从。2.借助市委、市政府开展“惠农政策进农户”活动，将税收宣传做出特色。一是通过政策汇编、电子屏幕播放、悬挂标语、设立咨询台等方式，多途径、全方位宣传涉农税收政策；二是开展送税收政策进商户活动；三是以新农村指导员作为税收宣传志愿者，向群众宣传税收基本知识和涉农税收优惠政策，及时收集、整理、解答村民和农村经济组织遇到的涉税问题，形成涉农税收宣传长效机制；四是对涉农企业进行相关优惠政策的宣传辅导，促进涉农企业健康发展。3.结合云南“桥头堡”战略，深入涉外企业进行政策辅导，加强税收宣传的针对性。4.利用形式多样的媒介和载体，以群众乐于接受的方式开展税收宣传。举办广场“税法宣传二十年图片展”系列活动，通过广场上的电子大屏幕滚动播放税收宣传短片，借助《曲靖日报》反映曲靖国税“十一五”期间所取得的辉煌成就，制作税收宣传单、发票管理小册子等图文并茂的讲解宣传纳税人关心的税收热点。5.加强税企交流，促进税企和谐发展。分别召开了出口企业座谈会、“维护纳税人权益”座谈会、税收检查工作座谈会、民生座谈会等，进行点对点、面对面的交流和沟通。6.开展培训辅导宣传活动，切实帮助纳税人解决实际问题。针对普通发票换版后纳税人使用中存在的问题，共组织培训纳税人50期，受训纳税人4000余人，确保纳税人会安装开票系统和使用开票软件。

（二）整顿和规范税收秩序。2011年，深入开展分级分类稽查、专项检查、专案稽查、区域税收整治工作和打击发票犯罪活动，充分发挥税务稽查在组织税收收入工作中的职能作用。年内，全市共查补入库10771.93万元，其中：稽查部门查补入库6898.12万元，其他部门查补入库3873.81万元。查增所得额弥补以前年度亏损额1514.1万元。一是抓好“南疆税案”收尾工作。

涉案企业被立案检查、立案侦查和起诉审理的案件共5件，审结1件，判处有罪人员1人11年徒刑，公司罚款50万元，涉案人员罚款40万元。二是认真组织西双版纳“11·10”运输发票案协查取证和立案查处工作。涉及本市受票企业156户企业，运输发票981份，金额15947.18万元。年内，除宣威市1户企业移送公安部门查处外，其他受票企业税款已全部追缴入库，共入库税款及滞纳金1400.25万元。三是加强涉税举报案件查处工作。年内，全市国税稽查部门共受理举报案件17件，其中：省局转办3件，市局举报中心受理5件，各县（市）局受理9件，共对24件（上年9件）进行检查，有问题24件，查补入库增值税386.51万元，加收滞纳金104.25万元，处以罚款5.64万元，合计496.40万元。四是对重点行业使用虚假发票实施重点整治。年内，共查处违法企业167户，涉及非法发票2209份，涉及金额26520.31万元，查补入库税款2271.51万元。

（三）税收执法检查和执法监察。一是完善执法过错责任追究考核制度。市局对县（市、区）局的执法过错责任追究考核纳入年度目标责任制考核，实行按月通报、按季考核，对过错直接责任人和连带责任人给予经济惩戒和相应责任追究。2011年，税收执法管理信息系统监控税收业务448024笔，发生税收执法过错数21个，同比减少20个，税收执法过错率万分之0.47，同比下降万分之0.53，共调查核实全市申辩调整申请467份，上报省局审批给予无过错调整，无虚假申辩调整问题。二是做实税收执法督察工作。根据曲靖国税征管实际情况，对资源综合利用增值税优惠政策、内外资企业西部大开发企业所得税优惠政策的执行情况作为2011年执法督察工作的重点。在规定时间内，全市各县（市、区）局进行了执法督察自查，市局抽调了10名检查人员组成5个检查组，对开发区、麒麟区、宣威市、师宗县、会泽县5个县（市、区）局开展税收执法督察工作情况进行了检查，重点抽查面达50%。

（四）重大税务案件审理。一是市局编写了《重大税务案件审理操作指南》以电子文档下发各县（市、区）局学习参考，进一步规范重大税务案件审理工作，提高审理工作的质量和效率，降低基层税收执法风险。二是严把初审关和集体审理关，坚持质量和效率并重。2011年市局案审委审结案件2件，应补税款350.1万元，应加收滞纳金143.5万元，已全部征收入库，且所审案件无一复议、无一听证、无一诉讼。三是重视案件的查处落实和跟踪问效工作，跟踪审结移交案件的执行情况，确保应补税款及时足额入库，督促企业对政策业务方面存在问题进行整改。

（五）再就业税收优惠政策落实。2011年，享受再就业税收优惠的个体工商户7户，免税务登记证工本费140元，减免增值税8540元。

【信息化建设】 《曲靖市国税局标准化协同办公信息技术研究》获2011年全国税务信息化优秀论文优秀奖，该项目同时被评为曲靖市科学技术进步三等奖。

（一）应用系统推行。3月1日，“12366”纳税服务热线系统开通，年内，完成一例涉及企业所得税管辖权限划分的工单转办，做到依据充分，纳税人满意。6月1日，曲靖市电子政务公文交换系统顺利上线，提高了办文效率，降低了运行成本。7月25日，云南省国家税务局税收管理员信息系统V2.0在曲靖上线运行，年内，共发起税收调查任务6108件，完成税收调查任务5970件，调查任务完成率达97.74%；应反馈风险预警信息4256条，已反馈3674条，反馈率达86.33%。

（二）数据分析利用。一是完成5期综合征管软件可疑数据核对处理工作，确保系统健康平稳运行。二是开展增值税税负分析工作。通过税负分析找到增值税管理在全省的位置，对影响税负的重点行业进一步分析。2011年，增值税平均税负为3.41%，位列全省第九位，同比下降了0.25个百分点。三是加强“三小票”进项税抵扣数据的分析和运用。2011年，全市公路货物运输发票抵扣进项税4亿元，同比增长5.82%，占本期全部进项税额的比重为1.98%，运费抵扣进项税额位于全省第二位，同比降低0.48个百分点；农产品抵扣进项税8.42亿元，同比增长21.33%，占本期全部进项税比重为4.16%，同比降低0.35个百分点；海关完税凭证为2.25亿元，同比增长58.45%，占本期全部进项税比重1.11%，同比上升0.18个百分点。

（三）信息化基础设施建设。2011年，曲靖作为全省广域网改造的试点单位，完成广域网升级改造，将三套网络独立化。

（四）税收信息化管理维护。全年总计4次对综合征管软件客户端进行系统升级，完成了3500台次客户端软件的升级安装工作，解决了模块的优化、新增业务模块的导入、更正错误模块、提供资源整合项目接口、完善查询架构，确保了系统对业务需求的满足。全年总计解决市局和各县市区局计算机、打印机等硬件设备、各类应用系统和网络问题、电话答复各类咨询677次；完成对市局机关网络、防火墙、机房空调维护、维修、保养、硬件检查及全市HP服务器的巡检。

（五）金税工程。年内，完成了增值税防伪税控系统V5.00版补丁、协查管理信息系统V3.2版、出口退税审核系统V9.30版、抵扣凭证审核检查系统V1.2版、稽核系统的升级工作；新增了机动车销售统一发票协查业务和案例库业务，并对系统中原有部分业务流程和功能进行了优化。

（六）税收电子化。年内，57374户纳税户全部纳入了综合征管软件信息系统管理，其中有一般纳税人4213户，所有税款实现计算机征收管理；全市共有6200户纳税人签订了《三方协议》纳入财税库银横向联网，其中有3775户纳税人通过财税库银横向联网系统缴纳税款28359笔，金额63.41亿元，占2011年全市入库税款总额的79.46%（跨区分配税收除外）；全市共有储蓄扣税纳税人4715户，储蓄扣税33630笔，税款1038.36万元。1～10月，全市储蓄扣税纳税人占5561户起征点以上“双定户”的84.8%；起征点调整后的11～12月，全市储蓄扣税纳税人共700户，占948户起征点以上“双定户”的73.8%。

（七）网络建设。按照总局要求，调查金税三期广域网项目网络节点及设备需求，做好金税三期广域网建设项目实施前的准备工作。5月26日，全市信息中心对广域网络三条线路应用及策略进行测试和调整，确保网络可用性、互备性和稳定性。

【财务管理】 一是加强资产收入收缴管理工作。年内，全系统共上缴国有资产收入91.54万元，各预算单位根据本单位年度实际收支情况对已上缴的国有资产收入提出了使用申请。二是抓好基建项目立项审批工作。向省局及时上报了马龙县局综合业务用房、宣威开发区分局与曲靖市局附属用房3个新建项目的立项审批请示。2个新建项目得到省局的批复立项，总局批复安排了建设资金。三是开展2011年财务专项审计和领导干部经济责任审计工作。对麒麟区、会泽县、师宗县、宣威市、开发区5个县局进行了日常财务收支与专项经费使用情况的审计，对陈定兴、袁立新、刘麟聪、杨雯傈、万建良5位原任局长进行了离任经济责任审计。四是推行公务卡结算方式改革工作。年内，11个预算单位全部实行了公务卡结算方式改革，占所有预算单位数的100%。五是开展“小金库”专项治理工作。年内，全系统11个预算单位及“税务学会”均按规定开展了“小金库”全面复查、督导抽查、整改落实、机制建设、总结验收工作。六是开展公务用车专项治理工作。采取“公开拍卖、报废解体、系统调剂使用”三种方式及时纠正处理违规车辆，11月底完成了本单位在用公务用车的清查登记、核查公示、报批处理工作，转入公务用车管理机制建设阶段。

队伍建设

【机构人员情况】 （一）市局机关机构设置。市局机关有13个内设机构、2个直属机构、2个事业单位。1.内设机构：办公室、政策法规科、货物和劳务税科、所得税科、收入核算科、纳税服务科、征收管理科、财务管理科、人事科、教育科、监察室、进出口税收管理科、大企业和国际税务管理科；另设机关党委办公室（正科级）和离退休干部科（正科级）、工会（正科级）、税务学会（正科级，挂靠办公室）。2.直属机构：稽查局（副处级）、车辆购置税征收管理分局（正科级）。3.事业单位（正科级）：信息中心、机关服务中心。（二）县（市、区）局机构设置。设有麒麟区、宣威市、会泽县、陆良县、沾益县、富源县、马龙县、师宗县、罗平县国家税务局和曲靖经济技术开发区国家税务局，设税务分局22个。（三）人员配置。2011年全系统编制为937人，其中：行政编制874人，事业编制63人。年底，全系统实有干部职工1125人，其中：在职干部职工844人（公务员797人，工人44人，事业干部3人），离退休281人（离休38人，退休243人）。市局机关编制115人，其中：行政编制97人，事业编制18人。实有干部职工130人，其中：在职干部职工111人（公务员108人，工人3人），离退休19人（离休5人，退休14人）。

【领导班子建设】 2011年，市局领导班子的组成人员8人：局长1人、副局长4人、纪检组长1人、总经济师1人、总会计师1人；各县（市、区）局领导班子47人。年内，按程序新提拔任用科级干部24人，其中：机关正科级干部3人，副科级干部2人；县局班子成员10人（县局长2人、副局长2人、纪检组长5人、市局下派锻炼1人）；县（市、区）局基层分局局长、稽查局局长9人。年内对麒麟、沾益、会泽、陆良、师宗、罗平、富源7个县（区）局纪检组长进行了异地交流。

【廉政建设】 （一）纪检监察干部队伍建设。全系统共设10个监察室（开发区局未设），配备11名纪检组长（有7名纪检组长是年内新任命）；10名监察室主任，配备专职纪检监察干部40人，占总人数的4.6%；全系统任命了120名兼职监察员人员，占总人数的14%；系统外聘请特邀监察员103人。（二）党风廉政建设责任制落实。2011年，因人员变动，重新调整了市局党风廉政建设领导小组，确保全系统党风廉政建设工作的组织落实；年初，层层签订《党风廉政建设责任书》，形成一把手负总责，分管领导分工负责，职能部门各负其责，广大干部职工全面参与的责任制工作体系；12月，全系统对落实党风廉政建设责任制情况进行了自查，并由市局领导带队对各县（市、区）局落实党风廉政建设责任制情况进行检查考核，检查结果均评为“好”等次。（三）廉政建设宣传教育。一是学习贯彻《廉政准则》及相关配套文件，局长汇报局党组和个人贯彻执行《廉政准则》情况，副科级以上干部汇报贯彻执行情况，并撰写自查情况报告。二是开展廉政教育专题讲座和警示教育，邀请市纪委书记孔荣华和市检察院反渎职侵权局局长朱家辉作廉政教育及预防职务犯罪专题讲座，组织市局机关干部职工和开发区局中层以上干部到曲靖监狱沾益中心监管区接受警示教育，并撰写心得体会。三是加强廉政文化建设，组织党员到革命教育基地重温入党誓词，倡导家庭常吹廉政风，开展“五好”家庭评比活动，营造良好的廉洁自律文化氛围。（四）深入推进部门内控机制建设。一是全面排查执法和廉政风险，全系统共确定了61个风险点，其中：税收执法45个，行政管理16个。二是拓展信息监督平台。年内，全系统运用“廉政风险预警信息子系统”共发起风险经办事项5478项，其中：系统自动产生1067项，手工发起4411项。市局机关从2011年10月1日起，将行政经费审批事项纳入协同办公系统进行公开审批，3000元以上的自动启动监察程序，随机产生兼职监察员对审批到使用进行全过程监督。三是完善监督管理制度。年内，制定了《曲靖市国税系统税收执法权和行政管理权内控机制监督暂行办法》、《曲靖市国税系统兼职监察员工作暂行办法》，对需要实地核实的监督事项，由本局监察部门组织相关部门兼职监察员和业务人员进行实地核（复）查事后监督。2011年8月1至2日，全省国税系统内控机制建设现场推进会在曲靖市国税局召开，省局党组书记、局长李鸿文出席会议作重要讲话，对曲靖国税积极探索应用信息化手段，深入推进内控机制建设取得的成效给予充分肯定。（五）加强“两权”运行监督。2011年，对新任用的市局机关3名正科干部、2名副科级干部、县（市、区）局7名纪检组长、10名分局长、稽查局长进行任职廉政谈话，对3个县局主要负责人进行任期谈话；全系统共与新增纳税人签订《廉政公约》7209户，采取电话、信函、实地走访等多种形式进行回访4782户；对罗平、马龙县局进行了第二轮巡视检查，对去年巡视的会泽县局进行整改落实回头看。（六）严肃查处违纪违法案件。年内，受理信访举报件1件，经查未发现违纪违法问题。

【精神文明建设】 2011年3月召开了全系统第一次精神文明建设专题会议，对精神文明建设工作做了长久的安排和布置；4月市国税局申报市级文明单位，9月接受市文明办检查并得到认可，12月被市委市政府授予曲靖市“文明单位”称号；师宗县局、宣威市局申报省局文明单位于12月上旬通过了省局文明单位检查组的检查。年内，完成了麒麟区、马龙县局等7家文明单位复查工作。

【国税文化建设】 年内，在中国税务学会和税务总局党校联合举办的“庆祝建党90周年书画摄影展”中，全系统共征集到参赛作品98幅，其中：书法作品28幅、绘画作品4幅、摄影作品66幅。陆良县局孟欣荣同志获摄影一等奖，市局杨永荣同志和陈达同志分别获摄影二等奖和摄影优秀奖，罗平县局张万波同志获书法优秀奖，宣威市局魏成飞同志获绘画优秀奖，保明选、李宁、郑斌、吴金润4名同志分别入选摄影作品和书法作品展。3月份对“三读”活动进行了表彰和奖励，表彰了40名“三读”活动标兵，编印了《曲靖市国家税务局“爱读书、读好书、善读书”》活动文集，共收录109篇文稿。开展创先争优活动，举办了“党在我心中——学习杨善洲”主题演讲比赛，市局干部胡九庆同志当选为曲靖市道德模范之敬业奉献模范，为全系统创先争优活动树立了典范。

【教育培训】 2011年，对2008～2010年的教育规划实施工作进行了表彰，拟定了《2011年全市国税系统思想政治工作和教育培训工作意见》。年内，组织参加总局、省局、市局及其他部门举办的培训共63期，参训人数2978人。其中：参加总局13期，送培人数20人；参加省局33期，参训人数1486人；市局举办14期，参训人数1465人；其他部门3期，参训人数7人。有6名干部收到了厦门大学的研究生录取通知书，有2名干部通过了注册税务师资格考试。同时，以市国税局“标准化协同办公信息系统”为平台，积极探索网络培训、开展网上在线学习、考试。

（徐　霞）

麒麟区国家税务局

经济概况

2011年，麒麟区中心城区建成区面积扩大到60平方千米，区内生产总值（GDP）370.1亿元，同比增长13.2%。其中：第一产业增加值16.5亿元，同比增长7.3%；第二产业增加值230.1亿元，同比增长15.7%；第三产业增加值123.5亿元，同比增长9.6%；三次产业结构比为4.4:62.2:33.4，地方公共财政预算收入完成12.84亿元，同比增39.3%。

税收概况

【收入完成情况】 2011年，麒麟区国家税务局共组织税收收入14.65亿元，同比增收2.58亿元，增长21.33%。

【收入特点】 一是税收增长高于经济增长。2011年，全区国税收入增长21.33%，按可比价计算GDP增长13.2%；二是税收收入连破13亿、14亿大关；三是增值税收入连续2个月超亿元，7月入库增值税1.06亿元，8月入库增值税1.01亿元；四是煤炭资源优势逐渐凸现，年内，原煤入库增值税4.58亿元，占增值税收入的49.15%。

【税源分析】 （一）增值税完成9.31亿，同比增收1.83亿元，增长24.4%，其中：煤炭开采和洗选业同比增收1.35亿，增长41.95%。主要增收原因：一是煤炭价格平均上涨160元/吨；二是税务机关加强征管，平均税负从上年的10.88%提高到12.84%。（二）消费税入库154万元，同比减收1103万元，下降87.75%，主要减收原因是一汽通用红塔云南汽车制造有限公司2011年查补消费税27万元，同比减少415万元；企业生产的“自由风”产品受国家实施国4排放标准影响，停止生产国3车型，产销量减少，加之受出口国条件限制出口下降；应征消费税汽车销售价格同比下降1.17万元/辆。（三）企业所得税入库1.83亿元，同比增收4779万元，增长32.4%，主要增收原因：一是麒麟区农村信用合作联社入库企业所得税4410万元，同比增收3961万元，增长882.18%。主要增收原因是企业所得税优惠政策2009年到期，2010年1季度未入库企业所得税，2011年1季度入库企业所得税742万元；2011年度汇算清缴入库企业所得税1699万元；2011年实现利润11783万元，同比增加7016万元，增幅147.18%。二是曲靖市商业银行股份有限公司入库企业所得税4702万元，同比增收2102万元，增长80.85%，主要原因是2011年实现利润29087万元，同比增加22158万元，增幅319.79%。（四）储蓄存款利息所得个人所得税入库111万元，同比减收104万元，下降48.37%，主要减收原因是从2008年10月9日起暂免征收储蓄存款利息所得个人所得税。（五）车辆购置税入库3.48亿元，同比增收4218万元，增长13.79%。主要增收原因：一是从2010年1月1日起取消1.6升排量及以下的乘用车的车辆购置税7.5%税率的税收优惠政策；二是缴纳车辆购置税的计税总价增加，2011年的计税总价为40.35亿元，同比增加2.71亿元，增长7.2%。

各项工作

【税收征管】 （一）加强户籍管理。年内，区局结合工商交换信息及组织机构代码信息共享平台，对全区纳税户进行了一次全面清理，加强了税务登记户籍管理，提高登记率及登记准确率。并对“非正常户”和“失踪户”进行跟踪管理，对企业办理税务登记证要求先调查落实后办理发证。（二）落实税收管理员制度。一是通过税收管理员按月上报协同化办公系统的“税收分析评估报告单”和“管户综合情况报告单”对税收管理员工作情况进行适时监督；二是对税收管理员下户调查了解管户情况的次数和下户了解税源情况的内容进行明确，每年至少下户一次，重点了解纳税人基本情况、生产经营变动情况、财务核算情况及发现的问题，并予以记录，经企业签字认可，由分局汇总上报区局；三是加强征收和管理环节的对接，税收管理员应在纳税申报前掌握纳税申报数据资料，做好事前监控管理。（三）加强发票管理工作。一是做好普通发票换版后的票种核定、发售及监督管理工作，完成旧版发票扫尾工作，加大普通机打发票的推广力度，开展普通机打发票使用情况的调研，了解纳税人的生产经营状况，保证纳税人生产经营的用票量。采取人工比对方式，找出存在的问题，突出“以票控税”和“信息管税”。二是加强专用发票认证管理，对认证异常的发票，建立征收和管理的互动机制，大厅发现异常票及时收缴移交税收管理员核实，核实有问题的及时移交稽查查处。三是结合机打普通发票推广培训情况，采取定期回访、重点辅导等方式，加强对纳税人普通发票填开系统相关知识的培训和辅导。（四）做好纳税评估工作。年内，一是重点对运输费用抵扣进项税企业、收购农产品抵扣进项税企业进行了纳税评估，共完成纳税评估220余户，评估补交增值税669.49万元，进项税转出132万元，加收滞纳金26万元，运输费用抵扣进项税同比减少533.74万元。二是对曲靖市商业银行和曲靖市麒麟区农村信用社进行了纳税评估，辅导企业作纳税调整增加所得额597万元，补缴企业所得税149万元；对3户煤炭企业进行了评估，补缴企业所得税80多万元。（五）做好企业所得税的汇算清缴工作。年内，全区应参加汇算清缴1094户，实际参加汇算清缴1060户，差额34户为非正常户。盈利企业605户，同比增加248户，盈利面57.08%，同比增加18.89个百分点；亏损企业347户，同比增加85户，亏损面32.74%，同比减少17.03个百分点；零申报企业108户，同比增加30户，零申报面10.18%，同比减少1个百分点。2010年企业所得税纳税调整增加额59291万元，纳税调整减少额39464万元，纳税调整后所得69761万元，减免所得税额3144万元，抵免所得税额165万元，实际应纳所得税额15151万元，预缴所得税12535万元，应补所得税2616万元，已全部补缴入库。

【税收执法】 （一）开展税法宣传活动。2011年，区局围绕“税收·发展·民生”宣传主题，突出宣传重点、突出改善民生政策宣传、突出纳税服务需求调查、突出宣传形式、突出工作创新，认真开展第20个税收宣传月活动，共办培训6期，培训1170户纳税人；在街头政策咨询活动中，共发放税收宣传单5000多份；税收宣传图片展吸引了2000多人驻足观看。（二）落实税收优惠政策。2011年，为符合条件的10户福利企业审批退税4419.27万元；按规定及时办理了20余户企业、个体工商户的减免税备案工作，为20余户企业及个体户申报免税收入2600万元。（三）打击涉税违法。2011年，全局共组织查补收入1697万元，其中：稽查查补收入1594万元，纳税评估收入103万元。共立案查处各类案件14起，有问题案件14户，结案13户，共查补税款、罚款、滞纳金入库264万元；辅导企业自查补税1330万元。

【纳税服务】 （一）加强办税服务厅规范化建设。2011年，结合办税服务厅规范化建设的要求，拟订了《麒麟区国家税务局办税服务厅应急预案实施办法》。在征收环节自查了办税服务厅的环境硬件设施、标识标牌是否清晰规范，功能区域是否齐全有效，各项服务制度是否落实到位，供纳税人参考的表、证、单、书填写式样是否规范、齐全。（二）做好“96128”专线纳税咨询工作。按照“群众第一、便捷高效、限时服务”的原则，认真做好“96128”专线和市长热线转办工作。年内，共受理并解答了46次纳税咨询，其中：15次“96128”转接电话；及时协调处理了纳税争议17件（次），确保了所涉事项件件有着落，事事有回音。

【信息化建设】 （一）做好税收征管档案管理工作。根据市局《税收征管档案资料管理暂行办法》的规定，区局“分类管理、动态收集、按年装订”。对企业纳税户做到一户一档；对个体纳税户做到分类建档与多户一档相结合，对所装订的档案资料要求完整齐全。积极探索电子档案与纸质档案的衔接，对各分局征管档案建档情况开展了一次检查，限期完善不足，顺利通过了市局9月份对征管档案管理工作的检查。（二）加快所得税信息化建设。一是加强综合征管软件、汇总纳税信息平台和数据监控系统的应用；二是加大网络申报推广力度，4月份对在四大银行开户的500多户纳税人进行了网络维护，并提请省局后台进行网络维护，由纳税人自愿选择申报方式，至5月底共有100多户纳税人选择网络申报。（三）加强数据质量管理。一是加强税收管理员外出痕迹管理，制作《税收管理员下户登记表》，税收管理员外出到纳税户办理涉税事宜时，必须填写登记表，并将该登记表列入征管档案资料管理；二是充分运用SQL查询语言及数据分发系统，对截至6月份的税收征管数据质量相关指标运行情况进行了综合分析，重点对区局主管税务官员为空、行业明细为空、街道乡镇为空、征收方式为空、普通发票超过3个月未验旧等几项指标进行数据筛查，对及时防范和解决问题取到了指导作用；三是做好征管数据清理工作。从9月份开始，对省局每月下发的可疑征管数据及时清理，共清理了72户纳税人的可疑征管数据；四是及时将需修改的征管数据和车购税数据上报省局。

队伍建设

【机构人员情况】 区局共有内设机构10个：办公室、人事教育科、监察室、征收管理科、货物和劳务税科、收入核算科、所得税科、政策法规科、纳税服务科、办税服务厅；事业单位1个：信息中心；税务分局2个：麒麟分局（29人），越州分局（15人）；直属局1个：稽查局（10人）。有职干部职工116人，离、退休人员37人。在职人员学历结构：研究生2人，占1.72%；本科生61人，占52.59%；大专生43人，占37.07%；中专生5人，占4.31%；高中生5人，占3.245%；初中生1人，占0.86%。

【廉政建设】 一是认真落实党风廉政建设责任制，层层签订《党风廉政建设和行风建设责任书》，开展家庭助廉活动。二是坚持“纪检日”和廉政党课学习制度，举办党风廉政建设和预防职务犯罪教育专题讲座。三是加强内控机制建设，发挥监督在预防腐败工作中的效能作用，“两权”监督制约机制有效加强。四是廉政风险预警监控系统稳步运行，年内，全局共发起“廉政风险监察工作”651条，系统显示184条，人工录入467条。五是坚持抓好《廉政公约》签订工作，年内，共与3184户新登记纳税人签订了《廉政公约》，回访纳税人772户。六是政风行风建设深入推进，得到了上级、社会各界的充分肯定和认可。

【教育培训】 一是加强政治思想教育。以纪念中国共产党建党90周年为契机，深入学习科学发展观，学习杨善洲同志先进事迹，组织全局干部职工到红色教育基地—熄烽集中营、遵义会议原址接受爱国主义教育。通过学习教育，广大干部职工牢记职责和使命，恪尽职守、踏实敬业。二是加大业务培训力度。年内，按照基层税务干部的业务水平、工作能力和岗位要求，采取自学、送出去，请进来等方式，有针对性地加强所得税、增值税等税收新政策法规的培训，按岗位职责和工作能力分类开展纳税评估、税收征管、纳税服务、税收信息化、财会知识的集中培训。

【精神文明创建】 一是积极响应区委号召，开展“创先争优”活动和“唱红歌”活动，获得麒麟区“纪念中国共产党建党90周年红歌比赛”第四名的好成绩。二是继续加强精神文明建设工作，区局办税服务厅被省妇联、省国税局评为“巾帼文明岗”；稽查局曾洁琼同志被省国税局、省妇联评为2011年云南省“帼国建功标兵”。

（雷 庄）

沾益县国家税务局

经济概况

2011年，沾益县实现生产总值（GDP）117亿元，同比增长15%。其中：第一产业实现增加值26亿元，同比增长8%；第二产业实现增加值62亿元，同比增长18.4%；第三产业实现增加值29亿元，同比增长14.4%。一、二、三产业结构比为23:52:25，经济结构趋向第二产业带动、三个产业共同发展的良好局面。

税收概况

【收入完成情况】 2011年，沾益县国家税务局共组织入库税收收入6.78亿元，完成年度计划的114.47%，超计划任务8570万元，同比增收1.41亿元，增长26.34%。

【收入特点】 沾益县国税系统负责征收管理的税种少、税源集中、纳税面大、政策性强。年内，30户重点税源企业上缴税收占全县国税总收入的78.32%。重点税源主要分布在电力、煤化工、商业行业，炼焦业上缴增值税占增值税总收入的43.74%，电力行业上缴增值税占增值税总收入的17.31%，商业上缴增值税占增值税总收入的13.32%。

【税源分析】 2011年，沾益县国税系统负责征收的五个税种除储蓄存款利息所得个人所得税、车辆购置税减少外，其余税种均有所增长。1. 增值税增减因素：石油及炼焦业增收4725万元，有色金属增收663万元，化学制品业增收4128万元，商业增收2366万元。其他行业有增有减，采掘业增收706万元，纸制品增收86万元，供电增收262万元，其他制造业增收1544万元，其他行业增收107万元。非金属矿物品业减收159万元，设备制造业减收624万元。2. 企业所得税增减因素：金融业增收1031万元，其他制造业增收1197万元。其他行业有增有减，专用设备制造业增收170万元，商业增收182万元，化学制品业增收165万元，纸制品增收47万元，炼焦业减收2092万元，水泥及制品业减收117万元。

【税务管理】 一是紧紧围绕“服务基层年”工作主题，坚持组织收入原则，全力组织税收收入。二是坚持依法行政，确保各项税收政策落实到位。三是夯实依法治税基础，通过各种宣传形式广泛开展税务行政许可法的宣传培训工作，确保税务行政许可法顺利实施。四是强化重点税源监控力度，对年纳税50万元以上税源大户进行税源调查和纳税评估，及时掌握和跟踪税源变化情况，强化重点税源企业管理。五是不断优化纳税服务，积极开展窗口单位“创先争优”、“四亮四创四评”活动，为企业提供多形式切实需要的服务。

各项工作

【税收征管】 截至2011年底，沾益县国税局有征管户3856户，其中：企业纳税人503户（增值税一般纳税人305户）、个体户3353户。一是完善综合征管软件数据的定期更新、分析、通报和报告制度，加强对软件运行的过程监控，确保软件运行平稳，业务处理规范。二是圆满完成普通发票换版工作。根据省局普通发票换版工作的整体安排，按规定对旧版作废发票进行收缴，对新版发票票种进行核定，按期完成发票换版任务。三是落实起征点调整政策，2011年11月1日起，将增值税起征点由原来的月营业额2000～5000元调整到5000～20000元，并执行了最高限。四是稳步推进税源专业化管理，改革现有按属地、划片管户的管理方式，对纳税人进行科学分类，实施差异化管理。五是拓宽评估涉税信息渠道，通过对涉税信息的分析、运用，有针对性地开展纳税评估，年内，共开展纳税评估14户（次），查补增值税7.95万元，所得税629.31万元，评估发现问题移交稽查局查处1户。六是做好汇算清缴组织落实，圆满完成企业所得税汇算清缴工作，汇算清缴面达到

100%，盈利面达到58%。补缴税款56户，按期补缴税额共计584万元。七是强化日常管理，及时修改防伪税控档案信息，确保金税工程平稳运行。

【税收执法】 一是税收执法保持高水平。税收执法管理信息系统高效运行，2011年执法准确率达到100%，继续保持执法零过错的记录，税收执法水平进一步提升。二是重点执法检查和效能监察工作扎实有效。制定了重点检查实施方案，成立税收执法监督（监察）领导小组，对税收执法和效能监察工作进行重点检查。对检查中发现的问题，认真分析问题产生的原因，明确责任，督促整改，规范执法。三是各项税收优惠政策落实到位。企业所得税两免三减半优惠政策合计免征企业所得税1.12亿元，西部大开发优惠政策共计减免企业所得税8253万元，小型微利企业共计8户减免所得税额3.06万元。2011年共受理了10户民政福利企业安置残疾人退税申请和2户资源综合利用水泥生产企业的退税申请，共办理退税1892.69万元。2011年，对9辆设有固定装置车辆进行免税审批，免征车购税29万元；积极落实出口退税调整政策，办理免抵调库2873万元，办理审核出口货物免抵退税额2481万元（免抵额1343万元，退税额1138万元）。四是大力开展专项检查，税收稽查成果显著。开展对重点税源企业、办理出口货物退（免）税业务的重点企业、农产品加工及销售行业的专项检查，共查补入库收入448.4万元，其中：增值税441万元，滞纳金3.3万元，罚款4.1万元。

【优化服务】 一是认真贯彻落实“服务基层年”的各项要求，基于纳税人需求积极开展多形式的优化纳税服务活动。二是开展领导干部走访企业活动，实现税企“零距离”互动，继续推行“一窗式办税”，推广POS机税款缴纳征收和一般纳税人自助抄报系统。三是探索“网上办税服务厅”，顺利完成财税库银横向联网和普通发票改版工作，着力推行机动车销售网络发票开具工作。四是认真做好税收政策宣传，联合地税部门组织开展多种形式的税收宣传月和法制宣传日活动，提高社会纳税遵从度。五是坚持不懈抓好各阶段工作任务的落实，2011年度社会评价满意率达95.6%，高出全县平均满意率86.7%约9个百分点。

【信息化建设】 一是做好税收综合征管软件和执法管理信息系统的运行维护。二是充分利用增值税一般纳税人数据监控模块功能，切实加强增值税一般纳税人申报质量监控，实现申报数据零差错。三是搞好业务与技术的整合，完善和整合各应用系统与岗责体系、征管业务工作流程相适应、相配套体系。四是进一步提高数据质量拓展数据分析利用的广度和深度，实现数据统一采集、集中处理、自动生成、按需取用，提高工作的质量和效率。

【抗旱救灾】 2011年，面对百年不遇的特大干旱，县局成立了以局长为组长的抗旱领导小组，深入挂钩点播乐乡沙高村委会抗旱救灾，按照“先生活后生产”的原则，突出三个重点：一是确保重点单位及村组人畜饮水；二是配合沙高村委会积极寻找水源；三是切实履行执政为民职责，组织群众开展抗旱自救，帮助灾区群众渡过难关，确保经济平稳发展和社会和谐稳定。

队伍建设

【机构人员情况】 县局内设机构9个：办公室、税政管理科、征收管理科、人事教育科、监察室、信息中心、收入核算科、政策法规科、办税服务厅；直属机构1个：稽查局；派出机构2个：西平税务分局、花山税务分局。有在职干部职工64人，其中：男职工44人，女职工20人；少数民族2人；党员53人；公务员59人，工人4人，事业编制人员1人。学历结构：研究生1人，本科40人，专科18人，大专以上学历人员占总人数的90%。

【领导班子建设】 县局领导班子组成人员有：局长1人、副局长2人，纪检组长1人。领导班子坚持依法治税，强化税收征管，大力组织收入，加强队伍建设的总体方针，各司其职、各负其责、互相协调配合，带领全局干部职工扎实苦干，奋力突破，超额完成了市局、县委县政府下达的各项工作任务。

【作风建设】 一是围绕“服务基层年”工作主题，全力打造服务型机关。全体干部增强了组织观念和服务意识，转变了工作作风，有效促进干部执政能力建设和作风建设。二是以“读经典、学善州、作表率”为主题开展纪念建党90周年读书活动，进一步扩大“三读”活动成果。三是认真开展学习“杨善洲先进事迹”活动，号召全体国税干部职工以杨善洲同志为榜样，切实履行好自身工作职责。四是组织干部职工深入开展“创先争优”、“四亮四创四评”等一系列活动。

【廉政建设】 一是从社会各界聘请特邀监察员13人，加大社会监督力度。并适时组织召开特邀监察员工作联系会，广泛征求社会各界对国税部门执法中的意见和建议。二是继续落实党风、行风廉政建设责任制。县局长与分管局领导、各科室、分局负责人分别签订了《党风廉政建设责任书》。认真落实“一岗两责”、“一案双查”制度，严格税收执法责任考核和追究，对违反规定的一律给予相应的处罚。三是巩固与纳税人签订《廉政公约》的成果。累计已签《廉政公约》2164户，回访341户中，回访满意率达98%以上。四是积极参加县政府组织开展的民主评议行风活动，认真接受社会评价，广泛接受社会监督。

【教育培训】 一是以新税收政策实施为契机，广泛开展岗位技能培训，提高干部税收业务知识水平，全面提高干部计算机应用能力和实际操作水平。二是加强业务学习与岗位练兵，坚持“日读千字、周写一文、季看一书、年学一技”个人自学制度，组织好“每年两考”工作。三是广泛听取干部培训需求意见，紧扣复习范围，制订教学培训方案，有针对性地开展分类培训，引导干部理解消化学习内容。四是充分利用网络平台，开展网上学习活动，广泛组织全员学习练兵活动，形成浓厚的学习氛围。五是研究制订奖励办法，对成绩名列市局、县局前列的个人或集体给予精神和物质奖励，充分调动干部职工学习的积极性，有效提高干部队伍综合业务素质。

（朱淑敏）

师宗县国家税务局

经济概况

2011年，师宗县克服了特大旱灾和“11·10”矿难的影响，全县国内生产总值（GDP）突破60亿元大关，达62.2亿元，同比增长9.1%。其中：第一产业实现增加值23.8亿元，同比增长10.5%；第二产业实现增加值23.7亿元（工业实现20.3亿元，建筑业实现3.4亿元），同比增长7.7%；第三产业实现增加值14.7亿元（交通运输仓储及邮政业实现2.8亿元，批发零售业实现1.9亿元，住宿和餐饮业实现3000万元，金融保险业实现1.5亿元，房地产业实现1.2亿元，营利性服务业实现1.1亿元，非营利性服务业实现5.9亿元），同比增长9.2%。一、二、三次产业结构比例由上年的35.8∶39.1∶25.1调整为38.2∶38.1∶23.7。

税收概况

【收入完成情况】 2011年，师宗县国家税务局共组织税收收入3.6亿元，完成年计划的120%，同比增收8600万元，增长31.39%，提前三个月完成了税收任务。其中：增值税完成3.2亿元，完成年计划的121.67%，同比增收8000万元，增长33.33%；消费税完成4.4万元，完成年计划的88%，同比增收2万元，增长83.33%；企业所得税完成2381.6万元，完成年计划的144.34%，同比增收173.1万元，增长7.84%；储蓄存款利息所得个人所得税完成21.2万元，完成年计划的212%，同比减收20.5万元，减少49.16%；车辆购置税完成1480万元，完成年计划的86.3%，同比增收31.2万元，增长2.15%。地方一般预算收入完成7885万元，完成县政府下达计划数的111.06%。

【收入特点】 2011年，国税收入呈现出普遍增收的特点，除储蓄存款利息所得个人所得税因政策性因素出现下降外，其余税种均呈增长态势，消费税的增幅达88%，增值税的增幅达到33%以上，地方一般预算收入创历史新高，超收785万元，为全县经济发展作出了突出贡献。

【税源分析】 （一）增值税。2011年，由于经济形势向好，煤价稳中有增，增值税各行业税收出现全面增长的良好态势。其中：煤炭行业入库1.77亿元，同比增长16%；水泥行业入库932.4万元，同比增长477.70%；化工行业入库282.4万元，同比增长245.65%；金属冶炼行业入库1513.1万元，同比增长12.4倍；电力行业入库2665.4万元，同比增长30.91%；商业行业入库6997.4万元，同比增长31.96%；其他行业入库1882.7万元，同比增长37.33%。（二）消费税。2011年，虽然消费税收入同比增幅达83.33%，但仅完成收入任务的88%，主要原因是消费税税源枯竭，全县消费税纳税人只有小酒房和金银首饰零售业户，无税收增长点。（三）企业所得税。2011年，企业所得税完成年计划的144.34%，大幅超收的原因有三点：一是新办企业曲靖昆钢嘉华建材有限公司缴纳401万元；二是县烟叶复烤有限公司分回税款入库526万元；三是对县煤业公司超期无法支付的应付款项征税800万元。（四）储蓄存款利息所得个人所得税。该税种虽超额完成全年收入任务，但同比呈下降趋势，原因是储蓄存款利息所得个人所得税只对2008年10月9日以前孳生的利息征税，属于政策性原因导致下降。（五）车辆购置税。车辆购置税未完成收入任务，主要原因是从2011年起小排量机动车恢复全额征税，导致了购买力下降。

【税务管理】 （一）户籍管理。到2011年底，全县有税源管户2593户，其中：一般纳税人255户，小规模企业203户，个体工商户达起征点85户，不达起征点1912户，其他个体工商业户138户。年内，清理一个工商登记证号办理多个税务登记证2户、未达起征点纳税人票种核定超过3本情况3户、票表比对差额超过10万元（小规模纳税人）17户、开票金额超过10万元的起征点以下个体工商户13户、有验旧无申报清册31户。（二）欠税管理。采取上门催缴、银行扣款等办法，共催缴企业14户（次），催缴入库税款73万元。受“11·10”矿难影响，有3户纳税人共628万元税款未能解缴入库。（三）纳税评估。共评估纳税户11户，评估补税4.95万元，加收滞纳金5000元。（四）企业所得税汇算清缴。2011年参加汇算清缴162户，占应参加汇算99.38%，原因是1户企业属非正常户注销。汇算盈利户98户，盈利面占汇算清缴的60.49%，同比增长11%；亏损户29户，占汇算清缴的17.8%，同比下降15.8%；零申报35户，占汇算清缴的21.6%，同比增长4.6%；汇算清缴缴纳企业所得税635万元。（五）科技管税。2011年7月，税收管理员辅助系统成功上线，年内，通过辅助系统查询功能实时监控，对小规模纳税人超标准认定15户，对12户减免税企业进行重新备案处理。

各项工作

【税源专业化管理】 根据市局工作要求，县局制定了税源专业化管理工作实施方案，于2011年7月1日起实施税源专业化管理。具体做法是继续将税政、征管、法规、信息中心等业务科（室）扁平化，将有关职能整合到分局，实行了四块牌子、一套班子、联合办公的新模式。经过半年来的实践证明，提升了税源管理水平、优化了纳税服务、提高了征管质量和效率，形成了一套既符合市局总体要求又具有自身特色的税源管理模式，得到了市局的充分肯定。

【税收执法】 一是认真落实《税务稽查工作规程》，不断加强稽查工作。全年共检查纳税户38户，其中：专项稽查3户、协查检查11户、专案稽查3户、日常检查21户；查补入库收入518.24万元，其中：企业所得税22.9万元，增值税433.83万元，滞纳金60.99万元，罚款5200元；查实率、入库率、结案率均为

100%。个体户发票超定额查补收入139.71万元，其中：增值税122.83万元，滞纳金16.86万元，罚款200元。二是加大"南疆税案"查处力度，加强对案件查处和追缴税款的责任落实，共入库收入174万元，其中：增值税137.7万元，滞纳金36.3万元。三是开展打击发票违法犯罪活动和整治虚假发票"买方市场"工作，做好云南省勐腊县普阳运输有限公司涉嫌虚开公路内河货物运输统一发票和"11·10"专案发票违法案件的协查检查工作，及时对全县涉案受票企业进行检查，共补收入35.1万元，其中：企业所得税5.8万元，增值税21.3万元，滞纳金8万元。

【纳税服务】 一是以办税服务厅标准化建设为契机，通过业务流程再造，将审核、审批受理环节进行整合，将办税大厅逐步建设为税务机关的信息采集中心、数据录入中心和业务衔接中心，进一步强化了办税大厅的服务职能，形成了以办税大厅为核心的业务运行平台，有效地解决了纳税人在办税过程中存在的多头跑、重复报、排队等的问题。二是及时在政府信息公开网站上更新了部门信息、办税指南和局领导分管工作，及时公开了最新税收政策、业务流程及与纳税人密切相关的涉税信息和常见问题，明确了"96128"政府信息查询联络员，保障了纳税人的知情权。全年主动公开信息130条，同比增长8.33%，超额完成了县政府下达的工作任务。三是围绕"税收·发展·民生"宣传主题，邀请42家企业法人召开专题座谈会，县局局长宣传了纳税人和税务机关的权利义务，介绍了党风廉政建设工作要求，解答了纳税人关心的税收热点、难点问题，让纳税人充分了解国税部门在促进经济发展、改善民生上所做出的努力和贡献。

【后勤管理】 一是严格落实《师宗县国家税务局车辆管理办法》，规范车辆维修、保养审核报批程序，有效发挥公务车辆的使用效能和作用。二是巩固省级"园林单位"荣誉成果，强化环境卫生管理，为干部职工提供一个安全、清洁、文明的工作生活环境。三是按照"人防、物防、技防"的管理思路，深入开展平安创建活动，2011年3月，被县政法委评为"五星级先进平安单位"。四是严格财务核算，加强现金管理，控制支出规模。从10月起，全局"三公"经费通过曲靖市协同办公系统流转审批，进一步增强了经费开支的透明度。

【社会工作】 一是把抗旱救灾作为一项重大政治任务来抓，多次深入挂钩联系点雄壁镇独龙村，同村领导班子一起出主意、想办法，多次协调消防车运水到困难户家中，帮助受灾群众渡过难关。二是积极参与私庄煤矿遇难矿工善后处置工作。11月10日清晨，师宗县私庄煤矿发生煤与瓦斯突出事故，35人遇难，8人失踪。县局党组立即安排1名副局长带队赶赴事发地点进行救援，并在第一时间完成了1名遇难矿工的善后处置任务。随后，又出资5万元购买救援物资送至救援现场。

队伍建设

【机构人员情况】 （一）机构设置。县局设8个内设机构：办公室、人事教育科、监察室、税政管理科、征收管理科、政策法规科、收入核算科、办税服务厅；1个事业单位：信息中心；1个直属机构：稽查局；1个派出机构：丹凤税务分局。（二）人员配置。2011年底，全局有干部职工60人，其中：在职干部49人，离休1人，退休10人。

【领导班子建设】 2011年，县局领导班子组成人员有：副局长3人，纪检组长1人。2011年8月，原党组书记、局长刘麟聪调文山州国税局任副局长，由副局长王石东主持工作；2011年4月，原罗平县国税局办公室主任张向红调师宗县国税局任纪检组长。

【廉政建设】 一是层层签订《党风廉政建设责任书》，落实"一岗双责"的工作要求，确保党风廉政建设工作措施落实到位。二是先后3次组织全局干部职工参加省局、市局党风廉政专题讲座，干部职工风险意识和自我保护意识进一步增强。三是充分发挥执法监察子系统的预警功能，提高执法监察子系统数据库产生信息的应用率，强化对涉税事项审批及税务行政处罚等重要环节的监督检查。四是将人事、财务、涉及费用开支和行政审批岗位人员纳入内控机制管理，明确了风险环节、预警措施，并作出廉政承诺。五是制定了《税收执法廉政公约回访实施方案》，全年签订《廉政公约》523户，占新登记户的100%，实地回访52户，回访率达10%。六是对县局稽查局检查的案件抽取了2户进行"一案双查"，通过核查，未发现国税干部有不廉行为。

【作风建设和精神文明建设】 2011年，在县人大组织开展的社会评价工作中，师宗国税局的单位满意率达93.74%，在26家垂管单位中排名第三，得到了参评人员的普遍认同和好评。同时，积极开展云南省国税系统"文明单位"的届满重新申报工作，将精神文明创建文档从8个方面进行了分卷归档，重新制作和完善了多媒体汇报材料并顺利通过了省局考评组的考评验收。

【庆祝建党90周年】 一是开展"读经典、学善洲、作表率"纪念建党90周年读书活动，在全局范围内掀起学习杨善洲精神的活动高潮；二是开展了一次新老党员重温入党誓词，到革命烈士纪念碑前进行爱国主义教育；三是开展了一次"城乡联动"党支部互联共创活动，组织全体党员到联系点，与其党支部认真落实了年初签订的"互联共创"活动各项协议书确定的共创内容，帮助解决村支部在制度建设、发展党员、新农村建设等方面存在的不足和问题；四是表彰了一批先进党员；五是开展了一次"为党旗添光彩"党员服务日活动，组织党员义务植树，走访、看望了离退休老党员。

（殷文斌）

罗平县国家税务局

经济概况

2011 年，罗平县实现生产总值（GDP）93 亿元，同比增长 13%，其中：第一产业 23.7 亿元，第二产业 37.3 亿元，第三产业 32 亿元，结构比例为 25.5:40.1:34.4。实现财政收入 8.8 亿元，同比增长 21.5%，其中，地方一般预算收入 4.05 亿元，同比增长 18.1%。固定资产投资完成 45.64 亿元，同比增长 27.2%；外贸进出口总额 5420 万美元，同比增 152.6%；社会消费品零售总额 23.83 亿元，同比增长 20%；城镇居民人均可支配收入 1.9 万元，同比增长 13.5%；农民人均纯收入 5075 元，同比增长 15%；全年实现农业总产值 48 亿元，同比增长 23%；工业总产值 75.1 亿元，同比增长 13.4%；非公经济加快发展，累计完成增加值 39.1 亿元，同比增长 15.1%。

税收概况

【收入完成情况】 2011 年，罗平县国家税务局共组织入库各项税收 2.86 亿元，同比减收 151 万元，下降 0.52%，完成年度计划的 101.80%。其中：增值税入库 2.42 亿元，完成任务数的 96.80%；消费税 11 万元，完成任务数的 110%；企业所得税 2654 万元，完成任务数的 294.89%；储蓄存款利息所得个人所得税 13 万元，完成任务数 130%；车辆购置税 1746 万元，完成任务数的 79.36%。全年完成地方一般预算收入 6475 万元，同比减收 169 万元，下降 2.54%。

【收入特点】 一是五个税种呈“一增一平三减”态势。“一增”：企业所得税同比增收 1812 万元，增长 215%；“一平”：消费税与去年同比持平；“三减”：增值税同比减收 1833 万元，下降 7.04%；车辆购置税同比减收 115 万元，下降 6.18%；储蓄存款利息所得个人所得税同比减收 15 万元，下降 53.57%。二是增值税构成集中在煤炭、发电、供电、化工、有色金属、建材、商业行业，共入库 2.32 亿元，占增值税总收 2.42 亿元的 95.90%。三是税收主体以非公经济为重点，入库 2.10 亿元，占总体税收收入的 73.48%，同比增收 3164 万元，增长 17.71%。

【税源分析】 一是增值税主体税种七大行业税收呈“三增四减”。“三增”：煤炭行业实现税收 7119 万元，同比增长 9.19%；商业行业实现税收 7551 万元，同比增长 18.45%；建材行业实现税收 718 万元，同比增长 13.79%；“四减”：发电行业实现税收 2945 万元，同比下降 28%；供电行业实现税收 3087 万元，同比下降 6.40%；化工行业实现税收 303 万元，同比下降 66.56%；有色金属行业实现税收 1487 万元，下降 34.98%。二是全县税源基础仍然单一而薄弱，新增税源仍然非常少。年内，纳入重点税源网上直报监控企业 35 户，上年缴税 50 万元以上企业 10 户纳入县级监控，共 45 户，与上年持平。

【税务管理】 一是加强税务登记管理，全年税务登记管户 6854 户。其中：企业 586 户（一般纳税人 292 户、小规模纳税人 294 户），个体工商户 6268 户（达起征点 88 户、不达起征点 6180 户）。二是认真开展重点税源摸底调查工作，对电力、煤炭、冶炼、商贸流通等行业的 38 户重点纳税企业开展税源情况摸底调查。三是加强个体户定额核定及调整工作，共调整定额户 126 户，年增加税收 120 余万元。四是强化纳税评估工作，全年对税负异常的 13 户企业进行评估辅导，企业进项税金转出 91 万元，缴纳增值税 56 万元，评估入库企业税所得税 104.34 万元。

各项工作

【依法治税】 一是落实国家各项税收优惠政策。2011 年，正常审核 3 户单证齐全出口退税企业，审核企业免抵退税额 429.8 万元；办理福利企业退税 394.25 万元；为 31 户增值税一般纳税人办理了减免税备案审批；为 875 户纳税人做好起征点调高工作；为 1528 户各类纳税人减免了 3.06 万元的税务登记证工本费；共查验和核定无最低计税价格的新车型 81 类，共审核办理 4 户纳税人车辆购置税免税手续，减免车辆购置税 21 万元。二是规范税收执法行为。规范税收行政审批、日常税收检查等行为的程序、方式和时限。

【税收征管】 一是加强重点税源管理。将风险管理理念引入到重点税源以及大中型企业税源管理中，年内，45 户增值税重点纳税企业共缴税 2.08 亿元，占增值税总收入 2.42 亿元的 86.01%，同比增加了 0.17 个百分点。二是加强对中小企业管理。通过行业推进、分类管理、实地核查等基础措施，加强对小型微利企业的控管，全年实行核定应税所得率方式征收共计 100 户，实行定期定额方式征收 3 户，核定征收面达 35.52%。三是强化对个体工商户管理。2011 年，个体工商户达 6268 户，同比增加 1232 户。四是圆满完成企业所得税汇算清缴。250 户企业所得税纳税人全部参加汇算清缴，汇算面 100%，实际应缴所得税额 2654 万元。五是加强增值税一般纳税人认定和管理工作。全年共认定 61 户次，取消 5 户。

【税务稽查】 2011 年，县局全面布置专项稽查、分级分类稽查工作，加大对“5·31”案件的追缴力度、做好“11·10”案件的协查工作，联合公安、地税等部门深入开展发票专项整治工作，各项稽查工作取得良好成效。全年共查办案件 6 件，查结 6 件，查补入库税款、滞纳金及罚款 1127.16 万元，其中：查补入库增值税 771.32 万元，消费税 1.5 万元，企业所得税 119.66 万元，加收滞纳金 220.22 万元，罚款 14.46 万元，实现选案准确率 100%、案件查结率 100%、税款入库率 100%。

【信息化建设】 一是成功上线运行税收管理员信息辅助系统，并圆满完成市局布置的预警信息反馈工作。二是进一步提高税收征管系统、增值税防伪税控系统、数据监控分析系统、税收执法管理系统等各系统的衔接和使用力度，不断提高系统的运维水平。三是积极做好金税工程各系统的推行和运行维护工作，充分运用各种信息资源，不断加强对一般纳税人的日常认证、报税、纳税申报“一窗式比对”的督促和管理。

【纳税服务】 一是开展办税服务厅规范化建设。整合优化业务流程，整合窗口职能，设置综合、申报、发票三大类窗口；建立健全限时办结制、预约服务制、一次性告知制、AB岗工作制等服务制度；合理设置办税服务功能区，统一办税大厅内外标识，优化办税服务厅硬件设施建设。二是认真开展“四亮四评”主题实践活动，减少办税环节繁琐程度，全面落实“两个减负”。三是认真开展全国第20个税收宣传月活动。在城区主要街道、繁华路段张贴大型宣传横幅，向纳税人免费发放《罗平县国家税务局纳税服务手册》、《税法宣传手册》、《纳税人权利与义务公告》等纳税宣传资料3000余份。四是召开纳税人座谈会，对大中型企业、小型微利企业、个体工商户、普通消费民众进行分类分层次、分特点开展纳税辅导。五是根据企业的行业特点和适用税收政策的不同情况，分门别类地成立政策帮扶小组，帮助企业解决在日常办税和生产经营中遇到的困难和问题。

队伍建设

【机构人员情况】 2011年，县局有在职干部职工68人，其中，党员36人，占53%；有大专以上学历63人，占总人数的92.65%；有离退休干部职工35人，其中：离休11人，退休24人。县局设2室4科1中心：办公室、监察室、人事教育科、征收管理科、税政科和计划征收科，设直属机构1个（副科级）：稽查局，事业单位1个（正股级）：信息中心；派出机构2个：第一税务分局、第二税务分局。

【领导班子建设】 2011年，领导职数设：局长1名，副局长3名，纪检组长1名。县局班子始终坚持党组中心组学习制度，始终坚持领导班子民主生活会议制度，始终坚持民主集中制原则，领导班子的执政能力和科学决策水平得到了不断提高，具有很强的凝聚力和战斗力。

【廉政建设】 一是层层签订《年度党风廉政建设责任书》，强化对党风廉政建设工作的考核。二是加强党风廉政教育，重点学习《廉政准则》和中央关于实行党风廉政建设责任制的规定，邀请县人民检察院检察长鲍顺林等领导作警示教育和预防职务犯罪知识讲座。三是认真贯彻落实《中国共产党党员领导干部廉洁从政若干准则》，着力开展了副科级以上领导干部廉洁自律落实的专项治理自查自纠活动。四是深入推进内控机制建设，共查找风险点26个，制定风险防控措施75条，制作风险工作流程图28个。五是深入推进“两权”监督，积极开展执法检查和执法监察。年内，新签订《廉政公约》1268户，回访调查纳税户627户。六是强化三级监督网络建设，在人大、政协、工商联等部门和部分企业财务人员、个体工商业户中聘请了12名特邀监察员。

【教育培训】 一是组织干部职工收看《云南国税讲坛》9至18讲共9次讲座。二是结合税源专业化管理工作，以各部门为单位开展了为期5天的业务培训，组织干部职工学习了各业务组的工作职能和岗位职责以及规范的工作流程，丰富了干部职工税源专业化管理知识。三是选送业务骨干参加上级组织的各类培训，全年共选送30人（次）参加上级组织的各类培训。

【精神文明建设】 2011年，县局被罗雄镇人民政府授予“2010年度社会治安综合治理先进单位”荣誉称号，被县纪委授予全县党风廉政建设先进集体荣誉称号；被省局表彰精神文明先进个人1名，被省局表彰“三读”标兵1名，被市局表彰“三读”先进单位2个、“三读”标兵4名。县局党总支被县直属机关党委表彰为先进基层党组织，1名党员被表彰为优秀党务工作者，2名党员被表彰为优秀党员。

（丁艺芸）

宣威市国家税务局

经济概况

2011年，宣威市实现生产总值（GDP）178亿元，同比增长13.5%。三次产业的结构比例为22：46：32。工业经济发展模式仍然占有主导地位。全市固定资产投资完成157亿元，同比增长33.8%；完成财政总收入23.9亿元，同比增长17.7%，其中地方一般预算收入达到10.50亿元，同比增长16.7%；农民人均纯收入4697元，同比增长25.8%；城镇居民可支配收入1.7万元，同比增长16.2%；社会消费品零售总额73.50亿元，同比增长20.3%。

税收概况

【收入完成情况】 2011年，宣威市国家税务局共组织入库税收12.29亿元，同比增收1.77亿元，增幅16.82%，完成全年任务12.10亿元的101.55%。

【收入特点】 一是税收与经济发展持续协调增长。2011年，除8、9、12月减少外其他各月都有增长，且有5个月单月税收总额突破亿元。五个主体税种呈现“三增二减”的态势，增值税、消费税、企业所得税同比增收，增幅分别为18.93%、34.17%、36.85%；储蓄存款利息所得个人所得税、车辆购置税同比减收，减幅44.78%、23.10%。二是税收收入进一步集中，仅开发区税务分局就征收入库税收5.72亿元，占全市收入比重为46.53%；其他分局完成国税收入6.97亿元，比重53.47%。三是国税收入完全倚赖第二产业和第三产业的状况仍然没有得到改变。2011年，第二产业完成国税收入6.27亿元，同比增长7.04%，第三产业实现国税收入6.02亿元，同比增长29.08%。四是内资企业中的国有企业，股份公司的主体税收地位仍然没有发生根本性的改变，2011年国有企业税收收入13.34亿元，股份公司税收收入5.17亿元。私营企业税收占据一定的比重，2011年私营企业实现税收4.20亿元，同比增长6.79%；个体经济实现税收6479.16万元，同比下降17.79%。五是中央收入占有绝对优势。2011年，分预算级次中央收入入库9.26亿元，占国税总收入的75.34%；省级收入入库1.54亿元，占1.26%；县区收入入库2.88亿元，占23.40%。

【税源分析】 一是增值税完成11.11亿元，同比增长18.93%。其中：烟叶复烤行业入库税收1704.88万元，同比增长213.60%；石油炼焦行业入库税收1504.36万元，同比增长35.97%；电力行业入库税收1.67亿元，同比增长84.43%；批发和零售业入库税收5.11亿元，同比增长34.89%（烟草商业入库7567.37万元，同比增长18.67%；煤炭商业入库税收2.10亿元，同比增长97.30%；其他商业入库税收2.25亿元，同比增长8%）。二是受国家宏观调控政策的影响部分行业出现减收，减收的主要项目是化工业入库增值税4059.70万元，同比下降41.90%；水泥行业入库税收1686.68万元，同比下降32.10%；黑色金属入库税收1058.13万元，同比下降35.88%；煤炭开采和洗选行业入库税收3.16亿元，同比下降50.78%。

【税务管理】 一是加强税务登记管理，做好税务登记与技术监督局、工商局、地税局的信息交换共享。2011年，全局有增值税一般纳税人665户，小规模企业467户；个体工商户达起征点户由2010年底的1003户提高到1197户，净增194户，增长19.04%；起征点以上户数的核定面达22.82%；共有1643户纳税人使用普通机打发票，占使用发票户数的91.48%。二是进一步加强工作责任心，保证税收管理员信息系统全部考核指标实现零差错的目标，正确率达到99.90%。三是加强各税种管理。深入开展低税负行业、煤炭生产和经销行业专项评估。强化白酒消费税计税价格管理。推进车购税档案电子化。规范各应用系统数据采集，全年共采集增值税专用发票正常发票存根联6.76万份，金额126.19亿元，税额21.35亿元，作废发票5614份；采集增值税发票抵扣联6.35万户（次），金额83.85亿元，税额14.18亿元；采集运输发票抵扣联2563份，金额5.16亿元，税额3612.26万元。加强增值税一般纳税人管理，年内，共认定增值税一般纳税人94户，固定资产抵扣进项税额2986.35万元，同比增长16.22%。加强企业所得税汇算清缴力度，共汇算清缴纳税人496户，其中：查账征收纳税人343户，核定征收纳税人153户；纳税调整增加额1.13亿元，应纳所得税额5871.19万元；汇算盈利企业212户，同比增加76户盈利企业，盈利面49.53%，同比上升11.54个百分点；亏损企业88户，同比下降了26户；零申报户数同比增加了20户。四是认真落实税收优惠政策，2011年共办理各类税收减免退税2952.74万元。

各项工作

【税收法制建设】 一是继续深入推行执法过错责任追究制度；二是加强税收政策培训辅导力度，年内，对纳税人和全局干部职工进行税收政策业务培训辅导8期，培训达800人（次）；三是推行阳光政府“四项制度”工作，及时在宣威市政府门户网站发布公示和重要工作通报22则；四是认真做好普法工作和税收政策执行及实施效果调查情况分析工作；五是通过对党政机关以及其他部门的涉税文件的清理，没有发现越权或违规的情况。

【征收管理】 一是继续加强对年纳税额100万元以上重点税源企业的调研、分析、管理，按月写出重点税源管理报告，及时掌握税源的增减变动情况。2011年有60户重点纳税大户缴纳税款5.50亿元，同比增长23.13%，占总收入的45%。二是强化欠税管理，采取以票管税、欠税催缴、欠税公告等措施，控制新欠税款的产生。三是积极开展纳税评估工作，年内，共评估煤炭行业纳税人51户，评估补税361.60万元。四是积极探索煤炭行业税源专业化管理模式，进一步规范了煤炭行业的税收管理，在受到煤矿安全事故影响的情况下，煤炭行业共入库税款5.23亿元，与往年基本持平。五是进一步明确了管理分局、办税服务厅的职责和沟通联系机制。六是积极推行网络化税收管理体系，实现了网上办税、POS机刷卡缴税、922户企业实行财税库银横向联网缴税。七是积极推行税收管理员辅助信息系统。

【税收执法】 一是认真开展税法宣传，提高纳税人的税法遵从度。年内，共发放各种税收宣传资料8000余份，对纳税人进行税收政策业务培训3期12天，制作税收宣传横幅24条，张贴税法宣传画32幅。二是安排稽查12户，查补税款142.69万元，罚款7.90万元，滞纳金49.70万元；发出协查委托13起，接受协查委托6起，追缴税款596.36万元，滞纳金186.27万元。

队伍建设

【机构人员情况】 市局内设机构12个：办公室（10人）、人事教育科（2人）、监察室（2人）、征收管理科（3人）、货物劳务税科（3人）、收入核算科（3人）、政策法规科（2人）、所得税科（2人）、工会（3人）、纳税服务科（1人）、党办（2人）、办税服务厅（11人）；直属机构1个：稽查局（13人）；事业单位1个：计算机信息管理中心（2人）；税务分局5个：榕城税务分局（10人）、开发区税务分局（11人）、格宜税务分局（4人）、羊场税务分局（5人）、倘塘税务分局（4人）。全局有在职干部职工102人，平均年龄44岁；有离退休干部60人。

【领导班子建设】 市局领导班子组成人员有局长1人、副局长4人、纪检组长1人，科、室、分局领导33人。领导班子认真贯彻落实民主集中制原则，发挥集体智慧，保证协调运转，主动接受“两权”监督，坚持干部队伍政治业务学习制度、纪检日学习制度、党组理论中心组学习制度，形成了团结、务实、为民、廉洁、高效的领导集体。

【教育培训】 年内，选派干部职工参加上级局组织的各项税收政策业务培训60多人（次）。

【廉政建设】 一是继续签订《党风廉政建设责任书》，落实领导干部“一岗两责”。二是与新增纳税户签订《廉政公约》68户，通过座谈会、走访、发放调查问卷等渠道回访1479户，回访率100%。三是通过监察子系统自动检测出的230条疑点数据，经过实地检查和核实，没有违规违纪情况发生。四是坚持干部任职谈话制度。年内，有5位局领导和34名中层干部进行了“述职述廉”，进行任期廉政谈话32人（次）。五是推行内控机制建设。对工作岗位和相应的权力进行认真梳理完善，全局共形成75个完整的岗位目录——列出每个岗位的具体职责，明晰权力边界；共排查出风险点228个，其中：行政执法类204个，行政管理类24个；对应风险点制作了具体的防控措施，编制出宣威国税系统的风险防控措施78条；对全局62个岗位按照业务流程制作了税收执法类57个、行政管理类5个工作流程图，涵盖了税收征管、税务行政许可、税务行政确认及审批、税务稽查、大宗物品采购等各个业务流程，严格运行程序，形成了环环相扣的工作链条。

【精神文明建设】 2011年，全局涌现出优秀公务员14名，5人被省市局授予“读书标兵”称号，1人被市委、市政府表彰为“先进个人”，2人被市委、市政府表彰为新农村建设“优秀指导员”；局机关被表彰为曲靖市国税系统“2008～2010年教育培训工作”先进单位，在2010年度综合考核中被宣威市委、市政府表彰为“先进单位”。参加地方政府社会综合评价满意度在95%以上；办税服务厅15个评价器共收到评价信息近万条，满意率在97%以上。派出3名国税党员干部支援新农村建设，组织干部参加植树造林、捐资助学、无偿献血等一系列社会公益活动，年内，投入新农村建设资金5万余元，捐献抗旱资金2万元，捐献各种善款2.25万元。

（赵英辉）

会泽县国家税务局

经济概况

2011年，会泽县实现生产总值（GDP）112.92亿元，按可比价计算，同比增长12%。其中：第一产业增加值26.62亿元，同比增长10%；第二产业增加值61.06亿元，同比增长12.7%；第三产业增加值25.24亿元，同比增长12.1%。三次产业的结构比例为23.6∶54∶22.4。全县财政总收入34.32亿元，同比增长18.11%；地方财政一般预算收入7.02亿元，同比增长15.08%；一般预算支出26.11亿元，同比增长24.29%。社会消费品零售总额19.36亿元，同比增长21.21%；城镇居民人均可支配收入1.5万元，同比增长15.79%；农民人均纯收入3252元，同比增长23.04%；社会固定资产投资完成73.24亿元，同比增长25.17%。

税收概况

【收入完成情况】 2011年，会泽县国家税务局共组织税收入库24.54亿元，同比增收2.78亿元，增长12.79%，完成年度计划23.37亿元的105.02%。

【收入特点】 一是五个税种与上年相比呈现“二增三减”态势，消费税、企业所得税分别增长19.11%、8.42%，增值税、车辆购置税、储蓄存款利息所得个人所得税分别下降1.62%、6.06%、48.78%。二是分行业看呈现“一增、五减”态势，除商业行业同比增长25.34%外，有色金属产品、电力产品、建材行业、化工产品、其他行业分别同比下降70.71%、4.57%、8.02%，71.64%、35.65%。

【税源分析】 会泽县国税税收入主要靠“两烟”、“两电”、“一铅锌”五大税源，五大税源收入占全县总收入的96%。1. 增值税入库5.85亿元，同比减收961万元，下降1.62%。六大行业中只有商业行业增收，有色金属产品、电力产品、建材行业、化工产品、其他行业减收。有色金属产品，建材行业、化工产品主要是受全球性金融危机影响，产品市场价格大幅下降；发电、供电主要是受三年干旱的影响，电力产品增值税大幅下降。2. 消费税入库17.59亿元，同比增收2.82亿元，增长19.11%。消费税产品本县只有“卷烟”，占总收入的71.67%。3. 企业所得税入库9218万元，同比增收716万元，增长8.42%。主要是信用社进行纳税调整后入库578万元，同比增收448万元。4. 储蓄存款利息所得个人所得税入库42万元，同比减收40万元，下降48.78%。原因是国家免征储蓄存款利息所得个人所得税。5. 车辆购置税入库1797万元，同比减收116万元，下降6.06%。主要原因是税率恢复后居民购车意愿下降，征收数量从上年的10658辆下降到本年的9368辆。

各项工作

【税收管理】 2011年，全县共有纳税户5323户，其中：个体经济4915户，企业408户。408户企业包含：国有企业21户，集体企业16户，股份合作企业18户，其他有限责任公司116户，股份有限公司24户，私营合伙企业1户，私营有限责任公司187，私营股份有限公司8户，个人独资企业12户，国有独资公司1户，私营独资企业4户。一是抓重点税源管理工作。将全县年纳税额50万元以上的15户企业纳入重点税源监控范围，健全和完善了重点税源数据库及分析体系，加大了对重点税源的跟踪监控力度，从经济、政策、征管因素等方面全方位、深层次掌握影响税收变化的诸多原因，及时发现和解决组织收入工作中存在的问题和税收征管的薄弱环节。二是强化增值税管理。对超标的小规模纳税人及时进行一般纳税人认定，年内对超过标准的38户小规模纳税人及时进行一般纳税人认定，年末共有增值税一般纳税人242户，纳入防伪税控管理企业103户。三是加强企业所得税户籍管理。2011年，共有所得税管户247户，其中不需要参加汇算的分支机构3户，定期定额征收户53户。应参加汇算191户，实际参加汇算186户，汇算面达97.38%。四是加强“双定户”征管，对全县所有个体工商户进行了清理，新增纳税户116户。五是组织开展纳税评估工作，对3户所得税纳税人进行了重点评估，补缴企业所得税1.03万元；对2户从事农产品收购和加工的出口企业进行了专项评估，共转出进项税额100.27万元，补缴增值税6.72万元；从数据监控分析系统中抽取11户长期零申报和税负较低的企业进行了纳税评估，补缴增值税10.12万元；对房地产企业进行政策宣传辅导，纳税人自查补税80万元。

【依法治税】 1. 税法宣传。一是紧紧围绕“税收·发展·民生”宣传主题，扎实开展好全国第20个税收宣传月活动。面向社会、面向纳税人、面向党政领导、面向农村进行税收政策宣传，扩大税收宣传面。二是走进挂钩扶贫点了解旱情，走进企业解决企业关注的问题，走进地方政府和有关部门，走进每一个纳税人，以民为本诚意送税法。三是重点归纳整理了广大市民普遍关注的税收法律、法规和相关政策规定，解答广大市民普遍关注的政策，让每一个公民真正理解税收取之于民、用之于民的本质。四是在县城人流量大、人员集中的主要街道设置咨询台，张贴税收宣传海报，连续播放税收宣传录音，向过往行人发放税收宣传资料，共发放税收宣传资料850余份，接受纳税咨询90人（次），掀起税法宣传高潮。2. 税务稽查。2011年，以分类稽查和专项稽查为重点，全面开展各项稽查工作，查补收入72.39万元，其中：增值税43.09万元，企业所得税8.75万元，滞纳金20.43万元，罚款0.13万元。

【纳税服务】 一是落实《办税服务厅管理办法（试行）》，完善窗口服务评价系统功能，把每个干部姓名、编号及照片制作好放在服务评价体系上，让纳税人对国税干部的服务进行评价。二是更换了办税服务厅的电脑等硬件设施，统一了窗口设置和内外标识，完善了服务设施，健全了日常值班、首问责任、安全卫生、定期回访等制度。三是做好“96128”热线服务电话的接听和纳税人上门咨询接待与问题解答，全年共接听热线服务电话34个，接待纳税人上门咨询45人（次），为纳税人解决实际问题17件，引导纳税人办理涉税事项28件。四是为纳税人提供导税服务、预约服务、提醒服务、服务回访、全程办税等五项特色服务。

队伍建设

【机构人员情况】 县局内设机构10个：办公室、人事教育科、监察室、征收管理科、纳税服务科、货物和劳务税科、所得税科、收入核算科、政策法规科、办税服务厅；事业单位1个：信息中心；税务分局2个：金钟分局、者海分局；直属机构1个：稽查局。有在职干部职工90人，男职工68人，占75.6%；女职工22人，占24.4%；学历结构：研究生1人，本科生53人，大专生21人，中专以下15人；中共党员65人，占72.2%。

【领导班子建设】 县局领导班子成员5名：局长1人，副局长3人，纪检组长1人。领导班子政治坚定，思想统一，开拓进取，求真务实，团结和谐，作风民主，是一个有凝聚力、创新力、向心力、战斗力的集体。

【廉政建设】 一是认真落实中央、省、市、县党风廉政建设工作会议精神，进一步明确党风廉政建设和纪检监察工作的重要地位，以完善内控机制建设为重点，促进权力规范运行。二是全面推进内控机制信息化建设，全面排查岗位职责风险、业务流程风险和制度机制风险，列出风险点清单，将风险点划分为A、B、C三个等级。对涉及权力运行的工作环节进行严格管理，加强对内控制度运行情况的督查。三是开展警示教育活动，剖析案件，分析成因，增强国税干部的廉洁从政意识，在思想上筑起坚固的拒腐防变防线。四是加强领导干部作风建设，建立了作风建设的动态监督和测评反馈机制，按照“四项制度”要求，开展自查找思想根源，制定整改措施，确保了局党组的各项决策、决定执行到位。五是开展与纳税人签订《廉政公约》和走访纳税人工作。年内，共与新增31户纳税人签订了《廉政公约》，其中：一般纳税人5户，小规模纳税人10户，个体用票户16户；回访纳税人247户，纳税人满意率达98.5%以上。

【精神文明建设】 一是以巩固“文明单位”、“文明系统”创建成果为重点，开展“争先创优”和“比、学、赶、帮、超”活动，建立和完善竞争奖惩激励机制，大力表彰先进，鞭策后进。二是积极参加全县社会公益活动，树立良好国税形象。抽调专人参加新农村建设，动员干部参加抗旱救灾、结对扶贫、困难救济、教育捐资等公益捐助活动，受到了当地党委政府的好评。三是做好老干部和工会工作，对老干部坚持每年重阳节座谈会和春节走访慰问以及两年一次体检。工会小组活动坚持每月一次，全体职工活动坚持每季一次，增强干部职工的凝聚力和向心力。

【教育培训】 一是加强政治理论和业务知识的培训，年内，开展了标准化协同办公信息系统、企业所得税网络申报、防伪税控网络培训等学习培训6期7天，参加学习培训人员达500余人（次）。培训结束后进行了严格的考试和奖惩。二是认真开好领导班子民主生活会，党员领导干部实事求是地开展批评与自我批评，深入调查研究，带头查找问题，提出改进措施，明确努力方向，当好创先争优带头人。三是结合实际开展“四亮四评”活动，即亮流程、亮身份、亮职责、亮承诺；自己评、群众评、领导评、组织评。通过“四亮四评”活动带动“文明单位”、“先进集体”和“优秀税务工作者”创建工作，集中力量打造一批示范窗口。

（万里鹏　王兴奎）

马龙县国家税务局

经济概况

2011年，马龙县实现生产总值（GDP）27.50亿元，同比增长12.6%。其中：第一产业增加值6.2亿元，增长8.2%；第二产业增加值13.3亿元，增长17.5%；第三产业增加值8亿元，增长8.6%。三次产业结构由上年的24∶46∶30调整为23∶48∶29。

税收概况

【收入完成情况】 2011年，马龙县国家税务局共组织入库税收1.90亿元，同比增收3827万元，增长25.26%，完成年计划1.60亿元的118.85%。

【收入特点】 2011年，马龙国税总收入呈增长趋势，五个税种呈“四增一减”态势，增值税、消费税、企业所得税、车辆购置税分别增长21.35%、9.2%、83.36%、1.57%，储蓄存款利息所得个人所得税下降58.33%。

【税源分析】 1. 增值税入库1.61亿元，同比增收2839万元，增长21.35%。其中：商业入库7556万元，同比增长85.24%；黑色金属业入库3925万元，同比增长16.47%；电力入库1253万元，同比增长47.07%；有色金属业为负的25万元，同比下降120.66%；化学化工产品入库724万元，同比下降6.58%；石油加工及炼焦业为负的1055万元，同比下降192.06%；采矿业入库1030万元，同比增长14.70%；非金属矿物制品入库1880万元，同比增长18.91%。2. 消费税入库2.28万元，同比增收0.19万元，增长9.2%。本县消费税产品只有金银首饰与粮食白酒，随市场波动，略有增长。3. 企业所得税入库2182万元，同比增收992万元，增长83.36%。主要原因是自2010年取消中西部农村信用社暂免征收企业所得税优惠政策，马龙县农村信用合作联社本期入库888万元，同比增收744万元。4. 储蓄存款利息所得个人所得税入库10万元，同比减收14万元，下降58.33%。主要原因是储蓄存款利息所得个人所得税只对2008年10月9日以前孳生的利息收入征税，税款越来越少。5. 车辆购置税入库647万元，同比增收10万元，增长1.57%。主要原因是国民收入提高，社会购买力增加。

【税务管理】 一是按照“保增长、保民生、保稳定”的工作要求，层层细化分解收入任务，立足早抓、早管、早出成效。二是实行分类管理，以抓重点税源管理为中心，确保完成税收任务。党组成员分别挂钩重点税源企业，定期跟踪调查，抓好重点税源的盘点分析，及时修正组织收入措施，确保税收收入均衡入库。三是积极拓展新税源，利用税务工作接触面广，信息灵的特点，用足用好税收政策，配合地方部门加大招商引资力度，拓宽税源渠道，2011年新增税收3113余万元。四是强化普通发票管理。2011年，全县共有普通发票用票户729户，其中：机打发票（网络版）用票户676户，手工发票用票户53户，用票户占登记户数的29.04%。年内，结合税源专业化管理推行工作，将发票代开的审批权限下放至办税服务厅，共代开普通发票81笔，代开金额219万元，征收税金4.8万元，同比下降160.49%，代开金额同比下降438.36%，征收零散税收同比下降454.79%，促进了户籍管理工作。

各项工作

【税收征管】 一是开展税源专业化管理工作。2011年，县局被上级选为税源专业化试点单位，在全市率先推行税源专业化管理改革。通过重新组建团队，明确职责，理顺业务衔接，细化业务流程，优化配置管理资源，循序渐进解决存在问题等措施，使干部队伍的思想观念发生根本性转变，团队专业化管理税源的观念逐渐形成，服务质量得到进一步提升，提高了办税效率，促成管理方式优化，征管基础加强，极大提高了管理质量和管理水平。二是有针对性地开展专项清理工作，重点对小酒坊、沙石料场进行清理，规范税收秩序，汇聚零散税收。三是认真推广税收管理员辅助信息系统，借助系统寻找征管工作的薄弱环节，夯实管理基础。四是积极开展纳税评估，专项评估7户，补交增值税8.88万元，补缴企业所得税496.02万元，调增计税利润1946.58万元；日常评估4户，查补增值税1.6万元，调增利润8.19万元；评估2户民政福利企业，实际退税511.29万元。

【税收执法】 （一）税法宣传。一是紧扣“税收·发展·民生”宣传主题，借助马龙县委、县政府支持“三农”发展、落实惠农政策的机会，配合县委、县政府以及相关部门开展支农惠农税收优惠政策的专题宣传活动。二是针对普通发票换版、推行机开发票后纳税人对发票使用与管理等相关制度急需了解的现状，开展有针对性地新版发票管理办法或相关政策的专题培训活动。三是有针对性的选择个别行业或某一具体政策涉及到的相关企业采集企业法人或财务负责人的电子邮箱地址，制作具有针对性的“税收政策电子包”，通过电子邮件方式发给纳税人，实现点对点的个性化税收政策宣传服务。四是开展税收宣传进媒体活动，与县电视台联合制作税收宣传公益短片，不断扩大税收宣传活动的覆盖面和影响力。五是召开辖区内重点税源企业负责人和财务人员面对面交谈会，倾听纳税人对做好税法宣传，构建和谐税收征纳关系的意见和建议。六是开展送政策进企业活动，抽调业务骨干组成税收专家团队，提供“一对一”纳税咨询。七是与地税部门联合，开展街头税法宣传活动，扩大税法宣传面。（二）落实税收政策。年内，共办理2009年到2011年的民政福利企业退税10户2292万元；办理综合资源利用即征即退税1户23.17万元；办理备案类征前减免38户免征增值税201.27万元；免征税务登记工本费820户1.64万元；企业所得税税前扣除项目948万元，其中：残疾人工资加计扣除213万元，财产损失735万元。（三）加大税收执法力度。年内，对涉及违法违章行为的纳税人280户（次）下达责令限改280户（次），其中：逾期办理税务登记100户（次），罚款0.153万元；逾期申报179户（次），罚款1.325万元；发票违章1户（次），罚款0.03万元；加收滞纳金349户（次）42.87万元。

队伍建设

【机构人员情况】 县局内设机构8个（正股级）：办公室（9人）、办税服务厅（6人）、税政科（2人）、政策法规科（1人）、收入核算科（2人）、征收管理科（2人）、人事教育科（2人）、监察室（4人）；直属机构1个（副科级）：稽查局（5人）；派出机构2个（副科级）：第一税务分局（10人）、第二税务分局（7人）；事业单位1个（正股级）：信息中心（1人）。有在职干部职工50人，其中：党员38人，占74%；大专以上学历42人，占总人数的82%。离退休干部职工10人。

【领导班子建设】 县局领导班子组成人员有局长1人、副局长2人、纪检组长1人。领导班子成员加强政治理论学习，确保领导干部思想理论与时俱进，加强执政能力建设，提高求真务实、开拓创新的能力，不断提高思想政治工作、群众工作、带好队伍的能力，提高拒腐防变的能力。

【廉政建设】 一是局领导与各部门签订《廉政建设责任书》，层层负责，认真落实各项制度；二是与所有纳税户签订《廉政公约》，定期走访及时反馈意见建议，形成相互监督机制；三是开展预防职务犯罪警示教育，组织全体干部职工到曲靖监狱沾益中心监管区的“曲靖市反腐倡廉警示教育基地”进行廉政警示教育活动，教育干部算好四笔账，把好八个关，禁摸四条高压线；四是开展效能监察，对容易出问题的关键岗位和关键环节进行“两权”监控，即防不廉又防不勤；五是认真实施《国税系统部门内控机制建设实施方案》，从5月1日起，全面推行工作回执卡和廉政监督卡制度。

【精神文明建设】 一是总结文明创建工作和国税文化建设中的成功经验和做法，在深化实质内涵上下功夫，注重软件层次的提升，强化“内功修炼”。通过开展争创“人民满意单位”、省级“文明单位”、省级“文明行业”等活动，引导干部见贤思齐。二是大力弘扬聚财为国、执法为民的核心价值理念，倡导以爱岗敬业、公正执法、诚信服务、廉洁奉公为基本内容的税务干部职业道德规范。三是深入开展“创先争优”、“四评四亮四创”和“向杨善洲同志学习”教育活动，进一步解放思想，提高认识。2011年1月和3月，县局分别被省局和市局表彰为“三读活动”先进单位。四是经常性地开展支部活动、工会活动，组织篮球、乒乓球、扑克比赛等文体活动，丰富干部生活，陶冶干部情操，增强队伍的凝聚力、战斗力。

【教育培训】 一是坚持每周五的政治业务学习，实施一季一考，并纳入目标责任制考核，分专题举办了2期税收业务和政治理论培训，提高干部职工的业务技能和政治素质；二是大力推进人才兴税战略，鼓励干部职工积极参加税务师、计算机、会计师、律师等方面的资格考试，达到以考促学、提高工作水平的目的。

（施　思）

陆良县国家税务局

经济概况

2011年，陆良县实现生产总值（GDP）115.09亿元，突破100亿元大关，同比增长13%。其中：第一产业38.9亿元，同比增长8.2%；第二产业46.22亿元，同比增长18.1%；第三产业29.97亿元，同比增长11.4%；三次产业结构比例为34:40:26。工农业现价总产值185亿元，同比增长15.86%；工农业产值的比重为63:37。

税收概况

【收入完成情况】 2011年，陆良县国家税务局组织税收收入4.09亿元，同比增收6524万元，增长18.98%，完成年计划的110.19%，首次突破4亿元大关。其中完成地方一般预算收入8245万元。

【收入特点】 2011年，由于经济较快发展、物价温和上升为税收增长奠定了税源基础。一是单月税收收入“八增四减”。除3、6、8、12月下降外，其他月份均增长。二是全县工业产值、规模以上企业增加值、社会消费品零售总额均有一定幅度增长。五大支柱行业增值税“三增二减”，化工、商业和造纸印刷业增收，电力和建材行业减收。三是因铬渣污染事件和干旱情况影响，电力供应减少，企业开工不足。四是税收征管、税务稽查和纳税评估力度加大。

【税源分析】 1. 增值税入库3.28亿元，同比增长14.16%，完成年计划的106.28%。2. 消费税入库4.18万元，同比增长102.08%。3. 企业所得税入库5617万元，同比增长104.95%，完成年计划的193.69%，其中：内资企业所得税入库5508万元，同比增长107.07%，完成年度计划的196.73%；外资企业所得税入库108万元，同比增长34.91%，完成年度计划的108.72%。4. 储蓄存款利息所得个人所得税入库38.55万元，同比下降50.89%，完成年计划的192.77%。5. 车辆购置税入库2390万元，同比减少13.94%，完成年计划的72.77%。

各项工作

【税收征管】 截至2011年底，县局共有管户7756户，其中：开业户5536户，非正常户55户，注销2165户；2011年新开业1003户，发票用户1198户；有个体私营管户5315户，其中：私营和独资企业245户，个体工商户5070户；有纳税户879户，其中：个体388户，增值税一般纳税人320户。一是加强重点税源监控管理。县局确定专人负责对全县年纳税30万元以上的58户重点税源企业的入库情况等相关指标进行分析，做好税收资料调查工作；县局领导有针对性地深入重点税源企业，实地调查、了解和掌握生产经营情况，及时掌握影响税收收入的变量因素，有预见性、针对性地采取措施，保证实现税款及时入库。二是扎实有效地开展纳税评估。依据数据监控分析和税负预警系统，挑选低税负企业及预警企业13户作为评估对象，以推行税源专业化管理为契机，从各科室、分局抽调人员组成评估专业小组开展评估工作，2011年纳税评估共查补税款764.37万元，调减留抵税额0.82万元，亏损数额调减615.86万元。三是加强福利企业管理。抽专人配合县民政局做好福利企业的年审工作。同时，做好促进残疾人再就业税收优惠政策的落实，在对企业、银行等单位提供的用工情况、工资发放情况各项数据指标比对核实的基础上，实行集体审批制度，2011年审核办理4户福利企业、1户资源综合利用企业退税共计1554.78万元。四是推行财税库银横向联网工作。采取宣传发动、加强内外培训、多方协调等多项措施抓好财税库银横向联网推行工作，有786户成功签订《三方协议》。五是认真做好税源专业化管理各项工作。县局围绕完善税收经济分析、企业纳税评估、税源监控和税务稽查的互动机制，认真组织全系统干部职工学习培训，做好税源专业化管理工作的专题调查研究，制定具体的实施方案，做好推行税源专业化管理各项准备工作。

【税收执法】 （一）税法宣传教育。一是成立税法宣传咨询辅导小组和税法宣传队，认真开展第20个全国税收宣传月活动。开展了普通发票简并换版后手工发票与机开票的推行运用辅导工作，开展了以支农、惠农为主要内容的“涉农”税收优惠政策宣传教育，放发税法宣传教育宣传材料6000多份。二是开展了表彰纳税先进户工作，在全县财税工作会议上由县委、县政府大张旗鼓地表彰评选出来的10户纳税先进户。三是实行了纳税信用等级公告制度。（二）税务稽查和日常检查。年内，通过征管部门日常检查、开展纳税评估、企业自查、稽查查补等形式，对65户纳税户进行检查，查补税款330.14万元（企业所得税83.52万元、增值税246.62万元）、加收滞纳金29.88万元、罚款0.52万元，查补合计360.54万元。并与公安经侦部门、地税稽查部门联合开展打击制售和贩卖假发票的违法犯罪专项活动，加大防范和打击涉税违法犯罪行为力度。（三）欠税管理。通过对欠税企业实行约谈、公告、商讨税款入库办法等形式，落实清欠措施，有效防止新欠税款产生。年内，清理老欠税款入库10.15万元，滞纳金7.59万元；催交15户（次）企业本年度欠税入库1077.96万元，滞纳金15.65万元。（四）落实增值税起征点提高工作。县局通过宣传政策，及时测算，做好数据整理和信息维护等各项工作，保证增值税起征点提高工作有序开展。此次增值税起征点调整后，全县共有405户纳税人享受此优惠政策，起征点以上的“双定户”只有56户，占全县征管户数的1.22%，未达起征点的“双定户”共4523户。

队伍建设

【机构人员情况】 县局设局办公室、人事教育科、监察室、货物和劳务税科、所得税科、征收管理科、政策法规科、纳税服务科、收入核算科、办税服务厅、信息中心、稽查局、第一税务分局、第二税务分局。有在职干部职工88人，其中：公务员84人，工勤人员4人，事业编制管理职员1人；男职工67人，女职工21人。有离退休干部26人，其中离休干部2人。

【领导班子建设】 县局领导班子组成人员有局长1人、副局长3人、纪检组长1人（2011年4月左富余从富源交流到陆良任纪检组长）。领导班子继续保持“五好领导班子”荣誉成果，认真落实《党政领导干部选拔任用工作条例》。

【廉政建设】 一是继续落实党风、行风廉政建设责任制。县局局长与分管领导、各科室分局负责人分别签订了《党风廉政建设责任书》，局领导带头落实“五亲自五带头五必讲”规定，巩固与纳税人签订《廉政公约》的成果并进行回访调查，广泛接受社会监督。二是采取管人与管事相结合，制度管理与科技管理相结合的方法，进一步强化内控机制建设。加强风险点的排查，通过建立廉政谈话室、建立并签订《夫妻廉政卡》（全局干部职工都签订了廉政卡）、建立《干部下户工作情况登记簿》等方式，加强痕迹资料管理，切实预防失职和渎职侵权问题的发生。三是认真落实“一岗两责”、“一案双查”制度，落实“三重一大”工作，加强“两权”监督，严格税收执法责任考核和追究，围绕纳税申报、税额核定、增值税一般纳税人认定、增值税专用发票和其他发票管理、纳税评估、税务稽查、行政处罚等关键环节和重点领域，进一步开展税收执法监察和执法检查。四是落实兼职监察员制度，落实税收风险预警，由兼职监察员对各税收风险点进行监控，抓好风险管理和预防工作。

【精神文明建设】 2011年，县局的文明创建和国税文化建设工作主要在继续抓好巩固、创新、提质、保量和上档次、上水平上做文章。巩固和保持已经取得的“文明单位”和“人民满意单位”、“巾帼文明岗”成果。认真落实“法制政府”、“责任政府”、“阳光政府”、“效能政府”等四项制度、文明办税“八公开”和服务承诺制度，进一步强化窗口服务意识，提高服务质量，树立国税部门的良好形象。

【教育培训】 一是健全学习机制，创建学习型团队。结合“服务基层年”各项工作要求，有针对性地开展“珍惜岗位、快乐工作”主题活动，围绕“纪念建党90周年”，开展演讲比赛、唱红歌、重走长征路等一系列活动，纪念党的90岁生日。全力加强学习型组织建设，开展向杨善洲先进事迹学习活动，积极引导干部职工潜心学习、学以致用，把读书活动转化为推动陆良国税事业发展的动力，通过经常性学习活动的开展提高综合业务素质，营造团结和谐、乐于奉献、奋发向上的国税工作环境，为国税事业健康发展提供强有力保证。二是扎实开展“四亮四创四评”活动。紧紧围绕“推动科学发展、构建和谐陆良、服务人民群众、加强基层组织建设”创先争优总目标，以推进国税事业科学发展为第一要务，以服务企业、纳税人为第一职责，以提升办税服务质量为第一目标，深入基层和纳税人中调查研究，自觉强化终身学习理念，坚持岗位练兵，提升自身工作能力和业务水平，增强党员干部立足本职岗位树形象的荣誉感、责任感，想纳税人所想、急纳税人所急、谋纳税人所需，满足纳税人的合理需求，使一个岗位一份奉献、一名党员一面旗帜的窗口服务形象在优质为民服务实践中凸现出来。

【社会工作】 一是通过向山区学校捐赠图书，派出指导员到三岔河镇清河村委会，捐资1万元用于清河村村庄道路的改造和添置路灯设施等方式积极参与社会主义新农村建设各项工作；二是多次深入抗旱联系点指导抗旱保民生工作，对2011年抗旱联系点三岔河镇大嘴子、白岩村村民委员会各捐5000元共计10000元资金用于抗旱保民生工作；三是组织30人到龙海乡指定地点参加纪念杨善洲植树造林活动，单位捐赠龙海乡1万元用于植树造林；四是积极响应为贫困地区孩子开展爱心包裹捐赠活动，全局有41名职工为爱心包裹捐款4000元，单位捐赠1000元。

（曹星河）

富源县国家税务局

经济概况

2011年，富源县实现生产总值（GDP）133.7亿元，同比增长13.6%。其中：第一产业实现增加值24亿元，增长8.5%，拉动GDP增长1.6个百分点，对经济增长的贡献率为11.6%；第二产业实现增加值76.7亿元，增长17.4%，拉动GDP增长9.7个百分点，对经济增长贡献率为71.4%；工业实现增加值74.2亿元，增长18%，拉动GDP增长9.6个百分点，对经济增长贡献率为70.9%；第三产业实现增加值33亿元，增长9%，拉动GDP增长2.3个百分点，对经济增长贡献率为17%。非公有制经济创造增加值67.5亿元，按可比价计算增长16.2%，占全县生产总值的比重达50.5%。全县经济结构继续得到优化，三次产业结构比例由上年的18.5:55.7:25.8调整为18:57.3:24.7。

税收概况

【收入完成情况】 2011年，富源县国家税务局共组织入库税收17.46亿元，同比增收5亿元，增长40.2%，完成年度计划14.06亿元的124.2%。

【收入特点】 一是增值税占主导地位。2011年，增值税入库16.45亿元，占全年税收收入的94.2%。全县的税源是以煤炭行业为骨干，煤炭行业入库税收11.47亿元，占总收入的65.7%。二是重点行业量价齐增，税收增长幅度较大。全县煤炭行业吨煤销售价格同比增加了102.91元，吨煤税额由2010年的47.85元上升到2011年的65.42元，增加了17.57元，行业整体税负由2010年的11.36%上升到2011年的11.73%，增长了0.37个百分点。三是企业所得税增势强劲。企业所得税入库8747万元，完成年度计划2450万元的357%。

【税源分析】 （一）增值税分行业税收收入分析。1.煤炭行业。入库税款11.47亿元，同比增长25%。增收原因：一是原煤产量增加、价格上涨；二是电力需求增长较快，带动电煤需求增长。2.电力行业入库2.76亿元，同比增长44.5%。主要原因：一是华能云南滇东能源有限责任公司入库增值税1.6亿元；二是云南滇东雨汪能源有限责任公司入库增值税8626万元。3.商业入库增值税1.83亿元，同比增长70.6%。主要原因：一是煤炭产品价格上涨，煤炭及制品批发业税款入库同比增收2677万元。4.有色金属行业增值税入库222万元，同比下降53.9%。5.钢材钢坯增值税入库638万元，同比增长45%，原因是富源矿厂产量大幅增加。（二）其他税种增减变化分析。1.企业所得税入库8747万元，同比增长277.4%。主要原因：一是县农村信用合作社免税到期本期入库4505万元，同比增收2735万元；二是大河青坪煤业有限责任公司本期入库1550万元，同比增收1550万元；三是祥达煤矿有限公司本期入库375万元，同比增收375万元。2.车辆购置税入库1272万元，同比下降0.8%，主要原因是2011年起，对1.6升及以下排量乘用车恢复按10%的税率征收车辆购置税，购买力降低。3.消费税入库11万元，同比增长10%。4.储蓄存款利息所得个人所得税入库53万元，同比下降37.6%。

各项工作

【税收征管】 2011年，全县共有开业纳税户7546户，其中：一般纳税户519户，小规模纳税户7027户。一是税源专业化管理顺利启动。根据市局《推行税源专业化管理实施意见》，组织人员拟写了具体的《实施方案》，于10月份正式启动税源专业化管理，抽调10人组建了专业化管理团队，挂靠县局征管科，设纳税评估组和调查核实组。到户调查核实46户（次），组织案头审核分析纳税申报情况38户（次），提出纳税人疑点信息21条，实施评估约谈和实地核实14户。二是强化税收征管基础工作。做好税收征管档案管理工作，实行“企业一户一档、个体多户一档，动态收集，按年装订”；加强户籍管理，结合工商交换信息、日常户籍巡查以及组织机构代码信息共享平台，强化税务登记管理，提高了登记率以及登记准确率，全县共登记注册7546户，同比增加了1674户，执法考核信息系统中登记准确率考核过错为0；落实税收管理员制度，对税收管理员的管户日常巡查、《管户综合情况报告单》和《税收分析评估报告单》上报、下户次数和下户重点了解情况等作了明确，税收管理员报送“两单”280余户（次）；加强欠税管理，组织清理欠税5户，批准办理延期申报9户（次），预缴税款475万元；组织落实整改预警信息2356条，规范征管基础数据；确保税收管理员辅助信息系统如期顺利上线并正常运行；规范个体工商户定额核定、调整的管理工作，经测算，起征点调整后，全县达到起征点的纳税人将减少261户。三是深化重点税源管理。富源的税源结构是以煤电行业为主导、商贸流通行业为补充，确定了“强化煤炭税收，向管理要收入，以管理促规范”的思路，在深入抓好涉煤企业各项数据按月采集、分析比对，丰富和完善煤炭税收信息化管理平台的基础上，于5月份组织开展了煤炭行业的自检自查和约谈评估工作，对煤炭企业普遍存在的高价低开等12个方面的风险问题作了详细的辅导和讲解，指导各企业开展自检自查工作，发出《自查告知书》240余份，企业自查率达100%，补税651万元。四是强化税收分析预测和考核。加强对年缴纳“两税”在50万元以上的193户重点税源企业的销售收入、实现税收、入库税收、税负等指标的监控，分经济类型、税种、级次、行业进行监控，及时动态掌握税收收入的变化情况，增强了税源分析监控的时效性、准确性和科学性；按季召开重点税源分析会议，找出组织收入中存在的问题和困难，提出下步工作的建议和组织收入的措施；税务分局每月5日前上报当月税收收入预测，9日前对当月有变化的税收收入数据进行补报修正，按月考核预测准确率和入库率。五是做好纳税评估工作。围绕“量、价、税”等因素和环节存在的涉税风险指标对13户企业进行综合评估核实，其中：增值税企业6户，评估缴纳增值税119.52万元，进项税额转出6.43万元；企业所得税7户，评估调增应纳税所得额177.84万元，补缴企业所得税23.02万元，加收滞纳金1.2万元，减少待弥补亏损额85.72万元，1户企业被取消2010年度所得税减免税资格。

【税收执法】　（一）税法宣传。采取街头宣传、接受咨询、发放宣传单的方式与地税部门联合开展了第20个全国税收宣传月活动，共计发放税法知识宣传册1.6万余份，接受纳税咨询200余次，税法宣传惠及人群达5万余人；共编发《税务公告》12期，发放给纳税人和税务干部6000份；报送税务信息692条，省局、市委、市政府采用5条，市局采用71条，县委、县政府采用10条；向《税务时报》、《曲靖日报》、《富源人大》等多家报刊发送新闻稿件被采用45篇。（二）税务稽查。全年共办理各类案件76户（次），查补税款830万元，入库罚款24万元，加收滞纳金328万元，入库率100%。（三）政策执行。一是按照福利企业享受增值税优惠政策规定，做好实地核实和资料审核，全年为17户福利企业办理退税1.13亿元；二是开展好执行政策效应的分析，形成了一期《企业所得税政策执行效应分析报告》，指导实际工作的开展；三是做好主要税种管理工作，通过增值税企业的产、销、存和价格等要素，核实固定资产抵扣专用发票2353份，不符合抵扣的10份，作进项税额转出11.14万元；通过推行企业所得税行业纳税评估、辅导和做好汇算清缴工作，核定面达37.16%，汇算清缴面达100%、盈利面达到59.13%；四是为19户企业办理备案类增值税减免，实现免税销售收入5892.99万元，办理9单出口货物申报退税，退税额156.9万元，办理15户企业的所得税备案类减免；新认定一般纳税人115户，审批68户企业最高开票限额行政许可事项；五是落实税收执法责任制，全年共对无法进行纠错处理的3名执法责任人员进行了经济惩戒。

队伍建设

【机构人员情况】　县局内设机构有办公室、人事教育科、税政管理科、征收管理科、政策法规科、收入核算科、办税服务厅、监察室、计算机信息中心、稽查局；设有3个基层分局：中安税务分局、营上税务分局、黄泥河税务分局。共有在干部职工63人，男职工45人，占71.4%；女职工18人，占28.6%。大专以上学历60人，占95.2%。党员47人，占74.6%；团员2人，占0.3%。

【领导班子建设】　县局领导班子的组成人员：局长1人、副局长2人、纪检组长1人。领导班子认真贯彻民主集中制原则，在工作部署、经费管理、大宗物品采购等重大事项上，做到民主、公开、透明，按有关程序和规定办理；突出“服务基层年”工作主题，面向分局，做好指导；立足分局，规范管理；心系分局，帮助解困；植根分局，加强队伍建设；支持分局，提高行政效能；依靠分局，实现新发展。

【廉政建设】　一是做到“三个坚持”，把握“三个底线”，即坚持“一岗双责”，坚持逢会必讲、逢事必谈，坚持重大决策、重要事项通过党组会议或局长办公会讨论，大额资金使用严格事前审批的“两重一大”原则，牢牢把握住道德底线、行业底线和法律底线。二是强化内控机制建设。成立领导小组、明确工作目标和时间要求，组织人员抓好内控机制建设的实施工作，共查找风险点22个（税收执法风险11个，行政管理风险11个），制定了防控措施53条，制作风险工作流程图16个。三是强化廉政教育。共组织专题学习5次，副科以上领导干部撰写学习心得7篇，开展正面激励教育和反面警示教育6场（次），有效地预防了职务犯罪。四是强化“两权”监督管理。局机关按季，分局、稽查局、办税服务厅按月开展“纪检日”活动，共开展“纪检日”活动67次，开展任前和岗前廉政谈话15次，与新办纳税人签订了《税企廉政公约》670份，采用问卷调查的方式对320户纳税人进行了回访，回访面达6.22%；利用标准化协同办公信息系统“廉政预警”模块将风险岗位工作纳入预警监控，纳入系统进行风险预警监控工作127项，全部通过部门负责人监控、兼职监察员回访处理。

【教育培训】　一是结合“创先争优”等主题教育活动的开展，将思想政治工作和党建工作融入国税工作中，组织好党组中心组学习，大力弘扬杨善洲等典型模范的先进事迹，投入资金4万余元，开展党员活动10余次，评出季度之星20名。二是遵循“走出去，请进来”的培训理念，年内，举办了1期办税厅相关业务培训，参加培训的干部近30人；组织1期在职干部19人外出学习；与财政局联合组织42人赴山东大学和西安交大学习；选送2人参加省局组织的副局长科学发展主题培训，3人参加科级领导干部任职培训，1人参加税收管理员培训，1人参加督察业务培训，1人参加初任培训。全年共组织职工学习30余次，增强了干部队伍的凝集力和战斗力，组织党群组织、工青妇活动20次，参加人员1200余人，投入经费12万余元。

（叶长飞）

曲靖经济技术开发区国家税务局

经济概况

2011年，曲靖经济技术开发区经济总量保持较快增长态势，实现生产总值（GDP）117.80亿元，按可比价计算，同比增长29.9%。其中：第一产业增加值完成5040万元，同比下降2.5%；第二产业增加值完成91.31亿元，同比增长37.0%，拉动开发区经济增长26.9个百分点，对区域经济贡献率达到89.9%；第三产业增加值完成25.95亿元，同比增长11.2%，拉动经济增长3.0个百分点。一、二、三产业的比例为0.5:77.5:22，一、三产业比重分别下降0.1、4.6个百分点，第二产业比重提高4.7个百分点。实现财政总收入21.76亿元，同比增长10.13%，财政一般预算收入完成7.26亿元，同比增长10.55%，占GDP的比重为6.16%；一般预算支出6.93亿元，同比下降4.35%。

税收概况

【收入完成情况】 2011年，曲靖经济技术开发区国家税务局共组织税收收入88.59亿元，同比增收11.73亿元，增长15.27%，完成确保目标的106.6%，完成奋斗目标的103.25%。

【收入特点】 一是国税收入首次突破80亿元大关，创历史新高。二是工业卷烟“三税”支撑作用明显。2011年，红云红河烟草集团卷烟“三税”入库73.89亿元，同比增收13.32亿元，增长21.98%，占全局国税总收入的83.41%。三是2011年有6个月单月税收同比增收额超亿元。分别是2、3、5、6、7、12月，其中2月份税收突破12亿元，创下单月税收收入历史最高值。四是增值税重点行业“六增四减”。卷烟、烟叶、电力、煤炭、机械与交通和商业同比增收，这六大行业增值税收入合计21.69亿元，占增值税总收入的95.61%；增收额合计4.10亿元，较大地拉动了增值税的增长。炼焦业、有色金属、化工产品和建材产品税收同比减收，特别是有色金属行业由于老线停产、干旱缺水使产销量减少，加之进项税额同比增加较大，造成增值税减收1.92亿元（曲靖部分）。

【税源分析】 2011年国税收入总量超过2010年，增幅居近3年之首，实现了平稳较快增长。主要因素：一是增值税实现恢复性增长，产能扩大，销售增加，固定资产抵扣税额有所减少，工业卷烟税收增势强势；二是2011年电力产品增值税预征率提高，使供电企业增值税实现政策性增收；三是税收征管和强化税务稽查效果显著，达到了以评促管、以查促收的效果。（一）增值税增减原因分析。增值税入库22.68亿元，同比增收1.57亿元，增长7.41%。1. 卷烟：增值税入库15.00亿元，同比增收2.68亿元，增长21.77%。原因是卷烟增值税同比增收3.03亿元，结转税款同比减收3480万元。2. 烟叶复烤业：增值税入库3174万元，同比增收906万元，增长39.95%。增收原因主要是曲靖麒麟复烤厂销售情况较好，增值税同比增收650万元，增长139.18%。3. 电力：增值税入库2.11亿元，同比增收5231万元，增长33.06%。主要原因是云南电网公司曲靖供电局执行电力产品增值税预征率提高0.5个百分点及售电量同比增加，增值税入库1.74亿元，同比增收4446万元，增长34.39%。4. 有色金属：增值税入库9683万元，同比减收27370万元，下降73.86%。其中：曲靖部分增值税6071万元，同比减收19254万元，会泽部分增值税3612万元，同比减收8116万元。下降主要原因：一是云南驰宏锌锗股份有限公司受自然灾害影响，曲靖生产区因干旱缺水，部分设备停产，会泽生产区老生产线2011年6月起全面停产，使产销量减少，连续5个月单月销售收入同比减少，下降幅度较大的是10月份同比减少销售收入18266万元，下降42.78%；二是受增值税转型政策影响，会泽冶炼厂建设中采购大量机器设备，固定资产进项税额大幅增加，2011年1～11月固定资产进项税额6290万元，同比增加5181万元，增长467.17%；三是会泽采选厂在为会泽冶炼厂试生产储备原料，曲靖生产区的原料需要大量外购，很大一部分原料通过进口采购，使进项税额增加28128万元。5. 炼焦业：增值税入库723万元，同比减收3132万元，下降81.25%。减收原因：一是云南曲靖化学工业有限公司焦化厂办理福利企业退库1083万元；二是曲靖越钢集团有限公司由于原煤企业整顿，购进原煤紧张，原煤采购成本较高，致使进项税额增加，全年增值税入库1281万元，同比减收2155万元，下降37.28%。（二）消费税增减原因分析。消费税入库57.79亿元，同比增收10.24亿元，增长21.54%。主要原因：一是工业卷烟入库55.82亿元，同比增收10.01亿元，增长21.84%；二是云南省烟草公司曲靖市公司缴纳商业批发卷烟消费税1.96亿元，同比增收2287万元，增长13.22%。（三）企业所得税增减原因分析。企业所得税入库8.12亿元，同比减收694万元，下降0.85%。主要减收原因：一是红云红河集团销售收入和利润稳步提高，2011年划入企业所得税3.07亿元，同比增收6290万元；二是云南省烟草公司曲靖市公司入库企业所得税4.05亿元，由于跨期税款及2010年汇算清缴多缴，致使所得税减收1.09亿元；三是其他企业所得税入库9966万元，同比增收3948万元。（四）储蓄存款利息所得个人所得税入库15万元，同比减收25万元，下降62.5%。

各项工作

【税收管理】 按照市局要求，探索税源专业化管理征管模式，对纳税人进行科学分类，体现“重点税源管理与一般税源管理相结合”的原则，按照“两类三组”机制，在保持现有体制、机构设置不变的情况下，改变原来“一人独揽，全能战士”的管理模式，实施“管户与管事相结合重在管事”的管理模式，真正体现“事有专管，人有专责”要求。截至2011年底，管辖区域共有管户3002户（包括登记、开业、复业、迁入），其中：企业890户，个体户2112户，一般纳税人413户，全都纳入了税源专业化管理的基本框架、模式进行税收征管。

【纳税服务】 按照省、市局要求，认真做好办税服务厅标准化、规范化试点工作。在市局领导小组领导下，成立相关的办公室、工作组，4月底研究、撰写、制定出标准化、规范化工作方案，上报市局讨论、修改、完善。以办税服务厅规范化试点建设为契机，不断优化纳税服务，提高纳税人满意度和税法遵从度。建立健全纳税人需求收集、分析、评估、响应、问效服务工作机制，实行全过程、全方位、多渠道服务，不断优化纳税服务水平和服务质量，让纳税人享受最大化的税收支持和税收服务，不断促进纳税遵从度提升。

【税收执法】 一是加强一般纳税人的认定和管理。开发区局有一般纳税人413户，其中：正式一般纳税人404户，辅导期一般纳税人9户。年内，共完成一般纳税人认定97户，辅导期纳税人按期转正34户。二是开展纳税评估，做好税款入库工作。成立纳税评估小组，对煤炭行业、房地产行业进行专项评估，共评估35户，规范了煤炭行业和房地产行业的日常征管。三是强化稽查的组织收入职能。选择征管薄弱、税负偏低的企业，进行税收专项整治，2011年共组织查补收入2811万元。其中：立案查处各类案件9起，有问题案件9户，结案5户，4户在查，5户企业税款、罚款、滞纳金共入库101万元；税收专项检查、分级分类稽查、税收专项区域整治、征管部门检查、纳税评估以及企业自查补税等共查补收入2710万元。

【行政管理】 强化干部激励机制和创新机制，并辅之工会、党支部等渠道，开展有情趣、有意义、有主题、有启发的活动，重点开展主题鲜明、形式多样、内容丰富、健康向上的主题团队活动，增强队伍活力和凝聚力、战斗力，营造出“尊重人、理解人、刺激人、提升人、发展人”的部门氛围，让干部快乐工作、快乐生活。年内，有3人被开发区党委表彰为“优秀共产党员”，有4人被开发区国税局表彰为“优秀共产党员”。同时不断强化与财政、工商、地税等经济职能部门的联系、沟通、协调，相互交换信息资源，推动工作有效开展。

队伍建设

【机构人员情况】 2011年，开发区局设置内设机构8个（正股级）：办公室（4人）、人事教育科（1人）、监察室（1人）、政策法规科（1人）、税政科（1人）、征收管理科（1人）、收入核算科（3人）、办税服务厅（8人）；直属机构1个（副科级）：稽查局（4人）；事业单位1个（正股级）：信息中心（1人）；派出机构1个（副科级）：城区分局（13人）。

【领导班子建设】 开发区局领导班子成员4名：局长1人，副局长2人，纪检组长1人。领导班子政治坚定，思想统一，开拓进取，求真务实，团结和谐，作风民主，是一个有向心力、凝聚力、创新力、战斗力的集体。

【廉政建设】 一是贯彻落实全市国税系统党风廉政建设工作会议精神，制定《曲靖经济技术开发区国家税务局2011年党风廉政建设工作意见》，层层签订《党风廉政建设责任书》；二是坚持与纳税人签订《廉政公约》，采取上门签订和办证时签订的方法，确保签订面达100%，对新增户籍回访率达100%；三是加大党风廉政建设预警机制实施方案及廉政建设风险点排查力度，查找廉政风险环节37个，风险点58个，提出风险防范措施及建议43条；四是认真落实税检共同预防职务犯罪制度，与麒麟区检察院联合成立了预防职务犯罪指导委员会，下设办公室，并举行了挂牌、授印仪式；五是全面学习《中国共产党党员领导干部廉洁从政若干准则》及总局“八不准”和《监督管理办法》等三个配套文件，切实做到从源头上预防和治理腐败。

【教育培训】 结合省局“服务基层年”和开发区管委会“素质提升年”主题，按照“内强素质，外树形象”要求，开展全方位、多层次、多视觉的培训，以“建一流班子、带一流队伍、创一流业绩”为目标，全面推进“人才强税”战略，构建大规模、多层次、高效益的教育培训工作格局。对内举办了十项专题业务培训，不断提升国税干部的业务水平和业务技能，在领导班子中深入开展作风建设。同时为纳税人举办了六项专题培训，不断提升纳税人纳税遵从度。2011年，开发区局被市局表彰为“2008～2010教育培训工作先进单位”和“三读活动先进单位”，有1人被省局表彰为“读书标兵”。

（李　娟）

玉溪市国家税务局

经济概况

2011年，玉溪市完成生产总值（GDP）876.6亿元，按可比价格计算增长12.1%。其中：第一产业完成增加值80.5亿元，增长7.7%；第二产业增加值完成564.4亿元，增长15.5%；第三产业完成增加值231.7亿元，增长5.8%。三次产业的结构比例由上年的

9.4:62.2:28.4 调整为 9.2:64.4:26.4。一、二、三产业分别拉动 GDP 增长 0.7、9.7 和 1.7 个百分点，对经济增长的贡献率分别为 6.1%、80.2% 和 13.7%。全市人均 GDP 达到 3.7 万元，比上年增长 11.6%。非公有制经济实现增加值 284.4 亿元，占全市生产总值的比重达 32.4%，比上年提高 0.3 个百分点。卷烟生产和销售实现增加值 345.5 亿元，增长 14.3%，占全市 GDP 的比重为 39.4%。全市财政总收入完成 343.5 亿元，增长 12.9%。其中，地方财政收入 96.5 亿元，增长 15.4%。

税收概况

【收入完成情况】 2011 年，玉溪市国税系统坚持应收尽收价值理念不动摇，继续将眼光更多地放到申报数据以外，继续推进“向加强税源税负分析要收入，向加强纳税评估要收入，向加强税务检查要收入，向加强普通发票管理要收入，向加强所得税管理要收入，向加强信息管税要收入”的组织收入工作措施，尽可能地趋近税源意义上的应收尽收。全年共计组织入库各项税收收入 274.58 亿元，突破 270 亿元大关，比上年同期增收 39.06 亿元，增长 16.59%，完成省局税收收入目标任务的 105.38%。

【收入特点】 一是全年单月税收收入呈“中间高、两头低”的态势。1 月份同比下降 21.04%，12 月份同比下降 2.22%。2~11 月连续 10 个月高于 2010 年同期收入，保持增长。其中有 5 个月增长率均在 20% 以上，“中间高、两头低”的趋势较为明显。二是主体税种“三增二降”。“三增”：国内增值税完成 75.81 亿元，比上年增长 9.24%；国内消费税完成 170.69 亿元，比上年同期增长 16.99%；企业所得税完成 25.63 亿元，比上年增长 47%；“二降”：储蓄存款利息所得个人所得税完成 190 万元，比上年下降 56.92%；车辆购置税完成 2.43 亿元，比上年同期下降 11.28%。三是县区发展不均衡。2011 年，全市 8 县 2 区 10 个征收单位除峨山县局比上年下降 7.93% 外，其余 9 个单位均比上年增收，7 家单位继续保持 2 位数以上增幅。其中，红塔区国税局组织各项收入首次突破 18 亿元，新平县国税局首次突破 10 亿元，澄江县国税局首次突破 2 亿元。四是四级预算收入全面增长。2011 年，中央级收入完成 245.38 亿元，同比增收 34.19 亿元，增长 16.19%。地方级收入完成 29.20 亿元，同比增收 4.87 亿元，增长 20.01%。其中：省级收入完成 6.15 亿元，同比增收 1.96 亿元，增长 46.62%；市级收入完成 14.17 亿元，同比增收 1.55 亿元，增长 12.3%；县区级收入完成 8.87 亿元，同比增收 1.36 亿元，增长 18.11%。地方级收入增幅高于中央级收入增幅 3.82 个百分点，近四年来首次地方级收入增幅高于中央级收入增幅。

【税源分析】 一是卷烟工业“三税”入库 227.96 亿元，同比增长 15.56%，收入占全市总收入的 83.02%，对税收收入增长的贡献率为 78.58%，拉动税收增长 13.04 个百分点。二是“非烟”税收收入（剔除卷烟工业以外的税收收入）首次突破 40 亿元大关，占比略有提高。全市组织“非烟”税收收入 46.62 亿元，同比增收 8.37 亿元，增长 21.87%。“非烟”税收收入占全市国税收入的比重为 16.98%，比上年度的 16.24% 上升了 0.74 个百分点。三是矿电产业增值税实现增长，占其他增值税的比重下降。2011 年，矿电产业增值税入库 17.45 亿元，同比增收 1.50 亿元，增长 9.39%，占其他增值税收入的比重为 56.74%，较上年的 58.42% 下降 1.68 个百分点。四是企业所得税入库 25.63 亿元，同比增收 8.2 亿元，增长 47%。其中，金融保险业入库 1.3 亿元，同比增收 8727 万元，增收的主要因素是自 2010 年农村信用社恢复征收企业所得税。五是储蓄存款利息所得个人所得税入库 190 万元，同比减收 251 万元，下降 56.92%。六是车辆购置税入库 2.43 亿元，同比减收 3087 万元，下降 11.28%。减收的主要因素是受 2010 年末国家汽车下乡政策结束和国家取消 1.6 升及以下小排量乘用车车辆购置税减税政策的因素影响。2011 年度征税车辆数量减少 13934 辆。其中：国产汽车减少 5916 辆，进口汽车减少 157 辆，摩托车减少 7754 辆，挂车减少 107 辆。

【红塔集团税收】 2011 年，红塔烟草（集团）有限责任公司入库卷烟“三税”达 335.45 亿元，再创历史新高，比上年同期的 290.92 亿元增收 44.53 亿元，增长 15.31%。其中：增值税 66.34 亿元，同比增收 4.28 亿元，增长 6.9%；消费税 252.7 亿元，同比增收 36.33 亿元，增长 16.79%；企业所得税 16.41 亿元，同比增收 4.12 亿元，增长 25.11%。卷烟工业“三税”全面增长，扭转了前两年由于消费税增加导致企业所得税下降的局面。按照税收分配比例划分，红塔集团以上税款分别在玉溪入库 228.26 亿元，楚雄入库 45.1 亿元、大理入库 26.03 亿元、昭通入库 32.79 亿元、红河入库 3.27 亿元。红塔集团入库卷烟工业“三税”持续快速增长，一方面是红塔集团根据行业改革发展形势的新变化，及时将集团“十二五”品牌发展规划由“51518”调整完善为“5211”，不断强化品牌质量发展与内部管理，进一步提高科技创新能力、品牌竞争力和企业核心竞争力，使得各项经济指标持续上升。另一方面是卷烟销售结构的提升成为增收的主要因素。2011 年度计税卷烟数量为 341.58 万箱，与 2010 年度的 341.58 万箱持平。其中：“玉溪”品牌计税卷烟为 96 万箱，比上年的 67.85 万箱增加 28.15 万箱，增长 41.49%；“红塔山”品牌计税卷烟 143.53 万箱，比上年的 181.49 万箱减少 37.96 万箱，下降 20.92%。70 元以上消费税率 56% 的计税卷烟数量为 100.15 万箱，比上年销售的 69.92 万箱增加 30.23 万箱，增长 43.24%，占销售总量的 29.32%，比上年的 20.47% 上升 8.85 个百分点。2011 年入库的卷烟单箱“两税”达到 9340 元/箱，比上年的 8151 元/箱增加 1189 元/箱，增长 14.59%。

各项工作

【增值税管理】 2011 年，全市国税系统不断加大增值税重点政策梳理，根据纳税人生产经营方式的变化及时进行调查研究，对金银首饰及珠宝玉石行业、食用油生产企业税收及管理现状进行了深入调研，加强政策统一规范执行和政策落实工作，尽量减少基层执法风险。继续加大增值税转型政策宣传和咨询辅导，采取送政策下企业、纳税辅导、电话解答咨询等多种方式，强化纳税人对政策的理解和应用能力，提高税法遵从度。2011年，在落实增值税转型政策的同时，采取措施加强对固定资产抵扣的管理，每月根据省局数据监控分析系统固定资产抵扣监控模块数据，查询分析、监控异常，对有疑问的固定资产抵扣进行“通知转出”操作，通知相关税收管理人员进行实地核查。通过核查，2011年共转出不符合抵扣规定的进项税额70.55万元。进一步提升对一般纳税人管理质效，一是严把认定关，对年应税销售额未超过小规模纳税人标准及新开业户申请认定一般纳税人，按规定落实好查验工作，按程序进行认定；二是严把发票关，根据行业经营特点、企业实际经营规模等关键要素，合理确定发票使用量、发票最高开票限额，落实好增购发票预缴增值税规定，尤其是对小型新办企业的发票用量和增量严格审核，相互制约；三是严把抵扣关，加强纳税申报“一窗式”管理，做好抵扣凭证的发票认证、稽核比对和异常发票核查工作，落实好农产品收购发票进项税抵扣审核的各项规定。加强数据分发系统的运用，及时解决增值税、消费税网络申报系统、网上认证系统运行中的问题，缓解纳税服务厅的压力，降低纳税人纳税成本，提高纳税服务水平。截至2011年12月31日，全市共有增值税一般纳税人3014户，其中：2832户企业实现了增值税、消费税网络申报；1119户实现了网络抄报税；173户实现了网上认证。实现网络申报的纳税人2011年共申报税款245.76亿元，其中：增值税65.65亿元，消费税180.11亿元。

【企业所得税管理】 一是集中力量对企业所得税管户中连续亏损和长期零申报企业开展征收方式清理工作，对不符合查账征收条件的企业实施核定征收，优化企业所得税征收结构。2011年，全市核定征收企业所得税1445户（其中：定额征收35户，定率征收1410户），占企业所得税开业户3871户的37.33%。二是加强季度企业所得税预缴管理，保证税款及时足额入库，圆满完成2010年度企业所得税汇算清缴工作。2010年度，3315户纳税人参加汇算清缴，比上年的3111户增加204户，增6.55%。全市实际参加汇算清缴企业实现应纳税所得额90.01亿元，同比增加4.13亿元，增幅4.81%；减免企业所得税2.27亿元，同比增加788.91万元，增幅3.60%；实际应纳所得税额20.22亿元，比上年的19.28亿元，同比增加9446.46万元，增幅4.90%。三是积极探索按行业分类管理的企业所得税管理模式，一方面，充分应用总局现有的七个行业所得税管理操作指南，加强企业所得税行业分类管理。另一方面，认真组织完成省局安排由玉溪市牵头，文山州、保山市、德宏州共同承担的磷矿开采及销售企业所得税操作指引编撰工作，同时根据玉溪市税源结构选择铁矿石采选、建筑陶瓷、彩印包装、白酒及黄磷五个行业编制企业所得税管理操作指引。结合企业所得税管理实际，编制下发《玉溪市国税局企业所得税备案类优惠项目办理指南》，提高税基式企业所得税优惠政策执行管理水平。四是开展2006年至2010年企业所得税审批、备案事项管理及西部大开发税收优惠政策执行自查工作，保证正确执行企业所得税减免税政策。五是按照财政部、国家税务总局相关规定，从2004年1月1日起至2009年12月31日，农村信用社暂免征收企业所得税，自2010年1月1日起恢复征收企业所得税。玉溪市国税局针对全市农村信用社恢复征税后经营情况和税源管理实际，积极探索税源风险管理新模式，进一步做好农村信用社税收征管工作。六是加强非居民企业所得税管理。2011年度，全市国税系统共计扣缴入库非居民企业所得税1145.49万元，比2010年度的628.53万元增加516.96万元，增幅82.25%，首次突破千万元大关。其中：支付股息红利扣缴所得税950.76万元，占总收入的83.02%；支付特许权使用费扣缴所得税169.47万元，占总收入的14.79%；承包工程、劳务扣缴所得税24.13万元，占总收入的2.11%；支付利息扣缴所得税1.13万元，占总收入的0.1%。

【纳税评估】 以强化风险管理为导向，树立“服务+执法”和“数据入、账务出”的纳税评估理念，大力推进“任务统筹、职责归一、资源共享、力量整合”的统筹纳税评估机制，配备专职评估工作人员，利用风险指标分析确定评估对象和评估方向，利用评估数据实施行业延伸评估，充分发挥纳税评估“以评促收、以评促管、以评促服”的作用。2011年，全市国税系统共对357户纳税人开展纳税评估，评估发现问题户225户，评估入库税款4746.98万元，其中：增值税3377.52万元，消费税80.5万元，企业所得税1288.96万元；评估调增企业所得税应纳税所得额7890.62万元，弥补企业亏损4315.56万元，加收滞纳金132.78万元。

【出口退税】 2011年，全市国税系统结合实际分别举办一期跨境贸易人民币结算出口退税业务培训，召开一次跨境贸易人民币结算出口退税试点企业工作协调会，开展跨境贸易人民币结算出口退税业务跟班学习，加强对跨境贸易人民币结算相关政策的宣传和贯彻落实，减少出口企业因汇兑损益造成的损失，为促进玉溪对外贸易的健康发展奠定了坚实基础。政策实施以来，全市共有39户企业经审批成为试点企业，其中有8户试点企业和1户非试点企业实际发生了跨境贸易人民币结算出口业务。截至12月31日，全市跨境贸易人民币结算共计实现出口收入3.29亿元，审核通过应退（免）税额992.51万元，其中有240.09万元已经办理退（免）税。同时大力推行出口退税网络申报系统，退（免）税办理效率明显提高。以出口退税审核权限下放至县（区）局为契机，重新梳理、明确出口退税管理程序、岗位职责范围、工作协调制度、检查考核办法等，对受理、初审、复审、审核等环节进行合并、简化，使各环节之间工作衔接有序，大大加快了出口退税审批速度。2011年，全市共认定出口退税企业160户，实际申报办理出口退税53户，审批办理出口货物退（免）税9855.07万元，比上年增加3255.77万元，增长49.34%，其中：审批退税8000万元，比上年增加2000万元，增长33.33%；审批免抵税额1855.07万元，比上年增加1255.77万元，增长209.54%。

【发票管理】 一是依托综合征管软件监管纳税人发票领、用、存情况，同时加大日常发票管理巡查力度，强化对发票的动态管理。二是做好普通发票开票软件（纳税人端）的运维服务工作。进一步强化对纳税人使用开票软件的培训和辅导，特别是强化对新用票户的培训辅导力度，及时帮助纳税人解决发票开具过程中出现的问题，不断提高社会满意度。三是进一步加大网络版开票软件的推广力度。按照省局要求，将压缩单机版开票软件的使用范围，逐步过渡到网络版开具发票，对新增使用机开票的纳税人，推广使用网络版系统。待条件成熟后，将逐步在部分大型商场和超市的收银推行机打发票，取消企业的自制小票，解决好信息采集的全面性问题。四是继续与公安、地税等多部门联合在全市范围内深入开展打击发票违法犯罪活动。与公安部门联合查办“南疆税案”、“11·10”专案、“9·6”专案。2011 年，法院对 5 名发票犯罪嫌疑人判处有期徒刑（其中 4 人为 2010 年玉溪“3·28”专案中的犯罪嫌疑人），公安机关对 2 名发票犯罪嫌疑人实施逮捕，有力地打击了发票违法行为，有效遏制了发票违法犯罪的势头。五是坚持“查账必查票”、“查案必查票”的原则，把发票检查作为税务检查的必查项目。对纳税人取得或开具的填开金额为 1 万元以上的发票，通过紫光灯逐笔进行检查，核对发票的真伪，检查发票是否按规定填开。对有疑问的发票，通过普通发票管理信息系统、发起委托协查等方式核对发票存根联、发票联。组织对建筑、金融、保险、通讯、石油石化、房地产等六个行业开展重点行业发票整治，规范重点行业的用票行为。全年共检查发票使用户 246 户，查获非法代开、虚开、非法取得发票案 234 户，查处非法发票 2658 份，查补收入 1936.82 万元。六是加强与打击发票违法犯罪领导小组各成员单位的情报交换、信息沟通。配合通信管理、工商等部门开展发票违法信息整治工作。积极配合财政、审计、监察等部门对行政、事业单位发票使用情况进行监督检查。

【国税稽查】 继续推进和完善一级稽查，强化选案、检查、审理和执行各环节的监督管理，发挥一级稽查体制统一配置人力、财力、物力资源的优势，以查办大案要案为突破口，扎实抓好重点税源检查、行业专项整治和分级分类稽查工作，充分发挥税务稽查“以查促管、以查促收”效能。2011 年，市局稽查局共对 203 户纳税人开展税务稽查，已查结 194 户，有问题 188 户，查补入库收入 2903.28 万元，比上年增收 1067.63 万元，增长 58.2%，其中：税款 2158.49 万元，滞纳金 548.65 万元，罚款 196.14 万元；抵减留抵税款 391.71 万元，调减企业亏损额 766.71 万元。全年稽查案件选案准确率达 97%，结案率达 95.6%，入库率达 100%。

【纳税服务】 2011 年，全市国税系统紧紧围绕“服务科学发展，共建和谐税收”工作主题和省局“服务基层年”工作思路，结合各地实际，以纳税人学校、政策培训会、政策答疑会以及群众喜闻乐见的美术摄影展、专题文艺晚会、篝火晚会等形式开展内容丰富、贴近群众的全国第 20 个税收宣传月活动。以开展创先争优活动为契机，通过开展亮流程、亮身份、亮职责、亮承诺、亮实绩“五亮”活动和比思想、比技能、比作风、比业绩、比创新“五比”活动，不断优化办税流程，简化办事程序，创新服务方式，提高纳税服务水平。大力开展创优质服务之星、创流动红旗标兵、创党员示范满意窗口、创人民满意党支部、创长效服务机制的“五创”活动，提高优化纳税服务质量和效率。大力推广以网络申报、网络认证、网络报税为主体的多元化申报方式，有效缓解办税服务厅拥挤现象，切实减轻纳税人办税负担。贯彻落实首问责任制、服务承诺制、限时办结制和行政问责制，坚持实施预约服务、延时服务、提醒服务、上门服务、弹性服务等纳税服务措施。根据各地实际开展特色纳税服务，设立导税台，推行导税员制度，主动服务纳税人，增强了办税服务厅的服务功能；探索国、地税联合办税，实现了部分业务的联合办理，减少了纳税人多头跑、多头找、重复排队的麻烦，降低了纳税人的纳税成本。

【信息化建设】 年内完成了全市国税系统主干网络、路由设备、交换设备的升级改造。玉溪市国税系统主干网络的交换机及路由器均为 2001 年采购的思科产品，经过 10 多年的运行，部分设备故障逐年增多，严重影响全市网上应用系统的正常运行。2011 年的升级改造，解决了全市八县网络设备日常运行过程中的安全隐患，进一步规范和优化了全市国税系统网络设备参数配置及路由管理，保障了全市国税系统网络的高效、安全、稳定运行，极大地方便了省、市两级技术部门对基层网络设备的实时监控及维护。

【开发应用日常税务行政处罚辅助管理信息系统】 玉溪国税围绕省局“服务基层年”工作主题，从规范税收执法行为，防范和控制税收执法风险的角度，开发运用了“玉溪市国家税务局日常税务行政处罚辅助管理信息系统”。该系统根据日常税务行政处罚可能发生的各种违法行为固化了大量的执法文书范本，智能化引导和辅助基层干部快速完成执法文书制作，并提醒基层干部有效避免执法过程中的疏漏。项目自 2011 年 1 月启动，在总结新平、红塔区、澄江、江川等县区局工作经验的基础上，于 4 月进入系统初始化、数据录入和测试，于 6 月 1 日起正式在全市国税系统推广应用后，得到了广大基层干部的认可。系统先进性、实用性和易操作性的特点得到基层广大干部的认可，对规范执法行为、提高执法工作效率和防控执法风险具有积极作用，特别是法律法规的引用和违法事实的描述两个重要模块对规范执法提供了很大的帮助。

【开发应用单点登录系统】 玉溪市国税局从服务基层和减轻基层干部负担的角度出发，针对干部尤其是基层一线干部日常工作中需要花费大量精力记忆不同应用系统的登录地址、登录账号、密码和需要频繁切换应用系统影响工作效率的问题，由局领导牵头，组织技术人员依托内部政务信息网站自主开发单点登录系统，搭建基于 WEB 技术开发的国税部门现有应用系统统一登录链接平台，用户只需使用单点登录系统进行所需操作应用系统的登录初始化维护，即可在以后通过单点登录系统统一登录校验进入不同的应用系统，实现多个应用系统的一次性同时登录。该系统已于 2011 年年底完成开发测试和推行培训工作，于 2012 年 1 月 1 日起正式投入使用。

【税收执法】 2011 年，全市国税系统全面落实税收执法责任制，坚持开展执法监督检查，严格税收执法考核和执法过错责任追究，探索完善和建立税收执法管理机制和制度，降低基层执法风险，不断提高广大干部依法办事的自觉性和依法行政的能力。严格执行巡视制度、领导干部离任审计和任期经济责任审计制度，及时发现并纠正行政决策过程中存在的问题。制定税务行政执法案卷评查办法，进一步规范税务行政执法行为，预防和化解税收执法风险。充分利用综合征管软件的规范操作程序和税收执法管理系统的考核指标，按照日常考核与重点考核相结合、程序与实体并重的工作思路，将税收执法过程全部纳入责任追究体系，落实执法责任追究，规范执法行为。玉溪市国家税务局被市委、市政府授于“五五”普法工作先进单位。2011 年，全市国税系统共受理行政许可 360 件，全部为增值税防伪税控系统最高开票限额的申请，其中许可 345 件，不予许可 15 件。重大税务案件审理委员会负责审理案件 18 件，通过重大税务案件审理涉及的税款、罚款合计 1084.25 万元，其中：增值税 785.04 万元、企业所得税 109.98 万元、罚款 189.23 万元。2011 年全市国税系统执法业务量为 479233 项，出现考核过错 18 项，执法过错率仅为万分之 0.38。市局机关、市局稽查局、经开区局、澄江县局、新平县局和元江县局 6 个单位实现了全年执法考核零过错。2011 年 3 月，受理了自 1994 年机构分设以来的第一起税务行政复议案件，复议撤销了红塔区国家税务局原对申请人所购车辆征收车辆购置税的征税行为。

【落实税收优惠政策】 全市国税系统充分发挥税收优惠政策的调控作用，从国家战略大局的高度出发，认真贯彻落实各项税收优惠政策，促进地方经济平稳较快发展。2011 年，落实改善民生、涉农惠农、资源综合利用、文化产业发展及结构性减税等增值税税收优惠政策，对 958 户纳税人实施增值税征前减免，减免销售额达 48.73 亿元；落实民政福利企业退税政策，为 53 户民政福利企业即征即退增值税 5360 万元；落实资源综合利用增值税退税政策，为 4 户资源综合利用企业即征即退增值税 477 万元；落实购进固定资产进项税抵扣政策，允许 619 户企业申报抵扣固定资产进项税额 3.81 亿元；落实西部大开发、高新技术、小型微利企业等企业所得税优惠政策，办理企业所得税减免 175 户（次），减免企业所得税 1.65 亿元；落实出口退税政策，审批办理出口货物退（免）税 9855.07 万元；落实车辆购置税免税优惠政策，免征车辆购置税 1184 万元。

队伍建设

【机构人员情况】 （一）机构设置情况。市局机关共设 13 个内设机构：办公室、政策法规处、货物和劳务税处、所得税处、收入核算处、纳税服务处、征收管理处、财务管理处、人事处、教育处、监察室、进出口税收管理处、大企业和国际税务管理处。另设机关党委办公室，离退休干部处。3 个直属机构：稽查局（副处级单位），一级稽查；车辆购置税征收管理分局；玉溪经济技术开发区国家税务局（非全职能局）。2 个事业单位：信息中心、机关服务中心。下设 9 个区、县国家税务局。（二）人员情况。截至 2011 年底，全系统共有干部职工 934 人，其中：在职干部职工 740 人，离退休干部职工 194 人。在职干部职工中：女 256 人，占 34.59 %；少数民族 172 人，占 23.24 %；党员 444 人，占 60%；大专以上学历 659 人，占 89.05%，其中：研究生学历 7 人，本科学历 403 人，专科学历 249 人；大专以下学历 81 人，占 10.95%。市局机关共有干部职工 134 人，其中：在职干部职工 109 人，离退休干部职工 25 人。在职干部职工中，女 44 人，占 40.37%；少数民族 16 人，占 14.68 %；党员 81 人，占 74.31%；大专以上学历 103 人，占 94.50%，其中：研究生学历 5 人，本科学历 69 人，专科学历 29 人；大专以下学历 6 人，占 5.5%。

【班子建设】 一是把思想政治建设放在领导班子建设的首位，始终与党中央保持高度一致，不折不扣地贯彻执行党的理论和路线方针政策以及国家税收政策法规，做到令行禁止。二是抓好领导班子的民主作风、思想作风和工作作风建设，坚持工作重心下移，经常深入基层、深入群众，及时了解和掌握基层工作情况以及干部职工的思想动态，力所能尽帮助干部职工解决工作、生活中的困难和问题。三是认真贯彻民主集中制原则，坚持领导班子议事规则，认真开好一年一度的党组民主生活会。四是着眼领导干部能力提升，举办一年一度的全市国税系统领导干部学习周活动。于 2011 年 10 月举办了第八期全市国税系统领导干部学习周。局领导亲自授课，结合自身体会交流了领导经验，给领导干部们上了一堂加强自身修养和预防职务犯罪的廉政课，并邀请云南财经大学和玉溪师范学院的 4 位知名教授以专题形式向参会学员讲授了《领导决策艺术》、《领导干部心理调适》、《现代社会的领导思维与方法》和《深入学习领会胡锦涛总书记“七一”重要讲话精神》四个专题的课程。

【教育培训】 一是深入开展“为民服务创先争优”“四亮四评四创”以及向杨善洲同志学习活动，进一步增强服务意识，改进改造作风，提高业务水平，增强爱岗敬业的责任心和事业心；二是完善干部激励机制，鼓励资质类证书考试，通过激励手段满足干部职工自我发展、自我实现的强烈愿望；三是严格执行干部选拔任用工作制度和工作程序，提高选人用人的公信度，营造风清气正的选人用人环境；四是根据干部教育培训的特点和规律，结合税收工作实际，大力开展具有针对性和实效性的干部教育培训。2011 年，全市国税系统共组织各类培训 109 期，其中，以基层干部为对象的培训 102 期，占全部培训期数的 93.6%；4173 人（次）参加培训，其中基层干部 4137 人（次），占参加培训人（次）总数的 99.1%；五是继续完善和深化“学习自测考评系统”的运用，鼓励干部职工结合岗位需求开展学习，力争工作学习化，学习工作化，以工作促进学习，以学习推动工作；六是以“业务竞赛所考，即工作所需”为原则，举办全市国税系统第十一届业务能手竞赛，促进干部加强业务知识和岗位技能学习；七是提供便利条件，支持 45 名干部利用周末休息时间参加云南财经大学在职公共管理研究生学习，提高干部学历层次和工作能力。

【廉政建设】 一是落实党风廉政建设责任制，把领导干部议事、中心组学习、政绩考核、宣传教育等重要内容，纳入全局性工作一起部署、落实、检查和考核，层层签订《党风廉政建设责任书》，将“一岗双责”目标责任制落实到实处。二是坚持在干部任命、重大财务开支、重大事项决策等问题上，集体研究决定。三是建立科级领导干部廉政档案，利用纪检监察信息管理系统，把全市正、副科级领导干部90人（市局44人，县区局46人），及时掌握科级领导干部廉洁从政情况。四是严格执行“一案双查”制度，对2011年稽查局查处的偷税在10万元、补税在50万元以上的11宗案件进行了调阅和分析，对24户企业征求了廉洁意见，未发现违法违纪问题。五是顺利完成内控机制建设各阶段工作任务，取得了显著成效。梳理出风险岗位491个，排查风险点1177个（其中：一级风险点123个，二级风险点387个，三级风险点667个），制定防控措施1204条，编制工作流程图346幅。六是开展利用税务师事务所等中介机构谋取不正当利益问题专项治理、“小金库”专项治理、工程建设领域突出问题专项治理工作、领导干部违规收受礼金、现金、有价证券问题专项治理和清理和规范庆典、研讨会、论坛等活动，均未发现违法违纪现象。七是开展行风自查自评活动，发放测评表征求纳税人意见和建议60条，发放“问计、问需、问效”调查表1755份，走访纳税人104户，整改征求到的意见和建议22条。八是做好《廉政公约》的签订和回访工作，截至2011年底，共有签约户8303户，回访调查891户，占签约户的10.73%，纳税人满意度进一步得到提升。九是加大监督力度，聘请特邀监察员78人拓宽监督渠道。十是强化警示教育，组织干部观看《蜕变》等警示电教片、参观全国检察机关惩治和预防渎职侵权犯罪展览。

【文明创建】 玉溪国税始终重视文化引领作用，认真落实“两手抓，两手都要硬”的方针，把文明创建作为“带好队伍收好税”的重要抓手，与时俱进谋发展，凝心聚力创卓越。经过不懈努力，不仅形成了一系列制度化、常态化的创建机制，也达到了“围绕税收抓创建，抓好创建促税收”的致力目标，精神文明建设取得新突破。2011年12月，市局机关连续三届被中央文明委表彰为“全国文明单位”，成为全省国税系统首家获此殊荣的单位。2011年4月，陈志平荣获省政府“云南省先进工作者”称号；2011年5月，杨军荣获国家税务总局“2010年度税务系统打击发票违法犯罪活动工作成绩突出个人”称号。

（孙　燕）

红塔区国家税务局

经济概况

2011年，红塔区紧紧围绕“生态立区、科教兴区、工业强区、农业稳区、文化和区”的发展战略，全面采取措施，加快推动发展方式转变和结构调整，国民经济运行态势良好，各项社会事业取得新的进展。全区实现生产总值（GDP）511.85亿元，按可比价计算，比上年增长13.8%。人均实现生产总值1.03万元。在生产总值中：第一产业增加值9.55亿元，第二产业增加值406.26亿元，第三产业增加值96.04亿元。三次产业在生产总值中的比重分别为1.9%、79.3%、18.8%。实现生产总值（不含红塔集团）201.92亿元，其中：第一产业增加值为9.55亿元，第二产业增加值99.63亿元，第三产业增加值92.74亿元。不含红塔集团的三次产业在生产总值中的比重分别为4.7%、49.4%、45.9%。

税收概况

【收入完成情况】 2011年，红塔区国家税务局全年共组织税收收入18.11亿元，比上年增收2.54亿元，增长16.35%，完成年度计划179885万元的100.67%，续写红塔区国税局税收新高，保持国税收入与地方经济的平衡发展，力求税收的应收尽收。

【收入特点】 全年税收呈现“三增二减”的特点，即增值税、消费税、企业所得税增收，储蓄存款利息所得个人所得税、车辆购置税减收。增值税共计入库10.94亿元，与上年同期相比增收8895万元，增长8.85%。消费税共计入库182万元，与上年同期64万元相比增收118万元，增长184.38%。企业所得税入库共计5.19亿元，与上年同期相比增收1.96亿元，增长60.81%。工业共计入库3.82亿元，比上年同期2.25亿元增收1.57元，增长69.60%。商业入库5707万元，比上年同期增收655万元，增长12.97%。金融保险业入库5016万元，与上年同期2500万元相比增加2516万元，增长100.64%。储蓄存款利息所得个人所得税入库68万元，与上年同期相比减收100万元，下降59.52%，个人利息税税率下调和利息税免征是减收主要原因。车辆购置税入库1.96亿元，与上年同期相比减收3089万元，下降13.64%，车辆购置税优惠政策取消导致购车数量有所下降。

【税源分析】 （一）增值税主要靠生铁、电力、有色金属、机械及运输设备、化工、医药产品、印刷业、商业、其他等行业拉动，其中生铁共计入库1.99亿元，比上年增收2573万元，增长14.88%。商业共计入库2.54亿元，比上年增收2848万元，增长12.61%。化工产品共计入库6732万元，比上年增收3126万元，增长86.69%。电力行业共计入库1.1亿元，比上年增654万元，增长6.29%。医药产品共计入库5063万元，比上年增收2113万元，增长71.63%。机械及运输设备共计入库4907万元，比上年1766万元相比增收3141万元，增长177.86%。平均销售价格的上升、销量增长、新增企业纳税、卷烟配套企业的稳定增长成为主要增收因素。（二）消费税主要增收原因是金银首饰查补税款增收。（三）企业所得税中工业入库3.82亿元，比上年2.25亿元增收1.57亿元，增长69.60%。商业共计入库5707万元，比上年增收655万元，增长12.97%。金融保险业共计入库5016万元，与上年2500万元相比增加2516万元，增长100.64%。房地产企业本期入库

1439 万元，比上年增收 735 万元，增长 104.40%。主要增长原因是强化房地产行业税收管理，市场销售价格增长带来收入和利润的增加。（四）储蓄存款利息所得个人所得税减收的主要原因是金融行业个人利息税税率下调及利息税免征所致。（五）车辆购置税减收主要是车辆购置税优惠政策取消，购车数量有所下降。

各项工作

【税收法制建设】 （一）牢固树立税收法制观，严格按照法定权限和程序行使各项税收权力，做到规范执法、公正执法、文明执法。加强税收执法责任制考核，加强执法监督检查。稳步推进税收风险预警管理工作，充分发挥税务风险管理指引的作用，举办税收执法岗位风险防范培训，对税收执法中可能性风险提出预警。（二）加强税收效应分析和政策执行情况反馈工作，开展规范性文件清理工作。（三）深入开展税法宣传，推进“六五”普法教育，提高广大纳税人的税法遵从度，为社会经济发展营造良好的法治环境。（四）采取纳税评估与税法宣传、风险管理、日常管理相结合的评估方法，有针对性地实行个性化服务，降低因非主观故意导致涉税违法的成本和风险，倾力打造服务型的纳税评估，推动构建和谐征纳关系，实现优化服务和强化征管的双重功效。

【强化税收征管】 一是落实增值税转型改革措施，加强增值税抵扣管理和申报评估工作，全年执行增值税征前减免税收优惠政策，为 284 户企业共计 18.46 亿元的销售收入办理了免征增值税手续。认真落实福利企业税收优惠政策，严把审核关、检查关、评估关，为福利企业办理增值税退税 490.34 万元。二是严格企业所得税管理，加强对企业所得税重点税源、跨地区汇总纳税、房地产开发企业的专业化税收监管，逐步实施科学合理的分类管理，全年所得税税收创下 5 亿元的历史新高。三是加强出口退税管理，做好涉外企业过渡期税收优惠政策的管理，确保政策落实、工作落实。全年为企业办理出口退（免）税 2736.99 万元。四是加强税源监控，对达到重点税源管理标准的企业全部纳入重点税源监控管理，全年纳入重点税源监控企业 94 户，较上年增加 31 户，增幅达到 49.21%，占全市重点税源监控总户数的 39.33%。五是加大日常巡查力度，运用信息化手段与人工相结合的方法核查漏征、漏管户，从源头上防止税收流失。六是充分发挥“普通发票管理系统”作用，结合新版机打发票的推行使用，加大“验旧售新”力度。

【优化纳税服务　提升服务品质】 一是创新纳税服务方式。以提高纳税服务针对性和实用性为切入点，配合玉溪市政府做好数控机床产业园的“以商招商”和产业培植发展工作，编写了具有较强的针对性和可操作性的《纳税服务指南》。指南包括税务登记、发票管理、申报征收、资格认定、优惠政策、法律救济等六个方面内容，涵盖了日常国税管辖的各类涉税事项的基本内容和不同需求的办税帮助。二是推进多元化申报。用储蓄扣税、实时扣税、网络申报、网络抄报税、网络认证等多种服务系统，将纳税人服务的时空最大限度拓展，让纳税人足不出户，就可进入即时互动、全时段、多功能的“云南国税网上办税服务厅”，办税效率明显提高，也缓解了办税服务厅工作压力，初步实现了税企双赢的目标。三是推进办税服务厅标准化建设。对办税服务厅名称、窗口设置、办税环境、人员着装和文明服务用语等进行规范。统一办税服务各项标识及功能，划分办税服务区、休息等候区、自助办税区、宣传公告区，设立咨询引导岗，制作办税窗口指南、发票价格公示、服务承诺等公示牌，推行“一站式”服务，做到纳税人办税“一窗式受理、一站式办结、一户式查询、一条龙服务”，在办税服务厅设立导税台，推行“导税员”制度，答疑解难，受理现场投诉，宣传税收政策，积极为纳税人打造醒目、周到、舒心的办税环境。同时，结合“最佳办税服务厅”、“巾帼文明岗”和“创先争优”等活动，长期坚持开展“最佳办税员及最佳服务团队”评选活动，努力提高办税工作人员的业务技能和服务质量。积极筹备，将车购税征收自 2012 年 1 月起搬迁到北边亚太国际汽车城内，与车辆落户、检测同址办公。全年纳税人对办税服务厅的满意度持续提高，为实现对内零差错、对外零投诉的“双零目标”夯实了基础。四是精心组织税收宣传月活动。在全国第 20 个税收宣传月，充分利用新闻媒体、报刊、广播和网站在税收宣传中的积极作用，张贴标语、宣传画，在《玉溪日报》上办专版；与地税局联合利用聂耳文化广场电子大屏幕滚动播出税收宣传标语、编辑手机短信向广大市民发送万余条税收宣传信息；市、区两级国、地税局携手送税宣进玉溪数控机床产业园，在严格执行政策前提下积极为企业的投资和享受税收优惠政策情况出谋划策。活动得到市长的肯定，并荣获 2011 年全市税收宣传优秀创新项目。

队伍建设

【机构设置、人员配置】 截至 2011 年底，红塔区国税局在职干部职工 138 人，离、退休干部 43 人。在职干部职工中：女 71 人，占 51.44%；少数民族 20 人，占 14.49%；党员 77 人，占 55.79%；大专以上学历 122 人，占 88.4%。区局内设 13 个机构，即办公室（18 人）、政策法规科（2 人）、货物和劳务税科（4 人）、所得税科（3 人）、收入核算科（5 人）、纳税服务科（3 人）、征收管理科（9 人）、人事教育科（5 人）、监察室（2 人）、办税服务厅（23 人）、信息中心（2 人）；2 个税务分局，即第一税务分局（29 人）、第二税务分局（33 人）。

【提出“奋发进取、理性平和、开放包容”的队伍建设目标】 倡导干部职工树立自尊、自信、努力向上的积极心态，奋发进取，保持奋斗的激情，与时俱进、实事求是、锐意创新、迎难而上；保持理智的思维，平静的心态，不好高骛远，不妄自菲薄，一切从实际出发，把心思放到税收工作之中，摒弃那些有碍税收工作的、不健康的、消极的心态，自觉融入到集体的大家庭中，弘扬正气，共同打造红塔区国税局的明天；保持和而不同、求同存异的信条，不自我封闭、固步自封，善于接受新的思想、新观念，勇于创新，不以固有思维看待新生事物，更不吹毛求疵，要培养职工的理性包容胸怀，推动红塔区国税局事业向前发展。

【党建工作】 一是坚定理想信念，围绕建设学习型党组织、“创先争优”、“四亮四评”等主题实践活动，“讲党性、重品行、作表率”，以“五好五带头”为争创标准，把学习杨善洲先进事迹作为创先争优活动的重要内容。2个分局党支部被授予“创先争优先进党支部流动红旗”，8名党员被评为“星级党员”荣登区局《党员荣誉榜》。党总支连续两年被红塔区委授予“先进党总支”荣誉称号，并获得流动红旗；二是加强制度建设，签订《党建目标管理责任书》、《党风廉政建设责任书》和《党员公开承诺书》，坚持“三重一大”事项集体决策制度，实行党务公开，将制度从组织到个人置于公众的监督之下；三是开展支部联建工作、民情恳谈活动，建党节前夕，全体党员慰问挂钩包村扶贫点老党员，并与当地党员共庆党的生日；四是组织庆祝建党90周年系列活动，在红塔区委、区政府组织的庆祝建党90周年“红心向党　颂歌嘹亮”大型合唱比赛中荣获得一等奖，1名干部代表市局参加玉溪市第八届“红土地之歌”演讲大赛荣获二等奖，2名干部在高新区“展高新风采　为党旗增光”演讲比赛中分别荣获一等奖和二等奖，2名干部在全市国税系统“创先争优　服务税收”诗歌朗诵比赛中分获二等奖，充分展示了红塔国税干部职工“精益求精，争创一流”的崭新精神风貌。

【党风廉政建设】 一是大力推进惩防体系建设。认真贯彻落实好《建立健全惩治和预防腐败体系2008～2012年工作规划》实施意见和分工方案，重点抓好“一岗双责”和“一案双查”，落实党风廉政建设责任制，完善党风廉政建设工作机制；二是加强内控机制建设，设立廉政风险点防控管理，将内控机制建设情况列入目标管理考核和党风廉政建设责任制考核，严格监督措施；三是加强警示教育和廉政文化建设，丰富廉政文化教育形式，营造风清气正氛围，邀请红塔区检察院举办预防职务犯罪廉政教育专题讲座，举办“倡廉洁、颂清风”反腐倡廉主题诗歌朗诵比赛，以签订《廉政承诺书》、举办廉政知识考试、税收执法岗位风险防范培训、诗歌朗诵比赛和预防职务犯罪讲座、参观廉政展览等多种形式，夯实干部拒腐防变的思想基础；四是强化监督制约，加大行政问责力度，召开特邀监察员座谈会，主动接受社会各界的监督，认真做好《廉政公约》的签订和回访工作，累计签约户3013户，回访302户。

【干部队伍建设】 一是建立风清气正的用人机制。从自身实际出发，积极营造健康向上的工作环境和氛围，重视对现有人力资源的整合利用，取消50岁不再担任中层干部的政策，充分调动各个年龄段干部的工作积极性，把愿干事、会干事、有本事，政治素质过硬、业务熟悉、作风硬扎、勤政廉洁、群众认可度高的优秀干部选拔到或继续留任领导岗位，让有事业心、有责任感、有追求的干部找到了奋进动力和归宿感，激发了干部队伍的活力；二是营造充满活力的学习机制。加大学习力度，全面提高红塔区国税局干部的税收专业素养和岗位知识技能。坚持严格的学习日制度，努力建设学习型机关。充分利用市局“学习自测考评系统”，要求每人每月完成不低于200分的成绩，并与绩效考核挂钩。进一步完善培训管理制度，加大学历教育力度。全年举办2期干部培训，参加人数113人（次）。在全市国税系统第十一届业务能手竞赛中区局荣获团体一等奖，2名干部以个人第三和第四的成绩获得“玉溪市国税系统业务能手”称号。截至目前，已有1名干部完成在职硕士学业取得硕士学位证，有12人在读研究生；三是打造公平有效的激励机制。激励干部结合税收实际工作创新发展，引导干部将学习结合到税收工作中，结合到岗位工作中。鼓励干部积极报考就读各类研究生、注册会计师、注册税务师、律师资格。鼓励干部积极参与各类县区级以上比赛活动，并制定了相应的奖励办法。

（张永平）

江川县国家税务局

经济概况

2011年，江川县完成生产总值（GDP）43.07亿元，比上年增加6.41亿元，增长13.6%。其中：第一产业增加值11.84亿元，增加1.13亿元，增长7.8%；第二产业增加值12.73亿元，增加2.93亿元，增长25.5%；第三产业增加值18.5亿元，增加2.34亿元，增长10.1%。全年固定资产投资完成40.01亿元，比上年增加1.65亿元，增长70.2%。全县完成财政总收入4.3亿元，比上年增收6127万元，增长16.6%，全年财政支出10亿元，增支2.22亿元，增长28.5%。城镇居民家庭人均可支配收入1.83万元，比上年增加1843元，增长11.2%。农民人均纯收入6374元，增加737元，增长13.1%。

税收概况

【收入完成情况】 2011年，江川县国家税务局共组织各项税收收入1.65亿元，与上年的1.61亿元相比增收400万元，增幅2%。其中增值税1.23亿元，企业所得税3912万元，消费税80万元，储蓄存款利息所得个人所得税26万元，车辆购置税172万元。

【收入特点】 征收的五个税种，仅有企业所得税实现增收，其余四个税种均出现不同程度下降，其中：增值税入库1.23亿元，同比减收866万元，减幅7%；企业所得税入库3912万元，同比增收1351万元，增幅53%；消费税入库80万元，同比减收24万元，减幅23%；储蓄存款利息所得个人所得税入库26万元，同比减收26万元，减幅50%；车辆购置税入库172万元，同比减收36万元，减幅17%。全年无新增欠税产生，并实现了自2001年起连续十一年无新增欠税。

【税源分析】 （一）增值税方面，七个重点税源行业仅有商业实现增长，化工、供电、农副食品加工、水泥、非金属矿产品、造纸及纸制品业均出现不同程度下降。1. 商业入库3309万元，同比增收316万元，增幅11%，其中：县烟草公司入库1947万元，同比增收124万元；恒昌废旧物资回收有限公司入库311万元，同比增收60万元。2. 化工产品入库增值税2291万元，同比减收202万元，减幅8%，其中：江磷集团入库2184万元，同比增收461万元，主要原因是黄磷年平均销售价格同比增1105元/吨，达到1.6万元/吨；云天化国际化工天湖分公司入库55万元，同比减收635万元，该公司由于环境保护原因已彻底停产，且库存原材料已销售完结。3. 供电有限公司入库557万元，同比减收212万元，减幅达到28%。4. 水泥行业入库368万元，同比减收467万元，减幅达56%，其中：翠峰水泥有限公司因内部管理问题，下半年一直处于停产状态，全年入库增值税218万元，同比减少377万元。5. 非金属矿产品业入库1177万元，同比减收136万元，减幅10%，其中：杨柳坝矿业因矿场资源枯竭，产销大幅下降，全年入库增值税90万元，同比减收267万元。6. 造纸及纸制品业受整体经济局势影响，入库376万元，同比减收132万元，减幅26%。（二）企业所得税方面，税源单一问题突出，县烟草公司和农村信用合作联社2户所缴企业所得税占企业所得税总收入的84.92%。其中：县烟草公司入库2193万元，同比增收734万元；农村信用合作联社入库1129万元，同比增收778万元；云南江川天湖化工有限公司入库277万元，同比增收81万元。

各项工作

【增值税起征点上调】 自2011年11月1日起，云南省增值税起征点由每月5000元上调至每月2万元。江川县国家税务局按照省、市局统一部署，结合江川实际，全力做好县内个体经营户、小型微利企业的摸底调查和“双定户”定额调整工作，认真贯彻落实这一促进经济发展的重要税收政策，及时增加普通发票库存量和供应量，加强普通发票票种核定和日常管理，增设发票业务受理岗，积极应对因起征点上调和开渔节、元旦节、春节“三节”临近带来的发票需求猛增的情况，保证发票正常供应，维持正常经济、税收秩序。截至12月31日，全县419户“双定户”收入未达到起征点，无须缴纳增值税，直接减税达130余万元。

【实施税收征管工作日志制度】 为进一步加强税收征管、规范税收执法、转变工作作风和优化纳税服务，从5月份起正式实施税收征管工作日志制度；通过对日常工作的记录，对工作的具体开展情况实施痕迹管理，进一步转变工作作风，提高工作精细度；日志记录经纳税人签字确认，可以有效降低工作风险，通过纳税人对税务工作人员的工作情况进行监督，更精细、更有针对性地开展政策辅导，优化纳税服务。

【发票管理】 新版普通发票简并换版一年来，网络版填开系统逐渐被广大用票户接受并掌握，大大提高了普通发票的信息化监管水平，新的普通发票管理平台经过多次升级更新后，功能日趋完善；通过利用新普通发票管理平台的发售验旧、票种核定等功能可以更有效的对普通发票进行管理，尤其是验旧功能可以有效地实现“以票管税”的征管目的。继续加强发票日常检查与重点检查，保证每月不低于用票户10%的检查面，规范了发票的开具使用。同时从发票卖方和买方两个方面加强管理，全力配合公安部门打击发票违法犯罪，规范市场经济和税收秩序。2011年共重点检查用票户16户，检查发票2000余份，罚款3490元，有效地维护了发票管理的正常秩序。

【纳税评估】 针对农产品收购企业开展了重点评估，对企业财务数据定期开展数据分析，尽早发现企业存在的问题，加强对农产品抵扣增值税进项税的专项检查，督促企业进行自查自纠，进一步规范全县农产品增值税的进项税抵扣管理。加强农产品增值税、企业所得税的税收政策宣传力度，不断提高纳税人的税法遵从度，通过召开农产品经营企业税收政策辅导会等多种宣传服务方式，不断规范农产品收购企业税收征管，提高税法遵从度。全年共评估企业20户，有问题18户，补缴税款50万元，抵减留抵进项税额32万元，调增应纳税所得额443万元，合计加收滞纳金1.51万元。

【出口退免税】 认真执行国家出口退（免）税政策，利用出口退（免）税促进出口产业发展，同时不断强化出口退（免）审核管理，实行“实地审查和案头审查”两步走的审核方法，把加强“日常税收征管”作为生产企业出口货物退（免）税管理工作的重点和核心，从合法性、真实性、时效性、准确性等全面规范税企双方的权利和义务，严防出口骗税行为发生。2011年实际发生出口业务的企业12户，办理出口退（免）税企业9户，办理出口退税额1568万元，免抵额72万元，出口免税核销2648万元。

【民政福利企业管理】 对2010年民政福利企业退税管理情况进行自查，经查没有发现政策执行方面问题，但存在企业宣传政策、核查残疾人在岗情况等日常管理工作痕迹记录不全的问题，江川县国税局总结经验教训，及时整改，提高了民政福利企业退税审核管理质效；对民政福利企业“四表一册”进行综合年检，采取定期或不定期深入企业进行实地检查落实，督促企业完善各项保障制度；对每月退税实行“先评估、后退税”管理，对评估中产生的问题，能排除的按规定进行退税，不能排除则不退税转交稽查。2011年办理福利企业退税20万元。

【纳税服务】 实施导税服务机制，在征期、月末和其他办税业务繁忙时，在办税服务厅启动导税服务，引导纳税人办税，维持办税服务厅正常办税秩序，为纳税人提供更加便捷的办税服务；创新服务方式，通过纳税服务QQ共接受纳税人网络咨询90余次，发布QQ公告3次，直接上门开展现场网络指导40余次，在办税服务厅自助开票机上指导纳税人进行网络开票200余次，利用网上远程控制技术协助纳税人处理发票填开等问题20余次。

【依法治税】 （一）严格执行《税务行政处罚自由裁量标准》。2011年共处理违法违章行为153件，罚款

103件（一般程序45件，简易处罚58件），不予处罚48件，待处理2户（非正常户），罚款金额2.69万元。其中：发票违章罚款45件（一般程序15件，简易处罚30件）；逾期未办理税务登记88件（一般程序30件，简易处罚24件，不予处罚34件），逾期未申报19件（简易处罚3件，不予处罚14件，非正常户待处理2户）；其他违规1件（简易处罚），无催缴催税。（二）依托“税收执法管理信息系统”，深入推行税收执法责任制，强化税收执法责任追究和落实。通过税收执法管理信息系统考核子系统对在CTAIS中操作的37432条数据进行了监控，共发现过错29条，经请示后同意进行无过错申辩调整27条，确认过错2条，有效提高了税收执法行为的规范性。（三）认真开展行政执法案卷评查工作。按照行政执法案卷评查执行一案一评，并且采用百分制计分方式，分解确定各项分值，共对2010年64件行政执法案卷进行查阅，其中：行政许可12件，不予处罚结案8件，处罚结案44件；通过公正、客观的评查，对评查有问题的案卷50件，已责令有关部门给予补正。（四）积极开展保密普法教育讲座。10月25日，根据当前保密工作的迫切需要，结合“六五”普法活动的开展和国税工作的特点，邀请江川县保密局叶斌局长，为全体干部职工上了一堂生动丰富的保密普法培训课，提高了全局保密工作质效。

【党风廉政建设】 （一）积极推进内控机制建设。按照《玉溪市国家税务局全面推进内控机制建设实施方案》要求，积极推进内控机制建设工作，成立推进内控机制建设项目工作领导小组，强化“两权”监督制约，合理分解权力，明晰岗位职责，优化工作流程，完善制度措施，不断提高税收执法能力和行政管理水平；制定监督防范措施，拟定部门和个人行政行为承诺，加大对行政行为的监督和考核力度；充分运用科技、信息化手段提高反腐倡廉建设能力和水平，强化内部监督，加强执法过程监控，实现关口前移。2011年共确定风险点岗位63个，排查出风险点104个，其中：一级风险22个，二级风险42个，三级风险40个；制定防控措施162条，建立内控流程图48个，工作总结13篇。（二）坚持执行《廉政公约》签订和回访制度。2011年与纳税人签订《廉政公约》805户，发出回访问卷80份，其中：一般纳税人23份，小规模纳税人38份，个体工商户19份，收回问卷80份，回收率100%，回访率达10%；从回访结果看，纳税人对税务干部职工在遵守《廉政公约》方面比较满意。（三）强化预防职务犯罪工作。与检察机关联合构筑预防职务犯罪防线，积极开展预防职务犯罪宣传教育，以预防为主，加强干部防范意识。3月3日与江川县检察院联合召开了预防职务犯罪工作会议；3月23日，邀请江川县检察院职务犯罪预防科领导举办反腐倡廉及预防渎职侵权犯罪专题讲座；5月3日，组织全体干部职工到玉溪参观“法治与责任——全国检察机关惩治和预防渎职侵权犯罪展览”，提高了全局干部职工的法律观念和反腐倡廉意识。（四）严格执行“四不准”制度，即“不准吃、不准收、不准玩、不准请”。以“四不准”作为干部工作生活的廉政红线，从干部工作和生活中的细节抓起，监督干部提高反腐意识，从小事做起，远离腐败，加强廉政自律能力。

队伍建设

【机构人员情况】 内设机构8个，即办公室、人事教育科、监察室、征收管理科、税政管理科、收入核算科、政策法规科、办税服务厅；事业单位1个，即信息中心；派出机构1个，即大街税务分局。离退休干部19人，在职干部职工68人，在职男职工为43人、女职工为25人，其中：党员31人，占总人数的46%，大学本科31人占总人数46%，专科28人占总人数41%，中专4人占6%，高中4人占6%，初中及以下1人占1%；年龄30岁以下5人，31~40岁12人，41~50岁40人，51~60岁11人。

【学习型组织建设】 紧紧围绕政治素质是核心、业务素质是关键、文化素质是基础、身体素质是根本的队伍综合素质要求，开展干部素质工程建设，深入推进学习型国税机关建设。2011年江川县国税局党支部被县委宣传部授予“江川县学习型党组织建设示范点”。2名干部参加了在职MPA研究生学历学习。

【关爱干部】 关爱干部职工，实现“两个延伸”。一是从八小时内向八小时外延伸，树立“健康生活，快乐工作”理念，举办健康文明的文体活动，进一步丰富干部业余生活。二是将关心延伸到家庭之中，举办干部职工子女暑期作文夏令营，进一步提升干部职工归属感。2011年向2名干部子女发放高考奖励金3000元，安排在职和离退休干部共88人进行了身体体检，对生病住院的干部28人（次）进行慰问，发放慰问金5600元，向长期病困职工发放补助金5000元。

【文明创建】 围绕庆祝建党90周年主题，大力倡导“健康生活，快乐工作”理念，举办第三届文化建设系列活动，活动设有书法、美术、摄影展、征文、乒乓球、羽毛球、象棋、文艺晚会等内容，共征集到摄影作品123件、书法美术作品23件、征文作品36篇、文艺节目17个（原创节目7个），15名选手参加了乒乓球、羽毛球和象棋比赛。3月份单位荣誉室建设完成，成为江川县国税局发展的精神归集地和风采、作品展示园地。2011年1名干部加入玉溪市摄影家协会，1名干部加入玉溪市书法家协会。被云南省国家税务局、玉溪市国家税务局命名为三读活动“先进单位”，2名同志荣获云南省国家税务局、玉溪市国家税务局“读书标兵”称号。在全县“党在我心中”主题征文比赛中，9篇作品获奖，江川县国税局荣获“组织奖”。组织2名同志参加玉溪市第八届红土地之歌演讲比赛，1名同志取得三等奖的好成绩。在全市国税系统“创先争优、服务税收”主题朗诵比赛中，2个节目分别获一等奖和优秀奖，文明建设经验被县委宣传部以专报形式在全县范围内宣传推广。

（张　楠）

澄江县国家税务局

经济概况

2011年，澄江县完成生产总值（GDP）44.05亿元，按可比价计算比上年增13%。分产业看：第一产业实现增加值7.01亿元，同比增长7.8%；第二产业实现增加值19.96亿元，同比增长21.6%；第三产业实现增加值17.08亿元，同比增长7.2%。全县三次产业的结构比例为15.91: 45.31: 38.78。现价工农业总产值实现51.85亿元，同比增长12.4%；完成财政总收入6.11亿元，同比增长13%；完成地方财政预算收入4.17亿元，同比增长22.6%；完成地方财政支出8.55亿元，同比增长18.4%；全社会固定资产投资完成32.82亿元，同比增长35.6%；社会消费品零售总额实现10.27亿元，同比增长22.8%；居民人均可支配收入1.88万元，增长10.4%；农民人均纯收入7005元，增长9.9%；旅游业总收入7.57亿元，增长16.1%。

税收概况

【收入完成情况】 2011年，澄江县国家税务局共组织入库税收收入2.02亿元（其中：中央收入1.44亿元，省级收入1541万元，县级收入4231万元），比上年同期的1.74亿元增加2803万元，增16.2%。其中：增值税入库1.28亿元，比上年同期的1.25亿元增加319万元，增2.6%；消费税入库17万元，比上年同期的20万元减少3万元，减15%；企业所得税入库6419万元，比上年同期的3691万元增加2728万元，增73.9%；储蓄存款利息所得个人所得税入库12万元，比上年同期的35万元减少23万元，减65.7%；车辆购置税入库893万元，比上年同期的1111万元减少218万元，减19.6%。

【收入特点】 2011年澄江县国家税务局税收收入总体呈增长趋势，国税收入首次突破2亿元，创下历年组织税收收入新高。分税种看，企业所得税收入大幅增长，增73.9%；增值税略有增长，增2.6%；而消费税、储蓄存款利息所得个人所得税和车辆购置税同比都呈减收态势，分别减15%、65.7%、19.6%。

【税源分析】 （一）增值税：1. 化工产品入库4967万元，比上年的5155万元减少188万元，减3.6%。2. 建材入库2478万元，比上年的2673万元减少195万元，减7.3%（其中：矿产品入库1461万元，比上年的1628万元减少167万元，减10.3%；水泥入库980万元，同比减少31万元）。3. 钢坯钢材入库41万元，比上年的308万元减少267万元，减86.7%。4. 有色金属入库314万元，比上年的173万元增加141万元，增81.5%。5. 电力行业入库1714万元，比上年的1360万元增收354万元，增26%。6. 商业入库2568万元，比上年的2210万元增加358万元，增16.2%；7. 其他增值税入库735万元，比上年的617万元增加118万元，增19.1%。（二）消费税入库17万元，比上年的20万元减少3万元，减15%。减少原因是：云南再峰（集团）湖泉酒业有限公司本期入库税款15万元，上年该公司税款入库18万元，由此造成税收收入减少。（三）企业所得税入库6419万元，比上年的3691万元增加2728万元，增73.9%。增减因素：一是房地产行业入库企业所得税1831万元，同比增加1591万元；二是化工行业入库企业所得税1321万元，同比增加614万元；三是烟草公司入库所得税2089万元，同比增加699万元；四是澄江信用社入库所得税535万元，同比增加329万元；五是矿产品行业所得税款同比减少，入库企业所得税383万元，同比减少408万元。（四）储蓄存款利息所得个人所得税入库12万元，比上年的35万元减少23万元，减65.7%，属政策因素减收。（五）车辆购置税入库893万元，比上年的1111万元减少218万元，减19.6%。减收因素为：自2011年1月1日起，1.6升及以下排量乘用车恢复10%税率征税，汽车车辆购置税征收数量相比有所减少。

【税务管理】 2011年，深入学习实践科学发展观，始终坚持“为国聚财，为民收税”的工作宗旨，紧紧围绕年初既定工作目标，以组织收入为中心，以创新发展为动力，以责任意识严执法，以和谐理念优服务，通过不断深化税收分析、强化税源管理，征管质量逐步提高，各项工作顺利开展，在极为严峻的形势下保持了税收收入的稳步增长，服务了澄江经济社会发展。

各项工作

【税收法制建设】 严把税务行政处罚审批关，规范税务行政处罚操作，按照税务行政处罚业务操作规范，督促处罚人员严格按时限、按流程规范操作，防范执法程序中存在的执法风险。

【税收征管】 2011年，多措并举，提升税源管理质效，积极促进税源向税收转化。一是加强税源管理。积极探索税源专业化管理模式，在以往企业按行业、个体按片区，以组为单位进行管理的模式基础上进一步完善分工，对一般纳税人、纯所得税管理纳税人、小规模纳税人实行专业化分类管理，着重加强对烟草、电力、磷化工、水泥等重点税源的管理。创新开展税务巡查工作，以《巡查工作登记表》为载体，细化税收管理各项指标，对日常管理工作情况进行如实、全面反馈，并有效结合税务行政效能考核将岗位责任落实到人，加强税源控管力度，促进税源管理科学化、精细化。截至2011年12月31日，共有登记户3709户，比2010年同期增加了190户，增长5.4%，其中：企业374户，个体3335户。二是加强纳税评估工作。树立“服务+执法”和“数据入、账务出”的评估理念，通过采取管理和服务手段，充分发挥纳税评估政策服务和纳税辅导的优势，探索服务型纳税评估工作方式。全年共评估企业28户，有问题23户，评估补税合计625.3万元。三是加强发票管理。加强对纳税人的宣传、培训工作，采取多项有效措施，顺利完成新版普通发票换版工作。同时，围绕兜售、虚开、购买、使用虚假发票等违法犯罪活动，重拳出击，开展打击发票违法犯罪活动，有效促进税收秩序和经济秩序进一步好转。全年共检查564户纳税人，有问题375户，共计查补税款28.5万元。四是推进区域税收专项整治工作。以商贸企业为重点，积极推进区域税收专项整治工作，对辖区内的45户商贸企业进行了集体约谈和自查自纠工作，收到了良好成效。全年共整治45户，有问题8户，查补税款10.6万元。五是加强企业所得税管理。顺利完成了2010年度企业所得税汇算清缴工作。全县2010年度企业所得税应汇算户208户，共实现营业收入26.52亿元，实现利润总额1.4亿元，税收调整净额-281.90万元，弥补以前年度亏损2776.69万元，应纳税所得额1.46亿元，应纳所得税3640.27万元，减免所得税额428.34万元，抵免所得税9.40万元，实际应纳所得税3202.52万元。六是加强出口货物退免税管理。进一步贯彻落实国家出口货物退（免）税政策，加强税收征管，堵漏增收，确保国家税款及时足额入库。全年对287条货物出口信息进行了逐户、逐笔的核查，按规定计提销项税额3464.9万元，并缴纳了增值税，有力地支持了出口企业的发展。

【清理欠税】 2011年，成立欠税追缴领导小组，完善落实按月巡查制度，加强税源监控管理，加大欠税清理力度。全年共清理欠税452.7万元，实现连续8年无新增欠税。

【税收执法】 坚持依法治税，强化税收执法程序，严格按法定权限和程序行使权力、履行职责，注重程序、实质合法和痕迹资料管理，实行集体讨论制度，加大监控力度，防范出现各类异常情况。自2006年2月份以来，澄江县国税局实现连续69个月无执法过错扣分，干部执法水平实现了阶段性的提升。加大税收优惠政策执行力度，全年共免征企业所得税29户，减免企业所得税277.5万元；办理1户福利企业退税15.5万元；办理1户生产新型墙体材料企业退税1.6万元；办理增值税征前减免80户，免税销售额5.96亿元。

【税收宣传】 按照省、市局的统一部署和要求，结合实际工作，认真开展以“税收·发展·民生”为主题的第20个税收宣传月活动。通过“纳税人学校”授课、开展“税收带来祖国美”为主题的书法绘画摄影展、征文活动、“税法六进”等一系列形式多样、内容丰富的税收宣传活动，取得了良好的宣传效果。

【纳税服务】 树立执法与服务并重理念，在严格执法和规范管理中加强服务，在优化服务中提高执法和管理水平。一是继续抓好“纳税人学校”举办。2011年，纳税人学校开课三期，组织培训400余人（次），免费发放各类宣传资料500余份。二是创新纳税服务方式。通过取消收取税务登记工本费、重新核定新版普通发票收费、开通纳税人自助办税区、提供预约服务、与地税开展联合办税等措施收到服务实效，不断提高纳税人税法遵从度，营造公平、公开、公正的税收环境。

【税务管理信息化建设】 结合“金税三期”运用系统的推进，不断加强税务信息化建设。一是完善内部协同办公系统，不断延伸和拓展内部协同办公系统的内容，促进工作效率的提高；二是全面推广网上办税，1户企业推行了“网上认证”，24户企业推行了“网络办税”，18户企业实现了重点税源网上直报；三是完善税收管理员辅助信息系统，积极探索纳税人信息资料的增值利用，促进税收信息化运用水平不断提高。

队伍建设

【机构人员情况】 （一）机构设置：县局内设机构9个，即办公室、税政管理科、征收管理科、政策法规科、人事教育科、监察室、收入核算科、办税服务厅、信息中心；派出机构1个：凤麓税务分局。（二）人员配置情况：截至2011年12月31日，全局共有在职干部职工49人，离退休干部职工5人。在职干部职工中党员24人，占49%。在职干部职工按性别比例分：男25人，女24人；按年龄划分：30岁以下7人，31～40岁7人，41～50岁30人，50岁以上5人；按学历结构分：本科学历34人，专科学历12人，中专及以下学历3人。

【干部队伍建设】 2011年，澄江县国家税务局以“带好队、收好税”为目标，干部队伍建设取得新成效。主要做法：一是倡导“健康生活、快乐工作”理念。以丰富多彩的国税文化活动为重点，营造团结和谐、奋发进取的国税文化氛围和轻松愉快的生活和工作环境；二是倡导“素质教育、激励机制”理念。把税干队伍的综合素质建设放在首位，推行“税务行政效能绩效管理考核”，进一步完善培训教育激励机制，让税干职工在享受学习成果快乐的同时，也享受到政治、物质奖励的愉悦；三是倡导“队伍稳定，思想领先”理念。把经常性的政治思想工作作为稳定队伍、推进税收征管工作的法宝，将加强和改进政治思想工作与组织税收收入、创先争优活动紧密结合起来，力争让干部职工在税收事业中最大限度地实现自身价值。

【廉政建设】 将党风廉政建设工作和反腐倡廉工作纳入日常工作目标管理。一是推进内控机制建设。围绕廉洁从政方面存在的薄弱环节，全局共排查出风险岗位数35个，排查风险点101个，制定防控措施89条，内控流程图27个；围绕梳理出的权力事项，进一步完善各项工作制度，把对权力的监督制约贯穿于行政管理权和税收执法权运行的流程当中。二是加强“两权”监督。严格执行“三重一大”集体决策制度，对人事和财务管理、固定资产处置、公务用车管理、政务公开等进行监督；围绕税源管理、纳税申报、税额核定、一般纳税人认定、发票管理、纳税评估、行政处罚等关键环节和重点领域，进一步开展税收执法监察和执法检查，严格规范和约束税收执法中的自由裁量权。三是深化廉政文化建设。突出的工作有：一是利用县局“协同办公系统”抓好“廉政文化”宣传，构建内容丰富、生动活泼、寓教于乐的信息化廉政文化平台；二是与澄江县检察院建立共同开展预防职务犯罪工作机制，进一步推进惩治和预防腐败体系建设，营造风清气正的氛围。

【党建工作】 加强党员发展工作，2名预备党员按期转正，发展了2名预备党员、2名入党积极分子，选派1人参加入党积极分子培训学习；开展创建学习型党组织活动，组织党员学习党的理论知识、科学文化知识、业务知识和前沿知识，提高党员综合素质；组织开展学习杨善洲同志先进事迹活动，促使党员在工作学习中体现先进性，推动“创先争优”活动深入开展。

【教育培训】 积极探索教育培训的科学机制、运作方式和运行办法，采取一系列有针对性的措施，加强和改进教育培训工作。一是健全机制，激发教育培训的内动力。建立了一整套教育培训工作考核激励机制，完善了学习创新奖励办法、税务效能考核等制度，为教育培训工作提供制度支持和物质保障；二是充实内容，提高教育培训的实效性。根据干部的思想需求、工作需求和发展需求，科学设定培训内容，突出教育培训的针对性；三是丰富载体，促进教育培训的学用互动。坚持开展每月的“学习日”活动，组织收看“云南国税讲坛”，组织专题讲座，鼓励干部参加在职学历教育。同时，以日学、月训、年考等方式，加大奖惩力度，及时检验学习成果。在市国税系统第十一届业务能手竞赛中，澄江县国税局荣获团体二等奖，并有3名选手荣获“玉溪市国税系统业务能手”称号。

【国税文化建设】 2011年，不断打造以竞争精神、创新意识、服务观念和社会责任为主要内容的税收文化的创建，继续开展以文化凝聚力量为特色的国税文化建设活动。以“党团工青妇”为载体，以“健康生活，快乐工作”为指导，开展丰富多彩的国税文化活动，调动干部积极性，营造团结和谐、奋发进取的文化氛围，为推动澄江国税事业科学发展、和谐发展注入新活力。

（张云春）

通海县国家税务局

经济概况

2011年，通海县实现生产总值55.95（GDP）亿元，比2010年增长10.5%；一、二、三产业分别完成增加值10.41亿元、22.82亿元、22.72亿元，分别比2010年增长8.3%、10.9%、11%；完成固定资产投资34.07亿元，比2010年增长29.8%；全年社会消费品零售总额15.69亿元，比2010年增长19.4%；地方财政收入3.41亿元，比2010年增长12%；农民家庭人均纯收入7436元，城镇居民人均可支配收入1.82万元，分别增长13.6%、11.5%。

税收概况

【收入完成情况】 2011年，通海县国家税务局入库税收收入2.40亿元，比2010年2.16亿元增收2462万元，增幅11%，完成2011年确保目标数2.36亿元的102%。入库县级地方收入5407万元，比2010年同期5047万元增收360万元，增幅7%。

【收入特点】 一是造纸及纸制品业增值税收入比2010年增收1224万元，增幅达248%，增收的大部分收入为玉溪市国家税务局稽查局对某公司实施稽查的查补收入；二是通海县实施“工业强县”目标，推动了工业用电量的上涨，售电量比2010年增加2.81亿千瓦时，增幅达25%，电力行业入库增值税2008万元，比2010年增收1017万元，增幅达103%；三是化学原料及化学制品销量增加、价格上涨，带动了该行业增值税收入的增长，2011年，化学原料及化学制品业入库增值税收入1279万元，比2010年增收313万元，增幅达32%；四是电器机械及器材制造业入库1310万元，比2010年减收1562万元，减幅达54%。减收原因：产品销量减少，原材料价格上涨，产品售价大幅下降；五是再生资源增值税按比例先征后退优惠政策停止执行，该行业销售收入大幅减少，导致增值税减收。2011年，再生资源回收企业入库增值税399万元，比2010年减收1259万元，减幅达76%；六是非金属矿物制品业入库增值税563万元，比2010年减收312万元，减幅达36%。减收原因：淘汰落后产能，通海县内的水泥生产线减少，导致水泥销量同比减少；煤、电等原材料价格上涨幅度较大，导致企业进项税抵扣增加，成本加大，产品增值空间减小；国家对房地产等行业的调控政策，导致水泥需求量下滑；七是2011年起，小汽车的车购税可在通海国税缴纳，实现车辆购置税收入的增长。

【税源分析】 征收的五个税种呈现“四增一减”态势，其中：增值税入库1.84亿元，比2010年的1.84亿元增收9万元，增幅0.05%；消费税入库16万元，比2010年的12万元增收4万元，增幅33%；企业所得税入库5074万元，比2010年的2837万元增收2237万元，增幅达79%；车辆购置税入库542万元，比2010年的284万元增收258万元，增幅91%；储蓄存款利息所得个人所得税入库35万元，比2010年的81万元减收46万元，减幅57%。

各项工作

【减免退税管理】 全面加强对出口退税企业、民政福利企业等减免税企业的管理，严格执行税收政策，保证符合条件的纳税人都能享受到优惠政策。2011年，通海县国家税务局办理所得税减免396.84万元；73户增值税纳税人实现免税销售额3.14亿，其中，一般纳税人2.42亿，小规模纳税人7200万。

【连续八年实现零欠税】 一是思想上重视。始终将预防欠税作为全局工作的重要事项，加大防欠力度，积极控制新欠，严格执行组织收入原则，做到防欠清欠工作效能最大化；二是责任明确。制定防治欠税工作目标，实行清欠责任制，层层签订《欠税管理目标责任书》，并纳入考核内容，对欠税管理问题较多，清欠和防欠工作不力的部门和人员，严格追究责任；三是制度有保障。推行“事前防范、事中提醒、事后追缴”全过程欠税监控管理办法，有针对性地进行宣传，提高纳税人依法纳税的意识；四是加强行业分析。牢牢把握税收与经济发展关系，加强经济形势、行业动态等宏观分析，持续关注纳税人产品市场行情、销售、资金流变化情况，确定经济状况波动较大的企业为重点监控企业，严防新欠产生；五是强化基础管理。完善欠税基础管理标准和要求，确保纳税申报、财务报表完整性，规范缓缴资料申请、经办人意见、同意缓缴批复及催缴文书、欠税台账登记等基础资料管理，做到核对有数据，检查有依据，处罚有根据。

【顺利完成办公楼的搬迁工作】 办公楼的顺利搬迁，实现了县局和分局集中办公，便于纳税人办理事务，也便于通海国税的内部管理。新办公楼设置了较多的停车位，解决了多年来困扰纳税人的停车难问题。

【“两强化三严格”助力农业专业合作社发展】 一是强化政策宣传和纳税辅导，提高合作社税法遵从度；二是强化发票使用管理，防控管理风险；三是严格免税资料备案工作，加强税源监控；四是严格区分税收优惠政策的适用对象，加强减免税资格审查和社内各成员的鉴别，准确划分社内成员自产农产品和社外购进农产品，重点审查组织机构和成员构成的真实性；五是严格区分应税收入和免税收入；六是严格财务核算，准确适用税收优惠政策，督促农民专业合作社按照财务会计制度设置会计账簿，自主健全会计核算，区别不同的交易方式分别核算，按照规定设置成员交易管理台账。

【增值税起征点调整后的个体户管理】 增值税起征点调整前，通海县起征点以上个体纳税户有549户，2011年11月1日执行2万元的起征点政策后，达起征点的有25户，占个体工商户总数的0.51%。通海国税积极采取措施，做好起征点调整后的个体户管理工作：一是广泛宣传，加大优惠政策宣传力度，积极开展纳税咨询服务；二是加强对不达起征点的个体工商户的动态管理，及时了解和掌握其生产经营情况，对达到增值税起征点的，及时进行定额调整；三是严格监控，加强对定额在起征点附近的个体工商户的走访调查，详细了解其经营情况，加强沟通和信息反馈，尤其是对规模大、经营情况较好的个体工商户，一旦发现其销售收入达起征点以上，就及时调整定额；四是对新开业的个体工商户，根据其经营场所位置、铺面年租金、经营面积等数据，与电子定税系统相结合，对其销售收入进行合理测算，贯彻公平、公开、公正原则。

【圆满完成新版普通发票换版工作】 2011年2月20日，通海县应换版发票纳税人1034户全部完成换版工作。

【“四条渠道”做好新版发票开具服务】 一是编发《新票开具解答手册》。针对机打发票开具中出现的如无法登录、无法打印等问题，编写问题解答手册，发放给纳税人，使纳税人能对照手册提示逐一解决开票中出现的常见问题；二是开通新票开具咨询专线。向纳税人公布国税指导人员电话号码，方便纳税人询问，弥补问题解答手册的不足，在办税服务大厅安排专人接受咨询，现场指导开具新版发票；三是问题反馈及时畅通。针对纳税人开票过程中遇到的基层国税无法解决的问题，及时向上级局反映；四是硬件服务全面到位。在办税服务厅放置电脑和打印机，为尚未购置电脑和打印机的纳税人开具新版发票提供最大便利。

【纳税评估】 在加强税收执法人员、纳税人和企业财务人员培训的基础上，对增值税异常申报企业、企业所得税重点行业和亏损企业推行纳税疑点约谈辅导制，充分听取纳税人的意见，就财务核算、企业管理等方面与企业开展互动交流，引导企业自查自纠，缩小征纳双方的距离，提高纳税人税法遵从度。2011年，对53户纳税人进行了纳税评估，发现有问题29户，评估补缴增值税540万元，企业所得税33万元，调增应纳税所得额196万元，弥补亏损219万元，加收滞纳金4万元。

【税法宣传】 结合通海县实际，围绕“税收·发展·民生”的宣传主题和“服务基层年”的工作主题，按照“拓宽渠道、扩大影响、突出特色、注重实效”的原则，精心谋划第20个全国税收宣传月活动。通过一系列宣传，税收理念深入人心，纳税人对税收知识有了更深入的认识，对享有的权利和应履行的义务有了全面了解；开展“税收宣传你做主”活动，广泛征求纳税人对国税机关纳税服务、税收宣传的意见和建议，助力税务机关做好决策，实现税企双赢。

队伍建设

【机构人员情况】 县局设“2室5科1中心1厅”和1个派出机构，即办公室、监察室、人事教育科、税政管理科、征收管理科、政策法规科、收入核算科、信息中心、办税服务厅、秀山税务分局（派出机构）。截至2011年底，共有在职人员67人（其中国家公务员62人，工勤人员5人），离退休干部19人。在职党员43名，团员2名，党团员占在职总人数的67.16%；本科学历30人，大专学历30人，大专以上文化程度职工占在职总人数的89.55%。

【廉政建设】 以《廉政准则》为基准，把纪检监察和党风廉政建设工作纳入重要工作日程，领导班子成员认真履行“一岗双责”，督促实施《巡查制度》，避免税收执法风险，做到与税收工作同安排部署、同检查落实。2011年党风廉政建设工作重点是内控机制建设，在此项工作中，通海县国家税务局开展岗位职责风险、业务操作风险自查、部门领导抽查、部门之间互查、局领导点查活动，按照管理事项和业务流程，排查出风险岗位48个，风险点83个（其中：一级风险点7个、二级风险点26个、三级风险点50个），针对风险点制定具体防控措施61条，制作防控流程图20个。与68位干部职工和各科室签订了《廉政勤政承诺书》，未发现有违反《廉政勤政承诺书》的情况。续签《廉政公约》58户，回访58次，累计签约1470户，按10%的回访率，已回访149户。全年开启党风廉政建设举报箱36次，均未收到举报信件，走访了县纪委、四街镇、九街镇等的特邀监察员12人（次），均未收到对通海县国税局不廉行为的反映。

【精神文明建设】 始终把精神文明创建工作作为推动国税工作健康和谐发展的一项长期性重要工作来抓，通海县局党组把文明创建工作列入议事日程，严格按照文明创建工作的总体要求，全面落实科学发展观，紧紧围绕“聚财为国、执法为民”的工作宗旨，立足自身行业特点，不断创新文明创建工作的措施和手段，不断加大依法治税的工作力度，逐步形成了“以收入为中心、以创建为动力、以文化为内涵、以活动为载体、以育人为目标、以服务为宗旨”的全方位、立体化的文明创建格局，三个文明建设共同推进，创建工作不断获得新成效，迈上新台阶。在2011年12月28日，通海县国家税务局被县委、县政府授予第九届“文明单位”称号，至此，通海县国家税务局六次蝉联该荣誉称号。

【学习型党组织建设成效显著】 2011年5月24日，通海县国家税务局被中共玉溪市委授予“学习型党组织建设示范点”荣誉称号。通海县国家税务局在推进学习型党组织建设工作中，突出“抓重点、抓特色、抓突破”的工作思路，紧贴党员干部的思想实际和国税工作的特点，进一步丰富学习形式，使学习做到“深入浅出，通俗易懂，学以致用，富有成效”。一是以党组中心组学习为平台，打造学习型、创新型领导班子，以扩大会的形式扩大理论学习的受益面，通过党组中心组学习平台的辐射和带动作用，全局上下形成了良好的学习氛围。二是以教育培训为抓手，提升全员素质，坚持把提高思想政治素质作为教育培训工作的首要任务，着重引导党员转变观念，辩证地看待工作中和社会上存在的矛盾和问题，统筹兼顾地处理问题。三是以文化建设为主线，结合国税特点和通海的地域特点，大力弘扬通海礼乐名邦之学，形成富有特色的通海国税文化，促使广大干部职工培养高尚道德情操和健康生活情趣，把学习当成一种政治责任、一种精神境界、一种理想追求和一种工作需要。四是以提高服务水平为目标，通过学习、培训，提高全员业务水平，熟练掌握各项税收政策和业务操作技能，端正人民公仆的理念，诚心诚意为纳税人提供优质、高效的服务。

【通海国税小区被列为全县创建“平安小区”试点单位】 通海县国家税务局以完善制度、规范实施综治领导责任为抓手，重点做好信访和矛盾纠纷解决工作，创新综治维稳载体，紧紧围绕三项重点工作，大力推进单位社会综合治理工作，再次实现“八无”目标，营造了和谐稳定的社会环境，受到县委、县政府的一致好评。2011年8月，国税小区被县综治委列为全县创建“平安小区”试点单位。

【荣誉】 2011年6月30日，通海县国税局党总支被中共玉溪市委授予“先进基层党组织”；2011年2月，被县委、县政府授予首批“创先争优流动红旗党组织”称号；2011年6月30日，被中共通海县直属机关委员会授予“学习型党组织”先进集体，荣获“党建工作目标考核”一等奖；2011年6月30日，秀山分局支部委员会被中共通海县直属机关委员会授予“先进基层党组织”称号。

（秦丽娟）

华宁县国家税务局

经济概况

华宁县地处滇中，属于半山区农业县，2011年末，全县总人口21.1万人，主要经济作物有烟草、柑橘等，主要工业有电力、磷矿、煤矿、水泥等。2011年，华宁县经济总量持续增长，实现生产总值（GDP）40.04亿元，第一产业增加值（可比价）10.98亿元，比上年增长9.9%；第二产业增加值（可比价）13.68亿元，比上年增长19.9%；第三产业增加值（可比价）15.38亿元，比上年增长10.6%。全年完成财政总收入4.46亿元，增长17.2%。

税收概况

【收入完成情况】 2011年，华宁县国家税务局组织完成各项税收收入总计1.29亿元，比上年的1.06亿元增收2287万元，增长了22%。其中：增值税完成8043万元，比上年的7918万元增收了125万元，增长2%。消费税完成3.5万元，比上年的2.8万元增收7000元，增长27%。企业所得税完成4449万元，比上年的2275万元增收2174万元，增长96%。储蓄存款利息所得个人所得税完成11万元，比上年的23万元减收了12万元，下降53%。车辆购置税完成398万元，比上年的399万元减收1万元，下降0.2%。

【收入特点】 一是超额完成全年税收任务，创华宁国税收入历史新高。在重点税源磷化工低迷，向阳煤矿、顺昌工贸公司停产影响的情况下，全力组织收入应收尽收，超额完成全年收入任务，实现连续十年无新增欠税。二是企业所得税实现大幅增长，原因是企业生产经营效率好，实现税利增长。三是税收政策调整，储蓄存款利息所得个人所得税收入逐步减少。

【税源分析】 重点税源及支柱产业的烟草持续发展，烟叶销售及卷烟批发量增加，利润增加，实现增收。限电生产，市场不景气，重点税源之一的磷化工行业依然低迷，没有新的增长点。加强对房地产行业的税收征管，使房地产行业缴纳的企业所得税大幅增加；加大核定征收的力度，使得核定征收缴纳的企业所得税有所增加。

【税务管理】 坚持以科学发展观为统领，全面贯彻落实全省、全市国税工作会议精神，以组织收入为中心，以创先争优为动力，围绕“服务基层年”工作主题，继续加强税源税负分析、纳税评估、发票管理、所得税管理、信息管税，强化重点行业、重点税源管理，修改完善重点税源管理办法，科学设定管理指标，规范重点税源管理，全局征管质量和效率得到提升，圆满完成了各项管理工作任务，收入做到应收尽收，税务管理工作得到进一步加强。

各项工作

【税收法制】 认真开展“六五”普法工作开局之年的税收执法检查和执法监察工作，加强税收执法刚性，注重对税收执法权的监督和制约，强化执法过错考核。在实际工作中，一是充分应用执法考核子系统预警监控功能，及时发现和纠正业务操作中存在的问题，不断规范业务操作和执法行为；二是加强业务部门合作，做好执法分析和调研，及时反馈执法责任制考核中反映出的问题，促进全局整体执法质量和效率的提高；三是严格执行过错追究，对税收执法权力运行实施过程监控，加大执法人员培训力度，强化执法责任意识，有效防范执法税收风险，推进依法行政，提升税务行政执法水平；四是借助法制宣传月大力开展税收普法宣传，满足群众寻求税收法律帮助的需要，增强了群众的税收法律观念。

【税收征管】 一是认真贯彻落实省、市国税工作会议精神，以组织收入为中心，进一步落实以向加强税源税负分析要收入，向加强纳税评估要收入，向加强税务检查要收入，向加强普通发票管理要收入，向加强所得税管理要收入，向加强信息管税要收入的工作方针。二是强化重点行业、重点税源管理，修改完善重点税源管理办法，科学设定管理指标，规范重点税源管理，实现连续十年无新增欠税。2011 年着重对砖瓦窑行业进行了深入调研，严格管理。对全县 13 条生产线、283 门砖瓦窑进行了实地丈量，测算，进行了重新核定，核定后的首个征期，共申报缴纳增值税 9.7 万元，比上月同期增加了 8.6 万元，增 782%。三是加强中小税源的监控管理。首先对未及时、全部反映销售收入的纳税户进行清查，进一步规范账务处理，从源头上杜绝新增欠税。加强个体税收管理，对个体工商户进行户籍、税源以主管专管员为主，协管人员为辅的管理模式，实现个体开业户登记率、准期申报率达到 100%。四是不断优化纳税服务，做好税收政策宣传落实。采取服务上门，及时、准确地向纳税人宣传各项政策法规。开展“纳税服务明星”评比活动，提高办税服务大厅服务质量。对现行的“一窗式”服务、文明办税“八公开”、服务承诺等制度进行规范和完善，大力提升文明服务质量。

【税收执法】 2011 年，结合“六五”普法、税收宣传月、税收法制宣传日等宣传教育活动的开展，不断增强公民和纳税人遵守税法和自觉依法纳税的水平。积极加强与当地政府的联系，加强与公安、工商、地税等部门的协调配合，形成了依法治税的合力，建立广泛的、全方位的全社会协税护税网络。依托综合征管软件、税收执法管理信息系统、阳光税务调查管理信息系统等管理软件，不折不扣地执行好国家制定的各项税收政策，实事求是地查处税务案件，合理地作出处罚决定，规范税收执法，深入推行税收执法责任制，严格执法过错责任追究。

【发票管理】 一是积极推进“普通发票简并换版”工作。做好发票换版的技术、业务准备工作，充分利用各种宣传媒介，广泛宣传普通发票换版的目的和重要意义。根据发票换版工作的推进情况，及时安排人员进行发票填开辅导服务，帮助纳税人正常使用新版普通发票。截至年底，已有 1374 户用票户领购了新版普通发票，其中网络版 147 户，手工票 1227 户。二是严格执行运输发票抵扣税款有关政策，凡是开具项目不全，付款方向不一致的一律不予抵扣税款。进一步加强发票验旧售新工作，查验发票范围从个体工商扩大到所有用票企业，严厉打击开具抽心发票偷税行为。全年共查验、录入、归档普通发票 49076 份，补税罚款滞纳金共计 79.15 万元。

【纳税评估】 树立“服务 + 执法”与“数据入、账务出”的理念，对现有数据和纳税人生产经营数据、财务数据等进行充分挖掘、分析、利用。采取“重点评估与日常评估相结合”以及拓展获取第三方信息与纳税人实际数据对比相结合，多角度深层次开展纳税评估。全年共评估企业 23 户，有问题 17 户。增值税方面，计提销项税额 82.27 万元，进项转出 36.29 万元，加收滞纳金 3.49 万元。评估企业所得税收入 7939 元，滞纳金 444 元。实际缴纳税款增值税 117.80 万元，企业所得税 7939 元，进项转出 7620 元。

【税收宣传】 2011 年，税收宣传月活动紧紧围绕“税收·发展·民生”宣传主题，通过开展宣传活动，突出“创新、民生、文化、广泛”。以上门宣传服务贯穿税收宣传月始终，推出“税收情·彝乡美”篝火晚会精品宣传项目，加强对新兴小集贸市场开展税收宣传扫除宣传盲区，给镇政府公务员上税法宣传课等，整个宣传活动取得了良好的效果。

【服务基层】 一是增强工作主动性和积极性，实现机关为基层服务，基层为纳税人服务，税务工作为经济社会发展服务。二是立足于基层一线实际，不断完善文明办税，努力为纳税人提供满意的服务，打造服务型国税机关。三是立足基层，进一步规范税收管理，实现税源税负动态分析，建立分行业、分类型管理的标准。认真落实促进转方式调结构的税收政策，做好各项税收优惠政策的规范执行和落实。完善重点税源专业化、信息化管理方式深化信息运用，对税源进行科学分类，探索和把握管理规律，增强管理的针对性和实效性。四是改进纳税评估，加强纳税评估服务工作，充分发挥好纳税评估促进征纳和谐的作用。五是加强个体工商户的管理，加大个体工商户的核定力度，做好公示工作，营造公平、公正、公开、透明的纳税环境。六是以“一切为了纳税人，为了一切纳税人，为了纳税人的一切合理合法需求”出发，强化服务意识。七是立足烤烟生产既是主要税源，又是提高农民经济收入的实际，做好烤烟联系点的生产工作。局领导带头，组织党员干部经常到联系点调研、指导、解决生产中及困难群众存在的问题，使“税收促进发展，发展改善民生”具体化、实际化。

【纳税服务】 2011 年，通过把“纳税服务明星”评比打造成“为民服务创先争优”活动的重点项目，确保各种服务承诺措施落到实处。主动接受纳税人监督，增强全局干部的纳税服务意识；加强宣传服务，构建征纳和谐。紧紧围绕“税收·发展·民生”宣传主题，开展一系列税收宣传活动，突出“创新、民生、文化、广泛”，营造良好的征纳环境。提高服务质量，积极支持县委、县政府招商引资工作，为实现税收增长提供有力支持。定期向县委、县政府及有关部门汇报组织收入中遇到的困难及问题，争取县委、县政府对国税工作的支持。推行电子评价系统，服务满意不满意由纳税人说了算，全年共有上万人（次）评价，满意率达到 99.5 %。

队伍建设

【机构人员情况】 县局机关共设有5科2室1中心，即人事教育科、税政科、征管科、收入核算科、政策法规科，办公室、监察室，信息中心及1个办税服务厅，1个税务分局：宁州税务分局。2011年底，全局系统编制数为59人，实有人数为52人，其中正式公务员49人，见习期1人，工勤人员2人。

【领导班子建设】 县局领导班子设有4名成员，包括一正两副和纪检组长。2011年，县局领导班子继续以创建学习好、团结好、勤政好、廉洁好、服务好为目标，切实加强自身建设。一是以“和谐发展年”为工作主题，以科学发展观为统领，认真组织开展“三读”活动和创先争优活动，把贯彻落实科学发展观与税收工作有机结合。二是以“应收尽收”为最高目标，抓好队伍建设和优化服务管理，加强重点税源管理，提高税收信息化管理水平，完善纳税评估，展现领导班子先锋模范作用。三是认真落实民主集中制原则，模范遵守党风廉政建设规定。班子成员以身作则，起好模范带头作用，把身教重于言教贯穿于工作的各个领域，增强了班子的感召力。

【教育培训】 2011年，教育培训工作按照“大力实施人才兴税战略”的总体精神，大力加强干部队伍教育培训工作，进一步提高全局国税干部的政治、文化素质和实际工作能力。一是以“学习考评系统”为平台，强化干部的日常学习、培训。每位干部每月参加学习累计积分不得少于200分，全年累计积分不得少于2400分。每年组织两次业务考试，促使干部业务学习常态化。二是以参与全市国税系统业务能手竞赛为契机，激励干部加强业务学习，提高业务技能。建立激励机制，营造“学、比、争”的氛围。截至2011年底，在52名干部职工中，中专及其以上学历公务员所占比例为96%，其中大专及其以上学历公务员所占比率为92%，自费在读各类学校本科函授生1人、硕士研究生3人。

【廉政建设】 2011年，认真履行职责，严格遵守规定，做到责任明确、措施有力、落实到位，党风廉政建设工作取得实效。一是严格落实党风廉政建设责任制工作。落实好“一岗两责”制度，逐级签订《党风廉政建设责任书》，加强日常监督检查，抓好党风廉政建设责任制的落实。二是积极推进部门内控机制建设工作。按宣传动员、风险排查、规范完善、审核整改、总结提升五个阶段组织实施，排查风险岗位51个，风险点105个，制定具体防控措施130条，制作防控流程图20个。三是把全面推进内控机制建设作为重要工作来抓。结合岗责体系，采取岗位自查、交叉查、集体排查等方法，按照管理事项和业务流程，围绕人、财、物、权、钱、事六个重点，查找可能存在的风险点，制定具体防控措施。四是继续做好《廉政公约》的签订和回访工作，加强廉政文化建设加强政风行风建设。在2011年开展的政风行风自查评议工作中，向社会各界发放定向测评表818份，收回812份，占全县纳税户的27%，满意率达98.5%。

【精神文明建设】 2011年，按照构建和谐国税文化体系的总体要求，确立以国税文化建设开展推动文明创建工作。一是采取各种措施推动国税文化发展与繁荣，逐步营建起了浓厚的文化建设氛围，推动了国税事业的全面发展，组织收入中心工作连创佳绩。二是通过多种途径和形式，宣传文化理念，以群众喜闻乐见的形式开展多种文化娱乐活动，使干部在活动中陶冶情操，进一步增强国税文化的感染力、影响力和生命力。精心设计实践活动，不断丰富活动内容，逐步形成文明、规范、和谐的工作环境和健康文明的生活环境。三是在以文化为特色推动文明创建的工作中，依托摄影、书画等文化兴趣小组，通过学习、培训、交流、采风等方式促进干部对文化的兴趣，提高干部文化素养。通过设置“文明创建园”、“税苑”等场所，鼓励干部积极参与各种文化活动，提供展示舞台，丰富文化生活，使文化逐渐成为华宁国税凝聚力和创造力的重要源泉。通过国税文化的开展，华宁县国家税务局文明创建继续保持省、市级文明单位称号，办税服务厅被省、市妇联授予“巾帼文明岗”，被县妇联授予“三八红旗集体”。在纪念建党90周年活动中，2名干部的国画在全国税务系统书画摄影展活动中荣获优秀奖，华宁县国税局党总支被县委授予“先进基层党组织”；在全市国税系统第十一届业务能手竞赛活动中，2名选手荣获“全市国税系统业务能手”称号。

（豆思鸿）

易门县国家税务局

经济概况

2011年，易门县以科学发展观为主题，以加快转变经济发展方式为主线，以科技创新为动力，以保障和改善民生为根本，坚持实施“生态立县、工业富县、农业稳县、旅游兴县、开放活县”发展战略，大力提升“矿业、陶瓷建材、畜牧、食品加工、烤烟”五大支柱产业，着力培育现代服务业、生态休闲文化旅游业、特色果林业三个重点产业，调整经济结构，转变增长方式，努力提高发展质量。2011年，实现生产总值（GDP）38.5亿元，可比价增长12.3%，比“十五”末增1.7倍，年平均增长12.5%；其中：第一产业实现现价增加值7.3亿元，可比价增长6.4%，比“十五”末增1倍，年平均增长5%；第二产业实现现价增加值18.1亿元，可比价增长17.2%，比“十五”末增2.7倍，年平均增长17.6%；第三产业实现现价增加值13.1亿元，可比价增长9.3%，比“十五”末增1.4倍，年平均增长11.6%。人均GDP达2.18万元，同比增长18%，比“十五”末增长1.7倍。三次产业结构的比例由“十五”末的26:35:39调整为19:47:34，二次产业比重提高12个百分点，五年保持“二三一”大发展格局。

税收概况

【收入完成情况】 2011年，易门县国家税务局共计组织入库各项税收收入1.95亿元，比上年的1.67亿元增收2765万元，增幅为16.53%。其中：增值税入库1.49亿元，比上年的1.35亿元增收1437万元，增幅10.68%；消费税入库176万元，比上年的135万元增收41万元，增幅达30.37%；企业所得税入库3451万元，比上年的2134万元增收1317万元，增幅达61.72%；储蓄存款利息所得个人所得税入库11万元，比上年的25万元减收14万元，减幅为56%；车辆购置税入库964万元，比上年的980万元减收16万元，减幅1.63%。

【收入特点】 一是受国家一系列刺激经济调控措施的影响，税收收入与上年相比有所增长。二是五大税种呈现“三增二减”的态势，即增值税、消费税、企业所得税分别比上年增长10.68%、30.37%、61.72%；储蓄存款利息所得个人所得税和车辆购置税分别比上年下降56%和1.63%。三是增值税收入占税收收入总额的比重较高，所占比重达76.39%。

【税源分析】 2011年较大税源实现税收收入情况如下：从增值税分行业看，水泥、常用金属（粗铜）、其他、电力及水生产供应、有色金属矿产品、商业批发业、商业零售、黑色金属矿产品、食品加工、其他制造业、酒类分别比上年增长27.30%、14.74%、76.34%、30.74%、4.68%、6.08%、3.15%、54.17%、23.53%、2.07%、5.35%；生铁、陶瓷制品、非金属矿产品分别比上年下降35.92%、9.29%、11.54%。从经济类型来看，国有企业、集体企业、股份制企业、私营企业、个体企业、外商投资企业的税收分别比上年增长了28.05%、206.32%、3.87%、27.1%、1.79%、100%；而股份合作企业、其他企业的税收则呈现不同程度的下降，分别比上年下降了100%、72.18%。

【税务管理】 易门县国家税务局始终坚持“依法征税，应收尽收，坚决不收过头税，坚决防止和制止越权减免税”的组织收入原则，切实采取措施强化政策执行和税收征管。一是认真落实税收执法责任制，充分利用税收管理员辅助信息系统、税收执法考核子系统和监控分析系统提供的信息，不断加大对政策执行和税收执法行为的监督检查力度，特别是强化对税务违章处罚程序、一般纳税人认定管理、福利企业等环节和重点企业的监督检查力度，及时发现和纠正问题，进一步规范了税收执法行为。二是在深化税收管理员制度实施的基础上，易门县局党组坚持税收调研常态化，率领相关部门深入重点税源企业开展税源税负分析，正确判断组织收入形势，掌握了组织收入的主动权。建立县局与分局的纳税评估联动机制，坚持案头评估与实地查验相结合、综合评估与分税种评估相结合，提高了税源管理的针对性。抓源头、重跟踪，加强增值税、企业所得税、消费税等各税种管理。抓好数据分发系统、数据监控分析系统、税收管理员辅助信息系统、数据查疑系统的应用，信息管税进一步推进。三是以开展“为民服务创先争优”、“四亮四评”等活动为契机，结合纳税人服务需求，加大税收宣传工作力度，深入推进办税服务厅标准化建设，办税服务厅配套设施建设更加人性化，积极推广网络申报、网络认证、网络开票、重点税源网络直报等多元化办税服务方式，改进办税服务监督评价机制，有效提升了纳税服务质量和水平。

各项工作

【税收法制建设】 以加强税收执法监督为核心建立税收执法监督保障机制，切实加强税收法制基础建设，全面提高依法治税水平。一是优化办税流程，明确岗位职责，全面实行执法责任制，严格实施执法过错责任追究，提升依法行政能力。二是坚持公开办税，规范办税服务厅建设，进一步推广多元化申报缴税方式，推行办税服务质量社会评价体系。三是公平公正执法，认真落实税收优惠政策，定期征询纳税人和社会各界意见，进一步完善服务措施；认真开展行风评议活动，积极转变工作作风。

【税收征管】 一是加大税收征管力度。严格执行税收计划，全面落实税收管理员制度，狠抓岗位目标管理责任制。细化日常考核和落实奖罚措施，充分调动干部职工积极性和创造性，较好地实现了税收及时足额入库，为确保各项税收阶段性任务的完成奠定了坚实的基础。二是加大税收宣传力度。在认真总结往年税收宣传月活动成果的基础上，结合本辖区的实际情况，围绕“税收·发展·民生”的宣传主题，深入重点纳税大户和易漏、难管的业户中，开展面对面的税法宣传，提供零距离的纳税服务活动，从而更加融洽了征纳关系，增强了依法纳税的遵从度。三是积极落实各项税收优惠政策。从服务全县经济发展大局出发，认真落实社会福利企业、资源综合利用企业、小微企业各项税收优惠政策和结构性减税等系列政策。2011年共为7户福利企业和1户资源综合利用企业办理即征即退增值税1212.02万元，增值税征前减免销售额3.29亿元；全年免税务登记工本费1.83万元。做到了“应退尽退”和“应免尽免”，将各项税收优惠政策不折不扣落实到位，有力地支持了中小企业的发展。四是强化纳税评估。运用纳税人自查、约谈、评估等和谐方式解决问题，强化税收征管。认真落实税收分析、纳税评估、税源管理、税务稽查“四位一体”的良性互动机制，强化税源管理。建立县局与分局的纳税评估联动机制，坚持案头评估与实地查验相结合、综合评估与分税种评估相结合，提高了评估效果。2011年共对33户涉及建材、陶瓷、采矿、冶炼等行业的企业开展纳税评估，调增增值税应税收入2130.85万元，补缴税款170.05万元，加收滞纳金17.72万元，税款及滞纳金合计187.77万元，调增企业所得税应税所得额375.13万元。

【税收执法】 一是强化教育，提升执法水平。对全体干部职工进行全面系统的法制教育，尤其是对《税收征管法》、《行政复议法》、《行政处罚法》、《行政诉讼法》及《中华人民共和国行政强制法》等的法律知识的学习，不断增强干部职工的法制意识。认真落实责任追究制度，全面提高执法人员自身的法律素质和岗位技能，转变执法观念，以适应新时期依法治税工作的需要。二是加大考核，提高执法人员的积极性。把全体干部职工的执法水平与其个人的经济利益有效地结合起来，实现能者多劳多得，庸者少劳少得，加大对执法过错的责任追究。三是抓好税收执法监督检查。认真落实税收执法责任制，利用税收管理员辅助信息系统、税收执法考核子系统和监控分析系统提供的信息，不断加大对政策执行和税收执法行为的监督力度，特别是强化对福利企业、税务违章处罚程序和执行、一般纳税人认定管理等重点行业、关键环节的监督力度，及时发现和纠正问题，规范税收执法行为。

队伍建设

【机构人员情况】 截至12月31日，易门县局共有干部职工71人，其中：在职干部职工55人，占77.46%，离退休干部职工16人，占22.53%。在职干部职工中，党员34人，占61.82%；妇女干部15人，占27.27%；大专以上学历51人，占92.73%，其中：本科学历35人，占63.64%，大专学历16人，占29.09%。在职干部职工平均年龄44岁。易门县国家税务局共设有8个正股级内设机构，1个正股级事业单位和1个副科级派出机构。8个内设机构，即办公室、人事教育科、监察室、政策法规科、征收管理科、税政科、收入核算科和办税服务厅；1个事业单位，即信息中心；1个派出机构，即易门县国家税务局龙泉税务分局。易门县国家税务局另设有党总支、工会、女工委员会、关心下一代工作委员会。

【领导班子建设】 局领导班子是一个特别能吃苦、特别能战斗的坚强领导集体，班子成员工作热情高，相互尊重，相互配合，保证了全局政令畅通和各项工作的顺利开展。一是通过抓学习，提高了班子的决策能力。领导班子不论平时工作再忙，也始终坚持政治业务学习、党组中心组学习等学习制度，通过采取个人自学和集中学习相结合的办法，使大家在学习中跟上了形势，掌握了方法，提高了理论水平和决策能力。二是通过抓落实，发扬了严谨求实的作风。班子成员自觉执行党组决策，敢于负责，认真做好各自分管范围内的工作，尤其是对重点工作全力以赴。坚持辩证的思维方式，正确处理形式和内容的关系，防止重形式、轻内容的偏向；正确处理对上负责和对下负责的关系，坚持“不唯书，不唯上，只唯实”，扎扎实实地抓好各项工作的落实。三是通过抓民主，维护了班子的团结统一。班子成员间做到经常性的工作交流、沟通感情，相互之间建立起比较深厚的合作感情。工作上，自觉维护班子的团结，模范执行民主集中制，正确处理分工负责与团结协作的关系，形成了以事业为重，以全局的工作目标为重，以集体的意志为重的氛围，切实做到了分工不分家。工作出现交叉时，大家能以大局为重，主动互通信息，互相配合、互相支持。对重大事项的决策，坚持深入调研、集体讨论原则，充分发挥班子的集体智慧，提高了决策的针对性、科学性。

【廉政建设】 一是改进方法，增强教育的说服力。切实加强组织领导，着力构建反腐倡廉“大宣教”格局。不断创新廉政文化教育载体，提升内涵，多出精品，增强廉政文化的渗透力，全面营造“以廉为荣、两袖清风”的环境氛围。二是完善规章，增强制度的约束力。进一步梳理和拓展源头预防的领域，完善对重点环节、重点岗位的监督制约办法，以“税收执法监察信息管理系统”为平台，建立税收执法风险内部监控机制，实现廉政风险预警、内部测试、考核监督。三是整合资源，增强监督的制衡力。按照党风廉政建设责任制要求，着力推进党组统一领导，党政齐抓共管，纪检监察部门组织协调，“一把手”负总责、领导干部实行“一岗两责”的反腐败工作机制的落实。强化部门负责人的“一岗两责”意识，切实担负起职责，对苗头性、倾向性问题敢抓敢管、敢于坚持原则。完善税民联系制度、特邀监察员制度、与纳税人签订《廉政公约》制度，建立全方位监督机制。四是严肃法纪，增强惩治的威慑力。加强机关效能建设，以切实纠正损害纳税人利益和群众反映强烈的问题为着力点，以关注民生为重点，加大综合治理的力度，对歪风邪气坚决遏制，形成高压，重拳出击。

【精神文明建设】 坚持以文明创建为载体，把推动各项工作、不断树立团队精神和强化集体荣誉感作为创建工作的出发点，转变创建观念，整理工作思路，制定创建目标，以争创各级“文明单位”、“巾帼文明岗”等活动为载体，加强与宣传部、组织部、机关党委、工、青、妇等部门的日常联系，大力开展“创先争优”活动，形成学习优秀人物、争当优秀职工、营造文明创建的良好氛围，增强国税干部职工的集体荣誉感和归属感，实现文明创建活动的新飞跃。抓好基层软硬件建设，构建和谐国税。开展与茶树村委会党总支结对共建活动，为茶树村委会捐款、捐桌椅、捐电脑等，改善乡村文化设施。确定1名干部与联系点长期驻点帮扶，做到集中资助、按时资助与定点资助相结合，因地制宜，不断调整帮扶思路和方式，拓宽帮扶路子，尽心尽力帮助联系点搞好基础设施建设，真正做到帮在关键处，扶在点子上。积极响应易门县委、县政府号召的“百名领导干部下基层 千名党员干部进万家”主题实践活动，每名干部与1户贫困户结对帮扶，捐款4750元为困难群众购买化肥等农业生产资料，解决了几十户贫困户的燃眉之急。2011年，全局有2名党员干部荣获“全县优秀党务工作者”和“优秀共产党员”称号，有1名干部荣获云南省国税系统“精神文明建设先进个人”称号，有6名干部荣获全市国税系统“精神文明建设先进工作者”称号。

【教育培训】 高度重视人才培养和干部队伍建设，以“人才兴税、科技强税”为目标，紧紧围绕税收中心任务，抓住教育培训这个关键环节，坚持循序渐进、普及和分类相结合、因需施教和因岗施教相结合，有序推进干部基本技能培训、职业道德和管理能力培训、全员综合素质提升培训工作。修订、完善政治业务学习制度、中心组学习制度、干部培训制度等，形成教育培训工作整体构架，逐步建立教育培训长效机制，实现了人才素质提升与国税事业科学发展的良性互动。一是突出新知识、新信息、新理论的及时培训。二是结合岗位职责、专业要求安排专业培训。三是依托信息平台，开展自助式网上在线学习。四是围绕一个业务主题，以案例教学为主线，增进互动交流，实施讲授、研讨、模拟、体验于一体的“套餐式”教学方法，强化培训效果。在实际工作中，以研究解决当前工作中存在的各类执法风险为牵引，扎实开展好“骨干讲”、“能手讲”、“大家谈”、“经验交流”等在岗培训活动。

（普鹏飞）

峨山彝族自治县国家税务局

经济概况

2011 年，全县完成生产总值（GDP）37.92 亿元。按 2010 年可比价计算比上年增长 10.5%，增幅比去年上升 2.1 个百分点。其中，第一产业增加值 6.2 亿元，比上年增长 7.3%；第二产业增加值 17.96 亿元，比上年增长 13.7%；第三产业增加值 13.76 亿元，比上年增长 7.7%；三次产业的结构比例由上年的 15.6∶47.6∶36.8 调整为 16.3∶47.4∶36.3，分别拉动 GDP 增长 1.2、6.5 和 2.8 个百分点，对 GDP 增长的贡献率分别为 10.9%、62.2% 和 26.9%。人均生产总值（按常住人口计算）2.32 万元，比上年增加 2821 元，按可比价计算增长 10%。

税收概况

【收入完成情况】 2011 年，峨山彝族自治县国家税务局共组织各项税收收入 2.55 亿元，比 2010 年 2.77 亿元减收 2200 万元，减 7.94%，完成市局下达奋斗目标 2.95 亿的 86.44%。实现中央收入 1.91 亿元，比 2010 年 2.1 亿元减收 1900 万元，减少 9.04%，完成年度计划 2.2 亿元的 86.81%；地方级收入 6380 万元，比 2010 年减 344 万元，减 5.11%，完成县委、县政府调整后的考核任务 6271 万元的 101.73%。“两税”合计完成 2.18 亿元，同比减收 3857 万元，减收 15.01%，完成计划 2.7 亿元的 80.71%；其中：增值税 1.97 亿元，同比减收 4033 万元，减 16.98%，完成年度计划 2.5 亿元的 78.85%；消费税 2119 万元，同比增收 175 万元，增长 9%，完成年度计划 2050 万元的 103.37%；企业所得税 3620 万元，同比增收 1662 万元，增长 84.88%，完成年度计划 2200 万元的 164.55%；车辆购置税 71 万元，比上年同期增收 6 万元，增 9.23%；储蓄存款利息所得个人所得税 11 万元，同比减收 10 万元，下降 47.62%；全年办理符合政策规定的 5 户民政福利企业增值税退税 1523 万元。

【收入特点】 一是税收收入持续下滑。2011 年，峨山国税共组织税收收入 2.55 亿元，同比减收 2200 万元，减 7.93%。二是所征收的五个税种“三增二减”，即消费税、企业所得税、车辆购置税增加，增值税、储蓄存款利息所得个人所得税减少。增值税 12 个品目“六增六减”，其中：商业、化工、粮食白酒、电力、煤炭、其他六个品目实现增收，共增收 894 万元；矿产品、生铁、冶炼及压延加工、炼焦、建材、白糖出现减收，共减收 4927 万元。三是矿产品增值税同比减收 2119 万元，下降 17.53%，虽然降幅较大，仍然是峨山国税税收入的重要支柱。四是企业所得税同比增收 1662 万元，增长 84.88%，主要原因是：商业、工业部分企业金融、保险业利润增加，国家税收减免政策到期，年度汇算清缴退税减少因素形成增收。

【税源分析】 （一）税收增收因素：一是增值税增长因素：烟草公司本期入库税款 1244 万元，同比增收 79 万元，增长 6.78%；部分矿石生铁经营企业入库税款增加，其中云源投资公司增收 226 万元，汇安工贸增收 102 万元，天恒商贸增收 107 万元；物价上涨带动社会消费品零售总额增长，税款增收，如：中石化峨山加油站同比增收 95 万元，滇中药业同比增收 27 万元；粮食白酒增值税入库 801 万元，同比增收 91 万元，增长 12.82%。化工产品增值税入库 671 万元，同比增收 152 万元，增长 29.29%；煤炭增值税入库 1922 万元，同比增收 76 万元，增长 4.1%；电力增值税入库 1049 万元，同比增收 78 万元，增长 8.03%。供电公司全年入库税款 941 万元，同比增加 105 万元，增长 12.56%。二是消费税入库 2119 万元，同比增收 175 万元，增长 9%。玉林泉酒业全年共生产白酒 5660 吨，同比增加 575 吨，增长 11.31%；共销售白酒 5821 吨，同比增加 501 吨，增长 9.42%，实现销售收入 7768 万元，同比增收 780 万元，增长 11.16%。三是企业所得税入库 3620 万元，同比增收 1662 万元，增长 84.88%。分行业看，商业是企业所得税的主要增长点，共计入库 1932 万元，同比增收 476 万元，增长 32.69%；其次是工业，共计入库 694 万元，同比增收 597 万元，增长 6.15 倍。金融保险业（信用社）入库 657 万元，同比增收 475 万元。其他行业入库 331 万元，同比增收 175 万元。四是车辆购置税入库 71 万元，同比增收 6 万元，增长 9.23%。全年征收 1426 辆。税款增加主要是全年征收了 20 辆汽车车购税，征收税款 18 万元，因此入库税款同比增加 6 万元。（二）税收减收因素：一是冶炼及压延加工增值税入库 93 万元，同比减收 939 万元，主要是原材料价格不断上涨，订单量减少，进项税额增加，收入减少，有 6 个月无税款入库。二是生铁增值税入库 1152 万元，同比减收 1036 万元，下降 47.35%。税款减收主要是受国家节能减排政策影响和受欧债危机影响，从 7 月份以来生铁价格持续下跌，产品滞销；11 月炼铁企业相继恢复生产，但生铁价格回升幅度小，生产 1 吨生铁仍亏损 200～300 元，11 月份仅销售生铁 2.5 万吨。减去福利企业退税后，11 月、12 月生铁行业净入库都是负数。三是炼焦增值税入库税款 226 万元，同比减收 698 万元，下降 75.54%，原因是：原煤采购量虽然大幅增加，由于原煤价格不断上涨，因此进项税额较大，全年只有两个月有税款入库，目前还有留抵进项税 287 万元。四是矿产品增值税累计入库 9968 万元，同比减收 2119 万元，下降17.53%，减收因素：虽然国内铁矿石价格不断上涨，但受产量、销量减少，导致除1、2、7、8月税收略有回升外，3~6月、9~12月税收均大幅下跌。五是储蓄存款利息所得个人所得税入库11万元，同比减收10万元，减少47.62%。主要是政策调整影响结付利息额同比大幅减少。

【税务管理】 县局管辖全县5镇3乡税收征管，2011年征管户数为4293户，比上年3783户增加510户，其中企业338户，比上年323户增加15户，个体工商户3955户，比上年3460户增加495户。一般纳税人146户，比上年133户增加13户；小规模纳税企业192户；企业所得税管户121户；个体起征点以上358户，比上年94户增加264户，占“双定户”比例的9.6%；个体起征点以下3369户。

各项工作

【税收法制建设】 一是认真开展税收执法风险调查，合理有效地规避行政执法风险。二是积极落实阳光政府“四项制度”，全年在政务信息查询网站上进行公示、通报信息4263条，其中：个体工商户定额核定信息4212条、纳税人最高开票限额行政许可事项信息9条；企业核定所得税征收方式公示33条，收入情况通报3条，重大税收优惠政策落实情况通报2条，政务信息查询3条，“96128”接转税收政策答复1条。三是做好案件评查，全年共评查案件201户（次），其中行政许可10户（次），日常税收征管一般行政处罚案件191件，通过全市评查，达优秀等级。四是按照《云南省国税系统“税收执法考核子系统”执法过错责任追究办法》规定，追究执法责任人1人，经济惩罚2450元。五是严格按照《中华人民共和国税收征收管理法》、《中华人民共和国行政处罚法》及其他法律法规对125起逾期税务登记、逾期纳税申报、发票违章等违法违章案件进行查处，结案114起，被认定非正常户处于待处理状态11起。六是落实行政许可法，全年受理9起税务行政许可事项，办结9起。七是严格执行行政审批和行政复议制度。八是认真开展税收执法督察，全年对企业注销清算、增值税一般纳税人资格认定、税收政策减免执行情况、重点行业管理、发票管理等五大项4143户（次）涉税执法业务进行自查，延伸企业抽查5户。九是开展执法系统疑点数据核查。全年配合省、市局开展疑点数据核查5户，并对过错行为进行通报、纠正。十是结合“六五”普法抓好法制建设，全年共组织学习培训税收法律知识4期，参训人员达310人（次）。

【税收征管】 一是做好税源调查、点面结合、分片包干方式的日常管理和纳税申报管理，全年受理纳税申报14966笔，其中：受理增值税申报12799笔、消费税申报129笔、企业所得税申报541笔、个人所得税48笔、车辆购置税申报1449笔；对“双定户”实施定额调整，纳税户从2010年的94户增加为358户，增加264户，占“双定户”比例的9.6%；继续对年缴“两税”1万元以上的重点税源实行专人监控；二是加强数据分析，夯实征管质量，对上级预警提示的600条信息进行对比、核查、补正、整改；三是做好纳税评估，全年共对45户增值税纳税人进行纳税评估，有问题26户，评估应补增值税及滞纳金106.7万元，比上年242.5万元减135.8万元，减少56%，其中实际入库增值税74.7万元，抵扣期末留抵税额33万元，加收滞纳金8.5万元，调减待弥补亏损378.7万元，补缴所得税93.6万元，弥补以前年度亏损2.7万元；四是每月15号定期召开税收分析会议，对当月收入进行分析、预测，为地方党委政府的经济决策提供准确数据依据；五是严格增值税一般纳税人资格认定，共认定了21户新办企业为增值税一般纳税人；六是抓好企业所得税介质申报管理，全年应申报户数128户，其中：查账征收92户、定率征收36户，应税收入2.4亿元，应纳税额2100万元，其中减免税额75万元，实际应入库2048万元。2010年度减免所得税企业7户，减免所得税额1937万元；七是强化清理欠税工作，2011年共清理陈欠53.8万元，塔甸煤矿已从欠税名单中消除，并实现连续八年无新增欠税的工作目标；八是加强发票管理，及时解决纳税人发票使用中存在的问题。全县共有861户纳税人进行普通发票换版，机打发票213户、手工发票648户。全县共代开专票466份，金额1638万元，征收增值税49万元。普通发票504份，比上年1968份减少1464份，代开金额432万元，比上年1632万元减少1200万元，征收税款6.5万元，比上年43万元减少36.5万元；九是继续保持与地税局、工商局、医保中心的信息交换机制，加强信息沟通。

【税收执法】 一是做好税法宣传，在全国第20个税收宣传月活动中，借助广播电视覆盖面广、收视率高的优势，在峨山电视台新闻栏目播放税收公益广告《中国税收》以及宣传口号，在少儿栏目播放《税法FLASH动漫大赛》部分获奖作品，收视观众达5万余人。利用“企信通”短信平台，向税务干部及一般纳税人发送短语、温馨提示、关爱祝福等短信1047条；二是认真组织和参与打击发票违法犯罪活动，对普通发票进行严格控管，对30户未按规定保管和使用发票的纳税人严格按照发票管理规定进行处罚，共处罚款4150元。每月26日定期与公安部门进行信息交换，联合开展宣传查处活动。

【信息化建设】 一是按照阳光政府“四项制度”网上发布系统要求，做好信息发布；二是坚持不懈地抓好金税工程建设，全年认证增值税专用发票19703份，金额34.36亿元，税额5.73亿元，未出现重复认证等差错；三是做好税收征管软件、税务网络杀毒软件升级和日常维护，保障了金税工程安全运行；四是为纳税人提供网络申报、介质申报、实时扣税等网络服务平台。

队伍建设

【机构设置、人员配置】 县局内设机构8个，即办公室、人事教育科、监察室、税政科、征收管理科、政策法规科、收入核算科、办税服务厅。1个事业单位，即信息中心；1个派出机构，即双江税务分局。2011年有在职干部职工70人，男职工52人，女职工18人，男、女干部比率为：74.3%、25.7%。在职干部中有少数民族38人，占在职干部职工的54.28%。文化结构：本科39人，大专22人，大专以上文化程度占职工总数的87.14%。主任科员18人，副主任科员27人，科员22人，试用干部1人，工人2人。在职人员中50岁以上人员15人，40~49岁人员37人。30~39岁人员12人，30岁以下5人，平均年龄44.91岁。离退休干部17人。

【领导班子建设】 一是领导班子以“服务基层年”为工作主题，以科学发展观为统领，把创先争优与税收工作有机结合；二是领导班子以“应收尽收”为最高目标，克服欧债危机导致县域经济发展受挫的困难，团结协作，相互配合，全身心投入到干部队伍建设，优化服务管理，重点税源调查、完善纳税评估，营造国税文化建设氛围等管理工作；三是认真贯彻落实民主集中制原则，作风优良，廉洁勤政，党风廉政建设成效突出，模范遵守党风廉政建设各项规定。

【廉政建设】 一是制定了《峨山县国家税务局2011年党风廉政建设和纪检监察工作意见》，加强廉政考核，奖惩分明；二是定期开展党员先进性教育、科学发展观教育、创先争优活动，夯实党风廉政基础；三是注重行风建设，构筑反腐倡廉防线。全年共与21户新开业纳税人签订《廉政公约》，对60户纳税人进行回访、与10户纳税人开展《廉政公约》执行情况座谈、定期走访特邀监察员和召开特邀监察员信息反馈会议、公开监督电话、通过政府信息公开平台、坚持政务、财务公开接受干部群众对干部选拔、人事任免和大宗物品采购实行监督，开展丰富多彩文体活动，促进廉政文化建设；四是继续执行工作纪律保证金制度，对干部职工工作纪律、文明服务、着装上岗、执行各项规章制度情况进行不定期明察暗访，对违反纪律者在县局政务网进行批评教育并给予经济惩罚；五是严格按照中央厉行节约规定，保证“四项经费”支出零增长。

【精神文明建设】 一是以科学发展观为指导，继续在全体干部中开展科学发展观、创先争优教育，使干部职工政治上更加成熟，工作纪律、工作作风更加牢固；二是继续组织干部职工积极参加摄影、书法、篮球、羽毛球、乒乓球和春节文体联谊活动；三是广大干部职工积极为抗旱救灾捐款达1.6万元；四是精神文明建设成绩突出。2011年共荣获“全民健身活动先进单位”、“先进党组织”、“玉溪市国税系统第十一届业务能手竞赛团体进步奖”等集体荣誉。李媛、毕亚宏、曾晓莺分别在“三读活动”、“演讲比赛”、“建党90周年征文”中获奖。普学文摄影作品《天堑变通途》等作品在玉溪市“辉煌十一五”摄影展览中获奖。谢兰仙荣获中共峨山县委“全县优秀共产党员”称号。

【教育培训】 一是保持由局机关各部门轮流牵头主持的每周二政治、业务学习日，提高干部职工综合素质。二是抓好内外部业务培训，组织举办网络技术、所得税汇算清缴、预防渎职侵权职务犯罪等教育培训，参培人员达598人（次）；参加省、市局业务培训14次，参培人员达86人（次）。三是注重干部文化素质的提高，截至12月31日，全局大专以上学历61人（本科39人，专科22人），占在职干部职工总数的87.14%，本科学历比上年同期增加9人，专科与上年同期减少8人，在读研究生2人。文化素养的提高，不断提升了干部政治素养、文化素质、业务技能和履职能力。

（王艾忠）

新平彝族傣族自治县国家税务局

经济概况

2011年，新平彝族傣族自治县实现生产总值（GDP）71.99亿元，按可比价格计算，比上年增长13.5%，其中：第一产业增加值8.83亿元，比上年增长7.1%，拉动GDP增长1.0个百分点，对GDP增长的贡献率为7.2%；第二产业增加值47.07亿元，比上年增长18.9%，拉动GDP增长11.1个百分点，对GDP增长的贡献率为82.6%；第三产业增加值16.09亿元，比上年增长5.0%，拉动GDP增长1.4个百分点，对GDP增长的贡献率为10.2%。三次产业的结构比例为12.3∶65.4∶22.3，经济结构呈“二三一”格局。全县实现工农业总产值159.27亿元，按现价计算比上年增长32.6%，其中：工业总产值142.02亿元，比上年增长34.1%；农业总产值17.25亿元，比上年增长21.3%。实现财政总收入17.99亿元，比上年增长36.3%，其中：地方财政收入7.51万元，比上年增长29.1%，地方财政支出18.61亿元，比上年增长27.5%。

税收概况

【收入完成情况】 2011年，新平彝族傣族自治县国家税务局共计组织税收收入10.38亿元，比上年7.04亿元增收3.34亿元，增长47.44%，超额完成市局下达的确保目标任务数7.82亿元和奋斗目标任务数7.98亿元，完成地方一般性预算收入2.38亿元，与上年相比增收7341.75万元，增长44.56%。分税种完成情况：增值税入库8.17亿元，同比增收2.21亿元，增长37.08%；消费税入库73.21万元，同比增收23.92万元，增长48.53%；企业所得税入库2.12亿元，同比增收1.14亿元，增长116.33%；储蓄存款利息所得个人所得税入库9.37万元，同比减收10.48万元，减少52.80%；车辆购置税入库856.48万元，同比增收3.2万元，增长0.38%。

【收入特点】 一是税收总量创下历史最好水平，首次突破10亿元大关。继9月份税收收入总量突破8亿元后，10月份又突破9亿元，12月份再次突破10亿元大关，连续12个月税收增长幅度保持两位数，最高月份增幅达105.92%，税收收入总量、增量双创历史新高。

二是增值税、企业所得税增收量最大，幅度最高。增值税税收首次突破8亿元，达8.17亿元，比上年同期5.96亿元增收2.21亿元，增长37.08%；企业所得税首次突破2亿元，达2.12亿元，比上年同期9816.11万元增收1.14亿元，增长116.33%。三是矿采选产业发挥龙头作用带动税收全盘快速增长。全年矿采选产业共入库“两税”收入8.64亿元，其中：增值税6.95亿元，企业所得税1.69亿元，占完成全部税收收入10.38亿元的83.24%，同比增长44.84%。四是重点税源企业税收贡献突出。16户重点税源企业共计入库“两税”9.52亿元，占全年完成税收收入的91.71%，同比增收3.16亿元，增长49.68%。其中：增值税7.56亿元，企业所得税1.96亿元。五是第三产业税收收入首次突破亿元，共计完成1.17亿元，同比增长64.57%，第三产业税收占全年入库税收收入的11.27%。

【税源分析】 国内增值税较大幅度增长，增收贡献率高达65.91%。其中有色金属和黑色金属两个重点行业继续保持较快增长，增额均在7000万元以上。增值税增收主要原因：一是国际市场金属价格持续上涨，使矿产品保持产销两旺，促使税收大幅增长，玉溪大红山矿业有限公司和玉溪矿业有限公司分别增收9560.08万元和8189.35万元；二是消费品市场的持续活跃，批发和零售业增值税入库6613.92万元，比上年同期4813.72万元增收1800.20万元，同比增长37.39%。消费税同比增收原因主要是新平县国税局加大对酒精生产企业的纳税评估，督促企业及时反映收入。企业所得税大幅增长，增收贡献率达34.04%，主要增收原因：一是受国际矿石价格上涨和国内各项刺激经济政策效应的影响，矿采选业企业利润大幅上升；二是加强企业所得税预缴管理，不断加大政策宣传和纳税辅导力度，督促企业及时预缴税款，企业所得税预缴率达90.03%；三是部分企业享受减免税优惠政策到期，形成新增税源。云南玉溪仙福轧钢有限公司和新平天源矿业开发有限公司减免税到期恢复征税，2011年新增企业所得税3232万元；四是强化纳税评估。充分运用增值税相关指标发现企业所得税方面存在的问题，加强企业所得税纳税评估的深度，不断提高纳税人的税法遵从度，做到应收尽收。储蓄存款利息所得个人所得税高幅回落，同比下降52.80%。主要是因政策性调整导致储蓄存款利息所得个人所得税税基减少。车辆购置税略有增长主要原因：2011年车辆购置税税率全部恢复到10%。

各项工作

【税收征管】 （一）抓好增值税一般纳税人管理工作。强化新的增值税一般纳税人认定管理办法宣传辅导工作力度，根据实际工作中存在的管理难点，成立调研工作组对全县小规模纳税人收入超标认定为一般纳税人后续管理情况进行了专题调研，提出了加强管理的意见和建议上报市国税局。做好一般纳税人申请认定、网络认证、网络申报的宣传辅导和服务等后续工作，全年完成增值税一般纳税人认定33户，网络认证企业7户，网络申报企业22户。（二）加大对税收执法行为的监控管理，确保实现了“零过错”目标。充分运用税收执法管理信息系统的监控和预警功能，每天对综合征管软件进行查询，对存在的问题及时查找原因和处理，规范税收执法行为，减少执法过程中的随意性，促进税收执法水平不断提高。全年共发生46581笔业务（其中：待批文书14172笔），有效监控21项过错指标，受理无过错申辩调整申请27份27人（次）41条记录，通过申辩调整后，2011年没有发生执法过错行为，实现“零过错”目标。（三）加强所得税管理。积极开展内部培训和外部辅导工作，及时解答汇算清缴过程中管理分局收集反馈和企业提出的各种问题，加强企业所得税申报数据和所得税汇算申报资料的审核，发现问题，及时督促企业进行重新申报或补充申报，提高了企业所得税申报质量，确保了2010年度企业所得税汇算清缴工作的按时完成，并得到市局的通报表扬，圆满完成所得税汇算清缴，实际汇算173户，补缴税款1045万元。（四）加强发票管理。利用普通发票换版时机，大力推广使用机打普通发票，将起征点以上纳税户和相应行业纳入普通发票填开系统管理，推行计算机填开发票。严把普通发票查验关，全年共计查验普通发票566户656本，发票超定额补税28.87万元，加收滞纳金8369.34元；全年协助市稽查局检查货物运输发票比对12户，补缴税款滞纳金44.41万元。加大严厉打击整治发票违法犯罪的力度，维护全县财税和社会经济秩序。

【纳税评估】 牢固树立“向加强纳税评估要收入”的工作思路，坚持“任务统筹、职责归一、力量整合、资源共享”的综合评估机制，将强化税源管理、组织税收收入、提高纳税人税法遵从度有机结合起来，积极主动地开展好纳税评估工作。全年共对44户企业开展了纳税评估，评估面占查账征收企业352户的12.5%，经评估有问题户数15户，全年评估入库税额1649.08万元，比上年增加412.02万元。纳税评估工作取得了锻炼队伍、积累经验、探索方法、堵漏增收、和谐征纳的成效。主要做法：一是坚持质量优先原则。在评估户数上追求质量优先，不盲目追求评估数量，力求实现“评估一个企业，规范一个行业”的目的。如在对加油站进行评估的过程中，通过关联企业间的横向纵向评估，延伸评估广度和深度，规范整个行业共同存在的问题。二是增强信息化评估能力。充分利用综合征管软件和数据监控系统提取相关数据，全面掌握企业经营变化情况，为纳税评估提供参考；运用数据分发系统，对辖区内的零负申报、纳税异常户进行动态监控，找出评估疑点，提高选户准确性，进而有的放矢地开展评估。三是强化内外信息运用，延伸评估效果。向财政部门、医保中心、保险公司等第三方提取数据开展评估，核实企业少列、不列收入以及账外经营的问题；向企业内部管理部门取数，通过企业生产部门、销售部门记录的真实产出量、销售量与财务账面核算的产出量、销售量进行比对，分析纳税人少反映、延迟反映收入的问题。四是注重政策宣传和业务辅导。在评估过程中认真贯彻落实“在服务中评估、在评估中服务”的理念，有针对性地为企业提供纳税辅导、税收政策宣传等服务，着力帮助纳税人解决涉税疑难问题，提出评估建议，规避纳税风险，充分发挥以评促管的作用。

【税收宣传】 组织开展好税收宣传月活动和“六五”

普法工作。紧紧围绕“税收·发展·民生”的宣传主题，联合地税局共同策划和开展宣传月活动，整合宣传力量，开展了形式新颖的系列税收宣传月活动。一是在县城繁华路段造势宣传。在县城主要街道、各大超市门口和民族广场、车站等热闹场所悬挂大幅税收宣传标语口号，营造税收宣传月活动声势；二是发挥好办税服务厅宣传主阵地作用；三是利用县广播电视台广泛宣传，在县电视台黄金时间播放政府领导电视讲话、税收宣传标语口号、税收宣传动漫片、“我与税收”有奖征文活动启事、县委常委、常务副县长刀有忠在县电视台发表税收宣传月电视讲话，提高税收宣传的影响力；四是开展税收宣传有奖征文活动。征文要求围绕“我与税收”、“我身边的税收”撰写，整个税收宣传月期间，共收到征文217篇，税收征文活动的开展，调动了社会群体关注税收，参与税收宣传；五是利用广告灯箱开展宣传税收。国税局、地税局联合在县城繁华街道、人流密度大的街道制作了30余个以“税收·发展·民生”为主题的广告灯箱进行税收宣传，向社会公众展示了税收与经济发展、社会进步、民生改善的密切联系，增进了社会各界对税收工作的理解与支持，提高了税收宣传的渗透力；六是国地税联合开展“税企座谈会”助力税收宣传月活动。到新平县供电有限公司开展第20个全国税收宣传月“税企座谈会”活动，通过此举深入企业宣传税法，加强对企业的纳税辅导，帮助企业解决涉税疑难问题。同时，结合各级“六五”普法工作要求，研究制定了《新平县国家税务局关于开展法制宣传教育的第六个五年规划（2011～2015年）》，成立了“六五”普法工作领导小组，明确了“六五”普法工作重点。

【税收优惠】 认真贯彻执行企业所得税各项税收优惠政策，企业所得税汇算申报期内共审核落实企业所得税减免8586.88万元。审核免税收入2笔，免税金额199.06万元，减计收入1笔，减计金额146.46万元，加计扣除1笔，扣除金额2.77万元，减免所得额3笔，减免所得额966.14万元。完成2户生产企业出口货物退（免）税审核工作，共初审免抵退税额47.3万元，其中：免抵税额3.28万元，退税额44.02万元。贯彻落实好国家关于促进残疾人就业的税收优惠政策，强化民政福利企业的日常监管，加强政策宣传培训，严格民政福利企业退税审批制度和事后评估工作，全年共办理5户民政福利企业退税1267万元，较好地发挥税收服务民生的作用。

【纳税服务】 积极采取措施不断提升纳税服务水平。一是规范办税服务厅建设。按照总局统一部署，拿出专项资金对办税服务厅进行标准化建设，科学划分办税服务厅功能区域，规范窗口设置，在各个区域和窗口安装了有中英文标识的电子显示条屏，大厅内外标识清晰、规范，功能齐全；认真落实“一站式”服务，精简涉税资料，实行一次性资料报送、多部门共享使用的原则，提高了信息使用效率，进一步优化了办税流程，切实减轻纳税人的办税负担。二是纳税服务手段信息化。加强网上办税服务平台的推广使用，充分发挥信息化支撑的作用，大力推行网上申报、税库银横向联网、POS机刷卡缴税、网上认证，开通“企信通”平台，适时开展纳税提醒服务和税收政策宣传服务，不断推进纳税服务方式的信息化。三是政务推行公开化。充分利用政府信息公开网站、办税服务厅税收宣传台和电子显示屏，及时、全面、准确地公开各项税收法律法规，公开国税机关的行政职责、办事流程、监督方式等内容，主动接受纳税人和社会各界的广泛监督，保护纳税人的合法权益，做到宣传日常化，宣传内容丰富、形式多样。四是协税护税常态化。加强上下级税务机关的协作和部门之间的配合，加强与地税、工商、公安、财政、医保等部门之间的沟通与协作，做到信息共享；邀请人大、政协、乡镇党政领导担任特邀监察员，对国税机关和国税干部的执法行为进行监督；单位开展不定期随机暗访、纳税服务质量回访，定期开展纳税满意度调查，对纳税服务工作的实际效果进行跟踪问效。

队伍建设

【机构人员情况】 内设机构8个：办公室、人事教育科、监察室、税政科、政策法规科、征收管理科、办税服务厅、收入核算科；事业单位1个：信息中心；派出机构2个：第一税务分局、第二税务分局。全局在职干部职工75人，其中：公务员72人，工勤人员3人，少数民族干部32人，女干部20人；大专以上学历的占全局总人数的74.32%，离退休人员16人。

【教育培训】 鼓励年轻在职干部参加学历教育，2011年有2名干部考上了在职研究生学历教育；开展学习杨善洲活动和“四亮四评”活动，抓好十七届六中全会精神的贯彻落实，举办了年度企业所得税汇算清缴业务培训、税收执法管理系统疑点信息库培训、日常税务行政处罚辅助管理信息系统培训、法律法规知识培训消防安全知识及消防安全演练培训等8期培训；举办了年度全员综合业务考试，并对成绩优秀的干部给予表彰奖励。通过各类学习、培训和考试活动的开展，不断提高干部职工的业务操作水平，进一步增强了干部职工自我学习、自我提高的意识。

【廉政建设】 层层签订《党风廉政建设责任书》，进一步强化责任意识，认真履行“一岗双责”；加强“预防渎职侵权犯罪”教育，组织干部职工参观“全国检察机关惩治和预防渎职侵权犯罪展览”；成立项目组开展“内控机制建设”，严格权力运行的监督制约，进一步增强防范税收执法风险和廉政风险的能力；加大对减免税审批、退税审批和发票代开等关键环节的监督制约，加大查办案件工作力度，及时发现并处理干部出现的渎职、侵权等违法违纪行为。

【文明创建】 2011年分别被云南省国家税务局、玉溪市国家税务局命名为“三读”活动“先进单位”，被新平县委、县政府授予新农村建设指导员“先进派出单位”，被省局命名为2010年度全省国税系统第十六批“文明单位”。

（罗忠琮）

元江哈尼族彝族傣族自治县国家税务局

经济概况

元江哈尼族彝族傣族自治县2011年实现生产总值（GDP）36.04亿元，比上年增加5.03亿元，其中：第一产业增加值10.1亿元，比上年增加1.09亿元；第二产业增加值9.8亿元，比上年增加1.52亿元；第三产业增加值16.14亿元，比上年增加2.41亿元。按2010年可比价格计算，实现生产总值34.15亿元，增长10.1%，其中：第一产业增加值9.69亿元，增长7.6%；第二产业增加值9.08亿元，增长9.6%；第三产业增加值15.38亿元，增长12.3%。人均生产总值1.65万元，比上年增加2269元，按可比价增长9.9%。全县非公有制经济共完成增加值15.13亿元。按可比价增长6.7%，占GDP的比重为42%，比上年下降0.3个百分点。

税收概况

【收入完成情况】 2011年是“十二五”规划的开局之年，各项税收工作的圆满完成，对顺利实现“十二五”规划目标至关重要，元江县国家税务局结合实际，秉承“应收尽收”组织收入理念，扎实抓好各项税收工作，做到应收尽收，实现了连续十年无新增欠税。全年共组织入库税收收入1.27亿元，比上年1.25亿元增收132万元，增长1.05%，完成市局下达年度计划任务1.3亿元的97.48%，完成县政府下达年度计划任务1.35亿元的87.41%；其中：增值税入库1.03亿元，比上年1.07亿元减收334万元，下降3.13%，完成市局下达年度计划任务1.1亿元的94.06%，完成县政府下达年度计划任务1.24亿元的83.44%；消费税入库53万元，比上年65万元减收12万元，下降18.46%，完成市局下达年度计划任务40万元的132.50%；企业所得税入库1422万元，比上年941万元增收481万元，增长51.12%，完成市局下达年度计划任务1000万元的142.20%，完成县政府下达年度计划任务1063万元的133.77%；储蓄存款利息所得个人所得税入库7万元，比上年16万元减收9万元，下降56.25%，完成市局下达年度计划任务5万元的140%；车辆购置税入库839万元，比上年833万元增收6万元，增长0.72%，完成市局下达年度计划任务950万元的88.32%。共办理各项提退税金379万元，其中：民政福利企业增值税退税317万元，资源综合利用增值税退税38万元，企业所得税汇算清缴退税23万元，车辆购置税退税1万元。

【收入特点】 1～12月税收呈上升趋势，比上年1.25亿元增收132万元，增长1.05%。从税种来看，由国税征收的五个税种呈现“二增三降”的特点，“二增”，即企业所得税、车辆购置税分别比上年同期增长51.12%、0.72%；“三降”，即增值税、消费税、储蓄存款利息所得个人所得税比上年同期下降3.13%、18.46%、56.25%。从增值税重点行业看，电力、化工产品、其他黑色金属冶炼及压延加工、矿产品、建材、商业、其他行业增值税分别比上年同期增长36.49%、40%、39.67%、168.98%、115.04%、13.08%、68.66%；有色金属、糖增值税比上年同期下降50.19%、42.56%。从经济类型来看，国有经济、股份制经济、港澳台经济、个体经济税收分别比上年同期增长4.01%、23.61%、100%、3.82%；集体经济、私营经济、其他经济分别比上年同期下降9.16%、28.38%、64.66%。

【税务管理】 加强科学化、精细化管理，提升征管质量。元江哈尼族彝族傣族自治县国家税务局结合元江实际，因地制宜，在夯实征管基础、规范征管流程、改进征管手段等方面进行了积极探索：（一）加强税源税负分析。及时了解、掌握重点行业、重点企业情况，尤其是糖、电力、烟草、有色金属矿产品等行业的生产经营情况，并将企业生产经营情况与系统数据相结合进行税源税负分析，做到收入分析深，增减原因明，为总体决策及税收收入预测提供了科学依据。（二）加强户籍日常管理。严格做好开业、变更、停复业、注销、外出经营报验登记管理工作，加强非正常户的认定和管理。日常工作中严把停歇业、注销户审批、核查关，按照纳税人申请、税收管理员签字、分管领导签字、县局审批等程序逐级把关，在停歇业期间，不定期进行抽查，对虚假报批停业者，一经发现，除责令补缴当月税款外，按规定加处罚款。（三）做好税源日常管理工作。强化征期催报催缴工作，利用县局内网对各类预警指标进行温馨提示，在征期适时进行电话提醒服务；在征期间对未申报、未入库的纳税人，采用电话通知和“企信通”发布信息等方式进行催办，使申报率、入库率明显提升。（四）加强流转税管理。按照“以票控税、网络比对、税源监控、综合管理”的要求，加强增值税管理，对进入防伪税控的增值税一般纳税人，严格按《增值税一般纳税人资格认定管理办法》做好增值税一般纳税人的认定、管理工作。2011年度新认定31户、取消9户，全县增值税一般纳税人户数达到了127户。（五）规范日常票证管理。一是从发票领购到使用实行层层把关，加强了票证使用监督。普通发票管理信息系统上线后，元江县国税局加强并规范了发票存根联的保管，县局增设存根联保管库房，严格按照票证保管、使用、缴销制度进行保管和缴销。二是加强票证库房安全建设，节假日期间开展票证库房的安全检查工作，并对票证库房进行整固，确保了库房票证安全万无一失。三是结合打击发票犯罪和税收宣传月活动，积极与地税、公安经侦大队一起联合行动，有效地开展了打击发票犯罪活动。（六）认真做好国税、工商、地税、质检信息交换工作。召开信息交换联席会议，对信息交换工作中存在的问题进行认真的研究和部署，查找出现差异的户数，存在差异的原因，分析问题根源，为落实户籍管理制度，确保登记信息的连续性和完整性打下坚实基础。

各项工作

【纳税评估】 进一步加强行业税收专业化管理。一是对占入库税收总额90%以上的蔗糖、矿、电、烟、新兴产业生产经营动态和纳税申报情况进行跟踪管理监督，严格按照各行业测算指标以及日常管理动态信息，分户收集税收数据，为纳税评估提供选户信息。二是进一步加强医药、机动车、家电等行业税收管理。根据纳税评估中所反映出的问题，进行行业分析，实施动态管理，对超过一般纳税人认定标准的，严格按程序进行一般纳税人认定审批，对于账务不健全，又无建账能力的，采取核定征收方式。2011 年对机动车销售、药品经销、家电下乡产品等行业进行了专项评估，共评估补缴入库增值税 38.42 万元，企业所得税 3.85 万元，滞纳金 3.64 万元，调增应纳税所得额 43.35 万元。

【增值税起征点调整后个体税收管理】 强化增值税起征点调整后个体税收管理，加强与地税、工商、质检、医保、工信局、政府采购中心等第三方部门工作协调，及时沟通交换相关涉税信息，准确确定核定参数及指标，提高定额核定的科学性；加大对个体管户巡查力度，加强发票验旧和检查工作，对起征点以下管户、非正常户和农产品、矿产品贩运等零散税源实行动态跟踪管理，充分挖掘税收潜力，促进我县征管质量和效率的全面提高。

【执法监督】 （一）强化内部管理。完善和落实各项内部管理制度，制定落实相关工作规则，进一步规范机关办文、办会、办事运作程序，修改完善综合考评办法，强化督查督办机制，加强安全保密检查，提高机关内部行政效能。做好后勤保障，强化经费财务管理、基建管理和固定资产管理，积极建设节约型机关。（二）贯彻落实好《中华人民共和国行政强制法》。一是加强《中华人民共和国行政强制法》的宣传教育活动。11 月 15 日，邀请元江县法制办《中华人民共和国行政强制法》宣讲小组为全局干部职工进行了《中华人民共和国行政强制法》学习培训，11 月 17 日，组织参加省局举办的《中华人民共和国行政强制法》视频培训会议，并组织全局人员参加《中华人民共和国行政强制法》统一考试，增强了全局干部职工，特别是执法岗位干部对《中华人民共和国行政强制法》的熟悉掌握。二是做好《中华人民共和国行政强制法》与《征管法》及其《实施细则》相关规定的衔接，把《中华人民共和国行政强制法》作为税务干部执法的行为规范，正确运用行政强制法赋予的行政强制执行权，切实保护纳税人的合法权益，减少行政强制行为伤害，真正做到立法为公，执法为民。（三）密切部门协作配合。主动加强与工商、财政、地税等部门的协调配合，拓宽涉税信息来源渠道，密切与公安、司法等部门的联系，增强防范打击涉税违法犯罪行为合力。

【征管质量考核】 加强征管质量考核，以依法征税、应收尽收为原则，预防与惩戒相结合，对税收执法行为、政务管理行为等进行事前、事中、事后全方位监督，取得了显著成效。通过做好数据监控工作、开展形式多样的税收执法培训、认真做好对税收执法管理信息系统的无过错调整申请、优化调整税源管理部门人员、对因人为因素发生错误的过错人进行严格考核等措施，2011 年度实现了税收执法管理信息系统、市局质量考核系统考核“零扣分”的好成绩。

【纳税服务】 （一）搭建和谐纳税环境。连续第四年在办税服务大厅推行“纳税服务明星”评选活动，把评判权交给纳税人，由纳税人对办税大厅工作人员的服务态度、工作绩效等情况做出综合评价。2011 年度，纳税人共投出 11874 张评价票，对国税工作满意率达 99.09%，评出纳税服务明星 12 人（次），促进了“窗口”部门工作人员服务意识、责任意识和工作水平的提升。（二）增强税法宣传培训力度。结合元江实际积极完善税收宣传长效机制，将最新最近出台的新政策、新规定，通过网站、公告、新闻媒体等开展内外宣传、辅导和培训，利用少数民族传统节日与地方税务局联合开展税法宣传等活动，提高纳税人遵从度。（三）优化纳税服务工作。以办税服务大厅税法为阵地，依托电子信息服务、互联网络优势，内外结合加强纳税服务工作。一是牢固树立服务理念，增强干部纳税服务意识。二是利用大厅公告栏等便民宣传设施，及时广泛地公布重大税收事项和税收工作情况。三是利用“企信通”平台，发布政策宣传、催报催缴等涉税服务信息。四是发挥“96128”和“12366”服务热线功能，落实信访和局长接待日制度，为群众提供方便快捷的涉税咨询、举报、投诉监督等服务，全力打造优质服务平台，提高服务水平。

队伍建设

【机构人员情况】 2011 年，元江县国家税务局机构设置及领导职数如下：内设机构 8 个（正股级）、事业单位 1 个（正股级）、派出机构 1 个（副科级）。其中：内设机构为办公室、政策法规科、税政科、收入核算科、征收管理科、人事教育科、监察室、办税服务厅。事业单位为信息中心。派出机构为澧江税务分局。领导职数为局长 1 名，副局长 1 名，纪检组长 1 名。股级领导职数按有关规定核定。截至 12 月 31 日，元江国税在职人数为 56 人，离退休干部 19 人。在职干部中，大专以上学历的有 51 人，占总人数的 91%；哈、彝、傣等少数民族 35 人，占总人数的 63%；女干部 10 人，占总人数的 18%，党员 31 人，占总人数的 55%。

【领导班子建设】 以中心学习组学习、民主生活会、党风廉政建设教育月等活动形式，扎实推进领导班子思想政治建设、作风建设、廉政建设，提高班子解决自身问题的能力；强化政治理论学习，落实民主集中制，实行科学决策，增强执行能力；以身作则、严以律己、言传身教，引导全体干部职工严格遵章守纪。

【干部队伍作风建设】 以深入开展争先创优活动为契机，不断加强素质教育和执政能力建设，创建高素质国税干部队伍。（一）推进人才兴税战略。以学历教育为突破口，以中层干部讲课为基础，积极加强干部教育培训，不断提高干部职工综合素质，大力实施人才兴税。（二）内强素质外树形象，队伍建设成效明显。一是结合我局的“周学、月训、季考、年评”学习活动，使干部在自我发展的过程中更加注重提高学习力、执行力、落实力。二是大力推进国税文化建设。坚持围绕税收中心工作，大力加强国税文化建设。组织主题演讲比赛、美术书法摄影比赛，开展“读一本好书”活动，组织体育运动比赛，增强了广大干部职工的责任感、荣誉感和向心力。三是积极参加庆祝建党90周年系列活动。选派干部参加由县委宣传部、县直机关党委、团县委共同承办的“学先进、见行动，我为党旗添光彩”主题演讲比赛活动；与地税局、工商局组成工商税务合唱队，参加元江县纪念建党90周年“党在我心中”歌咏晚会，展示国税良好形象。四是深入开展向杨善洲同志学习活动。6月30日，全局干部职工在局领导班子带领下开展义务植树活动，共栽种128棵树苗，绿化面积共计16.5亩，树立国税干部廉洁自律、公正执法的良好形象。（三）深入开展党风廉政建设。利用政务网络平台，由纪检监察部门定期组织相关廉政学习辅助材料对网络平台进行更新，抓好网络廉政文化建设；结合税检联建机制，适时开展共建互动，提高干部风险意识和廉政意识；深入开展廉政文化建设活动，营造清廉、向上、健康、气正的良好氛围，增强干部廉洁自律意识。5月14日组织全体干部职工参观“法治与责任——全国检察机关惩治和预防渎职侵权犯罪展览”，通过警示教育，筑牢干部思想道德防线。

【文明创建】 2011年，被元江县委授予“先进基层党组织”称号，被县总工会授予“先进职工之家”的称号，还获得了县委、县政府授予的2006～2010年法制宣传教育工作“先进集体”称号。

（王娟娟）

红河哈尼族彝族自治州国家税务局

经济概况

2011年，红河州实现生产总值（GDP）780.64亿元，按可比价格计算，比上年增长13.5%。三次产业增加值分别完成124.56亿元、422.54亿元、233.54亿元，同比分别增长7.9%、16.7%、10.9%，三次产业的结构比例为16∶54.1∶29.9。全州完成固定资产投资总额641.91亿元，比上年增长23.3%；全年实现消费品零售总额184.21亿元，比上年增长20%；全年完成外贸进出口总值13.1亿美元，比上年增长19.1%，其中：出口总额8.53亿美元，增长18.8%，进口总额4.57亿美元，增长19.7%；全州实现工业总产值1047.64亿元，比上年增长15.8%，其中规模以上工业实现工业总产值875.65亿元，比上年增长17.2%，实现增加值321.57亿元，增长17.1%。主要支柱产业支撑作用明显，煤炭开采业、黑色金属冶炼及压延加工业、有色金属冶炼及压延加工业、化学原料及化学制品制造业、水泥建材行业、电力生产和供应业、烟草行业等主要行业快速、稳定增长。重工业增势强劲，主要产品产量多数保持增长，工业销售形势良好，产销率保持较高水平。

税收概况

【收入完成情况】 2011年，红河州国税系统共计组织各项收入136.88亿元，同比增收23.53亿元，增长20.76%。纳入税收计划考核收入134.51亿元，同比增收22.61亿元，增长20.21%，完成省局下达红河州国税收入确保任务数的110.96%，完成全年国税收入奋斗目标的108.87%。分税种完成情况是：增值税收入57.84亿元，同比增收8.47亿元，增长17.16%；消费税收入61.57亿元，同比增收10.74亿元，增长21.13%；企业所得税收入11.25亿元，同比增收3.43亿元，增长43.86%；储蓄存款利息所得个人所得税收入278万元，同比减收316万元，下降53.2%；车辆购置税收入3.82亿元，同比增收16万元，增长0.04%。

【收入特点】 （一）国税收入较快增长，收入态势前高后低。相对于受金融危机持续影响较为严重的前三年，2011年全州国税收入创下本轮反弹新高，全年实现20%以上的快速增长，达到并超过金融危机前全州国税收入的年平均增长水平。但由于欧债危机及国内通胀压力较大的负面影响，进入下半年，主要工业产品价格持续下跌，企业生产经营面临困难，增值空间萎缩，经济效益下滑，致使全年国税收入呈现前高后低的发展态势。四个季度国税收入增幅分别为42.14%、31.34%、29.01%和20.2%，增长势头明显减弱，11月份出现全年单月首次负增长。2011年上、下半年国税收入比重为51.2∶48.8，下半年税收比重明显低于近年平均水平。（二）主体税种增势强劲，收入结构明显好转。2011年，国税部门负责征管的增值税、消费税和企业所得税收入增幅分别达到17.16%、21.13%和43.78%，三大主体税种均实现新的突破，其中：增值税和消费税收入总量分别突破50亿元和60亿元，企业所得税收入首次突破10亿元大关。从收入结构来看，卷烟税收保持强势增长，卷烟“三税”收入共计增长21.16%，对全年国税收入增收的贡献率为63.1%，拉动全州国税收入增长12.74个百分点。“非烟”税收收入完全摆脱连续三年低迷的局面而强劲反弹，全年共计入库“非烟”税收收入52.83亿元，同比增长18.75%，占全州国税收入总量的39.28%。卷烟和“非烟”税收收入共同快速增长，收入结构较前几年明显好转。（三）重点行业增长提速，重点地区发展加快。2011年，全州10个重点行业中，除商业批发行业因再生资源税收优惠政策停止执行而不可比减收外，其余重点行业增势强劲，税收增长进一步提速，重点行业增值税收入增幅基本保持在两位数以上，其中：钢材、有色金属行业增长超过50%，煤炭、化工行业增长达到30%以上。与上年同期相比，全州14个基层征收单位全年国税收入均实现增收，重点税源地区如开远、蒙自、弥勒、泸西、金平及直属分局国税收入增长均超过两成，增幅最高的泸西县局增长45.84%，增幅最低的建水县局增长2.15%。总体来看，剔除政策性不可比因素，重点行业及重点地区实现“满堂彩”，发展速度进一步加快。

【税源分析】 （一）卷烟制造业。共计入库卷烟制造业“三税”收入81.68亿元，同比增收14.26亿元，增长21.16%。其中：卷烟增值税收入16.34亿元，同比增收2.87亿元，增长21.31%；卷烟消费税收入（含卷烟商业消费税收入）61.35亿元，同比增收10.73亿元，增长21.2%；卷烟工业企业所得税收入3.99亿元，同比增收6587万元，增长19.82%。红云红河烟草集团2011年1～11月份卷烟产销量分别为358万箱和362万箱，同比分别增加15万箱和34万箱。卷烟结构方面，2011年红云红河烟草集团平均卷烟单箱“两税”税负为7662元/箱，比上年每箱税负增加735元，增长10.61%。（二）有色金属冶炼及压延加工业。共计入库8.36亿元，同比增收3.54亿元，增长73.44%。其中：有色金属工业增值税收入7.82亿元，同比增收3.1亿元，增长65.68%；有色金属工业企业所得税收入5113万元，同比增收4151万元，增长431.5%。主要是经济增长带动增收，1～11月份，红河州10种有色金属工业产品产量同比增长27.1%，有色金属工业产品出厂价格指数同比上涨19.3%；其次是不可比因素形成增收，2010年由于期初留抵税金较大，有色金属税收持续负增长，致使2011年不可比增收。除云锡公司外，蒙自矿冶公司和润鑫铝业成为增收亮点，全年分别增收5572万元和3185万元。（三）电力生产和供应业。共计入库6.61亿元，同比增收1.17亿元，增长21.51%。其中：电力增值税收入5.85亿元，同比增收7164万元，增长14.04%；电力工业企业所得税收入7608万元，同比增收4561万元，增长149.69%。前11个月，全州共计发电量167.7亿千瓦时，同比增长10.6%，企业用电量共计100亿千瓦时，同比增长12.4%，电力生产和供应产品出厂价格共计同比上涨0.5%。相对于2010年受政策（供电预征率下调）、旱灾和节能减排等多重因素影响，2011年电力行业呈现恢复性加速发展态势，全州火电、水电和供电企业效益提升，税收贡献明显增加。（四）煤炭开采和洗选业。共计入库6.06亿元，同比增收1.56亿元，增长34.67%。2011年，红河州工业发展明显加快，电煤和其他工业用煤需求进一步加大，原煤产量稳定增长，原煤价格持续上涨，实现税收持续快速增长。1～11月份，全州原煤开采总量1441.21万吨，同比增长9.2%。煤炭开采和洗选行业入库增值税收入6.04亿元，同比增收1.57亿元，增长35.12%。煤炭开采和洗选业税收贡献首破6亿元大关，是2011年全州国税收入增长较为稳定的重点税源之一。（五）黑色金属冶炼及压延加工业。共计入库2.18亿元，同比增收1.19亿元，增长120.2%。其中：钢坯钢材品目增值税收入1.78亿元，同比增收1.21亿元，增长212.28%。重点税源企业红河钢铁有限公司2011年钢材产、销量分别为165.21万吨、166.83万吨，同比分别增加5.8万吨、7.15万吨，钢材销售均价4850元/吨，同比每吨下跌202元/吨，跌幅为4%，在量增价跌的情况下，实现销售收入同比增长21.58%，入库增值税收入1.76亿元。因2010年年初跨期留抵税款8753万元至8月底消化完，导致2011年税收不可比增收较大。（六）化学原料及化学制品业。共计入库1.28亿元，同比增收3818万元，增长42.22%。其中：化工产品增值税收入1.22亿元，同比增收3817万元，增长45.24%。由于2010年多数化工企业供电不足影响生产，持续干旱导致化肥滞销，化工产品税收持续负增长。2011年化工企业发展形势普遍好转，主要化工产品产量增加，价格上涨，税收贡献快速增长。1～11月份，全州化肥产量同比增长14.1%，黄磷产量同比增长29.5%，合成氨产量同比增长14.7%。其中，云南解化清洁能源有限责任公司增收3921万元。（七）非金属矿物制品业。共计入库8805万元，同比增收1375万元，增长18.51%。其中：水泥品目增值税收入5851万元，同比增收1207万元，增长25.99%。1～11月份，全州建筑安装工程投资同比增长34.8%，拉动建材行业特别是水泥生产需求快速增长，全州水泥共计产量473.95万吨，同比增长23.7%。除水泥外的其他非金属矿物制品业主要包括建筑用砖生产、石材加工、墙体材料和新型建材等，全年入库增值税收入2545万元，同比增收468万元，增长22.53%。（八）造纸及纸制品业。共计入库5383万元，同比减收583万元，下降9.77%，造纸及纸制品行业税收连续两年负增长，2011年主要是企业所得税收入大幅减收。全州造纸及纸制品行业税收基本由重点税源企业云南红塔蓝鹰纸业有限公司（中外合资经营企业）贡献，1～11月份，企业机制纸销量为2.18万吨，同比下降0.9%，计税销售收入同比下降7.2%，但由于企业全年进项税同比减少854万元，下降22.62%，实现增值税收入3774万元，同比增收272万元，增长7.77%；预缴企业所得税收入1808万元，同比减收1303万元，下降41.88%。（九）商业批发业。共计入库12.74亿元，同比减收2.33亿元，下降15.46%。其中：商业批发增值税收入8.52亿元，同比减收2.91亿元，下降25.46%；商业批发消费税收入（卷烟）1.48亿元，同比增收2745万元，增长22.31%；商业批发企业所得税收入2.73亿元，同比增收3037万元，增长12.35%。商业批发增值税收入主要属于政策性减收，从2011年1月起，再生资源税收优惠政策（财税〔2008〕157号）停止执行，多数矿产品批发企业出现政策性关停，仅有少数几户企业继续经营，导致全年商业批发增值税收入政策性不可比减收。（十）金融业。共计入库1.71亿元，同比增收1.42亿元，是上年同期收入的5.9倍。其中：银行业税收收入3514万元，同比增收3212万元，是上年同期收入的11.64倍；其他金融业税收收入1.34亿元，同比增收1.09亿元，是上年同期收入的5.36倍。增收原因主要是由于农村信用社享受企业所得税优惠政策停止执行，从2010年开始恢复征税，2011年全年预缴企业所得税收入1.33亿元，同比增收1.08亿元，增长432%，属于政策性不可比增收因素。

【税务管理】 加强税收数据分析利用，开展税收征管状况预警通报。加强与工商、公安、银行等部门的配合，落实工商登记信息交换协作机制，提高税源管理的深度和广度。采取有效措施加强欠税管理。全年共清缴欠税 5561.36 万元，其中：陈欠 45.37 万元，新欠 5515.99 万元；2011 年年末新增欠税 29.85 万元。贯彻落实国家惠民政策，自 2011 年 2 月 1 日起，全面取消税务登记证工本费。加强非居民企业税收管理。以抓跨境税源管理为中心，充分利用第三方信息，规范和做好非居民企业税收服务和管理工作，进一步完善大企业涉税事项协调及内外管理服务机制；加强州局定点联系企业的跟踪服务，建立“两外一内”非居民税收信息传递与反馈机制。进一步优化纳税服务。LED 显示屏的普遍安装、排队叫号机和服务评价器的推广应用以及自助办税设备的配置，极大地方便纳税人；结合创先争优“评星授旗”活动以及“四亮四评”（“亮流程、亮身份、亮职责、亮承诺”和“自己评、群众评、领导评、组织评”）主题实践活动的开展，把纳税服务工作置于广大纳税人和社会各界监督之下，诚恳接受人民群众的监督，进一步加大办税透明度；结合纳税服务需求问卷调查的开展以及纳税人填写涉税文书的清理规范，根据纳税人的不同需求，提供人性化服务；依托信息化平台，以推行网络申报等方式，为纳税人提供便捷服务；建立和完善纳税服务考核激励机制，充分调动前台工作人员的积极性，提升办税效率，纳税服务满意度进一步提高。加强纳税评估。由征管部门负责牵头，各业务部门协同配合，整合力量对近三年来未进行过纳税评估、税务稽查的纳税人进行梳理和分析，确定评估范围和评估企业，统一评估方式、评估时限、评估重点和评估任务。2011 年，全州共计评估一般纳税人 270 户，评估面为 8.05%，评估补缴增值税及进项税转出 1073.56 万元，加收滞纳金及罚款 25.44 万元；对全州 342 户企业开展所得税纳税评估，共调增应纳税所得额 1.28 亿元，调减待弥补亏损 1859.42 万元，应补缴所得税 2736 万元，滞纳金及罚款 25.58 万元。强化内部管理，切实提高服务保障作用。加强政务事务管理，确定 30 个项目作为全州国税系统的工作重点进行立项督查考核，使工作目标和任务得到有效落实；规范财务管理工作，提高税务资金使用效益；加强后勤保障工作，为干部职工提供优质服务。

各项工作

【法制建设】 深入贯彻落实国务院《全面推进依法行政实施纲要》和全国依法行政工作会议、全国税务系统依法行政工作会议精神，坚持依法行政、依法治税，增强执法为民意识，规范执法行为，坚持公开、公平、公正执法。依托税收执法管理信息系统，加强税收执法监控考核，着重对过错行为发生的原因进行总结，坚持执法监控日志制度和执法过错通报制度，严格过错责任追究，降低执法过错行为。针对税收执法中的重点、难点和热点问题，深入基层一线，召开税收执法数据分析会议，帮助基层高效准确地解读政策，促进基层执法水平提升。认真做好税收执法管理信息系统疑点信息库推行工作，制定推行方案，确定推行方式、范围及步骤和职责分工、工作要求，成立领导小组，有组织地开展推行工作，明确重点工作，进一步健全税收执法内控机制和规范税收执法。采取措施加强《中华人民共和国行政强制法》的学习培训工作，避免、防止税务行政机关滥用行政执法权，增强全州国税干部依法治税的意识和能力。做好“六五”普法和“四五”依法治州的各项工作，加大法制政府建设力度，加强干部法律法规规章的学习，大力营造学法、遵法、守法、用法的良好氛围，严格规范行政执法行为，做好政务信息公开，认真开展规范性文件清理工作，全面推进依法行政。制定《红河州国家税务局开展法制宣传教育第六个五年规划（2011～2015 年）》，全面落实依法治国基本方略，深入开展法制宣传教育，把握普法工作规律和方法，进一步提高依法治税水平，规范税收执法，增强纳税人税法遵从度。

【税收征管】 （一）主体税种管理。1. 增值税管理。进一步强化增值税专用发票的管理，建立滞留发票核查工作长效机制；紧盯增值税一般纳税人中纳入重点监控的企业，紧盯社会福利企业退税审核、农产品购销、再生资源回收利用等重点环节；深入调研国有粮食购销企业、生产销售复混肥、饲料、农机、农药等享受增值税优惠政策情况以及增值税起征点调整影响、资源综合利用企业专项税收政策执行情况，掌握全州政策贯彻落实情况，对发现问题认真向纳税人进行政策宣传辅导并及时纠正错误，积极向省局反馈政策执行情况和存在问题，减少基层执法风险，为上级税务机关制定和调整税收政策提供详实的信息和决策参考建议。11 月 1 日起，执行新的增值税起征点调整政策，惠及 1.7 万余户纳税人。2. 消费税管理。贯彻落实卷烟批发环节征收 5% 消费税政策，积极配合相关部门做好红云红河、红塔集团划入的跨区分配入库税款清算等工作，加强葡萄酒及其他消费税管理。3. 所得税管理。推进分类管理，强化核定征收管理，2011 年全州实行所得税核定征收企业 1243 户，占全部开业户数的 31.38%；开展 2010 年度汇算清缴工作，做好企业所得税汇算清缴申报审核，提高年度申报质量。4. 车辆购置税管理。积极适应国家取消 1.6 升及以下排量乘用车车辆购置税优惠后的新形势，抓好汽车车辆购置税在红河州范围内的全面征管工作；加强车辆购置税“一条龙”异常发票监控稽核力度，防范和打击各种偷税行为；做好摩托车、农用车车辆购置税委托代征、POS 机刷卡缴税的推广协调工作，全州 13 个县市局全部实现车辆购置税刷卡缴税，切实方便纳税人，堵塞管理漏洞，防止税款流失。（二）出口退税管理。结合全省“两强一堡”战略的推进，强化出口退税管理工作，加强对新老企业出口退税业务、办理流程的培训和对出口退税企业网络申报工作的规范和辅导。州局被州人民政府授予“外经贸协调先进单位”。2011 年，全州共办理出口货物退（免）税总额 7099.78 万元，免抵 94.18 万元。（三）发票管理。以规范新版普通发票使用管理为抓手，强化对纳税人发票领、用、存的日常监控，做好发票简并换版缴销核销收尾工作，严把质量关，确保发票安全。深入贯彻新的发票管理办法和制度，建立完善发票管理长效机制，大力推行通用机打发票，规范用票行为，强化发票管理。利用信息化管理手段，对发票管理各个环节的数据进行分析利用，发挥发票管理在税源监控中的作用，强化源头控管。

【税收执法】 （一）税法宣传。围绕税收宣传的工作重点，有针对性地开展宣传，做到税收宣传经常化、制度化。紧扣“税收·发展·民生”主题，切实落实税收宣传月活动项目、经费和人员，借助微博、政府信息公开网站、电子邮箱、QQ纳税服务平台、短信等信息手段，拓展宣传阵地。通过开展以《宪法》为核心，以《税收征收管理法》、《企业所得税法》和涉农惠民政策为主题内容的学习宣传，深入开展法制宣传教育，推进依法治税进程，增强依法治税观念。（二）税务稽查。转变观念，调整思路，抓好税收专项检查，积极开展重点税源企业和重大税收违法案件查处，全面做好协查工作，稳步推进分级分类稽查工作，大力推行电算化查账软件，完善分级分类稽查，整顿和规范税收秩序，认真开展打击发票违法工作，规范稽查执法行为。2011年，全州国税查补收入合计3984.88万元，其中，自查入库3760.7万元；重点稽查纳税户48户，有问题54户（含上年结转），结案52户（含上年结转），稽查查补税款120.83万元，滞纳金34.67万元，罚款68.68万元，处罚率56.84%，入库率100%。（三）税收执法督察。以企业注销清算工作、增值税一般纳税人资格认定管理、减免税政策执行、消费税管理、普通发票管理、行政许可等为重点督察内容，深入个旧、开远、蒙自、弥勒、泸西、金平、红河等县市局开展税法督察检查。高度重视督察中发现的问题，以通报方式避免相关问题在全州范围内重复出现，借鉴和改进督察工作，规范执法流程，增强执法意识，提升执法水平。（四）重大案件审理工作。按照《重大税务案件审理办法（试行)》，重点对执法主体、执法依据、执法程序、事实证据和执法文书进行把关，对达到审理要求的3户偷税案件进行审理，确保税务稽查案件事实清楚、证据充分、适用法律正确、处理处罚适当，维护税法尊严。

【信息化建设】 （一）做好日常运行维护支持工作，确保计算机信息系统安全、稳定、高效运行。一是确保网络畅通。加强与电信、电力部门的沟通与联系，强化后备电源供给，加强主干、辅助网络运行管理，及时排除网络故障，确保网络通畅。二是确保计算机设备完好率，提高设备利用率。加强计算机类设备的运行维护与管理工作，确保计算机类设备正常运行，无丢失、被盗、损坏设备现象发生。三是确保技术支持、技术服务、技术保障工作到位。包括做好数据审核、数据维护、数据备份、补丁升级、技术培训等，确保现有业务系统正常运行和新的业务系统顺利推行。四是确保安全。包括机房、网络、设备、电源、数据等安全，特别注重外网信息安全保密、内网信息安全隐患防范工作。加强中心机房环境管理。建立机房人员出入登记制度，于年初开始对出入机房的人员进行登记，分别设置“中心机房来访人员登记簿”、“中心机房操作日志”，对外访及内部运维人员操作进行登记，做到进出机房人员来有记录、去留签名。（二）做好全州税务信息系统安全检查。围绕安全管理和安全技术两方面进行检查，涉及规则制度、安全组织、人员安全、物理和环境的安全、数据安全、应急与数据备份等15个方面。通过检查，查找薄弱环节和安全隐患，分析网络与信息系统面临的风险，评估网络与信息系统的安全状况，进一步强化信息安全意识，规范信息安全管理。对检查发现的信息安全漏洞或隐患，立即采取措施，防患于未然，有效地提高网络与信息系统的安全保障能力，切实保障税务网络与信息系统安全运行。（三）做好“重点税源网上直报系统”应用维护。2011年共回复处理800多条请示，进行3次大的系统升级。（四）做好网络与信息安全防护体系的运行管理工作，确保网络畅通和信息安全。坚持每天监测防火墙运行状态，每天分析入侵检测系统记录的安全事件，定期进行防病毒系统运行管理监测、远程桌面监控和数据备份工作，分析所属网络中的安全风险和存在的安全隐患，解决发现的安全问题，为全州国税系统内部网络与信息构筑一道安全的“防护墙”。实行法定假日网络与信息安全保障值班制，落实网络与信息安全保障措施，制定网络与信息安全突发事件应急预案，安排专人对网络与信息安全状况实施24小时监控，确保网络畅通和信息安全。全州16个主干网络设备和电信、广电、联通3条主干网络线路运行稳定，系统内没有发生网络故障事件，没有出现信息安全问题。（五）做好“重点税源信息库”完善的技术相关工作。州局历时9个月研发的“重点税源信息库”，参与2010年度全州直属机关单位创新创优目标专家评估，荣获所在考评小组三等奖。

队伍建设

【机构人员】 全州国税系统设13个县市国税局。内设机构129个，直属机构16个，事业单位15个，派出机构16个。其中：州局机关内设机构15个，即办公室、政策法规科、货物和劳务税科、所得税科、收入核算科、纳税服务科、征收管理科、财务管理科、人事科、教育科、监察室、进出口税收管理科、大企业和国际税务管理科、机关党委办公室、离退休干部科；直属机构3个，即稽查局、车辆购置税征收管理分局、直属税务分局；事业单位2个，即信息中心、机关服务中心。全州国税系统实有在职干部职工1090人。其中：公务员1039人（其中事业人员2人），工勤人员51人。州局机关实有在职干部职工97人。其中：公务员92人，工勤人员5人。全州国税系统在职人员中，共产党员657人，共青团员26人，其他407人，中共党员占职工总数的60.28%；男性730人，女性360人，女性占职工总数的33.03%；汉族718人，少数民族372人，少数民族占职工总数的34.13%；研究生8人，大学本科432人，专科499人，中专77人，高中49人，初中以下25人，大专以上学历占职工总数的86.15%；30岁以下81人，31~35岁55人，36~40岁148人，41~45岁295人，46~50岁311人，51~54岁145人，55~59岁55人，41岁以上人员806人，占职工总数的73.94%；正处级1人，副处级11人（副局长4人，纪检组长1人，总经济师1人，总会计师1人，副调研员4人），正科级221人（实职95人），副科级495人

(实职91人)，科员299人，办事员及其他10人。全州国税系统离退休干部职工370人，其中：离休干部22人，退休干部326人，工人22人；享受副厅级待遇的1人，正处级待遇的4人，副处级待遇的35人，正科级待遇的255人，副科级待遇的40人，科员及以下人员35人；离退休党员165人，占离退休总人数的44.59%。

【班子建设】 坚持党组理论中心组学习和民主集中制，严格民主生活会制度，认真落实党组议事规则，加强团结协作，增强领导班子的凝聚力和战斗力。1月，省局提拔3人到红河州国税局副处级领导岗位任职，使州局党组班子人数达到8人，班子建设得到加强，班子整体合力不断提升。3月，省局组成联合巡视组对州局领导班子及成员2010年以来的工作情况进行巡视。州局对个旧、建水、石屏、金平等4个县市局领导班子开展巡视检查，强化对县市局领导班子在贯彻执行党的路线方针政策等重大问题上的监督，增强领导班子加强自身建设的自觉性。按照《党政领导干部选拔任用工作条例》规定，坚持正确的用人导向，严格按照干部考察工作程序要求，认真推荐、选拔、考察、任用干部，在干部管理和选拔任用工作中不断提高选人用人公信度，努力做到干部选拔任用工作科学化、规范化、制度化。认真做好领导干部任职试用期满的考核和正式任职工作。按照省局人事处通知要求，对州局3名副处级领导干部任职试用期满开展述职述廉、民主测评、试用期满各项考核工作。开展领导干部竞争上岗，选强配齐基层领导班子，进一步优化领导班子结构，初步形成年龄结构合理、能力素质互补、专业知识协调的新格局。充实配备州局机关科室负责人。全年提拔正科级干部1人、副科级干部27人，调整正科级干部1人、副科级干部3人，任职期满办理转正5人。

【廉政建设】 认真贯彻落实党的十七大、十七届六中全会、中纪委六次全会、省纪委八届六次全会、州纪委六届六次全会和全省国税系统党风廉政建设工作会议精神，深入贯彻落实《建立健全惩治和预防腐败体系2008～2012年工作规划》、《云南省国税系统党风廉政建设责任制实施细则》和《云南省国家税务局关于开展部门内控机制建设指导意见的通知》精神，切实履行领导干部“一岗双责”，对照岗位职责要求，查找工作廉政风险点，制定具体防范措施和内控工作流程图，加强机关部门内控机制建设。深入开展明察暗访和巡视工作，杜绝国税干部到纳税户“吃、拿、卡、要、报、赊”。做好《廉政公约》的跟踪问效。以收听省局做客“金色热线”和上线“红河热线”为契机，切实解决人民群众普遍关心的热点、难点问题。按照省政府纠风办《关于对部分具有行政执法职能部门进行重点评议工作的通知》，做好政风行风评议工作。抓好税收执法监察，严格执行《税收违法案件一案双查办法（试行）》及有关制度，贯彻落实《税务系统领导班子和领导干部监督管理办法》，上级领导同下级班子主要负责人谈话106人（次）；对领导干部任前廉政谈话30人（次）；州局、县市局领导班子共52人在职工大会上作述职述廉，领导干部报告个人有关事项制度53人。强化“两权”监督，巩固、完善反腐倡廉工作机制。贯彻学习《中国共产党党员领导干部廉洁从政若干准则》，开展反腐倡廉警示教育和先进事迹典型教育，组织州局机关、蒙自市局干部职工以及个旧、开远市局中层以上干部共216人参观“法治与责任——全国检察机关惩治和预防渎职侵权犯罪展览·红河”巡展，提高干部职工廉洁从政意识。进一步办好党风廉政网页，加强廉政文化建设。加强对工程建设领域突出问题、“小金库”、公务用车等专项治理工作，贯彻落实责任政府、效能政府“四项制度”，强化行政问责和行政行为监督检查。认真开展节假日领导干部廉洁自律工作，重大节假日期间，所有公务用车除值班车外，一律实行就地封存管理，杜绝安全隐患。2011年，州局被州委、州政府授予“党风廉政建设责任制暨推进惩治和预防腐败体系建设工作优秀单位”。

【文明创建】 注重文明创建的广泛性、群众性，积极组织动员广大干部职工自觉地投身到文明创建活动中，自觉地参与到文明创建活动中，把文明创建工作与国税工作紧密结合，渗透到国税工作的各个方面和各个环节，贴近实际、贴近群众、贴近生活，注重实效，确保文明创建活动在全州国税系统切实有效地开展。2011年，弥勒、河口县局被云南省国家税务局命名为“文明单位”，开远市局人事教育科被云南省国家税务局、云南省妇女联合会命名为“巾帼文明岗”，个旧、开远、蒙自、建水、弥勒、泸西、河口、金平、元阳、红河、绿春等县市局被复查认定为2011年度云南省国家税务局合格文明单位；22人荣获“红河州国税系统精神文明建设先进工作者”称号，16人荣获“红河州国税系统纳税服务标兵”称号。积极参与社会义务工作、推动构建和谐社会等活动。向德宏州盈江县地震灾区踊跃捐款，为德宏州、盈江县国税局广大干部职工战胜自然灾害，重建美好家园奉献爱心。全州国税系统共计募集捐款14.25万元，其中全州对口支援7.2万元，干部职工爱心捐款7.05万元。开展对挂钩扶贫联系点河口县瑶山乡梁子村委会的帮扶工作，积极筹措资金，购买30头小猪仔赠送河口县瑶山乡中心小学，以改善学生的生活；购买39套273册农业科技用书赠送戈鸟村民小组，并为每户村民送上200元慰问金。加强国税文化建设。积极组队参加上级局和地方党委、政府组织的各种庆祝活动。在国家税务总局庆祝建党90周年书画摄影展作品征集活动中，全州国税系统9名干部职工作品入选参展。其中，2人获绘画类二等奖，1人获摄影类三等奖，1人获摄影类优秀奖，3人获摄影类入选奖，2人获书法类入选奖。在红河州直属机关庆祝中国共产党诞辰90周年“放歌党旗下”红歌演唱大赛中，红河国税代表队荣获合唱组第一名。结合红河国税实际，推出歌咏、书法、摄影、征文比赛等系列活动，系统上下广大党员干部职工立足岗位抒情怀，共同见证建党90周年伟大而光荣的时刻。走访慰问老党员老干部，将党和组织的关怀温暖送到老党员老干部身边。1月，州局党组书记、局长席世宏应邀走进“云南国税讲坛”作为主讲嘉宾，通过视频会议系统向全省国税系统干部职工作题为“文化认同与文化自觉”的讲座。积极组织投稿，全州国税系统有15名干部职工的17幅摄影作品入选云南国税文化丛书之八《我的事业我的家》。

【教育培训】 依托自身教育培训资源，充分利用现代化的教育培训系统，注重培训的针对性和实效性，积极组织开展税收管理员辅助信息系统培训、税务人事管理系统培训、房地产企业所得税评估检查培训、货物和劳务税数据分析运用业务培训等9期业务培训班，415人次参加培训，着力提高国税干部对税收主流业务的实际操作能力和解决实际问题的能力。组织内部学习920人（次）参加，学时达1200学时，按时完成年初州局制订的培训计划。积极完成省局安排的教育培训任务，共选派77人（次）参加省局组织的8期各类培训班。全州13个县市局共组织专门业务培训班60期培训人数580人；在职各类岗位培训及其他培训60期；参加党校后备干部培训2期3人；参加系统外组织培训15期47人；视频学习人数1095人，学时达341学时；网络学习83人，学时达170学时；内部学习1101人，学时达448学时。全州国税系统开展“四亮四评”主题实践、“感动中国”电视专题教育和向杨善洲学习等活动，牢固树立执政为民意识、爱岗敬业意识、党风党纪意识，推动国税工作全面开展。积极引导和鼓励全州国税干部职工参加“三师”（注册会计师、注册税务师、律师）的学习考试，不断壮大“三师”队伍，加大培养综合人才。截至2011年12月31日，全州国税系统共有注册会计师2人，注册税务师4人，律师1人，占全州国税干部职工人数的0.64%。

【典型经验】 在全省国税系统“服务基层年”中，通过召开座谈会、发放问卷调查、进行个人谈心等方式，多层次、多方面听取基层干部职工对“服务基层年”的意见和建议，统一全州干部职工的思想，找准基层存在的问题，形成有针对性的贯彻落实服务基层措施，收到良好成效。一是加强到基层调研和检查指导工作。州局领导在服务基层方面走前头作表率，纷纷走出机关，深入各县市局开展调查研究，开展与群众谈心活动，倾听群众的反映和呼声，了解群众的心愿和企盼，带着感情做好思想工作，为基层服好务，为基层做实事。针对税收执法中的重点、难点问题，由局领导带领有关业务科室人员组成业务辅导组，送政策上门到基层，帮助基层及时掌握一批政策信息，当参谋上门到基层，面对面、一对一、手把手开展税收业务辅导，帮助基层梳理和防控执法风险的重点环节，解决基层在执法与服务中容易出现的政策执行边界交叉问题，进一步规范税收执法。二是切实采取措施为基层减负。积极整合、归并数据采集流程，加强信息共享，在保证数据准确的基础上，充分依托征管信息系统的信息数据，对本级机关能够通过数据平台取得的数据，一律不得要求基层报送；对现行征管文书、报表、附报资料及各项征管工作流程进行全面梳理，取消、简并其中不必要、繁琐的文书及资料，简化文书审批、税收核定等各项涉税工作流程，减轻基层税务管理人员工作压力；推行会议联席制度，加强部门间的沟通与协调，实现信息资源共享，切实减轻基层税务人员信息采集和调查工作负担。三是加大基层建设投入。积极筹措资金，加大基层建设投入，州局每年拿出130万元补助13个县市局职工食堂，努力为基层干部职工创造良好的工作生活条件。积极帮助基层税务机关与地方党委、政府加强沟通协调，为基层税务机关的发展拓展外部空间。

（金家茂　娄　琨　陈云伟　陈　飞　彭建明　孔繁鸿　王跃刚　谭颖瑜　李　冬　沈　薇）

个旧市国家税务局

经济概况

2011年，个旧市实现生产总值（GDP）147.34亿元，同比增长13.3%。其中：第一产业8.06亿元，增长6.2%；第二产业100.23亿元，增长14.5%；第三产业39.05亿元，增长12.1%。三次产业的结构比例为5.47:68.03:26.5。全社会固定资产投资完成75.11亿元，同比增长21.1%。全年实现财政总收入18.96亿元，同比增长17.8%，其中：地方一般预算收入8.62亿元，同比增长9.1%。地方一般预算支出23.17亿元，同比增长10.2%。

税收概况

【收入完成情况】 2011年，个旧市国家税务局组织税收收入13.41亿元，完成州局下达任务的100.5%，同比增收7222万元，增长5.67%。其中：增值税收入12.28亿元，同比增收1974万元，增长1.66%；消费税收入62万元，同比增收47万元，增长313.33%；企业所得税收入8623万元，同比增收5686万元，增长193.6%；储蓄存款利息所得个人所得税收入58万元，同比减收81万元，下降58.27%；车辆购置税收入2513万元，同比减收405万元，下降13.88%。

【收入特点】 2011年有色金属价格前升后降，上半年受弱势美元和通货膨胀影响，基本金属价格不断攀升，锡产品销售均价从2010年的10.75万元/吨上涨到2011年的14.75万元/吨，增幅37.21%。9月份，有色金属价格下降，后有所回升到13.5万元/吨。有色金属企业在前期积极组织营销，产、销量增加，销售收入增长。

【税源分析】 （一）有色金属增值税收入5.09亿元，同比增长2.4亿元，增长89.51%。一是2011年上半年有色金属价格进一步回暖，有色金属价格攀升，锡产品价格一度创历史新高。二是重点税源云锡冶炼分公司全年无留抵扣税款。三是由于2010年基数小，全年仅实现有色金属产品增值税收入2.68亿元，因此在2011年增值税出现较大增幅。（二）电力产品增值税收入2028万元，同比增收536万元，增长35.92%。主要原因：一是2010年个旧供电公司一直留抵，2011年初基本抵扣完毕。二是供电量增加和电价上涨。（三）采矿业税收入1.66亿元，同比增收7486万元，增长82.42%。矿产品为不可再生资源，属卖方市场。2011年8月有色金属产品价格一度下跌，但矿产品价格未受太大影响，受前期有色金属产品价格上扬的拉动，本地区矿产品囤积余矿销售仍较为活跃。（四）医药制造业增值税收入3553万元，同比增收1001万元，增长39.22%。医药制造业作为一个政府长期扶持项目仍持续稳定增长。（五）企业所得税收入同比增收5686万元，增长193.6%。一是信用社所得税优惠政策到期，连续缴纳企业所得税，不可比因素增收2299万元。二是企业利润增长较快，个旧市有色冶化有限公司、红河锌联有限公司、云锡创源、红河东佑房地产开发公司等企业上缴近3810万元企业所得税，使企业所得税大幅增长。（六）车辆购置税收入同比减收405万元，下降13.88%。国家对1.6升以下小排量机动车购置税减半征收政策到期属政策性减收。

【税务管理】 紧紧围绕省局“服务基层年”的工作主题，以税源管理为主线，严格依法治税，强化税收征管。（一）夯实税源管理基础，进一步细化职责分工，合理界定征、管、查各个环节的职责，做到岗位设置合理、管理责任明确、流程简洁顺畅。1. 以联席会议、信息交换等形式，加强与工商、地税等相关部门协调配合，进一步完善协税护税体系。2. 严格户籍管理，利用“税务与组织机构代码信息共享系统”平台，大力开展漏征漏管户清理。加强对注销、变更、停、歇业和非正常户管理，及时与相关部门进行信息比对，减少漏征漏管，进一步规范集贸市场税收征管。截至12月，征管户数10823户，其中：开业户7235户，停业户6户，注销户3509户，非正常户73户。3. 加强纳税申报管理，全年对87户（次）未按期申报纳税人，进行催报催缴，并进行相应处罚。全年应申报41539户（次），实际申报41452户（次），其中：准期申报41265户（次），申报率99.79%，准期申报率达99.34%。4. 认真落实税收管理员管户责任。以“云南省国税局税收管理员辅助信息系统”推广为契机，切实做好培训工作，保证系统顺利推广应用。全年完成税收调查任务615条，完成预警信息反馈546条。5. 加强数据管理。明确综合征管软件应用各个模块具体操作要求，规范系统操作，为数据质量管理工作顺利开展提供有效保障。6. 实行数据质量定期通报制度，数据管理和考核办法进一步完善，数据质量逐步提高，促进税源监控能力增强和税收征管质量进一步提高。7. 加强日常数据录入审核工作和对录入数据的事后监控，发现问题及时纠正，有效控制差错发生。（二）开展纳税评估和日常检查。抽调分局、业务科室、稽查局骨干共同组成评估小组，重点开展福利企业、房地产行业、税负预警指标异常企业及运输发票抵扣进项税企业纳税评估及检查。2011年评估增值税企业68户，评估补缴增值税税款97.76万元，加收滞纳金23.15万元；所得税企业75户，调增应纳税所得额971.73万元（其中调减亏损额765.51万元），补缴企业所得税51.19万元，加收滞纳金813.34元。对86户次企业进行审核和补充申报。调减亏损521.82万元，应纳税额增加6753.46元。应退税额减少2.79万元。

各项工作

【税收法制建设】 一是推行税收执法责任制落实和税收执法责任追究。二是认真开展“六五”普法、“四五”依法治市和依法治局工作。三是开展阳光政府和“四项制度”贯彻落实工作。四是开展税收执法管理信息疑点数据核查工作。

【税收征管】 （一）各税管理。1. 增值税管理。一是加强固定资产进项税额抵扣管理，辅导纳税人依照政策规定做好固定资产抵扣核算，正确掌握固定资产抵扣范围、标准和相关政策规定。对不符合政策规定的，及时督促纳税人作进项税额转出处理。全市涉及固定资产抵扣189户企业，抵扣税款1.11亿元，进项税额转出15.33万元。二是加强增值税优惠政策管理，认真执行增值税政策性减免相关政策。结合政策法规部门税收执法督察中发现的问题，采取自查与重查方式，开展2009年至2011年10月享受伴生金免征增值税企业政策执行情况的清理检查。截至2011年10月，有36户（次）企业申报免税，免税销售额8.31亿元。其中：2009年免税销售额1.51亿元，2010年免税销售额3.81亿元，2011年1~10月免税销售额2.99亿元。通过清理检查发现管理中存在的问题，及时加以整改，逐步规范增值税减免税管理。同时做好增值税起征点提高的减免税工作，全市增值税起征点提高政策性减免税208.07万元，惠及纳税人5520户。三是开展饲料企业、承担收储任务的国有粮食购销机构、销售政府储备食用植物油业务和社会福利企业的调研，掌握各项税收优惠政策具体执行现状和存在问题，积极会同财政、粮食部门共同审查审批承担收储任务的国有粮食购销机构、销售政府储备食用植物油业务企业免税资格和免税业务，确保税收优惠政策贯彻和落实到位。四是加强社会福利、资源综合利用企业增值税“即征即退”审核退税工作。全市享受“即征即退”增值税优惠政策福利企业22户，办理退税4581万元；资源综合利用企业1户，办理退税30万元。2. 所得税管理。一是认真开展2010年度企业所得税汇算清缴工作。涉及740户企业汇算清缴，应纳所得税额5522.75万元，其中：盈利企业211户，亏损企业331户，零申报企业198户，盈利面为28.51%，同比上升9.7%，亏损面为44.7%，同比下降10.3%。二是做好企业所得税减免税管理工作。全市享受所得税优惠政策14户，其中，享受西部大开发政策企业4户，减免税额171.51万元；符合小型微利企业条件5户，减免税额9836.98元；享受农林牧渔优惠政策5户，减免税额6.1万元。（二）出口退税管理。做好出口企业货物“免、抵、退”税审核工作。市局征管出口企业52户，其中：生产型出口企业39户，流通型出口企业13户，实现出口销售金额1.07亿元。受理出口企业申请退税额498万元，免抵税额343万元，实际办理出口退税96万元，免抵税额33万元。处理全国各地出口税收调查5件，涉及发票51份，税额418万元；处理出口不予退税调查海关报关数据36份，督促企业计提销项税额4521万元，代理证明297份，督促企业计提销项税额3821万元，办理“服务贸易、收益、经常性转移和部分资本项目对外支付税务证明”1份，涉及金额55000英镑。（三）发票管理。做好新版普通发票推广应用。一是制定实施方案。按州局安排部署做好新版普通发票推广和宣传工作。二是针对纳税人计算机应用水平不高的实际情况，抽调14名干部成立普通发票换版工作技术保障组，负责辖区内新版通用机打发票推广过程中技术支持与保障，上门辅导用票人正确使用发票填开软件填开发票。三是修改完善普通发票代开软件，强化代开发票管理。

【税收执法】 （一）税法宣传。将日常税法宣传和税收宣传月活动相结合。围绕“税收·发展·民生”宣传主题开展宣传。一是召开“税企话税宣”邀请纳税人共同策划税收宣传月活动。二是设立税收政策咨询服务台，广泛宣传税收法律法规。接受群众咨询，向群众发放税收宣传材料8000余份，接受咨询50多人（次）。三是开展“走进国税，感触文明”摄影展系列宣传活动。四是税收宣传进广场。借助个旧市金湖文化广场安置的大型LED屏幕关注度高、群众广泛的优势，滚动播出税收宣传片。五是依托办税服务厅作为接触纳税人第一现场的便利条件，结合政府信息公开，发挥税收宣传告知功能。六是充分发挥电子政务功能。构建“网上办税厅”服务体系，积极推行网络申报纳税。（二）税务稽查。一是加大税务稽查力度。通过开展分级分类、专项稽查和举报案件查处，查补税收收入121.29万元，其中：分级分类稽查查补入库35.89万元，专项稽查查补入库36.69万元，举报案件查补入库13.38万元，协查35.33万元。纳税人自查及纳税评估入库557.36万元。二是发挥稽查协查系统作用，为案件查处提速增效。截至12月，发票协查子系统受托8户，发票85份，金额4371.16万元，税额743.1万元，受托纸质协查其他抵扣凭证及普通发票63户（次），涉及发票份数445份，金额2219.7万元，税额319万元，按期回复率100%。三是加强税务违法案件举报管理工作。全年受理举报案件6件，查处结案3件（上年结转案件2件），待查3件。查补税款10.32万元、滞纳金3.06万元。（三）执法检查。税收执法注重日常监控，努力降低执法过错。一是完善各项税收执法考核制度。全年发生执法过错行为10户，扣分17分，经济惩戒7人、金额85元。二是抓好税收执法检查督察。2011年7月，开展税收执法检查督察工作。将企业注销清算、增值税一般纳税人资格认定、减免税政策执行、消费税、普通发票、重点行业管理等六个方面内容作为检查重点。对存在问题提出整改意见，发现执法过错进行责任追究。三是开展税收执法管理信息疑点数据核查工作。对五个指标228条疑点进行核查，及时纠正税收执法过错。（四）依法治税。一是加强欠税管理，强化欠税控管。二是加强申报控管。三是实施以票控税。四是对停业、注销、欠税户情况实施监控。五是实施以退抵欠和以多缴税款、留抵税额抵缴欠税。六是加强催缴和强制执行措施。加大清欠力度，实现无新欠目标。全年清理欠税入库2672.15万元，核销陈欠税款44.87万元。

【税务管理信息化建设】 一是认真做好各信息系统日常运行维护与管理工作，确保在用网络、设备和信息系统安全、稳定、高效运行。每月底在全局范围内进行一次网络与信息安全检查工作，包括机房、网络、设备、电源、数据等安全检查。二是确保计算机设备完好率，提高设备利用率。严格规范涉密计算机、移动存储介质使用保密管理。三是技术支持、服务、培训、保障工作到位。做好数据审核、维护、备份，确保在用信息系统正常运行。

队伍建设

【机构人员配置】 市局内设机构：办公室（含局领导27人），人事教育科（5人），监察室（2人），货物和劳务税科（4人），所得税科（3人），征收管理科（3人），政策法规科（3人），纳税服务科（2人），收入核算科（7人），党总支（2人），工会（1人），办税服务厅（20人）。派出机构：第一税务分局（47人），第二税务分局（23人）。直属机构：稽查局（21人）。事业单位：信息中心（2人）。年末实有在职人员172人，离退休52人。

【领导班子建设】 一是抓好班子成员政治理论学习。二是坚持党组民主集中制原则，发扬民主，科学决策。三是按照党组议事规程，加强党组成员沟通联系，促进党组成员思想统一、行动一致，形成一个团结协作、开拓进取、务实高效、作风优良、坚强有力的班子。四是加强班子作风建设，树立良好楷模形象，不断提高领导班子成员自警、自律和廉洁从政意识。

【廉政建设】 一是以廉政文化建设为引领，增强干部拒腐防变能力，加强廉政思想教育。二是对党风廉政建设责任制各项目标分解落实，各科室、分局签订《党风廉政建设责任书》。与全局干部职工及纳税人分别签订《廉政公约》174份、2870份。通过回访纳税人，未发现国税干部有违法违纪现象。三是建立领导干部、中层干部廉政档案，记录遵守廉政纪律情况。四是严格落实廉政谈话和领导班子述职述廉制度。五是开展部门内控机制建设。重点加强税务决策权、自由裁量权、行政审批权、干部人事权、资金和财务管理权、基建项目和大宗物品采购权以及对部门重大业务监控等方面权力制约和监督。六是做好民主评议政风行风跟踪问效工作。

【教育培训】 全年举办各类培训班12期400人（次）。参加省、州局理论业务知识培训8期120人（次）。

（杨平波　肖　文）

开远市国家税务局

经济概况

2011年，开远市生产总值（GDP）突破100亿元大关，达108.68亿元，比2010年增长13.6%，其中：第一产业实现增加值12.25亿元，增长8%；第二产业实现增加值55.13亿元，增长16.2%；第三产业实现增加值41.3亿元，增长11.8%。三次产业的结构比例为

11.3∶50.7∶38，与2010年相比，第一、二、三产业占GDP比重分别变化-0.2%、0.8%、-0.6%。其他主要经济指标完成情况：全市实现工业总产值112.17亿元，比2010年增长20.3%；固定资产投资75.02亿元，比2010年增长21%；社会商品销售总额23.48亿元，比2010年增长21.3%；财政总收入13.77亿元，比2010年增长23.3%，其中，一般预算收入7.01亿元，比2010年增长21.6%。财政一般预算支出15.8亿元，比2010年增长26.4%。

税收概况

【收入完成情况】 2011年，开远市国家税务局共计组织税收收入7.88亿元，同比增收1.44亿元，增长22.36%，完成州局下达年度任务的113.34%。其中：增值税收入6.57亿元，比上年同期增加1.3亿元，增长24.67%；消费税收入245万元，比上年同期减少74万元，下降23.2%；企业所得税收入5998万元，比上年同期增加2948万元，增长96.66%；储蓄存款利息所得个人所得税收入30万元，比上年同期减少35万元，下降53.85%；车辆购置税收入6794万元，比上年同期减少1433万元，下降17.42%。

【收入特点】 （一）税收收入增长迅猛，全年组织税收收入突破7亿元，达7.88亿元，比2010年增加1.44亿元，增长22.36%。（二）征管的五个税种收入与2010年比呈"二增三减"，增值税、企业所得税均大幅增加，增幅分别为24.67%、96.66%；消费税、储蓄存款利息所得个人所得税和车辆购置税大幅减少，减幅分别为23.2%、53.85%和17.42%。（三）税收收入总量比2010年增加，但增长结构不平衡，从税种收入结构来看，增长主要依靠增值税和企业所得税，分别比2010年增加1.3亿元、2948万元，增幅均在20%以上，企业所得税增幅高达96.66%。

【税源分析】 （一）2011年，增值税几个重点税源品目税收有增有减，从完成情况看，除建材品目税收与2010年相比减少外，其余原煤、发电、化工、商业四个品目均大幅增加。原煤全年组织收入3.03亿元，比2010年增加6778万元。发电全年组织收入1.57亿元，比2010年增加1337万元。化工全年收入7552万元，比2010年增加3962万元。建材全年收入2538万元，比2010年减少92万元。商业全年收入7147万元，比2010年增加1013万元。（二）消费税因市场竞争力下降，啤酒销路下滑，税收收入逐年下降，全年收入245万元，比2010年减少74万元。（三）企业所得税全年收入5998万元，比2010年增加2948万元，主要受经济回暖拉动，企业经营明显好转，扭亏转盈实现利润增收。（四）车辆购置税受消费能力下降因素影响，全年收入6794万元，比2010年减少1433万元。

【税务管理】 围绕"服务基层年"工作主题，切实加强税务管理。始终坚持"依法治税，应收尽收，坚决不收'过头税'，坚决防止和制止越权减免税，坚决贯彻落实各项税收优惠政策"的组织收入原则。开展税源调查，掌握税源情况，降低收入预测误差率。层层落实收入目标任务，强化税源分析，根据税源变化情况，采取组织收入的应对措施，加强收入目标的考核。强化重点税源管理，提高相关数据指标的分析质量。以强化数据质量管理和提高数据质量为目标，抓好各税种的征收管理。开展税收执法检查，不断提高执法水平，规范执法行为，防范和化解执法风险。

各项工作

【税收法制建设】 依托政府门户网站、广播、电视、报纸，以及办税服务厅公告栏、电子显示屏等加大信息公开力度。利用4月税收宣传月、"12·4"全国法制宣传日，以及日常征管中的学习、培训和辅导等多形式广泛开展内外税收知识的宣传普及。组织全局干部参加《中华人民共和国行政强制法》知识考试。强化执法检查，落实执法责任，防范执法风险，降低执法过错。

【税收征管】 （一）强化重点税源管理。2011年纳入重点税源系统监控的企业19户，其中：总局监控的9户、省局监控6户、市局监控4户。全年重点税源企业共入库"两税"收入5.8亿元，占"两税"总收入6.59亿元的88.01%。（二）落实各项优惠政策。全年增值税固定资产进项税抵扣2211.98万元，涉及纳税企业73户；全年办理社会福利企业退税314.39万元；执行个体户增值税起征点提高政策。（三）加强"以票控税"，加强普通发票审验，全年通过发票审验补征税款166万元。

【税收执法】 （一）切实加强欠税管理。全年清缴陈欠税款5000元。（二）加强数据质量管理。以规范和提高数据质量管理为目标，建立健全管理机制，强化运行管理措施，加大日常监控和考核力度，切实提高数据管理质量和应用水平，有效促进税收征管质量和效率的提高。（三）认真落实税务稽查。全年查补收入500.57万元。开展整治虚假发票"买方市场"专项行动，对7户存在发票开具违法行为的个体户进行立案查处，涉及发票217份，查补税款、滞纳金和罚款共计7万余元。

【纳税服务】 （一）不断优化办税服务方式。进一步巩固和完善已推行的多种申报方式，提供转账缴税、POS机刷卡缴税、现金缴税、银行储蓄扣税等可供纳税人自主选择的多种缴税方式；深入推进网络申报进程；实行首问责任制，办税服务厅领导值班制度；推行全程服务、预约服务、延时服务等方便纳税人的服务方式；实现车购税征收与车辆管理部门同址办公，方便纳税人在完税的同时能就近办理车辆落户。（二）开展办税厅标准化建设。规范窗口设置，统一服务标识，因地制宜设立办税服务区、咨询服务区和休息等候区3个服务功能区，不断完善"一窗式"、"一站式"服务；提供涉税指南，装帧《常用涉税文书填写范本》方便纳税人查阅；规范各窗口职责，重新制作宣传栏摆放在大厅内，内容包括办税服务厅简介、工作职责、各窗口具体工作职责和个人承诺；公开窗口干部的姓名、职务等信息，要求税干上岗时佩戴工作牌、党徽。将各窗口职责、各涉税事项办理时限承诺、办税流程事项在LED显示屏进行播放。（三）建立和完善考核、激励、监督机制。进一步完善《开远市国税局办税服务厅考核办法》，对纳税服务工作从量、从质进行考核；开展办税服务厅“四查”工作，一查服务环境，二查服务举措，三查纪律作风，四查制度落实，促进纳税服务质效的提升。

【税务管理信息化建设】 加强运行维护和信息安全保密工作，开展计算机网络与信息安全检查，确保网络、设备和信息系统的安全、稳定、高效运行。做好运用软件的补丁升级及远程教育培训系统高清投影仪的安装使用。围绕优化服务促进工作，在办税服务厅等重点部位安装12个摄像监控系统。

队伍建设

【机构人员情况】 2011年，全局机构有14个，其中：内设机构10个，即办公室（18人）、人事教育科（2人）、监察室（2人）、政策法规科（2人）、征收管理科（3人）、货物和劳务税科（4人）、所得税科（3人）、收入核算科（4人）、纳税服务科（1人）、办税服务厅（12人）；事业单位1个，即信息中心（2人）；直属机构1个，即稽查局（11人）；派出机构2个，即第一税务分局（23人）、第二税务分局（20人）。全局干部职工135人，其中：在职干部职工107人、离退休人员28人。在职干部职工中，男职工60人、女职工47人，大学本科41人、大专55人，大专以上学历占在职职工的89.72%；中共党员54人，占在职职工的50.47%。

【领导班子建设】 规范和强化领导班子议事决策程序，推进决策的科学化和民主化，用新思维新思想指导税收工作。认真贯彻落实总局党组《关于加强市、县国家税务局领导班子建设的指导意见》，提升领导干部胸怀全局、组织协调、廉洁自律、与时俱进、群众工作等五种能力，不断克服领导干部中存在的精神懈怠、能力不足的问题。增强领导班子与时俱进的学习意识，坚持学中干、干中学，努力提升学习能力、提高实践能力，精心谋事、潜心干事，不断提高班子的凝聚力、向心力和战斗力。

【廉政建设】 （一）抓好干部教育引导。紧密结合税收工作和干部职工的思想实际，创新教育载体，丰富教育形式，提高教育的针对性和实效性，广泛开展教育引导，组织中层以上干部观看“法治与责任——全国检察机关惩治和预防渎职侵权犯罪展览·红河”巡展。（二）推进惩防体系建设。结合实际深入贯彻落实中央制定下发的《建立健全惩治和预防腐败体系2008～2012年工作规划》，广泛深入地开展学习活动，实行任务区分，落实责任。推进政府信息公开，提高国税工作透明度，主动接受各界监督。落实廉洁自律各项规定，加强财务监督，倡导厉行节约，控制浪费，节省开支，先后开展“小金库”、“收支两条线”、固定资产处置、报账制等财务制度落实情况的监督检查。（三）落实党风廉政建设责任制。层层签订《党风廉政建设责任书》，进一步落实“一岗双责”。贯彻落实《信访条例》，建立和完善党组领导、办公室牵头协调、各有关科室参与的信访工作体制和机制，按照“谁主管、谁负责”的原则，实行信访办理层级责任制和分管领导包案制。（四）强化“两权”监督。加强干部廉洁自律的监督。局领导执行领导干部报告个人有关事项3人，领导干部述职述廉3人，落实党风廉政建设责任制检查考核单位14个。加强干部执法行为的监督。开展执法监察、效能监察、廉政监察，实现监察可疑数据为零、执法监察过错疑点为零；分别组织收听省、州广播电台的金色热线和红河热线节目，不断改进工作。加强执行《廉政公约》的监督。至2011年累计与5191户纳税人签订《廉政公约》；与全局干部职工家属签订《廉政公约》。推行“一案双查”，向纳税人发出《稽查人员廉政监督表》7份，收回6份，未发现和反映干部有违纪违规的问题。（五）积极推行内控机制建设。贯彻落实《云南省国家税务局关于开展内控机制建设指导意见》，结合工作实际，完善岗责体系，健全制衡控制流程，界定制约监督重点，建立科学合理的权力制约机制，确保内控机制的推行和有效运行。

【“四亮四评”活动】 在创先争优活动中，结合实际组织开展“亮流程、亮身份、亮职责、亮承诺”和“自己评、群众评、领导评、组织评”的“四亮四评”主题实践活动，按照上级的统一部署，既完成“规定动作”，又创新“自选动作”，做到规定动作不走样、自选动作有特色，把创先争优不断推向深入。（一）加强领导，明确责任。成立“四亮四评”活动领导小组，切实加强对活动的组织领导，确保全面有序推进并取得实效。（二）狠抓“四亮”工作的全面落实。制作张贴“办税服务厅办税服务流程”大型彩页，使用图文并茂、简洁易懂的方式亮出“税务登记”、“发票领购”、“税务稽查”、“认定管理”、“申报征收”等常见涉税业务的工作流程，并通过电子显示屏、政务公开网站、办税手册、便民服务指南、工作联系卡等多种方式，让纳税人了解纳税服务的每个环节、步骤和要求，实现窗口服务透明化。（三）为深入扎实地推进创先争优活动，各党支部开展领导点评工作，每位党员干部结合自己岗位作出公开承诺，对自己的工作情况进行自评，找出自身存在的不足，提出努力方向，并自觉接受领导和群众的点评。点评工作的开展，有效推进和谐国税建设，营造和谐的征纳环境。（四）结合“四评”开展“纳税服务明星”、“纳税服务标兵”评选活动，掀起个人岗位争优秀、部门工作创先进的热潮。2人获“红河州国税系统纳税服务标兵”称号；在全州国税系统“四亮四评”主题实践活动现场推进会上，作为示范单位作经验交流。

【教育培训】 贯彻落实《干部教育培训工作条例》，增强培训的针对性和实效性，推进学习型机关建设。在业务培训方面，按照上级分配的培训名额分别选送15期20人（次）先后参加稽查人才库、所得税、行政单位会计操作实务等专业知识培训；举办3期税收管理员辅助系统及数据分发系统运用培训；推荐1名税干参加软件工程硕士研究生班学习。广泛开展学习杨善洲同志先进事迹活动。以组织观看杨善洲事迹报告会、实地参观善洲林场、写心得、谈感想等形式，掀起学习杨善洲活动热潮，增强广大干部职工立足本职、增强优质服务意识和岗位责任意识。组织党员到国家国防教育示范基地、省级爱国主义教育基地麻栗坡县老山和麻栗坡烈士陵园开展“缅怀革命先烈，重温入党誓词”主题党员日活动，接受爱国主义教育。通过以党组理论中心学习组学习、开展警示教育、党员干部远程教育、收看《云南国税讲坛》、观看2010《感动中国》人物颁奖盛典录像和开辟读书心得专栏等形式，引导干部职工做终身学习、勤奋好学的表率，通过读书学习增长知识、增加智慧、增强本领、胜任工作，担当使命。市局被云南省国家税务局命名为“三读活动先进单位”，1人荣获“三读活动读书标兵”称号。

（朱建忠）

蒙自市国家税务局

经济概况

2011年，蒙自市实现生产总值（GDP）87.22亿元，同比增长13.6%，其中：第一产业14.48亿元，同比增长8%；第二产业45.13亿元，同比增长16.1%；第三产业27.61亿元，同比增长12.2%；三次产业的结构比例为16.6∶51.7∶31.7。财政总收入突破16亿元大关，完成16.4亿元（位居全州第二），同比增长29%；地方财政一般预算收入9.05亿元（跃居全州首位），同比增长25.1%；财政支出17.24亿元，同比增长30.4%；固定资产投资75亿元，同比增长20.85%；社会消费品零售总额24.16亿元，同比增长20.1%；金融机构存款余额221亿元，比年初增长10%；贷款余额153亿元，比年初增长28.6%；农村经济总收入20.5亿元，同比增长18%；农民人均纯收入4876元，同比增长17.8%。

税收概况

【收入完成情况】 2011年，蒙自市国家税务局共组织各项税收收入9.81亿元，同比增收2.53亿元，增长34.75%。其中：增值税收入7.58亿元，同比增收1.97亿元，增长35.12%；消费税收入54万元，同比增收36万元，增长200%；企业所得税收入8206万元，同比增收3748万元，增长84.07%；储蓄存款利息所得个人所得税收入24万元，同比减收26万元，下降52%；车辆购置税收入1.4亿元，同比增收1834万元，增长14.75%。

【收入特点】 国税收入呈现增值税、车辆购置税、企业所得税、消费税大幅增收，增收额2.53亿元。储蓄存款利息所得个人所得税减收，减收额26万元。

【税源分析】 （一）重点税源增多，钢材、建材、有色金属和电力品目税收增收2.48亿元。主要原因是工业产品上半年价格回升，全年产销量明显增加，税收收入得以保持强势增长，其中收入变动较大的有：钢坯钢材品目增值税收入1.78亿元，同比增收1.21亿元，增长212.28%，主要为重点税源企业红河钢铁有限公司逐步恢复生产。有色金属品目收入2.44亿元，同比增收7708万元，增长46.11%，主要是由于产品销量及销售价格增加。建材增值税收入3533万元，同比增收1847万元，增长109.55%，原因是蒙自瀛洲水泥厂技改完成后，增效明显。商业品目收入9261万元，同比减收5921万元，下降39%，主要是由于再生资源增值优惠政策停止执行，造成有色金属产品批发增值税收入减收8023万元。（二）消费税共计收入54万元，同比增收36万元，增长200%。新注册户云锡老虎山酒厂入库消费税22万元造成不可比增收；稽查查补收入17万元。（三）企业所得税共计收入8206万元，同比增收3748万元，增长84.07%。一是因执行减免税优惠政策到期的蒙自信用合作社作为新税源入库企业所得税1711万元，同比增收1464万元；二是蒙自烟草公司入库企业所得税收入1889万元，同比增收329万元；三是从事有色金属冶炼的云南云铝润鑫铝业有限公司入库企业所得税收入1572万元。（四）储蓄存款利息所得个人所得税共计收入24万元，比上年同期减收26万元，下降52%。主要是因政策停征，税基萎缩而减收。（五）车辆购置税共计收入1.4亿元，同比增收1834万元，增长14.75%，主要原因：一是需求拉动，共计征收车辆数达20941辆，同比增加156辆，共计征税金额1.4亿元；二是2011年国家对1.6升及以下排量乘用车的税收优惠到期，税率由上年的7.5%恢复到10%。

【税务管理】 全年共计受理税务登记2119户，正常开业户中，增值税一般纳税人362户，小规模纳税人1111户，个体工商户8386户。通过与工商登记信息交换对比，清理漏征漏管户369户。截至12月，系统内定额到期个体工商业户共7204户，全部按期进行分月汇总申报和重新核定工作，保证税收征管工作的连续性。

各项工作

【税收法制建设】 认真组织开展“六五”普法“四五”依法治市的检查验收工作。开展税收执法管理信息系统运行情况分析。重点对预警监控提示的过错指标及全州执法管理存在的共性问题进行分析。严格执行各项税收优惠政策。落实好下岗再就业优惠政策、福利企业退税等优惠政策，执行好车辆购置税减、免政策和企业所得税各项税收优惠政策。同时，按照《财政部国家发展改革委关于取消部分涉企行政事业性收费的通知》要求，自2月1日起，取消税务登记证工本费的收取，截至12月31日共计免收税务登记证工本费1806户3.61万元。

【税收征管】 （一）加强增值税管理。一是加强增值税一般纳税人认定管理及档案信息录入工作，对符合《增值税一般纳税人资格认定管理办法》规定的纳税人，按照程序办理一般纳税人资格认定，全年共认定增值税一般纳税人118户，注销增值税一般纳税人25户。二是做好防伪税控系统相关工作。全年共有52户增值税一般纳税人纳入防伪税控，为103户防伪税控企业办理防伪税控企业及增值税一般纳税人办理档案信息变更事宜。三是认真测算增值税起征点调整后对当地增值税税收收入影响。四是加强固定资产进项税额抵扣管理。对不符合抵扣政策规定的及时通知纳税人作进项税额转出处理。五是完成异常“四小票”分析统计工作。根据总局下发“四小票”比对异常发票信息进行接收、清分、分送和审核检查结果进行汇总、上报相关表报资料。六是网络抄报税申报工作正常运转，共成功推行网络抄报税、网络申报企业365户，其中防伪税控企业172户、非防伪税控企业193户。（二）加强企业所得税管理。做好企业所得税法各项配套政策及年度纳税申报的宣传、培训工作。积极推行电子化申报。按期完成汇算清缴工作。2010年度企业所得税汇算清缴应申报户525户，准期申报515户，未申报10户，汇算面98.1%。完成审批、备案事项管理工作，对11户企业享受优惠政策进行备案。强化企业所得税收入分析管理和非居民企业税收管理。（三）加强车辆购置税管理。严格执行《中华人民共和国车辆购置税暂行条例》和《车辆购置税征收管理办法》，对征收人员上报审批的车价备案信息进行严格审核，对错误信息及时予以纠正。（四）加强其他税种管理。加强消费税管理，完成对金银首饰及珠宝玉石行业的税收管理现状调查。加强储蓄存款利息所得个人所得税管理，全年委托金融企业代扣代缴储蓄存款利息所得个人所得税25.33万元。（五）加强出口退税管理。完成出口企业不予退（免）税货物情况核查明细表关单的核查工作。强化审核工作，加大单证审核力度，对列入审核特别关注信息的企业和商品，严格按有关规定处理。

【税收执法】 （一）税法宣传。4月1日，联合市地方税务局，在蒙自南湖湖畔举办第20个税收宣传月启动仪式。4月7日，对54户企业和基层税收管理员进行企业所得税培训。4月14日，组织人员到雨过铺镇永宁村进行税法宣传。4月15日，对全市辖区内涉及货物运输发票抵扣金额比例大的20户重点税源企业，采取集中座谈的形式开展税法宣传，进行面对面的辅导。依托信息化平台宣传税法。全天开通政务信息查询“96128”专线服务，及时解决纳税人提出的疑难问题。（二）税务稽查。2011年，共计查补增值税42.34万元、企业所得税29.39万元，加收滞纳金17.28万元、罚款11.95万元，合计100.96万元。（三）执法检查。2011年，分别从政策执行是否到位、减免税审批是否规范、税务违法案件的查处是否规范等方面切实开展税收执法检查，未发现存在违法执法行为。（四）执法考核。严格执行执法考核系统过错责任追究制度。全年共发生业务量94369户（次），工作量全州第一，发生过错指标139条，其中差错调整135条，机内考核过错行为4条，占业务总量的0.000042%。机内考核扣分13分，经济惩戒3人，金额65元。

【税务信息化建设】 （一）做好综合征管软件数据的管理应用工作。加强对综合征管软件数据质量特别是省、州局预警、通报的数据进行及时规范、分析、核实和处理，全年共分析比对387个征管数据，有效提高税收征管基础数据的质量。抓好“综合征管软件数据质量检测系统”运行维护各项工作措施的落实，把质量管理考核与征管质量、目标管理考核有机结合，不断提升数据质量管理的水平和能力。进一步加强税收征收管理业务数据的管理和应用工作，充分利用征收管理信息资源，提高税收征收管理的科学化、精细化水平，确保综合征管软件系统的稳定、安全运行。（二）税务与组织机构代码信息共享系统应用初见成效。“税务与组织机构代码信息共享项目”上线运行，进一步增强税源管理的针对性和时效性，提高征管和纳税服务质效，全年完成综合征管软件中5238条基础信息清理及组织机构代码信息的逐条比对工作，堵塞税收征管漏洞。（三）税收管理员辅助信息系统顺利推广运用，全年共处理各类信息1675条，其中：处理需要反馈的风险预警数据382条，处理不需反馈的风险预警数据814条，处理税收调查任务登记、接收、实施479条。

队伍建设

【机构人员情况】 2010年11月蒙自撤县设市，2011年1月1日起，经省局批准，蒙自县国家税务局更名为蒙自市国家税务局。全局内设机构10个：即办公室、政策法规科、货物和劳务税科、所得税科、收入核算科、纳税服务科、征收管理科、人事教育科、监察室、办税服务厅；直属机构1个：稽查局；事业单位1个：信息中心；派出机构2个：文澜税务分局、红河工业园区税务分局。全局共有在职干部职工106人，其中：少数民族职工36人，在职男职工67人，女职工39人。学历结构：本科34人，专科51人，中专10人，高中、技校、职高6人，初中以下5人。

【领导班子建设】 市局设党组书记、局长1人，党组成员、副局长3人，党组成员、纪检组长1人。班子成员紧紧围绕党中央，团结一致，以科学发展观为指导，对党组理论中心组和全局在职干部理论学习进行全面的安排和部署，抓好党组理论中心组学习，广泛征求基层和机关干部职工的意见和建议，坚持实事求是、民主集中制的原则。

【廉政建设】 认真贯彻落实全州国税系统党风廉政建设工作会议精神。召开全局党风廉政建设工作会议，传达全省、全州党风廉政建设工作会议精神，并提出年度工作思路和目标。层层签订《党风廉政建设责任书》103份。做好与纳税人新增户签订《廉政公约》及回访工作。全年共与4221户纳税人签订《廉政公约》，组织回访466户，通过回访，未发现局内干部有违纪行为。与在职干部职工签订《廉政公约》110份。制定《蒙自市国家税务局内控机制建设实施方案》，对全局内控机制建设工作做出安排部署。组织全局干部职工参观“全国检察机关惩治和预防渎职侵权犯罪展览”红河巡展。加强廉政学习教育。在全局范围内开展以理想信念、党风党纪、法规法纪、思想政治教育为主要内容的警示教育月活动。

【精神文明建设】 积极开展“四亮四评”主题实践活

动。在全局开展“亮流程、亮身份、亮职责、亮承诺”和“自己评、群众评、领导评、组织评”主题实践活动。2011年，被市政府授予“爱国拥军先进单位”，被市委、市政府授予“文明单位”，1人荣获“爱国拥军先进个人”称号。在“七·一”建党节前夕，组织全体党员到省一大会址重温入党誓词，接受革命传统教育，缅怀革命先烈，进一步加强党建教育工作，提升党员党性党悟。开展向杨善洲同志先进事迹学习活动。召开专题会议研究布置全局学习杨善洲同志先进事迹活动。

【教育培训】 积极推荐或组织参加人员各种业务培训、师资培训等，全年共组织5次57人（次）进行税收有关业务等培训。

（杨 宏）

建水县国家税务局

经济概况

2011年，建水县实现生产总值（GDP）75.2亿元，同比增长12.6%。其中，第一产业16.64亿元，第二产业28.78亿元，第三产业29.78亿元，三次产业的结构比例由上年的22.82∶36.93∶40.25变为22.1∶38.3∶39.6。完成财政收入9.02亿元，同比增长21.07%；完成社会固定资产投资75.23亿元，增长21.28%；完成社会消费品零售总额20.18亿元，增长20%；实现工业总产值69.75亿元，增长27.91%；规模以上工业增加值12.35亿元，增长45.29%；粮食种植面积60.13万亩，增长9.87%；城镇居民人均可支配收入1.4万元，增长26.8%；农民人均纯收入4836元，增长16%。旅游业总收入11.87亿元，增长28.5%；接待国内外游客240.37万人（次），增长15.29%。

税收概况

【收入完成情况】 2011年，建水县国家税务局完成税收收入3.53亿元，同比增长2.15%。完成州局计划任务的101.03%。其中“两税”收入2.18亿元，同比增长2.25%。完成州局“两税”任务2.05亿元的106.34%，占州局考核任务的58.74%。

【收入特点】 （一）国税收入同比增收743万元，增速低于全县生产总值（GDP）增速10.45个百分点。（二）“两税”收入增速低于全县生产总值（GDP）增速10.35个百分点。其中，增值税收入2.18亿元，同比增长2.25%；消费税收入23万元，同比增长21.05%。（三）企业所得税收入7836.46万元，同比增长40.55%。（四）储蓄存款利息所得个人所得税收入47万元，同比下降52.53%，减收的主要原因是政策变化。（五）车辆购置税收入5566万元，同比下降25.92%，主要原因是减免税。

【税源分析】 （一）增值税收入共计2.18亿元，同比增收479万元，增长2.25%。增值税主要税源为造纸业、商业、化工产品、煤炭、黑色金属冶炼、矿产品、建材、水电供应和有色金属冶炼。增值税增收的主要项目，一是造纸业征税3795万元，同比增收70万元，增长1.88%。云南红塔蓝鹰纸业有限公司缴税3774万元，同比增加73万元，增长1.97%。二是电水供应征税1795万元，同比增收461万元，增长34.56%。建水县供电有限责任公司缴税1257万元，同比增加525万元，增长71.72%。三是批发零售业征税7704万元，同比增收1188万元，增长18.23%；红河州烟草公司建水分公司缴税3714万元，同比增加409万元，增长12.38%。四是其他征税997万元，同比增加461万元，增长86.01%。增值税减收的主要项目，一是矿产品征税4774万元，同比减收262万元，下降5.2%。建水县见龙坡选厂缴税38万元，上年缴税747万元，同比减少709万元，下降94.91%。二是化工产品征税388万元，同比减少155万元，下降28.55%。云南群星化工有限责任公司缴税378万元，同比减少162万元，下降30%。三是黑色金属冶炼品征税442万元，同比减收899万元，下降67.04%。红河钢铁有限公司建水分公司全年无应缴税，上年缴税367万元；云南建水锰矿有限责任公司在工业园区新建项目购进固定资产取得可抵扣进项税，全年无应缴税，上年缴税360万元。四是有色金属征税684万元，同比减收125万元，下降15.45%。云南云铝涌鑫铝业有限公司缴税334万元，同比减少220万元，下降39.71%。五是其他制造业征税183万元，同比减收275万元，下降60.04%。云南建水东糖糖业有限公司缴税64万元，同比减少253万元，下降79.81%。（二）消费税收入23万元，同比增收4万元，增长21.05%。主要税源是酒精。（三）企业所得税收入7836.46万元，同比增收2260.81万元，增长40.55%。红河州烟草公司建水分公司缴税2859万元，同比增加496万元，增长20.99%；建水县农村信用合作社缴税2395万元，同比增加2103万元，增长720.21%。（四）储蓄存款利息所得个人所得税收入47万元，同比减收52万元，下降52.53%。（五）车辆购置税收入5566万元，同比减收1948万元，下降25.92%。下降因素是受税收政策调整。

【税务管理】 （一）“一窗式”管理。以创先争优“四亮四评”活动为契机，不断提高服务质量，规范执法行为，完善“一窗式”管理工作。建立健全服务承诺制度、大厅管理制度、岗位责任制和首问负责制，延时服务和业务科室负责人导税服务，简化办税程序，建立纳税信用等级评定制度，创造依法诚信纳税的良好氛围。做好政务信息查询“96128”专线接听工作，确保全省“12366”服务热线如期开通，为纳税人提供优质、高效、便捷服务，保护纳税人合法权益，和谐征纳关系。（二）重点税源管理。把管户、职责落实到每一个税收管理员，做到户籍清楚、分工明确、责任落实、统一管理，提高税源管理工作的针对性和实效性。截至2011年底，有征管6969户（一般纳税人441户、小规模纳税人815户、个体户5713户)。(三)定期定额征管户管理。严格按照《个体工商户征收管理办法》及其实施办法，为纳税人营造一个良好的税收环境，杜绝人情税和关系税的发生。(四)户籍管理。做好税务登记基础信息数据质量检测，对停业、复业户的跟踪管理和非正常户、失踪户清理，加强户籍静态、动态和实地巡查，做到户籍清楚，管理到位。(五)申报管理。加强零申报、负申报纳税户管理，做好申报信息与税务登记信息、发票领购情况的对比分析，落实管户责任，加强纳税评估。

各项工作

【税收法制建设】 严格执行《税收执法考核办法》及《执法过错责任追究办法》，完成税收执法检查和执法监察工作。认真贯彻执行“六五”普法规划，坚持依法治税，强化执法监督，规范执法行为。结合法规工作职能和要求，做好税收执法监控和督察工作，充分利用税收执法考核信息系统，对日常监控检查发现的执法过错数据和问题及时进行整改纠正，认真做好无过错申辩受理和调整工作，严格执行执法责任制和过错责任追究，提高税干的执法水平和依法行政的能力。

【税收征管】 (一)强化征管。一是设立税务登记、变更登记、注销登记、非正常处理等户籍管理档案，及时发现漏管户，堵塞征管漏洞。二是结合发票换版工作，检查发票613户(次)，补缴税款8万元，加收滞纳金3000元，处理旧版发票信息1917户，完成发票换版工作。三是建立业务联席会议制度，每季末由业务部门轮流牵头通报本部门在征管工作中发现的问题，提出解决方案，增强部门协调，提高工作效率。(二)做好税收优惠政策的贯彻落实。按照先评估后退税的办法，开展社会福利企业纳税评估工作，全年评估23户，退税3630万元。(三)审核审批一般纳税人。全年受理认定一般纳税人114户，累计有一般纳税人总户数441户。

【税收执法】 (一)税法宣传。围绕“税收·发展·民生”主题，进社区、进学校、进企业、进农村，广泛开展税法宣传活动。(二)税务稽查。综合征管软件检查14户，有问题6户，查补税款22.85万元，滞纳金3617元，罚款10.45万元，合计33.66万元。开展查前告知、纳税辅导、纳税评估、专项检查和协查总计200户，查补税款合计197.78万元。

【税务管理信息化建设】 全面推进科学化、精细化、专业化管理。一是摸底排查，及时更新税源台账，掌握纳税人的生产经营状况及税源变化动态。二是借助税收管理员辅助信息系统(V2.0)信息化管理平台，强化对异常申报户的监控，及时掌握纳税人的申报欠税情况。

队伍建设

【机构人员】 2011年内设机构10个：办公室、人事教育科、监察室、政策法规科、货物和劳务税科、所得税科、收入核算科、纳税服务科、征收管理科、办税服务厅；直属机构1个：稽查局；事业单位1个：信息中心；派出机构1个：临安税务分局。党群组织：建水县国家税务局党总支(下设5个党支部)；建水县国家税务局工会(下设5个工会小组)、妇委会、老年人协会。全局年底有在职干部职工118人，其中：男职工81人，占全局总人数的69%，女职工37人，占全局总人数的31%；本科毕业生36人，占全局总人数的31%；专科毕业生55人，占全局总人数的47%；中专毕业生12人，占全局总人数的10%；高中及以下文化的15人，占全局总人数的12%。有党员93人(其中：在职党员81人，离退休党员12人)。至2011年底，全局有国家税务总局表彰的“征管能手”1人，省局“征管能手”1人，省局“业务能手”2人，州局“征管能手”4人，州局“业务能手”14人。红河州税务系统“青年标兵”4人，荣立三等功3人，州局“优秀税务工作者”13人，省局“优秀税务工作者”3人。

【领导班子建设】 设党组书记、局长1人，党组成员、副局长4人，党组成员、纪检组长1人。局党组始终把党建工作和政治思想工作纳入国税工作的重要议事日程，从自身建设抓起，率先垂范，自上而下，从年初工作计划制定到具体工作的落实上，都把党建工作、政治思想工作同组织税收收入工作一道，放在工作的首要位置，抓好落实。一是以中心组学习为主，切实抓好县局班子和中层干部的政治理论学习。二是政治思想工作逐级落实，要求各部门根据工作实际制定相应的实施方案，做好组织实施和检查督促工作。三是坚持“三会一课”、“纪检日”、“学习日”制度，深入开展内容丰富的政治学习、思想教育和党性党风教育。四是进一步拓宽选人用人渠道，逐步建立“公开、平等、竞争、择优”的选人用人机制，通过竞争，选拔1名年轻税干担任副局长职务。

【廉政建设】 围绕“组织收入”中心，坚持“以人为本，执政为民”，贯彻落实《廉政准则》，深入开展党风廉政建设和反腐败斗争。党组书记、局长与班子成员签订《党风廉政建设责任书》5份；班子成员与分管部门签订《党风廉政建设责任书》13份；部门负责人与所属工作人员签订《责任状》99份；局长与干部家属签订家庭《廉政公约》118份，回访75户。与纳税人签订征纳双方《廉政公约》3189份，其中：一般纳税人414份，小规模纳税人834份，个体征税户986份，未达征点但使用发票户955份，共回访231户(其中：一般纳税人36户，小规模纳税人60户，个体征税户70户，未达征点使用发票户65户)。搞好同新办企业、新增个体用票户和征税户征纳双方《廉政公约》的签订工作，并对签约户进行跟踪问效。

【教育培训】 按照省、州局干部教育培训工作部署，开展以业务培训为重点，不断提升全局干部贯彻落实税收政策的技能和水平，结合“服务基层年”工作主题要求，选送税干按时参加国税系统开展的干部教育培训，以参训人员为骨干，以征、管、查人员培训为重点，兼顾税收管理员信息系统、所得税业务等的应用，认真组织培训，努力做到以考促学，学以致用。全年组织参加14期培训，共培训60余人(次)。选送1人参加云南国税书法美术摄影协会首届国画培训班。在国税系统庆祝建党90周年书画摄影展中，组织6人报送优秀书画作品。

（胡　永）

石屏县国家税务局

经济概况

2011年，石屏县实现生产总值（GDP）31.9亿元，同比增长11.2%。其中，第一产业完成13.4亿元，同比增长8.9%；第二产业完成8.6亿元，同比增长15.7%；第三产业完成9.9亿元，同比增长10.5%。三次产业的结构比例为42:27:31；全年完成地区工业总产值19.05亿元，同比增长11.4%；农业总产值26.65亿元，同比增长19%。全年完成固定资产投资33.02亿元，同比增长32%；实现社会消费品总额12.7亿元，同比增长20%；农民人均纯收入4251元；财政总收入3.44亿元，同比增长11.6%。其中地方一般预算收入完成2.3亿元，同比增长15.1%。

税收概况

【收入完成情况】　2011年，石屏县国家税务局共计组织各项税收收入1.23亿元，增收1512万元，增长13.89%，为计划数的108.1%，为奋斗目标1.17亿元的105.13%。共计组织县级一般预算收入2168万元，增收62万元，增长2.94%。分税种收入分别为：增值税收入8040万元，增收24万元，增长0.3%；消费税收入24万元，增收1万元，增长4.35%；企业所得税收入2538万元，增收106万元，增长4.36%；储蓄存款利息所得个人所得税收入22万元，减收30万元，下降57.69%；车辆购置税收入1648万元，增收1411万元，增长596%。

【收入特点】　一是国税收入实现持续增长。各项税收收入达到1.23亿元，在2010年收入增长7.8个百分点的基础上实现13.89个百分点的增长，保持与国民经济的同步增长。二是国税收入创历史新高。在2010年突破亿元大关的基础上创新高，突破1.2亿元。三是车辆购置税收入增长迅猛。车辆购置税改为属地征收后，2011年车辆购置税收入达1648万元，比2010年增长近六倍，居全州第六位。

【税源分析】　增值税方面，煤矿、烟草、电力和有色金属矿产品等行业实现增收，糖、豆制品、其他商业、黑色金属矿产品、黑色金属冶炼、水泥和化工等行业实现减收，增减相抵增收24万元，增长0.3%。企业所得税方面，增收106万元，增长4.36%，主要是纳税评估增收。储蓄存款利息所得个人所得税减收30万元，下降57.69%，主要是税种停征减收。车辆购置税增收1411万元，增长596%，主要是车辆购置税改为属地征收后增收。

【税务管理】　一是认真贯彻落实各项税收政策，强化税收优惠政策管理。落实社会福利企业和资源综合利用企业“即征即退”税收优惠政策，全年为3户福利企业审批增值税退税608万元，为1户资源综合利用企业审批增值税退税149万元。二是强化重点税源企业管理，确保主体税收及时足额入库。三是认真做好企业所得税汇算清缴工作，共计156户企业所得税纳税人参加汇算，调增计税所得额447万元，补充申报企业所得税77万元。四是强化纳税评估和政策辅导工作，提升评估质效，全年组织评估纳税人48户，评估有问题23户，评估补税180万元。五是“税收管理员辅助信息系统”于8月22日与全省国税系统同步上线，信息管税进一步加强。六是将“四小”车辆车辆购置税委托交警部门代征，减轻办税服务厅压力和方便纳税人。

各项工作

【税收法制建设】　一是贯彻落实国务院《全面推进依法行政实施纲要》和《行政许可法》等规定。二是开展税收执法风险教育和税收法制宣传教育，提高执法风险防范意识。三是加强税收执法考核和追究力度，对出现过错的执法行为，严格按照税收执法责任制和执法过错追究制的规定追究执法者责任。四是深入推进法制政府、责任政府、阳光政府和效能政府“四项制度”，提高国税机关在社会公众和广大纳税人中的满意度。

【税收征管】　一是以科学化、精细化、专业化为目标，夯实征管基础，创新征管方式，征管质效不断提升。二是强化信息管税，税收综合征管软件及其数据分发系统、税收执法管理信息系统、税收监控分析系统、税负预警系统、税收管理员信息系统等信息软件全面应用于税收征管，税收征管数据质量和税源监管水平不断提升。三是加强户籍管理工作，防止漏征漏管。全年共与工商交换登记信息3012条，组织机构代码信息反馈938条，共办理税务登记6153户。四是强化个体户定期定额户管理，加强工商、质监等部门数据与综合征管软件数据信息分析比对，查缺补漏。五是抓欠税管理，在巩固2010年新欠为零成绩的基础上，采取措施，从准期申报率和入库率入手，及时掌握纳税人的生产经营状况，督促纳税人及时缴纳税款，确保10年无新欠税款产生。六是加强征管数据质量的运行与分析，提高数据管理质量和应用水平。七是强化普通发票管理，严格发票领、用、存各项内部管理制度，落实普通发票代开规定，做好发票专用章的换印工作。

【税收执法】　一是税法宣传。以全国第20个税收宣传月活动为契机，紧扣“税收·发展·民生”宣传主题，突出重点，创新形式开展宣传活动，取得良好的宣传效果。二是税务稽查。实施“科学分类，突出重点，协调配合，阳光操作”的工作模式，采取“查前告知，企业自查，纳税辅导，重点检查”的稽查方式，有效提高稽查效能和检查质量效率。三是执法检查。认真组织开展税收执法检查，强化执法过错追究，税收执法管理水平进一步提高。

【税务管理信息化建设】 一是完成综合征管软件客户端、认证、报税及发票发售窗口的升级工作，确保新版《发票领购簿》正式启用；二是做好普通发票换版上线后的服务工作，及时帮助纳税人解决运行中出现的问题；三是上门为辖区重点税源企业安装税法查询软件"中国税官"，为纳税人适时了解税收政策提供方便；四是实现车购税档案管理信息化，确保车购税档案的安全完整。

队伍建设

【机构人员情况】 全局内设机构8个：办公室、税政管理科、收入核算科、政策法规科、征收管理科、办税服务厅、人事教育科、监察室；直属机构1个：稽查局；事业单位1个：信息中心；派出机构1个：异龙税务分局。全局有职工99人，其中，在职职工75人、离退休职工24人。在职职工中，男45人、女30人；大学学历30人、专科学历35人，中专学历6人、高中学历3人、初中学历1人，专科以上学历人数占86.67%；党员55名（其中，在职党员43名）、团员3名。

【领导班子建设】 一是立足实际，解放思想，开拓创新，不断深入开展创先争优"四亮四评"主题实践活动，充分发挥党组织的战斗堡垒作用和党员的先锋模范作用，积极为广大纳税人和相关部门提供优质服务。二是加强党组理论中心组学习，围绕"服务基层年"主题，不断提高领导班子的思想政治觉悟，增强政治敏锐性、政治洞察力和判断是非的能力。三是严格执行民主集中制原则，领导班子作风优良，廉政勤政，党风廉政建设成效突出。

【廉政建设】 一是组织干部职工参加县纪委组织的庭审教育活动，收看警示教育专题片，充分利用身边的事教育身边的人，增强警示教育活动的警戒力和威慑力。二是组队到蒙自参观全国检察机关惩治和预防渎职侵权犯罪展览红河巡展、学习腐败案例通报，从正反两面引导干部树立正确的世界观、人生观、权力观和价值观，算好"七笔账"，谨防"四条高压线"。三是开展内控机制建设工作，全年共查出个人岗位廉政风险点432个，避险承诺426条；部门风险点71个，部门避险承诺76条。岗位廉政风险等级一级4人，二级11人，三级58人。四是开展预防职务犯罪知识讲座，增强全体干部职工预防职务犯罪的法律意识。五是针对监察子系统中出现的疑点问题开展税收执法监察与管理。处理监察子系统疑点1个。六是坚持标本兼治、综合治理、惩防并举、注重预防的战略方针，从源头加强预防，实行"一岗双责"，强化对领导干部的监督。七是做好《廉政公约》的签订和回访工作。全年签订《廉政公约》73份，回访39户，累计签订征纳《廉政公约》2332份，并按照回访面的要求进行回访。八是持续开展党风廉政警示教育、预防职务犯罪教育和廉政文化教育活动，创造性地提出和认真落实"一个走出，两个走进"纪检监察工作新思路，监察干部主动走出办公室、走进纳税人、走进干部职工，与纳税人做朋友，与干部交心谈心，从中发现问题，睁大眼睛，盯死违法违纪行为。保持干部无违纪现象发生。

【精神文明建设】 一是以"纳税服务标兵"评选和"评星授旗"活动为契机，开展岗位练兵和业务培训，提高全局干部职工的业务素质。二是开展各种专题讲座、《感动中国》电视专题教育等活动，增强干部职工的责任意识和积极向上的精神。三是开展生动活泼、丰富多彩的国税文化活动，不断注入快乐石屏国税文化元素，增强干部队伍活力。四是开展文明创建活动，争创州级文明单位。五是开展以查岗、查牌为主的作风整治活动，着力促进干部工作作风的进一步转变。六是积极开展创先争优"四亮四评"主题实践、为民服务创先争优、学习杨善洲先进事迹教育、"争上党建工作状元榜"、"比十争百当先锋　红河两岸党旗红"等系列创先争优活动。县局党总支被州委、县委授予"先进基层党组织"称号，被县直机关工委授予"服务窗口党旗红"称号。州委常委、组织部部长宋红临亲临石屏县国家税务局检查指导，并对全局创先争优活动成效给予表扬；4月13日《红河日报》头版头条以《为国聚财，和谐税收》为题对石屏县国家税务局开展创先争优活动进行纪实报道；县局先后被县直机关工委、州局确定为创先争优"四亮四评"主题实践活动示范单位。全州国税系统和县委先后选定石屏县国家税务局召开"四亮四评"主题实践活动现场推进会，元阳县委以及县内多个部门前来参观学习并赢得普遍赞誉。

【教育培训】 一是制订培训计划，开展业务培训，提高干部业务素质。全年组织10余期多形式、多渠道的业务培训，有效提高国税干部业务素质和技能。二是按照"以用逼学、以学促用"的思路，积极创建学习型机关，全年组织干部职工分两批到江西税务干部学校进行为期7天的培训。培训内容涉及税收执法风险防范、税务干部心理调适、最新税收政策解析等九大方面，提高干部职工适应新形势税收工作的能力。三是创新教育形式，增添管理活力。以国税文化建设为载体，树立"人人爱石屏国税、石屏国税爱人人"的人本理念，结合实际推行七个快乐学习元素系列管理创新工作，增添职工活力。四是举办"纳税服务标兵"竞赛选拔活动，挑选出3名成绩优秀的税干参加全州"纳税服务标兵"竞赛，1人荣获"红河州国税系统纳税服务标兵"称号。

（方　焱）

弥勒县国家税务局

经济概况

2011年，弥勒县实现生产总值（GDP）167.95亿元，比2010年增长11.8%。其中：第一产业增加值13.85亿元，增长7.9%；第二产业增加值129.79亿元，增长11.8%；第三产业增加值24.31亿元，增长14.2%。三次产业的结构比例由2010年的8.7∶77.7∶13.6变化为8.2∶77.3∶14.5。完成农业总产值26.55亿元、工业总产值204.99亿元、固定资产投资75.17亿元，实现社会消费品零售总额20.37亿元，实现财政总收入15.44亿元。地方一般预算收入8.08亿元，一般预算支出合计17.91亿元；金融机构各项存款余额121.3亿元，贷款余额72.25亿元。县域在岗职工年人均工资3.12万元，农民人均纯收入4785元。

税收概况

【收入完成情况】 2011年，弥勒县国家税务局共组织各项税收收入6.2亿元，完成年度税收计划的111.32%，同比增长20.13%。其中：增值税完成4.2亿元，同比增收5888万元，增长16.32%；消费税完成944万元，同比下降5.13%；企业所得税完成1.43亿元，同比增收5953万元，增长71.16%；储蓄存款利息所得个人所得税完成36万元，同比下降53.85%；车辆购置税完成4746万元，同比下降22.25%。

【收入特点】 一是税收增速快于地方经济发展速度。2011年全县生产总值（GDP）同比增长11.8%；国税收入同比增长20.13%，税收弹性系数为1.71。二是增值税收入占总收入比重大，达67.74%。三是企业所得税增速快，同比增长71.16%，占总收入的23.06%。

【税源分析】 （一）增值税增收原因：一是商业因社会产品需求增加成为拉动增值税收入快速增长的最主要因素，红河州烟草公司效益提升，划入全县烟草商业税收增长；二是电力因旱情未缓解，水力发电不足以及云南华电巡检司发电有限公司办理延期申报，同比减收26万元；三是建材因石蒙高速工程未竣工结算，同比减收589万元；四是糖受“小机榨”影响原料收购不足，加之与可口可乐公司签订的销售合同价格偏低形成糖制品高进低出，同比减收173万元。（二）企业所得税形成增收新亮点，拉动总体税收增长。增收因素：一是弥勒县农村信用社税收优惠政策2010年7月份到期，2011年入库同比增收2927万元；二是红河州烟草公司产品结构优化和销量增加企业效益提升，划入弥勒县税收同比增收1416万元；三是通过规范管理带来房地产行业税收同比增收624万元。（三）消费税受连年旱情影响，产品产量下降，导致税收同比减收。（四）个人利息所得税因税基减缩导致持续减收。（五）车辆购置税，自2011年1月1日起，税收优惠政策取消（恢复10%税率征收），加之泸西属地车辆可以回当地缴纳车购税，税源的减少和分流导致车购税同比减收1358万元，下降22.25%。

【税务管理】 全年征管户9540户（其中：企业910户，个体8612户，特殊纳税人18户）。开业纳税人按增值税类型分为增值税一般纳税人328户，小规模纳税人6835户（“双定户”达起征点219户，“双定户”不达起征点6013户，小规模企业603户）。普通发票用票户2196户。全年填用各种税收票证5.41万份，受理各类文书1.08万份，认证专票2.54万份、货物运输发票1587份，受理税务登记1768户，代开普通发票9592份、增值税专用发票835份。公开政务信息及政策97条，接受“96128”政务信息查询5件。完善协税护税网络，按月与工商、地税部门交换信息，保证税务登记管理的及时、准确，防止出现漏征漏管户。

各项工作

【税收征管】 （一）加强个体税收征管，按月进行定额公示，公示和公布定额5961户，对月定额上万元的个体户，由县局核定审批267户。（二）3～5月对全县范围内的875户单位和个人开展税源调查，摸清税源底数，堵塞管理漏洞。（三）完成发票换版任务。及时收缴核销54万多份旧版普通发票、电脑发票。2011年1月1日正式启用新版普通发票，并推广网络开票，扩大机打发票的使用覆盖率，降低发票管理风险。（四）积极探索纳税评估新方法，建立纳税评估联动机制，抽调17人组成11个纳税评估工作组，深化增值税、所得税纳税评估和联合专项评估，完成州局在弥勒县组织开展的房地产行业企业所得税评估试点任务。（五）完成2010年度汇算清缴工作。应参加汇算清缴305户，实际参加汇算清缴298户，汇算清缴面97.7%。（六）受理延期缴纳税款2户，审核不符合延期。实现连续7年无欠税。（七）征收12186辆机动车车辆购置税（其中：汽车5149辆，摩托车6998辆，挂车26辆，农用运输车13辆），代征“三小车辆”6390辆。（八）在全县设立15个发票代开点。（九）稳步开展实时扣税和银行储蓄扣税，开展网络认证和网络申报等工作。

【税收优惠】 积极落实支农惠农、资源综合利用、扶持社会弱势群体、扶持地方中小企业、支持出口企业发展的税收优惠政策，2011年“免、抵、退”税额7966万元。（一）“免、抵、退”增值税4396万元，比上年同期4167万元增长5.5%。一是落实涉农惠农增值税优惠政策，减轻农业生产者负担，扶持农业生产发展，办理135户生产和销售自产初级农产品、农业生产资料、饲料、国有粮食征前减免增值税2744万元，比上年同期增长28.94%；二是落实安置残疾人税收优惠政策，扶持社会弱势群体，对12户安置残疾人社会福利企业办理“即征即退”增值税796万元，比上年同期增长16.03%；三是落实资源综合利用税收政策，促进节能降耗和循环利用，办理1户资源综合利用水泥生产企业“即征即退”增值税19万元，比上年同期增长216.67%；四是对25户增值税一般纳税人购进免税农产品抵扣进项税额837万元，比上年同期减少510万元，下降37.86%。（二）享受所得税优惠政策企业33户，减免企业所得税3263万元。（三）对2户出口退税企业免抵退税242万元。（四）办理20辆特殊装置车辆免征车辆购置税65万元。（五）认真落实新增值税起征点提高政策，754户纳税人得到实惠。（六）2011年2月1日起，取消税务登记证工本费。

【税收执法】（一）税法宣传。紧扣“税收·发展·民生”主题开展第20个全国税收宣传月活动，充分利用媒体、网站等载体公开发布政务信息21条，发布政策公告25条；组成4个税源调查组、4个税收宣传组由局领导带队到挂钩联系企业宣传政策；利用QQ群纳税服务平台解答纳税人咨询57人（次）。（二）税务稽查。一是确定16户纳税人为分级分类稽查户，查补收入合计68.1万元；对广告业和房地产行业进行税收专项检查，对房地产行业开展检查评估，11户房地产企业补缴企业所得税658.6万元，加收滞纳金9.14万元；2010年结转的2户专案，其中1户查补8.95万元，1户自行申报补缴增值税10万元、滞纳金1.74万元。二是按时完成“11·10”专案协查取证工作，协查涉及全县17户企业，146份发票，涉及金额391.71万元，按照省、州局的处理意见和相关精神，10户作补税处理，1户抵减上期留抵税款4.18万元，共计入库税款18.37万元。三是主动与公安、地税部门协调开展打击发票违法犯罪联合行动，建立健全发票管理制度，坚持查税必查票，查案必查票，维护正常经济秩序。对21户企业280份问题发票、30户个体户220份问题发票进行处理处罚。（三）落实执法过错责任追究制。对执法考核系统产生的1项执法过错，严格按照税收执法责任制追究过错，进行经济惩戒；受理12人无过错申辩调整申请17份；提醒、协助纠正12类191条数据。落实州局CTAIS要求整改税收征管状况预警通报3期，涉及5个指标259条疑点数据。

【税务管理信息化建设】做好税收执法管理信息系统的运用和维护。2011年8月22日顺利上线运行税收管理员辅助信息系统，通过预警风险提示，进行日常评估、实地调查核实调整个体定额、认定增值税一般纳税人，运用税收管理员辅助信息系统“风险管理”模块，防范税收执法风险，开展网络认证和网络申报工作。

队伍建设

【机构人员】内设机构10个（办公室、货物和劳务税科、征收管理科、人事教育科、监察室、办税服务厅、所得税科、纳税服务科、政策法规科、收入核算科）；直属机构1个（稽查局）、事业单位1个（信息中心）；派出机构1个（弥阳税务分局）。党群组织：县局党总支（下设3个党支部），县局工会（下设5个工会小组）、妇委会、老年人协会。报经中共弥勒县直属机关工委同意，6月27日选举产生中共弥勒县国家税务局第四届总支部委员会。2011年底在职职工97人。其中：男职工68人，女职工29人；本科37人，大专54人，中专2人，高中4人；51岁以上12人，41～50岁58人，31～40岁18人，30岁以下9人，全局在职职工平均年龄44岁。离退休干部46人。全局党员70人。

【领导班子建设】坚持党组中心组学习制度、民主生活会制度、政治理论学习制度、领导干部工作联系点制度和领导AB角工作制。贯彻落实《党政领导干部廉洁从政若干准则》，切实加强领导干部作风建设，班子成员对照检查各自在党性、党风、学风、作风等方面存在的问题，认真开展批评与自我批评，对职工提出的意见和建议，认真对待，诚恳接受。4月，按照州局人事任免决定，县局主要领导平稳交接。10月，1名女税干通过参加州局竞争上岗走上副科级领导岗位。

【精神文明建设】（一）深入开展“四亮四创四评”活动，评选“共产党员示范窗口”12个、“共产党员先锋岗”24个、“岗位明星”40人（次）。（二）发扬一方有难八方支援的人道主义精神，各类捐资共计1.57万元。96名税干为盈江县地震灾区捐款5575元；86名税干为身患尿毒症的江边乡贫困大学生李勇兵治病捐款3720元；97名税干为弥勒干旱灾区捐资6430元。（三）积极开展第二轮文明创建活动。被云南省国家税务局命名为“文明单位”和“云南省国税系务统学习型机关”；1人荣获“五五”普法、“三五”依法治县“先进个人”称号；1人荣获“弥勒县2011年党史地方志工作优秀撰稿员”称号。

【廉政建设】（一）层层签订《党风廉政建设责任书》95份，与税干家属签订家庭《廉政公约》96份，与新增纳税人签订税企《廉政公约》197户，每月对新增户跟踪回访。对337户纳税人税款核定、一般纳税人资格认定、所得税减免、福利企业退税进行监督监察。（二）开展内控机制建设，制定内控机制建设实施意见，全面排查风险，界定制约监督重点，清理整合制度，组织全局税干开展查找岗位风险点“回头看”活动。（三）加强国税廉政文化建设，始终坚持“以廉为荣，以贪为耻”的文化理念，将廉政摄影作品等制成牌匾、镜框挂在墙上，使税干养成廉洁自律意识。（四）对19名中层干部进行廉政谈话；召开特邀监察员联席会议；坚持定期走访和明察暗访制度。（五）组织开展党纪党规教育、职业道德教育、警示教育和“廉洁兴税”教育活动，组织党员干部到锦屏山植树造林。县局党总支被县直机关工委授予“2010年度党风廉政建设责任制考核优秀奖”。

【教育培训】组织各类培训7期348人（次），开展《发票管理办法》及《实施细则》、增值税税收优惠政策、信访工作规范流程、税收管理员辅助信息系统推广应用、税收执法管理信息系统疑点信息库、房地产开发企业税收征管及纳税评估、综合征管软件常用数据分析运用等业务培训。为职工搭建业务学习平台，解决工学矛盾，在中华会计网校注册开通《税法1》、《税法2》、《财务会计》等三门课程。组织全局96人参加“忠诚教育”培训考试，全部合格。全年培训费2.55万元，人均263元。报刊征订费3.7万元。

（冯丽清）

泸西县国家税务局

经济概况

2011年，泸西县实现生产总值（GDP）45.2亿元，同比增长14.1%，其中：第一产业10.5亿元，同比增长8.1%；第二产业18亿元，同比增长19.8%；第三产业16.7亿元，同比增长11.6%，三次产业的结构比例为23.2∶39.8∶37。实现财政总收入8.18亿元，同比增长34%，其中：地方一般财政预算收入4.01亿元，同比增长27%；地方一般预算支出14.02亿元，同比增长25%。完成固定资产投资48.1亿元，同比增长23.2%。农民人均纯收入4060元，同比增长12.5%，城镇居民人均可支配收入1.2万元，同比增长10%。社会消费品零售总额16.59亿元，同比增长20.3%。金融机构各项存款余额59.09亿元，比年初增长24.77%，各项贷款余额33.63亿元，比年初增长15.31%。

税收概况

【收入完成情况】 2011年，泸西县国家税务局共组织各项税收入库4.91亿元，同比增收1.54亿元，增长45.84%，完成年度任务3.64亿元的134.85%。

【收入特点】 一是税收增长速度高于GDP增长速度。二是税收收入首次突破4亿元大关，实现“十二五”时期良好开局。三是增值税、企业所得税两税种占据总收入的比重大，两税种收入4.76亿元，占总收入的96.95%。

【税源分析】 主要税源由煤炭、烟草、电力、商业零售、建材、其他黑色金属冶炼、其他、酒和车辆构成，分别占总收入的48.63%、28.7%、3.3%、8.86%、0.1%、0.43%、1.8%、0.05%、2.91%。（一）增值税入库4.06亿元，同比增收1.2亿元，增长41.75%。重点税源除电力减收外，其他项全面增收。煤炭税收入库2.39亿元，同比增收8118万元，增长51.44%。增收的主要原因是煤炭市场需求势头旺盛，投资保持高位运行，煤炭销量增加及价格上涨，全年销售原煤191.4万吨（755元/吨），同比增加1.47万吨；销售洗煤125.95万吨（960元/吨），同比增加10.5万吨；销售焦炭88.16万吨（1626元/吨），同比增加19.97万吨；烟叶复烤税收入库2469万元，同比增收802万元，增长48.11%，受跨年度结算时间不一致影响。电力税收入库1622万元，同比减收412万元，下降20.26%，减收的主要原因是受气候干旱的影响，发电量大幅下滑，全年发电量4.09亿度，同比减少1.48亿度，销售收入1.08亿元，同比减少1112.79万元；供电税收入库536万元，同比减收304万元，减收的原因是受限电的影响，供电量减少，供电量2.43亿度，同比减少2386.41万度，销售收入8699.5万元，同比减少2439.43万元。其他黑色金属冶炼入库税收209万元，同比增收248万元，增收原因：一是二、三季度随着国际市场硅锰销售价格的回升，税收增收；二是上年该行业退税52万元，2011年无退税。其他非重点税源税收入库886万元，同比增收353万元。增收原因是伟洪吉宇化工有限公司入库税收206万元，同比增收137万元。（二）企业所得税入库7037万元，同比增收2248万元，增长46.94%。增收原因是受所得税预缴的影响，全年预缴6364万元，同比增收2441万元，其中泸西农村信用社预缴企业所得税2280万元，同比增收2162万元。（三）消费税入库18万元，同比增收1万元，增长5.88%。增收原因是12月份红河砣扎扎酒业有限公司入库5万元的白酒消费税，同比净增收。（四）车辆购置税由于2011年汽车车购税下划本地征收，入库1431万元，同比增收1246万元，增长673.51%，全年购置汽车、摩托车6603辆，同比增加648辆。（五）储蓄存款利息所得个人所得税受暂免征收政策影响入库21万元，同比减收20万元，下降48.78%。

各项工作

【税收法制建设】 2011年是全省“六五”普法和“四五”依法治县的第一年，县局以《中华人民共和国发票管理办法》、《中华人民共和国行政强制法》为学习重点，提升依法治税、服务纳税人和自我约束能力。

【税收征管】 全年登记户3882户，开业户2310户（其中：一般纳税人218户、小规模纳税人638户、个体工商户1454户）、清算2户、特殊纳税人6户、注销户1564户。（一）各税管理。一是认定增值税一般纳税人45户。二是对已不具备社会福利企业资格的6户企业停止执行税收优惠政策。三是加强增值税抵扣凭证管理，重点加强对农产品发票和运输发票的抵扣管理，严把领用关、开具关、抵扣关，严格执行省局运输发票抵扣税收政策指南规定。四是转变纳税评估理念、思路和方式，采取交叉评估，强调回避原则，合理调配人员，对零申报、负申报和税负异常企业开展纳税评估，全年评估9户，补缴增值税15.07万元，加收滞纳金1.87万元，共计16.94万元，作进项税额转出2.03万元。五是按照《红河州国家税务局税收管理员辅助信息系统（V2.0）推广实施方案》有关工作安排和部署，制定实施方案、培训方案、演练方案，税收管理员辅助信息系统8月22日成功上线运行。六是坚持按月与工商、地税部门进行信息交换。七是落实车辆购置税“一条龙”管理措施，做好异常发票的采集、传递、清分工作。八是完成2010年度98户企业所得税汇算清缴工作。重点抓好三个环节：抓好宣传辅导，认真宣传新的政策法规，做好纳税辅导工作；抓好申报质量，认真细致审核纳税人报送财务报表，做到逻辑合理，上下关系衔接；抓好软件运用。（二）出口退税管理。认真做好税政政策的宣传和落实，加强对涉外企业的税收政策辅导，确保各项政策顺利贯彻执行；加强出口退税的审核工作，对县森菊公司认真进行初审，审核退税6.1万元。（三）发票管理。一是新版普通发票自1月1日正式使用，及时组织人员实地帮助纳税人解决新版普通发票使用过程中出现的问题。二是多措并举打击发票违法犯罪活动。大力宣传新《发票管理办法》及其《实施细则》，与分级分类稽查相结合，与公安、地税部门携手，开展假发票“卖方市场”打击整治工作。通过种种举措，补缴税款1.1万元、加收滞纳金3356.1元、罚款7350.74元，共计2.17万元。

【税收执法】 （一）税法宣传。一是大力开展第20个全国税收宣传月活动。4月1日，在办公楼临街大门口举行税收宣传月活动启动仪式，悬挂税收宣传标语横幅；在县域主要交通路口、大型超市、商场、企业内部张贴宣传画，扩大税收宣传受众面；利用办税服务厅电子屏幕滚动播放宣传标语口号、与纳税人息息相关的税收政策法规、服务承诺等内容；开展“税收系民生·微博传政策”活动，在新浪网和腾讯网上建立泸西县国税局官方博客和微博；为企业安装《中国税官》税收法规检索系统，送去贴身税务专家；借力全县老年运动会再掀税收宣传新高潮。二是建立宣传长效机制，充分利用调研、约谈、咨询、服务、辅导之机适时宣讲国税机关工作职能、执行政策、廉政建设、国税文化、服务承诺等内容。（二）税务稽查。一是认真做好重大税收违法案件查处工作，积极参与“11·10”专案受票方协查取证及处理工作，完成2户受票企业12份运输发票的查处工作，补缴增值税4629.2元，加收滞纳金542.73元，共计5171.93元。二是对11户纳税人实施分级分类稽查和专项检查，自查有问题企业7户，查补税款39.14万元，加收滞纳金10.48万元，共计49.62万元。（三）执法检查。一是借助综合征管软件等系统软件，把征纳的每一环节置于监督之下，发挥执法督察工作查错纠弊功能，组织开展经常性税收执法自查，及时发现和改正不规范执法行为。二是利用《泸西县国家税务局税收执法考核办法》（机内、机外）加大考核力度，实现税收执法考核系统零扣分。（四）依法治税。调整入库税额超核定税额20%的67户个体户定额（达起征点57户、不达起征点10户）；公示269户个体工商户税收定额情况；新的增值税起征点自11月1日起正式实施，云南省规定销售货物和销售应税劳务的月销售额提高到2万元，按次纳税的每次（日）销售额提高到500元。通过强化宣传、摸底调查、做好辅导，及时向县委、县政府汇报、抓好落实，保证新政策的贯彻执行。

【税务管理信息化建设】 完成高清投影仪安装调试工作；做好软、硬件日常维护工作，保障网络畅通，硬件设施良好；完成综合征管软件前台程序升级和征管系统维护授权工作，解决好出现的问题；认真履行金税工程技术岗位及发行岗位职责，保证数据的按时传输、提取及网络安全运行，按时完成对纳税人的企业发行工作，协助四通公司人员对纳税人进行网络申报部署及培训工作；做好政务网站安全运行相关工作。

队伍建设

【机构人员情况】 内设8个科室（办公室、人事教育科、监察室、征收管理科、税政管理科、政策法规科、收入核算科、办税服务厅）、1个事业单位（信息中心）、1个直属机构（稽查局）、1个派出机构（中枢税务分局）。在职干部职工71人（其中：公务员67人，工勤人员4人；男49人，女22人；本科21人，占29.58%，专科44人，占61.97%，中专1人，占1.4%，高中5人，占7.05%）；离退休人员20人（离休3人、退休16人、提前退休1人；男17人、女3人）；党员58人（在职47人、离退休11人）。

【领导班子建设】 一是抓好理论学习，认真学习中国特色社会主义理论、社会主义核心价值体系、党的十七届五中、六中全会精神、胡锦涛总书记“七一”重要讲话，党组成员分别撰写理论文章，加深对党的大政方针理解，自觉用中国特色社会主义理论引领国税事业创新发展。二是抓好党风廉政建设工作，班子成员从思想上重视、行动上支持，带头遵守廉洁自律相关规定，正确引导干部职工廉洁从税。三是弘扬民主，人事任免、大宗物品采购等实行集体讨论，集思广益，虚心听取各成员的意见和建议。

【廉政建设】 一是确定专职监察干部5名，配备兼职监察员3名，聘请特邀监察员6人。二是层层签订《党风廉政建设责任书》68份，与134户纳税人签订《廉政公约》，回访167户，与68户职工家属签订家庭《廉政公约》，回访66户。三是抓好学习教育，认真学习胡锦涛总书记在十七届中央纪委第六次全会上的重要讲话和廉洁自律相关规定；参加县纪委组织的“以案明纪，廉洁勤政”警示教育活动；组织重点岗位人员到蒙自参观“法治与责任——全国检察机关惩治和预防渎职侵权犯罪展览·红河”巡展。四是加强对领导干部和重点部门、重点岗位、重点环节的监督，完善落实领导干部个人重大事项报告、述职述廉、民主评议、诫勉谈话和函询等制度，对7名在职中层干部进行任职廉政谈话。五是查找廉政风险点149个（一级风险点76个、二级风险点33个、三级风险点40个），制定防范措施160条。

【精神文明建设】 （一）深入开展创先争优活动。印发《关于深入开展“四亮四创四评”活动实施意见》，在办公大楼制作悬挂“文明办税公开栏”、“办税流程公开栏”，亮明全体人员姓名、科室、职务、岗位职责、业务范围，在办税大厅门口悬挂《云南省行政机关八项工作承诺》；积极开展四评活动，通过领导评、自己评、组织评、群众评，找准存在问题和不足；共评选出优质服务之星11人，党员示范窗口8人，流动红旗标兵3人。开展“创先争优·服务群众”主题实践活动。到永宁乡法依村委会慰问10户老党员；从有限的办公经费中挤出9000元支持建党员活动室；为其征订《红河日报》5份；对7户已故离退休老党员的遗属送去慰问金和慰问品。（二）开展庆祝建党90周年活动。一是组织全体党员参加云南省“党在我心中”、红河州庆祝建党90周年“移动杯”、泸西县“秉承精神·创先争优”庆祝建党90周年知识竞赛；二是组团参加泸西县庆祝建党90周年党史县史知识竞赛擂台赛；三是组织全体干部职工观看《云南国税论坛》第十四讲，听取丁建农教授主讲《中国共产党九十年的伟大创举》的专题讲座，进一步提高广大干部职工的党史知识理论水平，激发国税干部爱党爱国爱家的高尚情怀；四是推荐2人作为入党积极分子并参加培训。（三）积极开展精神文明创建活动。3个科室被县委、县政府授予“财税工作先进集体”；2 人荣获“红河州国税系统精神文明建设先进工作者”称号；3 人荣获“红河州国税系统纳税服务标兵”称号；7 人荣获县委、县政府“财税工作先进个人”称号；2 个党支部、3 名党员被县直机关工委表彰；2 人无偿献血 500ML。

【教育培训】 一是积极参加省、州局举办的科学发展观主题、初任、执法资格、通讯员等培训，8 人参训。二是组织观看省局举办的《云南国税讲坛》（视频），做到人人参与、每期必看，提高全员综合素质。三是举办税收管理员辅助信息系统等业务培训 8 期，386 人受训。

（赵　锋）

屏边苗族自治县国家税务局

经济概况

2011 年，屏边苗族自治县实现生产总值（GDP）14.52 亿元，同比增长 12%。其中，第一产业增加值 4.08 亿元，同比增长 2%；第二产业增加值 5.04 亿元，同比增长 24.1%；第三产业增加值 5.4 亿元，同比增长 19.43%。三次产业的结构比例为 28∶35∶37。财政总收入 1.06 亿元，同比增收 2060 万元，增长 15.49%。地方财政一般预算收入完成 6263 万元，增长 15.49%。财政总支出 7.09 亿元，增长 24.82%。

税收概况

【收入完成情况】 2011 年，屏边县国家税务局共计入库各项税收 3791 万元，同比增收 982 万元，增长 34.96%。其中：增值税完成 2889 万元，同比增收 577 万元，增长 24.96%；消费税完成 5 万元，同比增收 3 万元，增长 150%；企业所得税完成 749 万元，同比增收 365 万元，增长 95.05%；储蓄存款利息所得个人所得税共计完成 4 万元，同比减收 4 万元，下降 50%；车辆购置税完成 144 万元，同比增收 41 万元，增长 39.81%。

【收入特点】 一是税收高于经济增长速度，全县生产总值（GDP）增幅为 12%，而税收增幅达 34.88%；二是税收受国际金融危机影响逐渐消除，总体呈增长趋势，仅利息所得税呈现下降；三是企业所得税受烟草行业影响明显。

【税源分析】 （一）增值税。2011 年主要税源有零售业、化学化工产品业、电力行业。1. 零售业。入库 730.94 万元，同比增收 46.44 万元，增长 6.78%，增长因素是烟草公司划入税收增加和泛亚铁路建设带动沙石销售。2. 化学化工产品业。入库 1275.48 万元，同比增收 509.31 万元，增长 66.47%，增收因素是黄磷价格每吨上涨 1500 元，销售增加 3471.07 吨。3. 电力。入库 1256.25 万元，同比增收 380.14 万元，增长 43.39%。增收因素主要是全年降雨正常，且同比增加 2 座发电站。4. 黑色金属冶炼业。入库 311.15 万元，同比增收 286.62 万元，增长因素主要是企业销售产品同比增加 4602 吨，收入同比增加 2617 万元。（二）企业所得税。入库 748.77 万元，同比增收 364.66 万元，增长 94.94%，增长原因：一是红河州烟草屏边县公司划入的所得税同比增加 42.14 万元；二是电力企业发电量增加，销售收入增长，缴纳所得税同比增加 145.93 万元；三是农村信用社预缴所得税增加 262.28 万元。（三）储蓄存款利息所得个人所得税。入库 4 万元，同比减收 4 万元，下降 50%。（四）车辆购置税。入库 144 万元，同比增收 41 万元，增长 39.81%，增收因素主要是国家摩托车下乡财政补贴政策刺激消费，摩托车购置税缴纳同比增加 70 辆。

各项工作

【税收法制】 一是组织召开税收执法管理信息系统过错数据分析专题会议，对 2010 年税收执法管理信息系统过错数据进行专题研究分析，提出进一步加强管理，不断提高税收执法管理信息系统运行质量的措施，重新修订税收执法管理信息系统考核办法，并对执法考核系统的预警信息实行时时监控，提醒执法操作人员及时更正，实现 2011 年税收执法管理信息系统考核零过错。二是组织开展 2011 年税收执法督察工作。根据红河州国家税务局的统一部署和要求，及时制定实施方案，确定以企业注销清算工作、增值税一般纳税人资格认定管理、减免税政策执行、普通发票管理、重点行业管理、行政许可等六个方面为督察重点，在执法部门 100% 自查的基础上，抽调人员组成 3 个督察小组，由副局长（含纪检组长）分别担任组长，对重点督察内容进行督察，纠正税收执法过程中不规范的行为。三是认真组织开展《中华人民共和国行政强制法》实施前的学习培训。征订《行政强制法要义》供干部职工学习，组织全局人员进行学习培训和考试，全局 39 人全部参与培训和考试。

【税收征管】 全年征管户 1963 户，其中企业 147 户（含增值税一般纳税人 53 户），个体工商户 1816 户。全年办理开业税务登记 270 户，办理注销税务登记 120 户，办理变更税务登记 183 户，进行非正常户认定 4 户。（一）加强数据质量管理。进一步加大数据质量的管理力度，将数据质量管理纳入年终目标责任制考核，严格对各业务部门进行奖惩。全年共核实、整改和处理省州局通报和县局操作人员提交的各类可疑数据 1000 余条，按月定期检测和纠正错误数据，确保数据准确。（二）进一步加强发票管理。严格按照《中华人民共和国发票管理办法》和省、州国税局的要求，规范发票领、用、存等管理措施，做到“六个”坚持（坚持专人管理制度、坚持 24 小时值班制度、坚持库房安全标准、坚持出入库制度、坚持盘存制度、坚持检查制度），消除发票管理中存在的各类隐患，在全州率先完成新版普通发票换版及旧版普通发票缴销和核销工作。（三）

强化欠税管理、严格控制新欠税产生。建立健全欠税管理责任制度，明确岗位责任，努力做到“月税月结，年税年清”，实现全年无新欠税产生。（四）认真做好“税收管理员辅助信息系统”推广应用工作。成立领导小组、制定实施方案，明确工作任务和目标，按时限要求完成主管税务官员信息的补录、纳税人与主管税务官员的真实对应关系核实修改、纳税人状态的真实性核实和错误信息的修改、初始化数据采集和审核、组织全员培训、开展业务演练、用户授权和税收调查时限设置，系统于2011年8月22日正式上线运行，风险管理预警管理员实际反馈信息数44条，发起税收任务调查63条。（五）开展电费收费专用发票清理检查。督促屏边供电有限公司对2011年1月1日至2011年12月25日发票领用存情况进行全面清理检查。经查，该企业全年共购票1.3万份。其中：正确开具份数8914份；作废449份；发票代码错误181份；发票号码错误255份，并于12月15日前在营销系统内完成修改。从数据分发系统中导出该企业的发票上传数据9363条，申请上级删除维护。（六）开展2010年企业所得税汇算清缴。2010年度企业所得税登记户数45户，开业状态38户，应参加汇算清缴的33户，实际参加汇算清缴的25户，不参加汇算清缴12户（核定定额征收），未参加汇算清缴8户，零申报企业1户，汇算清缴面75.76%。有基础信息，无申报信息户数21户，其中：核定定额征收企业12户，正常注销未做年度申报8户。非正常户1户，不参加汇算清缴12户属于核定定额征收企业；未参加汇算清缴8户中，正常注销未做年度申报7户；零申报企业1户属查账征收；共汇算清缴所得税457.8万元。

【税收执法】 （一）认真组织开展全国第20个税收宣传月活动。一是举行宣传月活动启动仪式，在县城主要街道悬挂宣传布标，组织宣传组在办税服务厅广发税收宣传资料，在屏边九大连湖电视台、广场电子显示屏滚动播放宣传标语口号，多形式开展税收宣传月活动；二是借蒙屏二级公路通车典礼庆祝活动在屏边举行契机，采取悬挂宣传布标，发放宣传资料等形式开展税收宣传，整个活动共发放宣传资料260份；三是借屏边县举办的“红土地之歌”演讲比赛现场开展税收宣传。（二）税务稽查。一是结合实际确定检查对象。共确定8户企业作为2011年的检查对象，其中：专项检查4户，即屏边县房地产交易中心、云南省屏边县新现大理石厂、云南省南湖橡胶厂新现鞋帮加工分厂、屏边县天祥黄磷有限责任公司；县级分类稽查4户，即云南省屏边县四兴商贸有限公司、屏边县惠鹏燃料有限公司、屏边县滇能协联电力有限公司、云南省屏边县卓尔硅业有限公司。二是组织企业认真开展自查。根据《云南省国家税务局稽查系统税务稽查查前告知办法》的规定，对纳入检查的8户纳税人全部进行查前告知，所有被查纳税人都进行自查，交回自查表8份，自查效果显著，自查出问题的企业有3户，自查补缴、入库税款、滞纳金共计18.9万元，其中：增值税11.64万元，企业所得税2.54万元，滞纳金4.72万元。三是组织重点检查。对8户检查对象在企业自查的基础上全部进行重点检查，未发现问题。

【税务管理信息化建设】 完成新版普通发票开填系统V1.2正式版本单机版软件纳税人端和税务端升级，对普通发票填开系统管理平台部分模块优化升级，推行云南省国家税务局税收管理员辅助信息系统（V2.0）；开展税务信息系统安全检查，及时升级杀毒软件，加强网络监控管理，做好服务器数据备份。

队伍建设

【机构人员】 内设机构8个（正股级），即办公室、政策法规科、税政管理科、收入核算科、征收管理科、人事教育科、监察室、办税服务厅；直属机构1个（副科级）即稽查局；派出机构1个（副科级）即玉屏税务分局；事业单位1个（正股级）即信息中心。全局在职干部职工39人，平均年龄44.8岁，大学本科学历11人，占28%，大学专科学历21人，占54%，中专以下7人，占18%。中共党员23人，占58.97%。退休干部职工19人，其中提前退休人员2名。

【领导班子建设】 一是认真开展党组中心组学习活动，全年学习云南省纪委《清风窗》专刊——关于原河南省西平县委书记王廷军的忏悔录及人民网评论文章、云南省国家税务局李鸿文局长关于开展向杨善洲同志学习活动讲话精神、国务院关于加强法制政府建设的意见、胡锦涛总书记在庆祝中国共产党成立90周年大会上的讲话精神、秦光荣在省第九次党代会上的讲话精神等内容。全年4个季度分别由1名局领导作专题发言，共同分析讨论，形成学习材料供全局干部职工学习；二是认真开好党组民主生活会。会前召开党组会，专题部署，确定会议主题为《坚持以人为本执政为民理念，发扬密切联系群众优良作风》，向全局干部职工通报民主生活会的主要内容，采取无记名填写《征求意见表》的方式，广泛征求干部职工意见和建议；班子成员认真学习《党政领导干部廉洁从政若干准则》、《论党的群众工作》等“四群”教育活动学习资料。班子成员分别撰写发言提纲，联系自身思想、工作实际，通过学习进一步提高认识，全方位，多渠道查摆自身的问题，并就征求到的意见和建议提出整改措施。

【廉政建设】 （一）认真开展廉政学习活动。一是认真学习中央、省、州纪委全会、省州国税系统党风廉政建设工作会议精神以及《党风廉政建设责任书》内容；二是利用每周例会加强廉政建设学习，组织学习胡锦涛、贺国强在十七届中央纪委第六次全会上的重要讲话、十七届中央纪委第六次全会、省纪委八届六次全会、州纪委六届六次全会和县十二次党代会精神，《中国共产党党员领导干部廉洁从政若干准则》、《〈中国共产党党员领导干部廉洁从政若干准则〉实施办法》、《关于领导干部报告个人有关事项规定》、等相关党纪法规。（二）认真开展党风廉政教育。县局党组书记主讲廉政课2次，主题分别为“以案例说法，应该怎样廉洁从政”和“坚持以人为本执政为民理念贯彻落实到反腐倡廉建设之中，唱响为民收税主旋律”。开展警示教育。组织观看《欲盖弥彰——刘志华腐败案警示录》、《暴风雨中的忏悔——皮黔生渎职受贿案警示录》等领导干部典型违纪违法案件警示片和《2010感动中国人物盛典》。（三）强化社会监督。签订征纳双方《廉政公约》753份，切实落实廉政回访制度，全年回访纳税户77户，回访未发现税务干部有不廉洁行为；签订家庭《廉政公约》39份，回访23户。（四）加强部门内控机制建设。制定《屏边县国家税务局部门内控机制建设实施方案》，成立领导小组，明确目标、任务，细化工作时限、内容及要求，狠抓落实，全局排查出廉政风险点240个，提出防控措施84条。

【精神文明建设】 深入开展创先争优活动，开展“四亮四创四评”主题实践活动，制定实施方案，在办税服务厅公开办税流程、工作职责、服务承诺，设立“共产党员示范岗”22个，通过“四评”评出纳税服务明星3人。组织干部职工向云南省盈江县地震灾区捐款6890元。完成省局文明单位届满重新申报工作并通过省局检查验收。1人荣获“红河州国税系统精神文明建设先进工作者”称号。

【教育培训】 全年组织参加省局业务培训3期8人次，州局业务培训12期25人（次），组织县局内部业务培训4期80人（次）。1人参加省局副科领导干部任职培训，1人参加公务员初任培训。

（龙府城）

河口瑶族自治县国家税务局

经济概况

2011年，河口瑶族自治县实现生产总值（GDP）22.56亿元，同比增长13.1%。其中：第一产业6.16亿元，同比增长6.8%；第二产业4.62亿元，同比增长17.1%；第三产业11.78亿元，同比增长14.7%。三次产业的结构比例为27.3:20.48:52.22。财政总收入1.86亿元，同比增长16%，其中：完成地方财政一般预算收入1.19亿元，同比增长15.3%。地方财政总支出7.6亿元，同比增长27.4%，其中：地方财政一般预算支出7.6亿元，同比增长27.4%。在岗职工人均工资2.45万元，同比下降6.2%（原因是4个农场受低温冷冻灾害影响，橡胶产出量低）。城镇居民可支配收入1.58万元，同比增长20.3%。社会消费品零售总额3.23亿元，同比增长20.2%。金融机构存贷款余额分别为32.04亿元、14.25亿元，分别增长17.34%、12.96%。

税收概况

【收入完成情况】 2011年，河口县国家税务局共计实现税收收入5685万元，同比增收435万元，同比增长8.29%，完成州局下达全年税收任务5550万元的102.43%，完成地方政府下达预算收入任务的105.18%。

【收入特点】 一是国税收入低于GDP增长速度；二是增值税、企业所得税收入占总收入比重大，两税种共计入库4728万元，占总收入的85.17%；三是所征管的税种中“三增两降”，增值税、消费税、车辆购置税同比增收，企业所得税、储蓄存款利息所得个人所得税减收。

【税源分析】 （一）受益于经济形势的好转，河口边贸逐渐改变颓势，国内增值税共计入库3221万元，同比增收635万元，增长24.56%。其中：商业增值税收入1571万元，同比增收103万元，增长7.02%。打破自2009年“双减半”政策调整以来收入持续下滑的格局，实现恢复性增长；化工产品增值税同比减收102万元，下降109.68%，由福利企业退税造成减收；电力增值税收入1126万元，同比增收368万元，增长48.55%，增收来源是2011年供电企业售电量同比增加3180万千瓦时，销售收入同比增加1031万元，同时购进材料减少，抵扣税额也相应减少；酒精增值税收入395万元，同比增收278万元，增长237.61%，增收来源是酒精生产企业酒精销售量价齐涨。除电力、商业仍占据收入格局的主要地位外，酒精也一跃成为新的、稳定的增长点，税源结构进一步优化。（二）国内消费税收入持续稳定增长。2011年度消费税收入508万元，同比增收104万元，增长25.74%。增收原因是酒精生产企业的酒精销售量价同涨。（三）企业所得税收入出现大幅下滑。2011年度实现收入1507万元，同比减收523万元，下降25.76%，主要原因是上年度所得税收入偶然性增高，拉高基数。（四）汽车车辆购置征收权下放后，车购税收入大幅增长。2011年度车购税收入444万元，同比增收229万元，增长106.51%。

【税务管理】 （一）加强户籍管理工作，夯实征管基础。一是组织人力对辖区内的纳税企业和个体工商业户进行深入细致的清理、核对。全年新办证户226户（其中：企业42户、个体184户），注销181户（其中：企业60户、个体121户）；二是充分利用组织机构代码共享平台清理漏征漏管户，共清理未登记信息反馈122条，重码信息反馈1条，错码信息反馈5条。（二）扩大重点税源监控户数，完善重点税源网上直报系统。（三）加强增值税一般纳税人的管理。对超标未认定企业进行认真核查，及时认定，提高增值税管理水平，规范增值税政策的执行。截至12月31日，全县共有增值税一般纳税人216户。（四）强化纳税评估工作。成立纳税评估领导小组，强化培训，开展税收政策、评估知识学习，促进业务水平的普遍提高，同时，提高申报质量、减少税款流失，实现纳税评估和税务稽查的良性互动。2011年共评估企业13户（其中专项评估5户、日常税评估6户、社会福利企业和资源综合利用企业评估2户），补征企业所得税14.61万元、增值税92.4万元、滞纳金10.59万元，共计117.6万元。

各项工作

【税收执法及法制建设】 （一）认真贯彻落实税收政策。执行各项税收优惠政策，加强对落实情况的监督；

认真贯彻税收减免管理办法，严禁擅自扩大政策执行范围、违规减免税收；及时清理到期的税收优惠政策；健全税收政策评价反馈机制，及时掌握税收政策实施中存在的问题并提出完善的建议。（二）税收宣传。3月31日访千企、进万家拉开税收宣传月活动帷幕，在县局门口和县城主要街道、大型超市及口岸通道悬挂税收宣传标语横幅，提高公民对税法的遵从度。（三）以税收执法考核系统为载体，认真抓好税收执法考核和过错追究，增强税干执法能力。在完善各项监督制约制度的同时，建立健全《执法责任追究制》，以执法责任制考核为载体，以执法过错追究为手段，加强“两权”监督，建立和实施权责一致、行为规范、用权受监督的执法责任制。积极推行公开办税制度、阳光稽查、限时服务、延时服务，为纳税人服务提供各种优质、高效的服务，接受纳税人的监督，切实将执法责任制落实到实处。结合税收执法信息管理系统的运行，严格推行税收执法责任制，严格执法过错责任追究，运用“税收执法管理信息系统”对税收执法人员过错行为进行监控和考核。（四）加强稽查工作，守好税收征管工作最后的防线。一是县局与县地税局、县公安局经侦队、人行河口支行、县工商局在河口人民广场一起开展2011打击防范经济犯罪宣传活动。二是查处发票违法行为。2011年打击发票违法犯罪活动工作共查处违规大头小尾发票7份，查补税款6596.01元，滞纳金441.93元，罚款1900元。三是抓好举报案件和专项协查的查处工作，查补增值税41.61万元，滞纳金42.09万元，两项共计83.7万元。专项检查主要开展“11·10”专案检查工作，查补增值税11.85万元，滞纳金2.29万元，共计14.14万元。查补企业所得税8034.58元，滞纳金2251.49元，共计1.03万元。

【税收征管】 坚持“聚财为国、执法为民”的税收工作宗旨，在依法治税的前提下，深化税收改革，强化科学管理，切实提高管理和服务水平，优化区域税收环境，确保各项税收征管工作落到实处。（一）加强数据质量管理。充分利用“综合征管软件数据质量检测系统”的运行和维护功能，对各项工作措施进行落实；强化对数据质量的监控分析。对税务登记、发票发售、申报征收、“双定户”管理等方面的错误数据进行242户（次）修改，不断提升数据质量管理的水平。（二）认真做好企业所得税新政策的宣传和2010年度企业所得税汇算清缴工作。2011年，全县登记企业所得税283户，应参加汇算清缴272户，实际参加汇算清缴258户（其中：14户的差额为非正常注销13户、正常注销户未进行申报1户）；不参加汇算清缴11户，其中：10户为分支机构（含：注销3户），外资企业1户。实际参加汇算清缴的258户中，盈利企业95户，亏损企业100户，零申报企业63户。2010年度汇算清缴企业应纳企业所得税税额1022.71万元。

【信息化建设】 认真贯彻落实国家税务总局的税收信息化建设方针，按照“依托科技保主题”的思路，做好新系统建设和新、老系统的整合、优化、应用。初步实现信息系统“一体化”的目标，为提高税收工作质量和效率提供新的手段和技术支持。做好普通发票开填系统的推广运用。对综合征管软件的补丁升级工作。搭建企业所得税汇算清缴系统模拟环境。做好视频会议的调试工作。成功上线运行税收管理员辅助信息系统。

队伍建设

【机构人员情况】 全局内设机构8个：办公室、人事教育科、监察室、税政管理科、征收管理科、政策法规科、办税服务厅、收入核算科；事业单位1个：信息中心；直属机构1个：稽查局；派出机构1个：滨河税务分局。实有人员53人，其中：在职公务员40人，在职工勤人员3人，离休1人，退休8人，提前退休1人。中共党员27人，占在职人员总数的62.79%；少数民族干部18人；占在职人员总数的41.86%。

【领导班子建设】 （一）制定中心理论学习组学习计划，确定发言主题和发言人，按季度开展专题学习活动。局领导分别作题为《学习杨善洲同志先进事迹》、《海关审定进口货物完税价带来的税收问题思考》、《开展内控机制建设，促进管理创新》、《深入学习中国共产党党史》的专题发言。通过开展党组中心理论学习组学习活动，领导班子和中层干部的思想素质、政治素质和领导能力进一步加强，为做好各项工作起到组织、领导和推动作用。（二）2011年度调整增加纪检组长1名，副局长1名，党组班子人数达到4人。强化分工合作，进一步增强党组班子的领导力和战斗力。（三）调整充实党风廉政建设责任制领导小组，从组织、制度上为党风廉政建设提供保障。（四）以“坚持以人为本、执政为民理念，发扬密切联系群众优良作风”为主题开展好2011年县局党组民主生活会。通报上年度干部职工提出的意见或建议的整改落实情况。党组书记代表党组班子对学习认识情况作报告。领导班子成员深刻剖析存在问题和不足，提出改进措施。

【廉政建设】 认真贯彻落实省、州国税系统党风廉政建设工作会议精神，召开党风廉政建设工作会议，安排布置全年党风廉政建设工作，狠抓贯彻落实。（一）建立健全党风廉政建设责任制工作领导机构，设立5个纪检活动小组，配备5个兼职监察员；滨河分局配备一名副分局长主抓纪检监察工作；在党政部门和纳税人中聘请8名社会特邀监察员。（二）层层签订《党风廉政建设责任书》。形成上级抓下级、下级抓职工、层层抓落实的局面，构建干部、职工、家庭和纳税人参与的党风廉政建设网络。（三）切实做好纠风工作。一是加强纠风工作的组织建设和制度建设，成立领导小组及办公室，制定并印发《河口县国家税务局纠风工作实施意见》。二是坚决纠正服务态度恶劣等现象。三是开展行风调查。（四）认真抓好惩治和预防腐败体系建设。（五）推行阳光国税，保证信息公开透明。（六）切实抓好作风建设，提升纳税服务工作。（七）以岗位轮换为契机，推进内控机制建设。

【精神文明建设】 围绕“服务基层年”主题，抓好精神文明建设工作。与屏边县局举办联谊活动，通过体育比赛，增强干部职工的团队协作意识，树立集体主义精神。组织干部职工演唱党风廉政歌曲《党旗下的承诺》，用歌声来激励干部职工自律自勉。举办《唱响红歌颂扬祖国》歌咏比赛，讴歌改革开放以来新中国在党的领导下所取得的巨大成就，增强干部职工的爱国热情，弘扬民族精神。

【教育培训】 加强业务培训工作。全年举办业务培训7期，121人（次）受训。培训内容涵盖现行税收业务知识，业务考试内容包括税收业务知识和时事政治。通过加强业务培训，达到人人有所提高的目的。积极参加省、州局组织的各种培训。认真开展学习杨善洲先进事迹活动。号召全局共产党员和干部职工学习杨善洲先进事迹、争当优秀共产党员，做人民满意的公务员。开展感动中国年度人物学习教育活动。

（李剑锋）

金平苗族瑶族傣族自治县国家税务局

经济概况

2011年，金平苗族瑶族傣族自治县实现生产总值（GDP）23.45亿元，同比增长11%。其中：第一产业实现增加值5.95亿元，同比增长6.8%；第二产业实现增加值10.86亿元，同比增长11.2%；第三产业实现增加值6.64亿元，同比增长14.4%。三次产业的结构比例为25.37：46.31：28.32。全县财政总收入3.9亿元，其中：一般预算收入完成1.9亿元，主体税种税收完成8819万元，包括增值税3227万元、营业税4477万元、企业所得税608万元、储蓄存款利息所得个人所得税178万元、城市维护建设税329万元。国税各项税收收入1.8亿元，分别占生产总值（GDP）7.68%、财政总收入46%、地方一般预算收入40%。农民人均纯收入2556元。

税收概况

【收入完成情况】 2011年，金平县国家税务局共计组织各项税收收入1.8亿元（不含海关代征），同比增收4193万元，增长30.43%。完成州局下达任务1.45亿元的123.95%。其中：增值税1.29亿元，同比增长7.47%，完成州局下达任务1.26亿元的102.37%；企业所得税4716万元，同比增长207.63%，完成州局下达任务1630万元的289.33%；储蓄存款利息所得个人所得税4万元，同比下降50%，完成州局下达任务3万元的133.33%；车辆购置税335万元，同比增长50.22%，完成州局下达任务257万元的130.74%；消费税3万元，与上年持平。

【收入特点】 （一）总体税收收入同比增长30.63%，收入态势前强后弱，重点行业和企业生产经营状况平稳回升。（二）矿业和电力是全县主体税源。矿业实现增值税5820万元，同比增长25.46%；电力实现增值税3908万元，同比增长4.27%。其中：金平昆钢金河有限责任公司铁矿石产量和销售量分别同比增加20万吨和26万吨，税收同比增收200万元，增长9.69%。红河恒昊矿业股份公司金平分公司高冰镍产量同比减少465吨，销售量同比减少188吨，税收同比减收687万元，下降26.37%。云南大唐国际那兰水电开发有限公司发电量和销售量同比增加4143万千瓦，增值税收入同比增收135万元，增长7.74%。（三）新增税源大，主要是昆明中地源矿业有限公司金平三台坡铁矿分公司、金平东为矿业有限责任公司和金平福源矿业有限公司分别实现增值税收入735万元、260万元和175万元。（四）企业所得税增长幅度大，同比增长207.43%，主要是金平添惠投资有限公司转让股权而缴纳税收1502万元；金融企业农村信用合作社联合社全年入库税收473万元，同比增收171万元，增长56.62%；云南大唐国际那兰水电开发有限公司首年缴纳所得税643万元。

【税源分析】 重点税源企业有红河恒昊矿业股份公司金平分公司、金平昆钢金河有限责任公司、金平昆钢球团矿业有限公司、云南大唐国际那兰水电开发有限公司、金平金植地矿选有限公司、金平鑫隆矿业开发有限公司。2011年6户企业共实现增值税7652万元，占金平国税增值税收入的59.28%。分经济成分税收：国有1034.36万元，同比下降20.5%；集体485.33万元，同比增长51.99%；股份公司1.5亿元，同比增长31.58%；私营640万元，同比增长320.39%；个体434.88万元，同比下降29.59%。重点税源项目产量：铁矿石原矿101.65万吨，同比增加35.25万吨，增长53.09%；铜精矿414吨，同比增加5吨，增长1.22%；高冰镍1378吨，同比减少409吨，下降22.89%；球团38万吨，同比增加3.87万吨，增长11.34%；水泥2.76万吨，同比减少4215吨，下降13.26%；发电19.92亿度，同比增加2.15亿度，增长12.11%。

各项工作

【税收法制建设】 认真开展“六五”普法和“四五”依法治县工作，认真贯彻执行各项税收政策，开展税收执法专项检查，规范执法、文明服务，克服和防止特权思想，严格遵守各项规章制度，依托税收执法管理系统、行政问责信息管理系统，落实执法责任制考核，依法履职，提高执法质量，防止执法随意性，降低执法风险。严格执行《税收征管法》，依法制定税收征管流程，用好税收执法管理系统平台，严格考核，规范执法行为。认真贯彻落实税收政策法规，加大稽查力度，打击税收违法行为。

【税收征管】 （一）增值税一般纳税人管理。全县增值税一般纳税人共有139户，占增值税总收入的95%以上，全年共认定36户一般纳税人，7户转认定，注销4户。（二）企业所得税汇算清缴。共有企业所得税纳税户169户，应参加汇算清缴企业总户数146户，其中有8户非正常户。实际参加汇算户数138户，其中：盈利29户，比上年增加6户；亏损52户，比上年减少18户，亏损面占实际汇算户数的37.68%；零申报企业户数57户，比上年增加17户，共入库所得税1402万元。

（三）普通发票管理。按期完成781户发票简并换版工作，结合发票简并换版工作和新《发票管理办法》的实施，坚持按月定期审票制度。与公安、地税联合开展普通发票专项整治工作，对15户发票违章户进行处理。（四）纳税评估。共评估15户企业，评估补税入库26.45万元，滞纳金5.18万元，评估转出增值税进项税额87.2万元。（五）改善纳税服务环境。推行重点税源网上直报和网络纳税申报系统。实行车辆购置税委托代征，由县交警队代征车辆购置税，为纳税人提供便捷服务。开展“四亮四评”主题实践活动，在办税服务厅设一岗多责综合服务岗。（六）加强税源管理，加强税收监控分析，认真落实税收管理员管事和管户制，严格减免税审批。（七）企业所得税核定征收。企业所得税核定征收企业49户，其中：定期定额5户，核定税额3万元。核定征收面达到30%，同比提高3%。

【税收执法】 （一）税法宣传。围绕“税收·发展·民生”主题深入开展税收宣传，把税收法制建设与普法工作相结合，精心组织第20个税收宣传月活动，让税收政策法规深入到乡村、企业、学校、军营。利用街天、傣族泼水节等有利时机，开展形式多样的税收知识宣传。撰写税收简报、简讯、公告、新闻稿，制作图片音像等资料，在报刊、媒体、网络、电视进行宣传。（二）税务稽查。全年立案查处1户，查补增值税2394.96元，滞纳金455元，罚款2394元。省局“11·10”专案协查12户，涉及运费发票103份，补税26.36万元，滞纳金5.17万元。（三）执法检查。分别从政策执行是否到位，文书审批是否规范，违法案件是否查处等方面开展执法检查，未出现税收违法行为。（四）依法治税。全年完成工作量1.9万个，产生执法过错1个，申辩无过错调整21个。

【税务管理信息化建设】 加强增值税一般纳税人税负分析、行业税负分析，切实加强重点税源科学化、精细化、专业化管理。充分运用综合征管信息系统、数据监控分析系统以及税收执法管理系统等信息共享平台，加强对申报质量、减免税文书、政策执行情况等实施监控，及时纠正管理上的偏差，将差错率降到最低限度，提高数据质量。成立网络抄报税申报推行工作领导小组，推行增值税网络申报系统，建立电子申报纳税平台，网络申报129户，网络申报扣税1.1亿元。

队伍建设

【机构人员情况】 全局内设人事教育科、税政管理科、政策法规科、征收管理科、办公室、监察室、办税服务厅7个科室，1个派出机构：金河税务分局，1个直属机构：稽查局，1个事业单位：信息中心。全局在职职工41人。（女职工17人）少数民族21人。党员21人，团员2人。本科12人，专科24人，中专5人。

【领导班子建设】 坚持党组理论中心组学习制度、重大问题领导班子集体研究制，过好党组民主生活，按照规章制度和上级要求，班子成员对照检查，开展批评与自我批评，查找班子和班子成员存在的问题和不足，以书面形式向全局税干征求对县局党组班子及成员的意见和建议，针对存在问题和征求意见反馈，结合“创先争优”与效能政府“四项制度”要求，提出整改方案和整改措施。

【廉政建设】 一是继续推进惩防体系建设。抓住风险点、重要环节和热点环节，重点监督与防范，结合干部教育培训形式，把管思想、抓教育、正党风、防违纪贯穿各项工作，认真抓好“一岗双责”的落实。积极开展廉政文化活动、警示教育、“纪检日”和“政治学习日”等活动，构筑起道德防火墙、制度防火墙、纪律防火墙、家庭防火墙、社会防火墙五道“防火墙”，从严把好“廉洁关”。二是多方协作齐抓共管。加强与兼职监察员、特邀监察员的联协运作，互相配合，形成齐抓共管，统筹协作的强大合力，深入《廉政公约》回访，加强明察暗访。严格落实党风廉政责任分解，层层签订《党风廉政建设责任书》42份、家庭《廉政公约》34份、税企《廉政公约》142份。三是全面落实内控机制建设。做到整项工作有领导、有组织、有计划、有方案措施和督促检查，扎实开展内控机制建设工作。梳理出60个重点岗位，172个风险点，其中：一级风险30个、二级风险29个、三级风险113个。四是加强廉政教育，加强廉洁自律法规学习，切实履行“一岗双责”，增强干部职工的守纪意识和规范言行的自觉性，杜绝“吃、拿、卡、要、报”等不正之风，防止“节日腐败病”，进一步筑牢思想防线。

【精神文明建设】 始终把文明建设与国税文化、廉政文化、创先争优和行风评议工作紧密结合，全面开展文明创建工作。（一）弘扬爱心奉献精神。组成工作组深入扶贫点了解生产、生活情况，为扶贫点生产、经济发展献计献策，走访慰问特困户，全年筹集捐赠资金1.9万元。（二）开展“四亮四评”活动和“比十争百当先锋，红河两岸党旗红”创先争优行动，全面开展比党性看品行，比廉洁看形象，比效率看作风，比服务看能力，比作为看贡献“五比五看”活动。（三）围绕省、州国税文化主题，发扬“心连国税、情系边疆、无私奉献、团结拼搏、奋力进取、创建和谐家园”的金平国税精神，树立以爱岗敬业、公正执法、诚信服务、廉洁奉公为荣的正确导向。积极组织人员参加县委、县政府组织的建党90周年唱红歌、演讲、征文、摄影比赛和建党90周年文艺晚会，荣获唱红歌二等奖、演讲优秀奖、论文优秀奖，摄影二等奖。丰富多彩的国税文化陶冶税干情操，促进干部队伍的纯洁，增强干部队伍凝聚力和战斗力。被县委、县政府授予“五五”普法和“三五”依法治县先进单位、党风廉政建设责任制考核二等奖、社会治安综合治理和维护社会稳定工作目标管理考核一等奖、工会工作目标考核一等奖、党建目标责任制考核一等奖、“三·八”国际劳动妇女节合唱比赛组织奖；被红河州国家税务局命名为党风廉政建设目标管理考核优秀奖。

【教育培训】 坚持正确的干部教育导向，把干部政治思想教育、廉政建设教育和税收业务培训一起抓。（一）加强干部教育培训工作的组织领导，制订具体学习培训计划，并抓落实和监督。（二）采取走出去，请进来教育培训方法，认真开展特色税收业务培训，抓好新政策、新业务项目的业务培训与贯彻落实。（三）坚持正面教育为主，坚持每周五的政治学习日活动，到金平县烈士陵园，开展“迎党九十华诞、缅怀革命烈士”的主题活动和开展岗位练兵活动。（四）积极组织人员参加省、州局组织的各项培训。其中：参加省局组织培训10人（次）172天、州局组织培训14人（次）33天、县局组织培训127人（次）223天、县委、县政府组织培训26人（次）54天。

（汪英能）

元阳县国家税务局

经济概况

2011年，元阳县完成生产总值（GDP）24.32亿元，同比增长21.30%，其中：第一产业完成8.16亿元，同比增长23.15%；第二产业完成6.63亿元，同比增长34.24%；第三产业完成9.53亿元，同比增长12.32%。三次产业的结构比例为33.55∶27.26∶39.19。财政总收入完成2.34亿元，同比增长16.19%。地方一般预算收入完成1.4亿元，同比增长15.6%。财政总支出达12.28亿元，同比增长24.09%，年净增2.38亿元。

税收概况

【收入完成情况】 2011年，元阳县国家税务局共组织各项税收收入6257万元。（州局下达全年确保任务数4630万元，县政府下达全年任务数1210万元），同比增收1965万元，增长45.78%。完成州局下达全年确保任务数的135.14%。其中：增值税收入4332万元，同比增收775万元，增长21.79%；消费税收入1万元，同比减收40万元，下降97.56%；企业所得税收入1676万元，同比增收1146万元，增长216.23%；储蓄存款利息所得个人所得税收入11万元，同比减收8万元，下降42.11%；车辆购置税收入237万元，同比增收92万元，增长63.45%。全年完成地方一般预算收入1217万元，同比增收286万元，增长30.72%，完成县委、县政府下达任务数1210万元的100.59%。

【收入特点】 2011年，依托国家宏观调控政策的有力支持，一季度全县重点税源企业利润稳步增长，全县资源类生产企业销售收入和利润快速上涨。进入二、三、四季度，增长势头有所放缓，营业收入与2010年同期相比出现下降。元阳县国家税务局负责征收的五个税种“三增二减”。“三增”：增值税、企业所得税、车辆购置税三个税种增收。“二减”：消费税、储蓄存款利息所得个人所得税两个税种减收。收入增长主要原因是（一）增值税管理，进一步强化增值税专用发票的管理，建立滞留发票核查工作长效机制，强化重点税源企业的监控管理和农产品购销等重点环节。（二）企业所得税管理，对农村信用社开展所得税纳税评估，切实提高评估质效，实现堵漏增收。

【税源分析】 2011年增值税同比增收775万元，增长21.79%。其中：（一）有色金属矿采选业入库954万元，同比增收72万元，增长8.16%。主要是元阳县华西黄金有限公司加快技术更新，提高银、铜、铅、锌等伴生矿的采选能力，全年入库767万元，同比增收86万元。（二）电力、热力的生产和供应业入库1413万元，同比增收346万元，增长32.43%。主要增减因素是：元阳供电有限责任公司入库853万元，同比增收369万元。红河广源水电有限公司入库427万元，同比减收75万元。（三）批发和零售业入库1170万元，同比增收308万元，增长35.73%。中石化元阳经营部入库126万元，同比增收54万元；红河州烟草公司元阳经营部入库464万元，同比增收51万元。（四）农副食品加工业——糖入库546万元，同比减收49万元，下降8.35%。主要是元阳英茂糖业有限公司糖销售量9092吨，比2010年减少720吨，抵扣的进项税386万元比2010年增加215万元。（五）企业所得税收入1676万元，同比增收1146万元，增长216.23%。

【税务管理】 全年征管户1733户，其中：企业176户，个体1557户。增值税一般纳税人71户（其中：国有企业3户，集体5户，其他有限责任公司34户，股份有限公司2户，私营合伙企业1户，私营独资企业6户，私营有限责任公司8户，个体11户，中外合资源企业1户）。进一步加强税务管理，主要采取三项措施：抓好企业所得税和重点税源企业的管理。依托信息技术，提高数据质量。加强发票管理，强化以票控税，积极做好网络机打发票开具的宣传辅导工作。

各项工作

【税收法制建设】 充分运用执法信息系统为组织税收收入把关。充分发挥税收职能，加大税收执法监控力度，提高征管质量和效率，对执法过错行为及时报告，提出整改措施，限期进行整改，维护税收执法责任制和执法过错责任追究的威严，强化干部的法律意识，规范执法程序、提高国税干部的执法水平和征管质量。认真做好“六五”普法、“四五”依法治县规划等工作。全年共发生执法过错行为1个，扣5分。

【税收征管】 办理税务登记234户，同比增加48户。其中：其他有限责任公司12户，同比增加7户、私营独资企业3户，同比增加1户、私营有限责任公司2户，同比保持一致，其他企业3户，同比增加1户，个体工商户214户，同比增加39户。（一）创新征管方式，夯实征管基础，进一步提升征管质效。（二）通过与工商、质监等部门的信息交换、比对，共清理漏征漏管个体户16户，逾期办理登记处以罚款800元。（三）加强征管，推行个体税收定额公示、公告制度。认真执行个体税收一年一定的定额核定原则。（四）积极推行新版普通发票换版，组织人员到企业为纳税人答疑释惑，确保全县普通发票换版工作顺利开展。（五）定期开展税收征管数据质量分析会议，保障征管数据完整、正确。（六）按照《红河州国家税务局税收管理员辅助信息系统（V2.0）推广实施方案》的要求，成功推行税收管理员辅助信息系统。（七）加强档案管理，专人负责及时收集、整理征管资料，进一步规范征管档案管理。

【税收执法】 树立大稽查意识，重点采取企业自查自补的办法，加强对重点检查户的自查督促和查前纳税辅导。全县纳税人自查查补户数达170户，共查补税额12.06万元，加收滞纳金8876.01元，入库总额12.95万元，税收入库率达100%。协查案件2户，其中配合州局查处“11·10”南疆重大税收违法案件涉案企业1户，补缴增值税3326.26元，加收滞纳金340.94元。第二轮分级分类稽查2户，查补税款8279.95元，滞纳金1388.09元，共计9668.04元。全年无专项检查户。积极贯彻落实《全国打击发票违法犯罪活动工作协调小组第四次会议纪要》和《国家税务总局关于认真做好2011年打击发票违法犯罪活动工作的通知》精神，与县地税、公安等部门配合行动。联合开展继续打击发票违法犯罪活动专项行动，对汽车修理厂、商场、饭店、宾馆旅社等公共场所进行突击检查，调查使用、虚开、倒卖、兜售发票等违法行为，共检查出有问题户7户，查处发票违法案件7户、涉及普通发票16份，非法取得运输专用发票4份，查补税额共计2.35万元，其中补缴增值税2.13万元，加收滞纳金2290.52元。

【税务管理信息化建设】 一是做好综合征管软件升级工作。完成CTAIS客户端42L02号补丁升级至44L01号补丁，及时满足纳税调整业务需求。二是做好防伪税控系统日常维护工作。根据前台业务升级情况及人员变动情况，及时调整和授予相关人员操作权限。三是做好政务网站的日常维护工作。四是做好下发车购税系统清分数据工作。每月将州局下发车购税系统清分数据通过县局电子政务网站通知南沙税务分局进行处理。五是认真做好税收信息化保密工作。严格执行税收电子化安全保密有关规定，做好计算机安全保密工作，把计算机信息系统与互联网做到内外网物理隔离。开展计算机安全保密教育，深化干部对计算机安全保密工作的认识。六是做好企业发行工作。及时为企业办理档案信息变更和新增一般纳税人的企业发行工作，2011年共发行新增一般纳税人17户，变更发行授权一般纳税人6户，更换IC卡1户，重写IC卡1户，重新发行2户，初始发行5户，注销纳税人1户。七是顺利推行金税三期工程的网络建设。

【纳税服务】 根据纳税人的需求，进一步提升纳税服务能力。积极推行全程服务、预约服务、提醒服务、延时服务等制度。做到“四提醒”、“一延时”。“四提醒”：一是税务登记环节的提醒；二是纳税申报环节的提醒；三是对储蓄扣税余额不足的业户提醒在银行账户中存足税款；四是对长期不到税务机关审验发票的提醒。“一延时”：纳税申报、发票认证、领购发票等重要岗位，根据纳税人需要，延长服务时间。充分满足纳税人的不同办税需求。注重纳税服务及时性和实效性，切实提高纳税服务水平和质量。

队伍建设

【机构人员情况】 全局内设8个科室：办公室、政策法规科、监察室、人事教育科、税政管理科、征收管理科、收入核算科、办税服务厅；1个直属机构：稽查局；1个事业单位：信息中心；1个派出机构：南沙税务分局；党群组织：1个党总支（下设3个党支部）和1个工会组织。全局有干部职工73人，其中：在职职工50人（男42人，女8人），离退休人员23人，平均年龄44岁。在职职工大专以上文化程度41人，占在职总人数的82%，中专及其以下文化程度9人，占在职总人数的18%。在职职工中有傣族、哈尼族、汉族、彝族、壮族，少数民族干部占68%。

【廉政建设】 认真贯彻执行省、州局的党风廉政建设会议精神，层层签订《党风廉政责任书》，积极开展学习《2010年度感动中国》先进人物事迹活动，学习贯彻《中国共产党党员领导干部廉洁从政若干准则》，要求领导干部和党员干部以身作则，率先垂范，严格遵守《廉政准则》签订《廉政公约》101户，签订《廉政公约》累计907户；与国税干部家属签订《廉政公约》51份；深入各乡镇纳税人中开展明察暗访工作共154户。走访干部家属29户。加强廉政谈话，促进拒腐防变。按照《中层干部谈话制度实施办法》规定，对17名中层干部进行廉政谈话，对3名调动工作岗位的干部进行上岗前谈话。做好“税字牌”廉政文化建设，积极编报纪检监察信息36期，22篇次分别被省、州、县等简报信息刊载，采用数占全局的30%，被县纪委授予“2011年度纪检监察信息先进集体”。以走廊文化、餐厅文化、宣传栏等形式，宣传党风廉政建设工作。增强干部职工的反腐倡廉意识。在全省国税系统政风行风测评中，全局以94%的满意率位居全州国税系统第一。在州国税局对各市县国税局目标管理责任制考核中，“干部监督”、“党风廉政建设工作”两个单项实现零扣分。被县委、县政府授予党风廉政建设“优秀单位”。

【精神文明建设】 按质按量完成省、州、县“文明单位”、“先进集体”的自查、复查工作，按规定及时上报表格资料，进一步完善内部资料、制度的规范管理。

【教育培训】 一是开办“周五课堂”，做好“岗位奉献”活动，着力打造学习型团队，构建和谐国税。共举办“周五课堂”22期，培训1000多人（次）。二是积极做好教育培训工作。制订培训计划，积极组织相关人员参加省、州局组织的分级分类培训，大幅度提高税务干部综合业务素质。全年参加省局各类培训3期8人（次），参加州局各类培训12期30人（次），县局自主培训2期55人（次）。三是以深入开展《感动中国》年度人物学习活动为主题，抓好干部职工的理想信念教育，增强干部职工的敬业奉献精神和责任感。

（杨安安）

红河县国家税务局

经济概况

2011 年，红河县完成生产总值（GDP）16.7 亿元，比上年增加 2.98 亿元，增长 21.72%。其中：一、二、三产业分别为 7.1 亿元、3.2 亿元、6.4 亿元，分别增长 7.1%、23%、13.2%，三次产业的结构比例为 42.52: 19.16: 38.32。完成固定资产投资 15.6 亿元，比上年增加5.6 亿元，增长55.3%。完成财政总收入 1.01 亿元，比上年增加 2869 万元，增长 40%。完成地方财政一般预算收入 6328 万元，比上年增加 2063 万元，增长 48.3%。完成财政总支出 11.4 亿元，比上年增加 2.4 亿元，增长 27%。完成社会消费品零售总额 4.7 亿元，比上年增加 8000 万元，增长 20%。农民人均纯收入 2120 元，比上年增加 276 元，增长 12%。

税收概况

【收入完成情况】 2011 年，红河县国家税务局共组织税收收入 3256 万元，比上年增收 642 万元，增长 24.56%，完成计划任务的 116.29%。其中：增值税 2767 万元，比上年增收 566 万元，增长 25.72%，完成计划任务的 116.79%；消费税 32 万元，比上年减收 49 万元，下降 60.49%，完成计划任务的 37.78%；企业所得税 283 万元，比上年增收 22 万元，增长 8.43%，完成计划任务的 102.89%；车辆购置税 169 万元，比上年同期增收 112 万元，增长 196.49%，完成计划任务的 264.09%；储蓄存款利息所得个人所得税 5 万元，比上年减收 9 万元，下降 64.29%，完成计划任务的 166.67%。

【收入特点】 （一）受资源、环境、历史及民族文化等多方面因素的制约，全县产业结构单一，税源脆弱，支柱企业税源波动大。（二）增值税是全县的主体税种，占整个税收收入的 84.92%，其中蔗糖、矿产资源、电力、商品批发零售是增值税主税源。消费税则以酒精为主。（三）税收收入总量小，发展潜力小。

【税源分析】 税收在 100 万元以上的企业有 4 户。纳入重点税源管理的企业有云南红河糖业有限责任公司、红河县供电有限公司、昆明信义总公司红河县金属矿采选厂，3 户重点税源企业 2011 年上缴的增值税占全县增值税收入的 62%，消费税占全县消费税收入的 95.2%。与 2010 年相比，白糖增值税减少 24 万元，下降 4%，主要是甘蔗收购成本增加，造成进项税金抵扣虚增；有色金属矿产品增值税增收 149 万元，增长 288%，主要是近年全国金属价格不断攀升，昆明信义总公司红河县金属矿采选厂技改完成，生产能力提高，销售量大幅快速增加；电力企业增值税增收 205 万元，增长 56%，主要是县域水电不断开发，供电能力增强。

【税务管理】 积极完善管理机制，强化税收征管监督，提高税收征管效能。一是加强户籍管理。税收管理员定期、不定期地对个体工商户进行摸底调查，最大限度减少漏征漏管户。二是强化税源监控。建立税源监控机制，定期召开税源分析会议，每月分组深入企业实地督查调研。三是加强税源动态管理。税收管理员随时掌握企业及个体工商户生产经营与发票的使用情况，并进行适时、动态跟踪管理，防止偷逃税款的情况发生。四是建立信息共享制度。加强与工商、地税等部门的沟通联系，建立信息共享平台，定期相互通报，及时进行信息比对，充分利用第三方涉税信息，全面提高税收管理水平。

各项工作

【税收法制建设】 加强对税收法律、行政法规、税法知识、《企业所得税法》及其《实施条例》等的宣传工作，严格执行各项税收政策法规，坚持依法治税，依法行政，规范税收执法。大力整顿和规范税收秩序，认真组织开展税收专项检查工作，加强稽查案例分析，以查促管，加大税务执法力度，强化稽查工作，对查出有问题的纳税户进行曝光，把偷抗税行为和税收执法行为置于社会的监督之下。

【税收征管】 2011 年共有征管户 1448 户，其中：一般纳税人 41 户，小规模纳税人 1392 户（其中：个体工商户 1327 户），其他 15 户。个体工商户中，达起征点纳税户 9 户，不达起征点 1318 户。新增业户 219 户，注销 32 户。完成新版普通发票推广户数 460 户，其中：使用机打发票 188 户（企业 41 户，个体户 147 户）；使用手工版发票 272 户（企业 9 户，个体户 263 户）。一是做好税源调研分析和监控管理，制定《重点税源企业管理办法》，深入开展重点企业税源调研，掌握重点企业生产经营、生产计划、市场变化、价格动态、税源增减等情况。二是认真执行税款征收、解缴的有关规定，确保税收按时入库，严格控制欠税、缓交税款和延期申报的审批。三是提高收入预测分析能力，根据数据监控分析系统反映出的组织收入进度和收入质量进行按季分析增减原因，切实采取应对措施。四是抓好个体计算机定额工作。结合日常征管与开具发票数额掌握个体税源的变动情况，及时调整定额。五是积极推行网络申报，在 41 户一般纳税人中推行网络申报 36 户。六是加强发票管理。把好普通发票领购审批关，做好发票填开辅导，建立发票巡查制度，定期分析发票信息，开展打击发票违法犯罪活动。

【税收执法】 （一）认真贯彻落实省委、省政府关于提高个体纳税户起征点的税收优惠政策。红河县增值税达起征点以上个体工商户从 63 户减少至 9 户，54 户个体工商户受益。（二）税务稽查。全年共查补稽查收入 16.1 万元，其中稽查查补 4801 元（增值税 1621 元、滞纳金 570 元、罚款 2610 元），纳税人自查查补 15.6 万元（增值税 15.2 万元、滞纳金 3848 元）。将打击发票违法犯罪活动与分级分类稽查进行有效结合，在对 4 户企业进行检查中，发现未按规定取得发票 5 份，按《中华人民共和国发票管理办法》相关规定进行处罚，处罚金额1610.42元。（三）企业所得税汇算清缴。2010年度企业所得税征管户有39户，参加企业所得税汇算清缴户数为36户，占征管业户的92.31%。实际参加企业所得税汇算清缴户数与上年同期相比增加8户。汇算清缴入库企业所得税51.49万元。（四）税收宣传。按照省、州国税局的统一部署，围绕“税收·发展·民生”宣传主题，结合“服务基层年”要求，采取多种形式，开展税收宣传。一是4月1日召开纪念税收宣传月20周年纳税人座谈会，启动税收宣传月活动。上街向纳税人发放《纳税人权利与义务》等宣传资料千余份，张贴标语6条和宣传画15幅。二是在《侨乡红河》上刊登《致纳税人公开信》，并将《致纳税人公开信》印制成宣传材料向县内较大的企业、个体纳税人发放100余份。三是向纳税人编发税收宣传短信1010条，收到纳税人回复223条，根据回复内容，以短信或电话方式一一作解答。四是组织干部职工到云南红河糖业有限责任公司、云南红河红枫农业开发公司与企业职工一起种下第20个全国税收宣传月活动“纪念树”。五是编印《纳税人权利与义务》、《税收优惠政策摘要》等宣传资料共1100份，分组深入1000余户纳税人进行税收宣传，解答纳税人在政策执行过程中的疑难问题。六是与16户企业合作制作标语横幅悬挂于矿山、车间、城区路口，积极开展税收宣传活动。七是联合公安、地税、工商等部门开展打击经济违法犯罪宣传活动，向社会各界、广大纳税人赠送《纳税人权利与义务》150本，发放税收优惠政策宣传材料200份，解答税收优惠政策5人（次）。

【税务管理信息化建设】 召开动员大会，成立领导小组，制定实施方案，明确工作任务，税收管理员辅助信息系统8月22日成功上线运行。至年底运行平稳，其中：税收调查模块共发起任务72条，完成调查任务71条；风险管理预警指标65条。

【基本建设】 10月14日，职工食堂拆除重建工程项目破土动工。项目按审批立项规模建设为三层楼框架结构，建筑面积450㎡，总投资180万元（含办公楼局部改造工程），预计2012年6月份全部完工。

队伍建设

【机构人员情况】 全局内设机构8个：办公室、人事教育科、监察室、税政管理科、征收管理科、政策法规科、收入核算科、办税服务厅；事业单位1个：信息中心；直属机构1个：稽查局；派出机构1个：迤萨税务分局。党群组织：1个党总支（下设2个党支部）和1个工会组织。在职职工40人（男29人，女11人），离休干部2人，退休干部24人。在职职工大学本科17人，占在职总人数的42.5%；大专15人，占在职总人数的37.5%；中专6人，占在职总人数的15%；高中及以下2人，占在职总人数的5%。

【领导班子建设】 2011年，新增加1名副局长和1名纪检组长，设党组书记、局长1人，党组成员、副局长2人，党组成员、纪检组长1人。局党组始终把加强领导班子建设，带好队、收好税作为税收工作的首要任务，树立正确的理想信念，工作目标明确，工作措施有力，增强凝聚力、落实力和执行力。领导之间经常交心谈心，不搞“一言堂”、“家长制”，班子间精诚团结、坦诚相待，议事坚持民主集中制，大事讲原则、小事讲风格，坚持集体领导。

【党风廉政建设】 坚持“标本兼治，综合治理，惩防并举，注重预防”的方针，坚持建立、健全教育、制度、监督并重的惩治和预防腐败体系实施纲要2008～2012年工作规划的实施意见和分工方案，构建预防工作格局。通过认真贯彻落实体现“一岗双责”、以作风建设为主要内容的党风廉政建设目标管理责任制，建立惩防并重，纠建并举的党风廉政建设长效机制，为完成各项税收工作任务提供坚强的政治和纪律保证。2011年明察暗访一般纳税人、小规模纳税人、个体“双定户”及用票户共计118户。在地方政府组织的政风行风评议中，获得民主测评及点评全票通过，满意率达100%。被授予全县党风廉政及反腐倡廉建设评比一等奖。

【精神文明建设】 深入开展文明创建活动，巩固文明创建成果，点面结合、齐抓共管。一是党总支围绕局党组的中心工作和发展思路，认真抓好党的思想建设、组织建设和制度建设，使党组织的战斗堡垒作用和在文明建设中的作用得以发挥。二是重视工、青、妇的作用，充分挖掘工、青、妇的潜能，积极开展各种健康有益的活动和国税文化建设，丰富干部职工的文娱生活，陶冶干部职工的情操，避免各种不健康思想的影响和不健康生活方式的侵袭。以开展创建活动为载体，促进各项工作、制度和规范的贯彻落实，进一步提高思想认识，夯实文明创建基础，提高文明创建的质量和水平。

【教育培训】 参加系统内各级国税机关组织的培训16期共37人（次），其中：科级领导干部任职培训1期1人（次）、专门业务培训4期6人（次）、局长业务培训1期1人（次）、公务员初任培训1期1人（次）、总局培训班1期1人（次）、省局培训班4期4人（次）、州局培训班2期4人（次）、参加本局组织的专门业务培训2期19人（次）；参加系统外组织（机关工委党务学习）的其他培训1期2人（次）。

【创先争优“四亮四评”活动】 围绕深入推进“四亮四评”主题实践活动，以提升服务质量为目的，充分发挥办税厅、管理分局的前台服务功能，进一步细化服务内容，提高服务质量，量化服务措施，美化服务环境，优化服务流程，切实为广大纳税人提供热情、周到、优质、便捷的服务。一是成立活动领导小组，召开动员大会，制定《红河县国家税务局关于在全局党组织和党员中深入开展创先争优活动的实施意见》、《红河县国家税务局“四亮四评”主题实践活动实施意见》、《纳税服务承诺制度》、《“四亮四评”管理办法》、《“服务明星”评选活动实施办法》、《办税服务厅管理办法》等制度和办法。二是设咨询台、材料填写台等服务设施，规范办税服务厅内部标识，整合办税服务窗口业务，合理设置服务区，公布技术支持和业务指导部门的联系电话，便于纳税人咨询。三是亮流程、亮身份、亮职责、亮承诺，接受纳税人和公众监督；以自己评、群众评、领导评、组织评每季度评选出1名纳税服务明星，每半年评选3名纳税服务先进个人。

（白继荣）

绿春县国家税务局

经济概况

2011年，绿春县经济呈现较快增长态势，实现“十二五”良好开局，全县完成生产总值（GDP）14.37亿元，同比增长29.46%，按可比价计算较2010年增长14.8%。其中：第一产业增加值完成4.48亿元，增长8.9%；第二产业增加值完成5.58亿元，增长22.1%；第三产业增加值完成4.31亿元，增长12.6%。三次产业的结构比例为31.18:38.83:29.99。实现农林牧渔服务业总产值8.68亿元，同比增长23%，农民人均纯收入2505元，同比增长18.2%。实现工业总产值6.29亿元，同比增长23.6%，实现增加值2.35亿元，按可比价增长8.9%。全社会固定资产完成23.09亿元，同比增长35.6%。

税收概况

【收入完成情况】 2011年，绿春县国家税务局共计组织各项税收收入6192万元，比2010年增收776万元，增长14.33%，完成州国税局年初下达考核任务数5750万元的107.69%。其中：增值税5441万元，同比增收522万元，增长10.61%；企业所得税579万元，同比增收201万元，增长53.17%；储蓄存款利息所得个人所得税入库3万元，与2010年持平；车辆购置税入库169万元，同比增收83万元，增长96.51%。

【收入特点】 一是增值税呈现前低后高稳步增长态势，且占各项税收收入总量比重大，企业所得税、车辆购置税增势强劲，增值税、企业所得税、储蓄存款利息所得个人所得税、车辆购置税的结构比例依次为87.87:9.35:0.05:2.73，增幅分别为10.61%、53.17%、0、96.51%。二是电力增值税收入季节性明显，因而1~6月增值税收入进度缓慢，塌时间任务进度18.91个百分点，7月份后，随雨季的到来，发电行业正常运行，电力增值税收入增速加快，全年电力增值税4267.08万元，占全年增值税收入的78.42%。

【税源分析】 国税总体收入来源于电力、烟草和金融三个行业。电力增值税4267.08万元，同比增收188.66万元，增长4.63%，主要是供电行业税收同比增收235.9万元，增长64%；批发零售业增值税821.21万元，同比增收272.28万元，增长49.6%，其中烟草行业307.36万元、同比增收33.8万元，增收原因主要是消费品市场旺盛；黑色及有色金属采矿冶炼业增值税72.32万元，因价格下跌原材料短少等因素，同比减收45.96万元，其他行业增值税252.36万元，同比增收84.55万元，增长50.38%。企业所得税579万元，同比增收201万元，主要因素是农村信用社享受企业所得税优惠政策停止执行，2011年缴纳企业所得税294万元；州烟草公司上缴划入的企业所得税256万元，绿春新源发电有限公司和云南西迈矿业有限公司分别缴纳20万元、7万元。2011年起县局可征收汽车车购税，加之农民收入的增加，摩托车购买量增加，促使车辆购置税大幅增长。

【税务管理】 建立和完善管理机制，形成以制度管人、管事、管物的工作格局，确保全局工作正常运转。依托税收管理信息系统，强化税务登记户籍管理，严把开业登记、变更登记、注销登记三个关口，定期与地税、工商比对管户信息数据，对纳税人进行定期核对，杜绝漏征漏管户发生。至12月，全县共有国税管理户1183户，分经济类型企业141户、个体1042户。其中：一般纳税人46户，小规模企业98户，其他企业7户，个体工商户1032户（查验征收108户，达起征点“双定户”4户，未达起征点管户916户，查账征收2户，查定征收2户）。

各项工作

【税收征管】 （一）认真落实各项税收优惠政策及结构性减税政策。2011年全县增值税免税销售额8237.19万元，其中一般纳税人7606.35万元，小规模纳税人630.84万元。按减免种类划分为：黄金生产企业1户免税销售额6360.45万元，农产品收入12户621.55万元，种子、种苗、饲料、化肥、农药、农机、农膜9户806.52万元，农膜及列举的化肥、农药产品2户，94.78万元，资源综合利用产品1户，38.04万元，其他减免9户315.85万元。（二）各税管理。增值税。一是加强增值税一般纳税人认定管理。新认定增值税一般纳税人14户，共计认定一般纳税人46户，其中商业企业22户、工业企业24户，分行业分别为：农林渔牧业5户、采矿业5户、制造业9户、电力及水的生产供应业5户、批发和零售业22户；二是严格管理固定资产进项税抵扣。2011年全县增值税一般纳税人购进固定资产总值241.54万元，申报抵扣固定资产进项税41.06万元，同比增长353.04%，固定资产抵扣增值税额创历史新高；三是对西迈金矿等5户企业进行纳税评估。共计补缴增值税20.49万元、滞纳金3.4万元。企业所得税。一是强化企业所得税核定征收，对账证不健全、无正当理由长期零申报、负申报企业的征收方式进行调整，新核定征收户达12户，同比增加6户，增长100%，核定征收面达31.58%。二是开展所得税纳税评估2户，调增农村信用社企业所得税应税收入42.89万元，补缴企业所得税10.72万元，云南西迈矿业有限公司补缴企业所得税3.75万元，滞纳金8900元。三是开展企业所得税年度汇算清缴工作，共汇算清缴31户，汇算清缴面100%，其中：盈利企业有7家，盈利面为22.58%，同比提高16.33个百分点，汇缴补征所得税83.5万元；亏损企业13家，亏损面为41.94%，同比下降6.54个百分点。车辆购置税。推行车辆购置税电子档案管理工作，提高车购税征管质量和效率。全年征税车辆2928辆，对51辆国产汽车，2辆进口汽车进行扫描归档。成功推行POS机刷卡缴纳车购税，简化办税手续。（三）发票管理。一是健全发票管理各项制度，加强各环节的监督和管理，按季开展发票检查，严禁发票开具及税款征收的随意性，强化“以票控税”功能。二是配合公安、地税实施发票检查，严厉打击发票违法违章行为。三是普及宣传网络发票填开系统知识，拓展机打发票覆盖面，发挥机打发票以票控税功能。

【税收执法】 （一）税收宣传。以“税收·发展·民生”为主题开展税收宣传活动。一是召开辖区内重点纳税户企业座谈会，拉开第20个税收宣传月活动序幕。二是结合创先争优“四亮四评”主题活动，设置税收宣传栏，公开办税服务承诺，办税流程，纳税指南，接受纳税人监督。三是开展“税法宣传进企业走进中国移动”用户的税收宣传。四是结合党员干部“三进三同三个一”活动开展税收宣传“三进”活动。五是借参加绿春县“庆‘五·一’、迎‘五·四’”歌唱绿春民族团结歌咏暨原生态民歌比赛掀起税收宣传月活动高潮。六是联合开展“打击防范经济犯罪，共建和谐美好生活”主题活动进行税收宣传。（二）税务稽查。开展专项检查及区域专项整治工作，严厉打击发票违法犯罪活动，做到“查账必查票，查税必查票”。分别对县建材市场、边远乡镇等利用自制收据取代发票，消费者取票难，逃避税收征管现象突出等问题，开展拉网式突击检查，查处23户，查处利用自制收据替代发票开具546份，补缴增值税6.35万元，加收滞纳金4360元。开展分级分类稽查，实行查前告知制度，上门送税收政策，鼓励企业自查，进企业监督辅导50余人（次），辅导辖区内12户企业自查自纠，补缴增值税37.24万元，企业所得税14.48万元，加收滞纳金6.44万元。推进以查促管，督促超经营业务收入标准办理认定增值税一般纳税人企业6户。（三）依法治税。规范税收执法行为，坚持组织收入原则，严格执行税收法律、法规和政策，学习贯彻《中华人民共和国行政强制法》，维护税法尊严，促进纳税人提高税法遵从度。结合推行法治政府等“四项制度”，公开税收法律法规和政策、办税程序，打造“法治政府，阳光国税”，接受纳税人的监督，维护纳税人合法权益。加强税收执法管理考核，利用执法考核子系统“预警”、“提醒”、“考核”等功能，实行三个环节监控，提升执法能力，规避执法风险。加大重大税务案件查处力度，全年审理登记1件，办结1件，查补增值税1.81万元，罚款9082元，加收滞纳金3015元。（四）执法督察。对所涉及的各项税收相关减免税政策、法律依据、操作程序、执法过程中的情况进行重点督察，全年税收执法考核子系统涉及综合征管软件业务处理考核指标17项，业务处理总量12107笔，提醒预警178条，修正补正177条，申辩调整无过错数2个1户（次），全年税收执法行为实现零过错。认真清理转发到企业的规范性文件，没有发现审批涉税事项中违规和越权减免税问题，没有违反规定缓征、少征、不征税款和不加收滞纳金的情况。

【纳税服务】 按照“服务基层年”各项工作要求，以开展“四亮四评”主题活动为契机，推行公开办税，优化纳税服务。一是深入贯彻落实总局和省局领导“进一步优化纳税服务”的指示精神，促进基层一线税干提高纳税服务意识；二是按照《绿春县国家税务局办税服务厅管理办法》，实行效能考核，不断提升纳税服务能力和效率；三是向纳税人公示办理涉税事项手续和业务流程，建立首问责任、一次性告知等机制，推行导税服务、全程服务、限时服务、延时服务、预约服务、提醒服务，为纳税人提供优质文明服务；四是将《国家税务总局关于纳税人权利与义务的公告》发给纳税人，用政府信息网站发布最新有关税收政策法规公告，维护纳税人合法权益，努力构建和谐税收征纳关系。

【税务管理信息化建设】 围绕州局的工作要点，以加强网络信息安全建设和国税信息化工作为重点，发挥信息化在税收工作中的依托和支撑作用。一是做好“四小票”数据比对和“车购税”数据的每月上传工作；二是完成综合征管软件43～45号补丁的安装升级工作；三是做好“绿春县国税局政务信息公开网站”相关信息的发布审核，做好工作日志；四是做好电子政务网站服务器、公文处理服务器、视频会议终端等设备的基础维护工作；五是对防伪税控稽核系统和车购税系统进行升级，完善系统功能，确保各类新增业务及时在机内正常处理；六是推行“云南省国税局税收管理员辅助信息系统V2.0”和“云南省国家税务局新版普通发票开填系统”。

队伍建设

【机构人员情况】 县局内设机构8个：办公室、人事教育科、政策法规科、税政管理科、征收管理科、收入核算科、监察室、办税服务厅；1个事业单位：信息中心；1个直属机构：稽查局；1个派出机构：大兴税务分局。共有干部职工47人（含离退休干部14人），实有在职人员33人（其中公务员31人、领导职数5人），平均年龄43岁，在职干部职工中，少数民族干部24人，占72.72%，妇女干部5人，占15.15%。大专以上学历24人，占72.72%，中专以下学历9人，占27.28%。中共党员21人，占61.76%。

【开展“学习杨善洲”和“创先争优”活动】 按照州国税局和县委关于开展“学习杨善洲”活动的通知要求，掀起学习杨善洲活动热潮，广大干部职工撰写学习体会进行交流，进一步树立为民服务思想，使全局队伍素质明显提升。围绕县委和州局党组的统一部署开展“创先争优”活动，做到认识到位、组织到位、措施落实到位。开展窗口单位和服务行业“为民服务创先争优”活动，组织成立两个工作组，深入八乡一镇，开展送政策进农村进矿山进企业“创新争优为民服务周”活动，全局党员干部到挂钩联系点开展“三进三同三个一”主题实践活动，21名党员捐款4200元扶持坝嘎村委会21户困难户，排民忧帮民困，确保创先争优活动顺利进行并取得成效，努力实现县委和州局党组提出的创先争优活动目标。

【领导班子建设】 积极参加上级局和当地党委政府举办的领导干部培训，坚持党组理论中心组学习活动制度，不断提高领导能力和水平，认真落实民主集中制原则，开展好每年一次的领导干部述职述廉和党组民主生活会，深刻剖析并纠正存在问题，开展谈心交心，促进班子成员团结协作，抓好各项工作。

【廉政建设】 一是召开党风廉政建设工作会议，传达贯彻上级局和地方党委政府的党风廉政建设工作会议精神，加强反腐倡廉教育，总结回顾2010年工作，布置2011年工作。二是认真落实双向党风廉政建设责任制，层层签订《党风廉政建设责任书》，共44份，强化对干部职工的监督落实，签订征纳双方《廉政公约》36份，接受纳税人的监督，签订家庭《廉政公约》33份，强化国税干部职工及家属的廉洁自律意识和“廉内助”意识。三是认真贯彻“一案双查”办法，组织纪检监察干部采取明察暗访等形式，对《廉政公约》执行情况进行跟踪回访复查19户，其中纳税人10户、家属9户。

【教育培训】 认真落实学习培训计划，选送参加省、州国税局以及党政部门各种政治理论和专业知识学习培训，参加业务部门举办的各种业务培训。全年23人（次）参加省局举办的视频专业培训；23人（次）参加州局各项业务培训，20人（次）参加省局普通发票简并换版及税收管理员辅助信息系统推广应用视频培训，1人参加省局岗前培训，2人参加省局的副局长及科级干部任职培训。施行以考促学的办法，组织全局人员参加2011年度干部职工法律知识普法考试，促进干部职工学法、知法、用法。

（李沙龙）

文山壮族苗族自治州国家税务局

经济概况

2011年是“十二五”的开局之年。面对复杂多变的发展形势和持续特大旱灾的影响，文山壮族苗族自治州坚持以科学发展为主题，以加快转变经济发展方式为主线，全面推进改革发展稳定各项工作，经济社会发展取得新成绩。全州实现生产总值（GDP）401.4亿元，同比增长14.2%。其中：第一产业增加值91.53亿元，增长8.9%；第二产业增加值154.16亿元，增长21.5%；第三产业增加值155.71亿元，增长10.9%。三次产业的结构比例为22.8:38.41:38.79。完成固定资产投资340亿元，同比增长25.5%。完成社会消费品零售总额173.13亿元，同比增长20.5%。完成财政总收入48.45亿元，增长27.9%，其中地方一般预算收入27.45亿元，增长24.6%；财政总支出143.8亿元，增长26%。

税收概况

【收入完成情况】 2011年，文山州国税系统共组织税收收入21.01亿元（不含海关代征，下同），同比增收5.02亿元，增长31.37%，完成省局下达确保任务的122.82%；完成奋斗目标的120.08%。其中：增值税14.42亿元，完成任务的117.97%，同比增收2.97亿元，增长25.92%；消费税6934万元，完成任务的95.25%，同比减收160万元，下降2.26%；企业所得税4.2亿元，完成任务的170.57%，同比增收1.82亿元，增长76.84%；储蓄存款利息所得个人所得税71万元，同比减收82万元，下降53.59%；车辆购置税1.7亿元，完成任务的99.93%，同比增收2509万元，增长17.33%。组织州县级收入4.27亿元（国税口径），完成州政府下达任务的109.58%，同比增收1.03亿元，增长31.82%。

【收入特点】 一是税收收入高增幅月份比重高。税收收入持续呈现高收入、高增幅态势，增幅达两位数以上的月份共8个，占全年的67%。二是主体税种拉动作用明显。增值税、企业所得税收入分别为14.42亿元、4.2亿元，分别增收2.97亿元、1.82亿元，增长25.92%、76.84%，合计增收4.79亿元，拉动税收收入增长29.95%。三是各县（市）收入均实现2位数以上快速增长。增幅最大的麻栗坡县增长115.95%，增幅最小的丘北县增长15.09%。四是省级收入快于中央及州县级收入。省级收入99%来源于企业所得税，该税种全年增长76.84%，导致省级收入大幅增长，远远高于中央及州县级收入。

【税源分析】 纳入监管的重点行业税款全部实现增收。（一）部分矿产品及冶炼产品价格大幅上涨和产量增加拉动税收收入增长。一是钨矿价格上涨。钨精矿全年均价12.49万元/吨，同比增长36.5%；二是精锑产品价格上涨。全年均价7.76万元/吨，同比增长20.6%；三是铁合金产品增加。（二）金融企业上缴企业所得税大幅增长。农村信用社经济效益提升，实现利润增加，加之享受税收优惠政策2010年到期，增加2010年第4季度及汇算清缴税款982万元，该项目2011年收入6674万元，同比增收5402万元，增长4.2倍。（三）电力行业增收3成以上。一是由于降水较上年同期充沛均匀，发电量增加。二是大唐公司弥补马鹿塘发电公司2010年1.5亿度电，马鹿塘发电公司入库税款559万元。三是采选及冶炼企业生产较正常，供电企业上缴增值税增加。四是大唐公司固定资产进项税额抵扣完毕，全年共上缴增值税2413万元。（四）烟草企业上缴税款增加。文山州复烤厂跨区分入税款3206万元，同比增收1019万元，增长46.59%；文山州烟草公司烟叶调拨正常，销售的一、二类烟比重上升，上缴税款3.94亿元，同比增收2238万元，增长6.02%。（五）一次性因素增收。一是文山猫猫跳发电公司向国电电力转让所持三转弯发电公司股权，入库企业所得税920万元。二是云南壮山实业股份有限公司2010年新建生产线抵扣固定资产进项税额，上缴增值税基数低，该公司2011年上缴增值税3196万元，同比增收2554万元，增长3.98倍。（六）福利企业退税增加。全州福利企业主要从事矿产品采选及冶炼，由于经营情况良好，企业退税随之增长，全年退税9137万元，同比增加1746万元，增长23.62%。（七）查补税款同比减少。全年查补税款入库2763万元，同比减少468万元，下降14.48%。

【税务管理】 （一）税收征管。截至2011年12月31日，全州登记征管户45944户，其中单位纳税人3857户，个体经营纳税人40958户，扣缴义务人64户，临时登记纳税人1065户，同比增加5058户，增长12.37%。管理措施：1. 做好综合征管软件运行维护。收集整理常见应用问题，分类指导基层规范操作，开展系统作废停用模块清理，做好补丁升级，确保了综合征管软件正常运行。2. 抓好税源与征管状况监控分析。进一步完善税源与征管状况一体化监控分析领导组织体系，对省局下发的2010年度22个待整改清册进行后台抽取，认真分析风险类型，落实整改纠错责任，采取措施规范业务处理和系统操作，有效防范了执法风险。3. 做好税收管理员辅助信息系统试点工作。修改完善系统操作手册，开展推广应用技能培训，不断完善系统功能，税管员依托系统加工分析、应用数据信息的能力进一步增强，为加强税源管理提供了有力的支持和帮助。4. 加强个体税收管理。取消不合理、不科学的电子定税参数和标准，进一步优化电子定税流程和简化对应的表证单书，提高定税的公平性和合理性，有效降低税收执法风险，切实减轻税务机关和纳税人负担。5. 积极探索税源专业化管理。按照风险导向、科学分类、整合资源、创新方法、建立机制的要求，将风险管理理念和方法贯穿于税源专业化管理的全过程，将划片管户逐步调整为按规模、行业、特定业务等分类进行税源专业化管理。6. 深化税务与组织机构代码信息系统的应用。建立健全组织机构代码信息共享合作机制和运维机制，开展数据分析，制作操作手册，有针对性地清理漏征漏管户，规范欠税公告文书审批流程，明确审批权限和工作职责，提高基层办理税务登记的工作效率。7. 认真贯彻落实新起征点政策。对“双定户”定额征税信息进行全面核对清理，全州达新起征点以上“双定户”共379户，核定月销售额为1111万元，增值税33.32万元；新增起征点以下“双定户”4510户，核定月销售额为3012万元，免征增值税90.35万元。（二）发票管理。自2011年1月1日起全面启用云南省国家税务局新版普通发票，同时停用缴销旧版发票，认真研究解决发票简并换版工作中存在的问题，合理制定用票计划，满足纳税人正常使用。不断完善新版发票开填软件功能，开展发票真伪鉴定、合理库存设置、计划管理和发票编码规则及机打发票操作培训，普通发票管理取得由手工填开向微机开具、系统查询统计的重大突破。

各项工作

【依法治税】 加强税收法制建设和执法管理，全面推进依法治税。一抓普法。以“法制宣传月”“税收宣传月”等活动为契机，对内加强各项税收政策、法律法规学习培训，不断提高税干执法素质；对外抓好法制宣传和普法教育，在全州范围内组织1459户一般纳税人厂长经理和财务人员税法知识考试，提高税企双方税法遵从度。二抓阳光政府“四项制度”落实。全年共在政府信息公开网站上实施24项重点工作通报事项。三抓执法考核。依托税收执法管理信息系统考核，加大执法过错通报、预警、考核和整改纠错力度，经税收执法管理信息系统自动考核监控，全州共发生业务量354235笔，减除空责任人后，执法过错33个，扣分76分，过错率0.09‰。与上年同期相比，业务量上升33344笔，过错数下降40个，过错户下降38户，扣分下降177分，过错率下降0.11‰，执法质量呈现“四降一升”的特点。四抓重大税务案件审理。全州重大税务案件审理委员会共审理案件11件，查结案件共查补增值税292.2万元，企业所得税189.48万元，罚款192.81万元，加收滞纳金106.02万元。五抓税收执法督察。在各县市自查的基础上，对麻栗坡、富宁、马关、西畴4县开展执法督察，均未发现违规情形。六抓规范性文件清理。共清理州局机关自行制发及转发的税收规范性文件711份，其中全文失效或废止的文件414份、部分条款失效或废止的文件81份，现行有效的文件216份。全文废止了《文山州国家税务局关于印发〈文山州国家税务局增值税纳税人产品预约定耗管理办法〉（试行）的通知》和《转发云南省财政厅等六部门关于进一步加强社会福利企业享受税收优惠政策管理的通知》中文山州国税局拟发的条款和内容。

【税收宣传】 在第20个全国税收宣传月活动中，全州国税系统紧扣“税收·发展·民生”主题，按照“服务基层年”工作要求，精心组织开展了形式多样、内容丰富的税收宣传月活动。（一）精心谋划，加强领导，税收宣传月活动顺利开展。形成了“一把手”负总责，分管领导具体抓，各部门齐抓共管的宣传格局，从项目落实、经费保障、人员到位等方面，确保了税收宣传月活动顺利开展，取得实效。（二）创新形式，突出特色，税收宣传月活动精彩纷呈。突出民族特色，依托节日庆典活动和体育赛事等平台大造宣传声势，以壮族“三月三歌节”、“中国·广南句町文化旅游节暨壮族花街节”等民族节日庆典活动为平台，借举办“特安呐杯2011国际网球女子巡回赛·文山站”、“岩溶地区石漠化综合治理工程第三次省部联席会暨现场会”等契机，文艺搭台，税收宣传唱戏，大造宣传声势。一是突出政策宣传，深入宣传普及税收法律法规知识；二是加强部门协作，形成多部门参与的税收宣传合力，国税、地税、公安经侦三部门联手开展“税法宣传进企业、民生演讲进校园、纳税服务进矿山”系列宣传活动；三是将税收宣传融入地方党委政府组织的边境“百村千组大普法”活动中，通过开展法制宣讲、涉税事项咨询服务、法制文艺巡演，在边境口岸、边民互市点开展“中越联合大普法”，推进税收宣传资料到村、组，法制宣讲到村、组，综合治理到村、组，创建模范到村、组；四是开展“邮政助税宣、税法进万家”和“税企角色互换”体验活动；五是推出服务套餐，积极为纳税人解难题、做好事、办实事，为项目建设“铺路搭桥”，促进产业结构调整和经济发展方式转变；六是传统媒体与新兴媒体宣传相结合，打造宣传亮点，局领导带队上线《七乡观察——行风热线》直播节目，在线访谈和与听众朋友沟通交流，宣传税收政策，在《中国税务报》、《文山日报》和《文山日报·七都晚刊》等新闻媒体发表税收宣传稿件6篇；七是提升税宣档次，全面营造学法守法用法氛围，州、县各级党委政府采取表彰纳税先进、举办座谈会、组织税收宣传月启动仪式等形式，大力开展税收宣传，着力打造出党政领导重视税收，各级干部和各族群众关注税收、支持税收的新亮点。

【各税管理】 一是坚持管理与服务并重，切实加强政策宣传。税收宣传月集中宣传与日常宣传有机结合，先后举办汇算清缴、网络申报、纳税评估、数据分发、房地产企业会计人员所得税业务、企业财会税法知识等培训。二是做好问题解析和执法风险防控。编写《文山州国家税务局增值税一般纳税人档案及电子数据采集指南》指导基层日常工作；开发《增值税防伪税控系统档案采集比对软件》，专门对综合征管软件与增值税防伪税控系统一般纳税人档案的一致性进行日常监控、管理。三是认真落实税收优惠政策。严格按政策规定办理税款征收、减免退税、资产损失税前扣除审批报备等税收政策业务，受理把好时间关，审核把好条件关，审批转报把好权限关，全年共为30户民政福利企业办理即征即退税款9143万元、为3户资源综合利用企业办理即征即退税款148万元。四是圆满完成2010年企业所得税汇算清缴工作。通过汇算清缴，全州1749户企业实际应纳所得税额3.02亿元，应补缴所得税额3848.04万元，应退所得税额326.97万元。共有101户企业实际享受企业所得税优惠，减免企业所得税4081.4万元。五是加强对零、负申报企业的管理，扩大核定征收面，降低亏损面。全年共对746户企业实行核定征收，核定征收面由2010年的31.57%提高到34.33%，增加2.76%，全州核定征收企业共入库企业所得税1207万元，同比增收388万元，增长47.51%。六是加强大企业和国际税收管理。在抓好总局定点联系企业涉及文山州成员企业管理和服务工作的基础上，选择11户大企业作为州局定点联系企业开展探索和实践工作。七是做好进出口税收管理。全州出口退税登记企业共84户，出口退税网络申报率达100%，实际办理出口退（免）税业务的企业22户，累计审批办理出口退税2900万元，其中从边境指定口岸出口以人民币结算退税301.83万元。

【纳税评估】 统筹安排评估工作任务，调整充实纳税评估人才库，由州局征管部门统一筛选评估对象、分配评估任务、确定评估方法，多税种同时共评。全年共实施综合评估222户，经评估存在问题130户，移交稽查2户，评估查补增值税123.16万元、消费税9200元、企业所得税283.22万元，调减增值税留抵税额112.87万元，调减企业所得税亏损数额1530.36万元。

【税务稽查】 以整顿和规范税收秩序为目标，以查处和打击税收违法行为为中心，以组织分级分类稽查、专项检查和打击发票违法犯罪活动专项整治为重点，对资本交易项目，广告业，办理电子、服装类产品出口退（免）税的企业、金融业、保险业、石化等行业实施专项检查，对房地产、电力、医药、采石场、矿产品冶炼、运输发票、煤炭等行业开展税收专项整治。全年共检查纳税户52户，企业自查户366户，累计查补收入2472.04万元。其中企业自查补缴税款1349.31万元、加收滞纳金282.51万元；检查查补税款627.91万元、加收滞纳金106.86万元、罚款105.45万元。（一）税收专项检查。采取纳税人自查和税务稽查相结合、专项检查和分类稽查相结合、全面规范与重点打击相结合的方式，对金融业、保险业、石化等行业的10户企业实施税收专项检查，累计查补收入125.64万元，其中自查补税93.47万元，检查查补32.17万元。（二）分级分类稽查。按照每3年查一遍的规定，2009～2011年第二轮分级分类稽查，全州共确定分类稽查对象61户，其中州级9户，县级52户，已全部安排自查，自查补缴税款1408.57万元，滞纳金296.5万元。3年实施重点检查46户，查补收入总额982.04万元，其中税款811.84万元。（三）打击发票违法犯罪活动。继续与公安、地税部门配合，积极开展打击整治发票犯罪活动专项行动工作，注重对发票买方市场的检查，做到"查账必查票"、"查案必查票"、"查税必查票"。全年共查处发票违法案件105件，其中非法代开或虚开发票案件32件、非法取得发票案件73件，涉案发票1342份，查补收入896.75万元，其中税款597.58万元、滞纳金168.17万元、罚款131万元。（四）税收违法行为举报。全年共查处涉税举报案件8件，其中省局转办4件，州局受理4件。州局查办4件，批转马关、麻栗坡、丘北、文山4县（市）各办理1件。共计查补收入591.3万元，其中税款345.59万元、滞纳金89.81万元、罚款155.9万元。

【纳税服务】 （一）推进办税服务厅规范化、标准化建设，改善办税环境。在全州国税系统10个办税服务厅因地制宜设置咨询辅导区、办税服务区、自助办税区和等候休息区等功能区，简并整合业务流程，实行"一窗统办"和"一站办结"，为纳税人提供优质、高效、快捷的服务。与全省同步于8月19日上线运行省局"12366"纳税服务热线，建立税企QQ群和税企联系卡，及时为纳税人提供统一权威的涉税咨询服务。（二）加强服务需求调研。针对服务中存在的薄弱环节，不断修改和完善各项制度，并通过明察暗访和税收执法管理信息系统的监控，大力整饬纪律作风，不断增强服务意识。（三）积极推行以网络申报为主的多元化申报方式。全州1694户增值税一般纳税人共推行网络申报1501户，推行面达88.61%；2158户企业所得税纳税人推行网络申报1551户，推行面达71.87%。（四）国、地税联合开展纳税信用等级评定。实施信用效能管理制度，全州评定纳税信用等级A级纳税人67户。（五）深入推进领导干部挂钩重点税源企业制度。以重点税源管理为切入点，深入企业、深入一线、靠前指挥，及时准确掌握企业的生产经营情况，强化税源监控和税收管理力度，及时解决征纳双方在实际工作中遇到的各种困难和问题。

【信息化建设】 一是信息管税全面推进。税收综合征管软件、税收执法管理信息系统、税管员辅助信息系统、纳税评估软件、稽查软件、储蓄扣税查询系统、税收数据分析监控系统、网络申报缴税、机开发票、在线业务考试等系统，在工作中正在得到有效应用和不断完善，信息管税步伐加快。二是积极实践“运维一体化”模式做好新版普通发票开填系统运行维护工作。从4月份开始负责全省新版普通发票填开系统运维工作，实行全天候无间隙电话支持服务，提供网站答疑、网络远程协助、电话支持、邮件回复、上门服务等多种服务方式，第一时间帮助纳税人解决发票开具和使用中存在的问题，确保纳税人能正常使用系统开填发票，2011年3月28日~12月31日，全省上线使用发票开填系统纳税人共98159户，共开具发票5115.59万份，运维期间通过技术支持专栏请示与回复解答问题共1934条；累计接听电话1680人（次），日平均接电话8人（次）；邮件答疑23次，纳税人咨询的问题百分之百得到解决。三是广域网及局域网各种软、硬件设备维护有条不紊。扎实做好税收信息化日常管理工作，确保线路不断、系统不瘫、数据不丢。四是抓好数据分析应用。先后6次从数据分发系统和发票开填系统提取数据，做好数据分析利用，对存在的问题认真组织开展核查整改，进一步规范了业务处理、系统操作和税收执法，有效提升了数据质量、防范了执法风险、促进了税收征管。五是普通发票简并换版由重点工作转为常规工作。全州国税系统自2011年1月1日起全面启用新版普通发票，新版有奖普通发票于4月22日率先在文山市成功启用。通过一年来的推广运用，普通发票简并换版已由重点工作转为常规工作，“以票管税”工作取得新进展。

【社会管理】 认真开展“工作挂钩”、“服务上门”和“送教下乡”三项服务，各级领导靠前指挥，机关干部一线干事，带动全系统工作重心下沉到基层、深入到重点税源企业，形成大基层、大征管、大服务工作合力，党群干群关系更加密切，有力地推动了平安创建和征纳和谐，连续两年被州委州政府表彰为“综治工作先进单位”。

【基础设施建设】 继文山市办税大厅交付投入使用之后，富宁、广南2县的办公楼装修改造工程也相继先后完工并投入使用，州局办公综合业务用房于3月1日复工，至10月底完成主体工程建设，转入装修及附属工程建设阶段，可确保2012年全面竣工投入使用。

【财务管理】 （一）完善管理制度。修订完善财务管理规章制度，合理分解权力，优化工作流程，减少工作随意性，防范职务风险和岗位廉政风险，不断规范机关财务管理。（二）实施综合检查。整合财务、人事、监察、法规等部门人力资源，联合对西畴、马关、砚山、文山4个县（市）局开展巡视、督查、内审等综合检查，均未发现违规行为。（三）认真开展“小金库”治理工作。按省局要求认真开展全面复查、督导抽查、整改落实、机制建设4个阶段的工作，经各单位自查和州局抽查，全州9个预算单位、1个社团组织、1个经济实体没有发现设立“小金库”的行为。（四）开展公务用车问题专项治理工作。通过清理登记，全州国税系统共有公务用车71辆，其中超标车2辆，按程序报省局批准后同意继续使用，省局从玉溪市局调配一辆到文山市局使用。（五）做好津补贴和医保情况调查统计上报工作，抓好部门预算编制，为机关工作正常运转提供了可靠的经费保障。

队伍建设

【机构人员情况】 州局机关内设机构：办公室（11人，含局领导6人）、人事科（3人）、教育科（2人）、监察室（3人）、政策法规科（3人）、征收管理科（4人）、收入核算科（3人）、财务管理科（5人）、货物和劳务税科（4人）、所得税科（3人）、进出口税收管理科（2人）、大企业和国际税务管理科（3人）、纳税服务科（2人）、机关党委办公室（1人）、离退休干部科（2人）；事业单位：信息中心（2人）、机关服务中心（8人）；直属机构：稽查局（8人）、车辆购置税征收管理分局（暂未配置人员）。辖文山、砚山、西畴、麻栗坡、马关、丘北、广南、富宁8个全职能国家税务局。截至2011年底，全州在职职工611人，其中：党员372人，占60.88%；少数民族240人，占39.28%；研究生3人、占0.49%，大学本科165人、占10.64%，大学专科343人、占56.14%，中专及以下100人、占16.37%；35岁及其以下101人、占16.63%，36~50岁446人，占73%，51~60岁64人、占10.47%；男性416人、占68.09%；女性195人、占31.91%。

【领导班子建设】 以中心组理论学习为重点，切实加强领导班子的思想、组织、作风建设。规范干部选拔任用，提高选人用人的透明度和公信力，全年共任免6名科级领导干部，其中任免分局长、稽查局长4人，提拔科级干部2人。对试用期已满的10名科级领导干部进行转正考察。做好新一轮副科级干部竞争上岗，年内完成了公布实施方案、资格审查、笔试三个阶段的工作。加强副处、副科级后备干部的培养和管理。严格目标管理考核，全州8个县（市）局均被考评为一级局。

【干部教育培训】 针对不同时期新政策新业务的变化和不同岗位的业务需要，按照“急用先学、适用多学、缺什么补什么”的原则，采取“请进来、走出去”，“每日一题、每月一小考、每季一中考、年终总考”和分批、分期、分岗位专业知识集中培训的形式，强化对税干的业务培训，使全体税干在业务知识方面均得到了重新“充电”。同时，做到每学必考，奖优罚劣，并纳入评先、评优、提拔考核，实现了“要我学”向“我要学”的转变，广大税干自觉学习业务、钻研业务的氛围日趋浓厚，知识得到了更新，素质逐步提升，各项工作质量和效率明显提高。全年共组织培训12期，参训1938人（次），培训量达2862人（天）；参加省局培训32期、省外培训9期，参训1571人（次），培训量2455人（天）。全系统新增软件工程硕士在读研究生2人。

【文明创建】 顺利通过3月份的省级文明行业复查和12月份的2011年度省局文明检查，做好“文明单位”、“巾帼文明岗”和“巾帼建功标兵”推荐申报工作。同时，表彰奖励了一批在国税工作各个领域实绩突出、勇于创新的先进集体和优秀个人，奖励金额9.65万元创下新高，营造了“兼容共存、百花齐放”和“学、比、赶、帮、超”的良好风气。

【党风廉政建设和反腐败工作】 对内以完善内控管理机制为抓手，全面梳理关键岗位、重点环节廉政风险及防范措施，制作内控流程图和健全各项内控制度，编辑《文山州国家税务局机关内控机制建设汇编》，强化日常监督，坚持预警教育为先，加强源头苗头及重要环节控管。特别在人财物和税收减免退、税前列支、税务处罚、行政审批、税款延期缓缴、机关财务收支、公务接待、工程项目招投标、政府采购、资产处置、竞争上岗、人事任免等环节上，严格执行上级有关规定和程序，严格执行巡视监督检查。并将党风廉政建设责任制纳入年度奖惩考核，基本形成了上下左右互相监督的格局，有效推进了党风行风进一步好转。对外继续采取各县（市）局与纳税人签订《廉政公约》，并聘请部分人大代表、政协委员、社会知名人士及纳税人担任特邀监察员，在廉政执法方面，形成了全方位监督和征纳双方互相监督的格局，基本遏制了“吃、拿、卡、要、报、占、借”等现象，有力促进了税风行风的好转。2006年至今，全州国税系统未发现干部职工违法违纪行为。

【党建工作】 一是认真开展创先争优活动，营造人人创先、个个争优的氛围。二是建立党建责任制、党员承诺制和考核评价制，做好创先争优单位和个人公开承诺，自觉接受群众监督，充分发挥党员带头作用。三是以密切党群干群关系促进和谐稳定。四是持续优化纳税服务，获得社会好评、政府肯定、纳税人满意。在州政府组织的政风行风民主测评中均取得较好成绩，牢固树立了文山国税的良好形象。广南县局党总支和州局机关党支部被州委表彰为先进基层党组织，州局机关被表彰为基层党组织党建示范点，广南县局党总支、西畴县局党支部被州委命名并授牌为“文山州学习型党组织建设示范点”，2名优秀党员和2名优秀党务工作者同时受到州委表彰。

【国税文化建设】 “唱支红歌给党听”红歌会、百人方队参加“民族团结颂党恩”群众歌咏、党组班子成员带队深入挂钩扶贫点送温暖、“党在我心中”知识竞赛、组织党员干部分赴革命老区和老山作战纪念馆开展红色教育、学习扬善洲先进事迹等系列活动亮点频现，集中展示了建党90周年尤其是国地税分设以来国税系统的精神风貌，唱响了“共产党好、社会主义好、改革开放好、伟大祖国好、各族人民好”的时代主旋律。通过开展“红色文化”系列活动，进一步激发了广大国税干部乐于奉献、为国聚财、为民收税的豪迈激情。

【老干部工作】 一是全面落实离退休干部的政治待遇。在建党90周年之际，组织老同志欢聚一堂，共同回顾中国共产党90年来走过的光辉历程，并组织观看杨善洲事迹的录像和电影。二是切实保障离退休干部的经济待遇落到实处。将增发的离休干部生活补贴及时足额发放到老干部手中，并向80岁以上老干部发放高龄补贴，体现党和国家对老同志的关怀。三是关心离退休干部的精神文化生活。鼓励动员老干部积极参与本系统组织的诗词、书画竞赛活动，丰富老同志的精神文化生活。截至2011年12月31日，全州尚有234名离退休人员健在，过着“老有所学、老有所养、老有所医、老有所乐”的生活。

【典型经验】 重奖争优创新项目。根据《文山州国家税务局争优创新奖励办法》的规定，2011年7月，文山州国税局对2010年度符合争优创新奖励条件的18个项目共20个集体、43名个人进行表彰奖励，兑现奖励资金9.56万元。2010年度争优创新奖励主要呈现三个特点：一是获奖项目增加。2010年度争优创新奖励涉及16项获奖项目、1项合理化议案、1项技术创新，比2009年的6项增加12项，同比增长200%。二是单项奖、个人奖及奖金总额均创新高。单项奖最高金额为16000元，个人奖最高金额为5500元，奖金总额高达9.56万元，比2009年的1.72万元增长5.56倍。三是省部级奖励比重上升。获奖的省部级项目由2009年度的1项增至3项，涉及奖金3.5万元，占奖励总金额的36.61%。四是首次出现比赛（竞赛）类奖励。2010年度产生了2项比赛类奖励（全国税务系统廉政汇演团体二等奖、全省国税系统第八届业务能手竞赛团体二等奖和个人第一名），“比赛（竞赛）类”项目受奖，有效激发了干部争先进、学先进的积极性。《争优创新奖励办法》的实施，一是调动了全州国税系统广大干部职工创新工作的积极性和主动性。二是“人尽其才”的理念有效彰显，为发现人才、培养人才、选拔人才、历练人才提供了平台，使每一位干部的才干在同一平台上都能得到充分发挥和充分肯定，促进了一批精、专、深领军人才的脱颖而出。三是推动了“学习型机关”、“创新型队伍”建设。获奖集体和获奖个人大量增加，广大干部对争创优秀业绩、争当先进榜样广泛关注和积极参与，“学先进、追先进、赶先进”的氛围更加浓厚，干部职工“干实事、创真业”的爱岗敬业精神有效激发，为国税工作创新发展增添了新的动力。

（佟万奇）

文山市国家税务局

经济概况

2011年，文山市大力实施“农业稳市、工业强市、城镇富市、科教兴市、开放活市”五大战略，促进了全市经济持续、健康、快速发展。全年实现生产总值120.5亿元，同比增长15.6%。其中：第一产业增加值（GDP）12.7亿元，增长9%；第二产业增加值59.3亿元，增长21.6%；第三产业增加值48.5亿元，增长10.3%。三次产业的结构比例为10.5：49.3：40.2。完成固定资产投资88亿元，增长25.7%。完成社会消费零售总额54.2亿元，增长20.1%。完成财政总收入15.02亿元，增长28.21%。实现财政总支出20.1亿元，增长31.45%。

税收概况

【收入完成情况】 2011年，文山市国家税务局共组织税收收入7.34亿元（不含海关代征税款，下同），完成州局下达任务的118.1%，完成奋斗目标的115.59%，同比增收1.16亿元，增长18.8%。

【收入特点】 （一）提前100天完成全年组织收入任务，国税收入再创新高，突破7亿元大关。（二）各月收入极不均衡。1月、2月高速增长，增幅分别为75.03%和64.19%；3月下降1.34%；4月、5月和7月单月收入均过亿元，增幅分别为19.42%、34.16%和35.37%；6月和8月分别下降24.93%和7.65%；9月、10月、11月持续增长，增幅分别为13.49%、28.76%和2.93%；12月下降39.75%。（三）税源单一情况突出。云南省烟草公司文山州公司缴纳增值税、所得税、消费税“三税”收入2.39亿元，占全市国税收入的32.63%。

【税源分析】 （一）来自国有企业的税收为3.08亿元，占全市税收收入的41.94%，同比下降6.28%。（二）第三产业实现税收5.06亿元，同比增长11.65%；第二产业实现税收2.27亿元，同比增长38.77%。（三）各主体税种均实现增收，增值税完成收入3.84亿元，同比增收6144万元，增长19.06%；企业所得税完成收入1.6亿元，同比增收4560万元，增长39.93%；车辆购置税完成收入1.23亿元，同比增收1138万元，增长10.17%。

【税务管理】 （一）税收征管。截至12月底，全市登记征管户12575户，其中企业户1521户，个体工商户11054户。管理措施：一是按照“抓住重点、严管异常、规范一般、严防漏管”的思路，将纳税人分为重点税源户、重点监控户、一般管户、个体管理户4类，积极探索实践分级分类管理。二是认真开展纳税评估工作，全局完成评估户78户，共补缴税款132.9万元，加收滞纳金20.5万元。（二）发票管理。全市通过防伪税控开票系统开具的正常专用发票共3.16万份，金额107.8亿元，税额16.65亿元。管理措施：顺利完成旧版普通发票的收缴、缴销和核销工作，并实现新版有奖普通发票的成功推行，全市693户纳税人共使用新版有奖机打普通发票6.07万份，1513户纳税人共使用新版有奖手工普通发票10.47万份。

各项工作

【依法治税】 （一）税收法制建设。按照“六五”法制宣传教育和依法治市工作要求，制定实施方案，扎实开展普法工作，提高纳税遵从度，推动各项税收工作开展。同时，圆满完成第四轮行政审批项目清理工作，上报市政府审核备案行政审批项目25项。（二）税法宣传。紧紧围绕“税收·发展·民生”宣传主题，以“3月法制宣传月”、“4月税收宣传月”和“全国‘12·4’法制宣传日”为契机，开展好税收宣传活动。（三）执法管理。1. 抓好税收执法督察工作。开展企业注销清算、增值税一般纳税人资格认定管理、减免税政策执行、普通发票管理、重点行业及金融保险业管理专项检查，进一步规范执法行为。2. 做好重大税务案件审理和稽查案件复查工作，全年未发生要求听证、复议和诉讼案件。3. 严格执行《文山市国家税务局2011年度目标管理责任制考核办法》，督促税务人员规范执法，全年共发生执法系统监控到的执法行为10.72万件，执法准确率达99.99%。

【各税管理】 （一）流转税管理。全市共实现增值税、消费税“两税”收入4.5亿元。1. 增值税管理。全市共有增值税纳税人1.21万户，全年入库税款3.84亿元，同比增收6144万元，增长19.06%。管理措施：一是加强一般纳税人管理，截至2011年12月31日，全市共认定一般纳税人523户，其中商业406户，工业117户。纳入增值税防伪税控管理的一般纳税人共316户，同比增加82户，增长35.04%。二是全力做好纳税评估工作，补交增值税24.56万元，加收滞纳金3500元。2. 消费税管理。全市共有消费税纳税人39户，实现消费税收入6640万元，同比减收215万元，下降3.14%。（二）车辆购置税管理。全年征收车辆2.35万辆，实现税款1.23亿元，同比增收1138万元，增长10.17%。管理措施：一是加强车辆购置税税收政策宣传，严格执行车辆购置税税率调整政策。二是严格信息审验，加强新车型、新品种的信息采集录入工作，确保采集信息真实、有效、准确。三是加强与车辆管理部门的合作，继续实行摩托车车辆购置税委托代征，方便纳税人缴纳税款。（三）所得税管理。1. 企业所得税管理。企业所得税实现收入1.6亿元，同比增收4560万元，增长39.93%。管理措施：一是认真贯彻落实企业所得税优惠政策，全年共办理减免退税1537.07万元。二是强化企业所得税核定征收管理工作，全年实行核定征收372户，占全部企业所得税征管户的36.4%。三是做好网络申报推行工作，743户企业所得税纳税人实现网络申报。2. 储蓄存款利息所得个人所得税管理。个人利息所得税累计收入17万元。

【大企业和国际税收管理】 （一）按行业、经营方式进行归类，分户建立大企业纳税服务档案，运用现代化管理服务手段和方式，对大企业实施针对性管理，为大企业提供个性化服务。（二）明确局领导定点联系大企业名单，局领导定期带队下户走访调研，全面掌握大企业生产、经营情况，实行“点对点”定向管理服务，及时解决大企业遇到的各类涉税问题。

【进出口税收管理】 全市共认定出口退税企业21户，实际正常开展业务8户，出口货物主要涉及农产品、机器、建材产品等。管理措施：一是严格增值税一般纳税人认定管理，合理控制增值税专用发票、农产品收购发票，加强对出口退税企业的税收管理。二是对生产企业出口退税货物销售和外贸企业货物销售，认真从资金流、货物流核实出口退税货物业务的真实性，严把出口退税关。

【税务稽查】 全年共检查纳税户15户，查补各项税收收入1150.39万元，同比增加130.39万元，增长12.78%。一是本着“自查求真”和“查处求实”的原则，对列入第二轮第三批分级分类稽查的2户纳税人进行辅导自查和重点检查，查补入库税款、滞纳金合计8.14万元。二是组织好税收专项检查和区域税收专项整治工作，对12户企业进行立案检查，合计查补入库税款105.4万元。三是继续开展打击发票违法犯罪活动，共立案查处非法购买使用假发票案1件，查获假发票16份，处以罚款0.15万元。四是做好涉税违法举报案件查处工作。共受理上级转办举报案件2件，合计查补税款6862.54元。五是全年完成系统内受托协查2件，系统内委托协查3件。系统外委托异地协查22件，收到回复20件；系统外受托协查10件，回复10件。

【纳税服务】 （一）继续做好网络申报推行工作，全年实现网络申报的纳税人达1459户。（二）坚持推广综合业务窗口“一窗式”模式，实行“领导干部带班制”、“引导员服务制”，设置咨询台，为纳税人解疑释惑。（三）认真落实“两个减负”要求，对延期申报、行政处罚、发票管理等事项的工作流程进行疏理、归并和优化，进一步简化办税流程，切实解决纳税人“多头跑，多头找”的问题。

【税务管理信息化建设】 （一）严格按照省局“分步实施、稳步推进”的原则，成功推行税收管理员辅助信息系统（V2.0），促进全市税收管理工作迈上信息管税新台阶。（二）制定出台《文山市国家税务局计算机系统兼职信息技术管理员办法》，建立信息技术管理员人才库，推行信息技术管理员工作制度。（三）对机房进行改造、翻新，排查各类安全隐患，使机房功能更加完善，环境更加整洁，信息更加安全。（四）严格按照普通发票换版工作的要求，积极采取有力措施，全面推行新版发票，实现由“以票控税”向信息管税的转变。

【综治维稳】 在与局内各科室、分局签订《安全责任状》的同时，与市局出租房用户签订《安全责任书》，切实把安全责任落实到各部门及个人，做到责任明确、内容具体、奖罚严明。同时，对办公区域内的重点部位进行技术整改，提高防火、防盗能力，并增加安全保卫人员，严防安全漏洞，确保了单位安全稳定。

【财务管理】 （一）健全和完善财务管理规章制度，实行以制度管人管事，细化工作措施，严格控制开支。（二）加强公务用车监督管理，加强车辆维护保养，降低车辆运行成本。（三）深化“小金库”专项治理工作，严格执行“收支两条线”，从源头上防止腐败。

队伍建设

【机构人员情况】 全局共有内设机构10个，即办公室、人事教育科、监察室、征收管理科、货物和劳务税科、所得税科、政策法规科、收入核算科、纳税服务科、办税服务厅；直属机构设稽查局；事业单位设信息中心；派出机构设开化税务分局。截至2011年底，全市在职干部职工共132名，其中：党员67人，占50.76%；专科以下学历13人、占9.85%，专科学历92人、占69.7%，本科学历27人、占20.45%；男性68人、占51%，女性64人、占49%。

【领导班子建设】 认真落实党组中心组理论学习制度，全面学习贯彻十七届六中全会精神和胡锦涛总书记“七一”讲话精神，不断增强政治意识、大局意识、责任意识。同时，以“业务熟练、管理科学”为能力建设目标，把搞好自身学习作为提高领导水平的有效途径来抓，领导班子成员带头学习政治理论，带头钻研税收业务，不断提升能力素质。

【精神文明建设】 （一）发挥党员的示范带头作用，立足于本职工作，凝心聚力，群策群力，深入、广泛地开展群众性文明创建活动。（二）以建设“国税文化长廊”为切入点，依托办公楼走廊墙体，建成“国税文化长廊”，吹响国税文化建设号角。（三）开展丰富多样的文体活动，培养干部职工的健康爱好，活跃精神文化氛围。

【教育培训】 （一）举行税收法制培训、增值税相关业务及纳税评估培训，进一步提升干部职工的综合业务素质。（二）对新认定为一般纳税人的企业财务人员进行税收政策业务培训，增强纳税人贯彻执行税收政策的自觉性和准确性。（三）举行预防职务犯罪教育活动，积极开展反腐倡廉警示教育。（四）积极选送人员参加上级局举办的培训，及时更新知识，保证业务的正常开展。（五）创新培训方式，在本局开设的国税网站上登载税收业务讲座等学习资料，供广大干部职工学习，破解工学矛盾。

【党建工作】 （一）坚持“三会一课”制度，局党组书记讲党课，加强党员教育，提高党员素质，增强党组织战斗力。（二）组织党员干部收听收看中共中央建党90周年庆祝大会实况，认真聆听、学习胡锦涛同志重要讲话。（三）执行民主评议党员制度，对党员的“八项权力”和“八项义务”进行评议，不走过场，确保民主评议取得实效。

【廉政建设】 （一）按照“一岗双责”原则，逐级签订《党风廉政建设责任书》，制定《党风廉政建设责任制考核奖惩办法》和《任务分解表》，细化责任分工，将任务分解到部门、支部和个人，形成党组统一领导、人人参与的党风廉政建设工作格局。（二）全市共签订《廉政公约》112份，组织回访52户，有效预防和制止“吃、拿、卡、要、报”等不良现象。（三）从制度机制、岗位职责、业务操作等方面深入开展廉政风险排查工作，建立廉政风险“信息库”，完善各项工作制度，健全内控机制，把对权力的监督制约贯穿于权力运行的全过程。

【离退休干部管理】 （一）在生活上，采取座谈会、开展活动、个别走访等形式做好春节、“九九”重阳节、“中秋节”等传统节日的慰问工作，年内为老干部及其家属送去慰问品和慰问金共4.31万元，为退休老干部征订《中国老年报》。组织老干部进行健康体检，共支出体检费1.42万元。（二）在政治上，关心维护好老干部的权益，接待好老干部的来信来访，尽量做好宣传解释工作，力所能及地为老干部解决实际问题，让老干部满意。

【典型经验】 在全省范围内率先启用云南省国家税务局新版有奖普通发票。自2004年12月推行有奖普通发票以来，文山市普通发票用票量逐年上升，超定额补税大幅增长，“以票控税”成绩斐然。为继续发挥有奖普通发票控管税源的优势，2011年4月22日上午10点06分，第一份新版“云南省国家税务局通用机打普通发票”（有奖普通发票）在文山市顺利开出，标志着全省第一份新版有奖普通发票正式启用。按照填开方式的不同，新版有奖普通发票分为“云南省国家税务局通用机打发票”、“云南省国家税务局通用手工发票”两大类。使用范围由原货物销售行业扩展到货物生产、加工、修理修配行业。新版有奖普通发票共设机打发票和手工发票2组6个等级奖金，其中：特等奖奖金3000元，一等奖奖金200元，二等奖奖金100元，三等奖奖金50元，四等奖奖金10元，幸运奖奖金5元。新版有奖发票的推行使用，对调动广大消费者索要发票和协税护税的积极性，公平税收负担，对纳税人依法开具发票起到了积极的促进作用。

（范洲顺）

砚山县国家税务局

经济概况

2011年，砚山县全面落实中央和省州重大决策部署，有效促进了全县经济社会的健康发展。全年实现生产总值（GDP）63.27亿元，同比增长14.4%，其中：第一产业增加值11.73亿元，同比增长6.7%；第二产业增加值28.9亿元，同比增长19.4%；第三产业增加值22.64亿元，同比增长12.1%。三次产业的结构比例为18.5∶45.7∶35.8。完成固定资产投资53.9亿元，同比增长24.9%；完成社会消费零售额21亿元，同比增长20%；完成地方财政收入3.4亿元，同比增长20.8%；财政总支出16.2亿元，同比增支3.9亿元。

税收概况

【收入完成情况】 2011年，砚山县国家税务局共组织税收收入2.54亿元，完成州局下达任务2.32亿元的109.83%，同比增收4995万元，增长24.42%。其中组织地方收入（县级）5453万元，占县政府下达任务的103.28%，超收173万元。

【收入特点】 一是单月收入“五减七增”。1月、2月、6月、11月、12月负增长，3月、4月、5月、7月、8月、9月、10月同比增长。二是税种收入“两减三增”。储蓄存款利息所得个人所得税、消费税同比负增长，增值税、企业所得税、车辆购置税同比增收。三是重点行业税收同比“七增一降”。除化工产品同比减收255万元、下降38.87%外，其他重点行业均同比增收。

【税源分析】 一是增值税增幅大。全年收入2亿元，同比增收2994万元，增长17.58%。二是重点行业税收支撑全县税收收入增长，全年重点行业收入1.51亿元，占增值税收入的75.61%。其中：电力行业增值税收入5478万元，同比增收611万元，占增值税收入的27.35%；铁合金冶炼行业增值税收入5623万元，同比增收517万元，占增值税收入的28.08%。三是退税额度较大。全年共办理民政福利企业退税3717万元，同比增加1508万元。四是企业所得税稳步增长，全年企业所得税收入4315万元，同比增收1745万元。

【税务管理】 （一）税收征管。1. 加强户籍管理。全县登记征管户共6066户，其中增值税一般纳税人304户，“双定户”5249户，小规模企业纳税户513户。2. 加强对重点税源的监控。全年纳入重点税源管理的纳税人13户，征收税款9553万元。3. 推行网络申报。全年共有393户纳税人实现网络申报，其中：增值税一般纳税人265户，占一般纳税人户数的87%，实现网络扣税1.09亿元。4. 加强加油站税收管理。对47个加油站强化管理，全年组织入库税款546万元。5. 强化个体建账建制管理。全年纳入建账管理的个体户309户。6. 提高科技管税水平。以税收综合征管软件为平台，辅以数据监控分析系统、税收管理员辅助系统和执法考核子系统等，利用强大的数据资源对全县税源进行强化管理、分析和评估，有效提升了征管质量。7. 强化纳税评估。全年评估增值税企业21户，补税2.17万元；评估所得税企业21户，调增应纳税所得额31万元，补缴所得税3.76万元，加收滞纳金2800元，减少待弥补亏损49万元。（二）发票管理。强化以票管税，全年代开发票征收税款520万元；查处发票违法案件16件，罚款4100元。

各项工作

【依法治税】 （一）税收法制建设。1. 宣传、普及、落实好税收法律、法规及政策。2. 抓好税收执法监督和考核。将执法信息系统考核与实际工作绩效考核相结合，纠罚并举、奖惩分明，加强对执法工作的监督。3. 继续落实好“效能政府四项制度”。一是将四项制度的目标任务分解，明确职责，认真抓好落实。二是加大监督检查力度，确保各项措施落到实处。（二）税法宣传。1. 邀请清真寺阿訇利用其特殊身份在回族同胞中开展“讲经说法”，提高纳税遵从度；2. 在重点税源企业开办“税收政策与财务知识”流动讲堂，面对面交流税收财务知识，手把手解决涉税实际问题；3. 邀请县委书记向乡镇干部宣讲税法，在乡镇领导干部中形成学法、知法、用法、守法的良好局面，有效服务商人、服务地方经济发展；4. 做好日常税收宣传。利用办税服务窗口进行业务咨询、办宣传栏、开展培训会、组织纳税人考试等方式，开展好日常税收宣传。（三）执法管理。强化执法检查，变抽查为经常性检查，严格过错追究。对行政执法行为进行规范统一，强力推进依法行政。

【各税管理】 （一）增值税管理。一是做好增值税一般纳税人认定管理工作。严格按照相关政策和程序，加强认定审核，全年办理增值税一般纳税人新认定、转正认定54户（次），办理取消资格审核21户（次）。二是认真落实税收优惠政策。宣传落实好促进残疾人就业增值税优惠政策和资源综合利用优惠政策等，全年共办理福利企业退税3717万元。三是认真做好增值税减免税备案审核工作，全年共办理40户（次）。四是做好专用发票使用审核工作，全年共办理相关业务51户（次）。（二）所得税管理。一是强化日常管理。收集整理日常征管中的存在问题，做到及时发现，及时研究和处理，提高管理质量。二是贯彻落实好企业所得税政策，做到政策宣传明确、执行到位。三是贯彻落实税收优惠政策。全年共办理15户小型微利企业所得税备案审批，减免企业所得税4.72万元；办理2户福利企业工资加计扣除备案审批，共扣除119.82万元；办理享受所得额在3万元以下所得减计收入9户，共减计应税所得额4.17万元；办理享受涉农贷款收入减计2户，共减计收入204.96元；办理13户农、林、牧、渔业企业所得税备案审批，减免所得6.62万元。（三）车辆购置税管理。积极做好车购税征收和机动车销售企业的管理，及时按要求对异常发票进行调查核实、处理，实现了应收尽收。

【进出口税收管理】 全县共有出口企业15户，其中：外贸企业13户、生产企业2户，出口货物以辣椒和辣椒制品等农副产品为主。管理措施：一是认真做好出口退税预审工作，认真核实出口业务是否真实。二是做好出口企业出口退税单证备案和财务核算检查，及时纠正不规范行为。三是督促出口企业对出口不予退（免）税货物按照内销如实申报纳税。

【大企业和国际税收管理】 全县确定6户企业为定点联系企业，分别涉及铁合金冶炼、电力、水泥、烟草和化工原料制造5大行业。根据《大企业税务风险管理指引》和《国家税务总局大企业税收服务和管理规程》的要求，建立和完善税务风险内部控制系统，并有针对性地组织开展重大税收政策的宣传与辅导，及时了解、反映企业对有关税收政策及执行情况的意见和建议，提高税法遵从度。

【税务稽查】 全年共检查各类纳税户23户，查补收入总额74.09万元，弥补以前年度亏损288.54万元，其中实际入库增值税38.65万元（已扣除冲减数4.84万元），企业所得税13.1万元，滞纳金16.5万元，罚款1万元。主要措施：一是把专项检查与专项整治有机结合，组织开展了对煤炭企业的检查和运费进项税额抵扣税收专项整治工作，查补税款39万元，弥补以前年度亏损242.5万元。二是抓好上级督办大案要案查处工作，查办了“11·10”专案和深圳“9·17”专案，查补入库增值税38.2万元，所得税11.65万元，加收滞纳金12.03万元，弥补以前年度亏损17.52万元。

【纳税服务】 一是推出“不受限服务”，凡是纳税人有涉税业务需求时，税务人员承诺并做到了服务时间不受限、服务地点不受限、服务对象不受限、服务内容不受限、服务方式不受限，为纳税人提供全方位、多层次、高质量的纳税服务。二是继续规范和加强纳税服务投诉管理工作，真正做到了职责明确、渠道畅通、宣传辅导到位，纳税人合法权益得到了保障。三是深入企业开办“税收政策与财务知识”流动讲堂，现场咨询，现场答疑，面对面交流税收财务知识，手把手解决涉税实际问题。

【税务管理信息化建设】 一是启用新的公文处理系统服务器，在提升速度的同时保证了数据安全；二是做好平远分局新建办公楼的网络迁移和内部布线工作，积极为新办公楼的启用做准备；三是抓好金税工程运行维护工作，为金税工程三期做准备。全县纳入防伪税控管理的纳税人26户。

【综治维稳】 一是落实责任。将综治维稳工作纳入目标管理进行考核，年终兑现奖惩。二是严格值班制度，抓好日常监督检查。发现问题及时整改，全面消除各种安全隐患。三是做好信访接待工作。按照要求切实做好接访、下访及信访工作，避免上访事件的发生。

【财务管理】 一是科学理财。认真做好财务预算，并按上级局批复严格执行。二是规范接待。遵循务实节俭、有利公务、杜绝浪费的原则，抓好工作落实，扎实构建节约型机关。三是强化监督。针对发现问题和薄弱环节，强化管理和监督，保证财务管理各环节公开透明、规范。

队伍建设

【机构人员情况】 全局内设机构8个：办公室、人事教育股、监察室、税政股、办税服务厅、收入核算股、征管股、政策法规股；直属机构1个：稽查局；事业单位1个：信息中心；派出机构2个：江那分局、平远分局。全年在职干部职工72人，离退休干部32人，党员57人。学历结构：本科17人，专科44人，中专或高中12人，大专以上文化层次占全县税干的84%。年龄结构：50岁以上5人，40~49岁46人，30~39岁14人，20~29岁7人。

【领导班子建设】 一是坚持中心组学习制度，开展好税收业务和政治理论的学习，有效增强领导班子的决策能力和执政能力。二是加强党性修养。以杨善洲同志为学习榜样，对照自我在思想、工作、学习、生活等方面展开剖析，撰写学习心得体会，查找个人差距和努力方向，结合实际抓好工作落实。三是按要求开好领导班子民主生活会。开展批评与自我批评，对照不足认真整改。

【精神文明建设】 一是抓好《公民道德建设实施纲要》的宣传和落实，进一步提高干部职工文明素质。二是积极参加文明创建活动。组织干部职工参加县委县政府开展的各项活动，按照省、州局有关文明创建文档资料收集整理的规定，收集整理好文档资料，抓好创建痕迹管理。三是把国税文化建设融入到文明创建活动中，适时举办各种有益身心健康的活动，增强团队精神，营造和谐的国税文化氛围。

【教育培训】 一是选送人员参加省、州局举办的税收业务、公文处理、计算机和财务管理等方面的知识培训，同时自行开展培训。全年组织了5期培训，培训天数13天，累计培训734人（次）。二是组织干部职工认真参加省局每月一期的《国税讲坛》和地方党委政府组织的各类讲座，帮助税干拓宽视野，提升综合素质。

【党建工作】 一是组织开展学习杨善洲先进事迹活动。在收听收看先进事迹报告会的同时，要求税干将杨善洲同志无私奉献、一心为公的精神落实到日常税收工作中。二是开展好建党90周年纪念活动。组织税干观看红色电影、书法、书画、图片展，参加党史知识竞赛。同时，组队参加“唱红歌”歌咏比赛，并获优秀奖。三是关心慰问贫困党员。组织党员干部为贫困党员捐款1000余元，进行走访慰问，宣传政策、落实待遇，从思想上、生活上、政治上全面关心老党员。四是开展好“争先创优”活动。31名党员与党组织签订了《共产党员公开承诺书》，并在网上党支部向干部群众公开，接受干部群众和纳税人的监督。通过自检和评议，支部公开承诺事项兑现率达95%以上，党员公开承诺事项兑现率达90%以上。五是学习宣传好党的路线、方针和政策。共征订《云南日报》、《文山日报》、《人民日报》、《求是》、《半月谈》等报刊杂志50余份供干部群众学习。

【廉政建设】 一是完善《党风廉政建设责任制考核办法》，把任务、目标、要求、责任进行分解量化，加强检查考核工作力度，严肃责任追究。二是抓好警示教育。以贵州省国税局干部陈安平贪污受贿案、楚雄州原州长杨红卫案、砚山县技监局原局长陈昌彬严重违纪违法案为警示教材，开展警示教育活动。三是稳步推进内控机制建设。全面梳理岗位职责、排查廉政风险点、制定防范措施、制作权力运行流程图，分阶段、有步骤地推进内控机制建设。四是加强外部监督管理。全年共与新增265户纳税人签订了《税企廉政公约》，回访纳税人225户，回访纳税人满意率为99.8%。

【离退休干部管理】 一是定期走访慰问。每年“重阳节”前夕，组成慰问组分别对离退休干部逐一进行走访、慰问。二是待遇上落实。保证日常工资及时发放，落实好离退休干部待遇各项政策。三是思想上引导。由分管领导和人事干部定期与老干部进行思想交流，引导、教育老干部规范言行，杜绝违法违纪行为发生。

【典型经验】 推出“税收政策与财务知识”流动讲堂。抽调税收业务骨干组成“宣讲团”，由分管局领导带队，进入8户骨干税源中开办“税收政策与财务知识”流动讲堂，面对面交流税收业务知识，手把手帮助解决涉税实际问题。“宣讲”内容：一是讲解现行税收法律法规和政策、现行税收会计制度及财务制度、现行税收优惠政策等。二是就税收工作向企业征求意见和建议，并就企业在执行税收政策中存在的问题进行面对面的座谈和交流。三是帮助解决实际问题。先后帮助平远供电公司解决了开票系统的接口问题、企业所得税应税所得额的账务调整问题；帮助滇常铁合金厂解决处理固定资产抵扣中存在的问题；帮助兴建水泥厂解决滞纳金、综合资源退税和运输发票开具中存在的问题等。由于宣传方式灵活、纳税服务到位，许多企业对“流动讲堂”给予了高度评价，一些企业还主动邀请“宣讲团”到本企业进行讲授和交流。

（杨朝勇）

西畴县国家税务局

经济概况

2011年，西畴县实现生产总值（GDP）16.2亿元，比上年增长10.53%。其中：第一产业增加值5.7亿元，增长10.7%；第二产业增加值2.08亿元，增长10.6%；第三产业增加值8.42亿元，增长10.4%。三次产业的结构比例为35:13:52。完成地方财政一般预算收入7092万元，增长16.5%；财政一般预算支出10.91亿元，增长39.7%。完成固定资产投资11亿元，增长41%。社会消费品零售总额6.4亿元，增长18.4%。城镇居民人均可支配收入1.48万元，增长10.82%；农民人均纯收入3523元，增长45.8%。

税收概况

【收入完成情况】 2011年，西畴县国家税务局共组织税收收入5143.2万元，完成州局下达任务4750万元的108.28%，同比增收1149万元，增长28.77%。

【收入特点】 一是国税收入增长高于GDP的增长。二是税源结构单一，84%的税收来源于电力、商业和矿业，9%的税收来源于金融业。三是第三产业税收大幅增长，同比增长63.33%。占总收入的比重达到47.3%。四是股份公司对税收的贡献最大，占总收入的比重达到60.12%。五是农村信用社恢复征收企业所得税，使集体企业税收大幅增长。

【税源分析】 工业是拉动税收增长的主要来源。增值税主要来源于下列4大项目：电力1253万元，同比增收183万元，增长17.1%；商业1416万元，同比增收416万元，增长41.6%；建材654万元，同比增收62万元，增长10.47%；矿产品采选冶炼行业648万元，同比减少116万元，下降15.18%。税收增长的主要原因：一是扩大内需政策的拉动，使商业零售和卷烟批发增值税及车辆购置税均有不同程度的增收；二是经济平稳运行，使冶炼企业正常生产，工业企业税收增加；三是加强依法治税、强化税收征管取得实效，稽查查补税收收入119万元。

【税务管理】 （一）税收征管。截至2011年12月31日，全局管户3787户，其中：一般纳税人71户、小规模纳税人119户、个体工商户3597户。强化增值税重点税源企业监控，把税收征管重心向重点行业和重点税源企业倾斜，继续实行班子成员和中层干部联系挂钩辅导重点税源企业制度，深入企业了解生产经营情况，做好政策辅导。加强纳税评估，全年共评估65户（次），评估补缴增值税5.05万元，调减增值税留抵税额2300元，弥补亏损57.31万元。（二）发票管理。截至2011年底，全县使用普通发票纳税人共472户。从2011年1月1日起，采取措施全力做好普通发票简并换版工作。176户符合条件的纳税人全部纳入机打普通发票用票户加强管理，确保了普通发票简并换版工作顺利实施。

各项工作

【依法治税】 （一）税收法制建设。一是认真贯彻落实国务院《全面推进依法行政实施纲要》，严格依法行政，规范执法。二是以税收执法管理信息系统为依托，加强税收执法的督查，提高税收执法的质量和效率。三是加强重大税务案件审理。一年来通过案件审理委员会审理案件1件，处以补税罚款共计72.1万元。（二）税法宣传。一是紧密围绕第20个税收宣传月“税收·发展·民生”这一宣传主题，开展了一系列覆盖面广、内容丰富、主题突出、形式多样、项目创新、注重实效的税收宣传活动。邀请16家企业的负责人到县国税局座谈，请他们出点子、支招子、搭建征纳“连心桥”。组织税干深入到每一个乡镇，每个集贸市场，与群众面对面宣传税法，倾听纳税人意见和建议。同时，充分利用特邀监察员分布广的特点，请他们当好义务宣传员，形成税收宣传合力。（三）执法管理。一是扎实开展税收执法检查。成立西畴县国家税务局税收执法检查工作领导小组，重点对减免税政策的落实、企业所得税管理、普通发票使用、稽查案件等方面的执法情况进行了重点检查。二是以税收执法管理信息系统为依托，全面落实税收执法责任制。修订完善了《西畴县国家税务局税收执法管理信息系统考核办法》，全年税收执法管理信息系统监控出全局执法过错信息1条，被扣5分。

【各税管理】 （一）流转税管理。1. 增值税管理。全年征收增值税4041.3万元，完成州局下达计划3600万元的112.26%，同比增收570.7万元，增长16.44%。一是加强对一般纳税人的认定和固定资产抵扣管理。二是抓好税收优惠政策执行情况的清理。全县享受增值税优惠政策的纳税人共78户，其中：小规模企业57户、个体11户、一般纳税人10户。三是强化对民政福利企业的税收管理。确保了即征即退增值税优惠政策的贯彻执行，2011年4户社会福利企业共缴纳增值税994万元，实际办理退税758.84万元。2. 消费税管理。县局对个体酿酒户的征收管理实行查实征收，对金银首饰加工销售的个体户实行定期定额核定征收，共征收消费税1.2万元。3. 车辆购置税管理。加强对机动车销售行业的征管。全年征收车辆购置税253.2万元，占州局下达任务800万元的31.65%，同比增收88.4万元，增长53.64%。（二）所得税管理。1. 企业所得税。一是加强税源管理，认真核实税基，强化税源监控；二是认真组织开展所得税汇算清缴工作，2011年全县共有就地缴纳企业所得税的管户72户，企业所得税入库841.3万元，占州局下达任务350万元的240.37%，同比增收496.7万元，增长1.44倍。2. 储蓄存款利息所得个人所得税。全年入库储蓄存款利息所得个人所得税6.2万元。

【税务稽查】 坚持重点稽查与日常检查相结合，制定大要案报告、稽查案件取证、情报信息交换等制度，强化案件的动态分析管理，建立大要案的信息资料库。创新稽查工作机制，实现单一纵向稽查向行业横向联查、专业深查转变，取得了打击涉税违法行为的重大突破。把整治和查处虚开发票、偷骗国家税收等行为作为重点对象给予重点打击，查处了某医药销售公司涉嫌大头小尾开具发票213份，发票联金额277.16万元，存根联金额1.39万元，偷缴增值税39.62万元。根据规定，对某医药销售公司责令补缴增值税39.62万元，加收滞纳金12.74万元，处以所偷税额0.5倍的罚款计19.81万元。补税、滞纳金、罚款共计72.17万元已全部入库。

【纳税服务】 通过多种方式广泛收集纳税人的需求，转变服务理念，把纳税服务工作前移，税收政策的出台和变动，第一时间宣传到纳税人，辅导到企业。进一步规范办税服务厅内部标识，推进办税服务厅标准化建设。把共性服务与个性服务结合起来，在办税服务厅推出预约服务、延时服务等特色服务，服务于有特殊困难或有临时需要的纳税人。通过完善纳税申报“一窗式”管理、涉税事项“一站式”服务、涉税资料“一户式”存储，进一步简化办税程序，降低税收成本，提高了办税质量。

【税务管理信息化建设】 一是对网络进行升级维护，保障各个系统的正常运行。二是加强对新版普通发票开填系统的维护和管理。2011年1月，随全省同步正式上线运行新版普通发票开填系统。三是大力推进网上办税。完善各种办税渠道，整合网上办税资源，完善网上办税功能，拓展网上办税业务范围，大力引导纳税人选择网上办税。

队伍建设

【机构人员情况】 县局内设机构8个：办公室、人教股、监察室、税政股、征管股、法规股、收入核算股、办税服务厅；1个事业单位：信息中心；1个直属机构：稽查局；1个派出机构：西洒税务分局。截至2011年底全县在职干部职工50人，其中：党员31人，占62%；大学本科12人、占24%，大学专科29人、占58%，中专及以下9人、占18%。男性41人，占82%；女性9人，占18%。少数民族11人，占22%。

【领导班子建设】 一是加强领导班子建设，坚持中心组学习制度，切实增强领导班子的政治意识、大局意识和责任意识，提高领导水平和执政能力。二是认真贯彻落实民主集中制，按时召开党组民主生活会。积极落实集体领导和个人分工负责相结合的制度。三是加大干部监督制约力度，严格执行《党员领导干部廉洁从政若干准则》，不断强化领导班子的内部监督，抓好领导干部个人重大事项报告、收入申报、述职述廉等制度的落实。

【精神文明建设】 做好精神文明建设典型的申报、评选及表彰工作。2011年，县局连续第4次荣获西畴县年度思想政治工作及精神文明建设一等奖，并荣获西畴县“十一五”精神文明建设先进集体，有1人被表彰为先进个人。二是积极开展各项文体活动。通过各种文体活动的开展，营造了一个齐心协力、团结奋进、互相关爱、乐于奉献的国税团体。三是为扶贫点新建小康示范村、修建乡村公路捐助资金5.6万元；动员干部职工捐款1.2万元慰问贫困党员。四是认真开展“四亮四评”和创先争优活动，县局继续保持了省政府“文明单位”称号。被县委县政府连续三年表彰为精神文明创建活动一等奖，连续十五年被州局目标管理考核综合评定为一级局。

【教育培训】 按照《西畴县国家税务局公务员培训管理办法实施意见》，以提高干部队伍的综合素质为抓手，以提高业务技能为目的，建立健全干部培训制度。创新干部业务培训方式，把全县国税干部业务状况进行筛选排队，根据年龄结构、业务熟练程度、工作岗位等因素进行分类，实行分门别类的培训，大大提高了业务培训的效率和针对性，干部的业务技能明显提升。全年投入经费18.31万元，组织培训5期，业务考试5次，累计培训230余人（次）。

【党建工作】 一是加强领导、明确责任。把党建作为一项重要工作纳入局党组议事日程，在党组的统一领导下，做到党建工作与税收工作同部署、同检查、同落实。二是发挥优势、形成合力。坚持“以党建带动工青妇建设，以工青妇建设促进党建”的原则，积极发挥工青妇等群团组织的优势作用，形成抓党建合力。三是认真抓好“三会一课”活动，从业务、思想、政治等方面不断加强教育培训，用党的理论武装全体税干的头脑。同时，把加强国税文化建设作为党建工作的重要载体，积极营造“立足本职勤为先，争创先进把功献”的国税文化，不断提升党建工作水平。

【廉政建设】 一是认真组织学习《中国共产党党员领导干部廉洁从政若干准则》，要求全体干部做到“8个方面禁止”和“52个不准”，增强了拒腐防变的自觉性。二是强化“两权”监督制约，层层签订《党风廉政建设责任书》，定期开展廉政谈话，执行好领导干部述职述廉、收入申报等制度，全方位接受群众监督。三是狠抓行风纠风工作，在全县44个单位行风测评中，县局行风测评取得前6名的好成绩。四是抓好《廉政公约》签订、回访和跟踪问效。全年共与452户纳税人签订了《税企廉政公约》，回访纳税户56户，回访率达12.39%，其中：回访一般纳税人户12户，小规模纳税企业18户，达起征点个体户26户，满意率达100%。县局连续十五年未发现违法违纪行为。

【离退休干部管理】 截至2011年底，全局共有离退休干部21人。其中离休1人，退休20人。一是巩固和完善“党组负责、行政支持、部门协调”三位一体工作机制，形成关心爱护离退休干部的氛围。二是坚持政治待遇不变，生活困难关心的原则，让离退休干部感受到党组织的关怀。保证离退休干部工资、福利及时足额发放，对有特殊困难的老干部进行帮扶。三是提升离退休干部管理工作人员素质，以高度负责的态度做好离退休老干部工作。

（骆远品）

麻栗坡县国家税务局

经济概况

2011年，麻栗坡县牢牢把握科学发展主题和加快转变经济发展方式主线，团结一心，扎实工作，经济持续发展，民生不断改善，社会和谐稳定，实现了“十二五”良好开局。全年实现生产总值（GDP）30亿元，同比增长13.1%，其中：第一产业增加值6.36亿元，增长6%；第二产业增加值13.57亿元，增长22.1%；第三产业增加值10.07亿元，增长7.4%。三次产业的结构比例为21.2∶45.2∶33.6。完成固定资产投资31.52亿元，增长20.1%；完成社会消费零售额10.6亿元，增长17.6%；完成边贸进出口总额26.86亿元，增长20.5%；完成财政总收入5.28亿元，增长69.9%；财政总支出13.02亿元，增长14.8%。

税收概况

【收入完成情况】 2011年，麻栗坡县国家税务局共组织税收收入3亿元（不含海关代征税款，下同），同比增收1.62亿元，增长115.97%，完成州局下达任务的193.54%，超计划任务1.45亿元，收入总量突破3亿元。

【收入特点】 （一）全年税收收入取得历史性突破，收入总量年内连续突破2亿、3亿元大关，创下历史新高。（二）税收增长呈现“前高后低”的走势，增幅逐渐回落。1月、4月税收增幅高达4倍以上增长，5月后逐渐回落，12月回落到最低点16.8%。（如下图）

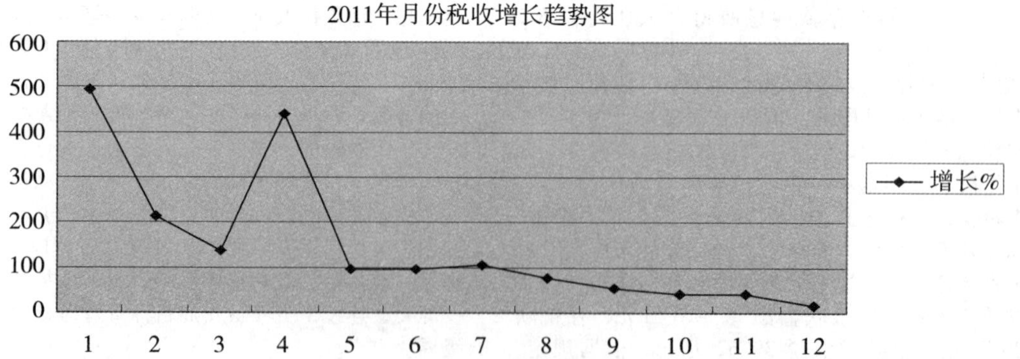

（三）主体税种增值税、所得税占税收总量比重大。全年增值税、所得税入库2.98亿元，占税收总量的比重为99%，对税收增长的贡献率为99.37%。（四）税源结构单一，矿产品采选行业引领税收增长。采选行业入库税收对税收增长贡献率为60.52%。（五）重点税源行业税收全部实现增长。采选、电力税收呈现倍增的增长态势，商业、制造业税收保持平稳增长。

【税源分析】 全县五大重点税源均呈现大幅增长态

势。(一)电力行业。受发电量、供电量增大等利好因素影响,电力税收增幅达2倍以上,全年电力行业实现税收7274万元,同比增收5080万元,增长231.54%。(二)采选业。受钨矿价格上涨及销量增长的拉动,采选业实现收入大幅增长。全年采选行业入库税收1.82亿元,同比增收9774万元,增长115.83%。(三)商业。税收保持平稳增长。全年商业行业入库税收2101万元,同比增收253万元,增长13.69%。(四)制造业。受铁合金价格上涨因素影响,收入大幅增长。入库税收1171万元,同比增收318万元,增长37.28%。(五)金融业。受国家宏观经济政策的影响,入库税收大幅增长。全年农村信用社入库企业所得税673万元,同比增收488万元,增长263.78%。

【税务管理】 (一)税收征管、纳税服务。1. 加强税务登记户籍管理。年末共有管户5107户,其中:小规模企业1599户,一般纳税人159户,个体工商户3349户(其中达增值税达起征点及查验征收的个体工商业户213户,未达起征点3136户)。2. 认真开展综合纳税评估工作。全年共评估18户纳税人,入库增值税10.11万元,入库企业所得税9200元,调减增值税留抵税额7.12万元,调减企业所得税亏损数额56.45万元,移送税务稽查1户。3. 加强税源与征管状况监控分析。全年共完成对193户(次)疑点核实整改,补缴增值税1622.74元、加收滞纳金184.99元。4. 做好陈欠税款的追缴工作。全年缴纳入库及通过取得进项税额抵减陈欠税款追缴陈欠税款70.74万元,压缩陈欠税款比例为83.13%,无新欠税款发生。5. 强化征管质量考核制度。建立收入与责任考核制度,全县税务登记率为99%、申报率为100%、入库率为99.8%、滞纳金加收率为100%。6. 积极推行纳税服务标准化建设。按时完成纳税服务标准化建设调研工作;取消了办理税务登记证的工本费;建立了纳税服务投诉工作台账,做好纳税投诉工作。7. 强化对委托代征户的监管。审核发放委托代征证书,明确双方的权利、义务和责任,保证代征税款按时入库,全年代征税款(不包括车购税)75.38万元。(二)发票管理。1. 抓好普通发票简并换版工作。全县使用新版普通发票的纳税户为1047户,达27.64%。其中:申请领购使用普通平推机打发票(网络版)322户,使用普通卷式机打发票2户、使用普通平推机打发票(单机版)2户、使用手工版发票721户。2. 严格发票的领取、入库、出库制度,加固库房,维护、检修预警装置,完善防潮、灭火、防爆、防鼠、应急照明设备,认真落实24小时值班及值班交接制度。3. 规范发票代开管理,严格审核申请代开资料,办理代开发票征税,建立登记台账,按月对代开发票情况进行监督检查。

各项工作

【依法治税】 (一)税收法制建设。1. 开展“创建法治机关”活动。成立依法行政领导小组及办公室,制定《麻栗坡县国家税务局“创建法治局”活动实施方案》及《法治机关创建标准》,分解量化考核到各股(室)、分局,明确目标任务。2. 规范性文件的清理检查。共清理本部门发文103个,外来文件549个。3. 全面启动“六五”普法和依法治省工作。围绕2011年普法宣传主题和税收宣传月活动主题,开展了“百村千组大普法”活动,并结合法制宣传日、法制宣传月和税收宣传月活动大力开展宣传。普法依法治理工作经依法治县办考核验收,获得满分100分,被评为优秀。(二)税法宣传。以第20个税收宣传月为契机,抓住五个环节对纳税人深入开展税法宣传。即开业登记环节、实地核实环节、纳税辅导环节、纳税评估环节、纳税检查环节,将税收政策的宣传和业务指导相结合,做到税收宣传和纳税服务相互促进。(三)执法管理。加强税收执法管理信息系统日常监控和考核力度。通过税收执法管理信息系统对征收、管理、稽查、法制、执行等53项业务进行监控考核,累计完成业务量25513户(次),完成率达99.98%,执法过错率低于0.5‰。(四)执法考核。全年执法检查主要开展了对企业注销清算、减免税政策、代开普通发票、专用发票、增值税一般纳税人资格认定管理、税务行政处罚等执行情况自查、检查。

【各税管理】 (一)货物和劳务税管理。货物和劳务税累计收入2.03亿元,同比增收8935万元,增长78.39%,占总收入的67.6%。1. 增值税管理。全县共有增值税纳税人4099户,其中一般纳税人157户。全年认证增值税专用发票7593份,金额11.34亿元,税额1.71亿元,采集增值税专用发票存根联3267份,金额19.29亿元,税额3.05亿元;全年对增值税一般纳税人进行纳税评估15户(次),通过评估补缴增值税10.11万元,进项税转出2.05万元;认真落实安置残疾人增值税税收优惠政策,全年增值税退税307万元。2. 车辆购置税管理。全年共征收车辆4020辆,税款285万元。其中:摩托车3906辆,征收179.11万元;委托代征单位代征车辆3522辆,代征车购税162.6万元。3. 认真执行消费税政策,着重抓好对个体酿酒户的清理检查和重点纳税户——县卫生局(泡制酒)的管理。(二)所得税管理。1. 企业所得税管理。全县共有企业所得税管户145户,其中查账征收98户,核定定期定额征收6户,核定应税所得率41户。圆满完成2010年度所得税汇算清缴任务,实际参加汇缴企业87户,汇缴率达100%,实现应税所得额1.67亿元,年度应入库所得税4028万元,汇缴补税542万元,汇缴应退税17万元,弥补以前年度亏损655万元,减免所得税140万元。2. 储蓄存款利息所得个人所得税管理。全年共组织入库储蓄存款利息所得个人所得税12万元,同比减收12万元,下降50%。(三)加强边贸企业税收管理。做好出口退(免)税政策的宣传,做好纳税服务,促进边贸企业健康发展。

【税务稽查】 全年共检查各类纳税案件21户,纳税人自查补税与稽查查补两项共计查补税款、滞纳金、罚款410.19万元,同比下降18.18%。弥补企业以前年度亏损648.99万元,同比增长100%。1. 教育辅导与惩治相结合,严厉打击税收违规行为。全年共召开查前培训辅导会议2次,培训企业财务主管、业务人员70余人(次),检查人员下企业辅导自查15人(次)。2. 按质按量完成专项检查任务。对房地产、小型水电行业等企业进行专项检查,入库税款、滞纳金85.31万元。3. 整治虚假发票“买方市场”工作。查处各类发票违法案件12件，查处有问题发票438份，查补税款、罚款、滞纳金213.57万元。4. 强化协调，圆满完成各类举报案件查处。受理上级机关转办举报案件2件，查结2件，举报案件查结率100%，入库查补税款、滞纳金、罚款2.82万元。5. 协查案件。（1）委托协查。全年发起纸质委托协查案件2件，开票金额15.04万元，查补税款1.31万元，加收滞纳金0.61万元。（2）受托协查。通过3.2版协查系统收到受托协查2起3件，增值税专用发票22份；收到纸质受托协查4起15件，《公路、内河货物运输业发票》80份，开票金额465.47万元，查补增值税32.1万元，企业所得税1.1万元，调减企业以前年度亏损额7户，弥补企业以前年度亏损额115.08万元，按期回复率100%。

【信息化建设】 （一）做好各应用系统的运行维护工作。及时做好综合征管软件及相关应用系统的升级工作，推广应用省局开发的新版普通发票开填系统（税务端）、中国税务人事管理系统。（二）加强信息化基础设施建设及管理维护工作。及时做好FTP、办公自动化、远程教育培训系统及电子政务网等服务器的运行维护。（三）继续做好金税工程运行工作。做好防伪税控系统及相关系统的升级工作，及时做好一般纳税人的发行及变更授权工作，同时做好增值税其他抵扣凭证数据的采集上传。全年共初始发行企业11户，注销发行企业6户。

队伍建设

【机构人员情况】 全局内设机构8个：办公室、人事教育股、监察室、税政管理股、征收管理股、政策法规股、收入核算股、办税服务厅；事业单位1个：信息中心；直属机构1个：稽查局；派出机构1个：麻栗税务分局。年末全局共有在职干部职工59人，其中：党员37人，占62.7%；大学本科18人、占30.5%，大学专科30人、占50.8%，中专及以下11人、占18.6%；35岁以下7人、占11.9%，36～50岁45人、占76.3%，51～59岁7人、占11.9%；男性44人、占74.6%，女性15人、占25.4%。

【领导班子建设】 深入学习党的十七届六中全会精神，贯彻落实《党员领导干部廉洁从政若干准则》和干部选拔任用四项监督制度，开展杨善洲等先进事迹专题学习，加强领导班子思想、政治、组织、作风建设和党风廉政建设，推进“学习型”领导班子建设，构建和谐、创新、务实的新型领导班子。

【精神文明建设】 （一）通过规范服务内容、细化服务评估标准、规范的税企互信关系以及税法宣传等形式开展“四亮四创四评”活动，实现重管理向管理与服务并重转变。（二）开展结对扶贫活动，支持新农村建设。派驻新农村建设指导员，帮助村民争取项目资金10万元修建饮水工程，解决68户农户生产生活用水。（三）开展关注灾区，关爱同事，奉献爱心活动。为盈江发生5.8级地震捐款4760元。为患肾衰竭的同事捐款6200元。（四）争优创新，共创佳绩。全年先后被中共麻栗坡县委、县政府表彰为“矿产资源整合工作先进单位”；被云南省国家税务局表彰为“爱读书读好书善读书”活动先进单位；稽查局被云南省打击发票假币违法犯罪和非法彩票赌博活动工作领导小组表彰为“打击发票违法犯罪专项行动先进集体”。2人分别被文山州委、州政府和麻栗坡县委、县政府表彰为新农村建设“优秀指导员”和马鹿塘电站移民搬迁工作“先进个人”，1人被县委县政府表彰为“矿产资源整合工作先进个人”。

【教育培训】 （一）组织各类岗位技能培训。组织开展了政务信息写作、新闻报道为主要内容的办公室业务培训、预防职务犯罪的警示教育讲座、稽查业务知识培训、房地产、金融企业所得税业务培训。（二）组织综合业务知识考试。考试内容包括时事政治、县情党史、交通法规、国税讲坛、税收基础知识、人事监察、新闻信息写作等内容，最高分88分，平均分66.4分，及格率70%，达到了以考促学的目的。（三）组织人员参加高层次人才培养和领导干部更新知识培训。共23人参加了省、州局组织的各类更新知识培训和任职培训。

【党建工作】 深入开展向杨善洲、马开贵等先进典型学习活动，组织参加学党史、知党情、跟党走及《诵给党听》诗歌朗诵和走访慰问扶贫点、困难党员、部分离退休老党员等一系列建党90周年庆祝活动。扎实开展“创先争优”活动，形成“一个支部一面旗，一名党员一盏灯”的良好局面。

【离退休干部管理】 全局有离退休干部28人，其中离休干部2人。一是政治上关心老干部。建党节前夕组织城区退休党员开展“忆党史、话未来”晚宴座谈。二是生活上关心老干部。以庆祝建党90周年为契机，组织走访看望了解放前参加革命工作的离休干部和部分身体欠佳的退休老党员，把组织上给予的生活补贴及时送到离休干部手里。三是行动上服务老干部。帮助老干部办理医药费用报销手续，把服务工作落实在行动中。四是召开重阳节和元旦座谈会，汇报税收工作情况，听取意见建议。

【廉政建设】 （一）从上自下层层签订《党风廉政建设责任书》，坚持开展“纪检日”、“局长接待日”活动。（二）强化对税收执法权和行政管理权的监督，根据制度规定，开展廉政谈话，从源头遏制腐败行为的发生。（三）与检察机关密切协作，开展警示教育活动，警钟长鸣、廉洁自律。（四）加强特邀监察员队伍建设，聘请新一届特邀监察员，并召开特邀监察员座谈会。（五）开展与纳税户签订《税企廉政公约》活动，对实施情况进行跟踪回访，回访结果综合满意率在99%以上。（六）加强政风行风建设，被县政府纠风办评为民主评议行风第一名。

（后加玉）

马关县国家税务局

经济概况

2011年，马关县始终把加快发展作为第一要务，举全县之力抓项目、兴产业，转方式、调结构，经济保持平稳较快发展。全县实现生产总值（GDP）43亿元，增长12.8%。其中：第一产业增加值9.8亿元，增长8.8%；第二产业增加值19.1亿元，增长15.1%；第三产业增加值14.1亿元，增长12%。三次产业的结构比例为23∶44∶33。完成固定资产投资28亿元，增长20.1%。实现财政总收入7.5亿元，增长42%，其中地方财政一般预算收入突破3亿元达3.5亿元，增长29.6%。财政总支出16.6亿元，增长15.6%，其中地方财政一般预算支出14.5亿元，增长14.9%。社会消费品零售总额17.7亿元，增长20.2%。

税收概况

【收入完成情况】 2011年，马关县国家税务局共组织税收收入3.15亿元，同比增加4169万元，增长15%，占州局下达任务的106%，超计划6个百分点。完成地方一般预算收入7421万元，同比增加919万元，增长14%。

【收入特点】 一是税收收入保持稳定增长。分税种看，增值税、企业所得税增长势头强劲，企业所得税增长幅度超过增值税增幅，其中增值税累计完成2.74亿元，同比增长13%；企业所得税累计完成3577万元，同比增长30%。二是税收收入首次突破3亿元大关达3.15亿元。三是税收收入绝大部分来源于矿、电行业，矿、电增值税占全县国税收入的80%以上，特别是矿业增值税首次突破2亿元大关，达2.11亿元；电力增值税同比增收1055万元，增长40%。

【税源分析】 全局主要税源集中在矿业、电力、烟草三大块，全年增值税大幅增收的主要因素：一是电力增值税增长幅度较大，同比增收1055万元，增长40%。二是马关云铜锌业有限公司共缴纳增值税2512万元，同比增收2068万元，增长4.66倍。三是锡、铜矿产品价格上升的影响。2011年锡精矿平均价格为13.27万元/吨，同比增长27.77%；铜精矿平均价格为5.95万元/吨，同比增长33.33%。四是企业所得税持续较快增长，累计入库企业所得税3577万元，同比增收824万元，增长30%。

【税务管理】 （一）税收征管、纳税服务。截至2011年12月31日，全县正常开业纳税登记户数为3804户，其中一般纳税人176户，小规模纳税户3628户。征管措施：一是落实税收管理员制度，夯实税源管理基础。修改完善《马关县国税局税收管理员考核办法》，实行县局领导挂钩联系管户的办法，促使税管员下户了解掌握企业的生产流程、财务核算和申报纳税等情况，规范管理，将税管员日常管户的质量与目标管理责任制挂钩进行考核奖惩，充分调动税收管理员的工作积极性和主动性。二是大力开展纳税评估，以评促管。全年共对35户纳税人进行纳税评估，其中增值税评估21户，增值税和企业所得税综合评估12户，企业所得税评估2户，通过评估有问题14户，评估补缴税款14.33万元，弥补亏损15.7万元，加收滞纳金1.7万元。三是加强“能耗控税”管理。对从事矿产品采、选的纳税人，加强其生产耗用的“电、炸药、药剂”等能耗指标的动态管理，全县矿产品增值税首次突破2亿元大关达2.11亿元。四是认真落实信息管税。利用税收管理员辅助信息系统警示的疑点信息进行分析排查，有效堵住税收流失。全年排查纳税人8户，补缴增值税9.4万元，加收滞纳金9800元。五是加强《外出经营活动税收管理证明》的管理，督促纳税人如实申报纳税。全年通过加强外销证管理，督促2户纳税人补缴增值税40万元。（二）发票管理。一是积极做好普通发票简并换版工作，共举办了3批纳税人新版普通发票操作培训，140多户纳税人参加，确保了机打普通发票工作的顺利开展。截至2011年12月31日，共完成642户新版普通发票简并换版工作，其中普通机打发票345户（网络版340户，普通发票自开发软件纳税人5户），手工发票297户。二是加强增值税专用发票和增值税普通发票管理。全年共发售增值税专用发票5810份，发售增值税普通发票253120份，其中电脑版发票251305份，手工版发票1815份。严格保管措施，加强内部监督，堵塞管理漏洞，认真、准确地记录专用发票入库、领用、发放及出库信息等方面的情况，做到账账相符、账实相符；加强对票库及防盗设备运行情况的管理，防止丢失、被盗、损毁等现象的发生。

各项工作

【依法治税】 （一）税收法制建设。一是以培训为抓手，提升执法人员依法行政水平。认真组织干部参加省、州局举办的视频培训和当地政府部门组织的各类法律法规培训及考试，通过培训增强税收法律意识，提高执法能力和水平，规范执法行为。二是坚持每月开展业务学习日活动，认真组织《中华人民共和国行政强制法》及《税收征管法》、《增值税暂行条例》、《企业所得税法》等相关税收政策、法规的学习。三是严格按照法定权限和程序执行好各项税收法律法规和政策。2011年全县享受增值税退税优惠政策的福利企业为2户，全年退税223.7万元；享受资源综合利用的企业1户，全年退税96.33万元。四是抓各类软件、系统的管理，强化执法监督。依托税收综合征管软件、数据监控分析系统、税收管理员辅助信息系统、税收执法管理信息系统，对征、管、查等税收关键环节进行全程、动态监控。（二）税法宣传。一是将“六五”普法与税法宣传相结合，充分利用税收宣传月、“12·4”法制宣传日等活动进行宣传。共发放宣传资料1000余份，接受社会各界人士和纳税人咨询，解释税收政策、法律法规100余次。二是借助县委、县政府表彰奖励纳税人契机，加强税收宣传，开展送税法入户、税收政策执行情况回访活动。三是结合壮族“三月三”节日庆典活动及“四亮四评”活动，将税收宣传寓于纳税服务中，开展“您为国纳税，我为您服务”活动，提升服务质效。(三）执法管理。1. 执法检查。一是落实执法责任制，组织开展税收日常检查和执法考核，加大执法监督和责任追究力度。二是建章立制，加强协调配合，规范税收执法行为，规范操作程序，发生过错数由2010年的11条下降到2011年的1条，执法过错扣分由39分下降到1分。2. 执法考核。建立健全税收执法考核机制，强化考核奖惩，以增强税收执法人员的风险意识和工作责任心为重点，规范税收执法考核申辩调整。对执法过错责任人提出的申辩调整申请，严把申辩调整质量关，凡不符合规定的一律不予调整。2011年全县共发生无过错申辩调整8次。

【各税管理】 （一）流转税管理。流转税入库2.79亿元，占州局下达任务的102%，同比增收3355万元，增长14%。1. 增值税管理。一是加强增值税一般纳税人认定管理。从资料审核、实地核查、审批等各环节严格按照规定执行。截至年底，全县共有一般纳税人174户，辅导期一般纳税人2户。2011年新认定一般纳税人45户，辅导期转正16户，取消一般纳税人28户。二是加强防伪税控最高开票限额管理。严格按照防伪税控最高开票限额的审核程序，做好审核工作，严格控制最高开票限额和月发票最高使用量。三是做好退税管理工作。全年共办理福利企业退税223.71万元，资源综合利用企业退税96.33万元。四是做好增值税网络申报推行工作。增值税网络申报纳税人共382户，其中一般纳税人166户，占一般纳税人的94.31%，超额完成州局下达60%的目标任务；不是一般纳税人的企业69户；个体工商户147户。五是加强增值税进项税抵扣认证管理。全年认证增值税专用发票10436份，进项税2.15亿元；认证交通运输发票3783份，金额4575.11万元，抵扣进项税326.5万元；固定资产进项税8658.81万元，同比增加176.65万元，增长25.63%；不符合抵扣的进项税转出2.33万元。2. 消费税管理。全县消费税主要集中在小酿酒户和金银首饰上，共征收消费税4.64万元，同比增收1.64万元，增长55%。3. 车购税管理。采取政策宣传、加强机动车发票管理和审核、与交警部门沟通等办法，共征收入库车购税471.04万元，同比增收207万元，增长78%。（二）所得税管理。1. 企业所得税管理。共计组织企业所得税3577.2万元，占计划的137.91%，同比增收813.34万元，增长29.34%。一是加强汇算清缴。年度企业所得税汇算清缴工作汇缴面达92.59%，全县所得税实际负担率18.36%。二是核定征收质效双升。2011年核定定率征收企业所得税的企业共58户，核定征收企业收入1322.6万元，征收企业所得税13.71万元，核定企业户均征税2364.7元，核定户占应征户数180户的32.22%。三是加强所得税评估。将15户企业纳入纳税评估，2户存在问题，共补缴所得税5.1万元，弥补年度亏损15.7万元，加收滞纳金1.26万元。2. 储蓄存款利息所得个人所得税管理。累计完成储蓄存款利息所得个人所得税8.95万元，同比减收11.05万元，下降55%。

【税务稽查】 全年共查补各项税收收入152.3万元。其中：增值税24.57万元，所得税65.28万元，加收滞纳金17.53万元，处以罚款44.92万元。抵减纳税人留抵的增值税税款7519.16元。调减企业以前年度亏损额118.1万元。一是认真抓好分级分类稽查和专项检查。对列入分级分类稽查的2户纳税人（既是上级交办群众举报案件又是分级分类稽查户）进行了检查，共查补增值税7.26万元，所得税19.38万元，加收滞纳金4.12万元，处以罚款13.32万元，合计44.08万元；抵减纳税人留抵的增值税税款7519.16元，调减以前年度亏损额118.1万元。二是做好协查工作。开展对“11·10”专案受票方协查取证及处理工作，完成了对全县17家涉案单位的协查调查取证工作，按期回复率100%。三是认真开展发票整治工作。做到“查账必查票”、“查案必查票”、“查税必查票”、“违章必处理”。

【税务管理信息化建设】 一是做好计算机设备的管理及维护。及时在第一时间内将上级局配置的计算机分配到各分局、股室安装使用，保障正常开展工作。二是加强对税收应用软件的日常应用维护及升级工作。严格按照省、州局的要求进行使用维护、升级和授权等工作，2011年所有数据在上传过程中无延误或错误发生，运行情况稳定。三是加强税收业务、计算机业务的指导及培训。做好网络申报二、三期的推行及维护、普票开票系统的后续维护、综合征管软件的补丁升级及指导、计算机的杀毒等工作。四是严格一般纳税人金税卡和IC卡的发行、注销、变更以及增值税专用发票、增值税普通发票数量变更授权管理。

队伍建设

【机构人员情况】 （一）机构设置。内设机构7个：办公室、人事教育股、监察室、征收管理股、税政管理股、收入核算股、办税大厅；直属机构1个：稽查局；事业单位1个：信息中心；派出机构2个：马白税务分局、都龙税务分局。（二）人员情况。年末，全县在职干部职工60人，离退休干部17人。在职干部职工中：党员33人，占56%；少数民族22人，占37%，汉族38人，占63%；男42人，女18人，男女比率为7∶3；本科19人，占32%，专科27人，占45%，中专6人，占10%，高中6人，占10%，初中2人，占3%；51岁以上14人，占总人数的23%，41～50岁32人，占总人数的53%；31～40岁9人，占总人数的15%；30岁以下5人，占总人数的8%。

【领导班子建设】 围绕“服务基层年”工作目标，深入开展“创先争优”和“四亮四评”主题活动，不断提高领导干部的政治敏锐性和政治鉴别力。坚持领导带头管户、领导带头值班制度，以摸实情、干实事、求实效的良好作风，带动了全系统工作、学习、生活作风的根本性好转，使全系统呈现出素质提升、思想稳定、团结干事、协调顺畅的良好局面。

【精神文明建设】 一是充分发挥党团工妇组织的作用，利用文明公民学校，认真学习贯彻《公民道德建设实施纲要》，建设社会主义核心价值体系，认真开展职业道德、社会公德、家庭美德教育。二是以国税文化建设为载体，开展好党、团、工、妇活动，积极组织干部职工参加县委、县政府组织的“建党90周年歌舞晚会”、“学习型党组织建设演讲比赛”等活动，干部职工精神面貌焕然一新。届满重新申报并被云南省国家税务局命名为“文明单位”。

【教育培训】 一是抓机制，开展季度学习标兵评选活动。严格执行《税务系统国家公务员培训暂行办法》，建立《马关县国家税务局业务培训考试奖惩实施办法》，进一步加大业务考试奖惩的力度，充分调动干部职工学习业务的积极性和主动性。二是抓培训，提升干部职工的业务技能及综合素质。全年举办《党史和党的基础知识》、税收执法及综合征管软件操作实务等培训4期806人（次）。

【廉政建设】 一是抓廉洁自律。着力解决好干部职工理想信念、思想道德教育、强化监督制约等几个方面的问题，做到严格依法办事，恪尽职守，奉公守法、廉洁从政。二是抓源头预防。组织开展预防职务犯罪专题讲座，不断提高干部职工抵御腐败的意识和能力，懂得什么可为，什么不可为，做到警钟长鸣。三是抓政务公开。加强3个举报箱和2部举报电话的管理，同时充分发挥兼职监察员和社会特邀监察员的积极作用，将国税工作置于纳税人和社会各界的公开监督下，不断夯实反腐倡廉的社会基础。四是抓《税企廉政公约》的签订。共与423户纳税人签订了《税企廉政公约》，发放《马关县国家税务局廉政公约履行情况反馈表》130份，收回123份，回访率达29.1%。

（黄忠宏）

丘北县国家税务局

经济概况

2011年，丘北县紧紧抓住转变经济发展方式主线，抓好烤烟、辣椒、旅游支柱产业，实现了“十二五”计划的良好开局。全年实现生产总值32.9亿元，增长14.1%。其中：第一产业增加值13.6亿元，增长8.6%，拉动GDP增长3.5%；第二产业增加值6.7亿元，增长32.4%，拉动GDP增长5.9%；第三产业增加值12.6亿元，增长11.4%，拉动GDP增长4.7%，三次产业的结构比例为41.34:20.36:38.3。实现地方财政收入2.2亿元，增长35.4%。财政总支出16.7亿元，增长23.6%。社会消费品零售总额实现12.4亿元，增长24.2%；完成固定资产投资29.2亿元，增长62.2%。

税收概况

【收入完成情况】 2011年，丘北县国家税务局共组织税收收入7640万元，完成州局下达任务7380万元的103.52%，同比增收1001万元，增长15.08%。

【收入特点】 五个税种除储蓄存款利息所得个人所得税因政策调整减收外，增值税、消费税、企业所得税、车辆购置税均实现增收，企业所得税增长幅度最大，达44.3%。

【税源分析】 一是2011年11月增值税起征点提高，全县达起征点“双定户”从512户减为39户，两个月减收26万元；二是气候干旱、水位大幅下降等因素影响，导致发电企业增值税大幅度减收，减收额达406万元，下降30.06%；三是矿产品企业生产不正常，导致增值税减收68.23万元，同比下降94%。

【税务管理】 （一）税收征管。一是扎实做好个体工商户计算机定税工作。全年共受理定额核定信息3695户（次），比上年增加586户（次）。二是认真执行取消税务登记证工本费优惠政策。全年共办理新开业税务登记703户（次），变更税务登记256户（次）。三是清理小型微型企业，确保所有符合条件的用票户享受免征发票工本费优惠政策。全县825户用票户中，共有813户用票户符合享受免征发票工本费优惠政策，占总用票户的98.5%，已完成所有用票户审核确认及备案。四是抓好纳税评估。采取专项评估与日常评估相结合，对农产品收购发票、运输费用发票、固定资产购进抵扣进项税等管理的难点和薄弱环节，有针对性地进行评估。全年评估纳税户13户，共补缴税款和滞纳金16.97万元，其中增值税11.11万元，企业所得税4.07万元，滞纳金1.79万元；增值税进项转出1.37万元，冲减增值税留抵税款9100元，调减企业所得税亏损额374.53万元。（二）发票管理。一是扎实推进普通发票简并换版。对外做好宣传辅导，对内做好人员的配置和技术服务，确保旧版发票的收缴和新版发票的推进。全县共有新版发票用票户825户。其中：使用通用机打发票363户（网络版357户、单机版6户），占新版用票户的44%；手工版454户，占已推行用票户的55%；机打和手工共用户8户，占1%。累计发售《云南省国家税务局通用平推式机打发票》235567份，发售《云南省国家税务局通用手工发票》2430本。二是抓好发票的代开。2011年，代开增值税专用发票征收税款4.4万元，代开普通发票征收税款66.27万元。三是抓好发票违章查处。全年共处理发票违章案件8起，其中移交稽查2起，补缴增值税税款9200元，处以罚款6900元。

各项工作

【依法治税】 （一）税收法制建设。一是抓好“六五”普法工作。成立“六五”普法工作领导小组，明确领导小组和办公室职责。二是加强与检察机关协作，召开4次税检预防职务犯罪排查剖析碰头会和2次预防职务犯罪讲座，提升税务干部的法制观念和风险意识。三是强化依法行政工作。成立依法行政领导小组，加强对依法行政工作的组织领导，建立运转有序、协调顺畅的内部工作机制，以制度管人，增强税收执法人员防范税收执法风险的意识和能力。（二）税收宣传。一是召开全县税收宣传工作会议，县政府、人大、政协、25

家行政事业单位领导、企业法人及财务负责人和国地税局中层干部共 127 人参加了会议。会上，政府、财政、国税、地税、审计部门主要领导作了专题宣讲。二是发挥新农村建设指导员和大学生村官作用，深入村寨开展“税收惠民生”税收宣传活动。组织全县 120 名新农村建设指导员举办税收知识讲座，国税干部与 60 名大学生村官“结对子”，深入农村共同开展税收宣传，共发放税收宣传资料 4800 份，税收宣传黑板报 16 期，接受税收政策咨询群众 2000 余人，文艺演出 6 场，放映电影 7 场，举办税收知识讲堂 3 期。三是开展“税企角色互换”体验活动。邀请部分企业会计、财务主管等 5 人分别到办税服务厅、管理分局当一天“税官”，同时选派 5 名税干分别到企业的不同岗位体验，与 5 位纳税人进行“角色互换”。四是组织全县 116 户一般纳税人厂长经理和财务人员进行税法知识考试，考试成绩最高分 100 分，最低分 93 分，及格率达 100%。（三）执法管理。一是严格执行税收自由裁量权的适用规则和裁量标准，降低自由裁量权被滥用的风险，2011 年，全局行政处罚尺度适当，没有随意性的现象发生。二是认真做好重大案件审理工作。2011 年，移交重大案审委审理案件 2 件，维持初审意见 2 件，共查补税款 68.78 万元，加收滞纳金 6.77 万元。三是抓好税收执法考核。上半年实现零过错，下半年因系统未及时更新处罚依据而发生 2 条执法过错，已对责任人作出 20 元的经济惩戒。

【各税管理】 （一）流转税管理。全年共组织流转税收入 5940 万元，同比增收 487 万元，增长 8.9%，占国税总收入的 77.75%。1. 增值税管理。全年增值税入库 5212 万元，占年计划 5160 万元的 101.01%，同比增收 207 万元，增长 4.13%。一是抓好增值税一般纳税人认定管理。坚持分局、县局两级审批，严格办理增值税一般纳税人资格认定手续，全年新认定 37 户，其中超标认定 26 户。二是加强增值税抵扣凭证审核检查管理。全年上级返回比对缺联运输发票 1 份，经核实，该发票项目填写不齐全且付款方向不一致，不得抵扣进项税，企业已作转出进项税 441 元处理；因企业金税卡损毁，更换金税卡，导致企业漏采增值税专用发票存根联 1 份，增值税普通发票存根联 2 份，责成企业补采补申报。三是加强固定资产进项税额抵扣核查。管理员从票面货物名称入手，认真核实是否属于固定资产进项税额抵扣范畴，对不符合抵扣条件的，作进项税额转出处理。全年共有 13 户一般纳税人抵扣了固定资产进项税 93 万元，经核实不符合抵扣规定的进项税额 225.21 元已通知纳税人作进项税额转出处理。四是严格增值税备案制度。未进行备案的纳税人不得享受相关税收优惠政策。2011 年，共有增值税备案户 65 户，出口免税企业 9 户，实现增值税免税收入 1.58 亿元。五是严格执行社会福利企业增值税即征即退“先评估、后退税”政策。坚持对福利企业按月实施评估，按月进行残疾人上岗情况核实，按月建立福利企业退税台账。2011 年，1 户社会福利企业缴纳增值税 132.98 万元，税负率 3.24%，共审批退税 98 万元。六是严格执行增值税起征点调整政策。2011 年 11 月增值税起征点调高后，全县达起征点“双定户”从原来的 516 户减为 39 户，3491 户不达起征点纳税人享受免征税额 297 万元。2. 消费税管理。对个体小酒坊采取巡查管理制度，按月或按季深入生产地巡查进行征收。全年共入库消费税 126 万元，占年计划 120 万元的 104.98%，同比增收 13 万元，增长 11.55%。3. 车辆购置税管理。一是加强车购税纳税人的电子档案采集管理，指定专人作为监控员，于每天下班前进入车购税档案系统检查当天的“扫描统计、图片上传”情况，确保电子档案信息的真实性、完整性；二是加强对机动车异常销售发票的核查力度，防止纳税人高价低开偷逃增值税、车辆购置税的行为；三是加强对交警部门代征人员的业务操作培训，避免数据录入差错。全年入库车辆购置税 602 万元，占计划 900 万元的 66.91%，同比增收 267 万元，增长 79.79%。（二）所得税管理。全县共有企业所得税纳税人 189 户，其中查账征收 133 户，定期定率征收 49 户，定期定额 7 户，核定征收面达 30%。全年入库企业所得税 1696 万元，占年计划 1200 万元的 141.33%，增收 521 万元，增长 44.3%。一是抓好 2010 年度汇算清缴。2010 年，全县共有所得税企业 159 户，比上年增加 9 户；应参加汇算清缴 138 户，比上年减少 6 户，实际参加汇算清缴 134 户，其中盈利企业 80 户，比上年增加 15 户，亏损企业 36 户，比上年同期减少 14 户，零申报 18 户，比上年同期减少 3 户。通过汇算清缴，实现应纳税所得额 1351 万元，应纳所得税额 338 万元。二是做好企业所得税优惠项目审核、审批和备案登记，规范审核、审批、备案等环节工作，建立相关减免税台账。

【税务稽查】 以查处税收违法案件为重点，进一步整顿和规范税收秩序。全年共立案检查 17 户，已结案 16 户，在查 1 户，查补入库税款 103.79 万元、罚款 6100 元、滞纳金 9.26 万元。

【信息化建设】 一是做好办公自动化、抵扣凭证采集等系统后台数据库的日常维护、升级和数据备份工作。二是加大一般纳税人网络申报推行进度。采取宣传动员、举办培训、税企联动、全程服务四位一体的工作方法，并逐步向小规模纳税人推广应用。2011 年，全县实行网络申报的增值税一般纳税人 118 户，推广面达 93.65%。三是充分利用第三方信息，与相关部门建立信息交换机制和交换平台，将获取的工商登记信息、组织机构代码信息等第三方信息充分利用到税源管理中去，全年组织机构代码共享系统共核实和反馈录入信息 756 条，筛选出需作进一步核实的信息 47 条，利用共享信息共催办税务登记逾期办证户 28 户，处以罚款 1.8 万元。四是加强综合征管软件数据清理维护。按照可疑数据清册逐一对照，分析清楚一条维护一条，避免数据修改的随意性。全年发生两次整改，共涉及 13 项需整改项目 125 户（次），补缴税款 1900 元，加收滞纳金 227.04 元。

队伍建设

【机构人员情况】 全局内设机构 7 个：办公室（10 人，含局领导 4 人）、监察室（2 人）、人事教育股（2 人）、税政股（1 人）、征管股（1 人）、法规股（1 人）、收入核算股（12 人）；事业单位 1 个：信息中心

（2人）；直属机构1个：稽查局（5人）；派出机构1个：锦屏税务分局（22人）。年末在职干部职工58人，离退休干部26人。在职干部职工中：男38人，女20人，男女干部比例为65.52∶34.48；30岁以下7人、占12.07%，31～40岁10人、占17.24%，41～50岁34人、占58.62%，51岁以上7人、占12.07%；本科学历26人、占44.82%，大专学历23人，占39.66%，高中及以下学历9人、占15.52%；中共党员39名，占67.24%。

【领导班子建设】 一是建立健全领导班子成员交心谈心制度、走访慰问制度和科学民主决策制度，完善党组议事规程和决策程序。建立健全科学的民主决策机制，充分发扬民主，提高各项决策的透明度。二是开展“先进领导班子”创建活动，制定班子成员联系基层制度，发挥班子成员表率带头作用。

【精神文明建设】 一是学习杨善洲精神展现国税风貌。2名选手参加县委宣传部、县文明办举办的“热爱党、爱祖国、爱家乡”红土地之歌演讲大赛，分获二等奖和三等奖。二是积极参与县委县政府组织的“杨善洲样板林”植树活动，共出动30余人，植树320株。三是开展绿色经济扶贫，由干部职工投工投劳，带领扶贫点农户栽种424亩油茶，增强了干部的凝聚力。2011年度，被文山州国家税务局授予“精神文明创建先进单位”称号，12名干部被文山州国家税务局授予“精神文明建设先进个人”，局党总支被县直机关工委授予“创先争优先进基层党支部”称号。

【廉政建设】 一是层层签订《党风廉政建设责任书》，将各项廉政、勤政规定细化到具体的税收征管工作中。二是加强内控机制建设，认真排查廉政风险点。采取自己找、群众帮、领导提、组织审等方式全面排查分析廉政风险点，共排查出廉政风险点31个，对排查出的税务职务犯罪风险点等级、风险主要表现形式、监督防范措施、经办人、监控人等进行了明确。三是抓好《税企廉政公约》签订和回访工作。截至2011年底，全局共与576户纳税人签订了《税企廉政公约》，比上年增加43户。全年共回访纳税人46户，回访率达8%，满意率达96.73%。

【教育培训】 从干部职工岗位特点出发，对内组织业务骨干对岗位具体业务操作知识进行强化学习培训；对外采取邀请专家、教授，重点加强政治理论、思想道德、职业道德、公务礼仪和预防职务犯罪等知识教育培训，全面提升综合素质。全年共组织各类业务及相关知识培训12期。其中本局组织的岗位业务培训8期，邀请州财校讲师开展财务会计知识讲座1期、举办公务礼仪培训1期，累计培训657人（次），全年实现人均脱产培训12天以上目标。

【典型经验】 整合人力资源实行合署办公，提升税源管理效能。为使人力资源得到整合充实，为征管一线和纳税人减负，切实强化税源管理，从7月1日起，将业务联系较为紧密的税政、征管、法规、信息中心、锦屏分局5个部门进行整合，采取五块牌子一套人马并入分局合署办公，4个业务股室的负责人兼任副分局长，集中参加一线税收管理，集中防范、化解执法风险，做到操作程序简化，工作环节减少，使管理一线的各项工作运转得到协调统一。

（李　波）

广南县国家税务局

经济概况

2011年，广南县紧紧抓住国家实施新一轮西部大开发、云南建设“两强一堡”、文山打造“新高地”等战略机遇，强基础、调结构、惠民生，全年完成生产总值（GDP）52.39亿元，同比增长14.5%。其中，第一产业增加值19.73亿元，增长7.6%；第二产业增加值12.88亿元，增长27.8%；第三产业增加值19.78亿元，增长13.5%。三次产业的结构由38:23:39调整为38:24:38。完成固定资产投资61.3亿元，增长30.4%。完成社会消费零售额27.6亿元，增长25.7%。财政总收入3.65亿元，增长32.9%。其中：地方财政一般预算收入2亿元，增长23.7%。财政总支出21.25亿元，增长36.2%。

税收概况

【收入完成情况】 2011年，广南县国家税务局共组织税收收入1.7亿元，完成计划任务的129.13%，同比增收5445万元，增长47.2%。

【收入特点】 （一）总体收入实现47.2%的高速增长，各税种增幅极不平衡。（二）增值税增收主要来源于电力、有色金属冶炼及零售业等3个行业。（三）企业所得税增收主要来源于信用社及黄金采选业，占企业所得税增收总额的88.76%。（四）车辆购置税实现成倍增长，但与1300万元的计划任务明显不相匹配，成为增幅最高，又是唯一未完成计划任务的税种。

【税源分析】 （一）增值税。云南木利锑业有限公司入库3649万元，同比增收1134万元，增长45.09%，成为全县最大的增值税纳税企业。制糖业无税款入库，同比减收588万元。甘蔗受霜冻影响，出糖率下降，产量锐减；甘蔗收购单价上涨，进项税抵扣增大；产品销量同比下降，年末库存产品量较大。（二）消费税。广南县那榔酒业有限公司销售白酒193吨，同比减少21吨，下降9.81%，平均含税销售单价2.83万元/吨，同比每吨增加8560元，上涨43.27%，入库消费税132万元，同比增加21万元，增长18.92%。广南冠桂糖业有限公司入库酒精消费税16万元，同比增收10万元，增长166.67%。（三）企业所得税。信用社入库1505万元，同比增收1260万元，增长514.29%；批发业入库1177万元，同比增收166万元，增长16.42%；黄金采选业入库1010万元，同比增收809万元，增长402.49%。（四）储蓄存款利息所得个人所得税。受政策因素影响同比减收9万元，下降37.5%。（五）车辆购置税。全年征收小汽车400辆，同比增收389辆，征收税款372万元，同比增收363万元，增长4033.33%；征收摩托车7466辆，同比减少334辆，征收税款276万元，同比减收32万元，下降10.39%。

【税务管理】 （一）税收征管。2011年综合征管软件系统登记纳税人共8913户，剔除注销户和非正常户，正常状态的有6867户。其中，增值税一般纳税人185户，占总户数的2.69%；小规模纳税企业188户，占总户数的2.74%；固定个体工商户6448户，占93.9%；非增值税纳税人46户，占总户数的0.67%。1. 严格缓缴税款审批。批准延期缴纳税款3户（次），延期缴纳税款258.64万元。2. 加强户籍管理，补办税务登记598户。3. 认真做好纳税评估工作。评估24户，评估补缴增值税27.74万元，补缴企业所得税8500元；增值税留抵税额调减5.3万元，企业所得税亏损数额调减405.2万元。4. 认真贯彻落实新起征点政策。全县达到起征点以上的固定个体工商户共19户。（二）发票管理。全县申报防伪税控系统开具的正常专用发票2954份，金额10.19亿元，税额1.61亿元；作废发票219份，金额6305万元，税额967万元。稽核系统共采集增值税专用发票存根联3173份，其中正常票2954份，作废票219份；采集增值税专用发票抵扣联6682份。进入稽核系统参与稽核的存根联共3150份，抵扣联6682份，抵扣联与存根联比对相符发票6680份，滞留存根联221份，作废发票2份，存根联红字23份，无滞留抵扣联。普通发票用票户1082户，同比增加237户，增长28.04%。发售普通发票262632份，比2010年的177821份增加4811份，增长47.69%。建立发票使用情况分析制度。利用发票开票软件，按月审核发票购票业户的发票使用情况以及缴税情况。加强发票核销环节的管理，严格审核纳税人的填写情况。

各项工作

【依法治税】 （一）税收法制建设。2011年7月被文山州委、州政府表彰为“2006～2010年普法依法治理先进集体”。加强对“六五”普法和“五五”依法治县工作的领导，成立普法依法治县工作领导小组，制定《广南县国家税务局2011～2015年依法治县工作实施方案》，认真开展普法宣传教育。（二）税法宣传。紧扣“税收·发展·民生”的主题开展税收宣传活动。1. 制作1000份精美的税收宣传卡赠送有关单位和纳税人开展税收宣传。2. 针对重点税源企业——云南木利锑业有限责任公司提出的相关涉税热点、难点和税收政策的咨询开展宣传，帮助企业防范涉税风险。3. 组织全县161户一般纳税人企业的法定代表人和财务人员进行税收业务知识的学习考试，以考促学，以考促宣。4. 借助“中国·广南句町文化旅游节暨壮族花街节”开展税收宣传。在税收宣传月活动中，信息被省局采用3条，州局采用3条，《中国税务报》采用照片1幅。（三）执法管理。对18户享受增值税税收优惠政策的纳税人进行检查；对2007～2009年9户纳税人财产损失税前扣除审批和企业所得税备案类资料进行检查；审理5户稽查案件。在税额核定、税款征收、税源管理、税务稽查、行政处罚、财务管理、基建工程等方面进行监督，检查代开发票3374份，发现代开不规范发票23份。

【各税管理】 （一）流转税管理。全年流转税收入1.27亿元，同比增收3123万元，增长32.75%，占国税总收入的74.55%。1. 增值税管理。全县共有增值税纳税人6867户，入库增值税1.19亿元，完成任务的122.28%。做好增值税一般纳税人的认定管理工作；认真开展纳税评估；落实提高增值税起征点等政策法规。2. 车辆购置税管理。征收车辆购置税647万元，同比增收357万元，完成计划任务的49.77%，增长123.1%。实施委托代征，落实“两个减负”；推行车辆购置税电子档案管理系统，提高车辆购置税档案管理效率。3. 消费税管理。征收消费税151万元，同比增加32万元，增长26.89%。根据不同行业，分别采取核定征收和查账征收，管住消费税税基，确保消费税政策执行到位和税款及时足额入库。（二）所得税管理。征收所得税4322万元，同比增收2322万元，增长116.1%，占国税总收入的25.45%。1. 企业所得税管理。全年征收企业所得税4307万元，同比增收2331万元，增长117.97%，完成任务的213.22%。汇算清缴准期申报率100%，汇算清缴企业163户，亏损企业77户，上年同期亏损102户，同比减少25户，下降24.51%，亏损面为43.02%，上年同期为59.3%，下降16.28个百分点。参加网络申报的160户，网络申报率达85.79%。2. 储蓄存款利息所得个人所得税管理。储蓄存款利息所得个人所得税入库15万元，与上年同期的24万元同比减少9万元，下降37.5%。

【税务稽查】 推行查前告知办法，辅导纳税人做好自查自纠工作。创新检查方法，深入开展税收专项检查、分级分类稽查和打击发票违法犯罪活动工作，坚决查处重大税收违法案件，全年共查补税收收入556万元。其中：查补税款358万元，加收滞纳金90万元，罚款108万元。6名稽查人员实现人均查补收入92.67万元。

【纳税服务】 （一）开展政策宣传辅导145户，受理政策咨询40人（次），送税法下乡4次，为纳税人安装网络申报系统108户，所得税汇算清缴纳税辅导163户。（二）对增值税一般纳税人企业法人、财会主管等160人开展业务培训。专题解读政策，化解涉税风险。（三）在办税服务厅开辟新版发票使用咨询窗口，利用公示栏、国税网站等载体宣传发票使用常识。建立发票开票软件运维小组，零距离提供技术支持和辅导服务，确保用票户随时能开具发票。

【税务管理信息化建设】 各系统运行平稳。报税系统：报税户682户（次），申报3083条存根联报税，其中正常发票2886条，金额9.92亿元，税额1.57亿元；作废发票197条，金额6146万元，税额941万元。认证系统：认证户764户（次），认证发票6932份，认证金额8.7亿元，税额1.36亿元。加强对综合征管软件的运行维护；对机动车销售发票开票软件、防伪税控系统、协查系统、税收执法管理信息系统和货运发票认证系统进行补丁升级，确保网络申报系统、重点税源网上直报系统、企业所得税网络申报系统和普通发票的简并

换版填开软件、行政问责管理信息系统和车购税电子档案信息系统的上线运行。

队伍建设

【机构人员情况】 全局内设机构8个：办公室（11人，含局领导3人）、监察室（2人）、人事教育股（2人）、税政股（2人）、征管股（2人）、收入核算股（2人）、政策法规股（1人）、办税服务厅（9人）；事业单位1个：信息中心（1人）；直属机构1个：稽查局（5人）；派出机构1个：莲城税务分局（18人）。年末共有干部职工92人，其中在职干部52人，职工3人，离休干部2人，退休干部35人。有共产党员52人，其中：在职党员34人，离、退休党员18人。在职干部职工55人中：研究生1人、占1.82%，本科18人、占32.73%，专科29人、占52.73%，高中及以下7人、占12.73%。男性41人、占74.55%，女性14人、占25.45%。

【领导班子建设】 （一）以推进学习型党组织建设为契机，切实抓好党组中心组理论学习。（二）领导班子成员推行廉政承诺，开展述职述廉，接受监督。（三）开展学习杨善洲活动加强作风建设，提高领导班子的执政能力和服务能力。

【精神文明建设】 （一）做好莲城税务分局申报全国青年文明号和广南县国税局申报全国文明单位的宣传、材料撰写、文档资料整理归档及其他准备工作。（二）以办税服务厅和政府政务服务中心的“国税综合服务窗口”为阵地，以文明办税“八公开”为准则，树立“为国聚财、为民收税”的良好形象，与企业开展税企联谊文体活动，促进了税企双方的精神文明建设。

【教育培训】 建立确定培训时间、培训内容及目标、培训人员的“三个确定”的教育培训机制。每个月征期结束后两周的星期五下午确定为培训时间；培训内容为基础会计知识、征管法、行政执法、税收综合征管软件的操作等法律法规和税收信息化知识；目标就是要取得会计资格证、执法资格证，适应行政执法类公务员管理需求。使国税干部成为懂法律知识、税收管理、计算机操作、企业的财务管理等方面的能手，提高纳税服务质量和水平。

【党建工作】 2011年5月5日，县局党总支被中共文山州委学习型党组织建设工作领导小组命名并授牌为“文山州学习型党组织建设示范点”；2011年6月30日，党总支被中共文山州委表彰为“先进基层党组织”。（一）将党建工作与税收业务工作同部署、同落实、同检查、同奖惩；将党建工作与为民服务、创先争优活动结合起来，开展学习杨善洲先进事迹活动，引导党员干部树立正确的世界观、人生观、价值观、利益观；将党建工作与党风廉政建设相结合，强化干部的教育监督，防范执法不当或越权执法行为，切实维护纳税人的合法权益。（二）开展“授旗评星”活动，一个基层党支部获“创先争优流动红旗”，8名党员获“星级党员先锋岗”。（三）向扶贫点赠送书籍100余册，捐款3000元用于“两基”文化知识教育。盈江县发生5.8级地震后，在党员的带动下，干部职工共捐款4400元支援灾区。

【廉政建设】 （一）查找廉政风险，加强内控机制建设。排查出重点风险岗位29个，排查廉政风险169条，有针对性地制定相应的具体防控措施84条，制作内控流程图18个。（二）对2011年党风廉政建设和反腐败工作的目标任务，细化分解落实到各股室、分局，层层签订《党风廉政建设责任制书》，5名实职副科以上干部签订《廉政承诺书》。建立16名中层干部廉政档案。（三）建立健全教育、制度、监督并重的惩治和预防腐败体系。组织全体党员和国税干部职工到县检察院观看预防职务犯罪图片展和“贪之害”职务犯罪忏悔视频。开展《税企廉政公约》回访2次，回访纳税人170户。召开18个单位的特邀监察员座谈会，探讨预防职务犯罪的监督制约机制。

【离退休干部管理】 坚持以“政治上尊重，思想上关心，生活上照顾”为准则，认真执行和落实好老干部政治待遇和经济待遇，做好节日期间的慰问走访和其他服务工作。在2011年春节前深入老同志家中进行座谈慰问；在建党90周年来临之际，组织全县国税离退休老干部到医院进行健康体检；在重阳节期间，召开老干部座谈会，做好病逝离退休人员的善后工作。

【典型经验】 根据举报线索成功查处某药业有限公司偷税案件。该公司从2007年1月1日至2010年12月31日，采取大头小尾开具增值税普通发票和在账簿上少列或不列销售收入手段，逃避缴纳增值税200.26万元。该公司虽设置账簿，但成本资料、收入凭证、费用凭证残缺不全，难以查实，依法采用核定应税所得率方式计算征收企业所得税。账载收入额为1958.83万元，应补缴企业所得税24.67万元；账外查补收入额为1178万元，应补缴企业所得税14.76万元，两项合计应补缴企业所得税39.42万元。经县局重大案件审理委员会讨论决定，依法追缴该公司增值税200.26万元，加收滞纳金，并处以50%的罚款100.13万元；追缴企业所得税39.42万元，加收滞纳金，并对少列或不列收入而少缴的企业所得税14.76万元处以50%的罚款，罚款额为7.38万元。罚款合计为107.51万元。应补缴税款、罚款共计347.19万元。

（黄惠民）

富宁县国家税务局

经济概况

2011年，富宁县实现生产总值（GDP）41.11亿元，比2010年增长13.2%。其中：第一产业增加值10.91亿元，增长10.8%；第二产业增加值14.66亿元，增长17.9%；第三产业增加值15.54亿元，增长10.5%。三次产业的结构比例为26.5:35.7:37.8；发展结构格局为3:2:1。完成固定资产投资46.19亿元，增长24%。完成社会消费品零售总额23.23亿元，增长16.6%。财政总收入4.2亿元，增长31.7%，地方一般预算收入2.32亿元，增长29%；财政总支出20.58亿元，增长40.6%，地方一般预算支出16.61亿元，增长21.5%。进出口贸易总额4.01亿元，增长17.1%。

税收概况

【收入完成情况】 2011年，富宁县国家税务局共组织税收收入2亿元，比2010年增收5652万元，增长39.33%，完成州局下达年度确保目标任务的131.89%，超收4841万元，税收收入首次突破2亿元大关。

【收入特点】 一是税收增长速度快于经济增长速度，并且税收参与新增国民收入分配的比重有上升趋势。2011年全县国税收入与GDP值弹性系数为2.98，宏观税负为4.86%，较上年提高0.59个百分点。二是工业实现税收占主导地位。全县工业生产快速增长，完成工业总产值27.23亿元，同比增长23%。工业经济稳定增长，为实现税收快速稳定增长提供了税源基础，工业经济全年实现国税收入1.49亿元，同比增收4529.38万元，增长43.86%，占国税总收入的74.5%。三是非公经济税收占国税收入比重增加。2011年，非公经济实现税收1.7亿元，比2010年增收4814.74万元，增长39.39%，占国税总收入2亿元的85%，比上年提高0.18个百分点。四是税种收入以增值税为主，占全部税种入库税款的85.9%。五是企业所得税首破千万元，收入逐年上升，跃居车辆购置税之上，成为收入第二大税种，占全部税种入库税款的7.55%。

【税源分析】 2011年，全局负责征收管理的税源中对税收收入影响较大的有电力、商业、冶炼业、制药业、采矿业、其他金融业和其他交通运输业七大税源。入库税款分别为：电力2817.75万元，增收872.83万元，增长44.88%；商业2725.12万元，增收599.83万元，增长28.22%；冶炼业868.04万元，增收661.42万元，增长3.2倍；制药业595.23万元，增收275.9万元，增长53.12%；采矿业1.02亿元，增收2845.37万元，增长38.81%；其他金融业966.91万元，增收718.76万元，增长2.9倍；其他交通运输业82.08万元，减收41.17万元，下降33.41%。（一）增收因素。一是原煤价格不断上涨、生产规模扩大，产销量、销售收入大幅提高，成为全局收入增长的主要因素，全年入库增值税9361万元，增收2685万元，增长40.22%，所入库的税款占全部增值税税款的54.43%，占全年国税收入的46.76%。二是硅锰合金、铁矿价格在二、三季度有所上涨，使从事铁合金冶炼、黑色金属矿产品采选和从事铁精粉购销的企业大量生产、购进和销售，实现税收同步增长。三是新增税源实现税收308万元，成为拉动税收增长的新因素。四是信用社恢复征税并且存款逐年增加，贷款规模随之扩大，营业收入增加，全年入库企业所得税967万元，同比增收719万元，增长2.9倍，占企业所得税收入的63.93%。（二）减收因素。其他交通运输业由于经营实体经营设备老化、经营规模缩小、经营费用增加，利润减少，导致税收收入下滑。

【税务管理】 （一）税收征管。截至2011年底，全县共有征管户5050户，其中一般纳税人142户，小规模纳税人290户，个体工商户4618户。一是加强户籍管理。加大巡查力度，防止出现漏征漏管户。二是加强税收定额核定管理。对新开业户、经营情况发生变化业户及账务不健全的纳税人进行调查落实和定额核定、调整，做到定额核定公平、合理。三是加强一般纳税人资格认定管理。严把一般纳税人认定关，对连续12个月应税销售额超过小规模纳税人标准的纳税人，严格按规定督促办理一般纳税人认定手续。四是狠抓纳税评估。充分利用税收综合征管软件查询系统，对纳税人的申报数据运用各种指标进行分析、比对，强化税源预警，以评促管。五是挖潜堵漏。找准日常管理中监控难、税负低的行业加强征管，将砖厂、沙石厂、超市、原煤中转站、成品油加油站等行业列入重点管理对象，挖掘潜力、堵塞税收漏洞。（二）发票管理。截至年底，全县共有发票用户926户，其中专用发票用户65户，普通发票用户861户。一是加强发票领购资格的审查，严格执行发票审验制度，严格发票代开，做到限额限量发售、验旧购新。二是适时对发票用票户填开、保管、缴销发票情况进行专项检查，对违章行为按《税收征管法》及《发票管理办法》的有关规定予以处罚。三是抓好普通发票管理工作，认真做好普通发票用量的分析、测算，做好用量计划。

各项工作

【依法治税】 （一）税收法制建设。一是深入贯彻落实《税收征收管理法》及其《实施细则》、《行政许可法》、《行政处罚法》等相关法律法规和各项税收政策。二是以培训为抓手，提升执法人员依法行政水平。全面启动“六五”普法工作，及时拟定2011年度“六五”普法工作计划，2011年组织全体干部职工进行普法考试和《中华人民共和国行政强制法》考试，参考率100%，及格率100%。三是强化税收执法监督考核检查，加大执法岗位执法情况的检查力度，确保依法行政，规范执法，不断提高税收执法质量。（二）税法宣传。扎实开展全国第20个税收宣传月“税收·发展·民生”主题活动，通过多种形式扎实推进税法宣传。一是借助短信平台群发短信，向纳税人群发“税收新政策、新版发票”基本知识。二是依托办税服务厅办税平台，设置宣传板报进行税收宣传，办税人员兼任税法宣传员，向纳税人宣传相关税收政策。三是在《八角飘香》杂志上开辟税法专栏，以图文并茂的形式向广大群众宣传税法，介绍新版普通发票的识别方法、办税流程等内容。四是以庆祝建党90周年“红都唱红歌——坡芽山歌献给党”活动及“全国武术散打冠军赛”为契机，积极参加相关活动，将税收宣传手册带到比赛现场，加以宣传讲解。五是深入实地辅导。政策业务股室对新开办企业采取下户辅导方式，针对特定税收政策、特定课题进行专题、专项调查核实，并就相关问题集中辅导与培训。（三）执法管理。一是运用税收执法管理信息系统，加强税收执法日常监控和考核。通过税收执法管理信息系统对征收、管理、稽查、法制、执行等业务进行监控考核，监督执法过错率和正确率，发现问题，及时纠正，不断规范税收执法行为。二是严格考核，将考核情况与公务员年度考核挂钩、与年度奖励及各项评优联系挂钩。三是加强岗位责任考核内容、系统操作的培训，对个别能力较差的人员进行强化培训，减少违法违规行为的发生。

【各税管理】 （一）流转税管理。流转税入库1.72亿元，同比增收4980万元，增长40.76%。1. 增值税管理。增值税完成1.92亿元，比2010年增收4980万元，增长40.76%。一是按时完成了11户纳税人增值税减免税清理调研工作，严格要求减免税企业办理备案手续，出示销售免税货物相关检验报告、质量认定、合格证等材料，完善申请减免税备案手续。二是加强增值税扣税凭证的审核管理，严把固定资产抵扣审核关，防范违规抵扣进项税，防止税收流失。三是加强民政福利企业税收管理，防范退税风险。四是积极推行网络申报扣税，实现多元化申报，不断提高增值税申报纳税效率和质量。2. 车辆购置税管理。车辆购置税完成1304万元，同比增收73万元，增长5.91%。一是与公安交警部门密切配合，搞好委托代征工作；二是加强对摩托车销售行业的税收管理；三是加大车购税宣传力度，增强纳税人依法纳税意识。3. 消费税管理。消费税完成1万元，与上年持平。（二）所得税管理。企业所得税完成1512万元，比2010年增收604万元，增长66.55%。储蓄存款利息所得个人所得税完成6万元，比2010年减收5万元，下降47.37%。一是强化税源监控管理，认真准确核实税基，严把各项税前扣除审批关；二是认真组织开展2010年度企业所得税汇算清缴工作；三是加强对零申报和连续亏损企业的清理，做好所得税的核定征收管理工作。

【税务稽查】 认真抓好日常稽查、专项检查、专案稽查、协查和举报案件工作，深入推进“阳光”稽查，建立税警协作机制，依法查处税收违法案件，维护税收秩序，保障税收收入，促进依法纳税。全年共查补增值税58.2万元，企业所得税1.13万元，加收滞纳金26.39万元，罚款7.5万元，调减企业亏损额329万元。查补税款、滞纳金和罚款共计93.22万元已全部入库。

【税务管理信息化建设】 按照“统筹规划、统一标准、突出重点、分步实施、整合资源、讲求实效、加强管理、保证安全”的原则和税收信息“一体化”的要求推进税收信息化建设。一是抓好金税工程防伪税控系统应用工作，协调企业与服务单位的相关事宜，认真履行“金税卡”、“IC卡”登记手续，确保推行1户，成功1户。二是继续做好所有应用系统推广和运行维护工作，做好设备维修服务，确保应用系统稳定运行，为税收征管工作提供保障，有力推进“信息管税”。

队伍建设

【机构人员情况】 全局内设机构7个：办公室14人（含局领导班子成员5人）、收入核算股3人、办税服务厅6人、人教股2人、监察室2人、税政股3人、征管股2人；事业单位1个：信息中心2人；直属机构1个：稽查局5人；派出机构1个：新华税务分局14人。年末在职干部职工共53人，其中：妇女干部11人，占21.82%；党员39人，占73.58%；大专以上学历35人，占61.4%；平均年龄41岁。

【领导班子建设】 一是加强领导班子思想作风、领导作风、工作作风、生活作风和学风建设，牢固树立政治意识、大局意识和责任意识，不断提高领导班子驾驭全局工作的能力。二是完善党组议事规则和行政议事规则，坚持民主集中制，坚持集体领导、民主集中、个别酝酿、会议决定原则，坚持重大事项集体研究决定，提高决策能力、水平和效率。三是坚持党组中心组政治理论学习制度，以“创先争优”活动和学习型党组织建设活动为契机，结合国税工作实际，努力创建先进党组织。四是加大监督制约力度，严格执行《党员领导干部廉洁从政若干准则》，强化领导班子内部监督，抓好领导干部个人重大事项报告、收入申报、述职述廉、廉政谈话等制度的落实，自觉接受群众监督。

【精神文明建设】 县局在2011年初被云南省体育局授予“全民健身优秀组织奖”；4月份，参加县委、县政府组织的“庆祝建党90周年全民健身职工气排球比赛活动”，荣获男子乙组第一名；6月份，独立组队参加县委、县政府组织的“庆祝建党90周年歌咏比赛”活动，获得小组赛二等奖、总决赛优秀奖。

【教育培训】 一是建立和完善教育学习制度，将教育学习纳入年终目标管理考核，以考促学、奖勤罚懒，使干部学有动力、学有压力、学有成效。二是采取自学为主、集中学习为辅的方式，加强干部职工政治理论学习和税收法律法规、政策业务学习，不断提高干部职工的政治理论水平和税收业务素质，为税收管理员能级考试做好准备。

【廉政建设】 一是修订完善《党风廉政建设责任制考核办法》、《工作纪律制度》等各项制度，层层签订《党风廉政建设责任书》，开展警示教育活动，警钟长鸣，防微杜渐。二是针对税收征管工作中存在的热点和焦点问题开展行风问卷调查，共印发120份问卷，收回98份，回收率达81.6%。三是进一步加强“两权”监督，重点监督有一定“自由裁量权”的部门和容易出问题的环节，对税收政策贯彻落实情况、个体“双定户”执行情况、稽查案件查处情况进行监督检查，强化税收执法监督，发现问题及时纠正，防患于未然，有效防止了“关系税”、“人情税”的发生。四是加强税收执法监察，做好疑点数据的核查工作，7月份执法监察子系统反映疑点数据2个，通过人工核查，未发现干部职工有违法违纪行为发生。五是抓好《廉政公约》签订回访，2011年已累计签订《廉政公约》500户，开展《廉政公约》回访87户，满意率达95%。

（丁立立）

普洱市国家税务局

经济概况

2011 年，普洱市实现生产总值（GDP）301.2 亿元，按可比价计算，比上年增长 14.2%，按现价计算，比上年增长 21.79%，高于全省平均水平 0.5 个百分点。其中：第一产业增加值 88.75 亿元，比上年增长 8%，拉动经济增长 2.4 个百分点；第二产业增加值 109.05 亿元，比上年增长 24.6%，拉动经济增长 8.3 个百分点（其中：工业增加值 69.82 亿元，增长 23.9%；建筑业增加值 39.23 亿元，增长 26%）；第三产业增加值 103.4 亿元，比上年增长 9.6%，拉动经济增长 3.5 个百分点。三次产业结构的比例为 29.5∶36.2∶34.3。人均生产总值 1.18 万元，比上年增长 13.5%。完成社会固定资产投资总额 305.24 亿元，比上年增长 29.8%；实现财政总收入 63.77 亿元，比上年增长 34.2%；地方财政一般预算收入完成 39.29 亿元，比上年增长 27.3%；地方财政一般预算支出完成 145.41 亿元，比上年增长 27.6%；社会消费品零售总额达 72.66 亿元，比上年增长 18.8%。城镇居民人均可支配收入 1.49 万元，比上年增长 10.4%；农民人均纯收入 4338 元，比上年增长 18.8%。

税收概况

【收入完成情况】 2011 年，普洱市国税系统共组织税收收入入库 17.69 亿元（不含海关代征税收 5773 万元），比上年增收 4.06 亿元，增长 29.82%，完成省局下达确保目标任务的 121.48%，超收 3.13 亿元，完成省局下达奋斗目标任务的 116.29%，超收 2.48 亿元；地方财政一般预算收入完成 3.52 亿元，比上年增收 7888 万元，增长 28.93%，完成收入任务目标的 111.13%，超收 3521 万元。其中：市本级地方财政一般预算收入完成 6658 万元，比上年增收 1947 万元，增长 41.33%，完成收入任务目标的 121.94%，超收 1198 万元。分税种完成情况：国内增值税入库 12.74 亿元，完成省局奋斗目标任务的 109.82%，增收 2.29 亿元，增长 21.89%；国内消费税入库 9002 万元，完成省局奋斗目标任务的 107.17%，增收 1212 万元，增长 15.56%；企业所得税入库 2.06 亿元，完成省局奋斗目标任务的 251.78%，增收 1.35 亿元，增长 1.91 倍；车辆购置税入库 1.98 亿元，完成省局奋斗目标任务的 101.31%，增收 3076 万元，增长 18.44%；储蓄存款利息所得个人所得税入库 81 万元，同比减收 94 万元，下降 53.71%。

【收入特点】 （一）全市国税收入实现历史性跨越。2011 年，全市国税收入连续跨越 14 亿、15 亿、16 亿、17 亿元四个台阶，全面超额完成了省局下达全市 15.21 亿元的奋斗目标和市政府要求地方财政一般预算收入增长 16% 以上的目标。增幅创历史新高，高于全省平均增幅 8.65 个百分点，位居全省第 8 位，收入总量在全省排名第 10 位。国税收入占全市财政总收入 63.77 亿元的 27.74%，占全市 GDP 的比重为 5.9%，比上年提高 1.38 个百分点，税收弹性系数为 2.13。国税部门直接入地方国库收入突破 3 亿元。2011 年地方级收入达到 4.01 亿元，比上年增收 1.11 亿元，增长 38.23%，高于中央级收入增幅 10.19 个百分点，占国税收入的比重比上年提高 1.38 个百分点。其中：地方级收入中直接入地方国库收入 3.52 亿元，比"十一五"开局的 2006 年翻了一番多，比上年增长 28.93%。国税收入增长与经济协调增长。

（二）月份税收收入不均衡，呈高开低走态势。税收收入月均规模为 1.47 亿元，比上年月均收入规模高 3386 万元。从月度收入柱形图看，最高 1 月为 1.9 亿元，最低 12 月为 1.01 亿元，其中月份收入超月均收入规模的有 7 个月份。从增幅曲线图上看，呈现中间基本平稳两头高低显著的态势。

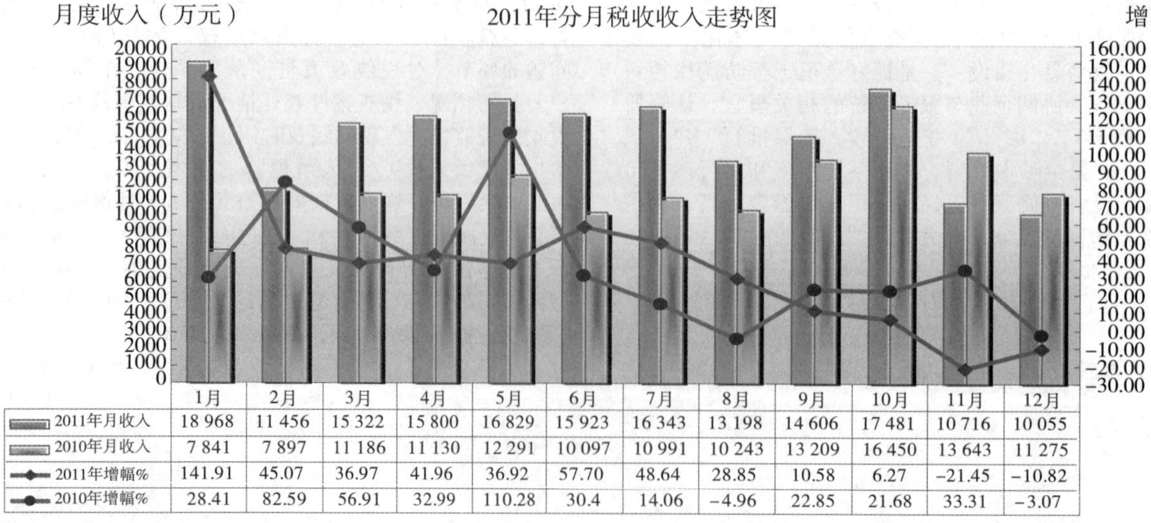

	1月	2月	3月	4月	5月	6月	7月	8月	9月	10月	11月	12月
2011年月收入	18 968	11 456	15 322	15 800	16 829	15 923	16 343	13 198	14 606	17 481	10 716	10 055
2010年月收入	7 841	7 897	11 186	11 130	12 291	10 097	10 991	10 243	13 209	16 450	13 643	11 275
2011年增幅%	141.91	45.07	36.97	41.96	36.92	57.70	48.64	28.85	10.58	6.27	-21.45	-10.82
2010年增幅%	28.41	82.59	56.91	32.99	110.28	30.4	14.06	-4.96	22.85	21.68	33.31	-3.07

（三）税种结构收入比重二升二降。企业所得税占国税收入总量的比重为11.68%，上升6.47个百分点，对税收增长的贡献率为5.21%，上升1.42个百分点。车辆购置税所占比重为11.17%，上升4.65个百分点，对税收增长的贡献率为12.24%。而国内增值税所占比重为72.02%，同比下降4.68个百分点，对税收增长的贡献率为76.7%，下降4.45个百分点；国内消费税所占比重为5.09%，同比下降0.63个百分点，对税收增长的贡献率为5.72%。

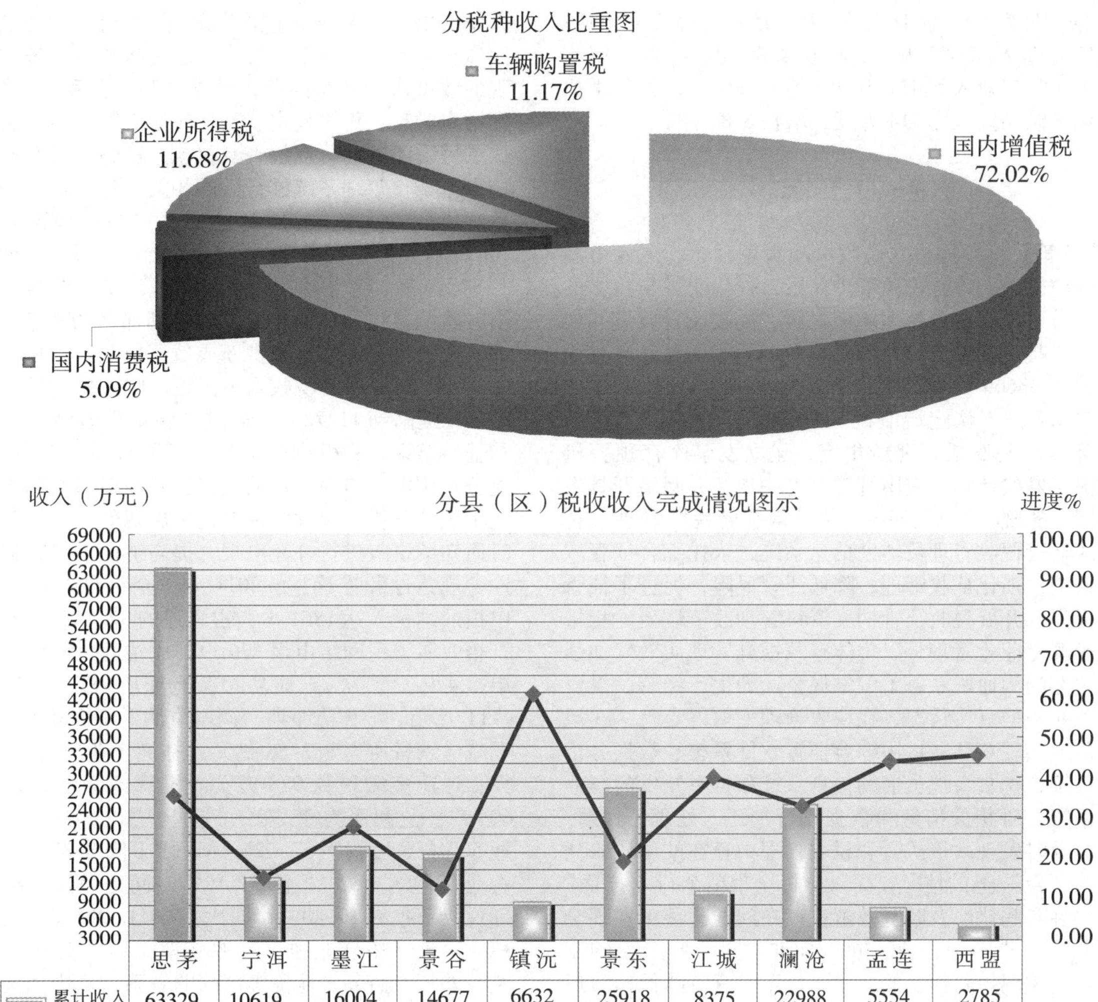

	思茅	宁洱	墨江	景谷	镇沅	景东	江城	澜沧	孟连	西盟
累计收入	63329	10619	16004	14677	6632	25918	8375	22988	5554	2785
增幅%	35.73	15.36	28.17	12.50	60.78	19.42	40.26	32.95	44.07	45.58

（四）县（区）税收全面增长，增幅均在两位数以上。思茅、景东、澜沧、墨江、景谷、宁洱6个县（区）收入总量上亿元，增收3.31亿元，占税收收入总增收额的81.58%。除墨江（28.17%）、景东（19.42%）、宁洱（15.36%）和景谷（12.5%）4个县增幅低于全市平均增幅外，增幅最高的镇沅增长60.78%；增幅在40%以上的有西盟（45.58%）、孟连（44.07%）、江城（40.26%）。

（五）重点企业对税收的拉动作用明显。全市辖区内年纳增值税500万元以上的29户重点税源企业2011年入库税款6.83亿元，占全市增值税总量的60.63%（剔除两个跨区电站收入），同比增收1.44亿元，增长26.72%，占全市增值税增收额的81.23%，对增值税增长的贡献率为59.84%，拉动增值税增长15个百分点。

【税源分析】 2011年，普洱市坚持“生态立市、绿色发展”的理念，抓住国家“桥头堡”建设的战略机遇，加快战略型新型产业的发展，全市经济运行稳健增长，为税收增长提供了税源支撑。一是全市有色金属、食糖、松香等主要产品市场需求旺盛，产品价格快速攀升，1~11月份全市工业品出厂价格指数同比上涨4%。在电力、有色金属、食糖、松香、煤炭等品目增长的带动下，全市工业增值税完成9.58亿元，同比增收1.32亿元，增长15.91%。二是商业增值税在骨干企业云南省烟草公司普洱市公司烤烟销量、价格及税负上升带动下入库增值税1.74亿元，占商业增值税3.16亿元的55.27%，增长62.28%，增收6693万元，占商业增值税增收总量的70.13%。三是卷烟消费税政策调整提高了卷烟批发业的消费税，2011年入库卷烟批发消费税7484万元，占国内消费税总量的83.14%，带动消费税同比增收1212万元，增长15.56%。四是在家电下乡活动补贴及多项惠农政策等国家一系列优惠政策的激发下，全市城镇、农村居民人均消费支出分别增长25.1%

和55.3%，且1.6升以下排量机动车车辆购置税由5%提高到7.5%，政策性增收效应显著，车辆购置税增长27.29%。五是企业效益随宏观经济发展环境持续改善，主要税源行业所得税收入大幅增长。其中：矿业入库2965万元，增长1.92倍；电力入库1270万元，增长1.08倍；批发和零售业入库1217万元，增长1.2倍；建筑安装业入库655万元，增长4.85倍；有色金属冶炼及延压加工业入库431万元，增长60.57倍；化学原料及化学制品业入库414万元，增长6.81倍。

各项工作

【税收征管】 牢固树立税收风险管理理念，深入落实信息管税措施，优化税源管理体系，强化业务与技术的融合，着力提高税源管理队伍素质，税收征管质量和效率进一步提高。截至2011年12月31日，全市实有税务登记户33669户，其中：各类企业4141户，个体工商户29528户，认定增值税一般纳税人1864户。全面贯彻落实普通发票管理新规定，建立发票库存预警机制，强化发票计划、使用管理，进一步扩大网络开具发票范围，实现“以票控税”向“信息管税”转变。全面上线运行税收管理员辅助信息系统，依托综合征管软件等系统，强化征收管理，降低征管风险，促进了征管质量提高。开展税收征管档案资料管理改革调研，积极探索税源专业化管理，以集体智慧提升管理质效。加强与大企业的沟通联系，了解掌握企业的生产经营、投资等涉税业务的真实情况，在税收管理上取得支持，在风险防范上实现双赢。运用综合征管软件系统、数据分析监控系统、税收管理员辅助信息系统和自主开发的行业管理系统，对相关信息和数据进行加工、处理、比对、分析，及时发现政策执行和税收管理中存在的问题，从纳税人“点”上的情况，深入分析全市整个行业“面”上的共性和趋势，及时有效解决存在问题，逐步实现全市税源管理“同一行业、同一标准、同一要求”的工作目标，体现税收执法的公平、公正，有效降低执法风险。管、评、查纵向联动和横向互动确定评估对象，统一实施各税种综合评估。2011年，共对376户纳税人进行了纳税评估。经评估确认存在问题205户，移交稽查部门处理3户，补缴入库税款867万元，调减增值税留抵税额177万元，调减企业所得税亏损额4951万元。

【各税种管理】 按照“遵循税制税种特点，依托信息系统找问题，解决问题促规范，落实服务强指导，团队协作建功效”的管理要求，落实各税种管理任务。（一）货物和劳务税管理。认真落实增值税、消费税、车辆购置税各项政策规定，不断提高政策执行力。继续加强增值税进项税抵扣的规范管理（重点加强以农产品为原料的生产企业的管理），加大事后监督检查力度，严防高开高抵、无货虚抵进项税款情况发生。开展新闻出版物广告收入进项税、边贸企业税收规范管理、金银首饰、珠宝玉石生产经营情况、增值税优惠政策清理和调研，积极做好“征退”衔接，加强跨境贸易人民币结算退（免）税政策的宣传辅导，做好出口退税信息的接收和读入工作，确保出口退税审核信息的完整，防范骗取出口退税行为的发生。不断加强出口货物退（免）税、出口不予退税货物规范管理的指导及督办（全市登记备案的出口企业180户，其中：一般纳税人113户、小规模纳税人67户）。推行网络申报系统，方便纳税人，有效降低纳税成本，全市共有309户一般纳税人使用网上认证系统和网络抄报税系统，34户纳税人使用出口退税网络申报系统。认真梳理和防控税收执法风险点和重点环节，解决基层在执法与服务中容易出现的政策执行疑难问题，重点加强减免税、退税业务、新增车辆计税价格核定、委托代征工作等容易出现税收执法风险问题的督促检查及整改，巩固完善车辆购置税档案电子化管理系统推行后的相关工作，切实提升档案管理质量和效率。2011年全市共扫描车购税电子档案20836份，扫描率为99.88%。（二）所得税管理。按照“分类管理、优化服务、核实税基，完善汇缴，强化评估，防范避税”的总体要求，不断加强和改进所得税管理，专业化管理水平取得新成效，企业所得税实际负担率逐年上升，所得税收入占国税总收入的比重由上年的5.34%提高到11.72%。通过加强汇算清缴政策的宣传和辅导培训、积极推广企业所得税网络（介质）申报、充分利用电子申报设定的逻辑校验关系和汇算工作中的人工统计分析，及时发现申报中出现的不规范问题，及时通知纳税人进行补充申报，提高纳税申报数据的完整性、规范性和准确性。2011年，全市推行网络、介质申报的纳税人达1851户，占管户的82.45%。其中，推行企业所得税网络申报276户，成功通过网络办理纳税申报479户（次），成功扣缴企业所得税57笔，税款4111万元。汇算清缴期，调增应纳税所得额4.14亿元，调减应纳税所得额2.88亿元，补缴企业所得税1577万元，退还多缴税款978万元。汇算清缴后，盈利企业607户，盈利面为35.79%，同比增长5.38%；亏损企业560户，亏损面33.02%，同比下降8.87%；零申报企业529户，零申报面31.19%，同比增长3.49%；实际税收负担率19.40%，同比上升11.48%。（三）国际税收管理。拓展非居民税源获取渠道，对外加强与海关、外汇、商务、地税等部门的联系，对内加强与科室之间的协作配合，及时了解掌握非居民税源情况，防止税款流失。进一步加强相关税收政策学习，提高国际税务管理工作质效。规范“走出去”企业税务登记管理，建立完善全市50户境外投资企业基础信息管理和涉税诉求台账，督导县（区）局用日常管理台账信息强化管理，提供针对性的服务。

【税收优惠】 准确解读落实促进“转方式、调结构”的税收政策，加强政策指引、政策辅导，认真落实各项税收政策，不折不扣兑现税收优惠，将增值税转型和起征点调整、西部大开发等带来的优惠落实到企业，支持中小企业发展。2011年，全市固定资产进项税抵扣1.05亿元，落实出口退税优惠政策办理出口退（免）税2034万元，“即征即退”增值税1388万元，减免车辆购置税285万元，减免企业所得税5458万元。各项结构性减税政策的落实到位，对扩大内需，降低纳税人税收负担，促进企业技术进步、产业结构调整和转变经济发展方式起到了积极的推动作用，有力地支持了普洱市地方经济社会的发展。

【税收执法】 深入贯彻落实云南省“法治政府”、“阳光政府”、“责任政府”、“效能政府”四项制度，推行税收执法管理信息系统疑点信息库，排查税收执法风险，进一步规范执法行为，防范风险。对孟连、西盟、景谷、墨江、宁洱5个县局2009～2010年的税收执法工作进行重点督查，促进规范执法。加强重大税务案件审理，开展税收规范性文件清理，强化规范性文件备案审查、事后评估等监督检查制度。全面清理、压缩行政审批项目，现有行政许可和非行政许可审批项目17项，其中：行政许可项目2项，非行政许可审批项目15项。学习贯彻行政强制法，提升依法行政水平。与税收征管工作实际相结合，梳理现行征管制度，做好相关措施的衔接工作；与“六五”普法工作相结合，加强系统内部特别是领导干部的学习培训和对纳税人的宣传教育，营造良好的法制宣传大环境；与防范税收执法风险相结合，防止滥用行政强制权，防止懈怠行使行政强制权所带来的税收执法风险。

【税务稽查】 以组织开展分级分类稽查为重点，加强税收专项检查、税收专项整治。按照“打击与建设相结合、治标与治本相结合”的原则，坚持“查账必查票”、“查案必查票”、“查税必查票”，积极配合公安部门开展假发票“买方市场”打击整治工作，努力营造法治、公平、公正、和谐的税收环境。2011年，稽查部门共查补入库税款、滞纳金、罚款1942.83万元，调增免税期应纳税所得额2535.7万元，调减以前年度亏损1012.1万元，查获假发票105426份，涉税金额达282.16万元。

【纳税服务】 牢固树立征纳双方法律地位平等理念，认真开展纳税需求调查。积极推进办税服务厅标准化、规范化建设，优化办税环境，强化办税服务，提高办税效率。加强与银行、地税、工商等部门工作衔接，积极做好实时扣税、网络申报、储蓄扣税、介质申报、网上认证等多元化办税服务。引入个性化服务理念，积极开展特定行业、重点企业的政策宣传，通过建立QQ群、发送电子邮件等形式，加强与纳税人政策咨询交流、通知联系、信息交换、实时互动活动。积极做好“12366纳税服务热线”上线工作，实现了电信、移动、联通三大网络与“12366纳税服务热线”的成功对接。建立联络员和承办人制度，简并资料，优化业务流程，降低纳税成本。

【税收宣传】 围绕“税收·发展·民生”宣传主题，立足地域特点、民族特色，创新税收宣传形式，拓展宣传领域，税企互动，系统联动，以“我纳税、我光荣”为主线，积极组织开展第20个全国税收宣传月系列活动，营造良好的社会舆论氛围，彰显纳税人社会主人翁地位。商业超市发挥优势宣税收、“和谐之韵”文艺晚会、拉祜县长讲税、企业“老总”说税、技改企业解读增值税转型、“电视动漫宣税”、“明信片传税”、“红色电波送税”、税企联谊建和谐、借力央视“心连心”品牌效应扩大影响力、税收宣传跻身全国汽车大赛等，整个税收宣传月活动亮点频现，主题突出，特色鲜明，理念创新，形式多样，效果明显，影响力大。积极开展纳税辅导、查前告知，治乱减负，营造良好的税收环境。按照增加数量、提高质量，提升高度、挖掘深度的要求，及时编发反映税收工作部署落实情况、工作执行中遇到的问题及领导关注的重点、难点、热点问题的信息，有针对性地加强综合性信息的编报，信息的数量和质量显著提高。2011年，全市国税系统通过政府信息公开门户网站发布主动公开信息553条。通过市局机关电子政务网站发布信息1192条，编发《普洱国税简报》51期，《税收专报》89期。

【税收信息化建设】 按照“系统不能停、网络不能断、数据不能丢”的基础工作思路，落实“人防、制防、技防、物防”要求，坚持以信息管税为着力点，立足基础管理，开展“数据分发系统”运用培训，编写391个SQL脚本开展数据分析和数据质量监控，并利用SQL语言实现了工商登记信息与征管数据比对，清分出属国税系统征管范围的工商登记户，为加强漏征漏管户工作和强化税源监控提供有效的技术支撑。完成了综合征管软件42L02至44L01六个版本和广域网的优化升级工作，有效解决综合征管软件在应用中出现的问题，有效控制垃圾数据的产生，全市国税系统网络传输交换的工作效率和网络运行的可靠性大幅提升。

【行政管理效能】 大力加强机关效能建设，积极倡导严谨、务实、清廉、高效的工作作风，严肃工作纪律，改进和优化机关内部管理，营造相互协作、各尽其能的良好工作氛围，提升机关落实力、执行力和公信力。把为基层服务、为工作服务、为群众服务作为行政后勤保障工作的基本要求，组织开展政务基础工作检查，进一步完善各项工作制度，切实加强行政工作的规范化、制度化、程序化。紧紧围绕重大决策、重要工作部署立项重点督查，促进决策部署的贯彻落实。把政务公开作为加强机关作风建设、促进依法行政、依法治税、优化纳税服务、提高机关行政效能的一项重要工作抓落实。从制度建设、责任落实、日常监管等方面，清理规范公务用车，严格公务用车管理，加强车辆运行监管。严格落实信访、保密、档案管理和综合治理社会管理有关规定和要求，强化人防、物防、技防，关注涉税舆情动向。强化机关财务管理和经费预算管理，资金使用效益明显提高。积极推行公务卡制度，加强“小金库”治理，规范政府采购管理。全市国税系统的“三公”经费总支出未超出控制水平，行政成本得到有效控制。围绕中共普洱市委提出的“为民服务五项制度”、“化解矛盾五项机制”和“处置事件五个到位”的“三五”工作法要求，自觉把广大干部职工的思想和行动统一到市委、市政府的决策上来，把国税工作放在全市工作大局中去思考、去谋划、去部署、去实施，明确责任，分工协作，加强和创新社会管理，形成一把手负总责，分管领导直接负责，业务部门具体负责、干部职工相应承担职责的责任体系。市局机关34名副科以上干部与民情责任区群众建立一对一结对联系制度，积极参与、支持社会公益活动，承担社会责任。捐资6000元支持见义勇为事业，弘扬社会正气。向扶贫挂钩点和民情责任区墨江县那哈乡那哈村发放慰问金15100元。为丰富村民文化生活，推进村民文化建设，出资10000元帮助那哈村筹建文化活动室；出资10000元帮助那哈村修缮村公所，改善村办公环境；出资15000元支持那哈村开展适用技术培训学习，提高村民脱贫致富的技能，切实把解民困、为民服务等工作落到实处，达到维护社会稳定、促进社会和谐发展的目的。

队伍建设

【机构人员情况】 2011年，全市国税系统设有1个市局机关和10个县（区）国税局。县（区）国税局下设14个基层分局、10个稽查局。市局机关设有1个副处级机构，即直属机构稽查局；16个正科级机构，其中：12个内设机构，即办公室、政策法规科、货物和劳务税科、所得税科、收入核算科、纳税服务科、征收管理科、财务管理科、人事科、教育科、监察室、大企业和国际税务管理科。另设机关党委办公室、离退休干部科和2个事业单位（即信息中心、机关服务中心）。全系统共有干部职工928人，其中，在职干部职工697人、退离休人员231人（离休18人、退休213人）。全系统在职干部职工平均年龄为43.15岁。在职干部职工中少数民族317人，占45.48%，妇女干部267人，占38.3%；在职党员353人，占50.56%；全系统在职人员大专以上文化程度620人达88.95%，其中本科学历303人达43.47研究生学历人员5人（0.7%）。

【领导班子建设】 加强班子建设，充分发挥领导班子在带队收税中推动发展、服务群众、凝聚人心、促进和谐的坚强核心作用。坚持“民主、公开、择优”的原则，按照“德才兼备、以德为先、群众公认、注重实绩”的标准，树立正确用人导向，通过竞争上岗和考察任用选拔的方法，进一步选优配强基层领导班子。2011年，全市国税系统共调整科级领导干部16名，其中：新提拔正科级干部2名、副科级干部9名，平级交流5名。完成11名科级干部任职试用期满考核工作。全市国税系统共配备科级领导干部84人，配备率达74%。

【干部队伍建设】 把政治理论学习作为加强领导班子建设，提高领导干部思想政治素质，增强领导和谐国税建设本领的一项重要任务来抓，围绕纪念建党90周年和“创先争优”等活动，深入学习党的十七届五中、六中全会精神、中国特色社会主义理论体系等时政知识，专题讨论、交流学习心得，引导干部职工进一步坚定理想信念，加强党性锻炼，强化宗旨意识和服务意识，比、学、赶、超争标兵，立足本职作表率，争创一流做示范。按照“以国为根、以税为业、以人为本、以学为乐、以绩为真、以廉为荣”的国税文化建设核心理念，大力推进国税文化建设，增强干部爱国、爱岗和大局意识。积极开展群众性文体活动，活跃文化生活，培养团队精神和创先争优意识，增强干部职工凝聚力和向心力。以专业化为主线，大力开展干部培训。全年选派参加省国税局举办的党建知识、科学发展主题和任职培训4期，1名处级干部和57名科级干部参加了培训。参加省国税局在省外培训6期，7名处级干部和12名科级干部参加了培训；市局层面组织培训10期、24天、2314人（次），选派参加省国税局举办的省内外培训26期，112人（次），参加视频培训8期、以会代训3期，参加系统外组织的培训3期，培训超过1000人（次）。组织参加《云南国税讲坛》学习12期，覆盖全系统干部职工。同时，加大税务稽查、税收分析、纳税评估、税收政策等专业人才培养，选派人员参加省局委托知名高校开办的税收、软件工程等重点专业的硕士研究生培养，加大对高学历专业人才的培养，努力建立一支专业齐全、素质优良、规模恰当、结构合理的高素质专业人才队伍。2011年，普洱市国税系统被省局表彰为“学习型机关”和“三读先进集体”。

【廉政建设】 认真学习贯彻中纪委六次全会精神、《中国共产党党员领导干部廉洁从政若干准则》、《全国税务系统领导班子和领导干部监督管理办法》等制度规定，深入开展廉政教育，切实加强教育、制度、监督并重的惩治和预防腐败体系建设，不断提高各级领导干部抵制腐败行为的自觉性。落实领导干部个人重大事项报告制度，加强对领导班子和领导干部的监督。层层签订《党风廉政建设责任书》，加强对贯彻落实党风廉政建设情况的监督检查，促进领导干部落实“一岗双责”。组织开展“党风廉政建设会议精神及有关制度规定”的专题学习，组织广大党员干部走进“电网高墙”开展警示教育，到普洱监狱听服刑人员现身说法，增强广大干部职工依法行政、依法履职的意识，不断提高有效抵御腐败的能力。对基层领导班子贯彻落实党的路线方针政策、贯彻执法民主集中制、选拔任用干部、落实市局工作部署、领导班子及个人廉政勤政情况开展巡视检查和回访检查，发现问题，督促及时纠正解决，避免问题的发展蔓延，有效保护干部，进一步增强基层领导班子的执政能力。制定下发《普洱市国家税务局机关部门内控机制建设工作实施方案》，安排部署部门内控机制建设工作，全面排查廉政风险点，全面推进部门内控机制建设。全市国税系统共排查廉政风险点1072个，其中：一级风险304个，二级风险376个，三级风险392个。市局各部门共制定防控措施166条，制定内控流程图39个。风险点的排查和防控措施的建立，增强了干部职工的依法行政意识和风险防范意识。2011年市县局两级开展廉政谈话96人（次），其中，任职谈话25人（次），任期谈话71人（次）。

【精神文明建设】 在巩固文明创建取得丰硕成果的基础上，以努力实现省级文明单位满堂红为目标，立足新起点，深化文明创建工作。一是明确创建目标。按照全国文明单位创建评选标准，以获得中央文明委命名“文明单位”的县局为引领，以获得省委、省政府命名“文明单位”为基础，力争再上新台阶，实现全系统以完成税收收入为中心的各项工作业绩突出和文明创建成效显著的良好局面。2011年，创建各级“文明单位”6个，“巾帼文明岗”3个，“巾帼文明示范岗”1个，“巾帼建功先进集体”3个，有30名干部分别被授予“精神文明建设先进个人”、“巾帼建功标兵”、“巾帼建功先进个人”称号。二是坚持服务社会，构建和谐税收。积极主动参与地方文明创建活动，参与各种共建帮建活动，开展扶助失学少儿、挂钩扶贫、帮扶等形式多样的献爱心活动。积极组织参与社会公益性和志愿者服务活动，进一步提升国税机关良好的社会形象。三是夯实创建基础工作。结合实际细化文明创建规划，建立制度，完善措施，严格按照全国文明单位文档内容和标准，开展专项检查，规范文明创建文档，巩固文明创建成果，推进“三个文明”建设。

（罗正艳）

思茅区国家税务局

经济概况

2011年，思茅区实现生产总值（GDP）64.5亿元，增长14%。第一产业增长11.19%，达到6.56亿元；第二产业增长24.18%，达到27.42亿元；第三产业增长18.8%，达到30.52亿元。三次产业的结构比例为10.17:42.51:47.32。各项经济指标圆满完成。其中：全社会固定资产投资总额增长40.5%，达到98.54亿元；地方财政一般预算收入增长28.6%，达到5.2亿元；社会消费品零售总额增长17.01%，达到26.96亿元；城镇居民人均可支配收入1.52万元，增长10.5%；农民人均纯收入4802元，增长20.5%。农业农村经济全面发展，全区农业总产值11.18亿元，增长16.3%；完成粮食总产量5172万公斤；实施新烟区建设，完成烤烟收购5.48万担；完成26个重点扶持村建设，解决了4613人贫困人口的脱贫问题；主城区企业搬迁入园工作顺利推进；全社会单位GDP能耗下降2.6%；糯扎渡电站库区移民安置工作稳步推进，如期实现下闸蓄水；完成外贸进出口总额9077万美元，同比增长27.7%。

税收概况

【收入完成情况】 2011年，思茅区国家税务局共组织税收收入6.34亿元，同比增收1.65亿元，增长35.04%，完成年度计划的117.15%。完成区级地方一般预算收入6871万元，完成年度计划的109.88%。其中：增值税完成3.54亿元，同比增收9736万元，增长37.93%，完成年度计划的114.21%。消费税入库7760万元，同比增收1104万元，增长16.59%，完成年度计划的107.18%。企业所得税入库7880万元，同比增收4067万元，增长106.66%。储蓄存款利息所得个人所得税入库19万元，同比减收25万元，同比下降56.99%。车辆购置税入库1.21亿元，同比增收1601万元，增长15.28%，完成年度计划的98.98%。

【收入特点】 一是税收收入总量突破6亿再创历史新高，与2008年相比，3年实现收入总量翻番；二是国税收入与全区经济发展同步增长。2011年，全区国税收入同比增长35.04%，高于思茅区生产总值（GDP）增长比率21.04个百分点；三是各主要税种实现同比增长。考核的五个税种四增一减。除储蓄存款利息所得个人所得税因政策原因减收外，其余税种均有不同程度增收，尤其企业所得税增幅高达106.66%。其中矿产行业所得税收入增长迅速；增值税同比增幅达37.93%，是税收增长的核心。但增值税从下半年开始各月份收入环比下降趋势明显；四是重点企业突出，纳税大户前10名税收总额达3.59亿元，占全局总收入的69.7%（不含车购税）；五是主体税种增值税收入占比继续萎缩，与企业所得税收入形成此消彼长的状态。

【税源分析】 矿业、电力、商业、水泥、纤维板、茶叶、松香等行业为重点税源，除茶叶和酒类品目小幅减收外，其余均实现增收。增幅较大的依次为中纤板106.74%、矿业102%、商业45%、松香37.44%和电力36.12%。增长的主要动力来自于基础设施、房地产等投资大幅增长和矿产品、林产品、松香价格上涨的带动以及景洪电力跨区收入的大幅增加。水泥行业因部分重点企业的改扩建，没有明显的税收增幅。茶叶和酒类税收因市场萎缩继续处于低迷状态。

各项工作

【税政管理】 （一）货物和劳务税管理。围绕辖区茶、林、电、矿、水泥五大行业的规范税收管理为重点开展各项工作。强化固定资产抵扣的申报、审核管理，加大对滞留票的核查工作，全年对137份滞留专票进行了核查，涉及金额458.7万元，进项税额73.5万元。强化对新办未投产企业、经营项目涉及国税、地税但又长期不发生国税经营业务的纳税人、关停并转类空壳企业进行跟踪管理，努力降低零负申报率。对长期空申报或纳税较少的小规模企业采取核定征收的方式进行管理。加强出口退税单证、信息审核，应用能耗和投入产出率等指标分析出口自产货物的真实性。全年共办理出口退税企业认定52户，实际发生出口业务的8户企业全年退税合计1055万元。完成2011年度225户符合减免税优惠政策的纳税人增值税减免税备案工作。开展对文化出版单位及出版物广告收入政策执行情况的调查清理，辖区2户企业共清查出不得抵扣的进项税额7.84万元。咖啡、茶业、林产等行业的8户企业被财政部等六部委批准列入跨境人民币结算试点出口企业名单。针对二手车交易市场发票开具混乱、交易增值税流失等情况，与辖区最大的2家二手车经营企业签订了委托代征增值税协议。组织开展增值税税收优惠政策清理调研工作，共清理违规享受增值税税收优惠政策企业7户，涉及含税销售额397.19万元，应补缴增值税33.15万元，加收滞纳金5.23万元。2011年，全局增值税“即征即退”共计585万元。纳税评估工作，在完成上级定向评估任务的基础上，采取不同行业管理小组之间相互交叉纳税评估的方式，成立5个大组共13个评估小组，先后对超市、茶叶、加油站、建材、水泥等行业的重点企业进行了增值税和所得税纳税评估。全年共评估增值税有问题户18户，移交稽查处理1户，评估补缴入库增值税128.43万元，加收滞纳金35.67万元，进项税转出6.34万元。（二）企业所得税管理。重视对亏损企业和长亏不倒企业的监控管理，对账制不健全难以查账的企业、申报的计税依据明显偏低又无正当理由的企业、税收优惠期满后经营效益大幅度下降又无正当理由的企业实行核定征收所得税。2011年，全局企业所得税管户共859户，其中，查账征收542户，定期定率征收317户。积极推行所得税介质（网络）申报系统。强化核定征收面、所得税预缴税款比例等指标考核力度，加强对所得税税源的监控分析，挤压企业虚亏空间。加强对所得税减免备案审批环节的管理，认真开展汇算清缴辅导培训。全年共810户企业参与汇算清缴，所得税负担率15.33%；盈利面39.14%，同比上升4.84%；亏损面33.95%，同比下降5.41%。做好企业所得税评估，2011年度共评估确认所得税有问题户数61户，评估补缴入库所得税149.23万元，滞纳金6.53万元。完成1户非居民企业来源于中国境内利息收入所得扣缴企业所得税业务，入库所得税10.44万元。（三）车辆购置税管理。认真落实车辆购置税各项税收政策，严格执行车辆计税价格规定，力求做到税款应收尽收。积极与公安车管、工商、机动车销售商沟通协调，开展部门间数据比对及国税内部数据比对，建立定期联系长效机制，实现信息共享，有效堵塞车辆购置税征管漏洞。严格发票管理，积极防范汽车销售企业低开《机动车统一销售发票》及"一车两票"等违规行为，切实提高车辆购置税征管水平。全年共征收车辆购置税1.21亿元，征税车辆23743辆，平均每车征税5099.83元。（四）个体工商户管理。坚持"抓住大户，管好中户，培育小户"的原则，实施行业、片区综合税种管理机制，及时做好个体户一般纳税人资格认定。积极开展对采石、金银首饰等重点行业的调查研究和监督管理，严格规范运用电子定税系统开展定额核定工作，按规定及时对定额数据核定和调整情况进行网络信息公开和大厅电子显示屏公示，主动接受广大纳税人和社会各界的监督。2011年11月起征点调高后，新增1930户个体纳税人受益，起征点以上户数从2691户减少到261户，占个体"双定户"总数的4.29%，免征比例95.71%。

【税收征管】 注重巡查巡管和对非正常户、注销户的管理，与地方工商部门共交换登记信息4131户，防止以假停业、假注销逃避核定定额的调整。严把基础数据采集录入关，强化纳税人基础信息核实与维护，督促纳税人依法设置账簿，对"查定征收"、"查验征收"和"其它征收方式"的小规模纳税人进行清理，凡年度内其申报的月平均销售（营业）额达不到规定标准和设置复式账标准的，一律改为定期定额征收，对销售收入达到一般纳税人标准的，及时进行认定操作。征管档案资料管理以"一户式"立卷归档为要求，基本实现了资料归集和流程的规范化。按期完成对75户企业2010年度税收资料调查工作。按期完成普通发票换版工作，辖区2400余户纳税人开始使用新版机打和手工普通发票。通过加强发票用票计划和调拨管理，严控普通发票发售、代开、使用管理，设立发票使用台账、超定额台账、连续3个月超定额纳税户统计表、发票违章情况登记表等，配合运用《普通发票监管信息系统》比对功能，使发票管理与定额核定、申报征收、发票发售3个环节紧密结合，保证了发票的内外部管理安全。

【税务稽查】 努力践行稽查工作科学化、专业化、精细化管理的要求，狠抓涉税违法案件查处。通过合理组队，明晰稽查人员责权，采取稽查收入绩效与考核挂钩方式以及科学选案、查前辅导、查前告知、先自查后稽查、警税密切协作等措施和做法，开展税收专项检查、专案检查、分级分类检查和发票检查专项行动。全年共检查各类纳税户129户，查补收入222.17万元。其中：税款200.38万元、滞纳金20.67万元、罚款1.12万元。"打击发票违法犯罪活动"处理26户，与市公安局联合查获收缴假发票15649份。各税务分局执法岗位通过开展日常检查，对208户连续3个月超定额户作出了定额调整，共查处违反发票使用管理规定违法户90户，罚款金额3.02万元；对18户逾期申报户处以罚款1.14万元；对逾期办证的189户违章户罚款3.33万元。分局查处稽查移送涉税案件2件，补缴增值税23.91万元，企业所得税63.39万元，滞纳金436元。

【执法管理】 认真研究和解决税收执法管理信息系统反映出的税收执法过错和管理问题，不断完善税收执法日常监督制度，完善内部执法检查方式和方法，对每次执法检查做到事前有通知，事中有反馈，事后有结果。为减少执法过错行为，将系统执法过错行为全部纳入个人绩效考核办法进行考核，并加倍追究执法过错责任。通过机内机外双重考核管理，执法监督工作更为严密、全面、有力，全局整体执法正确率逐步提高。加强执法监督，将税收执法检查与"两权"监督检查相结合，对企业注销清算、一般纳税人资格认定管理、减免税政策执行、消费税管理、普通发票管理、重点行业管理等6方面税收执法情况开展了重点执法督察自查工作，对上级通报中涉及本局的28类417条待整改信息逐条对照复核，进一步规范了相关涉税业务的处理，提高了工作效率。

【信息管税】 在确保信息安全和网络平稳运行的基础上，努力提高税务登记信息等数据的准确性和完整性，积极探索信息化条件下新的工作运转模式，充分应用数据监控信息指导税源管理工作。大力推行增值税网络抄报税申报和所得税、消费税网络多元化申报方式，信息化税收管理从内部运用逐步向企业端拓展。按期完成全年39户企业"重点税源网上直报系统"和154户企业电子申报的推行任务。针对税收执法管理信息系统疑点信息库中23个疑点项监控情况，将涉及的3项10户企业执法过错信息进行清查，对促进内部执法管理发挥了积极作用。在硬件设施上，对全局计算机设备进行了整合调整，将上级配备的19台PC机及打印设备全部用于大厅和一线管理分局、稽查局的设备更新。征收大厅完成装修改造后，及时对受损网络连接线进行了修复并为每台电脑新增一条备份线路。按照《思茅区国家税务局推广税收管理员辅助信息系统（V2.0）实施方案》及其培训、用户初始化、演练等配套方案及其步骤，顺利完成各业务模块的操作演练，8月22日，该系统正式上线。该系统以按员、按户、按属性的展现方式，建立了一个集数据查询、分析、应用、反馈为一体的多功能实用智能管理工具，进一步促进了税收征管科学化、精细化。

【纳税服务】 在税收宣传上，积极利用第20个税收宣传月活动促进日常性、专业化、个性化纳税服务更上新层次。认真落实绩效考核关于税收管理员每人每年至少举办1次行业、片区纳税人座谈会的规定，在宣传月期间集中进行了一系列培训、座谈、走访活动。利用中央电视台心连心艺术团4月5日到普洱市举办演唱会的时机，由超市主导发放税收宣传环保购物袋及宣传资料。将业务培训、现场授课与税收宣传相结合，将专业化税收宣传和服务延伸到企业。省局纳税服务处、普洱市国税局主要领导等多人先后深入本局及辖区企业开展调研，专题指导全局纳税服务工作。大厅前台牢牢把握为民服务主题，结合“创先争优”活动，采取“六多六不”措施优化纳税服务，在办税大厅电子屏幕滚动公示各月非正常户信息，动员群众力量监督、监控税务登记制度的执行和管理，构建和谐征纳关系。针对辖区咖啡出口退税企业在发票管理及财务核算方面存在涉税风险的问题，市、区局配合联动，召集辖区10户咖啡出口企业举办“咖啡生产经营行业税收管理座谈会”，以会代训提供有针对性的专项服务。为切实维护纳税人合法权益，充分运用咨询、教育、协商、调解等方法，依法、及时、合理处理涉税信访人的投诉请求，注重运用调解、和解方式解决涉税争议，取得显著成效。

【政务管理】 不断规范内部行政、事务管理，以建设公正、廉洁、文明、高效的国税队伍为目标，严明工作纪律，确保令行禁止、政令畅通，切实提高各部门各岗位的责任意识和效能意识。不断强化财务收支预算、资产管理和政府采购管理，坚持重大货币资金支付业务集体决策和审批制度、财务报销审批制度等规定，严控接待标准，严控车辆维护修理费用，厉行节约，全局行政运行费用成本保持在较低水平。积极参与市局组织的政务基础工作交叉专项检查，针对检查情况通报，修改完善了机关车辆管理制度、公务接待办法、财务管理办法、国有资产管理办法、政府采购办法等工作制度和办法，新建了《督查督办工作制度》、《突发公共事件总体应急预案》等，对公文处理、会议程序上的问题统一了整改措施，努力实现各项政务管理基础工作的法治化、规范化和制度化，确保机关的高效运转。积极推进“六五”普法和法律“六进”工作，与小区委员会、物业管理公司、社区管委会、计划生育委员会、社区警务室多方合作，开展综治宣传、“打击和防范盗抢摩托车电动车自行车专项行动”等活动，共同促进全局综合治理。

队伍建设

【机构人员情况】 2011年，区局设行政机构14个。其中，局机关内设9个科室、1个直属机构（稽查局）、1个事业单位（信息中心）、3个派出机构（第一、第二税务分局、糯扎渡分局）；设党总支1个、党支部4个，有工、青、妇和离退休老干部党组织。共有在职干部职工120人，其中：公务员113人，工勤人员7人。专科以上学历110人，占职工总数的91.67%。党员52人，占全部干部职工的43.33%。团员1人，占全部干部职工的0.83%，群众67人，占全部干部职工的55.84%。年龄结构：35岁以下10人，占全部干部职工的8.33%，36～50岁95人，占全部干部职工的79.17%，51岁以上15人，占全部干部职工的12.5%。

【领导班子建设】 区局领导班子成员5人。其中：局长1人，副局长3人，纪检组长1人。把领导班子思想、技能、素质、廉洁放在工作首位，认真贯彻执行民主集中制，班子内部执行重大决策集体分析论证制度和重要情况信息通报制度，促进依法行政、科学行政、民主行政。完善中心组学习制度，坚持中国特色社会主义“一面旗、一条路、一个理论体系”的学习。通过各层级民主生活会、一对一谈心等多种形式，掌握职工思想变化态势，以人为本，从解决广大职工最迫切、最关心的具体问题入手，保证思想工作的针对性和实效性。通过参加文艺汇演、党员评星竞旗、学习杨善洲模范事迹和开展“四亮四评”等活动，深入推进党建工作，不断提高党员和领导班子的执行能力和管理水平。认真落实党建工作责任制、党员联系和服务群众等制度，关注党建工作的运转、组织建设和党员质量问题，充分发挥基层党组织的战斗堡垒作用和党员的先锋模范作用。加大对领导班子成员作风建设的管理力度，将加强廉洁勤政能力建设，作为保持领导班子和党员干部先进性的重要措施，按照“惩防并举”原则，不断加强源头防范和过程监管的力度。

【廉政建设】 以税收风险管理为核心，制定《内控机制建设实施方案》，认真排查执法风险点和廉政风险点。其中，排查廉政风险点64个，确定一级风险26个，二级风险20个，三级风险2个，落实具体防控措施72条，清理整合制度5个，形成内控流程图21个。加强事前预警督查、事中考核评议、事后问责追究，对税收管理员实施廉政效能问责，强化了税收执法监管。以公务用车加油、定点维修、统一投保为突破口，不断强化财务收支预算管理、资产管理和政府采购管理，全面推行“阳光财务”。不断丰富廉政文化建设内容，提炼国税核心价值理念，按照“教育在前，预防在先”原则，通过签订《党风廉政建设责任书》、税企《廉政公约》和税务干部公开《承诺书》、举办预防职务犯罪专题讲座、观看警示教育片、个别谈话、《廉政之窗》网页宣传等方式，严禁干部接收纳税人的礼品、礼金、有价证券和支付凭证，增强干部职工的党性和廉政意识，引导全区国税系统形成诚实守信、爱岗敬业、乐于奉献、创新求效的进取氛围。

【精神文明创建】 以治庸问责活动为契机，以纳税服务为重点，对干部服务态度、文明礼仪以及工作中出现的苗头性、倾向性问题，加强引导和规范，加强队伍作风建设，机关作风得到明显改观。大力开展干部业务和素质培训，积极开展工、青、妇工作和精神文明创建工作。积极支持地方党委政府各项活动，开展趣味运动会、走访送温暖、演讲征文竞赛等各种形式的文化、体育、艺术活动和扶贫捐赠等社会公益活动，展示了国税机关良好的社会形象。2011年，经重新申报再次被省局命名为“文明单位”；征收大厅被市委市政府授予“巾帼建功”先进集体荣誉称号；区局工会被普洱市总工会授予“工人先锋号”荣誉；区局党总支在纪念建党90周年“创先争优”活动中被思茅区委区直机关委评为“先进基层党组织”；区局排演的小品在“清风茶韵”思茅区廉政文艺汇演中获得三等奖。

（熊长虹）

宁洱哈尼族彝族自治县国家税务局

经济概况

2011年，宁洱哈尼族彝族自治县完成生产总值（GDP）25.9亿元，增幅按可比价计算，比上年增长11.3%。其中，第一产业实现增加值6.51亿元，同比增长7.3%；第二产业实现增加值9.69亿元，同比增长19%；第三产业实现增加值9.69亿元，同比增长7.2%。三次产业结构比例由2010年的26.9∶34.5∶38.6调整为25.2∶37.4∶37.4。完成地方财政总收入2.66亿元，同比增长6.6%；完成地方财政一般预算收入1.71亿元，同比增长6.2%；完成地方财政总支出8.98亿元，同比增长12.8%；一般预算支出8.34亿元，同比增长9.1%；完成社会固定资产投资25.42亿元，同比增长25.8%；城镇居民人均可支配收入1.66万元，同比增长8.9%；农民人均纯收入4200元，同比增长24.8%；实现社会消费品零售总额6.46亿元，同比增长17.4%；居民消费价格总指数为105%，同比上涨1.9个百分点。

税收概况

【收入完成情况】 2011年，宁洱县国家税务局共组织各项税收收入1.06亿元，同比增收1426.4万元，增幅为15.47%，税收收入首次突破亿元大关。其中："两税"入库8926万元，完成年计划8905万元的100.24%，同比增收691.3万元，增幅为8.39%，超进度0.24个百分点。其中：增值税入库8917.5万元，同比增收690.4万元，完成市局下达8900万元任务的100.24%，超进度0.24个百分点；消费税入库8.5万元，同比增收9000元，完成市局下达5万元任务的170.23%；企业所得税入库830万元，完成年计划805万元的103.11%，同比增收710.8万元；车辆购置税入库849.1万元，完成年计划800万元的103.13%，同比增收16.9万元，增幅为2.03%；储蓄存款利息个人所得税入库8.2万元，同比减收10.4万元，减幅为56.09%；罚没收入累计入库1.3万元；税务行政性收费收入入库29.5万元。县级一般预算收入入库2196.9万元（不含上划市级一般预算收入166.7万元），同比增收314.5万元，增幅为16.71%，完成县政府下达任务2180万元的100.78%。

【收入特点】 2011年，税收收入随全县经济回升实现增长，税收收入首次突破亿元大关。同比增收1426.4万元，增幅为15.47%。从分税种入库情况看，4个税种均增长。一是主体税种增值税同比增收690万元，增幅为8.39%；二是企业所得税同比增收710.8万元，完成年计划的103.11%；三是车辆购置税继续保持增长，同比增收16.9万元，增幅为2.03%；四是消费税同比增收1万元。

【税源分析】 2011年，随着市场经济好转销售价格上升，电力、卷烟、烤烟跨区收入增长，企业新上生产线，税负有所上升和不可比因素的影响，税收收入指标略有增幅。（一）政策因素：企业所得税入库830.0万元，主要原因是农村信用联社从2010年1月1日恢复征税，2010年利润在2011年反映，仅此一项入库382万元；储蓄存款利息个人所得税因减征和停征而减收10万元。（二）主体税种增值税的11个品目9增2减。其中：中密度纤维板入库437万元；电力入库2401万元，同比增收377万元；人造板入库705万元，同比增收244万元；茶叶入库404万元，同比增收240万元，增幅为146.54%；盐入库451万元，同比增收166万元，增幅为58.1%；商业入库1664万元，同比增收144万元，增幅为9.47%；松香入库135万元，同比增收61万元，增幅为82.5%；煤入库345万元，同比增收37万元，增幅为11.86%；粗铅入库81万元，同比增收14万元，增幅为21.15%。（三）不可比因素：水泥入库1019万元，同比减收566万元；铜入库296万元，同比减收366万元。减收的主要原因：一是天壁水泥厂两条立窑生产线停产，产量减少14.7万吨；2010年同期市局稽查局查补入库税款295万元；二是宁洱县锦茂矿业有限公司2010年发现的铜富矿已经开采完毕，2011年在寻找新的矿源，产销量急剧下降。

【税务管理】 以依法治税为核心，切实加强税收征管和纳税服务工作，全面推进和完善税源专业化管理。一是全面推行税源行业分类管理，落实税收管理员制度和领导管户制，对建材矿业、林产林化及电力行业、茶叶生产加工行业、商业等重点行业进行重点管理，在同一个行业内，统一管理方法、标准、管理要求及政策执行口径，提升税源管理工作的质量。依托市局推行的"行业税源管理系统"，对企业的内控管理与财务核算进行全方位、全过程的监控管理，积极开展税收分析和纳税评估，促进企业合法经营、规范核算、真实申报。认真贯彻落实市局小规模纳税人管理办法，依托"电子定税系统"稳步提高个体工商业户个体定额核定面及征税额。二是树立公正执法是最基本的服务理念，着力提高税收管理员的政策业务水平，积极开展新政策、新规定宣传辅导工作，加强办税服务厅建设，完善办税设施，优化办税环境，优化涉税业务流程，规范工作程序，提高窗口一线人员业务素质，以落实好、执行好税收政策为重点，开展送政策到企业和集中纳税人进行辅导培训。2011年，全县有390户纳税人实施多元化纳税申报、18户纳税人为重点税源网上直报户、8户纳税人实行网上认证、10户纳税人实行网络抄报税。三是全面推进信息管税。把"信息管税"作为实施税源管理最有效的手段，运用各个税收信息管理系统，运用各种分析方法、监控手段，建立发现问题的机制和渠道，提高税源管理的针对性和时效性。

各项工作

【税收法制建设】 2011年，认真贯彻落实《国务院关于加强法治政府建设的意见》，加强税收行政执法和制度建设，认真执行《税收规范性文件制定管理办法》，积极开展好规范性文件的清理工作；认真开展税收执法督察工作。同时，加强规范税收执法涉及的所有自由裁量行为的监督检查，以税收执法管理信息系统、综合征管软件信息系统等为抓手，充分利用各信息系统，突出信息管税的作用，及时发现并通报税收执法过程存在的问题，使税收执法过错率逐步降低，有效降低税收执法风险。

【税务稽查】 以规范税收执法和组织税收收入为中心，深入开展整顿和规范税收秩序，努力构建和谐稽查。进一步完善"以查促管、以查促查"的良性工作机制。2011 年，共检查纳税户 23 户。查补各项收入 140.11 万元，选案准确率、结案率、入库率均达到 100%。

【税收征管】 一是正确执行各项税收政策，积极探索征管方法，不断巩固规范"管户制"向"管事制"的转变，确立分行业综合税种管理的税源管理理念，完善行业税源管理，细分税源管理片区，明确税源管理责任。进一步明确企业"建材矿组、茶行业组、林产林化组和商业组"四个行业组、综合业务组、个体两个片区组的工作职能。规范纳入管理的 16 户重点税源企业数据信息比对，保证各项数据指标达到预定的管理效率。严格按照《增值税一般纳税人认定管理办法》做好增值税一般纳税人的认定管理工作，共认定管理增值税一般纳税人 213 户。强化对辖区内纳税人的企业所得税税收政策宣传辅导，引导企业财务人员真实核算。重视企业所得税零负申报的管理工作，进一步加大核定工作力度，对账务核算达不到查账条件的，采用核定征收的方式进行管理，核定征收面由 2010 年的 25% 提高到 33%。加强 2010 年度企业所得税汇算清缴工作，企业所得税预缴税款率达 89%，全县 118 户企业参加汇算清缴，盈利企业 39 户，亏损企业 38 户，零申报企业 41 户，查补税款 61.7 万元。加强与交警协作，着力抓好车辆购置税管理。二是加强小规模纳税人的税收征管。认真执行 2011 年 11 月增值税起征点调整政策；提高个体"双定户"征收面。个体"双定户"征收面从年初的 24% 上升到 28.8%，户均税额从年初的 105 元上升到 139 元。三是全面开展新版普通发票的推行工作，加大机打发票的推广力度，于 2011 年 2 月 20 日前完成了旧版发票的缴销工作，截至 12 月底，使用新版发票户 934 户，圆满完成了新老发票的顺利过渡。四是积极做好税收管理员辅助信息系统的推行工作，确保了税收管理员辅助信息系统的正式上线运行。五是拓展纳税评估深度。加强对纳税评估工作的监督落实，从评估中找出税源管理的重点和难点，实现"以评促管"。2011 年，评估企业 25 户，补缴增值税 8.72 万元，转出进项税额 1.97 万元；调增企业所得税应纳税所得额 80 万元，补缴税款 7.53 万元，弥补以前年度亏损 40.52 万元。

【税务信息化建设】 积极推行普通发票的换版工作，主要抓好普通发票填开系统纳税人端和税务端软件的讲解、安装、调试、测试工作，保证了新版普通发票的顺利换版；积极做好税收管理员辅助信息系统的推行工作，确保了系统的正式上线运行；顺利推进金税三期网络建设，高效高质地完成了设备更新和网络切割；积极推行和完善多元化纳税申报系统、重点税源网上直报系统、网上认证、网上抄报税等各种税收管理应用系统，提高了税务机关的工作效率，方便了纳税人办理各类涉税事务。

队伍建设

【机构人员情况】 2011 年，县局有内设机构 8 个，分别为：办公室、人事教育股、监察室、政策法规股、税政管理股、征收管理股、收入核算股、办税服务厅；直属机构 1 个，稽查局；事业单位 1 个，信息中心；派出机构 1 个，宁洱税务分局；单设党支部办公室。共有干部职工 86 人，其中：在职 69 人，离退休人员 17 人；在职职工中，公务员 67 人，工勤人员 2 人。中共党员 38 人，大专以上文化程度 61 人，占在职职工总数的 85.5%。全局党、工、妇工作组织机构健全。

【领导班子建设】 认真贯彻中组部《关于进一步加强和改进领导班子思想政治建设的意见》，认真开展中心组理论学习，认真落实民主集中制，完善党组议事规则，广泛征求干部职工意见，推进决策科学化、民主化，领导班子的凝聚力和战斗力不断增强。进一步落实"服务基层年"的工作要求，在全局范围内开展以"沟通理解、凝心聚力"为主题的干群交心谈心活动。增进沟通理解，提高思想认识，统一目标方向，最终实现"班子统一一个思想、全局迈向一个方向、队伍保持一个形象"的目标。

【廉政建设】 一是进一步完善党风廉政建设责任制，修改完善并层层签订《党风廉政建设责任书》，加强对贯彻落实党风廉政建设情况的监督检查，促进领导干部落实"一岗双责"。认真组织学习《税务系统领导班子和领导干部监督管理办法》、《税务人员廉洁自律若干规定》等规定，严格落实领导干部个人重大事项报告制度，加强对领导班子和领导干部的监督。通过开展年度《廉政公约》回访工作、组织全局干部职工参观"全国检察机关惩治和预防渎职侵权犯罪展览"、到普洱监狱听取服刑人员现身说法、组织观看警示教育片《贪欲的代价——普洱市领导干部违纪违法案件警示录》等一系列警示教育活动，全局干部职工遵纪守法的自觉性明显增强，全年无违纪违法案件发生。二是通过制定《宁洱县国家税务局部门内控机制建设实施方案》，明确内控机制建设的指导思想、目标任务、实施步骤和具体的工作要求，严格按照《方案》的步骤和时间安排各阶段工作，全面开展廉政风险点的排查，增强内控理念，增强廉政风险防范意识。三是结合工作实际，对照分析当前干部队伍建设中存在的问题，制定《宁洱县国家税务局干部纪律作风整顿活动实施方案》，明确学习动员、查找问题、整改落实、总结巩固四个阶段的工作任务，在全局范围内开展干部纪律作风整顿活动。通过整顿，使全局干部职工的组织纪律明显增强，工作作风明显改进，服务水平明显提高，对外形象明显改观，全局上下政令畅通，确保了各项工作落到实处。

【教育培训】 围绕年初培训计划，按照缺什么、补什么，干什么、学什么的原则，积极参加省局举办的各种培训班 20 期 662 人（培训天数 90.5 天）；参加市局举办的各种培训10期76人（培训天数26.5天）；利用每半月的学习日进行全员综合业务培训，共培训13期13天，参训299人次，撰写心得体会文章35篇。培训针对办税服务厅人员、税收管理员、税务稽查人员在工作中存在的问题，培训方式主要以实例操作，积极推行税收管理员工作技能"一对一"帮教活动，抽调各行业业务较强的人员实施"一对一"结对帮助，耐心引导、手把手进行言传身教，管理员之间业务强弱搭配，做到互帮互助，相互学习，相互促进，相互提高。

【精神文明建设】 在积极推进国税文化建设的过程中，结合普洱茶文化建设，大力开展文明窗口建设，公正执法，文明服务，展示国税干部队伍良好的精神风貌，深入开展精神文明创建工作，深入开展"四亮四评"主题实践活动，以开展"四亮四评"活动为契机，全面推进纳税服务上水平、服务质量上台阶。巩固文明行业建设成果，围绕国税文化创建的要求，每月组织干部职工开展气排球、徒步登山等文体活动；积极组织男、女篮球队参加全县第七届"文明杯"运动会，通过拼搏，取得男队第八名、女队第十名的好成绩。2011年，宁洱国税在"千人评议机关作风"活动中综合满意率直管单位排名第一；被宁洱县委确定为"创先争优工作基层党建工作示范单位"；综治工作被县委政府评为"先进集体"并获一等奖。

（邹春华）

墨江哈尼族自治县国家税务局

经济概况

2011年，墨江哈尼族自治县实现生产总值（GDP）27.6亿元，同比增长12.4%，其中：第一产业增加值8.3亿元，同比增长14.4%；第二产业增加值9.5亿元，同比增长6.2%；第三产业增加值9.8亿元，同比增长17.4%。三次产业的结构比例为30.1∶34.4∶35.5。实现地方财政一般预算收入2.18亿元，同比增长33.1%；地方财政一般预算支出12.48亿元，同比增长8%；社会消费品零售总额6.5亿元，同比增长17%；农民人均纯收入3000元，同比增长13%；农民人均有粮377公斤，与2010年持平。

税收概况

【收入完成情况】 2011年，墨江县国家税务局共组织各项税收收入1.6亿元，同比增收3517.28万元，增长28.13%，完成年度任务1.3亿元的123.1%，超收3053.92万元；完成奋斗目标任务1.52亿元的105.26%，超收803.92万元；完成县级地方财政一般预算收入2851万元，同比增收629万元，增长28.31%。

【收入特点】 一是经济持续健康发展，国税收入总量稳步增长，2011年，宏观税负为5.79。二是税收与经济总体协调发展，税收增速快于经济增速，税收弹性系数为2.27。三是税收结构进一步优化，宏观调控政策成效显现，征收企业所得税2411.92万元，占国税总收入的15.07%，同比增长2.66倍。四是水电已发展成为支柱产业，征收电力增值税8317.19万元，占国税总收入的51.98%，同比增长9.53%。五是全年税收收入呈现波浪式走势，收入最高的10月份入库1960万元，最低的12月份入库716万元，4月至11月每月税收收入超过千万元。

【税源分析】 2011年，全县以林、畜、烟、渔为龙头的第一产业优化发展，以电、矿、酒、板为重点的第二产业提升发展，以文化旅游业为骨干的第三产业加快发展。经济发展为税收增长提供了基础保障，重点税源品目除矿业、酒同比下降外，其他各重点税源都不同程度的增长，商业、白糖、电力、松香、水泥、中密度纤维板分别同比增长60.07%、62.43%、9.53%、49.73%、20.66%、119.3%。增值税收入1.24亿元，增收1664.1万元，同比增长15.43%；消费税收入750.75万元，增收15.05万元，同比增长2.05%；企业所得税收入2411.92万元，增收1752.62万元，同比增长2.66倍；个人存款利息所得税收入10.16万元，减收13.99万元，同比下降57.93%；车辆购置税收入382.95万元，增收99.49万元，同比增长35.1%。

各项工作

【重点工作】 2011年，按照国家西部大开发、云南"两强一堡"发展战略和墨江"农业稳县、工业富县、文化活县、生态立县"的发展思路，墨江县国税局围绕"抓核心、聚人心，打基础、优服务，重落实，促转变，保增长，强队伍、建和谐"的要求，坚持以人为本，谋求新发展，创造新业绩，努力实现"十二五"国税事业发展的良好开局。

【依法治税】 坚持"依法征税、应收尽收、坚决不收过头税、坚决防止和制止越权减免税，坚决落实各项税收优惠政策"的组织收入原则，严格按照法定权限和程序，加强税收减免、延期申报、缓缴税款管理。严格控制新欠的产生，大力清缴陈欠税款，清缴力量生物有限公司欠税50万元，实现了连续7年无新增欠税。做好增值税征前减免工作，加强增值税减免备案登记管理工作，对涉及固定资产等8个项目的增值税减免备案进行登记备案管理，2011年，共受理增值税减免备案登记58户次，共计申报免税销售额2.78亿元。"即征即退"税款89.48万元，减免企业所得税额1653万元。

【税收征管】 强化各税种管理，认真贯彻执行增值税、消费税、车辆购置税税收政策。做好增值税一般纳税人认定、税负分析、抵扣凭证、滞留发票、认证报税、预征结算、减免税备案工作，加强对小规模纳税人长亏不倒、已缴税款与经营规模不匹配的管理。进一步实施好新企业所得税法，认真落实各项促进经济结构调整和经济发展方式转变的税收优惠政策，强化备案、审批、文书、流程环节的管理。推行完善信息管税。2011年，全县采用多元化申报方式申报纳税236户，占全县总户数的9.54%，其中：介质申报76户，网络申报29户，储蓄扣税131户。把12户重点税源监控企业纳入重点税源网上直报，占重点税源监控企业总户数的42.86%。加强个体税收征管，对1589户个体工商定期定额户和新开户进行了纳税定额核定、调整。

【重点税源管理】 以实施六个行业管理模型和“三上一下一落实”的税源管理措施为重点，抓好征管基础和税源监控管理，提高税收征管质量和效率。加强纳税评估工作，对11户纳税人进行了纳税评估，其中：1户金融企业视同销售业务进行了申报；1户农、林、牧、渔服务业企业白条入账调增应纳税所得额1万元；2户房地产企业共调增应纳税所得额619.33万元；1户饮料制造企业调增应纳税所得额9.64万元；5户企业弥补以前年度亏损211.53万元；评估补缴企业所得税112.25万元。

【税务信息化建设】 推行完善信息管税，对外，逐步与地税、工商、技术监督局等部门建立信息交换制度，形成横向共享的数据获取、分析和利用机制。对内，充分利用目前使用的操作系统，形成以税收综合征管软件为核心，以税收管理员辅助信息系统和行业管理系统为平台，以征管质量考核系统、数据质量监控系统、税收执法考核系统为监控，以稽核系统、涉税信息的采集、分析、利用为主线的一体化运行机制。稳步推行网络申报“一体化”、重点税源网上直报、普通发票填开系统，逐步将纳税人的申报、缴税、专用发票认证、发票开具纳入计算机网络管理。

【税务稽查】 开展税收分级分类检查和专项检查，2011年，检查纳税户8户（不含机外稽查的3户），自查和重点稽查查补入库增值税9.54万元，所得税12.35万元，滞纳金3.33万元，罚款1400元，合计25.36万元，入库率100%，选案准确率100%，结案率100%。组织开展税收专项检查，在企业自查的基础上，对2户企业实施了检查，由于纳税人提供的资料不齐等原因，未结案。企业自查补缴税款、加收滞纳金1.96万元，其中：增值税1.65万元，加收滞纳金3081.55元。认真开展打击发票违法犯罪活动，共检查纳税户190户，检查发票1115份，检查发现发票违章户18户，涉及发票份数126份，涉及金额34万元，查补增值税1.16万元，所得税2500元，加收滞纳金3416.79元，罚款5050元，合计2.26万元。与公安、地税部门配合，对重点行业、用票大户和车站、广场、集贸市场、城郊结合部、公共场所的发票违法行为进行整治，检查纳税户128户，现场收缴收据、销货清单、付款凭证等13239份，涉及金额15.38万元。抓好发票协查工作，2011年，发出手工发票协查函1件，收到手工发票协查函1件，积极配合“11.10专案”协查工作，认真做好涉及全县7户企业的协查工作。

【纳税服务】 积极推进标准化办税厅建设，细化办税服务厅管理办法，推行办税服务标准化服务，进一步完善“窗口受理、后台复核、内部传递、限时办理、窗口出件”的流转模式，落实好导税服务、全程服务、限时服务、延时服务、预约服务、提醒服务等工作制度。建立纳税服务长效机制，进一步完善覆盖服务大厅、业务股室的各项纳税服务制度，建立健全税收政策咨询辅导、政务公开、纳税服务监督考核制度。拓展纳税服务平台，以加强办税服务厅、税收管理员、手机短信三个服务载体为基础，充分利用国税网站、12366纳税服务热线，宣传税收政策，辅导纳税人办理涉税业务，提示申报事宜。积极推行多元化申报方式，不断提高网络申报、网络认证的数量和质量。实施细分服务策略，以纳税人的不同需求为导向，努力提供个性化服务，定期开展纳税服务热点问题收集，针对纳税人和税收管理员反映的问题，及时向纳税人和税收管理员进行解答。于6月24日正式挂牌成立政府政务服务分中心，成为全县首批进入“中心”服务窗口的31个单位和部门之一。

队伍建设

【机构人员情况】 2011年，墨江县国家税务局内设办公室、人事教育股、监察室、政策法规股、征收管理股、税政管理股、收入核算股7个行政股室；一个事业单位：信息中心；一个直属机构：稽查局；一个派出机构：联珠税务分局。全局在职干部职工68人，离、退休人员27人，在职干部中：公务员64人，工人4人；男：45人，女：23人；中共党员31人。学历结构：本科23人，专科36人，中专、高中、初中9人。年龄结构：50岁以上10人，40～49岁39人，30～39岁16人，29岁以下3人。

【领导班子建设】 坚持以科学发展观统领国税工作，县局领导班子建设按照“五好班子”的标准，以民主集中制原则议事和决策，按照分工负责、相互配合的要求抓好决策的贯彻落实，顾全大局、相互补台、和衷共济。进一步明确股室领导职责，落实“一岗两责”制，发挥领导表率作用，提高股室领导工作积极性。局领导班子设副局长3人，纪检组长1人。

【廉政建设】 加强党风廉政建设和反腐败工作，认真组织学习党风廉政建设和反腐败工作的各项规章制度，建立健全主要领导负总责的层层负责制。制订《墨江县国税局2011年纪检监察工意见》、修改完善《党风廉政建设责任书》，把领导干部和各部门在党风廉政建设方面应担负的责任进行细化和量化，把党风廉政建设工作任务落实到各部门和每个干部职工，强化责任制，严格检查考核。应用《内控机制管理信息系统》强化对税收一线执法人员的监督制约。推进民主评议政风行风工作，坚决纠正和大力整治各种损害纳税人利益的不正之风，对签订《廉政公约》的88户纳税户和用票户有重点地进行了回访复查，通过回访复查没有发现干部职工违法违纪的行为。

【教育培训】 强化政治理论学习和业务技能培训，以工作需求为宗旨，围绕税收业务及税收分析、纳税评估、税源管理、纳税服务、税收会计、文秘写作、计算机运用、法律法规等重点，按照岗位需求，有针对性地开展综合素质、专业基础和岗位技能的分类培训。2011年，县局共举办8期各类培训班，参训296人（次），培训天数14天，培训结束时均组织了测试，测试全部合格。参加省外、省局、市局举办的培训班6期，参训

258 人（次）。

【精神文明建设】 开展精神文明及国税文化建设，坚持“以国为根、以税为业、以人为本、以学为乐、以绩为真、以廉为荣”的云南国税文化建设总体目标和要求，开展健康有益的群众性文体活动，认真总结创建省级文明行业的成功经验，积极做好市局、省局精神文明建设先进工作者和巾帼建功标兵的推荐工作，扎实开展市局级文明单位和省局级文明单位的复查工作，在保持省委、省人民政府授予的“文明单位”的基础上，认真做好全国第三批文明单位的申报工作。

（罗智勇）

景谷傣族彝族自治县国家税务局

经济概况

2011 年，景谷傣族彝族自治县经济平稳增长，实现生产总值（GDP）51.3 亿元，同比增长 17.8%。三次产业的结构比例为 39.37:38.77:21.86，其中：第一产业实现增加值 20.21 亿元；第二产业实现增加值 19.90 亿元；第三产业实现增加值 11.22 亿元。完成地方财政一般预算收入 3.32 亿元，比上年增长 11.86%。全年实现固定资产投资总额 30.16 亿元，同比增长 73.6%；城镇居民人均可支配收入 1.54 万元，增长 11.2%；农民人均纯收入 4762 元，同比增长 22%；人口自然增长率 4.17‰；节能减排指标同比下降了 3.9%。

税收概况

【收入完成情况】 2011 年，景谷县国家税务局共组织各项税收收入 1.47 亿元，比 2010 年增加了 1631.49 万元，同比增长 12.51%。完成市局下达收入任务 1.42 亿元的 103.14%。其中：增值税入库 1.23 亿元，同比增收 235.43 万元，增幅 1.95%；消费税入库 134.71 万元，同比增收 44.65 万元，增幅 49.58%；储蓄存款利息个人所得税入库 8.60 万元，同比减收 10.09 万元，减幅 53.99%；企业所得税入库 1894.32 万元，同比增收 1331.18 万元，增长 2.36 倍；车辆购置税入库 322.60 万元，同比增收 30.31 万元，增幅 10.37%；完成地方一般财政预算收入 3237.86 万元。

【收入特点】 2011 年，受重点税源技改项目的影响，1～4 月增值税同比持续减收，1 月同比减收 200.76 万元，2 月同比减收 208.92 万元，3 月同比减收 336.82 万，4 月同比减收 163.08 万，从 5～6 月份开始，税收收入得以逐步提高。从分税种入库情况看，5 个税种 4 增 1 减。

【税源分析】 2011 年，增值税是景谷国税主要的税收来源，税收主要来自林产、矿产、电力、食糖和商业，全县列入考核的 13 个重点税目有 9 个保持了增长。其中：商业同比增收 802.94 万元，增幅 43.31%；食糖同比增收 743.28 万元，增幅 70.23%；铜同比增收 301.66 万元，增幅 35.24%；电力同比增收 241.78 万元，增幅 35.95%；松香同比增收 415.46 万元，增幅 129.27%；原煤同比增收 305.84 万元，增幅 127.43%；水泥同比增收 37.94 万元，增幅 12.67%；茶叶同比增收 23.54 万元，增幅 48.24%；自来水同比增收 1.32 万元，增幅 3.09%；减收的 4 个品目分别为：纸浆同比减收 1829.65 万元，减幅 42.13%；人造板同比减收 277.04 万元，减幅 48.65%；松节油同比减收 47.85 万元，减幅 30.66%；砖瓦同比减收 5.92 万元，减幅 5.17%。从各品目的税收增减情况看，对税收影响最大的因素还是市场价格，铜矿、煤矿等资源的价格上涨，给税收带来了巨大的推动。同时，县局全面开展清缴企业欠税活动，也推动了税收收入的增长。

【税务管理】 （一）全面加强税收各环节工作。加强税源预测分析，加强纳税评估，全年共对 46 户企业进行了纳税评估，评估有问题户数 19 户，补缴增值税 57.2 万元，抵减进项税 13.4 万元，加收滞纳金 6.25 万元，增值税进项税转出 128.67 万元，补缴消费税 4.91 万元；加强发票管理，加强对滞留票的清理核查工作，进一步规范以票控税；加强服务重宣传，充分将“四亮四评”活动体现在优化服务、提升服务水平的具体实践中。（二）全面提高单位内部工作效能和政务基础建设。按照《普洱市国家税务局关于政务基础专项检查情况的通报》的要求，全面提高政务管理工作水平。1. 全面规范了公文的收、发、办理各个环节工作。2. 理顺流程，明确责任，使日常政务管理更加规范化。3. 对已制定的各项规章制度进行了梳理，进一步健全完善，规范内部管理。4. 严格执行 24 小时政务值班制度，做好综治维稳各项工作。5. 规范信访接待和办理流程，做好痕迹管理。多渠道增加纳税人与国税之间的交流与沟通。6. 制定了《景谷县国家税务局突发公共事件总体应急预案》。7. 全面细致规范档案管理和会议管理。8. 强化政务信息公开和新闻信息工作。9. 认真落实基本建设管理办法及相关制度，完成基建项目的审计、财务结算和基建款项的支付，全面完成基本建设项目工作。（三）全面提高防范风险能力，强化内控机制建设，排查廉政风险。重点围绕行政执法权、自由裁量权、行政审批权、干部人事权、资金和财务管理权、基建项目和大宗物品采购权以及对部门重大业务的监控等方面权力的制约和监督。全局共排查出廉政风险点 33 个（一级：4 个、二级：10 个、三级：19 个）。

各项工作

【税收法制建设】 （一）严格按照《重大税务案件审理办法（试行）》规定的工作程序和工作职责开展工作。在对案件的审理过程中，重点突出案件的事实清楚、证据确凿，符合法定程序、适用法律依据正确。2011 年共审理案件 1 件，审理率为 14%。（二）加强和做好本级税收规范性文件管理工作。1. 对本局起草、发布的规范性文件认真进行审核，同时报送同级法制部门登记、备案、备查。2. 按规定对本局制定的涉税文件、会议纪要、办公纪要等规范性文件进行了清理。通过清理共发现本局制定的涉税文件与现行税法有抵触的有一个，即《景谷傣族彝族自治县国家税务局关于印发茶叶产品增值税征收管理办法（试行）的通知》，按规定作了行文废止。3. 根据国家税务总局发布的《关于公布全文失效废止　部分条款失效废止的税收规范性文件目录的公告》，进行逐件落实。经清理，未发现有违反《中华人民共和国税收征收管理法》及其实施细则和其它相关政策相抵触的文件。（三）推行税收执法责任制和执法过错责任追究制：1～11 月，全县共产生执法过错行为 3 个，共计扣分 9 分。1～11 月，共提出申辩申请 58 条，受理并调整 58 条，无过错调整 58 条。无责令书面检查、通报批评、责令待岗、取消执法资格等执法过错责任追究人员。（四）严格依照《税务行政复议规则》开展行政复议及诉讼工作。2011 年，未发生税务行政复议申请和应诉案件。（五）认真开展税收执法督察工作和自查：对企业注销清算工作、增值税一般纳税人资格认定管理、减免税政策执行、消费税管理、普通发票管理、重点行业管理等方面开展自查，并针对自查情况进行整改强化。（六）全面落实阳光政府“四项制度”工作：1. 对核定纳税人纳税定额调整事项进行公示，全年共公示 12 期，公示户数达 2800 户次；对新的税务行政许可事项、《景谷县国家税务局限时办结事项》和《景谷县国家税务局纳税服务承诺》进行公示。2. 于每月 5 日前，通报上月景谷县国家税务局税收计划执行情况。3. 整合开通运行“景谷县国家税务局政务信息公开门户网站”，顺利开通和运行实施省政府阳光政府“四项制度”网上查询系统前、后两个工作平台，查询和关注全局的网络政务信息查询界面。

【税收征管】　（一）强化税源管理，努力提高征管质量和效率。1. 加强户籍管理。与工商、地税部门交换信息，全面展开清理漏征漏管户工作，全年共清理漏征漏管户 78 户，督促办理税务登记 78 户，纳税人失踪公告 28 户。2. 加强申报质量管理。共对 57 户逾期未申报纳税人进行责令限改，48 户逾期未缴纳税款纳税人进行责令限改。3. 加大欠税清理力度。通过与纳税人约谈并签订清缴欠税计划，2011 年，清理入库普洱景谷力量生物制品有限公司陈欠税款 300 万元。4. 加强数据质量管理工作，严格执行延期申报审批管理。共受理审批 1 户延期申报（普洱景谷××生物制品有限公司）。（二）优化纳税服务工作。1. 通过积极收集纳税咨询，解答各种纳税咨询热点问题，共收集整理答复纳税人纳税咨询热点问题 48 条。2. 通过政府信息公开网、税务分局、办税服务厅，长期公开纳税人的权利和义务，增强纳税人维护自身权益的意识和能力。3. 开展注册税务师行业监督管理自查工作，无代理委托执法行为。4. 从办税服务厅环境建设情况、制度落实和业务开展情况和工作人员纪律情况等开展办税服务厅建设情况自查和检查工作。5. 做好 12366 纳税服务热线上线工作。6. 做好开展纳税人服务需求调查工作，提升服务质量。（三）圆满完成推广税收管理员辅助信息系统工作。（四）按照市局提出的行业税源管理的工作要求，深化落实“三个一”工程和管户岗位责任制度，认真贯彻执行行业（片区）综合税种管理机制，做好行业税源管理工作。（五）继续做好普通发票简并换版工作和填开系统辅导工作，做好旧版发票清理缴销工作，做好发票专用章启用工作。（六）继续做好税务与组织机构代码信息共享项目工作。

【税务稽查】　深入开展整顿规范税收秩序和区域专项整治，进一步加大打击涉税、涉票违法犯罪活动工作。全年共检查纳税人 24 户，查补入库税收收入 126.87 万元，其中：增值税 70.57 万元，消费税 2.2 万元，所得税 41.23 万元，滞纳金 12.47 万元。认真组织开展分级分类稽查工作。对景谷 17 户企业进行分类检查。分级分类总收入 80.99 万元，其中：增值税 34.28 万元，滞纳金 2.88 万元，合计 37.16 万元。消费税 2.2 万元，滞纳金 856.63 元，合计 2.28 万元。企业所得税 39.97 万元，滞纳金 1.58 万元，合计 41.54 万元。根据《普洱市国家税务局关于对“11.10”专案受票方协查取证及处理工作的通知》要求。协查全县涉及的 10 户企业。协查运输发票 119 份，发票合计金额 623.14 万元。查补增值税 40.76 万元，滞纳金 4.42 万元，合计 45.18 万元，已全部入库。积极参与公安部门组织的“打击预防经济犯罪共建和谐美好家园”主题宣传日活动，组织发放税收宣传材料 400 余份。认真开展货物和劳务类普通发票专项整治工作，共检查纳税户 52 户，收缴收据、销货清单、付款凭证等 27103 份，涉及金额 599.88 万元。

【税收宣传】　围绕“税收·发展·民生”税收宣传主题，积极倡导“我纳税，我光荣”的税收法制理念，以立体化，全方位的方式结合地方民情民俗，通过“明信片传税情”、制播税收宣传专题片《老总说税》、“税收·发展·民生”为主题的全县美术书法有奖比赛、“税收宣传”走进全国汽车场地越野锦标赛等形式有特色地开展好税收宣传月活动，税收宣传活动取得了显著的效果，为推动科学发展、保障民生、改善民生、构建和谐社会、提高全社会税法遵从度，为全县经济社会又好又快发展营造了良好的税收环境。

【税务信息化建设】　加强信息安全建设，确保设备及系统安全稳定运行；积极做好金税工程，重视网络安全工作，及时完成综合征管软件补丁升级。重点对办税厅各参数设置进行监控管理，保障前台工作正常开展；及时更新、修复漏洞及杀毒软件，有效提升中心快速反应能力；重新安装新服务器及存储设备。拆卸了超期服役的老服务器，移植数据，提高了数据的安全性。

队伍建设

【机构人员情况】　2011 年，县局有干部职工 85 人，其中，在职干部 61 人，离退休人员 24 人（离休 2 人，退休 22 人）。有在职党员 33 人，离退休党员 12 人。在职干部中，大专以上学历 48 人，占在职人数的 75%，少数民族 34 人，占在职人数的 54.83%。局内设 7 个股室（办公室、人事教育股、监察室、收入核算股、征管股、税政股、法规股）、1 个事业单位（信息中心）、1 个直属局（稽查局）；下设 2 个管理分局（威远税务分局、永平税务分局），负责全县10个乡（镇）3289户税务登记户的税收征管工作。

【领导班子及干部队伍建设】 班子在统一思想认识的基础上，自觉加强政治理论、业务技能学习，努力提高办事水平和驾驭全局的能力；开展学习“十七大”精神、“解放思想大讨论”、“讲政治、顾大局、讲党性、重品行、作表率”、“深入学习实践科学发展观”、“创先争优”学习教育活动，切实做到班子团结、务实，作风民主，廉洁勤政；坚持“三个文明”建设一起抓，把文明创建活动作为造就一支“政治强、业务精、作风优良、文明高效”的国税队伍，确保各项税收工作任务完成的重要保证的一项重要工作来抓；加强干部队伍建设，加大教育培训力度，不断提高队伍素质；加强工作绩效考核，有效提高了工作质量和效率，受到省市局的充分肯定。加强党的基层组织建设，积极发挥党组织的战斗堡垒作用和党员的先锋模范带头作用；带领全局职工连年完成和超额完成组织税收收入任务和其他各项工作任务，全局各项工作取得了全面的发展。

【廉政建设】 一是加强《建立健全惩治和预防腐败体系2008～2012年工作规划》的学习教育和检查落实，把党风廉政建设工作列为国税工作的重要议事日程来抓，从思想源头抓起，做到常讲、常说、常教育，做到常提醒、常检查、常督导。二是抓好党风廉政建设责任制层层落实，把“一岗两责”落到实处。三是聘请社会各界7位人士为特邀监察员，并召开了2011年度特邀监察员座谈会。四是按照省、市、县人民政府的要求组织开展好行业政风行风评议工作。积极配合县人民政府纠风办组织开展2次行业政风行风评议活动，2011年景谷县国税系统社会综合满意率为98.15%。

【教育培训】 坚持政治理论和业务学习，使之经常化、制度化。在学习中，坚持理论联系实际。系统地组织学习了邓小平建设有中国特色社会主义理论、党的十七大、十七届五中、六中全会精神、《公民道德建设实施纲要》、《科学发展观》、党的大政方针政策和税收政策业务知识及操作技能等，倡导健康的生活方式。通过学习，统一了思想认识，提升了思维层次，坚定了广大干部职工正确的政治方向、政治立场和政治观点，增强了抵御各种风险的能力，业务素质有了较大的提高。

【精神文明建设】 坚持以人为本的科学发展观核心内涵，“文化铸就灵魂、和谐凝聚力量、文明推动发展”。大力开展国税文化建设，将“文化生活化，文化兴趣化”。（一）国税文化建设进一步规范化。不断完善景谷国税文化建设的内容体系，遵循“抓国税文化建设就是抓住了国税工作的灵魂、核心和根本”的理念，把国税文化制度建设与税收工作一起抓，狠抓各项税收工作的建章立制工作，成效十分明显。现在从税收征、管、查工作到内部管理工作都有明确的制度规定，做到有法可依、有章可循、违者问责。（二）开展群众性活动进一步常态化。组织干部职工积极参加排球、健身操等群众喜闻乐见的活动；举办书画作品比赛，局领导带头，全员书写，反响很好；同时，开展医疗互助，职工健康体检等，起到了文化关心人、爱护人的目的，增强了队伍的凝聚力、向心力和战斗力。

（杨璨源）

镇沅彝族哈尼族拉祜族自治县国家税务局

经济概况

2011年，镇沅彝族哈尼族拉祜族自治县实现生产总值（GDP）22.19亿元，同比增长16%。其中：第一产业实现增加值9.44亿元，同比增长12.8%，拉动GDP增长5.1个百分点；第二产业实现增加值5.6亿元，同比增长31.6%，拉动GDP增长7.4个百分点；第三产业实现增加值7.15亿元，同比增长9.5%，拉动GDP增长3.5个百分点。三次产业结构比例为42.6∶25.2∶32.2。全县完成工业总产值8.63亿元，同比增长23.1%。完成固定资产投资14.52亿元，同比增长51.1%。实现社会消费品零售总额6.06亿元，同比增长20%。完成地方财政一般预算收入1.56亿元，同比增长41.7%。城镇居民年人均可支配收入1.29万元，同比增长3.3%；农民年人均纯收入3993元，同比增长20%。

税收概况

【收入完成情况】 2011年，镇沅县国家税务局共组织征收税款6632万元，同比增收2507万元，增长60.78%，完成全年收入任务5520万元的120.14%，提前3个月超额完成全年收入任务。完成县级地方一般预算收入1385万元，其中：完成一般增值税25%部分及矿产业增值税12.5%部分收入1151万元，完成预算任务950万元的121.16%，超额完成全年收入任务；入库县级所得税234万元，完成预算任务150万元的156%。同时，享受增值税“即征即退”优惠，共清算退税118万元。

【收入特点】 2011年，由于国家经济持续稳定发展，主体税种总体保持增长。增值税、车辆购置税、企业所得税保持增长，增长较大。消费税、个人所得税下降。烟叶税收突破一千万元，松香和电力增收在百万元以上，社会消费品零售总额增速较大。

【税源分析】 烤烟、矿产、林业、松香、商业是主要税源。烤烟、松香、煤炭、商业零售业等成为税收增收的支撑点，烤烟、车辆购置税、松香成为增收亮点。主体税种增值税同比增收，重点品目“十二增一减”，烟叶增收665万元，松香增收162万元，煤炭增收152万元，电力增收130万元。水泥、卷烟批发、商品零售、食糖、中密度板、铅锌矿、茶增收绝对值小。

【税务管理】 2011年，坚持“聚财为国、执法为民”宗旨，牢牢把握“服务基层年”工作主题，围绕县局的工作目标，结合国税工作实际，以班子建设为龙头，队伍建设为核心，扎实有效地开展各项工作，外树形象，内强素质，不断推进国税事业向前发展，圆满完成了各项工作任务。一是始终突出组织收入工作这个中心，以提高税源分析预测准确率为着力点，严格贯彻落实"依法征税，应收尽收，坚决不收过头税，坚决防止和制止越权减免税"的组织收入原则。层层分解落实税收目标，责任到单位，任务到人，实行班子成员分片负责、股室挂分局责任制。二是认真落实"服务基层年"各项工作，高度重视、切实做好为民服务工作，在经费、物资等保障方面倾向解决基层干部工作和生活中的具体困难，局领导认真落实"问题在一线解决、情况在一线掌握、服务在一线体现、经验在一线总结"的一线工作法，带头深入基层、深入一线、深入群众，抓调研，抓督办，一线办公，把经验总结在一线，把问题解决在一线，努力提高服务水平。三是开展"四亮四评"主题实践活动，在落实中，充分结合行业特点，针对不同服务需求，从细化优化便民服务流程，公开透明相关服务信息，规范岗位职责和工作标准，突出工作质量、办事效率等方面，做实做细"四亮四评"，推进服务型机关建设。四是强化政府采购预算管理，规范政府采购，严格执行集中采购目录和政府采购限额标准，全年无违规采购现象。五是加强财务管理，严格控制一般性支出，努力压缩"四项费用"。切实抓好社会治安综合治理，全面加强平安创建，努力构建和谐国税。以"平安和谐国税"创建为重点，积极开展"安全文明社区"、"绿色小区"、"安全文明楼院"、"和谐家庭"等创建活动，在办公区和职工住宿区安装监控系统，加强了安全防范。六是严格控制会议数量和规模，努力做到讲短话、拟短文、开短会，尽量降低会议费支出。牢固树立量入为出、勤俭办事的思想，严控"四费"支出。

各项工作

【税收法制建设】 注重抓好税收执法检查和监督。一是严格按照程序依法制定税收规范性文件，确保所制定的规范性文件不与国家现行法律、法规、规章相抵触，不与上级机关的规范性文件相抵触。二是认真开展"六五"普法和"四五"依法治省工作。三是认真抓好执法检查和自查自纠工作，严格规范行政许可审批程序，注意开展税收执法分析活动。四是切实加强执法监督。坚持重大税务案件集体审理制度，充分运用税收执法管理信息系统，开展对税收执法行为的监督和追究，促进全局执法过错逐步减少，执法水平逐渐提高，执法风险有效降低。2011 年，受理重大税务案件 2 件，已审理终结，共查补增值税税款 12.87 万元，罚款 8600 元，并按相关规定加收滞纳金 2.78 万元；清理、废止镇沅国税局以前年度制定印发的税收规范性文件 5 件，其他文件 112 件；对税收执法管理信息系统产生的疑点信息共计 97 条进行调查处理，其中 77 条无过错，20 条疑点信息调查后进行定额调整。

【税收征管】 构建税收征管联动机制，着力抓好税收征管"整合"及"联动"工作，以建立纵向互动好、横向联动好、内外协作好的征管运行机制为落脚点，完善机关各业务部门之间的相互协作操作规程，细化协作内容，落实协作职责，规范协作流程，着力抓好面、线、点的税源联动分析，做到税源与征管状况监控分析联动、汇算清缴联动、纳税评估联动、税务稽查联动，从根本上解决征管工作多头布置、协调不畅的问题，努力推进征管联动机制建设。抓好纳税评估，提升管理质量。组成 3 个评估小组，统筹确定评估对象，综合协调抓好专项评估、日常评估、简易评估和调研评估，实施评估 11 户，评估补缴入库增值税 10.38 万元，滞纳金 8700 元。大力清理整顿木材行业，共清理入库增值税款 28.84 万元，加收滞纳金 4.15 万元，清理整顿工作取得明显成效。加强所得税政策业务的培训和辅导，认真落实"分类管理，优化服务，核实税基，完善汇缴，强化评估，防范避税"的所得税工作总体要求，对企业所得税纳税人进行全面清理，重新逐户进行征收方式鉴定，对于账务核算不健全的企业严格执行《企业所得税核定征收办法》进行征收方式的鉴定，核定应税所得率征收 38 户，使企业所得税征收管理工作逐步走向规范化。认真落实"两级"审核制度，规范税企双方的操作流程，严把税前扣除审核（批）关；按要求圆满完成了 2010 年度企业所得税汇算清缴工作，共有企业所得税管户 65 户（2 户分支机构不参与年度汇算清缴），实际参与年度汇算清缴 62 户（一户非正常户未参与），其中：查账征收 41 户，核定应税所得率征收 21 户；有盈利企业 24 户，亏损企业 16 户，零申报企业 22 户。经过汇算清缴，纳税调整增加额 830.45 万元，纳税调整减少额 861.96 万元，2010 年度应纳企业所得税额为 1007.02 万元。实际预缴企业所得税 1027.95 万元，应退企业所得税 51.72 万元，应补企业所得税 30.78 万元。

【税务稽查】 全年实施稽查选案 23 户，辅导纳税人自查补税 15 户，实际立案检查 8 户，查补收入总额为 61.42 万元，其中，增值税为 52.34 万元，所得税 5100 元，滞纳金 7.61 万元，罚款 9600 元，调减企业亏损 60.21 万元。完成市局下达 50 万元确保任务数的 122.84%，选案准确率 100%，查补收入入库率 100%，稽查结案率 100%。涉嫌税收违法犯罪向公安机关移送 1 户。实施市级分类稽查 1 户（镇沅县农村信用合作联社），查补收入 9.08 万元，其中，增值税 3600 元，企业所得税 8.28 万元，滞纳金 4400 元。

【税收管理信息化建设】 抓好税收管理员辅助信息系统推广应用工作，研究制定了《税收管理员辅助信息系统推广实施方案》，清理、核实和修正综合征管系统中的疑点数据和垃圾数据，严格按要求编制系统用户授权表，开展模拟业务测试，确保了系统推广应用工作顺利开展。以"金税三期"为主线，加强计算机和网络设备的维护和整合应用，建立健全电子数据处理利用制度，继续做好机打普通发票、网上认证、网络申报等系统推广应用，按要求完成了综合征管软件补丁升级调试、防伪税控网络版 5.00 前台客户端的升级和调整等工作，进一步提升了信息管税功能。

队伍建设

【机构人员情况】 县局有局长 1 人、副局长 2 人、纪检组长 1 人。内设办公室、人事教育股、监察室、税政股、征收管理股、收入核算股、信息中心 7 个部门，1

个稽查局，1个恩乐税务分局。有职工78人，其中：在职53人（税务分局16人），离退休25人。在职人员中，大专以上学历50人（本科23人、专科27人），占在职人员的94.3%。中专1人，初中2人。党员31人（在职党员26人）。

【干部队伍建设】 始终把开展创先争优和向杨善洲同志学习实践活动作为加强党建工作的首要政治任务来抓，以党组理论中心组学习和机关党支部学习活动为主要载体，以坚持周五集中读书学习活动制度为保障，加强组织领导，制订学习计划，明确任务，落实责任，不断推进创先争优活动的深入开展。加强理论学习，强化思想认识，把学习杨善洲精神与加强领导班子建设，加强支部组织建设，创先争优活动，做好新形势下群众工作紧密结合。扎实组织开展精神文明创建、国税文化建设、"六比六看"、"党员示范岗"、"巾帼文明岗"以及树先进、学先进、赶先进等活动，不断推进创先争优活动的深入开展，取得实效。4名党员荣获市局"优秀共产党员"称号，1名党员荣获县委"优秀共产党员"称号，有省、市"读书标兵"3名。

【廉政建设】 加强内控机制建设，强化廉政风险防范。一是在排查廉政风险点工作的基础上，根据各股室岗位职责，采取岗位自查、不同岗位互查、领导帮助查找和集体排查等方法，把廉政风险排查工作落实到各个具体岗位和每一个人，结合各股室管理权限和业务特点，主要查找在制度机制执行、履行岗位职责、业务操作方面可能出现的廉政风险，认真梳理权力运行中存在的或潜在的廉政风险点。二是对清理出的廉政风险进行等级评估，按风险发生的几率或危害损失程度由高到低，分为A、B、C三个等级。原则上对容易出现或滋生违法犯罪行为的定为A级，容易出现或滋生违纪违规行为的定为B级，轻微违规或虽未违规但对国税形象造成不良影响的定为C级。三是对排查确定的廉政风险点，认真进行原因剖析，提出相应防范风险措施，对制度执行情况进行自我评价，并形成《镇沅县国家税务局机关部门廉政风险点防控措施表》和《镇沅县国家税务局部门岗位内控流程图》。通过分析排查，全局确定共排查出风险点72个，其中，一级风险19个，二级风险29个，三级风险24个。四是在县纠风办对全县10家行政执法职能部门开展行风政风问卷调查中，镇沅县国税局在政务公开、办事效率、服务态度、依法行政、廉洁执法、整改提高六项测评中，群众满意率达100%。五是坚持与861户新增纳税人签订《廉政公约》，并采取多种形式进行回访调查，回访率达到5%。

【教育培训】 认真落实分级管理、分层培训、分类实施的教育培训工作要求，制定切实可行的业务培训计划，并认真组织实施。2011年，先后举办内部培训班6期294人（次）；参加省局及省外培训7期16人（次）。

【精神文明建设】 开展"学习和实践科学发展观"、"创先争优"和"三读"等系列教育活动，充分利用网络资源，将精神文明建设的相关知识和要求放在"镇沅国税网站"中供广大干部职工进行学习，开辟"支部园地"、"职工之家"、"廉政建设园地"、"爱读书、读好书、善读书"等栏目，让干部职工相互交流，相互学习，写心得，谈认识，谈体会。结合国税工作实际，把精神文明建设列入岗位绩效考核评价，定期检查考核。形成一把手负总责，亲自布置，亲自抓。分管领导抓落实，负责协调、指导和检查。职能部门具体落实，具体抓。干部职工积极参与，齐抓共管共创建的良好氛围；加大投入，硬件建设到位。在资金紧张的情况下，不断加大文明创建投入，建立活动室、阅览室，将有限的资金用到刀刃上，积极开展"文明窗口"、"先进集体"、"优秀税务工作者"、"文明楼院"、"和谐家庭"创建活动。

【国税文化建设】 开展国税文化活动思路宽，形式多样化，寓教于乐。让文化的教育贴近国税干部职工，贴近现实生活，贴近工作实际。具有感召力、亲和力、吸引力和渗透力，在国税机关形成新的风尚，利用现代、新颖的载体，开展心理调适、心理健康等讲座，让广大干部职工时时刻刻沐浴在一种文化正气的环境之中。开展的国税文化活动具有行业特点和内涵。周五职工集中读书活动形成制度，组建"写作、摄影、书画"为龙头的兴趣活动小组，适时组织室外采风活动，并获得丰富成果，小组成员的7幅摄影作品入选县委90周年党庆展，两篇文章获征文奖，编辑出版了镇沅国税文化系列丛书之一、之二。即《历程》、《心路》两本图书。举办了"庆祝建党90周年·2011端午诗会"。弘扬国税文化，共建和谐国税。

（罗志华）

景东彝族自治县国家税务局

经济概况

2011年，景东彝族自治县实现生产总值（GDP）34.6亿元，按可比价计算，同比增长13.9%。从产业类型看，第一、二、三产业分别实现增加值14.76亿元、8.98亿元和10.86亿元，分别比上年同期增长11.6%、26.5%和8.5%。三次产业对经济增长的贡献率分别是37.1%、42.7%和20.2%，分别拉动经济增长5.2%、5.9%和2.8%。三次产业结构比例由上年的44.5:22.4:33.1调整为42.7:25.9:31.4。

税收概况

【收入完成情况】 2011年，景东县国家税务局入库税收收入2.59亿元，为历史最好水平。同比增收4215万元，增长19.42%，完成市局下达任务数2.52亿元的102.85%。增值税入库2.14亿元，消费税入库104万元，企业所得税入库2038万元，个人所得税入库10万元，车辆购置税入库2335万元。清理入库增值税呆账税金3.7万元。

【收入特点】 5个税种"四增一减"。增值税同比增收

2517万元，增长13.31%；消费税同比增收63万元，增长151.93%；企业所得税同比增收1334万元，增长189.3%；个人所得税入库同比减收11万元，下降52.54%；车辆购置税同比增收312万元，增长15.46%。增值税增收的主要品目是：漫湾和大朝山电站发电、水泥、食糖、酒精、烤烟、卷烟、铁矿增值税增收，分别增收235万元、55万元、584万元、78万元、714万元、299万元、214万元，分别占税收收入增收额的5.58%、1.3%、13.86%、1.85%、16.94%、7.09%、5.08%。

【税源分析】 （一）景东税源电力占主导。大朝山电站入库增值税9365万元，同比增收82万元，增长0.88%；漫湾电站入库增值税5359万元，同比增收153万元，增长2.94%。两大电站入库增值税1.47亿元，占全县增值税入库数的68.69%。（二）县内税源增长点有限。增收的品目主要是：烤烟、卷烟、食糖、水泥、酒精、铁矿等，主要集中在第二、三产业。（三）发电企业受气候变化影响，县内工业基础薄弱，依托工业为主的税收增长有限。

各项工作

【税政管理】 （一）增值税政策执行情况。继续落实好增值税转型政策规定，及时传达学习税收优惠政策培训内容；做好增值税“即征即退”审核；做好一般纳税人认定的监控管理；积极推行多元化申报管理，向纳税人做好宣传，做好纳税人网络办税“一体化”的推行；落实金税工程岗位职责，按要求进行各子系统的操作，使岗位之间加强协调配合；加强增值税一般纳税人信息档案管理；落实增值税专用发票管理办法，内部加强对纳税人领购专用发票最高开票限额和购票量的审核把关，开展存根联滞留发票核查工作；做好运费发票、农产品发票进项税抵扣管理，加强动态分析预测。在国家对增值税起征点进行调整后，及时开展收入测算，做好个体税收管理中的政策宣传，将政策落实执行到位。（二）消费税政策执行情况。加强消费税收入分析工作，加强重点税源分析管理。（三）车辆购置税政策执行情况。落实车辆购置税征收管理办法，按车辆购置税政策征收税款；对新开业的机动车经销户及时安装开票系统；加强各部门、岗位人员工作间的协调，认真落实车辆税收一条龙管理，建立机动车税收征收与管理的互动机制；加强对异常发票信息的采集、传递和核查的一条龙管理。（四）企业所得税政策执行情况。认真贯彻落实《新企业所得税法》及实施条例，落实企业所得税优惠政策，重点抓好西部大开发、非公经济、下岗失业人员再就业及新办企业的所得税优惠政策的贯彻落实；加强对重点税源和行业监控工作，做好企业所得税税源分析工作，认真做好2010年企业所得税纳税评估工作，加强对新出现的经济增长点和新税源的调查研究分析。

【税收征管】 （一）按照科学化、精细化、专业化的税收管理要求，结合工作实际，进一步推进实施行业税源管理实施方案，建立行业综合税种管理机制。（二）落实“服务基层年”各项工作，狠抓落实不放松，结合政风行风评议工作，组织工作组开展了“心系纳税人，和谐促发展”大走访活动，深入纳税人广泛听取意见、沟通思想、开展税收宣传、帮助解决纳税人遇到的涉税方面的问题，密切征纳关系。（三）坚持每周工作联席会议制度，做到工作安排有的放矢，有效促进各项工作的及时落实。（四）在贯彻落实税收管理员制度中，遵循管户与管事相结合、管理与服务相结合、属地管理与分类管理相结合的原则，明确岗位职责，落实管户责任，密切关注税源变动情况。（五）在户籍管理工作中加强与工商、地税、组织机构代码中心等部门的协调配合，按月进行信息交换，利用各种有效信息加强户籍管理，进一步落实税收管理员的管户责任。（六）贯彻执行《个体工商户税收定期定额征收管理办法》，认真进行个体工商户定额信息采集，运用定额核定系统计算生成定额，确保核定定额的真实、科学，提高定额的准确性和公平性，确保个体“双定户”税收收入及时足额入库。（七）切实加强普通发票安全管理，严格执行各项管理制度和措施，减少发票安全隐患和发票违法违章案件的发生；加强推进新版普通发发票换版，不断提高普通发票用票质量。（八）加强纳税评估，2011年，评估补缴增值税27.65万元，加收滞纳金2.65万元，转出进项税额3.21万元；补缴消费税15.85万元，加收滞纳金1.01万元；补缴企业所得税9.12万元，加收滞纳金526.40元，调增企业所得税应纳税所得额135.35万元，调减待弥补亏损77.65万元。

【税务稽查】 （一）完成稽查收入196万元，其中，辅导企业自查调整税款103万元；辅导企业自查补缴税款45万元；检查入库税款48万元。全年共实现县级查补收入80.59万元，其中，查补增值税36.4万元，企业所得税20.98万元，消费税6.83万元，加收滞纳金16.38万元，入库率100%。（二）分级分类稽查：查前告知面100%、自查达100%，9户企业经过自查，补缴税款、滞纳金30万元。协助市局下达分级分类稽查自查2户，自查入库税款和滞纳金13万元，自查调增2010年应纳税所得额450万元。（三）专项检查：确定景东彝族自治县明华水利水电工程有限责任公司和景东无量酒业有限公司2户企业为专项检查对象。经企业自查，自查有问题1户，自查补税9.8万元，滞纳金4000元；抽查1户，查补税款5万元，滞纳金1000元。（四）针对建筑、金融、保险、通讯、石油石化、房地产6个行业，进行打击发票违法犯罪活动专项行动。共查处违法企业9户，查处非法发票22份，查补税款3.3万元，加收滞纳金6500元。

【税务管理信息化建设】 （一）积极配合技术人员做好三网改造工作。结合实际，做好网络营运商的协调工作，配合技术人员完成网络改造；做好广电、电信、网通三家网络接入整合后的网络监控和网络流量分析。（二）充分利用各种数据分析查询系统，加强业务与技术的有机整合，保障数据质量。及时清理核实各系统数据信息的变化情况，进一步完善和统一系统中的数据规范。完善纳税人在各个系统中的电子信息，统一各应用系统数据口径，为金税三期工程的数据采集打好基础。（三）在普通发票填开系统推广的第一年，大力支持技术推广工作，优化纳税服务。（四）抓好日常维护，确保各系统安全稳定。做好各系统升级和系统数据维护；加强网络监控和防病毒安全操作；加强内外网计算机的管理，尤其对涉密设备的安全管理，物理杜绝内外网设备互联互通，严防涉密信息外泄；规范工作流程，明晰工作职责，注重事事监督。

【纳税服务】 （一）加大力度，务求实效，加强税法宣传。坚持日常宣传与税收宣传月宣传相结合、正反典型宣传曝光相结合，大力宣传各项税收法律法规和政策，做到宣传工作制度化、宣传方式多样化、宣传手段多元化、宣传活动经常化、宣传效果务实化。在全国第20个宣传月中，一是建税情、优服务，落实“服务基层年”主题要求。以纳税人为主线，针对不同纳税人涉税需求，面向社会，突出优化纳税服务宣传，以上街头、进企业、进商店发放宣传资料、悬挂宣传标语等形式，突出纳税人主体地位，宣传纳税服务举措，征询纳税人服务需求，注重征纳双方互动，彰显征纳双方税收情谊。在宣传月中，共发放各类宣传材料1800余份。二是以明信片为载体，搭起征纳双方沟通桥梁。本着增进征纳双方沟通理解目的，联合景东邮政局印制“税收·发展·民生”为主题明信片500多张，分别寄送给增值税一般纳税人、小规模纳税人及个体工商户。三是村官牵头，将税收宣传向村社延伸。四是以全县篮球联赛为契机，扩大税收宣传面，取得了较好宣传效果。（二）更新服务理念，推进纳税服务职能化。按照“始于纳税人需求，基于纳税人满意，终于纳税人遵从”的要求，进一步树牢纳税服务是税务机关法定职能、是税务干部法定义务的理念。结合“四亮四创四评”主题实践活动，以方便纳税人及时足额纳税和提高税法遵从度为目标，在强化管理中提高服务水平，在优化服务中加强税收管理。加强与纳税人沟通，以化解征纳矛盾，提高国税部门的税收执法质量和纳税服务工作质量，提高纳税人对国税部门的满意度和对税法的遵从度，促进税企和谐发展。（三）完善服务制度，推进纳税服务规范化。以“文明办税八公开”为基础，抓好纳税服务制度建设，全面规范纳税服务的内容、项目、方式、方法与标准；以良好的制度为抓手，进一步推进纳税服务规范化。（四）改进服务手段，继续加大多元化申报纳税的推行力度。积极推行网上申报、储蓄扣税、实时扣税等多元化申报方式，真正实现纳税人足不出户即可完成申报纳税事宜。

队伍建设

【机构人员情况】 至2011年底，内设机构9个，即：办公室、人事教育股、监察室、机关党总支办公室、信息中心、税政股、征管股、收入核算股、法规股；直属机构1个，即：稽查局；派出机构1个，即：锦屏税务管理分局。共有干部职工107人，其中离退休44人，在职职工63人，在职人员中大专以上学历61人，占在职人员的96.83%。全局党、团、工会、妇女工作组织机构健全，有党员50人，其中：在职党员25人，离退休党员25人（乡镇党委管理10人）；青年团员1人。

【廉政建设】 贯彻落实《建立健全惩治和预防腐败体系2008－2012年工作规划》实施办法、《党员干部廉洁从政若干规定》，开展党风廉政警示教育活动，学习《国家税务总局办公厅关于两起税务干部组织参与虚开增值税专用发票重大案件的通报》、《国家税务总局办公厅关于加强税收执法和办税服务人员教育管理的通知》和观看了《贪欲的代价——普洱市领导干部违纪违法案件警示录》警示教育片。坚持“标本兼治、综合治理、惩防并举、注重预防”的方针，完善教育、制度、监督并重的惩治和预防腐败体系；以领导干部为重点，面向全体国税人员，不断增强反腐倡廉教育的系统性、针对性和有效性；围绕重点岗位、重点环节，进一步强化对税收执法权和行政管理权“两权”监督制约；以解决群众反映强烈、损害纳税人合法权益的问题为重点，切实纠正不正之风。抓好内控机制建设，做好风险点排查工作。共排查出风险岗位40个，廉政风险点113个，其中一级风险点31个，二级风险点38个，三级风险点44个。制定具体防控措施147条，内控流程图55个，明确作业规范、操作要求、时限、权限、流程等标准，让干部清楚“在何时、做何事、如何做、做到什么程度”，实现管理的系统化、标准化，使工作环节、业务步骤清晰可见，内容要求具体明确，有效地防范了税收执法风险。

【干部队伍建设】 结合实际组织开展“强化税收执法监督检查、强化勤政廉政监督检查；提升税收执法水平、提升纳税服务能力”的“两强化、两提升”活动。一是组织开展了税收政策、税收法制、计算机业务操作系统以及勤政廉政建设等19个专题的学习培训，进一步提升国税干部为纳税人服务的能力，为“六五”普法的开局之年打下了良好的基础。二是开展了税收执法风险清理检查，共排查出税收执法风险点102个，并针对检查发现的风险问题，提出了具体防范措施，促进了税源管理，优化了纳税服务，规范了税收执法。三是对综合征管软件、数据监控系统等进行数据质量监控，进一步提高了综合征管软件数据质量。通过这一活动的开展，认真贯彻落实“服务基层年”的各项工作要求，营造良好学习氛围，增强干部职工的法律意识、责任意识和风险意识，促进依法治税、促进学习提高、促进工作落实，使税源管理更加扎实，纳税服务更加优化，税收执法更加规范，干部队伍更具活力，取得了很好的成效。

【党建工作】 以创先争优、党组织建设、“四亮四创四评”活动为契机，紧紧围绕国税中心工作，以保持党的先进性，增强战斗力为主旨，规范党员的教育、管理和监督，不断改进和加强党的组织建设。积极组织建党90周年庆祝活动，参加“彝乡儿女心向党”红歌演唱会，努力推进思想建设、组织建设、作风建设和制度建设，不断增强党员的大局意识、责任意识和思想政治素质，进一步提高基层党组织的凝聚力和战斗力。县局党总支被景东县委、机关工委授予“党建目标考核优秀单位”、“学习型党组织建设示范点”、“先进基层党组织”，21位同志荣获普洱市国家税务局、景东县委、景东县国税局“优秀党员”或“优秀党务工作者”称号。

【教育培训】 把学习贯彻党的十七届六中全会、省第九次党代会精神作为重大政治任务，抓实抓紧抓好。除“两强化、两提升”活动19个专题教育培训外，面向纳税人举办了分类稽查查前告知会、网上认证和网络办税培训、成品油经销行业培训等，规范了税收行业管理、增强了纳税人依法纳税意识，提升了纳税人税收业务技能。在工作中突出分类培训与因材施教相结合，素质教育与技能培训相结合，理论教学与实际见习相结合，努力提升国税队伍整体素质及国税形象。

【精神文明建设】 抓好规划、抓实载体、抓牢中心、抓出特色，完善创建工作机制，充分调动各个方面参与的积极性；把精神文明创建和离退休干部管理工作结合起来，把精神文明创建和国税业务工作紧密结合起来，大力开展争创文明行业、争当文明单位、先进个人等创先争优活动，培养和宣传先进典型，用模范人物的先进事迹和高尚精神影响带动广大国税干部，调动广大干部职工创先争优的积极性，在推动税收工作中体现精神文明建设的成果和价值。被云南省国家税务局、云南省妇联命名为"巾帼文明岗"称号，被普洱市委、市人民政府授予"巾帼建功先进集体"，被普洱市总工会授予"先进职工之家"。2位同志荣获景东县委、县人民政府"五好文明家庭"与"巾帼建功先进个人"称号。

（周恒东）

江城哈尼族彝族自治县国家税务局

经济概况

2011年，江城哈尼族彝族自治县实现生产总值（GDP）15.4亿元，同比增长15%，人均生产总值达1.26万元。第一产业完成增加值4.9亿元，增长12.7%；第二产业完成增加值6.7亿元，增长18.1%；第三产业完成增加值3.8亿元，增长12.4%。三次产业结构比为31.8∶43.4∶24.8。第一产业比重止降回升，二、三产业比重有所下降。完成固定资产投资13.6亿元，同比增长30.2%。完成财政一般预算收入8038万元，增长33.7%。社会消费品零售总额3.7亿元，增长18.6%。城镇居民人均可支配收入达8944元，比上年增加1299元，增长17%，农民人均纯收入达3325元，比上年增加701元，增长26.7%。

税收概况

【收入完成情况】 2011年，江城县国家税务局共组织入库税收收入8385万元，比上年增收2413万元，增长40.41%，完成市局下达任务的108.01%，超收595万元，完成地方一般预算收入1666万元。

【收入特点】 （一）2011年，江城县完成工业总产值15.4亿元，同比增长15%，良好的经济运行环境带动了国税收入的稳步增长；（二）国税税收收入出现3增2减态势，企业所得税增幅较大，达128.33%，车辆购置税增幅为67.33%，增值税增幅为35.61%。出现减收态势的是储蓄存款个人利息所得税，下降50%，其次是消费税，下降38.81%。

【税源分析】 从重点品目完成情况看，增值税品目出现了5增5减态势：糖、电力、钾肥、铜和商业同比增收；白酒、砖瓦、中密度纤维板、松香和茶叶同比减收。增值税在重点品目电力、钾肥、糖、商业、铜的带动下出现了良好的增长态势，全年共入库7777万元，同比增收2042万元，增长35.61%。分经济类型完成情况看，增值税除集体企业减收外，其他企业同比增收。国有企业同比增收14万元，增长4.86%；个体增收84万元，增长48.28%；股份制企业增收1921万元，增长37.1%；私营企业增收29万元，增长32.95%。重点税源企业税收增长迅猛，拉动税收全面增长。

【税务管理】 （一）落实行业税源多税种综合管理，将管户制度向管事制度转变，结合干部队伍实际，在原有内务组、巡查组及个体组的岗位体系基础上，对内、外的业务流程进行分流细化，增加纳税评估组，进一步完善税收分析、税源监控、纳税评估、税务稽查"四位一体"的税源管理机制，基本实现以团队管理为主的综合税种管理模式。（二）以纳税人需求为导向，优化办税服务，服务体系逐步充实。实行"一窗式"、"一站式"服务以及全程服务、提醒服务、预约服务、限时办理、延时服务等多种服务方式，做到急事急办，特事特办，方便纳税人办事．加强门户网站建设，将最新政策法规及时公开，方便纳税人查询。加强纳税咨询辅导，无偿为纳税人提供纳税咨询、办税指南等服务，明确纳税服务的岗位职责，实行统一的纳税服务标准。加强增值税税收优惠政策管理，受理增值税减免税备案登记53户，减免销售额2.93亿元，其中涉农企业28户；享受企业所得税税收优惠政策2户，共享受20.6万元的企业所得税减免优惠；落实增值税起征点调整工作，2011年免征增值税的个体工商户为1509户，占国税机关个体工商登记户数的96.11%。（三）结合新的征管模式，有效整合资源，重点提升纳税评估工作在税源管理中的作用。2011年，对零负申报的小规模企业及新认定的个体工商户一般纳税人展开纳税评估工作，共评估17户，其中市局下发的评估户7户，县局自选评估户10户，根据不同企业的内控管理和生产经营特点，以产品的产、供、销为核心目标，依靠有关部门的管理信息实施评估工作，评估补税11.81万元，所得税调增应纳税所得额2.4万元。实现"评估几户企业，规范一个行业，以评促管，以评促收"的目标。（四）切实加强数据的监控，及时发现征管漏洞。充分使用省、市局的各项预警通报及征管质量运行通报，完成12期征管运行质量通报、2期省局征管质量通报和1期市局征管质量通报的核实整改，进一步提升征管质量。

各项工作

【税收法制建设】 （一）严格规范性文件管理。严格做好规范性文件的起草、审查、发布、备案备查等工作。（二）2011年，通过重大税务案件审理委员会审理结案 2 起稽查局移交的涉税案件。补缴增值税 22.69 万元，罚款 22.39 万元，滞纳金 6.24 万元。均已入库。（三）切实加强欠税管理，对重点欠税企业逐户制订清欠计划，落实清缴责任和清缴期限，2011 年共清缴欠税 100 万元。（四）完善税法公告，做好每季度对企业、每半年对个体的欠税公告工作，对欠税 200 万元以上及有欠税的走逃、失踪户按规定的程序上报市局。（五）开展打击发票违法犯罪活动。2011 年共检查发票 3000 余份，检查发现违章发票 56 份，处理发票违法违章纳税人 9 户，罚款 3450 元。

【税收执法】 （一）加强税法宣传。开展税收宣传"四进入"活动，使之成为 2011 年宣传工作亮点。1. 税收宣传进万家。分发宣传单，向手机用户群发税收宣传公益短信，举办税收宣传征文比赛，共收到来自全国各地的征文 51 篇。2. 税收宣传进学校。建立"青少年税法宣传教育基地"，对学生进行税收法规教育，让税宣植根学校，并带动家庭和全社会关心税收、宣传税收。3. 税收宣传进企业。解读税收政策，以知识竞赛的形式，让纳税人参与其中。4. 税收宣传进广场文化。在县世纪广场的电子显示屏上播放税收宣传动漫，使税收宣传动漫融入广场文化，筑造起税收宣传的"立体阵地"。（二）加大稽查力度抓实抓好分级分类稽查、专项检查、区域性专项整治等工作。2011 年查补入库税收收入（含自查）108.71 万元。其中：增值税 61.54 万元；企业所得税 4.44 万元；罚款 22.39 万元；加收滞纳金 20.34 万元。选案准确率 100%、入库率 100%、结案率 100%、查补收入完成市稽查局下达 30 万元任务数的 362%。

【税收征管】 （一）以信息管税抓数据。认真做好网络申报推行工作，辖区内增值税一般纳税人 66 户，其中 37 户采用网络申报方式申报，占 56.1%；企业所得税纳税人 91 户，其中 40 户采用网络申报方式申报，占 43.96%，出口退税网络申报覆盖全县所有出口企业。（二）税种管理抓精细。1. 货物和劳务税管理。将 19 户一般纳税人纳入增值税防伪税控系统管理，做好固定资产抵扣核实管理工作，对涉及固定资产抵扣 9 户企业核查 85 份增值税专用发票，申报抵扣进项税额 102.47 万元。2. 所得税管理。认真落实企业所得税优惠政策管理办法，2 户企业享受所得税税收优惠政策；认真做好 2010 年度的企业所得税汇算清缴工作，应参加汇算清缴 60 户，实际参加汇算清缴 59 户，非正常户 1 户，汇算面 98.33%，严格按程序做好企业所得税征收方式鉴定工作，调查核实鉴定 64 户。3. 车辆购置税管理。加强异常发票数据监控分析、重点核查，加强汽车车辆购置税管理，做好核定最低计税价格工作和系统升级维护工作，不断提升车辆购置税政策执行水平。4. 进出口税收管理。强化和外事、民政、卫生等相关部门的信息交换，对 2011 年在滇境外非政府组织管理情况进行管理调查，建立健全管理台账；认真开展境外非政府组织在华活动情况的调研摸底工作，加强管理。（三）加强小规模纳税人管理。1. 加强对查账征收小规模纳税人的管理，对长期零申报的查账征收小规模纳税人进行造册跟踪管理，确定重点监控户，采取不定期下户，开展运输情况监控，往来款项比对，相关部门取数等一系列外围工作，对可疑纳税人进行了密集监控，切实做到辅导到位，管理到位，共入库税款 11.3 万元。2. 在零散税款征收上，严控临时经营户，严把代开发票关，主动掌握木材、鲜肉零售、砖瓦生产、石料加工临时户的经营情况，入库税款 51 万元。3. 做好起征点调整后续工作。依托电子定税系统，加强行业检查，以行业检查结果为导向，根据消费市场动向，针对性的对热门行业进行定额调整工作，新起征点实行后，征收面达 3.91%，征收度 152.66 元。

【税务管理信息化建设】 2011 年，全局装备计算机 73 台，打印机 37 台，10KV 以上 UPS 不间断电源 2 台，路由器 3 台。广域、局域网络已覆盖县局、分局二级国税机关，县国税局、分局办公场所全部实现结构化综合布线，共建成网络接口 143 个。建成防静电、防雷击、防断电的现代化中心机房。全局中心机房共有 4 台服务器在运行。中国税收征管信息系统（CTAIS）、金税工程、公文处理、瑞星杀毒网络版等软件顺利运行。5 次对综合征管软件（CTAIS）补丁进行升级，进一步完善了系统，使软件的涵盖面更广，业务的处理更加精细化。共安装和培训纳税人使用机动车销售统一发票开票软件 8 户。

队伍建设

【机构人员情况】 （一）机构设置。2011 年县局内设机构 7 个（正股级）：办公室、政策法规股、税政股、收入核算股、征收管理股、人事教育股和监察室；直属机构 1 个：稽查局，事业单位 1 个：信息中心，派出机构 1 个：勐烈税务分局。（二）人员配置。2011 年，全局在职干部职工 38 人。内设机构 19 人，直属机构 4 人，事业单位 1 人，派出机构 14 人。按岗位划分：行政管理岗 11 人，税收管理岗 22 人，信息中心 1 人，工勤人员 4 人。

【领导班子建设】 领导班子由局长、纪检组长、副局长共 3 人组成，平均年龄 40 岁。班子加强政治思想建设，健全内部监督制度，切实抓好民主集中制、中心组学习和民主生活会等制度的落实。在干部日常管理上坚持做到用制度管人、按制度办事，形成科学决策、民主决策的良好氛围。认真落实领导干部接待日制度、分管部门联系点制度和一线工作等制度，推动领导干部深入实际、了解实情，扎扎实实为群众办实事、办好事。严格执行党组议事规则、决策程序，广泛听取基层群众意见和建议，不断提高科学决策、民主决策、依法决策水平。增进班子团结，增强班子集体的凝聚力和战斗力，充分发挥了班子的集体领导作用。杨璟荣获"优秀党务工作者"称号。杨静曦、杨璟获年度"优秀公务员"称号。

【党风廉政建设】 （一）认真落实党风廉政建设责任制，层层签订《党风廉政建设责任书》，按照"一岗双责"要求，部门负责人负责抓好本部门责任书签订和日常的监督教育，对本部门的干部职工存在的思想问题，及时做工作，帮助解决困难、化解矛盾。专职监察员参加县局召开的个体户定额核定、一般纳税人认定、减免税备案、税种认定、案审委员会讨论、企业所得税认定等工作会议，起到监督作用，兼职监察员做好日常考核记录。（二）坚持《廉政公约》的签订和回访问效工作，充实特邀监察员队伍，发挥特邀监察员的监督作用，确保监督到位。2011年应回访52户，实际回访60户，已完成了《廉政公约》5%的回访率。充分发挥“纪检教育日”和兼职监察员平台，加强严格遵守《税务人员廉洁自律若干规定》、《税务人员十五不准》等规定的教育，杜绝吃、拿、卡、要、报、赊等影响国税形象的行为发生，真正把惩防体系建设与业务工作同研究、同部署、同落实。（三）加强日常监督检查，找准薄弱环节，抓住工作纪律、着装仪表等容易反弹的问题，以及服务态度差，工作质量效率低等共性问题，进行定期或不定期检查，发现问题及时纠正提醒，2011年共检查48次，未发现违纪行为。在县局网站设立廉政之窗，把廉政警言及开展党风廉政工作情况放在网站，供全局人员学习。另外，还在每个干部职工的计算机上设置廉政屏保，增强干部职工廉洁意识。（四）制定下发《江城县国家税务局部门内控机制建设实施方案》，按照现有岗位的部门人员设置查找风险点，完善内控机制建设制度，最大限度地减少税务执法、行政管理中的自由裁量权和随意性，防止滥用权力等违法行为的发生。

【精神文明建设】 巩固文明创建成果，组建网球、摄影、书法等兴趣小组开展丰富多彩的文体活动。积极参加地方政府组织的文艺、体育和各种知识竞赛活动，取得较好成果。被县委、县政府推荐为全县唯一一家全国文明单位申报资格的单位，成为全县文明创建的标杆，县宣传部组织全县各乡（镇）、村、社及县属机关单位领导近百人到国税局召开全县精神文明建设现场交流推进会。积极响应县委、县政府开展“千名干部大下访”的号召，先后十余次深入联系点，调查摸底访民情、座谈走访听民心，投入帮扶资金2.1万元，切实帮助解决农民生产生活中实际问题，有效支持了农村经济建设。2011年，被县委、县政府授予“优秀奖”。在云南省国税系统“爱读书、读好书、善读书”活动中被普洱市国家税务局命名为“先进单位”。在工会年度目标责任书考核中被县总工会表彰为“一等奖”。党支部在2010年党建工作中，荣获“先进集体二等奖”。收入核算股被中共普洱市委、普洱市人民政府授予“巾帼文明岗”。局党组被市局党组授予“先进党组”；在全县庆祝中国共产党成立90周年“红歌人人唱”歌咏比赛中获得“三等奖”。

【教育培训】 制定年度教育培训方案，年初聘请市财校教师举办财务会计知识培训，结束后组织闭卷考试。4月至11月，进行“市局政务网学习考评自测培训”，利用每周五下午一个小时，每人按自己涉及的岗位业务上台讲课，以进一步提升干部职工综合素质，全员闭卷考试及格率达87%。全年参加省市培训6期7人，共70天，自主培训共举办14期理论、业务培训班，培训天数达22天。

（王永清）

澜沧拉祜族自治县国家税务局

经济概况

2011年是“十二五”开局之年，澜沧拉祜族自治县国民经济实现了平稳较快发展，经济实力稳步提升。全年实现生产总值（GDP）34.81亿元，增幅按可比价格计算，比上年增长14.9%，其中，第一产业完成增加值11.34亿元，增长7.7%；第二产业增加值12.25亿元，增长30.7%；第三产业增加值11.22亿元，增长7.9%，三次产业结构比由上年的33∶31.4∶35.6调整为32.6∶35.2∶32.2。实现地方一般预算收入3.11亿元，比上年增长40.2%，其中，税收收入2.78亿元，增长38.7%。城镇居民人均可支配收入1.35万元，比上年增长10.1%，农民人均纯收入2618元，比上年增长24.6%。

税收概况

【收入完成情况】 2011年，澜沧县国家税务局全年共组织各项税收收入2.29亿元，完成年度收入任务的118.24%，比上年增收5693万元，增长32.95%，其中，增值税1.82亿元，消费税130万元，企业所得税1849万元，储蓄存款个人利息所得税5.66万元，车辆购置税2753万元，分别增长25.15%、15.17%、348.23%、-7.26%和26.91%。

【收入特点】 2011年，税收收入稳定增长，税收收入总额增加5693万元，“两税”增收3680万元，增长25.16%。一是重点管理的增值税品目中，食糖、商业零售、电力等品目收入增长。二是实施行业税源管理和加强重点、难点及薄弱环节管理后，进一步落实了管理责任，有效提升了管理水平，增值税、企业所得税、车辆购置税大幅增长。

【税源分析】 （一）固定资产投资和房地产业快速增长成为国税收入增长的重要拉动力。2011年全县共完成投资52.19亿元，比上年增长41.2%，带动税收增长，实现电力增值税3775万元，商业零售增值税2409万元，金融企业所得税1500万元。（二）重点税源蔗糖价格大幅上涨，促进了收入持续增长。2011年，共入库税收5441万元，比上年增收29.13%。（三）国内经济活跃和国际市场逐渐好转，全县13个重点税源品目中，除锌、白银、水泥外，其余10个品目较上年都有明显增长，为顺利完成序时收入进度和年度收入任务发挥了积极作用。

各项工作

【税收法制】 （一）依法治税。以监督执法与促进执法相结合，加强税收征管，严格落实税收减免，确保实现税收工作目标。围绕税收中心工作和全省国税“服务基层年”主题，推进依法征税，强化干部队伍作风建设，完善税源管理机制，实现基础管理与税种管理的最佳结合。在巩固、完善、提高、创新中不断推进整体工作机制，贯彻落实“合法行政、合理行政、程序正当、高效便民、诚实守信、权责统一”的基本要求，有效维护和监督税务干部行使职权，保护纳税人的合法权益。（二）落实税收执法责任。在制定涉税文件及执行税收政策上，认真贯彻执行各项税收政策和各项规章制度，做到审批程序规范、合法。重新制定管理员岗责体系，合理设置岗位，落实管户责任。加强欠税管理，按照欠税管理要求，认真做好纳税人跟踪管理工作，严格把关欠税审批，实现了全年无新的欠税发生。（三）防范税收执法风险。开展税收执法风险调查，把政策执行情况反馈和政策落实工作有机结合，全面掌握税收政策执行中存在的新问题、新情况和新需求，积极研究改进措施。针对税收管理员代申报、异地开业、出口退税审核、代开增值税专用发票、农产品进项税抵扣等税收风险项目，重新梳理了各部门、各岗位职责及税收业务流程，查找工作运转环节中存在的问题和潜在风险隐患，结合问题分析，提出整改要求和可操作性防范措施，进一步规范税收执法行为。（四）政策服务主动到位。尊重纳税人的税收知情权，定期整理、公布税收法律、法规，便于纳税人及时掌握税收政策，规范纳税行为。利用一线管理人员走访纳税人和大厅征收人员办税服务的机会开展一对一辅导，规范办税操作。开展公平、公正的执法服务，为纳税人创造公平竞争的税收法治环境。（五）打击税收违法行为。按照全市稽查工作会议要求，制定工作计划，明确目标任务和要求，认真开展专项检查和分类稽查。2011 年，企业自查、选案稽查和查前辅导相结合，查补税款滞纳金 29.56 万元，调减亏损额 50.84 万元。全年共查补收入 69.9 万元，其中增值税 28.96 万元，企业所得税 24.86 元，滞纳金 11.86 万元、罚款 4.22 万元；完成“11.10”专案协查发票 13 户 93 份，金额 315.74 万元。

【税收征管】 （一）提高管理效能。一是围绕组织收入，认真做好收入分析和预测，加强货物和劳务税、企业所得税管理及零负申报、个体税收管理。严格规范执法，不断提高税收征收率，为组织收入工作决策提供科学依据，实现经济发展、税收增长、管理增效的工作目标。二是认真落实重点税源企业和增值税一般纳税人重点监控企业的领导负责制，突出重点税源重点管理。对粗铅、制糖企业，实行生产、销售、价格等指标动态分析、监控，及时反映应缴税金，按时缴纳税款。三是坚持以信息管税为着力点，促进减负与服务工作进一步落实。以日常税收业务与电子管理信息相结合，提升税收管理软件应用水平。把好数据质量关，拓展数据信息分析应用能力。（二）落实各种税收优惠政策。认真贯彻落实西部大开发惠民政策和各项税收优惠政策，2011 年，全年合计减免税 169.87 万元，其中减免增值税 6.51 万元，减免企业所得税 163.36 万元。认真落实调整增值税、营业税起征点和娱乐业营业税税率的税收优惠政策，把握好 2 万元临界点前后的经营收入核定尺度，做好政策宣传解释工作。调整后，优惠政策惠及 88.25% 的个体纳税人，全县达到新起征点个体户由原来 808 户减少至 95 户，年税收收入由 1000 万元减至 700 万元，减少 30%。（三）加强重点、难点及薄弱环节的管理。注重各项政策和管理措施的落实和督察督办，妥善解决管理中存在的问题。及时开展普通发票换版工作，按时完成了普通发票填开系统上线运行。抓好增值税税收分析和纳税评估工作，通过分析确定评估重点，通过评估发现和解决问题。全年共评估 28 户纳税人，其中 15 户存在异常，共入库企业所得税 69.96 万元，增值税 4.49 万元，滞纳金 1.1 万元。账务调整 139.19 万元。加强和规范征管系统数据质量管理，提高综合征管信息系统应用水平，数据差错率得到明显降低。

【纳税服务】 （一）税收宣传月活动。围绕“始于纳税人需求，基于纳税人满意，终于纳税人遵从”，在积极推行多元化申报、网络认证报税、“一站式”服务、POS 机刷卡缴税、电话提醒的基础上，结合第 20 个税收宣传月活动，加强与纳税人沟通交流与互动，改进和拓展纳税服务方式，增进税企和谐。利用澜沧县总工会举办“立足本职，争当先进，唱响红歌，创造佳绩”万名职工唱红歌活动，组成税收宣传队，现场发放《纳税人权利与义务公告》，向纳税人宣传税收法律法规，讲解纳税人享有的权利以及应尽的义务。（二）“效能政府”建设。把推行“效能政府”与推进“服务基层年”各项工作紧密结合，强化工作落实。设专人负责政府信息公开网站维护、政务信息更新、96128 热线解答、网上回复等各项工作。及时对重大决策听证、重要事项公示、重点工作通报在网上进行公布。（三）完善服务措施。一是加强执法责任监督，结合签订《廉政责任书》，进一步规范执法服务行为，切实转变工作作风。将执法考核信息系统的数据质量和监控纳入岗责管理体系，严格考核奖惩。强化岗位责任意识，执法考核工作责任到人，以确保各类征管数据规范、准确。切实做好、做细、做实岗位工作，确保执法考核和目标管理考核质量。二是推行纳税申报期提醒服务，通过电话提醒和上门服务等方式，及时提醒纳税人主动对少缴、漏报的税款进行自查自纠，避免欠税产生和纳税人因为逾期申报而受到加收滞纳金的经济负担。三是为保障纳税人合法权益，在纳税人办理税务登记时，对可以享受税收优惠的，及时提醒、指导办理减免税手续，避免纳税人来回跑。2011 年，县局征收大厅被省妇联授予“巾帼文明岗”，被市妇联授予“巾帼建功先进集体”。

队伍建设

【机构人员情况】 （一）机构设置。2011 年，澜沧县国家税务局内设机构 8 个：人事教育股、监察室、办公室、税政股、征管股、法规股，收入核算股、征收服务厅。下设 1 个稽查局（直属机构）、1 个信息中心（事业单位）和勐朗、上允分局（派出机构）。（二）人员配置。全局共有干部职工 104 人，其中在职干部职工 70 人，离退休 34 人。在职职工中，公务员 63 人，工勤人员 7 人；在职党员 41 人，占在职人数的 58%；少数民族干部 40 人，占 57%；本科学历 17 人，专科学历 42 人，大专以上学历占 84%；征收、管理、稽查人员 53 人，占 75%。

【创先争优活动】 一是开展党员“评星竞旗”活动。按照星级标准，党总支每季度召开一次座谈会，了解工作进展情况，听取意见和建议，及时督促指导，实现了星级党员评选工作的升级。二是以“四亮四评四创”活动为契机，创新为民服务方式，推进窗口单位为民服务创先争优活动深入开展。三是把学习杨善洲先进事迹活动落到实处。围绕杨善洲同志的先进事迹，通过开展专题学习讨论、交流学习体会、义务植树等活动，引导干部认真执法、踏实做事、热情服务，主动担负起促进经济发展，共建和谐国税的责任。2011 年，县局党组被省局命名为“先进党组”。

【廉政建设】 积极开展反腐倡廉教育，以抓党风、政纪、防范执法风险和预防职务犯罪为主线，把反腐倡廉纳入国税干部教育的规划，贯穿到对干部的培养、选拔、管理、奖惩的各个环节。突出抓好领导干部党性修养和税务人员岗位廉政教育，构建以内控机制为主体的大预防工作格局。组织全体干部职工观看市检察院举办的廉政建设图片展，邀请县检察院检察长讲授渎职侵权犯罪、预防职务犯罪知识。强化干部权力监督，健全政风行风建设长效机制，加大查办违纪违法案件力度，筑牢拒腐防变的思想道德防线。深入开展机关工作作风建设，由分管领导抓督办，人教监察部门实时对机关工作纪律和工作作风进行督查，保持机关工作的良好秩序，不断提高依法行政的工作效率和行政管理效能，提升国税部门良好形象。

【干部教育】 积极推进学习型领导班子建设和干部思想品德、职业道德教育，注重实践，锤炼作风，提高干部服务社会的能力。加强党建工作，增强党组织的生机与活力，保持党员先进性，实现党建工作与干部思想作风建设相互促进。加大教育培训力度，邀请了省局货劳处专业老师为干部讲授基层一线干部急需的政策业务，强化干部的专业知识。

【精神文明建设】 自 2009 年荣获“全国文明单位”后，把成绩作为新的起点，坚持精神文明重在建设，进一步贯彻落实科学发展观，维护全国文明单位的荣誉。2011 年是第二届全国文明单位届满复查时间，为了复查工作顺利通过，一是制定了文明单位复查工作方案，成立了复查工作领导小组，抽调人员组成档案组、环境卫生组、宣传组、督查组，并进一步明确职责任务，层层分解，狠抓工作落实。二是及时召开文明单位复查职工动员会，提高干部对创建知识和精神文明建设知识的理解和认识，牢固树立创先争优意识，同时张贴具有国税行业特点的楼道宣传画，为复查工作创造全员参与的良好氛围。三是规范和完善文明创建档案，投资改建荣誉展室。四是加强干部文明行为举止的培养，不断提高干部职工的思想素质和精神风貌，树立良好的国税新形象。五是美化小区环境，投资修建了停车场，栽种各种花卉，进一步美化优化工作生活环境。

（丁密传）

孟连傣族拉祜族佤族自治县国家税务局

经济概况

2011 年，孟连傣族拉祜族佤族自治县共完成生产总值（GDP）13 亿元，按可比价计算增长 10%。其中：第一产业增加值完成 5.45 亿元，增长 12.2%；第二产业增加值完成 2.72 亿元，增长 9.7%；第三产业增加值完成 4.8 亿元，增长 8.2%。全年非公经济实现社会消费品零售额 4.45 亿元，比上年增长 20.1%。三次产业结构比由上年的 37.7: 22.2: 40.1 调整为 41.9: 20.9: 37.2。

税收概况

【收入完成情况】 2011 年，孟连县国家税务局共组织国内税收收入 5554.54 万元，完成年计划的 128.88%，同比增收 1700 万元，增长 44.1%。其中“两税”完成 4266.4 万元，完成年计划的 119.84%，同比增收 871.28 万元，增长 25.66%。

【收入特点】 （一）税收收入连续跨越 4000 万、5000 万元两个大关，实现“十二五”开门红。（二）除政策因素导致储蓄存款个人利息所得税同比减收外，其余税种均有所增长。（三）“两税”中的七个重点品目同比全部增长，其中：食糖增收 526.36 万元，增长 30.4%；商业增收 200.86 万元，增长 20.46%；电力增收 80.97 万元，增长 18.48%。

【税源分析】 （一）增值税收入突破 4000 万元。2011 年共组织增值税收入 4218.19 万元，完成全年任务的 120.52%，同比增收 870.35 万元，增长 26%。增值税收入同比大幅增收，作为增值税重点品目的食糖及酒精产销量同比分别下降 7.28% 和 26.3%，市场价格同比分别增长了 58.78% 和 29.32%，由于食糖及酒精市场价格实现“双增长”，使得食糖及酒精增值税入库同比增收 31.07%；政府各项惠民政策落实到位，居民收入增长，居民消费需求日益增加，社会消费品零售额在同比增长 20.1% 的基础上，实现商业增值税入库同比增收，增幅达 20.46%，电力增值税入库同比增收 18.48%。（二）消费税入库 48.21 万元，完成全年任务的 80.35%，同比增收 9300 元，增长 1.97%，主要得益于酒精产销量在同比下降 26.3% 情况下，市场等价格同比增长 29.32% 的结果。（三）企业所得税入库 917.16 万元，完成全年任务的 229.29%，同比增收 658.98 万元，增长 255.25%。（四）外资企业所得税入库 2.41 万元，同比增收 2.41 万元，增长 100%。（五）储蓄存款个人利息所得税入库 4.79 万元，同比减少 5.36 万元，下降 52.82%；（六）车辆购置税入库 363.78 万元，完成全年任务的 103.94%，同比增收 172.69 万元，增长 90.37%。由于摩托车下乡政策等各种惠民政策宣传、执行得力，提高了农村购买力，使摩托车车辆购置税收入同比增收，增幅达 22.11%；车辆购置税征收范围扩增，即从2011年5月起，汽车车辆购置税可以就地申报缴纳，实现汽车车辆购置税征收入库129万元，使车辆购置税收入增加。

【税务管理】 （一）夯实征管基础，加强工商税务信息交换，及时清理漏征漏管户；认真执行增值税起征点调整政策，起征点调整后，全县免征增值税的个体工商户新增455户，不达起征点户共2000多户，占全县个体工商业户总户数的97%以上，共享受征前免征增值税120万元。（二）成功推行税收管理员辅助信息系统。（三）完成普通发票换版各项工作，共清理旧版发票594户16755份，276户用票户安装使用网络版机打发票开票系统。（四）做好纳税申报管理工作，提高税收征管管理和申报的质量及水平。（五）加强征管数据质量管理，对存在问题认真分析，逐一整改落实，确保全局征管数据质量得到有效提高。

各项工作

【税收法制建设】 （一）加强税收执法督察，对市局在开展税收执法督察中发现的问题和提出的处理决定，认真收集整理，逐一进行整改。（二）认真开展税收执法风险排查，共排查出8大类52项执法风险点，逐一制定防范措施，进一步规避执法风险，规范税收执法。（三）加强对税收执法系统的管理，落实税收执法责任制，2011年，共产生10个过错指标，扣分22分，涉及经济惩戒220元，对6人（次）进行批评教育。（四）认真贯彻落实《全面推进依法行政实施纲要》，组织开展全员法制培训和考试；结合一年一度的税收宣传月和税收法制宣传日活动，加强对《纲要》的宣传；进一步明确和细化工作职责，落实好阳光政府四项制度。

【税收执法】 （一）税法宣传。“突出县域特色、突出民族特色、突出服务纳税人”，持续深入开展好以“税收·发展·民生”为主题的全国第20个税收宣传月活动，面向纳税人，开展送政策送服务“两个上门”活动，通过不折不扣落实各项税收优惠政策，推动经济税源发展，发挥税收服务经济、服务民生的职能作用。（二）税务稽查。以“六项目标”为重点，继续开展分类稽查和专项检查工作，深入开展整顿和规范税收秩序和区域专项整治，进一步加大打击涉税、涉票违法犯罪活动的力度，充分发挥稽查职能作用。2011年，共对7户企业进行检查，完成对“11·10”专案的检查和处理工作，共查补税款61.34万元，完成全年任务的204%。

【税收征管】 （一）加强增值税管理。1. 完成防伪税控系统31户增值税一般纳税人档案信息管理和审核认定。2. 加大滞留票核查督办力度，对不符合抵扣要求或政策规定不予抵扣的及时作进项税转出。3. 加强固定资产抵扣管理，利用数据监控分析系统认真对固定资产抵扣情况进行核实，2011年，共申报抵扣固定资产进项税额285.74万元。4. 按照“以评促收、以评促查、以评促管”工作目标，充分利用预警评估系统提供的信息，加强增值税纳税评估工作，及时发现并纠正管理中的疏漏，2011年，完成对6户企业的增值税纳税评估工作，通过评估，计提销项税2900元。5. 结合政府大力推广成立农民专业合作社工作，做好对农民专业合作社的政策辅导与宣传培训工作，引导其规范、健康成长与发展。6. 加强减免税备案监控，解决应备未备、备案后跟踪管理不规范问题，及时、准确贯彻落实各项税收优惠政策，2011年全县共有免税户120户，免税销售额3.58亿元，同比增长17%。（二）加强消费税收入分析，对消费税纳税户情况进行认真调查分析，完成对酒类消费税的调查工作。（三）加强车购税征收管理，2011年共征收车辆6000辆，其中汽车147辆，摩托车5848辆，农用运输车5辆。（四）加强所得税管理。1. 继续贯彻执行新《企业所得税法》及其相关税收政策，认真落实企业所得税过渡期优惠政策，严格审核享受过渡优惠政策的企业资格，防止滥用过渡优惠政策，完成符合条件的小型微利企业、信用社农户小额贷款利息收入（减计收入）的所得税减免税备案工作，2011年，为1户所得税企业减计收入71.71万元。2. 组织税收管理员和部分企业财务人员共35人开展所得税汇算清缴业务培训，学习所得税相关政策。3. 认真开展83户所得税纳税企业的汇算清缴工作。4. 加强所得税纳税评估，针对各税种疑点问题，采取案头分析、约谈举证、实地调查等方式对评估户进行评估，2011年，共对14户企业进行所得税纳税评估，通过评估，发现有问题企业7户，调增应纳税额57.04万元，补缴所得税款14.26万元，弥补以前年度亏损3.77万元。（五）继续做好边境贸易税收规范管理。1. 开展进口货物专项检查，边贸企业增值税上期留抵大幅下降，6户重点清理的边贸企业增值税留抵数从2010年底的1928万元调减到376.12万元，有4户企业实现正常税款入库，缴纳增值税115.97万元，边贸企业长亏不倒，无税可收的现状得以改变。2. 做好出口退税申报系统、审核系统的升级工作；运用出口退税审核系统加强出口退税信息分析，不定期到出口退税企业进行账务及备案单证审核。2011年，共为8户企业办理出口退税595.52万元，同比增长130%。3. 认真落实边境人民币结算退税政策，继续加强境外投资企业的跟踪管理。

【税务管理信息化建设】 认真开展数据分发系统培训，做好软件的升级和维护工作，按要求安装会议室吊装投影仪、更换机房路由器及ups等设备；加强新版普通发票网络版及单机版的推广应用及税收管理员辅助信息系统上线的后续管理工作，强化信息数据管理，提高信息应用水平，积极稳妥地推进税收管理信息化建设。

队伍建设

【机构人员情况】 到2011底，县局设有办公室、政策法规股、税政股、收入核算股、征收管理股、人事教育股、监察室等7个内设机构，下设直属机构稽查局、事业单位信息中心、派出机构娜允税务分局。全局共有干部职工53人，其中：在职44人（工勤人员3人），退休干部9人。在职人员中：少数民族27人，占61%；党员19人，占43%；大专以上学历37人，占84%。

【领导班子建设】 2011年，领导班子由局长、纪检组长和2名副局长组成，班子配备齐全。在充实了班子队伍后，县局班子更加注重领导班子团队建设，充分发挥班子的力量和智慧，班子思路清晰，集体智慧得到充分发挥，形成了科学决策、民主决策的良好氛围，增进了班子团结，增强了班子集体的凝聚力和战斗力，班子的决策能力、驾驭能力、执行能力进一步提高，班子建设作为队伍建设的龙头作用得到体现和发挥。在工作中，班子成员进一步转变作风，认真落实“一线工作法”，领导干部沉下身子做事，直接参与基层一线的组织收入、业务培训、系统上线等各项工作的贯彻落实，与税收管理员同下企业，与窗口服务人员同坐班，与税源监控人员同分析，身体力行地发挥好班子的引领示范作用。

【廉政建设】 围绕实施部门内控机制，党风廉政建设深入开展。（一）及时成立领导小组，理清工作思路，结合实际制定《部门内控机制建设实施方案》，明确责任、明确时间、明确任务，稳步推进内控机制建设。（二）进一步增强风险意识和廉洁意识，围绕税收执法权和行政管理权两条主线全面排查廉政风险点，逐一制定有效的防范措施，最大限度化解执法风险，有效保护干部；抓好廉政教育，认真学习贯彻《中国共产党党员领导干部廉洁从政若干准则》和《实施办法》，组织干部职工参观“全国检察机关惩治与预防渎职侵权犯罪展览．普洱巡展”，组织全局干部职工观看警示教育片《贪欲的代价》，利用正反两方面教材、开展警示教育、预防职务犯罪教育。（三）从健全和完善各项工作制度着手，加强对干部职工的监督管理，严格税收执法责任制的考核力度，提高干部职工的工作责任心和主动性，防患于未然。

【精神文明建设】 大力加强精神文明和国税文化建设。（一）深入开展向杨善洲学习活动；积极参加全县“红色歌曲大家唱”活动；组织年轻干部参加以“红土地之歌”、“举党旗铸党魂坚定信念跟党走”为主题的县、市举办的演讲比赛，并分别获一等奖、二等奖。（二）认真开展为民服务创先争优活动，进一步落实为民服务五项制度，积极主动承担社会责任。2011年，资助民情责任区村委会修建党建室，资助服装费，赠送文体用品，慰问困难户、农村党员等共计2万元。通过长抓思想教育，体现人文关怀，繁荣国税文化，提高综合素质，以真情、真心唤起干部职工的工作积极性，以文化的感召力凝心聚力、齐心协力谋发展。促进了“三个文明”建设共同发展，在超额完成组织收入任务的同时精神文明建设硕果累累。2011年，先后被县委、县政府评为“综治维稳优秀单位”、“先进基层党组织”、“工人先锋号”，被省局命名为“巾帼文明岗”。

【教育培训】 进一步抓好学习型组织建设，按照“干什么、缺什么、补什么”的原则，组织开展数据分发系统、发票换版业务、重点税源业务和税收管理员辅助信息系统等7期业务技能培训，参训451人（次），选送186人（次）参加省、市局举办的各类学习培训，切实提高干部的实战能力；拓宽学习渠道，通过省局举办的国税讲坛，聆听高层次讲座，开阔学习视野，提升学习层次。

（黄新华）

西盟佤族自治县国家税务局

经济概况

2011年，西盟佤族自治县完成地方财政一般预算收入3678万元，同比增长36.3%，实现生产总值（GDP）5.29亿元，按可比价格计算，比上年增长10.7%。其中：第一产业完成1.55亿元，比上年增长10.3%；第二产业完成1.04亿元，比上年增长10.5%；第三产业完成2.41亿元，比上年增长11.1%，三次产业结构比为29.2:19.7:51.1。全县固定资产投资总额为5.12亿元，比上年增长33.5%。社会消费品零售总额实现1.48亿元，比上年增长17.2%。城镇居民人均可支配收入7752元，比上年增长10%。农民人均纯收入2550元，比上年增长30.8%。

税收概况

【收入完成情况】 2011年，西盟县国家税务局共组织各项收入2790.28万元，其中税收收入2784.92万元，同比增收871.54万元，增长45.55%，税收收入及增收额均创历史新高，完成市局奋斗目标2760万元的100.9%。其中：增值税入库1754万元，完成目标任务1750万元的100.22%；消费税入库17万元，完成目标任务15万元的114.95%；企业所得税入库902万元，完成目标任务900万元的100.22%；储蓄存款利息所得个人所得税入库9700元；其他收入3.07万元。

【收入特点】 一是税收与经济发展协调增长。二是征收的五个税种除储蓄存款利息个人所得税外均实现增长，增幅最大的是企业所得税，其次是车购税、消费税、增值税。三是税源集中于糖、电力、商业、矿产品，全年4个品目入库增值税1702.53万元，占增值税收入的97.08%，占税收收入的61.13%。四是企业所得税增幅较大，全年实现收入902万元，是上年同期的8.05倍，企业所得税主要集中在农副食品加工业、电力生产和供应业及银行业，分别入库税款753.67万元、7.96万元、130.33万元，三个行业税收收入占企业所得税收入的比重高达98.87%。

【税源分析】 西盟佤族自治县属国家级贫困县，税源结构较为单一，主要依靠糖、有色金属矿产品和电力。2011年，西盟昌裕公司实现税收收入1371.1万元，同比增收750.16万元。分析原因：糖厂增产，白糖价格稳定。西盟自忠矿业开发有限责任公司实现税收收入259.4万元，同比减收153.09万元。西盟豫通矿业有限责任公司实现税收收入62.53万元，同比增收29.78万元。西盟供电公司实现税收收入205.92万元，同比增收49.33万元。西盟云思永业发电公司实现税收收入42.45万元，同比增收9.77万元。

【税务管理】 2011年，严格执行组织收入原则，应征不漏，应免不征，做到依法征收，应收尽收，坚决不收过头税，杜绝有税不收和收人情税、关系税现象。一是严格户籍管理。全年共有税务登记户1620户，其中个体工商户1475户、企业145户，开业登记203户，变更登记132户，注销登记151户。二是拓展户籍税收信息监管渠道，加强与工商、地税登记信息交换，开展户籍清理与信息比对，探索税收协作机制。三是做好申报率管理。全年应申报户数（次）5485户次，准期申报5469户次，准期申报率99.71%。四是严格普通发票管理。五是加强个体税收管理。

各项工作

【税收法制建设】 一是扎实做好"六五"普法开局年工作。按照"六五"普法规划要求，组织开展深化"法律进机关、进乡村、进社区、进学校、进企业、进单位"的"法律六进"活动。认真贯彻落实"六五"普法的主要内容及任务，始终坚持合法行政，依法遵循公平、公正的原则，平等对待纳税人，积极履行法定职责，提高办事效率，提供优质服务。采取在办税服务厅设置公告栏等方式，积极推行政务公开和行政信息公开制度，增强政务的透明性，提高服务质量，自觉接受社会监督。二是继续推进依法治税。严格执行税收法律法规，全面贯彻税收征管法及其实施细则，正确处理规范执法与组织收入、优化服务、支持发展的关系。严格按照法定权限和程序履行职责，依法保障纳税人的合法权益。深入开展税收执法检查，推进税收执法检查的经常化。自觉接受人大、审计等部门及纳税人和社会各界的监督，切实纠正违规行为。三是做好执法风险防范。加强规范执法管理，通过日常检查文书资料的统一规范，促进检查内容、程序、行为的规范性及针对性。四是抓好内控机制建设。加强权力运行的内部制约和监督，保证各项权力规范、透明、高效运行。五是认真开展税法宣传。建立税法宣传长效机制，通过多渠道、多形式宣传贯彻税收政策法规，为维护社会经济秩序，构建和谐税收，营造良好税收环境。

【税务稽查】 一是认真开展"11.10"专案协查取证及追征税款工作，共调查受票企业3户，协查公路内河货物运输业统一发票10份，查补税款4037.18元。二是认真开展税收分级分类稽查工作，涉及24户纳税人，其中企业4户，个体20户，企业自查面100%，自查入库税款3.61万元。三是做好西盟县农村信用合作联社涉税检查，查补税款19.29万元，进一步规范了税收秩序。

【税收征管】 （一）做好各税种管理。增值税管理方面。一是加强增值税一般纳税人管理，做好重点税源网上直报系统、网络申报系统和介质申报推广应用。全年共有增值税一般纳税人44户，实现两税收入925万元。二是做好增值税进项税抵扣管理。建立农产品收购销售发票开具台账和购进固定资产进项税抵扣台账，账表票比对与增值税防伪税控系统稽核相结合，加强对企业会计核算的监督管理。全年共抵扣进项税1595万元，其中增值税专用发票抵扣441万元，海关完税凭证抵扣666万元，运输发票抵扣40万元，农产品发票抵扣456万元。三是规范税收优惠企业管理，做到减免税文书规范、法律依据应用规范、归档规范。企业所得税管理方面。严格对零负申报、长亏不倒企业跟踪问效管理。完成2010年度所得税汇算清缴48户，其中就地纳税企业47户，汇总纳税企业1户。车辆购置税管理方面。坚持"一条龙"管理，对纳税人申报资料进行"一户式"装档，全年共征收摩托车2494辆，汽车12辆，税额111万元。（二）加强发票管理。在加强增值税专用发票及可抵扣票据管理的同时，严格对个体工商户和小规模纳税人的普通发票管理，实行按月监控用票人的销售收入，发现有达到起征点的应纳税户，及时纳入征收管理，确保国税收入的颗粒归仓。全年代开普通发票809户次，开具金额1771万元，平均每户次开具金额2.19万元。

【税务信息化建设】 加强网络安全维护，推进信息管税。一是加强信息安全，确保重大网络信息安全事件零发生。一年来未发生任何重大网络信息安全事件。二是充分发挥现有信息系统的作用和功能，全面推广《税收管理员辅助系统》。进一步发挥信息技术对各项工作的支持和保障作用。三是加强综合征管软件维护。及时下载综合征管软件升级包对CTAIS进行升级；局内各部门综合征管软件数据维护问题上报市局处理9个。

队伍建设

【机构人员情况】 （一）机构设置。内设股室4个：办公室、综合业务股、政工股和计划征收股；设置直属机构1个：稽查局；设置事业单位1个：信息中心；派出机构1个：勐梭税务分局。（二）人员配备。全局共有干部职工36人，其中：在职干部职工31人，退休和提前退休5人。在职党员16人，占在职干部职工的51.6%。本科学历13人，大专学历15人，高中学历3人。

【党风廉政建设】 2011年继续深入推进党风廉政建设。一是加强以完善惩治和预防腐败体系为重点的反腐倡廉建设。以《中共中央关于印发〈建立健全惩治和预防腐败体系2008～2012年工作规划〉的通知》为指导，把落实《工作规划》作为全面贯彻党的十七大精神、加强反腐倡廉建设的重要政治任务，列入议事日程，深入学习宣传，认真组织实施。注意加强正、反典型学习，集中组织观看专题警示教育宣传片，以反面教材为警示，深化廉政教育，培养良好的政治品格、从政道德和廉洁意识；做到早提醒、早预防，切实依法行政、公正执法。二是加强自律、加强党风廉政教育。以全国党风廉政建设精神为指导、全系统党风廉政教育系列活动为主线，加强党风廉政建设教育。在3月份召开了"全县国税工作暨党风廉政建设工作会议"，认真做好了2010年党风廉政工作的总结回顾，精心布置了2011年党风廉政建设及反腐败工作的目标任务，同时层层签订了《党风廉政建设责任书》；组织实施了对局领导班子的年度个人述职和干部职工测评考核。三是做好来信来访工作。严格按照《国家税务总局办公厅关于进一步加强机关信访工作的意见》文件要求办理群众来信来访。四是为拓宽社会监督渠道，密切与纳税户的联系，广泛听取社会各界的意见和建议，提高征收管理水平和纳税服务质量，促进党风廉政建设。聘请外单位的7位同志为社会特邀监察员，广泛接受外部监督，充分发挥社会特邀监察员的作用。召开了特邀监察员联席会议，通报了年度党风廉政建设情况，听取了各位特邀监察员情况反馈及建议。五是邀请县检察院领导为全体干部进行预防职务犯罪知识讲座，通过大量生动的案例讲解税务犯罪的概念及表现形式，从权力的滥用、观念的错误、思想的蜕化等方面分析了职务犯罪产生的原因。

【教育培训】 努力提高干部职工思想政治素质，积极做好干部职工教育培训。切实完成好干部职工每人每年不少于12天脱产培训的任务。全年举办了1期企业所得税培训，1期数据分析与数据质量培训，1期税收业务知识培训。20名同志分别参加总局、省、市局组织的学习培训。省市局组织的视频培训9期，选送到其他部门单位组织培训5期12人次，组织干部职工业务考试一次，共有25人参加考试，平均分71.2分，及格率为80%，认真组织干部职工收看《云南国税讲坛》。

（曾　基）

西双版纳傣族自治州国家税务局

经济概况

2011年，西双版纳傣族自治州实现生产总值（GDP）197.68亿元，比上年增长13.6%。生产总值中第一产业增加值56.95亿元，比上年增长7.5%；第二产业增加值59.8亿元，比上年增长20.5%；第三产业增加值80.93亿元，比上年增长12.7%。三次产业结构为28.8∶30.3∶40.9。农业生产稳步增长，全州实现现价农林牧渔业总产值96.47亿元，按可比价格计算，比上年增长7.9%。工业生产快速增长，全州完成现价工业总产值67.23亿元，按可比价格计算，比上年增长25.6%，规模以上工业产值52.79亿元，比上年增长18.4%。固定资产投资快速增长，全州固定资产投资总额138.47亿元，比上年增长24.6%。社会消费品零售总额快速增长，全年实现社会消费品零售总额60.7亿元，比上年增长20%。旅游业快速增长，全州接待国内外游客1012.64万人次，比上年同比增长18.7%，实现旅游综合总收入101.2亿元，比上年增长26%。对外贸易稳步增长，全年对外贸易总额11.60亿美元，比上年增长12.2%，其中，进出口贸易9.80亿美元，比上年增长5.9%（进口总额2.97亿美元，比上年增长17.8%；出口总额6.82亿美元，比上年增长1.4%。）。财政总收入快速增长，完成财政总收入28.31亿元，比上年增长47.5%，其中，一般预算收入17.6亿元，比上年增长56.3%。

税收概况

【收入完成情况】 2011年，西双版纳傣族自治州国税系统共组织税收收入10.02亿元（不含海关代征，下同），同比增长32.1%，增收2.43亿元。完成省局确保任务的121.3%，超收1.76亿元，完成省局奋斗目标的118.6%，超收1.57亿元。其中：国内增值税收入6.53亿元，同比增长29.6%，增收1.49亿元；国内消费税收入5843万元，同比增长38.9%，增收1636万元；企业所得税收入1.25亿元，同比增长29.8%，增收2864万元；储蓄存款利息所得个人所得税收入44万元，同比下降58.9%，减收63万元；车辆购置税收入1.66亿元，同比增长43.2%，增收4990万元。全州国税系统累计完成地方一般预算收入1.83亿元，同比增长29.6%，增收4178万元，完成州委州政府任务1.61亿元的113.7%，超任务2208万元。其他收入165万元。分县市税收收入完成情况：景洪市国税局共组织税收收入5.74亿元，同比增收1.82亿元，增长46.35%。勐海县国税局共计组织收入2.28亿元，同比增收5078万元，增长28.7%。勐腊县国税局共组织各项收入2亿元，同比增收1065万元，增长5.62%。

【收入特点】 一是国税部门负责征收的五个税种“四增一减”。2011年，除个人利息所得税因政策因素造成减收外，其它征收税种均保持30%以上的增幅度，特别是车辆购置税增幅度高达43.2%。二是各级收入均大幅度增长，中央级收入增幅大于地方级收入。2011年，全州国税系统税收中央级收入7.89亿元，同比增长32.8%，地方级（含省）收入2.13亿元，同比增长29.3%，中央级收入增幅高于地方级收入增幅3.5个百分点。三是各月收入增幅波动较大，总体呈前低后高态势。全州国税系统各月的税收收入波动较大，同比最高增幅在2月份，同比增长达77.6%，最低增幅在7月份，同比下降17.8%，总体呈下降态势。月收入规模最高月份为1月，收入1.23亿元，最低为3月，收入5293万元，两者相差2.3倍。说明全州税源比较单一，受市场影响波动较大，税收收入不稳定。四是区域税收增长不平衡，税收比重发生变化。全州3个征收单位均实现税收增长，但各县市增长幅度差异明显，景洪市国税局同比增长46.3%，勐海县国税局同比增长28.7%，勐腊县国税局仅实现5.6%的增长。从各县市税收收入比重来看，景洪市国税局税收比重由2010年的52%提高到2011年的57%，勐海县保持23%，而勐腊县由2010年的25%下降为2011年的20%。五是税种结构保持稳定。全州国税系统征收的五个税种虽然增减幅度有较大差异，但税种比重基本保持稳定，其中增值税所占比重由2010年的66.4%下降为65.1%，车购税由2010年的15.2%上升为16.5%，增减幅度均在1.3个百分点以内，其它税种比重均保持稳定。六是增值税收入增减税目集中于支柱产业。全州增值税收入完成6.53亿元，比上年同期增长29.6%。分主要行业看，糖、电力、铁矿采选、商业等行业实现增收，而制茶业、水泥和饮料行业减收。

【税源分析】 一是全州经济运行良好，为税收增长提供了税源保障。全州固定资产投资、社会消费品零售总额、工业经济平稳发展，金融市场运行良好，国民经济运行呈现良好发展势头，为税收增长提供了税源保障：国内生产总值平稳增长，工业增加值快速增长，特别是西双版纳州的支柱产业糖、茶、电力生产业的工业增加值同比增长了44.7%、24.8%和13.9%，只有铁矿采选业增加值为负数（-6.1%）。社会消费品零售总额保持稳定增长，特别是粮油烟酒食品类同比增长达40.9%；固定资产投资额大幅度增长。二是增值税大幅增长。增值税主要行业以制糖、电力、商业和其他行业同比增收，而制茶、水泥和矿采选业同比减收。跨期因素成为增值税同比增长的主要原因：2011年1月，全州因征期影响的跨期税收为7684万元，而2010年同期仅为4245万元，仅此因素就增收3439万元。景洪电站成为增值税同比增长的主要原因：景洪电站入库增值税1.47亿元（67%部分），同比增长51.99%，增收5031万元。受经济拉动影响，商业税收保持快速增长，全州商业增值税入库1.28亿元，同比增长30.4%，增收2987万元。其中主要以烟草公司税收增长明显，烟草公司累计入库增值税4760万元，同比增长34.8%，增收1231万元。因销售价格上涨，食糖税收实现大幅度增长，全州食糖增值税入库9793万元，同比增长58.1%，增收3600万元。因红塔水泥厂停厂和勐养水泥厂技改，水泥税收下降明显，全州水泥行业入库770万元，同比下降27.8%，减收296万元。制茶业因购进茶叶而造成进项税增长，影响本年税收收入，全州制茶业增值税入库7126万元，同比下降2.1%，减收152万元。三是消费税大幅增长。消费税大幅度增长主要是烟草公司销售收入增长拉动，2011年，缴纳消费税5070万元，同比增长40.1%，增收1452万元。四是企业所得税大幅增长。企业所得税增长主要是金融业所得税入库增长。全州企业所得税累计入库1.25亿元，同比增长29.8%，增收2864万元。其中：金融业入库3225万元，同比增收2239万元。五是车购税大幅增长。车购税因政策影响及消费拉动增长迅猛，2011年1月1日起，对1.6升及以下排量乘用车的车购税率恢复10%的税率征税；受农副产品价格上涨，带动居民收入快速增长，全州全年机动车新注册数为49473辆，同比增长23.7%，购车数量的增长成为车购税增长的主要原因。

各项工作

【依法治税】 一是强化税收执法日常监控，提高执法水平。全州国税系统依托税收执法管理信息系统，强化税收执法监控，充分发挥执法管理信息系统对税收执法行为的规范和监督作用，提高依法行政的质量与效率。二是加强管理，充分发挥税收执法管理信息系统的作用。在考核评议中加强计算机考核，充分利用信息化手段，实行人机结合，实现考核的日常化。三是强化税收执法监督，规范税收执法行为。分别对勐海县、景洪市国税局的税收执法情况进行了检查；做好税收管理中的疑点项核查工作。四是把好关口，加强重大税务稽查案件的监督审理。2011年，全州、县（市）两级重大税务案件审理委员会共收到15件稽查部门报送审理的重大税务违法案件，其中，维持初审意见数13件，改变调查部门拟处理意见数2件，重大税务案件审理率为100%。总计查补税款1968.10万元，加收滞纳金347万元，处以罚款54.77万元；合计查补入库2369.87万元。

【税收征管】 一是强化征管户籍管理。充分利用“税务与组织机构代码信息系统，”认真比对不符信息，开展有针对性的漏征漏管户的清理工作，2011年，全州纳入登记的征管户数为28911户，2011年10月31日前（自2011年11月1日起执行新的起征点调整前）个体定期定额管理达起征点以上4266户；自11月1日起执行20000元/月起征点后，全州现行“双定户”达新起征点的有674户，减少3018户。核定普通发票用票户为5542户，其中使用网络版普通发票填开系统开票4137户，使用手工发票开票1573户。清理上缴旧版手工发票3114本，电脑票14959份。发售新版普通发票2496226份。二是强化纳税评估工作。全州国税系统累计开展纳税评估150户，其中：增值税纳税企业42户，所得税纳税企业108户。通过评估，累计入库增值税（含滞纳金和罚款）13.7万元，入库所得税203.84万元（含滞纳金3.64万元），调减增值税留抵进项税0.9万元，调减企业所得税亏损额2408.5万元。三是清理陈欠税款。协助勐腊县国税局清理入库2001年以前年度126.67万元的陈欠税款。四是强化各税种管理。1.增值税管理。重点做好增值税一般纳税人网络抄报税申报推行工作。继续加大“网络办税一体化”推行力度，全州共有831户一般纳税人实现了“网络办税一体化”，占全部一般纳税人的85.6%；组织做好增值税异常抵扣凭证的核查工作。通过增值税抵扣凭证核查系统，全年审核检查比对异常增值税专用发票16份，查补税款、滞纳金和罚款4.8万元；加强增值税其他抵扣凭证管理和核查，共核查比对异常海关缴款书和税控货运发票38份，查补税款、滞纳金和罚款2.8万元。2.消费税的管理。加强分析和申报管理，全州共有消费税纳税户145户，申报率100%。3.车购税管理。在西双版纳机动车安全检测站设立车购税征收点，解决了原车购税征收办公地点拥挤，无固定验车场地的问题；在勐海县征收大厅新增了车购税征收业务，方便了该县纳税人就近交税。4.所得税管理。扎实抓好2010年度企业所得税汇算清缴工作。通过汇算，实现应纳所得税9236万元，其中2010年已预交所得税7877万元，汇算补缴所得税1358万元，预缴率达85.29%，超过预缴率70%的考核指标。应纳所得税同比增加4275万元，增长86.17%；推广应用介质申报。全州开通、运用介质申报方式的企业551户，占应申报户的34.9%；网络申报方式的企业775户，占应申报户的49.1%；认真落实各项税收优惠政策，支持地方经济发展。全州享受企业所得税优惠政策企业户，享受减免企业所得税5968.3万元，比上年同期增长107.4%，增加3091万元，其中涉外企业享受减免企业所得税2666万元，比上年同期增长87%，增加1240.3万元；认真开展西部大开发企业所得税优惠政策企业年审工作，完成了全州2010年以前已审批享受西部大开发税收优惠政策的20户企业的审核，19户企业，年审确认为合格单位，企业共享受减免企业所得税2183万元。5. 加强核定征收管理。全州共鉴定核定征收企业606户，核定征收比例为30.78%，较上年同期下降0.83%；已征收入库税款346.5万元，较上年增长213%。增收235.8万元，核定企业户均征税0.57万元，较上年增长159%。六是继续做好新版普通发票简并换版工作，完成旧版普通发票的缴销工作。

【税务稽查】 2011年，全州国税部门累计查补税收收入4197万元。查处涉税违法案件43件（含上年结转3件），结案43件，结案率100%；稽查查补入库收入2446万元，入库率100%；查处有问题案件43件，选案准确率100%；移送公安涉税违法案件2件。措施上：一是继续抓好分级分类稽查。全州分级分类稽查共计入库税款637.8万元，其中：增值税401.4万元，所得税82.87万元、滞纳金153.53万元。二是积极开展对重点行业、重点企业的税收专项检查工作。确定专项检查项目为“广告业、出口退（免）税企业、房地产企业、金融企业”，共对10户企业开展税收专项检查，查补入库收入650万元，其中：税款590万元，加收滞纳金60万元。三是持续开展打击发票违法犯罪工作，堵塞税收漏洞，维护经济秩序。对重点企业使用虚假发票整治工作，共检查15户企业，涉及非法发票份数187份，涉及金额154.05万元，涉及税额4.62万元，查补税款0.84万元，加收滞纳金0.17万元。四是协助查办省局“11.10”专案。西双版纳州系“11.10”专案的案发地，按照云南省地税局证实虚开的全州受票企业共200户，涉案发票5301份，应协查金额为1.84亿元，全州国税系统认真组织参加协查工作，共入库增值税336.48万元，滞纳金103.61万元；入库所得税11.86万元，所得税滞纳金1.44万元；调增应纳税所得额（亏损户）329.89万元。五是认真做好案件协查，严格按照协查的要求取证、回函。六是积极查处涉税违法检举案件。全州共受理举报案件7件，其中，实名举报2件。

【纳税服务工作】 一是继续推行纳税服务标准化建设。坚持亮流程。在纳税服务“窗口”单位亮出办税工作流程；坚持亮身份。要求“窗口”人员挂牌上岗，其他人员通过摆放席位卡、台签等形式，将服务人员的姓名、职务等信息公开，共产党员的身份全部亮出来，推进阳光、微笑、规范、高效、诚信、廉洁服务；坚持亮职责。将受理申报“窗口”干部的职责、履职要求等亮出来；坚持亮承诺。把单位和个人服务承诺、完成时限和兑现情况等亮出来；坚持多种服务形式并重。开展专题培训、电话辅导、上门辅导、12366热线服务、网上服务、手机短信服务等多种服务方式。二是推进国税、地税和工商部门合作。充分利用税务与组织机构代码证信息共享平台，加强与地税部门的合作；及时与地税部门、工商部门交换办证信息和变更、注销户，防止漏征漏管户出现；定期联系，做到信息共有，资源共享。三是继续推进两个“减负”的工作。四是深化纳税人权益保护工作。根据纳税服务需求调查情况的分析和总结，加强对纳税人的纳税权利义务宣传，向纳税人发放纳税人权利与义务手册。五是推进纳税信用体系建设。开展信用评定管理工作，将评定结果和税收征管工作结合起来。对纳税人信用等级进行动态管理，根据实际情况实时调整。

【信息化建设】 一是加强户籍管理。充分利用税务与组织机构代码信息系统，认真比对不符信息，开展有针对性的漏征漏管户的清理工作。二是全面推广应用税收管理员辅助信息系统。三是加强税收征管系统的运维及数据分析，推进个体税收公平管理，逐步提升定期定额纳税人的征收额。四是加大数据资源应用整合力度，充分运用升级后的数据监控系统进行税收管理数据分析，指导税源管理工作。

【出口退税管理】 一是认真做好出口货物退（免）税审核工作。全州有出口经营权的企业138户，其中：生产企业13户，外（边）贸企业125户。全年出口企业办理出口退税的有30户，与去年同期相比增加1户。全州全年共办理出口退税3900万元，同比增加69.56%。其中：退增值税3792万元，退消费税108万元；以人民币结算出口货物办理退税1093万元，跨境贸易人民币结算退税1357万元。小规模1户，申报免税出口额139万元。二是贯彻落实好重大政策调整。服务桥头堡建设，不折不扣贯彻落实好“边境地区一般贸易和边境小额贸易出口货物以人民币结算准予退（免）税试点”、“办理跨境贸易人民币结算试点企业出口货物退（免）税”等政策，全年共有11户企业以跨境贸易方式出口货物，申报退税1392万元，已审批退库1357万元。三是认真开展出口货物税收函调工作。共发出口函调43份，涉及计税金1868万元，涉及退税额321万元。四是继续开展出口退税预警调查工作。五是做好出口不予退（免）税货物征税管理工作。六是开展出口企业认定年检工作。七是开展出口退税企业检查情况。

【非居民税收管理】 一是加强非居民税收管理。严格按照相关办法和流程做好非居民企业所得税的征收管理工作和综合征管软件的衔接，共征收非居民企业所得税收入41.3万元，同比增收29.37万元，增长246.19%。二是加强对外支付《税务证明》开具工作的管理。共计开出12份对外支付《税务证明》，对外支付款项合计1626.24万元人民币。三是加强税收协定的执行。做好落实税收协定待遇的定期统计分析工作，并分析执行中存在的潜在风险。2011年共受理非居民享受税收协定待遇审批申请1件，审批同意1件，应纳税所得额为41.33万元。四是积极为“走出去”企业服务。坚持横向联系，与公安、商务、外汇、地税等部门的联系协调，多渠道多途径了解“走出去”企业情况，掌握其投资所在国与我国签订的《税收协定》的规定，优化服务，向“走出去”企业宣传其所能享受到的协定待遇，做好为其开具中国税收居民身份证明工作。2011年我州辖区内“走出去”企业有50户。

队伍建设

【机构人员情况】 2011年，州局机关内设行政机构12个：办公室、政策法规科、货物和劳务税科、所得税科、收入核算科、纳税服务科、征收管理科、财务管理科、人事科、教育科、监察室、进出口税收管理科；另设机关党委办公室、离退休干部科。直属机构2个：稽查局、车辆购置税征收管理分局；事业单位2个：信息中心、机关服务中心；领导班子7人，其中，党组书记、局长1人，党组成员、副局长4人，党组成员、纪检组长1人，党组成员、总经济师1人。全州国税系统共有3个县（市）国税局，县（市）国税局新增设直属机构2个正科级：即景洪市国家税务局西双版纳旅游度假区税务分局、勐腊县国家税务局磨憨经济开发区税务分局。州局机关在职干部职工58人（公务员55人、工勤人员3人），平均年龄为46.7岁；全局共有党员40人，其中：在职党员33人，占总人数的56.9%，离退休党员7人，占总人数的11.1%；州局机关年龄在30岁以下1人，占1.7%；年龄在31~35岁0人；年龄在36~40岁7人，占12.3%；年龄在41~45岁16人，占27.1%；年龄在46~50岁21人，占36.8%；年龄在51~55岁9人，占15.8%、年龄在56~60岁4人，占6.8%；大专学历10人，占17.5%，本科以上学历43人，占总人数74.1%；少数民族干部20人，占34.5%。全州实有263名在职职工，其中，35岁以下有43人，占职工总数16.3%；36至45岁有104人，占职工总数39.5%；46至50岁76人，占职工总数28.9%；51至55岁有33人，占职工总数12.6%；56岁以上的有7人，占总人数2.7%。大专（含本科）以上学历220人，占总人数83.7%，其中：本科学历127人，占总人数48.3%；研究生1人，占总人数0.4%。少数民族干部99人，占37.6%。离退休干部职工85人。

【领导班子建设】 一是坚持执行民主集中制原则。凡重大决策、干部任用、基本建设和大额度资金使用，必须经过集体讨论后做出决定；二是坚持执行谈话和谈心制度。州局党组成员每年不定期与分管、联系的县（市）局一把手进行谈话谈心，针对存在问题，区别情况分类进行警示提醒、诫勉督导和责令纠错；三是坚持贯彻执行民主生活会制度。州局领导干部按时参加县（市）局领导班子民主生活会，重点帮助一把手找准党性、党风及工作方面存在的主要问题并督促整改，预防一把手行政不作为和乱作为的行为发生。四是加强政治理论学习。学习党的十七届四中、五中、六中全会精神、云南省九次党代会精神，学习《税务系统贯彻落实〈中国共产党党员领导干部廉洁从政若干准则〉的实施意见》及《税务系统领导干部廉洁从政“八不准”的通知》，深入开展学习杨善洲、创先争优等活动。五是学习和贯彻落实“群众观点、群众路线、群众利益、群众工作”为具体内容的“四群”工作。

【干部队伍建设】 一是加强政治理论学习，提高党员干部的政治理论水平。以开展“创先争优”活动为契机，采取党组理论中心学习组集中专题学习、以党支部组织学习等形式，认真组织党员学习政治理论：重点抓好学习贯彻党的十七大及十七届四中、五中、六中全会精神、学习新党章、学习中央三代领导关于社会主义理论体系有关论述，深刻领会十七大的精神，不断扩大学习实践科学发展观活动成果。二是充实中层干部，提高整体战斗力。全州共提拔任用科级领导干部10人（其中：由副科级晋升正科级2人，由一般干部晋升副科级8人）；州局正科级领导干部交流到勐海县国家税务局任局长1人，州局副科级领导干部交流到景洪市国家税务局任副局长1人；试用期满转正4人。在选拔、任用、试用期满转正都能严格按照干部考察程序进行，人事、纪检监察部门对全州新任副科级以上领导干部进行任前谈话和廉政谈话。三是加强巡视监督。按照《云南省国税系统巡视工作实施办法》、省局《2011年巡视工作要点》的各项工作要求，州局对勐海县国家税务局领导班子及其成员开展巡视检查。主要从贯彻执行党的路线、方针、政策和决议，贯彻落实邓小平理论、“三个代表”重要思想，全面落实科学发展观，加强领导干部作风建设等6个方面的情况进行了巡视检查。共形成5个方面的巡视意见进行了反馈。

【廉政建设】 一是廉政文化建设和廉政教育不断加强。继续抓好落实《中国共产党党员领导干部廉洁从政若干准则》及《税务系统领导廉洁从政“八不准”》；积极开展党纪法规学习、示范教育、警示教育、专题教育等活动。二是惩防体系建设进一步扎实推进。制定了《2011年党风廉政建设和反腐败主要任务分解》和《深化惩治和预防腐败体系建设工作主要任务分解》；对三县市局推进惩防体系建设情况进行检查。三是内控机制建设稳步开展。制定《西双版纳州国家税务局机关部门内控机制建设实施方案》，并按照方案实施步骤认真抓落实。通过排查，全州共确定了213个风险岗位，594个廉政风险点，按风险级别划分：可能受到刑事处理的一级廉政风险点103个；可能受到党纪政纪处理的二级廉政风险点217个；可能受到行政问责等责任追究的三级廉政风险点274个。共制定或依据风险防控制度47个，制定风险防范措施667个，引用上级文件共84个，绘制岗位职权、工作流程图272个。四是“两权”监督和政风行风建设得到加强。认真落实省政府纠风办关于在行政执法部门进行政风行风民主评议的决定，积极开展自查自评活动，对自查过程中发现的问题及时进行整改。继续推行与纳税人签订《廉政公约》工作，全州国税系统累计共与4573户纳税人签订税企《廉政公约》，回访调查197户。继续实行《西双版纳州国税系统税务干部执法情况反馈实施办法》，全州共发放税务干部执法情况反馈表442份，共收回320份。认真开展对领导干部廉洁自律执行情况的监督检查，全年共对10名新提拔任用的正、副科级干部和8名科级干部转正等程序进行了全程参与考察和监督。五是专项治理工作得到深入开展。全州国税系统认真开展了公务用车、工程建设领域突出问题、“小金库”、利用税务师事务所等中介机构谋取不正当利益、移送涉嫌犯罪案件专项监督等5个专项治理工作。2011年全州稽查部门对2008~2010年立案的153件案件进行了自查，无一起有案不移、以罚代刑等违规行为发生；通过狠抓“四压”：即压会、压车、压接待费用、压办公等4项经费开支，全州国税系统均实现经费零增长。六是巡视检查工作初显成效。按照《云南省国税系统巡视工作实施办法》、省局《2011年巡视工作要点》的各项工作要求，州局对勐海县国家税务局领导班子及其成员开展巡视检查。

【教育培训】 一是加强各级领导干部培训，选送3名副局长参加在长沙、扬州举办的“处级领导职务人员任职培训班”；选送2名县（市）局长参加在扬州举办的“县（市、区）税务局长进修班”。二是广泛开展基层干部教育培训以提高干部职工的思想理论水平、工作能力、操作技能为重点，以税收政策、行政执法、纳税评估、税务稽查以及增值税、所得税查账技巧为主要内容，以提高基层一线干部岗位技能和业务素质为目标的教育培训。三是着力抓好高素质专业化骨干人才培训：选送20名业务骨干参加在大连举办的“税务系统基层业务骨干培训班”；选送3人到大连税务高等专科学校参加《税收征管业务（师资）培训班》；选送3人参加在大连税务高等专科学校举办的“稽查人才库业务培训”；选送4人参加在大连税务高等专科学校举办的“会计实务操作培训班”。四是推进学习型机关、学习型党组织建设，深入学习杨善洲先进事迹。五是认真组织全州国税系统干部职工参加《云南国税讲坛》学习。

【党建和精神文明建设】 全州国税系统2011有2个党总支，8个党支部。全州国税系统在职党员125人，占在职干部职工总数263人的47.53%。一是积极开展创先争优活动。积极开展先进基层党组织、优秀共产党员、优秀党务工作者创建：全州共有1个基层党组织被县级党委评为优秀基层党组织，2人被州内县级党组织评为优秀共产党员，3人被州内县级党组织评为优秀党务工作者；二是开展独具特色的税务文化活动，构建文明创建活动载体，文明创建进军营、文明创建进学校、文明创建进村寨，结对帮贫、结对帮困。积极参加由州直机关工委主办的“庆祝中国共产党成立90周年美术、书法、摄影展”，州局共选送23幅摄影作品，3幅作品荣获二等奖；4幅作品荣获优秀奖，并荣获“优秀组织奖”。州局机关党支部结合“创先争优”，开展向社区贫困大学生、贫困党员、残疾人的捐款活动。向勐腊县象明乡小曼竜村民小组捐款4万元，解决修建村口水泥路；州局向挂钩社会维稳的勐腊县瑶区乡捐款2万元，用于社会维稳宣传经费；三是深入开展精神文明创建工作。积极开展国税系统精神文明创建工作，向省局申报“省国税系统精神文明单位”1个；申报省局“精神文明建设先进工作者”2人；被省国家税务局、省妇女联合会授予“巾帼文明岗”1个，“巾帼建功标兵”1人。州国税局被云南省国家税务局评为一级局。

（杨家勇）

景洪市国家税务局

经济概况

2011年，景洪市实现生产总值（GDP）105.27亿元，按可比价计算比上年增长14%。其中，第一、第二、第三产业分别增长7.7%、17.5%、15.1%，产业结构为24:33:43。农业生产总值43.55亿元，比上年增长7.8%。工业生产总值25.64亿元，比上年增长16.4%。地方财政收入18.28亿元，比上年增长52.4%。地方财政支出37.65亿元，比上年增长68.6%。全社会固定资产投资103.04亿元，比上年增长26.3%。社会消费品零售总额完成37.72亿元，比上年增长20.6%。居民消费价格总水平上涨9.9%。城镇居民人均可支配收入1.65万元，比上年增长12.3%。农民人均纯收入6397元，比上年增长27%。

税收概况

【收入完成情况】 2011年，景洪市国家税务局组织税收收入5.74亿元，同比增长46.35%，增收1.82亿元，占年确保任务4.44亿元的129.42%。其中：增值税入库3.34亿元，同比增长52.88%，增收1.16亿元，占年任务2.5亿元的133.72%；消费税入库5494.3万元，同比增长40.1%，增收1572.7万元，占确保任务4360万元的126.02%；企业所得税入库6179.8万元，同比增长45.42%，增收1930.2万元，占年任务4600万元的134.34%；个人利息所得税入库28万元，同比下降59.65%，减收41.4万元；车辆购置税入库1.23亿元，同比增长34.60%，增收3156万元，占年任务1.04亿元的118.06%，其他收入95.7万元。

【收入特点】 2011年，景洪市加快实施“桥头堡”战略，贯彻落实一系列政策措施，全市固定资产投资、社会消费品零售总额、工业经济平稳发展，金融市场运行良好，全市国民经济运行呈现良好发展势头，为税收增长提供了税源保障。税收收入有所增长，“三税”收入同比增长，在2010年基础上保持稳定增长势头。2010年同期税收基数较低，是国税收入增长较快的一个重要原因。重点税源企业是税收增长的重要力量。2011年度管辖纳税人纳税额在1000万元以上的有4户，纳税额在500万元以上的有8户，纳税额在100万元以上的有34户，占全市税收收入的68%。景洪市国家税务局加强征收管理和纳税服务水平，全面提高税收稽查质量、为完成年度各项工作任务奠定了基础。在管理工作中结合低税负、销售变动异常等情况进行评估检查，督促纳税人及时自查补报，特别加强对零负申报户的清理，对拒不自查的一些“钉子户”，移送稽查处理，确保纳税申报率、税款入库率和欠税增减率达标；进一步加大税务稽查力度，整顿规范税收秩序。景洪市国家税务局取得提前3个月完成全年税收任务，并首次突破4亿元、5亿元大关，提前7个月完成全年企业所得税收入任务，提前3个月完成全年消费税收入任务，提前1个月完成车辆购置税收入任务的骄人成绩。

【税源分析】 从重点行业税收看，10个税目除白糖无收入外，其余9个税目6增3减，茶叶、其他、铁矿采选、电力和商业5个税目增幅较大，分别增长136.24%、134.39%、90.57%、46.93%、25.38%。铁合金冶炼、水泥和饮料3个税目略有下降。电力收入9862.1万元，同比增收3149.9万元；商业收入7858.4万元，同比增收1590.7万元；铁矿采选入库收入为3677.3万元，同比增收1747.7万元；医药产品收入311.9元，同比增收10.8元；茶叶产品收入219.7万元，同比增收126.7万元；其他行业收入3323.7万元，同比增收1905.7万元。铁合金冶炼入库收入为95万元，同比减收273.3万元，减幅74.21%；水泥产品入库收入为430万元，同比减收434.5万元，减幅50.26%；饮料产品收入31.7万元，同比减收0.5万元，减幅为1.55%。

各项工作

【税收征管】 （一）纳税户管理。全市税务登记户共11066户（不含非正常户和注销户）。其中：国有企业165户、集体企业200户、国有独资11户、其他有限责任公司1009户、私营企业1471户、股份有限公司89户、股份合作企业34户、个人独资企业106户、其它企业831户、非企业单位9户、个体工商业户8803户。日常“双定户”定额调查和审批：共审批新办证个体“双定户”1555户、变更定额户346户、企业“双定户”80户、企业变更户15户，调查185户，并对审批后的定额进行公示，共核定增值税36.59万元（其中享受起征点以下免征额10.87万元），消费税7775元。（二）发票管理。领购发票总户数为2937户，售票1335642（本）份，收取发票工本费68.78万元，其中，发售增值税专用发票28024（本）份，收取发票工本费1.67万元；发售普通发票1307618（本）份，收取发票工本费67.11万元；缴销发票71050份；代开普通发票3456户，收缴税金额252.69万元；代开免税普通发票518户，免税金额14.23万元；代开增值税专用发票498份，代征税款33.9万元。（三）车辆购置税征收管理。办理缴纳车购税车辆28566辆，其中，汽车11947辆，摩托车16610辆，挂车1辆，农用运输车8辆。转入车辆88辆，转出车辆133辆，过户变更123辆，遗失补办12辆，办理免税39辆，免税金额324.92万元，录入代征车辆7075辆，代征税款285.65万元，办理退税6户，金额4.57万元，办理1.6排量以下减征车辆购置税车辆2辆，减免车辆购置税8383元。（四）完成固定资产抵扣明细的核实工作，核实固定资产抵扣1188条（439户次，进项税额2533.56万元），清理不符合抵扣的固定资产进项税额4.12万元（22条，2户）。完成年终汇算清缴企业所得税年度纳税申报794户，其中网络申报户207户，介质申报户587户。清理超标小规模纳税人55户，组织对新申请增值税一般纳税人143户的审核审批认定工作，取消增值税一般纳税人资格10户和审核审批事业单位年应税销售额超过小规模纳税人标准申请不认定增值税一般纳税人3户。增值税纳税评估15户，查补增值税款6.98万元，加收滞纳金6347.79元。企业所得税纳税评估85户，查补所得税85.52万元，滞纳金1.34万元。（五）出口货物退（免）税管理。组织完成初审132户次，审核出口记录2110条，进货记录3064条，审核发现和更正错误177条。完成2011年出口不予退（免）货物的核查工作共计完成256条，28户次，568.10万美元出口不予退（免）货物的核查。认真开展大企业税收管理情况调研，积极探索大企业管理的方法，加大对大企业及“走出去”企业的税收服务和管理工作，通过调取境外投资企业的登记备案情况，了解辖区内38户“走出去”企业在境外的投资项目、经营时限、盈利情况，听取“走出去”企业及大企业的涉税诉求，更好的以纳税人需求为导向，提供具有针对性的纳税服务，形成大企业管理工作的长效机制。

【税收执法】 一是税收宣传。在全国第20个税收宣传月活动中，紧紧围绕“税收·发展·民生”主题，采取“税收宣传与创先争优紧密结合”、“税收宣传与廉政文化并举”、“打造税收宣传三套‘温馨营养餐’”、“税收宣传进村寨”、“税收宣传进企业”、“送税法宣传上门服务”等一系列税收宣传月活动，宣传活动生动活泼、形象直观，贴近群众、服务群众，更好体现时代性和大众性，提高宣传效果，使税收宣传深入人心。二是纳税服务。逐步推广综合业务“一窗式”模式，实行征期领导干部值班制，设置税务人员监督牌，在全市国税系统实行挂牌上岗制，亮证办公。按照“省级集中、两级共建、立足昆明、面向全省”的原则，做好12366纳税服务热线推广应用工作。借助企业所得税汇算清缴、纳税评估契机，送法到户、辅导到位、服务到家，对重点税源企业实行“一对一”税法宣传活动，增强税法宣传的针对性和有效性。三是税收执法考核工作。税收执法管理系统考核5月、8月、9月、10月实现执法零过错，截至12月31日，共发生差错8条，差错扣分18分，提请申辩调整559条，调整后过错数为8条，扣分18分，年度过错率为万分之0.82。四是积极开展执法督察工作。把督察工作列入重要工作日程，明确责任，分阶段对减免税政策的执行规范、企业所得税管理规范、普通发票管理规范、税务稽查案件在实体和程序上合法规范、重点行业管理到位等方面进行执法监察。五是税收执法检查。对纳入日常稽查计划的企业推行“查前预告、企业自查、案头分析、重点检查”稽查方式，组织企业自查12户，企业自查补税共352.01万元。开展税收分级分类和专项检查工作，抓重点行业，重点户和重点环节进行重点稽查，确定指令性检查项目1户、房地产业2户、进出口业1户、矿业1户，其它2户，共7户进行税收专项检查和分级分类稽查。开展打击发票违法犯罪专项整治工作，把发票专项整治工作作为全年工作重点，加强与公安经侦的协调配合，健全税警协作机制，对重点企业及建筑、金融、保险、通讯、石油石化、房地产6个重点行业发票使用情况进行检查部署，圆满完成“11.10专案”92户涉案发票企业的协查工作，查处非法发票2215份，查补税款121.43万元，加收滞纳金8.67万元。

【税收管理信息化建设】 受理认证增值税专用发票48564份，认证金额130.18亿元，税额19.91亿元；认证运输发票13269份，正常运输发票认证金额1.57亿元，抵扣税额0.11亿元；受理防伪税控企业抄报税2738户次，正常票26316份，金额185.30亿元，税额

27.05亿元；作废发票1751份；受理普通发票抄报税5189份，金额2.24亿元，税额0.37亿元。以税收信息化建设为依托，加强硬件配置、数据应用、税收管理员平台建设，进一步提高系统运行的可靠性和数据发布的准确性。积极推行一般纳税人网上申报管理、财税库银横向联网工作，新版普通发票开填系统、税收管理员辅导系统成功上线。确保征管软件、远程教育系统等应用系统的技术支撑工作，充分发挥技术支持作用，为综合征管软件及车购税征管软件的运行做好技术维护工作，保证征管软件的正常运转。做好政府信息公开工作。通过内网、外网等载体，报信息简报95条，被省国税局采用6条，被州国税局采用39条。将信息简报、税收专报、"双定户"定额公示表等信息在景洪市政府信息公开网站上进行公开。

队伍建设

【机构人员情况】 2011年，有在职干部职工97人（其中提前退休1人），离退休干部35人，共计133人。其中：党员57人，在职党员40人，退休党员17人。大专以上学历83人，中专11人，高中3人，由傣、哈尼、拉祜、彝、白、壮、回、布朗、汉等9种民族构成，其中汉族约占65%，傣族约占13%，其他民族占约23%。局领导班子配备党组书记、局长1人、副局长3人、纪检组长1人，共5人。局机关设办公室、人教科、监察室、征管科、政策法规科、纳税服务科、收入核算科、货物和劳务科、所得税科、办税服务厅等10个科室；事业单位1个，即信息中心；直属机构1个，即稽查局；下辖景洪税务分局和勐罕税务分局两个税务分局。

【政治思想教育】 紧紧围绕贯彻学习十七届五中、六中全会和中纪委六次全会精神抓学习型领导班子建设，加强民主集中制建设，坚持重大事项集体决策制度，提高领导班子依法决策、民主决策、科学决策的水平。强化岗位练兵，提高岗位技能，为国税事业的长远发展提供人力资源保障。把科学的理论作为队伍建设之魂，坚持不懈地用中国特色社会主义理论体系武装干部头脑，注重思想政治工作，注重职业道德建设，继续深入抓创先争优活动，学习杨善洲"四个一辈子"、"四种精神"，立足岗位争优秀，组织党员干部、职工开展"一面旗、一团火、一盘棋"即"三个一"主题实践活动，切实开展庆祝中国共产党成立90周年等系列活动。

【廉政建设】 全面落实党风廉政建设责任制，层层落实、层层把关，强化廉政工作，增强广大税干的责任心，完善反腐倡廉制度建设，铲除腐败现象滋生蔓延的土壤和条件。强化"两权"和"四项制度"监督，强化对领导班子和领导干部的监督制约，拓宽监督领域，实行跟踪考察制度，强化"八小时"内外监督，把领导班子和领导干部纳入动态管理；加强与特邀监察员的联系和沟通，发挥社会各界对税收工作的监督；开展效能监察，对容易出问题的关键岗位和关键环节进行监控；组织实施《税务干部执法执纪情况反馈实施办法》，强化对税务干部执法执纪行为的监督措施，提高廉政意识和服务意识；积极开展"纪检日"活动，从源头上制约权力运行。注重信访初查，提高办信质量，增强信访举报透明度，拓宽信访渠道，使信访问题得到落实，有效化解了征纳矛盾。严格落实《国家税务局系统廉政谈话制度》，加强对干部的教育、监督、管理力度，达到以帮促责，谈与教相结合，以教促廉，谈与诫相结合，以诫促改的作用。

【精神文明建设】 2011年，把开展省局"文明单位"检查复查等列为"一把手"工程，形成由"一把手"亲自抓，工、青、妇齐抓共管的工作格局。切实开展省局"文明单位"的检查复查工作，把开展文明单位检查复查工作列为重要议事日程，结合创建文明单位的条件进行认真的复查，按时完成复查报告和复查表填写上报。坚持"以国为根、以税为业、以人为本、以学为乐、以绩为真、以廉为荣"为核心理念的国税文化体系建设，坚持抓"五位一体"精神文明建设，做到以科学的理论武装人，以正确的舆论引导人，以高尚的精神塑造人，以优秀的作品鼓舞人。广泛开展爱国主义、"八荣八耻"的社会主义荣辱观教育，营造团结和谐、干事创业、奋发向上的国税文化氛围，以文化铸就灵魂，以和谐凝聚力量，以文明推动发展，努力造就一支"政治过硬、业务熟练、作风优良、执法公正、服务规范"的国税干部队伍。

（蔡　颖）

勐海县国家税务局

经济概况

2011年，勐海县全县生产总值（GDP）48亿元，比2010年的38.87亿元，增加9.14亿元，增长15.1%。其中：第一产业实现增加值11.51亿元，同比增长8%，拉动GDP增长1.8个百分点，对经济增长的贡献率为12.1%；第二产业实现增加值18.41亿元，同比增长19.2%，拉动GDP增长7.4个百分点，对经济增长的贡献率为48.8%；第三产业实现增加值18.09亿元，同比增长15.3%，拉动GDP增长5.9个百分点，对经济增长的贡献率为39.1%，三次产业结构进一步得到优化，由2010年的22.9:38.5:38.6调整为24:38.3:37.7。按常住人口计算，全县人均生产总值14408元，比2010年增长23.5%.

税收概况

【收入完成情况】 2011年，勐海县国家税务局共组织税收收入2.28亿元（其中：中央收入1.69亿元，省级收入732万元，地方收入5173万元），比2010年增收5076万元，增长28.7%，完成州局下达任务数1.92亿元的118.7%，完成县政府下达地方预算收入4870万元的106.2%。其中：增值税收入1.87亿元（其中：中央收入1.41亿元，地方收入4686万元），比2010年增收2844万元，增长17.9%，完成下达任务数1.73亿元的108.3%；消费税收入260万元，比2010年增收57万元，增长28.1%。完成州局下达任务数180万元的144.4%；个人利息所得税收入6万元（其中：中央收入4万元，省级收入2万元），比2010年减收8万元，下降57.1%；企业得税收入3042万元（其中：中央收入1825万元，省级收入730万元，地方收入487万元），比2010年增长收1628万元，增长115.1%，完成州下达任务数1500万元的202.8%；车辆购置税收入718万元，比2010年增收556万元，增长343.2%，完成州下达任务数200万元的359%。

【收入特点】 2011年，勐海县国家税务局税收收入比2010年增收5076万元，增长28.7%，圆满完成州局下达的税收任务，取得了在“十二五”开局之年首破两亿大关的好成绩。全年的税收收入完成较好，主要是支柱产业茶叶、白糖、电力和商业的市场销路比较好。茶叶增值税征收6855万元，比2010年减收314万元，主要是茶业有限公司毛茶收购量大，进项税比2010年增加2135万元，故税款比2010年减收494万元，但是茶业有限公司市场销路比较好，销售数量比2010年增加232吨，每吨不含税销售价格上涨2.08万元；制糖业增值税征收6175万元税款，比2010年增收2381万元，主要是白糖销售数量比2010年增加17283吨，每吨不含税销售价格上涨1738元；电力税款征收2363万元，比2010年增收521万元；商业税款征收2010万元，比2010年增收444万元。

【税源分析】 西双版纳州烟草公司划归勐海县税款征收936万元，比2010年增收253万元，增长37%；勐海县石油支公司征收149万元，比2010年增收42万元，增长39.4%；同心电力物资公司征收63万元，比2010年增收63万元，增长100%；华能景洪水电厂征收1103万元，比2010年增长收219万元，增长24.8%，其他企业遇丰水期发电量也有所增加；弘纪元公司征收184万元，比2010年减收613万元，下降76.9%；昆明众晨公司征收371万元，比2010年减收145万元，下降28%；洪顺公司征收零元，比2010年减收105万元，下降100%。

【税务管理】 勐海县国家税务局严格按照《中华人民共和国税收征收管理法》及其《实施细则》的相关规定，加强税务管理工作。2011年，征管范围为全县11个乡镇，共有个体3365户（其中达起征点143户，非正常户45户，未达起征点3177户），企业603户，共计管理纳税人3968户（其中一般纳税人254户）。在9个乡镇设立委托代征点12个，其中5个代征点为车购税代征点。

各项工作

【税收法制建设】 一是结合税收执法管理信息系统考核，监督规范执法行为，认真完成税收执法申辩调整工作。2011年，共有27人次提出申辩调整申请27份，申辩调整请求35条（其中无过错责任调整申请31条，调整过错责任人4条，经调查确认后，共调整过错35条（其中无过错责任调整31条，调整过错责任人4条），平均调整率为87.5%。二是认真开展疑点核查工作。全年共对4个疑点项中的89户次进行了核查，核查结果确认过错数7户次，并逐一进行整改。三是认真完成违法违章处理工作。全年共受理1户，违法行为未按规定开具发票，罚款金额共0.3万元。四是强化税收执法过错责任追究。认真贯彻落实税收执法责任制，加大行政执法过错责任追究力度，努力做到违法必究。上半年对执法系统考核扣分的直接责任人2人次进行经济惩戒共250元，对连带责任人6人次经济惩戒共300元。下半年考核扣分待次年1月进行。五是抓好本局重大案件审理工作。全年共接收稽查部门转来重大案件1件，审理率100%，维持初审意见1件，共查补税款1.9万元，罚款5.5万元、滞纳金0.5万元，合计7.4万元，已全部入库。

【税收征管】 一是抓好管理规范税收征管档案工作。由专人负责全局纳税资料档案的管理工作，设置专门的档案室，落实一户一档管理办法。归档11418份纳税户档案资料，装订2010年资料119本，新建档案813户，清理注销户档案337户。二是开展好2011年纳税评估工作。按省、州专项评估工作的安排对所选定的25户进行了评估，本次评估工作共计补缴入库税款增值税4.3万元，加收921.48元滞纳金；企业所得税114.6万元，滞纳金2.3万元，调减亏损8.8万元。三是认真开展普通发票简并换版工作。加强发票换版宣传工作，共向纳税人发放发票简并换版宣传资料7652份；认真组织培训，全局分四次对县局业务人员和458户纳税人进行了业务培训；此次发票换版工作，共向纳税人推广使用新版发票965户，其中使用机打发票477户，手工版发票488户。四是认真落实省局、州局通知要求2011年度税收征管状况核查整改情况。整改共涉及整改户297户次，16种情况。五是开展个体税收起征点调整工作。从2011年11月1日起增值税起征点调整为月营业额20000元、次（日）营业额500元，全县涉及个体纳税人1055户，减免税收265万元。

【税务稽查】 一是查处某茶业企业偷税、未按规定开具发票和编造虚假计税依据税收违法案件一起，查补税款合计7.9万元。二是圆满完成“11.10”专案。完成了对辖区涉及26户企业391份运输发票的协查取证工作，其中7户已自查补缴税款29.1万元。三是有序进行分级分类稽查工作，共安排分级分类稽查20户，通过企业自查，有问题11户，共查补税款31.6万元，加收滞纳金5.7万元。四是做好协查案件的协查工作，2011年受理增值税专用发票一起，发票1份，涉及金额6.9万元，税额1.2万元；受理普通发票手工协查4起，发票8份，涉及金额350万元。五是开展打击发票违法犯罪活动工作，共检查进出口企业1户，发票违法户5户，查补缴纳税款共1.1万元。

【税务管理信息化建设】 一是税收管理员辅助信息系统应用水平有效提升。为落实税收管理员制度，税收管理员辅助信息系统在2011年7月正式上线运行。勐海县国家税务局开展了一系列推广实施工作：做好系统上线的宣传工作，让全体管理员了解辅助系统，并积极投入到辅助系统的学习应用中；选派相对熟悉业务的税收管理员参加省局师资培训，力求为县局推广辅助系统带回最好的现场辅导；积极安排全体税收管理员参加省局举办的辅助系统视频应用培训，并安排参加省局师资培训的管理员在县局进行深层次的培训辅导工作；做好用户授权，不让任何一名税收管理员在应用中遇到无法操作的问题；开展辅助系统演练工作，并按演练内容逐个考核管理员的应用情况；做好辅助系统上线后的应用落实工作，全体管理员通过辅助系统发现并排除了很多平时未知的风险，提高了税收管理员化解风险的能力，切实减低基层税收执法风险。二是准备充分，车购税系统运行顺利。车购税系统自2月份上线后，采取预约上门办税、抽调办税人员充实办税大厅力量等方式，缓解前台压力。与此同时，积极完善日常管理制度，确保工作到位。三是防伪税控系统、网络申报和“四小票”工作。2011年共发行防伪税控企业13户；变更发票用量7户（次）；变更企业名称1户；更换IC卡7户；网络申报初始化企业9户；1至11月每月按时上传“四小票”数据。

【税收优惠政策】 一是用足用好税收优惠政策。积极支持地方经济发展，积极落实下岗失业人员再就业和高校毕业生就业的各项税收优惠政策。勐海县国家税务局按新规定从2011年2月1日起免收税务登记证工本费。全年共免收工本费2.52万元。二是个体税收起征点调整惠民显著。认真执行增值税起征点调整政策，对未达起征点的原纳税户坚决不收。自2011年11月份政策实施以来，管理个体纳税户为156户，未调整起征点前对全县个体纳税户进行调查测算共397户，有60%的个体户受惠免征增值税。

队伍建设

【机构人员情况】 2011年全局内设行政机构8个，即：办公室、税政管理股、征收管理股、政策法规股、人事教育股、办税服务厅、监察室、收入核算股，1个直属机构即稽查局，1个事业单位即信息中心，2个派出机构即勐海县国家税务局勐海税务分局、勐海县国家税务局打洛税务分局。在职干部56人，平均年龄42岁，其中公务员52人，工人4人；党员26人，占总人数的46.4%，少数民族22人，占总人数的39.3%，大专以上干部41人，占比73.2%；另有离退休干部21人，其中离休干部1人，退休干部20人，提前退休1人。

【廉政建设】 一是明确廉政责任，认真落实党风廉政建设责任制，层层签订《党风廉政建设责任书》，形成全局一级抓一级、一级带一级、一级对一级负责的廉政机制。二是积极开展部门内控机制建设，成立内控机制建设领导小组，并制定具体的内控机制建设实施方案，全面部署内控机制建设工作。全局共排查出风险点218个，其中一级风险点42个，二级风险点49个，三级风险点127个。制定防范措施161条。排查风险岗位52个，制定流程图50个。三是认真贯彻落实《中国共产党党员领导干部廉洁从政若干准则》及廉洁自律的各项规定，认真开展每月纪检日活动。四是着力加强国税系统政风行风建设，各项税收工作严格按行政问责、服务承诺制、首问责任制和限时办结制执行，按照《云南省行政问责办法等四项制度工作手册》的内容、要求开展工作。查找本单位政风行风建设存在的突出问题、群众反映强烈的热点问题，共向纳税人发放测评表51份，收回51份，测评意见均为优。五是不折不扣执行效能政府“四项制度”和各项规章制度的落实。2011年向个体新开业户发放收回了《西双版纳州国税系统税务干部执法情况反馈表》553份，未发现干部在执法过程中违法违纪现象的举报情况。签订《廉政公约》的共553份，廉政公约回访两期共70户，未发现国税干部在执法过程中违法违纪现象。

【教育培训】 一是制订了干部教育培训工作的计划、全面安排部署2011年干部教育培训工作。勐海县国家税务局年初及时制订下发《勐海县国家税务局2011年干部业务培训计划》，细化培训内容，明确干部教育培训工作目标、任务和要求，有计划地开展干部教育培训工作。二是不断提高全局干部职工的业务素质，切实解决干部职工业务素质与实际工作能力不相匹配的问题，以着力实现A.B角工作目标。以开展学习型党组织建设为契机，结合各自的工作需求，开展岗位大练兵学习活动工作，把干部教育培训同开展“学习型党组织建设”活动紧密结合起来。三是进一步完善教育培训工作制度。按照“十二五”时期干部教育培训工作的目标要求，紧密联系工作实际，制定了《勐海县国家税务局教育培训管理办法》，为干部教育培训提供制度保障。四是加大干部教育培训工作力度，不断提高广大国税干部的综合业务素质。2011年，参加省局举办的各类业务培训人员达22人次，新录用公务员初任培训3人次；参加州局举办的税务人事管理系统培训2人次；认真组织干部职工观看《云南国税讲坛》7期，参加观看人员达350人次；参加地方组织的其它方面培训3人次。

（袁婧琳）

勐腊县国家税务局

经济概况

2011年，勐腊县实现生产总值（GDP）47.34亿元，按可比价计算，同比增长11%，增速同比提高0.3个百分点，完成计划任务数42.04亿元的112.6%。其中：第一产业增加值为19.84亿元，同比增长8%，完成计划任务数17.54亿元的113.1%；第二产业增加值9.19亿元，同比增长9.1%，完成计划任务数7.99亿元的115%；第三产业增加值18.31亿元，同比增长15.2%，完成计划任务数16.51亿元的110.9%。三次产业比重为41.9:19.4:38.7。全年固定资产投资总额

21.02 亿元，比上年增长 12.4%；社会消费品零售总额 12.46 亿元，比上年增长 18.8%。完成地方财政收入 2.63 亿元，比上年增长 15.7%；地方财政支出 13.84 亿元，比去年同期增长54.9%；城镇居民人均可支配收入 12266 元，比上年增长 10.5%，农民人均纯收入4415 元，比上年增长 20.5%。

税收概况

【收入完成情况】 2011 年，勐腊县国家税务局共组织各项收入 2 亿元，比上年增收 1078.07 万元，增长 5.60%。其中：组织税收收入 2 亿元，比上年增收 1064.38 万元，增长 5.62%，完成年计划 1.91 亿元的 104.95%，税收收入首次突破 2 亿元大关。从各税种收入来看：增值税收入 1.31 亿元，比上年增收 489.14 万元，增长 3.88%，完成全年计划任务数 1.27 亿元的 103.04%；消费税收入89.26 万元，比上年增收7.03 万元，增长 8.56%，完成全年计划任务数 60 万元的 148.77%；企业所得税收入 3263.95 万元，比上年减收 694.79 万元，下降 17.55%，完成全年计划任务数 3900 万元的 83.69%；利息所得税收入 9.64 万元，比上年减收 24 万元，下降 59.81%；车辆购置税收入 3554.65 万元，比上年增收 1277.34 万元，增长 56.09%，完成全年计划任务数 2400 万元的 148.11%。

【收入特点】 2011 年，一是税收收入实现了 1.9 亿元、2 亿元的二级跨越，首次突破 2 亿元大关，是 2003 年完成数的 11.8 倍，是 2004 年本届班子成立当年完成数的 9.3 倍，再次取得新的、历史性的突破和辉煌成就。二是增值税收入首次突破 1.3 亿元大关。三是税收收入与当地经济发展对比情况：全县国税部门共组织税收收入 2.0004 亿元，占当地国民生产总值 47.34 亿元的 4.23%，税收增长弹性为 0.51，其中：第一产业税收收入 0.002 亿元，比 2010 年下降 10.50%，地方第一产业增长率为 8%，税收收入增长率大幅低于地方增长率的原因是由于第一产业税收收入基本属于免税收入；第二产业税收收入 1.22 亿元，比 2010 年减收 0.2 亿元，下降 13.98%，地方第二产业增长率为 9.10%。税收收入增长率低于地方增长率的原因是由于 2011 年勐腊县新山矿业公司上缴税款 6647.55 万元，比 2010 年减收 3215.48 万元，下降 32.6%，从而导致勐腊县国家税务局组织征收第二产业税收收入下降；第三产业税收收入 0.76 亿元，比 2010 年增收 0.31 亿元，增长 64.78%，地方第三产业增长率为 15.2%。税收收入增长率高于地方增长率的原因是由于 2011 年勐腊县烟草专户上缴税款 1260.9 万元，比 2010 年增收 331.82 万元，增长 35.71%，另一个原因是农村信用社企业所得税上缴税款 1191.58 万元，比 2010 年增收 809.58 万元，增长 211.93%，两个因素导致全县国税部门组织征收第三产业税收收入增长。

【税源分析】 2011 年，从税源结构看：增值税重点税目收入呈“七增二降”的趋势。其中，增收的品目有：白糖收入 3548.72 万元，比上年增收 1111.51 万元，增长 45.61%；水泥收入 338.69 万元，比上年增收 137.33 万元，增长 68.19%；商业收入 2336.12 万元，比上年增收 429.33 万元，增长 22.52%；茶叶收入 61.58 万元，比上年增收 26.31 万元，增长 74.53%；电力收入 723.08 万元，比上年增收 174.44 万元，增长 31.79%；医药产品收入 87.68 万元，比上年增收 30.63 万元，增长 53.64%；铅锌矿收入 2.9 万元，比上年增收 2.9 万元。减收的品目有：铁矿收入 5375.78 万元，比上年减收 1135.43 万元，下降 17.44%；铜矿收入 307.63 万元，比上年减收 161.03 万元，下降 34.36%。从经济性质看：国有企业、集体企业、股份公司、个体户等税收收入增长较快，2011 年比 2010 年增收 3780 万元，增长 58.75%。从重点税源来看：勐腊县 8 户重点税源纳税人 2011 年共缴纳税款 1.13 亿元，比上年减收税款 2082.05 万元，下降 15.54%。

各项工作

【税收征管】 一是认真落实科学化、精细化管理，征管质量和效率实现了新提高。提出了“抓重点、管大户、规范小户”的管理思路，把税源分为“五个等级”来进行管理的具体措施，为完成全年税收任务奠定了思想基础、提供了组织保证，实现组织收入最大化。二是认真落实税务登记证工本费减免政策。全年共免收税务登记工本费 1.97 万元。三是夯实基础，加强管理，确保税收管理扎实有效。全年共审批认定增值税一般纳税人 78 户，辅导期、暂认定一般纳税人到期转正 13 户，取消一般纳税人资格 8 户。批准纳入防伪税控系统管理 16 户。一般纳税人 208 户，纳入防伪税控 72 户。6 户增值税一般纳税人两年间享受免税销售额 1.11 亿元。审核批准 48 户纳税户“政策性减免税备案”申请。四是认真落实增值税起征点调整税收优惠政策。经测算，由于起征点调整，将惠及勐腊县的 823 户纳税人，将免征税收收入 225.43 万元。五是积极开展纳税评估。经评估共转出进项税 1 户，转出进项税 0.86 万元；调减以前年度待弥补亏损额 2 户，调减待弥补亏损 167.1 万元。六是成功上线运行税收管理员辅助信息系统。受理完成总调查任务 399 项，其中系统自动发起 375 项，手动发起 24 项。完成风险预警核查反馈信息共 183 条，修改不需要反馈风险预警信息 803 条，为规范税收执法提供了保证。七是出口退税管理。推进跨境贸易人民币结算数据传输及应用工作。做好出口退税预审工作。全年受理出口退税预审共计 13 户次，办理退税共计 674.84 万元。

【税收执法】 （一）税收宣传。认真做好“五五”普法收尾和“六五”普法开局的准备工作。组织参加州、县“五五”普法工作的评优评先，并被州委、州政府评为“五五”普法工作先进集体。积极开展以“税收、发展、民生”为主题的第 20 个税收宣传月活动。利用宣传展板、宣传标语、宣传单、设置咨询台等方法进行宣传，还向辖区内纳税户邮寄税收宣传明信片，为“六五”普法工作迎来了开门红。落实依法治省文件精神和“六五”普法工作，订购《2010 年新法学习读本》和《行政强制法要义》，组织干部职工参加行政强制法的培训及考试，为 2012 年 1 月 1 日实施《中华人民共和国行政强制法》打好基础。宣传和贯彻落实增值税转型改革、消费税政策调整，确保国家各项税收宏观调控措施落实到位。（二）税务稽查。稽查综合查补收入567.32万元，其中增值税251.23万元，企业所得税227.84万元，滞纳金87.14万元，罚款1.11万元。选案9户，选案准确率100%；查补收入567.32万元，入库率100%；偷税处罚率100%；立案9户，结案率100%；协查信息完整率100%。（三）执法检查。认真抓好税收执法管理信息系统和征管系统数据质量的监督工作。按照执法事前、事中、事后监督管理的要求，深入扎实地开展税收执法监督工作。（四）纳税服务。以"服务基层年"为契机，坚持以纳税人需求为导向，以纳税服务热线为平台，结合实际，不断创新纳税服务方式，丰富纳税服务内容。采用全省统一数据监控系统，对涉税操作进行实时数据监控，保证纳税服务优质高效。

【税务管理信息化建设】 2011年，牢牢把握信息技术对推进国税事业发展的重要作用，不断更新观念、开拓进取、锐意创新、迎难而上，实现全局信息化建设的又好又快发展。做好各项系统软件的上线推行工作，为实现税收科学化、精细化管理提供技术支持与保障。做好相关税收信息化软件的安装、测试工作。做好各项税收业务的技术支持与技术保障服务。一是应用好云南省国家税务局数据监控分析系统和数据分发系统。二是认真落实省局发布的综合征管软件运行情况报告。三是做好数据维护的审核工作。四是应用县局电子政务网提高办公办文效率。五是做好全县网络申报纳税户的推广工作，2011年共推广166户纳税户。

【大事要事】 2011年，勐腊县国家税务局稽查局开展对"11·10"专案受票企业协查工作。应协查65户，发票2451份，金额7873.99万元。其中，正常户52户，发票2344份，金额7723.24万元；注销户10户，发票104份，金额148.59万元；非正常户3户，发票3份，金额2.15万元。补缴增值税177.97万元，滞纳金88.49万元，抵减留抵税款167.80万元，补缴企业所得税8.05万元，滞纳金0.82万元，弥补以前年度亏损108.16万元，减免企业所得税13.41万元。

队伍建设

【机构人员】 2011年，全局内设行政机构8个，即办公室、人事教育股、监察室、政策法规股、收入核算股、办税服务厅、税收政策管理股、征收管理股；1个直属机构，即稽查局；2个派出机构，即勐腊税务分局、勐仑税务分局；1个事业单位，即信息中心。经上级税务机关批准，设立磨憨经济开发区税务分局（正科级）。在职干部职工52人，平均年龄41岁，其中公务员50人，工人2人；党员干部26人，占总人数的50%；本科以上文化程度15人，占29%；大专以上文化程度43人，占83%；少数民族22人，占42%。离退休干部15人，其中离休干部1人，退休干部14人。

【领导班子建设】 一是加强领导班子思想政治建设。认真抓好党组中心理论学习，运用科学理论指导实践，推动税收工作发展，同时注重领导班子自我学习、自我提高，不断增强思想道德素质和防腐拒变能力。二是加强领导班子组织建设。坚持民主集中制，明确权利、责任分工和利益关系，注重加强领导班子团结协作能力，注重提高管理水平，着力提升班子的执行力、凝聚力和战斗力。三是加强领导班子作风建设。切实转变工作作风，密切联系群众，深入基层一线，及时掌握税收工作重点、难点，努力做到依法决策、科学决策和民主决策。

【党风廉政建设】 一是围绕中心，服务大局，加强对重大决策部署执行情况的监督检查。二是强化责任意识，严格执行党风廉政建设责任制。将全年工作进行分解，进一步明确职责、工作要求，形成齐抓共管的良好局面。执行与纳税人签订《廉政公约》及进行廉政回访制度，与纳税人签订了86份《廉政公约》。三是注重预防，坚持教育，筑牢税干廉洁从税意识。开展反腐倡廉教育，党风党纪教育。职业道德和税收执法廉政风险防范教育，预防职务犯罪警示教育。四是强化"两权"监督。五是稳步推进部门内控机制建设。按照省州局"关于在国税系统推行内控机制建设的通知"要求，积极组织所属职能部门及人员，从制度机制风险、岗位职责风险、业务操作风险3个方面，认真梳理权力廉政风险点。六是加强政风行风建设，提高纳税服务质量。

【精神文明建设】 一是建立精神文明长效机制。重视精神文明的创建工作，狠抓精神文明工作的落实。在全县对具有行政执法职能部门开展政风行风评议的活动中，以"政务公开"、"服务态度"、"依法行政"、"廉洁执法"、"整改提高"五个满意度第一，"办事效率"满意度第二的成绩在全县11个参评单位中位居榜首。荣获中共勐腊县委授予的"先进基层党组织"荣誉；"2010年度支持磨憨口岸工作先进单位"；勐仑税务分局继2007年度文明单位届满后，再次被州委、州政府授予2008~2010年度"文明单位"荣誉称号。档案室建设成功通过省五星级审核验收，成为西双版纳州国税系统档案室建设首家达省五星级标准单位。二是积极开展特色税务文化活动。围绕国税精神文明建设要求，全面构建和谐国税，打造特色国税文化，积极开展有利干部职工身心健康、情趣高雅的体育、军训、联谊、美术、书法、摄影等活动。积极培养文艺骨干参加文艺汇演及云南省国税系统美术、书法比赛。在云南省国税系统举办的"庆祝建党九十周年书画大赛"中，选送了美术作品5幅、书法作品3幅，其中由刘建生同志创作的工笔画《天堂鸟》荣获美术大赛一等奖。组织开展扶贫帮困献爱心等活动，为盈江地震灾区捐款献爱心共计1万元。三是积极开展创先争优活动。制定并通过了《勐腊县国家税务局党总支创先争优"流动红旗"先进股室、"五星"级党员和岗位争先评选活动实施办法》。开展了每季一次的"授旗"和每月一次的"评星"，共有2个先进股室被授予"流动红旗"，有党员干部15人次被授予"岗位之星"称号。

【教育培训】 2011年组织干部职工26人次参加省、州国税局及其他部门举办的17期各类教育培训；组织干部职工359人次参加县国税局举办的15期各类税收业务培训；组织企业人员130人次参加县国税局组织的4期针对企业的培训。2人参加初任培训；3人参加科级领导干部任职培训。

【人物】 勐腊县国家税务局党组书记、局长（兼磨憨经济开发区分局长）刘建生同志，热爱税收事业，具有强烈的事业心和责任感，在严峻的形势和各种错综复杂的困难、矛盾面前，坚持思想不动摇、决心不动摇、立场不动摇，“抓重点、议大事、求实效”。在刘建生同志的带领下，勐腊县国家税务局税收组织收入从2003年的1701万元快速稳定增长到2011年的2亿元，翻了11.8倍，一次又一次地取得新的历史突破和辉煌成绩，为增加地方财政收入，促进地方经济发展做出了积极的贡献。2011年，刘建生同志被中共勐腊县委评为优秀党务工作者；其美术、书法作品在全省国税系统纪念建党九十周年比赛中荣获一等奖；作为全州敬业奉献模范候选人，其事迹被刊登在《西双版纳报》上。

（梁　萍）

楚雄彝族自治州国家税务局

经济概况

2011年，楚雄州委、州政府认真贯彻落实中央和省委、省政府的重大决策部署，深入贯彻落实科学发展观，抓住云南推进桥头堡建设的发展机遇，紧紧围绕富民强州宏伟目标，科学谋划发展思路，抓经济促发展，抓民生保稳定，全力推进经济社会持续健康发展。全州完成生产总值（GDP）482.5亿元，比2010年增长12.4%。固定资产投资实现354.5亿元，增长26.3%；实现社会消费品零售总额158.3亿元，增长20%；实现外贸进出口总额1.5亿美元，增长39.16%；三次产业的结构比例由2010年的22.4:42.5:35.1调整为22.4:43.2:34.4；地方财政总收入迈上100亿元新台阶，达到103.15亿元，增长19.3%，其中地方财政收入37.6亿元，增长22.4%，地方财政支出126.76亿元，增长16.7%。城镇居民人均可支配收入1.78万元，增长13.8%；农村居民人均纯收入4627元，增长18.8%。

税收概况

【收入完成情况】 2011年，楚雄州国税系统共组织税收收入66.96亿元，比2010年增收9.31亿元，增长16.15%，完成云南省国家税务局下达确保目标63.28亿元的105.82%，完成奋斗目标64.93亿元的103.13%。剔除车辆购置税，完成州政府下达收入任务64.31亿元的101.63%。

【收入特点】 2011年，楚雄州国税局坚持落实组织收入原则和“依法征税、依规办理、优质高效、应收尽收”的理念，立足区域经济发展，大力加强组织收入工作，实现税收收入平稳较快增长。一是国税收入占财政总收入的比重达到64.92%，税收有力支持地方经济发展。二是各税种增幅不平衡，呈现三增二降，即增值税22.55亿元，增长10.81%；消费税36.96亿元，增长17.02%；企业所得税5.83亿元，增长44.10%；个人所得税160万元，下降55.06%；车辆购置税1.60亿元，下降1.74%。三是11个征收单位全面完成确保任务，南华增幅73.60%、永仁55.01%、姚安54.27%、双柏48.77%、武定28.83%、牟定23.58%、大姚20.71%、开发区17.68%、元谋9.36%、楚雄市3.44%；禄丰下降6.01%。禄丰、楚雄市、武定、大姚、开发区5个县税收进入亿元征收行列。

【税源分析】 2011年，全州纳税额在500万元以上的企业有35户，其中纳入总局定点联系企业13户，州局定点联系企业22户，重点税源的税收占国税总收入的86%。重点税源中，卷烟、化工产品、交通运输设备、有色金属、煤炭、电力、电气器材、商业的税收实现增收。其中，卷烟“三税”收入达到45.23亿元，同比增收6.17亿元，增长15.81%。有色金属增值税达到5496万元，同比增收2742万元，增长99.56%。电力增值税实现9644万元，同比增收1869万元，增长24.04%。煤炭增值税实现1.28亿元，同比增收2926万元，增长29.62%。商业增值税4.69亿元，同比增收1.19亿元，增长34.02%。

各项工作

【税收法制建设】 按法治政府建设要求，落实税收行政执法责任制，制定依法行政五年规划，大力推进依法行政。在依法落实税收政策、依规办理税收业务和开展各项税收检查的同时，把防范执法风险作为重点，强化“依法依规就是最公正的执法、最好的保护”的理念，注重干部规范执法意识的养成，进一步规范执法行为，提高税法遵从度，增强执法透明度和国税机关公信力。积极整改落实2010年财政部驻云南省财政监察专员办事处对全局落实税收优惠政策执行情况和税收征管质量专项检查反映出来的相关问题，进一步规范审批要求、政策解读、业务程序和痕迹管理。加大税收政策和税收法制宣传，拓展渠道和方法开展4月税收宣传月活动，解读税收政策、宣传税收法制、辅导税收业务。下发《法制宣传教育第六个五年规划（2011～2015年）》，及时启动“六五”普法工作。着重规范税收自由裁量权和行政处罚。开展税收执法督察工作。完成了规范性文件清理、备案，严格按照《行政许可法》的要求规范税务行政许可和非行政许可事项。加大税收执法管理信息系统监控和疑点信息库数据核查，按季通报运行情况和税收执法质量情况，最大限度规避执法风险。全年全系统执法总量达到41.50万项，较上年增加3.37万项，增长8.84%；产生执法过错17条，同比减少9条，下降34.62%，执法过错率为万分之0.41，同比下降19.61%，实现了执法过错率不超过万分之五并与上年相比明显下降的双目标。

【税收征管】 把税收征管作为核心业务来抓，全面加强税收征管，着力提高纳税服务和税收满意度。统筹纳税评估工作，全年开展纳税评估414户，评估补缴税款3267万元，其中，评估补缴增值税978万元，补缴企业所得税2083万元、滞纳金及罚款129万元，补缴车辆购置税及加收滞纳金77万元。进一步落实税源与征管状况监控分析一体化工作制度和领导干部管户制度，依托征管系统、数据分发系统和税收管理员辅助信息系统，分析征管现状，查找征管问题和薄弱环节，降低征管风险，促进征管质量提高。全面推行运用税收管理员辅助信息系统，加强税源管理基础。完善普通发票简并换版工作，开展普通发票管理情况检查，加强了普通发票管理。利用基本单位名录库第三方信息进行户籍清理比对的试点工作和组织机构代码共享项目推广应用，强化户籍管理，截至12月31日，全系统征管户数45750户，其中：一般纳税人1744户，小规模企业3554户（含不申报纳税的非独立核算的企业分支机构1065户），纯所得税管户396户，个体工商户40056户（其中落实增值税新的起征点，达起征点678户）。加强对延期申报、延期纳税的审核、上报审批和监管，严防产生新增欠税。同时，加大了陈欠税款清缴力度。提高增值税起征点后，征管、货物和劳务税部门及时测算、及时宣传、及时调整，保证了国家惠民政策落到实处。积极做好财税库银横向联网系统推广运用、税源专业化管理模式试点的准备工作。落实增值税管理措施，规范固定资产抵扣管理，严把农产品和运输发票抵扣。开展增值税优惠政策清理调研，对发现的问题边清理、边规范、边纠正，对不符合且已享受免税的2户企业补缴增值税17.8万元、加收滞纳金4万元。加强了增值税专用发票管理，严格落实代开规定。规范出口货物退（免）税管理，严把审核关，加快了出口退税办理的速度，如期完成了跨境贸易人民币结算试点工作。加强卷烟消费税的协同管理，卷烟消费税增幅较大对税收贡献率较高。加强所得税管理。高质量完成了2010年度企业所得税汇算清缴工作，得到省局通报表扬。所得税纳税评估成效明显。严格审批享受西部大开发优惠政策企业，做好41户年审工作和17户外商投资企业联合年检工作。落实小型微利企业税收扶持政策。积极做好《小水电行业所得税管理操作指南》的编写工作。2011年全州企业所得税管理实现了“税款增收、比上年提升了44.10个百分点，核定征收面扩大、比上年提升了4.62个百分点，汇算清缴亏损面降低、比上年下降了5.52个百分点”的“两升一降”目标。落实《大企业税收服务和管理规程》，对定点联系企业税收进行全面分析，制作《大企业增值税（消费税）税收风险防范自查项目书》，指导企业搞好自查自纠，掌握州内大企业经营生产情况和税款进度情况，保障了全州85%以上的税收足额入库。积极做好享受税收协定待遇审批和《对外支付税务证明》开具的审核工作，加强非居民企业所得税征管，全年共征收非居民企业所得税98.87万元。强化车辆购置税的征收与服务，落实“以票控税、信息共享、协同管理”的车辆购置税管理措施，积极做好应征车辆的税款征收和免税车辆的核实，加强车辆购置税一条龙比对异常发票的核查，应用车辆购置税电子档案管理系统，加强车辆购置税档案管理，推行银行刷卡、POS机刷卡、转账等车辆购置税多样化缴税方式，探索和加强车辆购置税代征新路径，在楚雄市车辆交易市场设置便民征收点，方便群众缴税。

【纳税服务】 围绕纳税人合理需求，以最简单、最快捷、最方便为落脚点，持续推进优化纳税服务。积极宣传和大力落实总局《“十二五”时期纳税服务工作发展规划》，开展办税服务厅建设情况检查，在“一窗通办”的基础上，加强办税服务厅标准化建设。制定下发《楚雄州国家税务局办税服务厅应急预案》，督促指导12个基层单位办税服务厅安装了监控系统。如期完成了12366纳税服务热线的上线工作。辅导落实《纳税人常用填写范本》，规范纳税人办理涉税事项所需要填报的内容。各地积极开展税收宣传、纳税咨询、维护权益、手机短信、预约服务、延时服务等个性化服务，部分县局开通QQ群远程服务。同时，州局机关积极配合、派员进驻州政府政务服务中心，县市区局积极协调并在办税服务厅设立县级政务服务中心分中心，落实纳税服务工作。继续落实西部大开发税收政策、增值税优惠和出口退税等税收政策，尤其在11月份及时落实调整增值税起征点新政策，惠及企业和纳税人，既涵养了税源，又支持了经济发展。一年来，全州国税系统落实各项税收优惠政策，减免企业所得税2527万元，减免车辆购置税373.15万元，办理出口货物退（免）税1750万元；增值税免税销售额33.49亿元，同比增加7.89亿元，增幅达到30.83%。

【税收执法】 落实《税务稽查工作规程》，规范制作稽查案卷范本，加强重大案件查处，突出稽查职能作用，上下联动开展各项检查，全年共查补收入5108.80万元，实际入库5047.47万元，入库率98.80%、选案准确率100%、偷税处罚率54.86%、结案率100%。一是以分级分类稽查、专项检查和区域专项整治为要求，开展和谐稽查，规范稽查执法。全州组织企业自查1086户，税务部门重点稽查63户。二是以查处税收违法案件为重点，大力整顿和规范税收秩序。积极配合并圆满完成了南疆税案“5·31”专案和“11·10”案件的查处工作，查补入库税款913.01万元，调增企业所得税应纳税所得额95.52万元。及时落实金税协查，查处虚开“克隆”增值税专票偷税案。三是以打击发票违法犯罪活动为抓手，开展重点企业发票使用情况检查，国税、地税、公安协同开展打击发票违法犯罪活动，全年共检查发票用票户265户，出动执法人员711人次，查处发票违法企业166户，查处非法发票70665份（含自制收据），查补税款、加收滞纳金、罚款合计1311.77万元，抓获犯罪嫌疑人13名。打击发票违法犯罪活动工作被国家税务总局表彰为“成绩突出单位”，3名干部被表彰为全省打击发票违法犯罪专项整治工作先进个人。

【税务信息化建设】 按照“服务税收核心业务，优化系统支持，深化数据应用，完善运维体系，强化信息安全”的要求，加强了信息管税工作，巩固提升信息化建设成果。狠抓网络畅通和信息安全等日常维护，充分利用安全防护体系，加强运行管理、日常监控、安全检测和预警处置，确保综合征管软件等业务软件的正常使用，实现了全年网络信息安全无事故，做到了网络不断、系统不停、数据不丢。做好网络申报、网络报税、网络开票推广、拓展等系统技术支持保障。完成了全省广域网设备维保（局点）项目试点工作。完成了金税三期广域网建设的节点统计与规划。从培养和锻炼信息化专业人才出发，自主开发了计算机类设备管理软件，加强和监督全系统计算机设备固定资产的管理。

队伍建设

【机构人员情况】 截至2011年12月31日，楚雄州国税系统共有在职人员776人，其中：公务员753人、事业干部2人、工人21人。年龄结构：50岁以上86人，占总人数的11%；40～49岁的489人，占总人数的63%；30～39岁的144人，占总人数的19%；30岁以下57人，占总人数的7%；纳入管理的离退休人员有270人：离休13人、退休257人（其中：提前退休17人）。全州国税系统共有副科级以上领导干部112人，其中：正处级1人、副处级8人、副调研员3人、州局机关科长19人、副科长17人、县市、区局长10人、副局长22人、纪检组长10人、分局长15人、稽查局长10人。中共党员463人，占总人数60%；共青团员13人，占总人数2%。2011年，楚雄州国家税务局内设机构12个，即：办公室、政策法规科、货物和劳务税科、所得税管理科、大企业和国际税务管理科、征收管理科、纳税服务科、计划统计科、财务管理科、人事科、教育科、监察室，均为正科级；直属机构2个，即：稽查局（副处级）、车辆购置税征收管理分局（正科级）；事业单位2个，即：信息中心、机关服务中心，另设机关党委（总支）办公室，离退休干部管理科，均为正科级。楚雄州国税系统下辖县市、区局机构为11个，县市、区局内设科（股、室）80个，直属机构（稽查局）10个，派出机构（税务分局）17个。

【领导班子建设】 根据《党政领导干部选拔任用工作条例》、《党政领导干部任职试用期暂行规定》，做好县市、区局班子和机关科室干部调整、配备和缺额补充工作，全年完成对29人次科级干部的交流转任、提拔任用、免职、试用期转正考核工作，其中：涉及平级交流转任9人，因工作变动免职3人，提拔任用6人，副科级干部试用期考核转正11人，进一步充实、优化干部结构，激发班子活力。根据省局要求，选派2名政治素质好、业务能力强、年龄在40岁以下的副科级干部上挂省局锻炼，进一步加强对后备干部的锻炼培养力度。深入贯彻《党政领导干部选拔任用工作责任追究办法（试行）》及领导干部选拔任用四项监督制度，结合对部分县局离任审计和巡视工作，通过查阅与干部任免相关的民主推荐、民意测评、考察谈话、党组讨论记录及任免文件，加强对干部选拔任用工作的管理。认真执行《国家税务局系统干部选拔任用工作“一报告两评议”实施办法（试行）》，进一步建立健全强化预防、及时发现、严肃纠正的干部监督工作机制。加强领导班子思想政治建设工作，全州国税系统各级党组按照年度主题认真落实群众意见征集、集中学习、个人自学和交心谈心、批评与自我批评等议程，重点对个人履行职责、解决干部职工实际问题情况进行总结、检查，反思带队问题，加强队伍建设管理，保持系统和谐与稳定。通过高质量召开的专题民主生活会议，着力强化了领导干部理想信念、宗旨意识、思想作风、群众观点，教育各级领导干部真正把心思凝聚到干事创业上，把精力用到推进发展上，达到了“坚定理想信念、增进团结和谐、增强工作动力”的良好效果，使学习成果成为促进服务基层年目标任务全面实现的推进动力。

【文明创建】 坚持创建标准，落实创建要求，提升创建档次，按照系统创建、地方申报“双腿并行”的办法，大力加强和持续推进文明创建工作。积极配合省局圆满完成了省级文明行业复查工作。完成了基层5个单位申报州局级“文明单位”的检查验收工作，完成了届期内6个州局级“文明单位”和8个省局级“文明单位”的复查工作；完成了2个单位申报省局级“文明单位”、6名精神文明建设先进工作者、1个巾帼文明岗、1名巾帼建功标兵的推荐上报工作。

【教育培训】 在省局培训的基础上，进一步统筹培训计划，发挥自身师资力量，侧重于学以致用、业务实践、规避风险、提高履职，采取网络教育系统全员培训、请进来集中学、走下去巡回讲等方式，有计划、有目的、有针对性地开展干部培训。对双柏、南华、禄丰、武定、元谋5个县局进行了计算机信息技术和网络运用培训。集中利用22天时间送教下基层，巡回对11个县市区局干部职工进行了货物和劳务税、所得税、政策法规、征管方面的业务培训，收到良好效果，得到基层干部职工好评。2011年，州局共举办各类业务培训17期，培训干部职工1063人次。289人参加了总局、省局组织的各类培训；22人次参加了地方组织的相关培训。通过培训，干部综合业务素质和行为素质明显提升。

【国税文化】 把加强国税文化作为一项重要工作来抓，加大了推进国税文化建设的力度，着力培养和提高楚雄国税文化自觉和文化自信，以此陶冶干部情操，凝聚干部力量，增强国税事业发展软实力。深刻学习领会十七届六中全会精神，用六中全会精神指导国税文化建设。认真落实和解读“以国为根、以税为业、以人为本、以学为乐、以绩为真、以廉为荣”的云南国税文化核心价值理念。总结提炼楚雄国税文化核心价值理念。创办《楚雄国税》季刊，2011年共出版3期。建设州局办公楼文化长廊，展示和反映楚雄国税发展成就和干部风采。按时完成了年鉴内容的撰写上报和税收科研课题工作任务。举办了全系统“感恩·敬业·奉献”演讲竞赛活动，激发了干部职工立足本职、敬业奉献、干事创业。选派人员参加全州“红土地之歌”演讲大赛获得三等奖。全系统广大干部职工积极参加各级组织的建党90周年征文、书画、摄影等活动，离退休老干部参加总局庆祝建党90周年文艺作品征文活动4幅作品获奖，参加中国税务学会、总局党校举办的“庆祝建党90周年书画摄影展”活动，1名干部的摄影作品获三等奖、1名干部的书法作品获入选奖，参加云南省档案学会组织的纪念建党90周年暨辛亥革命100周年档案书法摄影活动，2幅作品获三等奖。同时，申报的《多税种不同税收软硬件集成应用研究》科技项目获得楚雄州科学技术进步二等奖。

【内控机制】 把内控机制建设作为2011年的重点工作来推进，进一步总结和完善“制度+科技”的党风廉政建设工作新途径。采取试点探索、现场推进的方法，按照“识别、评估、评价、应对、监控、总结”的路径和步骤，围绕征管风险、执法风险、行政运行风险和廉政风险等税务风险，识别（排查）风险点、评估风险等级、评价流程控制、提出应对措施、监控风险防范、总结完善运用。通过明确各岗位权力和责任，优化权力运行流程，形成合理分权、公开亮权、制度控权的内生制约力，实现权力运行的过程制约和程序控制，确保干部勤政廉政、廉洁从税。在姚安、禄丰2个县局试点的基础上，及时召开现场推进会，进一步加大力度整体推进，在州局机关各科室、各县市区局的共同努力下，州局机关18个部门共完善岗位工作职责75个，编制工作流程图37个，排查税务行政执法风险点94个，清理整合内控制度53个，制定廉政风险防范措施135条。11个县市区局共完善岗位工作职责654个，调整岗位40个，平均每个县编制工作流程图64个，排查税务行政执法风险点144个，清理整合内控制度39个，制定廉政风险防范措施107条。楚雄国税的做法经验在全省国税系统内控机制建设推进会上作了交流，得到了省局的肯定。已初步形成楚雄州国税系统内控机制建设体系，待进一步修改完善后施行。

【创先争优】 按照“五个好”、“五带头”的要求，把创先争优融入为国聚财、服务基层、服务纳税人、加强党建、促进发展等关键环节，结合税收工作深入开展创先争优活动。一是制定《创先争优活动实施意见》、印发《创先争优活动常态化考核评价方案》，建立了“一月一讲评，一季一考评，半年一表扬，一年一表彰”的综合考核评价体系，推动活动有序开展，促使活动常态化。二是在全体干部职工中开展“四亮四评”活动，干部职工结合岗位亮流程、亮身份、亮职责、亮承诺，按季落实“自己评、群众评、领导评、组织评”等工作。基层县局在办税服务厅、税源管理分局等窗口服务单位开展“四亮四创四评”活动，侧重于围绕“创优质服务之星、创流动红旗标兵、创党员示范窗口、创人民满意党支部”开展创先争优，进一步激励干部职工立足岗位作奉献、创先争优当先锋。三是大力开展学习杨善洲事迹，把善洲精神落实在工作中、体现在完成任务上。召开了以“学习杨善洲精神做人民满意的好党员好干部”为主题的党组中心理论学习会议，谈感悟、讲党性、找差距、明目标，进一步激发了干事创业热情。四是州局机关和县市区局创先争优活动得到当地党委和组织部门的肯定。8月25日州委创先办“四亮四评”活动调研督查组通过实地察看、听取汇报、查看资料等方式，给予了“党组重视，机构健全；启动迅速，分工明确；载体丰富，内容多样；措施有力，督查到位；特色鲜明，注重结合；效果明显，推动工作”的评价。

【廉政建设】 突出“五强”抓落实，持续推进系统党风廉政建设工作发展。一是强领导。党组班子高度重视党风廉政建设工作，在加强自身廉洁自律、廉政从政的同时，落实党风廉政建设责任制，落实“一岗双责”，全力支持配合抓廉政，进一步加强和完善党组统一领导、班子成员齐抓共管、纪检监察组织协调、县市区局和州局科室部门各负其责、干部职工积极参与的党风廉政建设领导体制和工作机制。二是强教育。结合内外形势和发展形势，结合身边的人和事，强力开展廉政教育和预防职务犯罪教育，通过加大对楚雄问题通报、国家税务总局《关于两起税务干部组织参与虚开增值税专用发票重大案件的通报》和《贵州省国税家税务局关于陈安平受贿案件的通报》等典型案例的剖析教育，通过参观廉政教育基地等警示教育，广大干部职工进一步深思加强廉政建设工作的重要性、紧迫性，警思廉政，警示自律，增强了该干什么、能干什么和不能干什么的责任意识和风险意识。2011年州县局开展廉政谈话152人次，其中：任职谈话21人次，任期谈话127人次，诫勉谈话4人次。三是强部署。年初及时召开党风廉政建设工作会议，安排部署廉政工作任务。把党风廉政建设责任制工作分解为26项具体任务，落实到局领导、各科室，分解到每个干部职工的头上抓落实、抓防范、抓自律。四是强落实。重点开展了惩防体系健全完善、《廉政准则》贯彻执行、上级重大决策部署、巡视整改督查、廉政警示教育、内控机制建设等工作的落实。各级进一步落实廉洁自律有关规定、落实公务用车专项整治、落实省政府四项制度、落实《廉政公约》回访、落实政风行风自查自纠、落实述职述廉等“强化监督、保护干部、促进发展”的党风廉政建设工作具体要求和廉政目标。五是强监督。完成了对双柏、牟定、大姚3个县局巡视整改监督检查和姚安、武定、禄丰3个县局的工作巡视。全系统召开特邀监察员、纳税人代表参加的政风行风座谈会27场次。关口前移，加大监督，重点加大了对涉及行政管理权的人、财、物等环节的监督，对涉及行政执法权的征、管、查、罚、减、免、退等环节的监督，有力保障了各项工作健康发展。

（田江华　李鸿良　张金华）

楚雄市国家税务局

经济概况

2011年，楚雄市实现生产总值（GDP）194.42亿元，按可比价计算，增长12.50%。其中，第一产业增加值19.34亿元，增长8.50%；第二产业增加值112.96亿元，增长14.90%；第三产业增加值62.12亿元，增长9.40%。三次产业的结构比例由2010年的10:57.1:32.9调整为2011年的9.9:58.1:32，一、二、三产业对国民经济增长的贡献率分别为6.80%、68.30%和24.9%。非烟生产实现增加值140.61亿元，增长12.30%，占GDP比重为72.30%。全年完成财政总收入26.69亿元，增长15.40%。

税收概况

【收入完成情况】 2011年，楚雄市国家税务局共组织税收收入3.33亿元，同比增长3.44%，增收1107.88万元，完成楚雄州国税局下达确保目标3.41亿元的97.65%，完成楚雄州国税局下达奋斗目标3.52亿元的94.60%。增值税、消费税、企业所得税“三税”累计净入库2.19亿元，同比增长7.51%，增收1529.10万元，完成楚雄市政府下达考核计划任务2.14亿元的102.50%。分税种：增值税完成1.95亿元，同比增长7.25%，增收1317万元；消费税完成52.39万元，同比增长29.01%，增收11.78万元；企业所得税完成2649.68万元，同比增长23.34%，增收501.42万元；利息所得税完成47.89万元，同比下降56.18%，减收61.41万元；车辆购置税完成1.10亿元，同比下降5.73%，减收671.90万元。

【收入特点】 一是税收收入保持较快增长，但增幅不平衡，有逐步放缓趋势。全年各月国税收入分别增长36.13%、92.13%、38.81%、48.07%、45.23%、69.86%、38.51%、23.61%、31.78%、4.51%、42.76%、-54.84%。二是主体税种三增二降。税收收入总体保持增长，但各税种增幅不平衡，呈现三增二降，即增值税增长7.25%、消费税增长29.01%、企业所得税增长23.34%；个人所得税下降了56.18%、车辆购置税下降了5.73%。三是十一个重点行业“两税”六增五降。酒、电力、煤炭、非金属矿采选业、交通运输设备、商业批发及零售与2010年同期相比有较大增长，分别增长300.74%、22.10%、28.37%、51.10%、54.24%、23.98%；印刷业和记录媒体的复制、化工产品、造纸及纸制品、医药制造和其它行业与2010年同期相比有所下降，分别下降19.68%、24.86%、89.81%、3.17%、13.96%。四是集体企业、国有企业、私营企业税收发展迅速，股份公司、涉外企业税收增幅有所回落。国有企业增长14.67%、集体企业增长51.46%、私营企业增长9.48%、其它企业增长6.67%；股份公司下降8.48%、涉外企业下降1.98%。五是各税种的申报率及入库率均较2010年明显提高，各项税收优惠政策得到很好落实，税收基础进一步夯实，税收与经济保持同步增长，呈现良好的协调关系。

【税源分析】 经济运行的良好态势为税收收入奠定良好的税源基础，2011年税收收入增长较快，完成情况较好，主要税种及重点税源与相关经济指标协调增长。全市重点税源中，纳税在50万元以上的有36户，共计征收增值税1.49亿元，占税收总收入的44.74%。其中，纳税在500万元以上的9户，纳税在1000万元以上的4户。消费税增幅较大，累计完成52.39万元，同比增长29.01%，增收11.78万元。

各项工作

【依法治税】 坚持“应征不免，应免不征”的减免税原则，认真落实好西部大开发、涉农、鼓励就业再就业、自主创业、环境保护、资源综合利用等税收优惠政策，减免各项税收4933万元（其中，办理固定资产抵扣进项税350万元，减免增值税4018万元，减免企业所得税217万元，减免车辆购置税246万元，办理出口退免抵税102万元）。深入推进依法治税，强化风险管理，执法水平得到提高；继续推进行政执法责任制，层层签订《税收执法责任书》，加强考核督查；认真梳理和排查“内部岗位责任不明确、制度不完善、分权制约不到位”等问题，修订完善岗责体系、明确岗位职责，健全各项规章制度、监督制度和奖惩制度，严格执行《楚雄市国税局督查工作实施办法》，充分发挥工作落实、行政效能、行政执法、纪律作风四个督查组的职能，对工作按月督查、通报、问责，降低干部履职风险。紧紧围绕“税收·发展·民生”的宣传主题，采取灵活多样的形式，积极开展全国第20个税收宣传月活动。

【税收执法】 大力加强税务稽查，充分发挥以查促管、以查促收的稽查职能作用，继续探索“查前约谈，查前告知，查中辅导，查后建议”的和谐稽查方法，全年共实施税务稽查132户，查结122户，检查有问题75户，查补收入1052万元，为2010年828万元的127%，增长27个百分点。认真开展税收专项检查和分级分类稽查工作，深入整顿广告、建筑安装、房地产、汽车销售、金融保险等行业税收秩序，涉及的12户企业共查补收入65.10万元。认真完成上级交办的南疆税案“5·31”专案和“11·10”专案专项协查工作，查补收入11.40万元。联合地税、公安深入开展打击发票违法犯罪活动工作，大力整顿发票“买方市场”秩序，查补收入45.50万元。认真受理涉税举报工作，发挥群众协税护税作用。全年受理举报案件6件，查结5件，查补收入50多万元。认真查处重大税收违法案件，严厉打击虚开增值税专用发票违法犯罪行为。查处辖区内某公司取得套号虚开增值税专用发票一案，查补入库收入113.50万元，并移送司法机关追究刑事责任。

【税收征管】 2011年，楚雄市国税局所辖纳税人9554户，其中：一般纳税人403户，占4.20%；小规模企业897户，占9.40%；纯企业所得税管户131户，占1.40%；个体工商户8123户，占85%。从11月1日起，起征点以上个体工商户由原来的3169户减少到350户。认真落实税收管理员制度和领导干部管户制度，做到重点税源重点管，一般税源普遍管，零星税源按源头管。建立纳税评估和税务稽查统筹安排工作机制，把纳税评估工作重点放在对零（负）申报企业、减免税到期恢复征税企业、长亏不倒企业、手机销售、建材市场等一些小门店经营但销售势头强劲企业的清理整顿上，全年累计评估企业755户次，评估收入441万元（其中：评补增值税350万元，评补企业所得税91万元）。联合交警、工商部门，全面清理辖区内摩托车、助力车、电动车“三类车”的管理；继续巩固与大型商场、超市签订的协税护税“联管”协议，堵塞征管漏洞。11月在程家坝二手车交易市场成立车辆购置税便民征收服务点，与交警等服务单位连成服务网络，优化了车辆购置税的征管工作。

【发票管理】 确保普通发票简并换版工作的顺利实施。截至2011年2月13日，全面完成涉及2852户手存旧版普通发票纳税户的发票核销工作，共核销发票521659份；在10月、11月，认真做好新版普通发票升级版的测试工作，2次测试工作均受到省局表彰。加强普通发票的管理，减少发票风险。严格实行发票领购实地核查制度，加强发票的使用管理，重点落实发票的审验管理，2011年共计检查发现发票违章户20户，处罚款1.54万元；对发票超定额补税912户次，查补入库增值税137.02万元。加强普通发票疑点数据的核实工作。通过数据监控分析系统、数据分发系统、征管系统定期对各分局辖区管户的发票供应、发票验旧、发票超期未核销等情况进行监控分析，发现问题及时通知分局进行核查和处理，减少发票管理风险。加强普通发票代开管理。对代开发票所需证明资料、资料保管、代开发票范围及代开金额进行了规范，并针对废旧物资收购单位代开发票金额过大问题，采取委托三家收废单位代开普通发票的方式，有效减少了发票代开风险。全年共代开发票8710户次，代开金额1.72亿元，征收入库税款501.90万元。

【信息化建设】 积极做好全省税收管理员辅助系统的推广应用。出台了《楚雄市国税局进一步规范征收与管理岗位职责划分的通知》，在权限设置、业务范围、岗位职责等方面进行了明确，有效规避执法风险，提高执法质量。截至2011年12月4日，税收管理员系统共发起税收调查任务1422条，完成1401条，完成率98.52%。做好综合征管软件业务运行维护。共收集上报省局涉及前台和管理员操作失误或系统错误进行修改的记录58条，保证了征管系统数据质量。针对操作过程中出现的问题，编写下发了3期常用征管业务操作规范。积极探索“信息管税”，进一步加强税源与征管状况监控分析，不断提高税源管理质量。全年共核实省、州局下发数据5000多（条）次，以及市局下发整改数据500户次，及时纠正了不规范的数据，有效提高了税源数据质量。抓好网络运行维护工作。认真做好网络病毒监控和防范工作，纳入目标管理考核，确保网络和各应用系统平稳运行，保证了全局征管工作的正常运行。积极做好省、州局召开的各种网络视频培训会议的维护，确保视频会议的正常接收。2011年，完成省局远程教育培训系统网络视频会议25场次。

【纳税服务】 认真落实“服务基层年”各项工作要求，不断提高对内、对外服务质量。一是加大纳税服务的工作力度。在两个办税服务厅开展“四亮四评”和“授旗评星”工作，在前台16个服务窗口按照“一窗通办”服务模式，制作简单明了的工作流程图，主动“亮出流程、亮出身份、亮出职责、亮出承诺”，自觉接受纳税人的监督；围绕纳税人合理需求，广泛开展第三方纳税人满意度调查和纳税人服务需求调研，切实提高纳税服务质量；坚持做好3112366和政府96128热线服务，对热点、难点和焦点问题，第一时间给予答复；大力推广网络办税等多元化申报方式，已有298户一般纳税人、73户企业所得税纳税人实现了网络申报，10户一般纳税人实现增值税专用发票网上认证，3户实行网上出口退税申报预审，350多户起征点以上个体户基本实现储蓄扣税。二是建立机关倾力为基层征管一线服务机制。建立《2011年工作进度落实计划表》按季填报和反馈机制，及时发现基层征管工作问题，并组织相关人员积极帮助解决；加强局领导、机关科室与基层分局联系点的工作，局领导每季度必须有7个工作日、科室负责人每季度必须有10个工作日亲自到基层联系点帮助分局开展工作，深入推行“一名领导带队、带领一个小组、负责一个辖区”领导干部分片包干责任制；在业务科室间形成基础税收数据资料的共享和流转，尽量减少分局重复报送工作量。

队伍建设

【机构人员情况】 楚雄市国家税务局设有办公室、党总支办公室、人事教育科、监察室、纳税服务科、征收管理科、收入核算科、货物与劳务税管理科、所得税科和法规科10个科室，下辖第一、二、三、四税务分局和稽查局。现有在职干部142人（男81人，女61人），其中：实职副科以上9人，主任科员61人（含实职副科以上人员），副主任科员17人，科员58人，事业人员1人，工人5人（技师1人、高级工3人、中级工1人）；工程师1人，税务师1人；研究生2人，占职工总数的1%；本科48人，占职工总数的34%；专科81人，占职工总数的57%。30岁以下人员5人，占职工总数的4%；31～35岁人员10人，占职工总数的7%；36～45岁人员56人，占职工总数的39%；46岁以上人员71人，占职工总数的50%。离退休人员41人。

【队伍建设】 强化业务学习培训。始终坚持每周一次的政治理论和业务学习制度；对不同岗位、不同年龄层次的人员，以“干什么，学什么；缺什么，补什么，掌握什么”为指导思想，统筹安排、分步实施培训教育计划，促进职工掌握税收专业知识，全年有2060人次参加了省、州、市举办的各种业务培训班。班子成员坚持参与分局开展纪检日、民主生活会活动，与分局班子共同开展职工思想状况分析，全年共召开“职工思想状况分析会”3次，班子成员与职工交心谈心30人次，化解矛盾，确保队伍稳定。在全局职工中广泛开展干部作风集中整顿和建设活动。通过活动，促进干部职工增强党的意识、大局意识、责任意识、团结意识、协作意识，实现作风、纪律、效率、服务水平、干部形象五转变。2011年，被州委、州政府授予2006～2010年度楚雄州财税工作先进集体、2006～2010年度楚雄州工会工作先进集体；被州局评为“三读”活动学习型机关、党建创先争优活动先进党组；被楚雄市委、市政府授予楚雄市“十一五”以来财税工作先进集体、楚雄市第三个五年依法治市工作（2006～2010）先进单位。

【创先争优活动】 深入开展杨善洲同志先进事迹学习活动。把向杨善洲同志的学习活动作为创先争优活动的重要内容，按照“五好五带头”的要求，进一步细化、量化工作职责和考核评比办法，明确“授旗评星”和“党员先锋岗”的标准和条件，在两个办税服务厅开展“四亮四评”和“授旗评星”工作；在全局党员干部职工中，把每月开展一次的自评和互评与日常纳税人的工作质量评价、社会满意度调查、行风评议，以及领导点评结合起来，落实一月一考核、一季一评比、半年一表扬、一年一表彰制度。全体党员缅怀革命烈士，重温入党誓词，庄严向党承诺，继承革命遗志。

【国税文化建设】 充分发挥党团工妇职能作用，坚持以国税文化为引领，以和谐文化为内涵，积极开展各项有意义的文化活动。以庆祝建党90周年活动为契机，在40岁以下的31名干部职工中开展“感恩·敬业·奉献”演讲比赛活动、红色歌曲传唱活动，选送14幅摄影作品参加庆祝建党90周年摄影展、选送诗歌《党旗飘飘》参加纪念建党90周年征文活动。巩固发展7个文体活动队成果，不断提高干部文化审美情趣，进一步调适干部的心态，缓解干部的压力，营造了团结和谐的氛围。热心公益事业，积极开展抗旱救灾、扶贫帮困、送温暖捐助、关心下一代活动，全年组织职工捐款35380元。

【廉政建设】 加强党风廉政建设，狠抓监督落实，促进廉政勤政。坚持纪检日、民主生活会制度，认真开展批评与自我批评，查找问题，制定整改措施，跟踪落实整改结果；深入落实税务系统惩防体系建设，贯彻执行《廉政准则》；抓好警示教育，参观楚雄州警示教育基地3次，观看警示教育专题片10次，坚决杜绝接受纳税人的吃、请、送等不廉洁行为。落实党风廉政建设责任制。层层签订《党风廉政建设责任书》，把反腐倡廉引入日常工作。强化监督制约。局党组坚持重大决策、重大项目安排、大额度资金使用等重大问题集体讨论制度，坚持“一把手”不直接分管财务、人事、物资采购、工程招标等制度；严格税收征收、管理、稽查三大执法权的相对分离，决策权和执行权相对分离，有效预防职务违规违纪。特聘15名由市人大、政协、经贸委、工青妇和纳税人组成的特邀监察员，对党风廉政建设、干部队伍建设、任务分解、责任制落实、纳税服务、精神文明、社会形象等方面进行监督；继续做好《廉政公约》的签订和回访，全年签订《廉政公约》1858户。做好信访及违法违纪案件的查处工作，加强调查了解和问题排查，将矛盾和问题解决在萌芽状态。全年全局没有收到信访件，无违法乱纪行为发生。

（刘亚萍　孙思国）

双柏县国家税务局

经济概况

2011年，双柏县生产总值（GDP）实现16.41亿元，比2010年增长12.70%，其中：第一产业完成6.94亿元，增长9%，第二产业完成3.88亿元，增长17.70%，第三产业完成5.59亿元，增长13.70%，三次产业的结构比例调整为42.29:23.66:34.05，完成地方财政总收入1.67亿元，增长24.30%，城镇居民人均可支配收入达1.57万元，增长14.30%，农民人均纯收入达3814元，增长23.70%。

税收概况

【收入完成情况】 2011年，双柏县国家税务局共组织税收收入5450.41万元，完成楚雄州国税局年初下达计划4123万元的132.19%，为上年同期的148.77%，同比增收1786.80万元，增长48.77%。其中：增值税完成4332.25万元；消费税完成1.70万元；企业所得税完成807.88万元；个人所得税完成6.98万元（州局未下达计划）；车辆购置税完成301.60万元。提前106天完成州局、县政府下达的税收收入任务。

【收入特点】 双柏县经济结构单一，规模较小，主要财政收入靠小水电、两烟和林业及林化工、采矿业、绿色食品加工业，随着国家天保工程的实施、天然林禁伐和烤烟实行“双控”，经济收入结构也发生了很大的变化，从原来的主要依靠林业、两烟转变为主要依靠电力、林化工、烟草、采矿业、绿色食品的格局。其中“烟草”税收占国税收入的11.83%，矿电业税收占国税收入的36.13%，林业及林化工税收占国税收入的29.43%，绿色食品税收占国税收入的2%。

【税源分析】 双柏县是典型的农业县、山区县，境内山高坡陡箐深，拥有丰富的水资源和森林资源，但厂矿、企业较少，上规模的厂矿、企业更少。主要经济税源为水电、两烟、矿产、部分木材加工及其附产物松脂加工，从而决定了国税税源也主要分布在水电、两烟、矿产、茶叶、木材及林化工——松香、松节油等品目和行业上。

各项工作

【税收法治建设】 继续推行税收执法责任制，进一步巩固依法行政成果。紧紧围绕全力构建公开、公平、公正的执法体系和执法环境的目标，以“十一五”期间连续四年荣获县级“行政执法优秀单位”成果为动力，以验收“五五”普法工作、启动“六五”普法工作为契机，以强化干部法制教育为基础，以不折不扣落实各项税收政策为保障，以全面推行“两个责任制”为手段，以开展税收案件评查为助力，认真贯彻执行《全面推进依法行政实施纲要》，层层签订《税收执法责任书》，分解落实税收执法责任制，将依法行政的基本要求落实到各项税收执法工作中，增强全局税务干部的税收法制观念和依法行政意识，提高依法行政的自觉性和主动性，有效地防止了执法不规范、不到位等不良现象的发生。同时，有效借助税收执法管理信息系统、防伪税控系统、金税工程，进一步科学合理地分解落实岗位职责，明确工作规程，加强考核评议，严格过错追究。大力落实各项税收优惠政策，不折不扣落实增值税、企业所得税、个体税收起征点调高优惠政策，认真做好西部大开发、民贸企业、涉农企业、下岗再就业企业和农产品、农药化肥、饲料等减免税的备案、审查、审批、报批工作，支持地方经济发展。2011年荣获“五五”普法先进单位。

【税收征管】 夯实税源管理基础，促进税收收入的稳步增长。通过收入分析“找”税源、风险管理“查”税源、优化服务“聚”税源、信息管税“要”税源、重点监控“挖”税源、招商引资“培”税源六招并用打造税源管理新体系，同时以优化岗位管理职责配置、优化税源分级分类管理、优化信息管税平台、优化税源监控、优化管理分类方式五个优化规范管理，提高税收征管质效。努力实现税源管理的科学化和精细化。强化纳税评估。按照纵向互动、横向联动、内外协作的要求，不断深化纳税评估工作，充分发挥纳税评估在组织税收收入中的职能作用，在分行业实行专项评估的同时，将每个月零、负、未、低申报及申报质量较差的企业，特别是将连续数月零、负、未申报和长期留抵税额较大的企业确定为重点评估对象，实施重点评估，并对征管中发现的一些具有共性的问题加以归纳总结。全年评估企业所得税管户8户，有问题3户，调增应纳税所得额补交企业所得税2户，补缴企业所得税额23.95万元，罚款6.29万元，调增应纳税所得额弥补亏损13.42万元。强化征管状况分析，积极防范税收风险。加强税源与征管状况监控分析一体化工作，提高税源管理的整体质量和效率；建立常态化的税收征管状况分析工作机制，建立健全征管状况监控指标体系，定期对本地区税收征管状况进行分析监控，有针对性地采取措施，防范税收风险；对简并换版后的旧版发票进行了缴销和核销处理，对107户纳税人结存的5175本发票进行了缴销处理，对税务机关库存的5种56本发票进行了核销处理。同时，加大新版发票的推广力度，共推广网络开票198户，手工票437户。

【纳税服务】 本着“始于纳税人需求，基于纳税人满意，终于纳税人遵从”这一服务宗旨，以“四亮四评”活动为契机，以优质服务为目标，开展“和谐文明纳税服务明星”评选活动，推动了“创先争优·服务群众”工作有序开展。在继续优化“一窗通办”、延时服务、限时办结、预约服务等税收服务模式的基础上，坚持“积极引导、自愿选择”的原则，推行网络申报、网上认证、网络开票、介质申报等多元化申报方式及POS机缴税，使纳税人足不出户地履行纳税义务。同时，积极开展QQ远程协助和受控服务，为纳税人提供经济、可靠、快捷的服务，及时解决纳税人遇到的困难和问题，积极为纳税人排忧解难，维护纳税人的合法权益，减轻纳税人负担，不断提高纳税人的满意度和税法遵从度。2011年在县级部门服务企业测评中排名第一。

【税收执法】 认真落实《税务稽查工作规程》、《税收违法行为检举管理办法》，按照2011年年初制定的工作方案及具体目标，会同税政、税源管理部门对列入检查的建材零售、水泥生产、食品加工等企业进行查前调研，在掌握建材零售、食品加工、水泥生产等企业的生产经营情况和缴税情况后，确定7户企业为分级分类稽查对象，并通过召开分级分类企业座谈会，开展自查辅导，明确了自查要求、自查时限，及时帮助企业解决在自查中出现的问题。2011年共查补入库增值税3.80万元，入库企业所得税17.80万元，入库滞纳金0.90万元，入库罚款7.40万元，合计入库税款、滞纳金、罚款29.90万元，通过税务稽查，维护了正常的税收秩序，净化了税收环境。联合地税、公安、财政等部门认真开展打击发票违法犯罪活动和发票违法治理工作；扎实做好对零售医保定点刷卡等单位的税收专项检查工作；严格按照州局稽查局要求，认真做好金税协查和发票受托协查工作。坚持应收尽收、无税禁收的原则，坚决不收过头税；坚持把税法宣传和政策辅导贯穿于征管查全过程，使纳税人明明白白纳税，清清楚楚受罚，自自觉觉整改；坚持文明征管查，自觉规范税务执法行为，将构建和谐税收征纳关系纳入征管查各环节，突出依法诚信纳税光荣、偷逃税可耻的主旋律。县局被县人民政府授予2011年度行政执法“优秀单位”。

【税务信息化建设】 完成了广电线路、联通线路和电信线路主跑业务和互为备份的升级工程。对网络教育培训系统进行了投影设备的升级改造，在接收远端辅流的文字图像时，增加了视频效果；做好业务系统的升级补丁，确保各业务系统的正常运行。及时完成综合征管软件的3次补丁升级，进出口退税系统的3次补丁升级，财务核算软件的3次补丁升级，车辆购置税系统的3次补丁升级，企业所得税汇算清缴系统的1次补丁升级，防伪税控系统的1次补丁升级，税收执法信息系统的2次补丁升级等，确保了各业务系统的正常运行；继续做好金税工程、“四小票”数据上传、网站维护、网络办税平台、视频会议维护等基础性工作。

队伍建设

【机构人员情况】 截至2011年12月31日，全局内设机构为：办公室、监察室、人事教育科、税政科、征收管理科、收入核算科、办税服务厅以及直属机构稽查局、派出机构妥甸税务分局。人员配置情况：在职人员49人，局领导2人，办公室8人，监察室2人，人事教育科3人，税政科4人，征收管理科5人，办税服务厅7人，收入核算科2人，直属机构稽查局7人，派属机构妥甸税务分局9人；离退休人员22人。在职人员中：本科20人，大专17人，大专学历以上人员占在职总人数的76%；中专及其以下12人，占在职总人数的24%。

【队伍建设】 以提高素质为核心，优化育人机制，完善选拔机制和干部考核考评体系，进一步促进人事管理规范化、科学化；加大干部轮岗、交流工作力度，大胆任用肯干事、善带队、业务精、人品正的干部，尤其是加大对年轻干部的栽培和任用力度。按照建设学习型组织的要求，在加大全员业务学习培训的基础上，以建设“政治坚定、求真务实、开拓创新、勤政廉洁、团结协调”的各级领导班子为目标，加强对领导干部、业务骨干和基层干部培训力度，全面提高队伍的税收管理、税收服务和科技应用能力，实现干部成长与国税事业发展的协调统一；抓好不稳定因素的排查调处工作，及时处理好群众来信来访，把问题和矛盾处理好，解决在基层。

【领导班子建设】 在领导班子建设中突出“求真务实”四字，并争创“学习型、开拓型、服务型”领导班子，提升班子成员执行力、创新力、服务力和凝聚力；按照“讲党性、重品行、作表率”的要求，领导班子带头开展好“讲政治、讲和谐、讲稳定”专题思想教育活动，把精力集中到抓工作、干事业上来，把智慧凝聚到推进事业发展上来。努力提高领导班子五个方面的能力：统筹兼顾的能力、开拓创新的能力、知人善任的能力、应对风险的能力、维护稳定的能力。工作中，正确处理好四个关系：即严格执法与优化服务的关系，加强征管与落实优惠政策的关系，组织收入与带好队伍的关系，科学发展与稳定和谐的关系。

【教育培训】 2011年组织完成上级局安排的初任培训、任职培训、专门业务知识培训、更新知识等各类培训工作18期28人次（省局10批次10人，州局8批次18人），参加省局组织的各类视频培训19期513人（次）；组织参加省、州举办的政治理论、业务、行政强制法、"和谐心态"等视频专题培训班28期，全员培训551人次；开展阳光心态教育、感恩教育、爱岗敬业精神教育、正反两方面典型教育，解决群众关心、期盼的实际问题；结合十七届五中、六中全会精神的学习，积极开展建设学习型机关活动，引导全局职工认真学习省局推荐的十二本书，引导干部职工保持良好的心态，正确对待组织、单位、他人和自己，培养健康的生活情趣，增强学习力和创新力；依托"楚雄州国家税务局教育培训管理系统"开展日常学习情况考核。通过半年一次登陆学习情况考核，逐步实现干部教育由学历教育向素质和能力教育的转变。鼓励干部根据工作需要自学成才，积极参加适合国税工作特点的注册税务师、注册会计师、司法等资格考试。

【国税文化】 积极参与文明单位、青年文明号、巾帼文明岗等创先选优活动，继续开展"和谐科室"、"和谐家庭"、"办税服务明星"等创建评选活动，深入推进"三优一创"工作，巩固文明创建成果，推动和谐国税建设；开展警示教育，组织参与"虎文化节"文艺汇演、书画作品竞赛，举办以"感恩·敬业·奉献"为主题的演讲比赛，参加万名党员营建"杨善洲纪念林"等活动，丰富干部职工的精神文化生活；组织离退休老干部观看《山那边有一片翠绿》等杨善洲先进事迹相关影片，鼓励老干部继续发挥余热，老有所为，增强了国税大家庭的凝聚力、战斗力和感召力；开展拔河、接力、跳绳、跳远等集体竞赛活动，以及象棋、扑克、定点投篮等个人竞赛活动，在全局营造团结紧张、严肃活泼的氛围。

【党建工作】 围绕国税中心工作，以筑牢"龙头工程、能力工程、动力工程、免疫力工程"四项工程为主线，以提高引领发展能力、创新能力、决策能力和管理能力为重点，建设善谋全局、善创大业、务实高效、执法为民的创新型党建示范群体；积极推进"党建工程"建设，把党建工作与税收业务工作同部署、同落实、同检查、同考核，始终把基层党建工作摆在突出位置；以扎实推进创先争优活动"授旗评星"、"领导点评"、"四亮四创四评"工作为载体，全面提升党建工作水平。

【廉政建设】 继续深化责任分解、责任考核、责任追究三个关键环节，细化工作责任和工作目标，强化监督制约，不断拓展从源头上预防腐败的工作领域，切实将党风廉政责任制落到实处；层层签订《党风廉政建设责任书》，落实党风廉政建设责任制；以县委政法委、县委宣传部及县人民检察院联合开展的"法治与责任——全国检察机关惩治和预防渎职侵权犯罪展览·双柏"展览活动为契机，借助撰写廉政教育心得体会、开展廉政教育专题讲座等形式开展廉政教育，有效筑牢职务犯罪思想防线，防范了税收执法风险，树立了勤政廉政的国税形象；县局2011年被县委授予党风廉政建设"优秀单位"，被州局考评为党风廉政建设"合格单位"、目标管理考核"一级局"，没有一个干部职工受到行政问责。

（世文选　唐家毅）

牟定县国家税务局

经济概况

2011年牟定县实现生产总值（GDP）25.78亿元，增长13%，其中：第一产业增加值7.40亿元，增长8.20%；第二产业增加值8.70亿元，增长20.30%；第三产业增加值9.68亿元，增长10.50%。三次产业的结构比例为28.7∶33.8∶37.5。地方财政总收入1.78亿元，比2010年增收4550万元，增长34.40%，完成年初预算1.59亿元的111.94%，完成州考核任务1.58亿元的112.65%。一般预算支出8.65亿元，比2010年增支2.02亿元，增长30.46%，完成年初预算6.86亿元的126.13%。城镇居民人均可支配收入1.71万元，比2010年增长11.40%，农民人均纯收入3986元，比上年增长18.80%。

税收概况

【收入完成情况】 2011年，牟定县国家税务局共组织税收收入4408.80万元，同比增收841.25万元，增长23.58%，完成楚雄州国税局下达奋斗目标任务4030万元的109.40%。其中：增值税收入3616.13万元；消费税收入13.01万元；企业所得税收入523.56万元；个人利息所得税收入9.30万元；车辆购置税收入246.80万元。

【收入特点】 税收收入总量均保持平稳增长，但增长税种单一，除增值税与企业所得税增长外，其余三个税种均下降，税种发展不平衡，税源不稳定；税收收入总量同比增长23.58%，主要增长行业是烟草、电力、采矿业，全年税收收入均呈现"二增三减"势态；税收收入增长弹性为1.81，税收与经济协调发展，宏观税负为1.71，比上年1.69增加0.02个百分点。

【税源分析】 牟定县属典型农业县，辖区内税源结构单一，国税收入仅依靠烟草、电力和少数几家工矿企业为主要税源支撑的格局难以改变，而烟草受国家政策影响较大，增长空间较为有限，电力增长主要依靠工业生产带动，工矿企业受市场与气候影响较大，加上金属资源产品，储量呈逐年减少趋势，不稳定因素较多，税收增长空间较为有限。规模以上新办企业虽有较大税源潜力，但目前均处于基础建设和面临落后产能技改，实现税收还有较长周期，加上受相关优惠政策影响，新的增长点近年内难以形成。

各项工作

【税收法治】 2011 年，紧紧围绕行政执法和税收执法，不断规范执法管理水平，全面推进依法治税进程。一、加强监督。推进行政执法与刑事司法信息共享平台，使税收征管和专项整治等情况接受司法部门的监督，全面公开税收征管依据、税收业务及服务等 9 个内容，接受社会各界的监督。二、强化培训。以法制培训、法制宣传为突破口，开展第 20 个税收宣传月活动，加强对纳税人和税务干部的法制宣传和培训力度。三、签订责任书。层层签订《税收执法责任书》，与纳税人签订《廉政公约》，形成内外监督的制约机制。四、规范执法。建立事前预警防范平台，对税收执法全过程进行有计划、有组织的动态管理，不断提高税收执法风险的防控能力。健全执法监督机制，完善税收执法责任制、执法过错责任追究制、重大税务案件集体审理制，实施税收执法全过程监督。健全执法监控机制，加大对涉及税款入库、税收征管、税源监控、税务稽查重点环节等主要风险点的监控，实现税收执法系统考核零扣分目标。五、阳光执法。规范办税流程和稽查流程，实施“阳光办税”、“阳光稽查”，全面推进依法治税进程。

【税务稽查】 2011 年，以突出税务大检查和依法查处税收违法案件为核心，坚持查前辅导、查前告知等制度。采取纳税评估与税务稽查相结合，对部分重点税源企业、新登记认定企业、税负异常企业、经营免税生产资料和农机企业、以种养殖业为主的部分专业合作社进行评估。同时加大查处和严厉打击各类税收违法行为，及时查处群众举报案件，全年查补入库税款、滞纳金 192.71 万元，达到以查促管、以查促收的效果。

【税源管理】 2011 年，把税源管理作为税收征管的重中之重，采取“评查联动”和“分人盯户”的措施，加强税源的跟踪管理。一、加强税收管理员的痕迹管理。建立和完善税收征管台账，利用“税收管理员辅助系统”强化重点税源管理。二、突出重点，实施分类管理。将不同行业、不同规模、不同类型的纳税人实行分类管理。三、强化日常监控分析力度。利用综合征管软件、数据分发系统等定期从中抽取连续三个月以上零（负）申报企业信息，选定异常企业进行比对分析，及时发现潜在问题，提出税收预警，税收管理员及时跟进检查管理。四、强化发票监控管理。严把发票供应关，减少连续多月零（负）申报无正当理由企业的用票量，从源头加强税源监控。五、完善日常巡查管理。税收管理员每月对零（负）申报户必须巡查一次，及时掌握纳税人的税源变化情况，督促和辅导企业进行自查整改，切实做到管户到位。

【纳税评估】 2011 年，坚持纳税人“自查自纠”和“评查联动”的方法，加强纳税评估工作和发票专项检查工作，有效地规范了税收执法。7 月开始，由税源管理分局、征管科重点对部分企业和达起征点个体用票户开展了发票检查，已初见成效；9 月 1 日开始，对部分重点税源企业、新登记认定企业、税负异常企业、经营免税生产资料和农机企业、以种养殖业为主的部分专业合作社进行评估。对超市、家具销售、金银首饰、桶装水销售（代理）、摩托车销售、家电下乡个体工商户、销售收入连续三个月超核定户进行纳税评估。达到了以评促管、以评促收的目的。

【纳税服务】 2011 年，牟定县国税局以落实好国家各项税收优惠政策为抓手，不断优化纳税服务，加大税收宣传力度，确保各项税收优惠政策为纳税人所知、所懂、所用，受到实惠。2011 年 2 月，牟定县国税局办税服务厅被云南省国家税务局、云南省妇女联合会授予“巾帼文明岗”荣誉称号。一、突出主题，扎实开展第 20 个税收宣传月活动。深入个体工商户、农村、企业开展个性化的纳税服务调研和政策辅导宣传，送税法上门。二、以纳税辅导为平台，引导纳税人规范管理。针对一些重点税源行业存在纳税疑点和账务管理不规范等问题，以纳税咨询热点、难点问题的形式对纳税人进行税收政策宣传和纳税辅导，极力引导纳税人规避因税收政策理解偏差而产生的经营风险和税收风险。三、推行预约服务、延时服务。对交通不便、路程较远的纳税人实行预约服务，送税法上门；对到下班时间尚未办理完涉税事项的纳税人，实行延时服务，直至办理完毕。四、推行阳光办税。为纳税人提供办税指南，向纳税人公开办税流程，公开税收政策，公开服务承诺和服务标准，自觉接受社会和纳税人的监督。五、推行集网络抄报税、网络申报、网上扣税为一体的网络申报方式，实现了大多数纳税人足不出户就能按期办好各项税收业务事项。六、贯彻落实国家惠及民生的各项税收政策，确保落实到位，让纳税人得到实惠。

【信息化建设】 2011 年，始终坚持科技加管理的方针，充分应用信息化成果，与时俱进，坚定不移地走科技兴税的道路，不断加强综合征管软件运行维护，使信息化的应用水平得到提升。一、积极推行以网上申报为主体，上门办税、介质申报、储蓄扣税等方式为补充的多元化申报。二、积极做好普通发票简并换版工作和推广应用税收管理员辅助信息系统，确保按时按质上线运行。三、以税收风险管理为导向，强化信息管税。做好税收征管数据分析应用工作，对州局发布的征管现状分析数据认真进行分析研究和整改应用，实现了税务机关监控税源风险与纳税人自我控制税收风险的良性互动，最大限度发现和解决征管薄弱环节，以信息管税堵漏增收。

队伍建设

【队伍建设】 2011 年，坚持一手抓税收征管，一手抓队伍建设，把队伍建设贯穿于税收工作始终，以提高班子整体素质为重点，以抓好干部职工的教育为着力点，全面推进干部队伍建设。2011 年 2 月牟定县国家税务局被楚雄州委、州政府授予“先进集体”；2011 年 6 月，牟定县国家税务局党组被楚雄州国家税务局党组评为“先进党组”。一、完善学习评价和督查机制。完善学习计划、考勤登记、检查考评、成果转化等学习制度，把干部学习、培训情况与年度绩效考核，与评先、评优，与干部轮岗、提拔重用挂钩，通过建立健全学习约束机制，使干部养成自觉学习的良好习惯，推进学习型组织建设向纵深发展。2011 年2 月，牟定县国税局在楚雄州国税系统“爱读书、读好书、善读书”活动中荣获“先进单位”称号。二、加强组织建设。调整、配齐各科（室）空缺岗位，把群众基础好、优秀的年轻干部选拔到领导岗位上，提高了选人用人公信度。三、加强业务知识的学习和培训。通过参加上级和本级组织的学习培训，拓宽学习渠道，开阔学习视野，提升学习层次，拓展知识结构，提高干部“会应用、会操作、会分析”的能力，全面提升了干部整体素质。四、加强干部的思想教育。针对职工思想情况和工作中反映出的问题，认真开展干部作风集中整顿和建设活动，切实转变干部作风；开展顾全大局、换位思考教育；开展团结干事、爱岗敬业、艰苦创业、廉洁自律、珍惜现在的教育，着力培养干部队伍的团队协作精神，不断增强干部队伍的事业心、责任感和荣誉感。五、规范干部管理。建立健全各项规章制度，用制度、检查、考核来规范干部管理，使干部税容风貌、言行举止、工作态度和工作作风不断转变，履职能力不断提升，遵章守纪的自觉性不断加强。

【廉政建设】 以抓教育、抓预防、抓监督为重点，推进反腐倡廉工作。一、打造学习教育平台。坚持常规教育、主题教育和集中教育相结合，通过组织学习《廉政准则》和内控机制建设，观看腐败案件警示教育片、邀请特邀兼职监察员座谈、到警示教育基地接受教育等活动，以廉政文化屏保、运用电子显示屏和大堂电视等载体播放廉政格言警句，营造“进门思廉，抬头望廉，工作讲廉”的氛围，使廉政文化成为国税文化的主流，使干部职工切身感受到腐败给社会和家庭带来的危害，从认识上筑牢拒腐防变的思想道德防线。二、打造廉政监督平台。建立健全内控机制，以岗位风险提示、流程防控和制度防范为一体的内控机制建设为重点，建立健全决策权、咨询权、执行权、监督权相互制衡的权力运行机制。加强对税收执法中的减、免、缓、退、查和行政管理中的人、财、物及大宗物品采购、基本建设的监督。三、打造干净办事平台。一是认真分解落实党风廉政建设责任制，实行分管领导与主管领导签，科室负责人与分管领导签，职工与科室负责人签的《党风廉政建设责任书》，层层落实责任。二是开展《廉政公约》回访调查工作。三是认真落实“一案双查”制度。四是坚持领导干部向上级报告个人有关事项、坚持述职述廉和民主生活会议制度，自觉接受监督。五是管好用好专项经费和部门经费，做到公务用车、会议经费、公务接待费用、出国（境）经费“四个零增长”的目标。

【创先争优】 在“创先争优”活动中，紧紧围绕“推动科学发展、构建和谐税收、提高机关效能、服务人民群众、加强基层组织”的创先争优目标，以纳税人需求为导向，以提升服务力为目标，以纳税人满意为标准，扎实有效地开展“四亮四创四评”主题实践活动，切实提高服务质量。2011 年6 月中共牟定县国家税务局党组被评为全州国税系统“创先争优”活动先进党组；李荣、李明海被评为全州国税系统“创先争优”活动优秀共产党员；张彪被评为全州国税系统“创先争优”活动优秀党务工作者。2011 年的党建工作被县委、县政府授予先进单位，被授予“五好机关”党组织流动红旗，被确定为牟定县基层党建工作示范点。

【国税文化】 国税文化建设以增强团队意识，推动中心工作，以增强服务意识树立良好形象为宗旨。通过长期开展民族歌舞、书画摄影、球类等“小爱好”活动，丰富干部职工的文化生活，用国税文化来提升干部的思想觉悟和道德情操，以国税文化来提振精神、凝聚力量、鼓舞干劲。一、举办职工运动会。2011 年1 月28 日，在春节来临之际，举办了篮球（男女混合）、拔河、扑克、乒乓球、网球等一系列体育竞赛活动。通过活动，增强了干部职工的团结意识和拼搏精神，缓解了工作压力。二、广泛开展健身活动。长期坚持做自编的工间操和唱自编的《左脚舞之乡国税情》之歌，使干部的身心得到了锻炼。三、大力宣传国税文化。以开展第20 个税收宣传月活动为契机，县局民族歌舞组、书画组充分发挥特长，把国税文化、税收法律法规、税收政策、税收知识汇编成册，利用街天向群众发放，使群众更了解税收，了解国税文化。四、开展扶贫帮困活动。2011 年，干部职工向扶贫点、贫困学生捐资助学共1.1 万元，解决了贫困户的实际困难。五、开展“感恩·敬业·奉献”演讲竞赛活动。2011 年6 月，在全州国税系统开展的“感恩·敬业·奉献”演讲竞赛暨党建创先争优表彰活动中，荣获团体“三等奖”，“创先争优”活动荣获“先进单位”。多姿多彩的文化活动，促进了国税文化建设，丰富了干部职工的业余文化生活，激发了广大干部职工爱我国税、奉献国税的工作热情，展示出牟定国税团结一致、奋发有为的团队精神，彰显了牟定国税文化特色，提升了牟定国税的良好形象。

（邓龙云）

南华县国家税务局

经济概况

2011 年，南华县实现生产总值（GDP）26.7 亿元，按可比价计算，比2010 年增长13.2%。完成地方财政总收入2.7 亿元，比2010 年增长43.3%，其中完成地方一般预算收入1.71 亿元，比2010 年增长38.5%；完成地方一般预算支出9.02 亿元，比2010 年增长11.7%。完成全社会固定资产投资25.5 亿元，比2010 年增长69%。社会消费品零售总额达9.9 亿元，比2010 年增长20%。城镇居民人均可支配收入达1.75 万元，比2010 年增长13.5%。农民人均纯收入达4228 元，比2010 年增长

17.4%。城镇化率达34%。在全地区生产总值中，三次产业的结构比例调整为34.4:30.9:34.7，产业结构更趋合理，形成以烤烟、煤炭、啤酒、松香、冶金化工、特色农业为支柱的经济结构和经济形态。

税收概况

【收入完成情况】 2011年，南华县国家税务局共计组织入库各项税收收入9534.08万元，比2010年增收4042.16万元，增长73.6%，完成楚雄州国税局下达目标任务6177万元的154.35%，完成县政府考核数（增值税、消费税、企业所得税）5908万元的148.97%。税收收入首次突破9000万元大关，实现国税成立以来最高增速纪录。

【收入特点】 2011年，总体税收收入特点呈现“四增一降”。一是增值税保持增长。全年完成增值税6627.1万元，比2010年增收2356.38万元，增长55.17%。二是消费税由减递增。全年完成消费税918.58万元，比2010年增收417.76万元，增长83.41%。三是企业所得税继续保持较大增幅。全年入库企业所得税1255.64万元，比2010年增收1053.49万元，增长521.17%。四是车辆购置税持续增收。全年征收车辆购置税720.4万元，比2010年增收228.29万元，增长46.39%。五是个人所得税持续大幅下降。全年征收个人所得税12.35万元，比2010年减收13.79万元，减幅52.75%。

【税源分析】 2011年，支撑国税收入的啤酒、煤炭、烟草三大税源支柱产业中，煤炭产业保持较大增幅，共计入库税款3125.44万元，同比增收1174.29万元；烟草产业由减递增，共计入库994.54万元，同比增收331.46万元；啤酒产业持续减收，共计入库194.74万元，同比减收63.15万元。松脂（油）及有色金属等重点税源在2010年基础上总体增税548.98万元。纳入州级以上监控的7户重点税源企业，缴纳“两税”共计5289.67万元，占全年总收入9534.08万元的55.48%，占“两税”收入7545.68万元的70.1%。个体税收经剔除储蓄存款利息所得个人所得税后，实际入库228.66万元，同比增收25.51万元，增长12.56%。工业发展后劲不足，支撑作用不强，县域经济总量小，支柱产业、特色产业发展不充分的状况明显。

各项工作

【税收法制建设】 坚持依法行政，正确处理规范执法与组织收入、规范执法与优化服务、规范执法与支持发展的关系。积极做好税法宣传教育，社会各界及广大纳税人对国税工作的认可度和支持度不断提高。大力推行税收执法责任制，加强综合征管软件、税收执法管理信息系统、数据监控分析系统等主体软件的学习、操作、管理、检查和考核，减少执法差错。设立专兼职数据监控岗，深化实施税收征管数据“三级查询、三级监控”管理机制，实现税收执法行为零差错、零扣分，提升税收执法水平。宣传和落实企业所得税减免、车辆购置税免征、增值税减免及起征点调整等政策，不折不扣地执行国家制定的新一轮西部大开发、下岗再就业、支持非公经济发展、扩内需、保增长等一系列税收优惠政策，确保国家各项税收宏观调控措施和优惠政策落实到位，推动地方经济社会的科学发展。

【税收征管】 有效落实税收管理员分类管理制度和领导干部管户制度，切实做到管户与管事相统一、共并进，提高征管质量和效率。建立重点税源、重点行业、中小企业、个体工商户等分类管理机制，对不同行业、不同规模的纳税人采取抓大不放小、突出重点的管理办法，既加强税源集中地区的纳税人管理，又做好零星分散纳税人的跟踪管理工作。加大各税种管理力度，以新手段新方法强化纳税评估促管理增效，全年共入库评估检查收入546.07万元，占总收入任务的5.73%；进一步强化三种抵扣票据的管理、审核和检查，严防虚假抵扣和骗取税款的行为发生；坚持以农产品预约定耗管理为突破，管好、管实农产品税收；实施机动车税收“一条龙”管理模式，加强车辆购置税征管；抓好所得税汇算清缴工作和日常税收管理，按时、按质完成2010年度企业所得税汇算清缴工作。严格落实组织收入原则，清欠堵漏，全年共清理入库欠税729.91万元，其中：清理陈欠547.99万元、清理新欠181.92万元，同时依法加收滞纳金47.67万元，为全年目标任务的顺利完成奠定了一定基础。加强重点税源和纳税大户的监控管理，提高税收收入分析预测的准确率和分析监控能力；围绕当地税源结构状况，狠抓啤酒、煤炭、烟草等支柱产业的税源管理和监控。建立并持续完善税收经济分析、纳税评估、税源监控和税务稽查“四位一体”互动机制。税收征管工作规范、有序，有力推动税收工作向前发展。

【纳税服务】 持续打造“阳光国税”服务品牌，认真落实“两个减负”要求，推进办税服务厅标准化建设，按县政府要求设立了南华县政务服务中心国税分中心。全面实施办税服务厅“一窗通办”综合服务模式，有效提供“一站式”全程服务，优化办税流程，简化办税环节，方便了纳税人，降低了纳税成本，纳税服务得到提速增效，优化纳税服务迈出新步伐。大力推进预约服务、咨询服务、限时服务、代办服务、延伸服务、涉税导办、网络申报、信息公开等服务事项，增强纳税服务的效果、效能，推进和谐税收建设。

【税收执法】 2011年，通过开展各类税收专项检查、分级分类稽查、日常稽查、联合公安部门开展打击发票违法犯罪专项整治等整顿和规范税收秩序工作，共查处各类税收违法违规案件26件，查补入库收入157.6万元，其中：税款146.68万元、滞纳金9.64万元、罚款1.28万元，收缴非法票据1227份，选案准确率、结案率和入库率均达100%，依法处理了税收违法违规行为，不断净化、优化税收执法环境。

【税务信息化建设】 充分运用现代信息网络技术，全力推进税务信息化体系运用。在应用好各主体软件的同时，认真推广运用好所得税申报软件、车购税征收软件网络版、网络抄报税、机打普通发票网络版等新的应用软件，及时做好安装、检测和宣传、辅导等工作，确保软件运行顺利，推进各项工作正常开展。以“综合征管软件”、“税收执法管理信息系统”、“税收执法管理信息系统疑点信息库”、“税收管理员辅助信息系统”、

“数据监控系统”、“金税工程”等主体软件运用为中心，继续做好纳税人网络抄报税、网络申报、出口退税企业网络申报等网络办税方式的推行，以及做好财税库银联网的推行工作，积极做好日常网络、计算机软硬件、外部网站维护工作。

队伍建设

【机构人员情况】 县局在职干部50人，离退休干部32人。设办公室、人事教育科、监察室、税政科、征收管理科、收入核算科、办税服务厅7个内设机构；1个直属机构（稽查局）；1个派出机构（龙川税务分局）。局领导班子成员4人。在职干部中，男职工29人，女职工21人，职工平均年龄44岁，党员干部33人，占总人数的66%。学历方面，研究生1人，本科20人，专科23人，中专4人，初中1人，小学1人，大专以上学历人员占全局干部总数88%。

【领导班子建设】 注重加强领导班子建设，明确班子成员分工，实施民主管理、民主决策，严格内部管理和外部执法，做到民主决策，步调一致，以新思路、新方法、新手段带领全局干部职工认真抓好各项工作，维护和增强班子的凝聚力、号召力，营造了最有作为、善有作为的良好工作氛围。着力培养和使用年轻干部，充实中层领导干部队伍的生机活力，新提拔任用股所级干部5人，免去股所级职务4人，同级转任和岗位轮换股所级干部2人，促进了内部工作交流，调动了工作积极性。

【干部作风建设】 以继续加强干部队伍作风建设为切入点，对全局干部队伍建设、思想作风建设和廉政勤政状况进行重点分析，认真查找干部队伍思想、工作作风等方面存在的问题，并分析存在问题的原因，制定整改措施予以解决。按照县委统一部署，在全局开展以“五风”为重点的干部作风集中整顿和建设活动，及时召开动员会，成立领导组，制定全局活动实施方案，切实抓好学习动员、查找问题、整改落实、巩固提高四个阶段的工作，坚持与税收工作相结合，在落实工作、完成任务中改进作风、检验作风，在全局形成和谐稳定、团结共进、风清气正的良好氛围，有效推动国税工作不断向前健康发展。

【四亮四创四评活动】 在办税服务厅开展“四亮四创四评”主题实践活动，进一步推动“为民服务创先争优”，大力提升服务水平。把做好服务、推动发展贯穿于创先争优活动的全过程，体现在优化服务的具体工作中，真正把窗口服务工作做成纳税人满意工程。通过现场亮流程、岗位亮身份、工作亮职责、服务亮承诺机制的建立，让办事群众明白、省时、省心，树立国税良好形象；通过自己评、群众评、领导评、组织评，促使窗口部门自觉服务群众，服务意识明显增强，评比效果明显；通过制作“党员示范岗”、“优质服务明星”等流动红旗，量化争创标准，树好服务标杆，使得窗口服务水平不断提升，工作作风明显转变，服务质量明显提升，赢得了群众的广泛好评。

【精神文明建设】 深化文明创建工作的动态管理，全面提升创建水平。2011年，完成云南省国税局和楚雄州国税局命名的“文明单位”称号届期满后重新申报的相关工作，并已接受检查考核验收；推荐上报全省国税系统精神文明建设先进工作者1人和全州国税系统精神文明建设先进工作者2人；推荐上报全省国税系统“巾帼文明岗”1个、“巾帼建功标兵”1人。县局被楚雄州委、州政府授予楚雄州财税工作“先进集体”，被南华县龙川镇党委、镇政府授予2008～2010年社会治安综合治理暨平安建设工作“先进单位”，被州国税局评为楚雄州国家税务局系统“学习型机关”；局党组被州国税局党组评为楚雄州国税系统党建创先争优“先进党组”；局党支部被县委授予“先进党支部”；龙川税务分局被县政府授予“南华县‘十一五’财税工作先进集体”。全年，先后有14人次受到县级以上表彰奖励。其中：3人荣获楚雄州财税工作“先进工作者”称号；5人荣获“南华县‘十一五’财税工作先进工作者”称号；2人荣获“楚雄州国税系统创先争优活动优秀共产党员”称号和1人荣获“优秀党务工作者”称号；1人获得楚雄州税收优秀论文二等奖和2人获得三等奖。

【廉政建设】 认真落实党风廉政建设责任制，层层签订《党风廉政建设责任书》，坚持把党风廉政建设作为加强干部队伍建设的根本措施，贯穿于整个国税工作的始终。持续开展对中层干部的任期任职廉政教育谈话，严格执行《廉政准则》等廉洁自律各项规定。继续扩大《廉政公约》签订和实施的范围，加强跟踪、回访、测评工作，强化社会监督、纳税人监督和自我监督。推进内控机制建设，排查廉政风险点，强化源头治理，以权力、岗位、责任、制度的有机结合，加强“两权”监督制约。抓好廉政文化进机关、进家庭活动，倡导工作树廉、社会督廉、家庭促廉。全面建构上下互动、内外联动、全方位监督防范的“互廉网”，增强国税干部的法制观念、纪律观念和廉政勤政意识，提高抵御风险的能力。

【教育培训】 坚持按照“学以致用、学用结合”的原则，分层次、分岗位，强化干部教育培训。全年共举办全员脱产业务培训班6期，参加培训人数276人次；举办分类分块培训5期，参加培训人数44人次。在加强全方位培训的同时，积极选派干部参加上级组织的各类业务培训23期，参加培训人数196人次，其中：选派参加税务总局举办的行政单位会计操作实务培训1期1人次、省国税局举办的各类专项业务培训（含视频培训）15期129人次、州国税局举办的各类专项业务培训7期66人次。

【强化纳税评估促管理增效】 以新手段新方法为突破，深化开展辅导与检查相结合的全员纳税评估，增强评估的针对性。以重点税源企业、纳税大户、长期“零、负”纳税申报的管户、税收负担率长期偏低或近期税负率突然大幅下降的纳税人、日常税收检查较少的纳税户为评估对象，从“细节”入手规范行业税收管理，探索建立行业纳税评估模型，有效解决从“如何管”到“怎么管”转变，突出重点，做到评深、评透、评出效果、评出质量。全年重点对煤炭、建材、农产品经营及金融行业等14户企业进行纳税评估，共计评估补缴入库收入546.07万元，其中：税款432.23万元、滞纳金112.94万元、罚款0.9万元，共调整进项税额转出1.63万元。达到了评估一户规范一个行业、评估一个行业建立一个模型的效果，以评促管成效得到巩固和提升。

（许正槐　王　云）

姚安县国家税务局

经济概况

2011年，姚安县实现生产总值（GDP）24.5亿元，比2010年增长12.2%，其中：第一产业8.72亿元，增长7.4%；第二产业7.75亿元，增长18.6%，第三产业8.02亿元，增长11.7%，三次产业的结构比例为35.6:31.6:32.8。完成财政总收入1.35亿元，比2010年增长33.36%。完成地方财政一般预算收入1.01亿元，比2010年增长31.33%，财政一般预算支出7.6亿元，比2010年增长24.92%。

税收概况

【收入完成情况】 2011年，姚安县国家税务局共组织税收收入3152.3万元，比2010年增收1108.96万元，增长54.27%，完成楚雄州国税局下达奋斗目标2228万元的141.49%；完成姚安县人民政府“四税”（增值税、消费税、企业所得税和个人利息所得税）目标任务2900万元的100.28%。其中：入库增值税2096.66万元，比2010年增收496.19万元，增长31%，完成州局奋斗目标1800万元的116.48%；入库消费税23.37万元，比2010年增收4.83万元，增长26.05%，完成州局奋斗目标18万元的129.83%；入库企业所得税777.14万元，比2010年增收622.07万元，增长401.15%，完成州局奋斗目标120万元的647.62%；入库个人利息所得税10.87万元，比2010年减收16万元，下降59.55%；入库车辆购置税244.26万元，比2010年增收1.87万元，增长0.77%，完成州局奋斗目标290万元的84.23%。

【收入特点】 2011年的税收收入除个人所得税因政策因素减少外，增值税、消费税、企业所得税和车辆购置税都有不同程度的增加，其中企业所得税的增幅最大，与2010年相比增收622.07万元，其次是增值税，与2010年相比增收496.19万元。超额完成楚雄州国税局分配的确保任务目标和姚安县人民政府下达“四税”最终确保任务目标，并实现了历史性突破，姚安县国税局自成立以来税收收入首次突破3000万元大关，增值税首次突破2000万元大关。

【税源分析】 姚安是典型的农业县，资源匮乏，无大中型企业，经济基础薄弱，流通性小，工业成本高，税源结构单一，行业分散，主要税源以农村信用社、烟草、电力、麻纺织、有色金属矿采选、茧丝绸和成品油销售为主，年纳税超百万元的纳税户寥寥无几。支撑全县国税收入的主要是农村信用社、烟草、电力、矿采选和麻纺织五大产业。2011年，姚安县农村信用合作联社等8户重点税源企业缴纳税收2360.22万元，占国税税收总收入3152.3万元的74.87%，占国税增值税、企业所得税收入2873.81万元的82.13%，成为姚安县国税收入的主要支撑税源。

【税务管理】 以突出税源管理为重点，开展纳税评估为主要手段，加强流转税、所得税和车辆购置税的税收征管工作，以规范个体税收管理为主体，确保个体税收的稳步增长，同时坚持以票控税，发票管理得到进一步加强。把管户按重点税源户、所得税纳税户、一般税源户、个体税源户层层分解，具体落实到每个税收管理员，并辅以严格的督查，实行量化、细化考核，以此强化纳税人户籍管理，进一步规范税收征管工作；同时抓重点、破难题，积极探索新方法、新思路，鼓励创造优良的工作业绩，建立有效的工作评价奖励和激励机制，实行绩效考核，实现了办税提速和纳税服务质量与效率的有效提升，同时也实现了纳税人和税务人员的双满意。

各项工作

【税收征管】 牢固树立“法治、公平、文明、效率”的治税思想，推行执法责任制，规范执法行为。一是把税收管理员制度落实到位，年初把纳税户按重点税源户、所得税管户、个体税源户层层分解落实到人，增强责任感，管住税源；二是合理分解税收计划，层层签订《2011年税收收入任务责任书》，把州局和县政府下达的税收任务考核指标全部分解落实到各科室、分局，并细化责任，考核到人，实行税收收入任务风险抵押，形成利益与风险共担，齐抓共管的组织收入格局；三是加强纳税评估工作，及时发现纳税人的涉税问题，从而为纳税人提供了自我纠错的机会，使税收工作更具人性化；四是强化所得税管理，在管理中以重点税源为抓手，巩固提高分类管理，加强企业所得税减免税管理，强化对税前扣除制度、中小企业、新办企业的征管，最大限度地减少国家税收损失，确保了所得税的稳定增长；五是加大处罚车购税异常发票力度，通过多次召集相关部门及相关人员召开管理工作会议，采取必要措施将异常发票的检查、处罚工作前移到日常管理上，杜绝了异常发票的发生，给车辆购置税的征管营造了良好的征纳环境；六是针对发票管理的薄弱环节，采取新开户审批、规范发售供给、完善日常监督检查、严格执行验旧供新、严格发票代开、规范库房管理等六项制度，全面实现对普通发票领、用、销、存各环节的监控，杜绝骗购、套购发票情况，减少发票违法违章行为的发生。2011年共查验发票用票户1532户次，发售发票共1687户次，办理新购发票户242户；代开发票共计征收税款22万元，既保证了国家财政收入，又保护消费者的合法权益，维护了正常的社会经济秩序。

【税收执法】 紧紧围绕依法治税，牢固树立规范执法的理念。一是层层签订《税收执法责任书》，强化对税收执法权的监督制约，认真开展税收执法检查，加强对日常执法状况的跟踪、分析，突出税收执法检查的重点，有的放矢地开展执法检查。二是坚决制止和防止执法不公和违法行政的现象，做到按时、规范、实地调查核实、集体讨论决定、依法办理。2011年共计受理企业财产损失税前扣除3户，审批税前扣除48.6万元；受理、审核审批税收减免41户。三是以开展分级分类稽查、专项检查和税收专项整治为中心，以查处税收违法案件和打击发票违法犯罪活动为重点，全年共入库稽查补税（含稽查按自查补税）27.34万元，其中增值税16.82万元，企业所得税4.05万元，加收滞纳金6.47万元。四是积极配合公安、地税开展联合专项整治行动，开展法律法规宣传109户次，发放发票涉税违法犯罪宣传材料104份；共检查发票用票户212户次，查处违法用票户11户。五是认真落实税收优惠政策和严格执行增值税起征点政策，支持地方经济发展。2011年共计办理税款减免422.72万元，其中：增值税减免341.7万元，企业所得税减免66.7万元，车辆购置税减免14.32万元。

【信息化建设】 抓好主体应用软件和网络系统的维护，为税源管理、纳税评估、执法责任考核、绩效管理、稽查业务、纳税服务等工作提供新的手段和技术支持；强化操作软件的培训，提高综合征管软件的运行质量和效率；加强数据监控，提高利用系统进行分析决策的能力，同时认真做好综合征管软件数据修改提交，税务信息数据的交换和维护；抓好局域网内用户的安全教育工作，采取各种有效的防范措施，严防各种网络故障的发生，杜绝人为事故，防范各种网络病毒的传播，努力提高信息化建设的质量和效率。

【纳税服务】 坚持聚财为国、执法为民的服务宗旨，以纳税人满意为出发点，为适应不同纳税人的纳税服务需求，主动为纳税人提供多样化、贴近式的服务，有针对性地开展税收咨询、辅导等服务工作。一是继续向纳税人送发《纳税服务联系卡》，既解决了个性化服务的需要，又为纳税人实施监督提供了方便。二是适时在姚安县政务网上发布应予公开的税务事项，推进阳光办税，不断提升纳税人满意度。三是提高服务意识，及时上门为企业解决实际问题。一年来，征管科、税政科、栋川分局等相关部门，多次联合对全县增值税防伪税控企业、机动车经营业户等安装和升级相应的软件，及时为纳税人解决问题，保证了企业认证、报税、开票、介质申报、车辆销售机开票等业务的正常开展。四是继续开展对内对外的培训，2011年共计举行增值税政策培训会8期，其中对纳税人培训5期，对税务干部培训3期，共计培训508人次，向纳税人送达新的《一般纳税人认定管理办法》、资产损失税前扣除、出口退税、网络申报、农产品相关政策等资料，确保纳税人及时、全面、准确了解执行国家新的税收政策。五是为解决税务部门和纳税人在缴纳税款过程中存在现金流转不安全等问题，积极与农行联系，在办税大厅安装了POS机，实行POS机刷卡申报缴纳税款和现金缴税相结合的办法，既方便了纳税人缴税，又有效化解了纳税人在路上的现金安全风险，得到了纳税人和社会各界的一致好评。

队伍建设

【机构人员情况】 县局机关设办公室（10人）、监察室（2人）、人事教育科（2人）、税政科（3人）、征收管理科（5人）、办税服务厅（6人）、收入核算科（2人）；设直属机构一个：稽查局（5人）；派出单位一个：栋川税务分局（14人）。现有人员69人（其中公务员48人，工勤人员1人，离退休干部20人）。

【精神文明建设】 把文明创建列入党组工作的重要议事日程，不断提升文明创建水平。创建活动中坚持领导到位、组织到位、落实到位，积极开展文明系统（行业）、文明单位、文明楼道、安全文明社区、五好文明家庭、巾帼文明示范岗等创先争优活动，文明创建有力地促进了作风建设和干部队伍建设，被省委、省政府授予“省级第十二批文明单位”，至此已连续四届保持了省级“文明单位”荣誉称号。2011年被省国税局评为“爱读书 读好书 善读书”活动先进单位。被楚雄州国税局评为政务信息工作三等奖。被姚安县委、县政府授予“2011年度社会治安综合治理维护稳定先进集体”。

【廉政建设】 按照《姚安县国税局党风廉政建设目标责任制考核办法》的相关规定，执行中把日常考核与定期考核相结合起来，把落实责任制与兑现奖惩结合起来，实行对干部按季进行廉洁自律情况自检自查，对单位落实情况分上半年和年终两次检查和考核，使《党风廉政建设责任制》得到了较好的贯彻落实。一是把发票发售的审批、税收优惠政策的审批、税前扣除的审批、一般纳税人认定、税额核定、稽查处罚等确定为税收执法权监督的重点环节。二是把税源管理、稽查、税政人员等确定为税收执法权监督的重点人员。三是把基建、大宗物品采购、财务列支等确定为行政管理权监督的重点环节。四是继续与纳税人签订《廉政公约》，签订率为100%，加强内外监督。同时对纳税人开展问卷调查和回访，问卷调查满意率为100%。回访调查中，没有发现税务干部在执法中出现不廉行为。五是按照“易于接受、乐于观看、警示提醒”的原则，制作了16块内容丰富、寓意深刻，既有观赏性，又有提醒作用的廉政展板，悬挂于办公楼人员经过最多的地方。通过多措并举加强管理，在群众中树立了良好的国税形象，同时也确保了系统内外和谐，连续五年被县人民政府评为政风行风建设“优秀单位”。2011年被县委评为党风廉政建设“优秀单位”。

【绩效考核】 通过对原绩效考核办法的修改和完善，实行按月由各部门考核，上报人教科审核汇总，县局按季统一考核兑现奖惩，实行职责内工作干完得基础分，没有干完实行倒扣分制，临时性工作加分，有多少加多少，上不封顶，公共项目实行减分制，并实行按季通报制，四个季度全局共扣分29人、扣币1198元，对完成份外工作的给予加分67人、奖分2067分、兑现奖金4134元，基本实行了多干多得、少干少得、不干不得的激励目的，充分调动了大多数人的工作积极性。

【党建工作】 按照围绕中心抓党建、抓好党建促工作的工作思路，结合国税部门行业特点，以创先争优为载体、“四亮四评”为重点，对全局所有干部制作了工作台签，把职责、身份和承诺事项在台签上亮出来，把办税程序和集体承诺事项从电子显示屏上亮出来，把组织创先进与个人争优秀有机结合起来，把评星授旗与绩效考核相结合，使点评工作在通报中进行，评星授旗在落实中实施，既达到了点评问题、查找不足、评出先进、激励后进的目的，还有效激发了工作活力。年底评出5名优秀共产党员进行了大张旗鼓地表彰奖励，评出5名党员先锋示范岗作为先锋标兵，并以党员实行授旗，实行评星的方式来激励全局党员干部的工作积极性，不断创新党员带群众、全局创先进的党建工作方式，确保创先争优活动取得实效。

【内控机制建设】 结合本局实际，按照明确风险点、接收风险信息、公告督办、受控人员自查、执法风险约谈、实地调查核实、研究处理意见的流程，围绕查找出的148个风险点，建立部门岗位责任、流程防控机制、风险动态提示和45个制度防控体系，初步建立起岗责体系清晰、"两权"运行规范、风险排查全面、风险等级划分合理、风险描述完整、制度健全规范、流程设计合理、配套措施有效的内控机制，把党风廉政建设的各项工作融入到各岗位业务工作中，切实建立起部门与部门、岗位与岗位、环节与环节之间横向制约，上下级税务机关、上下级职能部门之间纵向控制的内控机制，风险意识的增强为防范风险、化解风险和规避风险奠定了思想基础，也为全州国税系统的内控机制建设探索了道路，7月中旬，楚雄州国税系统内控机制建设工作现场推进会在姚安县国税局圆满召开。

（马惠玲　靳　强）

大姚县国家税务局

经济概况

2011年，大姚县实现生产总值（GDP）34.21亿元，比2010年增长12.1%。其中：第一产业增加值完成10.79亿元，增长8.5%，第二产业增加值完成12.29亿元，增长15.5%，第三产业增加值完成11.13亿元，增长11.7%。三次产业的结构比例由2010年的31:36:33调整为31.5:36:32.5。全年完成地方财政总收入3.41亿元，比上年增收1.04亿元，增长43.9%。地方一般预算收入完成2.22亿元，增长52.9%。地方财政支出11.87亿元，比上年增长30.1%。

税收概况

【收入完成情况】 2011年，大姚县国家税务局组织税收收入1.11亿元，比2010年增收1897.9万元，增长20.71%，完成州局年度计划10075万元的109.78%、完成州局奋斗目标10345万元的106.91%。完成县人民政府"四税"计划9600万元的122.7%。其中：增值税9141.4万元，比2010年增收1196.4万元，增长15.1%，完成年度计划8830万元的103.5%；消费税3.2万元，比2010年减收1.1万元，下降25.5%，完成年度计划5万元的64%；企业所得税1309.9万元，比2010年增收694.2万元，增长112.7%，完成年度计划580万元的225.8%；个人所得税10万元，比2010年减收13.7万元，下降57.8%；车辆购置税595.8万元，比2010年增收22.1万元，增长3.9%，完成年度计划660万元的90.3%。

【收入特点】 2011年全县国税税收收入呈现"三增二减"态势，与2010年相比，除了消费税、个人所得税减收外，其余税种都呈增长趋势。总体收入进度略快于时间进度9.8个百分点。股份公司税收占据税收收入的主导地位，占总收入的66.2%。

【税源分析】 全县税源结构比较单一，主要靠有色金属矿采选业、烟草、电力三大主导产业来支撑，2011年8户重点税源企业入库税收9241万元，占全年总收入的83.55%。税收比2010年大幅增长主要是有色金属矿产品行业、烟草制品批发行业增值税、金融保险业企业所得税增长的拉动。其中增值税增收1196万元（其中有色金属矿产品增值税增收1466万元，电力行业增收145万元，印刷制造业增收173万元，商业增值税减收457万元）、企业所得税增收694.2万元（其中金融保险业企业所得税增收521万元）。

各项工作

【税收征管】 截至2011年12月31日，共有纳税人4660户，其中企业309户，个体4351户（起征点以上22户，未达起征点4198户，查定征收49户，查验征收82户）。依托税收信息化，以税源管理为核心，完善征管基础，推进税收管理的信息化和专业化，不断提高管理质量。一是以税收风险管理为导向，以纳税人规模和行业等为主，建立完善纵向联动、横向互动的专业化管理运行机制。二是强化对铜矿采选业、电力、烟草、房地产企业等21户重点税源户的跟踪管理，跟踪了解其生产经营、纳税情况、税源潜力等，保证税款不流失。三是充分利用"税收执法管理信息系统"的"疑点信息库"完善内控机制建设，推行"税收管理员辅助信息系统"，有针对性地开展日常税源管理、调查，及早发现问题，规避执法风险。四是对农产品加工、有色金属采选业、电力等行业的27户企业开展纳税评估。评估补缴税收90.87万元，调增计税所得额210.16万元。五是着力做好普通发票简并换版工作，加大机打发票网络版推行工作，强化服务，上门解决疑难问题，截至2011年12月31日，全县使用新版普通发票966户，其中机打票264户、手工票702户，夯实了以票控税基础。

【纳税服务】 着力推行POS机刷卡缴税，减少办税服务厅压力，降低缴纳现金税款风险。进一步完善"一窗通办"综合模式，使办税厅四个窗口都可以完全办理所有业务。加强了新办税服务厅规范化建设，配置了电子显示屏，划分了功能区，规范了内外制度建设。以办税服务厅为平台，广泛开展形式多样的宣传、咨询、延时、预约等贴近纳税人需求的便捷、高效服务。

【税收法治和税务执法】 做好“五五”普法和“三五”依法治县检查验收工作，被县政府授予先进集体。认真组织《行政强制法》学习培训工作。开展税务行政执法督查，实行三级查询纠错，差错率由2010年的万分之一降为万分之零点三。认真审理重大税务案件2件，审理补缴增值税5.62万元、企业所得税171万元、加收滞纳金11.95万元、处以罚款2万元。不折不扣落实各项税收优惠政策，免收税务登记证工本费1.19万元，落实311户个体户增值税起征点调整政策，月免征增值税约16万元。68户纳税人享受免税销售额6918万元。减免车购税8.14万元。扎实开展税务稽查工作，全年组织开展了2户企业专项检查、11户企业分级分类稽查，查补税收215.89万元，调减企业亏损211.02万元。做好1件举报案件查处工作，查补税收11.48万元。与地税、公安开展联合执法打击经济违法犯罪活动。

【主体税种管理】 加强增值税管理。2011年新认定一般纳税人18户。加强抵扣凭证和专票代开管理，强化分级分类管理，管好21户重点税源大户，关注79户小户。依托税收信息化加强对一般纳税人申报质量、优惠政策文书等数据的监控分析，保证了数据质量。规范增值税优惠政策执行，增值税管理质量不断提高，实现了“一升一降”的目标，一般纳税人税负率为6.64%，比上年上升了2.34个百分点，进项税下降了12.4个百分点。加强企业所得税管理。做好2010年度92户企业汇算清缴工作，汇算后实现利润3708.09万元，比上年增加1330.07万元。全县2010年度企业所得税实际税负为24.94%，较2009年度上升了19.19个百分点。不断规范企业所得税减免税管理，做好备案登记审核工作。加强核定管理，核定征收70户，核定面达38.9%。强化车购税管理。做好车购税税收政策宣传工作，抓好车购税征收管理及委托代征，加强与交通管理相关部门协作，强化源头管理，减少异常发票发生，做好电子档案管理。全县共完成4907辆车辆的购置税征收工作。

队伍建设

【机构人员情况】 全局下设7个科室：即办公室、税政科、收入核算科、征收管理科、人事教育科、监察室、办税服务厅，设直属机构和派出机构各1个，即稽查局和金碧分局。在职职工68人，党员55人（退休干部党员9人），退休干部34人，在职干部大专以上学历人员65人，占在职总人数的95.6%。

【领导班子建设】 抓好党组班子的作风、制度、组织建设，发挥好班子带队收税的核心领导作用，要求领导班子以身作则、率先垂范。定期召开思想政治工作分析会，积极开展思想疏导，解决存在问题，重振国税精神。围绕“群众利益无小事”抓落实，倾听职工意见建议，为职工排忧解难，促进和谐发展，提升凝聚力和向心力。时刻关注职工所思所想，妥善处理好干部职工反映的热点难点问题，不断培育团队精神，增强干部职工的归属感和荣誉感。

【干部管理】 不断修改完善各项制度，规范全局管理，加大政务公开，增强公开度、透明度，形成领导带头遵守、人人维护，一切工作按制度化、规范化运行，提高行政管理质量。实施《效能积分考核办法》，用效能积分管理考核来解决消极怠工现象，激发干部的求知欲和上进心，调动干部职工的工作积极性。开展“我对国税做了什么”深刻反思、“我为国税添光彩”签名承诺两项活动，提高了干部职工思想认识、责任意识、群众意识、团结意识和增强了集体荣誉感、个人责任感、重振信心度、组织信任度、团队认同感，激发了广大干部职工勤学习、强素质、守底线，精心呵护集体荣誉，增强动力，树立形象。扎实开展干部作风整顿，干部中存在的“淡、软、僵、浮、混、散”六个方面的问题得到有效整改，干部职工进一步坚定理想信念，树立全局观念，增强大局意识，注重协调配合，严明了政治纪律，干部作风得到明显好转。

【廉政建设】 以勤政廉政为核心，推进惩防体系建设和内控机制建设，加强“两权”监督，全面推进党风廉政建设。一是学习《廉政准则》相关规定，以观看警示教育片、参观廉政警示教育基地、邀请县纪工委和检察院领导开展廉政建设专题教育和预防职务犯罪专题教育培训，加强税务职业道德、勤政廉政和理想信念教育，切实打牢思想道德防线。二是全面排查廉政风险点，完成内控机制建设前期工作。共绘制内控流程图63个，清理制度、办法137个，经过评估筛选和完善，确定保留60个，查找并审定9个部门廉政风险点162个，对应防控措施162条。三是狠抓制度建设和党风廉政建设责任制落实，认真履行“一岗双责”，深入推进反腐倡廉工作，领导干部以身作则，认真落实《重大事项报告制度》，以领导的模范带头作用，带动全局队伍的清正廉洁。

【教育培训】 推动学习型机关建设，使读书学习经常化、制度化。参加“云南国税讲坛”的学习，深化政治理论教育，增强了干部职工的理想和信念，提高了干部队伍的思想政治素质，拓宽职工的视野，提高大家分析问题解决问题的能力。开展业务素质培训，将集中培训和岗位学习相结合，组织干部参加省局培训13期，州局培训5期，培训15人次。参加州局“送教下基层”培训活动，县局开展了新版普通发票开填系统、介质申报软件及机动车销售发票开票软件操作应用培训、税收管理员辅助信息系统推广应用等培训，进一步提高干部职工自身素质和岗位技能。

【国税文化建设】 不断丰富国税文化建设的内容和形式，组织好工会活动，坚持集体活动与兴趣小组活动相结合，用文明、健康、积极向上的活动缓解职工工作压力，拓宽职工交流渠道，建立起互相信任、团结和谐的良好氛围。牵头承办了大姚县国庆62周年文艺晚会，展示了国税文化建设成果，振奋了国税精神。强化文明创建的管理和创新工作，丰富文明创建的形势和内容，提高文明创建水平，被省局评为文明单位，被楚雄州委、州政府授予楚雄州财税工作先进集体。

【创先争优】 丰富形式和载体，深入开展创先争优活动，不断提升党建工作质量，“立足机关、推动工作、辐射全局”，实现以党建工作促税收工作。一是深入推进学习型党组织建设。完善政治理论学习制度，坚持每周半天政治理论学习时间，充分利用党小组、党支部、党总支会议，开展“三会一课”，加强党的政治理论、党史知识、党的方针政策等学习教育。二是开展向杨善洲同志学习活动。以收看杨善洲同志先进事迹报告会实况、学习杨善洲同志先进事迹材料、开展“纪念建党90周年暨‘感恩·敬业·奉献’”演讲竞赛等形式学习杨善洲同志先进事迹，把杨善洲精神内化于心、外见于行，转化为干好工作的动力，立足本职、争创佳绩。三是开展庆祝建党90周年活动。参加“蜻蛉颂歌献给党”红歌歌唱月和诗歌朗诵会，开展读红色经典、讲红色故事等活动，颂扬共产党好、社会主义好、改革开放好、伟大祖国好、各族人民好的时代主旋律。四是扎实开展“四亮四创四评”活动。以办税服务厅等窗口部门为重点，采取电子显示屏、公开栏、摆放办税指南、佩戴党徽等形式“亮流程、亮身份、亮职责、亮承诺”；以“一窗通办”综合服务模式为基础，大力推行阳光服务、预约服务、延时等服务，组织“授旗评星”、“青年文明号”和“巾帼文明岗”创建，“创优质服务之星、创流动红旗标兵、创党员示范窗口、创人民满意党支部”；坚持民主生活会制度，完善党内民主评议和群众评议制度。

（张会明　周庆云）

永仁县国家税务局

经济概况

2011年，永仁县共实现生产总值（GDP）14.41亿元，增长12.7%。三次产业的结构比例由2010年的36∶24∶40调整为36∶26∶38。全年实现规模以上工业总产值3.13亿元，同比增长31.1%（现价）；实现规模以上工业增加值8371万元，同比增长21.7%（可比价）。完成财政总收入1.71亿元，同比增长34.6%。实现社会消费品零售总额2.48亿元，同比增长20.2%。完成固定资产投资17.08亿元，同比增长37.6%。显现出农牧业生产稳定增长，工业主导地位不断巩固，消费增势强劲，财政金融运行平稳，建筑业倍增的态势。

税收概况

【收入完成情况】 2011年，永仁县国家税务局全年实现税收收入6033万元，比上年增收2141万元，增长55.01%；完成州局下达奋斗目标4365万元的138.21%，完成政府下达任务6000万元的100.55%。

【收入特点】 2011年税收收入同比增长55.01%，全县生产总值同比增长12.7%，税收增长快于经济增长。税收收入呈现“二增三减”特点。增值税、企业所得税分别增长55.08%、279.12%；消费税、个人所得税和车辆购置税分别下降20%、60%和20.63%。前三个季度税收收入增长快速，四季度税收收入进度放缓。

【税源分析】 工业成为拉动全县经济增长的主要推动力，规模以上工业经济稳步增长，铜、铁价格上涨拉动7户冶炼企业税收收入同比增收431万元，增长31.77%。电力、批发零售业、其他炼焦业、黑色金属冶炼及压延加工业、有色金属矿采选业仍是永仁县税收收入的主要来源，五大行业占增值税收入的比重分别为8.75%、39.36%、7.46%、17.68%、14.93%。由于受自然灾害和政策因素的影响，消费税下降20%，完成奋斗目标的80%；车辆购置税税目中的汽车比上年同期减少109辆，下降32.63%，摩托车比上年同期减少426辆，下降20.44%。储蓄存款利息个人所得税同比下降60%。企业所得税同比增收254万元，增长279.12%，完成奋斗目标100万元的345%。

各项工作

【税收法治建设】 坚持以培养干部职工有权必有责、用权受监督、违法要追究的观念为出发点，加强对干部队伍法律法规的学习培训，先后对新修订的《中华人民共和国发票管理办法》及其《实施细则》、《中华人民共和国行政强制法》进行了学习培训。将执法责任分解、落实、细化到各个岗位，单位内部层层签订《税收执法责任书》41份。组织参加了县法制局统一的行政强制法考试。按要求对2009年~2010年期间的税收政策执行情况进行自查整改。对2010年实施的4件稽查处罚案件、63件违反日常税收征管及发票管理的税务行政处罚案件、8件增值税一般纳税人专用发票最高开票限额审批、22户增值税一般纳税人资格认定审批、行政复议、税务行政收费、越权减免税审批等行政处罚、行政审批、行政许可项目进行了认真的自查评查。县局重大税务违法案件审理委员会按程序审理案件1件，补税3.43万元，加收滞纳金4635.64元。围绕“税收·发展·民生”税收宣传主题，共开展税法宣传9次，发放宣传资料5000余份。

【税收征管】 在税源管理中，以税收管理员辅助系统、数据监控分析系统、综合征管软件、税收执法管理信息系统等为基础，按照“重点税源重点管，一般税源普遍管，零星税源按季管”的分级分类管理原则。一是做好84户网络申报户的管理和82户增值税一般纳税人的户籍管理。二是利用第三方信息进行户籍清理比对和组织机构代码共享项目推广应用，强化户籍管理，全年纳入综合征管软件税务登记开业户2549户。三是做好普通发票简并换版后续收尾工作，完成了县局主库房库存9种、223本老版发票的清理、上报审批、核销工作；在155户纳税人中推行了机打普通发票，12月10日前完成了全县使用发票纳税人的新发票专用印章推广使用工作。四是做好纳税评估辅导和落实领导干部管户制工作，共对23户纳税人实施了增值税评估，评估补缴增值税34.67万元，加收滞纳金及罚款11.68万元。落实领导干部管户制评估补缴增值税10.08万元，加收滞纳金3123元。五是落实云南省国家税务局定额核定管理办法，对2282户双定户进行了核定。六是做好税收管理员辅助系统的上线工作。通过宣传、业务培训、开展业务演练，7月25日与全州同步上线了云南省国家税收管理员辅助系统。七是认真开展税源与征管状况监控分析核查整改工作，对涉及核查整改的11项指标、168条记录及时进行了整改。八是开展税收资金安全检查，做好规范性文件清理工作。各税种管理。把增值税管理作为货物与劳务税管理的重点，以确保内部金税工程各系统（包括认证、报税、稽核等系统）的正常运行和增值税专用发票的安全为基础，及时对"关于调整增值税、营业税起征点和娱乐业营业税税率的通知"、废止增值税逾期进项税一律不得抵扣的规定积极开展宣传，精心测算，确保国家惠民政策落实到位，运行平稳。落实增值税管理措施，规范固定资产抵扣管理，2011年共抵扣固定资产进项税142.30万元。严把农产品和运输发票抵扣，2011年共申报抵扣农产品进项税263.08万元、运输发票进项税423.65万元。开展增值税优惠政策清理，2011年共清理增值税备案类征前减免税37户，免税销售额6409.99万元；加强了增值税专用发票管理，严格落实代开规定。开展所得税汇算清缴工作，通过汇算，亏损企业比2010年同期减少6户，享受企业所得税优惠政策3户，免征企业所得税102万元，汇算清缴面达100%。实施企业所得税纳税评估，补缴入库企业所得税156.20万元，加收滞纳金4635元。落实"以票控税、信息共享、协同管理"的车辆购置税管理措施，完善车辆购置税征管档案电子化管理，做好车辆购置税征收与服务，积极推行车辆购置税多样化缴税方式。加大车辆购置税"一条龙"管理和比对异常发票核查力度。加强消费税管理与协调，重点抓好酒类消费税的管理，确保消费税及时入库。

【纳税服务】 围绕纳税人合理需求，以简单、快捷、方便为落脚点，持续优化纳税服务。积极宣传和落实总局《"十二五"时期纳税服务工作发展规划》，在"一窗通办"的基础上，加强办税服务厅标准化建设，为纳税人提供自助服务设施，配置电脑设备，提供免费上网办税服务，推行网络申报84户，介质申报12户，针对存在问题，安排人员对纳税人进行辅导。积极开展税收宣传、纳税咨询、维护权益、预约服务、延时服务等个性化服务，向全社会作出了25项纳税服务承诺。2011年共兑现纳税服务承诺9391户（次），均按承诺时限办结，办结率100%。积极协调并在办税服务厅设立县级政务服务中心分中心，在办税服务厅安装了监控系统，落实纳税服务工作。

【税收执法】 以整顿和规范税收秩序以及打击和查处税收违法行为案件为重点，积极实施分级分类稽查、专项检查、打击整治发票违法行为等活动，2011年查补税款49.80万元（其中增值税43.02万元、企业所得税6.78万元）、加收滞纳金15.40万元、罚款2.34万元，共查补追征入库稽查收入67.54万元。进一步落实打击发票违法犯罪工作，国税、地税、公安联合行动清查单位18户，查处违规用票户4户，发票201份。认真开展打击整治发票违法专项行动，共检查发票22295份，查处案件115起，涉案发票5263份，补缴税款7.08万元，加收滞纳金2.85万元，罚款1.86万元。处罚违反税收征管及发票管理的纳税人36户，处罚金额6355元；处罚不按期限办理税务登记及变更登记26户（件），罚款4600元；逾期缴纳税款加收滞纳金611次，金额47.3万元；开展自查辅导及自查自纠、自查自改活动，通过自查补税29.01万元。

队伍建设

【机构人员情况】 2011年全局总人数59人，其中：在职干部42人，工人1人；离退休干部16人。公务员42人，其中：女20人，男22人；少数民族25人，党员23人。大学本科22人，专科16人，中专及以下4人。全局机构设置总数9个，其中：1个派出机构永定分局，1个直属局稽查局，内设办公室、监察室、人事教育科、征管科、税政科、收入核算科、办税服务厅7个科室。

【领导班子建设】 永仁县国税局党组班子始终坚持带头干事，以身作则，紧紧围绕"建设学习型组织、服务型队伍、效能型机关、和谐型部门、廉洁型干部"的主线，认真抓班子带队伍。完善领导班子议事决策机制，着力提高班子驾驭税收工作的能力、维护和谐稳定的能力、做群众思想政治工作的能力、处置突发事件的能力，充分发挥领导班子在带队中的表率作用。在州局党组充实增加班子成员的基础上，发挥班子成员特长和各自优势，合理调整分工，明确工作职责，各负其责抓工作落实。加大服务基层力度，积极向上级争取资金补助，针对干部职工最关心、最直接、最现实的利益问题，在政策允许的范围内，尽最大可能想办法给予解决，减少干部职工正常生活和发展的后顾之忧，最大限度地消除引发干部心理失衡、失调的外部诱因。积极准备，高质量地完成了党组民主生活会，并提出4条整改措施加以落实。

【教育培训】 围绕"服务基层年"工作主题，利用每周的政治业务学习时间，开展信念教育、时政学习、维稳教育，坚持每月不少于1天的业务学习辅导和每半年一测试、每年一考的学习考试制度，组织干部参加楚雄州时代前沿知识讲座和《云南国税讲坛》的学习，进一步筑牢各级干部的行为基础。在省、州局培训的基础上，充分发挥电子政务网站、教育培训管理系统的网络优势作用，完善教育培训激励机制，采取以老带新、以强带弱、网络学习、定期考试等多种方式，在全局大力营造和形成重视学习、崇尚学习、坚持学习的浓厚学习氛围。全年共选送3人参加会计师、律师资格考试，有1人通过律师资格考试，选送12人次参加省、州组织的各种业务培训。

【精神文明建设、国税文化建设】 从抓干部理论学习和思想教育入手，在开展"创先争优"活动中，依托县局电子政务网、报刊和简报等宣传学习平台，组织广大党员、干部职工认真开展"学习杨善洲先进事迹，争做优秀共产党员"活动，教育引导干部爱岗敬业、正确对待得失，调适心态，依法履职。进一步落实老干部政治待遇和生活待遇，开展敬老节、春节走访慰问活动，召开全局老干部座谈会，支持老干部积极参加健康、有益的活动。充分发挥工青妇、关工委等群团组织，开展各类活动，凝聚干部力量。扎实开展"转变作风抓落实、服务群众聚民心、创先争优促发展”为主题的干部作风集中整顿和建设活动，通过整顿教育，干部作风得到进一步改进，党性意识、大局意识、责任意识、稳定意识、和谐意识明显增强，工作落实力、制度执行力明显提升。广泛开展社会扶助公益活动，共组织党员干部职工向盈江地震灾区、扶贫联系点、永仁县见义勇为基金捐款9750元。开展警民共建，筹措2000元资金支持县武警中队建设，表达拥军情谊。抽调35名干部参加第四届云南民族服装服饰文化节暨中国彝族赛装节，全力支持“两节”活动的开展。结合“学习杨善洲·千名干部下基层·为民办实事”活动要求，组织党员干部深入扶贫联系点进村入户开展工作，提前完成了200亩烤烟联片移栽和1100亩水稻的种植。新农村建设指导员被评为优秀。积极选送作品参加全县庆祝中国共产党成立90周年书画展。2011年，被州委、州政府授予“文明单位”，被评为省局第十七批“文明单位”。先后荣获创先争优“先进基层党组织”、“学习型机关”、“先进团组织”、“先进职工之家”、“工商联先进单位”、“学习型机关”、“三五”依法治县工作“先进集体”等荣誉称号。

【廉政建设】 把党风廉政建设责任制作为国税工作的重要政治任务和“一把手”工程，定期分析情况，研究部署任务。深入结合单位实际，把党风廉政建设责任认真分解、细化到科（室）和个人，层层签订《党风廉政建设责任书》和《禁止党员干部职工参与赌博责任书》，切实加强责任落实。坚持把内控机制建设作为2011年党风廉政建设工作的重点，依照《楚雄州国家税务局内控机制建设工作方案》完善部门岗责体系，明确岗位工作职责，规范工作程序，制订工作规程，编制工作流程，共查找出一级风险50个（即违法风险），二级风险41个（即违纪风险），三级风险59个（即违规风险）。结合“纪检日”活动，以学习《警钟长鸣——楚雄州典型案例警示教育读本（续二）》、《国家税务总局办公厅关于两起税务干部组织参与虚开增值税专用发票重大案件通报》、国家税务总局办公厅转发《贵州省国家税务局关于陈安平受贿案件的通报》为重点，邀请县检察院、县纪委为全局干部职工开展“岗位廉政暨警示教育专题讲座”。认真贯彻落实《中国共产党党员领导干部廉洁从政若干准则》和党纪政纪相关规定。先后组织全局干部职工专题学习《廉政准则》7场次，参加《廉政准则》知识测试2次，结合《廉政准则》中廉洁从政行为规范“八个方面，五十二个不准”的内容要求，纪检组长与各科（室）、分局领导新任谈话3人次，与任职中层干部集体谈话15人次。

（夏国先　袁红书）

元谋县国家税务局

经济概况

2011年，元谋县生产总值（GDP）达27.1亿元，同比增长12%。其中：第一产业增加值10.22亿元，增长8.3%；第二产业增加值6.79亿元，增长21.3%；第三产业增加值9.33亿元，增长10.7%，三次产业的结构比例为38.8∶25.8∶35.4。固定资产投资完成25.2亿元，增长27.1%；地方财政收入完成1.41亿元，增长16.1%；农民人均纯收入5488元，增长14.7%（扣除物价因素）；城镇居民人均可支配收入1.84万元，增长10.9%。

税收概况

【收入完成情况】 2011年，元谋县国家税务局共组织税收收入4148.93万元，比上年同期增收355.15万元，增长9.36%，完成州国税局下达任务的103.72%，完成县政府考核任务的111.69%。

【收入特点】 企业所得税收入大幅增长。2011年，企业所得税收入占总收入比重为25.05%，比上年提高16.85个百分点。增值税中，除批发和零售业、水的生产和供应中的自来水税收增长外，其他行业呈现减收。企业所得税增收幅度巨大，增收727.45万元。由于元谋县税源严重萎缩，导致税收收入形势持续低迷，收入进度始终在低位徘徊，所得税收入的大幅提升，拉动了全县税收收入的大幅增长，为完成税收收入任务做出了重要贡献。车辆购置税经过多年高速增长后，增幅仅为0.81%。

【税源分析】 元谋税源以水泥、采矿、农副产品加工、批发、零售、供电、发电为重点税源，重点税源实现税收占税收总收入比重较大。在上述税源中，电力供应和发电很大程度受到自然因素制约，卷烟批发受国家调控政策的影响，税源结构的单一性使税收收入尤其是增值税收入具有不稳定性。增值税收入2297.37万元，比上年下降10.53%。除批发零售业税收同比增长40.50%、个体税收同比增长24.27%较为突出外，水泥、矿产品采选等行业减收明显。消费税收入4.38万元，同比下降95.69%。主要原因是受云南龙川江生物开发有限公司影响，该公司自2010年12月停止了酒精生产，不再实现消费税，2011年消费税净减收97.17万元。企业所得税收入1039.45万元，比上年增长233.15%，主要原因是房地产业发展较快，房价上涨使开发商的利润空间进一步加大，国税局加大对该行业的税收监管力度，同时，元谋县农村信用合作联社2011年恢复征收企业所得税后，导致收入同比增长1413.64%。车辆购置税收入798.15万元，比2010年增长0.81%。

各项工作

【税收法治建设】 贯彻《全面推进依法行政实施纲要》和《行政许可法》，抓好依法治税重要部门、重点部位、重点环节的管理，杜绝执法不公和违法履职情况的发生。认真落实省国税局《税务行政处罚自由裁量执行标准（试行）》，全年共办理行政处罚案件 98 件，罚款金额合计 3.11 万元，重大案件审理委员会共审理税务案件 4 件，补税 85.07 万元，加收滞纳金 12.66 万元，罚款 0.6 万元，均无行政复议和行政应诉案件发生。按照行政审批制度改革要求，清理规范行政前置审批事项，界定了本级行政审批、行政备案的具体范围、手续及程序。大力推进“六五”普法，着力提高税务干部和纳税人的税法遵从度，全年共出动税收普法宣传人员 80 人次，发放各种宣传资料 1300 余份。强化执法监督，全面推行执法责任制，层层签订《税收执法责任书》，认真组织开展税收执法检查，增强重要部门、重点部位、关键人员、薄弱环节的执法风险意识；以税收综合征管软件、税收执法管理信息系统为依托，加大税收执法考核力度，完善规范申辩调整操作程序，全年执法过错责任追究 1 件（次）。

【税收征管】 认真落实税收管理员制度，切实加强与工商、地税、质监、统计等部门的信息交换，及时掌握经营户信息，最大限度地减少和杜绝漏征漏管，全年纳入税收征管系统开业状态管户为 3819 户，新办税务登记证 571 户；加强双定户税收管理，做好个体工商业户定额核定工作。1～12 月对 2798 户“双定户”进行了重新核定；严格以票控税，认真贯彻执行发票管理各项制度，在对 541 户普通发票用户（使用通用机打发票 182 户）做好新的发票管理办法宣传的同时，积极稳妥地继续做好新版发票的使用和普通发票简并换版的收尾工作；完成了综合征管软件与组织机构代码比对录入信息处理，涉及元谋国税 2 类 1275 条记录；完成了楚雄州国家税务局 2010 年税源与征管状况监控分析、2010 年税收征管状况监控分析、税收管理疑点核实，对涉及全县疑点数据 10 类共 260 条记录做了逐条整改落实；以加强增值税基础管理为主线，做好增值税一般纳税人认定、增值税专用发票管理、防伪税控系统运行、运费辅导核查、“一窗式”申报管理和“四小票”抵扣数据的采集、上传、比对、核查等基础管理工作，全年新认定一般纳税人 13 户；加强一般纳税人日常申报管理，申报率、申报准确率、申报资料报送齐全率都有较大幅度的提升，一般纳税人申报逻辑关系正确率达到 99.42%；对 44 户一般纳税人使用专用发票及两个卡管理情况按季进行不定期检查，积极加强增值税抵扣凭证的审核检查工作，确保了专票及两卡无大的事故发生；认真落实税收优惠政策，强化流转税减免税管理，对符合政策性减免的纳税人进行减免税资格备案，全年备案减免税企业 167 户，做到资料齐全、手续完备、程序合法。全面推进企业所得税管理有序深入开展，加强企业所得税台账管理，建立完善了企业所得税管户各类辅助台账，以台账管理促进企业所得税管理的规范化；抓住政策宣传辅导、日常审核管理、分户重点检查环节，加强了企业所得税汇算清缴工作管理，共完成 2010 年汇算清缴 95 户，汇算面达到了 100%，亏损面为 32.63%，在 2010 年基础上降亏 11 个百分点，汇算清缴入库企业所得税 124.22 万元。以征管部门牵头协调和统筹，税政管理部门和税收管理员为主要力量，组织重点评估和专项评估，全年共评估一般纳税人 17 户，进项税额转出 22.75 万元，评估小规模纳税人 300 户，补缴增值税 32.52 万元，评估所得税纳税人 12 户，共入库企业所得税 1.13 万元，调增应纳税所得额 192.97 万元。组织开展黏土砖、砂石行业、农产品加工企业、元谋县医药有限责任公司及下设分支机构税收政策及管理的税收调研，提出了可行性的调研报告，税收政策执行到位、税收征管到位，增值税收入有一定提升。加强农产品加工企业的管理工作，坚持对企业的农产品收购情况、发票开具情况、产品销售情况、相关设置的台账登记情况进行认真检查，不断规范农产品生产购销经营行为，堵塞税收漏洞，防止税款流失。加强出口退（免）税审批管理，提高预审工作质量效率，1～11 月生产货物自营出口 3 户，申报审核免抵税额 18.54 万元，申报审核退税额 38.46 万元，免抵退税合计 57 万元。

【纳税服务】 抓好税收优惠政策宣传落实。积极开展送政策上门服务和纳税辅导，做到执法与纳税辅导并重，通过丰富宣传内容，优化宣传方式，帮助纳税人更好地了解税收权利、义务和具体税收政策；充分利用税收宣传月、“六五”普法启动日等有利时机，与多部门联合做好税收宣传活动，使税收宣传最大限度辐射、渗透到社会的各个层次，全年共发放税收政策宣传资料 1300 余份，接待涉税咨询 135 人次，悬挂宣传布标 20 条，粘贴宣传画 60 幅；认真做好纳税人投诉受理工作；进一步做好“一窗通办”服务，将车购税窗口设在交通部门，专门负责摩托车、农用车征收工作，方便了纳税人办理车购税及车辆落户手续；实施各部门联合的纳税评估模式，由征管科牵头负责，各部门共同参与，主体税种一起评估，减少检查次数，切实减轻纳税人负担。由于服务到位，形象较佳，办税服务厅“巾帼文明岗”申报通过省局验收。

【税收执法】 2011 年元谋县国税局税收执法总量为 29278 项，产生执法过错扣分 1 条，实现了省局规定的“执法过错率季考不超过万分之五”的税收执法考核工作目标；加强同公安、地税等部门协调配合，全年共出动执法人员 150 余人次，检查票据 12602 份，依法查补收入 90.93 万元；大力开展家电下乡发票反查行动，联合多家部门成立 7 个工作组，对 44 户涉及家电下乡销售的纳税人开具的普通发票进行检查，共查补缴税款 4.55 万元；加大对虚假发票“买方市场”查处力度，对纳入专项检查的 3 户房地产企业和纳入分级分类稽查的 3 户企业进行检查，专项检查查补收入 77.8 万元，分级分类稽查查补收入 65.44 万元，同时按县局安排对 2 户企业进行专项检查，查补收入 10.28 万元，充分发挥了税务稽查以查促管的作用。

【税务信息化建设】 按照“网络不能断、系统不能停、数据不能丢”的要求，认真研究和分析自身可能引发信息系统故障及中断运行的风险点，及时排除各部门工作中出现的网络故障，保证网络畅通、运转正常；提升数据分析利用水平，依托第三方信息和《税务与组织机构代码信息共享平台》，加强了税源和管户的管理；组织人员对 2010 年增值税税种管理数据质量进行了分析，对存在问题进行核查，提高税种管理质量和效率；依托税负预警系统、数据监控分析系统和综合征管软件等应用系统，加强了对一般纳税人申报质量、优惠政策文书等数据的监控分析；加强了对金税工程等各应用系统的运行维护，确保万无一失，加强信息比对，认真对数据进行清理、甄别，查找和堵塞征管漏洞，提高税源管理实效。

队伍建设

【机构人员情况】 2011年，县局下设办公室、监察室、人事教育科、税政科、征收管理科、收入核算科、办税服务厅、机关党总支办公室、稽查局、元马税务分局（专司税源管理）。实有在职干部50人，调出2人，病亡1人，新录用1人。其中：副局长2人（主持工作1人）、纪检组长1人；党员25人；大学本科24人、大专23人、中专2人、初中以下1人。

【领导班子建设】 认真落实领导干部民主生活会制度，坚持民主集中制和重大事项集体研究决定，以班子的团结和谐带动机关和谐、部门和谐和队伍和谐；加强班子成员学习，落实党组中心组理论学习制度，提高领导干部的领导水平，指导实践，推动工作；抓落实，提高领导班子执行力。在领导班子中坚持"一个声音、一个步调、一个氛围"，以领导抓中层领导为重点，一级抓一级、层层抓落实，充分发挥领导班子的表率作用，提高工作的落实力。

【精神文明建设】 紧扣"服务基层年"工作主题，围绕"重遵从、优服务、构和谐、促发展"的工作思路，通过建制度、抓规范，各项工作得到全面推进，开展精神文明建设活动取得了新进展。2011年2月，元谋县国税局被云南省国家税务局评为"2010年度'三读'活动读书先进单位"。

【教育培训】 加强学历教育和业务培训，制订公务员培训计划，完善奖惩激励机制，促进干部职工更新知识转变理念。积极组织干部参加省、州举办的各类培训，全年共选派25名干部到上级局参加各类培训，同时有针对性地组织开展各类专业培训，邀请省局和州局的业务能手到元谋县国税局举办2期业务知识培训，参训数达98人次，"送教下基层"工作组到县局举办业务培训班1期，培训50人次，并为5名就读成人教育学院在职干部做好工作单位鉴定，确保他们按期毕业。

【国税文化】 元谋国税大力弘扬"聚财为国、执法为民，情趣高雅、风清气正，以人为本、和谐发展"的彝州国税文化价值核心理念，进一步加强元谋国税文化建设。大力开展信念教育、红色教育活动，组织党员参观红军长征渡江纪念馆，重温入党誓词。认真组织"感恩·敬业·奉献"演讲活动，20人次参加了州、县局的比赛，进一步激发了广大党员干部爱岗敬业、开拓创新、奋发有为的历史责任感和使命感；开展丰富多彩的文体活动，唱响《乐于奉献在高原》、《彝州国税人》等国税之歌，组织开展纪念建党90周年书画摄影作品征集活动，报送作品19件，积极参与"红歌献给党纪念建党90周年文艺晚会"比赛，活跃了职工业余文体生活。通过开展丰富多彩的活动，增强了干部职工团结友爱、互相关心、互相帮助的观念，以活动带工作促服务基层年取得成效，元谋国税工作和干部精神面貌得到宣扬，充分展示了元谋国税人的精、气、神。

【廉政建设】 积极推进内控机制建设，通过广泛的宣传动员和对工作进度适时的掌握分析，最大限度地使内控制度建设深入干部职工思想，深入系统环节内部。制定《元谋县国家税务局推进内控制度建设实施方案》，明确内控制度建设的指导思想、工作目标、工作内容和实施步骤等各项内容。开展风险排查，共排查出风险点153个，11个内设部门制订工作岗位流程73个、防控措施137条。认真落实党风廉政建设责任制，层层签订《党风廉政建设责任书》，层层分解职责、细划责任，做到严考核、严奖惩；开展好每季度1次的部门"纪检日"活动和每月1次的廉政专题教育，了解掌握干部职工的思想动态，及时发现和解决干部职工存在的不良苗头及问题；做好《廉政公约》签订及回访、调查工作，共计签订数达1998户；按时召开特邀监察员和兼职监察员座谈会，组织特邀监察员深入纳税户走访调查，从外部加强对国税系统党风廉政建设工作的监督；与50名干部签订了不参与赌博等"六害"活动保证书。

（赖志成　罗泓深）

武定县国家税务局

经济概况

2011年，武定县实现生产总值（GDP）29.44亿元，按可比价计算，比2010年增长13.5%。三次产业的结构比例为36.4:31.2:32.4。其中：第一产业增加值10.72亿元，增长8.0%，拉动经济增长2.92个百分点；第二产业增加值9.2亿元，增长19.0%，拉动经济增长5.82个百分点；第三产业增加值9.53亿元，增长14.3%，拉动经济增长4.76个百分点。第一、第二、第三产业对生产总值增长的贡献率分别为21.6%、43.1%和35.3%，分别比2010年上升13.4个百分点、下降6.9个百分点和下降6.5个百分点。全县居民消费价格总水平上涨3.6%。全年实现工业总产值（现价）28.03亿元，增长39.03%。全年社会消费品零售总额7.57亿元，比2010年增长20.2%。全年完成财政总收入4.22亿元，比2010年增收1.16亿元，增长37.82%。全县常住人口27.53万人，人口自然增长率为4.69‰。

税收概况

【收入完成情况】 2011年，武定县国家税务局共组织税收收入1.59亿元，与2010年相比增收3558万元，增长28.83%，完成楚雄州国税局下达税收奋斗目标的110.31%。其中：增值税1.41亿元，与2010年相比增收2597万元，增长22.61%；消费税2万元；企业所得税1245万元，与2010年相比增收1013万元，增长

436.84%；个人利息所得税12万元，与2010年相比减收13万元，下降52%；车辆购置税554万元，与2010年相比减收39万元，下降6.58%。

【收入特点】 一是首次突破1.5亿元大关，超额完成州国税局和县委、县政府下达的收入奋斗目标，国税税收收入再创新高。国税收入在全州11个县市区局中排名第四位。二是税收与经济实现同步增长。2011年，全县GDP达到29.44亿元，比2010年增长13.5%，税收总量增长略高于经济的增长，两者变动趋势和步调基本趋同。

【税源分析】 武定县国税局立足武定区域经济发展和税源结构抓税收收入，按照州局的收入任务，坚定信心，对组织收入工作进行了全面部署。面对武定县经济税源现状，在深入调查了解全县经济税源状况的基础上，对全年税收形势进行了全面预测，增强组织收入工作的前瞻性；把组织收入工作纳入绩效考核，同时加大了对组织收入工作的统筹规划及调度力度，狠抓税源、税种管理，全面落实税收管理员制度，强化科学化、精细化管理，管好、管实基础税源，重点抓好支柱产业和纳税大户等重点税源管理，以矿产品加工经营企业为突破点，积极寻找税收增长点，多措并举充分挖掘税收潜力，充分发挥信息管税的作用，全方位开展纳税评估和税务稽查，牢牢掌握了组织收入工作的主动权。通过采取扎实有力的措施，在组织收入工作十分艰难的情况下，圆满完成了税收收入任务。

各项工作

【税收征管】 一是完善领导干部管户制度，把38户年纳税额50万元以上的企业全部落实到局领导、业务部门的负责人，要求定期深入企业进行调研，掌握企业的生产经营变化情况；二是每月分析税款入库情况，发现异常及时查明原因；三是掌握企业的政策执行情况，对企业执行的税收政策清楚明白；四是掌握国家政策变化对企业的影响，对税收收入的影响。

【信息化建设】 加强信息管税，提高税收征管数据分析利用水平。一是积极推行《云南省国家税务局税收管理员辅助信息系统》，切实提高税收管理质量；二是充分发挥综合征管软件优势，运用监控数据比对分析以及上级监控分析下发数据，分析税收征管的薄弱环节，有针对性地强化征管；三是对定额到期的2055户个体户运用电子定税系统重新进行核定；四是为税收管理员提供国税、工商、地税信息交换数据查对户籍管理，看有没有漏管户存在。

【纳税服务】 建立完善纳税服务投诉机制，进一步优化纳税服务。一是对外公布服务投诉电话，征管部门指定专人受理服务投诉事项；二是强化服务观念，正确处理管理与服务的关系，在强化管理中提高服务水平，在优化服务中加强税收管理；三是提高服务能力，努力培养和造就知政策、懂业务、会电脑、精财会、善表达的复合型人才，注重服务的实质内容，努力提高服务质量；四是改善服务手段，积极推广网络申报、代征、代扣等多元化申报缴税方式，为纳税人提供方便、快捷的服务，提高纳税申报效率；五是提高服务效率，认真贯彻落实"一窗通办"，完善和深化综合窗口一站办结、简化办税程序、简并报送资料；六是严格服务纪律，杜绝一切形式的"吃、拿、卡、要、报、赊、借"等行为，设立服务投诉电话，向社会公布号码，自觉接受纳税人和社会各界的监督；七是制定《武定县国家税务局办税服务厅应急预案》，提高对办税服务厅突发性事件的应急处理能力，最大限度减少特殊情况和突发事件带来的影响；八是为方便纳税人缴税，积极向银行争取，在办税服务厅安装了一台POS机。

【税法宣传】 一是认真开展以"税收·发展·民生"为主题的第20个全国税收宣传月活动，制作了纳税人"温馨提示"宣传单4000份交工商部门在办理工商登记时发放到纳税人手中，提醒其按期到税务机关办理税务登记。二是积极向纳税人宣传其权利与义务，共向纳税人发放《关于纳税人权利与义务的公告》2000册、《关于纳税人权利与义务的公告（解读）》500本。三是积极向上级和各级新闻媒体投稿，宣传武定国税所取得的新成绩、新发展。强化信息质量，稿件被《云南国税》、《楚雄日报》、《楚雄国税》等刊物采用，信息采用情况保持在全州前三名。四是立足办好内部刊物，把《罗婺国税》视为宣传武定国税的窗口，及时反映全局的工作动态和工作成果。

【稽查工作】 大力推进依法稽查、和谐稽查、阳光稽查，努力构建和谐税务稽查体系，深入开展税收专项检查、分级分类检查和打击发票违法犯罪工作，切实转变稽查思路和方法，进一步规范稽查执法，努力提高稽查工作质量和效率，充分发挥"以查促查，以查促管，以查促收"的稽查工作职能，强化执法监督，把好税收征管工作中的最后一道防线。2011年，全局共对32户纳税人下发自查通知，对8户纳税人实施税务稽查，共查补各项税收收入90.76万元，其中纳税人自查查补收入58.96万元，实施检查查补收入30.48万元，处以罚款1.32万元。

队伍建设

【机构人员情况】 全局下设7个科室：即办公室、税政科、收入核算科、征收管理科、人事教育科、监察室、办税服务厅，设直属机构和派出机构各1个，即稽查局和狮山分局。在职职工64人，党员43人（含退休干部党员8人），退休干部19人，在职干部大专以上学历人员59人，占在职总人数的92%。

【干部管理】 对中层干部进行轮岗，增强活力。为适应国税工作发展的需要，增强中层干部的活力，推动工作的开展，在广泛调研的基础上，对中层干部进行了轮岗，共轮岗中层干部8人，涉及7个部门。对1名不愿意担任中层干部的，给予免职。

【教育培训】 一是积极组织实施好业务培训工作，共组织各类业务培训12期，共528人次参训。二是做好干部到上级参训工作。组织新录用公务员1人到省局参加为期30天的初任培训班，初任培训率达到100%，通过培训，使新进人员对新岗位、新专业有了初步了解，掌握了相应的业务知识，为更加适应今后的工作岗位打好基础。同时，按照省局、州局下达的业务骨干培训计划，全年69人次参加省局组织的各类培训、74人次到州局参加培训。三是结合推进学习型党组织建设工作个人学习活动，不断创新学习方式，丰富学习内容，通过开展主题演讲、学习汇报等方式，推进干部教育培训活动深入开展。通过做好上述工作，干部政治业务水平和工作履职能力有了进一步提高，为促进国税系统事业的全面发展提供了重要保证。

【精神文明创建】 一是认真开展学习杨善洲活动，组织党员参与武定县“学习杨善洲植树造林推进生态县建设活动”；二是组织15名职工参与“迎新春·展风采”千人登狮山比赛活动；三是组织人员参加“感恩·敬业·奉献”演讲比赛，分别获得集体、个人二等奖；四是积极组织全体职工参加县委、县政府组织的“唱红歌、跟党走”红歌比赛；五是积极开展楚雄州国税系统文明单位申报工作，并做好接受检查验收的相关工作，得到检查组的肯定和认可；六是撰写云南省国税局文明单位复查材料，接受省局复查。通过各项创建活动，县局获得较多荣誉，被云南省国税局授予“学习型机关”称号，被楚雄州委、州政府授予“财税工作先进集体”，局党支部被州国税局评为“创先争优活动先进基层党组织”。

（华志星　李加清）

禄丰县国家税务局

经济概况

2011年，禄丰县共实现生产总值（GDP）100.05亿元，较2010年增长10.1%，一、二、三产业分别实现增加值19.94亿元、38.29亿元和41.82亿元，分别增长8.4%、11.8%和9.3%，三次产业的结构比例由2010年的19.77:37.51:42.72调整为2011年的19.93:38.27:41.8。实现地方财政总收入11.05亿元，增长8.1%，其中地方财政一般预算收入5.4亿元，增长16.7%；实现社会消费品零售总额27.2亿元，增长19.4%；城镇居民人均可支配收入达到1.9万元，农民人均纯收入达到5293元，分别增长13.5%和15.5%；城镇登记失业率为3.1%；金融机构年末人民币各项存贷款余额分别达到70.95亿元和42.81亿元，分别增长4.7%和33.9%。固定资产投资完成60.01亿元。

税收概况

【收入完成情况】 2011年，禄丰县国家税务局共组织入库税收收入4.80亿元，同比减少3064万元，减幅6%，完成楚雄州国税局计划任务5.09亿元的94.3%，完成州局奋斗目标5.26亿元的91.25%，完成县政府下达税收收入任务4.31亿元的111.4%。其中增值税入库4.37亿元，同比减少4805万元，减幅9.89%，完成州局计划任务4.85亿元的90.18%及奋斗目标5亿元的87.48%，完成县政府下达税收收入任务4.2亿元的104.14%；消费税入库37万元，同比增加3万元，增幅8.8%，完成州局计划任务及奋斗目标30万元的123.33%，完成县政府下达税收收入任务30万元的123.33%；企业所得税入库2884万元，同比增加1556万元，增幅117%，完成州局计划任务1200万元的240.33%，完成州局奋斗目标1300万元的221.84%，完成县政府下达税收收入任务1000万元的288.4%；个人利息所得税入库37万元，同比减少43万元，减幅54%，州局没有下达收入任务，完成县政府下达税收收入任务20万元的185%；车辆购置税入库1258万元，同比增加226万元，增幅22%，完成州局计划任务1200万元的104.83%及奋斗目标1240万元的101.45%，

【收入特点】 2011年1~12月全县申报抵扣固定资产进项税额1亿元，已抵扣并影响收入5344.51万元，期末留抵税额6407.48万元。企业所得税入库2884万元同比增加1556万元，增收117%，首次突破2000万元大关。煤炭行业年纳税10万元以上18户企业，其中有17户属“非公”经济，1~12月，煤炭工业税收（不含经营煤炭的商业企业）入库8157万元同比增收1425万元，增长21.16%，占国税收入4.8亿元的17.01%。由于各税种税收政策变动较大，五个主体税种中：增值税收入减幅9.9%，企业所得税收入增幅117%，消费税增幅8.8%，个人所得税减收54%，车辆购置税收入增幅22%，税收收入各税种呈现“三增二减”趋势。

【税源分析】 全县共有纳税人6413户，其中：企业724户，个体5689户。在5689户个体户中，实行定期定额管理的有5304户，达到起征点426户，未达起征点4878户；实行自行申报管理的有385户。增值税纳税额在1000万元以上企业5户，共计入库增值税3亿元，占增值税收入4.37亿元的68.53%，德钢集团1~12月入库增值税2.04亿元，而上年入库增值税2.85亿元，同比减收8060万元，下降28.27%。

【税务管理】 积极做好税收收入预测工作，以当年经济、税收形势为基础，提高预测准确率，掌握了组织收入主动权，税收收入预测准确率纳入绩效积分考核以来，没有被州局扣分情况。对重点地区、重点行业、重点税源企业的收入变化情况，深入调查研究，及时了解、分析，提高对税收收入的预见性。加强纳税评估，提高税源管理质量。加强了个体工商业户定额核定管理，适当提高个体征收面。充分利用电子定税系统，在调查、测算的基础上做好年度定额调整工作，重点对以前年度发票超定额较突出或核定偏低行业适当调整，逐步提高个体征收面，实现个体税收稳步增长。

各项工作

【税收法治建设】 2011年，全县执法总量为47861项，较2010年的44864项增加2997项，增长6.68%，产生执法过错12条，比2010年的46条减少34条，下降73.91%，执法过错率仅为万分之0.25，比2010年同期的万分之1.03下降万分之0.78，降幅为75.72%。调

整后实现零过错零扣分，远远低于“执法过错率季考不超过万分之五”的执法考核工作目标。取得执法考核并列全州第一名的好成绩。被县委、县政府普法依法治理工作领导小组授予2006～2010年度“全县‘五五’普法依法治理先进集体”荣誉称号。

【税收征管】 组织各分局税收管理员全县个体商业零售、个体屠宰、烤酒等行业进行检查调研，对部分个体户税款核定情况进行了抽查。圆满完成企业所得税年度汇算清缴工作，提高汇算清缴质量。参加所得税年度汇算清缴户数为208户，汇算面为99%。对亏损排名在前的企业，在企业所得税汇算清缴结束前完成检查评估，降低亏损面后再进行年度申报，汇算清缴亏损面为41.83%，下降了13个点。经按权限逐级上报审核批准，对民政福利企业执行增值税先征后返优惠政策，2011年1～11月累计退税6.32万元。做好出口退税审核工作，2011年共计审核办理退税104万元。

【纳税服务】 利用企信通短信服务平台，及时向纳税人发送信息提示，按月收集整理纳税人热点问题，编制温馨提示；认真做好政务网站问题解答及维护工作，积极组织参与第20个全国税收宣传月活动，举办税企座谈会1场，悬挂税收宣传标语20余条，发放税收宣传资料9000份。通过短信服务平台向全县重点纳税企业和行政机关主要负责人发送税收宣传信息450条。借阿纳川街“世界恐龙谷公园狂欢节”和县城街天开展税收宣传活动，同时建立税企交流QQ群，开辟了一块税收宣传的新阵地。

【税收执法】 认真开展税收专项检查和分级分类稽查工作，共检查纳税户29户，查补入库税款13.56万元，罚款1.09万元，加收滞纳金2.76万元，合计17.41万元。通过“11·10”专案协查和组织纳税人自查申报补税495.56万元（其中：所得税5.4万元），罚款2.75万元，加收滞纳金228.24万元，合计726.55万元。以上两项共补税509.12万元，罚款3.84万元，加收滞纳金231万元，合计743.96万元，已全部征收入库，查补收入创历史新高。认真开展纳税评估，2011年评估763户，其中一般纳税人评估55户。评估有问题户数29户，评估补税157.97万元，其中：调增销项税额124.55万元，进项税额转出33.23万元，滞纳金0.18万元，评实率为53%。评估小规模纳税人和个体工商户708户，评估补税82.41万元。

【信息化建设】 做好信息设备运行维护，确保国税工作有序开展。加强网络安全管理提高工作效率，对办税服务厅等关键服务部门的计算机进行了整机备份，当出现意外时可尽快恢复系统运行。在病毒防护方面，全局工作站和服务器都统一安装了瑞星防病毒软件，并全部纳入州局监控；全局所有联入内网使用的计算机都成功进行了桌面安全防护注册。根据上级要求认真做好各应用系统的技术支持工作，保障了全局网络畅通及各种税务管理应用系统的正常运转。

队伍建设

【机构人员情况】 2011年全局有内设机构11个：办公室、政策法规科、货物与劳务税科、所得税科、收入核算科、征收管理科、纳税服务科、人事教育科、党委办公室、监察室、办税服务厅；1个直属机构（副科级）：稽查局；4个派出机构（副科级）：金山税务分局、一平浪税务分局、广通税务分局、勤丰税务分局。2011年，实有在职干部103人，其中：公务员99人，工勤人员4人。离退休人员35人，其中：离休2人、退休31人，提前退休2人。全局有中共党员76人，其中：在职58人，离退休18人。

【教育培训】 2011年全县共举办各类培训班9期，参加培训682人次；参加省、州国税局举办各类培训班22期（含视频培训），参加培训1125人次。全年组织全局干部职工两次业务考试；组织全局干部职工参加政府组织的行政强制法培训考试一次。通过组织业务培训及考试，检验了干部职工开展业务学习的成效和日常工作中业务熟练程度，极大的增强了干部职工的综合能力。认真按照《楚雄州国家税务局教育培训管理系统管理办法（试行）》的要求，切实做好教育培训管理系统的运用和管理，利用教育培训管理系统开展培训和考试。真正实现干部教育由学历教育向素质和能力教育的转变。

【精神文明建设】 以开展“创先争优”活动为契机，加强干部队伍作风建设，在全县国税系统办税服务窗口开展以“立党为公、执政为民”为主题的创先争优活动，并开展“党员先锋岗”、“党员示范窗口”、“党员挂牌上岗”及“四亮四评”活动。请县委党校老师宣讲“十七届五中全会精神”和胡锦涛总书记在建党九十周年纪念活动重要讲话精神2场（次）。工青妇工作不断得到加强。不断丰富国税文化建设的内容和形式，积极开展读书、绘画、演讲、摄影、书法、唱红歌等活动，丰富干部职工业余生活。认真组织了全局40岁以下干部职工积极参与“感恩·敬业·奉献”为主题的演讲竞赛活动，确定3名优秀选手参加楚雄州国家税务局开展“感恩·敬业·奉献”为主题的演讲竞赛活动，经过选手的共同努力和发挥，禄丰县国税局在活动中荣获“集体三等奖”，2人荣获“个人三等奖”的好成绩。

【廉政建设】 把党风廉政建设与税收征管工作紧密联系起来，做到党风廉政建设工作与税收征管工作一起安排布置，一起督促检查考核兑现奖惩。加强干部队伍作风建设，抓好纠风治乱、执法监察和源头治理工作，完善内控机制建设，实现对税收权力运作全过程，特别是重点岗位、重点环节、重点人员的监督制约。认真组织开展了廉政文化建设活动，鼓励干部职工积极参加廉政书画摄影等活动。认真开展领导干部述职述廉，全体国税干部职工对述职述廉对象进行客观公正的评议测评。2011年，在全局组织开展了以“转变作风抓落实、服务群众聚民心、创先争优促发展”为主题的干部作风集中整顿和建设活动，深入查找突出问题，认真总结经验做法，研究建立制度机制，加大督促检查力度，切实加强督促指导，干部作风集中整顿和建设工作取得了实效。

（祖映俊　黄新贵　李明昌）

楚雄经济开发区国家税务局

经济概况

2011 年，楚雄经济开发区实现生产总值（GDP）30.62 亿元，按可比价计算，比 2010 年增长 20.81%，其中：第一产业增加值 1.25 亿元，增长 6.8%；第二产业增加值 20.83 亿元，增长 25.76%，其中工业增加值 15.51 亿元，增长 27.36%；第三产业增加值 8.54 亿元，增长 22.32%，三次产业的结构比例为 4.07∶68.03∶27.89。非公经济实现增加值 21.33 亿元，同比增长 21.82%。完成财政总收入 8.65 亿元，比 2010 年增长 12.63%。完成地方财政一般预算收入 4.26 亿元，比 2010 年增长 18.62%。财政一般预算支出 3.67 亿元，比 2010 年增长 15.26%。

税收概况

【收入完成情况】 2011 年，楚雄经济开发区国家税务局共计完成税收收入 52.86 亿元，同比增收 7.94 亿元、增长 17.68%，完成楚雄州国税局下达奋斗目标 51.18 亿元的 103.3%。其中：完成增值税 11.46 亿元，同比增收 1.53 亿元、增长 15.4%；完成消费税 36.85 亿元，同比增收 5.34 亿元、增长 17%；完成企业所得税 4.55 亿元，同比增收 1.06 亿元、增长 30.5%。

【收入特点】 2011 年的税收收入由于受工业增加值较快增长的影响，全区经济总量增长较好。增值税、消费税、企业所得税都不同程度的增加，其次是企业所得税同比大幅增收。

【税源分析】 随着开发区投资环境不断改善，招商引资力度加大，工业园区建设不断提升，卷烟产销量增长、品牌结构调整等因素。园区经济重点税源的支撑将会越来越显现。

【税务管理】 以加强对增值税重点税源、企业所得税、企业税前扣除、中小企业、新办企业的税收征管为重点。把增值税年纳税在 20 万元以上的纳税户纳入重点税源管理，加强日常监管。同时对达到标准的企业采取重点税源网上直报系统上报数据，认真抓好重点税源数据来源的准确性，加强对重点税源数据的分析应用，密切跟踪重点税源企业经营形势变化情况，及时掌握重点企业税收收入变化情况，为组织收入工作提供准确的预见性。

各项工作

【税收征管】 坚持以票控税，强化纳税人户籍管理，税收征管工作得到进一步规范。牢固树立“法治、公平、文明、效率”的治税思想，推行执法责任制，规范执法行为。一是加强增值税一般纳税人管理为重点，切实加强认定管理、税款抵扣源头管理，把好税款抵扣关；二是加强所得税管理，突出重点，实施分类管理，完善汇算清缴，加强新增税源管理，确保所得税管理工作落到实处，确保所得税的稳定增长；三是加强纳税评估工作，及时发现纳税人的涉税问题，为纳税人提供了自我纠错的机会，使税收工作更具人性化；四是加强进出口税收管理，严把出口退免税政策关、监督关、审核关，加强征退税衔接，进一步规范辖区内进出口企业管理工作；五是认真落实税收优惠政策，建立健全税收优惠政策执行、减免税办理集体审议制度、备案报批制度，确保国家税收优惠政策落到实处；六是加强票证管理工作，坚持用票审批、验旧供新、完善日常监督检查、严格发票代开、规范库房管理等制度，实现对普通发票领、用、销、存各环节的监控，杜绝骗购、套购发票情况，减少发票违法违章行为的发生。

【税收执法】 紧紧围绕依法治税的主灵魂，坚持“依法治税，应收尽收，坚决不收过头税，坚决防止和制止越权减免税”的组织收入原则，牢固树立全面、协调、可持续的科学发展观，进一步树立规范执法的理念。一是在执行税收政策中，不折不扣地执行税收政策，不越权减免税，严格落实税收优惠政策；二是在日常税务管理上，依法管理税源税户，加强执法监督和考核，严防管理漏洞；三是在税务执法上，按法定权限、程序、内容和形式执法；四是搞好税法知识的日常宣传、咨询和辅导；五是严格执法程序，扎实开展执法检查工作。

【纳税服务】 按照“服务基层年”工作主题，坚持聚财为国、执法为民的服务宗旨，以纳税人满意为出发点，为适应不同纳税人的纳税服务需求，加快办税服务厅建设，简化办税环节，在实行“一窗通办”工作的基础上，优化服务质量，推行服务绿色通道、预约服务等个性化办税服务项目，减少中间环节，提高办事效率，为纳税人提供规范、统一、优质、高效的服务，使纳税人用最短的路径、最简的程序、最少的环节办理涉税事项；继续推进和完善多元化纳税申报工作，降低办税成本，提高办税效率，努力为纳税人提供优质、高效、规范的纳税服务。截至 12 月 26 日，共办理纳税人开业登记 806 户、注销登记 431 户、变更税务登记 335 户，为 1219 户发票用票户发售发票 4840 户次（其中手工票 2322 本、机打票 127978 份），代开增值税专用发票 172 份、征收税款 18 万元，代开普通发票 370 份、征收税款 31 万元。

队伍建设

【机构人员情况】 区局配置局领导班子 4 人，机关设办公室 2 人、税政管理科 3 人、征收管理科 8 人、收入核算科 3 人；批准派出单位一个：东瓜分局。现有在职公务员 20 人。设有党支部、工会委员会、妇女小组，归属开发区党委和开发区工会及妇委会领导。

【干部队伍建设】 区局党组以提高执政能力为重点，突出思想政治工作这一主线，不断加强政治理论学习，多渠道开展思想政治工作，提高干部队伍的思想政治素质和业务素质，加强干部队伍建设。坚持管理上“以人为本”，强化制度建设，生活上关心干部职工，让干部职工解除后顾之忧，全身心投入工作。一是进一步加强领导班子和中层干部的教育管理，转变带队思路，带头树立和谐发展理念，带头执行各项规章制度，胸怀大局，处事公正，步调一致，加强组织领导能力的提高。二是在巩固“三读”活动成果和党建工作取得成效上，继续抓好“创先争优”活动的同时，广泛开展向杨善洲等先进典型学习活动，切实开展好“四亮四创四评”主题实践活动，抓出特色，抓出亮点，抓出成效，以此促进纳税服务工作。三是开展素质能力建设。行之有效抓“三读”学习活动的开展。借助“业务能手竞赛活动”，掀起自加压力、自主学习的学习热潮，开展创建学习型机关活动；结合实际创新培训内容及形式，进一步完善技能培训，以开展岗位练兵为抓手，抓队伍岗位技能素质的提高，有效解决干部素质与完成实际工作能力要求不相匹配的问题，在转变工作作风上有新突破。四是扎实开展机关效能建设。提高财务管理效能，加强安全管理，重点加强车辆管理（坚持节假日、双休日封车制），突出节约节俭，加强财务管理。

【精神文明建设】 把文明建设与干部队伍建设有机结合起来，坚持“条块结合、广泛参与、争创并举、稳步提高”的工作方针，努力提高创建质量。继续开展争创“文明单位”、“先进领导班子”、“最佳办税服务厅”、“巾帼文明示范岗”、先进集体、先进工作者、优秀税务工作者、优秀共产党员等一系列争先创优活动，使之形成创建合力。一是加强对干部职工的廉政勤政、社会公德和家庭美德教育，筑牢思想防线，为文明创建打牢基础；二是开展多种形式、积极向上、健康有益的文体活动，丰富干部职工业余文化生活；三是始终以“带好队、收好税”为目标，围绕文明办税、优质服务的创建主题，继续坚持完善文明办税“八公开”，增强服务意识，提高服务质量，树立国税机关的行业形象和国税干部的良好精神风貌；四是加强对外宣传和协调，使社会了解国税、理解国税、支持国税，为精神文明创建工作创造良好的外部环境。

【廉政建设】 把落实党风廉政建设责任制与税收工作同安排、同检查、同落实、同考核，有力的推动党风廉政建设工作，推动各项工作任务的完成。一是认真贯彻落实好《税务系统领导班子和领导干部监督管理办法》，不断增强领导班子及领导干部自觉接受当地和上级党组织、干部职工监督的意识，在全局形成了领导干部主动参与监督、自觉接受监督、积极配合监督的良好氛围；二是全面推行政务公开，严格执行税收核定两人以上调查、集体讨论，增值税一般纳税人资格认定制度化、定期复查的“阳光操作”，领导班子明确分工、重大问题集体讨论等制度；三是按照规定和要求，组织召开中层以上干部专题民主生活会，从政治思想、工作学习、纪律作风和廉洁自律等方面开展自查自纠，并虚心接受广大干部职工的监督；四是认真落实《廉政准则》和税务系统贯彻实施意见、《税务系统领导干部廉洁从政“八不准”》，严格执行《税务系统领导班子和领导干部监督管理办法》和领导干部述职述廉、诫勉谈话等制度，认真落实好《关于党员领导干部报告个人有关事项的规定》，严格执行《关于实行党政领导干部问责的暂行规定》；五是加强对中层干部和重点岗位的监督管理。通过加强遵守廉洁自律各项规定教育，严防不廉洁行为的发生。按照实施签订《廉政公约》的工作要求，2011年与纳税人签订《廉政公约》642户。《廉政公约》的签订，促进了税务机关依法行政、廉洁从税、文明征管，也增强了纳税人遵章守纪和依法纳税的意识。从而达到群防群治、齐抓共管的目的，把不良倾向消灭在萌芽状态，有效预防违法违纪行为发生。达到了税收执法零差错、征收管理零上访、服务对象零投诉、违纪违法零数据、行政问责零记录的目标。

【党建工作】 结合国税部门行业特点，以创先争优为载体，“四亮四评”为重点，把全局所有干部的职责、身份和个人承诺事项、办税程序和集体承诺事项亮出来，把组织创先进与个人争优秀有机结合起来，把评星授旗与绩效考核相结合，确保创先争优活动取得实效。一是明确了以“创建先进基层党组织、争当优秀共产党员”为活动的主要内容。积极创建“党员示范岗”、“党员先锋岗”、“党员窗口示范岗”和“党员挂牌上岗”等党员示范窗口，全体党员努力争做“带头学习提高、带头争创佳绩、带头服务群众、带头遵纪守法、带头弘扬正气”的“五带头”优秀共产党员。二是明确了以“公开承诺、领导点评、群众评议、评选表彰”为活动开展的四种方式。全体党员从自身实际出发，围绕国税中心工作作出服务承诺。三是紧紧围绕国税工作和谐发展的总体目标，通过深入开展创先争优活动，确保实现“推动科学发展、构建和谐国税、服务人民群众、加强基层组织”的总体要求。四是开展创先争优活动作为新形势下加强开发区国税党组织的建设、认真履行税收职能的强大动力，作为关系开发区国税事业全局和长远发展的一件大事，以高度的政治责任感和历史使命感切实抓好抓实，开创组织创先进、党员争优秀、群众得实惠的良好新局面。五是以党建示范点为突破口，实行“一把手”负总责，分管领导集中抓，领导班子共同抓，共产党员起好模范带头作用，带动广大干部职工积极参与，做到组织落实、工作落实，注重党建工作与组织税收收入、干部队伍建设、国税文化建设协调发展，与税收执法、税收征管紧密结合，履行好工作职责，有力地推动了国税事业发展。

【开展作风整顿活动】 区局领导班子高度重视干部作风集中整顿和建设活动，认真按照四个阶段的要求落实好活动。及时召开动员大会，认真组织学习了州局加强干部作风集中整顿和建设动员会的讲话，并对区局如何开展好这次活动，按照“学习动员、查找问题、整改落实、巩固提高”四个阶段的要求做了安排部署。一是要认真学习好干部作风集中整顿和建设动员会的讲话，深刻思考，从思想根源认真查找不足，不走过场。二是要高度重视，提高认识。要把这次整顿和建设活动内化于心，外化于行。切实解决好“淡、软、僵、浮、混、散”的问题，按照整顿步骤的要求学习好，结合自己的思想认识和工作实际认真写出不少于1500字的学习体会文章。三是要注重言行，作风问题牵涉到工作的方方面面，全体人员都要注意自己的形象，把握不好将会影

响到集体的荣誉。四是要紧紧围绕转变作风抓落实、服务群众聚民心、创先争优促发展的主题开展好活动，边学边改，结合开展“四亮四创四评”、创先争优、学习杨善洲、建设学习型党组织活动推进干部作风建设工作。

（李　江）

大理白族自治州国家税务局

经济概况

2011年，大理白族自治州经济社会持续快速发展。全年完成生产总值（GDP）568亿元（当年价），同比增长14.2%，其中一、二、三产业分别实现123.4亿元、238.2亿元、206.4亿元，分别增长7%、20.6%和11.7%。三次产业的结构比例为21.7:41.9:36.4。实现财政总收入100.3亿元，增长24.4%，其中地方一般预算收入45.9亿元，增长22.1%；一般预算支出159.6亿元，增长28.5%。实现农业总产值231.6亿元，增长16.6%；实现工业总产值607.9亿元，增长27.4%。完成全社会固定资产投资360.4亿元，增长27.4%。社会消费品零售总额170.5亿元，增长20%。完成进出口总额2.3亿美元，增长22.8%。城镇居民人均可支配收入1.77万元，增长12.1%；农民人均纯收入4733元，增长21.3%。

税收概况

【收入完成情况】　2011年，大理白族自治州国税系统完成税收收入57.05亿元，比2010年增收11.58亿元，增长25.47%。完成省局下达计划任务50.08亿元的113.92%，完成省局下达奋斗目标51.02亿元的111.82%。在全省16个州市中，收入总量排名第7位，增幅排名第9位，高于全省平均增幅（21.17%）4.3个百分点。“三税”收入完成54.32亿元，比2010年增收11.43亿元，增长26.66%。“三税”收入剔除财政部门退税及全额属于中央收入所得税1046万元后，完成州人民政府下达“三税”奋斗目标54亿元的100.39%，超收2107万元，占全州财政总收入100.27亿元的54.07%。其中，国内增值税完成25.37亿元，增收6.41亿元，增长33.81%；国内消费税完成22.45亿元，增收3.24亿元，增长16.89%；企业所得税完成6.49亿元，增收1.78亿元，增长37.72%；储蓄存款利息个人所得税完成230万元，减收230万元，下降50%；车辆购置税完成2.71亿元，增收1692万元，增长6.66%。

【收入特点】　（一）2011年，大理州国税收入与全州经济协调增长，国税宏观税负为10.04%，税收弹性系数为1.28。增值税一般纳税人总体税负为4.41%，比2010年提高0.83个百分点，高于全省平均税负（3.35%）1.06个百分点，税负排名由2010年全省第15名提高到第9名，按同期一般纳税人530.68亿元的销售收入测算，因税负提升实现的增收达4.4亿元。（二）全年全州国税收入突破57亿元，呈现“前高后低”态势。2011年上半年国税收入增长较快，但受红塔集团分配大理税收和烟草公司等重点税源企业入库不均衡影响，月度收入波动较大。进入下半年后受经济因素影响，增速明显回落，到11、12月份月度收入出现减收。（三）分税种看，国税部门负责征收的五个税种“四增一减”。除储蓄存款利息个人所得税因国家政策调整下降50%，车辆购置税因优惠政策退出增幅较低，其余主体税种增长均在两位数以上。增值税增幅远远高于消费税增幅，增值税收入高于消费税收入，主要原因是上半年经济形势明显好转带动增值税恢复性大幅增长，呈现总量上和增幅上增值税均高于消费税的势头，成为全年国税收入的增收主体。（四）分地区看，州县市实现全面增长，增幅均在两位数以上，但发展不均衡。全州13个征收单位，增幅前三位是巍山县（66.34%）、云龙县（48.32%）、剑川县（47.11%），增幅最末位是大理市（19.35%）。各县市均超额完成年度收入计划任务。全州13个征收单位，收入排名前三位的是直属局（31.92亿元）、大理市（10.72亿元）、祥云县（3.58亿元），后三位的是永平县（6151万元）、洱源县（6596万元）、漾濞县（6861万元）。（五）地方级税收增幅明显高于中央级税收增长。在国税收入中，中央级税收完成48.11亿元，同比增收9.19亿元，增长23.61%；地方级税收完成8.94亿元，同比增收2.32亿元，增长35.03%。其中：全州地方财政一般预算收入7.38亿元，增收1.89亿元，增长34.51%，增幅比2010年加快21.14个百分点；州本级地方财政一般预算收入完成2.37亿元，增收7465万元，增长46%，增幅比2010年加快42.48个百分点。（六）烟草工商业税收从总量和增收额上仍占主导地位，非烟企业税收增长迅速。2011年，全州烟草工商业税收在连年增长基数较高的情况下，继续保持稳定增长势头，全年入库33.02亿元，同比增收6.08亿元，增长22.59%。其中：增值税入库8.14亿元，增收2.6亿元，增长47%；消费税入库21.98亿元，增收3.18亿元，增长16.89%；企业所得税入库2.89亿元，增收3034万元，增长11.73%。烟草税收占全州国税收入总额的比重达57.87%，拉动国税收入增长13.38个百分点，对国税收入增长的贡献率高达52.53%，在国税收入中居主导地位。剔除烟草外的其他企业入库24.03亿元，增收5.5亿元，增长29.65%，增幅高于烟草税收7.06个百分点。（七）正确贯彻落实国家一系列减税、免税政策对促进大理经济的发展发挥了积极作用。2011年全州国税部门共办理国内各类减免税1.24亿元，办理出口货物退（免）税1.15亿元，认真贯彻落实增值税转型固定资产抵扣政策减轻一般纳税人负担2.93亿元，三项合计5.32亿元，为企业自主创新、发展壮大增加了动力，为大理经济的快速复苏和健康发展发挥了积极作用。

【税源分析】 （一）全年增值税完成25.37亿元，同比增收6.41亿元，增长42.27%，税收贡献率为55.36%，拉动国税收入实现增长14.1个百分点，是全年税收主要增收主体。全州重点监控的10个重点品目“九增一减”。1. 红塔烟草（集团）2011年整个集团利税指标为410亿元左右。1～12月按6.91%的分配比例大理州分回卷烟增值税4.61亿元，同比增收3611万元，增长8.5%。2. 商业增值税完成6.97亿元，同比增收2.88亿元，增长70.26%。一是大理州烟草公司入库税款3.33亿元，同比增收2.12亿元；二是消费品市场活跃，市场物价继续攀升，全州社会消费品零售总额同比增长20.5%，居民消费价格指数同比上涨5%，导致剔除烟草外的其他商业增值税收入完成3.64亿元，同比增收7597万元，增长26.35%。3. 电力增值税完成4.21亿元，同比增收1.31亿元，增长45.05%，其中：发电环节增值税完成3.05亿元（小湾水电厂州内入库税收1.94亿元，增收8762万元），增收1.07亿元，增长54.39%，增收原因是小湾水电厂大量固定资产进项抵扣在2010年完毕和全州发电量增加16.5%；供电环节增值税完成1.17亿元，增收2357万元，增长25.3%，增收原因是全州供电量增加以及2011年1月1日起大理供电局增值税供电环节预征率由2%上调为2.5%。4. 有色金属产品增值税完成9222万元，同比增收473万元，增长5.41%。增幅较低的原因是下半年价格回落，市场未实现根本好转，全州10种有色金属产品产量同比只增长3.3%。5. 建材产品（主要是水泥）增值税完成2.42亿元，同比增收3367万元，增长16.13%。其中水泥增值税收入2.06亿元，增收3392万元，增长19.73%，增收原因：一是水泥产销量增加，全州水泥产量增长12%；二是2010年因部分水泥企业技改外购固定资产抵扣金额较大等原因收入基数较低。6. 煤炭行业增值税完成1.45亿元，同比增收5964万元，增长69.62%。同期大理州原煤产量增长6.4%，税收增长较快的原因一方面是煤炭市场需求旺盛，产销量增加，价格上涨，另一方面是近年来国税部门加强了税收征管，促进企业规范纳税。7. 以啤酒为主的酒增值税完成3898万元，同比减收596万元，下降13.26%。其中啤酒增值税完成3747万元，减收584万元，下降13.48%，减收原因是大理啤酒有限公司2010年末增值税进项留抵400万元在2011年消化以及2010年查补税款394万元增大了入库基数。8. 化工产品增值税收入完成2735万元，同比增收587万元，增长27.33%。由于冶炼企业恢复生产后对化工产品需求有所增加，市场价格上涨，化工业情况逐步好转，化工产品增值税1～4月减幅不断收窄，5月以后实现增长。9. 医药制造业一直以来产销形势稳定，大理药业有限公司查补税款162万元，增值税完成3745万元，增收439万元，增长13.28%。10. 造纸及纸制品增值税完成2903万元，同比增收935万元，增长47.51%，增收原因是市场需求旺盛，产销量增加，价格上涨。（二）消费税完成22.45亿元，同比增收3.24亿元，增长16.89%。主要增收因素：一是红塔烟草（集团）申报缴纳消费税增加，1～12月大理州共分回消费税20.79亿元，增收3.02亿元，增长16.99%；二是大理州烟草公司卷烟批发环节消费税入库1.2亿元，增收1572万元，增长15.14%；三是大理啤酒有限公司入库消费税3981万元，增收587万元，增长17.30%。（三）企业所得税完成6.49亿元，同比增收1.78亿元，增长37.72%，主要增收因素是上年以来全州企业效益稳步提高，汇算清缴和预缴税款同比增加。增收主要构成：全州农村信用社系统入库1.25亿元，增收7346万元；商业（含商业烟草）入库2.52亿元，增收3380万元；红塔集团分回7166万元，增收1780万元；建材业入库4255万元，增收1760万元；黑色金属冶炼及压延加工业入库1755万元，增收1594万元；电力行业入库2611万元，增收2046万元；酒制造业入库2044万元，增收714万元。减收因素：房地产业受国家政策调控影响，入库1489万元，减收1827万元；力帆骏马车辆公司（交通运输设备业）因企业生产重心转移州外，入库77万元，减收1320万元。（四）车辆购置税完成2.71亿元，同比增收1692万元，增长6.66%，增幅比2010年同期回落33个百分点。主要受车辆购置税优惠政策、汽车下乡和以旧换新三大利好政策退出和燃油价格攀升的影响，下半年减收影响更加凸显，7、8和10、11、12月份车辆购置税出现减收。（五）储蓄存款利息个人所得税完成230万元，同比减少230万元，下降50%，减收原因是继2007年8月15日起储蓄存款利息个人所得税税率由20%下调为5%后，2008年10月9日起暂免征收，征税利息收入日益减少。

各项工作

【税收法制建设】 深入贯彻《全面推行依法行政实施纲要》，坚持组织收入原则，认真落实各项税收优惠政策，全面推进税收法治进程。认真落实“六五”普法工作，税务干部法制意识普遍增强，全局系统整体税收执法水平明显提高。继续深入学习行政法律法规，更加规范税务行政处罚，确保税收征管程序合法，依据准确。2011年6月《行政强制法》颁布后，认真抓好相关学习培训工作，提高干部依法行政水平和税收法治意识。积极做好税务听证、行政复议和税务案件应诉工作准备，依法及时告知税务行政管理相对人享有的权利，保证税务行政管理相对人维护自身合法权益的诉求渠道畅通无阻，切实维护好纳税人合法权益。深入贯彻落实《行政许可法》，认真做好税务行政审批工作；认真开展第5轮行政审批制度清理，力求做到维护税法尊严和维护社会公平正义、促进和谐社会建设的高度统一。作为大理州级行政执法部门中唯一被列入单位，顺利通过省委2006年－2010年依法治省工作检查考评组的检查。

【税收执法】 一是执法过错大幅降低，2011年一季度执法过错率为万分之0.95，首次低于万分之一；全年全州被监控到、不能作申辩调整的税收执法过错86条，实现零过错县级单位3个，比2010年无零过错单位取得突破进展。二是整顿和规范税收秩序效果明显。2011年稽查查补收入2627.13万元。其中，检查查补入库税款742.86万元，滞纳金145.02万元，罚款91.83万元，没收非法所得0.46万元；企业自查入库税款1450.68万元，滞纳金196.28万元。

【税收征管】 （一）推行“一个目标、五项考核”，即围绕税收收入目标，实施“税收收入、税种管理、征管质量、人才倍增、党风廉政及会风会纪”等五项考核，税收征管质量大幅提升。一是针对农产品加工企业交易的真实性难以掌握、收购发票增值税进项税额抵扣失真、行业整体税负明显偏低等征管工作难题，从管住实物流、管紧票据流、管实资金流和管好信息流入手加强税源管理，取得明显成效。2011年，全州总体税负达4.41%，比2010年提升0.83个百分点，比全省总体税负高1.06个百分点，总体税负跃升全省第9名。二是新版普通发票换版和旧版发票缴销工作全面完成，全州使用新版普通发票14126户。三是全州完成33423户个体定额核定工作，涉及调整定额3025户，调整比例9.16%，比全省平均调整比例高4.88个百分点。全州起征点以上个体“双定户”9426户，达征率28.04%，比全省平均达征率高1.05个百分点。11月1日起增值税起征点调整后全州达起征点“双定户”1152户。四是纳税评估示范作用显著增强。2011年评估730户，发现问题334户（次），评估税款5910万元，采取“走出去”培训的37名干部直接评估或参与评估税款3964万元，占评估总额的67.07%。（二）各税种精细化管理力度增强。一是全州1741户增值税一般纳税人实现网络抄报税申报，占全州增值税一般纳税人1981户的87.88%。二是全面完成2010年所得税汇算清缴，汇算清缴补税4696万元，应退税款969万元，汇算清缴应入库3727万元。三是加大出口企业管理力度，切实防范和打击出口骗税。全州办理出口货物退（免）税1.15亿元，比2010年增加4524万元，增长65%。四是国际税收工作有序推进，共计代扣代缴非居民企业所得税708.44万元。五是摩托车车辆购置税委托代征、汽车车辆购置税申报缴税受理点在全州推行，全州14个委托代征点代征摩托车47111辆，征收税款1942万元，占总量的73.81%，方便纳税人缴税，征管效果明显。

【税务管理信息化建设】 （一）自主开发“机关协同办公与绩效管理平台”，为基层信息化建设注入新活力。2011年7月，大理州国家税务局自行组织开发的“机关协同办公与绩效管理平台”信息系统建设初步完成，并在州局机关上线运行。该“平台”全面整合了机关行政、事务、财务等方面的办公流程，涵盖机关接待、会议、培训、采购、车辆管理等各项事务的申请、审核、审批、办结，对机关事务处理中产生的各类报结进行集中处理、分层展现。“平台”信息化与行政管理、绩效评价有机结合，不仅对规范机关事务处理、突出目标管理考核依据量化和提升行政办公绩效具有积极作用，同时一改数据省级集中以来基层信息化工作沉寂的局面，为信息化建设注入新的活力。（二）进一步加强日常运行维护工作。一是继续做好77个应用系统的日常维护和监控工作。二是组织完成多项应用系统的推广应用和补丁升级工作。2011年储蓄扣税93293笔。全年完成全州国税系统34次补丁升级，新装和部署9个系统或模块，成功进行31次视频会议（培训）的调度，处理全州各县市局提请的数据技术问题400多笔。三是做好全州IT设备的统筹规划和调度下发工作。全年新增PC台式计算机174台，下发县市局154台；新增打印机120台，下发县市局115台，最大限度保障基层征管部门业务需求。四是探索引入社会服务资源，整合州局机关机房UPS和精密空调、计算机、打印机、传真机等电子设备的统一集中维保管理，提升资源配置效率，降低能耗消费，加快科技节约型税务机关建设步伐。

【纳税服务】 一是扎实开展全国第20个税收宣传月活动。向州、县党委政府领导、一般纳税人、全体干部职工发出14000多条宣传短信，发出公开信315份、问卷调查607份，宣传服务效果好，得到州人大领导批示肯定。在香港文汇报、云南日报、大理州电视台广泛开展税收宣传，各级领导和纳税人反响强烈，和谐税收环境建设更加深入。二是推行“重点税源监控卡”和“纳税服务联系卡”，对全州年纳税额在100万元以上164户企业全部建卡纳入监控。三是在全州办税服务厅推行“一窗通办”，统一将办税服务厅窗口规范设置为申报纳税窗口、发票管理窗口和综合服务三大主题服务窗口，进一步提高办税效率和服务水平。四是以“一窗通办”为基础，在全州国税系统办税服务大厅推行工作量化考核，前台工作人员服务意识和服务态度明显改善，业务学习主动性和积极性不断提高，得到纳税人充分肯定。五是开展“服务基层、树立形象、营造氛围”走基层访谈活动，分期访谈基层一线职工、热点重点工作和重点税源企业负责人，有效彰显基层干部职工风采，积极营造广大干部职工学习身边楷模、赶超先进的浓郁氛围。

【内部管理】 制定《大理州国家税务局办公用品管理办法》，修订完善《大理州国家税务局经费管理办法》和《大理州国家税务局资产管理办法》，推进机关内部事务规范化建设；按照《大理州国家税务局公务车辆管理使用规定》，严格管理公务车辆，对车辆各种费用认真审核，并定期发布公务用车费用情况通报，车辆管理更加科学、合理，有效实现降耗目标；认真开展公务用车问题专项治理工作，并以此为契机，强化车辆配置使用管理，进一步建立监督机制，提高公务用车管理水平；进一步落实《大理州国家税务局会议培训接待服务管理规定》，加强行政成本控制；认真开展资产清查工作，加强国有资产监督管理，提高资产使用效率。

队伍建设

【机构人员情况】 2011年末，全州国税系统设有12个县、市局和20个基层税务分局。州局机关设有12个内设机构（正科级），即：办公室、政策法规科、货物和劳务税科（进出口税收管理科）、所得税科、收入核算科、纳税服务科、征收管理科、财务管理科、人事科、教育科、监察室、大企业和国际税务管理科；另设机关党总支办公室、离退休干部科；3个直属机构（1个副处级、2个正科级），即：稽查局（副处级，内设6个副科级机构：办公室、综合选案科、检查科、案件审理科、案件执行科、举报中心)、车辆购置税征收管理分局、直属税务分局;3个事业单位(正科级),即:信息中心、机关服务中心、培训中心;单设机关工会;1个社团组织常设机构,即:大理州税务学会秘书处。下辖12个县、市局共设有85个内设机构、12个直属机构、12个事业单位和20个派出机构。截至2011年底,全局系统共有在职人员999人(其中州局机关121人),离退休人员344人。在职人员中有中共党员621人,占62.16%;大专及以上学历874人,占87.49%;硕士研究生14人,占1.4%。

【领导班子建设】 (一)坚持党组民主生活会制度和党组中心组学习制度,进一步加强各级领导班子思想政治建设,切实提高党员领导干部政治理论水平和运用科学理论解决实际问题的能力。2011年以"坚持以人为本执政为民理念,发扬密切联系群众优良作风"为主题的党组民主生活会,对加强党组自身建设,增强党组成员创造力、凝聚力和战斗力产生了积极的促进作用。2011年党组中心组专题组织学习了十七届六中全会精神、中央经济工作会议精神、十七届中纪委六次全会精神、2011年全国、全省、全州"两会"精神等,切实提高了领导干部分析形势、把握大局、服务全局的能力。(二)贯彻落实《党员领导干部廉洁从政若干准则》,切实加强领导干部作风建设。(三)基层班子建设得到加强,完成了5名县局局长、5名州局机关正科干部及10名县、市局纪检组长选拔任用工作,开展20个副科领导岗位竞争上岗,进一步深化干部人事制度改革,拓宽选人用人渠道,基层党组的执行力、落实力进一步增强。(四)2011年底召开全州国税局长座谈会,进一步谋划2012年工作,并对如何开展县局层面上的考核管理和激励机制作积极探讨。

【干部队伍建设】 一是《大理州"十二五"时期国税工作发展规划纲要》编制实施。围绕大理国税发展的总体要求、基本原则、主要目标和主要任务,全面推进实施"十二五"时期国税工作发展规划。二是党建工作高潮迭起。围绕庆祝建党90周年,全系统举办了丰富多彩的纪念活动并获各级表彰;"创先争优"、向杨善洲同志学习和"四亮四评"等活动深入开展;读党史、上党课、重温入党誓词、参观爱国主义教育基地、走访看望老党员等活动全面铺开,基层党组织和广大党员讲党性、学党史、树典型、当先锋的意识进一步增强。三是人才倍增成效明显。举办多期税收业务骨干和专题业务培训班,举办全州第九届业务能手竞赛和业务骨干抽考,选送37名征管一线干部到昆明直属局点对点学习培训,基层纷纷开展业务能手竞赛和全员考试,培养了一批征管一线骨干人才。

【廉政建设】 2011年,大理州国税系统切实加强党风廉政建设工作,在深入落实《党风廉政建设责任制考核办法》的基础上,抓实"廉政警示教育、政风行风评议、调研材料完成情况、个人重大事项报告、查办案件、违法违纪率、会风会纪"等7个指标考核。同时积极探索内控机制建设,进一步创新党风廉政建设机制,总结"两权"运行监督制约实践经验,编写了对全州具有指导意义的《内控机制规范指南》、《内控机制岗责体系》和《内控机制流程图》操作手册,梳理出9大类90多个环节269个规范流程共404个风险点,并按照岗位名称、操作规范、工作流程、工作时限、风险等级、防控措施、政策依据等7个方面进行说明,规范税收执法行为,规避税收执法风险,为基层税务干部提供了一把衡量税收执法正确与否的"尺子",营造"想干事能干事干成事不出事"、风清气正的工作环境。

【国税文化建设】 秉承云南国税文化理念,积极提升国税文化软实力,"六做十对"风气融于国税文化建设,国税文化内涵不断丰富拓展。一是全面完成州、县市全套12册国税志丛书的编写,作为记述改革开放以来大理州辖区内工商税收发展历程部门志书,国税志丛书具有较强的史料价值。二是建设文化大厅、文明走廊、升旗台、停车场、图书室等设施,丰富文化建设内涵。三是定期开展理想信念教育。2011年7月开始,每月第一个工作日早晨在办公大楼前举行升旗仪式,激发干部职工对国税事业无怨无悔地追求以及民族的自豪感和强烈的爱国心。四是举办大理国税《廉政讲坛》、《国学讲坛》,有效筑牢干部队伍反腐倡廉思想防线,提升干部职工文化品位和道德修养,并在系统内外引起强烈的共鸣与关注。五是积极参加地方党委政府庆祝建党90周年系列活动并取得优异成绩,在全州"红土地之歌"演讲比赛中获三等奖,情景说唱剧《国税光荣榜》在州直机关党委举办的文艺汇演中获二等奖,大合唱《天路》在大理市委组织的"同心同党"歌咏比赛中获一等奖。六是举办全州国税系统干部职工摄影书画比赛,参与庆祝大理州财政总收入突破100亿元暨首届财税系统摄影书画展,国税系统参展作品得到专家和评委认可,获奖数量名列第一,充分展现了职工的文化艺术修养和昂然向上的精神风貌。七是克服自身困难,积极承担扶贫、新农村建设、捐资助学等社会责任,州局机关向贫困残疾人家庭捐助5吨化肥和一批生活食用油,捐款1.04万元;全州国税系统向地震灾区盈江县国税局捐款12.22万元,以实际行动支援抗震救灾,树立良好国税形象。

【精神文明建设】 2011年,大理州国家税务局机关被中央文明委授予"第三批全国文明单位";被大理州委、州人民政府授予"'五五'普法先进单位";被市委、市政府授予"平安建设工作先进单位";全州国税系统荣获省妇联、省国税局"巾帼文明岗"3个,省国税局"文明单位"2个。国税工作受到上级局和各级地方党委、政府的肯定和表扬,受到广大纳税人和社会各界的进一步认可。

【教育培训】 2011年,大理州国税系统组织参加各类业务培训班334期,共培训6198人次。其中,州局组织培训25期3155人次;县市局组织培训301期3025人次;参加党校及后备干部培训6期6人次;参加系统外组织培训2期12人次。截至2011年底,全局系统获得省州级"业务能手"133人(省级11人,州级122人),注册税务师资格2人,律师资格1人。"三师"资格人数占干部总数0.3%。

(华 艳)

大理市国家税务局

经济概况

2011年，大理市转变经济发展方式，加强经济结构调整，全力加快以“两保护、两开发”为核心的滇西中心城市建设，全市经济社会平稳较快发展，各项社会事业取得新的进步。全市全年生产总值（GDP）完成216.32亿元，按可比价计算，同比增长14%；财政总收入完成27.08亿元，同比增长21.81%；农业总产值28.2亿元，同比增长14.63%；工业总产值245.01亿元，同比增长22.51%；固定资产投资规模达139.36亿元，同比增长30.05%；社会消费品零售总额70.75亿元，同比增长19.96%；城镇居民人均可支配收入1.77万元，同比增长12.1%；农民人均纯收入6430元，同比增长18.92%。

税收概况

【收入完成情况】 2011年，大理市国家税务局共组织税收收入10.72亿元，同比增收1.74亿元，增长19.35%。其中：增值税5.69亿元，同比增收7720万元，增长15.71%；消费税4068万元，同比增收607万元，增长17.54%；企业所得税2.43亿元，同比增收8272万元，增长51.55%；储蓄存款利息个人所得税88万元，同比减收104万元，下降54.17%；车辆购置税2.18亿元，同比增收879万元，增长4.19%。

【收入特点】 一是税收收入总量大幅增长，延续2010年较快增长的势头，从增值税、消费税、企业所得税等主要税种与相关经济指标的对比分析看，税收增长与经济增长基本协调，平均增幅达22.25%。二是储蓄存款利息个人所得税减收明显。由于受人民币存款利率下调的政策影响，储蓄存款利息个人所得税同比减收104万元，下降54.17%。三是增值税和企业所得税增长较快，成为全年税收增收主体。增值税和企业所得税合计增收1.6亿元，占增收总额的91.95%。

【税源分析】 从税种结构看，增值税占据主导地位。从税收总量分析，增值税一直是主体收入税种，2011年共入库增值税5.69亿元，占收入总量的53.08%，占据国税收入的绝对主导地位。其他税种占比情况为：消费税4068万元，占收入总量的3.79%；企业所得税2.43亿元，占收入总量的22.67%；储蓄存款利息个人所得税和车辆购置税分别占收入总量的0.08%、20.34%。从产业结构看，支柱产业表现突出。食品制造、啤酒制造、软饮料制造、精制茶加工、造纸及纸制品、非金属矿物制品、医药制造等支柱行业为税收增长提供了强有力的保证，2011年共实现税收收入3.28亿元，占总收入的30.6%。从企业类型来看，重点税源企业贡献明显。纳入全局监控的105户年纳税50万元以上的企业2011年“三税”收入达7.15亿元，增收1.21亿元，占总收入的66.7%。

【税务管理】 2011年全局正常开业户11646户，其中一般纳税人774户，占6.65%，小规模企业867户，占7.44%，个体户10005户，占85.91%。（一）进一步规范代开普通发票的管理。认真落实《大理州国家税务局代开普通发票流程》，针对代开普通发票业务中存在较多问题，进一步进行规范，明确审批责任及权限。（二）规范委托代征工作。1. 车辆购置税部分委托代征。制定了《大理市国家税务局车辆购置税委托代征管理办法（试行）》，与公安交通警察部门及有公安交通警察部门授权办理车辆注册登记业务的公安派出所签订《委托代征税款协议书》，委托代征大理市辖区内的摩托车车辆购置税；2. 委托废旧物资收购企业代征增值税。按照《云南省国家税务局关于进一步明确废旧物资收购企业发票使用问题的通知》要求，从严认定可以开具收购发票的废旧物资收购企业资格，全年共认定4户，并按规定与其签订《委托代征税款协议书》，同时根据企业实际经营情况进行开票限额授权。（三）认真做好征管风险数据的整改核实工作。按照大理州国税局《关于开展2011年上半年税源与征管状况监控分析工作情况的通知》要求，成立税源与征管状况监控分析整改领导组，切实做好疑点数据整改工作，共计整改疑点数据3大类、19个方面、460户次，整改面达100%，补税及加收滞纳金1.93万元。（四）严格延期缓缴税款审批，加强对延期缴纳税款的跟踪问效。对大理水泥（集团）有限责任公司等申请延期缓缴税款的纳税人，认真进行实地核查，及时掌握纳税人的生产经营状况，督促纳税人在延期届满之前及时足额缴纳税款，未发生缓缴期满形成欠税的情况。（五）换发征管类税务检查证。按照上级同意部署，收缴旧证换发新证，并将旧证登记造册，统一销毁。（六）建立和完善税收服务体系。1. 规范办税服务厅内部窗口设置，设置三大主题服务窗口，四个功能服务区；2. 建立和完善纳税服务投诉机制，维护纳税人的合法权益；3. 认真做好政府96128服务热线和“12366纳税服务热线”上线工作，不断完善及增加“96128专线”服务功能。4. 积极推广多元化申报，减轻纳税人办税负担；5. 开展“项目服务年”活动，按照“主动上门、热情服务、敢于担责、高效办结”的要求为企业提供优质服务；6. 开展纳税辅导及政策咨询服务，全年共受理政策咨询1058件，其中近半数政策咨询通过QQ群、微博等进行答复。

各项工作

【税收征管】 （一）强化增值税一般纳税人管理。1. 加强增值税一般纳税人认定管理，共审批一般纳税人209户，其中因超标认定65户。2. 全面落实各项税收优惠政策。全年120户纳税人享受备案类审批减免税收优惠，减免税销售额14.74亿元；4户纳税人享受“即征即退”税收优惠，退税618万元；10户生产企业、1户外贸企业享受“出口退税”税收优惠，免、抵、退税4629万元。对2010年减免情况开展专项评估，全面清理优惠政策执行情况，取消1户纳税人减免资格。3. 严格“增值税专用发票”最高开票限额审批。2011年度受理最高开票限额审批149户，其中行政许可148户，不予许可1户。（二）完善个体税收管理。1. 进一步加强定额核定管理。认真贯彻落实增值税起征点上调政策，全年完成“双定户”调整15528户（其中企业294户，个体15234户），达征率38.21%。2. 按时完成分月汇总申报工作，共完成13872户定期定额个体工商户的分月汇总申报工作。（三）切实加强酒类行业消费税管理工作，持续做好消费税政策调整的宣传和辅导工作。全局消费税纳税户共71户，大部分属于定额管理，税负变化不大；1～12月消费税的增收全部来自啤酒行业。（四）加强企业所得税管理。1. 扎实开展2010年度企业所得税汇算清缴工作。全局应参加2010年度汇算清缴总户数为800户，除3户企业属于非正常户外，实际参加汇算清缴797户，盈利企业318户，亏损企业361户；零申报118户，实现会计利润总额5.6亿元，纳税调整后全年实际应纳所得税额1.21亿元。汇算清缴完成比例达99.63%。2. “同步”、“日常”纳税评估相结合进行企业所得税专项评估工作。对91户企业开展企业所得税专项评估，发现52户企业存在问题，调增应纳税所得额6978.33万元，16户企业补缴入库税款1237.04万元，入库滞纳金及罚款38.51万元，36户调减待弥补亏损986.58万元，评估税款入库率达100%，全年评估面占参加汇算清缴企业746户的12.19%。3. 严格执行企业所得税税收优惠政策。全年减免税115户，减免税额4405万元。其中，享受小型微利企业79户，减免税额24万元；享受西部大开发减免税企业20户，年度审核通过19户，减免税额4381万元；其他减免税企业17户。（五）规范车辆购置税税收管理。2011年征收车辆购置税3.23万辆，征收税款2.1亿元；复核、审批免征车143辆，免征税款783万元。（六）纳税评估工作成效显著。2011年全局共完成122户纳税评估工作，达到一般纳税人总户数802户的15.22%，查补增值税318.83万元、企业所得税97.6万元，滞纳金3.23万元，增值税留抵税额调减31.78万元，企业所得税亏损数额调减423.1万元。（六）进一步规范欠税管理工作。严格按照《云南省国家税务局欠税公告办法实施细则（试行）》规定程序，认真进行欠税情况统计及公告，及时追缴税款，切实做到“年税年清”。

【税收法制建设】 （一）进一步推进依法行政制度建设。以“税收执法风险问题分析会”为平台，规范自由裁量权行使，建立健全内控机制，强化层级监督，成立税务行政复议、税务行政处罚听证及重大税务案件审理等三个委员会，并根据领导职务调整，及时调整相关人员。2011年度，被大理市委表彰为“三五”依法治市先进单位。（二）扎实推行税收执法责任制。强化对税收执法管理信息系统的应用，坚持执法通报工作制度及执法过错分析制度，坚持按月召开“税收执法和税源管理监控分析”例会。（三）着力开展“六五”普法工作。1. 认真制定《大理市国家税务局“六五”普法工作实施方案》，大力开展以《宪法》为核心，以《税收征收管理法》及其实施细则、现行各项税收实体法律法规为重点的法制宣传教育，推进法制教育制度化、规范化。2. 做好行政强制法贯彻落实工作，组织全体干部职工参加全省国税系统《行政强制法》视频培训，并于2011年11月18日进行《行政强制法》全员考试。3. 认真开展“12.4”全国法制宣传日暨云南省宪法宣传周宣传活动。

【税收执法】 （一）确保税收执法管理信息系统顺利运行。一是2011年，全局被税收执法管理信息系统执法子系统监控预警涉及考核指标7项，过错行为7类，过错数量162条，过错扣分464分，共有45人提出申辩申请94份，申辩调整请求138条，均为无过错调整。经调查确认后共调整过错138条，平均调整率85.19%，全年过错扣分48分。二是为不断提高税收执法规范化工作水平，2011年上半年与鹤庆县国税局开展了“税收执法考核系统运行情况结对交流”活动。（二）税收执法管理信息系统疑点信息库顺利推行。成立税收执法管理信息系统疑点信息库推行工作领导小组，建立疑点数据核查小组组长负责制和重大事项报告制，严格履行核查职责，按时、按质完成疑点信息库上线运行后的第一次核查任务。（三）认真开展税收执法督察。成立税收执法督察领导工作组，在各部门开展好自查工作的同时，抽调监察室、货劳税、所得税、稽查局等部门人员组成四个工作组对企业注销清算、增值税一般纳税人资格认定、减免税政策执行、消费税管理、普通发票管理等五方面开展重点督察，查找出执法工作中存在问题和不足，并及时进行整改。（四）圆满完成2011年各项稽查工作任务。2011年查补入库税款1183.92万元（其中：增值税952.15万元，消费税1.37万元，企业所得税126.14万元，滞纳金102.22万元，罚款2.03万元，没收非法所得0.46万元），选案准确率达到80%以上，入库率达100%，偷税处罚率50%以上，结案率90%以上，督办案件协查回复率达100%、协查信息完整率达95%以上。一是开展第二轮分级分类稽查和专项检查工作。自查补税27.29万元，加收滞纳金1.38万元，合计入库28.67万元。二是全力开展打击发票违法犯罪活动。根据省局相关要求，成立“11.10”专案领导组，组织力量开展协查工作，共协查企业33户，涉及运输发票150份，入库增值税6.63万元，加收滞纳金5688.18元，弥补以前年度亏损，调增2009年度应纳税所得额6.5万元，补缴企业所得税3.23万元，加收滞纳金5587.68元，罚款200元，已全部追缴入库。三是依托现代化信息手段，按经营行业分类稽查。全年共对5户企业电子财务数据使用稽查查账软件进行取数、分析和处理，有效查处各种税收违法行为，促进企业不断完善财务管理制度。四是认真做好协查工作，提高金税协查系统运行质量。2011年协查信息管理系统收到受托协查函10份，纸质协查函7份，已按协查函要求认真调查核实，并做好保密工作，及时将协查结果回复给委托方；共发出协查函9份，已及时对协查回复发现的问题实施检查处理，并将协查结果回复给要求协查部门。五是认真做好税务违法举报案件的受理调查工作。2011全年共接到来信、来电、来访的税务违法举报案件7件，上级局交办税务违法举报案件1件，已按规定全部办结。六是认真开展重大税务案件审理工作。全年受理案件数1件，没收非法所得4630元，处罚款1.93

万元，并按规定将该案件移送公安机关。

【税务管理信息化建设】（一）积极推行各应用系统，做好税收信息化管理维护工作。FTP、办公自动化系统坚持每天备份一次；全年各类应用系统软件升级8次；金税工程运行初始发行岗位113户，变更发行授权236户，注销发行16户、重写IC卡42户，更换金税卡24户，更换IC卡23户。认证系统、报税系统、发票发售系统运转正常，全年无故障发生。（二）网络化建设情况。2011年联通、广电、电信2M光纤3条线路同时上线使用，保证各项业务的流畅运行。（三）税收电子化、信息化建设情况。以省局开通“云南省国家税务局数据分发系统”为契机，通过对征管数据“面”上的查询分析得到相应的评估“点”，建立数据分析系统，进一步提高征管数据利用率，拓展信息资源利用的深度和广度。

队伍建设

【机构人员情况】 内设机构10个，即办公室（19人含6位局领导）、人事教育科（5人）、监察室（2人）、货物和劳务税科（4人）、所得税科（3人）、收入核算科（45人）、征收管理科（8人）、纳税服务科（2人）、党总支办公室（2人）、事业单位（2人）。直属机构1个：稽查局（17人）。派出机构6个，即：第一税务分局（36人）、第二税务分局（36人）、开发区税务分局（27人）、大理税务分局（30人）、凤仪税务分局（20人）、喜洲税务分局（10人）。2011年全局在职干部职工268人，离、退休人员52人，在职人员平均年龄44.49岁。全局设1个党总支、8个党支部和1个团支部，在职党员136人，离、退休党员23人，在职党员占全局人数的51.32%，团员占适龄青年的100%。学历结构：研究生4人、本科101人、专科151人、中专4人、高中以下8人。

【领导班子建设】 认真抓好思想建设、作风建设、组织建设、制度建设。一是抓好领导班子的政治理论学习，坚持以党组中心组为龙头，把党组中心组集体学习和领导干部个人自学相结合，与领导干部所分管的工作相联系，学用结合，指导实际工作。二是加强作风建设，树立领导干部良好形象。组织党员干部认真学习胡锦涛总书记“七一”重要讲话精神、《中国共产党党员领导干部廉政准则》，扎实开展“创先争优”活动，自觉用胡锦涛总书记对全党同志提出的“八个方面的良好风气”及“四项制度”规范自身言行，切实转变作风。三是按照“德才兼备、注重实绩、群众公认”的原则，积极做好副科级干部的推荐测评等相关工作。四是抓好全局在岗领导能力培训，有针对性地进行法律法规教育、廉洁自律教育、社会主义核心价值体系教育，进一步提高政治思想素质和履职能力。五是加强制度建设，加大对领导干部监督管理力度。始终坚持“民主集中制”的议事规则、重大事项报告制度、行政问责制度，严格执行领导干部接待日、领导征期值班制度、下基层调研蹲点制度，推动领导干部深入实际，了解实情，转变作风，努力把领导班子建设成为政治上靠得住、工作上有本领、作风上过得硬、广大干部职工信得过的坚强集体。

【廉政建设】（一）进一步推进惩防体系建设，形成合力强化责任。一是根据市局领导班子成员发生变化的实际，及时调整党风廉政建设领导组成员，进一步明确职责。二是及时召开2011年党风廉政建设工作会议，安排部署2011年党风廉政建设工作任务，表彰党风廉政建设先进单位。三是在全局层层签订《党风廉政建设责任书》。（二）进一步加强廉政风险防范，巩固风险防范机制。成立大理市国税局廉政风险重点环节防范管理推行工作领导组，对税收管理和税收执法运行的各个环节中可能引发风险的各种信息进行识别，利用数据进行分析，提取征管业务中的风险，进行预警分析，进一步强化廉政风险防范管理。（三）进一步强化宣传教育，筑牢思想道德防线。一是通过观看警示教育片和党课学习等，提高党员干部拒腐防变的意识和能力。二是建立预防职务犯罪教育预警机制、信息交流和咨询机制、调查研究机制、查办职务犯罪协作配合机制，有效遏制和减少国税工作人员职务犯罪的发生。三是结合建党90周年大庆，开展系列廉政文化活动。（四）进一步强化监督检查，保证决策落实。一是通过“执法监察子系统”对税收管理人员贯彻执行税收法律、法规、政策情况开展监督，全年疑点立项3项，通过调查了解，均得到解决。二是始终坚持工作巡查制度，重点对财务管理、车辆管理、日常事务管理和各项制度的落实等进行监督检查，对周末车辆封存情况检查并进行通报。（五）进一步加强政风行风建设，深化“两权”监督。一是继续与纳税人签订《廉政公约》，提升《廉政公约》回访质量。结合税收宣传月召开50户纳税人集体回访座谈会，认真听取和收集特邀监察员和纳税人意见；2011年在全市56家政府服务部门的民主评议中获得第六名。二是成立基建、政府采购、一般纳税人认定、税收优惠政策等审批领导小组，加强“两权”监督。（六）在市局政务网开设“党风廉政建设动态”专栏，制定“纪检日活动制度”，进一步规范反腐倡廉宣传教育工作。2011年全局无违规违纪及被通报、问责情况发生，实现了干部队伍的纯洁、稳定、健康发展。

【精神文明建设】 一是积极争创国家级“巾帼文明岗”。在继续巩固和发展已经取得的文明单位荣誉称号的基础上，2011年3月，收入核算科荣获全国妇联、全国妇女“巾帼建功”活动领导小组授予的“巾帼文明岗”荣誉称号。二是认真做好省国税系统及市级文明单位届满重新申报工作。全局认真总结历年文明创建经验和成绩，努力查找存在问题，扎实进行整改。三是认真做好省级文明行业复查的延伸检查工作。结合“四亮四评”活动，不断规范文明创建的痕迹资料管理，大力开展优质服务评比。四是努力营造良好的精神文明建设软硬件环境，注意抓好办公环境卫生整洁，加强工作纪律，规范仪表着装。五是继续抓好扶贫济困、公益捐款、社会救助等工作。2011年3月16日，积极开展向盈江地震灾区献爱心捐款活动，共筹集捐款1.68万元，单位对口支援资金1万元，两项共计2.68元。2011年3月中旬，组织全局党员干部到上关镇青索村开展“洱海保护月”活动及到苍山索道开展“保护苍山禁白”活动。春节、“六一”节和重阳节期间，党、团、工会组织都分别深入青索村、下兑敬老院慰问贫困户和少年儿童，弘扬了中华民族扶贫济困的传统美德。

【教育培训】 一是继续抓好“学习型”国税机关建设，大力引导干部职工树立“终身学习、学习者生存、学习者发展”的理念，实现“工作学习化、学习工作化”，形成知识共享、勇于创新的氛围和机制。二是继续抓好学历教育。大力鼓励支持干部职工参加各级各类学历教育，不断优化学历、专业知识结构。三是认真抓好全员业务培训。在积极组织干部参加上级举办的各类培训班的基础上，结合实际制定系统性的教育培训计划，定期在每周三上午进行一次业务培训。四是全面实施人才倍增计划，采取“走出去、请进来”的办法加强对业务骨干和专业人才的培训。在全局范围内精心选拔年轻干部30多人，并发放注册税务师考试用书33套供其自学；2011年5月25日，举办了为期三天的税收业务培训班，着重进行增值税、所得税、稽查和征管业务知识培训；分别派出10名税收管理员分两期参加州局组织的走出去学习培训班，到昆明市国税局学习管理经验；组织各相关科室领导和征税大厅人员共30多人到楚雄州国税局经济开发区分局、楚雄市国税办税大厅考察学习“一窗式”征收经验；组织车购税人员5人到宾川县国税局、宾川交警队学习先进的车购税征收管理经验；2011年12月份，抽调50多位业务骨干参加州局业务考试，取得较好成绩。

（王鸿佳）

漾濞彝族自治县国家税务局

经济概况

2011年，漾濞彝族自治县实现生产总值（GDP）12.8亿元（可比价），比2010年增长14%。其中：第一产业完成3.58亿元，增长11.4%；第二产业完成6.53亿元，增长16.4%；第三产业完成2.69亿元，增长11.7%。三次产业的结构比例为28:51:21。全年农业总产值5.86亿元，增长22.01%；农民人均纯收入4238元，增长31.1%。工业总产值实现24亿元，比2010年增长26.02%，全年实现工业增加值5.6亿元，增长18.4%。完成固定资产投资10.03亿元，增长6.41%。社会消费品零售总额实现3.44亿元，增长18.96%。全年实现财政总收入1.58亿元，增长21.05%；其中：地方财政一般预算收入9138万元，增长17.7%；地方财政一般预算支出5.81亿元，增长14.13%。

税收概况

【收入完成情况】 2011年，漾濞县国家税务局完成税收收入6860万元，比2010年增收1495万元，增长27.85%。“三税”收入完成6741万元，比2010年增收1512万元，增长28.92%，“三税”收入占全年税收收入的98.27%。其它税种收入119万元，占全年税收收入的1.73%。国税收入占全县财政总收入的43.34%。

【收入特点】 2011年是漾濞县国家税务局有史以来组织收入最为艰难的一年。2011年漾濞县国税收入比2010年增收1495万元，增长27.85%。（一）分税种看，国税部门负责征收的五个税种“两减三增”，储蓄存款利息个人所得税和车辆购置税减收，增值税、消费税和企业所得税均增收，且企业所得税增幅较大。增值税完成5535.03万元，同比增收1070.47万元，增长23.98%；消费税完成80.01万元，同比增收10.52万元，增长15.15%；企业所得税完成1126.32万元，同比增长61.99%，增收431.02万元；储蓄存款利息个人所得税完成4.2万元，同比减收4.47万元，下降51.57%；车辆购置税完成114.82万元，同比减收13.03万元，下降10.19%。（二）分级次看，2011年，中央收入完成5024.42万元，比2010年增收1056.28万元，增长26.62%；地方收入完成1835.97万元，比2010年增收438.24万元，增长31.35%。（三）分企业类型看，国有企业、集体企业、股份合作企业、股份制企业、私营企业、其他企业入库税收收入分别为1798.62万元、356.05万元、17.83万元、1563.19万元、2864.61万元、260.08万元。分别占税收总收入的26.22%、5.19%、0.26%、22.79%、41.76%、3.79%。国有企业、集体企业、私营企业税收同比分别增收530.37万元、270.54万元、889.98万元；而股份合作企业、股份制企业和其他企业税收分别减收5.24万元、97.73万元、93.40万元。（四）分行业看，除批发业和采矿业减收外，电力行业、制造业、零售业等均增收。电力增值税占增值税总收入的比重达47.34%。

【税源分析】 （一）增值税。1. 电力2011年完成增值税2620.13万元，比2010年增收189.67万元，增长7.8%。其中，发电环节增值税完成2148万元，同比增收202.41万元，增长10.4%；供电环节增值税完成472.13万元，占电力增值税18.02%，同比减收12.74万元，下降2.63%。2. 制造业2011年完成增值税1690.45万元，比2010年增收307.71万元，增长22.25%。制造业中的重点行业：化工产品完成增值税357.39万元，同比减收94.87万元，下降20.98%；黑色金属冶炼及压延加工业完成增值税882.74万元，同比增收284.32万元，增长47.51%；有色金属冶炼及压延加工业完成增值税203.22万元，同比增收169.81万元，增长508.26%；其他制造业完成增值税15.91万元，同比增收4.94万元，增长45.08%。3. 批发业完成增值税52.31万元，同比减收81.90万元，下降61.02%。4. 零售业完成增值税1146.51万元，同比增收651.58万元，增长131.65%。5. 采矿业完成增值税10万元，同比减收2.51万元，下降20.06%。6. 增值税的其他完成15.62万元，同比增收5.92万元，增长61.1%。（二）消费税完成80.01万元，同比增收10.52万元，增长15.14%。（三）企业所得税完成1126.32万元，同比增收431.02万元，增长61.99%。（四）车辆购置税完成114.82万元，同比减收13.03万元，下降10.19%。（五）储蓄存款利息个人所得税完成4.2万元，同比减收4.47万元，下降51.57%，减收的主要原因是税收政策调整。

各项工作

【税务管理】 一是2011年在册征管户数1644户，其中：企业169户（增值税一般纳税人81户，小规模企业查账征收75户，小规模企业核定户13户），个体工商户1475户（个体“双定户”868户，起征点以上3户，达征率0.35%，起征点下865户）。二是强化税源管理，夯实税源管理基础。与信息中心共同牵头，在稽查、税政、收入核算、苍山西镇税务分局等部门配合下，经过培训、演练、试运行等环节工作的认真开展，有效保证了税收管理员辅助信息系统于2011年7月25日正式上线。积极参与推广网络办税系统上线工作，全县81户增值税一般纳税人全部实现“网络抄报税”，网络抄报税面达到100%。三是深化税收收入预测和税收分析，每月组织一次税收收入分析预测例会，由税收管理员在会上分析管户（尤其是一般纳税人）的生产经营情况和税负变化及其原因，做到税收管理员对管户心中有数，重点分析重点税源发展变化和行业税负变化，认真查找问题及原因，制定解决存在问题的具体措施，责成管理部门和稽查部门及时解决。四是加强对重点税源的监控管理，认真落实领导管户工作，县局领导班子成员分别挂钩重点纳税企业，深入企业了解生产经营情况，对重点监控的企业每月至少下户巡查两次，一般管理类每月至少下户巡查一次。认真推行“重点税源监控卡”，全县5户重点税源企业设立重点税源管理卡，进一步提高了税源管理质量。五是认真落实税收管理员制度，推进税收管理精细化。实行主副岗管理制度，认真落实《税收管理员制度》和《税源管理综合考核办法》，整合税源管理力量，实行企业一般纳税人与小规模纳税人主副岗搭配管理制度，形成相互协调，相互监督的制约机制，提高征管效率；遵循管户与管事相结合、管理与服务相结合、属地管理与分类管理相结合的原则。强化税源管理、解决“淡化责任、疏于管理”问题。建立健全税收管理员管户责任制度，加强以户为单位的税源管理，通过税收管理员及时掌握纳税人各种涉税动态信息，全面掌握纳税人履行纳税义务的情况，把科学化、精细化管理落到实处。六是加强增值税专用发票进项税抵扣及普通发票简并换版工作。对于增值税专用发票进项税抵扣问题，以票流、货物流、资金流比对其真实性，对数额较大的进项税抵扣问题，实地查看采购各环节的真实性。顺利完成普通发票简并换版工作。2011年3月15日完成旧版发票收缴、验旧工作，共收缴、验旧旧版发票使用户442户，收缴比例达100%。2011年11月4日，全县有新版普通发票持票户458户，其中机打票持票户113户（使用网络版90户占80%，单机版23户），手工发票使用户345户。七是纳税评估工作取得好成绩。2011年共评估企业13户，其中：专项评估9户，日常评估4户，评估有问题12户，日常评估无问题1户。评估入库税款63.32万元，其中：增值税9.2万元，所得税52.5万元，滞纳金1.62万元。增值税留抵税额调减0.59万元，弥补亏损113.67万元。建立评估奖励机制，按照评估成效给予单项奖励，切实做到以评促管。

【税务稽查】 2011年，漾濞县国家税务局在深入细致开展好省、州局布置的专项检查和分类稽查工作的同时，认真开展日常稽查工作。全年查办案件27件，查补税款27.33万元，滞纳金5万元，罚款0.39万元，确保涉案税款、滞纳金和罚款及时足额入库，做到以查促收。

【纳税服务】 一是进一步加大税法宣传力度。在税收宣传月活动中，结合“税收·发展·民生”主题，利用传统节日“二月十九街”，通过发放税收宣传材料的形式，增强纳税人纳税意识；组织人员深入扶贫挂钩村“石钟村”，送政策到农村，积极将惠农政策送到农民群众手中，扩大税法宣传范围；以办税服务厅在纳税服务中的平台作用，依托“一窗通办”服务模式，优化办税环境，密切征纳关系，充分发挥窗口部门在税收宣传工作中的先锋带头作用。二是积极开展各项纳税服务活动，把纳税服务融入到税收工作全过程。在办税服务厅，向社会各界和广大纳税人作出“忠于职守、爱岗敬业、文明服务、公正执法”的服务承诺。按照“树窗口形象、创一流业绩”的工作要求，以争创“文明服务之星”为突破口，广泛开展“四亮四评”和争创“巾帼文明岗”活动，以快速、优质、高效的服务，赢得了纳税人的满意和赞许。

队伍建设

【机构人员情况】 内设机构7个：办公室（13人）、人事教育股（1人）、监察室（1人）、征收管理股（3人）、政策法规股（与征收管理股合署办公）、税政股（2人）、收入核算股（8人）；事业单位1个：信息中心（与收入核算股合署办公）；直属机构1个：稽查局（5人）；派出机构1个：苍山西镇税务分局（13人）。2011年在职干部职工46人，其中：中共党员33人，占总人数的71.7%；男性干部28人，女性干部18人；男女干部比为1.56∶1。少数民族干部25人，占职工总数的54.34%。退休干部22人（其中提前退休1人）。学历结构：本科25人，专科14人，中专3人，高中2人，初中2人，分别占总人数的54.34%、30.43%、6.52%、4.35%和4.35%。年龄结构：50岁以上8人，40岁～49岁25人，30～39岁10人，30岁以下3人，分别占总人数的17.39%、54.34%、21.74%和6.52%。

【领导班子建设】 2011年，围绕省局“服务基层年”工作思路，结合州局“一个目标、五项考核”及四项重点工作部署，漾濞县国税局采取班子成员挂钩重点企业，把税源管理工作作为税收工作的头等大事来抓。领导班子成员实行挂钩重点企业制度，主要领导亲自抓，县局领导班子深入一线，靠前指挥，认真贯彻落实“一线工作方法”，推动重点工作的落实。结合漾濞国税实际情况，大理州国税局党组对县局党组班子进行了调整和充实，建立起了一支德才兼备、作风过硬，团结和谐的领导班子，进一步增强了党组班子的战斗力。

【教育培训】 加强干部队伍教育，通过贯彻落实州局“人才倍增计划”，进一步提升干部队伍形象和征管质效。结合工作实际，制发《关于2011年全员业务考试的通知》，对全年的政治理论、税收业务和法律法规学习作了详细的安排和部署，实行一年两次综合业务考试，建立考试成绩奖惩制度。通过考试，对全体干部职工掌握应知应会的日常税收业务知识进行了全面的检查，达到了以考促学的目的。并组队参加全州国税系统第九届业务能手竞赛，团体总成绩第十名。同时，通过积极选派人员参加省、州局各种业务培训和自行组织培训，切实加强干部队伍教育，进一步提高全体干部职工的工作能力和业务素质。

【廉政建设】 认真落实党风廉政建设责任制，切实加强廉政教育，按季开展廉政警示教育活动，筑牢拒腐防变的思想道德防线，保持机构分设至今干部违法违纪“零纪录”。认真做好行风评议工作，因在2010年全县行风评议中成绩突出，2011年被县委、县政府确定为免评单位。结合工作实际，制发《内控机制建设工作实施意见》，并按照州局方案规定的步骤认真抓好落实。认真落实与纳税人签订《廉政公约》和回访走访制度。全年签订《廉政公约》697户，回访走访205户，回访率29.41%以上。

【精神文明建设】 （一）以开展“创先争优”活动、推进学习型党组织建设活动和学习杨善洲先进事迹活动为契机，加强党建工作，增强队伍活力。走访慰问老党员、困难党员，召开纪念建党90周年庆祝大会和爱国歌咏比赛，表彰先进党支部、优秀共产党员，通过多种形式，回顾建党90周年光辉历程，弘扬党的丰功伟绩，凝聚人心，促进和谐。同时，加大文明单位创建力度，在提高创建质量上狠下工夫，制定并落实文明创建规划，实行创建目标责任制，通过文明创建活动的深入开展，促进各项工作全面发展。通过加强文明创建基础建设，对文明创建资料进行收集、整理，为文明创建的深入开展奠定了良好的基础。同时竭力参与扶贫挂钩、捐资助学、结对扶贫和捐资助残等有益活动，进一步展现了国税人的时代品格和互助互爱、乐于助人的高尚情操。（二）大力推进国税文化建设，不断丰富国税文化建设的内容和形式，积极组织开展纪念建党90周年系列活动，不断丰富广大干部职工的业余文化生活，充分展示了良好的国税新形象。通过学习型党组织建设，进一步加强国税文化建设。完成了《漾濞国税志》的编撰出版工作，全方位呈现漾濞国税发展脉络及取得的辉煌业绩，构建漾濞国税人共有的精神家园。

（黎洁美）

祥云县国家税务局

经济概况

2011年，祥云县实现生产总值（GDP）77.82亿元，按可比价格计算，同比增长15.2%。其中：第一产业完成增加值19.99亿元，同比增长7.4%；第二产业完成增加值42.12亿元，同比增长18.05%；第三产业完成增加值15.71亿元，同比增长18.22%。人均生产总值1.65万元，按可比价格计算，同比增长13.88%。股份制经济发展较快。全县非公有制经济增加值44.22亿元，按可比价格计算，同比增长13.5%。非公有制经济增加值占生产总值比重56.8%，同比下降0.8个百分点。2011年，祥云县财政总收入7.33亿元，同比增长24%。其中：地方一般预算收入4.11亿元，同比增长23.06%；财政总支出14.8亿元，同比增长30.09%。

税收概况

【收入完成情况】 2011年，祥云县国家税务局组织各项税收收入3.58亿元，其中“三税”收入3.43亿元，完成州局年计划3.3亿元的103.83%；完成县人民政府年初“三税”预算数3.16亿元的108.59%，完成确保数3.23亿元的106.23%，完成奋斗目标3.43亿元的100.04%。

【收入特点】 祥云县国税局的税收收入第二产业的比重较大，其次是第三产业，其中：第一产业2011年入库17.57万元，占税收收入比例0.05%；第二产业2011年入库2.36亿元，占税收收入比例65.97%；第三产业2011入库1.22亿元，占税收收入比例33.98%。2011年祥云县财政收入7.33亿元，与2010年相比增24%，祥云县国税收入增幅则略大于财政收入，达25%。

【税源分析】 2011年，主体税种增值税保持平稳增长，企业所得税的增幅略大，消费税、储蓄存款利息个人所得税、车辆购置税与2010年相比则有所下滑。其中，增值税入库2.91亿元，与2010年2.34亿元增收5697万元，增长24%；消费税入库10.32万元，与2010年12.2万元减收1.9万元，下降16%；企业所得税入库5196.4万元，比2010年3598.1万元增收1598.4万元，增长44%；储蓄存款利息个人所得税入库41万元，比2010年72万元减收31万元，下降43%；车辆购置税入库1454.3万元，比2010年1489.9万元减收35.6万元，下降2%；其他收入入库41.2万元，比2010年18.5万元增收22.8万元，增长123%。从行业分析：2011年，受外围市场影响，祥云县国家税务局不断创新征管方式，强化制造业和煤炭开采洗选业的税收征管，两个行业税收均呈大幅上升。制造业入库9775.55万元，同比增收1202.86万元，增长14%；采矿业入库增值税1.19亿元，同比增收2309.34万元，增长24%。其中：煤炭入库增值税1.1亿元，同比增收3729.83万元，增长51%；电力、水生产行业入库增值税1194.48万元，同比增收433.02万元，增长57%。商业入库增值税5849.75万元，同比增收1669.15万元，增长40%。

各项工作

【税收征管】 （一）强化税种管理。从“三比对”防范企业多抵扣进项税额、“四审核”防止虚假抵扣进项税额、“三监控”抓好固定资产进项税额抵扣的后续管理强化对增值税固定资金抵扣管理来抓实增值税管理，确保了增值税税负上升1个百分点；通过日常管理、纳税评估等掌握纳税人的生产经营情况，促使白酒行业纳税人规范纳税申报，加强对白酒行业税收管理，确保10万元消费税目标的实现；以年度汇算清缴为契机，认真做好纳税申报表的填写及政策宣传辅导工作，提高申报质量并按时按质完成年度汇算清缴。对长期亏损而又经营正常的企业进行分析纳入重点评估对象，对影响利润的相关指标进行对比分析，查找疑点进行重点评估。强化了所得税管理，使所得税贡献率上升0.3个百分点。（二）加强行业管理。一是加强对农产品加工企业管理，在农产品加工行业税源管理工作中，通过进一步加强税收政策宣传辅导力度，加大日常巡查巡管力度，严把收购、加工、销售、库存四个环节，以四个环节的数量、价格为链条，按同地区平均收购价格和销售价格监控进项税和销项税，对比分析查找疑点，并在农产品加工行业中全面推行收购发票网络开具，达到对收购数量、收购价格的适时监控，不断提高农产品加工企业的管理质量。二是强化煤炭行业管理，对财务制度不健全的煤炭企业，由税收管理员辅导其建账、建制，对逾期未改正的，停止使用增值税专用发票，不得抵扣进项税，并按适用税率征收税款；对申报数量及金额不实的问题，推行最低产量和平均计税价征收且不得使用增值税专用发票，不得抵扣进项税的规定；通过加强对不开增值税专用发票的企业过站量、申报量、实际结存量和计税价格的控管，逐步减少纳税人申报销售煤炭不实的情况。通过加强煤炭行业的管理，煤炭行业增值税突破亿元大关。三是强化砂石料、个体税收管理，通过深入纳税户开展调查研究，探索新时期砂石料、个体税收管理的新方法，促进税收管理科学化、规范化。（三）创新重点税源管理方式，按照以实施信息管税为依托、以加强风险管理为导向、以实行分类分级管理为基础、以完善运行机制为保障、全面推进税源专业化管理的工作方向目标，利用TRAS软件实行重点税源扁平化管理，将年税收收入50万元以上的企业、出口企业88户纳入了TRAS重点监控，由收入核算股牵头，祥城分局负责数据采集审核分析，税政、征管、稽查等部门通过对重点税源报表体系数据的综合分析，按季发布一次重点税源分析报告，反映税源税收现状及趋势，反映征收管理和组织收入中存在的问题，反映税收政策执行情况。充分发挥重点税源监控数据在组织收入、税收管理、税源预测、政策分析等方面的作用，做好重点税源风险预警和应对工作。（四）做好旧版发票的清理缴销和新版发票的推广使用工作，根据全省普通发票简并票种统一式样工作的统一部署，在积极做好换票宣传和新票推行的基础上，结合祥云县实际用票户数多，待清理旧票量大的情况提前作出旧版发票清理缴销工作部署和安排。截至2011年2月20日，对1322户旧版普通发票用票纳税人进行了清理，验旧缴销旧版普通发票646440份，并按要求分类登记造册，全面完成旧版发票清理缴销工作。同时铺开新版普通发票的推广使用，组织辖区内申请使用网络版机打发票的314户用票人，开展了为期两天的普通机打发票填开操作培训。此次培训分8场次进行，共387人参加。（五）推广网络申报缴税，充分利用计算机网络资源，优化纳税服务，降低税收成本。一是培训税源管理部门的业务人员，着重培训“网上申报登录”、“银行扣税”、“报税软件”等。二是培训企业办税人员，主要培训企业端“网络申报流程”、“缴款流程”等。三是加强税银合作，与工商银行、建设银行、农业银行、信用社召开联席会议，就票证领用、账户核对、扣税解库、税银对账等方面作了明确，并指定专人负责。

【税收执法】 （一）税收宣传月工作。认真开展好主题为“税收·发展·民生”的第20个税收宣传月活动。一是进行税收政策培训会，以此启动2011年“税收宣传月”活动。二是在全局开展征集“金点子”活动，充分发挥干部职工的主观能动性，为开展好税收宣传月活动出谋划策。三是按州局要求开展开门纳谏活动，积极宣传税收政策、倾听意见建议。四是认真开展送税收政策进企业活动。五是开展个性化税收辅导活动。深入到农副产品企业，机动车销售企业，开展个性化税收辅导，宣传、落实税收优惠政策；开展“懂发票、辨真伪、维权益、促和谐”系列宣传活动，介绍发票的使用、查询和辨伪等相关税收知识，提高公众对假发票的辨识能力，切实维护纳税人合法权益。六是广泛借用媒体为税收宣传月大造声势，在祥云县电视台的“祥云新闻”、《祥云文化》、《祥云实讯》、《祥云政府门户网站》等大众媒体上对祥云县国税局进行全面的宣传报到；在县城龙翔公园、祥云会堂广场的电子大屏幕播放“税收宣传月”主题以及国税工作所取得的成绩，每天循环播放5次。七是把办税服务厅打造成税收宣传的主阵地，在办税服务厅公告栏内粘贴《关于纳税人权利与义务的公告》。在办税服务厅内电子显示屏上滚动播出祥云国税局自己制作的两段视频短片，宣传祥云国税工作所取得的成就和税收宣传月主题。八是充分运用网络资源开展好税收宣传。利用政府信息公开网站及短信方式积极开展税法宣传，发布惠农、下岗再就业等税收优惠政策。（二）纳税评估工作。在2011年纳税评估工作中，认真总结纳税评估经验，评估实施手段和评估结果处理得到持续强化和提高，努力开创纳税评估工作新局面。从落实责任入手，强化评估运行程序，规范评估实施手段，依托税收监控分析系统、综合征管系统、税负预警分析系统和金税系统，采取“机选”与“人选”相结合的办法，筛选评估对象，摸准工作重点，对长期申报零税负、低税负的行业和使用农副产品收购发票、固定资产抵扣较大、运输费用抵扣多、滞留票较多的企业，实施重点评估，减少评估行为的盲目性和随意性。组织实施日常纳税评估28户，补缴增值税308.9万元，加收滞纳金6万元；补缴企业所得税412.19万元，加收滞纳金1.72万元。（三）税务稽查工作。在实施稽查过程中，采取“五项措施”确保检查工作质量和效率有效。一是坚持选案工作的科学化；二是坚持查前案头分析查案方法。三是坚持检查工作的精细化。四是坚持检查与案例分析相结合；五是坚持检查与纳税服务有机结合，分级分类稽查、专项检查、专案稽查、日常检查、发票专项检查和行业整治等工作的开展，共检查纳税户62户，有问题58户，其中依法立案查处8件，查补税款611.24万元，加收滞纳金160.45万元，处以罚款22万元。

队伍建设

【机构人员情况】 2011年，县局内设6个部门，即办公室、人事教育股、监察室、税收征收管理股、税收政策管理股、收入核算股；设1个直属局：稽查局；1个基层单位：祥城税务分局。截至2011年底，共有在职职工63人，退离休职工35人。

【教育培训】 2011年，根据大理州国家税务局“人才倍增”计划，结合祥云县实际，做好教育培训工作。一是“请进来”，在2月份请祥云县书法家协会的书法家到国税局讲授书法基础知识及临帖注意问题，以提升干部职工的人文素养。二是积极参加“走出去”活动，选派税源管理部门的3名业务骨干，分两批到昆明市国家税务局直属分局在实际工作中学习培训。三是开展好交流帮辅活动，祥云县国税局和宾川县国税局结成一对，以务实、高效、节俭的原则，两地征管、税源管理等业务部门与业务部门之间、相同岗位之间实地进行交流学习、交流帮辅，两地国税取长补短，相互提高。

【廉政建设】 认真落实《大理州国家税务局对县市局党风廉政建设责任制考核办法（试行）》，召开了两次廉政警示教育活动，邀请县人民检察院领导对全体干部职工进行了预防职务犯罪教育讲座，召开了特邀监察员（行政效能绩效监督员）会议，认真落实个人重大事项报告，严肃会风会纪，启动内控机制建设工作，认真排查风险点，并将从完善整合规章制度入手，强化“两权”监督，落实一岗两责，有效规避税收执法风险，与纳税人签订《廉政公约》427户，并采取多种形式进行回访，回访率43%。

【精神文明建设】 认真践行科学发展观，组织开展各项活动，进一步加强精神文明建设。一是组织女职工参加了由县委宣传部、县妇联、县文联、县总工会举办的“三八”节广场健身舞比赛并取得三等奖的好成绩。二是奉献爱心，为灾区捐款。3月16日，德宏傣族景颇族自治州盈江县发生5.8级地震，全局干部职工伸出援助之手向盈江地震灾区献爱心捐款活动，共捐款5050元。三是积极参加县委政府建党90周年的各项活动。6月16日，组织人员参加由祥云县宣传部、县文联共同举办的庆祝“七·一”建党节文艺演出和唱红歌比赛，演唱了《中国中国鲜红的太阳永不落》，表演了音诗画《九十抒怀》。四是组织全局党员到保山市施甸县大亮山善洲林场，学习杨善洲精神。组织全局干部职工到下庄参观学习普发兴先进事迹。

（杨体华）

宾川县国家税务局

经济概况

2011年，宾川县完成生产总值（GDP）57.24亿元，同比增长14.1%，其中，第一产业实现25.66亿元，同比增长11.8%；第二产业实现14.85亿元，同比增长20.4%（其中：工业实现5.82亿元，同比增长14.3%）；第三产业实现16.73亿元，同比增长12.5%，各产业占GDP的比重分别为44.83%、25.95%、29.22%。社会消费品零售总额12.71亿元，同比增长20%。全县财政收入3.67亿元，同比增加6657万元，增长22.14%；财政支出11.96亿元，同比增加2.01亿元，增长20.22%。

税收概况

【收入完成情况】 2011年，宾川县国家税务局组织各项税收收入1.79亿元（其中含免抵调库增值税131.76万元），完成州局计划任务1.21亿元的106.86%，同比增收2372.81万元，增长22.47%。

【收入特点】 （一）税收收入增长较快，经济运行良好。2011年，全县国税收入在前五年快速增长的基础上，保持了快速、稳定增长，税收总收入、“三税”收入均在2010年增长的基础上快速增长，分别达1.79亿元和1.61亿元。（二）五税“四增一减”。除利息个人所得税因受政策变动因素影响减收外，其余税种均实现增收，且增幅均超过22%，其中所得税增幅最大，与2010年相比增收1027.5万元，增幅达47.69%。

【税源分析】 （一）总体税负分析。2011年，宾川县国税局宏观税负为5.22%，比2010年5.17%提升了0.05个百分点，总体税负增幅较小。一是由于国家继续实施家电、汽车摩托车下乡政策，刺激了消费，全县消费品零售总额大幅增长，增幅达19%，工业生产特别是规模以上工业增速较快，有力推动经济发展，商业、工业增值税大幅增收；二是强化了日常税收征管，加大了税务稽查力度，认真开展所得税汇算和纳税评估等工作，税收查补增收，拉升宏观税负。三是自2011年11月1日起受国家政策影响，个体税收起征点提高，影响总体税负下降。1. 工业增值税情况：全县完成现价工业总产值24.13亿元，同比增长33.42%，增加6.04亿元，全县工业总体运行呈现增量大、速度快、质量高、效益好、运行稳的态势，实现“十二五”良好开局。县国税局2011年完成工业增值税5550.55万元，同比增收1967.56万元，增长54.91%，占全局增值税总额的42.93%，比重同比上升8.6个百分点，占税收总收入的30.93%，工业税收比重同比有所上升。2. 商业增值税情况：2011年，批发零售业合计入库各项税收收入6912.19万元，同比减收17.13万元，下降0.25%。商业增值税减收受宾川鸿顺废旧金属回收有限责任公司增值税减收因素影响，该企业全年入库1367.05万元，同比减收1838.78万元，下降57.36%。3. 税源结构分析：2011年，增值税总体税负为5.22%，高于全州总体税负（4.41%）0.81个百分点。剔出烟草商业后为4.84%，高于全州（4.17%）0.67个百分点，剔除预征结算后为5.72%，高于全州（3.74%）1.98个百分点。在所属18个行业中，水的生产的供应业、批发业、煤炭开采和洗选业、零售业、饮料制造业、有色金属矿采选业6个行业增值税税负高于全州平均税负；非金属矿物制品业、电力、纺织业、农副食品加工业、废弃资源和废旧材料回收加工业等10个行业增值税税负低于全州平均税负；非金属矿采选业、纺织业为零税负；与全国43个重点行业税负相比，有9个行业税负略高于全国平均水平，其他有3个行业税负低于全国平均水平。分行业税负对比：有色金属矿选业、黑色金属冶炼和压延加工业、煤炭开采与洗选业、零售业等4个行业增值税税负有所提升，分别提升了11、2.57、0.55、0.22个百分点；电力、批发业、化学原料及制品业、农副产品加工业、废弃资源和废旧材料回收加工业、有色金属冶炼和压延加工业等6个行业增值税税负呈下降趋势，分别下降了0.35、4.51、1.53、0.01、0.08、0.39个百分点；非金属矿物制品业、交通运输设备制造业、纺织业、水利管理业等4个行为零税负率行业。（二）重点税源、重点行业收入分析。2011年全县经济发展势头良好，增长速度较快，全县商品销售市场活跃及工业经济持续快速增长，带动了税收收入较快增长，全县以烟草、电力、水泥、煤炭、石油、化学化工、废旧回收加工等行业或品目为主导的重点税源，重点纳税企业共有17户，全年完成增值税收入1.01亿元，同比增收897.06万元，增长9.75%。（三）增值税重点品目完成情况分析：烟草行业完成增值税2071.39万元，占增值税收入比重16.02%，同比上升3.62个百分点；电力完成1651.65万元，占增值税收入比重12.77%，同比上升3.08个百分点；水泥完成1056.48万元，占增值税收入比重8.17%，同比下降0.81个百分点；煤炭完成1906.75万元，占增值税收入比重14.75%，同比上升8.99个百分点；化学化工完成773.49万元，占增值税收入比重5.98%，同比上升5.44个百分点；废旧回收加工业完成113.78万元，占增值税收入比重0.88%，同比下降0.34个百分点；6个重点项目有烟草、电力、煤炭、化学化工4品目比重同比提高，水泥和废旧回收加工业两个品目比重同比下降；从增值税收入完成情况分析：烟草、电力、水泥、煤炭、化学化工五个品目实现增收，增长速度较快，同比分别增长58.14%、61.39%、11.48%、213.18%、34.68%；废旧回收加工税收同比减收14.68万元、下降11.42%。

各项工作

【税源管理】 （一）强化户籍管理。2011年，完善个体电子定税系统的标准参数，优化核定流程，简优表单，提高电子定税的科学性、合理性；探索集约化、社会化个体专业化市场管理方式，构建协税护税体系，提高管理效率，降低征纳成本。2011年征收结构情况：开业户3065户，其中一般纳税人151户，小规模纳税301户，个体“双定户”2613户，其中起征点以上750户，月核定税款20.72万元，起征点以下1863户，所得税管户226户，其中查账征收172户，定率43户，定额11户。增值税起征点调整后，宾川达到起征户数51户，月税款4.28万元，起征点以上减少699户（起征点以下达2562户），月税款减少16.44元（年税款减少197.26万元），税收优惠政策的落实，进一步促进了宾川县非公经济的发展。（二）做好企业所得税征收方式鉴定汇算工作。一是企业所得税征收方式鉴定工作。2011年初，按照企业所得税征收方式一年一鉴定的原则，对企业所得税核定管户进行清理，统一政策执行口径。2010年，县国税局有定率核定户17户，定额核定户28户。经过梳理实行定率核定39户，定额核定14户。通过核定，企业亏损面由2010年的36%下降到26%，有效减少一批账务核算不真实、长挂亏损及零申报企业，部分企业所得税税款同比大幅提升，有效提高了企业所得税的征管质量。二是做好2010年企业所得税汇算清缴工作。2010年，宾川县应参加汇算清缴企业146户，实际参加汇算清缴企业146户。其中查账征收纳税人129户，定率征收纳税人17户。通过加强报表审核和纳税评估等多种措施，2011年汇算清缴期间，企业补税659.77万元。（三）加强重点行业（煤炭行业）管理。2011年，宾川县有煤炭生产企业17户、商贸企业3户。加强煤炭行业管理：一是加强对煤炭生产行业调研，及时掌握企业生产经营情况，适时调整管理措施。二是加强户籍管理，强化日常监控。从事煤炭生产的单位和个人，按规定办理了税务登记；达到一般纳税人标准的小规模纳税人，按规定办理一般纳税人审核认定，实施有效监控。三是加强部门配合，形成税收征管合力。主动与煤炭工业局联系，得到支持，通过煤炭工业局“远程监控”系统及时准确地掌握煤炭生产企业的生产、销售数量，分户建立台账和申报数量进行比对，有效控制企业销售不入账的情况。四是加强纳税评估，强化税源管理。根据企业产、销、存情况及煤炭市场价格变动情况，实行分类管理；依据耗用电量、火工器材、工资成本、原料成本等，采取人机结合的办法，实施有效的纳税评估。五是强化发票管理。对不按规定取得和使用发票的企业严格按税法规定处理，确保税款及时足额征收入库。2011年，宾川县煤炭行业完成税收4658万元，占“三税”收入的28.9%，成为宾川县重点纳税行业。（四）严格延期缴纳审核，加大清欠力度。在审核报批延期缴纳税款工作中，认真审核、严格把关，严防延期缴纳税款形成新欠。全年共受理审核延期缴纳税款1户次，上报省局审批1户次，延期缴纳税款140.25万元，在欠税管理方面，按照“依法清欠、规范管欠、分类压欠、制度控欠”的思路，采取切实有效的措施，狠抓欠税管理。一抓调查摸底。搞清欠税构成情况，摸清欠税户的偿欠能力；二抓监控堵漏。加强对欠税户的动态管理，当欠税企业生产经营情况转好、有清欠能力时，迅速督促其缴纳；对发生新欠的纳税人，要求税收管理员紧盯不放，严密监控，掌握其资金运行情况，及时催报催缴。

【税收征管】 （一）深化“税务与组织机构代码信息系统”应用，强化税务登记管理。按照总局推行“税务与组织机构代码信息系统”的工作要求，依托信息技术，通过明确职责、规范流程，与质监部门建立信息共享机制，实现对组织机构代码信息的有效核查，建立数据信息自动维护更新的良性循环体系，为联合监管提供完善有效的信息服务手段，切实提高税务登记管理有效性。以充分应用质监部门的组织机构代码信息，来提高纳税人申报办理税务登记的效率；以强化税务与组织机构代码信息的比对、分析、核实工作，来提高税务登记管理的针对性。（二）加强发票管理工作。一是稳步推行普通发票简并换版工作，落实信息管税，进一步强化税源监控，提高纳税服务水平。截至12月31日，推广发票网络版438户，单机版6户，手工版853户。二是2011年，发票补税成绩显著。普通发票代开征收增值税51.56万元；增值税专票代开征收增值税11.28万元；发票超定额补税139.31万；以票控税（摩托车销售行业）补税25.42万元。发票管理补税合计227.66万元，同比增加75.85万元，增长49.96%。（三）抓好税收管理员辅助信息系统工作。

【纳税评估】 2011年抓好管理工作的同时，做好增值税、所得税的日常评估和专项评估，评估工作卓有成效。全年共评估65户，评估入库增值税22.32万元，所得税161.84万元，其中：日常评估增值税22户，入库增值税4.91万元；专项评估增值税26户，入库增值税17.42万元；日常及同步评估所得税16户，入库所得税16.67万元；专项对信用社进行评估1户，入库所得税145.17万元。日常评估增值税调减留抵税额8.12万元，专项评估增值税调减留抵税额0.71万元。日常及同步评估企业所得税调减亏损额111.61万元。

【稽查工作】 加大稽查力度，规范税收秩序。2011年，把日常稽查、分级分类稽查、专项稽查和专案稽查有机地结合起来，加大了对涉税违法案件，尤其是大案、要案的查处力度，在重点行业和重点环节卓有成效地开展了税收专项检查和税收专项整治工作，与各有关部门积极配合，依法严厉打击严重扰乱经济秩序和税收秩序的重大税收违法犯罪活动，有效遏制重大涉税违法案件的发生。2011年，入库稽查查补税款、滞纳金、罚款46.08万元，其中，查补增值税29.24万元，加收滞纳金3.15万元，罚款13.69万元。

【纳税服务】 2011年，宾川县国税局进一步优化纳税服务，国税形象整体提升。（一）税收宣传工作有特色。2011年4月，开展了以“税收·发展·民生”为主题的第20个全国税收宣传月活动。依托国税网站、电子显示屏开展税收宣传；适时召开纳税人座谈会，征求县委政府领导及纳税人意见、建议，提高纳税服务质量，找准税收政策宣传焦点，使税收政策宣传更加贴近生活、贴近纳税人，更好地为纳税人服务，支持纳税人的发展；推陈出新，丰富宣传形式和手段，充分利用电视、广播电台、宾川时讯等媒体，积极运用各种宣传形式和手段，不断拓展税收宣传阵地；创新形式，把税收政策打包，以“礼包”形式送政策下乡，对纳税人“一对一”服务。（二）“重点税源监控卡”和“纳税服务联系卡”的推行，进一步加强了税企之间的联系。（三）整合办税厅人力资源，强化办税厅人员业务培训、规范和完善办税服务厅各窗口工作职能，积极推行“一窗通办”办税服务模式，简化办税程序，解决纳税人“多头跑”、“往返跑”的问题。（四）大力推行网络申报，对全部增值税一般纳税人进行抄报税申报培训。全年共推行127户，占增值税一般纳税人78%，有效缓解了征收大厅的拥堵情况，方便纳税人的增值税和所得税申报，优化纳税服务，得到纳税人好评。

队伍建设

【机构人员情况】 内设机构7个，级别为正股级，即：办公室（7人）、政策法规股、税政股（3人）、收入核算股（11人）、征收管理股（3人）、人事教育股（4人）、监察室；直属机构：1个，级别为副科级，即稽查局（6人）；事业单位：1个，级别正股级，即信息中心。根据县局人员情况和工作需要，以上机构中，信息中心与收入核算股合署办公，职责合并，在收入核算股加挂信息中心牌子；政策法规股与征收管理股合署办公，职责合并，在征收管理股加挂政策法规股牌子；监察室与人事教育股合署办公，职责合并，在人事教育股加挂监察室牌子。2011年，全局在职干部职工60人，离、退休人员20人。在职男性干部为48人、女性干部为12人，男、女干部比率为4:1。学历结构：本科28人，占46.67%；大专24人，占40%；中专生2人，占3.33%；高中生3人，占5%；初中以下3人，占5%。年龄结构：50岁以上13人，占总人数的21.67%；40～49岁40人，占总人数的66.67%；30～39岁4人，占总人数的6.67%；29岁以下3人，占总人数的5%。平均年龄45.4岁。

【领导班子建设】 一是根据《大理州国税系统副科级领导干部竞争上岗工作实施方案》的要求，通过自愿报名、资格审查、笔试、投票推荐、组织考察等程序，1名业务精湛、政治过硬的年轻干部充实到了局党组领导班子中，为领导班子增添了活力。二是坚持党组中心组理论学习和党组民主生活会制度。2011年开展中心组理论学习12期；民主生活会上，党组成员只谈问题，不谈成绩，找出存在的问题并提出解决问题的方案。通过学习和查找问题，分析问题，领导班子成员的政治素质和履职能力得到进一步提高。三是认真贯彻落实领导班子“集体领导，民主集中，个别酝酿，会议决定”的“十六”字方针，增强班子成员民主意识，党组的执行力、落实力进一步增强。

【党建工作】 积极参加各级举办的建党90周年纪念活动并获表彰；“创先争优”、向杨善洲同志学习和“四亮四评”等活动深入开展；读党史、上党课、重温入党誓词、参观爱国主义教育基地、走访看望老党员等活动全面铺开，基层党组织和广大党员讲党性、学党史、树典型、当先锋意识进一步增强。

【党风廉政建设】 一是继续层层签订《党风廉政建设责任书》、《廉洁自律保证书》、《基层党组织目标管理责任书》、《目标管理责任书》，明确“一把手”对反腐倡廉建设工作负总责，分管领导对职能部门反腐倡廉建设工作负领导责任，各部门对本部门的反腐倡廉工作负直接责任，形成“党组统一领导，党政齐抓共管，纪检监察组织协调，部门各负其责，依靠群众支持和参与”的反腐倡廉工作机制，营造了“想干事、能干事、干成事、不出事”风清气正的工作环境。二是警示教育和廉政文化建设开展有声有色。在认真组织收听收看上级党风廉政建设会议、《国税讲坛》、《国学讲坛》的基础上，按季开展了多种形式的警示教育活动；充分利用“书画摄影协会”文化阵地，把廉政文化建设与反腐倡廉建设有机结合起来，组织和引导广大干部职工积极参与书法、摄影创作，把活动开展得有声有色，廉政文化建设蔚然成风，形成了高雅、浓厚的文化氛围。三是《廉政公约》续签和回访工作扎实开展，有效接受社会监督。2011 年新签订《廉政公约》133 户，回访一般纳税人 152 户，占应回访户 100%；小规模企业 108 户，占应回访户 60%；“双定户”172 户，占应回访户 30%。在宾川县 2011 年行风评议中，以 96.52% 的满意率名列经济执法部门第一名，满意率同比上升 4.05 个百分点。

【教育培训】 根据“人才倍增”计划实施方案，先后选派两名干部到昆明进行跟班学习，回单位后，把学到的知识在全局进行宣讲，收到良好效果。以全州国税系统第九届业务能手竞赛为契机，认真开展税收业务知识全员培训，以团体赛成绩和个人赛总成绩两个第一的好成绩荣获团体一等奖，实现业务能手竞赛全新突破。

【文明建设】 通过云南省委、省政府“文明单位”和大理州委、州政府“文明单位”复查。创建省国税局、省妇联“巾帼文明岗”荣誉称号；荣获中共宾川县委“五好党总支”荣誉称号。完成《宾川县国税志》（1978～2007 年）的编写并出版。

（李朝圣）

弥渡县国家税务局

经济概况

2011 年，弥渡县经济持续稳定发展，按可比价计算，全年实现生产总值（GDP）26.81 亿元，比 2010 年增加 3.5 亿元，增长 15%，其中：第一产业 7.75 亿元，增长 8.7%；第二产业 8.43 亿元，增长 28.7%；第三产业 10.63 亿元，增长 10.3%，增长绝对数分别为 6187 万元、1.88 亿元、9967 万元；全年工业总产值 4.81 亿元，比 2010 年增长 34.3%。商品销售总额 17.7 亿元，比 2010 年增加 2.75 亿元，增长 18.42%。社会消费品零售总额 11.77 亿元，比 2010 年增加 1.96 亿元，增长 19.99%。

税收概况

【税收收入】 2011 年，弥渡县国家税务局组织税收收入 9864 万元，同比增加 2893 万元，增长 41.51%，完成州局年计划的 132.61%；“三税”合计 9275 万元，同比增加 2672 万元，增长 40.47%，完成州局年计划的 131.41%；“三税”同比分别增长 61.23%、－31.64%、6.88%；（储蓄存款利息）个人所得税 15 万元，车辆购置税 574 万元，其它收入 13 万元，同比分别增长－51.69%、70.54%、33.85%。总体税负 6.05%，居全州第三位。

【收入特点】 弥渡经济总量小，缺乏大的税源项目，烤烟仍然是主要税源，多年培植发展的矿冶、建材及农副产品加工业虽有较快发展，但部分骨干项目仍处在建设阶段，支撑税收较快增长的基础还不十分牢固，税收结构性减免税政策相继出台的局势也给经济发展带来有利趋势，国税局坚决贯彻国家宏观调控政策，分析研究国内外形势变化，积极应对金融危机冲击和特大旱灾等各种困难和挑战，深入贯彻落实科学发展观，优化经济结构、适时推进和拉动投资，基本实现经济与税收同步增长。行业税收比重：商业 3550 万元，工业 1754 万元，烟草 2770 万元（增值税 1200 万元、所得税 1570 万元），原煤 800 万元，占整个税收收入的比重分别为 35.98%、10.80%、28.08%、8.11%。经济类型税收比重：国有企业 2793 万元、集体企业 904 万元、股份公司 4047 万元、私营企业 1077 万元、其它企业 1008 万元，占整个税收收入的比重分别为 28.32%、9.16%、41.03%、10.92%、10.21%。

【税源分析】 2011 年，面对组织收入工作的巨大压力和困难局势，弥渡县国家税务局加强税源分析、税收预测分析、税收政策效应分析及管理风险分析，强化重点税源、重点行业及重点企业分析，密切跟踪宏观经济及企业经营形势影响税收变化的主要因素，切实使税源转变为税收：一是围绕组织收入中心工作，结合《重点税源企业管理要点与措施》，深化重点税源管理，零税负申报分析、最低行业税负率预警制度、税源专人监控制度。二是创新税收分析方法，科学分析税源结构，强化煤炭行业重点税源进行监控，全面分析及建立健全煤炭企业行业特点、生产销售及税负情况及相关台账。三是抓住税源管理这个基础，深化税源管理，做好增值税抵扣管理按月审核制度，严格执行农产品采购抵扣税的规范，把政策落实到企业，加强日常检查，分析存在问题，及时解决；四是落实好结构性减税政策，为推进经济发展方式转变提供动力，对税收政策管理难点和疑点、零税负企业认真筛选，梳理风险点及风险面，提前预警，落实到位；五是充分利用征管信息系统、数据监控系统、“四级”联动分析机制的优势，深入开展税收征管状况分析，加强税源分析和监控，查找管理薄弱环节、核查政策贯彻落实情况，挖掘税收潜力，实现管理与服务并举的良好格局。

各项工作

【税收征管】 （一）户籍管理。2011 年，全县负责税收征管纳税总户数为 3202 户。其中：一般纳税人 78 户，小规模纳税人 3124 户，按行业和规模实施了分类管理；按经济类型分，企业 187 户，个体 3015 户。（二）税收征管。税收管理以明确职责配置为基础，重点税源重点管理，风险税源强化管理，信息化运行为依托、完善制度作保障，不断提高依法履行税收管理、税收执法和行政管理的能力，确保责任的有效落实和权力的正确行使。（三）岗责体系。依照税收征管软件的运行要求，进一步规范岗位体系设置，优化征管业务流程，强化征、管、查各环节业务衔接，完善《税收执法责任》、《目标管理考核办法》，建立全员化的征管质量绩效考核、税收分析、税源监控、税务稽查良性互动机制，为全面完成各项税收工作任务奠定基础。（四）税收征管多元化。进一步拓展服务平台，优化服务，78户增值税一般纳税人全面实行网络申报一体化办税，530户“双定户”实行邮政储蓄扣税，全年网络申报及成功扣缴税款5482万元。

【创先争优“四亮四评”强管理】 全局紧紧抓住组织收入中心工作，创新税源分析方法，切实开展四级联动税收分析机制，着力改变思维模式，深入推进“管理型”及“服务型”并重的工作思路，从纳税人需求出发，优化纳税流程，突出重点税源管理。一是落实优惠政策报备制度，降低税收管理的执法风险。二是规范行业管理，测算行业公平、合理的税负预警值，以稳定和提高税负为核心，实现向管理要收入的工作目标。三是税收管理员准确了解和掌握重点税源企业的生产经营情况，工艺流程，高度关注纳税人税负变化及变化因素分析数据。四是推行税源管理“两卡”制，扎实推进重点税源管理痕迹化，对新凸显的煤炭行业税源管理及分析，突出深、广、实，增强工作主动性，采取积极措施，支持帮助企业发展，实现税收征收率稳步上升，税收收入持续增长，全年入库煤炭税收797万元，同比增311.5%。

【强稽查重评估促管理】 2011年，紧扣“抓好三项工作、围绕两个着力、注重四个突出”工作主题，坚持“聚财为国、执法为民”工作宗旨，用科学发展观统领稽查工作，大力推进依法稽查，加强队伍建设，深入开展整顿和规范税收秩序，创新稽查工作方法，转变执法观念，实现从“有错推定向无错推定”的转变、从“以查补收入为重点向以落实税收法规为重点”的转变；做到查深，确保检查质量；查全，确保检查广度；查实，确保检查实效“三个确保”，规范执法，构建和谐，依托评估软件及稽查查账软件，以纳税评估和税务稽查为手段，挖掘潜力，深化税源管理，强化评估，规避风险，防范避税，切实提高增值税税负，实现以查促管、以查增收。全年稽查及评估入库税款254万元。

【税收宣传】 在全国第20个税收宣传月中，紧紧围绕“税收·发展·民生”宣传主题，为进一步提高全民纳税意识，使税法宣传更深入，倡导文明与和谐，开展了形式多样、丰富多彩的宣传活动。一是采取走出去、请进来的方法，召开各种类型税企座谈会，互动交流，现场解答涉税实务。二是在主要街道悬挂税收宣传标语，在宣传栏张贴税收宣传画，深入各乡镇发放宣传材料2000余份，设立税法咨询台，提供法律咨询服务300多人次，营造了良好的依法治税环境。三是利用税企联系“两卡”制，把涉税政策及时送到企业，减少政策理解和认识上的盲区和误区，对构建和谐征纳关系、和谐社会起到积极作用和有益补充。

队伍建设

【机构人员情况】 2011年，全局机构设置为：办公室、征收管理股、人事教育股、监察室、收入核算股、稽查局、信息中心、弥城税务分局。在职人员57人，其中党员42人，占在职人员的73.68%；研究生1人、本科24人、专科22人、中专9人、高中1人。

【干部队伍建设】 为使国税事业稳步推进，长足发展，进一步提升大局意识、责任意识和法律意识，实现队伍建设新跨越。一是加强文明建设、树国税良好形象。不断丰富创建活动及创建载体，使文明创建工作具有旺盛的生命力和持久力，文明建设焕发出新的活力，各项工作成效凸显。二是创先争优，创新发展。将创先争优活动与推动国税事业有机结合，全面提升干部队伍整体素质和征管质效，增强工作积极性、创新性和主动性，推动国税事业创新发展。三是全面推进内控机制建设，规范内部管理。完善内控制度，清理职权，科学分权，排查风险，实时监控，规范权力运行。四是扎实推进防腐体系、加强党风廉政建设。以预防职务犯罪、规避执法风险为重点，严格执行重大事项报告制度，积极推进廉政文化建设和国税文化建设，着力规范权力运行机制，科学实施风险管理。

【廉政建设】 以文明创建及制度建设作保障，确立新的起点和高度，强素质，树形象，打造精品，推出亮点，把党风廉政建设作为加强干部队伍建设的出发点和落脚点，实现税收征管与廉政建设新突破。一是切实推进“一岗双责”，强化“两权”监督。落实《惩治和预防腐败体系工作规划》、《实施意见》、《税务系统领导班子和领导干部监督管理办法》，签订《党风廉政建设目标责任书》，层层负责抓落实。二是抓制度促廉政，抓规范正行风。开展党性党风党纪教育、警示教育、典型案例、勤政廉政、职业道德、预防职务犯罪、以会促廉、以案说教警示活动，真正做到警钟长鸣。三是营造氛围，构建和谐。开展“廉政文化进机关”主题活动，悬挂廉政警示图及标语20幅，陈列廉政书籍百余册。四是拓展渠道，量化考核。加强廉洁自律，树立诚信廉洁、文明高效的国税形象，拓展监督渠道，年内与重点税源企业签订《廉政公约》78户，定期回访，良性互动。五是完善内控机制体制，排查涉税风险及廉政风险环节，规范税收执法。

【教育培训】 为丰富和拓展“人才倍增”计划，不断提高队伍素质，优化队伍结构，增强教育培训的计划性、针对性和实效性，以提升工作能力为培训目标，制度落实为组织保障。一是制定《弥渡县国税局人才倍增计划的实施方案》，明确职责，确定目标。二是通过“走出去，请进来”培训，师资队伍和业务骨干队伍进一步充实。三是组织好视频培训，做到讲学习、比业绩，实现思想作风及工作作风有明显转变。全年共举办培训32期，其中：业务培训19期、预防职务犯罪讲座1期、社交礼仪10期、党风廉政建设2期。

（雷新海）

南涧彝族自治县国家税务局

经济概况

2011年，南涧彝族自治县实现生产总值（GDP）21.49亿元、增长15%，其中一次产业7.87亿元、二次产业4.11亿元、三次产业9.5亿元，分别增长9.7%、28.8%和14%，三次产业的结构比例为36.6:19.1:44.3；实现财政总收入3.21亿元、增长30%，其中地方财政一般预算收入2.09亿元、增长28.1%，地方财政一般预算支出8.76亿元、增长26.4%；完成全社会固定资产投资8.77亿元、增长30%；实现农村经济总收入14.37亿元、增长25.8%；农民人均纯收入3391元、增长35.5%。

税收概况

【收入完成情况】 2011年，南涧县国家税务局完成税收收入1.02亿元，同比增收2690.07万元，增幅36.8%，税收收入实现历史性跨越。一是首次实现收入进度与时间同步；二是总收入、“三税”收入双双突破亿元大关；三是收入增幅首次突破30%。

【收入特点】 五个征收税种呈现四增一减的特点，除储蓄存款利息个人所得税因政策性不可比因素同比下降外，其余四个考核税种同比都保持两位数增长。全年分月入库税收呈现为前松后紧，分月入库极不均衡，1、2、3、4、5连续五个月，月度入库税收同比保持三位数增长，6、8、9三个月，月度入库税收同比保持两位数增长，7、10、11、12四个月，月度入库同比呈负增长。

【税源分析】 （一）税源结构。1.办理税务登记情况：2011年底止，办理税务登记证1899户，比2010年新增186户，其中企业187户，同比增35户，占登记的9.85%。个体1712户，同比增151户，占登记的90.15%。2.税种结构情况：截至2011年底，增值税征管户共有1697户；消费税征管户9户；企业所得税征管户81户，储蓄存款利息个人所得税委托代征5户。（二）重点税源企业实现税收情况：2011年，烟草、两个水电厂、德生经贸等几户重点企业税收贡献率稳步提高，对税收收入的拉动作用明显，并且企业所得税占比同比上升近6个百分点，税种结构进一步优化，全年“三税”入库1亿元，同比增收2690万元，增幅36.8%，烟草、两个水电厂、其他“三税”收入三项入库同比持续两位数增长。其中烟草、两个水电厂2011年度入库“三税”7507万元，占“三税”总收入的75.07%。小湾、漫湾电力增值税，前期因旱情影响，小湾水电厂为缓解电力紧张局势，主动降水位保发电，两个发电厂上网电量同比都呈上升趋势，从8月份起，申报上网电量同比明显回落。2011年度，南涧按再分配比例入库电力增值税5498万元，同比增收1708万元，增幅45.06个百分点，占“三税”入库比重54.98%，两个发电厂拉动“三税”收入同比增长63.5个百分点。

【税负分析】 全年入库增值税8085.62万元，同比增长1740.11万元，增幅27.42%。其中，一般纳税人入库增值税6895.59万元，同比增长1668.39万元，增幅31.92%，占全年入库增值税的85.28%。一般纳税人申报期内剔除跨区收入分配外，实现综合税负率4.53%，同比上升0.01个百分点。申报期内，除减免税企业外，有7户企业当前税负仍为零。分行业看，除林业、农业两个涉及减免税行业外，非金属矿采选业、木材加工行业、黑色金属冶炼及延压加工业3个行业当前税负仍为零。其他服务业、交通运输设备制造业、批发业、零售业、电力热力的生产和供应业、水的生产和供应业、农副食品加工业、化学原料及化学制品制造业8个行业税负同比上升，饮料制造业、非金属矿物制品业、农、林、牧、渔服务业、黑色金属冶炼及延压加工业4个行业税负则同比下降。

各项工作

【税收征管】 （一）2011年初，对组织收入做到早谋划、早下达、早落实，将两个任务及时分解、下达到相关职能股室、分局、稽查局，并督促涉及部门及时将收入任务层层分解，做到指标到户，责任到人，考核到点、确保组织收入按序时进度完成。按照年初制定的收入目标任务从五方面抓好组织收入工作：一是认真落实组织收入原则，做到“依法征收，应收尽收，坚决不收过头税，坚决防止和制止越权减免税”。二是实行收入目标责任制，做到任务到户、责任到人、时限到点、确保组织收入完成的序时进度。三是实施组织收入按月通报制度，对抓好组织收入的好办法、好经验、好点子以及完成任务好的及时给予表扬奖励。四是继续完善和坚持组织收入分析制度，通过分析及时发现存在问题，剖析根源，及早采取有效措施。五是突出重点税源的管理，做到重点管户心中有数，重点税源心中有数，探索个性化、专业化的税源管理办法，防止税收管理漏洞，防止产生欠税，确保税收收入及时足额入库。（二）“五项要求”、“三个步骤”完成个体定额核定调整工作。“五项要求”：一是针对个体定额核定调整工作的连续性和及时性，由征管部门牵头每月召开一次定额核定调整工作会议，形成定额核定调整机制。二是针对注销户的复杂性，凡达到起征点以上的“双定户”注销，经定额核定调整小组核实后，报局领导批准，形成重点报批制度。三是进一步加强以票控税工作。四是在现有的摩托车、糕点加工、手机行业管理办法的基础上，进一步探讨其他行业税源管理办法，形成本地区行业专业化管理办法，提高税源管理质效。五是加强部门协调，规范报停户流程管理，提高征收效率。三个步骤：在事前，税收管理员全面深入管户摸底调查，与相邻行业比较，张榜公布拟定核定公告，充分听取纳税人意见建议，做到公平、公正、公开；在事中，个体定额核定调整领导小组认真听取税源管理部门意见，与2010年核定情况作对比，听取纳税人反馈的意见建议，讨论通过核定最终意见；在事后，由监察部门跟踪督察，发现问题即时解决，防范执法风险。至2011年1月30日，定额核定调整“双定户”260户，月核定税额57851元，月核定最高定额40000元，最低5000元，达征率16.88%，与2010年同期提高7.53个百分点。

【税法宣传】 全国第20个税收宣传月，南涧县国税局围绕“税收·发展·民生”主题，以网络信息技术为载体，打造信息化纳税服务系列精品，有效丰富税收宣传层次和拓宽纳税服务内涵。一是以打造“QQ远程协助”服务品牌为亮点，创新服务手段。在税务分局设置专用访问互联网的电脑，安排专人进行维护。在电话中无法解决的问题，利用QQ远程服务功能，协助纳税人进行防伪税控件升级、新版普通发票开具、网络申报等方面及时为纳税人排忧解难。二是以完善常规互联网纳税服务为立足点，提高服务效能。以税收宣传月为契机，继续在政府门户网站、“政府信息直通车”、电子邮箱、QQ纳税服务群等网络服务平台及时更新税收政策，第一时间回复纳税人咨询。三是以制作税收政策电子书为着力点，节约服务成本。由税政股与南涧分局协调配合，根据行业特点和税种种类，结合纳税人的实际需求，制作《涉农优惠税收政策》、《货劳税政策解读》、《农村信用社企业所得税适用政策汇编》、《一般纳税人认定管理办法》、《出口货物退（免）税政策解读》等电子书，免费提供企业人员自行学习，有效节约了征纳成本，受到纳税人的普遍欢迎。四是以推进网络抄报税为落脚点，夯实服务基础。针对纳税人由于操作不熟练或是网络原因导致网络申报成功后可能出现的错误信息，在征期内及时协助其到办税服务厅进行申报数据错误的修改；协助新认定增值税一般纳税人企业办理网络申报的相关涉税业务。

【重要事项】 2011年1月17日，云南省国税局党组成员、副局长蔡杰等一行3人，在大理州国税局党组书记、局长杨丽君及党组成员、副局长何忠强等陪同下，看望慰问南涧县国税局干部职工。蔡杰副局长刚下车，就到办税服务大厅看望一线干部职工。随后，分别到各股、室、分局、稽查局，问寒问暖，与干部职工亲切交谈。蔡杰副局长还对正在办理发票换版事宜的一位纳税人就“来国税部门办理涉税事宜，服务质量和办税效率是否满意”进行了询问；在职工食堂，蔡杰副局长对南涧县国税局办好“小餐厅”，解决干部职工工作与生活关系的“大问题”，给予了充分肯定，他认为办好“小餐厅”，能让干部职工安心工作，提高工作效率。蔡杰副局长在听取汇报和详细询问南涧县国税局在工作及生活中存在的具体困难和问题后强调指出：现在国税部门的经费收支仍然处在双轨制运行之中，仅靠系统内的国库支付显然是很困难的；他要求各级领导干部一定要注重税企和谐，注重与当地党委、政府的和谐，一定要争取得到当地党委、政府的大力支持，一定要不断提高广大干部职工的福利待遇。他希望南涧国税百尺竿头更进一步，做好“服务基层年”各项工作，力争“十二五”开局之年取得更大的成绩。

队伍建设

【机构人员情况】 县局2011年底有税务干部52人，工人3人，离退休干部19人。内设机构7个，即：办公室、人事教育股、监察室、税政股、征收管理股、政策法规股、收入核算股；直属机构1个，即稽查局；派出机构1个，即南涧分局；事业单位1个，级别正股级，即信息中心。以上机构中，信息中心与收入核算股合署办公，职责合并，在收入核算股加挂信息中心牌子；政策法规股与征收管理股合署办公，职责合并，在征收管理股加挂政策法规股牌子。

【干部管理】 2011年1月，原南涧县国家税务局党组书记、局长方朝荣晋升为大理州国家税务局副调研员；2011年4月，提任原南涧县国家税务局党组成员、副局长赵周为南涧县国家税务局党组书记、局长；2011年9月，原南涧县国家税务局党组成员、副局长李应调永平县国家税务局工作；2011年4月，提任原南涧县国家税务局南涧分局局长童臻华为南涧县国家税务局党组成员、纪检组长；2011年11月，调任祥云县国家税务局梁雄为南涧县国家税务局副局长。

【教育培训】 （一）认真落实“人才倍增计划”。1. 采取三举措：一是建立由历届业务能手为主，部分业务部门骨干为辅的10人师资队伍；二是建立由业务部门和其他部门年轻人员组成的36人的业务骨干队伍；三是根据州局考核指标要求，制定年度人才倍增目标：参加全州国税系统全员业务能手竞赛时，团体确保前六名，奋斗前三名，确保新产生二名业务能手，力争新产生三名业务能手；参加业务骨干抽考时，确保团体成绩前五名，力争团体成绩第一名。2. 实施一个学习培训方案。（1）成立以局长为组长的人才倍增领导组，负责对“人才倍增方案”进行监督落实。下设办公室具体负责组织实施人才倍增方案。（2）每周二早上由师资人员根据各自分工，分别就程序法、实体法、系统操作和计算机知识等部分进行授课。（3）建立两个试题库。由税政、征管、收核、稽查和分局五部门分别结合部门业务，针对应知应会的基础知识、基本技能出题，建立业务骨干试题库。（4）利用南涧国税网站政策法规专栏，及时更新政策法规相关内容。3. 制定一个奖惩激励机制。凡参加州局、县局考试成绩突出者，将按照奖励办法规定进行奖励。对获得“业务能手”称号的人员再按有关办法进行奖励，年终评优评先时优先考虑。（二）“五四三系列活动”把“创先争优”活动进一步引向深入。1. 提高干部素质、实施“五个一”：干部每天自觉抽出一个小时学习时事政治和税收政策；每周组织一堂课，或听专家讲，或由本局干部和业务能手轮流讲，用“今天我来讲”的方式，不断提高组织能力和工作水平；每月结合税收岗位职责读一本与税收业务和会计财务方面的好书，也可以选读一本中外优秀文化经典，进一步提高干部修养和内涵；每季要围绕税收工作内容，至少要撰写一篇税收工作调研文章，指导税收实践；每年要求发表一篇文章，要得到上级采用或有关媒体的使用。2. 促进工作上水平，推行“四个亮”，即亮流程、亮身份、亮职责、亮承诺。要优化税收工作流程，公开党员身份、领导身份，亮明工作职责，承诺事项和内容要具体，将“四亮”内容制作成公示牌，放置在显眼处，便于接受上级监督、群众监督、纳税人监督和社会各界监督，促进工作提高。并用工作上是否取得新突破作为推行“四个亮”效果的检验标准。3. 保障落实有措施，开展“三个评”，即月讲评、季点评和年考评。月讲评要针对当前国税工作的重点、难点和焦点问题进行讲解，提高学以增智，学以致用的效果；季点评要以“创先争优”的“五好五带头”为标准，就学习工作等落实情况进行针对性点评，做到查问题、找原因、寻对策，发挥点评的指导性；年考评要做到自己评、组织评、领导评和群众评等四个相结合，四评的结果作为公务员年度考核和党员民主评议的重要依据。（三）赴周保中将军故居接受红色教育洗礼。7 月 18 日，南涧县国税局组织全体干部到大理市周保中将军故居，瞻仰革命先烈故居，接受红色教育洗礼，重温入党誓词。

【廉政建设】 一是加强监督机制，健全组织领导，配齐配强专（兼）职监察人员。二是扎实开展好所属部门以“爱岗敬业、公正执法、诚信服务、廉洁奉公”为基本内容的“纪检日”活动；将廉政教育常态化，做到预防为先，关口前移。三是开展警示教育活动。近学南涧县法院系统的全国优秀法官龙进品，远学全国优秀纪检监察干部王瑛和全国优秀共产党员杨善洲同志的先进事迹，充分发挥先进典型鼓舞人、感染人、激励人、引导人的作用。四是邀请检察官讲解预防渎职侵权犯罪方面的知识，有效预防渎职侵权犯罪。五是全面排查清理执法风险点和廉政风险点。先由个人结合岗位自觉排查，再以部门为单位汇总整合，确定岗位和部门风险，不留风险点死角。对辖区内企业进行税源分户风险点排查，建立风险三级分类管理机制。通过按行业、税种分类排查、调研，全年共整理出企业风险点 38 个，税源管理风险点 21 个，稽查风险点 19 个。六是在年初召开的党风廉政建设工作会议上，局长与各部门主要负责人签订《年度党风廉政建设责任书》，层层签订、层层落实。七是对外设立南涧县政务服务中心国税分中心，按四区规范设置，优化办税服务厅建设，进一步推进阳光税务工程建设。八是坚持特邀监察员联系制度，继续坚持《廉政公约》的签订及回访调查。

【党建工作】 2011 年 11 月 18 日，南涧县委党建工作督导组一行五人在县级机关党委书记陈文智带领下，到南涧县国税局党支部开展党建督导工作。党建督导在听取汇报和实地检查后，给予 6 个方面的肯定：一是国税局对党建工作认识到位，领导重视，一把手亲自抓，有前瞻性、主动性。二是能够围绕部门中心工作抓党建，党建工作与税收工作形成了和谐互动的好局面。三是“创先争优”各项活动开展得有声有色，有形式有内容，形式和内容达到高度统一。四是从制度制定、档案痕迹管理等亮点突出，工作实、思路新、方法活、有特色、措施力。五是党建工作求实效上实现“三个充分体现”：即工作实绩充分体现、党支部的凝聚力充分体现、党员个人先进性充分体现；六是学习氛围浓厚，注重舆论宣传，弘扬正气。

（字绍礼）

巍山彝族回族自治县国家税务局

经济概况

2011 年，巍山彝族回族自治县实现生产总值（GDP）27.68 亿元，增长 14.4%。其中：一产、二产、三产分别实现增加值 10.44 亿元、7.12 亿元和 10.12 亿元，增长 9.1%、21.6% 和 15.4%。实现固定资产投资 12.48 亿元，增长 32.49%，实现现价工业总产值 19.25 亿元，增长 33.38%。完成财政总收入 3.13 亿元，增长 46.2%，其中：地方一般预算收入完成 1.87 亿元，比上年增长 38.97%。

税收概况

【收入完成情况】 2011 年，巍山县国家税务局组织税收收入 1.29 亿元，比 2010 年完成数 7771 万元增长 66.33%，增收 5155 万元。其中：“三税”收入完成 1.26 亿元，占全县财政总收入的 39.78%，比 2010 年完成数 7443 万元增长 69.31%，增收 5159 万元，实现了国税收入超亿元的历史性突破，圆满超额地完成了上级下达的全年税收收入任务。

【收入特点】 2011 年国税收入情况与 2010 年相比呈“二增二持平一降”格局，除储蓄存款利息个人所得税因国家政策调整完成 14 万元，减收 6 万元，下降 32.06%；消费税、车辆购置税与 2010 年收入基本持平，全年实现消费税 21 万元，车辆购置税 311 万元；其他税种均实现较大程度的增长，其中：增值税完成 9898 万元，比 2010 年同期增长 58.56%，增收 3656 万元；企业所得税完成 2683 万元，比 2010 年同期增长 127.41%，增收 1503 万元。

【税源分析】 2011 年，巍山县国税局税收收入同比上升 66.33 个百分点，超额完成了大理州国家税务局和巍山县人民政府下达的全年任务数，收入规模和增收规模均创历史新高。（一）增值税收入同比呈大幅增收，其主要表现为：供电、水泥、砖瓦、造纸、有（黑）色金属矿采选业、非金属矿采选业、纺织业、桉叶油、商业、农产品等行业的增幅较大。其中：大理州烟草公司巍山县分公司入库 1194 万元，增收 611 万元；巍山县牛街矿业有限公司入库 3430 万元，增收 1514 万元；巍山县建宏经贸有限责任公司入库 172 万元，增收 126 万元；大理州台宁麦芽有限公司入库 75 万元，增收 73 万元；巍山县彝湘商贸有限责任公司入库 544 万元，2010 年无收入；大理雄诏实业有限公司入库 711 万元，2010 年无收入。发电、药品、玻璃及制品、有（黑）色金属冶炼及压延加工等行业有不同程度下降，其中，巍山县红大锑业有限公司（即征即退）入库 120 万元，减收 353 万元；华能澜沧江水电有限公司小湾水电厂入库 1089 万元，减收 471 万元；徐村电站入库 264 万元，减收 6 万元；大理州中药制药有限责任公司入库107万元，减收59万元；巍山县利民物资再生有限责任公司入库21万元，减收87万元。（二）企业所得税增收的主要原因是：巍山县烟草分公司分配缴纳企业所得税1444万元，同比增收635万元；巍山县农村信用社缴纳企业所得税791万元，同比增收540万元。（三）储蓄存款利息个人所得税减收原因主要是：政策调整。（四）消费税、车辆购置税与2010年持平。

【税务管理】 2011年12月止，巍山县国税局在册登记户3767户，核定2643户，其中：核定申报增值税2528户，占总登记户数的67.11%，占核定总数的95.65%。从年初开始，局党组对年度征管工作就高度重视，充分利用纳税评估、税务稽查两个组织收入的手段和措施，大力开展年度工作。一是强化税源管理促进组织收入，开展以组织收入为目标的纳税评估。二是开展普通发票检查打击发票违法犯罪活动专项工作，培植税源创新组织收入。三是全力以赴，以完成大理州国家税务局和巍山县人民政府下达收入目标为中心，群策群力地开展各项工作。四是认真贯彻落实各项税收政策，确保政策执行到位。五是推进增值税一般纳税人纵深管理。六是加强减免退跟踪问效管理，规避执法风险。

各项工作

【税收征管】 以省、州国税工作会议精神为指导，以贯彻税政法规、组织完成年度税收任务为目标，突出重点抓落实，加强对关键环节、薄弱环节的管理，在执行力和落实力上下工夫，圆满地完成了各项工作任务。一是认真贯彻各项税收政策，确保政策执行到位，在工作中以落实各项新的税收政策为重点，全面理解和正确把握政策精髓；不折不扣把各项税收政策及时宣传落实到每一个纳税人。二是推进增值税一般纳税人纵深管理，严把认定关，提高优质纳税服务，强化申报数据监控分析。三是减、免、退税审批管理。积极受理，严格把关，据实减免；积极开展纳税辅导，充分维护纳税人的合法权益；加强跟踪问效管理，规避执法风险。2011年共办理限额“即征即退”6笔，退还增值税117.64万元。四是加强对重点税源的跟踪问效管理，实现重点税源重点管理的税收管理模式。2011年纳税在100万元以上重点税源企业15户，实现税收1.14亿元，重点税源占“三税”收入总额1.26亿元的90.54%，增值税一般纳税人总体税负为6.88%。五是不断完善规范纳税服务，切实提高税收服务质量水平。进一步积极稳妥地继续推行增值税一般纳税人网络申报工作，在全县94户增值税一般纳税人中全面推行，实现了92户网络申报，推行比例达到97.87%；按上级的要求全面实现了摩托车车辆购置税委托代征工作和汽车车辆购置税的征收工作，取得明显成效，极大地方便纳税人就近缴税。

【税收执法】 一是加强对发票使用的监督、检查管理工作。于2011年5月底开始对全县使用机打发票户开展专项清理整治，对问题严重的96户进行了处罚，收取罚款1.42万元。二是加强稽查工作。全年共检查各类纳税人15户，其中企业5户，个体10户，有问题案件户数15件，立案查处15户，检查面4.62%，选案准确率100%，处罚率78.33%，入库率100%，结案率100%，案件公告率27%，案卷规范完整率100%。在加大对重点行业的征管、稽查及清欠力度，强化依法治税意识，维护好税收秩序的同时，积极配合上级部门完成“11.10”专案工作，确保应收尽收，为完成全年各项收入任务提供了有力的保障。

【税务管理信息化建设】 一是加强网络维护，确保网络畅通。二是做好综合征管软件运行维护的各项工作。认真做好综合征管软件的日常维护和客户端升级工作，积极探索解决综合征管软件运行中发现的问题。三是继续做好金税系统的维护工作。按省局要求完成了各项软件的升级工作，主要解决了客户端应用过程中出现的一些衔接问题。四是积极做好病毒防范工作，确保网络安全。五是积极维护好车购税征收系统，确保“一条龙数据”平台的质量。六是确保办公自动化网络的正常运行，积极推进税收信息化建设。

【内部管理】 （一）努力建设勤政廉洁、纪律严明、作风端正、业务过硬、爱岗敬业、积极上进、扎实有为的学习型队伍。以精神文明建设创建为主要内容组织开展各项工作。严格按照大理州国税局提出的“一个目标五项考核”要求，逐项分解考核指标，形成税收业务工作的完整体系。全局工作保持思路清晰、主次分明、整体联动、协调推进，干部职工精神面貌和工作作风有了明显改善。（二）深入开展税收收入分析预测工作，完善收入分析工作机制。（三）加强重点税源监控，完善重点税源管理机制。（四）以科学发展为核心，执法力度明显提升。（五）以全面推行《全民道德实施纲要》为主题的道德实践活动，推动形成良好社会风尚。

队伍建设

【机构人员情况】 县局内设机构6个，即办公室（6人）、人事教育股（2人）、监察室（2人）、税政股（2人）、征管股（1人）、收入核算股股（9人）；直属机构1个，即稽查局（7人）；派出机构一个，即南诏税务分局（18人）；局领导4人。全年在职干部职工51人，党员23人；在职男性干部为29人，女性干部为22人，男、女干部比率为57∶43。在职干部学历结构：本科17人，大专25人，中专3人，高中3人，初中3人。平均年龄46岁。

【干部队伍建设】 2011年，大理州国家税务局党组对巍山县国家税务局党组班子进行了充实；党、团、工、青、妇等组织建设得到进一步健全和完善；党支部和工会各项工作、活动开展得有声有色，干部职工踊跃参与，形成了健康向上的凝聚力和优良的社会形象。一年来，巍山县国家税务局积极组织、深入广泛地开展各种主题鲜明的政治思想教育活动，业务技能知识培训；广泛深入地组织开展实践科学发展观、“创先争优”等活动，进一步加强和完善拒腐防变教育长效机制。围绕中纪委七次全会、各级党风廉政建设会议精神，利用组织学习、日常学习等形式，组织学习和开展讨论，努力把干部职工的思想和行动统一到中央和上级的各项决策和工作中心上。认真学习贯彻《中国共产党党员领导干部廉洁从政若干准则》，引导干部熟悉《廉政准则》应知内容，把握基本要求，自觉约束自身行为，因地制宜地开展“廉洁教育延伸”活动，有针对性地开展廉洁警示教育，与全体干部职工签订《党风廉政建设责任书》。以落实“阳光政府”四项制度工作为契机，改善机关工作作风为抓手，进一步提升人民群众对国税工作的满意度。以纳税人需求为中心，根据新形势下的纳税服务要求，结合实际工作需求，从促进经济发展、和谐征纳关系的角度，进一步完善服务体系、优化服务环境，强化服务监督和服务质量的考核；进一步强化大局意识和服务意识，以实际行动服务纳税人，围绕“尊重、规范、效率、简便、沟通、发展”六个方面，把税收管理和纳税服务有机结合起来。

【党组织建设】 继续深入开展学习实践科学发展观，以“创先争优”活动、学习杨善洲先进事迹和“四亮四评”活动为契机，深入落实党建工作责任制，进一步发挥全体共产党员的先锋模范作用，促进“创先争优”活动和扶贫帮困、新农村建设工作的深入开展，为扶贫挂钩点南诏镇河西村公所二台新村建成了巍山县首家由扶贫帮扶挂钩单位出资筹建的集党员活动、村民议事、文化学习于一体的多功能“党员活动室”。通过以点带面的示范引领作用，取得明显成效。2011 年中共巍山县国税局党支部被中共巍山县直属机关党委评为“创先争优活动示范单位”和“创先争优活动流动红旗党支部”，被中共巍山县委评为“先进党支部”；陆映斌同志被中共巍山县委评为“先进党员”，杨继同志被评为“先进党务工作者”。

【廉政建设】 始终坚持强化“两权”监督来进一步规范税收执法和行政管理行为。根据《云南省国家税务局系统税收执法权与行政管理权监督制约实施办法（试行）》，结合实际，围绕容易产生腐败行为的重要部门、关键岗位和薄弱环节，按照“管好权，用好钱，选好人的思路”，从行使“两权”的过程入手，就税收征收、管理、稽查、处罚四个环节和财务、基建、物资采购等方面规范了办事程序，完善了规章制度。围绕税收执法权，加大税收执法监察和效能监察力度，进一步提高税收征管效能和质量，规范税收执法行为，使权力运行始终置于严格的监督之下。不断创新监督手段，量化监督责任、拓宽监督渠道、深化监督内容、强化监督落实，综合运用执法监察、廉政监察和效能监察，采取巡视督查、检查考评、政务公开等有效措施，加强对税收执法权和行政管理权的监督制约，进一步规范了干部的税收管理和行政管理行为。2011 年，巍山县国家税务局在全县 35 个被评议的行政机关中名列第 4 名，取得行政执法部门第 2、经济执法部门第 1 的好成绩。

【文明建设】 2011 年精神文明建设的工作目标是为创建省级文明单位全面扎实地开展各项工作，在实际工作中，不断创新发展，更新服务理念，由“要我搞好服务”向“我要搞好服务”转变。从头开始、从我做起、从小事、从点滴做起；巩固成果，寻找欠缺弥补不足，发扬传统精神，求真务实挖掘亮点，实现突破谋求自我超越开拓发展之路。扎实做好已取得的“文明单位”、“先进集体”的复查工作。把构建和谐社会与文明创建有机地结合起来，为全面建设小康社会、构建和谐社会提供强大的思想动力，营造良好的社会环境。以树立社会主义荣辱观为核心，大力加强思想道德建设，开展以“知荣辱、讲正气、树新风、促和谐”为主题的道德实践活动。陆映斌同志被云南省国家税务局授予 2011 年度“精神文明先进工作者”称号；王利民、杨定陆二同志被大理州国家税务局授予 2011 年度“精神文明先进工作者”称号。

【教育培训】 2011 年按照大理州国家税务局人才倍增计划的要求，制定了具体的教育培训计划，着力打造钢铁队伍，强化保障、管理、服务职能，树立人才兴税以人为本理念；用尊重人才，培育人才、爱护人才、用好人才来推动巍山国税事业的不断发展。局党组非常重视对干部职工培训教育工作、坚持以求真务实着眼未来，送出去请进来的原则和方法，有针对性地对全体干部职工进行政治思想教育和业务、知识技能培训。2011 年巍山县国家税务局在“大理州国税系统第九届业务能手”竞赛中取得团体二等奖，张容容、段榆萍 2 同志获得“州级业务能手”荣誉称号；左碧波同志受到嘉奖。孟建泽、吕金华同志在大理财税收入超百亿摄影、书法、绘画展览赛中分别荣获摄影一等奖和绘画三等奖；完成了年初大理州国家税务局下达的干部职工年度培训考核指标，全局职工业务素质、知识水平和政治素养得到较大提升。

（孟建泽）

永平县国家税务局

经济概况

2011 年，永平县生产总值（GDP）完成 21.12 亿元，其中：第一产业完成 8.52 亿元；第二产业完成 6.15 亿元；第三产业完成 6.45 亿元。全县完成财政总收入 2.38 亿元，其中：地方一般预算收入完成 1.62 亿元。全社会固定资产投资完成 10.84 亿元；社会消费品零售总额 5.57 亿元；农村居民人均纯收入 4138 元。

税收概况

【收入完成情况】 2011 年，永平县国家税务局组织国税收入入库 6151 万元，同比增收 1696 万元，增长 38.07%，完成州局全年奋斗目标 113.3%，永平国税收入首次突破 6000 万元大关。其中：增值税、消费税、企业所得税“三税”收入 5982 万元，同比增收 1695 万元，增长 39.54%，完成县人民政府最终下达“三税”任务 5960 万元的 100.4%，超目标任务 22 万元。分税种情况为：增值税 4895 万元，同比增收 1321 万元，增长 36.96%；消费税 6 万元，同比持平；企业所得税

1081万元，同比增收374万元，增长52.9%；个人所得税6万元，同比减收7万元，减少53.85%；车辆购置税163万元，同比增收9万元，增长5.84%。

【收入特点】 2011年增值税、企业所得税同比大幅增收，车辆购置税同比增收；消费税同比持平；储蓄存款利息个人所得税同比减收；5个税种呈现三增一平一减局面。

【税源分析】 2011年增值税同比大幅增收的主要原因是华能澜沧江小湾水电站分配缴纳增值税1444万元，同比增收499万元；永平县烟草分公司分配缴纳增值税687万元，同比增收447万元；增值税重点税源中的矿冶等工业企业同比增收314万元。企业所得税大幅增收的主要原因是县烟草分公司分配缴纳企业所得税599万元，同比增收599万元；永平县农村信用社缴纳企业所得税388万元，同比增收223万元。储蓄存款利息个人所得税减收原因主要是税率调低。车辆购置税增收9万元，原因是摩托车落户征税车辆增加。

【税务管理】 全年登记开业1810户，其中：增值税一般纳税人80户，占4.42%；小规模企业265户，占14.64%；个体纳税户1465户，占80.94%（起征点以上267户）。税务管理中，将推行网络抄报税推行提高信息管税能力作为重点工作项目来推进，80户增值税一般纳税人推行72户，推广面达90%；加强个体零散税收管理，使全县个体工商业户达到起征点的比例不低于全州平均水平，个体达征率为18.23%。

各项工作

【税收法制建设】 2011年全局执法考核实现零差错，从往年居全州末位提升至全州第1名，成为全年工作的最大亮点。坚持依法治税，全面落实省州局关于着力构建公正规范的税收执法机制的工作部署和要求。加强执法人员的工作责任心，加强日常监控和过错申辩调整，加强调研、分析、考核，有效避免税收执法过错的发生，以全面规范税收执法行为为目标，依托税收执法考核和执法检查工作，进一步完善人机结合的税收执法考核制度。认真做好税收政策执行情况反馈工作，强化税收政策的贯彻落实，有重点地开展专题政策执行调研，解决政策执行中存在的困难和问题。加强各项税收优惠政策的贯彻落实和执行管理，严格减免税审批程序。认真做好“依法治县”、“五五”普法总结、“六五”普法规划制定和实施工作，为国税工作创造良好的法制环境。

【税收征管】 （一）各税种管理。一是加强增值税管理，把增值税管理作为税种管理的重中之重来抓。认真落实各项政策调整措施，切实加强一般纳税人进项税额抵扣范围和抵扣凭证的“风险点”管理。强化固定资产抵扣、公路运输发票抵扣进项税、农产品收购发票抵扣进项税管理。加强对增值税个体户、查账征收企业管理。加强代开发票户、普通发票管理。加强储蓄扣税工作。结合《永平县国家税务局增值税一般纳税人抵扣凭证审核管理办法》（试行）的实施，强化增值税一般纳税人税收管理和税负监控，总体目标税负由2010年3.81%（剔除跨区分配）提高到3.87%。其中：非金属矿物制品业税负由2010年的4.49%提高到5.51%，黑色金属矿采选业税负由2010年的4.44%提高到12.71%。在突出重点税源重点管理的同时，认真剖析中小税源管理中的难点、弱点和盲点，从机制上有效控管中小税源。二是加强企业所得税管理，确保企业所得税收入任务完成。强化企业所得税的汇算和日常管理，参加2010年度汇算申报的39户查账征收企业中，盈利企业19户，占参加汇算企业的48.7%；零申报企业4户，占参加汇算企业的10.3%；亏损企业16户，占参加汇算企业的41%（亏损面），企业亏损面比2009年下降了3个百分点；汇算清缴入库税款114.85万元，调增应纳税所得额2395.24万元，调减亏损额304.25万元；所得税贡献率达到2.75%。（二）发票管理。加强发票日常管理，从发票的计划编制、领入、发出、缴销等环节建立健全发票管理基础台账，明确职责，落实责任，发票库房“三专六防”安全管理到位；将简并换版普通发票作为重点工作项目来推进，全县共成功推行机打发票户219户，其中：网络版推广213户，单机版推广6户，手工版推广538户，最大化地实现了“以票控税”的目的；非正常户发票缴销率为100%。

【税收执法】 （一）税收宣传。在以“税收·发展·民生”为主题的全国第20个税收宣传月活动中，重点抓好办税服务厅的日常宣传与“一窗通办”服务工作规范；4月，永平国税文化长廊建成，借文化之力扩大税收宣传效果；在永平二中开展“永平各界人士与基地学校师生共话税收·发展·民生”活动，扩大税收宣传影响力；到各乡镇和县级各部门领导班子中认真宣传国税工作的地位和作用，争取各级党政领导和社会各界对国税工作的支持。（二）税务稽查。一是在坚持依法治税前提下，合理规避稽查风险。二是以组织收入为中心，深入开展日常检查、专项检查和分类稽查工作，整顿和规范税收秩序，对稽查建议落实整改情况进行跟踪、监督，加大稽查力度，实现以查促管、以查促收。按年初稽查工作计划开展纳税检查，重点对超市、医药行业、矿业和房地产公司进行专项检查。三是在具体查办案件中，认真做好典型案例分析，充分发挥“以查促管”的稽查职能。四是全面完成州局确定的各项工作指标，对分类稽查的纳税人，达到查前告知面100%，企业自查面100%，检查面不低于50%，以指标的完成，促进责任的落实和收入任务的完成。全年立案检查处理有问题纳税人6户，查补税款46.05万元，罚款0.74万元，滞纳金4.59万元，合计全额入库51.38万元。（三）执法检查。按照州局要求，结合部门工作实际，深入开展税收执法检查工作，把重点地区、重点行业、难点问题和薄弱环节纳入执法检查工作重点。与此同时，税收法制部门充分运用税收执法管理信息系统，切实加强对税收管理人员、征收人员和稽查人员税收行政执法行为的监督和管理，强化相关业务技能培训。

【税务管理信息化建设】 建设有局域网1个，人均拥有局域网节点1.5个，人均拥有一台计算机。计算机系统应用和维护严格按照《永平县国家税务局计算机管理办法》执行，信息化建设的制度和措施得以进一步规范和完善，计算机管理使用、网络安全预案、信息保密制度等的执行更加到位；“金税”工程安全畅通、高质量运行；综合征管软件、公文管理、财务软件、企业所得税申报管理系统等电子网络安全运转。全年共成功推行机打发票户219户，其中：网络版推广213户。将推行网络抄报税推行提高信息管税能力作为重点工作项目来推进，80户增值税一般纳税人推行72户，推广面达90%；政府信息公开及时有效，受到纳税人和社会各界人士好评。

队伍建设

【机构人员情况】 设派出机构1个：博南税务分局；直属机构1个：稽查局；县局内设机构8个：办公室、监察室、人事教育股、收入核算股、税收政策管理股、税收征收管理股、政策法规股、信息中心。其中：政策法规股与征收管理股合署办公，信息中心与收入核算股合署办公。设局长1人，副局长3人，纪检组长1人；博南税务分局16人；稽查局6人；办公室7人；人事教育股3人；监察室2人；收入核算股10人；税收股3人；征管股3人。2011年在职人员55人，其中，大专以上学历39人，占总人数的70.91%；党员38人，占总人数的69.09%。2011年在职人员55人、退休人员15人，其中：提前退休人员2人。

【领导班子建设】 每季度组织召开党组中心理论组学习，按时召开党组领导班子专题民主生活会；认真落实《税务系统领导班子和领导干部监督管理办法（试行）》，建立领导干部廉政档案5户，执行《大理州国家税务局对县市局领导班子考核暂行办法》各项规定，坚持局党组议事规则和局长办公会议制度。

【队伍建设】 以创建学习型国税机关为抓手，以提高岗位工作技能为目标，致力于提高干部素质、增强事业心和责任感、激发工作热情。充分应用网络教育培训系统和评估、稽查、数据分析等重点工作，采取“请进来”和“走出去”相结合，积极开展多层次、全方位和对提高思想境界、业务技能管用、适用的干部培训，增强培训的针对性和实效性。根据州局实施“人才倍增”计划的工作要求，制定了《永平县国家税务局“人才倍增”实施方案》，并严格按照方案抓好落实，在全州国税系统第九届业务能手竞赛中，取得了团体第五名的历史最好成绩。

【廉政建设】 一是开展廉政警示教育，全体职工集中观看《沉重的思考——税务人员廉洁从税警示录》；集中学习《中国共产党党员领导干部廉洁从政若干准则》，在县局网站开辟学习专栏；与检察院联合召开了预防职务犯罪专题教育大会。二是在县“两会”和“党代会”期间，向部分人大代表、政协委员、党代表、特邀监察员征求意见、宣传国税职能职责，赢得各方的信任和支持。三是落实副科以上干部报告个人重大事项。四是严肃了会风会纪，按州局要求开好各种会议，特别是加强了对视频会议的纪律检查和惩罚措施。五是全面推进内控机制建设。六是认真组织开展干部“纪检日”活动，对苗头性的问题及时通报提醒。七是做好《廉政公约》的签订和走、回访工作。

【精神文明建设】 （一）巩固文明创建成果。以办公基础硬件设施不断改善为契机，巩固和扩大文明创建成果，把创建“文明单位”、“文明行业”、“巾帼文明岗”等作为国税品牌和形象工程建设的重要内容常抓不懈。加强思想政治工作，弘扬核心价值理念，加强税收工作宗旨教育和职业道德教育，巩固文明创建成果，顺利通过各级自查验收。（二）推进国税文化建设。在办公场所建设税收宣传长廊、国税文化长廊、廉政文化长廊。为陶冶职工情操、培养兴趣爱好，建成书画美术创作室，积极参加省州局书画美术摄影展活动，多篇作品被省局收录，9幅作品在州局展出。扎实推进永平国税精神文化、制度文化和行为文化建设。12月22日，本着“节俭、高效、隆重、喜庆、祥和”的原则，成功举办“责任我心中和谐建家园”主题文艺汇演。

【教育培训】 2011年，结合所得税汇算清缴、纳税评估、税务稽查、数据分析等重点工作需要，充分运用网络教育培训系统在全局开展了一系列针对性较强的岗位专业培训和税收业务培训，选送干部到省州局举办的各种业务培训，安排新任局领导参加省局举办科级领导培训。各级各类重点培训面达46.6%。通过各类各层次的专业培训，领导干部的领导水平和干部职工的税收业务技能明显提高。全局干部队伍的能力和素质，基本能够适应国税事业发展的现实需要。

（曾昌田）

云龙县国家税务局

经济概况

2011年，云龙全县经济社会实现平稳较快发展。国民经济综合指标完成情况较好，全县生产总值（GDP）完成24.65亿元，同比增长26.1%。其中第一产业完成7.33亿元，增长25.3%；第二产业完成10.73亿元，增长35.4%；第三产业完成6.59亿元，增长14.2%。财政总收入完成2.41亿元，同比增长40.1%。其中地方一般预算收入完成1.51亿元，同比增长38.1%。固定资产投资完成36.62亿元，同比增长30.5%；社会消费品零售总额完成6.19亿元，同比增长20.0%；农民人均纯收入3189元，同比增长34.2%。年末全县总人口207117人，人口自然增长率3.04‰。

税收概况

【收入完成情况】 2011年，云龙县国家税务局组织税收收入8858.46万元，完成大理州国家税务局年度考核任务6730万元的148.17%，其中增值税收入7313.92

万元，消费税收入2.31万元，企业所得税收入1384万元，储蓄存款利息个人所得税收入7.69万元，车辆购置税收入150.54万元。增值税、消费税、企业所得税“三税”为8700.23万元，占政府年度考核任务8700万元的100.003%，提前10天完成州、县下达2011年度税收计划任务。

【收入特点】 2011年“五税”收入与2010年相比呈现三增两减。增值税同比增收2252.1万元，增长44.49%；企业所得税同比增收606.28万元，增长77.95%；车辆购置税同比增收35.70万元，增长31.08%；消费税同比减收1.14万元，下降33.15%；储蓄存款利息个人所得税因国家政策调整同比减收7.29万元，下降48.67%。

【税源分析】 增值税以批发业、零售业、电力热力的生产和供应业、非金属矿物制品业、有色金属冶炼及压延加工业、黑色金属采矿选业等六个行业为主。企业所得税以批发业、零售业、银行业、电力热力的生产和供应业为主。（一）增值税重点税源企业纳税情况：1. 云南三江水泥有限公司1618.34万元，同比增收169.94万元，占2010年的111.73%。2. 云龙县银铜矿1511.9万元，同比增收676.84万元，占2010年的181.05%。3. 云龙供电有限责任公司690.87万元，同比减收8.46万元，占2010年的98.79%。4. 云龙县烟草公司680.31万元，同比增收387.36万元，占2010年的232.23%。5. 鸿信矿业公司569.66万元，同比增收74.08万元，占2010年的114.95%。6. 云龙恒胜矿业公司238.23万元，同比增收218.42万元。7. 云龙县石油公司121.45万元，同比增收34.41万元，占2010年的139.53%。8. 云龙县永安发电有限公司80.58万元，同比增收27.19万元，占2010年的150.92%。9. 利源发电有限公司38.07万元，同比增收3.59万元，占2010年的110.43%。10. 云龙县飞龙实业公司20.36万元，同比减收230.74万元，占2010年的8.11%。（二）企业所得税年纳税5万元以上的有：云龙县烟草公司636.95万元，同比增收225.95万元，占2010年的154.98%；农村信用合作社708.29万元，同比增收458.29万元，占2010年的283.32%；漕涧河发电有限公司9.7万元，同比增收6.82万元，占2010年的336.18%；恒业建筑机械化工程公司6.12万元，同比增收0.82万元，占2010年的115.47%。（三）车辆购置税：摩托车下乡车辆购置税150.54万元，同比增收35.7万元，占2010年的131.08%。

【税务管理】 （一）认真落实“一个目标、五项考核”。一个目标：收入考核指标6730万元，全年完成8858.46万元。五个考核指标：主要税种增值税总体税负（剔除跨区分配）为7.53%，比全州3.43%高4.1个百分点；所得税贡献率：1至11月所得税贡献率为0.79%；征管质量：个体户年初达征率9.23%，截止10月30日（11月1日起执行新的起征点政策），达征率为12.59%，增长率为40.7%，超过州局要求增长率20%的20.7个百分点；非正常注销发票：2011年没有发生非正常注销发票户；代开普通发票管理：2011年末发生未按规定代开普通发票户；人才倍增：选派税源管理业务骨干到昆明市国家税务局直属税务分局“跟班”培训学习，组织广大干部职工积极参加省、州局举办的各种税收业务网络视频培训；廉政建设：全年开展4次廉政警示教育，教育面达到95%以上，行风评议满意率在90%以上，为全县第2名。（二）强化纳税服务，不断提升纳税服务质量。一是深入开展“四亮四评”实践活动，不断提升办税“窗口”服务质量；二是做好个性化纳税服务和重点税源调研工作；三是做好普通发票简并换版后的服务工作；四是以纳税服务联系卡筑起征纳连心桥；五是为功果桥、苗尾电站建设期的纳税人开辟绿色纳税服务通道；六强化办税服务大厅制度化规范化。（三）解放思想，创新工作思路，变税源为税收。经过多方努力，“东芝水电功果桥转轮加工厂”在加工、制作环节所产生的增值税253万元，于2月15日就地缴纳入库，功果桥水电站首笔1000万元增值税税款于12月15日成功实现申报和跨地区分配。（四）强化纳税评估，向精细化管理要收入。全年对22户企业纳税评估，补缴税款363.18万元（其中增值税22万元，企业所得税341万元，滞纳金0.18万元）。

各项工作

【税收征管】 （一）强化税收征管。全县纳入征管户数2178户（企业190户，其中一般纳税人73户，小规模纳税人117户，个体户1988户，“双定户”1923户。截止10月30日，达起征点以上242户，11月起执行新的起征点政策后达起征点以上11户，申报户65户）。（二）采取“分步作业”法，认真抓好个体“双定户”税收核定、调整工作。年初全县“双定户”工作核定1871户，核定月营业额518.11万元，核定月纳税额15.54万元，核定户数比2010年增加29户；其中起征点以上192户，核定月营业额145.48万元，核定月纳税额4.36万元，核定户数比2010年增加19户，核定营业额比2010年增加23.02万元，核定月纳税额增加0.69万元。（三）强化普通发票管理。全县普通发票用票户616户，其中：通用机打票174户（网络版116户，单机版56户，自开票系统2户），通用手工发票440户，冠名票2户。通过发票验旧数据的提取比对进一步强化一般纳税人认定15户；通过发票审核，查验补税446户次，补缴税款60.61万元；制定《云龙县国家税务局代开普通发票流程（试行）》，进一步加强对代开普通发票的管理。全年代开普通发票751户次，金额（不含税）1839.19万元，税额55万元。（四）采取“一制度、二落实、三强化”提升行业税收征管质量。一制度：建立行业税收征管点评分析联席会议制度，相关业务股室、分局轮流组织，每月召开一次。二落实：一是落实税收管理员行业管理管户责任。二是落实中层干部分人盯户重点纳税企业，促进行业税收征管。三强化：一是强化行业征管信息化数据的分析利用。二是强化行业税源分析。三是强化行业风险数据管理。（五）强化税收征管质量执法考核。执法总量12753项次，正确率99.99%，征收管理股预警监控风险数据扣分6人次，在前台进行了整改；系统预警风险数据扣分10项次，系统扣分9人次37分；申辩调整8人次35分，实际全年扣分1人次2分。（六）着力排查“家电下乡”

行业凸显的税收征管风险问题。一是强化税收政策宣传辅导。二是强化纳税申报审核。三是强化对企业“三流”的核查比对。四是强化纳税评估工作。五是强化部门协作。六是强化日常税源巡查巡管。七是强化以票控税。八是强化纳税服务。（七）成功推行车辆购置税（摩托车）委托代征。车辆购置税从2011年1月1日起委托云龙县交警大队征收。

【税收法制建设】 坚持依法治税，建立健全内控机制，依托税收执法考核和执法检查工作，进一步完善人机结合的税收执法考核制度。加强各项税收优惠政策的贯彻落实和执行管理，严格减免税审批程序。认真对“五五”普法工作进行总结，制定《云龙县国家税务局“六五”普法工作实施方案》，做好《行政强制法》贯彻落实工作，组织全体干部职工收看全省国税系统《行政强制法》视频培训，并参加《行政强制法》全员考试。

【税收宣传】 精心组织，注重实效，开展以“税收·发展·民生”为主题的税收宣传月活动。4月1日，借助云龙县移动信息平台“一码群发”启动全国第20个税收宣传月活动；开展“送税法下乡”系列活动——走进重点纳税企业“零距离”服务，与企业负责人、财务人员进行融洽的会谈，讲解、宣传税收政策。走进乡镇、为个体纳税户答疑解惑。税收宣传活动小组根据安排、部署，坚持“抓大不放小”走进乡镇，利用乡镇赶集天对长新、白石、检槽乡的个体纳税户进行税收法律、法规、政策宣传。开展新版普票使用回访活动助力税法宣传，4月10日至14日，分别走访了新版普票网络版、单机版、手工版各30%，共175户。税收宣传进校园。4月21日，深入漕涧镇新胜挂钩扶贫村小学开展税收宣传，发放各种税收资料120份。

【税收执法】 （一）开展分级分类稽查、专项检查和日常稽查工作。实行税务稽查查前告知制度，在查前告知工作中为纳税人提供多种形式的纳税辅导和零距离服务，确保查前告知工作取得实效。全年稽查组织入库296.28万元，其中稽查“查前告知”自查64户，入库税款286.86万元；检查5户企业，查结5户，立案查处5户，查补入库9.42万元（其中增值税6.33万元、滞纳金0.49万元、罚款2.6万元），偷税处罚率达50%以上，选案准确率达100%。（二）在日常稽查工作中查办1户发票违法案件。通过检查，发现该纳税户2009年8月至2010年12月期间，向采购单位开具《云南省商业零售统一发票》过程中，大额发票采用单联填开，上下联金额不一致，部分购货单位名称不一致等方法，逃避税务机关监管，达到少缴税款的目的。历时近一个月完成调查取证工作、查明了事实。违法发票19份，涉及两地州19个行政事业单位，涉税金额71.29万元，追缴增值税2.05万元，并处以所偷税款1倍2.05万元罚款，加收滞纳金0.24万元，且对未按规定开具发票行为处以0.5万元罚款。

【税务管理信息化建设】 （一）税收管理员辅助信息系统应用助力税收征管质量提升。2011年7月26日，税收管理员辅助信息系统上线，进一步加大了信息管税的力度，不断提升税收征管的质量。（二）强化征管数据质量监控、分析、整改，提升征管数据质量。征收管理股在云龙国税政务网下发征管质量风险数据分析13期。整改2010年数据监控分析整改涉及风险指标13项；2011年上半年税源与征管状况数据监控分析11项157户次，占全州2152户次的7.3%，补缴增值税6.68万元。

队伍建设

【机构人员情况】 全局内设机构6个：办公室（7人）、人事教育股（2人）、监察室（1人）、税政股（3人）、征管股（含政策法规3人）、收入核算股（含信息中心9人）；派出机构两个：诺邓分局（13人）、漕涧分局（11人）；直属机构一个：稽查局（4人）。局领导班子组成：局长（1人）、副局长（3人）、纪检组长（1人）。2011年在职干部职工58人，男45人、女13人；退休干部23人。学历结构：本科21人，大专21人，中专4人，高中及以下12人。

【廉政建设】 云龙县国税局狠抓党风廉政建设，全局干部职工认真贯彻落实省、州局和县纪委党风廉政建设工作会议精神，采取有效措施，切实加强党风廉政建设。邀请县纪工委杨书记到会，为全体干部职工开展反腐倡廉警示教育会。行风评议满意率在90%以上，为全县第2名。层层签订《廉洁自律责任书》，把党风廉政建设责任贯彻落实到每一名干部职工。年内无违法乱纪案件发生。

【文明建设】 深入开展文明单位创建活动，积极探索文明创建新举措，深入开展“四亮四评”实践活动，不断提升办税“窗口”服务质量。认真开展向杨善洲同志学习活动，全局干部职工每人撰写一篇“向杨善洲同志学习”活动体会，结合实际找准本职工作薄弱点，不断提高全局干部职工思想修养与工作能力。积极向灾区捐款献爱心。3月10日，云南省德宏傣族景颇族自治州盈江县发生5.8级地震，共捐款1.14万元，其中单位捐款0.5万元，57名国税干部捐款0.64万元。深入漕涧镇新胜扶贫挂钩村帮助25户特困户解决实际困难，全局37名党员及其他干部群众捐资0.57万元，购买5吨尿素，把温暖送给特困户。云龙县国家税务局被云南省国家税务局授予云南省国税系统创先争优先进单位；云龙县国税局党支部被县级机关党委授予先进党支部。左亮何、王云航被云南省国家税务局授予“精神文明建设先进工作者”荣誉称号；刘剑伟、左亮何、王云航被大理州国家税务局授予“精神文明建设先进工作者”荣誉称号。

【教育培训】 围绕“服务基层年”工作主题，深入开展学习实践科学发展观，实施“人才倍增计划”。选派税源管理业务骨干到昆明市国家税务局直属税务分局“跟班”培训学习，组织干部职工积极参加省、州局举办的各种税收业务网络视频培训学习，坚持每周二业务学习制度，由各业务股室轮流讲课，开展税收业务、财务会计、税务稽查、税收信息化知识为主要内容的专门业务培训。在9月全州国税系统第九届业务能手竞赛中，张韩获“全州国税系统业务能手”称号。

（杨炳林）

洱源县国家税务局

经济概况

2011年，洱源县经济继续保持快速、协调、健康发展的良好势头。全年实现生产总值（GDP）31.5亿元，增长14.1%。其中第一产业增加值11.3亿元、第二产业增加值10.4亿元、第三产业增加值9.8亿元，分别增长8.1%、23.4%和12%。完成财政总收入2.16亿元，增长20%，其中地方一般预算收入完成1.45亿元，增长21.9%。完成固定资产投资18.9亿元，增长36%。实现社会消费品零售总额8.5亿元，增长16%。农村经济总收入18.3亿元，增长12.9%。完成工业总产值37亿元，增长22.2%。规模以上工业企业实现主营业务收入28.2亿元，增长19.4%，实现利税总额2.7亿元，增长51.9%。生态旅游成为全县支柱型产业，全年接待游客70万人次，增长9.3%；实现旅游社会总收入5亿元，增长11%。

税收概况

【收入完成情况】 2011年，洱源县国家税务局入库税收收入6598万元（含免抵调273万元），同比增收1119万元，增长20.42%，占州局下达年度确保目标6230万元的105.9%，占县政府年初下达年度“三税”目标6306万元的101.03%。其中，增值税入库4467万元（含免抵调库收入273万元），消费税入库19万元，企业所得税入库1885万元，车辆购置税入库214万元，个人利息所得税入库13万元。

【收入特点】 一是总体收入同比增长，分税种入库情况同比呈“四增一减”。增值税、消费税、企业所得税、车辆购置税同比增收，个人利息所得税同比减收。二是纳入考核的“四税”收入除增值税外均超额完成年度收入目标。三是主要行业税收同比有增有减。商业、电力同比增收，奶制品、矿盐、建材产品中水泥、有色金属矿采选业、专用设备制造业同比减收。四是分企业类型税收构成比重发生变化。国有企业、集体企业、股份制企业、涉外企业和其他企业税收同比增收，私营企业税收同比减收。非公企业税收在总体收入中处于主导地位。

【税源分析】 综合2011年收入情况，全县组织收入情况良好，超过预期目标。消费税、企业所得税、车辆购置税任务完成情况较理想，增幅均在26%以上，而增值税增长相对乏力，主要是县内两户企业注销带来税收同比净减182万元。（一）增值税主要增减收因素：1. 商业品目增收。批发业中因焱火煤焦有限责任公司注销带来税收同比净减139万元，但烟草公司卷烟批发品目结算分配数较同期净增了279万元，形成增收。零售行业收入同比增收一方面由于大理洱源石油支公司入库税款同比增55万元，另一方面则得益于新版机打发票启用后，发票超定额补税入库同比增长，以票控税体现明显。2. 发电供电双双增收。主要是滮安电站等稍具规模的发电站生产走入正轨，云电实业水电开发有限公司跨区分配数额增长，拉动了发电税收增长。供电需求的增加，电价上涨带来供电税收增幅明显。3. 有色金属矿采选业减收。几户主要矿产品生产企业销售下滑带来实现增值税同比减收。4. 奶制品业减收。奶粉厂内销和出口同比均增长，但由于原材料、辅料上涨，进项抵扣增多，实现税收同比减20元。5. 矿盐减收。乔后盐矿生产受指令性计划影响，今年一是生产指标未完成，6万吨生产指标完成5.2万吨，二是进项抵扣增多，带来税收同比减收30万元。6. 建材产品减收。主要是天琪水泥厂注销带来水泥品目同比减收42万元，扣除该因素，实则增收。7. 专用设备制造业减收。收入来源于拖拉机装配厂，该厂是全县社会效益最好的企业，所生产车辆中农用车比重大，税负低，往往受材料进货影响，增值税倒挂，很难形成均衡稳定税源，税收贡献率低。（二）企业所得税主要增收因素：云南烟草大理洱源县分公司预缴和汇算清缴入库税款同比增141万元，农村信用合作联社预缴和汇算清缴入库税款同比增467万元，有力的支撑了企业所得税收入增长。（三）认真贯彻落实各项税收优惠政策，促进企业健康发展，1～12月征前减免企业所得税1633万元，其中华能洱源风力发电有限公司减免1284万元，大唐洱源风电有限责任公司减免344万元。

【税务管理】 （一）截至2011年12月底，全县注册纳税人共有2573户，其中：一般纳税人87户，起征点以上个体定额户38户。年纳税50万元以上企业12户。（二）在税务管理过程中，一是着力推进税源管理分局在执法规范、管理精细、优质服务上有新的提升，在总结工作经验基础上，发现管理工作亮点，不断完善管理措施，继续以税源管理作为组织收入工作主战场，突出向管理要收入，切实提高税源管理质量和效率。二是进一步发挥税收管理员在户籍管理中的重要作用，加强纳税人户籍的静、动态监管和实地巡查，落实管户责任。完成对定额执行到期的个体工商户、双定增值税企业、所得税双定企业核定及分月汇总工作。提取发票验旧金额数据与申报金额数据进行比对，对超定额的71户个体定额户进行调整，月调增税款12.73万元。全年全县实现达征率17.33%，与年度考核数16.24%相比，增长1.09%，较2010年实际数14.76%相比，增长2.57%。三是将收入任务层层分解，签订收入目标责任书。实行局领导挂钩联系制度，强化组织收入工作的领导，督促税源管理分局、稽查局全力以赴抓收入。四是认真落实班子成员联系重点企业制度，对年纳税50万元以上企业继续实行跟踪管理，实时掌握生产经营情况，分析预测税收增减变化趋势，增强组织收入的预见性。五是关注农产品抵扣及增值税专票抵扣，以税负为突破口，切实提高纳税评估实效。

各项工作

【税收征管】 （一）认真开展所得税汇算清缴工作。2010年度全县参加汇算清缴企业35户，应纳所得税额923.05万元（含减免税2.93万元），应补退税额82.22万元，营业收入总额2.42亿元，所得税贡献率3.82%（县局目标4.33%），基本达到年初确定的所得税管理目标。（二）切实加强一般纳税人申报数据和税负监控分析。一是做好对新认定一般纳税人税收政策宣传、增值税金核算、账务处理和纳税申报数据填报的辅导工作，对申报数据经常出错的企业进行重点辅导，提高企业会计人员增值税核算水平和办税能力。二是在每月纳税申报期间，由专人负责对省局数据监控系统八个模块及综合征管软件、增值税防伪税控系统申报数据的监控，发现错误数据及时与相关部门人员联系沟通，分析错误原因并及时更正。三是对临近纳税期末尚未申报的纳税人，进行友情提醒，确保按期申报纳税。四是每月申报期结束，对一般纳税人申报数据进行分析，对纳税申报税负异常的企业，积极做好评估核实工作。（三）积极推行委托代征摩托车购置税及汽车购置税征收和电子档案管理工作，实现纳税人办理车购税申报和车辆落户的一站式服务。3月2日起，全县摩托车购置税正式委托县交警大队征收。2月16日，办税服务厅征收了第一辆汽车购置税，且其车辆档案纸质资料顺利扫描归入车购税电子档案系统，受理摩托车外其他应税车辆的纳税申报和车购税电子档案系统成功运行。全年全县征收车购税195.21万元，同比增长52.17%。（四）增值税一般纳税人网络申报工作效果显著。认真总结2010年推行一般纳税人网络申报工作的基础上，进一步学习网络办税一体化操作规定，熟练掌握网络申报业务操作流程。加大对纳税企业的宣传和辅导力度，加强单位内部业务股室与防伪税控服务企业之间的协调配合，及时解决推行网络申报工作中出现的各种业务和技术问题，提高网络申报工作质效。至12月份征期，全县一般纳税人实行网络申报企业达77户，占全县88户一般纳税人企业的87.5%，较年初增加43户。2011年，全县共成功实现网络申报银行扣款309户次，成功扣款3424.25万元。（五）纳税评估成效明显。按照州国税局要求和年初工作安排，县局在对全县一般纳税人上年度增值税纳税申报情况分户进行详细分析的基础上，确定了专项评估企业名单，开展日常和专项纳税评估工作。全年评估17户，其中：专项评估9户、日常评估8户。共调增补缴增值税1.97万元，调减增值税留抵税额14.19万元，调增企业所得税44.73万元，补缴税款加收滞纳金6475.66元，调减企业所得税亏损额55.09万元。通过评估，进一步规范了税源管理，降低了税收执法风险，基本达到了以评促征、以评促管的目的。

【纳税服务】 2011年内，按照上级局要求，积极稳妥推行“一窗通办”办税服务模式，组织办税厅全体成员“走出去”参观兄弟县市“一窗通办”办税服务模式，通过现场观看和交流，全体参观考察人员对“一窗通办”服务模式有了直观的了解和认识。10月1日，经过周密部署、扎实准备和对软、硬件设备的梳理、整合与调试，县国税局办税服务厅全面实现涉税业务“一窗通办”，该项服务推行打破了以往按业务类别不同分别设置窗口的局限。在方便纳税人的同时，提高了办税效率。

【发票管理】 一是落实好各发票管理岗位相关人员，明确岗位职责。二是各发票岗位人员通过《云南省国家税务局新版普通发票开填系统》网络版和单机版税务端管理平台认真学习和演练，较快地熟悉了相关业务操作并适时开展发票的发售、采集、审验等工作。三是认真细致做好旧版企业未用普通发票的收缴、核销和库存旧版普通发票的缴（核）销工作。四是建立内控机制强化发票内部管理，达到以票管税的目的。坚持未达起征点户，只能使用小额手工版发票，月最高持有量1本，同时，根据纳税人发票使用情况适时调整供应量和纳税定额，减少了管理风险。另外，建立健全机打发票领、用、存报告制度并严格执行相关规定，对月发票持有量超过25份机打票和用户，坚决要求其必需按月向税务机关抄报已开票情况，便于税务机关及时掌握和跟进相关税务管理措施。截至12月20日，超定额补税652户次，补交税款45万元，以票管税效果显著。

【税收执法】 （一）从服务全县经济发展大局出发，认真落实各项税收优惠政策，全年为小型微利企业、新能源风电企业“三免三减半”，信用社涉农贷款“减记10%征收”等办理税收优惠政策。为蝶泉乳业办理“免、抵、退”税收优惠，做到“应调尽调，应退尽退”，支持了全县经济发展。2011年11月1日起，全省增值税起征点提高，对定额在起征点以上的纳税人做好宣传解释工作，确保全局平稳执行增值税起征点调整后相关工作的落实。（二）新《增值税暂行条例实施细则》和总局第20号令，进一步降低了小规模纳税人标准，使超标小规模纳税数量大量增加，按照“依法认定、完善管理”的原则，每月申报期对小规模纳税申报征收数据进行动态监控，一旦发现超标小规模纳税人，就按照一般纳税人资格认定政策，做好超标小规模纳税人的税收政策宣传和申请认定辅导工作，督促纳税人按规定申请认定一般纳税人资格。2011年，全县认定一般纳税人21户，其中：超标认定16户，新开业小规模纳税人申请认定4户，暂认定转为正式一般纳税人1户。（三）做好行政强制法实施前的准备工作。一是认真组织观看11月17日省局行政强制法视频培训，积极推荐征管部门业务骨干参加县政府法制办11月初举办的行政强制法培训班。二是举办一期行政强制法培训，深入推进行政强制法学习。三是以考促学安排全员参加县法制局于11月6日组织的《行政强制法》业务考试，取得优异成绩。四是在日常征管工作中，结合税收宣传和纳税辅导，认真开展对纳税人有关行政强制法的宣传、解答和辅导工作。五是认真做好行政强制法与税收征管法中有关税收保全措施和税收强制执行措施条款的衔接工作，规范税收行政执法行为，避免和杜绝税收行政强制滥用，注重保护纳税人合法权益。

【税务稽查】 有机结合日常稽查、分级分类稽查、专项稽查和专案稽查，加大对涉税违法案件的查处力度，在重点行业和重点环节卓有成效地开展了税收专项检查和税收专项整治工作，与各有关部门积极配合，依法严厉打击严重扰乱经济秩序和税收秩序的重大税收违法犯罪活动，有效遏制重大涉税违法案件的发生。全年完成日常检查纳税户9户、分级分类3户、受托协查5户、专项检查5户以及纳税评估、检查各纳税人超定额补税共计入库税收收入143万元。

队伍建设

【机构人员情况】 2011年12月底，县局内设机构6个，级别为正股级，即：办公室（6人）、税政股（3人）、征收管理股（3人）、人事教育股（2人）、监察室（1人）、收入核算股（10人）。直属机构1个，级别为副科级，即稽查局（6人）。派出机构2个，级别为副科级，即：茈碧湖税务分局（14人）、邓川税务分局（7人）。根据县局人员情况和工作需要，以上机构中，收入核算股加挂信息中心牌子，合署办公，职责合并；征收管理股加挂政策法规股牌子，合署办公，职责合并。全局设有党组书记、局长1人，党组成员、副局长2人，党组成员、纪检组长1人。在职干部职工56人，其中：公务员54人、工勤人员2人，平均年龄44.07。

【廉政建设】 从加强干部教育管理入手，一是认真落实《党风廉政建设责任制》，与各分局、股（室）签订责任书，将责任分解落实到各部门。二是与部门主要负责人家属签订《家庭助廉责任书》，全局形成单位、家庭、社会“三位一体”责任保障体系。三是于4月8日邀请检察院的同志为全局干部职工作《预防职务犯罪、从我做起》为题的法制宣传讲座预防职务犯罪知识讲座，进一步筑牢干部职工拒腐防变的思想防线，增强干部职工秉公执法，廉洁从税的自觉性。四是全体班子成员参加由县委办和政府办组织的全县行政执法部门领导干部到大理州检察院参加“法制与责任——全国检察机关惩治和预防渎职侵权犯罪展览大理巡回展”活动。五是加强内控机制建设。认真排查风险点，有效调整和降低执法风险，加强领导干部履行“一岗两责”情况的监督检查，突出重点部门、重点岗位、重点人员，避免执法风险、杜绝违法违纪行为和被“问责”的情况发生。六是进一步深入开展税务廉政文化建设活动，9月25日，成功举办税务廉政文化书画笔会，邀请县内各界书画名人现场为国税干部职工创作演示和指导。通过“书”廉“画”廉，将反腐倡廉融入书法国画等艺术创作，形式新颖，效果显著，在税务人员当中起到良好的宣传效果，使廉政教育工作更好的发挥了警示、激励和导向的作用。全年干部队伍稳定，未发生一起违法违纪案件。全县行风评议中，县国税局满意率达98.1%，在44个被评议部门中名列第二，在行政执法职能9个部门中名列第一。

【精神文明建设】 积极开展服务人民、奉献社会工作。3月17日，组织全体干部职工向盈江县地震灾区捐款活动，共计捐款3380元。5月7日，组织全体党员和中层以上干部40人到三营镇永胜村委会开展2011年春耕支农活动，用实际行动践行了杨善洲精神。5月24日，深入到挂钩联系点三营镇新联村委会“助残”和“两栽”慰问，送化肥两吨，现金3000元。通过检查考核，省、州、县各级“文明单位”复查合格。

【教育培训】 按照州国税局“人才倍增计划”要求，重新修订了政治理论及业务学习制度。在学习过程中始终做到“三个有”，即：有制度、有计划、有考勤，以及时间、人员、内容“三落实”。根据综合征管软件工作实际需要和其他业务需求，以办税服务厅人员、税收管理员、稽查人员等为重点，有针对性对全体干部进行综合性培训。同时，积极推荐参加省、州局组织的各类业务培训。在大理州国税系统第九届业务能手竞赛中实现历史性突破，荣获全州团体二等奖，1位选手荣获“大理州国税系统第九届业务能手”称号。

（戴汝忠）

剑川县国家税务局

经济概况

2011年，剑川县完成生产总值（GDP）16.07亿元，较2010年增长14.2%，其中：第一产业3.66亿元，增长5.4%；第二产业8.01亿元，增长21.7%；第三产业4.4亿元，增长9.9%；三次产业的结构比例为22.8：49.8：27.4。完成财政总收入2.43亿元，增长46.35%，其中：地方一般预算收入1.31万元，增长33.87%；财政支出7.8亿元，增长19.44%。全社会固定资产总投资11.05亿元，增长42.1%，社会消费品零售总额5.2亿元，增长24.7%。

税收概况

【收入完成情况】 2011年，剑川县国家税务局组织税收收入1.07亿元，完成州局考核收入计划任务数的125.07%；“三税”收入1.06亿元，完成州局下达“三税”考核收入计划任务数的125.14%。分税种看：增值税收入7939.32万元，同比增长26.78%；消费税收入2.25万元，同比降低9.26%；个人利息所得税收入8.61万元，同比降低47.65%；企业所得税收入2661.65万元，同比增长186.13%；车辆购置税收入60.73万元，同比增长38.23%。

【收入特点】 （一）税收收入大幅增长，较2010年增收2813万元，增幅达38.78%。分重点品目看，大部分重点品目税收收入较2010年出现大幅度上升。原煤入库206.93万元，同比增收12.15万元，上升6.24%；电力入库1402.9万元，同比增收292.23万元，上升26.31%；有色金属矿产品入库1084.96万元，同比减收709.95万元，下降39.55%；建材产品入库1595.53万元，同比减收215.03万元，下降11.88%；商业入库1302.65万元，同比增收350.99万元，上升36.88%；其他品目入库2346.18万元，同比增收1946.84万元，上升487.52%。（二）增值税、消费税、企业所得税、储蓄存款利息个人所得税、车辆购置税五个主要税种收入情况呈现“三增两减”态势。

【税源分析】 （一）分项目与2010年同期相比，有色金属矿产品和建材产品分别下降710万元和215万元。主要是矿价低，市场不景气，剑川易谊矿业有限责任公司税收收入减收310万元，建材水泥减收主要原因是云南省国资水泥剑川有限公司购进大量材料，导致税收收入同比减收226万元。增收因素：一是电力增收主要是工业企业恢复生产，供电量增加；二是由于铁价上涨，剑川县活发矿冶有限公司销售库存商品，税收收入同比增收1899万元。（二）受国家税收政策因素影响，储蓄存款利息个人所得税继续减少。（三）宏观税负分析。一是总体税负下降。增值税一般纳税人总体税负为4.26%，比2010年同期的4.93%下降0.67%。二是重点行业税负下降影响总体税负。

【税务管理】 2011年正常开业户1946户，其中一般纳税人76户，占3.9%，小规模企业192户，占9.87%，个体户1678户，占86.23%。（一）进一步加强税源管理，对8户重点税源管户建立“重点税源监控卡”和台账，同时通过“纳税服务联系卡”，全面为纳税户提供纳税服务。通过以上两项工作的有效开展，税源管理质量得到不断提升。（二）强化责任，促工作落实。由局长和分局长、分局长与税收管理员层层签订《管理责任书》和《管户责任书》，明确税收管理员的工作职责，使税收管理员在履行税源管理、优化纳税服务的过程中担负起“税收宣传员、信息采集员、纳税辅导员、纳税评估员、税收监督员”的职责。（三）继续推行业务部门联席会议制度。每月中旬由局长以及分管业务的副局长组织召开税政、征管、计划征收、稽查部门负责人和一般纳税人税收管理员参加的业务联系会议。通过业务联席会议，及时发现问题、加强各部门之间的沟通，防微杜渐，把政策执行和税收管理中存在的主要问题解决在萌芽状态。（四）夯实基础、强化征管、规范执法行为。在正确执行国家税收法律和政策的同时，从落实各项管理制度入手，内外结合，通过贯彻落实《税收管理员制度》，依托综合征管软件和执法考核子系统，合理分工，明确职责，细化责任，做到“谁管理、谁负责，谁差错、谁承担”，努力提高税收管理员的责任意识。在增值税一般纳税人管理上，做到“步骤不省略、顺序不颠倒、方式不简化、时限不超过、权限不超越”。并通过电子定税系统，澄清征管底子，把握征管结构，抓好起征点以下个体税收的管理工作，落实好四项工作：即一本台账、一年一次核定、一年一次申报、一年一次检查，不断提高税收管理质量。

各项工作

【税收征管】 （一）加强重点税源管理。1. 结合纳税评估和日常检查工作中发现的一般纳税人存在的共性问题，经整理汇总，发布《增值税一般纳税人部分税收政策的通告》。2. 加强新认定一般纳税人管理。对系统监控出并强制认定的一般纳税人，督促其建账建制，准确核算经营业务成果，并如实申报纳税，同时加强日常辅导。3. 做好重点税源基础信息采集卡、重点税源指标信息采集卡以及产、供、销、存信息采集卡的相关数据采集工作，准确及时掌握重点税源经营业务相关信息；建立一般纳税人零负申报管理台账，及时掌握并分析企业零负申报原因及确立管理对策。4. 积极落实网络抄报税申报推行工作，加强宣传辅导。发放《增值税一般纳税人网络抄报税申报指南》，对于地处偏远、网络覆盖不及的地区，帮助企业采取变通方式，到具备网络条件的地区进行抄报税，为全面推行网络申报做好准备工作。（二）加强个体税收管理。1. 做好个体“双定户”定额核定工作，截至2011年10月份，起征点以上户数为254户，占比为15.14%（州局考核指标为14.77%）。截至11月，起征点上调后，起征点以上户数为19户，占比为1.13%。截至12月，经定额调整，起征点以上户数为40户，占比为2.38%。2. 严格控制非正常注销发票缴销率，非正常注销发票缴销率达到100%。（三）税收管理员辅助系成功上线。成立了税收管理员辅助信息系统推行领导小组，结合《云南省国税局税收管理员辅助信息系统操作手册》和工作实际，按质按量顺利完成了系统演练工作，并于2011年7月25日系统顺利上线。（四）纳税评估工作成效显著。依据县税源结构和行业税源管理实际，利用征管信息系统、数据监控系统和税源管理台账，对零税负、低税负及税负变动较大的企业，确定评估对象。在评估工作中，积极开展税收政策法规宣传和纳税辅导，帮助企业解决涉税疑难问题，力求降低纳税人的税收风险，共同维护税法的尊严。2011年全局共评估纳税户17户，评估税款112.24万元，纳税评估工作取得显著成效。（五）扎实开展2010年度企业所得税汇算清缴工作。通过对全县税源结构、税收资料、征管质量、纳税人经营状况、税负水平等情况认真进行综合分析，将所得税征管户分成重点汇算企业和一般汇算企业。针对往年汇算清缴工作中存在的资料不完整、审核不到位，数据质量不高等问题，认真清理，按政策调整，加强申报规范性审核、严把数据质量关，圆满完成2010年度所得税汇算清缴工作。（六）加强发票管理。1. 严格执行增值税专用发票管理相关规定，严格审核，严密监控增值税专用发票的开具和使用。2. 加强发票代开管理工作。对代开发票程序、代开金额限制、代开所需资料进行严格规定，制作代开发票清册做好备案。3. 加强农产品收购发票管理，严格农产品收购发票进项税额抵扣的范围和条件，推动企业规范化开具农产品收购发票，对涉及农产品收购发票的一般纳税人，对其安装防伪税控系统的同时，切实做好规范开具农产品收购发票的宣传辅导工作，有效保证农产品发票正确开具和抵扣。4. 进一步做好新版普通发票管理工作。新版普通发票推行一年来，普通发票总户数482户，其中通用机打发票138户、通用手工发票342户、冠名发票2户。（七）加强车辆购置税税收管理。通过与剑川县公安交通警察大队的共同努力，于2011年5月29日，在剑川县公安交通警察大队车辆购置税代征服务窗口通过受理、资料审核、打印完税凭证等程序，利用代征系统成功征收第一辆摩托车车辆购置税，标志着剑川县国税局委托公安交通警察部门代征摩托车购置税工作获得圆满成功。

【税收执法】 （一）加大税收宣传力度，努力营造良好的税收法制环境。一是税收宣传“三进”：即走进企业、走进农村、走进社区，举办税务知识咨询、发放税法宣传材料、开展税法知识讲座等形式多样的税收宣传活动。二是税收宣传“三送”：即送税法上门、送服务上门、送信息上门，实现交互性宣传。三是税收宣传“内外联动”，积极主动与当地县委政府、地税局、工商局、公安机关配合，强化部门合作，联动进行宣传。（二）加强税收征管质量和执法过错考核力度，提高税收执法水平。（三）积极参加“打击和防范经济犯罪宣传日”活动。在5·15全国“打击和防范经济犯罪宣传日”，联合剑川县公安局、地税局开展以“打击经济犯罪，构建和谐美好生活”为主题的集中宣传活动，进一步提高了执法机关在社会上的良好形象。（四）剑川县政务服务中心暨国税分中心正式挂牌成立。分中心下设五个服务窗口，分别为：发票管理、申报纳税、纳税服务、综合服务、咨询辅导区，分中心负责办理行政审批事项，承担县人民政府政务服务分中心日常工作，为公民、法人和其他组织提供行政许可、非行政许可审批及其他证照办理等政务服务。（五）结合全县税收征管实际，认真抓好分级分类稽查工作，积极完成好州局选案、审理，县级检查、执行的案件检查工作，扎实开展了以汽车修理行业、运输发票抵扣税款的税收专项检查工作，对税率偏低企业、长亏不倒企业、长期零税负企业进行重点检查，切实开展好打击发票违法犯罪活动。2011年度查补增值税30.16万元，所得税5.51万元，滞纳金5.72万元，共计41.39万元。分级分类稽查检查增值税一般纳税人6户。在检查中，严格实行查前告知制度，查前告知面达100%，企业自查面100%，企业自查补税9.02万元，加收滞纳金1.18万元。

队伍建设

【机构人员情况】 县局现有在职干部职工45人，其中男职工32人，女职工13人。党员28人，占职工总数的62.22%；大专以上文化程度39人，占职工总数的86.67%，大学本科23人，占职工总数的51.11%；离退休干部25人。全局机构设置为：内设机构7个，即办公室（6人）、税政股（2人）、征管股（2人，含政策法规股）、收入核算股（含信息中心9人）、人事教育股（含监察室3人）；直属机构1个，级别为副科级，即稽查局（3人）；派出机构2个，即金华税务分局（11人）和老君山税务分局（5人）。

【领导班子建设】 剑川县国家税务局党组书记、局长1人，副局长1人，纪检组长1人。2011年4月，原剑川县国家税务局副局长李耀仁调鹤庆县国家税务局工作；2011年4月提任原剑川县国家税务局老君山分局分局长赵小东为剑川县国家税务局纪检组长，2011年11月提任原剑川县国家税务局稽查局局长海吉生为剑川县国家税务局副局长；2011年11月任命茶雪松为剑川县国家税务局副局长。

【廉政建设】 （一）制定了《剑川县国家税务局对〈大理州国家税务局对县市局党风廉政建设责任制考核办法（试行）〉的工作任务分解及量化考核办法》和《中共剑川县国家税务局党组关于贯彻落实〈云南省国家税务局党组关于建立健全惩治和预防腐败体系2008－－2012年工作规划实施意见〉分工方案》，层层签订廉政建设目标责任书，同时签订了《家庭助廉责任书》。（二）开展党性党风党纪教育、警示教育、勤政廉政教育和税务职业道德教育。与剑川县检察院联合召开了税务行政执法暨预防职务犯罪联席会议，组织党组班子成员和分局长到大理州人民检察院参观中共大理州委预防职务犯罪领导小组举办的“法制与责任——全国检察机关惩治和预防渎职侵权犯罪展览大理巡回展”。（三）认真开展《廉政准则》贯彻执行情况专项检查工作，县局党组领导班子3人以及分局（局）长2人，按党员领导干部要求的内容开展了自查，自查面达到100%，写出并上报了自检自查报告，全年没有涉及领导干部廉洁自律方面的信访举报。（四）制定了《剑川县国家税务局内控机制建设实施方案》，认真梳理权力运行中存在的或潜在的廉政风险点，并对排查确定的廉政风险点，逐个提出化解风险的防范措施。扎实推进内控机制建设。（五）积极开展国税廉政文化建设。制定了《剑川县国家税务局“读廉”计划》、《剑川县国税局“读廉”文化建设实施意见》和《剑川县国税局关于开展读廉活动的通知》。（六）加强政风行风建设，扎扎实实践行“六做十对”，达到“工作零事故、业务零差错、服务零距离、责任零投诉”的“四零”要求。继续开展《廉政公约》的签订及回访调查工作。2011年，剑川县没有开展“民主评议行政机关和公共服务部门政风行风”工作，经州局统一组织评议，行风评议满意率为93.3%。

【精神文明建设】 （一）以“创先争优”为导向，用实际行动完善纳税服务窗口工作。为扎实开展“四亮四创四评”活动，剑川县国家税务局在收入任务提前135天超额完成的情况下，将提升税源管理、优化纳税服务作为后几个月工作的重要方向，结合关于办税服务厅党员佩戴党员徽章的精神，剑川县国家税务局办税服务厅党员统一佩戴党员徽章。进一步“亮流程、亮身份、亮职责、亮承诺”，强化剑川县国家税务局政务服务分中心的窗口服务，做好“创先争优”活动。党员佩戴党员徽章要严肃、庄重，剑川县国家税务局高度重视佩戴党员徽章工作，积极主动与县直属机关党委联系领取党员徽章，通过发放并佩戴党员徽章，进一步推动“为民服务创先争优”活动，努力争创优质服务之星、流动红旗标兵、党员示范窗口、人民满意党支部。通过党员佩戴党员徽章活动的开展，着力夯实“创先争优”活动基础，充分发挥窗口党员的示范带动作用，在窗口党员中开展“从我做起、向我看齐、对我监督”为主题的公开承诺活动，创建人民满意群众放心的国税干部队伍。（二）抓好党建和思想政治工作，落实与挂钩村党员“1+1”帮扶活动、支部重点帮扶活动；长期坚持捐资助学活动，积极参加抗旱救灾，组织全局干部职工向灾区献爱心活动等。（三）认真做好省州局和县委县政府文明单位届满重新申报的各项工作和文档资料的归档工作，文明单位顺利通过验收。

【教育培训】 按照“内强素质，外树形象”的总体要求，强化干部队伍建设，不断提高干部队伍能力素

质，努力培养造就一支高素质的国税干部队伍。（一）加强政治业务学习，不断提高干部队伍的政治业务素质。（二）抓好学历教育，积极创造条件支持和鼓励广大干部职工积极参加学历教育。目前全局46名干部职工中，大专以上学历40人，本科以上22人，3人在读本科，积极向州局推荐2人参加研究生招生入学考试。（三）强化岗位技能培训。由县局党组成员、各部门主要负责人围绕各阶段、各部门工作重心，结合当前主流思想，针对分管工作以及各部门工作重点和岗位技能作专题讲座，全局干部职工综合素质得到很大提高。

（段潓萍）

鹤庆县国家税务局

经济概况

2011年，鹤庆县实现生产总值（GDP）34.95亿元（按可比价格计算），同比增长23.3%。其中：第一产业增加值7.01亿元，同比增长4.2%；第二产业增加值20.77亿元，同比增长44.2%；第三产业增加值7.17亿元，同比增长4.8%；三次产业的机构比例为20:59:21。实现现价工业总产值42.09亿元，增长40.04%，工业总产值位居全州第三名，工业经济快速增长，在国民经济中的比重不断提高。2011年全县完成固定资产投资额38.65亿元，同比增长5.06%。完成全县财政总收入4.66亿元，增长36.09%，其中一般预算收入2.27亿元，增长20.91%；各项税收4.52亿元，增长46.88%。

税收概况

【收入完成情况】 2011年，鹤庆县国家税务局组织税收收入1.82亿元，完成年计划1.44亿元的126.66%，占奋斗目标1.55亿元的117.66%，比2010年增收5080.94万元，增长38.69%，“三税”收入1.8亿元，完成年计划1.42亿元的126.76%，占奋斗目标1.53亿元的117.65%，同比增收5034.14万元，增长38.82%。其中：增值税入库1.33亿元，完成年计划1.21亿元的109.63%，比2010年增收2627.04万元，增长24.63%；消费税入库482.09万元，完成年计划375万元的128.56%，比2010年增收71.68万元，增长17.47%；企业所得税入库4225.54万元，完成年计划1700万元的248.56%，比2010年增收2335.41万元，增长123.56%。储蓄存款利息个人所得税入库13.5万元，比2010年减收17.68万元，下降56.71%。车辆购置税入库199.39万元，完成年计划180万元的110.77%，比2010年增收64.51万元，增长47.82%。

【收入特点】 （一）税收收入增长快于经济增长，生产总值同比增长23.3%，税收收入增长38.69%。（二）五个税种收入“四增一减”。增值税、消费税、企业所得税和车辆购置税分别实现了增长，储蓄存款利息个人所得税减收。（三）收入结构中，增值税所占比重最大，占税收总收入的72.98%；企业所得税增长幅度最大，入库4225.54万元，比2010年增收2335.41万元，增长123.56%，占税收总收入的23.2%；消费税、储蓄存款利息个人所得税、车购税所占比重分别为2.65%、0.07%、1.1%。（四）从税收收入分预算级次看，入库中央级收入1.32亿元，同比增收3497.11万元，增长36.06%，入库地方级收入5018.84万元，同比增收1583.85万元，增长46.11%。

【税源分析】 （一）重点税源企业税收贡献突出，2011年税收收入超千万的有4家，特别是鹤庆北衙矿业有限公司和大理三德水泥有限公司国税收入历史性突破3000万元大关，分别实现3376.11万元和3007.93万元。（二）第一纳税大户北衙矿业公司2011年入库增值税3376.11万元，增值税贡献率25.4%，“三税”贡献率18.76%，同比增收2703.69万元，增长402.08%，拉动2011年增值税收入增长25.35%，是鹤庆国税2011年增值税增长的首要因素。主要是北衙矿业公司2010年投资建成的日处理4000吨矿石生产线今年效益明显增强：铁精粉销量同比增加了22万吨，增长112.01%，且价格上涨177元/吨，上浮55.44%，计税收入同比增加1.45亿元，增长229.56%，实现销项税同比增加2458万元。白银销售量同比基本持平，但在平均售价同比上涨2元/克的有利情况下，计税收入同比增加1057万元，销项税同比增加180万元，而由于进项税转出同比增加1365万元使得2011年实际抵扣进项税额同比反而减少95万元，故综合使北衙矿业公司2011年实现增值税大幅增长。（三）商业增值税入库2086.83万元，增值税贡献率14.7%，同比增收328.19万元，增长18.66%。（四）电力增值税入库2259.80万元，增值税贡献率17%，同比增收634.41万元，增长39.03%；县锰业公司入库增值税1319.69万元，增值税贡献率9.93%，同比减收659.20万元，下降33.31%，锰铁销量同比基本持平，但平均价格同比下跌了518元/吨，降幅6.28%，锰矿石销量同比减少7682吨，且平均价格下跌145元/吨，综合使计税收入同比减少2338万元，下降13.97%，销项税同比减少397万元，而2011年申报实际抵扣进项税同比反而增加223万元，导致县锰业公司2011年增值税大幅减收，税负9.17%，较2010年的11.58%同比下降2.41个百分点。

【税务管理】 （一）认真加强纳税人户籍管理。2011年12月底，全县开业纳税人2746户，其中一般纳税人97户，起征点以上个体定额户103户。年纳税50万元以上企业27户，纳入总局和省局监控的重点税源管户17户。年初，在完成普通发票换版扫尾工作的同时，认真调查个体定额，并于1月底前顺利完成了2345户个体户的定额核定和调整工作。（二）集中力量，认真完成“纳税服务卡”和“重点税源管理卡”的推行工作。从9月份起对全县一般纳税人建立纳税服务联系卡制度，对重点税源管户推行重点税源监控卡。

各项工作

【税收法制建设】 一是着力推进依法行政。积极宣传税收法治理念，注重执法人员依法行政能力培养，探索依法行政考核机制。二是提高制度建设质量。严格税收规范性文件制定、备案管理和清理。三是强化税政综合管理。开展政策效应分析评估，提高政策反馈报告质量。四是规范税收执法行为。创新税务行政审批方式，规范税收自由裁量权行使，强化重大税务案件审理。五是积极化解税收争议。充分发挥税务行政复议功能，落实政策异议处理规则，重视税务行政诉讼监督。

【税收征管】 （一）针对州局牵头进行纳税评估发现的运输发票填写不规范问题，鹤庆县国税局对全县涉及运输发票企业进行全面清理，对所有89户一般纳税人进行了宣传，清理出运输发票填写不规范企业13家，涉及进项税转出350多万元。（二）纵向联系，横向配合，开展纳税评估工作，大理州国税局和鹤庆县国税局共同评估了大理三德水泥包装有限公司、鹤庆县科鑫矿业有限公司、大理星球太阳能科技开发有限公司，评估补缴增值税266.19万元，所得税81.58万元；鹤庆县国税局对以下企业作了评估：鹤庆农村信用合作社、鹤庆凌云资源综合利用有限公司、鹤庆县忠兴电脑科技有限公司、鹤庆县茧丝有限责任公司、鹤庆县茧丝有限责任公司盛峰丝厂、云南鹤庆糖业有限责任公司、大理州鹤庆县北衙鑫宝矿产品洗选厂，评估补缴增值税3.53万元，所得税36.27万元。（三）广泛宣传，稳步推进网络申报税“一体化工作”，认真组织全体一般纳税人进行网络申报税业务培训，稳步推进网络申报税工作，全面推行网络申报税（扣税）97户，已覆盖全部一般纳税人。（四）以大理州国税局年初下发的“一个目标五项考核”内容为中心，坚持依法治税，认真组织完成2010年度所得税汇算清缴工作。2010年度所得税汇算清缴户63户，实际参加汇算清缴户63户，汇缴面100%；汇缴企业中，亏损户20户，占比31.75%，零申报18户，占比28.57%；汇缴补税企业12户，补缴税款199.21万元，应退税企业3户，应退税款0.87万元。2011年总体税负5.51%，全州排名第5。征管质量考核指标：2011年1至10月达征率为17.58%（剔除农行及信用社农村消费卡新办户83户影响，达征率为18.18%），增值税起征点上调后达征率4.04%。非正常注销发票缴销率为100%。（五）努力推行“两表一卡”和网络报税，积极推进文本管理模式；建立重点税源监控卡和税负分析台账，推行了企业供、产、销、留抵税款台账，严密掌握企业的生产经营状况，做到税源清楚、管户有数、反映及时、管理到位；“疏于管理、淡化责任”的问题得到根本扭转，推动税源管理工作迈上新台阶。

【税收执法】 （一）税法宣传。在全国第20个税收宣传月中，紧紧围绕“税收·发展·民生”宣传主题，深入宣传税收取之于民、用之于民、造福于民的性质，深入宣传税收在筹集国家财政收入、调控经济和调节分配、改善民生等方面的重要作用，开展了形式多样、丰富多彩的宣传活动。一是开展税收宣传意见征集活动，分别开展面向全局职工和纳税人的意见征集活动，开拓思路、推陈出新，确保税收宣传月活动深入推进。二是利用通信网络受众多、传媒快、覆盖面广的优势，以短信的方式像纳税人群发税收宣传短信，大力营造税收宣传声势。三是通过在主要街道及国税局大楼悬挂税收宣传标语，在宣传栏张贴税收宣传画，深入各乡镇和企业发放宣传材料等活动营造了良好的依法治税环境。（二）2011年，鹤庆国税加大税务稽查工作力度，认真开展分级分类稽查、税收专项检查和专项整治，狠抓案件查处，使案件查办质量得到提高，有效防范、化解执法风险。并加强了同上级稽查、公安、地税等部门间的协调配合，确保了各项稽查目标任务的完成。稽查局全年检查38户，共查补入库税款、滞纳金、罚款共计311.76万元。其中入库税款173.03万元（增值税43.52万元，所得税129.51万元），加收滞纳金73.41万元，罚款65.32万元。

【税务管理信息化建设】 信息化建设工作突出保障、服务、创新。一是创新运维模式。遵循一体化的建设原则，构建高效的运行维护体系。二是做好税收信息化日常管理工作。突出强化对税收核心业务的保障支持作用。三是加强网络安全防护管理，搭建网络与信息安全防护体系。四是维护好车购税征收系统，确保一条龙数据质量。五是做好办公自动化网络的系统维护工作，确保办公自动化ODPS系统的正常、有序、高效运转。六是做好政府信息公开网站系统维护和更新工作。

队伍建设

【机构人员情况】 截至2011年12月31日，在职干部职工63人，其中党员41人，占职工总数的65%；大专以上文化程度57人（其中：研究生2人，本科26人，专科29人），占职工总数的90%；离退休干部24人。全局机构设置为：内设机构7个，即：办公室、人事教育股、监察室、税政股、征收管理股、政策法规股、收入核算股；事业单位1个，即：信息中心；直属机构1个，即：稽查局；派出机构1个，即：云鹤税务分局。信息中心与收入核算股合署办公；政策法规股与征收管理股合署办公。

【领导班子建设】 2011年，鹤庆县国税局党组以“服务基层年”为重点，以邓小平理论和“三个代表”重要思想为指导，深入贯彻科学发展观，积极开展以创建先进基层党组织、争当优秀共产党员为主要内容的“创先争优”活动，使党组织努力做到“五好”，党员努力做到“五带头”，充分发挥基层党组织的战斗堡垒作用和共产党员的先锋模范作用。“七·一”前夕有2人被大理州国家税务局授予“优秀共产党员”称号，党支部被县委评为先进党支部，涌现出11名优秀共产党员，通过加强基层党组织建设，引导带动工、青、妇等其它组织建设。2011年11月，州局党组对鹤庆县国家税务局的党组班子进行了充实，领导班子组成人员5名：局长1名，副局长3名和纪检组长1名。领导班子坚持党组中心组学习制度，提升班子决策水平，实行班子分工负责制，发挥好班子成员的率先垂范作用，增强班子凝聚力、向心力和号召力；坚持民主集中制原则，完善议事规则，严格按程序办事，着力推进领导决策的科学化和民主化。

【党风廉政建设】 2011年，鹤庆县国税局纪检监察工作坚持标本兼治、综合治理、惩防并举、注重预防的方针，严格落实党风廉政建设责任制，切实加强领导干部教育和监督，扎实推进内控机制建设，切实加强党风廉政建设和反腐败工作，为推动鹤庆国税事业和谐、稳定发展提供坚强保障。（一）认真贯彻落实党风廉政建设工作会议精神，明确纪检监察工作任务。（二）狠抓廉政教育，筑牢拒腐防变的思想道德防线。（三）深入贯彻《廉政准则》，提高廉洁自律意识。（四）深入开展内控机制建设，强化从源头上预防和治理腐败。（五）抓好作风建设，提高行风政风工作水平，至2011年，累计签订《廉政公约》1203户，其中一般纳税人97户，小规模企业84户、“双定户”1022户。（六）深入推进国税廉政文化建设，积极营造良好的廉政文化氛围。一是倡导开展的“六做十对”，有重点、全方位、多层次地开展廉政文化创建活动，切实发挥廉政文化的教育、示范、熏陶、导向作用，在全局倡导廉政价值取向、营造廉政舆论氛围、创造廉政文化环境。二是围绕“服务基层年”工作主题开展廉政教育活动。三是深入推进廉政文化“四进”活动，推动廉政文化进机关，进基层、进家庭、进纳税人，形成双方知廉、守廉、护廉的良好氛围。

【精神文明建设】 一是积极倡导文明、健康的生活方式，开展丰富多彩的文体活动，活跃职工的业余文化生活。开展了歌颂祖国唱红歌、宣传国税唱税歌，跳民族健身舞等活动；创建职工文娱室、设置乒乓球桌、象棋和卡拉OK等设施，使干部职工能在繁忙的工作之余得到精神上和身体上的双重陶冶。二是把党风廉政建设作为“创先争优”活动的重要载体，加强税检联席会议机制，尤其注重在预防渎职侵权犯罪方面积极开展教育预防工作，税检双方增强合力，进一步推进预防职务犯罪惩防体系建设，强化国税干部规范执法、廉洁从税意识。构建以思想道德和职业道德为基础，以勤政廉政为基本内容，以明确行使权力、远离违法犯罪为重点，建设以和谐国税为目标的廉政文化良好格局。三是贴合实际，充分发挥工会组织凝聚人心作用，积极开展老干部慰问工作，做好职工及其家属生病住院的看望工作。发挥党支部、工会的影响力和带动力，把党建、工会活动同国税文化建设结合起来，创新组织体制、组织形式，以“创先争优”活动为载体，提出了“人人都是鹤庆窗口，个个都是国税形象”、“创先争优我先行、业务工作我最优、社会形象我最好”等口号，营造浓厚的国税文化氛围。四是在中国共产党成立90周年之际，开展了党史竞赛、走访慰问老党员、唱红歌、歌咏比赛、表彰优秀党员、重温入党誓词“六个一”等一系列活动，激发了广大党员爱党、爱国、和爱岗敬业精神和热情。

【教育培训】 （一）制定了《鹤庆县国家税务局“人才倍增计划”实施方案》，成立鹤庆县国家税务局“人才倍增计划”领导小组，下设办公室，具体负责对“人才倍增计划”的组织领导和实施。（二）认真组织全员考试，积极组队参加“大理州国税系统第九届业务能手”竞赛，并取得团体三等奖，3人进入全州前24名。（三）结合实际和税收业务需求，组建师资队伍，认真开展以货物和劳务税业务、所得税业务、财务会计、税收信息系统应用、税务稽查与征管等知识为主要内容的全员培训，确保人才倍增计划顺利实施。

（杨银彪）

保山市国家税务局

经济概况

2011年，保山市实现生产总值（GDP）319.65亿元，按可比口径计算比上年增长13.1%。其中：第一产业完成99.14亿元，增长7.5%；第二产业完成102.63亿元，增长21.3%；第三产业完成117.88亿元，增长11%。三次产业结构比例由上年的30.28∶30.87∶38.85调整优化为31.02∶32.11∶36.87。完成农业总产值161.26亿元，比上年增长8.2%；工业总产值226.26亿元，比上年增长26.2%，其中：轻工业产值102.38亿元，比上年增长21.6%；重工业产值123.88亿元，比上年增长30.3%。实现规模以上工业增加值51.80亿元，按可比口径计算比上年增长27.5%。全社会固定资产投资总额266.3亿元，比上年增长26.2%；社会消费品零售额101.5亿元，比上年增长20.3%。居民消费价格总指数104.2%，上涨4.2%；商品零售价格总指数103.6%，上涨3.6%；农业生产资料价格指数105.5%，上涨5.5%。外贸进出口总额2.33亿美元，比上年增长20.1%，其中：进口1.04亿美元，增长30.8%，出口1.29亿美元，比上年增长12.7%；实现财政总收入47.43亿元，比上年增长34.5%；城镇居民人均可支配收入1.62万元，比上年增长13.04%；农民人均纯收入4439元，比上年增长22.4%。

税收概况

【收入完成情况】 2011年云南省国税局下达国税总收入确保目标15.5亿元，比上年实际收入增加9805万元，增长6.75%；下达总收入奋斗目标16.26亿元，比上年实际收入增加1.74亿元，增长11.99%。下达“三税”收入确保目标13.7亿元，比上年实际收入增加7547万元，增长5.83%；下达“三税”收入奋斗目标14.41亿元，比上年实际收入增加14647万元，增长10.09%。保山市政府下达“三税”收入目标14.8亿元，比上年实际收入增加18547万元，增长14.3%。全年组织入库国税收入19.83亿元（不含海关代征），同比增收5.31亿元，增长36.5%，完成全年目标任务的

121.9%。完成“三税”收入18.03亿元，同比增收5.09亿元，增长39%，完成保山市人民政府下达的“三税”收入目标的121.83%。其中：增值税13.24亿元，同比增收3.75亿元，增长39.50%，完成全年目标任务的124.90%；消费税1.36亿元，同比增收2520万元，增长22.70%，完成全年目标任务的112.80%；企业所得税3.42亿元，同比增收1.09亿元，增长46.4%，完成全年目标任务的131.70%；车辆购置税1.78亿元，同比增收2370万元，增长15.40%，完成全年目标任务的96.20%；储蓄存款利息所得个人所得税152万元，同比减收156万元，下降50.70%。

【收入特点】 2011年全市国税收入呈现出四个特点：一是月平均收入均过亿元且大幅增长。月平均入库税收1.65亿元，5月份入库税收3.34亿元，单月入库税收实现历史最高水平，12月份收入最低且未过亿元，入库税收8441万元；二是主要税种全面增收，国税部门征收的5个主要税种除储蓄存款利息所得个人所得税政策性减收，税收下降50.7%外，其余4个主要税种均大幅增长。其中：增值税增长39.5%、消费税增长22.7%、企业所得税增长46.4%、车辆购置税增长15.4%；三是市、县（区）税收全面增长，6个征收单位全面超额完成收入目标任务。市级收入4.37亿元，增长23.2%，完成年计划的117.1%；隆阳区4.84亿元，增长20.6%，完成年计划的105.5%；腾冲县4.83亿元，增长76.5%，完成年计划的158.6%；施甸县1.61亿元，增长36%，完成年计划的119.1%；龙陵县2.06亿元，增长29.6%，完成年计划的115.1%；昌宁县2.13亿元，增长45.8%，完成年计划的120.8%；四是重点税目全面增长，重点税源中除啤酒“两税”减收159万元外，其他税目全面增长。其中增幅较大的有：医药产品增长70.2%、电力增长59.8%、有色金属及矿产品增长47%、复烤烟叶44.7%、食糖增长44.4%、建材产品增长40.8%、商业增长31.2%。

【税源分析】 从税收收入经济结构看，国有企业占19.71%、集体企业占3.2%、股份公司占48.83%、其他企业（个体、联营、其他）占28.26%；从税收收入的产业结构看，第一产业占0.51%、第二产业占51.28%、第三产业占48.21%；从税收收入税种看，国内增值税收入占66.79%、国内消费税收入占6.88%、内资企业所得税收入占16.45%、外资企业所得税收入占0.82%、个人储蓄存款利息所得税收入占0.08%、车辆购置税收入占8.98%；从重点税目占“两税”比重看，商业税收占32.25%、食糖税收占7.73%、烟叶加工税收占3.93%、电力税收占23.7%、矿业（有色金属、硅）税收占17.53%、建材产品税收占6%、木材加工税收占1.24%、其他税目税收占7.62%

各项工作

【税收征管】 （一）征管基础工作进一步加强。累计开业登记户23526户，其中：增值税登记户23421户，消费税登记户203户，企业所得税登记户1327户，个人所得税登记户26户；申报率99.86%，比全省平均申报率高0.29个百分点，位居全省第一；一般纳税人零申报率21.77%，比全省平均申报率低4.06个百分点，位居全省第三；税源与征管状况监控分析各项监控指标均好于全省平均水平；发票核定户数6643户，新版普通发票全面推广使用，旧版发票收缴率和新版发票推广率均达到100%。（二）构建纳税评估统筹协调机制。按照税收征管一体化要求，把着力点放在“整合”上，把重点放在“联动”上，建立健全纵向互动、横向联动、内外协作的纳税评估运行机制，由各级征管部门牵头，协调各业务部门按照专项评估、日常评估、简易评估和调研评估的要求统筹安排评估对象，从根本上解决交叉评估、多头布置、协调不畅的问题，保持各税种评估协调开展。全年计划评估111户，实际完成评估124户，有问题76户，移交稽查5户，评估入库税收1162.68万元，其中增值税244.67万元，企业所得税918.01万元。调减增值税留抵税56.61万元，调减企业所得税亏损976.32万元，调增应纳税所得额6714.04万元。（三）抓实重点税源管理。推进与地税、工商、银行、技术监督、医保中心等部门的信息交换，加强户籍静态管理和动态监控。围绕征管难点、热点问题，对138户纳税人实行了领导管户制，起到了管住一户、带动一片的示范作用。合理配置征管力量，优先保证对重点税源和流失风险大的税源的监管，对49户增值税重点税源企业和51户企业所得税重点税源企业实施全方位监控，全面掌握企业生产经营、税源变化、税款缴纳等情况。（四）推进行业税收管理。在广泛调研分析的基础上，规范了二手车交易税收管理，对农产品经营企业实行了“以面积控产量、以产控销、以销控量”的管理方法，认真落实硅冶炼行业税收管理规范，对沙石建材产品实行委托建设单位代征办法，制定了制糖企业、金属矿产品采选企业、水泥制造业行业管理办法，对房地产行业所得税实施了峰值风险管理，重点行业税源管理工作进一步加强。（五）抓实增值税管理。强化申报数据分析，认真开展固定资产抵扣明细三级监控，大力开展优惠政策调研，规范了政策执行和管理，增值税管理质量和效率明显提升。全年依法办理增值税征前减免销售额17.4亿元、比上年增长8.66%；依法减征增值税17.91亿元、比上年增长36.05%；依法办理即征即退增值税206.05万元、比上年下降65.6%；一般纳税人增值税税负率为4.83%，比全省平均税负率高1.53个百分点；全国42个重点行业保山涉及32个行业，有26个行业税负率高于全国平均水平、有20个行业税负率高于全省平均水平，有6个行业税负率低于全国平均水平、有12个行业税负率低于全省平均水平；核查转出固定资产进项税80.08万元，同比增加35.69万元，增长80.4%。（六）强化企业所得税管理。扎实开展2010年度企业所得税汇算清缴工作，汇算面99.9%，盈利面63.66%、同比上升12.05%；亏损211户、亏损面21.66%，同比下降3.94%；零申报143户、零申报面14.68%、同比下降8.11%；所得税贡献率为2.69%，比上年上升0.54%，圆满完成了云南省国税局提出的汇算面不低于98%和亏损面控制在上年水平以内的目标。对494户企业所得税管户实施了核定征收，同比增加154户，核定面37.2%，同比增加1.6个百分点，其中核定定率436户，占88.26%，实现了企业所得税核定工作逐步由核定定额向核定定率的转变，降低了税收执法风险。（七）加强进出口税收管理。严格落实出口货物退（免）税政策，受理申报出口货物退（免）税260批次，审批办理出口退（免）税4934万元；认真做好出口不予退（免）税货物应征税管理，经检查核实，企业少提销项税65.28万元，补税10.03万元；推进跨境贸易人民币结算退税试点工作，办理跨境贸易人民币结算退税1699.73万元，一般贸易和边境小额贸易人民币结算退税2268.81万元；办理非居民享受税收协定待遇审批类事项2起，应缴企业所得税709.46万元，实际缴纳354.73万元，减免354.73万元；开具服务贸易等项目对外支付税务证明27份，对外付汇金额折合人民币8952.54万元。（八）管好车辆购置税。建立市、县、区办税厅三级审核制度，严格应税小排量乘用车相关资料审核；调整窗口、合理调配征收人员，有效缓解办税服务厅拥挤和窗口压力；要求车辆购置税代征单位定期到各乡镇开展车辆落户、税款征收检查工作；严格执行车辆购置税政策，依法办理免税车辆67辆，免征车辆购置税324.1万元；加强车辆销售企业机动车销售统一发票的使用管理。

【法制建设】 （一）加强执法监督，规范执法行为。以执法考核系统为主导，以人工考核为补充，充分利用内部执法考核及外部执法监督等结果，强化过程监控，严格过错责任追究，防范执法风险。执法考核系统监控执法行为21.62万余项（次），预警执法过错77项（次），申辩调整后执法过错5项（次），执法过错率为万分之零点二三，低于云南省国税局提出的万分之五以内的控制目标。（二）充分发挥税务稽查职能作用。抓好分级分类稽查、专项检查、打击发票违法犯罪、重大案件、日常检查工作，打击涉税违法，促进税收法治环境进一步好转。各级稽查局共查结涉税案件28件，查补入库收入365.79万元，其中：税款202.09万元、滞纳金75.26万元、罚款88.44万元；组织315户纳税人开展自查，查补入库收入870.65万元。全年共查补入库收入1236.44万元，稽查选案准确率100%、案件结案率100%、入库率、协查信息完整率和总局督办案件协查按期回复率均达到100%，偷税处罚率达51.39%。（三）开展税收法制宣传。坚持日常税收宣传与税收宣传月集中宣传相结合、正反典型宣传相结合、税务稽查与查前辅导相结合、专项检查与纳税人自查自纠相结合，坚持不懈地宣传各项税收法律法规政策，进一步扩大税收法制宣传的辐射面和影响力，增强全社会依法诚信纳税意识。收集上报了反映新中国成立以来，特别是改革开放后，税收事业发展变化的图片类税收宣传资料33幅；完成了2011年《云南国税》第2期“地州专版”栏目组稿工作；与香港文汇报联合开辟专版宣传了保山国税“十一五”发展成就、“十二五”展望及“服务基层年”工作思路。（四）认真开展“四亮四创四评”活动。认真开展窗口单位“四亮四评”主题活动，促窗口单位党建工作上水平、服务质量上台阶。开展自评36次，群众评74人次，领导评22次，集中评议30次，市、县（区）局组织评52次，提出改进意见38条，整改率100%；坚持以纳税人为中心，加强办税服务厅建设，规范窗口设置，提升窗口办税员综合素质，落实服务措施，优化办税环境，全系统窗口单位共建展板13个、显示屏1个，摆放纳税服务指南、纳税人填报文书规范手册和便民服务手册360本，摆设台签、席位卡251个，开办公开栏12版、黑板报11版、发放承诺卡121份，放置评价簿26本；进一步落实服务承诺制、首问责任制、限时办结制，受理办结服务承诺事项20.61万件，通过政务信息专线处理涉税问题38个，通过96128、12366电话解答问题167个、处理热点问题610个；对6类163种涉税文书进行了规范，涉税文书纠错40388项。

【内部管理】 （一）强化服务基层工作。建立健全督查督办制度，完善基层请示限时答复制度；关心基层干部的工作和生活，把相关政策用好用足，努力改善基层干部的工作和生活条件；加强基层干部培训，为基层干部创造更多的外出培训、学习、考察机会，不断提高税务干部职工的综合素质和专业技能；在经费、物资等保障方面向基层倾斜，切实解决基层干部工作和生活中的具体困难；加强向地方党委政府的请示汇报和各部门的协调沟通，积极争取各有关部门对国税工作的理解和支持，为推进以法治税营造良好的工作环境。（二）认真落实“两个减负”。简并要求基层报送的报表资料，凡是通过各应用系统能够自动生成的报表或查询到的数据不再要求基层报送，凡是可由市、县（区）局机关自主完成的调查（检查）工作原则上不层层布置给基层完成，凡是能在机关内部完成的事项不再向纳税人延伸，让基层税干把更多时间和精力放在确保工作质量效率上。（三）加强会议和财务基建管理。严格控制会议数量和会议规模，充分发挥视频设备功能作用，做到可开不可开的会议坚决不开、可合并开的会不分口召开、可用视频会议方式完成的会议事项一律不召开现场会，降低会务费支出，提高会议效率。加强资金使用监督，严格基建项目制度，严防超标超规模建设，管好用好基建资金。做好政府采购工作，坚持依法采购、严格程序、规范操作、提高办事效率。强化财务监督，严格财务制度和纪律，进一步提高财务审计和经济责任审计质量和效率。（四）抓实综治维稳和保密工作，规范信访工作。把综治维稳工作摆在突出位置，层层签订综治维稳责任书，认真落实领导责任，严格贯彻综治维稳各项要求，定期不定期地开展安全管理分析排查，完善管理措施，狠抓制度落实，规范综治维稳工作量化标准，强化综治维稳工作痕迹管理，推进“四创”活动深入开展。积极构建保密工作安全防护网络，确保党和国家秘密不泄密、不失密。以贯彻全省国税系统信访工作座谈会精神为契机，组织开展了信访工作业务培训，规范信访工作流程和适用文书，建立和完善了信访工作联席会议、分析排查、领导包案等制度，各级各部门进一步深化了对做好信访工作的认识，找准了信访工作监控重点。年内受理信访件2件（涉税举报），系统内干部职工未出现信访和上访情况。

队伍建设

【机构人员情况】 内设机构14个：办公室、政策法规科、货物和劳务税科、所得税科、收入核算科、纳税服务科、征收管理科、财务管理科、人事科、教育科、监察室、进出口税收管理科、机关党委办公室、离退休干部科；事业单位2个：信息中心、机关服务中心；直属机构2个：稽查局、车辆购置税征收管理分局。辖隆阳区、施甸县、腾冲县、龙陵县、昌宁县5个国税局；下设11个基层税务分局：隆阳区国税局第一税务分局、第二税务分局、汉庄税务分局，施甸县国税局甸阳税务分局，腾冲县国税局第一税务分局、第二税务分局、固东税务分局，龙陵县国税局龙山税务分局、勐糯税务分局，昌宁县国税局田园税务分局、柯街税务分局。全市国税系统有在职干部职工521人，其中：女干部145人占27.83%，男干部376人占72.17%；中共党员360人占69.10%，团员4人；大学本科及以上学历183人占35.13%，大专学历285人占54.70%，中专学历36人占6.91%，高中及以下学历17人占3.26%；35岁以下75人占14.40%，36岁至45岁216人占41.46%，46岁以上230人占44.14%。离退休干部213人，其中：离休干部6人，退休干部207人。

【加强干部队伍政治业务建设】 （一）推进学习型党组织建设。把学习贯彻党的十七届五中全会和胡锦涛总书记"七·一"重要讲话精神作为重大政治任务抓紧抓好，牢牢把握科学发展主题和转变经济发展方式主线，认真开展"四查找四争先"活动，引导党员干部特别是领导干部，把心思凝聚到干事创业、促发展上，把精力用在踏实工作、服务基层上，切实增强各级班子的凝聚力、感召力、战斗力。全市国税干部撰写学习胡锦涛总书记"七一"重要讲话、读红色经典等心得体会526篇。（二）理论联系实际开展好干部教育培训工作。按照"分级管理、分工负责、分类培训"的培训管理体制，抓好领导干部、高素质专业化骨干和基层一线人员"三支队伍"能力建设的要求，以政治理论、更新知识、专门业务培训学习为重点，组织开展多层次、全方位、管用、实用的干部培训，大力提升干部队伍的综合素质，共举办政治、业务培训班150期，参训8420人（次），培训时间299天，合计10588人（天）；参加系统内外举办的培训班67期，参训191人（次），培训时间647天，合计1785人（天）。同时，围绕"十二五"人才培养工程，全面实施人才强税战略。截至年底，全市国税系统有硕事研究生8名，在读研究生由去年的2名增加到6名，获"三师"资格人员达4人。（三）深入开展创先争优活动。认真落实中共云南省委关于在创先争优活动中推动领导干部下基层切实做好新形势下群众工作的要求，把注重人文关怀、建设和谐国税作为创先争优的重要内容抓紧抓好。认真落实党建责任制，巩固扩大"三读"活动成果。在各级党组织中扎实开展"领导点评"和"授旗评星"活动；把领导干部蹲点和机关干部联村入户作为服务大局、服务社会、服务群众的重点工作，在听民声、访民意、知民情的基础上，积极为联系村办实事、解难题。以纪念建党90周年为契机，开展了以"学习杨善洲，为党旗添光彩"为主题的演讲比赛、纪念建党90周年征文、"党在我心中"知识竞赛等活动。年内先后两次召开表彰大会，表彰爱岗敬业标兵、优秀税收管理员、优秀办税服务员等先进个人57名，"三读"先进单位12个。与此同时，根据云南省国家税务局和中共保山市委的要求，深入开展向杨善洲同志学习活动，以"比理想信念、比践行宗旨、比坚持群众路线、比作风建设，促党性修养增强、促创先争优和'三个一'实践活动、促'三查三看'教育整改、促科学发展"，践行杨善洲精神。市国税局机关通过建立健全联村入户工作机构、制定联村入户工作方案、下派民情联络员的基础上，领导带队入驻丙麻乡秀岭村，走村入户，察民情、听民声、访民意，做到"困难户、上访户、老党员、老干部、产业大户、军属、残疾人、刑满释人员"必访；发放民情联系卡，构建村民和工作组联系桥梁；建立民情台账和民情日记；与村干部共同研究，制定了"秀岭村两委群众工作管理办法"、"保山市国税局联村入户承诺事项"、"保山市国税局联村入户人员工作生活制度"、"保山市国税局联村入户一览表"等制度和办法。筹资80万元为该村解决了大小项目3个；根据该村实际，制定近、远期发展和建设规划。同时，积极投身到"创先争优服务群众"主题活动中，春节前夕主动开展"助困进社区、助困进农家、助困进校园"、"一助一、多助一、手拉手"等结对帮扶活动。系统上下从领导干部到广大税干积极捐资献爱心，共捐款8.34万元，其中：个人6.04万元，单位2.3万元，慰问困难户257户。盈江"3.10"地震发生后，全市国税系统踊跃捐款8.98万元，其中：个人4.98万元、单位4万元。（四）文明创建工作有新突破。按照坚持上下联动、坚持创"三优"、坚持内外并举、坚持树国税品牌、坚持以文化人的"五个坚持"工作思路，加大人、财、物投入，加强"硬件"和"软件"建设，建立健全制度体系，制作了保山国税风采专题片，完善了市局机关荣誉室和图书阅览室，加强走廊文化建设，美化绿化办公环境，认真开展扶贫助困献爱心社会公益活动，创造条件，凝聚力量，拓展创建内容，巩固提升创建质量，文明创建档次有新提升。保山市国税局（机关）被中央文明委授予第三批"全国文明单位"称号；腾冲县国税局办税服务厅被云南省国税局、云南省妇联授予"巾帼文明岗"荣誉称号；隆阳国税局届满并被云南省国税局重新命名为"文明单位"荣誉称号；保山市国税系统届满被中共保山市委、市政府重新授予第四批"文明行业"荣誉称号，腾冲县国税局固东税务分局，龙陵县国税局勐糯税务分局，昌宁县国税局田园税务分局、柯街税务分局届满被中共保山市委、市政府授予重新授予第四批"文明单位"荣誉称号；龙陵县国税局被云南省国税局授予"三读"活动"学习型机关"荣誉称号，隆阳区国税局办税服务厅和昌宁县国税局税政股分别被云南省国税局授予"三读"活动"先进单位"荣誉称号。（五）加强党风廉政建设和反腐败工作。坚持廉政责任制、述职述廉、廉政谈话、税企廉政公约、警示教育等各项制度，加强党纪法规学习教育，筑牢拒腐防变的思想道德防线；以推行内控机制为抓手，强化源头预防，以解决损害纳税人利益和群众反映的突出问题为重点，认真梳理各岗位权力运行中存在的廉政风险，明确监督制约体系控制对象，切实增强执法风险意识和自我保护意识；深入开展廉政文化进机关、进基层、进家庭、进纳税人"四进"活动，营造廉洁、公平、风清、气正的良好环境；组织开展了对昌宁县国税局、龙陵县国税局巡视"回头看"，配合省国税局完成了对保山市国税系统的联合巡视；全市国税系统有四个单位按要求参加了2011年政风行风民主评议活动，通过民主评议和市、县政风行风民主评议检查组检查验收，保山市国税局（机关）、昌宁县国税局和龙陵县国税局三个单位的综合评议得分在参评的11个行政执法单位中排名第一，腾冲县国税局排名第二；抓实《廉政准则》贯彻落实情况专项检查；抓好重大决策部署和重要工作安排的监督检查，确保政令畅通、令行禁止。

（李　策）

隆阳区国家税务局

经济概况

2011年，隆阳区实现生产总值（GDP）127.2亿元，按可比口径计算比上年增长14.0%，增长1.7个百分点。其中：第一产业完成增加值33.48亿元，比上年增长7.5%；第二产业完成42.49亿元，增长24.2%；第三产业完成51.23亿元，增长10.6%。三次产业结构比例由2010年的27.7∶31.9∶40.4调整为26.3∶33.4∶40.3。实现工业总产值67.3亿元，比上年增长21.3%；实现农业总产值55.06亿元，比上年增长9.1%。完成固定资产投资总额83.38亿元，比上年增长55.9%。社会消费品零售总额39.8亿元，比上年增长18.2%。完成财政总收入11.64亿元，比上年增长22.7%。实现人均生产总值1.35万元，比上年增长15.4%。城镇居民人均可支配收入1.65万元，比上年增长10.9%；农民人均纯收入4850元，比上年增长18.6%。

税收概况

【收入完成情况】　2011年，隆阳区国家税务局共计入库各项税收收入4.83亿元，同比增加8280万元，增长20.65%，完成确保目标任务4.34亿元的111.52%，完成奋斗目标任务4.59亿元的105.49%。完成区政府“三税”目标任务3.3亿元的112.91%。其中：增值税入库25865万元，同比增收4966万元，增长23.76%；消费税入库5176万元，同比增收1007万元，增长24.15%；企业所得税入库6219万元，同比增收1440万元，增长30.13%；车辆购置税入库11081万元，同比增收900万元，增长8.84%。

【收入特点】　国税收入呈现出六个特点：一是全年收入增幅呈现“前高后低”的走势。2011年税收收入由于经济增速放缓以及重点税源季度性因素的影响，税收入库时间基本集中在上半年，上半年税收与2010年同期相比增幅相对较高，增长35.96%，出现了重点税目大多数增收，极少数税目减收的情况，7月份以后税收收入大幅下降，增幅呈现“前高后低”的走势。二是国税收入占GDP和财政收入的比重比上年增加。全年国税收入占GDP的比重达到3.8%（宏观税负率），比上年提高了0.1个百分点；国税收入（“三税”）占财政总收入比重达到32.02%，比2010年提高了0.54个百分点；税收入弹性系数1.48，比上年下降2.25。三是全区经济保持稳步发展带动工业经济持续快速增长，工业总产值同比增长21.3%；消费品零售额同比增长18.2%，从而带动税收增长。四是由于“两烟”、食糖销量大幅增长以及矿产品价格稳步回升，强力支撑增值税，拉动增值税增长8.23个百分点。五是全年雨量充沛，高耗电企业生产时间延长，工业企业用电量同比增长22.93%，电力增值税入库4932万元，同比增加1，558万元，增长46.18%，拉动增值税增长7.45个百分点。六是隆阳区信用合作社免税期截止，恢复征税，企业所得税同比增加1427万元，拉动企业所得税增长29.84个百分点。

【税源分析】　从经济类型构成看，国有企业、私营企业、股份有限责任公司仍占据主导地位，国有经济占12.92%、集体经济占0.08%、股份公司占46.12%、私营经济占25.74%、涉外企业占6.3%、个体经济占8.84%。从税收收入的产业结构看，第一产业占0.23%、第二产业占66.03%、第三产业占33.74%。从税源分布看，2011年重点税源主要集中在香料烟、啤酒、糖、电力、有色金属矿产品、建材、烤烟、卷烟、纺织品、医药产品等9大行业，占增值税的比重为70.84%。

各项工作

【征收征管】　（一）多措并举加强税收征管。一是开展漏征漏管户清理，通过清理，办理税务登记126户，核定税款达起征点56户，月增税款1.2万元。二是开展汽车、医药行业税收清理整顿，规范行业税收管理。三是深化分级分类管理，加强重点税源企业监管。对重点税源企业集中管理，倾斜征管力量，全面掌握其生产经营、财务状况、税源变化、税款缴纳等情况，通过进行信息数据分析比对、税基核实、纳税评估，开展个性化税收政策辅导等工作，减少企业涉税风险。四是规范核定征收管理。严格按照文件规定的条件、程序和应税所得率幅度标准，着力提高核定征收的合理性、合法性，强化核定征收企业动态监控，引导企业健全账制，规范核算，及时做好征收方式转换工作。五是做好年度两税汇算清缴工作。（二）优化纳税服务，构建和谐征纳关系。一是突出服务重点，重点宣传讲解政策变化情况、征管法、减免税政策、税收管理规定以及操作流程等，让纳税人知晓政策，熟悉流程，懂得操作，加强各税种舆情监测，对纳税人反映突出的问题，认真研究，及时回复反馈；二是优化服务方式，充分利用政务公开网站、办税服务厅等及时公告、宣传税收相关政策，对重点纳税人、有特殊需求的纳税人，通过送政策上门、专题培训等方式开展税收宣传和辅导；三是切实维护纳税人合法权益，按照规定程序和期限，为纳税人办理税收优惠事项，不人为变更程序，设置障碍；四是完善国地税局合作机制，加强与地税局的沟通协调，进一步完善合作机制，实现税收政策解释口径一致，征管流程、报送资料一致，保证纳税人的公平税收待遇。（三）开展纳税评估，提高征管质量。对重点税源企业，所得税税负及其他涉税指标明显异常、连续亏损、连续零申报、优惠政策到期后利润降幅超过30%，增值税与企业所得税收入比对异常企业，以及税会差异项目开展日常评估，对优惠政策执行情况及资产损失申报情况开展专项评估。全年对44户增值税管户和33户企业所得税管户实施了评估，入库税款104.15万元，加收滞纳金0.42万元，进项税转出38.71万元，调减增值税留抵税额4万元，调增企业所得税应税所得额96.71万元，调减企业所得税应税所得额38.2万元，调减待弥补亏损12万元。（四）强化企业所得税后续管理。一是明确管理对象。把涵盖影响企业所得税税基、税额的所有重要事项，包括跨年度事项、税收优惠、资产损失和亏损弥补等事项，以及企业改制重组等特殊事项纳入后续管理。二是把握管理环节，后续管理包括预缴和汇缴，贯穿于企业所得税管理的全过程。在预缴环节，重点做好申报表与财务报表、第三方信息比对工作，保证预缴税款及时足额入库。在汇算清缴环节，重点区分税收优惠、资产损失、跨年度事项、亏损弥补等事项，分项进行后续管理。三是探索管理方法，按户、分项建立管理台账，准确记录后续管理内容，并探索将管理台账纳入信息化管理，提高后续管理的质量和效率。实施管理台账与纳税申报表等比对分析，开展后续管理事项评估和检查，强化企业所得税项目动态管理。（五）严格车辆购置税管理。严格审核制度，严审应税小排量乘用车相关资料审核；合理调配征收人员、调整窗口，有效缓解办税服务厅拥挤和窗口压力；要求车辆购置税代征单位定期到各乡镇开展车辆落户、税款征收检查工作；加强车辆销售企业机动车销售统一发票的使用管理；积极推行车购税档案管理电子化，解决车购税历史档案过多、库房不足、转籍、过户、变更手续繁琐等问题。（六）强化增值税、消费税管理。建立数据监控管理机制，明确监控职责，用监控管理的制度化、规范化，推进税收的科学化、精细化；推进行业税收管理，规范了二手车交易税收管理，对农产品经营企业实行了“以面积控产量、以产控销、以销控量”管理方法，对沙石建材产品实行委托建设单位代征办法，认真落实硅冶炼行业税收管理规范；强化申报数据分析，认真开展固定资产抵扣明细监控。

【法制建设】 以执法考核系统为主导，以人工考核为补充，充分利用内部执法考核及外部执法监督等结果，强化过程监控，严格过错责任追究，防范执法风险。执法系统监控执法行为87403项（次），执法过错1项（次），执法过错率为万分之零点一一；结合增值税转型、新一轮西部大开发税收优惠政策等新政策较多的新情况，通过税法宣传、媒体公告、电子介质、纸质资料、政务网站等多种形式将新条例、政策及时传达给纳税人，保证了新税法的及时贯彻落实；坚持日常税收宣传与税收宣传月集中宣传相结合、正反典型宣传相结合、专项检查与纳税人自查自纠相结合，认真开展第20个税收宣传月的活动，重点宣传“两条例两细则”的贯彻落实、发票简并换版后的使用管理、税收征管法等，利用“两税”汇算清缴、纳税评估、纳税申报、纳税服务、“创先争优”活动及扶贫帮困等时机，以办税服务厅和一线征管活动为税收宣传主渠道，开展送税法进社区、进校园、进军营、进企业、进农村活动，把税收政策送进企业、带给纳税人，扩大税收宣传的辐射面和影响力；把“六五”普法工作摆上重要议事日程，深入开展法制宣传教育学习、培训，提高广大干部的法治意识、责任意识，增强依法行政、依法治税的责任感和紧迫感；132名干部参加了《行政强制法》培训考试，均为合格；坚持集体审批制度，保证审批事项合理、合法和资料齐全、真实、完备；按照上级局的统一部署，认真开展2009年至2010年度税收执法督察工作，规范了税收执法行为，降低了税收执法风险。

【税务管理信息化建设】 抓好各应用子系统的推行、升级；对服务厅硬件资源、人员资源进行优化配置和高效融合；加强办公自动化系统的运行维护工作；安装调试，市、区国税政务服务中心窗口的内外网接口；做好网络安全维护，强化计算机病毒、网络安全防范工作，认真做好各应用系统数据备份工作；做好计算机设备、耗材的登记、调配，做到底子清，情况明；严格执行政府采购规定和程序。

队伍建设

【机构人员情况】 内设机构10个：办公室、人事教育科、监察室、货物与劳务税科、征管科、收入核算科、政策法规科、纳税服务科、所得税科、办税服务厅；事业单位1个：信息中心；下设3个税务分局：隆阳区第一税务分局、第二税务分局、汉庄税务分局。在职干部职工133人，其中，女40人（占30.08%），男93人（占69.92%）；中共党员88人（占66.17%）；大学本科及以上学历48人（占36.09%），大专学历71人（53.38%），中专学历9人（6.77%），高中及以下学历5人（占3.76%）；35岁以下18人（13.53%）、36岁至45岁57人（占42.86%）、46岁以上58人（占34.59%）。离退休干部67人（其中离休干部2人）。

【精神文明建设】 牢固树立“人人都是创建主体，个个代表国税形象”的品牌意识，从抓细节入手，从小事做起，争创一流国税。坚持“以国为根、以税为业、以人为本、以学为乐、以绩为真、以廉为荣”云南国税文化特色，大力弘扬“云南国税十种精神”。积极参加庆祝建党90周年系列活动，参加了保山市国税系统“学习杨善洲，为党旗添光彩”演讲比赛，组织开展了“迎国庆、唱红歌”歌咏比赛。自觉履行社会责任，干部职工捐款1.65万元，帮助挂钩扶贫联系点解决生产生活中的实际困难；筹资2.38万元（单位1万元，个人捐款1.38万元）支持盈江抗震救灾工作；筹资1万元支持烤烟挂钩村——蒲缥镇杧木林村发展烤烟；筹资1万元支持杨柳乡干田村发展甘蔗；筹资2万元支持河图镇面山造林绿化联系点绿树造林；筹资3.5万元支持瓦房乡油房村新开烟区道路、维修烤房；干部职工爱心捐款13.53万元帮助瓦房乡油房村加强基础设施建设。

【干部队伍建设】 坚持中心组学习制度，加强领导班子建设；抓政治理论学习、健全学习培训考评机制、开展岗位练兵活动，推进“学习型国税”建设；围绕国税工作重点，抓好“创先争优”工作；深入开展向杨善洲同志学习，推进新形势下的群众工作，以“四比四促”为载体，认真开展联村入户工作，为民办实事；完善干部选拔任用制度，坚持正确的用人导向，以发展论英雄，凭实绩用干部，为干部成长提供制度保障，营造爱才、惜才、用才的良好氛围，使“处理问题会上手，面对困难敢上手，遇到事情快上手，对待工作勤上手”的干部干事成业有平台、有机会。

【党风廉政建设】 以机关、税务分局为单位，坚持每月一次“纪检日”活动，充分利用业务培训、各种会议、党员“三会一课”等形式，抓好党纪政纪、政策形势、理想信念、职业道德、预防职务犯罪等内容的教育；深入开展廉政文化“进家庭、进纳税人”活动，与135名干部家属签订《助廉责任书》，与187户纳税人签订《廉政公约》，对920户纳税人开展《廉政公约》回访；认真落实党风廉政建设责任制，层层签订《党风廉政责任书》，做到党组抓班子、班子带队伍，增强了反腐倡廉工作的整体合力；以推进内控机制建设为突破口，全面开展廉政风险梳理排查，共梳理查找出131个风险点，制定防范措施142条，实现了权力和责任的有机制衡；认真开展增值税一般纳税人认定、个体税负核定、发票代开管理、基建工程建设等内容的执法监察，最大限度减少税务行政管理、税收执法中的自由裁量和随意性；与135名干部签订服务公开承诺书，发放满意度测评表和问卷调查表各600份，社会各界和广大纳税人对国税工作的满意率达到了98.8%；坚持“三重一大”议事规则，认真执行领导干部重大事项报告、收入申报、述职述廉等制度，积极开展《廉政准则》及税务总局的三个配套文件执行的情况对照检查。

【教育培训】 加强干部培训工作，把重点放在对紧缺人才、复合型人才锻炼和培养上，分级分类组织培训，有计划、有安排、有针对性，有实效性，有日程安排，有考勤，确保了参训率和培训效果。年内共组织内部培训和参加上级局以及地方党委、政府组织的各种培训29期，参训人员127人，总人次达941人次。

（王　娟）

施甸县国家税务局

经济概况

2011年，施甸县实现生产总值（GDP）28.71亿元，按可比口径计算（下同），比2010年增长15.3%。其中：第一产业增加值10.75亿元，增长8.0%；第二产业增加值6.94亿元，增长34.4%；第三产业增加值11.02亿元，增长12.1%。一、二、三产业比重为38∶24∶38，拉动经济增长分别为3.0、7.3、5.0个百分点，对经济增长的贡献率分别为19.7%、47.9%、32.4%。完成财政总收入3.45亿元，比2010年增收1.06亿元，增长44.28%，其中：一般预算收入1.95亿元，比2010年增收6506万元，增长50.1%；上划中央增值税、消费税9787万元，比2010年增收2786万元。财政总支出13.25亿元，比2010年增支2.91亿元，增长28.21%。完成各项税收3.32亿元，比2010年增收1.01亿元，增长43.55%。

税收概况

【收入完成情况】 2011年，施甸县国家税务局共组织税收收入1.61亿元，完成年度计划1.35亿元的119.14%，比上年增收4259.84万元，增长35.95%。其中：“两税”累计完成1.30亿元，比上年增收3714.92万元，增长39.87%，完成年度计划1.04万元的124.47%。增值税收入1.29亿元，增收3716.18万元，增长40.14%；消费税收入58.23万元，减收1.26万元，下降2.12%；企业所得税收入2562.99万元，比上年增收451.41万元，增长21.38%；储蓄存款利息所得个人所得税收入12.73万元，比上年减收12.12万元，下降48.77%；车辆购置税收入500.25万元，比上年增收105.63万元，增长26.77%。

【收入特点】 全县GDP增长率为25.59%，税收增长率为36.44%，税收弹性系数为1.42，宏观税负为5.61%，比2010年提高0.45个百分点。税收收入持续稳定增长，增值税增长幅度较大，占全年总收入的80.12%，其中一般纳税人增值税实现收入1.25亿元，占增值税总收入的96.90%。企业所得税增长点为施甸县信用联社企业所得税，共入库824万元，比上年增收710万元，增长622.81%；嘉州房地产公司纯增长50万元。车辆购置税持续增长，消费税增长与2010年基本持平，储蓄存款利息所得个人所得税受政策调整的影响，入库税款继续大幅减少。

【税源分析】 从产业结构看，第二产业、第三产业税收收入分别为1.05亿元、5578.70万元，分别占税收总量的65.22%、34.63%，其中第二产业税收收入较2010年7401.22万元增收3124.71万元，增长42.22%，首次突破亿元大关。从行业情况看，制糖、电力、烟草与水泥四大产业依旧是构成全县国税收入的骨干性税源，占国税收入比重的82.07%，其中：糖业税收入库2430.53万元，占15.09%；烟草税收入库3412.83万元，占21.19%；电力税收入库1539.20万元，占9.56%；水泥制造业税收入库5838.03万元，占36.24%。

【税务管理】 全县共有正常登记户2729户，较上年增加925户，增长51.27%。个体工商户中采取定期定额方式征收的有2467户，达到2万元新的增值税起征点的78户，未达增值税起征点的2389户。为方便纳税人办理涉税事项，县局办税服务厅全面进驻县政务服务中心，实行县局和服务中心双重管理，在每季度的政务服务中心业务数据统计中，国税业务量和群众满意度皆位居前列，全年共受理涉税事宜1.17万件，其中行政审批事项0.13万件，政务服务事项1万件，咨询件0.04万件。同时，积极筹划普通发票代开业务，解决乡镇单位和纳税人换票难问题，通过与县邮政局协商，在全县设立6个发票代开服务点，最大限度满足纳税人和服务对象的需要。

各项工作

【税收征管】 （一）规范税务登记，完善户籍管理，重点对城区、主干道沿线、市场内租赁业户、住宅楼内经营业户等薄弱环节进行拉网式清理排查，全年共清理漏征漏管户284户，处以罚款2.5万元。（二）加强对重点税源企业的监控管理，逐户进行调查走访，深入分析税源结构，及时预测收入增减变化，确定重点税源级次，实施分级监控、分类管理、分项指导。昆钢嘉华水泥建材有限公司应纳税额达500万元，纳入2010年总局重点监控企业；施甸县信用联社企业所得税2010年纳税额达100万元，纳入省局监控企业。（三）认真开展纳税评估工作，全年完成9户纳税人评估，发现问题2户，补缴增值税1.48万元，补缴企业所得税0.37万元，企业所得税纳税调整增加额1609.83万元，企业所得税纳税调整减少额655.43万元。（四）抓实年度企业所得税核定征收工作，对全县88户企业所得税纳税人进行企业所得税核定征收审核。共有33户纳税人采用核定征收的方式征收企业所得税，其中核定定额的3户，核定应税所得率的30户。（五）认真开展2010年度企业所得税汇算清缴工作，顺利完成对全县84户企业所得税纳税人的企业所得税汇算清缴工作，清缴应补所得税额合计347.41万元。（六）加强对企业所得税税前扣除事项及减免税的审核审批工作。2010年1户企业进行了专项申报，共计金额51.68万元。（七）深入推进进出口国际税收管理工作，巩固非居民税收管理，及时落实各项非居民税收政策，督促企业对涉及的非居民税收及时进行申报。全年共组织入库非居民企业所得税354.73万元。

【税收执法】 严格依法治税，规范执法行为，有效防范执法风险。（一）加强执法过程监控，严格落实执法过错责任追究制度，抓实申辩调整工作，有效减少过错行为的发生。全年系统监控执法行为24361（次），产生执法过错20户（次），无过错申辩调整18户（次），过错率为万分之零点八二。（二）扎实开展税收专项检查、分类稽查和发票检查工作，加强对税务行政审批事项的监督管理，继续发挥好税务稽查堵漏促管的职能作用。全年共发出《自查告知书》8户，发现有问题户4户，自查补缴增值税10.16万元、滞纳金4.58万。检查纳税人3户，查补增值税6.66万元、滞纳金2.98万元，罚款3.75万元。查处违章使用发票案件5件，涉及发票108份，查处入库增值税16.82万元、滞纳金7.56万元、罚款3.75万元。（三）加强重点环节执法监督，抓实重大税务案件审理。全年受理并审理重大税务案件1件，审理案件认定补税款5.18万元、滞纳金2.22万元、罚款2.59万元。（四）认真开展税收宣传月活动。一是以县城和主要集市街道的个体户为重点，开展个体工商户增值税起征点政策宣传。二是以召开企业所得税汇算清缴专题会集中辅导和税收管理员深入企业开展个性化辅导为主要形式，向企业讲解所得税汇清缴工作要求。三是开展行业税收宣传，主动与药监局联系，对全县药品行业进行实地摸底调查，掌握管户情况，杜绝经营药品行业税收漏管；深入沙石场了解纳税情况，深入建筑工程工地了解购沙石索取发票情况，堵塞征管漏洞，促进以票管税。四是利用涉税案件深入宣传。稽查局在开展整治虚假发票“买方市场”专项行动中，查处江苏省赵XX销往施甸的医疗器械偷税，共计查补税款及税款滞纳金、罚款收入9.99万元，此案涉及县人民医院、仁和镇卫生院、由旺镇卫生院等卫生单位，为剖案例释税法，税务稽查人员与医院法人代表、财务人员座谈，认真解读发票管理办法规定，增强税收法制观念。五是继续走进施甸县职业中学宣讲税法，开展税法宣传进校园活动。

【税务管理信息化建设】 （一）做好已上线各类软件的日常运行维护工作。对综合征管软件进行四次升级，升级42L02号到44L01号补丁；对防伪税控系统进行了5.0版和5.0版2L02号补丁的升级；对车购税征管系统升级四次，版本由7号升级至13号，对代征单位最低计税价格进行了七个版本的更新升级工作；做好新版普通发票填开系统的推广运维工作，全年共运维200余户（次）；做好代征代开单位的推广运维工作，运用Excel表格设计了操作简单的完税证、缴款书打印模块，经严格测试推广运用到6个代开代征点，实现单机版操作。（二）更新换代办公自动化服务器，将老服务器数据成功迁移到新服务器上，保证局内办公自动化稳定运行。（三）建设县局电子政务网站，认真做好相关信息保密、防病毒工作，提高工作的效率。（四）认真管理计算机相关资产，日常资产调拨、耗材领用，做到账账相符、账实相符，保证资产数据清楚准确。（五）认真解决全局计算机相关设备故障，以省局新配发计算机和激光打印机为契机，对新配发设备和原有在用设备进行资源整合，着力解决计算机设备老化问题和各类电脑故障，共维护计算机设备100余台（次），保证各类数据及时准确的传输，计算机通畅无阻上网运行。

队伍建设

【机构人员情况】 内设机构11个：办公室、人事教育股、监察室、收入核算股、税政股、征收管理股、政策法规股、办税服务厅；事业单位1个：信息中心；直属机构1个：稽查局；基层税务分局1个：甸阳税务分局。在职干部职工65人，其中：女性20人占30.77%，男性45人占69.23%；中共党员50人占总人数的76.92%；大学本科及以上学历25人占38.46%，大专学历30人占46.15%，中专学历6人占9.23%，高中及以下学历4人占6.15%；35岁以下13人占总人数的20%，36岁至45岁23人占总人数的35.38%，46岁以上29人占总人数的44.62%。离退休干部31人，其中：离休1人，退休30人。

【精神文明建设】 （一）认真开展先进性主题教育活动，先后组织开展了“三查三看”、“学习杨善洲先进事迹，争做优秀共产党员”、“四亮四评四创”、“四比四促”等创先争优主题实践活动，带动干部学先进，争优秀；组织开展了职工运动会、税企联谊会，及各类绘画比赛、演讲比赛、动漫创作，丰富精神文明创建内容。（二）完善责任机制，强化综治维稳，促进国税和谐建设。先后整合职工食堂，多方协商解决了职工住房受损赔偿问题，为国税家属区12户居民与房地产开发有限公司双方达成由公司一次性赔偿12户居民5万元的协议；及时处理群众来信来访件，积极向上级和当地党委政府争取资金，尽最大努力改善职工待遇；加强内部人员安全意识教育和防范工作，高度重视防盗、防火、防交通事故工作，严格机动车辆管理，坚持24小时干部值班制度，及时消除各种不安全因素，全年无各类安全事故的发生。4月被中共施甸县委、县政府授予“2010年度施甸县综治维稳工作先进集体”。（三）传承杨善洲同志的公仆精神，勇于承担社会责任。2010年年底以来先后投入挂钩扶贫资金1万余元，用于联系点摆榔乡鸡茨村新农村建设；向盈江地震灾区捐款5300元；组织30余名党员干部开展帮助农户义务植树活动；在施—孟公路绿化工程中，在经费极度困难的情况下多方筹集资金5.88万元种植滇润楠108棵。积极响应县委号召，开展领导干部蹲点和干部联村入户工作，及时走访群众，了解村容村貌、产业发展、生产生活等方面的情况，配合村委会搞好各项工作，帮助鸡茨村与县烟草公司协调资金1万元用于改善水利设施。年内，被省国税局命名为云南省国税系统第十七批“文明单位”，杨茂林被评为云南省国税系统第七批“精神文明先进工作者”。

【教育培训】　积极组织党员干部参加各级各类培训，加强履行岗位职责所必备知识和技能的学习，共先后组织3次全员业务培训，加强干部职工计算机、税收征管和税务稽查学习，改善干部知识结构，增强业务水平，提高党员干部的实际工作能力；组织开展业务技能和相关法律知识的全员培训，邀请县检察院副检察长为干部职工作了反渎职侵权专题讲座，增强干部职工反渎职侵权的意识和能力。

【廉政建设】　深化党风廉政建设，大力弘扬正气，引领干部树立正确的“荣辱观”，健全完善领导负责、预防教育、法纪落实、财务公开和内外监督“五个机制”，做到思想、责任、行动、管理、监督“五个到位”，从源头上预防腐败行为的发生。重点开展了政风行风评议和政风行风回头看工作，由分管领导带队，抽调机关股室13人组成“明察暗访”工作组，历时半个月时间，对全县13个乡镇及辖区内服务对象进行走访，主要从政务公开、办事效率、服务态度、依法行政、廉洁执法、整改提高方面进行问卷调查，深入实际倾听人民群众的意见和呼声，及时纠正损害群众利益的不良行为，解决人民群众不满意的突出问题，发放问卷调查表1500份，收回调查问卷1200余份，总体评价比较好，满意率达98.5%以上。

（白雪梅　李云斌）

腾冲县国家税务局

经济概况

2011年，腾冲县实现生产总值（GDP）87.46亿元，按可比口径计算比上年增长16.10%，其中第一产业完成21.81亿元，增长6.80%，第二产业完成30.61亿元，增26.50%，第三产业完成35.03亿元，增长13.40%，三次产业结构比例由上年的25.2∶32.9∶41.9调整优化为24.9∶35∶40.1。人均生产总值1.35万元，增长15.1%。完成农业总产值35.91亿元，比上年增长7.10%。工业总产值57.24亿元，比上年增长32.70%，其中：轻工业产值28.31亿元，比上年增长18.10%，重工业产值28.93亿元，比上年增长51.0%。实现规模以上工业增加值37.22亿元，按可比口径计算比上年增长32.2%。乡镇企业总产值68.2亿元，比上年增长53.8%。全社会固定资产投资总额105.03亿元，比上年增长30.5%。社会消费品零售额22.25亿元，比上年增长20.4%。居民消费价格总指数104.2，增长4.2%。商品零售价格总指数103.2，增长3.2%。农业生产资料价格指数104.7，增长4.7%。外贸进出口总额1.82亿美元，比上年增长41.10%，其中：进口10754万美元，增长19.8%，出口7419万美元，比上年增长90.0%。实现财政总收入14.28亿元，比上年增长50.2%。城镇居民人均可支配收入1.61万元，比上年增长13.0%。农民人均纯收入5018元，比上年增长24%。

税收概况

【收入完成情况】　2011年，腾冲县国家税务局共组织税收收入4.82亿元（含免抵调库增值税185万元、不含海关代征1.04亿元），比上年增收2.09亿元，增长76.28%，完成计划任务2.95亿元的163.72%。其中“两税”3.29亿元，比上年增收1.38亿元，增长72.25%，完成计划任务2.06亿元的159.71%；企业所得税1.03亿元，比上年增收6067万元，增长143.33%，完成计划任务4500万元的228.89%；个人储蓄存款利息所得税42万元，比上年减收41万元，下降49.40%；车辆购置税4972万元，比上年增收1072万元，增长27.49%，完成计划任务4400万元的113.00%。

【收入特点】　（一）全县国民经济持续稳定增长，经济整体运行态势良好，GDP增长率16.10%，税收增长率59.81%，税收弹性系数3.67%，宏观税负6.70%。（二）主体税源结构属资源型，消耗量大，效益低，全县税收以矿产品采掘及加工、电力、木材加工销售、医药产品、商业为主，以上五项增值税收入为2.99亿万元，占增值税总收入的90.90%，同比增1.38亿元，增幅85.71%。（三）税源以矿产品为主，结构单一，规模小，缺乏龙头企业支撑税源，抗风险能力较弱，矿产品收入同比增收7066万元，增幅108.26%，有竞争力的地方土特产品饵丝、果脯、石材等生产规模小，税收比例仅为增值税收入的2.02%。（四）边境贸易税收相对回升，同比增幅为72.28%，但绝对额较小，仅206万元。

【税源分析】 从税收收入的产业结构看，第一产业占1.85%、第二产业占50.26%、第三产业占47.89%。从税收收入的经济类型看，国有企业占11.24%、集体企业占2.87%、股份公司占43.03%、私营企业占14.91%、个体企业占15.06%、港澳台及外商投资企业占6.71%、其他企业占6.18%。从税收收入的税种组成看，国内增值税收入占68.11%、国内消费税收入占0.08%、企业所得税收入占21.43%、个人储蓄存款利息所得税收入占0.08%、车辆购置税收入占10.30%。从重点税目占"两税"收入的比重看，商业税收占25.53%、矿产品采掘税收占41.31%、电力税收占16.03%、木材加工税收占3.70%、医药产品税收收入占4.25%、其他税收收入占9.18%。

【税务管理】 （一）成立由相关部门组成的税收调查工作小组，对矿产品、电力、旅游产品加工、商业等重点税源企业深入调研。（二）强化对增值税一般纳税人重点税源企业的监控管理，特别是对年纳税额在50万元以上的纳税企业，完善税收分析，实行科学预测。（三）抓住政府牵头清理整顿翡翠、火山石市场的时机，强化行业管理，制订切实可行的行业管理办法和措施，努力实现这两大产业的税收增长。（四）强化户籍管理，对一般纳税人实行分行业责任到人、下户巡查制度，对小规模纳税人实行按片、按区域责任到组、落实到人的管理制度。（五）利用稽查成果，以查促管，提高税收征管质量，堵塞税收漏洞。

各项工作

【税收法制建设】 （一）做好重大税务案件审理和税收法律救济工作，积极保障纳税人的合法权益。（二）按阳光政府、效能政府、法制政府等四项制度要求，开展好各项工作。（三）制定实施方案，扎实开展"六五普法"和"依法治县"工作。（四）强化行政审批工作，推进依法行政。（五）加强税收法制宣传教育和培训，努力提升干部法律素质。（六）抓好"税收执法管理信息系统"的监控管理工作，落实税收执法责任制和过错责任追究制。（七）强化税收执法检查，提升依法治税的能力和水平。

【税收征管】 （一）"三税"管理。1. 流转税方面：(1) 以税收综合征管软件各模块信息为基础，全面掌握重点税源户的生产经营、税款缴纳、税负变化等情况，对发现的问题及各种数据变动情况及时进行处理；储蓄扣税申报工作进一步巩固和加强，全县储蓄扣税户1938户，占登记户的34.4%。(2) 委托单位和个人代开发票、代征代扣税款，全年累计代征税款3100多万元，其中委托林业部门实行源泉控管代征国内零散木材税收达830万元。(3) 强化征收管理，有针对性地调查调整"双定户"定额，全年共调整定额2143户，调增232户，月调增税款17.16万元，调减1911户，月调减税款570万元。(4) 加强临时加工经营业户的控管，年内对21户从事沙石生产、石材加工销售的业户进行调查落实，征收增值税40余万元；完成164户砖瓦窑生产经营户增值税核定征收工作，征缴入库税款11.9万元。2. 企业所得税方面：(1) 加强对亏损和零申报企业管理，实行领导分户挂钩制度。(2) 对烟草、房地产及矿产等企业所得税进行汇算清缴，督促企业按实际成本核算。(3) 加强对131户企业所得税核定管理工作，全年入库企业所得税1.03亿元，比上年同期增6067万元，增幅141.89%。3. 车辆购置税方面：加强对本地机动车销售商的监控，同时与车辆管理部门建立信息共享机制，全年新购车辆24433辆，征收车辆购置税4972万元。由于措施得力，工作到位，确保了执法系统的"零"过错和征管综合系统考核率的100%。（二）出口退税管理。积极做好生产出口企业出口货物"免、抵、退"及外边贸出口退税工作，认真审核出口"免、抵、退"税申报，全年共计办理"免、抵、退"税调库309.25万元，其中免抵税额185.29万元，退税额1213.96万元；办理出口退增值税2461.11万元。（三）发票管理。1. 网络版机打发票推行成效明显，全县使用普通发票用票户1019户，其中推行网络版机打票829户，占用票户81.35%，手工版186户，占18.65%。2. 抓好"三小票"管理工作，全年共采集货物运输发票2278份，其中：异常发票2份，比对相符率99.91%；采集海关代征增值税完税凭证599份，其中：异常发票1份，比对相符率99.83%；同时抓好农产品发票抵扣管理工作。3. 开展普通发票专项核查工作，全年共审验2433户次，计47950份，超定额150户次，补缴增值税32.8万元；处理发票违章户22户，补税19.5万元，罚款8.2万元。

【税收执法】 （一）加强税收宣传。1. 开展腾冲国税二十年税收宣传回眸活动。2. 为境外替代种植企业做好税收政策培训。3. 做好12366咨询热线上线宣传。4. 组织新《发票管理办法》学习宣传。5. 开展纳税服务进企业宣传活动。6. 在风景区设立永久税收宣传广告牌，让税收宣传在旅游文化中延伸。（二）发挥稽查职能作用，打击涉税违法行为。1. 开展分级分类稽查，检查3户，查补追缴入库税收29.83万元。2. 开展税收专项检查，检查7户，查补入库收入125.99万元。3. 开展日常税收检查，检查6户，查补入库税收13.21万元。（三）推进依法治税。制定完善管理制度，全年共计检查个体纳税人310户，查补税款29万元，罚款19.1万元，合计入库48.1万元；新认定一般纳税人51户，注销5户。（四）做好税收执法检查。严格按照《税收执法检查规则》，对制发的涉税文件进行认真清理，对企业减免税、抵税、退税、延期纳税、汇总纳税、出口退税、税款征收、纳税定额核定、税务违章处罚等政策执行情况进行检查，针对发现的执法问题，要求作出过错责任追究和整改。

【税务管理信息化建设】 完成"第一税务分局、第二税务分局，办税服务厅办公新址网络整体迁移"工作；完成固东税务分局机房网络改造工作；优化系统，清除计算机病毒，主要针对接收系统外数据较多的岗位安装了360杀毒、360安全卫士；推行网络版机打发票，实现了以网络开票为主，手工开票为辅的发票管理新格局；提高数据处理质量，做好现有应用系统的维护和升级，确保系统安全稳定高效运行。

队伍建设

【机构人员情况】 内设机构10个：办公室、人事教育股、监察室、货物与劳务股、征收管理股、收入核算股、纳税服务股、所得税股、政策法规股、办税服务厅；事业单位一个：信息中心；直属机构一个：稽查局；下设3个税务分局：第一税务分局、第二税务分局、固东税务分局。在职干部108人，其中：女性28人占25.93%，男性80人占74.07%；中共党员73人占67.59%；大学本科及以上学历24人占22.22%，大专学历73人占67.59%，中专学历4人占3.71%，高中及以下学历7人占6.48%；35岁以下11人占10.19%，36岁至45岁41人占37.96%，46岁以上56人占51.85%。离退休干部56人（其中离休干部1人）。

【领导班子建设】 （一）全面加强领导班子和领导干部的思想、组织、能力、作风建设，着力把班子建设成贯彻党的路线方针政策、善于领导科学发展的坚强领导集体；工作中坚持中心组学习、党组民主生活会，民主集中制，严守党组议事规则，切实提高执行力、落实力和创新力，为各项税收工作的顺利进行提供了坚强有力的组织保证。（二）以邓小平理论、“三个代表”重要思想为指导，认真学习贯彻党的十七届五中、六中全会精神，胡总书记建党90周年大会讲话精神，以“创先争优”、“四比四促”、“感恩.立德”、领导干部联村入户活动为载体，努力把班子建设成为学习型组织、创新型团队、实干型集体、廉洁型班子。

【廉政建设】 （一）对内逐级签订《党风廉政建设工作责任书》，对外与纳税人签订《廉政公约》，全年签订5333户，回访纳税人1059户。（二）加强内控机制建设，结合部门特点和工作实际，由监察部门牵头，对排查出的风险点进行登记、归类汇总，对廉政风险等级进行了认真分析，制定具体的防控措施。（三）经常性开展政治思想教育活动，通过正面典型示范教育和反面典型警示教育，不断增强全体干部职工的法纪意识，在全局形成了“以廉为美、以勤为乐、以贪为耻”的良好氛围。（四）以开展向杨善洲同志学习为契机，进一步增强干部爱岗敬业精神和廉洁自律意识，使全体干部做到自重、自省、自警、自励。（五）召开社会各界参加的述职述廉大会，由基层一线税收管理员向纳税人代表和特邀监察员进行述职述廉，全方位接受社会各界监督。（六）采取问卷调查和明察暗访等形式，广泛听取纳税人和社会各界对腾冲国税的意见建议，并对所收集的意见及时进行整改落实。

【精神文明建设】 （一）围绕“服务基层年”工作主题，在办税服务厅实行AB角工作制，实现无间断纳税服务；开展“办税服务标兵”评选竞赛活动，营造争先创优的学习和工作氛围；激励窗口一线工作人员提高自身综合素质，增强办税服务能力。（二）在腾冲县委、政府主办的腾冲县“学习杨善洲，为党旗添光彩”演讲比赛中，张晓洁、谷春锦二位同志荣获三等奖，展示了行业风采。（三）3月14日全局干部向盈江县地震灾区捐款1.82万元，6月30日向腾冲地震灾芒棒镇捐款1.81万元，以捐款方式为灾区困难群众提供关怀和援助。（四）第一税务分局、第二税务分局办公大楼落成并投入使用，极大地改善了基层办公环境；3月顺利通过了省文明委对省国税系统文明行业的复查，县国税局继续保持省级文明单位称号。（五）春节前夕，为挂钩扶贫点的贫困乡亲，捐款9800元，并及时将鲜肉、食油等年货送到贫困户手中；在联村入户工作中支持资金6000元；在爱心圆梦大学、帮助贫困中小学生解决学费和生活费等助学活动中，全局干部职工捐款1.51万元。（六）开展国税文化建设，积极开展税收知识竞赛、登山、摄影、书法等国税文化活动。

【教育培训】 全年共举办、参加培训55期，时间154天，培训1865人次。其中：1. 内部培训33期，为期35天，培训人数1831人次，以“四亮四评”动员讲话、《云南国税论坛》第九至十八讲、党的知识、党的十七届六中全会精神、《行政强制法》、推行网络机打发票、执法风险防范培训等为主要内容。2. 送外培训22期，为期119天，培训人数34人，以货物劳务业务、《企业资产损失所得税税前扣除管理办法》、纪检监察业务培训、文明创建、全省依法行政培训等为主要内容。

（杨　锋）

龙陵县国家税务局

经济概况

2011年，龙陵县实现生产总值（GDP）35.54亿元，按可比口径计算（下同）比上年增长14.5%。其中第一产业完成11.68亿元，增长7.0%；第二产业完成14.39亿元，增长19.6%；第三产业完成9.47亿元，增长16.6%。三次产业结构比例由上年的33.71%:38.07%:28.22%调整优化为32.9%:40.5%:26.6%。实现财政总收入4.2亿元，比上年增长34.77%。财政总支出14.77亿元，比上年增长19.69%。

税收概况

【收入完成情况】 2011年，龙陵县国家税务系统共组织税收收入2.6亿元，比上年同期增收4706万元，增长29.64%；完成县委政府下达“三税”（增值税、消费税和企业所得税）收入任务1.77亿元的113.18%，比上年同期增收4649万元，增长30.15%。其中：增值税1.81亿元、同比增长20.63%，消费税127万元、同比增长3.25%，企业所得税1889万元、同比增长469.18%，车辆购置税504万元、同比增长15.60%；储蓄存款利息所得个人所得税13万元。国税收入首次突破2亿元大关。

【收入特点】 2011年税收持续稳定地增长是全县电力、食糖、铅锌等骨干产业价格回升和实施矿电结合相互拉动的结果。宏观税负率为11.82%，税收与经济的弹性系数为2.04，呈现出国税收入增长高于GDP增长的特点。

【税源分析】 从税收收入的经济结构看，国有企业占7.33%、集体企业占4.58%、股份合作企业占0.05%、股份公司占75.45%、其他企业（私营、其他、个体）占12.59%；从税收收入的产业结构看，第一产业占0%第二产业占79.17%、第三产业占20.83%；从税收收入的税种看，国内增值税收入占87.69%、国内消费税收入占0.62%、内资企业所得税收入占9.18%、个人储蓄存款利息所得税收入占0.06%、车辆购置税收入占2.45%；从重点税目占“两税”比重看，商业税收占11.24%、食糖税收占11.89%、电力税收占32.06%、矿业（有色金属、硅）税收占27.54%，上述四大税目占“两税”比重达82.83%，其它税目税收占17.17%。

【税务管理】 通过层层签订收入目标责任制，如期向上级局、地方党委政府汇报税源变化情况，周密协调工商、地税、银行、公安和各乡镇党委政府工作关系，形成了上情下达、下情上报、左右联动、税企和谐、信息共享的良好互动态势。对糖、矿、电、烟等重点税源由局领导、部门负责人、税收管理员三级把关，做到目标明确、任务到岗、责任到人，提高了税源管理的能力。

各项工作

【税收法制建设】 一是严格税款征收、上解入库管理。做到当日征收的税款当日上解入库，预算级次正确，无积压、挪用、截留、转引税款现象；二是按规定对行政许可和非行政许可事项进行审批，杜绝违规越权行政审批行为，杜绝随意扩大税收优惠政策界限，杜绝个别部门或个人说了算，年度按程序对3户纳税人的资产损失税前扣除审批1件，增值税专用发票最高开票限额许可审批15件，稽查局移交重大税务案件1件，违法违章处理106户，罚款1.9万元。无纳税人提起行政复议和行政诉讼。

【税收征管】 一是严格执行政策，绝不越权减税免税。对达到认定为一般纳税人标准的小规模纳税人一律认定为增值税一般纳税人。年度受理一般纳税人认定申请30户次。纳税人申报固定资产进项税抵扣391万元，通过核查发现有问题发票1份，进项税转出484.33元；二是认真开展2010年度所得税汇算清缴工作。汇算清缴应自查58户，实自查58户，自查面100%，纳税调整增加3697万元，纳税调整减少510万元。在企业自查的基础上，有针对性地抽取了2户就地纳税企业进行重点辅导，纳税调整增加2.48万元；三是认真开展纳税评估工作。全年共完成专项评估9户，日常评估8户，评估发现部分企业存在滞后反映收入、视同销售未计提销项税、运费抵扣不符合规定、购进货物用于非应税项目未作进项税转出、白条入账、列支与生产经营无关的费用等问题，就上述问题要求企业按照规定进行整改，补缴增值税28.11万元，加收滞纳金1.42万元，进项税转出28.08万元，补缴企业所得税0.27万元，加收滞纳金0.02万元。调增应纳税所得额195.5万元，调减应纳税所得额1.25万元；四是对全县8户享受不同税收优惠政策企业，严格按法律法规审核减免所得税782万元。审核批准减免车辆购置税10.25万元。企业财产损失所得税税前扣除3户234万元。年度应进行关联申报企业39户，已申报39户，关联申报面达到100%。

【税收执法】 一是税收宣传：为深入开展好第20个全国税收宣传月活动，营造浓烈的税收宣传月气氛。全局以新办企业和外来企业为重点，解决纳税人在生产经营中遇到的各种税收疑难杂症，向企业发放《税收优惠政策选编》等书籍；以各乡镇新兴产业发展为重点，大力宣传涉农税收优惠政策；以县内勐糯傣族“泼水节”为载体，现场咨询服务300余人次；以主动送税法进学校为重点，在县职业高级中学挂牌“税收宣传教育基地”，学校师生共500多人参与，收到良好的宣传效果。二是税务稽查：按照稽查工作计划，重点开展了日常稽查、专项检查、分类稽查、打击发票违法犯罪和协查各项工作，严厉查处涉税违法行为，维护税收秩序。全年共查办案件8件，实现查补收入129.93万元，其中：稽查部门查补33.08万元，企业自查补税87.75万元，其他部门查补9.10万元。入库率、选案准确率、案件查结率均为100%，处罚率达50%，完成委托协查3起，受托协查2起，回复率100%。三是纳税服务：以“始于纳税人需求，终于纳税人满意”为目标。帮助、辅导纳税人规范填报涉税文书4500余户次，共受理纳税人纳税申报17463户次，受理涉税待批文书136份，办理税务登记402份，开具完税凭证23785份，千方百计解决纳税人在办理涉税业务中的需求及困难，提供专项服务、延时服务、预约服务60余次，96128专线接受电话咨询3人次，整个服务过程紧扣便民、为民、利民主题，让纳税人进门有温馨感、出门有满意感。四是执法检查：执法管理信息系统平稳运行。按照加大执法考核力度，提升执法水平的要求建立了三级监控制度。据统计系统监控执法行为为25577项（次），申辩调整后执法过错2户（次），相关责任人受到了经济惩戒处理；执法过错率为万分之零点七八，低于省局万分之五的控制目标，无虚假申辩调整，有力地促进了依法治税工作的全面提升。

【税收管理信息化建设】 一是全局综合征管软件前台客户端电脑56台，至今已进行了44次升级，升级后各项业务运行正常。使用公文处理系统的工作站59台，服务器1台，年度收到文件575份、转发文件110份。二是如期完成广域网络系统改造。在施工过程中，相关技术人员上下齐心、相互协作、密切配合、争分夺秒，三条广域网线路符合国家税务总局金税三期工程架构，改造后系统运行正常。三是税收管理员辅助系统成功上线运行。“以票控税”向“信息管税”转变。年末已推行增值税网络申报16户，所得税网络申报10户，消费税网络申报1户，储蓄扣税户185户，介质申报88户，成为信息管税的雏形。四是加强发票管理，确保规范运行。发票发售坚持验旧供新，对有发票违规行为的先处理后售票。代开发票严格执行先征后开，年末使用机打票的纳税人达204户。

队伍建设

【机构人员情况】 内设机构8个：即办公室、监察室、税政股、征收管理股、人事教育股、政策法规股、收入核算股、办税服务厅；事业单位1个：信息中心；直属机构1个：稽查局；下设2个税务分局：龙山税务分局，勐糯税务分局。在职干部职工65人，其中：女职工20人占30.77%，男职工45人占69.23%；中共党员41人占63.08%；大学本科及以上学历20人占30.77%，大专学历29人占44.62%，中专学历15人占23.08%，高中及以下学历1人占1.54%；35岁以下8人占12.3%，36岁至45岁30人占46.15%，46岁以上27人占41.54%。离退休干部18人。

【领导班子建设】 以增强领导班子的向心力、战斗力、学习力、凝聚力为核心，以开展“四群”活动为契机，提升队伍素质、强化税收征管、优化纳税服务，推进科技强税，推进国税文化建设，倾力打造以纳税需求，民众需求为导向的新型国税机关。在国务院、省、市、县纠风办《关于对部分具有行政执法职能的部门进行重点评议的通知》贯彻落实中，全局先后召开了2次党组会、2次局务会、3次行评领导小组会和2次与有关部门协调座谈会议。向纳税人和相关部门发放问卷调查表360份，收回331份，据统计：政务公开、办事效率、服务态度、依法行政方面满意率为99.4%、基本满意率为0.6%；廉洁执法方面满意率为100%；荣获全县被评行政执法部门第一名。

【廉政建设】 按照反腐败工作要求，层层签订党风廉政建设责任制。对基建工程、大宗物品采购、人事任免、大项经费支出等实行集体研究决定。根据《云南省国家税务局关于开展部门内控机制建设的指导意见》通知要求。全局共排查出风险岗位92个，廉政风险点217个。制定相应防控制度6个，防控措施195条。累计签订《廉政公约》1111户，2011年新签订《廉政公约》156户、回访率占累计签约户数的10.26%，满意率达到99%。廉政谈话45人次，拒吃请60人次。

【精神文明建设】 在巩固省级“文明单位”的前提下，以开展向杨善洲学习活动为契机，以“四亮四评”、“领导干部蹲点和干部联村入户”为切入点，举办了“入党为什么、收税为什么、身后留什么”为主题的大讨论，撰写心得体会60余篇，组织座谈交流会3次，参加演讲比赛4人次、书画比赛5人次、歌咏比赛45人次、义务植树26人次，为地震灾区捐款4400元，先后被省国税局授予“学习型机关”称号，市国税局授予“爱读书、善读书、读好书活动先进单位”称号；被县委、政府评为党风廉政建设“先进单位”、综治维稳“先进单位”。10余名干部被评为“优秀税收管理员”、“爱岗敬业标兵”、“优秀办税员”、“优秀共产党员”和“精神文明建设先进个人”。

【教育培训】 注重抓好政治理论和业务学习。政治理论方面主要学习领会十七六中全会、全国“两会”、“十二五”规划纲要、全省国税工作会议精神，各级领导关于学习杨善洲精神的重要批示。年度法律法规、政治业务学习培训37期、915人次，其中送外培训19期23人次，主要培训了新版普通发票填开、发票管理办法实施细则、税收执法信息系统疑点信息库、税收管理员辅助信息系统、行政强制法和国税讲坛等。

（杨正邦）

昌宁县国家税务局

经济概况

2011年，昌宁县实现生产总值（GDP）43.14亿元，按可比口径计算比上年增长13.10%，其中：第一产业完成20.19亿元，增长9.50%；第二产业完成11.71亿元，增长24.20%；第三产业完成11.24亿元，增长8.70%。三次产业的结构比例为：46.81∶27.14∶26.05。人均生产总值1.24万元，比上年增长22.77%，农业总产值31.91亿元，比上年增长10%；工业总产值30.05亿元，比上年增长26.77%，其中：轻工业产值20.54亿元，增长34.74%；重工业产值9.51亿元，增长11.75%。实现规模以上工业增加值2.67亿元，按可比口径计算比上年增长20.01%。全社会固定资产投资总额29.08亿元，比上年增长25.60%；社会消费品零售额10.96亿元，比上年增长20.16%。实现财政总收入6.83亿元，比上年增长28.60%；城镇居民人均可支配收入1.47万元，比上年增长12%；农民人均纯收入4563元，比上年增长24.91%。

税收概况

【收入完成情况】 2011年，昌宁县国家税务局组织税收收入2.13亿元，同比增收6679万元，增长45.79%，完成年计划任务1.64亿元的129.59%。其中：增值税1.67亿元，同比增收4522万元，增长37.13%，完成年计划任务1.36亿元的122.80%；消费税157万元，同比增收12万元，增长8.83%，完成年计划任务150万元的104.30%；企业所得税3648万元，同比增收1937万元，增长113.19%，完成年计划任务2000万元的182.38%；储蓄存款利息所得个人所得税13.47万元，同比减收18.15万元，减少42.60%；车辆购置税748万元，同比增收226万元，增长43.25%，完成年计划任务650万元的115.08%。

【收入特点】 一是全县经济的稳步增长，促进了税收平稳增长。2011年国税收入增长45.79%，全县GDP增长13.07%，国税收入幅度高于全县经济幅度32.72%。二是宏观总税负持续升高。2011年宏观总税负为4.92%，比2010年上升0.72%；二、三产业宏观税负为9.26%，分别高于2010年1.04%和1.58%；税收弹性系数为3.50。三是涉及的五个税种，除占收入总额比重较小的储蓄存款利息所得个人所得税同比减收外，增值税、消费税、企业所得税和车辆购置税均同比增收，分别增长37.13%、8.83%、113.35%和50.07%。四是"两税"重点税目收入"六增三减"。其中食糖增值税增收933万元、有色金属矿产品增值税增收89万元、煤炭增值税增收5万元、电力增值税增收2833万元、商业增值税增收643万元、硅矿石增值税增收176万元，上述6个重点税目共增收4679万元；工业硅增值税减收65万元、机制纸增值税减收199万元、茶叶增值税减收56万元，上述3个税目共减收320万元。五是全年税收呈现先增后减的局面，总体增幅明显。1至9月份税收收入同比增收，增幅最高达185.55%；10至12月份同比减收，但减幅较小。

【税源分析】 从税收经济结构看，国有经济税收3365万元，占15.83%；集体经济税收1464万元，占6.88%；涉外经济税收886万元，占4.17%；股份制经济税收1.22亿元，占57.35%；非公有制经济税收2011万元，占9.46%；其他经济税收1339万元，占6.31%。从税种结构看，增值税收入占78.53%，消费税收入占0.73%，企业所得税收入占17.16%，储蓄存款利息所得个人所得税收入占0.06%，车辆购置税收入占3.52%。从重点税目占"两税"比重看，食糖税收3445万元，占20.43%；商业税收3096万元，占18.37%；电力税收7014万元，占41.61%；工业硅682万元，占4.05%；煤炭499万元，占2.96%；非金属矿产品1009万元，占5.99%。以上六大税目占"两税"比重达93.41%；其他行业税收1113万元，占6.59%。

【税务管理】 一是完善户籍管理。认真落实属地和分类管理制度，抓好户籍静态、动态监管和实地巡查工作，使户籍数据准确、真实。2011年底，全县共有登记户3259户，其中企业323户、个体工商户2936户。二是落实税收管理员制度。将税收管理员履职情况与落实各项税收征管指标连为一体，明晰岗位职责，加强考核检查，有效发挥税收管理员的宣传、辅导、协调、执法监督的作用。三是构建税收管理联动机制。着力抓好税收征管"整合"及"联动"工作，完善机关各业务部门之间的相互协作操作规程，做到税源与征管状况监控分析联动、与汇算清缴联动、与纳税评估联动、与税务稽查联动，从根本上解决征管工作多头布置、协调不畅的问题，努力推进征管联动机制建设。

各项工作

【税收法制建设】 一是开展好税收规范性文件备案备查工作和税收规范性文件清理工作。二是认真落实行政许可审批程序。税务行政审批领导小组召开会议1次、审理资产损失税前扣除审批3户、认定增值税一般纳税人7户。三是坚持重大税务案件集体审理制度。共审理开具大头小尾发票案件1件，补缴增值税4863元，处以罚款2431元，加收滞纳金3513元，合计1.08万元。四是深入推行税收执法责任制考核和过错责任追究制。强化"税收执法管理信息系统"考核，完善运行维护机制，建立起人机结合、全面、客观公正、真实的税收执法考核体系。年内，系统监控考核指标中有过错记录13笔，过错申辩调整13笔。

【税收征管】 一是抓好"三税"管理。增值税管理中严格按标准做好一般纳税人认定工作，全年新认定增值税一般纳税人17户，年底共有增值税一般纳税人155户；加强进项税抵扣工作，共抵扣进项税发票41331份，进项税额1.07亿元，其中抵扣增值税专用发票5630份，进项税额7097万元；抵扣农产品发票29998份，进项税额3252万元；抵扣运输发票5703份，进项税额409万元。企业所得税管理中认真落实"分类管理，优化服务，核实税基，完善汇缴，强化评估，防范避税"的所得税工作总体要求，对不具备查账征收条件的66户企业实行核定征收，认真落实"两级"审核制度，规范税企双方的操作流程，严把税前扣除项目审批关，完成了2010年度120户企业所得税汇算清缴工作，促进企业所得税稳步增长。车辆购置税管理中认真落实车辆最低计税价格管理流程，全年共受理、核定、审核、批准录入系统最低计税价格车辆36辆，征收车辆购置税9675辆，同比增加1691辆，累计入库税款699.5万元，同比增收235.4万元。二是强化纳税评估。挖掘和组织现有人力资源，组成三个评估小组，统筹确定评估对象，综合协调抓好专项评估、日常评估、简易评估和调研评估，全年共评估26户纳税人，发现问题21户，评估入库税款267.8万元，加收滞纳金11.5万元，增值税留抵税额调减13.9万元，企业所得税调增应纳税所得额1603.5万元，弥补亏损883.9万元。三是加强发票管理。做好旧版发票的清理收缴工作，加强对新发票管理办法的学习培训，着力抓好新版发票填开系统有关纳税人的资格审核、检查和数据比对协查等工作，圆满完成了普通发票换版工作。全年共使用新版发票纳税人673户，发票填开系统运行平稳。

【税收执法】 一是开展好税法宣传。围绕"税收·发展·民生"的宣传主题，以企业法人代表、财务人员、个体工商户及广大人民群众为主要对象，采取广播、电视、电话、标语、宣传栏等形式，面向全社会进行广泛宣传。全年共悬挂宣传横幅布标22幅，县乡村广播台（站、室）早晚及街天广播宣传10次，出宣传栏（墙报）3期，利用征期征税开展面对面宣传1000余人（次），发放税收知识简介1000余份。二是搞好税务稽查。利用稽查查账软件，拓展稽查选案渠道，做好稽查查前告知服务纳税人工作，发现和寻找涉税案源，开展日常稽查、专项稽查和分类稽查工作，全年共检查纳税户7户，查出有问题户7户，结案7户，查补税款、罚款、滞纳金66.26万元。查实率、选案准确率及税款、罚款、滞纳金入库率100%。三是落实税收优惠政策。全年共有73户纳税人享受增值税减免，申报免税销售额9144.5万元；办理企业所得税减免税备案19户，减免税额174.85万元；按税务行政审批许可程序，审理资产损失税前扣除3户，金额354万元。

【税务信息化建设】 一是抓好税收管理员辅助信息系统推广应用工作。研究制定《税收管理员辅助信息系统推广实施方案》，对综合征管系统中纳税人主管税务官员与实际主管税务官员不相符的情况进行清理、核实和修订，严格按要求编制系统用户授权表以及开展模拟系统中授权后的业务测试。二是以“金税三期”为主线，加强计算机和网络设备的维护和整合应用，建立健全电子数据处理利用制度，按要求完成了综合征管软件补丁4次升级调试、车购税代征端计税价格5次升级、防伪税控网络版5.00前台客户端的升级和调整等工作，进一步提升了信息管税功能。三是建立健全网络安全检查制度，定期开展检查、维护、保养，切实抓好网络设备、计算机病毒、数据安全保密等清理检查工作，确保网络设备安全稳定运行。

队伍建设

【机构人员情况】 内设机构8个：办公室、人事教育股、监察室、征收管理股、税政股、政策法规股、收入核算股、办税服务厅；事业单位1个：信息中心；直属机构1个：稽查局；下设2个税务分局：昌宁县国税局田园税务分局、柯街税务分局。在职干部职工70人，其中：女性15人占21.43%，男性55人占78.57%；中共党员45人占64.28%；大学本科及以上学历21人占30%，大专学历47人占67.14%，中专学历2人占2.86%；35岁以下11人占15.71%，36岁至45岁29人占41.43%，46岁以上30人占42.86%。离退休干部27人（其中离休干部1人）。

【干部队伍建设】 一是加强领导班子建设。切实解决领导干部在加强党性修养、践行党的宗旨方面存在的问题，自觉增强党性修养，进一步提高了领导班子的履职尽责能力。二是加强党支部组织建设。机关党支部及全体党员分别作出了“创先争优公开承诺书”，认真落实承诺内容，切实抓好党组织“三会一课”制度、“双目标”管理和民主评议党员工作，积极做好党员发展工作。三是开展创先争优活动。扎实开展“六比六看”、“党员示范岗”、“巾帼文明岗”以及树先进、学先进、赶先进等活动，不断推进创先争优活动的深入开展。分别有1名税干荣获“保山市第二届劳动模范”、2名党员由保山市国税局党组授予优秀党员、2名税干由保山市国税局授予精神文明建设先进个人、1名党员由中共昌宁县委授予优秀党务工作者。四是做好群众工作。抓好联村入户工作，组织党员干部为结对帮扶户捐款5200元，单位给予村公所支农资金2000元、向村公所添置了价值6000元的计算机设备一套，全系统干部职工为盈江地震灾区捐款7800元。

【廉政建设】 一是抓好反腐倡廉教育。先后组织学习了《中国共产党党员领导干部廉洁从政若干准则》、《税务系统领导干部廉洁从政“八不准”》等有关法规制度，认真组织开展警示教育以及廉政教育“进单位、进班子、进岗位、进家庭”四进活动。二是落实廉政建设责任制。县国税局“一把手”与党组成员、分局长以及纪检组长与股（室）负责人签订了党风廉政建设责任书，各分局和股（室）又将党风廉政建设责任制落实到每个工作人员，认真抓好“纪检日”活动，做好廉政谈话、述职述廉、廉政承诺等工作。三是落实领导干部廉洁从政有关规定。坚持领导干部收入、重大事项报告等制度，全年领导干部报告拒吃请29人次。四是加强“两权”监督。成立内控机制建设领导小组，研究制定《内控机制建设方案》，认真清理排查廉政风险，确定风险岗位87个、风险点229个，制定了防控措施203条。五是继续抓好《廉政公约》签订和回访工作。与纳税人新签订《廉政公约》212户，累计签订1433户；开展回访问卷调查431户，回访调查率30%，妥善处理了纳税人提出的意见建议2条，纳税人对《廉政公约》满意率为100%。

【精神文明建设】 按照“文化铸就灵魂、和谐凝聚人心、文明推动发展”的思路，丰富创新和提升拓展文明创建内容和内涵，在创字上下工夫，在成果上见实效，积极创新文明创建的方式和手段。2011年4月，田园税务分局、柯街税务分局被“中共保山市委、市人民政府命名为‘文明单位’”；2011年2月，昌宁县国税局税政股被“云南省国税局授予‘爱读书、读好书、善读书’活动先进单位”；2011年3月，昌宁县国税局税政股被“保山市国税局授予‘爱读书、读好书、善读书’活动先进单位”；2011年6月，昌宁县国税局获保山市国税系统“学习杨善洲，为党旗添光彩”演讲比赛团体赛第二名。

【教育培训】 认真落实分级管理、分层培训、分类实施的教育培训工作要求，制定切实可行的业务培训计划，先后举办内部培训班17期761人次，累计培训天数532天；参加上级局各类培训20期237人次。

（周兆英）

德宏傣族景颇族自治州国家税务局

经济概况

德宏傣族景颇族自治州2011年实现生产总值（GDP）172.32亿元，同比增长15.5%，其中：第一产业实现增加值45.41亿元，增7.8%，拉动生产总值增长2.1个百分点；第二产业实现增加值59.85亿元，增22%，拉动生产总值增长7.4个百分点；第三产业实现增加值67.06亿元，增15.0%，拉动生产总值增长6个百分点。三产贡献率为13.5%，47.8%，38.7%，三产结构由上年26.5:33.9:39.6调整为26.4:34.7:38.9。人均生产总值达14157元，同比增14.2%。非公经济创造增加值为70亿元，占比重达40.6%。居民消费价格总水平同比上涨5.2%，商品零售价格上涨4.9%；农业生产资料价格上涨10.4%。完成社会固定资产投资171.39亿元，增30.7%。社会消费品零售总额65.28亿元，增20.1%。完成对外贸易进出口总额13.85亿美元，增21.6%。城镇居民人均可支配收入15255元，增10.6%，农村居民人均纯收入4096元，增21.6%。财政总收入30.91亿元，同比增长42.2%，增9.18亿元，其中：一般预算收入18.91亿元，同比增长42.8%，增5.67亿元。一般预算支出92.31亿元，同比增长58.8%，增支34.2亿元。

税收概况

【收入完成情况】 2011年，德宏傣族景颇族自治州国税系统共组织税收收入13.73亿元，首次突破13亿元大关，为年计划的126.3%，同比增长39.3%，增3.88亿元。其中，"三税"收入12.27亿元，为年计划的127.7%，同比增长40.4%，增3.52亿元，圆满完成省局和州委、州政府安排下达的各项税收计划任务。其中：（一）国内增值税收入9.83亿元，为年计划的118.4%，同比增长30.7%，增2.38亿元。（二）国内消费税收入4424万元，为年计划的107.9%，同比增长18.5%，增690万元。（三）企业所得税收入2.01亿元，为年计划的222.4%，同比增长135.6%，增1.15亿元。（四）储蓄存款利息所得个人所得税收入62万元，同比下降51.9%，减收67万元。（五）车辆购置税收入1.45亿元，为年计划的115.4%，同比增长32.4%，增3554万元。

【收入特点】 国税收入取得新突破的主要因素：（一）上级局和各级党委政府高度重视。随着产业和经济结构调整并日趋合理，德宏全州经济社会持续稳定发展，为组织税收收入创造了良好条件，同时，以桥头堡黄金口岸和瑞丽国家重点开发开放试验区建设战略实施为契机，进一步扩大对外开放，增强招商引资力度，加之各重点工业企业技改增效，传统产业蔗糖价格上涨，新增电站投产，供电充足，拉动电冶业产量产值增加，促进了税收增收。（二）有效提升征管质量和效率。全系统大力加强依法治税和科学化精细化专业化管理，特别是在强化执法意识、规范执法管理、防范执法风险、深化纳税评估、优化纳税服务等方面突出重点，狠抓落实，为税收大幅增长奠定了坚实基础，取得了显著成效，增值税和企业所得税均较快增长。（三）全力推进税收信息化建设。以税收信息化建设搭建平台，为税收征管工作提供强力支持，着重抓好信息安全保障工作，确保信息系统高效运转；继续鼓励和支持自主开发运用，自主开发的"CTAIS自动升级软件"通过试运行，于3月完成服务器配置和软件安装并推广使用；4月自主开发的"德宏国税12366纳税服务在线"网站建成运行，实现了与纳税人互联网互动交流，提供了便捷的网络服务平台；做好各系统运维等工作；新版普通发票换版推广使用，"以票控税"进一步强化，促进税收增收。

【税收分析】 （一）列入增值税考核项目的重点行业税收均实现增长增收。其中：制糖业收入2.08亿元，同比增长26.8%，增4406万元；电力行业收入3.77亿元，同比增长17.5%，增5620万元；电解铝收入1349万元，同比增长18.9%，增214万元；工业硅收入6214万元，同比增长51.8%，增2121万元；水泥收入3532万元，同比增长95.3%，增1626万元；商业收入1.85亿元，同比增长64.1%，增7244万元。其他收入1.01亿元，同比增长22.2%，增1841万元。增收主要原因是重点行业如制糖业、工业硅、水泥、电力等生产正常、产量增加，产品市场价格上涨，白糖和酒精价格创历史新高。（二）消费税增幅较大得益于卷烟年销售收入7.39亿元，同比增1.31亿元；酒精产量2.8万吨，同比增2161吨，吨酒精均含税销售价格6253元，同比上涨901元。其中：批发行业（烟草）收入3494万元，同比增17.7%；农副产品加工（酒精）收入767万元，同比增26.3%；饮料行业（啤酒）收入101.4万元，同比增14.5%；木材收入11.2万元，同比增10.6%；工艺品收入16.6万元，同比增37.2%。（三）企业所得税增收是因为全州经济运行总体良好，企业利润稳定增长，保证了税基稳定增长，进而带动企业所得税属期预缴税款增长；减免税到期和进入减半征税期企业所得税增加；纳税评估和稽查查补入库增加。其中：电力行业收入4224万元，同比增124%；农副产品加工（制糖业）收入5189万元，同比增153.7%；其它金融活动（农村信用社）收入2768万元，同比增399.5%；批发（烟草）收入2151万元，同比增33.1%；房地产业收入1833万元，同比增53.3%；非金属矿物制品业收入1，489万元，同比增845%；零售业收入941万元，同比增14%；有色金属矿采选业收入593万元，同比增298%；其它266万元。（四）车辆购置税增收主要是因为1.6升及以下排量乘用车车购税税率由7.5%恢复到10%带来政策性增收，同时居民可支配收入增加，购买力和购车需求加大。（五）储蓄存款利息所得个人所得税减收因受暂免征收政策影响。

各项工作

【税收征管】 进一步加强征管"六率"监控和考核力度，适时监控税务登记、申报、入库、欠税等数据，对可能出现问题积极采取预防措施，并以征管质量考核为手段，每半年抽查2个县市局；全年已办理税务登记26320户，登记率达100%；核定税种19480户次，应申报107637户次，已申报107089户次，申报率为99.49%，税款入库率为100%，做到应收尽收，无新增欠税，欠税增减率为零，滞纳金加收率、处罚率均保持在100%；加强机打普通发票推广应用工作，开展虚假普通发票及非法代开发票等日常管理和专项检查；开展重点税源监控，对小规模纳税人坚持核定及核定调整制度。

【纳税服务】 坚持将纳税服务作为基础性工作来抓，努力建设服务型国税机关，深化纳税服务各项工作；开展纳税需求问卷调查，准确把握纳税人合理需求，受到纳税人好评；从推行纳税服务标准化建设、推进网上办税、推进"两个减负"落实、深化纳税人权益保护、建立纳税信用体系以及纳税服务体系建设等方面开展调研，为构建征纳和谐的税收环境进行了建设性和可行性的有益探索；开展注册税务师行业监督管理自查工作；为进一步优化纳税服务、促进税收管理信息化建设、提高办税效率、减轻办税大厅工作压力、方便纳税人轻松办税、降低征纳成本，加快了网络申报推行力度，到12月底完成企业网络办税培训工作，已推行增值税网络申报企业944户，占增值税一般纳税人1172户的80.55%，实现增值税网络申报3456户次，申报增值税应纳税款5.33亿元，实现消费税网络申报267户次，申报消费税应纳税款3987.21万元。

【纳税评估】 为有效加强税源管理，充分发挥纳税评估促进税收征管质效的作用，以“降低频率、加大深度、提高质量、注重效益”为目标，逐步建立和健全了纳税评估分析指标体系，综合征管、货物和劳务税、所得税、稽查和进出口税收管理等多部门，实施多税种联动、征退税联动和征管查联动等综合评估，开展月、季评估；在做好日常评估的基础上，抽调骨干开展集中评估，在工作中发现问题，采取“送出去，请进来”的方式开展多次专题培训和实地培训。与昆明市国税局联合在昆明和德宏分别举办了1期纳税评估培训班，实行“一带一”在实际评估中开展学习和内部培训，先后抽选21名人员组成3个评估组进行专项评估，组织业务骨干分成多个工作组，以木材加工、食品加工、硅冶炼等行业为重点，开展评估工作，切实发挥纳税评估在组织收入工作中的作用，促进规范执法和税收征管。经过近8个月不懈努力，不仅初步实现了“以评促收”的新突破，更重要的是进一步规范了纳税行为，提高了税收征管质量，优化了税收执法环境，实现了“三个提高”和“三个减少”，即：提高了税收征管质量；提高了评估工作效率；提高了管理人员综合素质；减少了税收执法风险；减少了税收管理人员执法的随意性；减少了国税系统税收执法工作的被动性。截至12月共完成纳税评估227户次，其中有问题152户次，有问题面66.96%；补缴增值税1048.36万元，进项税转出386.77万元，企业所得税504.27万元，调减待弥补亏损3056.84万元，加收滞纳金45.39万元。

【税务稽查】 以加大稽查工作力度和组织稽查收入为中心，以分级分类稽查及专项检查和打击制售虚假发票违法犯罪活动专项整治为重点，加大了对涉税违法案件的查处力度，对整顿规范税收秩序、优化纳税环境起到了积极的促进作用，共检查纳税户1178户，查出有问题1175户，查补入库总计3178.84万元，同比增170.25%，查实率94.83%，结案率98%，偷税处罚率63.39%，综合处罚率5.49%，入库率99.66%。

【税收优惠】 在进一步推进依法治税，切实加强税收征管和全力组织税收收入的同时，全面深入贯彻落实好各项税收优惠政策：（一）减免企业所得税5693万元，同比增30.07%。（二）对享受增值税征前减免的438户纳税人直接免征，免税销售额为72.41亿元，经测算减征增值税12.18亿元，同比增34.12%。（三）落实增值税即征即退优惠政策，为10户企业办理增值税即征即退1665.4万元。（四）加强出口退税管理和服务工作，全州有285户登记在册出口企业，同比增29户，共为122户出口企业办理退税8.7亿元，同比增38.1%，其中以人民币结算退税4.94亿元，占退税款的56%，以外汇结算退税1.13亿元，跨境贸易人民币结算退税2.63亿元。

【税收宣传】 按照省局统一安排，紧紧围绕“税收．发展．民生”的宣传主题，结合“服务基层年”工作要求，以“税收促进发展，发展改善民生”为主线，以“声势与实效并举”为方针，坚持连续性、针对性、广泛性并重的原则，把税收宣传与组织税收、打击涉税违法行为相结合，在全州广泛开展了第20个税收宣传月活动，不断提高纳税人税法遵从度。（一）及时召开筹备会议，研究宣传方案，成立宣传工作领导小组，落实分工，明确责任，结合工作实际，及时安排部署宣传活动，同时开展税收宣传“好点子”征集活动，广泛征集宣传好思路、好项目、好方法，就宣传形式、方法、内容广泛征求纳税人的意见建议，力求宣传更加深入有效。（二）3月30日州和芒市局联合召开纪念税收宣传月20周年座谈会，拉开了宣传月活动的帷幕。（三）结合德宏“边疆·民族·团结”的州情广泛开展税收宣传，利用“中国·德宏2011国际泼水狂欢节”及“寻找最美丽的孔雀公主”牛车选美比赛，组织宣传队到活动现场进行宣传。（四）充分利用网络、通讯平台、媒体和《云南国税》，着重宣传德宏“边疆·民族·团结”的州情和税收工作情况；利用省局外网平台和政府信息公开门户网站以及12366纳税服务热线、96128政务信息查询热线等形式，深入开展税收宣传咨询和纳税辅导。（五）在全力做好抗震救灾工作的同时，坚持组织收入不放松，多次深入灾区开展企业受灾情况调研，并借助税收宣传活动，积极向灾区纳税人宣传震后税收政策，进一步做好纳税服务工作，全力帮助受灾纳税户开展抗灾自救、恢复生产，对受灾严重的全面调查了解，掌握情况，以人为本，帮助纳税户做好减免税、缓缴税等申报审批工作，切实维护灾区秩序的稳定。（六）州和芒市局组织召开了2011年重点税源企业暨税收专项检查座谈会，就具体涉税事宜从业务招待费用扣出比例、扣出项目、发票取得须注意的事项等方面作了纳税辅导，对参会企业财务负责人发放了查前告知书，要求企业认真自查，尽量把涉税问题自查自纠在稽查之前，提升征纳双方的税法遵从度和税企和谐度，避免不必要的损失，确保自查面达100%。（七）组织干部参与总局举办的税法动漫大赛、税收短信征集、税收公益广告征集、税收征文、税收漫画大赛、知识竞赛等活动。

队伍建设

【机构设置及人员】 州局机关有12个内设机构（正科级）；另设机关党委办公室、离退休干部科2个正科级机构；2个直属机构：稽查局（副处级，内设6个副科级单位）、车辆购置税征收管理分局（正科级）；2个事业单位（正科级）：机关服务中心、信息中心；有机关工会和税务学会。有122名干部职工，其中：在职104人；处级11人，科级42人；中共党员81人，占77.88%；大学55人，占52.88%，大学专科37人，占35.58%；男61名，女43名；少数民族干部30名，占28.85%。

【干部队伍和党风廉政建设】 （一）加大了教育培训力度。周密制定了2011年教育培训工作计划，按计划组织开展教育培训，积极推进学习型国税机关建设；争取昆明市国税局支持，选派了22名业务骨干到昆明市局直属局进行税收征管、纳税评估实践培训，培训后，在全州范围内开展了纳税评估工作，取得了明显成效；争取省局支持，安排20名干部到深圳参加业务培训；挤出有限资金，组织正科级以上实职领导干部到扬州税院举办科级领导干部知识更新培训班；从7月开始安排每周二、四下午，在州局机关开展计算机知识及相关系统操作应用全员培训，结束后于9月26～27日组织全员考试，对考试结果实行严格奖惩；先后组织开展了征管、纳税服务、信息中心、人事和监察等应用软件推广培训；开展了所得税汇算清缴培训辅导和介质申报、网络申报及汇算清缴系统培训。（二）加大系统党风廉政建设工作力度。认真贯彻落实党风廉政建设会议精神，加大各项制度措施落实力度，进一步加强"两权"监督；加强惩防体系建设，召开专题党风廉政建设暨预防职务犯罪培训会议，从思想上、认识上增强干部职工反腐倡廉、杜绝渎职侵权等违法犯罪行为发生的意识；继续执行领导干部报告个人有关事项制度，认真清理领导干部利用职权和职务影响谋取不当利益、违规收受现金、有价证券和支付凭证等问题，全州报告114人，其中科级51人，均未发现违规问题；执行好"三谈两述"制度，加强对县市局领导班子的监督管理，共开展州和市县局纪检组长与下级主要负责人任期谈话23人，其中：州局纪检组长与县市局一把手谈话6人；领导干部任前廉政谈话24人；加强行风建设，对一线人员加强管理教育，畅通社会监督渠道，巩固和完善特邀监察员制度；继续做好《廉政公约》签订和回访工作，共签订税企《廉政公约》4873户，新签订214户，回访606户，回访率12.44%。（三）纠建并举，全面推进内控机制建设。按照要求将内控机制建设推行到全系统，有计划、分阶段地开展部门内控机制建设，初步建立以履行"一岗双责"为前提，以排查廉政风险点为基础，以完善内控制度体系为支撑，以强化对权力运行监控为核心，以制度执行评估问责为手段的部门内控机制。一是通过多种形式进行宣传发动和教育培训，让干部职工充分认识到加强内控机制建设对强化源头治理、推进惩防体系建设，有效防范执法风险的重要性，明确开展内控机制建设的目的意义、方法步骤和基本要求。5月22日组织统一收看了纪录片《国税局里的360卫士》。二是建立"坚持党组统一领导，齐抓共管，纪检组织协调，部门各负其责"的运行机制，把风险防范工作提上党组的重要议事日程，明确具体组织牵头部门，对内控机制建设工作做好安排部署，疏理岗位职能。三是深入查找本级、本部门、本岗位在权力运行过程中存在的执法和廉政风险，分析风险产生原因，提出具体控制措施，重点是单位和个人在日常税务工作中行使职权的弹性、自由度、裁量权等可能产生的廉政风险的职权行为，保证风险点找得准，制定的措施能切实解决问题。

【党建及创先争优】 （一）深入开展政治理论学习教育。以党的十七届五中全会、省委八届五次以及州委五届十三次全会、州委第六次党代会和州政府专题会议精神的学习贯彻，特别是以胡总书记在建党90周年纪念大会上的重要讲话精神的学习贯彻为重点，加强思想政治理论学习活动，州局党组还专门提出，要把思想政治理论学习教育活动作为党建工作、干部队伍和党风廉政建设工作的首要任务，紧密结合不同时期党的重要会议精神的贯彻落实，与德宏国税"十二五"发展规划实施紧密结合，与全面抓好组织税收收入工作紧密结合，与深入落实好"服务基层年"各项主题工作紧密结合，与边疆国税文化建设和精神文明创建紧密结合，把党员干部的思想和行动统一到推进边疆国税事业发展大局上来，统一到加快桥头堡黄金口岸及瑞丽重点开发开放试验区建设战略上来，统一到推进德宏经济社会健康可持续发展的全局上来。（二）创先争优活动深入扎实开展。创先争优活动启动一年多来，州局结合实际及时安排部署，精心组织落实，扎实推进各项工作，圆满完成各阶段工作任务，收到了明显成效，同时，还认真组织开展了"四亮四评"主题实践活动，形成主要领导亲自抓，分管领导直接抓，各科室分工负责共同抓的良好局面；紧紧围绕提高办税服务质效，从规范办税服务厅名称、窗口设置、办税环境、人员着装和文明服务用语等入手，着力推进办税服务厅标准化建设，营造良好的办税服务氛围，把"四亮四评"活动作为巩固学习实践科学发展观成果的重要举措、构建社会主义核心价值体系的重要载体，全面加强干部队伍和党风廉政建设，提高纳税服务质量，使窗口服务成为纳税人满意的工程。（三）深入开展学习杨善洲同志先进事迹活动。从2010年12月起全系统把学习杨善洲先进事迹贯穿于创先争优活动之中，通过"学习杨善洲先进事迹、争做优秀共产党员"活动，努力营造"学先进、见行动、争优秀、比贡献"的氛围；组织党员到善洲林场参观学习，组织参加纪念建党90周年营建"杨善洲纪念林"暨全民义务植树活动。（四）隆重举办纪念建党90周年活动。召开了纪念建党90周年离退休老干部座谈会；开展了评先选优活动，州局机关党委被州直机关工委表彰为"先进基层党组织"和"基层党组织工作示范点"，1名同志被表彰为"优秀党务工作者"，有2名同志分别被州委表彰为"百优党员"和"百优工会会员"，州局党组和机关党委表彰2个党支部为"先进基层党支部"，表彰30名党员为"优秀共产党员"，表彰5名党员为"优秀党务工作者"；到挂钩点看望慰问贫困老党员；以支部为单位开展"一个党员植一棵树"活动，以实际行动向建党90周年献礼。

【综治维稳】 （一）制定工作安排意见，对综治、创建平安德宏、依法治理、普法宣传教育、信访、工青妇等作出具体安排，为系统各项工作顺利开展提供组织和制度保障。（二）与省局、州委州政府和机关各科室、各县市局以及综治维稳挂钩点分别层层签订2011年度综治责任书。（三）开展"禁毒防艾"、"安全文明楼院"和"安全文明家庭"创建活动，做到有安排、有检查、有总结表彰，确保创建质量。4月州局被州委州政府授予综治维稳工作及2008～2010年禁毒防艾人民战争挂钩单位一等奖。（四）进一步贯彻落实州委信访工作和群众工作专题会议精神，以96128政务信息公开热线、局长接待日等方式，做好群众来信来访接待和回复工作，确保安全维稳。（五）深入开展矛盾纠纷调解工作，对排查出的矛盾纠纷，实行部门分工，分管领导负责，归口调处，落实到具体部门、单位和个人及时整改，同时坚持抓早抓小抓苗头，把矛盾消灭在萌芽状态。（六）组织开展普法宣传活动，依法建立和完善系统内部规章制度，做到依法决策、行政、办事和政务公开、程序合法。（七）关心社会公益事业，积极参与扶贫济困、禁毒防艾和抗灾献爱心等工作，受到了挂钩点群众和各级各部门的广泛好评。2011年全系统未发生越级上访和群访事件，无重大矛盾纠纷，无邪教活动，无黄赌毒、无刑事、治安、交通、经济违法等案件发生，并被州综治维稳委检查考评为2011年全州综治维稳工作一等奖。

【新闻事件】 （一）盈江“3.10”抗震救灾及灾后恢复重建。3月10日中午12时58分盈江县发生5.8级强烈地震，面对地震灾害的发生，总局和省局领导第一时间作出重要指示，省局及时下拨20万元救灾专款，3月15日省局李鸿文局长亲率省局工作组赴灾区，指导抗震救灾工作，亲切看望慰问了受灾干部职工及家属，并向全省国税系统发出了向灾区捐款的倡议，至4月8日盈江县局共收到全省国税系统捐款214万元，其中个人捐款110万元。州局和盈江县局党组在灾情发生后及时带领全体干部职工与灾区人民团结一心，积极投身抗震救灾和灾后恢复重建工作，在全力帮助受灾干部、群众抗灾防灾和恢复重建家园的同时，积极争取上级的关心和支持，及时抢修办公网络，搭建临时办公场所和干部、群众的临时安置活动板房。地震当天就紧急调运临时帐篷安置干部群众，开办职工集中用餐食堂，提供清洁安全的食品和饮用水等，稳定干部群众情绪。震后第三天就将系统内的综合征管软件、公文处理和政务网等办公系统恢复运行，确保各项工作恢复正常，做到抗震救灾与组织收入工作“两不误”。还及时组织税收管理员冒着余震不断的危险，采取实地勘查和电话联系等方式，开展对纳税人逐户访查，详细了解灾害给企业带来的生产、资金等困难，坚持以人为本，结合实际帮助纳税户做好减免税、缓缴税等申报审批工作，切实维护灾区秩序的稳定。根据灾后恢复重建工作各项要求，专门聘请相关专家，积极对受灾较为严重的办公用房、职工住宿区房屋等进行深入细致地排查，对危房及时组织动员进行拆除，按照时间要求及时组织开展恢复重建工作，并在对系统内全面开展恢复重建的同时，对挂钩帮扶的受灾村开展灾后恢复重建工作，恢复重建工作做到了组织领导、重建资金和工作措施三落实。（二）1月6日州局对“三读”学习活动中成绩突出的梁河县局和盈江县局分别表彰为“学习型机关”和“先进单位”；授予杨家正等20名同志为“读书标兵”荣誉称号。（三）1月25日组织机关干部职工和离退休人员及家属在州局开展新春游园活动，并于17:30时举办“德宏州国家税务局2011年新春团拜会”。（四）4月19日省文明行业复查工作德宏汇报会在州局召开，省级文明行业复查组一行7人和州国税局、州市文明办等单位参加，州国税局党组书记、局长龙晖应用多媒体，从基本情况、指导思想明确、领导班子坚强有力、创建工作成绩突出、创建工作机制健全、思想道德教育深入、教育科技文化水平提高、社会治安综合治理效果良好、示范作用明显9个方面汇报了3年来在文明创建工作中取得的成效，复查组对全州国税系统在文明创建工作中的“三个优”即：文化优、纳税服务优、廉政建设优给予了高度评价，对文明创建工作给予了充分地肯定。（五）5月3日州局通过检查考评被云南省建设厅等单位评为“云南省园林单位”正式挂牌；5月9日州和芒市局国税干部与武警边防大队联合开展“警民共建”活动。（六）7月24~27日云南省税务学会会长秘书长会议在瑞丽召开，会长段捷庆作主题报告，瑞丽市委副书记、市长刀晓瑞及州国税局党组书记、局长龙晖分别致辞，学会秘书长杨毅力主持会议，会议还对学会章程、先进学会评比表彰办法等进行了讨论。（七）12月21日州局党组书记、局长龙晖率副局长曹映仑和总经济师何汝智等同志做客“德宏热线”领导会客厅节目，与听众进行面对面沟通。（八）12月26日响应省、州党委号召，州局党组专题研究并抽调4名骨干组建“四群”工作队，深入挂钩点曩宋村开展工作。

【典型经验】 （一）全力组织开展了副科级领导干部竞争上岗工作，注重“三公”实现“三赢”。为进一步深化干部人事制度改革，拓宽选人用人的渠道，逐步建立“公开、平等、竞争、择优”的干部选拔任用机制，使德才兼备、实绩突出的优秀人才脱颖而出，激励广大国税干部职工爱岗敬业，恪尽职守，开拓进取，奋发向上的精神，根据干部管理有关规定，于2~7月组织开展了全州2011年副科级领导干部竞争上岗。有20名干部脱颖而出走上领导岗位，他们中年龄最大的43岁，最小的30岁，有17名为本科学历、3名为大专学历，有3名是省级业务能手，且绝大多数人都分别获得过多种奖励。在整个竞争上岗过程中，州局党组始终注重了公开、公平、公正的“三公”原则，杜绝了选人用人上的不正之风，树立了党组的威信，营造了良好的用人风气，实现了竞争结果党组满意、群众认可、落选者心服的“三赢”局面。（二）服务桥头堡黄金口岸和瑞丽重点开发开放试验区建设。为了进一步服务好国家和省州发展战略，加快桥头堡黄金口岸和瑞丽重点开发开放试验区建设，着力破解优惠政策争取难题，积极主动配合州委、州政府及相关部门，从边疆国税工作实际出发，多方组织开展调研活动，积极向上级局和州委、州政府反映相关情况，并得到了各级领导高度重视。省局成立了桥头堡黄金口岸和瑞丽重点开发开放试验区建设专题调研组，深入德宏各地广泛开展调研。通过深入调研，分别向省、州党委政府提出了具有战略性、前瞻性、可行性和可操作性的意见建议，获得了各级党委、政府的高度评价，对相关政策的争取产生了积极推动作用。同时，根据省、州政府关于由省级对口厅局领导率队赴京争取国家对口部委支持工作的安排部署，州局严格按照要求，及时组织召开专题会议，召集政策法规科、货物和劳务税科、所得税科、征管科及办公室等相关人员，在前期广泛开展调研并提出建设性意见建议的基础上，认真组织研究、修改完善和争取总局对税收优惠政策支持的汇报材料。通过省局领导和相关处室积极汇报与争取，总局对对口汇报及请求给予了积极回应，积极与财政部和国家发改委进行接洽、协调，全力配合争取相关配套优惠政策。

（郑碧锋）

芒市国家税务局

经济概况

2011年，芒市生产总值（GDP）完成53.8亿元，其中：第一产业13.1亿元，第二产业17.6亿元，第三产业23.1亿元，分别比上年增长5.9%、23%、14.4%，三次产业的结构比例为：24.35∶32.71∶42.94。第三产业在全市生产总值中的比重进一步增大，产业发展格局进一步优化。完成固定资产投资54.3亿元，同比增长30.5%。外贸进出口总额17.37亿元，同比增长44.5%。社会消费品零售总额22.06亿元，同比增长20.5%。城镇居民人均可支配收入1.61万元，同比增10.7%。农村居民人均纯收入4197元，同比增长16.5%。年末总人口392812人，人口自然增长率6.95‰。全社会居民消费价格指数105.6%。城镇登记失业率3.3%。

税收概况

【收入完成情况】 2011年，芒市国家税务局共组织各项税收收入3.74亿元。同比增长44.9%，增收1.16亿元，完成州局下达年度计划数的128.9%。其中：“三税”收入2.99亿元，同比增长49%，增收0.98亿元，占州局下达年度计划数的134.4%，完成政府下达年度计划数的117.3%；“两税”收入2.49亿元，同比增长40.4%，增收0.72亿元。分税种完成情况：（一）增值税收入2.12亿元，同比增长45.2%，增收0.66亿元；（二）消费税收入0.37亿元，同比增长18.2%，增收562万元；（三）企业所得税收入0.50亿元，同比增长112.3%，增收0.27亿元；（四）储蓄存款利息所得个人所得税收入17万元，同比下降57.5%，减收23万元；（五）车辆购置税收入0.75亿元，同比增长31.5%，增收0.18万元。重点行业收入情况：（一）电力收入6134万元，同比增长32%，增收1488万元；（二）水泥收入2867万元，同比增长120%，增收1564万元；（三）制糖业收入3699万元，同比增长25.4%，增收750万元；（四）硅冶炼业收入1720万元，同比增长227%，增收1194万元；（五）商业收入4801万元，同比增长60.1%，增收1802万元；（六）其他行业收入1978万元，同比下降9.3%，减收202万元。

【收入特点】 全局的总体税收收入保持了强劲的增长态势，同比增44.9%，增收1.16亿元。增值税、消费税和企业所得税均提前超额完成了年初德宏州国家税务局下达的税收收入任务。税收收入的增长一方面是由于地方经济运行持续健康发展，另一方面是全市国税干部共同努力的成果。增值税增收的项目主要有电力、水泥、制搪业、硅冶炼业、商业收入。减少的项目是其他行业收入1978万元，同比下降9.3%，减收202万元。

【税源分析】 增收主要因素：（一）电力：一是德宏州龙江水电开发有限公司2011年入库增值税1029万元，德宏供电有限公司”销售电量增加，同比增收697万元；二是从2011年1月1日起，云南电网公司德宏供电局在本地的预征率由2%上调为2.5%，同比增收318万元。（二）水泥：水泥销量增加，1～12月销售113万吨，比上年同期的92万吨增加21万吨。（三）硅冶炼业：硅销量增加，1～12月销售5.3万吨，比上年同期3.3万吨增加2万吨。（四）制糖业：糖价上涨，虽然2011年全市白糖产量比上年减少1006吨，但是由于价格的拉动，带动了整个制糖业税收的增长。（五）商业：一是物价上涨，销售增加；二是州烟草公司、中青交通石化、中石化等大企业的销售增长，1～12月份，三户企业共缴纳税款1455万元，同比增收366万元；三是代开发票税款增加，1～12月发票预收税款为849万元，比上年同期的380万元增收469万元，增长123.4%。

【税务管理】 一是坚持“依法征税，应收尽收，坚决不收过头税，坚决防止和制止越权减免税”的组织收入原则，正确处理好组织收入与促进发展、规范执法与优化服务的关系，认真落实各项税收优惠政策，使税收收入的质量与数量同步协调增长。二是加强重点税源管理。由局领导、分局领导及部分二级班子成员挂钩年纳税20万元以上的企业二至三户，有针对性地加强征管。三是切实加强税收日常征管各项工作。按照“精细化”管理要求，在各分局内部进一步“分组划片”，认真落实税收管理员制度，强化纳税人户籍管理，对税款核定明显偏低、税负不合理的纳税户及时进行定额调整。四是通过税源专业化管理，使责任更加明确，措施落实更加到位，确保了税收收入随经济发展稳步增长。

各项工作

【税收法制建设】 一是全面深入贯彻落实国家税务总局办公厅关于《税务系统贯彻落实〈全面推进依法行政实施纲要〉实施意见》。二是规范税收执法行为，理顺窗口工作关系和职责，做好纳税服务。三是努力实现税收管理的科学化、精细化，规范化。树立了税务机关规范执法、文明服务、勤政高效的新形象，促进了各项工作的落实。四是进一步加强税务干部执法能力建设，以税收管理员培训为重点，加大CTAIS或税收执法管理信息系统协调操作的培训力度，强化税收执法管理信息系统考核，规范税收执法行为，强化税收执法的有效监督。五是贯彻“法治、公平、文明、效率”的税收工作方针，在开展依法行政、依法治税、推广应用税收执法管理信息系统等方面取得了一定成绩。六是做好各项税务行政事项的受理、认定工作。七是认真总结“五五”普法工作，开展落实“六五”普法开局之年依法治理各项工作。12月，芒市国家税务局被市委、市政府授予“五·五”普法先进集体二等奖。

【税收执法】 （一）税收宣传。2011年4月，在全国第20个税收宣传月到来之际，芒市国家税务局围绕“税收·发展·民生”的宣传主题，结合“服务基层年”的各项工作要求，突出特色，扎实开展好税收宣传月活动。一是3月30日召开了“纪念税收宣传月20周年座谈会及2011年税收宣传月启动大会”，州局叶剑副局长到会并作了重要讲话；二是设立税务咨询台，设置宣传栏，发送宣传资料。三是4月1日，由州、市国税、地税局联合在芒市街心花园开展税法宣传活动，发放宣传资料10000多份、回答咨询685人次。州局龙晖局长亲临宣传现场，并亲自向群众发放宣传材料。四是将《云南国税》杂志2011年第1期刊登的德宏专版，分别发送到党政机关、企事业单位，向社会各界展示国税文化。五是利用德宏州2011年国际泼水节、“寻找最美丽的孔雀公主”牛车选美比赛等节庆日开展宣传活动。六是召开税企座谈会，深入企业开展纳税辅导，开展送税法进企业活动。七是送税法进警营。4月22日，与武警德宏内卫支队勤务中队的武警官兵开展了一场别开生面的税收知识宣讲座谈会，让他们了解掌握国家的现行税收政策，为退伍创业做准备。八是利用政府信息公开门户网站、新闻媒体、手机短信等多种形式，开展税收宣传。德宏州电视台对市局开展的税法宣传活动进行了跟踪报道，制作的专题片《依法诚信纳税，共建和谐国税》，在德宏电视台一台、二台播放后，得到了很好的社会反响。（二）依法治税。成立税务行政审批领导小组和办公室，依法行使行政审批权；向社会公示税务行政执法主体资格，畅通税务行政复议渠道，落实行政复议权利告知制度，严格执行各项税收法律法规。2011年在“发票管理”、“税务登记证”、“税务管理”中，按照程序合法，认定事实清楚，证据确凿，定性准确的原则，做出税务行政处罚836件，罚款306361.89元。全年无税务行政复议、行政诉讼案件，有效杜绝了管理上的随意性，规范了税收秩序。同时，认真宣传好、落实好各项税收优惠政策，坚持组织收入原则，促进了地方经济健康发展。（三）税务稽查。充分发挥稽查“以查促管、以查促收”的作用，以查处税收违法案件和组织税收专项检查为重点，完善稽查制度，强化稽查管理工作，创新工作方式，扎实工作。全年共检查10户企业，查补入库税款417972.18元，加收滞纳金48194.58元，罚款259214.39元；组织企业自查28户，入库税款622472.00元，加收滞纳金20649.57元；木康检查站查补20户，入库税款785524.05元，圆满地完成了省、州稽查局下达的工作任务，规范了税收秩序，促进了税收征管工作。

【税务信息化建设】 一是加强计算机网络建设与安全管理，保证网络畅通，所有设备运行正常。2011年全市国税系统共有在用服务器3台，PC机122台，笔记本电脑20台，打印机68台。二是做好广域网的改扩建工作。实现电信、联通、广电三家运营商对网络的相互备份及税收业务的分流，确保网络与信息的安全。三是加强ODPS公文处理服务器、FTP服务器、市局政务网服务器的管理，保证公文流转正常、信息公开及时、资料传送流畅，大大提高税收政务工作的效率和质量。四是认真做好税务系统各应用软件的升级、维护、推广工作。做好税收综合征管软件（CTAIS）的升级管理及日常维护工作，做好ODPS公文处理软件、金税工程防伪税控系统、稽核系统、税收执法管理系统、车购税征管软件、国税政务网站、人事管理系统、财务管理软件、“四小票”数据采集软件等各类应用软件的维护工作，确保各项税收业务工作的正常开展，3月正式建立启用芒市国家税务局政务网站。12月，新版普通发票填开系统进行全面升级。五是深化税务与组织机构代码共享管理信息系统的运用。8月，为风平分局及办税服务厅开通了互联网，安装了“全国组织机构代码共享平台”CA证书，通过互联网，利用代码中心向税务系统开放的“全国组织机构代码信息共享平台”，税务干部可以登陆系统实时查询组织机构办理情况。

【税收征管】 （一）日常管理。截至2011年年底，全市共有开业登记纳税人4819户，其中：开业4629户，停业16户，登记率达100%。在征管信息系统、执法考核信息系统的岗责体系下，按照“精细化”管理的要求，在各分局内部进一步“分组划片”，分为信息采集、审核评析、调查核实、纳税评估，各岗位分工负责，各司其职，全面推行税收管理员制度。坚持人机结合，做好“三小票”稽核比对，认真做好异常票的审核。在CTAIS中明确了主管税务官员职责，逐一落实到税收管理员身上。强化纳税人的户籍管理，根据统一的模板建立纳税人户籍档案，通过目录索引查询更加方便，增加了纳税人基础信息的占有量，通过税源专业化管理，使责任更加明确，措施落实更加到位。对税款核定明显偏低、税负不合理的63户纳税户进行了定额调整，月调增税款1.49万元。（二）出口退税管理。贯彻落实国家关于出口退税机制改革的决定精神，加强申报审核管理，加大审核力度，提高审核质量，确保无差错申报，保证退税数据的正确无误。2011年1～12月出口生产企业免、抵、退税金额2133.61万元，其中：退税额2133.61万元，免、抵税额为0。（三）发票管理。2011年，有发票用票户为1653户，其中小规模纳税人用户1278户，一般纳税人企业375户。对使用普通发票纳税户规定每个月必须到分局对发票进行检查和申报已开具发票金额，对超过核定定额部分及时进行申报纳税，并按季审核缴销。切实加强代开发票管理，全年发票预收税款为849万元，比上年同期的380万元增收469万元，增长123.4%。

【税收优惠】 2011年，一是认真执行增值税定额起征点调整优惠政策。从11月1日起，我省增值税定额起征点按次征收起征点由原200元/次调高为500元/次；应税劳务和销售货物的起征点由原5000元/月调高为20000元/月。对代开发票增值税按次纳税的由200元提高到500元，让纳税人及时享受调整起征点的税收优惠政策，全市11月调整起征点以前共有达起征点纳税户1362户，月核定增值税58万元，11月调整起征点后全市达起征点纳税户104户，调整后，年预计减征增值税650万元。二是全年共为4户福利企业办理退税78万元，同比下降27.99%。三是认真落实所得税优惠政策。其中，批准执行西部大开发减免税企业14户，享受减免8户，共减免2571.06万元。四是全年共审核审批免税车辆18辆，办理免征车辆购置税68.8万元。

队伍建设

【机构设置及人员】 2011年，机构内设：办公室、人事教育科、监察室、货物和劳务税科、信息中心，所得税科、征收管理科、政策法规科、办税服务厅、收入核算科、纳税服务科11个科室，一个直属机构：稽查局，两个外派机构：勐焕税务分局、风平税务分局。全局共有在职税务干部职工134人，其中：大学本科53人，大学专科65人，中专8人，中专以下8人。全局共有党员67人。

【领导班子建设】 2011年，班子一是按照“抓班子、带班子、促队伍”的工作思路，切实加强班子自身建设，充分发挥好班子带头作用。二是坚持民主集中制原则，严格党的组织生活制度，做到加强教育，健全制度，注重效果，督促检查。三是扎实推进党务公开工作，明确了党务公开的内容、方式、程序、范围、工作要求等，确保党务公开工作有序开展。四是坚持“三会一课”制度和党组中心组学习制度，与时俱进，开拓进取，不断增强局领导班子的凝聚力、执行力和公信力。五是转变作风，真抓实干，促进班子整体勤政务实、廉洁奉公，班子成员率先垂范，极大地推动了全局各项工作科学发展，得到各级领导的赞誉和好评。

【廉政建设】 一是强化“两权”监督，进一步明确责任范围，围绕自由裁量权、纳税申报、税额核定、增值税一般纳税人认定、增值税专用发票和其他发票管理、纳税人日常管理、纳税评估、税务稽查、行政处罚等关键环节进行监督。二是继续开展《廉政公约》的签订和回访工作，创新回访方式，提高回访质量，年内，新签订《廉政公约》92户，回访121户，累计签订《廉政公约》1889户。同时，进一步推进反腐倡廉信息化建设，充分发挥税收执法监察子系统作用，促进执法监察工作日常化。

【精神文明建设】 一是制定文明规划，积极开展文明创建活动并受到表彰。1月，勐焕分局被省局授予“巾帼文明岗”荣誉称号；7月，局党支部被市委、政府授予“百强党组织”荣誉称号、市局妇委会被授予“百强妇女组织”荣誉称号；赵克平被授予基层党组织“百佳书记”荣誉称号、高宝惠被授予“百优党员”荣誉称号、杨恩鸾被授予“百佳工会干部”荣誉称号；8月，芒市国家税务局被市委、市政府授予“2011～2013年度文明单位”荣誉称号；12月，芒市国家税务局被市委、市政府表彰为“2011年度工作目标绩效建设先进单位”。二是积极组织干部参加各级组织的活动，增强干部的凝聚力和服务社会的能力。3月，组织妇女干部参加德宏女性大讲堂专题讲座《学习水平决定工作水平》；5月13日组织30名干部观看大型音乐舞蹈史诗《复兴之路》电影版。17日组织妇女干部参加《促进男女平等、关爱儿童，构建和谐》德宏专题讲座；6月8日组织党员代表参观“善洲林场”。14日组织12名干部义务献血。6月开展芒市国税局庆祝建党90周年书画摄影展；7月7日，组织28名干部参加市委、市政府组织的植树活动；8月1日，组织42名干部同武警德宏支队一中队的全体官兵开展了庆祝建军84周年活动。8日，组织50名干部参加全市“全民健身活动”。19日，组织妇女干部参加德宏女性大讲坛《如何把自己塑造成能力人》专题讲座，同日，组织退休干部、在职干部共30人观看电影《杨善洲》。25日，组织20名干部观看法制禁毒教育电影《青涩记忆》和《致命的红豆》；10月17日，组织40名干部职工参观“纪念辛亥革命100周年书画展”。19日组织干部职工60人参加市纪委、妇联开展的廉政文化进家庭有奖知识答题活动。三是积极开展各种捐款助资活动。3月5日，组织见义勇为捐款活动，干部职工捐款3200元，单位捐款3000元。14日为盈江地震灾区捐款1.17万元；6月10日，组织干部职工为患病小学生捐款4210元。7月7日，组织28名干部参加市委、市政府统一组织的植树活动，同时组织党员捐款3650元。9月，积极开展“春蕾”搭桥活动，单位与石板村两名贫困女童结对，定期给予一定的资助。12月，走进芒市勐焕街道办事处丙午社区，与社区领导干部及社区的10名贫困党员进行座谈，并向这10名贫困党员每人送上了200元慰问金及一桶食用油。四是继续开展系统内“平安单位”、“平安家庭”表彰活动。年内，评选出“平安家庭”136户、“平安楼院”3个。12月，被市委、政府表彰为2011年度综治工作一等奖。

【干部培训】 共选派干部64人次参加了省、州局举办的各种学习培训；对内、外培训干部、企业会计及办税人员3期，共312人次，同时继续抓好干部学历教育。1月，全市国税系统共有13人报考全国注册税务师资格考试，占在职干部职工的10%；有1人（女）考取昆明理工大学研究生。

【公务员年度考核】 对全局公务员及事业人员、工勤人员134人进行审核评定，共评出优秀公务员19人，其中：副科以上优秀公务员记三等功1人：朱学伟；副科以下优秀公务员并给予嘉奖18人；称职公务员109人，优秀工勤人员1人；合格工勤人员4人；合格事业人员1人。

【禁防工作和新农村建设】 2011年，共投入资金6万余元。一是为8个村民小组分别购买象脚鼓，为新村社购买锅炉，为村委会购买电磁炉，解决人畜饮水工程资金。二是开展春节慰问活动、组织石板村的妇女开展庆祝“三·八”节活动、组织石板村党总支的60多名党员开展庆祝建党90周年活动。三是安排市局纪检组长、景颇族干部金勒干用景颇语给挂钩村民讲党课。四是赞助石板村妇女代表到腾冲县学习新农村建设经验等。由于工作扎实，受到了五岔路乡乡党委、政府及石板村群众的好评。五是认真做好轩岗乡遮相居委会第十村民小组的稳定工作。市委组织部任命我局1名副科干部，为该村民小组的支书脱产开展维稳工作。由于工作扎实，该村民小组至今没有一人到州、市上访，得到了市委、政府的高度评价。

（徐永菊　雷　刚　赵克平）

梁河县国家税务局

经济概况

梁河县2011年全县生产总值（GDP）12.05亿元，比上年9.94亿元增12.11亿元，增11.5%（按可比价计算），其中：第一产业完成2.99亿元，同比增长7.2%；第二产业完成2.94亿元，同比增长16.6%；第三产业4.01亿元，同比增长11%。

税收概况

【收入完成情况】 2011年，梁河县国家税务局共组织税收收入9212万元，比上年同期增收2360万元，增长34.44%。其中：增值税累计入库8150万元，比上年同期增长23.98%，同比增收1853万元；消费税累计入库70万元，比上年同期增长7.69%，同比增收5万元；企业所得税累计入库456万元，比上年同期增长760.38%，同比增收403万元；个人所得税累计入库5万元，比上年同期下降54.55%，同比减收6万元；车辆购置税累计入库531万元，比上年同期增长24.65%，同比增收105万元。

【收入特点】 1～12月份税收收入呈现持续稳步增长趋势。从各税种收入情况看，除个人所得税受停征政策影响持续下降外，增值税、企业所得税和车辆购置税均呈现持续大幅增长态势。

【税源分析】 （一）增值税收入分行业看，呈有增有减的态势。控管的重点税源中，采选业的锡、制造业的水泥呈现强劲的增长势头，而制造业硅、医药、松香呈减收趋势。增值税增收的主要因素：有色金属矿产品、电力、水泥、批发零售业等行业的增长，拉动了整个增值税收入的增长。特别是重点税源企业云锡集团梁河矿业有限责任公司由于全球通胀因素销售价格上涨及企业加大锡的收购力度，税收大幅增长，2011年共上缴增值税2138万元，较上年同期的605万元增收1533万元，增长253.39%；批发零售业2011年入库税款1092万元，比上年同期增长40.9%，同比增收317万元。增值税减收的主要因素：部分制造企业在全球通胀的重压下，生产成本增加，直接造成税收收入减收。（二）消费税同比增收5万元，主要是酒精消费税比去年同期多入库5万元。（三）企业所得税收入456万元，同比增收403万元，增长760.38%。（四）个人利息所得税下降原因主要是国家对2008年10月9日后产生的利息免征个人所得税。（五）车辆购置税入库531万元，同比增长24.65%，增收105万元，该税种已成为县局仅次于增值税的主体税种，对税收增长的促进作用显著增强。

【税务管理】 2011年，梁河县国税局以组织税收收入为中心，严格执行各项税收政策，切实加强税收征管，以提高征管质量和效率为目标，以数据综合分析利用平台为抓手，大力推行依法治税。全年共办理税务登记301户，登记率达100%。

各项工作

【税收法制建设】 用科学发展观统领税收工作，牢牢抓住依法治税这个税收工作的主题，坚持“依法征税，应收尽收，坚决不收过头税，坚决防止和制止越权减免税”的组织收入原则，加强监督，强化规范执法的意识。紧紧围绕税收工作实际，认真梳理履行岗位职责过程中存在的执法风险，制定了重点岗位和重点环节风险防范措施，编制了内控流程图，把税收执法权、行政管理权监督制约贯穿于部门运行全过程，做到“亮”岗位、“亮”职责、“亮”流程、“亮”风险，做到透明公开，对规避执法风险和廉政风险，保证部门权力规范、透明、高效运行起到重要作用。

【税收征管】 （一）各税管理。一是强调部门密切配合，做好有关税收优惠政策和新增值税条例及实施细则的落实和宣传，让每一个符合税收优惠政策条件的纳税人充分享受到税收政策带来的实惠。全年共减免税款2742万元，其中：增值税84万元；企业所得税2658万元。二是认真开展“双定户”核定工作。4月份完成了191户达起征点个体“双定户”的核定工作。三是加强纳税评估，2011年共评估纳入企业9户，共评估出税款201.22万元，其中：增值税199.58万元；企业所得税1.64万元。（二）发票管理。加大对发票发售、代开、缴销及纳税人开具使用情况的日常管理，1～11月，对9户纳税人因开具、使用发票不规范进行罚款，罚款金额3230元。

【税收执法】 （一）税法宣传。在第20个税法宣传月活动中，梁河县国家税务局采取多种方式的宣传活动，营造和谐税收环境，起到很好效果。一是借纳税业务辅导培训之际，对税收业务及中国税收现状进行宣传。二是深入红砖厂和木材加工企业、摩托车销售行业、茶厂进行宣传。本次宣传月共张贴大布标4幅，小标语200余幅，解答群众咨询500余人次，发放税收宣传资料1500余份，发放税收宣传鼠标垫200余个，摆放税收宣传展板1块。（二）税务稽查。2011年，共查实违法违章案件4户次，查补税款19.28万元；加收滞纳金3.08万元；罚款1.6万元，合计23.96万元。有力地维护税法的严肃性，规范纳税秩序，促进市场公平竞争，对广大纳税人起到教育和震慑作用。（三）执法检查。一是以规范执法为根本和出发点，进一步完善执法岗责体系和考核追究办法。对税收执法工作中存在的问题及时纠正和整改。二是以“教育惩戒相结合”为基本原则，体现“过罚相当”，经济惩戒与批评教育、责令书面检查、取消税收执法资格等配合使用。通过不断健全考核追究机制，多层次、多方面、多环节地鞭策税收执法人员，有效提高了广大执法人员的执法能力和执法水平。三是进一步完善执法考核子系统运行维护机制和问题反馈处理机制，提高运行质量。2011年税收执法考核子系统涉及综合征管软件业务处理考核指标24个，业务处理总量19665笔，月平均业务处理量1787

笔；执法过错产生10笔共计扣分46分，为违章处罚正确率9笔扣分45分，税务登记证件按期发放审核率1笔，扣分1分。（四）依法治税。一是严格税收执法，做到依法治税，依法征管。二是强化税收执法监督，认真执行重大税务案件集体审理制度。自觉接受人大、政协以及新闻媒体等方面的监督。三是按照“抓住重点、规范行业、整治地区、严厉打击”的工作要求，大力整顿和规范税收秩序，促使行业和地区税收秩序持续好转。通过加大学法、用法力度，依法行政，全局干部职工依法办事的意识明显得到增强。几年来，未发生重大影响的违法犯罪案件，未因严重侵害群众利益而引发群体性上访事件，普法工作取得一定成效。

队伍建设

【机构设置及人员】 内设：办公室、人事教育科、监察室、收入核算科、办税服务厅、计算机信息管理中心、税政科、征收管理科、政策法规科，1个稽查局，下设2个税务分局。在职干部职工54人，退休干部19人。

【领导班子建设】 10月25日，党组围绕“坚持以人为本执政为民理念，发扬密切联系群众优良作风”这一主题，在州局党组委派工作组的指导下，召开了2011年度党组民主生活会。通过开展高质量的党组民主生活会，进一步增强党组班子的团结和统一，增进相互之间的理解与支持，提高班子凝聚力、向心力和战斗力，增强党的执政能力和领导班子党性修养，提高领导艺术、领导能力。

【廉政建设】 2011年，严格执行党风廉政建设责任制，加强学习型组织建设，认真开展法纪教育活动。举办《搞好内部控制、规范单位管理》专题讲座，并组织全局党员干部参观法制与责任——全国检察机关惩治和预防渎职侵权犯罪展览，观看德宏州国税系统党风廉政建设及预防职务犯罪专题培训（视频）会议。认真做好《税企廉政公约》的签订和回访工作，全年共发放《廉政公约》回访表98份，收回98份。新签订《廉政公约》81户，回访率达20.7%。

【精神文明建设】 一是按照精神文明建设的新思路，制定出2011年度精神文明创建规划，确保文明创建活动有组织、依计划顺利开展。二是工作中不断改进和优化纳税服务，结合“服务基层年”工作目标要求，不仅加大税法宣传力度，还着力营造和谐税收征纳环境。三是以开展“创先争优”主题教育活动为契机，深入挂钩点全力支持“禁毒防艾”和新农村建设工作。为芒林村投入资金2.15万元，协调解决资金3.9万元，为村两委解决工作经费0.5万元；组织开展“农村留守儿童关爱行动”主题活动，组织全局干部捐款1500，资助15名农村留守儿童。“七一”期间看望慰问贫困老党员10名，发放慰问金2000元。

【教育培训】 一是积极参加省、州国税局组织的各项任职培训、业务培训工作。2011年度共参加省、州国税局业务培训26期46人次。二是因地制宜地组织好全局的税收政策法规及相关法律法规方面的培训工作。2月9日邀请会计学博士后、云南著名会计学家、云南财大会计学院院长兼财务与会计研究中心主任陈红教授，举办“搞好内部控制提升管理质量”专题讲座。三是利用单位的师资力量和网络教育平台，组织干部职工就会计、税收征管、稽查、纳税服务公文处理等知识进行培训，共12期636人次。四是继续加强学历教育管理工作，逐步提高干部队伍的科学文化素质和学历层次，2011年，具有大专以上学历的有43人，占全局在职人数的78.18%。今年就读函授大专班2人，函授本科班2人，报考硕士研究生1人，已就读硕士研究生3人。

（梁自蕊）

盈江县国家税务局

经济概况

2011年，盈江县实现国民生产总值（GDP）49.1亿元，按可比价计算比上年增长15%。其中：第一产业完成13.2亿元，同比增长7.4%，第二产业完成24.6亿元，同比增长19.5%，第三产业完成11.3亿元，同比增长13.9%；人均生产总值1.6万元，按可比价计算增长14.6%；固定资产投资总额完成45.1亿元，同比增长28.9%；全年实现社会消费品零售总额16.4亿元，同比增长20.1%；全年实现对外贸易进出口总额11.4亿元，同比下降21%；城镇居民人均可支配收入15924元，同比增长11.2%；农民人均纯收入4712元，同比增长26.8%。

税收概况

【收入完成情况】 2011年，盈江县国家税务局共组织税收收入4.96亿元（不含海关代征2516万元），占州局下达年计划数的117.8%，超收7482万元，为上年同期的131.2%，同比增收11793万元。

【收入特点】 虽然受“3·10”地震灾害的影响，但在各级领导和社会各界的关心和大力支持下，全县上下一手抓抗震救灾一手抓生产，国民经济继续呈现稳中趋好的发展势头。（一）工业经济保持持续平稳增长，带来税收收入的稳步增长。全县工业总产值累计完成42.66亿元，按现价计算，同比增长30.8%。全县主要工业产品中，发电量达862032万千瓦小时，增长14.5%；工业硅6.72万吨，增长51.2%；水泥62.52万吨，增长40.7%；铝1.3万吨，增长1%；人造板3.74万立方米，增长15.9%；木地板11.19万平方米，下降27.5%。（二）消费品市场继续保持平稳增长，带来商业税收的稳步增长，1～12月份，社会消费品零售总额完成14.63亿元，同比增长20%。（三）制糖业、信用社及采矿业是2011年企业所得税新增亮点，其中：制糖业缴纳企业所得税1980万元，同比增收1610万元；信用社缴纳企业所得税 790 万元，同比增收 723 万元；采矿业缴纳企业所得税 593 万元，同比增收 444 万元。（四）城镇居民人均可支配收入 1.49 万元，同比增长 11.3%。随着经济不断发展，城镇居民收入稳步增长，人民生活不断改善，车辆购买力不断增大，车辆购置税同比有较大增长，增幅达 54.3%。

【税源分析】 政策因素：（一）增值税转型政策调整因素对税收收入的稳步增长有一定的影响，2011 年共申报抵扣固定资产进项税额 2779 万元，比去年同期的 932 万元增加 1847 万元，增幅达 198.2%，其中增幅较大的行业有：1. 有色金属矿采选 562 万元，同比增加 552 万元，主要是盈江县昆润实业有限公司为新建铅锌矿采选厂，固定资产购进较大，2011 年该企业申报抵扣固定资产进项税额 509 万元，比上年增加 504 万元；2. 非金属矿物制品业 766 万元，同比增加 220 万元，主要是新建硅厂增加；3. 电力、热力的生产和供应业 1339 万元，同比增加 989 万元，主要是盈江县多源水电开发有限公司新增建一台 17.5 万千瓦的机组，该企业 2011 年申报抵扣固定资产进项税额 1205 万元，同比增加 1067 万元。（二）认真落实税收优惠政策，及时为企业办理税收优惠政策退税 1846 万元，税收优惠政策退税同比增加 165 万元，其中：福利企业增值税退税 339 万元，同比减少 76 万元；资源综合利用企业增值税退税 1507 万元，同比增加 276 万元。（三）部分享受西部大开发“免二减三”税收优惠政策的电站，税收优惠政策期满，开始全额或减半征收企业所得税，2011 年开始全额征收企业所得税的企业有 9 户，开始减半征收企业所得税的企业有 5 户。2011 年发电企业入库企业所得税 3888 万元，同比增收 2043 万元。

征管因素：（一）一次性增收因素增加税收 685 万元，2011 年加大纳税评估及稽查查补力度，查补税收入库 682 万元，比上年的 253 万元增收 432 万元；（二）2011 年 12 月份有 2 户企业因会计出差无法按期申报，延期至 2012 年 1 月份申报，应入库上年度应纳税额 1219 万元。

各项工作

【税收法制建设】 加强税收法制建设是实现税收工作目标的重要保证，也是建立和发展社会主义市场经济的根本要求。深入贯彻依法治税指导方针，全面提升执法水平，按照国务院《全面推进依法行政实施纲要》及国家税务总局的要求，将依法行政与依法治税理念相结合，并贯穿到各项税收工作中。进一步规范执法行为，落实税收执法责任。制定了《盈江县国税局税收执法考核办法》、《盈江县国税局税收执法过错责任追究办法》，并严格执法工作制度，完善岗位职责，优化工作流程，落实执法责任。严格考核，强化监督。依托“执法信息管理系统”对日常执法行为进行监控与考核；大力推行执法公开；在开展重大税务案件审理工作中加强对税务案件的过程监督；建立健全减免税规范管理制度，实行减免税事集体审批。创新举措，优化服务。始终坚持以纳税人需求为导向，以建设服务型机关为目标，不断更新服务理念，完善服务体系、拓宽服务渠道、丰富服务内容。

【税收征管】 严格按照“依法征税，应收尽收，坚决不收过头税，坚决防止和制止越权减免税”的组织收入原则，积极制定切实有效的组织收入措施，进一步提高税收征管质量和效率，税收收入突破 4.9 亿元，提前并超额完成了上级下达的各项税收收入任务。

【税收执法】 认真贯彻国务院《全面推进依法行政实施纲要》，坚持把依法治税贯穿于税收工作的始终，坚决贯彻执行各项税收法律、法规和政策，杜绝以权代法、随意执法、不严格履行执法程序等不良行为的发生。推进政务公开工作，积极主动的公开相关税收政策、税收征管、办税服务、税源管理等规定，进一步增加工作透明度，拓宽社会了解国税工作的渠道，接受群众监督。坚持依法治税，深入推行实施税收执法责任制，严格执法过错追究，对税收执法权力运行实施全程监控，规范自由裁量权，减少执法随意性，最大限度地压缩不作为、乱作为的现象。结合梁河县抗震救灾和恢复重建工作，因地制宜、深入扎实地开展第二十个税收宣传月活动，在活动期间，利用盈江电视台、县政府门户网站和大盈江广场宣传屏幕播出三条税收宣传公益广告十个宣传口号，并向广大纳税人和社会各界人士（移动用户）发送 3000 多条税收宣传短信。4 月份征期在办税厅共发放宣传资料 3500 份，接受咨询 170 多人次。

【税务管理信息化建设】 深入贯彻“信息管税”新思路，按照税收一体化建设的要求，认真落实各项信息化工作任务，以强化支持系统应用为主线，以高效、安全的网络运行平台为保障，开拓创新信息化支撑形式，勇于创新数据分析应用方法，服务税收征管和纳税人，进一步提高税收管理质量和效率，全力推进基层税收信息化建设，在工作中取得显著成效。

【抗震救灾】 “3·10”地震发生后，在省、州局的正确领导下，服从地方党委政府的统一指挥，县局党组身先士卒，反应敏捷，顾全大局，竭尽全力抗震救灾。紧急转移、安置干部职工，及时开办应急食堂，切实保证了全局干部职工及家属在防震期间的基本生活；全局干部职工紧密团结，不畏艰险，齐心协力，严格遵守抗震救灾纪律，及时统计、报告灾情，同时成立了党员突击队参与全县应急抢险，出色地完成了各项救灾任务，抢收甘蔗 40 余吨，取得了应急抢险阶段的全面胜利，被授予“抗震救灾先进集体”光荣称号，有两名同志被评为“抗震救灾”先进个人。在“3·10”灾后重建中的对口责任村是平原镇丙辉村小莫空村民小组，全村 76 户村民在“3·10”地震中受损严重，其中加固修复 16 户，拆除重建 60 户。县局本着对该村群众高度负责的态度，竭尽全力、想方设法帮助村民重建家园。及时成立了专门的工作组，工作组自 4 月 2 日起先后进村两百余次，协调各方意见，严格监督施工质量，千方百计为村民解决各种困难。60 户重建户的重建工作按照地方党委政府要求的时间、进度稳步推进，其中：60 户基础全部完成，木架房 4 户已全部入住，建盖一层的主体完工 22 户，建盖二层及以上的一层完工 9 户。

【社会事务】 （一）4 月 10 日，盈江国税人继续发扬“一方有难，八方支援”的精神，在自身受灾的同时，不忘同是灾区的人民群众，领导干部带头、干部职工踊跃捐款一万元，同时，国税局从有限的资金中挤出一万元，共计两万元捐献给挂钩恢复重建点——平原镇丙辉村小莫空村民小组。全局党员每人挂钩一户、领导干部挂钩两户重建户，为他们恢复重建提供政策信息指导，恢复重建工作有序开展。（二）10月29日，盈江县国家税务局干部职工为弄璋镇边府小学再生障碍性贫血患者闫方旭同学捐款5150元。（三）9月22日，盈江县国家税务局全体干部职工相聚在大盈江畔的允燕山上，举行“迎国庆”篝火晚会，用国税人特有的热情为祖国的62岁生日献礼。全体干部职工在璀璨的星光下尽情地歌唱，尽情地欢笑，在熊熊的篝火中载歌载舞，在欢歌笑语中激情飞扬，为生活、为家乡、为祖国献上最真诚、最美好的祝福。（四）7月22日组织县局机关29名干部职工到新城乡参加义务种植澳洲坚果树活动。经过两个多小时的奋战，沿公路种下了40棵坚果树苗。参加此次义务植树活动，是干部职工在实践中进一步学习、感悟杨善洲同志先进事迹和崇高精神的良好契机，也是建设美丽富饶的新盈江、造福一方群众的理念落到具体行动的良好体现，干部在劳动的艰辛和快乐中锻炼了艰苦奋斗、吃苦耐劳的精神品质，增强了热爱家乡、建设家乡的美好情操。（五）5月27日下午，盈江县国家税务局全体党员到恢复重建对口帮扶责任村丙辉村小莫空村民小组召开组织生活会，详细了解责任村恢复重建进展情况和党员帮扶责任对象的基本情况。此次进村过组织生活，使全体党员深入基层，贴近群众，全面掌握了小莫空村的恢复重建进展情况和村民所面临的困难，为下一步采取有效措施有力帮扶奠定了良好的基础。（六）2011年1月24日，由县局领导带领慰问组，一路颠簸，不辞辛苦，深入县局新农村建设和“禁防”工作挂钩点盏西镇普关村，亲切慰问了普关村全体党员，送去了局党组的美好祝愿和关怀之情。慰问组向每名党员发放了100元的慰问金，并到两名艾滋病孤儿家中探访，亲切与两名孤儿谈心，鼓励他们坚强、勇敢地面对生活，勤奋学习，通过自己的刻苦努力改变命运的磨难，并给每名孩子发放了100元的节日慰问金。

队伍建设

【机构人员设置】 设有8个科（室）：办公室、人事教育科、收入核算科、税收政策管理科、征收管理科、法规科、监察室、机关党办。1个办税大厅，1个事业单位（信息中心），1个直属单位（稽查局）、3个基层征收分局。2011年有干部职工116人（退休42人，在职74人），少数民族干部20人（在职）。盈江县国家税务局党支部实有党员56名，其中：在职40名，占全局在职干部人数的54.05%；离退休干部14名，其他2名（家属子女），党总支部1个，下设6个分支部。大专文化有65人，占88%；中专、高中、初中文化9人，占12%。

【领导班子建设】 按照“举旗子、抓班子、带队伍、促发展”的工作思路，不断深化领导班子和干部的思想建设、能力建设、作风建设和廉政建设，取得了切实成效。一是加强班子自身建设。县局班子坚持以十七大精神为指导，认真执行中心组学习和中心发言人制度，定期组织二级班子以上干部重点学习、深刻领会、全面贯彻落实科学发展观，不断增强班子成员的政治意识、大局意识和责任意识，以此推动全县国税事业又好又快发展。二是努力起好表率作用。局党组努力做到“五个坚持”，起好带头作用。即坚持理论学习，坚持作风建设，坚持开好民主生活会，坚持搞好自查自纠，坚持开展创“政治信念强、创新能力强、实干精神强、民主观念强、廉洁自律强”的“五强”班子活动。三是坚持与时俱进。局党组以科学的发展观和正确的政绩观作为班子及队伍建设的统揽，把“不断总结完善和提升班子的执政能力”作为永葆班子活力的动力。四是深化政风、行风建设。局班子按照为民、开拓、务实、清廉的要求，开展以“八个方面良好作风”为主要内容的干部作风建设活动，不断提升领导的凝聚力；定期召开专题民主生活会，开展批评与自我批评，认真查找工作方面的不足，并提出解决措施和办法，以不断增强领导号召力；开展“一线工作法”和落实“领导管户制”，认真开展税收服务和工作调研，及时解决征管一线遇到的困难和问题，不断提高领导战斗力。同时，定期组织二级班子以上干部认真学习国家税务总局制定的《税务人员违法违纪行政处分暂行规定》和《税务人员涉税违规违纪若干问题行政处分暂行规定》，不断强化全局干部的世界观、人生观、价值观和权力观教育，以增强领导干部廉洁从政的自觉性。

【党风廉政建设和干部队伍建设】 紧紧围绕省局、州局党风廉政建设工作会议精神，围绕中心，服务大局，深入推进党风廉政建设和干部队伍建设工作，为盈江国税工作更好更快地发展提供坚强保障。一是因地制宜、实事求是地开展思想政治教育工作，全面提高干部队伍的综合素质和道德修养，用正确的价值观、利益观和金钱观筑牢思想道德防线，不断提高干部职工的事业心、责任感和职业道德标准，能够自觉抵御形形色色的诱惑和不良思潮的侵蚀。认真组织学习普发兴、杨善洲、李林森、郑垧靖等先进事迹，学习他们大公无私、对党忠诚、无私奉献、脚踏实地、锐意进取的可贵精神。二是进一步完善制度建设。及时调整充实了党风廉政建设和反腐败工作领导小组成员，建立健全了党组工作制度、经费管理制度、廉政谈话制度、诫勉谈话制度、车辆管理制度等规章制度，完善了信访登记管理制度，在全县范围公布5台举报电话、设立3个举报箱，制定了《盈江县国家税务局党风廉政建设责任制考核办法》和《盈江县国家税务局关于贯彻落实行政问责制等四项制度实施的奖惩办法》，并层层签订了《盈江县国家税务局党风廉政建设责任书》和《盈江县国家税务局干部职工不吸毒保证书》。三是认真贯彻责任制政府、“阳光政府”、效能政府落实，内强素质，外树形象。及时成立了盈江县国家税务局实施效能政府“四项制度”领导小组和盈江县国家税务局实施重大决策听证、重要事项公示、重点工作通报、政务信息查询制度工作领导小组，部门协调配合，全力打造国税“阳光政府”。四是强化监督检查，狠抓执行力和落实力，确保政令畅通，深入推进政风、行风建设。五是进一步强化“两权”监督制约机制。在税收执法权的监督制约上，不断理顺征、管、查之间的关系，并实行公开办税制度，杜绝滥用职权、以税谋私行为的发生。在行政管理权的监督制约上，认真执行有关规定，大额资金使用实行集体研究、事前预算、领导审批制度，严格执行“一把手”不直接分管人事、财务工作，凡是一次性在财务上列支费用在5千元以上的，必须经本局办公会议和党组会议研究。六是转变观念，增强执法意识和风险意识。充分发挥税收执法监察子系统的监督作用，增强税收执法监察工作的针对性、规范性与高效率，及时开展自查自纠活动，确保干部能够严格按照法律法规的规定执法，有力保障了纳税人的合法权益，规避了执法风险，推进了依法治税进程。七是认真开展治理商业贿赂工作。成立了开展治理商业贿赂专项工作领导小组，认真开展自查自纠和“回头看”工作，结合国税部门“两权”监督的相关内容，重点岗位和环节，查找税务机关和税务人员有无违反规定，不按法定条件和程序进行行政审批，查找有无干预企业经营活动，从中牟取非法利益、索贿受贿情况，特别是在税额核定、增值税一般纳税人认定、发票发售、税收优惠政策审批、稽查处罚和税款入库、纳税信用等级评定等方面，有无违纪情况。通过自检自查，干部在行使税收执法权和行政审批权中没有商业贿赂行为发生，也没有收到任何涉及国税干部商业贿赂行为的举报。八是深入推进部门内控机制建设。以排查廉政风险点为基础，以完善内控制度体系为支撑，以强化职权运行为核心，以制度执行评估问责为手段，进一步定岗、定职、定责，合理分解权力，规范和优化工作流程，做到“流程上墙，一目了然”，明确了操作要求、时限、权限、流程等标准，业务步骤清晰明了，内容要求更具体明确，使部门领导、干部明确如何依法行事、依法行政、依流程执法，从而规范和促进了制度和机制建设，使税收岗责体系和岗位风险得到进一步明晰，税收执法和税收征管得到进一步规范。共梳理92个岗位，查找出323个风险点，制定防范措施323条，建立完善规章制度40个。九是认真开展廉政文化建设。以法律法规教育和社会公德、职业美德、个人品德教育为主线，大力弘扬核心价值理念，进一步加强爱岗敬业、公正执法、诚信服务、廉洁奉公的职业道德教育，不断增强为经济社会服务、为纳税人服务的意识，着力提升国税系统的廉洁自律、文明服务水平。积极开展警示教育活动，在办公楼张贴了22幅廉政警示牌，并在县局政务网开辟了廉政文化建设专栏。十是加强党务政务公开工作。制作了一块党务公开的展板和两块政务公开的展板，并在县局网站上开辟了党务政务公开专栏。

【推进创先争优活动】 按照省州局和县委的安排布置，紧密结合盈江国税工作实际，围绕“推动科学发展、构建和谐盈江、维护边疆安宁、服务人民群众、加强基层组织”的总体要求和“五个好”、“五带头”的主要内容，认真部署“四亮四创四评”主题实践活动。一是统一思想、加强领导。及时召开了党组会议、认真贯彻学习了县委转发省委《关于在窗口单位和服务行业全面开展“四亮四创四评”主题实践活动实施意见的通知》精神，认真组织全体干部职工收听收看了全省国税系统“四亮四创四评”主题实践活动视频会议精神，并制定了《盈江县国家税务局开展“四亮四创四评”主题实践活动实施方案》。二是提高认识、明确目标、精心组织。围绕“征纳双方法律地位平等”的服务理念，以优化纳税服务、提升服务效能、提高纳税人满意度和税法遵从度为目的，坚持全面部署，重点推进、全面推开的步骤，确定办税服务厅为示范窗口，不断深化提升窗口服务能力，让广大群众切身感受到创先争优活动带来的新变化、新气象。三是加强窗口服务建设，全面提升纳税服务水平。以“服务科学发展、共建和谐税收”和“服务基层年”为主题，进一步规范纳税服务行为，统一着装，挂牌上岗，推行文明办税“八公开”、首问责任制、服务承诺制等，提高办税透明度，实行阳光办税，建立和完善办税服务厅运作机制和管理机制，实行办税“一窗式”，介质、网络多元化申报和缴税服务，设立开通纳税服务热线电话，推进阳光、微笑、规范、高效、诚信、廉洁服务。真正做到了“亮工作流程、党员佩戴党员标志、将服务人员的姓名职务信息公开、亮明各自岗位职责、单位和个人服务承诺等”，为纳税人提供方便快捷、安全周到的服务，提高群众的满意度。

【精神文明建设】 在云南国税文化大繁荣、大发展的背景下，县局本着对全局干部职工的无限关爱与高度责任，结合自身实际，积极建设独具特色的盈江国税文化，不仅丰富了全局干部职工的精神文化生活、提高了文化素养、陶冶了生活情趣，而且很好地增强了干部职工的幸福感和对国税大家庭的归属感，有力地推动了各项工作的蓬勃开展，全面促进了盈江国税事业的繁荣昌盛。一是继承、发扬抗震救灾精神和道德修养，以德修身，以德促行，上下一心，自强不息，不断弘扬人性的光辉与美好。全局干部职工在“3·10”地震中所表现出的勇于担当、坚强乐观和豁达淡然，是盈江国税的宝贵精神财富、优良道德传统和深刻文化内涵，盈江国税文化建设在其感召和支撑之下，欣欣向荣、生机勃勃。二是充分挖掘干部职工潜力，鼓励干部职工突破自我、发挥个人特长、发展兴趣爱好，提升综合素质与自我调节能力，力争把盈江国税干部队伍打造成一支人才荟萃、朝气蓬勃的队伍，确保每一名干部职工都能快乐工作、快乐生活。三是提倡文明健康的生活方式，培养高雅的情趣，更新知识结构、开阔视野，永葆青春活力，享受工作带来的乐趣，享受工作与生活带来的温暖与感动。四是利用有限的条件，在工作之余精心组织工会活动，开展各项新颖活泼、别开生面、有益身心健康的文体活动，在丰富多彩的活动中愉悦身心，增进全体干部职工的沟通与理解，共建和谐、温馨的国税大家庭。五是认真组织收看省局组织的《云南国税讲坛》和州局组织的各类知识讲座，不断拓宽干部职工的知识面，提升文化素养。六是认真开展唱红歌、唱税歌活动和唱响德宏本土歌曲活动，县局专门购置了音响置于各楼层，在工作闲暇之余播放爱国歌曲、税歌和德宏本土歌曲，增强干部职工热爱祖国、热爱税收事业、热爱家乡的情怀。2011年4月被中共德宏州委、德宏州人民政府表彰为2008～2010年禁毒防艾人民战争先进挂钩单位“一等奖”。2011年5月被中共德宏州委、德宏州人民政府评为盈江3·10抗震救灾“先进集体”，侯俊华、熊守诚两同志被评为“先进个人”

【教育培训】 全年共参加省、州国税局组织的各类培训二十次，参加培训383人次；并利用现有资源，组织全体干部职工开展学习，达到了全体干部脱产培训12天的工作目标。通过开展学习教育活动，提高了干部职工的政治思想素质和综合业务水平。

（段 涛）

陇川县国家税务局

经济概况

2011年陇川县实现生产总值（GDP）22.36亿元，比上年增长15.1%。其中：第一产业8.5亿元，增长10.6%；第二产业7.31亿元，增长25.7%；第三产业6.55亿元，增长11.3%。三次产业的结构比例为38:32.7:29.3，二、三产业占全县经济总量的70.7%。实现城镇居民人均可支配收入1.33万元，农村居民人均纯收入3433元，分别增长10.1%、25.3%。固定资产投资19.11亿元，比上年增长26.2%。口岸进出口总值9.68亿元，比上年下降38.7%。全年财政实现财政总收入2.72亿元，比上年增长50.6%，其中：一般预算收入1.27万元，比上年增长43.2%；地方一般预算支出完成10.4亿元，比上年增长23.7%。

税收概况

【收入情况】 2011年，陇川县国家税务局共计征收入库各项税收1.76亿元，同比增收6186万元，增长54.01%，完成州局计划税收任务数的138.12%，创陇川国税收入历史新高。其中：增值税收入1.42亿元，同比增收4734万元，增长50.28%；消费税收入280万元，同比增收67万元，增长31.46%；企业所得税收入2133万元，同比增收1143万元，增长115.45%；储蓄存款利息个人所得税收入6万元，同比减收7万元，减少53.85%；车辆购置税收入1070万元，同比增收248万元，增长30.17%。

【收入特点】 （一）税收收入持续大幅增长，“两税”收入、企业所得税、车辆购置税均创历史新高，其中：车辆购置税收入首次突破千万元，企业所得税收入以115.45%的增幅持续大幅增收。（二）增值税继续发挥主导作用，全年入库增值税收占总收入的80.68%。（三）产业结构变化不明显，一直占主导地位的制糖业“两税”完成8773万元，占“两税”比重的60.59%，其他“两税”完成5707万元，占“两税”比重的39.41%。（四）税收与经济协调发展。2011年，陇川县实现GDP22.36亿元，增长15.1%，国税收入占GDP的比重为7.87%，占财政收入的64.71%，国税收入与全县经济同步增长。

【税源分析】 （一）增值税主要行业增减因素分析。1. 白糖。2011年度实现白糖增值税8495万元，同比增收3168万元，增长59.47%，完成年计划税收的77.23%。增收的主要原因：一是甘蔗品种改良，种植面积增加，2011年甘蔗种植同比增长14.19万吨；二是白糖市场波动大，供不应求，价格大幅上涨，最高突破7000元/吨，创历史新高。2. 电力。2011年度实现税收收入2307万元，同比增收237万元，增长11.45%。增收的主要原因：日本“三·一一”地震后，国际市场逐步回暖，金属硅需求量增大，销售价格逐步上涨，全县4户硅冶炼企业满负荷生产，大力拉动了用电量增加。3. 金属硅冶炼业。2011年度实现税收收入1511万元，同比增加719万元，增长90.78%。增收的主要原因：一是金属硅产品价格上涨，平均售价15000元/吨；二是金属硅产品产量增加，全年累计完成4.5万吨。4. 烟草行业。2001年度实现税收收入457万元，同比增收65万元，增长16.58%，增收的主要原因：一是市场需求稳步增长；二是加大卷烟管理力度，规范了卷烟零售市场。5. 商业。2011年度实现税收收入791万元，同比增收416万元，增长110.93%。增收的主要原因：一是居民消费观念增强，消费需求增加，同时，地方经济平稳较快发展，人均购买力增强；二是加强了商贸企业的税收管理，实现了分行业税收管理整顿。（二）消费税主要行业增减因素分析。1. 酒精。2011年度实现白酒精费税278万元，同比增收69万元，增长33.01%。增收的主要原因：一是酒精产量与白糖产量同步增长，同比增加960吨；二是酒精销售价格上涨，达到6370元/吨，同比增加1080元/吨。2. 其他消费税。2011年度实现税收收入2万元，同比减收2万元，减少50%。（三）其他税种增减变化分析。1. 内资企业所得税。2011年度实现税收收入413万元，同比增收323万元，增长358.89%。增收的主要原因：一是农村信用社税收优惠政策到期，行业步入正轨，经营利润大幅增加；二是硅冶炼企业销售利润大幅增长。2. 涉外企业所得税，2011年度实现税收收入1720万元，同比增收820万元，增长91.11%。增收的主要原因是：白糖价格大幅上涨，云南省德宏英茂糖业有限公司景罕糖厂销售利润大幅上涨。3. 个人所得税。2011年度实现税收收入6万元，同比减收7万元，减少53.85%。减少的主要原因：自2008年10月8日，国家减免了个人存款利息所得税。4. 车辆购置税。2011年度实现税收收入1070万元，同比增收248万元，增长30.17%。增收的主要原因是：居民购买力增强，私人轿车、摩托车进入居民日常生活，2011年全县征税车辆5595辆，同比增加1018辆。

【税务管理】 （一）户籍管理。落实税务与组织机构代码信息共享工作，核对和清理漏征漏管户，保证征管户籍的准确性。（二）分析预测管理。成立了税收收入分析小组，及时监控重点行业、重点税源企业的税收分析变化情况，并深入企业开展实地调查，抓好分析预测工作。（三）税源管理专业化增强。制定了《陇川县国家税务局领导干部重点税源管理实施方案》，明确了税源管理目标，确立了AB角管理制度，分管领导每月深入管户进行调研，并按月提交调研情况记录，季度撰写调研报告，每月月底组织一次调研汇报会，提高了管理的专业化、科学化、精细化。(四)落实税收征管质量考核制度。每月按照登记率、申报率、入库率、欠税增减率、滞纳金加收率、处罚率进行考核,2011年度县局应申报8303户次,实际申报8296户次,申报率99.92%;逾期申报户87户次,逾期申报率1.05%;逾期办证应处罚户79户,处罚金额5120元,处罚率100%;逾期申报户45户,处罚金额2350元,处罚率100%,加收滞纳金436户次,加收滞纳金金额23万元。

各项工作

【税收法制建设】 (一)加强法制教育,认真贯彻落实全国依法行政工作会议精神,维护税收工作依法管理,科学发展的良好氛围。(二)认真开展税收执法风险调查,查找和分析税收执法过程中存在的风险和陷阱并有效规避,提高税收执法质量,保护执法人员的执法安全。(三)全面贯彻落实税收执法责任制,按照《税收执法管理信息系统实施方案》要求,坚持按日查询,及时报告县局领导和通知责任单位及个人。2011年1月11日共产生预警信息过错4条。提交申辩申请3人次,申请份数3份,调整数量3条,过错数量1条,无过错申辩调整3条。(四)税务行政许可、行政复议工作,2011年度,县局切实提升依法行政,依法治税能力,全年未发生税务行政复议、税务行政赔偿、税务应诉案件。(五)深入推进"六五"普法工作,立足"六五"普法开局年实际,采取开展自查自纠和总结"五五"普法经验的方式巩固普法成果。(六)大力推行政务公开,制作政务信息公开栏自觉接受社会舆论监督,2011年各项税收执法工作均实现了程序合法,纳税人满意,未出现越级上访事件。

【税收征管】 (一)各税管理。1. 增值税管理。一是认真贯彻落实《增值税一般纳税人资格认定管理办法》,采取及时告知和深入企业辅导等形式,宣传一般纳税人认定政策,对达到认定标准的一律予以认定。同时,严格执行资料审核、案头分析、实地核实的工作流程,严把资格认定关。2011年度,共有增值税一般纳税人136户,其中:工业59户、商业77户;超标小规模纳税人22户,均认定为增值税一般纳税人;二是深化纳税评估工作。2011年,组织人员对47户纳税人进行评估,其中:日常评估5户;享受残疾人税收优惠政策即征即退先评估后退税评估2户;根据省州局要求,从6月1日起,抽调了9名同志分3个组对辖区内的木材经营行业40户纳税人进行了评估,加强了税收政策的宣传和纳税辅导,并对企业的部分纳税事项和账务处理进行了规范,达到了"评估一户企业,规范一个行业"的目的;三是积极推行网络申报,2011年,共有增值税一般纳税人131户(防伪税控企业42户),共推行网络申报125(防伪税控企业41户),未推行企业11户,推行面达到95.42%超额完成了州局50%的计划安排。2. 消费税管理。认真做好消费税税收收入分析工作,加强实木地板、粮食白酒、酒精、鞭炮焰火生产等企业的管理,按时上报消费税重点税源指标月报表、季报汇总表和季度、半年消费税收入分析报告。3. 企业所得税管理。一是严格所得税户籍管理工作,2011年度,共有企业所得税征管户75户,其中:查账征收企业61户;定期定额征收企业14户。二是继续做好新企业所得税法的宣传培训,积极深入纳税企业开展纳税服务,辅导企业建账建制,规范核算,对企业提出的各项所得税政策及时给予解答。三是加强储蓄存款利息个人所得税收入分析,按季度对4户代扣代缴企业的当期和累计期利息所得税收入变化情况进行分析,及时掌握收入进度,增减变化原因。四是做好6户享受减免税企业的跟踪核实和统计分析工作,审批过程中未发生越权审批情况。五是做好2010年度所得税汇算清缴工作,2010年度纳入企业所得税管理的税务登记户数共72户,比上年增加27户。应参加汇算清缴户数60户,不参加汇算清缴户数12户(11户属定期定额征收企业;1户属省内跨州市非独立核算分支机构)。实际参加汇算清缴户数60户,汇算面100%,其中:盈利企业户数22户;亏损企业户数30户;零申报企业户数8户。4. 车辆购置税管理。一是严格车辆购置税管理工作,做好档案电子化管理,2011年度共有登记注册机动车经销企业21户(均为用票户),其中:汽车经销3户,摩托车经销14户,农机经营4户;完成车辆扫描归档1392份。二是做好车购税征收工作,严格执行自2011年1月1日起1.6升及以下排量乘用车恢复按10%征收率征收车辆购置税政策,2011年度累计征收车购税车辆5595辆,其中:汽车征收1484辆;摩托车征收4108辆(其中:陇川县金鑫机动车安全技术检测站5~12月代征2279辆,代征入库车购税86万元)。5. 出口退税管理。一是做好取得经营权企业的税收管理工作,2011年度取得出口认定登记纳税人17户,其中:外贸企业13户;内资生产企业3户;小规模纳税人1户。二是加强实行出口退(免)税企业备案单证的日常管理和核查,将备案单证管理纳入税收管理员的职责范围,定期登录"出口货物函调系统"查看有无待办的协查函件。三是认真监督、核实企业出口商品不得享受出口退税和退税率下调部分的出口货物计提申报销项税,2011年度企业申报出口不予退(免)税的货物计提增值税销项税额63.18万元。(二)发票管理。一是继续加大新版普通发票的推广应用,2011年度全县共有346户用票户使用新版普通发票,其中:网络版用户191户;手工版用户155户,无单机版用户。二是开展普通发票代开管理检查工作,严格按照州局要求,及时成立检查小组,对2009年至2011年2月28日代开的普通发票进行检查,从代开发票的范围、对象、货物种类、数量、金额、审批流程等内容进行逐票清查,共涉及发票61200份(含作废),金额1633.75万元,通过及时整改落实,强化了"以票管税"。三是认真落实发票管理制度和按月检查制度,强化发票的日常稽查和专项稽查工作。

【税收执法】 (一)税法宣传。举办了纪念税收宣传月20年座谈会,全局干部职工及部分退休老干部探讨了20年来税收宣传月活动取得的成绩和经验,共同制订了《陇川县国家税务局2011年度税收宣传月活动实施方案》,继续沿用"税收·发展·民生"的宣传主题,结合"服务基层年"工作要求,由县局办公室牵头,先后深入扶贫挂钩点、企业、乡镇开展税法专题宣讲会、座谈培训会。在第20个税收宣传月中，共悬挂税收宣传口号35条，设立税收咨询台8个，咨询人数2542人次，悬挂热气球3个，电子滚动屏播放税收宣传口号5000条（次），发放宣传材料1.5万份，赠送《云南国税》60册，出动宣传车35辆（次），宣传活动收到了较好的效果。（二）税务稽查。采取专项稽查、专案稽查、日常稽查的方式进行，2011年度总入库收入289.42万元，其中：实施纳税人自查税户数219户，自查有问题户51户，查补税款、加收滞纳金总额67.63万元；重点检查纳税户9户，查出有问题户9户，查补税款、罚款、加收滞纳金总额226.58万元（其中4.79万元罚款于2012年1月份入库），选案准确率100%，结案率100%，入库率97.89%，偷税处罚率74%，协查信息完整率100%。（三）税收优惠政策落实到位。2011年度享受增值税征前减免优惠政策38户（农民专业合作社14户）；社会民政福利企业优惠政策2户，对符合资源综合利用优惠政策企业按规定累计退增值税11.32万元；享受车辆购置税优惠政策车辆32辆，减免车辆购置税15.38万元。

【税务信息建设】 （一）金税工程。2011年度共有防伪税控企业42户（新增10户，注销1户），数据采集资料均按时、按质完成，未发生工作失误，金税工程防伪税控系统专用设备做到了防失、防盗、保安全。（二）应用系统运行。组织税收管理员辅助信息系统人员培训，保证系统按时上线和运行，确保综合征管软件系统、执法管理信息系统、增值税发票信息管理系统、公文系统、车购税系统稳定运行。（三）数据维护。落实国税系统信息安全制度和信息保密制度，定期检查维护信息设备，把好信息安全关。（四）硬件改造。2011年，陇川县国家税务局办税服务厅被德宏州国家税务局确定为全州办税服务厅规范化建设试点单位，按照州局安排，陇川国税局在国庆节后对大厅的硬件设施进行了改造，按时按质完成了布线、设备安装、监控设备及电子显示屏的维护，办税服务厅规范化建设将延续至2012年。

队伍建设

【机构人员情况】 （一）县局内设机构9个：办公室、人事教育科、监察室、征收管理科、税政管理科、收入核算科、政策法规科、办税服务厅，党总支办公室；直属机构1个：稽查局，事业机构1个：信息中心；派出机构2个：章凤税务分局、陇把税务分局。（二）人员配置：在干部职工人数51人，平均年龄43.5岁，离退休20人。在职干部中男33人，女18人；少数民族19人；中共党员30人（预备党员1名）；大专以上学历39人（本科18人，专科21人）。

【领导班子建设】 2011年，陇川县国家税务局组建了新的领导班子，新领导班子共有成员5人，由局长、副局长（3人）、纪检组长组成。（一）坚持中心组学习制度。以党组中心组理论学习为龙头，认真学习贯彻《中国共产党党员领导干部廉洁从政若干准则》、十七届五中、六中全会精神、杨善洲先进事迹，以建设学习型党组织和开展创先争优活动为契机，通过自学、集中学习、听专题报告等各种形式深入学习领会科学发展观等重要理论，全面提高领导班子和领导干部的综合素质和执政能力。（二）开展好“创先争优”活动。先后6次带领党员干部深入扶贫挂钩点幸福村的11个村寨进行调查研究、宣传教育、民情恳谈工作，为民办实事7件，被陇川县委表彰为“百强基层党组织”。（三）坚持和健全民主集中制。凡重大决策、重要工作部署和人事变动等问题，一律由领导班子成员集体讨论决定。（四）组织和开展好民主生活会。2011年确定了“坚持以人为本执政为民理念，发扬密切联系群众优良作风”的会议主题，在广泛征求干部职工意见和建议（其中：对党组意见4条，建议8条；对班子成员意见0条，建议23条）的基础上，开展好交心谈心活动，领导班子主要成员与班子其它成员、班子成员之间进行个别谈话，交流思想，查找问题，由党组书记带头，在班子成员之间开展批评和自我批评，并认真思考、自我剖析，维护好班子成员之间、班子与二级班子及一般干部之间相互尊重、相互支持帮助的良好氛围。

【精神文明建设】 （一）不断丰富创建内容，完善创建形式，增强税务干部艰苦朴素、一心为民的奉献意识，营造遵纪守法、爱岗敬业、勤政廉政、严格执法、公正公平的工作态度。（二）广泛参与共建活动。在“七一”、“八一”之际，组织领导干部深入陇川武警边防站、武警边防大队等边防部队进行走访慰问，融洽军民关系；有重点地开展好“平安单位”、“平安楼院”、“平安家庭”创建工程。（三）积极开展爱心公益活动。为“3·10”盈江地震组织捐款9090元，在春节、中秋、“七一”、“六一”之际慰问老党员、老干部、挂钩点贫困户，共发放慰问金2.96万元。（四）国税文化建设能力增强，组织干部职工唱响云南税务之歌——《乐于奉献在高原》，结合陇川本土文化，唱响《欢迎你到目瑙纵歌之乡来》等景颇族歌曲，同时组建了书法摄影美术小组、声乐舞蹈小组、体育竞技小组，开展形式多样的活动，成为“健康生活，快乐工作”的倡导者和实践者。

【教育培训】 （一）思想教育。一是继续以邓小平理论和“三个代表”重要思想为指导，以科学发展观为统筹，深入学习贯彻党的十七届五中、六中全会精神，中央、省、州、县重要会议及领导讲话精神，州委第六次代表大会和县委十届十一次全会精神，进一步提高了全局干部职工的政治理论水平，在机关内掀起“创先争优”、“四亮四评”活动热潮。二是深入开展创先争优活动。以“服务基层年”为主线，以“五个好”和“五带头”为主要内容，加强宗旨教育，要求党员干部认真按照《新党章》规定严格要求自己，不断提升党员服务科学发展能力，起到先锋模范带头作用。三是积极组织开展建党90周年系列活动。通过电视广播、网络视频，收看收听了胡锦涛同志在庆祝中国共产党成立90周年大会上的重要讲话，并在全局掀起学习宣传讲话精神高潮。（二）业务培训。一是积极参加总局、省、州局举办的（含视频培训）会计操作实务培训、《云南国税》通讯员培训、基层业务骨干培训、科级领导干部更新知识培训、重点税源网上直报培训、稽查工作规程培训、纳税评估培训等27期，累计培训132天，共211人次；1名干部参加了省公务员局为期6天的初级面试考官培训；1人参加了省局为期28天的初任培训。二是采取集中培训或以会代训的方式，对干部职工进行了流转税业务操作培训、普通发票代开操作流程学习培训、办税服务厅操作业务培训、《增值税一般纳税人农产品进项税管理工作办法》、税源管理与纳税评估培训、网络申报培训、税收管理员辅助信息系统培训等15期，累计培训20天，共430人次。（三）学历教育。继续加大税务干部的学历教育力度，2011年在读本科生1人。

【廉政建设】 （一）扎实推进《建立健全惩治和预防腐败体系2008～2012年工作规划》，巩固教育、制度、监督并重的惩防体系。（二）加强内控机制建设，采取“因岗施教、因人施教、因知施教”的分类指导办法，有针对性地开展岗位廉政教育工作，进一步定岗、定职、定责，及时发现、堵塞管理漏洞和薄弱环节，规范和优化工作流程，减少工作的随意性。（三）加强干部的廉洁自律。与各分局、部门及个人签订《党风廉政建设责任书》51份，积极开展警示教育活动，确保《廉政准则》得到有效贯彻落实，2011年无一人违反《廉政公约》，未发生“吃、拿、卡、要、报”现象和违法违纪情况。（四）积极开展行风建设，认真组织干部职工学习了国务院、省、州纠风工作电视电话会议精神，继续把提高纠风成效作为纠风工作的重要突破点，统筹做好各项纠风工作，广泛建立与群众紧密联系的渠道，加大对群众反映问题解决的力度，以服务质量提升国税形象。（五）开展杨善洲、刘永全、陆明宏、张晓东等先进事迹学习活动，把典型教育和治乱减负工作相结合，有效预防职务犯罪。（六）与330户（2011年新增17户）纳税人签订了《廉政公约》，回访43户，年回访率为13%，同时聘请特邀监察员10人，兼职监察员4人严格监督办理涉税事项的程序和权限，做到违法违纪“零举报”、“零纪录”。

（刘江益）

瑞丽市国家税务局

经济概况

2011年是“十二五”规划的开局之年，瑞丽市明确了以科学发展和谐发展跨越式发展为战略取向，抢抓“三大机遇”、实施“五大战略”、强化“六项工程”、推进“六大产业”，推动了经济社会又好又快发展，经济实现大幅度增长。全年完成生产总值（GDP）35.24亿元，比上年增长16.6%（按可比价计算）。其中：第一产业完成6.93亿元，增长9.1%；第二产业完成7.10亿元，增长15.1%；第三产业完成21.21亿元，增长19.6%。三次产业的结构比例为19.66∶20.15∶60.19。全年完成对外贸易进出口总额110.56亿元，同比增长25%。

税收概况

【收入完成情况】 2011年，瑞丽市国家税务局共组织税收收入1.98亿元，同比增收6245万元，增长46%，其中：“三税”入库1.599亿元，较好地完成了州国税局和市委、市政府下达的“三税”收入任务。

【收入特点】 （一）主体税种增值税收入突破亿元大关，增值税收入1.11亿元，同比增收3049万元，增长38%。（二）企业所得税大幅增长，收入4770万元，同比增收2364万元，增长98%。（三）消费税、车辆购置税保持稳步增长，消费税收入91万元，比上年同期增收21万元，增长30%，车辆购置税收入3815万元，比上年同期增收833万元，同比增长28%。

【税源分析】 （一）2011年，白糖价格及产量较去年高，全市居民消费价格和商品零售价格上涨幅度较快，得益于税收政策边贸税收持续增长，弥补了电力、水泥税收下降的损失。（二）由于德宏英茂糖业有限公司2010～2011榨季生产的酒精销售情况、销售价格良好，缴纳税款75万元，同时贵重首饰消费税也比去年有所增长。（三）企业所得税得益于农村信用社所得税优惠政策到期、房地产业受“桥头堡”建设的拉动、稽查局加大对企业所得税的检查，税收增幅较大，另外英茂糖业12月23日补充申报入库400万元也是企业所得税收入增长的偶然因素。（四）随着经济社会的发展，人们生活水平的提高，购置车辆的意愿不断增强使得车辆购置税收入有所增长。

【税务管理】 （一）认真落实省局“服务基层年”各项工作部署，统一思想，加强领导，年初即召开瑞丽市国税局全市工作会议，安排部署全年税收工作。（二）紧紧围绕服务“桥头堡”建设和瑞丽开发开放试验区建设政策，加强纳税服务，丰富服务重点瑞丽开发开放试验区的服务载体，将全市284户增值税一般纳税人全部纳入网络申报。（三）加强管理，各科室联动全面做好纳税评估工作。成立了“瑞丽市国家税务局纳税评估领导小组”，制定了《瑞丽市国家税务局纳税评估工作实施方案》，由征收管理科、基层分局、稽查局等多部门联合组成强大的交叉评估力量全面开展纳税评估工作。（四）加强稽查队伍建设，认真开展好各项专项检查、指令性检查、日常稽查和边贸货物的查验工作。（五）采取多项措施规避执法风险，因地制宜加强边民互市贸易，将边贸税收管理从姐告联检大楼边民互市征收点撤到芒良大厅，统一对外调货物征收增值税。（六）深入走访重点税源企业，召开珠宝行业座谈会，做好税收调研工作。

各项工作

【税收法制建设】 认真落实税收执法管理信息系统和执法过错责任追究制度，全面清理规范性文件，健全备案审查机制，认真做好“六·五”普法开局工作，规范行政执法，进一步提高执法质量和执法效率。2011

年，全局发生税收执法过错2次，无地方政府涉税文件和会议纪要发生。

【税收征管】 （一）各税管理。1. 增值税管理：全年共有增值税一般纳税人315户，防伪税控企业106户，2011年新认定增值税一般纳税人57户，其中超标小规模纳税人认定27户，按规定全部进行认定按一般纳税人管理，取消增值税一般纳税人9户，新增防伪税控企业26户，取消防伪税控企业2户，防伪税控最高开票限额审批38户，其中：审批使用万元版增值税专票10户，十万元版增值税专票26户，百万元版增值税专票2户，在办理过程中严格按照审批程序和审核内容进行实地审核查验，并认真做好各项审核记录，报请增值税一般纳税人认定领导小组集体研究决定，从源头上把好关，并建立相应的审批登记台账。防伪税控企业106户，无走逃户发生，通过“数据监控系统”比对结果查询，2011年总体税负为1.52%，有销售收入但税负为0的企业有20户。确定评估对象17户，有问题17户，进项税转出102.07万元，补缴增值税46.79万元。2. 所得税管理：全面细化纳税人分类管理工作，科学配置征管力量，加强企业所得税重点税源管理，提高企业所得税汇算清缴质量，加大房地产企业所得税征收管理力度，加强企业所得税纳税评估工作，对重点税源行业在2009和2010年中税负异常、涉税指标异常的企业进行了专项评估，对企业所得税年报和季报中存在的主要问题和管理中的薄弱环节进行及时整改，取得了良好成效，提前9个月超额完成全年企业所得税税收任务。3. 出口退税管理：进一步做好生产企业出货物“免、抵、退”税审核工作。在对生产企业出口货物“免、抵、退”税进行审核过程中严格按相关文件规定进行纸质及软盘信息比对，经常深入生产企业实地核查、落实，确保企业申报的真实有效。截至2011年12月，共有4户生产企业属于出口货物“免、抵、退”税共计289.4万元，其中免抵税额128.92万元，退税额160.48万元；进一步规范了出口货物税收函调工作，提高函调工作质量和效率。2011年度共收到核实函3条，涉及纳税人3户，涉及发票张数12份，涉及计税金额106.12万元，涉及税额18万元，经过调查后3条信息都属正常业务，已按期复函。收到催办函1条，纳税人1户，发票张数1份，涉及计税金额40.62万元，涉及税额6.9万元，经过调查后属非本地区管辖户，已向州局反映处理；进一步加强出口货物不予退（免）税工作，截至2011年10月共对704份不予退税出口货物关单信息进行清理，共计提销项税3336.24万元。4. 车辆购置税管理：认真落实车购税各项税收政策，不断提升纳税服务质量和效率，严格执行完税证明管理办法，确保完税证明领取、下发、保管、核查、销毁等环节工作，认真做好车辆购置税税收一条龙清分数据检查工作和车购税减免税审核及最低计税价格审核工作，全年无核查比对异常发票信息。规范车辆购置税代征工作，为摩托车纳税人提供“一站式”便利服务。2011年车购征收点共领用车辆购置税完税证明13000份，上期结存353份。截至12月9日征税发出数9765份，免税18份，换发84份，作废80份，期末节余数3406份。严把减免税审核工作及最低计税价格审核工作权限，严格执行税收法规、遵守职责权限，全年共审批18份免税申请，其中设有固定装置的非运输车辆（列入免征图册车辆）18份，共免税97.09万元。5. 认真落实增值税优惠政策，继续落实国家支持涉农、政策性减免及姐告边境贸易区不征增值税和消费税等系列税收优惠政策，有力地支持了地方经济建设。2011年度总计征前减免增值税3216万元，减免户数818户。（二）发票管理。1. 认真完善新版普通发票管理：在2010年开展普通发票兼并换版工作的基础上认真完善新版普通发票管理，进一步强化税源监控、提高纳税服务水平，截至11月底统计使用新版普通发票用户454户，其中使用网络版通用普通发票397户，自行开发开票软件3户，手工版通用发票53户，通过税务机关新版普通发票管理平台查看各纳税人的新版普通发票填开使用情况，有力地促进税收管理工作。2. 做好“四小票”管理工作：截至11月共提取“四小票”比对异常发票信息1797份，其中：货物运输发票异常信息3份，海关完税凭证异常信息1794份（其中：比对重号发票705份，缺联发票52份，不符发票1037份）。科室将比对异常发票信息及时移交到主管分局进行实地查核，根据核查情况做出相应处理，同时上报核查情况报告；抵扣凭证审核检查系统运行正常。2011年度共收到核查信息13条，涉及纳税人7户，涉及发票张数13份，涉及发票金额合计：164.79万元，税额合计：28万元。经过核查，13条核查信息的发票问题类型都为“属于作废”，按规定要求相关企业做进项税转出，合计转出进项税额28万元。

【税收执法】 （一）税法宣传。为开展好全国第20个税收宣传月活动，于2011年4月12日，借“2010年A级信用企业授牌活动仪式”到来之际，分别走访了云南德宏英茂糖业有限公司、瑞丽市金星有限责任公司、瑞丽市驰达有限公司、瑞丽中免免税品有限责任公司等重点税源企业。通过同企业法人和财务人员进行座谈，紧紧围绕“税收·发展·民生”这一税收宣传主题，了解了企业的应税生产环境及税收变化情况，营造了“税收连着你我他，富民强国靠大家”的良好氛围。并以泼水节为契机，紧紧围绕税收宣传主题，积极开展了形式多样的系列税法宣传活动。在泼水现场向来往群众散发税收宣传单和税法资料1000余份，用傣语、景颇语等多种语言向群众宣传税收政策法规，解答涉税政策咨询100余人次。在珠宝市场、批发市场、商场等纳税人集中的场所，开展纳税人权利义务等宣传活动。到姐告边境贸易区开展泼水节国门税法宣传活动，印制并分发宣传单500余份，向往来中缅群众宣传最新税收政策，受到了群众的好评。（二）税务稽查。采取纳税人自查和税务稽查相结合、专项检查和日常稽查相结合、全面规范与重点打击相结合的方式开展稽查工作，稽查人员在木康验票点二十四小时值班，不计个人得失，任劳任怨，全力以赴做好查验工作。2011年，查处案件14件，共计查补税款、罚款合计654.48万元。其中：增值税159.21万元，企业所得税443.71万元，消费税0.37万元，罚款18.67万元，滞纳金32.52万元；联合公安经侦进行打击整治发票犯罪专项行动，共检查“收缴收款收据”5000份，查出违规开具50份，收到了良好的社会效益；金税协查管理系统收到受托协查函2

起，受托收到发票2份，受托回复发票2份，累计回复率100%，收到手工协查函5起，已全部按要求完成协查，并已按要求时限回复，回复率100%。

【信息化建设】 （一）积极推行网络申报，将全市284户增值税一般纳税人全部纳入网络申报，上线率100%，成功率达96%。（二）积极配合瑞丽市人民政府开展的依托电子政务平台加强政务公开和政务服务试点的工作，认真提供我局政务公开事项和政务服务事项涉及的规章制度、申报流程，推进政务办理信息化水平，努力构建“网上办税服务厅”。（三）加强网上办税业务安全管理，要求各单位做好纳税人网上办税系统安全保障工作，并对外网计算机全部设置了标牌，明确了安全责任人，确保了网上办税系统的安全性。（四）做好了新版普通发票的推行工作，帮助纳税人解决发票开填过程中出现的一些问题，积极研制税票、发票电子模版，解决联检大楼国税征收厅和芒良税费征收厅税票发票的开填问题。（五）认真完成CTAIS系统升级工作。

队伍建设

【机构人员情况】 2011年，机关内设10个机构：办公室、人事教育科、监察室、征收管理科、收入核算科、货物和劳务税科、所得税科、纳税服务科、政策法规科、办税服务厅；1个直属机构：稽查局；1个事业单位：信息中心；3个派出机构：勐卯分局、姐告分局、弄岛分局。共有干部职工92人，其中：在职干部职工71人，退休干部21人。在职人员中：党员38人，占在职人数的53.5%；本科学历34人，占在职人数的47.2%，专科学历29人，占在职人数的25.5%，其他学历11人，占在职人数的14.47%；少数民族17人，其中：傣族：3人，占在职人数的4.2%，景颇族6人，占在职人数的8.5%。

【领导班子建设】 通过德宏州国税系统2011年副科级领导干部竞争上岗工作，3名副科级干部充实到局领导班子，完善了领导班子建设。同时，新班子设立了A、B角制度，细致分工、挂钩分管，将市局的各项工作有序向前推进。加强领导班子政治理论学习，紧贴国税实际，把学习宣传贯彻党的十七大精神和学习科学发展观作为政治任务来抓，积极开展了局领导班子及成员考核工作。把班子及成员的整体协作情况、履行职责能力、廉洁自律情况、工作实绩、带头作用等作为重点考核内容，采取领导述职、民主测评、问卷调查、征求意见、个别谈话、查阅资料等形式进行，并对考核中发现的问题针对性地开展组织谈话，并跟踪督促，抓好整改。

【廉政建设】 深入学习贯彻省、州、市党风廉政建设会议精神，强化内部监督管理和预防教育工作，在年初先后召开了二级班子会议和瑞丽市国家税务局党风廉政建设工作会议，回顾总结了2010年党风廉政建设工作，安排部署2011年党风廉政建设工作；同时，市局与地方党委签订《党风廉政建设责任书》，市局党组书记、局长与副职签订，副局长分别与分管科室、分局签订，科室、分局负责人分别与一般干部签订责任书，做到一级抓一级，层层抓落实；严格落实“三谈两述”制度，市局党组书记、局长与班子成员4人进行年度任期廉政谈话，纪检组长与二级班子成员17人进行年度任期廉政谈话，并根据廉政档案建设制度，对市局5名局班子成员、26名二级班子成员建立了廉政档案；开展法纪教育、理想信念宗旨教育，组织观看了《法不容情》、《高墙内的钟声》、《杨善洲先进事迹》等正反两方面警示教育电教片，提高遵纪守法的自觉性；定期召开民主生活会，主要领导就执行责任制情况进行述廉述职。

【精神文明建设】 积极参加省州市举办的庆祝建党90周年活动，选送了多幅书画作品及多篇文学作品讴歌党的成就，取得了优异成绩，有力推进了国税文化建设。2011年度，瑞丽市国家税务局获得瑞丽市“落实党风廉政建设责任制优秀单位”奖、瑞丽市“综治维稳一等奖”、瑞丽市第二轮（2008～2010年）禁毒和防治艾滋病人民战争“先进单位奖”、中国·瑞丽第十一届中缅胞波狂欢节暨第四届国际珠宝文化节牛车彩车评选“最佳设计奖”和中缅民族服饰评选大赛三等奖荣誉，市局党支部被德宏州国家税务局党组表彰为“德宏州国税系统创先争优活动先进党支部”。

【教育培训】 根据2011年“服务基层年”的国税工作主题，重点加强基层干部的业务培训。在派遣业务骨干前往州局培训的基础上，先后又在市局组织分局税收管理员和企业办税人员举办了税收管理员辅助系统培训会、增值税一般纳税人培训会、企业所得税培训会等一系列培训会。组织选送1名业务骨干人才到省局挂职锻炼两年。目前，全局大专及以上学历人数有63人，占全局干部职工总数的88.7%；本科及以上学历人数有34人，占全局干部职工总数的47.8%。2011年，参加总局、省、州国税系统各类专业培训班35期，培训干部132人次。

（梁丽君）

畹町经济开发区国家税务局

经济概况

2011年，畹町经济开发区完成生产总值（GDP）3.26亿元，比2010年增长15.2%，其中：第一产业总产值8079万元，增长20.6%；第二产业总产值8478万元，增长16.1%；第三产业总产值16072万元，增长12.3%。城镇居民可支配收入1.62万元，比2010年增长11.1%。工业总产值1.77亿元，比上年下降2.9%。进出口总额19.32亿元，比2010年增长18%。

税收概况

【收入完成情况】 2011年，畹町经济开发区国家税务局共组织各项税收收入3605万元，完成州局下达全年收入计划3210万元的112.3%，并圆满完成开发区管委下达3600万元的收入目标，比上年增收579万元，增长19.1%。其中：组织“两税”收入3369万元，完成全年计划3060元的110.1%，比上年增收516万元，增长18.1%。“两税”收入中，增值税入库3278万元，完成全年计划2970万元的110.4%，比上年增收500万元，增长17.9%。国内消费税入库91万元，完成全年计划90万元的101.1%，比上年增收16万元，增长21.3%；组织企业所得税收入236万元，完成全年计划150万元的157.3%，比上年增收64万元，增长37.2%；组织储蓄存款利息所得个人所得税0.03万元，比上年减收0.4万元，下降92.5%。

【收入特点】 一是全区经济持续增长，组织收入基本与经济增长同步。二是除存储利息所得个人所得税外的其余税种全面增收。三是组织收入上低下高，上半年组织收入平稳，下半年组织收入增幅加快。四是企业所得税增长幅度较大，同比增长37.2%，增收64万元。五是边境贸易税收所占比例较大，占全区总收入的38.39%。

【税源分析】 畹町经济开发区主要有边贸税收、电力、非金属冶炼、酒、糖五大税源，2011年五大税源入库税收2930万元，占全区总税收收入的81.28%。从税种上看，增值税主要靠工业和商业，商业税收所占比重大于工业税收，2011年工业税收入库1450万元，占全区总收入的40.22%，商业税收入库2150万元，占全区总收入的59.64%。其中：工业增值税主要靠啤酒、糖、电力和硅冶炼，2011年这四个行业入库税收1381万元，占全部工业增值税入库税收的95.24%；商业增值税主要依靠边境贸易税收，2011年边境贸易税收入库1384万元，占全部商业增值税入库税收的64.37%。消费税主要依靠啤酒，2011年啤酒税收入库87万元，占全部消费税入库税收的95.6%。企业所得税主要依靠免税品店，2011年免税品店入库税收146万元，占全部企业所得税入库税收的61.86%。

【税务管理】 一是为加强税收征管，探索税源管理新途径，畹町国税从“人员少、岗位多”的实际出发，围绕“信息管税”，尝试以风险管理为导向，以机制建设为基础，以再造流程和强化环节为关键，以分类管理为重点，以绩效考核为保障，压缩管理层级，实施扁平化管理，对现有岗位职责进行拆分和组合，突出专业化特点，强化纳税评估，初步形成团队型实体化管理格局。全年累计评估7户企业，补缴税款及滞纳金入库21万元。二是细化措施，制定科学的管理制度；加强监管，堵塞征管漏洞，充分发挥监督的职能作用，把好定额的核定与调整关、非正常户的认定和检查关、停歇业的审批和复核关、查账征收户的纳税评估关等，严密监控各环节的税收征管行为，杜绝疏于管理的现象发生。

各项工作

【税收法制建设】 一是坚持内外并举、以内促外的方针，强化税收执法监督，在内部实现对税收执法全方位、全过程的有效监控。二是加强户籍管理，进一步夯实税源基础，认真做好税务登记基础信息数据质量检测，加强与各职能部门的协调配合。三是把好规范性文件的审核关，认真开展规范性文件的清理工作。四是认真做好普法工作，在系统内开展法制宣传教育，把普法教育与干部职工的政治理论学习、业务培训有机地结合起来。

【税收征管】 （一）各税种管理方面。一是增值税：抓好发票管理、审核、比对工作，对增值税一般纳税人资格认定、增值税防伪税控系统最高开票限额税务行政许可、增值税专用发票用量调整等重点环节和岗位实行监控，做好一般纳税人档案信息的采集录入以及变更和注销工作，截至12月31日，全区共有一般纳税人59户，比2010年年底增加4户。二是消费税方面：结合畹町区实际，围绕依法治税工作，全面学习、掌握消费税各项政策规定，抓好消费税政策规定的落实，确保消费税税基不受侵蚀。三是所得税方面：采取分类管理、增强评估能力，改进评估方法，提升评估水平，对零申报和申报亏损的企业进行重点排查，对有疑点的企业进行纳税评估，至12月，全局核定征收户6户，占企业所得税管户的8.6%；扎实做好2010年所得税汇算清缴工作，全区有55户企业参加企业所得税汇算清缴，汇算面为98.21%。四是个人利息所得税方面：加强与银行的联系和协调，严格遵守相关规定，做好储蓄存款利息所得个人所得税的征收管理和统计分析工作。（二）出口退税管理方面。加大政策法规宣传辅导，发挥国家级口岸优势，提高服务质量。（三）发票管理方面。一是加强日常管理，从发票领购到使用实行层层审核、严格把关，特别是加强票种核定管理，避免不法分子套购发票。二是加强票证库房安全建设，紧扣安全主题，安装监控设备，定期开展票证库房“三专、六防”的安全检查工作。三是加强发票宣传，扩大网络开具发票工作，逐步减少手工版发票的使用。截止12月31日，全区使用普通发票户数为112户，其中：网络开票户为49户。

【税收执法】 （一）税收宣传。突出特色，精心策划，周密部署开展第20个税收宣传月活动，区局以“税收·发展·民生”为主线，结合当地“少、边、小”的特点，采取“请进来、走出去”等多种形式，广渠道、多层次地宣传畹町国税“十一五”期间取得的辉煌成就、全区支柱产业对税收的贡献以及最新税收法律、法规、政策，受到社会各界欢迎。（二）一是规范税收执法。随着税收执法考核系统的运行，使畹町国税的税收执法行为得到进一步规范，执法随意性得到有效遏制，依法治税水平有了全面提升。2011年，全局产生税收执法管理信息系统的信息为7316条，仅产生1项过错行为，扣分1分，执法正确率达到99.9%。二是落实执法过错责任追究，对1名干部逾期发放《税务登记证》的执法过错进行了责任追究。三是抓好重大税务案件审理和行政审批工作，严把程序关、法规关、质量关。（三）税务稽查。紧紧围绕整顿和规范税收秩序这条主线，深入开展税收专项检查和和税收违法案件查处工作，加大打击发票违法犯罪活动力度，推进稽查工作创新，加强稽查执法风险管理，全年查结纳税户4户，查补入库税款136万元、罚款4万元及滞纳金3万元。

【信息化建设】 进一步建立健全各项系统运行制度，完善了《计算机运行管理制度》、《技术服务登记制度》、《病毒防范制度》、《机房安全管理制度》等，并严格按制度开展各项工作。二是6月1日全省上线运行的综合征管软件 v1.1 版本在国门畹町正常运行，畹町经济开发区国家税务局成功开出了全省第一份税票。三是加快信息化建设，做好综合征管软件维护工作，保障了税收综合征管软件的正常运行以及新形势下综合征管软件的适应能力。四是提高数据分析利用率、加大资源整合工作力度。四是加强金税工程日常维护和计算机安全防护，确保网络畅通，无事故发生。

队伍建设

【机构人员设置】 有在职干部 19 人，其中：党员 15 人，为全局人数的 78.9%，学历结构：大专以上 16 人，为全局人数的 89%。内设机构 7 个（正股级）、直属机构 1 个（副科级）、事业单位 1 个（正股级），局领导职数 4 名。内设机构为：办公室、政策法规科、税政科、征收管理科、人事教育科、监察室和办税服务厅，直属机构：稽查局，事业单位：信息中心。

【领导班子建设】 一是加强区局领导班子建设。在州局的关心下，重新调整了区局班子成员，新增 1 位班子成员，充实了班子力量，优化了班子结构，重新调整了分工。二是对区局部分科室正副职进行交流轮岗，加强了对二级班子的建设和监督管理力度。在保证相对稳定的情况下，根据工作需要对 3 名科室正副职干部进行了交流轮岗，优化整合了人力资源，增强了干部队伍干事创业的活力。三是实行领导班子分工负责制，发挥好班子成员的率先垂范作用，增强班子的凝聚力、向心力和号召力。四是提高工作净化力，创建廉洁型领导班子。重点抓好教育引导、机制调节、“两权”制约、内外监督四个环节，建立了一套上下联动、左右协调、立体交叉的党风廉政建设监督制约体系，坚持不懈地加强全局党风廉政建设工作。

【党风廉政建设】 一是认真落实党风廉政建设责任制。把党风廉政建设的目标考核与税收任务同部署、同安排、同落实，层层签订责任书，层层抓落实，形成齐抓共管的工作格局。二是组织学习《中国共产党党员领导干部廉洁从政若干准则》。组织干部立足本职，学以致用，在勤政廉政、依法行政等方面查找不足，进一步规范执法、文明执法和严格执法。三是深入推进内控机制建设，提高反腐工作能力和水平；继续落实“两权”监督制度，把住腐败风险源头，对税收执法权和行政管理权的重点岗位和环节，进行全程的监督，并规范运作；深入开展廉政文化建设，营造廉政文化氛围。四是认真贯彻惩防并举、预防为主的工作方针，加大执法监察、廉政监察和效能监察力度。采取定期与不定期相结合方式，开展明察暗访、下访、接访、信访工作，对干部违反廉洁自律规定的行为，及时严肃查处，决不姑息养奸；继续开展与纳税人签订《廉政公约》，积极做好回访工作，接受社会各界的监督，促进干部廉洁从政。五是开展警示教育。为进一步把突出预防，防微杜渐，注重增强全体国税人员廉政教育的说服务和感染力，作为推进党风廉政建设和反腐败工作深入开展的一项重点来抓，促进全体国税人员廉洁从税。

【精神文明建设】 一是注重丰富边地国税文化内涵，增强科学发展的“软实力”，把加强国税文化建设列为重点工作之一，摆在突出的位置来抓。通过思想引导、制度规范、激励鞭策、环境熏陶等手段，不断丰富国税文化建设的载体和形式，努力用文化建设聚合全体干部职工的意愿、智慧和力量，使之成为推动国税事业科学发展的强大动力。二是进一步巩固文明创建成果。2011 年 11 月，顺利通过了省局和州委、州政府的考评，继续保留“文明单位”称号。三是不断加大投入，改善软、硬环境。在工作经费较紧张的情况下，仍不断加大财力投入，建立了阅览室、文体活动室等场所，适时开展读书、文艺、体育等丰富多彩的活动。四是开展社会公益活动，提高干部的社会责任意识。继续派出专人参加开发区“禁毒防治”工作队，进驻广董村民小组开展了一系列扶贫帮困工作；3 月 10 日，畹町局向地处地震灾区的盈江县国税局捐款 2 万元，组织个人捐款 2100 元。

【教育培训】 推进干部教育培训工作。以岗位需求为导向，以提升工作能力为重点，探索建立分级管理、分类实施、分层推进的教育培训新机制；进一步完善教育培训激励机制。2011 年来，区局在选派干部参加省、州局举办的各类培训班的同时，采取上下级部门对口培训等办法，开展业务知识竞赛和岗位练兵等活动，切实加大教育培训力度，有效地提升了干部的岗位技能和综合素质。

（王　刚）

丽江市国家税务局

经济概况

2011 年，丽江市在全力保增长、稳物价、打基础、调结构、惠民生、促和谐，强烈推进“品牌丽江”向“实力丽江”转变，实现了经济社会又好又快发展，综合经济实力得到提升。全市完成生产总值（GDP）178.5 亿元，比上年增长 16.5%；全社会固定资产投资总额 273.3 亿元，增长 35.3%；财政总收入 40.2 亿元，增长 54.8%；地方财政一般预算收入 26.26 亿元，增长 59.6%；社会消费品零售总额 55.7 亿元，增长 22.3%；城镇居民人均可支配收入 1.58 万元，增长 15.1%；农民人均纯收入 4270 元，增长 25.2%；单位生产总值能耗下降 2.92%；城镇登记失业率 3.4%；居民消费价格总水平涨幅 4.6%，比全国、全省平均水平低 0.8、0.3 个百分点。全市完成工业生产总值 120.8 亿元，增长 27.3%，增加值 26.8 亿元，增长 30.1%。积极实施“重点工业发展百亿工程”，加快推进水泥建材、交通用铝型材、捣固焦、天然螺旋藻生产加工等工业项目建设，完成非电工业投资25亿元，增长19.7%。金安桥水电站3台机组并网发电，阿海水电站成功下闸蓄水，龙开口、鲁地拉、观音岩、梨园水电站筹建工作稳步推进。电力体制改革全面展推开。全面落实国家和省扶持中小企业、非公经济发展的各项政策措施，完成非公经济增加值89.4亿元，增长20.1%。全年接待国内外游客1184万人次，增长30.1%，旅游综合收入152亿元，增长35.4%。

税收概况

【收入完成情况】 2011年，丽江市国家税务局系统共组织各项收入14.44亿元，同比增收4.04亿元，增长38.83%，完成省局下达的确保任务数11.57亿元的124.85%，超计划24.85个百分点；完成省局下达的奋斗任务数11.7亿元的123.46%，超任务23.46个百分点；地方一般预算完成3亿元，同比增收8569万元，增长40.03%，完成政府下达的考核任务数2.68亿元的112.02%，超任务12.02个百分点，完成政府下达的奋斗任务数2.9亿元的103.73%，超任务3.73个百分点。全市国税收入总规模首次突破14亿大关，并在上年高基数的基础上连跨11亿、12亿、13亿和14亿4个台阶，主体税种增值税首次突破10亿大关，实现税收收入总规模和增量的快速增长，创下历史新高。其中：增值税收入10.92亿元，同比增收3.05亿元，增长38.69%；消费税收入5149万元，同比增收941万元，增长22.36%；企业所得税收入1.68亿元，同比增收5973万元，增长55.33%；个人利息所得税收入72万元，同比减少80万元，下降52.63%；车辆购置税收入1.33亿元，同比增收3102万元，增长30.56%。丽江市国税收入总规模全省排名第12位；完成收入任务进度全省排名第5位；同比增幅为38.83%，高于全省平均增长（21.17%）水平17.66个百分点，同比增幅全省排名第4位。

【收入特点】 （一）税收收入的增速明显快于经济的增速。2011年，全市国税系统税收总规模突破14亿元大关，实现4级连跳，创下历史最高收入水平。2011年全市生产总值（GDP）178.5亿元，增长16.5%；全市国税收入增长38.83%，税收弹性系数为1.96，税收的增长明显快于经济的增长。（二）单月收入增势强劲超亿元的月份大幅增加。2011年，单月税收收入增势强劲，为总体税收迈上14亿大关奠定了坚实的基础。全年12个月上亿元的月份就有10个月，而上年单月收入上亿元的月份只有2个月，较上年增加了8个月份。前11个月的各月收入同比均呈现正增长，12月份同比呈现负增长，但单月税收收入仍然在本年度月份收入中排名第7位。增长最快的月份为10月份，增幅达到72.14%，与负增长的12月份相差82.61个百分点。（三）主体税种对整体税收的支撑力度增强。2011年，全市国内增值税收入完成109179万元，同比增收30458万元，增长38.69%，拉动整体税收增长29.28个百分点，对整体税收增长的贡献率为75.40%；国内消费税收入完成5149万元，同比增收941万元，增长22.36%，拉动整体税收增长0.9个百分点，对整体税收增长的贡献率为2.33%；企业所得税收入完成1.68亿元，同比增收5973万元，增长55.33%，拉动整体税收增长5.74个百分点，对整体税收增长的贡献率为14.79%；车辆购置税收入完成1.33亿元，同比增收3102万元，增长30.56%，拉动整体税收增长2.98个百分点，对整体税收增长的贡献率为7.68%。（四）全市四县一区税收总规模均迈上亿元。2011年，全市5个县（区）局的国税收入总规模全面增长，税收总规模均迈上亿元，同比均实现超过三成以上的增收，但5个县（区）局税收收入差距明显，对全市整体税收的增长贡献差异较大。同比增长从高到低排名：宁蒗46.02%、玉龙41.54%、古城39.82%、华坪37.89%、永胜33.81%。税收总规模最少的玉龙县首次突破1亿元大关，收入最大的华坪县税收总规模突破6亿元大关，绝对增量达1.7亿元，实现2级连跳，对全市整体税收的贡献率达42.84%。两县税收总规模相差5.3亿元。（五）支柱产业和重点行业税收成为增长的主要动力。2011年，全市第二、第三产业国税收入达到144万元、219万元，占总收入的99.86%，同比增幅分别为32.27%和41.11%。在重点监控的几个行业中，煤炭开采及选洗业、电力、热力生产和供应业、批发零售业等三个行业的税收达到10.78亿元，同比增收2.96亿元，增长37.82%，占到总税收的75%。支柱产业和重点行业的税收对总体税收的支撑作用体现得较为明显，成为总体税收增长的主要动力。（六）地方一般预算市级收入快速增长。2011年，全市国税系统共组织中央级收入11.04亿元，同比增收3.04亿元，增长38.05%，地方级收入3.4亿元，同比增收9963万元，增长41.41%。（七）各税种占总体税收的比重呈现递减趋势。2011年，由于企业所得税迅猛增长，五大税种占总体收入的比重发生变化，形成逐年递减的趋势，企业所得税占总税收入的比重提高，同比增长1.23个百分点，而增值税的比重则同比下降了0.07个百分点、消费税同比下降0.48个百分点、车辆购置税同比下降0.58个百分点、利息所得税同比下降0.1个百分点。

【税源分析】 （一）煤炭行业。全市入库煤炭行业增值税4.59亿元，占增值税总收入的43%。（二）电力行业。全市共入库电力行业增值税1.49亿元，同比增收6766万元，增长92.91%，占增值税总收入的13%。（三）批发零售业。全市入库批发零售业增值税3.43亿元，同比增收1.2亿元，增长53.52%。（四）建材行业。全市入库建材企业增值税4585万元，同比减收104万元，同比下降2.22%。（五）消费税。全市共入库消费税5149万元，同比增长22.36%。主要是卷烟消费税，除了卷烟消费税外很难找到新的增长点。（六）企业所得税。全市共入库企业所得税1.68亿元，同比增收5973万元，增长55.33%。全市企业所得税收入增势强劲，一是重点支柱产业、行业对税收的支撑作用比较明显。二是税收政策的调整也促进了税款的增收。（七）车辆购置税。全市共入库车辆购置税1.33亿元，同比增长30.56%。全市征税车辆达到2.9万辆次，比上年增加3347辆次，增长13.07%，征税车辆的增长与税收的增长呈现正相关关系。

各项工作

【税收法制建设】 认真贯彻落实《国务院关于加强法治政府建设的意见》，广泛宣传税收法律、行政法规，普及税法知识，进一步开展规范性文件清理工作。认真总结“五五”普法荣获中宣部、司法部表彰先进单位的经验，积极推进“六五”普法工作。根据年初编制的《丽江市国家税务局开展法制教育第六个五年规划（2011－2015年）》工作计划和实施方案，结合国税工作实际，围绕“依法行政，建设法治政府”的要求，开展“学法律、讲权利、讲义务、讲责任”和“法律六进”等活动，把普法工作融入到国税工作的各个环节；把强化依法治税、优化纳税服务、服务经济发展、促进社会和谐贯穿于税收征管工作的全过程，通过组织参加各种普法讲座、开通业务骨干讲课、外聘师资人员讲学等形式，增强了干部依法行政意识和依法行政能力。并在纳税辅导中加大相关法律法规的宣传力度，通过组织开展对诚信纳税经营户的评比活动，提高普法教育的渗透力和约束力，提高纳税人税法遵从度。认真组织实施了全国第20个税收宣传月活动，市局机关和各县（区）局结合各自的实际情况，贴近主题，认真研究，拓宽宣传渠道。开展了“送税法”、“送培训”进企业等系列税收宣传活动。认真开展了税收执法疑点信息库上线运行的各项工作。在丽江广播电视台组织开展了政风行风热线第六期的播出，以记者现场调查、热线问答、咨询解释等形式开展广泛的交流互动和宣传辅导，有力地增强了公民的税收法制观念和纳税意识，密切了征纳双方的关系，树立了丽江国税的良好形象，达到了突出服务性、注重针对性、彰显民族性，弘扬先进性的宣传实效。加强执法监督检查，重点是进一步规范了税收自由裁量权，细化自由裁量权的适用规则和裁量基准，便于基层操作实施。加强重大税务案件审理，依法规范处理各类涉税案件。注重从执法行为过程入手，分析研究执法行为的风险动因，从关联度、监控制约度等方面进行有针对性的防控。通过执法行为公开、执法行为备案、执法过程监督、执法结果抽检等方法，加强对税收执法行为的全面监督与制约，防范执法风险。进一步梳理和防控存在执法风险的重点环节，解决基层在执法与服务过程中容易出现的政策执行边界交叉问题，制定并落实税收执法风险防控指导意见。积极推进内控机制建设，以惩防体系和内控机制为统领，注重权力运行前的防范预警，运行中的内部监控，运行后的责任考评和追究，通过内控机制建设，促使税收执法权和行政管理权透明、规范地高效运行。

【税收征管】 （一）围绕中心、及时安排、着力基层、加强征管。要求全市国税系统努力做到“五抓五到位”：一是抓收入思想认识到位。认真贯彻落实《税收分析工作制度》，多次召开收入分析会议，分析税收形势，明确工作目标，交流收入工作经验，研究收入工作对策，统一思想，提振信心，形成了上下一心抓收入的工作局面。二是抓税收计划分解落实到位。在广泛开展税源调查摸底的基础上，结合税收基数、税源分布等实际情况，及时将省局下达的税收计划任务细化分解到各县（区）局，并层层签订了《税收收入目标责任书》，做到及时分解落实。三是抓税收工作明确责任到位。把完成组织收入目标当作第一要务，着力落实领导干部管户制度、党组成员挂钩抓点工作制度，市局主要领导带头深入重点企业调研，分析税源。班子成员分片包干，带领市局工作组深入基层，协助县（区）局分析落实税收收入。通过层层落实收入工作责任制和对组织收入工作的督查考核，促进了全系统组织收入工作有序开展。四是抓组织收入工作措施到位。扎实实施“向管理要收入，向稽查要收入，向评估要收入”的各项措施，大力加强税收征管，积极发挥税务稽查和纳税评估的职能作用，并努力营造良好的纳税环境，着力提高纳税人的税法遵从度，为确保完成税收任务提供了有力的保障。五是抓与县（区）及相关部门的沟通到位。向市委、市政府积极汇报税入形势、经济税源趋势、税收收入进度等，要求各县（区）局积极配合地方党委政府深入重点税源企业开展专项调研，协调相关部门落实促进经济增长的各项政策和措施，争取各方面对税收工作的支持。

（二）税种管理。认真落实促进转方式、调结构的税收政策，做好各项税收优惠政策的规范执行和有效落实。加强增值税转型、卷烟消费税管理，改进增值税抵扣管理和申报评估工作。深化一般纳税人税收负担情况按行业分析预警，强化薄弱环节控管。切实加强出口货物退（免）税管理，办理出口退税1900万元，比上年增长11.7%，办理免抵调库340万元，比上年增长83.8%。进一步规范实施新企业所得税法，针对配套政策滞后、执行口径模糊等问题，加大政策调研、请示和辅导力度，统一执行口径、明确执行标准，通过认真落实组织收入各项措施，确保企业所得税收入任务顺利完成。结合税源管理实际，积极探索行业管理办法。按照省局要求，积极配合昭通市国家税务局共同完成了煤炭行业管理操作指南，在省局的精心指导下和昭通市局一道认真组织实施。加强税基管理，夯实所得税征管基础。加强国地税企业所得税征管范围调整后所得税户籍管理工作；加大对增值税与所得税征管信息的比对分析，对于申报时增值税收入大于所得税收入，逻辑关系明显不符的企业加大了分析、评估辅导的力度；做好优惠政策执行的后续跟踪管理，共为5户企业办理退税1851.14万元，204户纳税人申报了免税销售额8.6亿元，保证税收优惠政策及时准确、不折不扣的贯彻落实，同时又鼓励和支持了企业的发展。抓好国际税收源头控管，提高非居民和非政府组织的税收管理效率，征收非居民企业所得税180.44万元，与上年同期20.37万元相比增加160.07万元，增长785.8%。严格按照国家现行税收政策的具体要求，加强学习，勤于管理，按操作规程办事，把好税务证明出具关，防止税款流失。同时做好服务工作，尽量方便纳税人在短时间办好各项业务。全年共开具对外支付证明26份，其中征收入库税款180.44万元。

（三）重点税源管理。在全市纳入重点税源管理的

154户纳税户中，总局监控35户，较上年增加10户，同比增长40%；省局监控91户，较上年增加53户，同比增长139%；市级监控28户，较上年减少56户，下降67%。按辖区划分为古城区24户，玉龙县11户，永胜县26户，华坪县70户，宁蒗县23户，主要是烟草、煤炭、水电、商业等行业。按照科学化、精细化管理理念抓好重点税源管理：一是抓好基础信息，从多层面多角度入手进行信息采集，不断完善重点税源信息数据库，促进基础信息在税源管理中的应用；二是抓好预测环节，主要是通过对影响重点税源和税收收入的各项因素进行细化，随时对预测目标进行微调，使税收预测尽量贴近纳税人的实际情况，提高预测的准确性，更加有效地指导组织收入工作；三是抓好预警环节，建立起了重点税源收入增减因素一户一分析制度，在规定的时间内报告申报税款可能出现同比或环比减收等情况，根据税收预警，迅速采取下户指导、督促、控制发票用量等一系列应急措施，及时堵塞漏洞，避免新欠发生；四是抓好服务环节，着眼于人性化、个性化服务，认真落实税收政策，并根据企业的实际情况，采取预约服务、上门服务、重点税源税收预警提示服务等措施，处处方便纳税人，减轻企业负担，增强税务管理的针对性和实效性。

（四）纳税评估。根据总局关于加强税源管理、推行税源与征管状况监控分析一体化工作制度、开展税源专业化管理等要求，结合工作实际，修改完善了纳税评估办法，明确机构，落实责任，细化职能。从2011年开始，对纳税评估的职责和机构作了进一步明确调整：各税种的专项纳税评估职责统一由市、县（区）局征管部门负责。管户较多、评估任务较重的县（区）局有4~5人专门负责此项工作，管户相对较少的县局也必须保证有3~4人专门负责纳税评估工作，以此解决了交叉评估、多头布置、协调不畅的问题，保持各税种评估协调开展，市局已经统一下达2011年的评估任务，各县（区）局的纳税评估工作已经按新的机制运行。目前，全市国税系统共评估88户纳税人，其中经评估确认存在问题的23户，入库增值税396.3万元，消费税3.87万元，企业所得税57.55万元，统筹纳税评估工作取得了初步成效。

（五）纳税服务。以开展“四亮四评”主题实践活动为契机，进一步健全和完善纳税服务的制度规范体系，完善了市局对各县（区）局的纳税服务目标管理考核办法，逐步建立纳税服务考核评价指标体系。积极推进全市办税服务平台建设，进一步规范统一办税服务厅建设，各县（区）局制定了相应了的措施、办法贯彻落实总局《办税服务厅管理办法》，细化纳税服务工作。为落实“两个减负”，规范涉税文书填报，开展了纳税人涉税资料的清理，规范纳税人申报资料的报送种类、数量、时限和程序，切实减轻纳税人负担。继续推进国地税合作，进一步完善国地税征管合作机制。加大推行多元化申报方式的力度，积极推广网上申报、网上认证、网络版普通发票开具业务，多元化申报户数达到4198户，占总开业户数的23.22%。采取多种形式加大对《纳税人权利与义务公告》及其“解读”的宣传，通过召开“纳税服务需求意见征求会”等形式，邀请全市75位来自不同行业、不同企业类型、不同身份的纳税人代表参加会议，就纳税服务需求及方向等向纳税人作了意见征求，让纳税人全面了解其在纳税过程中享有的权利，增强纳税人维护自身权益的意识和能力；告知纳税人所应履行的纳税义务，方便其准确、快捷地完成纳税事宜，促进其纳税遵从度的不断提高。按照省局统一部署，认真做好12366纳税服务热线推广工作。加强注册税务师管理工作，促进行业规范发展。完成全市纳税人需求调查和2011纳税服务工作调研，制定了切实可行的《全市纳税人需求调查和纳税服务工作调研实施方案》。抓好96128政务热线的管理和处理工作，全年共接听热线电话12起，回复率达到100%，评价满意率为100%，群众和纳税人满意度大幅提高。

【税收执法】 以税务稽查为抓手，继续抓好分级分类稽查，推进以查促管、以查促训，提高基层稽查业务水平。开展专项检查工作，深入推进整顿和规范税收秩序和区域专项整治，严打涉税违法行为，重点查处税收违法案件。加强了稽查系统综合考核指标的落实，为各项考核指标达到要求奠定了坚实的基础。2011年，全市国税稽查部门共选案稽查纳税户25户，已结案20户，已结案件中有问题的18户。查补税款39.26万元，滞纳金21.44万元，罚款14.23万元，合计74.93万元，已全部征收入库。稽查选案准确率达到90%，稽查案件结案率达到80%，稽查查补收入入库率达到100%，总局督办案件协查按期回复率达到100%，协查信息完整率达到95%。

【信息化建设】 （一）提高基层的信息化素质。加强对基层税干的教育和引导，增强了他们的信息化意识；加大信息化培训力度，按照岗位特点，对各个层面的干部进行全面培训，采取集中和分散，走出去和请进来相结合的培训模式，完成了网络改建扩容、安全体系、机架式服务器维护等方面的培训，不断提高基层税干信息化应用水平。（二）切实加强计算机类设备的配置与管理。研究制定了全系统计算机类设备管理办法，重点解决设备管理不够规范、设备陈旧和不足、多头配发等问题，加快更新换代，合理增加配置数量，并进行全面的信息安全巡检。（三）加强信息资源的整合应用。继续做好金税工程三期建设。进一步完善数据监控分析系统、数据分发系统，拓展网上办税服务功能。完善升级增值税、消费税、出口退税网络申报系统和网上发票认证系统。高度重视和加强信息网络安全管理，以保障基层安全使用为目标，进一步建立和完善安全管理制度办法，并形成长效机制。（四）全面推进信息管税。把握税收征管科技工作的发展趋势，落实税源与征管状况监控分析一体化工作制度，进一步做好普通发票简并换版工作，全面推行“财税库银税收收入电子缴税横向联网系统”，提高税款征收缴库效率。加大对综合征管信息系统数据监控分析系统、增值税稽核系统、出口退税审核监控管理系统的运用，利用相关数据资料进行监控、分析管理，提高监控的效率，将差错率降低到了最低限度。积极推行增值税网络申报和抄报税系统，通过宣传、动员，全年有158户企业实行了网络申报和抄报税。网络扣缴增值税、消费税3.38亿元，占全市两税收入的29.93%。有序推广应用税收管理员辅助信息系统，逐步建立风险识别、排序、应对、监控体系。深化“税务与组织机构代码信息系统”应用，强化税务登记管理。积极探索档案资料电子化管理方式，进一步规范了税收征管档案的管理和运用。

队伍建设

【机构人员情况】 2011年末，市局机关内设机构13个、2个直属机构、3个事业单位，另设机关工会和学会秘书处。全市国税系统现有干部职工508人，其中在职干部371人，离退休干部137人；在职干部职工中，大专以上学历322人，其中研究生4人、本科生145人、专科生173人，分别占干部职工总数的1.1%、39.1%、46.6%。市局机关共有干部职工97人，其中在职干部职工78人、离退休干部职工19人；在职干部职工中，大专以上学历71人，其中研究生2人、本科生35人、专科生34人，分别占在职干部职工的2.6%、45.9%、43.6%；在职党员53人，占在职干部职工的68%。

【领导班子建设】 一是组织开展党组中心组学习。以真抓实干为基础，以和谐稳定，促进发展为要务，提高了班子的整体素质；二是完善制度。进一步健全以制度管人、按程序办事的管理机制，强化重要事项的督查督办，加强自我约束、自我监督，增强了班子执行力。三是明确分工。细化班子成员岗位职责，建立既互相协调、互相合作，又分工明晰、责任明确的工作分工，增强了工作动力。四是加强对县（区）局党组民主生活会的指导。开展领导班子的述职述廉工作，坚决执行、有效完善领导班子目标管理考核，促使领导班子不断提高素质，增强了执政能力。五是进一步加强基层领导班子建设。全面加强了基层领导班子的思想建设、组织建设、作风建设，进一步规范领导干部选拔任用工作，认真落实民主集中制，切实完成了对华坪县局的巡视工作，使基层班子的领导能力和领导水平得到进一步提高，班子凝聚力和战斗力不断增强。

【基层干部培养】 注重从基层选拔优秀年轻干部到上级机关学习提高。高度重视发挥好基层不同年龄段干部在工作中的积极作用，充分发挥每一个干部职工个人的主观能动性，真正做到人尽其才、人尽其能，增强群体活力，从组织上保障和营造干事创业的良好氛围，队伍建设和干部的成长取得了可喜的成绩。先后有一人被国家税务总局任命为副厅级巡视员，有4位同志被省局提拔任用为副处级领导干部，其中3人成为市局党组成员，一位同志交流到迪庆州国税局任局领导。

【干部教育培训】 严格按省局要求，结合全市国税工作实际，制定了以“行政能力提升”为主旨的干部教育培训计划，全年开展28期专业培训，组织开展了以“网络维护”、“税务稽查检查技巧培训（房地产行业）”、“税务执法管理信息系统疑点信息库操作”、“党史知识培训”等为主要内容的专业培训25期，参训人员368人次；组织参加省局各类培训（含视频培训）23期，共268人次；组织全市国税系统全体干部职工收看“云南国税讲坛”12期（九至二十讲），参加讲座人次超过600余人次；市局党组成员、纪检组长、市局稽查局局长、玉龙县局长分期到江苏参加了为期45天的领导干部培训班学习；组织5人参加了总局为期10天的“智力援西”稽查培训（大连班）、认真落实省局“服务基层年”工作主题，组织了我市各县（区）局20名骨干到广东参加了为期10天的业务骨干培训（深圳班）；二是在庆祝中国共产党成立90周年之际开展了一系列纪念活动，邀请丽江师范高等专科学校张波教授作了“没有共产党就没有新中国”的党史教育课；组织参加了“党在我心中”云南省纪念中国共产党成立90周年知识竞赛；选拔参加了丽江市第八届“红土地之歌”（学习杨善洲）演讲比赛和市局机关歌咏比赛；组织干部职工重走长征路，重温长征精神，重温入党誓词；举办建党90周年“红歌献给党”歌咏联欢会；对在“创先争优”活动中涌现出来的先进党支部和先进个人进行了表彰奖励；认真贯彻学历教育相关激励机制，《按照丽江市国家税务局系统鼓励干部自学成才奖励办法》的相关规定，对通过自学参加国家司法考试取得“法律执法资格”证书的1位同志给予了奖励。

【服务基层】 一是完善领导挂钩基层工作制度。局领导加强对挂钩联系县（区）局的工作调研和指导，重点就基层国税部门服从服务于地方经济大局，做好县（区）局加强与地方党政和有关部门的联系，围绕税收工作和基层建设中的重点、热点和难点问题，认真听取纳税人和社会各界的意见和建议，主动研究新情况、切实掌握存在的问题，真正把服务基层的工作做实、做细、为基层创造良好的依法行政和依法治税环境。二是落实好规范津补贴工作。按照总局、省局的统一部署，全面完成了市县（区）局的基础数字调研、测算、统计和相关数据资料的审核报送等一系列工作。三是落实“两个减负”。认真抓好各项减负措施的制定和落实，重点抓好统筹简并基层单位上报的各类总结资料和统计报表，通过规范取数标准，逐步实现综合性的报表统一采集、集中处理、自动生成、按需取用。切实提高了各级机关的办事效率，杜绝工作中不作为、乱作为和效率低下等不履行或不正确履行职责的问题。改进了上下级沟通协调机制，进一步完善了基层问题请示的快速应答机制。进一步提高了办文质量，为基层抓落实创造了良好的环境和条件。四是探索服务基层的有效途径。深入开展“深入基层，服务群众”活动，全面推动市局机关为县（区）局服务，县（区）局机关为基层一线服务，各司其职，各尽其能。推动人力、物力、财力向基层倾斜。进一步加强资金管理，细化部门预算，及时掌握各县（区）局资金状况，保障运转有序。继续加大对基层投入，适度增加基层业务补助、困难补助、离退休津补贴三项经费。加强为人民服务的宗旨意识，变“要我服务”为“主动服务”，建立干部下沉机制，把服务送到群众身边，确保群众进得了门、见得到人、办得了事，实现基层干部主动服务、上门服务的常态化。积极争取各级党委政府的领导和支持，充分发挥各级党组织和工、青、妇的职能作用，共同做好基层和群众工作，形成加强和改进新形势下服务基层的工作合力。

【党风廉政建设】 （一）在党风廉政建设方面，认真贯彻落实全省国税系统和市委党风廉政建设工作会议精神，以完善惩防体系为重点，积极推进反腐倡廉各项工作。一是认真落实党员领导干部廉洁从政有关规定，强化主要领导干部“第一责任人”的政治责任，扎实履行“一岗双责制”。二是加大查办案件力度，严肃行政问责。三是加强税收执法监察子系统的数据应用和考核，创新廉政教育方式方法。四是加强督察内审工作，建立健全工作机制，按规定有计划地开展各项财务收支审计、领导干部经济责任审计及专项审计，强化后续管理，督促督察审计整改意见的落实。五是建立和完善“小金库”治理长效机制。严格按照小金库专项治理工作的要求，坚持依法理财，勤俭节约，严肃财经纪律，提高资金使用效益。六是加强监管，进一步规范税务代理，坚决杜绝通过税务中介机构谋取私利。七是加强巡视监督。市局专门组成工作组，对华坪县国税局党组及其成员的履职情况进行了为期十天的常规巡视工作。(二) 在党建方面，认真落实党建工作责任制，全面加强党建工作。一是认真按省、市委开展“创先争优”活动的要求，扎实组织开展“五比五创”，切实深入基层，做好新形势下群众工作，积极建设和谐基层。二是严格按照省、市委学习型党组织建设的要求，进一步完善学习制度，通过领导干部在线学习，带动机关整体学习，扎实开展“三读”活动，倡导干部诵读红色经典书籍，帮助干部汲取红色文化精髓，同时，认真组织开展向杨善洲同志学习活动，组织干部职工收看了杨善洲事迹报告会，召开了学习动员大会，教育和激励广大干部职工要学习榜样、坚定信仰，扎根基层、艰苦奋斗。三是为隆重纪念中国共产党成立 90 周年，认真开展了听党史、唱红歌、读红书、走红路系列活动，为纪念建党 90 周年营造了良好的节庆氛围。四是认真组织对十七届六中全会、省第九次党代会和市第三次党代会精神的学习，结合国税实际，分别采用各种形式开展好学习活动。

（尹少荣）

古城区国家税务局

经济概况

2011 年，古城区完成生产总值（GDP）62.68 亿元，比上年增长 18%。第一产业完成增加值 3.79 亿元，比上年增长 6%，占生产总值的比重为 6%；第二产业完成增加值 22.81 亿元，比上年增长 27.1%，占生产总值的比重为 36.4%；第三产业完成增加值 36.08 亿元，增长 14.1%，占生产总值的比重为 57.6%。

税收概况

【收入完成情况】 2011 年，古城区国家税务局共组织入库各项税收 3.67 亿元，完成年计划的 126.6%，超计划进度 26.6 个百分点，比上年同期增收 1.05 亿元，同比增长 39.82%。其中：增值税完成 1.57 亿元，完成年计划的 124.79%，超计划进度 24.79 个百分点，比上年同期 1.14 亿元增收 4276 万元，同比增长 37.52%；消费税完成 5107 万元；完成年计划的 126.1%，超计划进度 26.1 个百分点，比上年同期 4177 万元增收 930 万元，同比增长 22.26%；企业所得税完成 7377 万元，完成年计划的 139.72%，超计划进度 39.72 个百分点，比上年同期 4497 万元增收 2880 万元，同比增长 64.04%；个人利息所得税完成 24 万元，比上年同期 62 万元减收 38 万元，同比下降 61.29 %；车辆购置税完成 8544 万元，完成年计划的 120%，超计划进度 20 个百分点，比上年同期 6133 万元增收 2411 万元，同比增长 39.31%。

【收入特点】 一是国税总收入同比增收且超计划时间进度。2011 年区局国税收入完成市局下达计划任务的 126.6%，超计划时间进度 26.6 个百分点，同比增长 39.82%。二是主体税种收入“四增一降”。增值税增收 4276 万元，增长 37.52 %；消费税增收 930 万元，增长 22.26%；企业所得税增收 2880 万元，增长 64.04%；车辆购置税增收 2411 万元，增长 39.32%；个人储蓄存款利息所得税减收 38 万元，下降 61.29%。三是中央级收入和地方级收入均实现增长。2011 年中央收入 3 亿元，比去年同期 2.16 亿元增收 8259 万元，增长 38.25%，地方收入（包括省、市、区）6873 万元，比上年增收 2200 万元，增长 47.07 %。

【税源分析】 一是毛纺织增值税较上年 72 万元增收 14 万元，同比增长 19.44%；二是电力增值税收入 6728 万元，比上年 3868 万元增收 2860 万元，增长 73.94%；三是矿业增值税比上年 187 万元减收 99 万元，下降 52.94 %；四是机械制造业增值税与上年 92 万元相比减收 30 万元，下降 32.61%；五是商业增值税较上年 5708 万元增收 1627 万元，同比增长 28.5%。六是消费税收入 5107 万元，同比增收 930 万元，增长 22.26%；七是企业所得税入库 7377 万元，同比增收 2880 万元，增长 64.04%；八是车辆购置税入库 8544 万元，同比增收 2411 万元，增长 39.31%；九是储蓄存款利息所得税入库 24 万元，同比减收 38 万元，下降 61.29%。

各项工作

【税收法制建设】 一是深入贯彻依法治税指导方针，全面提升执法水平。按照国务院《全面推进依法行政实施纲要》及国家税务总局的要求，将依法行政与依法治税理念相结合，并贯穿到各项税收工作中。二是进一步规范执法行为，落实税收执法责任。制定了《古城区国税局税收执法考核办法》、《古城区国税局税收执法过错责任追究办法》，并严格执法工作制度，完善岗位职责，优化工作流程，落实执法责任。三是严格考核，强化监督。依托“执法信息管理系统”对日常执法行为进行监控与考核；大力推行执法公开；在开展重大税务案件审理工作中加强对税务案件的过程监督；建立健全减免税规范管理制度，实行减免税事集体审批。

【税收征管】 紧紧围绕“服务基层年”主线，以构建和谐国税为目标，以税源精细化管理为抓手，以国税文化建设为突破口，强化科学管理，狠抓工作落实。一是加强户籍管理，大力清理漏征漏管户。针对个体税收的薄弱环节，按照“控管到户，责任到人”的原则，抓好个体的户籍管理，按照“内外联动，管而不同”的原则，充分调动积极性，对个体“双定户”从多个角度细化分类，区分不同情况，分别实施动态管理。截至2011年年底，共有开业户7348户，其中企业1080户（含企业分支机构），个体6268户。二是认真做好定额核定和个体户分月汇总申报工作。三是强化数据监控分析，数据质量切实提高。上半年重点对《市局第一期征管状况分析整改落实工作情况通报》的3类问题、区局自查7类征管热点问题中的问题逐类逐条进行了认真整改。下半年，重点对省局下发的《2011年上半年税收征管现状通报》涉及的2类问题进行了分析整改，在开展整改的过程中对整改结果进行认真核实，对整改不到位的及时进行落实或纠正，保证整改工作的扎实有效。四是扎实开展纳税评估工作。2011年共对9户企业增值税进行纳税评估，补缴增值税9.56万元，补缴企业所得税9万元，加收滞纳金1.26万元，转出进项税1.07万元。五是做好增值税起征点调整相关政策的贯彻落实。根据上级要求，严格贯彻执行省局《关于暂缓进行个体工商户定额核定及调整工作的通知》精神，对本局的定额核定工作按要求做出了具体安排，截至2011年11月达起征点以上318户。六是做好企业所得税的汇算清缴工作。按照“转移主体、明确责任、做好服务、强化检查”的指导思想和“核实税基、落实政策”的要求，结合实际，及时安排布置好企业所得税汇算清缴工作。截至2011年底，企业所得税管户610户，其中查账征收户432户，占71.03%；定期定率核定户55户，占9.11%；定期定额核定户120户，占19.87%。七是认真做好一般纳税人认定工作。年内通过企业申请27户，认定27户，因合并、注销的有5户，截至11月底，共有增值税一般纳税人205户。八是积极优化办税服务。完善了纳税服务投诉制度。制定了《古城区国家税务局纳税服务通告》，向社会各界公布了服务质量监督投诉电话，通过电子显示屏、古城区国家税务局政府门户网站等方式对外公布，不断加强社会协作和监督。

【税收执法】 一是认真抓好新《增值税暂行条例》和《细则》的贯彻落实工作。使用监控系统，对纳税人申报抵扣的《固定资产抵扣清单》按月核查，对不合抵扣范围的及时通知纳税人进项税额转出和税收辅导。二是认真贯彻落实好新税法、实施条例及相关政策规定，对照清理减免税企业，对于享受过渡期优惠政策的，执行到期满为止；对于享受非过渡性优惠政策的一律停止执行。三是严格所得税税收优惠政策的审核报批工作。四是继续认真贯彻落实车辆购置税“一条龙”管理办法。五是结合工作实际，制定了《古城区国家税务局廉政建设承包责任制实施办法》。六是深化政务公开，将古城区国家税务局监督电话在政务信息门户网站、公告栏、办税服务厅电子屏公布，自觉接受社会监督。认真受理群众来信来访，坚持特邀监察员联系制度，继续坚持《廉政公约》的签订及回访调查，拓宽监督渠道。七是加大税法宣传度，多措并举开展第二十个税法宣传月活动。

【信息化建设】 一是完成了对综合征管软件的6次升级工作。二是2011年8月22日，经过周密的前期准备，税收管理员辅助信息系统成功上线，平稳运行至今，系统的各项功能得到充分发挥。三是金税各子系统运行平稳，系统功能得到进一步拓展。1月份对防伪税控系统进行升级。4月份对四小票数据采集软件进行了升级。四是金税各子系统运行平稳，系统功能得到进一步拓展。1月份对防伪税控系统进行升级。4月份对四小票数据采集软件进行了升级。五是加强对计算机病毒的监控管理，严格内外网物理隔离制度，及时安装病毒防火墙软件和操作系统补丁程序，切实把病毒的危害降到最低程度。

队伍建设

【机构人员情况】 截至2011年末，区局共有干部职工99人，其中：在职干部职工70人，离退休干部职工28人，平均年龄41.6岁。在职干部职工中：党员43人，占61.4%；大专以上学历64人，占91%，其中，本科学历31人，专科学历33人。共有10个内设科室，即：办公室、人事教育科、监察室、办税服务厅、征收管理科、货物和劳物税科、所得税科、纳税服务科、政策法规科、收入核算科；1个事业单位：信息中心；2个副科级派出机构：第一税务分局、第二税务分局；1个副科级的直属机构：稽查局。

【领导班子建设】 一是认真开展好民主生活会。严格遵守党内政治生活准则，坚持党组集体领导，积极开展健康的批评与自我批评，加强工作生活方面的沟通交流，做到有情况随时沟通，个别问题个别沟通，相互交流思想，达成共识，达到相互了解、统一思想的目的。二是建立领导值班制度，领导班子轮流值班。三是建立领导班子周会制度。每周一领导班子成员召开碰头例会，通报总结上周情况，安排本周工作，工作中成绩和经验相互借鉴，问题共同处理。

【廉政建设】 一是有针对性地加强警示教育。引导干部算好政治、经济、人生、家庭“四本账”，筑牢拒腐防变的思想防线。二是完善机制，强化监督。大力推进政务公开，加大基层和纳税人关注的热点和难点问题的公开力度。在税收执法权上，把更多的执法行为纳入到计算机防控体系中；在行政管理权上，全面推行人事、财务、事务“三公开”，增强透明度，防止“暗箱操作”。三是领导带头，齐抓共管。进一步完善和落实“领导责任制、部门责任制、岗位责任制”三位一体的党风廉政建设责任体系，层层签订了《党风廉政建设责任书》。

【精神文明建设】 古城区国税局坚持“立体式创建、整体性推进、全方位提高”的创建工作思路，进一步丰富和发展创建活动的形式和内容，深入开展精神文明创建活动。2011年1月，被云南省国家税务局评为“三读活动”先进单位；2011年4月，被丽江市国家税务局评为“党风廉政建设先进集体”；2011年6月，被古城区工会表彰为“先进职工之家”。

【教育培训】 一是按照教育培训计划开展工作，2011

年，共参加省局组织任职培训1人次，专门业务培训11人次，参加市局业务培训10人次。区局举办业务培训8期，共培训735人次。二是认真学习杨善洲先进事迹，扎实推进“创先争优”活动。年内党员干部集中学习了两次，召开了一次“学习杨善洲精神做人民满意的好党员好干部”为主题的学习生活会，43名党员各交43份党性分析材料及学习心得。

（刘雪敏）

玉龙纳西族自治县国家税务局

经济概况

2011年，玉龙纳西族自治县生产总值（GDP）完成27.33亿元，按可比价格计算，比上年增长16.0%，增速比上年加快1.0个百分点。分产业情况看，第一产业完成增加值6.77亿元，增长7.5%；第二产业完成增加值7.9亿元，增长17.9%；第三产业完成增加值12.66亿元，增长19.7%。产业结构调整的步伐进一步加快，三次产业结构由上年的26.4:28.3:45.3调整为24.8:28.9:46.3。第一产业比重下降1.6个百分点，第二产业比重提高0.6个百分点，第三产业比重提高1.0个百分点。第一、二、三产业对经济增长的贡献率分别为12.4%、31.7%、55.9%。分别拉动经济增长1.99、5.08、8.93个百分点。按年末人口计算，全县人均生产总值达到1.27万元，比上年增加2298元，增长15.7%，按年末汇率折合1999美元。非公有制经济创造增加值13.14亿元，按可比价格计算，同比增长16.3%，非公有制经济增加值占全县生产总值的49.2%，比上年提高0.1个百分点。

税收概况

【收入完成情况】 2011年，玉龙县国家税务局税收收入首次突破亿元大关，共完成税收收入1.01亿元，完成年计划的105.68%，同比增收2965万元，增长41.54%。其中：增值税完成6013万元，同比增收2451万元，增长68.81%；消费税完成21万元，同比增收10万元，增长90.91%；企业所得税完成4056万元，同比增收513万元，增长14.48%；个人所得税完成13万元，同比减收9万元，下降40.91%。

【收入特点】 烟草企业增值税是玉龙县的支柱税源，占增值税总收入的57.97%。2011年实际入库烟草企业增值税3486万元，比上年同期增长1547万元，上升79.78%。丽江金安桥水电站开始发电，电力增值税成为税收收入增长新的亮点，电力企业增值税完成909万元，占增值税入库数的15.12%，较上年同期增收636万元，上升232.97%。

【税源分析】 收入比重分析：增值税占总收入的59.52%；消费税占总税收收入的0.21%；企业所得税占总收入的49.63%。按经济性质分析：国有企业完成3553万元，占总收入的35.17%，同比增收444万元，上升14.28%；集体企业完成1160万元，占总收入的11.48%，同比增收1157万元，较上年净增；股份制企业完成3354万元，占总收入的33.20%，同比增收917万元，上升37.63%；私营企业完成686万元，占总收入的6.80%，同比增收123万元，增长21.85%；港澳台投资企业完成863万元，占总收入的8.54%，同比增长198万元，上升29.77%；个体经营完成487万元，占总收入的4.82%，同比增收126万元，上升34.90%。增值税分项目完成情况分析：（一）商业累计入库4369万元，较上年同期增收1823万元，上升71.60%，占增值税的72.66%。（二）电力累计入库909万元，较上年同期增收636万元，上升232.97%，占增值税的15.12%。（三）原煤累计入库144万元，占增值税的2.39%。（四）非金属矿物制品累计入库117万元，占增值税的1.94%。（五）食品加工累计入库70万元，占增值税的1.16%。（六）黑色金属矿累计入库40万元，占增值税的0.66%。（七）其它累计入库364万元，占增值税的6.05%。

【税务管理】 （一）认真做好增值税一般纳税人资格认定工作。全年审批认定10户纳税人为增值税一般纳税人，并纳入增值税介质申报管理；按相关程序取消5户纳税人的增值税一般纳税人资格。对纳入防伪税控系统开具专用发票的纳税人发行“两卡”，对开具专用发票最高限额，申请领购专用发票种类、领购数量等方面按规定进行审批，严格按批准购票限量发售专用发票，在日常的认定管理中严格按照规定进行审批，做到有关手续齐全、程序合法。（二）认真贯彻落实税收优惠政策。享受增值税减免税政策共67户，其中国有粮食购销企业2户、批发零售种子种苗化肥农药农机纳税人11户、农业生产者—种植养殖业54户。享受企业所得税减免税政策共9户企业，其中享受西部大开发优惠政策减按15%税率执行4户，从事农、林、牧、渔业项目免税5户。（三）做好出口货物免、抵、退税管理。认真审核好进出口企业出口货物免、抵、退税等资料。我县征管的4户进出口企业中，3户企业有进出口业务，1户暂时无进出口业务。作为征税机关，我们严把初审关，2011年3户企业实现出口货物销售额8721.95万元，免抵退税额7379.35万元，免抵税额182.94万元，应退税额554.99万元。（四）认真做好所得税汇算清缴工作。我县企业所得税管户有207户，比上年增加30户，增长15.95%。应参加汇算清缴企业188户，实际参加汇算企业185户，汇算面98.40%。未参加汇算清缴的有3户，原因是税源管理分局对3户企业进行了非正常户认定。盈利企业共实现“应纳税所得额”1.82亿元，应纳所得税4561.55万元。共有10户企业享受了所得税优惠待遇，均为A类企业，实际减免所得税1629.53万元。

各项工作

【税收法制建设】 认真贯彻执行税收行政法律法规，规范行政执法行为。一是认真遵守规范性文件会签和报备制度，严格规范性文件制定和管理，全面清理以前年度制定的规范性文件，确保规范性文件合法、规范。二是认真组织学习《行政强制法》及《行政诉讼法》《行政复议法》等法律法规以及国家税务总局新出台的税收政策，切实提高干部依法行政和贯彻执行税收政策的能力。三是认真贯彻执行税收征管法及其实施细则，加强日常税收管理违法违规行为处罚力度，宣传税收法律、法规知识，努力营造依法治税环境。（一）开展普法宣传活动，增强法律意识。一是继续开展多种形式、多种层次、多领域的税收法律法规知识宣传工作，尤其是加强了对《两个条例》的宣传培训工作，进一步提高了纳税人的自觉纳税意识。二是为提高依法行政、依法执法的工作能力，明确重点学习内容，加强干部税法知识培训。三是根据国税系统落实依法治税和“六五”普法工作的总体要求。按照突出重点、紧扣主题、贴近基层、服务纳税人的要求，以税收宣传月和12·4法制宣传日为切入点，以“法律六进”活动为抓手，深入开展“六五”普法法制宣传教育各项工作，大力推进依法治税。及时成立了“六五”普法办公室，为推动“六五”普法工作的开展，提供坚实组织保障，加强对社会宣传普及税收法律法规和政策知识的组织领导。（二）继续加强重大税务案件审理工作。认真落实《重大税务案件审理办法（试行）》，进一步强化了对重大税务案件查处行为的监督，围绕事实证据、适用法律和执法程序三个方面，严格把关，努力提高审理质量。继续实行重大案件集体审理定案制度，加强对县局权限税务稽查案件的事前事后监督，统一案件处理处罚标准，有效限制税收执法自由裁量权，确保案件审理的公正公平。

【税收征管】 加强户籍管理。利用工商、税务登记信息交换平台，逐月采集工商核准新开业户数，与国税征管软件中的登记户数进行比对、清分、加工，筛选出属于国税管户的信息，剔出已办理税务登记证的管户，及时发现已办理工商营业执照未办理税务登记户数，为税源管理提供可靠的依据。继续做好普通发票简并换版工作。制定《玉龙县国家税务局普通发票换版工作实施方案》，成立领导小组，按照省局、市局普通发票简并换版工作要求，统一思想、明确任务，认真落实普通发票简并换版工作。做好新版发票填开系统启用后管理工作。一是加强对纳税人发票领购资格的审核管理。二是加强对纳税人开具发票情况进行比对检查，保证存根联信息与电子信息一致；三是采取“宽、严”适度的方法强化管理。对用票人纳税信用等级高，连续三年未发生违章违规的适当放宽用票限量。对用票人纳税信用等级低，有违章违规纪录的严格用票限量；四是在岗责、流程等方面建立发票管理内控机制，降低执法风险和杜绝人为因素；五是针对发票作废数量多的问题，加强内部培训和外部辅导，提高开票质量；六是落实发票检查制度，增加发票检查频率，控制发票用票量，防止携票走逃，发票流失；七是加强发票相关数据的比对、协查，建立巡查制度，使新版发票推广得以顺利进行。认真落实好新发票管理办法实施的相关工作。及时掌握新办法的各项规定，对新办法真正做到懂、知、会，增强做好发票管理工作的风险意识。充分利用政务信息公开网站、电视台、办税厅公告栏、手机短信平台等，向全社会宣传新发票管理办法的主要内容。对纳税人进行解释答疑，重点辅导宣传，确保纳税人及时掌握新政策，为新办法的实施奠定坚实的基础。以贯彻新办法为契机，把发票管理与税收执法责任制相结合，规范发票购领手续，严格审核纳税人的填写情况，保证发票管理的规范有序。四是规范使用发票专用章。做好税收征管业务数据质量控制。建立健全各级国税机关之间、国税机关内部各部门之间、国税机关与外部门之间的纵横结合、内外协作的税源管理运行机制；综合运用税收弹性分析、税负分析、税收关联分析等方法，深入开展经济税源分析、政策效应分析、管理风险分析和预测预警分析；充分发挥税源与征管状况监控分析领导小组的组织协调作用，统一分析监控税源风险，统一下达风险预警指标和纳税评估重点，统一督导、反馈、考核税源管理和征管状况，避免重复工作和对纳税人重复评估、检查。切实做好纳税评估工作。增值税专项评估企业3户，涉及汽车配件销售、旅游产品销售、石膏矿销售。通过实地核查，分别调取、审核企业账簿和凭证。查出如下涉税问题：2009年免税期间将各种不得税前扣除的赞助费用进行了税前扣除，总计金额81.87万元，应做纳税调整，调增应纳税所得额81.87万元。对28户企业进行了日常纳税评估。其中既涉及增值税又涉及企业所得税的企业15户；仅涉及增值税的企业10户；仅涉及企业所得税的企业3户。

【税收执法】 全面落实税收执法责任制，实现执法责任制的自动考核和人工考核。认真抓好税收执法责任制自动考核系统的应用，及时追踪、督促过错行为的申辩调整。做好税收执法管理信息考核申辩调整、过错追究工作。针对税收执法子系统运行差错率居高不下的实际，从差错找差距，把责任明确到人，严格制度，强化责任意识，把问题解决在萌芽状态。加强执法监督，开展执法监督检查：开展规范性文件清理工作；对税收执法情况进行检查，确保国税机关正确履行职责，规范税务干部执法行为，提高纳税人对税收法律的遵从度，保护纳税人的合法权益。

【信息化建设】 （一）强化软件应用，加强安全防范。在推行软件应用上，展了网上申报、网上认证工作。在加强信息化安全建设上，重点做到了三个方面的安全管理。一是物理安全。包括设备的防盗、防火、防鼠、防霉、防尘。二是数据安全。定期对重要的数据信息进行备份，备份的方式上根据数据的重要程度分不同的安全等级，分别采取异机备份，定机备份等方式，有效地保证了全局各项税收数据信息的安全。三是操作系统和应用系统的安全。根据上级局的要求，我们对全局的所有计算机安装了“瑞星杀毒软件”、“内网安全管理及补丁分发系统”。在网络安全上，我们主要确保网络的畅通，做好网络设备的参数备份，定期检测，做好防雷防护工作。（二）做好新办公楼网络系统建设。在省局的支持与三家网络公司协调帮助下，共开通2兆专用线路三条，保持互通和三线备份，实现了“金税工程”三期又一项基础工作，有效地保证了县局与市局，县局与省局，县局与分局的沟通和联系，各税收应用系统的应用；做好全县网络管理维护工作，做好机房硬件设备的正常运转维护工作，做好病毒防范工作，做好各系统的安全涉密、数据备份等工作，确保各应用系统的安全平稳运行。（三）积极推广税务与组织机构代码信息共享项目。自启用税务与组织机构代码共享信息后，办理税务登记时对逾期未办理信息自动提示应作处罚处理，对工作人员正确履行职责、减少失误起到了很好的作用，减轻了执法风险。（四）做好12366纳税服务热线推广应用工作。按照省局和市局的部署，安排相关人员参加了12366热线推广工作的培训，了解热线的工作流程、方式和工作部署，为12366热线的进一步推广打下了良好的基础。（五）加快网上办税服务。依托信息化，进一步扩大网上申报、网上开具普通发票等业务的范围，逐步拓展网上登记、网上办理涉税事宜、网上宣传咨询等业务，进一步从办税的方式、方法上方便纳税人。使用网络版发票的用票户、使用介质申报方式、储蓄扣税方式的纳税户逐步增加，提高了办税效率，极大地方便了纳税人。

队伍建设

【机构人员情况】 全局年底在职人数53人，其中领导班子4人；内设行政机构8个（31人），即办公室（6人）、人事教育股（2人）、监察室（2人）、税政管理股（3人）、征收管理股（6人）、政策法规股（1人）、收入核算股（2人）、办税服务厅（9人）；设直属事业单位1个，信息中心（2人）；设派出机构1个，黄山税务分局（12人）。下设机构1个，稽查局（4人）。离退休人员18人。

【领导班子建设】 以执政能力建设为根本，切实加强领导班子的思想、组织和作风建设。持续深入推进省委“个人形象一面旗，工作热情一团火，谋事布局一盘棋”和市委“六个表率”主题实践活动。认真做好选拔任用干部工作。严格按照《党政领导干部选拔任用工作条例》规定选拔干部，坚持德才兼备、任人唯贤、以德为先的任用标准，选拔和任用股（所）级干部。开展整治“庸、懒、散、浮”的作风建设活动。提出了建立“五个机制”的要求：教育引导机制、自我约束机制、整改承诺机制、制度监控机制、奖惩激励机制。通过纪律作风整顿，从源头上消除“庸、懒、散、浮”的土壤，提高国税工作的效率。组织召开党组民主生活会。一是对县局党组和党组成员一年来各方面的情况广泛征求了广大干部职工的意见和建议，并组织全体干部职工以无记名投票的方式，对党组及党组成员进行民主测评。二是县局党组召开会议，认真分析和研究干部职工所提出的意见和建议，结合党组及党组成员个人的工作实际，针对存在的问题和不足，认真进行对照检查，找出了存在的问题和原因，并提出了初步整改意见。三是根据市局和玉龙县委有关文件的要求，结合“服务基层年”活动、“创先争优”活动和“作风建设教育”活动等，局党组认真学习了十七大以来党的创新理论，为开好民主生活会奠定了思想理论基础。四是党组成员间认真开展了谈心交心、交流思想活动。班子成员之间达到了相互理解、相互信任、相互帮助，增进了解和支持、加强团结，交流思想、查找问题、共同提高的目的。

【党风廉政建设】 深入贯彻落实党风廉政建设工作责任制，认真履行“一岗双责”；加强廉政教育，狠抓政治纪律，加强对干部的监督管理，培养干部健康向上的生活情趣，树立廉洁奉公的良好形象；严格遵守廉洁从政规定，自觉抵制各种不正之风，做到在生活上廉洁俭朴，在经济上公私分明，在工作上秉公办事，严格约束自己；继续认真落实“四项制度”，切实做到为民、务实、清廉；认真组织召开党组民主生活会；认真做好税务纪检监察管理信息系统推广应用工作；健全有效的监督制约机制，切实做到用制度管人、用制度管事。

【精神文明建设】 健全精神文明建设工作机制，在玉龙国税“十二五”工作发展规划中，认真制定精神文明建设的中长期目标和年度计划，成立领导机构，分解工作职责，量化工作任务，形成局长统一抓、分管副局长亲自抓、人事教育股具体抓、全体成员共同参与的工作机制。加强硬件设施建设，营造全县一流的办公环境、绿化环境；以搬迁新办公楼为契机，加强玉龙政务中心国税分中心建设，逐步完善办税服务厅功能，满足纳税人的不同需求；加强政务公开、党务公开工作，自觉接受广大纳税户和社会各界人士的监督。加强精神文明建设工作痕迹管理，根据形势发展和情况变化的要求，不断规范和完善文明创建过程中的各种文档资料，达到文明单位的规范化、标准化要求。加强干部教育，对干部进行文明市民公约、社会公德、职业道德、家庭美德教育，提高干部文明素质。

【教育培训】 落实好新发票管理办法实施的培训工作，加强对新发票管理办法的学习，及时掌握新发票管理办法的各项规定，对新发票管理办法真正做到懂、知、会，增强做好发票管理工作的风险意识。组织学习《行政强制法》及《行政诉讼法》《行政复议法》等法律法规以及国家税务总局新出台的税收政策，认真组织全体税务干部进行《行政强制法》知识考试，切实提高干部依法行政和贯彻执行税收政策的能力。安排相关人员参加了12366热线推广工作的培训，了解热线的工作流程、方式和工作部署，为12366热线的进一步推广打下了良好的基础。

（赵瑞刚）

永胜县国家税务局

经济概况

2011 年，永胜县紧紧围绕建设“四大基地”、实施“五大战略”的发展思路，强措施、固基础，稳步发展“三农”工作；转方式、调结构，加快推进新型工业化进程；强基础、增后劲，拉动固定资产投资；谋福祉、促和谐，统筹发展各项社会事业，全县经济社会实现持续快速健康发展。继续实施“工业倍增”计划，推动工业经济快速发展，工业总产值完成 25.98 亿元（现价），同比增长 34.40%。完善“一园五区”工业发展布局，加大县城工业园区二期基础设施建设力度，园区发展水平明显提高。加强煤炭行业规范化管理，加强煤炭价格调节基金征收，煤炭产业对地方财政收入的贡献率切实提高。进一步规范螺旋藻生产秩序，螺旋藻产业整合工作扎实推进，云南绿 A 生物产业园建设进展顺利。紧紧抓住国家加强基础设施建设机遇，掀起了以交通、水利为重点的项目建设新高潮，固定资产投资快速增长。

2011 年，永胜县完成生产总值（GDP）36.9 亿元，同比增长 18.3%，其中：第一产业增加值达 10.51 万元，同比增长 7.40%，第二产业增加值达 15.57 万元，同比增长 34%，第三产业增加值达 10.91 万元，同比增长 13.7%；全县工业产值（现价）实现 25.98 万元，同比增长 34.40%；完成地方财政一般预算收入 2.02 亿元，在市对县考核基数的基础上增长 41.6%，超额完成目标任务；完成固定资产投资 20.6 亿元，同比增长 36%；实现社会消费品零售总额 9.4 亿元，同比增长 22.5%。

税收概况

【收入完成情况】 2011 年，永胜县国家税务局入库各项税收 1.99 亿元，同比增收 5034 万元，增长 33.8%。增值税入库 1.7 亿元，同比增收 4061 万元，增长 31.3%。消费税入库 15 万元，同比持平。企业所得税入库 1145 万元，同比增收 818 万元，增长 250%。储蓄存款利息个人所得税入库 15 万元，同比减收 17 万元，下降 50%。车辆购置税入库 1702 万元，同比增收 172 万元，上升 11.2%。

【收入特点】 总体上看，全县国税收入形势整体良好。从总收入看，国税收入创历史新高。2011 年，全县累计完成国税收入 1.99 亿元，同比增长 33.8%，国税收入总量接近 2 个亿，比 2010 年增收 5034 万元。从全年情况看，收入均衡性有所降低，月度间税收波动明显。2011 年全县月度间收入规模差距较大，收入规模最高的 10 月份为 3175 万元，最低的 3 月份为 514 万元，相差 2661 万元，纵观逐月走势，其中一个最典型的特征就是从 4 月份开始，连续 9 个月形成了一个明显的峰值，收入均在 1000 万元以上。分税种看，各主体税种均保持较快增长。企业所得税增长最快，同比增长 250.2%，增收 818 万元。增值税增长 31.3%，增收 4061 万元，是拉动全县国税收入增长的主要动力。消费税与上年同期持平。车购税增长 11.2%，增收 172 万元。个人储蓄存款利息所得税下降 50%，减收 17 万元。分级次看，中央级、地方级税收同比增长。中央级税收入库 1.52 亿元，同比增加 3710 万元，增长 32%；地方级税收入库 4725 万元，同比增加 1335 万元，增长 39%，地方可用财力增长较快。

【税源分析】 一是骨干税源中电力、煤炭税收收入创历史新高。2011 年入库电力增值税 2861 万元，增收 2017 万元，同比增长 239 %；入库煤炭增值税 7333 万元，增收 1306 万元，同比增长 21.7%，共提供增值税增量 3323 万元，占增值税税收增量的 82%。主要原因：一是煤炭价格上涨，煤炭市场供小于求，有 8 户煤炭企业的煤炭税收不同程度比上年增收。二是金沙江金安电站工程完工，第一台、第二台机组分别于 2011 年 3 月、6 月正式并网发电后永胜县增加的电力税收分成。二是部分重点税源大幅滑坡。2011 年全县重点税源企业中桃园糖业公司、永胜宏兴储煤厂、马过河明海煤业有限责任公司、永胜县金泉储煤场、永胜县鑫源储煤场、永胜县百盛煤厂等均出现收入大幅滑坡，6 户企业同比共计减收 1631 万元。三是新增税源发挥了补缺作用。金沙江金安水电公司入库增值税 2065 万元；丽江程海保尔生物开发有限公司同比增收增值税 528 万元；云南绿 A 生物工程有限公司永胜分公司同比增收增值税 384 万元。永胜县农村信用联社恢复征收所得税后，2011 年入库企业所得税 1145 万元，同比增收 818 万元，增长 250.2%。四是强化征管起到税收增长“加速器”的作用。一年来，全县国税系统大力实施税收精细化管理，加强了企业所得税征管、煤炭税收征管、小规模纳税人管理和行业税收征管，落实税收执法监督考核管理，健全和完善了一系列税收征管工作长效机制，税收征管质量和效率显著提高，起到税收增长“加速器”的作用。2011 年煤炭税收增收 1306 万元，企业所得税增收 818 万元。

各项工作

【依法治税】 一是认真贯彻落实税收优惠政策。加强税收新政策的学习宣传培训工作，使国税干部、纳税人以及社会各界人士及时了解掌握新政策的相关规定和要求，增强贯彻落实新政策的透明度。全年为企业减、免、抵、退税共计 1202 万元，较好地发挥了税收服务地方经济发展的职能作用。二是深入贯彻落实《全面推进依法行政实施纲要》。积极抓好规范性文件清理工作，认真实施税收规范性文件的备查备案和报送制度，严格按照程序依法制定税收规范性文件，确保所制定的规范性文件不与国家现行法律、法规、规章相抵触，不与上级机关的规范性文件相抵触。加强税收规范性文件检查监督，开展好税收规范性文件备案备查工作，切实提高全局税收规范性文件管理质量。三是继续抓好征管、执法两个系统质量责任考核和过错责任追究。充分发挥综合征管软件、税收执法管理信息系统对税收管理、税收执法行为的规范和监督作用，加强软件运行的监督、考核、分析、查询等工作，严把数据入口关，严格申辩调整复查和执法过错追究，创新强化科学管理的措施办法，规范提高行业税收管理的质量和效率，确保了执法水平逐渐提高，“两个”系统运行质量好。

【税收管理】 一是认真落实税收管理员制度和领导管户制度，抓实管理基础建设。按照国家税务总局修改完善后的税收管理员制度和市局的要求，进一步理顺和规范工作职责，明确工作标准，完善税收管理员制度，认真落实税收管理员工作日志和税源调查工作底稿制度，将税收管理员履职情况与落实各项税收征管指标连为一体，明确任务，加强考核检查，有效发挥税收管理员的宣传、辅导、协调、执法监督的作用。与此同时，按照市局提出的领导管户工作要求，确定了分管业务的副职局领导、管理分局正、副职领导干部6人，分别挂钩22户企业；统一印制了《领导管户工作手册》，规定管户领导每个季度至少下户一次；各级管户领导干部做到按时与税收管理员一起下户现场办公，了解企业生产经营和财务状况，宣传税收法律法规，开展纳税服务，进行税收分析，指导税收管理员抓好具体税收征管工作，有效发挥了领导管户的典型示范作用。完善登记管理。加强与工商部门信息交换，认真落实属地和分类管理制度，强化日常巡查和检查等动态管理措施，加强对停复业的跟踪管理和非正常户、失踪户的清理，抓好户籍静态、动态监管和实地巡查工作，使户籍数据准确、真实。2011年，全县共有登记户3532户，其中：企业522户、个体工商户3010户。切实抓好发票管理。加强发票领购、运输、库房安全、出（入）库、发售、验旧、缴销等日常管理，认真落实各项发票管理制度，强化发票的日常稽查和专项检查工作，对用票户的经营情况、范围与票种核定管理情况进行了全面清理核对，严格查处应开不开、虚开代开、大头小尾以及制售假发票等违法行为。全年，处理发票违章40户，罚款1400元。四是规范个体工商户税收管理。按照“公平、公开、公正”的原则，实事求是地做好个体工商户税负核定和调整定额工作，加强个体工商户计算机定额核定系统的运行维护及数据分析，努力提升定期定额纳税人的征收率。二是强化重点税源管理。严格按照上级局要求，充分利用税收信息化数据及行业信息，积极借鉴外地成功管理经验，把年缴纳增值税和企业所得税在50万元以上的重点税源纳税人管住管好，实行县局、分局和税收管理员三级重点监控，继续坚持分户到人、分人盯户的管理举措，认真做好送政策上门宣传、服务、辅导工作，强化数据分析应用，及时排查征管疑点，促进重点税源纳税人管理质量的提高。三是优化整合人力资源，致力抓好纳税评估。充分挖掘和组织现有人力资源，成立由局长任组长、分管局领导任副组长、分局和业务部门负责人组成的纳税评估领导小组、办公室，综合统筹协调抓好日常纳税评估和专项纳税评估工作，由以往的多头安排分散评估改进为集中安排一起评估，有效地减轻了管理分局和纳税人的负担，达到了预期的目的，圆满完成了16户企业纳税评估工作，查补税款248.86万元。四是加强增值税管理。按照金税工程的要求，及时准确地做好增值税一般纳税人档案信息的采集录入以及变更和注销工作，新认定增值税一般纳税人25户，2011年底，共有增值税一般纳税人159户；全年增值税专用发票抵扣税额1.17亿元，运输发票抵扣税额343万元，农产品收购发票抵扣税额1878万元。五是抓好所得税管理。加强所得税政策业务的培训和辅导，认真落实“分类管理，优化服务，核实税基，完善汇缴，强化评估，防范避税”的所得税工作总体要求，对不具备查账征收条件的46户企业实行核定征收，认真落实“两级”审核制度，规范税企双方的操作流程，严把税前扣除项目审批关。按要求圆满完成了2010年度企业所得税汇算清缴工作，汇缴结果：汇缴面为98.75%，盈利面为57%，亏损面为43%，各项指标均达到上级局的要求。

【税收稽查】 充分发挥稽查促依法治税、强化征管、反腐倡廉的职能作用，落实责任目标，规范稽查行为，利用好稽查查账软件，拓展稽查选案渠道，实施稽查查前告知纳税人，积极发现和寻找涉税案源，切实有效地组织开展日常稽查、专项稽查和分类稽查工作，并加强与公安、地税等部门的配合，深入开展打击和整治制售假发票和非法代开发票违法犯罪活动，使稽查工作取得了一定的成绩，全年共选案检查纳税户12户，查补入库税款、滞纳金共计78.12万元，处以罚款4.05万元。

【纳税服务】 一是抓好纳税服务，促进征纳和谐。以“始于纳税人需求，终于纳税人满意”为导向，组织开展了“四亮四评”主题实践活动和“为民服务创先争优”活动。并结合实际，创新完善服务方式方法，大力推行多元化申报缴税方式，努力拓展纳税服务的手段与平台，加强办税服务厅规范化建设，建立办税引导员制度和岗位，认真落实延时服务、提醒服务、预约服务以及“AB角”互换、“一窗式”管理、“一站式”办结等服务措施，切实维护纳税人的权利，积极做好“阳光政府、效能政府四项制度”、96128政府信息查询、政府网站等相关工作，用真心服务促依法纳税、诚信纳税、自愿纳税，积极构建和谐征纳关系。二是抓好税收宣传。以4月份全国税收宣传月活动为重点，紧紧围绕“税收·发展·民生”这一主题，结合工作实际，加强领导，认真策划，周密部署，通过组织开展邀请纳税人为税收宣传月“出点子”、“送政策上门、用真诚服务”的税收宣传服务活动、“助企业发展 建和谐税收”走访纳税人春风活动等宣传活动，面向全社会广泛宣传税收法律法规知识，进一步提高了纳税人的税法遵从度，营造了良好的税收法制环境。

【行政管理】 一是不断完善内部管理制度。在认真梳理现有工作制度的基础上，根据工作需要，进一步完善了包括文件运转、活动安排、会议管理、请示报告、督查考核、信访、保密、值班等在内的各项规章制度，使各项工作更加有章可循、有规可依。二是规范公开财务管理。严格执行部门预算，减少日常不必要开支，大力压缩公务接待等三项费用；严格按上级批复，对经费账户进行年检备案；认真开展了公务用车和小金库治理工作；积极开展财务分析工作，形成经费管理月报制度；

规范了固定资产、办公用品的管理和采购行为，加强了办公资产的管理。完善领用手续，严格按照“谁使用、谁保管、谁负责”的原则实行管理，避免公有资产的流失。合理安排车辆使用和管理，提倡节水、节电、节能。三是规范机关政务管理。一方面，大力推行电子政务，优化工作流程，规范公文管理，全面提高了公文处理的质量和运转效率。另一方面，充分发挥内外网站功能，加强日常税收信息宣传，紧扣全局工作大局和阶段性中心工作，加大对信息资源的综合开发和深度挖掘，及时向县委、县政府“两办”及市局办公室上报各类信息，较好地促进了上下交流，展示了国税部门的社会形象。四是稳步开展社会综治维稳工作。认真履行好工作职责，结合工作实际，认真落实了安全稳定责任制，制定了严密的安全稳定措施，坚决防止发生危害国家安全和社会稳定的重大事件。加强了对税收管理信息化系统的安全防护工作，确保了计算机网络的安全运行。

队伍建设

【机构及人员情况】 2011 年，局机关内设 8 个股室（办公室、人事教育股、监察室、税政管理股、征收管理股、政策法规股、收入核算股、办税服务厅）、1 个直属机构稽查局、1 个事业单位信息中心、1 个派出机构永北分局；设党总支部 1 个、党支部 4 个，有工、青、妇和离退休老干部组织。全系统共有干部职工 100 人，其中：在职干部职工 66 人，离退休干部职工 34 人；在职干部职工中党员 42 人，占干部职工总数的 64%，大专以上学历 57 人，占在职干部职工总数的 86%。

【队伍建设】 一是加强干部队伍建设。一方面，以改进思想作风、提升带队能力为重点加强领导班子建设。完善党组学习制度、学习督查制度、调查研究制度，进一步提高班子成员自身综合素质，不断增强班子的战斗力、凝聚力和团队执行力。另一方面，加强干部队伍的政治思想教育，采取各种形式，组织干部职工学习了党的十七届六中全会精神，为指导实际工作提供了思想保证和行动指南。同时，关心干部职工和离退休老干部的生活，全年走访慰问离退及困难职工四十多人次，给生活困难的职工发放了慰问品、慰问金，使职工切实感受到集体的温暖，增强了队伍的凝聚力和向心力。二是加强党的组织建设。把党建工作与税收中心工作紧密结合，充分发挥基层党组织的战斗堡垒和党员的先锋模范作用。组织党员收看了杨善洲先进事迹报告会，以身边的先进典型激励全体党员发扬爱岗敬业，无私奉献的主人翁精神，创一流的业绩。同时，组织党员干部参加了县委组织部组织的“党在我心中”知识竞赛活动，参加了全县“红歌唱给党听”歌咏比赛。三是加强作风纪律建设。在全局开展作风整顿行动，由办公室、人事、监察部门组成专门的作风检查小组，主要对机关上下班纪律和会议出勤情况进行监督检查，促使全局作风纪律进一步好转。

【廉政建设】 认真贯彻党风廉政建设责任制。积极抓好预防职务犯罪，开展了经常性的廉政教育，先后开展集中学习、专题讨论、观看警示片、党课教育等多种形式的廉政教育活动。在年初召开了全县国税系统党风廉政建设和反腐败工作会议，学习传达了全市国税系统党风廉政建设工作会议精神，总结了 2010 年党风廉政建设和反腐败工作并对 2011 年反腐倡廉工作做了全面部署，由县局一把手与各部门负责人签订了《2011 年党风廉政建设责任书》。一年来，干部队伍稳定，未发生违法违纪案件。

（王咏梅）

华坪县国家税务局

经济概况

2011 年，华坪县认真贯彻落实科学发展观，紧紧抓住国家实施新一轮西部大开发、全省“两强一堡”、全市“三基地、一窗口、一屏障”建设的机遇，围绕全面建设小康社会和建设“云南省工业强县”的奋斗目标，坚持工业支柱地位不动摇，着力转方式、调结构，奋力促发展、惠民生，攻坚克难，真抓实干，全县国民经济和社会发展实现“十二五”良好开局。2011 年全县完成生产总值（GDP）34.35 亿元，按可比价计算，比 2010 年增长 16.1%，生产总值自 2002 年以来连续 10 年保持两位数增长。工业在国民经济中的主导地位更加巩固，全年完成工业总产值 51.12 亿元，其中规模以上工业总产值 40.29 亿元。非公经济完成增加值 19.47 亿元，比 2010 年增长 15.2%，占生产总值比重为 56.7%。全年完成固定资产投资 28.83 亿元，比 2010 年增长 41.6%。地方财政收入首次超过 4 亿元大关，完成 4.57 亿元，比 2010 年增长 27.5%。经济结构进一步优化，第一、二、三产业对经济增长的贡献率分别为 4.5%、82.7% 和 12.8%，三次产业所占比例调整为 12.7:63.5:23.8。

税收概况

【收入完成情况】 2011 年，华坪县国家税务局组织各项税收收入 6.30 亿元，比上年增收 1.73 亿元，增长 37.89%。其中增值税 5.64 亿元，比上年同期增收 1.52 亿元，增长 36.99%，企业所得税 3604 万元，比上年同期增收 1579 万元，增长 77.97%。

【收入特点】 一是税收收入总量连跨 5 亿、6 亿两个台阶，收入规模再创新高，实现了“十二五”良好开局。二是税收入库均衡，每月较 2010 年同期增幅均在 30% 以上。三是三大主体税种增值税、企业所得税、车辆购置税均增长明显，增值税增长 36.99%、企业所得税增长 77.97%、车辆购置税增长 20.59%。

【税源分析】 煤炭、电力、建材、商业零售及批发四个重点行业同比普遍增收。煤炭增值税收入 3.5 亿元，比2010年增收8005万元，增长29.69%；电力增值税收入2005万元，比2010年增收47万元，增长2.40%；建材增值税收入3579万元，比2010年增收653万元，增长22.32%；商业零售及批发增值税收入1.51亿元，比2010年增收6113万元，增长67.91%。

各项工作

【税收征管】 一是夯实征管基础。深入贯彻落实税收管理员制度，强化税务登记管理，通过信息交换完善纳税人基础信息库。截至12月31日，华坪县国税局共有税务登记户数为3166户，其中：一般纳税人282户，个体户2677户，企业489户。二是加强税收调研分析。在调查研究的基础上，认真落实《税收分析工作制度》，充分发挥税收分析的基础性作用。三是加强税种管理。重点加强对增值税一般纳税人认定监控管理和进项税抵扣审核管理。进一步规范汇算清缴和核定征收工作，扩大查账征收面。四是加强税源管理。根据税源结构及风险特点，按照纳税人规模、行业，对税源进行科学分类，实施有针对性的专业化管理。依托信息化，建全对煤炭、电力、石灰石等重点行业动态税源监控制度。同时加强部门协作，继续执行与县煤管局的信息交换和共享制度，通过人机结合的监控管理模式，实现对重点税源的动态监控，把握收入工作的主动权。五是不断改进纳税评估。选调了3人专门负责纳税评估工作。全年完成专项评估13户、日常评估20户，共入库增值税44.6万元、企业所得税32万元，评估工作取得了突破性成效。六是打牢信息管税基础。切实做好普通发票简并换版工作，到12月底，已推广机打新版发票283户。网络办税“一体化”和税收管理员系统也成功上线。

【依法治税】 一是严格税收执法。大力推进依法治税，通过完善内部税收执法检查制度，抓好减免税审批、重大涉税案件、个体定税、重要审批事项的延伸检查工作，不断规范执法，强化执法监督，增强执法透明度，尊重和保护纳税人的合法权益。二是发挥稽查职能。以整顿和规范税收秩序为中心，结合华坪产业特点开展行业税收专项检查和区域税收专项整治。全年共检查23户，查补收入270万元，真正发挥了“以查促收，以查促管”的作用。三是强化税收宣传。认真做好“六五”普法工作，不断整合现有资源，积极利用门户网站、政务信息公开、税收专报等方式创新税收宣传方式，以服务大厅为税收宣传的大本营，以税收管理员、征管骨干等为主要流动宣传员，以税收工作中的“热点”和“难点”为主要内容，紧紧围绕“税收·发展·民生”主题，精心组织开展了全国第20个“税收宣传月”活动，不断强化税收宣传长效机制。四是认真落实税收优惠政策。继续深入贯彻落实结构性减税政策以及国家西部大开发、支持“三农”发展、促进资源综合利用、增值税起征点上调等方面的税收优惠政策。增值税起征点上调后，华坪县缴纳增值税个体工商户达起征点户数由682户减少为38户，预计每月减少税收负担10.8万元。全年累计减免税款463万元，退税246万元，极大地发挥了税收促进就业、调节经济发展方式等积极作用。

【纳税服务】 深入开展“为民服务创先争优”活动，以“四亮四评四创四比”为载体，认真梳理了纳税服务工作流程，完善了以宣传咨询、办税服务、权益保护制度为重点的纳税服务制度，健全对纳税人投诉举报的处理机制，全面建立纳税服务标准化管理制度。优化服务平台，积极完善“网上办税服务厅”功能，认真推广“12366”纳税服务热线，积极推行多元化申报体系，切实落实“两个减负”，不断提高纳税人的满意度。

队伍建设

【机构人员情况】 2011年，共有在职干部职工57人，其中：干部54人，工勤人员3人。县局机关设有办公室、人事教育科、监察室、办税服务厅、税政管理科、征收管理科、政策法规科、收入核算科、信息中心；派出机构有中心分局；直属机构有稽查局。

【领导班子和干部队伍建设】 一是认真开展“创先争优”活动。深入开展创先争优活动，广泛开展向杨善洲同志学习活动，组织大家观看杨善洲同志先进事迹报告会，学习相关文件精神，认真组织干部职工交流讨论，积极撰写心得体会和党性分析报告，教育和激励干部在基层干事创业，要求党员干部率先垂范，引导干部职工创先争优，不断营造积极向上、争先恐后的学习、工作氛围。二是加强党建工作。以提高党员干部的政治素养为重点，以开展“勤政务实、廉洁高效”作风建设教育活动和创先争优活动为着力点，结合建党90周年纪念活动的开展，认真组织干部职工学习党史、党纪、党章，切实抓好党的组织建设和党员的教育管理。三是加强教育培训。以岗位需求为导向，积极选拔专业骨干参加省局组织的教育培训，有针对性地对“六员”开展综合素质、专业知识和岗位技能的教育培训工作。四是加强作风建设。以思想建设为抓手，以制度建设为根本，通过广泛开展“互比、互评 ”活动，切实改进“庸、懒、散、浮”等不良作风。严格执行首问责任制、服务承诺制、限时办结制、预约服务制、延时办结制等相关制度，努力提高行政效能，着力加强作风建设。立足国税工作实际，在全局进行了广泛地动员，带动全局干部认真学习党的十七届六中全会、胡锦涛同志在中国共产党成立90周年纪念大会上的讲话、秦光荣同志在省委常委（扩大）会议上的重要讲话精神；《公务员法》等文件，搭建干部职工交流讨论的平台。

【党风廉政建设】 一是加强思想政治教育，扎实推进廉政主题教育活动。组织干部认真学习《中国共产党纪律处分条例》、《关于实行党政领导干部问责的暂行规定》、《廉政准则》等文件精神，组织廉政讲座，通报近年来我国严重违法违纪案件和地方反腐成果，分析利用这些违纪违法典型案件，结合部门职责和地理人文环境，用“身边的事”说“身边的人”，深刻分析腐败现象产生的原因，认清危害，以案为鉴，牢筑防腐防线。二是认真贯彻执行中央《关于实行党风廉政建设责任制的规定》，切实抓好责任分解、责任考核、责任追究，强化主要领导干部“第一责任人”的政治责任，落实

"一岗双责"，结合国税部门实际，加强"两权"监督和对重点岗位、重点环节的监控，突出抓好内控机制建设、着力打造廉洁国税机关。

（徐丽华）

宁蒗彝族自治县国家税务局

经济概况

2011年，宁蒗彝族自治县实现生产总值（GDP）19.22亿元，比2010年增加4.22亿元，增长率为28.13%。生产总值中第一产业5.06亿元，比2010年增收8600万元，增长率为20.48%，第二产业6.33亿元，比2010年增收2.07亿元，增长率为48.59%，第三产业7.83亿元，比2010年增收9600万元，增长率为19.72%。三产比例为26:33:41，与2010年相比，第一产业在国民生产总值比例继续下降，下降了2个点，第二产业上升幅度较大，上升了5个点，第三产业则下降了3个点。与全省三产业结构16:46:38相比可以看出，宁蒗第二产业发展仍然很薄弱，比全省低13个百分点，第三产业所占比重则率高于全省水平，这主要是因为泸沽湖旅游景区带动了第三产业的发展。

税收概况

【收入完成情况】 2011年，宁蒗县国家税务局共组织入库各项税收1.47亿元，比2010年入库额1.01亿元增收4630.86万元，增长率为46.02%，高于全省24.85个百分点，圆满完成了各项税收收入任务。入库的1.47亿元税款之中，增值税入库1.4亿元，较2010年增加4427.92万元，上升46.24%；消费税入库4.52万元，较2010年减少4800元，减少9.68%；个人所得税累计入库4.64万元，较2010年减少3.37万元，下降42.05%；企业所得税入库586.10万元，较2010年增加183.67万元，上升45.64%；车辆购置税入库96.14万元，较2010年增加23.13万元，上升31.68%。

【收入特点】 （一）税收收入继续高速增长，并且明显高于经济增长速度。继2010年税收收入实现48.06%的增长速度以后，2011年实现了46.02%的增长速度，比经济增长速度28.13%高17.89个百分点。（二）增值税作为主税种的地位依然非常明显，增值税在整个税收收入中的比例为95.29%，因此增值税的增长率对税收增长率起着决定性的作用。（三）2011年，宁蒗国税宏观税负为7.65%，税收弹性系数为1.64，与2010年相比宏观税负提高0.99个百分点，税收弹性系数下降2.38，宏观税负提高，说明税收增长速度快于经济增长速度，税收弹性系数下降较大，说明税收持续快速高于经济增长的势头将放缓；宏观税负与云南省宏观税负14.82%相比，低7.17个百分点，税收弹性系数则与云南省税收弹性系数1比较接近。

【税源分析】 （一）分税种来看，五大税种入库收入有增有减。增值税收入随着煤炭的正常生产和价格的稳定而稳步增长；企业所得税伴随着烟草产业的发展和宁蒗县农村信用社业绩的快速增长而增长，年增长率达到45.64%。车购税增收大的原因是国家的家电下乡政策继续发挥作用和社会经济的发展极大地提高了宁蒗人民对摩托车的消费；消费税略微下降的原因是宁蒗县没有比较突出的消费税税源企业，仅有几家小酒厂和金银首饰零售企业，消费税税源具有极不稳定的特点；储蓄存款利息个人所得税下降的原因则是国家政策的影响，国家已经停征了储蓄存款利息个人所得税。（二）从各行业比例构成来看（含各税种），煤炭开采和洗选业各项税收累计入库7837.80万元，占到征收税额的59%，是宁蒗县的第一大税源行业，与2010年相比则下降了7个百分点，主要原因是水电行业入库税额的大幅增长。水电行业2011年入库1540.86万元，比2010年增加1196.25万元，所占比例也从2010年的3%提高到2011年的12%，提高了9个百分点。煤炭、批发、零售、电力占到税收收入的98%，是宁蒗县的重点税源行业。（三）分经济性质来看，国有企业入库876.09万元，集体企业入库547.65万元，国有控股股份有限公司入库553.76万元，三者合计1977.5万元，占总入库税款的比例为13.46%，增长率为31.02%，2010年，三者入库1364.04万元，占总入库税款的比例为13.55%，2011年与2010年相比，国有、集体占总入库税款的比例保持稳定，说明国有、集体经济与私营经济发展速比较协调一致。

各项工作

【税收征管】 （一）严格税收管理员制度，完善户籍管理资料库。一是强化信息管税基础。加强与工商、地税、质监、银行、矿管、医保之间的交流与协作，加强对组织机构代码共享信息系统的运用，利用组织机构代码信息系统上线以来所提示出的未登记信息、错码信息、重码信息及时对税务登记情况加以整改落实；利用医保、银行、地税、保险机构之间的信息，加强对个体工商户核定征收的管理。2011年，宁蒗县国家税务局1名人员专门负责与外单位部门信息的交流协作，及时将从工商、地税等部门取得的信息分析整理后传递给税收管理员。二是认真贯彻落实宁蒗县国家税务局制定的《税收管理员巡查制度》，加强对纳税人的动态管理。2011年，共清理漏征漏管户70余户，个体核定定额2万元以上的纳税人达到了107户，达起征点率为7.34%，在丽江市国税系统中排名第一。（二）继续稳步推进普通发票简并换版工作。新版普通发票自2010年10月15日推广以来，所有需要用票的纳税人都领用了新版普通发票，截至2011年12月31日，共有148户纳税人领购了新版机打发票，323户纳税人领购了新版手工发票。（三）加强税源与征管状况监控分析工作。对综合征管软件中存在的风险问题进行过3次整改。（四）做好纳税评估工作。完成了纳税评估工作的人员配置、工作分工。一是注重对整个纳税评估工作的统筹安排。二是注重第三方信息的使用。在开展评估之前，到地税、矿产资源管理、电力等相关部门采集企业的涉税信息，在开展评估之前就大致掌握了企业的生产销售情况。三是注重实地核实。四是纳税评估与税法宣传辅导相结合。在评估对象确定后，通过下发资料、约谈等形式向评估对象宣传税收法律、法规的有关规定，对在评估过程中发现的企业在执行税收法律法规出现偏差及财务处理等方面的问题，及时给予辅导建议。五是纳税评估与服务发展相结合。六是纳税评估与日常管理相结合。2011 年共评估了 12 户纳税人。其中有问题的 10 户，10 户纳税人共评估入库增值税 60.03 万元，企业所得税 11.05 万元，企业所得税亏损数额调减 312.03 万元。通过纳税评估，纳税人的税法遵从度得到有效提高，财务管理得到明显改善。（五）加强延期缴纳税款的审批。共有 11 户纳税人申请了延期缴纳税款，有 5 户纳税人因提供资料不符合要求被退回，我局上报审批 6 户，其中 5 户通过审批，1 户资料不符合要求，未通过审批。（六）加强个体税收管理及普通发票管理。不断对定额标准、调整系数、定额依据权数进行调整优化，坚持定额核定公示、定额核定小组讨论的原则以便更加科学、合理地核定个体定额。从 2011 年 11 月 1 日起，将个体工商户起征点由 5000 元调整到 2 万元，起征点提高以后，容易发生纳税人借用他人发票偷逃国家税款的行为，为此加强了纳税人领购发票和发票验旧的管理，纳税人领购发票时，税收管理员对纳税人的实际经营范围进行核实，并在票种核定表上备案，防止纳税人超范围为他人代开发票，发票验旧时，发现开具内容与纳税人经营范围不一致的情况时，及时移交税收管理员调查核实处理。

【纳税服务】 一是进一步转变服务观念、更新服务理念、增强服务意识。开展了“假如我是纳税人”主题实践活动，让大家换位体验、思考，寻求如何更好地为纳税人服务。二是完善纳税服务制度建设。坚持“公开政策、公平监督、透明执法、优化服务”的方针制定了《办税服务厅工作人员管理办法》、《一窗式管理服务标准》、《服务承诺制》、《延时服务》、《首问责任制度》等，公开接受社会监督，公开工作人员的工作职责、办税程序、承诺服务等情况，公开投诉举报电话，实行公开办税，透明执法，将一切执法都置于公众监督之中开展，自觉接受社会监督。三是进一步加强行风建设。办税服务厅以创“环境舒心、态度热心、处理耐心、服务称心、质量放心”的“五心”品牌服务为目标，要求窗口工作人员心系纳税人，在各自的岗位为纳税人热情服务，从点滴做起，扎扎实实地做好每一项纳税服务工作。四是美化办税环境。服务大厅设置了办税引导流程图，摆放了椅子、茶几、互联网、饮水机等各种便民服务设施，种植了花草，增添了绿色，制作了填表样张，准备了纸、笔、计算器，为纳税人提供电话、传真等多种免费服务。在原先的“专门窗口”的基础上增设了两个“综合服务”窗口，一切涉税事宜均可在一个窗口办理，通过这样的“一窗式”服务模式，纳税人不需在多个窗口重复排队。六是推广网上申报，一般纳税人网上申报率达 40% 以上。同时，积极推行远程抄报税系统，截至 2011 年 12 月 31 日已成功推行 40 户，有效减少申报期内上门申报和抄报税企业户数，缓解了大厅拥堵。

【税收执法】 （一）税法宣传。开展“税收宣传摩梭民歌唱响泸沽湖景区川滇大地”活动；召开在建电站、煤矿、电力等企业税企座谈会，组织税企联合税宣工作队，联手进入厂矿散发传单、设置咨询台，进行互动咨询，以最新的税收法规内容结合“六五”普法教育进行税收宣传活动；在税收宣传月活动期间，省局采用 2 条信息，国家级报刊登载 1 条消息。（二）行业税收检查。根据宁蒗县税源特点，结合税收管理工作实际，开展了重点税源煤炭行业税收调研，水电行业纳税评估，汽车、摩托车销售行业专项检查，管理薄弱行业砂石料行业的税收专项整治。在开展税收检查的同时，加强对纳税人税收政策和财务知识的宣传辅导，规范纳税人的涉税行为财务管理。4 次行业税收检查，共清理漏征漏管户 23 户，在税务人员的宣传辅导下，纳税人自行查补入库税款共 60.06 万元。（三）税务稽查。认真贯彻落实总局、省局稽查工作要点，开展税收专项检查、第二轮分级分类稽查和打击发票违法犯罪活动专项整治行动工作。查补入库增值税 439.69 万元，入库滞纳金 8.09 万元，入库罚款 9000 元，各项收入共计入库 448.67 万元，完成了各项工作任务。

【税务管理信息化建设】 一是顺利推广上线了税收管理员辅助信息系统，2011 年 8 月 22 日，系统成功上线，税源管理工作迈向了新的阶段。二是接入了移动光纤、电信光纤、广电光纤，为金税三期的实施奠定了基础。三是加强综合征管软件的运行维护工作，对综合征管软件进行了四次升级工作，从 42L02 号补丁升至 44L01 号补丁，及时做好测试工作，确保系统的正常运行。加强了对综合征管软件的数据维护，利用数据监控分析系统及执法子系统，配合相关部门对数据进行科学分析，对问题数据进行分析解决，对前台无法解决的，严格按程序向省局提请作后台处理，一定程度上保证征管数据质量。

队伍建设

【机构人员情况】 截至 2011 年底，共有税务人员 47 人。领导班子 4 人，其中局长 1 人，纪检组长 1 人，副局长 2 人。47 名税务人员中，党员 30 人，大专以上学历 34 人，本科生 17 人，大专生 17 人，获得全市业务能手 4 人。设置 9 个业务股室，分别为办公室（6 人）、人事教育股（2 人）、监察室（2 人）、信息中心（1 人）、征收管理股（5 人）、税政股（3 人）、政策法规股（1 人）、收入核算股（2 人）、办税服务厅（8 人）；派出机构 1 个，大兴税务分局（8 人）、直属机构一个，稽查局（5 人）。实际在岗人员 45 人，一人借调到丽江市国家税务局，一人被调去任新农村工作指导员。2011 年人员流动情况为调走 5 人，新进大学生 5 人。

【廉政建设】 认真贯彻落实全国、全省国税系统党风廉政建设工作会议精神，以完善惩防体系为重点，整体推进反腐倡廉各项工作。认真落实党员领导干部廉洁从政有关规定，强化反腐倡廉的主体责任和主要领导干部“第一责任人”的政治责任，落实“一岗双责”。规范党风廉政制度建设，提升反腐倡廉工作的实效。一是认真贯彻落实全省国税系统党风廉政建设工作会议精神，以完善惩防体系为重点，整体推进反腐倡廉各项工作。二是认真落实党员领导干部廉洁从政有关规定，强化反腐倡廉的主体责任和主要领导干部“第一责任人”的政治责任，落实“一岗双责”，加大查办案件力度，严肃行政问责，创新廉政教育方式方法。三是按照《税务系统领导班子和领导干部监督管理办法（试行）》规定，健全责任体系，局领导班子成员和各部门负责人均要按“一岗双责”的要求各负其责，做到党风廉政建设工作人人有责任，个个有要求。四是立足根本，强化教育，构筑干部职工拒腐防变的防线；五是围绕中心，积极开展效能（执法）监察，有针对性地解决管理中的热点、难点问题；六是认真做好民主评议政风行风工作，针对重点环节的热点问题持续深入开展政风行风评议，注重实效；七是进一步深化“两权”监督制约工作，提高依法行政水平，促进国税干部廉政勤政，从机制、源头上预防和治理腐败；八是加强纪检监察队伍自身建设，不断提升队伍的整体素质。九是努力找准廉政工作“风险点”，让干部查找“风险”，知道“危险”，不敢“冒险”，力求“保险”。尽力做到对照岗位职责和工作流程来履职，人人填写《廉政风险提示单》，每个季度由个人填写后报监察室。

【精神文明建设】 深入开展创先争优和庆祝建党90周年系列活动。把开展创先争优活动作为新形势下加强系统党的建设、认真履行税收职能的强大动力。继续以创建先进基层党组织、争当优秀共产党员为主要内容，根据单位的实际情况和党员的岗位特点，把创先争优活动与开展讲党性、重品行、作表率活动有机结合起来。按照省委、省政府和系统内上级部门的统一部署，结合宁蒗国税系统实际，以歌颂党、歌颂改革开放为主题，积极参与县委、县政府和省、市局组织的中国共产党成立90周年纪念活动；各级领导干部要在创先争优活动中充分发挥示范带头作用，切实践行“三个一”要求，进一步增强领导科学发展、和谐发展的创新能力，积极深入基层调查研究，解决实际问题。深入开展“四亮四评”主题实践活动。以开展“四亮四评”活动为契机，全面推进窗口单位和服务行业党的建设上水平、服务质量上台阶。继续探索开展税收志愿服务活动，通过志愿服务领导机制、组织管理机制、激励机制的逐步建立健全，推动志愿服务活动的深入开展。紧紧围绕“服务基层年”工作主题和建党90周年大庆，开展丰富多彩、形式多样、修身养性、陶冶情操、铸就灵魂的文化建设活动，不断丰富和拓展宁蒗国税文化内涵，创新和充实宁蒗国税文化内容，打造特色鲜明的宁蒗国税文化品牌，进一步提升宁蒗国税文化软实力。

【教育培训】 一是组织干部职工进行业务学习，8月份举办了全体税务干部参加的所得税业务培训。二是组织纳税人业务培训。3月组织了全县所有一般纳税人财务人员参加的增值税业务培训。三是认真参加省、市局组织的各种业务培训，共有3人参加了云南省国家税务局组织的基层骨干深圳业务培训班。四是组织了4次季度业务考试，根据宁蒗县国家税务局创建学习型机关的要求，每季度进行1次全局人员参加的业务考试。

（汤荣红）

怒江傈僳族自治州国家税务局

经济概况

2011年，怒江州傈僳族自治州各族群众紧紧围绕“三基地、一品牌”战略目标和“生态立州、科教兴州、电矿强州、文旅活州”的发展思路，实施“二次跨越”发展战略，有效应对国际金融危机的冲击，战胜各种自然灾害，全力推动经济社会发展和民生改善，较好地保持了全州经济发展、社会进步、文化繁荣、民族团结、边疆和谐安宁的良好局面。2011年全州实现生产总值（GDP）64.63亿元，比上年增长10%，其中：第一产业增加值完成8.22亿元，比上年增长6.2%；第二产业增加值完成24.03亿元，比上年增长15.9%；第三产业增加值完成32.38亿元，比上年增长6.7%。三次产业比重为13:37:50。

税收概况

【收入完成情况】 2011年，怒江州国税系统共组织各项税收收入4.2亿元（不含海关代征税收），其中中央级收入3.19亿元，地方级收入1.01亿元，完成省局下达2011年税收收入计划目标3.9亿元的107.74%，完成州政府一般预算年度计划4.26亿元的92.70%。

【收入特点】 全州税收收入以矿电为主导的格局未发生改变。（一）电力行业情况。我州电力企业68户，其中已发电企业56户，装机容量为95万千瓦，投资总额为45亿元；筹建期企业18户，装机容量为199.56万千瓦，投资额为44.81亿元。全州2011年电力增值税收入9879万元，比上年同期增长18.85%，企业所得税收入525万元（不含即期评估），比上年同期增长43.6%，对全州税收增长贡献率为25%。（二）重点税源企业情况。重点税源企业云南金鼎锌业有限公司2011年累计缴纳增值税1.28亿元，比上年同期1.80亿元减收5291万元，下降29.33%；占全州入库增值税收入总额3.33亿元的38.27%，同比上年所占56.35%比重下降18.08个点，（三）各县完成收入情况。兰坪县累计入库2.30亿元，比上年同期下降11.25%，减收2915万元；泸水县累计入库1.40亿元，比上年同期增长16.59%，增收1989万元；福贡县累计入库2746元，同比增长16.59%，增长390万元；贡山县累计入库2294万元，同比增长103.51%，增收1167万元。

【税源分析】 “三税”中除增值税收入同比下降外，其他税收收入均实现了同比增长。（一）增值税收入完成3.33亿元，同比上年减收3292万元，下降9%；（二）消费税收入完成1796万元，完成省局下达年度计划1750万元的102.63%，同比上年增收199万元，增长12.46%；（三）企业所得税入库4372万元，完成省局下达年度计划4000万元的109.29%，同比上年增收3576万元，增长499%；（四）个人所得税累计入库20万元；（五）车辆购置税入库2531万元，同比增收169万元，增长7.18%；（六）其他收入入库27万元。

各项工作

【工作思路】 在工作实践中，局党组紧紧围绕省局党组提出的“服务基层年”工作主题，结合省局、州委州政府的工作要求和怒江国税的具体情况，提出了“三比三强”工作思路。比学习，强技能：以提升干部的学习力为抓手，增强干部技能，要求学理论提高政治素养，学技能实施科技强税，学业务提高业务技能；比服务，强基础：以提高干部的服务意识和服务能力为抓手，增强国税工作的基础；比作风，强责任：以加强作风建设为抓手，增强干部责任意识。“三比三强”工作思路在转变作风，强化责任，认清纳税服务与业务工作的互动关系，找准机关和基层的对接点等方面起到了积极的指导作用，有力促进了各部门工作重心向一线转移，工作难题在一线解决，工作创新在一线落实，优质服务在一线展示，工作业绩在一线体现，国税形象在一线树立，真正实现了机关和基层的相互促进、协调共赢，促进了国税部门与纳税人良好互动，开创了怒江国税工作新局面。

【税收法制】 工作中严格遵循“依法征税，应收尽收，坚决不收过头税，坚决防止和制止越权减免税”的组织收入原则，努力推进税收法制建设。（一）进一步规范税收执法。认真贯彻落实《国务院关于加强法治政府建设的意见》，坚持把依法治税作为税收工作的灵魂贯穿始终，坚决贯彻执行各项税收法律、法规和政策；提高规范执法水平，降低执法风险。严格税务行政处罚自由裁量执行标准。加强“两权”监督管理，严格执行各项审批制度。（二）认真开展日常稽查、专项稽查、专案稽查和分级分类检查工作。2011年度查补收入2237.24万元，同比增长44.47%，其中稽查部门查补入库148.96万元，纳税评估和企业自查入库税款及滞纳金2088.28万元；稽查重点检查补税62.44万元，其中增值税9.86万元，企业所得税22.24万元，滞纳金10万元，罚款20.31万元；查补率100%，入库率100%，选案准确率100%，偷税处罚率100%；圆满完成11.10案件查处、举报案件查处和委托受托协查工作。（三）开展税收执法专项督察工作。在结合各县自查的基础上，组成重点督察工作小组，对兰坪、贡山两开展重点督察工作。（四）加强税收执法管理信息系统的管理和监控，强化税收执法责任制工作，做好“税收执法疑点信息库”系统的管理工作。（五）认真落实四项制度，努力打造“阳光型”国税机关。推进政务公开，认真履行政府信息公开，建立依法行政定期报告制度，加强监督检查、建立巡视工作制度，加强对“四项制度”工作情况的考核。（六）做好规范税收文件的备查，开展好规范性文件的清理工作，将“六五”普法宣传教育工作与干部执法风险教育相结合，全面提高干部整体素质和执法水平，加强《行政强制法》的宣传学习工作。

【税收征管】 （一）全面完成普通发票简并换版工作。全州普通发票用票户2167户，其中：使用通用机打发票的989户，使用通用手工发票的1178户；（二）采取切实措施认真贯彻落实增值税起征点调整政策，确保此项惠民政策真正落到实处。随着该项惠民政策的实施，怒江州境内达到起征点的“双定户”降至134户，仅占国税系统征管个体工商户总数的2.4%，5417户起征点以下的个体工商户享受免征增值税政策，免征增值税近435万元。（三）做好增值税管理。1. 做好增值税一般纳税人认定工作，截至12月31日全州认定的一般纳税人共为337户。2. 继续强化重点税源管理，确定服务和防控的重点税源，进行政策执行、风险防范指导，通过层层服务、步步监控，实现对95%的增值税一般纳税人税源的监控、管理和服务。3. 建立定期重点税源企业税收分析报告制度，继续做好烟草、电力、矿产品、冶金、商业批零等重点税源行业监控，加强管理，防止侵蚀税基。4. 加强增值税抵扣凭证管理强化增值税预征结算管理。加强对分支机构进项税额、购进货物、预征增值税的监控和管理，发现异常的及时与总机构主管税务机关联系查找问题，防止违法违规行为。5. 加强出口退（免）税和大企业、国际税务管理。（四）做好企业所得税管理工作。1. 加强日常管理。做好季度申报的税源变化分析，每个季度申报结束后，按照分管的行业进行行业管理税源分析，重点分析行业中的重点税源企业的变动情况，及时提出管理建议，确保税款的及时入库。2. 根据省局数据监控分析系统，加大对增值税征管信息与所得税征管信息比对工作，对于申报时增值税收入大于所得税收入，逻辑关系明显不符的企业加大分析、辅导力度。3. 做好优惠政策执行的后续跟踪管理和年审工作，对不符合享受减免优惠条件的企业，及时停止执行相关优惠政策。4. 对减免税企业的税源变化情况进行及时跟踪监控，建立减免税台账进行动态管理。5. 做好所得税汇算清缴工作。2011年纳入企业所得税汇算清缴的企业共有254户，共汇算缴纳入库企业所得税852.39万元。6. 完成企业所得税征收方式鉴定工作，审批“企业所得税征收方式鉴定”表551份，纳税户数为551户，征收方式查账征收276户、定率征收254户、定额征收21户。（五）做好纳税评估工作。认真进行筛选，确定评估计划，全年共评估58户纳税人，有问题12户，共评估入库税款及滞纳金

2088.28万元，其中增值税188.6万元，企业所得税1419.17元，滞纳金480.51万元，调减亏损581.28万元，其中州局直接评估3户企业补缴增值税7897元，企业所得税599.84万元，加收滞纳金480.36万元，进一步规范了税收秩序。（六）认真做好云南省国税系统税收管理员辅助信息系统上线运行工作。

【纳税服务】 在全州国税系统各基层窗口单位深入开展“四亮四创四评”和“为民服务创先争优”主题实践活动，不断提高纳税服务质量和水平，努力构建和谐征纳关系。（一）积极开展第二十个税法宣传月活动。根据最新的税收政策内容，制作了《纳税服务指南系列之一至十三》和《纳税服务卡》作为税收宣传活动的主要宣传资料，免费向纳税人发放，全州共发放宣传手册1.58万份，召开纪念税收宣传活动20周年座谈会，聘请“溜索医生”邓前堆等10名义务税收宣传员参与税收宣传，在《怒江报》上刊登税收宣传专版，组织税法宣传进教堂，进乡镇、进企业、进民族节日，进一步提高了税收宣传的覆盖面和影响力。（二）开展纳税服务需求调查问卷工作。调查采取无记名调查问卷方式进行，共发放调查问卷100份，收回100份，回收率达100%，纳税人对国税机关满意率为100%。（三）加强对注册税务师行业监督管理。（四）认真落实税收优惠政策。加强优惠政策的宣传、辅导，直接送政策到企业，为促进地方经济的建设和发展做出了积极的贡献。2011年全州国税系统企业所得减免税户数48户，减免税额：396.8万元；增值税应纳税额减征户数5户，减征额税：117.12万元；固定资产税额抵扣：1083.36万元；增值税免税销售额：1.75亿元；增值税即征即退：19.65万元；车辆购置税减免车辆25辆，减免车辆购置税为82.03万元。

【信息化建设】 一是做好全州各级广域网及州局机关内部局域网软、硬件的检查、维护工作，保障网络畅通；二是做好综合征管软件的维护、补丁升级及测试工作，维护、调试好视频会议相关系统和设备、确保远程教育培训、会议、讲座顺利完成；三是加强数据安全、信息安全、系统安全和网络安全的保障力度，做好网络信息安全防范工作。

【内部管理】 不断加强内部建设，提高行政效能。（一）切实加强基层建设，突出解决重点难点问题。1.深入基层，深入群众，深入企业，加强调研，增强工作的针对性。2.摸清底子，主动汇报，积极推进州县综合办公大楼基建工程进度。3.圆满完成贡山县局及片马分局办公楼修缮两个基建项目工程。4.认真组织“小金库”治理及“回头看”工作，进一步加大“小金库”治理工作力度。5.心系基层，加快提升服务基层的能力，努力解决基层的实际困难。一方面，加大州局机关服务基层的力度，另一方面，坚持人、财、物向基层倾斜。（二）努力为怒江国税事业发展营造和谐外部发展环境。1.进一步增强与地方党政部门的关系，主动融入地方党委政府工作的大局之中。各级领导班子坚持定期不定期地向地方党政部门汇报工作情况，加强与财政、工商、地税、公安、人行、海关等相关职能部门的沟通协调力度，积极争取地方党委政府和相关职能部门的支持、配合。2.积极争取省局对怒江国税的帮助和支持。3.加强社会治安综合治理及维护稳定工作。按照“平安怒江”的创建要求，加大对维护稳定和社会治安综合治理工作的建设力度，加强节假日值班、宾馆消防安全和车辆管理工作，积极创建平安和谐国税。4.切实加强涉税舆情管理。加强与《怒江报》等新闻媒体的合作，认真做好涉税舆论引导特别是网络舆论的引导工作，增强税收宣传的说服力和感染力，提高纳税人税法遵从度，坚持以人为本，加强人文关怀和心理疏导，不断加强自身建设，积极构建和谐征纳关系。

队伍建设

【机构人员情况】 州局机关设办公室、政策法规科、货物和劳务税科（进出口税收管理科）、所得税科、收入核算科、纳税服务科、征收管理科、财务管理科、人事科、教育科、监察室、机关党委办公室、离退休干部科、稽查局、车辆购置税征收管理分局、信息中心、机关服务中心。截至2011年底，全州国税系统实有职工215名；其中州局机关53名，兰坪县局57名，泸水县局58名，福贡县局27名，贡山县局20名。

【领导班子建设】 （一）坚持“民主集中制”原则，以党的十七届三中、四中、五中、六中全会、胡锦涛总书记“七一”讲话、省第九党代会、州第七次党代会精神和杨善洲、邓前堆先进事迹为主题，抓好中心组理论学习，全面提升各级领导班子的学习力、落实力、执行力，加快推进学习型领导班子建设的步伐。（二）2011年省局党组对州局领导班子进行了调整，先后补充了三名新的班子成员，调出了一名班子成员。州局党组按照“公开、平等、竞争、择优”的原则，第一次通过竞争上岗方式选拔任用了9名副科级领导干部，在全州国税系统建立了一种广纳群贤、人尽其才、才尽其用的用人机制，形成了一种平等、竞争、择优的用人环境和树立一种凭知识、凭能力、凭公认的用人导向。对两个县局的“一把手”进行了调整，走好了配好配强各县局领导班子的第一步。

【干部队伍建设】 不断拓宽教育培训渠道，努力提高干部职工的业务素质。在怒江州国家税务局电子政务网站开设的“比学习，强技能”栏目，举办全州国税系统综合征管软件、数据监控分析系统操作应用培训班，有效地提高基层税收管理员对综合征管软件和数据监控分析系统操作应用水平，积极开展“每日一题，每周一练，每月一讲，每季一测”活动，通过“送出去、请进来和送教下基层”培训方式不断拓宽干部教育培训渠道。2011年共举办税收业务培训9期，其它培训2期，开展了7期“每月一讲”视频讲座，参与培训人数达1250人次；选派95人次参加总局、省局举办的各类业务培训共27期，并于4月11日~20日，21日~30日选送22人参加省局在深圳举办的基层业务骨干培训班，开展两次综合业务考试，提升了广大干部职工的业务理论水平。

【党风廉政建设】 加大惩罚体系建设，认真落实党风廉政建设责任制。（一）认真贯彻落实全省国税系统党风廉政建设工作会议精神。（二）加强各级领导干部廉政教育工作力度，学习落实《中国共产党党员领导干部廉洁从政若干准则》、《国家税务局系统领导干部报告个人有关事项办法》、《云南省国家税务局党组转发〈关于严厉整治干部选拔任用工作中行贿受贿行为的通知〉和12起违规违纪用人典型案件通报的通知》，从源头上防止了全州国税系统干部选拔任用工作中出现不正之风，促进党员领导干部廉洁从政。（三）加强对国税干部的教育、引导，提高广大干部的风险防范意识和自我保护意识。一是深入开展“珍惜工作岗位，珍惜执法权力，珍惜集体荣誉，珍惜家庭幸福”的主题教育活动；二是组织广大干部在线收看国家税务总局、扬州税务学院专家关于预防职务犯罪的专题讲座（视频）；三是邀请检察院的同志进行预防职务犯罪的专题讲座，增强风险防范意识；四是对现行税收管理制度进行全面清理，认真排查廉政风险点，真正从制度上化解税收执法风险和防范涉税渎职犯罪。（四）加强内控机制建设。全州国税机关共排查风险岗位334个（其中一级风险岗位18个，二级风险岗位108个，三级风险岗位208个)，廉政风险点326个。（五）加强“两权”监督，认真开展巡视工作，11月对泸水县国税局开展了巡视工作，一方面保证了党的路线方针政策和重大决策部署在怒江国税系统的全面贯彻落实，另一方面也有力促进了国税系统党风廉政建设和反腐败斗争的深入开展和党的自身建设的不断加强。

【党建工作】 继续加强党建工作，充分发挥基层党组织的战斗堡垒作用和党员的先锋模范作用。（一）为进一步开展好基层党组织活动，撤销原中共怒江州国家税务局支部委员会，成立四个基层党支部加强基层党建工作。（二）深入开展“创先争优”活动。把“创先争优”活动与“服务基层年”税收工作主题相结合，与学习先进典型相结合，与“建设学习型机关、服务型队伍、效能型部门”建设相结合，与“爱读书读好书善读书”活动相结合，与干部队伍建设相结合，与党性修养锤炼工程相结合，与开展各类扶贫济困献爱心活动相结合，与“四亮四评”工作相结合。（三）召开全州国税系统建党90周年表彰大会。表彰了2个“创先争优”先进党组，23名全州国税系统精神文明建设先进工作者，11名优秀共产党员，5名优秀党务工作者，进一步鼓舞了士气，弘扬了正气。（四）积极开展走访慰问老党员、老干部活动。各级国税部门广泛开展“春节”、“重阳节”和“七一”建党节走访慰问工作，认真了解老干部思想状况和要求，帮助他们解决实际困难，使他们在安享幸福晚年生活的同时，也时刻能够了解怒江国税事业的发展进程，促进了社会和谐。（五）认真组织开展“唱红色歌曲颂党的恩情”和认真开展学习杨善洲、邓前堆先进事迹活动。

【精神文明建设】 认真做好“省级文明行业”的复查工作和“文明单位”届满申报、“巾帼文明岗”及“巾帼建功标兵”的申报及“文明单位”的复查工作；积极开展兰坪县局国家级文明单位的申报工作，充分展示国税良好形象；积极拓展文明创建的内涵和外延，结合国税文化建设，建立摄影、书法、文艺、篮球等兴趣小组，工作之余开展各种丰富多彩的文体活动，增强干部职工的凝聚力、向心力，充分展示怒江国税人良好的精、气、神。

【表彰评比】 州局机关党委被怒江州深入开展创先争优活动领导小组确定为“怒江州基层党建工作示范点”、州局机关党委和兰坪县国税局党支部被州委表彰为“先进基层党组织”、州局机关和四个县局被州委和各县委表彰为“2011年年社会治安综合治理先进单位”；州局机关被州政府评为“依法治州先进单位”；泸水县国税局被云南省国税局命名为“省局文明单位”；贡山县国税局办税服务厅被省国税局、省妇联命名为“巾帼文明岗”；陈俊松同志被省国税局表彰为“2011年度信息工作先进个人”；和润林、买建国、查文娟、王子侯、陈文锋、陈俊松、杨永强、张立忠、和勇泽、李方、李江烽等11名同志被怒江州国税局表彰为“2011年怒江州国税系统优秀共产党员”，罗泽贵、李中华、苏定洲、何伟东、李娟等5名同志表彰为“2011年怒江州国税系统优秀党务工作者”，贡山县局党组、泸水县局党组表彰为“2011年怒江州国税系统创先争优先进党组”；何永芳、施绍琴、李松慧、何素萍、姜燕、张宗元、熊松发、王伟、尹淑兰、邱燕生、和跃兰、杜颖超、张全辉、黎树生、李秀梅、宋佳梅、李康界、刘国柱、李贵荣、赵江梅、杨兆开、陈盛华、和忠义等23名同志表彰为“2011年怒江州国税系统精神文明建设先进工作者”。

（查文娟）

泸水县国家税务局

经济概况

2011年，泸水县完成生产总值（GDP）22.14亿元，同比增长18.35%。三次产业比重调整为13:35:52；人均GDP达到1.27万元，固定资产投资额完成26.46亿元，同比增长25.65%；社会消费品零售额完成8亿元，同比增长20.08%；对外贸易进出口总额完成830.65万美元，同比增长60.18%；工业总产值完成20.82亿元，同比增长29.98%；农业总产值完成4.49亿元，同比增长14.16%；地方财政一般预算收入完成1.46亿元，同比增长14.76%；农民人均纯收入2631元，同比增长16.01%；城镇居民人均可支配收入完成1.2万元，同比增长18.64%。

税收概况

【收入完成情况】 2011年，泸水县国家税务局组织入库各项税收收入1.39亿元，完成州国税局下达年度任务数1.3亿元的107.50%，同比增长16.56%，增收2100万元。其中：入中央库1.1亿元，入省库501万元，入地方库2457万元。分税种看：增值税完成8501

万元，同比增长 1.76%；消费税完成 1748 万元，同比增长 11.76%；企业所得税完成 2086 万元，同比增长 420.2%；个人储蓄存款利息所得税完成 8 万元，同比下降 50%；车辆购置税完成 1639 万元，同比下降 0.91%。

【收入特点】 2011 年，尽管受到国际欧债危机的冲击，泸水县主要税源还是呈恢复性增长，电力为主的能源型经济主导地位得到进一步加强，电力、烟草、矿业构成主体税种增值税的主要税源，比重占增值税总收入额 8501 万元的 89.72%，分水岭工业园区的土地问题、环保问题、电的问题正在落实解决，石岗河矿山的整顿基本完成。电力企业入库增值税 4622 万元（发电 1000 万元、供电 3622 万元）；云南省烟草公司怒江州公司入库增值税 712 万元，消费税入库 1737 万元；工业园区 6 户，其中 2 户未能实现税收，全年工业园区企业入库增值税 506 万元；怒江江钨浩源矿业有限公司由于矿山整顿，入库税收 811 万元。

【税源分析】 2011 年，（一）泸水县第一产业累计完成“两税”收入 12 万元，同比增收 9 万元，增长 300%，占“两税”总收入 1.02 亿元的 0.12%。（二）第二产业累计完成“两税”收入 6441 万元，同比减收 304 万元，下降 4.51%，占“两税”总收入 1.02 亿元的 62.85%。第二产业中的各种结构均有不同程度增减：其中，采矿业累计实现“两税”收入 1376 万元，占第二产业“两税”收入 6441 万元的 21.37%，比上年同期 2617 万元减收 1241 万元，下降 47.42%；制造业累计实现“两税”399 万元，占第二产业“两税”收入 6441 万元的 6.20%，比上年同期 231 万元增收 168 万元，增长 72.73%；电力、燃气及水的生产和供应行业累计实现“两税”收入 4666 万元，占第二产业“两税”6441 万元收入的 72.45%，比上年同期 3897 万元增收 769 万元，增长 19.74%。（三）第三产业累计完成“两税”收入 3795 万元，同比增收 622 万元，增长 19.61%，占“两税”总收入 1.02 亿元的 37.03%。第三产业中的批发和零售业累计实现“两税”收入 3602 万元，占第三产“两税”总收入 3795 万元的 94.92%，比上年同期 2981 万元增收 621 万元，增长 20.84%。

【税务管理】 2011 年，全县纳入综合征管软件管理的税务登记正常户数为 2795 户。其中：企业 360 户；个体工商户 2435 户。增值税一般纳税人 134 户，小规模企业 249 户，个体工商户 2412 户（起征点以上 73 户，起征点以下 2362 户），企业所得税纳税人 231 户；消费税纳税人 22 户。（一）认真开展税源调研和税收预测分析，牢牢把握收入主动权，促进了组织收入的顺利开展，税收收入实现了跨越式发展。（二）深化税收分析，促进“信息管税”机制的运行。广泛开展税收预测、税负预警分析，借助“信息管税”互动平台和数据管理平台，加强税源分析，为纳税评估和税务稽查提供信息，有效发挥税收分析在“信息管税”中的作用。全年增值税评估收入 35 万，企业所得税评估收入 708 万。（三）改进重点税源监控方法，进一步提高监控效率。总局监控的重点企业 4 户，省局监控的重点企业 9 户。按照省局下发的《全省重点税源常规分析办法》、《税负预警管理办法》和《加强重点税源数据分析应用的意见》，抓住“选户、采集、审核、发布”四个环节，严格把关，规范操作，确保重点税源数据准确可靠。（四）加强基础管理，提升数据质量采集。及时处理软件运行中出现的各类会统问题，严格综合征管软件系统与 TRS 报表系统数据比对，实行二次校验，二次把关，确保会统核算数据的准确性。做好综合征管软件年终会统结账和金库对账工作，确保数据的准确。

各项工作

【税收法制建设】 全面开展税收普法宣传，增强法制意识。认真落实《全面推进依法行政实施纲要》，对内，加强干部职工法治思想教育，学习法律法规知识，培养干部“有限权力、无限责任”的执法观念，提升税收执法水平，筑牢防范税收执法风险的思想防线。对外，抓好“六五”普法，以第 20 个全国税收宣传月活动及 12 月 4 日法制宣传日为契机，依托电视、广播、报纸以及互联网等新闻媒体，强化对新出台的税收法律法规及规章、政策的解读性宣传，做好对纳税人法定权利和义务的普及性宣传。

【税收征管】 （一）加强纳税评估，狠抓增收挖潜。根据严峻的收入形势，我局不断采取各种方式，创新评估方法，明确职责，制定目标，逐级抓落实，规范评估流程，细化和量化各项考核办法，狠抓工作落实，使评估工作顺利进展，年内评估纳税户 12 户，共入库增值税 49.1 万元；企业所得税入库 538 万元。（二）加强稽查管税，规范收入秩序。一方面强化稽查内部管理，规范稽查执法，提高办案质量，另一方面狠抓涉税违法案件查处，深入整顿和规范税收秩序，发挥以查促管、以查促收的职能作用。共检查纳税企业 6 户，查补税款 12.34 万元，罚款 2.3 万元，加收滞金 0.6 万元。（三）加强发票管理，推进以票控税。2011 年是全省新版普通发票开填系统正式运行的第一年，全县机打发票使用户数为 376 户，手工发票使用户数 465 户。根据国家税务总局公告《国家税务总局关于发票专用章式样有关问题的公告》2011 年第 7 号的公告要求，2011 年 2 月 1 日开始启用新式发票专用章，2012 年全面停止使用旧式发票专用章。通过向纳税人大力宣传，现已基本停止使用旧式发票专用章，规范了发票的开具和使用。（四）加强户籍管理，夯实重点税源管理。1. 进一步完善税收管理员制度进行日常税源监控管理；2. 进一步巩固和完善户籍管理，优化户籍管理模式；3. 进一步加强重点税源管理，实施分级分类管理。

【税务管理信息化建设】 （一）进一步完善信息中心机房及网络基础设施建设。及时更换了老旧不能续用的机房空调，结合全省国税系统广域网络（即金税三期广域网节点）的升级改造工作，对现网中骨干设备——H3 核心交换机配置参数的更新、升级替换，对路由规划方案重新设计和部署。（二）加强网络与信息安全监控管理。一是加强春节期间、各节假日期间、两会期间的网络检查监控，机房设施和全县国税系统广域网线路的整体检查，网络安全体系的整体检查，包括病毒、木马、恶意软件、网络异常情况等的查杀。

二是继续做好局办公楼中心机房局域网运维工作，全局互联网管理工作，全局网络教育培训系统管理维护工作，县局公文处理系统、电子政务网内网、FTP 系统等行政办公系统的管理维护工作。（三）做好软硬件维护工作。一是强化了硬件设备管理，认真做好各部门计算机、打印机等设备的具体情况的记录工作，统一规划了 IP 地址，了解计算机设备的使用现状和不足之处，积极在现有设备的基础上做到物尽其用，能修不换，及时尽快地对计算机进行保养和维修，确保全局计算机设备正常使用。二是组织完成多项应用系统的补丁升级工作。先后完成了综合征管系统、车购税系统、防伪税控税务系统、出口退税管理系统、金税系统的补丁升级工作，相关运维和运维情况通报工作，保证了税收业务的正常运行。其中，防伪税控系统税务端网络版升级为 V5.01，成功实现对发票汉字信息采集，以及二维码、84 位字符和 108 位字符三种密文形式的支持；综合征管软件先后完成了 42L02、42L03、42L04、42L05、42 综合补丁和 43L01 号补丁的升级工作，确保有关税务业务的正常开展；完成了网络申报系统的升级调试工作，最大限度保障了 2011 年度所得税申报工作的正常运行。

队伍建设

【机构人员情况】 县局机关内设 10 个机构，即办公室、人事教育股、监察室、征收管理股、政策法规股、货物和劳务税股、所得税股、收入核算股、纳税服务股、办税服务厅；1 个直属机构：稽查局；1 个事业单位：信息中心；两个派出机构：六库税务分局、片马税务分局。3 个党群组织：党支部、工会、妇代小组。截至 2011 年底，全局在职干部职工 58 人，离退休干部 3 人。其中：局机关 42 人，基层税务分局 16 人。

【领导班子建设】 局领导始终把加强思想政治建设作为班子建设的首要任务来抓，把搞好自身学习作为提高领导水平的重中之重，各位班子成员带头参加学习活动，带头钻研税收业务，研究讨论相关制度办法，提高了决策水平和领导能力，按照“团结有力、作风扎实”的原则，大力倡导讲实话，办实事，求实效，班子成员开展谈心活动，诚恳接受批评和建议，做到了相互理解尊重、相互支持帮助，大事讲原则、小事讲风格，对重要工作安排、重大事项和重要决策，一律通过局长办公会、局务会或党组会，实行民主决策和集体研究决定，增强决策的透明度，自觉接受全体干部职工的监督。

【教育培训】 继续支持在职本科学历教育、在职研究生学历教育，鼓励和引导干部获取与税收相关的执业资格证书。同时，举办货物与劳务税培训、企业所得税业务培训、税收执法系统培训、税收管理员辅助系统培训等，大大提高了干部职工的综合业务素质和实际操作能力。党组织充分发挥战斗堡垒作用和共产党员的先锋模范作用，以“五好”、“五带头”为主要内容和学习贯彻落实胡总书记“七一”讲话精神、云南省第九次党代会精神、州委第七次党代会精神、县委第十一次党代会精神、提升了干部队伍的思想素质。

【精神文明建设】 （一）参加新农村建设，树国税形象。在新农村建设中，县委、政府安排对口帮扶泸水县洛本卓乡括然村，该村地处怒江东岸的碧罗雪山半山腰，海拔 1860 米，全村人口 277 户，1082 人，全是傈僳族，居住分散，山高路陡，是全县最偏远，最贫困的村委会之一，特别是吖南孟村的 55 户 270 人，离水源较远，至今没有解决饮水问题，县局专门派出干部专人负责联系点工作，针对实际困难，投入价值达 3 万元的水管、电视机四台，水泥等物资和捐款 5 千元，解决了该村的饮水问题，深受当地村民的好评，树立了良好的泸水国税形象。（二）成立兴趣活动小组，增负与减压并行。增负：服务中心、围绕大局、增强责任心、增强团结，让全体干部职工集中精力，比学习、比业务、比奉献、比廉洁奉公形象、比创先争优成绩。减压：针对基层工作任务重、思想压力大的情况，以“健康生活，快乐工作”为理念，每月一次，有组织、有纪律开展活动，全局分户外运动小组、舞蹈小组、摄影小组、棋牌小组，既丰富干部职工的业余生活，减少压力，又增强了干部职工的集体荣誉感和凝聚力。（三）努力争创国家级文明单位为目标，扎实有效推动建设学习型党组织的开展。7 月，被中共泸水县县委授予“先进基层党组织”，被怒江州国家税务局党组授予“创先争优先进党组”。

【廉政建设】 （一）针对局领导班子成员变动的实际，重新调整了党风廉政建设领导小组，成立了以局长为组长、副局长及纪检组长为副组长，股（室）负责人为成员的党风廉政建设领导小组，对全局工作进行强有力的领导和指导。（二）及时组织学习《税务系统贯彻落实〈中国共产党党员领导干部廉洁从政若干准则〉的实施意见》、《税务系统领导干部廉洁从政“八不准”》、《全国税务系统领导班子和领导干部监督管理办法》的通知和《中纪委关于印发〈中国共产党党员领导干部廉洁从政若干准则〉实施办法》，全年召开党风廉政建设工作会议 8 次，参加人数是 320 人次；召开党风廉政建设专题会议 2 次，参加人数是 100 人次。通过学习及时掌握党和国家对党风廉政建设工作提出的新要求和新规定，不断提高反腐倡廉、廉洁自律的能力。（三）层层签订《党风廉政建设责任书》，与州国税局、泸水县政府同时签订两份责任书，局长与分管领导、分管领导与部门主要负责人、部门负责人与部门成员层层签订《党风廉政建设责任书》，确保一年内未发生违纪违法行为。

（李红云）

福贡县国家税务局

经济概况

2011年，福贡县生产总值（GDP）完成6.2亿元，同比增长13.1%。其中第一产业完成1.3亿元，同比增长24.7%；第二产业完成2.3亿元，同比增长6.7%；第三产业完成2.6亿元，同比增长13.9%。人均生产总值完成5971元，同比增长6.7%。工业总产值1.9亿元，同比增长17.4%。农业总产值1.9亿元，同比增长9.5%。财政总收入6228万元，同比增长27.5%；一般预算支出6.9亿元，同比增长19%。

税收概况

【税收收入完成情况】 2011年，福贡县国家税务局组织各项税收收入2750万元，完成年度税收任务2500万元的109%、奋斗目标2530万元的108%，提前45天完成全年收入任务，创下历史最好纪录。

【税收收入特点】 （一）增值税收入2412万元，同比增长5%，增收109万元。（二）企业所得税收入226万元，同比增长976%，增收205万元。（三）消费税收入42万元，同比增长45%，增收13万元。（四）车辆购置税收入65万元，与上年同期不可比。（五）个人所得税收入1万元，同比下降50%，减收1万元。（六）海关代征1万元，同比下降90%，减收9万元。（七）其他收入3万元，同比下降57%，减收4万元。

【税源分析】 （一）“两税”（包含增值税和消费税）收入2455万元，同比增长4.8%，增收112万元。（二）电力生产和供应行业增值税收入1984万元，同比下降0.10%，减收2万元。（三）批发和零售业增值税收入327万元，同比增长42.6%，增收98万元。（四）酒制造业增值税收入24万元，同比下降6.4%，减收2万元；消费税收入42万元，同比增长42.7%，增收12万元。（五）农村信用社企业所得税收入141万元，同比增长651%，增收122万元；电力生产和供应行业企业所得税收入83万元，同比增长5150.7%，增收82万元。

【税务管理】 （一）完善户籍日常管理。严格做好开户、变更、停业、复业、注销、外出经营报验登记管理工作，加强非正常户的认定和处理，积极做好工商信息比对工作。2011年全县纳税人累计登记1267户，其中开业968户，注销295户，非正常4户。（二）加强征管状况监控分析。开展税收风险数据分析、征管状况分析、纳税评估和核查等工作的互动，形成了纵向互动、横向联动的工作体制。加强重点税源的跟踪管理，及时掌握税源变动情况，实行动态管理。一年来共确定14户企业为重点税源纳税户，其中12户为企业所得税重点监控对象。顺利完成2010年度税收资料调查工作。（三）拓展纳税服务内涵。完善办税服务厅功能，设立办税服务区、咨询辅导区、等候休息区三个区域，设置综合服务、发票管理、申报纳税三类窗口。结合开展“四亮四创四比四评”活动，将福贡县国家税务局办税大厅流程图、办税大厅工作人员公示栏、税务系统领导干部廉洁从政八不准、怒江州国家税务局“四亮四评”工作制度上墙，让纳税人对国税机关的工作制度、工作流程一目了然。以福贡县政务服务中心国税分中心正式挂牌为契机，将纳税服务前移，在深入落实首问责任制、限时办结制、“一窗式”服务、“一站式”办理的同时，进一步优化办税流程。积极推行网络申报，减少征纳双方成本，32户企业采用网络申报方式，其中30户为企业所得税纳税人，2户为增值税纳税人。加强涉税咨询工作，涉税咨询实行登记制度。开展学习傈僳语活动，进一步提升了干部自身能力、税收宣传效果、纳税服务质量和为民服务形象。

各项工作

【税收法制建设】 严格依法行政。结合“六五”普法工作，认真学习国务院《全面推行依法行政实施纲要》、温家宝总理在全国依法行政工作会议上的讲话、总局钱冠林副局长在全国税务系统依法行政工作视频会议上的讲话，以及学习《行政处罚法》、《行政许可法》和《行政强制法》，进一步强化干部职工的法制意识。

【税收征管】 （一）加强增值税管理。按照增值税一般纳税人认定程序，对达到增值税一般纳税人认定条件的纳税人进行认定，认定增值税一般纳税人6户，暂认定增值税一般纳税人转为正式增值税一般纳税人4户，全县共有增值税一般纳税人40户。根据“先评估，后退税”原则，对符合享受增值税即征即退税收优惠政策的福贡丰源水电发展有限公司，按审批程序予以办理退税24.2万元，并按规定同意该企业通过社会福利企业年审。组织开展对福贡丰源水电发展有限公司、福贡县恒大水电开发有限公司等5户企业进行增值税纳税评估，以及现行增值税优惠政策执行情况调研、清理工作。采取“先评估，后免税”的办法，按规定退还非独立核算的怒江新华书店有限责任公司福贡分公司2009年度1至12月份税款，退税金额8万元。通过召开纳税人座谈会等方式，积极做好增值税起征点调整的宣传和指导工作，保证了税收政策执行的连续性。（二）加强企业所得税管理。组织开展享受西部大开发税收优惠政策企业的年审工作，13户发电企业经县局审核、州局审批，全部通过年审。全县应参加和实际参加2010年企业所得税汇算清缴的纳税人有43户，其中21户盈利，19户亏损，3户零申报，共入库企业所得税77.9万元，减免税额177.8万元。完成对福贡县恒大水电开发有限公司、怒江明林黄连产业有限责任公司等5户企业的企业所得税纳税评估，经评估，共调增应纳税所得额474.9万元，查补企业所得税税款6.4万元，评估减少待弥补亏损59.7万元。（三）规范发票日常管理。从发票领购到使用实行严格审核，加强票证的使用监督。按照票证保管、使用、缴销制度，定期保管和缴销。定期开展票证库房“三专、六防”安全检查工作，加固库房安全设施，确保票证安全。三是加强发票发售清理。2011 年，全县总用票户 253 户，共发售各类发票 451 本、20694 份。

【税收执法】 （一）落实税收执法责任制。严格执行税收执法责任制和税务行政执法责任追究制，加大税收执法监督力度，进一步规范执法人员日常操作的正确性和严谨性。加强内控机制建设，建立健全廉政风险防范体系，有效规避税收执法风险。（二）加大税务稽查力度。开展税收专项检查工作，全面落实税务稽查查前告知制度，对纳入专项检查的企业进行查前告知，下达《自查项目书》，告知面达 100%，企业自查面达 100%。1 至 12 月，共查补增值税 6533 元，罚款 5266 元，加收滞纳金 737 元，均已入库，入库率 100%，调减企业亏损 2 万元；组织检查企业 2 户，罚款 3 万元，调减企业亏损 47 万元。配合公安、地税、工商等部门联合开展打击和整治制售假发票和非法代开发票违法犯罪活动。（三）开展税收宣传活动。围绕第 20 个全国税收宣传月"税收·发展·民生"的宣传主题和纪念税收宣传 20 周年，通过多种形式和载体，开展送税法进乡镇、进农村、进学校、进企业、进军营，主动将纳税服务送到基层一线、送到纳税人手中，使依法诚信纳税深入人心。突出宣传特色，创新宣传项目，将学习"溜索医生"——邓前堆先进事迹与宣传活动相结合，聘请邓前堆为税收义务宣传员，并制作了专题宣传片。活动中，共悬挂宣传横幅 12 条，张贴宣传标语和海报 80 余份，发放税收宣传资料 1000 余份，解答纳税咨询 56 人次，收到意见和建议 8 条。（四）严格执行税收优惠政策。全县共有 14 户企业享受西部大开发税收优惠政策，其中 9 户享受增值税减免政策，5 户享受企业所得税减免政策。

【税务管理信息化建设】 （一）扎实做好信息化基础建设工作，强化网络与信息安全运行维护，全局计算机安装了杀毒软件，并定期进行升级；规范内、外网数据交换，确保了系统安全稳定运行。（二）完成 2011 年全省广域网设备维保项目的建设工作，对全局广域网设备进行维保升级；完成 CTAIS42 到 44 号补丁升级。（三）搭建税收管理员辅助信息系统模拟环境，对全局用户进行授权和初始化设置。（四）积极对网络教育培训系统进行完善，完成高清投影仪项目实施工作。（五）做好税收执法管理系统、防伪税控系统、公文处理、"四小票"系统的维护和上传等工作。

队伍建设

【机构人员情况】 2011 年，县局内设 8 个股室，1 个直属机构：稽查局（副科级），1 个派出机构：上帕税务分局（副科级），1 个事业单位：信息中心（正股级）。截至 2011 年底，全局共有在职干部职工 29 名，退离休干部 11 名。

【领导班子建设】 （一）新一届领导班子诞生。州局党组于 5 月下旬宣布任命苏定洲同志为福贡县国家税务局党组书记、局长，新一届领导班子由此诞生；州局党组于 8 月底又为局领导班子充实了一名新成员。新的领导班子注重加强自身建设和发展，在提高综合素养、提升执政能力、增进团结协作等均方面取得了成效。（二）落实党组中心组学习制度。县局党组召开了主题为"坚持以人为本、执政为民理念，发扬密切联系群众优良作风"的 2011 年党组民主生活会，通过相互进行客观的评议和坦诚的交流，对坚持以人为本、执政为民理念，发扬密切联系群众的优良作风达成了共识。（三）坚持民主集中制原则，重大事项由集体民主研究决定。完善领导领导班子职权分工，由主管领导负责全面工作，分管领导负责各项业务，实行人事、财务分离。（四）加大信访工作力度，扎实做好信访工作。2011 年，全局无信访案件发生。

【深化创先争优活动】 通过"三学四创五争"、"授旗评星"和"四亮四比四评四创"等活动，掀起学习杨善洲、邓前堆同志先进事迹热潮，加大党建工作力度，充分发挥了党组织的战斗堡垒作用和党员的先锋模范带头作用。由于创先争优活动成效突出，被县委授予"先进基层党组织"荣誉称号，被县直机关工委授予"第一批创先争优流动红旗"和"先进党支部"称号；在全州国税系统庆祝建党 90 周年表彰大会上，授予 1 名干部"优秀党务工作者"称号、2 名干部"优秀共产党员"称号、3 名干部"精神文明建设先进工作者"称号；在"怒江州庆祝建党 90 周年'永远跟党走'党史知识竞赛"活动中，县委授予我局县级"'永远跟党走'党史知识竞赛优秀组织奖"。

【党风廉政建设】 （一）全面贯彻落实《建立健全教育、制度、监督并重的惩治和预防腐败体系实施纲要》、中共中央《建立健全惩治和预防腐败体系 2008—2012 年工作规划》和《云南省国税系统 2011 年纪检监察工作要点》。（二）开展党纪法规教育、职业道德和先进事迹教育等活动，不断增强干部的纪律意识和法制观念，进一步提高廉洁自律意识和拒腐防变能力。（三）认真落实党风廉政建设责任制，对党风廉政建设责任制各项目标进行分解落实，层层签订了《党风廉政建设责任书》。（四）加强对"两权"的监督和执法监察。坚持每月开展一次"纪检日"活动（纪检组长每月参加一次，主要领导每季度参加一次），与纳税户签订《廉政公约》并进行回访调查，聘请 4 名特邀兼职监察员，接受社会各界的监督。（五）狠抓内控机制建设。加大党风廉政建设责任制的落实力度，完善内控机制建设，深化风险管理，明晰各岗位责任，排查风险点位，进一步规范税收执法和行政管理。（六）深化政风行风和纪律作风建设，规范干部行为，有效维护了纳税人的合法权益。1 至 12 月，全局干部无一例违法违纪行为。

【精神文明建设】 （一）始终坚持"两手抓，两手都要硬"的工作方针，扎实开展文明单位创建、平安单位创建、社会治安综合治理工作。在省文明办文明创建综合检查组、州局和县文明办的指导下，完成省级文明单位复查工作。加强综治维稳和群众工作，得到了全县综治维稳群众工作考核组的高度评价，并被评定为优秀等次。（二）加强国税文化建设。深入贯彻落实党的十七届六中全会精神，积极开展书法、摄影、篮球、民族歌舞、唱红歌等文体活动，组队参加全州国税系统"唱红色歌曲·颂党的恩情"活动，用傈僳语歌唱《没有共产党就没有新中国》。组队参加全县国庆文艺晚会演出，舞蹈节目《傈僳欢歌》和《乐于奉献在高原》充分展现了国税文化建设成果和国税干部昂扬向上的精神风貌。积极响应省局发出的向盈江地震灾区献爱心捐款活动的《倡议书》，单位及个人共捐款3650元。积极响应全县送温暖、献爱心慈善募捐倡议，共为贫困学生捐款1850元。（三）加大对扶贫联系点的帮扶力度。深入扶贫联系点双米底村开展义务植树活动，在庆祝建党90周年之际开展慰问老党员和营建“杨善洲纪念林”活动，共投入经费4000余元。深入扶贫联系点马吉村开展“城乡手拉手干群面对面”群众工作主题实践行动，驻村入户84人次，共为10个自然村19户困难党员、33户特困户发放大米2700多斤。

【教育培训】 （一）加大干部培养选拔力度。积极动员符合报考条件的3名干部参加全州国税系统副科级领导干部竞争上岗考试。对年轻干部实行一人双岗培养机制。（二）加强税收业务学习与培训。坚持每周二、五学习制度，制定了《福贡县国家税务局2011年业务培训实施方案》，组织干部参加省、州、县局举办的各类培训班、专题讲座，以及全州系统综合业务考试，鼓励干部参加相关执业资格学习和考试。1至12月，全局干部共参加省、州、县局局培训19期，培训人数达136人次。（三）成立三个兴趣学习小组：会计学习小组、增值税学习小组和所得税学习小组，进一步激发干部职工的学习能动性，提升税收业务水平，增强税收工作能力，为顺利开展各项工作打下了坚实的基础。

（陈俊松）

贡山独龙族怒族自治县国家税务局

经济概况

2011年，贡山独龙族怒族自治县完成生产总值（GDP）4.61亿元，比上年增长17.3%；第一产业增加值1.07亿元，增长27.5%；第二产业增加值1.82亿元，增长15.4%；第三产业增加值1.72亿元，增长13.5%；三次产业结构比重由上年的21:40:39调整到了23:40:37。

税收概况

【税收完成情况】 2011年，贡山县国家税务局共组织各项税收收入2296.23万元，增长103.51%。

【收入特点】 （一）增值税1194.41万元，完成年度任务的101.22%，比上年同期增长7.88%；（二）企业所得1047.31万元，完成年度任务的20946.17%，比上年同期增长33575.49%；（三）储蓄存款利息个人所得税5644.69元，比上年同期下降65.01%；（四）车辆购置税52.10万元，完成年度任务的347.30%，比上年同期下降44.66%；（五）税务行政性收费收入1.20万元，比上年同期下降21.54%；（六）罚没收入6410.00元，比上年同期增长35.52%。

【税源分析】 2011年虽然矿业行业经营不景气，但电力行业和商业行业税收收入增长带动了全局税收收入的增长。（一）贡山县最大的矿业企业贡山县玉金铁矿开发有限责任公司在去年的特大泥石流灾害中遭受重大损失，年底才投入生产。其他矿业企业则受多种因素的影响，处于停产半停产状态，导致我县两大重点税源行业之一的矿业企业入库增值税大幅下滑，仅入库155万元，比上年同期减收228万元。（二）2011年，贡山气候条件较好、电力需求旺盛、加之有新的水电站投产发电，使电力产品增值税大幅增长，入库了692万元，比上年同期增收了149万元。（三）2011年以来，物价、油价大幅上涨，促使各商业行业营业额大幅增长，加之在独龙江公路建设过程中，炸材、油料等各种物资需求量增大，带动了我县商业行业增值税的增长，达到了286万元，比上年同期增长92万元。（四）车辆购置税受政策因素的影响，比上年同期增收了36万元，达到了52万元。

各项工作

【税收法制建设】 一是把正确贯彻执行税收法律法规政策作为最基本的工作职责，维护税法的统一性和权威性；二是把依法治税和“六五”普法有机结合起来，大力推进税收法制建设，有针对性的组织全局人员学习《行政强制法》、《行政处罚法》、《征管法》等法律法规，提高干部职工的履职能力；三是加大税收执法管理系统监督考核，进一步完善考核机制，规范税收执法行为。

【税收征管】 认真落实全省国税系统“服务基层年”的各项工作要求，加强税收法律、法规及各项税收政策的落实，开展税收政策落实情况调查，及时采集相关信息，做好宣传和解释工作。（一）拓展税收分析领域、充实税收经济关系分析内容、强化税源管理、建立微观税收分析指标体系，税收分析工作领导小组定期召开税收分析工作会议，切实加强税收分析及税源管理工作。根据全州国税工作会议精神，在税源管理方面主要做了以下工作：一是到宏溢矿业、电网公司、聚源公司、顺达公司、实得河电站、再峰公司等企业进行税源调查，掌握第一手资料，并制作了税收收入计划表。二是清查漏征漏管户，安排税收管理员深入各片区，采取拉网式清查。2011年共进行了2次清查，共查出漏征漏管户18户。有8户涉及较大的纳税调增。三是做好与工商部门的信息交换工作。按照税务登记办理时限不定期的同工商局进行信息交换，信息交换后提醒纳税人办理税务登记。全年共通知办理税务登记121户，变更登记16户次，被处罚的纳税人有15户，受处罚的纳税人与上年同期相比大幅降低。四是实地调查核实纳税人申报办理税务登记事项，对设立、变更、停复业、注销登记的纳税户实地调查核实，及时填制《纳税人税种登记表》，做好纳税人信息补录工作。五是实地调查、核实与定额核定或者定额调整有关的事项。（二）加强纳税评估工作。2011年，把开展纳税评估工作纳入重要工作日程，严格按《纳税评估管理办法》，对重点税源户、特殊行业的重点企业、税负异常变化、长时间零税负和负税负申报、纳税信用等级低下、日常管理和税务检查中发现较多问题的纳税人进行纳税评估。按月对一般纳税人增值税申报情况进行定期评估，掌握其税负变动情况，分析是否存在异常情况，为进一步采取管理措施提供依据。按照开展纳税评估工作的相关通知要求，结合税收管理的实际情况，积极组织开展了2011年的纳税评估工作，统一部署，多方协调，完善评估体系，积极探索评估管理新模式，强化行业涉税信息采集，整合多方资源，提高数据分析质量。2011年，对怒江山泉饮品有限公司等三家企业的增值税和企业所得税进行了综合评估。在评估过程中，严格按照纳税评估管理办法的相关要求，对企业申报的《增值税纳税申报表》、《企业所得税纳税申报表》及企业2010年度财务会计报表等资料进行核对，找准评估切入点，及时进行纳税调整，补交增值税7.8万元，调整企业多申报增值税计税收入（不含税）9175.34元，企业所得税亏损调减3.67万元。通过评估，进一步规范了纳税人的申报行为，切实加强了税源管理，提高了税收管理水平。同时还把纳税评估工作作为政策宣传、帮助纳税人解决问题的途径，使纳税人的税收遵从度进一步提高。

【税收执法】 一是与"六·五"普法相结合，提高社会依法纳税意识。在税收宣传月活动中，统一部署，相互协调配合，充分调动系统内外的宣传资源和宣传手段，在落实好州局各项活动要求的同时，结合贡山实际，通过群众喜闻乐见的宣传形式把税收知识普及到了群众的生产、生活中，形成了税收宣传的大格局，使2011年的税收宣传月活动开展得扎扎实实，卓有成效。二是加大处罚力度。按照规定对清查出的漏征漏管户进行处罚，2011年对15户逾期办理税务登记和3户丢失发票的纳税户分别进行了2700元和1100的行政处罚。三是对重点税源企业进行分级分类检查。按照分级分类检查的要求，在全州稽查工作小组的帮助下，对重点税源企业进行了重点检查：对贡山天能水电开发有限公司的白条入账行为给予了2000元的行为罚款；将无偿赠送他人的礼品未按规定进行纳税申报的2.46万元税款征收入库，并处以0.5倍的罚款；按规定加收滞纳金6612.14元。

【税务管理信息化建设】 大力提高信息技术的应用能力，加强日常管理：（一）严格执行计算机管理制度和网站使用管理办法，加快推进税收信息化运行维护工作。逐步建立和完善科学高效的技术与业务运行维护工作体系；（二）切实提高数据运行维护质量。牢固树立"数据质量无小事"的观念，努力实现每条录入信息准确无误，充分发挥了计算机设备的功效和使用效率，同时做好数据备份，确保数据的一致性和完整性；（三）提高软件应用效率。进一步提升综合征管软件、数据监控分析系统、所得税申报管理软件等系统性能。

队伍建设

【机构人员情况】 设置8个内设机构、1个直属机构、1个事业单位和1个派出机构共11个部门。2011年全局有19名干部职工，离退休人员4人。干部职工按性别分：男11人，女8人；按学历结构分：本科11人，专科5人，中专2人，初中1人；按民族分：汉族7人，少数民族12人。

【领导班子建设】 按照加强税务系统各级领导班子思想政治建设的要求，积极开展创先争优活动，对照检查班子成员在学习工作生活中的问题，不断整改提高，切实加强领导班子思想作风建设。一年来，领导班子成员团结干事，始终坚持在干中学、在学中干，注重党性锻炼和修养，不断提高自身政治思想素质、道德修养和业务素质，不断提升管理能力和领导水平，在工作中摆正位置，正确处理好工作关系，充分发扬民主集中制，单位重大事项共同协商，关键时刻能从大局出发，敢于承担，做到了时时处处从严要求，大小事认真处理，充分发挥了班子的"火车头"作用和班子成员的先锋模范带头作用，带领全局干部职工不断加强政治理论学习。

【廉政建设】 一是充分发挥廉政教育在反腐倡廉中的基础性作用，在日常工作中重视"五个教育"：结合国税文化建设，开展理想信念教育；结合以案说纪，开展警示教育；结合条规学习，开展行为规范教育；利用先进典型，开展示范教育；实施廉政任务分解，开展责任教育。进一步增强了廉洁自律意识，树立了全心全意为纳税人服务的思想，筑牢了拒腐防变的思想道德防线。二是层层签订《党风廉政建设责任书》。三是继续着力于《廉政公约》的签订和回访工作，创新回访方式，采取发放征求意见表的方式进行回访，今年回访2次，共28户，每次回访率都达到了上级的要求。

【精神文明建设】 （一）帮贫济困，持续树立国税良好形象。积极当好帮扶救助的先锋队、排头兵，扎实做好扶贫联系点工作，充分发挥牵头单位职责，带头和动员扶贫联系单位，为扶贫联系点丙中洛乡秋那桶村探寻致富的道路，盖蔬菜大棚、修建村组公路等，共计捐款7000余元，受到了当地群众的热烈欢迎。同时，热心其他社会公益活动，积极参加各种抗灾捐款活动、捐资助学活动、志愿者活动等，为患病女学生献爱心，为受灾同胞捐款，全年共计捐资、捐物5000余元。（二）文明创建措施有力，硕果累累。在文明创建活动中，一直坚持"统一领导，机关党政工青妇齐抓共管"的创建工作机制，努力做到机关健全、人员落实、经费保证，并把文明创建工作列入党组的重要议事日程，纳入目标管理考核。由于成绩突出，连续三届被省委、省政府授予"文明单位"称号，连续多届被省国税局和州、县政府授予"文明单位"称号，办税服务厅被省国税局、省妇联授予"巾帼文明岗"称号。（三）通过榜样激励，提升干部队伍综合素质。高度重视深入学习杨善洲、邓前堆两位同志先进事迹活动，积极筹划，先后开展了形式多样的学习、实践活动。一是召开学习动员会，提高干部职工学习积极性。二是以"入党为什么、当官做什么、身后留什么"为主题深入开展专题讨论活动，深入学习先进事迹。三是在集中学习和讨论杨善洲、邓前堆先进事迹的基础上，鼓励广大干部积极撰写学习心得，加深学习效果。（四）建党90周年活动精彩纷呈。积极开展了“学党史·知党情·跟党走”党史知识培训活动、“讴歌党情颂党恩·给党献礼创佳绩”唱红歌活动、“颂党恩·诉党情”主题征文活动等，深入宣传了党的丰功伟绩，更加坚定了干部职工的共产主义信仰，提高了他们投身社会主义国税事业的热情。（五）评星定级，充分发挥党员先锋模范作用。在开展党员评星活动中，注重“自己评、相互评、群众评、组织评”四个测评环节，逐级评出四个季度之星。（六）积极开展“四亮四创四评”活动，推进纳税服务再上新台阶。自“四亮四创四评”活动开展以来，结合实际，精心组织，大胆创新，把“四亮四创四评”活动与各项工作密切地结合起来，统一部署，有序开展，扎实推进，取得了较好的成效，切实解决了一些“庸、懒、散”现象，改进了政风作风，达到了阳光服务、微笑服务、规范服务，为群众提供了便捷、高效、优质服务。（七）利用新建篮球场，组织干部职工进行篮球、羽毛球、乒乓球、飞镖等一系列文体活动，极大地丰富了职工业余生活。

【教育培训】 大力实施人才兴税战略，认真贯彻干部教育培训工作条例，落实教育培训规划，重点抓好三个方面的工作：（一）加强政治、业务学习。一是组织学习党的十七大、十七届四中、五中、六中全会，中央经济工作会议，省、州国税工作会议、党风廉政建设工作会议精神；二是以学习《税收征管法》及其实施细则、《新企业所得税法》和其他税收政策法规、办公自动化系统、税收综合征管软件、税收执法管理信息系统软件等税收信息化建设系统软件操作流程和《会计学原理》为主，加强对税收业务、计算机操作和公文写作等知识的学习，在全局范围内开展岗位练兵活动，形成了“学、比、赶、争、帮、超”的良好氛围。（二）加强干部教育培训工作。积极选派人员参加各类业务培训，全年共选派22人次参加省、州局举办的各类培训共16期；鼓励干部职工利用“电子政务网站”和“税务远程教育网站”学习税收业务、计算机等知识，在全局内形成爱岗敬业、岗位练兵、争先创优的良好学习氛围。全年共支出教育培训经费3.3万元。（三）按照“三比三强”工作思路，组织全局干部职工参加州局各类业务培训，全面贯彻落实“每日一题，每周一练，每月一讲”，并采取集中学习、分小组学习和自主学习等多种形式，有针对性地开展一系列业务培训活动，为干部职工搭建学习平台，营造了良好的学习环境。几分耕耘，几分收获，在全州国税系统税收综合业务考试中，全局共有18名干部职工参加考试，及格率为100%，是全州四县中唯一全员通过考试的县。

（任俊峰）

兰坪白族普米族自治县国家税务局

经济概况

2011年，兰坪白族普米族自治县完成生产总值（GDP）26.9亿元，按现价计算增长15.1%；财政总收入为5.38亿元，其中：地方财政一般预算收入和支出首次突破3亿元和10亿元大关，达3.1亿元和11.35亿元，增长10%和22%；社会消费品零售总额6.09亿元，增长17.4%；完成固定资产投资40亿元，增长55.3%，经济发展质量进一步提升。

税收概况

【收入完成情况】 2011年，兰坪县国家税务局共组织入库税收收入2.3亿元，同比减收2916万元，下降11.25%。占州局下达年度税收任务2.15亿元的106.97%。其中：中央收入完成1.73万元，省级收入完成247万元，区县级收入完成5460万元，占县政府下达任务5303万元的102.96%。分税种看：增值税完成2.12亿元，下降14.63%；消费税完成6万元，增长50%；企业所得税完成1012万元，增长172.78%；个人所得税完成10万元，下降54.55%；车辆购置税完成776万元，增长12.14%。

【收入特点】 （一）税收收入呈下降趋势。主要产品锌锭的市场价格继续低迷，原材料成本加大，主体税种增值税下降接近15%。（二）税源结构单一，抗御风险能力弱，收入持续增收基础薄弱。

【税源分析】 （一）重点税源直接影响税收收入增减。重点税源企业云南金鼎锌业有限公司由于主要产品锌锭市场价格和销售量的下降致使企业销售收入同比降低，加上由于国内大宗物品市场价格不断攀高，企业购进原料和运输成本上升，致使进项税金也不断增加，使增值税款也随之同比下降。该企业全年共缴纳增值税1.28亿元，同比下降29.24%，占入库增值税收入总额比例从上年70%下跌到60.22%。（二）积极应对锌价下跌导致重点税源减收的不利形势，突出抓好商业和工业增值税征管，实现商业增值税2176万元和云南金鼎锌业有限公司以外的工业增值税1333万元，增长15%和38%。（三）企业生产经营状况进一步好转和税收征管的加强，实现企业所得税大幅增长，共入库1012万元，同比增长172.78%。（四）随着经济的发展和交通条件的改善，使得车辆购买力增加，车辆购置税平稳增长。

【税务管理】 截至2011年底，全局共有纳税人2862户。（一）重点加强增值税的管理工作。一是深化一般纳税人税收负担行业分析，强化薄弱环节控管。二是加强增值税一般纳税人认定管理工作，年内新认定一般纳税人42户，年底共有一般纳税人147户。三是继续加强“一窗式”管理工作。四是做好个体工商户定额调整及起征点调高工作。共对1265户定额执行期届满的个体户进行了重新核定，完成了增值税起征点提高的相关工作，起征点调高后，全局共有36户个体工商户达到增值税起征点，仅占个体工商户2442户的1.47%，这就意味着下一步对个体工商户的管理重点将转移到发票管理核查上，做到以票管税，确保税收工作不断取得新成效。五是全面推进新版普通发票使用管理工作，确保工作顺利运行。全局核定新票种的纳税人有970户，发票结存的纳税人有842户，使用通用平推式机打发票的纳税人有429户，使用单机版系统开具发票的有3户，其余不使用通用平推式机打发票的纳税人也按规定使用了新版的手工发票。六是继续加大对增值税专用发票和“四小票”的抵扣管理工作。（二）加强企业所得税的管理和监控工作。一是做好日常管理工作；二是认真开展企业所得税年终汇算清缴工作，全年纳入企业所得税汇算清缴的企业共有177户，共汇算缴纳入库企业所得税39.02万元；三是完成企业所得税征收方式鉴定工作。共审批“企业所得税征收方式鉴定”表221份，纳税户数为221户，其中：查账征收53户、定率征收160户、定额征收8户。

各项工作

【税收法制建设】 （一）认真落实各项税收优惠政策，服务加快转变经济发展方式大局。为加强减免税管理工作，专门成立了税收优惠政策审批领导小组，负责对减免税的调查、监督和审批工作。年内，享受增值税税收优惠政策的纳税人有35户，其中：一般纳税人减免销售额4184.48万元，小规模纳税人减免销售额797.66万元。享受企业所得税税收优惠政策的纳税人有4户，共减免税额32.14万元。认真做好固定资产进项税抵扣工作，全年共抵扣固定资产进项税额207.82万元。（二）不断规范税收执法行为，提高依法行政能力和水平，规避执法风险。加强税收执法责任制考核，加大执法监督检查，为教育和引导干部提高风险防范意识和自我保护意识，还特别邀请了县检察院职务犯罪预防办公室主任程永奇同志为全体干部职工讲授了关于涉税渎职犯罪的相关知识。

【税收征管】 （一）加强税收调研工作。由于年内国际形势错综复杂和国内大宗物品市场价格的不断攀高，对全县经济造成了一定的影响，特别是重点税源企业云南金鼎锌业有限公司的生产经营受到影响，使兰坪县国税局的组织收入工作面临严峻的考验。面对困难，兰坪县国税局积极寻求应对措施和方法，加强税源分析，做好税收预测，按月召开收入分析会，并成立税源调研工作小组多次深入企业了解生产经营情况，摸清家底。（二）认真抓好大型水电站税收管理工作。针对县内在建的黄登岩水电站和大华桥水电站存在的一系列税收管理问题，专门成立了税源管理工作小组与州局税源调研工作小组一起前往大理州云龙县进行考察学习，之后深入水电站施工现场开展调研，积极探索大型水电站税收管理工作的方法，并对考察结果和调研结果、涉及税收管理的方法和模式向县委政府进行了专题汇报。

【税收执法】 （一）开展送税法上门活动。充分利用税法宣传月活动营造强大舆论声势，采取召开税企座谈会、走访企业、发放宣传材料、现场解答疑难问题、悬挂粘贴标语、送税法到乡镇、进政府、进企业等形式，达到了税企共商经济增长良策，共叙和谐征纳之情的目的。（二）深入开展整顿和规范税收秩序工作。共办理协查案件3户，补征税款6.8万元，加收滞纳金2.5万元，共计查补入库税款9.3万元。根据省局查办的“11.10”案件，对涉及我县的2户企业，5份交通运输发票作为重点检查，其中1户的两份运输发票证实虚开，补征税款1.28万元，加收滞纳金2652.67元，共计金额为1.55万元。在分级分类稽查中要求对列入全县重点税源企业进行重点检查3户，查补入库税款44.3万元。（三）抓住评估工作重点，加大纳税评估工作的开展力度。对辖区内的12户企业开展了纳税评估工作，共评估入库增值税130.53万元，入库企业所得税235.72万元。

【税务管理信息化建设】 （一）做好综合征管软件的维护、补丁升级及测试工作，维护、调试好视频会议相关系统和设备、确保远程教育培训、会议、讲座顺利完成；积极配合云南科华公司工作人员完成UPS巡检调试工作；认真做好数据备份工作，确保数据安全；做好网络维护和信息安全工作，确保信息化建设顺利开展。（二）积极稳妥开展推行网络申报工作并取得突破。共有37户纳税人推行网络申报信息管理系统并成功运行。（三）加大培训力度，为推广税收管理员辅助信息系统做好各项准备工作。

队伍建设

【机构人员情况】 2011年，县局有8个内设机构，即办公室、人教股、监察室、征管股、法规股、税政股、收入核算股、办税服务厅；1个直属机构即稽查局；1个事业单位即信息中心；3个派出机构，即金顶税务分局、通甸税务分局、营盘税务分局。共有职工56名，其中：男职工30名，女职工26名，党员29名，团员3名。文化结构为：大学本科学历31名，专科学历17名，中专以下学历8名，大专以上学历占总人数的86%。年龄结构为：最大年龄55岁，最小年龄25岁，平均年龄为43.8岁。

【领导班子建设】 （一）工作中始终坚持“集体领导、民主集中、个别酝酿、会议决定”的议事决策原则没有改变，做到重大决策、干部任免、重大项目安排和大额资金使用由党组集体研究决定，防止个人或少数人的专断。（二）加强党组学习制度，认真学习了《中共中央关于深化文化体制改革推动社会主义文化大发展大繁荣若干重大问题的决定》、《全国税务系统领导班子和领导干部监督管理办法》、《党员领导干部廉洁自律若干准则》、《税务系统领导干部廉洁从政“八不准”》、《规范领导干部从政行为》等材料，切实做学习的表率，实践的表率，接受监督的表率。

【廉政建设】 （一）不断完善惩治和预防腐败体系建设，年初召开专题工作会议，与税收中心工作同安排、同部署，认真做好任务分解和落实工作。（二）层层签订《党风廉政建设责任书》，真正做到一层抓一层，层层抓落实。（三）坚持纪检日活动制度，对照廉政纪律和各项规章制度进行检查，随时掌握干部思想动态，促使干部职工在执法过程中随时保持清醒的头脑，真正做到自重、自省、自警、自励。（四）稳步推进内控机制建设工作。

【精神文明建设】 （一）积极投身于社会公益事业，树立良好国税形象。大力弘扬“一方有难、八方支援”和“扶贫帮困、奉献爱心”的传统美德，号召全体国税干部参加扶贫、救灾、助困、助残、助社会主义新农村建设等活动，在春节、“六·一”儿童节和“七·一”建党节之际，开展到扶贫挂钩点石登乡石中坪村委会慰问贫困学生和贫困老党员活动，为德宏盈江地震灾区捐献爱心，全年共计捐赠支出2.88万元。（二）深入开展向杨善洲、邓前堆同志学习活动，采取集体学习、个人自学、视频讲座，举办学习心得征文大赛，组织征文演讲比赛等方式，用杨善洲、邓前堆同志坚定的理想信念和党性修养，感染全体国税干部，激发国税干部为国聚财、为民收税的职业自豪感。（三）结合深入开展“创先争优”和“四亮四评”活动，在全县国税系统开展打牢基础，优化服务活动。紧紧结合国税部门工作实际，开展创建先进基层党组织、争当优秀共产党员活动。在三个办税服务厅制作和悬挂公示牌、设立党员先锋岗等，广泛开展亮流程、亮身份、亮职责、亮承诺和自己评、群众评、领导评、组织评的“四评四亮”活动，不断提高服务水平，深受纳税人的广泛好评。（四）积极倡导“健康生活、快乐工作”，多形式开展文化建设活动，并依托内部办公网、文化走廊等阵地，利用标语、口号、图片、墙报等形式，宣传国税文化理念，弘扬怒江国税精神。同时充分发挥工青妇组织的桥梁纽带作用，在“七·一”和“十·一”之际，开展了以“颂歌献给党”为主题的唱红歌、登山、投篮球、夹乒乓球、飞镖等健康向上、娱乐性较强的活动，多渠道、多形式地丰富干部职工业余文化生活，提升生活情趣，营造团结和谐、奋发向上的工作和生活环境，进一步密切外部沟通和协调，努力营造各部门积极支持配合的和谐外部环境。（五）以争创“全国文明单位”为契机，广泛开展职业道德教育，引导干部职工树立正确的世界观、人生观、价值观，形成人人“知荣辱、讲正气、比贡献、筑团结、促和谐”的良好风尚。兰坪县国税局精神文明建设工作成效显著，得到上级部门和地方党委政府的高度肯定和评价，年内被县文明办推荐为全县唯一一家争创“全国文明单位”的集体，有7人被怒江州国税局授予“精神文明建设先进工作者”荣誉称号。兰坪县国税局党支部被州委授予“全州先进基层党组织”荣誉称号，有4名党员被州国税局授予“优秀共产党员”荣誉称号，有1名党员被州国税局授予“优秀党务工作者”荣誉称号。在社会治安综合治理和维护稳定方面的工作成效显著，兰坪县国税局被县委政府表彰为“社会治安综合治理维护稳定目标责任先进集体”。

【教育培训】 积极选送干部参加省、州国税系统举办的业务培训班，督促引导干部职工自觉学习州局开设的“每日一题、每周一练、每月一讲”，积极参加“云南国税讲坛”视频的观看。在全县国税系统营造人人学习，终身学习的氛围。年内，共选派34人参加了省、州级的各级各类培训（其中：各类税收业务骨干培训25人，正科、副科业务培训3人、税收管理员培训1人、其他业务培训4人、公务员初任培训1人）。在全州国税系统组织的税收业务考试中，兰坪县国税局获得了平均分为79.76分居全州第二名的好成绩。

（李松慧）

迪庆藏族自治州国家税务局

经济概况

2011年，迪庆藏族自治州实现生产总值（GDP）96.4亿元，按可比价格计算，比2010年增长19.1%，增速比2010年回落0.4个百分点。分季度看，一季度增长17.4%，二季度增长17.9%，三季度增长18.1%，四季度增长19.1%。分产业看，第一产业增加值8.1亿元，增长8%，对GDP增量的贡献率为3.9%，对经济增长的拉动力为0.7个百分点。第二产业增加值40.2亿元，增长28.6%，对GDP增量的贡献率为57.7%，对经济增长的拉动力为11个百分点，其中：工业增加值21.4亿元，增长28.4%，对GDP增量的贡献率为30.8%，对经济增长的拉动力为5.9个百分点；建筑业增加值18.8亿元，增长28.9%，对GDP增量的贡献率为27%，对经济增长的拉动力为5.2个百分点。第三产业增加值48.1亿元，增长14%，对GDP增量的贡献率为38.4%，对经济增长的拉动力为7.3个百分点。按总人口计算的人均生产总值为2.43万元（总人口为年平均人口），比上年增加4266元，按可比价格价计算，增长15.5%。三次产业的结构比例由2010年的9.3:38.5:52.2调整为8.4:41.7:49.9。同2010年比较，第一产业比重下降0.9个百分点，第二产业比重提高3.2个百分点，第三产业比重下降2.3个百分点，三次产业的结构趋于合理。

税收概况

【收入完成情况】 2011年，迪庆州国税系统共组织税收收入8.45亿元，完成省局下达确保目标任务数5.35亿元的157.94%，超计划进度57.94个百分点，超收3.10亿元；完成省局下达奋斗目标任务数5.5亿元的

153.64%，超收2.95亿元。同2010年相比，增收3.48亿元，增长70.02%，是“十一五”开局之年2006年1.63亿元的5.18倍。完成州级地方公共财政预算收入6064万元，完成州政府下达年计划任务数3773万元的160.72%，超收2291万元，同比增收3140万元，增长107.39%。

各税完成情况：增值税完成4.82亿元，同比增收1.67亿元，增长53.02%，完成省局下达计划任务数3.35亿元的143.88%，超计划进度43.88个百分点；消费税完成1947万元，同比增收415万元，增长27.09%，完成省局下达计划任务数1600万元的129.69%，超计划进度21.69个百分点；企业所得税完成2.82亿元，同比增收1.82亿元，增长181%，完成省局下达计划任务数1.08亿元的261.11%，超计划进度161.11个百分点；车辆购置税完成6034万元，同比减收439万元，下降6.78%，完成省局下达计划任务数7600万元的79.39%，蹋计划进度20.61个百分点；储蓄存款利息个人所得税完成37万元，同比增收2万元，增长5.71%。

各县、区局税收完成情况：2011年，香格里拉县国家税务局完成税收收入2.85亿元，完成州局下达计划任务数2.37亿元的120.25%，超收4793万元；维西县国家税务局完成税收收入6241万元，完成州局下达计划任务数5100万元的122.37%，超收1141万元；德钦县国家税务局完成税收收入1.04亿元，完成州局下达计划任务数8055万元的128.40%，超收2340万元；香格里拉经济开发区国家税务局完成税收收入3.93亿元，完成州局下达计划任务数1.67亿元的235.33%，超收2.27亿元。

【收入特点】 一是组织收入取得新突破，税收收入增幅高于全州GDP增幅，增长率名列全省前茅。2011年，全州生产总值（GDP）比2010年增长19.1%，迪庆州国税系统税收收入比2010年增长70.02%。二是五个主要税种同比“四增一减”。除车辆购置税因政策因素减收外，其余税种增速较快，其中：增值税同比增长1.5倍；消费税同比增长1.3倍；企业所得税同比增长2.8倍；储蓄存款利息个人所得税同比增长1.06倍。三是各县、区局税收收入平稳增长。2011年，香格里拉县国家税务局税收收入同比增收6679万元，增长30.63%；维西县国家税务局税收收入同比增收1563万元，增长33.41%；德钦县国家税务局税收收入同比增收2842万元，增长37.60%；香格里拉经济开发区国家税务局税收收入同比增收2.37亿元，增长151.92%。四是非公有制经济发展较快。2011年，全州国有企业完成税收收入5608万元，同比增长24.8%；集体企业完成税收收入4019万元，同比增长97.8%；股份合作企业完成税收收入33万元，同比下降61.2%；股份公司完成税收4.15亿元，同比增长31.4%；私营企业完成税收收入1347万元，同比增长30.8%；外商投资企业完成税收收入1792万元，同比增长87.3%；其他企业完成税收收入281万元，同比下降35.6%；个体经营完成税收收入6884万元，同比增长8.3%；联营企业完成税收收入1万元，同比下降66.7%；港澳台投资企业完成税收收入2.30亿元，同比增长769.2%。

【税源分析】 一是重点税源企业由2010年的21户增至2011年的38户，增加17户，增长80.95%。二是增值税、企业所得税、车辆购置税、消费税及储蓄存款利息个人所得税占税收总收入的结构比由2010年的63.61:20.19:13.04:3.08:0.08调整为2011年的57.12:33.38:7.14:2.31:0.05。虽增值税所占比重下降，但同比值增长52.82%，其中：采矿业入库增值税1.76亿元，同比增收5117万元，增长40.83%；电力入库增值税7796万元，同比增收1118万元，增长16.74%，主要是因为发电售电量增加及2011年执行“电力产品增值税预征率由2%调整为2.5%”规定，供电企业增值税政策性增收；商业入库增值税2.05亿元，同比增收1亿元，增长95.24%，主要是因为居民消费，采购量增长带动商业销售收入增长。企业所得税所占比重增大，收入同比增长181%，主要是因为经济增长带动收入增长和一次性因素带来的企业所得税增长：在全州经济运行稳健，征收方式及税源相对稳定的情况下，通过吸引外资，保持了外资企业快速增长的态势，外资企业企业所得税入库1.03亿元，突破1亿元，同比增长31.4倍；华泽集团的股权转让，一次性入库企业所得税1.04亿元，带来以后年度的税收不可比性。受国家政策、油价上涨等因素的影响，汽车销售量、缴税车数量均出现不同程度下降，车辆购置税同比减收439万元，下降6.78%，占税收总收入的比重下降。消费税占税收总收入的比重下降，但受政策影响，增长幅度大，收入接近2000万元。储蓄存款利息个人所得税因4月份香格里拉农村信用合作社把各乡镇的税款集中缴纳而增收2万元，增长5.71%。三是采矿业、制造业、电力企业及水的供应、批发零售业仍是税收支柱行业。2011年，这些行业共计完成税收收入6.62亿元，较2010年的4.15亿元，增收2.47亿元，增长59.52%，占税收总收入的比重由2010年的88.56%下降为2011年的74.82%，下调13.74个百分点。四个行业除批发零售业外，其他行业税收收入占税收总收入的比重均下降。批发零售业完成税收收入3.48亿元，同比增长1.94亿元，增收1.54亿元，增长79.38%，占税收总收入的39.31%，上调0.3个百分比；采矿业、制造业、电力企业及水的供应税收收入分别完成2.03亿元、2541万元、8541万元，同比分别增收7420万元、508万元、1375万元，增长57.48%、24.99%、19.19%，占税收总收入的比重分别为22.98%、2.87%、9.66%，分别下调3.03、1.23、4.78个百分点。

【税务管理】 一是做好税务登记管理工作。全年新增纳税户820户，其中：内资企业103户，个体702户，其他企业15户；注销纳税户283户，其中：内资企业36户，个体246户，港澳台投资企业1户。截至2011年12月31日，全州国税系统注册登记的正常纳税户有6057户，其中：内资企业947户，港澳台投资企业10户，外商投资企业12户，其他企业56户；一般纳税人242户，增值税小规模企业627户，个体户（不含一般纳税人）5188户，起征点以上151户，起征点以下5017户，个体一般纳税人15户。二是严格纳税申报制度。2011年应申报36146户次，已申报36064户次，平均申报率99.78%，停业958户次。三是强化税源监控及动态管理，严格税款延期审批制度。加强重点税源企业、重点行业、特色产业税负监控，设定行业最低税负预警，建立纳税企业动态数据库，实时掌握企业申报、纳税情况。全州被列入重点税源监控的企业占一般纳税人的80%，被监控的重点税源企业38户，其中：总局监控19户，省局监控19户；全年共提交审批1户企业延期缴纳税款，涉及税款45.4万元。四是进一步加强与工商部门、地税部门的信息交换工作，实现堵漏增收，夯实征管基础。

各项工作

【税收法制建设】 一是制定2011年依法治税和"六五"普法工作落实计划，明确各项工作任务。二是为增强领导干部依法行政意识和能力，提高全州国税系统依法行政工作水平，组织领导干部参加全省国税系统领导干部学法用法、依法行政培训班，组织全系统干部参与国税系统《行政强制法》视频培训。三是强化对"税收执法管理信息系统"的监控分析和考核，深入推行税收执法责任制和执法过错责任追究制。2011年，全州税收执法子系统涉及综合征管软件业务处理考核指标29个，业务处理总量80470笔，比2010年增加12039笔，增长17.59%，月平均处理量6706笔。全州申辩调整后存在3项过错。全州将执法管理信息系统纳入了四项制度的考核中，对产生过错的执法人员依照《行政问责制》问责，并作出经济惩戒。四是2011年7月1日全州国税系统"疑点数据库子模块"运行，"税收执法管理信息系统"进一步完善。五是加强税案审理工作。为确保重大税务案件审理工作有序开展，根据总局、省局对重大税务案件审理工作的有关规定和要求，结合重大税务案件审理工作的实践，政策法规科以"什么是重大税务案件审理"、"重大税务案件审理的原则"、"审理委员会及其办公室的工作职责"、"审理委员会办公室受理案件初审工作流程"、"重大税务案件审理的重点和具体内容"、"审理委员会办公室的文书制作及其他书面材料的编写"等6个方面为重点开展学习活动，并参与了11月15日香格里拉县国家税务局的1起税案审理工作，对降低基层税收执法风险起到指导和促进作用。六是认真做好税收政策的贯彻落实和执行情况反馈工作，及时报告税收政策执行过程中存在的各种问题。2011年，向省局上报了《税收再就业调查统计分析》。

【税收征管】 一是各税管理。（一）严格增值税管理。1. 按规定程序做好一般纳税人认定管理工作。2011年，共有增值税一般纳税人242户，比2010年多42户，增长21%；全年新认定一般纳税人（包括辅导期一般纳税人转正）46户，注销一般纳税人5户。2. 认真落实增值税各项优惠政策，做好增值税减免工作。2011年，全州享受增值税减免的纳税人共有26户，其中：一般纳税人的免税销售额为1.6亿；小规模纳税人的免税销售额为1561.55万元。3. 严格规范固定资产抵扣。2011年，全州涉及固定资产抵扣的企业有36户，抵扣税款4739.00万元，其中进项转出17.7万元。因企业在建和扩大经营规模，抵扣量大的行业主要是电力、矿山和酒业。（二）加强企业所得税管理。1. 对重点纳税企业进行跟踪管理，建立经济数据历史资料库，对其进行监控。2011年，纳入全州企业所得税重点税源管理的企业有16户，其中10户由州局监控。2. 严把减免税、财产损失审批关。2011年1至12月份已申报减免企业所得税的企业有7户，减免税额为7180.94万元。3. 加强企业所得税收入分析工作，建立月分析、半年度分析、年度分析工作制度，建立重点企业连年应纳税款及相关经济指标台账。（三）进一步规范车辆购置税管理。一是认真执行各项车辆购置税相关政策。2011年，全州8528辆车办理车辆购置税业务，缴纳税额6034万元，其中，按7.5%减征车辆购置税48辆，减税金额20.47万元；免税18辆，免税金额89.71万元。二是与经销商建立销售资料共享制度，同车辆管理部门一起清理未缴车辆购置税的摩托车。2011年征收车辆购置税的摩托车共计1841辆，同比减少1020辆，下降35.65%。三是加强车辆购置税管理信息制度建设。2011年，全州车辆购置税征收管理档案转入348户，转出219户，档案总数8733份，其中，已扫描档案数4873份，未扫描档案数2531份。二是发票管理。（一）稳步推进普通发票管理工作。1. 积极收缴旧版普通发票，认真推广使用新版普通发票。截止2011年底，全州使用新版普通发票的有1579户，共计发售通用机打发票13.28万份；电费专用发票11.05万份；通用机打发票冠名发票"中石化"4.01万份，"中石油"1万份，"苏宁电器"1万份；通用手工发票1979本。2. 加强对纳税人使用新版普通发票的监督检查力度，减少流失发票现象的发生。2011年11月，全州国税系统对纳税人开展了为期22天的"持票天数超过90天未验旧"的专项清理工作，对186户纳税人的8451份发票进行了验旧处理，对97户纳税人的发票使用情况进行了实地查验，清理面达93%。通过核查，对申报不实的予以处罚；对不经营但长期持有空白发票的根据税源管理需要缴销其结存发票；对未进行减免税认定但申报了免税销售收入的按照减免税管理办法的规定进行规范管理。（二）做好增值税发票调拨使用工作，规范增值税发票代开行为。2011年，全州共计调拨增值税专用发票71万份，增值税普通发票4万份，共采集增值税抵扣联金额9.03亿元。（三）认真开展"四小票"管理工作。2011年，农产品收购凭证抵扣进项税额7307.32万元；交通运输发票抵扣进项税额2088.28万元；海关完税凭证抵扣进项税额1795.79万元。三是企业管理。（一）对31户外商投资企业的证件资格、相关资料进行年检审核，年检通过率为100%。（二）大企业管理情况。2011年，全州有5户企业纳入总局定点联系企业名单，分别为矿产企业3户，电力生产企业1户，商品批发零售企业1户，共缴纳税款9000万元，其中增值税5600万元，消费税1600万元，企业所得税1800万元。四是国际税收管理。2011年对在迪庆藏族自治州从事香格里拉酒店前期设计、规划、勘探等应税劳务的一户新加坡企业和对华致酒业进行控股的一户香港企业，按照税收协定，分别扣缴了5万元、89万元所得税。五是出口退税管理。（一）完成省局下达的出口退税指标。2011年，全州出口退（免）税企业登记户数为7户，其中生产企业6户，外贸企业1户，累计审核审批出口货物免抵退税446万元。(二) 按规定做好出口货物退（免）税申报的审核和开具相关单证工作，充分发挥出口退税网络申报系统的功能。(三) 做好出口不予退（免）税货物应征税管理工作，核实省局下发出口货物不予退（免）税信息23条，共计42.23万美元，出口企业视同内销补计提销项税额6.08万元。(四) 做好跨境贸易人民币结算试点企业的评审工作，2011年共上报5户符合条件的企业。

【税收执法】 (一) 税法宣传。1. 不断创新形式，认真开展以“税收·发展·民生”为主题的第20个税收宣传月系列活动。2. 开展税收政策汇编册赠阅活动。迪庆州国家税务局向州委、政府、人大、政协、纪委、监察局及其他州属40多个部门，免费赠阅300多册省局编制的《税收优惠政策选编》《涉农税收税收优惠政策选编》；各县、区局也分别开展了对同级地方部门的赠阅活动。(二) 税务稽查。1. 2011年，全州完成稽查查补收入345.18万元，其中：税款274.26万元，滞纳金66.28万元，罚款4.64万元，其中，自查42户，自查入库179万元，重点检查40户，检查查补税款123.38万元，滞纳金38.16万元、罚款4.64万元。查处发票案件21户，发票506份，发票协查466份。2. 扎实开展案件协查工作。(1) 做好“11.10”专案受票方协查取证及处理工作。“11.10”专案第一批发票清单中全州涉及的共有20户企业，发票445份，开票金额1395.90万元，经调查核实，查实取证发票381份，涉税金额1187.76万元，已抵扣进项税83.14万元。按照省局对受票方的处理要求，对确定取得虚开增值税发票的15户企业的244份发票进行处理，入库增值税80.91万元，滞纳金23.72万元；企业所得税2.75万元，滞纳金0.16万元；弥补以前年度亏损45.32万元。(2) 金税协查系统平稳运行，不断提高协查委托发函和受托协查回函的质量和效率。2011年，共收到受托协查黄金票1起，受托协查发票178份，金额1343.24万元，税额228.22万元。迪庆州国家税务局于3月13日至21日到昆明开展为期8天的调查核实工作，并于4月6日将调查结果回复委托单位，按期回复率为100%。3. 稳步开展自查工作。(1) 分级分类稽查。2011年，对州、县级10户纳税企业进行自查，有问题户3户；纳入重点检查的6户，已查结6户，有问题6户，共查补收入115.14万元，其中：税款85.75万元；滞纳金29.38万元，已全部入库，选案准确率100%，结案率100%，入库率100%。(2) 税收专项检查。2011年，共部署专项检查自查户11户，检查8户，已结案2户，其余6户正在检查，有问题户2户，共查补收入7.13万元，其中：税款5.91万元；滞纳金1.22万元，现已全额入库，入库率100%。(3) 税收自查。2011年，全州共组织自查企业21户，有问题9户，查补收入179万元，其中：税款150.88万元；滞纳金28.12万元。4. 加大要案处理力度。2011年，全州共查处发票违法案件21起，发票506份（其中运输发票234份）追缴入库税款、滞纳金108.07万元。(三) 依法治税。1. 严格税务机关执法工作。(1) 以规范执法为基本点，对原制定的《税收执法岗责体系》进行修改和完善，将法律法规赋予税务机关的权利和义务及总局、省局的工作要求层层分解落实。(2) 保证税收执法责任制和执法责任追究制真正落到实处。(3) 开展好税收执法督察工作。成立了以业务副局长为组长，税政、征管、管理分局主要负责人为成员的税收执法督察领导小组，对全州减免税政策执行、企业注销清算、增值税一般纳税人认定、税务机关代开增值税和普通发票管理情况进行检查。2. 纳税评估工作。2011年，全州共组织实施评估63户次，其中货物劳务税评估15户，所得税评估41户，同时涉及多个税种评估7户，享受增值税优惠政策2户。通过评估共查补入库税款299.9万元，入库滞纳金12.7万元。增值税方面存在问题的有8户，评估补税入库税额33.1万元，滞纳金0.8万元，进项税转出（增值税留抵税额调减）0.85万元。企业所得税存在问题25户，评估入库税额257万元，滞纳金及罚款11.9万元，调减待弥补亏损721万元，调增应纳税所得额308万元。另外，通过企业所得税评估查补入库增值税9.8万元。

【税收信息化建设】 一是健全安全体系，做好各种应用软件的推广、升级及运行维护工作，确保机房、网络安全。二是完成12366纳税服务热线项目的上线实施。2011年4月份完成12366纳税服务热线IP地址分配、设备验收、UAP、SIP设备安装；6月份完成12366服务热线两台话机与坐席连接，话机配置，并成功通过测试；8月份完成系统上线运行相关测试，对组织机构、部门信息、用户信息、工单流程设置等信息进行核对，做好上线前期工作。三是发票简并换版系统顺利上线，并对使用新版发票填开系统网络版纳税人进行了抽样调查，为提升新版普通发票填开系统稳定性提供数据资料。

队伍建设

【机构人员情况】 (一) 机构设置。2011年，全州共设有21个机构，包括5个局机关（迪庆州国家税务局局机关、4个县区局），6个直属机构（5个稽查局、1个车辆购置税分局），4个派出机构（4个基层分局），6个事业单位（5个信息中心，1个机关服务中心）(二) 人员配置。2011年，全州在职干部192人，男女结构比例为1.23∶1，其中，汉族41人，少数民族151人，分别占在职干部总数的21.35%、78.65%；党员103人，团员12人，分别占在职干部人数的53.65%、6.25%。从学历结构上看，研究生学历2人，本科学历118人，大专学历43人，大专以下学历29人，分别占在职干部人数的1.04%、61.46%、22.40%、15.10%。从年龄结构上看，30岁以下（含30岁）38人，31～40岁64人，41～50岁78人，51岁以上12人，分别占在职干部人数的19.79%、33.33%、40.63%、6.25%。(三) 人事变动。2011年，提拔任用了8名正科级干部和4名副科级干部，在民主测评中，12名提拔任用干部的群众支持率都在90%以上；通过中央国家机关及其直属机构公务员录用考试，新录用公务员4人（其中香格里拉县1人、德钦县1人、维西县1人、开发区1人）。

【领导班子建设】 （一）积极推进学习型领导班子建设。2011年，各级领导干部自觉增强学习的责任感和紧迫感，充分结合“创先争优”活动和学习型党组织建设，把学习作为一种政治责任、变成内在需求，以自学、集中学习、听专题报告等各种形式深入学习了胡锦涛总书记在庆祝中国共产党成立90周年大会上的重要讲话和党的十七届六中全会精神，进一步加强理论武装，增强贯彻落实科学发展观的自觉性和坚定性；坚持不懈地开展理想信念教育，坚定正确的政治立场和政治方向；参加省局举办的州局、县（区）局副局长培训，注重实践锻炼，准确运用科学理论指导税收工作实践，着力提高领导干部素质和能力；结合实际部署全州各局民主生活会召开工作，做到了程序规范，主题突出，质量明显。（二）加强党性修养，转变工作作风。全州各级领导班子深刻认识新形势下加强领导干部党性修养和作风的重要性，并将其作为一项重要的政治任务，纳入日常学习活动中，落实到税收业务、行政管理、干部队伍建设和党风廉政建设各项工作中；各级班子成员坚持调查研究制度、基层联系点制度、领导干部下访制度，深入各基层单位及纳税户中，广泛听取党员、群众、基层干部的意见和建议，提高科学决策、民主决策、依法决策水平。（三）加强领导班子组织建设。2011年，按照《云南省国税系统副处级领导干部竞争上岗工作实施方案》要求，积极协助省局竞争上岗工作领导小组，在经过自愿报名、资格审查、笔试、面试、投票推荐、组织考察等环节后，根据“云国税任字〔2011〕56号”文件，任命原香格里拉县国家税务局副局长肖芬为迪庆州国家税务局党组成员、总经济师；任命原丽江市国家税务局培训中心主任刘建忠为迪庆州国家税务局党组成员、总会计师，充实了领导班子。新班子共有7名成员，年龄结构呈梯字形：40岁以下有1人，41～45岁有2人，45～49岁有2人，50岁以上的有2人，平均年龄47岁；从学历结构上看：研究生1人，本科学历5人，专科以下学历1人；新的领导班子成员中有1名女干部，打破了迪庆国税成立17年来领导班子成员都是男同志的常规。

【廉政建设】 一是于2011年3月19日召开了全州国税系统党风廉政建设工作会议，及时传达了全省国税系统党风廉政建设会议精神，组织全体干部职工学习了中共中央《建立健全惩治和预防腐败体系2008～2012年工作规划》、《中国共产党党员领导干部廉洁从政若干准则》。二是加强内控机制建设。通过审核，全局共梳理出50个风险点，根据风险发生的概率和危害程度大小分级，一级7个、二级25个、三级18个，有16个部门制定了部门内控流程图；对照风险点，理顺工作流程，完善相关规章制度，有针对性地提出防范措施50条。三是加强警示教育。充分利用现有廉政教育载体，在坚持开展读书活动、个人自学的同时，集中组织学习警示教育案例、观看警示教育片和学习先进人物事迹，提高廉政教育的针对性和实效性。四是加强纪检监察干部培训。迪庆州国家税务局于2011年5月举办了为期3天的纪检监察培训，州局纪检监察人员、各县区局纪检组长、监察室主任、专职监察员，共12人参加了培训。五是做好巡视工作。2011年11月21日至25日，对香格里拉县国税局领导班子及其成员2009年以来的工作情况进行了巡视检查。巡视组对香格里拉县国税局贯彻落实党的十七大精神和科学发展观，执行党的路线、方针、政策、决议和决定，加强领导干部作风建设等情况，依法治税、依法行政和落实省局、州局工作部署的情况，执行民主集中制和重大事项决策的情况，落实党风廉政建设责任制和勤政廉政等情况分别展开了巡视。六是认真开展《廉政公约》签订及回访工作。2011年，新签订《廉政公约》262户，回访568户，满意率为99%。

【精神文明建设】 一是开展丰富多彩的建党90周年纪念活动。2011年，迪庆州国税系统通过积极参加党史知识竞赛、参加红歌演唱等内容丰富的活动来纪念党的90周年华诞，深入开展创先争优活动。开发区国家税务局、维西县国家税务局、香格里拉县国家税务局、迪庆州国家税务局，分别在各级政府宣传部门组织的“党在我心中（迪庆经济开发区管理委员会，维西县，香格里拉县、迪庆藏族自治州）庆祝中国共产党成立90周年党史知识竞赛”活动中，取得了各赛区第一名、第二名、第三名、优秀奖等优异成绩，充分展示了国税人良好的精神风貌，提升了干部队伍凝聚力和战斗力，促进了民族团结。二是全州创建精神文明工作“满堂红”。2011年，省文明委考评组对省级文明行业的国税部门进行了届内复查。迪庆国税对照文明单位和文明行业的九项基本指标，进行认真分析、对照，资料归类、归卷、归档，并制作了八册图文并茂的资料刊，电子幻灯汇报材料。4月中旬，复查组到迪庆州国家税务局进行考评验收，高度评价了全州国税系统的精神文明创建工作。2011年全州国税系统各基层局均被命名为“文明单位”，精神文明创建工作“满堂红”。

【教育培训】 一是积极参与省局在落实“服务基层年”工作主题过程中为基层干部组织的“智力援西”系列培训。2011年，迪庆州国家税务局共计70人次参加了省局培训。二是认真落实2011年迪庆州国税系统培训计划，各科室组织各类短期培训班达6次。三是组织好第一期税收骨干的脱产培训工作。2011年7月1日至7月22日，迪庆州国家税务局在开发区举办了一期面向全州干部的财务会计及纳税评估理论实务培训班。经过25天的脱产培训和严格考试，培训班圆满结束，取得了良好效果。四是2011年，迪庆州国家税务局秉承“工作清正廉明，考试公正公平”的原则，组织好全州一年一次的业务考试。全州共应考109人，实考105人，缺考4人；最高分96分，最低分37分，及格93人，不及格12人，及格率91%。

【典型经验】 2011年，迪庆州国家税务局在省局对州、市局目标管理责任制考核中得到了1019.50分，考核分数位居全省第一。此成绩的取得迪庆国税主要采取了“五项举措”。一是不断完善工作制度，注重人性化管理。以“构建机制完善、充满活力的现代人力资源管理体系，打造全国藏区一流的学习型、创新型、务实型、和谐型国税组织”为出发点，不断完善各项工作制度，促使各项管理工作真正走上制度化、规范化、科学化、人性化的轨道。二是抓好重点税源管理，做好收入预测。各级税务机关在重点税源管理上做到了“户籍心中有数、税源变化及时掌握”，并定期不定期下户进行座谈，就新税收政策进行宣传及生产经营情况进行沟通交流。三是严格依法治税，降低税收执法风险。全州国税机关通过认真贯彻“切实加大依法治省力度，着力提高依法执政水平”的要求，将依法行政、推进依法治税贯穿到强化税务管理的各项工作中，严格税收执法，强化执法监督，真正落实好各项税收法律法规和政策。四是强化学习培训，提升干部队伍综合素质。按照《迪庆州国税系统十二五干部教育培训管理办法》举办了由40名税务干部参加，为期25天的财会知识和纳税评估脱产培训班，提高了专业知识水平；通过开展“创先争优”、向杨善洲同志学习等活动，提高了全州国税干部的综合素质。五是优化纳税服务，努力构建和谐的征纳关系。通过加强“一窗式”操作管理，车辆购置税“一条龙”管理，切实减轻纳税人负担；对纳税人使用新版发票填开系统遇到的问题，通过税务干部上门、网络帮助等方式解决。

（王金莲）

香格里拉县国家税务局

经济概况

2011年，香格里拉县各族群众在县委、县人民政府的坚强领导下，认真贯彻落实中央第五次西藏工作座谈会的精神和云南省委藏区工作会议精神，上下齐心协力、拼搏进取，实现了经济平稳较快发展。全县实现生产总值（GDP）59.76亿元，按可比价计算，比2010年增长18.6%。其中：第一产业实现增加值3.37亿元，增长6.0%，对GDP增量的贡献率为2.0%，对香格里拉县经济增长的拉动率为0.4个百分点；第二产业实现增加值25亿元，增长25.9%，对GDP增量的贡献率为55.4%，对香格里拉县经济增长的拉动率为10.3个百分点；第三产业实现增加值31.39亿元，增长14.6%，对GDP增量的贡献率为42.6%，对县域经济增长的拉动力7.9个百分点。按照年末总人口计算的年人均国民生产总值3.4万元，比上年增加5206元，增长17.8%。产业结构调整取得新突破，布局更趋于合理，三次产业的结构比例由上年的6.3∶39.7∶54调整为5.6∶41.9∶52.5。

税收概况

【收入完成情况】 2011年，香格里拉县国家税务局组织各项税收共计2.85亿元。其中：中央收入2.25亿元，省级收入973万元，州级收入2364万元，县级收入2700万元。完成迪庆州国家税务局下达年计划任务数2.37亿元的120.25%，超计划进度20%。完成香格里拉县人民政府下达县级一般预算收入年计划任务数2555万元的105.68%，超计划进度5.68%。

【收入特点】 一是全县税收收入呈现“四增一平”的特点。“四增”即增值税、企业所得税、消费税和车辆购置税收入增加，“一平”即储蓄存款利息所得个人所得税收入与2010年持平。二是税收收入中增值税所占比重较大，全年增值税入库1.77亿元，占总收入的62.06%。三是企业所得税增幅明显，全年共计完成企业所得税4055万元，同比增长52.16%，增收1390万元。

【税源分析】 （一）增值税主要行业增减因素分析。1.有色金属矿产品业。全年有色金属矿产品业增值税共计入库8677万元，比上年5407万元增收3270万元，增长60.48%。大幅增长的原因是：2011年有色金属矿产品价格回升，各类矿产品市场需求不断增加，企业大量生产，铜矿价格从2010年的4.30万元/吨上升到5.80万元/吨；锌矿从2010年的1.00万元/吨上升到1.10万元/吨。同时部分企业还采取了外购销售的方式，提高销售量。2.电力、燃气及水的生产和供应业。全年电力、燃气及水的生产和供应业增值税共计入库4978万元，比上年4517万元增收461万元，增长10.21%。增收的主要原因是：全年雨水充足，电力企业发电量增加，同时2011年执行的电力产品增值税预征率由2%调整为2.5%。3.商品批发零售业。全年商品批发零售业增值税共计入库2063万元，比上年1337万元增收726万元，增长54.3%。增收的主要原因：一是2011年，全县加大对个体工商户的管理力度，对上规模的个体户进行税额调整。二是由于全年发票管理规范化，超额补税增加。4.烟草制品批发业。全年烟草制品批发业增值税共计入库1602万元，比上年1230万元增收372万元，增长30.24%。增收的主要原因是：烟草行业调整了产品结构，进一步压缩了低端卷烟的产量，市场上销售的卷烟以中高档卷烟为主，使得烟草公司销售额比上年同比期增加。（二）消费税主要行业增减因素分析。2011年消费税共计入库1735万元，比上年1431万元增收304万元，增长21.24%。增长的主要原因是：自2009年5月1日起，国家出台的在烟草行业批发环节征收5%的消费税的税收政策调整对消费税收入增长起到了积极的作用。（三）企业所得税主要行业增减分析。2011年企业所得税实现了较大的增长，其主要原因是：1.重点税源企业香格里拉县华西矿业有限责任公司2008年1月1日至2010年12月31日暂免所得税政策到期，开始执行两年的减半征收。2.严格执行落实企业所得税预缴政策，仅迪庆藏族自治州开发投资集团有限公司就预计缴纳企业所得税200万元。（四）车辆购置税增减分析。全年车辆购置税共计入库4984万元，比上年4889万元增收95万元，增收1.9%。增收的主要原因是：自2011年1月1日起，恢复“1.6及以下排量乘用车车辆购税税率为10%”，在一定程度上提高了车购税。（五）储蓄存款利息所得个人所得税增减分析。全年储蓄存款利息个人所得税共计入库23万元，与上年持平。未实现增长的主要原因是：国家继续实现暂免征收储蓄存款利息个人所得税的政策，无新增税源。

各项工作

【税收法制建设】 认真抓好税收法制建设的各项工作，依法治税水平有了较大提高。一是为将税收执法责任制落到实处，及时对税收执法监督委员会、行政复议委员会、重大案件审理委员会的组成人员进行了调整。二是加大执法过错责任追究力度，全县国税干部依法行政的意识普遍增强。全年共对53人次进行了执法考核，统计执法过错163项，进行申辩调整161条，产生执法过错2项，对1人进行了扣分处理和经济惩戒。三是认真开展2008年至2011年疑点信息的核查工作，在对发现的3个疑点项目进行案头审核和实地查验后，消除疑点2个，对存在问题的1个疑点项目，进行了税务行政处罚，共计补缴税款、滞纳金及罚款2.7万元。四是加强依法行政教育，税务干部的执法能力和治税水平得到很大提升。

【税收征管】 （一）完善户籍管理。按照“一户式”管理的要求，进一步完善纳税人税务登记、纳税申报、生产经营情况等涉税信息的采集工作，逐户建立信息采集档案，并辅之以动态管理。建立信息共享机制，及时将国税部门的信息与地税、工商等部门进行交换。截至12月31日，全县共有税务登记户数5860户，比“十一五”末期增加829户，增长16.5%。（二）夯实征管基础，加强重点税源监控。2011年，加大对零散税收的清理力度，强化网络申报管理，并加强欠税管理，夯实了征管基础。同时，加强重点税源监控，及时了解税源变化情况，确保监控到位。2011年，纳入全县重点税源监控管理的企业有15户，缴纳国税收入1.71亿元，占全县国税收入总数的66%。（三）提高纳税评估质效。以突出纳税评估工作为切入点，按照“准确选户，高效评估”的要求，不断完善评估手段，规范评估程序，纳税评估工作取得了显著成效。全年共评估纳税户38户，存在问题的有21户，累计补缴税款82万元，入库滞纳金及罚款11.8万元。

【税收执法】 （一）加强税法宣传。2011年，在继续做好税法日常宣传的基础上，以“服务基层”为契合点，抓住“第二十个全国税收宣传月”系列活动开展的时机，在全县范围内组织了一系列宣传面广，效果显著的税收宣传活动，收到了良好的效果。（二）加强税务稽查。对辖区内报停户和使用发票的定期定额纳税人进行日常检查，同时对重点企业实施了以“自查为先导，自查、抽查和重点检查相结合”的一系列专项检查和分级分类稽查，确保“税种查全、环节查到、问题查清”。突出服务型稽查，大力推行查前告知、稽查约谈、自查补报制度，杜绝多头进户、重复检查现象，倡导刚性执法、柔性服务，建立了和谐融洽的征纳关系。全年没有一起行政复议案件和行政诉讼案件发生。

【纳税服务】 由于香格里拉县始终位于反分裂、反渗透的前沿，做好纳税服务工作，构建和谐征纳关系，便成为了香格里拉县国税局最为重要的政治任务。为切实提高纳税服务水平，2011年，香格里拉县国家税务局主要抓好以下三方面的工作：一是强化服务意识，完善服务制度。在办税服务厅、稽查局、分局推出了“四规范三统一”纳税服务机制，普遍实行“六项制度”，建立税企定点联系制度，健全服务监督机制。二是开展“服务一线”践诺活动。采取“五服三全”措施，为纳税人提供预约服务、应急服务、特殊服务、延时服务和定期服务，努力做到“服务时间全天候、服务内容全方位，服务对象全覆盖”。大力推行多元化申报模式，储蓄扣税、介质申报、网络申报等税收征缴方式已全面覆盖征管的三大税种。三是率先实现了“一窗通办”服务模式，办税服务水平有了质的飞跃，有效解决了纳税人反映强烈的办税流程繁杂、办税效率不高的问题，成为全州率先实现所有涉税业务“一站式”受理，“一窗式”办结，“一条龙”服务的单位。

【税务信息化建设】 （一）信息化物质基础建设得到加强。2011年，全县国税系统机房、路由器、服务器等设备配置齐全，信息化物质基础建设有了新提升。（二）信息管税能力不断提高。按照金税三期“一体化”的要求，以提高软件应用为主线，大力实施信息管税。（三）信息系统安全维护工作不断优化，为全面提高国税系统各项工作提供了有力保障。

队伍建设

【机构设置和人员情况】 2011年，全局共设14个机构，其中：县局机关内设机构共11个：办公室、人事教育股、监察室、征管股、货劳股、纳税服务股、法规股、所得税股、党办、收入核算股、计划征收股；直属机构1个：稽查局；派出机构1个：建塘税务分局；事业单位1个：信息中心。2011年，在职干部60人，退休干部35人，共计95人。在60名在职干部中，党员29人，团员10人，党团员比例达65%；学历结构为：研究生1人，大学本科33人，大专20人，中专以下6人，大专以上学历占90%；共有汉、藏、纳西、傈僳、白、苗和蒙古等7种民族，少数民族占总人数的80%，其中藏族占全局人数近46.67%；全局平均年龄为39岁。

【领导班子建设】 一是针对局领导班子人员的变动，局领导班子及党组专门召开会议，重新对领导分工进行调整，保证各项工作正常开展。二是一年来局领导班子在继续坚持每周开展党组中心组学习的同时，以“创先争优”和“学习型党组织建设”活动为契机，不断提高班子成员的政治理论、执政能力和行政能力水平，增强政治敏锐性和辨别大是大非的能力，保证决策的科学性和可执行性。三是全年局领导班子认真开展述职述廉活动，召开民主生活会，发动干部为领导班子“挑刺揭短”，建言献策，并监督班子成员认真整改，增强了领导班子的凝聚力和战斗力。

【干部教育培训】 2011年，香格里拉县国家税务局紧紧抓住省局“服务基层年”加大对基层干部的教育培训力度和迪庆州国家税务局创建“学习型机关，创新型团队”的历史机遇，着力强化干部教育培训。在搞好自办培训活动的基础上，克服事多人少的困难，积极抽调干部参加单位外部组织的各种学习教育培训活动。全年共组织干部参加总局培训3次9人共23天，省局培训10次12人共104天，州局培训6次44人共60天，教育培训覆盖面占到了干部人数的八成，有力地保障了税务干部接受教育培训的权利，切实提高了基层一线国税干部的基本技能和业务素质。

【党风廉政建设】 一是始终把廉洁从税作为干部队伍建设的重要组成部分，健全机制，强化责任，形成了内外兼顾的工作局面。对内，在继续做好《党风廉政建设责任书》签订工作的基础上，重点开展内控机制建设，通过梳理部门权力事项，排查岗位廉政风险点，制作廉政风险防控流程图等措施，成功构建了拒腐防变机制，极大地提升了廉政建设水平。对外，与纳税人签订了744份《廉政公约》，并对300户纳税人进行了廉政回访，回访满意率高达100%。二是搞好作风建设，在加强思想教育的基础上，着力整顿了上班迟到、早退、溜岗、虚岗等现象，切实采取措施，解决股室之间统筹协调不力、工作推诿扯皮等问题。庸、懒、散等不良风气得到整治，机关面貌为之一新。三是在县纪委参与的行风政风自测自评中，全局因群众反馈的好结果，获得了上级部门和社会的赞扬。

【精神文明建设】 始终注重发挥精神文明建设对各项工作的促进作用，在单位内部扎实开展各项创建活动。一是以正在开展的学习型党组织建设为契机，提出了“创学习型机关，做书香型税干”的要求，大规模开展教育培训，努力提高干部素质，全局上下“学有所教、学有所长、学以致用”的良好氛围日渐形成。学习文化建设的实践，催生了学习成果。继本局雪域国税文化系列丛书《香格里拉县税务志》、《雪域国税——香格里拉》画册之后的第三部作品《雪域香格里拉国税文集》于2011年正式出版。二是努力构建促进国税事业全面发展的和谐文化。充分发挥“党、团、工、青、妇”组织作用，组织干部参加了2011年县委、县政府举办的“庆三八”拔河比赛、“香巴拉杯”职工男子篮球比赛、党史知识竞赛、红歌赛等文体活动，并获得了优异的成绩；真情关怀，真心爱护基层干部，克服财力不足的困难，想方设法，给干部发放了生活补贴；积极开展游园活动、爬山比赛、草原踏青、温泉疗养等工会活动，组织干部外出做全面的身体检查，缓解了干部职工较大的工作压力，使干部职工能够身心愉悦地进行工作；关爱退休老干部，开展了建党90周年慰问老党员、老干部活动，深入老干部家中为他们送上慰问金和美好的祝福；勇担社会责任，在克服自身经费紧张的情况下，投入了大量资金服务地方建设，投身地方扶贫事业，先后投入扶贫资金12万元，为挂钩扶贫点阴朵里村民小组修建了公路挡墙，为大坪子村民小组翻盖了村屋瓦面，受到了当地群众和地方党政的一致好评，被州委政府评为“第四批新农村建设工作先进派出单位”；发动全局干部职工开展“献爱心，送温暖”活动，向盈江地震灾区、金江兴隆村泥石流灾区捐款达3.50万元，国税部门形象得到全面提升。

（张　波）

维西傈僳族自治县国家税务局

经济概述

2011年，在维西县委、县政府的正确领导下，全县坚持以“三个代表”重要思想为指导，全面贯彻落实科学发展观，认真贯彻党的十七大和十七届三中、四中、五中、六中全会精神，全面落实中央宏观调控政策，加快经济结构调整和发展方式转变，着力深化改革和扩大开放；全面推进经济社会发展战略，强化基础设施建设，努力解决制约经济发展的各种因素，调整优化产业结构，围绕全面建设小康社会的宏伟目标，进一步完善和贯彻落实经济社会发展思路和产业重点，扎实工作，认真实施科教兴县和可持续发展战略，巩固提高粮食基础产业，着力发展农业、交通、城镇、科技四大基础产业，积极培育生物、水电、矿冶和旅游四大支柱产业；保增长取得积极成效，国民经济保持平稳较快发展，社会民生事业全面加强，各项社会事业协调进步，人民生活持续改善，城市功能形象显著提升，全县社会政治大局和谐稳定，实现了“十二五”的良好开局。全年生产总值（GDP）达到22.29亿元，比上年增长18.30%，其中：第一产业增加值达到3.56亿元，增长6.80%；第二产业增加值达到7.35亿元，增长22.80%；第三产业增加值达到11.38亿元，增长19.30%。产业结构调整取得新的进展。三次产业的结构比例由2010年的17.23:31.46:51.31调整为15.97:32.97:51.06，人均GDP由2010年的1.18万元，上升到2011年的1.40万元。工业投资增幅提高，2011年固定资产投资总额达到39.16亿元，增长25.32%。其中：水电业投资完成额达14.44亿元（澜沧里底电、乌弄龙电站完成投资11.98亿元），德钦到维西二级油路建设投资完成12.16亿元。招商引资成效明显。2011年招商引资实际到位资金23.33亿元，比上年增长33.79%。

税收概况

【收入完成情况】 2011年，维西县国家税务局共组织收入6241.23万元，首次突破6千万元大关，同比增长33.42%，完成迪庆州国家税务局下达年奋斗目标数5100万元的122.37%。与“十一五”期初2006年完成的税收收入582万元相比，增长了10倍以上，实现了“十二五”的良好开局。从各税种入库情况看：增值税入库收入4308.48万元，同比增长46.82%；消费税入库收入2.05万元，同比下降0.15%；企业所得税入库收入1130.66万元，同比增长127.85%；储蓄存款利息所得个人所得税入库收入4.49万元，同比下降53.91%；车辆购置税入库收入777.59万元，同比下降36.32%。

【收入特点】 税收收入与国民经济同步协调发展。全年生产总值（GDP）达到22.29亿元，比上年增长18.30%，国税收入6241.23万元，首次突破6千万元大关，同比增长33.42%。二是企业效益的增长带动税收收入增加。因为县域经济的不断发展，政府招商引资力度不断增强，为税收的增长提供了良好的环境。三是主体税种呈现“两增三减”的特点。增值税、企业所得税收入大幅度增长，车辆购置税、储蓄存款利息个人所得税和消费税有所下降。其中：增值税收入为4317.37万元，同比增长47.13%；企业所得税收入为1131万元，同比增长127.85%；车辆购置税收入为787万元，同比下降36.32%；储蓄存款利息个人所得税收入为4.48万，同比下降53.91%。

【税源分析】 （一）增值税明显增收。随着经济持续稳定发展，全县主体税源增值税也随之稳定增长。一是采矿业增值税入库2495.02万元，同比增长37.04%，增收674.33万元。主要增长点在维西希达矿业有限公司，其增值税收入同比增长131.07%，增收683万元。二是电力增值税入库1177.24万元，同比增长273.44%，增收862万元。主要是发电售电量增加。三是商业增值税入库510.41万元，同比增长38.92%，增收143万元，随着居民消费、采购量增加，拉动批发零售行业销售收入增长。（二）企业所得税收入大幅度增长，入库1131万元，同比增长127.57%，增收634万元。增长主要是因为大部分企业三免两减半税收优惠政策到期，促使企业所得税收入大幅度增长。（三）车辆购置税收入有所下降。虽然机关干部职工购买自驾车增多，加之维西县二级路项目实施后许多农户用占地赔偿购买车辆，但是由于维西县交警部门没有车辆检测线，很多汽车未能在本地挂牌落户，多数车辆而是直接到迪庆州府所在地香格里拉县缴税办理，使车辆购置税收入下降，车辆购置税全年入库787万元，同比下降132.15%，减收448万元。（四）储蓄存款利息所得个人所得税有所下降，同比下降53.91%，减收6万元，下降的主要原因是政策性因素。（五）重点税源企业的税收因非市场因素减收。维西鑫达矿业有限公司菖蒲塘铁矿，同比下降11.32%，减收额为134万元。虽说铁矿价格从去年同期的210元/吨（含税）上升至2011年的230元/吨（含税），但由于我县修建二级路面，严重影响矿石正常运输，使得菖蒲塘铁矿销量下降。

各项工作

【税收法制建设】 一是2011年，积极探讨如何规避执法风险，将岗位责任制、执法责任制和廉政责任制层层嵌套，实行“三位一体”考核，充分利用税收管理员平台信息辅助系统、综合征管软件、省局执法监控系统及纸质文书对各岗位工作人员的工作进行全面考核。二是全面实行过错责任追究，严格行政执法责任制考核，强化干部风险意识教育，规避税收执法风险。年内无一扣分情况发生，实现零过错工作目标。

【税收征管】 （一）为切实加强征纳双方的税款征缴责任，加大欠税追缴力度，维西县国家税务局严格执行欠税公告办法、欠税滞纳金制度，税收强制措施，实行以票控税、同时催缴制度，建立欠税档案。申报期结束后，及时对逾期未纳税的，用书面通知形式对纳税人进行催缴，并严格执行会计核算和报表上报制度。通过建立一系列考核体系指标，全年无欠税情况发生，实现了零欠税目标。（二）从三方面开展税收预测工作，把握税收的主动权。一是建立税源分析成果反馈机制，及时将税源分析成果转化为有形税源。二是开展好月度收入预测分析，突出抓好矿山、水电等重点行业的税负测算，准确把握收入进度，指导日常收入组织工作。三是做好汇算清缴，落实企业所得税管理工作成效明显。（三）按照“规范程序、优化服务、提高质量”的汇缴工作思路，全年重点选取28户低零税负企业进行企业所得税核定征收。

【税收执法】 一是利用税收管理员平台信息辅助系统、综合征管软件、省局执法监控系统及纸质文书对各岗位工作人员的行政执法工作进行考核。全面实行过错责任追究，严格进行行政执法责任制考核，强化干部风险意识教育，规避现实风险。年内无一扣分情况发生，实现零过错工作目标。二是县局多次组织税法宣传，营造了一个很好的纳税氛围。三是大力开展专项检查，税收稽查成果实现新的突破。截至11月底，累计查补入库税收8.83万元，其中滞纳金1.15万元，罚款2.32万元，并按检查要求促管征收取金玉房地产公司企业所得税200万元。

【税务管理信息化建设】 一是开展好网络设备的日常维护工作。进行计算机网络维护15次，确保全局网络稳定、运行高效；安装调试电脑及打印机20台次；做好防病毒软件应用的检查工作。二是继续做好新电脑系统补丁，与省局WSUS服务器同步更新，并对车购税数据和“四小票”数据进行认真比对、上报，完成2011年信息化建设与应用情况统计表填报工作。三是积极做好UPS巡检工作。全年共进行四次巡检，及时将巡检情况表单邮寄至迪庆州国家税务局。四是积极做好综合征管软件、车购税、普票填开系统税务端数据的修改及提请工作，全年共修改征管软件数据9次，其中人员设置及增加模块6批次，数据修改3次，车购税上报1次，普票填开系统1次。五是认真做好办公自动化、档案管理系统后台数据库的维护和数据备份工作。经过认真部署反复测试，用两个月的时间将公文处理系统数据迁移到新服务器、新操作系统中，实现了数据每天自动备份，成为迪庆州第一个将公务处理系统和档案管理系统转移到新服务器上的单位。

队伍建设

【机构人员情况】 2011年，县局有机构12个，内设机构9个，机构及人员配置如下：办公室，7人；人事教育股，1人；监察室，1人；税政股，12人；征管股，2人；政策法规股，1人；收入核算股，2人；党支部办公室（工会），1人；办税服务厅，6人，直属机构1个：稽查局，4人，派出机构1个：保和分局，8人，事业单位1个：信息中心，2人。2011年共有38名在职干部，其中：少数民族干部24人（有藏族、白族、纳西族、傈僳族、普米族、彝族等6种少数民族），少数民族干部占全局干部数的63%；男性22人，女性16人；本科以上学历21人，大专学历13人，高中3人，初中1人，本科以上学历占全局职工数的55%；党员18人，团员1人。

【领导班子建设】 一是坚持民主集中制原则，以加强团结工作为重点搞好领导班子建设。二是组织中层以上干部召开民主生活会，背靠背开展批评与自我批评，虚心听取基层意见，倾听群众呼声，查找存在的问题，及时纠正工作中的不足。三是班子成员团结协作，分管工作上做到敢抓、敢管，增进了领导班子的团结力、凝聚力和向心力。四是领导班子在抓自身建设的同时，要求中层干部和一般干部也要以大局为重，坚决杜绝“开会不说，会后乱讲，当面不说，背后乱讲”的现象，要求大家始终要“自省、自重、自警、自励”，把团结放在第一位，任何时候都要用工作纪律和工作作风来加强自我约束，不断自我提高。通过加强领导班子建设，进一步增强了班子的凝聚力、战斗力。

【廉政建设】 为积极推进廉政文化工作开展，完善以预防和惩治腐败体系为重点的反腐倡廉体系建设。一是维西县国家税务局与维西县检察院联合为全体国税干部作了题为“统一思想齐抓共管、牢固树立预防职务犯罪的坚固防线”的专题讲座。让每一名干部职工都要慎用权、用好权，使全体干部职工深刻认识到职务犯罪的危害性和预防职务犯罪工作的重要性，为全局干部职工在思想上打“预防针”，为党风廉政建设工作打牢思想基础。二是制定了党风廉政建设责任书，并层层签订了党风廉政建设工作目标责任状，落实党风廉政建设责任制。通过加强教育，开展廉政教育课，学习廉政事迹，深入开展廉政建设工作。三是通过设立举报信箱和局长信箱，加强监督，规范税收执法行为。四是从关心干部、爱护干部、保护干部的角度，高度重视廉政建设工作，定时与检察机关沟通协调，建立健全符合维西国税实际的预防和惩治腐败体系，构建党风廉政建设长效机制。

【精神文明建设】 一是维西县国家税务局积极参加县委宣传部组织的“庆祝中国共产党成立90周年党史知识竞赛”活动，并取得了第二名的优异成绩，充分展现出维西国税人良好的精神风貌；在“维西县庆祝中国共产党建党90周年及表彰大会”上被维西县委表彰为“先进基层党组织”。二是维西县国税局认真贯彻落实科学发展观，按照“多措并举维护社会稳定，千方百计服务经济发展，以稳定促税收增长，以发展保稳定”的整体工作思路，在工作中，树立以人为本的理念，加强平安创建工作措施力度，加强社会治安重点地区和重点岗位的排查整治力度，为推动全县经济社会健康发展创造了和谐稳定的社会环境，工作成绩得到各级领导肯定，荣获县级“平安建设先进单位”。三是为深入开展学习杨善洲同志先进事迹、争做优秀共产党员活动，推进创先争优活动深入开展，3月15日全局组织开展了义务植树活动。在义务植树区内全局党员共种植200余棵树苗，通过开展此次植树活动，不仅绿化美化了环境，创先争优活动也得到了进一步细化，党员先锋模范作用得到了具体体现，以实际行动践行了杨善洲精神。

【教育培训】 一是为全面迎接州局统一组织的业务考试，进一步提升干部职工业务技能，年初成立了由局长任组长、领导班子其他成员任副组长、各部门主要负责人为成员的税收业务知识学习领导小组；制定了备考实施方案，认真实施，建立完善学习制度，从后勤支持、激励机制、经费保障等方面都做出了周密部署。二是充分利用周末休息时间认真组织集中学习培训，对个别同志思想不够重视、基础知识掌握不牢等，制定了整改措施认真加以整改，有效地解决了部分同志的“畏难”情绪。三是在2011年全州国税系统业务考试中，维西县国家税务局取得了较好成绩。

（徐永刚）

德钦县国家税务局

经济概述

2011年，在德钦县委、县政府的坚强领导下，全县坚持以科学发展观为统领，在危机中抢抓机遇，在逆境中克难奋进，在挑战中顽强拼搏，综合实力进一步提升，经济结构进一步优化，发展后劲进一步增强，民生问题进一步改善，实现了经济平稳较快发展和社会各项事业全面进步。全年生产总值（GDP）完成14.49亿元，同比增长18.1%；全社会固定资产投资完成29.67亿元，同比增长25.4%；地方公共财政预算收入完成1亿元，同比增长41.4%；农民人均纯收入达到4222元，同比增长25.2%；城镇居民人均可支配收入达到1.91万元，同比增长12.5%；社会消费品零售总额完成3.05亿元，同比增长16.5%；引进县外资金6.1亿元，同比增长19.6%；接待国内外游客28万人次，同比增长2.2%；旅游社会总收入实现1.55亿元，同比增长9.6%；金融机构存款余额达到14.68亿元，同比增长4.5%；贷款余额达到5.53亿元，同比增长14.8%；城镇登记失业率控制在3.7%以内；人口自然增长率控制在3.46‰以内。

税收概况

【收入完成情况】 2011年，德钦县国家税务局共完成税收收入1.04亿元，完成州局下达任务数的128.40%，同比增收2842.72万元，增长37.64%，其中：增值税完成8641.83万元，增收1640.83万元，增长23.44%；消费税完成18.09万元，增收3.09万元，增长20.6%；企业所得税完成1461.63万元，增收1276.63万元，增长690.07%；个人所得税完成9.68万元，增收7.68万元，增长384%；车辆购置税完成263.33万元，减少24.55%。

【收入特点】 一是税收收入稳步增长，总收入保持连续5年增收上千万元的增幅，并首次突破亿元大关。二是增值税收入占税收总收入的比重持续加大，占83.14%，成为德钦县国家税务局的主体税种，对全年税收任务的完成起到了决定性作用。三是国税收入的增长幅度高于GDP的增长幅度。2011年，GDP的增幅为18.1%，国税收入的增幅为37.64%，高GDP增幅

19.54个百分点。四是企业所得税收入增长最为明显，增幅达到690.07%。五是除车辆购置税以外，各税种收入较2010年有显著增长。

【税源分析】 德钦县国家税务局所辖范围内税源主要为：电力、有色金属矿产品、商业批发零售。2011年，以德钦维科矿山技术开发有限公司、盈科矿冶开发有限公司、迪庆矿业开发有限公司和德钦高原矿业有限责任公司为代表的矿业企业入库税款共计8108.46万元，占全年总收入的78.01%，成为矿业税收的“支撑点”，是德钦国税收入的支柱税源。以迪庆供电公司德钦分公司、迪庆州烁能电力工程有限公司德钦分公司、德钦县顺鑫水电开发有限公司和德钦县茂顶河水电开发有限公司为代表的电力企业入库税款共计741.57万元，占全年总收入的7.13%，是德钦县国税收入的重点税源。

【税务管理】 一是层层落实收入目标责任制。按照“科学化、精细化”管理的基本要求，将收入考核计划分解量化到各部门，并以巩固综合征管软件运行质量为重点，不断拓展网络管理覆盖面，实现了“征、管、查”基础数据信息共享。二是以落实税收管理员制度为抓手，明确职责，落实责任。全面强化税基管理、税源管理、税种管理，推行分户到人，分人盯户的税收管理制度和下户巡查制度，对零申报、负申报、低税负申报的纳税人进行重点检查和纳税评估。三是做好纳税人的税务登记管理工作。2011年共办理新增税务登记161户，注销税务登记80户。四是严格纳税申报制度。2011年纳税申报累计应申报2497户次，已申报2497户次，申报率达到100%。其中：增值税应申报2288户次，已申报2288户次，申报率100%；消费税应申报23户次，已申报23户次，申报率100%；企业所得税应申报150户次，已申报150户次，申报率100%。五是严格税款征收、上解入库管理。按照相关法规规定，做到当日征收的税款当日上解入库，入库预算级次正确，无积压、挪用、截留、转引税款现象。

各项工作

【税收法制建设】 一是严格执行税收法律法规。加强减免税、进项抵扣、企业所得税核定、发票缴销等环节的监督检查。严格执行税务行政处罚规定，正确贯彻执行上级的指示要求和政策纪律，杜绝执行政策的随意性，切实降低执法风险。二是认真落实税收优惠政策。认真落实支持西部大开发、下岗职工再就业、残疾人就业、大学生就业等的税收优惠政策；认真执行促进高新技术企业，节能环保企业发展的税收政策。做好政策执行情况的跟踪问效，规范企业享受优惠政策的准入条件。三是加强执法人员素质教育。按照税收执法操作流程和新业务的要求，组织师资力量对全体执法人员进行税收业务知识、业务流程、主要系统运转流程等方面知识的培训。加强责任心和防范风险意识教育，树立税收执法零差错的意识，全面提高执法人员的综合素质。四是优化纳税服务，构建和谐征纳关系。通过规范办税服务业务，简化审批程序，制定限时办理办结制度，方便纳税人；建立“首问责任制”等制度，加强与纳税人的联系和沟通，营造良好的税收环境。

【税收征管】 一是强化税源监控和管理，特别是对重点税源企业的监控分析和预测，及时把握重点税源的变化趋势，牢固把握组织收入的主动权；切实加强对零负申报企业的纳税评估和跟踪管理，把一般纳税人零负申报率和工业企业低税负率长时间保持在合理水平；二是切实加强对矿业企业的税收征管，把矿山企业集中到一个税收管理员名下，实行集中化管理，充分利用第三方信息，对矿业企业进行全面的调查与分析；三是坚持把管理人员分成管理一般纳税人和管理个体户两类，把管事与管户有机地结合起来，建立切实可行的税收管理员制度，做到责任到人，管理到户，使管理分局真正成为税务部门的前沿管理阵地。

【税收执法】 （一）税法宣传。认真开展以“税收·发展·民生”为主题的第二十个税收宣传月活动，从实际出发，一重效果，二重特色，借助“歌颂劳动者”大型文艺汇演开展了形式多样的宣传活动，取得了良好的效果，在全社会中形成依法诚信纳税的良好氛围。（二）税务稽查。充分发挥税务稽查职能作用，以查促管，打击税收违法行为，2011年年初以来，根据省局、州局的相关要求，全年共部署专项检查自查户6户，检查3户，查处问题户2户，共查补收入15.74万元，其中：税款14.66万元；滞纳金1.09万元。（三）执法检查。通过各种税收执法信息系统、采取各种税收执法检查措施严格监控税务干部执法情况，加大执法过错追究力度，提高税务干部依法行政能力。

【税务管理信息化建设】 一是根据年初人员调整情况，对现有计算机及其附属设备进行调配，对短缺的设备造好目录，向上级提出增配申请，做好网线铺设和网口划分，保证内外网路畅通。二是规范操作人员权限和口令，加强设备与数据备份管理，保证信息数据安全。三是建立健全计算机系统安全防护体系，对系统网络运行安全状况做到及时检查，及时发现网络运行存在的安全隐患并解决问题，确保网络和办公自动化系统、防伪税控系统、CTAIS系统、车购税征管系统等软件安全运行。

【机构设置和人员情况】 2011年，共设11个机构。其中，县局机关内设机构共8个：办公室、人事教育股、监察室、征收管理股、政策法规股、税政股、收入核算股、办税服务厅；直属机构1个：稽查局；派出机构1个：升平税务分局；事业单位1个：信息中心。2011年，德钦县国家税务局共有在职干部职工32人，其中：少数民族干部29人；本科学历14人，专科学历14人，中专学历3人，初中学历1人；党员14人。

【领导班子建设】 积极推进学习型领导班子建设和学习型党组织建设，进一步完善党组中心组学习、党员领导干部讲党课等制度。大力加强领导班子组织建设，以“创先争优”活动为依托，以坚持民主集中制为手段，增强领导班子履行岗位职责能力和行政执行力。围绕“学习好、团结好、纪律好、作风好、政绩好”的目标要求，抓好“五好班子”建设，认真落实民主集中制，完善党组议事规则，推进工作决策的科学化和民主化。

【党风廉政建设】 一是加快推进惩治和预防腐败体系建设，认真落实党风廉政建设责任制，全面贯彻落实《廉政准则》，领导干部重大事项报告制度，加大内控机制建设力度。进一步完善反腐倡廉制度体系，加大反腐倡廉制度执行力度。加大税收执法人员廉政教育力度，开展“季看一片”、“季议一案”、“季上一课”的警示教育活动。二是强化两权监督及一岗两责。加强执法监察，实现全方位、全过程的“两权”监督制约机制。开展对税收执法中的税额核定、税务稽查、行政处罚等自由裁量权较大环节的重点检查。三是严肃查办滥用职权、贪污贿赂、失职渎职的案件，切实查找和纠正损害纳税人权益的不正之风，保持国税部门的良好形象。四是加强政风行风建设。积极参加民主评议政风行风活动，着眼于国税系统政风行风建设、廉政勤政建设、纠正损害纳税人利益的突出问题，抓作风、抓养成，深入开展作风建设，进一步规范行政行为，推动行政效率的提高。

【教育培训】 从队伍建设实际出发，以提高教育培训质量和效果为重点，以突出专业化培训为主线，有计划、分步骤地开展专业教育培训工作。积极选派业务骨干参加州局、省局组织的各类业务学习，全年共选派干部参加培训55人次。以全州业务考试为契机，自行组织培训，抽调局内业务骨干，对全局职工进行税收业务知识培训，努力使我局干部职工在各类考试中脱颖而出。通过培训学习，使全局整体业务水平有了显著提升。

【精神文明建设】 切实加强对精神文明建设工作的领导，不断完善和创新“党组统一领导、主管部门组织协调、有关部门各负其责、干部职工积极参与”的领导体制和工作机制。班子成员在精神文明建设中当好榜样、做好表率，主要负责同志亲自抓，领导班子成员合力抓，破解精神文明建设工作中的老问题、新难题，把创建工作与税收业务工作紧密结合起来，实现“两手抓、两促进、两不误”。同时以开展多种形式活动营造文明创建氛围。坚持以创建文明单位为目标，深入开展“文明单位”、“文明办税服务厅”、争当“优秀党员”、“业务能手”、“优秀税务工作者”等活动，不断拓展创建领域、创新活动载体、提升创建层次。坚持开展和参与多种形式文体和公益活动，丰富创建内涵。积极参与建党九十周年系列活动，开展“讲文明、树新风”活动，参加支援灾区等各类“献爱心、送温暖”活动，为灾区捐款达5万余元。

【新闻事件】 德钦县国税局正式启用新办公楼。2011年是省局提出的“服务基层年”，德钦县国家税务局在省局、州局和地方政府的支持和关心下，于2011年12月26日，正式启用新办公楼，这是德钦国税事业发展史上的一件大事、喜事，也是全县国税事业实现新跨越、塑造新形象的起点和机遇。新办公楼的落成乔迁，极大改善了干部职工的办公条件，创造了优美的环境，为全局工作迈上新台阶、再上新高度打下了坚实的基础。26日上午，德钦县人民政府县长扎西顿珠、县委副书记陈群和县政法委书记和德康等领导一行13人参加了新办公楼的启用仪式，斯那品初局长介绍了新办公楼的基本情况，并代表国税局全体职工对县委、县政府和全县人民的关心与支持表示感谢。扎西顿珠县长对新办公楼的建设情况给予了肯定，并对德钦国税近年来的工作给予了高度评价，希望德钦全体国税干部以新办公楼落成为契机，以崭新的面貌和作风，切实增强使命感和责任感，齐心协力，锐意进取，扎实工作，再创辉煌，为德钦县社会经济的发展作出新的更大的贡献。

（只玛次里）

香格里拉经济开发区国家税务局

经济概况

2011年，迪庆香格里拉经济开发区实现生产总值（GDP）19.26亿元，同比增长24.5%。三次产业的结构比例为0.3∶23.5∶76.2。其中，第一产业总产值851万元，同比增长48%；第二产业总产值6.58亿元，同比增长22.6%；第三产业总产值11.83亿元，同比增长25.4%。完成全社会固定资产投资4.63亿元，同比增长25%。实现农民人均纯收入5264元，同比增长25%。引进州外实际到位资金16.76亿元，同比增长31%。引进外资8938.73万美元。完成财税总收入5.08亿元，同比增收2.94亿元，增长138%。其中：上划中央两税完成1.33亿元，增收6678万元，增长99%，上划中央、省级所得税8433万元，增收1414万元，增长20%，全区一般预算收入完成1.07亿元，增收3258万元，增长44%。

税收概况

【收入完成情况】 2011年，香格里拉经济开发区国家税务局共组织税收收入3.93亿元，同比增收2.37亿元，增长151.92%。完成迪庆州国家税务局下达计划任务数1.67亿元的235.33%；完成地方政府下达计划任务数1.7亿元的231.18%。其中：增值税完成1.76亿元，消费税完成192万元，企业所得税完成2.15亿元。

【收入特点】 一是税收收入增长幅度大，同比增收2.73亿元，增长227.5%。二是三个税种均呈增长态势，企业所得税增幅最大，同比增收1.48亿元，增长222.75%；增值税同比增收8759万元，增长99.09%；消费税同比增收100万元，增长108.7%。三是地（市）级收入增幅较为明显，增长原因是从2011年起，酒业生产、批发零售业增值税入库级次发生变化，由原来的“中央75%，区（县）25%”变为“中央75%，地（市）12.5%，区（县）12.5%”。

【税源分析】 一是从分税种征收管理情况看，2011年增值税收入占税收收入总额的44.73%，同比有所上升；企业所得税收入占税收收入总额的比重从2010年42.8%提高到2011年的54.78%，上升10.05个百分点。主要原因是5月份企业所得税汇算清缴，华泽集团有限公司股权转让入库企业所得税1.03亿元，占全年企业所得税收入的48.08%。二是从分行业类别看，

2011年四大重点税源行业：批发零售业、酒业制造、电力生产和供应、黑色及有色金属冶炼及压延加工业，税收收入均呈现增长态势：批发零售业税收收入2.67亿元，同比增收1.63亿元；酒业生产及制造业税收收入559万元，比同比增收249万元；电力生产和供应业税收收入997万元，同比增收347万元；黑色及有色金属冶炼及压延加工业税收收入429万元，同比增长380万元。其中，电力生产和供应、黑色及有色金属冶炼及压延加工业全部为增值税收入。三是从行业收入调查分析来看，除酒业制造业企业所得税税收收入有所下滑，下滑幅度为30.23%外，其余各行业都呈增长趋势，其中黑色及有色金属冶炼及压延加工业增幅较大，增长幅度为583.06%。

【税务管理】 一是做好纳税人的税务登记管理工作。2011年按照“限时服务”要求共办理新增税务登记43户，注销税务登记13户。二是严格纳税申报制度。2011年纳税申报累计应申报1940户次，已申报1940户次，申报率达到100%。其中：增值税应申报1542户次，已申报1542户次，申报率100%；消费税应申报36户次，已申报36户次，申报率100%；企业所得税应申报362户次，已申报362户次，申报率100%。三是强化欠税管理。采取有效措施严格控制新欠税款发生，实现全年无新增欠税。四是加强个体工商户税收管理。认真贯彻执行国家税务总局《个体工商户税收定期定额征收管理办法》的规定，进一步加强和规范个体工商户定期定额税收管理。五是进行纳税评估。2011年，按照《迪庆州国家税务局转发关于统筹开展纳税评估工作的通知》精神并结合《云南省国家税务局关于统筹开展纳税评估工作的通知》开展纳税评估工作。对辖区内迪庆开发区松园水泥制品有限公司、丽江市绿业松脂有限公司迪庆开发区分公司、云南香格里拉卡瓦格博饮用水有限公司、迪庆经济开发区富鹏经贸有限公司、迪庆香格里拉经济开发区投资有限公司等企业进行了纳税评估。所得税方面发现存在问题户数共计4户，调增应纳税所得额共计约8万，补缴税额共计约2万，调减待弥补亏损共计约54万元。增值税方面，发现存在问题户数共计2户，累计入库税款和滞纳金约17万。

各项工作

【税收法制建设】 一是做好“六五”普法工作。2011年是“六五”普法的开端之年，全局在确定普法重点，加强自学的同时，以税收宣传月等为契机，通过发放宣传单、粘贴宣传画，将税法宣传工作深入到学校、广场、企业等，扩大普法宣传的受众面，不断提高依法治税的水平。二是深入推行税收执法责任制和执法过错责任追究制。按照省局、州局的规定和要求，进一步提高认识，采取切实有效的措施，保证深入推行税收执法责任制和过错责任追究工作得到全面落实。严格进行执法过错责任追究，加强税收执法监督，并将执法子系统考核外的执法行为和执法过程中应作为、不作为、乱作为或作为不到位的执法行为全部纳入考核追究范围，增强考核追究的科学性和可操作性，认真总结分析税收执法工作中存在的问题，采取有效措施，切实克服简单的执法过错行为屡纠屡错现象。保证税收执法责任制和执法责任追究制真正落到实处，取得实效。三是进一步强化对“税收执法管理信息系统”的监控分析和考核，认真做好税收执法管理信息系统升级工作。加强对税收执法管理信息系统的监控管理，充分发挥执法考核子系统“预警”、“提醒”、“考核”等功能作用，并指定专人对系统进行监控，加强对系统运行情况的分析研究，及时解决系统运行中存在的问题，不断规范数据管理和业务操作。进一步完善系统运行维护机制，结合岗责体系的修改完善工作，对执法考核系统过错所反映出的税收执法和管理问题进行深入分析，使之有效促进税收执法和管理的进一步规范，最大限度地避免和减少税收执法过错行为的发生。

【税收征管】 一是各税管理。认真执行国家的各项税收政策，严格落实组织收入原则，注重提高组织收入工作的质量和效率。认真贯彻执行《增值税一般纳税人资格认定管理办法》及《增值税一般纳税人纳税辅导期管理办法》，在严格审核认定增值税一般纳税人条件的前提下，简化申请认定的资料，将一般纳税人的认定标准、范围、时间、程序及权限，一般纳税人发票使用审批及最高开票限额审批等规定贯彻落实到位。2011年，全区增值税一般纳税人共计33户，其中，正式认定商业户19户，正式认定工业户14户，占全部征管户的15.14%，所实现的税收则占税收总数的99.61%。二是强化申报管理。2011年，总申报率和各税申报率都达到100%。三是在加强对一般纳税人的日常管理工作的基础上，利用数据监控系统及抵扣凭证审核检查管理信息系统等，积极做好固定资产抵扣分析、专用发票抵扣异常和运输发票比对不符等的审核工作，将政策落到实处，在维护纳税人合法利益的同时，保证国家的税基不被侵蚀，将对增值税一般纳税人的管理作为全局管理工作的重中之重，着力加强对增值税一般纳税人的监控管理。

【税收执法】 （一）税法宣传。一是认真贯彻落实税收宣传月主题实践活动。通过组织全体税务干部在沿街一线、集贸市场等地方，采用悬挂大幅标语、张贴宣传口号，发放传单等传统方式进行税法宣传。二是在办税大厅设立税收政策咨询窗口。（二）深入开展稽查工作。全年共协查12户企业，已查结12户，立案查处7户，共查补增值税80.56万元、滞纳金25.42万元，两项共计105.98万元，并已在期限内清缴入库105.98元。全年全局收到受托协查函7份，涉及增值税专用发票504份，经核查无问题，并已按期回复，按期回复率为100%。对勐腊“11.10”虚开运输发票案，按上级协查的要求及时进行协查取证，并按要求将证据寄送到省稽查局

【税收管理信息化建设】 一是2011年4月进行全局的网域网络扩容改造维保升级工作，全局形成了以联通、广电、两条2M宽带专用网络和一条电信10M宽带专用网络环形结构线路，大大提高了网速，三条线路运行一年来，一切正常，为实现高清网络教育培训系统平稳运行提供了网络基础。二是全年共进行了22次网络视频联调，21次会议广播。其中召开会议、学习21次包含了2次国家税务总局视频会议、11次云南国税讲坛、7

次全省视频会议，1次全州工作会议，全州参数联调1次。三是2011年9－11月，全局人员进行调整，信息中心根据实际情况在办公自动化、综合征管软件、省局州局政务网、防伪税控系统、执法考核系统等税务应用系统中重新进行了部门、人员的设置和授权，保证各种税收业务不脱节，四是2011年根据要求，成功进行了综合征管软件的42L02－44L1号共8次补丁升级，防伪税控系统V4.36－V5.0版3次升级。五是认真做好企业发行工作，全年新增企业初始发行4户，变更授权发行5条，重写IC卡信息2条。

队伍建设

【机构设置、人员配置】 2011年，开发区局内设机构8个，分别为：办公室、税政股、征收管理股、政策法规股、人事教育股、监察室、办税服务厅和收入核算股，直属机构一个：稽查局，事业单位一个：信息中心。2011年1月20日根据《中共迪庆州国家税务局党组关于王东同志任职的决定》任命王东同志为局长；7月，崔瑞芳同志经公务员考试录用；2011年8月1日根据《关于余燕等同志任职的通知》任命了余燕、王金莲等两位同志分别为办税服务厅厅长兼收入核算股股长、办公室主任。截至2011年12月31日，全局在职干部14人，退休1人，其中35岁以下干部10人。

【领导班子建设】 一是加强领导班子思想政治建设。以党组中心组理论学习为龙头，结合各项学习制度，认真贯彻学习党的十七大和十七届三中、四中、五中全会精神，学习胡锦涛同志在十七届中央纪委第六次全会上的讲话，学习杨善洲同志先进事迹材料，学习《党员领导干部廉洁从政若干准则》和《国家税务局系统领导干部报告个人有关事项实施办法》等党纪条规。二是通过开展“创先争优”活动、“学习型领导”建设、召开民主生活会，不断加强班子自身建设。进一步树立身为领导干部应具有的政治思想觉悟、党性修养及所要遵循的规定、准则。

【廉政建设】 一是组织全体税务干部学习了《国家税务总局办公厅关于两起税务干部组织参与虚开增值税专用发票重大案件的通报》、《国家税务总局办公厅转发〈贵州省国家税务局关于陈安平受贿案件的通报〉的通知》、《迪庆藏族自治州人民检察院监察建议书》，组织观看了《净化领导干部生活圈》、《抵制拜金主义警示录》、《抵制诱惑警示录》等警示教育案例光碟。二是成立了以党组书记、局长为组长、副局长和纪检组长为副组长和各股（室）负责人为成员的云南省香格里拉经济开发区国家税务局党风廉政建设工作领导小组。三是严格执行党风廉政建设责任制。局长与各股室负责人签订《党风廉政建设责任书》，并将党风廉政建设任务量化细化分解到各股室，自上而下将任务落实到具体岗位和具体人员上。四是将党风廉政建设和反腐倡廉工作列入局内部目标考核责任制进行考核。强化了制度对党风廉政建设工作的有力保障作用。

【精神文明建设】 一是把思想道德建设和国税文化建设作为促进全局工作又好又快发展的推动力，并将其纳入党组、机关党团支部等工作的重要议事日程。做到组织收入和创建文明单位共同部署，共同推进。二是大力推进国税文化建设。坚持以“以国为根、以税为业、以人为本、以学为乐、以绩为真、以廉为荣”的全省国税文化理念，结合全局实际，队伍特点，开展如参加“国税讲坛”学习、体育锻炼、“每周一歌”等多种形式创建国税文化建设。三是以“服务基层年”为契机，强化依法治税、抓好组织收入、提升队伍素质、依托科技强税、优化服务环境，促进物质文明、政治文明、精神文明协调发展。

【教育培训】 为使一线税务干部不断拓展视野，增长和更新知识，提高工作效率，提升服务水平，严格按照州局“十二五”干部教育培训实施办法，克服“工学矛盾”，积极选送税务干部参加省、州局组织的任职培训、业务培训、初任培训、业务考试、人才库选拔考试等。及时上报各类参训、报考人员各项名册、人员信息等数据。2011年，全局县（区）局局长到总局党校（扬州）参加进修30天，纪检组长参加省局组织的领导知识培训12天，1人参加初任培训30天。参加省局组织的有关流转税、所得税、信息化、稽查、收入核算、财务等业务培训10人次，共131天。参加州局财务、办公室、人事、监察等各类培训15人次，共168天。参加2011年全州业务类考试5人，及格5人，及格率100%，平均分84.33分，取得了全州第一的好成绩。余燕同志获得司法考试C证，填补了全州国税无“三师”人员的空白。云南省香格里拉经济开发区国家税务局正在努力建立一支政治坚定、业务熟练、作风优良、执法公正、服务规范的国税干部队伍。

【各项活动】 一是盈江地震，全局干部职工纷纷解囊，与灾区人民共度时艰。全局13名税干个人捐款1600元，单位捐款5000元，共捐款6600元。二是积极参加了地方政府组织的建党九十周年系列活动，通过知识竞赛、红歌比赛。代表开发区管委会获得“全州党史知识竞赛”第三名，展示了全局干部职工的学识及形象，树立了良好的外部形象。

（崔瑞芳）

临沧市国家税务局

经济概况

2011年，面对国内外复杂多变的严峻形势，临沧市深入贯彻落实科学发展观，紧紧抓住国家实施新一轮西部大开发和云南实施“两强一堡”战略机遇，突出主旋律、增强凝集力、提高执行力，以科学发展为主题，加快转变经济发展方式为主线。按照强产业、建生态、惠民生、促开放、保稳定、抓项目、上水平的工作思路，积极推进“三个一百”目标考核，全面实施新家园行动计划和城乡居民收入倍增计划，深入开展优化软环境增强软实力活动，不断加强和改善宏观调控，有力推动了全市经济社会又好又快发展，实现了“十二五”时期经济社会发展良好开局。2011年，全市共完成生产总值（GDP）269.9亿元，比2010年增长15.2%。其中：第一产业完成85.2亿元，增长7.8%；第二产业完成104.1亿元，增长26%；第三产业完成80.6亿元，增长10.8%。三次产业结构比例由2010年的32.9:35.1:32调整为31.6:38.6:29.8。非公经济发展步伐进一步加快，实现增加值102.3亿元，占GDP的比重达37.9%，同比提高1.1个百分点。全年完成财政收入38.2亿元，同比增收12.7亿元，增长49.5%，居全省12位。其中：完成地方一般预算收入21.4亿元，同比增长47.4%。完成地方一般预算支出128.8亿元，同比增长41.9%。

税收概况

【国税收入】 2011年，临沧市国税系统共组织各项税收收入17.29亿元，同比增收6亿元，增长53.23%。完成省局下达确保任务12.64亿元的136.83%，完成奋斗目标12.78亿元的135.33%。其中：增值税收入12.91亿元，完成计划任务9.5亿元的135.91%，同比增收4.48亿元，增长53.18%；消费税收入9881万元，完成计划任务7880万元的125.39%，同比增收2585万元，增长35.43%；企业所得税收入1.98亿元，完成计划任务1.1亿元的180.4%，同比增收9651万元，增长94.68%；个人所得税收入65万元，同比减收80万元，下降55.17%；车辆购置税收入1.4亿元，完成计划任务1.25亿元的112.1%，同比增收3082万元，增长28.2%。

【收入特点】 一是税收收入再创新高。2011年国税收入突破17亿元大关，收入总量在2010年11.28亿元的基础上连续跨越12、13、14、15、16、17亿元六个台阶，实现较大幅度增长，收入总量排名全省第11位。二是税收入库进度基本均衡。上半年入库税款占全年收入的51.63%，下半年入库税款占48.37%，较往年更趋均衡；三是收入规模上亿元的县（区）局由2010年的5个增加到6个，永德县局首次迈上亿元台阶。四是重点税源品目全面增收。商业增值税增幅最大，达80.17%，其次为糖业增值税56.09%，增幅最小的茶叶增值税为15.06%。五是新兴产业税收增长明显。全市大力发展烤烟、矿业等产业，其税收效应逐步显现。2011年全市矿业实现国税收入1.84亿元，同比增长75.24%；烤烟实现增值税1.05亿元，同比增长1.84倍，实现企业所得税（按烤烟收入占比计算）2747万元，同比增长1.55倍。

【税源分析】 一是经济税源有基础。2011年，全市经济实现快速发展，全年实现国内生产总值269.9亿元，增长15.2%；规模以上工业企业实现销售收入125亿元，增长41%；社会消费品零售总额87亿元，增长20%。经济的快速发展为税收收入的增长提供了坚实的税源基础。二是国税部门税收管理服务水平的提升为税源转化为税收提供了保障。全市国税系统围绕党委政府财政增收目标任务，坚持依法治税和组织收入工作原则，抓工作任务细化分解和责任措施落实，强化税源分析监控，优化纳税服务，促进税法遵从，确保了税收与经济同步协调增长。2011年，全市第二产业实现国税收入11.15亿元，同比增长50.68%，其中：制造业实现收入4.77亿元，64户规模以上工业企业缴纳税收6.59亿元；第三产业实现国税收入6.54亿元，同比增长56.83%，其中：烟草制品批发实现2.4亿元，同比增长80.45%。三是不可比因素形成增收。主要是小湾电站2011年征收的增值税为全部机组的发电量，发电量比2010年增加近一倍。四是白糖价格持续上涨带来增值税高幅增长。白糖平均含税价由2010年的每吨4880元，上升到2011年的每吨6600元，吨糖平均增加1720元，白糖增值税收入达3.11亿元，同比增收1.12亿元，增长56.28%。四是矿产品价格上涨拉动了矿业增值税恢复性增长。全年有色金属采选冶炼业共入库增值税1.47亿元，同比增收7941万元，增长116.71%。五是烟草行业和农村信用社企业所得税快速增长。全市烟草企业所得税收入6999万元，同比增收2436万元，增长53.38%；农村信用社企业所得税收入3640万元，同比增收2788万元，增长3.27倍。五是车辆购置税减征政策追尾效应明显，加上部分汽车及摩托车下乡补贴等惠民政策的进一步刺激，车购税收入继续保持强劲的增长势头，全年共征收车辆96068辆，与2010年相比增加20101辆，增长26.46%；减征汽车137辆，减征车购税63.47万元；办理免税车辆42辆，免征税额282.44万元。减收方面：受个人储蓄存款利息所得税暂免征收政策的影响，个人储蓄存款利息所得税收入继续下降。

【税务管理】 全市国税系统以信息技术为依托，积极探索强化税收管理的办法和措施，充分发挥各职能部门在税收管理中的作用，税收管理水平进一步提升，促进了税收与经济的协调发展。一是税收分析和税源预测水平明显提升。根据全市税源结构状况，注重税收与经济之间的关联度分析，一方面在原有固定分析指标的基础上增加了部分分析指标，使税源分析更加全面、更加体现临沧推进相关产业发展所带来的税收效应。另一方面与市委、市政府提出的规模以上工业企业销售收入实现100亿元目标相衔接，高度关注64户规模以上工业生产经营情况，通过相关系统获取数据，及时分析企业销售收入和税收实现情况，并建立重点税源产品价格分析机制，加强对糖、矿产品等重点税源产品的价格趋势分析，准确把握价格的变化趋势，牢牢把握组织收入工作的主动权。二是重点税源监控管理措施到位。按照强化重点税源管理的需要，加大对“临沧国税大企业税收管理服务系统”的运用拓展力度，在实现重点企业生产经营信息及时采集的同时，注重涉税指标的分析比对，以提高重点企业数据分析的及时性、科学性和实用性为出发点，初步探索出一套科学、高效的行业税收管理方法，有效提高了重点税源管理的质量和水平。加强包括64户规模以上工业企业在内的全市114户重点税源企业直报系统管理，在严格规范数据采集的同时，充分利用直报系统获取相关涉税数据，强化对税源分析和预测。三是积极探索推进企业所得税专业化管理的办法、措施，结合临沧税源结构特点，组织编写了《茶叶生产及加工行业企业所得税管理操作指引》，推动了全市国税系统行业分类管理工作的全面开展。四是税收管理员辅助信息系统如期上线运行初见成效。自该系统上线运行以来，有效解决了税收管理员在履行职责过程中做什么？怎么做？做到什么程度等问题，不仅极大地促进了税收管理员责任意识和质量意识的提高，而且税收执法过程中的疑点信息能够得到及时发现和有效整改，使税收管理在规范化、标准化、制度化上迈出了新的一步。五是顺利完成普通发票简并换版工作，实现了票种简并、统一票样、机具开票、网络传输，提高了普通发票管理的质量和效率，为进一步推进“信息管税”奠定了坚实的基础。

各项工作

【依法治税】 全市国税系统始终把依法治税作为税收工作的核心和灵魂来抓，坚持内外并举，重在治内，以内促外，努力优化税收执法环境，提高税收执法水平。一是加大各项税收政策的执行力度。认真抓好国税征管税种税收政策的贯彻执行，进一步理顺、规范政策执行口径，加强政策执行情况的跟踪问效，确保各项政策不折不扣地落实到位。认真贯彻落实出口退税政策，严格审核审批办理退（免）税。2011年，共审核审批办理出口货物免抵退税2860万元（其中：退税2000万元、免抵税额860万元），比2010年增加1260万元，增长78.75%。二是建立重点行业税收政策执行分析制度，全面监督行业税收政策执行情况。三是积极开展税收执法督察工作。全面查找税收执法过程中存在的疑点和问题，切实提高全市国税系统依法行政水平。四是强化对“税收执法管理信息系统”的监控和管理。建立和完善专人监控、业务操作审核监控、日常提醒、问题分析等制度，最大限度地避免和减少了税收执法过错行为的发生。五是充分利用税收执法疑点信息库子模块的上线运行，对1180个疑点进行了排查整改，切实规范税收执法行为，强化执法监督。2011年临沧市国税局被临沧市委、市人民政府表彰为“五五”普法和“三五”依法治市先进集体。

【税收征管】 （一）货物和劳务税管理。一是认真抓好税收政策的贯彻落实；切实加强对增值税转型改革和重点行业税收的管理，加强对车辆购置税下放各县征收后相关政策业务的指导和车辆购置税委托代征工作。二是强化重点行业政策执行情况的监控和分析，及时掌握重点行业的生产经营状况，为强化行业税收管理提供了管理的方向。三是加强增值税专用发票和其他抵扣凭证的核查管理。2011年，全市抵扣各类发票凭证636019份，抵扣税款19.49亿元（其中：增值税专用发票55630份，抵扣税款11.12亿元；海关完税凭证1154份，抵扣税款4168.88万元；运输发票39954份，抵扣税款4699.2万元；农产品收购发票539281份，抵扣税款7.47亿元），经稽核比对，发现异常发票769份（其中：增值税专用发票14份，海关完税凭证299份，运输发票456份），比对相符率达99.88%。（二）企业所得税管理。一是采取有力措施，切实提高组织收入工作质量。全年累计征收入库企业所得税1.98亿元，同比增收9651万元，增长94.68%，完成年度计划任务的180.4%，收入再次创历史新高。二是积极探索和尝试企业所得税专业化管理，稳步推进网络申报工作。全年有154户企业推行网络申报，占企业所得税管户的14.3%，比2010年增加72户。通过网络申报入库税款1.13亿元，信息管税的步伐明显加快。三是强化政策业务辅导，切实抓好所得税汇算清缴工作。2010年企业所得税开业户824户，开业面达94.71%，应参加汇算清缴企业635户，实际参加汇算企业635户，汇算面100%。通过汇算入库企业所得税2828.63万元。（三）进出口、大企业和国际税收管理。一是强化非居民企业税收管理。二是以税收宣传月为契机，精心组织召开定点联系企业涉税风险座谈会和重点纳税企业服务需求问卷调查座谈会。三是积极推行《企业关联业务往来报告表》网络申报工作。四是开展总局定点联席成员企业调查。五是完成了税收鼓励战略性新兴产业发展的国际借鉴研究调研工作。六是开展了在滇境外非政府组织调查上报工作。

【纳税评估】 全市国税系统将强化案头分析作为提升纳税评估质量的重点，采取各县（区）局自行评估和市局组织重点评估相结合的方式，不断完善评估管理机制，认真落实纳税评估管理办法，促进了纳税评估工作质量的进一步提高。全年全市共完成纳税评估108户，其中：评估确认有问题80户，总体选案准确率为74.07%。经评估入库税款146.6万元，其中：增值税51.07万元，消费税2900元，企业所得税95.24万元。共调减增值税留抵税额12.9万元，调增应纳税所得额3199.65万元，调减待弥补亏损额2204.18万元。

【税收宣传】 一是抓好税收宣传月和“12·4全国法制宣传日”等集中宣传活动。围绕第20个全国税收宣传月“税收·发展·民生”宣传主题，通过采取召开税企座谈会议、深入企业、走进税法教育基地、深入新农村建设挂钩点等方式，并借助少数民族传统节日“泼水节”、“桑沼哩”节、“摸你黑狂欢节”和传统“街天”等进行宣传。二是及时开展重点、热点宣传。在国家重大税收政策调整和实施中，及时通过各种宣传媒体，根据不同宣传对象的特点和需求，有针对性地开展宣传教育。三是进一步完善日常宣传机制。把税收宣传贯穿于办理涉税业务和开展纳税辅导、纳税评估、稽查检查、税务约谈等各项工作中，做到税收征管与税法宣传的有机结合，形成长效宣传工作机制。

【执法检查】 2011年税收执法检查工作，在各县（区）局自查的基础上，市局组织督察工作组，分别对耿马、沧源等县局进行专项督察。一是分别向专项督察单位下发通知，明确督察的时间、内容、需提供的资料等内容。二是执法检查与巡视审计工作同时进入被督察单位，加强协调、形成合力，避免重复多头检查。三是在实施专项督察中，采取听取被查单位执法情况汇报和进入相关操作系统查看、检测等方式进行检查。通过检查，全市国税系统能按照国家有关税收法律法规政策的规定和要求，结合各县（区）局的实际，提出工作思路和目标，坚持严格执法与文明服务并重的理念，正确处理好依法治税与优化纳税服务的关系，严格坚持组织收入工作原则，采取有效措施加强对重点税源和重点行业的监控分析及管理，做到了底子清、情况明，确保了组织收入工作做到应收尽收，税收执法行为和管理工作得到进一步的规范和提高，有效推进了依法治税工作进程，提高了税收执法的质量和水平。

【税务稽查】 2011年全市税务稽查工作积极创新方法，通过推行“税收征管风险预警提示”，定期将全市稽查部门发现的税收征管漏洞以及税收违法行为的新特点、新动向等有效信息进行统一整合，形成全市税收征管风险信息资源，以信息预警反馈机制的形式，实现信息资源共享。稽查部门进一步加大案件的查办力度，打击税收违法行为、规范税收秩序、促进税收征管质量和效率的明显提高，充分发挥了“以查促管”的作用。全年共检查纳税户103户，有问题户100户，结案97件，查补收入316.6万元（其中：税款197.79万元、滞纳金47.96万元、罚款70.85万元）；企业自查补税284.24万元（其中：税款237.97万元、滞纳金46.27万元）。查补收入总计600.84万元。

【税收信息化建设】 一是完善安全防护机制，加强网络与信息安全建设。按照“网络不能断、系统不能停、数据不能丢”的要求，切实加强对网络和信息日常管理和安全检查、计算机日常管理和维护等工作。完成了“临沧国税计算机管理系统”开发应用，对全系统在用设备进行彻底清理，并登记造册，摸清了家底。二是加强数据质量管理，做好“临沧国税大企业税收管理服务系统”的运行维护工作。三是搭建了市局机关内控机制建设信息化平台，对市局机关的风险内控工作进行记录，并通过各部门内设的兼职监察员审核把关，降低涉及岗位的廉政、行政、执法风险。平台能将涉及岗位的风险点展现在内部网页，具有查询、提醒、流程控制、权限控制等功能，实现了相互监督、相互制约、相互提醒的信息化内部控制机制。四是加强部门协作，建立和完善信息交换制度。为进一步解决税收管理过程中信息来源渠道单一和不对称的问题，各县（区）局积极探索获取涉税相关信息的办法和措施，建立和完善信息交换制度，通过对所获取信息的分析比对，进一步查找税收管理工作中的薄弱环节和存在问题。

【行政管理】 （一）进一步规范和提升基础工作。按照年初“抓规范管理，促基础性工作提升”的工作思路，以理顺部门工作关系、强化岗位职责落实为主线，以突出痕迹管理和明确工作质量标准为重点，进一步重视和加强基础工作。2011年4月，由局领导带队、各科室负责人参加，专门到耿马县局考察学习建立、完善岗位职责的做法和经验，通过考察学习，市局机关大部分科室的工作质量有了提升。同时，耿马县局按照市局提出的“个人提炼、部门总结、全局反映”的基础工作管理总体构想，开发了“基础工作管理平台”，对全市国税系统提升基础工作水平发挥了有益的示范作用。（二）宣传信息工作效果突出。全局以宣传国税形象、彰显国税成果为目标，充分挖掘信息源，认真做好宣传稿件的撰写和信息的编报工作，充分发挥宣传信息工作传递情况、交流工作、提供决策的作用。2011年，全市国税系统共向《中国税务报》、《云南日报》、《云南经济报》、《云南国税》、《临沧日报》和《香港文汇报》提供报道宣传稿件78篇；组织编写信息336条。其中：市局专报采用30条，简报采用259条，采编州市简讯31条；被省局采用64条。其中：专报6条，简报58条；被市委、市政府采用16条。在全省信息工作考核中，位居第8名。（三）综治维稳和保密工作进一步加强。一是建立健全各项综治维稳和保密工作制度，落实工作责任。二是加强对干部的安全、保密知识教育，切实增强干部的安全、保密意识。三是加强日常工作检查，特别是在重大节日和重大活动期间，在召开职工大会进行统一要求的同时，专门抽调有关人员对重要场所和重点环节、部位进行逐一检查，及时排除安全隐患。四是加强信访工作的现状分析，规范信访事项办理流程，建立健全统一规范、畅通有序、灵活方便、统筹兼顾的领导干部接待群众和纳税人来访工作机制，及时排除不和谐因素。五是按照坚持群众观点、贯彻群众路线、维护群众利益、做好群众工作的要求，加强与干部的交心谈心，加强矛盾纠纷排查，积极做好干部的教育、引导和疏导工作，努力营造国税部门上下之间相互协调支持，干部之间相互沟通理解的和谐共事氛围。在强化纳税服务工作的同时，进一步加强与纳税人的沟通联系，及时解决纳税人的合理需求，努力构建税企和谐的征纳关系。通过以上工作的落实，2011

年全市国税系统保持了无重大信访案件、无群体性事件、无安全事故、无刑事治安案件、无泄密事项以及无涉税上访、涉税纠纷案件发生的安全、稳定、和谐的良好局面。市局机关被临沧市委、市人民政府表彰为“2011 年社会治安综合治理维护稳定工作先进单位”。

队伍建设

【机构和人员情况】 2011 年末，全局共有 15 个内设机构：办公室、政策法规科、货物和劳务税科、所得税科、收入核算科、纳税服务科、征管科、财务科、人事科、教育科、监察室、进出口税收管理科、大企业和国际税收管理科、机关党总支办公室、离退休干部管理科；2 个直属机构：稽查局、车辆购置税管理分局；2 个事业单位：信息中心、机关服务中心。下设 8 县（区）国家税务局，13 个派出机构（分局），7 个县税务稽查局。年末全市国税系统实有人员 805 人，其中：在职 600 人，离退休 205 人。

【领导班子建设】 一是坚持一年一次的全市国税系统副科以上领导干部政治理论学习制度和每个季度一次的党组理论学习中心组学习制度，不断用党的理论和方针政策武装头脑，进一步提高领导班子把握形势、驾驭全局的能力，不断提高各级领导干部运用理论解决实际问题的本领。二是通过委托有关院校举办专题培训的方式，对领导干部进行有针对性的培训，不断拓宽工作视野，提升驾驭复杂形势下税收工作的能力。2011 年委托陕西省国税局宝鸡培训中心举办了两期“弘扬延安精神，坚定理想信念”科级干部专题培训班，进一步增强国税干部的理想信念，提高思想道德素质，为实现国税事业和谐发展、科学发展、跨越发展提供精神动力。

【党建工作】 一是积极开展创先争优活动。将开展创先争优活动作为加强党组织和党员队伍建设的重要载体，以“五好五带头”为争创标准，形成“党组织履行职责创先进，广大党员立足本职争优秀”的工作氛围。2011 年，分别有 15 个单位、35 名个人和 20 个单位、61 名个人被市政府、市局表彰为“十一五”时期先进集体和先进个人；市局、凤庆县局和云县局被省局表彰为云南省国税系统“学习型机关”和“三读”先进集体，4 人被表彰为云南省国税系统读书标兵。凤庆县局、云县县局、临翔区局、永德县局及 10 人被表彰为临沧市国税系统“学习型机关”和“三读”先进集体及读书标兵。市局党组已向上级创先争优办申报创先争优活动先进党组。二是组织开展党史学习活动。为党员干部征订了《中国共产党历史》和《中国临沧地方史》，并组织 301 名党员干部参加省、市、县委统一组织的“党的基本知识百题万卷”竞赛活动。三是组织开展建党节系列庆祝活动。“七一”建党节前夕，由市、县（区）局班子带队对广大老干部、老党员普遍进行走访慰问，将各级党组织对广大老干部、老党员的关心和爱护传递到他们心上；全系统共派出 360 人参加了各级党委政府组织的“红歌嘹亮颂党恩”活动，用歌声抒发国税干部对党的恩情，展现了临沧国税人的良好形象；组织党员干部分头深入新农村建设挂钩点、新农村建设指导员派驻村和帮扶农户家中，实地解决落实挂钩帮扶的具体问题。通过扎实有效的工作，市局党总支被市委确定为“基层党建工作示范点”。2011 年，全市国税系统有 4 个党总支被市委、市直机关工委和县委表彰为先进基层党组织，有 11 人被市委、市直机关工委、县（区）委、县直机关工委表彰为优秀共产党员和优秀党务工作者，1 名党员被市委、市政府表彰为新农村建设指导员工作优秀个人。

【国税文化建设】 一是创办《临沧税苑》、《佤山国税文苑》、《沧江国税》等内部刊物。2011 年 4 月成立了临沧市国税局摄影书法美术协会，为临沧国税文化建设搭建了新的平台。二是将国税文化建设与建党 90 周年庆祝活动、学习杨善洲同志先进事迹活动、创先争优活动有机结合，广泛发动国税干部参与中国税务学会、总局党校组织的“庆祝建党 90 周年书画摄影展”作品征集活动，紧紧围绕临沧特有的民风民俗及新农村建设等载体进行采风、创作，同时结合摄影、书法、美术协会活动的开展，聘请专家对干部进行培训、辅导。全市共遴选上报摄影作品 88 件、书法作品 10 件、美术作品 7 件，选送作品分别荣获摄影类三等奖 2 人，优秀奖 2 人，入选作品 2 人；书法类入选作品 1 人；绘画类入选作品 1 人。三是充分发挥文明单位、文明行业的示范带头作用，积极参与由市委宣传部主办、市国税局冠名的临沧市第四届“国税杯”青少年才艺大赛，搭建未成年人学习、交流的艺术平台，推进临沧市未成年人思想道德建设的蓬勃开展。经过初赛、复赛的层层选拔，以体现爱党、爱国、爱家乡指导思想的 34 个节目参与决赛，从中评选出声乐、器乐、舞蹈三个类别包括儿童、少年、青年三个组别的一、二、三等奖。市国税局参赛节目《雪域情》获得三等奖。四是积极组织参加支援盈江抗震救灾活动。3 月，德宏州盈江县发生 5.8 级地震，全系统共捐款 8.8 万元，充分展现了临沧国税人团结友爱、助人为乐的良好风尚。

【精神文明建设】 全市国税系统始终将精神文明建设工作作为一项重要工作来抓，坚持以文明创建服务国税中心工作，以中心工作丰富文明创建的内容，实现了国税工作与文明创建工作两促进、两提高。一是按照《临沧市国税系统 2009 - 2013 年精神文明建设规划》开展精神文明创建工作，推动精神文明建设向纵深发展。二是积极开展申报全国文明单位活动。根据市、区文明办关于做好第三批全国文明单位推荐工作的相关要求，市局、凤庆县局、云县县局、永德县局被县（区）文明办作为申报全国文明单位推荐上报市文明委。通过综合考评，市委最终在 17 个单位中确定推荐市国税局参与申报全国文明单位，并顺利通过了省文明委的实地考评。2011 年 11 月 28 日市局机关被中央文明委命名为“全国第三批文明单位”。三是加强系统内精神文明建设。积极做好云南省文明行业复查材料准备、文档资料的收集整理归档工作，顺利通过省文明办检查考核组的实地检查考核，并在全市 7

个被复查的部门中名列前茅；推荐耿马县国家税务局、永德县国家税务局重新申报省局文明单位，推荐5人申报省局精神文明先进工作者；推荐耿马县稽查局申报巾帼文明岗、1人申报巾帼建功标兵；推荐1个家庭申报临沧市思想道德教育先进家庭。全系统形成了齐心协力巩固精神文明建设成果、加大力度开创精神文明建设工作新局面的良好氛围。

【党风廉政建设】 全市国税系统始终坚持标本兼治、综合治理、惩防并举、注重预防的方针，以构建符合临沧国税系统实际的惩治和预防腐败体系为重点，全面推进党风廉政建设。切实加大《廉政准则》的落实力度，进一步规范廉洁从政行为。认真开展专项治理工作，强化对领导班子和领导干部的监督和管理。一是加强政风行风建设，在省政府纠风办组织开展对临沧市11个具有行政执法职能的部门民主评议工作中，市国税局综合满意率位于11个被测评单位之首。二是认真贯彻落实《云南省国家税务局系统党风廉政建设责任制实施细则》，局党组在专题学习的基础上，研究提出了比较具体、易于操作的贯彻意见，明确工作落实的具体标准和时限要求。三是认真抓好党风廉政建设责任书的签订，严格落实党风廉政建设责任制，强化领导班子和领导干部的责任。四是认真贯彻落实廉政谈话制度，对干部进行有效的监督。全年共进行了72次谈话，其中：任职谈话38次，任期谈话26次，诫勉谈话2次，其他谈话6次。五是畅通社会监督渠道，主动接受社会对国税机关、国税干部执法和廉洁自律情况的监督，全系统共聘请了69名特邀监察员，全年召开特邀监察员座谈会9场次，参会116人次。六是继续抓好《廉政公约》签订和回访工作，2011年全系统共与11156户纳税人签订了《廉政公约》，截至年底共回访7539户企业和私营、个体纳税户，累计回访率为67.60%。

【教育培训】 一是积极选送12人分别参加了总局举办的处级干部任职培训、县（区）局长进修班、智力援西业务骨干培训等8期培训。组织154人次分别参加了省局举办的货物和劳务税业务、会计实务操作、信息化人才等26期培训，圆满完成了各项学习培训任务。二是组织开展了稽查、所得税相关业务以及导税员普通话、礼仪知识培训共有856人次参加了培训。三是组织119名干部分两期到革命圣地—延安开展红色革命传统教育，追寻延安红色的记忆，寻访中国革命的足迹。促使全市国税系统领导干部铭记党史，感念党恩，牢记宗旨，不断加强党性修养，树立和弘扬优良作风，认真履行岗位职责，推进临沧国税事业科学和谐发展。四是着力抓好高素质专业化骨干人才培养。经过个人报名、单位推荐、市局党组确定等程序，推荐6人参加了厦门大学软件工程硕士的考试，有5人达到录取分数线，参加了函授学习。五是依托《云南国税讲坛》，积极开展学习教育活动。全年共组织参加《云南国税讲坛》12期讲座，听取了12位省内外知名学者教授就国际、国内形势和社会热点、税收理论与实践、历史文化、宏观经济以及国情、省情等时代前沿知识进行的专题讲座，搭建了干部职工快乐学习的良好平台，推进了国税系统的学习型党组织建设。

【先进人物】 2011年，郑瑛同志被省国税局表彰为"'三读'活动读书标兵"；谢媛同志被省国税局表彰为云南省国税系统第七批"精神文明建设先进工作者"；黄永祥、郑瑛、周波、张文明四位同志被临沧市人民政府表彰为"十一五"时期财税系统先进个人。

（杨国安）

临翔区国家税务局

经济概况

2011年，临翔区共完成生产总值（GDP）42.83亿元，比2010年增长16.1%。其中：第一产业完成9.81亿元，增长7.5%；第二产业完成13.09亿元，增长27.9%；第三产业完成19.93亿元，增长13.9%。三次产业结构比例为23:31:46。非公经济实现增加值17.25亿元，占全区生产总值的40.27%，比2010年增长23.93%。完成财政收入5.13亿元，同比增长36.64%，其中完成地方一般预算收入2.69亿元，同比增长38.44%。财政支出15.43亿元，同比增长57.96%。社会消费品零售总额25.5亿元，同比增长25.1%。新增固定资产投资23.87亿元，同比增长29.3%。

税收概况

【国税收入】 2011年，临翔区国家税务局共组织各项税收收入3.76亿元，同比增收8998.41万元，增长31.51%，超额完成了市局下达的收入目标任务。其中：增值税收入1.63亿元，同比增收6631.44万元，增长39.54%；消费税收入7057.13万元，同比增收1488.24万元，增长26.72%；企业所得税收入5517.54万元，同比增收2381.63万元，增长75.95%；个人储蓄存款利息所得税收入14.05万元，同比减收12.93万元，下降47.92%；车辆购置税收入8615.66万元，同比减收1.72万元，下降0.02%；行政收费、罚款收入55.04万元。

【收入特点】 一是税收总量大、收入增速快、增长幅度高。全年收入突破3.7亿元，增幅超过30%，增收额近亿元，比2009年翻了近一番。二是国税征管的5个税种表现为"三增二减"，即：增值税、消费税、企业所得税增收，"三税"增收额达到9013万元，增长45.27%；车辆购置税、个人所得税虽然减收，但减收数额仅为10余万元，对整个收入计划执行情况影响不大。三是收入增长点较为集中。增值税的增长主要反映在制造业以及批发和零售贸易业，2011年，两大行业增值税收入达1.34亿元，占增值税总收入的81.98%，同比增收4298万元，占增值税增长总额的83.58%。四是重点企业税收贡献突出。2011年，纳入重点税源管理的企业缴纳“三税”合计2.26亿元，占全区“三税”收入总额2.89亿元的78.2%。

【税源分析】 一是在重点行业品目中，烟草、电力、糖业、有色金属冶炼及压延成为拉动增值税增长的4大支柱税源。4大品目全年增值税收入1.22亿元，占增值税总收入的74.63%，同比增收4837万元，增长72.4%。二是烟草批发零售行业中高档卷烟销售比例比往年有所提高，卷烟单箱销售价格随之提高，全年在销售数量变化不大的情况下，销售收入大幅增加，拉动了消费税税源的增加，消费税收入同比有了较大增长。三是受政策和征管因素的影响，车辆购置税同比略有减收。受自2011年1月1日起取消了“对1.6升及以下排量的汽车减按7.5%税率征收车辆购置税”政策以及将汽车类购置税征收权下放到其他7个县国税局因素的影响，导致临翔区缴纳购置税的汽车同比减少了1581辆，减收购置税款131.45万元，减幅为1.59%。但因摩托车类同比增加1669辆，购置税同比增收122.53万元。整体比较，车辆购置税同比仅减少了1.7万元，基本持平。四是房地产企业所得税汇算清缴成效明显。2010年度房地产企业所得税汇算清缴收入691万元，同比增收602万元，增长近7倍。五是电力供应充足，供需结构平衡。2011年，由于气候条件较好，电力生产和供应充裕，销售顺畅，加之供电局在2010年的基础上提高了0.5个百分点的增值税预缴比例，全区电力增值税收入有了较大增收。

【税务管理】 一是加强对享受增值税优惠政策的企业管理，防止税收转移和流失。二是在继续抓好企业所得税法和实施条例以及相关配套政策贯彻落实的同时，进一步规范企业所得税前扣除和减免税的管理。三是按季开展出口货物退（免）税预警调查，加大了防范和打击骗取出口退税力度，严防骗税行为发生。

各项工作

【税收法制建设】 一是认真开展规范性文件清理工作。全年共清理涉税文件31份，对清理中发现存在执法风险的2份文件作出了废止执行处理。二是就税收执法中容易产生的执法风险点进行认真梳理，共梳理出执法风险点16个，并制定了相应的防范措施。三是结合《国家税务总局办公厅关于贯彻落实〈关于开展对行政执法机关移送涉嫌犯罪案件专项监督活动的工作方案〉有关问题的通知》要求，对2008年以来查处的涉税违法案件情况开展专项自查，重点对自由裁量标准实施以来涉及的税务行政处罚案件中的处罚依据、程序规定、处罚标准进行检查，从源头上防范税收执法风险。四是针对各部门目前使用的税收管理软件和新政策开展培训，进一步提高税收管理员防范税收执法风险的能力。

【税收征管】 一是运用全国组织机构代码共享平台纠错，杜绝税务登记管理中错码、重码和未登记信息的产生。2011年共有管户4735户，其中：企业687户，个体4048户。二是加强日常管理的巡查力度，认真落实管理员自查、分局检查、区局抽查的“三级巡查制度”，防止漏征漏管户的出现。三是建立完善“大企业管理服务信息系统”管理和运用制度。四是圆满完成了普通发票简并换版工作。

【纳税评估】 一是制定《临翔区国家税务局关于开展纳税评估工作的实施意见》，明确评估工作的具体工作目标。二是按照省、市局要求，确定33户企业作为2011年开展纳税评估的对象，其中：日常评估25户、专项评估8户。三是撰写了4个具有行业代表性的典型案例报告。

【税收宣传】 一是围绕“税收·发展·民生”宣传主题，邀请10户规模以上企业法人和财务人员及区局退休老干部2人参加了“纪念全国第20个税收宣传月座谈会”。二是借助区公安局主办，人民银行、工商局、银监局、地税局等多部门联合协办的“打击和防范经济犯罪宣传日”活动，积极开展税法宣传。三是到区委、政府、人大、政协、宣传部等有关部门，进行税收政策宣讲，并将《纳税人权利与义务公告》、《税收宣传手册》及市国税局编印的《临沧国税摄影作品集》送呈他们，请他们一如既往地给予国税工作的关心和支持，共同营造良好的税收环境。

【税收执法】 一是建立对税收执法各环节进行事前、事中、事后日常监督机制，最大限度地预防执法过错行为的发生。二是严格执法过错责任追究，对不认真履行职责，出现行政不作为、乱作为的干部，严肃追究其责任。2011年，区局在执法过程中涉及过错责任追究指标7项，. 过错数量31个，涉及过错责任人34人次。通过进行无过错申辩调整后，仍涉及被省局执法过错责任追究指标2项，涉及过错责任人3人，扣分9分，经济惩戒45元。三是认真做好涉税违法违章处理及监督检查工作，在执法过程中，注重程序法与实体法相结合，严格办案程序，认真贯彻执行《征管法》及《实施细则》等法律法规的规定，规范执法行为。全年共查处涉税违法违纪案件124户次，罚款3.19万元，所查处的涉税案件，当事人均未提出行政复议及行政诉讼。四是加大发票查处力度。全年共查处发票违法违章案件23件，罚款4745元。

【税收信息化建设】 一是加强对计算机设备的管理和维护。2011年，区局有在用计算机126台，其中：未达报废年限在用86台，已达报废年限仍在使用的40台。二是“发票审验系统”经过近几年的推广应用，实现了发票审验数据的及时共享，使普通发票管理实现了网络化、电子化，提高了普通发票的管理质量。三是做好增值税专用发票认证、报税系统的技术支持、企业金税卡、IC卡的发行工作。2011年共发行16户纳税人的金税卡、IC卡。四是做好综合征管软件、公文处理软件、车辆购置税征收软件、区局综合业务网等有关应用软件的日常维护和管理，并做好相关数据的备份工作。

【金税工程】 一是做好金税工程一般纳税人档案信息管理工作。每月对发行、发售、认证、报税、稽核等系统的档案信息进行核实，保证金税工程各系统与综合征管软件中一般纳税人档案信息完整、准确无误。二是加强行政许可管理。对专用发票领购资格及专用发票开具限额两项行政许可在手续上、程序上严格把关，坚持调查报告制。2011年，共有113户增值税一般纳税人使用防伪税控开票系统开具增值税专用发票，各项指标采集率保持100%。三是加强红字增值税专用发票管理。积极采取措施严把红字增值税专用发票管理关，规范红字发票通知单的开具。2011年，共计开具红字增值税专用发票通知单66份。

队伍建设

【机构和人员情况】 区局共有内设机构10个：办公室、人事教育股、监察室、政策法规股、征收管理股、纳税服务股、货物和劳务税股、所得税管理股、收入核算股、办税服务厅；事业单位1个：信息中心；派出机构3个：第一税务分局（管理企业税收）、第二税务分局（管理个体税收）和工业园区管理分局。年末实有人员131人，其中：在职人员94人，退休人员37人。在职人员中，党员40人，占42.5%；妇女干部39人，占41.5%；少数民族26人，占27.7%。研究生学历1人，本科学历41人，大专学历38人，大专以上学历占全局在职干部的85.1%。

【领导班子建设】 一是坚持理论中心组学习制度。每个季度组织一次理论中心组集中学习讨论活动，班子成员带头发言，交流学习心得。二是组织开好党组民主生活会。班子成员之间积极开展交心谈心，坦诚相待，统一思想，共同提高。

【党建工作】 一是坚持“三会一课”制度。全年开展讲党课活动4次，其中：局内2次、挂钩村2次。二是完善入党申请人信息库建设工作，做好入党积极分子的教育、培养、考察工作。三是坚持党内情况报道制度、党内意见征求制度，保障党员对党内事务的知情权、参与权、监督权。四是认真组织开展“创先争优”活动，制订《关于在全区国税系统党的基层组织和党员中开展“创先争优”活动的实施意见》，切实抓好五查五看、召开专题民主生活会、公开承诺、领导点评、群众评议、评选表彰等六个规定动作。五是做好党费的收缴工作。全年共收缴党费3714元。

【国税文化建设】 一是加强制度文化建设，以制度规范行为，不断完善工作管理制度。二是在经费紧张的情况下，购置部分摄影器材，为干部职工开展业余文化生活提供了必要的物质保障。三是认真组织开展了以忠诚教育为核心的公共服务职业道德与技术方法教育培训活动。

【精神文明建设】 坚持以邓小平理论和“三个代表”重要思想为指导，深入开展文明创建活动，文明创建工作取得较好成绩。2011年，区局被临沧市人民政府表彰为临沧市“十一五”财税系统先进集体；人事教育股、办税服务厅被临沧市国家税务局表彰为“十一五”时期先进集体。

【党风廉政建设】 一是严格执行中共中央、国务院新修订的《关于实行党风廉政建设责任制的规定》，切实加强党风廉政建设工作。二是分级分层签订《党风廉政建设责任书》，使此工作形成层层考核机制。三是制定《临翔区国家税务局2011年度执法监察工作实施方案》，进一步抓好“两权”监督及执法监察工作。四是继续抓好《廉政公约》签订和回访工作。2011年，区局共与648户纳税人签订了《廉政公约》，其中：企业122户，个体工商户526户；共回访纳税人193户。

【教育培训】 一是认真贯彻公民道德建设实施纲要，深入开展思想道德、职业道德、社会公德、家庭美德、法纪、文明服务等教育。二是按照中共临沧市委宣传部《关于2011年全市在职干部理论学习安排意见》要求，区局年初安排了4个学习专题，开展了4次党组理论中心组学习活动，对党的十七届五中、六中全会精神进行了深入学习。三是依托“云南国税讲坛”对干部职工进行爱国主义、国防安全、环境保护、思想道德、执法风险、心理调适等教育。2011年组织完成了个人思想政治修养及文化修养讲座和工作业务培训33期，其中：国家级培训1期，2人/次；省局级培训23期，1034人/次；市局级培训4期，18人/次；区局级培训5期，342人/次，全年累计参加各级培训达1396人/次。人均达到16天/次，圆满完成了2011年度的干部教育培训工作。

（王　敏）

凤庆县国家税务局

经济概况

2011年，凤庆县实现生产总值（GDP）52.93亿元，其中：第一产业完成17.13亿元，第二产业完成23.25亿万元，第三产业完成12.55亿元。三次产业的结构比由2010年的42:25:33调整为32:44:24。人均GDP实现1.15万元。全年实现财政总收入6.41亿元，完成财政总支出17.1亿元。

税收概况

【国税收入】 2011年，凤庆县国家税务局共组织入库各项税收收入2.9亿元，同比增收1.39亿元，增长92.05%。完成全年确保计划任务1.9亿元的152.63%，完成全年奋斗目标1.94亿元的149.48%。其中：增值税收入2.64亿元，同比增收1.26亿元，增长91.3%；消费税收入53.45万元，同比增收1.7万元，增长3.28%；企业所得税收入1655.06万元，同比增收750.32万元，增长82.93%；车辆购置税收入826.27万元，同比增收523.98，增长162.27%；个人储蓄存款利息所得税收入12.55万元，同比减收14.42万元，减53.47%；组织入库国税部门其他收入34.46万元，同比增收14.29万元，增长70.87%。

【收入特点】 一是得益于小湾电站电力税收的增长，国税收入规模首次迈上2亿元新台阶。二是税收增长快于经济增长。三是除储蓄存款利息个人所得税外，其他税种收入普遍增收。四是重点税源创税能力显著增强。

【税源分析】 一是宏观经济快速发展，为国税收入增收奠定坚实基础。二是增值税增收主要靠骨干企业拉动。三是消费税收入主要靠酒精项目支撑。四是县域经济工业投资增长、烤烟产业壮大、消费市场活跃、民生稳步改善，促进商业烟草和农村信用合作社效益显著提高，拉动企业所得税同比增收 750.32 万元。五是随着县内公路网络覆盖面的增加、路面等级的逐年改善、城市规模的不断扩大、居民高端消费能力显著提高，加之小汽车征收权限下放，有效刺激机动车市场购销两旺，带来车辆购置税同比增收 523.98 万元。六是受个人储蓄存款利息减免税政策的持续影响，个人所得税同比减收 14.42 万元。

【税务管理】 一是坚持组织收入为中心，认真贯彻落实“依法征税、应收尽收、坚决不收过头税、坚决防止和制止越权减免税”的组织收入原则。二是以深入推进“扁平化”管理为平台，以有效解决“两个层面”问题为突破口，以进一步健全和实施“以清晰的户籍管理为基础、以信息管税为导向的分类专业化管理”为抓手，抓实抓好税收征管和纳税服务两大核心业务。三是切实加大重点税源调研分析工作力度，密切关注经济发展态势和税收领域热点、难点问题，科学分析经济税源发展变化趋势和税收新的增长点，切实提高税源分析预测的准确性，及时全面掌握税源变化情况，牢牢把握组织收入工作主动权。

各项工作

【税收法制建设】 一是认真贯彻落实省、市局关于进一步加强税收执法风险防控工作要求，强化干部的业务培训学习，筑牢税收执法风险防线，不断促进干部增强识别和防范税收执法风险的意识和能力。二是坚持纪检监察和征管查部门联席会议制度，定期梳理防控执法风险的重点环节，加强对“风险点”的排查工作。三是认真落实税收执法风险防控工作“一岗双责”要求，严格实行税收执法风险防控工作项目责任管理考核制度，定期开展工作情况梳理、排查，及时消除风险隐患，严防税收执法风险事件的发生。

【税收征管】 截至 2011 年底，全局共征管纳税户 2473 户。其中：增值税纳税人 2338 户，企业所得税纳税人 117 户，个人所得税纳税人 8 户，消费税纳税人 10 户。（一）各税管理。一是加强增值税一般纳税人资格的认定和管理工作。2011 年共有增值税一般纳税人 104 户，比 2010 年新增 23 户，纳入防伪税控的增值税一般纳税人 42 户。二是依法规范延期申报缴纳税款管理，审核上报审批延期缴纳税款 1 户 1190.62 万元。三是综合评定纳税人 22 户，其中：A 级纳税人 1 户，B 级纳税人 21 户，对纳税人实施等级监控和管理。四是通过数据监控分析系统，对固定资产抵扣进行全程监控和核实，2011 年申报抵扣固定资产进项税 24 户，申报抵扣进项税额 293.09 万元。五是继续推行网络申报“一体化”管理工作。所辖一般纳税人，有 90 户成功纳入网络申报“一体化”管理。六是全面完成 2011 年度的纳税评估工作。评估企业 11 户，评估补缴入库税款 9 万元，冲减增值税留抵税额 2.18 万元，作进项税转出处理 8.27 万元，调增应纳税所得额 148.13 万元，加收滞纳金 1.9 万元。（二）出口退税。继续推行网络申报，从严审核，规范操作，确保出口退税数据准确、翔实，积极支持企业发展。全年办理免抵退税出口货物销售额 202.52 万元，免、抵、退税额 26.07 万元，实现出口创汇 31.73 万美元。（三）发票管理。一是如期完成普通发票简并换版工作。年末，辖区内使用新版发票户为 407 户，其中：使用网络版 228 户，单机版 6 户，手工版 173 户。二是认真开展发票专项检查。开展发票宣传培训 9 次，检查非法取得发票户 6 户，查出未按规定取得发票 260 份，罚款 1.31 万元，有效打击了发票违章违法行为。

【税法宣传】 一是紧紧围绕“税收·发展·民生”主题，国税、地税、公安共同携手，认真组织开展第 20 个全国税收宣传月活动。二是充分利用广播、电视、报刊等新闻媒体，组织编报税收宣传稿件，大力宣传税收职能作用、税收与经济发展、改善民生的重要关系和税收在促进加快经济发展方式转变上的职能作用，力求社会各界对税收工作的更多理解和支持。三是采取文艺演出、编印发送税收宣传资料等方式，积极参加县委、政府组织的“创先争优比服务，共建和谐新家园”文明礼仪风采展示大赛和春茶交易会等重大活动，把税收宣传工作融入全县各类大型活动中，扩大宣传效应。四是推广使用凤庆国税“纳税服务卡”，认真落实个性化税收服务，积极构建和谐征纳关系亮点工程。五是与加强税收执法风险防控工作相结合，以办税厅、日常税收征管场所为主阵地，以耐心解读和全面系统宣传征纳双方权利、义务为重点，逐级逐岗落实宣传解读任务和面对面辅导服务工作要求，以抓实办税服务厅“导税台”解读宣传服务、“现场”解读宣传服务和特殊“窗口”个性化解读宣传服务为举措，进一步营造征纳双方规范执法和相互理解支持的税收征纳环境。

【税务稽查】 以开展税收专项检查、分级分类检查和区域税收专项整治为重点，转变稽查观念，不断强化作风建设，增进优化纳税服务，坚持依法征税、文明稽查，切实发挥税务稽查在打击税收违法，维护税收公平公正方面的职能作用。全年共督促纳税人开展税收自查 3 户，开展分级分类检查 14 户，专项检查 1 户，查补税款 90 万元。人均办案 1.5 件，选案准确率、结案率、滞纳金加收率均为 100%，处罚率达 50.43%，综合处罚率达 35.53%。

【税收执法】 一是开展税收执法风险管理调研，组织开展税收工作全过程的风险排查，着力查找税收征管中存在的执法风险环节和风险节点。二是认真清理规范性文件和行政管理制度，全面清理 2007 年以来县局制定的各项制度。

【税收信息化建设】 （一）应用系统推行情况。2011 年 8 月，如期上线运行税收管理员辅助信息系统。（二）数据分析利用。充分利用现有应用系统和辅助软件提供的数据资源，进一步加强数据分析应用工作，对重要指标、重点行业、重点企业的税源情况进行重点监控，实行定期预测和分析制度，及时整改存在问题，以确保系统数据质量和现有应用系统安全高效规范运行。（三）信息化基础设施建设及税收信息化管理维护工作。截至2011年底，全局有计算机中心机房1个，在用台式计算机108台、打印机27台、笔记本电脑8台、扫描仪5台、PC服务器6台、网络存储器1台、路由器2台、交换机10台，UPS电源主机3台、发电机1台。在日常维护管理上，一是加强网络设备的管理。认真做好计算机机房、电源、硬件设备的管理和维护，及时把设备的增加、变动和报废情况录入市局的计算机管理系统，同时在县局内部以纸质文档和电子文档两种方式，登记造册，加强管理。二是做好“综合征管软件”、“增值税管理信息系统”、“税收执法考核子系统”、“车辆购置税征管系统”等应用系统的升级维护授权等工作。三是强化网络安全工作。严格执行上级局以及相关部门对网络安全的有关规定，建立完善《凤庆县国家税务局应急处理预案》、《凤庆县国家税务局网络管理制度》，严防计算机病毒和黑客攻击，确保网络安全和设备的正常运行。（四）金税工程。及时做好防伪税控、货运发票税控收款机、出口退税、海关完税凭证等涉及纳税人以及稽核、协查、成品油等相关系统的应用支持工作，按时上传“四小票”汇总等相关数据，保证各系统的正常运行。严格按照省局集中后的操作规程做好权限范围内的人员授权、税务发行、企业金税卡发行、网上认证纳税人密钥发行等工作，推进金税工程的应用实施。（五）税收电子化、信息化、网络化建设。在省、市局电子政务网站应用中，做好本级用户的维护工作，正确设置和及时修改变更用户、部门和个人信息。同时，做好本级综合业务处理网站的拓展和维护。

队伍建设

【机构和人员情况】 2011年末，全局共有内设机构8个：办公室、人事教育股、监察室、税政股、政策法规股、征收管理股、收入核算股、办税服务厅；事业单位1个：信息中心；直属机构1个：稽查局；派出机构1个：凤山税务分局。人员总编制90名，其中：行政编制87名，事业编制3名。年末实有在职人员77人（其中：工勤人员1人）：女22人，少数民族22人；最大年龄58岁，最小年龄23岁，平均年龄46.04岁。退休人员34人。

【领导班子建设】 认真组织召开了“学习杨善洲精神做人民满意的好党员好干部”专题组织生活会和县局党组民主生活会暨“突出主旋律执政为民、增强凝聚力创先争优、提高执行力狠抓落实”专题组织生活会。通过扎实开展批评与自我批评和班子成员相互交心活动，达到了统一思想，相互谅解，相互支持，共同提高，维护班子团结、增强班子凝聚力、向心力的目的。

【党风廉政建设】 一是强化“两权”监督，确保重大决策部署的贯彻落实。二是增强廉政风险防范意识，推动内控机制建设。三是认真落实党风廉政建设责任制。通过采取召开座谈会、党组专题民主生活会、征求意见以及开展自检自查，县局纪检监察部门开展行风问卷调查、廉政公约回访和走访县纪委监察局、信访局、特邀监察员、纳税人的方式调查了解，没有发现领导班子及其成员和广大干部职工中存在以权谋私、为税不廉及其他违法违纪的情况。

【精神文明建设】 抓载体建设，增强宗旨意识；抓文化建设，促文明成果巩固。2011年，县局被省局表彰为“爱读书读好书善读书”活动先进单位，被市局表彰为“‘学习型机关’活动先进单位”，被市总工会表彰为“党工共建创先争优活动先进单位”，被市委确定为“学习型党组织建设创建示范点”，被市委、政府表彰为全市“‘五五’普法和‘三五’依法治市工作先进集体”；县局、凤山税务分局被市政府表彰为“全市‘十一五’期间财税工作先进集体”；收入核算股、稽查局被市局表彰为“全市国税系统‘十一五’时期国税工作先进集体”。

【教育培训】 2011年，在职干部职工学历结构：大学本科21人占27.28%，专科44人占57.14%，中专12人占15.58%。培训情况：全年有30人次先后参加省、市局组织的各类专题业务、师资骨干和“初任”培训；县局举办《行政强制法》、普通话及公务礼仪、所得税网络申报业务及信访知识等培训班13期，参训人数956人次。

【先进人物】 2011年，巴玉慧同志被省局表彰为“读书标兵”；李荣光同志被市局表彰为“读书标兵”；李荣光、计宪法、杨文全、李天泽、袁相国同志被市政府表彰为全市“‘十一五’期间财税工作先进个人”；李正周、陈勋、普自清、段玲、茶洪剑、袁陈明、杨胜芬、刘兆存同志被表彰为全市国税系统“‘十一五’时期国税工作先进个人”。

【典型经验】 为纳税人精心制作发票换版操作指南。为确保所涉纳税人能及时掌握和规范使用新版普通发票填开系统，县局集中骨干力量，精心组织制作了以详细介绍新版普通发票填开系统（网络版和单机版）操作流程为主要内容的《凤庆国税新版普通发票填开系统操作指南》300余册发给用票户，同时，采取管理员分片包干逐户落实传授安装填开技能等措施。为纳税人提供发票换版“一册通”服务和组织干部逐户深入传授填开操作技能，及时消除了纳税人“三怕”心理情绪，得到了广大用票户的高度评价。

（陈　勋）

云县国家税务局

经济概况

2011年，云县实现生产总值（GDP）53.3亿元，同比增长15.1%。其中：第一产业完成18.6亿元，增长7.1%；第二产业完成20.6亿元，增长26.7%；第三产业完成14.1亿元。三次产业结构比由上年的35.1：37.3:27.6调整为34.9:38.6:26.5。完成财政收入6.2亿元，同比增长33.9%，完成财政总支出16.6亿元，同比增长28.3%。全县人均GDP达到1.18万元，同比增长19.2%。非公经济实现增加值23.7亿元，占全县生产总值的44.5%，比2010年提高5.3个百分点。

税收概况

【国税收入】 2011年，云县国家税务局共组织各项税收收入3.76亿元，同比增收9317万元，增长32.9%。其中：增值税收入3.07亿元，同比增收6647万元，增长27.6%。消费税收入1573万元，同比增收715万元，增长83.3%。企业所得税收入3996万元，同比增收1411万元，增长39.6%。车辆购置税收入1301万元，同比增收829万元，增长175.6%。个人所得税收入15万元，同比减收15万元，减50%。

【收入特点】 一是收入总量突破3亿元大关，收入总量达3.76亿元，实现历史性突破。二是增值税、消费税、企业所得税三大税种不同程度增收，其中消费税增幅较大，增长幅度达83.33%；三是重点税源电力、糖业税收增收，支撑作用明显；四是部分行业有色金属冶炼、商业增值税税收增幅较大。

【税源分析】 一是云县加快经济调整步伐，加大招商引资力度，促进经济快速发展，为组织收入工作奠定了坚实的税源基础。二是重点税源电力增值税占主导地位明显，电力增值税收入达1.89亿元，占全县增值税收入3.07亿元的61.74%。三是零售行业、规模骨干企业增长带动收入增长。四是制糖企业白糖销价高价位运行，糖业“两税”同比增收1809万元，增长98%。五是啤酒集团新生产线投产，带来酒类企业税收同比增收669万元。五是居民购买力不断增长，车辆购置税收入大幅增收。

【税务管理】 一是严格执行税款征收、入库、提退等相关规定，依法做好减免税、延期纳税申报、延期缴纳税款等环节的审批管理。二是加大业务重组和人力资源整合力度，进一步完善岗责体系，推进制度化、规范化、标准化管理。三是继续加强大企业管理，完善大企业税收管理信息系统。四是认真落实县局领导挂户工作制度，进一步强化对重点税源管理。五是做好增值税一般纳税人的认定管理工作。六是严格执行固定资产进项税额抵扣相关政策，严把固定资产进项税额抵扣审核关。

各项工作

【税收法制建设】 一是认真贯彻落实《全面推进依法行政实施纲要》，开展规范性文件清理。二是贯彻落实《税务行政复议规则》，进一步规范重大税务案件审理工作。三是深入推行税收执法责任制，严格执行过错责任追究。四是强化对干部的普法教育工作。2011年共组织普法考试3次，参加人员255人次，合格率达100%。

【税收征管】 一是建立与工商、地税等部门的信息交换和比对制度，加强对登记、注销、变更、停歇业和非正常户的管理。截至2011年12月，全县共有纳税人2866户，其中：企业263户（一般纳税人150户，小规模企业113户）；个体工商户2603户，（起征点以上47户，占个体登记户的1.8%）。二是加强网络申报管理工作。全年有19户企业纳入“重点税源企业网上直报系统”管理，17户（增值税14户，企业所得税3户）企业纳入网络申报管理。三是加强发票管理工作，如期完成普通发票简并换版工作。

【纳税评估】 2011年对11户纳税企业进行了纳税评估，评估面占应评估户数的36.66%，经评估确认存在问题的企业4户，评估补征增值税3900元，补征企业所得税2.5万元，加收滞纳金700元；调增企业所得税应纳税所得额3户，调增应纳税所得额4.46万元。

【税收宣传】 结合第20个税收宣传月“税收·发展·民生”宣传主题，一是与县委依法治县办、地税局联合举行第20个全国税收宣传月活动启动仪式。二是邀请23户重点税源企业负责人和财务人员召开纪念税收宣传月20周年座谈会，倾听纳税人的意见和建议。三是开展税法宣传进校园活动，为师生举办税法知识讲座。四是深入招商引资企业、重点税源企业及乡（镇）开展送政策、送服务宣传活动。五是借助云南澜沧江酒业集团电子显示屏、县局办税大厅电子显示屏、云县电视台、云县人民广播电台、《临沧日报》《云县报》等各种新闻媒体，开展税收宣传。五是认真开展税收经济调研和政务信息编报工作。

【税收执法】 一是继续贯彻《全面推行依法行政实施纲要》，完善税收执法责任制。二是建立税收执法运行反馈机制。在县局政务网站开设税收执法管理信息系统查询结果反馈、问题反馈等栏目，建立问题的快速解决和反馈通道。三是实施过错责任追究。结合岗责体系，制定和完善推行税收执法责任制工作意见、税收执法责任制考核评议办法，增强执法风险意识，树立依法行政、规范执法理念。修订税收执法过错责任追究办法，严格过错责任追究。

【税务稽查】 全年共组织分级分类稽查、专项检查15户，结案15件，查补收入61.16万元，其中：税款41.16万元、滞纳金5.25万元、罚款14.75万元。选案准确率、查补税款入库率、结案率、偷税案件处罚率均达到100%。平均处罚率达35.8%。

【税收信息化建设】 一是建立健全数据信息采集、审核、检查、问题处理和管理制度，强化监督制约机制，确保数据信息质量关。二是加强网络设备管理。把计算机及附属设备纳入固定资产管理，及时把设备的增加、变动和报废情况录入市局的计算机管理系统，同时在县局内部以纸质文档和电子文档两种方式，登记造册，加强管理。三是高度重视网络安全和维护工作。严格执行网络运行管理制度和计算机病毒防护制度，保证网络的畅通和安全。四是抓好对数据监控分析系统、综合征管软件系统存在问题的自查自纠工作，运用数据监控分析系统、综合征管软件系统技术平台，加强税负分析和税源监控工作。五是全面推行多元化申报方式。19户纳税人实行网络申报，52户纳税人实行介质申报，23户实行储蓄扣税。六是充分应用系统所反应的数据指标，强化税源管理，利用系统提示的预警数据，建立有效的风险管理和内控机制，不断降低税收执法风险。七是做好相关软件推行使用工作。

【金税工程】 一是做好金税工程税控系统“企业发行”管理工作。加强增值税防伪税控系统的管理，切实做好金税卡、IC卡、机动车销售税控盘的发行工作。全年新发行7户，变更发行20户次，录入纳税人档案信息20户。截止2011年末，全县有一般纳税人150户，其中上防伪税控系统77户，有4户实行网络认证。二是切实加强防伪税控系统的运行与维护。

队伍建设

【机构和人员情况】 （一）机构设置。2011年末，全局共有内设机构9个：办公室、人事教育股、监察室、党总支办公室、税政股、政策法规股、征收管理股、收入核算股、办税服务厅；事业单位1个：信息中心；直属机构1个：稽查局；派出机构1个：爱华税务分局。（二）人员配置。人员总编制90名，其中：行政编制87名，事业编制3名。年末实有干部106人，其中：在职干部87人，女干部27人，少数民族31人。退休干部19人。

【领导班子建设】 一是配强配齐县局领导班子。二是加强班子团结协作，认真落实民主集中制原则，充分调动班子成员的积极性，发挥班子成员的作用，做到相互补台不撤台，工作到位不越位。三是加强思想政治和党纪党规学习教育，强化学习型组织建设，提高领导班子的综合素质。四是完善和落实各项制度。领导干部带头遵守执行税收、财务和人事管理方面的法律法规，坚持按制度办事，用制度管人。五是坚持民主管理、科学决策，认真执行《党组议事规则》，在人、财、物等重大问题上，做到集体讨论，共同研究，科学决策。六是加强税收业务和综合知识的学习，不断提高领导干部综合素养。七是加强勤政廉政建设，通过加强制度约束、沟通交流和监督管理，引导领导干部牢固树立廉洁从政、公正执法意识。

【精神文明建设】 一是加强文明创建细胞建设，以创先争优工作为动力，树立和宣传先进典型，积极开展先进集体、先进个人等多种形式的评选表彰活动。二是积极参与地方党委、政府组织的文明创建活动，广泛开展军民共建、挂钩扶贫、抗旱救灾、献爱心送温暖等社会扶助公益活动，引导干部职工自觉履行法定义务、社会责任、家庭责任。三是加大学习宣传力度，与有关部门开展文明创建经验学习交流活动，把本部门在文明创建方面的好做法加以宣传发扬，更好地发挥先进典型的示范作用、引导作用和带动作用。四是开展以“诚实守信、优质服务”为主题的文明单位创建活动。以办税服务厅为重点，广泛开展“诚实守信、优质服务”活动，使社会主义核心价值体系成为全体干部职工普遍理解接受、自觉遵守奉行的价值理念，不断提高创建工作水平和质量。2011年，县局被省国税局表彰为“三读”活动先进单位，被临沧市政府表彰为“十一五”财税工作“先进集体”，被县委表彰为综治维稳“优秀单位”；县局党总支被临沧市委表彰为“先进基层党组织”，县局工会被市总工会表彰为“党工共建创先争优先进单位”。五是巩固文明创建成果，积极创造条件争取国家级文明单位推荐上报工作。年内完成了省局级“文明单位”、市级“文明单位”、“巾帼文明岗”的复查验收工作。

【党风廉政建设】 一是贯彻落实预防腐败体系《实施纲要》和《惩防体系2008~2012年工作规划》，把党风廉政建设工作列入县局党组重要议事日程，与税收工作同部署、同检查、同落实、同考核。二是以“突出政风行风建设”为重点，狠抓政风行风建设。在县委、政府组织对县级77个单位进行行风测评中得分91.66分，在中央、省、市驻云部门和执法部门中排名第一。三是对税收执法和人、财、物管理决策等“两权”运行关键部位和重点环节加强监督制约，提高“两权”监督制约的信息化程度，规范权力运行。四是完善责任落实和责任追究制度，层层签订《党风廉政建设责任书》、《预防职务犯罪责任书》、《廉政公约》等各项责任书，将责任分解到岗位、落实到人员。截至2011年底，累计与614户纳税人签订《廉政公约》，其中：2011年签订32户，回访92户，征求纳税人意见建议9条，回访满意率达99.7%。五是加强监督检查，确保工作决策部署落实到位。围绕重点环节、重点部位加强日常监督管理，聘请特邀监察员12人，调整充实兼职监察员4人，充分发挥广大群众、特邀监察员及社会各界对国税机关的监督制约作用。六是推动内控机制建设，建立和完善各项管理制度，提高制度执行力。

【教育培训】 一是抓业务培训。参加总局各类业务培训19期24人（次）；省、市局举办各类业务培训共42期714人（次）；县局举办各类培训10期368人（次）。二是抓学历教育。认真落实《全国税务系统学历学位教育管理办法》和省、市国税系统干部教育培训管理办法，完善学历学位教育管理制度。2011年末，全局大专以上学历74人，占在职干部总数的85.06%，其中：研究生2人，本科学历33人，专科学历39人，在读本科1人，在读研究生2人。

【先进人物】 2011年，罗如瀚同志被省国税局表彰为“‘三读’活动读书标兵”；刘绍龙、谢正贵、周学荣、施德彩、段金荣五位同志被临沧市政府表彰为

"'十一五'期间财税工作先进个人";张学庆、卢毅、袁如贵、李文舒、马丽娥、罗建华、武天宏、鲁雄富8位同志被市国税局表彰为"'十一五'期间国税工作先进个人";李远成同志被市国税局表彰为"'三读'活动读书标兵";钟礼能同志被市国税局表彰为"优秀信息员"。

(钟礼能)

永德县国家税务局

经济概况

2011年,永德县实现生产总值(GDP)28.49亿元,增长15.3%。其中:第一产业完成9.83亿元,同比增长7.8%;第二产业完成9.65亿元,同比增长32.5%;第三产业完成9.01亿元,同比增长9.2%。三次产业结构比由2010年的36.5:28.6:34.9调整为34:34:32。实现财政收入2.89亿元,同比增收1亿元,增长53.7%,完成财政地方一般预算支出15.01亿元,同比增加3.84亿元,增长34.4%;社会消费品零售总额达9.4亿元,增长16.0%。居民消费价格指数为104.5%。

税收概况

【国税收入】 2011年,永德县国家税务局共组织入库各项税收收入1.15亿元,同比增收3755万元,增长48.25%,完成计划任务8830万元的130.63%。其中:增值税收入8909.03万元,同比增收2656.68万元,增长42.49%,完成计划任务7100万元的125.48%;消费税收入237.90万元,同比增收123.09万元,增长107.21%,完成计划任务150万元的158.60%;企业所得税收入1582.46万元,同比增收577.88万元,增长57.53%,完成计划任务1000万元的158.25%;个人所得税收入7.10万元,同比减收6.52万元,下降47.87%;车辆购置税收入798.40万元,同比增收403.29万元,增长102.07%。

【收入特点】 一是税收收入实现较快增长,规模首次迈上亿元台阶。二是分税种收入除个人所得税因税收政策影响呈减收外,增值税、消费税、车辆购置税、企业所得税四个税种均不同程度实现增长。三是重点税源白糖、电力、商业、矿业、茶业、水泥、酒精全面增收。

【税源分析】 一是全县经济总体向好的态势运行,支柱产业白糖价格持续高位运行,含税均价达5476.47元/吨,比2010年每吨4556.14元增加920.33元,增加增值税收入1140万元;正常跨期结算税款1002万元,同比增加359万元。二是重点品目税收同比增收。商业增值税收入1410万元,同比增收257万元,增长22.29%;电力增值税收入2311万元,同比增收960万元,增长71.06%;水泥增值税收入126万元,同比增收120万元,增长2000%;矿业增值税收入797万元,同比增收526万元,增长194.10%;茶叶增值税收入127万元,同比增收66万元,增长108.20%;消费税收入236万元,同比增收123万元,增长108.85%。三是"摩托车下乡"补贴等惠民政策的落实,特别是2011年国家将国有农场、林场也纳入了"摩托车下乡"的优惠范围,刺激摩托车持续热销。同时,县级国税部门开征小汽车车辆购置税,促进车辆购置税快速增长,全年入库车辆购置税收入798.40万元,同比增收403.29万元,增长102.07%。

【税务管理】 一是贯彻落实调整经济结构、转变增长方式、推进自主创新、发展循环经济和节约资源等各方面的税收政策,有效发挥税收对促进增长、促进就业、支持创新等方面的调控职能。二是积极开展税源调研,着力抓好年纳税额在10万元以上纳税户的税源分析和监控;把年内纳税情况异常、恢复生产企业、矿业企业列为重点跟踪对象;对新增纳税户的生产规模、生产产品、市场行情及销售、进项税抵扣影响当期税收因素等基础数据及时进行收集分析;对潜在税源及时进行调查。

各项工作

【税收法制建设】 一是认真贯彻落实《全面推进依法行政实施纲要》,开展规范性文件清理。二是深入贯彻落实《税务行政复议规则》,进一步规范重大税务案件审理工作。三是深入推行税收执法责任制,严格执行过错责任追究。四是强化干部的普法教育工作。

【税收征管】 2011年全县共有纳税人3475户,其中:一般纳税人89户,达起征点以上的个体工商户30户。一是全面推进税收执法责任制,认真贯彻执行征管法,做好严防新欠工作。二是切实增强依法治税的自觉性,自觉维护国家税法的严肃性、统一性和权威性,坚决制止有税不收和人为调节进度,坚决杜绝"寅吃卯粮"收过头税、转引税款和虚收空转。三是积极向市局及县委、政府汇报征管工作中的重点、难点情况,争取县委、政府对国税工作的关心和支持,帮助解决征管工作中存在的问题。

【税收宣传】 一是健全机构,加强对第20个税收宣传月活动的组织领导。二是围绕"税收·发展·民生"宣传主题,贯彻落实税收宣传工作各项要求。紧紧围绕主题,结合"服务基层年"各项工作要求,围绕组织收入中心工作,服务经济社会大局,认真筹划、周密部署、精心组织,确保税收宣传月活动顺利开展。三是高度重视,做到宣传活动步骤紧凑,宣传内容广泛。1.积极宣传动员广大干部职工,根据自己的特长参与上级局开展的税收短信征集、税收公益广告征集、税收征文大赛等活动。2.结合地方经济特点及民族特色,与司法局、科协等多个部门联合,充分利用"泼水节"等节日,开展"送税法进傣乡"、"送税法进寺院”活动。3. 充分利用电视媒体扩大宣传辐射面。对国税干部队伍建设情况，在永德电视台以电视新闻的形式连续播放；在永德电视台点播2部电视连续剧，对年度宣传标语口号，以字幕的形式连续播放。4. 精选出“为国聚财，为民收税；服务科学发展，共建和谐税收；履行法律义务，依法诚信纳税”3条宣传标语，与县司法局配合，向县、乡、村三级领导和企业法人、财务人员等1200多人发送手机短信3600多条，扩大税收宣传面。5. 加强在“永德门户网站”的宣传报道，以图文并茂的形式发布信息5条，全面反映全县宣传月活动情况。

【税务稽查】 一是落实制度，规范稽查工作。严格贯彻落实执法过错责任追究制度和完善现有的稽查工作制度，严肃办案纪律；加强稽查信息化建设，扎实推进税务稽查项目书和电算化查账软件的应用，提升综合征管软件的操作运用质量，有效打击企业利用高科技手段涉税作案行为。二是继续落实稽查建议反馈制度和税务违法案件公告制度及“一案双查”实施办法，竭力发挥稽查“以查促管，以查促查，以查促廉”及震慑税收违法行为的职能作用，提升纳税遵从度。三是抓好日常检查、专项检查、分级分类检查等。将发票检查作为税务检查、企业自查的必查步骤和必查项目一同布置、一同组织、一同检查，认真开展虚假发票“买方市场”整治，做到“查账必查票”、“查案必查票”、“查税必查票”。全年共检查纳税户11户，结案11户，人均查案达1.5件，查补入库增值税13.48万元，企业所得税0.9万元，加收滞纳金6.73万元，涉税罚款4.32万元，行为罚款5.42万元，合计入库30.85万元。选案准确率达100%，入库率100%，平均处罚率达50%。

【税收信息化建设】 一是重点企业管理逐步规范。制定了《永德县国家税务局重点企业税收管理信息系统推行方案》，举办重点企业税收管理信息系统业务培训，纳入市局重点企业税收管理信息系统管理企业9户，涉及糖、茶、矿、电四个行业。二是全面抓好网络“一体化”办税推行工作。召开合作银行、纳税人座谈会，稳步推进网络“一体化”办税业务，9户重点企业推行网络抄税、报税、申报、扣税、清卡工作取得圆满成功。三是稳步推行电子化申报。在48户企业中，有6户企业实行网络申报，其余42户企业全部采取介质申报方式进行纳税申报，申报质量进一步得到了提高。

队伍建设

【机构和人员情况】 2011年末，全局共设有8个内设机构：办公室、人事教育股、监察室、税政股、征收管理和政策法规股，收入核算股和办税服务厅；直属机构1个：稽查局，事业单位1个：信息中心，派出机构2个：德党和永康税务分局。全局在职干部职工60人，退休人员20人。

【领导班子建设】 一是以提高执政能力为重点，切实加强领导班子建设。进一步增强法制意识、创新意识、发展意识、忧患意识、团结干事意识和责任意识，不断提高执政能力。切实加强“突出主旋律、增强凝聚力、提高执行力”建设，进一步转变工作作风，真抓实干，对安排部署的工作任务，进行细化量化、层层分解、落实责任人，工作做到有研究、有措施、有安排、有落实、有检查、有总结。二是打造学习型机关，全面提升队伍素质。作好“强化教育重德、强化培训精税”两篇文章，大力实施人才兴税战略，充分发挥各职能部门和业务骨干的作用，加大投入，综合运用内外资源，利用各种形式和办法，以政治素养、税收专业基础知识、信息化知识为重点，多渠道、全方位加强干部教育培训，开展岗位练兵和业务竞赛活动。

【精神文明建设】 一是以国税文化建设为载体，以工会为龙头，加强爱国主义、理想信念和职业道德教育，大力开展健康有益的群众性娱乐活动，营造“以国为根，以人为本，以法为纲，以纪为目，以学为乐”的税收文化氛围，推动文明创建。切实抓好文明礼仪学习实践，深入实施公民道德建设工程，积极开展“城乡共建”活动，不断推进诚信建设，进一步增强“聚财为国，执法为民”的税收宗旨意识，把“知荣辱、讲正气、比贡献、构团结、促和谐”的良好风尚发扬光大。二是推行标准化办税服务，对办税服务厅环境进行了一次全面清理，按照标准化建设的要求统一了功能设置，公开了“办税服务厅人员职责、税务人员‘十五’不准、云南省行政机关八项工作承诺”，于6月1日正式运行标准化服务，做到尊重为本，温馨和谐，庄重大方，操作精准，以纳税人为中心的服务理念得到确立，为纳税人提供高效、文明的“一站式”服务领域得到拓展。三是认真筹备文明单位复查工作，做到领导重视、机制健全、文档规范。考评综合评定99分，市级文明单位考评组对永德国税局的文明创建工作给予了高度评价。

【党风廉政建设】 一是全面履行职责，强化“两权”监督。2011年把增值税一般纳税人认定管理、普通发票管理、减免税管理等三个项目作为重点监察对象开展税收执法监察，检查结果，没有发现违法违纪情况。二是增强廉政风险意识，推动内控机制建设。开展以“熟悉内控、理解内控、掌握内控”为目标的宣传活动，认真梳理权力运行中存在的或潜在的廉政风险。三是保持惩治腐败的强劲势头，继续加大查办案件力度。严格按照《国家机关公务员处分条例》和《税收违法违纪行为行政处分暂行规定》，进一步完善信访举报收集、分析、核查、应用制度，拓宽信访渠道；进一步抓好对利用中介机构谋取不正当利益和在信息技术运维和纳税服务中损害纳税人利益等问题的专项治理。四是强化干部的教育和监督管理，保持干部队伍清正廉洁。坚持每年一次全局党风廉政建设会、半年一次党风廉政建设分析会和中层以上干部廉洁自律民主生活会、每年一次廉政党课和1次反腐倡廉形势报告制度。五是坚持签订《廉政公约》制度，提升《廉政公约》回访质量。与纳税人签订“廉政公约”666户，回访100户，回访满意率达100%。

【教育培训】 一是深入开展创先争优、学习杨善洲同志先进事迹、纪念建党90周年、“四亮四评四创”、优化软环境增强软实力主题实践活动。二是以选送委培、县局培训、参加视频培训等方式组织学习；通过纳税评估、专项工作检查、大企业管理等开展岗位练兵。三是通过教育培训学历结构得到改善，全局60名在职公务员中，本科学历22人，占36.67%；专科学历32人，占53.34%；中专、高中6人，占10%，全年人均培训天数达16.03天。

（赵志武）

镇康县国家税务局

经济概况

2011年，镇康县实现生产总值（GDP）21.49亿元，按可比价计算，比2010年增长15.8%，三次产业结构比例由2010年的27.3:40:32.7调整为25.5: 44.75 :29.75；完成全社会固定资产投资总额31.16亿元，增长46.33%；完成财政收入3.57亿元，增长85%，完成财政一般预算支出11.32亿元，同比增长39%；城镇居民人均可支配收入14256元，增长12%；农民人均纯收入3845元，增长38%；实现社会消费品零售总额4.58亿元，增长17%；实现外贸进出口总额3.29亿元，增长34.53%。

税收概况

【国税收入】 2011年，镇康县国家税务局共组织各项税收收入1.83亿元，同比增收7618万元，增长71.54%，完成市局下达年度计划1.24亿元的146.6%，完成县委、政府下达“三税”年度计划1.06亿元的125.27%。其中：增值税收入1.33亿元，同比增收3817.32万元，增长40.19%，完成计划任务9500万元的140.17%；消费税收入134.24万元，同比增收27.3万元，增长25.52%，完成年度计划任务100万元的134.24%；企业所得税收入4291.23万元，同比增收3475.56万元，增长426.16%，完成年度计划任务2400万元的178.80%；车辆购置税收入520.33万元，同比增收305.69万元，增长142.42%，完成年度计划任务460万元的113.12%；储蓄存款利息所得个人所得税收入4.4万元，同比减收7.77万元，下降63.85%。

【收入特点】 一是收入总量取得历史性突破，国税收入持续增收，总收入创历史新高。二是月收入绝对额呈现出上半年收入前高后低，收入减幅逐月收窄，月收入跨度较大的现象。三是五个税种收入呈“四增一减”：增值税、消费税、企业所得税、车辆购置税增长，其中：增值税增收额最大，增收3817.32万元，企业所得税增长幅度最大，增长426.16%；由于受政策因素影响，储蓄存款利息所得个人所得税减收。

【税源分析】 一是增值税收入比重较大，白糖、矿产品、电力等重点税源实现普遍增收带来增值税全面增收，增值税收入占总体收入的比重达75.06%。二是酒精占据消费税收入的主导地位。三是企业所得税大幅增收，增收因素主要来自信用合作联社和烟草等行业。四是车辆购置税继续增收，主要原因是惠民政策继续刺激摩托车消费及小汽车征收业务下放到县级，带来车辆购置税增长。

【税务管理】 （一）各税管理：1. 增值税管理。一是做好增值税一般纳税人的认定管理。新认定增值税一般纳税人16户，年末全局共有增值税一般纳税人78户（企业62户，个体户16户），纳入防伪税控47户。二是认真抓好个体工商业户定期定额核定管理工作。2011年，对1651户个体工商户进行定期定额核定，核定营业定额892.44万元。三是加强对增值税优惠政策的备案管理，建立健全2011年减免税台账。2011年全县累计征前减免税收收入为5343.66万元；2. 消费税管理。按照总局加强酒类消费税管理和开展消费税税制改革工作调研的要求，对辖区内的4户酒类生产企业2011年的涉税情况开展了专项调查。3. 车辆购置税管理。全年共征收351辆小汽车购置税，6454辆摩托车购置税，入库车辆购置税520.33万元。4. 企业所得税管理。按照所得税核实税基、完善汇缴、强化评估、分类管理工作思路，认真开展好企业所得税纳税辅导和纳税评估，加强企业所得税预缴管理和汇算清缴缴工作，全年共征管企业所得税纳税人46户，其中：查账征收39户、核定征收7户。（二）国际税收及退（免）税管理。加强对出口退税企业数据的预审工作，加强出口退税管理，依托电子退税网络管理系统，优化退税服务。2011年共受理出口退税企业申报初审48户（次），审核报表62册，累计审核退（免）税255.48万元，其中：免抵税额21.87万元、退税额233.62万元。

各项工作

【税收法制建设】 一是认真抓好法律法规学习，不断提高干部的法制意识和税收执法水平，2011年全体干部参加“五五”普法考试，成绩均合格，取得合格证书。二是围绕群众关心的税收热点，拓宽税收法制宣传渠道，不断提高纳税人对税法的遵从度。三是坚持重大税务案件审理制度，2011年提请重大案件审理委员会审理案件1件，经审理，案件所列事实清楚、证据确凿、定性准确、引用税收法律法规条款准确，符合法定程序。

【税收征管】 一是加强户籍登记管理。2011年底共登记纳税户数1726户，其中：企业153户（一般纳税人62户，小规模纳税人91户），个体户1573户（一般纳税人16户，小规模纳税人1557户）。二是上线运行“税收管理员辅助信息系统”，强化税收管理员“以数管税，以数控税”的工作理念，加快征管科学化、精细化进程，落实管理责任，规范管理员行为，优化纳税服务，提高税源管理质量，夯实管理基础，进一步落实税收管理员制度。三是认真抓好征管质量考核工作，不断提高征管质量和效率。四是严格欠税管理。严格按照延期缓缴税款的审批程序控制延期缓缴，把好延期缓缴关，防止延期缓缴税款转成欠税，全年办理延期缓缴税款1户（次），清理欠税4户（次），税款182.96万元，年底无欠税。五是圆满完成普通发票简并换版工作，进一步健全发票管理制度，坚持以票控税，强化发票管理。

【税法宣传】 一是以“税收·发展·民生”为主题，扎实开展好全国第二十个税收宣传月活动。利用传统“街天”、民族节日等悬挂标语、设立咨询台、召开座谈会等形式，通过电视报刊、新闻媒介开展税收宣传。召开动员会1次，开展上街宣传2次，受理咨询150余人次，悬挂标语5幅，发放宣传资料1400余份，下企业宣传6次，与纳税人开展座谈会1次，进军营宣传1次，走访税收宣传基地1次，在县电视台开设税收政策宣传栏目1个月，为纳税人发送宣传短信100余条，编报宣传简报8期，报送宣传信息15条（被省级刊物采用5条，被市级刊物采用3条，被市局采用3条）。

【税务稽查】 2011年共组织自查和重点检查纳税户11户，查补收入合计100.71万元。其中：稽查查办案件8户（件），有问题8户（件），结案7户（件），查补收入19.6万元（补税8.72万元，抵补留抵3.23万元，罚款3.95万元，加收滞纳金3.7万元）；安排纳税人自查3户，自查补税合计81.11万元（补税66.53万元，加收滞纳金14.58万元）。

【税收执法】 牢固树立税收风险管理理念，召开2次专题分析会，分析了税收执法现状，对当前税收执法风险点进行剖析，明确风险岗位、风险表现、防范措施，进一步规范税务行政行为。2011年税收执法管理信息系统考核中，全年共计产生执法过错2条，被省局考核扣分11分，对责任人经济惩戒每分20元，共220元；全年，进行无过错申辩调整10条。全年召开2次专题分析会，分析了税收执法现状，对当前税收执法风险点进行剖析，进一步规范税务行政行为。

【税收信息化建设】 （一）应用系统推行情况。做好重点税源网上直报系统的管理和数据审核，认真辅导纳税人填报相关信息数据，并认真审核上传相关信息数据；对上年度年纳税额在10万元以上的32户企业，作为重点税源监控分析对象，建立重点税源的产品价格分析机制，把握价格的变化趋势；顺利推广应用“临沧国税大企业税收管理服务系统”。（二）数据分析利用。一是每月定期召开会议对综合征管软件中的数据进行监控分析，认真做好数据监控；二是对工商登记信息交换工作中的数据认真进行比对，从而及时发现漏征漏管户，强化税务管理工作。（三）税收信息化管理维护工作。继续做好计算机管理的制度建设，强化日常管理，在计算机应用、维护、资产调配上做到制度化、责任化。按时完成了综合征管软件相关的系统升级及补丁任务。保证税务系统网络、机房、设备、数据、网站、信息、病毒安全防范等工作正常运行。（四）金税工程。继续把“金税工程”作为国税工作的重点环节，认真完成各项具体业务，保证工作质量。全年认证专用发票5061份，票面金额7.22亿元，税款合计1.08亿元；货物运输发票认证726份，票面金额合计5897.13万元，总抵扣额412.80万元。（五）税收电子化、信息化、网络化建设。一是网络申报和新版普通发票推行工作进展顺利。全年共有网络申报户71户；559户纳税人使用新版普通发票。二是顺利推广“临沧国税大企业税收管理服务系统”、重点税源网上直报系统和规模企业管理系统。目前已有糖业、矿业、电力三个行业的12户重点企业纳入“临沧国税大企业税收管理服务系统”管理，9户企业为总局重点税源网上直报系统的采集对象。

队伍建设

【机构和人员情况】 2011年末，共设8个内设机构：办公室、人事教育股、监察室、税政股、征收管理股和政策法规股、收入核算股和办税服务厅；直属机构1个：稽查局；事业单位1个：信息中心；派出机构2个：凤尾税务分局和南伞税务分局。全局在职干部职工50人，退休13人。在职干部中大专以上学历49人（其中：本科学历23人，专科学历26人），占在职干部人数的98%，高中学历1人。

【领导班子建设】 一是领导班子始终坚持各项制度，在工作决策方面，坚持党组议事规则。按照集体领导、民主集中、个别酝酿、会议决定的要求，完善领导班子决策程序和机制。对干部任免、重要项目安排、大额资金使用、物资采购等事项，严格按照党组议事规则进行研究，做到充分听取群众意见，党组成员表明态度，决策符合程序，会议有详细记录。二是建立和完善领导干部理论学习制度，按照建立学习型领导班子的要求，树立终身学习观念，坚持党组理论中心组学习制度，坚持每季度的中心理论组学习交流发言，并由4名中层以上干部进行交流发言。三是坚持班子成员每月至少组织干部集中学习理论1次。四是认真参加上级组织的各类培训，全年实职副科以上领导参加市局组织的红色教育学习培训6人次。

【精神文明建设】 一是围绕创建目标，制定创建规划，完成了省级“文明单位”和市级“文明单位”的复查工作。二是把精神文明创建工作与组织收入工作相结合，一并细化，一并量化，一并分解，同步开展，相互促进，相得益彰。三是与公安边防轩莱站结成共建对子，扩大创建领域，促进国税事业全面和谐发展。四是积极开展扶贫助残献爱心活动，积极动员向盈江地震捐款7550元；为见义勇为基金捐款1150元。五是完成办税服务厅标准化建设。对办税厅硬件设施进行整合梳理；统一岗位设置和规范业务流程，对办税厅工作人员进行了普通话、礼仪及涉税冲突处理技巧培训，提高了税务干部的服务水平；在办税服务厅设置了导税员，为纳税人提供个性化服务，进一步促进办税效率和办税服务水平的提升。六是进一步提高基层党组织的创造力、凝聚力、战斗力，充分发挥党员干部的先锋模范作用。1 名党员被市委表彰为“优秀共产党员”。

【党风廉政建设】 一是认真贯彻落实各级党风廉政建设工作会议精神，安排部署2011 年度党风廉政建设工作，细化分解各项党风廉政建设工作任务，层层签订《党风廉政建设责任书》，把党风廉政建设向部门延伸，切实抓好落实。二是进一步巩固和完善特邀监察员制度，继续向社会各界聘请8 名特邀监察员，设置举报箱和向社会公布举报电话，加强社会监督。同时与新增的155 户纳税人签订了《廉政公约》，累计签订《廉政公约》1213 户，累计回访纳税人 868 户，累计回访率为71.56%，回满意率达100%。三是加强对领导干部的监督和管理，重点对领导干部是否严格执行领导干部廉洁自律的各项规定的监督管理。在大宗物品采购、经费开支、干部人事管理工作和基建项目上加强监督。四是严格执行廉政提醒制度，在各种节日期间，加强对中层干部的廉政提醒，始终绷紧廉洁自律这根弦。

【教育培训】 一是认真开展“学习杨善洲先进事迹、争做优秀共产党员”活动、“四亮四评四创”主题实践活动、感恩教育主题活动以及纪念中国共产党成立90 周年活动。二是积极参加上级举办的各类培训。2011 年参加省局举办培训 6 期，参训 9 人/次；参加市局组织的培训 7 期，参训 27 人/次。三是认真组织好局内各类培训，2011 年组织培训 8 期，参训 310 人/次。

（王　丹）

双江拉祜族佤族布朗族傣族自治县国家税务局

经济概况

2011 年，双江拉祜族佤族布朗族傣族自治县实现生产总值（GDP）16.98 亿元，同比增长 15.5%，其中：第一产业完成5.9 亿元，同比增长3.8%；第二产业完成5.98 亿元，同比增长 31.5%；第三产业完成 5.1 亿元，同比增长 11.4%。完成财政一般预算收入 1.01 亿元，同比增长 61.5%；实现城镇居民人均可支配收入 13363 元，同比增长 12.38%；农民人均纯收入 3978 元，同比增长 35.86%。全县呈现出经济发展、社会进步、文化繁荣、民族团结、人民生活水平不断提高的良好局面。

税收概况

【国税收入】 2011 年，双江县国家税务局共组织国税收入 8747 万元，完成市局年初确保计划任务 5480 万元的 159.62%，同比增收 3372 万元，增长 62.74%。其中：增值税收入 7152 万元，同比增收 2558 万元，增长 55.7%；消费税收入 379 万元，同比增收 149 万元，增长 64.68%；企业所得税收入 732 万元，同比增收 404 万元，增长 123.17%；车辆购置税收入 483 万元，同比增收 264 万元，增长 120.54%；个人储蓄存款利息所得税收入 2 万元，同比减收入 3 万元，下降 60%。

【收入特点】 一是税收收入增速快、增长幅度高。全年收入总量实现历史性突破，增长幅度超过 60%。二是五个税种表现为“四增一减”，即：增值税、消费税、企业所得税、车辆购置税普遍增收，受税收政策调整影响，个人所得税继续减收，但减收数额仅为 3 万元，对整个收入计划执行情况影响不大。三是收入增长点较为集中，增值税的增长主要反映在制造业以及批发和零售贸易业。四是重点企业税收贡献突出。

【税源分析】 全年各重点税源全面增收，从纳税排名前 10 位的企业来看均为传统重点税源的糖、茶、矿、电、酒、林化、烟草等企业。其中：增幅最小的为 20.17%，增幅最大的为 186.84%，平均增幅为 59.84%。而排名前 10 名企业的税收总量占全县国税收入总量的比例，由 2010 年的 76% 上升到 2011 年的 84%，重点税源的支撑作用进一步凸显。

【税务管理】 一是探索建立专业化的大企业税收服务和管理模式。由征管股、税政股和分局成立大企业税收管理组，统一负责纳税评估、日常检查、税务风险管理、纳税服务等涉税事项，对大企业实施专业化服务和管理。为大企业提供明确规范的政策服务、主动积极的风险防范服务。包括建立申报前的政策确定性沟通制度，主动为企业提供税收政策与征管措施的实时通报。二是抓好农产品专业合作社的纳税服务工作，加强对农民专业合作社农产品加工业购进农产品的分类核算管理、农产品收购合同期限审查和企业收购台账管理。帮助企业将采购农产品的过磅单、购销合同和中介费用结算情况作为台账的附属资料，归类整理，以备主管税务机关核查。

各项工作

【税收法制建设】 一是以推行税收执法责任制为主线，强化执法监督。全面推行执法考核系统，加强日常监控，加大考核力度，落实考核结果，加强对税收执法系统申辩调整事项的调查核实，确保考核数据的真实性及考核结果的公平性；加大考核数据的综合利用力度，及时发现内部管理漏洞，积极建议相关部门不断改进管理方式。二是以规范具体行政行为为主要任务，开展税收执法检查。对 2011 年执法检查存在问题的整改情况进行复查；进一步增强执法检查的针对性，围绕税收工作的热点和难点问题，确定检查重点和检查项目，有计划、有目的地开展检查；不断改进工作方式方法，创新检查手段，实现信息系统与人工检查相结合的检查方式。三是做好规范性文件审核备案工作。对出台的规范性文件严格审核把关，并将规范性文件及时报县政府备案。四是充分发挥税收政策综合管理作用，加强税收政策运行情况的监测。重点落实好税收政策执行情况的报告、反馈制度，深入开展宏观税收政策调查研究，为领导科学决策提供政策依据。

【税收征管】 一是变“管理强税”为“服务兴税”，深入企业进行调研辅导，与企业法人进行座谈，解决企业税收政策执行中的问题，提高管理实效。二是充分利用第三方信息，对前期数据开展分析，后期税源开展预测，强化涉税数据信息的采集与分析，形成横向到底，纵向到边，信息一体化的管税模式，实现信息的综合利用。三是变常态管理为动态管理。加强与公安、财政、地税、工商等综合治税单位的协作力度，定期深入重点税源企业和新办企业，核实税基，实施蹲点座查，加强动态监管，变单方治税为多方协税。四是根据行业特点，严格执行税收优惠政策，并把减免税政策制成小册子发放到相关企业，提高纳税服务的质量。

【税法宣传】 制定税法宣传活动实施方案，结合“税收·发展·民生”宣传主题，认真开展好第20个税收宣传月活动。结合实际在办税服务厅、重要商业区等地点，利用电子显示屏、税收宣传栏等，滚动播放、悬挂、张贴税收宣传标语，发放宣传材料，开展现场政策咨询等活动，营造浓厚的税收宣传氛围。利用电视、报纸杂志等媒介加强对活动开展情况的宣传报道。一是与地税局联合举办“纪念税收宣传月20周年座谈会”，邀请县政府领导、各相关部门领导和重点税源企业法人、财会人员等参加座谈会。二是开展税法宣传“三个一”进校园。即：一张宣传画；一本税收宣传资料；一堂课。三是借“泼水节”、“火把节”等民族传统节日，向人民群众开展宣传。四是开展警民共建税收宣传。

【税务稽查】 采取五项措施抓好稽查工作。一是高点定位，目标管理，扎实推进稽查工作。二是健全制度，夯实基础，切实增强工作责任。三是强化内控，规范执法，倾力构建和谐环境。四是突出遵从，创新理念，提升管理实效。五是加强培训，大力促进人才队伍建设。全年共查办案件9户，其中：安排企业自查5户，企业自查补缴增值税6.25万元，加收滞纳金1.15万元；稽查查补增值税31.55万元，加收滞纳金14.88万元；罚款17.87万元。

【税收执法】 认真开展税收执法检查。针对税收执法权比较集中的领域、执法风险大的岗位和执法工作中的薄弱环节，结合检查的重点内容认真进行分析，立足实际做好自查自纠工作，不断提升税收执法水平，规范税收执法行为。一是筑牢“廉政防火墙”。认真组织干部职工学习《税收执法监察量化问责管理办法》、《税收执法量化指标》、《涉税渎职侵权犯罪案件立案标准》等文件，提高思想认识。同时开展全员自查自纠，排查问题5项，集中讨论分析后制定了整改措施。对所有纳税人按税收风险程度划分为蓝、黄、红三级，实行不同监控措施；对税收收入减幅较大、税负降低的企业进行专项评估。二是练好“廉洁爱岗兵”。对自由裁量权比较集中的税收政策执行，各项税前扣除、减免税、欠缓税等重大税收事项的审批和税务稽查等税收执法行为进行专项检查。结合纳税人反映的一些实际问题，有针对性地开展干部廉政谈话，了解干部职工思想动态，本着“有则改之，无则加勉”的原则提醒干部职工管好自己的“嘴、手、脚”和身边的人，做明白事，为清白人。

【税收信息化建设】 依托“临沧国税大企业税收管理服务信息系统”，优化流程，提高管理质量，以现有信息资源整合为重点，着力提高信息的规范和共享程度，强化“人机”结合，进一步提高信息化建设水平和应用能力。本年度共有8户企业纳入大企业管理信息系统。做好增值税网络申报宣传工作，让纳税人逐步适应以信息化支撑的多元化申报方式，7户纳税人实现增值税网络申报，其中5户还涉及企业所得税的网络申报。进一步加强与有关部门协调联系，充分获取第三方信息，稳步推进“信息管税”工作。

队伍建设

【机构和人员情况】 2011年末，共设有8个内设机构：办公室、税政管理股、征收管理股、政策法规股、人事教育股、监察室、收入核算股、办税服务厅；直属机构1个：稽查局；事业单位1个：信息中心；派出机构1个：勐勐税务分局。全局干部职工65人，其中：在职干部职工46人（男29人、女17人）、离退休干部19人。

【领导班子建设】 一是班子成员参加一年一次的全市国税系统副科以上领导干部政治理论学习和县局每个季度组织的党组理论学习中心组学习，不断用党的理论和方针政策武装头脑，进一步提高领导班子把握形势、驾驭全局的能力，不断提高领导干部运用理论解决实际问题的本领。二是积极参加省市局组织举办的领导干部各类培训学习，不断拓宽工作视野，提升领导班子驾驭复杂形势下税收工作的能力。三是认真组织召开好“以坚持以人为本执政为民理念，发扬密切联系群众优良传统”为主题的党组民主生活会，对2010年度民主生活会中提出的问题和不足进行认真整改，班子成员之间进行了认真交心谈心，开展了批评与自我批评，对2011年度民主生活会中提出的问题和不足，制定出相应整改措施，认真进行整改。通过召开民主生活会，领导班子的战斗力、凝集力、执行力、落实力得到进一步提高。

【精神文明建设】 认真做好省、市局文明单位、巾帼文明岗的复查工作。及时查缺补漏，完成对2010年度涉及文明创建的图片、文档资料进行收集、整理，单独归档，做到归类科学合理，目录统一规范。在巩固成果的基础上，适时争创更高级别的文明单位。

【党风廉政建设】 进一步加强党风廉政建设，保证干部队伍清正廉洁。一是结合上级对党风廉政建设的各项要求，及时召开了党风廉政建设工作会议，安排部署了2011年党风廉政建设工作任务，并层层签订《党风廉政建设责任书》。二是将党风廉政建设的重点放在教育上。组织干部职工学习了《建立健全惩治和预防腐败体系2008—2012年工作规划》、《最高人民检察院关于渎职侵权犯罪案件立案标准的规定》。三是强化“两权”监督制约工作，规范税收执法。加强对领导班子和领导干部执行《税务系统领导班子和领导干部监督管理办法》情况的监督检查，确保领导干部特别是“一把手”的权力运行得到监督，确保“两权”运行过程中的重点环节、重点部位、重点人群受到监督。四是结合全市开展优化软环境增强软实力活动，继续贯彻落实明察暗访工作制度，抓好“四项制度”、内控机制建设等各项工作制度的落实。

【教育培训】 一是根据业务需求，积极组织参加省、市局举办的领导干部培训班及各类业务培训班，不断提高政治理论水平、带队能力、基层建设能力、创新能力、税收管理能力和把握大局的能力；积极选派干部参加全省货物和劳务税业务培训及全省国税系统基层业务骨干培训、公务员初任培训、科级领导干部任职培训，全市稽查业务培训。二是认真落实党组中心组学习制度，做到每次专题学习安排1名以上班子成员和2名以上中层干部进行专题交流发言。全年共组织党组理论学习中心组学习4次，参学人数达64人次。三是按照《全国税务系统“十二五”干部教育培训规划》的要求。结合双江国税实际，加大教育培训工作力度，按照分级管理的原则，积极开展多层次、全方位、管用、实用的干部培训，增强培训的针对性和实效性，全面提升干部队伍综合素质，推进学习型机关、学习型党组织建设，营造自觉学习、终身学习的良好氛围。

【先进人物】 2011年，邓明华、胡秀红、徐少荣、夏先兰等4人被临沧市人民政府授予临沧市“十一五”时期“财税工作先进个人”荣誉称号；杨国安、杨媚、朱家富、李生忠、袁茵、蒋兆东等5人被临沧市国税局授予“十一五”时期“国税工作先进个人”称号。夏先兰被市局授予“读书标兵”称号。稽查局被临沧市人民政府表彰为“十一五”时期财税工作“先进集体”。收入核算股和勐勐税务分局被中共临沧市国家税务局党组、临沧市国家税务局表彰为“十一五”时期“先进集体”。

【典型经验】 双江自治县国家税务局运用“飞信”为纳税人“贴身”服务。为进一步推进税务机关信息化建设，强化和丰富税企之间的沟通方式，拓宽沟通的渠道，全局充分利用现有的网络资源，开通了税企飞信群（403763071），并由相关干部担任“飞信群”管理员。利用移动“飞信”软件建立了纳税服务短信平台，通过电脑终端进行手机短信单发、组发、群发，将各类税收政策、涉税提醒和相关提示等信息及时、准确发送到纳税人的手中。极大地节省了工作时间，降低了办税成本，提高了工作效率。实现税收信息在国税机关和纳税人之间快速传递，架起征纳双方沟通的连心桥，为纳税人“贴身”服务。

（杨　媚）

耿马傣族佤族自治县国家税务局

经济概况

2011年，耿马傣族佤族自治县完成生产总值（GDP）44.31亿元，同比增15%。其中：第一产业完成17.85亿元，增长7.9%；第二产业完成13.74亿元，增长25.6%；第三产业完成12.72亿元，增长15.3%。非公经济实现增加值16.8亿元，同比增长30%，占全县生产总值的39.72%。三次产业结构比例由2010年的42.8:25.2:32调整为40.3:31:28.7。完成财政总收入3.96亿元，同比增长64.99%，其中：地方一般预算收入1.94亿元，同比增长57.26%。完成财政总支出16.14亿元，同比增长38.03%。边贸进出口总额完成6.3亿元，同比下降9.2%；招商引资完成13.45亿元，同比增长4.19%。

税收概况

【国税收入】 2011年，耿马县国家税务局共组织各项税收收入2.1亿元，同比增收8936万元，增长73.86%，完成市局下达年度确保任务1.62亿元的129.28%；完成奋斗目标1.63亿元的128.49%。其中：“两税”收入1.85亿元，同比增收7611万元，增长69.61%。扣除小湾水电厂电力增值税上划地市10%部分439万元后，“两税”累计收入1.81亿元，完成县政府调增后的年度计划1.79亿元的100.89%。企业所得税收入1324万元，同比增收729万元，增长122.52%；个人利息所得税收入7万元，同比减收10万元，下降58.82%；车辆购置税收入1158万元，同比增收606万元，增长109.78%。

【收入特点】 一是税收总量突破2亿元大关。二是税收总量及4个税种收入取得历史性突破。三是跨区分配收入占国税收入比重逾七成，支撑作用凸显。四是企业所得税分别提前245天和215天超额完成市、县下达的全年收入任务。五是重点税源品目白糖、电力、商业及酒精消费税普遍大幅增收，茶叶、建材及白酒消费税小额减收。

【税源分析】 一是金融危机后国家各项宏观调控政策的实行，企业经济效益持续不断的平稳发展，各类产品销量大量增加，为组织收入工作奠定了坚实的税源基础。二是重点企业支撑作用明显。糖业白糖价格处于历史最好水平，税收收入大幅增长，糖业增值税收入首次突破亿元；小湾电站全面投产，电力增值税强劲增收；烟草行业卷烟和烤烟结构性调整迎来税收收入的大幅增长；农村信用合作社经济效益持续增长，使企业所得税收入大幅增加。三是制糖企业白糖销价高价位运行，甘蔗收购价格同比大幅上涨，居民购买力不断增长，加之“汽车、摩托车下乡补贴”等优惠政策继续实施，汽车、摩托车销售市场十分活跃，车辆购置税收入大幅增收。四是受国家税收政策调整的影响，个人利息所得税持续减收。

【税务管理】 （一）继续做好推广运用大企业税收管理服务系统。增加纳入管理的纳税行业和户数，将橡胶和木材行业纳入系统管理，纳税户由原来2户增加到18户。（二）"五个精细化"加强税源管理。一是管理责任精细化，实行分管局领导、分局长、税收管理员三级监控，层层落实责任。二是管理对象精细化，实行分级分类管理。三是管理方法精细化，坚持每季度召开一次有分管局领导参加的税源讲评会。四是管理内容精细化，按月对纳税人财务报表、纳税申报表进行案头审计。五是宣传服务精细化。通过开展税收VIP纳税服务、"一厂一册"、专题纳税辅导等活动，对纳税人潜在的税收风险提出合理化建议。（三）设置专门的工作督办岗位。通过对一年来工作落实情况的分析，县局党组研究，设置专门的工作督办岗位，主要负责上级局、县委和政府文件、会议安排工作（事项）的督办。（四）利用国家税务总局开发的电子申报软件，将纳税人的财务报表电子信息采集导入综合征管软件，在全省第一家实现纳税人财务报表可通过综合征管软件查询，为管理员在日常工作中获取财务数据提供了方便，在减轻纳税人负担的同时，保证了税务机关数据利用的及时性，为以后的纳税评估信息化奠定了坚实的基础。

各项工作

【税收法制建设】 （一）继续认证，顺利通过ISO9001：2008质量管理体系年检。4月20～21日，中国检验认证集团云南省分公司派出两名高级审核员，对县局2011年运行ISO9001：2008质量管理体系的符合性、适宜性和有效性进行监督审核。在会议上，审核组对监督审核情况进行了反馈，同意向中国检验认证集团推荐继续认证ISO9001：2008质量管理体系。（二）启用第七版《岗责体系》。在"领导重视、全员参与、自我完善、持续改进"的理念指导下，引用"流程再造"理念，依据上级局关于办税厅标准化建设的相关要求，按照"风险工作优先管，重点工作重点抓，一般工作有人管"的思路，对第六版《岗责体系》进行修订，并于7月1日起正式启用。此版《岗责体系》主要体现两个特点：一是务实。本着一切从实际出发，实事求是的原则，把岗位职责与工作实际紧密地结合在一起，做不到的事和空话、套话不再在岗责中出现。二是有效防范税收执法风险。对岗责中存在潜在风险的事项进行细化和明确，将工作落到实处，有效防范执法风险。

【税收征管】 2011年共有管户4293户，其中：企业304户，个体3989户。增值税一般纳税人156户，其中：企业128户，个体28户。（一）纳税评估工作取得新成效。顺利完成18户企业增值税、企业所得税纳税评估工作。经评估，确认存在问题的16户，占评估户数的88.89%。评估补缴增值税10万元、消费税1000元、企业所得税8万元，加收滞纳金7000元。评估转出进项税额2.7万元，调增企业所得税应纳税所得额116万元，调减企业所得税待弥补亏损额14.7万元。（二）疑点信息核查取得新突破。在核查好省局下发疑点数据的5%重点核查数据的同时，将剩余的149条"不应认定而认定为未达起征点"疑点信息也在年内按期整改完毕，圆满完成疑点信息库中157条疑点信息的调查核实工作任务。通过"接收任务——案头分析——实地核查"的工作流程，加强了税收管理员自身对疑点信息库的操作技能和疑点数据的核查水平，查找和整改了日常税收管理工作中存在的漏洞，有效规避了税收执法风险。（三）开展户籍管理交叉检查工作。为检验征管基础工作的扎实程度，主动保护干部、最大限度地防范税收执法风险，县局抽调人员组成检查组，按照既定的工作方案，采取两个分局人员交叉检查的方式，对耿马县（孟定镇）城区内、城乡结合部以及公路主干道沿线的户籍管理情况进行了交叉检查。通过检查，既暴露了在户籍巡回征管、定额核定、管理痕迹等方面的问题，又起到了相互交流、相互学习、相互促进的目的。（四）利用第三方信息，打击假发票工作实现零突破。在2011年的稽查工作中，将发票检查作为税务检查的必查项目，做到"查账必查票"、"查案必查票"、"查税必查票"。经检查，发现2户企业取得的5份《云南省商业零售统一发票》疑似假发票，经提请上级机关相关部门鉴定，其中1户企业取得的2份发票确认为假发票。（五）积极协调税款代征、发票代开工作。与耿马县交警大队签订《委托代征协议》，在耿马、孟定分设两个车辆购置税代征点；与耿马县邮政局签订《委托代开协议》，分别在耿马、孟定、勐撒、勐永设立四个普通发票代开点，为纳税人提供方便。

【税收宣传】 利用篮球邀请赛等活动开展税收宣传工作。在承办耿马县第二届财税金融男子篮球赛期间，积极抓住有利时机，开展好第20个全国税收宣传月活动，在球赛进行过程中，进行税法宣传，群策群力做好"体育搭台，税宣唱戏"文章，掀起税收宣传新高潮。有超过万名社会各界人士在观看精彩球赛的同时，强烈地感受到浓厚的税收宣传氛围，参与面广，影响面大。在县局机关、县财政局灯光球场，悬挂6条税宣标语，摆放税宣展板5块，展出摄影图片129幅。与此同时，还邀请县委宣传部、县广电局、县报社对税收宣传活动进行报道，形成了宣传合力，确保宣传活动整体推进。

【税收执法】 一是严格按照税收执法权和行政管理权"两权"监督的规定，对税收执法中的税款核定、增值税一般纳税人资格认定、税务行政许可、税务行政审批等较敏感的税收执法行为，坚持集体讨论、集体审批、逐级审核把关、张榜公示等程序进行。二是认真落实责任政府"四项制度"和"阳光政府四项"制度。三是定期组织开展税收规范性文件清理工作。一年来，通过对电子外收文1186件、地方政府及有关部门纸质外收文761件、县局发文306件的检查清理，没有制定出台税收规范性文件。四是坚持对稽查案件实施回访复查制度，对2010年立案办结的13件卷案进行评查，自查100%，重点评查10卷，占77%。

【税务稽查】 注重稽查成果的转换利用，及时总结梳理检查发现的税收违法形式、特点和手段，以及行业企业税收管理中存在的薄弱环节和问题，以《稽查建议书》向税收管理部门提出整改建议，在提高纳税人税收遵从度的同时，降低了税收管理员的执法风险。2011 年，共对辖区内 12 户纳税人进行税务稽查，结案 12 件，查补税款 51.91 万元、罚款 4.46 万元、加收滞纳金 4.7 万元，共计 61.07 万元（其中：纳税人自查补税 11.65 万元、滞纳金 1.26 万元）。人均查办案件 1.71 件，选案准确率、结案率、入库率均为 100%。平均处罚率为 11.08%，偷税处罚率为 50%。

队伍建设

【机构和人员情况】 2011 年末，共设 9 个内设机构：办公室、人事教育股、监察室、税政管理股、征收管理股、政策法规股、收入核算股、办税服务厅、党建办公室；直属机构 1 个：稽查局；事业单位 1 个：信息中心；派出机构 2 个：耿马和孟定税务分局。全局总编制为 85 人，年末实有在职干部职工 72 人（其中，男 43 人，女 29 人），退休人员 24 人。

【领导班子建设】 一是班子成员参加一年一次的全市国税系统副科以上领导干部政治理论学习和县局每个季度组织的党组理论学习中心组学习，不断用党的理论和方针政策武装头脑，进一步提高领导班子把握形势、驾驭全局的能力，不断提高领导干部运用理论解决实际问题的本领。二是积极参加省市局组织举办的领导干部各类培训学习，不断拓宽工作视野，提升领导班子驾驭复杂形势下税收工作的能力。三是认真组织召开好“以坚持以人为本执政为民理念，发扬密切联系群众优良传统”为主题的党组民主生活会，对 2010 年度民主生活会中提出的问题和不足进行认真整改，班子成员之间进行了认真交心谈心，开展了批评与自我批评，对 2011 年度民主生活会中提出的问题和不足，制定出相应整改措施，认真进行整改。通过召开民主生活会，领导班子的战斗力、凝集力、执行力、落实力得到进一步提高。

【精神文明建设】 一是认真做好省、市局文明单位重新申报工作。二是结合国税部门工作特点，积极开展群众性精神文明创建活动。

【党风廉政建设】 一是层层签订《党风廉政建设责任书》，定期召开特邀监察员座谈会。二是加强与地方纪委、检察机关等部门协作，形成廉政预警合力。三是针对纳税人反映强烈的热点难点问题，继续开展专项治理活动，严肃查处和纠正在税收管理关键环节损害纳税人合法权益的现象。四是加强对国税干部遵纪守法情况的检查监督。特别是 8 小时以外生活圈、社交圈的适时监督，重点检查各部门学习预防渎职犯罪的情况、部门和个人岗位职责、党风廉政责任制、涉税业务规范制度梳理落实等情况。五是开展内控机制建设加强廉政责任风险排查。六是继续开展《廉政公约》签订和回访工作；七是发送“廉政短信”，签订《家庭助廉倡议书》，召开助廉座谈会。

【教育培训】 结合创先争优活动，以能力建设为核心，抓载体、强阵地、建机制，采取县委、机关工委、支部、党小组“四级联动”方式，探索建立领导讲堂、专家讲堂、党校讲堂、视频讲堂、大会讲堂“五讲堂”，实现学习的全覆盖。实现“学历教育转向重素质教育，普遍培训转向有重点的专业化培训，面对面教学转向多元化培训”。制定《耿马自治县国家税务局岗位练兵“以考促学”管理办法》，通过“以考促学”的形式，加强学习型组织建设，引导广大干部自觉、全面、系统地学习，进一步提高基层干部的学习力、创新力和实际工作能力，在内部营造一个全员学习的良好氛围。2011 年，选派 1 人次参加总局级培训 1 期 6 天；组织 231 人次参加省局各类培训 21 期 380 天；组织 24 人次参加市局各类培训 10 期 168 天；县局组织 136 人次开展各类培训 7 期 311 天。

【典型经验】 按照市局“个人提炼，部门总结，全局反映”的要求，县局经过三次局务会议研究，持续完善“耿马自治县国家税务局基础工作管理平台”，9 月 27 日，该平台正式启用。平台采用网页形式向全局干部开放，用以反映“全局、部门、个人”三个层面的工作状况。岗位人员根据《岗责体系》中明确的“职责、流程、考核”等内容，设定相应的项目，充实该平台的数据信息。“全局工作”用以存放全局基础工作管理事项的记录，由“税收优惠管理、综治管理、税务登记、党风廉政建设、创先争优、收入情况、车辆管理”等二十七个子目录组成，较全面地反映了全局性基础工作的基本概况。“部门工作”按部门设置相应子目录，用以存放能概括反映本部门工作业绩的工作记录。“岗位工作”由各部门根据岗位人员设置相应子目录，用以存放由个人承担的日常工作完成情况。三个层面设置对应的运维人员，于月底前将痕迹资料传递至规定目录。该平台是提供信息数据查询、分析、应用、反馈为一体的多功能、智能化的管理工具，正式启用后：一是通过对工作计划、过程、检查、整改（即“PDCA”管理模式）情况的反馈，确保每项工作“说得清，道得明”。二是通过“个人、部门、全局”三个层面，减少重复提供数据，较好地解决了税收执法、行政管理数据资源的共享。三是督促岗位人员将工作“做在平时，反馈在平台上”，增加了工作的透明度，在完善工作痕迹的同时，也方便领导参谋决策。四是通过设置各个层面的“工作点评”，既锻炼了干部的文字表达能力，也突出了对工作的情况反馈，便于总结经验、查找不足，明确整改的方法和措施。

（屈　晴）

沧源佤族自治县国家税务局

经济概况

2011年，沧源佤族自治县完成生产总值（GDP）17.4亿元，同比增长15.9%。其中：第一产业完成4.77亿元，同比增长7.8%；第二产业完成6.3亿元，同比增长28.3%；第三产业完成6.33亿元，同比增长11.9%。三次产业比重为27.4∶36.2∶36.4。实现财政收入2.28亿元，同比增长73%；财政支出完成11.37亿元，同比增长34.9%；固定资产投资完成26.2亿元，同比增长65.8%；工业总产值完成8.1亿元，同比增长66.6%；农业总产值完成11亿元，同比增长19.7%；非公经济增加值6.8亿元，同比增长37.4%；招商引资到位资金12.89亿元，同比增长11%；边贸进出口总额完成4.81亿元，同比增长43%；社会消费品零售总额完成5.4亿元，同比增长16%；银行存款余额为19.7亿元，同比增长12.3%；银行贷款余额为6.73亿元，同比增长50%。

税收概况

【国税收入】 2011年，沧源县国家税务局共组织各项税收收入9230万元，同比增收4209万元，增长83.83%，完成市局下达任务6050万元的152.29%，收入创历史新高。其中：增值税收入8077万元，同比增收4217万元，增长91.51%；消费税收入78万元，同比减收8万元，下降11%；企业所得税收入748万元，同比增收196万元，增长35.47%；个人储蓄存款利息所得税收入2.8万元，同比减收13.7万元，下降82.89%；车辆购置税收入308.4万元，同比增收151.3万元，增长96.41%；其它收入16.7万元，同比减收8.7万元，下降110%。

【收入特点】 一是税收收入增长快于经济增长。二是税收总量首次突破9000万元大关。三是各税种不同程度增收，增值税增收绝对额最高；车辆购置税增幅最大。四是增值税，消费税，企业所得税，车辆购置税的税收收入结构比为87.5∶0.8∶8.1∶3.3。五是收入进度不均衡，月收入差异较大，收入进度最慢的12月份为294万元，最快的1月份为2071万元。六是重点税源行业依赖性突出，收入任务完成好坏基本取决于制糖行业效率的高低，糖业税收占总体税收的44.16%。

【税源分析】 2011年，全县生产总值增加2.77亿元，为国税收入增长增收奠定了坚实的经济基础。一是工业增加值增加1.48亿元，工业运行质量显著改善，有效拉动工业税收大幅增长，上交税金1.06亿元。二是消费需求旺盛，民生改善，企业效益提高，促进商业增值税、车辆购置税、企业所得税强势增长。全县消费品零售总额5.4亿元，同比增加8800万元，拉动商业增值税同比增收554万元、车辆购置税同比增收151万元、企业所得税同比增收196万元。三是增值税税源结构变化明显，传统产业税收显著增长，2011年增值税主要税源糖、煤、电、商业、矿、烟草、水泥结构比例分别为44.1∶7.6∶5.8∶17∶9.8∶12.7∶9.6，与2010年相比，各税源比例均有明显变化，尤其是传统产业糖业税源变化最为显著，实现增收2032万元，增长132%。

【税务管理】 2011年，全县纳入国税系统征管的总户数为2426户。其中：单位纳税人267户，个体经营纳税人2156户，扣缴义务人3户。个体达起征点245户；使用机开发票户288户，审批使用手工发票218户；增值税税种登记认定2399户，消费税税种登记认定14户；企业所得税税种登记认定100户；增值税一般纳税人认定86户；完成增值税评估6户，评估面10%；完成企业所得税评估5户，评估面11%。

各项工作

【税收法制建设】 一是严格按照法定原则、法定程序开展税收执法工作。按照依法行政和高效便民原则的基本要求，进一步规范税收执法过程中的回避、告知、听证、说明理由、岗位制约等各项程序制度，最大限度保障纳税人的合法权益。不断完善税法公告、欠税公告、纳税人信用等级评定、税款核定、减免退税、许可决定和处罚结果等公开制度，加大公开力度，提高税收执法的透明度。二是继续深入开展整顿和规范税收秩序工作。加大稽查力度，规范执法行为，切实提高稽查工作质量和效率，进一步整顿和规范税收秩序，抓好涉税案件和税收专项检查工作，充分利用金税协查系统，切实做好协查工作，提高协查质量。三是加大税收宣传力度，提高公民依法诚信纳税意识。深入开展"送税法"活动，宣传各项税收法律法规和政策，增强全社会依法诚信纳税意识，进一步贴近纳税人，不断创造良好的外部环境。四是抓实《行政许可法》和税收优惠政策的贯彻落实，简化审批手续。五是强化执法监督，继续加大稽查力度，处罚率达到12%以上，入库率达到90%以上，重大案件审理达100%。

【税收征管】 一是以实施强化"重点企业"管理为突破口，积极探索强化重点企业、重点税源管理的有效方法。分类对涉及蔗糖、锌锭、原煤、电力、水泥、批发零售业6个行业的11户企业进行重点管理。二是进一步完善岗责体系，推进制度化、规范化、标准化管理。加大业务重组和人力资源整合力度，全面实施大征管格局，按照"两个前移"的要求，进一步统筹规范行政事务管理，加大服务征管一线力度，加强大企业管理，做好大企业税收管理信息系统推行应用相关工作。三是将11户企业分配到具体人员，采取"部门协调、上下联动"的工作方式，按照税收征管"五基本"要求，结合分类管理工作，加大工作落实力度，明确工作目标，要求达到每户重点企业基本情况清、涉及的税收政策明、关键环节和重点问题抓得准，实现"大企业"科学化管理、规范性运作、流程化操作的管理格局。

【税收执法】 一是继续贯彻《全面推行依法行政实施纲要》，以建立与征管体系密切相连的严密科学的岗位责任体系为基础，以规范量化的工作规程为基点，以评议考核和奖惩为手段，以法制教育和培训为保障，形成完善的税收执法责任制度。二是建立运行反馈机制。在政务网开设税收执法管理信息系统查询结果反馈、问题反馈等栏目，建立问题的快速解决和反馈通道。三是严格执行过错责任追究。结合岗责体系，制定和完善推行执法责任制工作意见和考核评议办法，树立执法风险意识，加强依法行政、规范执法行为，严格过错责任追究。四是做好《行政许可法》贯彻执行情况的跟踪检查。落实总局《行政许可法》相关配套制度，完善行政许可工作制度。五是认真组织开展税收执法检查。通过检查，内部税收执法行为不存在违法违纪情况，办理涉税违法案件做到程序合法，认定事实清楚，证据确凿，定性适当。六是加强税收政策公开，提高税收执法的透明度。

【税务稽查】 2011 年共检查纳税户 11 户，结案 11 户，稽查查补收入 22.1 万元（增值税 11 万元、所得税 0.1 万元、罚款 6.9 元、加收滞纳金 4.1 万元）；完成稽查任务 50 万元（企业自查 27.9 万元，稽查查补收入 22.1 万元）。

【税收信息化建设】 一是建立健全综合征管软件信息数据的采集、审核、检查、问题处理制度和管理制度，强化监督制约机制，及时解决存在问题，做好综合征管软件的所有客户端的升级工作和相关测试。二是做好日常网络设备管理。严格按照固定资产的规定把计算机及附属设备纳入固定资产管理，严格计算机设备的调拨手续以及耗材的领用管理，做到底子清楚，合理调配，充分利用，保证工作的正常开展。三是维护网络安全。严格执行网络运行管理制度和计算机病毒防护制度，保证网络的畅通和安全。四是提高综合征管软件基础数据信息质量，及时更新、补充综合征管软件的基础信息数据，为进一步夯实征管基础打下信息数据基础。五是抓好对数据监控分析系统、综合征管软件系统存在问题的自查自纠工作，及时对税务登记、认定、纳税申报等错误信息进行修正、校正。六是进一步强化税负分析工作，运用数据监控分析系统、综合征管软件系统技术平台，加强税负分析和税源监控工作。七是通过依托综合征管软件、数据监控分析系统和数据分发系统的学习应用，能熟练查询出税收分析中需要的涉税信息，通过信息的分析利用，能够找出税收管理中存在的疑点和问题，提出解决措施，不断提高数据监控水平。八是充分应用系统所反应的数据指标，强化税源管理，利用系统提示的预警数据，建立有效的风险管理和内控机制，不断降低税收执法风险。

队伍建设

【机构和人员情况】 2011 年末，共设有 9 个内设机构：办公室、政策法规股，税政管理股，人事教育股，监察室，办税服务厅（收入核算股）；直属机构 1 个：稽查局；事业单位 1 个：信息中心；派出机构 1 个：勐董税务分局。全局在职干部职工 43 人（男 27 人，女 16 人），离退休人员 18 人（离休 1 人、退休 17 人）。

【领导班子建设】 一是加强班子团结协作。认真落实民主集中制原则，充分调动班子成员的积极性，发挥班子成员的聪明才智，用团结凝聚人心、凝聚力量，用团结创造业绩。二是加强思想政治和党纪党规的学习教育，提高领导干部思想政治素养和党性修养，增强贯彻执行党和国家的路线、方针、政策和法律法规的自觉性和坚定性。三是完善和落实各项制度，领导干部带头遵守执行税收、财务和人事管理方面的法律法规，坚持按制度办事，用制度管人。四是坚持民主科学决策，认真执行《党组议事规则》，在人、财、物等重大问题上，做到集体讨论，共同研究，科学决策。五是加强税收业务和综合知识的学习，不断提高领导干部综合素养。六是加强勤政廉政建设，通过加强制度保障、沟通交流和监督管理，引导领导干部牢固树立廉洁从政、公正执法意识。

【精神文明建设】 落实《沧源县国家税务局“十二五”精神文明建设规划》，大力弘扬社会主义核心价值理念，把启发人的思想、关心人的感情、激励人的行为、提高人的素质、调动人的潜能，实现个人价值与国税事业发展目标有机结合，不断提升国税部门的软实力。一是加强文明创建细胞建设，积极开展先进集体、先进个人的评选表彰活动，大力表彰先进工作者，培养和宣传征管一线的先进典型。二是积极参与地方党委、政府开展的县级文明城镇建设和文明创建活动，广泛开展军民共建、挂钩扶贫、抗旱救灾、献爱心送温暖等社会扶助公益活动，引导干部职工自觉履行法定义务、社会责任、家庭责任。三是加大学习宣传力度，与有关部门开展文明创建经验学习交流活动，把本部门在文明创建方面的好做法加以宣传发扬，更好地发挥先进典型的示范作用、引导作用和带动作用。2011 年，县局办税服务大厅被云南省国家税务局、云南省妇女联合会表彰为“全省国税系统 2011 年度巾帼文明岗”；县局机关党支部被省局党组表彰为“云南省国税系统创先争优活动先进党支部”、被临沧市国税局表彰为“临沧市国税系统创先争优活动先进县局机关党总支”；县局被沧源县委政府表彰为“2011 年度社会治安综合治理维护稳定先进单位”；县局被沧源佤族自治县人大常委会评为“2011 年度人民满意单位”。

【党风廉政建设】 一是贯彻落实预防腐败体系《实施纲要》和《惩防体系 2008－2012 年工作规划》，把党风廉政建设工作列入县局党组重要议事日程，与税收工作同部署、同检查、同落实、同考核。二是以“突出政风行风建设”为重点，狠抓政风行风建设，树国税队伍良好形象。三是对“两权”运行关键部位和重点环节加强监督制约，提高“两权”监督制约的信息化程度，规范权力运行。四是完善责任履行和责任追究机制，签订《党风廉政建设责任书》、《预防职务犯罪责任书》、《廉政公约》等各项责任书，将责任分解到岗位、落实到人员。累计与 476 户纳税人签订《廉政公约》，其中：2011 年签订 21 户，回访 78 户，回访率达 21.4%，回访满意率达 100%。五是加强监督检查，确保工作决策部署落实到位。六是推动内控机制建设。建立和完善各项管理制度，提高制度执行力。结合工作实际认真排查涉税执法风险，对存在的风险点进行分析，提出防范措施，进一步加强干部职工业务素质、思想道德素质和法律素质等方面的综合修养，不断提高执法风险防范能力。

【教育培训】 2011 年参加总局、省局举办各类业务培训共 24 期 501 人/次；参加市局组织的各类业务培训共 8 期 27 人/次；县局举办各类培训 16 期 485 人/次，举办纳税人培训班 10 期 1000 人/次。年末全局大专以上学历 34 人，其中：研究生 1 人，本科学历 19 人，专科学历 14 人。大专以上学历占在职干部总数的 79%。

【先进人物】 2011 年，王朝东、陈淑英、李明昌等 3 位同志被临沧市委市政府表彰为“十一五”期间财税工作先进个人；鲍文景、李静雄、肖毕就、赵文祥、方竹琳、赵永明等 6 位同志被市国税局表彰为“十一五”期间国税工作先进个人；刘建平同志被市国税局表彰为“读书标兵”；杨振军同志被沧源县委表彰为“2011 年度优秀党务工作者”。

【典型经验】 县局办税服务厅扎实开展争创“巾帼文明岗”活动。一是狠抓政治学习、思想道德教育、业务培训和岗位练兵，大力提升干部队伍素质。二是优化文明办税，设立税法宣传栏、公告栏、办税流程示意图，完善“一窗式”管理、文明办税“八公开”、责任追究等工作制度，依法办理涉税事宜，实行首问、预约、提醒、延时等纳税服务，大力提升办税服务质量和工作水平。三是发扬团队协作精神，激励干部强责任、比贡献、树形象、立足本职岗位展现国税风采。2011 年，县局办税服务厅被云南省国家税务局、云南省妇女联合会表彰为“全省国税系统 2011 年度巾帼文明岗”。

（李静雄）

昆明市国家税务局

2011 年 10 月 12 日，抓收入召开税收收入工作会

2011 年 7 月 28 日，昆明市国税局多措并举加快推进国地税联合办税

2011 年，在省局和市委市政府的正确领导下，昆明市国税局围绕“科学服务发展，共建和谐税收”工作主题和“服务基层年”工作要求，依法大力组织收入，坚持依法行政，深入推进税源专业化管理，优化纳税服务，规范内部管理，切实加强党风廉政建设，各项工作取得新的突破。

2011 年，共组织收入 402.8 亿元，同比增长 22.49%，增收 73.96 亿元。全市地方一般预算收入完成 56.19 亿元，同比增长 24.5%，增收 11.06 亿元。认真贯彻落实税收政策调整和结构性减税政策，切实落实各项税收优惠政策，支持地方经济发展。共办理减免税 16.85 亿元，办理出口货物退（免）税 14.77 亿

2011 年 5 月 30 日，开展代开发票联合办税，对企业进行培训

昆明市国税局对人大代表建议、政协提案工作高度重视，召开专题面商会

纳税服务四亮四评

2011 年 12 月 21 日昆明市国税局领导换届，陈志平同志任局长

元。大力整顿和规范税收秩序，净化治税环境。全年全市大稽查查补收入入库合计 9.18 亿元，同比增长 2.91%，入库率达 97.61%，选案准确率达 96.27%，结案率达 98.86%。共计查处发票违法案件 213 件，查补税款 1304.58 万元。夯实税收征管基础工作，提高税收征管质量和效率。全年全市征管户 149016 户，平均申报率为 99.35%，累计入库率 99.99%。成功上线 12366 纳税服务热线平台，全年纳税人来电总量 10024 个。

做好税收执法考核的日常监控，降低执法考核过错率，全市系统执法过错率为 0.046‰。规范行政审批工作管理办法，实施行政审批 3937 件。落实阳光政府“四项制度”建设工作，公示重要事项 24 项。加强领导干部队伍建设，做好缺额科级领导干部选拔配备和调整交流工作，对全市系统 6 个区县局缺职的局领导班子进行选拔配备，共提拔副科级领导干部 9 人，顺利完成了全系统 22 名科级领导干部试用期满转正考察的各项工作。加大教育培训力度，全年共组织各类业务培训 559 期 13189 人次。认真开展党建工作，以开展创先争优、“四亮四评”以及建党 90 周年纪念活动为契机，实现党建工作与国税工作“两促进、两提高”。深入推进精神文明建设。命名表彰昆明市国税系统第八批“文明单位”。认真落实党风廉政建设责任制。年初在全系统层层签订《党风廉政建设责任书》2362 份。全面推进内控机制建设，排查风险点 2604 个，制定防范措施 4590 条。

推行廉政风险防范管理工作

2011 年 4 月 19 日，昆明市国税局召开执行力提升年和廉政风险防范管理机制建设动员会

推行管理员辅助信息系统

纪念税收宣传月 20 周年座谈会

纪念建党 90 周年活动

抗震救灾捐款

昭通市国家税务局

省局党组书记、局长李鸿文到昭通调研指导工作

2011年，昭通市国税局紧紧围绕“服务基层年”工作主题，全力组织收入，切实加强税源管理，坚持依法治税，全面提升队伍素质，为实现昭通富民强市跨越式发展的宏伟事业不懈奋斗。

全力组织收入，税收收入再创新高。全市国税系统始终坚持组织收入原则，累计入库各项税收收入57.30亿元，与上年同比增收8.56亿元，增长了17.55%，全面超额完成了省局及市政府确定的收入目标。其中“两税”收入完成50.20亿元，首次突破50亿元大关，同比增长15.42%，占总收入的87.61%。

强化税收征管，税源管理科学规范。全市国税系统积极探索实行分级分类管理模式和专业化管理模式，先后建立了税源与征管状况监控分析一体化工作制度，编制了《生产企业出口退（免）税操作指南》电子书，完成了《煤炭行业税收管理操作指引》的编辑。以评促管提升税源管理质量，全市共对299户纳税户进行了评估，经评估确认存在问题户数111户，评估移交稽查5户，评估入库收入363.71万元，增值税留抵税额调减138.9万元，企业所得税亏损数额调减6784.85万元。

深化依法治税，税收环境不断优化。全系统从服务全市经济发展大局出发，不折不扣的落实上级出台的各项税收政策。全年累计减免税收1.02亿元，各项税收优惠政策的认真落实有力促进了昭通经济社会的和谐发展。强化税务稽查力度，进一步整顿和规范税收秩序，全市

诗歌朗诵彰显国税风采

表彰先进单位

举办演讲比赛

强化自身建设，队伍素质不断提升。全市国税系统大力弘扬“尚法、精业、包容、创新”这一昭通国税文化核心理念，强化自身建设，进一步转变思想作风、工作作风、生活作风。

共对 123 户纳税户进行了纳税检查，查处有问题户 109 户，查补收入 1913 万元，

突出特色，文明创建卓有成效。开展了“文明单位”、“巾帼文明岗”、“精神文明建设先进工作者”、“优秀共产党员”、“三个一主题实践”、向杨善洲学习等活动，充分运用典型事迹，用身边事教育身边人，引导广大干部职工学先进、赶先进，营造了创先争优的良好氛围。水富县局办税服务厅被全国妇联表彰为“巾帼文明岗”，市局机关被中央文明委表彰为“全国文明单位”。

多措并举，党风廉政建设不断强化。强化内控机制建设，全市国税系统顺利完成内控机制建设工作，共排查出风险岗位 93 个，廉政风险点 169 个，建立防控措施 205 个，防控流程图 40 个，防控制度 52 个。加强党风廉政宣传教育，从源头上引导干部廉洁从政。认真做好督促落实工作，加大执法监察、廉政监察和效能监察力度，党风廉政建设成果不断得到巩固。

学习省第九次党代会精神

云南省税务学会“优化纳税服务加强信息化管理的研究”课题研讨会在昭通召开

开展行风评议

召开扶贫攻坚项目研讨会

曲靖市国家税务局

省局领导检查内控机制建设

2011年，曲靖市国税局紧紧抓住“十二五”时期国税工作难得的发展机遇，克服结构性减税、政策调整、发展方式转变带来的影响，不断完善征管体制和内部管理机制；不断更新管理理念，创新管理手段，推进科学化、精细化管理，提高税收征管的质量和效率，圆满完成各项国税工作任务，实现了“十二五”的良好开局。

税源专业化管理提升税收征管质效。2011年，全市国税系统实施的税源专业化管理改变了税收管理员“一人说了算”的局面，团队与纳税人打交道，廉政制约效果明显，最大限度地化解了执法风险，有效整合了人力资源，规范了工作流程，形成了税源管理的良性互动机制，强化了整体纳税遵从管理，税收征管质效得到全面提高。

内控机制建设铺平和谐发展道路。2011年，市国税局探索“制度+科技”的内控机制建设新路子，初步建立了以岗位为点、以程序为线、以制度为面、以信息化手段为主的廉政风险防控机制。一年的实践，全市国税机关干部职工风险防范意识、自律意识进一步提高，降低了税收执法风险。8月2日，全省国税系统内控机

税宣座谈会

“三读”活动表彰会

制建设现场推进会在曲靖召开，省局李鸿文局长指出，曲靖市国税局在内控机制建设方面探索了很好的经验，为全省国税系统的内控机制建设拓宽了思路，增强了做好工作的信心和决心，值得各州市局学习和借鉴。曲靖市委副书记范华平说：“曲靖市国税系统紧紧围绕科学发展主题，不断开拓创新，加强自身建设，在制约和规范权力运行方面进行了有益的探索和尝试，为全省国税系统创造了运用信息技术手段进行廉政风险预警监控管理的典型经验，也为曲靖党风廉政建设发挥了示范作用。”

涵养税源畅通地方经济发展血脉。2011年，市国税认真做好各项税收政策变动的宣传、调研和落实工作，认真贯彻落实固定资产抵扣、福利企业退税、出口退（免）税、所得税减免、车辆购置税减免、个体工商户增值税起征点调整等税收优惠政策，为各类纳税人和企业减税让利10.5亿元，有效地培植了新的经济增长点，促进了地方经济的快速发展。

办税服务厅规范化建设促进纳税服务升级。2011年，

文明单位验收

查看旱情

警示教育

曲靖市国税局被省局确定为办税服务厅规范化建设的试点单位。市国税局建立和完善了务实高效的纳税服务新机制，既着力改善纳税服务“硬环境”，又着手提升纳税服务“软实力”，配合地方政府营造亲商、安商、富商的良好软环境。年内，全市共实施招商引资国内外合作项目165项，实际到位市外国内资金237亿元。

国税收入连上三级台阶奠定和谐发展基础。2011年，全市国税机关一手抓税源专业化管理，一手抓办税服务厅规范化建设，不断提高办税服务质效，促进了应收尽收。全市国税系统的征管户增长率创下了“三个历史新高”：征管总户数达57174户，净增加8584户，增长率达17.7%；一般纳税人增加677户，增长率达19%；个体工商户增加7594户，增长率达18.22%。国税总收入连破150亿元、160亿元、170亿元大关，实现三级跳，超额完成省局和市政府确定的收入目标，实现了“十二五”良好开局。（文：徐霞　图：杨永荣）

唱红歌比赛

税法宣传

签订《目标责任书》

税宣进企业

玉溪市国家税务局

举办玉溪市国税系统2011年领导干部学习周

依法应收尽收，税收收入突破270亿元。2011年，全市国税系统坚持应收尽收价值理念不动摇，继续将眼光更多地放到申报数据以外，把组织收入的着力点放到堵塞漏洞、挖掘潜力上，放到对重点税源的监控管理上，继续推进“向加强税源税负分析要收入，向加强纳税评估要收入，向加强税务检查要收入，向加强普通发票管理要收入，向加强所得税管理要收入，向加强信息管税要收入”的组织收入工作措施，税收收入突破270亿元大关。全年共组织入库各项税收收入274.58亿元，比上年同期的235.52亿元增收39.06亿元，增长16.59%，超额完成省局确保目标和奋斗目标。

2011年，玉溪市国家税务局在省局和市委、市政府的正确领导下，紧紧围绕省局“服务基层年”工作主题，以组织收入为中心，以创先争优和队伍建设为主线，扎实抓好组织收入、税源管理、依法治税、纳税服务、信息化建设、干部队伍建设和党风廉政建设等各项工作，全年工作取得显著成效，实现了“十二五”良好开局。

丰富创先争优活动内容与形式，图为全市国税系统“创先争优 服务税收”主题朗诵比赛

云南省国家税务局局长李鸿文率慰问团对易门、澄江国税一线干部职工进行春节慰问

坚持每年举办一届全市国税系统业务能手竞赛，图为荣获第十一届业务能手竞赛称号的部分选手

创先争优为民服务，服务基层水平不断提升。全市国税系统结合工作实际，把创先争优与创建学习型党组织、学习杨善洲先进事迹和“四亮四评”等活动结合起来，不断推进办税服务厅规范化建设，优化办税流程，简化办事程序，创新服务方式，改进服务措施，提高干部业务知识和岗位技能，纳税服务水平不断得到提升。“七一”前后，全市国税系统共有7个基层党组织和14名党员分别受到玉溪市委、玉溪市直机关工委以及各县地方党组织的表彰。自主开发应用了日常税务行政处罚辅助管理信息系统和单点登录系统，有效提高了工作质量和效率，结合内控机制建设的全面推进，干部执法风险防范能力有所提高。

精神文明建设取得新突破。玉溪市国税局认真落实“两手抓，两手都要硬”的方针，把文明创建作为“带好队伍收好税”的重要抓手，与时俱进谋发展，凝心聚力创卓越。经过多年的不懈努力，不仅形成了一系列制度化、常态化的创建机制，也收到了通过文明创建影响职工、带动职工的良好效果，并取得了显著的创建成效：市局机关连续三届被中央文明委表彰为“全国文明单位”，是全省国税系统首家连续获此殊荣的州、市局。

创新教育培训机制，提升干部队伍素质。通过举办各类业务培训，切实提升服务基层的能力，全系统共组织各类培训109期，成功举办了第八期全市国税系统领导干部学习周和第十一届全市国税系统业务能手竞赛，进一步完善和深化了“学习自测考评系统”的运用，继续鼓励干部结合工作需要不断创新、积极报考各类从业资格证书考试，与云南财经大学公共管理学院联合办班的第一批春季班在职研究生班顺利完成第一学年课程。全系统营造了人人学习、终身学习的良好氛围，干部队伍素质得到显著提高。

玉溪国税为民服务创先争优不断提升服务质量，图为税收管理员向个体工商户进行政策宣传

玉溪市国税局局长陈志平与县区局长、机关各部门负责人签订责任书

玉溪市国税局多措施加强组织收入工作，图为管理员深入烟叶收购站了解烤烟收购情况

全市国税系统分批参观全国检察机关惩治与预防渎职侵权犯罪玉溪站展览

红河哈尼族彝族自治州国家税务局

2011年是中国共产党成立90周年，也是“十二五”时期开局之年。面对经济税收环境的复杂变化以及各种困难和挑战，红河州国税系统在省局和州委州政府的正确领导下，以邓小平理论和“三个代表”重要思想为指导，深入学习实践科学发展观，牢记为国聚财、为民收税的神圣使命，围绕“服务科学发展，共建和谐税收”和云南国税“服务基层年”的工作主题，积极主动、深入扎实地做好各项工作，实现税收收入的历史性突破，有效发挥税收职能作用，为经济社会科学发展、和谐发展作出积极贡献。

税收收入快速增长。结合全州国民经济发展面临的总体形势以及税源、政策变化情况，将省局下达红河州2011年税收收入计划分解落实到各县市局。推行科室挂钩联系制度和领导干部重点税源管户及调研制度，及时发现组织收入工作中存在的问题和税收征管的薄弱环节，全面掌握税源变化情况，确保税收收入稳定增长。结合全州的经济发展形势，强化税源变动情况、税收增减影响因素、宏观税负变化情况、产业发展动态税收分析工作。积极争取地方党委、政府和各职能部门对国税工作的最大理解和支持。2011年，全州国税系统共计组织各项收入136.88亿元，同比增收23.53亿元，增长20.76%。纳入税收计划考核收入134.51亿元，同比增收22.61亿元，增长20.21%，完成年度计划的110.96%。

税收管理有效加强。把提高税收管理水平作为一件大事来抓，按照科学化、精细化、专业化管理的要求和征管业务流程，深入查找工作薄弱环节，细化、落实管理责任，强化税收管理。探索实施税源专业化管理，科学分配征管资源，优化岗位设置和管理流程，提高税源控管能力，防范税收风险。推进信息管税，整合信息资源，强化信息分析应用，提高信息技术服务税收征管的水平，提高税收管理的深度和广度。以严格执法为抓手，加强各税种管理，认真贯彻执行各项税收政策法规。统筹纳税评估，健全评估机制，规范评估方法，明确评估任务，提升评估质量。加强评估与稽查的联动互动，实现以评促管、以评促查、管评查互动，提升征管质效。

依法治税深入推进。认真贯彻国务院关于建设法治政府的工作部署，全面规范税收执法，积极营造公平市场环境，努力做到规范、公正、严格、文明执法。加强税法宣传，加强“六五”普法教育和税收宣传教育，组织开展第20个全国税收宣传月活动，有效带动和引导纳税人提高税法遵从度。严格执行税收政策，认真贯彻执行增值税转型等结构性减税措施，切实加强固定资产进项税抵扣管理，降低税收执法风险，确保惠及纳税人的相关政策贯彻落实到位；规范资源综合利用企业资格认定审批程序，认真落实国家取消税务登记证收费政策。加大稽查力度，深入开展分级分类稽查，对广告业、办理电子、服装类产品出口退（免）税企业开展专项检查，打击发票违法行为，查处检举案件，加强电算化查账应用和案件复查力度，提升稽查工作水平。

2011年2月12日，红河州国税局在蒙自召开全州国税工作会议，回顾总结2011年全州国税工作，研究部署2012年国税工作任务

2011年3月20日，红河州国税局在蒙自召开全州国税系统党风廉政建设工作会议，传达学习全省国税系统党风廉政建设工作会议精神，安排部署2011年党风廉政建设工作

2011年4月11日，红河州国税局党组书记、局长席世宏（右中）率有关业务科室负责人走进红河人民广播电台“红河热线”直播间，向广大纳税人、社会各界解读税收政策，回答纳税人所关心的热点、难点问题

红河州国税局领导班子成员带头坚持参加州局机关每周二的职工学习活动

2011年5月16日至17日，红河州国税局举办专题活动日，开展向杨善洲学习活动

红河州国税局充分利用现代化的教育培训系统，积极组织开展税收业务培训

2011 年 11 月 12 日，云南省税务学会 2011 年“优化纳税服务及税收队伍建设研究”课题研讨会在蒙自召开，省税务学会会长段捷庆（左三），州人民政府副州长聂明（右三），州国家税务局局长席世宏（左二），云南财经大学教授张丽华（右二），省税务学会秘书处秘书长杨毅力（左一）、副秘书长严松山（右一）等领导出席会议

纳税服务不断深化。牢固树立核心业务理念，进一步完善协调机制，坚持以纳税人正当需求为导向，以税收法律法规为依据，以信息化为依托，以提高纳税人税收遵从度和满意度为目的，结合开展“四亮四评”主题实践活动，立足服务窗口和税源管理、税务稽查，坚持党组领导、大厅主导、部门联动，进一步完善协调机制，创新服务方式，拓展服务内容，提升服务质效，不断巩固和深化纳税服务。形成“加强执政为民教育，在执法中彰显人文关怀；重视机制体制建设，在管理中注重统筹发展；强化检查落实力度，在实践中提升服务质量”的服务共识。通过加强办税服务厅管理，清理和规范涉税文书填报，强化中介服务机构监管，开展纳税人需求调查，推进纳税服务信息化等手段，纳税服务满意度进一步提高。

队伍建设得到加强。认真贯彻新时期干部队伍建设管理要求，积极加强教育管理，努力提升综合素质，激发工作活力。加强领导班子建设，认真落实加强干部监督管理的各项制度，规范和强化议事决策程序，推进决策的科学化和民主化，提高领导班子整体效能。加大岗位技能培训，将加强干部职工的教育培训放到重要位置，根据工作需要和干部素质现状，制定详细的教育培训计划，增强教育培训工作的针对性和实效性，不断提高基层干部的税收政策执行能力和运用信息化手段加强管理的能力。加强党风廉政建设和反腐败工作，狠抓党风廉政建设责任制落实，层层签订责任书，建立党风廉政建设责任制工作记录工作制度，积极开展廉政文化建设活动，营造良好的廉政氛围，做到警钟长鸣。

国税文化得以弘扬。把国税文化建设作为一项长期性工程，加强领导，统筹规划，扎实推进。践行“以国为根、为税为业、以人为本、以学为乐、以绩为真、以廉为荣”和“心连国税、情系红河”的国税文化理念，强化核心价值观。营造团结和谐的氛围，把广大国税干部的积极性、主动性、创造性调动起来，引导干部提高思想觉悟、文化素质和精神境界，从而将精神力量转化为物质力量，增强国税事业科学发展、和谐发展的软实力。积极探索、创新国税文化理论与实践，不断丰富国税文化建设内涵，完善推动国税文化持续发展的制度措施，创新优化文化建设的方式方法，增强国税文化发展活力。进一步加强国税文化的载体和平台建设，广泛开展群众性精神文明建设活动，满足广大干部职工的文化需求，为国税文化建设和传播创造条件。

服务举措有效落实。多方听取基层干部职工心声，找准基层存在的问题，形成针对性的贯彻落实措施，收到良好成效。加强到基层调研指导工作，州局领导班子作表率、下基层、勤调研，带领有关业务科室人员组成业务辅导组，送政策上门到基层，倾听干部心声，了解基层疾苦，帮助基层把握工作方向和重点，提升税收工作质效。切实采取措施为基层减负，整合、归并数据采集流程，推行业务联席会议，实现信息资源共享，切实减轻基层税务人员信息采集和调查工作负担；对现行征管文书、报表、附报资料及各项征管工作流程进行全面梳理，取消、简并部分文书及资料，简化涉税工作流程。加大基层建设投入力度，积极筹措资金，加大基层建设投入，努力为基层干部职工创造良好的工作生活条件。

2011 年 12 月 30 日，红河州国税局组织全州国税系统新任职的 15 名副科级领导干部，到蒙自查尼皮中国共产党云南省第一次代表大会会址参观学习，重温入党誓词

文山壮族苗族自治州国家税务局

2011年，面对复杂多变的发展形势，文山州国税系统在省国税局和州委州政府的正确领导下，紧扣“服务基层年”工作主题，突出面向基层、立足基层、支持基层、心系基层、植根基层、倾力基层六条主线，抓党建带队伍、抓培训强素质、抓管理促规范、抓教育促廉洁、抓创建促发展，自觉服从服务于全州调整产业结构、转变经济发展方式、改善民生工作大局，顺利实现了“十二五”时期全州国税事业发展的良好开局。

加强组织收入工作，税收收入取得新突破。全年共完成国税总收入21.01亿元（不含海关代征税款），完成省局下达任务的122.82%，同比增收5.02亿元，增长31.37%。组织州县级收入4.27亿元（国税口径），完成州政府下达任务的109.58%，同比增收1.03亿元，增长31.82%。

依法治税深入推进，税收管理和服务取得新突破。

2011年新春职工联欢活动

党风廉政建设工作会议

党员干部到革命根据地接受党史教育

坚持管理与服务并重，管理基础进一步夯实，各税种管理全面加强。抓普法、抓阳光政府四项制度落实、抓执法考核、抓重大税务案件审理、抓规范性文件清理，税收执法更加规范。加强纳税评估，全年共实施综合评估222户，经评估存在问题130户，移交稽查2户，评估查补增值税123.16万元、消费税9200万元、企业所得税283.22万元，调减增值税留抵税额139.57万元，调减企业所得税亏损数额1530.36万元，纳税评估成效明显。加大稽查力度，全年共检查纳税户52户，企业自查户366户，查补收入2472.04万元，其中企业自查补税1631.82万元，税务稽查得到强化。加强服务需求调研，深入推进领导干部挂钩重点税源企业制度，做好办税服务，拓展厅外服务，纳税服务日益优化。

强化资源整合不松劲，信息化建设取得新突破。全面推进信息管税，按照“线

丁勇副局长深入挂钩点开展扶贫工作

副科级干部竞争上岗笔试

路不断、系统不瘫、数据不丢”的要求，扎实做好系统运维及应用工作，抓好数据分析应用，圆满完成全省新版普通发票开填系统运行维护任务。全州国税系统自2011年1月1日起全面启用新版普通发票，新版有奖普通发票于4月22日率先在文山市成功启用。通过一年来的推广运用，普通发票简并换版已由重点工作转为常规工作，“以票管税”取得新进展。

教育培训力度加大，干部队伍建设和党风廉政建设取得新突破。以开展教育培训和建立完善内控机制为抓手，加强领导班子建设、干部队伍建设、国税文化建设和党风廉政建设，抓党建带队伍强管理转行风，全年未发现违法违纪行为。

抢抓机遇谋发展，基础设施建设取得新突破。继文山市办税大厅交付投入使用之后，富宁、广南两县的办公楼装修改造工程也相继完工并投入使用，州局办公综合业务用房于3月1日复工，至10月底完成主体工程建设，转入装修及附属工程建设阶段，2012年将全面竣工投入使用。

举办房地产企业业务培训

纳税辅导

团结务实的领导班子

税法宣传

上门服务纳税人

普 洱 市 国 家 税 务 局

团结务实的局领导班子

局领导深入企业调研

全市国税工作暨党风廉政建设会议

局领导送税法进企业

国资委丹增主席到普洱调研

市委市政府领导春节慰问

全市国税系统出口退税业务税企培训

2011 年稽查查前告知座谈会

2011 年，普洱市国家税务局秉承“服务纳税人，奉献全社会”和“管理有界、服务无界”的理念，围绕“始于纳税人需求，基于纳税人满意，终于纳税人遵从”目标，坚持以人为本、执政为民，创新优质服务，积极打造服务型国税机关，努力营造良好的税收和谐环境，服务经济社会科学发展、和谐发展，受到普洱市委、市政府表彰，荣获“普洱市创新优质服务奖”。

树立“十种”服务理念，全面提升服务水平。牢固树立依法充分满足纳税人需求的理念，每一个岗位都是服务的理念，专业服务是纳税服务首要标准的理念，倾听和微笑是最便捷沟通的理念，公平、公正是最好服务的理念，主动服务能真正赢得纳税人心的理念，提供个性化服务是纳税人最大需求的理念，纳税人的建议、诉求和抱怨是改进工作良药的理念，纳税人的税法遵从度是通过宣传、培训、辅导、监督等方式引导出来的理念，每一份努力都会有倍增回报的理念，坚持“硬”环境和“软”环境两手抓，优化办税环境，强化办税服务，提高了办税效率。

行政强制法学习考试

实施服务标准化建设，方便快捷提质效。积极推进办税服务厅标准化建设，统一环境管理要求，统一办税服务受理事项，统一办税服务业务工作流程，统一办税服务岗位设置，统一办税服务人员着装用语要求，统一业务受理资料要求，统一设置公告栏、意见箱。推进办税公开，坚持涉税公告、税收政策、办税程序、服务承诺、定额核定、涉税事项依法公开，认真落实限时服务、延时服务、提醒服务、预约服务、首问责任和一次性告知等制度。加强银行、地税、工商等部门工作衔接，积极做好实时扣税、网络申报、储蓄扣税、介质申报、网上认证等多元化办税服务。推出“开放式”综合办税服务，

宣传打击防范经济犯罪 共建和谐美好生活

税企和谐之韵文艺晚会 1

税企和谐之韵文艺晚会 2

创新优质服务奖

税企联谊篮球赛

税法宣传进超市

学习型机关

“三读”先进单位

实现“多窗同责、一窗多能、一岗多职”的快捷、高效办税服务。

满足企业差异化需求，大力推进个性化纳税服务。开展个性化纳税服务满意度及需求调查，拓展个性化纳税服务平台，创新个性化纳税服务手段，与税收专业化管理、信息化建设协调推进。开展企业税收政策业务培训、分行业召开纳税服务座谈会、现场解答企业税收问题，提供“点对点”的个性化服务。引导企业建立税务风险防范机制，加强税收风险提醒，使纳税人有效避免或降低涉税风险。通过建立QQ群、发送电子邮件等形式，加强与纳税人政策咨询交流、通知联系、信息交换、实时互动活动。实现电信、移动、联通三大网络与“12366纳税服务热线”的成功对接。制作发放“纳税服务联系卡”，建立联络员和承办人制度。通过纳税人权益平台、纳税人维权中心、纳税人行业商会等载体，积极开展个性化维权服务，使纳税人对税法的认同感不断增强。

落实结构性减税政策，释放经济发展活力。准确解读落实促进“转方式、调结构”的税收政策，不折不扣兑现税收优惠，加强政策指引、政策辅导，发挥税收职能作用，服务经济社会发展大局。2011年，全市落实固定资产进项税抵扣1.05亿元，办理出口退（免）税2034万元，“即征即退”增值税1388万元，减免车辆购置税285万元，减免企业所得税5458万元。各项结构性减税政策的落实到位，降低了纳税人税收负担，促进了企业技术进步、产业结构调整和经济发展方式转变，有力地培植了税源，促进了地方经济发展。

到普洱监狱开展警示教育

西双版纳傣族自治州国家税务局

丰富的国税文化生活——国税文艺晚会

工会活动——齐心协力

2011 年，西双版纳傣族自治州国家税务局在省国税局党组和州委、州政府的正确领导下，始终坚持以科学发展为统领，牢记“为国聚财，为民收税”神圣使命，紧扣“服务基层年”工作主题，围绕中心、忠诚履职，圆满地完成各项的目标任务，在组织税收收入、办理出口货物退（免）税、非居民管理工作、廉政建设等方面取得了较突出的成绩。

税收收入实现新跨越。2011 年，全州国税系统共组织税收收入 10.02 亿元，同比增长 32.1%，增收 2.43 亿元。完成省局确保任务的 121.3%，超收 17587 万元，完成省局奋斗目标的 118.6%，超收 15687 万元。连续跨越 8、9 亿元，迈上了 10 亿元新台阶。

税收征管实现新提升。一是强化税源管理。不断加强信息共享和税源监控，建立税源监控平台，狠抓重点税源管理。二是强化信息管税。通过搭建税收管理员平台，定期开展巡查巡管，摸清了税源底子，同时依托信息化手段，深化税收分析，有效地提升了税源管理的质量和效率。2011 年共征收非居民企业所得税收入 41.3 万元，比上一年同期 11.93 万元增加 29.37 万元，增长 246.19%。全州共办理出口退税 3704 万元，同比增长 62%。

纳税服务实现新推进。服务纳税人，不断优化服务流程，服务平台和服务渠道，服务地方经济发展，认真落实税收优惠政策，服务民生建设，积极支持新农村建设，广泛参与赈灾救灾与扶贫帮困等各类公益事业，不断拓宽文明创建的广度和深度，树立了良好的国税形象。

政风行风建设迈上新台阶。一是惩防体系建设进一

观看预防渎职侵权图片展

国资委监事会主席丹笑山（左一）在省局蔡杰副局长（右二）、州局赵明局长（左二）的陪同下到版纳州重点税源企业调研

建党 90 周年州国税局领导班子带领导州局机关全体党员重温誓词

信息化建设——认真学习

步扎实推进。对三县市局推进惩防体系建设情况进行检查；二是内控机制建设得到稳步开展。制定了《西双版纳州国家税务局机关部门内控机制建设实施方案》，通过全面细致排查，全州共确定了 213 个风险岗位，594 个廉政风险点。制定或依据风险防控制度 47 个，制定风险防范措施 667 个。三是“两权”监督和政风行风建设得到加强。认真落实省政府纠风办关于在行政执法部门进行政风行风民主评议的决定，积极开展自查自评活动，继续推行与纳税人签订《廉政公约》工作，全州国税系统累计共与 4573 户纳税人签订税企《廉政公约》，回访调查 197 户。继续抓好《西双版纳州国税系统税务干部执法情况反馈实施办法》的落实，全州共发放税务干部执法情况反馈表 442 份，共收回 320 份。四是专项治理工作得到深入开展。全州国税系统认真开展清理公务用车、工程建设领域突出问题、清理“小金库”、利用税务师事务所等中介机构谋取不正当利益、移送涉嫌犯罪案件专项监督等 5 个专项治理工作。

深入企业

州人大到州国税听取《征管法》执行情况汇报

省局于智广副局长到景洪市国税局调研

税军共建　打靶归来

楚雄彝族自治州国家税务局

参观全国渎职侵权展览

积极向盈江地震灾区捐款献爱心

党组中心组理论学习

积极参加植树造林活动

2011年，楚雄州国家税务局紧扣“服务基层年”工作主题，把服务基层贯穿税收工作的始终，作为推动工作的重要抓手，带着感情、带着责任、带着资源倾力服务基层，各项工作成效显著。

两个良好开局。制定“十二五”时期国税工作发展规划纲要，明确了楚雄国税“十二五”发展的总体思路、总的要求、基本原则、奋斗目标和主要任务，大力推进2011年各项工作的落实，“十二五”税收工作实现良好开局。大力组织税收收入，2011年全州国税收入完成66.96亿元，同比增收9.31亿元，增长16.15%，全面超额完成省局和州政府确定的税收收入目标任务，实现“十二五”税收收入良好开局。

三个巩固加强。一是税收执法得到巩固加强。建立健全防范税收执法风险工作机制，规范执法行为，实现执法过错率不超过万分之五并与上年相比明显下降的双目标。税务稽查成效明显，全年查补收入5108.8万元。落实税收优惠政策，全年减免税收4.25亿元。二是信息管税得到巩固加强。强化运行维护，做到了网络不断、系统不停、数据不丢。完成全省广域网设备维保（局点）项目试点工作，自主开发计算机类设备管理软件。三是队伍建设得到巩固加强。充分发挥领导班子在带队收税中推动发展、服务群众、凝聚人心、促进和谐的坚强战斗堡垒作用。心系基层，全力为基层解难题办实事，积极争取、筹措资金补助基层。始终坚持抓住“人”这个决定性因素开展教育，筑牢干部的行为基础。开展多种形式的经常性思想政治工作，教育引导干部爱岗敬业、

局领导班子

举办庆祝建党90周年系列活动

举行“感恩、敬业、奉献”演讲竞赛

开展打击制售假发票宣传

云南省国家税务局党组书记、局长李鸿文到永仁、元谋、武定县国税局看望干部职工

调适心态、依法履职。开展走访慰问活动，落实老干部政策待遇，巩固加强了老干部管理服务工作成果。开展干部作风集中整顿和建设活动，干部作风和工作落实力、制度执行力明显提升。加强干部培训。2011年，举办各类业务培训17期1063人次。289人次参加了总局、省局组织的各类培训；22人次参加了地方组织的相关培训。加强内部管理，系统内部运转高效。

四个持续推进。一是税收征管和纳税服务持续推进。推广运用税收管理员辅助信息系统，强化征收管理。落实增值税管理措施，规范出口货物退（免）税管理，如期完成了跨境贸易人民币结算试点工作。强化所得税管理，实现了税款提升、核定征收面提升、汇算清缴亏损面下降的“两升一降”目标。加强了大企业和车辆购置税管理服务工作。统筹开展纳税评估，全年评估补缴税款3267万元。持续推进优化纳税服务，不断提高满意度。二是创先争优和党建工作持续推进。表彰了一批先进集体和先进个人，全系统有8个基层党组织被确定为基层党建工作示范点。21个单位、53人次被上级表彰。三是文明创建和国税文化持续推进。完成届满复查申报工作，2个单位被云南省国家税务局命名为“文明单位”，1个单位被云南省国家税务局、云南省妇联联合命名为“巾帼文明岗”。创办《楚雄国税》季刊并编辑出版3期。利用办公楼大堂、楼道搭建国税文化长廊，展示工作成果。在全系统开展“感恩·敬业·奉献”演讲竞赛活动。参加各级组织的建党90周年征文书画摄影等活动，8幅作品获奖。1个项目获楚雄州科学技术进步二等奖。四是廉政建设和内控机制持续推进。通过强领导、强教育、强部署、强落实、强监督推进廉政建设，被州委、州政府授予“优秀单位”。重点推进落实内控机制建设，经验做法得到省局肯定并在全省国税系统推进会上作交流。

认真贯彻落实新增值税起征点政策

热情为纳税人服务

开展作风整顿活动

税收管理员培训

大理白族自治州国家税务局

2011 年 2 月 18 日，蔡杰副局长慰问弥渡县局

2011 年 7 月开始，形成定期开展理想信念教育制度，每月第一个工作日举行升旗仪式。图为州委常委、常务副州长马建全（一排左二）参加大理州市国税局升旗仪式

2011 年，大理州国家税务局认真贯彻落实省国税局“服务基层年”工作部署和州委、州人民政府工作要求，坚持“转变作风、提高效能、人才兴税、服务基层”的工作思路，推行“一个目标、五项考核”，即围绕税收收入目标，实施“税收收入、税种管理、征管质量、人才倍增、党风廉政及会风会纪”等五项考核，全面提升工作质效，圆满完成以组织收入为中心的各项税收工作。

国税收入为全州财政收入突破百亿元做出积极贡献。2011 年，全州国税部门税收收入实现 57.05 亿元，比 2010 年增收 11.58 亿元，增长 25.47%。“三税”收入实现 54.21 亿元，占全州财政总收入 100.27 亿元的 54.07%，为全州财税总收入超百亿元作出积极贡献；办理国内各类减免税 1.24 亿元，办理出口货物退（免）税 1.15 亿元，认真贯彻落实增值税转型固定资产抵扣政策减轻一般纳税人负担 2.93 亿元，为企业自主创新、发展壮大增加动力，为大理经济快速复苏和健康发展发挥积极作用。

税收征管质效大幅提升，纳税服务亮点频显。2011 年，全州总体税负达 4.41%，比 2010 年提升 0.83 个百分点，比全省总体税负高 1.06 个百分点，总体税负跃升全省第 9 名。纳税评估示范作用显著增强，全年评估 730 户，发现问题 334 户（次），评估税款 5910 万元，采取“走出去”培训的 37 名干部直接评估或参与评估税款 3964 万元，占评估总额的 67.07%。完成 2010 年所得税汇算清缴，汇算清缴补税 4696 万元，应退税款 969 万元，应入库 3727 万元；盈利面 41.78%，亏损面

2011 年 12 月 5 日，召开全州县市局长座谈会

2011 年 12 月 31 日，庆祝大理州财税总收入突破 100 亿元暨财税系统书画摄影展开幕

2011年春节团拜会上，大理州局领导班子集体朗诵诗歌《国税颂》

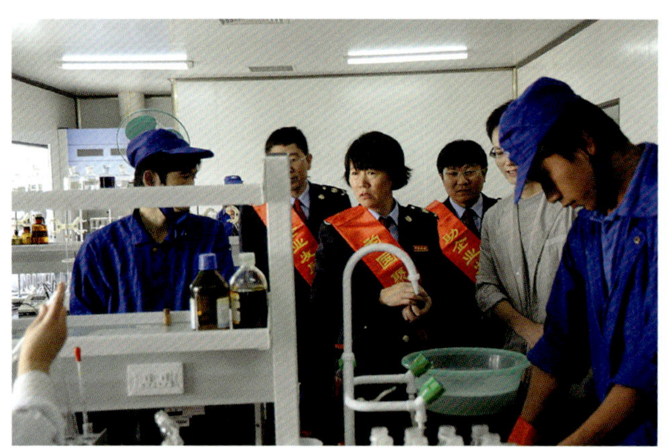
深入云南欧亚乳业有限公司开展税收宣传

大力实施“人才倍增”计划 开展业务能手竞赛

37.99%。摩托车车辆购置税委托代征、汽车车辆购置税申报缴税受理点在全州推行，全州14个委托代征点代征摩托车47111辆，征收税款1942万元，占总量的73.81%。推行“重点税源监控卡”和“纳税服务联系卡”，

州国税局杨丽君局长带队到大风坝风电场调研

对全州年纳税额100万元以上164户企业全部建卡纳入监控。在全州办税服务厅推行“一窗通办”，统一将办税服务厅窗口规范设置为申报纳税窗口、发票管理窗口和综合服务三大主题服务窗口，进一步提高办税效率和服务水平。

干部队伍建设彰显活力，人才倍增成效明显。围绕庆祝建党90周年，举办丰富多彩的纪念活动并获各级表彰；“创先争优”、向杨善洲同志学习和“四亮四评”等活动深入开展；读党史、上党课、重温入党誓词、参观爱国主义教育基地、走访看望老党员等活动全面铺开，基层党组织和广大党员讲党性、学党史、树典型、当先锋意识进一步增强。基层班子建设得到加强，完成了5名县局局长、5名州局机关正科干部及10名县、市局纪检组长选拔任用工作，开展20个副科领导岗位竞争上岗，进一步深化干部人事制度改革，拓宽选人用人渠道，基层党组的执行力、落实力进一步增强。举办多期税收业务骨干和专题业务培训班，举办全州第九届业务能手竞赛和业务骨干抽考，选送37名征管一线干部到昆明直属局点对点学习培训，基层纷纷开展业务能手竞赛和全员考试，人才倍增成效明显。

跻身全国文明单位行列，精神文明建设迈上新台阶。2011年，大理州国家税务局机关被中央文明委授予第三批“全国文明单位”；被大理州委、州人民政府授予“五五”普法先进单位；被市委、市政府授予“平安建设工作先进单位”；全州国税系统荣获省妇联、省国税局“巾帼文明岗”3个，省国税局“文明单位”2个。国税工作受到各级党委、政府和上级局的充分肯定，受到广大纳税人和社会各界进一步认可。

迪庆藏族自治州国家税务局

省局送业务进藏区

省局蔡杰副局长到迪庆调研

省局许赞霖副局长到藏区慰问

州局墨玉章局长深入基层调研

州局树耿鹤副局长深入厂区检查工作

大厅规范化建设成效明显，纳税服务水平迈上新台阶

2011年，迪庆州国家税务局在认真总结“十一五”时期税收工作的基础上，以邓小平理论和“三个代表”重要思想为指导，以科学发展观为统领，以“服务基层年”工作主题为重点，深入贯彻党的十七届五中全会、中央经济工作会议、省委全委会、省财税工作会议和省国税工作会议的精神，坚持组织收入原则，加强税收征管工作，提高依法治税水平，出色完成了各项税收工作任务，实现了“十二五”的良好开局。

把握国税工作主旋律，税收收入显著增长。2011年，迪庆州国家税务局工作开展虽然有侧重、有层次，但始终坚持以组织收入为中心。全州国税系统全年共组织税收收入8.45亿元，完成省局下达确保目标任务数5.35亿元的157.94%，超计划进度57.94个百分点，超收3.10亿元；完成省局下达奋斗目标任务数5.5亿元的153.64%，超收2.95亿元。同2010年相比，增收3.48亿元，增长70.02%，是“十一五”开局之年1.63亿元的5.18倍。

服务迪庆藏区经济社会发展，税收调控职能作用显著发挥。迪庆州国家税务局紧紧抓住深入实施西部大开发战略、建设中国面向西南开放桥头堡的两大发展机遇，认真落实各项税收优减免策（2011年，全州享受增值税减免的纳税人共有26户，其中：一般纳税人的免税销售额为1.6亿，小规模纳税人的免税销售额为1561.55万元；已申报减免企业所得税的企业有7户，减免企业所得税7180.94万元），严格执行固定资产抵扣政策，对迪庆藏区经济的发展和结构性调整发挥了不可替代的作用。

启动“一窗通办”业务

州政府财税工作分管领导张志军副州长到迪庆州国家税务局指导工作

脱产培训结业考试

召开 2011 年党风廉政建设责任制贯彻执行情况汇报会

从税源管理抓起，税收征管质量和效率明显提高。2011 年，纳入全州企业所得税重点税源管理的企业有 16 户，其中 10 户由迪庆州国家税务局监控。在加大税源监控力度的同时，充分发挥了纳税评估、税务稽查的职能，提升了征管质量和效率。全州共组织实施评估 63 户次，其中货物劳务税评估 15 户，所得税评估 41 户，同时涉及多个税种评估 7 户；享受增值税优惠政策 2 户。通过评估共查补入库税款 299.9 万元，入库滞纳金 12.7 万元。全州完成稽查查补收入 345.18 万元，其中税款 274.26 万元，滞纳金 66.28 万元，罚款 4.64 万元。

走访慰问老干部

实现“一窗通办”服务模式，纳税服务水平显著提高。2011 年，在迪庆州国家税务局的关心和支持下，香格里拉县国家税务局成为了全州率先实现所有涉税业务“一站式”受理，“一窗式”办结，“一条龙”服务的单位，有效解决了纳税人反映强烈的办税流程繁杂、办税效率不高的问题，纳税服务水平迈上新台阶，向着“大厅规范化建设”的目标迈进。

以开展“脱产培训”为契机，干部队伍素质显著提高。2011 年 7 月，按照《迪庆州国税系统十二五干部教育培训管理办法》举办了由 40 名税务干部参加，为期 25 天的财会知识和纳税评估脱产培训班，提高了干部职工专业知识水平；严格落实“逢训必考”的要求，认真组织各类考试，检验干部职工学习成果；开展“创先争优”、向杨善洲同志学习等活动，提高全州国税干部的思想觉悟；充分利用工会活动平台，丰富干部职工生活，提高其综合素质；积极参加建党 90 周年庆典系列活动，加强干部职工党性修养，弘扬民族文化精神。

党建 90 周年，全州国税系统唱响红歌

落实“服务基层年”工作主题，基层基础建设显著改善。坚持人、财、物向基层倾斜，落实基层经费最低保障制度，在加大基层调研力度的同时，加大对基层干部培训力度，关注基层干部生活、工作中存在的困难并给与解决。2011 年，在迪庆州国家税务局的支持及各级部门的协助下，德钦县国家税务局新办公楼落成，基层工作条件得到明显改进。

回首 2011 年，迪庆州国家税务局的成绩来之不易。这是省局正确领导，迪庆藏族自治州政府关心帮助和全州国税干部奋发努力的结果。

参加全州建党 90 周年党史知识竞赛

军民共建奠基和谐藏区建设

工会活动（一）

工会活动（二）

弘扬民族文化

党组书记、局长墨玉章同志向老干部描绘迪庆国税新蓝图

怒江傈僳族自治州国家税务局

2011年5月怒江州国税局举办了第一次完全意义上的副科级领导干部竞争上岗工作。图为笔试现场。

怒江州国税局按照“比学习、强技能”的要求，积极开展“每日一题，每周一练，每月一讲，每季一测”活动。图为“每季一测”考试现场

2011，“十二五”开局之年，面对新世纪以来全州经济发展最为困难的一年和复杂多变的经济形势，怒江州国税系统在省局和州委、州政府的正确领导下，深入贯彻科学发展观，坚定信心，攻坚克难，抓技能，抓基础，抓责任，使“服务基层年”各项税收工作在原有基础上取得了了可喜的成绩和长足的进步。

稳步确立怒江国税“三比三强”工作思路。结合省局、州委州政府的工作要求和怒江国税的具体情况，提出了“比学习，强技能；比服务，强基础；比作风，强责任”的工作思路。全州各级国税部门在工作中不断实践，以扎实深入的作风，切实有效的措施，充实丰富的内容、细致周到的服务，为基层谋发展、强基础、增动力、做实事，确保了全年各项国税工作的圆满完成，有力推动了国税事业科学发展。

强化税收征管，优化纳税服务。通过加强户籍静态、动态监管和实地巡查；加强对欠税企业和缓缴税款企业的监

在纪念建党九十周年之际，全州国税系统开展了走访慰问老党员老干部、读红色经典书籍、唱红色歌曲比赛等丰富多彩的庆祝活动

怒江州国税局召开党组中心组理论学习工作会议。图为与会代表交流学习杨善洲同志先进事迹心得体会

2011年1月20日，省国税局党组成员魏贵和纪检组长深入怒江慰问基层干部职工

2011年7月13日~14日，州局邀请了省局征管和科技发展处的业务骨干就综合征管软件和数据监控分析系统操作应用知识进行授课

州局杨边边局长深入泸水县国税局和硅工业园区开展组织收入专题调研

基层税务干部深入中小水电企业开展纳税辅导

控管理；推行税收管理员辅助信息系统；积极开展纳税评估；稳步推进普通发票简并换版工作；突出“信息管税”，大力提升税收管理水平；深入开展分级分类稽查和税收专项检查，积极查处税收违法案件和打击发票违法犯罪活动，2011 年共查补入库各项税收收入 1317.34 万元，同比增长 44.47%。深入开展纳税人对税务机关纳税服务满意度及纳税人需求问卷调查工作；制作《纳税服务指南》和《纳税服务卡》，方便广大纳税人；在全州国税系统窗口单位统一步骤，统一行动开展“四亮四评”主题实践活动；认真落实税收优惠政策。

突出解决基层建设的重点难点问题。深入基层，深入群众，深入企业，加强调研，增强工作的针对性；摸清底子，主动汇报，积极推进州县综合办公大楼基建工程进度；稳步推进贡山县局及片马分局办公楼修缮两个基建项目工程；认真组织“小金库”治理及“回头看”工作，进一步加大“小金库”治理工作力度；心系基层，加快提升服务基层的能力，努力解决基层的实际困难，加大州局机关服务基层的力度，坚持人、财、物向基层倾斜。

不断提升怒江国税团队的凝聚力和战斗力。加强各级领导班子建设，提高各级领导班子的凝聚力；按照“公开、平等、竞争、择优”的原则，选拔任用了 9 名副科级领导干部，完成了我州自机构分设以来第一次完全意义上的竞争上岗；对两个县局的“一把手”进行了调整，为四个县局配备了新的班子成员，合理调整和优化班子结构，走好了配好配强各县局领导班子的第一步。

全面激发干部的学习热情和干事活力。在怒江州国家税务局电子政务网站开设“比学习，强技能”栏目，积极开展“每日一题，每周一练，每月一讲，每季一测”活动，为广大干部搭建学习平台；通过“送出去、请进来和送教下基层”培训方式不断拓宽干部教育培训渠道；提升现有网站平台的交流宣传功能，以宣传促文化，以文化提素质；在《怒江报》开设国税专栏，进一步加大税收宣传力度；加强精神文明创建，组织丰富多彩国税文化活动，引导广大干部职工快乐工作，健康生活。

党建工作成绩显著。坚持“七个结合”开展创先争优活动；召开全州国税系统建党 90 周年表彰大会；组织开展“唱红色歌曲 颂党的恩情”、走访慰问老党员和老干部活动，掀起了学习杨善洲、邓前堆先进事迹热潮。党建工作取得显著成效，州局机关党委被怒江州深入开展创先争优活动领导小组确定为“怒江州基层党建工作示范点”之一、州局机关党委和兰坪县国税局党支部被州委表彰为“先进基层党组织”。

深入推进党风廉政建设和反腐倡廉工作。加强内控机制建设，强化教育防控、制度防控、科技防控、惩戒防控，规范权力运行；加强各级领导干部廉政教育工作力度，从源头上防止了全州国税系统干部选拔任用工作中出现不正之风，促进党员领导干部廉洁从政；加强对国税干部的教育、引导，提高广大干部的风险防范意识和自我保护意识。

圆满完成各项组织收入任务。通过采取强化基础管理，加强税收分析，加强纳税评估和税务稽查等积极有效的措施，在坚持依法治税中向管理、向稽查、向评估要收入，2011 年全州国税系统共组织各项税收收入 4.2 亿元（不含海关代征税收），同比增长 2%。

怒江州国税局开展税收宣传进教堂、进企业、进口岸、进校园、进社区等活动，确保税收宣传活动取得实效。图为州局特聘的义务税法宣传员“溜索医生”邓前堆在集市宣传税法

怒江州国税局在窗口单位开展“四亮四评”主题实践活动，把窗口服务工作建成全州创先争优活动的示范单位

丽江市国家税务局

歌咏大赛税干英姿

参观预防渎职侵权犯罪展览

到市场进行税收宣传

2011年，丽江市国税局突出“服务基层年”工作主题，把握“队伍建设、依法行政、加强征管、优化服务”的16字核心，实现了全年国税工作目标。

一是规范对组织收入工作的指导，提升依法治税、风险防控的能力。加强对组织收入工作、税收政策执行的指导，强化税收执法风险防控工作。

二是规范税收管理和服务工作，提升管理水平和服务质量。加强各税种和重点税源管理，进一步规范税收执法，切实改进纳税评估组织工作，强化税务稽查，做好纳税服务工作。

三是规范信息化管理工作，提升信息化建设运用水平。推动信息化管理工作重心向基层转移，切实加强计

唱红歌

税收宣传

算机类设备的配置与管理；加强信息资源的整合应用，全面推进信息管税。

四是规范内部行政管理，提升制度的落实力。加强各项机关工作制度的落实，切实增强领导班子“执行力”加强部门协调配合，强调工作部署统筹兼顾，推进“平安国税”建设。

五是规范干部教育管理，提升国税干部队伍形象。进一步加强基层领导班子建设，加大基层干部培养力度，加强干部教育培训工作，认真实施行政执法类公务员管理试点，大力推进国税文化建设。

六是规范服务基层的机制，提升为基层服务的合力。进一步完善领导挂钩基层工作制度，继续推动人力、财力、物力向基层倾斜，落实好规范津补贴工作，有力推动“两个减负”，积极探索服务基层的有效途径。

七是规范党风廉政制度建设，提升反腐倡廉工作的实效。以完善惩防体系为重点，整体推进反腐倡廉各项工作。强化各级党组反腐倡廉的主体责任和主要领导干部“第一责任人”的政治责任，落实“一岗双责”。继续加大查办案件力度，严肃行政问责。全面加强党建工作，落实党建工作责任制。认真开展了庆祝建党 90 周年系列活动，巩固扩大“三读”活动成果，深入推进学习型党组织建设，积极开展创先争优和精神文明创建活动。

国税工作会议

走红路

签订《责任书》

临沧市国家税务局

2011年12月27日，党组书记、局长梅书灿深入扶贫点了解生产生活情况

2011年12月31日临沧市委副书记、市长锁飞深入临沧国税慰问看望国税干部

充满活力的临沧国税干部队伍

参加预防渎职和侵权职务犯罪教育活动

2011年，全市国科系统在省局和市委、市政府的正确领导下，认真贯彻中央经济工作会议、全国税务工作会议和全省国税工作会议精神，紧紧围绕省局“服务基层年”工作主题，牢记“为国聚财、为民收税”的神圣使命，按照年初确定的工作思路和重点工作任务，各单位、各部门齐心协力、上下联动，通过抓任务分解、责任落实和督促检查，确保了各项工作的协调、稳步推进，较好地完成了省局和市委、市政府下达的各项工作任务，为“十二五”临沧国税的持续、快速发展打下了坚实的基础。

税收收入实现新突破——全年共组织各项税收收入17.29亿元（含免抵调增值税860万元），同比增收6亿元，增长53.23%，完成省局下达确保任务12.63亿元的136.83%，完成奋斗目标12.77亿元的135.33%。其中：国内增值税收入12.91亿元，同比增收4.48亿元，增长53.18%；消费税收入9881万元，同比增收2585万元，增长35.43%；企业所得税收入1.98亿元，同比增收9655万元，增长94.68%；车辆购置税收入1.40亿元，同比增收3082万元，增长28.20%；储蓄存款利息所得个人所得税收入65万元，同比减收80万元，下降55.17%。税收收入在2010年收入11.28亿元的基础上，实现了连续跨越12亿元、13亿元、14亿元、15亿元、16亿元、17亿元6个台阶的好成绩。

税收管理工作取得新进展——2011年，全市国税系统以信息技术为依托，积极探索强化税收管理的办法和措施，充分发挥各部门在税收管理中的作用，税收管理水平进一步提升，促进了税收与经济的协调发展。一是

党组书记、局长——梅书灿

团结务实的领导班子

干部队伍建设暨党风廉政建设工作会议

召开全市国税工作会议表彰先进

设工作。二是巩固和拓展党建、国税文化建设和精神文明建设工作成效。三是基础工作得到进一步规范和提升。四是宣传信息工作效果突出。五是综治维稳和保密工作进一步加强。

2011 年，临沧国税以邓小平理论和“三个代表”重要思想为指导，全面贯彻落实科学发展观，认真落实“服务基层年”各项工作要求，把握趋势谋发展，强化措施抓落实，大力弘扬不甘落后、奋发拼搏、争创一流的精神，各项工作取得了一定的成绩，得到了省局、地方党委、政府和广大纳税人的肯定。

税收分析和税源预测水平明显提升。二是重点税源监控管理措施到位。三是积极探索推进企业所得税专业化管理的办法、措施。四是税收管理员辅助信息系统如期上线运行初见成效。五是顺利完成普通发票简并换版工作。六是纳税评估工作深入推进。

税收执法水平有新提高——全局始终把依法治税作为税收工作的核心和灵魂来抓，坚持内外并举，重在治内，以内促外，努力优化税收执法环境，提高税收执法水平。一是加大各项税收政策的执行力度。二是建立政策执行分析制度。三是积极开展税收执法督察工作。四是强化对“税收执法管理信息系统”的监控和管理。五是对疑点数据进行了排查整改，切实规范税收执法行为，强化执法监督。六是强化税务稽查工作，加大案件的查办力度，打击税收违法行为，规范税收秩序，促进税收征管质量效率的提高。

纳税服务能力实现新提升——一是多元化申报工作持续推进。二是办税服务厅标准化建设任务全面完成。三是纳税服务制度进一步健全和完善。四是税收法制宣传工作形式多样、特点突出、成效明显。五是认真落实市委市政府重点企业、重点项目的挂钩服务工作。

干部队伍建设迈上新台阶——一是着力抓好领导班子建设。二是加大对干部的教育培训力度。三是加强对科级领导干部、后备干部、年轻干部以及业务骨干的培养锻炼，建立富有生机与活力、有利于优秀人才脱颖而出的人才培养机制。四是完善制度，规范管理。

部门自身建设取得新成效——一是扎实推进党风廉政建

干部队伍建设暨党风廉政建设工作会议

荣获全国文明单位

保山市国家税务局

2011年11月21日，云南省国税局许赞霖副局长到保山国税检查考评文明创建工作

2011年12月20日，中央文明委授予保山市国税局（机关）“全国文明单位”荣誉称号

2011年，全市国税系统以邓小平理论和“三个代表”重要思想为指导，深入贯彻落实科学发展观，坚持“为国聚财、为民收税”税收工作宗旨，紧扣“服务基层年”工作主题，抓实税源监管保收入、创新机制提质量、规范执法降风险、优化服务建和谐、完善管理提效率、创先争优强素质，各项税收工作亮点频现。

一、税收收入实现新增长。全年组织税收收入19.83亿元，比2010年增收5.3亿元，增长36.5%，全面完成了省国税局和保山市政府确定的收入目标任务。

二、文明创建迈上新台阶。按照“创建与促发展互动、创一流业绩，创建与建学习型组织互动、创一流素质，创建与人才强税互动、创一流队伍，创建与纳税服务互动、创一流作风，创建与创先争优互动、创一流形象”

2011年4月13日，市国税局上线保山市人民广播电台政风行风热线

2011年9月9日，召开全市国税系统纪念建党90周年演讲比赛和先进表彰大会

2011年12月5日，市国税局组织干部职工到联村入户点帮群众修水渠

2011 年 4 月 11 日，保山市国税局青年志愿服务队成立

2011 年 5 月 11 日，市国税局深入联村入户点了解民情

2011 年 9 月 9 日，市政风行风民主评议检查组到市国税局检查指导工作

的目标要求，抓实精神文明创建工作，在实现全系统文明创建“一遍红”的基础上，保山市国税局（机关）被中央文明委授予“全国文明单位”荣誉称号。

三、国税形象有新提升。在 2011 年政风行风民主评议中，保山市国税局、昌宁县国税局和龙陵县国税局综合评分在同级参评的 11 家行政执法职能部门中排名第一，腾冲县国税局排名第二。

四、征管基础得到新加强。税源与征管状况监控分析各项监控指标好于全省平均水平；纳税申报率全省排名第一；一般纳税人零申报率全省排名第三；一般纳税人增值税税负率比全省平均税负率高 1.53 个百分点；一般纳税人零申报率比全省平均申报率低 4.06 个百分点；执法过错率为万分之 0.35。

五、为民服务取得新成效。通过开展创先争优、为民服务活动和联村入户工作，干部服务意识明显增强、服务作风明显改进、服务效能明显提高、服务能力明显提升，得到了地方党委政府、社会各界、广大纳税人和人民群众的肯定和好评。

德宏傣族景颇族自治州国家税务局

新一届州局领导班子

纪念建党 90 周年植树活动

副科级领导干部竞争上岗笔试现场

在扬州税院举办科级领导管理能力培训班

省局李鸿文局深入盈江地震灾区看望慰问国税干部职工

2011 年是“十二五”开局之年和全省国税工作的“服务基层年”，德宏州国家税务局新一届领导班子团结和谐，继往开来，带领全州国税系统振奋精神，扎实工作，以深入开展创先争优和各类学习活动为契机，以创新发展为核心，以学习找差距，以实践促工作，不断推进依法治税和科学化精细化专业化管理，有力推进了国税工作的顺利开展，全年共组织国税收入 13.73 亿元，为计划的 126.3%，同比增长 39.3%，增 3.88 亿元。其中：“三税”收入 12.27 亿元，为计划的 127.7%，同比增长 40.4%，增 3.52 亿元。

全系统着力突出“服务基层年”工作主题，采取有效措施，投入大量人力、物力和资金，狠抓干部的思想政治工作、素质教育和政策业务培训，开展了竞争上岗，营造了风清气正、干事创业的良好氛围。狠抓税源专业化管理和纳税评估等工作，开展执法风险点排查梳理，规范了系统内控机制建设，提高了服务基层服务广大纳税人的质量效率。狠抓桥头堡黄金口岸和瑞丽国家重点开发开放试验区建设调研工作，立足国税支持边疆德宏经济社会科学发展、和谐发展、跨越发展。通过各项措施深入落实，取得了显著成效：惩防体系建设和党风廉政

承办省税务学会会长秘书长会议

2011 年度迎新联欢活动

开展警民共建活动

建设及社会治安综合治理工作均被州委考评为优秀，盈江局办税服务厅被省国税局和省妇联表彰为“巾帼文明岗”、畹町局被省局命名为“文明单位”。

全系统认真贯彻执行税收优惠政策，充分发挥税收职能作用。全年减免企业所得税 5693 万元，同比增 30.07%。对享受增值税征前减免的 438 户纳税人进行免征，免税销售额为 72.41 亿元，同比增 34.12%。落实增值税即征即退优惠政策，为 10 户企业办理增值税即征即退 1665.4 万元。加强出口退税管理和服务，全州有 285 户登记在册出口企业，同比增 29 户，共为 122 户出口企业退税 8.7 亿元，同比增 38.1%，其中以人民币结算退税 4.94 亿元，占退税款的 56%，以外汇结算办理退税 1.13 亿元，跨境贸易人民币结算退税 2.63 亿元，出口退税增长有效地促进德宏外贸经济的发展。

组织开展纳税评估工作

纪念建党 90 周年老干部座谈会

工间操

勇做边疆禁毒防艾卫士

积极参加地方民族活动

综治维稳工作再获佳绩

第四篇

税收法律法规目录及选编

Y U N N A N G U O S H U I N I A N J I A N

法律法规目录

一、基本法规

1. 国务院关于印发进一步鼓励软件产业和集成电路产业发展若干政策的通知

2011 年 1 月 28 日　国发〔2011〕4 号

2. 税收违法行为检举管理办法

2011 年 2 月 12 日　国家税务总局令第 24 号

3. 中华人民共和国发票管理办法实施细则

2011 年 2 月 14 日　国家税务总局令第 25 号

4. 中华人民共和国行政强制法

2011 年 6 月 30 日　第十一届全国人民代表大会常务委员会第二十一次会议通过

5. 卷烟消费税计税价格信息采集和核定管理办法

2011 年 10 月 27 日　国家税务总局令第 26 号

6. 云南省人民政府关于第五轮取消和调整行政审批项目的决定

2011 年 12 月 15 日　云南省人民政府令第 171 号

7. 国家税务总局关于修改《车辆购置税征收管理办法》的决定

2011 年 12 月 19 日　国家税务总局令第 27 号

二、增值税

1. 国家税务总局关于飞机维修业务增值税处理方式的公告

2011 年 1 月 12 日　国家税务总局公告 2011 年第 5 号

2. 国家税务总局关于纳税人销售伴生金有关增值税问题的公告

2011 年 1 月 24 日　国家税务总局公告 2011 年第 8 号

3. 国家税务总局关于纳税人资产重组有关增值税问题的公告

2011 年 2 月 18 日　国家税务总局公告 2011 年第 13 号

4. 国家税务总局关于增值税防伪税控一机多票系统开具普通发票有关问题的公告

2011 年 3 月 1 日　国家税务总局公告 2011 年第 15 号

5. 财政部　国家税务总局关于收购烟叶支付的价外补贴进项税额抵扣问题的通知

2011 年 3 月 2 日　财税〔2011〕21 号

6. 国家税务总局关于皂脚适用增值税税率问题的公告

2011 年 3 月 16 日　国家税务总局公告 2011 年第 20 号

7. 国家税务总局关于纳税人销售自产货物并同时提供建筑业劳务有关税收问题的公告

2011 年 3 月 25 日　国家税务总局公告 2011 年第 23 号

8. 云南省国家税务局关于发布全文失效废止部分条款失效废止的增值税管理税收规范性文件目录的公告

2011 年 4 月 12 日　云南省国家税务局公告 2011 年第 3 号

9. 国家税务总局关于纳税人无偿赠送粉煤灰征收增值税问题的公告

2011 年 5 月 19 日　国家税务总局公告 2011 年第 32 号

10. 国家税务总局关于花椒油增值税适用税率问题的公告

2011 年 6 月 2 日　国家税务总局公告 2011 年第 33 号

11. 国家税务总局关于部分液体乳增值税适用税率的公告

2011 年 7 月 6 日　国家税务总局公告 2011 年第 38 号

12. 国家税务总局关于增值税纳税义务发生时间有关问题的公告

2011 年 7 月 15 日　国家税务总局公告 2011 年第 40 号

13. 云南省国家税务局关于重新确定饲料产品检测机构及饲料产品办理免税相关事项的公告

2011 年 7 月 18 日　云南省国家税务局公告 2011 年第 6 号

14. 云南省国家税务局关于重新确定有机肥产品检验机构的公告

2011 年 7 月 18 日　云南省国家税务局公告 2011 年第 7 号

15. 国家税务总局关于环氧大豆油氢化植物油增值税适用税率问题的公告

2011 年 7 月 25 日　国家税务总局公告 2011 年第 43 号

16. 国家税务总局关于纳税人转让土地使用权或者销售不动产同时一并销售附着于土地或者不动产上的固定资产有关税收问题的公告

2011 年 8 月 17 日　国家税务总局公告 2011 年第 48 号

17. 国家税务总局关于废止逾期增值税扣税凭证一律不得抵扣规定的公告

2011 年 9 月 14 日　国家税务总局公告 2011 年第 49 号

18. 国家税务总局关于逾期增值税扣税凭证抵扣问题的公告

2011 年 9 月 14 日　国家税务总局公告 2011 年第

50 号

19. 国家税务总局关于天生桥水力发电单位增值税征管问题的通知

2011 年 9 月 26 日　国税函〔2011〕698 号

20. 财政部　国家税务总局关于软件产品增值税政策的通知

2011 年 10 月 13 日　财税〔2011〕100 号

21. 关于修改《中华人民共和国增值税暂行条例实施细则》和《中华人民共和国营业税暂行条例实施细则》的决定

2011 年 10 月 28 日　财政部　国家税务总局令第 65 号

22. 国家税务总局关于纳税人为其他单位和个人开采矿产资源提供劳务有关货物和劳务税问题的公告

2011 年 11 月 7 日　国家税务总局公告 2011 年第 56 号

23. 国家税务总局关于调整增值税即征即退优惠政策管理措施有关问题的公告

2011 年 11 月 14 日　国家税务总局公告 2011 年第 60 号

24. 国家税务总局关于安置残疾人单位是否可以同时享受多项增值税优惠政策问题的公告

2011 年 11 月 18 日　国家税务总局公告 2011 年第 61 号

25. 财政部　国家税务总局关于调整完善资源综合利用产品及劳务增值税政策的通知

2011 年 11 月 21 日　财税〔2011〕115 号

26. 国家税务总局关于旅店业和饮食业纳税人销售食品有关税收问题的公告

2011 年 11 月 24 日　国家税务总局公告 2011 年第 62 号

27. 国家税务总局关于纳税人既享受增值税即征即退先征后退政策又享受免抵退税政策有关问题的公告

2011 年 12 月 1 日　国家税务总局公告 2011 年第 69 号

28. 国家税务总局关于调整增值税纳税申报有关事项的公告

2011 年 12 月 2 日　国家税务总局公告 2011 年第 66 号

29. 财政部　国家税务总局关于继续执行边销茶增值税政策的通知

2011 年 12 月 7 日　财税〔2011〕89 号

30. 财政部　国家税务总局关于继续执行宣传文化增值税和营业税优惠政策的通知

2011 年 12 月 7 日　财税〔2011〕92 号

31. 国家税务总局关于一般纳税人迁移有关增值税问题的公告

2011 年 12 月 9 日　国家税务总局公告 2011 年第 71 号

32. 国家税务总局关于启用货物运输业增值税专用发票的公告

2011 年 12 月 15 日　国家税务总局公告 2011 年第 74 号

33. 财政部　国家税务总局关于扶持动漫产业发展增值税营业税政策的通知

2011 年 12 月 27 日　财税〔2011〕119 号

34. 财政部　国家税务总局关于应税服务适用增值税零税率和免税政策的通知

2011 年 12 月 29 日　财税〔2011〕131 号

35. 国家税务总局关于未按期申报抵扣增值税扣税凭证有关问题的公告

2011 年 12 月 29 日　国家税务总局公告 2011 年第 78 号

36. 财政部　国家税务总局关于免征蔬菜流通环节增值税有关问题的通知

2011 年 12 月 31 日　财税〔2011〕137 号

三、消费税

1. 财政部　国家税务总局关于对油（气）田企业生产自用成品油先征后返消费税的通知

2011 年 2 月 25 日　财税〔2011〕7 号

2. 财政部　国家税务总局关于明确废弃动植物油生产纯生物柴油免征消费税适用范围的通知

2011 年 6 月 15 日　财税〔2011〕46 号

3. 财政部　中国人民银行　国家税务总局关于延续执行部分石脑油　燃料油消费税政策的通知

2011 年 9 月 15 日　财税〔2011〕87 号

4. 国家税务总局关于配制酒消费税适用税率问题的公告

2011 年 9 月 28 日　国家税务总局公告 2011 年第 53 号

四、出口退税

1. 国家税务总局关于印发《出口退税审核关注信息管理办法》的通知

2011 年 2 月 10 日　国税发〔2011〕22 号

2. 国家税务总局关于代理出口货物相关税收问题的公告

2011 年 2 月 12 日　国家税务总局公告 2011 年第 12 号

3. 财政部 国家税务总局关于边境地区一般贸易和边境小额贸易出口货物以人民币结算准予退（免）税试点的补充通知

2011 年 3 月 10 日　财税〔2011〕8 号

4. 国家税务总局关于扩大适用免抵退税管理办法企业范围有关问题的公告

2011 年 3 月 14 日 国家税务总局公告 2011 年第 18 号

5. 财政部　商务部　海关总署　国家税务总局关于继续执行研发机构采购设备税收政策的通知

2011 年 10 月 10 日　财税〔2011〕88 号

6. 国家税务总局关于印发《研发机构采购国产设备退税管理办法》的公告

2011 年 12 月 14 日　国家税务总局公告 2011 年第 73 号

五、所得税

1. 国家税务总局关于高新技术企业资格复审期间企业所得税预缴问题的公告

2011 年 1 月 10 日　国家税务总局公告 2011 年第 4 号

2. 云南省人民政府办公厅关于贯彻落实国务院促进生物产业加快发展若干政策的实施意见（摘编）

2011 年 2 月 27 日　云政办发〔2011〕33 号

3. 国家税务总局关于煤矿企业维简费和高危行业企业安全生产费用企业所得税税前扣除问题的公告

2011 年 3 月 31 日　国家税务总局公告 2011 年第 26 号

4. 财政部　国家税务总局关于电网企业接收用户资产有关企业所得税政策问题的通知

2011 年 4 月 25 日　财税〔2011〕35 号

5. 国家税务总局关于雇主为雇员承担全年一次性奖金部分税款有关个人所得税计算方法问题的公告

2011 年 4 月 28 日　国家税务总局公告 2011 年第 28 号

6. 国家税务总局关于企业所得税年度纳税申报口径问题的公告

2011 年 4 月 29 日 国家税务总局公告 2011 年第 29 号

7. 云南省国家税务局　云南省地方税务局关于企业资产损失所得税税前扣除管理问题的公告

2011 年 5 月 3 日　云南省国家税务局公告 2011 年第 4 号

8. 国家税务总局关于发布《企业资产损失所得税税前扣除管理办法》的公告

2011 年 3 月 31 日　国家税务总局公告 2011 年第 25 号

9. 财政部　国家税务总局关于享受企业所得税优惠的农产品初加工有关范围的补充通知

2011 年 5 月 11 日　财税〔2011〕26 号

10. 国家税务总局关于税务机关代收工会经费企业所得税税前扣除凭据问题的公告

2011 年 5 月 11 日 国家税务总局公告 2011 年第 30 号

11. 财政部　国家税务总局关于高新技术企业境外所得适用税率及税收抵免问题的通知

2011 年 5 月 31 日　财税〔2011〕47 号

12. 财政部　国家税务总局　民政部关于公布 2011 年度第一批获得公益性捐赠税前扣除资格的公益性社会团体名单的通知

2011 年 6 月 3 日　财税〔2011〕45 号

13. 国家税务总局关于企业所得税若干问题的公告

2011 年 6 月 9 日　国家税务总局公告 2011 年第 34 号

14. 国家税务总局关于企业国债投资业务企业所得税处理问题的公告

2011 年 6 月 22 日　国家税务总局公告 2011 年第 36 号

15. 国家税务总局关于企业转让上市公司限售股有关所得税问题的公告

2011 年 7 月 7 日　国家税务总局公告 2011 年第 39 号

16. 财政部　海关总署　国家税务总局关于深入实施西部大开发战略有关税收政策问题的通知

2011 年 7 月 27 日　财税〔2011〕58 号

17. 财政部　国家税务总局关于地方政府债券利息所得免征所得税问题的通知

2011 年 8 月 26 日　财税〔2011〕76 号

18. 财政部　国家税务总局关于专项用途财政性资金企业所得税处理问题的通知

2011 年 9 月 7 日　财税〔2011〕70 号

19. 国家税务总局关于实施农　林　牧　渔业项目企业所得税优惠问题的公告

2011 年 9 月 13 日　国家税务总局公告 2011 年第 48 号

20. 财政部　国家税务总局关于期货投资者保障基金有关税收优惠政策继续执行的通知

2011 年 9 月 20 日　财税〔2011〕69 号

21. 财政部　国家税务总局关于铁路建设债券利息收入企业所得税政策的通知

2011 年 10 月 10 日　财税〔2011〕99 号

22. 财政部　国家税务总局关于延长金融企业涉农贷款和中小企业贷款损失准备金税前扣除政策执行期限的通知

2011 年 10 月 19 日　财税〔2011〕104 号

23. 财政部　国家税务总局　民政部关于生产和装配伤残人员专门用品企业免征企业所得税的通知

2011 年 10 月 20 日　财税〔2011〕81 号

24. 财政部　国家税务总局关于小型微利企业所得税优惠政策有关问题的通知

2011 年 11 月 29 日　财税〔2011〕117 号

25. 国家税务总局关于发布《中华人民共和国企业所得税月（季）度预缴纳税申报表》等报表的公告

2011 年 11 月 30 日　国家税务总局公告 2011 年第 64 号

26. 国家税务总局　国家工商行政管理总局关于加强税务工商合作实现股权转让信息共享的通知

2011 年 12 月 22 日　国税发〔2011〕126 号

六、国际税收

1. 国家税务总局关于非居民企业所得税管理若干问题的公告

2011 年 3 月 28 日　国家税务总局公告 2011 年第 24 号

2. 国家税务总局关于印发《国家税务总局大企业税收服务和管理规程（试行）》的通知

2011 年 7 月 13 日　国税发〔2011〕71 号

3. 国家税务总局关于印发《境外注册中资控股居民企业所得税管理办法（试行）》的公告

2011 年 7 月 27 日　国家税务总局公告 2011 年第 45 号

七、征管、其他法规

1. 国家税务总局关于发票专用章式样有关问题的公告

2011 年 1 月 21 日　国家税务总局公告 2011 年第 7 号

2. 云南省财政厅　云南省国家税务局　云南省地方税务局转发财政部　国家税务总局关于支持和促进就业有关税收政策的通知

2011 年 2 月 15 日　云财税〔2011〕12 号

3. 云南省国家税务局转发国家税务总局关于取消部分涉企行政事业性收费的通知

2011 年 2 月 25 日　云国税函〔2011〕50 号

4. 国家税务总局关于转发《财政部 国家发展改革委关于取消部分涉企行政事业性收费的通知》的通知

2011 年 2 月 18 日　国税函〔2011〕97 号

5. 财政部　国家发展改革委关于取消部分涉企行政事业性收费的通知

2011 年 1 月 30 日　财综〔2011〕9 号

6. 国家税务总局关于发布《网上纳税申报软件业务标准》的公告

2011 年 3 月 4 日　国家税务总局公告 2011 年第 17 号

7. 国家税务总局关于进一步完善税务登记管理有关问题的公告

2011 年 3 月 21 日　国家税务总局公告 2011 年第 21 号

8. 云南省国家税务局关于统筹开展纳税评估工作的通知

2011 年 4 月 6 日　云国税发〔2011〕93 号

9. 国家税务总局办公厅关于修改税务登记表相关内容的通知

2011 年 4 月 22 日　国税办发〔2011〕47 号

10. 云南省国家税务局　云南省地方税务局　云南省财政厅　云南省人力资源和社会保障厅　云南省教育厅关于贯彻落实支持和促进就业有关税收政策具体实施问题的公告

2011 年 4 月 29 日　云南省国家税务局等五部门公告 2011 第 2 号

11. 云南省人民政府贯彻落实国务院关于加强法治政府建设文件的实施意见

2011 年 5 月 3 日　云政发〔2011〕100 号

12. 云南省国家税务局关于进一步明确废旧物资收购企业发票使用问题的通知

2011 年 5 月 5 日　云国税发〔2011〕113 号

13. 国家税务总局关于进一步加强商业预付卡税收管理的通知

2011 年 7 月 28 日　国税函〔2011〕413 号

14. 国家税务总局关于印发《全国税务系统开展法制宣传教育第六个五年规划（2011 ~ 2015 年）》的通知

2011 年 9 月 1 日　国税发〔2011〕90 号

15. 云南省国家税务局关于贯彻落实国务院支持云南省加快建设面向西南开放重要桥头堡意见的通知

2011 年 10 月 12 日　云国税发〔2011〕222 号

16. 关于印发《云南省国家税务局开展法制宣传教育第六个五年规划（2011 ~ 2015 年）》的通知

2011 年 11 月 9 日　云国税发〔2011〕235 号

17. 财政部　国家发展改革委关于免征小型微型企业部分行政事业性收费的通知

2011 年 11 月 14 日　财综〔2011〕104 号

18. 国家税务总局关于人保投资控股有限公司相关税收问题的公告

2011 年 12 月 2 日　国家税务总局公告 2011 年第 70 号

19. 云南省国家税务局关于贯彻落实《关于开展税源专业化管理试点工作的指导意见》的通知

2011 年 12 月 5 日　云国税发〔2011〕259 号

20. 国家税务总局关于免收小型微型企业发票工本费有关问题的通知

2011 年 12 月 31 日　国税函〔2011〕759 号

八、纳税服务

1. 国家税务总局关于进一步加强国家税务局 地方税务局合作的意见

2011 年 8 月 2 日　国税发〔2011〕77 号

2. 国家税务总局关于进一步做好税务系统窗口单位纳税服务工作的通知

2011 年 9 月 16 日　国税发〔2011〕95 号

3. 国家税务总局关于税务师事务所公告栏有关问题的公告

2011 年 12 月 2 日　国家税务总局公告 2011 年第 67 号

重要税收政策法规

一、基本法规

国务院关于印发进一步鼓励软件产业和集成电路产业发展若干政策的通知

2011年1月28日 国发〔2011〕4号

各省、自治区、直辖市人民政府，国务院各部委、各直属机构：

现将《进一步鼓励软件产业和集成电路产业发展的若干政策》印发给你们，请认真贯彻执行。

软件产业和集成电路产业是国家战略性新兴产业，是国民经济和社会信息化的重要基础。近年来，在国家一系列政策措施的扶持下，经过各方面共同努力，我国软件产业和集成电路产业获得较快发展。制定实施《进一步鼓励软件产业和集成电路产业发展的若干政策》，继续完善激励措施，明确政策导向，对于优化产业发展环境，增强科技创新能力，提高产业发展质量和水平，具有重要意义。各地区、各有关部门要高度重视，加强组织领导和协调配合，抓紧制定实施细则和配套措施，切实抓好落实工作。发展改革委要会同有关部门及时跟踪了解政策执行情况，加强督促指导，确保取得实效。

进一步鼓励软件产业和集成电路产业发展的若干政策

《国务院关于印发鼓励软件产业和集成电路产业发展若干政策的通知》（国发〔2000〕18号，以下简称国发18号文件）印发以来，我国软件产业和集成电路产业快速发展，产业规模迅速扩大，技术水平显著提升，有力推动了国家信息化建设。但与国际先进水平相比，我国软件产业和集成电路产业还存在发展基础较为薄弱，企业科技创新和自我发展能力不强，应用开发水平急待提高，产业链有待完善等问题。为进一步优化软件产业和集成电路产业发展环境，提高产业发展质量和水平，培育一批有实力和影响力的行业领先企业，制定以下政策。

一、财税政策

（一）继续实施软件增值税优惠政策。

（二）进一步落实和完善相关营业税优惠政策，对符合条件的软件企业和集成电路设计企业从事软件开发与测试，信息系统集成、咨询和运营维护，集成电路设计等业务，免征营业税，并简化相关程序。具体办法由财政部、税务总局会同有关部门制定。

（三）对集成电路线宽小于0.8微米（含）的集成电路生产企业，经认定后，自获利年度起，第一年至第二年免征企业所得税，第三年至第五年按照25%的法定税率减半征收企业所得税（以下简称企业所得税“两免三减半”优惠政策）。

（四）对集成电路线宽小于0.25微米或投资额超过80亿元的集成电路生产企业，经认定后，减按15%的税率征收企业所得税，其中经营期在15年以上的，自获利年度起，第一年至第五年免征企业所得税，第六年至第十年按照25%的法定税率减半征收企业所得税（以下简称企业所得税“五免五减半”优惠政策）。

（五）对国家批准的集成电路重大项目，因集中采购产生短期内难以抵扣的增值税进项税额占用资金问题，采取专项措施予以妥善解决。具体办法由财政部会同有关部门制定。

（六）对我国境内新办集成电路设计企业和符合条件的软件企业，经认定后，自获利年度起，享受企业所得税“两免三减半”优惠政策。经认定的集成电路设计企业和符合条件的软件企业的进口料件，符合现行法律法规规定的，可享受保税政策。

（七）国家规划布局内的集成电路设计企业符合相关条件的，可比照国发18号文件享受国家规划布局内重点软件企业所得税优惠政策。具体办法由发展改革委会同有关部门制定。

（八）为完善集成电路产业链，对符合条件的集成电路封装、测试、关键专用材料企业以及集成电路专用设备相关企业给予企业所得税优惠。具体办法由财政部、税务总局会同有关部门制定。

（九）国家对集成电路企业实施的所得税优惠政策，根据产业技术进步情况实行动态调整。符合条件的软件企业和集成电路企业享受企业所得税“两免三减半”、“五免五减半”优惠政策，在2017年12月31日前自获利年度起计算优惠期，并享受至期满为止。符合条件的软件企业和集成电路企业所得税优惠政策与企业所得税其他优惠政策存在交叉的，由企业选择一项最优惠政策执行，不叠加享受。

…………

八、政策落实

（三十二）凡在我国境内设立的符合条件的软件企业和集成电路企业，不分所有制性质，均可享受本政策。

（三十三）继续实施国发18号文件明确的政策，相关政策与本政策不一致的，以本政策为准。本政策由发展改革委会同财政部、税务总局、工业和信息化部、商务部、海关总署等部门负责解释。

（三十四）本政策自发布之日起实施。

税收违法行为检举管理办法

2011年2月12日　国家税务总局令第24号

《税收违法行为检举管理办法》已经2011年1月27日国家税务总局第1次局务会议审议通过，现予公布，自2011年3月15日起施行。

国家税务总局局长：肖捷

税收违法行为检举管理办法

第一章　总　则

第一条　为了保障单位、个人依法检举纳税人、扣缴义务人违反税收法律、行政法规行为（以下简称税收违法行为）的权利，规范税收违法行为检举管理工作（以下简称检举管理工作），根据《中华人民共和国税收征收管理法》及其实施细则的有关规定，制定本办法。

第二条　本办法所称税收违法行为检举是指单位、个人采用书信、互联网、传真、电话、来访等形式，向税务机关提供纳税人、扣缴义务人税收违法行为线索的行为。

采用前款所述的形式，检举税收违法行为的单位、个人称检举人；被检举的纳税人、扣缴义务人称被检举人。

检举人使用与其营业执照、身份证等符合法律、行政法规和国家有关规定的身份证件上一致的名称、姓名检举的，为实名检举；否则为匿名检举。

第三条　检举管理工作坚持依法行政、统一领导、分级负责、属地管理、严格保密的原则。

第四条　市（地）及市（地）以上税务机关稽查局设立税收违法案件举报中心（以下简称举报中心），其工作人员由所在机关根据工作需要配备；没有设立举报中心的县（区）税务机关稽查局应当指定专门部门负责税收违法行为检举管理工作，并可挂举报中心牌子。举报中心的主要职责是：

（一）受理、处理、管理检举材料；

（二）转办、交办、督办、催办检举案件；

（三）跟踪、了解、掌握检举案件的查办情况；

（四）上报、通报举报中心工作开展情况及检举事项的查办情况；

（五）统计、分析检举管理工作的数据情况；

（六）指导、监督、检查下级税务机关举报中心的工作；

（七）负责本级检举奖金的发放和对检举人的答复工作。

第五条　税务机关应当向社会公布举报中心的电话（传真）号码、电子信箱、通讯地址及邮政编码，设立检举箱和检举接待室，并以适当方式公布与检举工作有关的法律、行政法规、规章及检举事项处理程序。

第六条　税务机关应与公安、信访、纪检、监察等单位加强联系和合作，税务系统内部应当加强沟通协调，共同做好检举管理工作。

第七条　检举税收违法行为是单位、个人的自愿行为。单位、个人因检举而产生的支出应由其自行负担。

第八条　检举事项经查证属实，为国家挽回或者减少损失的，对实名检举人按照财政部和国家税务总局的有关规定给予相应奖励。

第二章　检举事项的受理

第九条　举报中心受理检举事项的范围是：涉嫌偷税，逃避追缴欠税，骗税，虚开、伪造、非法提供、非法取得发票，以及其他税收违法行为。

第十条　实名检举和匿名检举均须受理。检举人不愿提供自己的姓名、身份、单位、地址、联系方式或者不愿公开检举行为的，税务机关应当予以尊重和保密。

检举人应当至少提供被检举人的名称或者姓名、地址、税收违法行为线索等资料。

检举人检举税收违法行为应当实事求是，对提供检举材料的真实性负责，不得诬陷、捏造事实。

举报中心受理实名检举，应当应检举人的要求向检举人出具书面回执。

第十一条　受理检举的税务人员应当文明礼貌，耐心细致，正确疏导，认真负责。

鼓励检举人尽可能提供书面检举材料。

受理口头检举，应当准确记录检举事项，交检举人阅读或者向检举人宣读，经确认无误以后由检举人签名或者盖章。检举人不愿签名或者盖章的，由受理检举的税务人员记录在案。

受理电话检举，应当细心接听，询问清楚，准确记录。

受理电话、口头检举，经检举人同意以后，可以录音或者录像。

第十二条　不属于举报中心受理范围的检举事项，举报中心应当告知检举人向有处理权的单位反映，或者将检举事项登记以后按照分类处理的规定处理。

第十三条　涉及两个或者两个以上税务机关管辖的检举事项，由所涉及的税务机关协商受理；有争议的，由其共同的上一级税务机关决定受理机关。

第三章　检举事项的处理

第十四条　举报中心将检举事

项登记以后，应当按照以下方式分类处理：

（一）检举内容详细、税收违法行为线索清楚、案情重大、涉及范围广的，作为重大检举案件，经本级税务机关稽查局或者本级税务机关负责人批准，由本级税务机关稽查局直接查处或者转下级税务机关稽查局查处并督办，必要时可以向上级税务机关稽查局申请督办。

上级税务机关批示督办并指定查办单位的案件，原则上不得再下转处理。

（二）检举内容提供了一定线索，有可能存在税收违法行为的，作为一般案件，经本级税务机关稽查局负责人批准，由本级税务机关稽查局直接查处或者转下级税务机关稽查局查处。

（三）检举事项不完整或者内容不清、线索不明的，经本级税务机关稽查局负责人批准，可以暂存待查，待检举人将情况补充完整以后，再进行处理。

（四）不属于稽查局职责范围的检举事项，经本级税务机关稽查局负责人批准，移交有处理权的单位或者部门。

第十五条 上级税务机关举报中心对下级税务机关申请督办的重大检举案件，应当及时审查，提出办理意见，报该级税务机关稽查局负责人批准以后督办。

第十六条 检举事项的处理，应当在接到检举以后的15个工作日内办理，特殊情况除外；情况紧急的应当立即办理。

第十七条 经本级税务机关稽查局或者本级税务机关负责人批准，举报中心可以代表稽查局或者以自己的名义向下级税务机关督办、交办或者向有关单位转办检举事项。

第十八条 对上级税务机关稽查局及其举报中心督办的检举案件，除有特定时限者以外，承办部门应当在收到纸质督办函后3个月内上报查办结果；案情复杂无法在限期内查结的，报经督办部门批准，可以延期上报查办结果，并定期上报阶段性的查办情况。上级不要求上报查办结果的交办案件，应当定期汇总上报办理情况。

本级税务机关稽查局直接查办的检举案件，除有特定时限者以外，承办部门应当在收到纸质交办单以后3个月内将查办结果报告本级税务机关稽查局负责人并回复举报中心；案情复杂无法在限期内查结的，报经本级税务机关稽查局负责人批准，时限可以适当延长，同时将阶段性的查办情况报告本级税务机关稽查局负责人并回复举报中心。

第十九条 已经受理尚未查结的检举案件，再次检举的，可以作为重复案件并案处理。

已经结案的检举案件，检举人就同一事项再次检举，没有提供新的线索、资料；或者提供了新的线索、资料，经审查没有价值的，税务机关可以不再检查。

第二十条 对实名检举案件，举报中心收到承办部门回复的查办结果以后，可以应检举人的要求将与检举线索有关的查办结果简要告知检举人；检举案件查结以前，不得向检举人透露案件查处情况。

向检举人告知查办结果时，不得告知其检举线索以外的税收违法行为的查处情况，不得提供税务处理（处罚）决定书及有关案情资料。

第二十一条 上级税务机关稽查局对下级税务机关稽查局报告的督办案件处理结果，应当认真审查。对于事实不清、处理不当的，应当通知下级税务机关稽查局补充调查或者重新调查，依法处理。

第四章 检举事项的管理

第二十二条 税收违法行为的检举材料，由举报中心统一管理。税务机关其他部门收到的检举材料，应当及时移交举报中心。

第二十三条 暂存待查的检举材料，若在2年内未收到有价值的补充材料，经本级税务机关稽查局负责人批准以后，可以销毁。

第二十四条 举报中心必须严格管理检举材料，逐件登记检举事项的主要内容、办理情况和检举人、被检举人的基本情况。

税务机关不得将收到的检举材料退还检举人。

第二十五条 督办案件的检举材料应当确定专人管理，并按照规定承办督办案件材料的转送、报告等具体事项。

第二十六条 检举材料的保管和整理，参照《全国税务机关档案管理办法》及有关规定办理。

第二十七条 对于检举案件和有关事项的数量、类别及办理情况，每年度应当进行汇总分析，并报告上级税务机关举报中心。

上级税务机关举报中心要求专门报告的事项，应当按时报告。

第五章 权利保护

第二十八条 税务机关及其举报中心应当在自己的职责范围内依法保护检举人、被检举人的合法权利。

第二十九条 举报中心工作人员与检举事项或者检举人、被检举人有直接利害关系的，应当回避。

检举人有正当理由并且有证据证明举报中心工作人员应当回避的，经本级税务机关稽查局负责人批准以后，予以回避。

第三十条 税务机关工作人员在检举管理工作中必须严格遵守以下保密规定：

（一）检举事项的受理、登记、处理及检查、审理、执行等各个环节，应当依照国家有关法律、法规严格保密，并建立健全工作责任制，不得私自摘抄、复制、扣压、销毁检举材料。

（二）严禁泄露检举人的姓名、身份、单位、地址、联系方式等情况；严禁将检举情况透露给被检举人及与案件查处无关的人员。

（三）调查核实情况时不得出示检举信原件或者复印件，不得暴露检举人的有关信息；对匿名的检举书信及材料，除特殊情况以外，不得鉴定笔迹。

（四）宣传报道和奖励检举有功人员，未经检举人书面同意，不得公开检举人的姓名、身份、单位、地址、联系方式等情况。

第六章 法律责任

第三十一条 税务机关工作人员违反本办法规定，将检举人的检举材料或者有关情况提供给被检举人及与案件查处无关的人员的，依法给予行政处分。

第三十二条 税务机关工作人员打击报复检举人，视情节和后果，依法给予行政处分；构成犯罪的，依法追究刑事责任。

第三十三条 税务机关在检举管理工作中不履行职责、推诿、敷衍、拖延的，上级税务机关应当通报批评并责令改正；造成严重后果的，对直接负责的主管人员和其他直接责任人员依法给予行政处分。

第三十四条 检举管理工作人员不履行职责、玩忽职守、徇私舞弊，给工作造成损失的，税务机关应当给予批评教育；情节严重的，依法给予行政处分并调离工作岗位；构成犯罪的，依法追究刑事责任。

第七章 附 则

第三十五条 各省、自治区、直辖市和计划单列市国家税务局、地方税务局根据本办法制定具体规定，并报国家税务总局备案。

第三十六条 本办法自2011年3月15日起施行。《国家税务总局关于印发〈税务违法案件举报管理办法〉的通知》（国税发〔1998〕53号）同时废止。

中华人民共和国发票管理办法实施细则

2011年2月14日 国家税务总局令第25号

《中华人民共和国发票管理办法实施细则》已经2011年1月27日国家税务总局第1次局务会议审议通过，现予公布，自2011年2月1日起施行

国家税务总局局长：肖捷

中华人民共和国发票管理办法实施细则

第一章 总 则

第一条 根据《中华人民共和国发票管理办法》（以下简称《办法》）规定，制定本实施细则。

第二条 在全国范围内统一式样的发票，由国家税务总局确定。

在省、自治区、直辖市范围内统一式样的发票，由省、自治区、直辖市国家税务局、地方税务局（以下简称省税务机关）确定。

第三条 发票的基本联次包括存根联、发票联、记账联。存根联由收款方或开票方留存备查；发票联由付款方或受票方作为付款原始凭证；记账联由收款方或开票方作为记账原始凭证。

省以上税务机关可根据发票管理情况以及纳税人经营业务需要，增减除发票联以外的其他联次，并确定其用途。

第四条 发票的基本内容包括：发票的名称、发票代码和号码、联次及用途、客户名称、开户银行及账号、商品名称或经营项目、计量单位、数量、单价、大小写金额、开票人、开票日期、开票单位（个人）名称（章）等。

省以上税务机关可根据经济活动以及发票管理需要，确定发票的具体内容。

第五条 有固定生产经营场所、财务和发票管理制度健全的纳税人，发票使用量较大或统一发票式样不能满足经营活动需要的，可以向省以上税务机关申请印有本单位名称的发票。

第二章 发票的印制

第六条 发票准印证由国家税务总局统一监制，省税务机关核发。

税务机关应当对印制发票企业实施监督管理，对不符合条件的，应当取消其印制发票的资格。

第七条 全国统一的发票防伪措施由国家税务总局确定，省税务机关可以根据需要增加本地区的发票防伪措施，并向国家税务总局备案。

发票防伪专用品应当按照规定专库保管，不得丢失。次品、废品应当在税务机关监督下集中销毁。

第八条 全国统一发票监制章是税务机关管理发票的法定标志，其形状、规格、内容、印色由国家税务总局规定。

第九条 全国范围内发票换版由国家税务总局确定；省、自治区、直辖市范围内发票换版由省税务机关确定。

发票换版时，应当进行公告。

第十条 监制发票的税务机关根据需要下达发票印制通知书，被指定的印制企业必须按照要求印制。

发票印制通知书应当载明印制发票企业名称、用票单位名称、发票名称、发票代码、种类、联次、规格、印色、印制数量、起止号码、交货时间、地点等内容。

第十一条 印制发票企业印制完毕的成品应当按照规定验收后专库保管，不得丢失。废品应当及时销毁。

第三章 发票的领购

第十二条 《办法》第十五条所称经办人身份证明是指经办人的居民身份证、护照或者其他能证明经办人身份的证件。

第十三条 《办法》第十五条所称发票专用章是指用票单位和个人在其开具发票时加盖的有其名称、税务登记号、发票专用章字样的印章。

发票专用章式样由国家税务总局确定。

第十四条 税务机关对领购发票单位和个人提供的发票专用章的印模应当留存备查。

第十五条 《办法》第十五条所称领购方式是指批量供应、交旧购新或者验旧购新等方式。

第十六条 《办法》第十五条所称发票领购簿的内容应当包括用票单位和个人的名称、所属行业、购票方式、核准购票种类、开票限额、发票名称、领购日期、准购数量、起止号码、违章记录、领购人签字（盖章）、核发税务机关（章）

等内容。

第十七条 《办法》第十五条所称发票使用情况是指发票领用存情况及相关开票数据。

第十八条 税务机关在发售发票时，应当按照核准的收费标准收取工本管理费，并向购票单位和个人开具收据。发票工本费征缴办法按照国家有关规定执行。

第十九条 《办法》第十六条所称书面证明是指有关业务合同、协议或者税务机关认可的其他资料。

第二十条 税务机关应当与受托代开发票的单位签订协议，明确代开发票的种类、对象、内容和相关责任等内容。

第二十一条 《办法》第十八条所称保证人，是指在中国境内具有担保能力的公民、法人或者其他经济组织。

保证人同意为领购发票的单位和个人提供担保的，应当填写担保书。担保书内容包括：担保对象、范围、期限和责任以及其他有关事项。

担保书须经购票人、保证人和税务机关签字盖章后方为有效。

第二十二条 《办法》第十八条第二款所称由保证人或者以保证金承担法律责任，是指由保证人缴纳罚款或者以保证金缴纳罚款。

第二十三条 提供保证人或者交纳保证金的具体范围由省税务机关规定。

第四章 发票的开具和保管

第二十四条 《办法》第十九条所称特殊情况下，由付款方向收款方开具发票，是指下列情况：

（一）收购单位和扣缴义务人支付个人款项时；

（二）国家税务总局认为其他需要由付款方向收款方开具发票的。

第二十五条 向消费者个人零售小额商品或者提供零星服务的，是否可免予逐笔开具发票，由省税务机关确定。

第二十六条 填开发票的单位和个人必须在发生经营业务确认营业收入时开具发票。未发生经营业务一律不准开具发票。

第二十七条 开具发票后，如发生销货退回需开红字发票的，必须收回原发票并注明“作废”字样或取得对方有效证明。

开具发票后，如发生销售折让的，必须在收回原发票并注明“作废”字样后重新开具销售发票或取得对方有效证明后开具红字发票。

第二十八条 单位和个人在开具发票时，必须做到按照号码顺序填开，填写项目齐全，内容真实，字迹清楚，全部联次一次打印，内容完全一致，并在发票联和抵扣联加盖发票专用章。

第二十九条 开具发票应当使用中文。民族自治地方可以同时使用当地通用的一种民族文字。

第三十条 《办法》第二十六条所称规定的使用区域是指国家税务总局和省税务机关规定的区域。

第三十一条 使用发票的单位和个人应当妥善保管发票。发生发票丢失情形时，应当于发现丢失当日书面报告税务机关，并登报声明作废。

第五章 发票的检查

第三十二条 《办法》第三十二条所称发票换票证仅限于在本县（市）范围内使用。需要调出外县（市）的发票查验时，应当提请该县（市）税务机关调取发票。

第三十三条 用票单位和个人有权申请税务机关对发票的真伪进行鉴别。收到申请的税务机关应当受理并负责鉴别发票的真伪；鉴别有困难的，可以提请发票监制税务机关协助鉴别。

在伪造、变造现场以及买卖地、存放地查获的发票，由当地税务机关鉴别。

第六章 罚 则

第三十四条 税务机关对违反发票管理法规的行为进行处罚，应当将行政处罚决定书面通知当事人；对违反发票管理法规的案件，应当立案查处。

对违反发票管理法规的行政处罚，由县以上税务机关决定；罚款额在2000元以下的，可由税务所决定。

第三十五条 《办法》第四十条所称的公告是指，税务机关应当在办税场所或者广播、电视、报纸、期刊、网络等新闻媒体上公告纳税人发票违法的情况。公告内容包括：纳税人名称、纳税人识别号、经营地点、违反发票管理法规的具体情况。

第三十六条 对违反发票管理法规情节严重构成犯罪的，税务机关应当依法移送司法机关处理。

第七章 附 则

第三十七条 《办法》和本实施细则所称“以上”、“以下”均含本数。

第三十八条 本实施细则自2011年2月1日起施行。

中华人民共和国行政强制法

2011年6月30日
第十一届全国人民代表大会常务委员会第二十一次会议通过

第一章 总 则

第一条 为了规范行政强制的设定和实施，保障和监督行政机关依法履行职责，维护公共利益和社会秩序，保护公民、法人和其他组织的合法权益，根据宪法，制定本法。

第二条 本法所称行政强制，

包括行政强制措施和行政强制执行。

行政强制措施，是指行政机关在行政管理过程中，为制止违法行为、防止证据损毁、避免危害发生、控制危险扩大等情形，依法对公民的人身自由实施暂时性限制，或者对公民、法人或者其他组织的财物实施暂时性控制的行为。

行政强制执行，是指行政机关或者行政机关申请人民法院，对不履行行政决定的公民、法人或者其他组织，依法强制履行义务的行为。

第三条 行政强制的设定和实施，适用本法。

发生或者即将发生自然灾害、事故灾难、公共卫生事件或者社会安全事件等突发事件，行政机关采取应急措施或者临时措施，依照有关法律、行政法规的规定执行。

行政机关采取金融业审慎监管措施、进出境货物强制性技术监控措施，依照有关法律、行政法规的规定执行。

第四条 行政强制的设定和实施，应当依照法定的权限、范围、条件和程序。

第五条 行政强制的设定和实施，应当适当。采用非强制手段可以达到行政管理目的的，不得设定和实施行政强制。

第六条 实施行政强制，应当坚持教育与强制相结合。

第七条 行政机关及其工作人员不得利用行政强制权为单位或者个人谋取利益。

第八条 公民、法人或者其他组织对行政机关实施行政强制，享有陈述权、申辩权；有权依法申请行政复议或者提起行政诉讼；因行政机关违法实施行政强制受到损害的，有权依法要求赔偿。

公民、法人或者其他组织因人民法院在强制执行中有违法行为或者扩大强制执行范围受到损害的，有权依法要求赔偿。

第二章 行政强制的种类和设定

第九条 行政强制措施的种类：

（一）限制公民人身自由；

（二）查封场所、设施或者财物；

（三）扣押财物；

（四）冻结存款、汇款；

（五）其他行政强制措施。

第十条 行政强制措施由法律设定。

尚未制定法律，且属于国务院行政管理职权事项的，行政法规可以设定除本法第九条第一项、第四项和应当由法律规定的行政强制措施以外的其他行政强制措施。

尚未制定法律、行政法规，且属于地方性事务的，地方性法规可以设定本法第九条第二项、第三项的行政强制措施。

法律、法规以外的其他规范性文件不得设定行政强制措施。

第十一条 法律对行政强制措施的对象、条件、种类作了规定的，行政法规、地方性法规不得作出扩大规定。

法律中未设定行政强制措施的，行政法规、地方性法规不得设定行政强制措施。但是，法律规定特定事项由行政法规规定具体管理措施的，行政法规可以设定除本法第九条第一项、第四项和应当由法律规定的行政强制措施以外的其他行政强制措施。

第十二条 行政强制执行的方式：

（一）加处罚款或者滞纳金；

（二）划拨存款、汇款；

（三）拍卖或者依法处理查封、扣押的场所、设施或者财物；

（四）排除妨碍、恢复原状；

（五）代履行；

（六）其他强制执行方式。

第十三条 行政强制执行由法律设定。

法律没有规定行政机关强制执行的，作出行政决定的行政机关应当申请人民法院强制执行。

第十四条 起草法律草案、法规草案，拟设定行政强制的，起草单位应当采取听证会、论证会等形式听取意见，并向制定机关说明设定该行政强制的必要性、可能产生的影响以及听取和采纳意见的情况。

第十五条 行政强制的设定机关应当定期对其设定的行政强制进行评价，并对不适当的行政强制及时予以修改或者废止。

行政强制的实施机关可以对已设定的行政强制的实施情况及存在的必要性适时进行评价，并将意见报告该行政强制的设定机关。

公民、法人或者其他组织可以向行政强制的设定机关和实施机关就行政强制的设定和实施提出意见和建议。有关机关应当认真研究论证，并以适当方式予以反馈。

第三章 行政强制措施实施程序

第一节 一般规定

第十六条 行政机关履行行政管理职责，依照法律、法规的规定，实施行政强制措施。

违法行为情节显著轻微或者没有明显社会危害的，可以不采取行政强制措施。

第十七条 行政强制措施由法律、法规规定的行政机关在法定职权范围内实施。行政强制措施权不得委托。

依据《中华人民共和国行政处罚法》的规定行使相对集中行政处罚权的行政机关，可以实施法律、法规规定的与行政处罚权有关的行政强制措施。

行政强制措施应当由行政机关具备资格的行政执法人员实施，其他人员不得实施。

第十八条 行政机关实施行政强制措施应当遵守下列规定：

（一）实施前须向行政机关负责人报告并经批准；

（二）由两名以上行政执法人员实施；

（三）出示执法身份证件；

（四）通知当事人到场；

（五）当场告知当事人采取行政强制措施的理由、依据以及当事人依法享有的权利、救济途径；

（六）听取当事人的陈述和申辩；

（七）制作现场笔录；

（八）现场笔录由当事人和行政执法人员签名或者盖章，当事人拒绝的，在笔录中予以注明；

（九）当事人不到场的，邀请见证人到场，由见证人和行政执法人员在现场笔录上签名或者盖章；

（十）法律、法规规定的其他程序。

第十九条 情况紧急，需要当场实施行政强制措施的，行政执法人员应当在二十四小时内向行政机关负责人报告，并补办批准手续。行政机关负责人认为不应当采取行政强制措施的，应当立即解除。

第二十条 依照法律规定实施限制公民人身自由的行政强制措施，除应当履行本法第十八条规定的程序外，还应当遵守下列规定：

（一）当场告知或者实施行政强制措施后立即通知当事人家属实施行政强制措施的行政机关、地点和期限；

（二）在紧急情况下当场实施行政强制措施的，在返回行政机关后，立即向行政机关负责人报告并补办批准手续；

（三）法律规定的其他程序。

实施限制人身自由的行政强制措施不得超过法定期限。实施行政强制措施的目的已经达到或者条件已经消失，应当立即解除。

第二十一条 违法行为涉嫌犯罪应当移送司法机关的，行政机关应当将查封、扣押、冻结的财物一并移送，并书面告知当事人。

第二节 查封、扣押

第二十二条 查封、扣押应当由法律、法规规定的行政机关实施，其他任何行政机关或者组织不得实施。

第二十三条 查封、扣押限于涉案的场所、设施或者财物，不得查封、扣押与违法行为无关的场所、设施或者财物；不得查封、扣押公民个人及其所扶养家属的生活必需品。

当事人的场所、设施或者财物已被其他国家机关依法查封的，不得重复查封。

第二十四条 行政机关决定实施查封、扣押的，应当履行本法第十八条规定的程序，制作并当场交付查封、扣押决定书和清单。

查封、扣押决定书应当载明下列事项：

（一）当事人的姓名或者名称、地址；

（二）查封、扣押的理由、依据和期限；

（三）查封、扣押场所、设施或者财物的名称、数量等；

（四）申请行政复议或者提起行政诉讼的途径和期限；

（五）行政机关的名称、印章和日期。

查封、扣押清单一式二份，由当事人和行政机关分别保存。

第二十五条 查封、扣押的期限不得超过三十日；情况复杂的，经行政机关负责人批准，可以延长，但是延长期限不得超过三十日。法律、行政法规另有规定的除外。

延长查封、扣押的决定应当及时书面告知当事人，并说明理由。

对物品需要进行检测、检验、检疫或者技术鉴定的，查封、扣押的期间不包括检测、检验、检疫或者技术鉴定的期间。检测、检验、检疫或者技术鉴定的期间应当明确，并书面告知当事人。检测、检验、检疫或者技术鉴定的费用由行政机关承担。

第二十六条 对查封、扣押的场所、设施或者财物，行政机关应当妥善保管，不得使用或者损毁；造成损失的，应当承担赔偿责任。

对查封的场所、设施或者财物，行政机关可以委托第三人保管，第三人不得损毁或者擅自转移、处置。因第三人的原因造成的损失，行政机关先行赔付后，有权向第三人追偿。

因查封、扣押发生的保管费用由行政机关承担。

第二十七条 行政机关采取查封、扣押措施后，应当及时查清事实，在本法第二十五条规定的期限内作出处理决定。对违法事实清楚，依法应当没收的非法财物予以没收；法律、行政法规规定应当销毁的，依法销毁；应当解除查封、扣押的，作出解除查封、扣押的决定。

第二十八条 有下列情形之一的，行政机关应当及时作出解除查封、扣押决定：

（一）当事人没有违法行为；

（二）查封、扣押的场所、设施或者财物与违法行为无关；

（三）行政机关对违法行为已经作出处理决定，不再需要查封、扣押；

（四）查封、扣押期限已经届满；

（五）其他不再需要采取查封、扣押措施的情形。

解除查封、扣押应当立即退还财物；已将鲜活物品或者其他不易保管的财物拍卖或者变卖的，退还拍卖或者变卖所得款项。变卖价格明显低于市场价格，给当事人造成损失的，应当给予补偿。

第三节 冻 结

第二十九条 冻结存款、汇款应当由法律规定的行政机关实施，不得委托给其他行政机关或者组织；其他任何行政机关或者组织不得冻结存款、汇款。

冻结存款、汇款的数额应当与违法行为涉及的金额相当；已被其他国家机关依法冻结的，不得重复冻结。

第三十条 行政机关依照法律规定决定实施冻结存款、汇款的，应当履行本法第十八条第一项、第二项、第三项、第七项规定的程序，并向金融机构交付冻结通知书。

金融机构接到行政机关依法作出的冻结通知书后，应当立即予以冻结，不得拖延，不得在冻结前向当事人泄露信息。

法律规定以外的行政机关或者组织要求冻结当事人存款、汇款的，金融机构应当拒绝。

第三十一条 依照法律规定冻结存款、汇款的，作出决定的行政机关应当在三日内向当事人交付冻结决定书。冻结决定书应当载明下列事项：

（一）当事人的姓名或者名称、地址；

（二）冻结的理由、依据和期限；

（三）冻结的账号和数额；

（四）申请行政复议或者提起行政诉讼的途径和期限；

（五）行政机关的名称、印章和日期。

第三十二条 自冻结存款、汇款之日起三十日内，行政机关应当作出处理决定或者作出解除冻结决定；情况复杂的，经行政机关负责人批准，可以延长，但是延长期限不得超过三十日。法律另有规定的除外。

延长冻结的决定应当及时书面告知当事人，并说明理由。

第三十三条 有下列情形之一的，行政机关应当及时作出解除冻结决定：

（一）当事人没有违法行为；

（二）冻结的存款、汇款与违法行为无关；

（三）行政机关对违法行为已经作出处理决定，不再需要冻结；

（四）冻结期限已经届满；

（五）其他不再需要采取冻结措施的情形。

行政机关作出解除冻结决定的，应当及时通知金融机构和当事人。金融机构接到通知后，应当立即解除冻结。

行政机关逾期未作出处理决定或者解除冻结决定的，金融机构应当自冻结期满之日起解除冻结。

第四章 行政机关强制执行程序

第一节 一般规定

第三十四条 行政机关依法作出行政决定后，当事人在行政机关决定的期限内不履行义务的，具有行政强制执行权的行政机关依照本章规定强制执行。

第三十五条 行政机关作出强制执行决定前，应当事先催告当事人履行义务。催告应当以书面形式作出，并载明下列事项：

（一）履行义务的期限；

（二）履行义务的方式；

（三）涉及金钱给付的，应当有明确的金额和给付方式；

（四）当事人依法享有的陈述权和申辩权。

第三十六条 当事人收到催告书后有权进行陈述和申辩。行政机关应当充分听取当事人的意见，对当事人提出的事实、理由和证据，应当进行记录、复核。当事人提出的事实、理由或者证据成立的，行政机关应当采纳。

第三十七条 经催告，当事人逾期仍不履行行政决定，且无正当理由的，行政机关可以作出强制执行决定。

强制执行决定应当以书面形式作出，并载明下列事项：

（一）当事人的姓名或者名称、地址；

（二）强制执行的理由和依据；

（三）强制执行的方式和时间；

（四）申请行政复议或者提起行政诉讼的途径和期限；

（五）行政机关的名称、印章和日期。

在催告期间，对有证据证明有转移或者隐匿财物迹象的，行政机关可以作出立即强制执行决定。

第三十八条 催告书、行政强制执行决定书应当直接送达当事人。当事人拒绝接收或者无法直接送达当事人的，应当依照《中华人民共和国民事诉讼法》的有关规定送达。

第三十九条 有下列情形之一的，中止执行：

（一）当事人履行行政决定确有困难或者暂无履行能力的；

（二）第三人对执行标的主张权利，确有理由的；

（三）执行可能造成难以弥补的损失，且中止执行不损害公共利益的；

（四）行政机关认为需要中止执行的其他情形。

中止执行的情形消失后，行政机关应当恢复执行。对没有明显社会危害，当事人确无能力履行，中止执行满三年未恢复执行的，行政机关不再执行。

第四十条 有下列情形之一的，终结执行：

（一）公民死亡，无遗产可供执行，又无义务承受人的；

（二）法人或者其他组织终止，无财产可供执行，又无义务承受人的；

（三）执行标的灭失的；

（四）据以执行的行政决定被撤销的；

（五）行政机关认为需要终结执行的其他情形。

第四十一条 在执行中或者执行完毕后，据以执行的行政决定被撤销、变更，或者执行错误的，应当恢复原状或者退还财物；不能恢复原状或者退还财物的，依法给予赔偿。

第四十二条 实施行政强制执行，行政机关可以在不损害公共利益和他人合法权益的情况下，与当事人达成执行协议。执行协议可以约定分阶段履行；当事人采取补救措施的，可以减免加处的罚款或者滞纳金。

执行协议应当履行。当事人不履行执行协议的，行政机关应当恢复强制执行。

第四十三条 行政机关不得在夜间或者法定节假日实施行政强制执行。但是，情况紧急的除外。

行政机关不得对居民生活采取停止供水、供电、供热、供燃气等方式迫使当事人履行相关行政决定。

第四十四条 对违法的建筑物、构筑物、设施等需要强制拆除的，应当由行政机关予以公告，限期当事人自行拆除。当事人在法定期限内不申请行政复议或者提起行政诉讼，又不拆除的，行政机关可以依法强制拆除。

第二节 金钱给付义务的执行

第四十五条 行政机关依法作出金钱给付义务的行政决定，当事人逾期不履行的，行政机关可以依法加处罚款或者滞纳金。加处罚款或者滞纳金的标准应当告知当事人。

加处罚款或者滞纳金的数额不得超出金钱给付义务的数额。

第四十六条 行政机关依照本法第四十五条规定实施加处罚款或者滞纳金超过三十日，经催告当事人仍不履行的，具有行政强制执行权的行政机关可以强制执行。

行政机关实施强制执行前，需要采取查封、扣押、冻结措施的，依照本法第三章规定办理。

没有行政强制执行权的行政机关应当申请人民法院强制执行。但是，当事人在法定期限内不申请行政复议或者提起行政诉讼，经催告仍不履行的，在实施行政管理过程中已经采取查封、扣押措施的行政机关，可以将查封、扣押的财物依法拍卖抵缴罚款。

第四十七条 划拨存款、汇款应当由法律规定的行政机关决定，并书面通知金融机构。金融机构接到行政机关依法作出划拨存款、汇款的决定后，应当立即划拨。

法律规定以外的行政机关或者组织要求划拨当事人存款、汇款的，金融机构应当拒绝。

第四十八条 依法拍卖财物，由行政机关委托拍卖机构依照《中华人民共和国拍卖法》的规定办理。

第四十九条 划拨的存款、汇款以及拍卖和依法处理所得的款项应当上缴国库或者划入财政专户。任何行政机关或者个人不得以任何形式截留、私分或者变相私分。

第三节 代履行

第五十条 行政机关依法作出要求当事人履行排除妨碍、恢复原状等义务的行政决定，当事人逾期不履行，经催告仍不履行，其后果已经或者将危害交通安全、造成环境污染或者破坏自然资源的，行政机关可以代履行，或者委托没有利害关系的第三人代履行。

第五十一条 代履行应当遵守下列规定：

（一）代履行前送达决定书，代履行决定书应当载明当事人的姓名或者名称、地址，代履行的理由和依据、方式和时间、标的、费用预算以及代履行人；

（二）代履行三日前，催告当事人履行，当事人履行的，停止代履行；

（三）代履行时，作出决定的行政机关应当派员到场监督；

（四）代履行完毕，行政机关到场监督的工作人员、代履行人和当事人或者见证人应当在执行文书上签名或者盖章。

代履行的费用按照成本合理确定，由当事人承担。但是，法律另有规定的除外。

代履行不得采用暴力、胁迫以及其他非法方式。

第五十二条 需要立即清除道路、河道、航道或者公共场所的遗洒物、障碍物或者污染物，当事人不能清除的，行政机关可以决定立即实施代履行；当事人不在场的，行政机关应当在事后立即通知当事人，并依法作出处理。

第五章 申请人民法院强制执行

第五十三条 当事人在法定期限内不申请行政复议或者提起行政诉讼，又不履行行政决定的，没有行政强制执行权的行政机关可以自期限届满之日起三个月内，依照本章规定申请人民法院强制执行。

第五十四条 行政机关申请人民法院强制执行前，应当催告当事人履行义务。催告书送达十日后当事人仍未履行义务的，行政机关可以向所在地有管辖权的人民法院申请强制执行；执行对象是不动产的，向不动产所在地有管辖权的人民法院申请强制执行。

第五十五条 行政机关向人民法院申请强制执行，应当提供下列材料：

（一）强制执行申请书；

（二）行政决定书及作出决定的事实、理由和依据；

（三）当事人的意见及行政机关催告情况；

（四）申请强制执行标的情况；

（五）法律、行政法规规定的其他材料。

强制执行申请书应当由行政机关负责人签名，加盖行政机关的印章，并注明日期。

第五十六条 人民法院接到行政机关强制执行的申请，应当在五日内受理。

行政机关对人民法院不予受理的裁定有异议的，可以在十五日内向上一级人民法院申请复议，上一级人民法院应当自收到复议申请之日起十五日内作出是否受理的裁定。

第五十七条 人民法院对行政机关强制执行的申请进行书面审查，对符合本法第五十五条规定，且行政决定具备法定执行效力的，除本法第五十八条规定的情形外，人民法院应当自受理之日起七日内作出执行裁定。

第五十八条 人民法院发现有下列情形之一的，在作出裁定前可以听取被执行人和行政机关的意见：

（一）明显缺乏事实根据的；

（二）明显缺乏法律、法规依据的；

（三）其他明显违法并损害被执行人合法权益的。

人民法院应当自受理之日起三十日内作出是否执行的裁定。裁定不予执行的，应当说明理由，并在五日内将不予执行的裁定送达行政机关。

行政机关对人民法院不予执行的裁定有异议的，可以自收到裁定之日起十五日内向上一级人民法院申请复议，上一级人民法院应当自收到复议申请之日起三十日内作出是否执行的裁定。

第五十九条 因情况紧急，为保障公共安全，行政机关可以申请人民法院立即执行。经人民法院院长批准，人民法院应当自作出执行裁定之日起五日内执行。

第六十条 行政机关申请人民法院强制执行，不缴纳申请费。强制执行的费用由被执行人承担。

人民法院以划拨、拍卖方式强制执行的，可以在划拨、拍卖后将强制执行的费用扣除。

依法拍卖财物，由人民法院委托拍卖机构依照《中华人民共和国拍卖法》的规定办理。

划拨的存款、汇款以及拍卖和依法处理所得的款项应当上缴国库或者划入财政专户，不得以任何形式截留、私分或者变相私分。

第六章 法律责任

第六十一条 行政机关实施行政强制，有下列情形之一的，由上级行政机关或者有关部门责令改正，对直接负责的主管人员和其他直接责任人员依法给予处分：

（一）没有法律、法规依据的；

（二）改变行政强制对象、条件、方式的；

（三）违反法定程序实施行政强制的；

（四）违反本法规定，在夜间或者法定节假日实施行政强制执行的；

（五）对居民生活采取停止供水、供电、供热、供燃气等方式迫使当事人履行相关行政决定的；

（六）有其他违法实施行政强制情形的。

第六十二条 违反本法规定，行政机关有下列情形之一的，由上级行政机关或者有关部门责令改正，对直接负责的主管人员和其他直接责任人员依法给予处分：

（一）扩大查封、扣押、冻结范围的；

（二）使用或者损毁查封、扣押场所、设施或者财物的；

（三）在查封、扣押法定期间不作出处理决定或者未依法及时解除查封、扣押的；

（四）在冻结存款、汇款法定期间不作出处理决定或者未依法及时解除冻结的。

第六十三条 行政机关将查封、扣押的财物或者划拨的存款、汇款以及拍卖和依法处理所得的款项，截留、私分或者变相私分的，由财政部门或者有关部门予以追缴；对直接负责的主管人员和其他直接责任人员依法给予记大过、降级、撤职或者开除的处分。

行政机关工作人员利用职务上的便利，将查封、扣押的场所、设施或者财物据为己有的，由上级行政机关或者有关部门责令改正，依法给予记大过、降级、撤职或者开除的处分。

第六十四条 行政机关及其工作人员利用行政强制权为单位或者个人谋取利益的，由上级行政机关或者有关部门责令改正，对直接负责的主管人员和其他直接责任人员依法给予处分。

第六十五条 违反本法规定，金融机构有下列行为之一的，由金融业监督管理机构责令改正，对直接负责的主管人员和其他直接责任人员依法给予处分：

（一）在冻结前向当事人泄露信息的；

（二）对应当立即冻结、划拨的存款、汇款不冻结或者不划拨，致使存款、汇款转移的；

（三）将不应当冻结、划拨的存款、汇款予以冻结或者划拨的；

（四）未及时解除冻结存款、汇款的。

第六十六条 违反本法规定，金融机构将款项划入国库或者财政专户以外的其他账户的，由金融业监督管理机构责令改正，并处以违法划拨款项二倍的罚款；对直接负责的主管人员和其他直接责任人员依法给予处分。

违反本法规定，行政机关、人民法院指令金融机构将款项划入国库或者财政专户以外的其他账户的，对直接负责的主管人员和其他直接责任人员依法给予处分。

第六十七条 人民法院及其工作人员在强制执行中有违法行为或者扩大强制执行范围的，对直接负责的主管人员和其他直接责任人员依法给予处分。

第六十八条 违反本法规定，给公民、法人或者其他组织造成损失的，依法给予赔偿。

违反本法规定，构成犯罪的，依法追究刑事责任。

第七章 附 则

第六十九条 本法中十日以内期限的规定是指工作日，不含法定节假日。

第七十条 法律、行政法规授权的具有管理公共事务职能的组织在法定授权范围内，以自己的名义实施行政强制，适用本法有关行政机关的规定。

第七十一条 本法自2012年1月1日起施行。

卷烟消费税计税价格信息采集和核定管理办法

2011年10月27日 国家税务总局令第26号

《卷烟消费税计税价格信息采集和核定管理办法》已经2011年10月10日国家税务总局第2次局务会议审议通过，现予公布，自2012年1月1日起施行。

国家税务总局局长：肖捷

卷烟消费税计税价格信息采集和核定管理办法

第一条 根据《中华人民共和国税收征收管理法》、《中华人民共和国消费税暂行条例》和《中华人民共和国消费税暂行条例实施细则》的规定，制定本办法。

第二条 卷烟价格信息采集范围为在中华人民共和国境内销售的所有牌号、规格的卷烟。

卷烟消费税最低计税价格（以下简称计税价格）核定范围为卷烟生产企业在生产环节销售的所有牌号、规格的卷烟。

第三条 卷烟价格信息采集的内容包括：卷烟牌号规格、卷烟类别、卷烟条包装商品条码、销售数量、销售价格和销售额及其他相关信息。

第四条 卷烟批发企业所在地主管税务机关负责卷烟价格信息采集和审核工作。

第五条 《卷烟批发企业月份销售明细清单》（以下简称《清单》，见附件），为卷烟批发企业申报缴纳消费税（以下简称申报纳税）的附报资料，由卷烟批发企业按月填写，于每月申报纳税时一并向主管税务机关报送。

第六条 《卷烟生产企业年度销售明细表》（以下简称《明细表》，见附件），由卷烟生产企业于次年的1月份填写，于填报当月申报纳税时一并向主管税务机关报送。

第七条 《清单》和《明细表》由主管税务机关审核后，于申报期结束后10个工作日内逐级上报至省（自治区、直辖市和计划单列市）国家税务局（以下简称省国家税务局）。省国家税务局应于次月15日前，上报国家税务总局。

第八条 新牌号、新规格卷烟信息，由国家烟草专卖局于批准生产企业新牌号、新规格卷烟执行销售价格的当月，将卷烟牌号规格、类别、卷烟条包装商品条码、调拨价格、批发价格及建议计税价格等信息送国家税务总局。

卷烟生产企业应于新牌号、新规格卷烟实际销售的当月将上述信息报送主管税务机关。

第九条 本办法第三条所称卷烟条包装商品条码按以下标准采集：

（一）标准条（200支/条）包装的卷烟，为条包装卷烟的商品标识代码；

（二）非标准条包装的卷烟，为卷烟实际外包装商品标识代码。

第十条 计税价格由国家税务总局按照卷烟批发环节销售价格扣除卷烟批发环节批发毛利核定并发布。计税价格的核定公式为：

某牌号、规格卷烟计税价格＝批发环节销售价格×（1－适用批发毛利率）

第十一条 卷烟批发环节销售价格，按照税务机关采集的所有卷烟批发企业在价格采集期内销售的该牌号、规格卷烟的数量、销售额进行加权平均计算。计算公式为：

批发环节销售价格＝

第十二条 卷烟批发毛利率具体标准为：

（一）调拨价格满146.15元的一类烟34%；

（二）其他一类烟29%；

（三）二类烟25%；

（四）三类烟25%；

（五）四类烟20%；

（六）五类烟15%。

调整后的卷烟批发毛利率，由国家税务总局另行发布。

第十三条 已经核定计税价格的卷烟，发生下列情况，国家税务总局将重新核定计税价格：

（一）卷烟价格调整的；

（二）卷烟批发毛利率调整的；

（三）通过《清单》采集的卷烟批发环节销售价格扣除卷烟批发毛利后，卷烟平均销售价格连续6个月高于国家税务总局已核定计税价格10%，且无正当理由的。

第十四条 计税价格核定时限分别为：

（一）新牌号、新规格的卷烟，国家税务总局于收到国家烟草专卖局相关信息满8个月或信息采集期满6个月后的次月核定并发布。

（二）已经核定计税价格的卷烟：

1. 全行业卷烟价格或毛利率调整的，由国家烟草专卖局向国家税务总局提请重新调整计税价格。国家税务总局于收到申请调整计税价格文件后1个月内核定并发布；

2. 个别牌号、规格卷烟价格调整的，由卷烟生产企业向主管税务机关提出重新核定计税价格的申请，主管税务机关逐级上报至国家税务总局。国家税务总局于收到申请调整计税价格文件后1个月内核定并发布；

3. 连续6个月高于计税价格的，经相关省国家税务局核实后，且无正当理由的，国家税务总局于收到省国家税务局核实文件后1个月内核定并发布。

第十五条 未经国家税务总局核定计税价格的新牌号、新规格卷烟，生产企业应按卷烟调拨价格申报纳税。

已经国家税务总局核定计税价格的卷烟，生产企业实际销售价格高于计税价格的，按实际销售价格确定适用税率，计算应纳税款并申报纳税；实际销售价格低于计税价格的，按计税价格确定适用税率，计算应纳税款并申报纳税。

第十六条 对于在6个月内未按规定向国家税务总局报送信息资料的新牌号、新规格卷烟，国家税务总局将按照《清单》采集的实际销售价格适用最低档批发毛利率核定计税价格。

第十七条 卷烟批发企业编制虚假批发环节实际销售价格信息的，由主管税务机关按照《中华人民共和国税收征收管理法》有关规定处理。

第十八条 卷烟生产企业套用其他牌号、规格卷烟已核定计税价格，造成企业少缴消费税税款的，由主管税务机关自新牌号、新规格卷烟投放市场之日起调整卷烟生产企业应纳税收入，追缴少缴消费税税款，并按照《中华人民共和国税收征收管理法》有关规定处理。

第十九条 国家税务总局依据国家烟草专卖局备案信息及《清单》，建立全国统一的卷烟信息库，记录各牌号规格卷烟核价的相关信息。

第二十条 本办法下列用语的含义：

"卷烟牌号规格"，是指经国家烟草专卖局批准生产的卷烟商标牌号规格。

"卷烟类别"，是指国家烟草专卖局划分的卷烟类别，即一类卷烟、二类卷烟、三类卷烟、四类卷烟和五类卷烟。

一类卷烟：是指每标准条（200支，下同）调拨价格满100元的卷烟。

二类卷烟：是指每标准条调拨价格满70元不满100元的卷烟。

三类卷烟：是指每标准条调拨价格满30元不满70元的卷烟。

四类卷烟：是指每标准条调拨价格满16.5元不满30元的卷烟。

五类卷烟：是指每标准条调拨价格不满16.5元的卷烟。

"卷烟条包装商品条码"，是指经国家烟草专卖局批准并下发的，符合国家标准规定的13位条包装卷烟的商品标识代码和非标准包装（如听、扁盒等）卷烟的外包装商品标识代码。

"新牌号卷烟"，是指在国家工商行政管理总局商标局新注册商标牌号，且未经国家税务总局核定计税价格的卷烟。

"新规格卷烟"，是指2009年5月1日卷烟消费税政策调整后，卷烟名称、产品类型、条与盒包装形式、包装支数等主要信息发生变更时，必须作为新产品重新申请新的卷烟商品条码的卷烟。

"卷烟调拨价格"，是指卷烟生产企业向商业企业销售卷烟的价格，不含增值税。

本办法所称的销售价格、销售额均不含增值税。

第二十一条 本办法自2012年1月1日起施行。2003年1月23日国家税务总局公布的《卷烟消费税计税价格信息采集和核定管理办法》（国家税务总局令第5号）同时废止。

云南省人民政府关于第五轮取消和调整行政审批项目的决定

2011 年 12 月 15 日　云南省人民政府令第 171 号

《云南省人民政府关于第五轮取消和调整行政审批项目的决定》已经 2011 年 11 月 16 日云南省人民政府第 66 次常务会议通过，现予公布，自公布之日起施行。

代理省长　李纪恒

云南省人民政府关于第五轮取消和调整行政审批项目的决定

为继续深化行政审批制度改革，进一步转变政府职能，推进行政管理体制创新，根据《中华人民共和国行政许可法》和《国务院关于第五批取消和下放管理层级行政审批项目的决定》（国发〔2010〕21 号）精神，按照省人民政府的统一部署和行政审批制度改革的要求，省法制办组织对 52 个省直部门现有的 956 项行政审批项目进行了第五轮集中清理。经严格审核论证，省人民政府决定第五轮取消和调整 205 项行政审批项目。其中，取消行政许可项目 39 项，取消非行政许可审批项目 18 项，共取消行政审批项目 57 项；调整行政许可项目 124 项；调整非行政许可审批项目 24 项，共调整行政审批项目 148 项。经清理后保留实施的行政审批项目目录，由省法制办向社会公布。

各地、各部门要认真做好取消和调整行政审批项目的落实和衔接工作，切实加强后续监管。要按照深化行政管理体制改革、转变政府职能的要求，继续清理和精简行政审批时限，创新行政审批方式，健全行政审批制约监督机制，进一步深化行政审批制度改革。

附件：1. 云南省人民政府决定取消的行政审批项目目录（57 项）

2. 云南省人民政府决定调整的行政审批项目目录（148 项）

附件 1

云南省人民政府决定取消的行政审批项目目录（57 项）

省国税局	49	企业财产损失所得税前扣除审批	行政机关日常监管	非行政许可审批项目
	50	总机构提取管理费税前扣除审批	行政机关日常监管	非行政许可审批项目
	51	总机构提取技术开发费审批	行政机关日常监管	非行政许可审批项目
	52	外国政府、非营利机构等在我国设立代表机构给予免税待遇审批	行政机关日常监管	非行政许可审批项目
	53	企业技术改造国产设备投资抵免企业所得税核准	行政机关日常监管	非行政许可审批项目

附件 2

云南省人民政府决定调整的行政审批项目目录（148 项）

省国税局	127	外商投资企业过渡期享受西部大开发税收优惠政策审批	享受企业所得税减免优惠政策审批	35 日	非行政许可审批项目
	128	享受企业所得税减免税优惠政策审批			

国家税务总局关于修改《车辆购置税征收管理办法》的决定

2011 年 12 月 19 日　国家税务总局令第 27 号

现将《国家税务总局关于修改〈车辆购置税征收管理办法〉的决定》予以发布，自 2012 年 1 月 1 日起施行。

国家税务总局局长：肖捷

国家税务总局关于修改《车辆购置税征收管理办法》的决定

国家税务总局决定对《车辆购置税征收管理办法》作如下修改：

一、增加一条，作为第六条：“购买二手车时，购买者应当向原车主索要《车辆购置税完税证明》（以下简称完税证明）。

“购买已经办理车辆购置税免税手续的二手车，购买者应当到税务机关重新办理申报缴税或免税手续。未按规定办理的，按征管法的规定处理。”

二、第十三条改为第十四条，修改为：“主管税务机关在为纳税人办理纳税申报手续时，对设有固定装置的非运输车辆应当实地验车。”

三、第十四条改为第十五条，修改为：“主管税务机关应对纳税申报资料进行审核，确定计税依据，征收税款，核发完税证明。征税车辆在完税证明征税栏加盖车购税征税专用章，免税车辆在完税证明免税栏加盖车购税征税专用章。”

四、第三十九条改为第四十条，修改为："主管税务机关应当对已经办理纳税申报的车辆建立车辆购置税征收管理档案。"

五、删去第四十一条至第四十六条。

六、第四十八条改为第四十三条，修改为："纳税申报表、免税申请表、补证申请表、退税申请表的样式、规格由国家税务总局统一规定，各省、自治区、直辖市和计划单列市国家税务局自行印制使用。"

七、删去附件5和附件6。

本决定自2012年1月1日起施行。

《车辆购置税征收管理办法》根据本决定作相应的修改并对条文顺序作相应调整，重新公布。

车辆购置税征收管理办法

（2005年11月15日国家税务总局令第15号发布　根据2011年12月19日《国家税务总局关于修改〈车辆购置税征收管理办法〉的决定》修订）

第一条　根据《中华人民共和国税收征收管理法》（以下简称征管法)、《中华人民共和国税收征收管理法实施细则》（以下简称征管法实施细则）和《中华人民共和国车辆购置税暂行条例》（以下简称车购税条例）制定本办法。

第二条　根据征管法实施细则第三十条、车购税条例第十二条的规定，纳税人应到下列地点办理车购税纳税申报。

（一）需要办理车辆登记注册手续的纳税人，向车辆登记注册地的主管税务机关办理纳税申报。

（二）不需要办理车辆登记注册手续的纳税人，向所在地征收车购税的主管税务机关办理纳税申报。

车购税实行一车一申报制度。

第三条　纳税人办理纳税申报时应如实填写《车辆购置税纳税申报表》（见附件1，以下简称纳税申报表)，同时提供以下资料的原件和复印件。复印件和《机动车销售统一发票》（以下简称统一发票）报税联由主管税务机关留存，其他原件经主管税务机关审核后退还纳税人。

（一）车主身份证明

1. 内地居民，提供内地《居民身份证》（含居住、暂住证明）或《居民户口簿》或军人（含武警）身份证明；

2. 香港、澳门特别行政区、台湾地区居民，提供入境的身份证明和居留证明；

3. 外国人，提供入境的身份证明和居留证明；

4. 组织机构，提供《组织机构代码证书》。

（二）车辆价格证明

1. 境内购置车辆，提供统一发票（发票联和报税联）或有效凭证；

2. 进口自用车辆，提供《海关关税专用缴款书》、《海关代征消费税专用缴款书》或海关《征免税证明》。

（三）车辆合格证明

1. 国产车辆，提供整车出厂合格证明（以下简称合格证）；

2. 进口车辆，提供《中华人民共和国海关货物进口证明书》或《中华人民共和国海关监管车辆进（出）境领（销）牌照通知书》或《没收走私汽车、摩托车证明书》。

（四）税务机关要求提供的其他资料

第四条　符合车购税条例第九条免税、减税规定的车辆，纳税人在办理纳税申报时，除按本办法第三条规定提供资料外，还应根据不同情况，分别提供下列资料的原件、复印件及彩色照片。原件经主管税务机关审核后退还纳税人，复印件及彩色照片由主管税务机关留存。

（一）外国驻华使馆、领事馆和国际组织驻华机构的车辆，提供机构证明；

（二）外交人员自用车辆，提供外交部门出具的身份证明；

（三）中国人民解放军和中国人民武装警察部队列入军队

武器装备订货计划的车辆，提供订货计划的证明；

（四）设有固定装置的非运输车辆，提供车辆内、外观彩色5寸照片；

（五）其他车辆，提供国务院或国务院税务主管部门的批准文件。

第五条　已经办理纳税申报的车辆发生下列情形之一的，纳税人应按本办法规定重新办理纳税申报：

（一）底盘发生更换的；

（二）免税条件消失的。

第六条　购买二手车时，购买者应当向原车主索要《车辆购置税完税证明》(以下简称完税证明)。

购买已经办理车辆购置税免税手续的二手车，购买者应当到税务机关重新办理申报缴税或免税手续。未按规定办理的，按征管法的规定处理。

第七条　底盘发生更换的车辆，计税依据为最新核发的同类型车辆最低计税价格的70%。同类型车辆是指同国别、同排量、同车长、同吨位、配置近似等（下同)。

第八条　最低计税价格是指国家税务总局依据车辆生产企业提供的车辆价格信息，参照市场平均交易价格核定的车辆购置税计税价格。

第九条　免税条件消失的车辆，自初次办理纳税申报之日起，使用年限未满10年的，计税依据为最新核发的同类型车辆最低计税价格按每满1年扣减10%，未满1年的计税依据为最新核发的同类型车辆最低计税价格；使用年限10年（含）以上的，计税依据为0。

第十条　对国家税务总局未核定最低计税价格的车辆，纳税人申报的计税价格低于同类型应税车辆最低计税价格，又无正当理由的，主管税务机关可比照已核定的同类型车辆最低计税价格征税。同类型车辆由主管税务机关确定，并报上级税务机关备案。各省、自治区、直辖市和计划单列市国家税务局应制定具体办法及时将备案的价格在本地区统一。

第十一条 车购税条例第六条“价外费用”是指销售方价外向购买方收取的基金、集资费、返还利润、补贴、违约金（延期付款利息）和手续费、包装费、储存费、优质费、运输装卸费、保管费、代收款项、代垫款项以及其他各种性质的价外收费。

第十二条 车购税条例第七条规定的“申报的计税价格低于同类型应税车辆的最低计税价格，又无正当理由的”，是指纳税人申报的计税依据低于出厂价格或进口自用车辆的计税价格。

第十三条 进口旧车、因不可抗力因素导致受损的车辆、库存超过3年的车辆、行驶8万公里以上的试验车辆、国家税务总局规定的其他车辆，凡纳税人能出具有效证明的，计税依据为其提供的统一发票或有效凭证注明的价格。

第十四条 主管税务机关在为纳税人办理纳税申报手续时，对设有固定装置的非运输车辆应当实地验车。

第十五条 主管税务机关应对纳税申报资料进行审核，确定计税依据，征收税款，核发完税证明。征税车辆在完税证明征税栏加盖车购税征税专用章，免税车辆在完税证明免税栏加盖车购税征税专用章。

第十六条 主管税务机关对设有固定装置的非运输车辆，在未接到国家税务总局批准的免税文件前，应先征税。

第十七条 主管税务机关开具的车购税缴税凭证上的应纳税额保留到元，元以下金额舍去。

第十八条 主管税务机关发现纳税人申报的计税价格低于最低计税价格，除按照规定征收车购税外，还应采集并传递统一发票价格异常信息。

第十九条 完税证明分正本和副本，按车核发、每车一证。正本由纳税人保管以备查验，副本用于办理车辆登记注册。

完税证明不得转借、涂改、买卖或者伪造。

第二十条 完税证明发生损毁、丢失的，车主在申请补办完税证明前应在《中国税务报》或由省、自治区、直辖市国家税务局指定的公开发行的报刊上刊登遗失声明，填写《换（补）车辆购置税完税证明申请表》（见附件3，以下简称补证申请表）。

第二十一条 纳税人在办理车辆登记注册前完税证明发生损毁、丢失的，主管税务机关应依据纳税人提供的车购税缴税凭证或主管税务机关车购税缴税凭证留存联，车辆合格证明，遗失声明予以补办。

第二十二条 车主在办理车辆登记注册后完税证明发生损毁、丢失的，车主向原发证税务机关申请换、补，主管税务机关应依据车主提供的《机动车行驶证》，遗失声明核发完税证明正本（副本留存）。

第二十三条 已缴车购税的车辆，发生下列情形之一的，准予纳税人申请退税：

（一）因质量原因，车辆被退回生产企业或者经销商的；

（二）应当办理车辆登记注册的车辆，公安机关车辆管理机构不予办理车辆登记注册的。

第二十四条 纳税人申请退税时，应如实填写《车辆购置税退税申请表》（见附件4，以下简称退税申请表），分别下列情况提供资料：

（一）未办理车辆登记注册的，提供生产企业或经销商开具的退车证明和退车发票、完税证明正本和副本；

（二）已办理车辆登记注册的，提供生产企业或经销商开具的退车证明和退车发票、完税证明正本、公安机关车辆管理机构出具的注销车辆号牌证明。

第二十五条 因质量原因，车辆被退回生产企业或者经销商的，纳税人申请退税时，主管税务机关依据自纳税人办理纳税申报之日起，按已缴税款每满1年扣减10%计算退税额；未满1年的，按已缴税款全额退税。

第二十六条 公安机关车辆管理机构不予办理车辆登记注册的车辆，纳税人申请退税时，主管税务机关应退还全部已缴税款。

第二十七条 符合免税条件但已征税的设有固定装置的非运输车辆，主管税务机关依据国家税务总局批准的《设有固定装置免税车辆图册》（以下简称免税图册）或免税文件，办理退税。

第二十八条 车购税条例第九条“设有固定装置的非运输车辆”是指：

1. 列入国家税务总局印发的免税图册的车辆；

2. 未列入免税图册但经国家税务总局批准免税的车辆。

第二十九条 主管税务机关依据免税图册或国家税务总局批准的免税文件为设有固定装置的非运输车辆办理免税。

第三十条 需列入免税图册的车辆，由车辆生产企业或纳税人向主管税务机关提出申请，填写《车辆购置税免（减）税申请表》（见附件2，以下简称免税申请表），提供下列资料：

（一）本办法第三条第（三）款规定的车辆合格证明原件、复印件；

（二）车辆内、外观彩色五寸照片1套；

（三）车辆内、外观彩色照片电子文档（文件大小不超过50KB，像素不低于300万，并标明车辆生产企业名称及车辆型号，仅限车辆生产企业提供）。

第三十一条 主管税务机关将审核后的免税申请表及附列的车辆合格证明复印件（原件退回申请人）、照片及电子文档一并逐级上报。其中：

（一）省、自治区、直辖市和计划单列市国家税务局分别于每年的3、6、9、12月将免税申请表及附列资料报送至国家税务总局。

（二）国家税务总局分别于申请当期的4、7、10月及次年1月将符合免税条件的车辆列入免税图册。

第三十二条 纳税人购置的尚未列入免税图册的设有固定装置的非运输车辆，在规定的申报期限内，应先办理纳税申报，缴纳税款。

第三十三条 在外留学人员

（含香港、澳门地区）回国服务的（以下简称留学人员），购买1辆国产小汽车免税。

第三十四条 长期来华定居专家（以下简称来华专家）进口自用的1辆小汽车免税。

第三十五条 留学人员购置的、来华专家进口自用的符合免税条件的车辆，主管税务机关可直接办理免税事宜。

第三十六条 留学人员、来华专家在办理免税申报时，应分别下列情况提供资料：

（一）留学人员提供中华人民共和国驻留学生学习所在国的大使馆或领事馆（中央人民政府驻香港联络办公室教育科技部、中央人民政府驻澳门联络办公室宣传文化部）出具的留学证明；公安部门出具的境内居住证明、个人护照；海关核发的《回国人员购买国产小汽车准购单》；

（二）来华专家提供国家外国专家局或其授权单位核发的专家证；公安部门出具的境内居住证明。

第三十七条 防汛和森林消防部门购置的由指定厂家生产的指定型号的用于指挥、检查、调度、防汛（警）、联络的专用车辆（以下简称防汛专用车和森林消防专用车）免税。

第三十八条 防汛专用车和森林消防专用车，主管税务机关依据国务院税务主管部门批准文件审核办理免税。具体程序如下：

（一）主管部门每年向国务院税务主管部门提出免税申请；

（二）国务院税务主管部门将审核后的车辆型号、数量、流向、照片及有关证单式样通知纳税人所在地主管税务机关；

（三）主管税务机关依据国务院税务主管部门批准文件审核办理免税。

第三十九条 纳税人购置的农用三轮车免税。主管税务机关可直接办理免税事宜。

第四十条 主管税务机关应当对已经办理纳税申报的车辆建立车辆购置税征收管理档案。

第四十一条 主管税务机关应依据车购税条例第十四条规定与公安机关车辆管理机构定期交换信息。

第四十二条 完税证明的样式、规格、编号由国家税务总局统一规定并印制。

第四十三条 纳税申报表、免税申请表、补证申请表、退税申请表的样式、规格由国家税务总局统一规定，各省、自治区、直辖市和计划单列市国家税务局自行印制使用。

第四十四条 本办法由国家税务总局负责解释。各省、自治区、直辖市和计划单列市国家税务局依照本办法制定具体实施办法。

第四十五条 本办法自2006年1月1日起实施。以前规定与本办法有抵触的，依本办法执行。

二、增值税

国家税务总局关于纳税人销售伴生金有关增值税问题的公告

2011年1月24日　国家税务总局公告2011年第8号

现将纳税人销售伴生金有关增值税问题公告如下：

《财政部 国家税务总局关于黄金税收政策问题的通知》（财税〔2002〕142号）第一条所称伴生金，是指黄金矿砂以外的其他矿产品、冶炼中间产品和其他可以提炼黄金的原料中所伴生的黄金。

纳税人销售含有伴生金的货物并申请伴生金免征增值税的，应当出具伴生金含量的有效证明，分别核算伴生金和其他成分的销售额。

本公告自2011年2月1日起执行。此前执行与本公告不一致的，按照本公告的规定调整。

特此公告。

国家税务总局关于纳税人资产重组有关增值税问题的公告

2011年2月18日　国家税务总局公告2011年第13号

根据《中华人民共和国增值税暂行条例》及其实施细则的有关规定，现将纳税人资产重组有关增值税问题公告如下：

纳税人在资产重组过程中，通过合并、分立、出售、置换等方式，将全部或者部分实物资产以及与其相关联的债权、负债和劳动力一并转让给其他单位和个人，不属于增值税的征税范围，其中涉及的货物转让，不征收增值税。

本公告自2011年3月1日起执行。此前未作处理的，按照本公告的规定执行。《国家税务总局关于转让企业全部产权不征收增值税问题的批复》（国税函〔2002〕420号）、《国家税务总局关于纳税人资产重组有关增值税政策问题的批复》（国税函〔2009〕585号）、《国家税务总局关于中国直播卫星有限公司转让全部产权有关增值税问题的通知》（国税函〔2010〕350号）同时废止。

特此公告。

国家税务总局关于增值税防伪税控一机多票系统开具普通发票有关问题的公告

2011年3月1日　国家税务总局公告2011年第15号

根据《中华人民共和国税收征收管理法》和《国家税务总局关于推行增值税防伪税控一机多票系统的通知》（国税发〔2006〕78号）的有关规定，现将增值税防伪税控一机多票系统开具普通发票有关问题公告如下：

报刊自办发行、食品连锁以及药品批发行业的部分增值税一般纳税人销售对象多为消费者或者使用单位，开具普通发票零散且发票用量大。为解决这些特殊行业开具普通发票的实际困难，上述3个行业中的企业可依据国税发〔2006〕78号文件的规定，比照商业零售企业自行决定是否使用增值税防伪税控一机多票系统开具增值税普通发票。

本公告自2011年3月1日起施行。公告施行前发生的事项，可依据本公告执行。

特此公告。

财政部　国家税务总局关于收购烟叶支付的价外补贴进项税额抵扣问题的通知

2011年3月2日　财税〔2011〕21号

各省、自治区、直辖市、计划单列市财政厅（局）、国家税务局、地方税务局，新疆生产建设兵团财务局：

根据有关方面的反映，现将收购烟叶给烟农的生产投入补贴增值税进项税额抵扣问题明确如下：

烟叶收购单位收购烟叶时按照国家有关规定以现金形式直接补贴烟农的生产投入补贴（以下简称价外补贴），属于农产品买价，为《中华人民共和国增值税暂行条例实施细则》（财政部 国家税务总局令第50号）第十七条中“价款”的一部分。烟叶收购单位，应将价外补贴与烟叶收购价格在同一张农产品收购发票或者销售发票上分别注明，否则，价外补贴不得计算增值税进项税额进行抵扣。

本通知自2009年1月1日起执行。

注：云南省财政厅、云南省国家税务局、云南省地方税务局于2011年4月6日云财税〔2011〕31号原文转发

国家税务总局关于纳税人销售自产货物并同时提供建筑业劳务有关税收问题的公告

2011年3月25日　国家税务总局公告2011年第23号

现就纳税人销售自产货物同时提供建筑业劳务有关税收问题公告如下：

纳税人销售自产货物同时提供建筑业劳务，应按照《中华人民共和国增值税暂行条例实施细则》第六条及《中华人民共和国营业税暂行条例实施细则》第七条规定，分别核算其货物的销售额和建筑业劳务的营业额，并根据其货物的销售额计算缴纳增值税，根据其建筑业劳务的营业额计算缴纳营业税。未分别核算的，由主管税务机关分别核定其货物的销售额和建筑业劳务的营业额。

纳税人销售自产货物同时提供建筑业劳务，须向建筑业劳务发生地主管地方税务机关提供其机构所在地主管国家税务机关出具的本纳税人属于从事货物生产的单位或个人的证明。建筑业劳务发生地主管地方税务机关根据纳税人持有的证明，按本公告有关规定计算征收营业税。

本公告自2011年5月1日起施行。《国家税务总局关于纳税人销售自产货物提供增值税劳务并同时提供建筑业劳务征收流转税问题的通知》（国税发〔2002〕117号）同时废止。本公告施行前已征收增值税、营业税的不再做纳税调整，未征收增值税或营业税的按本公告规定执行。

特此公告。

云南省国家税务局关于发布全文失效废止 部分条款失效废止的增值税管理税收规范性文件目录的公告

2011 年 4 月 12 日 云南省国家税务局公告 2011 年第 3 号

为进一步加强增值税管理，规范税收执法，经清理研究，废止以下规范性文件。

一、全文废止或失效的规范性文件

1.《云南省国家税务局关于印发〈云南省一般纳税人增值税征收管理操作指南（一）〉的通知》（云国税发〔2006〕4 号）。

2.《云南省国家税务局关于印发〈增值税优惠政策及管理指南（一）〉的通知》（云国税发〔2006〕284 号）。

3.《云南省国家税务局关于加强税务机关代开增值税专用发票的通知》（云国税发〔2006〕287 号）。

4.《云南省国家税务局关于加强海关进口增值税专用缴款书抵扣管理的通知》（云国税发〔2006〕422 号）。

5.《云南省国家税务局关于进一步明确税务机关代开增值税专用发票有关问题的通知》（云国税函〔2007〕535 号）。

6.《云南省国家税务局关于加强磷矿增值税管理的通知》（云国税发〔2008〕148 号）。

二、部分废止或失效的规范性文件

1.《云南省国家税务局转发国家税务总局关于水利工程水费征收流转税问题的批复》（云国税函〔2007〕404 号）中“文件所指的水利工程水费是指水利部门（供水经营者）通过拦、蓄、引、提等水利工程设施销售给用户天然水过程中收取的费用。如水库向用户供应天然水收取的水费等。”

2.《云南省国家税务局转发国家税务总局关于复合胶适用增值税税率问题的批复》（云国税函〔2009〕434 号）第一条、第二条。

3.《云南省国家税务局转发国家税务总局关于农村电网维护费征免增值税问题的通知》（云国税函〔2009〕577 号）第一条、第二条。

4.《云南省国家税务局关于规范水泥产品资源综合利用增值税优惠政策管理的通知》（云国税发〔2010〕30 号）第五条，附件 1 第八条。

特此公告

国家税务总局关于增值税纳税义务发生时间有关问题的公告

2011 年 7 月 15 日 国家税务总局公告 2011 年第 40 号

根据《中华人民共和国增值税暂行条例》及其实施细则的有关规定，现就增值税纳税义务发生时间有关问题公告如下：

纳税人生产经营活动中采取直接收款方式销售货物，已将货物移送对方并暂估销售收入入账，但既未取得销售款或取得索取销售款凭据也未开具销售发票的，其增值税纳税义务发生时间为取得销售款或取得索取销售款凭据的当天；先开具发票的，为开具发票的当天。

本公告自 2011 年 8 月 1 日起施行。纳税人此前对发生上述情况进行增值税纳税申报的，可向主管税务机关申请，按本公告规定做纳税调整。

特此公告。

云南省国家税务局关于重新确定饲料产品检测机构及饲料产品办理免税相关事项的公告

2011 年 7 月 18 日 云南省国家税务局公告 2011 年第 6 号

根据国家税务总局有关规定，饲料生产企业申请免征增值税的饲料，除单一大宗饲料、混合饲料以外，配合饲料、复合预混料和浓缩饲料，均应由省一级税务机关确定的饲料检测机构进行检测，并出具检测证明。为进一步加强饲料产品免征增值税管理，经与相关部门商定，现将饲料产品检验、检测机构及饲料产品办理免税相关事项公告如下。

一、饲料产品检测机构

在云南省范围内，由云南省兽药饲料检测所或农业部饲料质量监督检验测试中心（昆明）承担饲料产品的检验、检测。

二、饲料生产企业生产的需检测的饲料产品应通过以上机构进行检测，取得“饲料产品合格证明”，并向主管税务机关办理免税备案后，才可按规定享受免征增值税优惠政策。

《云南省国家税务局转发国家税务总局关于取消饲料产品免征增

值税审批程序后加强后续管理的通知》（云国税函〔2004〕738 号）第一条、第二条、第三条废止。

本公告自 2011 年 8 月 1 日起执行。

云南省国家税务局关于重新确定有机肥产品检验机构的公告

2011 年 7 月 18 日　云南省国家税务局公告 2011 年第 7 号

根据《财政部 国家税务总局关于有机肥产品免征增值税的通知》（财税〔2008〕56 号）规定，生产有机肥产品（指有机肥料、有机—无机复混肥料、生物有机肥）的纳税人，在申请享受增值税免征优惠政策时，应先将所生产的有机肥产品送交具有相关资质的肥料产品质量检验机构进行产品质量检验，并取得该机构出具的产品技术检测合格报告。随着经济社会的发展，原先指定的检验、检测机构有的名称已发生变更，也有一些新的检验、检测机构可以承担检验、检测工作。为进一步加强有机肥产品检验、检测机构重新确定如下。

根据有关法律法规的规定取得实验室资质认定的检测机构，即全省通过实验室资质认定，具有有机肥产品（指有机肥料、有机—无机复混肥料、生物有机肥）检测能力的产品质量检验机构均可承担有机肥产品的质量检验工作。

本公告自 2011 年 8 月 1 日起执行，《云南省国家税务局关于明确有机肥产品检测机构的通知》（云国税函〔2008〕486 号）同时废止。

特此公告。

国家税务总局关于纳税人转让土地使用权或者销售不动产同时一并销售附着于土地或者不动产上的固定资产有关税收问题的公告

2011 年 8 月 17 日　国家税务总局公告 2011 年第 48 号

现就纳税人转让土地使用权或者销售不动产的同时一并销售附着于土地或者不动产上的固定资产有关税收问题公告如下：

纳税人转让土地使用权或者销售不动产的同时一并销售的附着于土地或者不动产上的固定资产中，凡属于增值税应税货物的，应按照《财政部　国家税务总局关于部分货物适用增值税低税率和简易办法征收增值税政策的通知》（财税〔2009〕9 号）第二条有关规定，计算缴纳增值税；凡属于不动产的，应按照《中华人民共和国营业税暂行条例》“销售不动产”税目计算缴纳营业税。

纳税人应分别核算增值税应税货物和不动产的销售额，未分别核算或核算不清的，由主管税务机关核定其增值税应税货物的销售额和不动产的销售额。

本公告自 2011 年 9 月 1 日起施行。《国家税务总局关于煤炭企业转让井口征收营业税问题的批复》（国税函〔1997〕556 号）和《国家税务总局关于煤矿转让征收营业税问题的批复》（国税函〔2007〕1018 号）中“对单位和个人在转让煤矿土地使用权和销售不动产的同时一并转让附着于土地或不动产上的机电设备，一并按‘销售不动产’征收营业税”的规定同时废止。本公告施行前已处理的事项不再作调整，未处理事项依据本公告处理。

特此公告。

国家税务总局关于废止逾期增值税扣税凭证一律不得抵扣规定的公告

2011 年 9 月 14 日　国家税务总局公告 2011 年第 49 号

经国务院批准，现将《国务院办公厅转发国家税务总局关于全面推广应用增值税防伪税控系统意见的通知》（国办发〔2000〕12 号）第三条中“凡逾期未申报认证的，一律不得作为扣税凭证，已经抵扣税款的，由税务机关如数追缴，并按《中华人民共和国税收征收管理法》的有关规定进行处罚”规定废止。2007 年 1 月 1 日以后开具的增值税扣税凭证逾期未认证或未稽核比对如何处理问题，另行公告。

本公告自 2011 年 10 月 1 日起执行。

特此公告。

国家税务总局关于逾期增值税扣税凭证抵扣问题的公告

2011 年 9 月 14 日 国家税务总局公告 2011 年第 50 号

为保障纳税人合法权益，经国务院批准，现将 2007 年 1 月 1 日以后开具的增值税扣税凭证未能按照规定期限办理认证或者稽核比对（以下简称逾期）抵扣问题公告如下：

一、对增值税一般纳税人发生真实交易但由于客观原因造成增值税扣税凭证逾期的，经主管税务机关审核、逐级上报，由国家税务总局认证、稽核比对后，对比对相符的增值税扣税凭证，允许纳税人继续抵扣其进项税额。

增值税一般纳税人由于除本公告第二条规定以外的其他原因造成增值税扣税凭证逾期的，仍应按照增值税扣税凭证抵扣期限有关规定执行。

本公告所称增值税扣税凭证，包括增值税专用发票、海关进口增值税专用缴款书和公路内河货物运输业统一发票。

二、客观原因包括如下类型：

（一）因自然灾害、社会突发事件等不可抗力因素造成增值税扣税凭证逾期；

（二）增值税扣税凭证被盗、抢，或者因邮寄丢失、误递导致逾期；

（三）有关司法、行政机关在办理业务或者检查中，扣押增值税扣税凭证，纳税人不能正常履行申报义务，或者税务机关信息系统、网络故障，未能及时处理纳税人网上认证数据等导致增值税扣税凭证逾期；

（四）买卖双方因经济纠纷，未能及时传递增值税扣税凭证，或者纳税人变更纳税地点，注销旧户和重新办理税务登记的时间过长，导致增值税扣税凭证逾期；

（五）由于企业办税人员伤亡、突发危重疾病或者擅自离职，未能办理交接手续，导致增值税扣税凭证逾期；

（六）国家税务总局规定的其他情形。

三、增值税一般纳税人因客观原因造成增值税扣税凭证逾期的，可按照本公告附件《逾期增值税扣税凭证抵扣管理办法》的规定，申请办理逾期抵扣手续。

四、本公告自 2011 年 10 月 1 日起执行。

特此公告。

附件：逾期增值税扣税凭证抵扣管理办法

逾期增值税扣税凭证抵扣管理办法

一、增值税一般纳税人发生真实交易但由于客观原因造成增值税扣税凭证逾期的，可向主管税务机关申请办理逾期抵扣。

二、纳税人申请办理逾期抵扣时，应报送如下资料：

（一）《逾期增值税扣税凭证抵扣申请单》；

（二）增值税扣税凭证逾期情况说明。纳税人应详细说明

未能按期办理认证或者申请稽核比对的原因，并加盖企业公章。其中，对客观原因不涉及第三方的，纳税人应说明的情况具体为：发生自然灾害、社会突发事件等不可抗力原因的，纳税人应详细说明自然灾害或者社会突发事件发生的时间、影响地区、对纳税人生产经营的实际影响等；纳税人变更纳税地点，注销旧户和重新办理税务登记的时间过长，导致增值税扣税凭证逾期的，纳税人应详细说明办理搬迁时间、注销旧户和注册新户的时间、搬出及搬入地点等；企业办税人员擅自离职，未办理交接手续的，纳税人应详细说明事情经过、办税人员姓名、离职时间等，并提供解除劳动关系合同及企业内部相关处理决定。

（三）客观原因涉及第三方的，应提供第三方证明或说明。具体为：企业办税人员伤亡或者突发危重疾病的，应提供公安机关、交通管理部门或者医院证明；有关司法、行政机关在办理业务或者检查中，扣押增值税扣税凭证，导致纳税人不能正常履行申报义务的，应提供相关司法、行政机关证明；增值税扣税凭证被盗、抢的，应提供公安机关证明；买卖双方因经济纠纷，未能及时传递增值税扣税凭证的，应提供卖方出具的情况说明；邮寄丢失或者误递导致增值税扣税凭证逾期的，应提供邮政单位出具的说明。

（四）逾期增值税扣税凭证电子信息；

（五）逾期增值税扣税凭证复印件（复印件必须整洁、清晰，

在凭证备注栏注明“与原件一致”并加盖企业公章，增值税专用发票复印件必须裁剪成与原票大小一致）。

三、由于税务机关自身原因造成纳税人增值税扣税凭证逾期的，主管税务机关应在上报文件中说明相关情况。具体为，税务机关信息系统或者网络故障，未能及时处理纳税人网上认证数据的，主管税务机关应详细说明信息系统或网络故障出现、持续的时间，故障原因及表现等。

四、主管税务机关应认真审核纳税人所报资料，重点审核纳税人所报送资料是否齐全、交易是否真实发生、造成增值税扣税凭证逾期的原因是否属于客观原因、第三方证明或说明所述时间是否具有逻辑性、资料信息是否一致、增值税扣税凭证复印件与原件是否一致等。

主管税务机关审核无误后，应向上级税务机关正式上报，并将增值税扣税凭证逾期情况说明、第三方证明或说明、逾期增值税扣税凭证电子信息、逾期增值税扣税凭证复印件逐级审核后上报至国家税务总局。

五、国家税务总局将对各地上报的资料进行审核，并对逾期增值税扣税凭证信息进行认证、稽核比对，对资料符合条件、稽核比对结果相符的，通知省税务机关允许纳税人继续抵扣逾期增值税扣税凭证上所注明或计算的税额。

六、主管税务机关可定期或者不定期对已抵扣逾期增值税扣税凭

证进项税额的纳税人进行复查，发现纳税人提供虚假信息，存在弄虚作假行为的，应责令纳税人将已抵扣进项税额转出，并按《中华人民共和国税收征收管理法》的有关规定进行处罚。

财政部　国家税务总局关于软件产品增值税政策的通知

2011 年 10 月 13 日　财税〔2011〕100 号

各省、自治区、直辖市、计划单列市财政厅（局）、国家税务局、地方税务局，新疆生产建设兵团财务局：

为落实《国务院关于印发进一步鼓励软件产业和集成电路产业发展若干政策的通知》（国发〔2011〕4 号）的有关精神，进一步促进软件产业发展，推动我国信息化建设，现将软件产品增值税政策通知如下：

一、软件产品增值税政策

（一）增值税一般纳税人销售其自行开发生产的软件产品，按 17% 税率征收增值税后，对其增值税实际税负超过 3% 的部分实行即征即退政策。

（二）增值税一般纳税人将进口软件产品进行本地化改造后对外销售，其销售的软件产品可享受本条第一款规定的增值税即征即退政策。

本地化改造是指对进口软件产品进行重新设计、改进、转换等，单纯对进口软件产品进行汉字化处理不包括在内。

（三）纳税人受托开发软件产品，著作权属于受托方的征收增值税，著作权属于委托方或属于双方共同拥有的不征收增值税；对经过国家版权局注册登记，纳税人在销售时一并转让著作权、所有权的，不征收增值税。

二、软件产品界定及分类

本通知所称软件产品，是指信息处理程序及相关文档和数据。软件产品包括计算机软件产品、信息系统和嵌入式软件产品。嵌入式软件产品是指嵌入在计算机硬件、机器设备中并随其一并销售，构成计算机硬件、机器设备组成部分的软件产品。

三、满足下列条件的软件产品，经主管税务机关审核批准，可以享受本通知规定的增值税政策：

1. 取得省级软件产业主管部门认可的软件检测机构出具的检测证明材料；

2. 取得软件产业主管部门颁发的《软件产品登记证书》或著作权行政管理部门颁发的《计算机软件著作权登记证书》。

四、软件产品增值税即征即退税额的计算

（一）软件产品增值税即征即退税额的计算方法：

即征即退税额 = 当期软件产品增值税应纳税额 - 当期软件产品销售额 × 3%

当期软件产品增值税应纳税额 = 当期软件产品销项税额 - 当期软件产品可抵扣进项税额

当期软件产品销项税额 = 当期软件产品销售额 × 17%

（二）嵌入式软件产品增值税即征即退税额的计算：

1. 嵌入式软件产品增值税即征即退税额的计算方法

即征即退税额 = 当期嵌入式软件产品增值税应纳税额 - 当期嵌入式软件产品销售额 × 3%

当期嵌入式软件产品增值税应纳税额 = 当期嵌入式软件产品销项税额 - 当期嵌入式软件产品可抵扣进项税额

当期嵌入式软件产品销项税额 = 当期嵌入式软件产品销售额 × 17%

2. 当期嵌入式软件产品销售额的计算公式

当期嵌入式软件产品销售额 = 当期嵌入式软件产品与计算机硬件、机器设备销售额合计 - 当期计算机硬件、机器设备销售额

计算机硬件、机器设备销售额按照下列顺序确定：

①按纳税人最近同期同类货物的平均销售价格计算确定；

②按其他纳税人最近同期同类货物的平均销售价格计算确定；

③按计算机硬件、机器设备组成计税价格计算确定。

计算机硬件、机器设备组成计税价格 = 计算机硬件、机器设备成本 × （1 + 10%）。

五、按照上述办法计算，即征即退税额大于零时，税务机关应按规定，及时办理退税手续。

六、增值税一般纳税人在销售软件产品的同时销售其他货物或者应税劳务的，对于无法划分的进项税额，应按照实际成本或销售收入比例确定软件产品应分摊的进项税额；对专用于软件产品开发生产设备及工具的进项税额，不得进行分摊。纳税人应将选定的分摊方式报主管税务机关备案，并自备案之日起一年内不得变更。

专用于软件产品开发生产的设备及工具，包括但不限于用于软件设计的计算机设备、读写打印器具设备、工具软件、软件平台和测试设备。

七、对增值税一般纳税人随同计算机硬件、机器设备一并销售嵌入式软件产品，如果适用本通知规定按照组成计税价格计算确定计算机硬件、机器设备销售额的，应当分别核算嵌入式软件产品与计算机硬件、机器设备部分的成本。凡未分别核算或者核算不清的，不得享受本通知规定的增值税政策。

八、各省、自治区、直辖市、计划单列市税务机关可根据本通知规定，制定软件产品增值税即征即退的管理办法。主管税务机关可对享受本通知规定增值税政策的纳税人进行定期或不定期检查。纳税人凡弄虚作假骗取享受本通知规定增值税政策的，税务机关除根据现行规定进行处罚外，自发生上述违法违规行为年度起，取消其享受本通知规定增值税政策的资格，纳税人三年内不得再次申请。

九、本通知自 2011 年 1 月 1 日

起执行。《财政部 国家税务总局关于贯彻落实〈中共中央国务院关于加强技术创新，发展高科技，实现产业化的决定〉有关税收问题的通知》（财税字〔1999〕273号）第一条、《财政部 国家税务总局海关总署关于鼓励软件产业和集成电路产业发展有关税收政策问题的通知》（财税〔2000〕25号）第一条第一款、《国家税务总局关于明确电子出版物属于软件征税范围的通知》（国税函〔2000〕168号）、《财政部 国家税务总局关于增值税若干政策的通知》（财税〔2005〕165号）第十一条第一款和第三款、《财政部 国家税务总局关于嵌入式软件增值税政策问题的通知》（财税〔2006〕174号）、《财政部 国家税务总局关于嵌入式软件增值税政策的通知》（财税〔2008〕92号）、《财政部 国家税务总局关于扶持动漫产业发展有关税收政策问题的通知》（财税〔2009〕65号）第一条同时废止。

注：云南省财政厅、云南省国家税务局、云南省地方税务局于2011年11月7日以云财税〔2011〕126号原文转发

关于修改《中华人民共和国增值税暂行条例实施细则》和《中华人民共和国营业税暂行条例实施细则》的决定

2011年10月28日　财政部　国家税务总局令第65号

《关于修改〈中华人民共和国增值税暂行条例实施细则〉和〈中华人民共和国营业税暂行条例实施细则〉的决定》已经财政部、国家税务总局审议通过，现予公布，自2011年11月1日起施行。

财政部部长：谢旭人

国家税务总局局长：肖捷

为了贯彻落实国务院关于支持小型和微型企业发展的要求，财政部、国家税务总局决定对《中华人民共和国增值税暂行条例实施细则》和《中华人民共和国营业税暂行条例实施细则》的部分条款予以修改。

一、将《中华人民共和国增值税暂行条例实施细则》第三十七条第二款修改为："增值税起征点的幅度规定如下：

（一）销售货物的，为月销售额5000～20000元；

（二）销售应税劳务的，为月销售额5000～20000元；

（三）按次纳税的，为每次（日）销售额300～500元。"

二、将《中华人民共和国营业税暂行条例实施细则》第二十三条第三款修改为："营业税起征点的幅度规定如下：

（一）按期纳税的，为月营业额5000～20000元；

（二）按次纳税的，为每次（日）营业额300～500元。"本决定自2011年11月1日起施行。

《中华人民共和国增值税暂行条例实施细则》和《中华人民共和国营业税暂行条例实施细则》根据本决定作相应修改，重新公布。

国家税务总局关于纳税人为其他单位和个人开采矿产资源提供劳务有关货物和劳务税问题的公告

2011年11月7日　国家税务总局公告2011年第56号

现将纳税人为其他单位和个人开采矿产资源提供劳务有关货物和劳务税问题公告如下：

纳税人提供的矿山爆破、穿孔、表面附着物（包括岩层、土层、沙层等）剥离和清理劳务，以及矿井、巷道构筑劳务，属于营业税应税劳务，应当缴纳营业税。

纳税人提供的矿产资源开采、挖掘、切割、破碎、分拣、洗选等劳务，属于增值税应税劳务，应当缴纳增值税。

本公告自2011年12月1日起执行。此前未处理的，按照本公告的规定处理。

特此公告

国家税务总局关于调整增值税即征即退优惠政策管理措施有关问题的公告

2011年11月14日　国家税务总局公告2011年第60号

为加快退税进度，提高纳税人资金使用效率，扶持企业发展，税务总局决定调整增值税即征即退企业实施先评估后退税的管理措施。现将有关问题公告如下：

一、将增值税即征即退优惠政

策的管理措施由先评估后退税改为先退税后评估。

二、主管税务机关应进一步加强对即征即退企业增值税退税的事后管理，根据以下指标定期开展纳税评估。

（一）销售额变动率的计算公式：

1. 本期销售额环比变动率 =（本期即征即退货物和劳务销售额 - 上期即征即退货物和劳务销售额）÷上期即征即退货物和劳务销售额×100%。

2. 本期累计销售额环比变动率 =（本期即征即退货物和劳务累计销售额 - 上期即征即退货物和劳务累计销售额）÷上期即征即退货物和劳务累计销售额×100%。

3. 本期销售额同比变动率 =（本期即征即退货物和劳务销售额 - 去年同期即征即退货物和劳务销售额）÷去年同期即征即退货物和劳务销售额×100%。

4. 本期累计销售额同比变动率 =（本期即征即退货物和劳务累计销售额 - 去年同期即征即退货物和劳务累计销售额）÷去年同期即征即退货物和劳务累计销售额×100%。

（二）增值税税负率的计算公式

增值税税负率 = 本期即征即退货物和劳务应纳税额÷本期即征即退货物和劳务销售额×100%。

三、各地可根据不同的即征即退项目设计、完善评估指标。主管税务机关通过纳税评估发现企业异常情况的，应及时核实原因并按相关规定处理。

四、本公告自 2011 年 12 月 1 日起施行。《国家税务总局关于增值税即征即退实施先评估后退税有关问题的通知》（国税函〔2009〕432 号）同时废止。

特此公告。

国家税务总局关于安置残疾人单位是否可以同时享受多项增值税优惠政策问题的公告

2011 年 11 月 18 日　国家税务总局公告 2011 年第 61 号

现将安置残疾人单位是否可以同时享受多重增值税优惠政策问题公告如下：

安置残疾人单位既符合促进残疾人就业增值税优惠政策条件，又符合其他增值税优惠政策条件的，可同时享受多项增值税优惠政策，但年度申请退还增值税总额不得超过本年度内应纳增值税总额。

本公告自 2011 年 12 月 1 日起执行。

特此公告。

财政部　国家税务总局关于调整完善资源综合利用产品及劳务增值税政策的通知

2011 年 11 月 21 日　财税〔2011〕115 号

各省、自治区、直辖市、计划单列市财政厅（局）、国家税务局，财政部驻各省、自治区、直辖市、计划单列市财政监察专员办事处，新疆生产建设兵团财务局：

为深入贯彻节约资源和保护环境基本国策，大力发展循环经济，加快资源节约型、环境友好型社会建设，经国务院批准，决定对农林剩余物资源综合利用产品增值税政策进行调整完善，并增加部分资源综合利用产品及劳务适用增值税优惠政策。现将有关政策明确如下：

一、对销售自产的以建（构）筑废物、煤矸石为原料生产的建筑砂石骨料免征增值税。生产原料中建（构）筑废物、煤矸石的比重不低于 90%。其中以建（构）筑废物为原料生产的建筑砂石骨料应符合《混凝土用再生粗骨料》（GB/T25177 - 2010）和《混凝土和砂浆用再生细骨料》（GB/T25176 - 2010）的技术要求；以煤矸石为原料生产的建筑砂石骨料应符合《建筑用砂》（GB/T14684 - 2001）和《建筑用卵石碎石》（GB/T14685 - 2001）的技术要求。

二、对垃圾处理、污泥处理处置劳务免征增值税。垃圾处理是指运用填埋、焚烧、综合处理和回收利用等形式，对垃圾进行减量化、资源化和无害化处理处置的业务；污泥处理处置是指对污水处理后产生的污泥进行稳定化、减量化和无害化处理处置的业务。

三、对销售下列自产货物实行增值税即征即退 100% 的政策

（一）利用工业生产过程中产生的余热、余压生产的电力或热力。发电（热）原料中 100% 利用上述资源。

（二）以餐厨垃圾、畜禽粪便、稻壳、花生壳、玉米芯、油茶壳、棉籽壳、三剩物、次小薪材、含油污水、有机废水、污水处理后产生的污泥、油田采油过程中产生的油污泥（浮渣），包括利用上述资源发酵产生的沼气为原料生产的电力、热力、燃料。生产原料中上述资源的比重不低于 80%，其中利用油田采油过程中产生的油污泥（浮渣）生产燃料的资源比重不低于 60%。

上述涉及的生物质发电项目必

须符合国家发展改革委《可再生能源发电有关管理规定》（发改能源〔2006〕13号）要求，并且生产排放达到《火电厂大气污染物排放标准》（GB13223—2003）第1时段标准或者《生活垃圾焚烧污染控制标准》（GB18485—2001）的有关规定。利用油田采油过程中产生的油污泥（浮渣）的生产企业必须取得《危险废物综合经营许可证》。

（三）以污水处理后产生的污泥为原料生产的干化污泥、燃料。生产原料中上述资源的比重不低于90%。

（四）以废弃的动物油、植物油为原料生产的饲料级混合油。饲料级混合油应达到《饲料级混合油》（NY/T913-2004）规定的技术要求，生产原料中上述资源的比重不低于90%。

（五）以回收的废矿物油为原料生产的润滑油基础油、汽油、柴油等工业油料。生产企业必须取得《危险废物综合经营许可证》，生产原料中上述资源的比重不低于90%。

（六）以油田采油过程中产生的油污泥（浮渣）为原料生产的乳化油调和剂及防水卷材辅料产品。生产企业必须取得《危险废物综合经营许可证》，生产原料中上述资源的比重不低于70%。

（七）以人发为原料生产的档发。生产原料中90%以上为人发。

四、对销售下列自产货物实行增值税即征即退80%的政策

以三剩物、次小薪材和农作物秸秆等3类农林剩余物为原料生产的木（竹、秸秆）纤维板、木（竹、秸秆）刨花板，细木工板、活性炭、栲胶、水解酒精、炭棒；以沙柳为原料生产的箱板纸。

五、对销售下列自产货物实行增值税即征即退50%的政策

（一）以蔗渣为原料生产的蔗渣浆、蔗渣刨花板及各类纸制品。生产原料中蔗渣所占比重不低于70%。

（二）以粉煤灰、煤矸石为原料生产的氧化铝、活性硅酸钙。生产原料中上述资源的比重不低于25%。

（三）利用污泥生产的污泥微生物蛋白。生产原料中上述资源的比重不低于90%。

（四）以煤矸石为原料生产的瓷绝缘子、煅烧高岭土。其中瓷绝缘子生产原料中煤矸石所占比重不低于30%，煅烧高岭土生产原料中煤矸石所占比重不低于90%。

（五）以废旧电池、废感光材料、废彩色显影液、废催化剂、废灯泡（管）、电解废弃物、电镀废弃物、废线路板、树脂废弃物、烟尘灰、湿法泥、熔炼渣、河底淤泥、废旧电机、报废汽车为原料生产的金、银、钯、铑、铜、铅、汞、锡、铋、碲、铟、硒、铂族金属，其中综合利用危险废弃物的企业必须取得《危险废物综合经营许可证》。生产原料中上述资源的比重不低于90%。

（六）以废塑料、废旧聚氯乙烯（PVC）制品、废橡胶制品及废铝塑复合纸包装材料为原料生产的汽油、柴油、废塑料（橡胶）油、石油焦、碳黑、再生纸浆、铝粉、汽车用改性再生专用料、摩托车用改性再生专用料、家电用改性再生专用料、管材用改性再生专用料、化纤用再生聚酯专用料（杂质含量低于0.5 mg/g、水份含量低于1%）、瓶用再生聚对苯二甲酸乙二醇酯（PET）树脂（乙醛质量分数小于等于1ug/g）及再生塑料制品。生产原料中上述资源的比重不低于70%。

上述废塑料综合利用生产企业必须通过ISO9000、ISO14000认证。

（七）以废弃天然纤维、化学纤维及其制品为原料生产的纤维纱及织布、无纺布、毡、粘合剂及再生聚酯产品。生产原料中上述资源的比重不低于90%。

（八）以废旧石墨为原料生产的石墨异形件、石墨块、石墨粉和石墨增碳剂。生产原料中上述资源的比重不低于90%。

六、本通知所述“三剩物”，是指采伐剩余物（指枝丫、树梢、树皮、树叶、树根及藤条、灌木等）、造材剩余物（指造材截头）和加工剩余物（指板皮、板条、木竹截头、锯沫、碎单板、木芯、刨花、木块、篾黄、边角余料等）。

“次小薪材”，是指次加工材（指材质低于针、阔叶树加工用原木最低等级但具有一定利用价值的次加工原木，其中东北、内蒙古地区按LY/T1505—1999标准执行，南方及其他地区按LY/T1369—1999标准执行）、小径材（指长度在2米以下或径级8厘米以下的小原木条、松木杆、脚手杆、杂木杆、短原木等）和薪材。

“农作物秸秆”，是指农业生产过程中，收获了粮食作物（指稻谷、小麦、玉米、薯类等）、油料作物（指油菜籽、花生、大豆、葵花籽、芝麻籽、胡麻籽等）、棉花、麻类、糖料、烟叶、药材、蔬菜和水果等以后残留的茎秆。

“蔗渣”，是指以甘蔗为原料的制糖生产过程中产生的含纤维50%左右的固体废弃物。

“烟尘灰”，是指金属冶炼厂火法冶炼过程中，为保护环境经除尘器（塔）收集的粉灰状残料物。

“湿法泥”，是指湿法冶炼生产排出的污泥，经集中环保处置后产生的中和渣，且具有一定回收价值的污泥状废弃物。

“熔炼渣”，是指在铅、锡、铜、铋火法还原冶炼过程中，由于比重的差异，金属成分因比重大沉底形成金属锭，而比重较小的硅、铁、钙等化合物浮在金属表层形成的废渣。

七、本通知所称综合利用资源占生产原料的比重，除第三条第（一）项外，一律以重量比例计算，不得以体积比例计算。

八、增值税一般纳税人应单独核算综合利用产品的销售额。一般纳税人同时生产增值税应税产品和享受增值税即征即退产品而存在无法划分的进项税额时，按下列公式对无法划分的进项税额进行划分：

享受增值税即征即退产品应分摊的进项税额＝当月无法划分的全部进项税额×当月享受增值税即征即退产品的销售额合计÷当月无法划分进项税额产品的销售额合计

增值税小规模纳税人应单独核算综合利用产品的销售额和应纳税额。

凡未单独核算资源综合利用产品的销售额和应纳税额的，不得享受本通知规定的退（免）税政策。

九、申请享受本通知规定的资源综合利用产品及劳务增值税优惠政策的纳税人，还应符合下列

条件：

（一）纳税人生产、利用资源综合利用产品及劳务的建设项目已按照《中华人民共和国环境影响评价法》编制环境影响评价文件，且已获得经法律规定的审批部门批准同意。

（二）自2010年1月1日起，纳税人未因违反《中华人民共和国环境保护法》等环境保护法律法规受到刑事处罚或者县级以上环保部门相应的行政处罚。

（三）生产过程中如果排放污水的，其污水已接入污水处理设施，且生产排放达到《城镇污水处理厂污染物排放标准》（GB18918－2002）。

（四）申请享受本通知规定的资源综合利用产品，已送交由省级以上质量技术监督部门资质认定的产品质量检验机构进行质量检验，并已取得该机构出具的符合产品质量标准要求及本文件规定的生产工艺要求的检测报告。

（五）申请享受本通知规定的资源综合利用产品及劳务增值税优惠政策的，应当在初次申请时按照要求提交资源综合利用产品及劳务有关数据，报主管税务机关审核备案，并在以后每年2月15日前按照要求提交上一年度资源综合利用产品及劳务有关数据，报主管税务机关审核备案。具体数据要求和提交办法由财政部和国家税务总局另行通知。

十、各省、自治区、直辖市、计划单列市税务机关可根据本通知规定并结合各地实际情况，商同级财政部门制定资源综合利用产品及劳务增值税退（免）税管理办法，并报财政部、国家税务总局备案。

十一、本通知规定的增值税退（免）税事宜由主管税务机关按照现行有关规定办理。各级税务机关应采取严密措施加强对享受资源综合利用增值税优惠政策企业的动态监管，不定期对企业生产经营情况［包括本通知第九条第（五）项要求提交的数据］、纳税申报情况和退税申报情况的真实性进行核实。凡经核实纳税人有弄虚作假骗取享受本通知规定的增值税政策的，税务机关追缴其此前骗取的退税税款，并自纳税人发生上述违法违规行为年度起，取消其享受本通知规定增值税政策的资格，且纳税人三年内不得再次申请。

十二、本通知中所列各类国家标准、行业标准等，如在执行过程中有更新、替换，统一按新的国家标准、行业标准执行，财政部、国家税务总局不再另行发文明确。

十三、本通知第四条、第五条第（一）项规定的政策自2011年1月1日起执行；第一条、第二条、第三条和第五条其他款项规定的政策自2011年8月1日起执行。纳税人销售（提供）本通知规定的免税产品（劳务），如果已向购买方开具了增值税专用发票，应将专用发票追回后方可申请办理免税。凡专用发票无法追回的，一律按照规定征收增值税，不予免税。

十四、《财政部 国家税务总局关于以农林剩余物为原料的综合利用产品增值税政策的通知》（财税〔2009〕148号）和《财政部 国家税务总局关于以蔗渣为原料生产综合利用产品增值税政策的补充通知》（财税〔2010〕114号）自2011年1月1日起废止。

注：云南省财政厅、云南省国家税务局于2011年12月13日以云财税〔2011〕100号原文转发

国家税务总局关于旅店业和饮食业纳税人销售食品有关税收问题的公告

2011年11月24日　国家税务总局公告2011年第62号

现将旅店业和饮食业纳税人销售食品有关税收问题公告如下：

旅店业和饮食业纳税人销售非现场消费的食品应当缴纳增值税，不缴纳营业税。

旅店业和饮食业纳税人发生上述应税行为，符合《中华人民共和国增值税暂行条例实施细则》（财政部、国家税务总局令第50号）第二十九条规定的，可选择按照小规模纳税人缴纳增值税。

本公告自2012年1月1日起执行。《国家税务总局关于饮食业征收流转税问题的通知》（国税发〔1996〕202号）、《国家税务总局关于烧卤熟制食品征收流转税问题的批复》（国税函〔1996〕261号）同时废止。

特此公告。

国家税务总局关于纳税人既享受增值税即征即退先征后退政策又享受免抵退税政策有关问题的公告

2011年12月1日　国家税务总局公告2011年第69号

现将纳税人既享受增值税即征即退、先征后退政策又享受免抵退税政策有关问题公告如下：

一、纳税人既有增值税即征即退、先征后退项目，也有出口等其他增值税应税项目的，增值税即征即退和先征后退项目不参与出口项目免抵退税计算。纳税人应分别核算增值税即征即退、先征后退项目和出口等其他增值税应税项目，分别申请享受增值税即征即退、先征后退和免抵退税政策。

二、用于增值税即征即退或者先征后退项目的进项税额无法划分的，按照下列公式计算：

无法划分进项税额中用于增值税即征即退或者先征后退项目的部分＝当月无法划分的全部进项税额×当月增值税即征即退或者先征后退项目销售额÷当月全部销售额、营业额合计

本公告自2012年1月1日起执行。《国家税务总局关于飞机维修业务增值税问题的批复》（国税函〔2008〕842号）、《国家税务总局关于飞机维修业务增值税处理方式的公告》（2011年第5号）同时废止。

财政部　国家税务总局关于继续执行边销茶增值税政策的通知

2011年12月7日　财税〔2011〕89号

各省、自治区、直辖市、计划单列市财政厅（局）、国家税务局，新疆生产建设兵团财务局：

经国务院批准，继续对企业生产和销售的边销茶执行免征增值税政策，现将有关政策通知如下：

一、自2011年1月1日起至2015年12月31日，对边销茶生产企业（企业名单见附件）销售自产的边销茶及经销企业销售的边销茶免征增值税。

本通知所称边销茶，是指以黑毛茶、老青茶、红茶末、绿茶为主要原料，经过发酵、蒸制、加压或者压碎、炒制，专门销往边疆少数民族地区的紧压茶、方包茶（马茶）。

二、纳税人销售享受本通知规定增值税免税政策的边销茶，如果已向购买方开具了增值税专用发票，应将专用发票追回后方可申请办理免税。凡使用增值税专用发票无法追回的，一律照章征收增值税，不予免税。

三、《财政部 国家税务总局关于民贸企业和边销茶有关增值税政策的通知》（财税〔2009〕141号）到期废止。

附件：适用增值税免税政策的边销茶生产企业名单

注：云南省财政厅、云南省国家税务局于2012年1月13日以云财税〔2012〕8号原文转

适用增值税免税政策的边销茶生产企业名单

序号	企业名称	企业注册地
1	包头市容兴茶叶精制厂	内蒙古包头市
2	浙江武义骆驼九龙砖茶有限公司	浙江省武义县
3	新昌县江南诚茂砖茶有限公司	浙江省新昌县
4	宁波赤岩峰茶叶有限公司	浙江省宁海县
5	湖北富华茶业有限公司	湖北省英山县
6	湖北省赵李桥茶厂有限责任公司	湖北省赤壁市
7	安化怡清源茶业有限公司	湖南省安化县
8	临湘市茶业有限责任公司	湖南省临湘市
9	湖南省临湘永巨茶业有限公司	湖南省临湘市
10	湖南省安化茶厂	湖南省安化县
11	湖南省安化县茶叶公司茶厂	湖南省安化县
12	湖南益阳香炉山茶业有限公司	湖南省桃江县
13	湖南紫艺茶业有限公司	湖南省沅陵县
14	益阳茶厂有限公司	湖南省益阳市
15	岳阳市三湘茶厂	湖南省临湘市
16	临湘市明伦茶业有限公司	湖南省临湘市
17	湖南省白沙溪茶厂有限责任公司	湖南省安化县
18	广西金花茶业有限公司	广西横县
19	广西梧州茂圣茶业有限公司	广西梧州市
20	广西壮族自治区梧州茶厂	广西梧州市
21	四川省雅安茶厂有限公司	四川省雅安市
22	四川吉祥茶业有限公司	四川省雅安市

续表

序号	企业名称	企业注册地
23	雅安市名山县西藏朗赛茶厂	四川省名山县
24	雅安市友谊茶叶有限公司	四川省雅安市
25	四川省荥经县茶厂	四川省荥经县
26	四川省洪雅县松潘民族茶厂	四川省洪雅县
27	四川省平武茶业有限责任公司	四川省平武县
28	宜宾市外贸金叶茶业有限责任公司	四川省宜宾市
29	贵州省桐梓县金龙茶叶有限责任公司	贵州省桐梓县
30	贵州湄江印象茶业有限责任公司	贵州省湄潭县
31	贵州梵锦茶业有限公司	贵州省松桃县
32	镇宁自治县金瀑农产品开发有限责任公司	贵州省镇宁县
33	云南下关沱茶（集团）股份有限公司	云南省大理市
34	云南龙生茶业股份有限公司	云南省普洱市
35	云南省普洱市江城牛洛河茶业有限公司	云南省江城县
36	云南省耿马县国营洛凌茶厂	云南省耿马县
37	云南省双江自治县双龙古茶厂	云南省双江县
38	云南省陇川县纵歌茶厂	云南省陇川县
39	陕西咸阳泾渭茯茶有限公司	陕西省咸阳市
40	新疆叶尔羌茶业有限公司	新疆乌鲁木齐市

财政部　国家税务总局关于继续执行宣传文化增值税和营业税优惠政策的通知

2011 年 12 月 7 日　财税〔2011〕92 号

各省、自治区、直辖市、计划单列市财政厅（局）、国家税务局、地方税务局，新疆生产建设兵团财务局，财政部驻各省、自治区、直辖市、计划单列市财政监察专员办事处：

为支持我国宣传文化事业的发展，经国务院批准，在2012年底以前，对宣传文化事业继续执行增值税和营业税税收优惠政策。现将有关事项通知如下：

一、自 2011 年 1 月 1 日起至 2012 年 12 月 31 日，执行下列增值税先征后退政策

（一）对下列出版物在出版环节执行增值税 100% 先征后退的政策：

1. 中国共产党和各民主党派的各级组织的机关报纸和机关期刊，各级人大、政协、政府、工会、共青团、妇联、科协的机关报纸和机关期刊，新华社的机关报纸和机关期刊，军事部门的机关报纸和机关期刊。

上述各级组织的机关报纸和机关期刊，增值税先征后退范围掌握在一个单位一份报纸和一份期刊以内。

2. 专为少年儿童出版发行的报纸和期刊，中小学的学生课本。

3. 专为老年人出版发行的报纸和期刊。

4. 少数民族文字出版物。

5. 盲文图书和盲文期刊。

6. 经批准在内蒙古、广西、西藏、宁夏、新疆五个自治区内注册的出版单位出版的出版物。

7. 列入本通知附件 1 的图书、报纸和期刊。

（二）对下列出版物在出版环节执行增值税先征后退 50% 的政策：

1. 除本通知第一条第（一）项规定执行增值税 100% 先征后退的图书和期刊以外的其他图书和期刊、音像制品。

2. 列入本通知附件 2 的报纸。

（三）对下列印刷、制作业务执行增值税 100% 先征后退的政策：

1. 对少数民族文字出版物的印刷或制作业务。

2. 列入本通知附件 3 的新疆维吾尔自治区印刷企业的印刷业务。

二、自 2011 年 1 月 1 日起至 2012 年 12 月 31 日，对下列新华书店执行增值税免税或先征后退政策

（一）对全国县（含县级市、区、旗，下同）及县以下新华书店和农村供销社在本地销售的出版物免征增值税。对新华书店组建的发行集团或原新华书店改制而成的连锁经营企业，其县及县以下网点在本地销售的出版物，免征增值税。

县（含县级市、区、旗）及县以下新华书店包括地、县（含县级市、区、旗）两级合二为一的新华书店，不包括位于市（含直辖市、地级市）所辖的区中的新华书店。

（二）对新疆维吾尔自治区新华书店、乌鲁木齐市新华书店和克拉玛依市新华书店销售的出版物执行增值税100%先征后退的政策。

三、自2011年1月1日起至2012年12月31日，对科普单位的门票收入，以及县（含县级市、区、旗）及县以上党政部门和科协开展的科普活动的门票收入免征营业税。对境外单位向境内科普单位转让科普影视作品播映权取得的收入免征营业税。

四、自2011年1月1日起至2012年12月31日，对依本通知第一条规定退还的增值税税款应专项用于技术研发、设备更新、新兴媒体的建设和重点出版物的引进开发。对依本通知第二条规定免征或退还的增值税税款应专项用于发行网点建设和信息系统建设。

五、享受本通知第一条第（一）项、第（二）项规定的增值税先征后退政策的纳税人必须是具有国家新闻出版总署颁发的具有相关出版物的出版许可证的出版单位（含以“租型”方式取得专有出版权进行出版物的印刷发行的出版单位）。承担省级以上新闻出版行政部门指定出版、发行任务的单位，因进行重组改制等原因尚未办理出版、发行许可的出版单位，经省级财政监察专员办事处商同级新闻出版主管部门核准，可以享受相应的增值税先征后退政策。

纳税人应将享受上述税收优惠政策的出版物在财务上实行单独核算，不进行单独核算的不得享受本通知规定的优惠政策。违规出版物和多次出现违规的出版单位不得享受本通知规定的优惠政策，上述违规出版物和出版单位的具体名单由省级及以上新闻出版行政部门及时通知相应省级财政监察专员办事处。

六、本通知的有关定义

（一）本通知所述“科普单位”，是指科技馆，自然博物馆，对公众开放的天文馆（站、台）、气象台（站）、地震台（站），以及高等院校、科研机构对公众开放的科普基地。

（二）本通知所述“出版物”，是指根据国家新闻出版总署的有关规定出版的图书、报纸、期刊、音像制品和电子出版物。所述图书、报纸和期刊，包括随同图书、报纸、期刊销售并难以分离的光盘、软盘和磁带等信息载体。

（三）图书、报纸、期刊（即杂志）的范围，仍然按照《国家税务总局关于印发〈增值税部分货物征税范围注释〉的通知》（国税发〔1993〕151号）的规定执行。

（四）本通知所述“专为少年儿童出版发行的报纸和期刊”，是指以初中及初中以下少年儿童为主要对象的报纸和期刊。

（五）本通知所述“中小学的学生课本”，是指普通中小学学生课本和中等职业教育课本。普通中小学学生课本是指根据教育部中、小学教学大纲的要求，由经国家新闻出版行政管理部门审定而具有“中小学教材”出版资质的出版单位出版发行的中、小学学生上课使用的正式课本，具体操作时按国家和省级教育行政部门每年春、秋两季下达的“中小学教学用书目录”中所列的“课本”的范围掌握；中等职业教育课本是指经国家和省级教育、人力资源社会保障行政部门审定，供中等专业学校、职业高中和成人专业学校学生使用的课本，具体操作时按国家和省级教育、人力资源社会保障行政部门每年下达的教学用书目录认定。中小学的学生课本不包括各种形式的教学参考书、图册、自读课本、课外读物、练习册以及其他各类辅助性教材和辅导读物。

（六）本通知所述“专为老年人出版发行的报纸和期刊”，是指以老年人为主要对象的报纸和期刊，具体范围详见附件4。

（七）本通知第一条第（一）项和第（二）项规定的图书包括租型出版的图书。

七、办理和认定

本通知规定的各项增值税先征后退政策由财政部驻各地财政监察专员办事处根据财政部、国家税务总局、中国人民银行《关于税制改革后对某些企业实行“先征后退”有关预算管理问题的暂行规定的通知》［（94）财预字第55号］的规定办理。各地财政监察专员办事处和负责增值税先征后退初审工作的财政机关要采取措施，按照本通知第四条规定的用途监督纳税人用好退税或免税资金。

八、本通知自2011年1月1日起执行。《财政部 国家税务总局关于继续实行宣传文化增值税和营业税优惠政策的通知》（财税〔2009〕147号）同时废止。

按照本通知第二条和第三条规定应予免征的增值税或营业税，凡在接到本通知以前已经征收入库的，可抵减纳税人以后月份应缴纳的增值税、营业税税款或者办理税款退库。纳税人如果已向购买方开具了增值税专用发票，应将专用发票追回后方可申请办理免税。凡专用发票无法追回的，一律照章征收增值税。

国家税务总局关于一般纳税人迁移有关增值税问题的公告

2011年12月9日　国家税务总局公告2011年第71号

现就增值税一般纳税人经营地点迁移后仍继续经营，其一般纳税人资格是否可以继续保留以及尚未抵扣进项税额是否允许继续抵扣问题公告如下：

一、增值税一般纳税人（以下简称纳税人）因住所、经营地点变动，按照相关规定，在工商行政管理部门作变更登记处理，但因涉及改变税务登记机关，需要办理注销税务登记并重新办理税务登记的，在迁达地重新办理税务登记后，其增值税一般纳税人资格予以保留，办理注销税务登记前尚未抵扣的进项税额允许继续抵扣。

二、迁出地主管税务机关应认真核实纳税人在办理注销税务登记前尚未抵扣的进项税额，填写《增值税一般纳税人迁移进项税额转移单》（见附件）。

《增值税一般纳税人迁移进项税额转移单》一式三份，迁出地主管税务机关留存一份，交纳税人一份，传递迁达地主管税务机关一份。

三、迁达地主管税务机关应将迁出地主管税务机关传递来的《增值税一般纳税人迁移进项税额转移单》与纳税人报送资料进行认真核对，对其迁移前尚未抵扣的进项税额，在确认无误后，允许纳税人继续申报抵扣。

本公告自2012年1月1日起执行。此前已经发生的事项，不再调整。

特此公告。

国家税务总局关于启用货物运输业增值税专用发票的公告

2011年12月15日　国家税务总局公告2011年第74号

2012年1月1日起，将在部分地区和行业开展深化增值税制度改革试点，逐步将营业税改征增值税。为保障改革试点的顺利实施，税务总局决定启用货物运输业增值税专用发票。现将有关事项公告如下：

一、货物运输业增值税专用发票，是增值税一般纳税人提供货物运输服务（暂不包括铁路运输服务）开具的专用发票，其法律效力、基本用途、基本使用规定及安全管理要求等与现有增值税专用发票一致。

二、货物运输业增值税专用发票的联次和用途

货物运输业增值税专用发票分为三联票和六联票，第一联：记账联，承运人记账凭证；第二联：抵扣联，受票方扣税凭证；第三联：发票联；受票方记账凭证；第四联至第六联由发票使用单位自行安排使用。

三、货物运输业增值税专用发票纸张、式样、内容及防伪措施

（一）使用专用的无碳复写纸。

（二）发票规格为240mm×178mm。

（三）发票各联次颜色与现有增值税专用发票相同，各联次的颜色依次为黑、绿、棕、红、灰和紫色。

（四）发票内容包括：发票代码、发票号码、开票日期、承运人及纳税人识别号、实际受票方及纳税人识别号、收货人及纳税人识别号、发货人及纳税人识别号、密码区、起运地、经由、到达地、费用项目及金额、运输货物信息、合计金额、税率、税额、机器编号、价税合计（大写）、小写、车种车号、车船吨位、主管税务机关及代码、备注、收款人、复核人、开票人、承运人（章）。

（五）发票代码为10位，编码原则：第1－4位代表省、自治区、直辖市和计划单列市，第5－6位代表制版年度，第7位代表批次（分别用1、2、3、4表示四个季度），第8位代表票种（7代表货物运输业增值税专用发票），第9位代表发票联次（分别用3和6表示三联和六联），第10位代表发票金额版本号（目前统一用“0”表示电脑发票）。

发票号码为8位，按年度、分批次编制。

（六）货物运输业增值税专用发票的防伪措施与现有增值税专用发票相同。

四、货物运输业增值税专用发票的发售价格与增值税专用发票的发售价格一致。

五、本公告自2012年1月1日起施行。

特此公告。

附件：货物运输业增值税专用发票票样（略）

财政部　国家税务总局关于扶持动漫产业发展增值税营业税政策的通知

2011年12月27日　财税〔2011〕119号

各省、自治区、直辖市、计划单列市财政厅（局）、国家税务局、地方税务局，新疆生产建设兵团财务局：

为促进我国动漫产业健康快速发展，增强动漫产业的自主创新能力，现就扶持动漫产业发展的增值税、营业税政策通知如下：

一、关于增值税

对属于增值税一般纳税人的动漫企业销售其自主开发生产的动漫软件，按17%的税率征收增值税后，对其增值税实际税负超过3%的部分，实行即征即退政策。动漫软件出口免征增值税。上述动漫软件，按照《财政部 国家税务总局关于软件产品增值税政策的通知》（财税〔2011〕100号）中软件产品相关规定执行。

二、关于营业税

对动漫企业为开发动漫产品提供的动漫脚本编撰、形象设计、背景设计、动画设计、分镜、动画制作、摄制、描线、上色、画面合成、配音、配乐、音效合成、剪辑、字幕制作、压缩转码（面向网络动漫、手机动漫格式适配）劳务，以及动漫企业在境内转让动漫

版权交易收入（包括动漫品牌、形象或内容的授权及再授权），减按3%税率征收营业税。

动漫企业和自主开发、生产动漫产品的认定标准和认定程序，按照《文化部财政部 国家税务总局关于印发〈动漫企业认定管理办法（试行）〉的通知》（文市发〔2008〕51号）的规定执行。

三、本通知执行时间自2011年1月1日至2012年12月31日。《财政部 国家税务总局关于扶持动漫产业发展有关税收政策问题的通知》（财税〔2009〕65号）第一条、第三条规定相应废止。

财政部　国家税务总局关于应税服务适用增值税零税率和免税政策的通知

2011年12月29日　财税〔2011〕131号

各省、自治区、直辖市、计划单列市财政厅（局）、国家税务局、地方税务局，新疆生产建设兵团财务局：

根据《财政部 国家税务总局关于印发〈营业税改征增值税试点方案〉的通知》（财税〔2011〕110号）和《财政部 国家税务总局关于在上海市开展交通运输业和部分现代服务业营业税改征增值税试点的通知》（财税〔2011〕111号），现将应税服务适用增值税零税率和免税政策的有关事项通知如下：

一、试点地区的单位和个人提供的国际运输服务、向境外单位提供的研发服务和设计服务适用增值税零税率。

（一）国际运输服务，是指：

1. 在境内载运旅客或者货物出境；

2. 在境外载运旅客或者货物入境；

3. 在境外载运旅客或者货物。

（二）试点地区的单位和个人适用增值税零税率，以水路运输方式提供国际运输服务的，应当取得《国际船舶运输经营许可证》；以陆路运输方式提供国际运输服务的，应当取得《道路运输经营许可证》和《国际汽车运输行车许可证》，且《道路运输经营许可证》的经营范围应当包括“国际运输”；以航空运输方式提供国际运输服务的，应当取得《公共航空运输企业经营许可证》且其经营范围应当包括“国际航空客货邮运输业务”。

（三）向境外单位提供的设计服务，不包括对境内不动产提供的设计服务。

二、试点地区的单位和个人提供适用零税率的应税服务，如果属于适用增值税一般计税方法的，实行免抵退税办法，退税率为其按照《交通运输业和部分现代服务业营业税改征增值税试点实施办法》（财税〔2011〕111号）第十二条第（一）至（三）项规定适用的增值税税率；如果属于适用简易计税方法的，实行免征增值税办法。

三、试点地区的单位和个人提供适用零税率的应税服务，按月向主管退税的税务机关申报办理增值税免抵退税或免税手续。具体管理办法由国家税务总局商财政部另行制定。

四、试点地区的单位和个人提供的下列应税服务免征增值税，但财政部和国家税务总局规定适用零税率的除外：

（一）工程、矿产资源在境外的工程勘察勘探服务。

（二）会议展览地点在境外的会议展览服务。

（三）存储地点在境外的仓储服务。

（四）标的物在境外使用的有形动产租赁服务。

（五）符合本通知第一条第（一）项规定但不符合第一条第（二）项规定条件的国际运输服务。

（六）向境外单位提供的下列应税服务：

1. 技术转让服务、技术咨询服务、合同能源管理服务、软件服务、电路设计及测试服务、信息系统服务、业务流程管理服务、商标著作权转让服务、知识产权服务、物流辅助服务（仓储服务除外）、认证服务、鉴证服务、咨询服务。但不包括：合同标的物在境内的合同能源管理服务，对境内货物或不动产的认证服务、鉴证服务和咨询服务。

2. 广告投放地在境外的广告服务。

五、本通知自2012年1月1日起执行。

注：云南省财政厅、云南省国家税务局、云南省地方税务局2012年2月1日以云财税〔2012〕10号原文转发

国家税务总局关于未按期申报抵扣增值税扣税凭证有关问题的公告

2011年12月29日　国家税务总局公告2011年第78号

为解决增值税一般纳税人增值税扣税凭证因客观原因未按期申报抵扣增值税进项税额问题，现将有关规定公告如下：

一、增值税一般纳税人取得的增值税扣税凭证已认证或已采集上报信息但未按照规定期限申报抵扣；实行纳税辅导期管理的增值税一般纳税人以及实行海关进口增值税专用缴款书“先比对后抵扣”管理办法的增值税一般纳税人，取得的增值税扣税凭证稽核比对结果相符但未按规定期限申报抵扣，属于发生真实交易且符合本公告第二条规定的客观

原因的，经主管税务机关审核，允许纳税人继续申报抵扣其进项税额。

本公告所称增值税扣税凭证，包括增值税专用发票（含货物运输业增值税专用发票）、海关进口增值税专用缴款书和公路内河货物运输业统一发票。

增值税一般纳税人除本公告第二条规定以外的其他原因造成增值税扣税凭证未按期申报抵扣的，仍按照现行增值税扣税凭证申报抵扣有关规定执行。

二、客观原因包括如下类型：

（一）因自然灾害、社会突发事件等不可抗力原因造成增值税扣税凭证未按期申报抵扣；

（二）有关司法、行政机关在办理业务或者检查中，扣押、封存纳税人账簿资料，导致纳税人未能按期办理申报手续；

（三）税务机关信息系统、网络故障，导致纳税人未能及时取得认证结果通知书或稽核结果通知书，未能及时办理申报抵扣；

（四）由于企业办税人员伤亡、突发危重疾病或者擅自离职，未能办理交接手续，导致未能按期申报抵扣；

（五）国家税务总局规定的其他情形。

三、增值税一般纳税人发生符合本公告规定未按期申报抵扣的增值税扣税凭证，可按照本公告附件《未按期申报抵扣增值税扣税凭证抵扣管理办法》的规定，申请办理抵扣手续。

四、增值税一般纳税人取得2007年1月1日以后开具，本公告施行前发生的未按期申报抵扣增值税扣税凭证，可在2012年6月30日前按本公告规定申请办理，逾期不再受理。

五、本公告自2012年1月1日起施行。

特此公告。

附件：

未按期申报抵扣增值税扣税凭证抵扣管理办法

一、增值税一般纳税人发生真实交易但由于客观原因造成增值税扣税凭证未按期申报抵扣的，可向主管税务机关申请办理抵扣手续。

二、纳税人申请办理抵扣时，应报送如下资料：

（一）《未按期申报抵扣增值税扣税凭证抵扣申请单》。

（二）《已认证增值税扣税凭证清单》。

（三）增值税扣税凭证未按期申报抵扣情况说明。纳税人应详细说明未能按期申报抵扣的原因，并加盖企业印章。对客观原因不涉及第三方的，纳税人应说明的情况具体为：发生自然灾害、社会突发事件等不可抗力原因的，纳税人应详细说明自然灾害或者社会突发事件发生的时间、影响地区、对纳税人生产经营的实际影响等；企业办税人员擅自离职，未办理交接手续的，纳税人应详细说明事情经过、办税人员姓名、离职时间等，并提供解除劳动关系合同及企业内部相关处理决定。对客观原因涉及第三方的，应提供第三方证明或说明。具体为：企业办税人员伤亡或者突发危重疾病的，应提供公安机关、交通管理部门或者医院证明；有关司法、行政机关在办理业务或者检查中，扣押、封存纳税人账簿资料，导致纳税人未能按期办理申报手续的，应提供相关司法、行政机关证明。对于因税务机关信息系统或者网络故障原因造成纳税人增值税扣税凭证未能按期申报抵扣的，主管税务机关应予以核实。

（四）未按期申报抵扣增值税扣税凭证复印件。

三、主管税务机关受理纳税人申请后，应认真审核以下信息：

（一）审核纳税人交易是否真实发生，所报资料是否齐全，增值税扣税凭证未按期申报抵扣的原因是否属于客观原因，纳税人说明、第三方证明或说明所述事项是否具有逻辑性等。

（二）纳税人申请抵扣的增值税扣税凭证稽核比对结果是否相符；

（三）《已认证增值税扣税凭证清单》与增值税扣税凭证应申报抵扣当月增值税纳税申报资料、认证稽核资料是否满足以下逻辑关系：

1.《已认证增值税扣税凭证清单》“抵扣情况”中“已抵扣凭证信息”“小计”栏中的“份数”应等于当月增值税纳税申报表附列资料（表二）中同类型增值税扣税凭证的“份数”；“抵扣情况”中“已抵扣凭证信息”“小计”栏中的“税额”应等于当月增值税纳税申报表附列资料（表二）中同类型增值税扣税凭证的“税额”；

2. 对增值税一般纳税人（不包括实行纳税辅导期管理的增值税一般纳税人），《已认证增值税扣税凭证清单》“总计”栏中“份数”“税额”应小于等于认证或申请稽核比对当月认证相符或采集上报的同类型增值税扣税凭证的份数、税额合计。

3. 实行纳税辅导期管理的增值税一般纳税人以及实行海关进口增值税专用缴款书“先比对后抵扣”管理办法的增值税一般纳税人，《已认证增值税扣税凭证清单》“总计”栏中“份数”“税额”应小于等于产生稽核结果当月稽核相符的同类型增值税扣税凭证的份数、税额合计。

四、主管税务机关审核无误后，发送《未按期申报抵扣增值税扣税凭证允许继续抵扣通知单》（以下简称《通知单》），企业凭《通知单》进行申报抵扣。

五、主管税务机关可定期或者不定期对已办理未按期申报抵扣增值税扣税凭证抵扣手续的纳税人进行复查，发现纳税人提供虚假信息，存在弄虚作假行为的，应责令纳税人将已抵扣进项税额转出，并按《中华人民共和国税收征收管理法》的有关规定进行处罚。

财政部　国家税务总局关于免征蔬菜流通环节增值税有关问题的通知

2011 年 12 月 31 日　财税〔2011〕137 号

各省、自治区、直辖市、计划单列市财政厅（局）、国家税务局，新疆生产建设兵团财务局：

经国务院批准，自 2012 年 1 月 1 日起，免征蔬菜流通环节增值税。现将有关事项通知如下：

一、对从事蔬菜批发、零售的纳税人销售的蔬菜免征增值税。

蔬菜是指可作副食的草本、木本植物，包括各种蔬菜、菌类植物和少数可作副食的木本植物。蔬菜的主要品种参照《蔬菜主要品种目录》（见附件）执行。

经挑选、清洗、切分、晾晒、包装、脱水、冷藏、冷冻等工序加工的蔬菜，属于本通知所述蔬菜的范围。

各种蔬菜罐头不属于本通知所述蔬菜的范围。蔬菜罐头是指蔬菜经处理、装罐、密封、杀菌或无菌包装而制成的食品。

二、纳税人既销售蔬菜又销售其他增值税应税货物的，应分别核算蔬菜和其他增值税应税货物的销售额；未分别核算的，不得享受蔬菜增值税免税政策。

附件：蔬菜主要品种目录（略）

注：云南省财政厅、云南省国家税务局于 2012 年 1 月 13 日以云财税〔2012〕7 号原文转发

三、消费税

财政部　国家税务总局关于对油（气）田企业生产自用成品油先征后返消费税的通知

2011 年 2 月 25 日　财税〔2011〕7 号

各省、自治区、直辖市、计划单列市财政厅（局）、国家税务局，新疆生产建设兵团财务局：

经国务院批准，现对油（气）田企业生产自用成品油先征后返消费税问题通知如下：

一、自 2009 年 1 月 1 日起，对油（气）田企业在开采原油过程中耗用的内购成品油，暂按实际缴纳成品油消费税的税额，全额返还所含消费税。

二、享受税收返还政策的成品油必须同时符合以下三个条件：

（一）由油（气）田企业所隶属的集团公司（总厂）内部的成品油生产企业生产；

（二）从集团公司（总厂）内部购买；

（三）油（气）田企业在地质勘探、钻井作业和开采作业过程中，作为燃料、动力（不含运输）耗用。

三、油（气）田企业所隶属的集团公司（总厂）向财政部驻当地财政监察专员办事处统一申请税收返还。具体退税办法由财政部另行制定。

注：云南省财政厅、云南省国家税务局于 2012 年 4 月 14 日以云财税〔2011〕33 号原文转发

财政部　国家税务总局关于明确废弃动植物油生产纯生物柴油免征消费税适用范围的通知

2011 年 6 月 15 日　财税〔2011〕46 号

各省、自治区、直辖市、计划单列市财政厅（局）、国家税务局，新疆生产建设兵团财务局，财政部驻各省、自治区、直辖市、计划单列市监察专员办事处：

为方便税收征管，现将《财政部 国家税务总局关于对利用废弃的动植物油生产纯生物柴油免征消费税的通知》（财税〔2010〕118 号）所称“废弃的动物油和植物油”的范围明确如下：

一、餐饮、食品加工单位及家庭产生的不允许食用的动植物油脂。主要包括泔水油、煎炸废弃油、地沟油和抽油烟机凝析油等。

二、利用动物屠宰分割和皮革加工修削的废弃物处理提炼的油脂，以及肉类加工过程中产生的非食用油脂。

三、食用油脂精炼加工过程中产生的脂肪酸、甘油脂及含少量杂质的混合物。主要包括酸化油、脂肪酸、棕榈酸化油、棕榈油脂肪酸、白土油及脱臭馏出物等。

四、油料加工或油脂储存过程中产生的不符合食用标准的油脂。

特此通知，请遵照执行。

注：云南省财政厅、云南省国家税务局于 2011 年 10 月 15 日以云财税〔2011〕71 号原文转发

财政部　中国人民银行　国家税务总局
关于延续执行部分石脑油　燃料油消费税政策的通知

2011 年 9 月 15 日　财税〔2011〕87 号

各省、自治区、直辖市、计划单列市财政厅（局）、国家税务局，中国人民银行上海总部，各分行、营业管理部，省会（首府）城市中心支行，各副省级城市中心支行：

为促进我国烯烃类化工行业的发展，经国务院批准，现将用于生产乙烯、芳烃类化工产品的石脑油、燃料油消费税退（免）税政策延续问题明确如下：

一、自 2011 年 10 月 1 日起，对生产石脑油、燃料油的企业（以下简称生产企业）对外销售的用于生产乙烯、芳烃类化工产品的石脑油、燃料油，恢复征收消费税。

二、自 2011 年 10 月 1 日起，生产企业自产石脑油、燃料油用于生产乙烯、芳烃类化工产品的，按实际耗用数量暂免征消费税。

三、自 2011 年 10 月 1 日起，对使用石脑油、燃料油生产乙烯、芳烃的企业（以下简称使用企业）购进并用于生产乙烯、芳烃类化工产品的石脑油、燃料油，按实际耗用数量暂退还所含消费税。

退还石脑油、燃料油所含消费税计算公式为：

应退还消费税税额 = 石脑油、燃料油实际耗用数量 × 石脑油、燃料油消费税单位税额。

使用企业所在地主管国家税务局（以下简称主管税务机关）负责退税工作。主管税务机关根据使用企业石脑油、燃料油实际耗用量核定应退税金额，并开具“收入退还书”（预算科目为：101020121 成品油消费税退税），后附退税审批表、退税申请书等，送交当地国库部门。国库部门审核后从中央预算收入中退付税款。

四、2011 年 1 月 1 日至 9 月 30 日，生产企业销售给使用企业用于生产乙烯、芳烃类化工产品的石脑油、燃料油，仍按《财政部 国家税务总局关于提高成品油消费税税率后相关成品油消费税政策的通知》（财税〔2008〕168 号）、《财政部 国家税务总局关于调整部分燃料油消费税政策的通知》（财税〔2010〕66 号）和《国家税务总局关于印发〈石脑油消费税免税管理办法〉的通知》（国税发〔2008〕45 号）规定免征消费税。

五、在 2011 年 1 月 1 日至 9 月 30 日期间，对使用企业购进的用于生产乙烯、芳烃类化工产品的已含消费税石脑油、燃料油，按照本通知第三条规定退还。

六、主管税务机关要对使用企业 2011 年 1 月 1 日至 9 月 30 日购进石脑油、燃料油的库存情况认真检查核实，对耗用库存的已享受退（免）消费税的石脑油、燃料油，不得退税。

七、2010 年 12 月 31 日前，生产企业自营进口或委托代理进口的石脑油、燃料油消费税应退未退的，仍按《财政部 国家税务总局关于提高成品油消费税税率后相关成品油消费税政策的通知》（财税〔2008〕168 号）、《财政部 国家税务总局关于调整部分燃料油消费税政策的通知》（财税〔2010〕66 号）、《财政部 国家税务总局关于调整成品油进口环节消费税的通知》（财关税〔2008〕103 号）、《财政部关于调整部分进口燃料油消费税政策的通知》（财关税〔2010〕56 号）和《财政部海关总署国家税务总局关于进口石脑油消费税先征后返有关问题的通知》（财预〔2009〕347 号）继续退还。

八、用石脑油、燃料油生产乙烯、芳烃类化工产品的产量占本企业用石脑油、燃料油生产产品总量的 50% 以上（含 50%）的企业，享受本通知规定的退（免）消费税政策。符合本条规定条件的企业，应在本通知下发后到主管税务机关提请退（免）税资格认定。

九、乙烯类化工产品是指乙烯、丙烯、丁二烯及衍生品；芳烃类化工产品是指苯、甲苯、二甲苯、重芳烃、混合芳烃及衍生品。

十、使用企业生产乙烯、芳烃类化工产品过程中所生产的消费税应税产品，照章缴纳消费税。

十一、用于生产乙烯、芳烃类化工产品的石脑油、燃料油消费税具体退（免）税管理办法，由国家税务总局另行制定。

十二、财政部驻各地财政监察专员办事处要加强对消费税退（免）税政策执行情况的监督检查。各级国家税务局要加强对消费税退（免）税的组织、监督，严格管理，堵塞漏洞。对于发现并经查实的骗取退（免）税的行为，依法处罚，并取消退（免）消费税的资格。

注：云南省财政厅、中国人民银行昆明中心分行、云南省国家税务局于 2011 年 10 月 10 日以云财税〔2011〕114 号原文转发。

国家税务总局关于配制酒消费税适用税率问题的公告

2011 年 9 月 28 日　国家税务总局公告 2011 年第 53 号

根据《中华人民共和国消费税暂行条例》及其实施细则，现将配制酒消费税适用税率问题公告如下：

一、配制酒（露酒）是指以发酵酒、蒸馏酒或食用酒精为酒基，加入可食用或药食两用的辅料或食品添加剂，进行调配、混合或再加工制成的、并改变了其原酒基风格的饮料酒。

二、配制酒消费税适用税率

（一）以蒸馏酒或食用酒精为酒基，同时符合以下条件的配制酒，按消费税税目税率表“其他酒”10%适用税率征收消费税。

1. 具有国家相关部门批准的国食健字或卫食健字文号；

2. 酒精度低于38度（含）。

（二）以发酵酒为酒基，酒精度低于20度（含）的配制酒，按消费税税目税率表“其他酒”10%适用税率征收消费税。

（三）其他配制酒，按消费税税目税率表“白酒”适用税率征收消费税。

上述蒸馏酒或食用酒精为酒基是指酒基中蒸馏酒或食用酒精的比重超过80%（含）；发酵酒为酒基是指酒基中发酵酒的比重超过80%（含）。

三、本公告自2011年10月1日起执行。《国家税务总局关于消费税若干征税问题的通知》（国税发〔1997〕84号）第三条规定同时废止。

特此公告。

四、出口退税

国家税务总局关于代理出口货物相关税收问题的公告

2011年2月12日　国家税务总局公告2011年第12号

《国家税务总局关于出口货物退（免）税若干问题的通知》（国税发〔2006〕102号）下发执行以来，有地区和企业征询有关代理出口货物的税收问题。现就有关问题公告如下：

一、出口企业未在规定期限内申报开具《代理出口货物证明》的货物，凡委托方已按现行税收政策规定计提增值税销项税额或申报缴纳增值税的，不属于国税发〔2006〕102号文件第一条第四项规定的情形。

二、税务机关对属于本公告第一条列明的情形，须向委托方所在地税务机关发函调查。委托方所在地税务机关应及时回函。凡委托方所在地税务机关的回函确认委托方已就上述货物计提增值税销项税额或申报缴纳增值税的，不予征税；回函没有确认委托方就上述货物计提增值税销项税额或申报缴纳增值税的，按国税发〔2006〕102号文件执行。

三、税务机关履行上述程序后，可根据出口企业的申请向出口企业补开《代理出口货物证明》。

四、本公告自2011年3月1日起施行。2006年7月1日至本公告施行前发生的事项，可依据本公告进行调整。

特此公告。

财政部　国家税务总局关于边境地区一般贸易和边境小额贸易出口货物以人民币结算准予退（免）税试点的补充通知

2011年3月10日　财税〔2011〕8号

内蒙古、辽宁、吉林、黑龙江、广西、西藏、新疆、云南省（自治区）财政厅、国家税务局：

《财政部 国家税务总局关于边境地区一般贸易和边境小额贸易出口货物以人民币结算准予退（免）税试点的通知》（财税〔2010〕26号）印发执行后，接到部分地区来函，要求明确非陆地指定口岸出口货物退税和人民币核销退税手续等问题。为了简化管理，更好地促进边境地区对外贸易的发展，经国务院同意，现将有关事项补充通知如下：

一、对财税〔2010〕26号文件第一条规定中“以一般贸易或边境小额贸易方式从陆地指定口岸出口到接壤毗邻国家的货物”的内容调整为“以一般贸易或边境小额贸易方式从海关实施监管的边境货物进出口口岸出口到接壤毗邻国家的货物”。

二、外汇管理部门、边境省份出口企业办理以一般贸易或边境小额贸易方式从海关实施监管的边境货物进出口口岸出口到接壤毗邻国家的货物的核销手续，按照《国家外汇管理局关于边境省区跨境贸易人民币结算核销管理有关问题的通知》（汇发〔2010〕40号）及其他相关规定执行。

三、对财税〔2010〕26号文件第二条第一款规定增加以下内容：“对确有困难而不能提供结算银行转账人民币结算的银行入账单的边境省份出口企业，可按照《国家外汇管理局关于边境省区跨境贸易人民币结算核销管理有关问题的通知》（汇发〔2010〕40号）相关规定，凭签注‘人民币核销’的出口收汇核销单退税专用联向税务机关直接办理退税”。

四、本通知自2010年3月1日起执行。边境省份出口企业在2010年3月1日至本通知发布前报关出口的货物，由于前述非陆地指定口岸出口货物退税和人民币核销退税手续等问题没有明确而未办理出口退（免）税的，按照本通知规定办理出口退（免）税手续。

注：云南省财政厅、云南省国家税务局于2011年4月6日以云财税〔2011〕29号原文转发

国家税务总局关于扩大适用免抵退税管理办法企业范围有关问题的公告

2011年3月14日　国家税务总局公告2011年第18号

为支持国内新兴产业的发展，适应新的经营模式，现就扩大免抵退税管理办法企业范围的有关事项公告如下：

一、工商登记时间两年以上的集成电路设计、软件设计、动漫设计企业及其他高新技术企业（小规模纳税人除外）从事以下业务的，可实行免抵退税管理办法：

（一）自主研发、设计由其他企业生产加工后进行收购或委托国内其他企业生产加工后收回的货物出口；

（二）委托境外企业加工后进口再使用本企业品牌的货物出口；

（三）自主研发、设计软件，加载到外购的硬件设备中的货物出口；

（四）国家税务总局规定的其他情形。

二、本公告自2011年5月1日起施行。此前的税收处理与本公告规定不一致的，可按本公告规定予以调整。

特此公告。

财政部　商务部　海关总署　国家税务总局
关于继续执行研发机构采购设备税收政策的通知

2011年10月10日　财税〔2011〕88号

各省、自治区、直辖市、计划单列市财政厅（局）、商务主管部门、国家税务局，海关总署广东分属、各直属海关，新疆生产建设兵团财务局：

为了鼓励科学研究和技术开发，促进科技进步，经国务院批准，继续对外资研发中心进口科技开发用品免征进口关税和进口环节增值税、消费税（以下统称进口税收），继续对内资研发机构和外资研发中心采购国产设备全额退还增值税。现将有关事项明确如下：

一、外资研发中心适用《科技开发用品免征进口税收暂行规定》（财政部、海关总署、国家税务总局令第44号）和《关于修改〈科技开发用品免征进口税收暂行规定〉和〈科学研究和教学用品免征进口税收规定〉的决定》（财政部、海关总署、国家税务总局令第63号）免征进口税收。根据其设立时间，应分别满足下列条件：

（一）对2009年9月30日及其之前设立的外资研发中心，应同时满足下列条件：

1. 研发费用标准：（1）对外资研发中心，作为独立法人的，其投资总额不低于500万美元；作为公司内设部门或分公司的非独立法人的，其研发总投入不低于500万美元；（2）企业研发经费年支出额不低于1000万元。

2. 专职研究与试验发展人员不低于90人。

3. 设立以来累计购置的设备原值不低于1000万元。

（二）对2009年10月1日及其之后设立的外资研发中心，应同时满足下列条件：

1. 研发费用标准：作为独立法人的，其投资总额不低于800万美元；作为公司内设部门或分公司的非独立法人的，其研发总投入不低于800万美元。

2. 专职研究与试验发展人员不低于150人。

3. 设立以来累计购置的设备原值不低于2000万元。

外资研发中心须经商务主管部门会同有关部门按照上述条件进行资格审核认定。具体审核认定办法见附件1。

二、适用采购国产设备全额退还增值税政策的内资研发机构和外资研发中心包括

（一）《科技开发用品免征进口税收暂行规定》（财政部、海关总署、国家税务总局令第44号）规定的科学研究、技术开发机构。

（二）《科学研究和教学用品免征进口税收规定》（财政部、海关总署、国家税务总局令第45号）规定的科学研究机构和学校。

（三）符合本通知第一条规定条件的外资研发中心。

具体退税管理办法由国家税务总局会同财政部另行制定。

三、本通知的有关定义

（一）本通知所述“投资总额”，是指外商投资企业批准证书所载明的金额。

（二）本通知所述“研发总投入”，是指外商投资企业专门为设立和建设本研发中心而投入的资产，包括即将投入并签订购置合同的资产（应提交已采购资产清单和即将采购资产的合同清单）。

（三）本通知所述“研发经费年支出额”，是指近两个会计年度研发经费年均支出额；不足两个完整会计年度的，可按外资研发中心设立以来任意连续12个月的实际研发经费支出额计算；现金与实物资产投入应不低于60%。

（四）本通知所述“专职研究与试验发展人员”，是指企业科技活动人员中专职从事基础研究、应

用研究和试验发展三类项目活动的人员，包括直接参加上述三类项目活动的人员以及相关专职科技管理人员和为项目提供资料文献、材料供应、设备的直接服务人员，上述人员须与外资研发中心或其所在外商投资企业签订1年以上劳动合同，以外资研发中心提交申请的前一日人数为准。

（五）本通知所述“设备”，是指为科学研究、教学和科技开发提供必要条件的实验设备、装置和器械。在计算累计购置的设备原值时，应将进口设备和采购国产设备的原值一并计入，包括已签订购置合同并于当年内交货的设备（应提交购置合同清单及交货期限），上述设备应属于本通知《科技开发、科学研究和教学设备清单》所列设备（见附件2）。对执行中国产设备范围存在异议的，由主管税务机关逐级上报国家税务总局商财政部核定。

四、本通知规定的税收政策执行期限为2011年1月1日至2015年12月31日，具体从内资研发机构和外资研发中心取得资格的次月1日起执行。《财政部 海关总署 国家税务总局关于研发机构采购设备税收政策的通知》（财税〔2009〕115号）和《商务部财政部海关总署国家税务总局关于外资研发中心采购设备免/退税资格审核办法的通知》（商资发〔2010〕93号）同时废止。

对于在2011年1月1日至11月1日期间批准设立的外资研发中心，从取得资格的次月1日至11月1日期间进口的科技开发用品，已缴纳税款的，可按照海关有关规定向海关申请办理退税手续。

附件：1. 外资研发中心采购设备免、退税资格审核办法

2. 科技开发、科学研究和教学设备清单

附件1：

外资研发中心采购设备免、退税资格审核认定办法

为落实好外资研发中心（包括独立法人和非独立法人研发中心，以下简称研发中心）采购设备相关税收政策，特制定以下资格审核认定办法：

一、资格条件的审核

（一）各省、自治区、直辖市、计划单列市及新疆生产建设兵团商务主管部门会同同级财政、国税部门和研发中心所在地直属海关（以下简称审核部门），根据本地情况，制定审核流程和具体办法。研发中心应按本通知有关要求向其所在地商务主管部门提交申请材料。

（二）商务主管部门牵头召开审核部门联席会议，对研发中心上报的申请材料进行审核，按照本通知正文第一条所列条件和本审核认定办法要求，确定符合免、退税资格条件的研发中心名单。

（三）经审核，对符合免、退税资格条件的研发中心，由审核部门以公告形式联合发布，并将名单抄送商务部（外资司）、财政部（税政司、关税司）、海关总署（关税征管司）、国家税务总局（货物和劳务税司）备案。对不符合有关规定的，由商务主管部门根据联席会议的决定出具书面审核意见，并说明理由。上述公告或审核意见应在审核部门受理申请之日起45个工作日之内做出。

（四）审核部门每两年对已获得免、退税资格的研发中心进行资格复审。对于不再符合条件的研发中心取消其享受免、退税优惠政策的资格。

二、需报送的材料

研发中心申请采购设备免、退税资格，应提交以下材料：

（一）研发中心采购设备免、退税资格申请书和审核表；

（二）研发中心为独立法人的，应提交外商投资企业批准证书及营业执照复印件；研发中心为非独立法人的，应提交其所在外商投资企业的外商投资企业批准证书、营业执照的复印件以及研发中心的确认文件（商务主管部门的批复或出具的《国家鼓励发展的外资项目确认书》）；

（三）验资报告及上一年度审计报告复印件；

（四）研发费用支出明细、设备购置支出明细和清单以及通知规定应提交的材料；

（五）专职研究与试验发展人员名册（包括姓名、工作岗位、劳动合同期限、联系方式）。

（六）审核部门要求提交的其他材料。

三、相关工作的管理

（一）在公告发布后，列入公告名单的研发中心，可按有关规定直接向其所在地直属海关申请办理有关科技开发用品的进口免税手续，向其所在地国税部门申请办理采购国产设备退税手续。

（二）审核部门在共同审核认定研发中心资格的过程中，可到研发中心查阅有关资料，了解情况，核实其报送的申请材料的真实性。同时应注意加强对研发中心的政策指导和服务，提高工作效率。

（三）省级商务主管部门应将《外资研发中心采购设备免、退税资格审核表》有关信息及时录入外商投资审批管理系统研发中心选项，并向商务部进行电子备案。

（四）海关和国税部门应加强对免、退税设备的监管。对于研发中心违反规定，将享受税收优惠政策的设备擅自转让、销售、移作他用或者进行其他处置的，按照有关规定予以处罚，自违法行为发现之日起1年内不得享受免、退税优惠政策；被依法追究刑事责任的，自违法行为发现之日起3年内不得享受免、退税优惠政策。

附：外资研发中心采购设备免、退税资格审核表（略）

附件2：

科技开发、科学研究和教学设备清单

科技开发、科学研究和教学设备，是指符合《中华人民共和国增值税暂行条例实施细则》（财政部国家税务总局令第50号）第二十一条“固定资产”的相关规定，为科学研究、教学和科技开发提供必要条件的实验设备、装置和器械（不包括中试设备）。具体包括以下四类：

一、实验环境方面

（一）教学实验仪器及装置；

（二）教学示教、演示仪器及装置；

（三）超净设备（如换气、灭

菌、纯水、净化设备等)；

（四）特殊实验环境设备（如超低温、超高温、高压、低压、强腐蚀设备等)；

（五）特殊电源、光源设备；

（六）清洗循环设备；

（七）恒温设备（如水浴、恒温箱、灭菌仪等)；

（八）小型粉碎、研磨制备设备。

二、样品制备设备和装置

（一）特种泵类（如分子泵、离子泵、真空泵、蠕动泵、蜗轮泵、干泵等)；

（二）培养设备（如培养箱、发酵罐等)；

（三）微量取样设备（如取样器、精密天平等)；

（四）分离、纯化、浓缩设备（如离心机、层析、色谱、萃取、结晶设备、旋转蒸发器等)；

（五）气体、液体、固体混合设备（如旋涡混合器等)；

（六）制气设备、气体压缩设备；

（七）专用制样设备（如切片机、压片机、镀膜机、减薄仪、抛光机等)，实验用注射、挤出、造粒、膜压设备；实验室样品前处理设备。

三、实验室专用设备

（一）特殊照相和摄影设备（如水下、高空、高温、低温等)；

（二）科研飞机、船舶用关键设备；

（三）特种数据记录设备（如大幅面扫描仪、大幅面绘图仪、磁带机、光盘机等)；

（四）材料科学专用设备（如干胶仪、特种坩埚、陶瓷、图形转换设备、制版用干板、特种等离子体源、离子源、外延炉、扩散炉、溅射仪、离子刻蚀机，材料实验机等)，可靠性试验设备，微电子加工设备，通信模拟仿真设备，通信环境试验设备；

（五）小型熔炼设备（如真空、粉末、电渣等)，特殊焊接设备；

（六）小型染整、纺丝试验专用设备；

（七）电生理设备。

四、计算机工作站，中型、大型计算机。

国家税务总局关于印发《研发机构采购国产设备退税管理办法》的公告

2011 年 12 月 14 日　国家税务总局公告 2011 年第 73 号

经商财政部，现将《研发机构采购国产设备退税管理办法》予以发布，自 2011 年 1 月 1 日至 2015 年 12 月 31 日施行。

特此公告。

附件：研发机构采购国产设备退税申报审核审批表

研发机构采购国产设备退税管理办法

第一条　为规范研发机构采购国产设备退税管理，根据《财政部 商务部 海关总署 国家税务总局关于继续执行研发机构采购设备税收政策的通知》（财税〔2011〕88 号）的规定，制定本办法。

第二条　主管研发机构退税的国家税务局（以下简称“主管退税税务机关”）负责研发机构采购国产设备退税的认定、审核审批及监管工作。

第三条　采购国产设备适用退还增值税政策的研发机构范围和设备清单范围，按财税〔2011〕88 号文件相关规定执行。

第四条　享受采购国产设备退税的研发机构，应在申请办理退税前持以下资料向主管退税税务机关申请办理采购国产设备的退税认定手续。

（一）企业法人营业执照副本及组织机构代码证（原件及复印件)；

（二）税务登记证副本（原件及复印件)；

（三）退税账户证明；

（四）税务机关要求提供的其他资料。

本办法下发前已办理出口退税认定手续的，不再办理采购国产设备的退税认定手续。

第五条　研发机构发生解散、破产、撤销以及其他依法应终止采购国产设备退税事项的，应持相关证件、资料向其主管退税税务机关办理注销认定手续。已办理采购国产设备退税认定的研发机构，其认定内容发生变化的，须自有关管理机关批准变更之日起 30 日内，持相关证件、资料向其主管退税税务机关办理变更认定手续。

第六条　研发机构应自购买国产设备取得的增值税专用发票开具之日起 180 日内，向其主管退税税务机关报送《研发机构采购国产设备退税申报审核审批表》（见附件）申请退税，逾期不得申报。申请退税时，附送以下资料：

（一）采购国产设备合同；

（二）增值税专用发票（抵扣联)；

（三）付款凭证；

（四）税务机关要求提供的其他资料。

属于增值税一般纳税人的研发机构购进国产设备取得的增值税专用发票，应在规定的认证期限内办理认证手续。未认证或认证未通过的不得申报退税。

第七条　对属于增值税一般纳税人的研发机构的退税申请，主管退税税务机关必须在增值税专用发票稽核信息核对无误的情况下，办理退税。对属于非增值税一般纳税人研发机构的退税申请，主管退税税务机关必须发函调查，在确认增值税专用发票真实、发票所列设备已按照规定申报纳税后，方可办理退税。

第八条　采购国产设备的应退税额，按照增值税专用发票上注明的税额确定。凡企业未全额支付所购设备货款的，按照已付款比例和增值税专用发票上注明的税额确定应退税款；未付款部分的相应税款，待企业实际支付货款后再予退税。

第九条 研发机构采购国产设备取得的增值税专用发票已申报抵扣的，不得申报退税。已申报退税的增值税专用发票，研发机构不得再申报进项税额抵扣。

第十条 主管退税税务机关应建立研发机构采购国产设备退税情况台账，并根据需要进行实地调查。

第十一条 研发机构已退税的国产设备，由主管退税税务机关进行监管，监管期为5年。监管期的起始时间以增值税专用发票开具日期为准。监管期内发生设备所有权转移行为或移作他用等行为的，研发机构必须按以下计算公式，向主管退税税务机关补缴已退税款。

应补税款＝增值税专用发票上注明的金额×（设备折余价值÷设备原值）×适用增值税税率

设备折余价值＝设备原值－累计已提折旧

设备原值和已提折旧按所得税法规定的办法计算。

第十二条 研发机构以假冒采购国产设备退税资格、既申报抵扣又申报退税、虚构采购国产设备业务、提供虚假退税申报资料等手段骗取国产设备退税款的，按照有关法律、法规处理。

第十三条 本办法施行期限为2011年1月1日至2015年12月31日。在此期间开具的增值税专用发票的退税管理适用本办法。

第十四条 对本办法下发前，研发机构已取得的增值税专用发票，准予在2012年4月30日前申报退税，主管退税税务机关按本办法第七条的规定，办理退税；研发机构已取得的纳入增值税防伪税控系统的增值税普通发票，准予在2012年4月30日前申报退税，主管退税税务机关在函调确认增值税普通发票真实、发票所列设备已按照规定申报纳税后，办理退税。

对按照《商务部 财政部 海关总署 税务总局关于外资研发中心采购设备免/退税资格审核办法的通知》（商资发〔2010〕93号）规定已认定的外资研发中心，其采购的国产设备适用本办法，不需重新认定。

五、所得税

国家税务总局关于高新技术企业资格复审期间企业所得税预缴问题的公告

2011年1月10日 国家税务总局公告2011年第4号

根据《中华人民共和国企业所得税法》、《中华人民共和国企业所得税法实施条例》、《科学技术部 财政部 国家税务总局关于印发〈高新技术企业认定管理办法〉的通知》（国科发火〔2008〕172号）、《国家税务总局关于实施高新技术企业所得税优惠有关问题的通知》（国税函〔2009〕203号）的有关规定，现就高新技术企业资格复审结果公示之前企业所得税预缴问题公告如下：

高新技术企业应在资格期满前三个月内提出复审申请，在通过复审之前，在其高新技术企业资格有效期内，其当年企业所得税暂按15%的税率预缴。

本公告自2011年2月1日起施行。

特此公告。

云南省人民政府办公厅关于贯彻落实国务院促进生物产业 加快发展若干政策的实施意见（摘编）

2011年2月27日 云政办发〔2011〕33号

七、落实税收优惠政策

（三十一）生物企业从事农业、林业和种植项目所得，符合税法规定条件的，免征或减半征收企业所得税。一般纳税人销售自产的用微生物、微生物代谢产物、动物毒素、人和动物血液或组织制成的生物制品，可选择按照简易办法依照6%的征收率计算缴纳增值税，并可自行开具增值税专用发票。

（三十二）生物企业从事符合税法规定条件的环境保护、节能节水项目所得，自项目取得第一笔生产经营收入所属纳税年度起，第1年至第3年免征企业所得税，第4年至第6年减半征收企业所得税。

（三十三）生物企业为开发新技术、新工艺、新产品发生的研发费用，未形成无形资产计入当期损益的，在按照规定据实扣除的基础上，再按照研发费用的50%加计扣除；形成无形资产的，按照无形资产成本的150%摊销。生物企业购进先进技术、发明和专利的费用，按照无形资产管理，并按照税法规定进行摊销。生物企业在1个纳税年度内，符合税法规定条件的技术转让所得不超过500万元的部分，免征企业所得税；超过500万元的部分，减半征收企业所得税。

（三十四）生物企业经营符合国家规定的鼓励类产业项目，且鼓励类产业项目营业收入占企业总收入70%以上的，在西部大开发税收优惠政策执行期间，减按15%的税率征收企业所得税。

（三十五）被认定为高新技术企业的生物企业，按照税法规定减按15%的税率征收企业所得税。

（三十六）生物企业建立的中试基地、博士后工作站、技术研发中心等科研开发机构，其从事技术转让、技术开发和与之有关的技术咨询、技术服务取得的收入，免征营业税。

（三十七）生物企业购置并实际使用符合国家有关目录规定的环境保护、节能节水、安全生产等专用设备的，该专用设备投资额的10%可以从企业当年的应纳税额中抵免；当年不足抵免的，可在以后5个纳税年度结转抵免。

（三十八）国家鼓励发展的生物产业国内投资项目和外商投资项目进口设备及随设备进口的技术和配套件、备件，除《国内投资项目不予免税的进口商品目录》和《外商投资项目不予免税的进口商品目录》所列商品外，免征进口关税。

国家税务总局关于煤矿企业维简费和高危行业企业安全生产费用企业所得税税前扣除问题的公告

2011年3月31日　国家税务总局公告2011年第26号

根据《中华人民共和国企业所得税法》（以下简称企业所得税法）和《中华人民共和国企业所得税法实施条例》规定，现就煤矿企业维简费和高危行业企业安全生产费用支出企业所得税税前扣除问题，公告如下：

一、煤矿企业实际发生的维简费支出和高危行业企业实际发生的安全生产费用支出，属于收益性支出的，可直接作为当期费用在税前扣除；属于资本性支出的，应计入有关资产成本，并按企业所得税法规定计提折旧或摊销费用在税前扣除。企业按照有关规定预提的维简费和安全生产费用，不得在税前扣除。

二、本公告实施前，企业按照有关规定提取的、且在税前扣除的煤矿企业维简费和高危行业企业安全生产费用，相关税务问题按以下规定处理：

（一）本公告实施前提取尚未使用的维简费和高危行业企业安全生产费用，应用于抵扣本公告实施后的当年度实际发生的维简费和安全生产费用，仍有余额的，继续用于抵扣以后年度发生的实际费用，至余额为零时，企业方可按本公告第一条规定执行。

（二）已用于资产投资、并计入相关资产成本的，该资产提取的折旧或费用摊销额，不得重复在税前扣除。已重复在税前扣除的，应调整作为2011年度应纳税所得额。

（三）已用于资产投资、并形成相关资产部分成本的，该资产成本扣除上述部分成本后的余额，作为该资产的计税基础，按照企业所得税法规定的资产折旧或摊销年限，从本公告实施之日的次月开始，就该资产剩余折旧年限计算折旧或摊销费用，并在税前扣除。

三、本公告自2011年5月1日起执行。

特此公告。

财政部　国家税务总局关于电网企业接收用户资产有关企业所得税政策问题的通知

2011年4月25日　财税〔2011〕35号

各省、自治区、直辖市、计划单列市财政厅（局）、国家税务局、地方税务局，新疆生产建设兵团财务局：

为维护电网安全稳定运行，保障用户用电权益，经国务院批准，现将中央电网企业接收用户资产有关企业所得税政策问题通知如下：

一、对国家电网公司和中国南方电网有限责任公司及所属全资、控股企业接收用户资产应缴纳的企业所得税不征收入库，直接转增其国家资本金。

二、有关电网企业对接收的用户资产，可按接收价值计提折旧，并在企业所得税税前扣除。

三、本通知所称用户资产，是指由用户出资建设的、专门用于电力接入服务的专用网架及其附属设备、设施等供电配套资产，包括：由用户出资建设的城市电缆下地等工程形成的资产；由用户出资建设的居民小区配电设施形成的资产；用户为满足自身用电需要，出资建设的专用输变电、配电及计量资产等。所称用户，包括政府、机关、军队、企业事业单位、社会团体、居民等电力用户。

四、本通知自印发之日起执行。本通知下发前有关电网企业已接收的用户资产，按照本通知规定执行。

注：云南省财政厅、云南省国家税务局、云南省地方税务局、于2011年6月26日以云财税〔2011〕65号原文转发。

国家税务总局关于雇主为雇员承担全年一次性奖金部分税款有关个人所得税计算方法问题的公告

2011年4月28日 国家税务总局公告2011年第28号

为公平税负，规范管理，根据《中华人民共和国个人所得税法》、《国家税务总局关于雇主为其雇员负担个人所得税税款计征问题的通知》（国税发〔1996〕199号）和《国家税务总局关于调整个人取得全年一次性奖金等计算征收个人所得税方法问题的通知》（国税发〔2005〕9号）等规定，现对雇员取得全年一次性奖金并由雇主负担部分税款有关个人所得税计算方法问题公告如下：

一、雇主为雇员负担全年一次性奖金部分个人所得税款，属于雇员又额外增加了收入，应将雇主负担的这部分税款并入雇员的全年一次性奖金，换算为应纳税所得额后，按照规定方法计征个人所得税。

二、将不含税全年一次性奖金换算为应纳税所得额的计算方法

（一）雇主为雇员定额负担税款的计算公式：

应纳税所得额＝雇员取得的全年一次性奖金＋雇主替雇员定额负担的税款－当月工资薪金低于费用扣除标准的差额

（二）雇主为雇员按一定比例负担税款的计算公式：

1. 查找不含税全年一次性奖金的适用税率和速算扣除数

未含雇主负担税款的全年一次性奖金收入÷12，根据其商数找出不含税级距对应的适用税率A和速算扣除数A

2. 计算含税全年一次性奖金

应纳税所得额＝（未含雇主负担税款的全年一次性奖金收入－当月工资薪金低于费用扣除标准的差额－不含税级距的速算扣除数A×雇主负担比例）÷（1－不含税级距的适用税率A×雇主负担比例）

三、对上述应纳税所得额，扣缴义务人应按照国税发〔2005〕9号文件规定的方法计算应扣缴税款。即：将应纳税所得额÷12，根据其商数找出对应的适用税率B和速算扣除数B，据以计算税款。计算公式：

应纳税额＝应纳税所得额×适用税率B－速算扣除数B

实际缴纳税额＝应纳税额－雇主为雇员负担的税额

四、雇主为雇员负担的个人所得税款，应属于个人工资薪金的一部分。凡单独作为企业管理费列支的，在计算企业所得税时不得税前扣除。

本公告自2011年5月1日起施行。

特此公告。

国家税务总局关于企业所得税年度纳税申报口径问题的公告

2011年4月29日 国家税务总局公告2011年第29号

根据2010年以来财政部、国家税务总局下发的与《企业所得税法》及其实施条例相关的配套政策，现对企业所得税年度纳税申报有关口径公告如下：

一、关于符合条件的小型微利企业所得减免申报口径。根据《财政部 国家税务总局关于小型微利企业有关企业所得税政策的通知》（财税〔2009〕133号）规定，对年应纳税所得额低于3万元（含3万元）的小型微利企业，其所得与15%计算的乘积，填报《国家税务总局关于印发〈中华人民共和国企业所得税年度纳税申报表〉的通知》（国税发〔2008〕101号）附件1的附表五“税收优惠明细表”第34行“（一）符合条件的小型微利企业”。

二、关于查增应纳税所得额申报口径。根据《国家税务总局关于查增应纳税所得额弥补以前年度亏损处理问题的公告》（国家税务总局公告2010年第20号）规定，对检查调增的应纳税所得额，允许弥补以前年度发生的亏损，填报国税发〔2008〕101号文件附件1的附表四“弥补亏损明细表”第2列“盈利或亏损额”对应调增应纳税所得额所属年度行次。

三、关于利息和保费减计收入申报口径。根据《财政部 国家税务总局关于农村金融有关税收政策的通知》（财税〔2010〕4号）规定，对金融机构农户小额贷款的利息收入以及对保险公司为种植业、养殖业提供保险业务取得的保费收入，按10%计算的部分，填报国税发〔2008〕101号文件附件1的附表五“税收优惠明细表”第8行“2、其他”。

特此公告。

云南省国家税务局　云南省地方税务局 关于企业资产损失所得税税前扣除管理问题的公告

2011年5月3日　云南省国家税务局公告2011年第4号

根据《国家税务总局关于发布<企业资产损失所得税税前扣除管理办法>的公告》（国家税务总局公告2011年第25号，以下简称管理办法）第五十一条规定，现就云南省企业资产损失税前扣除管理的有关问题公告如下：

一、自2011年1月1日起，企业资产损失税前扣除不再实行审批制度，改为由企业根据其资产损失的类型向主管税务机关自主实行清单申报和专项申报税前扣除（表单式样见附件）。专项申报税前扣除的资产损失，需同时附送相关证据资料。未经申报的资产损失，不得在税前扣除。

二、清单申报和专项申报的证据资料企业需完整留存备查。

三、企业进行清单申报和专项申报时间为企业所得税年度汇算清缴申报前，最迟不得超过年度汇算清缴申报。专项申报的资产损失，企业因特殊原因不能在规定的时限内报送相关资料的，可以向主管税务机关提出申请，经主管税务机关同意后，可适当延期申报。

四、汇总纳税企业发生的资产损失，应按以下规定自行申报扣除：总机构及其分支机构（二级及二级以下）发生的资产损失，除应按专项申报和清单申报的有关规定，各自向当地主管税务机关申报外，各分支机构同时还应上报其上级机构；上级机构对所属各分支机构上报的资产损失，应以清单申报的形式向当地主管税务机关进行申报。

五、本公告自2011年1月1日起施行。2010年企业资产损失年度申报事项，一律按照本公告及管理办法执行。《云南省国家税务局 云南省地方税务局转发国家税务总局关于印发〈企业资产损失税前扣除管理办法〉的通知》（云国税发〔2009〕171号）同时废止。

特此公告。

国家税务总局关于发布 《企业资产损失所得税税前扣除管理办法》的公告

2011年3月31日　国家税务总局公告2011年第25号

现将《企业资产损失所得税税前扣除管理办法》予以发布，自2011年1月1日起施行。

特此公告。

企业资产损失所得税税前扣除管理办法

第一章　总　则

第一条　根据《中华人民共和国企业所得税法》（以下简称企业所得税法）及其实施条例、《中华人民共和国税收征收管理法》（以下简称征管法）及其实施细则、《财政部 国家税务总局关于企业资产损失税前扣除政策的通知》（财税〔2009〕57号）（以下简称《通知》）的规定，制定本办法。

第二条　本办法所称资产是指企业拥有或者控制的、用于经营管理活动相关的资产，包括现金、银行存款、应收及预付款项（包括应收票据、各类垫款、企业之间往来款项）等货币性资产，存货、固定资产、无形资产、在建工程、生产性生物资产等非货币性资产，以及债权性投资和股权（权益）性投资。

第三条　准予在企业所得税税前扣除的资产损失，是指企业在实际处置、转让上述资产过程中发生的合理损失（以下简称实际资产损失），以及企业虽未实际处置、转让上述资产，但符合《通知》和本办法规定条件计算确认的损失（以下简称法定资产损失）。

第四条　企业实际资产损失，应当在其实际发生且会计上已作损失处理的年度申报扣除；法定资产损失，应当在企业向主管税务机关提供证据资料证明该项资产已符合法定资产损失确认条件，且会计上已作损失处理的年度申报扣除。

第五条　企业发生的资产损失，应按规定的程序和要求向主管税务机关申报后方能在税前扣除。未经申报的损失，不得在税前扣除。

第六条　企业以前年度发生的资产损失未能在当年税前扣除的，可以按照本办法的规定，向税务机关说明并进行专项申报扣除。其中，属于实际资产损失，准予追补至该项损失发生年度扣除，其追补确认期限一般不得超过五年，但因计划经济体制转轨过程中遗留的资产损失、企业重组上市过程中因权属不清出现争议而未能及时扣除的资产损失、因承担国家政策性任务而形成的资产损失以及政策定性不明确而形成资产损失等特殊原因形成的资产损失，其追补确认期限经国家税务总局批准后可适当延长。属于法定资产损失，应在申报年度扣除。

企业因以前年度实际资产损失未在税前扣除而多缴的企业所得税税款，可在追补确认年度企业所得税应纳税款中予以抵扣，不足抵扣的，向以后年度递延抵扣。

企业实际资产损失发生年度扣

除追补确认的损失后出现亏损的，应先调整资产损失发生年度的亏损额，再按弥补亏损的原则计算以后年度多缴的企业所得税税款，并按前款办法进行税务处理。

第二章 申报管理

第七条 企业在进行企业所得税年度汇算清缴申报时，可将资产损失申报材料和纳税资料作为企业所得税年度纳税申报表的附件一并向税务机关报送。

第八条 企业资产损失按其申报内容和要求的不同，分为清单申报和专项申报两种申报形式。其中，属于清单申报的资产损失，企业可按会计核算科目进行归类、汇总，然后再将汇总清单报送税务机关，有关会计核算资料和纳税资料留存备查；属于专项申报的资产损失，企业应逐项（或逐笔）报送申请报告，同时附送会计核算资料及其他相关的纳税资料。

企业在申报资产损失税前扣除过程中不符合上述要求的，税务机关应当要求其改正，企业拒绝改正的，税务机关有权不予受理。

第九条 下列资产损失，应以清单申报的方式向税务机关申报扣除：

（一）企业在正常经营管理活动中，按照公允价格销售、转让、变卖非货币资产的损失；

（二）企业各项存货发生的正常损耗；

（三）企业固定资产达到或超过使用年限而正常报废清理的损失；

（四）企业生产性生物资产达到或超过使用年限而正常死亡发生的资产损失；

（五）企业按照市场公平交易原则，通过各种交易场所、市场等买卖债券、股票、期货、基金以及金融衍生产品等发生的损失。

第十条 前条以外的资产损失，应以专项申报的方式向税务机关申报扣除。企业无法准确判别是否属于清单申报扣除的资产损失，可以采取专项申报的形式申报扣除。

第十一条 在中国境内跨地区经营的汇总纳税企业发生的资产损失，应按以下规定申报扣除：

（一）总机构及其分支机构发生的资产损失，除应按专项申报和清单申报的有关规定，各自向当地主管税务机关申报外，各分支机构同时还应上报总机构；

（二）总机构对各分支机构上报的资产损失，除税务机关另有规定外，应以清单申报的形式向当地主管税务机关进行申报；

（三）总机构将跨地区分支机构所属资产捆绑打包转让所发生的资产损失，由总机构向当地主管税务机关进行专项申报。

第十二条 企业因国务院决定事项形成的资产损失，应向国家税务总局提供有关资料。国家税务总局审核有关情况后，将损失情况通知相关税务机关。企业应按本办法的要求进行专项申报。

第十三条 属于专项申报的资产损失，企业因特殊原因不能在规定的时限内报送相关资料的，可以向主管税务机关提出申请，经主管税务机关同意后，可适当延期申报。

第十四条 企业应当建立健全资产损失内部核销管理制度，及时收集、整理、编制、审核、申报、保存资产损失税前扣除证据材料，方便税务机关检查。

第十五条 税务机关应按分项建档、分级管理的原则，建立企业资产损失税前扣除管理台账和纳税档案，及时进行评估。对资产损失金额较大或经评估后发现不符合资产损失税前扣除规定、或存有疑点、异常情况的资产损失，应及时进行核查。对有证据证明申报扣除的资产损失不真实、不合法的，应依法作出税收处理。

第三章 资产损失确认证据

第十六条 企业资产损失相关的证据包括具有法律效力的外部证据和特定事项的企业内部证据。

第十七条 具有法律效力的外部证据，是指司法机关、行政机关、专业技术鉴定部门等依法出具的与本企业资产损失相关的具有法律效力的书面文件，主要包括：

（一）司法机关的判决或者裁定；

（二）公安机关的立案结案证明、回复；

（三）工商部门出具的注销、吊销及停业证明；

（四）企业的破产清算公告或清偿文件；

（五）行政机关的公文；

（六）专业技术部门的鉴定报告；

（七）具有法定资质的中介机构的经济鉴定证明；

（八）仲裁机构的仲裁文书；

（九）保险公司对投保资产出具的出险调查单、理赔计算单等保险单据；

（十）符合法律规定的其他证据。

第十八条 特定事项的企业内部证据，是指会计核算制度健全、内部控制制度完善的企业，对各项资产发生毁损、报废、盘亏、死亡、变质等内部证明或承担责任的声明，主要包括：

（一）有关会计核算资料和原始凭证；

（二）资产盘点表；

（三）相关经济行为的业务合同；

（四）企业内部技术鉴定部门的鉴定文件或资料；

（五）企业内部核批文件及有关情况说明；

（六）对责任人由于经营管理责任造成损失的责任认定及赔偿情况说明；

（七）法定代表人、企业负责人和企业财务负责人对特定事项真实性承担法律责任的声明。

第四章 货币资产损失的确认

第十九条 企业货币资产损失包括现金损失、银行存款损失和应收及预付款项损失等。

第二十条 现金损失应依据以下证据材料确认：

（一）现金保管人确认的现金盘点表（包括倒推至基准日的记录）；

（二）现金保管人对于短缺的说明及相关核准文件；

（三）对责任人由于管理责任造成损失的责任认定及赔偿情况的说明；

（四）涉及刑事犯罪的，应有

司法机关出具的相关材料；

（五）金融机构出具的假币收缴证明。

第二十一条 企业因金融机构清算而发生的存款类资产损失应依据以下证据材料确认：

（一）企业存款类资产的原始凭据；

（二）金融机构破产、清算的法律文件；

（三）金融机构清算后剩余资产分配情况资料。

金融机构应清算而未清算超过三年的，企业可将该款项确认为资产损失，但应有法院或破产清算管理人出具的未完成清算证明。

第二十二条 企业应收及预付款项坏账损失应依据以下相关证据材料确认：

（一）相关事项合同、协议或说明；

（二）属于债务人破产清算的，应有人民法院的破产、清算公告；

（三）属于诉讼案件的，应出具人民法院的判决书或裁决书或仲裁机构的仲裁书，或者被法院裁定终（中）止执行的法律文书；

（四）属于债务人停止营业的，应有工商部门注销、吊销营业执照证明；

（五）属于债务人死亡、失踪的，应有公安机关等有关部门对债务人个人的死亡、失踪证明；

（六）属于债务重组的，应有债务重组协议及其债务人重组收益纳税情况说明；

（七）属于自然灾害、战争等不可抗力而无法收回的，应有债务人受灾情况说明以及放弃债权申明。

第二十三条 企业逾期三年以上的应收款项在会计上已作为损失处理的，可以作为坏账损失，但应说明情况，并出具专项报告。

第二十四条 企业逾期一年以上，单笔数额不超过五万或者不超过企业年度收入总额万分之一的应收款项，会计上已经作为损失处理的，可以作为坏账损失，但应说明情况，并出具专项报告。

第五章 非货币资产损失的确认

第二十五条 企业非货币资产损失包括存货损失、固定资产损失、无形资产损失、在建工程损失、生产性生物资产损失等。

第二十六条 存货盘亏损失，为其盘亏金额扣除责任人赔偿后的余额，应依据以下证据材料确认：

（一）存货计税成本确定依据；

（二）企业内部有关责任认定、责任人赔偿说明和内部核批文件；

（三）存货盘点表；

（四）存货保管人对于盘亏的情况说明。

第二十七条 存货报废、毁损或变质损失，为其计税成本扣除残值及责任人赔偿后的余额，应依据以下证据材料确认：

（一）存货计税成本的确定依据；

（二）企业内部关于存货报废、毁损、变质、残值情况说明及核销资料；

（三）涉及责任人赔偿的，应当有赔偿情况说明；

（四）该项损失数额较大的（指占企业该类资产计税成本10%以上，或减少当年应纳税所得、增加亏损10%以上，下同），应有专业技术鉴定意见或法定资质中介机构出具的专项报告等。

第二十八条 存货被盗损失，为其计税成本扣除保险理赔以及责任人赔偿后的余额，应依据以下证据材料确认：

（一）存货计税成本的确定依据；

（二）向公安机关的报案记录；

（三）涉及责任人和保险公司赔偿的，应有赔偿情况说明等。

第二十九条 固定资产盘亏、丢失损失，为其账面净值扣除责任人赔偿后的余额，应依据以下证据材料确认：

（一）企业内部有关责任认定和核销资料；

（二）固定资产盘点表；

（三）固定资产的计税基础相关资料；

（四）固定资产盘亏、丢失情况说明；

（五）损失金额较大的，应有专业技术鉴定报告或法定资质中介机构出具的专项报告等。

第三十条 固定资产报废、毁损损失，为其账面净值扣除残值和责任人赔偿后的余额，应依据以下证据材料确认：

（一）固定资产的计税基础相关资料；

（二）企业内部有关责任认定和核销资料；

（三）企业内部有关部门出具的鉴定材料；

（四）涉及责任赔偿的，应当有赔偿情况的说明；

（五）损失金额较大的或自然灾害等不可抗力原因造成固定资产毁损、报废的，应有专业技术鉴定意见或法定资质中介机构出具的专项报告等。

第三十一条 固定资产被盗损失，为其账面净值扣除责任人赔偿后的余额，应依据以下证据材料确认：

（一）固定资产计税基础相关资料；

（二）公安机关的报案记录，公安机关立案、破案和结案的证明材料；

（三）涉及责任赔偿的，应有赔偿责任的认定及赔偿情况的说明等。

第三十二条 在建工程停建、报废损失，为其工程项目投资账面价值扣除残值后的余额，应依据以下证据材料确认：

（一）工程项目投资账面价值确定依据；

（二）工程项目停建原因说明及相关材料；

（三）因质量原因停建、报废的工程项目和因自然灾害和意外事故停建、报废的工程项目，应出具专业技术鉴定意见和责任认定、赔偿情况的说明等。

第三十三条 工程物资发生损失，可比照本办法存货损失的规定确认。

第三十四条 生产性生物资产盘亏损失，为其账面净值扣除责任人赔偿后的余额，应依据以下证据材料确认：

（一）生产性生物资产盘点表；

（二）生产性生物资产盘亏情况说明；

（三）生产性生物资产损失金额较大的，企业应有专业技术鉴定意见和责任认定、赔偿情况的说明等。

第三十五条 因森林病虫害、疫情、死亡而产生的生产性生物资产损失，为其账面净值扣除残值、保险赔偿和责任人赔偿后的余额，应依据以下证据材料确认：

（一）损失情况说明；

（二）责任认定及其赔偿情况的说明；

（三）损失金额较大的，应有专业技术鉴定意见。

第三十六条 对被盗伐、被盗、丢失而产生的生产性生物资产损失，为其账面净值扣除保险赔偿以及责任人赔偿后的余额，应依据以下证据材料确认：

（一）生产性生物资产被盗后，向公安机关的报案记录或公安机关立案、破案和结案的证明材料；

（二）责任认定及其赔偿情况的说明。

第三十七条 企业由于未能按期赎回抵押资产，使抵押资产被拍卖或变卖，其账面净值大于变卖价值的差额，可认定为资产损失，按以下证据材料确认：

（一）抵押合同或协议书；

（二）拍卖或变卖证明、清单；

（三）会计核算资料等其他相关证据材料。

第三十八条 被其他新技术所代替或已经超过法律保护期限，已经丧失使用价值和转让价值，尚未摊销的无形资产损失，应提交以下证据备案：

（一）会计核算资料；

（二）企业内部核批文件及有关情况说明；

（三）技术鉴定意见和企业法定代表人、主要负责人和财务负责人签章证实无形资产已无使用价值或转让价值的书面申明；

（四）无形资产的法律保护期限文件。

第六章　投资损失的确认

第三十九条 企业投资损失包括债权性投资损失和股权（权益）性投资损失。

第四十条 企业债权投资损失应依据投资的原始凭证、合同或协议、会计核算资料等相关证据材料确认。下列情况债权投资损失的，还应出具相关证据材料：

（一）债务人或担保人依法被宣告破产、关闭、被解散或撤销、被吊销营业执照、失踪或者死亡等，应出具资产清偿证明或者遗产清偿证明。无法出具资产清偿证明或者遗产清偿证明，且上述事项超过三年以上的，或债权投资（包括信用卡透支和助学贷款）余额在三百万元以下的，应出具对应的债务人和担保人破产、关闭、解散证明、撤销文件、工商行政管理部门注销证明或查询证明以及追索记录等（包括司法追索、电话追索、信件追索和上门追索等原始记录）；

（二）债务人遭受重大自然灾害或意外事故，企业对其资产进行清偿和对担保人进行追偿后，未能收回的债权，应出具债务人遭受重大自然灾害或意外事故证明、保险赔偿证明、资产清偿证明等；

（三）债务人因承担法律责任，其资产不足归还所借债务，又无其他债务承担者的，应出具法院裁定证明和资产清偿证明；

（四）债务人和担保人不能偿还到期债务，企业提出诉讼或仲裁的，经人民法院对债务人和担保人强制执行，债务人和担保人均无资产可执行，人民法院裁定终结或终止（中止）执行的，应出具人民法院裁定文书；

（五）债务人和担保人不能偿还到期债务，企业提出诉讼后被驳回起诉的、人民法院不予受理或不予支持的，或经仲裁机构裁决免除（或部分免除）债务人责任，经追偿后无法收回的债权，应提交法院驳回起诉的证明，或法院不予受理或不予支持证明，或仲裁机构裁决免除债务人责任的文书；

（六）经国务院专案批准核销的债权，应提供国务院批准文件或经国务院同意后由国务院有关部门批准的文件。

第四十一条 企业股权投资损失应依据以下相关证据材料确认：

（一）股权投资计税基础证明材料；

（二）被投资企业破产公告、破产清偿文件；

（三）工商行政管理部门注销、吊销被投资单位营业执照文件；

（四）政府有关部门对被投资单位的行政处理决定文件；

（五）被投资企业终止经营、停止交易的法律或其他证明文件；

（六）被投资企业资产处置方案、成交及入账材料；

（七）企业法定代表人、主要负责人和财务负责人签章证实有关投资（权益）性损失的书面申明；

（八）会计核算资料等其他相关证据材料。

第四十二条 被投资企业依法宣告破产、关闭、解散或撤销、吊销营业执照、停止生产经营活动、失踪等，应出具资产清偿证明或者遗产清偿证明。

上述事项超过三年以上且未能完成清算的，应出具被投资企业破产、关闭、解散或撤销、吊销等的证明以及不能清算的原因说明。

第四十三条 企业委托金融机构向其他单位贷款，或委托其他经营机构进行理财，到期不能收回贷款或理财款项，按照本办法第六章有关规定进行处理。

第四十四条 企业对外提供与本企业生产经营活动有关的担保，因被担保人不能按期偿还债务而承担连带责任，经追索，被担保人无偿还能力，对无法追回的金额，比照本办法规定的应收款项损失进行处理。

与本企业生产经营活动有关的担保是指企业对外提供的与本企业应税收入、投资、融资、材料采购、产品销售等生产经营活动相关的担保。

第四十五条 企业按独立交易原则向关联企业转让资产而发生的损失，或向关联企业提供借款、担保而形成的债权损失，准予扣除，但企业应作专项说明，同时出具中介机构出具的专项报告及其相关的证明材料。

第四十六条 下列股权和债权不得作为损失在税前扣除：

（一）债务人或者担保人有经济偿还能力，未按期偿还的企业债权；

（二）违反法律、法规的规定，以各种形式、借口逃废或悬空的企业债权；

（三）行政干预逃废或悬空的企业债权；

（四）企业未向债务人和担保人追偿的债权；

（五）企业发生非经营活动的债权；

（六）其他不应当核销的企业债权和股权。

第七章　其他资产损失的确认

第四十七条　企业将不同类别的资产捆绑（打包），以拍卖、询价、竞争性谈判、招标等市场方式出售，其出售价格低于计税成本的差额，可以作为资产损失并准予在税前申报扣除，但应出具资产处置方案、各类资产作价依据、出售过程的情况说明、出售合同或协议、成交及入账证明、资产计税基础等确定依据。

第四十八条　企业正常经营业务因内部控制制度不健全而出现操作不当、不规范或因业务创新但政策不明确、不配套等原因形成的资产损失，应由企业承担的金额，可以作为资产损失并准予在税前申报扣除，但应出具损失原因证明材料或业务监管部门定性证明、损失专项说明。

第四十九条　企业因刑事案件原因形成的损失，应由企业承担的金额，或经公安机关立案侦查两年以上仍未追回的金额，可以作为资产损失并准予在税前申报扣除，但应出具公安机关、人民检察院的立案侦查情况或人民法院的判决书等损失原因证明材料。

第八章　附　则

第五十条　本办法没有涉及的资产损失事项，只要符合企业所得税法及其实施条例等法律、法规规定的，也可以向税务机关申报扣除。

第五十一条　省、自治区、直辖市和计划单列市国家税务局、地方税务局可以根据本办法制定具体实施办法。

第五十二条　本办法自2011年1月1日起施行，《国家税务总局关于印发〈企业资产损失税前扣除管理办法〉的通知》（国税发〔2009〕88号）、《国家税务总局关于企业以前年度未扣除资产损失企业所得税处理问题的通知》（国税函〔2009〕772号）、《国家税务总局关于电信企业坏账损失税前扣除问题的通知》（国税函〔2010〕196号）同时废止。本办法生效之日前尚未进行税务处理的资产损失事项，也应按本办法执行。

财政部　国家税务总局关于享受企业所得税优惠的农产品初加工有关范围的补充通知

2011年5月11日　财税〔2011〕26号

各省、自治区、直辖市、计划单列市财政厅（局）、国家税务局、地方税务局，新疆生产建设兵团财务局：

为进一步规范农产品初加工企业所得税优惠政策，现就《财政部　国家税务总局关于发布享受企业所得税优惠政策的农产品初加工范围（试行）的通知》（财税〔2008〕149号，以下简称《范围》）涉及的有关事项细化如下（以下序数对应《范围》中的序数）：

一、种植业类

（一）粮食初加工。

1. 小麦初加工。

《范围》规定的小麦初加工产品还包括麸皮、麦糠、麦仁。

2. 稻米初加工。

《范围》规定的稻米初加工产品还包括稻糠（砻糠、米糠和统糠）。

4. 薯类初加工。

《范围》规定的薯类初加工产品还包括变性淀粉以外的薯类淀粉。

＊薯类淀粉生产企业需达到国家环保标准，且年产量在一万吨以上。

6. 其他类粮食初加工。

《范围》规定的杂粮还包括大麦、糯米、青稞、芝麻、核桃；相应的初加工产品还包括大麦芽、糯米粉、青稞粉、芝麻粉、核桃粉。

（三）园艺植物初加工。

2. 水果初加工。

《范围》规定的新鲜水果包括番茄。

（四）油料植物初加工。

《范围》规定的粮食副产品还包括玉米胚芽、小麦胚芽。

（五）糖料植物初加工。

《范围》规定的甜菊又名甜叶菊。

（八）纤维植物初加工。

2. 麻类初加工。

《范围》规定的麻类作物还包括芦苇。

3. 蚕茧初加工。

《范围》规定的蚕包括蚕茧，生丝包括厂丝。

二、畜牧业类

（一）畜禽类初加工。

1. 肉类初加工。

《范围》规定的肉类初加工产品还包括火腿等风干肉、猪牛羊杂骨。

三、本通知自2010年1月1日起执行。

注：云南省财政厅、云南省国家税务局、云南省地方税务局于2011年7月5日以云财税〔2011〕69号原文转发。

国家税务总局关于税务机关代收工会经费企业所得税税前扣除凭据问题的公告

2011 年 5 月 11 日 国家税务总局公告 2011 年第 30 号

为进一步加强对工会经费企业所得税税前扣除的管理，现就税务机关代收工会经费税前扣除凭据问题公告如下：

自 2010 年 1 月 1 日起，在委托税务机关代收工会经费的地区，企业拨缴的工会经费，也可凭合法、有效的工会经费代收凭据依法在税前扣除。

特此公告。

财政部 国家税务总局关于高新技术企业境外所得适用税率及税收抵免问题的通知

2011 年 5 月 31 日 财税〔2011〕47 号

省、自治区、直辖市、计划单列市财政厅（局）、国家税务局、地方税务局，新疆生产建设兵团财务局：

根据《中华人民共和国企业所得税法》及其实施条例，以及《财政部 国家税务总局关于企业境外所得税收抵免有关问题的通知》（财税〔2009〕125 号）的有关规定，现就高新技术企业境外所得适用税率及税收抵免有关问题补充明确如下：

一、以境内、境外全部生产经营活动有关的研究开发费用总额、总收入、销售收入总额、高新技术产品（服务）收入等指标申请并经认定的高新技术企业，其来源于境外的所得可以享受高新技术企业所得税优惠政策，即对其来源于境外所得可以按照 15% 的优惠税率缴纳企业所得税，在计算境外抵免限额时，可按照 15% 的优惠税率计算境内外应纳税总额。

二、上述高新技术企业境外所得税收抵免的其他事项，仍按照财税〔2009〕125 号文件的有关规定执行。

三、本通知所称高新技术企业，是指依照《中华人民共和国企业所得税法》及其实施条例规定，经认定机构按照《高新技术企业认定管理办法》（国科发火〔2008〕172 号）和《高新技术企业认定管理工作指引》（国科发火〔2008〕362 号）认定取得高新技术企业证书并正在享受企业所得税 15% 税率优惠的企业。

四、本通知自 2010 年 1 月 1 日起执行。

财政部 国家税务总局 民政部关于公布 2011 年度第一批获得公益性捐赠税前扣除资格的公益性社会团体名单的通知

2011 年 6 月 3 日 财税〔2011〕45 号

各省、自治区、直辖市、计划单列市财政厅（局）、国家税务局、地方税务局、民政厅（局），新疆生产建设兵团财务局、民政局：

根据《财政部 国家税务总局 民政部关于公益性捐赠税前扣除有关问题的通知》（财税〔2008〕160 号）和《财政部 国家税务总局民政部关于公益性捐赠税前扣除有关问题的补充通知》（财税〔2010〕45 号）规定，现将经民政部初步审核，财政部、国家税务总局会同民政部联合审核确认的 2011 年度第一批获得公益性捐赠税前扣除资格的公益性社会团体名单，予以公布。

附件：2011 年度第一批获得公益性捐赠税前扣除资格的公益性社会团体名单

1. 泛海公益基金会
2. 安利公益基金会
3. 中南大学教育基金会
4. 中国和平发展基金会
5. 亨通慈善基金会
6. 中社社会工作发展基金会

国家税务总局关于企业所得税若干问题的公告

2011 年 6 月 9 日　国家税务总局公告 2011 年第 34 号

根据《中华人民共和国企业所得税法》（以下简称税法）以及《中华人民共和国企业所得税法实施条例》（以下简称《实施条例》）的有关规定，现就企业所得税若干问题公告如下：

一、关于金融企业同期同类贷款利率确定问题

根据《实施条例》第三十八条规定，非金融企业向非金融企业借款的利息支出，不超过按照金融企业同期同类贷款利率计算的数额的部分，准予税前扣除。鉴于目前我国对金融企业利率要求的具体情况，企业在按照合同要求首次支付利息并进行税前扣除时，应提供“金融企业的同期同类贷款利率情况说明”，以证明其利息支出的合理性。

“金融企业的同期同类贷款利率情况说明”中，应包括在签订该借款合同当时，本省任何一家金融企业提供同期同类贷款利率情况。该金融企业应为经政府有关部门批准成立的可以从事贷款业务的企业，包括银行、财务公司、信托公司等金融机构。“同期同类贷款利率”是指在贷款期限、贷款金额、贷款担保以及企业信誉等条件基本相同下，金融企业提供贷款的利率。既可以是金融企业公布的同期同类平均利率，也可以是金融企业对某些企业提供的实际贷款利率。

二、关于企业员工服饰费用支出扣除问题

企业根据其工作性质和特点，由企业统一制作并要求员工工作时统一着装所发生的工作服饰费用，根据《实施条例》第二十七条的规定，可以作为企业合理的支出给予税前扣除。

三、关于航空企业空勤训练费扣除问题

航空企业实际发生的飞行员养成费、飞行训练费、乘务训练费、空中保卫员训练费等空勤训练费用，根据《实施条例》第二十七条规定，可以作为航空企业运输成本在税前扣除。

四、关于房屋、建筑物固定资产改扩建的税务处理问题

企业对房屋、建筑物固定资产在未足额提取折旧前进行改扩建的，如属于推倒重置的，该资产原值减除提取折旧后的净值，应并入重置后的固定资产计税成本，并在该固定资产投入使用后的次月起，按照税法规定的折旧年限，一并计提折旧；如属于提升功能、增加面积的，该固定资产的改扩建支出，并入该固定资产计税基础，并从改扩建完工投入使用后的次月起，重新按税法规定的该固定资产折旧年限计提折旧，如该改扩建后的固定资产尚可使用的年限低于税法规定的最低年限的，可以按尚可使用的年限计提折旧。

五、投资企业撤回或减少投资的税务处理

投资企业从被投资企业撤回或减少投资，其取得的资产中，相当于初始出资的部分，应确认为投资收回；相当于被投资企业累计未分配利润和累计盈余公积按减少实收资本比例计算的部分，应确认为股息所得；其余部分确认为投资资产转让所得。

被投资企业发生的经营亏损，由被投资企业按规定结转弥补；投资企业不得调整减低其投资成本，也不得将其确认为投资损失。

六、关于企业提供有效凭证时间问题

企业当年度实际发生的相关成本、费用，由于各种原因未能及时取得该成本、费用的有效凭证，企业在预缴季度所得税时，可暂按账面发生金额进行核算；但在汇算清缴时，应补充提供该成本、费用的有效凭证。

七、本公告自 2011 年 7 月 1 日起施行。本公告施行以前，企业发生的相关事项已经按照本公告规定处理的，不再调整；已经处理，但与本公告规定处理不一致的，凡涉及需要按照本公告规定调减应纳税所得额的，应当在本公告施行后相应调减 2011 年度企业应纳税所得额。

特此公告。

国家税务总局关于企业国债投资业务企业所得税处理问题的公告

2011 年 6 月 22 日　国家税务总局公告 2011 年第 36 号

根据《中华人民共和国企业所得税法》（以下简称企业所得税法）及其实施条例的规定，现对企业国债投资业务企业所得税处理问题，公告如下：

一、关于国债利息收入税务处理问题

（一）国债利息收入时间确认

1. 根据企业所得税法实施条例第十八条的规定，企业投资国债从国务院财政部门（以下简称发行者）取得的国债利息收入，应以国债发行时约定应付利息的日期，确认利息收入的实现。

2. 企业转让国债，应在国债转让收入确认时确认利息收入的实现。

（二）国债利息收入计算

企业到期前转让国债、或者从非发行者投资购买的国债，其持有期间尚未兑付的国债利息收入，按以下公式计算确定：

国债利息收入 = 国债金额 ×（适用年利率 ÷ 365）× 持有天数

上述公式中的“国债金额”，按国债发行面值或发行价格确定；“适用年利率”按国债票面年利率

或折合年收益率确定；如企业不同时间多次购买同一品种国债的，“持有天数”可按平均持有天数计算确定。

（三）国债利息收入免税问题

根据企业所得税法第二十六条的规定，企业取得的国债利息收入，免征企业所得税。具体按以下规定执行：

1. 企业从发行者直接投资购买的国债持有至到期，其从发行者取得的国债利息收入，全额免征企业所得税。

2. 企业到期前转让国债、或者从非发行者投资购买的国债，其按本公告第一条第（二）项计算的国债利息收入，免征企业所得税。

二、关于国债转让收入税务处理问题

（一）国债转让收入时间确认

1. 企业转让国债应在转让国债合同、协议生效的日期，或者国债移交时确认转让收入的实现。

2. 企业投资购买国债，到期兑付的，应在国债发行时约定的应付利息的日期，确认国债转让收入的实现。

（二）国债转让收益（损失）计算

企业转让或到期兑付国债取得的价款，减除其购买国债成本，并扣除其持有期间按照本公告第一条计算的国债利息收入以及交易过程中相关税费后的余额，为企业转让国债收益（损失）。

（三）国债转让收益（损失）征税问题

根据企业所得税法实施条例第十六条规定，企业转让国债，应作为转让财产，其取得的收益（损失）应作为企业应纳税所得额计算纳税。

三、关于国债成本确定问题

（一）通过支付现金方式取得的国债，以买入价和支付的相关税费为成本。

（二）通过支付现金以外的方式取得的国债，以该资产的公允价值和支付的相关税费为成本。

四、关于国债成本计算方法问题

企业在不同时间购买同一品种国债的，其转让时的成本计算方法，可在先进先出法、加权平均法、个别计价法中选用一种。计价方法一经选用，不得随意改变。

五、本公告自2011年1月1日起施行。

特此公告。

国家税务总局关于企业转让上市公司限售股有关所得税问题的公告

2011年7月7日　国家税务总局公告2011年第39号

根据《中华人民共和国企业所得税法》（以下简称企业所得税法）及其实施条例的有关规定，现就企业转让上市公司限售股（以下简称限售股）有关所得税问题，公告如下：

一、纳税义务人的范围界定问题

根据企业所得税法第一条及其实施条例第三条的规定，转让限售股取得收入的企业（包括事业单位、社会团体、民办非企业单位等），为企业所得税的纳税义务人。

二、企业转让代个人持有的限售股征税问题

因股权分置改革造成原由个人出资而由企业代持有的限售股，企业在转让时按以下规定处理：

（一）企业转让上述限售股取得的收入，应作为企业应税收入计算纳税。

上述限售股转让收入扣除限售股原值和合理税费后的余额为该限售股转让所得。企业未能提供完整、真实的限售股原值凭证，不能准确计算该限售股原值的，主管税务机关一律按该限售股转让收入的15%，核定为该限售股原值和合理税费。

依照本条规定完成纳税义务后的限售股转让收入余额转付给实际所有人时不再纳税。

（二）依法院判决、裁定等原因，通过证券登记结算公司，企业将其代持的个人限售股直接变更到实际所有人名下的，不视同转让限售股。

三、企业在限售股解禁前转让限售股征税问题

企业在限售股解禁前将其持有的限售股转让给其他企业或个人（以下简称受让方），其企业所得税问题按以下规定处理：

（一）企业应按减持在证券登记结算机构登记的限售股取得的全部收入，计入企业当年度应税收入计算纳税。

（二）企业持有的限售股在解禁前已签订协议转让给受让方，但未变更股权登记、仍由企业持有的，企业实际减持该限售股取得的收入，依照本条第一项规定纳税后，其余额转付给受让方的，受让方不再纳税。

四、本公告自2011年7月1日起执行。本公告生效后尚未处理的纳税事项，按照本公告规定处理；已经处理的纳税事项，不再调整。

特此公告。

财政部　海关总署　国家税务总局关于深入实施西部大开发战略有关税收政策问题的通知

2011 年 7 月 27 日　财税〔2011〕58 号

各省、自治区、直辖市、计划单列市财政厅（局）、国家税务局、地方税务局，新疆生产建设兵团财务局，海关总署广东分署、各直属海关：

为贯彻落实党中央、国务院关于深入实施西部大开发战略的精神，进一步支持西部大开发，现将有关税收政策问题通知如下：

一、对西部地区内资鼓励类产业、外商投资鼓励类产业及优势产业的项目在投资总额内进口的自用设备，在政策规定范围内免征关税。

二、自 2011 年 1 月 1 日至 2020 年 12 月 31 日，对设在西部地区的鼓励类产业企业减按 15% 的税率征收企业所得税。

上述鼓励类产业企业是指以《西部地区鼓励类产业目录》中规定的产业项目为主营业务，且其主营业务收入占企业收入总额 70% 以上的企业。《西部地区鼓励类产业目录》另行发布。

三、对西部地区 2010 年 12 月 31 日前新办的、根据《财政部 国家税务总局 海关总署关于西部大开发税收优惠政策问题的通知》（财税〔2001〕202 号）第二条第三款规定可以享受企业所得税“两免三减半”优惠的交通、电力、水利、邮政、广播电视企业，其享受的企业所得税“两免三减半”优惠可以继续享受到期满为止。

四、本通知所称西部地区包括重庆市、四川省、贵州省、云南省、西藏自治区、陕西省、甘肃省、宁夏回族自治区、青海省、新疆维吾尔自治区、新疆生产建设兵团、内蒙古自治区和广西壮族自治区。湖南省湘西土家族苗族自治州、湖北省恩施土家族苗族自治州、吉林省延边朝鲜族自治州，可以比照西部地区的税收政策执行。

五、本通知自 2011 年 1 月 1 日起执行。《财政部 国家税务总局 海关总署关于西部大开发税收优惠政策问题的通知》（财税〔2001〕202 号）、《国家税务总局关于落实西部大开发有关税收政策具体实施意见的通知》（国税发〔2002〕47 号）、《财政部 国家税务总局关于西部大开发税收优惠政策适用目录变更问题的通知》（财税〔2006〕165 号）、《财政部 国家税务总局关于将西部地区旅游景点和景区经营纳入西部大开发税收优惠政策范围的通知》（财税〔2007〕65 号）自 2011 年 1 月 1 日起停止执行。

财政部　国家税务总局关于地方政府债券利息所得免征所得税问题的通知

2011 年 8 月 26 日　财税〔2011〕76 号

各省、自治区、直辖市、计划单列市财政厅（局）、国家税务局、地方税务局，新疆生产建设兵团财务局：

经国务院批准，现就地方政府债券利息所得有关所得税政策通知如下：

一、对企业和个人取得的 2009 年、2010 年和 2011 年发行的地方政府债券利息所得，免征企业所得税和个人所得税。

二、地方政府债券是指经国务院批准，以省、自治区、直辖市和计划单列市政府为发行和偿还主体的债券。

财政部　国家税务总局关于专项用途财政性资金企业所得税处理问题的通知

2011 年 9 月 7 日　财税〔2011〕70 号

各省、自治区、直辖市、计划单列市财政厅（局）、国家税务局、地方税务局，新疆生产建设兵团财务局：

根据《中华人民共和国企业所得税法》及《中华人民共和国企业所得税法实施条例》（国务院令第 512 号，以下简称实施条例）的有关规定，经国务院批准，现就企业取得的专项用途财政性资金企业所得税处理问题通知如下：

一、企业从县级以上各级人民政府财政部门及其他部门取得的应计入收入总额的财政性资金，凡同时符合以下条件的，可以作为不征税收入，在计算应纳税所得额时从收入总额中减除：

（一）企业能够提供规定资金专项用途的资金拨付文件；

（二）财政部门或其他拨付资金的政府部门对该资金有专门的资金管理办法或具体管理要求；

（三）企业对该资金以及以该资金发生的支出单独进行核算。

二、根据实施条例第二十八条的规定，上述不征税收入用于支出所形成的费用，不得在计算应纳税所得额时扣除；用于支出所形成的资产，其计算的折旧、摊销不得在计算应纳税所得额时扣除。

三、企业将符合本通知第一条规定条件的财政性资金作不征税收入处理后，在5年（60个月）内未发生支出且未缴回财政部门或其他拨付资金的政府部门的部分，应计入取得该资金第六年的应税收入总额；计入应税收入总额的财政性资金发生的支出，允许在计算应纳税所得额时扣除。

四、本通知自2011年1月1日起执行。

注：云南省财政厅、云南省国家税务局、云南省地方税务局于2011年10月16日以云财税〔2011〕124号原文转发。

国家税务总局关于实施农 林 牧 渔业项目企业所得税优惠问题的公告

2011年9月13日 国家税务总局公告2011年第48号

根据《中华人民共和国企业所得税法》（以下简称企业所得税法）及《中华人民共和国企业所得税法实施条例》（以下简称实施条例）的规定，现对企业（含企业性质的农民专业合作社，下同）从事农、林、牧、渔业项目的所得，实施企业所得税优惠政策和征收管理中的有关事项公告如下：

一、企业从事实施条例第八十六条规定的享受税收优惠的农、林、牧、渔业项目，除另有规定外，参照《国民经济行业分类》（GB/T4754－2002）的规定标准执行。

企业从事农、林、牧、渔业项目，凡属于《产业结构调整指导目录（2011年版）》（国家发展和改革委员会令第9号）中限制和淘汰类的项目，不得享受实施条例第八十六条规定的优惠政策。

二、企业从事农作物新品种选育的免税所得，是指企业对农作物进行品种和育种材料选育形成的成果，以及由这些成果形成的种子（苗）等繁殖材料的生产、初加工、销售一体化取得的所得。

三、企业从事林木的培育和种植的免税所得，是指企业对树木、竹子的育种和育苗、抚育和管理以及规模造林活动取得的所得，包括企业通过拍卖或收购方式取得林木所有权并经过一定的生长周期，对林木进行再培育取得的所得。

四、企业从事下列项目所得的税务处理。

（一）猪、兔的饲养，按“牲畜、家禽的饲养”项目处理；

（二）饲养牲畜、家禽产生的分泌物、排泄物，按“牲畜、家禽的饲养”项目处理；

（三）观赏性作物的种植，按“花卉、茶及其他饮料作物和香料作物的种植”项目处理；

（四）“牲畜、家禽的饲养”以外的生物养殖项目，按“海水养殖、内陆养殖”项目处理。

五、农产品初加工相关事项的税务处理。

（一）企业根据委托合同，受托对符合《财政部 国家税务总局关于发布享受企业所得税优惠政策的农产品初加工范围（试行）的通知》（财税〔2008〕149号）和《财政部 国家税务总局关于享受企业所得税优惠的农产品初加工有关范围的补充通知》（财税〔2011〕26号）规定的农产品进行初加工服务，其所收取的加工费，可以按照农产品初加工的免税项目处理。

（二）财税〔2008〕149号文件规定的“油料植物初加工”工序包括“冷却、过滤”等；“糖料植物初加工”工序包括“过滤、吸附、解析、碳脱、浓缩、干燥”等，其适用时间按照财税〔2011〕26号文件规定执行。

（三）企业从事实施条例第八十六条第（二）项适用企业所得税减半优惠的种植、养殖项目，并直接进行初加工且符合农产品初加工目录范围的，企业应合理划分不同项目的各项成本、费用支出，分别核算种植、养殖项目和初加工项目的所得，并各按适用的政策享受税收优惠。

（四）企业对外购茶叶进行筛选、分装、包装后进行销售的所得，不享受农产品初加工的优惠政策。

六、对取得农业部颁发的“远洋渔业企业资格证书”并在有效期内的远洋渔业企业，从事远洋捕捞业务取得的所得免征企业所得税。

七、购入农产品进行再种植、养殖的税务处理。

企业将购入的农、林、牧、渔产品，在自有或租用的场地进行育肥、育秧等再种植、养殖，经过一定的生长周期，使其生物形态发生变化，且并非由于本环节对农产品进行加工而明显增加了产品的使用价值的，可视为农产品的种植、养殖项目享受相应的税收优惠。

主管税务机关对企业进行农产品的再种植、养殖是否符合上述条件难以确定的，可要求企业提供县级以上农、林、牧、渔业政府主管部门的确认意见。

八、企业同时从事适用不同企业所得税政策规定项目的，应分别核算，单独计算优惠项目的计税依据及优惠数额；分别核算不清的，可由主管税务机关按照比例分摊法或其他合理方法进行核定。

九、企业委托其他企业或个人从事实施条例第八十六条规定农、林、牧、渔业项目取得的所得，可享受相应的税收优惠政策。

企业受托从事实施条例第八十六条规定农、林、牧、渔业项目取得的收入，比照委托方享受相应的税收优惠政策。

十、企业购买农产品后直接进行销售的贸易活动产生的所得，不能享受农、林、牧、渔业项目的税收优惠政策。

十一、除本公告第五条第二项的特别规定外，公告自2011年1月1日起执行。

特此公告。

财政部　国家税务总局关于期货投资者保障基金有关税收优惠政策继续执行的通知

2011 年 9 月 20 日　财税〔2011〕69 号

各省、自治区、直辖市、计划单列市财政厅（局）、国家税务局、地方税务局，新疆生产建设兵团财务局：

经国务院批准，《财政部 国家税务总局关于期货投资者保障基金有关税收问题的通知》（财税〔2009〕68 号）规定的有关税收优惠政策继续执行至 2012 年 12 月 31 日。

请遵照执行。

财政部　国家税务总局关于铁路建设债券利息收入企业所得税政策的通知

2011 年 10 月 10 日　财税〔2011〕99 号

各省、自治区、直辖市、计划单列市财政厅（局）、国家税务局、地方税务局，新疆生产建设兵团财务局：

经国务院批准，现就企业取得中国铁路建设债券利息收入有关企业所得税政策通知如下：

一、对企业持有 2011—2013 年发行的中国铁路建设债券取得的利息收入，减半征收企业所得税。

二、中国铁路建设债券是指经国家发展改革委核准，以铁道部为发行和偿还主体的债券。

请遵照执行。

财政部　国家税务总局关于延长金融企业涉农贷款和中小企业贷款损失准备金税前扣除政策执行期限的通知

2011 年 10 月 19 日　财税〔2011〕104 号

各省、自治区、直辖市、计划单列市财政厅（局）、国家税务局、地方税务局，新疆生产建设兵团财务局：

经国务院批准，《财政部 国家税务总局关于金融企业涉农贷款和中小企业贷款损失准备金税前扣除政策的通知》（财税〔2009〕99 号）规定的金融企业涉农贷款和中小企业贷款损失准备金税前扣除的政策，继续执行至 2013 年 12 月 31 日。

请遵照执行。

财政部　国家税务总局　民政部关于生产和装配伤残人员专门用品企业免征企业所得税的通知

2011 年 10 月 20 日　财税〔2011〕81 号

各省、自治区、直辖市、计划单列市财政厅（局）、国家税务局、地方税务局、民政厅（局），新疆生产建设兵团财务局：

为了帮助伤残人员康复或者恢复残疾肢体功能，保证伤残人员人身安全、劳动就业以及平等参与社会生活，保障和提高伤残人员的权益，经请示国务院同意，现对生产和装配伤残人员专门用品的企业征免企业所得税问题明确如下：

一、符合下列条件的居民企业，可在 2015 年底以前免征企业所得税：

（一）生产和装配伤残人员专门用品，且在民政部发布的《中国伤残人员专门用品目录》范围之内；

（二）以销售本企业生产或者装配的伤残人员专门用品为主，且所取得的年度伤残人员专门用品销售收入（不含出口取得的收入）占企业全部收入 60% 以上；

（三）企业账证健全，能够准确、完整地向主管税务机关提供纳税资料，且本企业生产或者装配的伤残人员专门用品所取得的收入能够单独、准确核算；

（四）企业拥有取得注册登记的假肢、矫形器（辅助器具）制作师执业资格证书的专业技术人员不得少于 1 人；其企业生产人员如超过 20 人，则其拥有取得注册登记的假肢、矫形器（辅助器具）制作师执业资格证书的专业技术人员不得少于全部生产人员的 1/6；

（五）企业取得注册登记的假肢、矫形器（辅助器具）制作师执业资格证书的专业技术人员每年须接受继续教育，制作师《执业资格证书》须通过年检；

（六）具有测量取型、石膏加工、抽真空成型、打磨修饰、钳工装配、对线调整、热塑成型、假肢功能训练等专用设备和工具；

（七）具有独立的接待室、假肢或者矫形器（辅助器具）制作室和假肢功能训练室，使用面积不少于115平方米。

二、符合前条规定的企业，可在年度终了4个月内向当地税务机关办理免税手续。办理免税手续时，企业应向主管税务机关提供下列资料：

（一）免税申请报告；

（二）伤残人员专门用品制作师名册、《执业资格证书》（复印件），以及申请前年度制作师《执业资格证书》检查合格证明；

（三）收入明细资料；

（四）税务机关要求的其他材料。

三、税务机关收到企业的免税申请后，应严格按照本通知规定的免税条件及《国家税务总局关于企业所得税减免税管理问题的通知》（国税发〔2008〕111号）的有关规定，对申请免税的企业进行认真审核，符合条件的应及时办理相关免税手续。企业在未办理免税手续前，必须按统一规定报送纳税申报表、相关的纳税资料以及财务会计报表，并按规定预缴企业所得税；企业办理免税手续后，税务机关应依法及时退回已经预缴的税款。

四、企业以隐瞒、欺骗等手段骗取免税的，按照《中华人民共和国税收征收管理法》的有关规定进行处理。

五、本通知自2011年1月1日起至2015年12月31日止执行。

附件：中国伤残人员专门用品目录（略）

注：云南省财政厅、云南省国家税务局、云南省地方税务局于2011年12月14日以云财税〔2011〕138号原文转发。

财政部　国家税务总局关于小型微利企业所得税优惠政策有关问题的通知

2011年11月29日　财税〔2011〕117号

各省、自治区、直辖市、计划单列市财政厅（局）、国家税务局、地方税务局，新疆生产建设兵团财务局：

为了进一步支持小型微利企业发展，经国务院批准，现就小型微利企业所得税政策通知如下：

一、自2012年1月1日至2015年12月31日，对年应纳税所得额低于6万元（含6万元）的小型微利企业，其所得减按50%计入应纳税所得额，按20%的税率缴纳企业所得税。

二、本通知所称小型微利企业，是指符合《中华人民共和国企业所得税法》及其实施条例，以及相关税收政策规定的小型微利企业。

请遵照执行。

注：云南省财政厅、云南省国家税务局、云南省地方税务局于2011年12月27日以云财税〔2011〕146号原文转发。

国家税务总局关于发布《中华人民共和国企业所得税月（季）度预缴纳税申报表》等报表的公告

2011年11月30日　国家税务总局公告2011年第64号

为进一步贯彻落实《中华人民共和国企业所得税法》、《中华人民共和国企业所得税法实施条例》及其配套政策，现将国家税务总局修订的《中华人民共和国企业所得税月（季）度预缴纳税申报表（A类）》、《中华人民共和国企业所得税月（季）度和年度纳税申报表（B类）》、《中华人民共和国企业所得税汇总纳税分支机构所得税分配表》及其填报说明，予以发布，自2012年1月1日起执行。

《国家税务总局关于印发〈中华人民共和国企业所得税月（季）度预缴纳税申报表〉等报表的通知》（国税函〔2008〕44号）、《国家税务总局关于填报企业所得税月（季）度预缴纳税申报表有关问题的通知》（国税函〔2008〕635号）同时废止。

特此公告。

国家税务总局　国家工商行政管理总局关于加强税务工商合作　实现股权转让信息共享的通知

2011 年 12 月 22 日　国税发〔2011〕126 号

各省、自治区、直辖市和计划单列市国家税务局、地方税务局、工商行政管理局、市场监督管理局：

为推进税务部门、工商行政管理部门之间的信息共享，强化股权转让税收征管，提升企业登记管理信息服务国家税收征管的能力，发挥税收调节收入分配的作用，现就加强税务、工商股权转让信息共享有关事项通知如下：

一、信息共享的内容

（一）工商行政管理部门向税务部门提供的信息

有限责任公司已经在工商行政管理部门完成股权转让变更登记的股权转让相关信息，包括：营业执照注册号、公司名称、住所、股东姓名或者名称、股东证件类型、股东证件号码、股东出资额、出资比例、登记日期。

（二）税务部门向工商行政管理部门提供的信息

1. 企业因股东转让股权在税务部门办理的涉税信息，包括营业执照注册号、企业名称、纳税人识别号、股东姓名或者名称、股东证件类型、股东证件号码。

2. 税务部门从工商行政管理部门获取公司股东转让股权变更登记信息后征收税款的有关信息，包括：营业执照注册号、纳税人姓名或者名称、纳税人识别号、税种、税款所属期、税款数额。

二、信息共享的方式

国家税务总局和国家工商行政管理总局建立信息共享平台和交换机制，开展股权变更登记信息共享工作。

省及省以下各级国家税务局、地方税务局分别与同级工商行政管理局（市场监督管理局，下同）协商进行信息交换。要充分利用计算机网络交换信息，逐步确立信息化条件下的信息交换机制。有条件的地方，可以建立税务、工商信息共享平台，或者利用政府信息共享平台，进行信息集中交换。暂不能通过网络交换信息的，税务部门和工商行政管理部门可采用光盘等介质交换。

三、信息共享的时限

从 2012 年 1 月 1 日起，各级国家税务局、地方税务局和工商行政管理局应将每月发生的应交换信息，在当月终了 15 日内完成交换。2011 年 1 月 1 日至 2011 年 12 月 31 日期间发生的应交换信息，在 2012 年 6 月 30 日之前完成交换。2010 年 1 月 1 日至 2010 年 12 月 31 日期间发生的应交换信息，在 2012 年 9 月 30 日之前完成交换。

四、加强组织协调

省及省以下各级国家税务局、地方税务局和工商行政管理局要高度重视，积极向当地政府汇报有关工作，争取支持。要建立由国家税务局、地方税务局和工商行政管理局主要领导组成的信息共享领导协调小组，定期或者不定期召开联席会议，及时协调和解决信息共享工作中的问题。要严格落实相关保密制度，确保信息安全，对获取的相关信息，不得向税务部门、工商行政管理部门以外的第三方提供，擅自对外提供有关信息的，要承担相应的法律责任。要巩固已有的税务、工商合作成果，继续利用已有的政府信息共享平台，建立健全信息共享制度，探索税务、工商协调配合新模式。

各省（自治区、直辖市和计划单列市）国家税务局会同地方税务局、工商行政管理局根据本通知的规定，制定具体的操作办法，于 2012 年 2 月底前报国家税务总局、国家工商行政管理总局备案。对《国家税务总局 国家工商行政管理总局关于工商登记信息和税务登记信息交换与共享问题的通知》（国税发〔2003〕81 号）已规定的信息交换事项，继续执行。

本通知自 2012 年 1 月 1 日起施行。

六、国际税收

国家税务总局关于非居民企业所得税管理若干问题的公告

2011 年 3 月 28 日　国家税务总局公告 2011 年第 24 号

依据《中华人民共和国企业所得税法》及其实施条例（以下简称企业所得税法），现就非居民企业所得税管理有关问题公告如下：

一、关于到期应支付而未支付的所得扣缴企业所得税问题

中国境内企业（以下称为企业）和非居民企业签订与利息、租金、特许权使用费等所得有关的合同或协议，如果未按照合同或协议约定的日期支付上述所得款项，或者变更或修改合同或协议延期支付，但已计入企业当期成本、费用，并在企业所得税年度纳税申报中作税前扣除的，应在企业所得税

年度纳税申报时按照企业所得税法有关规定代扣代缴企业所得税。

如果企业上述到期未支付的所得款项，不是一次性计入当期成本、费用，而是计入相应资产原价或企业筹办费，在该类资产投入使用或开始生产经营后分期摊入成本、费用，分年度在企业所得税前扣除的，应在企业计入相关资产的年度纳税申报时就上述所得全额代扣代缴企业所得税。

如果企业在合同或协议约定的支付日期之前支付上述所得款项的，应在实际支付时按照企业所得税法有关规定代扣代缴企业所得税。

二、关于担保费税务处理问题

非居民企业取得来源于中国境内的担保费，应按照企业所得税法对利息所得规定的税率计算缴纳企业所得税。上述来源于中国境内的担保费，是指中国境内企业、机构或个人在借贷、买卖、货物运输、加工承揽、租赁、工程承包等经济活动中，接受非居民企业提供的担保所支付或负担的担保费或相同性质的费用。

三、关于土地使用权转让所得征税问题

非居民企业在中国境内未设立机构、场所而转让中国境内土地使用权，或者虽设立机构、场所但取得的土地使用权转让所得与其所设机构、场所没有实际联系的，应以其取得的土地使用权转让收入总额减除计税基础后的余额作为土地使用权转让所得计算缴纳企业所得税，并由扣缴义务人在支付时代扣代缴。

四、关于融资租赁和出租不动产的租金所得税务处理问题

（一）在中国境内未设立机构、场所的非居民企业，以融资租赁方式将设备、物件等租给中国境内企业使用，租赁期满后设备、物件所有权归中国境内企业（包括租赁期满后作价转让给中国境内企业），非居民企业按照合同约定的期限收取租金，应以租赁费（包括租赁期满后作价转让给中国境内企业的价款）扣除设备、物件价款后的余额，作为贷款利息所得计算缴纳企业所得税，由中国境内企业在支付时代扣代缴。

（二）非居民企业出租位于中国境内的房屋、建筑物等不动产，对未在中国境内设立机构、场所进行日常管理的，以其取得的租金收入全额计算缴纳企业所得税，由中国境内的承租人在每次支付或到期应支付时代扣代缴。

如果非居民企业委派人员在中国境内或者委托中国境内其他单位或个人对上述不动产进行日常管理的，应视为其在中国境内设立机构、场所，非居民企业应在税法规定的期限内自行申报缴纳企业所得税。

五、关于股息、红利等权益性投资收益扣缴企业所得税处理问题

中国境内居民企业向未在中国境内设立机构、场所的非居民企业分配股息、红利等权益性投资收益，应在作出利润分配决定的日期代扣代缴企业所得税。如实际支付时间先于利润分配决定日期的，应在实际支付时代扣代缴企业所得税。

六、关于贯彻《国家税务总局关于加强非居民企业股权转让所得企业所得税管理的通知》（国税函〔2009〕698号，以下称为《通知》）有关问题

（一）非居民企业直接转让中国境内居民企业股权，如果股权转让合同或协议约定采取分期付款方式的，应于合同或协议生效且完成股权变更手续时，确认收入实现。

（二）《通知》第一条所称“在公开的证券市场上买入并卖出中国居民企业的股票”，是指股票买入和卖出的对象、数量和价格不是由买卖双方事先约定而是按照公开证券市场通常交易规则确定的行为。

（三）《通知》第五条、第六条和第八条的“境外投资方（实际控制方）”是指间接转让中国居民企业股权的所有投资者；《通知》第五条中的“实际税负”是指股权转让所得的实际税负，“不征所得税”是指对股权转让所得不征企业所得税。

（四）两个及两个以上境外投资方同时间接转让中国居民企业股权的，可由其中一方按照《通知》第五条规定向被转让股权的中国居民企业所在地主管税务机关提供资料。

（五）境外投资方同时间接转让两个及两个以上且不在同一省（市）中国居民企业股权的，可以选择向其中一个中国居民企业所在地主管税务机关按照《通知》第五条规定提供资料，由该主管税务机关所在省（市）税务机关与其他省（市）税务机关协商确定是否征税，并向国家税务总局报告；如果确定征税的，应分别到各中国居民企业所在地主管税务机关缴纳税款。

七、本公告自2011年4月1日起施行。本公告施行前发生但未作税务处理的事项，依据本公告执行。

特此公告。

国家税务总局关于印发《国家税务总局大企业税收服务和管理规程（试行）》的通知

2011年7月13日　国税发〔2011〕71号

各省、自治区、直辖市和计划单列市国家税务局、地方税务局：

现将《国家税务总局大企业税收服务和管理规程（试行）》印发给你们，请遵照执行。各单位在执行过程中，如有问题和建议，请及时报告税务总局（大企业税收管理司）。

国家税务总局大企业税收服务和管理规程（试行）

第一章　总　则

第一条　为规范大企业税收服务和管理工作，根据《中华人民共和国税收征收管理法》、《中华人民共和国税收征收管理法实施细则》及其他相

关税收法律法规，制定《国家税务总局大企业税收服务和管理规程（试行）》（以下简称规程）。

第二条 大企业税收服务和管理工作，应以纳税人的需求为导向，提供针对性的纳税服务，以风险为导向，实施科学高效、统一规范的专业化管理。通过有效的遵从引导、遵从管控和遵从应对，防范和控制税务风险，提高税法遵从度，降低税收遵从成本。

第三条 本规程适用于国家税务总局定点联系企业（以下简称企业）的税收服务和管理。省税务机关确定的定点联系企业的税收服务和管理参照本规程实施。

第二章 遵从引导

第四条 遵从引导是指通过个性化的纳税服务和专业化的税收管理，提高企业自身依法处理涉税事务的能力。

第一节 政策服务

第五条 税务机关在出台重大税收政策和管理制度之前，应征求企业意见，并对意见进行认真分析研究。

第六条 税务机关在税收政策和管理制度公布实施以后，应及时通过多种方式做好宣传和辅导，做到公开透明，保证税法适用的确定性和统一性，引导企业的税收遵从。

第七条 各级税务机关应定期收集企业的意见，为完善税收政策和管理制度提供参考。

第八条 税务总局统筹协调企业意见收集反馈工作，并负责收集汇总企业集团总部和省级税务机关的意见。

省以下税务机关按照税务总局的统一部署开展工作，收集本地区成员企业的意见，并将意见汇总报税务总局。

第二节 涉税诉求的受理和回复

第九条 各级税务机关应及时受理辖区内成员企业提出的涉税诉求。

税务总局可受理企业集团及其成员企业的涉税诉求，并根据不同情况决定直接办理或交由省以下税务机关办理。

第十条 各级税务机关大企业税收管理部门根据本级的职责权限处理企业涉税诉求，遇有非本级职权范围事项的，应按规定向有权税务机关移送。

第十一条 各级税务机关大企业税收管理部门在处理需要征求其他部门意见的涉税诉求时，应先提出具体处理建议，再征求其他相关部门意见。

大企业税收管理部门对企业涉税诉求的处理意见与其他相关部门意见一致的，由大企业税收管理部门直接回复企业；意见不一致的，由大企业税收管理部门提请召开大企业涉税事项协调会议，明确处理意见后及时回复企业。

第十二条 各级税务机关应建立大企业涉税事项协调会议制度，研究解决重大涉税事项以及企业反映的普遍性、行业性涉税问题。

第三节 引导企业建立完善税务风险内控体系

第十三条 各级税务机关应按照《大企业税务风险管理指引（试行）》对企业税务风险内控体系状况进行调查、评价，并根据企业实际情况采取相应措施，引导企业建立完善税务风险内控体系。

第十四条 各级税务机关应定期调查和评价企业税务风险内控体系情况：

（一）企业内控制度及其运行情况；

（二）企业税务风险管理组织机构、岗位和职责；

（三）企业税务风险识别和评估机制；

（四）企业税务风险控制和应对机制；

（五）企业税务信息管理体系和沟通机制；

（六）税务风险管理的监督和改进机制；

（七）与企业内控体系有关的其他情况。

第十五条 各级税务机关大企业税收管理部门应分类处理企业税务风险内控体系评析结果，根据不同情况采取相应的税收服务和管理措施。

对未建立内控体系的企业，积极引导企业建立税务风险内控体系；对已建立内控体系的企业，重点监控其内控体系运行情况；对内控体系需要完善的企业，提出企业内控体系完善建议；对内控体系相对完善的企业，制定相应的激励措施。

第十六条 税务总局统筹负责组织企业税务风险内控体系运行情况的调查分析评价和处理工作。

省以下税务机关按照税务总局的统一要求和部署开展辖区内成员企业的内控体系调查评析工作。

第四节 税收遵从协议的签订和实施

第十七条 税务总局与企业集团在自愿、平等、公开、互信的基础上，签订税收遵从协议，共同承诺税企双方合作防控税务风险。

第十八条 税务机关根据企业内控体系状况及税法遵从能力，经与企业协商，确定是否与企业签订税收遵从协议。

税企双方确定税收遵从协议签订意愿后，依序进行共同磋商、起草协议文本、签订协议等工作程序。

第十九条 税企双方签订税收遵从协议后，由税务总局负责通报有关税务机关。各级税务机关应当积极贯彻落实税收遵从协议。

第二十条 各级税务机关应监控协议的执行情况，并定期对执行情况进行评估，并向上一级税务机关报告。

第二十一条 省以下税务机关可与企业集团的成员企业签订税收遵从协议，协议内容不应与税务总局与企业集团签订的协议相冲突，协议文本及其执行情况应报税务总局备案。

第三章 遵从管控

第一节 税源监控

第二十二条 各级税务机关可运用掌握的企业涉税信息，选取企业涉税事项进行比对、分析，及时全面了解企业集团及其成员企业的税源变动情况，为风险识别、评估和应对提供基础性信息。

第二十三条 税源监控包括日常涉税事项监控和专项涉税事项监控。

日常涉税事项监控是指从企业办理税务登记至申报纳税等日常征管环节涉税事项中选取相关事项进行监控，主要包括：登记事项监控、发票事项监控、认定审批事项监控、申报事项监控、其他事项监控等。

专项涉税事项监控是指从日常涉税事项以外的事项中选取特定事项进行监控，主要包括：企业涉税诉求处理情况的监控、税务风险内控情况的监控、税收遵从协议履行情况的监控等。

第二十四条 各级税务机关可按照企业所属行业、企业是否跨区域经营等不同标准选取税源监控事项，从不同角度分类实施税源监控。

根据企业所属行业的共同特点，以企业生产经营过程为主线，划分若干业务板块，选取各板块中具有共性的事项实施监控。

根据企业是否跨区域经营的特点，区分适合各级税务机关大企业税收管理部门跨区域联动管理的监控事项和适合属地主管税务机关自主实施的监控事项。

第二十五条 税源监控采用属地管理与集中管理相结合的方式，充分发挥各级税务机关的监控能力，建立并发挥行业管理团队的作用，运用主要涉税指标进行重点监控。

在实施税源监控的过程中，各级税务机关大企业税收管理部门和主管税务机关应根据职责分工将需要推送的事项及时处理。

第二十六条 税务总局承担以下税源监控：

（一）组织、协调、指导总局定点联系企业的税源监控工作；

（二）明确监控重点，确定适合全国联动的监控事项，组织建立指标模型，设计并完善税源监控机制和模式；

（三）汇总、比对分析、发布企业集团的重要税源监控相关信息；

（四）组织实施企业集团及其成员企业税源监控重要事项应对和处理；

（五）税源监控的其他相关工作。

第二十七条 省以下税务机关承担以下税源监控：

（一）按照税务总局的统一部署和要求，层层落实责任和任务，开展税源监控工作；

（二）组织、协调、指导下级税务机关的税源监控工作；

（三）进一步明确监控重点，确定适合本地联动和主管税务机关自主实施的监控事项，参与测算指标技术标准、数据分析模型、监控机制和模式的设计及完善工作；

（四）按照税务总局的统一部署和要求，汇总、比对分析、传递税源监控相关信息；

（五）按照上级机关要求，实施税源监控事项应对和处理；

（六）落实上级机关要求的其他税源监控相关工作。

第二节　风险识别和风险评估

第二十八条 各级税务机关大企业税收管理部门对采集的企业风险管理信息进行整理，查找企业在税务登记、纳税申报、税款缴纳以及履行其他涉税义务过程中存在的涉税风险。

第二十九条 各级税务机关大企业税收管理部门和主管税务机关应定期按行业、集团、区域特点及特定涉税事项等标准选取风险识别对象，选择对应的风险特征库，通过税务风险管理信息系统进行计算机风险识别，并对识别出的结果进行人工比对校验，鉴别筛选出重要风险点。

第三十条 税务总局负责开发维护企业税务风险识别系统，按统一标准统筹企业税务风险的识别工作；负责汇总企业相关风险信息，组织开展行业、集团、区域以及特定涉税事项的风险识别。

省以下税务机关大企业税收管理部门负责完成上级交办的风险识别工作；也可根据自身工作规划，通过汇总辖区内的成员企业相关风险信息，组织开展风险识别工作。

主管税务机关负责完成上级交办的风险识别工作，并结合税收日常管理，开展对辖区内成员企业的风险识别工作。

第三十一条 各级税务机关应当对识别出的风险及其特征进行明确界定，确定风险发生的概率及频率，分析可能发生的风险产生的原因、条件及后果和影响，并进行风险等级排序，形成风险评估报告，提醒企业和主管税务机关防控可能发生的税务风险。

第三十二条 风险评估采用计算机评估和人工评估、定量评估和定性评估、定期评估和临时评估、事后评估和实时评估相结合的工作方式。

第三十三条 税务总局大企业税收管理司负责行业、集团、区域和特定涉税事项的风险评估工作。

省以下税务机关大企业税收管理部门负责上级交办的风险评估工作；组织开展辖区内成员企业的风险评估工作。

主管税务机关负责完成上级交办的风险评估工作，并结合税收日常管理，开展对辖区内成员企业的风险评估工作。

第四章　遵从应对

第三十四条 各级税务机关应按要求，对收集的企业税收风险信息以及遵从引导、遵从管控等环节反映的企业涉税风险情况在判别、评估基础上，对企业纳税遵从风险实施针对性管理。

第一节　实施针对性管理

第三十五条 各级税务机关大企业税收管理部门应根据风险评估报告，按照风险等级，对企业实施针对性管理措施，主要包括纳税服务、约谈企业、案头审计、布置企业自查、反避税调查等。

第三十六条 对遵从意愿和遵从能力都较高的低风险企业，可以通过提供优质纳税服务等措施，努力为企业提供办税便利。

第三十七条 对有遵从意愿但遵从能力较低的中等风险企业，可以通过引导和帮助的方式，采取约谈企业、案头审计、布置企业自查等措施，告知企业可能存在的涉税风险和相应的法律责任，帮助企业分析产生风险的原因及防范措施，督促企业整改。

第三十八条 对遵从意愿较低、遵从风险大的高风险企业，可以采取反避税调查等方式控制税务风险。

第三十九条 在约谈企业、案头审计、布置企业自查、反避税调查过程中，发现企业有严重税收违法行为的，应移送稽查部门处理。

第四十条 税务总局统筹实施针对性风险管理工作，省以下税务机关大企业税收管理部门根据税务总局的部署开展工作。

第二节 反馈和改进风险管理

第四十一条 各级税务机关大企业税收管理部门和主管税务机关应按照职责分工，定期对风险管理的效果和效率进行评价，将风险管理中发现的问题反馈至企业，不断提高企业自我遵从水平；反馈给税收法规和政策部门，促进完善税收政策；反馈给一线征管部门，持续改进日常税务管理。

第四十二条 各级税务机关大企业税收管理部门应及时将风险管理各个阶段发现的问题和改进建议提示给企业，并对企业进行跟踪管理，辅导和监督企业及时改进。

对持续、反复出现同类遵从问题的，应及时调高企业风险等级，调整风险应对策略，并会同税务机关相关部门实施重点管理。

第四十三条 省以下税务机关大企业税收管理部门应及时归纳成员企业风险管理中共性问题和行业特征，并反馈给税务总局。税务总局将定期汇总处理各地反馈情况，及时更新风险特征库。

第三节 遵从报告

第四十四条 税务机关按照统一规范内容对企业纳税遵从情况进行评价，形成遵从报告。遵从报告包括企业税务遵从责任报告和税务机关服务和管理总结以及对企业遵从评价报告，原则上按年度开展。也可针对专门事项，进行专项税收遵从评价。

第四十五条 税务总局负责组织开展年度遵从报告工作，收集企业集团的税务遵从责任报告。

省以下税务机关按照统一部署组织开展辖区内成员企业税务遵从报告工作，收集成员企业的税务遵从责任报告。

第四十六条 税务机关按统一要求对重点企业进行遵从评价，形成遵从报告，由省税务机关汇总后上报税务总局。

第四十七条 税务机关应将遵从评价情况与企业的税务遵从责任报告进行汇总分析并处理。

第四十八条 税务总局以企业集团为单位结合集团责任报告和各级税务机关的遵从评价报告进行综合遵从评价，反馈企业集团，并发布给各地税务机关。

第五章 遵从保障

第一节 信息管理

第四十九条 各级税务机关大企业税收管理部门及主管税务机关应按照统一标准，开展对企业涉税信息的采集和整理、处理及应用工作，构建大企业税收管理信息系统，实现信息共享。

第五十条 税务机关大企业税收管理部门可以通过从征管系统集中抽取、基层税务机关报送、向企业采集、协作互助等方式采集企业涉税信息，包括企业基础信息、税务风险内控信息、税法遵从信息、行业特征信息、第三方信息等企业涉税信息。

第五十一条 税务总局大企业税收管理司承担以下信息管理任务：

（一）统一制定信息采集和整理的业务标准和工作规范，定期汇总信息采集需求，制定企业涉税信息采集方案；

（二）与企业集团总部进行涉税信息交互工作；

（三）统一抽取已经实现税务总局数据集中的征管信息；

（四）分类集中汇总企业涉税信息，对各类信息进行整理归集；

（五）发布共享信息，设置各地信息共享权限；

（六）指导和督促各地税务机关的信息采集和整理工作。

第五十二条 省以下税务机关大企业税收管理部门承担以下信息管理任务：

（一）按照税务总局统一部署开展信息采集和整理工作，组织辖区内成员企业信息的核实整理工作；

（二）按照税务总局统一要求，对需要报送的信息进行相应的整理归集；

（三）根据业务要求，对上级税务机关大企业税收管理部门分发的信息进行调查、核实、校正、反馈。

第五十三条 主管税务机关承担以下信息采集和整理的职责：

（一）企业原始涉税信息的录入；

（二）与企业进行信息交互；

（三）根据业务要求，对上级税务机关大企业税收管理部门分发的信息进行调查、核实、校正、反馈。

第五十四条 税务总局按照实际控制的原则确定企业集团的组织结构关系，并据此形成企业集团及其成员企业名册。

税务总局负责统筹企业名册库的建立和更新工作，原则上每年更新一次；省以下税务机关大企业税收管理部门负责辖区内成员企业名单的确认清分、信息核实补缺等工作；主管税务机关负责辖区内成员企业信息核实补缺、管理层级信息补录等工作。在日常管理工作中，发现企业名册库需要更新的信息及时报税务总局。

第五十五条 做好企业税源分析工作。

税务总局负责制定和定期修改税源分析模板，按季度和年度提供税源分析报告；省以下税务机关大企业税收管理部门参照税务总局制定的模板做好本地区的税源分析工作。

第五十六条 各级税务机关大企业税收管理部门应根据各类税收数据信息，按行业梳理特征指标，运用科学的统计方法，建立风险分析模型，设定风险参数和关键值，提炼各种税务风险点，逐步建立分企业税务风险特征库。

第二节 人才保障

第五十七条 各级税务机关可

通过调配、培养、引进等方式，充实大企业税收管理专业化队伍，逐步建成税务总局到省、市（地）税务局三级大企业税收管理人才库。

第五十八条 各级税务机关大企业税收管理部门应根据大企业税收管理工作的不同特点和岗位需求，实施分级分类分行业培训，不断提高大企业税收管理人员的知识、技能水平和团队素养。

第五十九条 可针对集中度较高、区域分布广的行业率先施行专业化管理人才队伍建设试点，组建应对处理复杂涉税事项的行业税收管理专业化团队。

税务总局根据工作需要，以企业集团或行业为对象，根据其主要成员企业的分布情况，成立定点联系企业工作小组，主要开展涉税诉求的研究分析、专题调研、税收政策评估、专项内控调查和遵从报告等工作。

第六十条 各级税务机关大企业税收管理部门可以外聘大专院校、行业协会、中介机构的行业专家，组成顾问团队。通过合作、外包等方式，开展大企业税收管理技术手段的研发和相关项目的研究。

第三节 制度保障

第六十一条 各级税务机关大企业税收管理部门可探索建立企业客户协调员制度。

税务总局负责根据企业集团核心成员企业的分布状况设立客户协调员。每户企业集团的客户协调员共同组成工作小组，以团队方式协同开展工作。

客户协调员承担以下职责：

（一）定期听取企业对税收政策的意见并向有关业务部门反馈；

（二）受理企业重要事项通报、重大涉税诉求和个性化服务申请；

（三）协调组织税务机关内部资源快速响应，应对企业迫切需要解决的问题；

（四）了解企业税法遵从实际执行情况，收集企业税法遵从各环节资料，管理企业档案。

第六十二条 各级税务机关应建立企业税收管理跨区域协作制度。税务总局负责跨省区域企业税收管理的总体协调工作，省税务机关大企业税收管理部门负责辖区内跨区域企业的协调工作。

第六十三条 各级税务机关应建立并完善企业税收管理绩效考核制度，对企业的纳税遵从度以及税务机关开展的企业税收征管工作，进行综合评价和绩效考核。

第六章 附 则

第六十四条 本规程由国家税务总局负责解释。

第六十五条 本规程自发布之日起施行。

国家税务总局关于印发《境外注册中资控股居民企业所得税管理办法（试行）》的公告

2011年7月27日 国家税务总局公告2011年第45号

为规范和加强对依据实际管理机构标准被认定为居民企业的境外注册中资控股企业的所得税管理，国家税务总局制定了《境外注册中资控股居民企业所得税管理办法（试行）》，现予以发布，自2011年9月1日起施行。

特此公告。

附件：1. 境外注册中资控股企业居民身份认定书（略）

2. 境外注册中资控股居民企业所得税管理情况汇总表（略）

境外注册中资控股居民企业所得税管理办法（试行）

第一章 总 则

第一条 为规范和加强境外注册中资控股居民企业的所得税税收管理，根据《中华人民共和国企业所得税法》（以下简称企业所得税法）及其实施条例、《中华人民共和国税收征收管理法》（以下简称税收征管法）及其实施细则、中国政府对外签署的避免双重征税协定（含与香港、澳门特别行政区签署的税收安排，以下简称税收协定）、《国家税务总局关于境外注册中资控股企业依据实际管理机构标准认定为居民企业有关问题的通知》（国税发〔2009〕82号，以下简称《通知》）和其他有关规定，制定本办法。

第二条 本办法所称境外注册中资控股企业（以下简称境外中资企业）是指由中国内地企业或者企业集团作为主要控股投资者，在中国内地以外国家或地区（含香港、澳门、台湾）注册成立的企业。

第三条 本办法所称境外注册中资控股居民企业（以下简称非境内注册居民企业）是指因实际管理机构在中国境内而被认定为中国居民企业的境外注册中资控股企业。

第四条 非境内注册居民企业应当按照企业所得税法及其实施条例和相关管理规定的要求，履行居民企业所得税纳税义务，并在向非居民企业支付企业所得税法第三条第三款规定的款项时，依法代扣代缴企业所得税。

第五条 本办法所称主管税务机关包括：

（一）非境内注册居民企业的实际管理机构所在地与境内主要控股投资者所在地一致的，为境内主要控股投资者的企业所得税主管税务机关。

（二）非境内注册居民企业的实际管理机构所在地与境内主要控股投资者所在地不一致的，为实际管理机构所在地的国税局主管机关；经共同的上级税务机关批准，企业也可以选择境内主要控股投资者的企业所得税主管税务机关为其主管税务机关。

（三）非境内注册居民企业存在多个实际管理机构所在地的，由相关税务机关报共同的上级税务机关确定。

主管税务机关确定后，不得随意变更；确需变更的，应当层报税务总局批准。

第二章 居民身份认定管理

第六条 境外中资企业居民身份的认定，采用企业自行判定提请税务机关认定和税务机关调查发现予以认定两种形式。

第七条 境外中资企业应当根据生产经营和管理的实际情况，自行判定实际管理机构是否设立在中国境内。如其判定符合《通知》第二条规定的居民企业条件，应当向其主管税务机关书面提出居民身份认定申请，同时提供以下资料：

（一）企业法律身份证明文件；

（二）企业集团组织结构说明及生产经营概况；

（三）企业上一个纳税年度的公证会计师审计报告；

（四）负责企业生产经营等事项的高层管理机构履行职责场所的地址证明；

（五）企业上一年度及当年度董事及高层管理人员在中国境内居住的记录；

（六）企业上一年度及当年度重大事项的董事会决议及会议记录；

（七）主管税务机关要求提供的其他资料。

第八条 主管税务机关发现境外中资企业符合《通知》第二条规定但未申请成为中国居民企业的，可以对该境外中资企业的实际管理机构所在地情况进行调查，并要求境外中资企业提供本办法第七条规定的资料。调查过程中，主管税务机关有权要求该企业的境内投资者提供相关资料。

第九条 主管税务机关依法对企业提供的相关资料进行审核，提出初步认定意见，将据以做出初步认定的相关事实（资料）、认定理由和结果层报税务总局确认。

税务总局认定境外中资企业居民身份的，应当将相关认定结果同时书面告知境内投资者、境内被投资者的主管税务机关。

第十条 非境内注册居民企业的主管税务机关收到税务总局关于境外中资企业居民身份的认定结果后，应当在10日内向该企业下达《境外注册中资控股企业居民身份认定书》（见附件1），通知其从企业居民身份确认年度开始按照我国居民企业所得税管理规定及本办法规定办理有关税收事项。

第十一条 非境内注册居民企业发生下列重大变化情形之一的，应当自变化之日起15日内报告主管税务机关，主管税务机关应当按照本办法规定层报税务总局确定是否取消其居民身份。

（一）企业实际管理机构所在地变更为中国境外的；

（二）中方控股投资者转让企业股权，导致中资控股地位发生变化的。

第十二条 税务总局认定终止非境内注册居民企业居民身份的，应当将相关认定结果同时书面告知境内投资者、境内被投资者的主管税务机关。企业应当自主管税务机关书面告知之日起停止履行中国居民企业的所得税纳税义务与扣缴义务，同时停止享受中国居民企业税收待遇。上述主管税务机关应当依法做好减免税款追缴等后续管理工作。

第三章 税务登记管理

第十三条 非境内注册居民企业应当自收到居民身份认定书之日起30日内向主管税务机关提供以下资料申报办理税务登记，主管税务机关核发临时税务登记证及副本：

（一）居民身份认定书；

（二）境外注册登记证件；

（三）税务机关要求提供的其他资料。

第十四条 非境内注册居民企业经税务总局确认终止居民身份的，应当自收到主管税务机关书面通知之日起15日内向主管税务机关申报办理注销税务登记。

第十五条 发生本办法第四条扣缴义务的非境内注册居民企业应当自扣缴义务发生之日起30日内，向主管税务机关申报办理扣缴税款登记。

第四章 账簿凭证管理

第十六条 非境内注册居民企业应当按照中国有关法律、法规和国务院财政、税务主管部门的规定，编制财务、会计报表，并在领取税务登记证件之日起15日内将企业的财务、会计制度或者财务会计、处理办法及有关资料报送主管税务机关备案。

第十七条 非境内注册居民企业存放在中国境内的会计账簿和境内税务机关要求提供的报表等资料，应当使用中文。

第十八条 发生扣缴义务的非境内注册居民企业应当设立代扣代缴税款账簿和合同资料档案，准确记录扣缴企业所得税情况。

第十九条 非境内注册居民企业与境内单位或者个人发生交易的，应当按照发票管理办法规定使用发票，发票存根应当保存在中国境内，以备税务机关查验。

第五章 申报征收管理

第二十条 非境内注册居民企业按照分季预缴、年度汇算清缴方法申报缴纳所得税。

第二十一条 非境内注册居民企业发生终止生产经营或者居民身份变化情形的，应当自停止生产经营之日或者税务总局取消其居民企业之日起60日内，向其主管税务机关办理当期企业所得税汇算清缴。

非境内注册居民企业需要申报办理注销税务登记的，应在注销税务登记前，就其清算所得向主管税务机关申报缴纳企业所得税。

第二十二条 非境内注册居民企业应当以人民币计算缴纳企业所得税；所得以人民币以外的货币计算的，应当按照企业所得税法及其实施条例有关规定折合成人民币计算并缴纳企业所得税。

第二十三条 对非境内注册居民企业未依法履行居民企业所得税纳税义务的，主管税务机关应依据税收征管法及其实施细则的有关规定追缴税款、加收滞纳金，并处罚款。

主管税务机关应当在非境内注

册居民企业年度申报和汇算清缴结束后两个月内，判定其构成居民身份的条件是否发生实质性变化。对实际管理机构转移至境外或者企业中资控股地位发生变化的，主管税务机关应层报税务总局终止其居民身份。

对于境外中资企业频繁转换企业身份，又无正当理由的，主管税务机关应层报国家税务总局核准后追回其已按居民企业享受的股息免税待遇。

第二十四条 主管税务机关应按季度核查非境内注册居民企业向非居民企业支付股息、利息、租金、特许权使用费、转让财产收入及其他收入依法扣缴企业所得税的情况，发现该企业未依法履行相关扣缴义务的，应按照税收征管法及其实施细则和企业所得税法及其实施条例等有关规定对其进行处罚，并向非居民企业追缴税款。

第六章 特定事项管理

第二十五条 非境内注册居民企业取得来源于中国境内的股息、红利等权益性投资收益和利息、租金、特许权使用费所得、转让财产所得以及其他所得，应当向相关支付方出具本企业的《境外注册中资控股企业居民身份认定书》复印件。

相关支付方凭上述复印件不予履行该所得的税款扣缴义务，并在对外支付上述外汇资金时凭该复印件向主管税务机关申请开具相关税务证明。其中涉及个人所得税、营业税等其他税种纳税事项的，仍按对外支付税务证明开具的有关规定办理。

第二十六条 非居民企业转让非境内注册居民企业股权所得，属于来源于中国境内所得，被转让的非境内注册居民企业应当自股权转让协议签订之日起30日内，向其主管税务机关报告并提供股权转让合同及相关资料。

第二十七条 非境内注册居民企业应当按照企业所得税法及其实施条例以及《特别纳税调整实施办法（试行）》（国税发〔2009〕2号）的相关规定，履行关联申报及同期资料准备等义务。

第二十八条 非境内注册居民企业同时被我国与其注册所在国家（地区）税务当局确认为税收居民的，应当按照双方签订的税收协定的有关规定确定其居民身份；如经确认为我国税收居民，可适用我国与其他国家（地区）签订的税收协定，并按照有关规定办理享受税收协定优惠待遇手续；需要证明其中国税收居民身份的，可向其主管税务机关申请开具《中国税收居民身份证明》，主管税务机关应在受理申请之日起10个工作日内办结。

第二十九条 境外税务当局拒绝给予非境内注册居民企业税收协定待遇，或者将其认定为所在国家（地区）税收居民的，该企业可按有关规定书面申请启动税务相互协商程序。

主管税务机关受理企业提请协商的申请后，应当及时将申请及有关资料层报税务总局，由税务总局与有关国家（地区）税务当局进行协商。

第七章 附 则

第三十条 主管税务机关应当做好非境内注册居民企业所得税管理情况汇总统计工作，于每年8月15日前向税务总局层报《境外注册中资控股居民企业所得税管理情况汇总表》（见附件2）。税务总局不定期对各地相关管理工作进行检查，并将检查情况通报各地。

第三十一条 本办法由税务总局负责解释。各省、自治区、直辖市和计划单列市国家税务局、地方税务局可根据本办法制定具体操作规程。

第三十二条 本办法自2011年9月1日起施行。此前根据《通知》规定已经被认定为非境内注册居民企业的，适用本办法相关规定处理。

七、征管、其他法规

国家税务总局关于发票专用章式样有关问题的公告

2011年1月21日 国家税务总局公告2011年第7号

根据《中华人民共和国发票管理办法》（根据2010年12月20日《国务院关于修改〈中华人民共和国发票管理办法〉的决定》修订）的规定，现就发票专用章的式样公告如下：

一、发票专用章式样

发票专用章的形状为椭圆形，长轴为40mm、短轴为30mm、边宽1mm，印色为红色。

发票专用章中央刊纳税人识别号；外刊纳税人名称，自左而右环行，如名称字数过多，可使用规范化简称；下刊“发票专用章”字样。使用多枚发票专用章的纳税人，应在每枚发票专用章正下方刊顺序编码，如“（1）、（2）……”字样。

发票专用章所刊汉字，应当使用简化字，字体为仿宋体；“发票专用章”字样字高4.6mm、字宽3mm；纳税人名称字高4.2mm、字宽根据名称字数确定；纳税人识别号数字为Arial体，数字字高为3.7mm，字宽1.3mm。

二、发票专用章启用时间

发票专用章自2011年2月1日起启用。旧式发票专用章可以使用至2011年12月31日。

本公告发布之前印制的套印旧式发票专用章的发票，可继续使用。

附件：《发票专用章》样章

发票专用章

发票专用章尺寸规定：

一、形状为椭圆形，尺寸为40×30（mm）；

二、边宽1mm；

三、中间为税号，18位阿拉伯数字字高3.7mm，字宽1.3mm，18位阿拉伯数字总宽度26mm（字体为Arial）；

四、税号上方环排中文文字高为4.2mm，环排角度（夹角）210－260度，字与边线内侧的距离0.5mm（字体为仿宋体）；

五、税号下横排“发票专用章”文字字高4.6mm，字宽3mm，延章中心线到下横排字顶端距离4.2mm（字体为仿宋体）；

六、发票专用章下横排号码字高2.2mm，字宽1.7mm，延章中心线到下横排号码顶端距离10mm（字体为Arial），不需编号时可省去此横排号码。

云南省财政厅　云南省国家税务局　云南省地方税务局 转发财政部　国家税务总局关于支持和促进就业有关税收政策的通知

2011年2月15日　云财税〔2011〕12号

各州、市财政局、国家税务局、地方税务局、省地税局直属征收局、镇雄县、宣威市、腾冲县财政局、国家税务局、地方税务局：

现将《财政部 国家税务总局关于支持和促进就业有关税收政策的通知》（财税〔2010〕84号）转发给你们，并结合我省实际，就有关事项补充通知如下，请一并贯彻执行。

一、经云南省人民政府同意，对商贸企业、服务型企业（除广告业、房屋中介、典当、桑拿、按摩、氧吧外）、劳动就业服务企业中的加工型企业和街道社区具有加工性质的小型企业实体，在新增加的岗位中，当年新招用持《就业失业登记证》（注明“企业吸纳税收政策”）人员，与其签订1年以上期限劳动合同并依法缴纳社会保险费的，在3年内按实际招用人数予以定额依次扣减营业税、城市维护建设税、教育费附加和企业所得税优惠。扣减定额标准确定为每人每年4800元。

按上述标准计算的税收扣减额应在企业当年实际应缴纳的营业税、城市维护建设税、教育费附加和企业所得税税额中依次扣减，当年扣减不足的，不得结转下年使用。

二、本《通知》规定的税收政策的具体实施办法按照国家税务总局 财政部 人力资源和社会保障部 教育部《关于支持和促进就业有关税收政策具体实施问题的公告》（2010年第25号）规定严格执行。主管税务机关应当在审核减免税时，在《就业失业登记证》中加盖单位印章，并注明经办人、减免税所属时间。

附件：财政部　国家税务总局关于支持和促进就业有关税收政策的通知（财税〔2010〕84号）（已收录在汇编第十四册中）

云南省国家税务局转发国家税务总局 关于取消部分涉企行政事业性收费的通知

2011年2月25日　云国税函〔2011〕50号

各州、市国家税务局：

现将《国家税务总局关于转发〈财政部 国家发展改革委关于取消部分涉企行政事业性收费的通知〉的通知》（国税函〔2011〕97号）转发给你们，并将有关事宜补充通知如下，请一并遵照执行。

一、税务登记证工本费停止收取后，要按照有关规定，配合当地物价部门办理原《收费许可证》变更或注销手续。2011年2月1日后收取的税务登记证工本费，要按原规定渠道全部上缴国库。

二、在2011年2月1日后已经缴纳税务登记工本费的单位和个人，可以向主管国税机关申请退还，具体退还方式另行通知。

三、在税务登记证工本费停止收取后，具体操作是对综合征管软件中的“登记证工本费减免”，收费类型选择“全免”，减免原因选择“其他”保存即可，其他流程不变。

执行中如有问题，请及时向省局反馈。

国家税务总局关于转发《财政部　国家发展改革委关于取消部分涉企行政事业性收费的通知》的通知

2011年2月18日　国税函〔2011〕97号

各省、自治区、直辖市和计划单列市国家税务局、地方税务局：

现将《财政部 国家发展改革委关于取消部分涉企行政事业性收费的通知》（财综〔2011〕9号）转发给你们，自2011年2月1日起，办理税务登记核发税务登记证时，不再收取工本费，请遵照执行。执行中如有问题，请及时向税务总局（征管科技司）反馈。

财政部　国家发展改革委关于取消部分涉企行政事业性收费的通知

2011年1月30日　财综〔2011〕9号

国家档案局、司法部、教育部、公安部、国土资源部、住房城乡建设部、交通运输部、工业和信息化部、农业部、国家林业局、卫生部、文化部、海关总署、国家税务总局、国家工商行政管理总局，各省、自治区、直辖市财政厅（局）、发展改革委、物价局：

加强涉企行政事业性收费管理，切实减轻企业和社会负担，根据国务院办公厅《关于制定治理和规范涉企收费措施意见的分工》和《财政部 国家发展改革委关于清理规范涉企行政事业性收费的通知》（财综〔2010〕32号）的要求，我们对全国性及中央部门和单位涉企行政事业性收费项目进行了全面清理，决定取消部分涉企行政事业性收费。现将有关问题通知如下：

一、自2011年2月1日起，在全国统一取消31项涉企行政事业性收费（具体项目见附件）。

二、上述行政事业性收费项目取消后，有关部门和单位依法履行行政管理职能所需相关经费，由同级财政预算予以保障。其中，财政补助事业单位的相关经费支出，通过部门预算予以安排；自收自支事业单位的相关经费支出，通过安排其上级行政主管部门项目支出予以解决。各级财政部门应按照上述要求，妥善安排有关部门和单位预算，确保其相关管理工作的正常运转。

三、有关执收部门和单位应按规定到原核发《收费许可证》的价格主管部门办理《收费许可证》注销手续，并到原核发财政票据的财政部门办理票据缴销手续。本通知生效前有关收费资金余额应严格按照财政部门原规定渠道全部上缴国库或财政专户。

四、各地区和有关部门及单位应严格执行本通知规定，对公布取消的涉企行政事业性收费项目，不得以任何理由拖延或拒绝执行，不得以其他名目变相继续收费。各级财政和价格主管部门要加强对落实本通知情况的监督检查，对不按规定取消收费项目的，要按规定给予处罚，并追究责任人员的行政责任。

附件：取消的涉企行政事业性收费项目

注：省财政厅、省发改委于2011年3月14日以云财综〔2011〕21号原文转发。

附件：

取消的涉企行政事业性收费项目

一、教育部门

1、中小学阅读图书评审费

二、公安部门

2、往来港澳小型船舶查验簿收费

三、住房城乡建设部门

3、城市排水设施有偿使用费

四、交通运输部门

4、运营车辆二级维护检测收费

5、运营车辆综合性能技术等级评定（检测）收费

五、工业和信息化部门

6、卫星转发器信道费

六、农业部门

7、农药改变剂型登记费

8、水生野生动物资源保护费（人工驯养、繁殖动物资源保护费）

七、文化部门

9、音像制品防伪标识费

八、卫生部门

10、疫情处理费

11、卫生质量检验费

九、海关部门

12、施封锁成本费

十、税务部门

13、税务登记证工本费

十一、工商行政管理部门

14、营业执照副本收费

15、个体工商户营业执照副本收费

16、合伙企业分支机构年检收费

17、个人独资企业登记、变更登记和年检收费

18、私营公司分公司年检收费

19、财政补助事业单位和科技性社会团体从事经营活动或者设立不具备法人条件的企业变更登记费

20、筹建企业注册登记费

21、分公司年检收费

22、非公司制企业分支机构年检费

23、外商投资企业分支机构年检费

24、国际注册手续费（商标注册申请）

25、国际注册手续费（续展注册申请）

26、国际注册手续费（转让注

册申请）

27、国际注册手续费（变更注册申请）

28、国际注册手续费（延展注册申请）

29、国际注册手续费（商标申请基础翻译费）

十二、林业部门

30、陆生野生动物资源保护管理费（人工驯养、繁殖动物资源保护费）

十三、档案部门

31、科学技术档案信息资源收费

国家税务总局关于发布《网上纳税申报软件业务标准》的公告

2011 年 3 月 4 日　国家税务总局公告 2011 年第 17 号

为加强网上纳税申报软件的管理，优化为纳税人服务，确保纳税人申报的电子涉税数据准确、完整、安全，国家税务总局制定了《网上纳税申报软件业务标准》（具体标准文本从国家税务总局网站 www. chinatax. gov. cn 政策法规栏目中获取），现予以公布。

国家税务总局后续将依据此标准统一开展网上纳税申报软件的评测工作。评测合格的企业及软件产品，国家税务总局统一向社会公布，由纳税人选择使用。具体评测事项另行发布。

特此公告。

《网上纳税申报软件业务标准》（略）

一、申报表表样（略）

二、网上纳税申报软件报表规范（略）

三、商品化网上纳税申报软件业务功能规范（略）

四、商品化网上纳税申报软件数据接口规范（略）

五、申报表 XML 文件（略）

六、申报表 XSD 文件（略）

国家税务总局关于进一步完善税务登记管理有关问题的公告

2011 年 3 月 21 日　国家税务总局公告 2011 年第 21 号

为进一步完善税务登记管理制度，规范税务登记管理，强化税源监控，现就有关问题公告如下：

一、无照户纳税人的管理

从事生产、经营的纳税人，应办而未办工商营业执照，或不需办理工商营业执照而需经有关部门批准设立但未经有关部门批准的（简称无照户纳税人），应当自纳税义务发生之日起30 日内申报办理税务登记。税务机关对无照户纳税人核发临时税务登记证及副本，并限量供应发票。

无照户纳税人已领取营业执照或已经有关部门批准的，应当自领取营业执照或自有关部门批准设立之日起30 日内，向税务机关申报办理税务登记，税务机关核发税务登记证及副本；已领取临时税务登记证及副本的，税务机关应当同时收回并做作废处理。

二、非正常户管理

严格非正常户认定管理。对经税务机关派员实地核查，查无下落的纳税人，如有欠税且有可以强制执行的财物的，税务机关应按照《税收征收管理法》第四十条的规定采取强制执行措施；纳税人无可以强制执行的财物或虽有可以强制执行的财物但经采取强制执行措施仍无法使其履行纳税义务的，方可认定为非正常户。

开展非正常户公告。税务机关应在非正常户认定的次月，在办税场所或者广播、电视、报纸、期刊、网络等媒体上公告非正常户。纳税人为企业或单位的，公告企业或单位的名称、纳税人识别号、法定代表人或负责人姓名、居民身份证或其他有效身份证件号码、经营地点；纳税人为个体工商户的，公告业户名称、业主姓名、纳税人识别号、居民身份证或其他有效身份证件号码、经营地点。

实施非正常户追踪管理。税务机关发现非正常户纳税人恢复正常生产经营的，应及时处理，并督促其到税务机关办理相关手续。对没有欠税且没有未缴销发票的纳税人，认定为非正常户超过两年的，税务机关可以注销其税务登记证件。

加强非正常户异地协作管理。税务机关要加强非正常户信息交换，形成对非正常户管理的工作合力。对非正常户纳税人的法定代表人或经营者申报办理新的税务登记的，税务机关核发临时税务登记证及副本，限量供应发票。税务机关发现纳税人的法定代表人或经营者在异地为非正常户的法定代表人或经营者的，应通知其回原税务机关办理相关涉税事宜。纳税人的法定代表人或经营者在原税务机关办结相关涉税事宜后，方可申报转办正式的税务登记。

三、《外出经营活动税收管理证明》的管理

纳税人到外县（市）临时从事生产经营活动的，应当在外出生产经营以前，按照外出经营活动所应缴纳的货物与劳务税税种向相应的县级以上（含本级）主管税务机关申请开具《外出经营活动税收管理证明》。外出经营活动应缴纳增值税的，向国税机关申请开具；外出经营活动应缴纳营业税的，向地税机关申请开具；外出经营活动为兼营行为的，可向国税或地税机关申请开具，税务机关不得拒绝。

税务机关应当按照《国家税务

总局关于印发全国统一税收执法文书式样的通知》（国税发〔2005〕179号）规定的式样为纳税人开具《外出经营活动税收管理证明》，并加盖县以上（含本级）税务局（分局）印章。

纳税人应当于外出经营地开始前，持《外出经营活动税收管理证明》向外出经营地税务机关报验登记；自《外出经营活动税收管理证明》签发之日起30日内未办理报验登记的，所持证明作废，纳税人需要向税务机关重新申请开具。

纳税人税务登记地税务机关应当加强对外出经营纳税人的税收管理，定期通报《外出经营活动税收管理证明》开具情况。

四、本公告自公布之日起30日后施行。《国家税务总局关于完善税务登记管理若干问题的通知》（国税发〔2006〕37号）中的第六条第三款“对应领取而未领取工商营业执照临时经营的，不得办理临时税务登记，但必须照章征税，也不得向其出售发票；确需开具发票的，可以向税务机关申请，先缴税再由税务机关为其代开发票。”同时作废。

国家税务总局办公厅关于修改税务登记表相关内容的通知

2011年4月22日　国税办发〔2011〕47号

各省、自治区、直辖市和计划单列市国家税务局、地方税务局：

根据《国家税务总局关于进一步完善税务登记管理有关问题的公告》（2011年第21号）的规定，为满足税务登记新增两种临时税务登记类型的需要，现对税务登记表的相关内容作如下修改：

在《国家税务总局关于换发税务登记证件的通知》（国税发〔2006〕38号）所附列的“税务登记表（适用临时税务登记纳税人）”“类型”栏中，增加“未办理营业执照”和“异地非正常户”两种类型。

请各地税务机关及时调整相关的税收信息系统。

云南省国家税务局　云南省地方税务局　云南省财政厅　云南省人力资源和社会保障厅　云南省教育厅关于贯彻落实支持和促进就业有关税收政策具体实施问题的公告

2011年4月29日　云南省国家税务局等五部门公告2011第2号

为进一步贯彻落实《国家税务总局 财政部 人力资源社会保障部 教育部关于支持和促进就业有关税收政策具体实施问题的公告》（2010年第25号），切实做好我省支持和促进就业有关工作，结合《财政部 国家税务总局关于支持和促进就业有关税收政策的通知》（财税〔2010〕84号）和我省工作实际，现就有关事宜补充公告如下：

一、关于个体经营税收政策申请、审核及信息交换等问题

对于毕业年度高校毕业生在校期间创业的，应按照《教育部办公厅关于做好核发〈高校毕业生自主创业证〉有关工作的通知》（教学厅函〔2010〕31号）规定，登录注册教育部大学生创业服务网（网址：http：//cy. ncss. org. cn）申请办理《高校毕业生自主创业证》。各级教育部门要按季将《高校毕业生自主创业证》发放情况以电子、纸质文件等形式通报同级人力资源社会保障部门、地方税务局和国家税务局。

二、关于企业吸纳税收政策的申请、审核及信息交换等问题

（一）按照财税〔2010〕84号规定，企业吸纳符合条件人员可申请享受3年税收优惠政策，由于企业用工人员常有变动，减免年限跨度长，为便于减免税审核管理，在《持〈就业失业登记证〉人员本年度在企业预定（）实际（）工作时间表（样式）》中新增“减免年次”一栏（见附件1），具体填写该员工在企业享受税收优惠政策的年次，如该员工为新录入符合减免税规定人员，则在“减免年次”中填写“1”；第二年继续申报时填写“2”，依此类推至享受优惠政策年限期满为止，由县以上人力资源社会保障部门审核确认。

（二）对营业税、城市维护建设税、教育费附加与企业所得税分属国家税务局和地方税务局征管的，按以下方法办理：

1. 对企业减免税条件的审核、减免税总额的预核定以及减免税申请的审批等，均统一由企业所在地县（市、区）级地方税务局办理。

2. 在年度终了后2个月内，县（市、区）级地方税务局要对享受优惠政策的企业上年度安置失业人员情况进行清算，确定该企业上年度实际减免税总额。清算后，对每户企业根据实现的营业税、城市维护建设税、教育费附加和实际减免的营业税、城市维护建设税、教育费附加和剩余税额额度等信息，认真填制《企业吸纳持〈就业失业登记证〉人员税收减免信息通报表》（附件2），在次年2月底前交换给同级国家税务局和财政局，以便主管国家税务局在企业汇算清缴时扣减企业所得税。

3. 对企业在认定或年度检查合格

后，年度终了前人员变动较大，即新增加招用持《就业失业登记证》人员累计达3人（含3人）以上的，主管地方税务局应在企业变动的当期重新核定企业年度减免税总额，从变动的次月起根据实际情况按顺序依次减免营业税、城市维护建设税、教育费附加和企业所得税。

三、持《就业失业登记证》人员合伙经营，工商登记注册为个体或合伙企业的，执行个体经营税收政策；工商登记注册为企业的，执行企业吸纳就业人员税收政策。

四、关于支持和促进就业的各项减免税事宜，均由各县（市、区）级地方税务局、国家税务局办理。对纳税人首次提出的认定申请，必须在接到纳税人申请之日起20日内预核定审批完毕。各县（市、区）级地方税务局、国家税务局应建立减免税台账，按户登记减免税情况、持《就业失业登记证》人员享受税收优惠情况等，以便加强管理和做好统计分析工作。

五、各级各有关部门应结合工作实际，在政策规定的范围内简化审批项目、压缩审批流程，既为就业人员做好服务工作，又确保各项税收优惠政策执行到位。

六、各级各有关部门要充分认识此项工作的重要意义，认真履行职责，紧密联系，积极协作，互相配合，切实把支持和促进就业税收政策落到实处，为我省社会稳定和经济发展做出贡献。

附件：1. 持《就业失业登记证》人员本年度在企业预定（ ）实际（ ）工作时间表（样式）（略）

2. 企业吸纳持《就业失业登记证》人员税收减免信息通报表（略）

云南省人民政府贯彻落实国务院关于加强法治政府建设文件的实施意见

2011 年 5 月 3 日　云政发〔2011〕100 号

各州、市人民政府，省直各委、办、厅、局：

为在新形势下深入贯彻落实依法治国基本方略，全面推进依法行政，进一步加强法治政府建设，根据《国务院关于加强法治政府建设的意见》（国发〔2010〕33 号，以下简称意见）要求，结合我省实际，特提出如下实施意见。

一、提高对加强法治政府建设重要性和紧迫性认识，明确法治政府建设总体要求

（一）充分认识加强法治政府建设的重要性和紧迫性

全面实施依法治国基本方略，推进依法行政，建设法治政府是我们党治国理政从理念到方式的革命性变化，具有划时代的重要意义。2004 年 3 月，国务院发布《全面推进依法行政实施纲要》（以下简称纲要），明确提出建设法治政府的奋斗目标以来，我省各级政府对依法行政，建设法治政府工作高度重视，加强领导，突出重点，强化措施，狠抓落实，依法行政工作全面推进，法治政府建设取得了重要进展。当前，全省经济社会发展进入新阶段，建设“绿色经济强省、民族文化强省和中国向西南开放的桥头堡”（以下简称两强一堡）任务十分繁重，转变经济发展方式和调整经济结构任务更加紧迫和艰巨，城乡之间、地区之间发展不平衡，收入分配不公平和差距扩大，社会结构和利益格局深刻调整，部分地区和一些领域社会矛盾有所增加，群体性事件时有发生，一些领域腐败现象仍然易发多发。有的政府和部门领导对建设法治政府的重要性认识还不够充分，一些行政机关工作人员依法行政的意识还有待增强，依法行政的能力和水平还须进一步提高，行政决策的程序和机制还不够完善，不作为、乱作为、执法不公等问题依然存在。解决这些突出问题，必须进一步深化改革，加强制度建设，强化对行政权力的监督和制约，推进依法行政，建设法治政府。为此，各地、各部门一定要适应全省经济社会发展的新变化，准确把握改革发展稳定的新形势，及时回应全省各族人民群众的新期待，充分认识加强法治政府建设、创新社会管理的重大意义，切实增强建设法治政府的使命感、紧迫感和责任感，抓紧抓好意见的贯彻落实和推进法治政府建设的各项工作。

（二）明确法治政府建设的总体要求

当前和今后一个时期，要深入贯彻科学发展观，认真落实依法治国基本方略，进一步加大纲要实施力度，以建设法治政府为奋斗目标，以事关依法行政全局的体制机制创新为突破口，以增强全省各级领导干部依法行政的意识和能力、提高制度建设质量、规范行政权力运行、保证法律法规规章严格执行为着力点，全面推进依法行政，不断提高政府公信力和执行力，为保障我省经济又好又快发展和社会和谐稳定发挥更大作用。

二、强化措施，狠抓落实，认真做好建设法治政府各项工作

（三）进一步提高行政机关工作人员特别是领导干部依法行政的意识和能力

1. 高度重视行政机关工作人员依法行政意识与能力的培养。行政机关工作人员特别是领导干部要带头学法、遵法、守法、用法，牢固树立以依法治国、执行为民、公平正义、服务大局、党的领导为基本内容的社会主义法治理念，自觉养成依法办事的习惯，切实提高运用法治思维和法律手段解决经济社会发展中突出矛盾和问题的能力。要重视提拔使用依法行政意识强，善于用法律手段化解矛盾、解决问题、推动发展的优秀干部。

2. 推行依法行政情况考察和法律知识测试制度。拟任各级政府及其部门领导职务的干部，任职前要考察其掌握有关法律知识和依法行政情况，政府法制部门应当配合

有关部门做好工作。公务员录用考试要注重对法律知识的测试，考试内容中法律知识应占适当比例。对拟从事行政执法、政府法制等工作的人员，还要由政府法制部门组织专门的法律知识考试，考试不合格，不得从事上述工作。

3. 完善各级行政机关领导干部学法制度，建立法律知识学习培训长效机制。通过政府常务会议会前学法、法制讲座等形式，组织学习宪法、基本法律知识和与履行职责有关的专门法律知识以及新颁布的法律、法规、规章。县级以上政府每年至少要举办2期领导干部依法行政专题研讨班。各级行政学院和公务员培训机构举办的行政机关公务员培训班，要把依法行政知识作为培训必修课程。

4. 定期组织行政执法人员法律知识培训。对行政执法人员的基本法律知识培训、专门法律知识轮训和新法律法规规章专题培训，由政府法制部门按照有关规定组织实施。对不参加培训或者经培训考核成绩不合格的行政执法人员，不予办理或者审验行政执法证件。各行政执法机关要将行政执法人员的培训情况和考试成绩作为其考核内容和任职晋升的依据之一。

（四）进一步加强和改进制度建设

5. 突出政府立法重点。要围绕深入实施西部大开发和两强一堡发展战略，重点抓好完善经济体制、改善民生、发展社会事业以及政府自身建设等方面的立法。主要包括特色产业发展培育、宏观经济调控、外来投资、市场监管、资源保护、节能减排、循环经济、生态环境保护、民族文化保护、社会保障、弱势群体扶助、公共安全、防灾减灾、应急管理、政府自身建设等方面的立法。立法项目要结合我省实际、突出特色，切实解决影响我省经济社会发展的突出问题和人民群众反映强烈的问题。对社会高度关注、行政管理急需、条件较为成熟的立法项目，要作为重点立法项目集中力量抓紧完成。

6. 建立健全政府立法工作机制，切实提高制度建设质量。坚持依法立法、科学立法、民主立法，完善公众参与立法机制，切实增强立法的科学性和可操作性。地方性法规、政府规章草案在起草和审查过程中要通过召开座谈会、论证会和上网公布等方式公开征求意见；直接涉及公民、法人或者其他组织切身利益的和涉及重大决策的地方性法规、政府规章草案，还应当举行听证会听取公众意见，保证人民群众的意见得到充分表达，合理诉求和合法利益得到充分体现，并以适当方式反馈意见采纳情况。地方性法规、政府规章草案涉及其他部门职责的，要充分听取有关部门的意见；有关部门要认真研究，按要求及时回复意见。政府法制部门要充分发挥在政府立法中的主导和协调作用，涉及重大意见分歧、达不成一致意见的，要及时报请本级政府决定。坚决克服立法中的部门利益倾向。

7. 建立完善立法评估制度。探索建立政府立法成本效益分析、社会稳定风险评估和实施情况后评估制度。每年应选取1件至2件关系经济社会重大发展或者关系人民群众切身利益的政府立法项目，由政府法制部门牵头，业务主管部门会同专家学者组成的专业组织进行立法成本效益分析、社会稳定风险评估和实施情况评估，并作为政府立法决策的重要依据。

8. 进一步完善规范性文件制定程序。有权制定规范性文件的各级行政机关要严格按照起草、审查、决定、登记、公布、备案的程序依法制定规范性文件。起草或者备案的规范性文件，由政府法制部门或者部门法制机构进行合法性审查，重点对制定机关是否具有法定职权，所规定的内容是否与有关法律、法规、规章及上级规范性文件的规定相抵触，是否违法设定行政许可、行政处罚、行政强制、行政收费等事项，是否违反市场规则，是否存在地方封锁、部门利益保护，是否限制公民、法人和其他组织的法定权益或者违法增加其义务等方面进行审查。行政机关制定对公民、法人或者其他组织的权利义务产生直接影响以及属于重大决策事项的规范性文件，要公开征求意见或者组织听证，并经政府常务会议或者部门领导班子会议集体讨论决定；未经公开征求意见或者组织听证、合法性审查、集体讨论的，不得发布施行。县级以上政府对本级政府及其部门的规范性文件，要分别实行统一登记、统一编号、统一发布制度。规范性文件制定机关要通过政府公报、政府门户网站、新闻媒体等多种渠道，向社会公布规范性文件。未按照规定程序制定的规范性文件，政府法制部门不予办理登记备案，该文件不得作为行政管理的依据，公民、法人或者其他组织可以拒绝执行。

9. 强化规章和规范性文件备案审查。严格执行规章和规范性文件备案的有关规定，加强备案审查工作。坚持合法性审查与合理性审查相结合的原则，对报送备案的规章和规范性文件进行全面审查，做到有件必备、有备必审、有错必纠，切实维护法制统一和政令畅通。重点加强对是否违法增加公民、法人和其他组织义务或者影响其合法权益，涉及地区或者部门利益保护等内容的规章和规范性文件的备案审查工作。实行规章和规范性文件备案情况通报制度，进一步加强规章和规范性文件备案工作的信息化建设。备案审查机构要在每年初向社会公布上一年度已登记并通过备案审查的规章和规范性文件目录。

10. 加强对规章和规范性文件的清理。坚持“立、改、废”并重。对不符合经济社会发展要求，与上位章法相抵触、不一致或者相互之间不协调以及过时的规章和规范性文件，要及时修改或者废止。建立规章和规范性文件定期清理制度，政府规章一般每隔5年、规范性文件一般每隔2年清理1次，清理结果要通过当地主要报刊、政府门户网站、部门信息公开网站等向社会公布。探索建立规范性文件有效期制度。制定机关可以标明有效期限、标明有效期限的规范性文件有效期一般不超过5年，其中暂行、试行的规范性文件一般不超过3年，有效期届满的规范性文件自行失效。有效期届满仍需继续执行的规范性文件，要由制定机关对其实施情况进行评估，并按照有关程序修订后重新发布。政府法制部门和有关部门每年要向社会公布现行有效的规章和规范性文件目录。每次规章和规范性文件清理工作完成时，也要及时公布继续有效的目录。未列入继续有效的文件目录的规范性文件，不得作为行政管理的依据。

11. 建立健全规章和规范性文件监督检查制度。县级以上政府要每年组织检查1次本地规章和规范性文件的制定和备案管理工作，要把备案审查工作纳入依法行政考核范围。各级行政机关要畅通举报渠道，积极受理公民、法人或者其他组织提出的规章或者规范性文件的审查建议。经有权机关的政府法制部门或者部门法制机构审查后，认为确属违法的，应当及时监督纠正或者报请有权机关依法予以撤销并向社会公布。对不按照规定报送规范性文件备案的，按照《云南省规范性文件备案过错责任追究规定》的规定，由行政监察机关追究直接负责的主管人员及其他责任人员的行政责任。

12. 加强和创新社会管理。进一步加强和完善社会管理格局，强化政府社会管理职能，强化各类企事业单位社会管理和服务职责，完善维护群众权益机制，形成科学有效的利益协调机制、诉求表达机制、矛盾调处机制、权益保障机制。统筹协调各方面利益关系，加强社会矛盾源头治理，妥善处理人民内部矛盾。坚决纠正损害群众利益的不正之风，切实维护群众合法权益。完善流动人口和特殊人群管理和服务，加强基层社会管理和服务体系建设，努力夯实基层组织、壮大基层力量、整合基层资源、强化基础工作，强化城乡社区自治和服务功能，健全新型社区管理和服务体制；完善公共安全体系，完善应急管理体制和社会治安防控体系；加强非公有制经济组织、社会组织管理；加强信息网络管理，提高对虚拟社会的管理水平；完善思想道德建设，增强社会的法制意识，深入开展精神文明创建活动，增强社会诚信。加快推进以保障和改善民生为核心的社会建设，研究探索新的历史条件下人民内部矛盾的特点和规律，加快建设覆盖城乡居民的社会保障体系，深化教育和医药卫生体制改革，提高公共服务体系建设水平；提高社会管理水平，推动社会管理体系建设。

（五）坚持依法科学民主决策

13. 规范行政决策程序。各地、各部门要根据国家和我省有关规定，科学、合理界定本地、本部门重大决策范围。对于列入重大决策范围的事项，必须严格按照公众参与、专家论证、公开听证、风险评估、合理性审查、集体讨论决定的程序进行决策。要继续贯彻省政府重大决策听证制度，加大听证工作的监督检查力度。扩大听证范围，规范听证程序。听证参加人要有广泛的代表性，听证意见要作为决策的重要参考。重大决策要经政府常务会议或者部门领导班子会议集体讨论决定。重大决策事项应当在会前交由政府法制部门或者部门法制机构进行合法性审查，未经合法性审查或者经审查不合法的，应当听证未经听证的，不能提交会议讨论、作出决策。

14. 完善行政决策风险评估机制。建立和完善研究论证、专家咨询、公众参与、专业机构测评相结合的行政决策风险评估工作机制，对决策可能引发的各种潜在风险进行科学预测和综合判断，并有针对性地研究制定相应的风险预警和风险化解处置预案。重点针对社会稳定及环境影响等热点问题方面的风险作出客观评估，并把风险评估结果作为决策的重要依据，未经风险评估的，一律不得作出决策。

15. 加强重大决策跟踪反馈和责任追究。注重对重大决策的执行情况进行跟踪问效并及时反馈，全面评估决策执行效果，根据评估结果决定是否对决策予以调整或者停止执行。建立健全决策责任追究制度，对违反决策规定、出现重大决策失误、造成重大损失的，要按照“谁决策、谁负责”的原则严格追究责任。

（六）严格规范行政执法行为，确保公正文明执法

16. 严格依法履行职责。各级行政机关要严格依照法定权限和程序行使权力，履行职责。着力保障和改善民生，切实解决就业、教育、医疗、社会保障、保障性住房及房屋征收补偿等人民群众最关心的问题。着力提高政府公信力，行政机关作出涉及公民、法人和其他组织权益或者增加其义务的决定，不得与法律、法规、规章相违背。行政机关参与民事活动，要依法行使权利、履行义务、承担责任。进一步完善行政执法监督检查制度，加大行政执法监督力度，严肃查处影响群众生命财产安全、危害安全生产、食品药品安全、生态环境保护的案件，维护公共利益和经济社会秩序。充分发挥法制督察和特邀法制督察在行政执法监督中的督察作用，鼓励、支持法制督察和特邀法制督察跨行业、跨部门对行政执法实行综合督察，对行政执法督察工作成绩突出的法制督察和特邀法制督察人员，各级政府或者政府法制部门要给予宣传和表彰。

17. 完善行政执法体制和机制。继续推进行政执法体制改革，合理界定执法权限，明确执法职责，推进综合执法，切实解决多头执法、多层次执法和不执法、乱执法问题。抓紧推进县级以上政府所在地的城市管理综合行政执法工作和部门综合行政执法及区域综合行政执法工作。加快行政执法信息化建设，推行执法流程网上管理，提高执法效率和规范化水平。县级以上政府要建立相关机制，促进行政执法部门信息交流和资源共享。建立全省行政执法责任制管理系统、全省行政执法人员数据库及管理系统。完善行政执法经费保障机制，全面推行行政执法所需正常经费全额纳入财政预算管理。严格实施“罚缴分离、收支两条线”制度，切实解决执法经费与罚没收入挂钩的问题。

18. 进一步规范行政执法行为。要遵循行政执法职权、责任和程序的法定原则，根据法律法规规章立、改、废情况及时调整、梳理执法依据，明确执法职权、机构、岗位、人员和责任，并向社会公布。加强行政执法队伍建设，严格执法人员持证上岗和资格管理制度，坚持无证人员执法无效原则。狠抓执法纪律和职业道德教育，全面提高执法人员素质，树立文明执法理念，尊重行政相对人。健全行政执法程序制度，细化执法流程，明确执法环节和步骤，保障程序公正。继续抓好细化、量化行政处罚自由裁量权工作，保证公平公正执法。规范行政执法调查取证活动，

杜绝违法取证行为。严格落实行政执法责任制，对行政机关、法律法规授权组织、综合行政执法机构及其行政执法人员作出违法或者不当执法行为的，要按照《云南省行政执法责任追究办法》进行问责。

19. 积极推行行政执法案卷评查制度。各级政府法制部门，对本级政府行政区域内行政执法机关的行政执法案卷，要采取不同方式和方法，定期按照有关规定和要求进行公平、公正的评查，评查结果要作为各级政府行政执法责任制考评的依据之一和执法人员奖惩、晋职晋级的重要依据。

（七）继续深化行政审批制度改革，推进政府职能转变

20. 进一步清理和精简行政审批项目。继续深化行政审批制度改革，认真贯彻执行《中华人民共和国行政许可法》和国务院关于取消和调整行政审批项目的有关决定，进一步清理和减少行政审批项目，切实取消和调整不适应经济社会发展要求、无合法设定依据或者设定不合理的行政审批项目，推进政府职能转变和管理方式创新，推进政府公共服务和管理职能下移。积极推进行政审批制度改革长效机制建设，进一步建立和完善行政审批监督检查制度，加强后续监管，确保取消和调整的行政审批项目及时落实到位。

21. 进一步规范行政审批行为。编制行政审批项目目录，明确行政审批程序和条件，简化行政审批流程，并及时向社会公布。建立和完善重大行政审批备案、公示、听证制度和相对集中行政审批制度。加大对行政审批违法规行为的整治力度，进一步规范审批收费行为，取消不合法、不合理的收费。

22. 加强政务服务中心体系建设。按照“应进必进、进必授权”的要求，将行政审批项目纳入政务服务中心办理。强化中心行政审批、政务公开、行政投诉等职能，加强政务服务中心规范化建设，提升各级政务服务中心的服务水平。要把政务公开与行政审批制度改革结合起来，推行网上审批、“一个窗口对外”和“一站式”服务。加快省、州（市）、县（市、区）三级网上行政审批平台建设，推进联网办公、联网审批、网上监管。降低行政成本。

23. 建立行政审批监督管理服务系统。进一步加强行政审批信息化建设，逐步建立行政审批项目管理，审批信息动态获取、动态监管和在线投诉，信息发布和统计分析等行政审批数据库。

（八）全面推进政务公开

24. 加大政府信息公开力度。认真贯彻落实《中华人民共和国政府信息公开条例》，坚持以公开为原则、不公开为例外，凡是不涉及国家秘密、商业秘密和个人隐私的政府信息，都要向社会公开。加大政府信息主动公开力度，重点推进财政预算、公共资源配置、重大投资项目审批、重大财政支出项目审批、重大建设项目批准和实施、社会公益事业建设、重大资源开发利用、重大国有资产处置等政府信息公开。政府全部收支都要纳入预算管理，所有公共支出、基本建设支出、行政经费支出的预算和执行情况以及政府性基金收支预算等都要公开透明。政府信息公开要及时、准确、具体。对人民群众申请公开政府信息的，要依法在规定时限内予以答复，并做好相应服务工作。建立完善政府信息公开和政务信息查询评价机制，定期对政府信息公开工作进行评议考核。

25. 推进办事公开和便民服务。要把公开透明作为政府工作的基本制度，拓宽办事公开领域。所有面向社会服务的政府部门都要全面推进办事公开制度。在继续抓好我省责任政府四项制度在政府部门落实的基础上，开展服务承诺制、首问责任制和限时办结制在医院、学校、公交、公用等公共企事业单位的深入推进工作，进一步巩固深化重要事项公示、重点工作通报、政务信息查询等制度在县级以上行政机关的实施成果，不断拓展 96128 政务专线咨询、办事和服务功能。加强电信、旅游、金融、农资、电力等行业群众关注热点问题的办事公开工作，推进公共企事业单位和社会组织办事公开。

（九）强化行政监督和问责

26. 自觉接受监督。各级行政机关要自觉接受人大及其常委会的监督、主动接受政协的民主监督和司法机关的监督以及人民群众的社会监督等，广泛听取各民主党派、工商联的意见建议，对事关改革发展稳定大局、人民群众切身利益和社会普遍关心的热点问题，县级以上政府要主动向同级人大常委会专题报告。拓宽群众监督渠道，完善群众举报投诉制度，逐步建立和完善“领导接访日”制度，依法保障人民群众监督行政机关的权利。建立对群众举报、新闻媒体曝光的违法或者不当的行政行为问题进行调查核实，并依法及时作出处理和适时向社会公布的工作机制。

27. 完善政府内部层级监督和专门监督机制，探索层级监督的新方式，强化上级行政机关对下级行政机关的监督。完善有关制度和机制，确保审计、监察等部门全面履行法定职责，依法独立开展专门监督。着力加强财政专项资金和预算执行审计、重大投资项目审计、金融审计、国有企业领导人员经济责任审计等工作，加强社会保障基金、住房公积金、扶贫救灾资金的专项审计。积极推进政府绩效管理监察制度的落实。审计、监察等部门要与有关部门密切配合，及时通报情况，形成监督合力。

28. 健全行政问责制度体系。继续贯彻落实《云南省人民政府关于省人民政府部门及州市行政负责人问责办法》，进一步规范行政问责的主体及其权限、行政问责种类、情形及追究方式和程序，实行行政问责的规范化和制度化。

（十）依法化解社会矛盾纠纷，进一步加强行政复议和行政应诉工作

29. 健全社会矛盾纠纷化解机制。抓紧建立由各级政府负总责、政府法制部门牵头、各职能部门为主体的行政调解工作机制。建立健全行政调解与人民调解、司法调解相衔接的大调解联动机制。深入研究和适时制定行政调解办法，科学界定调解的主体、范围、权责和程序。对资源开发、环境污染、公共安全事故等方面的民事纠纷，以及涉及人数较多、影响较大、可能影响社会稳定的纠纷，要主动及时进行调解。认真实施《中华人民共和国人民调解法》，积极指导、支持和保障居民委员会、村民委员会等

基层组织开展人民调解工作。

30. 认真做好信访工作。以州（市）、县（市、区）两级为重点，深入扎实地开展领导干部大接访活动，了解群众诉求、听取群众意见，解决群众困难。继续下大力气化解信访积案，动员组织各方面力量，落实责任，完善政策，加强协调督办，推动问题彻底解决。进一步加强源头预防，防止因为决策不当引发社会矛盾。畅通信访渠道，维护信访秩序，切实把群众合理诉求解决到位，把政策措施落实到位，把群众思想教育工作做到位。要依法按照程序做好信访事项终结工作，依法处理缠访闹访、扰乱公共秩序的行为。要建立健全各地在重大活动期间的信访工作协作配合机制；完善各级信访部门的信息共享机制，推进信访信息系统的建设和应用，提升信访工作效率和管理水平，方便群众查询办理情况和社会监督；完善各级联席会议和协调联动机制，发挥各部门职能作用，加强情况掌握和形势分析，加强综合协调和督导检查，推动各项工作部署落到实处。

31. 加强行政复议基础工作。县级以上政府和履行行政复议职能的部门应当建立健全行政复议机构。各级行政复议机关要根据行政复议工作需要配备、充实、调剂专职行政复议人员，确保一般行政复议案件有2名以上专职行政复议人员办理，重大行政复议案件由3名以上专职行政复议人员办理。建立健全适应行政复议工作特点的激励机制和经费装备保障机制。

32. 畅通行政复议受理渠道。积极探索行政复议受理渠道下移的有效措施，在乡（镇）、街道办事处、人口比较集中的社区开展行政复议受理点试点工作。要加大宣传力度，在有关行政执法文书中明确权利救济渠道，落实行政复议权利告知制度。简化行政复议申请手续，方便当事人提出申请。对申请人提供证据、材料不全的，要一次性告知申请人需要补正的内容，并给予合理的补正期限。坚决纠正无正当理由不受理复议申请的行为。完善行政复议与执法监督、信访和行政诉讼的衔接机制，对信访部门反映的不服具体行政行为的争议，要引导当事人依法申请行政复议；对向行政复议机构反映信访事项的，要告知当事人依照《信访条例》的规定办理。

33. 创新行政复议体制机制。积极开展行政复议委员会试点工作，探索相对集中行政复议审理权。要在条件成熟的州（市）启动1个至2个行政复议委员会单位试点。进一步规范行政复议审理工作，完善行政复议审理方式，运用书面审查、实地调查和听证等方式，充分听取各方意见，查明事实，分清是非，坚决纠正违法或者不当的行政行为。对在本行政区域内涉及群众普遍关心的社会热点、难点问题和有重大影响的行政复议案件，行政复议机关负责人应当主持审理；被申请行政机关主要负责人应当参加行政复议听证等审理活动；主要负责人确因特殊情况无法参加的，应当委托其他负责人参加。不断加大行政复议案件和解、调解的力度，严格遵循自愿依法、调解优先和及时裁决的原则，努力将行政争议化解在初发阶段和行政程序中。

34. 加强对行政复议的指导和监督。严格执行行政复议案件统计分析制度，各级行政复议机关要做好行政复议案件统计和分析工作。认真落实行政复议决定的备案审查制度，涉及人数众多、法律关系复杂、争议矛盾突出、社会影响较大的重大行政复议决定，应当及时报上一级行政机关备案。强化对行政复议决定履行情况的监督，对拒不履行或者无正当理由拖延履行复议决定的，要依法严肃追究有关人员的责任，确保行政复议决定的履行。充分发挥行政复议意见书和建议书的作用，对不按照规定及时反馈落实情况的，行政复议机构要及时予以通报。

35. 做好行政应诉工作。各级行政机关应当按照法定程序履行诉讼义务，依法积极应诉，支持人民法院依法独立行使审判权。建立行政机关负责人出庭应诉制度，对在本区域内涉及群众普遍关于的社会热点、难点问题和有重大影响的行政诉讼案件，被诉行政机关的主要负责人应主动出庭应诉；确因特殊情况无法出庭应诉的，应当委托其他负责人出庭应诉。自觉履行人民法院的生效判决、裁定，对人民法院的司法建议要认真研究处理，并书面向人民法院回复处理情况。

36. 强化行政赔偿工作。各级行政机关要牢固树立依法赔偿观念，加大对《中华人民共和国国家赔偿法》的学习宣传力度，积极受理行政赔偿请求。进一步完善行政赔偿配套制度，规范行政赔偿程序，严格执行国家赔偿规定的范围、程序、方式和计算标准，不断提高行政赔偿案件办案质量和效率。高度重视赔偿金支付工作，要把行政赔偿费用列入各级财政预算并切实做好支出管理工作。严格行政赔偿责任，依法追究有关责任人员或者组织的经济、行政和刑事责任。

三、加强领导，严格督促，扎扎实实推进法治政府建设

（十一）加实加强组织领导

各地、各部门要建立健全依法行政工作领导机构，完善工作协调机制，统筹推进本地、本部门依法行政工作。县级以上政府常务会议每年至少听取2次本地依法行政工作汇报，及时解决本地依法行政中存在的突出问题，研究部署全面推进依法行政，加强法治政府建设的具体任务和措施。实行依法行政工作行政首长负责制，切实把依法行政任务与加强法治政府建设摆在更加突出的位置，纳入年度工作计划，将依法行政任务与改革发展稳定任务一起部署，一起落实，一起考核。县级以上政府每年要向同级党委、人大常委会和上一级政府报告推进依法行政情况，政府部门每年要向本级政府及其法制部门和上一级主管部门报告推进依法行政情况。

（十二）加强法制机构和队伍建设

研究制定切实可行的措施和办法，进一步加强政府法制部门、部门法制机构和队伍建设，使机构的规格、编制与其承担的职责和任务相适应。加大对法制干部的培养、使用和交流力度，选拔优秀法制干部进入政府和部门领导班子，充分发挥政府法制部门和部门法制机构在建设法治政府方面的组织协调和督促指导作用，在依法行政方面的

参谋、助手和顾问作用。

（十三）加强政府法律顾问工作

各级政府及其所属部门要采取切实有效措施，加强对政府法律顾问工作的领导，建立健全政府法律顾问制度，充分发挥政府法律顾问在重大决策、政府立法、规范性文件制定、行政执法监督、行政复议、行政应诉、行政调解、行政协议等方面对依法决策、依法行政的独特作用，使政府法律顾问工作成为法治政府建设的重要组成部分。

（十四）加强督促检查和考核

县级以上政府要加强对下级政府和本级政府各部门推进依法行政工作、建设法治政府的督促指导和监督检查，对成绩突出的单位和个人按照有关规定给予表彰奖励，对工作不力的予以问责处理。要加强依法行政工作考核，科学设定考核指标并纳入各级政府目标考核、绩效考核评价体系，考核结果作为对政府领导班子和领导干部综合考核评价的重要内容。

（十五）加强经费保障

省、州（市）人民政府及其各部门要根据各地、各部门的工作需要，将政府立法、行政执法监督、行政复议、规范性文件备案审查、政府法律顾问、重大决策听证等工作经费列入年度预算，切实保障法制机构和行政执法部门履行法定职责所需经费。坚决杜绝任何形式的执法经费与罚没收入、行政事业性收费挂钩的现象，从制度上保障严格执法、公正执法。

（十六）营造学法尊法守法用法的良好社会氛围

各地、各部门要采取行之有效的宣传形式，深入全面开展法制宣传教育，精心组织实施普法活动，特别要加强与人民群众生产生活密切相关的法律法规规章的宣传，积极引导公民、法人和其他组织依法维护权利、自觉履行义务，努力营造学法尊法守法用法的良好社会氛围，推进法治社会建设。

各地、各部门要根据国务院有关文件精神和本实施意见的具体要求，结合省人民政府制定出台的加强自身建设的有关规定，按照“工作思路清晰、目标任务明确、责任主体落实、推进措施有力、完成时限合理”的要求，科学研究制定今后一个时期加强法治政府建设的工作规划，于2011年12月底以前报上级行政机关备案，切实做到学习动员到位、组织保障到位、实施方案到位、工作落实到位、督促检查到位、实施效果明显，确保扎扎实实地推进法治政府建设，务求各项工作不断取得新突破和新成效。

云南省国家税务局关于进一步明确废旧物资收购企业发票使用问题的通知

2011年5月5日　云国税发〔2011〕113号

各州、市国家税务局：

近日，接部分州市局和废旧物资收购企业反映，自2011年1月1日起使用新版普通发票后，废旧物资收购企业在收购原材料过程中存在取不到发票，不能正常核算企业生产经营情况，已影响到企业的正常生产。根据有关税收法律、法规的规定，经省局研究对废旧物资收购企业发票使用问题进一步明确如下，请遵照执行。

一、废旧物资收购企业收购废旧原料，对于销售方具有购买、使用发票资格的，应向销售方索取增值税专用发票或普通发票进行核算。

二、废旧物资收购企业在收购废旧原料时对销售方不能提供发票的，根据《国家税务总局关于进一步完善税务登记管理有关问题的公告》（2011年第21号）的规定，属于无照户纳税人，由销售方向废旧物资收购企业所在地主管国税机关申报办理税务登记，主管国税机关对无照户纳税人核发临时税务登记证及副本，并限量供应发票。由其向收购方开具销售发票，废旧物资收购企业凭销售发票进行成本核算。

三、对于销售方是个人且又未按规定向税务机关办理临时税务登记的，按照《中华人民共和国发票管理办法》（国务院令第587号）规定，在收购环节由废旧物资收购企业自行开具收购发票进行核算。废旧物资收购企业必须使用网络版填开系统开具发票，发票种类规格确定为《云南省国家税务局通用机打发票》（190x101.6三联）。主管国税机关要加强对废旧物资收购企业的管理，从严认定可以开具收购发票的废旧物资收购企业资格，主管国税机关根据企业实际经营情况进行开票限额授权。

四、对废旧物资收购企业自行开具收购发票收购的废旧物资，销售方应缴纳的增值税，由主管国税机关委托废旧物资收购企业在自行开具收购发票时向销售方代征税款。主管国税机关必须按《中华人民共和国税收征收管理法实施细则》的规定与废旧物资收购企业签订委托代征税款协议并发给委托代征证书。委托代征税款的结算按代征税款入库的有关规定执行。在代征税款过程中涉及的地方税收，请各地与地方税务局协调处理。

五、主管国税机关根据委托代征税款协议签订情况按照代征手续费管理的规定列入预算安排，并在每年编报下一年度“一上”预算时，将此项支出列入“三代手续费”申请预算。

六、本通知自2011年1月1日起执行，在通知下发之前废旧物资收购企业未取得合法入账凭证的收购业务，可按本通知的规定进行补开，同时补征前一环节应纳增值税。

国家税务总局关于进一步加强商业预付卡税收管理的通知

2011 年 7 月 28 日　国税函〔2011〕413 号

各省、自治区、直辖市和计划单列市国家税务局、地方税务局：

为了认真贯彻《国务院办公厅转发人民银行 监察部等部门关于规范商业预付卡管理意见的通知》（国办发〔2011〕25 号）精神，加强发票管理，堵塞征管漏洞，防范腐败风险，现就进一步加强商业预付卡税收管理工作通知如下：

一、加强商业预付卡的发票管理

（一）加强发票的日常管理，严格执行《国家税务总局关于进一步加强普通发票管理工作的通知》（国税发〔2008〕80 号）文件相关规定，实施“机具开票，逐笔开具；有奖发票，鼓励索票；查询辨伪，防堵假票；票表比对，以票控税”的管理模式，切实加强普通发票的日常管理，有效遏止制售假发票和非法代开发票行为的蔓延，维护国家正常的经济秩序。

（二）积极推广使用网络开票系统开具发票。努力扩大网络发票试点范围，逐步实行网络发票制度，及时掌握开票单位和个人的发票领用存情况、生产经营情况，把运用信息技术监控发票管理各环节，作为从制度上堵塞发票管理漏洞的发展方向，着力构建发票管理长效机制。

（三）加强对商业预付卡发票开具情况的监督，严格要求发卡人和销货方如实开具发票，一旦发现开具虚假发票的情况，要依法对开票方进行处理，确保商业预付卡发票开具的真实性。

二、严格购卡单位税前扣除凭证的审核管理

（一）坚决依法查处商业预付卡购卡单位在税前扣除与生产经营无关的支出等行为，加强税前扣除凭证的审核和管理，虚假发票不得作为税前扣除的凭据；对与生产经营无关的支出，不管是否开具发票，均不得予以税前扣除。

（二）加强商业预付卡购卡单位所得税的纳税评估工作，通过纳税评估，审核企业税前扣除的费用是否与生产经营活动有关，发现费用扣除数额异常的，要通过约谈等方式予以核实。

三、强化对商业预付卡发购卡企业的税收稽查

（一）结合全国打击发票违法犯罪活动工作，加强对商业预付卡发卡单位和购卡单位的税务检查，将商业预付卡发卡单位未按照规定开具发票、开具假发票或虚假发票的行为、购卡单位税前扣除与生产经营无关的支出和使用虚假发票的行为列入重点检查项目，依法查处各类涉税违法行为。

（二）进一步核查日常检查中发现的虚假发票，凡虚假发票，一律不得用于税前扣除、抵扣税款、办理出口退税和财务报销。

四、加强监督、防治腐败

各地税务机关要抓紧落实工作要求，加强与人民银行、监察、商务等部门的配合，对商业预付卡的发行、销售、使用过程中涉税事项进行监督，适时开展专项检查，对涉及偷漏税款的行为要加大处罚力度，严禁为违法行为开绿灯；同时，严禁公职人员特别是领导干部在公务活动中收受任何形式的商业预付卡，凡收受商业预付卡又不按规定及时上交的，以收受同等数额的现金论处，对涉嫌受贿的，依法严肃查处，从源头上防止利用商业预付卡偷漏税款、行贿受贿等行为。

国家税务总局关于印发《全国税务系统开展法制宣传教育第六个五年规划（2011～2015 年）》的通知

2011 年 9 月 1 日　国税发〔2011〕90 号

各省、自治区、直辖市和计划单列市国家税务局、地方税务局，局内各单位：

在党中央、国务院的领导下，在全国各级税务机关的共同努力下，全国税务系统“五五”普法工作成效显著。法律常识特别是税收法律法规知识进一步普及，税务机关依法征税、诚信服务的质量进一步提高，广大公民的税法遵从意识和依法诚信纳税理念进一步增强，有力地促进了各项税收工作的开展。

为进一步落实依法治国基本方略，根据《中共中央、国务院关于转发〈中央宣传部、司法部关于在公民中开展法制宣传教育的第六个五年规划（2011－2015 年）〉的通知》（中发〔2011〕6 号），以及《全国人民代表大会常务委员会关于进一步加强法制宣传教育的决议》精神，结合税务部门实际，国家税务总局制定了《全国税务系统开展法制宣传教育第六个五年规划（2011－2015 年）》，现印发给你们，请认真贯彻执行。

全国税务系统开展法制宣传教育第六个五年规划（2011～2015 年）

深入开展法制宣传教育是实施依法治国方略的重大任务。税收法制宣传教育是全国法制宣传教育的重要组成部分。进一步加强税收法制宣传教育，增强公民税法遵从意识，提高税务干部依法行政能力，对于推进依法治理，营造良好的税收法治环境，意义深远。为进一步发挥税收法制宣传教育在“服务科

学发展，共建和谐税收”中的重要作用，更好地促进“十二五”时期税收发展规划的顺利实施，根据全国“六五”普法规划的总体部署，结合税务部门实际，制定本规划。

一、指导思想、总体目标和工作原则

（一）指导思想

全国税务系统第六个五年法制宣传教育工作的指导思想是：以邓小平理论和“三个代表”重要思想为指导，深入贯彻落实科学发展观，围绕“十二五”时期税收发展的目标任务，努力践行为国聚财、为民收税的税收工作宗旨，坚持法制宣传教育与推进依法行政、优化纳税服务、加强税收管理相结合，采取切实可行的工作措施，广泛开展法制宣传教育，为全面建设小康社会提供良好的税收法治环境。

（二）总体目标

全国税务系统第六个五年法制宣传教育工作的总体目标是：通过深入扎实的法制宣传教育，广泛普及税收法律知识，切实增强公民的税收法治意识，提高社会公众对税收工作的认知度；牢固树立依法诚信纳税观念，提高广大纳税人的税法遵从度；不断提升税务机关依法行政水平，构建规范执法、诚信服务的和谐税收征纳关系；进一步优化税收法治环境，推动形成学法、遵法、守法的良好氛围。

（三）工作原则

1. 围绕中心，服务大局。紧紧围绕税收发展的目标任务，积极开展税收法制宣传教育，深入推进税务系统依法行政，服务经济社会发展大局。

2. 以人为本，服务群众。针对群众关心的税收热点问题和纳税服务需求，将税收法制宣传教育贯穿于税收工作的始终，切实维护和保障纳税人的合法权益。

3. 区别对象，注重实效。把握税收法制宣传教育的规律和特点，区别对象、分类施教，拓宽法制宣传渠道，创新宣传教育的机制、内容和形式，切实增强工作的针对性和实效性。

4. 学用结合，普治并举。用法制宣传教育推动法治实践，在法治实践中深化法制宣传教育，增强税收法治观念，弘扬税收法治精神。

二、对象和任务

按照“谁主管谁普法，谁执法谁普法”的原则，税务系统开展“六五”普法工作，对社会，负有宣传普及税收法律法规和政策知识、加强税法宣传教育的任务；对税务系统内部各级各类人员，负有学习宣传各种通用法律法规以及税法的任务。

（一）切实加强面向纳税人及社会各界的税收法制宣传教育

税务系统面向纳税人及社会各界开展税收法律法规宣传，要按照全国普法办的要求，通过深入开展“法制宣传进机关、进乡村、进社区、进学校、进企业、进单位”的“六进”活动，重点加强对领导干部、公务员、青少年、企业经营管理人员和个体工商业户等“五类”人员的税收法制宣传教育。

1. 深入宣传税收的性质和职能作用。宣传税收“取之于民、用之于民、造福于民”的性质和“为国聚财，为民收税”的税收工作宗旨，宣传税收在调整经济结构、转变经济发展方式、保障和改善民生中的重要作用，增进广大人民群众对税收工作的理解和共识。

2. 广泛宣传税收法律法规。深入宣传税收法律法规对于维护国家利益和广大纳税人合法权益的意义和作用，增强纳税人的税法遵从意识。广泛宣传与群众利益、日常生活关联密切的税收政策法规，促进社会公众知法、懂法、守法。加强新出台税收政策的宣传解读，使纳税人和广大人民群众了解税收政策制定或调整的目的、意义和背景。做好面对各类纳税人的政策宣传辅导，解疑释惑，帮助纳税人正确地理解税法、遵守税法。

3. 积极宣传纳税人的权利和义务。积极宣传法律、法规赋予纳税人的权利和义务，切实增强纳税人的权利意识、责任意识。进一步做好政务公开和政府信息公开工作，满足纳税人的知情权、参与权、表达权和监督权。

4. 加强依法诚信纳税典型宣传教育。广泛宣传依法诚信纳税的先进典型，引导纳税人增强依法经营、诚信纳税的意识，在全社会营造以依法诚信纳税为荣的良好氛围。加大对涉税违法犯罪行为的曝光力度，集中反映涉税大案要案的查处、税收专项检查和专项整治的成果，震慑不法分子。

5. 大力开展税收法治文化宣传。加强税务执法形象宣传，宣传税务系统在依法行政、规范执法、反腐倡廉等方面的做法和成效，弘扬广大税务干部在长期的税收实践中形成的共同价值追求，树立税务部门为国聚财、公正执法的良好社会形象。推动税收法制宣传作品的创作，运用多种形式，增强税收法制宣传教育的感染力和影响力。

（二）进一步加强税务系统的法律知识宣传教育

1. 深入开展社会主义法治理念教育。组织广大税务干部特别是领导干部认真学习社会主义法治思想，自觉践行依法治国、执法为民、公平正义、服务大局的理念，切实提高税务干部的政治意识、大局意识和法治意识。加大社会主义法治理念的宣传教育力度，推动社会主义法治理念深入人心。

2. 做好宪法知识的学习教育。宪法是国家的根本法，是治国安邦的总章程。要组织学习宪法，自觉遵守宪法，忠实执行宪法，维护宪法权威。还要深入学习宣传中国特色社会主义法律体系和国家基本法律，充分认识和发挥法律在经济社会发展中的规范、引导、保障作用。

3. 深化税收法律知识的学习教育。按照提高干部素质，建设法治型税务机关的要求，进一步加强税务干部税法知识的培训，努力使广大干部干一行、学一行、专一行、精一行，切实增强依法行政、服务群众的能力。

4. 加强与履行职责相关的法律知识的学习教育。加强与履行税收工作职责相关的刑法、行政复议法、行政诉讼法、行政许可法、国家赔偿法、行政强制法等法律知识的学习，全面增强税务干部法治观念和法律素养。

同时，注重在税务干部中加强与培养职业道德、增强社会公德、弘扬家庭美德以及维护社会稳定相关的法律知识的学习教育，增强税务人员运用法律手段解决问题、化解矛盾的能力。

5. 抓好反腐倡廉法制宣传教

育。加强廉政准则等相关法律法规和党纪条规的宣传教育，坚持反腐倡廉法制宣传教育与政治理论教育、理想信念教育、职业道德教育、党的优良传统和作风教育相结合，充分发挥廉政教育基地的作用，不断增强税务干部尤其是领导干部反腐倡廉意识，提高廉洁自律的自觉性。

三、措施和要求

（一）强化组织领导

党中央、国务院对做好“六五”普法工作提出了明确要求。各级税务机关要高度重视，加强对法制宣传教育工作的领导，把“六五”普法摆上重要议事日程，切实抓好普法工作的组织、推动和落实。国家税务总局成立由局长任组长，分管局长任副组长，办公厅、法规司、纳税服务司等有关部门负责人参加的全国税务系统“六五”普法工作领导小组，在办公厅设立普法办公室，具体负责税务系统的“六五”法制宣传教育工作。

（二）完善保障机制

要进一步完善税务干部法律知识学习培训、考试、考核制度。切实落实公务员每年学法不少于40学时的要求，做好税务干部特别是新进人员执法资格统一考试，以考促学。加强学法用法的绩效评估，健全考核评价体系。

要加强普法队伍建设。各级税收法制宣传管理部门要加强组织协调，充分发挥税收法制、政策管理、征收管理、纳税服务等部门职能作用，广泛调动基层办税服务人员、税收管理人员的积极性，共同参与做好税收法制宣传教育工作。同时，建立税收法律服务志愿者队伍，充实税收普法的力量。

要落实法制宣传教育经费，根据工作需求，制定预算计划，保证普法工作的顺利开展。

（三）加强阵地建设

要进一步完善税收政策宣传的“三同步”机制，牢牢把握税收宣传的主动权。要坚持集中宣传和日常宣传相结合，抓好每年四月“全国税收宣传月”和“12·4”全国法制宣传日等集中税法宣传，加大日常宣传工作力度，组织多种形式的法律知识竞赛，扩大税收法制宣传教育的覆盖面。

要充分发挥“12366”纳税服务热线、税务门户网站、税务报刊等渠道的作用，重视利用手机报、手机短信、博客、微博、论坛、动漫等新兴载体，贴近实际、贴近生活、贴近群众，开展丰富多样的税收法制宣传教育。

根据税收普法重点宣传内容，组织编撰“六五”普法税收知识读本，满足各类普法对象对税收普法知识的需求。

国家税务总局将通过编发“六五”普法简报专辑等形式，及时交流各级税务机关“六五”普法工作进展的经验。各地应注意收集上报“六五”普法工作信息，总结推广先进典型，促进普法工作的开展。

（四）强化协作配合

各级税务机关要主动争取地方党委、政府及普法办对税收普法工作的重视和支持，将税收普法纳入地方普法工作重点。国、地税局要密切配合，积极整合宣传资源，形成宣传合力，提高宣传效果。

（五）深化依法治理

要结合税收普法宣传工作，广泛地听取社会各界和广大纳税人对税收工作的意见、建议，不断提高税收决策的科学化、民主化水平。要认真落实“依法征税、应收尽收，坚决不收过头税，坚决防止和制止越权减免税”的组织收入原则，依法加强税收征管，提高税收征管质效。要健全完善税收行政执法监督机制，大力推行税收执法责任制，认真开展税收执法检查，严格税收执法监督，加大税收执法过错责任追究力度。围绕整顿和规范税收秩序，严厉打击各种涉税违法行为。

四、步骤和安排

“六五”普法规划从2011年开始实施，到2015年结束。

各省、自治区、直辖市和计划单列市的国家税务局和地方税务局要结合实际，制订本地的“六五”普法规划，并上报国家税务总局普法办公室备案。

国家税务总局普法办公室负责全系统“六五”普法的组织协调、检查督导和考核验收工作。从2012年开始，将不定期对各地普法工作的情况进行抽查，2013年开展中期督导检查活动，2015年开始对各地税务机关实施规划的情况组织总结验收，表彰一批学法守法用法先进单位和个人。

各地组织开展法制宣传教育活动，要做到部署及时，措施有效，指导有力，督促到位，确保“六五”普法规划得到全面贯彻落实。

云南省国家税务局关于贯彻落实国务院支持云南省加快建设面向西南开放重要桥头堡意见的通知

2011年10月12日　云国税发〔2011〕222号

各州、市国家税务局：

为贯彻落实《国务院关于支持云南省加快建设面向西南开放重要桥头堡的意见》（国发〔2011〕11号，以下简称《意见》），云南省人民政府办公厅印发了《贯彻落实国务院关于支持云南省加快建设面向西南开放重要桥头堡意见任务分解方案》（云政办发〔2011〕133号，以下简称《分解方案》），根据《意见》及《分解方案》文件精神，结合云南国税实际，提出如下贯彻实施意见。

一、统一思想，充分认识加快云南桥头堡建设的重要意义

2009年7月，胡锦涛总书记在滇考察时作出了“把云南建成中国面向西南开放的重要桥头堡”的重要指示，今年5月国务院又下发了《意见》，这是党和国家在新时期推进我国陆上开放、提升沿边开放水平的重大战略部署，突出了云南在国家对外开放战略中前沿性、重要性和带动性的作用，给云南对外开放和加快发展带来了千载难逢的历史机遇。全面推进我国向西南开放重要桥头堡建设，对于早日把云南建设成为我国从陆路沟通东南亚、南亚，直达印度洋的通道，成为交通、电力、通信的门户枢纽，成为我国与印度洋沿岸国家交流合作的重要平台，成为我国面向印度洋沿岸国家的外向型产业基地和进出口商品加工基地，成为对外人文交流的重要窗口；对于逐步消除我省交通、水利、教育、生态脆弱等经济社会发展的瓶颈制约，增强自我发展能力；以及加快产业转型升级，推进云南工业化、城镇化；加快边疆少数民族地区发展，不断改善民生，推动我国西南尤其是云南经济社会又好又快发展，都具有十分重要战略意义和现实意义。

二、成立机构，加强对推进支持桥头堡建设的组织领导

为加强领导，协调配合，全面贯彻落实税收政策，省局决定成立云南省国税局桥头堡建设政策支持服务工作领导小组，由省局党组成员、副局长蔡杰任组长，政策法规处、货物和劳务税处、所得税处、大企业和国际税务管理处、征管和科技发展处、纳税服务处等部门负责人任成员，负责研究、协调和落实包括桥头堡建设在内的各项税收优惠政策的服务支持工作。

三、加强学习，深刻领会桥头堡建设的精神实质的重要内容

《意见》的内容非常丰富，从5个方面提出了发展的战略定位，从基础设施建设、产业体系完善、开放型经济发展、对外交流合作、城乡居民收入、基本公共服务、社会保障体系、生态建设和环境保护等方面确立了云南2015年及2020年的桥头堡建设发展目标，并明确了7个方面的主要任务和工作重点；《意见》还从财税、金融、投资与产业、土地、价格和生态补偿、人才和体制机制改革等方面提出了一系列支持云南桥头堡建设的政策措施。

各级税务机关要认真组织学习，使广大干部职工了解建设桥头堡的精神实质和主要内容，树立服务桥头堡建设的意识，结合本职，积极做好桥头堡建设工作。

四、营造氛围，加大税收政策宣传力度

充分运用税务机关税收执法和窗口优势，加强桥头堡建设政策宣传，加强税收政策宣传，加强纳税辅导，多层次、多渠道开展税收优惠政策及具体操作规定的宣传和辅导，大力开展送政策上门活动。近期，省局对目前现行有效的税收优惠政策进行了收集整理，编印了《税收优惠政策选编》，在经费有限的情况下，拿出40多万元，印制了6万本，无偿赠发有关领导和广大纳税人。目前，该书已陆续发往各地，请各地税务机关尽快送到领导和纳税人手上，供其参阅和及时享受有关优惠政策，为云南桥头堡建设服好务。

五、强化落实，全面贯彻落实各项税收优惠政策

各级国税机关要以桥头堡建设为契机，全面贯彻落实各项税收优惠政策。桥头堡建设方面涉及的税收优惠政策虽然不多，但近年来，国家和云南为保证和促进经济社会的科学发展，制定了鼓励创新、扶持创业就业、鼓励节能减排及节水、鼓励资源综合利用、支持农业生产和农产品深加工、支持文化事业发展、支持西部大开发、支持边境地区贸易出口人民币结算退税等税收优惠政策。在推进云南桥头堡建设中，我们要充分理解，用好、用足包括桥头堡建设政策在内的各项税收优惠政策，不折不扣落实税收政策，发挥税收调控作用，支持重点项目建设，主动解决项目建设中的相关税收问题。做好日常管理，对符合享受税收优惠的要及时受理、深入调查、按时审批，支持企业和地方经济发展，在桥头堡建设中发挥国税部门的积极作用。

六、优化服务，持续完善纳税服务体系建设

在推进桥头堡建设中，要深入贯彻落实科学发展观，围绕服务科学发展、共建和谐税收的工作主题，以纳税人正当需求为导向，以信息化为依托，丰富服务内容，创新服务手段，完善服务机制，提升服务质效。大力推行信息办税，实现所有涉税事项计算机网络管理的全覆盖。在全省国税系统推行“网上办税服务厅”，并进一步完善功能，实现税务登记、申报征收、发票发售、出口退税、纳税咨询、申请优惠政策等涉税事项均可在网上办理。实施标准化管理，优化办税流程，清理简并涉税资料，降低办税成本，营造公开、透明、高效的办税环境。积极构建和谐的税收征纳关系和服务型税务机关，全面推进现代纳税服务体系建设。

七、加强调研，做好支持桥头堡建设的政策保障工作

各级国税机关要认真研究《意见》提出的一系列支持桥头堡建设的政策措施，特别是财税方面的政策，就涉及云南省加强桥头堡建设中的税收优惠政策，加强调研工作，在政策支持、纳税服务、税收管理等方面，努力做到有超前性和预见性，从支持云南经济社会发展大局出发，做到解放思想，大力支持，用好用足优惠政策。要根据桥头堡建设发展情况，认真开展调查研究，及时解决桥头堡建设中反映出来的税收问题，对我省无权解决的，要积极向国家税务总局汇报反映，争取国家在税收政策及其他方面更多的支持，促进税收政策的完善和税收调控作用的发挥，为加快云南桥头堡建设发挥好国税部门的积极作用。

关于印发《云南省国家税务局开展法制宣传教育第六个五年规划（2011～2015年）》的通知

2011年11月9日　云国税发〔2011〕235号

各州、市国家税务局，局内各单位：

“五五”普法期间，全省国税系统紧紧围绕普法工作部署和要求，不断探索、把握普法工作规律和方法，开拓创新，砥砺奋进，积极营造执法有标准、守法有准绳、学法有实例、工作有环境、社会有形象的良好工作氛围，依法治税水平逐步提高，税收执法进一步规范、纳税人税法遵从意识进一步增强，各方面工作取得显著成效。

为全面落实依法治国基本方略，深入开展法制宣传教育，加快依法治省工作进程，按照《国家税务总局关于印发〈全国税务系统开展法制宣传教育第六个五年规划（2011～2015年）〉的通知》（国税发〔2011〕90号）要求，结合“四五”依法治省工作实际，省局研究制定了《云南省国家税务局开展法制宣传教育第六个五年规划（2011～2015年）》，现印发给你们，请认真贯彻执行。

云南省国家税务局开展法制宣传教育第六个五年规划（2011～2015年）

深入开展法制宣传教育是增强全社会法治观念、推进依法治国进程，为“十二五”时期经济社会发展提供良好法治环境和有效法治保障的基础性工作。税收法制宣传教育是全国法制宣传教育的重要组成部分，开展税收法制宣传教育对于增强公民税法遵从意识，提高税务机关依法行政能力，进一步推进依法治税，营造依法诚信纳税的良好环境，具有十分重要的意义。为确保“六五”普法工作全面、有效开展，根据总局第六个五年普法规划精神，结合依法治省工作实际，制定本规划。

一、指导思想、主要目标和工作原则

（一）指导思想

以邓小平理论和“三个代表”重要思想为指导，深入贯彻落实科学发展观，围绕“服务科学发展，共建和谐税收”工作主题，努力践行为国聚财、为民收税的税收工作宗旨，坚持以“立足国税特色，发挥行业特点”为工作思路，积极服务于改革、发展、稳定大局，将法制宣传教育与推进依法行政相结合、与加强法治政府建设相结合、与推进依法治省进程相结合、与保障纳税人合法权益相结合、与干部队伍建设相结合、与税收法治实践相结合，推动云南国税事业又好又快发展，为加快创建法治云南，构建社会主义和谐社会、全面建设小康社会营造良好的税收法治环境。

（二）主要目标

全省国税系统第六个五年法制宣传教育工作的主要目标是：创新宣传形式，整合教育资源，建立全省国税系统上下联动、内外并举、重点突出的法制宣传教育工作模式。以行业普法为出发点，逐步构建以宪法和税收、经济、行政等法律法规为主要内容，以纳税人、税务人员、社会公众为对象的普法工作体系。增强依法诚信纳税意识，提高广大纳税人的税法遵从度；提升税务机关依法行政水平，构建规范执法、诚信服务的和谐税收征纳关系；增强公民的税收法治意识，优化税收法治环境。

（三）工作原则

1. 围绕中心，服务大局。紧紧围绕党和国家经济社会发展工作大局，围绕“十二五”时期云南国税工作发展的主要目标，深入推进依法治省工作，全面开展税收法制宣传教育，促进经济社会平稳较快发展。

2. 以人为本，服务社会。以社会需求为导向，针对社会大众关心的热点、难点问题开展宣传教育，针对纳税人的纳税服务需求开展宣传教育，将税收法制宣传教育贯穿于税收工作的始终，切实维护和保障纳税人合法权益。

3. 分类结合，组织推进。坚持日常普法与集中普法相结合、专业普法与常规普法相结合。通过每年4月的“税收宣传月”活动，集中力量扩大普法宣传态势，营造宣传氛围；通过参与“综治维稳宣传”、“12·4”法制宣传日、宪法宣传周等社会普法活动，全面扩大普法宣传社会效应。

4. 学用结合，普治并举。充分发挥行政执法“窗口”工作优势，不断规范执法管理，促进依法治税。以法制宣传教育推动法治实践，在法治实践中深化法制宣传教育。

5. 与时俱进，注重实效。把握税收法制宣传教育的规律和特点，拓宽法制宣传教育渠道，创新工作机制、内容和形式，切实增强工作的针对性和实效性。

二、对象和任务

全省国税系统“六五”普法工作，对社会负有宣传普及税收法律法规和政策知识的任务；对国税系统内部人员负有宣传普及通用法律法规和税收专业法的任务。

（一）广泛开展面向纳税人及社会各界的税收法制宣传教育

全省国税系统要认真贯彻“法律六进”工作要求，通过深入开展“法制宣传进机关、进乡村、进社区、进学校、进企业、进单位”的“六进”活动，面向全社会开展以领导干部、公务员、青少年、企业经营管理人员和个体工商业户等“五类”人员为重点的税收法制宣传教育，确保年度法制宣传工作持续、不间断开展。

1. 深入宣传税收的性质和职能作用。宣传税收“取之于民、用之于民”的工作性质和“为国聚财，为民收税”的工作宗旨，宣传税收在调整经济结构、转变经济发展方式、保障和改善民生中的重要作用，增进广大人民群众对税收工作的理解和共识。

2. 广泛宣传税收法律法规。广泛宣传与群众利益、日常生活关联密切的税收政策法规，促进社会公众知法、懂法、守法。加强新出台税收政策的宣传解读，使纳税人和广大人民群众了解税收政策制定或调整的目的、意义和背景。做好纳税人的政策宣传辅导、答疑解惑，帮助纳税人正确地理解税法、遵守税法。

3. 积极宣传纳税人的权利和义务。积极宣传法律法规赋予纳税人的权利和义务，切实增强纳税人的权利意识、责任意识。进一步做好政务公开和政府信息公开工作，满足纳税人的知情权、参与权、表达权和监督权。

4. 加强依法诚信纳税典型宣传教育。广泛宣传依法诚信纳税的先进典型，引导纳税人增强依法经营、诚信纳税的意识，在全社会营造以依法诚信纳税为荣的良好氛围。加大对涉税违法犯罪行为的曝光力度，集中反映涉税大案要案的查处、税收专项检查和专项整治的成果，普治结合规范税收秩序。

5. 大力开展税收法治文化宣传。宣传国税机关在依法行政、规范执法、反腐倡廉等方面的做法和成效，树立云南国税公正严明的执法形象、文明高效的服务形象、廉洁勤政的公仆形象和管理规范的部门形象。弘扬“以国为根、以税为业、以人为本、以学为乐、以绩为真、以廉为荣”的国税文化精神，推动税收法制宣传作品的创作，采取多种形式增强税收法制宣传教育的感染力和影响力。

（二）全面开展面向税务系统内部的法制宣传教育

1. 深入开展社会主义法治理念教育。组织全体干部特别是领导干部认真学习社会主义法治思想，自觉践行依法治国、执法为民、公平正义、服务大局的理念，切实提高税务干部的政治意识、大局意识和法治意识。加大社会主义法治理念的宣传教育力度，推动社会主义法治理念深入人心。

2. 做好宪法和国家基本法律知识的学习教育。突出抓好宪法学习教育，牢固树立党的领导、人民当家做主和依法治国有机统一的观念，树立国家一切权力属于人民的观念，树立权利和义务相统一的观念，进一步增强全体干部的宪法意识。深入学习宣传国家基本法律，充分认识和发挥法律在社会发展中的规范、引导和保障作用。

3. 深化税收法律知识的学习教育。按照提高干部队伍素质，建设法治型税务机关的要求，进一步加强税务干部税收法律知识培训，努力使广大干部干一行、学一行、专一行、精一行，切实增强依法行政、服务群众的能力。

4. 加强与履行职责相关的法律知识的学习教育。加强与履行税收工作职责相关的刑法、行政复议法、行政诉讼法、行政许可法、行政处罚法、国家赔偿法、行政强制法等法律法规的学习培训，增强干部职工运用法律手段解决问题、化解矛盾的能力。

5. 抓好反腐倡廉法制宣传教育。加强廉政准则等相关法律法规和党纪条规的宣传教育，坚持反腐倡廉法制宣传教育与政治理论教育、理想信念教育、职业道德教育、党的优良传统和作风教育相结合，不断增强全体干部特别是领导干部的反腐倡廉意识，提高廉洁自律的自觉性。

（三）将“六五”普法和“四五”依法治省工作有机结合

“六五”普法和“四五”依法治省在时间上正好切合，各级国税机关要将“六五”普法和“四五”依法治省工作同时研究，同时安排，同时开展，做到相互促进，有机结合。

全省国税机关要认真落实省人大通过的《云南省2011—2015年依法治省规划》，大力开展依法治省、依法治州（市）、依法治县和依法治税工作，全面推进税收法制建设，全面推进依法行政。建立健全权责明确、行为规范、监督有效、保障有力的行政执法体制；各级税务机关要依法行使权利，履行职责，严格遵循法定权限和法定程序；注重建立健全制约机制，通过分解权利、增加审核，强化对重大税收执法权的制约；要正确理解和牢固树立社会主义法治理念，强化责任意识和程序意识，依法行政，规范执法，切实有效推进全省国税机关的税收法制进程，做到“六五”普法和“四五”依法治省工作双丰收。

三、措施和要求

（一）加强组织领导

全省各级国税机关要高度重视法制宣传教育工作，把“六五”普法摆上重要议事日程，纳入工作计划进行统一安排部署。各级国税机关要成立由局长担任组长、有关领导和部门参加的“六五”普法工作领导小组，设立普法办公室负责“六五”法制宣传教育工作，确立一把手负总责、分管领导具体抓、专职干部负责落实的工作机制，形成全省国税系统“六五”普法工作有组织、有领导，上下联动，齐抓共管的良好局面。省局成立由李鸿文局长任组长，蔡杰副局长任副组长，政策法规处、办公室、纳税服务处、征管和科技发展处、教育处等有关部门负责人为成员的云南省国家税务局“六五”普法工作领导小组，领导小组下设普法办公室，办公室设在政策法规处，具体负责全省国税系统“六五”普法工作。

（二）健全制度措施

围绕普法工作目标，积极完善工作机制，强化工作保障。坚持和完善领导干部学法用法，坚持党组中心组学法制度，建立法律讲座、法制培训、任前法律考试等制度，推进领导干部学法经常化、制度化；强化公务员学法用法，加强通用法律知识和税收法律知识学习，定期开展法律培训，确保公务员学法每年不少于40学时；建立法制宣传教育工作报告制度，对各阶段工作开展情况及时以专报、简报的方式向省局及有关部门报送；落实经费保障，从财力、物力上为普法工作提供保障。

（三）完善宣传形式

不断丰富宣传形式，着眼于普法工作实效，敢于创新、善于创新，加强法制宣传载体建设，不断拓展法制宣传教育的有效空间。充分发挥“12366”纳税服务热线、门户网站、报刊、广播的宣传主渠道作用，重视利用短信、动漫等新兴载体，突出税务、人文、地域、民族特色，贴近生活、贴近群众，开展形式多样、内容丰富、广大群众喜闻乐见的宣传教育活动。

（四）充实工作内容

坚持普法工作与依法治省工作相结合，按照依法治省工作依法执政能力不断加强、地方立法更加完善、法治政府建设成效明显、司法公正得到有效维护等工作目标，自觉将法治建设融入税收中心工作，推动法制宣传教育常态化、规范化。综合全面推进依法行政，加强法治政府建设，法制政府、效能政府、责任政府、阳光政府四项制度，综治维稳等各项工作要点，从适应构建和谐社会的新形势、新任务，满足人民群众的根本需要出发，不断充实普法内容，扩大普法宣传范围。

（五）整合社会资源

坚持拓展普法宣传活动组织形式，在对外宣传中主动争取地方党委、政府、法制办、新闻单位等部门的支持和帮助，与地税、工商、公安、教育等部门加强协作，整合社会资源，拓展普法参与主体，综合各部门力量形成合力，逐步形成社会化宣传大格局，扩大宣传效果。

四、工作步骤和安排

“六五”普法规划从2011年开始实施，到2015年结束。

各州、市国家税务局要根据中央和省局要求，结合本地实际，制定普法工作方案并报省局备案，确保“六五”普法规划按时启动。在组织实施过程中，各州、市局要按照普法工作方案要求，分年度确定工作要点并组织实施，做到部署及时、措施有力，确保“六五”普法规划落到实处。总局和省局将不定期对各地普法工作情况进行抽查，于2013年部署开展中期督导检查，2015年组织总结验收。

为推进普法工作开展，省局将通过编发“六五”普法工作简报、专报等形式，适时通报各地国税机关“六五”普法工作进展情况，促进经验交流。各地应注意收集“六五”普法工作措施、方法、成功经验、典型事例，及时上报工作信息，省局将择优推介，推动全省“六五”普法工作全面开展。

财政部　国家发展改革委关于免征小型微型企业部分行政事业性收费的通知

2011年11月14日　财综〔2011〕104号

工业和信息化部、国家工商行政管理总局、国家税务总局、海关总署、商务部、国家质量监督检验检疫总局、中国贸促会、国土资源部、国家新闻出版总署、农业部、国家林业局、国家旅游局、国家宗教事务局，各省、自治区、直辖市财政厅（局）、发展改革委、物价局，新疆生产建设兵团财务局、发展改革委：

为切实减轻小型微型企业负担，促进小型微型企业健康发展，现决定对小型微型企业暂免征收部分行政事业性收费。现将有关事项通知如下：

一、对依照工业和信息化部、国家统计局、国家发展改革委、财政部《关于印发中小企业划型标准规定的通知》（工信部联企业〔2011〕300号）认定的小型和微型企业，免征管理类、登记类和证照类等有关行政事业性收费。

二、上述免征的行政事业性收费项目包括：

（一）工商行政管理部门收取的企业注册登记费。

（二）税务部门收取的税务发票工本费。

（三）海关部门收取的海关监管手续费。

（四）商务部门收取的装船证费、手工制品证书费、纺织品原产地证明书费。

（五）质检部门收取的签发一般原产地证书费、一般原产地证工本费和组织机构代码证书工本费。

（六）贸促会收取的货物原产地证明书费、ATA单证册收费。

（七）国土资源部门收取的土地登记费。

（八）新闻出版部门收取的计算机软件著作权登记费。

（九）农业部门收取的农机监理费（含牌证工本费、安全技术检验费、驾驶许可考试费等）、新兽药审批费、《进口兽药许可证》审批费和已生产兽药品种注册登记费。

（十）林业部门收取的林权证工本费。

（十一）旅游部门收取的星级标牌（含星级证书）工本费、A级旅游景区标牌（含证书）工本费、工农业旅游示范点标牌（含证书）工本费。

（十二）中国伊斯兰教协会收取的清真食品认证费。

（十三）各省、自治区、直辖市人民政府及其财政、价格主管部门按照管理权限批准设立的管理类、登记类和证照类行政事业性收费。

三、免征上述行政事业性收费后，同级财政部门应统筹安排相关部门的经费预算，保证其正常履行职责。

四、国务院有关部门要督促本系统内相关收费单位认真落实本通知的规定，加强对小型微型企业享受收费优惠政策的登记备案管理，确保符合条件的小型微型企业享受收费优惠政策。

五、各省、自治区、直辖市财政、价格主管部门要通过多种新闻媒体，向社会公布对小型微型企业免征的各项行政事业性收费，使小型微型企业充分了解和享受收费优惠政策。同时，要加强监督检查，对不按规定落实本通知免征行政事业性收费政策的部门和单位，要按规定给予处罚，并追究责任人员的行政责任。

六、本通知自2012年1月1日起执行，有效期至2014年12月31日。

注：省财政厅、省发改委于2011年12月30日以云财综〔2011〕243号转发。

国家税务总局关于人保投资控股有限公司相关税收问题的公告

2011 年 12 月 2 日　国家税务总局公告 2011 年第 70 号

现将人保投资控股有限公司有关税收问题公告如下：

一、人保投资控股有限公司下设的不符合二级分支机构条件的专员办或资产管理部，其企业所得税应汇总到公司总部所在地统一计算缴纳。

二、人保投资控股有限公司在全国各地的财产所涉及的各项税收事宜，可由该公司采取委托代理的方式办理。设有省（自治区、直辖市和计划单列市）税务直属机构的地方，可利用集中便利的优势，实现对纳税人集中管理。

三、人保投资控股有限公司应按照《中华人民共和国房产税暂行条例》的相关规定申报缴纳房产税。房产税由产权所有人缴纳。产权所有人、承典人不在房产所在地的，或者产权未确定及租典纠纷未解决的，由房产代管人或者使用人缴纳。

四、人保投资控股有限公司在全国各地拥有房产的，应当按照《税务登记管理办法》（国家税务总局令第 7 号）的规定，向其在全国各地的房产所在地主管税务机关申报办理税务登记。人保投资控股有限公司申报办理税务登记时，须持以下证件资料复印件：人保投资控股有限公司的工商营业执照，有关合同、章程、协议书，组织机构统一代码证书和法定代表人身份证。税务登记名称为：“人保投资控股有限公司＊＊（省、自治区、直辖市和计划单列市）资产管理部＊＊县（市、区）”，并以“资产所在的县（市、区）行政区域码＋组织机构代码”设定各纳税人识别号。

五、人保投资控股有限公司＊＊（省、自治区、直辖市和计划单列市）资产管理部＊＊县（市、区）申报办理税务登记后，发票使用量大、需自行开具的，可向主管税务机关办理发票领购手续；发票使用量小的，可向主管税务机关申请代开。各省、自治区、直辖市和计划单列市税务机关可以规定跨县（市、区）开具发票的办法。

六、人保投资控股有限公司在同一省、自治区、直辖市和计划单列市内，可与一家商业银行签定缴税协议书，委托该银行完成其在本省、自治区、直辖市和计划单列市内所有税款的划缴。

本公告自 2012 年 1 月 1 日起施行。对本公告生效以前人保投资控股有限公司已完成税款缴纳的，不再做纳税人入库地点调整。

特此公告。

国家税务总局关于免收小型微型企业发票工本费有关问题的通知

2011 年 12 月 31 日　国税函〔2011〕759 号

各省、自治区、直辖市和计划单列市国家税务局、地方税务局：

为切实减轻小型微型企业负担，促进小型微型企业健康发展，财政部、发展改革委联合下发了《关于免征小型微型企业部分行政事业性收费的通知》（财综〔2011〕104 号），请各地税务机关认真贯彻执行。结合税务系统实际，提出如下要求：

一、各地税务机关要按照工业和信息化部、国家统计局、发展改革委和财政部联合下发的《关于印发中小企业划型标准规定的通知》（工信部联企业〔2011〕300 号）的有关规定，在小型微型企业领购发票时免收发票工本费。为便于执行，税务总局已对统一推广的综合征管软件进行维护，实现了对小型微型企业进行统计标识的功能；未使用税务总局统一推广的综合征管软件的税务机关，也应在自用的征管软件中做好相应工作。

二、各地税务机关要进一步加强发票管理工作，主管税务机关应根据领购单位和个人的经营范围和规模，确认纳税人发票使用量，并切实加强发票使用的辅导和管理，遏制非法代开、虚开发票等违法行为。

三、免收小型微型企业发票工本费后，国税系统所需经费将由中央财政统一解决；地税系统所需经费由地方财政解决。各省国税局在年度终了后 90 日内，将上年度本地区免收小型微型企业工本费的数量、种类、金额，分别报税务总局征管科技司、货物劳务税司，经审核后转财务司进行清算；财务司在安排下年度经费预算时予以考虑。

八、纳税服务

国家税务总局关于进一步做好税务系统窗口单位纳税服务工作的通知

2011 年 9 月 16 日　国税发〔2011〕95 号

各省、自治区、直辖市和计划单列市国家税务局、地方税务局，局内各单位：

最近一段时期以来，税务系统连续发生几起税务人员与纳税人之间的矛盾冲突事件，造成了不良的社会影响。税务总局高度重视，主要领导多次作出重要指示，要求各级税务机关要从中汲取教训、举一反三、剖析原因、惩防结合、改进作风、强化管理，切实加强对税务干部，尤其是办税服务窗口单位一线工作人员的教育管理，坚决杜绝此类事件再次发生。

一、狠抓落实，切实提高窗口单位的服务水平

（一）进一步落实办税服务厅各项服务和管理制度。要抓好包括导税服务、限时服务、延时服务、预约服务、提醒服务等制度在内的各项办税服务厅服务制度的落实工作，确保纳税人便捷、高效办税。要加强办税服务厅日常管理，建立健全办税服务工作考核评价和监督机制，提高服务质量。要不断完善纳税人接待流程和办税服务厅领导值班制度，及时受理纳税人咨询、办税、投诉、举报。要制定办税服务厅应急预案，建立突发事件应急处理机制，深入排查征纳矛盾隐患，确保各项工作安全运行。要建立涉及办税服务窗口单位的税收舆情监测分析机制，加强对税收舆情的监测、引导和管理。要建立良好的外部协调沟通机制，必要时及时取得公安、消防等部门的支持和援助。

（二）进一步规范办税服务厅环境建设。要按照办税服务厅标准化建设的要求，合理进行窗口设置、区域划分、正确使用内外标识等。纳税人办税必需的服务设施要完善到位，已配备的电子显示屏、触摸屏、排队叫号系统、服务评价系统、监控系统、自助办税系统等要确保正常开机使用。相关设施的日常维护要及时到位，产生的数据要时时分析、有效利用、定期整理、合理储存。没有安装监控系统的办税服务厅务必于 2011 年底前安装到位并投入使用。

（三）采取多种手段，解决突出问题，提高服务效率。要认真解决办税服务厅排队拥挤问题，特别是在申报期内，要合理引导，并根据纳税人办理事项的类别合理调整窗口职能和数量，积极推行全职能窗口，缓解排队压力。要根据“两个减负”的要求，进一步优化办税流程，按照“窗口受理、内部流转、限时办结、窗口出件”的要求，积极实施涉税事项行政审批下放和前移，推行纳税人涉税资料“一户式”存储，切实解决“多头跑”和“重复报”的问题，有效缩短办税时间。要通过信息化手段，不断完善知识库和各项管理制度，提高 12366 纳税服务热线的接通率和答复准确率。要不断改进办税方法，积极推行网上办税、自助办税，大力推进具备网上抄报税、网上认证、网上审批等功能的网上办税服务平台建设，逐步扩大“免填单”、同城通办和国地税联合办税等范围，提高办税效率。要积极开展人性化服务，对纳税人在办税过程中遇到的特殊情况，要在合法的前提下提供便利，切实解决纳税人的实际困难。

二、以人为本，健全窗口人员的教育、培训和激励机制

建立和完善面向办税服务厅、12366 纳税服务热线、税务网站等窗口单位一线工作人员的教育、培训和激励机制，不断提高服务能力，激发服务动力。

（一）要强化职业道德教育，做到公正文明执法、耐心热情服务，树立良好社会形象，提高纳税人满意度。要强化法纪观念教育，提高法纪素养，做到学法用法、知法守法。要在窗口单位认真落实税容风纪、言行规范、工作态度方面的纪律要求，保证税务干部与纳税人和谐相处。要加强责任追究，对在办税服务中的违纪行为，要追究相关人员的责任，情节严重的，要给予党纪政纪处分。

（二）要以专业化培训为主线，结合办税服务窗口一线岗位需求，突出抓好税收业务知识和岗位技能培训，提高窗口人员的服务能力。要注重培训内容，尤其是税收业务知识的时效性，及时更新培训教材和知识库。新税法和政策出台或发生变更时，相关培训应时时跟进，以确保窗口人员及时获取新知识，纳税人能够通过办税服务厅、12366 纳税服务热线、税务网站等途径获取准确涉税信息，正确指引办税。

（三）要建立健全窗口人员激励机制，加大对窗口人员的关心与培养力度。各级税务机关要按岗位业务需要，合理配备人员，有计划地安排领导干部、业务骨干到办税服务厅、12366 纳税服务热线等窗口岗位进行砺练，增长才干，增强为纳税人服务的能力。要切实关心窗口人员的身心健康，加强心理疏导，缓解工作压力，解除后顾之忧。要进一步增强窗口人员的荣誉感，把窗口单位作为培养和锻炼干部的平台，在干部交流、职务晋升、福利待遇、教育培训、表彰奖励等方面予以适当倾斜，充分调动他们工作积极性、主动性、创造性。

三、强化监督，确保窗口单位服务工作取得实效

（一）强化内部监督检查。要结合本单位实际，依据科学合理的考核评价指标，加强对窗口单位，尤其是办税服务厅、12366 纳税服务热线等服务工作的督促检查，及时总结推广好的经验与做法，认真查找工作中存在的问题，深刻分析原因，采取有效措施进行整改和解决。

（二）认真听取纳税人的意见。

要认真建立健全听取纳税人意见的机制，增强窗口单位服务工作的针对性和实效性。建立健全纳税人评议机制，主动接受纳税人的评价和监督，不断改进服务态度，提高服务质量。

（三）引入第三方评价机制。要有针对性地引入第三方评价机制，通过对办税服务厅、12366纳税服务热线等窗口单位的暗访、问卷调查、电话调查等方式，及时发现工作中存在的问题，查找不足，分析原因，并按照纳税人的合理需求，切实加以改进。

请各单位根据本通知的要求，狠抓落实、认真整改、务求实效，发现的问题应及时上报税务总局（纳税服务司）。税务总局将成立专项检查小组对各地工作情况进行调研、监督、抽查，并将结果通报全国。

国家税务总局关于税务师事务所公告栏有关问题的公告

2011年12月2日 国家税务总局公告2011年第67号

近期，国家税务总局网站《办税服务》板块正式设立“税务师事务所公告栏”，并将每月进行更新。现就有关问题公告如下：

一、国家税务总局发布的业务文件中，凡涉及“有资质的中介机构”字样的，统一解释为“税务师事务所等涉税专业服务机构”。

二、凡经国家税务总局网站公告的税务师事务所，跨省开展涉税鉴证业务不受地域限制；其出具的涉税鉴证业务报告，各地税务机关应当受理。

三、未在国家税务总局网站公告的其他中介机构，一律不得承办涉税鉴证业务；对其出具的涉税鉴证业务报告，各地税务机关不予受理。

四、其他涉税专业服务机构如果从事涉税鉴证业务，必须具备注册税务师执业资质，成立税务师事务所，加入注册税务师协会，纳入税务机关和注册税务师行业监督管理。

特此公告。

第五篇

税收统计资料

1994～2011 年全省国税收入分税种情况

单位：万元

年份		1994 年	1995 年	1996 年	1997 年	1998 年	1999 年	2000 年	2001 年	2002 年	2003 年	2004 年	2005 年	2006 年	2007 年	2008 年	2009 年	2010 年	2011 年
一、税收收入合计	税额	2 332 200	2 485 168	2 715 116	2 887 958	3 225 908	3 207 077	3 257 582	3 162 051	3 439 139	3 741 758	4 634 048	5 124 076	5 924 273	7 301 618	8 618 393	9 000 863	10 700 991	12 966 039
	增长%		6.56	9.25	6.37	11.70	-0.58	1.57	-2.93	8.76	8.80	23.85	10.57	15.62	23.25	18.03	4.44	18.89	21.17
1. 国内增值税	税额	901 848	939 612	1 069 367	1 131 036	1 242 699	1 261 378	1 276 402	1 368 942	1 406 776	1 594 871	1 970 271	2 290 094	2 727 670	3 475 530	4 018 694	3 938 082	4 601 983	5 534 488
	增长%		4.19	13.81	5.77	9.87	1.50	1.19	7.25	2.76	13.37	23.54	16.23	19.11	27.42	15.63	-2.01	16.86	20.26
2. 国内消费税	税额	1 131 297	1 169 832	1 224 289	1 305 452	1 503 773	1 595 791	1 582 951	1 404 642	1 559 869	1 637 635	2 008 948	2 027 287	2 199 110	2 539 818	3 138 115	3 635 395	4 279 921	5 096 283
	增长%		3.41	4.66	6.63	15.19	6.12	-0.80	-11.26	11.05	4.99	22.67	0.91	8.48	15.49	23.56	15.85	17.73	19.07
3. 营业税	税额	6 118	11 511		29 413	40 068	41 143	37 276	28 206	14 050	2 780	474		6	2				
	增长%		88.15	-100.00		36.23	2.68	-9.40	-24.33	-50.19	-80.21	-82.95			-66.67	-100.00			
4. 企业所得税	税额	285 119	352 880	417 342	414 887	429 147	298 093	320 410	235 550	310 867	344 540	460 650	553 295	649954	883068	1 019 616	884 328	1 135 295	1 564 651
	增长%		23.77	18.27	-0.59	3.44	-30.54	7.49	-26.48	31.97	10.83	33.70	20.11	17.47	35.87	15.46	-13.27	28.38	37.82
5. 外资企业所得税	税额	1 194	1 315	2 632	5 529	10 221	10 527	15 199	17 493	14 937	13 850	17 571	45 007	102 967	112 181	143 943	211 666	207 186	246 155
	增长%		10.13	100.15	110.07	84.86	2.99	44.38	15.09	-14.61	-7.28	26.87	156.14	128.78	8.95	28.31	47.05	-2.12	18.81
6. 个人利息所得税	税额						145	25 344	43 868	47 215	45 785	50 733	57 312	73 930	82 794	49 950	20 903	6 492	3 005
	增长%							17 378.62	73.09	7.63	-3.03	10.81	12.97	29.00	11.99	-39.67	-58.15	-68.94	-53.71
7. 车辆购置税	税额								63 350	85 425	102 297	125 401	151 081	170 636	208 225	248 075	310 489	470 114	521 457
	增长%									34.85	19.75	22.59	20.48	12.94	22.03	19.14	25.16	51.41	10.92
8. 其他各税	税额	6 624	10 018	1 486	1 641														
	增长%		51.24	-85.17	10.43														

续表

年份		1994年	1995年	1996年	1997年	1998年	1999年	2000年	2001年	2002年	2003年	2004年	2005年	2006年	2007年	2008年	2009年	2010年	2011年
二、海关代征税收合计	税额	29 118	38 381	39 050	35 256	27 610	32 656	23 060	35 838	43 634	27 310	37 305	56 213	55 143	108 684	135 368	146 524	160 039	168 206
	增长%		31.81	1.74	-9.72	-21.69	18.28	-29.39	55.41	21.75	-37.41	36.60	50.68	-1.90	97.09	24.55	8.24	9.22	5.10
1. 进口产品增值税	税额	28 965	38 349	38 876	35 140	27 583	32 620	23 028	35 799	43 583	27 234	37 228	56 140	55 114	108 400	134 292	144 732	158 229	164 042
	增长%		32.40	1.37	-9.61	-21.51	18.26	-29.41	55.46	21.74	-37.51	36.70	50.80	-1.83	96.68	23.89	7.77	9.33	3.67
2. 进口产品消费税	税额	153	32	174	116	27	36	32	39	51	76	77	73	29	284	1 076	1 792	1 810	4 164
	增长%		-79.08	443.75	-33.33	-76.72	33.33	-11.11	21.88	30.77	49.02	1.32	-5.19	-60.27	879.31	278.87	66.54	1.00	130.06
三、出口退税合计	税额	-43 600	-53 000	-81 500	-41 358	-40 425	-56 316	-78 720	-99 039	-102 136	-168 262	-153 883	-165 700	-140 300	-179 999	-199 700	-170 140	-195 755	-291 240
	增长%		21.56	53.77	-49.25	-2.26	39.31	39.78	25.81	3.13	64.74	-8.55	7.68	-15.33	28.30	10.95	-14.80	15.06	48.78
1. 出口货物退增值税	税额	-43 440	-52 747	-80 916	-39 816	-32 716	-46 661	-70 296	-87 455	-78 885	-142 986	-114 330	-119 110	-101 545	-139 169	-151 502	-144 126	-170 076	-249 520
	增长%		21.42	53.40	-50.79	-17.83	42.62	50.65	24.41	-9.80	81.26	-20.04	4.18	-14.75	37.05	8.86	-4.87	18.01	46.71
2. 免、抵调减增值税	税额					-7 264	-8 791	-8 038	-10 833	-22 872	-24 386	-39 018	-45 800	-38 000	-39 999	-46 000	-18 640	-15 755	-28 741
	增长%						21.02	-8.57	34.77	111.13	6.62	60.00	17.38	-17.03	5.26	15.00	-59.48	-15.48	82.42
3. 出口货物退消费税	税额	-160	-253	-584	-1 542	-445	-864	-386	-751	-379	-890	-535	-790	-755	-831	-2 198	-7 374	-9 924	-12 979
	增长%		58.13	130.83	164.04	-71.14	94.16	-55.32	94.56	-49.53	134.83	-39.89	47.66	-4.43	10.07	164.50	235.49	34.58	30.78

注：税收收入合计不含海关代征、含车购税

2001～2011年全省国税收入分产业情况

单位：万元

年份	2001年	2002年		2003年		2004年		2005年		2006年		2007年		2008年		2009年		2010年		2011年	
	税额	税额	增长%	税额	增长%	税额	增长%	税额	增长%	税额	增长%	税额	增长%	税额	增长%	税额	增长%	税额	增长%	税额	增长%
一、第一产业	18							38		145				32 612		9 812	-69.91	13 973	42.41	14 162	1.35
二、第二产业	2 506 483	2 909 689	16.09	3 159 906	8.60	3 877 136	22.70	4 179 418	7.80	4 744 532	13.52	5 793 063	22.10	6 907 048	19.23	7 107 078	2.90	8 178 301	15.07	9 823 387	20.12
1. 采矿业	43 313	45 320	4.63	65 769	45.12	99 777	51.71	153 411	53.75	211 453	37.83	369 866	74.92	454 952	23.00	458 172	0.71	664 673	45.07	862 670	29.79
2. 制造业	2 322 937	2 734 217	17.71	2 921 787	6.86	3 545 475	21.35	3 716 424	4.82	4 180 682	12.49	4 975 155	19.00	5 914 862	18.89	6 055 259	2.37	6 950 013	14.78	8 162 777	17.45
3. 电力、燃气及水的生产和供应业	138 992	129 133	-7.09	171 598	32.88	227 941	32.83	304 053	33.39	346 569	13.98	436 733	26.02	524 090	20.00	577 622	10.21	538 149	-6.83	768 040	42.72
4. 建筑业	1 241	1 019	-17.89	752	-26.20	3 943	424.34	5 530	40.25	5 828	5.39	11 309	94.05	13 144	16.23	16 025	21.92	25 466	58.91	29 900	17.41
三、第三产业	628 038	487 659	-22.35	506 865	3.94	668 816	31.95	849 752	27.05	1 064 103	25.23	1 409 014	32.41	1 814 101	28.75	2 030 497	11.93	2 668 756	31.43	3 296 696	23.53
1. 交通运输、仓储及邮政业	12 008	10 993	-8.45	1 954	-82.23	3 539	81.12	9 567	170.33	4 345	-54.58	6 097	40.32	14 674	140.68	33 902	131.03	48 715	43.69	46 881	-3.76
2. 批发和零售业	480 852	362 700	-24.57	387 900	6.95	544 945	40.49	692 280	27.04	827 391	19.52	1 071 394	29.49	1 268 885	18.43	1 360 436	7.22	1 743 755	28.18	2 104 357	20.68
3. 金融业	37 583	22 885	-39.11	15 507	-32.24	16 379	5.62	15 340	-6.34	24 169	57.56	89 614	270.78	80 285	-10.41	81 802	1.89	134 442	64.35	297 331	121.16
4. 信息传输、计算机服务和软件业	-			8 448		1 116	-86.79	32 561	2817.65	80 780	148.09	79 418	-1.69	99 630	25.45	146 854	47.40	112 590	-23.33	102 250	-9.18
5. 住宿和餐饮业	-			-		-		603		1 256	108.29	1 533	22.05	2 367	54.40	3 182	34.43	5 335	67.66	6 846	28.32
6. 文化、体育和娱乐业	-					-		1 169		71	-93.93	530	646.48	859	62.08	4 676	444.35	6 052	29.43	5 976	-1.26
7. 租赁和商务服务业	48 057	38 481	-19.93	2	-99.99	880	43900.00	2 265	157.39	2 754	21.59	6 485	135.48	12 707	95.94	19 637	54.54	42 553	116.70	51 887	21.93
8. 房地产业	2 657	2 808	5.68	2 444	-12.96	3 270	33.80	7 423	127.00	13 720	84.83	22 379	63.11	36 319	62.29	65 689	80.87	140 492	113.87	177 091	26.05
9. 其他行业	46 881	49 792	6.21	90 610	81.98	98 687	8.91	88 544	-10.28	108 999	23.10	131 564	20.70	192 590	46.39	262 412	36.25	367 647	40.10	504 077	37.11
合计	3 134 539	3 397 348	8.38	3 666 771	7.93	4 545 952	23.98	5 029 208	10.63	5 808 780	15.50	7 202 077	23.99	8 753 761	21.54	9 147 387	4.50	10 861 030	18.73	13 134 245	20.93

注：本表税收收入含海关代征进口产品增值税、消费税，自2008年起含车购税。

1994～2011 年全省国税收入分企业登记注册类型情况

单位：万元

年份		1994 年	1995 年	1996 年	1997 年	1998 年	1999 年	2000 年	2001 年	2002 年	2003 年	2004 年	2005 年	2006 年	2007 年	2008 年	2009 年	2010 年	2011 年
税收收入合计	税额	2 332 200	2 485 168	2 715 116	2 887 958	3 225 908	3 207 077	3 257 582	3 098 701	3 353 714	3 639 461	4 508 647	4 972 995	5 753 637	7 093 393	8 618 393	9 000 863	10 861 030	13 134 245
	增长%		6.56	9.25	6.37	11.70	-0.58	1.57	-4.88	8.23	8.52	23.88	10.30	15.70	23.29	21.50	4.44	20.67	20.93
	比重%	100.00	100.00	100.00	100.00	100.00	100.00	100.00	100.00	100.00	100.00	100.00	100.00	100.00	100.00	100.00	100.00	100.00	100.00
一、内资企业小计	税额	2 274 307	2 413 003	2 655 305	2 817 315	3 136 329	3 111 015	3 115 774	2 924 848	3 176 002	3 462 153	4 290 471	4 686 148	5 352 022	6 629 720	7 892 787	8 220 541	9 924 335	12 042 984
	增长%		6.10	10.04	6.10	11.32	-0.81	0.15	-6.13	8.59	9.01	23.92	9.22	14.21	23.87	19.05	4.15	20.73	21.35
	比重%	97.52	97.10	97.80	97.55	97.22	97.00	95.65	94.39	94.70	95.13	95.16	94.23	93.02	93.46	91.58	91.33	91.38	91.69
1. 国有企业	税额	2 133 850	2 256 845	2 483 786	2 654 702	2 869 923	2 817 700	2 721 008	2 466 542	2 638 613	1 909 644	2 374 543	2 357 780	1 536 282	1 147 840	1 037 499	1 104 498	1 332 037	1 656 909
	增长%		5.76	10.06	6.88	8.11	-1.82	-3.43	-9.35	6.98	-27.63	24.34	-0.71	-34.84	-25.28	-9.61	6.46	20.60	24.39
	比重%	91.50	90.81	91.48	91.92	88.96	87.86	83.53	79.60	78.68	52.47	52.67	47.41	26.70	16.18	12.04	12.27	12.26	12.62
2. 集体企业	税额	135 758	140 827	144 882	112 617	134 999	154 073	135 690	120 322	112 822	119 020	99 621	61 843	63 955	56 806	53 599	51 854	114 417	217 748
	增长%		3.73	2.88	-22.27	19.87	14.13	-11.93	-11.33	-6.23	5.49	-16.30	-37.92	3.42	-11.18	-5.65	-3.26	120.65	90.31
	比重%	5.82	5.67	5.34	3.90	4.18	4.80	4.17	3.88	3.36	3.27	2.21	1.24	1.11	0.80	0.62	0.58	1.05	1.66
3. 联营企业	税额	220	5 779	9 090	1 363	3 837	8 246	7 657	7 384	3 943	2 247	2 054	1 916	1 613	1 161	1 059	1 146	2 092	3 056
	增长%		2 526.82	57.29	-85.01	181.51	114.91	-7.14	-3.57	-46.60	-43.01	-8.59	-6.72	-15.81	-28.02	-8.79	8.22	82.55	46.08
	比重%	0.01	0.23	0.33	0.05	0.12	0.26	0.24	0.24	0.12	0.06	0.05	0.04	0.03	0.02	0.01	0.01	0.02	0.02
4. 股份制企业	税额	3 063	4 296	14 762	43 270	100 277	116 931	232 709	305 707	380 565	1 371 270	1 673 314	1 979 621	3 296 055	4 726 308	5 849 250	6 205 199	7 291 495	8 743 684
	增长%		40.25	243.62	193.12	131.75	16.61	99.01	31.37	24.49	260.32	22.03	18.31	66.50	43.39	23.76	6.09	17.51	19.92
	比重%	0.13	0.17	0.54	1.50	3.11	3.65	7.14	9.87	11.35	37.68	37.11	39.81	57.29	66.63	67.87	68.94	67.13	66.57
5. 私营企业	税额	1 185	2 076	2 469	4 111	6 543	11 787	16 690	23 217	39 138	58 628	137 929	278 564	446 961	687 946	933 136	827 323	1 118 813	1 339 048
	增长%		75.19	18.93	66.50	59.16	80.15	41.60	39.11	68.57	49.80	135.26	101.96	60.45	53.92	35.64	-11.34	35.23	19.68
	比重%	0.05	0.08	0.09	0.14	0.20	0.37	0.51	0.75	1.17	1.61	3.06	5.60	7.77	9.70	10.83	9.19	10.30	10.20

续表

年份		1994 年	1995 年	1996 年	1997 年	1998 年	1999 年	2000 年	2001 年	2002 年	2003 年	2004 年	2005 年	2006 年	2007 年	2008 年	2009 年	2010 年	2011 年
6. 其他内资企业	税额	231	3 180	316	1 252	20 750	2 278	2 020	1 676	921	1 344	3 010	6 424	7 156	9 659	18 244	30 521	65 481	82 539
	增长%		1 276.62	-90.06	296.20	1 557.35	-89.02	-11.33	-17.03	-45.05	45.93	123.96	113.42	11.39	34.98	88.88	67.29	114.54	26.05
	比重%	0.01	0.13	0.01	0.04	0.64	0.07	0.06	0.05	0.03	0.04	0.07	0.13	0.12	0.14	0.21	0.34	0.60	0.63
二、港澳台投资企业	税额	6 587	5 613	7 133	6 462	9 362	14 087	20 533	20 950	30 583	33 250	43 188	54 407	65 570	94 648	124 274	144 870	172 397	236 204
	增长%		-14.79	27.08	-9.41	44.88	50.47	45.76	2.03	45.98	8.72	29.89	25.98	20.52	44.35	31.30	16.57	19.00	37.01
	比重%	0.28	0.23	0.26	0.22	0.29	0.44	0.63	0.68	0.91	0.91	0.96	1.09	1.14	1.33	1.44	1.61	1.59	1.80
三、外商投资企业	税额	6 666	9 070	7 617	17 196	29 736	29 946	34 865	45 401	34 809	38 968	52 772	91 530	158 077	187 167	227 474	289 904	281 803	290 140
	增长%		36.06	-16.02	125.76	72.92	0.71	16.43	30.22	-23.33	11.95	35.42	73.44	72.71	18.40	21.54	27.44	-2.79	2.96
	比重%	0.29	0.36	0.28	0.60	0.92	0.93	1.07	1.47	1.04	1.07	1.17	1.84	2.75	2.64	2.64	3.22	2.59	2.21
四、个体经营	税额	44 640	57 482	45 061	46 985	50 481	52 029	86 410	107 502	112 320	105 090	122 216	140 910	177 968	181 858	373 858	345 548	482 495	564 917
	增长%		28.77	-21.61	4.27	7.44	3.07	66.08	24.41	4.48	-6.44	16.30	15.30	26.30	2.19	105.58	-7.57	39.63	17.08
	比重%	1.91	2.31	1.66	1.63	1.56	1.62	2.65	3.47	3.35	2.89	2.71	2.83	3.09	2.56	4.34	3.84	4.44	4.30

注：本表税收收入含海关代征的进口产品增值税、消费税，自 2008 年起含车购税。

本表“股份制企业”包括有限责任公司和股份有限公司，“涉外企业”包括港澳台、外商投资和外国企业。

本表股份合作制企业的税额归入“集体企业”。

1994～2011 年全省国税税收收入分类构成情况

单位：万元

年份		1994 年	1995 年	1996 年	1997 年	1998 年	1999 年	2000 年	2001 年	2002 年	2003 年	2004 年	2005 年	2006 年	2007 年	2008 年	2009 年	2010 年	2011 年
税收收入	税额	2 332 200	2 485 168	2 715 116	2 887 958	3 225 908	3 207 077	3 257 582	3 162 051	3 439 139	3 741 758	4 634 048	5 124 076	5 924 273	7 301 618	8 618 393	9 000 863	10 700 991	12 966 039
	增长%		6.56	9.25	6.37	11.70	-0.58	1.57	-2.93	8.76	8.80	23.85	10.57	15.62	23.25	18.03	4.44	18.89	22.74
	比重%	100.00	100.00	100.00	100.00	100.00	100.00	100.00	100.00	100.00	100.00	100.00	100.00	100.00	100.00	100.00	100.00	100.00	100.00
1. 国内流转税	税额	2 039 263	2 120 955	2 293 656	2 465 901	2 786 540	2 898 312	2 896 629	2 801 790	2 980 695	3 235 286	3 979 693	4 317 381	4 926 786	6 015 348	7 156 809	7 573 477	8 881 904	10 630 771
	增长%		4.01	8.14	7.51	13.00	4.01	-0.06	-3.27	6.39	8.54	23.01	8.49	14.12	22.09	18.98	5.82	17.28	19.69
	比重%	87.44	85.34	84.48	85.39	86.38	90.37	88.92	88.61	86.67	86.46	85.88	84.26	83.16	82.38	83.04	84.14	83.00	80.94
2. 所得税	税额	286 313	354 195	419 974	420 416	439 368	308 765	360 953	296 911	373 019	404 175	528 954	655 614	826 851	1 078 043	1 213 509	1 116 897	1 348 973	1 813 811
	增长%		23.71	18.57	0.11	4.51	-29.73	16.90	-17.74	25.63	8.35	30.87	23.95	26.12	30.38	12.57	-7.96	20.78	34.46
	比重%	12.28	14.25	15.47	14.56	13.62	9.63	11.08	9.39	10.85	10.80	11.41	12.79	13.96	14.76	14.08	12.41	12.61	13.99
3. 其他	税额	6 624	10 018	1 486	1 641				63 350	85 425	102 297	125 401	151 081	170 636	208 227	248 075	310 489	470 114	521 457
	增长%		51.24	-85.17	10.43					34.85	19.75	22.59	20.48	12.94	22.03	19.14	25.16	51.41	10.92
	比重%	0.28	0.40	0.05	0.06				2.00	2.48	2.73	2.71	2.95	2.88	2.85	2.88	3.45	4.39	4.02

注："国内流转税"包括国内增值税、国内消费税和营业税；"所得税"包括内、外资企业所得税和个人所得税。

本表"税收收入"不含海关代征进口产品增值税、消费税，自 2001 年起含车辆购置税。

1994～2011 年全省卷烟工业国税“三税”收入情况

单位:万元

年份		1994 年	1995 年	1996 年	1997 年	1998 年	1999 年	2000 年	2001 年	2002 年	2003 年	2004 年	2005 年	2006 年	2007 年	2008 年	2009 年	2010 年	2011 年
一、税收收入	税额	2 332 200	2 485 168	2 715 116	2 887 958	3 225 908	3 207 077	3 257 582	3 162 051	3 439 139	3 741 758	4 634 048	5 124 076	5 924 273	7 301 526	8 618 393	9 000 863	10 700 991	12 966 039
	增长%		6.56	9.25	6.37	11.70	-0.58	1.57	-2.93	8.76	8.80	23.85	10.57	15.62	23.25	18.04	4.44	18.89	21.17
二、卷烟工业“三税”	税额	1 474 030	1 492 559	1 589 238	1 715 018	1 944 263	2 177 321	2 108 833	1 909 006	2 289 069	2 375 273	2 957 244	2 916 058	3 175 497	3 681 055	4 537 824	4 907 634	5 707 309	6 751 877
	税收收入总额比重%	63.20	60.06	58.53	59.39	60.27	67.89	64.74	60.37	66.56	63.48	63.82	56.91	53.60	50.41	52.65	54.52	53.33	52.07
	增长%		1.26	6.48	7.91	13.37	11.99	-3.15	-9.48	19.91	3.77	24.50	-1.39	8.90	15.92	23.28	8.15	16.29	18.30
三、卷烟工业“两税”	税额	1 474 030	1 492 559	1 589 238	1 715 018	1 944 263	2 026 566	1 955 793	1 808 436	2 097 856	2 249 157	2 685 244	2 657 935	2 876 161	3 354 047	4 150 005	4 640 250	5 431 711	6 407 290
	税收收入总额比重%	63.20	60.06	58.53	59.39	60.27	63.19	60.04	57.19	61.00	60.11	57.95	51.87	48.55	45.94	48.15	51.55	50.76	49.42
	增长%		1.26	6.48	7.91	13.37	4.23	-3.49	-7.53	16.00	7.21	19.39	-1.02	8.21	16.62	23.73	11.81	17.06	17.96
(一)卷烟工业增值税	税额	360 752	331 902	375 067	420 566	449 911	439 072	381 128	413 245	547 491	620 480	686 197	661 511	695 508	835 138	1 036 998	1 028 583	1 178 949	1 345 993
	税收收入总额比重%	15.47	13.36	13.81	14.56	13.95	13.69	11.70	13.07	15.92	16.58	14.81	12.91	11.74	11.44	12.03	11.43	11.02	10.38
	增长%		-8.00	13.01	12.13	6.98	-2.41	-13.20	8.43	32.49	13.33	10.59	-3.60	5.14	20.08	24.17	-0.81	14.62	14.17
(二)卷烟工业消费税	税额	1 113 278	1 160 657	1 214 171	1 294 452	1 494 352	1 587 494	1 574 665	1 395 191	1 550 365	1 628 677	1 999 047	1 996 424	2 180 653	2 518 909	3 113 007	3 611 667	4 252 762	5 061 297
	税收收入总额比重%	47.74	46.70	44.72	44.82	46.32	49.50	48.34	44.12	45.08	43.53	43.14	38.96	36.81	34.50	36.12	40.13	39.74	39.04
	增长%		4.26	4.61	6.61	15.44	6.23	-0.81	-11.40	11.12	5.05	22.74	-0.13	9.23	15.51	23.59	16.02	17.75	19.01
四、卷烟工业企业所得税	税额						150 755	153 040	100 570	191 213	126 116	272 000	258 123	299 336	327 008	387 819	267 384	275 598	344 587
	税收收入总额比重%						4.70	4.70	3.18	5.56	3.37	5.87	5.04	5.05	4.48	4.50	2.97	2.58	2.66
	增长%							1.52	-34.29	90.13	-34.04	115.67	-5.10	15.97	9.24	18.60	-31.05	3.07	25.03

1994～2011年全省国内"两税"构成情况

单位:万元

年份		1994年	1995年	1996年	1997年	1998年	1999年	2000年	2001年	2002年	2003年	2004年	2005年	2006年	2007年	2008年	2009年	2010年	2011年
一、国内"两税"	税额	2 033 145	2 109 444	2 293 656	2 436 488	2 746 472	2 857 169	2 859 353	2 773 584	2 966 645	3 232 506	3 979 219	4 317 381	4 926 780	6 015 348	7 156 809	7 573 477	8 881 904	10 630 771
	增长%		3.75	8.73	6.23	12.72	4.03	0.08	-3.00	6.96	8.96	23.10	8.50	14.12	22.09	18.98	5.82	17.28	19.69
(一)卷烟"两税"	税额	1 555 700	1 641 334	1 719 564	1 805 040	2 074 582	2 193 057	2 107 411	1 949 686	2 097 856	2 249 157	2 685 244	2 657 935	2 876 161	3 354 047	4 150 005	4 640 250	5 431 711	6 407 290
	增长%		5.50	4.77	4.97	14.93	5.71	-3.91	-7.48	7.60	7.21	19.39	-1.02	8.21	16.62	23.73	11.81	17.06	17.96
	卷烟"两税"占国内"两税"比重%	76.52	77.81	74.97	74.08	75.54	76.76	73.70	70.29	70.71	69.58	67.48	61.56	58.38	55.76	57.99	61.27	61.15	60.27
(二)其他"两税"	税额	477 445	468 110	574 092	631 448	671 890	664 112	751 942	823 898	868 789	983 349	1 293 975	1 659 446	2 050 619	2 661 301	3 006 804	2 933 227	3 450 193	4 223 481
	增长%		-1.96	22.64	9.99	6.40	-1.16	13.23	9.57	5.45	13.19	31.59	28.24	23.57	29.78	12.98	-2.45	17.62	22.41
	其他"两税"占国内"两税"比重%	23.48	22.19	25.03	25.92	24.46	23.24	26.30	29.71	29.29	30.42	32.52	38.44	41.62	44.24	42.01	38.73	38.85	39.73
二、国内增值税	税额	901 848	939 612	1 069 367	1 131 036	1 242 699	1 261 378	1 276 402	1 368 942	1 406 776	1 594 871	1 970 271	2 290 094	2 727 670	3 475 530	4 018 694	3 938 082	4 601 983	5 534 488
	增长%		4.19	13.81	5.77	9.87	1.50	1.19	7.25	2.76	13.37	23.54	16.23	19.11	27.42	15.63	-2.01	16.86	20.26
	国内增值税占国内"两税"比重%	44.36	44.54	46.62	46.42	45.25	44.15	44.64	49.36	47.42	49.34	49.51	53.04	55.36	57.78	56.15	52.00	51.81	52.06
(一)卷烟增值税	税额	442 336	480 679	505 393	510 746	580 231	605 563	532 746	554 495	547 491	620 480	686 197	661 511	695 508	835 138	1 036 998	1 028 583	1 178 949	1 345 993
	增长%		8.67	5.14	1.06	13.60	4.37	-12.02	4.08	-1.26	13.33	10.59	-3.60	5.14	20.08	24.17	-0.81	14.62	14.17
	卷烟增值税占国内增值比重%	49.05	51.16	47.26	45.16	46.69	48.01	41.74	40.51	38.92	38.90	34.83	28.89	25.50	24.03	25.80	26.12	25.62	24.32

续表

年份		1994 年	1995 年	1996 年	1997 年	1998 年	1999 年	2000 年	2001 年	2002 年	2003 年	2004 年	2005 年	2006 年	2007 年	2008 年	2009 年	2010 年	2011 年
（二）其他增值税	税额	459 512	458 933	563 974	620 290	662 468	655 815	743 656	814 447	859 285	974 391	1 284 074	1 628 583	2 032 162	2 640 392	2 981 696	2 909 499	3 423 034	4 188 495
	增长%		-0.13	22.89	9.99	6.80	-1.00	13.39	9.52	5.51	13.40	31.78	26.83	24.78	29.93	12.93	-2.42	17.65	22.36
	其他增值税占国内增值比重%	50.95	48.84	52.74	54.84	53.31	51.99	58.26	59.49	61.08	61.10	65.17	71.11	74.50	75.97	74.20	73.88	74.38	75.68
三、国内消费税	税额	1 131 297	1 169 832	1 224 289	1 305 452	1 503 773	1 595 791	1 582 951	1 404 642	1 559 869	1 637 635	2 008 948	2 027 287	2 199 110	2 539 818	3 138 115	3 635 395	4 279 921	5 096 283
	增长%		3.41	4.66	6.63	15.19	6.12	-0.80	-11.26	11.05	4.99	22.67	0.91	8.48	15.49	23.56	15.85	17.73	19.07
	国内消费税占国内“两税”比重%	55.64	55.46	53.38	53.58	54.75	55.85	55.36	50.64	52.58	50.66	50.49	46.96	44.64	42.22	43.85	48.00	48.19	47.94
（一）卷烟消费税	税额	1 113 364	1 160 655	1 214 171	1 294 294	1 494 351	1 587 494	1 574 665	1 395 191	1 550 365	1 628 677	1 999 047	1 996 424	2 180 653	2 518 909	3 113 007	3 611 667	4 252 762	5 061 297
	增长%		4.25	4.61	6.60	15.46	6.23	-0.81	-11.40	11.12	5.05	22.74	-0.13	9.23	15.51	23.59	16.02	17.75	19.01
	卷烟消费税占国内消费比重%	98.41	99.22	99.17	99.15	99.37	99.48	99.48	99.33	99.39	99.45	99.51	98.48	99.16	99.18	99.20	99 35	99.37	99.31
（二）其他消费税	税额	17 933	9 177	10 118	11 158	9 422	8 297	8 286	9 451	9 504	8 958	9 901	30 863	18 457	20 909	25 108	23 728	27 159	34 986
	增长%		-48.83	10.25	10.28	-15.56	-11.94	-0.13	14.06	0.56	-5.74	10.53	211.72	-40.20	13.28	20.08	-5.50	14.46	28.82
	其他消费税占国内消费比重%	1.59	0.78	0.83	0.85	0.63	0.52	0.52	0.67	0.61	0.55	0.49	1.52	0.84	0.82	0.80	0.65	0.63	0.69

注：根据总局卷烟增值税统计口径，2002 年前，卷烟增值税包括卷烟工业和一批环节增值税。2002 年起，卷烟增值税仅统计卷烟工业环节增值税。

国内“两税”为国内增值税和国内消费税之和。

1994～2011 年全省主要行业国内增值税情况

单位:万元

年份		1994 年	1995 年	1996 年	1997 年	1998 年	1999 年	2000 年	2001 年	2002 年	2003 年	2004 年	2005 年	2006 年	2007 年	2008 年	2009 年	2010 年	2011 年
国内增值税	税额	901 848	939 612	1 069 367	1 131 036	1 242 699	1 261 378	1 276 402	1 368 942	1 406 776	1 594 871	1 970 271	2 290 094	2 727 670	3 475 530	4 018 694	3 938 082	4 601 983	5 534 488
	增长%		4.19	13.81	5.77	9.87	1.50	1.19	7.25	2.76	13.37	23.54	16.23	19.11	27.42	15.63	-2.01	16.86	20.26
一、制造业	税额	608 090	550 217	597 193	646 928	706 345	700 525	691 376	767 814	911 665	1 023 919	1 239 042	1 360 752	1 612 270	2 026 792	2 279 865	2 117 413	2 358 495	2 648 124
	增长%		-9.52	8.54	8.33	9.18	-0.82	-1.31	11.06	18.74	12.31	21.01	9.82	18.48	25.71	12.49	-7.13	11.39	12.28
	占国内增值税总额比重%	67.43	58.56	55.85	57.20	56.84	55.54	54.17	56.09	64.81	64.20	62.89	59.42	59.11	58.32	56.73	53.77	51.25	47.85
(一)卷烟制造业	税额	360 752	331 902	375 067	420 566	449 911	439 072	381 128	413 245	547 491	620 480	686 197	661 511	695 508	665 812	1 036 998	1 028 591	1 178 948	1 345 990
	增长%		-8.00	13.01	12.13	6.98	-2.41	-13.20	8.43	32.49	13.33	10.59	-3.60	5.14	-4.27	55.75	-0.81	14.62	14.17
	占国内增值税总额比重%	40.00	35.32	35.07	37.18	36.20	34.81	29.86	30.19	38.92	38.90	34.83	28.89	25.50	19.16	25.80	26.12	25.62	24.32
(二)制糖业	税额	23 428	29 363	24 957	29 074	25 785	16 293	24 335	35 643	32 446	25 120	28 870	39 369	53 926	55 995				
	增长%		25.33	-15.01	16.50	-11.31	-36.81	49.36	46.47	-8.97	-22.58	14.93	36.37	36.98	3.84	-100.00			
	占国内增值税总额比重%	2.60	3.13	2.33	2.57	2.07	1.29	1.91	2.60	2.31	1.58	1.47	1.72	1.98	1.61				
(三)化学原料及化学制品制造业	税额	20 550	21 612	23 175	23 655	26 167	26 986	32 201	37 543	47 335	48 846	73 470	96 145	84 766	112 739	131 479	102 360	108 894	124 534
	增长%		5.17	7.23	2.07	10.62	3.13	19.32	16.59	26.08	3.19	50.41	30.86	-11.84	33.00	16.62	-22.15	6.38	14.36
	占国内增值税总额比重%	2.28	2.30	2.17	2.09	2.11	2.14	2.52	2.74	3.36	3.06	3.73	4.20	3.11	3.24	3.27	2.60	2.37	2.25
(四)医药制造业	税额										17 555	25 884	30 350	39 093	52 516	66 339	73 516	87 363	100 350
	增长%											47.45	17.25	28.81	34.34	26.32	10.82	18.84	14.87
	占国内增值税总额比重%	0.00	0.00	0.00	0.00	0.00	0.00	0.00	0.00	0.00	1.10	1.31	1.33	1.43	1.51	1.65	1.87	1.90	1.81
(五)非金属矿物制品业	税额	28 603	26 133	24 568	27 587	32 988	37 510	33 553	30 956	25 792	25 556	25 860	38 453	67 187	88 186	99 692	129 577	137 961	152 983
	增长%		-8.64	-5.99	12.29	19.58	13.71	-10.55	-7.74	-16.68	-0.92	1.19	48.70	74.72	31.25	13.05	29.98	6.47	10.89
	占国内增值税总额比重%	3.17	2.78	2.30	2.44	2.65	2.97	2.63	2.26	1.83	1.60	1.31	1.68	2.46	2.54	2.48	3.29	3.00	2.76
(六)黑色金属冶炼及延压加工业	税额	53 854	38 993	37 900	35 271	39 014	38 150	40 372	45 083	53 686	100 761	129 389	131 447	134 213	208 828	217 355	160 355	166 570	144 817
	增长%		-27.59	-2.80	-6.94	10.61	-2.21	5.82	11.67	19.08	87.69	28.41	1.59	2.10	55.59	4.08	-26.22	3.88	-13.06
	占国内增值税总额比重%	5.97	4.15	3.54	3.12	3.14	3.02	3.16	3.29	3.82	6.32	6.57	5.74	4.92	6.01	5.41	4.07	3.62	2.62

续表

年份		1994 年	1995 年	1996 年	1997 年	1998 年	1999 年	2000 年	2001 年	2002 年	2003 年	2004 年	2005 年	2006 年	2007 年	2008 年	2009 年	2010 年	2011 年
其中:钢坯和钢材	税额	47 479	33 039	32 366	30 470	34 230	33 679	32 402	36 746	41 965	77 415	85 959	76 995	87 581	131 584	79 406	69 368	86276	44 918
	增长%		-30.41	-2.04	-5.86	12.34	-1.61	-3.79	13.41	14.20	84.48	11.04	-10.43	13.75	50.24	-39.65	-12.64	24.37	-47.94
	占国内增值税总额比重%	5.26	3.52	3.03	2.69	2.75	2.67	2.54	2.68	2.98	4.85	4.36	3.36	3.21	3.79	1.98	1.76	1.87	0.81
(七)有色色金属冶炼及延压加工业	税额	26 347	19 765	22 815	27 495	29 806	33 606	37 448	45 277	55 198	55 412	78 794	133 834	264 097	395 003	279 089	191 628	185159	244 041
	增长%		-24.98	15.43	20.51	8.41	12.75	11.43	20.91	21.91	0.39	42.20	69.85	97.33	49.57	-29.35	-31.34	-3.38	31.80
	占国内增值税总额比重%	2.92	2.10	2.13	2.43	2.40	2.66	2.93	3.31	3.92	3.47	4.00	5.84	9.68	11.37	6.94	4.87	4.02	4.41
二、采掘业	税额	19 741	24 256	24 646	26 276	27 156	26 005	31 650	39 392	45 044	65 735	99 115	152 736	209 652	320 596	426 574	430 441	625105	794 563
	增长%		22.87	1.61	6.61	3.35	-4.24	21.71	24.46	14.35	45.94	50.78	54.10	37.26	52.92	33.06	0.91	45.22	27.11
	占国内增值税总额比重%	2.19	2.58	2.30	2.32	2.19	2.06	2.48	2.88	3.20	4.12	5.03	6.67	7.69	9.22	10.61	10.93	13.58	14.36
(一)煤炭开采和洗选业	税额	5 322	5 729	7 423	9 470	10 744	11 138	11 114	14 032	16 096	23 349	38 404	61 797	81 518	110 339	188 069	235 637	345587	441 135
	增长%		7.65	29.57	27.58	13.45	3.67	-0.22	26.26	14.71	45.06	64.48	60.91	31.91	35.36	70.45	25.29	46.66	27.65
	占国内增值税总额比重%	0.59	0.61	0.69	0.84	0.86	0.88	0.87	1.03	1.14	1.46	1.95	2.70	2.99	3.17	4.68	5.98	7.51	7.97
(二)有色金属矿采选	税额	7 658	10 855	8 906	8 882	6 926	5 444	10 123	13 628	14 092	22 769	39 356	55 468	78 247	140 705	128 073	84 543	139922	181 158
	增长%		41.75	-17.95	-0.27	-22.02	-21.40	85.95	34.62	3.40	61.57	72.85	40.94	41.07	79.82	-8.98	-33.99	65.50	29.47
	占国内增值税总额比重%	0.85	1.16	0.83	0.79	0.56	0.43	0.79	1.00	1.00	1.43	2.00	2.42	2.87	4.05	3.19	2.15	3.04	3.27
三、电力、煤气及水的生产和供应业	税额	45 527	45 576	76 369	84 728	88 878	99 774	112 882	119 467	128 537	164 948	221 288	295 370	338 158	424 795	506 287	517 041	480751	675 034
	增长%		0.11	67.56	10.95	4.90	12.26	13.14	5.83	7.59	28.33	34.16	33.48	14.49	25.62	19.18	2.12	-7.02	40.41
	占国内增值税总额比重%	5.05	4.85	7.14	7.49	7.15	7.91	8.84	8.73	9.14	10.34	11.23	12.90	12.40	12.22	12.60	13.13	10.45	12.20
(一)发电	税额	7 478	8 953	10 498	15 084	27 708	32 464	35 833	43 758	50 716	73 018	101 096	130 751	153 408	179 735	216 339	243 919	249615	326 713
	增长%		19.72	17.26	43.68	83.69	17.16	10.38	22.12	15.90	43.97	38.45	29.33	17.33	17.16	20.37	12.75	2.34	30.89
	占国内增值税总额比重%	0.83	0.95	0.98	1.33	2.23	2.57	2.81	3.20	3.61	4.58	5.13	5.71	5.62	5.17	5.38	6.19	5.42	5.90
(二)供电	税额	28 150	31 915	60 881	65 665	56 663	61 845	69 238	69 411	70 218	83 376	104 882	144 873	164 648	197 877	260 895	246 704	206636	320 843
	增长%		13.37	90.76	7.86	-13.71	9.15	11.95	0.25	1.16	18.74	25.79	38.13	13.65	20.18	31.85	-5.44	-16.24	55.27
	占国内增值税总额比重%	3.12	3.40	5.69	5.81	4.56	4.90	5.42	5.07	4.99	5.23	5.32	6.33	6.04	5.69	6.49	6.26	4.49	5.80
四、批发和零售	税额	242 067	304 933	342 777	320 929	348 622	380 633	390 246	390 005	282 184	304 020	386 911	462 781	551 093	638 446	777 914	837 650	1085736	1 344 932
	增长%		25.97	12.41	-6.37	8.63	9.18	2.53	-0.06	-27.65	7.74	27.26	19.61	19.08	15.85	21.84	7.68	29.62	23.87
	占国内增值税总额比重%	26.84	32.45	32.05	28.37	28.05	30.18	30.57	28.49	20.06	19.06	19.64	20.21	20.20	18.37	19.36	21.27	23.59	24.30

注:2003 年以前未统计“医药产品”数据。

1994～2011 年全省海关代征税收、出口退税与进出口贸易额情况

年份		1994 年	1995 年	1996 年	1997 年	1998 年	1999 年	2000 年	2001 年	2002 年	2003 年	2004 年	2005 年	2006 年	2007 年	2008 年	2009 年	2010 年	2011 年
进出口总额	金额(亿美元)	13.44	18.96	19.22	19.37	19.03	16.59	18.13	19.89	22.26	26.67	37.48	47.39	62.31	87.79	95.99	80.19	133.68	160.53
	增长%		41.07	1.37	0.78	-1.76	-12.82	9.28	9.71	11.92	19.81	40.53	26.44	31.48	40.89	9.34	-16.46	66.70	20.09
出口总额	金额(亿美元)	9.10	12.15	10.96	11.72	11.73	10.34	11.75	12.44	14.29	16.76	22.39	26.42	33.91	47.36	49.87	45.14	76.06	94.73
	增长%		33.52	-9.79	6.93	0.09	-11.85	13.64	5.87	14.87	17.28	33.59	18.00	28.35	39.66	5.30	-9.48	68.50	24.55
进口总额	金额(亿美元)	4.34	6.81	8.26	7.65	7.30	6.25	6.38	7.45	7.97	9.91	15.09	20.97	28.4	40.43	46.12	35.05	57.62	65.8
	增长%		56.91	21.29	-7.38	-4.58	-14.38	2.08	16.77	6.98	24.34	52.27	38.97	35.43	42.36	14.07	-24.00	64.39	14.20
进出口差额	金额(亿美元)	4.76	5.34	2.7	4.07	4.43	4.09	5.37	4.99	6.32	6.85	7.3	5.45	5.51	6.93	3.75	10.09	18.44	28.93
	增长%		12.18	-49.44	50.74	8.85	-7.67	31.30	-7.08	26.65	8.39	6.57	-25.34	1.10	25.77	-45.89	169.07	82.76	56.89
海关代征税收	税额(万元)	29 118	38 381	39 050	35 256	27 610	32 656	23 060	35 838	43 634	27 310	37 305	56 213	55 143	108 684	135 368	146 524	160 039	168 206
	增长%		31.81	1.74	-9.72	-21.69	18.28	-29.39	55.41	21.75	-37.41	36.60	50.68	-1.90	97.09	24.55	8.24	9.22	5.10
1、进口产品增值税	税额(万元)	28 965	38 349	38 876	35 140	27 583	32 620	23 028	35 799	43 583	27 234	37 228	56 140	55 114	108 400	134 292	144732	158229	164042
	增长%		32.40	1.37	-9.61	-21.51	18.26	-29.41	55.46	21.74	-37.51	36.70	50.80	-1.83	96.68	23.89	7.77	9.33	3.67
2、进口产品消费税	税额(万元)	153	32	174	116	27	36	32	39	51	76	77	73	29	284	1 076	1 792	1810	4164
	增长%		-79.08	443.75	-33.33	-76.72	33.33	-11.11	21.88	30.77	49.02	1.32	-5.19	-60.27	879.31	278.87	66.54	1.00	130.06
出口退税	税额(万元)	-43 600	-53 000	-81 500	-41 358	-40 425	-56 316	-78 720	-99 039	-102 136	-168 262	-153 883	-165 700	-140 300	-179 997	-199 700	-170 140	-195 755	-291 240
	增长%		21.56	53.77	-49.25	-2.26	39.31	39.78	25.81	3.13	64.74	-8.55	7.68	-15.33	28.29	10.95	-14.80	15.06	48.78
1、出口货物退增值税	税额(万元)	-43 440	-52 747	-80 916	-39 816	-32 716	-46 661	-70 296	-87 455	-78 885	-142 986	-114 330	-119 110	-101 545	-139 166	-151 502	-144 126	-170076	-249520
	增长%		21.42	53.40	-50.79	-17.83	42.62	50.65	24.41	-9.80	81.26	-20.04	4.18	-14.75	37.05	8.86	-4.87	18.01	46.71
2、免、抵调减增值税	税额(万元)					-7 264	-8 791	-8 038	-10 833	-22 872	-24 386	-39 018	-45 800	-38 000	-40 000	-46 000	-18 640	-15755	-28741
	增长%						21.02	-8.57	34.77	111.13	6.62	60.00	17.38	-17.03	5.26	15.00	-59.48	-15.48	82.42
3、出口货物退消费税	税额(万元)	-160	-253	-584	-1 542	-445	-864	-386	-751	-379	-890	-535	-790	-755	-831	-2 198	-7 374	-9924	-12979
	增长%		58.13	130.83	164.04	-71.14	94.16	-55.32	94.56	-49.53	134.83	-39.89	47.66	-4.43	10.07	164.50	235.49	34.58	30.78

2000～2011年税收收入月度入库情况

单位:万元

年份	项目 \ 月份	1月	2月	3月	4月	5月	6月	7月	8月	9月	10月	11月	12月
2000年	税额	194 176	190 946	230 825	325 260	282 408	292 111	292 969	234 717	284 376	278 745	278 060	372 989
	比上年同期增长%	-12.95	-14.06	-3.37	4.78	2.99	12.58	11.07	-7.28	32.18	9.01	-9.53	-2.80
	占全年总额%	5.96	5.86	7.09	9.98	8.67	8.97	8.99	7.21	8.73	8.56	8.54	11.45
2001年	税额	188 275	188 620	280 699	357 756	314 077	236 502	291 623	246 487	216 758	237 868	223 989	316 047
	比上年同期增长%	-3.04	-1.22	21.61	9.99	11.21	-19.04	-0.46	5.01	-23.78	-14.66	-19.45	-15.27
	占全年总额%	6.08	6.09	9.06	11.55	10.14	7.63	9.41	7.95	7.00	7.68	7.23	10.20
2002年	税额	236 190	326 045	242 408	380 778	324 115	264 435	291 181	230 182	293 929	305 636	230 174	228 640
	比上年同期增长%	25.45	72.86	-13.64	6.44	3.20	11.81	-0.15	-6.61	35.60	28.49	2.76	-27.66
	占全年总额%	7.04	9.72	7.23	11.35	9.66	7.88	8.68	6.86	8.76	9.11	6.86	6.82
2003年	税额	291 371	379 153	293 992	341 206	372 089	283 529	328 952	266 444	269 919	317 951	298 828	196 027
	比上年同期增长%	23.36	16.29	21.28	-10.39	14.80	7.22	12.97	15.75	-8.17	4.03	29.83	-14.26
	占全年总额%	8.01	10.42	8.08	9.38	10.22	7.79	9.04	7.32	7.42	8.74	8.21	5.39
2004年	税额	367 813	432 611	370 378	434 777	397 595	339 036	382 100	417 716	358 541	402 336	311 800	293 944
	比上年同期增长%	26.24	14.10	25.98	27.42	6.85	19.58	16.16	56.77	32.83	26.54	4.34	49.95
	占全年总额%	8.16	9.60	8.21	9.64	8.82	7.52	8.47	9.26	7.95	8.92	6.92	6.52
2005年	税额	365 748	572 665	339 644	505 861	386 973	347 040	401 209	349 480	410 474	482 192	387 846	423 863
	比上年同期增长%	-0.56	32.37	-8.30	16.35	-2.67	2.36	5.00	-16.34	14.48	19.85	24.39	44.20
	占全年总额%	7.35	11.52	6.83	10.17	7.78	6.98	8.07	7.03	8.25	9.70	7.80	8.52

续表

年份 \ 项目 \ 月份		1月	2月	3月	4月	5月	6月	7月	8月	9月	10月	11月	12月
2006年	税额	401 228	534 863	375 355	635 996	525 280	443 438	455 762	474 985	457 169	549 778	449 412	450 371
	比上年同期增长%	9.70	-6.60	10.51	25.73	35.74	27.78	13.60	35.91	11.38	14.02	15.87	6.25
	占全年总额%	6.97	9.30	6.52	11.05	9.13	7.71	7.92	8.26	7.95	9.56	7.81	7.83
2007年	税额	537 206	779 165	444 411	746 988	666 914	479 192	643 694	518 465	558 487	743 770	515 661	460 004
	比上年同期增长%	33.89	45.68	18.40	17.45	26.96	8.06	41.23	9.15	22.16	35.29	14.74	2.14
	占全年总额%	7.57	10.98	6.26	10.53	9.40	6.75	9.07	7.31	7.87	10.48	7.27	6.48
2008年	税额	763 297	984 339	533 056	884 308	787 831	627 369	821 440	626 423	636 470	805 907	492 869	655 084
	比上年同期增长%	42.09	26.33	19.95	18.38	18.13	30.92	27.61	20.82	13.96	8.35	-4.42	42.58
	占全年总额%	8.86	11.42	6.19	10.26	9.14	7.28	9.53	7.27	7.39	9.35	5.72	7.60
2009年	税额	629 875	962 947	423 637	785 191	750 736	677 358	847 002	686 379	705 778	982 655	608 618	940 687
	比上年同期增长%	-17.48	-2.17	-20.53	-11.21	-4.71	7.97	3.11	9.57	10.89	21.93	23.48	43.60
	占全年总额%	7.00	10.70	4.71	8.72	8.34	7.53	9.41	7.63	7.84	10.92	6.76	10.45
2010年	税额	664 781	1 339 694	471 584	974 014	915 560	839 968	996 575	790 342	865 649	1 159 610	810 953	872 261
	比上年同期增长%	5.54	39.12	11.32	24.05	21.95	24.01	17.66	15.15	22.65	18.01	33.24	-7.27
	占全年总额%	6.21	12.52	4.41	9.10	8.56	7.85	9.31	7.39	8.09	10.84	7.58	8.15
2011年	税额	811 535	1 702 091	748 379	1 241 421	1 096 836	1 031 970	1 234 380	965 369	1 056 091	1 351 139	793 039	933 789
	比上年同期增长%	22.08	27.05	58.69	27.45	19.80	22.86	23.86	22.15	22.00	16.52	-2.21	7.05
	占全年总额%	6.26	13.13	5.77	9.57	8.46	7.96	9.52	7.45	8.15	10.42	6.12	7.20

注：不含海关代征、自2008年起含车购税收入。

2008～2011 年全省宏观税负和现价税收弹性情况

单位：万元

地区	税收收入				当年价 GDP				宏观税负%				税收弹性系数			
	2008 年	2009 年	2010 年	2011 年	2008 年	2009 年	2010 年	2011 年	2008 年	2009 年	2010 年	2011 年	2008 年	2009 年	2010 年	2011 年
全省	8 618 393	9 000 863	10 700 978	12 966 039	56 921 200	61 697 500	72 201 400	88 931 200	15.14	14.59	14.82	14.58	0.87	0.53	1.11	0.91
昆明	2 765 763	2 809 251	3 288 401	40 27 980	16 340 007	18 374 605	21 203 723	25 095 800	16.93	15.29	15.51	16.05	1.20	0.13	1.11	1.23
昭通	345 146	373 129	487 487	573 045	2 849 723	3 204 517	3 796 235	4 650 300	12.11	11.64	12.84	12.32	1.37	0.65	1.66	0.78
曲靖	1 262 973	1 303 170	1 496 022	1 767 440	7 927 706	8 709 446	10 055 458	12 099 300	15.93	14.96	14.88	14.61	1.11	0.32	0.96	0.89
玉溪	1 833 946	1 975 485	2 355 183	2 745 829	6 022 161	6 444 042	7 364 903	8 765 500	30.45	30.66	31.98	31.33	0.92	1.10	1.35	0.87
红河	934 749	970 515	1 119 063	1 345 139	5 147 372	5 608 799	6 504 154	7 806 400	18.16	17.30	17.21	17.23	0.52	0.43	0.96	1.01
文山	131 273	128 517	159 945	210 117	2 537 507	2 848 997	3 298 515	4 014 000	5.17	4.51	4.85	5.23	0.70	-0.17	1.55	1.45
思茅	98 453	106 058	136 254	176 878	1 848 698	2 116 987	2 473 049	3 011 900	5.33	5.01	5.51	5.87	1.00	0.53	1.69	1.37
版纳	54 778	57 748	75 863	100 187	1 232 899	1 386 356	1 609 871	1 975 900	4.44	4.17	4.71	5.07	1.69	0.44	1.95	1.41
楚雄	454 433	496 786	576 429	669 551	3 066 009	3 439 465	4 000 508	4 825 000	14.82	14.44	14.41	13.88	0.81	0.77	0.98	0.78
大理	351 280	383 913	454 700	570 493	3 691 202	4 044 965	4 748 676	5 681 000	9.52	9.49	9.58	10.04	1.39	0.97	1.06	1.30
保山	109 164	104 348	145 195	198 263	1 975 122	2 216 595	2 608 992	3 232 400	5.53	4.71	5.57	6.13	0.37	-0.36	2.21	1.53
德宏	65 215	74 601	98 534	137 301	1 004 832	1 157 088	1 406 270	1 723 200	6.49	6.45	7.01	7.97	0.64	0.95	1.49	1.75
丽江	67 113	80 483	104 027	144 421	1 044 508	1 206 746	1 435 885	1 785 000	6.43	6.67	7.24	8.09	2.22	1.28	1.54	1.60
怒江	34 725	32 798	41 387	42 019	431 284	480 471	540 046	64 6300	8.05	6.83	7.66	6.50	2.96	-0.49	2.11	0.08
迪庆	29 175	33 597	49 637	84 456	557 856	636 560	770 976	963 900	5.23	5.28	6.44	8.76	0.80	1.07	2.26	2.80
临沧	80 207	70 464	112 851	172 920	1 591 586	1 813 326	2 182 879	2 724 300	5.04	3.89	5.17	6.35	0.69	-0.87	2.95	2.15

2011 年分地区、分税种税收收入情况

单位：万元

项目 \ 地区		合计	昆明	昭通	曲靖	玉溪	红河	文山	普洱	版纳	楚雄	大理	保山	德宏	丽江	怒江	迪庆	临沧
一、税收收入合计	税额	12 966 039	4 027 980	573 045	1 767 440	2 745 829	1 345 139	210 117	176 878	100 187	669 551	570 493	198 263	137 301	144 421	42 019	84 456	172 920
	增长%	21.17%	22.49%	17.55%	18.14%	16.59%	20.20%	31.36%	29.81%	32.06%	16.15%	25.47%	36.55%	39.34%	38.83%	1.52%	70.16%	53.25%
(一)国内增值税	税额	5 534 488	1 762 399	248 634	820 366	758 151	578 410	144 165	127 393	65 262	225 497	253 702	132 413	98 258	109 179	33 301	48 243	129 115
	增长%	20.26%	23.00%	13.61%	17.39%	9.24%	17.16%	25.92%	21.89%	29.58%	10.81%	33.81%	39.49%	30.69%	38.69%	-9.00%	52.81%	53.22%
	占税收收入总额比重%	42.68%	43.75%	43.39%	46.42%	27.61%	43.00%	68.61%	72.02%	65.14%	33.68%	44.47%	66.79%	71.56%	75.60%	79.25%	57.12%	74.67%
(二)国内消费税	税额	5 096 283	1 113 558	253 381	754 031	1 706 865	615 736	6 933	9 002	5 844	369 574	224 517	13 646	4 424	5 149	1 796	1 947	9 880
	增长%	19.07%	21.63%	17.25%	20.74%	16.99%	21.13%	-2.35%	15.56%	38.94%	17.02%	16.89%	22.65%	18.48%	22.36%	12.53%	27.17%	35.36%
	占税收收入总额比重%	39.30%	27.65%	44.22%	42.66%	62.16%	45.77%	3.30%	5.09%	5.83%	55.20%	39.35%	6.88%	3.22%	3.57%	4.27%	2.31%	5.71%
(三)营业税	税额	—	—	—	—	—	—	—	—	—	—	—	—	—	—	—	—	—
	增长%	—	—	—	—	—	—	—	—	—	—	—	—	—	—	—	—	—
	占税收收入总额比重%	—	—	—	—	—	—	—	—	—	—	—	—	—	—	—	—	—
(四)企业所得税	税额	1 810 806	925 061	53 379	141 755	256 330	112 481	41 959	20 646	12 486	58 327	64 934	34 248	20 018	16 768	4 371	28 195	19 848
	增长%	34.89%	25.22%	46.12%	15.41%	47.00%	43.79%	76.86%	190.91%	29.75%	44.10%	37.72%	46.37%	135.53%	55.33%	449.12%	181.30%	94.74%
	占税收收入总额比重%	13.97%	22.97%	9.31%	8.02%	9.34%	8.36%	19.97%	11.67%	12.46%	8.71%	11.38%	17.27%	14.58%	11.61%	10.40%	33.38%	11.48%
(五)个人利息所得税	税额	3 005	995	139	414	190	270	73	81	44	160	230	152	63	72	20	37	65
	增长%	-53.71%	-56.70%	-52.72%	-48.31%	-56.92%	-54.62%	-51.01%	-53.98%	-58.88%	-55.06%	-50.00%	-50.65%	-51.16%	-52.63%	-52.38%	5.71%	-56.08%
	占税收收入总额比重%	0.02%	0.02%	0.02%	0.02%	0.01%	0.02%	0.03%	0.05%	0.04%	0.02%	0.04%	0.08%	0.05%	0.05%	0.05%	0.04%	0.04%
(六)车辆购置税	税额	521 457	225 967	17 512	50 874	24 293	38 242	16 987	19 756	16 551	15 993	27 110	17 804	14 538	13 253	2 531	6 034	14 012
	增长%	10.92%	13.56%	11.41%	3.70%	-11.27%	0.05%	17.29%	18.44%	43.15%	-1.74%	6.66%	15.36%	32.32%	30.56%	7.20%	-6.80%	28.22%
	占税收收入总额比重%	4.02%	5.61%	3.06%	2.88%	0.88%	2.84%	8.08%	11.17%	16.52%	2.39%	4.75%	8.98%	10.59%	9.18%	6.02%	7.14%	8.10%

续表

项目 \ 地区		全省	昆明	昭通	曲靖	玉溪	红河	文山	普洱	版纳	楚雄	大理	保山	德宏	丽江	怒江	迪庆	临沧
（七）其他各税	税额	—	—	—	—	—	—	—	—	—	—	—	—	—	—	—	—	—
	增长%	—	—	—	—	—	—	—	—	—	—	—	—	—	—	—	—	—
	占税收收入总额比重%	—	—	—	—	—	—	—	—	—	—	—	—	—	—	—	—	—
二、海关代征税收合计	税额	168 206	73 729			-	23 372	1 278	5 773	18 635	-	-	10 367	28 753	-	2 272	-	4 027
	增长%	24.26%	-10.04%				60.70%	0.47%	16.72%	7.21%		-100.00%	10.94%	11.07%		117.62%		35.54%
（一）进口产品增值税	税额	164 042	71 574				23 210	1 278	5 772	18 585		-	10 321	27 004	-	2 272	-	4 026
	增长%	22.15%	-11.06%				60.04%	0.47%	16.75%	8.12%		-100.00%	10.50%	4.68%		117.62%		35.51%
（二）进口产品消费税	税额	4 164	2 155				162	-	1	50		-	46	1 749	-	-	-	1
	增长%	286.99%	45.51%				295.12%		-50.00%	-73.82%			820.00%	1843.33%				
三、出口退税合计	税额	-291 240	-147 689	-450	-6 247	-9 855	-7 099	-2 900	-2 035	-3 900	-1 948	-11 489	-4 934	-87 148	-2 240	-	-2 000	-1 306
	增长%	48.78%	64.41%	90.68%	0.92%	49.34%	0.40%	61.11%	-5.35%	69.57%	52.31%	64.95%	12.14%	37.75%	18.83%	-100.00%	1011.11%	-18.38%
（一）出口货物退增值税	税额	-249 520	-116 150	-325	-3 690	-8 000	-6 844	-2 900	-2 000	-3 792	-1 750	-8 500	-4 665	-86 638	-1 900	-	-1 920	-446
	增长%	62.34%	64.50%	80.56%	-15.95%	33.33%	4.20%	61.11%	-1.96%	69.74%	59.09%	77.08%	15.96%	37.49%	11.76%		966.67%	-68.96%
（二）免、抵调减增值税	税额	-28 741	-19 300	-125	-2 557	-1 855	-100	-	-35	-	-198	-2 989	-234	-148	-340	-	-	-860
	增长%	-37.52%	96.34%	123.21%	42.06%	209.68%	-73.05%		-68.18%		10.61%	38.06%	-33.14%	38.32%	83.78%	-100.00%		
（三）出口货物退消费税	税额	-12 979	-12 239	-	-	-	-155	-	-	-108	-	-	-35	-362	-	-	-80	
	增长%	0	0				0			1			0	1				-1

2011 年分地区、分产业税收收入情况

单位:万元

项目	地区	合计	昆明	昭通	曲靖	玉溪	红河	文山	普洱	版纳	楚雄	大理	保山	德宏	丽江	怒江	迪庆	临沧
税收收入	税额	13 134 245	4 101 709	573 045	1 767 440	2 745 829	1 368 511	211 395	182 651	118 822	669 551	570 493	208 630	166 054	144 421	44 291	84 456	176 947
	增长%	20.93	21.70	17.55	18.14	16.59	20.72	31.12	29.36	27.43	16.15	25.28	35.00	33.46	38.83	4.38	70.16	52.80
	占税收收入总额比重%	100	100	100	100	100	100	100	100	100	100	100	100	100	100	100	100	100
一、第一产业	税额	13 973	8 002	94	285	268	341	369	653	124	2 287	139	866	250	127	24	48	96
二、第二产业	税额	9 823 387	2 479 672	470 888	1 442 900	2 578 893	1 127 892	124 564	104 416	59 238	558 928	420 381	112 046	91 836	76 938	31 857	31 486	111 452
	增长%	20	23	15	17	16	25	41	21	26	14	21	37	39	32	-5	42	51
	占税收收入总额比重%	74.79	60.45	82.17	81.64	93.92	82.42	58.92	57.17	49.85	83.48	73.69	53.71	55.30	53.27	71.93	37.28	62.99
(一)采矿业	税额	862 670	95 031	87 519	225 835	99 712	94 367	51 078	16 291	13 750	39 101	29 532	20 510	5 608	48 104	5 069	20 329	10 834
(二)制造业	税额	8 162 777	2 126 703	359 448	1 121 730	2 453 050	965 696	36 339	42 500	25 811	508 252	344 607	55 785	43 176	14 174	15 266	2 541	47 699
(三)电力、燃气及水的生产和供应业	税额	768 040	234 071	23 269	94 210	25 766	67 314	36 318	44 777	19 559	11 318	45 556	35 587	42 930	14 588	11 493	8 541	52 743
(四)建筑业	税额	29 900	23 867	652	1 125	365	515	829	848	118	257	686	164	122	72	29	75	176
三、第三产业	税额	3 296 696	1 614 423	102 073	324 081	166 497	239 963	86 526	77 588	59 308	109 034	149 863	95 575	73 783	67 281	12 378	52 930	65 393
	增长%	23.52	20.35	29.70	21.81	29.11	2.47	19.77	43.47	28.76	28.48	38.64	32.44	26.52	47.12	39.28	93.02	56.68
	占税收收入总额比重%	25.10	39.36	17.81	18.34	6.06	17.53	40.93	42.48	49.91	16.28	26.27	45.81	44.43	46.59	27.95	62.67	36.96
(一)交通运输、仓储及邮政业	税额	46 881	23 355	1 190	3 685	824	7 013	2 499	1 066	579	1 087	1 995	615	521	1 227	161	544	520
(二)批发和零售业	税额	2 104 357	907 241	77 162	248 706	124 980	158 010	60 817	46 766	38 644	81 683	108 581	63 262	54 666	46 648	8 547	34 771	43 873
(三)金融业	税额	297 331	175 533	7 201	23 614	13 154	17 098	6 768	11 190	3 284	6 018	13 017	6 303	2 891	6 086	732	721	3 721
(四)信息传输、计算机服务和软件业	税额	102 250	101 675	47	104	26	63	26	27	36	58	36	38	47	28	7	6	26
(五)住宿和餐饮业	税额	6 846	5 122	21	148	54	79	72	15	148	19	323	21	29	757	1	30	7
(六)文化、体育和娱乐业	税额	5 976	5 153	35	27	11	139	35	13	100	62	52	25	7	274	18	6	19
(七)租赁和商务服务业	税额	51 887	34 027	130	655	1 749	2 076	189	100	79	566	258	481	422	57	2	11 083	13
(八)房地产业	税额	177 091	131 019	1 995	6 290	4 425	3 966	2 385	1 544	1 887	5 659	1 724	9 350	2 448	1 175	637	699	1 888
(九)其他行业	税额	504 077	231 298	14 292	40 852	21 274	51 519	13 735	16 867	14 551	13 882	23 877	15 480	12 752	11 029	2 273	5 070	15 326

注:含海关代征、含车购税。

2011 年分地区、分登记注册类型税收收入情况

单位:万元

地区		全省	昆明	昭通	曲靖	玉溪	红河	文山	普洱	版纳	楚雄	大理	保山	德宏	丽江	怒江	迪庆	临沧
税收收入合计	税额	13 134 245	4 101 709	573 045	1 767 440	2 745 829	1 368 511	211 395	182 651	118 822	669 551	570 493	208 630	166 054	144 421	44 291	84 456	176 947
	占税收收入总额比重%	100.00	100.00	100.00	100.00	100.00	100.00	100.00	100.00	100.00	100.00	100.00	100.00	100.00	100.00	100.00	100.00	100.00
一、内资企业小计	税额	12 042 984	3 540 832	536 548	1 696 476	2 690 219	1 318 361	189 473	148 357	94 057	647 518	515 376	175 111	121 812	124 270	40 605	52 815	151 154
	占税收收入总额比重%	91.69	86.33	93.63	95.98	97.97	96.34	89.63	81.22	79.16	96.71	90.34	83.93	73.36	86.05	91.68	62.54	85.42
(一)国有企业	税额	1 656 909	488 463	391 917	177 422	82 366	124 613	42 701	33 825	12 581	70 692	75 534	49 448	40 834	19 222	3 496	5 608	38 187
	占税收收入总额比重%	12.62	11.91	68.39	10.04	3.00	9.11	20.20	18.52	10.59	10.56	13.24	23.70	24.59	13.31	7.89	6.64	21.58
(二)集体企业	税额	217 748	69 880	4 787	36 364	14 065	19 439	6 975	6 264	20 946	7 845	7 104	6 353	3 713	7 534	316	4 019	2 144
	占税收收入总额比重%	1.66	1.70	0.84	2.06	0.51	1.42	3.30	3.43	17.63	1.17	1.25	3.05	2.24	5.22	0.71	4.76	1.21
(三)股份合作企业	税额	41 737	9 145	4 113	664	3 203	3 982	42	5 906	1 157	776	6 272	1 402	108	2 597	558	33	1 779
	占税收收入总额比重%	0.32	0.22	0.72	0.04	0.12	0.29	0.02	3.23	0.97	0.12	1.10	0.67	0.07	1.80	1.26	0.04	1.01
(四)联营企业	税额	3 056	420	18	976		213	1 013	22	24	193	11	11	5	20		1	129
	占税收收入总额比重%	0.02	0.01	0.00	0.06	0.02	0.48	0.01	0.02	0.03	0.00	0.01	0.00	0.01	0.00	0.07		
(五)股份公司	税额	8 701 947	2 494 538	70 290	1 197 252	2 448 134	1 024 255	107 163	82 711	35 921	522 496	364 680	96 810	53 008	34 669	31 112	41 526	97 382
	占税收收入总额比重%	66.25	60.82	12.27	67.74	89.16	74.84	50.69	45.28	30.23	78.04	63.92	46.40	31.92	24.01	70.24	49.17	55.03
(六)私营企业	税额	1 339 048	436 618	64 257	282 876	142 083	118 671	27 896	18 949	23 163	44 867	61 222	18 603	22 848	59 895	4 772	1 347	10 981
	占税收收入总额比重%	10.20	10.64	11.21	16.00	5.17	8.67	13.20	10.37	19.49	6.70	10.73	8.92	13.76	41.47	10.77	1.59	6.21
(七)其他内资企业	税额	82 539	41 768	1 166	922	368	27 188	3 683	680	265	649	553	2 484	1 296	333	351	281	552
	占税收收入总额比重%	0.63	1.02	0.20	0.05	0.01	1.99	1.74	0.37	0.22	0.10	0.10	1.19	0.78	0.23	0.79	0.33	0.31
二、港澳台投资企业	税额	236 204	158 237	453	3 763	17 549	2 648	80	588	6 857	2 646	7 675	567	6 119	1 514		22 965	4 543
	占税收收入总额比重%	1.80	3.86	0.08	0.21	0.64	0.19	0.04	0.32	5.77	0.40	1.35	0.27	3.68	1.05	27.19	2.57	
三、外商投资企业	税额	290 140	183 033	9 078	17 388	9 044	9 132	580	9 792	44	504	17 131	11 222	17 320	3 435	20	1 792	625
	占税收收入总额比重%	2.21	4.46	1.58	0.98	0.33	0.67	0.27	5.36	0.04	0.08	3.00	5.38	10.43	2.38	0.05	2.12	0.35
四、个体经营	税额	564 917	219 607	26 966	49 813	29 017	38 370	21 262	23 914	17 864	18 883	30 311	21 730	20 803	15 202	3 666	6 884	20 625
	占税收收入总额比重%	4.30	5.35	4.71	2.82	1.06	2.80	10.06	13.09	15.03	2.82	5.31	10.42	12.53	10.53	8.28	8.15	11.66

注:本表税收收入含海关代征、含车购税。

本表“股份制企业”包括有限责任公司和股份有限公司,“涉外企业”包括港澳台、外商投资和外国企业。

2011 年全省分地区主要行业国内增值税情况

单位:万元

地区		合计	昆明	昭通	曲靖	玉溪	红河	文山	普洱	版纳	楚雄	大理	保山	德宏	丽江	怒江	迪庆	临沧
国内增值税	税额	5 534 488	1 762 399	248 634	820 366	758 151	578 410	144 165	127 393	65 262	225 497	253 702	132 413	98 258	109 179	33 301	48 243	129 115
	增长%	20.26	23.00	13.61	17.39	9.24	17.16	25.92	21.89	29.58	10.81	33.81	39.49	30.69	38.69	-9.00	52.81	53.22
一、制造业	税额	2 648 124	849 669	101 329	328 601	577 059	311 516	32 768	38 950	22 270	129 376	111 475	37 098	34 936	12 833	14 800	1 991	43 453
	增长%	12.28	13.68	7.13	3.40	5.08	33.58	48.89	9.18	35.54	1.35	15.18	21.10	32.91	21.64	-24.99	17.05	50.49
	占国内增值税总额比重%	47.85	48.21	40.75	40.06	76.11	53.86	22.73	30.57	34.12	57.37	43.94	28.02	35.56	11.75	44.44	4.13	33.65
卷烟制造业	税额	1 345 990	330 782	80 405	195 421	450 647	163 357				79 270	46 108						
	增长%	14.17	21.35	8.50	21.35	7.03	21.35				8.49	8.50						
	占国内增值税总额比重%	24.32	18.77	32.34	23.82	59.44	28.24				35.15	18.17						
化学原料及化学制品制造业	税额	124 534	52 560	3 479	22 876	17 722	12 193	1 167	4 060		5 101	2 762	270	86	26	483	157	1 592
	增长%	14.36	15.95	-43.16	8.44	19.59	45.54	8.16	21.27	-100.00	22.62	28.58	33.00	-4.44	-7.14	40.41	-30.84	4.67
	占国内增值税总额比重%	2.25	2.98	1.40	2.79	2.34	2.11	0.81	3.19	0.00	2.26	1.09	0.20	0.09	0.02	1.45	0.33	1.23
医药制造业	税额	100 350	77 273	223	483	5 478	3 611	2 495	210	411	3 947	3 745	1 780	128	538		4	24
	增长%	14.87	11.46	68.94	14.18	65.90	38.78	11.78	-5.83	6.75	11.53	13.28	70.66	-30.05	-5.28		300.00	-75.26
	占国内增值税总额比重%	1.81	4.38	0.09	0.06	0.72	0.62	1.73	0.16	0.63	1.75	1.48	1.34	0.13	0.49		0.01	0.02
非金属矿物制品业	税额	152 983	41 647	9 680	11 363	9 833	8 412	8 175	6 746	1 921	2 977	22 811	12 797	10 187	3 813	154	111	2 356
	增长%	10.89	3.16	7.50	-3.03	-7.93	19.76	103.81	-18.04	45.53	-8.65	20.89	20.53	58.28	-10.74	-61.98	9.90	43.48
	占国内增值税总额比重%	2.76	2.36	3.89	1.39	1.30	1.45	5.67	5.30	2.94	1.32	8.99	9.66	10.37	3.49	0.46	0.23	1.82
黑色金属冶炼及延压加工业	税额	144 817	28 424	16	12 445	48 894	21 095	7 982	12	160	20 795	3 949	17		86		175	767
	增长%	-13.06	-51.78	-42.86	1.72	-11.02	129.59	36.03	-233.33	107.79	-7.19	123.36	142.86		-56.35		-72.04	171.02
	占国内增值税总额比重%	2.62	1.61	0.01	1.52	6.45	3.65	5.54	0.01	0.25	9.22	1.56	0.01		0.08		0.36	0.59

续表

地区		合计	昆明	昭通	曲靖	玉溪	红河	文山	普洱	版纳	楚雄	大理	保山	德宏	丽江	怒江	迪庆	临沧
其中：钢坯和钢材	税额	44 918	16 294		1 069	25 609	239				868	839						
	增长%	-47.94	-68.20		138.62	-21.75	-70.96				58.97	68.14						
	占国内增值税总额比重%	0.81	0.92	0.00	0.13	3.38	0.04	0.00	0.00	0.00	0.38	0.33	0.00	0.00	0.00	0.00	0.00	0.00
有色金属冶炼及延压加工业	税额	244 041	97 372	230	12 675	3 614	78 208	8 452	4 975	-	5 497	9 205	2 708	1 389	1 010	13 616	1 144	3 946
	增长%	31.80	109.51	109.09	-69.27	-14.22	65.80	87.49	25.06	#DIV/0!	99.75	5.48	-3.25	20.57	125.95	-26.82	102.12	64.28
	占国内增值税总额比重%	4.41	5.52	0.09	1.55	0.48	13.52	5.86	3.91	0.00	2.44	3.63	2.05	1.41	0.93	40.89	2.37	3.06
二、采掘业	税额	794 563	90 942	78 960	220 536	82 210	91 901	41 386	13 151	10 848	36 336	28 552	18 508	4 898	47 061	3 950	17 648	7 676
	增长%	27.11	28.15	12.32	25.26	28.81	35.75	21.15	47.35	0.67	23.66	38.11	81.56	153.78	23.97	-14.24	40.83	50.30
	占国内增值税总额比重%	14.36	5.16	31.76	26.88	10.84	15.89	28.71	10.32	16.62	16.11	11.25	13.98	4.98	43.10	11.86	36.58	5.95
煤炭开采和洗选业	税额	441 135	19 097	54 555	217 042	2 871	60 424	9 706	2 535		12 805	14 531	575	54	45 948			992
	增长%	27.65	57.16	15.03	25.30	18.34	34.94	36.97	64.93	-100.00	29.61	69.62	5.31	-22.86	23.68			33.87
	占国内增值税总额比重%	7.97	1.08	21.94	26.46	0.38	10.45	6.73	1.99	0.00	5.68	5.73	0.43	0.05	42.09	0.00	0.00	0.77
有色金属矿采选	税额	181 158	15 649	23 312	304	26 343	20 874	29 793	9 057	314	14 844	10 238	3 415	4 567	67	3 894	13 901	4 586
	增长%	29.47	18.22	5.51	-41.31	50.22	59.91	16.40	32.76	-45.58	32.23	49.22	43.43	182.96	857.14	-3.80	35.45	12.18
	占国内增值税总额比重%	3.27	0.89	9.38	0.04	3.47	3.61	20.67	7.11	0.48	6.58	4.04	2.58	4.65	0.06	11.69	28.81	3.55
三、电力、煤气及水的生产和供应业	税额	675 034	170 110	21 842	92 695	25 113	59 464	32 666	43 406	19 150	10 823	42 667	34 919	37 901	14 331	9 927	7 853	52 167
	增长%	40.41	90.25	11.92	28.83	17.90	14.00	35.13	16.42	45.19	22.06	42.46	59.24	17.50	90.07	16.49	17.60	44.83
	占国内增值税总额比重%	12.20	9.65	8.78	11.30	3.31	10.28	22.66	34.07	29.34	4.80	16.82	26.37	38.57	13.13	29.81	16.28	40.40
发电	税额	326 713	21 972	8 873	52 467	2 014	35 191	10 370	37 475	16 573	1 681	31 569	22 167	24 531	7 393	2 922	4 512	47 003
	增长%	30.89	10.58	-3.10	34.72	-39.39	6.32	76.39	15.99	50.58	23.06	51.66	60.32	18.59	621.27	31.92	12.04	46.58
	占国内增值税总额比重%	5.90	1.25	3.57	6.40	0.27	6.08	7.19	29.42	25.39	0.75	12.44	16.74	24.97	6.77	8.77	9.35	36.40

续表

地区		合计	昆明	昭通	曲靖	玉溪	红河	文山	普洱	版纳	楚雄	大理	保山	德宏	丽江	怒江	迪庆	临沧
(二)供电	税额	320 843	127 781	12 530	39 177	22 504	23 305	21 862	5 512	2 269	7 962	10 553	12 450	13 140	6 656	6 958	3 284	4 900
	增长%	55.27	146.14	26.01	22.34	29.12	27.87	22.03	19.80	21.34	24.23	28.43	58.72	15.61	6.38	11.06	25.97	30.81
	占国内增值税总额比重%	5.80	7.25	5.04	4.78	2.97	4.03	15.16	4.33	3.48	3.53	4.16	9.40	13.37	6.10	20.89	6.81	3.80
四、批发和零售	税额	1 344 932	597 382	46 092	177 500	72 524	112 437	36 470	31 055	12 809	46 975	69 684	39 227	18 552	34 325	4 375	20 525	25 000
	增长%	23.87	22.02	35.66	33.96	23.65	－19.01	9.24	42.24	30.41	34.02	70.26	32.31	64.08	53.54	24.71	95.35	80.21
	占国内增值税总额比重%	24.30	33.90	18.54	21.64	9.57	19.44	25.30	24.38	19.63	20.83	27.47	29.62	18.88	31.44	13.14	42.55	19.36

2007～2011 年分地区卷烟国内消费税情况

单位:万元

地区		合计	昆明	昭通	曲靖	玉溪	红河	文山	普洱	版纳	楚雄	大理	保山	德宏	丽江	怒江	迪庆	临沧
2007 年	税额	2 518 909	572 208	102 102	392 078	850 433	336 062				169 908	96 118						
	增长%	15.51	14.26	11.11	20.93	15.46	12.64				15.46	17.66						
2008 年	税额	3 088 396	740 695	126 755	509 853	1 001 340	389 482				204 554	115 717						
	增长%	23%	29%	24%	30%	18%	16%				20%	20%						
2009 年	税额	3 529 504	786 231	162 220	540 006	1 204 246	429 823				258 092	148 886						
	增长%	14%	6%	28%	6%	20%	10%				26%	29%						
2010 年	税额	4 097 300	883249	203757	605573	1425268	494115				307666	177672						
	增长%	16%	12%	26%	12%	18%	15%				19%	19%						
2011 年	税额	4 881 595	1 069 527	238 374	733 749	1 673 455	598 695				359 937	207 858						
	增长%	19%	21%	17%	21%	17%	21%				17%	17%						

注:不含商业卷烟,不含烟丝。

2011 年分地区税收收入分类构成情况

单位:万元

地区		合计	昆明	昭通	曲靖	玉溪	红河	文山	普洱	版纳	楚雄	大理	保山	德宏	丽江	怒江	迪庆	临沧
税收收入	税额	12 966 039	4 027 980	573 045	1 767 440	2 745 829	1 345 139	210 117	176 878	100 187	669 551	570 493	198 263	137 301	144 421	42 019	84 456	172 920
	增长%	21.17%	22.49%	17.55%	18.14%	16.59%	20.20%	31.36%	29.81%	32.06%	16.15%	25.47%	36.55%	39.34%	38.83%	1.52%	70.16%	53.25%
	占税收收入总额比重%	100.00	31.07%	4.42%	13.63%	21.18%	10.37%	1.62%	1.36%	0.77%	5.16%	4.40%	1.53%	1.06%	1.11%	0.32%	0.65%	1.33%
一、国内流转税	税额	10 630 771	2 875 957	502 015	1 574 397	2 465 016	1 194 146	151 098	136 395	71 106	595 071	478 219	146 059	102 682	114 328	35 097	50 190	138 995
	增长%	19.69	22.47	15.42	18.97	14.49	19.17	24.27	21.45	30.30	14.59	25.30	37.72	30.11	37.86	-8.10	51.62	51.80
	占税收收入总额比重%	100.00	27.05%	4.72%	14.81%	23.19%	11.23%	1.42%	1.28%	0.67%	5.60%	4.50%	1.37%	0.97%	1.08%	0.33%	0.47%	1.31%
二、所得税	税额	1 810 806	925 061	53 379	141 755	256 330	112 481	41 959	20 646	12 486	58 327	64 934	34 248	20 018	16 768	4 371	28 195	19 848
	增长%	34.89	25.22	46.12	15.41	47.00	43.79	76.86	190.91	29.75	44.10	37.72	46.37	135.53	55.33	449.12	181.30	94.74
	占税收收入总额比重%	100.00	51.09%	2.95%	7.83%	14.16%	6.21%	2.32%	1.14%	0.69%	3.22%	3.59%	1.89%	1.11%	0.93%	0.24%	1.56%	1.10%
三、其他	税额	524 462	226 962	17 651	51 288	24 483	38 512	17 060	19 837	16 595	16 153	27 340	17 956	14 601	13 325	2 551	6 071	14 077
	增长%	10.04	12.76	10.23	2.87	-11.99	-0.79	16.59	17.69	42.21	-2.89	5.65	14.06	31.35	29.33	6.16	-6.73	27.09
	占税收收入总额比重%	100.00	43.28%	3.37%	9.78%	4.67%	7.34%	3.25%	3.78%	3.16%	3.08%	5.21%	3.42%	2.78%	2.54%	0.49%	1.16%	2.68%

注:“国内流转税”包括国内增值税、国内消费税和营业税;“所得税”包括内、外资企业所得税和个人所得税。

“税收收入”不含海关代征的进口产品增值税和进口产品消费税,含车购税。

2011 年纳税登记户数分企业类型统计年报表

单位:户

序号	项目	合计	内资企业										港澳台投资企业	其中:国有控股	外商投资企业	其中:国有控股	个体经营
			小计	国有企业	集体企业	股份合作企业	联营企业	其中:国有控股	股份公司	其中:国有控股	私营企业	其他企业					
1	1. 增值税	214 855	56 588	1 194	1 902	242	37	8	22 080	516	30 716	417	366	27	558	15	157 343
2	一般纳税人	37 156	34 416	798	1 035	151	24	7	13 632	442	18 706	70	293	19	308	15	2 139
3	小规模纳税人	177 699	22 172	396	867	91	13	1	8 448	74	12 010	347	73	8	250		155 204
4	2. 消费税	3 951	1 704	33	25	6	2		212	9	1 424	2	17		16		2 214
5	3. 营业税																
6	4. 企业所得税	36 896	36 082	346	363	46	6		15 621	234	18 952	748	334	16	480	16	
7	5. 个人所得税																
8	6. 资源税																
9	7. 固定资产投资方向调节税																
10	8. 城市维护建设税																
11	9. 房产税																
12	10. 印花税																
13	11. 城镇土地使用税																
14	12. 土地增值税																
15	13. 车船税																
16	14. 车辆购置税	1 675	1 633	36	42	4	1	1	701	39	844	5	19		20		3
17	15. 烟叶税																
18	16. 其他税收																
19	附列资料:纳税户数	230 378	70 622	1 340	2 112	269	37	8	28 968	611	36 906	990	478	27	812	20	158 466
20	登记户数	623 246	125 903	3 648	4 853	867	91	10	56 907	1 156	55 822	3 715	1 279	33	1 712	29	494 352

局长:　　处(科)长:　　复核:　　制表:　　制表日期:

2000～2011年税务部门组织的其他收入情况

单位：万元

年份	税务行政性收费收入	税务其他罚没收入
2000年		544
2001年	1 398	565
2002年	1 877	794
2003年	1 888	968
2004年	2 610	786
2005年	2 596	915
2006年	2 709	784
2007年	2 626	682
2008年	2 711	1 126
2009年	2 673	1 097
2010年	2 824	832
2011年	1 069	4035

2011年全省国内生产总值情况

单位：万元

地区	全省	昆明	昭通	曲靖	玉溪	红河	文山	普洱	版纳	楚雄	大理	保山	德宏	丽江	怒江	迪庆	临沧
GDP	88 931 200	25 095 800	4 650 300	12 099 300	8 765 500	7 806 400	4 014 000	3 011 900	1 975 900	4 825 000	5 681 000	3 232 400	1 723 200	1 785 000	646 300	963 900	2 724 300
第一产业	14 110 100	1 338 300	915 900	2 257 900	817 500	1 242 300	915 300	893 400	573 900	1 083 200	1 234 500	983 000	454 100	304 900	82 200	81 200	878 200
第二产业	37 803 200	11 611 800	2 228 700	6 471 100	5 518 400	4 225 400	1 541 600	1 090 500	598 100	2 084 300	2 382 100	1 070 600	598 500	743 900	240 300	394 000	1 040 600
工业	29 943 000	8 489 000	1 708 600	5 770 600	5 307 100	3 633 700	1 130 300	698 200	398 000	1 713 600	1 975 600	799 800	466 500	466 400	170 400	206 200	740 500
第三产业	37 017 900	12 145 700	1 505 600	3 370 300	2 429 600	2 338 700	1 557 100	1 028 000	804 000	1 657 500	2 064 400	1 178 800	670 600	736 200	323 800	488 700	805 500
批发和零售业	9 322 100	2 928 600	217 600	781 000	245 100	525 900	406 100	166 700	91 300	369 600	413 900	231 600	143 400	136 600	48 300	87 300	115 500

注：由于全省数据和分州市数据分别统计，故州市数据之和不等于全省数据。

2011 年分税种分级次收入情况

单位：万元

序号	项目	合计	中央	地方
1	总计	12 848 108	10 756 466	2 091 642
2	一、税收收入合计	13 134 245	11 042 603	2 091 642
3	1. 增值税收入	5 698 530	4 314 909	1 383 621
4	（1）国内增值税	5 534 488	4 150 867	1 383 621
5	（2）进口货物增值税	164 042	164 042	
6	2. 消费税收入	5 100 447	5 100 447	
7	国内消费税	5 096 283	5 096 283	
8	进口消费品消费税	4 164	4 164	
9	3. 企业所得税	1 810 806	1 103 987	706 819
10	内资企业	1 564 651	952 822	611 829
11	外资企业	246 155	151 165	94 990
12	4. 个人所得税	3 005	1 803	1 202
13	5. 车辆购置税	521 457	521 457	
14	二、出口退税合计	-291 241	-291 241	
15	1. 出口货物退增值税	-249 520	-249 520	
16	2. 免、抵调减增值税	-28 741	-28 741	
17	3. 出口消费品退消费税	-12 980	-12 980	
18	三、非税收入合计	5 104	5 104	
19	1. 税务部门罚没收入	1 069	1 069	
20	2. 税务行政性事业收费收入	4 035	4 035	

2011 年分地区涉外税收收入情况

单位：万元

地区 \ 项目	涉外税收收入合计	增值税	消费税	外商投资企业和外国企业所得税
合计	526 184	268 484	11 545	246 155
昆明市	341 249	144 299	3 714	193 236
昭通市	9 526	4 299	–	5 227
曲靖市	21 149	19 253	–	1 896
玉溪市	26 542	15 044	2 118	9 380
红河州	11 779	9 224	799	1 756
文山州	660	623	–	37
普洱市	10 380	7 446	–	2 934
西双版纳州	6 900	5 512	163	1 225
楚雄州	3 149	2 396	–	753
大理州	24 791	13 193	3 981	7 617
保山市	11 765	10 135	–	1 630
德宏州	23 437	17 160	574	5 703
丽江市	4 949	2 534	–	2 415
怒江州	20	20	–	–
迪庆州	24 746	14212. 00	192. 00	10342
临沧市	5 142	3 134	4	2 004

注：不含海关代征。

2011 年普通发票管理情况年度报告表

单位:份、户次、元

项目 类别	上年结存	印制情况						使用情况				年末结存	税务机关检查处理情况					其他情况		
		合计	其中		其中			合计	向用票单位发售	税务机关填用	税务机关核销		检查户次	有问题户次	违法发票份数	处罚户数	罚款金额	用票户数	印有单位名称用票户数	印有单位名称用票份数
			省级印制	地市级印制	机打票	手工票	定额票													
顺序号	1	2	3	4	5	6	7	8	9	10	11	12	13	14	15	16	17	18	19	20
合　计	22 275 081	137 812 263	137 812 263		121 403 853	16 408 410		90 552 551	89 588 772	543 661	420 118	69 534 793	225 373	3 212	58 034	3 058	1438 520	124 315	221	66 137 099

2011 年纳税服务情况年度报告表

所属统计期:2011 年度　　　　计算单位:个(人)、户(次)、万元、件

项目			上年末数量	本年增减数量	本年末数量合计
顺序号			1	2	3
办税服务厅	办税服务厅总数(个)		187	-2	185
	其中:国地税共用(个)		5	1	6
	工作人员总数(人)		1 601	-123	1 478
	银行进驻办税服务厅(个)		36		36
申报纳税方式	申报税款总额(万元)		10 701 000	2 433 245	13 134 245
	直接上门申报(户)		94 316	2 832	97 148
	邮寄申报(户)		13	-4	9
	邮寄申报税款数额(万元)		86	-3	83
	邮寄申报税额占纳税总额比重(%)				
	电子申报(户)		163 126	54 145	217 271
	其中	(1)电话语音(户)			
		(2)网络申报(户)	57 984	14 147	72 131
		(3)其他电子申报(户)	105 142	39 998	145 140
	电子申报税款数额(万元)		4 595 938	4 653 418	9 249 356
	电子申报税额占申报纳税总额比重(%)		0.43	0.27	0.70
	其他申报(户)				
税款缴纳方式	支票(户)		91	11	102
	银行卡(户)				
	电子结算(户)				
	委托银行付款(户)		146 566	70 705	217 271
	其他税款缴纳方式(户)		110 889	-13 732	97 157
纳税宣传咨询辅导	12366 服务热线受理次数(次)			11 077	11 077
	宣传咨询网站网页点击(次)		40 806	27 299	68 105
	专职咨询辅导工作人员(人)		460		460
	发放宣传辅导读物(件)		1 258 500	1 159	1 259 659
	征求纳税人意见(次)		367 357	7 266	374 623
	纳税人对纳税服务满意率(%)		0.98		0.98
	其他纳税宣传咨询辅导(次)		256 907	18 938	275 845
	本省(自治区、直辖市、计划单列市)行风评比名次		1		

2011 年个体私营经济税收征管情况年度报告表

单位：户、万元

序号	分类 \ 项目	年纳税总额	纳税户数	定期定额征收情况								建帐情况						
				年初户数	年末户数	年初税收总额	定额调整			年末税收总额	应建帐户数	已建帐户数					查帐征收	
							调整户数	全年调整税额	调整幅度%			合计	复式帐		简易帐		户数	税款
													自行建帐	代理建帐	自行建帐	代理建帐		
	顺序号	1	2	3	4	5	6	7	8	9	10	11	12	13	14	15	16	17
1	合计	1 263 907	67 446	202 560	22 925	213 444	67 389	51 242	24.00%	264 687	48 301	44 521	37 402	3 032	3 641	446	44 521	999 220
2	私营经济	1 122 139	54 973	6 223	11 053	109 851	3 207	31 437	28.62%	141 289	46 700	43 920	37 392	2 914	3 184	430	43 920	980 850
3	个体经济	141 768	12 473	196 337	11 872	103 593	64 182	19 805	19.13%	123 398	1 601	601	10	118	457	16	601	18 370

说明：个体工商户纳税户年末数从2010年的205 662户锐减至12 473户，其原因是从2011年11月1日起，我省执行了新的起征点政策，销售货物的从原5 000元提高到20 000元；提供劳务的从原3 000元提高到了20 000元。

2011 年集贸市场税收征管情况年度报告表(一)

所属统计期：2011 年度　　　　单位：个、户、万元

序号	项目 \ 分类		市场数量		摊位数量		年纳税额					市场交易额	税务部门计税经营额
			年初数	年末数	摊位数	出租数	合计	增值税	营业税	个人所得税	其他		
	顺序号		1	2	3	4	5	6	7	8	9	10	11
1	合计		900	836	107784	94768	34075. 79	34075. 79				1 703 790	1 135 860
2	年纳税额	10 万元以下	716	589	61 166	49 947	15 946. 11	15 946. 11				797 306	531 537
3		10 万～100 万元	166	220	24 180	22 462	6 640. 27	6 640. 27				332 014	221 342
4		100 万～300 万元	9	14	3 546	3 522	2 366. 13	2 366. 13				118 307	78 871
5		300 万～500 万元	5	6	4 613	4 558	2 200. 07	2 200. 07				110 004	73 336
6		500 万～1 000 万元	3	6	1 146	1 146	3 335. 6	3 335. 6				166 780	111 187
7		1 000 万～5 000 万元	1	1	13 133	13 133	3 587. 61	3 587. 61				179 381	119 587
8		5 000 万元以上											

2011年集贸市场税收征管情况年度报告表(二)

所属统计期：2011年度　　　　单位：个、户、万元

分类 / 项目	工商登记户数	税务登记户数	纳税户数	建账情况								定期定额征收情况						
				应建账户数	已建账户数					查账征收		年初户数	年末户数	年初税收总额	定额调整			年末税收总额
					合计	复式账		简易账		户数	税额				调整户数	全年调整税额	调整幅度%	
						自行建账	代理建账	自行建账	代理建账									
顺序号	1	2	3	4	5	6	7	8	9	10	11	12	13	14	15	16	17	18
合计	81 218	74 401	48 853	4 589	3 447	1 970	34	1 387	56	3 447	9 355.60	50 149	45 406	15 372	13 537	9 348.19	60.81%	24 720.19
个体经济	78 605	71 496	46 068	2 397	1 269	128		1141		1 269	1 745.45	49 548	44 799	14 797	13 240	9 670.24	65.35%	24 467.24
私营经济	2 128	2 419	2 322	1 901	1 887	1 591	15	237	44	1 887	7 140.95	420	435	572.66	252	-332.174	-58.01%	240.49
国有企业	6	6	2									1	2		1	1.79		1.79
集体企业	12	13	10	5	5	4	1			5	26.66	5	5	0.2	1	3.87	1935.00%	4.07
其他	467	467	451	286	286	247	18	9	12	286	445.54	175	165	2	43	4.6	230.00%	6.60

2011年税务稽查机构人员、装备情况统计表

截至2011年12月31日

单位：人

机构人员统计	税务机关（个）	税务机关人员	税务稽查机构（个）		税务稽查人员			政治面貌		文化结构			专业资格								年龄结构		
			合计	其中：副科级稽查机构（个）	合计	男	女	党员	团员	研究生	大学本、专科	其他	注册会计师	注册税务师	法律职业资格	资产评估师	物流师	全国计算机等级			35岁以下	35～45岁	45岁以上
																		一级	二级	三级			
	1	2	3	4	5	6	7	8	9	10	11	12	13	14	15	16	17	18	19	20	21	22	23
合计	155	11 237	138	121	1 312	894	418	746	18	20	1 218	74	0	20	7	0	0	10	100	22	101	590	621
省（自治区、直辖市、计划单列市）	1	171	1		13	9	4	10	0	6	7	0	0	4	0	0	0	0	1	0	4	6	3
市（地）	16	2 648	16		305	188	117	189	0	10	284	11	0	5	0	0	0	0	43	0	22	124	159
县（区）	138	8 418	121	121	994	697	297	547	18	4	927	63	0	11	7	0	0	10	56	22	75	460	459

装备统计	税务稽查机构主要装备配置情况										备注
	汽车（辆）	复印机（台）	传真机（台）	摄像机（架）	照相机（架）	扫描仪（台）	计算机（台）				
							合计	其中：便携式计算机（台）			
	24	25	26	27	28	29	30	31			
合计	161	185	172	38	189	105	2 223	753	0	0	
省（自治区、直辖市、计划单列市）	3	2	10	3	10	2	113	74	0	0	
市（地）	33	40	41	20	60	17	709	339	0	0	
县（区）	125	143	121	15	119	86	1 401	340	0	0	

2011 年税务稽查机构查处税收违法案件情况统计表(一)

累计时间:2011 年 1 月 1 日至 2011 年 12 月 31 日

单位:万元

按企业类型统计	税务登记总数	检查户数	有问题户数	结案户数	被查户应纳税额	查补总额					入库总额		
						税款	滞纳金	没收违法所得	罚款	合计	合计	其中	
												税款	以前年度查补额
	1	2	3	4	5	6	7	8	9	10	11	12	13
合计	614 898	1 655	1 600	1 595	1 492 514	17438	2 718	0	4 131	24 287	22 846	16 193	309
内资企业	120 239	1 287	1 239	1 234	986 537	16 724	2 597	0	3 962	23 283	22 044	15 676	306
港澳台商投资企业	1 244	21	18	18	466 664	152	35	0	10	197	197	152	1
外商投资企业	1 311	28	26	26	35 005	319	22	0	10	351	162	130	0
外国企业	56	0	0	0	0	0	0	0	0	0	0	0	0
个体经营	488 354	316	314	314	1 321	238	63	0	146	447	434	230	2
其他	3 694	3	3	3	2 987	5	1	0	3	9	9	5	0

附列资料

立案情况	件数	综合指标	百分率	案件统计分析资料	结案户数	查补税款	项目	件数	备注	
上期移案	14	选案率	96. 68%	100 万元以下	1 555	8 157	纳税人提请听证	1		
本期立案	1 655	入库率	94. 07%	100 万 ~ 500 万元以下	39	8 250	受理行政复议	0		
本期结案	1 651	处罚率	23. 69%	500 万 ~ 1 000 万元以下	0	0	其中:决定撤销或变更	0		
本期存案	18	偷税处罚率	59. 04%	1 000 万 ~ 5 000 万元以下	1	1 031	纳税人提起诉讼	0		
		查补总额 ± %	- 15. 49%	5 000 万 ~ 1 亿元以下	0	0	其中:判决撤销或变更	0		
				1 亿元以上	0	0	国家赔偿	0		
				合计	1 595	17 438	国家赔偿金额(万元)	0	上期查补总额	28 739

2011 年税务稽查机构查处税收违法案件情况统计表(二)

累计时间:2011 年 1 月 1 日至 2011 年 12 月 31 日

单位:万元

按违法性质统计	户数	查补税款	滞纳金	没收违法所得	罚款	合计	实际入库额		按税种统计	查补税款	入库税款	按其它稽查成果统计	户数	税款	金额
							合计	其中:税款							
	14	15	16	17	18	19	20	21		22	23		24	25	26
合计	1 803	17 438	2 718	0	4 131	24 287	22 846	16 193	合计	17 438	16 193				
偷税	333	2 915	734	0	1 721	5 370	5 270	2 815	增值税	9 627	8 835	调减留抵税额	19	68	
逃避追缴欠税	1	0	0	0	0	0	0	0	消费税	0	0	不予抵扣税款	110	1 124	
骗取出口退税	0	0	0	0	0	0	0	0	营业税	0	0	不予免、抵、退税	1	0	
抗税	0	0	0	0	0	0	0	0	企业所得税	7 811	7 358	调整应纳税所得额	49		12 897
编造虚假计税依据	49	0	0	0	256	256	256	0	个人所得税	0	0	其中:弥补亏损	31		9 701
不进行纳税申报	111	481	91	0	241	813	739	460	其他	0	0				
发票违法	445	0	0	0	132	132	132	0							
其他	864	14 042	1 893	0	1 781	17 716	16 449	12 918							

2011年税务稽查机构行政强制措施及移送司法机关案件情况统计表

累计时间:2011年1月1日至2011年12月31日

单位:万元

按保全措施、强制执行统计	税收保全措施		强制执行措施					其他行政措施				移送司法统计		移送司法机关案件		
	户数	金额	户数	金额合计	税款	滞纳金	罚款	户数	人数	金额	欠缴税款			件数	人数	金额
	1	2	3	4	5	6	7	8	9	10	11			12	13	14
合计	0	0	0	0	0	0	0	1	0	0	0	本期移送司法机关处理案件		33		
冻结存款	0	0										其中:不予立案退回案件		23		
扣押查封财产	0	0										公安机关提前介入及联合办理案件		19		
扣缴税款			0	0	0	0	0					免予起诉或予以驳回案件		3		
依法拍卖或变卖			0	0	0	0	0					已判决案件		2	2	
责成提供纳税担保		0	0									判决情况	管制	0	0	
暂停出口退税								1					拘役	0	0	
收缴或停售发票								0					有期徒刑	1	2	
行使代位权、撤销权								0			0		无期徒刑	0	0	
阻止出境								0	0		0		死刑	0	0	
提请人民法院强制执行								0		0			罚金	1		10
													没收财产	0		0

2011 年度税务违法检举案件情况统计表(一)

2011 年1月至12月

单位:件、万元

类别		受理、查处检举案件数		查处结果				执行情况							
		受理件数	查处件数	合计	税款金额	滞纳金金额	罚款金额	合计	入库税款		入库滞纳金		入库罚款		移送案件数
									金额	比例	金额	比例	金额	比例	
行号	列号	1	2	3	4	5	6	7	8	9	10	11	12	13	14
1	省级	91	1	0	0	0	0	0	0	0.00%	0	0.00%	0	0.00%	0
2	地市级	562	608	2 556.91	1 782.13	450.77	324.01	2 556.91	1 782.13	100%	450.77	100%	324.01	100%	2
3	县级	54	77	1 153.32	651.35	121.72	380.25	971.23	641.03	98.42%	57.46	47.21%	272.74	71.73%	3
4	合计	707	686	3 710.23	2 433.48	1 194.24	1 423.81	3 528.14	2 423.16	99.58%	508.23	100%	596.75	84.73%	5

2011 年度税务违法检举案件情况统计表(二)

2011 年1月至12月

2011 年1~12 月

单位:件、万元

项目名称		案件情况		应计奖案件税款入库情况			本年度本级支付奖金数
		查处举报案件总数	应计奖案件总数	合计	应计奖案件入库税款金额	应计奖案件入库罚款金额	
行号	列号	1	2	3	4	5	6
1	省级	1	0	0	0	0	0
2	地市级	608	7	919.82	917.13	2.69	1.75
3	县级	77	2	47.13	31.39	15.74	0.42
4	合计	686	9	966.95	948.52	18.43	2.17

2011 年度税务违法检举案件情况统计表(三)

2011 年 1～12 月　　2011 年 1 月至 12 月　　单位:件、万元

项目/案件	检举人结构						案发地		
	税务干部	被检举企业内部人员		被检举企业同行	其他	合计	中心城市(地(市)级以上)	县及县以下	合　计
		总数	其中:直接责任人						
列号	1	2	3	4	5	6	7	8	9
受理数	0	17	0	8	682	707	410	297	707
查处数	0	19	1	9	658	686	462	224	686
滞补罚合计	0.00	536.58	1.41	325.55	2 848.10	3 710.23	2 180.88	1 529.35	3 710.23

2011 年度税务违法检举案件情况统计表(四)

2011 年 1～12 月　　2011 年 1 月至 12 月　　单位:件、万元

所有制/案件	国有企业	集体企业	股份合作企业	联营企业	有限责任公司	股份有限公司	私营企业	港澳台商投资企业	外商投资企业	个体经营	其他企业	合计
列号	1	2	3	4	5	6	7	8	9	10	11	12
受理数	3	7	1	5	148	15	179	0	0	201	148	707
查处数	2	6	0	4	143	12	175	0	0	198	146	686
滞补罚合计	1.65	1.26	0.00	0.21	956.64	5.30	875.37	0.00	0.00	965.34	904.46	3 710.23

2011年度税务违法检举案件情况统计表(五)

2011年1～12月　　2011年1月至12月　　单位:件、万元

案件＼行业	农林牧渔业	采掘业	制造业	电力、煤气及水的生产和供应业	建筑业	地质勘察业、水利管理业	交通运输、仓储及邮电通信业	批发和零售贸易、餐饮业	金融保险业	房地产业	社会服务业	卫生体育和社会福利业	教育、文化艺术及广播电影电视业	科学研究和综合技术服务业	国家机关、政党机关、社会团体	其他行业	合计
列号	1	2	3	4	5	6	7	8	9	10	11	12	13	14	15	16	17
受理数	5	14	87	0	2	0	0	357	1	4	5	0	0	0	0	232	707
查处数	4	13	85	0	1	0	0	344	1	4	5	0	0	0	0	229	686
滞补罚合计	0.85	714.27	984.15	0.00	7.86	0.00	0.00	985.21	9.30	9.87	7.64	0.00	0.00	0.00	0.00	991.085	3 710.23

2011年度税务违法检举案件情况统计表(六)

2011年1～12月　　2011年1月至12月　　单位:件

案件＼违法类型	偷税	逃税	骗税	抗税	避税	发票违法	违反税务管理规定	其他	合计
列号	1	2	3	4	5	6	7	8	9
增值税	134	0	1	0	0	167	6	93	401
营业税	0	0	0	0	0	0	0	1	1
消费税	1	0	0	0	0	0	0	1	2
企业所得税	1	0	0	0	0	0	1	10	12
个人所得税	0	0	0	0	0	0	0	0	0
其他	87	0	0	0	0	74	4	105	270
合计	223	0	1	0	0	241	11	210	686

2011 年税收专项检查工作统计表(检查基本情况表)

截至 2011 年 10 月底累计

单位:户、万元

2011 年开展的税收专项检查项目	检查级次	税务机关直接检查户数统计				企业自查户数统计	
		检查户数	查结户数	问题户数	其中:移送司法机关户数	开展自查的企业户数	企业自查有问题户数
1	2	3	4	5	6	7	8
资本交易项目	省级检查	1	1	1		1	1
	地市级检查	25	17	17		252	45
	区县级检查	137	135	132		409	42
	本项小计	163	153	149		662	88
广告业	省级检查	1	1	1		2	2
	地市级检查	36	27	25		37	5
	区县级检查	134	131	130		369	248
	本项小计	171	159	156		408	255
办理电子、服装类产品出口退(免)税企业	省级检查	3	3	3		2	2
	地市级检查	24	15	15		24	4
	区县级检查	41	29	27		82	8
	本项小计	68	47	45		108	14
各地自行开展检查项目	省级检查	39	37	37		28	27
	地市级检查	73	66	65		230	218
	区县级检查	314	295	295		1 018	964
	本项小计	426	398	397		1 276	1 209
区域税收专项整治	省级检查	190	179	175		1 219	829
所有项目合计	省级检查	234	221	216		1252	861
	地市级检查	158	125	122		543	272
	区县级检查	626	590	584		1 878	1 262
	本项小计	1 018	936	922		3 673	2 395

2011 年税收专项检查工作统计表(查补情况表)

截至 2011 年 10 月底累计　　　　单位:万元

2011 年开展的税收专项检查项目	检查级次	查补收入统计												其他		企业自查补税金额
		查补收入合计	查补税款小计	增值税	消费税	营业税	企业所得税	个人所得税	其中:个人利息所得税	资源税	其他各税	加收的滞纳金	罚款	减增值税留抵税金	调减亏损企业申报亏损额	
1	2	3	4	5	6	7	8	9	10	11	12	13	14	15	16	17
资本交易项目	省级检查	139.87	139.87				139.87									
	地市级检查	482.02	454.2	14.29			439.91					2.81	25.01			141.17
	区县级检查	395.7	349.03	12.86			336.17					38.03	8.64		419.57	726.26
	本项小计	1 017.59	943.1	27.15			915.95					40.84	33.65		419.57	867.43
广告业	省级检查															13.19
	地市级检查	356.39	339.87	16.13			323.74					1.53	14.99		3.1	1.23
	区县级检查	325.52	231.04	54.37			176.67					29.83	64.65	1.65	132.44	43.18
	本项小计	681.91	570.91	70.5			500.41					31.36	79.64	1.65	135.54	57.6
办理电子、服装类产品出口退(免)税	省级检查	270.48	270.48	71.2			199.28									131.54
	地市级检查	642.25	532.86	232.14			300.72					3.94	105.45		18.7	4.02
	区县级检查	38.47	18.96	16.45			2.51					7.99	11.52	2.5	45.13	97.82
	本项小计	951.2	822.3	319.79			502.51					11.93	116.97	2.5	63.83	233.38
各地自行开展检查项目	省级检查	23 129.91	22 012.34	4 672.38			17 339.96					1 115.20	2.37		11.6	10 263.39
	地市级检查	1 391.23	1 140.05	568.88			571.17					189.65	61.53		827.62	7 713.32
	区县级检查	1 212.44	988.22	415.71			572.51					114.39	109.83	84.98	532.12	14 022.02
	本项小计	25 733.58	24 140.61	5 656.97			18 483.64					1 419.24	173.73	84.98	1 371.34	31 998.73
区域税收专项整治	省级检查	1 275.97	887.1	669.52			217.58					223.74	165.13	3.6	362.06	3 856.68
所有项目合计	省级检查	24 816.23	23 309.79	5 413.10			17 896.69					1 338.94	167.5		11.6	10 408.12
	地市级检查	2 871.89	2 466.98	831.44			1 635.54					197.93	206.98		849.42	7 960.47
	区县级检查	1 972.13	1 587.25	499.39			1 087.86					190.24	194.64	92.73	1 491.32	18 645.23
	合计	29 660.25	27 364.02	6 743.93			20 620.09					1 727.11	569.12	92.73	2 352.34	37 013.82

2011 年税收专项检查工作统计表(入库情况表)

截至 2011 年 10 月底累计　　　　单位:万元

2011 年开展的税收专项检查项目	检查级次	查补收入统计												企业自查补税入库金额
		入库查补收入合计	入库税款小计	增值税	消费税	营业税	企业所得税	个人所得税	其中:个人利息所得税	资源税	其他各税	入库滞纳金	入库罚款	
1	2	3	4	5	6	7	8	9	10	11	12	13	14	15
资本交易项目	省级检查	139.87	139.87				139.87							
	地市级检查	482.02	454.2	14.29			439.91					2.81	25.01	141.17
	区县级检查	395.7	349.03	12.86			336.17					38.03	8.64	726.26
	本项小计	1 017.59	943.1	27.15			915.95					40.84	33.65	867.43
广告业	省级检查													13.19
	地市级检查	356.39	339.87	16.13			323.74					1.53	14.99	1.23
	区县级检查	325.52	231.04	54.37			176.67					29.83	64.65	43.18
	本项小计	681.91	570.91	70.5			500.41					31.36	79.64	57.6
办理电子、服装类产品出口退(免)税	省级检查	270.48	270.48	71.2			199.28							131.54
	地市级检查	642.25	532.86	232.14			300.72					3.94	105.45	4.02
	区县级检查	38.47	18.96	16.45			2.51					7.99	11.52	97.82
	本项小计	951.2	822.3	319.79			502.51					11.93	116.97	233.38
各地自行开展检查项目	省级	6 535.19	5 420.83	1 258.97			4 161.86					1 114.36		10 263.39
	地市级检查	1 242.96	1 005.59	500.71			504.88					185	52.37	7 713.32
	区县级检查	581.09	425.24	271.32			153.92					64.71	91.14	14 022.02
	本项小计	8 359.24	6 851.66	2 031.00			4 820.66					1 364.07	143.51	31 998.73
区域税收专项整治	省级检查	1 205.14	844.61	657.48			187.13					204.49	156.04	3 856.68
所有项目合计	省级检查	8 150.68	6 675.79	1 987.65			4 688.14					1 318.85	156.04	10 408.12
	地市级检查	2 723.62	2 332.52	763.27			1 569.25					193.28	197.82	7 960.47
	区县级检查	1 340.78	1 024.27	355			669.27					140.56	175.95	18 645.23
	合计	12 215.08	10 032.58	3 105.92			6 926.66					1 652.69	529.81	37 013.82

2011年重点税源企业分税种已缴税收情况表

单位：万元

项目 收入	累计		
	税收	比同期±额	比同期±%
一、全部税收合计	13 131 393	2 152 517	19.6
（一）税务部门组织税收	12 898 522	2 152 365	20.0
1. 国内增值税	4 181 309	629 827	17.7
2. 国内消费税	5 111 069	834 067	19.5
3. 营业税	302 824	63 902	26.7
4. 企业所得税	1 592 706	282 767	21.6
其中：内资企业	1 359 761	234 514	20.8
外资企业	232 945	48 254	26.1
5.（代扣代缴）个人所得税	311 410	74 444	31.4
6. 资源税	93 014	4 965	5.6
7. 城镇土地使用税	55 598	9 234	19.9
8. 城市维护建设税	652 789	123 907	23.4
9. 印花税	32 890	8 291	33.7
其中：（代扣代缴）证券交易印花税	3 272	3 253	17 121.1
10. 土地增值税	76 528	22 494	41.6
11. 房产税	50 607	5 399	11.9
12. 车船税	1 578	−1 283	−44.8
13. 车辆购置税	885	−641	−42.0
14. 烟叶税	348 748	68 568	24.5
15. 其他税收	2 557	−1 675	−39.6
（二）其他部门组织税收	232 871	152	0.1
1. 契税	5 117	−3 594	−41.3
2. 耕地占用税	7 390	−3 320	−31.0
3. 关税	59 424	−40 906	−40.8
4. 海关代征进口税收	160 940	47 973	42.5
二、实际收到的出口退税额	−44 738	−12 311	38.0
三、行政事业性收费	2 056 761	1 048 190	103.9
1. 教育费附加	546 627	267 898	96.1
2. 文化事业建设费	1 110	107	10.7
3. 社保基金收入	1 469 546	766 867	109.1
4. 其他行政事业性收费	13 272	−66	−0.5
5. 其他收费	26 205	13 382	104.4

2011 年重点税源企业分行业已缴税收情况表

单位：万元

行业＼税收	户数	累计		
		税收	比同期 ± 额	比同期 ± %
合计	2 554	12 898 522	2 152 365	20.0
1. 农、林、牧、渔业	6	3 795	-39	-1.0
2. 采矿业	539	912 141	224 479	32.6
其中：煤炭	331	375 607	100 867	36.7
石油天然气	3	706	143	25.4
金属矿	170	439 315	104 244	31.1
3. 制造业	960	8 573 410	1 253 463	17.1
其中：食品	72	127 134	23 026	22.1
饮料	44	64 040	4 752	8.0
烟草	9	7 153 560	1 090 251	18.0
纺织	10	4 968	-786	-13.7
石油加工	31	70 473	-3 935	-5.3
化工	138	158 254	20 790	15.1
医药	57	132 487	22 492	20.4
橡胶	4	2 227	824	58.7
冶金	183	461 429	80 244	21.1
机械	44	48 879	-3 786	-7.2
交通运输设备	12	32 526	-11 512	-26.1
电气机械器材	29	23 117	-3 287	-12.4
通信电子设备	10	7 109	496	7.5
4. 电力燃气及水的生产供应	245	720 352	226 448	45.8
其中：电力	225	686 367	225 042	48.8
5. 建筑业	12	17 591	-160	-0.9
6. 交通运输、仓储和邮政	14	28 355	9 686	51.9
其中：交通运输	13	27 888	9 482	51.5
7. 信息传输、计算机服务和软件	8	100 114	-26 918	-21.2
8. 批发和零售	567	1 722 690	212 517	14.1
其中：批发	357	1 515 306	189 758	14.3
9. 住宿和餐饮业	4	10 724	3 333	45.1
10. 金融、保险业	94	445 537	178 309	66.7
其中：银行业	73	384 940	170 420	79.4
11. 房地产业	61	287 230	57 481	25.0
12. 租赁和商务服务业	14	19 844	4 213	27.0
13. 科研、技术服务和地质勘查	5	26 440	11 033	71.6
14. 水利、环境和公共设施管理	2	6 031	2 736	83.0
15. 居民服务和其他服务	10	15 250	-352	-2.3
16. 文化体育和娱乐	9	6 505	-3 776	-36.7

注：1. 本表统计范围为全部监控企业；2. 税收口径为计划口径扣除海关代征进口税收。

2011 年重点税源企业分地区已缴税收情况表

单位：万元

地区＼税收	户数	累计		
		税收	比同期±额	比同期±%
合计	2 554	12 898 522	2 152 365	20.0
昆明市	841	5 948 431	979 717	19.7
曲靖市	325	669 556	76 675	12.9
玉溪市	238	4 091 621	586 426	16.7
保山市	57	262 067	116 679	80.3
昭通市	78	180 372	44 087	32.3
丽江市	126	97 611	19 563	25.1
普洱市	91	142 311	37 035	35.2
临沧市	50	122 696	26 320	27.3
楚雄州	142	223 268	19 606	9.6
红河州	191	466 380	93 440	25.1
文山州	102	161 749	30 701	23.4
版纳州	38	62 416	4 518	7.8
大理州	163	249 284	64 135	34.6
德宏州	50	97 800	22 470	29.8
怒江州	24	55 029	13 373	32.1
迪庆州	38	67 932	17 622	35.0

注：1. 本表统计范围为全部监控企业；2. 税收口径为计划口径扣除海关代征进口税收。

第六篇

机构和人员

云南省国家税务局领导名单

党组书记、局长：李鸿文
党组成员、副局长：蔡　杰　于智广　李　杰　许赞霖
党组成员、纪检组长：魏贵和（5月止）　徐新式（9月起）
党组成员、总经济师：朵志红
党组成员、总会计师：刘卫民（12月起）
党组成员、总审计师：王　镶（9月起）
副巡视员：杨家正（9月止）　王天达（8月起）　伍正良（8月起）

云南省国家税务局机关各单位处级干部名单

办公室	政策法规处
副主任：谢云丹（8月止）　沈　琪 廖　韧（10月起） 副调研员：岳从海　郭建忠　辛　红　曾　芳 王重斌	处长：王映祥 副处长：和志刚
货物和劳务税处	**所得税处**
处长：雷　波（9月止） 副处长：刘　丹　闫　泉（10月起） 调研员：赵光荣（7月止）　施　键 副调研员：禄建华　严　泉	处长：资宗宁 副处长：杨劲松　杨劭玲（10月起） 副调研员：裴晓梅　周其平
收入规划核算处	**纳税服务处**
处长：梁丽明 副处长：梁　柯 副调研员：班建华	处长：赵学周 副处长：王总国　李祖滨 调研员：赵建军
征管和科技发展处	**财务管理处**
处长：阙　雄 副处长：黄　永　孙　留　戴红权（兼） 副调研员：岳照清	处长：梁汝俗 副处长：毕　仁　李锦瑜 副调研员：王汝兰
督察内审处	**人事处**
处长：杨毅玲 副处长：赵　福　丁　峰	处长：卢国孝 副处长：唐云英 调研员：杨秀华（2月止） 副调研员：荀　萍
巡视工作办公室	**教育处**
主任：杨春天 副处长：常正华 巡视专员：王　清（副处级） 调研员：赵成斌	处长：杨云飞 副处长：马儒瀚　罗继富 副调研员：籍晋江

续表

监察室 主　　任：梁建安 副 主 任：董　恒	大企业和国际税务管理处 副 处 长：李　坚　郁　琳
机关党委办公室 主　　任：阮志强	离退休干部处 处　　长：太家林 副 处 长：苏红波（10月起）
机关工会 专职副主席：张　霞（正处级）	稽查局 局　　长：赵金友 副 局 长：李庆阳　李明义 副调研员：孙渝兰　刘致志　王晓龙
信息中心 主　　任：徐　翔 副 主 任：黄　永（兼）　戴红权 副调研员：何　辉	机关服务中心 主　　任：苏大荣 调 研 员：董　理　许建昆　王国远 副 主 任：付　伟　李　莉（10月起） 陈定兴（10月起） 副调研员：王淑敏（1月止）　王雨权　鲁　鸣 樊世云　楚国岗
税收科学研究所 所　　长：钟　明 副 所 长：马晓颖 副调研员：杨　江	税务学会秘书处 秘 书 长：杨毅力 副调研员：高加堂
注册税务师管理中心 主　　任：杨银波 副调研员：李开兴　杨　雨	税务干部学校 校　　长：聂华强 副 校 长：程　静　梁　琼（10月起）
《中国税务报》社驻云南记者站 站　　长：李　洁	

昆明市国家税务局局领导名单

局　　长： 王　镶（12 月止）　陈志平（12 月起）
副 局 长： 董　野　郑　青　田克湧　范一非
纪检组长： 段　丽
总经济师： 王　斌
总会计师： 丁　昆
副调研员： 窦文正　余志坤（9 月止）　刘　萍

昆明市国家税务局直属税务分局	昆明高新技术产业开发区国家税务局
局　　长：白建伟 副 局 长：刘海昆　杨劭玲（4 月止）赵红菊　郭英骏 纪检组长：赵宝清	局　　长：梁兴涛 副 局 长：何玉玺　施永高　张鹤春 纪检组长：张　虹
昆明滇池国家旅游度假区国家税务局	**昆明经济技术开发区国家税务局**
局　　长：聂荣伟 副 局 长：梁发谦　楚志强 纪检组长：陈玉惠 调 研 员：尤本高	局　　长：王　昆 副 局 长：吴凤鸣　付　坚 纪检组长：牛莲玉
盘龙区国家税务局	**五华区国家税务局**
局　　长：王　勤 副 局 长：李增平　高　军　朱兆明　鲁　民 纪检组长：魏天明 调 研 员：池继承	局　　长：张　明 副 局 长：吕顺兴　邵东明　李　海　闻　婧　董玲妤 纪检组长：李保文
西山区国家税务局	**官渡区国家税务局**
局　　长：孔胜昔 副 局 长：罗加荣　杜国庆　代银才　杨志勇 纪检组长：顾锐	局　　长：赵玉明 副 局 长：尚安远　冯宣民　陈　鹏 纪检组长：韩庆国
东川区国家税务局	**安宁市国家税务局**
局　　长：唐　坤 副 局 长：唐文林　林代贵（3 月起）　李毅明（3 月起） 纪检组长：雷兴忠	局　　长：贾晓勇 副 局 长：李培杰（2 月起）　陈世才（2 月起） 纪检组长：刘跃康
呈贡县国家税务局	**晋宁县国家税务局**
局　　长：陆　勇 副 局 长：马莉辉　毛鸿春 纪检组长：李廷玲	局　　长：李金梅（9 月止） 副 局 长：汤宝林　李俊贤 纪检组长：李政文

续表

富民县国家税务局	宜良县国家税务局
局　　长：杜　斌 副 局 长：李志祥（3月止）张家文（3月起）赵光富（3月起） 纪检组长：张家文（3月止）李志祥（3月起）	局　　长：刘　岩 副 局 长：唐一凡　梁　群 纪检组长：程越峰
石林县国家税务局	**嵩明县国家税务局**
局　　长：赵志忠 副 局 长：刘贵林　王永红（6月止）　郎洪波（3月起） 副调研员：冯小黑	局　　长：范如祥 副 局 长：吴兴华　顾长寿　陈培寿 纪检组长：李正华
禄劝县国家税务局	**寻甸县国家税务局**
局　　长：张学寿 副 局 长：王忠明 纪检组长：张永能	局　　长：周荣清 副 局 长：孙忠辉　王培顺 纪检组长：肖复舜
阳宗海风景名胜区国家税务局	
局　　长：潘永和 副 局 长：李佑达（3月起） 纪检组长：吴锐章（3月起）	

昭通市国家税务局局领导名单

局　　长：唐明山
副 局 长：宋　跃（5月起）　陈正荣　申晓静　马　力
纪检组长：周世贵
总经济师：刘益涛
总会计师：苏净一（10月起）
调 研 员：陈　强
副调研员：罗官宁

昭阳区国家税务局	鲁甸县国家税务局
局　　长：王健蓉（2月起、8月止） 副 局 长：谢　鄰　杨云辉　王宗伦 纪检组长：李顺林	局　　长：王天平 副 局 长：耿　松　马仲昆　阮拥军 纪检组长：刘鹏翥
巧家县国家税务局	**盐津县国家税务局**
局　　长：雷大明（2月止） 副 局 长：万太刚　罗其高 纪检组长：陈文国 副调研员：余天崇	局　　长：杨升雄（2月止）罗世琳（2月起） 副 局 长：邓　康　睦华强　汪从勋 纪检组长：李　鸿

续表

大关县国家税务局	永善县国家税务局
副 局 长：李永敏（主持工作） 徐光顺 曹仁义 纪检组长：周 迅	局 长：陈际强（2月止）雷大明（2月起） 副 局 长：孔德全 李泽权 纪检组长：颜廷伟
绥江县国家税务局	**镇雄县国家税务局**
局 长：杨爱平 副 局 长：赵成相 杨治华 苏志强（8月起） 纪检组长：曾红翔	局 长：杨升雄（2月起） 副 局 长：王华清（2月起） 孙 前 朱显军 王辅勇 余光胜 纪检组长：熊 昆
彝良县国家税务局	**威信县国家税务局**
局 长：陈光柱 副 局 长：缪朋永 李宗贵 张 杰 纪检组长：何家贵	局 长：陈善全 副 局 长：李应琮 陈 骁（8月止） 罗跃洲 纪检组长：韩 英
水富县国家税务局	
局 长：倪尉东（2月止）陈际强（2月起） 副 局 长：武 燕 邓荣宣 胡 伟 纪检组长：胡思银	

曲靖市国家税务局局领导名单

局　　长：谷 鸣
副 局 长：保明选 陈 达 顾光俊 钱场生
纪检组长：杨雯傈
总经济师：万建良
总会计师：张 毅（10月起）
副调研员：曾加伦 徐诚志

麒麟区国家税务局	马龙县国家税务局
局 长：陈定兴（5月止） 郑定祥（5月起） 副 局 长：杨镜涵 吴聪辉 余绍超 纪检组长：严胜才（3月起）	局 长：丁 勇 副 局 长：刘才忠 唐发宝 纪检组长：符光俊
沾益县国家税务局	**陆良县国家税务局**
局 长：李 宁 副 局 长：牛 语 饶建昌 纪检组长：严胜才（3月止） 孙正红（3月起）	局 长：赵宗太 副 局 长：钱春见 张 敏 马占强 纪检组长：左富余（3月起）

续表

富源县国家税务局	师宗县国家税务局
局　　长：黄建民 副 局 长：黄祥礼　尹显恒 纪检组长：左富余（3月止）　汪绍云（3月起）	局　　长：王石东（12月起） 副 局 长：王石东（11月止）　伏视全　王燕楚 纪检组长：张向红（3月起）
宣威市国家税务局	**罗平县国家税务局**
局　　长：韩　勇（1月起） 副 局 长：黄国辉　陈昌伟　魏成飞　廖蓉（8月起） 纪检组长：彭向才	局　　长：夏仁超 副 局 长：吴留稳　何家伟　李栋斌 纪检组长：周开忠（3月起）
会泽县国家税务局	**曲靖经济技术开发区国家税务局**
局　　长：袁立新（5月止）　万里鹏（12月起） 副 局 长：万里鹏（5月起、11月止）　刘开平　陈玉福 杨宗明 纪检组长：谷　鑫（3月起）	局　　长：李　林（1月起） 副 局 长：杨　寿　孙俊华 纪检组长：谢云成

玉溪市国家税务局局领导名单

局　　长：陈志平（12月止）
副 局 长：张振文　陈希武　白绍军　刘跃芬
纪检组长：杨　军
总经济师：白剑雄
总会计师：魏立红
副调研员：谭尊运　李王明　吴正亮（3月止）

红塔区国家税务局	江川县国家税务局
局　　长：李金华（4月止）　何足道（4月起） 副 局 长：朱云全　郭剑忠　唐光祥 纪检组长：陈栎舟	局　　长：康海波 副 局 长：杨朝兴　赵　霖 纪检组长：杨家顺
澄江县国家税务局	**通海县国家税务局**
局　　长：史洪进 副 局 长：杨崇顺　张权文（11月止） 纪检组长：程　近 副调研员：李建荣	局　　长：孔庆淳 副 局 长：吕联勇　金云峰（6月止）　赵　江 纪检组长：王　丽
华宁县国家税务局	**易门县国家税务局**
局　　长：张　毅（11月止）　张权文（11月起） 副 局 长：杨　华　薛永龙（6月起） 纪检组长：马念五	局　　长：张志坚 副 局 长：杨兴鸿　冯文忠 纪检组长：李本云

续表

峨山彝族自治县国家税务局	新平彝族傣族自治县国家税务局
局　　长：宋　寅 副 局 长：王彦雄　施发亮 纪检组长：普学文	局　　长：钱　清 副 局 长：丁　一（5月止）　李雪兰 纪检组长：龚跃雄（5月止）　赵智勇（10月起）
元江哈尼族彝族傣族自治县国家税务局 局　　长：李红秋 副 局 长：王鑫强 纪检组长：王江峻	

红河哈尼族彝族自治州国家税务局局领导名单

局　　长：席世宏
副 局 长：何建平　谢祁武　邬　留
纪检组长：刘世德
总经济师：万云祥
总会计师：刘　凡
副调研员：黄志文　陈文贵

个旧市国家税务局	开远市国家税务局
局　　长：唐培鑫 副 局 长：华跃飞　陈廷欢　陈卫林　兰　芬 纪检组长：马庆福 副调研员：郭永林	局　　长：徐赶年 副 局 长：龙宝忠　刘　洪　马海波（10月起） 纪检组长：陶文海（12月起）
蒙自县国家税务局 局　　长：余学昌 副 局 长：郑明辉　王成光　杨国弘（10月起） 纪检组长：钱　荣 副调研员：钱云正	**建水县国家税务局** 局　　长：杨正福 副 局 长：黄玉昆　赵天有　刘顺明　田　宏（10月起） 纪检组长：白欧斗
石屏县国家税务局 局　　长：王　芳 副 局 长：钱　翰　雷　鸣　李培源（10月起） 纪检组长：解洪伟	**弥勒县国家税务局** 局　　长：官　亮（4月起） 副 局 长：汤家和　者志林　戴增宝　李瑞玲（10月起） 纪检组长：孙建明
泸西县国家税务局 局　　长：魏洪明 副 局 长：冯林外　魏志勇 纪检组长：王永刚	**屏边苗族自治县国家税务局** 局　　长：刘恒飞 副 局 长：杨海平　段明荣　王振武（10月起） 纪检组长：梁绍华

续表

河口瑶族自治县国家税务局	金平苗族瑶族傣族自治县国家税务局
局　　长：陈光全 副 局 长：何云文　李剑锋（10 月起） 纪检组长：李君福	局　　长：杨曜宇 副 局 长：周美琼　曾华平　李琼英（10 月起） 纪检组长：李　明
元阳县国家税务局	**红河县国家税务局**
局　　长：邹应洪 副 局 长：陈外平　罗庆峰（10 月起） 纪检组长：李权辉	局　　长：李　净（4 月起） 副 局 长：李家亮　杨正学（10 月起） 纪检组长：杨平勇（12 月起）
绿春县国家税务局	
局　　长：刘发明 副 局 长：李开明　黄　毅　普用山（10 月起） 纪检组长：李福成	

文山壮族苗族自治州国家税务局局领导名单

局　　长：王天达（12 月止）　丁　勇（12 月起）
副 局 长：杨秋琼　曹绍元　刘麟聪（7 月起）
纪检组长：张文森
总经济师：陆兴旺（10 月起）
调 研 员：沈文斌

文山县国家税务局	砚山县国家税务局
局　　长：李　庆 副 局 长：谭代勇　肖明发　王天朝　黄忠福 纪检组长：李美玉	局　　长：陆仁波 副 局 长：杨永林　李　翔　范云贵 纪检组长：任治勇
西畴县国家税务局	**麻栗坡县国家税务局**
局　　长：鲜光华 副 局 长：王云贵　龙天德　赵俊敏 纪检组长：王义龙	局　　长：韦堂洪 副 局 长：吴元春　韦堂能　关文虎 纪检组长：蒋文发
马关县国家税务局	**丘北县国家税务局**
局　　长：胡家平 副 局 长：陆正达　蔡永华　陈选栋 纪检组长：姚　丽	副 局 长：张永健　雷泽刚　彭正云 纪检组长：
广南县国家税务局	**富宁县国家税务局**
局　　长：万　勇（8 月起） 副 局 长：韦祖军　王　伟	局　　长：周海林 副 局 长：黄志维　赵邦文　许宏望 纪检组长：杨秀亮

普洱市国家税务局局领导名单

局　　长：鄢登麒
副 局 长：许　芳　何忠宏　卢　平　李光庆（11 月起）
纪检组长：李金祥
总经济师：肖建云
总会计师：傅河钧
副调研员：李忠跃　罗国忠　赵德林（2 月止）

思茅区国家税务局	宁洱哈尼族彝族自治县国家税务局
局　　长：明一龙 副 局 长：杨家忠　王少卫　罗志坤 纪检组长：李　娟	局　　长：吴翠生（5 月止） 副 局 长：李　强（8 月起）　刘　权　黄健惟 戴建明（8 月起） 纪检组长：王建强
墨江哈尼族自治县国家税务局	**景谷傣族彝族自治县国家税务局**
副 局 长：李　怡　周有德　陶　琳 纪检组长：陈洪敏	局　　长：刘国民（5 月止） 副 局 长：李光德　何　竑　鲁灿丽 纪检组长：董文志（5 月起）
景东彝族自治县国家税务局	**镇沅彝族哈尼族拉祜族自治县国家税务局**
局　　长：傅河钧（9 月止） 副 局 长：邓绍昆　李林洪 纪检组长：李源海	局　　长：陶　明（4 月起） 副 局 长：刘显忠　方斗云 纪检组长：罗　云（5 月起）
江城哈尼族彝族自治县国家税务局	**澜沧拉祜族自治县国家税务局**
局　　长：杨静曦（4 月起） 副 局 长：杨　璟　李　强（7 月止） 纪检组长：李志刚	局　　长：贺　琼 副 局 长：肖开明　金　建 纪检组长：胡明志
孟连傣族拉祜族佤族自治县国家税务局	**西盟佤族自治县国家税务局**
局　　长：张　琪 副 局 长：肖会富　袁　伟（8 月起） 罗丽娜（6 月止） 纪检组长：白　承	局　　长：袁啟祥 副 局 长：杨正宏（5 月起） 纪检组长：杨　洪

西双版纳傣族自治州国家税务局局领导名单

局　　长：赵　明
副 局 长：尹为志　陈兴华　阿　资　李　斌
纪检组长：谢建华（2010.11 起）
总经济师：王健蓉（7 月起）
副调研员：朗　谍

景洪市国家税务局	勐海县国家税务局
局　　长：梁　健 副 局 长：杨时明　李冬颂（4 月起） 罗　敏（8 月起） 陆克勤（9 月起） 罗朝旺（3 月止） 王伟东（10 月止） 纪检组长：陆克勤（9 月止）	局　　长：王秀珍（5 月起）　黄　健（4 月止） 副 局 长：孙文洪　门　云　杨兴坤（8 月起） 纪检组长：李　彬
勐腊县国家税务局	**景洪市国家税务局西双版纳旅游度假区分局**
局　　长：刘建生 副 局 长：李　勇　王文忠 纪检组长：曹致祥	局长（正科级）：王伟东（10 月起）
勐腊县国家税务局磨憨经济开发区分局	
副分局长（副科级）：周洁（8 月起）	

楚雄彝族自治州国家税务局局领导名单

局　　长：张炳华
副 局 长：余昌值　邹宗文　杨祖成　王　磊
纪检组长：张学明
总经济师：朱云飞
总会计师：李金梅（7 月起）
副调研员：武有立

楚雄市国家税务局	双柏县国家税务局
局　　长：王　磊（9 月止）　孙思国（9 月起） 副 局 长：董华兴　潘　跃　王连韶 纪检组长：孙勤武	局　　长：傅佐钟（8 月止）　唐家毅（8 月起） 副 局 长：罗跃生 纪检组长：
牟定县国家税务局	**南华县国家税务局**
局　　长：李　荣 副 局 长：鲁建伟　邓开明 纪检组长：非亚琴	局　　长：许正槐 副 局 长：尹有忠　杨　郁 纪检组长：尹建祥

续表

姚安县国家税务局	大姚县国家税务局
局　　长：靳　强 副 局 长：王洪彬　朱学军 纪检组长：由朝映	局　　长：杨朝禄（9月止）　周庆云（9月起） 副 局 长：鲁文顺　杨顺涛 纪检组长：马　飞 副调研员：李家庭
永仁县国家税务局	**元谋县国家税务局**
局　　长：袁红书 副 局 长：陈红梅　孙　健 纪检组长：黄　林（8月起）	局　　长：孙思国（9月止） 副 局 长：罗泓深　马俊文 纪检组长：管建芹
武定县国家税务局	**禄丰县国家税务局**
局　　长：李加清 副 局 长：普志华　段开顺 纪检组长：叶忠香	局　　长：白云耀（1月止）　李明昌（8月起） 副 局 长：李明昌（8月止）　杨智云　张丽菊 纪检组长：杨绍明 副调研员：李光华
楚雄经济开发区国家税务局	
局　　长：冉　萍（1月止）　白云耀（1月起） 副 局 长：陈　群　杨正礼 纪检组长：余瑞海	

大理白族自治州国家税务局局领导名单

局　　长：杨丽君
副 局 长：杨德斌　何忠强　李剑华　黄社江
纪检组长：冉　萍
总会计师：何金昌
副调研员：白文志　甘永康　吉文良　方朝荣

大理市国家税务局	漾濞彝族自治县国家税务局
局　　长：曹文武（8月起） 副 局 长：段琴婵　余永华　赵守正 　　　　　马　波（2月起） 纪检组长：马　波（2月止）　侯云川（4月起）	局　　长：王建辉（7月止）　和志伟（11月起） 副 局 长：杨文坤　吴　芳 李耀明 纪检组长：苏文波（4月起） 副调研员：王建辉（7月起）
祥云县国家税务局	**永平县国家税务局**
局　　长：和向阳（8月起） 副 局 长：蒲绍旺　靳　丽　张卫民 纪检组长：段建周（4月起）	副 局 长：李　应（8月起主持工作）　高学军（2月起） 　　　　　何学武　肖兴惠 纪检组长：高学军（2月止）　陈　曦（4月起）

续表

云龙县国家税务局	宾川县国家税务局
局　　长：刘剑伟 副 局 长：赵杨龙　杨自强　李宏志 纪检组长：李杨苏（4月起）	局　　长：张正富（4月起） 副 局 长：张正富（4月止）　陈绍宏 何光勇（11月起） 纪检组长：罗　义
弥渡县国家税务局	**巍山彝族回族自治县国家税务局**
局　　长：环继荣（4月起） 副 局 长：环继荣（4月止）　王黎明　杨际钢 纪检组长：李聪（4月起）	局　　长：陆映斌 副 局 长：张钧辉　杨继 纪检组长：吕家利（4月起） 副调研员：包宝林（5月止）
南涧彝族自治县国家税务局	**洱源县国家税务局**
局　　长：赵　周（4月起） 副 局 长：赵　周（4月止）　梁雄（11月起） 张中群（3月止） 纪检组长：童臻华（4月起）	局　　长：段建斌（4月起） 副 局 长：王国锋　张翠娟 纪检组长：李鸿源（4月起）
剑川县国家税务局	**鹤庆县国家税务局**
局　　长：王绍钧 副 局 长：段胜雄　海吉生（11月起）　荣雪松（11月起） 纪检组长：赵小东（4月起）	局　　长：李耀仁（4月起） 副 局 长：曹国基　李云岭（11月起）　杨志刚（11月起） 纪检组长：杨杰龙 副调研员：阿林松

保山市国家税务局局领导名单

局　　长：洪　泉
副 局 长：李向伟　张金安　张　桦
纪检组长：张国新
总经济师：董保能
总会计师：张魏森（10月起）
调 研 员：史庆华
副调研员：赵吉富

隆阳区国家税务局	施甸县国家税务局
局　　长：马　祥 副 局 长：刘　星　李赓伟　黎　琦　段文华 纪检组长：叶茂春	局　　长：白协龙（3月起） 副 局 长：戴学勇　王瑞茜　杨茂林 纪检组长：马汉明

续表

腾冲县国家税务局	龙陵县国家税务局
局　　长：蒋恩朝（3月起） 副 局 长：邵维交　黄培金　蒋恩朝（2月止） 李加明 纪检组长：刘　军	局　　长：杨荣德 副 局 长：赵德东　高萍兰　郭助永 纪检组长：徐天林
昌宁县国家税务局 局　　长：肖韵楚 副 局 长：杨绍德　杨文军　杨俊兰 纪检组长：熊友松	

德宏傣族景颇族自治州国家税务局局领导名单

局　　长：龙　晖（2月起）
副 局 长：赵成继　叶　剑　曹映仑（7月起）
纪检组长：线　三
总经济师：何汝智
总会计师：禹春梅

芒市国家税务局	梁河县国家税务局
局　　长：赵克平 副 局 长：薛　俊　余　浩（7月起） 朱学伟（7月起） 高保惠（12月起） 纪检组长：金勒干	局　　长：禹华强 副 局 长：尹以宽　江朝敏 李文禄（7月起） 纪检组长：杨清远
盈江县国家税务局 局　　长：候俊华 副 局 长：刀兴元　杨文昌　董永林 纪检组长：刘　俊（5月起）	**陇川县国家税务局** 局　　长：何朝清（10月起） 副 局 长：唐　勇　雷开龙 黑晓东（7月起） 纪检组长：李　瑜（5月起）
瑞丽市国家税务局 局　　长：雷　军（4月起） 副 局 长：何　毅　车　敏（7月起） 赵　勇（7月起） 张国伟（12月起） 纪检组长：石金树	**畹町经济开发区国家税务局** 局　　长：杨　科（10月起） 副 局 长：陈　雷　饶国琴 范常建（7月起）

丽江市国家税务局局领导名单

局　　长：伍正良（12月止）谢云丹（12月起）
副 局 长：鲍晓江　李辉华　和　芳
纪检组长：谭　文
总经济师：赵向东
总会计师：王　琳（7月起）
副调研员：赵　旭（11月止）　杨子林　田振华

丽江市古城区国家税务局	玉龙纳西族自治县国家税务局
局　　长：肖　勇 副 局 长：李　针　和学东　高良龙　赵金华 纪检组长：和昌顺	局　　长：和国祥 副 局 长：杨永洪（8月止）　秦丽岫　黄冬梅 纪检组长：皮之文
永胜县国家税务局	**华坪县国家税务局**
局　　长：木艳元（3月起） 副 局 长：张继伟（3月止）　刘　颜（4月起） 木　青（8月起） 纪检组长：刘建勋	局　　长：王　琳（7月止） 副 局 长：袁明胜（主持工作）　王洪祥　刘　和 纪检组长：李开祥
宁蒗彝族自治县国家税务局	
局　　长：马建国 副 局 长：安卫宏　刘颜（4月止）　谌贻斌 纪检组长：李永国	

怒江傈僳族自治州国家税务局局领导名单

局　　长：杨边边
副 局 长：鹿军花　和俊荣　宋跃（5月止）
纪检组长：杨勇智
总经济师：杨绍平（7月起）
总会计师：周　斌

泸水县国家税务局	福贡县国家税务局
局　　长：李开良（5月起） 副 局 长：何儒光　和跃兰（7月起） 纪检组长：王子侯	局　　长：苏定洲（3月起） 副 局 长：霜秀芳　熊松发（7月起） 纪检组长：李三光

续表

贡山独龙族自治县国家税务局	兰坪白族普米族自治县国家税务局
局　　长：李康界 副 局 长：何伟东　刘国柱（7月起） 纪检组长： 副调研员：李忠信	副 局 长：何永芳（5月起党组副书记、副局长，主持工作）　田建堂　张春正（7月起） 纪检组长：罗泽贵 副调研员：普于春

迪庆藏族自治州国家税务局局领导名单

局　　长：墨玉章
副 局 长：叶　茂　树耿鹤　和亚军
纪检组长：彭应昌（12月止）
总经济师：肖　芬（10月起）
总会计师：刘建忠（10月起）
调 研 员：陈绍刚

香格里拉县国家税务局	德钦县国家税务局
局　　长：王文军 副 局 长：何晓生　李永红　肖　芬（10月止） 纪检组长：邓新华（10月止）	局　　长：斯那品楚 副 局 长：此里扎史　农继成 纪检组长：扎史尼玛
维西傈僳族自治县国家税务局	**香格里拉经济开发区国家税务局**
局　　长：王立新 副 局 长：和国志 纪检组长：和敬忠	局　　长：王　东（1月起） 副 局 长：和元红 纪检组长：安志新

临沧市国家税务局局领导名单

局　　长：杨毅力（5月止）　梅书灿（5月起）
副 局 长：马　勇　杨　忠　邢　建　梅书灿（5月止）
纪检组长：鲁维荣
总会计师：赵英梅（10月起）

临翔区国家税务局	凤庆县国家税务局
局　　长：叶跃荣 副 局 长：鲁世谱　王自荣　林文高　冯俊宏 纪检组长：李家祥	局　　长：李荣光 副 局 长：李正周　计宪法　杨文全 纪检组长：汤国庆 副调研员：李子文

续表

云县国家税务局	永德县国家税务局
局　　长：刘绍龙 副 局 长：李国华（1 月起）　陈桂伟　张学庆 　　　　　段　玲（3 月起） 纪检组长：任光有 副调研员：张世仁	局　　长：普国志（11 月起） 副 局 长：李光旺　何国政　翟国胜　普国志（11 月止） 纪检组长：王新培
镇康县国家税务局	**双江拉祜族佤族布朗族傣族自治县国家税务局**
局　　长：字永富 副 局 长：袁永康　李文清 纪检组长：查天恩	局　　长：邓明华 副 局 长：杨国安　杨国忠　余文新　石定宏（2 月起） 纪检组长：李国通
耿马傣族佤族自治县国家税务局	**沧源佤族自治县国家税务局**
局　　长：张东明 副 局 长：马金富（2 月起）　李路生　李世刚 　　　　　杨　杉 纪检组长：张玉荣	局　　长：王朝东（11 月起） 副 局 长：杨振军　王朝东（11 月止） 纪检组长：鲍文景

云南省国家税务局系统处级以上干部任免情况

云南省国家税务局机关处级以上干部任免情况

1月17日，云国税任字〔2011〕16号文件，免去王淑敏云南省国家税务局副调研员职务，办理退休手续。

2月28日，云国税任字〔2011〕19号文件，免去杨秀华云南省国家税务局副调研员职务，办理退休手续。

7月7日，云国税任字〔2011〕31号文件，阮志强、太家林、聂华强等任职试用期满，考察合格，按期转正，任命：阮志强为云南省国家税务局机关党委办公室主任；太家林为云南省国家税务局离退休干部处处长；聂华强为云南省税务干部学校校长。

7月18日，云国税任字〔2011〕33号文件，免去赵光荣云南省国家税务局副调研员职务，办理退休手续。

8月22日，云国税任字〔2011〕41号文件，任命曹映仑为德宏州国家税务局副局长职务，试用期一年。云国税党字〔2011〕50号文件，曹映仑同志任德宏州国家税务局党组成员。云国税任字〔2011〕44号文件，任命谢云丹为丽江市国家税务局副局长。云国税党字〔2011〕53号文件，谢云丹同志任丽江市国家税务局党组副书记。

10月9日，国税认字〔2011〕159号文件，任命伍正良、王天达为云南省国家税务局副巡视员。

11月22日，云国税任字〔2011〕50号文件，任命：廖韧为云南省国家税务局办公室副主任；闫泉为云南省国家税务局货物和劳务税处副处长，杨劭玲为云南省国家税务局所得税处副处长，苏红波为云南省国家税务局离退休干部处副处长，李莉、陈定兴为云南省国家税务局机关服务中心副主任，梁琼为云南省税务干部学校副校长，试用期一年。

各州市国家税务局处级干部任免情况

1月4日，云国税任字〔2011〕1号文件，任命刘益涛为昭通市国家税务局总经济师，试用期一年；云国税党字〔2011〕4号文件，周世贵同志任昭通市国家税务局党组成员、党组纪检组组长，试用期一年；刘益涛同志任昭通市国家税务局党组成员。云国税任字〔2011〕2号文件，任命李光庆为普洱市国家税务局副局长，肖建云为普洱市国家税务局总经济师，试用期均为一年。云国税党字〔2011〕3号文件，李光庆、肖建云同志任普洱市国家税务局党组成员。云国税任字〔2011〕3号文件，任命李斌为西双版纳州国家税务局副局长，试用期一年。云国税党字〔2011〕2号文件，李斌同志任西双版纳州国家税务局党组成员；谢建华同志任西双版纳州国家税务局党组成员、党组纪检组组长，试用期一年。云国税任字〔2011〕4号文件，任命董保能为保山市国家税务局总经济师，试用期一年。云国税党字〔2011〕1号文件，张国新同志任保山市国家税务局党组成员、党组纪检组组长，试用期一年；董保能同志任保山市国家税务局党组成员。

1月14日，云国税任字〔2011〕5号文件，任命何汝智为德宏州国家税务局总经济师，禹春梅为德宏州国家税务局总会计师，试用期均为一年。云国税党字〔2011〕5号文件，何汝智、禹春梅同志任德宏州国家税务局党组成员。云国税任字〔2011〕6号文件，任命万建良为曲靖市国家税务局总经济师，试用期一年。云国税党字〔2011〕6号文件，杨文丽同志任曲靖市国家税务局党组成员、党组纪检组组长，试用期一年；万建良同志任曲靖市国家税务局党组成员。云国税党字〔2011〕7号文件，杨军同志任玉溪市国家税务局党组成员、纪检组长，试用期一年。云国税任字〔2011〕7号文件，任命赵向东为丽江市国家税务局总经济师，试用期一年。云国税党字〔2011〕8号〔2011〕，谭文同志任丽江市国家税务局党组成员、党组纪检组组长，试用期一年；赵向东同志任丽江市国家税务局党组成员。云国税任字〔2011〕8号文件，任命和俊荣为怒江州国家税务局副局长，周斌为怒江州国家税务局总经济师，试用期均为一年。云国税党字〔2011〕9号〔2011〕，和俊荣、周斌同志任怒江州国家税务局党组成员。云国税任字〔2011〕9号文件，任命和亚军为迪庆州国家税务局副局长，试用期一年。云国税党字〔2011〕10号〔2011〕，和亚军同志任迪庆州国家税务局党组成员。云国税任字〔2011〕10号文件，任命邢建为临沧市国家税务局副局长，试用期一年。云国税党字〔2011〕11号，邢建同志任临沧市国家税务局党组成员；鲁维荣同志任临沧市国家税务局党组成员、党组纪检组组长，试用期一年。

1月17日，云国税任字〔2011〕12号〔2011〕，免去杨军玉溪市国家税务局稽查局局长职务。云国税任字〔2011〕13号〔2011〕，免去李光庆普洱市国家税务局稽查局局长职务。云国税任字〔2011〕14 号〔2011〕，免去谢建华西双版纳州国家税务局稽查局局长职务。云国税任字〔2011〕15 号〔2011〕，免去赵德林普洱市国家税务局副调研员职务，办理退休手续。

2 月 15 日，云国税任字〔2011〕17 号〔2011〕，任命龙晖为德宏州国家税务局局长。云国税任字〔2011〕18 号〔2011〕，免去杨家正德宏州国家税务局局长职务。

3 月 2 日，云国税任字〔2011〕20 号文件，免去张学昆明市国家税务局调研员职务，办理退休手续。云国税任字〔2011〕21 号文件，免去吴正亮玉溪市国家税务局副调研员职务，办理提前退休手续。

3 月 14 日，云国税任字〔2011〕22 号文件，洪泉任职试用期满，考察合格，按期转正，任命洪泉为保山市国家税务局局长。

3 月 22 日，云国税任字〔2011〕23 号文件，任命李金华为玉溪市国家税务局稽查局局长，试用期一年。

5 月 11 日，云国税任字〔2011〕25 号文件，黄刚任职试用期满，考察合格，按期转正，任命黄刚为昆明市国家税务局稽查局局长。

5 月 25 日，云国税任字〔2011〕26 号文件，免去包宝林大理州国家税务局副调研员职务，办理提前退休手续。

6 月 9 日，云国税任字〔2011〕27 号文件，免去宋跃怒江州国家税务局副局长职务，另有任用。云国税党字〔2011〕27 号文件，宋跃同志不再担任怒江州国家税务局党组成员。

7 月 4 日，云国税任字〔2011〕30 号文件，任命梅书灿为临沧市国家税务局局长。云国税党字〔2011〕31 号文件，杨毅力同志不再担任临沧市国家税务局党组书记。云国税党字〔2011〕32 号文件，任命梅书灿同志为临沧市国家税务局党组书记。

7 月 5 日，云国税任字〔2011〕29 号文件，免去杨毅力临沧市国家税务局局长职务，另有任用。

8 月 10 日，云国税任字〔2011〕37 号文件，杨边边任职试用期满，考察合格，按期转正，任命杨边边为怒江州国家税务局局长。

8 月 22 日，云国税任字〔2011〕38 号文件，任命李金梅为楚雄州国家税务局总会计师职务，试用期一年。云国税党字〔2011〕47 号文件，李金梅同志任楚雄州国家税务局党组成员。云国税任字〔2011〕39 号文件，任命刘麟聪为文山州国家税务局副局长职务，试用期一年。云国税党字〔2011〕48 号文件，刘麟聪同志任文山州国家税务局党组成员。云国税任字〔2011〕40 号文件，任命王健蓉为西双版纳州国家税务局总经济师，试用期一年。云国税党字〔2011〕49 号文件，王健蓉同志任西双版纳州国家税务局党组成员。云国税任字〔2011〕42 号文件，任命王琳为丽江市国家税务局总会计师，试用期一年。云国税党字〔2011〕51 号文件，王琳同志任丽江市国家税务局党组成员。云国税任字〔2011〕43 号文件，任命杨绍平为怒江州国家税务局总会计师，试用期一年。云国税党字〔2011〕52 号文件，杨绍平同志任怒江州国家税务局党组成员。云国税任字〔2011〕45 号文件，任命王建辉为大理州国家税务局副调研员。云国税任字〔2011〕46 号文件，任命韦秀云、李三为德宏州国家税务局副调研员。

9 月 29 日，云国税任字〔2011〕47 号文件，免去余志坤昆明市国家税务局副调研员职务，办理退休手续。

11 月 14 日，云国税任字〔2011〕49 号文件，免去赵旭丽江市国家税务局副调研员职务，办理退休手续。

11 月 22 日，云国税任字〔2011〕51 号文件，任命苏净一为昭通市国家税务局总会计师，试用期一年。云国税党字〔2011〕75 号文件，苏净一同志任昭通市国家税务局党组成员。云国税任字〔2011〕52 号文件，任命张毅为曲靖市国家税务局总会计师，试用期一年。云国税党字〔2011〕76 号文件，张毅同志任曲靖市国家税务局党组成员。云国税任字〔2011〕53 号文件，任命陆兴旺为文山州国家税务局总会计师，试用期一年。云国税党字〔2011〕77 号文件，陆兴旺同志任文山州国家税务局党组成员。云国税任字〔2011〕54 号文件，任命傅河钧为普洱市国家税务局总会计师，试用期一年。云国税党字〔2011〕78 号文件，傅河钧同志任普洱市国家税务局党组成员。云国税任字〔2011〕55 号文件，任命张魏森为保山市国家税务局总会计师，试用期一年。云国税党字〔2011〕79 号文件，张魏森同志任保山州国家税务局党组成员。云国税任字〔2011〕56 号文件，任命：肖芬为迪庆州国家税务局总经济师，刘建忠为迪庆州国家税务局总会计师，试用期一年。云国税党字〔2011〕80 号文件，肖芬、刘建忠 2 同志任迪庆州国家税务局党组成员。云国税任字〔2011〕57 号文件，任命赵英梅为临沧市国家税务局总会计师，试用期一年。云国税党字〔2011〕80 号文件，赵英梅同志任临沧市国家税务局党组成员。

12 月 15 日，云国税任字〔2011〕58 号文件，同意彭应昌提前退休，办理退休手续。

12 月 20 日，云国税任字〔2011〕59 号文件，免去陈志平玉溪市国家税务局局长职务，另有任用。云国税任字〔2011〕60 号文件，任命陈志平为昆明市国家税务局局长；免去王镶昆明市国家税务局局长职务，另有任用。云国税党字〔2011〕91 号文件，陈志平同志不再担任玉溪市国家税务局党组书记。云国税党字〔2011〕92 号文件，陈志平同志任昆明市国家税务局党组书记，王镶同志不再担任昆明市国家税务局党组书记。

12 月 26 日，云国税任字〔2011〕61 号文件，任命丁勇为文山州国家税务局局长，试用期一年；免去王天达文山州国家税务局局长职务，另有任用。云国税党字〔2011〕94 号文件，丁勇同志任文山州国家税务局党组书记，王天达同志不再担任文山州国家税务局党组书记。云国税任字〔2011〕62 号文件，任命谢云丹为丽江市国家税务局局长，试用期一年；免去伍正良丽江市国家税务局局长职务，另有任用。云国税党字〔2011〕95 号文件，谢云丹同志任丽江市国家税务局党组书记，伍正良同志不再担任丽江市国家税务局党组书记。

2011年云南省国家税务局系统机构设置统计表

单位：个

项目		编号	合计	省局	市、州局	州（市）区局	县（市、区）局
甲		1	2	3	4	5	
总计		1	2086	21	279	197	1589
局机关		2	155	1	16	12	126
局机关内设行政机构		3	1368	14	195	118	1041
直属机构	合计	4	170	1	35	12	122
	稽查局	5	151	1	16	12	122
	直属分局	6	4		4		
	车辆购置税征收管理分局		15		15		
	其它直属机构						
派出机构	合计	7	221			43	178
	税务分局	8	221			43	178
	其中：设在开发区	9	7			1	6
事业单位	合计	10	172	5	33	12	122
	信息中心	11	151	1	16	12	122
	机关服务中心	12	17	1	16		
	注册税务师管理中心	13	1	1			
	税务干部学校	14	1	1			
	培训中心	15					
	税收科学研究所	16	1	1			
	票证中心	17	1		1		
	报社、杂志社、出版社	18					
	其他事业单位	19					

2011年云南省国家税务局从业人员基本情况表

项目	编号	人数			文化程度						政治面貌				年龄									
		总计	女	少数民族	研究生	大学本科	大学专科	中专	高中技校职高	初中以下	共产党员	共青团员	民主党派	无党派	30岁以下	31～35岁	36～40岁	41～45岁	46～50岁	51～54岁	女	55～59岁	女	60岁以上
序号		1	2	3	4	5	6	7	8	9	10	11	12	13	14	15	16	17	18	19	20	21	22	23
总计	1	11763	4322	3257	200	5256	4971	681	364	291	6910	215	42	4596	946	729	1640	3104	3499	1280	408	565	0	0
局机关	2	204	66	32	60	88	34	4	12	6	169		3	32	18	30	43	24	35	34	13	20		
昆明市	3	2296	1049	279	40	1124	944	85	69	34	1222	39	17	1018	141	157	313	607	663	292	119	123		
昭通市	4	833	271	89	13	358	347	41	24	50	530	4	1	298	60	56	103	226	261	91	29	36		
曲靖市	5	844	254	63	17	454	295	46	12	20	554	11	2	277	52	58	91	230	301	74	17	38		
楚雄州	6	776	268	232	7	334	365	38	13	19	462	13		301	57	34	110	207	282	50	13	36		
玉溪市	7	740	256	172	7	403	249	34	27	20	444	10	1	285	64	28	104	184	230	85	33	45		
红河州	8	1090	360	372	7	433	499	77	49	25	657	26	14	393	81	55	149	294	311	144	32	56		
文山州	9	610	192	241	3	173	338	47	32	17	375	15		220	63	32	87	173	186	44	15	25		
普洱市	10	697	267	316	5	303	312	46	14	17	353	15	1	328	63	44	122	164	196	75	25	33		
西双版纳州	11	263	113	99	1	127	92	26	12	5	125	13		125	29	14	33	71	76	33	10	7		
大理州	12	999	340	479	16	420	440	50	41	32	608	12		379	62	63	106	271	323	107	38	67		
保山市	13	521	145	52	8	175	285	36	10	7	360	4	3	154	48	27	73	143	161	46	6	23		
德宏州	14	509	228	150		215	224	39	17	14	297	11		201	45	45	87	131	120	67	19	14		
丽江市	15	371	121	184	4	147	177	30	5	8	237	2		132	47	22	50	93	102	36	7	21		
怒江州	16	217	94	166	1	121	63	13	7	12	115	7		95	20	18	58	70	26	19	3	6		
迪庆州	17	193	86	152	2	118	56	8	6	3	104	10		79	38	18	45	53	26	10	3	3		
临沧市	18	600	212	179	9	263	251	61	14	2	298	23		279	58	28	66	163	200	73	26	12		

第七篇

税收文选

局长专文

科学构建纳税服务体系 努力推进税企征纳和谐

昆明市国家税务局局长 王镶

围绕国家税务总局“服务科学发展，共建和谐税收”的新时期税收工作主题，按照昆明市委、市政府提出的将昆明建成云南绿色经济强省的龙头、民族文化强省的枢纽、中国面向西南开放的国际化门户和桥头堡城市的战略部署，昆明市国税局主动融入地方经济社会发展大潮中，深入贯彻落实科学发展观，以组织收入为中心，从国税事业可持续发展的现实需要、未来走向出发，着力打造服务型国税机关，取得了良好成效。2011 年 1 ~ 11 月，昆明市国税系统共组织收入 367.05 亿元，同比增长 22.27%。同时，全市国税机关立足对“纳税服务需求及时响应，纳税服务效能大幅提升，办税人办税负担明显减轻，纳税人满意度持续提高”的要求，狠抓服务理念的转变、服务制度的规范和服务平台的建设，突出纳税服务的个性化、规范化，以构建一套科学、完备的纳税服务工作体系为突破，为实现税企征纳和谐营造良好的制度环境和文化氛围，为国家和昆明市加快实现科学发展新跨越作出积极贡献。

一、以法治平等的纳税服务理念为思想基础

党的十七大以来，建设服务型政府成为加快政府行政管理体制改革的一项重要任务和目标，公共服务成为了现代政府的显著特征。纳税服务作为国税机关转变政府职能、建设服务型政府的应有之义，是服务科学发展、共建和谐税收的重要内容，国家税务总局在 2009 年的全国税务系统纳税服务工作会议上指出，纳税服务与税收征管是税务部门的核心业务，全国税务机关必须转变观念、统一认识，切实抓实抓好纳税服务工作。

昆明市国税局党组始终认为，作为一项全局性工作，纳税服务贯穿于税款征收、税源管理和税务稽查等国税工作的各个环节，责任落实涉及到国税机关每一个部门、每一位干部，因此，找准工作切入点，成为切实有效提升纳税服务工作水平的关键。在思想上树立法治平等的纳税服务理念，是国税机关切实提升纳税服务水平的工作切入点。要充分做好新时期国税机关纳税服务工作，必须首先统一干部的思想认识，打破传统的思维定势，消除少部分干部的特权观念，明确税收法律关系的基本准则，在思想上牢固树立征纳双方法律地位平等的纳税服务工作的基本理念，从而满足构建和谐征纳关系的根本要求。

昆明市国税局在充分认识纳税人不仅仅是依法纳税的义务主体，也是国税部门提供税收服务的对象基础上，正确把握“以法律法规为依据、以纳税人合理需求为导向、以信息化为依托、以提高税法遵从度为目的”的纳税服务工作基本原则，提出了以征纳零距离、办税零差错、服务零缺陷为标准的纳税服务“三零”理念，并以之为目标，在思想和行动上为全市国税干部设置了纳税服务认识的标准和追求的方向，把全系统干部职工的思想进一步统一到了和谐发展、提升行政效能、优化纳税服务、改进干部作风的工作要求上来，不断增强“不让形象在我这里受到损害、不让事情在我这里延误、不让问题在我这里发生、不让效能在我这里损耗、不让服务在我这里淡化、不让管理在我这里缺失”的“六不让”意识，统筹服务管理资源，更新完善内控制度，创新突破服务方式，把“三零”目标的实现落实到税收工作的方方面面。

科学统筹服务管理资源，努力实现征纳零距离。充分发挥网上办税服务厅功能，从业务和技术层面进一步完善改进，不断扩大应用范围，根据实际需求，扩展服务功能。进一步加强办税服务厅软、硬环境建设，以人为本，优化流程，统一规范，从细节出发，实现办税服务厅时间、空间的科学统筹，以满足纳税人申报、缴税、办税的多样性需求。

更新完善内控制度，努力实现办税零差错。由机关多个部门协调合作，量化监督指标，对全市各基层局的征管状况、服务规范、服务效能、纳税人评议、行风检查等情况量化打分，按季度排序通报，以便各基层局横向交流，纵向比较，看到差距，分析不足，采取措施，提升征管和服务质量。通过完善办税服务厅工作规范，制定首问首办责任制实施办法、限时办结制实施办法，进一步优化税收软环境建设服务承诺等规章制度，强化制度建设，规范服务内容，统一服务标准，明确工作流程，加强督察考核。

创新突破服务方式，努力实现服务零缺陷。进一步拓展延伸纳税服务的方式途径，针对纳税人不同的业务需求提供个性化服务，以纳税评估、纳税辅导的方式，帮助纳税人健全完善财务核算制度。开展纳税人信用等级评定，促进依法诚信纳税。充分利用计算机互联网、手机短信等新兴媒体和通讯载体，切实做好税收政策宣传。畅通税务行政处罚听证、税务行政复议等纳税人维权及法律救济渠道，尊重和保障纳税人合法权益。

通过对征纳零距离、办税零差错、服务零缺陷目标的不懈追求，全市国税系统征纳双方法律地位平等的理念进一步树立，“实实在在为纳税人服务，真真切切让纳税人满意”成为全系统干部职工的思想共识，构建税企征纳和谐思想认识基础得到了进一步夯实。

二、以科学合理的纳税服务制度为机制保障

建立科学合理的制度体系，是提升效能、保障目标任务实现的必然选择和刚性需求。2008 年以来，昆明市国税局党组始终把抓好纳税服务制度建设作为构建和谐征纳关系的重要工作切实抓紧抓实。

着力优化办税服务厅“软”“硬”环境建设。制定实施了《昆明市国家税务局办税服务厅管理规定（试行）》，通过明确办税服务厅管理的内容、要求及业务处理规范，促进办税服务厅管理的规范化。推行排队叫号系统，增加受理申报窗口、分类受理申报，推行自助申报系统，实行“征期领导干部带班制”、“大厅设立引导员服务制”，促进办税服务厅管理的人性化。推行首问责任制、承诺服务、信息发布、共产党员示范岗等多种纳税服务方式，把服务融入到纳税人办税的每一个环节，促进办税服务厅管理的系统化。

精简行政审批简化工作流程。按照昆明市委、市政府提出的打造昆明“三最四低”的投资软环境，提升行政效能的要求，将行政审批项目由 9 项减为 2 项，大幅缩短行政审批时间。推行“阳光政务”，对保留的市级行政审批项目进行公示。把所得税减免税审批、税前扣除审批等权限委托三个开发（度假）区局行使。根据纳税人信誉情况，适当放宽纳税人每次购买发票的限量标准，减少纳税人到服务大厅购买发票的次数，方便纳税人从事生产经营。

加大四项制度贯彻落实力度。认真落实昆明市国税局领导干部问责制、服务承诺制、首问首办制、限时办结制。严格履行行政审批、收费事项、优质服务、廉洁高效公开透明、保障措施五个方面作出的公开承诺。实行一线工作法，加强工作督查力度。加大政务公开力度，落实政府信息公开制度，认真梳理涉及纳税人切身利益的政府信息，重点公开税收法律法规规章、税收优惠政策、行政许可、承诺事项、办税指南等项目和内容。切实保障公民、法人和其他组织依法获取信息，进一步提高税收工作透明度。做好政府信息公开指南、政府信息公开目录、公布办法、公开（政务公开）保密审查制度及申请公开政府信息工作规程的落实，积极做好税收政策反馈工作。

按照“依法合作，务实创新、立足当前，放眼长远、循序渐进，先易后难、求同存异，服务大局、优化服务，提高满意度、整合资源，提升效能”的原则，昆明市国、地税局创新机制，积极探索，共同推动联合办税项目，首先从八个方面开展联合办税工作，为纳税人提供更加方便快捷的纳税服务。一是积极稳妥推进办税服务厅共建。联合建设办税服务厅，采取国地税互设服务窗口、互驻工作人员等手段进行共同服务，将分别在国、地税办税服务厅受理的业务整合至共建的办税服务厅，逐步实现国地税共同管辖的纳税人只到一个办税服务厅就能办理国地税涉税事宜。二是联合开展税法宣传和咨询辅导。对于日常性的税收宣传和咨询辅导工作，国地税一起规划部署和组织实施。三是积极探索联合开展信用等级评定。协同细化评定标准，运用信息化手段，提高评定质量。充分利用各类媒体，共同加大纳税信用等级评定工作的宣传力度，提高纳税信用的社会影响力和关注度。四是共同探索优化办税流程。积极探索联合规范办税资料，逐步统一报送的格式内容与相关要求，对国地税共同要求报送的涉税资料，逐步实现纳税人“一次报送、国地税共享”。五是联合办理税务登记。按照“谁先受理谁办理”的原则，纳税人可自主选择辖区内国地税任一家申请办理税务登记，实现一次办理、一证两章，两家认可。六是联合开展税额核定。对国地税共管的个体定期定额户，联合调查个体“双定户”经营情况，联合进行定额核定并联合发布公告。七是联合开展专业市场税收管理。联合制定专业市场税收管理办法，共同加强核定税额管理、停业复业管理、走逃注销管理。八是联合纳税评估和税务稽查。共同选户，共同评估，共同稽查，各税联评，各税联查，实现信息共享，成果共享，减轻纳税人负担，堵塞管理漏洞。

认真做好招商引资项目及新增税源的服务管理。建立了与各地招商引资部门联系机制，了解和掌握招商引资的进展情况，及时跟进，做好服务。对新开业的纳税人，在初始阶段就提前介入，实行“1 对 1”的全程跟踪服务；对投资 500 万元以上的项目由主管局领导直接负责，实行对口服务、上门服务，送证上门、送政策上门。对招商引资企业在办理发票领购、纳税申报、税收咨询等涉税事宜方面提供“一条龙”服务，帮助企业建账建制，规范经营，在企业健康快速发展的同时实现税收的增长。

2008 年以来，昆明市国税局通过高强度、大力度的持续推进软环境建设，从自身实际出发，合理化纳税服务工作标准；从纳税人角度出发，人性化纳税服务工作措施；从和谐发展的需求出发，科学化纳税服务工作流程，形成了纳税服务工作制度体系，为构建税企征纳和谐提供了机制保障。

三、以多元立体的纳税服务平台为科技支撑

自 2008 年通过省、市联动的方式成功研发并推广增值税网上纳税申报系统以来，昆明市国税局党组致力于为纳税人提供个性化的纳税服务，以网络申报系统的开发应用为先导，全面开展网上办税服务厅建设，经过近 4 年的不断实践和努力攻关，目前，昆明市国税局网上办税服务厅的业务范围已经覆盖国税管辖的五大税种，其功能包括网上纳税申报、网上购买发票、网上发票验旧、出口退税网络申报等主要涉税业务，并辅之以国、地税联合办税，涉税事项同城通办，网上税企宣传交流互动平台，成功做到了将“管理有界、服务无界”的理念与纳税服务实际工作有机结合。

建立网上税企宣传交流互动平台，统一收纳了近期国家出台的涉及国税部门的税收法律法规，构建“365 天 × 24 小时”税收政策宣传阵地，向公众提供及时、全面、系统、权威的税收法规宣传，为纳税人提供共性和个性化税收知识宣传、涉税事项及办税流程辅导，提供在税务机关工作日、工作时间内实时的网上税务咨询、解答和救援服务，对纳税人及税收管理员发布税收工作通知、公告、预警提示。同时以此为基础，构建纳税人诉求响应平台，建立收集、分析、改进和反馈的闭环运作模式，开展对纳税人的纳税服务需求调查，受理纳税人投诉及建议，开展纳税人对税务机关及税务人员的纳税服务质量综合评价，并依据评价结果进行纳税服务质量考核。弱化、淡化从前“以办税服务厅为主导”的纳税服务方式，开创为纳税人提供税前、税中、税后，全过程、全方位的纳税服务新模式，最大限度降低征纳双方的税收成本、提高税收征纳效率，革新和丰富了税法宣传方式，实现纳税服务和税收征管质效双赢的纳税服务发展目标。

与此同时，为进一步扩大纳税服务范围，体现纳税服务以人为本的服务理念，达到进一步整合纳税服务资源的目的，昆明市国税局按照国家税务总局的统一要求，依照云南省国税局的工作部署，集中力量开通“12366”纳税服务热线，通过自动语音、人工服务、传真、短消息和网上交互等手段相结合，为纳税人提供税收政策法规和征管流程的咨询服务，提供办理涉税事项的引导服务，受理纳税人对偷税、逃税、骗税等违法、违章行为举报，受理纳税人对昆明市国家税务局各级税务部门、税务人员工作作风及廉政等方面的投诉，并收集、整理、汇编、分析纳税人咨询、举报、投诉的各类信息。以达到与网上税企宣传交流互动平台共同为纳税人办理涉税事宜提供优质、高效、简捷的全方位纳税服务途径。

网上办税服务厅、网上税企宣传交流互动平台和“12366”纳税服务热线的应用和推广，从技术角度共同支撑起了昆明国税现代化纳税服务体系，促使昆明国税纳税服务水平发生质的飞跃，为昆明国税最终实现税企和谐提供了强有力的科学技术支撑，昆明国税纳税服务工作全面步入网络数字化时代。

纳税服务工作作为税务机关首要的核心业务，是税收征管的先导和基础性工作，直接关系着纳税人税法遵从度和征管质量，更关系到国税机关的社会满意度。“十二五”时期，全系统将始终坚持“国税工作为经济社会服务、国税干部为纳税人服务、国税机关为基层服务”的理念，强势启动，强力推进，以高效、优质为标准和要求，以雷厉风行的作风，科学制定纳税服务新思路、新举措、新方法，狠抓落实，务求实效，进一步完善现代纳税服务体系，切实建立纳税服务的长效机制。

关于转变作风服务基层
扎实做好“十二五”开局之年各项工作的调研

昭通市国家税务局局长　唐明山

云南省国家税务局党组把2011年定为“服务基层年”，是符合云南国税和昭通国税实际的，“十二五”规划描绘的宏伟蓝图，鼓舞人心，催人奋进。要实现这个宏伟目标，从“十二五”开局之年就必须打牢基层这个基础。“服务基层年”的工作主题，对做好“十二五”开局之年的各项工作，必将有着深远的意义。昭通市国税局将紧紧围绕这一主题，进一步提高认识，切实转变作风，完善体制机制，突出保障力度，扎扎实实工作，为“十二五”开局之年各项工作的有序推进奠定良好的基础。

一、提高对“服务基层年”的认识

省局、市局历来都高度重视基层、基础工作，也取得了很多成效。但是，我们的基层基础工作还有很多不足，如征管机制不严密，纳税服务的方式不完善，税收信息化、专业化管理水平不高，基层干部的思想还不够稳定，综合素质还有差距，基层的各种负担还很繁重，经费保障能力还不足等等。这些问题涉及到省、市局为基层服务的问题，也涉及到县区局为征管查一线服务的问题，还涉及到基层为广大纳税人服务的问题，需要我们在今后较长的一段时间持续加以解决，如果对服务基层的认识不到位，认为服务基层年就是解决一点钱，给一些设备就是服务基层的思想，在下面等、靠、要，那么工作就可能不尽如人意。认识不提高，工作实效会打折扣。因此，我们必须提高对服务基层年的认识，扎实做好各个环节的服务工作。

二、以转变作风来服务基层

近年来，我们始终紧紧抓住作风建设不放松，有力地促进了部门工作作风的根本转变，实现了征纳关系的和谐发展。但还必须清醒地看到当前作风建设中仍存在着一些不容忽视的问题，表现为个别同志工作责任心不强，缺乏服务意识和大局意识，工作懒散、作风飘浮，执行力差，部分同志不能严格遵守各项工作纪律，迟到早退、不坚守工作岗位的现象时有发生。这些问题虽然是一些苗头性问题，也只是表现在极少数干部身上，但却会降低国税工作质量，影响征纳关系和党群、干群关系，损害整个国税形象。因此，要切实转变作风，抓好以下三个方面的工作：

一是扎实转变作风，坚定为基层服务的信心和决心。一方面各级领导干部要带头转变作风。完善领导干部挂钩基层联系点的工作制度，为确保信息上下通畅，交流反馈及时。挂钩工作的主要任务是把省、市局党组的声音带下去，把基层的声音带回来。重点是加强工作调研，以不干扰基层工作为目标，广泛听取基层国税干部的意见和建议，认真汲取合理化的建议，着力化解基层工作中的各种矛盾，切实为基层解决实际问题。另一方面要全面改进机关作风。做好税收工作，关键在干部队伍。广大干部职工要按照内强素质、外树形象的要求，不断改进工作作风，对个别工作懒散、作风飘浮、不坚守工作岗位的现象要加强管理，严肃纪律。

二是机关要切实加大为基层服务的力度。第一，要为基层一线人员减负“瘦身”，减少税收管理员的日常应付性工作，确保税收管理员有时间、有精力从事税源管理工作。第二，不断提高税收征管的整体效能，切实解决多头管理体制带来的基层国税机关和纳税人负担过重的问题。机关在下达工作任务时，要切实按照税源一体化管理的要求，加大各科室、各环节之间的衔接和协调，对各项任务进行科学整合和合理归并，避免工作安排的交叉重复，努力提高工作效率。

三是要进一步转变为纳税人服务的作风。纳税人是我们的“衣食父母”，我们的税收服务一定要诚恳、诚信、务实，对税收征管工作要化繁为简，切实为广大纳税人解决实际问题。同时要大力推进专业化和信息化管税，提升基层税收管理水平，为纳税人办税提供方便快捷的通道。进一步整合服务资源，切实减轻纳税人负担，减少纳税人办理涉税事项时报送的涉税资料，避免纳税人报表资料的重复报送，逐步消除多头评估和重复检查，稳步提升全市国税系统的服务质量和效率。

三、以健全和完善机制来服务基层

服务基层必然涉及为基层减负，那就必须要有减负的机制和措施，服务基层必然涉及必要的投入，那就要在经费上、设备上有相应的支持政策，否则服务基层年的工作就难以达到满意的程度。在这方面我们要重点抓好三项工作：

一是逐步建立和完善为基层减负的体制机制。不要想当然的为基层增加不必要的负担，市局各科室要清理要求基层报送的报表资料，能简并的报表资料尽量简并，该取消的报表资料一律取消。凡本部门能完成的材料，原则上不再要求基层报送。凡能从综合征管系统中调取的资料数据，原则上不要求基层报送。凡要求基层必须上报的材料、报表，全部列表登记下发，超出列表范围且实际工作中必须增加的，需要报经分管领导批准才能要求基层报送。各县区国税局也要制定相应方案，减少征管查一线和纳税人的资料报送，真正把“两个减负”工作落到实处。

二是要完善税源管理机制。以深化信息管税为依托，以专业化分工为核心，实现技术与业务的融合，确保在税源管理上不出现区域性税收漏洞和行业性税收漏洞，同时要加强各部门之间的工作联动，增强社会综合治税合力，拓宽税源控管渠道，拉长税收征管链条，达到资源共享，提升服务监管质量。

三是要完善干部队伍建设机制。在选调、选拔、培训干部上建立一系列可持续发展的机制。同时进一步完善奖惩机制，逐步探索工作绩效挂钩的考评体系，给想干事的人以机会，给能干事的人以舞台，倡导选贤任能的用人导向，逐步建立生机活泼的用人机制。

四、以人财物的保障来服务基层

回顾昭通国税近年来发展的历程，我们通过大量的调查研究工作，总结出影响和制约基层发展的问题主要表现在人、财、物三个方面。人的问题方面：首先是数量不足。每年的进人和每年调走、退休、死亡的人数相抵消，人员数量基本上是零增长甚至负增长。其次是年龄结构不合理和队伍素质参差不齐，加剧了人才紧缺的局面。第三是人员分布的问题。新一轮机构改革后，行政管理和中间管理环节的人员偏多，摆布在征管查一线的力量不足，造成基层一线服务的力量不够。财的问题方面：主要是中央财政拨款不足，行政运行费还是多年前的标准，造成基层经费缺口很大。加之基层职工医疗经费负担过重，特别是像昭通这样的贫困地区，职工中“半边户”偏多，上要赡养父母，下要扶持幼小，工作和生活压力大，部分干部职工生活艰难；同时，受财政收入的影响，国税部门得到地方的支持相对较少，很多福利都无能力考虑。国税干部在与外界的交往中，深刻体会到待遇的差距，不利于自信心的增强和积极性的提高。物的问题方面：主要是没有形成车辆、计算机等设备的定期维护和更换机制。昭通的重点税源煤炭、有色金属等矿山大都分布在偏远山村，交通条件十分艰苦，轿车不能满足税收征管工作的需要。另外上级配发设备多以对口配发为主，造成基层在设备使用上的苦乐不均，有的部门资源浪费，有的部门不能满足工作需要。因此，在“服务基层年”工作中，要重点做好人、财、物三方面的保障。

在人的保障上。首先要向上级争取在公务员招考中数量上的增加；其次要在提高队伍素质上下功夫，在实用岗位技术培训和送教上门等方面多做有意义的工作；三是要切实加强县区局班子执政能力建设，进一步提高县区局班子解决实际问题和驾驭全局的能力，加大“一线工作法”、“定点工作法”的落实力度，力求工作在一线落实，稳定在一线确保，问题在一线发现和解决，重点和难点工作定点负责。认真化解好基层的各种矛盾，使县区局班子的执政能力得到明显增强。第四要进一步加强国税文化建设，健全和完善国税文化建设的平台和载体，追求高雅娱乐，培养高尚情趣，全面提高干部队伍素质。

在经费的保障上。要通过各种努力，确保基层干部职工的待遇不降低，既得利益有保障。一是争取省局对基层的一些特殊经费困难如大病医疗、老干部经费不足的帮助和支持；二是市局对经济相对落后、财政困难的县区加大经费的倾斜和帮助力度；三是加大对地方党委政府的汇报和协调工作力度，自觉把税收工作置身于服从服务于地方经济社会发展的大局，主动争取他们对国税工作的领导和帮助。

在设备的保障上。一是争取省局加大对各项办公设备的投入力度，确保基层工作的正常运转。二是积极争取市政府的帮助和支持，对矿产资源税收占主导地位的县区配备越野车，解决好山区税收征管难的问题。

综上所述，昭通国税对省局

"服务基层年"的工作打算是：提高认识、转变作风、完善机制、突出保障、服务基层。我们将在省局和昭通市委、市政府的领导、关心和支持下，不折不扣地贯彻落实好省局党组"服务基层年"各项工作重点和市委、政府的工作部署，团结奋进，扎实工作，为昭通地方经济社会发展贡献出应有的力量。

曲靖市国税局税源专业化管理探索和实践初见成效

曲靖市国家税务局局长　谷　鸣

曲靖市国税局从2010年下半年提出税源专业化管理思路，在具体工作中不断深入调查研究、剖析存在问题、总结破解途径，探索税源专业化管理的模式、方向和措施，力求把有限的征管资源集中和优先用于最能产生效应的环节和对象，实现管户制向管事制转变、单独对象化管理向团队协作化管理转变、属地管理向分类管理转变、传统的检查监督向信息化管税转变，辅以纳税服务的优化，克服平面化思维，整合力量，最大限度地提高纳税遵从度。通过一年多的探索和实践，税源专业化管理工作取得了阶段性成效。

一、税源专业化管理的探索

（一）以风险管理为导向，确立遵循原则

在保持现有机构体制不变的前提下，突破当前税源管理工作中"分户到人、各事统管"的局限性，确立风险管理和重点管理理念。对外按税源管理环节、涉税风险事项、税源规模或行业等进行科学分类，按事组队，团队作业；对内实行县（市、区）局业务科室职能扁平化、税源管理环节前移，落实"两权监督"要求，明确职责，理清事项流程，优化资源配置。逐步做到纳税服务规范化、管理机构扁平化、管理方式专业化、管理手段信息化、内外部门协作化。

一是分类组队，联动互动。采取分税源管理环节、税源规模、工作组织层级或适当组合的管理方式，突出发挥专业化评估分析和调查审核、审批以及税收风险管理职能，按事组队，团队协作，对属地日常税源管理按税源规模或行业进行分类分组管理，调整明确各层级、机关业务科室、专业化管理团队和属地税源管理分局的职责，建立纵向联动、横向互动、外部协调的立体化管理运行机制。

二是科学分工，优化配置。基于精细分工、密切协作、相互制约和突出重点的要求，合理设置管理团队，优化整合人力资源，提高管理效能，防范执法风险，统筹县（市、区）局业务部门和基层分局的税源管理职能，促使市、县（市、区）局将主要资源向一线税源管理倾斜。

三是统筹规划，因地制宜。按照市局的总体规划和统一要求，搞好统分结合。总体上的职责、流程全市统一，各县（市、区）局结合工作实际和税源状况，灵活确定对部分具体事项在专业化管理与日常管理间的选择划分、对日常管理中具体分组实施管理的税源规模标准划分、对人员的配置和分工等，制定出本地实施方案后组织实施。

四是循序渐进，持续改进。通过一段时期的工作实践，统筹评析，逐步建立和完善全市税收风险管理指标特征库，编纂完善重点税源管理指南，强化税收风险管理和重点税源管理，及时研究解决工作实践中遇到的困难和问题，确保税源专业化管理持续改进。

（二）选准工作突破口，科学组建专业化团队

按照分类管理的要求实施税源专业化管理，发挥管理团队的积极作用，是提升征管质效和依法行政水平的必由之路。按照"突破各事统管、突出重点管理"的要求，突出发挥专业化评估分析和调查审核、审批以及税收风险管理职能，将其从属地管理职能中分离出来，划为税源专业化管理职能，并依照各专业化管理职能组建职责相对独立的专业化管理团队，团队相互协作；对属地日常税源管理按照税源规模或行业进行分类分组管理，实现管事与管户相对分离、有机结合；调整明确各层级、机关业务科室、专业化管理团队和属地税源管理分局的职责，建立纵向联动、横向互动、外部协调的立体化管理运行机制。

确定分类管理环节和事项，实施重点管理。基于调查核实与审核审批是税源管理的重点和高风险环节，分解过于集中的管理权力，打破原先税管员与纳税人的单一固定关系，将自由裁量权较大、执法风险较高和牵扯税收管理员日常精力较多的审批备案类涉税调查事项交由专门的调查审核审批岗实施重点管理。

突出税收风险管理导向作用，实行差别管理。制定实施《曲靖市国家税务局税收风险管理实施办法》，对税收风险界定、分析识别和发布主体、风险应对处理和反馈、风险管理绩效评估等进行明确，实行动态监控、适时评定、差别应对的措施，对不同风险等级的纳税人，采取不同的风险应对措施。低等级风险企业，遵从信任激励的原则，一定期限内不作为税收检查的对象，采取补充资料、纠正数据、加强辅导、调查控制等措施加以应对；对中、高等级风险纳税人，采取风险核查、纳税评估和税务稽查应对。风险核查主要是指根据纳税人风险评定的情况，对纳税人生产经营、财务核算进行分析、比对或实地核查，并视情况督促纳税人自我纠正，或开展纳税评估。经风险核查、纳税评估后，有初步证据证明风险纳税人涉嫌税收违法行为且有必要进行税务稽查的，按

程序移交税务稽查，实行差别管理。

前移税源管理部门的服务职能，实现优化服务。按照全面覆盖和紧密衔接的原则，调整纳税辅导职责，明确分工，合理布局事前、事中、事后的纳税辅导业务，建立和完善纳税服务制度。以县（市、区）局为单位，从税源管理部门抽调1－2人作为专门的综合业务岗并进驻办税服务厅，将税源管理工作前置，负责纳税人的政策咨询解答、引导和辅导纳税人办理涉税事项、除办税服务厅职能外的涉税事项申请的受理转办以及办理结果的送达反馈等，对受理的即办事项当即办理，对需授权办理的积极请示办理，对需转办的作好登记、答复、转办和反馈工作。

立足户籍的属地管辖，实行基础管理。除纳税评估岗和调查审核岗职责以外的日常性税源管理工作，如宣传辅导、催报催缴、档案管理、户籍管理、发票管理、定额管理、信息采集、欠税管理、任务执行、管户涉税事项分析等职责，由日常税源管理岗实行属地管理。各县（市、区）局在日常税源管理中可参考行业、税源规模等标准实行分组管理，并采用统一的管理指引、定期汇总管理信息、有效共享管理经验的方式实行专业化的基础管理。

组建市局税收风险管理专业团队，促进实体化管理。市局抽调专人组建相对独立的税收风险管理团队，相关业务科室确定兼职人员加入团队。主要负责较为复杂的和跨区域的风险应对处置任务，并作为联系市局各业务科室和县局纳税评估专业团队的枢纽，在承担直接应对或直接评估工作的同时承担对县局纳税评估专业团队开展风险应对工作的指导任务，促进税收风险管理从市局到县局的立体化和实体化运作。

（三）建立运行机制，确保税源专业化管理有序开展

扁平业务科室部分职能，优化人力资源配置。各县（市、区）局结合实际，兼顾规范，因地制宜，将税政、征管、收入核算等部门的部分职能业务扁平前移到税源管理一线，部分科室实行合署办公，以确保调查、审核同步开展，减少中间流转时间，同时确保落实“两权监督”相关规定，对行政审批权中需要严格分开、不能整合的业务坚决分开，由各环节各自履行相应的审核、审批监督权限。按照“以人为本、人尽其才”的原则，把综合业务素质较高的人员充实到税收一线征管岗位上，做到以能定岗、以岗定责、权责结合，形成不同人员的合理搭配，充分发挥各自特长，最大限度地集中人力资源优势。

明确岗位职责，规范工作流程。在分片管户与分类管理有机结合、业务科室职能扁平、管理环节前置的总体思路下，明确细化新组建的专业管理团队、涉及职能调整的业务科室及相关岗位的职责，并通过规范税源管理事项办理的各环节流向、工作内容和要求来明晰各项业务操作流程，形成了《曲靖市国家税务局推行税源专业化管理岗责体系》，确保了整个推行实施工作“事无盲区、无缝衔接”，解决了各团队各岗位人员“做什么、怎么做”的问题。

建立顺畅的运行管理机制，做到纵向联动和横向互动。市局组建税收风险管理工作机构，专门负责全市范围内税收风险的分析研究、识别排序、应对任务分送和开展风险管理绩效评估及中级以上的税收风险的直接应对等。对其他方面的税源管理工作，市局各相关部门在各自职能范围内负责组织、监督、考核并开展定期通报，县（市、区）局根据上级下达的工作任务和重点，组织、监督、指导、考核本地各项税源管理工作，并及时反馈报告情况；各县（市、区）局建立纳税人涉税信息、资料共享平台，建立税源监控、税收分析、纳税评估、税务稽查“四位一体”的联动机制，进驻办税服务厅的税源管理部门综合业务岗负责纳税人与分局、办税服务厅与分局的各项业务衔接，机关各科室对分局的任务交办和业务指导按职责规定对口衔接，形成各部门、各环节的有效配合。各团队、分局内部衔接，实行组长负责制，组长负责监督、分配、收集、报告和反馈落实情况。

凝聚外部力量，争取各方理解支持。及时向各级党政领导和相关部门汇报国税系统税源专业化管理的意义和作用，取得理解支持；同时向纳税人和社会各界广泛、深入地宣传管理方式转变的目的意义，赢得支持配合；依托“政府牵头、税务主管、部门配合、社会参与”的信息网络平台，强化第三方信息的获取和利用，着力推进涉税信息互动，实现重点税源过程监控，提高税收征管的主动性，增强税收监管的针对性，促进税收持续稳步增长。

二、税源专业化管理的实践

（一）先行试点，典型示范

市国税局本着积极稳妥的原则，确定了马龙县局作为全市国税系统推行实施税源专业化管理的试点单位。马龙县局将两个基层分局分别负责单位纳税人（含被认定为一般纳税人的个体工商户）和个体零散户的税源管理工作，实现税源按经济性质的大类分类管理；按照“突出重点、优化配置、因地制宜”的原则，在两个分局内部根据税源管理事项和环节组建专业化管理团队，成立评估调查组和综合管理组，分别履行不同的税源管理职能；县局部分业务科室职能扁平化，部分科室实行合署办公，最大限度地充实一线征管力量，减少中间调查、审核流转环节，提高管理质效；将税源管理部门综合业务岗前移至办税服务厅，直接负责纳税人政策咨询解答、有关税源管理工作的各项涉税申请的受理办理或转办、引导和辅导纳税办理涉税事项及纳税人涉税申请事项办理结果的送达反馈等，有效避免办税服务厅受理转办滞后和纳税人多头找、多头跑的问题；并建立《资料传递卡》和《廉政跟踪卡》确保工作落实，通过对职责流程的明确细化来保障整个推行工作的顺利实施。

在马龙县局试点成功的基础上，曲靖市局所辖10个县（市、区）局，及时研究本地区税源专业化管理工作。截至2011年底，马龙、师宗、开发区、富源、罗平、沾益、会泽、麒麟区八个县区局制定了具体的实施方案，推行税源专业化管理工作。

（二）加强煤炭行业的专业化管理

在确定税源专业化管理总体思

路的框架下，依照收入占比、管理基础和全面推广的示范效应，市局由大企业和国际税务管理科牵头，通过“一行业一平台一指南”开展全市范围内的煤炭行业税源专业化管理试点工作。针对煤炭行业建立一个行业税收风险指标预警管理平台，通过对该行业税收管理评析和日常管理实践建立一套行业税收管理指南。通过调查研究和行业评估工作，组织编写了业务需求说明书，设计制作出《产（购）销数量、进项明细统计表》，初步建立起含价、税、量等因素的风险指标库。并以风险管理为导向，以信息化建设为依托，研发了《曲靖市国税局煤炭行业税源专业化管理系统》，通过系统识别行业风险，组建专业化管理团队应对风险。

三、税源专业化管理初见成效

一是税收收入大幅增长。实施税源专业化管理，按照纳税人风险环节、行业特点、税源分布等实际情况对税源进行科学分类，加强了税源管理，为税收收入保持较快增长提供了保证，2011年共组织入库税收176.74亿元，同比增收27.14亿元，增长18.14%。

二是风险防控能力明显增强。通过实施税源管理专业化，确立风险管理和重点管理理念，按事组队、团队作业、强化分析、动态监控，有效提升了税源管理质效。并通过流程细化、环节控制、业务职能调整、岗位职能分工，逐步建立了职责清晰、分工明确、科学管理的税源管理新格局。

三是征管流程更加科学化。通过对风险管理、纳税评估、重点税源管理等40个工作流程的优化，明确部门职责、对接事项、工作时限、联动节点，辅之于前后台事项衔接操作管理办法，从重实体向程序和实体并重转变。体现事项找人、流程找人、科学管税的特点，实现职能部门之间高效运转和无缝对接。

四是信息管税更加有效。通过规范流程，科学设置涉税信息、分析和应用流程，形成了以申报为起点、以分析为轴心、以评估检查为终止的循环过程；通过强化分析，选拔专职人员从事风险数据分析和应对，更有效地指挥纳税评估专职人员有针对性地进行风险应对和纳税评估。

五是促进了税源的精细化管理。在办税服务厅设置综合业务岗，加强了办税服务厅与分局、纳税人与分局之间的业务衔接，使负责审核审批调查岗和纳税评估岗的税收管理员有足够的时间下户调查和核查，逐步提高征纳双方的信息对称度，促进了税源管理的精细化程度。

六是纳税评估成效显著。通过对风险数据的分析与实地调查相结合的方式，增强纳税评估的针对性，并敦促纳税人开展自查自纠，尽量减少纳税人由于对税收政策把握不准形成漏缴少缴的情况，变事后管理为事前提醒。2011年全系统共评估核查837户，占同期正常开业户的1.51%，评估有问题户584户，占评估户的69.77%，评估补缴税款11048.9万元，移交稽查5户，纳税评估工作成效明显。

七是工作积极性得以充分调动。实施税源专业化管理，流程清晰，职责明确，让干部不得不有所为；任务分送到人，让干部不能有所不为，工作积极性得以充分调动。

八是基层管理力量得以加强。业务科室实行合署办公，业务力量向基层一线倾斜，管理层级趋于扁平化，信息通畅，决策运行时间短，优化了税源管理层次，简化了程序和环节，提升了税收管理员的工作执行力。基层管理人员由实行专业化管理前的205人增加到了240人，其中专职纳税评估人员达到57人，税源管理力量得到了最大程度的加强。

九是纳税服务进一步优化。通过对征管各岗位纳税服务职责的明确界定，税源管理部门综合业务岗和业务科室职能前移，切实解决了纳税人重复接受调查、重复报送资料、多头找、多头跑等实质性困惑，纳税服务得到进一步优化。

十是廉政制约效果明显。通过团队协作的方式与纳税人打交道，在纳税评估、调查审核审批等重点事项管理上作用更显突出，廉政监督也由事后防范向事前防范转变，廉政制约效果明显。

讲团结　建机制　守廉洁
加强基层国税领导班子建设

玉溪市国家税务局局长　陈志平

当前，我国已进入全面建设小康社会的关键时期，经济社会发展呈现新的阶段性特征，国税事业面临新的发展环境。干部队伍作为国税事业发展的“基石”，关系到国税事业的兴衰。国税事业要取得更长足的发展，关键也要在“人”这个决定因素上下功夫。

俗话说，“火车跑得快，全靠车头带”。加强和改进基层国税干部队伍建设和党风廉政建设，打造高素质、高水平的国税干部队伍，离不开一个好的领导班子。一个好的领导班子，是一面高扬的旗帜，能让人看到希望和方向，给人以信心和力量。对于基层国税组织而言，领导班子既是队伍的核心，又是基层国税改革、建设、发展的决策者、组织者和推动者，领导班子的工作能力直接关系到国家税收政策执行的准确到位，关系到国税工作质量效率的稳步提升，关系到国税事业科学发展的兴衰成败。加强基层国税领导班子建设，不仅是贯彻落实省局党组“服务基层年”工作主题的重要举措，更是推动基层国税提高干部队伍素质，提升执行力、落实力，形成工作合力，推动工作发展的重要举措。

加强基层国税领导班子建设，要在坚持正确的政治立场、政治方向和政治观点的基础上，讲团结、重原则，形成团结一致干事创业的良好局面；重方法、建机制，推动集体智慧转化为工作实绩；守廉洁、重品行，营造廉洁从税、风清气正的良好环境。

一、讲团结是形成领导班子合力的关键所在

团结和谐极其重要，无论是对于单位、家庭，还是对于个人来说都是如此。团结既是班子的命根子和生命线，也是班子建设的永恒主题。一个单位团结搞好了，就能出政绩、出干部、出经验、出形象。反之，就必然要出问题、出矛盾、出乱子。这是早已被正反两个方面的经验教训证明了的。只有团结的领导班子，才能形成合力，带领广大干部职工找准推进工作的有效方法和抓落实的具体措施，推动各项工作任务顺利完成，取得实实在在的成效。

多年来，在省局党组和市委、市政府的领导下，玉溪国税党组一直把强化领导班子建设放在首要位置来抓，牢固树立时不我待、如履薄冰的责任感、使命感和危机感，形成团结干事、上下一心、同频共振的工作氛围。过去几年中，玉溪市国税系统确立了应收尽收价值目标，在严格执行国家政策的前提下，以是否应收尽收作为检验税收征管工作的重要标准，特别是2009年以来，全市国税将眼光更多地转到了申报数据以外，在确保申报意义上的应收尽收的基础上，最大程度地趋近税源意义上的应收尽收，实现税收收入稳步增长、保持多年无新增欠税和各项工作取得全面发展的成绩，赢得了省局党组和市委、市政府的信赖和好评。玉溪市国税局连续三届被中央文明办表彰为“全国文明单位”。

团结出凝聚力、出战斗力、出生产力。一个班子犹如一部机器，各尽其能，才能运转自如；就像一座堡垒，没有空隙，才能稳固坚强；就像一个拳头，每个手指都攥紧了，才能产生最强大的打击力。实践告诉我们，一个团结的领导班子，必须坚持以下三点：

第一，坚持大事讲原则、小事讲风格。认真落实民主集中制原则，不断健全和完善党组议事制度和党组工作制度，严格执行议事规则和决策程序，在重大问题处理上，坚持“集体领导、民主集中、个别酝酿、会议决定”原则，做到重要决策、干部任免、项目安排和大额资金使用由党组班子集体研究决定，形成用制度管权、按制度办事、靠制度管人的有效机制。特别是“一把手”，要做坚持民主集中制的典范，做团结的表率，善于集思广益、择善而从，做到统揽不包揽，善断不武断，信任不放任，大度不失度，最大限度地团结各方面力量，调动各方面积极性。

第二，做到分工与协作统一。坚持集体领导与个人分工负责相结合，使班子成员有职、有权、有责，切实提高班子整体效能。贯彻落实总局、省局关于“一把手”不直接分管人事、财务和基建工作，其他领导班子成员不同时分管人事和经费管理工作的要求，结合班子成员的性格、气质、专业知识等特点，及时明确班子成员的分工，明确工作职责。在实际工作中，班子团结的关键在“一把手”。因此，“一把手”要有宽广的胸怀，要听得进不同意见，要尊重副职，讲求工作方法，充分与副职沟通交流，赢得副职的理解和支持。副职要调整好心态，摆正位置，积极发挥自己的助手作用。通过健全和落实目标责任制，激发班子成员团结一致围绕共同目标，实行分工协作，强化个体责任，做到“互相补台不拆台”。

第三，以人为本对待同志。尺有所短，寸有所长。班子成员要正确看待领导班子成员中的个体差异，以宽容精神求大同、存小异，做到同志之间能力、经验、专业、文化和性格互补。领导班子成员特别是“一把手”要胸怀宽广、与人为善，尊重同志、爱护干部。班子每个成员要严于律己、宽以待人，心胸坦荡、公心处事，相互理解、注重沟通。要时刻提醒自己，当领导干部要常怀一颗感恩之心，压制欲望，净化心灵，正确对待工作岗位的调整变化，做到权为民所用，情为民所系，利为民所谋，把“健康生活，快乐工作”的理念落实在行动上，贯彻到具体工作中，营造健康和谐的工作环境。

二、建机制是发挥领导班子集体智慧的具体体现

科学的工作方法，对于提高工作效能至关重要。正确的方法能收到成效显著、事半功倍的效果，否则只会怨声载道、事倍功半。俗话说“喊破嗓子，不如干出样子”。做好基层国税工作，关键在于落实。这就要求基层国税领导班子以奋发有为的精神状态，坚持用科学理论和现代科技知识武装头脑，积极探寻各项工作的规律，找准基层工作与中心任务的结合点，制定科学合理的工作机制，推动各项工作要求的贯彻落实。

近年来，玉溪市国税局党组坚持在深入调查研究的基础上，建立科学的工作机制，最大限度地用制度激发干部职工工作的热情，最大限度地为干部职工创造健康生活、快乐工作的环境氛围，最大限度地引导干部职工把个人发展与国家发展、民族发展、国税事业发展有机结合起来，把实现自身价值与社会价值有机统一起来。通过完善以“工作质量考核”为主要内容的绩效考核机制，既突出重点，又关注细节，为“精益求精、争创一流”提供创新基础，把各级机关和干部的注意力引导到抓落实上来，让干部在创先争优中体现成就快乐。从2005年起制定了《创新成果评定办法》，鼓励为提高工作质量和效率而进行的发明创造，从2008年起，建立领导牵头的创新机制，由市局领导班子成员带头抓创新项目，通过创新项目的开发运用，推进科学化、专业化和精细化管理。目前，“学习自测考评系统”、“税收数据查疑系统”、“普通发票管理系统”等创新项目已投入运用，极大地提高了税收征管的质量和效率，提升了应收尽收的水平。通过精神文明创建、开展各种文体活动和倡导健康文明的生活方式，把各级机关和干部的注意力引导到“健康生活、快乐工作”上来，在全系统形成积极学习、拼搏进取、良性竞争、你追我赶、爱岗敬业、大力创新的良好氛围，激发干部职工的工作热情和工作积极性，让干部职工在做好工作中体现成就快乐，促进各项工作全面发展。

建立科学的工作机制，要求各级领导班子坚持解放思想、实事求是、与时俱进，提出符合实际的工作思路和对策措施，在推动工作科学发展上有所创造、有所作为；坚持统筹兼顾、注重实效，充分调动广大干部职工的工作积极性和创造力，发挥主观能动性，求真务实，在狠抓工作任务落实上大胆实践、干出业绩，形成推动各项工作取得实效的强大动力。在具体工作中，要坚持用抓主要矛盾和矛盾的主要方面这一辩证唯物主义原理指导工作，抓住那些在全面建设中处于支配地位和起主导作用的重点工作不放，认真分析总结工作规律，建立工作机制，形成制度措施，引导干部正确处理好内容和形式的关系、目标和手段的关系，从以人为本的根本要求出发，做到在工作中眼睛朝下看，把心思用在谋划工作上，把工作重心放在寻求工作突破上，深入实际分析问题、研究问题和解决问题，杜绝花架子和形式主义，杜绝急功近利趋于浮躁，下功夫解决带有全局性、根本性、方向性和关键性的重大问题，统筹好上级思路与基层情况间的关系，避免工作执行中的偏差和失误，激发广大干部职工干事创业的热情，促进和带动其他问题的有效解决。

三、守廉洁是加强领导班子建设的基本要求

廉洁从政不仅是对每个领导干部，也是对每位公务员的基本要求。随着社会主义市场经济的蓬勃发展，国税干部手中掌握着国家赋予的一定权利，作为一名基层国税机关的领导干部，要时刻提醒自己，廉洁方能聚人，律己方能服人，身正方能带人，无私方能感人，要时刻提醒自己树立为人民服务的思想，怀着一颗敬畏之心，正确使用手中的权力，从自我保护和爱护干部的角度强化监督制约机制，营造廉政勤政的良好氛围。廉政问题关系到人心向背和党的生死存亡。因此，作为一名基层国税领导班子成员，必须做到自重、自省、自警、自励，带头讲党性、重品行、作表率。

首先，要筑牢思想防线，强化廉政意识。深入开展理想信念教育、廉洁从政教育、优良传统教育和法制教育，把廉政勤政理念渗透到党员干部日常工作和生活中，做到防微杜渐，警钟长鸣。时刻提醒自己，正确看待手中的权力，正确使用手中的权力，把权力看成一种责任，一种为人民服务的手段，要在形形色色的考验面前站得稳、立得住。要在头脑中筑起一道拒腐防变的防线，绝不能攫取不义之财，做到个人和单位与纳税人无任何非正常的经济来往。在日常生活中，要谨慎交友，培养情趣高雅的兴趣爱好，不断净化生活圈、社交圈，促进廉洁从政。

其次，要遵守廉政规定，落实廉政要求。严格执行领导干部廉洁自律各项规定，牢记全心全意为人民服务的根本宗旨，恪尽职守、勤勉尽责、秉公办事、廉洁自律，清清白白做人，干干净净办事，做人民满意的公务员。自觉对照《廉政准则》和各项廉政规定，开展批评和自我批评；按照《关于领导干部报告个人有关事项的规定》，向党组织如实报告住房、投资及配偶、子女从业情况等个人有关事项。认真执行《中央纪委关于严格禁止利用职务上的便利谋取不正当利益的若干规定》，不利用职权和职务影响为本人或特定关系人谋取不正当利益。

第三，要健全监督机制，加强廉政管理。继续推进反腐倡廉建设，深入推进基层国税内控机制建设，充分发挥国税纪检监察等部门的监督检查职能，落实惩防体系建设任务，积极探索从源头上防治腐败的有效机制，落实“一岗双责”，健全和规范权力运行监督制约机制，贯彻执行党风廉政建设责任制，加强对各级领导班子和党员干部特别是主要领导干部的监督，铲除滋生腐败的土壤，保持国税部门的良好行业风气。

第四，要树立风险意识，加强风险防控。正确对待当前国税工作面临的环境，主动分析和把握税务干部在行政执法过程中面临的执法风险，加强涉税渎职侵权犯罪法制教育，提高干部业务水平，规范干部职业道德，转变干部工作作风，增强干部的责任意识和廉洁从政、依法行政的自觉性，规范税务人员从政行为，使干部职工适应在外部环境的影响与督促下顺利完成各项工作任务，做到决策、办事、执法、履职符合国家相关政策法规的规定，经得起监督、受得住检验。

对能力提升的实践与思考

红河哈尼族彝族自治州国家税务局局长　席世宏

能力提升既是提高工作质量和效率的有效途径，也是彰显部门职能和形象的客观选择。如何适应新时期客观要求，在构建和谐社会中充分发挥税收的职能作用，建立和造就一支高素质的干部队伍是完成税收任务、做好税收工作的根本保证。加强干部队伍建设，提升干部能力素质，历来是各级税务机关研究的重要课题。红河国税在认真总结近年来推进能力建设方面所取得的成效和经验，实事求是地梳理和查找工作中存在的不足和困难的基础上，深入基层广泛开展调研，多层次、多方面听取基层干部职工的意见和建议，形成如何进一步提升国税干部能力和国税工作能力的思路和措施。

一、红河国税在能力建设方面取得的成效和经验

近年来，红河州国税局以振奋精神、转变作风、提升素质、激发活力为着力点，在加强队伍的能力建设方面积极探索实践，不断创新，队伍整体素质不断提高，基层“软实力”不断提升，国税工作不断取得新突破。

（一）从培育核心价值理念切入，抓好队伍建设。以“以国为根、以税为业、以人为本、以学为乐、以绩为真、以学为乐、以廉为荣”的云南国税文化理念为指导，以形式的多样性和活动的经常性为基层国税文化建设的着力点，通过各种形式的强化活动，不断继承创新、深化发展以“心连国税，情系红河”为主题的红河国税文化，完善红河国税价值理念、国税标志和行为规范，使全体干部始终保持昂扬向上的精神状态，增强对内的凝聚力，对外的竞争力，营造充满生机与活力的国税文化氛围。一是坚持把“为国聚财，为民收税”的税务工作宗旨，作为核心价值理念，武装干部的思想，凝聚干部的价值取向，从为民收税的要求出发，牢固确立廉政的观念，帮助干部理解为国聚财、为民收税的深刻内涵，使践行宗旨、勤廉尽职成为广大干部的共识，提升了干部的思想境界，强化了干部的法纪观念，把个人的愿景与组织的目标统一起来，把个人的理想价值与组织的共同理念统一起来，力争实现个人成长与事业进步相互促进。二是努力营造充满文化气息的办公、办税和居住环境，使干部职工在耳濡目染中接受文化熏陶。将全州1300多台联网电脑的桌面屏幕保护程序墙纸背景图统一为象征红河人文精神的哈尼梯田秋色和红河波涛，并结合云南国税每年的工作主题，制作了包含不同内容的格言警句，时刻提醒干部职工爱国爱家，遵纪守法，依法行政。通过常年开展这种生动、直观的爱国主义教育活动，使全州国税干部职工把祖国看在眼里，装在心里，把个人前途命运与祖国税收事业紧紧连在一起。三是通过开展丰富多彩的活动，传播、深化国税文化建设，大力整合红河国税核心文化。2006年成立红河国税文化学会，下设文学、摄影、书法、美术、文艺五个专业组，参加国税文化学会的人员遍及基层各部门，会员达150多人，其中有的是国家级和省、州级协会会员，各类作品在全国、省、州各级展出并获奖。借助红河国税文化学会这个平台，组织全州国税干部职工参与歌曲创作传唱、书画摄影展览、文艺作品征集、文艺汇演等，以形式多样的活动吸引广大国税干部职工参与国税文化建设。四是通过建立红河国税文化整合推广系统，对外宣传展示红河国税文化，对内通过文化熏陶约束干部行为，实现了组织发展，个人成长双赢。不断赋予红河国税文化新的内涵，使之转化为干部的自觉追求，增强了推进国税事业发展的向心力和凝聚力。

（二）从激发队伍内在活力着力，抓好干部管理。积极为干部职工搭建干事创业的平台，用共同的理想、共同的追求、共同的事业来团结人才、凝聚人才，充分发挥各类人才的作用，真正做到人尽其才、才尽其用，使广大干部职工以饱满的精神状态投入到各项税收工作中去。认真落实《党政领导干部选拔任用条例》要求，推行领导干部“竞争上岗”制度，按照公开、平等、竞争、择优的原则，及时把政治上靠得住、工作上有本事、作风上过得硬，想干事、会干事、干成事的干部选拔到各级领导岗位上来。自2002年起，全州国税系统共有29名年轻干部通过“竞争上岗”走上了领导岗位，有效激励干部求真务实，勤奋工作，努力学习，追求进步。在公开竞争的基础上，进一步完善干部交流机制，根据干部的工作能力、实绩和意愿交流使用干部。将年轻有为的干部安排到条件相对艰苦、工作基础相对薄弱的基层任职，通过基层实践培养和锻炼他们。将部分基层工作经验丰富、能力突出的干部充实到机关，保障机关工作的开展更符合基层实际。合理配置人力资源，推行干部职工“双向选择岗位”制度，根据机构职能和业务量的大小，公平、合理设定工作岗位，明确工作职责，并按照岗位职责要求、所需能力和知识水平，竞争确定岗位工作人员，做到人事相宜，消除了工作职责分配上的“苦乐不均”和“鞭打快牛”现象，夯实了公平竞争的基础。推行税收执法责任制和税收行政管理责任制，执法责任到岗到人，细化职责，量化考核，工作实绩与经济奖惩挂钩，真正做到奖勤罚懒、奖优罚劣，有力地调动了干部职工勤奋工作的积极性。组织全州国税系统副科级以上干部到革命圣地延安，学习延安精神，接受革命传统教育，重树从税报国的雄心壮志。每年组织全州国税干部职工观看中央电视台《感动中国》年度人物颁奖盛典（视频），把“感动中国”的人和事作为开展思想政治工作，树立社会主义核心价值理念的生动教材，以其强大的感染力、震撼力、感召力，唤起全州国税干部职工爱岗敬业、服务人民、奉献社会、构建和谐的激情，肩负起为国聚财、为民收税的神圣使命。

（三）围绕推进重点工作的落实，抓好教育培训。充分认识素质教育、人才培养的重要性，始终秉承“谋一时只能谋一事，谋长远才能谋发展”的人才素质教育思路，内外结合，上下联动，抓投入、抓领导、抓骨干，不遗余力地做好队伍的素质教育工作。积极倡导自强不息、敢于拼搏，面对困难、敢于挑战的职业精神，以税收主流业务为核心，重点加强税收管理员、税务稽查员、办税服务厅人员的培训，努力打造一支有远大的职业抱负，精湛的职业技能，高尚的职业素养，“德、能、勤、绩”均能适应岗位需求的干部队伍。一是全面实施干部教育培训“百万工程”，以打造一流的干部队伍为目标，有计划、分步骤地开展高素质复合型人才培养。2006年起，实施业务培训“百万工程”，每年投入100余万元培训经费，采取基层推荐、州局审核把关的方式，精选一批有培养潜力的一线中青年骨干到复旦大学、延安党校、国家税务总局扬州税务进修学院、湖南长沙税务培训中心、昆明理工大学等专业院校进行强化学习，有计划、分步骤地开展高素质复合型人才培训。至2011年年底，州局共组织了1070余人次业务骨干参加培训，部分参训人员目前已成为各单位开展岗位技能培训的重要兼职师资力量。2007年9月，与昆明理工大学联办百人会计电算化函授本科班，不断提升国税干部的能力水平和知识结构，提升高素质人才比例。截至2011年12月，全州国税系统有研究生学历8人，大学本科学历432人，大学专科学历499人，大专以上学历占干部总数的86.15%。二是广泛开展岗位练兵和技能竞赛活动，培养业务能手型高素质人才，以大规模技能竞赛为载体，让业务能手型的高素质人才从竞赛活动中脱颖而出。自2006年起，州局先后举办了二届业务能手竞赛活动，组队参加全省国税系统业务能手竞赛二届，一届荣获团体一等奖，一届获得小组赛（纳税评估）三等奖，共培养选拔州局级业务能手40名，省局级业务能手5名。三是按照执政能力建设的要求，以提高领导干部的综合素质和领导水平为目标，开展科级干部更新知识培训，提高基层领导班子科学决策、引领发展的能力和水平。2007年3月，在复旦大学举办了全州国税系统正科级以上干部公共管理高级研修班，提高领导班子科学决策、引领发展的能力和水平。11月，举办了全州国税系统副科级领导干部执政能力培训班，聘请云南大学知名教授作经济形势与经济政策分析、领导科学与艺术的专题讲座，对税收征管信息系统、税收执法管理信息系统实际操作运用和数据质量分析作了专题讲解和交流，并进行税收征管信息系统、税收执法管理信息系统应用实际操作考试，进一步提高了全州国税系统副科级领导干部执政能力和领导艺术水平，提升了理论素养和岗位工作能力。2009年4月，组织全州13县市局局长参加了全省国税系统县（市、区）局长业务培训班，并在培训结束后进行的业务考试中，取得了全省团体总成绩第三名，机试成绩全省第一名，个人总成绩全省第一，全体参训人员全部及格的好成绩。通过持之以恒抓教育，有效提升了红河国税队伍的整体素质和开拓创新能力，大大提升了国税事业的发展潜力。

回顾多年来我局在能力建设方面的成功实践，我们深深地体会到：一是必须以科学发展观为统领，把社会主义核心价值体系建设与国税核心价值理念建设作为主线，始终坚持能力建设服务大局的正确方向。二是必须建立健全党组织统一领导、党政群齐抓共管、全系统积极参与的领导体制和工作机制，形成广大干部职工积极参与的强大合力，发挥能力建设推动国税事业整体发展的积极作用。三是必须坚持以人为本，注重干部职工的全面发展，既注重干部的科学文化素质的提高、思想道德素质的提高、各方面积极性和创造性的尽情发挥，也要注重干部的精神生活的丰富、工作环境的不断改善，突出能力建设的主导作用。四是必须坚持把改革创新作为强大动力，紧紧围绕税收中心工作，坚持服务税收工作大局，探索创新发展的新思路，解放思想、更新观念，创新内容形式、创新体制机制、创新方法手段，努力体现时代性、把握规律性、富于创造性，激发干部职工的思想活力和创造力，不断增强能力建设的针对性、实效性和吸引力、感染力。

二、红河国税在能力建设方面存在的不足和困难

在看到成绩的同时，我们还要清醒地看到，我们在能力建设上与适应形势发展的需要还有一定距离，与广大国税干部的期待相比还有一定差距。主要表现在：与新形势新任务的要求相比，干部队伍的政治业务素质还有差距、结构还不合理，高层次、复合型人才尤其缺乏；教育培训的针对性和实效性有待提高，分级分类、全员培训的原则没有得到很好的落实，在面向基层一线、立足工作实际、适应岗位需求方面亟需改进，一些干部特别是基层干部长期得不到培训；创新意识、效能意识不强，有的单位在省集中的信息化条件下，仍然习惯于传统的思维和工作方式，给基层和纳税人增添了不必要的负担；作风不实、执行力不足的问题还比较突出，上下协调、部门协作、岗位协同不够，脱离实际、推诿扯皮、效率低下的现象仍然存在；个别干部自我要求不严，廉洁自律不够，有的甚至失职渎职、以权谋私、违法乱纪，造成了比较恶劣的影响。这些问题的存在，制约事业的发展，影响国税的和谐，必须下力气研究解决。

三、红河国税在能力提升方面的主要思路和措施

国税部门的发展在很大程度上依赖于国税干部的工作能力，而国税干部工作的能力很大程度上又依赖于对税收法规、税收政策、纳税服务、会计、法律知识等的共享和应用。因此，做好能力建设各项工作，要紧紧围绕提高干部素质能力这一关键，紧密结合国税工作特点和任务要求，多途径开展能力建设，突出提升履行职能所必需的核心能力。通过促进国税干部能力的提升，进而促进整个国税工作能力的提升。

（一）完善管理制度，优化管理流程，强化科学征管，提升税收管理能力和组织收入能力。把提高基层税收管理水平作为一件大事来抓，由州局有关职能部门尽快制定一系列的管理目标及相应的制度办法，促进基层管理工作的制度化、规范化。依托税收征管信息系统，对现有的税收征管业务、内部管理流程进行整合规划，形成统筹规划、协调配合的制度体系。完善税源与征管状况监控分析一体化工作制度，切实落实数据质量管理措施，加大征管业务数据质量预警通报力度，强化数据质量监控分析，切实提高数据管理质量和应用水平，有效促进税收征管质量和效率的提高。积极实施税源专业化管理，按照管理对象的规模、行业分类，科学分配征管资源，优化岗位设置和管理流程，提高税源控管能力，防范各类税收风险。深入开展纳税评估工作，明确评估任务，加强对评估工作考核，创新纳税评估方式，组织好全州纳税评估力量对重点行业、重点企业开展交叉评估，着重抓好分行业的深度评估工作。量化各县市局和州局各业务科室纳税评估的指标和任务，确保省局规定考核的评估面。依法组织税收收入，提高收入水平，保证收入质量。坚决贯彻落实组织收入原则，正确处理依法行政与组织收入、保持税收增长与促进经济发展的关系，杜绝收“过头税”、“转引税款”和“虚收空转”等违规违纪行为的发生。加强对收入的分析、预测和指导，深化月度、季度、年度分析预测，建立税收稳定增长机制。加大对重点行业、重点企业、重点地区的监控力度，强化重点税源管理力量。同时，由收入核算科牵头，探索建立税收收入质量评价指标体系，研究从税源、应征到入库的各个环节对收入质量进行评价考核，引导各级把组织收入工作的着力点放在提高收入质量上，真实反映税收管理水平和经济发展成果，全面提升组织收入能力。

（二）明确岗位职责，强化目标管理，严格责任追究，提升行政执行能力和税收执法能力。根据新形势和税源专业化管理的新要求，积极探索机构整合、人员调整、岗位设置的最佳途径，进一步明确各科室和岗位的职责，拟定岗位职位说明书，确定局机关每个岗位的能力职位标准，逐步实现基层机构设置、岗责体系与税收征管流程、税收专业化信息化管理要求相适应。结合推行目标责任制管理，进一步建立完善考核评价机制，不断改进考评办法，科学设置考评要素，逐步量化考评内容，根据重大工作部署和责任指标，对各单位和每位干部履行职责、完成目标以及工作效率等情况进行综合评价，使各项工作有目标要求、有责任主体、有工作进度、有监督考核，并推动绩效评估制度化和绩效评估结果公开化。充分运用“税收执法管理信息系统”和“税收执法监察子系统”，对日常税收执法工作实施在线监察，有效规范一线税收执法行为，认真解决损害群众利益的问题和群众反映强烈的突出问题，保证干部队伍不出或少出问题。认真执行税收执法责任制，扎实开展执法检查，加大执法考核和过错追究力度，对政令落实不力、岗位责任缺失以及执法过错行为进行追究，并结合内外部检查发现的各类执法问题，加强同类问题的抽查、整改和责任追究，有效避免屡查屡犯的问题。同时，按季搜集本系统发生的真实案例，强化对基层执法人员的业务培训，定期对全系统执法文书、执法案卷进行抽查与评审，促进三个执法规范在基层切实落实到位，提高执法风险防范意识，使执法行为合法、执法程序规范、执法文书完整成为基层执法人员的自觉习惯。

（三）完善监督机制，健全服务体系，形成长效机制，提升廉政建设能力和文明服务能力。把推进内控机制建设作为惩防体系建设的重要载体，积极探索实践符合全州国税系统实际的内控机制，切实发挥内部控制源头治腐的重要作用，切实规范权力运行。认真落实党风廉政建设责任制，紧紧围绕责任分解、责任考核、责任追究三个关键环节，把反腐倡廉的任务逐项细化量化到单位、部门和岗位，层层签订《党风廉政建设责任书》，并加大廉政考核追究力度。进一步完善岗责体系，全面梳理岗位风险，确定风险等级，明确防范重点，实现权力、岗位、责任、制度的有机结合。加强领导干部监督和管理，加大对领导班子的巡视和考察力度，强化督察内审工作，加大经济责任审计和离任审计力度。对不履行或不正确履行党风廉政建设责任，发生大案要案、造成严重后果和恶劣影响的单位的负责人，坚决实施责任追究，促进领导干部规范用权、廉洁从税。牢固树立征纳双方法律地位平等理念，坚持把纳税服务作为国税部门的核心业务，完善纳税服务体系，创新纳税服务方式，不断提高纳税服务能力。进一步完善纳税服务责任制，制定纳税服务绩效考核办法，对办税各个环节、各个岗位的服务内容、服务质量进行量化考核，并探索借助第三方机构开展纳税人满意度调查。创新纳税服务平台，着力抓好办税服务厅、12366热线、国税网站三个服务主渠道建设，并认真梳理工作流程，实行标准化作业。改进服务方式，在继续抓好“一站式”、“综合受理岗”服务的基础上，进一步明确服务承诺和限时办结，清理简并审批事项，提高服务效率。丰富多元化办税方式，大力推进网络申报工作。继续开展纳税服务需求问卷调查，认真听取纳税人的意见和建议，及时解决纳税人反映的突出问题，维护纳税人的合法权益。力争在2年内实现全系统所有基层单位“服务平台统一，服务窗口和标识统一，服务规范统一，服务流程统一”，达到各项服务文明、高效，纳税人合理合法需求得到较好满足，纳税人合法权益得到切实维护，社会满意、纳税人遵从度明显提高的纳税服务目标。

（四）加强学习培训，丰富文化底蕴，优化知识结构，提升综合行为能力和自我管理能力。继续将加强干部职工的教育培训放到重要位置，增强教育培训工作的针对性，不断提高基层干部职工的税收政策执行能力和运用信息化手段加强管理的能力。大规模开展基层一线全员培训，明确学习任务，确保2年内90%以上的基层人员都能熟练掌握岗位所需的专业基础知识，能熟练应用本岗位和直接关联岗位的应用软件，全面提高基层干部税收专业素养和业务技能。继续挑选一批有培养潜力的基层一线中青年骨干到专业院校进行强化学习，有计划、分步骤地开展高素质复合型人才培养，力争每个县市局可以担当全局性师资职能的业务骨干人才达到3人以上。依托州局培训基地开展培训，利用好总局、省局编写的能够满足各岗位学习培训需要的培训教材和学习辅导资料，不断增强教育培训工作的针对性和实效性。根据工作需要和干部素质现状，制定详细的基层一线干部教育培训计划，扎实推进基层一线干部培训，不断提高干部的岗位操作技能和专业化管理能力。充分发挥州局电子图书室的功效，广泛开展全员读书活动，并逐年保持至少20%的图书更新速率，确保图书室图书涵盖法律法规、政治理论、经济理论、税收征管实务、信息技术、健康保健、文学艺术等各主要方面。切实把国税文化建设作为一项长期性工程，加强领导，统筹规划，扎实推进，把广大国税干部的积极性、主动性、创造性调动起来，引导干部提高思想觉悟、文化素质和精神境界，从而将精神力量转化为物质力量，增强国税事业科学发展软实力。将学习践行社会主义核心价值体系与大力践行红河国税核心价值理念结合起来，坚持将红河国税核心价值理念融于国税事业发展的全过程，切实转变与科学发展不相适应的思维、观念和认识。以红河国税的核心价值理念引领思想和行动，凝聚干事创业的精神力量。教育引导干部增强责任心和事业心，鼓励干部立岗成才、建功立业。善于把干部的个人价值实现融于组织目标，把工作的刚性要求融于柔性管理之中，充分体现对干部的人文关怀。努力营造团结和谐的工作氛围，增强推进国税事业发展的向心力和凝聚力。积极探索、创新国税文化理论与实践，不断丰富国税文化建设内涵，完善推动国税文化持续发展的相关制度措施，创新优化文化建设的方式方法，增强国税文化发展活力。进一步加强国税文化的载体和平台建设，积极组织开展灵活多样、丰富多彩的群众性文化体育活动，为国税文化建设和传播创造条件。不断加大文化阵地建设投入和基层一线单位的文化体育基础设施建设，进一步提高文化阵地建设整体水平，满足广大干部职工的文化需求。

改革破解难题　创新促进发展
——边疆少数民族欠发达地区追赶式发展经验点滴

文山壮族苗族自治州国家税务局副局长　丁　勇

地处云贵高原滇东南边陲的文山壮族苗族自治州，与越南人民共和国接壤，国境线长438公里，总人口345万人，居住着汉、壮、苗、彝、瑶、回、摆、傣、蒙古、布依、仡佬等11个民族，少数民族占总人口的56.7%，是一个集“老、少、边、穷”为一体欠发达地区。长期以来，由于受历史、地缘等诸多因素的影响，文山的经济发展和社会建设自1958年建州后，在上世纪六十年代的“抗美援越”、七十年代和八十年代的“自卫还击”等大背景、大环境下，文山各族群众积极响应党和国家的号召，发扬“舍小我顾大我、舍小家顾大家”的自我牺牲精神，把一切为了前线、一切为了胜利作为第一要务，因而错过了太多的建设和发展机遇，致使原本就贫困落后的文山，发展差距更加拉大。经济结构不合理、产业结构不协调、产品结构单一、产品科技含量低、抗风险能力弱、经济增长后劲乏力、财困民穷等问题十分突出，成为文山所特有的州情，也是长期以来制约文山经济社会发展的最大瓶颈。深化对州情的再认识，进一步明确发展的思路、方式、目标和手段，尤其是高度重视发展方式的选择，成为摆在国税工作面前的一大课题，也是缩短地区间发展差距，实现经济与税收共进退，促进科学发展、和谐发展的必由之路。

自1994年税制改革国、地税机构分设以来，在实现追赶式、跨越式发展的进程中，文山州国税部门除了继续发扬以往吃苦耐劳、埋头苦干的愚公移山精神，以“别人吃干我吃稀，别人休息我加班”的粗放性增长方式，通过采取“多干、少取”的办法，用时间、用体能去拼搏之外，主要靠“人无我有，人有我优，人优我特，人特我新”的创新型方式，在理念、管理、科技、服务等各个层面，大胆破除陈旧的思维模式和束缚手脚的框框套套，着力破解发展难题。历经夯实基础、理顺关系，完善机制、强化管理，科技强税、整体推进三大阶段的洗礼，闯出了一条实事求是、改革创新的发展新路，实现了税收工作的提质增效。

一、理念创新：抢抓机遇谋求发展

新机构成立的1994年7月至1997年12月，是文山国税开局起步最为艰辛的阶段。机构新、业务新、人员少、装备差，立本固基各项工作举步维艰。文山州国税局党组一班人站在新的历史起点，以国家税务总局提出的“以纳税申报和优化服务为基础，以计算机网络为依托，集中征收，重点稽查”的新型征管模式为指引，将无产阶级战士应具有的“大无畏”革命精神赋予了新的内容，创造性地提出并涵养了“勇挑重担，善打硬仗；吃苦耐劳，乐于奉献”的国税精神，以此来强化责任，鼓舞士气，开创局面。正是在这一朴素而又忠诚的国税精神武装下，全州国税系统克服重重困难和来自各方面的压力，将国税工作根植于地方经济发展的大局中，遇事多请示、勤汇报，积极为地方党委、政府出谋划策，全力服从和服务于地方经济建设，走遍了千家万户，道尽了千言万语；翻越了千山万水，历尽了千辛万苦，巧借八面来风，盘活源头流水。在短短的3年间，就建立、健全了对内以《目标管理考核办法》为核心，对外以《征、管、查互动机制》为主线，涵盖国税工作各个环节，相互匹配、相互制约、相互促进的内外监管制度共19个，初步实现了内外监管的制度化和规范化。以卓有成效的工作实绩，消除了机构成立之初由于受认识上的差异、理解上的误导而产生的人为负效应，赢得了地方党委、政府对国税工作的肯定和赞誉。进入21世纪后，随着经济全球化和网络经济时代的到来，文山国税人又顺势而谋，继续发扬时不待我、只争朝夕的开拓进取精神，以“服务兴税”理念推动税收工作从“监督管理型”向“管理服务型”转变，以“信息管税”理念推进税收征管方式由“传统型”向“信息化”转变，以“创新强税”理念推动税收征管举措从“经验型”向“科学化”转轨。并围绕省局提出的“管理基础”、“质量效率”、“文明服务”、“作风建设”、“创新发展”、“和谐发展”、“服务基层”等内容，一年一个主题开展实践活动，工作思路和工作举措不断推陈出新，切实增强了国税机关驾驭各种复杂形势的能力和水平，使全州国税工作有效应对2008年国际金融危机和2010云南特大旱灾带来的不利影响，继续保持了稳健发展势头。

二、管理创新：竞争上岗激发活力

1998~2003年，是文山国税实施“人才兴税”战略，以“内强素质，外树形象”为工作主线，以改革创新为动力，通过实施机制、制度、管理等一系列的改革创新，全面推进国税事业又快又好发展的6年。在这极不平凡的6年间，文山国税人围绕国家税务总局提出的“带好队、收好税、服好务”的税收工作总体要求，以敢为人先的勇气，率先于1999年在全州范围内开展了“竞争上岗”的人事制度改革。按照权力源于民主终于民主的原则，将人事管理权和岗位选择权回归于民主，变“相马”为“赛马”，搭建了“能者上、平者让、庸者下”的人事管理新平台，破解了以往人事管理上“少数人说了算”及“干部能上不能下和干多干少、干好干坏一个样”等重大难题，形成了“有为才有位、有位须有为”的团结干事新气象，开创了人事管理的新局面，让肯干事、能干事、干成事的优秀人才政治上有地位、经济上得实惠，从而不仅为实现全州国税干部职工精神面貌的根本好转，人才的脱颖而出营造了良好的机制环境，而且也为全省，乃至全国的人事制度改革提供了经验和借鉴，得到了上级的认同和肯定。时值至今，随着“竞争上岗”制度的不断实践和完善，其已由原来在国税系统的一枝独秀，变成了在全国范围内的百花齐放。激活了“人”这一决定生产力发展的核心要素，充其量也仅只是将国税事业的发展引入快车道并提供所需的人才和智力支持而已，而要真正实现其持续、快续、健康发展，还迫切需要优化整合征管要素与之相匹配。于是，自强不息的文山国税人又一次自加压力，于1999年初，大胆地将制约和影响税收征管质量提高的主要因素提炼出来，紧紧扭住解决重点、难点、热点问题的“牛鼻子”，制定并实施了《征管质量“九率”考核办法》，从而结束了税收征管质量和效益难以度量和难以考核的历史，有力地促进了税收征管质量和效益的提高，并为全省国税系统，乃至全国税务系统构建科学的税收征管质量综合考核指标评价体系做出了积极的贡献。在竞争上岗与绩效考核形成制度的基础上，文山国税又于2008年出台“争优创新”奖励办法，挤出专门经费对在推进工作创新过程中作出突出贡献的集体和个人实施奖励，有力地激发了税干干事创业、奋发有为的工作激情。

三、科技创新：信息管税提升征管质效

多年的强基固本和完善机制，不仅积累了丰富的物质财富和精神财富，软件建设和硬件建设都有了长足的发展，而且尤为重要的是，随着信息化手段在国税系统应用的日益广泛，作为科学技术的第一生产力对国税工作的影响程度进一步加深，“无纸化”办公已由原来的梦想变成了现实，从而也为实现文山国税事业的又好又快发展插上了腾飞的翅膀，迎来了文山国税事业发展的最佳机遇期。在这具有划时代意义的发展阶段，文山国税人始终保持了与时俱进的精神状态，牢牢把握全省国税系统“推行税收综合征管软件”和“推行税收执法软件”的有利契机，以“十种推综精神”为动力，紧密联系自身工作实际，在进一步夯实征管基础，强化稽查效能的基础上，又针对疏于管理，淡化责任的弊端，借助现代化手段，以建立涵盖广泛、反应灵敏的动态税源管理体系为核心，自行研发了“税收管理员信息管理系统”，以全面推进“征、管、查”的统筹协调发展。该系统首次将人性化管理理念引入系统设计，在众多的功能模块中均设置了“预警”和“提醒”等人性化管理元素，使计算机在铁面无私的冰凉外壳内既充分体现了客观公正性，又彰显了人的本性，从而达到了以现代化信息技术为载体，在强化对税收管理员的管理、执法工作进行全程动态监控，使税收管理员工作更加规范、公正和透明的同时，将税收管理员从繁杂的手工劳动中解放出来的目的。体现了用信息化带动规范化，用人性化促进理性化，用科学化提升精细化的目标，实现了税收管理员业务流程、工作流程和信息流程的“三位一体”，在征管改革方面迈出了突破性的一步，也为省国税局拓展和完善“税收管理员辅助信息系统”开辟了通道，提供了核心要素，使得该系统在全省得以全面推广运用。近几年来，随着金税工程的推进，文山国税又在网络申报、普通发票简并换版等信息化建设工作中励精图治，勇于探索行之有效的推行方法，率先在全省成功试行小规模纳税人网路申报、率先在全省开出第一张2011新版机打普通发票，并因参与普通发票开票系统软件开发起主导作用，被省局授权负责全省国税系统普通发票开票系统运行维护。在全系统初步建立起以“机具开具、鼓励索票、查询辨伪、防堵假票、票表比对、管好税源”为主要内容的发票管理长效机制，在优化纳税服务、强化“信息管税”、提高税收征管质量等方面取得了重大突破，走在了全省的前列。

四、队伍创新：引导干部彰显奉献精神

针对国税队伍知识结构老化、学历层次偏低、年龄断层现象突出、做好信息技术支撑下的税收工作技能不强等“短板”和“软肋”，文山国税克服等、靠、要的思想，立足实际，就地取材，以培养干部“能干事、干成事”为基点，大胆推出抓党建带队伍、抓培训强素质、抓管理促规范、抓教育促廉洁、抓创建促发展的一系列干部教育培训新举措；创造性地采取“机关挂钩基层、领导干部挂钩重点税源企业”的双挂钩制度，各级领导靠前指挥，机关干部一线干事，带动全系统工作重心下沉到基层、深入到重点税源企业，形成大基层、大征管、大服务工作合力，全方位、多角度加强干部队伍建设。一是以丰富多彩的国税文化活动在干部职工中培育一股“勇于争先，不甘落后，自强不息，奋起直追”的精、气、神；二是通过教育引导树立一种“敢为人先，敢闯敢试，自加压力，自我超越”的创新发展理念；三是通过加强政治业务学习理清一套“谋划超前，目标明确，因地制宜，统筹协调”的发展思路；四是用社会主义精神文明建设营造一片“吐故纳新，人本理性，荣辱与共，传承文明”的和谐净土；五是健全完善一系列“完整匹配，公开透明，公平公正，一以贯之”的保障制度；六是调查研究和勇于实践练就一手“变压力为动力，变被动为主动，变要求为自觉，变劣势为优势”的既承上启下而又行之有效的办法措施；七是坚持科学民主决策培养一个“能决善断，公正廉明，同心同德，优势互补”的领导班子；八是在干事创业中锤炼一批“攻坚克难，敢想敢干，任劳任怨，顾全大局”的改革创新领军人物；九是通过教育培训用科学理论和科学技术武装一支“乐于奉献，团结协作，奋力拼搏，智勇双全”的国税干部队伍。

五、服务创新：执法与服务高效有力

伴随着依法治国方略的推进，执法与服务已成为当今税收工作的两大主题。在顺应历史发展潮流过程中，文山国税人审时度势，牢固树立全心全意为纳税人服务的思想，在大张旗鼓地宣传税收政策、法律法规的基础上，切实转变工作作风，把税收工作的着力点牢牢锁定在执法与服务并重上，赋予了执法与服务和谐发展的全新内涵。首先，依托税收信息化平台，在推行“一窗式”管理、“一站式”服务的基础上，积极搭建“纳税评估、税务约谈、税法宣传”互动平台，努力营造和谐税收工作环境。通过评估揭示征管漏洞和纳税人财务核算上存在的问题，及时向企业反馈，督促其整改纠错。通过约谈把存在的问题摆在桌面上，充分听取纳税人的意见，税企双方面对面对照政策分析问题成因，研究解决办法，确保在既不违背政策规定，又客观考虑纳税人实际的前提下，准确作出税务处理决定。通过有针对性地下户进企业开展政策宣传、纳税辅导，加强税企双方的沟通与交流，帮助企业吃透政策精神，依法规范核算，把有可能发生的问题解决在事前，在很大程度上提高了纳税人的税法遵从度，有效避免了许多因对政策规定不了解产生的核算不真实、虚假申报等问题的发生，最大限度地保护了纳税人的合法利益。其次，建立和完善税收工作全程辅导宣讲法律法规、领导干部轮流到办税服务厅带班和税收政策定期公告长效机制。编制《办税指南》和《纳税咨询热点难点专辑》，明确涉税业务所需资料和办税业务流程，提高办税效率和质量，为纳税人提供快捷高效的纳税服务。第三，按照纳税人的合理需求不断改进和优化纳税服务，认真落实“减负”政策，公开、公示收费项目及标准，不折不扣地贯彻落实各项税收优惠政策，切实为纳税人“减负瘦身”。第四，将执法关口前移，在纳税评估、税务稽查中坚持查前提醒、查中辅导、查后建议制度，充分体现征纳双方法律地位平等，从程序上和方法上引导纳税人增强自查纠错、避免违法风险的能力。此举成为提高纳税人税法遵从的有效手段，对构建和谐征纳关系、促进企业生产经营和地方经济发展产生了积极效应。

春华秋实。从探索到发现，从领悟到践行，文山国税始终把改革创新精神贯穿于国税工作为经济社会服务、国税机关为基层服务，国税干部为纳税人服务的全过程，走过了一段极不平凡的艰辛历程，在边疆少数民族欠发达地区追赶式发展的进程中，尤其是“十一五”以来取得了令人欣慰的工作业绩。

——国税收入大步跨越。全系统组织国税收入从2006年的7.46亿元，跃升至2010年的15.99亿元，年均增幅14%；“十一五”期间累计组织收入59.77亿元，国税收入占全州财政总收入的比重均在50%以上。

——依法治税扎实推进。坚持把依法行政作为税收工作的基本准则，深入贯彻国务院全面推进依法行政实施纲要，开展“五五”普法，做好税法宣传教育，严格按法定权限行使权力、履行职责，提高了规范、公正、文明执法水平。社会各界及广大纳税人的认可度、配合度、支持度不断提高。

——税收政策作用充分发挥。认真贯彻落实增值税转型改革、消费税政策调整、车购税减征、内外资企业所得税合并等税收政策，充分发挥税收政策调结构、促转型、拉消费、保增长的积极效应，有力地支持了地方经济发展和民生改善。

——税收征管日趋规范。积极探索将专业化、信息化管理拓展到税收工作的各个方面，各税种管理得到全面加强，征管质量和效率稳步提高。

——优化服务建和谐成效初显。坚持把纳税服务作为基础性、先导性工作，不断丰富服务内容，改进服务方式，优化服务平台。切实减轻纳税人负担，维护纳税人合法权益，着力满足纳税人合理需求，提升了纳税人满意度和税法遵从度，进一步密切了税收征纳关系。

——干部队伍素质明显增强。切实加强干部队伍建设和党风廉政建设，着力提高干部整体素质。“十一五”期间，全系统共有会计师4人，注册会计师1人，律师1人，计算机工程师4人，注册税务师5人，全国计算机NIT中级技术人员544人；专科以上学历人数达499人，占总人数的81.8%，实现了研究生学历的零突破。涌现出大批全国、全省先进单位和先进工作者。到“十一五”期末，全系统创建中央文明委“精神文明建设先进单位”1个；国家税务总局“先进集体”2个；省委、省政府“文明单位”6个；省妇联“巾帼文明岗”6个；省国税局“文明单位”7个，州级以上文明单位建成率达100%。

站在新的历史起点上，始终坚持与时俱进的改革创新精神，文山国税事业将迎来更加美好的“春天”。

服务基层 强化落实 推动国税事业又好又快发展

普洱市国家税务局局长 鄢登麒

省局党组站在全局的高度，立足国税系统工作实际，在“十二五”开局之年把工作主题确定为“服务基层年”，这是省局党组践行“三个代表”重要思想、全面落实科学发展观、认真贯彻党的十七届四中、五中全会精神的重要举措；是省局党组心系基层、关心基层、重视基层的具体体现；是省局党组践行服务我省经济社会发展、服务基层、服务纳税人的进一步深化。根据《云南省国家税务局关于开展“服务基层年”工作主题调研通知》要求，我局就如何做好“服务基层年”各项工作进行了深入调研，各县（区）局和机关各部门就如何认识“服务基层年”和做好各项工作提出了许多意见和建议，现将“服务基层年”工作主题调研报告如下。

一、求真务实，充分认识“服务基层年”主题的重要意义

在“十二五”开局之年，省局党组决定今年“服务基层年”主题，就是要进一步强化全省国税系统广大干部职工进一步转变工作作风，切实把服务基层、强化基础的工作落到实处，增强国税系统的凝聚力、和谐力、执行力和落实力，做到机关做表率、基层树形象、干部强素质、工作上水平，全面推动云南国税事业又好又快发展。这也是全省国税部门深入贯彻党的十七大和十七届四中、五中全会精神，以邓小平理论和“三个代表”重要思想为指导，全面落实科学发展观，围绕服务科学发展，共建和谐税收，进一步强化依法治税，优化纳税服务，推进队伍建设，大力弘扬求真务实精神的重要举措，更是推动国税各项工作全面发展的内在要求。

（一）开展“服务基层年”是国税部门践行“三个代表”重要思想和落实科学发展观的具体体现。国税事业实现科学发展、和谐发展重点在基层，难点也在基层，将今年确定为“服务基层年”主题，一是体现了与时俱进的时代精神，要求国税部门和国税干部要在强化依法征税、应收尽收，优化纳税服务、共建和谐税收，加强干部队伍建设、提高干部队伍素质上进一步创新思想观念，强化“服务基层、打牢基础”的意识，把优化内外服务从一般意义上的工作上升到必尽的工作职责和工作义务，作为国税工作的主旋律。二是体现了发展这个第一要务，要求进一步发挥国税部门的职能作用：国税部门为地方经济社会发展服务，国税机关为基层服务，国税干部为纳税人服务，为经济社会发展提供良好的税收环境。三是体现了“为国聚财、为民收税”这个本质，就是要求全系统各级国税机关要进一步改进工作作风，提高工作效率，密切与基层的联系，关注基层实际困难，切实解决实际问题。

（二）开展“服务基层年”是国税部门全面落实“十二五”规划的具体体现。“十二五”时期是我国全面建设小康社会的关键时期，是深化改革开放、加快转变经济发展方式的攻坚时期。加快转变经济发展方式，推动科学发展是我国经济社会领域的一场深刻变革，必将贯穿经济社会发展全过程和各领域。提高发展的全面性、协调性、可持续性，坚持在发展中促转变、在转变中谋发展是实现经济社会又好又快发展、综合国力、国际竞争力、抵御风险能力、人民生活明显改善的关键所在。国税部门要服务于经济社会发展实现自身发展，就要抓住这一个重要的战略机遇期，迎接挑战，做到基层班子建设好、基层队伍素质好、基层干部心态好、基层依法执行好、基层服务落实好、信息管税利用好，使基层国税部门和广大的干部职工，以更加昂扬的斗志和更加扎实的工作作风投身到我省经济建设、社会发展进程中，开创和实现国税事业全面协调可持续发展。

（三）开展“服务基层年”是国税部门以人为本共建和谐征纳的具体体现。基层国税部门是国税系统执政之基，基层实力、基层动力、基层活力、基层干部素质直接关系到依法征税、强化征管、优化服务、和谐征纳各环节的工作落实。开展“服务基层年”活动就在于坚持“以人为本”，全面提升国税干部的整体思想、政治、业务素质，以服务基层的理念推动基层国税部门以强化学习培训不断提高国税干部业务素质、以扎实的工作态度不断提高税收工作水平、以推动税收执法责任信息管理降低税收执法风险促进执法公正、以健全纳税服务体系优化纳税服务促进征纳和谐、以规范税收秩序大力推进信息管税促进税收管理规范高效，达到对干部在政治上关怀、思想上关心、精神上激励，营造一个良好的上下和谐、内外和谐、征纳和谐氛围，实现国税工作又好又快发展。

（四）开展“服务基层年”是国税部门大力弘扬求真务实精神的具体体现。按照科学化、精细化的管理理念，大力推进专业化、信息化管理，不断提高税收征管质量和效率的要求，弘扬求真务实精神、大兴求真务实之风，是国税系统的活力所在，也是国税事业兴旺发达的关键之所在。但当前由于体制机制原因与求真务实精神要求对照在部分部门和干部职工中还存在有一定差距，存在着少数机关与基层的联系不够多，深入基层调研比较少，习惯于电话联系、会议布置、公文往来；存在着以“管理者”自居，对基层检查工作多，布置任务多，为基层解决工作中存在困难不够及时，强调管理职责而忽视服务义务。部分干部职工安于现状，学习主动性不够，不思进取现象存在，工作能力、工作水平和工作责任心不够，我为人人服务意识淡薄等等。这些问题需要高度重视、正确对待、切实加以解决，若任由其发展蔓延，将阻碍国税事业的健康发展。开展“服务基层年”主题活动，就是要力求密切机关与基层联系之真，务机关服务于基层之实，不断提高机关为基层、基层为纳税人服务的水平。这是全省国税部门大力弘扬求真务实精神、大兴求真务实之风的重要举措。

（五）开展“服务基层年”是国税部门推进各项工作全面进步的具体体现。国税部门主要任务是“收好税、带好队、执好法、服好务”。基层国税部门要有一个好的班子，一个好的班子带出一支好的队伍，一支好的队伍就能贯彻执行落实好国家税收法律法规和各项政策规定，做到依法征税、强化征管、公正执法，为纳税人做好服务，组织好国税收入，为社会经济发展做好服务。同时，基层面对纳税人，如何做到经得起诱惑、耐得住清贫、经受得起考验就要抓好自身队伍建设和党风廉政建设，做到廉洁勤政，这些工作任务的完成需要机关和基层的共同努力全面推进。开展“服务基层年”主题活动正是顺应国税事业发展的内在要求，通过服务基层强化基础，从而推进国税事业各项工作的全面发展。

二、扎实推进，着力把“服务基层年”各项工作落到实处

今年是实施“十二五”规划的开局之年，根据党的十七届四中、五中全会和中央经济工作会议精神及国家税务总局工作部署，在着力推进“基层服务年”工作中，要以落实支持经济发展方式转变，强化税收征管和优化纳税服务实现税收收入预期目标，强化干部队伍建设，提高干部综合素质为着力点切实把“服务基层年”各项工作落到实处。要在“抓根本、强基础、重创新、求实效”上围绕组织收入中心工作，进一步增强服务基层的意识，提高干部的思想政治认识；进一步增强依法行政和公正执法意识，不断提高执法和服务质量水平；进一步提高干部队伍素质，牢固树立敬业爱岗的职业道德意识。通过“服务基层年”各项工作的落实，增强机关和基层税收征管合力，以一流的工作业绩为全省经济社会的跨越式发展作出更大的贡献。

（一）机关在为基层组织国税收入中的服务。我省经济发展不平衡国税收入差距大，地方政府财力在需要与可能上满足度有更大差距。国税部门依法行政要坚持“依法征税，应收尽收，坚决不收过头税、坚决防止和制止越权减免税”的组织收入原则。目前国税收入任务脱离实际层层加码在基层普遍存在，其结果是带来税收执法风险，基层为完成任务不得已为之而放弃依法组织收入的主动权。因此，上级机关应进一步强化经济税源分析，在落实税源监控、税收分析、纳税评估、税务稽查的互动机制中针对不同州市税源变化情况，在下达税收计划任务工作中留有余地，给基层国税部门较大空间去落实地方政府国税收入目标任务。

（二）机关在为基层依法治税工作中的服务。规范税收执法，严格按照税收法定权限和程序行使权力履行职责是基层国税部门和国税干部组织国税收入必须具备的能力。但是，随着税收法律法规和税收政策的不断增加，各种现行税收政策规定、现行财务会计制度以及税前准予列支和扣除标准、行业规范政策及准予列支和扣除标准分布在不同的时期、不同的文件、不同的书籍中，不便查找。为了规范税收执法、强化税收管理，进一步减少税收漏洞，有效化解和减少基层国税干部税收执法风险，方便征纳双方掌握税收政策，在可能和考虑税收成本的条件下，法规部门和税政部门可否逐步将现行税收政策分税种、分行业整理放入国税政务网站，方便基层国税部门进行税收管理、纳税评估、纳税辅导和纳税人了解掌握税收政策进行自助纳税。

（三）机关在为基层优化纳税服务工作中的服务。打造服务型国税机关要大力推进纳税服务体制、机制和制度建设。健全以服务理念为统领的理论支撑体系、以法律法规为依据的制度安排体系、以办税服务厅和税务网站为载体的平台建设体系、以满足纳税人合理需求为导向的业务体系、以科学的组织架构和专业化人才队伍为重点的组织保障体系、以减轻纳税人负担、提高纳税人满意度和税法遵从度为目标的绩效评价体系建设和完善纳税服务制度建设，关系到国税系统的行为规范和促进优化纳税服务，要在总结经验和实践的基础上，结合云南国税实际切实加强全局性、系统性、基础性建设，促进基层国税部门按纳税服务规范工作规则，整体推进优化纳税服务，发挥纳税服务整体功能和社会影响力。

（四）机关在为基层纳税评估工作中的服务。纳税辅导和纳税评估是当前加强税收征管、规范税收秩序、督促纳税人依法纳税、构建和谐征纳的有效形式，直接关系到税收征管质量的提高和组织国税收入。要针对当前纳税评估中统筹安排、部门之间协调配合不足的实际，强化重点地区、重点行业和重点经济税源的综合分析，充分利用上级机关集中的信息资源进行统筹安排综合布置。要定期对综合数据进行综合分析整理，建立地区行业税负风险预警体系指导基层国税部门开展重点企业纳税评估。要对现行行业经济数据和综合评估工作中的做法及经验进行分析整理利用，对不同地区不同行业进行分类指导，确保基层在工作中掌握信息和运用相关成果取得事半功倍的成效。要有针对性的根据不同地区、行业的不同情况加强纳税评估业务辅导，尽快提高基层国税干部的业务素质和评估工作能力。

（五）机关在为基层信息管税工作中的服务。信息管税就是要解决信息不对称和对信息的分析运用问题，从而达到加强税收征管的目的。一是要按照科学、系统、严密、标准的要求，建立统一的指标体系，并归集整理纳税人涉税信息，构建集中统一的数据仓库，为进一步分析利用信息打下基础。二是在可能的情况下开发应用信息管税系统。海量涉税信息的分析应用，必须充分发挥信息技术的效率优势。开发应用系统，搭建高效便捷的信息管税工作平台，从而实现税收管理针对性、管理工具适用性、管理刚性上的突破，并以此为平台，建立税收分析、税源监控、纳税评估、税务稽查相互衔接的工作机制，促进税收征管质效的提高。三是运用信息系统加强专题税收分析，利用统计学、计量经济学等数据分析方法，设计针对性较强的指标模型，开展对风险管理指标的均值方差分析、相关性分析、回归分析和聚类分析等，科学准确地分析税收管理现状。开展行业四小票进项数据分析、企业所得税纳税人盈亏与税负分析、三级稽核系统存根联滞留票分析等专题税收分析，防范偷逃骗税、加强税源管理，揭示存在的问题，达到信息管税和指导基层国税部门工作的目的。

（六）机关在为基层干部队伍建设工作中的服务。加强基层国税干部队伍建设，关键是建设一支高素质的干部队伍。俗话说："国以才礼，政以才治，业以才兴"，树立科学的人才观，是进一步加强干部队伍建设的指导方针和基本要求。多年来，我们坚持科教兴税、人才强税战略，紧紧围绕国税事业发展坚持与时俱进、改革创新，逐步建立了一支结构比较合理、整体素质基本适应的干部队伍，为国税事业全面、协调、可持续发展提供了人才资源保障与智力支持。但由于体制、机制和区域原因，干部队伍建设方面还存在一些薄弱环节，人才资源呈现结构性短缺，干部队伍素质和能力与国税快速发展的需求不相适应，干部队伍建设还有体制性障碍。因此要树立科学人才观，加强干部队伍建设。一是要加强各级领导班子建设，认真做好领导干部的廉洁自律工作，完善领导班子的议事和决策机制。要围绕增强创新意识、民主意识、自律意识，切实提高管理干部队伍的管理水平，努力培养出具有敏锐的眼光、广博的知识、懂得现代管理的一流干部队伍，使他们在科学判断形势、驾驭和应对复杂局面以及总揽全局等方面的能力得到提升。二是抓好专业技术队伍建设。重点要抓好教育培训工作，加快现有专业技术队伍知识的更新，增强专业技术人员的实用性，真正让他们成为行业的专业技术队伍，做到学有所用。要进一步完善激励机制和制度，鼓励国税干部参加全国专业技术资格考试，对获得专业技术资格的干部给予激励。三是抓好国税执法队伍建设。税收行政执法专业性、政策性、社会性强，要按照以人为本、从严执法的要求，进一步加大培训力度，促使基层国税干部熟练掌握和运用法律法规办事，提高依法行政的能力。四是积极推进干部人事制度改革。在现行制度规范内，树立良好的用人导向，使真抓实干、政绩突出的干部得到褒奖，使好大喜功、弄虚作假的干部受到惩戒，按照德才兼备原则，遵循干部人事工作的客观规律，努力建设一支能够担当重任、经得起风浪考验的高素质的干部队伍。

三、强化落实，把"服务基层年"各项具体工作推向前进

县（区）国税局是国税工作的基础和主要窗口，县（区）国税局要按照省局党组"服务基层年"的工作部署和工作安排，进一步加强领导、转变作风、真抓实干、制定措施、强化基础、精心组织，为"十二五"开局之年开好头、起好步，做到思想上作风上与时俱进；工作上行动上开拓创新；执法上服务上以人为本；管理上落实上脚踏实地。务求"服务基层年"工作主题活动取得显著成效。

（一）加强领导，精心组织。基层国税部门领导要从全局的角度，落实党的十七届四中、五中全会精神，践行"三个代表"重要思想，树立和落实科学发展观，促进经济社会发展的高度，充分认识省局党组确定"服务基层年"主题活动的重要意义，把"服务基层年"放在突出工作位置，作为一项重要工作来抓。为加强"服务基层年"工作主题活动的领导，基层国税部门要成立相应的领导和办事机构，建立工作制度，对上级服务基层各项工作落实到位。加强对活动的指导、协调，抓好安排部署、督促检查，对工作中出现的问题做到统一指挥、协调行动。基层部门要结合工作实际制定《开展"服务基层年"工作主题活动实施方案》，精心组织，扎扎实实开展各项工作。

（二）转变作风，务求实效。"服务基层年"各项工作是否落实，关键在领导，责任在部门，执行在干部。基层领导要在思想上接近干部职工、在行动上亲临一线、在工作上要真抓实干，靠前指挥，以自己良好的品格、以自己过硬的业务素质、以自己无私的奉献精神带领团队务实干事。基层国税部门要把落实"服务基层年"各项工作与建立学习型党组织和"创先争优"活动结合起来，与加强基层国税部门效能建设和提高工作效率结合起来，与推进依法征税、强化税收征管、优化纳税服务、规范税收秩序、构建和谐征纳结合起来。要针对基层干部在思想、学习、工作、生活中的实际情况，进一步加强干部的职业道德教育，教育干部敬业爱岗、刻苦学习、提高素质、干净干事、诚实做人，为纳税人提供更好的服务。同时，要加强基层的内部管理，健全各项规章制度，使基层工作得到进一步加强。

（三）规范执法，优化服务。"服务基层年"工作主题活动中县（区）国税局和基层国税干部干什么？基层国税部门和基层国税干部的"基层"是纳税人，也是我们的衣食父母。在具体工作中，国税干部要严格按照税法规定做到依法征收、公正执法、依法减免、依法进行行政复议，依法行使法律赋予我们的执法权，在依法行政中做到公平、公正、公开。认真落实税收执法责任制，建立健全和落实好执法风险防范机制，规范执法行为，降低税收执法风险。规范办税流程，整合办税资源。推行标准化服务，规范涉税事项统一受理，纳税人电子信息"一户式"查询。加大网上办税力度，全面推行财税库银横向联网电子缴税，进一步减少纳税人办税时间和办税成本。加大纳税服务宣传，认真做好税法咨询，拓展办税服务功能，保护纳税人合法权益，依法解决税收争议。

（四）落实制度，接受监督。按照法制政府、责任政府、阳光政府、效能政府四项制度要求，基层国税部门要进一步强化责任意识、风险意识、监督意识，把各项工作落实到位。一是抓效能建设，提升服务水平。在基层大力推进行政执法责任制，严格落实行政过错追究、限时办结、首问负责等制度，进一步提高工作质量。二是抓督促检查，确保工作落实。明确任务，分解责任，确保各项工作目标任务的全面完成。进一步完善目标责任制考核办法，确保年度各项工作目标的圆满实现。建立健全督查工作制度，规范督查工作程序，全面加强督查工作，力戒只布置、不落实或落实不力的现象。三是强化抓政务公开，自觉接受监督。大力推行政务公开，扩大社会开放度、群众参与度，自觉地接受社会各界监督。

（五）强化学习，提高素质。提高干部队伍素质，牢固树立敬业爱岗的职业道德是做好工作的重要条件。要通过深化学习型机关建设，面对基层人员老化，干部业务素质与现行业务要求的差异，按照缺什么补什么的原则，有针对性采取不同的方法进行培训，提高适应工作水平和实战能力。进一步强化岗位目标责任制考核，以制度督促干部强化学习，进一步提高干部的整体素质。强化道德建设，促进全体干部树立正确的世界观、人生观、价值观，牢固树立敬业爱岗的职业道德，做到干一行、爱一行、钻一行，立足本职，甘于奉献。要通过职业道德的加强，增强干部学习的自觉性，刻苦钻研业务知识，不断提升工作能力和服务水平，从而造就一支“政治过硬、业务熟练、作风优良、执法公正、服务规范”的干部队伍。

依法行政　服务大局
立足税收职能　助推桥头堡建设实现质的飞跃

西双版纳傣族自治州国家税务局局长　赵　明

2009 年 7 月，国家主席胡锦涛考察云南后提出把云南建成中国面向西南开放的重要桥头堡。此后，加快桥头堡建设，把云南建成中国沿边开放经济区已成为云南发展的重要目标之一。国家发改委启动编制指导意见，意味着这一战略正式上升到国家战略层面。“桥头堡战略”是推进我国向西南开放、实现睦邻友好的战略需要，也是云南推进“兴边富民”工程、实现边疆少数民族脱贫致富奔小康的现实需要，对促进云南经济社会又好又快发展具有重大意义。

（一）桥头堡建设战略

国家发改委在 2009 年 8 月牵头编制《云南向西南开放的重要桥头堡专项规划》，并在 11 月份形成初稿。在这个专项规划编制之前，国家发改委、云南省人民政府委托云南省社科院编制了《云南向西南开放的重要桥头堡专项规划制定指导意见》（以下简称《指导意见》）。云南桥头堡建设将是一个为期十年的中长期规划，分为两个阶段。2011 – 2015 年是云南桥头堡战略重点的突破阶段，云南将加快实施互联互通的通道路网建设、加快通关便利、综合口岸基础设施建设、缅甸皎漂到昆明油气管道建设、国际物流体系的建设，连通云南到印度洋的口岸建设。2016 – 2020 年则是重点突破，建成昆明、曲靖、大理、蒙自四大枢纽为核心的公路、铁道、航空、水运对内对外运输网络运输体系的建设；建设石油、化工天然气、新能源、特色农业、矿产加工、生物制药、旅游文化、金融交通运输建设。

在基础设施方面，构建南北方向的印度洋国际大通道，包括泛亚铁路、泛亚公路，从深圳到广州、到南宁、到昆明，到缅甸、孟加拉、巴基斯坦、伊朗、土耳其伊斯坦布尔的亚洲大陆桥，是支撑“桥头堡”的重要骨架。其中连接云南与缅甸的，主要包括经德宏从瑞丽出境的滇缅陆水联运通道、昆明—仰光高等级公路和泛亚铁路西线。自 20 世纪 90 年代中后期以来，云南省一直关注直达印度洋国际大通道的构建，即从西南方向形成一条连接太平洋和印度洋，进而连接欧洲的新通道。这条从云南经由缅甸直达印度洋的大通道，要比目前经东南沿海绕道马六甲海峡进入印度洋的行程短 3000 公里左右。据统计，目前中国出口货物有 42%，原油进口的 90% 均经马六甲。一旦印度洋大通道贯通，云南将不再是一个传统意义上的贫困边陲，而成为开放的前沿。期待更多优惠政策云南将借助桥头堡战略打造滇中城市经济圈、八个沿边经济区和四条经济走廊。其中，滇中城市经济圈是以昆明为核心，统领玉溪、曲靖、楚雄。八个沿边经济区将建成为加快口岸经济港、积极承接劳动密集型产业的转移、跨境合作区、三头在外的产业聚集区、无障碍跨境旅游区、民族保护及生态保护试验区。四条经济走廊包括云南—河内、曼谷、皎漂、印度加尔各答等地。点轴面的全方位立体式布局将增强云南在国内国外的市场辐射功能。

云南向中央申请外向型的优惠政策，“政策的优惠远点要向深圳珠海看齐，近点要看齐广西、海南、两江新区、新疆喀什等政策。”

国务院文件提出了建设桥头堡 16 大战略目标：1. 我国向西南开放的重要门户，从陆上通往印度洋的战略大通道；2. 我国沿边开放的试验区；3. 西部地区实施“走出去”战略的先行区；4. 西部地区重要的外向型特色优势产业基地，西南地区的重要经济增长极；5. 我国重要的生物多样性宝库和西南生态安全屏障；6. 我国民族团结进步、边疆繁荣稳定的示范区；7. 国家重要的锗、铟、金稀贵金属和铜、铅、锌、磷等重要战略资源接续区，建设有色金属和稀贵金属新材料产业基地，形成园区化、集约化的石化基地和清洁载能基地；8. 优势特色农产品生产加工、生物资源开发创新产业基地；9. 我国重要的承接东部产业转移基地和出口加工贸易基地；10. 面向东南亚、南亚的通信枢纽和区域信息汇集中心；11. 以水电为主的绿色能源基地；12. 跨区域电力交换枢纽；13. 国内一流、国际知名的旅游目的地；14. 面向东南亚的农业技术推广枢纽；15. 建设高原体育训练基地；16. 将以昆明为中心的滇中地区培育成为云南省经济发展的重要增长极，把昆明建设成为全国性物流节点城市和区域性国际物流中心，面向东南亚、南亚的区域性金融中心，面向东南亚、南亚的国际医疗和技术、人才交流区域中心，光电子产业基地、高技术服务产业基地和中国西部的重要航空枢纽。

国务院文件提出了建设桥头堡30条突破性政策：1. 国家加大转移支付和投资力度，支持云南桥头堡建设和发展；2. 加大边境地区专项转移支付力度；3. 加大涉农信贷增量奖励支持力度；4. 加大对云南贫困地区的贷款贴息支持力度；5. 将云南出口货物人民币结算退（免）税试点扩大到省内所有边境口岸和指定的重要通道；6. 鼓励银行业金融机构为符合国家政策的重大基础设施建设项目提供信贷支持；7. 鼓励和引导外资银行到云南设立机构和开办业务，支持银行业金融机构在周边国家设立分支机构，积极推进与周边国家签订双边本币结算协议；8. 支持符合条件的大中型优势企业在国际资本市场上市和发行债券；9. 支持符合条件的境内外保险机构在昆明设立区域性总部，推动开展与边境贸易和国际物流相关的保险业务试点，鼓励地方政府开展优势特色农业保险保费补贴试点工作；10. 中央安排的公益性建设项目，取消县以下（含县）及集中连片困难地区市地级配套资金；11. 支持云南利用中国—东盟投资合作基金，中国—东盟专项信贷资金建设有关项目；12. 积极稳妥推进金沙江、澜沧江水能资源开发，研究论证怒江水能开发问题；13. 支持我省改造升级传统工业，重点推进化工、装备制造、有色、钢铁等产业优化升级，积极探索利用境外矿产、能源和市场，在滇西边境一线发展钢铁产业，实施差别化的产业政策；14. 在滇西等边境地区和有条件的贫困地区推进矿电结合，发展清洁载能产业；15. 对云南烤烟和卷烟发展给予重点支持，在全国卷烟生产计划指标增加时对云南给予倾斜；16. 国家在战略性新兴产业发展专项资金安排方面对云南给予倾斜，支持我省发展生物医药、生物技术服务、光电子、新材料等新兴产业；17. 鼓励有条件的口岸物流基地发展保税物流；18. 在昆明逐步培育和建设国际性矿业交易综合市场；19. 建设边境和跨境经济合作区，在周边国家设立境外经贸合作区，建设瑞丽重点开发开放试验区；20. 对云南年度建设用地计划实行倾斜，改革完善建设用地审批制度，保障重点工程建设用地；21. 支持探索水电站、水库等重大能源和水利基础设施建设涉及的淹没区及生态修复整体绿化的用地方式改革；22. 对云南符合国家产业政策和供地政策的重大旅游产业项目，在新增建设用地计划指标安排上予以倾斜；23. 支持建立耕地保护机制，鼓励通过市场化的耕地占补平衡模式合理有序地开发利用土地资源；24. 把云南作为全国电力价格改革试点省；25. 开展国际重要湿地、以滇池为重点的九大高原湖泊等重点流域生态补偿；26. 继续加大对云南边境地区经济社会发展的支持力度；27. 国家加大支持力度，指导和帮助云南省扶持边远少数民族贫困地区深度贫困群体脱贫；28. 采取特殊政策加强少数民族人才培养，加大对云南省人才和智力支持力度，适当扩大国家重点院校对云南的招生规模；29. 支持我省加大对中低产田改造和高标准粮田建设力度；30. 鼓励先行先试，形成有利于桥头堡建设的体制机制。

（二）西双版纳州桥头堡建设情况

随着中国与东盟合作机制的建立，把处于大湄公河次区域核心区之一的西双版纳推向了对外开放的最前沿。西双版纳抓住这难得的机遇，积极参与大湄公河次区域经济合作，努力把西双版纳建设成为中国面向西南开放“桥头堡”的先行区。

1. 大湄公河次区域经济合作基本情况

大湄公河次区域（以下简称GMS）经济合作，是由澜沧江·湄公河流域的中国、越南、老挝、柬埔寨、缅甸、泰国6个国家共同参与的一个次区域经济合作机制，该合作机制以项目为主导，根据次区域成员国的实际需求提供资金和技术支持。近年来，西双版纳与次区域各国（特别是老、缅 、泰）在交通运输、资源开发、农业、旅游、环境保护、贸易与投资、人力资源开发和禁毒等领域的合作不断深化，并取得了较大成绩，形成了政府重视、各部门配合、社会各界关注、企业积极参与的良好合作机制，充分发挥了前沿基地的作用，并逐步成为对接中国·东盟自由贸易区的开放平台。

2. 西双版纳参与大湄公河次区域经济合作所遇到的挑战及问题

总体来讲，整个大湄公河次区域经济社会发展水平不高，呈现“五高五低”的态势。即发展不平衡程度高，总体发展水平低；贫困人口比例高，人均国民收入水平低；资源开发价值高，经济实力和开发水平低；参与区域合作的积极性高，对外开放程度低；对合作的期望值高，自谋发展能力低。

随着中国—东盟自由贸易区的建成及GMS合作的正式启动，加快了省内外一些地区或城市与东南亚国家的贸易合作步伐。如中缅输油、输气管道的开工建设，为滇西的发展带来了更大的机遇。

由于中、老、泰三国的法律、政策、技术不对接，运输、贸易、通关的规则、制度存在很大差异，通关信息不完全公开、透明，加之新的商贸机制未建立，基础设施不配套，运输成本高等原因，严重影响了昆曼大通道的通行效率。

西双版纳产业发展呈现低端化特征，未能与时俱进改造升级，表现为先进制造业发展不力，基本停留于资源的初加工阶段。旅游产品老化、同质化，中高端的休闲度假旅游产品存在空白。现代服务业发展严重不足，城市的会展业、商贸物流、文化产业等发展滞后，城市产业和城市功能亟待升级。

西双版纳州在外贸、外经、外资、外游的开发利用中还存在许多问题，主要表现在：一是外贸进出口结构严重不合理，产业基础薄弱，缺乏高附加值的加工制造产业群，外资企业数量少、规模小，外向型企业少；二是对外经济技术合作市场过于集中，业务方式单一，企业竞争力不强；三是外游整体水平较低。

3. 努力把西双版纳建设成为云南“桥头堡”战略的先行区

西双版纳积极对接“中国提升沿边开放，实行自由贸易区”的国家战略，积极推动并主动参与GMS合作，展现“国际化、时代性、创新型、领先性”的特征，与昆明、南宁等城市差异竞争、错位发展，将西双版纳建成中国面向西南开放“桥头堡”的先行区、云南对外开放的主阵地。

把西双版纳打造成为中国参与大湄公河次区域经济合作的国际枢纽和旅游先行区。目前，中国已进入休闲时代，观光旅游正向休闲旅游升级，出现大批休闲城市。西双版纳有望成为继清迈、琅勃拉邦之后的国际休闲度假城市，以西双版纳、清迈、琅勃拉邦为节点和旅游目的地及集散中心的“大金三角旅游区”正在逐渐形成。相比泰国清迈与老挝琅勃拉邦而言，西双版纳具有综合的实力优势。

把西双版纳打造成为中国参与大湄公河次区域经济合作的文化先行区。景洪历史上为“五景之首”（景洪、清迈、清莱、景栋、琅勃垃邦），是勐泐国故宫所在地，在东南亚有深远影响力。是东南亚贝叶文化中心，融合了傣族原始宗教文化与南传上座部佛教文化，是傣族社会历史与文化的荟萃，是多民族的交融中心，民族文化丰富多彩。如今，西双版纳在文化上在着力找到景洪在“五景联盟”中合适的地位，发挥应有的作用。

把西双版纳打造成中国参与大湄公河次区域经济合作的商贸物流集散中心。西双版纳在GMS合作中独一无二的区位，决定了其在GMS合作中将成为商流、物流、人流、资金流、信息流的交汇和辐射中心及跨国运营基地。西双版纳会抓住中国—东盟自由贸易区建成的机会，把景洪建成连接中国、辐射东盟市场的国际物流配送基地、物流中心和出口贸易加工基地。

培育出口产业，大力发展通道经济，打造绿色生态产业示范基地。随着GMS交通走廊的逐步形成，如何将“交通走廊”转化为“经济走廊”，进而创造“大湄公河次区域”的经济增长带，已经成为各国政府和工商界普遍关注的一个现实问题。处于经济带核心位置的西双版纳要在GMS合作中获得更大的利益，就必须变当前的“交通走廊”为“经济走廊”，大力发展通道经济，着力培育和发展有竞争力的特色优势产业。

4. 西双版纳州建设“桥头堡”主阵地有4大优势

即区位、人文关系、对外开放基础设施建设，以及对外开放的基础工作方面的优势。西双版纳与老、缅两国接壤，与泰国毗邻，是云南省边境线最长、国家级口岸最多、离泰国最近的地区，而且还有一江连六国的澜沧江. 湄公河纵贯辖区全境，地缘区位优势突出。同时，西双版纳还加快了基础设施建设。比如昆曼大通道已全线贯通，澜沧江·湄公河“黄金水道”商船、旅游客船畅通无阻，景洪至万象等三条汽车客货国际运输日益繁忙，版纳国际机场还先后开通了至曼谷、至清迈、至老挝琅勃拉邦、至万象的国际航班，泛亚铁路中线今年有望开工建设，这将进一步提升对接东南亚国家的交通便利条件。

西双版纳在“桥头堡”战略建设中，将“拓展三个平台”和“建好四个基地”。其中，产业发展平台主要将突出交通、水利、能源、信息、社会事业等重点领域，而合作机制平台将着力于完善中老泰边境地区三国六方合作会谈机制，同时加快中老泰边境地区“边境贸易圈”和“国际旅游圈”建设，成为次区域经济合作发展的先行区、示范区；而“建好四个基地”，主要包括物流基地、商贸基地、加工基地、现代服务业基地。

西双版纳将尽快启动磨憨口岸保税物流基地建设，加大招商引资力度，结合“蔬菜换石油”、“花卉换水果”、“冷果换热果”合作项目，推进物流体系建设。同时，加快培育一批果蔬、食品、优质普洱茶、畜禽养殖产品、生物产品加工等龙头企业，增强企业参与国际竞争的能力。此外，将推进“国际旅游圈”建设，加快“金四角黄金旅游”这一最具神秘色彩和独具魅力的跨国旅游项目建设，大力发展国际生态游、边境休闲度假游等具有边境特色的高端旅游项目。

（三）西双版纳州国税系统服务桥头堡战略的规划

——指导思想是：以邓小平理论和“三个代表”重要思想为指导，深入贯彻落实科学发展观，把服务科学发展，共建和谐税收作为国税工作的第一要务，坚持依法行政，为国聚财，为民收税，充分发挥税收作为国家财政收入主要来源和实施宏观调控重要杠杆的职能作用，围绕建设面向西南开放桥头堡战略，坚持以纳税服务和税收征管为核心，以贯彻落实税收政策服务科学发展，以专业化管理与服务构建和谐征纳关系，以完善惩防体系促进干部廉洁从政，建设法治、责任、服务、廉洁的国税机关。坚持国税文化建设核心理念，造就高素质国税干部队伍，加快推进西双版纳国税事业又好又快发展，为保持云南和西双版纳经济平稳较快增长和社会和谐稳定作出新的贡献。

——工作总体规划：“打造两个平台，建立3个合作机制，争取9个方面的税收政策在云南先行先试；抓好10个方面的重点工作。”和“3个建议争取”。

——打造两个平台：1. 打造桥头堡建设税收信息交流服务网站。先行先试，在全州建立与各职能部门、与纳税人等的税税收信息交流服务网站。2. 打造东南亚、南亚税收政策研究基地。充分发挥地域和前沿等各种优势，先行先试，争取在西双版纳州建立东南亚、南亚税收政策研究基地。

——建立3个合作机制：1. 建立税收管理信息共享合作机制。先行先试，与西双版纳州各职能部门、大湄公河次区域经济合作各国建立税收管理信息共享合作机制。2. 建立税收政策公开透明机制。全面落实政务公开制度，加快税收政策公开透明。3. 建立避免双重征税和涉税争端协调机制。

——争取9个方面的税收政策在西双版纳先行先试。主要包括以下几个方面：1. 争取将消费税由中央税调整为中央、地方共享税的先行先试。2. 争取西双版纳州水电作为享受“即征即退”政策先行先试区。争取参照三峡电站实行增值税实际税负超过8%的部分“即征即退”的政策，所退税款部分用于企业的技术改进和投资，部分留给地方政府解决改善生态环境等问题，进一步促进西双版纳水电的可持续发展和产业结构优化调整。3. 争取把西双版纳境内生产企业出口大湄公河次区域国家（缅甸、越南、老挝、柬埔寨、泰国）的产品（除国家限制的“两高一资”产品外）实行国内增值税按适用税率全额退税的政策先行先试区。同时，建议对这些国家从西双版纳口岸进口的产品给予鼓励政策，扩大进口执行免除关税和增值税范围，大力扶持进出口企业发展。4. 争取跨境经济合作区的税收优惠政策。建议争取建立中缅、中老2个跨境经济合作区时，对跨境经济合作区内的企业比照执行我国境内海关特殊监管区域的货物“国外货物进区保税，国内货物进区退税，区内货物向国内销售征税，区内交易不征税。”的政策。5. 争取国家对西双版纳口岸海关代征的进口环节增值税和关税，形成制度规定全额返还西双版纳，用于云南边境口岸建设。6. 争取西双版纳执行民族自治区人民政府企业所得税减免管理权，在全州范围内执行民族自治地方企业所得税优惠政策，并对民族自治地区需要鼓励扶持发展的产业，给予定期减征或免征包括中央分享60%部分的企业所得税。7. 争取将西双版纳特色优势产业纳入国家鼓励的《产业结构调整指导目录》，将鼓励类产业企业主营业务收入必须占企业总收入的70%以上降为50%以上，降低政策门槛，扩大优惠政策覆盖面，吸引更多的境内外投资者到西双版纳投资。8. 争取西双版纳到东南亚、南亚国家投资经营的企业取得的境外所得，在一定期限内免征企业所得税，鼓励更多的企业能够“走出去”发展壮大。9. 争取在西双版纳工业园区内投资的企业执行“区内企业相互交易免税，区内企业与区外企业交易征税”政策略 。

（四）全州国税部门要重点抓好10个方面的工作

一是以组织收入为中心，进一步强化税源分析，征收监控，纳税评估和税务稽查等有力措施，坚持依法行政，确保完成和超额完成上级下达的各项任务。二是进一步提升税收管理和信息化服务水平。大力推行信息管税，实现所有涉税事项计算机网络管理的全覆盖。建设“网上办税服务厅”，实现税务登记、申报征收、发票发售、出口退税、纳税咨询、申请优惠政策等涉税事项均可在网上办理。实施标准化服务和管理，优化办税流程，清理简并涉税资料，降低办税成本，营造公开、透明、高效的办税环境。三是强力推进税收优惠政策的落实。多层次、多渠道开展税收优惠政策及具体操作规定的宣传和辅导，大力开展送政策上门活动，帮助政府和企业充分用好、用足现行各项税收优惠政策。支持重点项目建设，主动解决项目建设中的相关税收问题。四是支持边境贸易和边民互市发展。帮助企业解决在边境贸易和边民互市中遇到的税收问题，简化办税手续，提高工作效率。加强与接壤国家税收征管互助合作，为促进边境贸易和边民互市发展创造有利条件。五是支持各类海关特殊监管区域的建设和发展。落实保税区、出口加工区等监管区的税收优惠政策，推动“功能整合、政策叠加”。结合西双版纳州实际，针对海关特殊监管区建设中存在的税收问题，提出解决意见和建议，进一步争取配套税收政策和措施，确保特殊监管区功能真正落实到位。六是支持西双版纳州深加工产业发展。在支持电力、机电、有色金属冶炼、医药、高新技术、花卉、蔬菜、茶林果木等重点产业发展的基础上，对新兴加工产业积极开展送政策上门活动，有针对性地提出支持优势产业发展的税收优惠政策建议。七是支持西双版纳州实施“走出去”、“引进来”战略。促进西双版纳州通道、基地、平台和窗口建设，支持物流业发展，促进加工贸易转型升级。为“走出去”、“引进来”企业提供国内外相关税收政策及境外投资税收咨询服务。在消除双重征税、落实无差别待遇以及启动争端解决机制等方面为企业提供及时的指导帮助。八是加强税收数据的监控分析和预警。提高税收数据运用水平，加强税收数据与经济运行、企业发展情况的相关性分析及预警，提高税收数据社会综合效益，为各级党委政府部门的决策和企业发展服务。九是提升税法遵从度，维护良好税收秩序。对优秀信用等级企业给予奖励或扶持，引导企业守法自律。加大假发票查处力度，打击偷骗税行为，强化反避税工作。积极采纳纳税人合法、合理诉求，化解社会矛盾，为桥头堡建设打造良好的税收环境和秩序。十是提高国税干部队伍整体素质。适应桥头堡建设发展需要和各级干部实际状况，抓好干部教育培训工作，分层次按需要开展专题专项培训，根据不同类别、不同层次、不同岗位干部的特点，因人而异，因岗而宜，因形势而宜，合理设计班次、内容和方法，依托内外部教学资源，构建长期稳定的培训机制。

总之，2011年是充满机遇与挑战的一年，全州国税系统面对机遇与挑战，始终坚持抢抓机遇，迎难而上，求真务实，开拓创新，紧紧围绕“把西双版纳建设成为开放云南与桥头堡的主阵地”这一战略目标，充分发挥税收职能作用，服务地方科学发展，努力在新的历史起点上实际新的跨越，为西双版纳经济社会和谐稳定健康发展做出积极的贡献。

努力实现“十二五”楚雄国税良好开局和新跨越

楚雄彝族自治州国家税务局局长　张炳华

“十一五”期间，楚雄州国家税务局取得了税收收入持续增长、行政执法规范有效、纳税服务更加优化、干部素质有效提升、系统平安和谐稳定的工作业绩。2011 年，是落实“十二五”规划的开局之年，是全省国税系统“服务基层年”，完成好 2011 年各项税收工作，努力实现“十二五”良好开局和新跨越。

一、突出主题紧扣思路，努力实现楚雄国税“十二五”良好开局

2011 年，楚雄州国税工作的总体要求是：深入贯彻落实科学发展观，围绕工作主题和工作主线，以加强干部队伍建设为重点，以强化制度建设和落实为突破口，内强干部管理，外树服务形象，抓好核心业务，发挥税收职能，带强干部队伍，推进反腐倡廉，强化依法履职防风险，规范管理重遵从，改进作风优服务，服务基层构和谐，整体推进促发展，逐步把基层建成法治、规范、阳光、文明、效能、和谐基层，努力实现“十二五”楚雄国税良好开局和新跨越。即重遵从、优服务、构和谐、促发展。

重遵从，是防范税收风险的有效方法。遵从，与依法依规是相通的，就是要遵从国家的法律法规、各级的要求规定、单位的规章制度。提高税法遵从度，既要提高纳税人对税法的遵从度，更要提高税务干部对税法的遵从度。因此，在税收执法上，必须严把“度”、重遵从，按照法律法规和政策开展工作，有效规避和防范风险。

优服务，是落实工作和提高质量效率的重要途径。服务与认识、与意识、与作风是联系在一起的。对外服务，基本上形成了满足纳税人合理需求的一些服务模式，得到了广大纳税人赞许。对内服务，各级要认真思考，拿出服务举措和相应的办法，实现优化服务内外并举并重，切实做好外对经济社会发展及纳税人的服务，内对干部职工的服务，使服务真正体现文明、反映素质、提高效率、树立形象。

构和谐，是一项长期的工作。和谐，是一个系统、一个单位共同体的和谐。各级要多做有利于和谐发展的事，不断推进干部内心和谐、系统和谐、征纳和谐、内外和谐，凝聚力量、形成合力抓各项工作落实。

促发展，是各级工作的落脚点。发展上，达到软实力与硬基础相得益彰的结合、显现，才是整体发展。各级必须把科学发展作为第一要务，进一步坚持发展是硬道理的本质要求就是坚持科学发展，深化落实发展理念，结合“十二五”发展规划，不失时机地整体推进国税事业又好又快发展。

二、明确责任扎实推进，全面完成“服务基层年”各项工作任务

（一）进一步推进依法行政，着力加强法治基层建设

大力组织税收收入。认真落实《税收分析工作制度》，深化税收经济分析，加强税源监控，及时准确掌握收入进度。主动探索加强组织收入工作的质量和服务指导，在税收调查、税源分析、票证管理、税款缴库、税收会计、进度分析等方面，进一步提高组织收入工作的针对性。坚持组织收入原则，依法征收，依规办事，防范风险，应收尽收，实现税收收入持续协调、良性发展，确保全年收入任务圆满完成。大力规范执法行为。把防范执法风险作为工作重点，依法落实税收政策，加强税收政策解读与辅导。规范落实税收自由裁量权，认真排查执法风险点，帮助基层正确落实税收政策和防范执法风险。充分利用税收执法管理信息系统，监控税务干部的执法行为，力争做到监控指标零失误。按程序落实税务行政处罚、听证和重大税务案件集体审理等制度，加强税务行政复议和应诉工作。大力加强税务稽查。落实《税务稽查工作规程》、《税收违法行为检举管理办法》，严格办案程序，有效防范和化解稽查执法风险。继续开展分类稽查、税收专项检查，开展打击发票违法犯罪活动，依法整顿规范税收秩序。

（二）进一步深化信息管税，着力加强规范基层建设

继续深化信息化建设。建立完善州、县信息化工作日制度、信息维护员制度，及时发现和处理网络系统存在的问题，提高日常运维工作水平和应急处理能力，保障网络安全和稳定运行。积极开发有关业务辅助软件，根据业务需求，每年自主研制开发 1 ~ 2 个小软件，从实际工作出发，大力培养和锻炼信息化专业人才。继续深化税收征管。落实税收管理员制度、税源与征管状况监控分析一体化工作制度。全面推行税收管理员辅助信息系统运行工作。加强信息采集分析，确保信息真实准确。加强税务登记管理，清理漏征漏管户，清缴欠税，防止新欠。贯彻落实新的《发票管理办法》及实施细则，梳理加强做好新版发票管理工作。继续深化税种管理。把增值税管理作为货劳税管理的重点，充分利用税负预警系统，人机结合加强税负分析。完善增值税分类管理措施，加强抵扣进项税管理。加强出口货物退（免）税管理工作，积极推进跨境贸易人民币结算试点。加强消费税管理与协调，重点抓好烟、酒消费税的管理，确保消费税及时入库。以分类管理为突破口，加强所得税管理。开展所得税税前扣除、减免税审批或备案管理执行情况自查自纠。加大对中小企业和核定征收企业管理，全州 2011 年核定面不得低于 30%。加大所得税网络申报和汇算清缴电子化申报推广力度，做好汇算清缴，降低汇算清缴亏损面和零申报比重，提高所得税征管质量。落实“以票控税、信息共享、协同管理”的车辆购置税管理措施，完善车辆购置税征管档案电子化管理，做好车辆购置税征收与服务。落实好《大企业税收管理与服务工作实施意见》，加强年纳税额在

1000万元以上企业的税收管理，创新工作方法，实现对大企业的有效管理。

（三）进一步提升税收服务，着力加强文明基层建设

以服务经济社会发展和纳税人为主，持续提升对外服务质量。完善服务内容，拓展服务领域，提升服务质量，增进税收和谐度和党政认可度。在做好日常税收服务的基础上，根据省局安排，稳妥推进12366纳税服务热线建设。完善"一窗通办"，推进办税服务厅标准化、规范化服务建设。各地要围绕纳税人合理需求，以最简单、最快捷、最方便为落脚点，开展第三方纳税人满意度调查和纳税人服务需求调研，针对纳税人的不同需求，提出不同的个性化的纳税服务措施和办法。以服务基层和干部职工为主，持续提升对内服务质量。把"依法履职，防范风险；规范管理，提高遵从；改进作风，优化服务；构建和谐，整体推进"作为服务基层年的重点工作，找准内部服务方面的薄弱环节和切入点，切实通过执法服务、政策服务、科技服务、管理服务、教育服务、文化服务、激励服务，实实在在服务基层。

（四）进一步实施人才强税，着力加强阳光基层建设

以领导班子为龙头，加强队伍建设。各级党组要认真落实民主集中制，完善领导班子议事决策机制，规范程序，坚持原则，议事共谋发展。各级要站在讲政治、顾大局、强维稳的高度，以群众利益为重，多做群众心服口服的事。加强和改进领导干部基层联系点工作，州局班子成员全年不少2次到基层开展全方位调研，并参加联系点县局党组民主生活会，进一步了解掌握基层实情。在干部培养使用上，注重德才兼备、以德为先，侧重于政治素质、能力水平、工作表现、工作业绩、身体状况、群众公认等方面，对不听招呼、不守纪律、不适应、不胜任或不作为、乱作为的干部，该调整的坚决调整，该调离的及时调离。完善目标管理考核方式方法，完善效能积分考核，进一步激发干部活力。切实加强老干部管理服务工作，增强老干部工作的针对性和有效性，真心实意为老干部排忧解难，让老干部在安享晚年时有组织感、归宿感和幸福感。以提高素质为着力，加强教育培训。要创新培训方式方法，借外力搞培训，多方培养优秀人才、专业人才。鼓励干部参加各类执业资格考试。切实利用和发挥好州局教育网络培训系统平台，开展全员培训。多下功夫，探讨教育形式，改进教育方式，增强教育针对性，提高教育效果。从服务基层出发，开展送政策、送业务、送培训到基层，帮助基层干部提高业务技能。以建党90周年为契机，大力开展信念教育、红色教育和"感恩·敬业·奉献"演讲教育活动，通过正面引导鼓舞人，把干部职工思想境界、干事氛围、精神状态、精神面貌树立起来，以活动带工作促服务基层年取得成效。以组织文化为核心，加强国税文化。各级要大力落实楚雄国税"十五"以来，长期坚持和形成的包括发展理念、发展思路、力量源泉、精神境界、行为规范、和谐共进在内的组织文化体系，大力推进彝州国税文化建设，提升发展软实力，激发干部干事创业的内在动力。以内控机制为重点，加强党风廉政建设。各级要把党风廉政建设摆在重要位置，坚持落实"强化监督、保护干部、服务发展"的纪检监察工作要求，进一步推进惩防体系建设。贯彻执行《廉政准则》、《关于实行党风廉政建设责任制的规定》和税务系统落实《廉政准则》实施意见、领导干部廉洁从政"八不准"、领导班子和领导干部监督管理办法，突出各级党组反腐倡廉的主体责任和主要领导干部"第一责任人"的政治责任，落实"一岗双责"，强化"两权"监督。把内控机制建设作为重点工作来落实，大力推行内控机制建设，以控为主、防控结合，确保干部勤政廉政、廉洁从税，确保干部不出问题。

（五）进一步强化行政管理，着力加强效能基层建设

规范内部行政管理，严格落实机关各项制度，严肃工作纪律，保持机关工作良好秩序，保障机关高效运转。加大工作督查和反馈力度，确保各项工作有效落实。坚持依法理财，规范财务管理，完善财务管理规章制度，严格预算管理，细化预算支出，硬化预算约束，精打细算，量力而出，厉行节约，切实降低行政运行成本和潜在风险。加强基本建设项目管理，加强固定资产管理。按照"热情接待、厉行节约，讲究服务、体现素质，上下结合、保障工作"的要求，做好后勤保障工作。要进一步深化落实"安全无小事，稳定促发展"的维稳理念，完善安全管理工作机制，强力落实综治维稳工作

（六）进一步开展创先争优，着力加强和谐基层建设

要围绕税收抓党建，抓好党建促税收，落实党建工作责任制、基层党建工作示范点，大力开展创先争优和学习型党组织建设。巩固扩大学习实践科学发展观、"三读"活动成果，认真落实和做好新形势下群众工作，把人文关怀、和谐基层作为创先争优活动的一项重要内容来抓，广泛开展向杨善洲等先进典型学习活动，树立身边先进典型。结合国税行业特点，在窗口单位切实推进"四亮四评"主题实践活动，抓出特色，抓出亮点，抓出成效。

三、围绕主线狠抓落实，大力推进楚雄国税事业发展新跨越

服务基层是各级职责所在。各级各部门要紧扣"团结、稳定、创新、和谐、奋进"的工作主线，真正把服务深植于心、体现于行，以服务带动各项工作的落实，大力推进国税事业发展新跨越。

一要切实增强服务意识。服务基层年，省局要求省局机关为全系统服务，州市局机关为县区局服务，县区局机关为基层一线服务。州局现处在"给钱、给物、给人没有来源"的困难上，服务好基层，唯一的办法就是统筹好工作，尽力为基层减压减负，从物质方面多向省局反映争取、多向地方协调支持，从精神方面多鼓励引导。要树立"服务基层、人人有责"的理念，进一步增强服务意识，端正服务态度，把握服务重点，实实在在为基层做几件实事。

二要切实改进工作作风。强化机关作风建设是服务基层的重要保障。作风的改进和转变，才能带来工作效率。各级要结合当前部署的工作，以教育整顿的形式，开展治

理工作纪律“漂”、思想工作“浮”、团结协作“散”、服务意识“差”、管理协同“松”等问题的专题思想作风教育整顿，切实改进工作作风抓好服务，以实作风、硬作风、细作风推动工作落实。

三要切实加强基层建设。持续加强基层建设，推动基层发展，进一步加大推行“决策在一线制定、工作在一线落实、问题在一线解决、创新在一线体现、成效在一线检验”的一线工作法，逐步探索和建立基层困难或问题现场办公制、基层工作经验现场推进制、基层优秀人才成长进步制、基层工作成绩突出重奖制、岗位绩效考核激励制等制度，从而真正实现工作思路在基层一线形成，困难问题在基层一线解决，决策部署在基层一线落实，工作成效在基层一线检验，工作作风在基层一线锤炼，干部队伍在基层一线成长。

四要切实推进工作进度。为确保各项工作落到实处、取得实效，按照工作进度倒逼法的要求，州局各科室、各县市区局要切实推进工作进度的落实和督促检查，实行全年工作任务计划进度落实倒逼制，做到列入工作进度计划的工作，不拖不等不贻误，积极主动抓落实。

五是要切实确保系统稳定。没有稳定的干部队伍和稳定的工作环境，什么事都干不成。和谐需要稳定，落实工作需要稳定，发展更需要稳定。各级要把稳定作为硬任务抓紧抓实，把干部职工当成大家庭的一员，议工作、谋利益、思发展从群众中来、到群众中去，作决策、作部署从稳定出发，议工作要常思常议稳定，下真功夫、实功夫化解不和谐不稳定因素，继续营造“一个氛围、一个声音、一个步调”的良好风气，为落实工作、促进发展，营造风清气正的发展环境，确保全系统和谐平安稳定。

税收管理前置　积极促进地方经济和税收征管双赢发展

——大理州国税局税收管理前置初探

大理白族自治州国家税务局局长　杨丽君

随着企业集团化经营模式的发展，税务部门对重点税源管理的关注已从常规管理拓展到事前管理、事前服务，以期通过税收管理前置，改进客观存在的税源与税收不尽一致的现状，有效变税源为税收。可以说，企业集团化经营的趋势使税收管理前置成为必要。为此，大理州国税局适时引入管理前置理念，在税源管理中不断实践，不断拓展，不断深化，走出了一条以税收管理前置促进地方经济和税收征管双赢发展的探索之路。

一、借鉴成功经验，引入税收管理前置

近年来，各级国税机关在税收管理前置方面作了多方尝试，取得了不同成效。就云南省而言，省国税局在工业烟草和水电行业方面的前置管理实践成效显著，堪称典范。

在国家加快电力体制改革、整合发电企业资源、实现集团化经营过程中，省国税局以我省澜沧江流域的漫湾电站和澜沧江水电开发公司合并为云南华能澜沧江有限公司这一变革为切入点，把税收管理前置到企业整合前期，确定了既适应企业集团化经营、又兼顾区域经济发展的征管和分配新方式。云南华能澜沧江有限公司增值税由企业在昆明的总机构统一核算，同时划分了昆明总部、电站涉及地区的增值税分配比例。2008 年原红云集团、红塔集团、红河集团实施“三变二”重组改革，整合为新的红云红河集团、红塔集团。为使税收征收管理适应“三变二”后烟草生产经营体制的需要，省局分别针对红云红河集团、红塔集团研究制定征收管理和税款缴库办法，实现税收“集团总部集中申报、统一纳税、跨区分配”的模式，顺利将两大集团全年的增值税和消费税按比例分配给昆明等七个州市入库。上述做法既确保了企业改革顺利完成，解决了地区间的税收公正与公平问题，又促进了区域经济与社会发展。

在学习省局成功经验的基础上，大理州国税局适时引入税收管理前置理念，提升税源管理和服务发展的能力。要求国税干部改变坐等企业上门申报的思维定式，把税收管理和纳税服务职能前置到纳税人登记、申报以前，甚至前置到政府招商引资、规划布局区域经济的过程中，积极寻求国税部门和政府、和企业的最佳工作结合点，切实把潜在的税源转化为税收，为大理经济社会发展服务。

二、在跨区经济发展中实践税收管理前置

“上关花，下关风，苍山雪，洱海月”，风，作为大理著名的“四景”之一，是大自然赐予大理人民的宝贵资源。在能源紧缺的当今，风力资源为人所用是必然趋势。据统计，大理州境内可开发的风能资源容量约为 598.5 万千瓦，风电开发建设的前景诱人。大理州党委、政府积极引进风电企业，大力开发风电资源，迄今已建成大风坝、者磨山、马鞍山、罗坪山等 10 个风电项目，2011 年全州风力发电达 7.2 亿千瓦时。目前还有 6 个风电项目在建，20 个风电项目获准开展前期工作。经测算，到 2015 年末，全州风力发电每年可实现销售收入 32 亿元以上，待投入固定资产进项税抵扣完毕后，预计年实现增值税 4 亿多元（即征即退 50% 后增值税可入库 2 亿元以上）；企业所得税 3 亿元以上（减征后可入库 1.5 亿元以上）。届时风电产业将成为全州新一轮经济发展的战略先导产业和未来的支柱产业，为地方财政增收提供强大支撑。然而，对国税部门而言，新兴产业的开发和跨区经济的发展意味着对税收管理的要求越来越高。如何才能交出一份让党委、政府、让纳税人、让上级局满意的答卷？对此，大理州国税局积极进行了实践，让我们通过几个镜头来回顾具体做法和效果。

镜头一：在企业建设之初引入税收管理前置，合法、合理、公平地解决了风电企业税收公平分配问题。在风电企业建设初期，大理州国税局向州、县党委、政府多次汇报，与财政部门反复协调，促成了税收划分办法的出台。办法依据风电场土地占用面积、风机台数两个主要因素，确定了跨县市风电企业发电环节产生的增值税、企业所得税和随增值税附征的城市建设维护税、教育费（以下简称“风电税收”）分配方案。例如，大风坝和者磨山一期风电场，注册地在大理市，电场区域涉及大理市和巍山县两地。若在注册地大理市汇总纳税，巍山县没有得到税收回报，对县级财政收入产生严重影响，不利于县域经济发展。为保证税收与税源一致性，同时解决跨县市风电企业税收公平问题，我们依据税收管辖相关规定和我州财政现行体制，决定对统一核算的风电企业实行“公司（集团总部）集中申报、统一纳税、跨区分配”的征管办法；对分别核算的风电企业实行“属地管理、跨区分配”的征管办法。大风坝和者磨山一期风电场先按主管税务机关分配 1%，然后按风力资源占用（风机台数）影响 40%，土地占用影响 60% 的权重进行分配。大风坝风电场实现的风电税收分成比例大理市 88.24 %，巍山县 11.76 %；者磨山一期风电场实现的风电税收分成比例大理市 79.57 %，巍山县 20.43 %。增值税先由注册地县市分配 1%，州财政不再单独办理立终结算，其余 99% 部分按照上述比例分成。这一模式一方面确定了由风电场机构所在地大理市征管增值税和所得税，满足企业管理机构核算的需要；另一方面，较好地解决了风电税收在大理市和巍山县之间合法、合理、公平分配的问题，得到州政府、大理市、巍山县两级三方政府的认可，赢得了企业的赞誉，树立了国税部门的良好形象。

镜头二：在纳税服务中推行政策辅导前置，让风电企业用足用好税收优惠政策

风力发电的标杆电价是 0.61 元/KW·h，其中：0.3606 元/KW·h 元属于风电的上网电价，0.2494 元/KW·h 属于国家给的可再生能源补贴。目前企业还没有收到国家给的可再生能源补贴部分，但按财务制度及税法规定，要按标杆价确认销售收入和申报纳税，在管理中我们了解到，大部分风电企业正处于投资高峰时期，面临巨大的资金压力。对此，大理州国税局前置推行了四个层面的政策辅导：一是确保增值税即征即退优惠政策执行到位。截止 2011 年，共为已发电的享受即征即退税收优惠政策的 3 户企业退增值税 2680 万元。2012 年 1 ~ 5 月，在税收增幅回落的情况下仍为风电企业办理即征即退增值税 1200 万元。二是全面落实增值税转型政策，从 2009 年至 2012 年 5 月为 7 户风电企业购进固定资产设备抵扣增值税进项税额 18472 万元。三是做好企业所得税优惠政策辅导。结合企业所得税减免税实行公历年度的规定，建议风电企业尽量把生产调试期放在上半年，更大限度地享受“三免三减半”的企业所得优惠政策。2011 年止，为华能港灯公司、大理聚能公司减免 4179 万元，其中，免税 3361 万元、减税 818 万元。四是将风电企业缴纳企业所得税的征收方式由按月申报缴纳改为按季申报缴纳，从而缓减企业资金周转压力。通过政策辅导前置，使企业真正享受到了税收优惠政策带来的实惠，助推了风电企业的发展。

三、在探索管理盲区中深化税收管理前置

每一个领域都有盲区，税收征管也不例外。发现盲区首先要具备一双慧眼，探索盲区则要具备一柄利剑。大理州国税局把税收管理前置当做慧眼和利剑，在征管盲区的探索中目光如炬，披荆斩棘，奋力前行。

探索之一：税收管理前置使“一票结算”变“两票缴纳”

2011 年初，我们在对大型电站等重点工程在建项目的调研中发现，在建工程的大型设备实行外购材料配件现场加工装配，而安装环节的税收却通过“一票结算”在购货地缴纳。安装环节在本地产生的税收转移到了购货地，这就意味着落后地区的税收转移到发达地区，与国家支持西部大开发的大政方针背道而驰。这个问题首先在云龙县功果桥水电站建设项目中暴露出来。云龙县功果桥水电站建设方日本东芝集团中国杭州公司，在云龙加工装配设备，而全部增值税在浙江杭州缴纳。发现问题后，我们以政策为依据，以公平治税为原则，作出了在建工程大型设备销售和安装分开缴纳增值税、“一票结算”变“两票缴纳”的决定。经积极与浙江省国家税务局协调沟通，得到对方的认可；随后向企业多次解释辅导政策，并与日本东芝公司派到大理实地考察的专员代表反复磋商后，日本东芝公司同意从 2010 年 12 月开始在大理州缴纳增值税 253 万元。此举打破了在建工程大型设备销售安装“一票结算”的管理盲区，开创了我国水电机组安装环节增值税纳税地点确定的先河，为今后类似的税收管理铺展坦途，意义十分重大。2012 年，弥渡县国税局应用这一模式，通过“一票结算”变“两票缴纳”实现劳务增值税属地缴纳，征收入库三德水泥厂大型机械设备加工应税劳务增值税 60 万元，一举规范了三德水泥厂大型机械设备加工安装组合环节的税收管理。

探索之二：税收管理前置应对政策调整影响，保障民生，服务企业

2012 年初，财政部、国家税务总局出台新规，从 1 月 1 日起对蔬菜流通环节免征增值税。根据相关免税货物不予退税的政策规定，取消和降低了近 100 多个蔬菜类出口商品的退税率。税收优惠政策的落实事关民生，国税部门必须不折不扣执行到位，但同时出口退税率的取消和降低客观上对出口企业造成影响。怎样把政策落到实处，既保障民生，又服务企业、服务发展呢？大理州国税局又一次主动出击，把管理和服务前置。主要做了四件事：第一，做好蔬菜流通环节纳税服务和税源分析，掌握第一手资料。经过分析测算，蔬菜流通环节免征增值税这一政策的落实，全

州仅2012年将减免蔬菜增值税490万元，这就意味着税收直接为“菜篮子”减了负，全州357万消费者都受益。但同时2011年大理州脱水蔬菜类产品出口额达7145万美元，占全州生产企业出口额14621万美元的49%；该类产品涉及出口退（免）税金额近7000万元，占全州出口退（免）税11489万元的60%，新政策实行后，脱水蔬菜从“征17%、退15%”变为“征13%、退5%”或者免税，将造成全州全年出口退税减少近3000万元，影响出口创汇近7000万美元，直接影响到全州蔬菜出口企业及广大农业生产者的经济效益和生产积极性。第二，对全州85户从事蔬菜批零业务的纳税人进行跟踪辅导，确保惠民政策得到正确执行和不折不扣的落实。同时向各级党委政府汇报情况，为各级领导决策提供参考。第三，积极与商务部门协调配合，组织出口企业座谈讨论，为出口企业良性发展提供支持。第四，认真对蔬菜类产品出口政策调整进行分析解读，结合脱水蔬菜类产品的工艺特点，帮助企业从海关重新获取了脱水蔬菜类商品代码的归类认定，将其归入“2005”或“2006”开头的商品代码中，至此，征、退税率即可按照“征17%、退15%”来执行，脱水蔬菜出口企业经济利益受益明显。若按照15%的退税率，两户企业受益近千万元，全州预计受益4200万元。通过前置税收管理，不仅保证了税收政策正确落实到位，保障了民生，同时为大理州脱水蔬菜产业健康发展提供强有力的支持。

四、在重点行业管理中拓展税收管理前置

取得了实践和深化税收管理前置的经验，大理州国税局把探索的脚步迈向了重点行业，在煤炭行业中对税收管理前置进行有效拓展。

大理州的煤炭资源储量约为4.2亿吨，已探明的储量1.8亿吨，主要分布在祥云、宾川、弥渡、永平、剑川、鹤庆等6个县。一段时期以来，由于煤炭税收监管方式单一，数据采集滞后，生产企业账务核算不健全，产销难以控管，加之煤炭经营隐蔽性较大，数量、价格难以掌握，导致税款流失严重。从2010年开始，大理州国税局从影响煤炭产品税收的数量和价格监控管理薄弱环节入手，采取了三项管理前置措施，强化煤炭税收管理，形成“政府领导、部门协作、信息支撑、齐抓共管”为特征的综合管理，最大限度地管住税基，促进煤炭产品税收大幅增长。首先，把粗放的“设卡过磅代征”的征管方式，变为“信息数据监控”的征管方式，将分散的小规模纳税人核定缴纳税款，认定为增值税一般纳税人申报缴纳税款。其次，促成政府管理部门安装远程监控系统，确保计税数量真实。在祥云、宾川、弥渡县建立了覆盖所有煤管站的远程监控系统，所有出站煤炭运输车辆必须持有“煤炭生产标示卡”和“煤炭运输标示卡”过磅秤后刷卡通关，从源头上实现控管。第三，采用“第三方”信息比对，实施煤炭产品计税价格管理。建立国地税、工商、煤炭管理部门的协调机制，及时获取价格信息，实现信息共享。在充分掌握煤炭价格信息的基础上，明确了煤炭产品计税价格的依据和纳税申报准确性的判断标准。2011年，促成弥渡、宾川、祥云县政府提高煤炭最低计税价格，当年祥云、宾川、弥渡县煤炭产量分别为136万吨、65万吨、33万吨，祥云计税价格在原377元/吨的基础上提高100元，宾川计税价格120元/吨～200元/吨提高80元，弥渡计税价格275元/吨～374元/吨提高100元，分别增加增值税2314万元、1100万元、564万元。第四，变“两张票”为“一张票”征税。如煤炭企业在销售的同时负责运输到购货方，煤炭价格和运输费用同时从购货方取得的，属于混合销售行为，应视为销售货物，统一按17%的税率征收增值税；但在实际调查中我们发现，部分煤炭销售企业在发生混合销售行为时，一般都会开具增值税专用发票和运费单据“两张票”，分别按17%、13%的税率申报增值税，分解和转移煤炭实际销售价格，逃避税收，侵蚀煤炭增值税税基。对此，我们要求销售企业将从购货方取得的所有价款开具在一张增值税专用发票上，视为销售货物按17%的税率征收增值税。这一做法取得了显著成效，2011年，全州107户煤炭企业均为增值税一般纳税人，实现煤炭行业增值税14531万元，同比增长69.62%，占税收总收入的2.56%。煤炭行业成为继卷烟、商业、电力、建材和冶炼行业后又一个年度增值税收入过亿元的重要行业。

前置管理犹如一对腾飞的翅膀，引领大理国税去探索更加广阔的税收管理天地。实践结果和探索成效得到各级党委政府的高度重视，得到重点税源企业的高度认可，也得到省国税局的充分肯定。今后我们将在总结完善实践经验中不断深化税收管理前置，在这条探索之路上走得更稳，走得更远！

关于实施企业所得税分类管理的思考

保山市国家税务局局长　洪　泉

2008年，在全国税务系统企业所得税管理与反避税工作会议上，国家税务总局提出了“分类管理，优化服务，核实税基，完善汇缴，强化评估，防范避税”企业所得税24字总体管理思路，与2004年提出的“核实税基，完善汇缴，强化评估，分类管理”16字管理思路相对比，充实了“优化服务”和“防范避税”的管理内涵，同时把“分类管理”摆在了总体思路的首位。这样的变化，看似只是简单的字数的增加和排列位置的变化，实际上不仅从深层次上诠释了企业所得税管理的深刻内涵，而且明确了新时期企业所得税管理的基本方法，凸现了企业所得税分类管理的重要地位和作用。

一、实施企业所得税分类管理的重要性与必要性

（一）分类管理的重要性。企业所得税分类管理是在属地管理的基础上，针对企业所得税纳税人的不同特点，按照一定的标准，细分管理对象，区别管理方式，明确管理内容，突出管理重点，增强企业所得税管理的针对性和实效性，达到对企业所得税税源实施有效控管的一种管理方法。实施企业所得税分类管理，是扎实推进税收科学化、精细化、专业化管理的本质要求，有利于合理配置税收征管力量、抓住工作薄弱环节、突出管理重点、强化管理手段、优化纳税服务，对切实加强企业所得税税源监控、进一步提高企业所得税征管质量和效率具有重要意义。

（二）分类管理的必要性。自2009年1月1日起，国、地税企业所得税征管范围实行了依据流转税主体税种划分的新方法，国税机关企业所得税管户、企业所得税收入以及企业所得税收入占国税总收入的比重均呈现出逐年递增态势。从保山市国税系统的情况看，2008年企业所得税管户768户；2009年企业所得税管户934户，比上年增加166户，增长21.61%；2010年企业所得税管户1068户，比上年增加134户，增长14.35%。2008年实现企业所得税1.21亿元；2009年实现企业所得税1.84亿元，比上年增收0.63亿元，增长52.07%；2010年实现企业所得税3.04亿元，比上年增收1.2亿元，增长65.22%。2008年度、2009年度和2010年度，实现的企业所得税额占全市国税总收入的比重分别达到11.91%、17.61%和19.97%，企业所得税收入已成为保山市国税系统除增值税以外的第二大主体税种。

但从企业所得税征管人员看，近年来从事企业所得税管理的人员却没有发生相应增加。以保山市为例，在县（区）级国税局，单设企业所得税管理工作机构的只有隆阳区国税局和腾冲县国税局，每个县（区）局只配置了2名同志从事企业所得税管理工作；昌宁县、施甸县和龙陵县国税局未专设企业所得税管理工作机构，挂靠税政管理部门管理，每个县局只指派了1名同志专职或兼职从事企业所得税管理工作。在税源管理分局，2008年企业所得税管理人员68人，人均管户11.29户；2009年企业所得税管理人员68人，人均管户为13.74户；2010年企业所得税管理70人，人均管户为15.26户。从征管对象看，随着改革开放的不断深入和市场经济的快速发展，私营企业占国税机关管户的比例越来越大，以保山市为例，截至2010年12月31日，在1068户管户中，国有和集体企业共有51户，占管户的4.78%；私营企业共有1017户，占管户的95.22%。在税务稽查中我们发现，私营企业规模一般较小，经营比较灵活，会计人员素质参差不齐，部分企业经营管理不规范，财务核算不健全，法律意识淡薄，进一步加大了税收征收管理的难度。从税收制度看，目前我国企业所得税实行的是“强化行业优惠，淡化区域优惠”，隔行如隔山，行业政策规范较多，差别较大，增加了税制的复杂性，不利于记忆和执行。

从上述统计分析不难看出，随着时间的推移，企业所得税征管任务不断加重，人少事多的矛盾日益尖锐，管户的压力越来越大。因此，在现有的人力资源条件下，大力推行企业所得税分类管理模式，对不同的企业所得税管户对象分别实施不同的管理方法，是突出管理工作重点，增强管理工作的针对性和实效性的最有效的手段。

二、分类管理应遵循的原则

（一）坚持以税收风险管理为导向原则。坚持以税收风险管理为导向，就是要将税收风险管理的理念和方法贯穿税收管理全过程，根据税收风险发生规律对纳税人进行科学分类，按照风险分析识别、等级排序、应对处理等程序要求进行职能配置，形成资源优化配置，职责分工合理，运行衔接顺畅的税源专业化管理格局。

（二）坚持以提高纳税遵从度为目标原则。税收管理的根本目标是不断提高纳税遵从度。推进分类管理要以是否有助于促进税收征管质量和效率的不断提高，是否有利于最具效率地促进纳税遵从来规划和展开，并以此作为衡量、检验这项工作成败得失的标准。

（三）效能原则。分类管理要紧紧抓住企业所得税税源管理中的突出问题和工作薄弱环节，既要突出管理重点，又要便于操作，节约征纳成本，提高征管效能。

（四）协调原则。企业所得税分类管理既要与征管、稽查、计统等综合管理和各税种管理相配合，又要加强与财政、工商、统计、银行、审计等外部门协作，形成内外征管合力。

（五）服务原则。针对不同类别纳税人的普遍性需求和个性化需求，增强纳税服务意识，改进纳税服务方式，优化和创新纳税服务手段，增强纳税服务实效，通过优质服务实现管理与服务的有机结合，在管理中体现服务，在服务中优化管理。

三、分类管理的基本思路

企业所得税的分类管理，重点是针对不同行业、不同税源额度、不同企业类型和企业的不同事项，通过分析企业所得税管理的共性要求和特点，科学地进行分类，合理地配置税收征管力量，分别采取不同管理方法，从而实现集约化管理和专业化管理。具体包括：

（一）按行业实施分类管理。按行业实施分类管理就是根据各县（区）局管户的行业分布情况，力争将同一行业的纳税人交付同一税收管理员管理，力争将重点税源行业的纳税人交付业务能力强、工作责任心强的税收管理员管理。对管户较多的行业，可按细分行业划分管户；对管户较少的行业，则合并交给一个税收管理员管理。按行业实施分类管理具有以下优点：一是便于实行专业化管理。一个人负责一个行业，可使其集中精力认真学习行业操作指南和相关的行业知识，收集相关的行业信息，熟悉并掌握行业指标预警值，从而实现专业化管理。二是便于统一政策执行口径。新企业所得税法实施后，部分政策还不配套，一个人负责一个行业，有利于政策执行口径的统一。三是便于加强管理。一个人负责一个行业，对每个行业只需开展评估1户至2户纳税人，就可通过典型个案分析总结其整个行业的共性与个性问题，从而对整个行业进行规范化管理。

（二）按税源额度实施分类管理。按税源额度实施分类管理就是根据企业应纳税额的多少，将纳税人分为大、中、小三类，按照“抓大、控中、定小”的工作思路，实施与之相对应的监控办法。

抓大。所谓“抓大”就是紧紧抓住税源大户，进行重点管理，做到“纳税大户专人管理，重点税源重点监控”。具体措施包括：一是推行税收征管责任制。对纳税大户的日常征管工作要落实到人，管户人员要加强对大户的日常管理和检查，并对其报送的纳税资料的真实性负责。对在税收检查中查出问题较大、较多的企业，税务机关除依法对纳税人处理外，还要追究管户人员的责任，并与其年终考核相挂钩。管户人员不但负责每月税款征收入库和清理欠税工作，还要了解掌握企业的生产经营状况和税源变化情况，对其进行动态监控，对企业新建项目和税源增减因素要逐级上报。二是建立税源大户监控指标体系。在建立重点税源纳税人监控管理档案的基础上，要根据不同行业纳税人的具体情况，结合纳税人的生产经营管理、财务管理、资本运营、经营成果、现金流量等，建立科学的税源大户监控指标体系。同时，引入纳税评估机制，对税源大户开展纳税评估，及时发现、纠正和处理其申报不实的问题。三是建立经济税源分析制度。根据税源大户自行申报信息、社会综合治税信息和税务机关日常征管掌握的信息，对影响税源大户生产经营发展趋势及税源变化的大量数据、资料、指标进行科学分析，掌握其完整的生产经营、财务管理、税源状况和主要的经济与社会因素，把握税源发展变化的内在规律。每季度结束后15日内，要逐级上报重点税源收入分析、预测报告。四是建立纳税人重大经济事项报告制度。要求纳税人在发生合并、分立、兼并、股权转让、破产、处置大额资产、扩大生产经营规模、变更生产经营范围、进行基本建设投资，发生重大的盈亏、资产损失等情况时，及时向税务机关报告。五是建立税企联谊制度。与重点税源企业建立税企联谊制度，定期或不定期地召开企业领导、财务负责人与税务干部参加的税企恳谈会、座谈会，宣传税收政策、通报税收工作情况，了解企业的生产经营情况，加强与企业的沟通交流，建立良好的征纳关系。

控中。所谓“控中”就是对中等税源管户实行监控式管理。中等税源是税收收入增长的重点，也是加强征收管理的重点。首先，我们应通过对纳税人报送的有关资料及税务机关日常掌握的各种有关涉税信息，运用审查、计算、分析、比对等综合方法，对纳税人纳税申报情况的真实性、合法性等进行分析判断和综合评估，努力提高企业的申报准确度。其次，我们应依托社会综合治税，扩大信息采集途径，按照激励机制带动、约束机制推动、追究机制促动、保障机制联动的原则，不断深化社会综合治税，进一步加大税源监控力度。第三，加强稽查监督，通过税收检查对不符合查账征收规定的企业及时实行核定征收。

定小。所谓“定小”是指对账制不健全或纳税申报不实的小额税源企业或长期零负申报企业实行核定征收。很多小企业常常账制不健全，但小企业不等于账制不健全，“定小”并不是说对小企业就统统实行核定征收，对账制健全的小企业该查账征收的就应查账征收。根据《企业所得税核定征收办法（试行）》（国税发〔2008〕30号）第三条规定，纳税人具有下列情形之一的，核定征收企业所得税：一是依照法律、行政法规的规定可以不设置账簿的；二是依照法律、行政法规的规定应当设置但未设置账薄的；三是擅自销毁账簿或者拒不提供纳税资料的；四是虽设置账簿，但账目混乱或者成本资料、收入凭证、费用凭证残缺不全，难以查账的；五是发生纳税义务，未按照规定的期限办理纳税申报，经税务机关责令限期申报，逾期仍不申报的；六是申报的计税依据明显偏低，又无正当理由的。但特殊行业、特殊类型的纳税人和一定规模以上的纳税人不适用核定征收，具体包括：一是享受《中华人民共和国企业所得税法》及其实施条例和国务院规定的一项或几项企业所得税优惠政策的企业（不包括仅享受《中华人民共和国企业所得税法》第二十六条规定免税收入优惠政策的企业）；二是汇总纳税企业；三是上市公司；四是银行、信用社、小额贷款公司、保险公司、证券公司、期货公司、信托投资公司、金融资产管理公司、融资租赁公司、担保公司、财务公司、典当公司等金融企业；五是会计、审计、资产评估、税务、房地产估价、土地估价、工程造价、律师、价格鉴证、公证机构、基层法律服务机构、专利代理、商标代理以及其他经济鉴证类社会中介机构；六是国家税务总局规定的其他企业。对能正确核算（查实）收入总额而不能正确核算（查实）成本费用总额的、能正确核算（查实）成本费用总额而不能正确核算（查实）收入总额的或者通过合理方法能计算和推定纳税人收入总额或成本费用总额的纳税人，应实行核定应税所得率征收。在核定过程中，我们应认真遵守公平、公正和公开的原则，并严格按照纳税人申请、主管税务机关审查核实、县（区）国税局复核认定的程序办理。

（三）按企业类型实施分类管理。汇总纳税企业、事业单位、社会团体和民办非企业单位、减免税企业、异常申报企业，不同于一般企业，因此，在管理上可将同类型的企业交由同一人负责管理，便于根据不同企业的特点，制定相应的管理办法，防止出现管理漏洞。非居民企业所得税管理的对象是外国居民、企业或其他经济组织的跨国经济活动以及由此产生的所得，税源具有流动性大、隐蔽性高的特点，税收收入易流失，税收征管难度较大，在多数国家被列为税收征管高风险领域。为此，我们应建立健全非居民企业所得税税源日常监控机制，把握其流动规律，并重点加强对外国企业常驻代表机构税收管理、预提所得税管理以及非居民企业承包工程与提供劳务税收管理，防范税源流失。

（四）按企业的不同事项实施分类管理。企业合并、分立、改组改制、股权转让、债务重组、资产评估以及接受非货币性资产捐赠等事项，一般比较复杂，具有不确定性，税收管理难度较大，要实行企业事先报告和税务机关跟踪管理制度，切实加以管理。在管理上可按事项分别交由不同的人员管理，便于熟能生巧，提高管理质效。

在日常税收征管工作中，我们应将上述四种分类管理方式有机结合起来，依据工作业务量大小、工作难易程度以及税收管理员业务特长，科学配置税收征管力量，明确管理目标，细化工作职责，落实管理责任，扎实推进企业所得税科学化、专业化、精细化、信息化管理。

全面提升干部能力素质
努力开创边疆国税事业发展新篇章

德宏傣族景颇族自治州国家税务局局长 龙 晖

国税事业的发展要靠干部来实现，干部能力的提升是履行好工作职责，圆满完成各项工作任务的一个重要抓手。近年来，省局高度重视提升干部队伍素质，今年“能力提升年”工作主题的提出，将掀起提升干部队伍素质工作的又一高潮。

一、德宏国税系统在干部队伍能力提升工作方面取得的成效

近年来，德宏州国税系统把加强队伍能力建设作为一项最重要的工作来抓，坚持学习工作化、工作学习化，着力提升队伍的学习力、执行力、落实力、和谐力、创新力和发展力，全州国税系统的综合能力有了明显提高。一是不断优化干部学历结构。狠抓学历“升格”教育，充分利用社会教育资源，大力抓好“专升本”的学习教育。截至目前，全州国税系统共509人，其中本科有216人，占总人数42.44%；大专223人，占总人数的43.8%；中专38人，占7.5%。在读研究生5人，在读本科7人。同时，鼓励和引导干部职工积极参加注册税务师、注册会计师、律师等与税务工作密切相关的认证资格考试。二是不断加大干部队伍教育培训力度。周密制定教育培训工作计划，按计划组织开展教育培训，积极推进学习型国税机关建设；争取昆明市国税局的支持，选派了22名业务骨干到昆明市局直属局进行税收征管和纳税评估实践培训。培训后，在全州范围内开展了纳税评估工作，取得了明显成效；争取省局支持，安排20名干部到深圳参加了业务培训；挤出有限的资金，组织全系统正科以上实职领导干部到扬州税院参加了科级领导干部知识更新培训班学习；从2011年7月份开始安排每周二、四下午，在州局机关组织开展计算机知识及相关系统操作应用全员培训。先后组织开展了征管、纳税服务、信息中心、人事和监察等应用软件推广培训；开展了所得税汇算清缴培训辅导和介质申报、网络申报及汇算清缴系统培训。三是开展副科级领导干部竞争上岗工作注重“三公”实现“三赢”。2011年2～7月组织开展了全州2011年副科级领导干部竞争上岗。有20名干部脱颖而出走上领导岗位，他们中年龄最大的43岁，最小的30岁，有17名为本科学历、3名为大专学历，有3名是省级业务能手，且绝大多数人都分别获得过多种奖励。在整个竞争上岗过程中，州局党组始终注重了公开、公平、公正的“三公”原则，杜绝了选人用人上的不正之风，树立了党组的威信，营造了良好的用人风气，实现了竞争结果党组满意、群众认可、落选者心服的“三赢”局面。四是注重在工作实践中锻炼队伍。为进一步提升干部队伍实干能力，州局综合征管、货物和劳务税、所得税、稽查和进出口税收管理等多部门联合推进岗位练兵，实施多税种联动、征退税联动和征管查联动等综合评估。抽调各县局骨干，采取“送出去，请进来”的方式开展了多次专题培训、实地培训等。与昆明市国税局联合在昆明和德宏分别举办了一期纳税评估培训班，实行“一带一”在实际评估中学习，同时“一带一”又在评估中开展内部培训，先后抽选21名人员组成3个评估小组进行专项评估，组织业务骨干分成多个工作组，以木材加工、食品加工、硅冶炼等行业为重点，开展评估工作，进一步在工作实践中锻炼了队伍。

二、当前制约德宏国税系统能力提升的问题和困难

近年来，德宏国税在提升干部队伍能力素质工作方面，采取了许多措施，取得了一定的成绩。但是，根据2012年省局提出的“能力提升年”的工作主题和各项工作要求，结合德宏国税工作实际，可以看到当前德宏国税在干部素质提升方面还存在能力不容忽视的问题。

一是干部年龄结构有待进一步优化。干部年龄结构形成老、中、青合理的搭配，对于推动工作是非常有利的。资深国税干部具有丰富的阅历和经验，中青年同志是工作的中坚力量，年轻的同志热情高、思想活跃，能较好地运用现代技术。新形势下，国税工作信息化发展迅猛，需要处理的数据量和业务量也会大大加大，同时，交叉业务项目和内容也会大量增加，如何在最短的时间内能够按质按量完成工作任务，就需要拥有一支政治坚定、作风优良，并熟练运用现代技术的，有战斗力的干部队伍。而干部队伍老龄化问题，在适应信息管税方面凸显出来。二是综合素质亟待提高。近年来，干部队伍学历文凭有了较大的提高，但真正的专业知识水平仍然欠缺。由于所学专业较杂，真正系统学过财税专业、科班出身的较少，一定程度上适应税务工作较慢，从事税收征、管、查的实战能力不高。总体上看，目前“单一型”人才比较普遍，而“复合型”的全面型的税务人才相对较少。三是部分干部学习意识有待加强。通过调研分析，发现部分干部主动学习意识不强，学习积极性不高，为了应付考试而被动学习、缺乏学习兴趣，客观上因为任务重、工作忙、时间紧，而主观上是因为对学习重视不够，学习目标不明确。个别干部认为提职晋升无望，满足现状，自律意识下降，工作不求上进，不求有功但求无过，缺乏创新意识和进取精神。少数干部作风浮夸，得过且过，缺乏吃苦敬业、真抓实干的精神。这些消极懈怠、不思进取的思想意识与新时期税收工作要求不相适应。四是部分干部税收法制观念淡薄。少数干部在执法中存在随意性，法制意识不强，缺乏对行使的权力和所承担责任重要性的理解和认识。“官本位”观念和旧的习惯观念依然存在，对税法的认识还没有从工具层次上升到价值层次，依法治税意识淡薄，重习惯轻法律、重权力轻责任、以情代法、以言代法的现象时有发生，不善于运用法律手段维护正常的征纳秩序。五是工作创新性不足。新形势下的国税工作，不再只是单纯的“收税”，而是需要创造性的工作。如果我们不熟悉企业的运作模式、会计模式等，缺乏创新进取精神，就不可能做到应收尽收。

三、进一步提升边疆国税干部能力的措施

2012年是实施“十二五”规划承上启下的重要一年，更是全面落实省第九次党代会精神，迎接党的十八大胜利召开，加快推进桥头堡建设的关键一年。这对边疆国税干部来说，既是机遇又是挑战。面对当前形势，结合省局党组提出的“能力提升年”工作主题，针对德宏国税在干部队伍能力素质提升上存在的问题和困难，我们提出“抓牢基础培训、注重学用结合、推进人才强税、营造浓厚氛围”这条主线，提升干部队伍能力素质工作，促进国税事业发展，为边疆经济又好又快发展做出贡献。

抓牢基础培训、注重学用结合：一是加强政治业务学习培训，夯实思想文化基础。要教育国税干部牢固树立“终身学习”的理念，形成学习工作化，工作学习化的良好习惯；要实现学习的转型，即由依赖型学习向自主型学习转变、由知识型学习向智力型学习转变、由封闭型学习向开放型学习转变；要进一步增强学习的责任感、危机感和紧迫感，使干部职工认识到当前形势逼人、不进则退，深切地感受到“能力危机”、“本领恐慌”的威胁，形成发奋学习、不甘落后、奋起直追的良好的氛围。要结合《公民道德建设实施纲要》、税务干部职业道德等内容，大力加强理想信念宗旨教育、思想道德教育、廉政和法纪教育，使干部首先学会“做人”的道理，树立正确的利益观和荣辱观，不断提高廉洁自律意识和拒腐防变能力；要创新学习方式，提高学习效果，打破读书读报的枯燥学习，把政治理论学习与专题研讨、调查研究和主题实践及解决实际问题结合起来，在理论武装、指导实践、推动工作上取得新进展，努力营造解放思想、锐意进取、开拓创新的理论氛围和团结奋进、昂扬向上、凝聚力量的舆论环境；二是加强法制教育培训，健全执法体制，强化执法监督。要强化广大国税干部的依法治税意识，摒弃管理税收的“人治”、“权治”思想和做法，严格执法，制止随意改变、变通政策和自由执法的行为，保证税法的严肃性和统一性。建立权责明确、行为规范、监督有效、保障有力的税收行政执法体制，解决多头执法、重复执法、交叉执法的问题。要强化执法监督，加大执法检查和执法监察力度，严格执行税收执法责任制和过错责任追究制度，建立健全岗责体系，加大评议考核力度，严格执法过错追究，规范税收执法行为。探索建立行政执法绩效评估制度、奖惩机制和办法，不断提高行政执法水平；三是结合国税工作实际，充分开展税收业务知识培训。充分利用纳税评估、纳税稽查、数据分析等重点且具挑战性的工作，积极开展多层次、全方位的干部培训，增强培训的针对性和实效性。各县（市）局、各部门要本着“依托本局、借助外力”的原则精心组织，以本局为主体，充分整合本单位现有人才资源，确定师资力量，结合本单位实际和干部队伍现状按需施教，认真开展好业务培训。梯级建立一支门类齐全、素质优良、结构合理的师资队伍，科学制定培训方案和计划，负责对全州国税系统6县（市、区）局选送的部分干部职工进行税收业务及相关知识的集中培训。采取“请进来、走出去”的办法组织业务骨干和专业人才加强培训。

推进人才强税：一是以人为本，不断完善用人奖惩激励机制。不断完善用人机制，把那些能干、会干、肯干的干部选拔到关键岗位锻炼，通过竞争上岗等途径优胜劣汰，引导干部树立“无功即是过、无为即无位”的观念，让想干事的人有舞台，会干事的人有地位，使优秀人才脱颖而出；健全和完善操作性强的岗责体系、工作流程，使每个干部都知道自己应该做什么、应该怎样做以及做好做坏有什么样的结果。通过严格的内部规章制度和纪律约束，确保各项工作有据可依，有章可循；将目标责任考核、公务员年度考核等融为一体，通过采取自我测评、理论测试、大家评议和组织评定等多种形式，客观公正地评定每个干部的德、能、勤、绩、廉，将之作为优秀公务员评定、能级确定的重要依据；二是认真梳理执法风险，切实提升防范和化解风险的能力。认真梳理全系统所有业务流程的风险点，从大类梳理，细化至每一个步骤和细节，对这些风险环节、风险点的梳理和整理归纳，制作并打印成册；同时以监察室为主要牵头部门，协同信心中心开发出一套完整的风险评估预警平台，并与CTAIS等常用软件对接，利用信息化技术，针对每一个人的具体行为，找出该系统上线之前的所有违规操作，并对个人用户进行提醒和警示，对上级国税机关形成统计的预警数据和资料明细上报，让上级了解真实情况，让个人明白自己的不当操作，并做出相应修改。同时，根据风险严重程度不同，分级预警、分级统计，实现“轻重缓急”之分，帮助规范全系统操作流程和行政规范；三是坚持信息管税，切实提升信息化应用能力。进一步鼓励全州干部在信息化建设方面勤于钻研、勇于创新，力争在系统建设、软件开发应用等方面实现新的突破；认真落实税源与征管状况监控分析一体化工作制度，进一步巩固普通发票简并换版工作成果，全面推行“财税库银税收收入电子缴税横向联网系统”，提高税款征收缴库效率，推广应用好税收管理员辅助信息系统，建立风险识别、排序、应对、监控体系，深化税务与组织机构代码信息系统应用，强化税务登记管理。

营造浓厚氛围：一是切实提升服务桥头堡建设的能力，在干部队伍中营造“有为才有位”的环境和氛围。要以深入贯彻落实省九次党代会和中央经济工作会议精神为契机，充分发挥国税部门的职能作用，进一步服务好中央和省州党委政府的发展战略，在干部队伍中营造“有为才有位”的环境和氛围，提高学习力、创新力和落实力，认真加强税收政策研究，提出具有前瞻性、可行性和可操作性的意见建议，为德宏州经济发展、桥头堡黄金口岸和瑞丽重点开发开放实验区建设创造良好的政策环境；二是加强边疆国税文化建设，在干部队伍中营造先进的边疆国税文化氛围。以边疆国税文化建设为核心，扎实推进精神文化、物质文化、制度文化、行为文化、廉政文化五大文化工程建设，引领全体干部职工树立爱岗敬业、无私奉献、勤勤恳恳、任劳任怨、踏踏实实、精益求精的职业道德标准和精神追求，全面提升边疆国税系统的文化软实力，提升干部队伍的先进文化思想理念，全面树立边疆国税的良好形象。

把握机遇　再创“十二五”国税事业新辉煌

丽江市国家税务局局长　伍正良

“十二五”时期是深化税收改革、实现税收事业又好又快发展的攻坚时期，针对“十二五”时期国内外经济社会发展环境变化的新特点，国税工作同样面临新的发展形势。一方面，税收发展面临诸多有利条件和难得机遇，“十二五”时期国税事业将保持良好发展势头。另一方面，国内外形势变化使税收工作对象、手段、主体呈现新的特点。跨国、跨地区经营的大企业集团不断涌现，纳税人数量迅猛增长，业务创新层出不穷，税源流动性显著提高，税源结构发生新的变化。纳税人法律意识和维权意识不断增强，纳税服务需求日益拓展。科技进步日新月异，信息技术在税收工作中的应用将更加深入。国税干部思想活动的独立性、选择性、多变性、差异性明显增强，干部队伍建设面临许多深层次的矛盾和问题，需要在体制机制上有所突破。这些都对国税工作发展提出了新的更高要求，我们必须适应形势发展变化的新挑战，更新发展理念，理清发展思路，破解发展难题，推动丽江国税工作再上新台阶。

受国际国内形势的影响，当前丽江经济社会发展处在一个十分关键的时期，呈现出新的阶段性特征。第一，经济发展进入机遇期。第二，改革创新进入攻坚期。第三，对外开放进入提速期。第四，文化事业进入繁荣期。第五，社会建设进入转型期。基于以上判断，市委二届九次全会提出“十二五”时期全市经济社会发展的总体要求是：高举中国特色社会主义伟大旗帜，以邓小平理论和“三个代表”重要思想为指导，深入贯彻落实科学发展观，牢牢把握西部大开发和云南“两强一堡”建设等重大机遇，以科学发展为主题，以加快转变经济发展方式为主线，深化改革开放，保障改善民生，继续深入实施“六大战略”，加快生态产业基地、清洁能源基地、国际精品旅游胜地、中国面向西南开放“桥头堡”的重要窗口和国家生态安全的重要屏障建设，努力实现经济社会和谐发展。在刚刚结束的市二届人大四次会议上，提出了“十二五”全市经济社会发展的主要目标，其中全市生产总值年均增长13%以上，地方一般预算收入年均增长20%以上。

省局从去年初就着手编制《云南省“十二五”时期国税工作发展规划纲要》，经过广泛调研、多方参与、集思广益和反复修改，目前规划纲要已基本成型，这是我们制定《丽江市“十二五”时期国税工作发展规划纲要》的基石和主要依据。对“十二五”时期丽江国税事业的发展，我们要形成以下重要共识。

一是必须坚持把科学发展观作为国税工作的指导方针。以科学发展为主题、以加快转变经济发展方式为主线，是“十二五”时期党和国家工作的大局，也是税收服务经济社会发展的主旋律。服务科学发展、共建和谐税收是新时期税收工作的主题，是国税部门推动科学发展和促进加快转变经济发展方式的具体体现。要紧紧围绕这一主题，充分发挥税收筹集财政收入和调控经济、调节分配的职能作用，为加快转变经济发展方式做出积极的贡献。

二是必须坚持把服务丽江经济社会发展作为国税工作的重要任务。国家新一轮西部大开发战略的实施，为丽江优化生产力布局提供了难得的机遇；云南“桥头堡”建设进程不断加快，为丽江拓展发展空间提供了难得的机遇；随着经济全球化进程的不断加快，丽江对外开放的优势和特色将更加凸显，在全球范围集聚要素、配置资源，发展开放型经济的条件更加优越。所有这些，为我市进一步打牢基础、培育产业、改善民生、建设生态提供了难得机遇。丽江国税必须牢牢把握发展机遇，为促进经济社会发展做出积极的贡献。

三是必须坚持把促进经济发展方式转变作为国税工作的着力点。扎实有效地落实好各项促进转方式调结构的税收政策。在鼓励自主创新和科技进步方面，加强政策支持，推动高新技术产业做强做大；在支持产业结构调整方面，落实有保有压的税收政策，营造有利于产业结构升级和服务业发展的税收政策和体制环境；在加快建设资源节约型、环境友好型社会方面，落实促进节能减排的税收政策，推进生产、流通、消费各环节循环经济发展；在保障和改善民生方面，落实好促进就业再就业、支持中小企业发展等税收政策，加强税收对收入分配的调节作用；在深化税制改革方面，积极适应扩大增值税征收范围，合理调整消费税范围和税率结构等政策调整，更有力地服务于经济转型和社会转型。

四是必须坚持把依法行政作为国税工作的基本准则。推行依法行政，建设法治政府是我们党治国理政从理念到方式的根本变化。“十二五”时期既是发展的战略机遇期，又面临诸多的社会矛盾。从实践来看，依法治税是衡量税收工作成效的重要标准，是解决征纳矛盾的根本方法和有效途径。因此，必须充分认识新形势下全面推进依法行政的重大意义，进一步转变治税理念、健全执法体系、规范执法行为、提升服务质量，进一步解决越权执法、随意执法、违法或不当行政行为等问题，切实维护纳税人合法权益，提高税务机关和纳税人的税法遵从度。

五是必须坚持把改革创新作为国税工作的强大动力。把推行专业化、信息化管理方式作为改革创新的重要内容，科学全面地加以推进。专业化涉及税收工作的各个层级、各个方面，既包括推进税源专业化管理和实施专业化纳税服务，也包括培养专业化人才队伍；既体现在对服务和管理对象进行科学分类，也体现在对工作环节和内容进行合理分工；既强调分工负责，又注重协作配合。信息化贯穿于税收工作的全过程，随着经济社会各领域信息化建设步伐的加快，将为税收工作提供重要的技术支撑和信息支持。坚持不懈地推进科技兴税战略，是做好税收工作的强劲动力。

六是必须坚持把造就高素质的干部队伍作为国税工作的重要保证。政以才治，业以人兴。国税事业要实现全面协调可持续发展，必须坚持以人为本，积极推进干部队伍的思想、组织、作风、制度和党风廉政建设，为税收事业科学发展提供坚强保证。要围绕提高能力素质和激发活力动力，加强教育培训和实践锻炼，完善制度机制，努力造就高素质专业化人才队伍，充分调动广大干部职工的积极性、主动性和创造性。

七是必须坚持把抓基层打基础作为推动全盘工作的重要抓手。基层是直接负责征收管理和为纳税人服务的一线力量，是各项税收法律法规的具体执行者，是管理决策的最终落实者。基层兴，则国税兴，基层强，则国税强。高度重视基层建设、扎实做好服务基层工作，是推进“十二五”丽江国税发展的重要抓手和关键环节。

突出重点抓落实　努力开创怒江国税工作新局面

怒江傈僳族自治州国家税务局局长　杨边边

2011 年是“十二五”开局之年，也是我国经济实现战略转型的关键节点。面对新的发展形势和重任，立足怒江经济社会发展实际，如何找准国税工作的重点难点，把思想和行动统一到省局“服务基层年”的工作主题上来，进一步明确发展思路和目标，破解发展难题，突破发展瓶颈，切实为“十二五”时期改革发展开好头，起好步，这是当前我州各级国税部门需要认真思考和解决的重大课题。

一、怒江国税坚持“八个始终”，实现“十一五”圆满收官

（一）始终坚持抓住组织收入这个中心工作不动摇，走出了一条跨越发展之路。“十一五”期间，怒江州国税系统累计组织税收收入 20.6 亿元，是“十五”期间的 3.37 倍，平均增长速度达到 19.23%，政策性减免各项税收 6318 万元，稽查查补收入达 3047 万元，圆满地完成了省局和州政府下达的收入任务，为地方经济建设和社会进步做出了积极贡献。

（二）始终坚持提高税收执法水平不松劲，走出了一条依法治税之路。深入贯彻落实《全面推进依法行政实施纲要》；全面贯彻执行新增值税、消费税暂行条例及实施细则；认真做好增值税转型改革各项工作，确保各项税收政策贯彻落实不走样；坚持深化推行税收执法责任制，加强执法监督，基本形成内部执法监督机制；严格按照税收执法权和行政管理权“两权”监督的规定，确保执法行为公平、公正、公开透明；社会各界及广大纳税人对国税工作的认可度、支持度不断提高。

（三）始终坚持提高纳税服务水平不放松，走出了一条和谐征纳之路。广泛开展纳税户满意度测评，积极打造“阳光国税”服务品牌，实行 24 小时轮流值班制，为纳税人提供上门服务，征期提醒服务；在全州范围内开展税务礼仪活动，要求税务干部必须着装上岗，挂牌上岗，使用文明用语；实行征期局长接待日制度。推进办税服务厅网上建设，初步建立了“网上办税服务厅”。

（四）始终坚持提高干部队伍素质不放手，走出了一条可持续发展之路。深入开展学习“三个代表”、“云岭先锋”工程、解放思想大讨论活动、学习实践科学发展活动、“三读”活动、创先争优活动等成效显著。通过大规模的学历教育、理想信念教育、业务培训和素质教育，干部队伍整体素质和综合素质得到明显提高。全州国税系统大专以上学历人数由机构分设时的14人增加到2010年的180人，大专以上学历比例由机构分设时的15%提升为2010年84%，206人获得全国税收执法资格证书。

（五）始终坚持提高税收征管的质量和效率不降低，走出了一条科学化、精细化管理之路。狠抓征管基础工作，注重体制创新和管理方法创新；加强税源分析，强化纳税评估，加大对重点税源企业的税收监控力度，积极挖掘新的税源增长点；推行税收管理员制度，积极开展纳税评估及纳税信用等级评定工作，进一步强化税源管理；全面推行“一窗一人一机”的增值税管理模式，全州所有增值税一般纳税人纳入防伪税控管理。

（六）始终坚持加强党风廉政建设不松懈，走出了一条干部违纪“零纪录”的廉洁之路。坚持将廉政教育贯穿于整个税收工作中，筑牢教育、制度、监督、惩治四条严密防线。与纳税人签订《廉政公约》，并实行定期走访；与各县局层层签订《党风廉政建设责任书》；在社会各界聘请了25名特邀兼职监察员；坚持每月开展一次“纪检日”活动；有效压缩“三费”，严格控制一般性费用支出，努力降低行政运行成本。“十一五”期间，全州各级领导及广大干部职工无一人出现违法违纪现象，自机构分设以来，全州国税系统党风廉政建设实现了十六年违法违纪的“零纪录”。

（七）始终坚持提高信息化建设水平不停步，走出了一条科技兴税之路。巩固和不断完善了连接省局，覆盖县、分局的广域网系统。不断提升怒江国税电子政务网站的建设。进一步健全和完善综合征管软件运行维护、数据管理和日常检查制度，提高了征管工作效率。介质申报、储蓄扣税、银行网点申报等多元化申报方式的运用，为纳税人提供了更为方便、快捷的纳税申报途径。成功推行了个体工商户计算机定额核定系统、税收执法管理信息系统、增值税一般纳税人网络抄报税申报系统和税务纪检监察管理信息系统，完成了高清视频会议系统建设，财务软件和政府采购软件上线应用。

（八）始终坚持狠抓精神文明建设不放松，走出了一条文明发展之路。按照“以国为根，以税为业、以绩为真、以人为本、以学为乐、以廉为荣”云南国税文化建设理念的要求，积极开展丰富多彩的文化体育活动，营造出昂扬向上、充满活力的国税文化氛围，国税文化建设做到了有统一认识、有文化理念、有国税精神、有国税之歌、有组织机构、有经常活动、有显著成效，呈现出百花齐放、蓬勃向上的良好局面。全系统文明创建硕果累累，有国家税务总局表彰的文明单位1个，省级、州级文明单位创建率为100%，州局及其它四个县局先后被省局授予先进领导班子荣誉称号，同时，涌现出一批国家级、省级、州级先进集体和个人。

二、认清形势，高度重视当前怒江国税工作中存在的问题和不足

“十一五”各项工作取得丰硕成果，但由于受特殊的地理环境、经济社会发展现状等各种因素的制约，我们的工作环境、工作条件还有待于进一步改善，干部职工的业务知识水平、服务能力还需要进一步提高，各项保障能力建设任重道远。

（一）干部队伍人才短缺瓶颈亟待突破。一是学历结构，特别是研究生学历比例较低。全州国税系统有研究生1人，占全系统干部职工总数215人的0.47%。二是干部职工税收核心业务水平不适应税收发展的新要求。三是精通计算机技术、税收业务、企业会计、纳税评估的综合性、复合型人才匮乏；四是干部教育培训方式单一，培训面相对较窄，培训效果不明显。五是少数干部职工开拓创新精神不强，部分干部职存在岗不敬业的现象，工作中责任意识淡薄、大局意识不强。

（二）纳税服务水平有待提高。一是纳税服务认识有误区，“纳税服务、人人有责”的思想没有深入人心；二是纳税服务素质有待提高；三是存在一人多岗的现象，不利于开展纳税服务工作和服务质量、效率的提升。

（三）税收征管的质量和效率需要强化。一是税收管理员综合技能需要提高；二是过多的软件系统和不同的操作平台也给基层的操作者和维护者增加了许多工作量。三是基层办税流程过于繁琐需要简化。如办理纳税人申请事项仍离不开一大堆的纸质材料和无数个公章。四是组织机构代码信息共享系统未能实现真正意义上的共享，税务机关与纳税人的信息并不对称。

（四）精神文明创建及国税文化需要突破创新。一是文明创建的硬件设施跟不上，少数领导和干部职工对文明创建工作的重要性和必有性认识不足；二是文明创建的内涵和外延拓展不足；三是国税文化建设特色不突出。

三、坚定信心，确定思路，努力开创怒江国税工作的新局面

我们必须紧紧围绕省局“服务基层年”的工作主题，深化认识，抢抓机遇，全面谋划，积极行动，深入调查，全面摸清家底，及时发现问题，认真查找差距，深度破解难题，以求真务实的作风，扎实有效的措施，充实丰富的内容，细致周到的服务，为基层谋发展、强基础、增动力、做实事，确保完成今年确定的各项工作任务，努力开创怒江国税工作新局面。

（一）明确“三比三强”工作思路，坚持以人为本，筑牢人才基石。一是比学习，强技能。以提升干部的学习力为抓手，增强干部技能。突出抓好“三学”，明确学习内容。即学理论，提高政治素养；学技能，实施科技强税；学业务，提高业务技能。严格落实“三化”，健全学习良效机制。积极倡导好学、助学、善学、深学，不断用党的最新理论成果和税收业务知识武装提高国税干部。落实学习常态化，把学习作为党组工作的一项重要内容来规划，及时制定党组中心组学习计划及政治业务学习安排，明确学习重点，任务和目标，坚持每周“学习日”制度和定期考评制度；落实学习全员化，倡导“人人学习，终身学习”，坚持以考促学，以用促学，妥善处理工学矛盾；落实学习长远化，积极开展“每日一题，每周一练，每月一讲，每季一测”活动。注重学习成果“三个转化”，确保学习取得实效，即把学习成果转化到坚定信念上；把学习成果转化到科学发展上；把学习成果转化到改进作风上。二是比服务，强基础。按照依法征税，和谐征税的要求，深化服务认识，树立“四个意识”，即爱岗敬业的意识、清正廉洁的意识、无私奉献的意识和热情服务的意识，在干部中牢固树立“不爱岗就下岗，不敬业就失业”的观念，增强干部的紧迫感、危机感和责任感，进一步打牢思想基础。明确服务标准，确立“四零”工作目标，即：办税服务厅实行“零空档”服务、办税质量要求“零缺陷”、建立“零距离”标准的征纳关系、工作实绩考核要求“零投诉”，并且在干部中开展比爱岗、比业务、比服务、比效率的活动，定期评出优胜岗位，使大家学有榜样，赶有目标；完善服务内容，坚持“四制”服务，县局领导班子成员要按“局长接待日”制度的规定，与纳税人保持“零距离”接触，税务干部要按照“首问责任制”的要求解答纳税人的疑问，税务部门要按照“单程办结制”的要求向纳税人提供一次性办事流程，一次性告知所需材料，能一次办完的事，不让纳税人跑第二趟，税务干部要按照“限期回复制”的要求，对常规业务承诺办事时限，对现场不能办结的业务，以书面或口头的形式限期回复，进一步打牢工作基础。规范服务方式，提升“四个度”，即通过全面提升服务基层及服务纳税人的质量水平，提升征纳关系和谐度，提升基层满意度，提升纳税遵从度，提升干群关系融洽度，进一步增强国税事业发展的基础。三是比作风，强责任。以加强作风建设为抓手，增强干部责任意识。坚持更新观念，坚持解放思想、与时俱进的思想作风；坚持严于律己，发扬科学民主、率先垂范的领导作风；坚持加强学习，弘扬理论联系实际、实事求是的优良学风；坚持勤奋工作，形成求真务实、开拓创新的工作作风；坚持弘扬正气，大力提倡清正廉洁、艰苦奋斗的生活作风。进一步全面加强系统内的思想作风、领导作风，优良学风、工作作风、生活作风建设。通过转变作风，强化责任，认清纳税服务与业务工作的互动关系，找准机关和基层的对接点，努力做到工作重心向一线转移，工作难题在一线解决，工作创新在一线落实，优质服务在一层展示，工作业绩在一线体现，国税形象在一线树立，真正实现机关和基层的相互促进、协调共赢，不断开创国税工作的新局面。

（二）围绕“十二五”国税工作总体要求，扎实开展好“服务基层年”各项工作。明确一个目标：按照“十二五”时期云南国税工作发展的总体要求，全面推进基层基础建设，全面提高基层工作质效，实现“十二五”开门红。贯穿两条主线：即打牢“硬”基础，提升软实力。“基础不牢，地动山摇”，基层国税工作的好与坏，是事关国税工作可持续发展的基石。只有大力加强基层建设，立足基层打牢基础，狠抓基层领导班子建设、组织体系建设、干部队伍建设、管理基础建设、党风廉政建设，才能切实提高基层建设水平。努力实现专业化与信息化结合、征管查结合、管理与服务结合、“人机”结合，切实夯实税收管理基础。把握三个关键：人才强税、信息管税和廉洁从税。建设一支高素质的国税干部队伍，是新时期国税部门的基本要求，是实现国税科学发展的必由之路。信息管理就是以税收风险管理理念为指导，以现代信息技术为依托，对涉税信息的采集、利用为主线，优化资源配置，完善税源管理体系，加强业务与技术的高度融合，着力解决征纳双方信息不对称的问题，不断提高税法遵从度和税收征收率。廉洁从税就是将国税机关和国税干部的廉洁从政的要求提升到一个新的高度。实施四项措施：一是切实抓好两基工作，进一步落实《税务系统基础建设纲要》和《全省国税系统基层建设实施办法》，工作重心要进一步向基层转移，重点抓好基层领导班子建设、干部素质建设、基层管理、纳税服务和廉政建设。二是要继续做好科室联系点的基础，完善州局领导干部基层联系点制度，重心抓联系点班子的具体情况，帮助基层班子自我完善、自我提高、自我发展，帮助基层解决制约发展的突出困难和问题。三是继续坚持人力、财力、物力向基层倾斜。四是强化对基层的服务，认真落实“两个减负”工作，加大对基层的干部培养、培训力度，为基层创造良好的工作和生活环境。突出五个重点：结合“服务基层年”的工作主题，围绕中心工作，突出“五个重点”：一是加强基层领导班子建设。围绕一个“准”字，在夯实基层领导班子组织基础上下功夫；围绕一个“实”字，在提升基层领导班子的战斗力上下功夫；围绕一个“严”字，在完善基层领导班子管理机制上下功夫；围绕一个“廉”字，在加强“两权”监督和党风廉政建设上下功夫。二是加强办税服务厅建设。着力将办税服务厅打造成一个环境优美、标识统一、用语文明、服务高效的重要窗口，使之成为提升国税形象的重要窗口，要进一步夯实素质基础。尽量把有朝气、懂业务、修养好的干部配置到办税服务厅，要进一步改进方法，提高效率，切实提高为纳税人服务水平。三是加强岗位技能培训。牢固树立终身学习的理念，以提高干部的综合素质为目标，大兴学习之风，积极创建“学习型组织”。按照“用什么，学什么，缺什么，补什么”的工作原则，采取“走出去，请进来”的方式加强税收核心业务培训，大力培养税收复合型人才。加强培训的“硬”件建设，积极改善教育培训环境。加强培训的“软件”建设，积极培养自己的师资和骨干人才，采取一帮一，结对子等方式全面加强教育培训工作。牢牢把握税收管理发展趋势，有针对性的加强岗位技能培训，加大对税务干部实际操作能力的培训力度，在全州国税系统积极营造深厚的比、学、赶、超学习氛围，力争通过一年的时间实现干部队伍岗位技能的大提升。四是加强基层党建工作。健全党务工作管理机制，理顺管理关系，强化规章制度建设，强化基层党务工作责任制；完善党务工作方式方法，完善基层党务工作的各项制度，如学习培训制度、民主评议党员和干部政绩制度、领导干部参加双重组织生活制度、定期向上级党组织汇报工作制度等。五是加强基层基础设施建设，切实解决基层办公条件相对滞后的现状。实现六个提升：即提高分析形势、把握大局、服务大局的能力；提高依法治税、规范行政的能力；提高科学化、精细化管理的能力；提高求真务实、开拓创新的能力；提高做思想政治工作、群众工作、带好队伍的能力；提高拒腐防变、经得起各种诱惑和考验的能力。二提升依法行政的水平和能力。加强税收执法责任制考核，加强执法监督检查，从源头入手提高规范性文件质量，促进基层干部严格按照法定权限和程序行使权力、履行职责。三是提升税收征管的质量和效率。加强各税种管理，完善上下联动的税源管理运行机制，加强各个层级之间的协调联动，形成配合密切、管理高效的机制。四是提升纳税服务的层次和水平。深入推进纳税服务工作，重点立足基层一线抓好纳税服务工作，要进一步增强服务意识，坚持公平服务和全面服务。实现纳税人不论其性质种类、经营规模、税额多少、所辖地域等方面的不同，都应当平等享有国税部门提供纳税服务的权利。要进一步加强税源管理基础建设，规范办税程度，提高征管质量，切实提高纳税服务水平和质量。五是提升国税文化的凝聚力和影响力。将国税文化的理念渗透到基层建设的各个方面，突出国税文化内涵和特色，统筹规划、精心组织、深入推进、注重实效，依托内部办公网、文化走廊等阵地，利用标语、口号、图片、墙报等形式，宣传国税文化理念，弘扬云南国税精神。充分发挥工青妇工作的桥梁纽带作用，积极开展生动活泼、丰富多彩的国税文化活动，多渠道、多形式地丰富干部职工业余文化生活，提升生活情趣，营造团结和谐、奋发向上的工作和生活环境。进一步密切外部沟通和协调，努力营造各部门积极支持配合的和谐外部环境。六是提升服务基层的落实力。要切实强化服务基层的意识，做工作都要从基层实际出发，坚持问政于基层、问需于基层。坚持把服务基层发展作为制定各项政策措施的出发点和落脚点。要切实改进服务基层的作风，增强服务意识、不断转变服务方式、破解基层发展中的难题，推动基层工作的健康发展。要不断提高服务基层的能力，找准突出问题，找准服务基层的途径，从贯彻落实科学发展观的高度，深入调查研究，以有效的方式抓好推动基层发展的各项工作。要全面形成服务基层的合力，认真落实州局机关为县服务，县级机关为基层一线服务的要求，各司其职，各尽其能。充分发挥基层干部的主观能动性，充分发挥各级党组和工、青、妇的职能作用，积极争取各级地方党委政府的支持，形成加强和改进新形势下服务基层工作的强大合力。

全面加强职业道德建设
培养国税干部自律意识和敬业精神

迪庆藏族自治州国家税务局局长　墨玉章

近几年来，迪庆州国税系统始终坚持以人为本的指导思想，把“从严治队”作为“依法治税”的先决条件来抓，坚持“送出去学”、“请进来教”的多渠道培训方式，全力提高干部政治、业务素质，改善学历结构。全州国税系统1994年大专以上学历的干部仅占4%，到2011年，全州192名干部中，研究生学历2人，本科学历118人，大专学历43人，大专以下学历29人，分别占在职干部人数的1.04%、61.46%、22.40%、15.10%，大专以上学历的干部占总人数的84.9%，全州国税干部综合素质得到了很大程度的提高。

然而，笔者通过调研发现，我州国税干部目前还存在业务能力不高，学习意识不强，学历与能力不能同步，善于钻研的人少，应付业务考试的人多等问题，究其原因还是职业道德观念淡薄造成的。“热爱税收”是税务职业道德最普遍、最重要的要求，它要求税务干部树立干一行、爱一行、钻一行的责任心，努力学习税收业务知识，提高职业能力，认真负责地工作。因此，笔者认为全面加强职业道德建设，培养国税干部自律意识和敬业精神是实现我州国税干部学历与能力相接轨的当务之急，同时也是立足本职更好地服务纳税人宗旨的要求。

一、税务部门加强职业道德建设的意义

职业道德规范是一定社会向一定职业人员提出的应当遵循的行为准则。税务部门作为国家经济生活中的执法部门，履行着“执法为民，为国聚财”的重任，国家对其职业道德的建设尤为重视。在长期的税务工作实践中，笔者认为税务职业道德可以概括为：热爱税收，依法治税，文明征税、廉洁奉公。热爱税收的基本要求是：税务人员要树立干一行、爱一行、钻一行的责任心，工作认真负责，努力学习税收政策法规，熟悉税收业务，不断提高政策业务水平；依法治税的基本要求是：秉公执法，忠于职守，清正廉洁；文明征税的基本要求是：密切与纳税人的关系，树立为纳税人服务的思想，提高纳税人的纳税观念，征税时要做到心态和气，解答问题要热情耐心；廉洁奉公的基本要求是：遵纪守法，坚持税务人员“十不准”的办事原则。

（一）加强职业道德是税务干部实现人生价值的重要途径

北京晨报曾有一则报道：一名公共汽车司机行车途中突发心脏病猝死，临死前他用最后一丝力气踩住了刹车，保证了车上二十多人的安全，然后他趴在方向盘上离开了人世。他用生命的最后举动对乘客的安全负责，虽然只是一个普通

人，却体现出高尚的人格和职业道德，实现了“重于泰山”的人生价值。

一个人的人生价值主要通过工作来体现，而好的职业道德是搞好工作的必然前提。国税部门的工作水平、工作效率、精神风貌，在人们心中的地位和威信，很大程度上取决于该部门工作人员的职业道德水平。国税干部行使职权时，要以国家和人民利益为重，以高尚的职业道德约束自己、规范行为，严格按照税收法律法规办事，做到依法治人、以理服人、以情感人，增强服务意识，改进工作作风，改善征纳关系，创造一流的工作水平，实现自己的人生价值。相反，工作中如果没有良好的职业道德，不能正确行使手中权力，甚至贪赃枉法、以税谋私、搞权钱交易，这必然损害国税机关的威信，失去人民的信赖和支持。因此，每一个国税公务员都必须懂得自己所从事的税收职业的社会作用和道德意义，忠诚于本职，勤奋工作，使自己的职业道德感情、职业良心、职业荣誉在税收工作中得到充分的体现，更好地实现个人价值。

（二）加强职业道德建设有利于更好地发挥税收的职能作用

我国的税收具有组织财政收入、调节经济和监督管理三大职能，是对国民经济进行宏观和微观调控的重要经济杠杆。随着经济体制改革的不断深化和社会主义市场经济的不断发展，这种职能作用已经越来越重要。税收已经渗透到国民经济的各个领域，介入到了社会生产的诸环节。面对这一艰巨的任务，国税公务员必须树立强烈的职业责任感和职业荣誉感，使职业道德水平上一个新的台阶，只有这样才能提高贯彻执行税法和加强征收管理工作的自觉性，达到“促进经济、服务改革、培植税源、积累资金”的目的，充分发挥税收的职能作用。

（三）加强税务职业道德建设对形成良好的社会风气起促进作用

税务行业不是社会的真空，社会的不正之风必然会影响和反映到税务行业中来，有些地方，税务部门“吃、拿、卡、要、报”的不正之风屡禁不止，违法违纪行为时有发生。职业道德以其社会示范作用直接影响社会风气。孔子说：“君子之德风，小人之德草，草上之风，必偃”（上层的道德好比风，平民的言行就像草，风吹在草上，草一定顺着风的方向倒。），从一个侧面说明：职业道德好，就会大化流行，从而变化为好的民德、民风；而职业道德败坏，就会导致民德滑坡，民风败落。因此，加强税务职业道德建设对形成良好的社会风气起促进作用。

（四）加强职业道德建设有利于提高国税干部队伍素质

树立新型的职业道德风尚，是提高国税公务员队伍素质的重要途径。一个公务员高尚思想品德的形成，除了家庭的影响，学校的教育和社会的熏陶外，主要依靠在职业生活中的学习锻炼。我们要在税务职业实践中，不断提高职业道德认识，陶冶职业道德情操，增强职业道德的意志，坚定职业道德信念，培养良好的税务职业行为习惯。

二、当前税务干部职业道德的存在问题及成因

当前税务部门在爱岗勤政方面存在的问题主要有：职业观念淡薄，责任意识弱化；业务能力不高，学习意识不强；缺乏活力，精神面貌低迷。在秉公执法方面存在的问题主要有：依法治税落实不到位；行政干预和人情因素影响执法公正性，国税系统的党建、纠风、精神文明建设、行业评优等工作。在文明征收、诚信服务方面还不同程度存在着问题，主要表现在：部分税收征管干部在思想上没有做到与时俱进，认识偏颇，服务观念淡薄，服务质量不高；有的税务人员利用手中的权力故意刁难纳税人，存在“冷、硬、顶”、“中、梗、阻”、“生、卡、托”现象；有的在执法权上，对纳税人差别对待，因人而异，不是站在公正的角度依法办事。在廉洁治税方面存在的问题主要有：为税不廉，以税谋私，将服务环节当作权力环节，个别纳税人存在“吃、拿、卡、要、报”等公事私办现象；有的税务人员利用违纪不违法的行为，谋取私利；有的税务人员与不法纳税人合伙，帮他们偷逃骗税，激化税企矛盾，甚至超出道德范围。

笔者认为这些问题的产生的原因如下：市场经济条件下的利益追求，是引发职业道德问题的外在因素；制度的缺失是造成职业道德问题的内部因素；主要领导对税务职业道德建设的认识不高、重视不够；思想教育、培训工作力度不足。

三、加强职业道德建设的主要途径

（一）通过多种形式将职业道德内化为税务干部个人的道德品质

要终身学习。古人云：“书中自有黄金屋，书中自有颜如玉。”学习是完善自身、提高修养、适应历史前进需要的基本途径。人非生而知之，只有学而知之。人的知识来源于学习，人的才干来源于学习，人的高尚品德、人格力量也来源于学习。一句话，做一个合格的公务员必备的思想政治觉悟、理论政策水平、工作业务能力、道德品质修养等基本素质，都主要来源于学习。这种学习，不是狭隘的学习书本知识，而是既注重书本知识的学习，又注重实践中的学习。学习既是知识能力的积累过程，也是品德性格的修养过程。

要讲政治。讲政治不仅要从大处着眼，还要从小处着手。就是要注重个人品德的修养和人格魅力的锤炼。职业道德体现在职业活动的一言一行中，体现在日常的、大量的具体事情上。在市场经济时期，不少时候“糖衣炮弹”是由自己的欲望制造的，胡长清的脑袋，就是被他自己贪婪的欲望拧下来的。由此可见，讲政治，不但要把好大方向，而且要从自己的生活圈、社交圈，从点滴小事做起，做到大事不糊涂，小事不含糊。

要自我约束。自觉按照职业道德规范约束自己的言行。从我做起，不断增强遵纪守法，廉洁自律的责任感和自觉性，过好权力关、人情关、金钱关。“管好自己的嘴，不该吃的不吃；管好自己的手，不该拿的不拿；管好自己的腿，不该去的地方不去”，做到自重、自省、自警、自律、自我约束。

（二）加强职业道德教育，强化税务人员的思想素质

抓紧抓实思想政治教育。税收教育要以马克思主义为指导，要加

强马克思主义理论的学习培训，教育广大干部运用辩证的方法看待问题、解决问题。而税务系统的“五要”、“十不准”等职业道德准则是规范每位税务干部行为的法宝，警示教育是广大干部的最好的思想疫苗。思想政治教育虽然枯燥，但只要常讲常新，多形式、多途径地开展，采取日常教育和集中教育相结合，全体学习和个别谈心相结合的方法，就能让政治教育深入人心，使干部的政治素质在潜移默化中得到提高，促使广大干部在任何时候都坚持理想信念，树立正确的世界观、价值观、人生观，保持清醒的头脑，提高拒腐防变能力，规范执法，紧跟时代步伐，勇于创新，不断进步?。这样，我们的税收事业就会有不竭的发展动力。

开展形式多样的税收教育活动。税收教育任重道远，必须进行大胆的改革和创新，除了组织正规培训外，发动每位干部行动起来，工作之余，多学习、多讨论，培养职业技能和适应税收环境变化的能力；使用电教形式，经常组织收听、收看专家、学者的专题讲座或学术报告，以开拓干部的眼界和思路；利用社会办学力量，鼓励干部自学成才，通过参加自学考试、函授等教学活动，汲取知识；大力发展税务远程教育等等。

（三）完善和强化税务职业道德制度建设

良好的职业道德不仅要靠教育和修养来形成，还要靠以整套完善、规范的制度来约束，使职业道德贯穿、融入和体现到各项执法、管理与服务工作之中。我们至少应该做好以下三方面工作：1. 改革和完善人事制度，把好“准入关”，筑牢税务职业道德建设的根基。税务机关应该在选人上选聘诚实守信、勤奋自律、正直不阿的人到税务机关工作，这是诚实守信、廉洁自律、公正执法的前提。2. 建立激励约束机制，强化税务人员遵守税务职业道德的意识。进一步完善各项规章制度，用制度规范税务人员的言谈举止。在坚持正面宣传教育为主的同时，强化政策导向，严肃法纪，严格将干部职工的职业道德表现与奖惩、培训、聘任、辞退以及职务晋升、工资晋升挂钩，加强对违反职业道德规范的干部职工的惩戒力度。3. 加强监督力度，努力营造他律环境。职业道德虽然强调自律，但也不排除监督。因此，在对税务人员进行目标管理考核中，应该增加“职业道德”项目，并把这一内容放在重要位置，使之制度化、经常化、从而建立全面、系统的税务职业道德考核监督机制。

（四）领导干部以身作则在道德建设中发挥引导、示范作用

在税务职业道德建设中，领导干部既是组织者和领导者，又是参与者和实施者。因此要率先垂范，努力加强自身的思想道德修养，正确处理好以下几个关系：一是正确处理权力与职位的关系。领导干部加强思想道德修养，必须与正确使用权力联系起来，权力只是为人民服务的工具，而不是为自己捞取好处的条件。只有摆正位置，才能一心为公、执政为民，诚心诚意地为人民谋利益。二是正确处理“做官”与“做人”的关系。“做人”是一世的，“做官”是一时的。“做人”是“做官”的基础。“好人”不一定就是“好官”，但“好官”首先必须是“好人”。所以，领导干部首先要堂堂正正做人。做什么样的人呢？就是毛泽东同志在《纪念白求恩》里所说的，一个脱离了低级趣味的人，一个有益于人民的人。三是正确处理自律与他律的关系。他律是条件，自律才是根本。能否既当“好官”又做好人，关键要靠自律。四是正确处理正人与正己的关系。打铁先得自身硬。领导干部只有自己行得正、做得端、一身正气、两袖清风，才能挺直腰杆，对下才有号召力，只有自己首先做到求真务实，才能要求别人真抓实干。因此，以身作则，洁身自好，是为政者至关重要的安全立命之本。

加强和改进国税系统思想政治工作的思考

临沧市国家税务局局长　梅书灿

当前，随着社会经济环境、税收改革和国税事业的不断推进，人们的生活方式、利益需求趋于多元化，过去一些形式的、教条的、生硬灌输的做法已很难奏效，这就给国税系统的思想政治工作提出了新任务、新要求。如何适应这种形势，主动改进和做好思想政治工作，为国税发展创造一个和谐、文明、协调的环境，是摆在我们面前的一个重要课题。

一、当前国税系统思想政治工作存在的问题

近年来，各级国税部门在完成税收任务的同时，积极探索新经济模式下的思想政治工作的新路子，使广大国税干部的思想观念、思维方式和工作态度、方法有了根本性的转变，为推进国税科学发展、和谐发展提供了有力的思想保证和精神动力。但是我们也清楚地看到，在思想政治工作中仍存在着许多急需解决的问题。一是思想政治工作不被重视，往往说起来重要，做起来次要，忙起来不要。二是教育方式落后。采取“填压式”和居高临下的教育方法，与被教育者难以进行必要的沟通，极大地挫伤了干部的学习积极性，从而滋生了消极对抗心理。三是教育内容单一。没有根据社会环境和实践的发展，不断赋予思想政治工作以新的时代内涵，而是采取常规的方式，把政治学习演变为集中学文件、读报纸等等，缺乏教育的计划性、系统性、科学性，致使多数干部对政治学习兴趣不浓，热情不高，使思想政治工作没有生机和活力。四是思想政治工作的激励机制不健全。单位内部考核不严，干部队伍活力不足，

积极性和主动性没有充分发挥。五是思想政治工作没有和其它工作做到有机结合。没有把思想政治工作与税收征管、精神文明创建、机关作风整顿、预防职务犯罪和国税文化建设等有机融合起来，致使思想政治工作渗透力不强，效果不明显。主要表现为：少数干部理想信念淡薄，爱岗不敬业，安心不用心，不比工作比待遇，不比奉献比升迁，安于现状，不思进取，得过且过；个别人廉政观念存在偏差，警惕性不高，自我要求不严，总认为只要不越线，吃点喝点无所谓。

二、加强和改进国税系统思想政治工作的思考

（一）加强国税系统思想政治工作应把握其着力点

做好国税系统思想政治工作，首先要抓住理想信念这个核心。当前，必须加强对全体国税干部的理想信念教育，把先进性要求与广泛性要求相结合，紧紧围绕创先争优活动，对国税干部进行再教育、再提高，使他们真正树立起正确的世界观、人生观和价值观。

做好国税系统思想政治工作，必须同税收业务工作相结合。由于税收业务工作本身都是人的活动，思想政治教育的主体和对象也都是人，所以，选择思想政治工作与业务工作的结合点，必须从税收业务工作的实际和特点出发，认真研究干部的思想实际，从最需要思想政治工作介入的内容和环节入手，开展深入扎实的思想政治工作。

做好国税系统思想政治工作，要围绕国税干部关心的热点难点问题解疑释惑。做到这一点，就必须深入到基层去调查研究，了解干部职工的思想状况、思想问题，从而找准思想脉搏、问题症结，选好工作切入点。要善于用看得见的事实来说话，通过入耳入脑的思想工作，引导好思想和情绪，解开思想疙瘩，提高思想觉悟。必须按照干部职工思想活动的特点和发展规律，进行耐心细致的思想疏导和心理疏导，不仅要关心人、理解人、尊重人，而且要入情入理地分析问题并讲清道理。如：津补贴问题，只要给干部职工讲清楚，大家是会理解的。

做好国税系统思想政治工作，把教育群众与服务群众结合起来。在日常工作中，把国税干部的利益实现好，维护好，发展好，让多数干部从中体会道理，就会大大增强他们对党和政府的信任、对上级的信任，增强参与服务地方经济发展的自觉性和积极性。

做好国税系统思想政治工作，要面向基层。做好基层思想政治工作十分重要，要围绕基层抓基层，紧密结合税收工作亮点和热点，切实加强和改进州市、县（区）国家税务局的思想政治工作，不断提高基层干部的综合素质，把教育、管理与服务结合起来。

（二）加强国税系统思想政治工作应处理好三个关系

“虚”与“实”的关系。要加强和改进国税系统思想政治工作，必须从端正思想政治工作的指导思想入手，解决好“重形式轻实效”的问题。从机构功能来看，思想政治工作部门必须参与业务管理工作，有知情权、发言权、建议权，必要时还要有否决权。在调查研究、干部考核、晋升等项工作中，思想政治工作部门的把关是至关重要的。从理论学习来看，要坚持理论和实际相结合，要针对国家、单位、职工等各方面的实际问题开展认真讨论，对干部职工反映的问题要有专人受理，要给予解决和答复。从活动内容来看，做思想政治工作要和解决实际问题结合起来，要紧贴本单位干部群众思想实际，要善于将思想政治工作融于为干部职工办实事、解决生活中的实际困难之中。这样才能赢得干部职工的拥护和支持，思想政治工作也才会有深厚的群众基础。

“讲”与“做”的关系。思想政治工作具有较强的目的性和针对性，只有对症下药，有的放矢，才能水到渠成，事半功倍。从历史角度分析，国税系统的思想政治工作之所以发挥了重要作用，一是能够联系实际。二是干部言行一致。革命导师列宁曾经说过，一打子纲领不如一个实际行动。思想政治工作影响力的体现，关键还要靠领导干部的实际行动。干部与群众越近，思想政治工作的效果越好，这是一条铁的规则。因此，解决思想政治工作的实际效能问题，关键是各级国税机关领导干部要切实转变作风，真正解决表里不一、言行不一的问题。

“精神”与“利益”的关系。思想政治工作的主要职能是解疑释惑、梳理情绪、开导思维、沟通感情，化消极因素为积极因素，从而调动群众的工作积极性和主动性。思想政治工作的效果不同于经济业务工作来得那么直接，但思想政治工作完全可以通过解决问题做到“虚”功实做，体现实效性。从这个意义上说，思想政治工作是“软任务”。但是由于它与人的利益驱动相关联，二者相辅相成，互相促进，如此就引发了价值导向与政治导向的矛盾。我们要实现精神作用和利益驱动的“对接”，在调动人的积极性、创造性和主观能动性时，除了做思想政治工作以外，还要注意利益的驱动作用，以正确的世界观、人生观、价值观使人们正确处理个人的社会价值、社会地位、社会成就与物质利益的关系。

（三）加强国税系统思想政治工作应从四个方面改进工作方法

由“声势型”向“实效型”转变。理直气壮地进行正面灌输，大张旗鼓地营造舆论声势，是思想政治工作的一个基本方法。新时期国税干部的思想空前活跃，获取信息的渠道日益多样，民主观念、自主意识进一步增强，思想政治工作如果只是停留在依靠行政手段搞活动、作报告、造舆论上，结果往往是声势大，雨点小，很难收到预期的效果。为避免“走过场”和“空对空”，必须根据实际情况采取不同的方法和措施。

由“执行型”向“自主型”转变。机构改革以来，随着国税系统培训力度的加大，基层国税干部的知识水平不断提高，法律意识和参与意识进一步增强，这就要求思想政治工作在方法上实现从干部被动接受教育向自我教育、自我管理、自我约束、自我提高的自主型转变。

由单纯“灌输型”向寓教于乐的“渗透型”转变。寓思想政治工作于丰富多彩、生动活泼的国税文体娱乐活动之中，是避免枯燥单调、空洞说教的一种有效方法。广泛开展各具特色的国税文化活动，不仅可以繁荣机关文化生活，而且还会使国税干部在积极参与中自我教育、自我提高，取得事半功倍的效果。

由单一“教育型”向多元“综合型”转变。单靠思想教育不可能解决所有问题。加强思想政治工作必须立足于教育，辅之以管理，把思想教育与法律约束、行政监督、经济考核等多种手段有机结合起来，将教育内容和要求渗透到各项制度中，真正形成思想政治工作的整体合力。

（四）加强国税系统思想政治工作应抓好六个方面的工作

加强和改进国税系统思想政治工作，是一项长期的任务。各级国税机关要加大工作力度，推动思想政治工作向纵深发展。

加强思想教育。要认真开展理想宗旨教育，强化爱国主义和集体主义意识，坚持聚财为国、执法为民的税收工作宗旨，既胸怀远大理想，又着眼当前工作，扎扎实实地做好本职工作。加强思想道德教育，引导国税干部践行公民道德规范。要深入开展廉政教育，筑牢拒腐防变的思想道德防线。加强法制纪律教育。教育干部把依法治税作为税收工作的灵魂贯彻始终，严格遵守各项纪律。

广泛开展群众性精神文明创建活动。要以聚财为国、执法为民为宗旨，以服务人民、奉献社会为总体要求，以内强素质、外树形象为主要目标，积极推进群众性精神文明创建活动。

加强国税文化建设。要坚持为纳税人服务、为社会主义服务的方向，坚持以科学的理论武装人、以正确的舆论引导人、以高尚的精神塑造人、以优秀的作品鼓舞人，培育和弘扬税务精神，确立正确的价值取向，提高精神境界和文化素质，保持昂扬向上的精神状态，构建和谐的工作环境，不断增强干部队伍的凝聚力，激发干部的工作活力。

加强领导班子思想政治建设。要全面落实科学发展观，认真学习构建和谐社会的理论，努力在武装思想、指导实践、推动国税工作上下功夫。进一步增强领导班子的大局意识、政治意识，提高依法执政、科学执政、民主执政的能力，增强贯彻执行中央的路线方针政策的自觉性。教育领导干部牢固树立正确的世界观、人生观和价值观，建立正确的政绩观，勤政为民，求真务实，真抓实干，不搞形式主义，不做表面文章。

加强基层思想政治工作。要结合“服务基层年”的各项工作要求，大力加强基层思想政治工作，使思想政治工作的成效体现到推动基层建设上来。

完善管理制度。要认真贯彻公务员法，推进干部人事制度改革，形成广纳群贤、人尽其才、充满活力的选人用人机制。改革考核分配制度，适时推进能级管理办法，建立健全教育、制度、监督并重的惩治和预防腐败的体系，促进干部廉洁从政。

优秀论文

第一部分　重点课题

新一轮西部大开发有关财税政策研究

——云南国税分报告

云南省国家税务局课题组

[内容摘要] 西部大开发战略实施10年来，西部各省区都取得了显著的建设新成就，新一轮的西部大开发战略实施计划国务院已经启动。而对不同于前10年新的形势和变化给西部各省区工作提出了新的要求和挑战，该课题从区域经济理论出发，阐述了西部大开发战略的价值取向以及区域性财税政策必须与区域经济社会发展相适应等基本理论观点，在此基础上从不同角度分析了西部大开发10年来云南经济税收发展，以及新一轮西部大开发中西部各省与云南发展的共性和个性问题，并进而对继续推行西部大开发中如何构建真正适应新西部发展的财税政策框架等问题进行了积极探讨，对促进云南在新一轮西部大开发中开创科学发展新局面的有关财税政策提出了相关建议和对策。

[关键词] 西部大开发　财税政策　云南　研究

实施西部大开发战略，是党中央、国务院在世纪之交作出的重大决策，是贯彻落实邓小平同志“两个大局”战略构想①、“三个代表”

① 1988年9月，在听取关于价格和工资改革方案的汇报时，邓小平同志指出：“沿海地区要加快对外开放，使这个拥有两亿人口的广大地带较快地先发展起来，从而带动内地更好地发展，这是一个事关大局的问题。内地要顾全这个大局。反过来，发展到一定的时候，又要求沿海拿出更多力量来帮助内地发展，这也是个大局。那时沿海也要服从这个大局。”这是小平同志首次明确提出“两个大局”的战略构想，后被人们称为“两个大局观”。

重要思想和科学发展观生动而具体的实践，是对中国特色社会主义理论的丰富和发展，是我国改革开放和社会主义现代化建设全局的重要组成部分。深入实施西部大开发战略是实现全面建设小康社会宏伟目标的重要任务，事关各族群众福祉，事关我国改革开放和社会主义现代化建设全局，事关国家长治久安，事关中华民族伟大复兴①。中国西部大开发范围包括云南等12个省、自治区、直辖市，国土面积占全国的70%。该地区自然资源丰富，市场潜力巨大，战略位置重要，但发展相对落后。云南省位于我国西南边陲，与四川、贵州、广西、西藏4个省区以及缅甸、老挝、越南3个国家接壤，总面积约39.4万平方公里，总人口4596.6万。西部大开发战略实施10年来，西部各省区都取得了巨大显著的建设新成就，但新的形势和变化给西部各省区工作提出了新的要求和挑战，分析过去10年来云南经济税收发展情况，分析现行财税政策与云南发展实际情况的不适应性，科学定位云南科学发展在新一轮西部大开发中面临的挑战和机遇，通过研究提出更加有利于促进云南在新一轮西部大开发中开创科学发展新局面的财税政策建议，对于云南这样一个少、边、山、穷地区全面贯彻落实科学发展观，妥善应对经济社会发展中的新挑战，牢牢抓住经济社会发展中的新机遇，落实全面建设小康社会的新要求，加快推进云南科学发展、和谐发展、跨越发展具有重要的现实意义。

一、区域经济学相关理论与西部大开发战略

经济全球化的发展使得区域经济发展出现了新的趋势，区域经济集团之间不断增长的相互依赖性和经济活动的跨界功能一体化，区域经济活动呈现出地理范围不断扩大和国际联系不断加深的趋势。主要表现是贸易扩张、资本流动（尤其是直接投资）、新技术浪潮和区域一体化。这些趋势和特征与西部大开发战略实施过程中西部各省区的发展表现相同。因此，借助经济学分析方法从区域经济学出发回顾我国西部大开发战略的形成，有助于领会西部大开发战略意图，科学分析定位西部大开发10年云南经济税收现状。

（一）我国西部大开发战略的形成②

西部大开发战略是区域经济发展战略理论的实践运用和重要组成部分。区域经济发展战略是走向共同富裕的需要③，其精髓就是从“先富到后富再到共同富裕”。邓小平指出：“我们提倡一部分地区先富起来，是为了激励和带动其他地区也富裕起来，并且先富起来的地区帮助落后的地区更好的发展。”在视察南方讲话中，小平同志又一次强调了这个问题，他说：“走社会主义道路，就是要逐步实现共同富裕。”同时，他又指出：“如果富的愈来愈富，穷的愈来愈穷，两极分化就会产生，而社会主义制度就应该而且能够避免两极分化。”区域经济发展的战略，其实质是顺应经济发展的客观规律，允许而不是限制一部分地区先发展起来：而其最终目的则是实现共同富裕。中央对东部沿海地区与中西部地区经济发展的战略关系高度重视，明确提出了加快中西部地区经济发展的战略方针，并进一步提出，“促进地区经济合理发展和协调发展。东部地区要充分利用有利条件，在推进改革开放中实现更高水平的发展，有条件的地区要率先实现现代化。中西部地区要加快改革开放和开发，发挥资源优势，发展优势企业”，要“从多方面努力，逐步缩小地区发展差距”。在“坚持区域经济协调发展”战略方针的指导下，党中央下决心加快中西部地区的发展步伐。这将使我国地区经济结构发生重要变化，与此相适应，将逐步形成地区经济协调发展的新格局，并为最终实现全国的共同富裕奠定基础。

区域经济发展战略的内涵，就是倡导一种非均衡协调发展的区域经济发展战略。建国后，为了冷战时期备战的需要，国家曾以优惠的财政政策和大量的投资加快内地的工业发展。这一政策限制了沿海地区的经济发展，从而使东西部地区的经济发展差距逐渐缩小。然而，多项数据都表明了由于中西部地区自然环境和经济环境基础较差，投资回报率明显低于沿海地区。在总结建国以来区域经济布局的经验教训后，人们理性地认识到，东部沿海与中西部地区经济发展是矛盾统一的。不顾东西部地区的客观差异，人为地推行均衡发展政策，实践证明是行不通的。很大程度上牺牲了整体经济发展的效率，表面上缩小了内部差异，实际上导致了中外差异的扩大。邓小平指出：“我们讲共同富裕，但也允许有差别。”他认为搞平均主义的同步富裕、同时富裕，不符合社会主义按劳分配的原则，只是一种空想，其结果只能造成共同贫穷。因此他再三强调：“过去搞平均主义，吃‘大锅饭’，实际上是共同落后、共同贫穷，我们就是吃了这个亏。”从20世纪50年代初到70年代末，我国采取了区域经济均衡发展战略，“即以内地为投资建设的重点，以缩小沿海与内地之间的差距，实现社会主义生产力的均衡布局为基本目标，追求地方经济的同步发展和自成体系”。但是由于资本短缺、基础设施落后、传统供给等因素使“均衡”的发展战略难以为继。基于上述认识，80年代初期以对外开放为特征的非均衡发展战略率先在东部沿海地区实施。改革开放以来，区域经济非均衡发展战略的实施使得我国在整个80年代国民经济以超过12%的速率增长，90年代也未低于8%，而这主要得益于东部地区更高的增长水平。与此同时，由于国家经济发展重心的“东移”，使得东部地区与中西部地区的绝对和相对差距迅速扩大。1978年，中国东部地区与中、西部地区之间人

① 2010年7月5~6日，中共中央总书记、国家主席、中央军委主席胡锦涛在中共中央、国务院召开的西部大开发工作会议上的重要讲话。

② 何俊芳，“浅谈我国区域经济发展战略的演变”，《中国科技博览》，2004年第11期。

③ 单于广，“区域经济发展战略走势与趋向”，《商情经济理论研究》，2007年01期。

均GDP的绝对差距分别为153.6元和212.9元，到1990年分别扩大到700.1元和885.8元，1998年又分别扩大到4270元和5490.9元（当年价）。再从相对差距来看，在1983～1994年间，中国东部与中部地区人均GDP的相对差距系数由29.8%上升到46.7%，而东部与西部地区间的相对差距系数则由44.4%迅速增加到55.9%，二者分别扩大了16.9和11.5个百分点。到1998年，东西部地区人均GDP相对差距系数已扩大到57.7%，西部地区的人均GDP水平已不到东部地区的一半，形势不容乐观。就国民经济整体而言，东、西部的经济发展是相互依存的，西部地区的过度滞后，对整个国民经济的发展是不利的：一是西部资源的供给弹性无法及时改善，难以满足东部沿海地区及西部自身经济日益扩张的需求。二是西部市场容量因人均收入低而扩大较慢，不利于国民经济的持续稳定发展；西部的人才、资金大量流向沿海地区和高回报产业，进一步削弱了西部的发展能力。三是西部大量劳动力因缺乏发展就业机会而流向沿海，一方面使西部发展更受影响，另一方面又使沿海社会基础设施承受了巨大压力。在这一背景下，江泽民总书记于1999年6月17日发表了重要讲话，正式提出了“西部大开发战略”。江泽民指出：“逐步缩小全国各地区之间的发展差距，实现全国经济社会的协调发展，最终达到全体人民的共同富裕，是社会主义的本质要求，也是关系我国跨世纪发展全局的一个重大问题，要把逐步缩小东部与中西部地区的发展差距作为一条长期坚持的重要方针。加快西部地区的经济发展是保持国民经济快速健康发展的必然要求，也是实现我国现代化建设第三步战略目标的必然要求。”

（二）区域性财税政策对区域经济的促进作用

区域经济政策是国家制定和实施的为促进区域经济协调发展的重要手段。在我国区域经济政策旨在通过干预区域经济、规范区域经济主体的经济行为、诱导和保证区域经济按既定目标的实现，区域经济政策包含于国民经济发展的宏观政策体系。作为国家实施宏观经济调控的主要手段的财政政策和税收政策，对引导生产要素流动、实现资源有效配置、合理布局生产力，促进区域性经济协调发展有着重要的影响。区域性财税政策，是政府为实现对特定区域的经济社会政策目标，通过财政政策和税收政策的适度倾斜，将一部分按照标准税制规定的应收税款无偿让渡给该区域财政或纳税人的一种财税支持方式。区域性税收政策可以增加投资者的经济利益，只要投资者因税收优惠而获得的收益大于较差投资环境造成的成本增量，投资者就会向政策性倾斜地区投资①。中国是一个地域辽阔、发展极不平衡的发展中国家，社会发展地区差距极大，按照据国家“十一五”规划纲要，我国区域经济可以划分为以下“四大板块”（详见表1）。

表1　**我国区域经济“四大板块”的划分表**

东部沿海地带	中部地带	西部地带	东北地区
北京、天津、河北、山东、江苏、浙江、上海、福建、广东、海南（10省市）	山西、河南、湖北、湖南、安徽、江西（6省）	重庆、新疆、青海、甘肃、宁夏、陕西、云南、贵州、四川、西藏、广西、内蒙古（12省区市）	辽宁、吉林、黑龙江（3省）

改革开放后，我国把税收作为重要经济杠杆，通过税种、税率和税收优惠等倾斜性区域税收政策，引导资源市场、要素市场、产品市场在不同区域间的配置，促进区域发展。80年代东南沿海优先发展战略，由均衡发展转为非均衡发展，区域经济空前活跃。20世纪末，非均衡发展使得东南沿海与中、西部地区、东北老工业基地发展差距的矛盾凸显，中央政府先后提出了西部大开发、振兴东北老工业基地和中部崛起等一系列区域经济发展战略方针，促进区域经济协调发展。区域性税收政策主要集中于“对外窗口地区”、“改革试验场”和落后不发达地区。“对外窗口地区”、“改革试验场”的区域性税收政策，发挥了东南及东部沿海的桥梁示范作用，鼓励优先发展，积累了改革开放的有益经验，为我国经济政策的制定和经济腾飞奠定了基础。对不发达地区的区域性税收政策，减轻了落后地区的税收负担，鼓励西部和东北老工业基地加速发展，保证了社会安定。

回顾历次国家区域发展战略，区域性税收政策均作为其中一项重要政策内容，配合了国家战略的实施。我国在历次区域发展战略中，非常重视区域性税收政策，战略地位和影响作用最大的是：在特区、开放城市、开发区等区域实施的税收政策，西部大开发的税收政策，振兴东北老工业基地的税收政策。十一届三中全会后，我国确立了以市场化为目标的经济体制改革，对东南沿海实施优先发展战略。1980年以来陆续开放了5个经济特区，30多个“沿海沿江开放城市”，100多个各种类型的国家经济技术开发区、高新技术开发区、试验区、旅游度假区、上海浦东新区等，分别制定了一些税收优惠政策。最主要的税收优惠有：减按15%或24%低税率征收企业所得税和“两减三免”等税收优惠政策。政策的实施，成功推动了沿海地区经济优先快速发展，也带动了内地发展，全国经济发展取得了举世瞩目的伟大成绩，成为同时期世界上经济增速最快的国家。税收政策促进了经济增长与税收增收的良性循环，1978年至2010年，全国GDP由3624亿元增长到39.79万亿元，增长109倍；税收收入由519亿元增长到7.7万亿元，增长148倍。

① 阮宜胜主编《税收学原理》，中国税务出版社，2007年。

同时，应认识到财税政策本身具有相对性①，其相对性特点是指在不同的经济发展阶段，不同的经济制度中，财税政策的理论依据和针对性是有明显差异的，尽管政策的合理性、共性特征可以超越阶段而连续存在，在一定程度上保持政策的连续性，但如果政策针对的特定经济状况发生了改变，政策应进行相应地调整。因此，区域性财税政策与区域经济的发展匹配性显得尤为重要，也就是说区域性财税政策应符合区域经济发展的需要，为适时的经济服务②。例如，国家针对东部沿海发达地区制定的区域性财税政策，如果简单沿用到中西部地区，如在乡镇企业税收优惠政策的应用上，东部地区由于其自身的地理、居民及经济优势，使其具备了发展乡镇企业经济的条件。在地方政府的扶持、经营者的努力下，东部地区乡镇企业蓬勃发展，优惠政策也得到了充分利用，并形成了良性循环。然而在中西部地区，即使可以用同样的优惠政策，但受财力和改革开放滞后的限制，乡镇企业经济发展缓慢，并无充分利用此优惠政策的基础；再如，国家制定了吸引外资的税收优惠政策，这些政策虽然不分地域均可使用，但如果这些政策更适应东部的实际，必然在东部执行的效果更好，中西部地区因为地理区位、经济技术基础等诸多原因，大都很难从中得到实惠。以上分析说明了国家应该针对西部经济社会发展的情况来制定西部大开发的财税政策，同时，也说明了认真总结和分析西部大开发10年来西部经济社会发展实际以及财税政策执行的成效，对进一步完善和执行好西部大开发财税政策，促进国家西部大开发战略目标的实现具有非常重要的现实意义。

二、西部大开发10年云南经济税源发展情况分析③

从云南自身的发展看，西部大开发10年，是云南省增长速度最快、发展质量最好、城乡面貌变化最大、人民群众受惠最多的10年。

（一）总体情况

西部大开发10年来，2001～2010年的10年间，全省地区生产总值（GDP）从2001年的2138.31亿元增加到2010年的7220.14亿元，增加5081.83亿元，年均增幅13.63%；一、二、三产业的比重由2001年的21.72%、42.49%和35.8%调整为2010年的15.32%、44.65%和40.03%；固定资产投资从734.81亿元增加到5528.71亿元，年均增长21%以上；财政收入从433亿元增加到1809.3亿元；全省国税收入也连年登上新台阶，从2001年的309.86亿元（不含海关代征，下同）增加到2010年的1070.1亿元，增加760.24亿元，年均增幅12.63%，10年累计组织国税收入6149.76亿元。城镇居民人均可支配收入从6797元增加到1.61万元，农民年人均纯收入从1533元增加到3925元。（详见表2）

表2　云南省经济社会发展现状基本情况表

年份	土地面积（万平方公里）	人口（万人）	地区生产总值（亿元）	固定资产投资额（亿元）	国税税收收入（亿元）	财政收入（亿元）	财政支出（亿元）	城镇居民家庭人均可支配收入（元）	农村居民家庭人均可纯收入（元）
2001	39.40	4287.40	2138.31	734.81	316.21	432.60	496.43	6797.71	1533.76
2002	39.40	4333.10	2312.82	828.65	343.91	501.23	526.89	7240.62	1608.77
2003	39.40	4375.60	2556.02	1021.18	374.18	554.91	587.34	7643.57	1697.12
2004	39.40	4415.20	3081.91	1330.60	463.41	665.92	663.63	8870.88	1864.19
2005	39.40	4450.40	3461.73	1755.30	512.41	751.38	766.31	9265.90	2041.79
2006	39.40	4483.00	3998.14	2220.45	592.43	887.00	893.58	10069.89	2250.46
2007	39.40	4514.00	4772.52	2798.89	730.16	1111.30	1135.22	11496.11	2634.09
2008	39.40	4543.00	5692.12	3526.60	861.84	1360.00	1470.24	13250.22	3102.60
2009	39.40	4571.00	6169.75	4527.02	900.09	1490.82	1952.34	14423.93	3369.34
2010	39.40	4596.60	7220.14	5528.71	1070.10	1809.3	2285.72	16065.00	3925.00

表中数据的来源：云南省2001～2010年国民经济和社会发展统计公报和云南省2001～2010年统计年鉴

1. 基础设施建设全面推进

实施西部大开发战略以来，云南举全省之力完成了一大批交通、能源、水利等重大项目，云南基础设施建设取得了历史性突破，云南的基础设施瓶颈制约得到了显著改善。如今，云南的公路出省、通边、入海条件大为改观，已基本形成了公路“七入省四出境”，云南公路总里程已达20.67万公里，比2001年翻了近一番，位居全国第三；路网结构明显优化，等级逐步提高，通向毗邻省（区、市）的7条干线公路除滇藏线外有6条基本实现了高等级化，高速公路和高等

① 牛淑珍、杨顺勇主编《新编财政学》，复旦大学出版社.2005年。

② 张德平《论财税政策与区域经济协调发展》，《福建论坛》2006年6月。

③ 云南西部大开发10年经济发展情况中涉及的数据为2000～2010年的数据，数据来源于云南省政务公开网站、云南日报和国家发改委西部开发司主办的中国西部开发网。

级公路在全省路网中的比例达3.93%。随着昆曼公路通道、滇越昆明－河口－河内公路通道、中缅公路通道等建成，真正的国际大通道时代将来临；铁路“四入省一出境”，全省铁路营业总里程达到2470公里，成昆、贵昆铁路实现了电气化，初步形成了较为完善的云南铁路网；航空形成以昆明为中心、覆盖省内、辐射国内外主要城市，面向东亚、东南亚和南亚的综合交通运输体系。云南已有民用机场12个，成为全国支线机场最多的省份之一，开通国内外航线210多条。2005年，昆明巫家坝机场旅客吞吐量突破千万，2010年突破2000万人次，位列北京首都机场、广州白云机场、上海浦东机场、上海虹桥机场、深圳宝安机场、成都双流机场之后，排全国第七位，在全球2万多机场中跻身百强。据统计，在全国超过10万旅客的最密集航线中，云南占了31条，超过100万旅客的航线中，云南占了3条。在能源方面，全省电力装机容量和发电量稳步提升，电力装机从2000年的768.8万千瓦增加到2010年的3716万千瓦①。2010年，全省发电量为1365亿千瓦时，云电送粤电量为2005年的4倍，云电送越电量为2005年的16.5倍。大朝山、景洪、小湾等大型水电站相继投产，溪洛渡、向家坝、糯扎渡等大型水电站建设进展顺利，云南正逐步成为“西电东送”、“云电外送”的重要能源基地。

2. 生态环境明显改善

云南坚持生态立省和环境优先的思想，坚持以最小的资源消耗实现最大的经济社会效益，坚持在保护中开发、在开发中保护，坚持运用多种手段保护环境。云南相继启动了退耕还林、退牧还林、天然林生态保护等生态建设重大工程，生态环境明显改善。退耕地还林533.1万亩，工程覆盖全省129个县市区，惠及130多万户、544.6万人。启动实施了“野生动植物保护及自然保护区建设工程”，目前全省各类自然保护区的面积占全省国土面积的7%以上，森林面积占全国的1/10，全省水质好于Ⅲ类的湖泊、水库比例接近70%。

3. 特色优势产业发展势头良好

自1999年西部大开发的火种在云南“点燃”，10年间，云南培育壮大了一批“云”字当头的特色产业品牌，例如云烟、云花、云茶、云电、云药。云南烟草行业稳居全国同业榜首，仍是云南最大的优势产业和财政经济重要支柱。烤烟产量从2000年的64.6万吨增加到2010年的96万吨②，产量在全国居第1位；卷烟产量从2000年的612.8万箱增加到2010年的714.76万箱。2010年完成工业增加值797.2亿元，税利突破685亿元。矿产业支柱地位步步攀升，全省已发现各类矿产142种，占全国已发现矿种的83%③，10种有色金属、磷肥产量从2000年的74.9万吨、100万吨增加到2008年的216.8万吨和200万吨。花卉、咖啡、橡胶、茶叶、甘蔗、医药等优势产业得到巩固和提升，花卉、咖啡面积和产量均保持全国第1位。鲜切花产量从2000年的13亿枝增加到2010年的60.5亿枝④，产量在全国居第1位。在花卉育种及科研上，共有取得国家新品种权的花卉新品种37个，新进入审批和公示阶段的新品种40余个，居全国首位，花卉产业已逐渐成为云南生物资源开发创新的重要支柱和农民增收的重要来源；截至2010年，全省咖啡种植面积达50万亩，产咖啡生豆约4.2万吨，分别占全国咖啡种植面积、产量的99.3%、99%，成为全国最大的咖啡豆生产基地⑤，咖啡出口占全国的95%以上；⑥橡胶产量从2000年的16万吨增加到2010年的33.06万吨，橡胶面积达715万亩，超过海南成为全国第一产胶大省；茶叶产量从2000年的7.9万吨增加到2010年的20.73万吨⑦，面积和产量居全国第3位；甘蔗产量从2000年的1420万吨增加到2010年的1750.92万吨保持全国第2位。医药方面，云南以中药、民族药为核心，组建了中药现代化科技产业（云南）基地建设服务中心，实施了19个中药、天然药物新药的临床前预研究、临床前研究、临床试验研究和原料药二次开发，完成了154个药材质量标准、188个中药饮片标准的研究和制修订工作，中药现代化产业正在形成。以旅游业为主的第三产业快速增长，让云南步入了旅游大省行列，海外来滇旅游者从2000年的100.1万人次增加到2010年的329万人次，国内游客从2000年的3841万人次增加到2010年的1.38亿人次，旅游总收入从2000年的211.4亿元增加到2010年的1006亿元⑧。三江并流、丽江古城等世界自然遗产享誉海外，更涌现出了一大批乡村旅游特色村寨、特色城镇。

4. 边疆人民生活得到全面改善

云南是一个边疆多民族省份，10年来，云南在加快少数民族地区经济建设等方面也取得了骄人的成绩。云南少数民族人口占全省总人口的1/3强，民族自治地方面积占全省总面积的70%。云南省把加快少数民族和民族地区发展作为最主要的任务来抓。加大了对独龙族、怒族、德昂族、阿昌族、普米族、基诺族、布朗族等7个人口较少民族的扶持力度，实现“小民族、大政策、大扶持、大发展”。先后在8

---

① 中央政府门户网站2011年05月21日《云南省着力打造的电力支柱产业步入快速发展阶段》

② 数据来源于云南省政务信息网和云南日报网。

③ 2011年云南信息第68期。

④ 云南省2010年国民经济和社会发展统计公报。

⑤ 数据来源于由云南省发改委和省农业厅牵头，有关部门和科研院所配合编制的《云南省咖啡产业发展规划（2010～2020年）》和雀巢公司大中华区网站。

⑥ 云南省2010年国民经济和社会发展统计公报。

⑦ 云南省2010年国民经济和社会发展统计公报。

⑧ 云南省旅游局网站和新华网云南频道。

个州市的25个边境县（市）实施了兴边富民工程，从政策、资金、项目上向边境地区倾斜，工程的实施为少数民族地区的发展打下了良好的基础。

（二）从云南国税税收指标分析西部大开发10年云南经济税源状况①

经济决定税收，税收影响经济。税收是社会再生产过程的分配范畴，是社会再生产的重要组成部分之一。从经济决定税收的方面看，生产的规模和增速决定了税收的规模和增速，生产的结构决定了税收的结构，产品通过交换成为商品才转换为税源，商品消费水平和结构制约税收水平和结构。反之，税收也对经济产生重大的影响，既可以推动经济发展，也可能阻碍经济的发展。税收制约扩大再生产的规模、影响社会经济结构、影响对外经济贸易关系、影响商品流通规模、制约消费规模和结构。因此，通过分析云南国税税收现状可以对云南经济发展现状作一个素描。

1. 云南国税税收收入与云南经济总量分析

表3　2001－2010年全国和全省国税税收收入总体情况表

年份	全国GDP（现价）	增长%（现价）	全国国税税收收入	增长%	全省GDP（现价）	增长%（现价）	全省国税税收收入	增长%	全国国税宏观税负%	全省国税宏观税负%	全国国税税收	全省国税税收
2000	99214.60		8932.10		2011.19		325.76		9.00	16.20		
2001	109655.20	10.52	10194.34	14.13	2138.31	6.32	316.21	－2.93	9.30	14.79	1.34	－2.16
2002	120332.70	9.74	11324.33	11.08	2312.82	8.16	343.91	8.76	9.41	14.87	1.14	0.93
2003	135822.80	12.87	13688.19	20.87	2556.02	10.52	374.18	8.80	10.08	14.64	1.62	1.19
2004	159878.30	17.71	17324.93	26.57	3081.91	20.57	463.41	23.85	10.84	15.04	1.50	0.86
2005	183217.40	14.60	21334.49	23.14	3472.89	12.69	512.41	10.57	11.64	14.75	1.59	1.20
2006	211923.50	15.67	26187.97	22.75	4006.72	15.37	592.43	15.62	12.36	14.79	1.45	0.98
2007	257305.60	21.41	34422.56	31.44	4741.31	18.33	730.16	23.25	13.38	15.40	1.47	0.79
2008	300670.00	16.85	39561.02	14.93	5692.12	20.05	861.84	18.03	13.16	15.14	0.89	1.11
2009	335353.00	11.54	42467.20	7.35	6168.23	8.36	900.09	4.44	12.66	14.59	0.64	1.88
2010	397983.00	18.68	51498.30	21.27	7220.14	17.05	1070.10	18.89	12.94	14.82	1.14	1.11
2001～2010年平均年增长率%		14.90		19.15		13.63		12.63	11.98	14.95	1.28	0.93
"十五"期间（2001～2005年）平均年增长率%		13.05		19.02		11.54		9.48	10.42	14.82	1.46	0.82

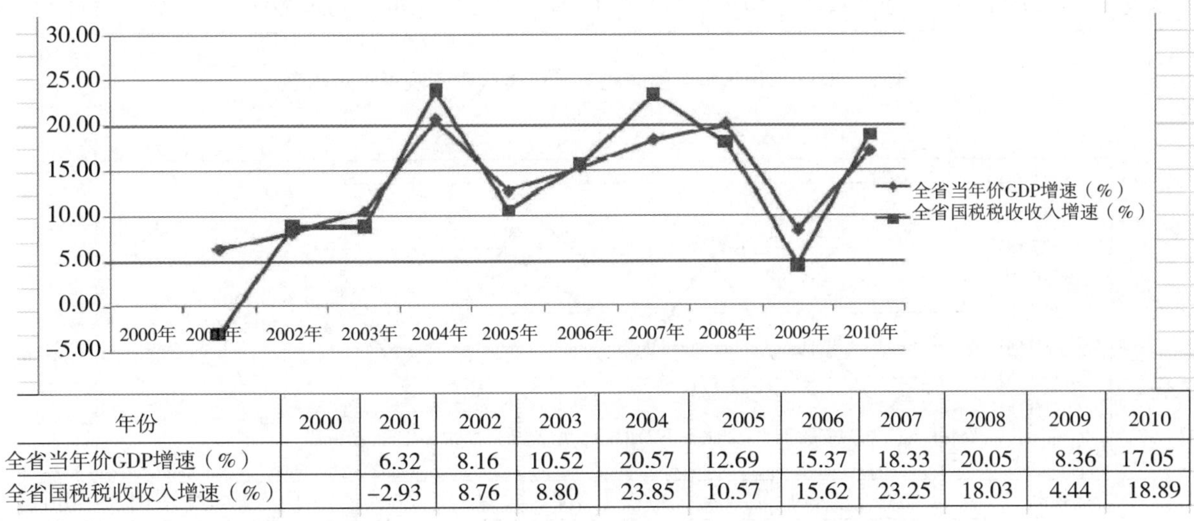

年份	2000	2001	2002	2003	2004	2005	2006	2007	2008	2009	2010
全省当年价GDP增速（%）		6.32	8.16	10.52	20.57	12.69	15.37	18.33	20.05	8.36	17.05
全省国税税收收入增速（%）		-2.93	8.76	8.80	23.85	10.57	15.62	23.25	18.03	4.44	18.89

图4　2001～2010年全省GDP与国税税收收入增长情况对比表

① 本部分资料和数据均来源于《云南省国税系统"十二五"时期税收收入预测及分析展望》，2010年云南省国家税务局收入规划核算处税收科研课题报告。

如表3和图4所示，“十五”、“十一五”期间，云南省国税税收收入总量随全省经济总量的增加呈现快速增长的态势。“十五”期间，全省GDP和国税税收收入稳步快速增长。全省GDP由2000年的2011.19亿元增加到2005年末的3472.89亿元，年均增长11.54%，与此相应，全省国税税收收入由2000年的325.76亿元增加到2005年末的512.41亿元，年均增长9.48%。税收收入年均增速低于GDP年均增速2.06个百分点。“十一五”期间，全省GDP和国税税收收入增长加快，增速逐步趋近。全省GDP由2005年的3472.89亿元增加到2010年的7220.14亿元，年均增长15.83%，同时，全省国税税收收入由2005年的512.41亿元增加到2010年的1070.10亿元，年均增长16.04%，两者增速差值下降至0.21个百分点。与“十五”期比较，全省GDP、国税税收收入年均增速分别提高了4.29、6.56个百分点。

2. 云南国税税收收入与经济增长的协调性分析

“十五”、“十一五”期间，全省国税税收的增长源自经济的增长。在三个观察期中，GDP与税收均呈现显著的正线性相关关系，且相关系数均在0.99以上，经济以外因素对税收的干扰十分微弱。税收对GDP的弹性随GDP的增速提高而有所提高。“十五”期间，如果GDP增长1%，可推动税收平均增长0.9144%，而“十一五”期间，GDP增速较前期提高，GDP每增长1%可推动税收平均增长1.0082%。税收增长与经济增长之间关系协调。“十五”、“十一五”时期，全省国税税收对GDP的平均弹性分别为0.9144、1.008，一般认为，若税收对GDP的弹性保持在1附近，税收增长与经济增长之间关系较为协调一致。

（注：计算税收对GDP的弹性系数，一般采用平均法，要求精确点可用回归法。平均法计算的是基点与最后一观察点所连直线的斜率，而回归法计算所有观察点回归趋势线的斜率。如采用平均法计算，2000～2009年全省国税税收收入年均增长11.95%，全省GDP年均增长13.26%，两者量相除，弹性为0.9015。）

3. 云南国税宏观税负分析

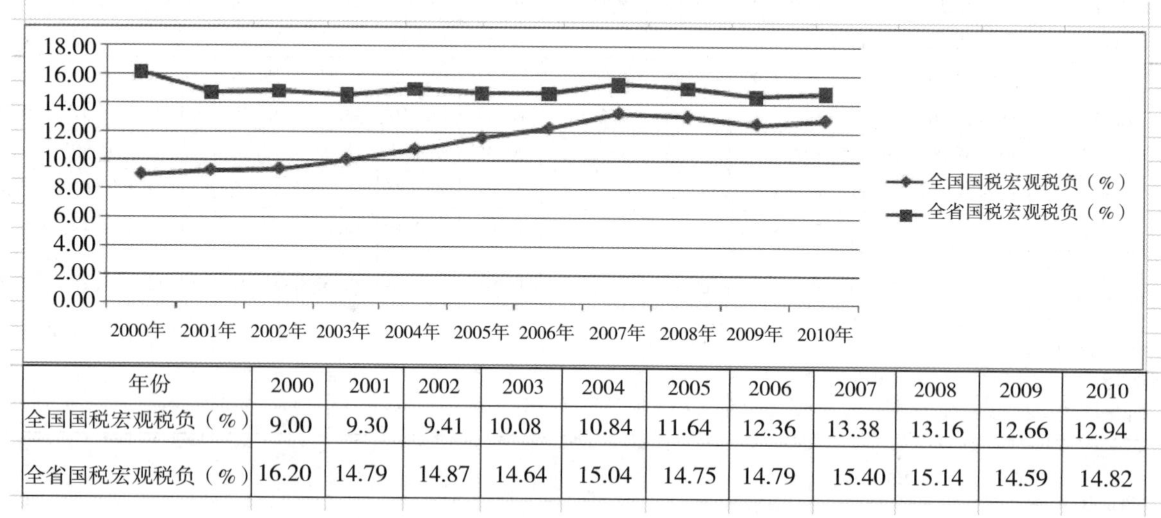

年份	2000	2001	2002	2003	2004	2005	2006	2007	2008	2009	2010
全国国税宏观税负（%）	9.00	9.30	9.41	10.08	10.84	11.64	12.36	13.38	13.16	12.66	12.94
全省国税宏观税负（%）	16.20	14.79	14.87	14.64	15.04	14.75	14.79	15.40	15.14	14.59	14.82

图5　2000～2010年全国国税与云南省国税宏观税负对比表

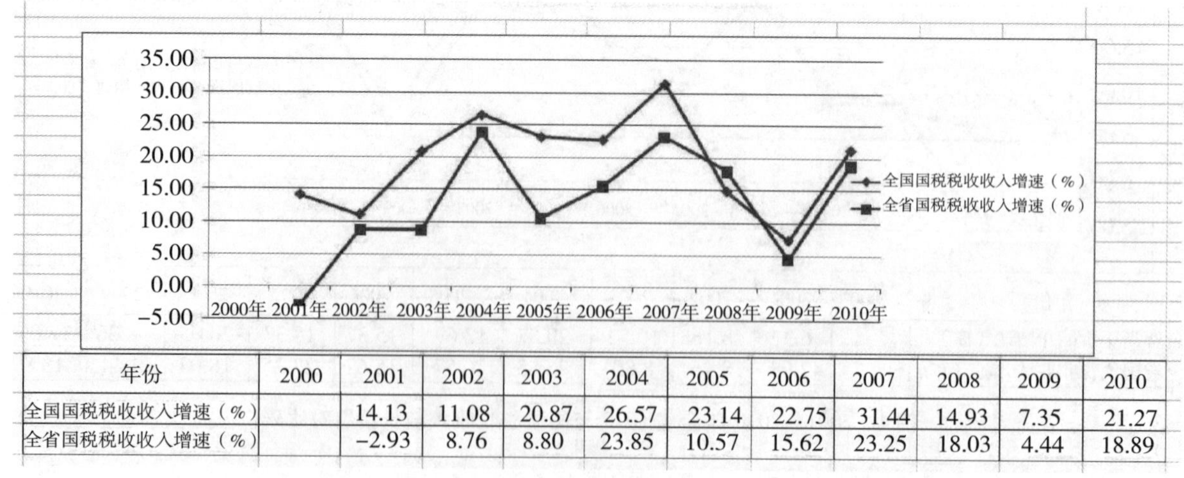

年份	2000	2001	2002	2003	2004	2005	2006	2007	2008	2009	2010
全国国税税收收入增速（%）		14.13	11.08	20.87	26.57	23.14	22.75	31.44	14.93	7.35	21.27
全省国税税收收入增速（%）		−2.93	8.76	8.80	23.85	10.57	15.62	23.25	18.03	4.44	18.89

图6　2001～2010年全国国税与云南省国税收入增长情况对比表

如图5所示，受经济产业结构的影响，云南省国税宏观税负高于全国平均值，与全国国税税负逐年上升的趋势不同，呈现窄幅波动趋于稳定的趋势。2000年全省国税宏观税负为16.20%，较全国平均值9%高7.2个百分点，2010年降为14.82%。“十五”、“十一五”时期，全省国税宏观税负在14.59%~15.40%不到1个百分点的狭窄空间内，围绕15%的均值上下波动，至2010年仍维持在14.82%水平，而同期全国平均值则由9.30%升至12.94%，上升了3.64个百分点，云南宏观税负较全国平均值12.94%仍高1.88个百分点。

4. 税收收入增速及弹性系数分析

如图6所示，受税源结构单一和经济发展滞后的影响，全省国税税收收入平均增速和平均弹性系数均低于全国均值。“十五”期间，全省国税税收收入年平均增速为9.48%，较全国国税税收年平均增速19.02%低9.54个百分点，全省国税税收对GDP的平均弹性系数为0.82，较全国国税均值1.46低0.64个百分点。“十一五”期间，全省国税税收收入年平均增速为15.12%，较全国国税税收年平均增速18.78%低3.66个百分点，全省国税税收对GDP的平均弹性系数为0.98，较全国国税均值1.15低0.17个百分点。如以2001年至2009年为观察期，全省国税税收收入年均增长11.95%，较同期全国国税收入年均增速18.91%低6.96个百分点，全省国税税收对GDP的平均弹性系数为0.90，较全国国税平均值1.31低0.41个百分点。

5. 经济、税源和税收结构特点分析

经济结构特点。从云南从GDP三次产业的构成看，全省GDP为“二、三、一”结构，“十五”、“十一五”时期，“一”有所下降，“三”有所上升。2000年第一、第二、第三产业之比为21.5%：41.4%：37.1%，“十五”末的2005年第一、第二、第三产业之比为19.3%：41.2%：39.5%，至“十一五”的2009年末第一、第二、第三产业之比为17.3%：41.8%：40.9%。第一产业GDP比重在“十五”期间下降了约2个百分点，“十一五”头四年降了约2个百分点；第三产业GDP比重在“十五”期间提高了约2个百分点，“十一五”头四年提高了约2个百分点；第二产业GDP比重基本保持稳定。

税源结构特点。从云南国税税源的产业分布分析，全省国税税收收入接近八成的税收来自第二产业，接近二成的税收收入来自第三产业。2001年，第二产业税收占总税收的比重为79.96%，第三产业税收占总税收的比重为20.04%，2005年第二产业税收占总税收的比重为83.10%，第三产业税收占总税收的比重为16.90%，至2009年第二产业税收占总税收的比重为77.70%，第三产业税收占总税收的比重为22.20%。2009年与2001年比较，第二产业税收占总税收的比重下降了2.26个百分点，第三产业税收占总税收的比重上升了2.16个百分点。从税源的行业分布看，税源构成的单一性和不均衡性特征明显。

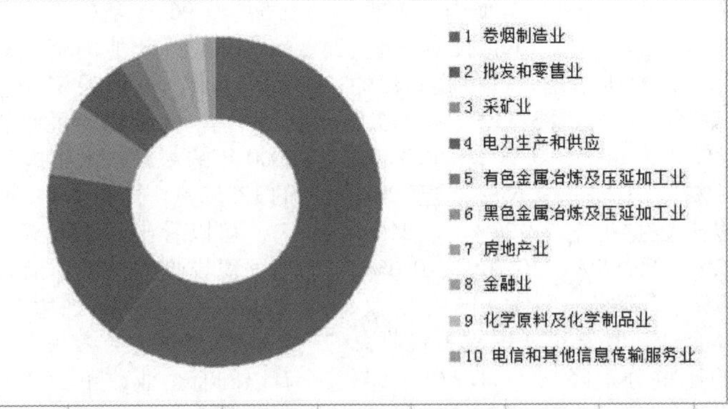

	行业	行业税收（万元）	行业税收占总税收的比重%
1	卷烟制造业	5551924	51.88
2	批发和零售业	1609517	15.04
3	采矿业	663982	6.20
4	电力生产和供应	505654	4.73
5	有色金属冶炼及压延加工业	191209	1.79
6	黑色金属冶炼及压延加工业	182565	1.71
7	房地产业	140492	1.31
8	金融业	134442	1.26
9	化学原料及化学制品业	118698	1.11
10	电信和其他信息传输服务业	107241	1.00

图7　2010年云南省国税税收收入收入分行业比重表

如图7所示，2010年云南省国税税收收入来源前10位的行业是：卷烟制造业、批发和零售业、采矿业、电力生产和供应、有色金属冶炼及压延加工业、黑色金属冶炼及压延加工业、金融业、房地产业、化学原料及化学制品业、电信和其他信息传输服务业。排名第一的卷烟制造业占税收总额的比重为51.88%，为全省税收的支柱产业；73.12%的税收集中在卷烟制造业、批发和零售业、采矿业和电力生产和供应等4个行业，资源性行业为主要的税收来源。

税收结构特点。从云南国税税种分布看，一是以流转税为主，消费税所占比重偏高。2010年，全省实现消费税427.99亿元，占全省国税收入总额的40.01%，占全国消费税总额6071.53亿元的7%，消费税总量位居全国第三。二是企业所得税税收总量小、集中度高。2010年企业所得税完成134.25亿元，占全省国税收入总额的12.54%，且主要集中在烟草工商业、通信、石化等垄断行业。

6. 分登记注册类型经济、税源、税收情况分析

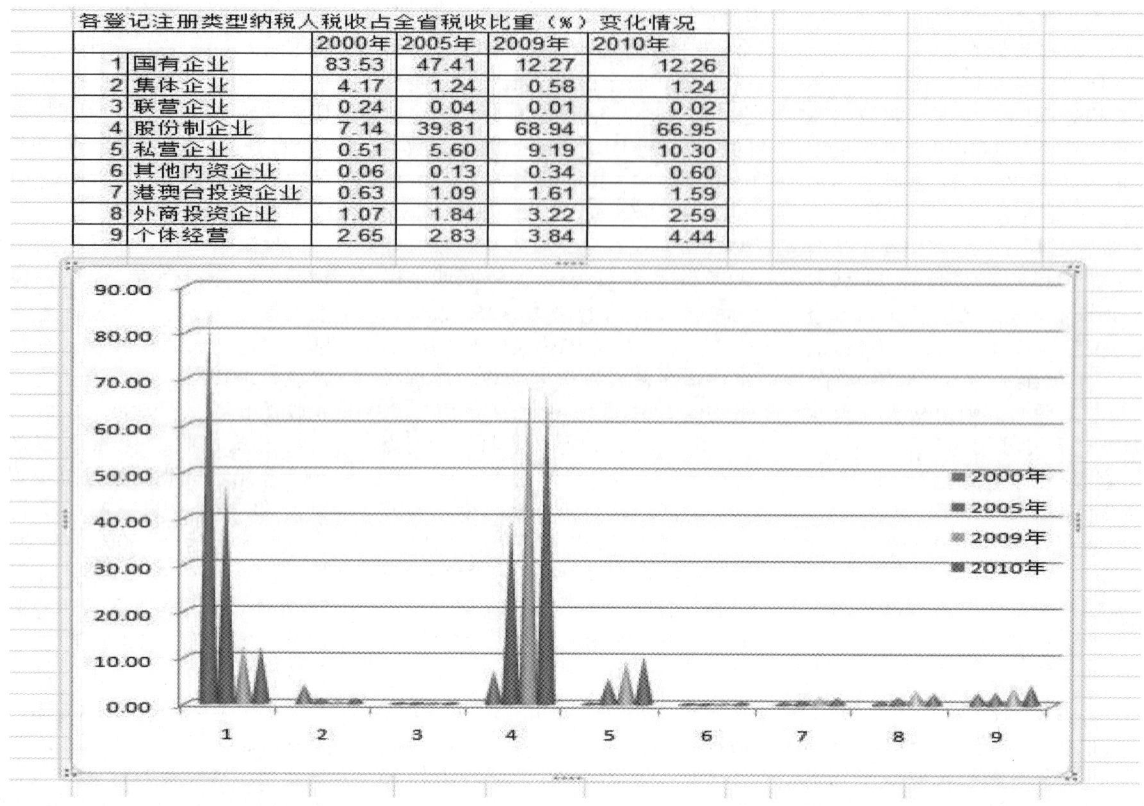

各登记注册类型纳税人税收占全省税收比重（%）变化情况

		2000年	2005年	2009年	2010年
1	国有企业	83.53	47.41	12.27	12.26
2	集体企业	4.17	1.24	0.58	1.24
3	联营企业	0.24	0.04	0.01	0.02
4	股份制企业	7.14	39.81	68.94	66.95
5	私营企业	0.51	5.60	9.19	10.30
6	其他内资企业	0.06	0.13	0.34	0.60
7	港澳台投资企业	0.63	1.09	1.61	1.59
8	外商投资企业	1.07	1.84	3.22	2.59
9	个体经营	2.65	2.83	3.84	4.44

图8　云南国税分登记注册类型纳税人税收占全省国税收入比重变化表

如图8所示，2000年全省国有企业、集体企业、联营企业、股份制企业、私营企业、其他内资企业、港澳台投资企业、外商投资企业、个体经营户所缴税收占税收总额的比重分别为：83.52%、4.17%、0.24%、7.14%、0.51%、0.06%、0.63%、1.07%、2.65%，至2010年以上数据变为12.26%、1.24%、0.02%、66.95%、10.30%、0.6%、1.59%、2.59%、44%，国有企业、集体企业、联营企业税收占税收总额的比重分别降低了71.27、2.93、0.22个百分点，股份制企业、私营企业、其他内资企业、港澳台投资企业、外商投资企业、个体经营户等比重分别提高59.81、9.79、0.54、0.96、1.52、1.79个百分点。私营企业、其他内资企业、港澳台投资企业、外商投资企业、个体经营户等非公经济的税收收入比重由2000年的4.93%大幅提升至2010年的19.52%，提高了14.59百分点。

可以看出，“九五”末期，云南国税税收收入的所有制结构仍处于国有经济一体独大的单一性状态。“十五”、“十一五”期间，随着以国有企业改革为核心的体制机制改革的深化，省委、省政府大力推动国有企业股份制改造，积极发展非公经济，全省经济、税源的所有制结构发生了深刻的变化，股份制经济和以个私经济为代表的非公经济迅速崛起，“十一五”后期已开始呈现以股份制经济为主，非公经济迅速发展，多种经济类型并存共荣的多样性特征。

7. 分地区经济、税源、税收情况分析

云南是我国少数民族种类最多的地区，自然条件、民风民俗和历史发展不同，地区间经济发展不均衡，主要税源集中分布在几个产烟的州市，16个州市对全省税收的贡献率差异性特征显著。

表9　　2001～2010年云南省各州市对云南省国税收入贡献率情况表

地区	2001年 贡献率%	2002年 贡献率%	2003年 贡献率%	2004年 贡献率%	2005年 贡献率%	2006年 贡献率%	2007年 贡献率%	2008年 贡献率%	2009年 贡献率%	2010年 贡献率%	2001～2010年平均贡献%
全省	100.00	100.00	100.00	100.00	100.00	100.00	100.00	100.00	100.00	100.00	100.00
昆明	-10.78	14.89	42.47	38.29	54.32	30.91	30.75	32.34	11.37	28.18	31.39
昭通	30.71	6.49	0.08	6.52	4.62	3.18	30.75	5.83	7.32	6.73	4.97
曲靖	-29.18	45.95	4.04	5.22	23.84	16.39	30.75	118.20	10.51	11.34	16.77
玉溪	278.91	-32.09	23.31	30.04	-16.44	15.60	30.75	22.00	37.01	22.33	13.34
红河	-80.14	31.76	14.58	10.50	8.23	9.58	30.75	6.57	9.35	8.74	12.41

续表

地区	2001 年贡献率%	2002 年贡献率%	2003 年贡献率%	2004 年贡献率%	2005 年贡献率%	2006 年贡献率%	2007 年贡献率%	2008 年贡献率%	2009 年贡献率%	2010 年贡献率%	2001～2010 年平均贡献%
文山	-7.85	2.31	1.09	0.71	3.12	1.32	30.75	1.09	-0.72	1.85	1.60
思茅	-5.70	0.85	0.07	1.03	3.02	1.44	30.75	1.19	1.99	1.78	1.47
版纳	-2.21	-0.11	-0.01	0.21	1.29	1.04	30.75	0.80	0.78	1.07	0.68
楚雄	-33.81	19.46	10.20	2.78	2.29	5.79	30.75	4.97	11.07	4.68	7.38
大理	-13.60	4.31	3.21	2.08	4.46	4.64	30.75	4.72	8.53	4.16	4.49
保山	-8.99	2.31	-0.34	0.68	3.88	2.40	30.75	0.56	-1.26	2.40	1.33
德宏	-4.81	0.27	0.23	0.70	1.79	0.88	30.75	0.52	2.45	1.41	1.01
丽江	-2.84	0.38	0.48	0.57	1.31	1.17	30.75	1.53	3.50	1.38	1.21
怒江	-1.92	0.69	0.70	0.14	0.93	3.40	30.75	-1.29	-0.50	0.51	0.56
迪庆	-2.18	0.75	0.03	0.19	0.81	0.39	30.75	0.39	1.16	0.94	0.59
临沧	-5.62	1.77	-0.05	0.34	2.52	0.37	30.75	0.59	-2.55	2.49	0.82

表 10 **云南省各州市税收变异性分析表**

地区	2000 年各州市税收占全省税收比重%			2005 年各州市税收占全省税收比重%			2009 年各州市税收占全省税收比重%			2010 年各州市税收占全省税收比重%		
	数组 1			数组 2			数组 3			数组 4		
昆明	27.14	平均	6.25	32.58	平均	6.25	31.21	平均	6.25	30.73	平均	6.25
昭通	3.65	标准误差	2.769584432	3.68	标准误差	2.355895553	4.15	标准误差	2.263938675	4.56	标准误差	2.222827562
曲靖	10.78	中位数	0.76653481	13.31	中位数	1.216219275	14.48	中位数	1.303069495	13.98	中位数	1.425774491
玉溪	38.83	众数	N/A	22.79	众数	N/A	21.95	众数	N/A	22.01	众数	N/A
红河	7.92	标准差	11.07833773	11.73	标准差	9.423582214	10.78	标准差	9.0557547	10.46	标准差	8.891310248
文山	0.65	方差	122.7295668	1.17	方差	88.80390174	1.43	方差	82.00669318	1.49	方差	79.05539792
思茅	0.75	峰度	5.077244764	1.16	峰度	3.453427703	1.18	峰度	3.13267615	1.27	峰度	3.177564171
版纳	0.36	偏度	2.355343994	0.42	偏度	1.979696298	0.64	偏度	1.910175354	0.71	偏度	1.924495058
楚雄	3.61	区域	38.74330715	5.28	区域	32.31856826	5.52	区域	30.84651994	5.39	区域	30.34318037
大理	3.63	最小值	0.089759828	3.77	最小值	0.256612119	4.27	最小值	0.364387282	4.25	最小值	0.386777262
保山	0.79	最大值	38.83306698	1.26	最大值	32.57518038	1.16	最大值	31.21090722	1.36	最大值	30.72995763
德宏	0.55	求和	100	0.76	求和	100	0.83	求和	100	0.92	求和	100
丽江	0.40	观测数	16	0.58	观测数	16	0.89	观测数	16	0.97	观测数	16
怒江	0.20	最大（1）	38.83306698	0.36	最大（1）	32.57518038	0.36	最大（1）	31.21090722	0.39	最大（2）	30.72995763
迪庆	0.09	最小（1）	0.089759828	0.26	最小（1）	0.256612119	0.37	最小（2）	0.364387282	0.46	最小（2）	0.386777262
临沧	0.65	置信度（95.0%）	5.903229451	0.91	置信度（95.0%）	5.021472483	0.78	置信度（95.0%）	4.825471037	1.05	置信度（95.1%）	4.737844775

如表 9 所示，自 2002～2010 年 9 年间，州市对全省税收增长的平均年贡献率最高的昆明为 31.39%，最低的怒江为 0.56%，差值为 30.83 个百分点，昆明、曲靖、玉溪、红河、昭通、楚雄、大理等 7 个产烟地区均在 4% 以上，贡献率之和高达 90.75%，其余 9 个地区贡献率均在 2% 以下，合计不到 10%。经过“十五”、“十一五”的发展，虽然税源分布的不均衡性依然明显，但这种不均衡性没有继续扩大的趋势，反而显现出有所收敛的可喜迹象。如表 10 所示，以 2000 年、2005 年、2009 年、2010 年 16 个州市税收占全省税收的比重为数组 1、数组 2、数组 3、数组 4，分别计算数组 1、数组 2、数组 3、数组 4 的全距、方差、标准差和中位数等指标，发现从数组 1 至数组 2 到数组 3，全距、方差、标准差有所减小，中位数向均值有所靠近，可见数组 1～3 的变异性在减小。

通过对“十五”、“十一五”时期云南经济、税源、税收的总量关系分析和结构关系分析，可以得出以下结论：一是云南省经济处于欠发达阶段，经济总量和税收规模偏小，发展层次低。从纵向比，10 年以来，云南省经济总量持续快速增长，全省国税收入总量也随着经济总量的增加呈现快速增长的态势，税收增长与经济增长保持协调关系。但是，从横向比，总量规模偏小，占全国总量比重较小，人均均值依然排位落后。二是经济税源结构单一，税收主要来自烟草和资源型传统行业，新兴行业提供税收较少。10年来，虽然云南新兴税源发展迅速，但是全省国税税收收入近八成来自第二产业，卷烟制造业、批发零售业、电力生产和供应业及采矿业4个行业创造了近80%的税收收入，其中卷烟制造业税收占总税收比重在50%以上，仍为“一枝独秀”。三是地区间经济发展、税收收入不平衡，全面可持续发展能力不足。昆明、曲靖等7个产烟地区的GDP之和占全省GDP总额比重为74.77%，税收贡献率之和高达91%，其余9个州市GDP之和占全省GDP总额比重为25.23%，税收贡献率之和不到10%。云南省国民经济发展不足，经济发展处于较低的阶段。

（三）与东、中、西部分省区相比看西部大开发10年云南经济税源状况

2010年全国国内生产总值397983亿元，比上年增长10.3%①。其中，第一产业增加值40497亿元，增长4.3%；第二产业增加值186481亿元，增长12.2%；第三产业增加值171005亿元，增长9.5%。三次产业结构为10.2:46.8:43.0。全年财政收入83080亿元，比上年增加14562亿元，增长21.3%；其中税收收入73202亿元，增加13680亿元，增长23.0%。全国人均国内生产总值29748元（4394美元）。同期，云南2010年全省生产总值（GDP）完成7220.14亿元，比上年增长12.3%，高于全国平均水平2个百分点。分产业看，第一产业增加值1105.81亿元，增长4.0%；第二产业增加值3223.93亿元，增长15.8%；第三产业增加值2890.4亿元，增长11.5%。三次产业结构为15.3:44.7:40.0。全省人均GDP达到15749元（按年末汇率折合2378美元），比上年增长11.6%。非公有制经济创造增加值2931.38亿元，占全省生产总值的比重达40.6%，比上年提高1.5个百分点。云南经济总量在全国各省、区、直辖市中排名第24位，人均国内生产总值排名第29位，仅高于甘肃和贵州。如表11所示，近10年来云南地区生产总值占全国国内生产总值的比重略有下降趋势，云南人均国内生产总值一直处于全国平均水平一半左右，并有下降趋势（详见下表）。定位云南的经济发展现状在全国经济发展中的位置分别选取东部沿海发达省区、中部领先省区、西部部分经济发展有代表性省区作为样本来进行比较分析。

表11　　2001～2010年全国和人均国内生产总值与云南地区和人均生产总值对比情况表

年份	2001	2002	2003	2004	2005	2006	2007	2008	2009	2010
云南地区生产总值（亿元）	2138.31	2312.82	2556.02	3081.91	3461.73	3998.14	4772.52	5692.12	6169.75	7220.14
云南人均地区生产总值（元）	5015（606美元）	5366（648美元）	5871（709美元）	7012（848美元）	7833（900美元）	8970（1149美元）	10496（1437美元）	12587（1842美元）	13539（1983美元）	15749（2378美元）
全国国内生产总值（亿元）	109655.2	120332.7	135822.8	159878.3	184937.4	216314.4	265810.3	314045.4	340506.9	397983.0
云南地区生产总值占全国国内生产总值的比例	1.95	1.922	1.822	1.928	1.872	1.848	1.795	1.813	1.812	1.814
全国人均国内生产总值（元）	8622（872美元）	9398（1135美元）	10542（1274美元）	12336（1490美元）	14185（1732美元）	16500（2070美元）	20169（2652美元）	23708（3414美元）	25575（3744美元）	29748（4394美元）
云南与全国人均国内生产总值比值	0.58	0.57	0.56	0.57	0.55	0.54	0.52	0.53	0.53	0.53

1. 东部沿海发达省区选取江苏、上海、山东作为比较分析标本

江苏，全省综合经济实力在全国一直处于前列。2010年江苏实现地区生产总值40903.3亿元②，比上年增长12.6%。总量在广东之后，位居全国第二；全年人均生产总值达到7700美元，名列全国各省区（不包含直辖市）第一。其中，第一产业增加值2539.6亿元，增长4.3%；第二产业增加值21753.9亿元，增长13.0%；第三产业增加值16609.8亿元，增长13.1%。产业结构、所有制结构、区域经济结构进一步优化。三次产业结构比为6.2:53.2:40.6。城乡居民收入比为2.52:1，收入差距是全国较小的省份之一。

上海在全国人民的印象中一直是发达、富裕、国际化的大都市，上海2010年实现地区生产总值16872.42亿元，按可比价格计算，比上年增长9.9%。其中，第一产业增加值114.15亿元，下降6.6%；第二产业增加值7139.96亿元，增长16.8%；第三产业增加值9618.31亿元，增长5%。三次产业结构比为0.32:42.31:57.37。上海全年地方财政收入2873.58亿元，比上年增长13.1%。全年地方财政支出3302.89亿元，比上年增长10.5%。

山东省2010年实现地区生产总

① 中华人民共和国国家统计局2011年2月28日《中华人民共和国2010年国民经济和社会发展统计公报》。

② 2010年江苏省国民经济和社会发展统计公报。

值39416.2亿元①，按可比价格计算，比上年增长12.5%。其中，第一产业增加值3588.3亿元，增长3.6%；第二产业增加值21398.9亿元，增长13.4%；第三产业增加值14429.0亿元，增长13.0%。产业结构调整取得明显成效，三次产业比例为9.1∶54.3∶36.6。区域经济建设迈出新步伐。山东半岛蓝色经济区实现生产总值18724.9亿元，比上年增长13.3%。黄河三角洲高效生态经济区实现生产总值5678.5亿元，增长13.6%。胶东半岛高端产业聚集区实现生产总值15060.3亿元，增长13.3%。海洋经济蓬勃发展。主要海洋产业总产出6808.1亿元，比上年增长25.3%。山东省地方财政一般预算收入2749.3亿元，比上年增长25.1%。地方财政支出4144.5亿元，增长26.8%。

如表12所示，江苏、上海、山东作为发达省区，作为我国加快对外开放率先发展地区确实起到了标杆作用，近10年来发展速度快、质量高。云南与东部发达地区的差距经过10年的追赶，虽然自身在一定程度上也取得了巨大的成就，但是用历史的纬度来看，云南与东部发达地区的差距有一定的缩小，但是发展速度与东部发达地区相比不但没有缩小，反而差距在逐步扩大。与发展速度较快的江苏相比，2001至2010年江苏与云南地区生产总值的比值为4.45、4.6、4.88、5、5.37、5.44、5.45、5.44、5.58、5.67，差距呈现出不断扩大的趋势；人均地区生产总值2001年江苏为云南的2.56倍，2010年江苏为云南的3.3倍。与发展速度较快的上海相比，2001至2010年上海与云南地区生产总值的比值为2.32、2.34、2.45、2.42、2.67、2.64、2.62、2.47、2.44、2.34，差距呈现出扩大又缩小的趋势；人均地区生产总值2001年上海为云南的6.4倍，2010年上海为云南的4.6倍。2001至2010年山东与云南地区生产总值的比值为4.41、4.56、4.87、5.03、5.31、5.48、5.4、5.43、5.49、5.46，差距呈现出不断扩大的趋势；人均地区生产总值2001年山东为云南的2.03倍，2010年为山东为云南的2.61倍。

表12 2001~2010年云南地区和人均生产总值与江苏、上海、山东地区和人均生产总值对比情况表

年份	2001	2002	2003	2004	2005	2006	2007	2008	2009	2010
云南地区生产总值（亿元）	2138.31	2312.82	2556.02	3081.91	3461.73	3998.14	4772.52	5692.12	6169.75	7220.14
云南人均地区生产总值（元）	5015（606美元）	5366（648美元）	5871（709美元）	7012（848美元）	7833（900美元）	8970（1149美元）	10496（1437美元）	12587（1842美元）	13539（1983美元）	15749（2378美元）
江苏地区生产总值（亿元）	9511.91	10631.75	12460.83	15403.16	18598.69	21742.05	26018.48	30981.98	34457.30	40903.34
与江苏地区生产总值的比值	4.45	4.6	4.88	5	5.37	5.44	5.45	5.44	5.58	5.67
江苏人均地区生产总值（元）	1288（1556美元）	14396（1739美元）	16830（2033美元）	20223（2443美元）	24953（3046美元）	28943（3631美元）	34294（4510美元）	40499（5831美元）	44097（6456美元）	52000（7682美元）
上海地区生产总值（亿元）	4950.84	5408.76	6250.81	7450.27	9247.66	10572.24	12494.01	14069.86	15046.45	16872.42
与上海地区生产总值的比值	2.32	2.34	2.45	2.42	2.67	2.64	2.62	2.47	2.44	2.34
上海人均地区生产总值（元）	32201（3890美元）	35329（4268美元）	39128（4727美元）	46338（5599美元）	52055（6355美元）	58841（7381美元）	68029（8946美元）	75109（10815美元）	78989（11563美元）	73297（10828美元）
山东地区生产总值（亿元）	9438.31	10552.06	12435.93	15490.73	18366.87	21900.19	25776.91	30933.28	33896.65	39416.20
与山东地区生产总值的比值	4.41	4.56	4.87	5.03	5.31	5.48	5.4	5.43	5.49	5.46
山东人均地区生产总值（元）	10195（1232美元）	11340（1370美元）	13268（1603美元）	16413（1983美元）	19933（2433美元）	23603（2961美元）	27605（3630美元）	32936（4742美元）	35894（5255美元）	41147（6078美元）

2. 中部领先省区选取河南作为比较分析标本

河南省2010年实现地区生产总值22942.68亿元，比上年增长12.2%。其中：第一产业增加值3263.20亿元，增长4.5%；第二产

① 2010年山东省国民经济和社会发展统计公报。

业增加值 13226.84 亿元，增长 14.8%；第三产业增加值 6452.64 亿元，增长 10.5%。三次产业结构为 14.2:57.7:28.1。全年全省地方财政总收入 2293.37 亿元，增长 19.3%。地方财政一般预算收入 1381.01 亿元，比上年增长 22.6%。地方财政一般预算支出 3413.22 亿元，增长 17.5%。

如表 13 所示，与中部领先省区发展速度较快的河南相比，2001 至 2010 年河南与云南地区生产总值的比值为 2.64、2.67、2.76、2.86、3.06、3.09、3.15、3.17、3.16、3.18，差距呈现出扩大的趋势；人均地区生产总值 2001 年河南为云南的 1.18 倍，相差不多，但是 2010 年河南为云南的 1.55 倍，差距已经拉开。

表 13　　2001～2010 年云南地区和人均生产总值与河南地区和人均生产总值对比情况表

年份	2001	2002	2003	2004	2005	2006	2007	2008	2009	2010
云南地区生产总值（亿元）	2138.31	2312.82	2556.02	3081.91	3461.73	3998.14	4772.52	5692.12	6169.75	7220.14
云南人均地区生产总值（元）	5015 元（606 美元）	5366（648 美元）	5871（709 美元）	7012（848 美元）	7833（900 美元）	8970（1149 美元）	10496（1437 美元）	12587（1842 美元）	13539（1983 美元）	15749（2378 美元）
河南地区生产总值（亿元）	5640.11	6168.73	7048.59	8815.09	10587.42	12362.79	15012.46	18018.53	19480.46	22942.68
与河南地区生产总值的比值	2.64	2.67	2.76	2.86	3.06	3.09	3.15	3.17	3.16	3.18
河南人均地区生产总值（元）	5959（720 美元）	6487（784 美元）	7376（891 美元）	9201（1112 美元）	11346（1385 美元）	13171（1652 美元）	16021（2106 美元）	19181（2762 美元）	20597（3015 美元）	24401（3605 美元）

3. 西部选取四川、重庆、广西、陕西、新疆作为比较分析标本云南地区和人均生产总值与江苏、上海、山东地区和人均生产总值对比情况表云南地区和人均生产总值与江苏、上海、山东地区和人均生产总值对比情况表

四川 2010 年经济总量居全国第 8 位，居西部第 1 位。2010 年四川省实现地区生产总值 16898.6 亿元，比上年增长 15.1%。其中，第一产业增加值 2483 亿元，增长 4.4%；第二产业增加值 8565.2 亿元，增长 22%；第三产业增加值 5850.4 亿元，增长 10%。三次产业结构为 14.7：50.7：34.6。全年财政一般预算收入 1561.0 亿元，增长 32.9%；地方财政一般预算支出 4242.5 亿元，增长 18.2%。与西部排名第一的四川省相比，2001 至 2010 年四川与云南地区生产总值的比值为 2.07、2.11、2.13、2.13、2.13、2.16、2.20、2.20、2.29、2.34，差距呈现出不断扩大的趋势；人均地区生产总值 2001 年四川为云南的 1.07 倍，相差很小，但 2010 年四川为云南的 1.33 倍，差距逐步拉开。

重庆 2010 提出把重庆加快建设成为西部地区的重要增长极、长江上游地区的经济中心、城乡统筹发展的直辖市。全年实现地区生产总值 7894.24 亿元①，比上年增长 17.1%。三次产业结构为 8.7:55.2:36.1。全年地方一般预算收入 1018.36 亿元，增长 49.4%。全年地方一般预算支出 1770.96 亿元，增长 29.1%。与直辖市重庆相比，2001 至 2010 年重庆与云南地区生产总值的比值为 0.82、0.85、0.88、0.86、1、0.98、0.98、1.02、1.06、1.09，“十五”期间重庆的地区生产总值低于云南，到“十一五末”重庆的地区生产总值已经略超云南；人均地区生产总值 2001 年重庆为云南的 1.24 倍，但 2010 年重庆为云南的 1.74 倍，差距已经拉开。

广西 2010 年实现地区生产总值 9502.39 亿元②，比上年增长 14.2%。其中，第一产业增加值 1670.37 亿元，增长 4.6%；第二产业增加值 4510.83 亿元，增长 20.5%；第三产业增加值 3321.19 亿元，增长 11.1%。三次产业结构为 17.6:47.5:34.9。全年财政收入 1228.75 亿元，比上年增长 27.1%，其中一般预算收入 772.30 亿元，增长 24.4%。一般预算支出 1994.42 亿元，增长 23.0%。与 10 年前与云南经济总量基本一致但发展较快的自治区广西相比，2001 至 2010 年广西与云南地区生产总值的比值为 1.04、1.06、1.07、1.08、1.15、1.19、1.22、1.23、1.26、1.32，“十五”开局广西的地区生产总值与云南相差不多，但“十一五末”广西的地区生产总值已经超云南 32%；人均地区生产总值 2001 年广西与云南的基本相同，但 2010 年广西为云南的 1.31 倍，差距逐步拉开。

陕西 2010 年实现地区生产总值 10021.53 亿元，比上年增长 14.5%。其中，第一产业增加值 988.45 亿元，增长 5.8%；第二产业增加值 5403.53 亿元，增长 18%；第三产业增加值 3629.55 亿元，增长 11.7%。三次产业结构为 9.9:53.9:36.2。与发展较快的陕西相比，2001～2010 年陕西与云南地区生产总值的比值为 0.86、0.88、0.94、0.94、1.14、1.19、1.21、1.29、1.32、1.39，“十五”开局陕西的地区生产总值仅为云南的 86%，但“十一五末”陕西的地区

① 2010 年重庆市国民经济和社会发展统计公报。

② 2010 年广西国民经济和社会发展统计公报。

生产总值不但超过云南，而且还超出 39%；人均地区生产总值 2001 年陕西与云南的基本相同，但 2010 年陕西为云南的 1.71 倍，差距拉的较大。

新疆维吾尔自治区 2010 年实现地区生产总值 5418.81 亿元①，比上年增加 1141.76 亿元，首次突破 5000 亿元大关。按可比价格计算，比上年增长 10.6%，其中，第一产业增加值 1078.61 亿元，增长 4.5%；第二产业增加值 2533.69 亿元，增长 12.6%；第三产业增加值 1806.51 亿元，增长 10.9%。三次产业比例为 19.9∶46.8∶33.3。与发展较慢的新疆相比，2001～2010 年新疆与云南地区生产总值的比值为 0.69、0.69、0.73、0.71、0.75、0.76、0.74、0.73、0.69、0.75，“十五”开局新疆的地区生产总值仅为云南的 69%，但是“十一五末”新疆的地区生产总值已经为云南的 75%；人均地区生产总值 2001 年新疆为云南的 1.58 倍，但 2010 年新疆依然为云南的 1.58 倍，差距没有变化。

云南地区和人均生产总值与江苏、上海、山东地区和人均生产总值对比情况表 2001～2010 年

表 14　云南地区和人均生产总值与四川、重庆、广西、陕西、新疆地区和人均生产总值对比情况表

项目	2001	2002	2003	2004	2005	2006	2007	2008	2009	2010
云南地区生产总值（亿元）	2138.31	2312.82	2556.02	3081.91	3461.73	3998.14	4772.52	5692.12	6169.75	7220.14
云南人均地区生产总值（元）	5015 元（606 美元）	5366（648 美元）	5871（709 美元）	7012（848 美元）	7833（900 美元）	8970（1149 美元）	10496（1437 美元）	12587（1842 美元）	13539（1983 美元）	15749（2378 美元）
四川地区生产总值（亿元）	4421.8	4875	5456	6556	7385.1	8637.8	10505.3	12506.3	14151.3	16898.60
与四川地区生产总值的比值	2.07	2.11	2.13	2.13	2.13	2.16	2.20	2.20	2.29	2.34
四川人均地区生产总值（元）	5376 元（650 美元）	5890 元（712 美元）	6623 元（800 美元）	7895 元（954 美元）	8721 元（1065 美元）	10613 元（1331 美元）	12963 元（1705 美元）	15495 元（2231 美元）	17339 元（2358 美元）	21013 元（3104 美元）
重庆地区生产总值（亿元）	1749.77	1971.30	2250.56	2665.39	3467.72	3907.23	4676.13	5793.66	6530.01	7894.24
与重庆地区生产总值的比值	0.82	0.85	0.88	0.86	1	0.98	0.98	1.02	1.06	1.09
重庆人均地区生产总值（元）	6219 元（751 美元）	7052（852 美元）	8091（978 美元）	9624（1163 美元）	12389（1512 美元）	13940（1749 美元）	16629（2187 美元）	20490（3097 美元）	22920（3355 美元）	27367（4043 美元）
广西地区生产总值（亿元）	2231.19	2455.36	2735.13	3320.10	3984.10	4746.16	5823.41	7021.00	7759.16	9502.39
与广西地区生产总值的比值	1.04	1.06	1.07	1.08	1.15	1.19	1.22	1.23	1.26	1.32
广西人均地区生产总值（元）	5058（611 美元）	5558（671 美元）	6169（745 美元）	7461（901 美元）	8590（1049 美元）	10120（1270 美元）	12276（1614 美元）	14652（2110 美元）	16045（2349 美元）	20645（3050 美元）
陕西地区生产总值（亿元）	1844.27	2035.96	2398.58	2883.51	3933.72	4743.61	5757.29	7314.58	8169.80	10021.53
与陕西地区生产总值的比值	0.86	0.88	0.94	0.94	1.14	1.19	1.21	1.29	1.32	1.39
陕西人均地区生产总值（元）	5506（665 美元）	6145（742 美元）	7028（849 美元）	8587（1037 美元）	10874（1327 美元）	12728（1597 美元）	15386（2023 美元）	19480（2805 美元）	21688（3175 美元）	26848（3966 美元）
新疆地区生产总值（亿元）	1485.48	1598.28	1877.61	2200.15	2604.19	3045.26	3523.16	4183.21	4277.05	5418.81
与新疆地区生产总值的比值	0.69	0.69	0.73	0.71	0.75	0.76	0.74	0.73	0.69	0.75
新疆人均地区生产总值（元）	7945（960 美元）	8457（1022 美元）	9828（1187 美元）	11337（1370 美元）	13108（1600 美元）	15000（1882 美元）	16999（2236 美元）	19797（2851 美元）	19942（2919 美元）	24842（3670 美元）

① 新疆维吾尔自治区 2010 年国民经济和社会发展统计公报。

从表14的数据和以上分析可以看出：西部大开发的10年云南依然需要奋力直追先进地区。西部大开发的10年，云南省经济总量持续快速增长，云南省国税收入总量也随着经济总量的增加呈现快速增长的态势，税收增长与经济增长保持协调关系。但是由于云南基础较差，起步较晚，如果“跳出成绩看发展、跳出局部看全局、跳出云南看云南、放眼全国看云南”，云南前面的标兵越来越多，后面的追兵越来越少，云南与东部沿海发达省区、中部领先省区、西部部分省区相比经济总量依然需要赶超，经济总量占全国经济总量的比重10年相比变化不大，急待提速。

三、西部大开发财税政策在云南的执行情况分析

1999年9月22日，中共十五届四中全会正式提出“国家要实施西部大开发战略”。2000年，国务院下发了《关于实施西部大开发若干政策措施的通知》（国发〔2000〕33号，以下简称国发33号文），根据国发33号文件精神，国务院西部地区开发领导小组办公室（以下简称国务院西部开发办）会同有关部门，进一步研究制定了《关于西部大开发若干政策措施实施意见的通知》（国办发〔2001〕73号，以下简称国办发73号文）。由此开始了适用范围包括西部12个省、区、市、3.5亿多人口的西部大开发的宏伟篇章。本部分内容对新旧西部大开发财税政策的主要内容和执行情况进行了分析。

（一）上一轮西部大开发财税政策主要内容和执行情况

1. 上一轮西部大开发财税政策主要内容

国发33号文和国办发73号文中全面阐述了我国政府促进西部大开发政策的基本内容，主要包括加大建设资金投入力度，优先安排建设项目，加大财政转移支付力度、加大金融信贷支持，实行税收优惠、运用价格收费机制进行调节等共18款60余项政策。财政税收政策是我国政府促进西部大开发政策的重要组成部分。根据国办发73号文，相关财税政策措施主要包括：加大财政转移支付力度。中央对地方专项资金补助向西部倾斜，中央财政扶贫资金重点用于西部地区，对设在西部地区国家鼓励类的企业减按15%税率征收企业所得税，对在西部地区新办交通，电力等5个基础产业的企业给予减免企业所得税优惠政策等共十余项政策。为贯彻落实国家西部大开发战略决策，财政部、国家税务总局和海关总署根据国务院有关规定联合制定下发了《财政部 国家税务总局 海关总署关于西部大开发税收优惠政策问题的通知》（财税〔2001〕202号），国家税务总局制定了《国家税务总局关于落实西部大开发有关税收政策具体实施意见的通知》（国税发〔2002〕47号），明确落实西部大开发税收优惠政策具体的实施意见，《云南省财政厅 云南省国家税务局 云南省地方税务局转发财政部 国家税务总局 海关总署关于西部大开发税收优惠政策问题的通知》（云财税〔2002〕19号）。从具体内容上来看，自1999年以来，国家为促进中西部地区的发展，相继出台了七项税收优惠政策：

一是对设在西部地区国家鼓励类产业的内资企业在2001年至2010年期间，减按15%的税率征收企业所得税。国家鼓励类的内资企业是指以原国家计委、国家经贸委2000年8月31日发布的《当前国家重点鼓励发展的产业、产品和技术目录（2000年修订）》中规定的产业项目为主营业务，其主营业务收入占企业总收入70%以上的企业。自2006年1月1日起，鼓励目录改按国家发改委2005年12月2日发布的《产业结构调整指导目录（2005年本）》执行；

二是对设在西部地区国家鼓励类产业的外商投资企业在2001年至2010年期间，减按15%的税率征收企业所得税。国家鼓励类的外商投资企业是指以《外商投资产业指导目录》中规定的鼓励类项目和由国家经济贸易委员会、国家发展计划委员会和对外经济贸易合作部联合发布的《中西部地区外商投资优势产业目录》（第18号令）中规定的产业项目为主营业务，其主营业务收入占企业总收入70%以上的企业。自2008年1月1日起，财税〔2001〕202号文件中《外商投资产业指导目录》按国家发展和改革委员会公布的《外商投资产业指导目录（2007年修订）》执行。自2009年1月1日起，财税〔2001〕202号文件中《中西部地区外商投资优势产业目录》（第18号令）按国家发展和改革委员会与商务部发布的《中西部地区优势产业目录（2008年修订）》执行。

三是对在西部地区新办交通、电力、水利、邮政、广播电视企业，上述项目业务收入占企业总收入70%以上的，内资企业自开始生产经营之日起，第一年至第二年免征企业所得税，第三年至第五年减半征收企业所得税。外商投资企业经营期限在10年以上的，自获利年度起，第一年至第二年免征企业所得税，第三年至第五年减半征收企业所得税。2008年企业所得税法实施后，《国务院关于实施企业所得税过渡优惠政策的通知》（国发〔2007〕39号）规定，西部大开发企业所得税优惠政策继续执行；

四是对为保护生态环境，退耕还林（生态林应在80%以上）、草产出的农业特产收入，自取得收入年份起10年内免征农业特产税。

五是对西部地区公路国道、省道建设用地，比照铁路、民航建设用地免征耕地占用税。西部地区公路国道、省道以外其他公路建设用地是否免征耕地占用税，由省、自治区和直辖市人民政府决定。

六是对西部地区内资鼓励类产业、外商投资鼓励类产业及优势产业的项目在投资总额内进口的自用先进技术设备，除国家规定不予免税的商品外，免征关税和进口国环节增值税；

七是《关于资源综合利用及其他产品增值税政策的通知》（财税〔2008〕156号）规定，仅限西部地区销售自产烧结多孔砖（符合GB13544－2000技术要求）和烧结空心砖（符合GB13544－2000技术要求），实现的增值税实行即征即退50%的政策。上述优惠政策大部分从2001年开始实施。

2. 上一轮西部大开发税收优惠政策云南国税执行情况

云南省国税局先后出台了一系列贯彻执行文件，对落实西部大开发政策的办理流程、审批权限、审批时限、相关文书作出规范和明确，并将企业注册资本在3000万元以下的减免税审批权限下放给州市国税局，确保纳税人能及时享受政策优惠。切实加强政策管理，确保优惠政策的正确执行。针对西部大开发税收优惠政策执行期跨度长、企业生产经营可能发生变化的实际，云南省国家税务局根据国家税务总局的相关规定，施行了事前审批与年度审核相结合的管理方式，并制定下发了《云南省国家税务局关于执行西部大开发企业所得税优惠政策年度审核确认问题的通知》（云国税发〔2005〕10号）文件，规定凡享受西部大开发企业所得税优惠政策的企业，均应对其执行情况进行年度审核确认，并对年度审核的范围、审核的程序、审核的要求作出了具体的规定。在年度审核确认过程中，一方面坚持调查、初审、复审的集体审批制度，另一方面对减免税条件发生变化而不符合享受减免税条件的，一律停止执行相关年度的优惠政策，通过切实加强税收管理，确保了优惠政策的正确贯彻执行。

如表15所示，10年来在云南国税征管范围内共有4114户（次）企业享受到了西部大开发税收优惠政策，累计减免企业所得税86.37亿元，占同期减免企业所得税总额的25.9%，其中：内资企业有3214户（次）企业享受西部大开发税收优惠政策，累计减免企业所得税61.13亿元，占西部大开发减免企业所得税总额的70.77%；外资企业有900户（次）企业享受西部大开发税收优惠政策，累计减免企业所得税25.24亿元，占西部大开发减免企业所得税总额的29.23%（详见：《2001~2010年度执行西部大开发税收优惠政策减免税情况统计表》）。优惠政策惠及云南省16个州市，经营范围主要涉及电力、医药、轻工纺织、有色金属、服务业等行业的内外资企业。

表15　2001~2010年度云南国税执行西部大开发税收优惠政策减免税情况统计表（单位：万元、户），表中数据据各年度内外资企业执行减免税政策情况及征管系统数据统计

年份	内外资企业合计			内资企业减免税				外资企业减免税	
	减免户	减免税	占同期减免税%	减免户	减免税	其中：		减免户	减免税
						15%税率	免二减三		
2001	26	7207	20.6	2	5635	5635		24	1572
2002	167	21802	39.2	108	12584	12584		59	9218
2003	176	37477	38.9	113	26793	9569	17224	63	10684
2004	236	52758	34.2	161	37798	28299	9499	75	14960
2005	307	77250	28.2	230	57673	33208	24465	77	19577
2006	423	107875	22.9	330	83570	42519	41051	93	24305
2007	516	142531	21.7	422	99116	75923	23193	94	43415
2008	613	91462	16.4	500	65482	45517	19965	113	25980
2009	805	142156	18.6	654	91647	72037	19610	151	50509
2010	845	183228	27.8	694	131036	108279	22757	151	52192
合计	4114	863746	25.9	3214	611334	433570	177764	900	252412

（二）新一轮西部大开发财税政策主要内容及其在云南执行中存在的主要问题和原因分析

1. 新一轮西部大开发已经明确的税收优惠政策具体内容

2010年中共中央国务院出台了关于深入实施西部大开发战略的若干意见（中发〔2010〕11号）其中对税收政策明确如下：

一是对设在西部地区的鼓励类产业企业减按15%的税率征收企业所得税。企业从事国家重点扶持的公共基础设施项目投资经营所得，以及符合条件的环境保护、节能节水项目所得，可依法享受企业所得税“三免三减半”优惠。

二是推进资源税改革，对煤炭、原油、天然气等的资源税由从量计征改为从价计征，对其他资源适当提高税额，增加资源产地地方财政收入。

三是各级地方政府在资源税分配上，要向资源产地基层政府倾斜。

四是对西部地区内资鼓励类产业、外商投资鼓励类产业及优势产业的项目在投资总额内进口的自用设备，在政策规定范围内免征关税。

2011年7月《财政部 海关总署 国家税务总局关于深入实施西部大开发战略有关税收政策问题的通知》（财税〔2011〕58号）发布，主要内容如下：

一是对西部地区内资鼓励类产业、外商投资鼓励类产业及优势产业的项目在投资总额内进口的自用设备，在政策规定范围内免征关税。

二是自2011年1月1日至2020年12月31日，对设在西部地区的鼓励类产业企业减按15%的税率征收企业所得税。上述鼓励类产业企业是指以《西部地区鼓励类产业目录》中规定的产业项目为主营业务，且其主营业务收入占企业收入总额70%以上的企业。《西部地区鼓励类产业目录》另行发布。

三是对西部地区2010年12月31日前新办的、根据《财政部 国家税务总局海关总署关于西部大开发税收优惠政策问题的通知》（财税〔2011〕202 号）第二条第三款规定可以享受企业所得税“两免三减半”优惠的交通、电力、水利、邮政、广播电视企业，其享受的企业所得税“两免三减半”优惠可以继续享受到期满为止。四是该通知自 2011 年 1 月 1 日起执行。

把两个文件的具体内容与上一轮西部大开发执行的税收优惠政策进行对比分析，为适应税收制度改革的需要，原有的 7 条税收优惠政策，取消了 4 条，分别是取消“民族自治地方的企业，经省人民政府批准，可以定期减征或免征企业所得税”，取消“对为保护生态环境，退耕还生态林、草产出的农业特产收入，在 10 年内免征农业特产税”，取消“对西部地区公路国道、省道建设用地，比照铁路、民航建设用地免征耕地占用税，其它公路建设用地是否免征耕地占用税，由省政府决定”；取消了“对西部地区内资鼓励类产业、外商投资鼓励类产业及优势产业的项目在投资总额内进口的自用先进技术设备，除国家规定不予免税的商品外，免征进口国环节增值税”的内容。推进资源税改革，增加了“对煤炭、原油、天然气等的资源税由从量计征改为从价计征，对其他资源适当提高税额，增加资源产地地方财政收入”，“各级地方政府在资源税分配上，要向资源产地基层政府倾斜”两条政策，但目前对推进资源税改革并在资源税分配上向资源产地基层政府倾斜等内容没有具体明确。

2. 新一轮西部大开发财税政策主要内容在云南执行中存在的主要问题和原因分析

云南由于经济发展落后，起点低，云南的经济发展现状决定了全国统一标准的优惠政策在云南执行效果不佳。国家出台的优惠政策，虽然涉及收益面广、但往往要求具备相应的条件，而云南属于少、边、山、穷地区，经济发展起步晚，经济发展水平低，许多产业行业及项目仍处于发展传统产业与接纳中、东部地区产业转移的过程，企业存在着生产技术落后、能耗大、成本高、效益低等问题，与根据国家统一的产业发展总要求设立的条件存在一定差距，导致许多优惠政策不能有效发挥其预期的作用。从目前已出台的新一轮西部大开发税收优惠政策与上一轮西部大开发税收优惠政策进行比较分析，新一轮西部大开发已经明确的税收优惠政策面临以下问题。

一是新一轮西部大开发税收优惠力度明显减弱。上一轮西部大开发税收优惠政策规定，对从事五个基础产业的企业可以享受“两免三减半”的税收优惠，但新一轮西部大开发税收优惠政策取消了该条款，用新企业所得税法中从事公共基础产业的企业可以享受“三免三减半”的税收优惠条款替代。这样优惠的结果是将对西部的特惠政策变成了全国的普惠政策，对于云南这样一个集边疆、民族、山区为一体的西部欠发达省份而言，资金、技术、通讯、地理环境等诸多方面都处于劣势，区域竞争的优势作用难以凸现。同时，从税率优惠上分析，自 2001 年西部大开发实施以后，国家对鼓励类产业和企业一直减按 15% 的税率征收企业所得税，与旧企业所得税法定税率 33% 相比优惠幅度达 54.55%；新企业所得税法实施后，法定税率调整为 25%，小型微利企业执行 20% 的优惠税率，但新一轮西部大开发税收优惠政策基本延续了上一轮西部大开发税收优惠政策的条款，企业所得税仍减按 15% 的税率征收，优惠幅度仅为 40%，与新企业所得税实施前相比优惠幅度降低了 14.55 个百分点，优惠力度明显下降。

二是新一轮西部大开发税收优惠政策条件门槛过高。“对西部地区属于国家鼓励类产业的企业，减按 15% 税率征收企业所得税”是新一轮西部大开发税收优惠的主要内容之一，但具体执行过程中门槛过高。首先，部分行业标准要求过高。例如，现执行的《产业结构调整指导目录（2005 年本）》和《中西部地区优势产业目录（2008 年修订）》中钢铁项目应是 15 万吨/年及以上直接还原法炼铁、水泥项目应是日产 2000 吨及以上熟料新型干法水泥生产、煤矿项目应是 120 万吨/年及以上的高产高效煤矿等；其次对企业主营业务的比例设置过高，鼓励类产业企业必须以《西部地区鼓励类产业目录》中规定的产业项目为主营业务，且其主营业务收入占企业收入总额 70% 以上。这样的门槛，将西部许多具有发展潜力和发展特色，把目前发展规模尚小或正处于转型期的企业拒之门外，得不到国家政策的扶持。替代“两免三减半”的“三免三减半”的税收优惠条款，其设置的条件对于西部地区企业而言显得过高，不利于有效激发投资者对欠发达地区投资的积极性，不利于经济社会发展尚低于全国统一水平的西部地区基础产业发展。同时新企业所得税法下的“公共基础设施项目、环境保护、节能节水项目”在设置纳税人享受政策条件时，没有充分考虑到区域经济发展落后地区的经济能力，存在部分行业标准要求过高，致使鼓励范围小，例如《公共基础设施项目企业所得税优惠目录》（2008 年版）中关于水力发电项目设定的享受税收优惠政策的标准是“新建水电项目需总装机容量在 25 万千瓦以上”，此为大型水电站标准，云南省作为国家重要的水电建设基地，25 万千瓦以上的水电项目屈指可数，大量的中小型水电站无法享受到税收优惠政策。还有部分行业标准过高与实际需求不符，例如《公共基础设施项目企业所得税优惠目录》（2008 年版）中关于公路建设项目的设想标准为“由省级以上政府投资主管部门核准的一级以上的公路建设项目”，这样的标准与云南还有部分乡镇、建制村没有通公路，基础交通亟待发展的实际需求有不小差距。

三是新一轮西部大开发税收优惠政策未对民族自治地方企业发展给予倾斜。云南虽不是民族区域自治法规定的自治区，但是云南有 26 个民族，全省 16 个行政州市中，有 8 个是民族自治州，129 个县级行政单位中，有 29 个是民族自治县，同时伴有 25 个边境县，1532 万少数民族人口占全省人口总量的 1/3①，这些自治州和民族自治县的经济基

① 云南省统计年鉴。

础普遍较弱，同样的情况在贵州、青海和甘肃也同样存在，应坚持中央和地方共同扶持民族自治地区发展，但是新旧西部大开发财税政策均未给予考虑，只能够按照新企业所得税法来执行，在新企业所得税法第二十九条规定了，“民族自治地方的自治机关对本民族自治地方的企业应缴纳的企业所得税中属于地方分享的部分，可以决定减征或者免征”，但此规定云南省无财力支撑，究其原因，一是云南省作为民族区域自治法规定的自治区“身份”不确定。中央财政对云南财政预算管理体制一直是比照民族自治区财政预算管理体制进行管理，但新企业所得税法实施后，对云南省政府在税收政策执行方面是否比照民族自治区未予明确；二是新企业所得税法给予民族自治地方的减免税权限受限制。按照新企业所得税法规定，民族自治地方仅具减免属于地方分享部分的权限，按现行分配体制，即仅能减免应纳所得税的40%，且减免税款全部由地方承担，地方政府无财力支撑。

四是新一轮西部大开发税收优惠政策未明确资源税改革具体内容。中国矿产资源相对集中在经济落后的中西部地区，现行资源税的征收范围为原油、天然气、煤炭、盐和其他非金属矿原矿、黑色金属矿原矿、有色金属矿原矿等6种矿产品，云南主要以煤炭、盐和其他非金属矿原矿、黑色金属矿原矿、有色金属矿原矿为主，现行过低的资源税导致利益分配机制不合理，资源税实行差别定额税率，税率设计偏低且与资源产品的价格明显脱节，加上长期以来资源品价格普遍偏低，而加工品的价格却偏高，使云南输出资源的价值被无偿转移到东部地区，云南的资源优势未能转化为财政税收优势，资源富集但财政困难现象突出，严重制约了云南经济的发展。

五是新一轮西部大开发税收优惠政策缺乏鼓励发展外向型经济相关内容。新一轮西部大开发发展趋势是开发和开放并举，但是新一轮西部大开发税收优惠政策在鼓励西部地区发展对外贸易，支持企业“走出去”，缺乏相关政策支持。以云南为例，2002年以来，云南经济对外贸易依存度一直在11%左右徘徊①，对外贸易仍处于全国较低水平，与西部大开发战略目标要求相差甚远。另外，据商务部门统计2010年云南外购产品退税占八成以上，成为了外省产品出口的通道，税收在省外实现，退税由云南承担。2007－2009年云南外（边）贸企业购进产品出口退税分别为12.5亿元、11.76亿元、11.92亿元，省内生产企业自产产品和购进本省企业产品退税额合计占云南退税总额的比例为56.43%、59.28%、56.26%，也就是说，云南外购产品退税占全省退税总额四成以上，云南出口企业出口产品的税收收入有40%以上是贡献给省外企业的，在帮助省外生产企业扩展国际市场的同时，云南财政还要负担超基数部分退税额的7.5%。

六是新一轮西部大开发税收优惠政策中涉及的指导目录需尽快明确。新一轮西部大开发税收优惠政策规定，享受15%企业所得税优惠税率的企业，必须是符合《西部地区鼓励类产业目录》点名的鼓励类产业、产品和技术，但目前《西部地区鼓励类产业目录》尚未发布，何时发布时间未定，且内容不明确，导致企业不能够及时享受税收优惠，同时在一定程度上造成了税收收入上的泡沫。

四、新一轮西部大开发中云南与西部其余各省发展相比的共性和个性分析

（一）西部地区科学发展面临的共性问题

1. 西部地区从“开发”向“开放”转变的发展势头较为强劲，但发展基础薄弱的现状未完全改变

2009年10月第十届西部国际博览会上，国务院总理温家宝表示，“中国政府实施西部大开发战略的决心不会动摇，政策不会改变，力度不会减弱”他同时也宣布，中国政府“正在研究制定新的10年深入推进西部大开发的政策”，并倡议西部开发加强国际合作。胡锦涛指出，坚持改革开放，进一步增强发展动力和活力。要坚持社会主义市场经济改革方向，努力在重要领域和关键环节实现改革的新突破，建立有利于西部地区又好又快发展的体制机制，加快完善内外联动、互利共赢、安全高效的开放型经济体系，形成经济全球化条件下参与国际经济合作和竞争新优势。温家宝在讲话中指出以改革开放为动力，充分发挥政府推动和市场机制两方面的作用，全面增强西部大开发活力。鼓励和支持西部地区在改革中大胆探索、先行先试，支持西部地区扩大对内对外开放，更好利用两个市场、两种资源。10年来，西部经济在快速增长，西部地区GDP由1998年的14647.38亿元增加到2008年的58256.58亿元，年均增长率达11.42%，高于全国9.64%的年均水平②。新一轮的西部大开发，西部大开发战略站到了新的历史起点，在国家相关政策的推动下，未来战略的发展方向由“开发”逐渐转向更深层次“开放”的势头明显。

同时，集边疆、民族、山区、贫困于一体的西部现实没有根本转变。以云南为例，发展不充分、不平衡、不协调、不可持续的问题仍然突出，集中表现为综合经济实力较弱、发展方式粗放、产业支撑力不强、动态地看待云南发展应该看到云南在发展的同时发达地区也在发展，而且发展的速度快与云南，云南的发展速度和质量一比较就显得不够快和不够高，云南与其他地区特别是发达地区发展差距不但没有缩小反而还呈现出扩大的趋势。如表16所示，云南经济基础总量小，经济基础薄弱，固定资产投资规模小，远远低于全国增长速度；基础设施依然滞后；发展层次低的基本面没有完全改变。

① 数据来源：根据云南省商务厅相关数据整理而成。

② 温来成《深化西部大开发税收政策改革的思考》，《税务研究》2010年第2期。

表 16　　2001～2010 年云南省与全国固定资产投资规模和增速对比情况表

年份	云南固定资产投资规模占全国的比重	云南固定资产投资规模（亿元）	云南固定资产投资增长速度	全国固定资产投资规模（亿元）	全国固定资产投资增长速度
2001	1.32%	490.40	9.46%	37214	13.00%
2002	1.88%	818.00	11.30%	43500	16.90%
2003	1.84%	1021.18	23.20%	55567	27.70%
2004	1.89%	1330.60	30.30%	70477	26.60%
2005	1.98%	1755.30	31.90%	88604	25.70%
2006	2.02%	2220.50	26.50%	109998	23.90%
2007	2.04%	2798.89	26.10%	137324	24.80%
2008	2.04%	3526.60	26.00%	172828	25.90%
2009	2.02%	4527.02	31.70%	224599	30.00%
2010	1.99%	5528.71	22.10%	278140	23.80%

2. 边疆人民生活明显改善，但与东部地区相比发展差距仍然很大

保障和改善民生是西部大开发的核心内容。让西部地区老百姓过上富足舒心的日子，是实施西部大开发战略的题中之意。西部地区教育、就业、医疗、文化和社会保障事业全面发展，人民生活水平不断提高。1999～2009 年城镇居民人均可支配收入和农民人均纯收入，年均分别增长 10.4% 和 8.9%。城镇企业职工基本养老保险、基本医疗保险、失业保险等社会保障制度为重点的社会保障体系不断完善。从新农合普及到“两基”攻坚计划如期完成，从科技支撑重大项目启动到广播电视村村通工程推进，西部的公共服务在扩大，社会管理在完善，各族群众生产生活条件得到很大改善，由此带来消费需求和消费市场的迅速增长。2000 年西部地区的城镇居民可支配收入为 5647.9 元，2007 年达到 11309.45 元，是 2000 年的两倍。2000 年西部地区的农村居民人均纯收入为 1653.15 元，2007 年达到 3004.20 元，是 2000 年的 1.8 倍。从云南的社会消费品零售总额看，如表 17 所示，云南近 10 年来社会消费品零售总额一直处于增长态势，并且增长速度快于全国社会消费品零售总额增长速度，云南占全国社会消费品零售总额的比重也呈逐年增加的态势。但与东部地区相比发展，虽然在经济发展上呈现出一定的追赶效应，但发展差距在逐步扩大。从东部地区的经济总量比较来看，2008 年东部地区 GDP 是西部地区的 3 倍多，且占全国 GDP 比重的增加幅度也超过西部地区。从人均 GDP 来看，西部地区与东部地区的绝对差距由 2000 年的 6677 元增加到 2008 年的 20779 元，与全国人均 GDP 的绝对差距也由 2000 年的 2391 元增加到 6461 元，这表明西部地区的经济发展与东部地区和全国平均水平相比仍有较大差距，并且这种差距呈现逐步拉大的趋势①。

表 17　　2001～2010 年云南省与全国社会消费品零售总额和增速对比情况表

年份	云南社会消费品零售总额（亿元）	云南社会消费品零售总额增长速度	全国社会消费品零售总额（亿元）	全国社会消费品零售总额增长速度	云南社会消费品零售总额占全国的比重
2001	640.80	9.90%	43055	10.10%	1.49%
2002	711.25	11.00%	48136	11.80%	1.48%
2003	782.46	10.00%	52516	9.10%	1.49%
2004	884.87	13.10%	59501	13.30%	1.49%
2005	1034.40	13.00%	67177	12.90%	1.54%
2006	1204.75	15.70%	79145	15.80%	1.52%
2007	1422.57	18.10%	93572	18.20%	1.52%
2008	1764.74	24.10%	114830	22.70%	1.54%
2009	2051.06	16.20%	132678	15.50%	1.55%
2010	2500.14	21.90%	156998	18.30%	1.59%

① 许文《西部大开发的税收优惠政策问题研究》，《税务研究》2010.2。

3. 整体经济发展较好，但产业结构单一

产业结构不合理，产业链条不长，对产业政策依赖性强，自我发展能力特别是技术创新能力不足影响资源优势转化为经济优势是西部地区共同存在的问题。按照产业结构优化升级的一般规律（克拉克定理①），当一个区域经济发展水平较低时，从产值或就业看，第一产业的比重最大，第三产业的比重最小；随着一国经济的发展及人均收入水平的提高，第二产业的比重逐步上升并成为比重最大的产业；当经济进一步发展后，第三产业成为比重最大的产业。即一个国家或地区产业结构演进的一般路径是从“一、二、三”到“二、一、三”再到“三、二、一”的过程。以此分析，西部产业链单一化，产业结构初级化，产品加工程度低。西部地区的发展落后，既有国家政策的原因，又受到自身区位因素的影响。西部大部分省区的第一产业占的比重皆不同程度地高于全国，这说明西部地区是我国主要的农业经济区域，而农业是比较效益偏低的产业。第二产业是工业技术基础，决定着一个地区经济发展的程度。但西部所有省区第二产业占的比重均低于全国平均水平，这说明西部地区工业化的基础薄弱，工业化程度低的特点。第三产业是经济发展中最具活力的产业，西部各省区第三产业虽在产值比重上与全国平均水平相当或有超出。以云南为例，同时，按照著名的“霍夫曼定理②”，云南三次产业结构为15.3:44.7:40.0，为“二、三、一”型，第一产业比重与东部沿海发达地区相比太大，与中部和西部领先地区相比不小，第二产业虽然目前处于领导产业，但是与第三产业差距没有拉开，正处于工业化加速初期。工业内部依然以轻工业为主导地位；重化工发展中依然以原材料、采掘工业为主导，加工组装制造很少，大量在制造初级产品，中间产品制造很少，最终产品制造更少。从要素投入看，依然处于劳动密集型为主的阶段，资本密集型产业和技术密集型产业相较发达地区还比较少。西部地区虽已跨越传统的农牧经济形态，进入初步工业化阶段，但是工业化的基础仍相当不足。由于生产技术体系的先天不足，使工业发展十分缓慢。

4. 资源性产品为主的经济结构没有根本转变，特色产业发展的扶持工作任重道远

西部地区因有能源和矿产资源的资源优势，新中国成立以来，被国家确立为我国重要的能源、有色金属和重化工业基地，为国家经济发展提供了大量能源和矿产品，已经形成了黑色、有色冶金工业体系和石油及天然气工业体系。西部地区现有的工业体系框架，是以能源和矿产资源开发为基础建立起来的，能源、原材料矿业比重较大，结构演化迟滞。在矿业中，采掘工业和原材料工业比重过大，加工工业比重很小，这种结构特征自上个世纪80年代以来并无显著改变。在长达几十年的计划经济体制下，西部资源开发主要是由中央企业直接垄断经营，资源产品东运加工，这种发达地区的原材料供应基地的定位，决定了西部矿业主要是以能源和原材料生产和初级加工为主。这种单一的原料型矿业结构，给西部地区经济社会的可持续发展带来了诸多不利的影响，主要表现在它不能满足其对资源开发的深层次化需求上。一是产业结构的低层次化，带来严重的结构性短缺，形成技术含量、附加值低的产品过剩与技术含量、附加值高的产品短缺并存的被动局面，使大量的资源消耗在滞销劣势产品的生产上；二是在单一原料型结构下，高消耗、高污染产业不断扩张，产业技术水平和装备趋于老化，技术进步速度较为缓慢。不仅造成高投入、低产出的低质循环，而且造成资源浪费惊人，生态环境保护困难，资源优势难以转化为经济优势，又未形成经济增长的动力。因此，中央提出更加注重经济结构调整和自主创新，着力推进特色优势产业发展；以培育特色优势产业为龙头，大力发展农牧业、现代工业和服务业，加快构建现代产业体系，使西部地区资源优势转变为经济优势。

5. 西部地区资源开发步伐加快，但生态保护任务十分繁重

西部地区限制开发区域和禁止开发区域占国土面积比重高，生态补偿机制还不健全。丰富的矿产资源和自然资源应是中西部地区的优势所在，西部是我国长江、黄河、珠江等重要河流的发源地，是我国水源保护的特殊地带。中西部地区环境质量对东部沿海有重要影响。然而，中西部地区的生态环境受破坏的状况令人堪忧。水土流失、土地荒漠化、黄河断流等给当地及全国造成了无法估量的经济损失，加上中西部地区的工业结构又以资源型和重工业型为主，随着近几年经济发展的不断加快，对中西部环境污染的影响也越来越大，这直接关系到未来经济发展的可持续性。另外一个层面，因西部资源丰富地区一直受资源税的影响，地方政府在资源开发中获得的收益比较少。此外，资源税在分配上也不合理。目前，我国资源税实行从量计征，与市场脱节比较远，大部分收益都被开采商拿走，收益留给地方政府的不多，但遗留问题留给地方政府的却不少。资源枯竭已成为当前许多西部资源型城市面临的难题。过度的资源利用必将导致资源的枯竭耗

---

① 配第—克拉克定理主要内容为：该定理把人类全部经济活动分为第一产业（农业）、第二产业（制造业、建筑业）和第三产业（广义的服务业）。随着经济的发展，第一次产业国民收入和劳动力的相对比重逐渐下降；第二次产业国民收入和劳动力的相对比重上升，经济进一步发展，第三次产业国民收入和劳动力的相对比重也开始上升。

② 霍夫曼定理又被称作“霍夫曼经验定理”是指资本资料工业在制造业中所占比重不断上升并超过消费资料工业所占比重。工业内部的产业结构演进也是有规律的，一般是先从以轻工业为主导地位转向以重工业为主导；重化工发展中又从以原材料、采掘工业为主导转向以加工组装制造为主导，由制造初级产品为主逐步向以制造中间产品和最终产品为主演进。从要素投入看，演进的一般顺序是由劳动密集型为主转向资本密集型为主，再向技术密集型为主。这就是著名的“霍夫曼定理”。产业结构的上述演进过程实质上就是产业结构的优化升级或称为产业结构的高度化。

尽，难以支持可持续发展。中西部地区必须树立一种全新的资源观，即应重视人才、科技、品牌、信息、市场投资环境等无形资源，加大对这些资源的培育和开发力度，为西部产业结构优化注入生机和活力。

6. “三农”、“维稳”等问题突出，扶贫开发任务十分艰巨

西部地区与全国和东部地区相比，在经济、社会发展方面存在有明显差距。贫困面广量大、基本公共服务能力薄弱的问题仍然突出，加强民族团结、维护社会稳定的任务仍然繁重，西部地区仍然是我国全面建设小康社会的难点和重点。西部366个国定贫困县，其中258个是边远山区县，占西部山区县总数的一半以上，210个是少数民族县。这些县绝大多数分布在6大贫困区：内蒙古高原东南边缘风沙化贫困区；黄土高原沟壑水土严重流失贫困区；秦巴山地生态恶化贫困区；喀斯特高原丘陵环境危急贫困区；横断山脉高山峡谷封闭型贫困区；西部沙漠高寒山区环境恶劣贫困区。以云南为例，截至2010年底，全省有扶贫开发工作重点县80个，贫困人口325万，占全国贫困人口的12%，其中深度贫困人口160.2万人①；除具有一般贫困地区所具有的特征外，在以下几个方面更为显著，基本公共服务水平偏低，人才不足和人才流失现象严重；是农业为当地经济的主要支柱，但农业的生产力水平很低，为全国之最；地方经济发展水平低，综合实力很弱，依靠自身力量解决贫困问题的难度很大；劳动力文化素质低，负担较重，严重制约着农户收入水平的提高。农民人均收入水平低，收入结构单一，增长缓慢，消费层次低，属于明显的以生存性消费为主的消费模式。

（二）新一轮西部大开发中云南科学发展所面临的个性问题

1. 有利于云南经济发展的区域定位和发挥优势的趋势

一是面向西南开放的桥头堡建设对云南提出了更高的要求。2009年7月，国家主席胡锦涛考察云南后提出把云南建成中国面向西南开放的重要桥头堡，使云南省从一个传统意义上的贫困边陲地区，进而成为了国家对外开放的前沿和国家战略布局的一个重要组成部分。“建设绿色经济强省、民族文化强省和中国面向西南开放的重要桥头堡”写入了中共云南省委八届八次全委会工作报告中，明确将桥头堡建设上升为新时期云南省发展的三大战略目标之一。2011年5月《国务院关于支持云南省加快建设面向西南开放重要桥头堡的意见》出台，确立了云南发展的16个重大目标，我国向西南开放的重要门户；我国沿边开放的试验区；西部地区实施“走出去”的先行区；西部地区重要的外向型特色优势产业基地，西南地区的重要经济增长极；我国重要的生物多样性宝库和西南生态安全屏障；我国民族团结进步、边疆繁荣稳定的示范区；建设有色金属和稀贵金属新材料产业基地，形成园区化、集约化的石化基地和清洁载能基地；优势特色农产品生产加工、生物资源开发创新产业基地；我国重要的承接东部产业转移基地和出口加工贸易基地；面向东南亚、南亚的通信枢纽和区域信息汇集中心；以水电为主的绿色能源基地；跨区域电力交换枢纽；国内一流、国际知名的旅游目的地；面向东南亚的农业技术推广枢纽；建设高原体育训练基地。将以昆明为中心的滇中地区培育成为云南省经济发展的重要增长极，把昆明建设成为全国性物流节点城市和区域性国际物流中心，面向东南亚、南亚的区域性金融中心，面向东南亚、南亚的国际医疗和技术、人才交流区域中心，光电子产业基地、高技术服务产业基地和中国西部的重要航空枢纽。

二是《全国主体功能区规划》中对云南的定位需要云南更好的拓展发展空间。在规划中明确列出的18个国家层面的重点开发区域，西部12个省区大部分地区都被列入，其中对于云南来说，滇中地区，该区域位于全国“两横三纵”城市化战略格局中包昆通道纵轴的南端，包括云南省中部以昆明为中心的部分地区。该区域的功能定位是：我国连接东南亚、南亚国家的陆路交通枢纽，面向东南亚、南亚对外开放的重要门户，全国重要的烟草、旅游、文化、能源和商贸物流基地，以化工、冶金、生物为重点的区域性资源精深加工基地。

2. 与东部和西部领先省区比较云南经济发展中的基础局限和政策不足

一是云南经济基础更为薄弱并且发展缺乏后劲。云南与其他地区特别是发达地区发展差距还在扩大，云南集边疆、民族、山区、贫困于一体的特殊省情，发展不充分、不平衡、不协调、不可持续的问题仍然突出，集中表现为综合经济实力较弱、发展方式粗放、产业支撑力不强、资源环境约束强化、城乡居民收入偏低、公共服务体系不够健全、维护社会和边境稳定任务繁重、少数党员干部的能力素质与科学发展的要求还不相适应等。

二是云南税源单一并且新兴行业提供税收较少。10年来，虽然云南新兴税源发展迅速，但是全省国税税收收入近八成来自第二产业，卷烟制造业、批发零售业、电力生产和供应业及采矿业4个行业创造了近80%的税收收入，其中卷烟制造业税收占总税收比重在50%以上，仍为“一枝独秀”。在云南特色产业发展方面，云南目前初步形成了以能源及化学工业、优势矿产资源开采及加工业、特色农牧产品加工业、装备制造业、高技术产业、旅游产业等不可替代的特色优势产业，但这些产业尚未形成云南省的主导产业。同时从事云南特色产业的非公企业占很大比重，非公经济发展滞后，是云南省与发达地区差距的重要因素之一。在优势资源方面，云南具有丰富的生物资源，全国约3万种高等植物中，云南有1.7万种，是全国植物种类最多的省份，生物资源开发已经成为云南的一大支柱产业，花卉、热带作物等已具备相当规模，是全国最大的花卉生产和出口基地和第二大的糖生产基地；在矿产资源方面，云南省已探明矿产资源储量潜在经济价值约达3万亿元，铅、锌、锡、

① 数据来源于云南省人民政府扶贫开发办公室。

磷等9种矿产保有储量位居全国首位，铂、锗、硅藻土、铜、锑、镍等12种矿产储量居全国前3位。这些资源优势都没有转化为税收优势。

三是税收制度带来云南税收与税源背离。以橡胶农业税收为例：云南西双版纳是国家的第二大橡胶基地，橡胶种植面积480万亩，干胶年产量23万吨，干胶平均亩产超过100千克，位居全国首位，达到世界先进水平。2008年，版纳州GDP为122.78亿元，而橡胶就达到了46亿元，占整个版纳州GDP的37%左右。然而橡胶树吸水性、吸光性特强，对当地生态环境带来极大影响。我省对橡胶仅只简单加工成干胶，就销往省外，而干胶在税收政策上属于农产品，干胶生产工艺简单，附加值低，加之农产品税收政策的缺陷，导致橡胶基本实现不了税收。2003年版纳州橡胶征收农特税16695万元，2004年农业特产税取消。由于农产品增值税进项税抵扣率2001年由10%提高到13%，增值税从2001年征收500余万元以后逐年递减，到2006年无应纳增值税，2007年出现增值税留抵税款“倒挂”1.1亿元。由于低附加值的生产加工，属于微利企业，基本无企业所得税，加之由于橡胶不属于资源税征税范畴，所以橡胶产业在云南基本属于“负税负”（增值税倒挂，国家尚欠企业税款）。省外购进干胶进一步深加工，购进时按农产品13%抵扣增值税进项税，经过加工成橡胶工业制品，销售按17%征收增值税，利润转移到了省外，税收转移到了省外。资源地付出了资源、破坏了生态，却得不到相应回报，造成“财富拿走，贫困留下；资源拿走，生态破坏”的后果，影响可持续发展。

四是总部经济和总部税收政策带来云南税收与税源背离。总部经济是伴随着经济全球化和信息技术的快速发展以及经济市场化程度的不断加深而出现的一种新的经济理念，是中心城市由于其独特的资源优势吸引企业将总部在该区域集结，而将其加工制造基地向具有一般资源比较优势的区域集中。总部经济对云南税收的影响是巨大的，因为地处西南边陲的云南，无论从地域优势上或者资金的扶持吸引上都无法为总部经济在云南发展提供可靠的保证，大量的资源性集团公司在东部发达地区设立总部企业，享受东部发达地区便利的交通、信息、金融、产业政策，而将承担资源开采、收储工作交给在云南等资源发达但其他产业远跟不上发达地区的西部省份所设立的分支机构上。这样一来，由于集团总部和分支机构的核算问题，间接导致了增值税和所得税的转移。增值税转移。在总部经济模式下，总部企业变相成了“小财政”，将税收在总部和分支机构间进行分配。由于总部大都集中在发达省市，而有的总部仅是一个管理机构，并不创造税收，而通过转移定价使增值税转移到总部或其他地区。所得税转移。新企业所得税法实行法人所得税制。财政部、国家税务总局和中国人民银行联合下发的《跨省市总分机构企业所得税分配及预算管理暂行办法》（财预〔2008〕10号）规定，总分机构的企业实行“统一计算、分级管理、就地预缴、汇总清算、财政调库”的企业所得税分配和征收管理办法，企业实现税款50%在总部缴纳，剩余50%才在各分支机构之间按照资产、工资、经营收入等三因素进行分配，此办法对不具法人资格的资源型企业的分支机构所在地的地方财政收入影响很大，造成所得税源转移到总机构或其他地区。云南等资源型省份，承担了保证分支机构的建成和正常运营相应的支出，而且企业实现效益主要也来源于分支机构所在地的资源，但在现行税制下，当地政府确没有取得与之相匹配的税收收入，其中的一部分甚至大部分税利都被总部企业转移到了省外，影响了资源优势向经济优势和财政优势的转化，削弱了当地政府的经济能力，严重影响持续发展，进一步加剧了东西部的不公平性。

五是资源性产品价格差异原因造成云南增值税由生产地向消费地转移。云南是资源大省、能源大省，经过多年的发展，初步形成了以有色金属、电力、煤炭、化工、冶金等行业为主的第二产业体系。一方面，部分重要性产品如电力价格由政府确定，导致资源产品价格在资源输出地与输入地形成巨大反差，使增加值向销售环节转移，造成增值税收入与税源的差异。另一方面，由于缺乏先进的生产工艺，缺乏优惠的投资环境，大部分资源性产品只能初加工，导致附加值低、价格低、利润低，从而税收也相应转移到了省外。国家实施“西电东送”战略，利用西部的水能、煤炭资源，在西部地区建了许多大型电站。云南是我国水能资源最丰富的省份之一，水力资源理论蕴藏量10364万千瓦，可开发装机容量达9795万千瓦，占全国可开发水电装机容量的25%，居全国第2位。西电东送售价一直偏低，导致税收由云南转移到广东。2008年西电东送价格每千瓦时0.291元，2009年后调至每千瓦时0.308元。而广东对最终用户的电价在每千瓦时0.65元以上，差价在每千瓦时0.3元以上。因此，西部的电力在东部销售，大部分的增值税转移到了东部，“西电东送”的同时，“西税”也“东送”了。云南电力还承担向越南、老挝出口，属于出口电力的对外贸易业务，实行出口退（免）税政策，即对越、老送电在销售环节实行增值税免税，对购进环节的增值税进项税额实行退税。云南电网公司属昆明市国税局征管，退税款由国家财政及昆明市财政承担。2010年1～9月，外送电量：40.33亿千瓦时，实现收入2.06亿美元，折合人民币14亿元，退税为1.02亿元人民币。云电外送由于享受出口退（免）税政策，不能给当地带来税收收入。

五、新一轮西部大开发中完善相关财税政策的建议

2010年7月胡锦涛主席在中共中央、国务院召开的西部大开发工作会议上强调，今后10年是全面建设小康社会的关键时期，也是深入推进西部大开发承前启后的关键时期。新一轮西部大开发中补充完善相关财税政策的需求十分迫切，本课题综合以上分析，提出如下建议。

（一）准确把握西部大开发战略中财税政策的科学定位问题

西部大开发财税政策无疑是国家支持西部大发展的各项政策中最重要的组成部分，准确把握其定位，对于制定科学合理的财税政策体系，发挥财税政策作用，实现西部大开发的战略目标具有重要而现实的意义，具体而言，应处理好以下几个关系：

1. 处理好连续性与侧重点的关系

2002 年国家计委、国务院西部开发办等部门共同编制的《“十五”西部开发总体规划》中对西部大开发提出了 50 年的战略安排，即总的战略目标是：“经过几代人的艰苦奋斗，到 21 世纪中叶全国基本实现现代化时，从根本上改变西部地区相对落后的面貌，显著地缩小地区发展差距，努力建成一个经济繁荣、社会进步、生活安定、民族团结、山川秀美、人民富裕的新的西部地区”。2010 年西部大开发工作会议上胡总书记指出，“今后 10 年，深入实施西部大开发战略的总体目标是：西部地区综合经济实力上一个大台阶；人民生活水平和质量上一个大台阶；生态环境保护上一个大台阶”。由此，按照西部大开发 50 年的总体战略目标，财税政策也应该相应地进行长远规划，以保持一定的连续性。同时，又要适应各个阶段发展的具体需求，具有一定的变化和侧重点。如按照新 10 年西部大开发总体目标，新一轮西部大开发财税政策应该在加大基础设施建设、加强生态保护，建立和完善市场体制，培育特色产业，改善民生等方面继续保持连续性，同时应根据当前西部发展的特点，进一步加大对资源环境保护、鼓励对外开放、资源深加工基地、装备制造业基地和战略性新兴产业基地建设等方面的财税政策扶持力度。

2. 处理好“特惠”与“普惠”政策的关系

按照我国区域经济发展的特点，东部沿海开放地区、振兴东北老工业基地以及西部大开发地区的财税政策根据其不同的经济发展需求，必然是各不相同的。在国家着力引导和鼓励发展的方向上，西部大开发政策应加大其先行先试的优惠政策力度，相对于其他区域发展的政策而言形成一定的“特惠政策”优势，才能更好地吸引资金和资源的流向，促进西部的发展。从第一轮的西部大开发财税政策效应来看，这种“特惠政策”优势并不明显，在新一轮西部大开发中，特惠政策的力度还有待加强。同时，也应清醒地看到，西部大开发财税政策其着力点不在于解决某个省份的个性化问题，而是解决西部大开发中急需解决的重点和共性问题。对于西部 12 个省区而言，西部大开发财税政策是个“普惠政策”，各省区只有更加注重研究和分析西部大开发中的共性和个性问题，才能更好地理解和执行好西部大开发财税政策。

3. 处理好西部大开发整体要求和各次区域发展的关系

在西部大开发的总体部署下，根据全国发展的大战略以及各个省份发展的特殊要求，国家鼓励西部各省份特殊经济区域的发展，并以此为重点，带动和推动西部大开发的整体发展。在新一轮西部大开发中国家将着力推进成渝、关中—天水和广西北部湾等经济区发展，支持呼和浩特、包头、银川，新疆天山北坡，兰州、西宁、格尔木，陕甘宁等经济区发展，培育滇中、黔中、西江上游、宁夏沿黄、西藏“一江三河”等经济区发展①。自 2008 年起，国家先后出台了《广西北部湾经济区发展规划》、《国务院关于进一步促进宁夏经济社会发展的若干意见》、《关中—天水经济区发展规划》、《国务院关于进一步促进广西经济社会发展的若干意见》、《青海省柴达木循环经济试验区总体规划》、新疆工作座谈会、《国务院办公厅关于进一步支持甘肃经济社会发展的若干意见》、《成渝经济区区域规划》、《国务院关于进一步促进内蒙古经济社会又好又快发展的若干意见》、《“十二五”支持西藏经济社会发展建设项目规划方案》、《国务院关于支持云南省加快建设面向西南开放重要桥头堡的意见》，这些意见和规划都不同程度上给予了西部各省区不同的支持力度。因此，国家在制定西部大开发总体财税政策框架的时候，应系统考虑对这些已经认可的特殊经济区域发展目标，给予特定的财税政策支持，与整体的财税政策配套，从而构建兼顾整体和局部的科学、有效的财税政策体系。

（二）基于解决共性问题，新一轮西部大开发财税政策应该补充完善的内容

1. 给予西部地区不低于上一轮西部大开发财税优惠力度的财税政策

西部经济在整体上还处于工业化、城镇化的初级阶段，农业人口众多，扶贫开发任务艰巨，生态脆弱，与东部地区有较大差距并且差距还呈扩大趋势。因此，为实现区域经济协调发展，有效缩小区域差距，达到国家经济建设目标，应根据形势发展需要，不断充实完善扶持政策，创新扶持方式，给予西部地区不低于上一轮西部大开发财税优惠力度的财税政策。制定以产业为导向的税收优惠政策，通过采取投资税收减免，再投资返还等方式，对能源、资源开发、农产品加工实行税收优惠；将短期特惠与长期优惠政策相结合，提高税收政策的针对性和实效性。鼓励更多的国内外企业到西部投资，促进西部经济社会又好又快发展。

2. 继续加大中央对西部地区转移支付力度

加快建立长期稳定的西部开发资金渠道，中央政府投资继续向西部地区倾斜，在义务教育、基础科学、公共文化、公共卫生、人口计划生育、社会保障、社会救助、减少贫困、公共安全等方面加大对西部地区的投入力度。由国家投资或需要国家批准或核准的重点产业项目，同等条件下优先安排在西部地区。国家加大对西部地区特别是对西部的革命老区、民族地区、边疆地区、贫困地区、三峡库区以及资源枯竭型城市等区域的财政扶持力度。

3. 扩大和调整鼓励基础产业发展的指导目录范围和部分目录标准

根据财税〔2011〕58 号文件，目前《西部地区鼓励类产业目录》

① 2010 年 7 月 5 ~6 日，中共中央总书记、国家主席、中央军委主席胡锦涛在中共中央、国务院召开的西部大开发工作会议上的重要讲话。

还在制定之中，为促进西部地区加快转变经济发展方式，推动产业结构调整和优化升级，完善和发展现代产业体系，建议进一步扩大享受优惠扶持的产业目录范围，降低享受西部大开发财税优惠政策的门槛，将符合各省区市发展现状的特色优势产业和需扶持的有发展潜力的新兴产业列入产业目录中，使更多应给予鼓励发展的产业、项目和企业均可享受15%的企业所得税优惠税率，同时对新办的一些从事公共基础产业、农产品深加工产业、生物质能源产业的企业，给予一定期限的减免税扶持。同时，考虑到西部地区经济发展水平相对落后，为充分体现鼓励目的，建议调整《公共基础设施项目企业所得税优惠目录》(2008年版)、《环境保护、节能节水项目企业所得税优惠目录（试行)》部分行业标准，对东西部地区实现差别标准，切合西部地区经济发展水平和实际，降低对西部地区企业的标准要求。例如，水力发电的设定标准中增加“省级以上投资主管部门核准，总装机容量在10万千瓦以上的新建水电项目（云南等省市适用)”；公路的设定标准中增加“由省级以上政府投资主管部门核准的二级以上公路建设项目（云南等省市适用)”等。

4. 加大资源保护力度，建立资源补偿机制

加大对重点生态功能区的均衡性转移支付力度，研究设立国家生态补偿专项资金，推行资源型企业可持续发展准备金制度。加大西部12省区实施资源税改革力度，按照谁开发谁保护、谁受益谁补偿的原则，加快建立生态补偿机制。积极探索市场化生态补偿运行模式。

5. 给予民族自治地区税收减免管理权

少数民族聚居是西部12个省区的共同特点，建议给予云南、青海、贵州、甘肃四省执行民族自治区人民政府企业所得税减免管理权，在全省范围内执行民族自治地方企业所得税优惠政策，并对民族自治地区需要鼓励扶持发展的产业和企业。加大中央和地方共同扶持民族自治地区发展的力度，给予定期减征或免征包括中央分享部分的企业所得税。

6. 减少总部经济税收收益的转移

建议在西部地区设立分支机构的集团，对其增值税的征收实行预征结算的管理办法，在确定预征比例时，加大对西部地区倾斜力度。在企业所得税税收收入分配划分中，适当降低总部所在地区的分配比例，提高分支机构所在地的分配比例。对于在西部地区设立的分支机构，可以以独立主体的地位享受西部大开发的税收优惠政策。

（三）基于解决云南特殊经济发展需求，向中央申请给予云南的财税政策建议

基于云南少、边、山、穷的现状以及薄弱的经济基础与实现新一轮西部大开发的战略目标和建设中国面向西南开放的桥头堡的战略部署需求的巨大差距，建议国家在云南基础设施建设、生态环境保护、能源资源开发、特色优势产业培育、边疆民族贫困地区发展、民生改善等方面给予更加优惠的政策和更加有力的扶持。

1. 加大对云南的财政扶持力度

进一步增加对云南地区一般性转移支付和均衡性转移支付规模。加快建立长期稳定的西部开发资金渠道，给予云南更大的额度。在义务教育、基础科学、公共文化、公共卫生、人口计划生育、社会保障、社会救助、减少贫困、公共安全等方面加大投入力度。由国家投资或需要国家批准或核准的重点产业项目，同等条件下优先考虑安排在云南。加大对云南民族地区、边疆地区、贫困地区、水电库区以及资源枯竭型城市等区域的政策支持力度。支持云南延伸主导产业和新兴支柱产业链条；支持用新兴节能环保技术改造传统资源型产业，用现代生物技术提升传统生物产业，用信息技术和先进制造技术提升传统产业；加快战略性新兴产业与传统产业融合，国家在战略性新兴产业发展项目和专项资金安排方面对云南给予倾斜，支持云南发展节能环保、新一代信息技术、生物医药、生物技术服务、光电子、高端装备制造、新能源、新材料等新兴产业。

2. 适当加大税收地方留成比例

云南经济发展水平落后，企业效益不佳，地方财政财力不足，桥头堡建设对资金的需求较大，有限的地方财政承受能力制约了地方经济社会的全面发展。建议增加税收地方留成。

一是将消费税设为共享税。云南卷烟消费税收入多年全国排名第一，建议将卷烟消费税按增值税25%分享比例执行或者按25%比例由中央财政转移支付的方式返还，有效地弥补地区间财力差异，推进云南经济社会全面发展。

二是增强对云南卷烟税收支持力度。云南是烟草大省，典型的“烟草财政”，建议以2009年云南卷烟生产指标为基数，每年给云南增加一定数量的生产指标，将新增计划指标形成的税收通过财政转移支付，专项用于云南贫困地区的民生改善。

三是返还云南口岸海关代征的进口环节增值税、关税，国家形成制度规定全额返还云南，用于云南边境口岸建设。

3. 加大云南资源税改革的力度

云南拥有丰富的资源，矿产资源、水力资源、森林资源、农产品资源等，现行的资源税由于税率低、范围窄，根本起不到保护资源和合理开发利用资源的作用，资源税在云南地区的功能未能充分体现。建议税率上实施从价和从量征收结合的征收办法来提高资源税税负；征税范围上扩大到国家稀缺资源、不可再生资源、对生态影响较大的林业产品等方面；将资源性收费改为资源税征收，如矿产资源管理费、水资源费育林基金、电力基金等并入资源税，限制过度开发，同时也增强地方财力。

4. 大力支持云南发展特色优势产业

建议在制定新一轮西部大开发《西部地区鼓励类产业目录》时将以下相关内容列入。一是上一轮西部大开优惠政策适用的《产业结构调整指导目录》（2005年本）没有花卉和糖业制造产业的鼓励类目录，建议将其列入；二是《产业结构调整指导目录》（2005年本）中有关“有色金属”中“铜、铝、铅、锌、镍大中型矿山建设”却没有将磷、锡、铂、锗、硅藻土、锑纳入其中，同时还取消了原《当前国家重点鼓励发展的产业、产品和技术目录》规定的“有色金属湿法冶炼”鼓励

条目，限制了云南省有色金属行业的发展，建议在制定新一轮西部大开发《西部地区鼓励类产业目录》时将相关内容列入。三是在扶持云南农特产业发展方面，将橡胶产业纳入国家战略储备，从税收政策和财力方面支持橡胶产业发展，促进橡胶深加工、精加工在云南形成，从而实现的税收留在云南；将天然橡胶产品列入工业品，按工业品征税，保持进口增值税和国内增值税税率一致；加大对云南茶业、花卉、野生菌等农产品的产业化发展，在资金、项目、财税政策上给予支持，提高云南省特色优势产业的附加值，将资源优势转化为税收优势。

5. 大力支持云南建设电价改革试验区

支持云南作为国家电力价格改革试点省建设。“桥头堡建设”对能源有着的巨大需求。能源是发展第二产业的基础，云南省要承接产业转移和国际国内分工大调整，要有足够的能源支撑。而云南属于能源大省，在传统能源方面主要是火电和水电，在新型能源方面，有太阳能发电、风力发电等。太阳能光伏发电成本较高，是水力发电的十倍，目前国家没有对太阳能发电给予优惠政策。风力发电可享受50%增值税“即征即退”优惠政策。建议，一是对云南电力产品“西电东送”后在省外实现的增值税中央税部分由财政全额返还给云南；二是提高西电东送上网价格。建立落地电价与上网电价联动机制，即确定云南上网电价与广东落地电价一个合理的价差，倾斜提高云南电力上网价格，每千瓦时提高0.15元；三是提高光伏发电上网价格，解决光伏发电企业亏损问题，促进清洁能源生产发展。这在国际上已有成功先例。政府针对太阳能发电，制订高于一般电价的收购价格，鼓励发电企业提高太阳能的发电比例，促进太阳能发电产业的发展。对于光伏发电上网价格高而给供电环节带来的价格压力一方面国家给予适当补贴。四是加快西部地区电网建设，随着西部电站的建成，电力输送成为关键问题，加快西部地区电网建设，确保生产出的电力产品尽可能输送出去。五是从环保节能的角度出发，在清洁电力能保障供电的情况下，严格控制火电的供应，促进生态环境优化。

6. 支持云南建设瑞丽国家重点开发开放试验区

一是在新一轮西部大开发企业所得税优惠政策执行期内，瑞丽市辖区内企业减按15%的税率征收企业所得税；二是自2011年度起至2020年度止，在瑞丽市辖区内新办企业，除生产国家限制类、淘汰类产品项目外，自生产经营取得第一笔收入年度起，第一年至第三年免征企业所得税，第四年至第六年按15%的税率计算企业所得税后减半征收企业所得税，减免期满后执行15%的优惠税率；三是瑞丽市辖区其他需要扶持和鼓励的企业，经由德宏州政府，报经省人民政府批准，可减征或免征企业所得税地方分享40%部分；四是省级职能部门积极协调，争取进口电力、石油、天然气企业在试验区设置进口环节财务核算机构，支持试验区获取电力、石油、天然气输送环节增值税收益。支持发展总部经济，鼓励其他企业在试验区设置进口环节财务核算机构，就地纳税。

参考文献：

〔1〕《国务院关于实施西部大开发若干政策措施的通知》（国发〔2000〕33号）。

〔2〕国务院办公厅关于印发兴边富民行动“十一五”规划的通知（国办发〔2007〕43号）。

〔3〕国务院办公厅关于应对国际金融危机保持西部地区经济平稳较快发展的意见 国办发〔2009〕55号。

〔4〕国家发展和改革委员会和国务院西部地区开发领导小组办公室出台的西部大开发“十一五”规划。

〔5〕《中西部地区外商投资优势产业目录（2008年修订)》国家发展改革委、商务部2008年第4号令。

〔6〕产业结构调整指导目录（2011年本）国家发展改革委2011第9号令。

〔7〕《关中—天水经济区发展规划》。

〔8〕《成渝经济区区域规划》。

(9）《广西北部湾经济区发展规划》。

〔10〕《青海省柴达木循环经济试验区总体规划》。

〔11〕《云南省财政厅、云南省国家税务局、云南省地方税务局转发财政部、国家税务总局、海关总署关于贯彻西部大开发税收优惠政策问题的通知》（云财税〔2002〕19号）。

〔12〕《云南省财政厅、云南省国家税务局、云南省地方税务局关于西部大开发企业所得税优惠政策执行时间的通知》（云财税〔2002〕38号）。

〔13〕《云南省财政厅、云南省国家税务局、云南省地方税务局转发财政部、国家税务总局关于西部大开发税收优惠政策适用目录变更问题的通知》（云财税〔2007〕1号）。

〔14〕《云南省国家税务局转发国家税务总局关于落实西部大开发有关税收政策具体实施意见的通知》(云国税发〔2002〕102号)。

〔15〕《云南省国家税务局关于贯彻西部大开发涉外税收有关优惠政策的通知》（云国税发〔2002〕201号)。

〔16〕《云南省国家税务局关于印发〈云南省外商投资企业执行西部大开发税收优惠政策管理办法〉的通知》（云国税发〔2002〕242号)。

〔17〕《云南省国家税务局关于对〈云南省外商投资企业执行西部大开发税收优惠政策管理办法〉的补充通知》（云国税发〔2003〕38号)。

〔18〕《云南省国家税务局关于执行西部大开发企业所得税优惠政策年度审核确认问题的通知》（云国税发〔2005〕10号)。

〔19〕《云南省国家税务局转发国家税务总局关于执行西部大开发税收优惠政策有关问题的通知》(云国税函〔2009〕390号)。

〔20〕《云南省国家税务局转发国家税务总局关于西部大开发企业所得税优惠政策适用目录问题的通知》(云国税函〔2009〕391号)。

〔21〕《云南省国家税务局转发国家税务总局关于火力发电企业有关项目能否享受西部大开发企业所得税优惠政策问题的批复》（云国税函〔2010〕2号)。

〔22〕云南统计年鉴2001～2010。

〔23〕全国税务统计2001～2010。

〔24〕云南、重庆、新疆、青

海、甘肃、宁夏、陕西、贵州、四川、西藏、广西、内蒙古2001~2010年国民经济和社会发展统计公报。

〔25〕《云南省国税系统“十二五”时期税收收入预测及分析展望》2010年云南省国家税务局收入规划核算处课题组。

〔26〕《对把云南建成中国面向西南开放的桥头堡税收政策研究》2010年云南省国家税务局货物和劳务税处课题组。

〔27〕《新企业所得税法框架下区域性税收优惠运用的实证研究》2010年云南省国家税务局所得税处课题组。

〔28〕《中华人民共和国国民经济和社会发展第十二个五年规划纲要》。

〔29〕《中共云南省委关于制定国民经济和社会发展第十二个五年规划的建议》。

〔30〕《国务院关于印发全国主体功能区规划的通知》（国发〔2010〕46号）。

〔31〕阮宜胜《税收学原理》. 中国税务出版社，2007年。

〔32〕蔡秀云“西部大开发财税政策的实施成效及完善建议”《税务研究》2010年第2期。

〔33〕牛淑珍、杨顺勇主编《新编财政学》复旦大学出版社，2005年。

〔34〕张德平“论财税政策与区域经济协调发展”《福建论坛》2006年6月。

〔35〕许文“西部大开发的税收优惠政策问题研究”，《税务研究》2010年第2期。

课题组长：李鸿文
副 组 长：朵志红
成　　员：资宗宁　梁丽民　王映祥　雷　波　钟　明　杨劲松　和志刚　刘　丹　马晓颖　刘祖国　张海云
执　　笔：马晓颖　张海云

瑞丽国家重点开发开放实验区税收政策与征管问题研究

云南省国家税务局货物和劳务税处课题组

［内容摘要］ 2011年6月中共中央、国务院印发了《关于深入实施西部大开发战略的若干意见》，提出建设云南瑞丽等国家重点开发开放试验区，掀起了建设试验区的热潮。改革开放以来，瑞丽一直是云南和国家对缅甸沿边开放的前沿，因其独特的自然环境和地缘环境，具有资源、区位、政策这三大比较优势，经济、税源和税收得到了长足发展。瑞丽试验区的建设对于推动西部大开发、国家沿边开放、云南桥头堡建设、边疆民族地区和谐稳定等方面均有重要战略意义。税收作为一个重要的公共经济范畴，在瑞丽试验区建设中，应该充分发挥税收效应，推动试验区的建设。本文通过瑞丽试验区税源和税收情况，逐项细致分析了试验区建设中优势资源加工、外贸进出口、政策环境方面存在的诸多税收问题，进而提出税收要立足于试验区的资源、区位、政策三大比较优势，解决缺乏特惠政策、资源加工产业、进出口产业的问题，并创造公平高效的税收软环境，促进优势资源加工、进出口贸易的发展和政策优惠效应，发挥出税收对试验区建设的推动作用。

［关键词］ 瑞丽　西部大开发　对外开放　试验区　税收

一、瑞丽试验区及其税收情况

（一）瑞丽试验区的基本情况

1. 瑞丽试验区简介

2011年6月29日，中共中央、国务院下发了《关于深入实施西部大开发战略的若干意见》（中发〔2010〕11号），明确将积极建设云南瑞丽开发开放试验区。《意见》指出：“提升沿边开发开放水平。利用上海合作组织、中国—东盟自由贸易区、大湄公河次区域和中亚区域等经济合作平台，深化同周边国家发展合作。编制西部地区沿边开发开放规划。在新疆喀什、霍尔果斯各设立一个经济开发区，实行特殊经济政策。积极建设广西东兴、云南瑞丽、内蒙满洲里等重点开发开放试验区。继续加强重点边境口岸城镇建设，促进边境经济合作区发展，形成沿边开放的重要窗口。促进加工贸易向边境口岸城镇转移。深入实施‘引进来’和‘走出去’战略，充分利用国际国内两个市场、两种资源，引导、鼓励和支持东中部地区企业与西部地区企业联合参与对外投资、对外承包工程和对外劳务合作。”

瑞丽市位于祖国西南边陲，隶属云南省德宏傣族景颇族自治州，国土面积1020平方公里，总人口17万，以傣、景颇、阿昌、傈僳、德昂等为主的少数民族人口占总人口的46.1%。瑞丽地处中华经济圈、东盟经济圈和南亚经济圈的交汇点，三面与缅甸接壤，国境线长169.8千米，是中国进入南亚东南亚便捷的陆上通道、走向印度洋的战略支点，拥有瑞丽、畹町两个国家一类口岸、两个国家边境经济合作区和中国最早实施“境内关外”管理方式的姐告边境贸易区。“十一五”期间全市生产总值年均增长12.3%，2010年末生产总值29.7亿元。

瑞丽试验区建设，具有五大重要战略意义①。

第一，建设瑞丽试验区是国家完善对外开放格局的重要部署。国

① 秦光荣：《突出重点 加快推进 争取早日启动瑞丽国家重点开发开放试验区建设》，云南省人民政府办公厅政务情况通报，2011年第45期。

家明确的重点开发开放试验区都是沿边地区，区位优势十分明显，是国家在外交、经济上的战略通道。加快瑞丽试验区建设，对于进一步完善我国开放格局，实现全方位开放，把云南建成中国面向西南开放重要桥头堡具有十分重要的意义。

第二，建设瑞丽试验区是国家深入实施西部大开发战略的重要举措。在新一轮西部大开发中，推动西部地区发展的动力就是以开放促开发。加快建设瑞丽试验区，有利于更好地激发西南沿边开发开放的活力，把西部大开发的战略部署更好地落实到沿边经济社会发展的各项具体工作中。

第三，建设瑞丽试验区是云南推进桥头堡建设的重要突破口。瑞丽是我国内陆连接东南亚、南亚，走向印度洋的接合部，是我国向西南开放国际大通道的重要节点，拥有全国对缅贸易的最大陆路口岸，是桥头堡建设的重要突破口。

第四，建设瑞丽试验区是德宏跨越式发展的着力点。德宏州的优势在区位、出路在开放、潜力在试验区建设。抓好瑞丽试验区建设，通过争取各个方面先行先试的特殊政策，为德宏州实现跨越式发展发挥至关重要的作用。

第五，建设瑞丽试验区是促进边疆民族地区和谐发展的重大措施。云南是少数民族聚集区，改革开放以来，全省经济社会发展取得了很大进步，但发展不快、不充分、不协调的问题仍然突出。建设瑞丽试验区，切实加大对边境民族地区的扶持力度，让改革开放成果惠及广大人民群众，将有力促进边疆民族地区和谐发展。

2. 瑞丽试验区的比较优势与经济发展

瑞丽试验区具有三大比较优势——资源优势、区位优势、政策优势，形成了独特的“资源经济”（热区和坝区的农业资源、森林资源等）、“两头经济”（石头和木头）、“进出经济”（进口和出口）、“旅游经济”为支撑的经济构成。这些特色产业也是瑞丽试验区的主要税源，截至2010年瑞丽国税部门共登记纳税人3685户，比2000年的2303户增长了60%。

从经济发展情况看，改革开放30年来，瑞丽是云南开放最早、对缅贸易额最高、进出口商品种类最全、进出境人员和车辆最多的黄金口岸，也是我国多项陆路开放政策的试验及示范点，瑞丽姐告边境贸易区是全国最早实施“境内关外”特殊监管模式的边境贸易区。特别是从2000～2010年瑞丽经济获得了全面发展。2010年，瑞丽国内生产总值达28.7亿元，10年间翻了3.4倍，占全省7220亿元的0.39%，人均GDP达15856元，略高于全省15749元水平，城镇居民可支配收入14935元，农民人均纯收入4218元，在滇西属于较高行列，口岸进出口货值88.4亿元，居全省前茅。目前，瑞丽口岸进出口贸易总额占全省对缅贸易的60%左右，约占全国对缅贸易的30%，常年经瑞丽进出口的商品达2000多种，进口货物80%销往云南省外，出口商品的80%来自云南省外，约50%的出口商品通过缅甸转销到印度、孟加拉等国。

“十一五”时期是瑞丽发展极其重要的时期。五年间，瑞丽国内生产总值年均递增12.3%，略高于全国和全省年均增长速度；全社会固定资产投资年均增长50%以上，高于全省约30个百分点、全州约20个百分点；财政一般预算收入年均增长29%，略高于全省、全州增长水平；对外贸易进出口总额年均增长15%以上。经济结构渐趋合理，三产比重由24.0∶16.4∶59.6调整为19.9∶20.4∶59.7，产业结构更趋合理，但与全省2010年三产结构15.3∶44.7∶40.0相比，第二产业贡献比重仍较轻。

目前，瑞丽市境内坝区有五大功能区，分别为：瑞丽工业园区、轻工园区、珠宝翡翠加工园区、畹町经济开发区新型工业化园区、弄岛重化工区，其中瑞丽工业园区为省级重点园区。已有石膏板厂、德尔酒业、汇诚农副产品加工厂、毛毯棉被加工厂、汉白玉加工厂等近20个项目动工兴建，部分项目已竣工，另有各种生产加工企业163家，在实体经济建设方面取得了一定效果。

3. 瑞丽试验区的建设和展望

《瑞丽国家重点开发开放试验区实施方案（征求意见稿）》① 中提出，瑞丽试验区将以“一核两翼，联动发展；一区多园，政策叠加”的思路，依托主要交通干线，以瑞丽市全境为核心，以芒市、陇川县为两翼，布局6个功能区：规划跨境经济合作区，打造中缅经贸合作高端平台；规划国际物流仓储区，建设现代化国际物流基地和综合保税区；规划国际商贸旅游服务区，打造区域性国际商贸旅游口岸城市；规划进出口加工区，培育现代化产业体系；规划特色农业示范区，建设试验区现代农业生产基地与特色生物和食品加工业；规划生态屏障区，建设特色生物产业基地和生态旅游公园。力争经过10年努力，瑞丽试验区对外贸易规模显著扩大，跨境经济合作取得重大成效，对外开放水平显著提高；沟通印度洋国际大通道基本建成，国际陆港作用凸显；试验示范效应充分体现，新体制、新机制基本形成，辐射带动作用明显增强，成为我国西南边疆区域协调发展新的增长极等目标。

随着瑞丽试验区建设的推进，试验区将会展现美好的图景。一是试验区将会成为中缅两国边境贸易的中心。二是试验区将成为中国面向西南开放的重要门户，把试验区建设成为昆明—瑞丽—仰光经济走廊、昆明—瑞丽—皎漂经济带、孟中印缅次区域合作区的重要节点，成为我国从陆上进入印度洋的重要门户。三是试验区将成为中国面向西南开放文化交流的窗口，把试验区建设成为我国与西南周边国家多层次、全方位的国际文化交流窗口。四是试验区将成为旅游黄金口岸城市，把试验区打造成为世界级旅游目的地。五是试验区将成为中国沿边统筹城乡发展的先行区。六试验区将成为中缅睦邻富邻示范区，着力推进与周边国家的互利共赢、共同发展。

当前瑞丽试验区依然存在以下问题：一是企业小、散、弱，市场

① 德宏傣族景颇族自治州人民政府：《瑞丽国家重点开发开放试验区实施方案（征求意见稿）》，2011年。

竞争力和政策措施应用能力差；二是政策职能转变慢，软环境滞后，科学决策咨询体系不够完善，公共服务水平低，条块协调不畅；三是有待进一步营造公开、公平，规范有序、开放竞争的市场环境；四是监管服务、物流服务、金融服务手段缺乏，渠道不畅；五是基础设施层面存在交通条件差，运距长，运输方式单一，运输成本高的问题；六是人才匮乏，产业发育滞缓，产业结构不尽合理，综合竞争力较弱。

（二）瑞丽试验区的税收结构

1. 税种结构

2010 年，瑞丽实现税收总收入 64842 万元。从税种构成分析，关税 1439 万元、进口增值税 20760 万元，国内增值税 8077 万元，营业税 13325 万元，企业所得税 3935 万元，地方税对地方财政的贡献率相对较大。国内增值税仅 8077 万元，占税收总收入的 18%，因为工业生产、加工等增值税规模较小。

瑞丽“十一五”时期分税种收入情况统计表

表 1　　　　单位：万元

序号	税　种	2006 年	2007 年	2008 年	2009 年	2010 年	合计
1	国内增值税	6995	7819	9219	7452	8077	39562
2	进口增值税	1377	2595	12909	13692	20760	51333
3	营业税	4979	5854	9055	9645	13325	42858
4	车辆购置税	749	820	971	1436	2982	6958
5	关税	760	1569	3203	1280	1439	8251
6	企业所得税（地税）	788	3169	2589	1345	1530	9421
7	企业所得税（国税）	175	321	425	1020	2405	4346
8	个人所得税（地税）	2284	2272	1973	2038	2807	11374
9	个人所得税（国税）	799	835	548	174	51	2407
10	城市维护建设税	673	1297	1178	1048	1427	5623
11	城镇土地使用税	206	411	584	672	659	2532
12	耕地占用税	22	158	464	716	1172	2532
13	土地增值税	2	140	623	932	1620	3317
14	房产税	634	811	712	788	857	3802
15	车船税	139	47	231	266	339	1022
16	契税	1376	1297	1670	1645	4467	10455
17	其它						2810
合　计	22359	30020	46806	44576. 06	64842	208603	

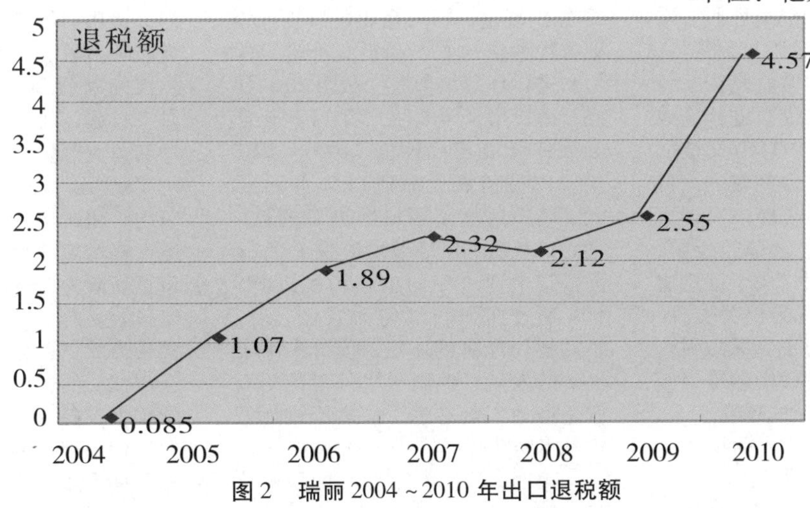

图 2　瑞丽 2004～2010 年出口退税额

2. 税收行业结构

从税收的行业结构来看，瑞丽国税收入主要依赖于制糖业、电力和批发（边贸）零售业三大行业。以增值税为例，“十一五”期间增值税总收入为 39563 万元，制糖业税收为 7505 万元，占增值税总收入的 18.97%，电力为 4151.7 万元，占增值税总收入的 10.49%，制糖业和电力行业站增值税总收入的29.46%，批发（边贸）零售业的增值税收入为27904.9万元，占增值税总收入的70.53%。三大重点行业对全市经济税源的支撑作用十分明显。从经济类型税收结构看，股份制、私营等非公经济是国税收入的生力军。

3. 进出口税收政策效果

第一，边境小额贸易人民币结算退税。财政部、国家税务总局《关于以人民币结算的边境小额贸易出口货物试行退（免）税的通知》（财税〔2003〕245号）将云南作为试点。2004年10月财政部、国家税务总局《关于以人民币结算和边境小额贸易出口货物试行退（免）税的补充通知》（财税〔2004〕178号），将人民币银行转账结算退税比例上调为100%。该政策扩大了人民币在周边国家的影响力，有效促进了边境贸易的进一步发展，实行当天出当天结算，有效降低了企业的换汇成本，规避了换汇风险，增强了边贸企业“走出去”的市场竞争能力。原来出口企业通过换购美元结算，一般需7～10天时间，而通过人民币结算实现当天到账，这样就大大加快了退税单证的回收速度，退税期限一般在40天左右，缩短了出口企业的退税周期，加快了企业资金周转速度，增强了企业综合竞争实力，增加了企业经济效益。

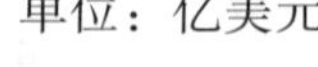

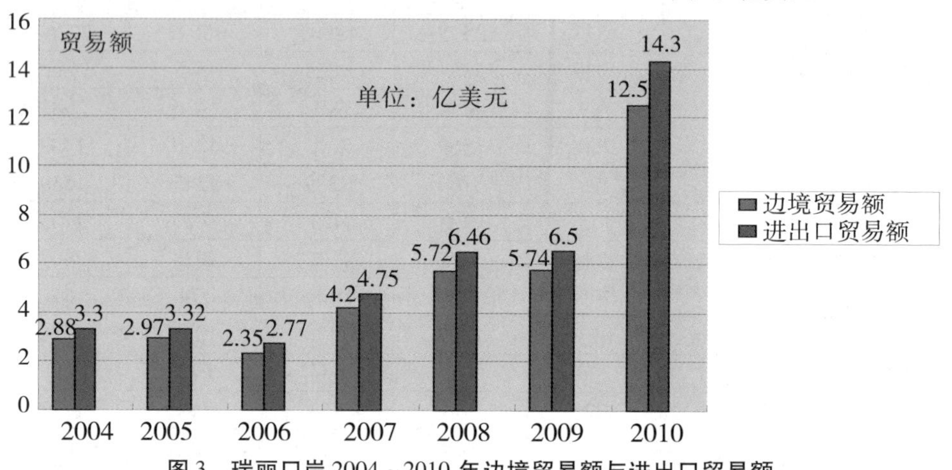

图3 瑞丽口岸2004～2010年边境贸易额与进出口贸易额

第二，边境小额贸易的进口税收优惠。1996年国家出台政策，边境小额贸易企业通过指定边境口岸进口原产于毗邻国家的商品，除烟、酒、化妆品以及国家规定必须照章征税的其他商品外，进口关税和进口环节税按法定税率减半征收。增值税采取购进口除法消除重复征税，进口环节减半征税的增值税在下一环节因为增值税进项税额也相应减半，导致增值税在国内环节又被征收的问题，实际优惠力度较弱。自2001年起，云南省国税局多次在实际调研的基础上向上级部门反映，2008年10月国家下发了关于促进边境地区经济贸易发展的相关文件，规定自2008年11月1日起采取财政专项转移支付的办法替代边境小额贸易进口税收减半征收的政策。

第三，境外罂粟替代种植的税收优惠。为了从根本上治理“金三角”毒品渗入我国，20世纪90年代初国家创造性地实施了跨境替代种植策略，帮助“金三角”地区发展种植杂交水稻、甘蔗、橡胶、咖啡、热带水果等农作物，被称为镀金“金三角”工程。为支持替代种植这一正义的阳光事业，财政部、国家税务总局、海关总署联合下发了《关于支持云南省边境贸易发展中有关税收政策的通知》（财税〔2000〕63号）规定，国内企业进口境外罂粟替代种植的农产品可免征进口关税和进口环节增值税。截至2010年底，德宏州（含瑞丽）有14户企业到缅甸开展替代种植，2006～2010年替代种植农产品进口额4.58亿元，其中通过瑞丽口岸进口的近4亿元；免征进口环节增值税1.05亿元，其中通过瑞丽口岸免税近0.9亿。通过加强与缅甸的农业合作，推动替代经济的发展，促进了缅北经济的发展，扼制了境外毒品对我国边境地区的渗透，扩大了中缅双方禁毒防艾和经济社会领域的合作。

第四，边民互市贸易的税收优惠。1996年4月1日起，边境地区居民每人每日从边境口岸或从边民互市贸易区内带进的物品，价值在人民币1000元以下的，免征进口关税和进口环节增值税；超过人民币1000元不足5000元的，对超过部分按《中华人民共和国海关对入境旅客行李物品和个人邮递物品征收进口税办法》规定征税；超出人民币5000元的按《中华人民共和国海关进出口税则》征收进口关税和进口环节税。2008年支持边境贸易发展的新政策出台，自2008年11月1日起，将边民互市进口的生活用品免税额度提高到每人每日人民币8000元。新政策的调整，极大地节约了边民的经营成本，互市贸易量大幅增加，2010年瑞丽市边民互市贸易额为130087万元，占全州进出口贸易总额的11.4%，超过一般贸易2.7个百分点，全市从事边民互市贸易的边民近1万人。2011年的年中，瑞丽边民互市贸易场所于通过相关部门验收，目前是我省规模和面积最大的边民互市贸易场所。边民互市贸易增加了边民收入，增进了两国边民胞波情谊，促进了边境贸易的健康发展。

（三）瑞丽试验区比较优势与

税收的发展趋势

瑞丽试验区的税源发展趋势上，近年来政府一直注重发挥传统优势产业的凝聚作用，不断做大做强传统优势产业，同时向新型工业产业迈进，在税源的构成中，金属铝、金属硅等冶炼工业也逐渐显现。瑞丽试验区的税源发展，将始终围绕资源、区位、政策三大比较优势，进一步向重点特色产业如制糖、珠宝玉石、木材制品、特色农业、进出口贸易等方向发展。瑞丽试验区坚持将自身优势产业不断扩大和发展，是确保瑞丽试验区获得长足发展的根基和动力。

因此，从税源的发展趋势上看，瑞丽试验区的税源总体结构在未来不会产生太大的变化，在传统产业基础上发展精细加工和高附加值加工业将会逐渐为瑞丽税源层次的提升注入活力，税收也会得益于税源层次的提升而实现增收。

二、瑞丽试验区的税收问题分析

（一）瑞丽试验区建设中税收收入与税源的问题分析

1. 税收收入与试验区建设大量投入的矛盾

试验区前期的规划和投入是决定瑞丽开发开放建设成败的根基。试验区在建设过程中一定程度上可获得国家的相关政策支持，但根本需要依靠自力更生筹措资金，试验区建设的大量资本投入还需要从自身出发加以解决，特别是受到当地财政收入和支出规模的制约。税收收入是财政收入的主要来源，是地方可直接支配财力的主要依托，税收收入的多少必然影响到投入到试验区建设中的资金量的多少。

由于瑞丽试验区处于老少边穷地区，工业企业规模小，产品附加值低，对税负承受力极低，再加上远离内地市场，运输成本、信息成本相对较高，当地金融、银行贷款难，人才缺乏，导致企业求才难、融资难。许多企业几十年如一日，成了长不大的孩子，或大而不强，无法与内地强势工业比较。以增值税税源为例，瑞丽试验区增值税户均年纳税仅为24811元，较周边地区如保山隆阳区131878元、大理市65677元、楚雄市30656元相比，处于较低水平。税源规模小决定了可供培植的税源极为有限，税收实现快速增长较为困难。2010年度，瑞丽市国地税税收收入合计为4.22亿元，占瑞丽试验区财政总收入12.04亿元的35.05%，其中房地产税收、产权出让收入等具有一次性特点的收入约1.9亿元，占地方一般预算收入的55%。

然而试验区各种刚性支出居高不下，建设与发展资金匮乏，工资性支出占地方可用财力4.63亿元的37%，占地方内生财力3.83亿元的44%，“吃饭型”财政特点明显，各种配套资金压力较大，可用于投入试验区建设的资金非常有限。经济总量小、税源、财源不稳定与试验区建设需要大量投入的矛盾不言而喻。

2. 产业和税源结构层次低的问题

产业结构是生产力因素的质态组合方式，也是资源科学配置和经济增长方式由粗放型向集约型转变的具体体现。瑞丽试验区的发展既是经济总量快速增长和迅速扩张的量变过程，也是一个结构调整和优化的质变过程。只有经济总量的增加而没有结构的调整和优化，地方税收的增加也就失去了持续增长的能力和基础。目前，瑞丽试验区税源结构的突出特点是税源结构层次低、税源规模小。

一是农业比重大、商品率低，传统农业仍然占主体。2010年第一产业增加值占GDP比重为19.9%，高于全省4.6个百分点，而第一产业基本上是低税或无税产业。二是第二产业中工业发展相对滞后，结构层次不高，普遍缺乏竞争力，创税能力弱，明显滞后云南省内先进地区，工业经济的整体质量和效益不高。2010年瑞丽来自采选、加工、制造等行业的国税三税（增值税、消费税和企业所得税，不含出口免抵调收入）收入为3356万元，仅占国税收入的31.82%，大大低于昆明（64.55%）、曲靖（84.86%）等经济较发达地区。从对地方税收的影响看，工业经济总量的增加和质量效益的提高，将直接带来地方城市维护建设税、企业所得税和个人所得税的增加，进而带动第三产业的发展。三是第三产业内部结构优质化差。由于城市化水平低，瑞丽第三产业基本处于以商品流通、旅游业为主，其他服务业相对薄弱的状态，金融、信息、科技服务等现代服务业发展相对滞后。由于产业结构的差异和受税制结构的制约，在一定程度上延缓了税收收入的增长。

（二）瑞丽试验区发挥资源优势的税收问题分析

1. 农产品加工业的增值税问题

（1）特色农产品成为资源优势产业

税务部门积极落实对自产初级农产品免征增值税的政策，并对生产和销售的种子、种苗、农机、农膜、肥料等农业基本生产资料按规定免征增值税、适用13%低税率、先征后返等优惠政策，并且国家取消了农业税和农业特产税。农业生产基本上不直接承担税收，瑞丽凭借富饶的土地作为整体开发条件，特色农业产品成为了优势特色产业。2010年全市农作物种植面积295665亩，种植业产值达29669万元。瑞丽是商品粮基地和进口粮食的大口岸，德宏州有效灌溉面积近100万亩，年产粮食40万吨；甘蔗种植面积83261亩，产量491694吨；柠檬种植面积19259亩，产量4109吨；橡胶种植面积86781亩，产量3425吨；柚子连片种植面积4034亩，产量2393吨；蔬菜种植面积18149亩，产量14336吨；茶叶种植面积6261亩，产量301吨；咖啡种植面积2959亩，产量109吨。

（2）特色农业产品加工业成为税收支柱

凭借特色农产品的优势，瑞丽以糖、粮、茶为主的传统农产品加工业初具规模。尤为突出的是，瑞丽制糖业长期处于支柱产业的地位，是云南的糖料基地，2010年甘蔗产量约占全省的3%，工业制糖规模2010年榨季达到年处理甘蔗34.55万吨，年产食糖4.63万吨约占全省的2%①，年产酒精2664.6吨。制糖业是瑞丽乃至德宏的重要税源产业，瑞丽16.2%的增值税和

① 云南省统计局：《2009年云南省统计年鉴》，云南人民电子音像出版社，2010年。

81.94%的消费税、9.12%的企业所得税来自制糖业，是当前瑞丽税收的重要依托。

（3）特色农产品加工业存在增值税问题

一是特色农业自身基本上不产生税收，特色农产品优势不能直接转化为税收优势。瑞丽试验区2009年实现生产总值（GDP）24.81亿元，其中第一产业增加值5.14亿元，第二产业增加值5.53亿元，第三产业增加值14.14亿元，三个产业对经济增长的贡献率为16.2%、16.7%和67.1%。瑞丽国税系统2009年第一产业（农、林、畜牧业）收入总量仅为8.1万元，仅占当年度实现入库税收的0.08%。由于国家施行涉农税收优惠政策，农业税收总量偏低，税源基本无法转化为税收。

二是没有形成有龙头企业带动的大规模农业开发和精深加工生产的相应行业，增加值低、税收少。在制糖业方面，瑞丽仅有一个糖厂——瑞丽糖厂。2003年瑞丽糖厂参与全州制糖行业整合后，现隶属云南德宏英茂糖业有限公司，承担8.3万亩、49万吨甘蔗制糖任务，产品仅为初制普通白糖，没有精深加工，对税收与经济发展的贡献有限。其他特色农业加工开发尚处于起步阶段，没有在真正意义上形成由龙头企业带动特色农业产业大规模发展和带动精深加工生产企业的模式。再如，瑞丽橡胶种植面积86781亩，产量3425吨，但本地企业仅对橡胶简单加工成生胶就作为原材料销往省外，生胶仍是初级农产品附加值低，加之农产品税收政策自身的缺陷，导致橡胶增值税进销倒挂（国家尚欠企业税款）。省外购进生胶进一步深加工，购进时按农产品13%抵扣增值税进项税，经过加工成橡胶工业制品，销售按17%征收增值税，利润转移到了省外，税收也转移到了省外。瑞丽作为资源地付出了资源、破坏了生态，却得不到相应回报，造成“财富拿走，贫困留下；资源拿走，生态破坏”的后果。

2.“石头”和“木头”加工业的税收问题

（1）“石头”和“木头”加工业高速成长

瑞丽具有较强的珠宝玉石产业优势，2006年荣获“中国珠宝玉石、家具、木材特色产业基地”殊荣，如今瑞丽被称为“东方珠宝城”而远近闻名。瑞丽市现有珠宝步行街、华丰商城、姐告玉城、中缅街、水上娱乐园等五大珠宝园区，从事珠宝玉石经营的企业和个体工商户达4000多户，从业人员2万多人，年销售额达20亿元，珠宝业创造的增加值占GDP的比重达到了8.6%，远期规划将形成一个年销售额上百亿元的重点产业。

瑞丽口岸具有丰富的木材资源优势，邻国缅甸素有“森林王国”的美称，森林覆盖率达60%以上，木材储量多，交易量大。改革开放以来，中缅贸易发展迅速，瑞丽口岸贸易进口量年均增长两位数以上。经过多年的发展，瑞丽木材加工产业规模不断扩大。截至2010年，全市从事木材加工、经营企业的个体加工户（不含畹町）共有245户。其中，木材加工95户，家具加工50户，工艺品加工66户，年产值3.7亿元，占全市工业总产值的27%。

（2）“石头”和“木头”加工业税收收入没有相应增长

但以“石头”和“木头”加工为代表的优势工业并没有产生与之相应的税收。2010年瑞丽珠宝玉石行业的增值税、消费税、企业所得税“三税”收入占全市“三税”总收入的比重仅为5.26%，综合税负为0.25%，远低于其他行业综合税负。2010年瑞丽市木材加工“三税”收入约260万元，仅占全市“三税”总收入的2.7%，税收贡献度远低于工业产值占比。

表2　　瑞丽珠宝玉石行业（含树化玉）国税“三税”收入情况

单位：万元

年份	增值税	消费税	企业所得税
2011（17月）	520	1	5.8
2010	503	1.3	3.3
2009	428	1.1	1.7
2008	411		
2007	285		

（3）“石头”和“木头”加工业的税收问题

问题的原因在于，珠宝玉石、红木家具的行业特性。

一是珠宝玉石、红木家具价格无法统一确定。“黄金有价玉无价”，形象地说明了珠宝玉石在消费市场中的特殊地位及价格的不确定性。红木家具因树种不同、工艺不同、木材质量不同，也难以确定其交易价格。

二是经营方式灵活、机动，经营者不开具发票、不做账，经营品种、经营规模等均难以测评，税款难以准确核定，更难以认定为增值税一般纳税人进行管理。

三是珠宝玉石及红木家具经营者经营业绩千差万别，信誉效应明显，经营者已形成强者更强、弱者越弱，两级分化态势，近年新品种、新产品、新消费群体不断涌现。龙陵县一带发现的黄龙玉是玉石新品种，短短几年一块毛石就能卖到几十万，一个高档雕件能卖到上百万，经营户上千户，从业人员上万人。树化玉虽非玉种，但具有非凡的视觉效果，也形成了一个购进、加工、包装、雕刻、交易、销售的产业链。黄龙玉、树化玉两个新品种与缅甸翡翠玉石一样，市场扩张迅速，产品没有统一规格、买卖双方自由定价，消费者不索要发票，经营者不开具发票和不做账。

珠宝玉石、树化石、黄龙玉、红木家具的上述特性，使得税收征管难度大，出现了交易规模增长快，而税收增长缓慢的情况，造成该产业是经济支柱产业而非税源支柱的问题。

3. 资源优势产业吸引外来投资的企业所得税问题

企业所得税优惠是吸引投资最好的政策之一，减税让利能有效支持资源优势产业发展壮大。目前，在瑞丽试验区执行的企业所得税优惠政策主要是西部大开发优惠政策，但优惠形式单一，多为税率、税额的直接减免。而试验区企业由于规模、资金、经营管理水平等原因，效益总体状况不好，投资前期亏损面较大，优惠期多为投资建设期，使执行西部大开发企业所得税优惠政策的企业，实际能够得到的税收优惠大打折扣。新企业所得税法实施后，与原优惠相比有所弱化。西部大开发优惠税率15%，法定税率为25%，优惠程度由原来的55%下降为40%，纵比减少了15个百分点；而横比则全国西部地区都享受这一政策，在瑞丽试验区内无特别优惠。

（三）瑞丽试验区发挥区位优势的进出口税收问题分析

1. 出口的税收问题

按照国家规定，出口货物是免征增值税和消费税的，也就是说，作为出口贸易的主体—出口企业经营出口贸易对注册地的增值税和消费税是没有税收贡献的。但注册地的出口企业办理的出口退税额有7.5%由当地政府负担。瑞丽试验区是德宏州乃至全省对外贸易的主力，但贸易结构极其倚重外（边）贸企业，而忽视当地生产企业发展，抗风险能力弱。

从全省情况看，2007～2010年我省外（边）贸企业购进产品出口退税分别为12.5亿元、11.76亿元、11.92亿元、15.34亿元，其中购买本省自产产品出口的比例为49.28%、52.64%、51.34%、59.46%。4年来，本省生产企业出口自产产品退税分别为2.05亿元、1.92亿元、1.34亿元、2.66亿元，占全省退税总额分别为14.09%、14.04%、10.11%、14.78%，长年保持低水平。根本原因是我省生产的产品与国家产业政策的扶持方向背离，是国家调控和限制发展的重点，我省产业结构亟待改变。四年来，本省生产企业自产产品和购进本省企业产品退税额合计仅占我省退税总额的56.43%、59.28%、56.26%、57.67%，也就是说，我省外购产品退税占全省退税总额四成以上，我省出口企业出口产品的税收收入有40%以上是贡献给省外企业的，而本省财政还要承担出口退税额的7.5%。

瑞丽市和德宏州是我省外购产品退税比例较高地区的典型代表。2007～2010年德宏州边贸企业购进产品出口退税分别为3.43亿元、2.93亿元、4.3亿元、6.22亿元，购买本省自产产品出口的比例仅为34.5%、28.14%、25.1%、22.5%；德宏当地生产企业4年来出口自产产品退税分别为0.04亿元、0.06亿元、0.06亿元、0.096亿元，仅占全州退税总额的1.15%、2%、1.38%、0.24%，比例相当低而且呈下降趋势。根本原因是德宏州鲜有工业企业生产外销产品，即使仅有的少数生产企业所生产产品出口也不能享受退税，属于国家禁止和限制发展的落后淘汰产业。德宏当地生产企业自产产品和购进本省企业产品退税额合计占全州退税总额的比例仅为35.16%、29.43%、26.15%、23.7%，占比逐年下降，对比同期德宏州出口额分别为4.35亿美元、4.59亿美元、5.67亿美元，两项数据形成了强烈的反差。

在瑞丽外贸出口鲜亮外衣的背后，隐藏着极大的隐忧，在出口产品货源被外省控制，国外市场被外商掌握的双重夹击下，瑞丽市外贸乃至整个经济的发展经不起风浪，对外贸易的可持续健康发展堪忧。没有本地生产企业提供出口产品的货源，除了外贸出口数字的表象，就业人口、实体经济没有明显增加，使得当地财政税收不但没有增长，反而要承担7.5%的退税额，口岸建设和管理的投入让当地财政不堪重负，当地外贸出口企业成了省外出口货物的“搬运工”和“代理者”，甚至是省外货物出口退税的承担者。

2. 进口的税收问题

一是云南各边境口岸进口商品海关估价依据是哈尔滨海关价格中心确定的指导价，而哈尔滨海关不可能及时、准确、具体的掌握东南亚和南亚市场变化情况，制定指导价严重偏离中缅贸易实际，导致进口海关价格高估，此外，部分商品如橡胶、花椒等调味品进口环节增值税适用税率为17%，而国内销售增值税适用税率却为13%，导致部分进口商品缴纳的进口税费大幅增加，挤占了国内增值税收入。按照国家税收收入分配体制，海关代征的进口环节增值税全额划归中央收入，国内增值税75%是中央收入、25%是地方收入，而且在中央对地方的税收返还时，是在1993年基数上按全国增值税和消费税的平均增长率的1:0.3递增确定。进口产品海关报关价高于企业境外实际购买价，既让进口企业承担了不合理的高税费，而且中央收入挤占地方收入，同时还减少了中央对地方的财政返还。

二是罂粟替代种植返销农产品缺乏配套的国内增值税政策。《关于支持云南省边境贸易发展中有关税收政策的通知》（财税〔2000〕63号）还存在与国内增值税政策不衔接的问题。进口罂粟替代种植农产品返销国内后，在国内加工销售后要按规定缴纳增值税，但是由于免征了进口环节增值税导致没有进项税额抵扣，势必造成在内销环节又把进口免征的增值税在国内环节再次征收，因此，从事罂粟替代种植项下的农产品生产企业并没有真正享受到政策优惠。在实际执行中为避免上述问题，我省对罂粟替代种植返销农产品按照国内农产品的进项税额抵扣政策，2006～2010年共抵扣进项税0.57亿元，其中通过瑞丽口岸抵扣的近0.5亿元。但国家还没有针对这一问题进行政策明确规定，实际执行中的做法尚缺乏国家政策法规的支撑，需要争取国家制定替代种植返销农产品的国内增值税抵扣配套政策。

三是中国与缅甸尚未就避免双重征税签订相关协定，中方企业“走出去”投资办厂，从事贸易活动，未能享受税收无差别待遇，一些跨境企业甚至承担着双重征税的问题，缺乏竞争力，对边贸进口的发展产生不利影响。

（四）瑞丽试验区欠缺税收政策优势的问题分析

1. 姐告“境内关外”存在税收政策缺陷

1991年云南省政府批准成立了

瑞丽“姐告边境贸易区”，2000年4月原国家计委下发了《国家计委办公厅关于解决云南边境贸易发展有关问题的复函》（计办经贸〔2000〕287号），同意按照“境内关外”的方式设立“姐告边境贸易区”。同年7月，云南省政府发布《云南省人民政府关于设立姐告边境贸易区有关事宜的通知》（云政发〔2000〕106号），正式成立“姐告边境贸易区”。同年8月，海关总署颁布实施《中华人民共和国海关对云南姐告边境贸易区监管的暂行办法》，海关后设于大桥西侧，姐告作为瑞丽口岸的核心组成部分进入全面开发开放。海关对境外货物进入姐告边境贸易区内不监管；区内货物进入国内（境内区外），海关按照进口货物的有关规定办理进口报关手续，并对报关的货物征收消费税、增值税、关税；国内货物进入区内（境内关外）视同货物出口办理出口退税。为了适应“境内关外”的特殊要求，政府给予特殊的税收政策，在姐告边境贸易区内的单位和个人在贸易区内生产、加工、销售商品或提供应税劳务，不征收增值税和消费税。目前，姐告共计有711户纳税户办理了国税税务登记证，其中企业88户，个体工商户623户，领购发票的有12户。10年来，据测算区内共免征各类税收12800余万元。姐告贸易区实行“境内关外”方式管理，在瑞丽发展初期曾吸引了外来投资者，一定程度上促进了对缅经贸合作的发展，城市建设初具规模。

但目前“境内关外”政策存在极大的税收政策风险和管理难点。按照国家增值税和消费税暂行条例规定，设立于姐告贸易区内的企业虽然在关境之外，但仍处于中华人民共和国国境之内，应当依照增值税和消费税纳税义务照章缴税。

如果海关仍实行“境内关外”而税务机关在区内征收国内环节税收，将会导致进出口税收与国内税收严重脱节，区内企业税负急剧上升，投资环境恶化，不利于中缅边贸发展，完全违背设立姐告“境内关外”贸易区的初衷。而如果税务机关继续在区内不征收国内税收，特别是不征收国内增值税的话，与现行国家税法有矛盾，而且由于区内企业免税不得认定为增值税一般纳税人，也不得使用增值税专用发票，这样就限制了区内企业与区外企业的经营交往，限制了区内企业的规模化发展，区内企业反而无法与区外企业在同一平台上开展竞争。

2. 瑞丽试验区缺乏特惠税收政策的支持

近年来我国进入了密集进行区域改革试点的重要时期，出台了诸多区域性政策。但在开发开放试验区建设中，国家没有出台针对试验区的特惠政策。因此有必要认真研究近期国家出台的区域性优惠政策，争取国家能够出台类似政策来支持瑞丽试验区的建设。

（1）喀什和霍尔果斯经济开发区的优惠政策

中共中央、国务院《关于深入实施西部大开发战略的若干意见》（中发〔2010〕11号）中提出，“在新疆喀什、霍尔果斯各设立一个经济开发区，实行特殊经济政策。积极建设广西东兴、云南瑞丽、内蒙满洲里等重点开发开放试验区。”新疆喀什、霍尔果斯各经济开发区已经实行特惠政策，今年10月发布的《国务院关于支持喀什霍尔果斯经济开发区建设的若干意见》，国家采取提供财政补助和税收优惠等10大措施，加大对喀什、霍尔果斯经济开发区的政策扶持力度，将这两个经济开发区建设成为我国向西开放的重要窗口和推动新疆跨越式发展新的经济增长点。

10大扶持政策中与税收相关的政策包括：2010～2020年，国家对经济开发区内新办的属于重点鼓励发展产业目录范围内的企业，给予自取得第一笔生产经营收入所属纳税年度起企业所得税五年免征优惠；对经济开发区内属于相关产业结构调整指导目录鼓励类项目，进口国内不能生产的自用设备，以及按照合同随设备进口的配套件、备件，在规定范围内免征关税；支持在经济开发区内设立海关特殊监管区，适时开放伊宁机场口岸和霍尔果斯铁路口岸。我们认为瑞丽试验区的发展建设应该积极申请国家按照新疆喀什、霍尔果斯经济开发区建设中给予的政策，这些政策能够成为瑞丽试验区可持续长远发展的内在动力。

（2）海南国际旅游岛的优惠政策

2010年1月4日，国务院发布《国务院关于推进海南国际旅游岛建设发展的若干意见》（国发〔2009〕44号），海南国际旅游岛建设正式步入正轨。《意见》第九条财税政策中提出：“由财政部牵头抓紧研究在海南试行境外旅客购物离境退税的具体办法和离岛旅客免税购物政策的可行性，另行上报国务院。”其后，《财政部关于开展海南离岛旅客免税购物政策试点的公告》（财政部公告2011年第14号）明确了离岛免税政策，对乘飞机离岛（不包括离境）旅客实行限次、限值、限量和限品种免进口税购物，在实施离岛免税政策的免税商店（以下简称离岛免税店）内付款，在机场隔离区提货离岛的税收优惠政策。

（3）重庆两江新区的优惠政策

2009年2月5日，国务院发布《关于推进重庆统筹城乡改革发展的若干意见》（国发〔2009〕3号），在国家战略层面正式研究设立“两江新区”，是中国的第三个副省级新区，前两个分别是上海浦东和天津滨海新区。重庆两江新区税收优惠政策主要是：集国家西部大开发优惠政策、国家级高新技术开发区和经济技术开发区政策、内陆保税港区政策为一体；到2020年以前按15%税率征收企业所得税；十年内税收地方部分返还企业；区内高新技术产业，或者战略性新兴产业领域的企业，获利年度起三年内按有关规定提取风险补偿金可税前扣除。

3. 总部税收政策的税收转移问题

总部经济是伴随着经济全球化和信息技术的快速发展以及经济市场化程度的不断加深而出现的一种新的经济理念，是中心城市由于其独特的资源优势吸引企业将总部在该区域集结，而将其加工制造基地向具有一般资源比较优势的区域集中①。总部经济对瑞丽税收有一定

① 贾康．阎坤．鄢晓发：《总部经济、地区间税收竞争与税收转移》，2007年。

影响，因为地处西部边陲的瑞丽，不是德宏的州府所在地，无论从地域优势上或者资金的扶持吸引上都无法为总部经济在瑞丽发展提供可靠的保证，大量的资源性集团公司在德宏州府或是昆明等发达地区设立总部企业，享受这些地区便利的交通、信息、金融、产业政策，而将资源扩张、延伸产业等工作交给设立的分支机构。例如在瑞丽试验区建设中，已开工的中缅输油管道经过瑞丽将石油进口后输往昆明草埔的炼厂，如果不能处理好总部与瑞丽分支机构的关系与核算问题，就会间接导致增值税和企业所得税等税收的转移。

一是增值税转移。在总部经济模式下，总部企业变相成了"小财政"，将税收在总部和分支机构间进行分配。由于总部大都集中在发达地区，而有的总部仅是一个管理机构，并不创造税收，而通过转移定价使增值税转移到总部或其他地区。

二是企业所得税转移。新企业所得税法实行法人所得税制。按规定，总分机构的企业实行"统一计算、分级管理、就地预缴、汇总清算、财政调库"的企业所得税分配和征收管理办法，企业实现税款50%在总部缴纳，剩余50%才在各分支机构之间按照资产、工资、经营收入等三因素进行分配。此办法对不具法人资格的非独立核算分支机构所在地的地方财政收入影响很大，造成所得税源转移到总机构或其他地区。建设瑞丽试验区，这些税源产生的税收如何留存当地是一个需要认真思考的问题。

通过本章的问题分析不难看出，在瑞丽试验区建设发挥资源优势、区位优势、政策优势的过程中，在税收收入方面、资源优势加工业方面、进出口税收方面、优惠政策方面都存在不少必须解决的问题。这些问题解决不好就会成为瑞丽试验区建设发展中难以逾越的障碍，而如果这些问题能够妥善解决无疑将会极大地推动试验区进一步充分发挥三大比较优势，促进试验区的建设和长远健康发展。

三、发挥税收效应推动瑞丽试验区建设的建议

（一）以税收推动试验区建设的基本思路

1. 税收要推动试验区的建设

通过上述分析可以看出，瑞丽试验区的建设还存在很多难题，其中包括一系列税收问题，在瑞丽试验区的三大优势中都存在不少问题。加之受到缅甸经济社会的制约，瑞丽形成了经济总量小，行业单一，实体经济不强，严重依赖进出口贸易的不利局面。2010年瑞丽市GDP占全省的比重由2000年0.42%下降到0.39%。

另一方面应该看到，税收具有推动区域经济加速发展的重要作用，如果能够较好地解决瑞丽试验区存在的税收问题，就能为瑞丽试验区的建设找到重要突破口。瑞丽试验区的建设离不开税收，税收要积极推动试验区的建设和发展。

2. 税收增进比较优势从而推动试验区建设

瑞丽能够从改革开放以来取得长足发展，奔向未来的试验区美好蓝图，在于瑞丽具有资源、区域、政策三大比较优势。第三章细致分析了税收在资源加工、进出口、政策环境这三大方面的问题，实际解决好瑞丽发展中遇到的这些税收问题，就能发挥出税收对试验区建设的推动作用。因此，要通过税收增进瑞丽的比较优势，从而推动试验区建设。

第一，要立足增进政策优势，争取税收政策优势提高试验区的竞争力。通过加大财政支持增加试验区财力，通过减税让利吸引外来实体经济投资，改进不合理的政策，试点适应发展的新政策。通过政策优势的汇集，让越来越多的加工企业、现代物流企业、旅游商贸服务企业在试验区的政策沃土上落地生根、发展壮大。

第二，要立足增进资源优势，努力解决资源加工产业中存在的税收问题。认真研究特色农产品、珠宝玉石、木材加工等行业的税收问题，并从优化征收管理和争取政策支持两层方面加以解决。以此促进工业发展，让试验区的实体经济产生较好经济效益，成为增强试验区发展的内生动力。

第三，要立足增进区位优势，努力解决进出口产业的税收问题。通过税收消除资源进口、产品出口的障碍，并结合试验区工业自身的发展，让试验区真正发展为进口资源加工区、出口产品加工区、国际物流商贸区、跨境经济合作区，摆脱目前进口资源和出口商品"通道"的初级状态。

（二）争取税收政策优势叠加提高试验区的竞争力

改革开放以来瑞丽一直是国家沿边开放的政策实践前沿，1992年瑞丽成为全国对外开放的内陆边境县，2000年瑞丽姐告贸易区批准实行"境内关外"方式管理，2007年全国边境小额贸易人民币结算退税试点在瑞丽推行。但过去瑞丽的对外开放一直局限于以缅甸为主的周边国家的合作，由于对方是经济落后、政局不稳的国家，合作的空间和成效非常有限，瑞丽自身面临的一些问题也没有很好解决。可以说，如果没有国家提出的开发开放试验区战略，瑞丽的开发开放在短时间内难以在国家沿边开放中发挥更大的作用，难以实现跨越式发展的目标。在这样的现实条件下，瑞丽试验区的建设发展离不开政策支撑，才能走出有比较优势和后发优势而无实力优势的现状。

当前和今后一段时期，是国家进行区域发展改革试点的密集期。瑞丽要积极争取税收政策先行先试，通过政策优势叠加推进试验区建设。

1. 加大国家财政税收对试验区的支持力度

瑞丽试验区建设初期，税收收入规模小、产业和税税源结构层次低，在短期内这样的局面难以打破，而试验区建设将面临巨大的财政资金压力。所以仅仅依靠试验区自身财政税收难以破解试验区初期巨大投入的难题，要争取国家财政和税收给予倾斜支持。

一是积极向中央部委汇报和争取，在瑞丽试验区建设期间给予中央专项财政支持。可以参照《国务院关于支持喀什霍尔果斯经济开发区建设的若干意见》中对喀什和霍尔果斯经济开发区的支持，"2011年至2015年，中央财政对经济开发区建设每年给予一定数额的补助。"

二是争取以瑞丽试验区为试点，改革中央和地方的税收分配体制，扩大地方的税收收入。在调整中扩大地方政府的税收规模，减小瑞丽试验区本级收入与财政支出的缺口。改革要在保证中央掌握宏观调控和中央事权所必需的财政收入条件下，合理确定地方税收收入规模，让地方也拥有收入大、税源集中、稳定、征管便利的“大税种”，不能把地方税种都限定为“小税种”。可以考虑以下调整办法：消费税由中央税改为共享税，地方共享20%；适当提高共享税的地方比例，增值税把地方分享25%提高为40%，企业所得税地方分享40%改为50%；车辆购置税由中央税改为地方税（过去费改税前收入归地方）。

三是争取以瑞丽试验区为试点，进行地方税制度改革，为试验区财政建立更加可靠的主体税种和收入来源，满足试验区建设的支出需要。结合正在进行的资源价格体制改革，调整资源税征收率和征收额，体现资源有偿使用机制；将有税收性质但不适合全国统一征收的地方收费，改为地方税并赋予省级地方立法权。

四是争取以瑞丽试验区为全国财政转移支付试点，推行规范的公式转移支付办法，替代中央对地方政府税收财政返还的“基数法”和一般性转移支付、专项转移支付的随意性。充分借鉴国外转移支付的经验，推行科学和规范的政府间转移支付办法，采用各方接受的科学的计算方法和客观标准确定转移支付数额。返还地方数额的计算因素应该至少包括自然条件、经济发展水平、社会发展水平、物价因素①，并且要建立与瑞丽试验区经济社会发展相适应的正常增长计算制度。对由海关代征的进口增值税按国家关于增值税的分成比例，25%返还给瑞丽试验区专项用于口岸基础设施建设。

2. 适当降低试验区的实际税收负担

适当降低瑞丽试验区企业的税收负担，才能更多吸引外来投资，通过减税让利增加企业自身发展的积累，加快发展壮大。减税政策的实质是通过降低税负促进资源向试验区流动，吸引国内外投资，发展资源深加工基地、制造业基地、新兴产业基地，积极承接东中部产业转移，增强试验区自主发展能力。

（1）列入“增值税扩围”试点地区

按照《中华人民共和国国民经济和社会发展第十二个五年规划纲要》确定的税制改革目标和2011年《政府工作报告》的要求，财政部和国家税务总局发布了《营业税改征增值税试点方案》，2012年1月1日开始在上海率先试点，合理设置税制要素，改革试点行业总体税负不增加或略有下降，基本消除重复征税。《试点方案》提出，将根据情况及时完善方案，择机扩大试点范围，试点地区的选择综合考虑服务业发展状况、财政承受能力、征管基础条件等因素，先期选择经济辐射效应明显、改革示范作用较强的地区开展试点，试点行业选择先在交通运输业、部分现代服务业等生产性服务业开展试点，逐步推广至其他行业，条件成熟时选择部分行业在全国范围内进行全行业试点。

瑞丽试验区是重要的经济贸易口岸，具有经济辐射效应，重点将发展加工业和物流业，具备进行营业税改征增值税试点的基本条件。建议借助试验区政策契机，争取在扩大试点地区时将瑞丽试验区列为“增值税扩围”试点地区，减少营业税和增值税重复征税和加强税种衔接，降低税负和投资成本，吸引新增投资和促进产业升级，为下步增值税改革提供经验。

（2）企业所得税减免优惠

目前瑞丽试验区适用的企业所得税优惠主要是西部大开发税收优惠政策，不具备比较优势。新一轮的西部大开发优惠政策是把已经实行多年的优惠政策继续延续，没有形成政策落差，缺乏比较优势。为促进瑞丽试验区建设和发展，除现有西部大开发政策外还应实行特惠政策。

一是对建议对试验区内新办的生产型企业和物流企业，除国家禁止和限制的产业外，自生产经营取得第一笔收入年度起，前五年免征企业所得税，后五年减半征收企业所得税。

二是参照重庆两江新区，对试验区内高新技术产业、战略性新兴产业领域的企业，获利年度起三年内按有关规定提取风险补偿金可税前扣除。以此吸引境内外投资者到试验区投资，促进高风险的新型优势产业发展。

三是争取对在东南亚、南亚国家投资经营的企业取得的境外所得，在一定时期内回国后不再补缴企业所得税，鼓励更多的企业“走出去”发展壮大。

3. 完善姐告“境内关外”政策

姐告“境内关外”政策是原国家计委下发的单行文件，海关总署下发了配套海关监管政策。在瑞丽试验区建设中，如果税务部门不在区内征收国内税收，那么与国家统一的国内增值税、消费税现行税法严重冲突，而且区内企业难以发展壮大，仍将延续过去小、散、弱的初级状态。而如果海关不改变“境内关外”模式，国税部门就按国家增值税和消费税暂行条例规定征税，将导致姐告贸易区的进出口和国内税收冲突，恶化边贸交易环境，不利于中缅边贸发展，违背设立姐告“境内关外”贸易区的初衷。

因此必须完善“境内关外”政策，建议：国税和地税部门按照税法对姐告贸易区征收国内税收，再由财政部门进行税收财政返还，将姐告贸易区内企业缴纳的包括增值税、消费税在内的税收返还给区内企业。这样就能有效化解姐告“境内关外”区域中进出口税收与国内税收的严重矛盾，税务机关既按照税法规定征收各项国内税收，然后通过财政返还减轻区内企业的实际税收负担，有利于贸易区的政策环境正常化、合法化，为试验区企业发展壮大去除政策束缚，促进企业规模化、规范化发展。

4. 争取离区旅客免税购物政策试点

瑞丽试验区有着丰富的热带自然风光、少数民族文化、边境和谐安定的独特旅游资源。旅游行业被称为“无烟工业”，对餐饮、住宿、

① 王国清，程谦主编：《财政学》，西南财经大学出版社，2000年，第390页。

娱乐、地产、交通、生产、商贸等一系列行业具有拉动作用。为进一步发挥瑞丽试验区的旅游资源，带动相关产业发展，更好地让各地人民了解瑞丽、来到瑞丽、热爱瑞丽，应积极向国家争取参照海南国际旅游岛，试点“离区旅客免税购物”政策。“离区旅客免税购物”优惠政策主要是，对离区旅客在享受离区免税政策的免税商店内付款购物，实行限次、限值、限量和限品种免进口税购物。

（三）解决资源加工产业的税收问题增进资源优势

1. 提高农产品加工业对增值税的贡献

生产农产品不产生增值税，只有对农产品实现精深加工才产生税收。粮、糖、茶、橡胶等热带经济作物是瑞丽的特色农产品，要落实好国家对农业的优惠政策，同时通过发展农产品精深加工为瑞丽创造财源。

首先，积极争取国家完善橡胶增值税政策，将天然橡胶中的标胶产品列入工业品，按工业品征税，保持进口增值税和国内增值税税率一致。目前，瑞丽的橡胶产业停留在生产胶乳的低级阶段，因此要从税收政策和财力方面支持橡胶产业发展，特别是发展橡胶制品的精深加工，从而把产生的税收留在瑞丽。

其次，要加大粮食制品、制糖、茶业、咖啡等热带经济作物加工业的发展，由卖初级农产品向卖工业加工品转变，提高特色优势农产品产业的附加值，将资源优势转化为税收优势。

2. 加强珠宝玉石和木材加工业的税收管理

一是做好珠宝玉石行业税收政策宣传，督促纳税人准期如实申报销售收入，要求纳税人增强发票意识，诚信经营。二是加强木材加工、家具制造等特色资源加工行业的税收征管，采取投入产出、以销控进、以进控销等多种方法实施纳税评估，控制自开发票的进项税额抵扣，及时掌握税源变动情况，鼓励企业依法经营，做大做强。三是做好进口货物内销的税收管理，加强与海关的沟通协调，采集纳税人货物进口信息，对进口矿产品、玉石毛料、木材等资源类产品比对进销价格，对进销倒挂、留抵增长的进口企业开展集中评估，规范管理。

在加强管理的同时，对于珠宝玉石行业从政策方面与争取“离区旅客免税购物”试点结合，争取国家支持，重塑“玉出云南”的地位。建议对瑞丽试验区珠宝玉石加工和批发零售采取特殊的消费税政策。对从瑞丽口岸进口的玉石毛料给予免征进口环节各项税收，在瑞丽试验区境内加工和销售按规定征收增值税和消费税，个人购买后的可在离开瑞丽试验区时按一定比例退税。这样能够推动珠宝玉石产业在瑞丽做大做强，带动旅游经济的发展。对于木材加工行业，近年来有趋势从单一型开始向多品种、多规格型转变，原材料利用从粗放型开始向综合利用型转变，产品从初加工型向终端产品加工型转变，瑞丽木材加工行业正逐步向企业的规模化、专业化、品牌化、法制化和正规化方向发展，有望发挥优势税源的作用，实现税收快速稳定增长。

3. 合理解决进口资源的国内总分支机构分配问题

按照国家战略规划，未来从缅甸直接进口的电力、石油、天然气等大宗商品将过境德宏瑞丽试验区。这些资源进口后，有条件的要争取在瑞丽试验区生产和加工，或在电路架设、管道铺设、商品的结算环节，争取在瑞丽试验区进行财务核算，按照属地管理原则就地纳税。如中缅石油管道，经瑞丽进口石油和天然气输送到昆明草铺炼化，如果不在瑞丽设立机构而是直接由炼油厂直接进口、输送、炼化，则税收全部在炼油厂，瑞丽管道不产生增值税、所得税等主要税收。因此要争取在瑞丽设立独立纳税的法人机构，负责油气报关进口、内销业务，这样就能把相关税收在瑞丽缴纳，也有利于油气税收在进口、输送、炼化各个环节和相关地方合理公平分配。

（四）解决进出口产业的税收问题增进区位优势

1. 实施更加优惠的出口退（免）税政策

第一，建议对瑞丽试验区生产企业生产的直接出口到毗邻的大湄公河次区域国家（缅甸、越南、老挝、柬埔寨、泰国）的产品，除国家限制的“两高一资”产品外实行国内增值税按适用税率全额退税的政策。对外贸企业和生产企业出口非自产产品不适用上述政策。这样能鼓励出口企业在试验区投资设立出口商品加工厂等实体经济，有利于发展试验区出口加工业，提升产业结构、转变经济发展方式。

第二，对瑞丽、畹町口岸海关代征的进口环节增值税、关税，形成制度规定全额返还，用于边境口岸建设。特别是中缅石油管道已经开工，下一步国家电力投资公司拟在越南及缅甸建设开发水电站进口电力产品，这些大宗能源入境我国的海关报关口岸应当是瑞丽或畹町海关，所缴纳的进口增值税、消费税和关税要争取国家返还报关地。

第三，对瑞丽试验区退税款原来由地方承担7.5%的部分，全额由中央财政负担。

2. 改进进口商品的海关估价及统一商品进口环节和国内销售适用税率

针对瑞丽进口商品的海关指导价是依据哈尔滨海关价格，导致进口海关价格高估、企业税费增加、地方税收被挤占的问题，建议一是当地政府积极向海关部门反映，及时了解国际进口产品实际销售价，实事求是地核定进口报关价；二是争取将云南本地口岸进口缅甸商品的平均价格作为指导价。这样既能防止不法分子虚报压低报关价格从而偷逃进口税收，又能让进口税收征收依据更符合瑞丽口岸的实际进口价格，消除企业开展中缅贸易的障碍，同时增加瑞丽试验区的地方税收和财政收入。三是统一商品进口环节和国内销售适用税率，避免进同一商品进口和国内适用税率不一致。

3. 完善罂粟替代种植返销农产品的国内增值税政策

替代种植返销农产品免征了进口环节税收（包括进口增值税），国内在生产和销售时如果没有进项税抵扣将会使这一优惠政策落空。建议积极向财政部、国家税务总局反映，出台配套的国内增值税政策解决这一问题，明确替代种植项下的农产品，按照同期国内农产品买价和13%的扣除率计算和抵扣进项税额。

（五）创造公平高效的税收软环境

税收促进试验区建设的作用不仅在于争取国家政策优势和税务部门解决优势产业的税收问题，还在于为试验区的纳税人提供公平高效的税收管理、提供优良的纳税服务。

1. 优化税务机关的征收管理

（1）充实税务机构和人员

瑞丽试验区建设过程中对税收征管的要求，首要任务是充实一支能提供优质服务、具备良好业务素质的税收干部队伍，对进入试验区享受特定政策的纳税人开设绿色通道、专人服务，及时向区内纳税人宣传试验区政策法规，提高办理各事项效率和质量。

（2）提升税收征管水平

瑞丽国税部门应该以试验区建设为契机，大力实施税源专业化管理和信息管税，在税收征管理念、征管程序、管理流程、资源配置、征管手段、考核评价等方面进行变革和创新，不断提高税收征管的质量和效率。实行分类分级管理，加强对大企业、大税源的税收管理、定点联系；加强税收风险管理，及时向纳税人提供预警信息；实施信息管税，以信息化为依托，实现科学征管和提供优质信息网络服务。国税部门要通过提升征管水平，支持瑞丽试验区建设。

（3）加强周边邻国的税收协调

税收协调是指政府之间为了减少税收障碍，在税收方面采取协调措施。税收协调的内容主要是税收管辖权、税收制度、税收政策和税务合作，税收协调的主要方式有税制改革、税收宣言、税收协定、区域协调和跨区域组织协调等①。与周边邻国特别是缅甸开展税收协调，将极大促进两国资本、劳务、知识产权及人员在瑞丽试验区内合理流动，帮助周边邻国经济协调发展对于维护边境稳、实现瑞丽试验区进一步开放十分有利。

从税收角度看，商品和劳务贸易的障碍主要是进口环节税收，消除中缅两国的贸易保护主义，在瑞丽试验区积极开展关税协调，消除贸易壁垒，实现完全自由化的商品贸易和劳务将是两国税务机构开展税收协调的重点。此外，加强与缅方合作，探索性地从增值税征管、税基定义、税率协调等方面开展间接税的税收协调。在国税部门中要指定中缅税务合作机构，对企业所得税和个人所得税从税收政策、税率等方面实施直接税的税收协调。

2. 提升纳税服务工作

首要是税务部门加强对瑞丽试验区纳税人的政策辅导宣传力度。税务机关对纳税人最好、最有效、最直接的纳税服务，是辅导督促企业最快了解现行税收政策，最准确地掌握税收政策，最有效地执行税收政策，避免由于纳税人不掌握或不能准确理解税收政策而带来税收违规违法行为和经济损失。近年来云南省国税系统在纳税服务方面取得了经验，瑞丽试验区的国税部门要大力发扬这些经验，并探索符合试验区特色的纳税服务方式。一是送政策到企业的服务到户行动，及时将最新的税收政策以纳税评估等形式向纳税人宣传解释，以利于纳税人提早做好准备，用足用好税收政策，降低税收风险。二是积极推进网络办税，通过网络申报系统办理纳税人增值税、消费税、所得税以及出口退税（预审）纳税申报，由计算机程序自动执行表税比对，提供网络开票（普通发票）、网络认证发票和远程抄报税，通过税库银或者实时扣税系统扣缴税款，真正实现足不出户就能办理涉税事项，为纳税人提供优质、高效的纳税服务。三是开通12366纳税服务热线电话，解答纳税人在税收执行过程中遇到的疑难问题，及时为纳税人排忧解难，提高服务满意度。

国家重点开发开放试验区是新一轮西部大开发政策的重要内容，是国家提升沿边对外开放的新举措。新的政策期待新的实践、新的探索，税收作为一个重要的公共经济和管理范畴，可以从瑞丽试验区资源、区位、政策三大优势方面，促进优势资源加工、进出口贸易的发展和政策优惠效应的体现，从而推动瑞丽试验区的建设和发展。

参考文献：

〔1〕阮宜胜．王国清．经庭如《税收学原理》［M］．北京：中国税务出版社，2007：75～76。

〔2〕王国清，程谦《财政学》［M］．成都：西南财经大学出版社，2000：389～390。

〔3〕王洛林《西部大开发政策》［C］．北京：经济管理出版社，2003。

〔4〕靳东升《国际税收竞争与税收协调》刘佐主编《中国税制改革理论前沿》［C］．北京：中国税务出版社，2007：378～382。

〔5〕秦成逊“区际税收竞争对西部民族地区经济发展的促进效应——以滇、桂为例”［J］《思想战线》，2009，（6）：123～124。

〔6〕贾康．阎坤．鄢晓发“总部经济、地区间税收竞争与税收转移”［J］《税务研究》，2007，（2）：12～17。

〔7〕“中共中央国务院关于深入实施西部大开发战略的若干意见”［Z］．2011。

〔8〕“突出重点 加快推进 争取早日启动瑞丽国家重点开发开放试验区建设”［Z］．云南省人民政府办公厅政务情况通报（内部资料），2011，（45）。

〔9〕“瑞丽国家重点开发开放试验区实施方案（征求意见稿）”［Z］．德宏傣族景颇族自治州人民政府，2011。

〔10〕云南省统计局“2009年云南省统计年鉴”［Z］．云南人民电子音像出版社，2010。

课题组长：蔡　杰
副组长：雷　波
成　员：刘　丹　余正保
张殿文　钱　瑜
刘祖国　董学泰
高　帆　禹华强
执　笔：刘　丹　高　帆
刘祖国　董学泰
钱　瑜

① 靳东升：《国际税收竞争与税收协调》，中国税务出版社，2007年。

云南省国家税务局信息化建设实践与发展研究

云南省国税局信息中心课题组

[内容摘要] 中国税务信息化建设从80年代初期萌芽起步到现在的近30年时间里，取得了令人瞩目的成绩。税务信息化建设促使税收工作发生了翻天覆地的变化。云南国税的信息化建设，一方面积极贯彻国家税务总局的信息化建设方针和指导思想，严格按照国家税务总局的统一部署来开展信息化建设，另一方面，又立足云南实际，结合云南国税每年一个工作主题要求，充分发挥信息化的支撑和服务职能，积极支持国税事业发展，取得了显著的成绩，信息化建设全方位地促进了云南国税事业发展。云南国税在信息化建设上坚决贯彻执行自力更生，自主开发，自主运维的“三自”原则，信息化在有限的经费下实现了硬件平台、网络、应用系统的飞速发展，数据处理中心建设、数据监控分析、网上纳税服务等工作走在了前列。但在金税三期来临之际，国家税务总局和各省在信息化建设上随之面临一系列问题和矛盾。本文通过信息化的相关理论分析，采取诺兰模型研究云南国税信息化建设实践历程、现状、存在问题，得出云南国税信息化建设的相关结论，在此基础上采用多维分析方法确定了云南国税信息化的发展目标模式和长期、中期、近期规划，并对发展中存在的问题提出了对应的解决方案。

[关键词] 云南　国税　信息化　实践　发展

中国税务信息化建设从80年代初期萌芽起步到现在的近30年时间里，经历了从无到有、从单机使用到全国联网、从单一应用到多系统协同、从信息采集到决策支持的艰辛历程，取得了令人瞩目的成绩。税务信息化建设促使税收工作发生了翻天覆地的变化。

云南省国家税务局信息化建设一方面积极贯彻国家税务总局的信息化建设方针和指导思想，严格按照总局的统一部署开展信息化建设，另一方面，又立足云南实际，尽力支撑和服务云南国税工作需要，在多方面取得了显著的成绩，特别是2005年数据集中之后，坚决贯彻执行“三自原则”，信息化在有限的经费下实现了硬件平台、网络、应用系统的飞速发展，数据处理中心建设、数据监控分析、网上纳税服务等工作走在了全国前列，信息化建设全方位地促进了云南国税事业发展。

当前，我国税务信息化建设正步入一个全新的时期，特别是面临着金税三期的全国数据集中，云南信息化建设如何与金税三期衔接成了迫在眉睫的课题。机遇与挑战面前，研究国外、中国、云南国税自身信息化建设，分析历程，总结经验，规划发展，对新时期云南国税信息化建设有着十分重大的意义。

一、税务信息化的相关理论分析

在研究税务信息化之前，非常有必要对国内外税务信息化所涉及的相关基本理论进行分析和界定，包括信息、信息技术、信息化、税务信息化以及税务信息化原理和评价方法。

（一）信息、信息技术、信息化和税务信息化的理论研究

1. 信息

信息作为一个科学术语被提出和使用，可追溯到1928年R. VHartly在《信息传输》一文中的描述。他认为：信息是指有新内容、新知识的消息①。这个定义从某种程度上来说，更多的指事物发展到一种新的状态。关于信息，后来有多种定义。1948年，C. E. Shannon博士在《通信的数学理论》中，给出信息的数学定义。Norbert Wiener教授在其专著《控制论——动物和机器中的通信和控制问题》中，阐述了信息的定义。1956年，英国学者Ashby提出“信息是集合的变异度”。1975年，意大利学者G.. Longo在《信息论：心得趋势与未决问题》指出：信息是反映事物构成、关系和差别的东西，他包含在事物的差异之中，而不在事物的本身。可见，至今为止，信息的概念仍然仁者见仁智者见智。对于我们税务工作者而言，从实际工作来理解什么是信息，可能更加准确。我们对信息的定义是：信息就是指税收资源，它是信息本身和支持信息活动的各种数据、技术、手段、流程等的集合，一切税收征收、管理、稽查活动以及内部行政管理和纳税服务都可以用计算机语言来描述。

2. 信息技术

信息技术在税务系统的应用包括硬件、软件、应用系统、数据库、中间件、应用服务器、网络和通讯技术、应用软件开发工具等。计算机和互联网普及以来，人们日益普遍的使用计算机来生产、处理、交换和传播各种形式的信息（如书籍、商业文件、报刊、唱片、电影、电视节目、语音、图形、影像等）。

3. 信息化

信息化一词在今天已随处可见，使用频率非常高，在人们的潜意识中，似乎和计算机、和网络沾边的都可以称之为信息化，但信息化的概念和内涵究竟是什么呢？究其渊源，信息化一词最早出于日本学者Tadao Umesao（有译作：梅棹忠夫）的《论信息产业》一文，他在文中向人们描绘了“信息革命”和“信息化社会”的前景，他预见到信息科学技术的发展和广泛应用将会引起一场全面的社会变革，并将人类社会推向“信息化社会”，但他未能对信息化的概念作出完整而准确的阐述。信息化是一个新兴的概念，由于信息化在短短的几年内就被世界所认可，而且信息化技术发展迅猛。

① 百度百科：信息，http：//baike. baidu. com。

在这种形势下，中国许多学者也研究探讨了信息化的概念。据粗略统计，信息化的定义在中国已有二三十种说法。但随着信息化概念的普遍使用和人们对信息化认识的不断深入，现在的共识是：信息化是充分利用信息技术，开发利用信息资源，促进信息交流和知识共享，提高经济增长质量，推动经济社会发展转型的历史进程①。解读这一定义，我们可以认为信息化是一个动态的、发展的过程，利用信息技术的手段来推动社会的发展。

4. 税务信息化

（1）内涵

税务部门作为国家税收执法部门、税收作为调节国民经济的重要杠杆，信息化也是其发展和前进的必然，那么，税务信息化又该如何界定呢?

税务信息化是信息化这一历史进程在税收领域中的具体体现，其定义和内涵随着信息化进程的不断深入也经历了不同的阶段。最基本的定义认为税务信息化就是信息技术在税务管理方面的应用，税务信息化沿用信息化的一般概念，可以定义为，是指在税务工作各个方面应用现代信息技术，深入开发、广泛利用税收与经济信息资源，加速税务现代化的过程②；税收信息化是指通过互联网、内联网和外联网技术，实现税收管理职能的电子化处理，为各级税务机关和纳税人提供税源管理、征收管理和稽查管理服务，为有关部门和社会各界提供税收信息服务、税收信息咨询和涉税指南服务③；也有学者认为税务信息化最重要的内涵或精髓在于，构建一个“虚拟税务机关”，即跨越时间、地点和部门的全方位的税务综合信息集合体，这个集合体至少要达到两个目标：使税务机关能够有效地运用现代化信息技术，并将其整合到税收管理中去，实现税收管理的目标；税收信息的公开和可获得性，使全体税务人员能够便捷地获取所需信息，提高税收管理的效率和质量。这种定义更强调信息技术在税收工作中的应用，而一定程度上忽略了信息化所带来的征管流程再造和税收管理体制的改革。第二种对于税务信息化的定义则认为信息化是一场税收征管革命，认为：税收信息化 = 业务重组 + 机构重组 + 信息化，或是：税收信息化作为一场税收征管革命，其内涵可概括为“人—机器—人”，主要由两个有机部分组成，先是机器管人，获取详尽、准确、全面的税收信息，不受纳税人、执法者主观意志的影响；其次是人管机器，培养合格的执法者，建立良好的管理制度，最终实现税收管理的信息化，又或者定义为：税收信息化是利用信息技术对税务机关的内部组织结构和业务运行方式的重组和改造。通过重组和改造，使税收征管体制更加科学、合理、高效，使税收管理从金字塔式的管理向扁平化的结构转变。这一定义注重了信息化所带来的税收征管制度的创新，但在某种程度上忽略了纳税服务、行政执法以及税收决策等在信息化发展中的位置。第三种定义认为税务信息化是信息技术支持下税收管理制度的创新，是将信息技术广泛应用于税务管理，深度开发和利用信息资源，提高管理、监控、服务水平，并由此推动税务部门业务重组、流程再造、文化重塑，进而推进税务管理现代化建设的综合过程，税收信息化的前提是税收工作的标准化和规范化。信息化绝对不是把手工操作模式简单移植到计算机上，信息化必然带来业务重组、机构重组、不同层级机构事权的调整以及其职能实现方式的转变④。这是本文采用的定义，应该说也是在更高层次上实现的税务信息化，它不仅概括了信息技术在税务领域的应用，也肯定了信息技术在税收征管改革和税收制度创新方面的作用，指出了信息化的实质是信息技术、制度创新和管理现代化的高度融合，是以信息安全为前提，充分利用现代信息技术，在实现业务流程和税收管理科学化、现代化的基础上，有效降低征纳成本；充分挖掘利用系统内外的信息资源，促进信息交流和知识共享、促进税收管理和制度创新，有效支持税收决策、实现税收效益最大化，从而在一定程度上促进经济增长、推动社会和谐发展和转型。

（2）目标及任务

税务信息化是国家信息化的一个重要组成部分，须在国家宏观信息化战略框架下建设税务信息化。《2006—2020 年国家信息化发展战略》明确指出：“到 2020 年，我国信息化发展的战略目标是：综合信息基础设施基本普及，信息技术自主创新能力显著增强，信息产业结构全面优化，国家信息安全保障水平大幅提高，国民经济和社会信息化取得明显成效，新型工业化发展模式初步确立，国家信息化发展的制度环境和政策体系基本完善，国民信息技术应用能力显著提高，为迈向信息社会奠定坚实基础。⑤”毫无疑问，在这样一个经济全球化、社会信息化和世界扁平化的环境下，信息资源将作为与能源、材料同等重要的生产要素，通过信息技术这一载体的广泛、深入、充分应用和在各个领域的高度渗透，形成信息化建设的合力，为最终迈向信息社会奠定基础。大力推进信息化发展进程，是我国现阶段的必然选择和战略任务。

（3）税收信息化原理

税务信息化的理论根源——亚当·斯密的赋税四原则理论。亚当·斯密在《国富论》第五篇提出了赋税四原则，即公平原则、确实原则、便利原则和最少征收费用原则。我们认为，税务信息化的理论根源是赋税四原则中的便利原则和最少征收费用原则。税务信息化相对于传统的税务工作而言，由于技术水平的提高必将使征税成本降

① 中共中央办公厅、国务院办公厅印发《2006～2020 年信息化发展战略》，2006。

② 谭荣华：《税收信息化教程》，中国人民大学出版社，2001。

③ 曾国祥：《税收管理学》，中国财政经济出版社，2003。

④ 钱冠林：《税收信息化是中国税收征管的一场革命》，中国税务，2002（3）。

⑤ 中共中央办公厅、国务院办公厅印发《2006～2020 年信息化发展战略》，2006。

低，而且会极大地方便纳税人①。

（4）税收信息化模型

税务信息化的阶段理论有诺兰模型和米歇模型。20多年前，美国学者诺兰在深入研究信息化历程的基础上，总结归纳出信息化发展的一般规律：无论对于一个行业，还是对于一个国家或地区来说，信息化大体要经历初始、蔓延、控制、集成、数据管理和成熟这样六个发展阶段，各个阶段之间并非截然分开，也不能超越。这就是著名的诺兰模型。后来，米歇对诺兰模型提出补充意见。他认为，在诺兰模型中，作为前后两个阶段的集成与数据管理，其实是不可分割的，集中阶段的实质和主要特征恰恰就是以数据集成为核心的数据管理。因此，米歇模型认为，信息化的一般路径是由起步、增长、成熟和更新这样四个阶段所构成。而第一个阶段在技术、代表性应用、数据库及其存取能力、IT文化、全员素质等方面都有既定内涵。时至今日，人们已经公认诺兰模型和米歇模型是衡量信息化发展阶段的经典理论。通过研究国外一些发达国家的税务信息化进程，笔者发现，这些国家的税务信息化过程大都遵循了这两个模型，除了信息技术手段可以引进先进的以外，其他信息化过程不能跨越上述模型中任何一个阶段②。

本文将采用诺兰模型来研究云南省国家税务局信息化实践和发展。

（5）税收信息化衡量方法研究

国内较早的研究首先是1986年12月"首届中国信息化问题学术讨论会"提供的相关研究报告。国内主要是应用综合指数与波拉特等方法来比较国内信息化的发展水平与国际发达国家的差距，也有从"信息经济"的宏、微观视角来划分研究领域，将信息化评估界定为"信息宏观测度"的范畴。所以，国内的研究是从综合指数与宏观测度这两个方面展开的，但从研究的时间和人数上分析，综合指数研究居多③。

综合指数方法主要有三部分内容，即建立指标体系的方式、指标数据标准化处理方法和综合指数测算的定权方法。国内的研究主要集中在第一和第三两个方面。建立指标体系的方式，国内的研究主要以日本的RITE为基模，根据国内指标数据的可采集性为依据，建立综合指数的指标系。从已有的成果分析，国内学者的研究是以评估指标为重点。

（6）税收信息化影响因素

税务信息化建设不是单纯的技术问题，而是涉及技术、业务、流程、制度方方面面的工程建设，所以影响信息化建设的因素也是多角度的，但最根本的影响因素是人、技术、管理和统筹四个方面。

税务信息化建设首先是人的问题，一是领导的观念和意识问题，观念是行动的先导，有了正确的观念才可能有正确的方向，也才可能有执行的动力，只有领导的观念和意识统一到信息化建设这个方向上来，我们的信息化建设才可能有保障和生命力。二是队伍素质问题，信息化建设需要具有专业素养的业务和技术人才的保证才可能实施，因此，建立长期有效的人才培养机制是信息化建设的保证。

税务信息化建设的影响因素之二是技术的问题。信息技术是实现信息化建设的生产力，它涉及软件平台、硬件平台和网络安全平台的方方面面，设备选型、技术架构、安全策略等等都是至关重要的。

税务信息化建设的影响因素之三是管理的问题。信息化建设不仅要进行业务流程的梳理和再造、税收制度和体制的改革和创新，同样也要对应用系统的管理、税收数据的分析应用、信息平台的应急管理、考评考核等制定一系列科学严密的管理制度，这样才能发挥制度的效用，提升信息化平台的作用。

税务信息化建设的影响因素之四是统筹的问题，信息化建设中是一个系统工程，没有统筹规划是很难实现的，统筹的问题包括：在硬件资源上的统筹，既保证应用又不过度和重复投入；在网络安全上的统筹，既保证系统的安全可靠又保证各系统的兼容并举；在软件开发上的统筹，既保证业务的完整流畅又兼顾各类系统的标准整合；在信息资源上的统筹，既保证信息的完整准确又兼顾系统内外的融合共用。

纵观国内外税务信息化建设的实践，可以知道，税务信息化建设是经济全球化、世界扁平化的必然要求，是税收事业发展和迈向信息社会的必由之路，世界各国的税务信息化建设虽各有特点，但都遵循着共同的发展规律。

一是信息化建设的发展规律和国内外信息化建设的实践告诉我们，税务信息化建设从简单操作到信息管税、从单一方式到多元模式、从数据分散到数据集中、从系统林立到平台整合是一个必经的建设过程，要解决技术标准、业务规范、应用管理等一系列艰难的课题。

二是信息化绝不仅仅是信息技术的简单应用。税务信息化建设总是从最简单的机器代替手工操作开始，继而覆盖税收征管的各类业务和税务管理的各类事务，为税务干部减轻工作量的同时为纳税人提供更优质高效便捷的涉税服务，在这个过程中必然会改变甚至颠覆税收征管方式和理念以及税务部门的组织机构、管理制度和思想观念等等，对税务系统内外的发展都提出了更新更高的要求。

三是税务信息化发展到一定阶段，必然要求打破业务环节、业务部门、业务层级甚至行业之间的信息壁垒，打破传统的管理模式和发展模式，甚至从制度上、体制上、立法上做出突破和变革，不仅在税务系统要进行统筹规划、而且要在更高层面上实现全社会信息化建设的统筹规划，只有这样，才能充分实现信息资源的共享，才能向全社会的信息化推进，也才能真正地实现税务信息化。

（7）趋势和方向

金税三期的总体目标无疑为我们指出了税务信息化建设的根本方向，但是三期是一个庞大的系统工程，必然经历一个较长的、较难的

① 李广舜：《国内外有关税务信息化研究现状综述与分析》，辽东学院学报（社会科学版），2008。

② 李广舜：《国内外有关税务信息化研究现状综述与分析》，辽东学院学报（社会科学版），2008。

③ 李农：《信息化评估理论方法的比较研究》，图书情报工作，2007年11、12期。

建设过程，而我国各地的税务信息化建设发展到今天，已经取得的成绩是不能忽略的，历史的车轮也是只能不断向前推进的，所以，在金税三期的目标完全实现之前，我们各地的税务信息化建设必定是要向前发展的，目标当然是要向金税三期的总体规划靠拢，我们以为，在税务信息化建设中应该注意以下几个方面①：

一是信息平台的安全性。信息平台的安全和健壮是保证信息应用的前提，现代信息技术和网络技术的普及和应用给我们的生产、生活带来了翻天覆地的变化，也给信息化的实现和发展提供了可能，但任何事物都是双刃剑，信息技术提供给我们高可用性的同时，也必然会给一些不法分子带来可乘之机，所以，信息平台的安全性就成为了系统应用和拓展的前提和基石，信息化建设和发展的程度在很大程度上依赖于安全保障体系的建设。

二是信息平台的可靠性。信息化建设的基本要求是为税收工作和纳税人服务的，所以信息平台的可靠性和健壮性是系统应用最基本的要求。

三是信息平台的易用性。对系统内外的用户来说，操作的简捷、易用是一个重要的标准，也是系统良性发展和推广的必然要求。

四是信息资源的共享度。信息资源的充分利用和知识的高度共享是信息化建设借助信息技术这一生产力实现的生产方式，是信息化建设应用的必然要求，要尽量避免同一信息的多头采集报送，只有做到信息复用、共用，才可能保证信息的准确和统一，也才可能实现信息的深度挖掘和利用。税务系统内部的信息集中是信息化建设的重要标志，但更重要的是税收信息与海关、外汇、工商、质监、公安、金融等社会其他相关部门信息的联通与共享，当然这可能需要国家进行相关的立法，但是在各行业的合作尝试也必将对国家的立法起到促进和推动作用。

五是系统标准化体系的构建。我们知道，税务信息化发展到一定阶段必将进行资源和系统的整合，标准化体系的建设是整合的前提和基础。

六是要树立应用的观念。信息化建设的本质是要应用，而不是单纯的开发，好的平台一定要在使用过程中才能发挥其最大的效能，才能将信息资源的作用发挥到极致，所以一定要从上至下树立起应用的观念和意识。

七是信息化对业务的支撑和融合程度、对制度创新的促进程度。信息化建设不仅仅是利用技术来实现业务，更重要的是在信息与技术融合的过程中推动业务流程的合理化、科学化，所以信息化建设不是单纯的业务先导或是技术推动，而是二者高度融合、促进的过程；信息化建设的最终目标是要推动税收管理的现代化建设，这必然要涉及税收管理的科学化和税收制度的创新，所以制度的创新和信息化建设也是互为支撑的。

（二）国外税务信息化建设的实践和发展历程研究

税收信息化的相关理论为实践提供了路径和方向，而分析国内外不同税制下的税收信息化实践，特别是发达国家税收信息化建设的实践、国内信息化建设走在前列的省份实践，为云南国税信息化建设的发展提供了可借鉴的经验。

20世纪五十年代末，美国国内收入局开始利用计算机系统进行税务工作的管理。随后，英国、日本等发达国家也于六十年代先后开始发展本国的税务计算机系统。自此，税务信息化建设开始在世界许多国家普及开来，国外税务部门通过广泛与银行、财产保险、各企业等相关部门联网，纳税人的纳税申报、税款征收、税源监控、涉税违法处罚等税收征管工作全部实现了计算机处理，信息技术在税务工作中的普及应用，不仅大大提高了税收征管的效率和税源监控水平，节约了税收成本和社会成本，而且极大地方便了纳税人，创造了良好的社会效益②。

从1960年开始，美国就逐步在全国范围内建立了计算机征管网络。税收预测、税务登记、纳税申报、税款征收、税务稽查、税源监控、纳税情况收集等方面的工作，都广泛使用了计算机。美国国内收入局（IRS）通过2个全国性和10个地区性的数据中心，以及遍布全国的计算机网络，完成了美国联邦税收中约82%的收入征收。1997年联邦政府预算拨付3.36亿美元，用于税务局的技术更新，其中建造计算机信息系统就花费了2.06亿美元。1998年，国内收入署进行了改革，把其分区域进行税收管理的框架组织结构改成直接面向纳税人的税收管理框架组织结构，这样它的信息技术系统也必须进行更新以适应这种改革。为此，国内收入署制定了一个信息化建设15年规划，目标是建立一个高效公平的综合信息管理系统为纳税人服务。该综合信息管理系统有十个核心信息管理子系统，分别是纳税人服务系统、小型企业征管系统、大中型企业征管系统、电子申报系统、综合电子服务系统、图像识别处理系统、税收统计信息系统、综合人力资源管理系统、大型数据库管理系统和综合财务管理系统。到目前，国内收入署共有四个主要广域网，1182个区域网。其声讯网每年处理电话近2亿次，图像识别处理系统已处理了约10亿份图像及表格。为了提高信息服务的质量，国内收入署还加强了自己的网站建设。如在网站上提供了纳税人可直接下载使用的在线表格，纳税人的经常性问题及回答等。由现代信息技术推进的纳税服务，使电子申报率由1998年的20%提高到2002年的35.8%，2007年底个人电子纳税达到80%。

从美国税收信息化可看出：一是美国信息化的发展到了一个比较成熟的阶段，数据已经全国集中，这为纳税服务、税收征管等工作的全国开展提供了一个便捷的、高效的平台，而我国的税收征管数据还在各省，全国性的纳税服务工作还未能高效开展，可以预见，在金税三期，核心征管数据将会集中到全国，在全国的基础上开展税收征管和纳税服务，将急剧提升税收征管和纳税服务的质量和效率；二是在

① 刘建秋：《美国国税局1998年税收信息化改革研究及对金税三期工程建设启示》。

② 税收精细化管理书系：《税务信息化理论与应用》，中国税务出版社，2009。

信息子系统的规划上，美国把征管系统分为小型企业和大中型企业，从开展专业化的税收征管服务来看，这样的设计是非常合理的，可供我们在金税三期的设计上可借鉴参考；三是从税收信息化的发展水平的衡量方式来看，电子申报和电子征税比例是衡量税收信息化发展水平的重要指标，只有高度发达的税收信息化支撑，才有可能最大比例地改变传统上门申报征收方式。

澳大利亚税务部门运用计算机信息网络对纳税申报、纳税评估、税务稽查以及税收服务进行管理。近几年使用的电子报税推广成效显著，现在大约有70%以上的纳税人使用电子报税。同时，澳大利亚税务局积极鼓励纳税人使用网上报税。在纳税评估、税收服务等方面，澳大利亚税务局也充分运用计算机网络来完成。通过澳大利亚税务局的网站，纳税人可以全面了解澳大利亚税务局的有关情况和最新政策法规，接受信息咨询服务。澳大利亚税务局通过网络为纳税人定期不定期地提供大量的免费宣传资料，提供形式多样的咨询服务，同时，利用电子商务等形式提高税收咨询服务的质量和效率。澳大利亚税务局的税务管理信息系统与海关、银行等部门进行了联网，这样可以随时调阅所需资料。同时，利用庞大的信息系统，可以对公司、个人等的纳税情况进行评估和审计，以及进行案头分析和初步的税务稽查。澳大利亚税务部门也利用电脑网络对个人申报情况与从雇主和有关部门那里得到的信息进行对比分析，从而对个人所得税税源进行监控和管理。

从美国和澳大利亚的税收信息化建设来看，有几点可以借鉴的经验：一是要推广普及电子申报、电子征收，降低征税成本，提高征收效率；二是要增强保密意识，从思想认识、法律规定、技术等多方面加强安全系统的建设和管理，结合法律的进程，确保纳税人的权利；三是要加强网站服务功能，以服务纳税人为宗旨，以电子化的手段促进纳税人权利和义务的实现；四是要加强项目管理，建立稳定的核心系统；

还有一点要特别引起重视就是：选择外包软件并不能解决一切问题。美国国税局选择外包，在信息化上出现了重大失误，连续导致系统延期和经费剧增，系统拖延十几个乃至几 十个月才投入运行，开发的经费成本大幅超过预算，软件工程的风险仍然很大，现在美国国内收入局开始实施新的管理架构，其中包括雇用拥有特定技术和管理能力的员工等①。

二、云南省国家税务局信息化建设的实践

各省国税信息化建设都是在国家税务总局的统一部署下进行，云南国税结合自身工作特色，在实践中实现了创新和发展。各省数据省级集中后，信息化发展出现了区域的不平衡性，各省信息化建设与总局金税三期接轨的方式和思路不尽相同。非常有必要利用诺兰模型来研究实践历程和现状，鉴以研究今后发展思路。

（一）云南省国家税务局信息化实践历程

1. 诺兰模型原理

美国管理信息系统专家诺兰（Nolan）通过对200多个公司、部门发展信息系统的实践和经验的总结，提出了著名的信息系统进化的阶段模型，即诺兰模型②。

诺兰认为，任何组织由手工信息系统向以计算机为基础的信息系统发展时，都存在着一条客观的发展道路和规律。数据处理的发展涉及技术的进步、应用的拓展、计划和控制策略的变化以及用户的状况四个方面。1979年，诺兰将计算机信息系统的发展道路划分为六个阶段。诺兰强调，任何组织在实现以计算机为基础的信息系统时都必须从一个阶段发展到下一个阶段，不能实现跳跃式发展。

诺兰模型的六个阶段分别是：初始阶段、传播（普及）阶段、控制阶段、集成阶段、数据管理阶段和成熟阶段。

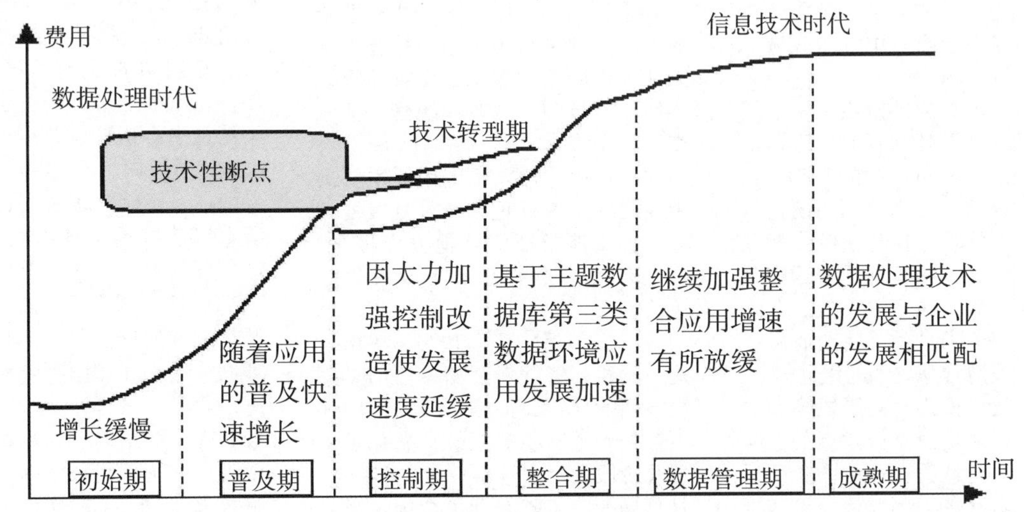

图1　诺兰模型阶段原理图

① 国家税务总局信息中心课题组：《美国税收信息化实践的经验教训和启示》，《中国税务报》，2007. 09. 19。

② MBAlib：《Richard · L · Nolan》，http：//www. mbalib. com。

第一个阶段是初始阶段：组织引入了像管理应收账款和工资这样的数据处理系统，各个职能部门（如财务）的专家致力于发展他们自己的系统。人们对数据处理费用缺乏控制，信息系统的建立往往不讲究经济效益。用户对信息系统也是抱着敬而远之的态度。

第二阶段是传播阶段：信息技术应用开始扩散，数据处理专家开始在组织内部鼓吹自动化的作用。这时，组织管理者开始关注信息系统方面投资的经济效益，但是实质的控制还不存在。

第三阶段是控制阶段：出于控制数据处理费用的需要，管理者开始召集来自不同部门的用户组成委员会，以共同规划信息系统的发展。管理信息系统成为一个正式部门，以控制其内部活动，启动了项目管理计划和系统发展方法。目前的应用开始走向正规，并为将来的信息系统发展打下基础。

第四阶段是集成阶段：这时，组织从管理计算机转向管理信息资源，这是一个质的飞跃。从第一阶段到第三阶段，通常产生了很多独立的实体。在第四阶段，组织开始使用数据库和远程通信技术，管理者开始考虑整合现有的信息系统。

第五阶段是数据管理阶段：信息系统开始从支持单项应用发展到在逻辑数据库支持下的综合应用。组织开始全面考察和评估信息系统建设的各种成本和效益，全面分析和解决信息系统投资中各个领域的平衡与协调问题。

第六阶段是成熟阶段：中上层和高层管理者开始认识到，管理信息系统是组织不可缺少的基础，正式的信息资源计划和控制系统投入使用，以确保管理信息系统支持业务计划。信息资源管理的效用充分体现出来。着一条学习曲线，深入地理解这条学习曲线，将会有助于组织更有效地管理这个进化过程

诺兰阶段模诺兰的阶段模型总结了发达国家信息系统发展的经验和规律。一般认为模型中的各阶段都是不能跳越的。因此，无论在确定开发管理信息系统的策略，或者在制定管理信息系统规划的时候，都应首先明确本单位当前处于哪一生长阶段，进而根据该阶段特征来指导 MIS 建设。

2. 基于诺兰模型研究云南国税信息化建设实践历程

（1）初始阶段（1985～1990）：这一阶段往往是税务机关拥有第一台计算机开始。云南税务信息化可以追溯到80年代末期从计划会计统计部门应用计算机时期，税务部门在税务管理领域应用计算机与银行等部门相比起步较晚。1985 年，根据国务院、财政部和国家科委领导同志的指示精神，总局在湖北全国计会工作会议上，对全国税务系统计划会计统计部门开发应用计算机工作作了统一部署，并就微机的配置、软件的开发和人员的配备等问题提出了明确的要求。而当时的税务管理的其他业务还停留在手工操作（如税收征管业务当时是专管员上门收税）的阶段，计算机是一个新事物，税务干部对计算机在税务部门的应用认识几乎为零。会后总局下发了云南税务系统第一台个人计算机京粤 GF80，计算机上安装了第一个税务软件：GCRS 报表管理系统，省税局裴晓梅成为操作这台 PC 机的第一个云南税务干部。标志着信息化在云南税务系统开始进入起步阶段。

这一时期，税务信息化的基本思路是：以计划、会计和统计作为应用切入点，“抓基层、抓应用、抓效果”，使广大税务人员从繁杂的手工劳动中解脱出来，并着力培养计算机应用的意识；税收征管模式是“一员到户、各户统管、征管查一人负责、上门收（催）税”，与此相适应，计算机应用便主要集中在会统报表处理、税收月报处理等方面，涉及征管其他方面极少，真正开展起来的也限于省市一级单位①。

（2）传播阶段（1990～1998）：这一阶段，管理者开始关注信息系统方面的建设，但是实质的部门还不存在。全国税务系统信息化进入普及阶段的标志性事件是 1990 年 4 月总局在广东省召开了全国税务系统第一次计算机应用工作会议，作为税务信息化的重要组成部分的税收征收管理信息化被提到了议事日程上，税务信息化进入了普及阶段。根据 1990 年全国征管会议提出的“同步进行征管改革和会计改革，要将征管改革、会计改革和开发应用计算机有机结合起来”（即通常所讲的“两同步、三结合”）的会议精神，云南省税务局在积极开展税务计划会计统计应用的基础上开始了在税收征管领域应用计算机的积极探索。1992 年，云南省所有县实现了延伸会计核算期的计会统软件的应用。省税务局在昆明市盘龙区税务局进行了征管软件的开发和成功试点，在这个阶段中，各级领导及业务人员对计算机应用的认识有了较大程度的提高，计算机在税务干部的心中，已经从可有可无变为能够很好地辅助进行税收征管的工具，对有些应用得较好的基层单位，甚至感到离不开计算机。计算机应用已从省市一级逐步转移到基层第一线，从计划会计领域扩展到税收征管领域，云南税务信息化开始普及并且蔓延。

（3）控制阶段（1998～2005）：这一阶段，出现了专门管理信息化建设的部门。这阶段的大事件就是 1994 年我国进行了大规模的财税体制改革，建立了以增值税为主体的流转税体制。以 1994 年开始启动的“金税工程”为标志税务信息化进入了控制阶段。1995 年昆明市国税局成立了电算中心，1998 年 5 月，云南省国家税务局成立了信息中心，专门负责全省税务信息化工作，之后各地市、区县也相继成立了信息中心机构，并培养和引进了大批专业人才；云南第一个自主开发的项目昆明市国税局征管信息系统 1995 年 1 月 1 日在昆明市国税局涉外分局上线，随着 1997 年 YNNT－NTCM2. 0 云南征管软件开发成功及在全省的逐步推广应用，税务管理进一步向信息化规范化方向迈进，业务人员对计算机的认识有了较大程度的提高，计算机对基层的税收征管工作发挥了重要作用；计算机类设备的配备已初具规模；1999 年云南国税进行了第一次数据分析利用尝试，开发成功了 YNNT

① 税收精细化管理书系：《税务信息化理论与应用》，中国税务出版社，2009。

－NTGS1.0 监控系统，对征管软件中征管数据和计会统账建立了有机联系和监控关系。同年底，全省顺利解决全省国税系统计算机 2000 年问题。2000 年 11 月按时按质按量完成了金税工程的县申请、调试、机房建设、设备调试、仓储保管及分发工作。而联通国家税务总局、省级税务机关、地（市）级税务机关、县级税务机关、部分县以下税务机关的计算机广域网络全省于 2001 年 2 月基本建成，并于 2001 年 7 月全省开通金税工程网络；同时全省百万元版的增值税专用发票开始全部纳入增值税防伪税控系统管理，并随稽核、协查系统的启用，利用增值税专用发票犯罪的现象得到一定的遏制，同年全省各州、市、区、县基本完成了公文处理系统（ODPS）的推广工作，这些都标明税务信息化已真正成为了税务管理的依托。2002 年开始，随着金税工程的稳步推进，云南省国税局围绕 YNNT－NTCM2.0 征管软件的全省推广及实际应用中面临的一些问题，同时针对国税业务的下一步发展，省局开始成立了 YNNT－NTCM3.0 项目组，面向大型数据库应用及三层体系技术架构方向研究未来的信息化管理系统及其应用，本次项目组成功对总局还不太完善的 CTAIS 软件做了研究，并开发了一套云南自己的三层体系结构的征管软件，同时培养了一批懂技术，业务精，能管理的人才。从这一年起，全国国税系统的信息化浪潮蜂拥而至，云南省国税局迎来了各种各样的信息化项目，进入了稳步发展阶段，同年，云南省国税局还完成了稽查软件的开发试点工作，承接了总局面向金税三期的税银库联网课题，借此机会开始研究省内的电子服务平台及税银库联网，同年，玉溪试点上线总局的 CTAIS1.04 版软件成功，2003 年，昆明上线总局的 CTAIS1.05 版软件，同时全省范围内把所有增值税一般纳税人纳入网络版防伪税控系统管理，同时开始了大规模的金税二期外围拓展，在近一年的时间内将四小票纳入软件管理，推广了一窗式，一户式管理，2004 年云南承担的总局课题顺利通过了科技部验收，同年防伪税控监控台系统，失控发票快速反应机制，成品油以进控销系统开始启用，总局还建成了全国数据定时交互的出口退税单据系统，出口退税审核工作开始全面依赖各项电子单据数据，同年云南国税为了支持第二年的综合征管软件上线而开发的电子政务网站也通过了验收，开始试运行。

（4）集成阶段（2005～2011）：云南国税进入这一阶段的标志性事件是 2005 年 6 月 1 日综合征管软件全省上线。在云南国税信息化建设历史上，这一阶段，是信息化建设突飞猛进、飞速发展的阶段。这一阶段的信息化建设，云南省国家税务局党组订下了信息化建设“三自”原则：自力更生、自主开发、自主运维。在推广国家税务局各系统的同时，结合云南实际工作需要，云南省国家税务局自主研发了 18 个应用系统，通过这一阶段的建设，云南国税系统有了联通国家税务总局并覆盖省、州、县、分局的五级广域网络；有了全省国税系统全局的电子化征管业务流程，各部门各层级信息沟通和数据交换基于统一的标准，信息被有序地传递和合理地分配，所有与税收有关的信息被采集、整理、分析和利用，税收成本显著降低，税收征管质量效率显著提高；纳税人可以通过互联网完成申报、缴税等工作，税收工作被信息化全方位推进①。

2005 年 6 月 1 日，中国税收征管信息系统（V1.1）在云南省国税系统按时、成功上线运行，实现了主流业务的省级数据集中，覆盖了税务登记、发票管理、申报征收等各个税收业务环节，全省 13000 多户增值税一般纳税人已全部纳入防伪税控、稽核、协查系统，覆盖面达 100%。初步建立起了一个科学、规范、简明、高效的税收征管新机制，为规范执法，强化税务行政执法监督，增强税源监控，提高决策依据的准确性和可靠性，逐步实现了税收征管的科学化和精细化管理；2005 年 4 月，网络建设形成了一个连接总局、省局、地州市局、区县局、分局（所）的高速安全、技术先进、稳定可靠、可扩展伸缩、支持多种应用、维护管理简单、网络结构合理的 5 级网络系统，并实现了两条线路的热机备份；建设了与中国工商银行、中国银行、建设银行、农业银行、交通银行、邮政储蓄六家专业银行的网络连接，并实现了申报征收信息的实时交换。在全省成功开通云南国税电子政务网站（内网）、云南省国家税务局互联网站（外网）；完成了出口退税单据传输系统、成品油纳税评估系统、一机多票相关系统推广；推广运用“云南省国家税务局数据监控分析系统”，成功实现对我省综合征管软件、增值税管理信息系统、出口退税系统等的数据分析，为各级领导和各业务部门提供决策支持；推行税收执法管理信息系统，税收执法进一步规范；2007 年推广应用税收管理员辅助信息系统，配合监控系统的使用，数据分析利用从宏观到微观覆盖到每一级税务干部，云南省国家税务局数据支持中心成立；2008 年 6 月，小规模增值税网络申报成功上线，7 月所得税预缴申报运行，8 月运输发票网上认证上线，9 月消费税网上申报全国首例成功运行，10 月增值税一般纳税人网上申报成功运行；2009 年，投资 2400 万、占地 1400 平方米的云南省国家税务局数据处理中心建成、数据存储中心建成、数据备份中心建成；广域网进一步扩容改建，三条线路实现了业务分流、互为备份；高清教育培训系统投入使用；一般纳税人实现了远程抄报税；重点税源实现了网上报送；2010 年，针对普通发票简并换版工作，我省自行研发推广了普通发票网上填开系统；2011 年启动了数据存储中心规划建设工作，启动了标志着云南国税信息化发展进入下一阶段的项目——iTax（网上云南国税）。

（5）数据管理阶段（2011～今后）。组织实施信息化建设的高层意识到信息战略的重要，信息成为部门的重要资源，信息化建设也真正进入到数据整合、管理和处理阶段。这一阶段中，企业开始选定统

① 罗磊、和晓兰、李洁：《科技引领进步 创新促进发展》，中国税务报。

一的数据库平台、数据管理体系和信息管理平台，统一数据的管理和使用，统一各应用系统的用户密码，各部门、各系统基本实现资源整合、信息共享。信息系统的规划及资源利用更加高效。

多来年持之以恒、特色鲜明、发展迅速的云南国税信息化建设，一方面有力地促进、支撑、保障了云南国税税收事业的全方位发展，各项工作取得了显著的成绩，另一方面，也有了现在系统林立、信息孤岛等问题，征收成本在降低的同时从事技术的税务干部压力剧增，纳税服务在显著优化的同时信息化投入成本越来越高。为了适应税制改革与发展的要求，为了解决上述矛盾，为了云南国税自行研发的18个应用系统顺利与总局金税三期接轨，云南省国家税务局在2011年启动了iTax（网上云南国税）项目：项目按三年三期规划，采用云计算技术，对信息资源进行深度整合，第一期工程整合内外网站，第二期工程整合涉税相关功能建成网上办税服务厅，三期工程整合数据分析利用相关系统，项目建成后，将实现八个统一：统一登陆（用户一次登录可以完成相关工作）、统一门户（统一内外网站门户）、统一界面交互、统一安全策略、统一用户管理、统一工作流程控制、统一报表传输、统一数据存储。目前，第一期工程进展顺利，已经完成了基础设施搭建，在这个框架内的内外网站基本整合完成。

信息技术经历了20多年在税务系统的应用历程，中国的税务信息化已经从早期用微机做报表的初始阶段开始，进入集成阶段飞速发展，到现在用云计算来整合资源支撑税制改革与发展的数据管理阶段。表现税务信息化已逐步向提高数据处理的集中度发展，至金税三期的全国数据集中，信息化建设将全面覆盖税收工作的每一个环节。

经过金税三期的发展之后，税务系统信息化将步入成熟阶段：税务机关整合了纳税人财务信息、银行信息、海关信息、财政信息、公安信息、社区信息、电力信息、各相关部门信息，信息系统可以满足单位中各级税务机关、各级管理层次（决策层、管理层、操作层）的要求，从而真正实现信息资源的全面管理。信息系统已经把整个生产和管理过程结合起来，单位内部和外部资源充分整合、利用，税收管理方式将再次产生重大变革，税收征收、税收管理、纳税服务成本显著降低。

（二）云南省国家税务局信息化实践现状

1. 可持续发展的基础设施平台已能满足金税三期需要

在集成阶段，云南国税完成了数据处理中心、数据支持中心、数据备份中心建设并规划了数据存储中心建设，智能的各个中心实现了无人值守，硬件故障、温、湿度短信报警；全省广域网络扩容改建完毕，三条线路实现了业务分流、互为备份，网络连通的安全性能显著提升；云南国税系统部署了高清教育培训系统等硬件设施建设；在信息化集成阶段，新增PC服务器150多台，网络设备增加了1倍，带宽增加了3倍，小型机增加到20台，增加了2倍；这个硬件大平台为支撑今后高速信息化发展奠定了坚实的基础，信息化基础设施建设与管理平台已经可以适应将来很长一段时期税收信息化发展的要求。

2. 安全防护体系框架初步构建

云南国税在信息化建设步入全省联网的控制阶段后，一直强调并重视系统安全防护，确保信息系统安全稳定高效运行，一是着力构建安全防护体系。完成了税务系统二期安全防护体系建设，实现网络安全事件可管理、可审计和可预防；利用防火墙技术实施网络安全域边界的保护；利用入侵检测技术对受保护域实施安全性检测；利用防病毒技术对保护域实施计算机病毒的防御和消除；利用漏洞扫描技术实现对保护域的定期安全检查和风险评估。全省税务系统15591台计算机安装了杀毒软件，14412台计算机部署了桌面安全防护系统和安全审计系统，部署防火墙45台、入侵检测（IDS）24台、漏洞扫描8套。配合总局启动了税务系统三期安全防护体系建设工作。加强应用系统的安全防护能力，构建坚实的应用系统。通过升级原有的桌面安全管理系统以及在省局部署网络准入控制系统、数据库安全审计系统、因特网上网行为监控系统、安全基线管理系统、WEB应用安全评估系统来构建应用级的安全防护体系。我省已于2011年4月完成了三期安全体系的建设，目前进入了试运行期；二是区域安全防护进一步加强，随纳税服务进一步优化和涉税业务在互联网上的逐步开展，税务数据在内网和互联网间交互，内网与互联网之间的区域成为安全防护的重要环节。做好隔离区域安全防护工作成为了安全建设工作的重要组成部分，我们建立了两套完整的安全防护系统。一套是建立在以省局门户网站为核心，发票比对、认证及涉税信息查询为辅的应用之上，采用了双层防火墙、防病毒网关、入侵检测系统、网页防篡改系统和安全隔离与信息交换系统等设备组成的防护系统；另一套是建立在以网络申报系统为先导、网络发票填开系统为补充的新兴应用之上，采用相同的安全防护系统。防止非法外来入侵、保护内部数据安全也是安全隔离区域防护的核心内容。在做好安全区域防护的同时也在不断地学习新技术、积累安全防护经验，使我们的数据、应用得到最大程度的保护。

3. 运维工作与信息化进程协调发展

云南国税不断提高系统维护水平，以满足日益增长的业务需求和应用系统需要；遵循一体化要求，稳步推行各类应用系统，并采取有效措施提高系统运行质量，保证系统平稳运行。根据总局提出的“统一服务平台，统一接收反馈”原则，建立了以“省局为主、州市为辅”的运维一体化工作指导思想，初步构建我省两级运维管理体系；在内网网站开发了对省内各地市提交的各类问题统一受理平台，通过服务平台统一解答和反馈，保证了运维工作规范有序，提高了解决基层问题的效率，并做到修改数据有据可查；为提高问题分析质量和效率，解决省级测试环境压力大，州市提出的数据分析需求等问题。部署了数据分发系统，极大地提高了基层对数据应用的深度和广度。

建立一体化运维机制。从制度、流程、平台和队伍四方面入手，逐步构建以省局为核心，州市局运维为辅助的两级运维体系，省局继续做好全省税收信息化建设的规划，指导、协调和督促各州市做好相应的运维工作，为全系统和纳税人提供优质的技术服务。省局逐步建立覆盖应用系统、系统软件、主机服务器、存储设备、机房环境等方面的运维制度，建立持续改进的工作机制，不断强化运维制度和流程的执行力，适应运维管理工作快速发展变化的需要。建立运维考核制度，对参与维护全省系统的州市进行科学考核，提高运维效率。

4. 信息管税卓有成效

全省数据集中后，云南国税努力深化数据应用，提高信息管税水平。“数据监控分析系统”是各级领导层、管理层从宏观上实施税收科学化、专业化和精细化管理的好工具，经过5年的发展，逐步形成了各税种、各部门的现代化信息化管理体系；“税收管理员平台”的研发应用，使税收管理员的职责能规范落实到位，数据分析利用从微观上延伸到信息化的边缘部门。开展数据分析利用中，注重“统一规划、统一口径”采取技术与管理手段、加强业务与技术融合，提高数据采集质量，减少“异常数据”、“垃圾数据”进入系统；建立科学的指标体系，提高数据的集中度，以总局CTAIS数据为核心，对采集的数据进一步加工、梳理、存储，为数据的深度分析打下坚实的基础；深化数据挖掘与应用，充分利用现有的数据，深化数据挖掘，从加强税源管理、防范执法风险、提高决策水平入手，加强数据分析运用，为业务部门提供全面、准确的数据结果，提高税法遵从度，提升信息管税水平。

5. 网络办税已经接近发达国家水平

云南省国家税务局秉持“以纳税人为中心，始于纳税人需求，终于纳税人满意”的纳税服务宗旨，着重推进内外门户网站建设、打造网络服务平台、构建纳税服务新格局。网络申报、实时扣税等税收征缴方式已全面覆盖国税征管的三大主体税种，自主开发的网络申报、普通发票网上填开等应用系统全部免费提供给纳税人使用，系统硬件要求尽量立足纳税人现有条件，给纳税人带了实实在在的好处。纳税人积极通过网络开展信息查询、办税咨询、纳税申报、税款缴纳、发票认证、资料上报等涉税业务，彻底打破了纳税服务的时空局限，以丰富的纳税服务手段，极大降低了纳税人办税成本，降低了税务机关征收成本，缩短了办税时间，延伸了办税空间，提高了办事效率，优化了纳税服务。

网上认证。2007年5月省局成功推行增值税专用发票网上认证平台，使得云南国税对纳税人的发票认证服务得到了时间上的最大拓展（由原来的5×8小时拓展到全天候的7×24小时）和空间上的极大延伸（办税地点从办税大厅延伸到纳税人所在的任何配备扫描设备、联通互联网的地方），在省局统一部署的十台无人值守解密工作站逐步取代了全省原有部署在各个征收大厅里的数百台专用发票认证工作站的大部分工作，自动处理完成增值税专用发票的认证过程，有效降低了征纳成本，优化提升了纳税服务，这也是我省的纳税服务向网上办税服务厅拓展迈进的重要标志。从2007年至2011年，全省增值税专用发票的认证量逐年增加，而网上认证的比例也在逐年上升，2011年全省87.19%、共计17096642份增值税专用发票是通过网上认证平台处理的，较好地实现了税企“两个减负”。

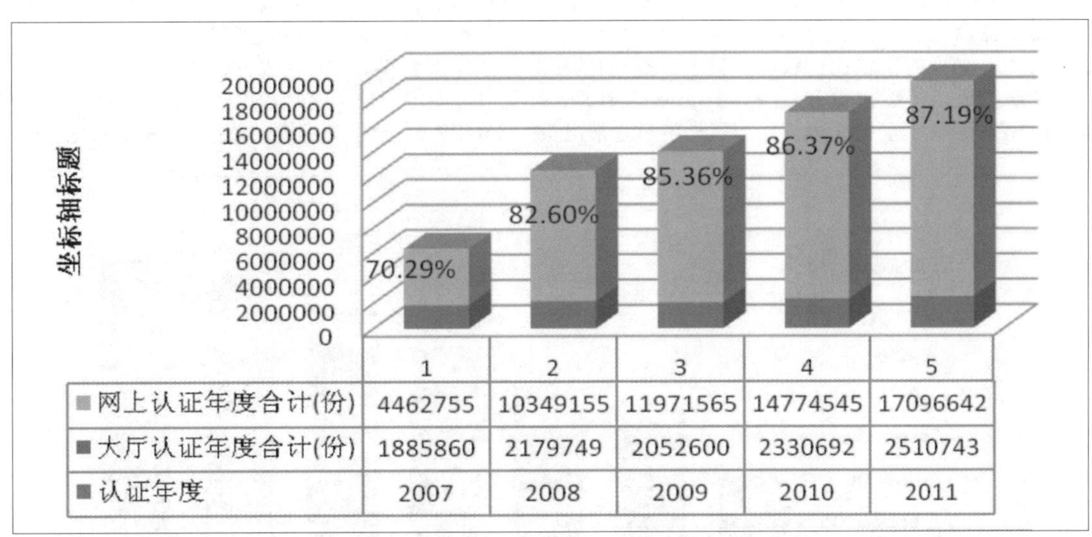

	1	2	3	4	5
■网上认证年度合计(份)	4462755	10349155	11971565	14774545	17096642
■大厅认证年度合计(份)	1885860	2179749	2052600	2330692	2510743
■认证年度	2007	2008	2009	2010	2011

图2　云南省国家税务局2007～2011年增值税专用发票认证情况

多元化申报。随着社会经济的不断发展，纳税人数量的不断增加，税收征管要求的不断提高，基层税务征收大厅的征管压力也在不断加大、大厅拥堵带来的征纳矛盾不断显现，特别是在经济较发达的省会城市的城区大厅，这一问题尤为严重，云南国税从2005年起不断探索、相继推出的储蓄扣税、银行网点申报、大厅自助申报等一系列的多元化申报方式和网上认证等举措在一定程度上缓解了大厅压力，但是大厅窗口资源有限和业务受理量繁多的矛盾并未从根本上得到解决，创新征纳方式、优化纳税资源已成为云南国税信息化建设的必然趋势和各级领导的共同认识。2008年6月1日，完全由省局自主开发、自主运维的“云南省国家税务局网络申报系统”正式上线运行，现已覆盖了国税征管的增值税、消费税和企业所得税三大税种的各类正常申报，实现了增值税一般纳税人网上抄报税、申报、扣款一体化服务，实现了企业各类涉税附列资料以及关联企业往来业务报告表在线填报，为纳税人提供了足不出户完成所有申报纳税的优质便捷的纳税服务，同时也切实减轻了征收一线的工作压力，促进了税收资源的优化重组，提高了征管数据采集的质量和效率。2011年度，云南国税组织收入1296.60亿元，其中：纳税人通过网络申报系统自主申报898866户次，申报入库税款823.86亿元，占到总税款的63.54%；一般纳税人增值税网络申报303744户次，占全省一般纳税人增值税正常申报516692户次的58.79%；一般纳税人增值税网络申报税款328.90亿元，占全省一般纳税人增值税正常申报税款453.45亿元的72.53%。

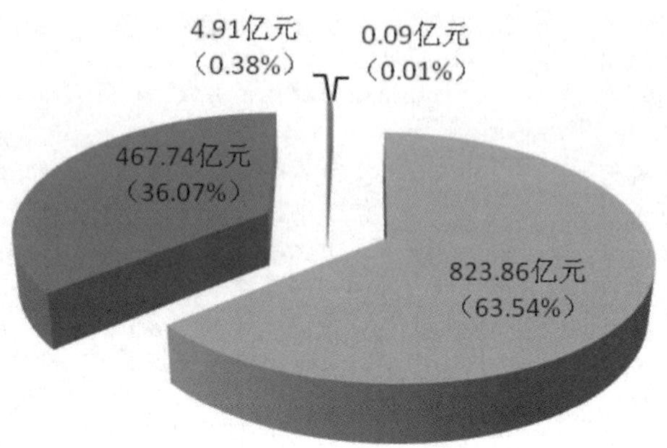

图3 云南国税2011年征收税款情况

从2005~2011年我省多元化申报方式的推广使用情况来看，纳税人越来越多地接受并自愿选择了更方便、更快捷、更适合自身操作的申报方式，定期定额征收的纳税人基本上选择了储蓄扣税方式，虽然这一部分纳税人申报的税款比例较小，但申报量很大，储蓄扣税方式的总体申报比例保持在全省应申报总数的三成左右，为定期定额纳税人提供了方便、安全的申报渠道；而查账征收的纳税人则从上门申报、银行网点申报、触摸屏自助申报逐步过渡到了网络申报，截至2011年，全省纳税人通过网络申报系统自主申报的比例已经达到全年各类申报的25.41%，并且占定期定额户以外各类正常申报的36.42%，昆明地区网络申报比例已达其定期定额户以外各类正常申报的72.84%。这些多元化申报方式不但从根本上解决了大厅拥堵、办税效率较低、征管数据质量参差不齐的问题，为纳税人提供了安全、高效、便利的纳税服务，降低了征纳成本，也从一定程度上提高了纳税人的纳税遵从度，推进了国税信息化建设。

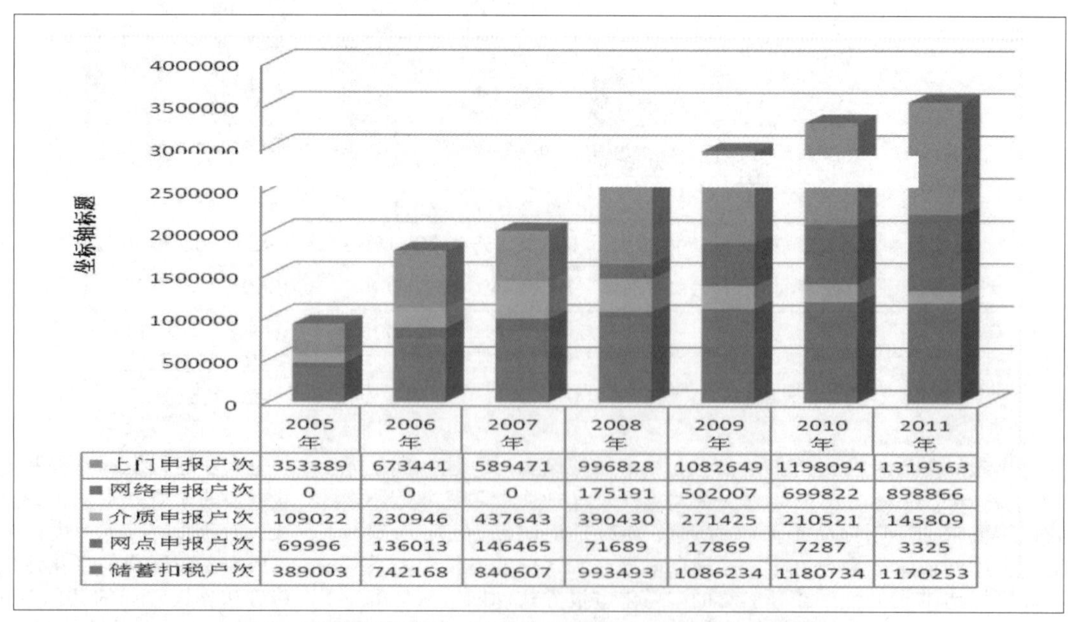

	2005年	2006年	2007年	2008年	2009年	2010年	2011年
■上门申报户次	353389	673441	589471	996828	1082649	1198094	1319563
■网络申报户次	0	0	0	175191	502007	699822	898866
■介质申报户次	109022	230946	437643	390430	271425	210521	145809
■网点申报户次	69996	136013	146465	71689	17869	7287	3325
■储蓄扣税户次	389003	742168	840607	993493	1086234	1180734	1170253

图4 云南国税2005~2011年按申报方式统计的申报情况

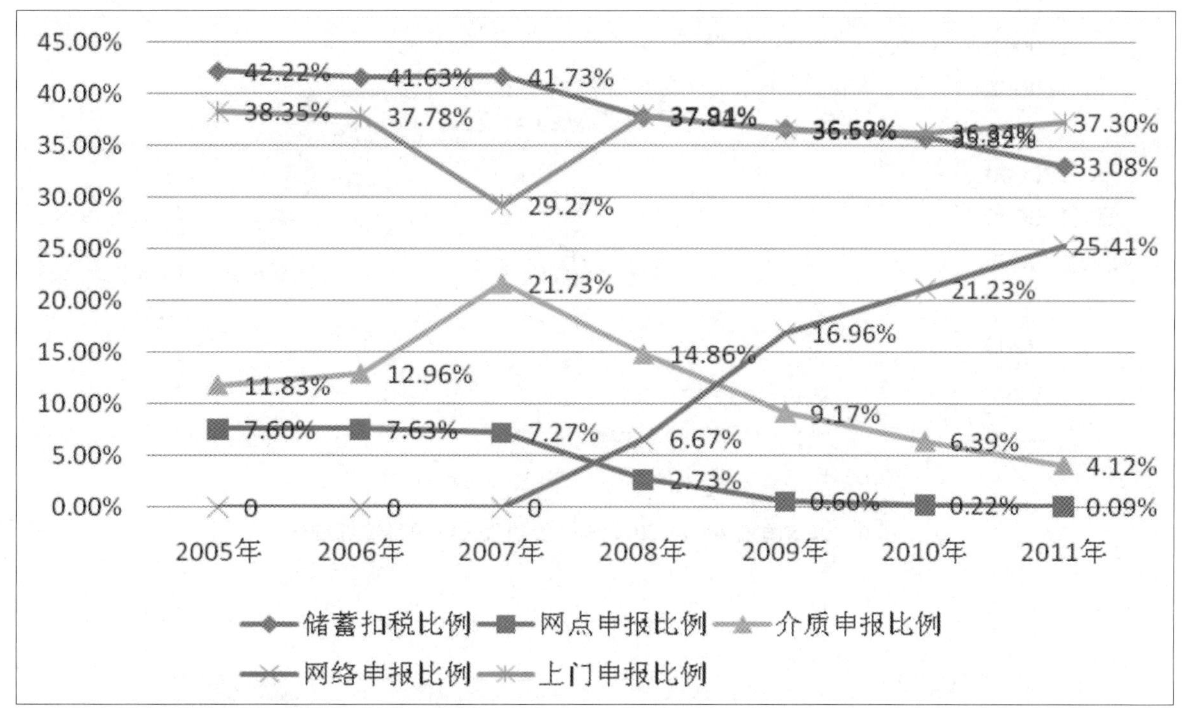

图 5 云南国税 2005～2011 年各申报方式占比情况

表 1 云南省国家税务局多元化申报征收情况

年份	户数（次）									收入（亿元）						
	应申报户次	其中：								税收收入	其中：					
		储蓄扣税		网点申报		介质申报		网络申报			储蓄扣税		网点申报		网络申报	
		户次	占比	户次	占比	户次	占比	户次	占比		税款	占比	税款	占比	税款	占比
2005	921410	389003	42.22%	69996	7.60%	109022	11.83%	0	0	497.30	1.71	0.34%	0.09	0.02%	0.00	0.00%
2006	1782568	742168	41.63%	136013	7.63%	230946	12.96%	0	0	575.36	2.45	0.43%	0.83	0.14%	0.00	0.00%
2007	2014186	840607	41.73%	146465	7.27%	437643	21.73%	0	0	709.35	3.23	0.46%	1.74	0.25%	0.00	0.00%
2008	2627631	993493	37.81%	71689	2.73%	390430	14.86%	175191	6.67%	861.84	5.96	0.69%	1.75	0.20%	386.64	44.86%
2009	2960184	1086234	36.69%	17869	0.60%	271425	9.17%	502007	16.96%	900.08	4.57	0.51%	0.74	0.08%	431.64	47.96%
2010	3296458	1180734	35.82%	7287	0.22%	210521	6.39%	699822	21.23%	1070.10	5.47	0.51%	0.93	0.09%	672.69	62.86%
2011	3537816	1170253	33.08%	3325	0.09%	145809	4.12%	898866	25.41%	1296.60	4.91	0.38%	0.09	0.01%	823.86	63.54%

注：1. 云南省国家税务局 2005 年 6 月 1 日征管数据集中到省局，同步开始启用储蓄扣税、银行网点申报和介质申报三种多元化报税方式，2008 年开始推广网络申报方式；

2. 由于纳税人申报方式变更、纳税人资格变更、状态变更等因素影响，本表计算中不 采用“户数”，而是用“户次”，更能准确掌握各种网络方式下的总体情况；

3. 云南省国家税务局在全国税务系统率先向纳税人推广消费税网络申报；网络申报的 范围包括增值税、消费税、企业所得税；

资料来源：综合征管软件生产系统，云南省国家税务局数据监控分析系统、网络申报系统和对纳税人服务平台等系统计算。

网络抄报税。2009 年 5 月，为进一步完善一般纳税人增值税网络申报流程，解决纳税人需到办税大厅进行“防伪税控 IC 卡”报税的瓶颈问题，云南国税积极努力整合研发，实现了一般纳税人增值税网络申报的 IC 卡抄报税、申报、扣款、IC 卡清零解锁的一体化操作，截至 2011 年，使用网络抄报税的一般纳税人已达到 21269 户，占网络申报一般纳税人的 33692 户的 63.13%，而 2011 年全年网络抄报税 107080 户次，占全部一般纳税人抄报税 245802 户次的 43.56%；网络抄报税发票 18933173 份，占全部一般纳税人抄报税发票 21886072 份的 86.51%，这也表明规模较大、经营较活跃的企业都已选择了网络抄报税。

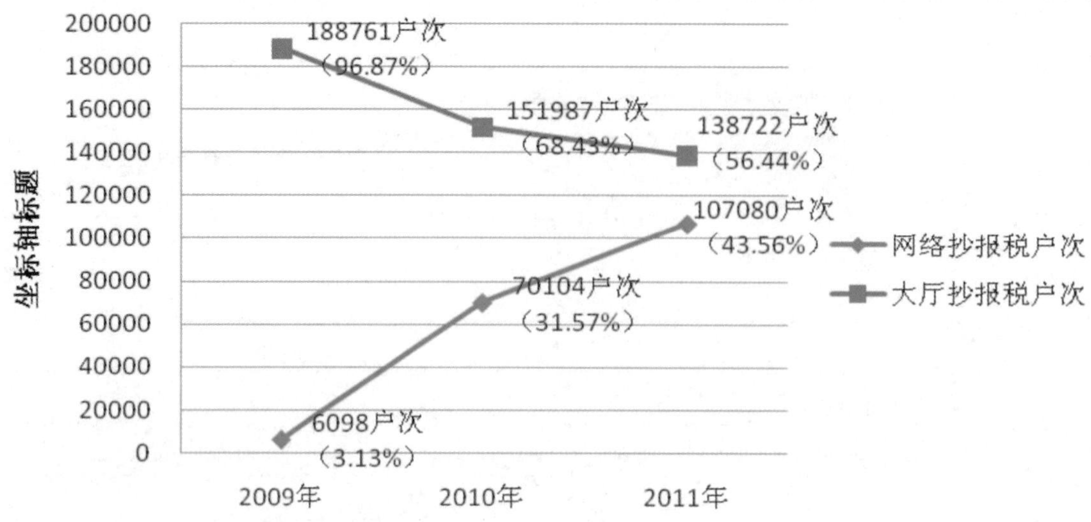

图6　云南国税 2009～2011 年一般纳税人抄报税情况统计

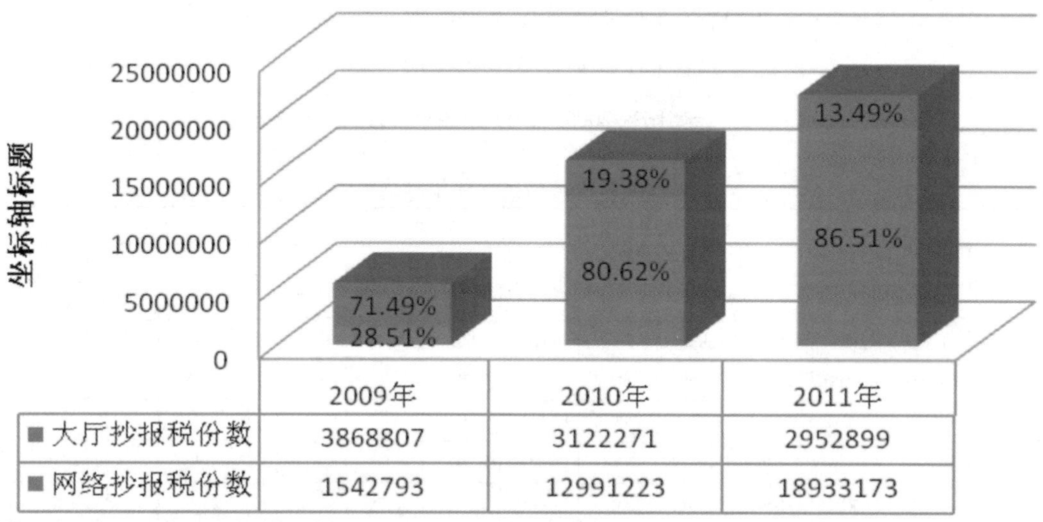

	2009年	2010年	2011年
大厅抄报税份数	3868807	3122271	2952899
网络抄报税份数	1542793	12991223	18933173

图7　云南国税 2009～2011 年一般纳税人抄报税发票份数对比情况

财税库银横向联网。为了保证税款及时、足额缴入国库，云南国税不但与专业银行联网推行实时扣税，并且自 2010 年 11 月开始在昆明、曲靖两地试点推行财税库银横向联网系统，截至 2011 年 12 月，两局在 45405 户网络申报纳税人中推广了财税库银扣款模式，占两局网络申报纳税人 53447 户的 84.95%。2012 年起，财税库银横向联网系统将在全省全面推广。

重点税源网上直报。为保证采集、上报总局的重点税源月（季）报表的数据及时、准确、全面，云南国税又自主研发了重点税源网上直报系统，使重点税源纳税人可以通过互联网填报企业相关资料，系统还做到了从综合征管软件等相关系统实施取得已有数据，嵌入了表内、表间逻辑关系的运算与审核，减少了纳税人 75% 的报表数据填写量，减轻了税务干部审核报表的工作量，同时提高了报表数据的准确性和完整性，为税务机关对重点税源数据的后续分析利用奠定了基础。截至 2011 年，全省十六个州市纳入总局、省局监管的重点税源纳税人共计 2556 户，均实现了 100% 的重点税源资料网上直报，这部分纳税人 2011 年的所纳税额已占到了全省全年国税税收收入的 88%。到 2011 年底，我省符合 2012 年总局、省局监控的户数将增至 4847 户，全省重点税源网上直报系统推广户数将实现倍增。

普通发票网上开填。为确保我省国税系统普通发票简并换版工作的顺利实施，按照国家税务总局“简并票种、统一式样、建立平台、网络开具”的总体工作思路，遵循省局“精简票种、统一式样，强化机打、压缩手工，简化票面、方便适用”的基本工作原则，省局按照“自力更生、自主研发、自行维护”的方针组织开发了“云南省国家税务局新版普通发票开填系统”，并于 2010 年 10 月 15 日与新版普通发票同步启用。截至 2011 年 12 月 31

日，全省上线使用普票开填系统的纳税人共计99242户，其中：网络版用户共计94574户，占机开票用户的95.30%；单机版用户共计4084户，占机开票用户的4.12%；自开发软件企业584户，占机开票用户的0.58%。2011年全省共开具普通发票51005531份，正常填开金额1614.84亿元，其中：网络版开具发票18321328份，正常填开金额1354.39亿元；单机版开具发票687932份，正常填开金额28.08亿元；自开发软件开具发票31996271份，正常填开金额232.37亿元。普通发票的机器开具、网络开填，是全省普通发票实现闭环管理的基础，也是落实“信息管税”的实质性突破。

6. 高素质信息化队伍已经储备

云南国税多年信息化建设的历程，是业务技术互相融合、互相促进、互相提高、互相发展的过程，是广大干部职工团结奋斗、开拓创新、攻坚克难、锐意进取的历程。经过不懈的努力，云南国税系统储备了一批高、精、尖的信息化税务干部：全系统共有信息化专业人才306人，100人获得了软件工程硕士学位，7人取得ORACLE数据库专家认证，2人取得机房规划设计认证，3人取得国家信息安全认证，4人取得微软认证，6人取得Java认证，6人取得IBM AIX（小型机操作系统）认证，9人取得WebLogic（中间件）认证，18人取得TCSP（趋势科技防病毒）认证，19人取得华为网络技术认证，掌握金税三期核心研发技术Java EE的近50人，能编写SQL语句从数据分发系统开展数据分析利用的税务干部近600人。按照省局制订的信息技术培训规划，对“税收信息化人才库”80人进行了初级（数据分析利用）、中级（软件开发）、高级（数据挖掘）培训；同时形成机制，每两年举办一次信息技术大赛，首届软件设计大赛脱颖而出6位税务干部。云南国税始终坚持以人为本，造就了一支忠于国税事业、团结进取、爱岗敬业、敬业专业、乐于奉献的高素质干部队伍，全面提升干部队伍的凝聚力和战斗力，树立了信息化队伍的良好形象。

7. 各州市信息化建设具有良好的发展势头

云南国税在税收工作上每年找准一个突破口，每年确定一个工作主题，工作每年上一个台阶，在“创新发展年”工作主题实践中，各州市积极探索科技支撑手段的创新，围绕促进税收决策、税收管理、税收执法、内部管理质量和效率提升来谋划创新，涌现出了许多独立自主开发的信息化项目。例如，昆明市国税局的“网上办税服务厅”和“税负预警系统”、“税企互动平台”，曲靖市国税局的“协同办公系统”和“普通发票管理系统”，玉溪市国税局的“数据查疑系统”和“政务网站的深化运用”，红河州国税局的“综合征管软件数据质量检测系统”，文山州国税局的“车购税代征软件”，大理州国税局的“大理国税与大理学院信息化合作交流”模式。这些创新的、基于Java EE架构的信息化项目诞生，标志着云南国税的信息化建设上了一个台阶。从另外一个角度也说明：数据省局省局集中后，州市信息化依然大有可为！由此推断，金税三期全国税局集中后，各省信息化建设依然有很广阔的空间，特别是在数据分析利用、内部行政管理拓展、网上服务纳税人这三个方面。

8. 凝聚了信息化建设团队精神，积累了信息化建设宝贵经验

经过多年坚持不懈地推进国税信息化建设，尤其是在推广大型项目的过程中，积累了很多好的工作经验。归纳起来，主要是五个方面：第一，领导重视，形成合力，是信息化建设顺利推进的保障。各级领导责任明确，身先士卒，率先垂范，各部门积极配合，群策群力，从全局一盘棋的高度，抓好工作落实，确保了工作任务的圆满完成；第二，“三自”原则是信息化建设全面、协调和可持续发展的精髓所在。云南国税在税收信息化建设上，始终走省局党组提出的“自力更生，自主开发，自主运维”原则，三“自”原则是贯彻落实科学发展观的具体体现，多年的实践证明：坚持三“自”原则，不但节约了开发、运行和维护经费，更重要的是提供了队伍施展才能的平台、提高了队伍自身素质、锻炼和培养了专业化队伍、激发了队伍活力。在这支队伍的保障下，信息化建设以省局为中心辐射到各州市县，源源不断地支撑着税收业务的发展；第三，统筹规划，科学决策，是信息化建设顺利推进的前提。云南经济发展水平和信息化建设条件与发达地区相比，存在一定的差距。因此，我们始终坚持一体化要求，依靠统筹规划，科学决策，提高建设质量，节约资金投入，从决策上、领导上、管理上抓出实效，弥补自身各种条件的不足；第四，提升数据质量，强化分析利用，是信息化建设取得实效的突破口。信息化建设只有在做好运维、安全、管理的基础上，狠抓数据质量，加强资源整合，不断提高信息共享度，扎实开展数据分析利用工作，信息化建设在税收管理中的支撑和促进作用才能得到有效发挥；第五，结合实际，特色鲜明，是信息化建设前进的方向。坚持在总局金税三期的框架下结合我省实际，以我为主、特色鲜明、实用高效地发展信息化的思路，结合云南产业、税收和管理的特色，做到你无我有、你有我强、你强我精，作好完善提高和为金税三期建设做补充工作；第六，“同舟共济，顽强拼搏，不断超越，精益求精，协同攻坚，勇于胜利”是云南国税信息化团队的灵魂。云南省国家税务局党组书记、局长李鸿文指出：“我省多年以来持之以恒的信息化建设，铸就和凝聚了云南国税信息化建设的团队精神，这种精神就是：同舟共济，顽强拼搏，不断超越；协同攻坚，精益求精，勇于胜利！这种精神，是云南国税多年走独立自主之路的精神写照，是全省各级税务机关不断创新发展的力量源泉，是为国税事业无私奉献的不懈动力，全省各级税务机关开创新形势下税收工作新局面必须要坚持和发扬这一灵魂精神。”

云南国税特色鲜明的信息化建设，自行研发的系统完全免费提供给纳税人使用，若按照部分外包后收费的地方来算，云南国税信息化累计每年可为纳税人节约纳税成本2亿元，受省局党组和各级党委、政府的肯定和表扬，受到广大纳税人和社会各界的进一步认可。云南国税信息化建设，不仅有力地推动了云南国税各项工作，还对云南各

部门各单位的信息化有很深的带动作用和影响意义，云南省委党校与云南国税合作“体验式教学”，每期初级干部培训班都来云南国税进行实地信息化教学；2011年，在中国云南省委庆祝中国共产党建党90周年大会上，云南国税信息中心被中共云南省委表彰为100个“全省先进基层党组织”之一；同时被云南省科技厅、省委宣传部、省科协联合表彰为云南省“十一五”科普工作先进集体”；2009年度，因信息化团体成绩卓越，被云南省国家税务局授予“集体二等功”荣誉。此外，云南国税自行开发的数据监控分析系统，获得省政府颁发的“云南省电子政务应用推广优秀项目奖”，省局被省政府表彰为云南省信息化统计工作先进集体，部分州市的信息化项目也获得了地方政府的表彰。全省各级信息中心有全国劳模2名，全国税务系统先进工作者2名，全国税务系统优秀教师1名，国家税务总局精神文明建设先进工作者1名；获州市科技表彰项目6个。

（三）云南省国家税务局信息化实践中存在的问题

思想认识方面。自2005年在全省数据集中以来，州市以下信息中心的工作职能开始发生改变，但部分干部的思想认识没有随之改变，一些干部认为信息中心越来越无事可干、无所作为，在工作上消极怠慢，缺乏激情和创造，沦为计算机设备修理工，信息管税步伐缓慢，一些地方认为信息中心这个部门可有可无，在人手不够的情况下，撤销了信息中心这个部门。

统筹规划方面。历史形成的一些信息系统分割、信息资源不共享导致的“信息孤岛”的问题还没有得到完全解决，我省各地之间信息化建设发展水平还不平衡，各业务部门之间的信息化步调还不一致，州市之间重复建设现象还存在，上下级税务机关之间信息化建设的合力还未有效发挥，硬件资源配置效率还不高。

信息管理和应用水平亟待加强。数据质量有待进一步提高，垃圾数据在一定范围内还没有得到有效清理，数据管理工作还需要进一步规范。信息资源分析利用的深度和广度不够，在加强管理和决策、加强工作指导、规范执法、加强纳税服务等方面的作用，有待进一步发挥。

技术和业务的联动和协调有待加强。一定程度上还存在工作衔接不紧密，步调不一致的问题。信息中心有责任和义务去培养和提高业务部门的信息化建设意识，各业务部门也要主动去提高对信息化的认识，只有这对矛盾运动在和谐状态下，才能在发展中促进税收事业的发展。

信息安全工作进一步深化。目前我们的安全防范体系还不完善，管理工作还存在一些薄弱环节和隐患，少数干部安全管理意识还比较淡薄，软件与硬件两方面都需要加强。

队伍建设方面。一是全省机构调整后，信息化队伍萎缩三分之一；每年新进公务员计算机专业人员比例小，不适应快速发展的信息化要求；二是面对日益向上集中的应用系统，州、县信息中心的职责随时在发生变化，部分州市应用系统运维的事情越来越少，而数据分析利用工作对人素质要求高而无法打开工作局面，年青的技术干部都想着调离信息中心去其它部门，年纪大的就闲着，工作没了激情，没了希望。因此，技术干部队伍建设是摆在云南国税乃至全国国税系统信息化建设发展面前的一道共性的难题，这一难题，在金税三期推广应用之后将会显得更加突出。

运维方面。运维压力的与日俱增在信息化队伍老龄化的现状下给信息化的发展带来新的难题。各应用系统逐步向省级集中，也是运维工作的省级集中，更是风险的高度集中。运维工作面对前所未有的挑战。省局信息中心的工作量一下子扩大了许多倍，这就使得运维人员严重短缺的问题凸显。遇到突发事件，如果不能及时解决，很容易就会出现基层纳税人大厅排队、业务不能正常开展等情况，直接影响税收日常管理工作。同时，对于业务处理上的一些疑难问题，基层干部和纳税人都希望省局能及时处理和反馈。但由于相关资料的属地存放，省局很难能了解纳税人的实际情况，而且税收业务政策性非常强，经常需要业务部门仔细查看档案等相关文件，有的还需要请示总局。因此，基层干部和纳税人往往对省局不能及时处理和解决问题有很大怨言，五年来，通过省局内网网站“应用支持”及电话咨询答复等方式共受理各类请示9200多份，处理更正各类错误数据80万多条，处理系统故障80多次，省局运维的工作压力非常大。随着省级集中的不断推进，各个应用系统不断地拓展和延伸，技术难度越来越大，部署模式也越来越复杂，运维扩展性要求必将越来越高。

（四）云南省国家税务局信息化建设的实践启示

纵观基于诺兰模型分析下的云南国税信息化建设实践历程、现状和存在问题，可得出如下启示：

1. 阶段的不可逾越性决定各个税务机关诺兰模型不相同，信息化发展要找准阶段，立足实际

税务信息化各阶段的演进和发展是一个渐进的过程，前一个阶段均是后一个阶段的发展基础，前一个阶段基础的牢靠程度影响后一个阶段的发展水平，而后一个阶段是前一个阶段的升华。税务部门在信息化过程中，除了信息技术手段可以直接采取最新技术外，其它信息化工作只能加速推进和发展，任何企图进行跨越式发展的，想实现超常规、跳跃式发展是不符合实际情况的。而且由于起步、指导思想、发展模式各不相同，各税务机关诺兰模型也各不相同。因此，在确定发展的目标模式或者是制订发展规划，应该首先明确界定当前本单位的信息化发展状况处于哪一阶段，进而根据该阶段的特征来指导信息化建设发展。

2. 税收征管和信息化的发展相伴相随、相互促进

税收征管每一次发生重大变革，新的征管模式提出，必将对税收信息发的发展起到巨大的推动作用，在发展的过程中，税收信息化又反过来促进税收征管的改革与发展，二者互相促进，互相推进，互相作用，相伴相随，但目标、措施和内容却各不相同，二者的和谐发展，将强有力地推动税收事业发展。因此，税收信息化就肩负着两个使命：一是支撑税收征管改革的实施；二是在实施中反过来推动税收征管改革。所以，在研究和制订

税收信息化发展时，一方面必须考虑信息化如何支撑本机税务机关税收改革与发展规划的实施，另一方面更要考虑如何推动税收改革和发展。任何脱离税收改革和发展的税收信息化规划，是背离事物发展规律的。只考虑一个方面的税收信息化发展规划，是不全面。同时，不结合税收信息化发展实际的税收改革与发展，将是天方夜谭。

3. 信息化进程中要重视研究信息化发展的规律极其带来的转变

结合国税系统的特性和云南信息化建设实践，从诺兰模型的六个阶段来看，税收信息化的发展出现这样的规律：随着信息化的发展，数据的集中度越来越高。具体体现在：传播阶段数据在县级，控制阶段数据在州市级，集成阶段数据集中到省级，金税三期实施后数据将要集中到全国。

随着数据和应用系统的向上集中，将发生两个转变：一是数据每向上集中一次，各级信息中心职能和作用将发生显著转变；二是数据每向上集中一次，税收征管、纳税服务、税务稽查的流程和模式将发生显著变化，称为流程再造。而在这两个变化中，对技术和业务部门的知识要求是天差地别的，业务干部需掌握较新的流程、规范、政策，最基本的税法没变。技术人员面临的却是全新的架构、全新的模式、全新的技术、全新的数据库、全新的开发语言、全新的硬件和网络平台、全新的应用系统……任何一个“全新”，在IT里就是一个领域，需要穷其技术人员花几年的精力去钻研和学习，当面对一推的“全新”时，大部分省市选择了“外包”。从各省和云南国税的实践经历来看，信息化每迈进一个阶段，就有一大批从事技术的税务干部被淘汰，大部分去到业务部门，从零开始学习税收，少部分“留守”信息中心，留守的大部分不作为，作为的极少；在金税一、二期曾经那么风光那么重要的部门，现在变得可有可无，这就给税务干部的心理调适能力、应对新环境适应能力提出了非常高的要求。所以大部分税务干部不愿意来信息中心，现有的都想着出去，这就是税收信息化队伍建设碰到最难的问题极其原因，更是全国税务系统信息化队伍建设中出现的共性问题，“老大难”问题。

就云南国税信息化队伍建设看来，情况略好但也不容乐观。和大部分省市不尽相同的是在税收信息化建设过程中，云南国税没有“外包”，而是定下了“三自”原则。首先是云南国税的“三自原则”培养了大批懂金税三期核心技术、精业务、能管理的税务干部，今后这批人能很快适应金税三期的要求，因为金税三期的省级运维、数据分析需要这批人，他们不会被税收信息化浪潮淘汰；其次，云南国税在2009年开展“创新发展年”主题实践活动过程中，大部分州市充分利用信息化这个手段来创新，迫使大部分州市储备了懂三期核心开发技术、懂分析的干部，各州市领导也开始对税收信息化这个事物有了更深的理解，主题实践活动结束后，依然坚持利用信息化来改变税收管理现状。因为税源管理的特殊性，金税三期依然需要各级税务机关结合各地特色开展数据分析利用，所以这批人也不会被淘汰。但大部分县级就和各省的情况类似了，这是云南国税信息化队伍建设的突出问题。

基于上述分析，在信息化建设过程中，如何应对税收信息化发展规律带来的转变这个问题值得重点研究，也必须研究。我们认为，一是税收信息化建设的规划制订要统筹兼顾，照应阶段。在人才储备战略上重点是培养当前信息化阶段需要的知识，同时要兼顾下一个信息化阶段需要的知识，让知识可持续地储备，只有税务干部提前储备了知识，才不会临阵被淘汰；二是组织管理者在信息化进入到下一阶段前后，要前瞻性、科学合理地优化和配备信息化队伍，不要等到队伍的积极性和创造性已经消失的时候才来考虑“激发”的措施；三是组织管理者针对已经出现的问题现状要重视，不要让问题的不利因素对后续的税收信息化建设产生扩大化影响；四是在信息化时代，特别是在“信息管税”的大背景下，不管在哪级税务机关，组织管理要善于利用税收信息化这个平台去积极促进税收工作。用则有，有则储备，有储备就有发展；不用则无，无则无为，无为就阻碍发展；五是组织管理者在队伍建设要考虑进一步提高税收信息化浪潮中税务干部的心理调适和平衡能力。

4. 信息化发展规划制订要研究经济社会发展

从云南的实践来看，2007年开始，云南省委、省政府相继推出了“法治政府”、“责任政府”、“阳光政府”、“效能政府”制度建设，目标任务分配到各厅局机关，这些制度的落实，大部分都需要利用信息化这个工具和平台去承载和担任“帮手”；从2005年开始，云南省国家税务局每年一个工作主题，相继实践了“文明服务年”“管理基础年”“质量效率年”“作风建设年”“创新发展年”“和谐发展年”“服务基层年”“能力提升年”的主题活动，这些主题，都需要利用税收信息化这个平台去实践和实现。

各州市国家税务局也一样，同样需要利用信息化去完成当地政府的相关要求和部署。例如昆明市委、市政府部署的“国地税联合办证”和“同城通办”等，其它州市的“一窗式服务”、“一站式服务”等。各级税务机关在制订信息化发展规划或计划中，在运维、硬件、网络、队伍建设上要结合这些问题考虑和部署信息化建设。

5. 云南今后的信息化建设必须坚持持之以恒地贯彻“三自”原则。

“三自”原则对云南国税事业发展起到了重要作用和深远影响：

（1）行政成本显著降低，信息化实现了快速发展

云南地处边疆，经济落后，IT公司建设能力不强，国税信息化经费有限但发展水平超越大部分政府机关和行业，想要快速发展，只能靠自己！这些年我省自行开发的18个应用系统，价值无法估量，税务干部自己研发，成本费用只有吃、住、硬件、推广费用，花费很小，节约下来的前都用在了基础设施建设上，所以云南的基础平台设施建设领先于大部分省市国税，同时，应用系统也跟上了税收的发展和要求，在某些方面，甚至要领先于全国税务系统，例如消费税的网络申报、税收收入实时监控、增值税信息化管理水平等方面。遵循“三

自”原则的云南国税信息化建设，强有力的支撑了税收改革与发展，税收行政成本显著降低，并且信息化发展速度肯定快于用同等经费“外包”的行业和企业。

（2）纳税成本显著降低，纳税人满意度进一步提升

我们自行研发的网络申报系统、普通发票网上填开系统和重点税源网上直报系统，完全真正免费提供给我省纳税人使用，没有收取任何服务费和电信VPN通道费，合计每年可为云南的纳税人节约2亿元纳税成本，和我省的其它行业形成鲜明的对比，纳税人满意度逐年提高。

（3）信息化对税收的支撑能力显著提升

自行研发的系统，在后续的升级维护中，没有繁琐的信息化工程管理环节和手续，对于业务需求的变更导致的系统升级，可最快速度的由税务干部进行修改，对业务的支撑和服务能力显著提升，质量和效率也显著提高。并非所有的IT公司都具备为用户升级管理储备着资料和人员的实力，在云南国税曾经“外包”的历史中，就发生过因为公司原研发人员跳槽，公司加价，我们的一个系统无法随政策升级而停止使用，对税收业务产生很大影响的实例。在当前的云南国税，业务部门的任何信息化需求，可以很快得到技术实现，各业务部门纷纷品尝到信息化带来的好处，越来越依赖信息化去提高工作质量和效率。可以说，技术和业务这对矛盾在运动中实现了和谐发展。

（4）有效培养和储备了复合型人才

云南国税的许多信息化项目研发中，常常不分技术组和业务组，业务部门人员不仅仅只是提出业务需求，还参与技术实现，甚至业务部门人员自己编码实现，这在加深业务人员对信息化的理解和支持的同时，业务人员技术水平显著提升，技术人员也在实现需求中了解和掌握了相关业务知识，双方同时向复合型人才方向良性发展。

让信息中心感到意外的是，渐渐的，征管科技发展处、货物劳务税处、所得税处等业务部门开始大规模培训各级业务部门人员的数据分析能力，自行授课，甚至普及到基层一线管理部门。在2010年云南国税系统税收业务能手决赛中，题目就要求用编程来从综合征管软件提取数据进行纳税评估，看着地处边疆的好多个来自基层一线税收管理、征收、稽查岗位40多岁的税务干部编写SQL程序查询着核心征管软件的数据（这门编程语言，甚至信息中心很多人都不会应用），这令笔者感慨不已：一是为遵循“三自”原则下云南国税信息化发展的迅速感到喜悦；二是为各级信息中心成天修电脑的税务干部前途担忧；三是深感今后自身工作压力巨大；四是为云南国税的干部感到骄傲，笔者深信，不是全国各省国税系统对税务干部素质都有这么高的要求。

（5）“三自”原则加速了云南国税信息化发展，领先大部分省市国税进入诺兰模型的数据管理阶段。iTax（网上云南国税）项目，标志着云南国税信息化建设迈入了数据管理阶段，这是云南国税事业发展的必然要求，也是云南国税信息化建设的迫切要求，更是云南国税要与金税三期顺利接轨的必须保障。

（6）“三自”原则凝聚的团队精神是云南国税信息化的灵魂

多年来，云南国税持之以恒地加强文化建设和信息化建设，在“以国为根，以税为业，以人为本，以学为乐，以廉为荣、以绩为真”的云南国税核心文化理念的基础上，在全系统达成了“文化铸就灵魂，和谐凝聚力量、文明促进发展”的文化共识，在长期坚持“三自”原则下的信息化建设凝聚了“同舟共济，顽强拼搏，不断超越；协同攻坚，精益求精，勇于胜利!”的信息化建设精神的共同价值追求，这是一笔宝贵的精神财富，在云南国税系统税收信息化建设上将产生深远的影响，时刻激励着这支继往开来的队伍，源源不断的支撑着税收的改革与发展。

下一节，我们将根据本节实践历程、现状、问题、启示和金税三期新要求去探索今后云南国税信息化的发展。

三、云南省国家税务局信息化建设的发展选择

云南省国家税务局在实践把IT应用到税收管理、决策、服务活动的信息化进程中，品尝到了甜头，当然，也不可避免地存在一些问题，但是从总体上看，云南国税信息化在每一阶段都有显著的成效，特别是在云南国税省局党组提出“三自”原则的集成阶段，税收信息化支撑着云南国税事业实现了持续快速发展，2011年底，以iTax项目启动为标志，云南国税信息化建设率先进入数据管理阶段。在本阶段的开局之初研究信息化建设的发展具有非常重要的指导作用。

（一）云南省国家税务局信息化建设发展的目标模式选择

目标模式就是要探究在今后一段时期内外围将会发生哪些新的变化，这些新变化又会提出哪些要求，在根据这种要求和存在的不足来改革和调整当前规划，使之与新时期的要求相适应①。在云南省国家税务局信息化发展的目标模式研究和选择上，本文创新地采取多维分析方式进行研究，进而确定发展的目标模式：

1. 关于税收信息化发展的定位与多维分析

（1）税收信息化的发展要考虑解决前一阶段实践带来的问题

研究发展的问题，首要就是要研究解决信息化建设实践中存在的思想认识、统筹规划、数据应用、技术业务联动、信息安全、运维方面，特别是队伍建设问题，前文已作了总结性描述。

（2）税收信息化的发展要发扬前一阶段实践获得成功的经验

前文已得出结论，云南国税省局党组提出的“三自”原则，为地处边疆、经济落后、管理上点多线长面广、纳税人计算机应用水平不高、本地IT公司实力薄弱的云南省国家税务局信息化建设快速发展提供了强有力的思想保障，在有限的经费下面取得了硬件平台和应用系统双赢、服务与执法双赢、技术与业务双赢、信息化和税收双赢的可喜局面，带来了六大好处，因此，

① 国家税务总局课题组 刘佐 靳东升 龚辉文：《借鉴国际经验 进一步优化中国中长期税制结构》，2009。

在数据管理阶段，必须毫不动摇地坚持“三自”原则，如果采取“外包”，会造成前期积累的人力资源、软件资源浪费，信息化发展速度必将放缓，后续的发展更得不到保障。

（3）税收信息化作为一项实践活动，要用发展的规律及其阶段特征来指导

云南国税现在处于数据管理阶段，从这个阶段的特征来看，目标就是资源整合、信息共享、信息利用。力求解决前一阶段增加大量应用系统，增加大量硬件，预算费用迅速增长的局面，优化资源配置，使信息化的规划及资源利用更加高效。税收信息化的发展要适应这个阶段的要求。因此，在这个阶段的税收信息化建设工作重点就是资源整合、数据利用。

（4）从全国税务系统的信息化建设来看，云南国税信息化是全国税务系统信息化的一个部分，其改革与发展要放到全国税务系统的信息化建设格局中去思考

云南国税信息化建设要毫不动摇地坚持总局确立了税收信息化建设的32字方针，即“统筹规划、统一标准，突出重点、分步实施，整合资源、讲求实效，加强管理、保证安全”。要坚持32字方针，首要的就是切实加强统筹规划，统一标准。要在总局统一领导下，进一步加强统筹协调，建立统一规范的业务流程和技术基础平台，综合考虑各方面的实际情况，按照一体化要求，制定科学合理、切实可行的建设方案，同时，要扎实做好总局金税工程三期建设在云南的推广应用工作。

金税三期还在建设中，从目前掌握的情况来看，金税三期总体规划是要建设一个核心征管数据全国集中、金税工程老系统暂时保持原样、决策支持和行政办公升级集中的运用框架，届时，核心征管数据将会定期从总局复制到各省，各省可在此基础上开展数据分析利用，同时，各省还可对决策支持和行政办公系统结合自身情况进行二次开发。我们需要衔接的系统分为三类，一是数据分析利用类，二是面向纳税人服务类，三是行政办公类。对于数据分析利用类和行政办公类，总局金税三期将推出一个省局集中的全国性通用的框架，各省可做二次开发。按照这个规划，云南不可能等到金税三期来了再一个一个去改了对接，原因是上述系统云南花了9年的时间，集中了大量人力、物力、财力研发出来，更在推广中经历了无数次升级，各系统架构不相同，所以必须在金税三期来临之前把这些系统整合起来，统一技术、统一架构、统一标准、统一口径、统一登陆、统一授权，云南国税管理者已经意识到这个问题并成立了iTax项目，来完成这个目标。这样，按照金税三期公布的接口进行统一对接和衔接，衔接难度便会大幅降低，只存在工作量的问题。至于面向纳税人服务类，云南的网络申报在总局总局组织的全国税务系统进行测评中取得第一名的好成绩，接总局通知，云南可在金税三期中继续使用自己系统，不必使用总局推荐的系统，只存在对该系统优化的问题。

（5）从云南国税来看，信息化建设是云南国税总体工作的一个部分，其改革与发展思路要放到税收这个大格局中去思考

从长远来看，首先，税收信息化建设要有助于税收职能的实现，即筹集财政收入，调节经济、调节分配；其次，税收信息化建设要有助于调节税收征收、税源管理、纳税服务、税收执法、税务稽查、队伍建设之间的矛盾；最后，税收信息化建设要努力成为组织管理者解决税收征收、税源管理、纳税服务、税收执法、税务稽查、队伍建设在实践中产生问题的有效工具。

从中长期来看，云南税收信息化建设要结合《云南省国家税务局“十二五”时期税制改革与发展规划》来思考，致力于解决规划中的问题，支撑和服务于税制改革与发展。

从短期来看，2012年云南国税工作主题是“能力提升年”，税收信息化要在信息化日常工作管理能力、运维能力、安全防护能力、数据分析能力、支撑业务能力、处理信息化突发事件能力、创先争优能力七个方面进行提升，以适应日益改革与发展的税收事业；同时，税收信息化要有助于云南国税整个工作主题的实现：在提升全省国税系统依法行政能力、组织收入能力、纳税服务能力、税收管理能力、自身建设能力、抵御风险能力、文化建设能力①上力所能及地支撑和服务。

（6）税收信息化本身作为一个全局来看，其发展要定位内部各重要因素的相互关系，要兼顾各级税务机关税务信息化的发展联系，更要处理好当前和长远发展的关系

内部要素关系：税收信息化从宏观上可分为信息安全管理、基础设施管理、数据分析利用、系统研发及运维等要素，在要素之间的关系定位上，通过多年的实践，我们认为：各系统的平稳运行是工作重点，运维体系建设是难点，系统研发及推广是亮点，硬件设施建设是基本点，队伍建设是关键点，信息网络安全是弱点。税收信息化建设的发展要把握重点、找准关键点、克服弱点、突破难点、实现亮点、抓住基本点。

上下级信息化发展联系：在控制阶段，出现了专门从事信息化建设的部门——信息中心，在这个阶段，对这个部门，信息化是个全新的概念，各级信息中心在推广金税工程中受到万众瞩目，“生命线”、“一把手”工程的重担落到信息中心，这个部门的职责受到了无比的重视，各种“高、精、尖”人才都集中到信息中心，这个阶段的重点工作是“推广”；而在集成阶段后期，应用系统几乎都被集中到省局，数据孤岛出现，数据相对封闭，州市县信息中心几乎只剩下PC和网络的维护，部分州市县因为人少事多，为了应急，把信息中心这个部门和人员都撤销了，信息化建设处于停滞状态。部分州市在这个时候开始探索数据分析利用、纳税服务的尝试，取得了成效。在今后的数据管理阶段，省局将整合相关税收数据信息，并共享信息给各部

① 李鸿文局长在全省国税工作会议上的讲话：《全面提升能力素质 稳健推进事业发展 以优异的成绩迎接党的十八大胜利召开》，2012年1月9日。

门各级税务机关使用，因此，各州市局信息中心在本阶段都应在信息利用上结合本地税源管理特色和思路，在信息利用上有所作为，为组织管理者提供强有力的信息支撑。因此，可以预见，在这个阶段，信息化发展会出现两极分化，所以，云南国税信息化发展要尽量减少这个两极分化，努力使信息化全面、协调和可持续发展。

当前和长远：税收信息化建设不可能一蹴而就，基础设施建设和应用系统维护以及数据分析利用，是一个长期积累、渐进的过程，发展过程要处理好当前与长远发展的关系，要储备人才、打牢基础，抓住长远的重点需求，抓住当前的重点工作，统筹规划，既立足当前又放眼长远。

（7）税收信息化作为信息技术，发展的问题要考虑新技术的出现可能带来的发展机遇，要做好结合，加速发展。

在云南国税信息化发展史上，编程语言经历了 DOS（初始阶段）、C（传播）、VFP（控制）、C + + Builder（整合）、Power Builder（整合）、Java（集成阶段）的发展，数据库经历了 VF、SQL Server、Oracle 的发展，实践证明，每一次新技术的出现，都会给税收信息化的发展带来新的机遇和挑战，改变信息化支撑税收业务发展的方式和手段变化，特别是当前阶段，iTax 项目采用了金税三期核心技术架构 Java EE，并采用了最新技术工作流和云计算，必然给税收事业的发展带来全新的、高效的支撑力度，税收信息化质量和效率将显著提升。

2. 基于多维分析的发展目标模式选择

基于上述七个角度的多维分析，我们认为，云南国税信息化发展的目标可以定位于五个“有利于”和两个“把握”：云南国税信息化发展要有利于解决实践中产生的问题，有利于资源整合、信息共享，有利于与金税三期工程接轨，有利于云南国税改革与发展的实现，有利于实现自身的全面、协调和可持续发展，同时要把握阶段特征，把握税制改革和新技术带来的机遇。

（二）云南省国家税务局信息化建设的发展对策

毛泽东在《实践论》中说：“马克思主义者认为人类的生产活动是最基本的实践活动，是决定其他一切活动的东西。”一切实践活动，都是未知的，肯定带来这样那样的问题，事物向好的方面发展的同时肯定会有不利因素产生，我们所要做的就是，尽量克服不利因素，使事物向好的方面发展；在实践活动中，同样的事物在不同的环境下会产生不同的现状、结论和问题，解决办法和措施就会不同；实践活动是研究和决定发展的基础，根据前期实践活动中存在的问题和经验去指导发展；实践活动的目的是发展，发展的目的是为了解决实践带来的问题并且要适应新环境的新要求。

1. 思想认识问题

结合诺兰模型，从云南国税信息化建设实践历程中可看出：思想认识问题产生的内因是从事技术的税务干部不清楚信息化建设的阶段规律，未能预先想到下一阶段信息化建设所需要的知识结构体系，不能结合阶段特征来找到工作中的问题。外因是省局技术管理部门也未能储备从控制阶段迈入集成阶段后需要的人才，控制阶段，需要的是应用系统推广运维人才，集成阶段需要的是数据分析人才，全省推综结束后，运维人才的知识结构现状与集成阶段需要的知识不相适应，所以税务干部产生了思想认识问题，觉得无所事事，信息化不重要了。因此，要解决云南国税信息化发展中的思想问题，就要进一步统一思想、提高认识，充分认识到在当前的数据管理阶段和后续的成熟阶段的工作重点和信息化人才知识结构体系，省局加强培训、加强引导，从事技术的税务干部要加强学习、加强实践，围绕数据分析利用、网上纳税服务、网络安全建设三个重点来开展工作。当个体有施展的平台，个人价值也就实现，个体思想认识问题也就迎刃而解，组织的目标相应得以完成。

2. 统筹规划问题

从任何系统、单位、行业的信息化建设上看，在数据管理阶段之前，必然存在统筹规划的问题，这是客观存在的，不可逾越的，信息孤岛、重复建设、资源不共享的问题是在集成阶段产生的，数据管理阶段就是要解决这个问题，网上云南国税（iTax）项目就是为了解决统筹规划问题而建设。

3. 信息管理和应用问题

数据是信息化建设赖以生存的土壤，数据质量是现代化税收决策支持高效发挥作用的前提条件，垃圾数据的产生从内因上讲是因为税收业务处理不规范，从外因上讲是后期数据管理没有发挥作用。因此，在后续的信息化建设中，首先是要从综合征管软件的税收业务处理上统一标准、统一规范，把好数据采集主要关口；其次是其它涉税数据采集系统，例如一般纳税人账表比对系统、税收管理员辅助信息系统、出口退税预审系统、纳税评估系统等次要系统也要统一数据采集标准和口径，把好数据采集次要关口；最后是业务部门和技术部门要制订数据管理方案，定期清理，清理中发现问题要及时反馈到税收业务处理中，逐步完善业务处理，可以说，采集与清理相互作用，采集的问题清理解决，清理发现的问题反过来促进采集，没有反馈就没有提高，清理的最终目的就是为了规范和统一业务处理，提供较为准确的数据给决策层。

4. 业务技术联动问题

业务与技术是国税这个全局下的两个部分，只有这对矛盾运动在和谐状态下，互相作用，互相促进，互相提高，才能从整体上推进税收事业的发展，业务对技术提出需求，技术在实现需求中反过来规范和促进业务，同时，业务的发展又对技术提出更高的需求，促进技术的更新和变革，以满足业务的需求。在集成阶段，坚持三自原则的云南国税信息化建设，有效地促进了业务技术的联动，在多个项目的建设中，经历了从磨合到基本适应，从基本适应到基本和谐的状态，存在的问题主要是各业务部门对信息化的理解不平衡，经历项目多的部门对信息化的驾驭强，利用技术水平高，反之则弱，主要表现在信息化没有覆盖或者刚刚接触的部门，根据“木桶”原理，在发展中，组织管理者必须要解决这个短板问题，技术有责任和义务去培养

和提高短板业务的技术意识，短板的业务也要主动去提高对技术的认识，

5. 信息安全问题

信息安全作为信息化建设的首要问题，越来越被更多的组织管理者重视，云南国税信息安全建设一直在国家税务总局的领导下建设，面对越来越多的网络涉税业务开展，信息安全是云南国税信息化建设必须引起高度重视的课题。在发展中，一方面，云南国税信息化安全建设必须按照总局金税三期的网络安全防护体系建设要求进行部署，另一方面，要结合云南信息化开展实际，把重点放在网上涉税业务的安全防护，同时，要进一步提高各级领导和技术人员对信息安全的认识，注重"人防"，打牢"制防"，提升"技防"，建立符合我省信息化发展的安全防范体系和安全制度。

6. 运维问题

在集成阶段，面对越来越多的应用系统，各级信息中心特别是省局，压力凸显，因此省局建立了省州一体化运维制度，把部分系统运维放到州市信息中心，在实践中有效减轻了省局运维压力，提高了运维效率，提升了服务质量。在今后的发展中，在本阶段，通过 iTax 项目建设，应用系统数量将会显著减少，但是应用不减反增，运维压力又重新回到省局，运维难度会显著增加，因此，在 iTax 项目建设中，必须注重"运维回归"这个问题，建立适应信息化发展的运维体系、制度、流程、响应机制；同时，面对金税三期的数据库全国集中，应用服务器不集中的现实，省局要注重培养 J2EE 应用系统三层结构中的应用服务器维护调优的高级人才，以适应金税三期的运维要求，各州市要培养网上涉税运维人才。

7. 队伍建设问题

队伍建设问题是任何系统、行业、部门都要碰到的普遍性问题，组织管理者也一直在孜孜不倦地实践、创新和探索管理办法和积极机制，但税收信息化的队伍建设具有其特殊性，一是技术的更新换代速度超过了从事技术的税务干部能接收的极限，一次技术革新淘汰一批税务干部，二是税收信息化发展的速度超过了其它行业的发展速度，对从事技术的税务干部提出了更高的要求；三是现有的公务员招录体制难以招到高层次的技术人员；四是现有技术税务干部和组织管理者均未能预见信息化各个发展阶段需要的技术知识结构。因此，税收信息化队伍建设成了全国税收信息化建设的难题。笔者以为，通过一定的措施，能从一定程度上缓解这个问题。首先是组织管理者和从事技术的队伍要前瞻性地储备信息化各阶段需要的人才，超前培训，超前学习，超前演习，才能在临阵时胸有成竹，找到个体存在的价值；其次是金税三期后将有相当长一段时间的"技术稳定"，这是技术人才队伍发展的机遇期，需要大力发展，大力加强数据分析人才和网络安全人才，这两类人才是今后信息化发展必须而且不会被淘汰的人才；再次是要解决从事技术这支队伍的"身份"问题，从事业编制转为公务员编制，以激励这支队伍的积极性、创造性，增强增责任，找到归属感；最后是信息中心这个特殊部门，可当成培养复合型人才的学校和摇篮，加强人才的流动，流水不腐，户枢不蠹，一理也！

（三）云南省国家税务局信息化建设的发展规划

基于确定的云南国税信息化建设发展目标模式，立足当前，统筹长远，初步设想云南国税信息化发展如下：

1. 指导思想、方针和原则

以邓小平理论和"三个代表"重要思想为指导，深入贯彻落实科学发展观，紧紧围绕云南省税收工作大局，始终坚持"三自"原则，加快资源整合，深化数据运用，强化信息安全，优化运维体系，加强队伍建设，有效发挥信息化职能作用，为促进税收事业科学发展提供强有力的支持保障，进一步推动我省信息化建设工作稳定、有序、高效发展。

按照国家税务总局制订的"统筹规划、统一标准，突出重点、分步实施，整合资源、讲求实效，加强管理、保证安全"32 字方针①，结合云南实际，发挥主观能动性，持之以恒坚决贯彻"三自"原则，建设有云南特色的税务信息化。

2. "十二五"时期云南国税信息化的发展部署

"十二五"税收信息化建设工作目标是在七个方面实现新突破：资源整合体系进度进一步扩大、运维效率和质量进一步提高、安全防护体系进一步加固、运行监控范围进一步拓展、网络纳税服务进一步优化、信息管税水平进一步提高、队伍素质进一步提升。具体工作内容设想如下：

优质完成金税工程三期建设。国家税务总局提出的金税工程三期建设，是贯穿今后几年税收管理信息化建设的主线。一是按照总局的要求部署，认真贯彻落实金税工程三期建设的各项目标和任务，在我省平稳、顺利地推广金税三期。二是在金税三期的新构架下，结合云南国税工作实际，构建适应云南国税事业发展的信息化新架构。

（1）建立一体化运维机制。一是从制度、流程、平台和队伍四方面入手，逐步构建以省局为核心，州市局运维为辅助的两级运维体系，省局继续做好全省税收信息化建设的规划，指导、协调和督促各州市做好相应的运维工作，为全系统和纳税人提供优质的技术服务。二是省局逐步建立覆盖应用系统、系统软件、主机服务器、存储设备、机房环境等方面的运维制度，建立持续改进的工作机制，不断强化运维制度和流程的执行力，适应运维管理工作快速发展变化的需要。三是建立运维考核制度，对参与维护全省系统的州市进行科学考核，提高运维效率。

（2）深化数据应用，提高信息管税水平。一是"统一规划、统一口径"采取技术与管理手段、加强业务与技术融合，提高数据采集质量，减少"异常数据"、"垃圾数据"进入系统；二是建立科学的指标体系，提高数据的集中度，以总局 CTAIS 数据为核心，对采集的数据进一步加工、梳理、存储，为数

① 国家税务总局信息中心编：《税收信息化工作手册》，中国税务出版社，上册 第 42 页，2009。

据的深度分析打下坚实的基础；三是深化数据挖掘与应用，充分利用现有的数据，深化数据挖掘，从加强税源管理、防范执法风险、提高决策水平入手，加强数据分析运用，为业务部门提供全面、准确的数据结果，提高信息管税水平。

（3）强化信息安全，健全安全防护体系。加强信息安全工作领导，健全信息安全组织机构，认真落实系统运行维护管理办法，着重消除安全漏洞和隐患，完善应急工作预案，提高应急反应能力。一是建立税务专网和税务互联网的CA中心和密钥管理系统。实现全局性信息资源和授权管理与访问控制策略的管理，对应用系统的信息资源、税务工作人员的权限等进行统一的管理，为省局应用系统提供统一的访问控制决策服务，为省局信息资源受控、合法使用提供安全支撑。二是安全防护的建设要逐步向州市级、县区级延伸。在形成了以省局税务专网为主的安全防护体系后，将安全防护的着力点向基层倾斜，根据应用系统和风险点的分布情况，有针对性的建设安全防护系统，杜绝安全漏洞和安全事件的发生，三是建设税务安全管理平台。依托总局建设的安全管理中心，建设我省的安全管理中心，部署安全管理平台，并在州（市）局部署安全管理代理点，实现对安全事件的综合审计分析、报警、安全策略管理、内网安全监控，保障信息安全体系充分发挥安全保障效能。四是加强互联网和横向联网边界安全防护。随着纳税服务质量和效率的不断提高，便捷业务办理成为必然，网上办税厅的内容将越来越丰富，功能将越来越强大，这就要求安全防护更加有力和稳固。现在我们在边界做了一些防护，但这还远远不够，还需要采用新的手段、新的技术加强防护，同时考虑防护体系的热备问题、运行的效率和稳定性问题，真正实现安全可控，五是逐步建立信息安全管理制度和安全事件应急预案，规范化运维和管理安全防护系统，处理安全事故及时有效，不断提升安全防护工作的建设和管理水平。

（4）着力构建网上国税，搭建资源整合平台。结合省局电子政务网站内外网改造，建设规范、高效、安全的信息化软件系统基础平台——网上国税（iTAX），整合和提升目前云南国税已有的应用系统，提供统一的登录门户、统一的信息发布、统一的权限管理，使纳税人和税务干部的操作更加便捷、系统运行更加稳定，税务信息更加安全。并在网上国税（iTAX）中拓展网上办税服务功能，完善宣传咨询、权益保护、信用管理等服务功能，增强疑难问题解答、网络发票开具等功能。逐步解决基层反映较多的应用系统及登录窗口偏多、存在信息孤岛等问题。一是提供单一基础构架，让内网网站、外网网站成为统一的应用门户，共享统一的单点登录用户权限管理，内外网站具备应用入口网站与信息资源整合功能。二是提供优化、高效的统一界面，提升用户体验，降低学习使用成本，提高工作效率。三是提供加强的系统安全策略，提高系统稳定性，为各业务应用功能提供统一的安全、加密防范措施。四是提供安全控制、用户管理、工作流控制、报表传输、统一界面等基础服务，提供业务功能模块的开发运行规范，方便快速实现业务需求。最终实现，用户只需要登录iTAX，就可以获得所需要的信息并完成绝大多数涉税工作；开发人员只需要按照iTAX规范开发业务功能模块，业务无关功能直接使用平台所提供的各种基础服务，快捷方便完成开发任务；运维人员只需要维护一套硬件设备，降低运行成本和难度，增加资源使用效率。

（5）提升监控能力，部署机房监控。机房监控主要是针对机房所有的设备及环境进行集中监控和管理的，其监控对象构成机房的各个子系统：动力系统、环境系统、消防系统、保安系统、网络系统等。“十二五”期间省局将制定并实施全省基础设施管理制度，理清省、州、县各级信息中心机房基础设施情况，建立科学有序的基础设施管理制度，建立并推行全省统一的机房及设备管理、监控系统，把省局中心机房、盘龙省局数据处理中心、祥瑞机房、昆明备份机房纳入监控，逐步将全省州市的中心机房纳入监控。

（6）加强信息化人才培养与管理。一是进一步提高信息化人才培养意识。事业兴衰，关键在人。我们要切实采取有效措施充实信息技术人员力量，加大信息技术人才培养力度，优化人员配置结构，健全人员管理机制，努力造就一支技术过硬、业务娴熟的信息化人才队伍。二是进一步拓宽信息化人才培养渠道。在加大传统培训力度的基础上，积极探索，勇于实践，针对不同的岗位职责和不同对象，多角度，多形式地开展有针对性的信息技术普及培训，按照培训规划，进一步加强人才库人员培训，坚持每两年一次的信息技术大比武，激发信息化队伍工作热情。三是进一步完善信息化人才培养机制。要正确认识人才的培养与个人发展的关系，建立健全激励机制，不断完善人才管理体制，创造有利于信息化人才竞争与选拔任用的用人机制。

3. 近期发展规划

“十二五”开局之年，省局党组从推动云南国税事业实现更大发展的战略高度，深入分析云南国税工作实际，根据形势发展的要求，提出2012年国税工作的主题是“能力提升年”，结合信息化发展的目标模式，得出近期的工作重点是“抓整合，促共享；筑安全，优运维；提能力，强队伍”，具体内容如下：

（1）抓整合，促共享

本阶段的目标是在新的环境要求下整合现有资源、优化后续资源，实现信息共享、推进信息利用，那么，本阶段云南税收信息化建设的目标就是探索税务系统现存储了哪些信息，哪些是不共享的，哪些是无法共享的，哪些是可以不共享的，那些必须共享的，哪些信息共享问题是首要解决的，哪些是次要解决的，哪些需要国家税务总局解决，哪些需要我们自己解决，哪些需要下级税务机关自己处理，那些新技术可以用来加速这些信息共享和利用问题，上述这些工作对信息化建设有什么新的要求，再根据这种要求和原有税收信息化存在的不足和问题来改革和调整税收信息化建设的思路和规划，使之与新阶段的要求相适应，税收信息化建设的发展，在很大程度上取决于组织管理者对信息化阶段特征的把握和对税收信息化的认识以及业务部门在从事税收活动中对资源整合的要求。

结合云南信息化实际，近期要大力推进网上云南国税（iTax）项目建设，构建整合、扩展、共享现有应用系统的统一框架，建立税收信息化开发、运维、安全一体化的统一设施，搭建支撑国税业务、政务、事务工作运行的统一平台。以云计算为基础，以金税三期核心技术为手段，以资源整合为导向，以优化信息化的支撑和服务职能为目的，在全省国税系统推广面向国税干部的“网络一站式办公”，面向纳税人的“网上办税服务厅”，面向社会大众的“云南国税网络名片”。在网上办税服务厅中进一步优化普通发票填开系统，增强发票数据采集比对功能，拓展发票信息的手机比对业务，强化发票数据分析利用；在iTax的框架上按照省委省政府的部署建设我省国税系统应急事件处理平台；以iTax项目建设为契机，进一步打牢与金税三期衔接的基础，支撑和满足不断提升的税收工作需求；参加总局组织的网上申报系统评测工作，检验我省自主研发的项目在金税三期中的可用性。

（2）筑安全，优运维

2006年，完成了首期网络与信息安全防护体系建设，2007年完成了二期网络与信息安全防护体系建设，2012年开始三期网络与信息安全防护体系建设，我省要按照总局金税三期广域网建设的规范和要求，做好骨干网建设和我省税务专网建设，进一步加强基层及横向联网区域安全防护建设，筑牢信息安全防护体系；推进省税干校“数据存储中心”建设，保障数据安全。

运维的持续优化是信息化建设的永恒不变的主题和追求，云南国税信息化建设上采取了省州一体化运维方式，取得了较好的成效，有效减轻了省局运维压力，优化了对基层、纳税人的服务质量，但是，新生事物总会在机制、体制方面方面不完善，今后重点要抓好一体化运维的管理、指导、流程优化、考核、评比、激励，运维模式要不断适应新增的信息化运维工作。

（4）强队伍，提能力

贯彻落实“能力提升”工作要求，从事技术的税务干部，要注重提升七种能力：运维能力、安全防护能力、日常工作管理能力、数据分析能力、基础设施维护能力、运用信息化能力、环境适应能力。

信息技术的日新月异和国税事业的快速发展对税务干部的信息化技能不断提出新的要求，美国国税局信息技术人才占系统总人数8%，全国国税系统是3%①，云南国税是2.5%，在当前局势下，重点是抓好税收信息化人才库的管理工作，以分布在各部门的信息化人才库带动更多人学习信息技术，抓实抓好积分激励制度的落实，充分调动信息人才积极性；按照金税三期对人才的需求，做好培训规划，分层次抓好人才的培养的储备工作；重视信息化文化建设工作，文化铸就灵魂②，更是信息化不断前进的动力。

参考文献：

〔1〕中共中央办公厅、国务院办公厅印发《2006~2020年信息化发展战略》，2006年版。

〔2〕谭荣华：《税收信息化教程》，中国人民大学出版社，2001年版。

〔3〕曾国祥：《税收管理学》，中国财政经济出版社，2003年版。

〔4〕曾飞，葛开珍“国外税收信息化管理的经验及借鉴”，《税务研究》，2001年（8月）。

〔5〕钱冠林：“税收信息化是中国税收征管的一场革命”，《中国税务》，2002年（3月）。

〔6〕李伟：“基于信息化的中国税收管理发展战略”，《税务研究》，2004年（6月）。

〔7〕姜奇平：《信息化的内涵与作用》。

〔8〕MBAlib：《Richard · L · Nolan》，http://www.mbalib.com。

〔9〕百度百科：信息、信息技术、信息化、税务信息化 http://baike.baidu.com。

〔10〕国家税务总局信息中心课题组：《美国税收信息化实践的经验教训及启示》，《中国税务报》2007。

〔11〕刘建秋：《美国国税局1998年税收信息化改革研究及对金税三期工程建设启示》。

〔12〕税收精细化管理书系：《税务信息化理论与应用》，中国税务出版社，2009年版。

〔13〕国家税务总局信息中心编：《税收信息化工作手册》，中国税务出版社，2009年版。

〔14〕国家税务总局税收科学研究所：《中国税收研究报告》，中国财政经济出版社，2009年版。

〔15〕李广舜：《国内外有关税务信息化研究现状综述与分析》，辽东学院学报（社会科学版），2008年版。

〔16〕罗磊、和晓兰、李洁：“税科技引领进步创新促进发展”，《中国税务报》。

〔17〕国家税务总局课题组 刘佐 靳东升 龚辉文：《借鉴国际经验进一步优化中国中长期税制结构》，2009年版。

〔18〕李农：《信息化评估理论方法的比较研究》，图书情报工作，2007年11、12期。

〔19〕宋兰副局长在全国税务系统信息化日常管理工作会议上的讲话：《提升能力 强化管理 做好新形势下税收信息化工作》，2010年。

〔20〕李鸿文：《云南税务文化建设的实践与思考》，2010年。

〔21〕宋兰副局长在税务系统司局级领导干部税收信息化专题研讨班上的讲话，2007年10月。

〔22〕李鸿文局长在全省国税工作会议上的讲话：《全面提升能力素质 稳健推进事业发展 以优异的成绩迎接党的十八大胜利召开》，2012年1月9日。

课题组长：于智广
副 组 长：徐　翔　阙　雄　沈　琪
成　　员：戴红权　罗　磊　赖清华　李兴彪　杨际刚
执　　笔：罗　磊　赖清华

① 宋兰副局长在税务系统司局级领导干部税收信息化专题研讨班上的讲话，2007年10月15日。

② 李鸿文：《云南税务文化建设的实践与思考》，2010。

新形势下进一步加强云南国税系统干部队伍建设研究

云南省国家税务局人事处课题组

[内容摘要] 本文紧密结合云南国税系统实际，首先通过问卷调查的形式分析了近年来云南国税系统干部队伍建设取得的成绩、面临的形势和存在的问题，然后对如何面对新形势，把握新特点，研究新情况，解决新问题，进一步加强云南国税干部队伍建设工作进行研究和探讨，并针对目前存在的问题提出了对策和建议。

[关键词] 新形势　云南国税　加强干部队伍建设　研究

干部队伍作为国税发展的“基石”，关系国税事业的兴衰，事关国税工作全局和国税事业长远发展。2011年7月，在“十二五”开局之年，国家税务总局在上海召开了全国税务系统干部队伍建设和党风廉政建设工作会议，提出了当前和今后一个时期国税干部队伍建设的目标和任务，这次会议召开的时间距2001年总局在成都召开的全国税务系统干部队伍建设会议相隔10年，10年间，随着我国改革开放的深入，工业化、信息化、城镇化、市场化、国际化的进程加快，经济体制深刻变革，社会结构深刻变动，利益格局深刻调整，思想观念深刻变化，特别是随着各种思想文化的交流、融合、交锋，新形势下国税系统这支队伍如何带？已成为摆在我们面前亟待研究的新课题。本课题力求从云南国税实际出发，借鉴人力资源管理的理论，按照党的十七大提出的坚持以人为本、注重人文关怀的要求，用求真务实的态度开展调研，摸清干部队伍的现状，了解掌握干部职工的所思所想，分析干部队伍建设中存在的困难与问题，研究思考新形势下推动干部队伍建设的措施办法，建议提出云南国税系统在“十二五”期间加强干部队伍建设的目标。

一、税务干部队伍建设的内涵、特征和意义

（一）税务干部队伍建设的内涵

税务干部队伍建设是一个系统工程，其内涵是通过一系列的发掘、引进、教育、培训、发展、使用等有计划的活动，以提升干部能力、激发队伍活力为核心，完善政策、创新机制、构建平台、优化环境，实现人与事的有机结合、人与人的有利整合，充分发挥税务干部队伍的效用，为实现税收事业的科学、和谐、持续发展提供强大的人才保障和智力支持。

（二）税务干部队伍建设的特征

税务干部队伍建设具有综合性、渐进性、实践性和社会性的特征。综合性是指税务干部队伍建设要考虑政治、经济、文化、法律、组织、民族等多种因素，不仅仅局限在某一个方面；渐进性是指税务干部队伍建设是随着人的潜力在实践中逐渐被发现、挖掘而逐步积累、逐步加深的过程；实践性是指税务干部队伍建设不仅要以干部队伍建设理论为基础，更重要的是要从实际出发，解决实际问题；社会性是指干部队伍建设要充分考虑到社会制度的影响，不同生产关系和意识形态的影响，税务干部队伍建设也不例外，要充分依靠社会主义制度的优越性，严格按照社会主义制度的要求来进行。

（三）税务干部队伍建设的意义

人力资源是第一资源，毛泽东曾指出“政治路线确定以后，干部就是决定因素”，揭示了干部队伍是组织管理工作的首要因素。税务干部队伍建设是税务队伍可持续发展的必然选择，新形势、新任务对税收工作带来了新的变化和新的挑战，只有加强税务干部队伍建设，才能适应知识更新、把握发展趋势。税务干部队伍建设是保证税收事业健康快速发展的根本前提。在新形势下，加强税收干部队伍建设，不仅是适应税收事业发展的必然选择，也是缓解人员紧张、经费不足等一系列制约税收工作开展“瓶颈”问题的重要举措。税务干部队伍建设是为税收收入职能和调控职能的实现提供人力支撑的重要保证。税务干部队伍是最宝贵、最有活力、极富潜力的资源，是确保税收职能，为税收事业发展提供源源不断的人才，保持税收事业可持续发展的根本保障。

二、云南国税干部队伍的现状分析

为全面、客观、系统地掌握全省国税系统干部队伍现状的第一手资料和真实情况，在课题研究中采取系统内抽样调查等形式进行了实证分析，选取了省局机关、昆明等12个单位作为“云南省国税系统干部队伍现状问卷调查”的样本单位，向9019人发放调查问卷，其中省局180人、昆明2127人、昭通757人、曲靖791人、楚雄710人、玉溪701人、红河1006人、普洱605人、大理924人、德宏472人、迪庆194人、临沧552人，抽样率均在90%以上；发放问卷9019份，收回9019份，调查覆盖率为93%，问卷回收率100%，问卷填写完整程度100%。问卷调查包括9项内容，即个人资料、日常生活、日常工作、价值取向、干部管理、学习与培训、改革与发展、思想政治工作、国税文化建设等，具体涉及73个问题共354个要素。根据调研数据，云南国税干部队伍现状分析如下：

（一）队伍基本情况。截至2011年底，全省国税系统共有在职干部职工11800人，其中：30岁以下1019人，31～35岁730人，36～40岁1707人，41～45岁3152人，46～50岁3365人，51～55岁1416人，56岁以上411人。“十一五”期末，共有研究生学历185人、本科学历5004人、专科学历5192人、中专学历749人、高中及以下学历709人；中共党员6831人、共青团员246人、民主党派42人。截至2011年10月31日，全省国税系统人员总量变化不多，干部年龄偏大，年龄结构如图所示：

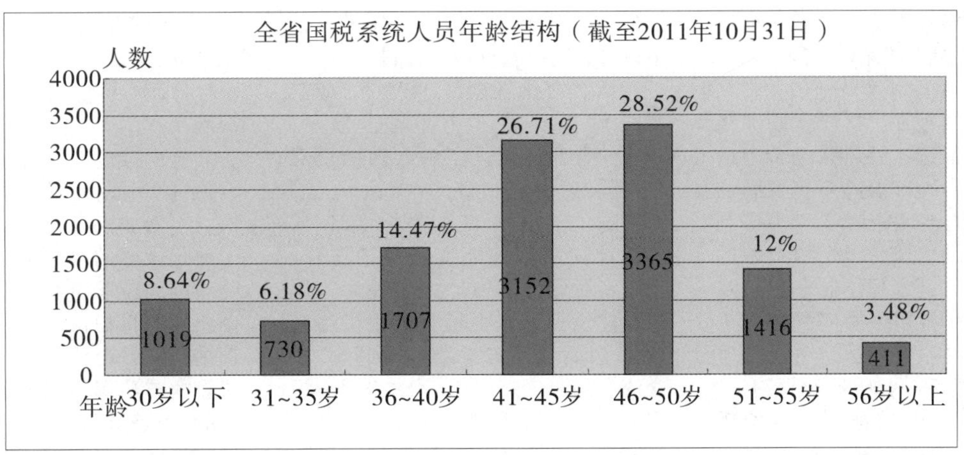

（二）队伍现状分析

年龄呈现“橄榄球”结构，心理特征呈现年代特点。全省国税系统干部队伍总体上呈现出中间大、两头小的“橄榄球”结构。调查显示，干部心理特征也呈现出了较为明显的“年代”特点，50年代干部是阅历丰富的“老税干”，政治坚定、经验丰富，心态较为平和，在认真踏实工作的同时，非常关心子女事业婚姻及家人健康，并渴望晋升非领导职务；60年代干部作为国税系统的中坚力量，非常珍惜工作岗位，遵章守纪，对家庭非常关注特别是对已上大学或即将参加工作的孩子，由于年龄和身体状况等原因对新知识接受能力相对较差，同时感到工作的压力和生活的负担日益沉重；70年代干部是国税系统的生力军：很珍惜工作，能承受工作的压力，希望有升迁机会，期盼福利待遇不能降低太多，比较关注家庭特别是孩子学习和老人身体；80年代干部是单位的新鲜血液：大学毕业后进入国税系统，感到很庆幸，工作认真，服从领导，少数人随着时间的推移，由于现实情况与心理预期的差距，开始出现松懈倦怠。调查中我们还发现：虽然队伍年龄偏大趋势明显，41～45岁人员占26.71%、46～50岁人员占28.52%，这两个年龄段的人员占55.23%，但这部分干部依然是全省国税系统的中流砥柱和中坚力量。

队伍思想主流向好，消极因素不容忽视。调查显示，广大干部职工关心经济社会发展，把自身发展与社会发展、自身利益与国家利益结合得更加紧密，绝大多数干部职工认为自身价值在工作中得到了体现，85%的被调查者对目前状况比较满意，表示将努力工作，争取获得更大的发展，干部职工普遍表现出健康向上的思想主流。同时由于社会利益深刻调整变化，加之各种思潮激荡，使部分职工思想受到负面影响，急躁、不满、焦虑、失落、无所谓等负面心态客观存在。40%的被调查者对自己未来的期望是等着退休，14%的被调查者对不清楚自己未来的发展方向，也没有明确的期望和目标。

队伍需求呈现多元化，积极性和上进心受影响。近年来，干部职工的思想观念、物质文化生活需求等都呈现出了多样化、个性化、复杂化的特点。调查显示，69%被调查者最期盼得到或者解决的问题是增加收入，17%被调查者最期盼得到或者解决的问题是轻松和谐的工作环境。由于利益深刻调整变化，特别是三、四级单位的津补贴即将要步入一个规范化轨道，干部职工的切身利益将受到影响，致使少数干部心态失衡，而在对目前工作状况感到不满意原因调查时，75%的被调查者选择工作压力大。因此，要更加注重心理调适，采取深入职工、交心谈心、正面鼓励和座谈会等方式，引导干部职工摒弃在工作生活中出现的焦虑、失落等不良心态，以开阔的心胸和积极的心境应对各种压力，正确看待福利待遇，运用健康的心态处理好人际关系，营造宽松和谐的工作氛围。

干部集体归属感较强，部分干部满足于现状。调查显示，85%的被调查者对目前的工作状况持满意态度，且满意的原因大都是对国税系统有很深的感情，占42%，认为事业发展前景好，对个人发展很有信心。但31%的干部由于个人能力和客观条件有限，只能满足于目前的工作，可见，干部职工集体归属感、进取心较强，对工作愿景期望较高，只要为干部职工拓建提高发展多种能力的平台，干部综合素质必将大幅提高。在干部队伍思想、作风方面，部分干部对自身要求不高，上进心和进取精神不足，工作学习得过且过，只满足于现状，存在“小胜即满小富即安”、“怕担风险求稳怕乱”、“安于现状、不敢突破困局”等突出问题的干部分别占37%、43%、31%。应从改进工作作风入手，着力解决工作不够深入，作风不够扎实的问题，促使干部职工“干成事”。

队伍建设成效明显，仍需深化人事制度改革。虽然干部队伍建设机制的不断健全取得了较好效果，但受级别职数限制，影响了部分人员特别是年龄相对较大人员的积极性。这部分人员干工作不求有功，但求无过，甚至混时度日，使得单位内部出现忙闲不均的现象，形成了人满为患与人才紧缺并存的现象。同时，基层公务员考核存在流于形式的现象，执行考核时顾及情面，优秀等次实行轮流坐庄，搞平衡、搞照顾或者论资排辈，达不到奖优罚劣的效果。调查显示，84%的被调查者对全省国税系统的干部队伍建设持满意态度，61%认为干部队伍素质较好，77%的被调查者认为全省国税系统已经建立了优秀人才脱颖而出的机制，58%对我省国税系统干部选拔任用工作持满意态度，37%的被调查者认为应继续深化干部人事制度改革。在工作中应继续深化人尽其才、才尽其用、用其所长的理念，在干事创业的平台上选人用人，努力营造“靠素质立身、靠实绩进步，靠能力发展”的浓厚氛围。

传统激励机制效果一般，制约发展因素依然存在。物质激励和精神激励成为首选，惩罚激励希望最少。关于制约我省国税系统发展的因素：61%的被调查者认为主要制约因素是激励机制，59%和43%的被调查者认为是管理体制和思想观念制约发展；希望采用何种激励机制中，60%和44%的被调查者希望是物质激励和精神激励，34%、27%、22%、44%的被调查者希望是荣誉激励、情感激励、榜样激励、惩罚激励；对当前国税系统的目标管理责任制考核，34%的人认为基本科学合理，但激励作用不明显，26%的被调查者认为不够科学合理，激励作用不够明显，应进一步完善，31%的被调查者认为科学性不断提高，有一定的激励作用，16%被调查者认为科学合理，具有明显激励作用。工作上的“苦乐不均”和“鞭打快牛”现象较为严重，制约了干部工作积极性和创造性的发挥。这就要求完善奖惩机制，完善相关考核制度，有针对性地量化和细化考核指标，优化考核手段和程序，全面考核德、能、勤、绩、廉，实现工作制度化、指标化、具体化、责任化，有效解决干与不干一个样、干好干坏一个样的问题。

党建和思想政治工作务虚过多，需求实求新求变求活。随着市场经济的发展和深化，干部的思想越来越活跃，而部分领导与干部之间的沟通少，缺乏领导艺术，工作方法简单，导致矛盾集结，思想不稳。有的领导没有充分认识到党建和思想政治工作的重要性，对党建和思想政治工作重视不够，制度不够健全、内容不够丰富、形式不够活跃，“一手硬，一手软”的现象仍然存在。36%的被调查者认为局领导对职工的态度一般，29%和24%的被调查者认为较关心和很关心，10%的被调查者认为不关心。党建和思想政治工作的观念、内容、载体、方式方法、手段机制创新发展不够。通过调查，对深化思想政治工作意见依次是为干部职工办实事相结合、多联系实际，加强针对性、加强组织领导、多宣传老百姓关心的事、提高政工干部素质、进一步利用好现代化科技手段、多宣传先进人物事迹和编写普及性学习材料。

国税文化理念深入人心，应丰富内涵提升软实力。调查显示，85%的干部认同并了解云南国税文化，其核心价值理念深入人心，62%的干部集体荣誉感强，58%认为精神文明创建能促进其他工作。调查者对加强国税“人文关怀”体现及建设和谐国税机关有效措施选项较全面：“办实事、谋福利”、“多交流和沟通，以诚相待”、“上下级多一份关心和爱护，少一些指责和批评”成为核心，分别占80%、57%、69%。对国税系统应树立何种形象有普遍共识，选项依次是依法治税、勤政廉政、服务优良、公平公正、业务熟练、务实高效。因此，应进一步坚持解放思想，从税收改革与发展的历程中，从丰富多彩的现实生活中，提炼文化建设的选题，激发文化建设的灵感，挖掘文化建设的素材，不断推动和谐国税文化观念、内容、形式和手段的持续创新，提升和谐云南国税文化的亲和力、感召力和软实力。

三、云南国税干部队伍建设的措施和成效

（一）领导班子能力明显增强

严格按照《党政领导干部选拔任用工作条例》的相关规定，以竞争性选拔为主，采取多种方式做好各级领导班子的充实和调整工作，进一步优化班子结构，重视从优秀的少数民族、妇女同志中选拔干部，“十一五”期间至今，全省国税系统采取竞争上岗方式选拔任用处级领导干部29人（其中：实行异地交流的4人、选拔妇女干部10人）、科级领导干部214人。采取差额考察等方式选拔任用处级领导干部78人（其中：纪检组长9人、实行异地交流18人、选拔妇女干部16人），科级领导干部667人。目前，除红河州国税局领导班子外，其余15个州市局领导班子中均配备有妇女干部。着力提高领导干部分析形势、把握规律的能力，依法治税、规范行政的能力，科学管理、服务大局的能力，求真务实、开拓创新的能力，做思想政治工作、群众工作、带好队伍的能力，拒腐防变、经得起各种诱惑和考验的能力，增强领导干部的政治意识、大局意识、为民意识，努力把各级领导班子建设成为学习型组织、创新型团队、实干型集体、廉洁型班子。

（二）干部队伍整体素质大幅提高

全面推进人才强税战略，广泛开展学历教育，提高基础知识层次，不断加大专业化、高层次税收专业化人才的培养力度。结合基层一线的岗位职责和业务需求，围绕新企业所得税法、税收执法、纳税评估、财务会计以及增值税、所得税查账技巧等重点培训内容，采取“送教下基层”，“巡回培训”、“递进式培训”等方式，切实提高基层一线干部的基本技能和业务素质。与“十五”期末相比，全系统大学专科以上学历由80%提高到87.7%，本科学历由23.4%提高到42.2%，研究生学历由0.5%提高到1.66%，达到196人；截至2011年底，共举办全省国税系统业务能手竞赛8届，产生云南省国税系统业务能手122名；建立各类人才库6个，共535人入选（兼职教师师资库120人，税收信息化人才库80人，税收执法检查人才库52人，税收稽查人才库150人，督察人才库68人，内审人才库65人）；评选表彰优秀“三员”（税收管理员、办税服务厅人员、稽查人员）300名；全省国税系统取得“三师”资格证书人员共249人（注册会计师5人、注册税务师217人、律师27人）。

（三）人事制度改革持续深入推进

进一步完善干部管理制度建设，制定下发了云南省国家税务局系统《处级领导干部交流工作办法（暂行)》、《领导干部职务任期办法（暂行)》、《领导干部竞争上岗工作办法（暂行)》、《处级非领导职务管理办法（暂行)》、《副处级后备干部管理办法（暂行)》、《副处级领导干部破格、越级提拔任用办法（暂行)》、《云南省国家税务局机关公开选调公务员试行办法》等制度，同时，各州、市局结合自身实际制定本系统的管理办法，进一步加强管理制度本身的可操作性。这些制度的实施，建立健全了国税系统干部选拔任用机制，推进了干部选拔任用工作的科学化、民主化、制度化建设，将全省国税系统干部培养、选拔、任用工作提高到一个新的水平。对年轻干部培养使用成效突显："十一五"期间至今，省局机关共选派年轻干部40人到基层一线、挂钩扶贫单位、新农村建设工作队挂职锻炼，从基层选拔37人到省局机关进行工作锻炼，截至2011年11月，在已结束上挂下派锻炼的52名年轻干部中，已有36人晋升到上一职务层次，其中省局机关下派干部中有13人走上处级领导岗位。

（四）国税部门整体形象日益提升

坚持在做好税收工作、服务经济社会发展过程中展示国税部门的良好形象。建立健全文明创建工作长效机制，突出抓好基层一线窗口单位的文明创建，使广大人民群众切实感受到国税部门呈现的新气象和国税工作取得的新进展。勇于担当社会责任，积极发挥国税部门在社会管理中的重要作用，扎实开展扶贫助困、综治维稳、新农村建设等工作，得到了社会各界的充分肯定和广泛认同。"十一五"期末，全系统共有全国文明单位2个，省级文明单位114个。2011年12月，云南国税系统包括云南省国家税务局（机关）、昭通市国家税务局（机关）、大理白族自治州国家税务局（机关）、临沧市国家税务局（机关）、保山市国家税务局（机关）在内的5个单位荣获第三批"全国文明单位"荣誉称号，占云南省44家"全国文明单位"的11.4%，是全省获表彰单位最多的一个系统，至此，包括原获表彰的玉溪市国家税务局（机关）和普洱市澜沧县国家税务局在内，全系统共7家单位获得全国文明单位称号。大力开展创先争优活动，开展党员先锋岗、党员承诺、结对帮扶等形式多样的活动，许多国税机关党组织被当地党委挂牌授予党建工作示范点。

（五）党风廉政建设工作取得实效

"十一五"期间，云南省国税系统各级纪检监察部门立足教育，着眼预防，坚持以党风廉政建设责任制为抓手，把惩防体系建设的各项任务融入到税收管理体制建设、制度建设和信息化建设之中，着力构建以内控机制为主体的大预防工作格局。健全干部监督管理、廉政教育宣传、违法违纪处分等多项制度，完善明察暗访、行政问责、"两权"监督等实施办法，促进权力运行程序化和公开透明，源头预防更加有效。强化反腐倡廉宣传教育，积极建设廉政文化，不断增强干部队伍廉洁从政意识，筑牢拒腐防变思想防线。"十一五"期间，全省国税系统纪检监察部门共收到来信来访265件，初核75件，立案25件，处分36人。五年平均违纪率为0.61‰，大大低于1.5‰的工作目标。

总体上看，近年来，随着文明服务年、管理基础年、质量效率年、作风建设年、创新发展年、和谐发展年、服务基层年等系列主题工作的开展，在各级领导的高度重视下，基层各单位齐抓共管、协同努力，干部队伍整体素质不断提升，队伍结构不断优化，彰显了云南国税系统干部队伍强大的生命力、凝聚力、创造力和战斗力。但一些传统问题并未得到全面解决。

四、当前干部队伍建设存在的问题及原因分析

（一）存在的问题

干部结构有待优化

（1）干部队伍年龄偏大。由于历史的原因造成（80年代采取大批量社会招录税干），2000年机构改革时离退休人员量大，以及近年来国税干部总量增长缓慢，年轻干部进口狭窄，与"十一五"相比，国税系统干部队伍的年龄结构变化不大，如前所述，40岁以下干部占30.5%、41～50岁占55%、50岁以上占14.5%，干部队伍年龄结构从老、中、青三个年龄段上划分，呈现中间大两头小的格局，年龄断层现象十分严重，考虑到国税系统干部队伍构成的特殊性，随着时间的推移，这种"青黄不接"的现象还将持续较长一段时间，若不能及时补充人员，干部结构将出现严重"断层"。

（2）人力资源不足。全省国税系统1994年以来干部职工人数呈减少趋势，1994年国地税分设时为11951人，2000年为12074人，2011年10月为11800人。1994～2010年人员减少了151人，2000～2011年人员减少了274人。1994年以来经济发展，国税收入成倍增加，而干部总量未增，人力资源严重不足的问题日益突出。如图：

全省国税系统1994、2000、2011年10月干部队伍状况

	1994年	2000年	2010年
干部职工	11951	12047	11800
增长率（较1994年）			-1.26%
增长率（较2000年）			-2.27%

（3）人员补充不充分。数据分析显示，全省国税系统11800名在职干部，平均年龄42.4岁，其中30岁以下970名，仅占干部总数的8.19%。一方面是干部队伍年龄偏大，一方面是新鲜血液得不到充分的补充，总局2004年核定的人员经费基数至今未变动，受制于"增人不增资"经费管理体制的制约，每

年新招录的公务员只能与自然减员数大体持平，远远无法满足基层税收工作的需要，部分县区局甚至几年都没有新增公务员，加之部分新录用公务员无法扎根基层、安心工作，干部队伍新鲜血液得不到充分补充。

工作量与执法风险加大的问题亟待解决

近年来全省国税系统一方面纳税人数量增长迅速，基层国税机关人均管户大幅增加：2000 年全省税务登记户数为 296513 户，2010 年为 594794 户，2011 年上半年为 732338 户。2000 ~ 2010 年税务登记户数增长了 298281 户，增长率为 100. 58%；一方面整个纳税人的维权意识增强，传媒网络发展迅速，改变了我们的政治生态环境；纳税人的组织形式、经营方式、经营业务也不断创新，跨地区、跨行业的大型企业集团大量涌现，税源流动性显著增强，税收征管的复杂性和工作难度明显加大，执法风险也随之增大。一般纳税人的管理认定、税收管理员工作、税收核定征收、稽查、纳税评估这些工作的环节及岗位属我们目前执法风险高发的岗位。如图：

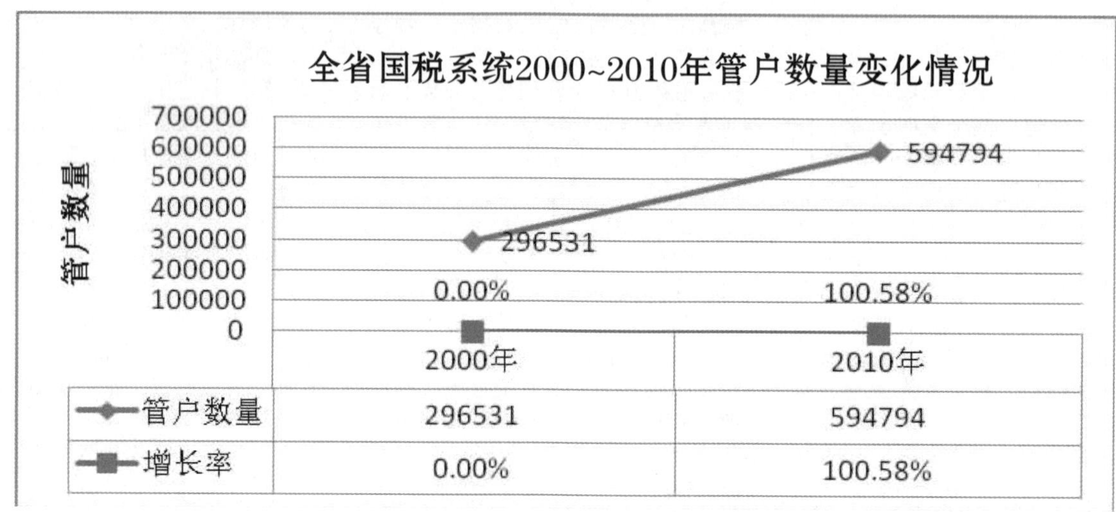

1994 年全省国税收入为 233200 万元，2000 年收入为 3257468 万元，2010 年为 10700978 万元。1994 年至 2010 年全省国税税收收入增长了 10467778 万元，增长率为 4488. 76%；2000 ~ 2010 年全省国税税收收入增长了 7443510 万元，增长率为 228. 51%。如图：

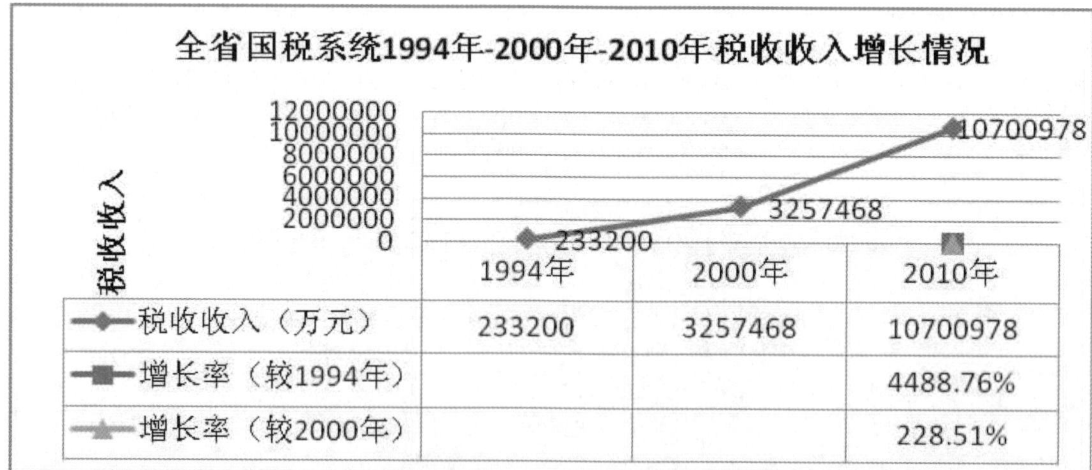

干部队伍素质有待提升

（1）高层次专业化人才不多。国税干部专业结构单一，适应现代税收工作要求，适应现代税收管理要求的反避税、纳税评估、税务稽查、税收经济分析等方面的高层次人才不多，特别是系统学习财会、法律、计算机等多个专业的跨学科复合型人才较少，能够担负起反避税、税收政策研究、税收经济分析等专业领域人才较少，创新型、决策型、专家型人才匮乏，干部队伍整体素质与税收科学发展的要求有一定差距。

（2）执法监管不到位。目前的风险控制常采用的是日常考核与年度考核、专项考核与综合考核、定期的执法检查和执法监察等下行单向的控制方式，基本上属于事后监控，对事前尤其是事中的风险控制较弱，风险管理没有真正形成动态闭合的控制管理模式，造成监管机制缺位，加之部分单位部门的主要领导“一岗双责”落实不到位，给以权谋私、以税谋私者带来可乘之机，导致违纪违法问题没有得到有效遏制。在纳税人方面，强调义务较多，而对其应有的权利则相对忽视了；在国税管理一方，则强调管理与权力比较多，对其在执法和管理过程中应尽的义务则宣传不够。因此，当纳税人和税务机关因为涉税事宜产生矛盾时，不少纳税人首先想到的不是积极地利用法律手段来保护自己的合法权益，而是通过找关系、送礼物等各种方式来拉拢、腐蚀税务人员，干扰了正常的税收秩序。由于国税工作的特殊性，国税部门接触的对象往往是一些开发商或老板，对一些特殊岗位与重点环节监管的缺位，导致一些不法商人为谋求不正当利益积极寻求“权力出租”，少数处于执法一线的国税干部，由于缺乏自控能力和廉洁意识，在形形色色的诱惑面前，往往容易因“底线失守”而“失足落水”，这无疑增加了执法风险。

（3）教育培训效果不明显。主观上，部分干部存在狭隘学习观，受能力素质和心态的影响，接受教育培训不认真，业余时间不愿学，把学习当作负担，重业务轻政治学习的思想依然存在，部分基层国税部门领导不重视思想政治工作，存在抓业务工作和思想政治工作“一手硬、一手软”的现象。客观上，传统教育培训方式方法生搬硬套，不活泼不生动，缺乏吸引力和实际效果。从干部专业角度看，对行政管理部门的培训力度小，对税收业务部门则力度大。从干部岗位层次来看，对州市局以上机关培训机会多，对县区局征管一线培训机会少。教育培训形式创新不够，教育培训的针对性和实效性不强，高层次人才、复合型人才、专业化人才匮乏的现象同时存在。

（4）教育培训重数量轻质量导致效果一般。近几年，全省国税系统在干部队伍教育培训方面下了大力气，严格要求参加人数、培训学时、投入经费等，但缺乏实践锻炼、忽视素质提升，重理论轻实践，忽视对象年龄、心理特征，造成培训数量上去的同时质量不高。教育培训常常处于“说起来重要、做起来次要、忙起来忘掉”的境地。

4. 干部成长平台及空间有待扩展

（1）成长空间不够宽。在现行的干部人事管理体制下，人才进步的主要途径是职务晋升，干部成长“独木桥”现象较为突出，据统计，“十一五”期间至今，全省国税系统采取竞争上岗方式选拔任用处级领导干部 29 人、科级领导干部 214 人，采取差额考察等方式选拔任用处级领导干部 78 人，科级领导干部 667 人，几项合计仅占总人数 11801 的 5.7%。职数的限制使干部成长的机会和空间较为有限，且由于缺少专业化人才成长渠道，难以为国税干部进行职业生涯规划设计，大部分干部处于“自然成长”状态。

（2）年轻干部培养使用力度不够大。干部长期在同一个级别的岗位上任职，直接影响了其他职级的干部晋升。《云南省选拔培养优秀年轻干部行动计划》要求重点选拔一批 40 岁以下的优秀年轻干部充实厅级领导班子，使州市和省直正厅级机关单位的领导班子中长期保持有一名 40 岁以下年轻的干部。2008 年、2010 年省委组织部先后两次公开选拔副厅级领导干部，其中最基本的一项规定是年龄在 40 周岁以下，两次公开选拔，我省国税系统正处级领导干部均无 1 人满足条件。目前为止，全省国税系统正处级领导中仍然没有一名 40 岁以下的干部。

5. 网络舆情应对能力急需提高

（1）对网络舆情的重要性认识不到位。互联网作为社会系统的有机组成部分，已经成为思想文化信息的集散地和社会舆论的放大器，新形势下国税干部运用网络发表看法的数量日益增加。由于主客观原因，有的基层领导干部对网络媒体了解不够，没有认识到网络舆论已逐渐成为当今中国社会最具有影响力舆论形式，成为影响社会和政府决策的一种重要力量。对涉税舆情苗头麻痹大意，疏于引导，待到舆情危机形成后仓促应对，丧失了工作的主动权，没有认识到国税部门在应对涉税舆情、化解征纳双方矛盾、维护税法尊严和国税机关公信力方面承担的义务和责任。

（2）应对网络舆情的方法措施不到位。国税部门虽然实行了政务公开制度但有的基层机关，在出现涉税舆情特别是负面舆情后，还存在对网络舆情准备不足、处理不当、方法措施不到位的问题，不能在第一时间准确地把握舆论走向，还没有形成统一完善的工作机制。

6. 思想政治工作有待加强

（1）干部思想不稳定。当前国税干部队伍中仍然滋生蔓延着一些消极思想：有的追名逐利思想严重，只讲索取不讲奉献，拜金主义、攀比思想较重；有的宗旨意识不强，安于现状，不思进取，作风漂浮、效率低下，时常牢骚满腹，怨天尤人；有的急功近利，注重表面不重实质，工作实效性不大，小进则满，沾沾自喜；有的年轻干部思想状态不稳定，工作作风不踏实，这山望着那山高，抱怨基层埋没了自己的才干；有的不能正确对待组织选拔，甚至心态失衡，情绪反常，不作自我解剖，而是怨恨别人，怨恨对手，怨恨组织。

（2）思想政治工作实效性不强。随着市场经济的发展和深化，干部的思想越来越活跃，而部分领导与干部之间的沟通少，缺乏领导艺术，工作方法简单，不会运用非职权影响力，遇到问题往往是强势打压，其结果必然是矛盾集结，思想不稳。有的领导没有充分认识到党建和思想政治工作的重要性，对党建和思想政治工作重视不够，制度不够健全、内容不够丰富、形式不够活跃，“一手硬，一手软”的现象仍然存在。36% 的被调查者认为局领导对职工的态度一般，29% 和 24% 的被调查者认为较关心和很关心，10% 的被调查者认为不关心。党建和思想政治工作的观念、内容、载体、方式方法、手段机制创新发展不够。通过调查，对深化思想政治工作意见依次是为干部职工办实事相结合、多联系实际，加强针对性、加强组织领导、多宣传老百姓关心的事、提高政工干部素质、进一步利用好现代化科技手段、多宣传先进人物事迹和编写普及性学习材料。

7. 工作评价机制有待改进

（1）激励机制不完善。现行考核制度明显滞后，激励机制单一。考核上依然存在吃“大锅饭”、“百样会、百样累，一样不会睡瞌睡”和“干与不干一个样”的现象，干部工作热情不高。对于多数干部而言，虽然具有较强的愿望，但现实中缺乏足够的成长机会，愿望与现实之间的落差导致干部最终丧失积极进取的精神动力，也使一些有真才实学的干部没有施展才华的舞台，意志逐渐消沉，难以脱颖而出，最后自我埋没。

（2）工作苦乐不均匀。工作量分配苦乐不均，“鞭打快牛”现象较为普遍。部分单位和领导客观上存在凭经验、凭感觉配置人力资源的粗放型模式，致使基层征管一线常常陷入“看似人多，能挑重担的人少”的尴尬局面。越是税收分析、纳税评估、税源管理调查能力强、工作责任心强、自觉性高的干部，工作越繁重；越是工作能力弱、工作态度不端正的干部，工作越轻松。

（3）内控机制不健全。一方面惩防体系建设与业务工作存在“两张皮”的现象，部分单位风险排查、分析、防控等工作没有落实到具体岗位、具体人员和具体工作环节，没有实现风险的有效防范、控制和化解。另一方面，一些不法分子拉拢、腐蚀国税干部的现象依然存在，部分干部法纪意识不强，违反法律法规和社会公德的现象时有发生；个别干部自我要求不严，存在失职渎职、以权谋私行为。

（二）原因分析

入口狭窄致使干部队伍年龄结构偏大。由于历史的原因造成（80年代采取大批量社会招录税干），2000年机构改革时离退休人员量大，以及近年来国税干部总量增长缓慢，年轻干部进口狭窄，与“十一五”相比，国税系统干部队伍的年龄结构变化不大。人才引进是调整干部队伍结构、提高干部整体素质、补充新鲜血液、增强队伍活力的重要途径，目前国税系统干部入口主要有公务员招录和军转干部接收。但由于受编制总量和每年增人计划的限制，目前全省国税系统每年新增人员数量较少，很多基层单位平均只增加1人，有的甚至分不到人。然而，在一些地方由于人力资源配置的不合理，造成了中心城区、经济较发达县（区）局人员居多甚至臃肿，而边远、条件艰苦县局人员紧张、人手不足的现象，最直接的表现就是平均年龄逐年增加，年龄结构渐趋偏大。

多元利益诉求产生消极懈怠思想。随着社会经济发展和改革的不断深化，我国社会情况发生着复杂而深刻的变化。这些变化必然对国税干部职工的思想认识产生直接而深刻的影响。马斯洛需求层次理论（Maslow's Hierarchy of Needs），将人的需求从低到高依次分为五种，即生理上的需求，安全上的需求，情感和归属的需求，尊重的需求，自我实现的需求，按照这种理论，物质需求属第一位。首先，在社会主义市场经济深入发展的过程中，思想理论战线空前活跃，国外各种社会思潮和理论观点涌入，宣传媒体迅速发展，尤其网络技术迅猛崛起，直接、快速传播着各种思想观念、价值观念和生活方式，所有这些必然对国税干部职工的思想认识产生不同程度的影响。一方面，思想的空前活跃，有利于干部职工开阔视野，增长见识，不断吸取新思想、新观点、新意识，增强认识问题、解决问题的能力；另一方面，由于市场经济活动存在的弱点、网络信息良莠不齐、加之低级媚俗甚至错误思想的影响，反映到人们的思想意识和人与人之间的关系上来，容易诱发自由主义、个人主义、拜金主义、享乐主义和利己主义，如不及时加强教育引导，消极、腐朽的文化就会乘虚而入。其次，改革必然带来人们的利益调整，当前，社会情况发生了复杂而深刻的变化，经济成分和经济利益多样化，必然带来经济矛盾和经济纠纷的增加；社会生活方式的多样化，必然带来新旧生活方式之间的种种摩擦；社会组织形式的多样化，必然要求社会管理方式的革新；就业岗位和就业方式多样化，必然打破过去高度统一的思想政治工作方式。这些多样化给国税干部职工也带来了许多新情况和新问题。如，子女上学、就业，收入分配，岗位变动，职位升迁，疾病养老，恋爱婚姻等等问题，都会涉及每个干部的思想、工作和生活，并由此带来了心理、工作、生活的压力和一些实实在在的困难，对这些问题和困难，如果不能正确引导和解决，必然会使干部职工的思想和工作情绪产生波动，甚至还会导致偏激行为的发生，影响整个国税干部队伍的建设。

“三不”现象导致思想政治工作疲软。归结起来主要是因为长期以来国税部门思想政治工作普遍存在着不硬、不信、不灵的“三不”现象。一是不硬，就是认为思想政治工作是软指标，缺乏约束力，没有硬的制约，思想政治工作者感到底气不足；二是不信，就是思想政治工作者的方法呆板单一，多是脱离实际的空洞说教，缺少生机，一些干部职工对思想政治工作的作用产生怀疑；三是不灵，就是思想教育的渠道狭窄，教育的内容与现实生活、业务工作及国税干部本人的实际情况结合得不紧，甚至把思想政治工作当作防范处理消极现象的一种手段，等出了问题才去抓一抓，搞亡羊补牢，结果教育抓了不少，效果却不好。

体制机制原因导致队伍的生机与活力不足。一方面，受体制机制和职数限制，国税系统的人员出口和流通渠道不够通畅，干部晋升空间有限，无法满足或达到干部对职业发展空间的心理期盼和预期，干部内在动力不足，队伍的整体活力不够。另一方面，目前由于部门职责不够规范清晰导致推诿扯皮、由于岗位分工不够明晰而产生责任冲突的现象仍然存在，影响了管理精细化和工作效率的提高。

传统管理模式滞后导致激励机制乏力。长期受制于传统行政管理模式制约，国税部门管理效能难以得到有效提升。从宏观层面看，长期把税收收入完成数作为衡量工作绩效的主要指标，标准单一。从微观管理层面看，一是摊派式管理模式，管理者与被管理者之间缺乏有效沟通，管理者“推动工作难”、被管理者“执行难”。二是长期计划管理形成的“大锅饭”和平均主义，干部队伍活力无法有效释放。三是行政部门程式化管理限制了干部职工创造性的发挥。

待遇横向比较造成心理落差进

而挫伤积极性。“相对剥夺感”是人的一种主观心理感受，是个体或群体对于自身相对状况所持的态度。在目前利益分配格局不均衡的大环境下，干部的心态大多是“不患寡而患不均”，因此很容易产生所谓的“相对剥夺感”，导致幸福感降低。作为中央直属单位，由于国税特殊的历史和目前的体制，干部职工在工资待遇方面往往会自觉不自觉地横向与当地国家机关特别是财政、工商、地税部门比较，与同类公务员相比，同职不同酬，差距较大；与发达地区比，相同的职业、职务、级别，更是相差甚远。因此，在全省国税系统各州（市）、县（市、区）局的在职干部津贴补贴尚未规范的情况下，造成国税系统津贴补贴发放水平（暂按2004年的标准）低于地方相关部门同职级人员标准，特别是近年CPI保持较高增幅，国税基层单位干部职工的收入水平相比呈下降趋势，干部职工反映强烈，一定程度上影响了广大国税干部的工作积极性，也给各级国税机关特别是领导班子增加了许多工作量和工作压力。

工作满意度不高影响干部的事业心和责任感。一是对人员的需求了解不透彻影响工作满意度。目前，国税干部的需求大致可分为：政治上的进步、工作上的支持、生活上的关心、领导的肯定等等，而且不同年龄段、不同岗位、不同职务的人员，其需求是不同的：如年轻干部比较重视自身专长的发挥，中年干部比较重视职务的晋升，一般干部重视领导对自己工作的肯定，中层干部渴望工作上的支持。对待干部要根据其不同需求，进行综合分析归纳，抓住其主要问题，有针对性地进行激励。二是不同岗位交流不及时影响工作满意度。在岗位上缺乏纵向的岗位交流、横向的业务交叉，有些干部在同一岗位上工作的年限较长，就不免产生了惰性，丧失了进取心。三是内部考核制度不健全影响工作满意度。主要是上级制定制度时未征求基层意见或走过场或考虑下情不充分不具体，工作考核没有真正与干部的任用、奖惩、交流挂钩，考核上依然存在吃“大锅饭”的现象，这不仅难以激发税务干部干事创业的工作热情，而且在一定程度上挫伤了“埋头苦干者”干事业的积极性，助长了“撞钟和尚们”混日子的懒惰性。

内外环境因素增加税收执法风险。一是我国现行的税收体制尚需完善，存在处罚条款幅度宽、弹性大等问题，为一些国税干部搞权钱交易、权情交易，谋取不合法利益提供了便利条件。二是税务检查、税务处罚等执法行为程序上的不规范导致使纳税人感觉受到了损害，由此而提起行政复议或诉讼，税务机关也会由于税务人员执法行为的不规范而遭到败诉，税收执法机关将可能承担执法决定被撤销或变更，对纳税人进行经济赔偿等不良后果，其直接责任人员也可能被追究行政责任甚至刑事责任，如：对纳税人进行检查时不按规定程序和要求进行调查取证；执法人员徇私舞弊，对依法应当移交司法机关追究刑事责任的涉税犯罪案件不移交；采取税收保全措施、强制执行措施不当，使纳税人、扣缴义务人或者纳税担保人的合法权益遭受损失等。三是不规范的税收执法行为，也将导致税收执法机关或执法人员形象受损、信誉度降低、行政责任或刑事责任追究等不良后果发生，如：不按照国家税收法律法规的相关规定及时为纳税人办理涉税事宜，致使纳税人的利益受到损害；税收执法人员利用职务上的便利，收受或者索取纳税人、扣缴义务人财物或者谋取其他不正当利益，或者滥用职权，故意刁难纳税人、扣缴义务人；税收执法人员在执法过程中，未按照相关规定进行回避，或为纳税人、扣缴义务人、检举人保密等。四是法制环境不佳，主要表现在现行税收实体法法律级次低，规范程度差，税收程序法中的有关规定也不够严密，造成税收执法人员在执法过程中有时难以做出准确的判定。五是由于税收执法机关作为执法者兼管理者的强势地位客观存在，纳税人长期形成的一种心理定势难以消除，一些纳税人不愿与税收执法机关和税收执法人员较真，使税收执法机关和执法人员没有切实感受到税收执法风险的压力，从而缺乏防范意识。

党建工作务虚过多造成荣誉多收效少。主要是程度不同的存在一些倾向性问题：一是职能定位上有边缘化倾向，党建工作中还存在就党建抓党建，党的建设游离于部门中心工作之外的情况。二是队伍建设上的兼职化倾向，从州（市）县（区）两级机构来看，除一些党委有专职党务干部外，绝大多数党组织为兼职党务干部或安排即将退休的干部做党务工作，这样就出现了“兼而不管”或“管而乏力”、工作“时冷时热”、“时紧时松”的现象。三是制度执行上的软弱化倾向，少数基层党组织各项制度满足于写在纸上挂在墙上，以装潢门面应对检查，很少考虑保证制度的有效执行。四是管理手段上的专断化倾向，有的基层党组织强调党组织对党员的教育、管理和监督多，忽视党员对党内事务的知晓、参与、管理和监督；强调党员个人服从组织和上级多，忽视组织和上级服务党员个人。五是考核奖惩上的形式化倾向，按隶属关系各级党组织每年都要签订党建目标责任书，但从目标责任书的内容看，在结合各级党组织建设实际方面还略显欠缺。

五、新形势下加强干部队伍建设的对策建议

（一）把握新形势对国税干部队伍建设提出的新要求

外部形势。一是当前我国处在经济社会转型期，随着经济体制深刻变革、社会结构深刻变动、利益格局深刻调整、思想观念深刻变化，国税干部思想活动的独立性、选择性、多变性和差异性明显增强，国税干部队伍建设中一些深层次的矛盾日渐凸显。二是干部平均年龄上升的趋势，与整个社会人口老龄化加快的大环境不无关系。三是经济发展方式的深刻变革、经济社会发展战略的调整和科技进步日新月异，对税收事业发展提出了新要求、新挑战，也对国税干部队伍专业结构提出了更高标准，干部素质与税收管理专业化、信息化程度越来越高的趋势不相适应的矛盾日益明显。这对国税干部队伍的思想产生较大冲击，部分干部理想信念出现滑坡，人生观、价值观发生改变，事业心、进取心趋于弱化。内部形势。一方面是税源发展变化税收任务增加，但人员总量未增，人

力资源不足与税收任务增长不匹配矛盾日益突出；全省纳税人数量增长迅速，国税机关人均管户大幅增加；纳税人的组织形式、经营方式、经营业务也不断创新，跨地区、跨行业的大型企业集团大量涌现，税源流动性显著增强，税收征管的复杂性和工作难度明显加大，征纳双方信息不对称现象日益突出；不断发展的税收工作对国税干部税收财会知识和信息化技术素质的要求越来越高；随着依法行政的推进，干部的税收执法压力和涉税风险越来越大，而纳税人维权意识越来越强；随着《公务员法》的实施，干部职工的职业发展空间有限，导致国税干部集聚能力不足，部分干部工作主动性、敬业精神和奉献精神受挫，对本单位的归属感降低；随着公务员收入分配制度的改革、财务管理的进一步规范、规范津补贴和公用经费压缩等工作同步推进，规范津补贴，意味着国税干部职工收入水平大幅下降（州市局以下减幅将达40%），靠物质激励难以维持；特别是去年以来，贯彻国家统一规定的一些改革措施的过程冲击着旧的传统观念和管理方式，使得一些干部或多或少地反映出认识上不到位、心理上不适应，给工作带来一些消极影响，新形势下公务员激励机制尚未建立，传统的带队理念和模式直接影响着国税干部的思想；全省国税系统干部队伍建设面临着学习压力大、发展要求高、改革推进快、工作任务重、干部年龄结构不尽合理、新生力量补充不足、利益调整多的局面，给保持干部职工思想稳定、队伍稳定、工作推进带来了新的挑战，提出了新的要求，加之思想政治工作相对滞后，教育培训工作针对性、实效性还不强。另一方面，总局上海会议上提出了“十二五”时期全国税务系统干部队伍建设新的目标任务，并制定下发了《全国税务系统中长期人才队伍建设规划（2011～2020）》，实施的“千人工程”和“十万人工程”即：加强领军人才培养，力争到2015年底，拥有一支一千人左右的领军人才；加强基层一线干部素质能力建设，力争到2015年底，州市以下税务局拥有一支十万人左右，熟悉税法和财务会计、懂评估、会查账、能熟练操作计算机的基层复合型人才和业务能手。新的形势对国税干部队伍提出了新的要求，面对国税系统“十二五”时期干部队伍建设的目标任务，面对前进中的各种困难和风险，如何带好云南国税这支队伍，如何有效地增强云南国税事业和谐发展的动力，亟待我们去研究思考。

（二）明确云南国税干部队伍建设的总体目标

按照国家税务总局的要求，结合云南实际，新时期云南国税系统干部队伍建设的总体目标是：努力建设一支政治坚定、业务精湛、作风优良、勤政廉洁、团结和谐的高素质专业化国税干部队伍。针对干部队伍建设综合性、实践性、渐进性和社会性的特征，建议实施六个方面的系统工程，促进干部队伍建设总体目标的实现。

（三）实施云南国税干部队伍建设系统工程

1. 打造云南国税干部共同精神家园的系统工程

坚持以社会主义核心价值理念为统领。以“马克思主义指导思想、中国特色社会主义理想、以爱国主义为核心的民族精神和以改革创新为核心的时代精神、社会主义荣辱观”为基本内容的社会主义核心价值体系为统领，用社会主义核心价值体系指导并融入到干部队伍建设的全过程。唱响社会主义核心价值体系的主旋律，坚持以文化人，丰富国税干部的精神世界，增强国税干部的精神力量，把社会主义核心价值体系落实到解决干部实际困难的工作中，维护系统和谐，促进系统和谐；统筹协调各方面的利益关系，注重人文关怀和心理疏导，塑造自尊自信、理性平和、积极向上的心态；加强精神文明建设，围绕社会主义核心价值体系部署任务、安排活动、开展工作；树立良好的思想作风、学风、工作作风、领导作风和干部生活作风，牢记“两个务必”，自觉做到“八个坚持、八个反对”，讲党性、重品行、作表率。

树立高原情怀，倡导大山精神。在中共云南省委第九次全会上，省委书记秦光荣代表八届省委向大会所作的《工作报告》中，向全省干部和群众提出了“树立高原情怀，倡导大山精神”的号召，“高原情怀”就是高远、开放、包容，而“大山精神”就是坚定、担当、务实。高原情怀和大山精神是全省国税系统谋求科学发展、和谐发展、持续发展的动力和源泉。当前和今后一个较长时期，弘扬高原情怀，发扬大山精神，特别符合云南国税的工作实际，要把高原情怀和大山精神运用在抓住和用好机遇上，运用在服务科学发展上，运用在共建和谐税收上，力求全身国税系统干部队伍建设取得新成果，干部队伍活力激发、能力提升得到新改善。

把云南国税文化核心价值理念贯穿始终。坚持“以国为根，以税为业，以人为本，以学为乐，以绩为真，以廉为荣”的云南国税文化核心价值理念。将队伍建设的总体目标理念纳入云南国税文化建设的理念体系，深入人心，贯穿于国税工作的每一个环节和方方面面。国税干部担负着为国聚财的神圣使命，必须以维护国家和人民的利益为出发点和归宿，怀爱国之心，立报国之志，效报国之劳；把国税作为人生的选择，是每个国税干部成就理想、实现价值、人生圆梦的地方，为税收事业的发展付出全部的努力；立足于人的全面发展，着眼于国税干部综合素质的提高，在实际工作中善于把抓工作与关心人结合起来，营造有利于施展抱负、安心工作的和谐的人文环境；大力倡导自我学习、终身学习的观念，适应新形势对国税工作的新要求，视学习为人生的乐事，以一种与时代同行、健康向上的心态努力学习；工作中杜绝漂浮，真抓实干，以求实创新的精神，创造最佳的工作业绩；善用国家赋予国税干部税收执法和行政管理的权力，严于律己，为税清廉，保持一生的清正和廉洁。

大力弘扬“十种推综精神”。即热爱事业，奉献国税的忠诚精神；团结协作，众擎易举的团队精神；刻苦钻研，拼搏进取的学习精神；任劳任怨，顾全大局的无私精神；身先士卒，求真务实的垂范精神；连续奋战，忘我工作的牺牲精神；精益求精，一丝不苟的细节精神；雷厉风行，立竿见影的效率精神；不畏艰难，攻克难题的科学精神；与时俱进，追求卓越的创新精神。

2. 建设高素质专业化队伍的系统工程

加强领导班子建设感召力。队伍建设好不好，大家的积极性能否充分发挥，能否激发在岗人员的工作热情，关键还要看领导。一是要发挥人格的魅力。作为领导干部，自己首先要行的正、走的端，敢于喊出"跟我前进，向我看齐"的口号，才能产生榜样的力量，才能在干部中树立起威信。各级领导要端正态度，振奋精神，在工作、生活以及和干部的日常相处中，克己奉公、勤奋敬业、清白为官，以人格的力量鼓舞人，以高尚的情操感染人，以细致的作风影响人，用自己的一言一行引导和净化单位、集体的风气。二是要增强带队的能力。改善队伍的精神面貌，不仅要奏响主旋律，还要消除队伍中影响和谐的杂音。这就要求各级领导要密切关注干部队伍中存在的苗头性和倾向性问题，坚决抵制和反对一些干部身子懒、作风浮、干工作蜻蜓点水等不良风气，不让其有滋生和蔓延的土壤。三是要具备敢管的魄力。"有权必有责"、"责权相统一"。在紧要关头要敢于负责、果断拍板、善于决断，在关键时刻要敢于直言、激浊扬清、惩恶扬善，不能躲、不能绕，更不能权力往自己身上揽、责任往别人身上推，这是队伍良好精神面貌得以确立和保持的关键。

发挥中层干部的优势和桥梁作用。"管理实际上就是调动人的积极性。"而中层干部积极性的调动尤其需要重视，对于部分中层干部来说，由于年龄、家庭、身体、升迁等原因较容易丧失前进的动力。如果对他们的激励不到位，造成既无压力，也无动力，积极性调动不起来，那么，工作热情和创造力一旦缺乏，就更没有积极性去激励和带动一般干部。中层干部队伍建设得到加强后，能充分发挥三大作用：一是发挥桥梁纽带作用，使领导班子和一般干部之间架起连心桥，及时做好上下沟通工作，使领导的工作意图及时在各部门干部中得到贯彻执行；二是发挥业务骨干作用，遇有重大事项、重大困难时，中层干部会首当其冲，真正成为领导班子的中流砥柱；三是发挥带兵指挥作用，管理好本部门的干部和职工，指挥好本部门工作，协调好与其他部门间的关系，确保本部门、本单位各项工作的顺利开展。

加大岗位轮换力度深挖干部潜力。对长期在同一岗位尤其是关键岗位的人员进行岗位轮换，有利于提高干部综合素质，培养复合型人才。不同的岗位有不同的工作特点、不同的工作要求，有的岗位相对比较艰苦，另一些岗位相对比较轻松，这是客观事实，任何一个单位都不可避免。某些比较艰苦、清苦的岗位，大家都不愿意去工作；而某些关键岗位上的同志则是千方百计想留下来继续工作。通过岗位轮换，对干部岗位进行定期调整，形成征收、法规、稽查、行政、综合岗位的良性循环交流而又保持相对稳定的制度。不仅可以解决工作中苦乐不均的状况，减轻某些岗位人员的思想负担，化解矛盾、团结干部，而且能够通过竞争性的交流机制，激发干部学习、工作的积极性，充分挖掘潜力，进而有效防止不思进取、满于现状的状况出现。

探索建立国税干部能级管理制度。通过建立一套科学量化的考核评价体系，建立一套新型的国税干部队伍管理制度，对每一岗位的国税干部所具备的工作能力和工作实绩进行客观评定分级，按照以能定级、以岗定责、岗能匹配、绩酬挂钩的原则决定干部的使用、责任和待遇，从而实现人力资源有效配置，最大地发挥干部职工的主观能动性和工作积极性。使国税干部职工人人想成才、个个争成才，使潜人才向显人才转变，使低层次人才向高层次人才转变，使专业人才向复合型人才转变，最终实现由人力资源向人才资源的根本转变。

加强教育培训提高队伍综合素质。从这次调查问卷对队伍整体素质和自身素质的评价中可以看出，选择"个人能力有限"选项的占31%，这说明了落实学习、教育、培训措施的紧迫性。一是坚持学习、教育的制度化、系统化，不断创新教育培训的方式、方法，形成一种良好的教育培训机制。二是继续开展岗位技能竞赛，以赛促学，以考促学。要大力开展岗位练兵活动，由人事、教育部门牵头，相关职能科室配合，分线组织，重点加强对金税工程岗位、数据管理岗位、CTAIS应用岗位、"六员"岗位的培训，提高全员的税收业务和应用技能。三是组织规范化的考试验收。没有压力就没有动力，要把组织规范化的考试验收作为落实教育培训的重要工作来抓，确保教育培训工作不走过场，取得实效。根据干部的工作特点和岗位要求，设计科学、合理的全员考试验收方案，按行政管理类、税收业务类设计不同的试卷，分时事政治和行政管理、税收业务及专业技能两个科目进行统考，对不达标的，严格按岗责考核及有关规定进行奖罚兑现，该补考的补考，该待岗学习的待岗学习，直到合格为止，并将考试成绩作为干部年度考评、晋级提拔的重要依据。

3. 扩展干部成长的系统工程

继续坚持队伍建设的基本要求。认真贯彻落实李鸿文局长2011年8月在全省国税系统干部队伍和党风廉政建设工作会议上的讲话精神，始终坚持以人为本的方针不动摇。尊重人、爱护人、依靠人，调动一切积极因素，协调各种利益关系，营造有利于国税干部成长成才、干事创业的良好环境，激发国税干部的积极性、主动性和创造性，促进每个人的全面发展。始终坚持重在培养的战略不动摇。培养是干部队伍建设过程中最具战略性、基础性的基本环节，只有大规模开展教育培训，大幅度提升人员素质，形成人人得到培养、人人皆可成才的良好局面，才能为国税事业又好又快发展提供坚强的思想基础、人才保障和智力支持。始终坚持选准用好干部的标准不动摇。坚持德才兼备、以德为先的选人用人标准，建立科学的选人用人机制，才能真正使那些靠得住、有本事、作风好、经得住考验的优秀干部脱颖而出，才能真正形成人才辈出、人尽其才的良好格局。始终坚持严格管理的原则不动摇。紧紧抓住规范权力运行这个关键，不断健全干部队伍管理的组织体系、制度体系和工作体系，切实加强对国税干部特别是领导干部的监督，形成用制度控权、按制度办事、靠制度管人的规范化工作格局。始终坚持和谐发展的目标不动摇。紧紧围绕税收中心工作，找准干部队伍和党风廉政建设的着力点，把组织优势和人才资源转化为推动国税事业科学发展的强大力量，促进干部个人价值实现与国税工作整体推进的目标一致。这五条基本经验在今后的工作中我们必须始终坚持并不断丰富发展。

努力推进专业人才培养目标实现。努力形成一支数量充足、专业齐全、结构合理、素质优良的国税人才队伍。实施“八一五”人才培养工程：力争到2015年底前，培养出80名左右能够把握经济社会发展形势、熟悉社会主义市场经济发展规律、拥有先进管理理念、在税收工作某一方面具有专长的领军人才，其中进入总局领军人才队伍的人数力争达到15人左右。培养出1000名以上高层次、复合型、专业化人才，其中：注册税务师、注册会计师、律师等“三师”450名以上，省级各类人才库和专兼职教师700名以上；研究生750名以上，使研究生比例达到总局要求的6%。培养出5000名以上熟练掌握岗位所需要专业基础知识和技能的人员。基层一线干部5年内参加集中脱产培训累计要达到60天以上，90%以上基层一线干部税收专业素养和岗位知识技能得到全面提高。

创新激励机制调动干部队伍积极性。积极探索建立健全有效的竞争激励机制，形成奖勤罚懒、奖优罚劣的局面，大力营造积极进取、奋发向上的氛围。一是建立健全岗责制度和考核办法，对干部职工的“德、能、勤、绩、廉”等考核指标量化、细化，干部的绩效考核、评先评优由过去领导凭印象，“优秀”等次轮流坐庄改为凭直观的分数来定夺，建立起公平、公正、客观的干部绩效考核机制，杜绝人为因素，让干部职工心服口服，从而充分调动干部职工的积极性。二是积极推行能级管理和竞争上岗，激发干部的学习热情和工作激情，促进人力资源的开发和优化配置，搭建优秀人才脱颖而出、施展才华的平台，大力营造愿意干事、能干成事的良好环境。三是大力开展争当“优秀公务员”、“岗位能手”等创先争优活动，激励广大国税干部学先进、比先进、超先进，形成团结奋进的良好氛围。四是善用激励机制和制约机制，在队伍管理中坚持宽严相济、正激励与负激励相结合的管理办法，形成激励机制和制约机制同时发挥积极作用，调动干部队伍积极性的管理机制。

注重发挥各年龄段的重要作用。对年轻干部来说，从严要求就是最大的关心，严格管理就是最好的爱护，对年轻干部要严格教育、管理和监督。对年轻干部高标准，严要求，注重年轻干部的思想教育，加强党性党风党纪教育，使年轻干部牢固树立宗旨意识、纪律意识，不断提升道德境界。人事部门及主管领导要经常与所管理的年轻干部谈心，及时了解他们的所思所想、所需所盼，及时在思想上、工作上给予指导和帮助，有针对性地加强教育管理，引导年轻干部严格遵守政治纪律、组织纪律、廉政纪律、群众工作纪律。各级领导班子在对年轻干部严格要求、严格管理、严格监督的同时，要做到在政治上信任、工作上放手、生活上关心，凡事看大节、看主流、看发展，不以点概面、不求全责备，努力营造鼓励探索、支持创新的良好环境，鼓励年轻干部大胆实践、勇于创新，充分发挥积极性、主动性和创造性，始终保持蓬勃向上的朝气、开拓进取的锐气、不畏艰险的勇气。

依法行政提醒防范风险。面对我们当前的形势一是纳税人数量增长迅速，基层国税机关人均管户大幅增加；二是整个纳税人的维权意识增强，纳税人的组织形式、经营方式、经营业务也不断创新，跨地区、跨行业的大型企业集团大量涌现，税源流动性显著增强，税收征管的复杂性和工作难度明显加大；三是传媒网络发展迅速，改变了我们的政治生态环境，社会监督力度加大的，我们作为以经济执法紧密相关的职业已成为了整个社会关注的部门、也是纪检监察部门重点监督的部门。一般纳税人的管理认定、税收管理员工作、税收核定征收、稽查、纳税评估这些工作的环节及岗位属我们目前执法风险高发的岗位，执法风险也越来越大，我们要提醒防范风险，不要抱侥幸心理，规定要做就必须做，规定不做的就坚决不做，省以下部门要严格执行总局的规定，不要擅自增加和制定一些不必要规定。

4. 扩展各类人才库系统工程

大力加强和改善人才库建设。到2015年底，省局、州（市）局、县（市、区）局三级人才库入库人数即专业骨干分别达到在职干部总数的3%（约400人）、12%（约1560人）和20%（约2600人）。其中，入选总局人才库人数达到在职干部总数的4‰（约50人）。各级国税机关要以三级人才库建设为依托，紧紧围绕“八一五”工程，发挥好教育培训在人才队伍建设上的职能作用，按照行政执法类（占人才库总人数的60%）、综合管理类（占人才库总人数的25%）和专业技术类（占人才库总人数的15%）人才库建设规划，以国税工作急需和紧缺的专业人才为重点，科学合理确定专业骨干人才5年培训规模，并科学安排，分年度实施。省局、州（市）、（市、区）局原则上都要按照本级人才库入库总人数的5倍安排相关专业骨干培训。

进一步做好各类人才库的使用与管理。一是实行长效化管理机制，在人才培养的形式和方法上，积极探索脱产、半脱产培训与在岗学习相结合、内训与外训相结合，有计划、分层次、多渠道地开展人才培训；对人才库的人员实行优惠政策，在组织国内外业务考察和举办高层次业务培训时，优先吸收相关专业人才参加。二是建立动态管理机制，加强考核，对不履行专业人才职责或没有履行好职责、工作出现较大失误、不服从组织调动安排以及犯有严重错误等情况的人员，随时取消专业人才资格。三是建立待遇激励机制。做到在政治上关心，工作上帮助，生活上体贴，为专业人才提供良好的工作环境和发展空间。四是以点带面，采取交任务、压担子的办法，明确每个人的岗位职责，引导专业人才做刻苦学习的表率、扎实工作的骨干，发挥专业人才在日常工作中的带头作用。五是优势互补，发挥专业人才在完成中心工作中的骨干作用，对专业人才实施统一管理、集中使用，做到优势互补，形成合力。六是根据工作需要集中抽调专业人才库人员组成联合攻关小组，就工作的热点、难点、焦点问题，深入研究，广泛论证，集中智慧，发挥专业人才在科技创新中的攻关作用。七、在干部选拔使用时，同等条件下优先使用人才库各类人才。

进一步优化人力资源配置。针对我省国税系统在一些地方由于人力资源配置不合理，造成了中心城区、经济较发达县（区）人员居多甚至臃肿，而边远条件艰苦的县局人员紧张、人手不足现象，一是要在利用现有人力资源上做文章，在更高层次上优化人力资源配置，充实基层力量，要制定相关办法，结合最低服务年限限制规定，保持不同地区人力资源分布的均衡性，按照管理力量与担负任务相匹配、管理效能最大化得原则，合理确定机关和基层、综合部门和业务部门、基层一线征管查各个环节的人员比例。二是及时、足额申报公务员招录计划，以达到公务员的均衡招录，从质量和数量上保证每年新生力量的充实，保证干部队伍的持续发展，最大限度地为基层提供人员保障。

深入研究有利于全省国税系统的公务员招录政策。最大限度地将公务员招录工作与人才的实际需求结合起来，使公务员招录工作更加科学、有效，还需要我们不断地加以研究和实践。一是对艰苦边远地区职位在调剂环节给予一定的自主权。如与系统提交的每一个申请调剂考生联系，说明情况，介绍其报考职位的工作、生活环境及职位要求，请考生慎重考虑，并要求考生对是否继续报考给予明确答复；在招考职位上以“最低工作年限不低于五年”及“会使用本地方言”等条件加以限制，设置限制性条件来约束那些本意不愿到艰苦地区安心工作的考生；积极向上级主管部门反映艰苦边远地区职位无法招录到合适人选的实际情况，建议对艰苦边远地区职位在报考条件上给予更多的自主权，如在生源、少数民族等方面设置一些限制。二是对我省边少山穷地区的本地生源报考国税部门降低门槛。即：对当地生源报考当地国税部门给予适当降低分数进入面试；在进入面试人员的调剂环节时，给予适当照顾；在政策允许的条件下，应适当降低录用门槛，如学历、专业要求等；或增加有利于本地考生报考的条件，来刺激考生报考。

5. 完善干部科学化管理系统工程

推进“税务人事管理系统（2.0 版）”有效管理运用。信息化建设是推动国税人事工作科学发展的强大动力。“税务人事管理系统（2.0 版）”基本涵盖了人事工作的各个环节。软件包括机构编制、人员调配、干部管理、干部监督、工资福利、考核奖惩、人员信息维护、查询统计、职称培训出国、档案管理、保险福利、公务员登记等十几个模块，并形成了总局、省局、州（市）局、县（市、区）局四级管理机制，保证了关键数据的审批、备案、集中，也形成了一级人事部门内，“人员进入—定职定级—工资核定—干部管理—退出”等各个环节之间的数据交互和流程化管理。全省国税人事部门要积极推进“税务人事管理系统”的有效管理运用，努力使人事管理制度化、规范化管理水平适应新形势对人事工作的要求。

积极推行行政执法类公务员管理试点工作。《公务员法》明确规定我国实行公务员分类管理制度，将公务员职位分为综合管理类、行政执法类和专业技术类三个类别。《公务员法》较为详细地规定了综合管理类公务员的管理制度，但对其他两类公务员管理制度没有具体规定。开展行政执法类公务员管理试点工作，就是要通过试点研究探索行政执法类公务员管理的具体制度，为国家制定出台相应的管理制度提供经验和依据。国税系统绝大部分公务员在基层一线工作，工作任务重、工作时间长、劳动强度大、岗位风险高，但由于机构规格和职数的限制，职业发展空间小。在国税系统开展行政执法类公务员管理试点，有利于探索解决基层一线公务员职业发展空间狭窄、晋升渠道单一的问题，改变目前千军万马过行政职务晋升这一“独木桥”的局面，是在职业发展上关心公务员、满足他们职业发展的需要，也是实现公务员个人全面发展的需要。同时，在国税系统开展行政执法类公务员管理试点工作，通过录用、培训、考核、奖惩、定职定级、交流等系统的制度安排，探索建立具有税务工作特点的行政执法类公务员发展的新机制，逐步建立起一支高素质、专业化的税务公务员队伍。因此，各试点单位要按照国家公务员局和国家税务总局的统一部署，加强领导，精心组织，认真做好行政执法类公务员管理试点的各项工作，确保试点工作出经验、出成果，为探索建立行政执法类公务员管理制度打好基础、当好先锋。

提高基层国税部门应对税收舆情的能力。一般来说，舆论是社会发展和人心向背的风向标，随着技术手段的发展，新的传播平台不断出现，网站、博客、播客、微博、BBS、QQ 等已广为应用，税收舆情也是衡量税收工作的一个重要指标。税收是国家筹集财政收入的主要方式和调控经济、调节分配的重要手段，处在利益分配矛盾的焦点，社会关注度高，承载的压力大，极易引起社会舆论的关注和公众情绪的宣泄。不时见诸媒体的税收政策讨论、税收超 GDP 增长、税收负担过重等话题，以及所谓的“税感焦虑”、“税负痛苦”表达，都是这方面问题的充分表现。网络媒体的新特点给基层国税干部应对舆情提出了新的挑战，各级国税干部要充分认识网络媒体在新的舆论格局中的地位和作用，要把重视互联网、关注互联网、驾驭互联网作为新时期领导干部队伍建设的重要内容，作为加强学习和推动工作的重要工具，不断加强对网络舆情规律、网络信息与税收工作关系等问题的学习与研究，牢固树立网络舆论有利于促进规范执法的理念，有利于征纳和谐的理念，有利于促进税收遵从的理念，把提高舆情应对能力作为服务纳税人的重要资源、有效工具和手段。

积极争取、妥善解决好基层干部的非领导职务晋升问题。由于行政执法和税收管理的实际需要，国税系统的基层公务员队伍较其他部门分布更广、人数更多，然而，现行政策对非领导职务的设置却是越往基层其设置比例越小，加之基层国税机关机构规格较低，很大程度上限制了国税系统基层一线公务员队伍的职业发展空间，严重影响了基层一线公务员队伍的工作积极性。对此，一是应当积极向有关方面反映，争取一定的政策支持，对基层非领导职务设置的比例作适当放宽，从而缓解“千军万马过独木桥”现象。二是适时出台相关政策解决干部的待遇问题。按照中央《〈公务员法〉实施方案》中《公务员职务与级别管理规定》第十九条：“厅局级副职及以下职务层次的公务员，在任职时间和级别达到规定条件后，经考核合格，可以享受上一职务层次非领导职务的工资、住房、医疗等生活待遇。”的规定，结合实际制定出台解决干部待遇的政策规定，在不扩大非领导职务设置比例的基础上，解决好干部的待遇问题。三是比照地方政策对非领导职务进行设置和管理。《公务员法》实施以后，各级地方政府和人事部门对非领导职务的管理已回归到中央的有关要求上来。同时，有的地方政府根据本地区干部队伍的实际，仍然沿用了《公务员法》实施以前制定的政策对非领导职务进行管理；有的地方则结合《公务员法》有关要求以及本地实际，对相关政策规定进行了部分修订，但相比国税系统而言，仍然较为宽松。国税系统虽然在体制上实行的是垂直管理，但作为税收工作具体执行者的广大基层税务干部，与当地群众共同工作和生活在同一片土地上，在待遇方面理应与当地相对保持一致，对地方政府出台的非领导职务设置和管理方面的政策，应予以比照执行。

6. 以深化国税文化建设提升软实力为核心，实施新时期思想政治工作系统工程

以十七届六中全会精神为指针，发挥国税文化凝聚力量激励干部的作用。党的十七届六中全会是当前和今后一个时期指导我国改革发展的纲领性文件，要认真学习领会贯彻。要充分认识国税文化既是传承民族沿袭的血脉，更是全体国税人的精神家园。省局机关和各级州市、县局班子既是引领国税文化科学发展、和谐发展、持续发展的引领者，更是共建国税精神家园，满足全体干部职工家属精神需求的示范者。坚持做到机关带头、处室带头、党员带头、全体参与，切实按照中央要求不断把国税文化建设提高到一个新的境界。云南国税文化的形成是云南国税人长期在工作中坚持不懈、奋发努力、任劳任怨、敢于创新、开拓进取的积淀与凝结，是云南国税人“精、气、神”的集中表现。在文化建设中提倡实事求是的态度，围绕税收中心工作，开展各类群众喜闻乐见、广泛参与的活动，真正使国税文化成为国税工作的灵魂，成为国税人凝心聚力、团结奋进、勇攀高峰、再创辉煌的原动力。充分发挥教育部门、人事部门作为各级国税干部教育和管理主管部门的积极作用，把文化建设作为提升质量、提升形象、提升素质的一项重要工程认真抓好，发挥国税文化凝聚力量激励干部的作用，为全省国税事业科学发展提供强大的精神动力、智力支持和思想保证。

继续深化云南国税文化建设，提升文化软实力。着力营造关心人、尊重人、发展人的文化氛围，培育云南国税干部共同价值观，深化“以国为根、以税为业、以人为本、以学为乐、以绩为真、以廉为荣”云南国税文化理念，提升云南国税文化软实力。铸造广受认同和自觉践行的治税思想、团队精神、执法理念、职业道德规范等，实现思想理念与实践活动的有机统一，形成全体干部共有的行为方式、信仰和价值观，营造昂扬向上、团结进取、开拓创新的良好税收环境，把云南国税建成具有强大凝聚力和吸引力的温暖大家庭，使干部职工的工作、生活、学习处于一种健康、积极、愉快的氛围之中，做好文化建设的总结提炼工作，努力打造国税文化建设品牌，形成“一地一特色、一局一品牌”的百花齐放、百家争鸣的国税文化建设新气象。激发强烈的工作热情，增强全体干部的职业荣誉感和集体归属感，增强队伍的凝聚力、向心力和战斗力，实现云南国税的和谐发展。

注重人文关怀和心理疏导，营造昂扬向上的干事氛围。思想政治工作是我们党的优良传统和政治优势，重视思想政治工作在国税事业中的地位和作用，强调在完成以组织税收收入为中心的各项任务中，大力加强思想政治工作，历来是省局党组一贯坚持的工作思路。新形势下，利用经济手段进行考核激励来调动干部积极性的空间越来越小了，思想政治工作在今后的工作中将愈发显得重要和突出。一是要丰富载体，通过推进文明创建，创建学习型组织，组织健康有益的文体活动，丰富载体，创新形式，为思想政治工作注入生机和活力。二是要区分对象，针对不同群体，施以不同方法，使思想政治工作取得实效。要教育青年同志坚定信念，志存高远，爱岗敬业，多学习、多思考、多实践，不断充实自己，提高自己。中年干部是国税事业的中坚力量，在各自的岗位上发挥着“顶梁柱”的作用。社会、单位、家庭等各方面对他们的要求较多，期望较高，他们所承受的压力也较大，免不了考虑职务问题、子女问题，这是情理之中的事。要充分理解关心，帮助他们缓解压力，激励他们振奋精神。老同志是国税事业的宝贵财富，要认真落实他们的政治和生活待遇，使他们老有所为、老有所乐。三是要完善机制，建立健全思想政治工作责任制、思想政治工作联席会议制度、政治学习制度，联系基层制度等，从而不断完善思想政治工作的组织领导机制、思想教育机制和工作管理机制，丰富思想政治工作的形式和载体。四是要注重方法，既要继承和发扬思想政治工作的好机制、好传统、好方法，也要坚持贴近国税实际、贴近思想动态、贴近工作生活，对人要和如春风、对工作要肃如秋霜，要循序渐进、润物无声，要耐心细致、潜移默化，切忌生搬硬套、照本宣科、老生常谈。五是注重心理调适。针对干部职工的思想观念、物质文化生活需求等都呈现出了多样化、个性化、复杂化的特点。因此，要更加注重心理调适，采取深入职工、交心谈心、正面鼓励和座

谈会等方式，引导干部职工摒弃在工作生活中出现的焦虑、失落等不良心态，以开阔的心胸和积极的心境应对各种压力，正确看待福利待遇，运用健康的心态处理好人际关系，营造宽松和谐的工作氛围。六是注重人文关怀。如：认真落实职工带薪休假制度。针对全省国税系统在执行带薪年休假制度上存在的缺乏统筹安排，工休矛盾突出，休假时间不足等问题，上级人事部门应要求各地严格执行《机关事业单位工作人员带薪年休假实施办法》（中华人民共和国人事部令第9号）文件精神，因工作需要不安排职工休年休假，应当征求职工本人的意见。职工应休未休的年休假天数，要按规定比例支付年休假工资报酬。同时要加强年休假管理，严格考勤制度，认真对本单位、本系统执行年休假的情况进行监督检查，确保年休假制度的贯彻落实。促使全系统职工带薪年休假制度逐步规范，这既体现了在全省国税系统积极构建和谐国税，努力实现全系统以人为本管理理念和人文关怀精神，也将为全省国税系统构建起“快乐工作、健康生活”的良好氛围起到积极的促进作用。通过不断探索新形势下做好思想政治工作的新途径、新方法、新手段，增强思想政治工作的新鲜感、感染力和实效性。

顺应形势发展转变干部思想观念。思想是行动的先导。根据形势的发展变化，加强思想工作，是国税思想政治建设的重要任务。一是要在干部队伍中开展正确的思维方式的教育，提倡学习马克思主义的思想方法论，善于运用马克思主义的立场、观点、方法去分析、处理遇到的问题，提高干部认识、实践的能力。二是要结合当前形势和国税工作实际，大力开展形势教育，引导干部职工深刻剖析错误思想、保守思想和模糊认识的巨大危害性，提高思想改造的自觉性；引导干部职工正确进行系统内外、纵向、横向比较，使干部职工认识到我们的发展不是快了，而是慢了，一些同志不是有落伍的危险，而是已经落伍了，从而自我加压，增强紧迫感和危机感；引导干部职工理性分析队伍的现状和管理模式，让干部职工认识到深化机构、人事制度改革，建立更为严谨、科学的考核、激励机制是大势所趋，以此进一步增强竞争意识和绩效观念。

进一步发挥党群部门职能作用。一是加强党群部门自身思想、组织、作风、制度和反腐倡廉建设，建设政治坚定、作风优良、业务精通、熟悉党务的复合型、高素质的党群干部队伍；充实各级党团工青妇工作部门力量，保证党群干部数量相对稳定，确保党群工作有人抓、有人管；加强对党群干部的教育培训和实践锻炼，不断提高党群干部队伍的综合素质和工作水平。二是要紧密结合税收中心工作，在坚持聚财为国、执法为民的工作宗旨的前提下，把党群工作放到税收工作的大局中去谋划，突出党群工作重要作用；从基层国税实际出发，找准党群工作的着力点，以党群工作推动国税各项工作任务的完成。三是要从根本上消除“重业务、轻党群”的思想，把党群工作与税收业务工作紧密结合起来，使党群工作的触角延伸到国税工作的角角落落、方方面面，形成齐抓共管的工作格局。

狠抓廉政建设营造风清气正氛围。一是坚持教育、制度、监督并重，构筑惩防体系。从近期系统内出现的案件看，干部出问题，最根本的原因还是思想上发生蜕变、作风上放松要求、监督上出现盲区，丧失了拒腐防变的能力。要从思想道德教育这个基础抓起，筑牢拒腐防变的思想道德防线，善于用发生在我们身边的案例来警示干部，教育和引导大家坚持聚财为国、执法为民的税收工作宗旨。要推进政务公开，利用信息化优势，强化两权监督。二是坚持自律、纠风、查案并举，加大惩戒力度。各级领导干部要以身作则，慎重对待手中的权力，执行好廉洁自律各项规定，进一步增强廉洁自律意识，稳得住心神，管得住身手，抗得住诱惑，经得起考验，学会计算人生、家庭、政治、经济四笔账。对违纪违规案件坚决查处，一抓到底，决不姑息纵容，发挥查办案件在治本方面的积极作用。三是坚持党纪、政纪、法纪并用，加强纪律约束。各级党组织和全体党员，都要模范遵守《廉政准则》严格按照党章办事，按照党内生活准则和党的各项规定办事，以党风带政风，坚持在法律法规的框架内活动，决不允许任何人有任何凌驾于法律法规之上的行为。要把党纪、政纪、法纪统一起来，加强约束，以纪律促和谐、以纪律促发展。

总之，只有勇于正视云南国税系统干部队伍建设面临的新形势和新问题，增强紧迫感和危机感，运用各种机制和制度，把握新特点，研究新情况，努力造就一支业务精通、素质优良、结构合理、梯次配置的国税干部队伍，才能从容应对新的挑战，适应新时期税收发展的需要，构建和谐云南国税，为云南经济社会发展做出新的贡献。

参考文献：

〔1〕李鸿文，“创新管理机制激发队伍活力全面推进云南国税干部队伍和党风廉政建设”，《云南国税情况通报》2011第20期。

〔2〕《全国税务系统中长期人才队伍建设规划（2011～2010）》国税发〔2011〕112号。

〔3〕李鸿文，“发挥职能促发展优化环境建和谐 全面推进云南国税事业发展再上新台阶”，《云南国税情况通报》2010第2期。

〔4〕黑龙江省齐齐哈尔市国家税务局，“当前税务干部制动思想状况调查与分析”，《国税经济调研》2011第18期。

〔5〕普洱市国家税务局，“普洱市国家税务局干部队伍建设问卷调查报告”，2011年9月。

〔6〕王华君，“税务人才队伍现状分析及对策”，吉林省国家税务局2010年1月。

〔7〕杨边边，“新形势下加强国税系统思想政治工作的思考”，《国税经济调研》2009年第5期。

〔8〕朱文君，“对当前国税干部队伍建设中的不足及对策分析”，黄梅县国税局，2008年12月23日。

〔9〕周文，“推行能级管理深化税收队伍建设”，云南省楚雄市地税局2011年。

〔10〕玉溪市国税局课题组，“以税收执法风险为导向推进干部队伍建设的探索与实践”，2011年。

〔11〕山东省威海市国家税务

局，“山东省威海市国税局构建市县两级人才库积极盘活和优化人力资源”，《国家税务总局税务简报》2005 第 65 期。

课题组长：李　杰
副 组 长：卢国孝
成　　员：唐云英　荀　萍
叶　英　曹志刚
郑志伟　宋宗全
杨云飞　王　锐
阮志强　张煦聆
董　野　陈　懿
席　文　许　芳
马庆兰　鲁灿丽
席世宏　何建平
张兆安　李培源
马晓颖　欧阳中江
执　　笔：唐云英　王　锐
张煦聆　席　文
鲁灿丽　李培源
欧阳中江

全面推动云南国税文化繁荣发展研究

云南省国家税务局教育处课题组

[**摘要**] 先进的文化是人类文明进步的结晶，又是推动人类社会前进的精神动力和智力支持。在我国经济社会发展进入新的历史阶段的背景下，党和国家正把推动社会主义文化大发展大繁荣、提升国家文化软实力作为增强综合国力、实现中华民族伟大复兴的新的战略着眼点。多年来，云南省国税系统高度重视国税文化建设，坚持文化自觉和文化自信，在各级领导的关心支持和全省国税干部职工的积极参与下，国税文化已成为推动云南国税事业科学发展、创新发展、和谐发展的不竭动力。

本课题立足云南国税工作全局，紧紧围绕云南国税文化建设的实践经验，着力研究以什么样的视角认识国税文化、以什么样的态度对待国税文化、以什么样的思路推动国税文化繁荣发展，以期通过探索云南国税文化发展道路，深化云南国税文化建设，大力提升国税文化软实力，推动云南国税事业再上新台阶。

[**关键词**] 国税文化　繁荣发展

一、前言

（一）课题背景

云南国税系统自成立以来，特别是 2004 年新一届领导班子上任以来，各级领导高度重视、积极支持国税文化建设，形成了全员参与的良好氛围。经过十多年的不断发展，国税文化已成为云南国税系统广大干部队伍的凝聚力、向心力、战斗力，促进云南国税事业科学发展、和谐发展、持续发展的创新力和推动力，彰显云南国税部门特色、树立良好部门形象的宣传力。2011 年是“十二五”开局之年，也是贯彻落实党的十七届六中全会和云南省第九党代会精神，全面推动社会主义文化大发展大繁荣、大力推进我省“两强一堡”战略的关键年。面对新形势，迎接新挑战，云南国税文化必须不断发展才能适应新形势的要求和国税发展需要。因此，在这个承上启下的关键时期，探索和研究如何进一步加强国税文化建设、推动云南国税文化繁荣发展显得尤为重要。

（二）研究内容

本课题的重点和难点是如何将理论研究更好地用于指导实践，要确保文章在理论层面具有指导性，在实践层面具有操作性，通过对云南国税文化宏观上和微观上的把握，准确定位发展方向和目标，使云南国税文化焕发出勃勃生机，更好地凝聚和鼓舞干部职工士气，支撑云南国税在服务国家和地方经济社会发展中做出新的更大的贡献。

国税文化是相对于地税文化而言的税务文化。目前，国内研究税务文化的人群主要包括各院校专家学者和奋战在税务前线的工作人员，研究方向大致可分为三类：一是从税务文化的概念、内涵、形态入手，精辟阐述加强税务文化建设的原则、内容和方式的纯理论研究；二是结合单位实践经验，从精神文化、制度文化、行为文化、物态文化等层次详细阐述加强税务文化建设的经验成绩，并就针对存在不足指明努力方向的实证研究；三是理论结合实际，仅就税务文化建设与组织税收收入、纳税服务、干部队伍建设、思想政治等工作中的一方面的关系对推进国税文化建设进行有益探索，进而从理论上升到实践高度，更好地指导实践。

本课题从云南国税文化的相关概念、云南国税文化建设的现状、存在的问题和原因分析、加强云南国税文化建设的重要意义以及全面推动云南国税文化繁荣发展对策等方面展开研究，在总结当前云南省国税系统在国税文化建设方面取得的成绩和经验、分析存在的问题和原因以及面临的形势的基础上，探索和研究深化与发展国税文化建设的新思路、新办法，为进一步发挥国税文化在推进依法治税、深化税收改革、强化科学管理、优化税收服务、加强队伍建设、促进事业发展等方面的作用提供新的理论支持。

二、云南国税文化概论

我们基于对云南国税文化发展规律的认知，沿着文化—税务文化—云南国税文化的脉络展开研究，首先解读其概念和内涵。

（一）文化的概念和内涵

对于文化的定义，从来没有一个明确的标准。《现代汉语词典》中对“文化”一词这样解释：“人类在社会历史实践中所创造的物质财富和精神财富的总和”，这是从广义上来说的。而狭义上的文化是指与经济、政治等并列的，即有关人类社会生活的思想理论、道德风尚、文学艺术、教育和科学等精神方面的内容。笼统地说，文化是一种社会现象，是人们长期创造形成的产物；同时又是一种历史现象，是社会历史的沉淀物。确切地说，文化是指一个国家或民族的历史、地理、风土人情、传统习俗、生活方式、文学艺术、行为规范、思维方式、价值观念等。

文化包括四个层次：精神文化、物质文化、制度文化、行为文化。精神文化是人类在社会活动中孕育出来的一种人类所特有的意识形态，包括价值观念、审美情趣、思维方式等主观意识因素，是文化的核心。物质文化是人类在物质生产活动中为了满足生存和发展需要所运用的活动方式及创造的物质产品的总和，是文化要素或者文化景观的物质表现。制度文化是人类在社会实践中为了自身生存和社会发展需要所形成的规范体系，是各种社会关系的总和。行为文化是指人类在人际交往中所形成的或约定俗成的有价值、促进人类社会发展的经验及创造性活动，包括礼仪、民俗、风俗、习俗等行为模式。

（二）税务文化的概念和内涵

税务文化是广大税务干部共有的价值体系，是税务机关进步与发展的标志，也是推动税收事业发展的不竭动力。目前，国内公认的税务文化概念是“税务部门在长期的税收实践活动中积累形成的价值观念、职业道德、管理制度、行为规范和各种物质形式的总和”①。

税务文化作为一种管理形态，是2003年全国税务系统基层建设工作会议明确提出的。在2005年7月召开的全国税务系统思想政治工作会议上，总局领导首次对税务文化进行了系统阐述：“要大力弘扬聚财为国、执法为民的核心价值理念，倡导以爱岗敬业、公正执法、诚信服务、廉洁奉公为基本内容的税务干部职业道德规范，使全体干部明确价值取向，提高精神境界，增强综合素质，把个人价值的实现与税收事业的发展紧密地联系在一起”②。这一标志性论述，揭开了税务文化建设由初级的、感性的、零散的、个别的摸索阶段，向较高级的、理性的、自觉的、系统的发展阶段前进的序幕。2009年2月，国家税务总局正式下发了《关于加强税务文化建设的指导意见》，成为全面推进税务文化建设的里程碑，推动了税务文化进入前所未有的繁荣时期。

税务文化有这么几个特点。一是政治性。税务部门作为国家执法部门，代表国家意志，体现国家利益，在执行公务时必须严格遵照党和国家的方针政策，符合依法治税要求，维护党和国家的良好形象，体现社会主义优越性。二是行业性。税务部门作为国家职能部门，担负着组织税收收入、服务经济建设的中心任务，税务人员在工作中要经常与纳税人和税款打交道，必须具备良好的职业道德素质和过硬工作作风，这些都是区别于其他行政部门及其他行业的鲜明特点。三是地域性。每个税务机关工作总是与一个地区联系在一起，所以各地税务机关的税务文化特点也与当地的文化特色密不可分。四是针对性。税务文化发展到现在，从部门分类来说分为国税文化和地税文化，具体到各部门分管工作任务不同、各单位人员结构状况不同，所展现的文化也不尽相同，所以要针对各部门、各单位的特色来创建税务文化。五是时代性。税务文化建设必须保持旺盛的活力，既应当体现税务传统，又要与时俱进，不断吸取外来文化的精髓，坚持改革与创新，符合先进文化发展方向。

（三）云南国税文化的概念和内涵

从云南国税文化的概念上来说，它是云南省国税系统在多年来从事税收工作实践的过程中产生并积淀而成的一种包含治税思想、征管模式、管理理念、干部职工群体意识和行为规范的社会历史现象，是云南国税物质文明和精神文明成果的综合反映。而从其组成上来看，它是以中华优秀传统文化为根基、以云南边疆民族文化为土壤、以税务行业文化为核心的文化现象总和。

1. 中华传统文化是云南国税文化的根基

中华传统文化是指居住在中国地域内的中华民族及其祖先所创造的、为中华民族世世代代所继承和发展的、具有鲜明民族特色的、历史悠久、内涵丰富、传统优良的文化。中华文化源远流长、博大精深，它汇集了中华民族几千年来的璀璨文明，积淀着中华民族最深广的思想精髓，包含着中华民族最根本的精神基因，代表着中华民族最独特的精神标识。它具有海纳百川的气魄，因包容四海而丰富多彩，因推陈出新而充满活力，因独具特色而远播八方。中华文化不仅滋养着中华民族生生不息、不断发展，也为人类文明的进步做出了独特贡献；不仅创造了人类历史上的辉煌，而且时至今日依然闪耀着独特光芒。

中华文化强调以人为本，注重社会和谐。它塑造了中华民族坚韧刚毅、自强不息的人文品格和道德风范，深深影响着中国的经济和社会发展，奠定了中国人的文化性格和思想、行为方式，是中华民族抹不去的生命痕迹，是云南国税文化的根本所在。

2. 云南民族文化是云南国税文化的土壤

云南是典型的经济欠发达地区——“边疆、民族、山区、贫困”“四位一体”，下辖地级市8个，少数民族自治州8个，少数民族自治县29个。这里聚集着26个民族，据第六次全国人口普查统计，全省总人口4590万，各少数民族人口为1533.7万人，占总人口数的33.37%。

云南拥有富足而厚重的云南民族文化资源。从纵向来看，云南是人类的发祥地之一，其历史可以追溯到距今170万年的元谋人。存在于春秋至三国时期的古滇文化、魏晋到唐中叶的爨文化、宋中叶至元初的南诏大理文化和元明清以来以汉文化为主体的各民族文化，构成了云南2000多年文明史的纵向脉络，使云南的历史文化资源雄浑而厚重。从横向来看，云南多民族的共生共存孕育了绚丽多彩的民族文化资源。云南是中国世居少数民族最多的省份，是一个世界上少有的多民族群体、多文化形态共生带。各民族在漫长的历史发展过程中，形成了各具特色的民族文化及歌舞、风俗、工艺品、服饰、建筑、饮食、节祭等等，构成了云南特有

① 国家税务总局：《关于加强税务文化建设的指导意见》，国税发〔2009〕14号，2009年2月。

② 谢旭人：“加强和改进思想政治工作 为税收事业发展提供有力保证”，http：//www.chinatax.gov.cn.

的“十里不同俗，百里不同音”，山山水水各见千秋的人文景观。

云南悠久的历史积淀了丰厚的历史文化资源和云南少数民族所特有民族节日和习俗，为生长在这片土地上的云南国税文化建设的发展和繁荣提供了一片肥沃的土壤，为云南国税文化建设提供了巨大的文化精神财富。

3. 税务行业文化是云南国税文化的核心

归根结底，我们所议论的国税文化是相对组织结构而言的行业文化，具体指在税收实践活动中积累而形成的观念、意识、思维方式和行为习惯，是与地税文化并列的税务文化。因此，我们可以认为国税文化是以国家税收为载体，在文化大系统中独具特色的一种行政管理文化，是人们在税收实践活动中形成和发展起来的群体意识，并在这种群体意识驱动下的创造过程以及由此所创造的一切物质和精神财富的总和。从税收角度来看，它也是在一定的社会经济条件下所构建的税收思想、税收制度、税收管理、税收观念和广大税务干部在长期税收实践中形成，并共同遵守的行为规范、职业道德和职业理念的归纳。国税文化代表着先进的文化发展方向，凝聚国税干部的积极性和创造性的人本管理理论，是广大国税干部在长期税收实践中形成的行为规范、职业道德和职业理念，以税收制度、税收管理和物质现象为载体的行业文化、行政文化和管理文化。

三、云南国税文化建设的现状

云南国税文化建设是一个长期而渐进的过程，是一项系统工程。在开展国税文化建设的过程中，我们始终坚持以现代文化建设理论为指导，遵循社会主义先进文化的发展规律，保持中华优秀传统文化之根本，发扬云南边疆民族文化之特色，抓住税务行业文化之核心，融入和支撑税收中心工作，不断推演、进化。同时，我们一直积极地、主动地、自觉地、自信地、热情高涨地开展国税文化建设，起步较早，发展到今天，已经有了较为扎实的基础，可以说走在了云南省和全国税务系统的前列。总的来说，云南国税文化形成了各级机关和领导重视、全体干部职工积极参与、制度保障相对完善、文化体系较为完整、结合工作比较紧密的格局。对内而言，国税文化成为了提升国税干部队伍凝聚力向心力、支撑国税事业健康和谐发展的推动力；对外而言，国税文化成为了树立和展示国税部门良好形象、提高国税机关社会公信度和影响力的品牌力。

（一）云南国税文化的发展历程

综观云南国税文化的发展历程，大抵可以分为四个阶段①：

1. 初期萌芽阶段（1994～2000年）

从1994年国地税机构分设至2000年，云南省国税系统还没有明确地把国税文化建设提到议事议程上，还没有比较系统地按照现代文化建设理论开展国税文化建设，但结合税收工作开展文化建设的实践探索和理论研究一直在普遍开展。比如，广泛地开展教育培训和精神文明建设活动，提升干部队伍的能力素质；以各种形式开展健康有益的文化体育活动，丰富干部职工文化生活，满足精神需求。

2. 试点探索阶段（2001～2003年）

2001～2003年，云南省国税系统文化建设工作已经由无意识的质朴行为转变为有意识的自觉行动。以红河州国税局为代表的部分基层国税部门，开始自觉地按照现代文化建设理论开展国税文化建设。红河州国税局以“热爱祖国、热爱故土、热爱税收”为实践基础和文化土壤，提出了“心连国税，情系红河”的文化理念，规范了国税文化相关标识，精心组织开展系列文化活动。红河国税文化以其完善规范的思路、新颖生动的内容迅速引起了红河州和全省国税系统的关注，干部职工精神面貌焕然一新，并转化为税收工作中的激情和智慧，成为推动红河国税事业发展的精神支持。与此同时，昆明、昭通、曲靖、玉溪、大理等州市国税局也开始了探索和试点。

3. 全面建设阶段（2003下半～2007年）

从2003年下半年开始，云南省国税系统文化建设进入了蓬勃发展的时期。2003年8月，云南省国税局召开了全省国税系统文化建设工作研讨会，总结了全省国税系统开展文化建设的经验和收获，探讨了进一步深入推进的思路和办法。2004年，省局新一届领导班子充分认识到文化是国家和民族的根基，是一个组织的灵魂，是引领事业发展的力量和源泉，确定了文化兴局的目标，总结提炼了“以国为根、以税为业、以人为本、以学为乐、以绩为真、以廉为荣”的文化核心价值理念，系统地提出了云南国税文化建设的指导思想、基本目标和内容体系和具体措施，并在全省国税系统思想政治工作会议上进行了专题讨论。2005年，在全省国税系统推行税收综合征管软件的过程中，广大干部职工舍小家顾大家，拼搏进取、忘我奉献，涌现出许多感人至深的事迹，充分展示出了云南国税人的“精气神”。2006年，云南省国家税务局制定下发了《关于加强国税文化建设的意见》，掀起了全方位的国税文化建设高潮。

4. 持续发展阶段（2007年底至今）

2007年10月，胡锦涛总书记在党的十七大报告中突出强调了加强文化建设、提高国家文化软实力的极端重要性，对兴起社会主义文化建设新高潮、推动社会主义文化大繁荣做出了全面部署；2011年10月，党的十七届六中全会通过了《中共中央关于深化文化体制改革推动社会主义文化大发展大繁荣若干重大问题的决定》，党和国家已经把文化建设放到了一个前所未有的战略高度。面对前所未有的发展机遇，云南省国税系统紧紧把握、积极探索、大胆实践、改革创新，国税文化建设进入了着力推进文化繁荣发展、不断提升国税文化软实力的新阶段。

（二）云南国税文化建设取得的成效

云南省国税系统坚持以文化建设为抓手，用科学的国税文化理论指导实践工作，经过长期不断地发展，云南国税文化取得了我们引以为自豪的

---

① 李鸿文：“云南国税文化建设的实践与思考”，《云南国税文化论文集》，云南省国家税务局，2010年。

成绩，促进了税收制度不断完善、税收征管逐步强化、服务水平不断提高、税收收入持续增长、干部队伍日趋精良、社会形象日益提升，国税文化的影响越来越大。

1. 形成了建设格局

面对各种思潮尖锐交锋、各种矛盾逐渐显现的复杂社会经济形势，针对如何在云南这样一个地处边疆、少数民族聚居、经济欠发达的地区带好队收好税、执好法服好务的问题，基于对云南国税事业的长远发展考虑，省局党组审时度势，把全面加强国税文化建设作为凝心聚力、化解矛盾的主要方法，作为教育人、引导人、激励人的有效手段，作为打造和发扬云南国税的精气神的有力武器，把国税文化凝聚成为云南省国税系统迎难而上、奋发进取、精诚团结，服务科学发展、促进社会和谐的强大力量。

全省各级国税局党组坚持把国税文化建设列入各级党组的重要议事日程，与税收工作同时研究、同时部署、同时检查、同时总结，带领广大国税干部职工以昂扬的姿态、热情的态度、饱满的斗志积极开展国税文化建设。云南国税文化建设逐渐形成了“一把手”负总责、分管领导和部门具体抓、各级领导和各部门主动配合、全体国税干部积极参与齐抓共管共建的国税文化建设大格局，逐渐实现了由点到面、由表及里、由浅入深、由局部地区到全面覆盖。

2. 提炼了文化理念

先进的文化理念是推动团队不断创新的灵魂和核心，会使组织的外践行动和要求逐渐内化为成员个体的生存发展需要和精神追求。云南国税文化建设在不断推进的过程中，提炼出了我们共同的、完整的、独具特色的国税文化理念。

一是“文化铸就灵魂、和谐凝聚力量、文明推动发展”的文化建设共识。这一共识培养了云南国税人的“精气神”，树立了云南国税人的精神支柱，增强了云南国税的凝聚力、向心力、战斗力，促进了云南国税团结奋斗、拼搏进取，为实现总局提出的“服务科学发展、共建和谐税收”的目标努力奋斗。这一共识使云南国税人制度和要求不再是组织强加给自己的一种束缚和负担，而是融入自己血脉的一种习惯和精神状态。现如今，它已渗透到国税工作的方方面面，扎根于广大干部的心灵之中。

二是“以国为根、以税为业、以人为本、以学为乐、以绩为真、以廉为荣”的核心价值理念。早在云南国税文化建设之初，省局党组就明确提出了云南国税文化的这一核心价值理念，并要求全系统围绕这一理念开展文化建设，明确了云南国税文化建设的目标和方向。实践证明，这一核心价值理念完全符合云南国税事业的发展需要，促使广大国税干部职工积极向上，心往一处想、劲往一处使，树立了兢兢业业、勤勤恳恳、无私奉献的人生观和价值观，形成了一个团结和谐、干事创业、奋发向上的良好氛围。在基层调研中有干部职工反映，作为垂直管理的国税系统，基层干部福利待遇不比别人好，个人发展空间不比别人宽，工作压力不比别人小，但是大家在工作中都能做到兢兢业业、勤勤恳恳、无私奉献，因为大家都有一个积极向上的理想信念和目标追求，都有一个正确的价值取向。

三是云南国税的十种精神。这十种精神就是：热爱事业、奉献国税的忠诚精神；团结协作、众擎易举的团队精神；刻苦钻研、拼搏进取的学习精神；任劳任怨、顾全大局的无私精神；身先士卒、求真务实的垂范精神；连续奋战、忘我工作的牺牲精神；精益求精、一丝不苟的细节精神；雷厉风行、立竿见影的效率精神；不畏艰难、攻克难题的科学精神；与时俱进、追求卓越的创新精神。这十种云南国税精神是云南国税人在长期税收工作中培养起来的，是在2005年推行税收征管综合软件的战役中集中展示出来的，是省局李鸿文局长字斟句酌亲自归纳出来的。这是十种精神和总局提出的“热爱祖国、忠于人民、爱岗敬业、恪尽职守、依法治税、诚信服务、求真务实、开拓创新、团结和谐、廉洁奉公”的税务精神是完全吻合的，同时更突出了云南国税的特点。这也是一直以来全省国税干部职工自觉践行并大力弘扬的行为准则和工作标准，已融入到每个干部的思想深处、血液之中，体现在每个干部的行动之中，激励着云南国税人团结拼搏，战胜困难，创造辉煌。比如，迪庆国税干部提出了“缺氧不缺劲，艰苦不怕苦，海拔高要求更高”的口号，默默奉献在条件艰苦的雪域高原，用实际行动谱写出“乐于奉献在高原”的壮歌。

四是“和如春风，肃如秋霜”的态度。就是全省国税系统各级领导干部，按照“和如春风，肃如秋霜”的态度，抓好国税机关对内对外服务。“和如春风”，是对做人的要求，就是说做人要“和气”。领导不能有家长式的作风，但要有家长式的情怀。要怀着真挚的爱心、带着深厚的感情做好干部职工工作，尊重其人格，尊重其个性，尊重其感情，设身处地地为其着想，努力满足其正当需求。对任何关系干部职工切身利益的事情，凡是政策允许、力所能及的，积极主动地办好。绝不把自己凌驾于群众之上，对群众简单粗暴、强迫命令，冷漠不关心。“肃如秋霜”，是对工作的要求，就是说工作要“严肃”。作为领导，要说一是一，说二是二，严格按工作纪律要求下属，不能有半点含糊。每一项工作措施出来后，就要抓执行，执行不到位，就要追究责任，实行严格的行政问责制度。

在云岭大地的各个国税机关，无论是翻阅云南国税文件资料，还是深入边境口岸或大山深处的税务局，都能了解到这些文化理念，感受到文化建设的氛围。这些文化价值理念是云南国税人“精气神”的集中展现，对团结干部队伍、凝聚发展力量、激发干事热情、完成税收任务、促进事业发展发挥着极大的作用。

3. 构建了理论体系

从无意识的质朴行为到有意识的自觉行动，从部分基层国税机关的摸索前行到全省国税系统的全体总动员，云南国税文化建设在实践中总结经验、研究方法，又以理论指导实践。早在2006年省局出台的《关于加强国税文化建设的意见》中，就明确了云南国税文化建设的指导思想、基本目标、内容体系、主要措施等。2009年总局《关于加强税务文化建设的指导意见》中又对加强税务文化建设的重要意义，税务文化建设的指导思想、总体目标、基本原则、主要内容、组织实施和保障措施等作了进一步明确，为云南国税文化建设提供了更有力的理论依据。

云南国税文化建设始终坚持的指导思想是：以马克思列宁主义、毛泽东思想、邓小平理论和“三个代表”重要思想为指导，以社会主义核心价值体系为统领，以促进人的全面发展为核心，深入贯彻落实科学发展观，坚持“为国聚财、为民收税”的神圣使命，坚持以人为本，坚持以科学的理论武装人、以正确的舆论引导人、以高尚的精神塑造人、以优秀的作品鼓舞人、以先进的文化凝聚人，造就德才兼备的高素质干部队伍，为云南国税事业持续发展提供强有力的思想基础和精神动力。

云南国税文化建设一直坚定的基本目标是：大力弘扬社会主义先进文化，锻铸“以国为根、以税为业、以人为本、以学为乐、以绩为真、以廉为荣”云南国税核心价值理念，培养体现中华民族优良传统及云南“高原情怀和大山品质”的云南国税精神，营造一个法治、文明、和谐、规范的税收工作环境，造就一支政治过硬、业务熟练、作风优良、执法公正、服务规范的国税干部队伍，形成一套规范有序、良性互动、科学精细、运转协调的国税管理体系，树立一个云南国税公正严明的执法形象、文明高效的服务形象、廉洁勤政的公仆形象和管理规范的部门形象。

云南国税文化建设一贯坚持的基本原则是：一是坚持正确的政治方向；二是坚持以人为本；三是坚持云南国税特色；四是坚持与时俱进。实践证明，云南国税文化建设要始终如一地坚持上述基本原则，任何时候都不能动摇，否则就将偏向、偏题、偏轨、偏行、偏废。

4. 突出了人本文化

云南省国税系统在开展国税文化建设的过程中，坚持以人为本，围绕着关注人、尊重人、培养人、引导人、发展人、成就人，持续打造以“精气神”为核心的人本文化，持续发挥国税文化凝聚力的作用。通过国税文化建设，云南国税营造了一个广大干部崇尚学习提高、积极进取、创先争优、爱岗敬业、乐于奉献的文化环境，文化建设已经成为把广大干部的理想信念、思想品质、知识文化、职业技能与全系统的发展有机融合的强力抓手，锻造了一支政治过硬、业务熟练、作风优良、执法公正、服务规范的国税干部队伍，为国税事业发展提供了强大的精神动力和人才支持。

一是通过加强基层建设，积极改善工作、学习、生活、文体活动的条件和环境，营造干事创业的良好氛围，满足干部职工的物质需求和精神需求，进一步增强了干部职工的职业归属感、荣誉感和自豪感，使干部职工以更饱满的热情做好各项工作。如今，文化活动已成为国税干部工作生活中不可或缺的部分。唱响的云南国税之歌——《乐于奉献在高原》，描绘了一幅云南国税人忠诚于党、忠诚于国家、忠诚于税收，扎根高原、乐于奉献、服务人民的生动画面；各州市、县区国税局都分别唱响了结合当地风土人情和国税工作情况的国税之歌。开办“云南国税讲坛”，每月开讲一个专题，邀请各领域的专家学者为全系统带来各方面的前沿知识。目前，全系统已建立了1个省级、16个州市级书画摄影协会，部分国税干部还加入了省以上书画摄影协会和作家协会。全系统文艺调演、体育运动会、书画摄影大赛从不间断。

二是大力开展思想道德教育和干部教育培训。第一，全省国税系统每年投入2000余万元的资金，对干部职工举行大规模的学历教育和分层分级有针对性的培训，大幅提高了干部职工的学历、能力和综合素质。“十一五”期间，云南省国税系统共举办各类培训班5195期，培训干部22万人次。至2011年底，全省国税系统干部职工大专以上学历占88.6%，较“十五”末的80%提高了8.6个百分点；本科学历由23.4%提高到44.6%，研究生学历由0.5%提高到1.8%，全系统学历、专业、知识结构不断优化。（具体数据见表1）① 第二，在开展日常思想道德教育工作的基础上，以引导为主促使干部职工树立正确的人生观和社会价值观。比如，在政务网站上建立了“国税园地”，畅通沟通交流渠道，引导干部职工以开阔的心胸和积极的心境正确对待困难、挫折和荣誉，正确看待自己、他人和社会，保持自我心理和谐。第三，着力创建学习型系统、学习型机关、学习型组织，使“时时学习，终身学习，学以致用”的理念在国税干部职工中进一步得到树立，使学习成为基本的生存方式和新的管理模式，营造“以学为乐”的良好氛围。比如，建立“每日一题”、“学习长廊”等学习阵地，坚持学用结合、学以致用、用以促学。

表1　　云南省国税系统学历结构统计表

年份	干部职工总数	硕士		本科		大专		大专及以上		高中（中专）及以下	
		人数	比例（%）	人数	比例（%）	人数	比例（%）	人数	比例（%）	人数	比例（%）
2011	11763	213	1.81	5243	44.57	4971	42.26	10427	88.64	1336	11.36
2010	11839	195	1.65	4994	42.18	5192	43.86	10381	87.68	1485	12.32
2009	11846	162	1.37	4476	37.78	5644	47.64	10282	86.80	1564	13.20
2008	11803	101	0.86	3780	32.03	6203	52.55	10084	85.44	1719	14.56
2007	11940	81	0.68	3451	28.90	6514	54.56	10046	84.14	1894	15.86
2006	11702	36	0.31	2292	24.97	6453	55.14	9394	80.28	643	19.72

① 《云南省国家税务局教育培训工作报告》，2011年。

三是把国税文化建设融入到作风建设之中。结合解放思想大讨论和学习实践科学发展观，全面落实行政问责制、首问责任制、限时办结制、服务承诺制，全省国税干部特别是领导干部树立了解放思想、实事求是、与时俱进的思想作风，联系群众、发扬民主、依法行政、科学决策的领导作风，谦虚谨慎、戒骄戒躁、艰苦朴素、勤俭节约、洁身自好的生活作风。

四是始终坚持以廉政文化武装干部职工的头脑。培养干部抵制腐败的能力，筑牢拒腐防变的思想防线，时刻自敲警钟，增强免疫力，做到执法为公，为税清廉，把廉洁从政作为虔诚信仰、执着追求和自觉行动。第一，通过教育倡导廉洁。结合学习实践科学发展观活动，采用读廉政书、看廉政影视片、编演廉政节目等形式大抓廉政教育，筑牢干部职工为税清廉、拒腐防变的思想防线。第二，完善制度保障廉洁。坚持“纪检日”活动，层层签订党风廉政建设责任书，每年开展一次预防职务犯罪教育，每年邀请领导和专家给党员上党课，按季度对党风廉政建设工作进行考核。第三，借助家庭促进廉洁。通过开展创建“廉洁家庭”、争当“廉内助”活动，引导国税干部家庭成员做守廉、倡廉、助廉的表率，当好国税干部的监督员和守门员。第四，加强监督保障廉洁。坚持每季度对“两权”、党风廉政建设目标责任制及其各项制度的执行情况进行全面检查考核和奖惩；每年召开一至两次特邀监察员座谈会，自觉接受社会各界的监督。

5. 推动了全面建设

云南国税文化与税收工作不断融合，成为了云南国税事业持续发展的强大支持力和推动力。

一是促进税收科学化、精细化、专业化管理水平不断上升。按照金税三期建设要求及进度，云南国税在税收管理“信息一体化”建设框架内，对技术人才、软件、网络和硬件等信息化建设的相关资源进行有效整合，优化设备应用水平，实现了主流业务的胜局数据集中，信息资源的有效利用和共享，初步建立了一套科学、规范、简明、高效的税收征管机制。构建了以税收综合征管信息系统为主，数据监控分析、税收执法监督、纳税服务、办公自动化、行政事务管理等信息系统为辅的税收信息化平台，实现了对税收征收、管理、执法、行政等各方面工作的全覆盖，科学化、精细化、专业化管理水平不断上升。

二是促进税收法治水平和纳税服务水平不断上升。依法治税扎实推进，税收执法更加规范，国税干部税法意识不断提高，执法水平进一步提高。优化管理流程，精简审批项目，压缩审批时限，提高了征管效能。全面落实税收优惠政策，降低了纳税人税收负担，促进了企业技术进步、产业结构调整和转变经济发展方式。纳税服务不断优化，办税服务厅标准化建设扎实推进，国税干部服务能力和意识不断增强，营造出和谐的征纳关系。

三是促进国税收入持续增长。云南国税收入从2006年的592.42亿元（不含海关代征，下同），增加到2011年的1296.6亿元，6年累计组织收入5451.2亿元，年均增幅达到17.09%，圆满完成了国家税务总局和省委省政府下达的收入任务。（具体数据见表2）① 特别是2009年，受国际金融危机影响，云南国税组织收入工作面临诸多困难和矛盾，但是广大云南国税干部在困难中前行、在挫折中奋进，始终保持共克时艰的信心和良好的精神状态，圆满完成900亿元的国税收入任务，为地方社会经济发展做出了巨大贡献。

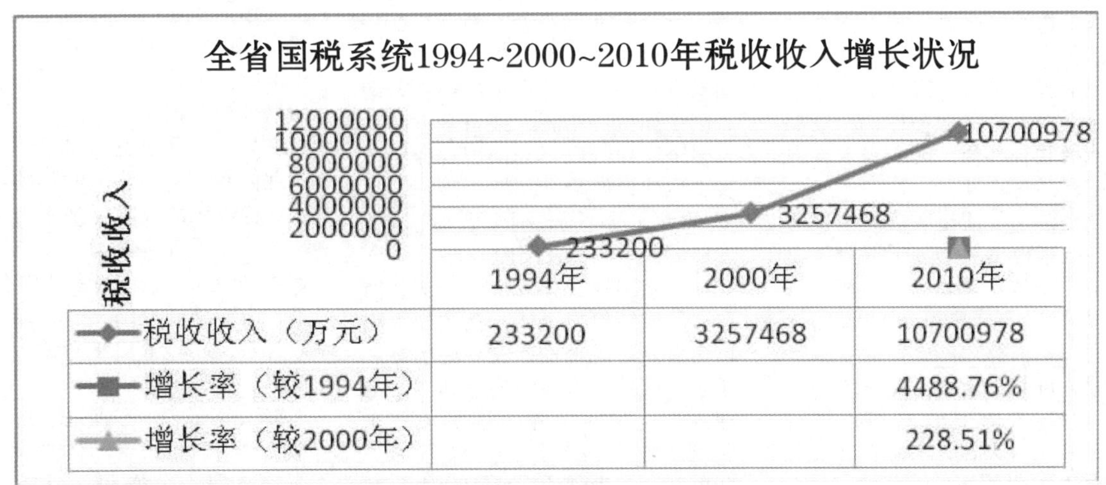

表2　云南国税系统收入情况表

6. 树立了良好形象

国税文化使云南国税税收执法文明度、内部管理规范度、税收服务满意度、系统内外和谐度、党委政府认可度和全盘工作协调度不断提高，树立了云南国税良好的社会形象。

一是受到了社会各界的广泛赞誉。第一，积极开展精神文明建

① 《云南省国家税务局工作报告》2005—2011。

设。广泛开展“文明单位”、“文明行业”、“青年文明号”、“巾帼文明岗”等创建活动，广大国税干部踊跃争当“服务明星”、“人民满意公务员”、“巾帼建功标兵”、“三八红旗手”；扎实开展“创先争优”、“三个一”（个人形象一面旗，工作热情一团火，谋事布局一盘棋）等活动。第二，积极参与法治政府、阳光政府、责任政府、效能政府建设；积极参与地方对口扶贫、综治维稳、抗震救灾等工作，涌现出一大批受各级党委、政府表彰的先进单位和个人。第三，通过持之以恒、有针对性地开展税法宣传活动，全社会税法意识显著增强，纳税人税法遵从度不断提高，税收法制观念深入人心，治税环境大为改善，“五五”普法获得省委省政府一致好评。

二是打造了优质高效的服务品牌。云南国税文化积极融入云南边疆民族文化特色，提出“国税工作为经济社会发展服务，国税机关为基层服务，国税干部为纳税人服务”的工作理念，以为纳税人提供优质高效、方便快捷的服务为出发点，牢固树立以纳税人为核心的服务理念。比如，开展了“假如我是纳税人”大讨论，强化服务意识；印制《减免税申办指南》和《税收优惠政策选编》数十万册，无偿提供给纳税人；构建税企互动网络平台、短信服务平台；实施多元化申报，建立网上办税服务厅；积极探索国地税联合办税，逐步实现“进一家门，办两家事”。

三是树立了清正廉洁的国税形象。各级国税机关领导干部身体力行、率先垂范，“慎独、慎权、慎欲、慎微”，要求群众做的自己首先做到，要求群众不要做的自己坚决不做。目前，全省国税系统共聘请了1242名特邀监察员，并与31.4万户纳税人签订了税企廉政公约，廉政文化的影响力深入人心。通过持续开展国税廉政文化建设，形成了风清气正的环境氛围，全系统干部职工违法违纪率从2006年的1.26‰，下降到2011年的0.67‰，省国税局成立18年间处以上领导干部无一人出现违反党纪国法的案件。①

四是形成了丰硕的文化成果。从2005年起每年编辑出版一部云南国税文化丛书，很多州市、县区局也分别编辑出版各自的国税文化丛书；持续发行的内刊《云南国税》被评为“云南省优秀连续性内部出版物金奖刊物”。不少国税干部撰写的科研论文以及创作的书画摄影作品在总局和地方获奖，个别国税干部还出版了个人专著，我省国税干部的摄影作品“长江第一湾”被选作奥运会开幕式背景图案。其中，红河州国税局、玉溪市国税局编制了国税文化专题片，在全国税务系统推广介绍，受到了总局和各地方税务部门的肯定和好评。

通过开展国税文化建设，一个“文明”、“和谐”、“标杆”的云南国税品牌已初步形成，“优良队伍、优异管理、优质服务、优美环境”的云南国税形象已初步树立。从省局到县局，各级国税机关均被当地党委政府誉为“标杆单位”，云南国税品牌得到了社会的广泛认可。截至目前，全省国税系统受表彰的全国文明单位有7个，总局和省级文明单位共128个。② 2008年4月，云南省国税系统被云南省委省政府授予“全省文明行业”称号。2010年底，由云南省委宣传部主办的云南省直机关文化建设推进会在云南省国税局机关举行，来自全省的一百多个厅局听取了云南国税介绍国税文化建设经验。③

（三）制约云南国税文化繁荣发展的瓶颈问题及原因分析

云南国税文化发展到今天，所取得的成绩值得全体云南国税人引以为自豪，但是也存在一些问题和矛盾。而随着形势的变化和实践的深入，这些问题和矛盾更加复杂化，伴随了一些新情况、新问题不断出现，成为制约云南国税文化繁荣发展的瓶颈，亟待我们解决。具体来说，主要表现在以下这些方面：

1. 思想认识不足

一是部分干部和基层国税机关认为税务部门的职责就是收税，搞文化建设是舍本求末，“不务正业”，形式主义，搞与不搞一个样、搞好搞坏一个样，没有理清国税文化与税收工作的关系。二是把国税文化建设简单地等同于思想政治工作，是教育宣传等个别部门的事，业务部门和多数干部职工游离于文化建设之外，得不到全体人员的响应和支持，使国税文化建设难以全面开展。三是部分干部认为国税文化就是“领导文化”，国税文化建设是领导的事，是搞“政绩工程”、“面子工程”，文化搞得怎样与自己无关，领导一走文化建设也就结束了，对待文化建设工作就常常表现为“上头热、下边冷”，出现“人走茶凉”的局面，国税文化建设出现断层。

2. 队伍活力不足

近年来，随着学历教育力度的加大，国税系统干部的文化层次普遍得到提高，学历结构有了明显的改善。但是由于成人教育普遍存在重文凭、轻质量，重学历、轻能力等问题，干部素质还是得不到提高。教育培训方面，业务培训较多，思想政治和前沿知识的培训较少，导致干部的业务水平上去了，但思想认识、现代科学知识和个人素质却停滞、僵化、老化；对中层干部的培训比较重视，对一般干部的培训相对较少。

另外，受国税部门单一的行政管理体制、干部队伍的年龄结构老化、税收执法风险增加等因素的影响，造成了现阶段国税干部队伍缺乏生机与活力。一是机构分设以来，由于总局控编较严，指标和名额有限，逐步形成年龄偏大、老干部多、年轻干部少的状况，“青黄不接”，队伍缺乏活力。二是国税系统单一的行政管理体制导致干部晋升空间十分有限，而且越到基层，这种困境越明显，在一定程度上制约了人的发展，导致干部放弃了进取，工作不积极，被动应付，能不干的就不干、能少干的不多

① 云南省国家税务局监察室，数据统计时间截止2011年12月31日。

② 《云南省国家税务局思想政治工作报告》2011年。

③ 云南省国家税务局大事记，2008～2010年。

干。三是执法风险的增加导致国税干部压力增大。新形势的变革带来的执法风险日益增加已成为不可避免的趋势，基层一线税务工作人员面临的执法风险尤其大。执法风险的增加，使国税干部工作热情减退，工作按部就班，增加了国税干部额外的心理负担和心理包袱。许多一线专管员，为了能够尽量避免“踩红线”，尽量避免创新性工作，减少“不必要”的工作环节，争取在不犯错的前提下开展工作。

3. 渗透力不足

国税文化作为一种新的管理理念，要渗透到税收征管、税收稽查、队伍建设、行风廉政等各项工作中才能发挥其作用，但现阶段国税文化对税收工作实践的渗透力还不足，针对性和实效性不强。把国税文化建设简单化、形式化，认为国税文化建设就是开展文艺、体育、娱乐活动，使国税文化建设浮于表面，流于形式，脱离税收工作实际；不知道国税文化抓什么、怎样抓，国税文化建设缺乏系统性、连续性，没有形成切实可行的目标体系和长效机制。还存在重物质、轻精神，重环境、轻内涵的现象，导致国税文化建设与税收工作实践相剥离，与“以人为本”的文化建设理念相剥离。很多干部对国税文化建设的认同感与参与感不强，加上日常性事务工作繁多，各项工作陷于一种应付状态，文化建设变成“说起来重要、干起来次要、忙起来忘掉”。

4. 创新力不足

由于受历史和现实等因素的影响，部分基层国税机关和干部职工思想不解放，观念陈旧，思维滞后，工作一板一眼，国税文化在与时俱进、开拓创新方面还尚显不足。一是文化载体和文化制度的创新是摆在国税文化建设中的一个突出问题，比如简单提几句口号，定几条工作计划，组织几次活动，就算搞文化建设，不考虑工作实际、不考虑地方特点、不考虑形势发展的现象有个别存在。二是有的干部以“老资格”自居，放松了对新形势、新要求的把握，放弃了对新知识、新技能的追求。三是地域和行业特色不突出，“盲人摸象”、“各自为政”、“各尽手段”的现象普遍存在，各地国税机关沟通联系不足，好的经验和做法得不到有效交流和推广；照搬照抄，一味“克隆”、“复制”，缺少地方特色，在形式上难以引起广大干部的共鸣。四是有的机关在长期的文化建设过程中，模式固化，使干部产生了倦怠思想，减弱了广大干部积极参与国税文化建设的热情。

5. 保障力不足

一是时间上，基层国税机关是组织税收收入的最前线，担负着重要的税收任务，工作压力大，时间上跟国税文化建设存在一定冲突。二是受历史条件和行业特点的制约，目前云南国税系统特别是基层国税机关，干部平均年龄偏大、能力素质有限，缺乏国税文化建设的组织、研究、创新的专业人才和骨干人才，成为制约国税文化繁荣发展的瓶颈。比如，每年通过国家公务员统一考试新进的公务员大多数是初出校门的大学生，实践动手能力弱，而且其中以财税、法律专业的居多，文化专业人才极少。（全省国税系统从事文化工作的干部情况统计见图3）三是财力上，中央集中支付财务制度后，虽然各级国税机关作了许多努力，但由于支出名目、金额等问题，国税文化建设需要的大量资金得不到有效保障，使国税文化建设存在相当程度的制约。

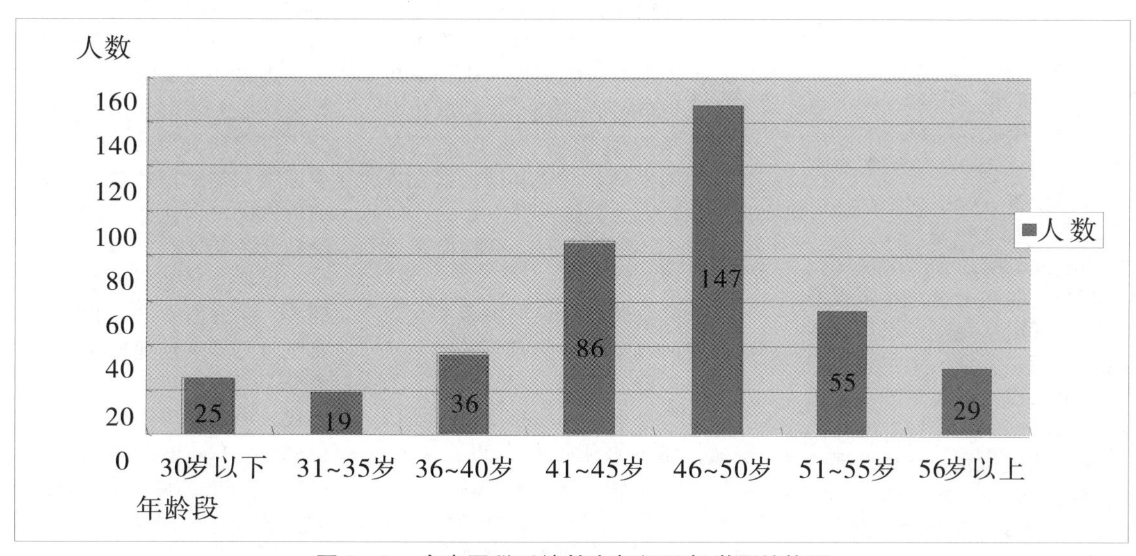

图3－1 全省国税系统教育部门干部学历结构图

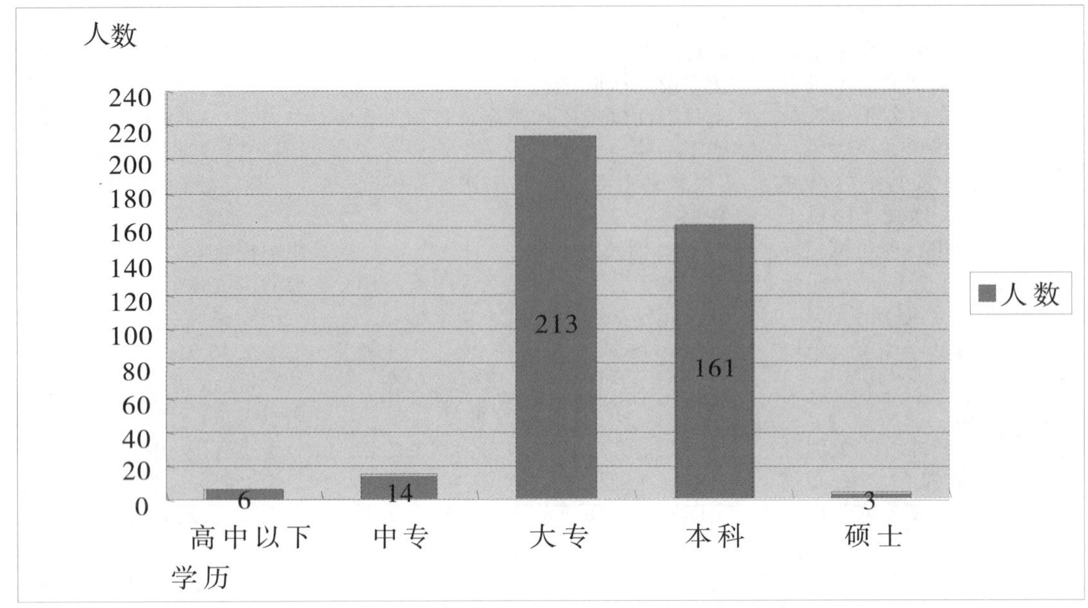

图 3－2　全省国税系统教育部门干部学历结构图

（关于图 3 的说明：统计时间截至 2012 年 2 月，包括省局教育处、州市局教育科（处）、县区局人教股（科）干部。全省国税系统教育部门干部共 397 人，其中：女 174 人，男 223 人；汉族 273 人，少数民族 124 人；高中以下学历 6 人，中专 14 人，大专 213 人，本科 158 人（其中全日制本科 70 人），硕士 3 人；30 岁以下 25 人，占总人数 6.30%，31～35 岁 19 人，占 4.79%，36～40 岁 36 人，占 9.07%，41～45 岁 86 人，占 21.66%，46～50 岁 147 人，占 37.03%，51～55 岁 55 人，占 13.85%，56 岁以上 29 人，占 7.30%；平均年龄 44 岁。①）

总的来说，制约云南国税文化繁荣发展的问题和矛盾存在或者产生的原因，可以从主观意识和客观条件两个方面来分析。从主观上来说，受思想认识、个人意识、价值观念等因素的影响，导致对文化的概念内涵、地位作用、形势发展等规律的把握不足，危机意识、使命意识、责任意识、创新意识不强。从客观上来说，一是受云南边疆高原民族大环境的影响，基础条件差、文化底子薄、文化成分复杂，国税文化建设条件有限；二是受国税部门行政职能制约，导致了以组织税收收入工作为重心的国税机关在文化建设方面的保障力不足；三是受国税部门单一的行政管理体制制约，导致了干部队伍活力不足。

四、全面推动云南国税文化繁荣发展的对策

站在云南国税文化建设的实践高度上，站在新的历史起点上，我们要发扬成绩、克服不足，把握新机遇、迎接新挑战，全面推动云南国税文化繁荣发展，进一步促进依法治税、完善税收制度、优化纳税服务、规范税收管理、加强队伍建设、推进反腐倡廉、树立部门形象，为国税事业健康和谐持续发展提供强有力的文化支撑。

（一）提高认识，不断增强国税文化建设使命感

这是全面推动云南国税文化繁荣发展的基础和前提条件，必须从思想上抓好。要通过深入动员、教育、宣传等手段，不断激发开展国税文化建设的自觉性、自信心、主动性和创造性，克服模糊认识。站在更高更新的起点上，深刻认识国税文化建设的重要地位和作用，掌握其内在规律，牢牢把握中央和云南文化建设大战略，认清文化发展新趋势，明确文化发展新任务，增强使命感和责任感，提高文化自觉和文化自信，不断强化国税干部职工开展和参与国税文化建设的主动性、积极性和创造性，这既是建设社会主义先进文化和政治、经济、社会发展的客观要求，也是全面提高干部队伍素质和国税事业稳健发展的实际需要。

一是要认识到全面推动国税文化繁荣发展是建设社会主义先进文化的客观要求。党的十七大报告指出：“当今时代，文化越来越成为民族凝聚力和创造力的重要源泉、越来越成为国家实力的重要组成部分、越来越成为综合国力竞争的重要因素。要坚持社会主义先进文化前进方向，深化文化体制改革，推动社会主义文化大发展大繁荣，满足人民群众日益增长的多样化、多层次、多方面文化需求”，“要更加自觉、更加主动地推动文化大发展大繁荣，进一步加快文化改革发展步伐，为建设中国特色社会主义提供强有力的思想保证和文化支撑”②。同时明确了文化在经济、政治、文化、社会建设“四位一体”的现代化建设总体布局中的重要作用，发出了推动文化大发展大繁荣的号召，把提高文化软实力作为国家发展的战略目标。胡锦涛总书记在“七一”重要讲话中指出，“必

① 云南省国家税务局教育处，2012 年 2 月。
② 胡锦涛：“高举中国特色社会主义伟大旗帜 为夺取全面建设小康社会新胜利而奋斗”，http：//www. gov. cn/。

须以高度的文化自觉和文化自信，着眼于提高民族素质和塑造高尚人格，以更大力度推进文化改革发展”①，这一重要论述，为建设中国特色社会主义先进文化指明了方向。党的十七届六中全会通过了《中共中央关于深化文化体制改革推动社会主义文化大发展大繁荣若干重大问题的决定》，再一次吹响了建设社会主义文化强国的集结号，文化建设已经被党和国家放到了一个前所未有的战略高度，文化建设对经济社会发展的积极作用被愈发凸显。2009年7月，胡锦涛总书记在视察云南期间提出，要把云南建设成为我国面向西南开放重要桥头堡②。云南省委八届八次全委会正式把“建设民族文化强省、绿色经济强省和中国面向西南开放重要桥头堡”确定为云南未来发展的三大战略目标。中央建设社会主义文化强国和云南建设民族文化强省的大战略，为云南国税文化建设带来了千载难逢的重大历史机遇，为我们注入了源源不断的活力和动力。加强国税文化建设、全面推动国税文化繁荣发展，符合国家深化文化体制改革推进社会主义文化大发展大繁荣的战略部署，是建设社会主义先进文化的客观要求。

二是要认识到全面推动国税文化繁荣发展是政治、经济、社会发展的客观要求。文化建设不仅对经济水平增长的直接贡献越来越大，而且对经济发展的间接作用也日益突出。同时，文化建设对推进政治建设、发挥政治制度优势也发挥着重要作用。可以说，文化与政治、经济、社会之间的相互交融正在随着时代的步伐而不断加深。深化文化体制改革、推动社会主义文化大发展大繁荣，关系到中国政治、经济、社会的进步和发展。伴随时代的发展和改革的不断深入，税收在社会发展中的地位越来越重要，对政治、经济、文化等各个领域的参与度和渗透力逐步增强，先进科学技术和管理理念的普及运用，也对税收工作提出了更加科学化、专业化、精细化的管理要求。应对发展变化，迎接机遇挑战，国税工作必须紧跟时代步伐，与时俱进，才能更好地发挥税收组织财政收入、配置资源、调节需求总量、调节经济结构、调节收入分配、保护国家权益、监督经济活动的作用。云南国税作为国家行政机关，加强国税文化建设、全面推动国税文化繁荣发展是基于时代背景而做出的通盘考虑，符合国家关于提高文化软实力、提升综合国力的战略部署，是国家和地方政治、经济、社会发展的客观要求。

三是要认识到全面推动国税文化繁荣发展是促进税收事业稳健发展的实际需要。国税文化作为一种行政管理文化，是文化管理理论在税收行政管理中的体现和应用，是一种高程度的科学管理模式，也是税务工作的重要组成部分。全面推动云南国税文化繁荣发展，是塑造干部精神品质、凝聚系统人心力量、化解征纳关系矛盾、提高税收管理效能、促进税收事业稳健发展、树立国税部门良好形象的实际需要。

（二）理清思路，进一步明确国税文化建设内容要求

这是全面推动云南国税文化繁荣发展的大框架，必须用心去抓。基于云南省国税系统的现实状况，需要我们以理性的、科学的态度进行文化的反思、比较、展望，正确看待自己的文化，正确看待其他行业文化、地方文化、民族文化、边疆文化，充分认识云南国税文化的独特优势和发展前景，使国税文化与其他文化相辅相成、相得益彰，进一步坚定我们的文化理念和文化追求。

一是明确国税文化建设的主要内容。首先是加强国税精神文化建设。就是要树立建设中国特色社会主义共同理想，形成以“为国聚财、为民收税”为使命的税务核心价值理念；积极宣传和践行以“八个为荣，八个为耻”为内容的社会主义荣辱观，形成“爱岗敬业、诚信服务、廉洁高效、奉献社会”的良好职业道德规范；坚持“以国为根、以税为业、以人为本、以学为乐、以绩为真、以廉为荣”的云南国税核心价值理念，形成统一的文化理念、共同的目标理想、强大的精神支柱，建设和谐国税共有的精神家园。其次是加强国税制度文化建设。坚持依法治税和以德治税相结合，把法制管理、科技管理和文化管理融合起来；建立人与组织共同发展的机制，在培训、选拔、管理、激励、保障、服务等各个环节为干部职工干事创业营造良好的环境，启发和引导广大国税干部积极参与内部管理，最大限度地调动干部职工的积极性、主动性和创造性的管理体系。第三是加强国税行为文化建设。大力开展文明窗口建设，展示国税干部的精神风貌；大力开展精神文明创建活动，加大对先进典型的培养力度，树立一批具有行业特色、时代特征的先进典型；引导干部职工加强自身修养，保持健康向上、情趣高雅的生活作风；坚持不懈地加强干部队伍作风建设。第四是加强国税物态文化建设。坚持量力而行、注重实效的原则，因地制宜地建立楼道、走廊、大厅、墙报文化；注意满足广大干部职工，尤其是基层税务干部的文化需求，配备必要的文体活动场所；按照优美环境、优良秩序的要求，进一步加强基层建设，积极改善工作、学习、生活、文体活动的条件和环境；通过物态文化建设，进一步增强干部职工的职业归属感、荣誉感和自豪感。

二是明确国税文化建设的总体要求。紧紧围绕党的十七届六中全会关于推动社会主义文化大发展大繁荣的要求，以宽广的眼界和与时俱进的精神，面向现代化、面向世界、面向未来，以尊重人、关心人、帮助人、提高人为宗旨，健全制度规范人，教育培训提高人，文化建设熏陶人，竞争上岗激励人，形成一种健康向上、朝气蓬勃的国税团队精神。突出抓好班子建设、教育培训、思想政治工作、职业道德教育、作风建设和行政效能建设，更新服务理念，改进工作作风，规范税收执法，提升服务水平，充分调动干部职工的积极性和

① 胡锦涛：“在庆祝中国共产党成立90周年大会上的讲话”，http：//www. gov. cn/。

② 胡锦涛：“珍惜来之不易的民族团结大好局面”，http：//www. youth. cn.。

主动性，切实为纳税人办实事、解难题，提升国税部门高效、便民、务实、廉洁的新形象。

（三）强化措施，全面提升国税文化建设水平

这是全面推动云南国税文化繁荣发展的重点和核心，必须用情去抓。就是说，要在云南国税文化建设已取得可喜成绩的高起点的基础上，进一步提升水平，必须一如既往地、倍加地注入真情实感，真心实意去抓，才能达到目标。

1. 强化领导

云南国税文化建设是一项全局性的工作，需要各级国税机关引起重视，各级国税局领导作为国税文化建设的第一设计者和实践者，应该积极倡导，率先垂范，抓好落实。一是成立专门的文化建设领导机构，明确分管领导，各基层国税机关设立领导小组，职能部门具体抓，其他部门协同互动、各负其责，形成齐抓共管的局面。二是制定符合地方实际的具体实施办法，对国税文化的人力、资金、时间、内容等做出具体明确，确保工作落到实处。三是在具体实施的过程中，应该及时改变不适应发展的管理理念、模式、方法、手段，用科学的理念和方法推动工作开展。四是高度重视坚持持续抓紧抓好国税文化建设，并将其作为考核各级国税领导干部的重要内容。

2. 强化引导

国税文化建设应该突出人本管理，坚持以人为本、以文化人，切实打造凝聚人、塑造人、引导人、激励人的新机制，营造关心人、理解人、尊重人、培养人的新氛围，不断增强广大干部职工的归属感和责任感，激发和调动其内在动力。一是加强社会主义核心价值体系教育，用以爱国主义为核心的民族精神和以改革创新为核心的时代精神鼓舞斗志，用社会主义荣辱观引领风尚，引导干部正确认知道德与操守、奉献与索取、权利与义务等价值取向问题，让共同的价值观根植于干部心中。二是发挥“人才有差别、使用有差别、待遇有差别”管理理念，在使用上，坚持“用人所长，能级匹配”的原则，为人才脱颖而出开辟“快车道”；在待遇上，杜绝吃“大锅饭”、搞平均主义的做法，使一流人才做出一流贡献，获得一流待遇；在激励上，针对不同的人才，采取不同的措施，最大限度地调动人才的积极性，激发创造性。三是各级领导需要静下心来，沉下基层，倾听职工心声，了解职工想什么、关心什么、需要什么、有什么困难，加强沟通，做好心理指导；把干部的事当成自己的事来办，急人所急、帮人所需、解人所难，做到贴心服务、知心服务，体现组织温暖和人文关怀。四是健全民主参与、民主管理、民主决策制度，扩大干部对国税工作的知情度、参与度、监督度。

3. 强化融合

国税文化建设从理论框架的构建和完善，到国税理念和精神的提升，都要围绕国税中心工作和任务，做到相辅相成、相互促进，取得双丰收，杜绝“两张皮”现象。一是紧紧围绕推进依法治税、深化税收改革、强化科学管理、加强队伍建设、优化纳税服务的税收工作主题，明确国税文化建设的定位和思路，不断丰富内涵，促进税收征管质量和效率提高、纳税服务水平提升和税收职能作用全面发挥。二是运用科学的融合机制，充分调动和发挥每个部门、每个成员的积极性，有效整合资源，发挥人力资源的最大效用，提高国税文化建设的整体效能。三是将国税文化建设寓于管理活动之中，达到刚性管理与柔性文化的和谐相融。将依法治税、从严带队作为文化建设的一项内容，围绕提高征收管理质量和行政管理效率，充分发挥人的主观能动性，不断推进管理创新。

4. 强化学习

以干部教育培训为基础，大力开展学习型党组织、学习型系统、学习型机关建设，树立人人学习、团队学习、终身学习、学以致用、用以促学的理念，不断提升干部队伍的综合能力素质和文化涵养。一是建立多层次的培训模式。根据人才的不同层次、特点，采取不同内容和方法，开展差别化、特色化培训，培养干部职工的创新意识，不因循守旧，不安于现状，开拓创新，锐意进取。二是引进先进的学习理念，搭建起扁平化管理的学习平台，动员干部职工积极参加各种学习活动，全方位构建与时俱进的学习教育体系。三是坚持开展经常性的业务学习、岗位练兵活动，本着“缺什么、补什么，用什么、学什么”的原则，强化对干部职工的业务培训，普遍提高干部队伍业务水平和依法行政的能力。四是积极鼓励干部参加与税收、计算机相关的学历教育，不断提高干部队伍的专业知识和文化素质，更好地适应新的工作要求。五是拓宽学习渠道，增强国税文化的吸引力。从学习新的生活知识、提高生活技能入手，逐步培养对学习的兴趣与爱好，全面调动学习的欲望，把学习的空间由单位延伸到家庭和社会，把学习的范围由单纯的税收业务延伸到科技知识、文化知识、经济知识等各个领域，形成“突破一点，拉动全局”的叠加效应，夯实国税事业和谐发展的智力基础。

5. 强化保障

全面推动云南国税文化繁荣发展，有效保障是基础。要想方设法，克服困难，在条件允许的前提下，尽可能多地投入人力、财力、物力、智力和精力，做好国税文化建设的保障工作。一要解决人的问题。一方面，应招录一批文化类专业人才填补这方面的空缺；另一方面，对现有人员有计划地组织一些文化专业培训，为国税文化建设提供切实有力的人才支撑。二要解决资金的问题。建议划拨专门的文化建设经费支持开展各项文化活动、建设文化设施、奖励文化建设先进集体和个人；同时，加强文化建设经费管理，保证资金用到实处、取得实效。三要解决时间的问题。针对基层业务工作繁忙、工作压力大的情况，在开展工会活动的基础上，避开税收征期专门确定每月“文化日”或者每年“文化月”，开展有声有色的文化活动，确确实实为干部职工营造一个“看得见”的文化建设氛围。另外，还要建立和完善国税文化建设的科研机制等，以提供更好的理论支持。

（四）坚持创新，持续激发国税文化生命力

这是全面推动云南国税文化繁荣发展的关键环节，必须用智去抓。就是说要充分发挥聪明才智和主观能动性，开拓视野，不断探

索，寻求在更高更新的起点上实现新的突破。创新是国税文化建设中永恒不变的主旋律，只有不断创新，才有发展的不竭动力。总局在《加强税务文化建设的指导意见中》指出，“税务文化建设应牢牢把握税收形势变化，紧跟税收改革步伐，始终站在税收事业发展前沿。坚持解放思想、实事求是、与时俱进，以创新精神和科学态度去认识、把握和遵循税务文化发展的客观规律。深刻认识当今时代对税务文化的发展要求和根本趋势，不断研究税务文化建设中的新情况，解决新问题，形成新认识，开辟新境界”。我们要始终牢记，开展国税文化建设最重要的是首先树立一种理念，形成一种氛围，营造一种环境，把文化扎根于国税，形成一种风尚、一种精神、一种文明，必须把握国税文化的内涵。国税文化重在建设，核心是创造、创新。要培养干部职工的创新意识，不因循守旧，不安于现状，开拓创新，锐意进取，不断坚持理念创新、行为创新、内容创新，使国税文化建设常抓常新，激发和保持蓬勃的生命力。

1. 坚持理念创新

在新的历史发展时期，云南国税要做到始终把握中央和云南文化发展大方针大战略，坚持和发展云南国税文化建设的目标任务，以更高的站位、更高的标准、高高的要求，发展面向现代化、面向世界、面向未来的，民族的科学的大众的社会主义文化，培养高度的文化自觉和文化自信，提高全民族文明素质，增强国家文化软实力，弘扬中华文化，努力建设社会主义文化强国。同时要发挥云南国税特色优势，立足云南，立足国税，充分利用云南自身文化特色，合理吸纳边疆的、少数民族的、其他行业的文化，取其精华，充实完善云南国税自身文化，实现水乳交融，终成自身正果。要在认真分析自身基础条件的前提下，合理取舍古今中外的、他方的、当地的、自身的有用成分，以科学的眼光、理性的思维，进行创新和发展，使云南国税文化建设始终健康有序地进行。

2. 坚持行为创新

一是建立新颖的工作机制。在国税文化建设中，要坚持以人为本、全面、协调和可持续发展的方针，紧紧围绕税收中心工作，创建具有国税特色的文化理念体系，突出发展与创新这个主题，以优秀的国税文化净化人的思想，挖掘人的潜能，发挥人的才智，激发人的热情，增强国税团队意识，促进税收事业健康和谐发展。

二是建立科学的评价机制。针对国税文化建设的要求，尽快建立“反映基层工作、鼓励基层创造、突出基层业绩”的国税文化评价机制。坚持日常评价和综合考核并重，既注重日常评价，广泛发掘基层国税建设的潜能，注意积累各项国税理念，也注重综合考核，综合察看基层国税文化的状况，不断加强国税文化阵地建设。

三是建立多层次的培训机制。国税文化人才是多层次的，要建立分级分类、循序渐进的培训模式。要根据人才的不同层次、特点，采取不同内容和方法，开展好差别化、特色化培训。要通过各类培训，进一步加强干部职工理想信念和宗旨观念的培养，牢固树立权为民所用、利为民所谋、情为民所系的宗旨观念，自觉抵制拜金主义、享乐主义、极端个人主义等错误思想的侵袭，使每一名国税干部在亲身体验中接受文化熏陶，在分析对比中得出正确的判断，从而提高干部职工廉洁从税意识的自觉性。

3. 坚持内容创新

一是畅通国税文化与媒体及网络的“信息流”渠道，拓展媒体宣传空间，丰富国税文化的现代化手段。要充分利用媒体具有影响面广、信息传播及时、快捷、观众多等特点，大力开展国税文化建设。一是领导积极参加电视访谈节目。各级领导要不定期参加当地电视台、广播电台的访谈类节目，直接与群众对话交流国税工作，宣传国税文化建设的成就，解决群众反映的问题；二是在新闻媒体开辟专栏，对外宣传国税业绩、宣传国税干部动人风采，在提高国税社会美誉度的同时，激发干部的自豪感、荣誉感，使广大干部能坚定对国税未来的信心，坚定共同愿景。三是打造网络文化平台。国税文化离不开网络这一最活跃的新型平台的参与，国税文化必须渗透在网络文化，融合在网络文化之中。要进一步丰富内部网站平台资源的“国税文化”的内容，吸引广大干部积极参与互动，从而起到潜移默化的教育效果。要在外部网站开辟文化专栏，增强权力制约透明度，将国税文化纳入大环境，扩大社会影响面……

二是搭建容纳多元文化的平台，培养干部理性思维的习惯，塑造干部美好的心灵，促进干部的全面发展。一方面，要以学习型组织创建为载体，通过推广学习工作化、工作学习化的先进学习方法，提高干部学习的能力，通过浓厚学习风气，提高干部学习的效力。通过学习型组织创建，最大程度地发挥干部的才能才智，促进干部的全面发展。另一方面，改进和加强思想政治工作，使思想政治工作更加关注干部的个性情绪、利益得失、成败挫折，将人性化管理融入思想政治工作中，培育弘扬正气、崇尚先进、敢于争先的风气，健全分配激励、荣誉激励、晋升激励、培养激励相结合的多层次、多形式的激励措施体系，努力增强思想政治工作的感召力和实效性，使国税干部都能够为了实现国税工作目标而自觉自愿地努力工作。

三是开辟国税文化教育阵地，运用多种载体，让国税文化从参观走向参与。国税文化建设所要确立的精神理念，既是为全体干部人员所共识的价值取向，又是本单位的整体思想、行为及风貌的体现，因此，必须加大国税共同价值体系的构筑力度。要持之以恒抓好国税集体价值标准的灌输教育，努力做到寓教于乐、形象生动、为干部群众所喜闻乐见。比如可以对国税成立以来取得丰硕成果的回顾，以及干部对国税发展与个人工作难忘经历的追忆为基调，激发干部的归宿感、成就感，推动干部深刻认识、由衷认同、积极实践国税价值标准。要结合行业特点，用活载体，丰富内容，寓教于事，寓教于理，寓教于乐，开展形式多样、主题鲜明、内容丰富的国税文化活动，提高国税文化建设的群众参与度和社会覆盖面，增强国税文化的影响力、吸引力和渗透力，有效地促进国税文化建设的良性发展。设置文化走廊，在电梯、楼梯、走廊张贴国税漫画、警句、悬挂牌匾。办税服务区的大厅、楼道、门厅、院落等位置展示具有国税特色的国税图文，共同监督勉励，使大家在日常生活中潜移默化的感受国税文化。组织一系列国税文化展示活动。举办国税文化图片展、书画展、警示展，组织国税知识趣味猜谜、知识抢答赛、国税建设征文、国税小故事大家说等活动，调动干部参与的积极性，提升教育的文化品位。从掌握雅俗共赏的语言技能入手。通过开设普通话和外语教育培训班、开辟普通话乐园、外语沙龙等方式，提高国税干部的普通话和外语会话水平。说话要讲究文明规范，使用行业语言，注重语言文明，既做到谦虚、热情、礼貌、大方，又做到委婉、文明、准确、生动，充分折射出当代国税干部崇高而朴实的灵魂，崭新多彩的风貌和丰富扎实的学识。

（五）打造品牌，大力提升国税文化软实力

这是全面推动云南国税文化繁荣发展的出发点和落脚点，必须用力去抓。文化软实力是指因文化而具有的凝聚力、生命力、创新力和传播力，以及由此产生的影响力和号召力。要实现云南国税文化繁荣发展，全面提升国税文化软实力，就必须创建自己的品牌，拥有自己的品牌，强化精品意识，从意识到行为上实现一般活动向品牌建设的转变，增强国税文化特色。总起来说，就是要坚持正确的政治方向，立足国税行业特点，吸纳当地乡土文化，认真总结已经取得的经验，高标准、高质量，不断推陈出新，创造出云南国税文化的精品、名片以及叫得响、推得开的文化成果和品牌，大力提升云南国税文化软实力。总局提出以社会主义核心价值体系为核心，以促进税务人员全面发展为目标，坚持为国聚财、为民收税的税收工作宗旨，大力加强税务精神文化建设、制度文化建设、行为文化建设和物态文化建设，为税收事业的科学发展提供强有力的精神支撑和文化保障。同时，总局也提出要细化分解具体建设项目，找准切入点和工作重点，努力打造具有自身特点的文化品牌。就云南国税而言，应从这几个方面加以思考：

一是挖掘文化资源，培育具有地域特色的国税文化。云南国税文化建设应立足云南，立足国税，充分利用云南自身文化特色，合理吸纳边疆的、少数民族的、其他行业的文化，取其精华，完善云南国税自身文化，实现水乳交融，发展成为独具特色的云南国税文化。要制定和实施文化精品战略，不断提高文化发展的质量和水平，着力打造一批具有云南国税特色的文艺、歌舞、影视等有影响的精品力作，使之形成具有“云南国税印象”的名片，在更高层次上满足国税人员的精神文化需求，充分展示云南国税新形象，推动云南国税文化发展的繁荣昌盛。

二是增强文化的行业特色，在方式方法上开创云南国税文化特色。始终坚持把税务文化建设贯穿于税收工作的大局，有效发挥文化凝聚约束，激励和塑造税务干部队伍公正执法的作用。在加强国税文化建设中，必须始终贯穿以人为本的思想，不断巩固服务理念。把广大纳税人的利益作为一切工作的出发点和落脚点，不断满足纳税人多方面的需求，尊重和保障纳税人的合法权益。从具体执法和服务的每一项工作做起，以对纳税人高度负责的精神，把以人为本的思想贯穿到了与纳税人相关的各个方面。以促进国税干部职工全面发展为本。为国税干部集中精力干大事，诚心诚意办实事，尽心竭力解难事，坚持不懈做好事。继续办好《云南国税》杂志和《云南国税讲坛》，让干部耳濡目染，把文化理念深入到干部的思想中，融入干部的行为中；在网站上开辟国税文化交流平台，提高文化的亲和力、民主性和参与度；开辟国税文化活动室、展示室、宣传栏，通过举办展览、举行讲座等形式，扩大国税文化活动的开放度和覆盖面。还要通过定期组织文体活动、开展“学习型组织”建设、创建各级各类人才库、推先进、树典型等方式，引导广大干部主动加强精神文明建设，形成你追我赶、团结奋进的良好氛围，不断提高国税干部职工的思想道德素质和科学文化素质，使干部在潜移默化中得到提升。

三是优化内部运作机制，扩大特色国税文化的覆盖面。既要结合基层建设的开展，建好小图书室、小活动室等现有的文化阵地，又要适应信息化时代要求，重视和加强网络文化阵地建设，内网、外网并重，充分发挥网络信息流动大、交互性强的特点，促进文化传播和交流。成立“国税文化建设陈列室”，加强文化活动阵地建设。同时，要加强文化活动载体建设，努力创新文化活动的形式，成立各类兴趣小组，如书画、摄影、音乐等，对群众基础好、参与性强的活动载体及时制度化，定期开展交流、互访活动，通过“文化节”、“文化周”等形式，不断丰富干部群众的业余文化生活，活跃国税系统的文化氛围。要确定“以点带面、整体推进、务求实效”的工作思路，在基层单位试点，为全系统整体推进国税文化建设积累实践经验。在试点单位召开了现场观摩会、现场研讨会，积极推广试点单位的经验做法，推动面上的工作。要确立“全方位多样化、树立精品意识、实施精品战略”的总要求，成立国税文化建设推广小组，充分发挥组织、宣传、文化的部门优势，形成责任明确、上下联动、齐抓共管、资源协调优化的文化推广工作网络，为切实做好国税文化工作提供坚实保障。

参考文献：

〔1〕李鸿文．“云南国税文化建设的探索与实践”［J］．《社会主义论坛》2011 年（4）。

〔2〕杨云飞，张文，席文．“云南税务文化建设的成效与思路”［C］．《云南国税文化论文集》云南省国家税务局，2010 年。

〔3〕顾伯平．“文化的作用”［N］．光明日报，2005 年（3）。

〔4〕刘云山．“坚持中国特色社会主义文化发展道路”［R］．新浪网，2011 年（10）。

〔5〕云杉．“文化自觉 文化自信 文化自强”［J］．《红旗文稿》2010 年（17）。

〔6〕柴伟．简评《云南民族文化概说》［J］．云南民族大学学报（哲学社会科学版），2005 年

(01)。

〔7〕李鸿文．“云南国税文化建设的实践与思考”〔C〕．《云南国税文化论文集》．云南省国家税务局，2010年。

〔8〕周敏，彭骥鸣．《税务文化修炼》〔M〕．北京：经济科学出版社，2009年。

〔9〕“以文化建设为抓手 持续提升国税发展软实力”〔R〕．云南省国家税务局，2010年。

〔10〕叶生．“浅谈税务文化建设”〔Z〕．企业管理网。

〔11〕陈存富．“深入学习实践科学发展观 创新发展云南国税文化建设”〔Z〕．云南省国家税务局，2008年。

〔12〕刘绪义．《税收危机》〔M〕．湖南人民出版社，2011年，5。

〔13〕李鸿文．“加强国税文化修炼 彰显云南国税文化核心价值体系”〔DB/OL〕．2010年6。

〔14〕张贻奏．“关于国税文化建设的实践与思考”〔J〕．《税收经济调研》，2003年（38）。

〔15〕蔡自力．“加强和谐税务文化建设的几点思考”〔J〕．税收经济调研，2007年（44）。

〔16〕钱冠林．“加强税务文化建设 促进税收事业科学发展”〔Z〕．国家税务总局，2010年。

〔17〕刘延东．“充分认识新形势下推进文化改革发展的重大意义”〔Z〕．《人民日报》，2011，10，31。

〔18〕姜玉泉，孙金鹏．“税务文化建设探讨”〔J〕．《现代商贸工业》．2009，21（02）。

〔19〕宋婉媚，梁洪武．“加强税务文化建设的思考”〔J〕．《税务研究》，2005（01）。

〔20〕周苏明．“建设税务文化共创和谐税收”〔J〕．《中国税务》，2007（01）。

〔21〕林峰．“中国企业管理文化研究”〔M〕．首都经贸易大学，2008年。

〔22〕赵州生．“新时期税务文化建设的发力点”〔J〕．福建税务网。

〔23〕靳东升．“繁荣税务文化增强税务软实力”〔J〕．中国税务，2008（07）。

〔24〕黎红雷．“中国传统文化与现代企业文化”〔J〕．《广东技术师范学院学报》，2011（08）。

〔25〕王逸．“比格·纳瑞的税收文化观及启示”〔J〕．《涉外税务》，2004（01）。

〔26〕赵峰．“文化及其先进性”〔J〕．浙江社会科学，2001（06）。

〔27〕蔡俊生，陈荷清，韩林德．《文化论》〔M〕．人民出版社，2003。

〔28〕钱穆．《中国文化史导论》〔M〕．商务印书馆，1994。

〔29〕张发钦．“‘文化中国’彰显国家文化软实力”〔J〕．《理论月刊》，2009（1）。

〔30〕高占祥．《文化力》〔M〕．北京大学出版社，2007。

课题组长：许赞霖
副 组 长：杨云飞
成　　员：席世宏　郑　青　马儒瀚　罗继富　刘　凡　魏立红　李　文　赵联顺　籍晋江　黄　荷　王　锐　彭正云　陈永晓　陆光汉　杨润玲
执　　笔：杨云飞　马儒瀚　罗继富　陈永晓　张　文　席　文　方　毅　陆光汉　杨润玲

第二部分　专项课题

制度加科技全面推进云南国税内控机制建设的研究

云南省楚雄州国家税务局课题组

［内容提要］ 国税系统担负着筹集财政收入、调节经济和收入分配的重要职责。全面推进国税部门内控机制建设，打造廉洁、高效的税务干部队伍，开展新形势下反腐倡廉工作，有效防范国税部门行政管理和税收执法风险，是当前和今后一个时期国税机关改革发展的必然趋势。本文借鉴COSO委员会发布的《内部控制整体框架》①，结合国税工作实际和内控机制建设实践，从四个方面论述推进国税部门内控机制建设的思路与对策建议，即：统筹协调，扎实稳步推进内控机制建设；制度加科技，全面提升内控机制建设的质量和效率；加强国税文化建设，推进法治、规范、廉政为核心的内控环境建设；逐步建立内控评价考核机制，实现内控结果奖罚分明；实施动态管理，实现内控机制建设业务全流程、内容全覆盖、干部全员化。以推动税收科学发展为主题，以加快转变管理方式依法开展工作为主线，全面推进制度加科技的国税部门内控机制建设，实现“强化监督、保护干部、服务发展”为目标，助推国税工作科学持续健康稳定发展。

［关键词］ 国税　制度加科技

① COSO即：The Committee of Sponsoring Organizations of The National Commission of Fraudulent Financial Reporting的英文缩写，美国虚假财务报告委员会下属的发起人委员会。美国COSO即：反财务舞弊委员会，也称treadway委员会。

内控机制建设

当前，随着政府职能转变和党风廉政建设工作的深入推进，建立基于对行政行为、行政执法、行政职能、行政效率实行内部监督，主动预防，风险管理的内控机制建设已经成为各级行政机关改革发展的新趋势、新目标。内部控制论最早出现于1936年。近几十年来，有关内部控制的理论已经从20世纪40年代以前的内部牵制论发展到现在的内部控制系统论阶段。其中COSO委员会发布的《内部控制整体框架》，被国际上普遍认为是内部控制里程碑式的文件。从20世纪90年代起，我国政府开始加大对企业内部控制的监管。2008年中央五部委共同颁布《企业内部控制基本规范》，初步形成我国内部控制的统一框架。内控机制建设作为现代新兴的管理理论，起初被广泛应用于会计、金融、保险等行业。2008年，国务院国有资产管理委员会组成“国有企业内部控制课题组”，经过2年多的探索研究，提出国有企业内部控制“12345内部控制框架”①，指导推动国有企业内部控制建设，使国有企业活力和竞争力显著增强。

近年来，内控机制建设逐步向各级行政事业单位推衍，内控机制管理的范畴也由会计风险管理、企业生产经营管理向行政执法监督，行政风险防范、党风廉政预警等多个领域拓展。2010年1月胡锦涛总书记在十七届中央纪委第五次全会上指出：“要加大反腐倡廉的制度建设，包括宣传教育制度、监督制度、惩治腐败制度、预防腐败制度，要从重点领域、重点部门、重点环节入手，排查廉政风险点，健全内控机制，构筑制度防线的要求，把完善内控机制作为惩防体系建设和反腐倡廉制度建设的重要载体”。把内部控制理论和内控机制建设引入国税部门现代管理元素之中，推动国税工作科学发展，着力建设法制、公平、和谐的税收工作环境，成为各级国税机关认真研究的实践课题。

一、制度加科技内控机制建设的理论研究

（一）内控机制建设的概念和内涵

1. 内控的定义：内控即内部控制，英语：to control from the inside。to confine sb to sth（imprison）将某人限制在某处；to confine sth（to sth）（limit）控制某物（在某物之内）②。内控，顾名思义是指：一个组织为实现自身目标，保证其管理活动的经济性、效率性和规范性，对内部业务流程进行全过程监控而制定和实施一系列政策、程序和措施的过程③。内控是社会经济发展到一定阶段的产物，其内容是随着组织对内强化管理，对外适应社会发展需求而不断丰富和发展，因而内控理论及其机制也随之不断丰富和发展，概念发展不断清晰完备。COSO报告对内控的定义为：“内部控制是受企业董事会、管理层和其他职员共同作用，为实现经营效果性和效率性、财务报告的可靠性，以及适用法律、法规的遵循性等目标提供合理保证的一种过程。④”明确了内部控制的目标为三个：操作性目标；信息性目标；遵从性目标。

2. 机制的含义：泛指一个系统中，各元素之间的相互作用的过程和功能。是经过实践检验证明有效的、较为固定的，要求所有相关人员遵守的手段和方法。

3. 内控机制的含义：内控机制是指某个组织为实现自身目标，保证管理活动的经济性、效率性和规范性，实施对内部业务流程进行全过程监控，而形成的一种具有内生制约力和管理遵从度的一系列政策、程序和措施相互作用的过程和工作系统。

4. 制度加科技的含义以及在内控机制建设中的作用

“制度”是指要求大家共同遵守的办事规程或行动准则⑤。如：工作制度；也指在一定历史条件下形成的政治、经济、文化等方面的体系，如社会主义制度。“科技”顾名思义就是科学与技术，从广义的角度来看，科学技术是指自然科学技术和社会科学技术的总和，是一种人才密集、知识密集、技术密集、资金密集、风险密集、信息密集、产业密集，竞争性和渗透性强，对人类社会的发展进步具有重大影响的一种生产力。邓小平说：“科学技术是生产力，而且是第一生产力”。

“制度加科技”就是某个组织和单位在特定的社会历史时期，通过建立一整套科学合理、操作规范、流程清晰的办事规程或行动准则，形成约束规范权力行使的法令、规定、制度的基础上，把这些法令、规定、制度转化为科技信息手段和电脑执行程序，通过电脑程序和科技信息手段来辅助这些法令、规定、制度执行的过程和方法⑥。把“制度加科技”用于内控机制建设中，制度为内控机制建设提供了科学合理、操作规范、流程清晰的办事规程或行动准则；而科学技术，通过对权力进行科学分解和合理配置，对工作流程进行重新梳理和优化，使任何人都只能按照自己的岗位权限操作，既不能越权操作，也不能代替他人操作，并且每一步操作都留下痕迹，最大限度地减少人为因素干扰，有效消除制度落实中“合意的执行，不合意的不执行”、“上有政策，下有对策”等现象。把“制度加科技”运用在内控机制建设中，可以有效克服“自由裁量空间”，确保制度执行的刚性，使内控机制更加客观、公正、公平。其作用体现在几个方面：一是贯穿了公开透明实施内控的理念。所有管理活动、业务活动

① 国有企业内部控制课题组编：《国有企业内部控制框架》机械工业出版社，2009年3月出版。
② 《英汉词典》，商务印书馆，2009修订本。
③ 冯惠敏：《税务系统内控机制建设实践与调研》，《中国纪检监察报》，2009年12月24日出版发行。
④ 王晓玲：《基于风险管理的内部控制建设》，2010年3月第一次出版。
⑤ 《现代汉语词典》，1622页，商务印书馆（2002增补版）。
⑥ 鲁军：《香港文汇报》，第四版，2011年1月27日。

和权力运行活动信息最大限度地公开透明，特别是将各个岗位的权力运行过程始终置于制度与信息的全过程监督之下。各个部门、岗位只要在权限范围内，都能打开电脑通过内部信息系统掌握了解管理活动的信息，形成按制度办事、按流程操作的监控机制。二是贯穿了动态监控的理念。“制度加科技”将审批权限、业务流程、风险信息等运用科技手段贯穿到软件管理系统之中，所有的流程都在系统内操作，整个流程运行环环相扣，信息互通共融，有效杜绝舞弊行为和暗箱操作行为发生。三是贯穿了制度流程、信息技术衔接的理念。“制度加科技”建立和完善了先进的流程控制体系，设计了业务决策流程控制、业务审批流程控制和业务操作流程控制等，对重点环境、重点岗位、重点人员实施风险信息提醒和控制，建立起岗位操作流程，强化制度执行，有效防范各类风险。四是贯穿了党风廉政建设和惩防体系建设监督防范在先的理念。“制度加科技”不仅形成一整套用制度管权、按制度办事、靠制度管人的有效机制，而且充分发挥信息技术的手段，将“系统软件”转化为权力运行、资金运行、资产处置、物资采购、产品营销、工程建设、人事任免等方面的监督管理。

5. 国税部门制度加科技内控机制建设的含义及内涵

国税部门制度加科技内控机制建设的含义是：采用制度规范加税收科技信息化手段，建立一套科学、严密、有效的权力运行制约机制，使国税机关各部门之间及其工作岗位所从事的活动既能按照工作流程高效、顺畅运行，又能对其权力运行过程进行内部有效监督制约的运行机制。国税系统制度加科技的内控机制建设是这样一种机制：监督对象为国税部门行使税收执法权和行政管理权的工作人员；主要是由各级国税部门的领导班子、职能部门及其工作人员共同参与，通过明确权责分配、规范权力运行程序、强化风险管理、健全规章制度，采用电脑程序和软件系统对其监控，使权力运行实现分权制衡、流程制约、风险管理、信息化运行，从而在执法、管理、廉政等方面采取权力分解、制度约束，信息监控，风险防范等内在的具有制约力和遵从度的管理。

国税部门制度加科技内控机制建设的各个要素、各个环节都相互联系、相互制约、相互促进、相互依赖，是一种系统而有机、灵活而牢固、开放而完善的秩序。主要包含以下四个基本内涵：（1）建立基础是明晰的权责体系。“明确权责分配、正确行使职权”是内控的核心思想。国税部门内控机制建设的关键在于权力和责任是否匹配。内控机制建设要求国税机关进一步分解细化部门职责，通过对岗位职责的规范和完善，明确各岗位在处理有关业务时所具有的权力和责任，实现权力、岗位、责任、制度的有机结合，形成完备的权责体系。（2）主要内容是规范权力运行。强调以税收执法权和税收行政管理权运行为主线，通过内部控制，使税收执法权、行政管理权的运行都有章可循、有律可依，有纪可守，保证权力运行不出轨、干部队伍不出事。（3）本质要求是促生内在的制约力和执行遵从度。内控机制建设强调以提高制度的执行力和责任的落实度为重点，通过规范税收权力运行的程序，使部门之间，以及部门内部行为主体之间，由于分工和责任的不同而相互约束和牵制，形成税收工作内生的制约力。（4）表现形式是科学有效的管理机制。通过内控理念培育、岗位责任、风险排查等机制，对税收权力行使实施有效制约、规范、约束和评价，引导部门之间、部门内部之间各个行为主体的互动，形成有效制约、全程监控、高效运行、超前防范的税收工作管理机制。

（二）内控机制建设的社会背景及发展趋势分析

内控机制建设伴随着内部控制发展而推进，大致经历了五个阶段：第一阶段是内部牵制阶段（20世纪40年代前）。这一时期，内部控制建设处于以查错纠弊为导向的理论初级阶段，后被称为内部牵制理论①。内部牵制建设着重组织内部分工的控制，是内部控制中有关组织控制、职务分离控制的雏形；第二阶段是内部控制制度阶段（20世纪40年代至80年代），其特点是将内部控制分为内部会计控制和内部管理控制两部分；第三阶段是内部控制结构阶段（20世纪80年代），其理论观点是美国注册会计师协会在1988年发布《审计准则公告第55号》时提出的。内部控制结构包含三个要素：控制环境、会计制度和控制程序。内部控制结构理论的突出特点是将控制环境纳入内部控制领域，这是内部控制理论和实际运用的新发展；第四阶段是内部控制整体框架阶段（20世纪90年代）。美国COSO委员会在1992年9月公布了《内部控制整体框架》，即COSO框架，在世界上第一次提出了一个系统的内部控制框架；第五阶段是企业风险管理与内部控制阶段（20世纪90年代至今）。现行的内部控制已上升到全面风险管理的高度。

近年来，我国十分重视对内部控制机制建设的研究和推广工作。2001年，财政部从规范企业行为、提高会计信息质量的需要出发，制定了我国第一部全国统一的内部控制规范，促进了我国内控机制建设的发展；2006年为指导企业开展全面风险管理，进一步提高企业管理水平，增强企业竞争力，国务院国有资产管理委员正式对外颁布了《中央企业全面风险管理指引》，开创了针对风险管理改革，加强内控机制建设里程碑式的起点；2008年6月28日，财政部、证监会、审计署、银监会、保监会联合发布《企业内部控制基本规范》，规定自2009年7月1日起在上市公司范围内施行，这个基本规范为我国企业制定内部控制规则提供了普遍使用的基础平台。内部控制的发展历史与风险管理的发展从源头上是相互割裂的，然而在不断的发展过程中，内部控制与风险管理逐渐融合，成为一个有机的整体。从总的情况看，由于上市企业、大型国有控股公司已经建立以“提高管理质量与效果”为首要目标，坚持“适

① 王晓玲：《基于风险管理的内部控制建设》，2010年3月出版。

合才是最好”为原则的企业内控机制，其内控机制建设的经验和成效较为突出。

内控机制建设实践中，尽管原则一般有普遍性，但其表现和应用形式会因为国家、区域、文化、行业发展的不同而有所差别。随着社会主义经济社会的不断发展，政府职能和行政行为在经济社会发展中扮演的角色不断发生转变。“如何提高依法行政能力，如何转变政府职能提高服务质量，如何对行政权力进行有效监督，如何有效防范行政执法风险，实现自我监督管理和风险自我防控?”等一系列问题，成为各级行政机关改革发展越来越关注的焦点。在上海、天津等地，各级行政机关开始从抓党风廉政建设和预防腐败工作入手，强化工作流程控制，加强行政行为监督，降低行政执法风险和党风廉政风险，内控管理机制建设创新发展，备受关注。在这样的社会历史条件下，国税系统顺势而谋，全面部署开展推进内控机制建设工作。

（三）国税系统制度加科技内控机制建设的基本内容

1. 内控的对象

国税部门内控的对象为国税机关从事税收执法和行政管理的工作人员。主要分三个侧面：一是对国税干部实施税收执法权的纳税申报、税额核定、增值税一般纳税人认定、增值税专用发票和其他发票管理、税收减免、纳税评估、税务稽查、行政审批、行政处罚等进行内控；二是实施对国税干部行政管理权的经费管理、政府采购、资产处置、车辆维修、基建工程、干部选拔任用等方面的内控；三是对国税干部履行“一岗双责”、遵守党风廉政各项规定、惩治和预防腐败工作进行廉政风险排查，界定廉政勤政风险范畴，制定措施加以重点制约防范。

2. 内控机制的要素

通过参考 COSO 报告对内控机制建设的五要素的理论分析，国税部门的内控机制要素主要包括：国税机关控制环境、税收风险评估、控制活动、信息与沟通、监督管理。

3. 国税系统内控机制建设的基本内容

国税系统内控机制建设的基本内容是：围绕各级国税工作中的权、钱、事为核心，突出征、管、查、人、财、物等重点，对重大事项、重点岗位、关键环节实施事前、事中、事后监督，通过“明确岗位职责—明确风险点—接收风险信息—公告督办—受控人员自查—执法风险约谈—实地调查核实—研究处理意见”进行流程控制。具体包括五个方面的基本内容：一是进一步定岗、定职、定责，明确内部工作责任和岗位职责。二是合理分解权力。明确部门权力结构，对权力进行科学合理分解，形成层层分解、环环相扣、有效制约的管理链条。三是规范和优化工作流程。规范流程，减少工作的随意性，防范职务风险和岗位廉政风险；优化流程，简化办事程序，按规定公开信息，提高工作效率。四是排查风险点。查找职务和廉政风险点，发现管理漏洞和薄弱环节，及时采取措施，堵塞漏洞。五是健全完善制度。加强现有制度的清理整合，进一步建立完善内部管理制度，制定工作规程，增强制度的可操作性，使制度管用、有效，覆盖全部业务流程和权力运行的全过程。①

4. 国税系统内控机制建设的制度与科技条件

多年来，云南省各级国税机关坚持以科学发展观为指导，立足全省经济社会发展实际，充分发挥税收职能作用，注重依法行政，全面推动税收与经济协调全面发展，国税工作科学化、精细化、规范化和专业化管理大力推进，各项税收工作取得明显成效，在全面推进内控机制建设中具备了一定的基础和条件。

（1）具备和形成了规范完善的制度体系。除国家正式出台的税收法律、税收政策和规定外，各级国税机关具备了涵盖规划发展、税收征管、行政执法、纳税服务、政策执行、内部行政管理、干部管理等一系列规章制度体系。具备了税收行政执法管理服务方面的《一般纳税人增值税税种分类分级管理办法》、《出口货物退（免）税管理操作暂行办法》、《办税服务厅票款管理办法》、《落实“两个减负”优化纳税服务暂行办法》、《税收执法管理信息系统易产生过错考核指标业务操作规范提示》、《税务案件审理实施办法》、《稽查案件复查评查奖励办法》、《重大案件集体审理制度》、《规范性文件会签审核和备查备案制度》、《税收执法检查规则》、《税收执法考核评议办法》、《税收执法过错责任追究制度》等涵盖征、管、查、减、免、退税及行政审批等各个环节的规定和办法；具备了《财务管理办法》、《工作效能积分考核办法》、《离退休干部管理工作办法》、《落实政府四项制度配套实施办法》、《文明创建管理办法》、《目标管理责任制考核办法》、《计算机信息系统安全和保密管理制度》、《政务信息公开制度》、《干部培训制度》、《机关工作激励办法》、《临时用工聘用劳动者管理办法》、《督查督办工作暂行办法》、《税务信息工作考核奖励办法》、《机动车辆管理使用办法》、《单位差旅费管理暂行办法》等相关规定，制定了《图书资料室管理办法》、《机关干部下乡工作情况报告制度》、《工作问题反馈报告制度》、《党组中心组学习制度》、《机关干部学习日制度》、《公文点评制度》、《机关工作联系协调制度》、《重大问题集体讨论制度》、《领导干部基层联系点工作制度》、《法定节假日收假点名制度》、《大事记采集办法》等涵盖人、财、物、钱、权、事等多个方面的行政管理办法和制度；具备了《巡视工作办法》（巡视工作联席制度、巡视工作规程）、《党风廉政建设责任制考核实施办法》、《税务系统惩治和预防腐败体系实施办法和相关法规制度》、《税务系统领导班子和领导干部监督管理办法》等涵盖党风廉政建设、反腐败工作和惩防体系建设的制度和规定，基本形成了云南国税用制度管权、按制度办事、靠制度管人的制度管理体系。

（2）具备了税收科技信息化发展基础和条件。全省国税已经建成

① 《云南省国家税务局关于开展部门内控机制建设的指导意见》，2011 年。

了贯通总局—省局—（州）市局—县（区）局—分局的带宽在2M以上的计算机广域网络，建立了以省局、州（市）局为中心的现代化机房，完成了数据处理中心、数据支持中心、数据备份中心、广域网络扩容改建、网络教育培训系统等硬件设施建设。安装应用了HP、IBM等小型机和Sybase、Oracle、SQLServer等数据库，运行了税收征管软件（CTAIS）、金税工程二期软件（包括专用发票稽核系统和防伪税控系统）、出口退税管理、公文处理等由国家税务总局开发的税收主体软件，这些软件系统提高了税收监控能力，提高了税收征管质量和效率，减轻了基层工作压力和负担。目前全系统已经拥有“税收综合征管软件”、“税收执法管理信息系统”等63个系统软件，先后自主开发“云南国税数据监控分析、网络申报、重点税源网上直报、出口退税预审、新版普通发票网上填开、税收管理员辅助信息系统”等几十套税收管理辅助软件。2011年，国家税务总局“金税工程三期”建设项目开始启动，科技兴税步伐必将加快发展，税收科技信息化又将进一步推进。

（四）对推进国税系统制度加科技内控机制建设重要性和必要性的认识

改革开放以来，我国经济高速增长，特别是1994年税制改革以来的十六年中，我国的GDP从1994年的48197.9亿元增加到2010年的39.8万亿元，其间翻了近8倍多；云南的GDP从1994年的983.78亿元增加到2010年的7220.14亿元，也翻了7倍多。经济发展带动了税收的持续快速增长，截至2011年8月31日，全省国税系统共有税务登记开业正常户为597406户，比1994年的133113户增加了464293户，增长了近3.5倍。而2010年底全省实有在职国税干部职工11839人，比1994年国地税分设时的9001人增加2838人，增长31.53%。这样一组数据反映了全省国税的管理现状：经济增长使税收收入大幅增长，税收征管户大幅增加，人均管户大量增长，执法管理、纳税服务工作压力明显增大。在这样的发展背景下，一方面，国税部门作为国家行政执法机关，始终坚持不断完善各项税收法律、法规和各项规章制度的执行和落实，不断提高管理水平，着力树立人民满意的“管理服务型”机关形象。但各项制度的贯彻执行，尚处在各级税务机关和税务人员的自我管理、自我约束阶段，仅靠政策法律约束，政府部门的鼓励和倡导，以及个人的自律行为来实现规范化管理是极为困难的。另一方面，文件有规定、上级有安排、领导有要求，但在执行落实过程中，程序不规范、标准不统一、记录不齐全，影响了工作的质量和效率。这就需要建立统一的标准，采用科学的方法，科学、完整地反映国税工作实际，全面、有效地实施内部监督管理，使税收职能作用更好地为社会经济发展服务。

1. 制度加科技内控机制建设，是依法履职、防范风险、促进国税事业依法行政科学发展的重要保证。国家税务总局肖捷局长指出：“要把内控机制建设作为税收

体制机制建设的重要内容，结合税制、征管、内部行政管理等改革，积极完善内部岗责体系，优化流程，健全制度，强化监督，形成权力层层分解、工作环环相扣、相互联系制约的科学严密的管理链条，从源头和机制上防范腐败风险。①”国税系统担负着筹集财政收入、调节经济和收入分配的重要职责，在当前经济形势复杂多变的情况下，建立科学有效的权力制约内控机制，对于保证国家税收稳定增长、建设法治公平的市场环境具有重要意义。推进国税部门内控机制建设，加强权力运行的监控制约，强化税收风险管理，对于保证税收权力的正确行使，保证国税事业依法行政科学发展具有重要作用。

2. 制度加科技内控机制建设，是适应发展、与时俱进、加快转变管理方式依法开展工作的重要途径。国税部门的内控机制建设以推动税收科学发展为主题，以加快转变管理方式依法开展工作为主线。制度加科技的内控机制建设，创新应用制度和科技的双重组合，实现以规范的制度加快捷高效的科技信息化，用尽量少的人力、物力和财力投入，实现高质量、高效率的内控管理，着力推进法治、服务、责任、效能、廉洁的国税机关建设，体现了行政管理的基本原理，也顺应了税收工作科学发展的客观要求，是实施“事前监督、事中监督、事后监督”的有效手段，可以真正从制度上、科技信息管理上把“法度”作为“内控”，变被动接受监督为主动预防、提前介入、提前防范，风险管理。在预防税收违法行为，化解税务风险、有效防止失职渎职方面进行有针对性、预见性的规避和防范，确保国税系统健康稳定发展。

3. 制度加科技内控机制建设，是总结经验、完善制度、深化落实税收执法权和行政管理权的重要举措。制度加科技的部门内控机制建设是推进政务公开，加强“两权”监督制约和政风行风建设的重要抓手。推进部门内控机制建设，是税收执法权和行政管理权“两权”监督制约工作的深化和提升，它对税务风险信息进行信息整理，对法律和制度规定进行梳理，对“两权”监督的重要措施进行强化，使各级国税机关可以在“两权”监督制约机制建设的基础上，按照部门内控机制建设的要求，巩固成果，深化内涵，提升层次，全面整合，修订、充实、完善各项制度，构建全面覆盖、关联制约、协调互动、科学管用的管理机制，保证税收执法权和税收行政管理权正确运行。

4. 制度加科技内控机制建设，是强化监督、保护干部、加强税务系统惩防体系建设的重要载体。国家税务总局党组成员、纪检组长冯惠敏指出：“当前和今后一个时期，各级税务机关要坚持不懈深化内控机制建设，使其贯穿于税务系统惩防体系建设的始终。要把内控机制建设作为一项重大工作任务，列入重要议事日程，牢牢把握权力制衡这个核心和风险防范这个目标，深

① 摘自国家税务总局党组书记、局长肖捷在2010年全国税务系统党风廉政建设工作会议上的讲话。

入研究，扎实推进①。”云南省国家税务局局长李鸿文指出：“内控机制建设是当前和今后一个时期国税系统党风廉政建设的重要内容，是国税系统惩防体系建设的重要推手，也是国税系统纪检监察工作的重点任务，随着云南国税系统惩防体系建设的不断深入，内控机制必将承载起越来越重要的反腐倡廉职责和使命②。”制度加科技全面推进内控机制建设，把廉政风险预警管理融入到税收工作的各个方面，是推进惩防体系建设的重要载体，对强化源头治理具有十分重要的现实意义，对推进《廉政准则》和税务系统领导干部廉洁从政“八不准”、领导班子和领导干部监督管理办法的深化落实，在“法度”范围和“内控”监督之下强化监督、保护干部，推进国税系统党风廉政建设和惩防体系建设具有重要意义。

二、云南国税推进制度加科技内控机制建设的实践经验与启示

2009年，国家税务总局按照“五项任务，四个阶段，三个到岗”的要求，从科学分权、规范流程、排查风险、明确责任、健全制度五个方面整体推进，成立了内控机制理论研究课题组和综合评估审核组，强化理论研究指导实践，对风险组织审核评估，修改完善防范措施，分管局领导与部门负责人签字确认，梳理查找风险点195项、健全三级岗责体系、建立健全工作流程282项、制定完善工作规程164项、内部管理制度202项，为全国各级税务机关推进内控机制建设积累了经验，奠定了基础。按照国家税务总局的部署和要求，从2010年开始，云南省国家税务局部署启动开展内控机制建设工作，其中云南省国家税务局、曲靖市国家税务局和楚雄州国家税务的内控机制建设工作经验较为典型。

（一）主要做法及成效

1. 云南省国家税务局：强化流程控制推进内控机制建设

2010年，云南省国家税务局机关通过采取自上而下、分步实施的方法，率先在省局机关开展内控机制建设工作，通过全面梳理权力事项，查找评估风险，清理完善制度，制定防控措施，绘制内控流程图，推进内控机制建设工作取得了明显成效。

（1）主要做法：一是全面梳理权力事项。各处室的每一名干部都对照自己的岗位职责，有关法律、法规和相关文件精神，列出权力清单，进一步明确各个岗位的职能、职责及事项，使每一名干部做到各司其职、各负其责，确保权力行使的责任落实到岗到人。二是找准廉政风险点。省局机关24个处室对照要求，采取个人自查、处内评议、处领导审核的方式，进行认真排查，确保不遗漏风险点。全局24个处室共排查出风险岗位108个，其中，一级风险岗位17个，二级风险岗位28个，三级风险岗位64个。廉政风险点191个，其中一级风险点34个，二级风险点49个，三级风险点108个。三是清理整合制度，制定相应防控措施。各处室在排查廉政风险点的基础上，从建立健全岗位管理的基本制度、规范权力运行的廉政制度、监督制度执行的违规处罚性制度等方面入手，重点围绕加强对决策权、自由裁量权、行政审批权、干部人事权、资金和财务管理权、基建项目和大宗物品采购，以及对重大事项监控等方面的权力制约和监督，落实具体防控措施，清理整合制度，有效防范和化解风险，不断完善内控制度体系。省局机关24个处室共上报具体的防控制度23个，制定具体防控措施230条，制定内控流程图55个如表一。

表一

编号	部门	具体防控措施数量	主要防控措施数量	内控流程图数量
1	办公室	3	4	2
2	人事处		8	4
3	监察室	2	11	4
4	教育处	2	9	1
5	离退休干部处		2	
6	财务管理处	1	7	4
7	督察内审处		9	4
8	机关党办		7	
9	机关工会		3	1
10	巡视工作办公室	1	10	1
11	机关服务中心	9	18	7
12	信息中心		10	3
13	纳税服务处		2	

① 李鸿文：在云南省税务系统干部队伍建设和党风廉政建设工作会议上的讲话，2011年7月19日。

② 李鸿文：在云南省国税系统2011年内控机制建设现场推进会上的讲话，2011年8月2日。

续表

编号	部门	具体防控措施数量	主要防控措施数量	内控流程图数量
14	收入规划核算处	1	17	
15	所得税处		10	1
16	征管和科技发展处		5	4
17	政策法规处		6	2
18	大企业和国际税务管理处		10	3
19	货物和劳务税处	4	22	1
20	稽查局		30	6
21	注册税务师中心		13	2
22	税收科研所		6	1
23	税务学会秘书处		1	1
24	税务干部学校		10	3
	合计	24	230	55

（数据来源：云南省国家税务局内控机制建设资料汇编）

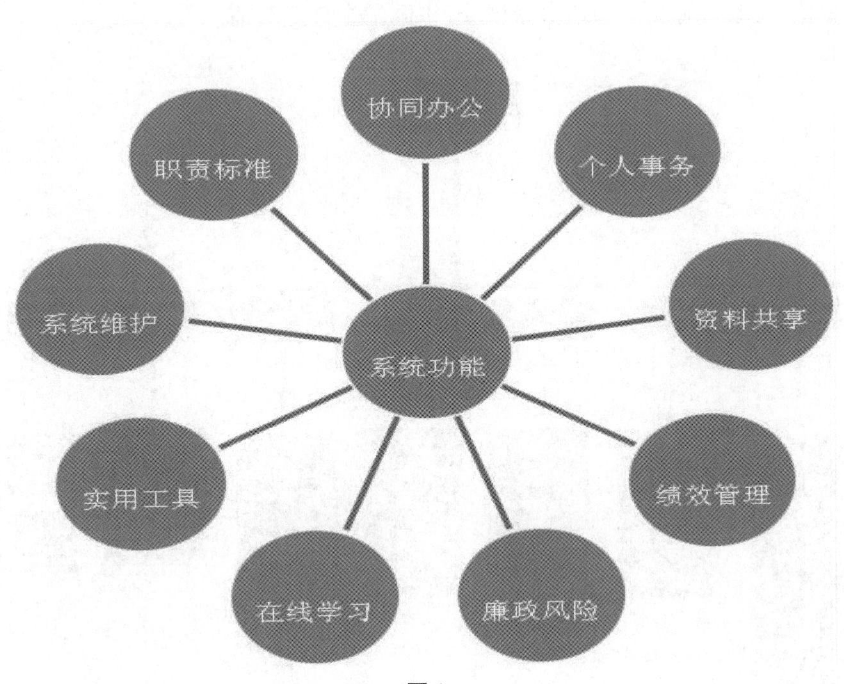

图 1

（来源：曲靖市国家税务局内控机制建设资料汇编）

各处室根据部门内控实际，制定了本部门不同岗位的内控流程图 46 个。四是严格评估，务求实效。省局内控机制领导小组对各个阶段的工作落实情况加强了指导和评估检查，将内控机制建设情况列入了机关目标管理考核和党风廉政建设责任制考核。

（2）取得的成效。一是廉政风险防范意识入心入脑，促进了廉政教育。风险排查的过程成为干部自我教育、自我警示、自我提高的过程，干部明晰了法律与纪律的“高压线”，明晰了公与私的“警戒线”。同时内控机制就像十字路口的“红绿灯”，随时提醒干部始终崇尚法律尊严，把持好遵纪守法的尺度。二是党风廉政建设工作实现了部门的“整体联动”。过去各处室把精力主要用在抓好本处室的业务工作上，至于对干部的监督管理、干部出不出事，认为是干部自身和监察部门的责任。实行内控机制后，风险首先在部门化解，责任首先在岗位落实，抓业务、管干部同时进行，为干部健康成长多加了一道保险。三是化解了廉政风险，强化了源头治理。违法违纪案件的根源都在于制度不严、内控不力，通过部门内控机制建设，提高了干部职工识别风险、规避风险、化解风险、防御风险的能力，达到了从源头上预防和治理腐败的目的。

2. 曲靖市国家税务局。以科技信息化应用推进内控机制建设

该局以最大限度减少腐败滋生的土壤和条件为目标，坚持“预警在先、防范在前”的思想理念和简便、易行、可防的工作原则，按照“明确内控目标—排查风险项目—查找控制环节—制定控制办法—建立制度体系—试点总结—完善创新”的工作思路，采取学习调研、确定思路、明确目标，自主研究，试点运行，总结完善、稳步推行的工作步骤，以税收科技信息化为依托推进国税部门内控机制建设。

（1）主要做法。在全面排查评估风险，完善岗责体系，落实责任制，科学配置权力，进一步完善监督制度的基础上，搭建一个平台，实现两个目标。一个平台，即充分应用税收征管和税收执法管理的信息系统，加强权力运行的信息化监督管理，将权力运行过程变为信息处理过程，增强程序的严密性，弱化人为因素。两个目标即：实现实时监控、控制和综合分析；以完备的考核评价体系，实现全程制约，对本局日常工作及风险进行有效的及时控制，做到警钟长鸣。具体做法是：引入ISO9001质量管理原理，把现代管理理念、管理方法引入到税收工作实践中，自主研发“曲靖市国家税务局标准化协同办公信息系统”。按标准化管理要求，紧紧围绕办文、办事按“过程可控、痕迹可查、绩效可评价”的基本要求和“岗责明晰”的原则，以“实用、管用、好用”为前提，进一步明确了科室职责，实现各部门人员协同办公，采用标准化的工作模式，规范个人岗位职责、工作规程、工作标准，实现最佳的工作效果，让工作有迹可循，有案可查，快速响应，高效规范。标准化协同办公信息系统主要功能如图1。

曲靖市国家税务局开发运用的“标准化协同办公信息系统”立足全市国税系统长期发展，运用先进的技术和理念对机关组织结构和工作职能进行规划，形成了信息化系统的总体骨架，包括九个模块，44个子模块，全面覆盖曲靖市国税局机关19个部门的所有工作。包括：分部门和人员的职责规程标准展示、税收法律法规和内部制度办法共享查询、公文后续办理管理、工作办理流转及查询、工作资料共享、工作成果统计、劳动考勤管理、人员培训及奖惩管理、工作绩效考核、公用信息、在线学习考试、办公辅助工具、系统管理等功能。功能详细分类如图2。

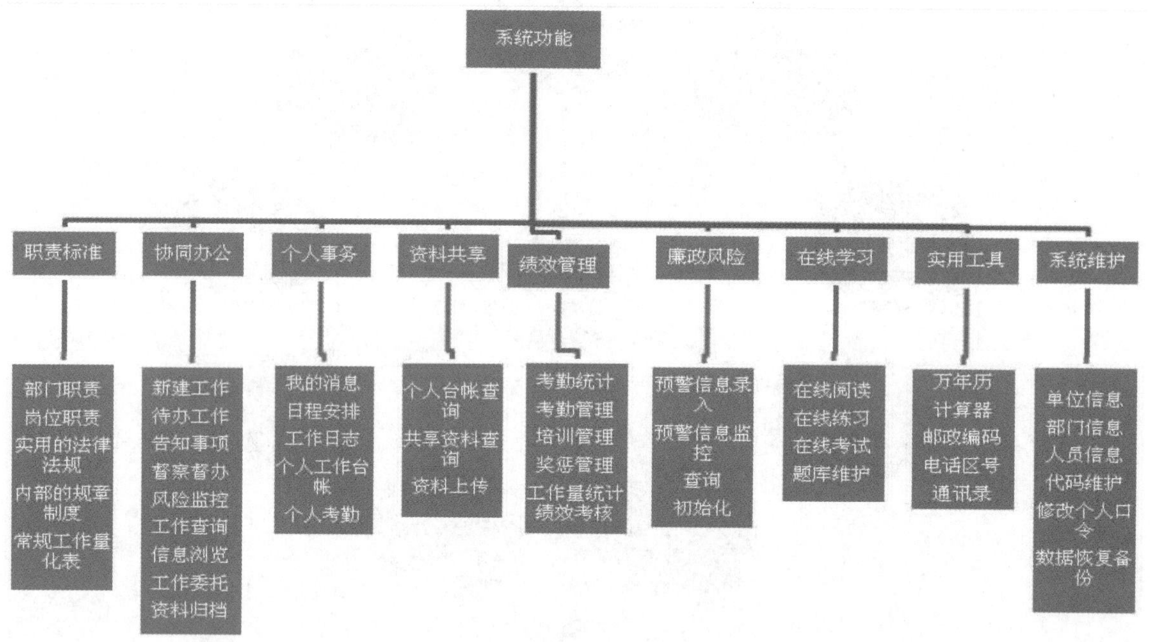

图2
（来源：曲靖市国家税务局内控机制建设资料汇编）

同时，该系统还增加了“我的管户”工作模块，旨在通过信息化手段，改变过去税收管理员作为“全能战士”，单兵作战、保姆式服务的做法，最大限度减轻管理员和纳税人的工作负担，为专业化管理和团队管理提供支撑。同时，该系统充分考虑基层工作负担，把廉政风险预警管理整合到市局开发的标准化协同办公信息系统中，研发了“廉政风险预警监控信息子系统”，于2010年8月1日起在全市国税系统正式运行。

（2）取得的成效。曲靖市国家税务局自主开发的“标准化协同办公信息系统”在全市国税运行一年来，使用人数达838人，在系统中流转的协同工作信息9000余条，登记各类日志、台账和工作成果信息19000余条，通过标准化协同办公信息系统，明确了权责分配，规范权力运行程序、强化风险管理、健全规章制度，实现了内控管理。

3. 楚雄州国家税务局：试点先行攻坚克难推进内控机制建设

把内控机制建设作为2011年全年工作重点，做到内控机制建设与税收工作同部署、同推进、同落实、同检查、同考核，通过确定姚安、禄丰2个具有代表性的县级国税局作为试点，重点推进，然后召开全州内控机制建设现场推进会，交流经验，现场观摩，攻坚克难深入扎实推进国税内控机制建设。

（1）主要做法：把内控机制建设作为2011年重点工作抓推进，制订下发了《楚雄州国家税务局内控机制建设工作方案》，明确按“广泛宣传动员，认真研究部署内控工作；完善部门岗责体系，规范行政执法权力运行；排查行政执法风险事项，制定廉政风险防控措施；清理整合内控制度，完善健全内控机制；审核实施评估，总结完善提升”五个阶段扎实有效推进。4月初，州局确定姚安县国税局、禄丰县国税局两个基层县局作为试点，先行开展工作。4月底，各县市区局结合各自实际制定了《内控机制建设工作落实方案》，7月18日，在姚安县国税局召开全州国税系统内控机制建设工作现场推进会。姚安、禄丰两个重点推进单位介绍内控机制建设的做法及经验，其余9个县市区局汇报内控机制建设工作进展情况。现场推进会上州局党组书记、局长对内控机制建设工作作出了新部署，提出新要求。此次会议成为内控机制建设再动员、再部署、再落实、再鼓劲的落实推进会，取得了“展示工作成果，交流工作经验、强化工作责任心、加强重点攻关克难、加大工作推进力度”的明显效果。截至2011年12月底，楚雄国税州局机关18个部门共完善岗位工作职责75个，编制工作流程图37个，排查税务行政执法风险点94个，清理整合内控制度53个，制定廉政风险防范措施135条。11个县市区局共完善岗位工作职责654个，调整岗位40个，平均每个县编制工作流程图64个，排查税务行政执法风险点144个，清理整合内控制度39个，制定廉政风险防范措施107条，全州在行政许可、审批、认定、处罚、决策等方面建立有效制约、全程监控、高效运行、超前防范的内控机制。

（2）取得的成效。一是干部风险管理意识得到强化。通过举办预防职务犯罪专题讲座，组织国税干部职工参观“法治与责任——全国检察机关惩治和预防渎职侵权犯罪展览”巡展，加强反腐倡廉和预防职务犯罪教育，“强化监督、保护干部、服务发展”的内控机制建设理念深入人心，推进内控机制建设的责任感和使命感明显增强。二是试点工作抓引路、重示范、见成效，为全州国税系统推行内控机制建设积累了经验。姚安县国税局结合自身实际，抽调业务精英组成“内控建设项目攻关组”，采取自下而上和自上而下的办法，对风险点的流程和制度控制进行集中重点攻关，实行“每周例会”、“风险会诊”等措施，及时研究解决内控机制建设中遇到的困难和问题。姚安、禄丰两个县局编印了内控建设《岗责手册》、《岗位风险提示手册》、《内控制度手册》、《岗位工作指南手册》等一套可供学习、参考、借鉴的工作成果资料。三是群策群力，形成工作合力。各部门按照“因事设岗、以岗定人、以人定责、岗责匹配、权责对等”的原则，完善岗责体系、明确岗位职责，分解工作权限、规范权力运行，规范工作规程、编制岗位流程图，排查行政执法风险点、制定廉政风险防控措施，完善内控制度、健全内控机制，形成了部门齐抓共管推进内控机制建设的良好局面。

（二）基本经验及启示。

把制度加科技内控机制建设作为云南国税2011年工作重点认真加以推进是基础和前提。把内控机制建设作为2011年重点工作，足以体现云南省国家税务局党组对此项工作的重视。2011年初，云南省国家税务局制定下发《开展部门内控机制建设工作指导意见》，作出将内控机制建设向全省各州（市）、县（区）国税机关全面推行的重要部署，并将其列为“服务基层年”工作重点。8月2日在曲靖召开全省国税系统内控机制建设现场推进会，广泛开展工作经验交流，重点研究，全面推进内控机制建设。因为有了“把制度加科技内控机制建设作为云南国税2011年工作重点”这一科学决策和部署，使之形成了全省上下一心，组织领导到位、人员职责到位、措施落实到位、目标任务到位，干部职工人人参与推进内控机制建设的工作新局面。

各地积极探索实践为推进内控机制建设积累了宝贵经验。2010年内控机制建设在云南省国税系统启动推进以来，通过全省各级国税机关的大胆探索，创新实践，云南国税系统内控机制建设基本实现了从无到有、从虚到实、从粗到细、从不完善到逐步完善的推进发展过程。其中，云南省国税局机关率先开展内控机制建设，全面梳理权力事项，查找评估风险，制定防控措施，绘制内控流程图，为州（市）县（区）国税局推进工作奠定了基础；曲靖市国家税务局引入ISO9001质量管理原理，自主研发“标准化协同办公信息系统”，充分运用科技信息化实现事前预警、事中控制、事后处理的全过程风险管理；楚雄、昆明等州市先行在县区局开展试点工作，抽调相关部门骨干组建成项目攻关组，集中力量，攻坚克难抓推进，提升了风险排查的周密度和防控措施的有效性；省局和楚雄州国税局召开内控机制现场推进会，交流工作经验，抓示范带动整体推进，值得借鉴和参考。

运用科技信息化手段是推进内控机制建设的有效途径。胡锦涛总书记2010年6月7日在中国科学院、中国工程院院士大会上讲话中强调：“……信息网络技术的广泛应用不断推动生产方式发生变化，柔性制造、网络制造、绿色制造、智能制造、全球制造日益成为生产方式变革的方向，……”。的确，信息技术引领社会生产方式发生深刻变革。运用科技信息化手段推进内控机制建设，使权力运行实现分权制衡、流程制约、痕迹管理、风险管理、信息化运行，增强了内控机制的严密性，弱化了人为因素干扰，使各个环节的内部工作流程公开化，事前、事中、事后全程监查得到加强，强化了对权力运行的监督和制约，推动廉洁型、高效型和服务型单位建设，在税收管理、税收执法和行政管理各项权力运行中形成内控机制。

规范、高效、使用的制度是推进内控机制建设的重要保障。邓小平同志曾说过：“制度好可以使坏人无法任意横行，制度不好可以使好人无法充分做好事，甚至会走向反面。”从这一观点可以理解，制度是规范权力运行的前提。多年来，国税系统建立和形成包括“征、管、查、罚、减、免、缓、退、人、财、物”等方面的税收工作制度和办法，这是国税系统多年管理经验和发展创新的结晶，它们涵盖了税收工作的方方面面和各个环节，对其管用性、适用性、可操作性等方面继续加以修改和完善，就可以为内控机制建设所用。

有效控制税收工作面临的风险是推进内控机制建设的主要目标。20世纪初至70年代，“风险管理”一词开始倍受人们关注①。当前，在我国发展方式大转变，税制改革大推进，利益关系大调整的情况下，税收工作仍然处在风口浪尖的最前沿，基层国税干部尤其处在征管查一线的干部，税收执法管理过程中风险无处不在。推进内控机制建设，就是要提高广大国税干部的税收法制意识，提高“依法依规”、“规范执法”、“应收尽收”的能力，提高国税干部税收法律法规和政策执行的遵从度，有效规避税收工作中违规违纪违法风险，针对潜在或正在生成的税收工作风险实施内控，实现“强化监督、保护干部、服务发展”的内控监督管理目标。

三、国税系统内控机制建设存在的问题及成因分析

纵观云南省国税系统内控机制建设的实践，全省各地在内控机制建设方面从理论研究，到实际应用都积累了一定的工作经验。但通过工作实践、调查分析和问卷调查，我们同时也要看到，由于内控机制首次在国税系统推行，没有现成的模式可借鉴，各地“摸着石头过河”，加之各地国税机关在思想观念、机构设置、工作实际和人员素质等方面存在差异，因此内控机制建设工作还存在诸多亟待解决的问题。

（一）存在的问题

理念问题。但凡一项改革或探索，必定是观念先行。国税部门内控机制建设存在的问题首先便是观念落后，干部都习惯于遵循法律自上而下的监督、人民群众自外而内的监督。除道德自律之外，从来不曾有过自己部门设计一套机制将自己纳入“牢笼”，普遍认为“家丑不可外扬”，从而导致内控机制建设的主动性、积极性不足。其次，少数单位和干部对内控机制建设工作的重要性、必要性认识不够深入，认为内控机制建设是上级要求规范的事，是纪检监察部门的事，没有真正认识到内控机制是国税系统广大干部自控自律、自我保护的重要机制，寄希望于上级制定统一规范的机制体系标准。还有少数干部片面地认为开展内控机制建设使各种风险摆在了明面上，在工作中容易让人揪住“小辫子”，会对工作造成束缚，因而缺乏参与内控机制建设的积极性和主动性。再次，少数领导干部对税收工作风险管理认知不足，有的风险点和风险表现查找不全、不准确，存在遮掩、回避现象，表述含糊、抽象；有的“风险等级”确定与实际工作风险性质不尽相符，防范措施针对性不强。

制度问题。国税部门内控机制建设最终要落实到制度体系的层面，而往往现有的制度或是缺口、漏洞太多，形成真空地带；或是与实际具体工作联系不紧密，可操作性不强；或是有好的制度规章，却不能得到好的执行落实。其次，法律制度中税法体系不健全，有些制度规定过于笼统、原则，诸如“试行办法”、“暂行规定”、“实施意见”、“管理章程”乃至“通知的通知”如此等等，内容繁冗，时效性差，矢的不明。部分税收工作制度的稳定性、长期性、时效性和可操作性不强，因制度、办法修改完善滞后，缺乏时效性造成落实“一岗双责”，党风廉政建设责任以及“两权”监督“失之于宽、失之于软”的现象依然存在。

科技问题。尽管云南省国税系统税收科技信息化建设取得了显著成就，但从推进内控机制建设的侧面看，目前税收信息化网络系统分块、分税种、分部门应用的多，对税收工作全覆盖、全过程，与内控机制相匹配，相配套的少。内控机制管理存在靠手工操作，工作量大，管理滞后，风险控制的随意性大，科技信息化支撑落后等问题和难题。特别是随着金税工程三期建设的稳步推进，现有的税收科技信息化还将面临更大的挑战和考验，内控机制建设中科技信息化支撑能力建设任重而道远。

管理问题。内控机制建设其实质是一种监控管理的手段。目前，部分单位管理措施自由裁量权大，可控可管的操作性不强，存在管理思路不清，管理模式单一，管理环节相互脱节等诸多问题。部分单位管理方式存在“照葫芦画瓢”，靠“人云亦云”的“拿来主义”以及“奉旨办事”的教条主义，结合实际的管理做法少，创新管理方式少，管理的执行力和落实力不足，管理质量和效果不明显。

人员素质问题。成就一项事业，人是决定性因素。内控机制建设涉及面广，政策性强，且一项业务涉及多个环节、多个部门，需要较好的政策业务水平。一方面，每年新录用充实到基层单位的公务员较少，队伍平均年龄结构偏大，接受新理念，掌握新知识、新技能的能力有所下降，逐渐暴露出诸多能力问题和业务难点。加之国税系统垂直管理，津补贴尚未规范，预算内经费开支紧张，激励机制难以落实，部分职工工作积极性、主动性差。另一方面，由于地区发展差异大，欠发达地区基础条件限制，部分偏远的基层单位人员相对较少，普遍存在一人多岗，一岗多责，职责

交叉现象，人员素质和履职能力成为推进内控机制建设的制约因素。

（二）成因分析

1. 理论研究的滞后导致内部控制机制建设缺失前瞻性的指导

理论是推进实践工作的向导。内控机制建设是现代新兴的管理理论，“内部控制”这一概念导入我国不过10年时间，将这一理念导入国税管理之中，其时间更为短暂。从整体上讲，国税部门对内控机制建设的理论研究还处在初级阶段，国税干部对内部控制的认知水平并不高。一些领导干部甚至把内部控制建设理解为各种规章制度的制定和汇总，认为做了整章建制工作就等于建立了内控机制，而没有把内

① 王晓群：《风险管理》，上海财经大学出版社，2003年版。

部控制建设作为内部管理的基础性工作加以重视；有的把内部控制建设与发展和效益对立起来，理论研究的滞后导致推进工作缺乏理论指导，工作进展缓慢。因此，国税部门推进内控机制建设，必须充分掌握内控机制建设的重要意义、核心理念、基本内容、基本含义，做足理论研究，掌握内控理论基础知识，才能扫清对内控机制认知、理解的障碍，用先进的内控思想理念指导实践工作，明确推进内控机制建设的方向和目标，产生推进内控机制建设的内生动力。

2. 国家大的执法环境和潜在规则直接影响内部控制机制建设的实效性

随着我国"依法治国"方略的深入推进，社会法治建设取得明显进步，社会民众的法律意识明显增强。但从国家大的执法环境看，依然存在立法工作与市场经济发展速度相比明显滞后，现行法律中某些责任界定模糊、可操作性不强，以及税收司法监督保障体系不够完善等，不同程度存在执法随意性大、有法不依、执法不严、违法不究等问题。诸如目前，除《个人所得税法》、《中华人民共和国税收征收管理法》以及《外商投资企业和外国企业所得税法》为全国人大及其常委会制定的税收法律外，大多数均为暂行条例，这些法规草案和规章处于经常增补、修改和变动之中，缺乏稳定性，显得刚性不足、柔性有加，不具执法的稳定性。加之社会协税护税体系不够完善，纳税人为追求经济利益而发生税收违法犯罪行为，少数地方政府为了追求税收利益以行政命令替代行政执法，以权替法，特别是少数领导干部官本位思想过重，认为权大于法，法制意识和观念淡泊。少数地方执行解读法律偏差，执法尺度、标准不一，致使税收工作风险逐渐走高，导致了内控机制建设缺少良好的执法环境支撑。在这样一个大的执法环境下，税务干部执法遵从度以及税收执法规范化建设不同程度受到影响和制约，内控难度大，税收执法管理效能降低，执法风险频繁发生，税务机关形象受损，使部分税务干部因此承担经济赔偿责任，或受到党纪、政纪处分，被追究行政责任乃至刑事责任。

3. 外部监督体制的缺失致使内部控制机制作用十分有限

伟大的思想家孟德斯鸠在《论法的精神》一文中指出："一切有权力的人都容易滥用权力，这是万古不易的一条经验。有权力的人们使用权力一直到遇有界限的地方才休止。"这个界限就是法律规范和监督。国税机关的执法监督体系主要以财税体制的内部监督为主，依靠日常、专项执法检查的方式发现执法问题，规范执法行为。目前人大、纪委、检察、财监、审计等部门对税收执法的监督力度明显加强，但百姓的税收法制监督意识不强，老百姓一听到税收就认为"那是生意人、老板需要关心的事情，与己无关"。部分行政执法监督部门、居委会、社区或者行业协会等组织认为税收执法部门属于垂直管理，执法监督不是自己职责范围内的事情，不用管这些"闲事"。社会和民众对税收执法、税收管理淡漠，有的地方执法监督服务电话、监督举报箱等如同虚设，长时间没有民众的监督反馈意见，外部监督体制缺失，"自己管自己"、"家丑不外扬"为主要特点的内部监督力量单薄，执行与控制难以对称，作用十分有限。

4. 资金紧缺使内控机制信息化建设难以得到有效的发挥

随着内控机制建设工作的深入推进，科技信息化支撑压力越加凸显。如何应用税收科技信息化对可能引发权力运行风险的各种信息进行识别、提示和防范，如何建立内控管理效能考核机制成为最紧迫的任务。然而，由于国税部门管理体制等原因，资金来源渠道单一，经费保障较为紧张，能投入税收科技信息化建设的资金较为有限，计算机设备更新慢，部分办公用计算机设备老化，部分系统软件的更新维护工作滞后。加之信息化人才队伍培养力度不够，计算机专业人员比例太小，特别是完全能满足内控机制建设管理要求的系统软件少，开发应用任务重，压力大。各地信息化建设发展不平衡，各部门之间信息化步调不一致，州市之间重复建设，上下级税务机关之间信息化建设的思想理念不统一，工作需求、推进落实的步调不一，硬件资源配置效率低，技术和业务的联动和协调程度不高，信息管理和应用水平亟待加强。

四、推进云南国税系统内控机制建设的对策措施

（一）内控机制建设的总体思路

推进国税部门内控机制建设，要以科学发展观为指导，牢记为国聚财，为民收税的神圣使命，以明晰权责配置为基础，以权力运行为主线，以程序的关联制约为重点，以风险管理为抓手，以信息化手段为依托，以完善制度为保障，把对权力运行的制约贯穿于部门权力运行的全过程。保证部门权力规范、透明、高效运行，努力实现权力运行到哪里，对权力的制约就延伸到哪里，防止权力失控、用权失当、干部出事、税款流失。要帮助干部规避执法和廉政风险，为全系统惩治和预防腐败体系建设提供强有力的制度支撑，为推动国税部门实现科学发展、创新发展、和谐发展提供强有力的政治保证。①

（二）国税部门内机制建设的基本原则②

以明确责任为基础。要按照"合理高效、相互制约、以事定岗、依法定责、权责匹配"的原则，把内控机制的核心嵌入到税收业务工作之中，通过对岗位职责的规范和完善，明确各岗位在处理有关业务时所具有的权力和责任，实现权力、岗位、责任、制度有机结合，初步形成设置科学、分工合理、任务具体、责任明确的较为完备的岗责体系。

以权力制衡为核心。要对照有关法律、法规和相关文件精神，对各部门的权力事项，特别是税收业务管理权、人、财、物管理权等，进行科学、全面的梳理和分析，按

---

① 《云南省国家税务局关于开展部门内控机制建设的指导意见》，2011年3月25日。

② 李鸿文：《全省国税系统内控机制建设现场推进会上的讲话》，2011年8月2日。

照分权制衡的要求，严格划分不同权力的使用边界，按照不同类别权力的特征和作用，建立职权清楚、责任明确，既相互制约又相互协调的权力制衡机制，进一步增强职务分工的合理性和科学性。

以流程控制为主线。要在对权力事项作进一步梳理和科学分解的基础上，结合自身岗位职责体系，形成层层分解、环环相扣、有效制约的管理链条，实现对权力运行的分权制衡和流程制约。一要优化权力运行流程；二要科学编制内控流程图。

以完善制度为根本。在现有制度体系基础上，围绕征、管、查、罚、减、免、缓、退、人、财、物等环节，全面清理整合工作规程和内部管理制度。

以公开透明为保障。要抓住公开透明运行这个关键，以推行政务公开为契机，严格执行公开办事制度，不断提高权力运行的透明度和公信力。

（三）对策与措施

推进制度加科技国税部门内控机制建设是建立健全税收风险防控体系、构筑惩防体系的重要组成部分，也是推动国税工作科学发展的深化和具体化。制度加科技全面推进国税系统内控机制建设，必须全面落实科学发展观，坚持“聚财为国，执法为民”的宗旨，以统一思想认识为基础，以强化组织领导为关键，以落实工作制度为重点，以加强队伍建设为保障，进一步加强税收管理权和行政执法权的“两权”监督，把对权力的制约贯穿于部门权力运行的全过程，扎实有效地推进内控机制建设，保证税收权力规范、透明、高效运行。

1. 统筹协调，扎实稳步推进内控机制建设

第一，统一思想认识，树立内控防范理念。思想是行动的先导。要树立依法行政、依规行政、依制度行政的理念，进一步统一思想，把对权力运行的监督制约融入业务线条管理中，把监督贯穿于税收管理的全过程，牢牢把握行政执法风险、行政管理风险和廉政风险三个方面重点，构筑违法违纪的堤防，努力形成大监督的管理格局。要以在广大干部职工中开展“熟悉内控、理解内控、掌握内控、参与内控”为主题的宣传教育活动，不断丰富内控机制建设理论研究的内涵，把法纪教育作为预防教育的基础内容，通过培训班、辅导会、编印《国税风险内控管理手册》、组织税收风险考试等方式，让全系统干部职工充分认识推进内控机制建设的重要意义，理解内控机制对防范风险、强化源头治理、推进惩防体系建设的重要作用，增强广大干部职工的风险意识、纪律观念和内控管理理念。

第二，强化组织领导，为内控机制建设提供组织保障。把税收工作风险防范提上党组的重要议程，建立起“坚持党组统一领导，齐抓共管，纪检部门协调，部门各负其责”的工作运行机制。把内控机制建设贯穿于税收工作的全过程，科学制订工作方案，明确工作目标和工作要求，强化措施落实，使工作有序推进。要明确具体组织牵头部门和各相关业务部门的职责，对内控机制建设各项具体工作任务做到部署和安排周密；要落实岗位责任，确保内控机制建设工作有专人落实；要成立风险评估审定工作小组，实行风险信息公开制，集体讨论，集体审核，公开信息，把好查找风险点、评估风险等级和制定防范措施的审核关，保证风险点找得准，风险等级评估切合实际，风险信息及时主动公开，制订防控措施能解决问题。

第三，完善岗责体系，明晰岗位职责。落实责任是部门内控机制建设的核心。要按照不同岗位分离的原则，各职能部门进一步定岗、定职、定责，形成完备的岗责体系，做到各司其职、各负其责。要通过对岗位职责的规范和完善，明确各岗位在处理有关业务时所具有的权力和责任，弄清“国税机关权力有哪些、每个岗位的责任是什么?”通过对岗位职责的规范和完善，实现权力、岗位、责任、制度的有机结合，明确规定各个岗位的职责事项、工作规程、风险等级、考核标准、过错责任等，把内控的要求和责任落实到每个工作环节和岗位。

第四，分解工作权限，规范权力制衡。权力是最根本的问题。要坚持“权力分解、责权统一、监管分离、相互制约、简化程序、公开透明、集体决策、违责必究”的指导思想，认真对照相关法律法规和规范性文件，全面梳理国税部门拥有的权力事项。通过分解权力，形成有效制约管理链条，在程序上规范权力运行，实现分权制衡和流程制约，降低随意性，防范风险，简化程序，提高效率。特别是对税收工作中人、财、物等管理权进行科学、全面的梳理和分析，按照分权制衡的要求，进一步增强职责权力分解的合理性和科学性，建立职权清楚、责任明确，既相互制约又相互协调的权力制衡机制。

第五，规范工作规程，实施流程控制。工作规程和流程控制是内部控制的具体方式，是内控的核心，关系到国税部门管理导向。规范工作规程，并非简单地对规章制度进行再梳理，而是要围绕深化“两权”监督，将政策与程序嵌入税收管理的业务循环，充分发挥其内控机制的功能。主要是对以往权力行使过于集中、程序不够科学合理、自由裁量权较大、过程不够透明公开、责任不够清晰等问题进行流程再造，完善重点环节、重点岗位权力运行流程，逐步建立“一项权力配套一项制度”的内控机制保障。例如，针对省、州（市）级国税机关而言，在行政决策方面，要建立处（科）务会制度，凡属重大行政事项必须经过全处（科）同志集体决策，才能提交分管局领导或局长办公会请求决策。这个规定就有很强的针对性，因为部门决策80%以上源于处（科）室意见，业务处（科）室行政权力相对高度集中，不能让一个部门说了算，不能让一个人说了算。再如，可以设立AB角工作制度，处（科）室每项权力要由两人以上负责。此外，还应通过增加、减少、调整业务流程的节点或次序、更改时限等办法，进一步优化工作流程，让权力流程化、规范化和信息化运行。同时，还应将日常管理中已经形成的对策和措施转化为制度规定，用客观标准（入软件、应用系统等）代替以往的主观裁量。具体做到：一要优化权力运行流程。明确具体权力事项的业务操作程序，通过程序控

制，做到下一道程序对上一道程序进行控制，明确具体工作要求和时限标准，每道程序之间互相制衡。二要科学编制内控流程图。按照相互协调、关联制约、规范高效、简明直观的要求，对权力运行流程按事项和岗位进行细化和分类，把权力事项的运行程序、职责要求、监督制约环节、相对人的权力、投诉举报途径和方式等内容绘制成权力运行流程图，将权力行使过程进行固化和程序化，使每项权力的行使过程都做到可查可控。

第六，有效评估风险点，制定防控措施。在工作实践中，税收执法权与行政管理权的每一项权力往往就是一个个风险点，就是埋在岗位上的一个个“地雷”和隐患。只有查明风险，明确岗位风险存在及危害，使广大干部清楚不同风险的分量，并明白自己在工作中该干什么、能干什么和不能干什么，才能进行科学有效地防范。国税机关要分部门查找，评估综合类、执法类、廉政管理类三大类税收工作风险，确立“征、管、查，减、免、罚及人、财、物”等管理范围内的风险点，并根据风险发生的概率和危害程度大小进行合理分类和分级，把容易造成严重违纪违法行为、可能出现被司法机关追究刑事责任的风险定为“一级”，把容易造成一般违规违纪行为、可能受到内部责任追究、被党纪政纪处分的风险定为“二级”，把容易造成轻微违规违纪行为、被通报批评、诫勉或提醒谈话的风险定为“三级”。

有效防范风险是内控机制建设的主要目标。各级国税要深入分析风险成因，着力构建风险识别、风险评估和风险应对三位一体的风险防控体系，要着手制定内容全面、方法灵活、考核严密、执行有据的风险防控措施体系，建立风险预警系统，尽早地发现风险及其所产生的损失，建立一套能感应其风险或判断这些信号可能性之间关系的防范机制。有条件的地区和单位要积极开发应用“部门内控机制管理信息系统”和“国税风险预警信息平台”，做到权力运行到哪里，风险排查和风险等级评估就跟随到哪里。要结合实际制定一系列风险预警指标，并设定临界值和正常区间，定期编制上报风险预警报告，形成风险防范的信息决策报告，加强风险信息互动管理和风险信息互动机制，按“即将构成风险的事项、正在形成风险的事项、已造成后果的风险事项”逐项分解，实施事前监督、事中监督和事后监督，做到风险防控有安排、有过程控制、有结果考核，使内控措施真正落到实处，达到防范和化解风险的最终目的。

2. 制度加科技，全面提升内控机制建设的质量和效率

（1）不断完善制度为根本，提升内控机制建设的质量。

工作制度是部门内控机制建设的根本保障。各级国税机关要在现有的制度体系基础上，既保持与原来制度有联系，又不照抄照搬，坚持“可用、使用、做得到”为原则，清理规范制度，取消可有可无的制度，撤销难以做到的制度，围绕综合类、执法类、廉政管理类的三大类管理制度，以及“征、管、查，减、免、罚，人、财、物”等制度进行清理，全面清理统合工作规程和内部管理制度，堵塞制度漏洞，弥合制度链条上的缺失或断裂，既建立实体性制度，又建立程序性规章，既明确规定应该怎么办，又明确规定违反后怎么处理，确立制度的刚性权威。对执行难、考核难、又束手缚脚，不利于开展工作的制度办法，以及那些在基层国税机关难以做到的、不够严密和不便操作的制度规定，实事求是地予以废止或加以修订规范，提高制度的合理性、科学性、可操作性。真正从制度上化解税收执法风险和防范涉税渎职犯罪，从制度执行的源头上预防腐败，健全内控制度体系。

要抓住内控机制建设“强化监督、保护干部、服务发展”这个关键，突出以下几个方面重点清理规范制度，着力提升内控机制建设的质量：一是突出“领导干部”这个重点，完善民主决策机制。建立领导干部决策的他律内控机制。通过完善领导干部“三重一大”民主议事、民主决策机制（重大决策、重大项目安排、重要干部任免、大额资金使用），监督领导干部的决策动机、决策过程、决策结果，把领导决策过程中潜在的廉政高风险降低到最低限度。二是突出“税收执法风险防范”这个重点，完善执法监控机制。要构建税收自由裁量权的“警戒线”，对行政审批、资格认定、税额核定、行政处罚等高风险行政行为。要设置不能逾越的“警戒线”，防止脱轨运行。要构建税收管理共同遵守的“斑马线”。完善税收执法管理信息分析处理机制、过错分析预警机制，强化税收执法风险预警工作，对人为因素产生且影响轻微的过失，及时提醒；对人为因素产生且危害较大的，及时诫勉提醒，限期纠错；对人为因素产生且危害重大的，严肃查处，以儆效尤。要强化日常税收管理权的监控。运用综合征管软件、税收执法管理信息系统、出口退税预警系统、执法监察子系统等，实行廉政公约回返调查、实地巡查双重手段，推动内控机制设计由“注重实体”向“实体与程序并重”转变，促进税收执法公开、公平、公正。三是突出“规范行政管理”这个重点，完善行政管理机制。要完善干部任用、岗位轮换、绩效管理、评先表模、奖励惩戒管理机制。规范选任、调配、晋级、表模、奖惩工作，激发队伍活力，促进干部全面发展。健全财务预算、经费审核、政府采购、设备更新、基建工程、资产管理的内控机制，完善各环节操作规程和多部门联合审计、中介审计制度，优化支出结构，降低财务风险，提高资金使用效率。精细事务管理，完善物品购置、公务接待、车辆管理、房产维修、物业管理工作流程，倡导厉行节约，减少铺张浪费，杜绝跑冒滴漏，提升管理水平，优化国税机关形象。四是突出“廉政风险预警”这个重点，强化廉政风险调处分析机制。要认真贯彻中央、总局和各级党委、纪委关于加强反腐倡廉建设的一系列决策部署，以实现“事业科学发展，干部健康成长”为目标，定期对落实《廉政准则》和税务系统领导干部廉洁从政“八不准”、领导班子和领导干部监督管理办法、国税机关和纳税人共同签订的《廉政公约》条款情况进行分析，找出防控机制的薄弱环节，不断提升廉政风险防控水平。

（2）运用科技信息化为手段，增强内控机制建设的效能。

科学技术所开拓的生产力创造了高度发达的物质文明。马克思把科技首先看成是历史的有力的杠杆，看成是最高意义上的革命力量。从远古到现在，从中国的四大发明到西方的文艺复兴，再到今天对宇宙的探索，在我们生活的方方面面无处不体现科技的发展给我们带来实惠。

内控机制要切实发挥效力和威力，必须走信息化之路，在科技信息化上做文章，让内控机制建设搭上科技信息化这条“高速路”。近年来，云南省国税系统信息化建设工作保持良好的发展势头，产生了一批技术过硬、业务娴熟的信息化人才，拥有足够的开发经验和技术人才，已经具备有能力完成内控机制建设科技信息化推进的创新任务，各级国税机关要重点在运用信息化手段推进内控机制建设上下功夫，将权力运行过程变为信息处理过程，增强权力运行程序的严密性，弱化人为因素，遏制随意性，形成信息系统和电脑程序控权、监督、防控的制约机制，增强内控机制的实用性和生命力。

一是要依托国税系统现有的网络资源，数据处理中心、数据支持中心、数据备份中心、网络教育培训系统等硬件设施建设，提高“税收征管软件（CTAIS)、金税工程二期软件、出口退税管理、公文处理”等税收主体软件的运维和数据信息使用效率；整合“云南国税数据监控分析、网络申报、重点税源网上直报、出口退税预审、新版普通发票网上填开、税收管理员辅助信息系统”等几十套自主开发的税收辅助软件，延伸风险查找面，挖掘风险潜伏点，确定重点风险管理项目，将风险预警作为防范风险、消除隐患的重要举措，建立和完善货物和劳务税、所得税、涉外税收、出口退税、税收征管和税务稽查等风险预警指标体系，通过风险预警信息及时、准确地进行风险提示和风险处理。逐步将系统、软件的审批事项、权力运行信息导出，实现实时监督控制和综合分析，做到全程留痕，信息共享，可查可控。

二是要使各类信息互融互通，便于沟通和监控。运用好现有的监控决策、执法考核、人财物管理等信息系统的数据信息，掌握各类事项的受理、承办、审核、批准、办结等信息，从中分析风险信息，公开风险信息，实行风险预警、风险提示，做到各类事项的实时全程监控和防范。

三是要创造条件推进内控机制科技信息化建设。按“边实践、边探索、边开发”的思路，以不加重工作负担、不增基层工作量为原则，设计简洁、好用、管用，能有机融入日常国税工作，让国税干部易于接受、乐于接受为目的，组织开发好涵盖“两权”监督、涵盖省、州、县、分局四级国税机关的内控机制管理信息系统。形成系统功能上包含风险预警、统计查询、考核通报、资料查阅、系统维护等5大基本功能模块；系统特点上体现出“四强”，即：定位准确、针对性强，功能完备、实用性强，覆盖面广、通用性强，简便易行，操作性强。要通过内控机制管理信息系统开发运用，实现内控信息交流快速，信息资源共享，规范业务管理，固化程序执行，加强沟通交流，实施痕迹管理，实现运用电脑和网络信息系统软件执行监控防范程序，快速高效地实施内控机制管理。

四是探索信息化执法检查方式。利用税收征管信息系统，运用信息化手段探索网上执法检查，对所有的征管数据海量分析比对，设置不同的参数值，将超过合理参数的数据下发被查单位，由被查单位有针对性地提供核查结果及证明材料。上级国税部门也可以利用这些可疑数据信息有针对性地开展对下级部门税收执法检查，以提高检查质量和效率，从而起到内控监督管理的目的。

（3）深化信息公开透明，保障内控机制建设的监督制约。

阳光是最好的“防腐剂”，公开是最好的“照明灯”。国税系统内控机制建设要按照“公开是原则，不公开是例外”的要求，严格执行公开办事制度，不断提高权力运行的透明度和公信力。建立健全网上政务公开平台，把部门权力事项的执行主体、执行依据、执行程序等内容，要通过网络、媒体、载体向内部和社会一定范围内公布，让权力在阳光下运行，将清理排查出来的风险点、岗责体系、工作流程、工作规程和内部管理制度等进行汇总、审核、评估，编制公开目录适时进行公开。从而拓展监督渠道，促进内部管理制度的动态校正。要清权、确权，逐项编制权力目录，绘制权力运行流程图，并在适当范围公开权力事项、工作规则以及违规处罚等标准。而且，每一项制度还应有一次性告知、公开或公示，办事时限等一系列具体规定，实现权力运行由不公开向公开、权力监督由弹性向刚性转变。

3. 加强国税文化建设，推进法治、规范、廉政为核心的内控环境建设

中国共产党十七届六中全会指出，“我们党历来高度重视运用文化引领前进方向、凝聚奋斗力量，团结带领全国各族人民不断以思想文化新觉醒、理论创造新成果、文化建设新成就推动党和人民事业向前发展，文化工作在革命、建设、改革各个历史时期都发挥了不可替代的重大作用……”。历史和实践证明，文化是一个系统、一个单位增强凝聚力和感召力的思想引导和坐标。①

各级国税机关要充分认识到优化内控机制环境建设是一种有效的管理手段，营造积极向上的内控文化是内控机制建设的基础。要坚持在“以国为根、以税为业、以人为本、以学为乐、以绩为真、以廉为荣”的云南国税文化理念引领下，建立“内部控制、风险防范、强化监督、保护干部、服务发展”为主要内容的部门内控环境建设和行业内控文化建设。通过对内控理论的不断渗透，提高税干对内控机制建设的认知程度和参与意识，营造浓郁的内控文化氛围，使广大干部的思想观念、思维方式、价值取向、

① 《十七届中央委员会第六次全体会议公报全文》，人民出版社，2011年10月出版发行。

行为习惯能与内控机制相融合，从树立良好的道德风尚着手，营造积极向上的政风行风，建立正当的行为规范，约束税干的行为，从而建立税干重视并自觉维护的内控文化理念、文化品牌。逐步建立规范标准的工作运行机制，做到以制度规范人的行为，以人的规范行为来防范风险，形成特色鲜明、具有感召力的国税机关内控行为文化、内控制度文化和内控管理文化，全面助推国税系统的内控机制建设工作。

4. 逐步建立内控评价考核机制，实现内控结果奖罚分明

内控机制建设和管理的效果如何除了执行力的问题，还取决于相应的考核评价机制是否科学可行①。因此，内控机制建设必须完善监督、检查、考核措施，各项内控基础管理工作系统化、制度化、流程化，要通过实施科学透明的考核办法来确保内控机制的执行和有效落实。各级国税机关在推进内控机制建设的过程中，逐步建立和完善内控评价综合体系，积极探索建立以激励为主的税收执法奖惩机制，实施行政执法类公务员管理考核和效能积分考核，解决只惩不奖问题。各级国税要根据合理的执法岗位系数和岗位能级管理制度，据以纳入对执法人员的目标管理考核，不断改进岗责体系考核和能级管理的手段，加速绩效管理信息化、网络化的进程，实行考核和考评的网络化，增强绩效管理的科技化进程，确保考核、考评的科学性和公正性，从而形成强有力的监督考核机制，促进各级各部门真抓实干，防止内控任务不落实，甚至推诿塞责等现象发生。要通过签订内控机制建设工作责任书，明确各单位的内控机制建设工作责任，确保部门内控机制得到有力地执行对内控风险评价内容、指标实行量化分析，以方便内控部门客观公正地对风险机制建设的全面性，内控制度的合理性、有效性和及时性，内控制度执行是否到位等进行评价，并根据评价结果形成意见，督促相关职能部门提高内控制度执行力，以增强内控制度的合理性和时效性。

要采取信息监测、定期自查、年度检查、社会评议、交流经验等多种形式，对风险防范各项措施的落实情况进行考核评估，条件允许的国税机关，可以采取每半年进行一次督查评比，每年对各单位内控机制建设情况进行检查考评，对内控机制建设落实情况进行检查考核，把内控机制建设情况纳入年度综合绩效考核和党风廉政建设责任制考核，将考核结果与评先选优挂钩，加大问责力度，把内控机制评价考核结果作为领导班子建设和领导干部选拔任用、业绩评定的重要依据。对应控未控而导致发生重大违法违纪问题的，严格追究责任，使内控管理实现奖优惩懒，奖罚分明，创先争优，取得明显工作成效。

5. 实施动态管理，实现内控机制建设业务全流程、内容全覆盖、干部全员化

内控机制建设是一个动态发展的过程。随着税收工作的不断发展，新的问题、新的情况、新的风险将会不断产生，要根据新形势、新任务，既要有宏观上的战略体系，又要有微观上的不断修正，形成“完善—提高—再完善—再提高”的良性循环过程。

内控机制建设的动态管理要以构建风险防范的动态长效机制为基础。建立“循环管理”，通过内审程序、内部控制评价体系等定期对内控机制管理进行审视，发现不适应的观念、政策、流程，进行有针对性的调整，以使之适应当前的国税发展需要。与此同时，各部门还应通过信访举报、民主评议、问卷调查等渠道，充分搜集外部信息，对国税部门内控机制建设工作情况进行客观评价，找准薄弱环节，明确努力方向，增强部门自觉防范风险、自我纠正、持续改进的能力，增强内控机制动态管理的能力。同时，也要积极收集内部各部门在实践中对内控机制管理提出的建议和意见。要针对部门职责变动、岗位工作变动和人员变动的情况，及时对内控机制进行补充、调整、完善，对相应的内控信息管理系统、软件的数据信息进行及时更新维护。

税收工作在不断创新发展，任何机制都不是万能的，更不会一劳永逸。内控机制管理必须要结合税收工作发展和经济社会环境变化，尤其要针对国家法律法规和税收政策变动情况，及时调整内控风险信息评估和防控措施，要根据上级国税机关的决策部署、工作思路、要求的变化，结合基层国税执行、落实的实际情况，及时评估调整风险信息，查缺补漏，不断更新完善补充防控措施，力求实现内控机制动态管理、持续更新，以达到业务全流程、内容全方位、干部全员化内控管理的目的。

参考文献：

〔1〕《科学发展观重要论述摘编》，中央文献出版社，2008 年 8 月出版。

〔2〕王锐兰《行政管理学导论》，清华大学出版社，2009 年出版。

〔3〕《税务系统惩治和预防腐败体系实施办法和相关法规制度》，中国税务出版社，2008 年出版。

〔4〕李鸿文《再接再厉常抓不懈切实提升内控机制建设的质量和效率》，2011 年 8 月 2 日在云南省国税系统内控机制建设现场推进会上的讲话。

〔5〕《云南省国家税务局关于开展部门内控机制建设的指导意见》，（云国税发〔2011〕80 号），2011 年 5 月。

〔6〕王晓玲：《基于风险管理的内控机制建设》，2010 年 3 月出版。

〔7〕李岩：《内控机制建设探索实践与思考》，中国税网。

〔8〕谢一湖：《关于内蒙古国税部门内控机制建设的思考》，中国税网。

〔9〕曹兆金：《税收管理员执法风险内控机制建设的思》，江苏省阜宁地税局网站。

〔10〕《云南省国家税务局内控机制建设资料汇编》，云南省国家税务局，2011 年 2 编印。

〔11〕《曲靖市国家税务局推进内控机制信息化建设内容简介》，曲靖市国家税务局，2011 年 7 编印。

① 王晓玲：《基于风险管理的内控机制建设》，第 168 页，2010 年 3 月出版。

〔12〕国有企业内部控制课题组编：《国有企业内部控制框架》，机机械工业出版社，2009 年 3 月出版。

〔13〕宋蔚蔚：《内部控制理论与实务》，清华大学出版社，2010 年 9 月出版。

〔14〕张振学：《制度高于一切》，中国商业出版社，1010 年 10 月出版。

〔15〕云南省国家税务局课题组：《税收执法风险防范与控制》，2010 年 12 课题结题报告。

〔16〕叶增潮："构建国税内控机制初探"《税务研究》，2009 年第 6 期。

〔17〕《云南省国家税务局系统内控机制建设现场推进会资料汇编》，2011 年 7 编印。

〔18〕马莉、严林。"税收执法环境研究分析"《税务研究》，2006 年第 8 期。

〔19〕刘纪舟："反腐倡廉建设制度加科技的理论研究和实践探索"《理论视野》（京），2010 年 7 期。

〔20〕冯惠敏："税务系统内控机制建设实践与调研"《中国纪检监察报》，2009 年 12 月 24 日。

课题组长：张炳华
副 组 长：张学明　杨雯僳
参与单位：曲靖市国家税务局
成　　员：田江华　李　军
马月芬　马继伟
何　珊　蔡　娅
赵建宁　文　清
执　　笔：田江华　李　军

构建纳税人税务风险识别指标体系研究

——玉溪国税创新纳税服务手段探索

云南省玉溪市国家税务局课题组

［内容摘要］ 税收管理的目标是实现纳税遵从，要实现这个目标，仅靠税务机关单方面的努力是很难实现的。近年来，我国树立了"服务＋执法＝纳税遵从"新的税收管理理念，将税收征管和纳税服务作为税务机关的两项核心业务。玉溪市国税局紧密围绕当前新的管理理念和核心业务，以风险管理为导向，从纳税人角度入手积极探索建立纳税人税务风险管理的制度、机制，实现征纳双方税收征管和纳税服务的良性互动，帮助企业达到"既不多缴税、也不少缴税"的目标，从而推进税务机关实现"应收尽收"的税收征管目标。本课题紧紧抓住风险识别这一风险管理的关键环节，发挥税务人员熟知税收政策，具有较强的政策运用能力和会计核算处理能力的优势，从纳税人角度开展构建税务风险识别指标体系研究，通过提取纳税人涉税节点的税务风险，为企业管理决策层、会计核算人员、办税人员等提供有效的风险识别工具，帮助纳税人方便快捷地识别税务风险，从而采取措施应对处置税务风险，实现纳税遵从。

［关键词］ 纳税人　税务风险　识别指标体系　研究

一、风险管理理论概述

（一）风险管理理论及税务风险管理

1. 风险的概念

一般来说，风险是对组织目标实现产生消极影响的不确定性。不确定性是指人们对事物的未来状态不能确切知道或掌握，对事物未来的发展与变化缺乏信息与控制力。理解风险的概念，要把握三个关键方面：第一，风险是相对于组织目标的实现而言的；第二，风险来源于未来的不确定性；第三，这种不确定性对目标的影响是负面的、消极的。

2. 风险管理理论

美国学者威廉姆斯和汉斯合著的《风险管理与保险》中指出，风险管理是通过对风险的识别、衡量和控制而以最小的成本使风险所致损失达到最低程度的管理方法。①是通过执行风险管理流程，运用风险管理技术方法，培育风险管理文化等措施，优化资源配置，识别、衡量、化解风险，为实现组织目标提供合理保证的过程和方法。

风险管理的理论与实践起始于 20 世纪 30 年代的美国保险业，于 50 年代发展成为一门管理科学。进入 21 世纪，企业风险管理（Enterprise Risk Management，简称 ERM）已形成了特定的概念，它来自于美国全美反虚假财务报告委员会发起人机构（简称 COSO 委员会）于 2004 年 9 月发布的《企业风险整合框架》，它系统地为现代企业管理当局（包括董事会、管理层、执行部门和其他员工）提供了一个以内部控制为基础的具有指导意义的逻辑框架，运用于企业战略的多层面、流程化的风险管理过程。②

（二）税务风险管理

1. 税务风险的概念

纳税人税务风险，是指因涉税导致损失发生的可能性，是纳税人纳税风险规避措施失败或没有充分利用税收优惠政策而产生损失的可能性。税务风险在企业风险体系中属于经营风险，即企业所做出的经营决策、实施过程等导致的各种领域损失的可能性，通常表现为"多缴税"和"少缴税"两种情况。"多缴税"是指依法不应当缴纳的税款也被申报缴纳，体现为经济利益的直接损失；"少缴税"是指依法应当缴纳的税款没有及时足额申报缴纳，可能的损失主要有：被加收滞纳金、被处以行政罚款、形成

① 何文炯：《风险管理》，东北财经大学出版社，1999 年。

② 企业风险管理——百度百科。

纳税信用不良记录、责任人受到党纪政纪处分甚至刑罚、道德舆论评判及商誉损毁。本课题所述纳税人税务风险是指纳税人在税法遵从意愿前提下的产生风险，纳税人违法意愿下所可能造成的损失不属于本课题研究的税务风险范围。

税务风险是纳税人生产经营过程中不可回避的，其性质与一般商业风险的性质不同。一般商业风险的特点是风险越大、收益越大，同时未来可能的损失也越大。而我国现行税收制度决定了税务风险的损失与收益是不成正比的，未来损失的可能远远大于未来的收益。如现行征管法规定，企业多缴的税款在自结算缴纳税款之日起三年内，可以向税务机关要求退还；而企业少缴的税款，除了按日加收万分之五的滞纳金外，按照情况不同追征期为三年或五年；涉及偷抗骗税的，为无限期追征。由此可见，企业因税务风险带来的收益往往伴随着更大的损失风险。

2. 税务风险分类

根据税务风险发生的范围不同，可将其分为制度性税务风险和非制度性税务风险。制度性税务风险是因税收、财务等政策法规变化导致企业比之前依法要多支付税金，企业自身无法控制和消除的风险。如卷烟产品消费税政策的调整。非制度性税务风险是因企业自身经营管理具体行为的不确定性引起的，可以通过分析、识别、控制来降低、化解甚至消除的风险。本课题所述税务风险，是指非制度性税务风险，如政策未理解透彻、收入成本扣除确认不准确、会计和税法差异的纳税调整不完整、报批报备资料不完整等方面带来的涉税风险。

按税务机关管户的登记注册类型不同划分，税务风险可分为个体工商户税务风险和企业税务风险。作为税务机关角度研究纳税人的税务风险，研究的范围应当包括个体工商户税务风险和企业税务风险。然而，基于目前税务机关风险管理手段的现状，如可采集到的涉税数据量、实际缴税户数量以及高涉税风险领域等因素，课题组采取分步研究的方式，初期重点对企业的税务风险进行系统的、全方位的研究，待条件成熟后再对税务机关所有管户的税务风险进行全面的研究。

3. 税务风险管理

税务风险管理是企业风险管理的重要组成部分，是企业运用现代风险管理的理念和方法，对企业采购、销售、投资、筹资等经营行为以及财务核算、纳税申报、涉税报备审批等事项，通过风险分析识别、风险等级排序、风险应对处理以及过程监控、绩效评估等措施进行系统、有效的管理，最大限度地降低因涉税风险导致的经济利益、商业信用、企业声誉等方面损失的管理过程和方法。税务风险管理是现代管理科学和现代企业制度相融合的一个产物，贯穿企业经营活动的全过程，涉及人、财、物、产、供、销等各个要求，税务风险的源头可能潜伏在企业决策层以及各个业务部门，税务风险的产生可能发生在决策、执行、会计信息处理、税务事项申报等任何一个环节，其管理水平与质量直接影响到企业的整体风险管理效果。

4. 税务风险管理目标

税务风险管理目标包括三个层次：一是损失事件发生前，预防损失；二是损失事件发生时，减轻损失；三是损失发生后，弥补损失。税务风险管理应用于企业战略制定并贯穿于企业各种经营活动之中，目的是识别可能会影响企业价值的潜在涉税风险事项，管理税务风险于企业的风险容量之内，并为企业目标的实现提供保证。在宏观战略层面上，企业自身的税务风险管理体现为一句话："依法纳税，违者必究"。但微观操作层面却涉及大量细节，这些细节经常被忽略，从而造成损失，甚至可能与战略目标背道而驰。因此，识别、控制这些细节就是纳税人税务风险管理的具体的、重点的内容。

5. 纳税人税务风险管理流程简介

税务风险管理是一项全局性的、系统性的工作，管理流程包括风险战略规划、风险分析识别、风险应对处理、管理绩效评价四个步骤。本课题重点研究纳税人税务风险识别指标体系的构建。风险战略规划，是企业管理层在对外部环境和内部条件进行认真分析研究的基础上，对一定时期内纳税人税务风险管理的工作目标、阶段重点、方针策略、主要措施、实施步骤等做出的具有系统性、全局性的谋划。风险分析识别，主要寻找纳税人税务风险发生的可能领域，识别税务风险发生的具体目标，是纳税人税务风险管理的关键环节。风险应对处理，是纳税人通过设置税务风险管理岗位，建立风险管理制度，借助专业风险管理人员或专业风险防控工具，采取风险预警、风险评估、沟通协调等手段进行税务风险的化解、消除等工作的方法。风险管理绩效评价，是对税务风险管理各环节的工作、对风险管理过程及成果进行绩效评价和不断改进。

（三）我国税务风险管理现状

1. 企业管理层普遍缺乏税务风险意识

首先，目前国内大多数企业的管理层更多的是去关注企业的生产、销售、融资、投资等企业经营行为，对税务风险防控工作基本上是被动的、应急的和临时性的，许多企业基本上是以"亡羊补牢"的方式应对层出不穷的税务风险，企业运用风险管理工具进行全面、系统的税务风险管理的实践基本处于空白状态。在税务机关的征管实践中，经常能够听到企业财务人员说起"税务局查一次，我们公司高层领导重视程度就提升一点"等之类的话。我国企业管理层的税务风险意识大多在巨大的经济利益损失和企业声誉受损的代价下逐渐树立起来的。比如，某企业在实施企业并购中，未对被并购企业的税务风险进行有效的评估，导致收购企业承担了巨大的补税、罚款、滞纳金等经济利益损失。

其次，企业管理层对税务风险的整体认识程度不高，税务风险事项很少会放在董事会层面研究。企业在做重大经营决策时一般很少考虑涉税风险，导致存在风险的决策事项最终发生不可避免的损失。比如，某企业集团在做子公司之间的交易定价时，由于子公司之间存在资产投资和回报关系，销售价格采取完全成本价结算，而未考虑关联交易应当采取独立交易价格的规定，导致该企业短短 4 个月就补缴了700多万的税款和滞纳金，造成了企业经济利益的损失。

2. 纳税人税务风险管理组织保障机制较弱

首先，企业内部税务风险管理机构设置不到位。从机构设置上看，除了少数的大型企业集团或外资企业专门设立企业税务管理部门外，大部分企业的涉税业务由财务部门负责，未设置专职于税收业务与企业经营决策、会计核算等业务结合运用的专业部门或岗位。

其次，从人员配备上看，很少有专门负责税务风险防控的岗位和人员，涉税业务办理主要由财会人员负责。2011年12月7日，课题组通过智联招聘网搜索关于企业税务管理职位情况，首席税务官招聘记录为0，税务总监招聘记录有19条，税务经理有1234条，税务主管有352条，而销售经理招聘记录数为94225条，且在税务管理招聘中都没有防范税务风险相关职位的描述。当前很多财务人员对税收政策和业务处理缺乏系统的、全面的理解和把握，只是办理购买发票、报批涉税事项、纳税申报等涉税业务，对国家的税收优惠政策知之甚少，更谈不上税务安排、税务风险控制等工作。

3. 缺乏系统、有效的风险防控工具，纳税人税务风险防控能力较弱

首先，我国现行各税种单行政策、补充政策比较多，企业某项经营业务涉及的税收政策分散，企业在管理决策或财务核算时难以全面掌握运用相应政策的规定，这就要求提供系统的、全面的风险防控工具，便于为企业提供有效的决策服务。

其次，企业集团组织结构复杂，财务核算难度大，总分公司或母子公司之间财务报表汇总、税收事项计算上都需要逐级取数，数据汇总后事后风险防控难度大，企业需要一个有效的、系统的、全面的风险防控工具，在企业集团的每一核算层面实现事前或事中对涉税风险进行识别和防控。

第三，尚未建立企业内部税务风险防控体系，各业务部门之间税务协作不通畅，易产生税务风险。如，根据《财政部 国家税务总局关于增值税若干政策的通知》（财税〔2005〕165号）的规定："一般纳税人购进或销售货物通过铁路运输，并取得铁路部门开具的运输发票，如果铁路部门开具的铁路运输发票托运人或收货人名称与其不一致，但铁路运输发票托运人栏或备注栏注有该企业名称的（手写无效），该运输发票可以作为进项税额抵扣凭证，允许计算抵扣进项税额。"然而，企业采购部门或销售部门带回的铁路运输发票，没有按规定在备注栏中注明企业名称，从而导致发生铁路运费不能抵扣进项税额的风险。如果企业内部建立完善的风险识别防控体系，对企业各业务部门和业务环节进行税务风险防控和风险评估，这将有利于在事前消除纳税人税务风险的发生。

4. 实施税务风险管理是我国建立现代企业制度的客观要求

随着企业多元化、国际化发展，企业纳税事宜日趋复杂，涉税成本日益增加，涉税风险逐渐加大，企业迫切需要税务专业人才和专业的税务风险防控工具，对企业的经营、投资、理财、组织和交易等各项经济活动进行事先计划、统筹安排，根据国家税收政策的规定进行调整。近年来，国内不少大公司为税务风险防控不严而出现了税务风险，波司登、长虹、中国平安、国美、苏宁等国内知名公司先后深陷"税务门"，在很大程度上影响了企业的声誉和正常的生产经营。

（四）纳税人税务风险成因分析

1. 税制不完善导致纳税人税务风险

在税务机关征管实践中，由于税收制度体系不完善、税收政策执行与当前市场运行模式不匹配等原因形成征纳双方的税收风险。如货运发票自开票企业的税法界定与实际经营模式的脱节，导致企业存在真实的运输业务但取得的货运发票不符合政策规定的风险。又如发票是重要的增值税扣税凭证，是企业所得税税前扣除的重要凭证，而当前对发票的管理手段、管理技术、管理平台等尚不能完全满足"以票管税"的管理模式，企业辨识虚假发票的能力较弱，加大了企业善意取得假发票的风险，从而造成企业经济利益损失。

2. 企业管理行为导致纳税人税务风险

主要体现在：一是企业管理层的纳税观念和决策行为带来涉税风险。如企业管理层缺乏依法诚信纳税意识，在偷逃税款上存有侥幸心理，在企业重组过程中，某一企业在兼并另一企业后才发现其存在偷税问题，不得不额外承担被兼并企业的补税和罚款。二是企业采购、生产、销售、库存管理等部门缺乏与财务部门的沟通，加之该部门相关人员不了解税收政策规定导致涉税风险。如采购部门因不了解税收政策规定，应取得普通发票而只取得收据，应取得增值税专用发票而只取得普通发票，或带回不符合规定的发票、虚假发票而导致成本费用不能在企业所得税前扣除、增值税进项税额不得抵扣等涉税风险。

3. 税务机关的税收执法行为导致纳税人税务风险

当前我国存在税制不完善、推定课税权、自由裁量权等客观现状，加之税收执法人员综合素质高低不同，可能带来不同地区、不同时段、不同执法人员实施执法行为的不一致性，由此导致企业的税务风险。

4. 企业财务人员素质导致纳税人税务风险

我国现行税种繁多，各税种单行政策、补充政策比较多，这就要求企业财务人员不仅要熟知财会业务，还要及时学习理解税收政策。由于财务人员的学习能力和运用能力不同，现实中存在不能准确理解和运用税收政策的情形，由此导致企业少缴税款或多缴税款的风险。

5. 中介咨询机构不规范的建议导致纳税人税务风险

近年来，随着税收法规的逐渐完善和税务机关对企业纳税遵从和自律要求越来越严，企业越来越重视企业内部税务风险，为了规避和防范税务风险，将企业涉税业务外包或聘请税务顾问。很多时候由于中介机构对税收政策理解偏差，导致企业税收利益受到损失；或中介机构提供的税收筹划方案不符合税法规定，反而受到补税、滞纳金甚至偷税处罚。

（四）国外税务风险管理及借鉴

近年来，随着企业多元化、国际化经营成为常态，企业纳税事宜日趋复杂，涉税成本日益增加，税务风险导致企业经济利益和信用声誉损失的事件常有发生，世界各国企业对税务风险的认知程度和重视程度日益提高，通过在企业内部设置税务管理机构，设立首席税务官、税务总监、税务经理等职位，加强企业内部的税务风险防控。另一方面，随着税务机关管理理念的转变，许多国家的管理重点也逐步从事后的稽查向事前的税务遵从风险管理转移，改变了以往企业被动接受税务管理的状态。美国、英国、澳大利亚、荷兰等国在税务风险管理的一些经验和做法，对我国开展税务风险管理具有较好的借鉴意义。

1. 税务风险管理注重税企双方的合作关系

大多数国家在税务风险管理实践中，遵循“服务 + 执法 = 纳税遵从”的管理理念，以服务和管理并重为基础，税务管理部门与企业之间注重双方的合作关系。在美澳两国，尽管申报后审计仍然是风险应对的重要方法，但更多合作性、事前性的方法越来越多地引入风险应对策略中。如在澳大利亚税务机关开发的“蝴蝶结领带”风险应对模型中①，就有很多税企合作的内容。其中，在风险防范阶段，税务部门会向企业发送电子提醒邮件，同时采取在媒体上颁布税务局年度遵从计划，通过行业协会通告税务机关的观点，鼓励企业主动前来披露和沟通等措施。美国税务机关要求大企业报税前要尽可能多地披露关联关易、财税差异等信息，还提供针对企业具体问题的个别裁定、预约定价协议、确定性沟通等服务，同时向企业发送提醒函，对涉及整个行业的特定问题进行集中决议并向企业公布等。

2. 税务风险评审采取企业风险自检和税务机关判定标准相结合的方法

荷兰税务机关评审纳税人税务风险采取借鉴第三方工作成果的做法，企业的税务风险由税务专家进行评估，企业的整体内控及管理组织结构则由会计师、审计师负责监督。英国税务机关根据风险评估模型的设计内容进行税务风险评估。低风险企业的主要特征包括：较低的税务争议指数、未来税务策略的高透明度、遵从法定纳税义务、低风险的税收筹划策略、具备申报前解决不确定性问题的意愿和能力。英国税务机关通常会与低风险企业建立一种开诚布公的关系，企业对其税务策略及税务问题能够及时与税务机关沟通。

3. 提供个性化服务促进企业纳税遵从

英国税务机关相信大多数企业能够及时缴纳税款，因此在企业纳税遵从过程中提供最优质的服务，从而降低企业的遵从成本。如英国税务机关为大企业指定一位客户关系经理，对企业的生产经营环境、经营情况、行业特点进行深入了解，负责处理税务机关与企业之间的各种涉税关系。澳大利亚税务局采用一种遵从金字塔的模型进行管理，对处于金字塔顶部的企业，采取税务机关强制管理的方式；对金字塔中部的企业，采取税务机关协助与企业自我管理相结合的方式；对金字塔底部的企业，实行自我管理为主的方式。荷兰税务局通过建立税务内部控制的方式对纳税人税务风险进行监管，企业业务内部控制框架以 COSO 框架为重要的参与标准。

4. 注重发挥专业人才优势引导企业纳税遵从

英国税务机关设立的大企业服务部门，高薪雇佣了近 2000 名税务专家、会计师、审计师等，帮助大企业提高纳税遵从度。美、澳两国的大企业税收管理团队中，除了税收审计人员外，还有数百人的经济师、金融产品专家、电脑稽核人员、数据分析师、信息技术人员等专业人才。如金融产品专家对一线审计人员提出的潜在风险进一步识别，确认风险的表现形式，数据分析师和信息技术人员在此基础上开展涉税人群和税额的量化测算，电脑稽核人员了解企业 ERP 系统，能够对系统的可靠性加以稽核，并将其作为审计人员进场开展税务审计的前提。经济师则在行业分析、转让定价等工作中发挥重要的支撑作用。

二、构建纳税人税务风险识别指标体系的必要性分析

（一）税务机关从纳税人角度研究税务风险识别的可行性

由于受数据样本、涉税风险处理案例、税务专业知识等因素的影响，当前对纳税人税务风险识别指标体系进行系统的、有效的研究比较少。本课题是税务机关从纳税人角度研究企业的税务风险，在一定程度上避免了以上的制约因素，主要体现在以下几个方面：

1. 税收数据集中是开展纳税人税务风险识别研究基础

增值税征管系统、货运发票税控系统自 2001 年 7 月以来先后推广应用，十多年来积累了辖区内增值税一般纳税人增值税专用发票、增值税普通发票、货物运费发票等大量数据；综合征管软件自 2005 年在全省推广应用，积累了大量的企业基础数据、发票使用数据、纳税申报数据、财务报表等数据；工商信息交换系统、车购税征管系统、重点税源直报系统等管理系统的应用，在税务机关集中了大量的涉税征管数据，为提取税务风险识别指标奠定了坚实的基础。

2. 税务机关征管实践中积累的税务风险案例是开展风险识别研究的前提

税务机关在从事纳税服务、日常管理、纳税评估、税务稽查等工作过程中，发现了因税制不完善、企业管理层税法意识淡薄、财会人员涉税业务处理能力不足等因素影响导致的大量涉税风险点，税务机关可以发挥专业优势，结合税法规定和企业经营特点、经营流程，对企业存在的风险点进行分析，运用税收征管工作实践中积累的大量经验，找出有效的风险应对方法和管理策略。

3. 税务人员的专业优势是开展税务风险识别研究的保障

税务机关作为税收管理的专业

① 尹晓宇：《税务风险管理：美澳两国经验值得借鉴》，江苏省国家税务局。

部门，其税务人员在专业知识上具有独特的优势，能够有效地识别企业经营决策、财务核算等环节的涉税风险，具有在事前辅导企业防范风险损失发生的能力。因此，税务机关可以从企业角度研究税务风险，建立税务风险识别指标体系，为企业提供实时的、专业的税务风险识别工具和手段。

（二）构建税务风险识别指标体系是实施税务风险管理的基础

风险识别是指在风险事故发生之前，运用各种方法和工具找出研究对象所面临的各种潜在风险有及风险事故发生的原因。① 风险识别是风险管理的首要环节，是实施风险管理的基础，通过发现潜在的风险及其存在领域，并分析风险产生的原因，并据此开展风险排序、风险应对、风险决策等工作。

税务风险识别是企业本着纳税成本最小化的原则，借助专业风险识别工具，或利用税务风险识别专家经验、有效的风险识别体系，对生产经营过程各环节进行的涉税风险进行分析、评估，找出可能存在涉税风险的环节和领域，并在事前有针对性地开展风险防控的工作。构建税务风险识别指标体系是开展税务风险识别的核心工作，是实施税务风险管理的基础。

（三）构建税务风险识别指标体系是实现税收管理目标的有效方式

税收管理的目标是实现纳税遵从，最大限度地解决“税收缺口”问题。要实现税收管理目标，仅通过税务机关单方面的努力是不够的，需要税务机关和企业双方的共同努力。而税务风险具有专业性、系统性的特点，隐藏在各经营环节、核算环节的涉税风险点需要专业人才或专业工具才能够有效地进行识别，税务机关利用政策优势和征管实践积累经验优势，总结涉税风险发生的规律，提取分行业、分企业类型的风险识别指标，构建系统、全面的税务风险识别指标体系，让企业能够在经营决策、财务核算等环节及时发现相应的税务风险，并及时研究、制定风险应对策略来防控可能产生的风险，从而降低征纳双方的税收风险。

（四）帮助企业识别税务风险是一种全新的服务方式

2007 年德勤会计师事务所一项由超过 800 名来自中国香港及内地外资企业和内资企业的高级财务人员、税务人员参与的投票统计调查结果表明，未来年度企业面对的主要难题包括充分掌握税收法规的变化、税务处理合规性要求日益增长的复杂性、税务机关监管尺度的收紧和税务风险管理。这次全国性投票提示了企业管理人员当前面临的税务难题、风险及热点问题，此项调查中逾一半（59%）受访的高级管理人员认为建立企业税务内控体系是管理税务风险最有效的方法。② 从德勤调查的数据来看，企业对来自税务机关纳税服务最大的需求是帮助企业建立税务风险的防控体系，将在企业经营过程中潜在的税务风险实时化解在管理决策、财务核算等环节中。从企业角度来看，办税环境、办税方式主要体现在办税便利、快捷等服务效率方面，而如何能够帮助企业及时地发现、识别税务风险以及采取何种风险应对策略，是当前税务机关创新纳税服务方式、提高纳税服务质量和效果、实现税收管理遵从目标最为有效的手段。

三、纳税人税务风险识别指标体系的框架

（一）构建税务风险识别指标体系的方法选择

风险识别是风险管理的第一步，也是风险管理的基础和核心。只有在正确识别出企业所面临风险的基础上，才能够主动选择适当有效的方法进行风险应对处理。为了实现让企业最便利、最直观地识别企业存在的税务风险的目的，课题组成员结合多年来税收征管实践经验和纳税人税务风险防控需求调查，总结以下几种税务风险识别指标体系的构建方法：

1. 按企业经营流程提取涉税风险点。即按筹建期、采购、生产领用、销售等业务环节和经营业务提取涉税风险点。该方法的优点是企业能够在实施经营决策时考虑税收风险因素，避免因决策导致的税收风险；而不足之处在于按经营流程提取风险点，不能涵盖所有业务类型，如投资业务、重组业务等。

2. 按财务数据提取涉税风险点。由于本课题研究的税务风险识别指标体系是从税务机关角度出发，当前无法获得企业生产经营过程中各项生产技术指标的大量数据进行分析，故这里的财务数据主要包括财务报表、各税种纳税申报以及重点税源企业等向税务机关报送的各项数据。按财务数据提取税务风险点，是结合税法规定要求，通过归集整理每一个会计科目、每一项财务分析指标、纳税申报数据等方面的风险点，建立定量与定性相结合的涉税风险识别指标体系，为财务核算人员提供“税收风险点字典式”查询功能，有利于财务人员在编制会计凭证时就能够查询某一会计科目可能存在的涉税风险，保证能够在事前实施风险控制。该方法的不足是税务风险点分散，不利于企业经营决策时提供涉税风险信息。

3. 按特殊涉税业务提取风险点。这种方式较适用于企业和税收管理员。通过提取重组业务、投资业务、筹资业务、非货币性交易以及会计税法差异等高风险的特殊涉税业务归集、分析，建立特殊涉税业务税务风险识别指标体系，企业可以按照特殊涉税业务涉及的税收政策查询可能存在的涉税风险，税收管理员也可以按每一项税收政策可能涉及的风险点开展有针对性的管理。

4. 按办税流程提取风险点。从企业涉及的主要办税流程切入，注重程序、流程的预警、提醒、服务，降低因程序不清、流程不畅等所带来的企业税收成本损失。

本课题将综合使用上述四种风险识别方法，在易于实现税务风险智能化识别的基础上，兼顾企业经营决策和财务人员及时风险识别功能开展课题设计。重点按企业经营流程和会计科目提取风险点，对二者不能覆盖的税收风险点，采取按

① 卓志：《风险管理理论研究》，中国金融出版社，2006．10。

② 德勤调查：税务风险管理成为企业税务人员最大难题，纳税服务网，2007 年 1 月 17 日发布。

税收政策分项提取风险点的方式进行补充；同时，提取办税流程中存在的风险点，并实现智能化预警、查询、提醒服务。

（二）税务风险识别指标体系整体框架

1. 按企业经营流程建立风险识别指标体系

税务风险最终形成损失很大程度上是由于企业管理层在进行经营决策时未考虑税务风险因素所导致的。因此，以企业经营流程为切入点，结合企业经营特点，提出风险应对策略，有利于企业对税务风险进行源头防控。在课题研究中，按企业经营流程税务风险识别指标共提取了30项，覆盖了企业设立、筹建、采购、生产、销售、库管等各环节。因受篇幅的限制，本研究报告摘取了部分识别指标并选取典型案例进行描述。

（1）增值税一般纳税人资格涉税风险

增值税一般纳税人资格涉税风险主要包括两层涵义：一是纳税人需认定为增值税一般纳税人未及时申请认定，导致购进货物进项税额得不到抵扣；二是年应税销售额超过小规模纳税人标准未申请认定，导致按适用税率征税且不得抵扣进项税额。

主要风险指标：①应税销售额超过小规模纳税人标准未申请认定一般纳税人的风险。超标小规模纳税人未申请认定一般纳税人，按增值税税率计算应纳税额，不得抵扣进项税额，不得使用增值税专用发票。②企业生产经营需要认定为增值税一般纳税人但未及时办理认定，导致购进货物及机器设备进项税额得不到抵扣的风险。③辅导期一般纳税人未合理筹划采购和销售业务，导致税款占压资金的风险。辅导期一般纳税人实行进项税额“先比对后抵扣”政策，当月认证的进项税额在次月比对后才能抵扣，如果企业未合理安排销售业务，则可能出现按销售额的适用税额全额缴纳增值税，大量占压企业资金，影响企业正常经营的风险。

风险应对策略：①合理筹划企业类型选择。如果企业类型选择按小规模纳税人经营，则连续12个月的销售额不能超过年应税销售额标准（工业企业50万元，商业企业80万元）。连续12个销售额超过年应税销售额标准的，小规模纳税人同样按增值税税率（13%或17%）征税，而不再享受3%征收率。②如果企业生产经营需要认定为增值税一般纳税人，应当在筹建期做好资格申请认定工作，而不是采购业务已经发生或采购货物或机器设备已经入库才做申请认定工作。③辅导期一般纳税人实行进项税额“先比对后抵扣”政策，企业应当合理安排销售业务，否则可能出现按销售额的适用税额全额缴纳增值税，大量占压企业资金，影响企业正常经营的风险。

（2）返利行为涉税风险

自1997年1月1日起，凡增值税一般纳税人，无论是否有平销行为，因购买货物而从销售方取得的各种形式的返还资金，均应依所购货物的增值税税率计算应冲减的进项税金，并从其取得返还资金当期的进项税金中予以冲减。主要风险指标有：①返利收入挂往来账，未按规定冲减进项税额或缴纳营业税。②返利收入冲减费用，未按规定冲减进项税额或缴纳营业税。

风险应对策略：①严格按税法的规定核算返利收入。②购销双方在决策以返利方式购销货物时，不同的返利方式有不同的税收待遇，纳税人应当根据经营特点、市场情况以及返利收入涉及增值税、营业税、企业所得税等情况，合理筹划返利模式。主要从三个角度开展筹划工作：一是选择缴纳营业税返利模式。对商业企业向供货方收取的与商品销售量、销售额无必然联系，且商业企业向供货方提供一定劳务的收入，例如进场费、广告促销费、上架费、展示费、管理费等，不属于平销返利，不冲减当期增值税进项税金，应按营业税的适用税目税率征收营业税。二是选择缴纳增值税返利模式。对商业企业向供货方收取的与商品销售量、销售额挂钩（如以一定比例、金额、数量计算）的各种返还收入，均应按照平销返利行为的有关规定冲减当期增值税进项税金，不征收营业税。三是选择折扣销售返利模式，且供货方在同一张增值税专用发票上负数注明折扣额。折扣销售是指销货方在销售货物或应税劳务时，因购货方购买数量较大或购买行为频繁等原因，而给购货方价格方面的优惠。

案例：A企业是商业企业，增值税一般纳税人。从生产企业B企业购进货物销售。2010年B企业提供A企业返利收入117万元（不考虑城建税、教育费附加等）。

方案一：商业企业向供货方收取的与商品销售量、销售额无必然联系，且商业企业向供货方提供一定劳务的收入，按5%计算缴纳营业税 $117\times5\%=5.85$ 万元，按25%计算缴纳企业所得税 $(117-5.85)\times25\%=27.79$ 万元，合计缴纳税款33.64万元。

方案二：商业企业向供货方收取的与商品销售量、销售额挂钩（如以一定比例、金额、数量计算）的各种返还收入，均应按照平销返利行为的有关规定冲减当期增值税进项税金。冲减进项税额 $=117/1.17\times17\%=17$ 万元，缴纳企业所得税 $100\times25\%=25$ 万元，合计缴纳税款42万元。

（3）无票采购的涉税风险

采购货物或劳务未取得税法规定的合法凭证，主要表现为供货方未提供发票或销货方不索要发票。主要风险指标：①该笔业务对应的成本不得在企业所得税税前扣除，加重企业所得税负担。②增值税一般纳税人购进货物17%的进项税额不得在销项税额中抵扣，加重增值税税收负担。③发票是合法、有效的法定凭证，未取得发票的采购业务，所采购商品的质量有可能得不到保障。

风险应对策略：①如果是购货方要求销货方提供发票，销货方拒不提供发票的，购货方可以向销货方主管税务机关举报。②签订采购合同协议时，明确要求销货方必须提供合法、有效的凭据。③零星采购无发票的情形：一是集中采购或定点采购；二是去税务机关代开发票。

（4）有票采购的涉税风险

企业在采购业务中取得不符合税法规定的合法、有效凭证，导致企业不得抵扣增值税进项税额或成本费用不得在企业所得税税前扣除的风险。

主要风险指标：①发票主体风险。B企业采购业务所取得的发票在A企业的成本费用中列支；或B

企业、C企业等共同承担的采购业务所取得的发票在A企业的成本费用中列支。②发票种类风险。只有增值税法定扣税凭证才能作进项税额抵扣处理；往来款项票据不能作为成本费用列支凭证。③发票来源风险。假发票、伪造变造发票、真票假开发票、大头小尾开具等开具业务不真实的发票存在涉税风险。④发票票面风险。开具为客户名称为空、货物名称为“一批”无采购明细清单等的发票，存在不准予抵扣税款的风险。⑤延迟取得发票风险。实际发生但未能在年度内取得发票的，可以在企业所得税汇算清缴前取得发票用于税前扣除。

风险应对策略：

①企业在收取发票时，要重点留意以下几个方面：所取得的发票是否是真票，是否有基本的防伪标志；发票上所列的金额是否真实；发票上以及发票所附清单上的货物名称是否真实；发票上的客户名称是否与本企业名称一致；发票专用章是否正确。

②在核算中熟悉运用税法规定增值税扣税凭证。从销售方取得的增值税专用发票；从海关取得的海关进口增值税专用缴款书；购进农产品，除取得增值税专用发票或者海关进口增值税专用缴款书外，按照农产品收购发票或者销售发票上注明的农产品买价和13%的扣除率计算的进项税额；购进或者销售货物以及在生产经营过程中支付运输费用的，按照运输费用结算单据上注明的运输费用金额和7%的扣除率计算的进项税额；税控系统开具的机动车销售统一发票。

③不能作为成本费用列支在企业所得税前扣除的部分票据。如收款收据，收条，往来款项收据。

④采购原材料过程中，严格审核供货方的企业资格，是否具有开具增值税专用发票的增值税一般纳税人资格；要求供货方提供税务登记证副本，查看是否盖有“增值税一般纳税人”印章等，防止供货方提供假发票、虚开的发票。

（5）运输费用处理的涉税风险

该指标主要指运输费用的处理对增值税进项税额抵扣和企业所得税税前扣除的影响。主要风险指标：①税法规定可抵扣的运输费用可能因取得发票来源、票面内容等因素导致不符合抵扣规定的风险。②不得抵扣的运输费用，如装卸费、运杂费等费用抵扣进项税额的风险。

风险应对策略：①增值税一般纳税人购进货物取得运输发票开具内容与物流、资金流不一致，以及发票项目填写不齐全的不可以抵扣增值税进项税额。②增值税一般纳税人购进货物取得的公路、内河运费发票，需要经税务机关防伪税控认证后才可抵扣增值税；航空运输、海洋运输、铁路货运发票、铁路快运运单、管道运输经税务机关采集后才可抵扣增值税进项税额。③增值税一般纳税人购进货物取得的《中国铁路小件货物快运运单》列明的铁路快运包干费、超重费、到付运费和转运费，可按7%的扣除率计算抵扣进项税额；④增值税一般纳税人购进货物取得的公路、内河运费发票抵扣联不得加盖印章，加盖印章后的抵扣联不得认证抵扣进项税额。⑤一般纳税人取得的国际货物运输代理业发票和国际货物运输发票，不得计算抵扣进项税额。⑥一般纳税人取得的汇总开具的运输发票，凡附有运输企业开具并加盖财务专用章或发票专用章的运输清单，允许计算抵扣进项税额。⑦一般纳税人取得的货运定额发票不得计算抵扣进项税额。

按企业经营流程建立风险识别指标体系的典型案例

江东集团于2010年1月，与南安集团共同出资成立江林玻璃有限公司，总投资额500万元，其中江东集团出资80%，并在1月份就向当地税务机关申请一般纳税人认定并获批准为辅导期一般纳税人。

江林公司在开发区购得一片土地，但由于该土地面积有限不能满足经营需要，又将临近属于华南公司的一幢旧办公楼租赁使用，租赁期限3年，租金每年100000元，一次性支付优惠30000元，江林公司选择了一次性支付。

应对策略：旧办公楼一次性支付的270000元租金，应当根据3年的租赁期，分期每年摊销90000万元，不能在2010年一次性摊销。（资本性支出涉税风险、筹建期费用涉税风险、租赁费用扣除的涉税风险）

①江林制药根据计划在所购土地上新建厂房2幢、办公楼1幢，聘请A工程管理公司负责工程监理，2010年6月底厂房建成验收完工，共向A公司支付工程监理费60000元。

应对策略：支付的监理费用应当按照厂房和办公楼的工程量比例，分别计入相应的建筑物固定资产原值。（资本性支出涉税风险）

②2010年8月向B玻璃公司（增值税一般纳税人）购入2009年6月投入使用的旧钢化玻璃生产线一条，并由B公司负责安装调试，实现可正常生产，为了节约投资成本，与B公司协商后B公司不给江林公司开具发票，价值320000元的设备最终以300000元成交。

应对策略：由于江林公司已经是辅导期一般纳税人，B公司也是一般纳税人，因此购入的生产线是可以取得增值税专用发票，按照320000元价值可抵扣增值税进项税额计算320000/（1+17%）×17%=46495.7元；同时该笔设备款没有合法凭证入账，其固定资产折旧不得税前扣除，按320000元计算（320000－46495.7）×25%=68376元，而不开票只获得了20000元的优惠，相比取得发票可获得的增值税进项税额抵扣与企业所得税税前扣除对应纳税所得额的有利影响合计46495.7+68376=114871.7元，该无票采购实际给企业带来了9万多元的税收损失。（无票采购的涉税风险）

③向C公司购买新玻璃生产线一条，将设备安装完后进行试生产，生产钢化玻璃1000平方米，其中残次品有500平方米，江林公司将500平方米残次品计价15000元处理给C公司，在500000元设备款中扣减，最后实际向B公司支付设备款485000元，取得发票并以485000计入固定资产原值。

应对策略：出售残次品获得的15000元收入，应当计为销售收入申报缴税，不能冲减设备成本，该设备应当按照500000元开票并计入固定资产原值。（筹建期收入涉税风险）

④江林公司在厂房建成后开始对新建办公楼和租入的旧办公楼进行装修，其中新办公楼装修费用

150000元，旧办公楼翻新装修80000元，两项装修工程都于6月完工。2011年1月又将新办公楼一部分改造为员工宿舍，花费改建、装修费用50000元，并领用了自产玻璃1000平方米、购进的1吨塑钢材料用作装修原料。

应对策略：新办公楼首次装修的150000元费用可以计入新办公楼固定资产原值，分期计提折旧；旧办公楼翻新装修的80000元，应当按照剩余的租赁期限分期摊销；2011年1月对新办公楼改造支付的费用，因不属于首次装修，应当作为长期待摊费用分期摊销，最短摊销期限不低于3年；领用的自产玻璃应根据同类产品价格反应收入，申报纳税；购进的1吨塑钢材料需要做进项税额转出处理，并将转出税额计入装修费作为长期待摊费用摊销。（在建工程涉税风险、筹建期装修费涉税风险、视同销售业务涉税风险）

⑤2010年3月因南安集团应到位的100万元投资资本迟迟未到位，公司急需支付建筑工程款，向D公司借款80万元，年利率7%。

应对策略：该笔借款的产生及支付的利息，是由于南安集团未按照约定按时出资所造成的，该利息支付责任应由南安集团承担，因此该笔利息不得计入江林公司当期财务费用，应当记为针对南安公司的应收款项，向南安集团追回。（因投资未到位利息支出涉税风险）

2. 按企业财务数据建立风险识别指标体系

企业财务数据包括资产负债表、利润表以及增值税一般纳税人申报表、企业所得税年度申报表数据。在课题研究中，企业财务数据风险识别指标共提取了82项，其中，资产负债表45项，利润表19项，纳税申报数据18项。受篇幅所限，研究报告中摘取部分指标进行描述。

（1）货币资金期末余额涉税风险

①主要风险指标：货币资金期末余额指标

②风险特征描述：

货币资金期末余额<0。货币资金为负数，说明企业库存现金期末余额为负数，可能存在账内资金和账外资金混用。

例：玉溪市××汽车商贸有限公司，零售业，2009年底货币资金为-96万元，应收账款为551万元。货币资金为负一般为库存现金。

③风险应对策略：一般情况下为库存现金出现负数，这种情形容易成为税务机关关注的高风险。针对风险指标的分析结果，企业应当开展涉税业务自查评估，是否存在将账外销售行为，将账外销售的资金拿来账内用。及时规范自身纳税行为。

（2）货币资金占流动资产比重指标涉税风险

①主要风险指标：

指标1：货币资金占流动资产比重=货币资金÷流动资产×100%

指标2：行业大类包括畜牧业、农业、其他服务业

指标3：行业大类包括零售业、批发业

②风险特征描述：

指标1≥95%，且行业大类≠指标2，该企业所属行业与实际经营不相符，可能存在异常经营风险，被税务机关关注的风险较高。

指标1≤3%，且行业大类≠指标2，该企业所属行业与实际经营不相符，可能存在异常经营风险，被税务机关关注的风险较高。

③风险应对策略：货币资金越高，企业短期偿债能力越强。但从企业经营的角度，要求选择一个合理的现金比率。太高造成现金浪费，与实际经营不相符；过低可能有已收取货款未及时入账，或者存货数量不正常。货币资金过高过低容易成为税务机关关注的高风险。针对风险指标的分析结果，企业应当开展涉税业务自查评估，及时规范自身纳税行为。

（3）财务费用占营业收入比重指标涉税风险

①主要风险指标

指标1：财务费用占营业收入比重指标值=财务费用÷营业收入×100%

指标2：短期借款

指标3：长期借款

指标4：应付票据

指标5：应收票据

指标6：其他应付款

②风险特征描述

特征1：财务费用占营业收入比重指标值≥100%，说明分析期财务费用的支出大于营业收入。重点关注企业是否真实确认营业收入，是否存在不反映或少反映收入的风险。

例：云南玉溪××经贸有限公司，经营矿产品等。2010年度营业收入24万元，财务费用192万元。财务费用占营业收入比重指标值为804%。

特征2：财务费用占营业收入比重指标值>0，且短期借款=0，且长期借款=0，且应付票据=0，且应收票据=0，且其他应付款≠0，说明分析期企业无主要银行借款业务，可能存在向企业或个人借款的利息支出计入财务费用，需重点关注财务费用列支凭证是否合法、有效凭证，是否存在白条入账或费用列支主体不符合规定的问题。

例：玉溪市××市场有限公司，2010年度营业收入87万元，财务费用5.5万元，财务费用占营业收入比重指标值为6.34%。该企业资产负债表中短期借款、长期借款、应收应付票据均为0，其他应付款2010年期末余额为52万元。

特征3：30%≤财务费用占营业收入比重指标值<100%，说明分析期财务费用支出较高，企业经营风险较大。

例：华宁县××矿业有限责任公司2010年度营业收入1515万元，财务费用682万元，财务费用占营业收入比重指标值45%。短期借款期末余额490万元，长期借款期末余额1300万元，其他应付款期末余额1989万元。

③风险应对策略

从企业管理角度，财务费用占营业收入比重过大，对企业的正常生产经营和盈利能力影响较大，企业应当合理利用自有资金和借款，尽量降低财务费用的支出。

从税务风险角度，企业借款给其他企业取得利息收入，应当确认收入缴纳税款；企业从其他企业或个人借入资金支付利息，必须取得合法凭证才能在企业所得税前扣除。

（4）营业收入增减率与营业成

本增减率配比分析涉税风险

①主要风险指标

营业收入增减率 =（本期营业收入－上期营业收入）÷上期营业收入×100%

营业成本增减率 =（本期营业成本－上期营业成本）÷上期营业成本×100%

收入成本增减率配比分析指标值＝营业收入增减率÷营业成本增减率

②风险特征描述

特征1：营业收入增减率＞0，且营业成本增减率＞0，且0＜收入成本增减率配比分析指标值＜1，说明分析期收入成本比上期均有增加，但营业收入增减率低于营业成本增减率，即收入增加的幅度小于成本增加的幅度。可能存在少反映收入或多列支成本的风险。

例：××农村信用合作社2009年营业收入增减率15.63%，营业成本增减率30.49%，配比分析指标值＝0.51。

特征2：营业收入增减率＞0，且营业成本增减率＞0，且收入成本增减率配比分析指标值＞1，说明分析期收入成本比上期均有增加，且营业收入增加幅度高于营业成本的增加幅度。企业应当关注分析营业成本核算的准确性。

例：玉溪××矿业有限公司2010年营业收入增减率34.08%，营业成本增减率4.62%，配比分析指标值＝7.38。

特征3：营业收入增减率＜0，且营业成本增减率＜0，且0＜收入成本增减率配比分析指标值＜1，说明分析期收入成本比上期均有降低，但收入的降幅小于成本的降幅。企业应当关注分析营业收入和营业成本核算的准确性。

例：玉溪红塔××建材有限公司2009年营业收入增减率－21.97%，营业成本增减率－24.44%，配比分析指标值＝0.9。

特征4：营业收入增减率<0，且营业成本增减率＜0，且收入成本增减率配比分析指标值＞1，说明分析期收入成本比上期均有降低，但收入的降幅高于成本的降幅，可能存在少反映收入或多列支成本的风险。

例：云南××彩印包装有限公司2009年营业收入增减率－5.95%，营业成本增减率－0.64%，配比分析指标值＝9.26。

特征5：营业收入增减率＞0，且营业成本增减率＜0，且收入成本增减率配比分析指标值＜1，说明收入增加，成本降低。除市场原材料降低、产品价格大幅度上涨、生产技术提高等因素以外，企业应当关注成本核算是否准确。

例：玉溪市××煤业有限公司2010年营业收入增减率60.68%，营业成本增减率－8.23%，配比分析指标值＝－7.37。

特征6：营业收入增减率＜0，且营业成本增减率＞0，且收入成本增减率配比分析指标值＜1，说明收入减少，但成本上升。除市场原材料上涨、产品价格下降等因素以外，企业应当关注重点收入成本核算是否准确。

例：玉溪××包装彩色印刷有限公司2010年营业收入增减率－2.53%，营业成本增减率9.25%，配比分析指标值＝－0.27。

③风险应对策略

营业收入增减率与营业成本增减率配比分析异常的，企业应当从以下几方面开展税务评估：是否存在延迟确认收入或提前确认收入行为，造成多缴或少缴款。是否存在提前确认成本或者推迟确认成本行为，造成多缴或少缴款。是否存在未反映收入行为，造成少缴税款。是否存在营业外支出计入营业成本行为，造成少缴税。

（5）营业成本占营业收入比重指标涉税风险

①主要风险指标

营业成本占营业收入比重指标值＝营业成本÷营业收入×100%

②风险特征描述

特征1：营业成本占营业收入比重指标值＞100%，说明企业当期成本大于收入，收入成本倒挂。可能存在少反映收入，或多列支成本的风险。

例：云南××物资管理局七七四处2010年度营业成本占营业收入比重指标值为2047.05%。该企业2010年度营业成本为747万元，营业收入为36万元。

特征2：营业成本占营业收入比重指标值＝100%，说明营业收入等于营业成本，企业毛利率为0%，一般来说不符合逻辑。可能存在少反映收入或多列支成本的风险，或报表的真实性问题。

例：玉溪市××玻璃科技有限公司2010年度营业成本占营业收入比重指标值为100%，营业收入为3562万元，营业成本为3563万元。

特征3：80%＜营业成本占营业收入比重指标值＜100%，成本占收入比重较大，企业应当关注成本核算的真实性，以及收入反映的准确性。

例：云南××太阳能有限公司2010年度营业成本占营业收入比重指标值为94.54%，营业收入为2857万元，营业成本为2700万元。

③风险应对策略：企业应当关注成本和收入成本核算的真实性。

（6）毛利率指标涉税风险

①主要风险指标

本期毛利率＝（本期营业收入－本期营业成本）÷本期营业收入×100%

本期行业毛利率＝（本期行业营业收入合计－本期行业营业成本合计）÷本期行业营业收入合计×100%

②风险特征描述

特征1：本期毛利率＜0，说明本期营业成本大于营业收入，可能存在少确认收入，或多列支成本的涉税风险。

例：云南玉溪XX科技有限公司2010年毛利率为－55%，营业收入为400万元，营业成本为621万元。

特征2：本期毛利率＜本期行业毛利率，可能存在少确认收入，或多列支成本的涉税风险。

③风险应对策略

毛利率指标异常，主要从以下几方面开展企业涉税业务评估：关注财务数据的真实性。在财务数据真实的前提下，毛利率指标异常，企业应当建立生产成本内控机制，重点监控成本核算环节，避免人为因素导致原材料采购价格过高、材料领用失控等问题。在财务数据真实的前提下，企业应当对分析期收入确认情况进行自我评估，避免因少反映、未反映收入导致的涉税风险。经营决策方面，是否存在产销量大幅增减或者产品价格涨跌幅度较大；是否产品结构种类发生较大变化，影响收入；企业是否存在经营性问题，导致企业产销下降幅度较大；企业是否发生停产或者技改等重大事件。

（7）进项税额构成分析指标

①主要风险指标

指标1：增值税专用发票：17%（防伪税控稽核系统）

指标2：增值税专用发票：13%（防伪税控稽核系统）

指标3：增值税专用发票：6%（简易征收办法）（防伪税控稽核系统）

指标4：税务机关代开增值税专用发票：3%（防伪税控稽核系统）

指标5：货物运输发票：7%

②风险特征描述及应对策略

a、该指标与进项平均税率、销项平均税率以及销项税额构成配比分析，主要监控存在税率差的企业，特别是存在税率差的商贸企业是否存在虚开、代开发票的问题。

b、当进项平均税率≠销项平均税率时，

风险特征	风险特征描述	风险应对策略
特征1	13%购进多17%购进少 13%销售少17%销售多	此类情形一般是存在税率差的企业，购进低税率原材料，加工生产产品为高税率产品。如冶炼企业、农产品加工企业等。
特征2	13%购进少17%购进多 13%销售多17%销售少	一是购进环节要关注该企业是否接受虚开增值税专用发票的嫌疑。二是重点关注销售环节开票情况。当销售17%货物购方不需要发票时，而企业又需对该类销售申报纳税时，这部分货物将形成“富余票”，为提供虚开代开发票提供空间。实地核查时，关注销售环节开具的发票（包括专票和普票）货物名称是否属于企业经营范围，购销数量是否符合逻辑关系等。此情形下的农机产品生产企业为例外。
特征3	7%抵扣比例较大	此情形一般是运输发票抵扣企业，实地核查要重点关注运输发票的取得及抵扣是否符合规定的情况。

③适用范围：所有行业。

（8）单位运费配比销售额分析指标

①主要风险指标

指标1：单位运费销售额 = 本期累计销售额 ÷ 本期累计运费

指标2：差异率 =（本期企业运费配比销售额 - 行业预警值）÷ 行业预警值

②风险特征描述

企业单位运费配比销售额在设定的预警值之外时，属于异常，可能存在：一是少计销售收入；二是多列运费，或运费中含货款。

特征1：该企业运费占企业整体成本比重过大。

特征2：该企业可能存在产出反映不实。

特征3：该企业可能存在货物发出未及时反映销售。

特征4：该企业可能存在运费包干价问题。

特征5：该企业可能存在虚抵运费的问题。

③风险应对策略

单位运费配比销售额，是从企业整体成本的角度分析1单位运费对应多少单位的销售额，即运费在企业总成本的高低情况。企业指标高于行业标准值，即1单位运费对应的销售额较高，视为正常；企业指标低于行业标准值，即1单位运费对应的销售额较低，说明运费支出高，而企业产出低，视为异常。适用于所有增值税一般纳税人，包括工业企业和商业企业。

3. 按特殊涉税业务建立风险识别指标

特殊涉税业务主要包括企业生产经营流程中不经常发生的业务和税法与会计差异处理等，如债务重组、企业重组、投资业务。在课题研究中，企业特殊涉税业务税务风险识别指标共提取了23项，其中，利润分配业务3项，债务重组业务4项，投资业务3项，企业重组业务4项，税收与会计差异业务9项。受篇幅所限，研究报告中每部分摘取指标进行描述。

（1）债务重组涉及税种风险

①风险特征描述：以非货币资产抵偿债务，按照非货币资产的类别不同可能会涉及缴纳不同税种的风险。

②主要风险指标：

指标1：以库存商品抵债，债务人可能需要缴纳增值税、消费税、城建税、教育费附加、地方教育费附加、企业所得税等税种。

指标2：以固定资产抵债，债务人可能需要缴纳增值税、城建税、教育费附加、地方教育费附加、企业所得税等税种.

指标3：以不动产抵债，债务人可能要缴纳营业税、城建税、教育费附加、地方教育费附加、企业所得税、土地增值税等税种。债权人可能要缴纳契税、企业所得税等。

指标4：以无形资产抵债，债务人可能要缴纳营业税、城建税、教育费附加、地方教育费附加、企业所得税等税种。

③风险应对策略：在做债务重组决策时，债权人、债务人双方除了考虑债权、债务以外，还应该充分考虑债务重组中涉及的税收问题。在做出债务重组方案之前，应当要求公司财务部门提供债务重组涉及税收的方案，然后管理层再结合债权债务和涉及税收情况再做出决策，避免因债务重组产生少缴税或多缴税的税收风险。

（2）投资成本核算涉税风险

①风险特征描述：企业购入交易性金融资产和可供出售金融资产时，支付的交易费用（手续费、经纪人佣金）和交易税金不计入投资成本，而是计入当期期间费用在税前扣除。

②主要风险指标：企业投资业务少计投资成本多列当期费用。

③风险应对策略：企业应当从以下几方面开展评估自查

a. 审核股票、债券交易交割单，核实企业从证券交易所购买股票、债券时支付的手续费、经纪人佣金、印花税金额；结合“交易性金融资产”、“可供出售金融资产”账户本期借方发生额的审查，确认股票、债券投资成本构成中是否包含购买股票、债券时支付的交易费用和税金。

b. 审查“其他货币资金—存出投资款”账户贷方发生额对应账户有无“财务费用”等期间费用账户，则可以认定是否存在购买股票、债券发生交易费用和税金计入期间费用。

c. 复核当年企业所得税纳税申报表中期间费用的金额，判断计入期间费用的购买股票、债券的交易费用和税金是否在税前扣除。

（3）投资收益核算涉税风险

①风险特征描述：企业持有交易性金融资产、持有至到期投资、可供出售金融资产和可供出售金融资产期间，投资收益不入账或者部分入账，少缴企业所得税。

②主要风险指标：

指标1：投资收益在“应收利息”等往来账户核算未及时缴纳企业所得税。

指标2：将实现的投资收益直接用于发放职工福利。

指标3：将实现的投资收益冲减投资成本。

指标4：债券投资利息收入计入溢（折）价摊销，少缴企业所得税。

指标5：利用会计权益法确认的长期股权投资损失冲减当期投资收益。

指标6：取得的股票红利未按规定缴纳企业所得税。

③风险应对策略：

a. 股息、红利等权益性投资收益的界定。股息、红利等权益性投资收益，是指企业因权益性投资从被投资方取得的收入。

b. 股息、红利等权益性投资收益收入确认日期。股息、红利等权益性投资收益，除国务院财政、税务主管部门另有规定外，按照被投资方做出利润分配决定的日期确认收入的实现。被投资企业将股权（票）溢价所形成的资本公积转为股本的，不作为投资方企业的股息、红利收入，投资方企业也不得增加该项长期投资的计税基础。

c. 作为免税收入的投资收益。企业的下列收入为免税收入：（一）国债利息收入；（二）符合条件的居民企业之间的股息、红利等权益性投资收益；（三）在中国境内设立机构、场所的非居民企业从居民企业取得与该机构、场所有实际联系的股息、红利等权益性投资收益。

d. 投资收益收入额的确定。股息、红利等权益性投资收益和利息、租金、特许权使用费所得，以收入全额为应纳税所得额；股息、红利等权益性投资收益和利息、租金、特许权使用费所得，以收入全额为应纳税所得额，不得扣除税法规定之外的税费支出。

（4）企业并购业务涉税风险

①风险特征描述：企业并购主要包括公司合并、资产收购、股权收购三种形式。企业并购前目标企业应尽未尽的纳税义务、应计未计的成本费用都会给企业并购带来税务风险，甚至可能影响合并后企业整个财务状况。

②主要风险指标：

指标1：并购前目标企业应尽而未尽的纳税义务由合并后企业承继，增加了合并后企业的税收负担。如果公司以合并形式进行并购，根据《公司法》第一百七十五条规定，公司合并时，合并各方的债权、债务，应当由合并后存续的公司或者新设的公司承继。因此，如果合并之前的公司存在应纳但未纳的税款，在合并之后，由于承继关系的存在，合并后的企业就会面临承担合并前企业纳税义务的风险。

指标2：并购前目标企业应尽而未尽的纳税义务直接影响并购后企业的财务状况。如果以资产收购或股权收购形式进行并购及同一、非同一控制下的控股合并，同样会产生一系列的税收问题。第一，一家企业通过资产收购、股权收购及控股合并取得目标企业的控制权后，根据《企业会计准则第2号—长期股权投资》的规定，投资企业对被投资单位具有共同控制或重大影响的，长期股权投资应采用权益法核算。因此，目标企业的损益变化可能会在很大程度上影响并购后企业的损益。如果并购前的目标企业未履行其应尽的纳税义务，并购后再履行的话，势必会减少并购后企业的损益。第二，并购后企业集团根据《合并会计报表暂行规定》、《企业会计准则第33号—合并财务报表》的规定进行财务报表的合并，在这种情况下，并购前未尽的纳税义务甚至会影响整个企业集团的财务状况。

指标3：并购前目标企业应尽而未尽纳税义务，将虚增目标企业的净资产，增加收购企业的收购成本。如果目标企业存在应尽而未尽的纳税义务，该纳税义务实际上是对国家的负债，但并购前尚未在会计报表中体现。这直接导致目标企业的股东权益虚增，收购企业收购时将付出高于其实际净资产的收购对价，增加了收购成本。

指标4：并购前目标企业应计而未计相关涉税事项，不仅会增加收购企业的收购成本，而且会增加并购后企业的税收负担。如果目标企业存在应计未计费用、应提未提折旧、应摊未摊资产、少计未计可在以后年度弥补的亏损、少计未计未过期限的税收优惠额等情形，在企业并购时将产生两个后果：第一，目标企业存在应计未计费用、应提未提折旧、应摊未摊资产情形的，虚增了目标企业的股东权益，增加了收购企业的收购成本；第二，根据财政部、国家税务总局《关于企业重组业务企业所得税处理若干问题的通知》（财税〔2009〕59号）的规定，因符合条件不选择所得税清算而选择特殊性税务处理的企业合并，可由合并企业在限额内弥补被合并企业未过期限的亏损额。该文件还规定，在吸收合并中，合并后的存续企业性质及适用税收优惠的条件未发生改变的，可以继续享受合并前该企业剩余期限的税收优惠。因此，目标企业存在少计未计可在以后年度弥补的亏损、少计未计未过期限的税收优惠额情形的，并购后企业可能少享受因并购的资产所继承的税收权益，从另一角度来看，增加了并购后企业的税收负担。

③风险应对策略：企业并购前的税务评估审查是防范企业并购中涉税风险的有效途径。实施企业并购前，有关各方应先对目标企业适用的税收政策、纳税情况、财务会计状况进行调查，对目标公司应计未计费用、应提未提折旧、应摊未摊资产全部补计

补提，对目标企业可能存在未履行的纳税义务进行全面评估，以减少目标企业的股东权益，使净资产账面价值及公允价值符合实际情况，降低收购企业的收购成本，并有效防范并购中的涉税风险。

（5）个人股权转让业务涉税风险

①风险特征描述：个人股权转让的转让方是自然人股东，其转让所得主要涉及个人所得税。个人股权转让所得涉税风险应当作为企业及自然人关注的重点。

②主要风险指标：

指标1：股权转让所得个人所得税的纳税地点风险。根据《国家税务总局关于加强股权转让所得征收个人所得税管理的通知》（国税函〔2009〕285号）规定："三、个人股东股权转让所得个人所得税以发生股权变更企业所在地地税机关为主管税务机关。企业或扣缴义务人应到主管税务机关办理纳税申报和税款入库手续。主管税务机关应按照《个人所得税法》和《税收征收管理法》的规定，获取个人股权转让信息，对股权转让涉税事项进行管理、评估和检查，并对其中涉及的税收违法行为依法进行处罚。"

指标2：个人平价或低价转让股权的涉税风险。根据《国家税务总局关于加强股权转让所得征收个人所得税管理的通知》（国税函〔2009〕285号）第四条规定："税务机关应加强对股权转让所得计税依据的评估和审核。对扣缴义务人或企业申报的股权转让所得相关资料应认真审核，判断股权转让行为是否符合独立交易原则，是否符合合理性经济行为及实际情况。对申报的计税依据明显偏低（如平价和低价转让等）且无正当理由的，主管税务机关可参照每股净资产或个人股东享有的股权比例所对应的净资产份额核定。"

指标3：个人股权转让过程中取得的违约金征收个人所得税的风险。根据《国家税务总局关于个人股权转让过程中取得违约金收入征收个人所得税问题的批复》（国税函〔2006〕866号）规定："根据《中华人民共和国个人所得税法》的有关规定，股权成功转让后，转让方个人因受让方个人未按规定期限支付价款而取得的违约金收入，属于因财产转让而产生的收入。转让方个人取得的该违约金应并入财产转让收入，按照'财产转让所得'项目计算缴纳个人所得税，税款由取得所得的转让方个人向主管税务机关自行申报缴纳。"

③风险应对策略：发生个人股权转让应根据税法的规定缴纳个人所得税。

（6）企业股权转让业务涉税风险

①风险特征描述：企业股权转让业务主要包括交易性金融资产出售、长期股权投资转让（收回）业务。股权转让方式不同，适用的税收政策也不同，企业应当关注股权转让操作方式所带来的税收风险。

②主要风险指标：

指标1：少计股权转让所得的风险。主要表现为股权转让所得挂往来账或应付职工薪酬、多计股权转让成本、多计股息红利收入、多计股权转让损失等。

指标2：未按规定期限确认股权转让所得的风险。企业转让股权收入，应于转让协议生效、且完成股权变更手续时，确认收入的实现。转让股权收入扣除为取得该股权所发生的成本后，为股权转让所得。企业在计算股权转让所得时，不得扣除被投资企业未分配利润等股东留存收益中按该项股权所可能分配的金额。

指标3：未按规定申报股权转让所得的风险。股权转让交易双方为非居民企业且在境外交易的，由取得所得的非居民企业自行或委托代理人向被转让股权的境内企业所在地主管税务机关申报纳税。被转让股权的境内企业应协助税务机关向非居民企业征缴税款。

指标4：被股权转让企业未按规定变更税务登记风险。被转让股权的境内企业未依法变更税务登记的，主管税务机关应当按照《税务登记管理办法》第四十二条的规定处理。《税务登记管理办法》第四十二条规定："企业未按照规定期限申报办理税务登记、变更或者注销登记的，税务机关应当自发现之日起3日内责令其限期改正，并依照《税收征管法》第六十条第一款的规定处罚。股权转让交易双方均为非居民企业且在境外交易的，被转让股权的境内企业在依法变更税务登记时，应将股权转让合同复印件报送主管税务机关"

③风险应对策略：熟悉掌握税法规定，合理决策股权转让操作方式。

（7）交易性金融资产处置与税法差异涉税风险

①风险特征描述：交易性金融资产处置直接影响应纳税所得额的正确计算。

②主要风险指标：

指标1：在会计处理上，处置时其处置收入与账面余额的差额，确认为投资收益，同时按"公允价值变动"明细科目余额调整公允价值变动损益至投资收益。

指标2：在税务处理上，企业在转让或者处置投资资产时，投资资产的成本（计税基础）准予扣除。

指标3：出售交易性金融资产，会计上按账面价值结转，计算资产转让所得应按计税基础扣除。"公允价值变动"明细科目余额调整公允价值变动损益至投资收益应作纳税调整处理。

③风险应对策略：会计确认的公允价值变动损益，应当相应调整应纳税所得额，交易性金融资产计税基础保持不变。

例：甲公司2008年11月1日购入A公司股票8万股，账面价值136万元，12月31日公允价值128万元。截至2009年3月31日，该项交易性金融资产的账面价值为128万元。同日，该公司将这8万股股票以164万的价格出售。

会计处理如下

12月31日公允价值变动：

借：公允价值变动损益 80000

贷：交易性金融资产—公允价值变动 80000

3月31日处置该金融资产：

借：银行存款 1640000

交易性金融资产—公允价值变动 80000

贷：交易性金融资产—成本 1360000

投资收益 280000

公允价值变动损益 80000

税务处理：企业持有交易性金融资产期间产生资产增值或者减

值，除国务院财政、税务主管部门规定可以确认损益外，不得调整该资产的计税基础。出售交易性金融资产，会计上按账面价值结转，计算资产转让所得应按计税基础扣除。“公允价值变动”明细科目余额调整公允价值变动损益至投资收益应作纳税调整处理。

风险点分析：2008 年公允价值变动时，不应该确认其变动损失，调整增加应纳税所得额 8 万元。2009 年出售交易性金融资产可扣除的计税成本应为购入时支付的价款 136 万元，取得的投资收益为 164 万 ~ 136 万元 = 28（万元），但企业计入当期利润的总收益为 36 万元。调整减少应纳税所得额 8 万元。如果纳税人未留意到交易性金融资产处置与税法差异，没有正确填列企业所得税年度审报表，在以后的纳税检查、评估等工作中发现后进行补充申报可能面临需要缴纳罚款和滞纳金的风险。

4. 按办税程序建立风险识别指标

课题组根据《税收征管法》及其《实施细则》、《发票管理办法》及其《实施细则》以及省局《税务行政处罚自由裁量适用规则》、《自由裁量执行标准》等规定，梳理、归纳、整理与企业办税程序税务风险相关的指标。课题研究过程中，提取的办税程序税务风险识别指标体系共 207 项，其中，登记认定 20 项，发票管理 60 项，账簿管理 5 项，优惠政策 41 项，申报征收 47 项，税收法制 34 项。受篇幅所限，研究报告将摘取部分指标进行描述。

（1）无照户企业办理税务登记业务风险

①风险特征描述：从事生产、经营的企业，应办而未办工商营业执照，或不需办理工商营业执照而需经有关部门批准设立但未经有关部门批准的（简称无照户企业），应当自纳税义务发生之日起 30 日内申报办理税务登记。税务机关对无照户企业核发临时税务登记证及副本，并限量供应发票。

②主要风险指标：企业未按照规定的期限申请办理税务登记，税务机关将责令企业限期改正，并按以下标准处罚：一是企业逾期 20 天以内的，不予处罚；逾期 20 ~ 60 天的，处 100 ~ 1000 元罚款；逾期 60 ~ 180 天的，处 1000 ~ 2000 元罚款；逾期 180 天以上或有其他严重情节的，处 2000 ~ 10000 元罚款；二是个体逾期 20 天以内的，不予处罚；逾期 20 ~ 60 天的，处 50 ~ 200 元罚款；逾期 60 ~ 180 天的，处 200 ~ 500 元罚款；逾期 180 天以上或有其他严重情节的，处 500 ~ 2000 元罚款。

③风险应对策略：从事生产、经营的企业，应办而未办工商营业执照，或不需办理工商营业执照而需经有关部门批准设立但未经有关部门批准的（简称无照户企业），应当自纳税义务发生之日起 30 日内申报办理税务登记。无照户企业已领取营业执照或已经有关部门批准的，应当自领取营业执照或自有关部门批准设立之日起 30 日内，向税务机关申报办理税务登记，税务机关核发税务登记证及副本；已领取临时税务登记证及副本的，税务机关应当同时收回并做作废处理。

（2）产生经营收入应开具而未开具发票风险

①风险特征描述：企业产生经营收入应开具而未开具发票。

②主要风险指标：企业产生经营收入应开具而未开具发票的，主管税务机关一经发现，将责令限期改正，并按以下标准处罚：一是应开具金额小于 2000 元，处 100 元以下罚款；二是应开具金额大于 2000 元小于 1 万元的，处 100 元以上 1000 元以下罚款；三是应开具金额大于 1 万元小于 10 万元的，处 1000 元以上 5000 元以下罚款；四是应开具金额大于 10 万元的，处 5000 元以上 1 万元以下罚款；单次处罚金额最高累计不超过 1 万元。

③风险应对策略：销售商品、提供服务以及从事其他经营活动的单位和个人，对外发生经营业务收取款项，收款方应当向付款方开具发票。

（3）使用假发票风险

①风险特征描述：纳税人开具发票时，使用假发票。

②主要风险指标：纳税人开具发票时，非法使用假发票的，主管税务机关一经发现，将责令限期改正，没收非法所得，并按以下标准处罚：虚开金额在 1 万元以下的，可以并处 5 万元以下的罚款；虚开金额超过 1 万元的，并处 5 万元以上 50 万元以下的罚款；构成犯罪的，依法追究刑事责任。

③风险应对策略：纳税人应当按规定使用正规发票，严禁非法使用假发票。

（4）企业未按照规定设置、保管账簿或者保管记账凭证和有关资料风险

①风险特征描述：企业、扣缴义务人按照有关法律、行政法规和国务院财政、税务主管部门的规定设置账簿，根据合法、有效凭证记账，进行核算。从事生产、经营的企业、扣缴义务人必须按照国务院财政、税务主管部门规定的保管期限保管账簿、记账凭证、完税凭证及其他有关资料。

②主要风险指标：纳税人未按照规定设置、保管账簿或者保管记账凭证和有关资料的，由税务机关责令限期改正，并按以下标准予以处罚：一是逾期 1 个月以内，且在限期内改正的，可不予处罚；二是逾期 1 ~ 3 个月的，处 500 元以下罚款；三是逾期 3 ~ 6 个月的，处 500 元以上 2000 元以下罚款；四是责令改正拒不改正或在规定的保存期限内擅自损毁账簿、记账凭证及有关资料等情节严重的，处 2000 元以上 1 万元以下罚款。

③风险应对策略：企业、扣缴义务人必须按照国务院财政、税务主管部门规定的保管期限保管账簿、记账凭证、完税凭证及其他有关资料。账簿、记账凭证、完税凭证及其他有关资料不得伪造、变造或者擅自损毁。

（5）企业股权投资损失税前扣除办税风险

①风险特征描述：纳税人发生的资产损失，应按规定的程序和要求向主管税务机关申报后方能在税前扣除。未经申报的损失，不得在税前扣除。对发生的股权投资损失，按规定应当向主管税务机关进行专项申报。属于专项申报的资产损失，应逐项（或逐笔）报送申请报告，同时附送会计核算资料及其他相关的纳税资料。资产损失相关的证据包括具有法律效力的外部证据和特定事项的企业内部证据。

②主要风险指标：纳税人发生的资产损失，应按规定的程序和要求向主管税务机关申报后方能在税前扣除。未经申报的损失，不得在税前扣除。

③风险应对策略：纳税人资产损失按照规定应进行专项申报的，应当逐项（或逐笔）报送申请报告，同时附送会计核算资料及其他相关的纳税资料。纳税人在申报资产损失税前扣除过程中不符合上述要求的，税务机关应当要求其改正，纳税人拒绝改正的，税务机关有权不予受理。在进行企业所得税年度汇算清缴申报时，可将资产损失申报材料和纳税资料作为企业所得税年度纳税申报表的附件一并向税务机关报送。属于专项申报的资产损失，因特殊原因不能在规定的时限内报送相关资料的，可以向主管税务机关提出申请，经主管税务机关同意后，可适当延期申报。

（6）资源综合利用企业所得税减计收入优惠备案办税风险

①风险特征描述：企业综合利用资源，生产符合国家产业政策规定的产品所取得的收入，可以在计算应纳税所得额时，减按90%计入收入总额。

②主要风险指标：减免税审批机关由税收法律、法规、规章设定。企业不按税收法律、法规、规章的规定申请办理减免税审批事项，不得享受减免税优惠政策。

③风险应对策略：主管税务机关应在受理企业减免税备案后7个工作日内完成登记备案工作，并告知企业执行。

（7）增值税一般纳税人纳税申报办税风险

①风险特征描述：值税一般纳税人纳税申报是指增值税一般纳税人依照税收法律法规规定或主管税务机关依法确定的申报期限，向主管税务机关办理增值税纳税申报的业务。

②主要风险指标：

未按照规定的期限办理增值税一般纳税人纳税申报的，税务机关将责令企业限期改正，并按以下标准处罚：一是在责令限改期内改正的，不予处罚；二是企业超过责令限改期10天内罚款50～200元，以后每逾期一天加处50元；三是个体超过责令限改期10天内罚款10～50元，以后每逾期一天加处10元；四是罚款数额累计不得超过2000元，情节严重的，最高不超过10000元。企业未按照规定期限缴纳税款的，扣缴义务人未按照规定期限解缴税款的，税务机关除责令限期缴纳外，从滞纳税款之日起，按日加收万分之五的滞纳金。

③风险应对策略：固定业户应当向其机构所在地的主管税务机关申报纳税。总机构和分支机构不在同一县（市）的，应当分别向各自所在地的主管税务机关申报纳税；经国务院财政、税务主管部门或者其授权的财政、税务机关批准，可以由总机构汇总向总机构所在地的主管税务机关申报纳税。固定业户到外县（市）销售货物或者应税劳务，应当向其机构所在地的主管税务机关申请开具外出经营活动税收管理证明，并向其机构所在地的主管税务机关申报纳税；未开具证明的，应当向销售地或者劳务发生地的主管税务机关申报纳税；未向销售地或者劳务发生地的主管税务机关申报纳税的，由其机构所在地的主管税务机关补征税款。非固定业户销售货物或者应税劳务，应当向销售地或者劳务发生地的主管税务机关申报纳税；未向销售地或者劳务发生地的主管税务机关申报纳税的，由其机构所在地或者居住地的主管税务机关补征税款。企业应按月进行纳税申报，申报期为次月1日起至15日止，遇最后一日为法定节假日的，顺延1日；在每月1日至15日内有连续3日以上法定休假日的，按休假日天数顺延。

（8）查账征收企业所得税年度纳税申报办税风险

①风险特征描述：企业自纳税年度终了之日起5个月内或实际经营终止之日起60日内，依照税收法律、法规、规章及其他有关企业所得税的规定，自行计算本纳税年度应纳税所得额和应纳所得税额，根据月度或季度预缴企业所得税的数额，确定该纳税年度应补或者应退税额，并填写企业所得税年度纳税申报表，向主管税务机关办理企业所得税年度纳税申报、提供税务机关要求提供的有关资料、结清全年企业所得税税款的行为。

②主要风险指标：未按照规定的期限办理查账征收企业所得税年度纳税申报的，税务机关将责令企业限期改正，并按以下标准处罚：一是在责令限改期内改正的，不予处罚；二是企业超过责令限改期10天内罚款50～200元，以后每逾期一天加处50元；三是个体超过责令限改期10天内罚款10～50元，以后每逾期一天加处10元；四是罚款数额累计不得超过2000元，情节严重的，最高不超过10000元。企业未按照规定期限缴纳税款的，扣缴义务人未按照规定期限解缴税款的，税务机关除责令限期缴纳外，从滞纳税款之日起，按日加收万分之五的滞纳金。

③风险应对策略：企业应当自年度终了之日起五个月（5月31日止）或实际经营终止之日起60日内，税务机关报送年度企业所得税纳税申报表。

（9）进行虚假纳税申报逃避缴纳税款的风险

①风险特征描述：纳税人进行虚假纳税申报，逃避缴纳税款。

②主要风险指标：对纳税人逃避缴纳税款的，由税务机关追缴其不缴或者少缴的税款、滞纳金，并按以下标准处罚：一是逃避缴纳税款金额占同期应纳税总额10%以下的，处50%以上1倍以下罚款；二是逃避缴纳税款金额占同期应纳税总额10%以上30%以下的，处50%以上2倍以下罚款；三是逃避缴纳税款金额占同期应纳税总额30%以上的，处50%以上3倍以下罚款；四是在两年内又再次逃避缴纳税款或有逃避、拒绝检查及其他严重情节的，处50%以上5倍以下罚款。

③风险应对策略：纳税人应依法、如实申报缴纳税款。

四、纳税人税务风险识别指标体系的实现机制

按照以上框架建立的纳税人税务风险识别指标体系是一个庞大的体系，内容涵盖了企业各环节的税务风险，提取的税务风险识别指标繁多。要把纳税人税务风险识别指标体系真正应用于纳税人税务风险管理的实践中，发挥指标体系识别风险的作用，课题组认为应该做好以下三个方面的工作：

（一）实现税务风险识别指标体系的理念保障

1. 企业应当树立风险管理理念，重视税务风险管理在企业风险管理中的重要地位和影响程度，建立贯穿于管理决策、采购、生产、销售、库管以及投资、融资等各环节有效的税务风险管理机制，及时防控税务风险，降低税务风险对企业经济利益、企业形象等方面的不良影响和损失。

2. 税务机关应当树立“服务促遵从”的理念，创新服务手段，发挥税务机关在税务风险防控方面具有的专业优势，不断完善纳税人税务风险识别指标体系，为企业提供风险防控专业化工具，帮助企业实时识别和化解生产经营、财务核算等环节中存在的涉税风险。

3. 研究团队应当树立持续改进的理念，及时增减和调整指标体系。在构建纳税人税务风险识别指标体系时，任何一个研究团队必然要选择一个时点作为基准来构建指标体系。随着企业生产经营情况的变化和国家税收政策法规的调整，原先建立的指标体系可能会发生指标数量的增减和指标内容的调整，这就要求研究团队按照持续改进的原则，对指标体系进行不断的增减、调整和改进。另外，任何一个研究团队的征管实践经验和所掌握的知识都是有限的，要尽量做到指标体系的全面完整，需要更多有志于推进纳税人税务风险管理的税务干部参与到指标体系的建设中来。

（二）实现税务风险识别指标体系的技术保障

1. 税务风险识别方法分析与比较

①单预警指标分析法，是指将某一项预警指标作为判别标准来判断企业是否存在问题的预测模型。单预警指标分析法主要包括对比分析法、结构分析法、比率分析法。

对比分析法，也称指标比较法或比较分析法。它是将可比较的指标在时间上和空间上进行对比，以分析事物矛盾的一种最基本、最常用的分析方法。按指标性质可分为绝对数比较和相对数比较；按比较形式可分为与计划比较、与以前期比较、与同类型单位（或地区）比较。

结构分析法，也称比重分析法。它是分析某一经济现象在总体中所占的比重，从比重构成的分析中，进一步掌握事物的特点，借以认识事物的本质和客观规律性的一种方法。结构分析法的特点是把分析对象的总体作为100%，借以分析构成总体的各个部分所占的比重，以认识局部与总体关系和影响。如进项税额构成分析法。

比率分析法，也称数字联系分析法。它是把两个不同性质但又有联系的经济指标进行强度对比，求出两者的强度相对数，产生一个新概念的分析方法。比率分析法常用于分析反映效益方面的指标，如资金收入率，它是指某一时期业务总收入与资金平均占用额的比率；如应纳税额增减率与销售收入增减率配比分析指标、营业成本增减率与营业收入增减率配比分析指标等。

单预警指标分析法使用的是一元判定模型，该模型是指将某一项预警指标作为判别标准来判断企业是否存在税务风险的一种预测模型。优点为单项指标分析简单直观，具有易操作、针对性强、有实效、直观等特点。其不足是用单项指标分析容易形成就问题分析问题、就指标分析指标的情形，可能导致分析精确度不高。由于单指标分析只能反映出事物的某一方面存在问题，只能揭示出涉税风险的某一个点，无法系统、全面地反映出风险的全貌。

②信息查询辅导法。首先，企业管理层往往更加关注如何实现企业利润最大化、如何提高企业竞争力的问题，而对经营活动中可能隐藏的涉税风险关注或重视程度不够，一般只有在涉税风险出现了或企业损失已既成事实后，可能才会意识到税务风险问题。其次，由于企业涉税事项的各办税程序较多，企业办税人员一般很难熟练掌握各项办税程序的要求，在办税过程中出现了效率低、办税成本高等问题。而税务风险识别指标体系归集了管理层在采购、销售、库存以及投资、筹资、利润分配等决策过程中可能面临的税务风险以及应对策略，归集了办税人员在涉税事项办理过程中需要关注的风险点及应对策略。通过提供风险识别指标的智能查询功能，能够使企业在管理决策和办税过程中及时掌握可能存在的风险，并实现及时防控风险损失的发生。

③专家在线交流辅导法。不同企业所处的经营环境不同，可能遇到的涉税问题也不尽相同；同时，由于经济运行环境不断变化，决定了税收政策将随之不断调整变化，加之税务风险识别指标体系的构建是一项持续改进、不断完善的过程，对税务风险识别指标体系中未涵盖的税务风险，提供专家在线交流辅导功能，帮助企业实时、快速识别税务风险。对风险识别指标体系而言，也能够进一步收集、整理新的涉税风险，从而不断完善税务风险特征库内容。

④德尔菲分析法。德尔菲法也称专家经验法，是一种典型的综合性群体决策方法，是解决多目标非结构化问题的有效手段，它能够充分利用专家的知识、经验和智慧。①德尔菲法作为一种独特的专家意见评价方法，它具有以下三个特点②：一是资源利用的充分性。由于吸收不同的专家参与预测，充分利用了专家的经验和学识。二是最终结论的可靠性。由于采用匿名的方式，能使每一位专家独立自由地做出自己的判断，不会受到其他因素的影响。三是最终结论的统一性。德尔菲法通过“专家意见形成－统计反馈－意见调整”这样一个多次与专家交互的循环过程，使专家的意见逐渐趋同。

采用综合评价法建立税务风险识别指标体系是风险识别的有效方法之一，每一项指标的权重按照德尔菲法，根据税务风险识别专家经验对指标的重要性确定分值，重要性权数越大，所占分值就越高，从而实现税务风险识别的定性分析。德尔菲法的优点在于根据专家经验

① 刘光富、陈晓莉：《基于德尔菲与层次分析法的项目风险评估》、《项目管理技术》，2008年第1期。

② 田军等：《基于德尔菲法的专家意见集成模型研究》，《系统工程理论与实践》，2004年1月。

确定指标在系统中重要程度的权数，有利于综合分析各指标对风险评价结果的影响程度，有利于提供综合的评价结果供管理层进行风险应对决策；其不足之处在于评价结果的精准度可能受到专家经验和能力的制约。

⑤多元统计分析法。多元统计分析是从经典统计学中发展起来的一个分支，是一种综合分析方法，它能够在多个对象和多个指标互相关联的情况下分析它们的统计规律。主要内容包括多元正态分布及其抽样分布、多元正态总体的均值向量和协方差阵的假设检验、多元方差分析、直线回归与相关、多元线性回归与相关（Ⅰ）和（Ⅱ）、主成分分析与因子分析、判别分析与聚类分析、Shannon 信息量及其应用，简称多元分析。多元统计分析法的优点在于风险识别准确度较高，但不足之处在于该分析方法需要大量样本数据支撑。

由于税务风险贯穿于企业生产经营全过程，涉及经营决策、财务核算、购销业务等各环节，对风险识别结果的使用对象包括管理层、财会人员、采购人员、销售人员、仓管人员等，这就要求对不同的使用对象提供不同的风险识别结果表现形式。因此，课题组经过调研、研究后确定采用上述五种税务风险识别方法对纳税人税务风险进行综合的、多角度、多方位的评价和识别。

2. 税务风险识别系统模型构想

①技术架构设想。采用 J2EE 技术，使用 JSP + DAO 或 JSP + Struts + Spring + Hibernate 方式完成项目开发。技术基础平台包括：开发工具为 eclipse3.2.2 + myeclipse6.6，应用服务器使用 weblogic 9.1.0、tomcat 6，数据库服务器使用 oracle9.2，客户端使用 IE 浏览器。

②工作原理构想。一是构建税务风险识别指标体系，形成纳税人税务风险特征库，这是实现税务风险管理的基础和前提条件。二是企业使用方式设想。企业事前需要申请登录用户账号及密码，在成功登录企业税收风险智能化识别系统后，使用方要根据系统要求先初始化录入企业的基础信息，基础信息初始化完成后，系统会根据企业所属的行业，自动屏蔽掉所有与该行业无关的风险点和风险分析指标，让企业能更方便地使用系统功能，并提高软件智能分析识别企业涉税风险的针对性、准确性和有效性。三是系统识别方法的选择。前面的内容已经对税务风险智能化识别的各种分析方法进行了深入探讨，课题组认为，由于目前对税务风险系统识别的研究刚处于起步阶段，暂时无法取得各类企业大量的生产经营历史数据样本，多元回归分析方法的应用在初期可能会因数据样本量少受到制约和影响。因此，在系统识别税务风险的初期，暂提供单项指标预警、提示、查询、在线专家辅导等功能进行识别和防控；待系统识别工具运行一段时间后，积累了大量的企业数据样本后，再使用多元回归分析方法和德尔菲法判断来设置各个风险点的合理值，此时再开展多指标综合联动分析，则分析结果的精确度和准确率将得到提高。

（三）实现纳税人税务风险识别指标体系实现的制度保障

1. 企业应当建立税务风险管理的组织架构。根据不同企业的实际情况可以从以下几方面开展：一是在企业决策层下的管理层中设立税务管理部门，管理本企业的一切涉税事务。这种架构推荐大型企业集团适用。二是在企业财务部门下设立税务管理部门，在财务部门架构下管理本企业的涉税事务，识别、防范、控制税务风险。这种架构推荐中小企业集团适用。三是在企财务部门内设立专（兼）职税务管理员岗位若干，在财务部门架构下专（兼）职管理本企业的涉税事务，识别、防范、控制税务风险。这种架构推荐非集团化企业适用。

2. 企业应当建立税务风险管理绩效评价机制。以“应缴尽缴”为目标制定企业税务管理部门（人员）的工作职责，将税务风险分解到可能发生的所有节点，量化出每一节点发生损失的罚责指标，以政府各监督机构的检查中是否查出税收补、罚、退税作为依据，建立相应考核奖惩制度，责任到人，赏罚到人。

3. 企业应当建立有效的税务规划机制。企业税务规划的任务侧重于防止“多缴税”的损失，依照现行法规政策，合理安排生产经营各个环节和财务列支管理中的涉税事项，规避依法不应缴纳的税款也被申报缴纳。可由企业内部税务管理组织承担，也可委托中介服务组织承担。

4. 企业应当建立有效的沟通机制。任何一国税制的制定，都不可能周全其境内所有企业的特殊情况，其税制在税务当局和各个企业的执行中，因受各种因素影响也可能发生缺失、变形、扭曲，征纳双方面对同一税收事项，执行结果经常会有差别，最终导致企业经济利益损失的形成。因此通过加强沟通消除这些差别，对于税务风险的规避是重要的，也是必要的。

5. 业应当建立有效的评估自查机制。这是企业自身防控税务风险的最后一道防线，其任务是根据财务指标进行定性的、定量的分析、判断，找出存在高风险的经营业务、核算业务等，通过进一步核实，实现自我纠错、自我改正，从而降低企业自身的涉税风险。

从上述策略分析中可以看到，防控税务风险的几种策略中评估自查策略是必不可少的。然而，评估自查也是最为繁琐的一项工作，非专业人员不足以完成这个任务，而这样的专业人员并不是所有企业都拥有。因此通过信息化手段，提供一种专业智慧，让软件来帮助企业识别税务风险，已经成为有税法遵从意愿企业的迫切需要。这正是本课题最终要解决的问题。

参考文献：

〔1〕中国财税实务网制作：《企业会计准则及应用指南 2006》电子书。

〔2〕财政部会计司编写组：《企业会计准则讲解 2006》，人民出版社，2007 年第 1 版。

〔3〕陈希武：《纳税人税务风险识别与防控》，玉溪市国家税务局。

(4) 12366 纳税服务热线税收业务知识库。

〔5〕《国家税务总局关于印发〈大纳税人税务风险管理指引（试行）〉的通知》（国税发〔2009〕90 号）。

〔6〕《国家税务总局关于印发〈国家税务总局大企业税收服务和管理规程（试行）〉的通知》，国税发〔2011〕71号。

〔7〕杭州市国家税务局课题组：《大纳税人税务风险管理国际经验及借鉴》，《涉外税务》，2011年第6期。

〔8〕尹晓宇：《税务风险管理：美澳两国经验值得借鉴》，江苏省国家税务局。

课题指导：陈希武　白剑雄
课题组长：王红莲
副 组 长：郭文荣　吴永辉
成　　员：贾福松　李　一　张　楠
执　　笔：王红莲　吴永辉　郭文荣　贾福松　张　楠　李　一

关于经济欠发达地区国税系统基层基础工作的研究

云南省昭通市国家税务局课题组

［内容提要］ 基层国税部门是指直接负责税收征收管理和为纳税人服务的一线单位，主要是县级及其以下税收征管机关，基层是税收管理的前沿阵地和主战场，是做好各项税收工作的基础。“基础不牢地动山摇。”在我国西部经济欠发达地区，由于各种内外在原因，基层国税基础工作与发达地区相比有许多差异和距离，存在许多问题和矛盾亟待解决。本文以地处西部内陆贫困地去的昭通市11个县区基层国家税务局为例，通过大量的调研分析，从广大基层国税干部比较关注的机构设置、干部队伍建设、征管基础建设、信息化建设、软环境建设五个方面着手展开研究，在努力摸清经济欠发达地区基层国税基础工作现状的基础上，认真剖析存在的问题和成因，有针对性提出了解决问题的方法和途径。

［关键词］ 欠发达地区　国税系统　基层基础工作　研究

一、课题研究的背景和目的

经济欠发达地区，是指经济实力与发达地区有一定差距，生产力发展不平衡，科技水平不发达的地区。广义的欠发达地区包括全球范围内相对不发达的国家或地区，如通常所讲的发展中国家或地区。按照世界银行标准，人均收入低于800美元就是欠发达国家，高于9000美元以上是高收入国家或称发达国家，在欠发达国家和发达国家之间的国家是中等收入国家。狭义的欠发达地区是指一个国家内部相对不发达的经济区域，就我国而言，整个中西部特别是西部地区都是欠发达地区。经济欠发达地区主要是指人均国民生产总值、人均财政收入、农民人均纯收入三项主要经济指标低于平均水平的地区，经济发达地区主要是指人均国民生产总值、人均财政收入、农民人均纯收入三项主要经济指标高于平均水平的地区，把低于全国经济发展平均水平的地区称为经济欠发达地区，高于全国经济发展平均水平的地区称为经济发达地区。据统计，我国34个省（区、市）中，有20多个省（区、市）属于经济欠发达地区，西部12个省市区全部属于经济欠发达地区。我们对2010年全国和云南省及部分州市的农村居民人均纯收入和城镇居民人均可支配收入进行比较分析（见表1），可以看出，相对全球而言，中国属于发展中国家；相对全国而言，云南省属于欠发达省份；相对云南省而言，昭通、迪庆、怒江属于欠发达地区。

2010年全国和云南省及部分地区人均收入对比表

表1　　　　单位：元

单位	农村居民人均纯收入	城镇居民人均可支配收入
全　国	5919	19109
云南省	3952	16065
昭通市	2768	12295
迪庆州	3347	15996
怒江州	2005	10479

资料来源：全国及各地2010年国民经济和社会发展统计公报。

按照国家税务总局国税发〔2003〕126号文《印发全国税务系统基层建设纲要》明确，基层税务部门是指负责税收征收管理（包括稽查等）和纳税人服务的一线单位。由于机构改革原因，国税部门在乡镇的税务分局或税务所基本收缩到县城，所以，我们通常意义上所讲的基层国税实际上大多指县区国税局。我们课题调研的昭通市、迪庆州、怒江州都属于全国的贫困山区，是云南省贫困面最大、贫困程度最深的地区，各项经济指标在云南省大多是排在倒数的位置，与经济发达地区存在许多差距。国税工作也饱受基础设施薄弱、经济发展落后、自然条件恶劣之痛，基层国税工作面临着重点税源少，税源零星分散，征管范围广、征管难度大，队伍素质和纳税人素质良莠不齐等问题，税收征管工作中的许多深层次矛盾逐渐显现。主要表现在：管理区域面广、税源分布零散与国税机构相对集中之间的矛盾；现有的人力资源配置与税源专业化管理之间的矛盾；信息化手段落后、信息衔接缺位与征管现代化要求之间的矛盾；经济基础薄弱、税源不丰与财政需求旺盛之间的矛盾；税收和谐、科学发展与人才匮乏、人力资源严重不足的矛盾；税收管理投入增大与经费极度困难的矛盾。

怎样处理好这些问题和矛盾，做好国税系统的基层基础工作，不仅影响着党和国家各项税收政策和法律法规的贯彻执行，同时也直接影响国税部门的形象。温家宝总理2003年对加强税务系统基层建设作过重要批示：加强税务系统基层建设，是做好税收工作的基础。这一批示是我们加强基层建设的指导思想。尽管近几年基层建设取得了许多成绩，但是还存在着不少问题和差距。国税系统现行税收征管运行模式（见图1）呈现出机构“倒金字塔”和业务“正金字塔”的格局，各级国税局和地方党委政府多头安排工作任务，逐级安排到基层一线落实，“上面千条线，下面一根针”的现象突出，再加上各种临时任务、政治学习、检查评比等工作，基层大多数时间在被动应付事务性工作，一线的税收管理员想做好工作也没有时间去做，难以对税源进行有效监管。

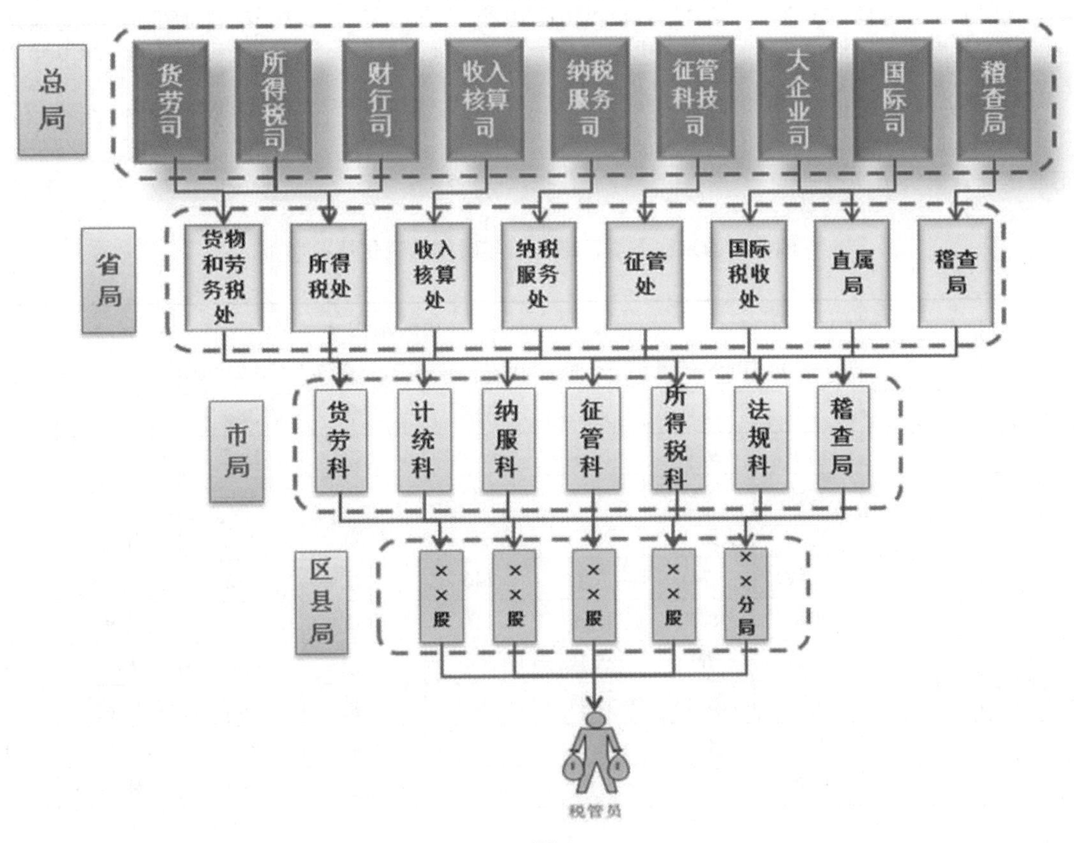

图1

本文从经济欠发达地区的实际出发，结合国税基层基础工作的现状和存在问题开展研究，课题组通过大量的基层调研和实证分析，召开各种座谈会，走访干部职工，对广大基层干部比较关注的机构设置、干部队伍建设、征管基础建设、信息化建设、软环境建设五个方面着手展开研究，力求搞清楚基层基础工作的现状，认真分析存在的问题和成因，探寻解决问题的难点和途径。

二、欠发达地区基层基础工作的现状

（一）机构设置现状

1994年实行分税制以来，国税系统先后经历了三次大的机构改革和一次规范机构设置的调整。

第一次是1997年国家税务总局印发了《关于修订省、自治区、直辖市国家税务局职能配置、内设机构和人员编制方案的意见》的通知（国税发［1997］144号），基层称之为1998年改革，县区局一般内设机构不超过5个。特征是分局和办税服务厅的出现，税务所的撤并，“集中征收，重点稽查”的征管模式逐步建立。

第二次是2000年国家税务总局印发了《省、自治区、直辖市国家税务局职能配置内设机构和人员编制的规定》（国税发〔2000〕162号），基层称之为2001年改革，县区局内设机构均一般设置5个，级别为正股级；直属机构均设置1个，即稽查局，级别为正股级；事业单位均设置1个，即信息中心，级别为正股级；派出机构均设置若干个，即××税务分局（以乡镇所在地或分局驻地命名），级别为副科级；特征是信息中心的单独设立，对基层税务所（分局）进行了适当的撤并，多数乡镇的税务所按区域合并成为分局（1998年以前基本按乡镇的行政区划设立税务所）。

第三次是2003年国家税务总局关于印发了《国家税务总局关于进一步规范国家税务局系统机构设置的意见》的通知（国税发〔2003〕128号），基层称之为2004年规范机构，县区局内设机构均设置6个，级别为正股级；直属机构均设置1个，即稽查局，级别为正股级；事业单位均设置1个，即信息中心，级别为正股级；派出机构均设置1个，即××税务分局（以县城所在地或分局驻地命名），级别为副科级。特征是对基层税务机构设置进行进一步规范，监察室单独成为内设机构，设在乡镇的税务分局（所）基本撤并到县城所在地分局，一般一个县区保留县城所在地一个分局。

第四次是2008年国家税务总局关于印发《国家税务局系统机构改革意见》的通知（国税发〔2008〕104号），基层称之为2009年改革，大的县区局如昭通市的昭阳区、镇雄县局内设机构设10个，小的县区局内设机构设8个。直属机构1个稽查局（副科级）、事业单位1个信息中心（正股级）。税务分局设置本次机构改革不作调整，级别为副科级。特征是把以前的税政管理细化为所得税股、货物和劳务税股、政策法规股，以前的计划征收细化为收入核算股、办税服务厅。新增了纳税服务机构。

在这四次大的机构调整中，各地又进行了一些机构设置的实践和探索，特别是在2000年至2004年间，对征收和管理的机构变化较为频繁，先后经历了××分局，征收局、管理局，第一税务分局、第二税务分局…××税务分局、办税服务厅等机构变迁。机构级别也几经反复，县区征管查机构也历经了股所级、副科级的变化。

（二）队伍建设现状

为全面了解基层国税队伍现状，我们对昭通市、迪庆州、怒江州国税系统2006～2010年的人力资源的数量、年龄、学历结构及思想变化情况进行了调查和分析。

1. 人员的数量及年龄结构变化情况（见表2）

昭通市国家税务局干部队伍年龄结构变化情况表

表2

单位：人、%

单位	年份	总人数	年龄结构							
			30岁以下		30～40岁		40～50岁		50岁以上	
昭通市国家税务局	2006	858	人数	83	人数	338	人数	388	人数	49
			比重	9.7	比重	39.4	比重	45.2	比重	5.7
	2007	855	人数	85	人数	282	人数	429	人数	59
			比重	9.9	比重	33	比重	50.2	比重	6.9
	2008	848	人数	74	人数	246	人数	446	人数	82
			比重	8.7	比重	29	比重	52.6	比重	9.7
	2009	844	人数	69	人数	204	人数	460	人数	111
			比重	8.1	比重	24.2	比重	54.5	比重	13.2
	2010	841	人数	67	人数	178	人数	476	人数	120
			比重	7.9	比重	21.2	比重	56.6	比重	14.3
迪庆州国家税务局	2006	197	人数	37	人数	101	人数	53	人数	6
			比重	18.8	比重	51.2	比重	26.9	比重	3.1
	2007	197	人数	36	人数	102	人数	53	人数	6
			比重	18.3	比重	51.8	比重	26.9	比重	3.1
	2008	194	人数	43	人数	91	人数	56	人数	4
			比重	22.2	比重	47	比重	28.9	比重	2.1
	2009	193	人数	38	人数	83	人数	66	人数	6
			比重	19.7	比重	43	比重	34.2	比重	3.1
	2010	193	人数	40	人数	71	人数	72	人数	10
			比重	20.7	比重	36.8	比重	37.3	比重	5.2

资料来源：各地人事工作年报表

从数量和年龄结构变化情况表可以看出：一是目前国税系统人员总量在持续减少；二是30岁以下的后续人力资源不足；三是30～40岁的税收业务骨干力量持续降低；四是税收征管的主力军集中在40～50岁的人群，并有持续增长的趋势；五是依照《公务员法》可以申请退休或者接近正常退休的人群的逐步增多，税收征管人力资源减员的趋势在逐步扩大。

2. 人员的学历结构变化情况（见表3）

昭通市国家税务局干部队伍学历结构变化情况表

表3 单位：人、%

单位	年份	总人数	年龄结构							
			研究生		本科生		专科生		专科以下	
昭通市国家税务局	2006	858	人数	1	人数	135	人数	506	人数	216
			比重	0.12	比重	15.73	比重	58.97	比重	25.17
	2007	855	人数	2	人数	181	人数	504	人数	168
			比重	0.23	比重	21.17	比重	58.95	比重	19.65
	2008	848	人数	3	人数	203	人数	484	人数	158
			比重	0.35	比重	23.94	比重	57.08	比重	18.63
	2009	844	人数	9	人数	244	人数	442	人数	149
			比重	1.07	比重	28.91	比重	52.37	比重	17.65
	2010	841	人数	13	人数	354	人数	339	人数	135
			比重	1.55	比重	42.09	比重	40.31	比重	16.05
怒江州国家税务局	2006	218	人数	0	人数	38	人数	131	人数	49
			比重	0	比重	17.4	比重	60.1	比重	22.5
	2007	215	人数	0	人数	42	人数	135	人数	38
			比重	0	比重	19.5	比重	62.8	比重	17.7
	2008	214	人数	1	人数	54	人数	121	人数	38
			比重	0.4	比重	25.2	比重	56.5	比重	17.9
	2009	214	人数	1	人数	62	人数	117	人数	34
			比重	0.4	比重	29	比重	54.7	比重	15.9
	2010	215	人数	1	人数	113	人数	68	人数	33
			比重	0.4	比重	52.7	比重	31.6	比重	15.3

资料来源：各地人事工作年报表。

从学历结构变化情况表可以看出：一高学历人才比重偏低，研究生少，说明税务专业性、综合性等高技术人才紧缺，二是机构分设以来加强了国税人力资源学历教育培训的力度，大专以上学历人数逐年增多，干部队伍的综合素质大幅度提升；三是大专以下的仅有少数是中专和高中，大部分是初中、高小、初小文化水平，他们知识水平、思想、观念落后于时代要求，制约了税收事业的又好又快发展。

（三）征管工作现状

1. 管户增加，税源变化大。

2005年综合征管软件上线以来，国税系统纳税人逐年增长，昭通市到2010年底总数已到达30522户，在5年中增长了近一倍，迪庆州、怒江州国税系统的纳税人则增加了一倍多（见图2）。

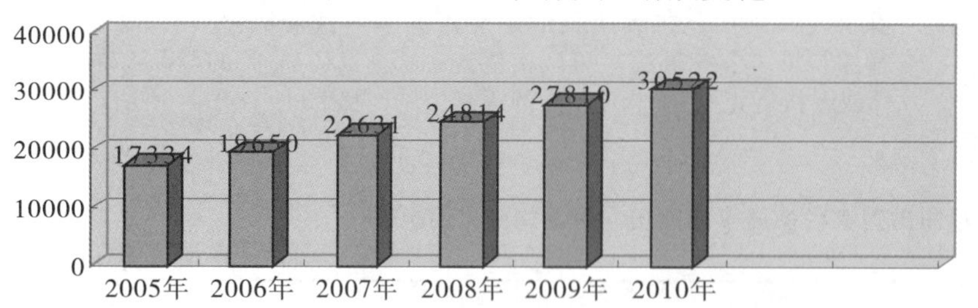

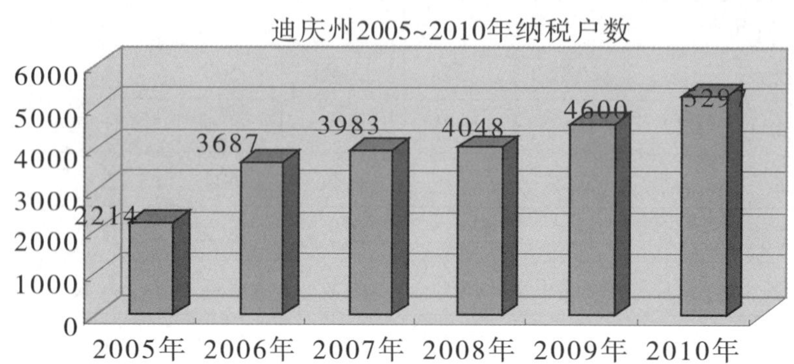

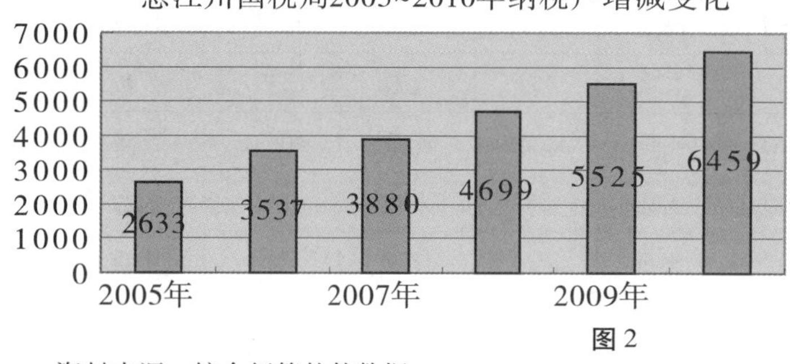

图 2

资料来源：综合征管软件数据

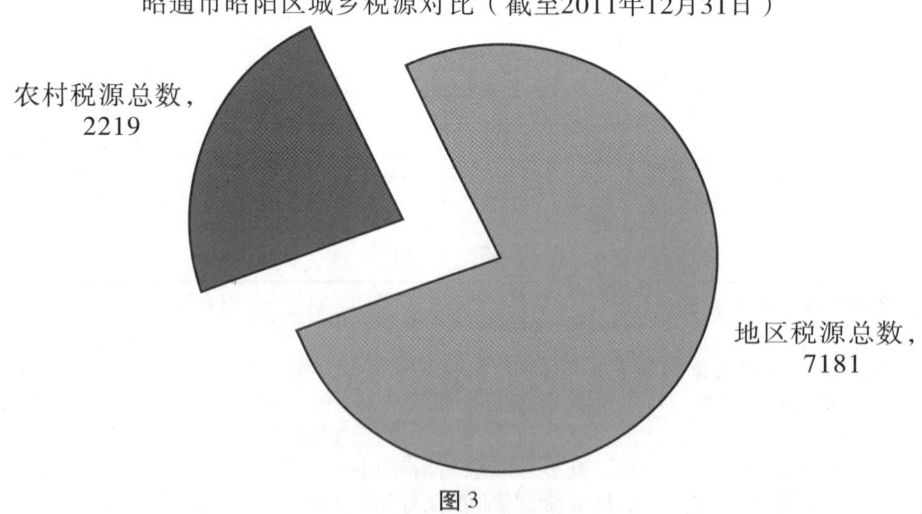

图 3

在纳税户不断增长的同时，税源的分布情况也发生了改变（见图5），欠发达地区主要是资源型经济，矿产资源是税源的重要支柱，随着资源的大规模开采，税源分布由城市转向广大农村和山区，特别是矿产资源类税收集中分布在广大农村边远山区，以昭通市昭阳区局为例，自 1998 年起，撤销农村的基层征收分局（所），推行县局直接集中征收的“一级管理”征管模式，这对进一步提高征管质量和效率、降低征收成本起到了较大的推动和促进作用，也是符合当时税源相对集中在城区的实际的。但是随着农村乡镇经济的不断发展和经济税源的转型，这种征管模式已不适应现在的税源分布实际。由于交通、通讯、信息化等基础设施相对薄弱，对实现税源有效管理与监控提出了挑战。

2. 税源分散，管辖面积大

我们以昭通市昭阳区和怒江州泸水县为例，所辖区域以山区为主，坝区为辅，因为山区面积占多数，税源分布零散，加之欠发达地区基础设施薄弱，导致到各乡镇的道路弯道多、大，实际路面距离远超过直线距离。由于县区局车辆有限，更加大了偏远乡镇管理的难度，无法适应税源精细化管理的要求，使一部分税源管理、监控信息形成了“空位”。

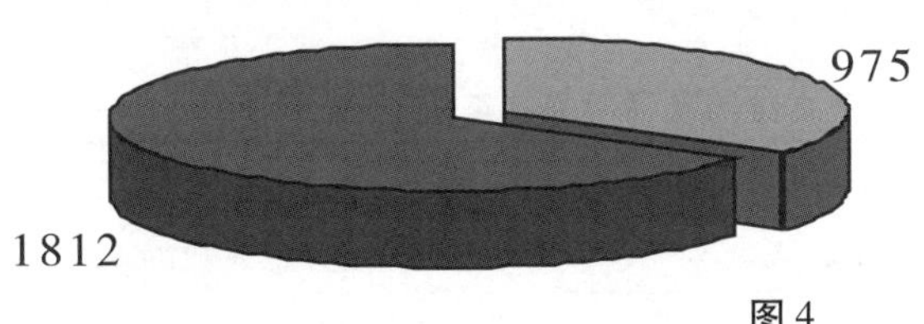

图 4

资料来源：综合征管软件数据

（四）信息化建设现状

从上世纪 80 年代初，全国开始了税收信息化进程，经济欠发达地区的税收信息化也开始起步，1994 年国、地税机构分设以后，经济欠发达地区的税收信息化建设进入一个较快发展的时期：从单机走向网络，从独占走向共享，从分散走向集中，经历了 YNNT 系统、CTAIS 数据集中、金税工程、公文处理、执法考核等重大信息工程建设。

1. 硬件建设稳步推进

就昭通而言，从 1994 年全市的几台计算机，到经过十多年来省局、市局大量持续不断的投入和建设，现在已建有机房 12 个，县局办公大楼、各分局局域网 12 个，服务器 61 台，台式电脑 957 台，笔记本电脑 190 台，打印机 740 台，省内广域网联通地市级节点 3 个、区县级节点 33 个，到各县区局的网络带宽 2 兆。

2. 软件应用百花齐放

从 1990 年根据总局要求在区县级推广使用 KTPC 系统开始（主要进行税收会计和统计凭证的录入、账务处理和报表的生成），20 年间昭通国税系统税务应用软件无论从数量上还是从质量上，都得到了日新月异的发展和前进。在软件应用上有总局开发的金税工程、CTAIS、出口退税和公文处理、税收执法考核系统等，有省局开发的数据监控分析系统、税收管理员辅助信息系统、电子政务网站、网上认证系统、多元化申报信息平台等，有我们自主开发的会统处理软件、法律法规查询系统、办公日志管理系统等。而且现在还不断有新的软件上线应用及在用软件升级，据不完全统计，全系统目前在用的各种应用软件达 63 个。

3. 信息集中初具规模

从最初单机征收到申报大厅统一集中征收，从手工开票到计算机开票，从纸质档案到电子数据，从税收征收管理、税收行政管理到外部信息共享，10 多年间税收信息化已基本实现以应用为核心，以数据集中为目标，渗透到税收工作的方方面面，初步实现税收工作全覆盖。

（五）基层软环境建设现状

税收软环境是指税收环境物质条件以外的涵盖治税理念、税收制度、税收法律、税收政策、税务文化等外部要素的总和，涉及税务管理的多个方面。当前，基层国税机关在垂直管理的体制下积极探索国税文化建设和党的基层组织建设，积极推进国税各项工作的有序开展。

1. 国税文化建设方兴未艾

经过多年不懈的文化建设，云南国税已经形成一套特色鲜明显着有别于其他组织的独特文化标识。“文化铸就灵魂、和谐凝聚力量、文明推动发展”的理念成为普遍共识；形成了“以国为根、以税为业、以人为本、以学为乐、以绩为真、以廉为荣”的文化核心理念；形成了云南国税十种精神的共同价值追求；创办了《云南国税》杂志、《云南国税讲坛》等文化阵地，有了“书法美术摄影协会”这样的文化载体，有了以云南国税之歌——《乐于奉献在高原》为代表的一批国税歌曲和《云南国税文化丛书》等一大批文化成果。基层国税机关也积极开展各种有益的文化建设活动，先进积极的文化理念已经根植于广大国税干部的内心，成为共同的行动目标和工作指南，汇聚成推动基层国税事业长远发展的软实力。

2. 党的基层组织建设蓬勃开展

近些年来，各级国税部门按照“围绕税收抓党建，抓好党建促税收”的工作思路，将党建工作和与税收工作同部署、同落实、同检查、同考核、同总结，形成了党组加强指导，党总支（各支部）具体落实，部门协同配合，一级抓一级、层层抓落实的工作格局。同时，在基层组织建设方面明确提出了努力实现领导班子好、党员队伍好、工作机制好、工作业绩好、群众反映好的“五好”总体目标。各级各部门党建工作开展得有声有色，为各项税收工作的跨越式发展提供了有力的组织保障。

三、欠发达地区基层基础工作存在的问题及原因分析

（一）机构设置不合理，征管查一线力量不足

现行的基层国税机构设置从全国层面来看，有许多经验和成效值得肯定。一是突出税务行政服务职能，建设服务型政府。二是理清部门职责，细化部门划分标准，强调上下级对口，明确责任，提高运行

效率。三是强化税收征管和税源控制，充分发挥税收基本功能。四是加强行政监督，推行行政决策、执行和监督的适度分离与协调。但相对于基层国税系统特别是欠发达地区的机构设置来看，仍然存在许多问题和矛盾。主要表现在：

1. 行政管理层次较多，一线人员不足

从历次机构改革的设置情况来看，基层国税内设机构的设置从5个、6个到10个，中间管理环节的增加，大量分流了征管查一线的人力资源。从我们调研的昭通市、迪庆州、怒江州国税系统的人员分布结构上看（见表4），昭通的行政管理人数占总人数的49.6%，迪庆州的行政管理人数占总人数的59.09%。内设机构的臃肿造成行政管理和中间管理环节的人员偏多，挤压了税收征管查一线的力量，使税收征管工作不可避免的出现一些薄弱环节和漏洞，与纳税人深层次服务需求不相适应的矛盾逐渐显现。

表4　昭通市国家税务局系统人员分布结构表（时间截至2011年10月）

单位	人员分布结构	占　比
昭通市国家税务局	征收一线人员105人	占总人数的12.6%。
	管理一线人员207人	占总人数的24.8%。
	稽查一线人员109人	占总人数的13%。
	行政管理环节415人	占总人数的49.6%。
迪庆州国家税务局	征收一线人员22人	占总人数的11.11%。
	管理一线人员36人	占总人数的18.19%。
	稽查一线人员23人	占总人数的11.61%。
	行政管理环节117人	占总人数的59.09%。
怒江州国家税务局	征收一线人员34人	占总人数的15.8%。
	管理一线人员37人	占总人数的17.2%。
	稽查一线人员24人	占总人数的11.2%。
	行政管理环节120人	占总人数的55.8%。

资料来源：各地人事工作年报表。

2. 基层分局设置与经济社会发展不相匹配

过去撤并农村税务机构，主要原因是经济落后，税源零星单一，税收成本高以及“集中征收”模式的需要。现在经济发展了，一些乡镇逐步建成部分有规模的民营企业和规模较大的零售商，一些乡镇还有了工业园区，而国税机构的设置没有跟上，特别是一些以矿产资源税收为主体的县区，主要税源就分布在广大农村地区，机构的收缩对纳税人的服务显得尤为不便。如昭通市的永善县国家税务局一个分局要负责18个乡镇的税源管理，最远的乡镇有200多公里，加之路况较差，人员较少，税收管理鞭长莫及，难免出现税收漏洞和税收服务的薄弱环节。从我们调研的昭通市、迪庆州8个县国税基层分局的设置来看，与地税的机构设置存在较大差异，不利于税收征管工作的开展和税源的专业化管理。（见表5）

表5　国地税分局设置一览表

单位	县区	国税分局（个）	地税分局（个）
昭通市国家税务局	昭阳区	1	8
	鲁甸县	1	3
	永善县	1	3
	威信县	1	3
	镇雄县	1	8
迪庆州国家税务局	香格里拉县	1	3
	维西县	1	2
	德钦县	1	2

资料来源：各地人事工作年报表。

3. 国税基层机构设置级别低，不利于调动干部积极性

目前县区国税局机构除了税务分局、稽查局设置为副科级别外，其余机构设置均为股所级别。一个县区局只有领导班子和两个分局长属于副科以上待遇，与地方部门包括地税部门（由于分局设置较多，副科职数相应增加）差距较大，加之国税部门的非领导职务是靠争取而不是走正常规范的晋升渠道，使有的同志干到退休还是一个科员，有的干部逐渐萌生去意，个别干部甚至辞去国税工作另寻高就。

（二）队伍建设机制不健全，干部活力和创新能力不足

调研中，我们广泛听取基层干部的看法和意见、建议，普遍认为经过多年教育、管理、培训，国税系统干部的整体素质有了较大的提高，干部队伍的业务素质和工作能力明显增强，服务水平明显提升。但是，与不断深化的税收改革形势目标要求相比，仍然存在一些差距。突出表现在以下几个方面：

1. 学历与能力不相匹配

近年来，随着学历教育力度的加大，国税系统干部的文化层次普遍得到提高，学历结构有了明显的改善。但是由于成人教育普遍存在重文凭、轻质量，重学历，轻能力等问题，这种名义上的高学历并没有带来干部队伍事实上的高素质。有相当一部分干部是为一纸文凭而去的，学历是提高了，但能力还停留在原来的水平上，文凭高水平低，干部素质的提高与税收工作的快速发展不相适应，处于被动应付的状态，真正能独立挑起重任，并有所创新的干部凤毛麟角。而一些有能力的同志又没有安排在合适的岗位上，人员素质与岗位的配置错位，学非所用，干非所长，作用发挥不明显。干部知识结构、综合素质还不能适应当前税收工作的需要，特别是随着信息化和征管改革的深入发展，这种差距日趋明显，矛盾更加凸现。

2. 部分干部工作激情和工作动力不足

在个别地方，在干部队伍中还存在着三个突出问题：一是部分同志思想涣散，对工作敷衍塞责，怕承担责任，得过且过，缺乏工作激情；二是有的同志虽有工作积极性，但业务技能和知识结构，不能适应税源管理科学化、专业化的工作要求，心有余而力不足。三是有的干部工作效率低，拖拉散漫。由于队伍素质参差不齐，队伍的工作动力不够，工作激情不足，存在当一天和尚撞一天钟的思想。不思学习，不思进取，不关心全局，不热爱集体的问题大有人在。

3. 干部管理的体制机制和人事政策，导致人才流失现象逐渐显现

自1994年国、地税机构分设以来，国税部门的人、财、物实行垂直管理，干部的录用、选拔任用基本上由上一级部门来研究决定。在这种管理体制下，人员进得来，出不去，人员纵向、横向交流不够，施展才能的空间小、机会少，不能做到人尽其才，致使一些干部长期固定在一个岗位上，工作起来疲疲塌塌，责任心弱化，创新意识不强。同时，由于基层管理机构大量收缩，基层领导干部职数越来越少，干部正常晋职晋级的机会日益减少，基层干部职工感到自我价值得不到体现和认可，大多数税务干部只能通过非领导职务的晋升来解决政治待遇，但在现行的管理体制下，对县区职数的限制要求比较严，非领导职数问题不能得到很好的解决，挫伤了部分干部的工作积极性。特别是经济欠发达地区，上级经费控制严，地方经费补助少，基层组织对满足队伍日益增长的物质文化生活需要难以为继，一些国税干部觉得福利待遇没有与经济发展、税收增长同步，认为付出与收入不成正比，政治晋升空间也比较狭窄，在吸引和留住优秀人才方面面临巨大的压力和挑战。

另外，像昭通这样的经济欠发达地区，许多县局地处边远、交通不便，对人才缺乏足够的吸引力，由于自然、生活条件艰苦和体制上的原因，社会上的人才难以引入，有了人才又留不住。不少大学毕业生难以适应艰苦生活工作条件，纷纷调到外系统或通过政府部门组织的选调考试，调出国税部门，一些干部甚至辞职走人。人才缺乏、留不住人才已经成为制约当地一些县区局工作一个重要因素。

近年，一些干部通过调到政府部门或参加省、市政府部门和省局、市局组织的选调考试和辞职等方式离开本单位。2006年至今，离开昭通市国税系统17人，其中，调到省内国税系统的7人，调离国税系统的7人，辞职3人。

4. 人才的激励机制不健全，职工思想波动大。

近几年，随着地方经济的发展，财政状况的好转，地方政府部门的公务员的工资待遇有了大幅度的提高，津补贴改革已经落实到位，提高了其工资待遇，而且工作要求没有国税部门要求得高、严。而国税部门津补贴改革尚未启动，物质鼓励不够；精神奖励不到位；职务激励空间有限。尤其是推行执法责任制和执法过错责任追究制以来，惩戒手段不能使那些工作消极或不能胜任本职工作的人员承担相应风险，反而是干得多罚的多，苦乐不均，鞭打快牛；或者是能者加班劳动多，庸者无活闲话多等不公现象在一定程度上存在，基层一线干部思想波动很大，工作积极性和主动性没有得到发挥。

（三）现行税收征管模式与征管基础工作不相匹配

1. 现行税收征管模式相对超前，税收管理环境相对落后。

我国现行税收的征管模式总体内容是与世界先进国家税收征管模式接轨，即以纳税人自行申报为出发点，在此基础上，通过税务稽查对纳税人进行监控，减少税源流失。但这种模式设计并没有考虑我国税收征管环境的现状。从我国税收征管外部社会环境看，纳税人纳税意识相对淡薄，造成税收申报不真实的状况比较严重；在全社会范围内没有形成由政府立法并协调的全社会共享的信息网，国家没有通过立法要求所有纳税人必须建立会计几账户来反映经营及纳税情况，大部分个体纳税人上也不具备建立完备健全的会计账户的条件，使税务部门无法准确及时分析并控制纳税人申报数据的真实性。从税收征管的内部环境看，我国税务机关管理水平比较落后，运用信息化管税的能力还比较薄弱。这种情况在经济欠发达地区显得尤为突出。

2. 税源分散、隐蔽，管理人员疲于应付。

首先，在现行税收征管模式下，要求税务机关对纳税人实行集中征收，集中管理，这种“大而全”的模式对于工业薄弱、区域广泛、山区税源、资源经济、交通落后、财力匮乏、人才缺少、信息化滞后的经济欠发达地区而言，有明显的不适应。对纳税人动态状况，以及地下经济中的纳税人难以建立有效的控管手段。税务稽查部门由于人员数量、人员素质、稽查手段的限制，对纳税人的纳税状况也不可能全面准确管理，同时由于社会信息网络没有形成，计算机在税收征管中的运用只是浅层次的。其次，税务机关面对的是成千上万的纳税户，税源分布极度分散，同时由于目前分配渠道的多种多样，收入方式复杂化，使得税源变得十分隐蔽。这就使税务部门不论是对隐蔽的税源还是流动的税源，不论是已纳入征管范围的纳税户，还是未纳入管理范围的纳税人都难以全面、真实和动态地掌握其税源的状况。可以说目前的税收监控是人工的监控、事后的监控。这是造成目前税收管理中难以形成对纳税人的主动、积极、同步、有效管理的根本性原因之一。现行征管模式运行后，机构人员重新组合，只靠纳税人凭借自觉意识主动上门纳税，征收不再是专人下户。由于客观经济情况复杂多样，形成漏征、漏管户的大量存在，给税务机关正常工作秩序造成混乱。如：企业变更地址后不到税务机关进行重新登记，一旦中途不来申报，就形成“在逃户”；另则，企业此废彼立，钻空子，少缴、漏缴税款；再如，纳税人办理税务登记，领取发票以后便销声匿迹，不再来申报纳税；纳税人虽然申报了，但税款不及时入库，形成拖欠；还有一些从事地下经济的纳税人长期置于税务机关征管范围之外。凡此种种，致使税源流失的问题越来越难以控制。

3. 各地政府层层加码，依法治税面临新矛盾。

当前，我国基层税收征管工作仍然在实行计划管理，在这种任务型收入观念的作用下，却很难将“应收尽收，坚决不收过头税”精神真正落到实处。欠发达地区经济总量小，税源贫瘠，财政困难，税务部门除了上级税务机关下达的税收计划外，往往还要更多地承担当地政府追加的硬性收入任务。这种“以支定收”的税收计划，导致税收规模和税源规模的背离，税收规模超出了税源承受能力，在很大程度上阻碍了经济的持续稳定发展，破坏了正常的税收工作秩序。而按照实施税收科学化管理的要求，税务机关在组织收入上必须坚持“依法征税，应收尽收，坚决不收过头税，坚决防止和制止越权减免税”的收入原则。无疑，这两者在税收征管现实中形成了强烈的反差。在经济税源不足，即实际“应征”数无法满足“须征”愿望的情况下，困扰于收入任务中的欠发达地区的税务部门，则往往采取寅吃卯粮、应退缓退等收“过头税”的超常办法来确保收入任务的完成。这些做法违反了依法治税和实事求是原则，违背了科学化管理和税源型组织收入原则的内在要求。这种状况长期发展下去，“越穷越收、越收越穷”的现象将难以避免。

另外，地方政府在新农村建设、扶贫攻坚、移民搬迁等工作中，都给基层国税部门安排了任务，使基层国税机关在人财物等方面更加紧张，工作压力日益加大。

4. 区域发展不平衡，加大欠发达地区税收管理难度。

经济发达、税源充裕的地方，政策执行较宽，存在有税不征、“放水养鱼”的现象；就管户来说也远多于经济欠发达地区，同样由于管理人员不足，管理也相对较宽松。2009 年增值税转型后，降低了一般纳税人的认定标准，使得欠发达地区的一部分纳税人能够达到认定标准。但由于从发达地区购进的商品取不到抵扣凭证，导致税负增加、认定后生存困难，故往往是达到后就注销，然后再换名登记注册。上游地区因为管理范围大、管理户数多，有很多纳税人都为核定征收，这是导致经济欠发达地区纳税人频繁注销的一大原因，也加大了经济欠发达地区国税机关管理的难度。

（四）税收信息化建设尚需进一步完善

无可否认，经济欠发达地区的基层国税信息化建设已进入到了一个较高的发展阶段，人员素质和工作效率有了明显提高，管理方式也基本实现了制度化，电子化，规范化。但信息化建设也不可避免地存在着一些不相适应的因素。

1. 发展缓慢，信息化建设基础较为薄弱

一是认识不到位。有部分县区局对基层国税信息化建设在管理理念和管理体制上认识不足、认识不一致，有的县区对硬件建设敢于投入，如设备的采购、网络环境的搭建等，而对软件的重视和投入很少，对软件这个应用的核心认识不足，重环境建设，轻实践应用，造成对信息化建设的重视程度和建设力度相差很大。二是内部还不能有效地利用现代信息技术建立税源信息库，以加强税源监控；外部还不能与工商、银行、审计等部门联网实现信息共享，形成社会性的全方位、高效率的税源监控网络。三是由于受地域、经济发展程度的影响，财力较为窘迫，信息化建设经费投入不足，备份设备缺乏，高科技设备少甚至没有，软硬件配置差，工作效率较低。四是网络带宽满足不了工作了需要。到目前为止，我省至州市局的网络带宽为 10M，而州市局至县区局为 2M，但在实际工作中，税务基层处理的工作最多，前台接受的办税事宜繁重，2M 的带宽运行速度对于较大的区县局网络带宽就成了影响工作的“瓶颈”。以昭阳区局来说，全局 149 人每天在网络上处理各项工作，特别是在征期中，征管软件运行速度慢，办税服务厅纳税人等待办理纳税事项的现象时有发生。五是由于信息化建设落后于经济发达地区，加之信息技术人才匮乏，导致了数据在准确性和一致性方面存在问题，数据的更新、备份及安全也存在问题。

2. 软件泛滥，信息作用难以真正发挥

税收信息化以后，从上到下各级税务机关、业务主管部门均结合自身实际投入大量的人力物力进行软件开发，开发的应用软件如雨后春笋般潮涌而出，全系统共计使用的各类应用软件达 60 多个，但由于在经济欠发达地区软件开发人员不熟悉税收征管业务，精通征管业务的税务人员对软件设计又是外行，征管部门与信息部门的配合又不尽完善，加之软件接口不统一、不规范，开发使用的编程语言各异，后台应用的数据库五花八门，导致设计出来的软件数据不能重复利用，更不能相互共享，使得其在基层推广时不得不多软件跨平台同时运行，而多系统的运行又造成基层操作人员不得不在各系统间频繁切换，疲于应付，工作繁琐易失误；此外，一些软件重复开发，存在功能相近，重数据录入，轻数据分析利用等现象，缺乏全局观念、一体化思想，违背了信息化建设的初衷。

3. 功能缺陷，系统运行质量不高

由于目前使用的应用软件大部分都是独立开发建设的，在各自独立管理目标的驱动下，软件的功能上一方面就容易出现业务内容重复或缺漏，管理重叠或缺失。另一方面就容易造成重复劳动和软件系统之间数据不一致，形成数据孤岛，数据难以共享。加之业务需求与软件开发结合不是十分紧密，与实际工作出现脱节，当业务需求发生变化时，软件没有及时去适应这种变化。

首先，就以现在正在使用的中国税收征管信息系统软件（CTAIS）来说，前台各模块设计较为合理严密，和税收业务紧密衔接，界面友好，基本实现了数据在市局的集中，将税收信息化建设提升到了一个新的高度。但是在基层实际应用中还是出现不少问题。一是 CTAIS 系统虽然很好地解决了操作层的应用，却无法很好地满足管理决策层的应用。二是 CTAIS 的查询功能很强大，尤其是“通用查询”模块的设计非常灵活，但是不熟悉数据库的表结构和 SQL 语句的人员很难熟练应用，目前能够运用该模块进行查询的基层人员很少，这与欠发达地区基层国税信息技术人才严重不足的问题相左，很多查询模块虽然功能强大但是不够细致，操作不直观和技术要求高，很多需要的数据不能直接查询出来，需要数据的二次加工，这使得基层人员充分利用税收数据实施税源监控、税收征管的工作效果大打折扣，同时管理层较难得到可以直接使用的数据以辅助决策。三是操作程序繁多，数据管理工作不够规范，数据采集随意性较大，对于进入系统的业务数据审核把关不严，真实准确性得不到有效保证，甚至存在人为修改基础数据的现象，致使大量可利用信息游离于监控范围之外，导致征纳双方、上下管理层级之间的信息不对称。

其次，有一些应用软件不能够紧密贴近我们经济欠发达地区税收基层工作的实际，不同程度地与基层税收业务脱节，因此在基层并没有得到很好的推广应用：一是软件设计在严谨性方面略有缺陷。不同税收软件或同一软件不同模块间衔接不够，当一个流程涉及不同软件和模块时，许多项目、字段和数据无法实现共享，需要重复录入，程序复杂，操作繁琐，也易造成操作失误和录入数据错误。二是新软件开发后试运行时间不够充分，还未总结完善就急于全面推广，且后续的完善和维护措施跟不上，造成在使用新软件过程中经常发生问题，影响基层对税收软件和信息技术应用的信心。三是征收管理措施不断推陈出新，经常需要对软件进行升级，由于新的征管措施操作性不强或软件升级时技术上考虑不全，造成升级后经常产生新的问题。四是软件权限设置不科学。税收软件的数据库结构、数据表结构和不同数据表之间的关系，以及查询统计时的取数路径、各种报表数据的取数路径、数据处理模式等专业资料未在一定范围公开，县（市、区）局信息技术人员对上述软件专业资料不了解或掌握不全，再加上县（市、区）局信息技术人员的数据维护权限受限制，遇到基层反映问题时常无法及时查找问题原因和无力分析解决。

4. 计算机依赖强，信息安全缺乏应变机制

信息化的发展一方面使我们的税收业务基本实现信息化、网络化处理，从很大程度上方便了税务机关和纳税人，节约了办税成本。但另一方面税收业务信息化处理，税务人员对计算机依赖增强，在实际操作中又缺乏必要的信息安全应变机制，计算机一旦发生病毒、黑客、有害信息的入侵、网上信息的知识产权侵权行为等似乎工作就无法正常进行，人的主观能动性降低，在一定程度上弱化了税收征管中人应有的主观能动作用。

（五）软环境建设存在的主要问题

1. 国税部门的管理体制在“两难”中运行

一方面国税属于中央垂直管理部门，人财物的管理主要来自上级国税部门，各项税收业务工作的开展隶属于上级国税机关的指导和监督。另一方面，国税又属于地方政府的一个重要经济执法部门，要围绕地方经济社会发展大局开展工作，地方政府的中心工作、扶贫攻坚、新农村建设等等工作还得积极支持，经费保障还需要得到地方的支持和帮助，名义上的垂直管理，实际上是双重管理，同时还得积极争取地方公安、工商、质监等部门的配合支持，工作中的困难和矛盾很多。具体表现为：国税机关由于本身职能要求，在主观上要求公平、公正、不折不扣的执行国家税收法律法规，奉行应收尽收、不收过头税的税收原则。而这一原则在现行经济体制和税收体制下，和地方政府在需求上存在矛盾。在不少地方，在通常情况下，地方政府从维护地方利益出发，每年按照地方财政支出需求给税务机关下达硬性的税收任务。这个任务，不管在怎样情况下，都要求税务部门必须完成。经济发展较好的年头，收入任务完成了，就要求税务部门停止征税，藏税来年。经济发展较差的年头，就要求税务部门征过头税，寅吃卯粮。由于税务部门特别是我们欠发达地方的税务部门，在种种因素的制约下，依法治税工作显得很被动。

2. 经费保障能力不足使基层国税部门举步艰难

我们对昭通市的威信县国税局和迪庆州的香格里拉县国税局 2008～2010 年的经费情况进行了调研（见表 6、表 7）。以威信县国税局为例，全局有干部职工 81 人（含离退休人员），经费的主要来源是中财拨款和地方政府拨款，从调研情况来看，基层县区局经费困难问题突出：一是人头经费比较低，2008～2010 年中财拨

款的人头经费分别为4.18万元、4.28万元、4.54万元，每年工资发了就所剩无几；二是住房公积金和离退休经费缺口较大，2008～2010年分别缺口为22.49万元、28.37万元、23.19万元，挤占了正常的行政运行经费；三是对地方政府的依赖性较大，2008～2010年地方政府拨款占中财拨款的比重分别为17.7%、21.6%、20.6%，一旦地方政府不支持或地方财政困难不能兑现责任制，基层国税的日子将举步维艰。

表6　　2008～2010年昭通市威信县国税局经费调研情况一览表（单位：万元）

项目	2008年			2009年			2010年		
	预算	实际支出	缺口	预算	实际支出	缺口	预算	实际支出	缺口
中财拨款（除手续费等专项补助外）	338.58			346.66			363.43		
其中：行政运行费	302.7			308.12			315.62		
住房公积金	8.37	23.62	15.25	8.37	23.83	15.46	8.6	24.32	15.72
离退休经费	27.51	34.75	7.24	30.17	43.08	12.91	39.11	46.58	7.47
人头经费	4.18			4.28			4.54		
经费缺口合计			22.49			28.37			23.19
地方政府拨款（收入责任制）	60			75			75		
地方政府拨款占中财拨款的比重	17.7%			21.6%			20.6%		

表7　　2008～2010年迪庆州香格里拉县国税局经费调研情况一览表（单位：万元）

项目	2008年			2009年			2010年		
	预算	实际支出	缺口	预算	实际支出	缺口	预算	实际支出	缺口
中财拨款（除手续费等专项补助外）	654.47	835.71		811.42	1013.87		651.09	753.24	
其中：行政运行费	354.45	445.47	91.02	376.3	507.33	131.03	386.19	523.94	137.75
住房公积金	8	27.2	19.2	8	27.74	19.74	8	29.56	21.56
离退休经费	60	139.58	79.58	60.24	174.24	114	92.3	190.65	98.35
人头经费	4.1			4.68			4.86		
经费缺口合计			189.8			264.77			257.66
地方政府拨款（收入责任制）	104.9			8			98		
地方政府拨款占中财拨款的比重	24.83%			1.79%			20.14%		

资料来源：各地工资年报表。

3. 国税文化建设的措施和载体弱化

多年来的国税文化建设取得了不小的成绩，但在措施载体上还相对弱化。一是存在口号化、文体化倾向。认为国税文化建设就是悬挂标语制度、美化局容局貌、更新办公设施、组织文体活动等，客观说，这些对文化建设来说是必要的，但因而弱化素质教育、制度建设、思想政治工作等内容，就不利于实现国税文化“凝心聚力”的目的。二是干部职工参与文化建设的热情不够高。由于受干部素质、日常工作时间紧等诸多因素制约，部分干部主动参与国税文化建设的意识不强，个别干部甚至认为“收好税就行，搞文化建设就是在增加工作负担”，呈现出“领导、牵头科室和个别干部唱独角戏”的现象。三是对文化建设形式的挖掘不够。由于对国税文化建设的认识研究较浅，缺乏更加有效的措施和载体，各地的文化建设基本大同小异，互相模仿，创新不够，在文化建设形式上还有待于深入挖掘。

4. 基层组织建设乏力，党员模范作用没有得到发挥

一方面在我们的一些基层国税机关，特别是基层征、管、查一线的基层党支部，由于收入任务艰巨，各种检查评比较多，大量的时间都是用在抓收入任务，应对各种检查评比上面。支部组织生活基本没时间或很少有时间开展，组织生活不很规范，时而开展的组织活动侧重于形式化、娱乐化。另一方面一些基层党组织在党员教育、管理、开展活动等方面，存在着教育的形式和内容相对单一，缺乏与时俱进的指导思想和难以满足党员的现时需求。从而造成少数基层党员宗旨意识淡漠、责任意识不强、没有发挥出共产党员应有的先锋模范带头作用。主要表现在以下几个方面：一是作风比较飘浮，缺乏艰苦奋斗、求真务实的工作作风。工作不踏实，满足于一知半解，做事只

求过得去，不求过得硬，工作拖拉，不按时完成工作任务；二是工作缺乏激情，开拓创新意识不强。工作习惯于凭经验，被动接受安排的多，主动思考工作的少，缺乏为税收工作、为纳税人服务的热情和主动性；三是对自己要求不严、思想上不求进取、工作标准不高，满足于一般化，等同于一般干部，甚至甘愿落后于一般干部，在职工面前的威信低。

四、改革欠发达地区基层国税系统基础工作的重点、难点及途径研究

（一）精简基层机构设置，大力充实征管查一线力量

基层国税部门的主要职责是负责税收的征、管、查，机构设置的调整主要是应该围绕这三个主要工作进行考虑，美国管理学家德鲁克最早提出了组织结构的扁平化，核心就是要扩大管理幅度，精简中间管理层。使信息传递最快，信息失真最少，决策更为快捷，从而提升管理效率。

1. 基层国税机构设置改革的重点

一是借鉴扁平化理论在行政部门的运用。核心就是要精简基层机构设置，减少中间管理层次，解放大部分行政管理和中间管理的人力资源充实到税收征管查一线，提升税收服务质量，提高办税效能，减少税收成本。二是按经济区域布局基层税务分局或税务所。主要按照经济发展水平、人口密集程度、税源分布情况以及其他社会情况来划分经济区域，在税源相对集中、交通便利的地方设置基层税务分局或税务所，这既可以达到合理配置税务资源的效果，也可在节约纳税人的纳税成本。按照经济区域设置税务机构一方面使机构管理摆脱了行政区划的限制，更符合“经济决定税收，税收反作用于经济”的基本原理；另一方面也使一些资源包括硬件设备、信息资料等能够突破行政区划实现共享，在税收信息化快速推进的今天更具实践意义。

2. 基层国税机构设置改革方案的探讨

方案一：按照扁平化理论，结合基层县区国税局的工作实际，在县区国税局设置内设机构由现在的10个精简为5个：即征收局（或办税服务厅、或纳税人服务中心）、税政科、征管科、办公室、政工科，设置直属机构稽查局1个、设置派出机构税务分局（所）若干。为了解决基层国税干部职务晋升难、职数有限的矛盾，所设机构均考虑为副科级建制。（见图5）

基层国税机构设置改革的方案一

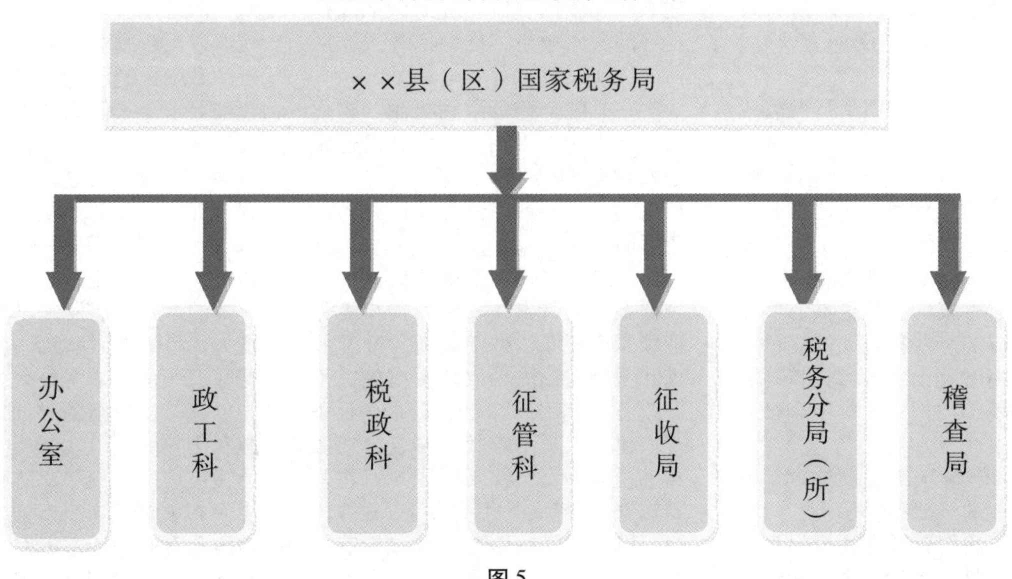

图5

职能职责的确定：

1. 办公室：负责现有办公室、机关财务、后勤服务工作及部分纳税服务职责（主要是税法宣传的综合协调工作）。

2. 政工科：负责现有人事科（股）（含离退休干部管理）、教育科（股）、监察室工作、党团工青妇工作。

3. 税政科：负责现有所得税科（股）、货物和劳务税科（股）、政策法规科（股）工作及部分纳税服务职责。

4. 征管科：负责现有征管科（股）、信息中心工作及部分纳税服务职责。

5. 征收局（或办税服务厅、或纳税人服务中心）：负责现办税服务厅、收入核算科（股）工作及部分纳税服务职责。

6. 税务分局（所）：根据税源分布和经济社会发展情况及分类管理的需要，设置若干税务分局（所），负责辖区内的税源管理及部分纳税服务职责。

7. 稽查局：负责现有稽查局工作及部分纳税服务职责。

方案二：本方案在方案一的基础上进一步精简县区国税局机构设置，把内设机构由现在的10个精简为调整为3个：即征收局（或办税服务厅、或纳税人服务中心）、业务科、行政科，设置直属机构稽查局1个、设置派出机构税务分局（所）若干，所设机构均考虑为副科级建制。（见图6）

基层国税机构设置改革的方案二

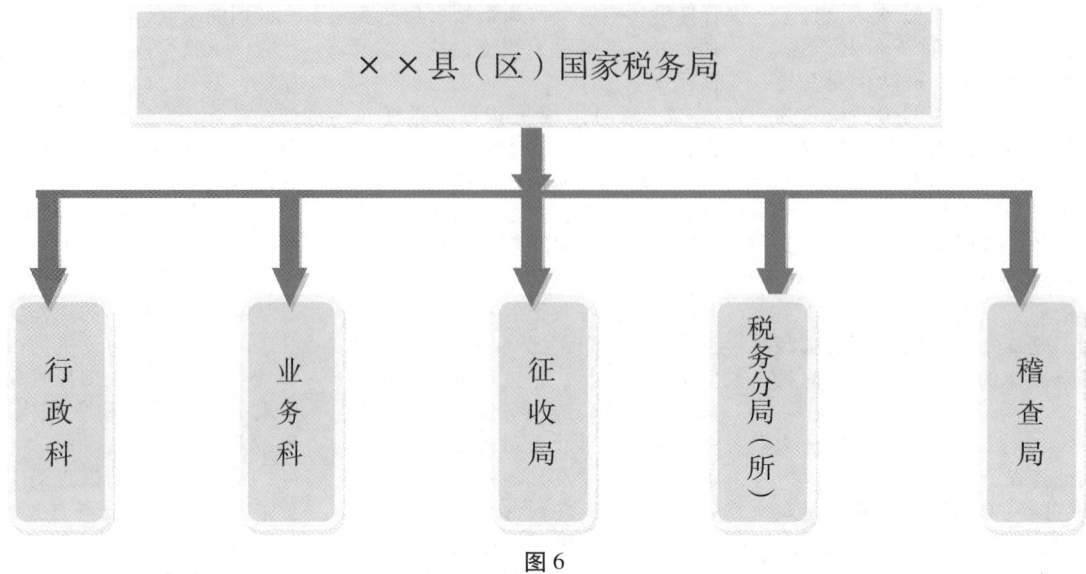

图6

在职能职责的确定上，把方案一中税政科和征管科的职能职责合并，设置为业务科；办公室和政工科的职能职责合并，设置为行政科；其他机构设置及职能职责不变。

在本方案中，考虑到行政管理和中间管理环节收缩较大，一些行政和业务工作可以考虑上收一级，减少县区局的工作负担，比如县区人事、监察工作的职能职责可以考虑收到州市局，因为从实践来看，人事权和监察权的上收更具有实际意义，相应的一些税政和征管的中间管理业务也可以上收到州市局，使基层国税部门把力量集中到征管查一线。

（二）创新队伍建设体制，激发干事创业的热情和活力

当前，我们正处在社会转型期和矛盾凸显期，各种社会思潮纷繁复杂、地区间收入分配不均、非领导职务晋升、津补贴改革，人才竞争的日益激烈，执法风险不断加大等问题的出现都使干部的思想作风受到冲击，工作的积极性受到影响。只有切实解决干部职工的工作作风、行政能力问题，我们才能担负起推进依法治税、强化科学管理的重任。在全系统打造一支高素质的国税干部队伍。

1. 建立税务人才激励体系，激发队伍活力

有效的人才激励保障是基层税务队伍建设的动力所在。通过运用竞争激励、职级激励、福利激励、荣誉激励等多种激励手段和方法，建立多元激励机制，从而保证取得良好的激励效果，推动税务人才队伍的快速发展。

一是健全竞争激励机制。树立人才优先的选人用人导向，通过组织各种竞赛活动，选拔业务能手，树立业务标兵，促使各类优秀人才脱颖而出。

二是完善福利激励机制。针对税务系统的特点，积极完善与工作业绩紧密联系、鼓励创新的分配制度和激励机制。采取切实措施，不断改善税务人员的工作和生活条件。建立人员困难救助制度，切实帮助税务人员解决实际困难。在坚持以事业留人、用感情留人的同时，以适当的物质待遇留人，营造良好的工作环境，增强对各类人才的吸引力。

三是建立人才奖励制度。建立人才奖励表彰制度，按照物质奖励和精神激励相结合的方式，对人才进行有效激励。对税务系统工作表现突出、在税收工作中取得显著成绩和贡献，或者有其他突出先进事迹的各类人才都应该给予相应的奖励。同时，鼓励广大税务干部参加由国家统一组织的注册会计师、注册税务师、律师和计算机专业等级等考试。考取各类“师”资质人员，可获得职务的晋升，同时，对他们给予重奖并大胆提拔任用。通过有效的奖励激励，营造人人立足岗位、建功立业的良好风尚。

四是建立正负激励手段结合运用，以正激励为主的激励机制。有效的激励机制既能满足被激励者的合理要求，又能调动被激励者的积极性、主动性和创造性。哈佛大学威廉·詹姆士通过对员工激励的研究发现，在按时计酬制度下，一个人如果没有受到激励，仅能发挥20% ~30% 的能力，如果受到充分有效的激励，能发挥80% ~90% 的能力。科学的激励机制应具备四个特征：一是效率主导。立足鼓励争先创优，在激励的导向、对象、措施和力度设计上，突出效率原则，遵循市场经济规律，防止因力度太小而影响激励效果，防止因对象、措施和力度设计不当而使激励效果相互抵消。二是目标阶梯形分布。激励的目标设定要体现层次性、渐进性，使激励对象“跳起来摘桃子”，既要跳起来，又要摘得到。三是形式丰富多样。精神激励和物质激励要互为补充，相辅相成，有机结合。有效的激励不仅要有正激励，还要有负激励，既要满足个人的需求，又要使人始终有一种危机感。所谓负激励，是指合理运用批评、降级、罚款、降薪和淘汰等惩罚性控制手段来制造一定的压力，使被激励者保持进取精神和危机意识。负激励不能不用，也不能滥

用。四是连续、稳定。激励政策一出台，要在相当长一段时间内保持稳定，防止朝令夕改或忽左忽右。

2. 健全干部选人用人机制，提高工作积极性

着力健全和落实干部选拔任用制度，优化干部配备的层级结构，以增强干部队伍的活力，实现干部队伍的稳定，激发干部的工作热情和学习动力。

一是在公务员录用方面要招聘录用能安心基层工作，扎根在基层的公务员，解决基层人员缺少的问题。

二是要增加渠道，扩大范围，选调一部分在地方工作、思想政治过硬、业务较强的年青同志到国税部门，编制不能突破但要用足，不能长期缺编。利用税务干部熟悉经济工作的优势，协调地方党委组织部门将国税干部纳入统一的人才选拔任用范畴，打破国税干部升迁“独木桥”局面，让一些优秀的人员到政府部门工作，为社会作出更大的贡献。

三是尝试多形式交流。多种形式疏通人员进、出口，不断加大机关与基层交流任职、分管工作轮岗力度；特殊或敏感岗位干部定期轮换，新老干部合理搭配；特别是对部分年龄偏大的干部一方面要组织他们认真学习，树立信心，提高技能，跟上时代发展的步伐；另一方面要根据他们责任心强，经验丰富的优点，合理安排岗位，让他们“老有所为，老有所事”，并根据情况及时转任非领导职务，优化有关职级年龄上的梯级结构，为更多年轻优秀的人才搭建施展才华的平台。

四是建立一套科学合理，公平公正的干部队伍职务职级晋升机制，让广大干部安心基层，乐在一线、心系国税。现行非领导职务晋升机制存在的地域等级制，存在着致命的弱点，如一个在北京部委工作的人10年内就会是处以上职级，而一个在乡科级工作的人20年可能还是科员职级，这显然有政策缺陷。这种机制不仅没有成为调动、激励干部职工积极性的手段，反而成为制约和影响基层干部队伍积极性的羁绊，影响着基层国税工作的质量和效率，上级部门应当认真研究，加以解决，结合国税执法人员的职业特点和工作实际，建立一个科学的、稳定的、长效的收入提升机制和职级晋升制度，明确具体晋升条件，达到条件自然晋升，不受职数和人为因素的影响，解决好大部分基层人员非领导职务正常晋升和待遇偏低问题，以此促进干部队伍不仅爱岗而且更加敬业。

3. 加快人才引进和现有人才的培养和培训步伐，全面提高队伍素质

做好基层基础工作的关键在人，在于有一支掌握现代化科技手段和精通税收业务的高素质干部队伍。在信息化条件下，因为计算机和互联网技术的发展，使税收信息传递更为方便，文件在网上的传输也更为快捷，对人员素质的要求特别是税收信息化技术的运用要求也更高。所以培养一支既熟悉税收业务又精通计算机技术、德才兼备的复合型的基层国税队伍是做好基层基础工作的一个关键所在。

但这对经济欠发达地区来说是一个不小的难题，经过多年的努力，昭通这样的欠发达地区国税系统大专以上学历达到了85%，但因为是短期的函授教育，所学科目和内容与税收工作的关联度并不是很高，“学历”与“能力”在具体的税收工作岗位上并不成正比，特别是税收信息化技术的运用尚存在较大差距，需要下大力气长期开展有针对性的教育培训，这需要一个可持续的、较长的培养过程，才能适应信息社会的高效率和快节奏。

一要完善人才引进机制。筑巢引凤，靠辉煌的事业、优良的环境、相对高的待遇吸引人才，使一些特殊人才、专业人才为国税系统提供智力服务。同时要坚持多渠道、全方位选拔人才，不求所有，但求所用。

二要加强对现有人才的培养。人才培养在要以中青年人才建设为龙头。一是抓好大众人才队伍建设。围绕完善干部管理制度，建设高素质的专业化的税务干部队伍的要求，不断深化改革，让优秀的干部在重要的岗位上发挥作用，改变“职务能升不能降，人员能进不能出”的现象。二是抓好管理人才队伍建设。注重培养和选拔尤其是加大对中青年管理人才的培养和选拔。三是抓好专业人才队伍建设。加大特殊岗位人才的培养和选拔力度，特别是加大力度培养在税收理论研究与实践、税收信息化等领域的中青年业务骨干。对选拔的中青年特殊业务人才要重点扶持，使其成为相关业务方面的拔尖人才和领军人才。

三要建立科学培训机制。人才的成长，既与主观努力分不开，又在很大程度上取决于组织提供的机会和条件。一是要有科学的干部培育规划。抓好能力提升工程，对本系统、本单位、本部门干部的素质进行细致的分类，按照不同目标所需要的人才种类、层次对不同基础、特长和发展方向的干部进行适用的分级分类培训。二是在机制上激励干部向复合型人才和高层次人才发展。三是积极拓宽培养渠道。四是抓紧做好后备人才的培养工作。新老交替是普遍法则，要保持人才队伍质量和持续提高，就必须抓好对后备人才的培养，抓好后备人才的知识更新储备。要选择适当方式组织后备人才的实践锻炼，开阔视野和丰富阅历，全面熟悉和掌握现代税收知识，使他们在基层税收工作中勇于担当大任，起到独当一面的作用。

（三）推行税收“专业化”管理，构建征管新格局

2010年总局在《国家税务总局关于开展税源专业化管理试点工作的指导意见》中提出：以加强税收风险管理为导向，以实施信息管税为依托，以实行分类分级管理为基础，以核查申报纳税真实性、合法性为重点，以规范税收征管程序和完善运行机制为保障，以建立和培养专业化人才队伍为支撑，积极探索税源专业化管理，优化服务，严格执法，不断提高税法遵从度和税收征收率。针对现阶段税源管理存在的问题，当前，应该积极探索推行机制管税，合作管税、数据管税三大税源管理方式，以破解欠发达地区经济税源监管难的矛盾。

围绕上述指导思想，基层国税机关应该从基础管税、信息管税、风险管税、专业管税、社会协税五个方面推进税源专业化管理工作。

1. 夯实管理环节，强化基础

管税

税源管理是税收管理的首要环节，是税收工作的基础，贯穿于税收工作的全过程，税源管理的好坏，直接影响税收征管的质量。抓税源管理，要善于“牵牛鼻子”，在关键环节上下功夫，在日常工作上做文章，在基础工作上作努力。一要善抓源头，强化纳税人户籍管理，这是税源管理的切入点和突破口。户籍是税源管理的基础，要下大力气加强户籍管理。二要善抓关节点，加强普通发票管理，这是税源管理的重点环节和日常性工作。首先，要突出加强增值税一般纳税人“三票”管理，重点在异常发票监管上做足文章；其次，要强化普通发票管理，一方面要提高普通发票使用面，加强普通发票使用率考核；另一方面实行违法使用发票举报有奖制度；第三是鼓励消费者索取普通发票，减少普通发票代开；第四是推行电子版普通发票和信息比对制度，有效防范大头小尾，虚开代开，买卖转让和税基流失。三要善抓机制，有效落实税收管理员制度，这是强化税源管理，解决“淡化责任、疏于管理”问题的主要抓手。四要善抓重点，抓好纳税评估实现堵漏增收，这是主动寻找问题，发现征管中的薄弱环节和纳税人偷逃税线索，积极采取措施化解执法风险，实现堵漏增收的重要工具，是税源管理中的一项挑战性、重要性、亮点性工作。要将纳税评估与数据分析、征管状况质量一体化分析相结合，微观分析与宏观分析相结合，评估与管理服务相结合，评估检查与重点稽查相结合，推行“县区局、分局、管理员”三级评估和分析检查工作，达到控制税源，加强征管，堵漏增收的目的。

2. 提升科技含量，突出信息管税

信息管税是税收征管工作思路的重大变革，是基层税收征管的核心业务之一，基层国税部门应着重抓好四项工作。

一是规范数据采集，把好信息质量关。“数据采集”是税源管理的首要环节，是实现信息管税的前提和基础。信息数据的真实，完整和共享直接决定了税源管理工作开展的深度。进一步整合信息资源，统筹应用宏观经济信息、征管基础信息、行业税收信息以及第三方信息等涉税信息，为税收分析和税收征管提供丰富有效的信息资源。

二是拓展信息分析应用的深度和广度。信息分析应用是落实信息管税的核心，也是信息管税工作的难点所在。要在提高对信息分析应用的重视程度的同时，应着力提升信息应用深度，拓展应用广度，提高应用效率，注重应用实效。围绕数据信息分析应用对税收征管质量的贡献度和税收收入增值作用等关键指标，建立标准化税收分析应用考核指标体系，加大信息分析应用利用效率和利用成效的考核力度，切实提高数据信息分析应用水平。

三是建立适应信息管税要求的管理体系。实施信息管税，信息是手段，管理是关键，税收是目标。要建立适应信息管税要求的管理体系，在数据平台信息高度共享的前提下，让基层税收管理员，中间的管理层、上面的决策层按照不同的管理职能，调整角色，形成纵向上下之间、横向部门之间，职能配置、协调配合机制进一步优化，以更好地适应信息管税的要求，实现管理分工科学化、责任明确化和管理效率最大化。利用数据管理平台提供的分析和监控功能，对非正常户、临时户、注销户、停业户、零申报户等异常户申报征收情况的监控，对所有纳税业户申报情况的多角度分析监控，对纳税户税负变化情况的监控，对纳税户发票使用、缴销情况的监控等。对本辖区纳税人征管情况进行分析评估，有针对性地加强管理。

四是健全“四位一体”信息管税运行机制。信息管税是对整个征管模式的变革，“业务驱动技术发展，技术推动业务变革”，要实现业务与技术的高度融合，既要发挥信息化的支撑保障作用，又要注重征管业务的创新，必须有一套完整的与之相配套的运行机制来保证各项工作协调有序运转，实现管理效能最大化。根据国家税务总局对信息管税工作的要求，重点要抓好税收评估、部门联动、税务稽查、内部监督“四个环节”，建立健全“四位一体”信息管税运行机制，促进税收秩序的进一步规范。第一要健全税收评估预警机制，对税源状况进行“体检”。第二要部门纵向横向联动，对税收疑点进行“会诊”。第三要强化税务稽查，对重大问题实行“解剖”。第四推行征管质效激励和问责制，增强“固本”效果。推行“征管质效激励机制和问责制”，用科学考核体系，细化考核指标、明确工作职责、工作标准和奖励办法，对评选出信息管理能手进行奖励。对信息管理中出现的征管问题及稽查中查出涉税金额较大的案件，对税收管理及相关人员进行“征管质效问责”，以强化管理人员的责任意识，提高执行力，推动信息管税的高效运转。

3. 提高法律意识，推行风险管税

根据经济欠发达地区税源特点，按照“抓住大户，控制中户，管好小户”的工作思路，结合纳税人生产经营情况、申报纳税情况和纳税信用状况，对所辖纳税人实施分级管理；同时，把纳税遵从理念和风险管理理念有机结合，将有限的征管资源优先用于风险大的纳税人和领域，对不同类型纳税人的不同风险采取不同的风险应对策略(见图7)，对低风险信息纳入正常管理，做好税收政策的宣传和辅导及有针对性的约谈，让纳税人就信息分析中发现的疑点问题做出说明解释；中级风险信息采用实地核查或评估，对风险分析发现的较大疑点问题进行现场核实；对高风险信息进行全面评估，对纳税人生产经营和财务核算进行深入检查，发现有偷税嫌疑和其他违法行为的，移交稽查部门查处。根据纳税人风险级别的高低，有针对性地进行管理。

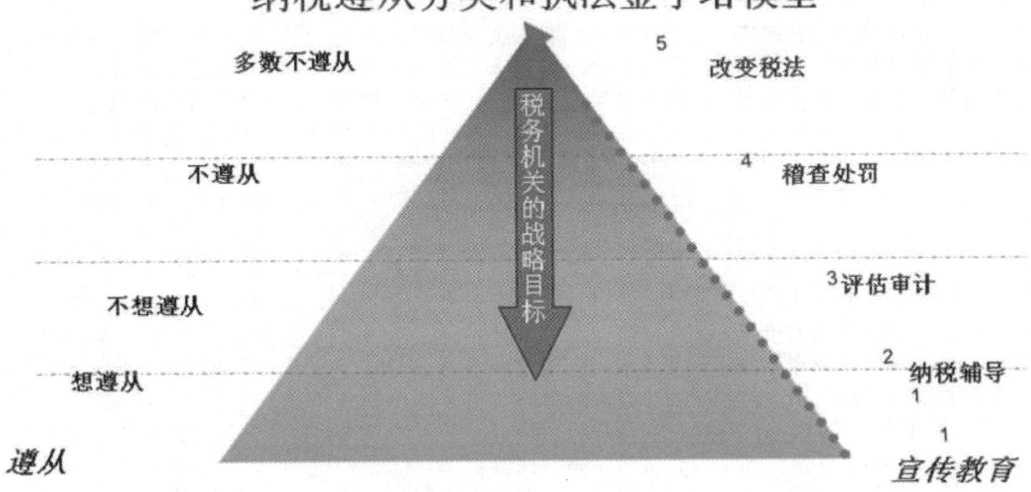

图 7

要贯彻和落实税收风险管理，必须理解和坚持以下几点：一是转变理念，合理配置相关税收征管资源，即从“管所有纳税人”转变为“管有遵从风险的纳税人”，并据此配置管理资源，实现征管资源与纳税遵从风险管理的相互匹配。二是要实施差异化管理手段，不断提升纳税遵从管理的质量和效率。就是针对不同风险项目、风险大小以及不同规模的纳税人，在实施应对过程中采用差异化的应对策略，从而形成以纳税人自我修正为主并不断递进的策略组合体系，达到降低税收机关征收成本和提高纳税遵从度的目的。三是要建立与税源管理专业化要求一致的征管体制机制。税源管理专业化就是要按照风险管理的理念和要求，以现有征管资源为基础建立纵向横向的、合理分工的征管体制机制。

4. 取消片区管理，实行专业管税

现行税收管理员模式实际上是片区管理，各人分一片，“我的地盘我做主”，导致权力失去监督，容易产生税收执法风险。所以要真正做到税务干部管事不管人，必须实行岗位分离，即相对独立，又紧密联系，相互制约，形成征管查工作有机协调的征管新格局。推行税源管理“五岗分离”（见图 8），实行职能专业化，由单兵管理向团队式管理转变，即：税源监管，专责对纳税人的日常巡查，以便及时掌握新开业、停歇业和注销、送达文书、纳税服务等；信息处理，专责各种纳税人相关数据的提取与比对，因为现目前税收管理员的计算机操作能力低、更说不是对数据进行处理，所以集中基层局有能力做此项事情的同志专门处理数据，对全局工作的有效开展能取到更大的作用；数据分析，专责对已有纳税人信息数据的深度分析，并将可能有问题的企业列出，移交到下一环节；风险管理，专责对上一环节移交的企业做风险评估，并按问题大、小移交到税源监管分局或下一环节，同时对纳税人做风险分级、分类整理，并根据本地区税源特点，向上级机关提出建立专有风险特征库的建议；制定符合本地特点的动态风险情报的收集和筛选制度，作为上级风险分析识别的有效补充；纳税评估，专责对上一环节移交的企业做实地核实，并进行纳税辅导，若发现重大问题立即移交稽查部门处理。

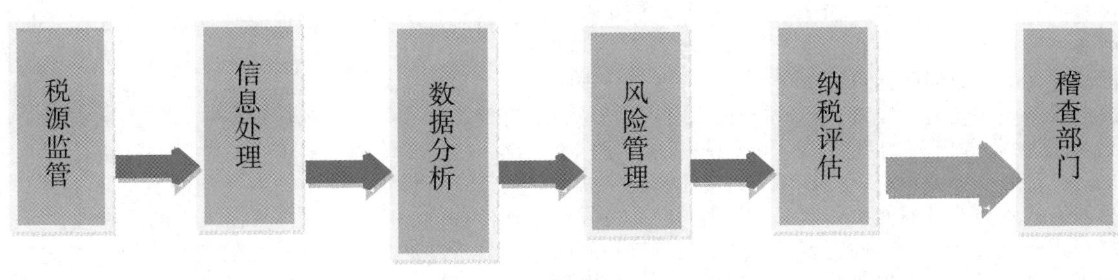

图 8

5. 加强部门协作，强化社会协税

如今，国税机关管理的纳税人中生产经营多种多样、生产工艺多种多样、销售方式多种多样，但是国税机关对相应的产品、工艺、质量、数量的鉴定没有资质，给工作带来了一定难度。如：加油站的管理，税务机关不能对从加油机放出油数量的多少、品种是否相符等做任何结论，只能通过约谈等方式来实现税款的补缴；再如：享受优惠政策的水泥生产企业，税务机关只能从账面上查看水泥企业每月用料的多少、产出多少，但对于是否合理、这样质量是否达标却不得而知；又如：发票代开，国税机关管理人员少、工作量大，每月代开发票的纳税人很多，又很多是无法核实或很难核实真实性的，但现行法律法规要求管理员要进行核实，这无疑大大增加了专管员的执法风险。建立与社会各部门的合作机制，可让有资质的部门来检验、有数据的部门来提供，并出具相应证明，这样不但提高了国税机关的工作效率，减少了偷、漏税款，规范了管理，同时也降低了税务干部的执法风险。

（四）加强税收信息化建设，提高税收工作科技含量

加强经济欠发达地区基层国税信息化建设的关键在于应用，其最根本目的就是要通过运用信息化手段提高税收征管的信息化程度，实现信息处理高度集中、及时、准确，部门间信息共享，税收征管运行速度和管理效率全面提高。

1. 以适应需求为目的，实现税收信息化与税务业务良性互动

我们现行的税务管理流程是以职能导向为主设置的，由于机构重叠，控制主要靠层级，流程在不同层级迂回，形成冗长复杂的流程，加之整个税收业务流程分割为单项、孤立、重复的、各自独立运转的流程，造成纳税人的不方便，难以实现集约化管理。而这种以职能导向的业务流程不利于信息化的建设，因此首先必须以税收信息流为导向改造税务业务流程，实现信息化建设与税收业务流程的良性互动。也就是整个业务流程应该把涉及信息采集的各类业务职能集中起来，统一面向纳税人，一次性完整规范采集基础信息，分类提供给各个后续环节；信息的确认和传输应该减少层级，提高效率；加强信息分析、监控，使用信息完善税收征收管理。比如，对于纳税人基础信息采集，应尽量采用一表式管理，对各职能部门的业务文档进行简化与合并，设计出已由各职能部门认可的文档，因此企业只需一次性上传这种统一的报表，即可自动实现各类基础报表上报，简化办事流程和工作量。其次，实现组织机构扁平化，就是通过减少行政管理层次，裁减冗余人员，从而建立起一种管理层次少、管理幅度大的组织机构。也就是将信息高度集中，撤并征收机构，减少上下级之间的中间层次，加大管理幅度，以降低管理成本，提高管理效率。同时按专业化管理的思路对税务部门的各岗位职责进行再划分，对管理权限进行重新调整，完善管理责任制和过错追究制。只有这样才能实现税收征管重人，财，物的最佳配置，才能从机制上解决“疏于管理，淡化责任”的问题。第三，让业务部门参与到软件开发中来，包括业务需求的提出、需求分析、测试、推广应用，使应用系统更好地适应实际业务工作的需要。第四，变过去软件设计分散式、分部门、分阶段的需求整合形式为集中封闭式的需求作业模式，设立跨部门的专门需求管理组织，通过需求设计在时间、人员上的一致性、连贯性来增强系统性，实行必要的版本控制，在需求分析环节，强调业务和技术上充分互动。任何部门用户的原始需求由于本位的局限总是缺乏系统性，需要在全局层面上予以平衡，以提高对需求的管理水平和响应能力。

2. 以一体化建设为指导，整合优化软件应用

目前，当务之急是要解决应用软件林立、信息孤岛的现象，实现信息共享。为此，我们应以总局税收信息一体化建设的战略思想为指导，按照“统一领导、统一规划、统一标准、分步实施”的原则，对现有软件进行整合、升级，建立一套统一的数据标准，统一规范信息的具体描述格式，并基于这个标准为不同专业税收业务软件提供一系列数据接口和面向数据分析的通用构件群，最后引导各类业务软件参与到税收信息资源整合平台中来。从根本上解决系统互不兼容、软件各自为政的问题；同时，在国税信息化网络建设上遵循一体化、兼容性和共享性的原则，在系统内部建立上下贯通的业务网，在国税部门与政府及工商、地税、金融等部门之间建立信息沟通的协作网，建立面向纳税人和社会公众的服务网，逐步实现国税与金融、地税、工商等部门信息资源的配置与共享；再次，通过一些技术手段，实现对目前各种应用系统数据的集中共享，并对业务逻辑关系着手归整，减少功能冗余。对新开发的系统则要按照一体化建设的思想进行设计和实施，对省以下单位自行开发软件的要纳入统一的管理。应用软件能精简的要尽量精简，能共享的软件、数据尽量采用共享方式，能整合的尽量整合到现有系统中，提高现有资源的利用率。

3. 以优化整合为前提，强化数据的分析利用

数据是应用系统的生命。完整、准确、规范、及时的数据是管理信息系统应用成功的基础和核心。如果说一个管理信息系统是“三分技术，七分管理”，那么数据建设要投入十二分的力量。可以说，缺少数据的管理信息系统，无论其功能多么完善，使用如何方便，也没有任何意义，应用也将无从谈起。从客观上看，数据信息的管理、整合和全面利用是当前信息化工作的重要突破口。

一是提高需求管理水平。成立由项目相关的不同部门业务人员组成的需求小组，负责提出业务需求，与技术小组人员一起参与需求分析的讨论、评审和确认，使需求符合项目的总体要求，保证项目需求之间的一致性，解决不同业务需求之间可能引起的冲突，同时做好日常需求变更控制。统一数据采集的口径，规范业务流程，提高数据信息共享度和有效使用率，实现数据的标准化。二是下大力气抓好基础数据的审核、录入和检查工作。对填报的数据进行认真的审核，不准确不规范的数据不得进入系统，提高数据录入的准确性，对已经进入系统的数据，要组织进行核查，确保数据的完整、准确、真实、规范。三是制定数据管理办法。按照管理办法确定的相关职责由责任人及时对数据进行更新，按照一定的流程和操作规范对垃圾数据及时进

行清理，确保数据的准确、及时和系统的运行效率。完善数据备份策略，确保数据安全。四是加强对数据的开发利用。已经积累的数据资源是一笔宝贵的财富，要重视对其的保护、继承和开发利用。利用数据仓库等先进的技术手段和工具，从税收的日常管理需要到税源监控、辅助领导决策等方面，加大对数据利用的软件开发，挖掘对各类税务信息的分析处理和利用，使闲置的数据成为税收征管的资源，在管理和监控及辅助决策方面发挥应有的作用。

4. 以信息安全为支撑，建立预防应急机制

随着信息化的发展，税务系统作为国家的重要职能部门具有越来越庞大的信息库，信息安全问题变得极为重要，保障税收信息安全，我们一方面要加强技术防范措施，在税务系统中全面引入比较成熟的数据加密技术、防火墙技术、入侵检测技术、病毒防范技术和CA认证等技术，保障税务部门网络、涉税信息和重要信息设施的安全；另一方面要加强对税务人员安全意识的教育和安全制度建设，建立严格的机房管理制度和网络、信息安全管理制度，制定规范的计算机操作程序，加强工作人员保密教育等等，通过技术和制度两个层面来防范和化解税务信息化安全隐患。

同时，为确保信息化可持续发展还必须建立行之有效预防应急机制。一是建立健全信息化运行保障机制。落实防雷接地工程，保证现有设施安全运行；增加基础设施投入，建立电力保障制度。二是建立健全网络安全保障机制。建立健全税收电子信息的安全等级制度，做好内部网络数据与公共网络的物理隔离；建立健全网络监控制度，做好计算机病毒的防、查、杀工作；建立健全网上申报认证平台，设立数字认证中心，保证数据安全有效；三是建立健全停电断网反应机制。在遇到停电断网紧急情况后，启动手工服务，事后进行数据录入，保证服务的连续性。

5. 以加强培训为保障，全面推动系统的应用。

应用是信息化建设的目的，必须加大力度推进信息系统的应用工作。首先，提高对税务信息化的认识。税务人员尤其是各级领导干部要转变观念，更新知识。各级领导要在实际工作中真正重视信息化建设工作，一把手要亲自抓、带头学、并身体力行去应用。其次，应用系统的开发必须与税收业务管理的实际工作需要和为纳税人服务的目标相一致，同时在采用的技术、标准、规范方面要与信息技术的发展相适应。第三，要加强培训，促进应用。高速发展的信息技术使得计算机具有更强的数据处理能力，大型数据库功能的逐步完善、网络安全技术水平的不断提高，使建设应用范围更广、功能更强、服务更快捷的管理信息系统成为可能。但是，违背了客观规律，不在应用上狠下功夫，则花再多的钱也不可能实现信息化。忽视应用是当今众多失败的信息化建设的主要原因。“以需求为导向，以应用促发展”是信息化建设的根本原则。这一原则要求我们必须从应用出发，以应用为中心，不断地发展应用。

（五）以人为本，加强基层软环境建设

1. 以人为本，完善基层国税部门的管理体制

基层国税部门在管理体制上，目前的状况确实很尴尬，上级管理有很多盲区，地方管理又给依法治税带来许多矛盾，就向一个无娘的孩子，工作和生活环境的好坏，只有靠自己打拼。从根本上讲，是当初机构分设时，总局为基层国税部门考虑得太少，可以说考虑的不周全。因此，要改变基层国税部门的软环境状况，切实做好基层国税部门的软环境建设，就必须从根本上改变基层国税部门的管理体制。要垂直管理，就必须有一套切合实际的科学的垂直管理办法，在人员进出、干部提升、福利待遇、工作环境、和地方支持等方面考虑周全，特别是在基层工作经费保障方面要有体制保障，彻底解除基层国税部门的后顾之忧。这些方面解决不好，那就只有从根本上改变税制，把税务部门交由地方政府管理或者把国地税合并为一家，以期解决国地税的攀比心理和降低税收成本。

2. 大力加强国税文化建设

开展国税文化建设，就是要以人为本，充分利用精神、制度、物质诸方面的文化积淀，在国税管理的全过程中，更多地融入情感和文化的因素。用健康向上的文化理念渗透干部的思想意识，在潜移默化中改造人、提高人。一方面量力而行的物质文化建设是国税文化建设必不可少的组成部分，要积极创造良好的工作环境和生活环境，既能使税务干部职工在工作中保持愉悦的心情，又能提高工作效率，充分发挥个人潜能，实现干部职工的自我价值。另一方面要坚持“在执法中服务，在服务中执法”的理念，通过一系列富有国税特色的服务措施，给纳税人温暖、尊重和体贴，使他们感受到依法纳税的过程就是共享文明的过程。要使全体干部职工明白什么是应该提倡的，什么是应该反对的，什么是应该做的，什么是不应该做的，约束干部职工的行为随意性。通过干部职工文明的具体行为，体现国税文化的价值取向，并通过税收服务传导与广大纳税人，使征纳双方和谐相处，共创文明。第三是必须突出精神塑造，把文化理念有效植入干部灵魂。国税文化建设的目的在于凝心聚力，其本质就是一个新的思想观念和行为方式战胜旧的观念和行为方式的过程。因此国税文化建设必须把精神塑造放在首要位置，积极搭建文化建设平台，注重把提高干部文化和业务素质为基础，实施育人工程，完善激励约束机制，切实加强队伍思想、能力、作风建设，达到“水涨船高”的目的；应高度重视思想政治工作，畅通诉求表达渠道，实施暖心工程，并及时校正少数影响队伍凝聚力的不良行为，营造健康和谐的文化氛围；应统筹开展文艺创作、读书普及、税收科研、科技创新等文化内涵较高的活动，进一步丰富干部职工的精神世界，让干部的思想逐步得到陶冶和升华，让国税精神成为全体干部共同的灵魂，才能真正实现国税文化“内化于心、外化于行”的目的。

3. 切实加强党的基层组织建设

特别是要强化经常性教育，不断提高党员干部的宗旨意识。一是尊重群众，充分发扬民主决策。凡是涉及单位的重大决策，各级基层党组都应该组织调研座谈会或发放

问卷调查等广泛征求群众的意见，充分发扬民主，反复讨论酝酿，使决策更加符合民意。同时，为调动广大群众和党员干部建言献策的积极性，可设置合理化建议奖，鼓励大家为国税事业建言献策，充分调动广大党员和群众参与决策的积极性和执行决策的主动性。二是贴近群众，认真解决群众工作生活困难。基层党组织始终要把群众工作放在首位，经常深入群众，了解群众情绪，倾听群众呼声，反映群众意愿和要求，努力解决了一些事关国税事业改革发展稳定和涉及干部职工切身利益的突出问题。三是联系群众，热心帮扶，积极参加社会公益活动。深入实际进行调查研究，与企业建立定点联系服务制度，为纳税人办好事办实事。同时基层党组织要广泛开展扶贫济困、支教助学活动，积极开展向灾区和困难群众捐款捐物，通过人道主义活动塑造干部职工的人格魅力和高尚情怀。

参考文献：

〔1〕林勇、张宗益、杨先斌："欠发达地区类型界定及其指标体系应用分析"《重庆大学学报》，第30卷12期。

〔2〕刘军："税务管理的环境约束与制度安排"［J］.《涉外税务》。

〔3〕宋俊骥、尹洪娟："扁平化管理理论与我国政府机构改革"［J］.广西社会科学。

〔4〕傅玉林："国税系统人力资源管理开发和管理方法研究"国家税务局办公厅。

〔5〕在平国税网站："基层税务信息化建设若干问题分析"。

〔6〕王菁华、苗凌郡、邱士彬："县级国税机关税收信息化建设的实践及探讨"《税收研究资料》。

〔7〕王晋、钱林桃、木彪："演绎国税行业的云南印象——云南省国家税务局局长李鸿文谈'国税文化'建设"。《香港文汇报》，2011.03.11。

课题组长：周世贵
副 组 长：刘益涛　罗官宁
参与单位：迪庆州国家税务局
　　　　　怒江州国家税务局
成　　员：朱显军　马永昆
　　　　　郑元军　许　燕
　　　　　赵泽炎　张　溟
执　　笔：周世贵　郑元军等

云南省农村信用社企业所得税优惠政策探讨

云南省国家税务局所得税处课题组

［**内容摘要**］从2004年开始，云南省农村信用社在国家税收优惠政策的大力扶持下，随着各项改革措施的实施，经营管理水平显著提升，支农主力军地位日益彰显，服务"三农"职能作用进一步发挥，自身发展后劲不断增强，为促进全省经济社会又好又快发展作出了重要贡献。但是，与同属于银行业的其他金融机构相比较，云南省农村信用社由于长期以来基础较为薄弱，积累的欠账较多，隐藏的风险较大，加之服务的对象主要是"三农"，经营成本高、收益率低等原因，后续的发展仍面临着外部环境变化、竞争压力加剧及自身体制机制、人才素质、创新能力等多方面的困难与挑战。因此，需要国家给予更加优惠、更加完善的税收优惠政策支持，进一步帮助云南省农村信用社加快消化历史包袱，加快改革发展步伐。本文紧紧围绕云南省农村信用社发展现状及面临的机遇与挑战，结合农村信用社在服务"三农"和促进县域经济发展中的重要作用，从云南省农村信用社企业所得税优惠政策执行情况及结果出发，提出现行农村信用社企业所得税优惠政策存在扶持力度过小；部分政策缺乏可操作性；民族自治地方政策权限具有局限性等问题。最后，联系云南经济发展的实际情况，对进一步加大农村信用社企业所得税优惠政策进行深入探讨，并从实施定期减免税；实施民族地区减免税；执行西部大开发税收优惠；加大农户小额贷款税收优惠；降低贷款损失税前扣除条件；增加免税收入项目六个方面对云南省农村信用社企业所得税优惠政策提出具体的完善建议。

［**关键词**］农村信用社　企业所得税　税收优惠

国家产业政策是政府为了实现一定的经济和社会目标而对产业的形成和发展进行干预的各项政策的总和，是弥补市场缺陷，有效配置资源，保护幼小产业成长的重要手段。其方式主要包括规划、诱导、促进、调整、保护、扶持、限制等，目的主要是通过干预、规范产业、行业主体的经济行为，诱导和保证实现既定目标，产业政策包含于国民经济发展的宏观政策体系。作为国家实施宏观经济调控的主要手段之一的税收政策，可以通过减免税、延期纳税、加计扣除、再投资退税等方式引导生产要素流动、资源有效配置、促进产业、企业发展壮大。作为对收益征税的企业所得税，其职能作用最为直接、广泛和普遍。企业所得税税收优惠政策是政府为实现特定目标，对特定经济主体免除或减少企业所得税的措施，在实现国家宏观经济调控、促进区域经济协调发展、贯彻国家宏观经济政策、促进经济结构调整、促进企业发展、促进产业结构优化升级等方面发挥着积极的作用。

随着我国中小企业及县域经济发展的需要，加大对中小企业及"涉农"产业资金的投入，已成为促进经济稳定增长的重要力量。金融企业及资本自身的"趋利性"与"低盈利"中小企业及"涉农"产业资本需求的悖论，决定了发展农村金融服务的必要性。从区域经济发展落差较大的云南涉农金融的发展现状看，大型商业银行资金多投向经济相对发达地区及大中型企业，对盈利能力较弱的中小企业和亟待解决的涉农资金往往被放弃。然而，近年来我省农村信用社在支持云南省的中小企业发展、解决三农问题方面发挥的重要作用，更多引起了我们对农村金融企业发展税收问题研究的关注。在我省，以县级联社为单位的农村信用社，点多面广，服务对象多，融资成本相对较高，且存在服务对象经营能力低、经济结构复杂多元，扶持风险高等诸多问题。在当下急需扶持中小企业，推动县域经济发展背景下，发挥税收优惠政策作用促进农村信用社发展十分必要。为此，我们结合政策运行实践，就我省农村信用社对涉农经济发展的作用、面临的困难和优惠政策执行情况进行了调研。本文通过对云南省农村信用社情况和优惠政策执行结果的调研，以实证性研究方法，从支持云南经济发展的实际出发，提出完善农村信用社企业所得税优惠政策的建议和意见。

一、云南省农村信用社基本概况

（一）农村信用社基本概念及云南省农村信用社发展历史沿革

农村信用社是经中国人民银行批准设立、由辖区内的自然人、企业法人、信用社职工等自愿出资发起设立的以互助为宗旨的合作性金融机构。其主要职能是为当地城乡经济发展提供金融服务，以传统存、贷款业务为主，具有贷款额小、面广、分散、流动的特点。

云南省农村信用社由省级联社、州（市）级联社及办事处、县（区）级联社（农村合作银行）、乡镇信用社组成（参见图1）。到2010年底，云南省农村信用社共有独立核算单位132个，其中包括1个省级联社、2个市级联社、4个合作银行和125个县（区）级联社，共有营业网点2352个①，基本实现覆盖全省乡镇的基础金融服务网。

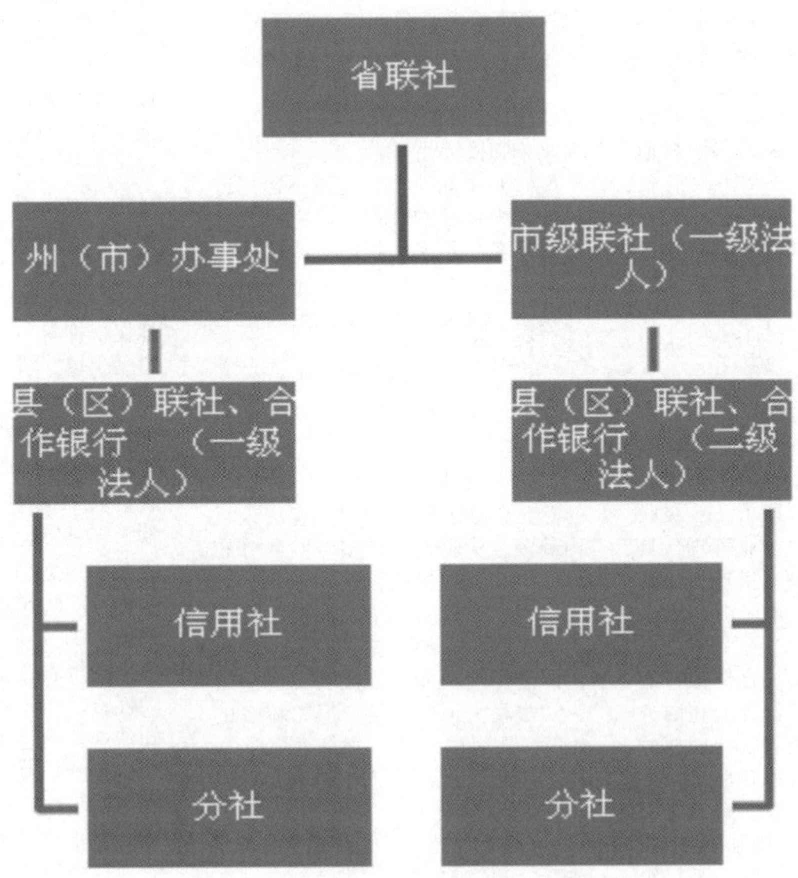

图1 云南省农村信用社组织形式层级图

云南省农村信用社的建立，始于1951年新中国成立后，第一次全国金融工作会议，提出在广大农民群众中重点试办农村信用合作组织，以调剂农村群众之间的资金余缺，帮助农村解决生产生活困难，打击高利贷活动的要求。1952年云南省第一家农村信用社——昆明宜良县蓬莱信用社成立。在随后建国初期的社会主义改造等经济发展过程中，农村信用社转变成农业银行在农村的基层机构。1984年农村信用社开始了以组织上的群众性、管理上的民主性和经营上的灵活性为基本内容的体制改革。1996年，国

① 数据来源：云南省农村信用社联合社统计资料。

务院出台了《关于农村金融体制改革的决定》，提出把农村信用社逐步改为由农民入股、社员自主管理、主要为入股社员提供服务的合作性金融组织。1996年，云南省的126个县（区）级信用联社、1656个独立核算的乡镇信用社与中国农业银行脱钩，开始了按合作制原则的运作。2003年，国务院《关于深化农村信用社改革试点方案》提出，按照“明晰产权关系，强化约束机制、增强服务功能、国家适当支持、地方政府负责”的总体要求，首先在全国8个省市开展了以改革农村信用社县级联社产权制度为主要内容的试点工作。2004年，云南省拉开了深化农村信用社体制改革序幕，一是组建了省级联社和统一了县级联社法人，使农村信用社产权制度、产权关系进一步明晰，完善了法人治理结构；二是改革农村信用社管理体制，将农村信用社的管理交由地方人民政府负责。2005年3月由州（市）级联社、县（区）级联社和农村合作银行作为发起人，组建了云南省农村信用社联合社（简称省联社），在县区级信用联社建立起统一法人联社。

省联社是具有独立企业法人资格的省级地方性金融机构，其职能是在省政府领导下，负责对全省农村信用社市级联社、县（区）级联社、农村合作银行的行业管理，具体承担对下进行管理、指导、协调和服务。省联社在各州（市）设立派出机构——办事处，主要履行对辖内农村信用社和农村合作银行的审计、业务统计、经营管理和财务核算的指导检查以及省联社授权的其他有关行业管理和服务职责。云南省昆明市、曲靖市设立有市级农村信用社联合社，在其他14个州（市）均设立办事处。县（区）级联社及农村合作银行由辖区内的自然人、企业法人、信用社职工等（即社员）出资入股设立，具有独立法人资格，各县（区）级联社下设立信用社、分社等分支机构，不具有法人资格。

（二）农村信用社业务范围及对“三农”和地方经济发展的重要作用

1. 农村信用社的业务范围

经中国人民银行批准，农村信用社的业务范围包括办理存款、贷款、票据贴现、国内结算业务；办理个人储蓄业务；代理其他银行的金融业务；代理收付款项及委托代办保险业务等。根据资金的来源和运用划分，主要可以分为负债业务、资产业务和中间业务三大类。

（1）负债业务，是农村信用社通过吸收和借入等形式来筹集经营资金的活动，它是农村信用社最基本、最主要的业务，是整个经营活动的基础。负债业务主要包括存款业务和非存款业务两类。

（2）资产业务，是农村信用社运用其吸收的资金从事各种信用活动以获取利润的行为。主要包括贷款业务和投资业务。

（3）中间业务，是指不运用或较少运用自己的资产，以中间人的身份替客户办理代收代付或其他委托事项，为客户提供各类金融服务并收取手续费的业务。主要包括各类结算及代理业务。

2. 云南省农村信用社在服务“三农”和促进地方经济发展中的作用

作为农村金融市场的唯一正规的专业金融服务机构和全省法人机构最多、从业人员最多、城乡分布最广泛的金融机构，长期以来，农村信用社一直以支持农业发展作为实现政府目标的主要手段，承担大量的信贷支农业务，被农民群众誉为“根植大地的银行、遍布城乡的银行、服务‘三农’的银行、造福民生的银行”。多年来，云南省农村信用社始终和“三农”血脉相连，根在“三农”，优势在“三农”，发挥着支农主渠道和农村金融主力军作用。

（1）在支持“三农”发展中发挥着主力军作用

从全省农村信用社的布局结构看，截至2010年，全省共有营业网点2382个，占全省银行业金融机构46.5%，遍布全省城乡各地，从业人员1.99万人，占全省金融业从业人员的30.8%①，已成为联系农业、农村、农民的金融纽带。从发放贷款的比例看，农村信用社发放的短期涉农贷款占全省银行业金融机构发放农贷总额的90%以上，2006年达到92.3%、2007年达到91%、2008年达到91%、2009年达到93.4%、2010年达到90%。这意味着，农村信用社每发放100元贷款中，至少有90元属于涉农贷款；从发放贷款的对象看，全省每100户农户中，有约70户与农村信用社保持着信贷关系②。

“十一五”期间，在支持三农发展中，云南省农村信用社发挥着主力军作用，其做法主要有二：第一，创新支农方式，发扬“背包银行”的传统，派出支农工作组，设立“春耕贷款发放点”，确保不误农时，及时将资金发放到千家万户农民手中。第二，突出支农重点，加强与专业合作社、“公司+基地+农户”的合作，通过信用贷款、农户联保、专业合作社社员联保、林权抵押等方式，进一步加大对畜牧、果蔬、茶叶、蔗糖、林产业、咖啡等12类特色产品信贷投入，促进云南省传统农业向现代农业转变。2006~2010年期间累计发放涉农贷款4166亿元，其中特色农业贷款3.42亿元，受益农户和农业产业化龙头企业达1.8万户；5万元（含）以下小额贷款1259亿元，共发放1021万余笔③，上述涉农贷款优先支持农资企业和籽种公司等流动性贷款，支持了农户的生产经营和消费，满足了农民购买良种、农药、化肥、农具等农业生产资料的有效信贷需求，极大地满足了粮食和农业生产、加工、流通等各环节有效信贷需求，促进了粮食增产、农民和企业增收。

（2）在满足农村金融需求上发挥了重要的桥梁作用

农村信用社服务网点遍布城乡，农业、农村、农民的各种金融需求能够得到最大限度地满足和实

① 数据来源：《2010年云南金融运行报告》。
② 数据来源：云南省农村信用联合社统计资料。
③ 数据来源：云南省农村信用联合社统计资料。

现。云南省农村信用社对农村开办有小额信用贷款、联户担保贷款、"金碧惠农卡"、失地农民工贷款、林权抵押贷款等。以林权抵押贷款为例，"十一五"期间，全省农村信用社共有14个州（市）、75个县级联社开办了林权抵押贷款业务，累计发放林权抵押贷款20.58亿元，贷款户达8300户，有效促进了林权改革和林业发展。又如2006年至2010年我省农村信用社累计发放"贷免扶补"创业小额贷款30.54亿元，支持了6.2万余人创业①，创造了更多的就业机会，促进了社会的和谐发展。

同时，农村信用社还是云南省代理财政涉农直补资金兑付最多的金融机构。本着"立足三农、服务城乡"的宗旨，云南省农村信用社在承担较大成本费用压力和网点柜面压力的情况下，以免费服务方式代理兑付财政的各种涉农直补资金共计20余项。"十一五"期间，通过惠农一折通共代发粮食直补、综合直补、退耕还林补助等财政补贴资金188.73亿元，惠及914万余户农户；共向34个新型农村养老保险试点地区代发79万人的养老保险金4.08亿元；代理了87个县的新型农村合作医疗基金业务，累计代发新农合资金5.57亿元（258万户），城市低保金28亿元（335万户）②。云南省农村信用社始终坚持以服务"三农"和城乡为出发点，利用服务网点贴近农户、科技网络支撑能力强的优势，认真做好新型农村养老保险、新农合、计划生育补助等各类代理业务，将各类补贴资金及时发放到千家万户。为农村和城镇居民提供了良好的生活保障，大大方便了群众，减少了社会矛盾。

（3）在支持中小企业发展中发挥着积极作用

云南省中小企业大部分分布在县及县级以下的农村，特别是那些同农产品和农业生产密切相关的企业，如食品、乳品、肉类、果菜加工，以及饲料、农业中间消费品生产企业，大都建在农村地区。因此，发展农村中小企业是繁荣农村经济、增加农民收入的捷径。中小企业在迅速发展的同时，也面临着融资难、规模小、管理欠规范、产品技术含量不高、市场竞争力弱等劣势，其中以"融资难"最为突出。为此，农村信用社对中小企业发展给予了大力的支持，成为新形势下农村信用社服务社会主义新农村建设的重要着力点。"十一五"期间，云南省农村信用社克服国家宏观调控政策困难，及时调整信贷投向，为中小企业提供充足的信贷支持，有效保证了对中小企业的信贷投入。2010年末云南省农村信用社中小企业贷款余额为625.3亿元，占全省银行业金融机构的比例为35%，贷款余额和占比分别比2006年增加430.2亿元和11个百分点③。

（4）在解决金融服务缺失问题上发挥着主体作用

为支持"三农"和地方经济社会的发展，云南省农村信用社按照省委、省政府的部署，高度重视金融服务空白乡镇网点建设，积极履行社会责任，充分发挥金融主力军的作用，在全省金融服务缺失的129个乡镇中，主动承担其中111个乡镇的基础金融服务恢复工作，占全省金融缺失乡镇的86%④，有效及时地将涉农补贴资金、新农保资金等发放到农民手中，努力满足各族群众存取款、贷款、汇兑资金的金融服务需求，保障政府惠农资金的有效落实。

（三）云南省农村信用社发展中存在的问题和面临的困难

云南省农村信用社通过法人治理结构等深化改革措施的实施，经营管理水平显著提升，服务"三农"的职能作用进一步发挥，自身发展后劲不断增强，但与同属于银行业的其他金融机构相比较，由于长期以来基础较薄弱，积累的欠账过多，隐藏的风险较大，加之服务的对象主要是"三农"，经营成本较高、收益低等原因，面临着外部环境变化、竞争压力加剧及自身体制机制、人才素质、创新能力等多种因素的挑战，而且现行的监管要求越来越高，云南省农村信用社的后续发展仍面临诸多困难：

1. 历史包袱沉重，不良贷款持续清降难度较大

农村信用社作为金融机构支农主力军，贷款对象主要是县域范围内的中小企业和涉农贷款，云南由于起步晚，基础差，县域内的经济结构不合理，农业产业化、集约化和现代化的程度比较低，相当一部分企业的技术含量低，调整淘汰范围多，信用环境差，农村人口流动性大，客观上存在隐含的信贷风险；同时与同在县域范围内设有分支机构的工、农、中、建四大银行相比，负担较重，四大银行在改制上市过程中，已将不良资产剥离，农村信用社不良贷款信贷风险明显高于其他银行业金融机构，且历史包袱沉重，计划经济时期大办乡镇企业、支持农业生产形成的贷款，时间跨度长，沉淀年代久，大部分已难以落实债权，清收无望，不良贷款持续压降难度较大，抗风险能力弱。到2010年底，全省农村信用社不良贷款余额达76亿。

同时由于各种历史原因形成的不良非信贷资产，因形成原因复杂，时间较长，基本无法收回，主要依靠农村信用社自身消化解决。且非信贷资产损失资金主要集中在部分县联社，单依靠信用社自身能力在短期内消化难度较大，不良非信贷资产消化进度相对缓慢。截至2010年，全省不良非信贷资产2.69亿元，其中，损失类1.5亿元，占不良非信贷资产的55.8%⑤。

2. 经营总体规模虽大，但人均指标偏低

到2010年底，尽管云南省农村信用社的存、贷款规模均达到了全省金融机构首位，但人均指标与全省其他金融机构相比仍有较大差

① 数据来源：云南省农村信用社联合社统计资料。
② 数据来源：云南省农村信用社联合社统计资料。
③ 数据来源：云南省农村信用社联合社统计资料。
④ 数据来源：云南省农村信用社联合社统计资料。
⑤ 数据来源：云南省农村信用社2010年度会计决算报表。

距。如：农村信用社人均存款低于全省同行业平均水平，仅为平均水平的71%；人均贷款低于全省同行业平均水平，仅为平均水平的54.3%；人均利润水平也低于全省同行业平均水平，仅为平均水平的45.5%。以县级联社计算，全省仅12个联社人均存款高于全省平均水平，3个联社人均贷款高于全省平均水平，5个联社人均利润高于全省平均水平①，与同行业尚存在很大差距。

3. 基础设施建设负担较重

目前，云南省农村信用社大部分营业网点基础设施较差，安防设施不达标，存在严重的安全隐患。为夯实基础，改善基础设施条件，增强发展实力，更好地为“三农”和新农村建设，全省农村信用社将在未来几年内完成营业网点基础设施和安防设施达标改造任务，还需投入大量资金。

4. 资产质量及抗风险能力差异仍然较大

按照目前银监部门规定的资本充足率基本要求，农村信用社必须要达到8%（农村合作银行达到10%）的标准，2010年末，云南省农村信用社资本充足率②9.6%，总体达标。但分县区来看，全省仍有19个联社资本充足率低于8%，其中资本充足率小于2%的有3个联社③，抗风险能力亟待需要进一步增强。

针对银监会对农村中小金融机构提出的“十二五”监管目标：“总体资本充足率达到10%左右，杠杆率总体不低于4%，流动性覆盖率和净稳定融资比率总体高于100%，拨备覆盖率总体高于150%，拨贷比总体达到2.5%”④。目前我省农村信用社除了杠杆率、拨贷比能够达标外，其他指标与监管要求还有很大的差距。长此以往，资本成本、流动性成本和拨备成本的上升将导致整体成本上升，盈利能力将逐步趋缓。

5. 资本经营约束机制制约导致贷款规模受限

我省农村信用社实行以县为单位统一法人，按照信贷资本约束规定，单户贷款最大金额不得超过资本金总额的10%，受此规定限制一些抵御风险强，有发展潜力，资金需求大的企业，农村信用社不能对其提供贷款，影响了农村信用社的经营效益，同时一些通过农信社扶持成长壮大的企业，在经营能力得到提高后，由于信贷规模限制，转而转为其他银行金融机构的贷款对象。

6. 网点覆盖面广，经营成本居高不下

2010年末全省农村信用社成本收入比率达49.41%⑤，连续三年指标位于全国金融企业中下水平，远高于其他银行业金融机构。其主要原因一是农村信用社点多面广战线长，服务路径大，网点布局分散，管理链条长，一直延伸至乡村，人员配置需求大，导致经营费用偏高；二是从存款机构看，农村信用社以居民存款为主，受开户政策的限制对公存款占比偏低，造成低成本存款占比较小，存款利息支出相对较大；三是农村信用社承担更多的社会责任，且其中部分代理业务只能采取免费服务方式，加大了成本负担。

云南省农村信用社积极响应省政府、人民银行、银监部门提出的全省金融空白乡镇金融服务全覆盖计划，把实施金融服务全覆盖作为履行社会责任具体实践，主动承担了111个金融空白乡镇的金融服务工作，为此，截止2011年7月，共投入网点建设资金1.16亿元（平均数），2010年恢复和新建网点以来，每个网点前期投入固定资产、装修改造、办公用具等资金平均为105.7万元，每个网点职工工资性和营业费用等支出每年平均在60万元以上。但与之相对应，这些网点平均存款仅为426万元，平均贷款余额仅为319万元⑥。金融服务全覆盖对于偏远地区农户、政府具有非常重要的现实意义，但对于农村信用社而言，金融缺失乡镇大部分处于偏、贫、远山区，经济基础薄弱，存贷规模无法得到盈亏平衡，资金回报率低，营业收入难以维持网点正常开支，面临长期亏损问题。

因此，从云南省农村信用社面临的困难和自身发展角度出发，需要给予更加优惠、更加完善的优惠政策支持，促进农村信用社进一步做大、做优、做强，更好的发挥职能作用，服务“三农”和促进地方经济发展。

二、实施企业所得税优惠扶持农村信用社发展是云南经济发展的要求

（一）云南经济发展现状要求对农村信用社给予支持

由于云南的资源禀赋条件决定了，云南经济社会发展仍面临着一些深层次的矛盾和问题亟待解决：一是贫困人口多，城乡发展差距大，“二元结构”问题依然未得到根本扭转；二是经济基础薄弱，市场需求狭小，经济总量小；三是中小企业规模较小、信用等级低、经营风险大，稳定社会、促进就业的职能作用尚不能充分发挥；四是金融业总体发展水平不高，农村金融服务体系实力不强，适应不了县域经济、中小企业发展的要求。云南省经济社会发展水平，决定了云南需要充分发挥投资拉动经济增长的作用，对于云南这样一个起步晚，基础差，经济欠发展的省份，依靠自身资金投入显然不具有现实和可能，急需外源性资金的进入方能促进经济的较快发展，但由于资本的趋利性，绝大多数商业性银行扶持对象集中于发达地区、优势企业、大中型企业。在此情况下，立足于广大县域地区，根植于广大农村，作为农村金融主力军的农村信用社

---

① 数据来源：云南省农村信用社联合社统计资料。

② 资本充足率指：资本总额与加权风险资产总额的比例，反映银行自有资本程度损失的程度。

③ 数据来源：云南省农村信用社联合社统计资料。

④ 摘自《中国银行业实施新监管标准指导意见》。

⑤ 数据来源：云南省农村信用社联合社统计资料。

⑥ 据2011年《云南省金融办关于全省解决农村金融服务缺失工作情况报告》数据。

迫切需要增强自身实力，以更好地服务于地方经济，拉动中小企业和县域经济的发展。长期以来，云南省农村信用社也享受过免征企业所得税优惠，通过优惠，增强了实力，提升了服务县域经济、服务“三农”、服务中小企业发展的能力。基于产业性企业所得税优惠政策运用的积极意义，在目前状况下，对农村信用社继续实施产业性税收优惠是推进云南经济社会发展客观选择。

（二）企业所得税优惠政策是支持农村信用社发展的重要措施

税收优惠政策是国家为引导资源合理配置，促进经济结构调整，利用税收杠杆调控经济运行的一种政策手段。企业所得税优惠作为国家利益“让渡”最直接、较为灵活、有效的一种政策手段，对于发挥宏观调控、引导产业、行业、企业发展、贯彻国家宏观经济政策方面有着更为积极的意义和作用。农村信用社作为为农村经济发展提供金融服务的主要机构，由于其服务对象的特殊性，为了扶持其成长壮大，增强实力，国家一直对农村信用社实施企业所得税税收优惠。云南省农村信用社企业所得税优惠政策历经了仅对贫困地区和利润较少的农村信用社免征或减征；对全省农村信用社均予以免征和执行国家统一的对银行业金融机构减计收入优惠三个阶段，不同的阶段优惠政策均发挥了相应激励作用，其中以对全省农村信用社均免税阶段发挥作用尤为明显。

1. 农村信用社企业所得税优惠政策演变

（1）1995～2003年，贫困县农村信用社和利润较少的农村信用社享受免征或减征企业所得税优惠

1994年，工商税制改革，在规范税制、取消大量减免税的同时，考虑到农村信用社的经营存在比较大的困难，对农村信用社给予了，一是在1995～2001年，对国家确定为贫困县的农村信用社可免征企业所得税；对企业按财政税务机关审批核定的比例向其主管部门上交的行政管理费，在计算应纳税所得额时准予扣除等政策①；二是对盈利能力弱的农村信用社给予减征企业所得税优惠。即在2004年之前，农村信用社年应纳税所得额在3万元（含3万元）以下的减按18%的税率征收所得税，年应纳税所得额在10万元（含10万元）以下至3万元的减按27%的税率征收所得税等政策②。

（2）2004～2009年，全省农村信用社均享受免征企业所得税优惠

2003年，国务院决定深化农村信用社的改革，并且分批进行改革试点，为了确保农村信用社改革试点工作能够积极稳妥推进，财政部、国家税务总局《关于进一步扩大试点地区农村信用社有关税收政策问题的通知》（财税［2004］177号）和《关于延长试点地区农村信用社有关税收政策期限的通知》（财税［2006］46号），规定对试点地区农村信用社从2004年1月1日起至2009年底暂免征收企业所得税。2008年新企业所得税法实施，国务院规定将试点地区农村信用社免征企业所得税优惠政策作为过渡期政策，允许执行至期满。据此，云南省农村信用社由原仅对贫困县农村信用社免征企业所得税扩大到全系统所有信用社。

（3）2010年1月1日起，执行全国统一的税收优惠政策

作为改革试点地区，国家给予云南省农村信用社免征企业所得税税收优惠政策于2009年12月31日到期，目前农村信用社所享受的企业所得税税收优惠政策与其他银行业金融机构一致，即：

A、农户小额贷款利息减计收入

为支持农村金融发展，解决农民贷款难问题，经国务院批准，云南省农村信用社自2009年1月1日至2013年12月31日，对农户单笔在5万元以下（含5万元）的小额贷款的利息收入在计算应纳税所得额时，按90%计入收入总额③。

B、涉农贷款和中小企业贷款损失准备金税前扣除

根据《财政部 国家税务总局关于金融企业涉农贷款和中小企业贷款损失准备金税前扣除政策的通知》（财税［2009］99号）和《财政部 国家税务总局关于延长金融企业涉农贷款和中小企业贷款损失准备金税前扣除政策执行期限的通知》（财税［2011］104号），云南省农村信用社在2013年12月31日前，对其涉农贷款和中小企业贷款进行风险分类后，按照关注类贷款，计提比例为2%；次级类贷款，计提比例为25%；可疑类贷款，计提比例为50%；损失类贷款，计提比例为100%比例计提的贷款损失专项准备金，准予在计算应纳税所得额时进行扣除。这里所说的涉农贷款包括农户贷款和农村企业及各类组织贷款，而中小企业贷款，则是指农村信用社对年销售额和资产总额均不超过2亿元的企业的贷款。

C、汶川地震涉及地区定期减免企业所得税

根据《财政部 国家税务总局关于汶川地震灾区农村信用社企业所得税有关问题的通知》（财税［2010］3号），为帮助受灾地区农村信用社灾后重建和恢复经营，经国务院批准，从2009年1月1日至2013年12月31日，云南省汶川地震灾区昭通市所辖的绥江、水富和永善三个县农村信用社享受免征企业所得税优惠政策。

2. 农村信用社企业所得税优惠政策执行结果

据统计，从1996年农村信用社与农业银行脱钩至2003年，8年间

---

① 《财政部、国家税务总局关于企业所得税若干优惠政策的通知》（财税［1994］001号）、《财政部、国家税务总局关于部分行业、企业继续执行企业所得税优惠政策的通知》（财税［1997］38号）、《财政部 国家税务总局关于贫困县农村信用社继续免征企业所得税的通知》（财税［1998］60号）、《财政部 国家税务总局关于农村信用社有关企业所得税政策问题的通知》（财税［2001］55号）。

② 《财政部 国家税务总局关于农村信用社有关企业所得税问题的通知》（财税［1998］29号）、《财政部 国家税务总局关于农村信用社有关企业所得税政策问题的通知》（财税［2001］55号）。

③ 根据《财政部 国家税务总局关于农村金融有关税收政策的通知》（财税［2010］4号）。

全省农村信用社共减免企业所得税1.12亿元①，在此期间鉴于市场经济才起步，金融对经济的支撑作用尚不明显，农村信用社经济实力弱，亏损面大等因素，税收激励效果并不明显。在1996年，全省农村信用社1616个机构中有551个亏损，其中贫困县农村信用社全部为亏损企业。到了全面免征企业所得税前的2003年，全省农村信用社仅免征企业所得税3843万元②。

2003年国务院深化农村信用社改革决定下发后，2004年至2009年全面免征农村信用社企业所得税期间，云南省农村信用社共减免企业所得税26.16亿元③。

表1　　1996～2010年云南省农村信用社企业所得税减免税统计表

年份	营业收入（万元）	利润总额（万元）	应纳税额（万元）	减免税额（万元）
1996	218317	－4521	794	290
1997	230226	－3961	1534	738
1998	214857	－20853	907	320
1999	190121	－24867	1114	526
2000	197383	－11457	1839	1123
2001	195104	368	2897	1767
2002	208608	5482	4003	2644
2003	250343	7395	6476	3843
2004	290637	12055	9560	9560
2005	375419	19843	18916	18916
2006	587439	48217	35218	35218
2007	794929	88683	68254	68254
2008	1026558	153629	51126	51126
2009	1110119	229217	78616	78616
2010	1461290	386477	116603	1435

注：数据来源于云南省国税局企业所得税汇算清缴统计资料

2010年将原免征企业所得税优惠改为对农户5万元以下的小额贷款的利息收入在计算应纳税所得额时，按90%计入收入总额，对涉农和中小企业贷款损失准备允许按照规定比例扣除优惠后，农村信用社减计收入1645万元，扣除贷款损失准备金2.43亿元，涉及减少所得税6075万元，加上汶川地震涉及3个县农村信用社免征所得税1435万元，合计减免所得税7510万元④。

云南省农村信用社规定，对减免的税金由各县联社专户进行管理，专门用于信用社消化历史包袱或增加资本公积，以增强农村信用社实力。在国家税收优惠政策的扶持下，随着经济飞速发展，云南省农村信用社开拓进取，深化改革，强化服务，实现了资本的快速积累，壮大了资金实力；风险拨备缺口大幅减少，抵御风险能力得到增强；盈利能力显著提升；资产规模稳步扩大，有力地支持了地方经济发展；金融服务明显改善，重塑了社会形象。

（1）存贷款规模保持较高增幅，存量和增量均居同业第一

到2010年，云南省农村信用社各项存款余额2502亿元，相比2003年末增加2062亿元，增长4.6倍，年均增幅58.6%；各项贷款余额达1613亿元，相比2003年末增加1298亿元，增长4.1倍，年均增幅51.5%，存贷款存量和增量保持全省金融机构首位，在西部十二省农村信用社中排名第二位，8年间累计发放贷款6605亿元⑤，为云南经济社会的又好又快发展作出了积极贡献。

① 数据来源：云南省国税局企业所得税汇算清缴统计资料。
② 数据来源，2003年度云南省国税局企业所得税汇算清缴统计资料。
③ 数据来源，2004～2007年度云南省国税局企业所得税汇算清缴统计资料，2008～2009年度企业所得税申报表。
④ 数据来源，2010年度农村信用社企业所得税年度纳税申报表。
⑤ 资料来源：2003～2010年云南省国民经济统计公报。

表 2　　2003～2010 年云南省农村信用社存、贷款余额统计表

年份	2003	2004	2005	2006	2007	2008	2009	2010
存款余额（亿元）	440	548	768	991	1211	1482	1951	2502
贷款余额（亿元）	315	383	517	636	811	1018	1312	1613

注：数据来源于云南省农村信用社联合社统计资料

（2）不良贷款实现“双降”，资产质量持续好转

八年间，云南省农村信用社加大不良贷款的清收处置力度，努力化解存量包袱，截至 2010 年，不良贷款余额为 76 亿元，不良贷款率①降至 4.7%，较 2003 年末下降 17 个百分点，资产质量持续好转②。

表 3　　2003～2010 年云南省农村信用社不良贷款余额统计表

年份	2003	2004	2005	2006	2007	2008	2009	2010
不良贷款余额（亿元）	71	69	57	135	129	112	95	76
不良贷款率（%）	21.8	18.1	10.9	21.3	15.9	11.0	7.3	4.7

注：数据来源于云南省农村信用社联合社统计资料

（3）营业收入大幅增长，抗风险能力逐步增强

到 2010 年，我省农村信用社资产总额达到 2976 亿元，比 2003 年末增加 2260 亿元，增长 315.6%；负债总额达到 2836 亿元，比 2003 年末增加 2139 亿元，增长 306.9%；所有者权益总额达到 141 亿元，比 2003 年末增加 122 亿元，增长 642.2%，经营规模不断壮大。

2010 年实现营业收入 146 亿元，比 2003 年增加 121 亿元，增长 484%；实现净利润 27.9 亿元，比 2003 年增加 27.7 亿元；资本充足率为 9.6%，资本利润率为 25%，与 2006 年相比分别提高 11 个百分点和 19 个百分点，全省农村信用社赢利能力实现大幅增长。

2010 年末我省农村信用社拨备覆盖率③达到 151.2%，比 2007 年末提高 122 个百分点；贷款损失准备充足率④达到 189.7%，比 2007 年末提高 163 个百分点，全省农村信用社整体抗风险能力显著增强⑤。

表 4　　2003～2010 年云南省农村信用社经营指标统计表

年份	2003	2004	2005	2006	2007	2008	2009	2010
资产总额（亿元）	716	876	1243	1385	1573	1892	2540	2976
负债总额（亿元）	697	849	1207	1343	1522	1824	2457	2836
所有者权益（亿元）	19	27	35	42	51	68	83	141
营业收入（亿元）	25	29	43	58	79	103	111	146
净利润（亿元）	0.2	0.4	0.9	2.2	3.6	10.3	12.2	27.9
资本充足率（%）			-2.1	-2.2	0.9	3.8	6.2	9.6
资本利润率（%）	1.2	1.9	3.1	5.7	7.7	17.3	16.2	25.0
拨备覆盖率（%）					28.4	52.2	103.2	151.2
贷款损失准备充足率（%）					26.4	52.3	132.5	189.7

注：数据来源于云南省农村信用社联合社统计资料。由于 2003～2006 年度未实行贷款五级分类制度，故拨备覆盖率、贷款损失准备充足率无法统计；2005 年前银监局未对农村信用社考察资本充足率。

（三）现行农村信用社企业所得税优惠政策中存在的问题

1. 现行税收优惠政策扶持力度过小

从 2004 年 1 月 1 日起至 2009 年 12 月 31 日，云南省农村信用社

① 不良贷款率指：金融机构不良贷款（次级、可疑、损失类贷款）占总贷款余额的比重。

② 数据来源：云南省农村信用社联合社统计资料。

③ 拨备覆盖率指：金融机构贷款可能发生的呆、坏账准备金的使用比例。

④ 贷款损失准备充足率指：贷款实际计提准备与应提准备之比。

⑤ 数据来源：云南省农村信用社联合社统计资料。

一直享受免征收企业所得税优惠政策。该项政策实施六年来，取得显著成效。目前，该项政策已执行到期。取消免征企业所得税优惠政策后，除昭通市所辖的绥江、水富和永善三个县农村信用社可继续执行免税政策外，其余农村信用社一律恢复征税。就目前农村信用社可以享受的企业所得税税收优惠政策来看，仅限于农户单笔5万元以下（含5万元）小额贷款利息收入减按90%计收入、涉农贷款和中小企业贷款损失准备金税前扣除两项，税收优惠幅度与原来相比大打折扣。恢复征税后，对于云南省农村信用社而言，不利影响主要有以下方面：

（1）影响农村信用社盈利水平。历史问题较多的弱势信用社，长期以来资金实力不强，业务发展能力较弱，管理水平较低，在失去有力的减免税优惠政策支持条件下，农村信用社需要按照25%的税率缴纳所得税，盈利能力会受到很大影响。

（2）影响农村信用社对实体经济的支持力度。银行业相关法律规定，对同一借款人贷款余额不得超过资本余额的10%。资本的规模决定了对单一客户贷款的额度。在资本规模较小的情况下，单家农村信用社往往无法满足客户超过法定标准的大额贷款需求，只有通过组织社团贷款形式发放贷款。即便如此，社团贷款发放额度也会受到农村信用社整体资本水平的制约。对单一客户支持能力的下降，客观上直接影响到对地方经济的支持力度。

（3）影响农村信用社增资扩股进程。企业所得税免税政策的取消，对农村信用社利润水平产生较大负面影响，使农村信用社回报股东能力下降。而分红水平下降，既会影响现有股东对农村信用社的信心，也会影响到农村信用社在社会上的整体形象，从而使农村信用社对社会资本的吸引力下降，增资扩股难度增大。

2. 部分税收优惠政策缺乏可操作性

现行部分税收优惠政策有关概念内涵与外延缺乏科学的界定，在具体执行过程中难以把握。如对于“农户”的定义，根据《财政部 国家税务总局关于农村金融有关税收政策的通知》（财税［2010］4号）规定，农户是指长期（一年以上）居住在乡镇（不包括城关镇）行政管理区域内的住户，包括长期居住在城关镇所辖行政村范围内的住户和户口不在本地而在本地居住一年以上的住户，国有农场的职工和农村个体工商户。位于乡镇（不包括城关镇）行政管理区域内和在城关镇所辖行政村范围内的国有经济的机关、团体、学校、企事业单位的集体户；有本地户口，但举家外出谋生一年以上的住户，无论是否保留承包耕地均不属于农户。而对“户口不在本地而在本地居住一年以上的住户”和“有本地户口，但举家外出谋生一年以上的住户”及城乡结合部的人员，金融机构和税务机关很难准确界定其是否属于农户，核实难度大，不易掌控。同时，对于“农户”的界定也影响涉农贷款和中小企业贷款损失准备金税前扣除政策的正确执行。

3. 民族自治地方税收优惠政策权限具有局限性

《中华人民共和国企业所得税法》第二十九条规定“民族自治地方的自治机关对本民族自治地方的企业应缴纳的企业所得税中属于地方分享的部分，可以决定减征或者免征”。据此规定，云南省8个民族自治州和非民族自治州辖区的20个民族自治县设立的农村信用社，可以依法申请享受企业所得税税收优惠。但在实践中，上述规定形同虚设。究其原因主要有三：第一，新企业所得税法给予民族自治地方的减免税权限具有限制性。按照新法规定，国家对民族自治地方的农村信用社企业所得税仅减免属于地方分享部分的权限，按现行分配体制，云南省即仅能减免应纳所得税的40%，且减免税款全部由地方承担，相比之下税收优惠大幅度“缩水”；第二，现行体制下可以减免农村信用社所得税的民族自治州、自治县，基本都比较贫困，政府自身运转、经济发展尚需通过税收、转移支付维持，且农信社恢复征税后成为这些地区的税源大户，对其实施免征企业所得税地方分享部分，大幅减少了财政收入，民族自治地方政府不同意予以减免税。第三，云南省作为民族区域自治法规定的自治地方“身份”不确定，省级政府不能在全省范围内有针对性实施税收调控职能。云南虽然民族自治地方较多，少数民族人数居全国第二，财政体制比照民族自治区财政预算管理体制进行管理，但由于缺乏主体民族没有列为民族区域自治法规定的自治区，因此，不能发挥全省范围内对同一行业、产业均给予优惠的减免企业所得税权限。

三、完善云南省农村信用社企业所得税优惠政策建议

（一）完善云南省农村信用社企业所得税优惠政策的总体思路

如上所述，农村信用社是支持“三农”的主力军，在县域经济中发挥着越来越重要的作用，是反哺农村的主要力量，农村信用社的兴衰关乎农业发展、农村稳定和农民致富。因此，税收政策应正视其服务“三农”和地方经济发展的特殊职能作用和地位，从服务“三农”的大局出发，给予其更多的倾斜和支持，原则性和灵活性相结合，帮助农村信用社更好地实现自身良性发展。

第一，恢复农村信用社原有免征企业所得税优惠政策

目前，农村信用社特别是中西部地区农村信用社与建立现代金融企业的要求仍存在较大差距，消化历史包袱的任务艰巨，呆账准备提取压力大，自身发展受到一定抑制。通过继续实施税收减免，可以帮助农村信用社增加积累，加快消化历史包袱的步伐。因此，长期给予云南省农村信用社税收优惠政策仍有必要，国家对农村信用社在财政上、税收上应给予长期化、制度化的政策支持，持续给予农村信用社休养生息的机会，通过税收减免扶持等政策进一步帮助农村信用社加快发展。

第二，加大农村信用社税收优惠政策支持力度

基层农村信用社贷款额小、量大、管理成本高、市场风险大，这是“三农”金融服务不可回避的客观事实，而现行的税收优惠政策扶持不足以覆盖农户小额贷款的风险、保证金融机构从事“三农”服

务的商业收益，也就无法彻底调动起金融机构的积极性，农村信用社期待新的财税优惠政策出台。因此，可考虑将减免税范围予以进一步扩大，引入“大农业”概念，即对所有涉农贷款免征或按一定比例免征企业所得税。

第三，强化区域性税收优惠政策的独特作用

在加大农村信用社税收优惠支持力度的基础上，适度考虑向欠发达的中西部地区倾斜，建立和完善区域性税收优惠政策。区域性税收优惠政策体现了国家的经济发展战略，是世界各国为促进区域经济平衡发展广泛采用的政策手段。云南省集边疆、山区、民族为一体，城乡发展差距大，经济与社会发展不协调，整体区域经济发展水平与全国存在较大的差异。这一客观事实决定了对税收优惠政策的需求也具有特殊性，历史情况也证明，区域性税收优惠政策一直以来都是云南省税收优惠的主力。因此，完善云南省农村信用社税收优惠政策，重点是要从云南省实际需求出发，在遵循国家产业政策的前提下，强化区域性税收优惠政策的作用。

（二）完善云南省农村信用社企业所得税优惠政策的具体建议

1. 继续实施企业所得税定期减免税

现行企业所得税法框架下的税收优惠政策虽然明确了以“产业优惠为主、区域优惠为辅”的原则，但鉴于欠发达地区经济发展水平落后，地区发展不平衡的客观情况，应进一步加快对中西部地区的区域性税收优惠政策的制定和完善，给予欠发达地区适度的政策倾斜。同时，云南省政府也提出要运用积极的财税扶持政策，支持我省地方金融服务体系建设，鼓励和支持农村信用社组建全省统一法人的农村合作银行，在一定时期内给予农村信用社（农村合作银行）适当减免企业所得税的照顾。

建议借助云南省“桥头堡”建设重要战略机遇期，积极争取特定的区域性税收优惠政策支持，对云南省范围内农村信用社等农村金融机构继续实施三年的企业所得税定期减免税政策。

2. 实施民族自治地区减免企业所得税政策

考虑云南地处边疆、经济发展落后，少数民族众多，仅因缺乏主体民族而未被确定为自治区，财政部、中央民委明确云南财政政策比照民族自治区执行。但企业所得税法实施后，按照企业所得税法第二十九条规定，享受民族自治地方所得税优惠的区域为《中华人民共和国民族区域自治法》规定的自治区、自治州、自治县，同时仅对地方分享部分进行减免，按此规定云南省不再享有企业所得税减免管理权，也就失去了因此构建云南省自定企业所得税优惠政策体系的前提。

建议根据云南现在的经济状况和新的发展需求，需要在全省范围内运用所得税调控、引导经济运行，因此，亟需争取中央给予云南省政府享受民族自治区政府企业所得税减免管理权限，这样省政府可以在全省范围内对农村信用社给予定期减征或者免征其应缴纳的企业所得税中属于地方分享的40%部分，同时扶持民族自治地方的发展既是地方政府的职责，更是中央政府应该承担的责任，争取中央分享企业所得税部分也纳入减免范围。

3. 执行西部大开发税收优惠政策

新一轮西部大开发税收优惠政策已于2011年1月1日起开始执行，为进一步支持我国西部地区经济社会发展，国家对设在西部地区的鼓励类产业的企业在2011年至2020年减按15%的税率征收企业所得税①。所说的鼓励类产业的企业是指符合《西部地区鼓励类产业目录》中规定的产业项目为主营业务，且主营业务收入占企业收入总额70%以上的企业。因此，建议积极争取农村信用社经营项目纳入农村金融服务体系建设范畴，并享受西部大开发鼓励类产业低税率优惠。

此外，建议将西部大开发战略与云南“桥头堡”建设战略相结合，给予云南省农村信用社及其他农村金融机构更加优惠的税收政策：第一，积极争取农村信用社经营项目纳入农村金融服务体系建设范畴并进入《西部地区鼓励类产业目录》，从而使云南省农村信用社在西部大开发税收优惠政策执行期内享受15%的税率优惠；第二，在国家西部大开发所得税减按15%税率征税期间，允许我省农村信用社在实施“桥头堡”建设期间内的减按10%的税率征收企业所得税。

4. 加大对农户小额贷款税收优惠力度

为了进一步鼓励和支持农村金融机构面向“三农”服务，加大对农村金融机构税收扶持力度，2010年5月，财政部和国家税务总局下发了《关于农村金融有关税收政策的通知》，明确从2009年1月1日至2013年12月31日，对农村金融机构5万元以下（含5万元）农户小额贷款的利息收入在计算应纳税所得额时，按90%计入收入总额。就执行的情况来看，减计利息收入比例过小，政策期限过短，整体政策力度较小。

建议：第一，将农村信用社农户5万元以下小额贷款利息收入确定为法定的免税收入；第二，将农户小额贷款免税起点，由5万元提高到中西部地区10万元；第三，农户小额贷款利息收入在计算应纳税所得额时，从减按90%计入收入总额调整为减按50%计入收入总额或对农村信用社涉农小额贷款所得减征30%的税款。

5. 降低对农村信用社贷款损失税前扣除条件

企业资产损失税前扣除需要具备一系列的条件，对于贷款损失，国家税务总局2011年第25号公告明确要具备以下条件方能扣除：债务人或担保人依法被宣告破产、关闭、被解散或撤销、被吊销营业执照、失踪或者死亡等，应出具资产清偿证明或者遗产清偿证明。无法出具资产清偿证明或者遗产清偿证明，且上述事项超过三年以上的，或债权投资（包括信用卡透支和助学贷款）余额在三百万元以下的，应出具对应的债务人和担保人破产、关闭、解散证明、撤销文件、

① 根据《财政部 海关总署 国家税务总局关于深入实施西部大开发战略有关税收政策问题的通知》（财税［2011］58号）。

工商行政管理部门注销证明或查询证明以及追索记录等（包括司法追索、电话追索、信件追索和上门追索等原始记录）；债务人遭受重大自然灾害或意外事故，企业对其资产进行清偿和对担保人进行追偿后，未能收回的债权，应出具债务人遭受重大自然灾害或意外事故证明、保险赔偿证明、资产清偿证明等；债务人因承担法律责任，其资产不足归还所借债务，又无其他债务承担者的，应出具法院裁定证明和资产清偿证明；债务人和担保人不能偿还到期债务，企业提出诉讼或仲裁的，经人民法院对债务人和担保人强制执行，债务人和担保人均无资产可执行，人民法院裁定终结或终止（中止）执行的，应出具人民法院裁定文书；债务人和担保人不能偿还到期债务，企业提出诉讼后被驳回起诉的、人民法院不予受理或不予支持的，或经仲裁机构裁决免除（或部分免除）债务人责任，经追偿后无法收回的债权，应提交法院驳回起诉的证明，或法院不予受理或不予支持证明，或仲裁机构裁决免除债务人责任的文书。

农村信用社由于其贷款对象的特殊性，贷款金额均较小，人员流动性强，其中 5 万元以下贷款占其全部贷款户的 89%，农村信用社在贷出这些贷款时已承担了很大的风险，一旦收不回来，在提供上述资料过程中需发生相关费用，有的贷款具备税收上的损失核销条件发生的费用比贷款金额还大，导致农村信用社对于金额小的贷款不在税前扣除，加重了自身负担。

建议对于农村信用社涉农贷款，比照国家税务总局 2011 年第 25 号公告中对应收账款的核销条件处理，即逾期三年以上的贷款在会计上已作为损失处理的，可以作为损失税前扣除，但应说明情况，并出具专项报告。

6. 将农村信用社取得的涉农财政奖补资金作为免税收入

为引导信贷资金和社会资金投向农村，财政部从 2008 年起在部分地区实施县域金融机构涉农贷款增量奖励、新型农村金融机构定向费用补贴等财政奖补政策，并稳步扩大政策实施范围。该项政策的实施在促进支农信贷资金投放和信贷结构改善、提升农村金融服务覆盖率、调动农村金融机构积极性等方面取得了一定成效。目前，云南省部分农村信用社取得的财政奖补资金主要有县域金融机构涉农贷款增量奖励、基础金融服务薄弱地区定向费用补贴以及金融服务缺失乡镇新设和恢复网点基础建设和运营补助三项。对此部分来源于政府部门的款项，按照企业所得税法及其实施条例和配套政策的规定，目前具备相关条件可以作为不征税收入处理，但其相应的支出也不得税前扣除。对这部分款项，农村信用社收到时计入收入，按照发放规定支出的款项也可以税前扣除，作为不征税收入，对企业实质没有优惠。

建议将农村信用社根据财政部规定，从各级政府取得的涉农财政奖补资金作为免税收入对待，这样收入不计入应纳税所得额，支出还能在税前扣除，从而激励农村信用社增加对县域经济的信贷投放力度，提升对县域经济的支持力度。

参考文献：

〔1〕“企业所得税优惠政策问题研究”，云南省国家税务所得税课题组。

〔2〕《新企业所得税法解读》国家税务总局编（中国税务出版社）。

〔3〕《云南面向西南开放的重要桥头堡专项规划制定指导意见》。

〔4〕李珂、贺常军：“促进农村金融发展税收激励政策研究”，《湖南商学院学报》，2010 年第 2 期。

〔5〕王敬华：“地方农村信用社税收优惠政策存在问题及建议”，《西安金融》，2006 年第 11 期。

〔6〕熊鹭：“建立农村金融税收优惠政策的长效机制”，《中国金融》，2010 年第 12 期。

〔7〕钟娜：“论我国区域性税收优惠制度的完善”，《财经研究》，2010 年第 5 期。

〔8〕周婧：“农村信用社对中小企业的金融支持”，《财经论坛》，2007 年第 5 期。

〔9〕许宁：“刍议我国农村金融扶持政策体系的完善”，《农村金融研究》，2009 年第 7 期。

〔10〕李成珠：“取消税收优惠政策对农村信用社的影响及几点建议”，《财经研究》，2010 年第 11 期。

〔11〕焦瑾璞：《建设中国普惠金融体系——提供全民享受现代金融服务的机会和途径》，中国金融出版社，2009 年版。

〔12〕朱润喜：《中国涉农税制研究——幕于现行税制的分析》，经济科学出版社，2009 年版。

课题组长：资宗宁
副 组 长：杨劲松　裴晓梅　周其平
参与单位：保山市国家税务局
成　　员：王　川　李文庄　常峻山
执　　笔：王　川　杨劲松　裴晓梅

第八篇

附 录

YUNNANGUOSHUINIANJIAN

2011年度云南国税大事记

1月份

1月10日，省局在昆明召开2011年省局分级分类稽查税企座谈会。我省60户骨干企业、纳税大户的领导及财务负责人、相关州市国税稽查局长、省局业务处室负责人近145人参加了座谈会。

1月16日，云南省首次注册税务师等级认定考试在昆明举行，符合二级注册税务师申请资格的124位注册税务师参加了考试。

1月11至12日，全省国税局长座谈会在昆明召开，全省16个州市国税局局长和省局各处室负责人参加了会议。座谈会学习了全国税务工作会议精神和总局肖捷局长在云南调研座谈的重要讲话精神，传达了总局答复意见并部署了按总局意见跟踪落实的有关工作，听取了各地各单位对云南省“十二五”时期国税工作规划纲要和2011年全省国税系统“服务基层年”主题工作的意见建议，分配了2011年的税收收入计划，为云南省国税系统及早抓好全年组织收入工作打下坚实的基础。

1月14日至26日，省局领导分别带领慰问组深入全省16个州、市的部分县（区）局，亲切慰问基层一线干部职工及离退休老同志。李鸿文局长赴昆明市直属分局、呈贡县局，玉溪市易门、澄江县局；蔡杰副局长赴楚雄州禄丰、南华县局，大理州弥渡、南涧县局，临沧市凤庆、云县县局；于智广副局长赴普洱市墨江、江城县局，西双版纳州各县市局；李杰副局长赴红河州局机关、个旧、蒙自市局，文山州局机关、丘北、西畴县局；许赞霖副局长赴迪庆州各县区局，丽江市古城区局、宁蒗县局；魏贵和纪检组长赴保山市昌宁、腾冲县局，怒江州各县局；朵志红总经济师赴昭通市昭阳区局、鲁甸县局，曲靖市沾益、马龙县局，德宏州陇川县局、瑞丽市局、畹町区局进行慰问。

1月18日，省局召开全省国税系统“四亮四评”主题实践活动动员大会（视频）。会议由李杰副局长主持，许赞霖副局长作动员讲话。

1月19日至21日，全省国税系统“纪检监察机关案件管理系统网络版2.0”软件培训班在昆明举行，来自全省16个州市国税局的案件管理系统报表人员参加了培训。

1月25日，省局举办《云南国税讲坛》第九讲，邀请红河州国税局党组书记、局长，扬州税务进修学院领导力研究中心兼职研究员，中国摄影家协会会员席世宏同志，做主题为“文化自觉与文化认同”专题讲座。省局领导和机关全体干部职工参加了讲座，全省国税系统干部职工通过视频系统收看了直播。

1月27日，省局机关举行2011年新春团拜会。省局领导班子成员、离退休老领导，省局机关全体干部职工、离退休干部职工及省税务干部学校、省局印刷厂、省局招待所、江川培训中心的部分职工欢聚一堂，共贺新春佳节。

2月份

2月17日，省局召开12366运营商协调工作会议，云南省通信管理局、云南省地税局、中国电信股份有限公司云南省分公司、中国移动云南省有限公司、中国联通云南省分公司等单位代表参加了会议。标志着12366纳税服务热线线路协调工作取得阶段性成果，为12366热线系统在全省上线奠定了基础。

2月21日，省局召开2010年度税收科研重点课题结题评审会。税收科研课题评审委员会全体成员参加了结题评审会，评审委员会副主任、省局朵志红总经济师受评审委员会主任、省局李鸿文局长的委托主持了结题评审会。结题评审会最终确定了7项重点课题质量等级，即3个优秀课题，3个良好课题，1个合格课题。

2月22日，全省财税工作会议在昆明召开。省委常委、副省长罗正富作工作报告。

2月22日至23日，全省国税工作会议在昆明召开。省局李鸿文局长作题为《承前启后·服务基层·推动云南国税事业在新的起点实现新发展》的工作报告，全面总结了“十一五”时期云南国税工作取得的成绩和经验，进一步明确了“十二五”时期云南国税工作发展思路，提出了2011年国税工作的各项目标任务。会议期间，省局领导班子进行了述职述廉，省局与各州市局签订了2011年国税收入任务、社会治安综合治理维护稳定责任书，表彰了学习型机关、“三读”活动先进单位和读书标兵、文明单位和巾帼文明岗。

2月24日至27日，国家税务总局部分省（自治区）国家税务局政府采购调研座谈会在云南腾冲召开。

2月25日，省局召开增值税税收政策小型座谈会，昆明市（含昆明四城区和直属税务分局）、曲靖市、玉溪市、楚雄州、保山市、红河州国税局负责增值税管理的相关人员参加了会议。

2月26日至27日，省局在云南警官学院组织开展2011年公务员招录面试工作，对报考云南省国税系统120个岗位的329名考生进行了面试，按照综合成绩从高到低的顺序，确定121名考生（含成绩并列）进入体检、考察阶段。

2月28日，省局举办《云南国税讲坛》第十讲，邀请国防大学战略教研部战略研究所孟祥青教授，做主题为“我国安全环境与国家安全战略”专题讲座。省局领导和机关全体干部职工参加了讲座，全省国税系统干部职工通过视频系统收看了直播。

3 月份

3 月 1 日至 2 日，全省国税系统所得税管理工作会议在昆明召开，全省 16 个州市局分管所得税工作的局领导、所得税科（处）负责人、已设立所得税科（股）的县、市、区局所得税科（股）负责人参加了会议。省局李杰副局长作题为《全面实施专业化管理 开创所得税管理工作新局面》的工作报告。

3 月 2 日，省局召开税收规范性文件清理工作专题会议，全面启动税收规范性文件清理工作。

3 月 3 日至 4 日，全省国税稽查工作会议在蒙自召开，全省 16 个州市局分管稽查工作的局领导、稽查局长参加了会议。省局许赞霖副局长作了题为《文明执法·和谐稽查·开创“十二五”时期国税稽查工作新局面》的工作报告。

3 月 4 日，省直机关工委党建工作责任制考核第 11 考核组莅临云南省国家税务局检查指导工作，对省局机关 2010 年度党建工作责任制落实情况进行了考核。省局魏贵和纪检组长代表党组作了题为《提升机关党建工作水平　不断推动云南国税事业和谐发展》的汇报。

3 月 8 日，省局《企业年度关联业务往来报告表》网络申报开发项目在昆明正式启动。

3 月 10 日 12 时 58 分，云南省德宏州盈江县发生里氏 5.8 级地震。盈江县国税局办公大楼及三个分局办公楼多处撕裂、倒塌，办公设备严重损毁，已无法正常办公。全县国税干部职工住房大面积受损，有 17 户干部职工家庭房屋倒塌。据初步统计，全县国税系统干部职工直接经济损失超过 900 万元。灾情牵动着国家税务总局领导和全省国税系统各级领导和广大干部职工的心。总局肖捷局长对云南盈江灾情极为重视，多次关切询问灾情，并做出重要指示。省局李鸿文局长在获悉灾情的第一时间，要求立即启动应急预案，全力安排部署抗震救灾工作，并亲赴灾区指导抗震救灾。省局各位领导高度关注灾情和干部职工的生命财产安全。德宏州国税局、盈江县国税局和灾区干部职工全力以赴投入抗震救灾。

3 月 13 日至 19 日，中国注册税务师协会教育培训委员会工作会议在云南大理召开。教育培训委员会主任、浙江注册税务师协会会长周永卫、教育培训委员会副主任、中税协副秘书长赵申年主持了会议。李南副主任、朱诗柱副主任、丁芸副主任、协会培训部主任王岩以及扬州税务学院、浙江、重庆、四川、大连、河南、吉林、广西、北京等单位参加了会议。

3 月 13 日至 18 日，省局在昆明举办了 2 期、每期 3 天的“货物和劳务税业务培训”，参训人员覆盖全省各州市、县区国税机关。

3 月 14 日，为了认真贯彻落实党中央、国务院以及国家税务总局重要指示精神，全力以赴做好抗震救灾工作，尽快恢复盈江县国税局及干部职工的工作生活秩序，省局向全省国税系统发出倡议书，号召全省各级国税机关、各级领导干部、广大干部职工积极行动起来，发扬国税大家庭一方有难、八方支援的优良传统，伸出关爱之手，踊跃向盈江灾区捐款捐物。

3 月 14 日至 19 日，省文明办派出省级文明行业复查小组对昆明、玉溪、普洱、版纳、红河、文山、楚雄、临沧等 8 个州市国税局进行文明行业复查。

3 月 15 日至 16 日，省局李鸿文局长带领省局工作组深入德宏州盈江县、梁河县地震灾区，看望慰问受灾国税干部职工，深入盈江县平原糖厂等企业了解企业的受灾情况，并与正在灾区组织指导救灾工作的德宏州委、州政府领导就国税部门下一步的抗灾防灾和重建工作交换了意见。

3 月 15 日，省局机关举行了向盈江地震灾区献爱心捐赠仪式，党员领导干部积极带头，全局干部职工纷纷伸出援助关爱之手，踊跃向灾区人民捐款。这次捐款活动共筹得善款 69320 元，并通过干部职工爱心捐款账户迅速汇往灾区。

3 月 15 日，昆明市人大常委会副主任田翎带领昆明市人大财经委、办公厅的有关同志，到省国税局召开现代新昆明建设情况通报会。省局李杰副局长主持通报会，省局机关全体干部职工参加会议。

3 月 15 日，云南省国家税务局“税收执法管理信息系统疑点信息库”推行工作正式启动。

3 月 17 日，全省国税系统行政执法类公务员管理试点工作部署会议在丽江召开，正式启动行政执法类公务员管理试点工作。省国税局、省公务员局、各试点单位分管领导、人事科长及公务员主管部门相关同志参加会议。

3 月 21 日，省局召开全省国税系统规范津贴补贴工作视频会议。省局领导、人事处、财务处、监察室全体人员以及办公室相关人员在主会场参加会议，各州（市）、县（区）国家税务局领导班子成员、人事科、财务科、监察室全体人员以及办公室相关同志在各地分会场参加会议。

3 月 22 日，省政协原常务副主席、云南中国西部研究发展促进会会长孟继尧同志，省政协原副主席、云南中国西部研究发展促进会副会长和占钧同志带领“新一轮西部大开发云南的重点、难点问题及对策研究”课题组到省国税局开展调研并召开座谈会，听取我省国税部门对新一轮西部大开发政策实施的意见和建议。省局李鸿文局长、蔡杰副局长、朵志红总经济师和相关业务处室负责人及工作人员参加了座谈会。

3 月 22 日，省局在昆明召开 2011 年税收专项检查及重点企业发票检查税企座谈会。全省 15 户大型企业的领导和财务负责人、省国税局、省地税局稽查局工作人员及相关州市国税稽查局长参加了座谈会。

3 月 22 日至 24 日，省局召开 2010 年度入库基本建设项目建设专题会议。

3 月 23 日，省局召开 2010 年度税收科研专项课题结题评审会，评审委员会专家小组对 2010 年度准予立项、完成研究、提出结题申请的 18 项税收专项课题进行了结题评审。评委会副主任朵志红总经济师主持会议，评审委员会部分专家组成的评审小组参加了会议。

3 月 24 日，省局举办《云南国税讲坛》第十一讲，邀请著名野生动物摄影师，中国野生动物摄影家和环保主义者奚志农，做主题为“用影像保护自然”专题讲座。省局领导和机关全体干部职工参加了讲座，全省国税系统干部职工通过视频系统收看了直播。

3 月 30 日，省局组织机关入党积极分子作为代表，参加了盘龙区精神文明办组织的文明单位志愿者 2011 年清明节祭扫红军墓活动。

3 月 31 日，云南省国税局、昆明市国税局联合召开“纪念税收宣传月 20 周年座谈会”，以此活动拉开 2011 年全省税收宣传月活动的序幕。座谈会邀请全国人大代表和全国政协委员，昆明市委、人大、政府、政协领导，纳税企业代表，中央和省市新闻单位记者参加；省国税局李鸿文局长、李杰副局长出席了座谈会。

3 月 31 日，中共云南省委召开全省学习型党组织建设工作汇报会，授予中共云南省国家税务局直属机关委员会等全省 50 个党组织为“学习型党组织建设示范点”。

3 月 31 日，省直机关工委书记董志红带领调研督查组对省国税局开展创先争优活动情况进行调研督查。

3 月 31 日，省局稽查局召开“11.10”专案检查工作会。总局稽查局邹秀芹处长到会指导，省国、地税稽查局有关人员、“11.10”专案检查人员、16 个州市国税局稽查部门人员参加了会议。

4 月份

4 月 10 日，全国一级注册税务师等级认定考试在全国 9 个地区同时开展。按照中税协要求，云南考生集中到广西南宁参加了统一的闭卷考试。

4 月 11 日，省局机关积极响应省委政法委、省综治维稳委和省直机关工委关于开展“见义勇为募捐”活动的倡议，积极为见义勇为人员捐助爱心款，向省见义勇为基金会捐款 5 万元。

4 月 12 至 19 日，省级文明行业复查组对大理、保山、曲靖、昭通、怒江、德宏、丽江、迪庆等 8 个州市局进行了复查，复查组对复查单位的工作均给予高度评价。

4 月 12 日至 30 日，省局分别在深圳和大连组织了 3 期每期 10 天的基层业务骨干培训班。来自怒江、迪庆、德宏、临沧、丽江、保山、文山、版纳、普洱等 9 个州市国税机关基层一线的 180 多名业务骨干参加了培训。省局许赞霖副局长亲临培训班看望学员。

4 月 13 日，“全省国税系统税收资料调查工作会议”在昆明召开。

4 月 21 日，省局在昆明举办全省国税系统税收执法管理信息系统疑点信息库培训。全省各州、市局法规科负责“税收执法管理信息系统”的领导和督察员参加了培训。

4 月 21 日，省局在昆明举办全省国税系统企业资产损失税前扣除培训（视频）。全省各州（市）、县（市、区）国家税务局主管企业所得税的全体工作人员及涉及企业所得税征管业务的相关人员参加了培训。

4 月 26 日，省局举办 12366 纳税服务热线系统视频培训。省局相关部门、昆明市局、昆明市城区所属各局 12366 热线系统联络员、运维人员以及 12366 热线系统呼叫中心坐席人员在主会场参加培训，全省各州、市局及州、市局所在地县（区）局 12366 热线系统联络员及运维人员在各地分会场参加视频培训。

4 月 28 日，省局召开上挂下派干部座谈会。第三批上挂下派期满的 14 名干部结合岗位工作实际和两年来的工作经历，畅谈了上挂下派期间的收获、感想和体会。省局李鸿文局长、李杰副局长、许赞霖副局长出席会议。

4 月 29 日，省局召开全省国税系统向杨善洲同志学习活动动员暨杨善洲事迹报告会（视频）。会议由省局许赞霖副局长主持，李鸿文局长作动员讲话。省局机关全体干部职工在主会场参加会议，各州市、县区国税局通过视频系统收看了会议实况。

4 月 30 日，云南省人民政府举行云南省第二十届劳动模范和先进工作者表彰大会，对全省各行各业的 298 名劳动模范和先进工作者进行表彰。云南省国税局许建昆、玉溪市国税局陈志平、昭通市国税局朱祥蓉 3 位同志荣获“云南省先进工作者”荣誉称号。

5 月份

5 月 5 日，云南省注册税务师行业管理工作座谈会在昆明召开。省国税局、地税局相关处室负责人、昆明等 9 个州市国税局分管领导和纳税服务科长、省内 30 家税务师事务所所长参加了会议。会议由省国税局朵志红总经济师主持，省国税局李鸿文局长、蔡杰副局长、省地税局张红霞副局长出席会议并作重要讲话。

5 月 5 日至 6 日，中国注册税务师行业发展工作座谈会在昆明召开。会议由中税协秘书长、副会长刘太明主持，中税协会长许善达、副会长王文彦、李建成主任等领导出席了本次会议，并邀请了山西、上海、福建、山东、重庆、四川、贵州、云南等省市协会会长参加了座谈会。云南省国税局领导班子全体成员参加了会议开幕式。李鸿文局长致欢迎辞，并向会议代表介绍了云南省注册税务师协会的工作情况。

5 月 10 日，省局信息中心被省科技厅、省委宣传部、省科协联合表彰为“十一五科普工作先进集体”。

5 月 12 日，省局召开机关离退休干部情况通报会。省局许赞霖副局长向离退休干部通报了近期国税工作情况。

5 月 13 日，省局召开“《企业年度关联业务往来报告表》网络申报项目”情况汇报会，省局朵志红总经济师出席会议。

5 月 13 日，中共云南省委省直机关工作委员会考核组到省国税局对创建省直机关基层党建示范点工作进行考核。省局许赞霖副局长出席考核汇报会并作情况汇报。

5 月 17 日，省局李鸿文局长再次到盈江地震灾区，看望慰问盈江县国税局干部职工，检查指导灾后重建工作。

5 月 17 日，云南国税合唱队在“云南省直机关纪念中国共产党成立 90 周年歌咏比赛”中荣获一等奖。

5 月 19 日，全省国税系统信访工作座谈会暨省局信访工作联席会议办公室第一次会议在江川培训中心召开。各州、市国家税务局分管信访工作的局领导和办公室主任，省局信访工作联席会议成员单位主要负责人和联络员参加了会议。省局李杰副局长出席会议并作讲话。

5月19日，省局朵志红总经济师率省局监察室、所得税处、征管和科技发展处、纳税服务处、货物和劳务税处、稽查局等相关部门负责人上线云南人民广播电台《金色热线》节目。

5月23日，企业年度关联业务往来报告表网络申报项目在全省正式上线。

5月24日，2011年全省国税系统督察内审工作会议在江川培训中心召开。各州、市国家税务局分管督察内审工作的局领导和法规科长、财务科长，省局相关处室负责人等参加了会议。省局李杰副局长出席会议并作工作报告。

5月24日，2011年省局机关公开选调公务员笔试在昆明举行。45名基层单位计算机专业人员参加了笔试。

5月27日，省局举办《云南国税讲坛》第十三讲，邀请云南师范大学教授、博士生导师、云南经济管理职业学院院长张云刚作主题为“和谐社会建设与新公共行政”的专题讲座。省局领导和机关全体干部职工参加了讲座，全省国税系统干部职工通过视频系统收看了直播。

5月30日，省局机关全体干部参观了“全国检察机关惩治和预防渎职侵权犯罪展览”昆明巡展，并观看反渎职侵权警示教育片。

5月31日，省局召开专项治理工作专题会议，研究部署我省国税系统开展专项治理工作的相关事宜。

5月31日，昆明市东川区因民镇召开“云南省国家税务局挂钩因民镇扶贫工作座谈会”，因民镇主要党政领导、省国税局稽查局负责人和有关人员，省国税局下派因民镇的挂职副镇长和新农村指导员参加了会议。

6月份

6月1日，全省国税系统货物劳务税工作会议在昆明召开。省局蔡杰副局长出席会议并作题为《完善机制 提高效能 服务基层 推动全省货物劳务税工作新发展》的工作报告。

6月7日，总局“智力援西”培训项目——云南省国家税务局税收征管业务骨干培训班在辽宁税务高等专科学校开班。来自全省10个州、市局的50名基层国税干部参加为期一个月的学习培训。省局许赞霖副局长、辽宁税专张雅君副校长分别在开班式上讲话。

6月8日，省局召开“云南省国家税务局税收管理员辅助信息系统（V2.0）”试点应用情况座谈会。省局于智广副局长出席会议并作重要讲话。来自玉溪市、文山州、禄丰县、大理市、昭阳区、景洪市等6个试点单位的基层代表，及省局相关处室负责人和工作人员参加了会议。

6月9日，省局组织机关离退休干部在寻甸县革命老区开展“走红色道路”活动。

6月10日，省局党组召开扩大会议，专题传达学习《国务院关于支持云南省加快建设面向西南开放重要桥头堡的意见》以及省委常委扩大会议，省委、省政府召开的云南省加快建设面向西南开放重要桥头堡动员大会，省政府德宏专题会议精神，并对云南国税支持服务云南桥头堡建设相关事宜进行安排布置。会议由李鸿文局长主持，机关副处级以上干部参加会议。

6月12日至14日，全省普通发票简并换版工作总结暨普通发票管理业务培训会议在昆明召开。各州、市局分管局领导、征管科（处）长、票证中心主任、普通发票管理人员，省局征管和科技发展处、信息中心、货物和劳务税处、所得税处、政策法规处、大企业和国际税收管理处、纳税服务处、稽查局等部门负责人，换版工作技术组成员等共90人参加了会议。省局于智广副局长出席会议并作题为《服务国税事业发展 服务经济社会发展 全面提升普通发票管理质量和效率》的工作报告。

6月14日，由省委省直机关工委主办的省直机关庆祝中国共产党成立90周年文艺展演暨“旗帜颂”歌咏比赛颁奖大会在云南海埂会堂举行。云南国税合唱队荣获本次比赛一等奖。省局李鸿文局长作为颁奖嘉宾出席了颁奖大会，许赞霖副局长代表云南国税上台领奖。

6月15日，省人大常委会预算工作委员会副主任贾宝强一行到省国税局就全省国税系统贯彻落实《中华人民共和国税收征收管理法》开展执法检查的有关事项进行工作调研。省局于智广副局长、相关业务处室负责人参加了调研座谈会。

6月19日，省文明办全国“文明单位”考评组一行对省局创建全国文明单位进行了考核检查。省局李鸿文局长主持召开工作汇报会，李杰副局长就省局创建全国文明单位情况向考评组作了汇报。

6月19日至23日，全省出口货物退（免）税政策业务交流会在昆明召开。昆明、德宏、保山、楚雄、大理、玉溪等6个州市出口货物退（免）税管理部门的负责人和业务骨干参加了会议。

6月19日至26日，国家税务总局收入规划核算司舒启明巡视员带队到云南验收重点税源网上直报系统，并深入基层国税机关、企业进行工作调研。

6月22日，省局完成“新版通用机打发票比对查询”系统的开发工作并成功投入使用。

6月22日至24日，省局举办全省国税系统推广应用税收管理员辅助信息系统（V2.0）视频培训。省局征管和科技发展处、信息中心、纳税服务处、督察内审处、大企业和国际税务管理处、所得税处、货物和劳务税处、办公室、政策法规处、收入规划核算处、稽查局等部门负责人及相关人员在主会场参加培训；各州、市、县（区）局分管领导、征管科（股）长、信息中心主任、相关部门人员以及税收管理员在分会场参加培训。

6月23日，省局举办《云南国税讲坛》第十四讲，邀请国家税务总局党校、国家税务总局扬州税务进修学院特聘教授、教研二部主任丁建农作主题为“中国共产党九十年的伟大创举”的专题讲座。省局领导和机关全体干部职工参加了讲座，全省国税系统干部职工通过视频系统收看了直播。

6月23日，省局党组召开“学习杨善洲精神 做人民满意的好党员好干部”专题学习生活会，深入学习杨善洲同志的先进事迹，紧密联系思想和税收工作实际，交流学习心得，开展党性分析。

6 月 25 日，2011 年云南省国家税务局机关公开选调公务员面试在省局机关举行，11 名基层国税干部进行了面试，最终确定 8 位同志进入考察阶段。

6 月 28 日，全省国税系统财务工作会议在昆明召开，各州、市局分管财务工作的局领导和财务科（处）长参加了会议。省局蔡杰副局长出席会议并作重要讲话。

6 月 28 日，省局召开机关离退休干部庆祝建党 90 周年座谈会。省局李杰副局长向离退休干部通报了近期国税工作情况，并慰问了全体老党员老干部。

6 月 29 日，“心中的歌献给党 · 云南省国家税务局庆祝中国共产党成立 90 周年大会”在省局机关隆重举行。庆祝大会开展了红色歌曲歌咏比赛，表彰了 2010 年度创先争优活动中涌现出的先进基层党组织、优秀共产党员、优秀党务工作者，举行了新党员入党宣誓、老党员重温入党誓词活动。省局党组书记、局长李鸿文同志在庆祝大会上作重要讲话。

6 月 29 日，省直机关工委召开庆祝中国共产党成立 90 周年暨创先争优活动优秀共产党员先进事迹报告会，中共云南省国家税务局直属机关委员会等 20 家基层党组织被评为“省直机关基层党建示范点”。

6 月 30 日，云南省庆祝中国共产党成立 90 周年纪念大会在昆明隆重举行，会议表彰了全省 100 个先进基层党组织、100 名优秀共产党员、100 名优秀党务工作者、20 个基层党组织建设先进县（市、区）。云南省国家税务局信息中心党支部被授予“全省先进基层党组织”称号，楚雄州国家税务局机关党委副书记褚德云被授予“优秀党务工作者”称号。

7 月份

7 月 3 日至 8 日，全省国税系统税收管理员辅助信息系统（V2.0）师资培训在昆明举行，各州、市局货物劳务税、所得税、征管、税源管理部门和信息中心师资人员，省局相关业务处室负责人及有关人员参加了培训。

7 月 6 日，省局召开 2011 年度税收科研申报课题立项评审会，由省局领导和外聘专家组成的课题评审委员会对全省国税系统 2011 年申报的 42 个科研课题进行了立项评审。最终确定 5 个重点课题、13 个专项课题予以立项。

7 月 11 日至 12 日，来自全省国税系统的 75 名干部在昆明参加云南省国税局委托厦门大学培养软件工程专业硕士笔试和面试。

7 月 12 日，省直机关纪工委田永信副书记带队到省国税局调研党风廉政建设责任制工作情况。

7 月 14 日至 16 日，全省国税系统 2012 年“一上”预算会审会议在昆明召开。

7 月 15 日，省科技厅、省委宣传部、省科协联合表彰“十一五”时期科普工作先进集体和个人，省局信息中心被表彰为“云南省‘十一五’科普工作先进集体”，昆明市国家税务局张永刚同志被表彰为“云南省‘十一五’科普工作先进工作者”。

7 月 18 日，省局召开全省网上国税 iTAX 系统项目建设启动会，省局于智广副局长、项目领导小组、业务组、技术组成员以及省局各处室负责人和项目联络员参加会议。

7 月 18 日至 21 日，全省国税系统党务知识培训班在江川培训中心举行。全省 16 个州、市局教育科（处）长、机关党办主任及部分县（市、区）局党务工作者共 100 人参加培训。省局许赞霖副局长作开班动员讲话。

7 月 18 日至 29 日，全省国税系统第一期货物劳务税数据分析应用人才学习班在昆明举办。

7 月 21 日，云南省国税系统文明创建现场观摩会在玉溪市国税局召开。全省 16 个州、市局教育科（处）长、机关党办主任及部分县（市、区）局党务工作者参加会议。省局许赞霖副局长出席会议并作重要讲话。

7 月 21 日，省局召开税收违法行为检举管理工作会议，用以会代训方式对各州、市局举报中心主任和工作人员进行了培训。

7 月 25 日，在中国税务学会和中共国家税务总局党校联合举办的“庆祝建党 90 周年书画摄影展”作品征集活动中，云南省国税系统共征集到书法作品 154 幅、绘画作品 46 幅、摄影作品 604 幅，各类作品数量和作品总数均为全国第一。云南省国税局获“优秀组织奖”，分别有 1 人获一等奖，7 人获二等奖，7 人获三等奖，30 人获优秀奖，44 件作品入选。

7 月 25 日，全省国税稽查局长座谈会在玉溪召开，全省 16 个州、市局稽查局长和省稽查局全体干部参加会议。

7 月 25 日，省局举办《云南国税讲坛》第十五讲，邀请著名画家杨松葛作主题为“中国画概述及创作实践”的专题讲座。省局领导和机关全体干部职工参加了讲座，全省国税系统干部职工通过视频系统收看了直播。

7 月 25 至 26 日，云南省税务学会会长、秘书长会议在德宏州瑞丽市召开。全省各州市税务学会会长或副会长、秘书长参加了会议。省税务学会会长段捷庆、省税务学会秘书长杨毅力、副秘书长严松山出席了会议。瑞丽市委副书记、市长刀晓瑞到会并致辞。

7 月 25 日至 8 月 8 日，云南国税书法美术摄影协会首届国画培训班在昆明举办。培训期间，省局李鸿文局长到培训班看望和鼓励参训学员，中国文联副主席、中国作协副主席丹增同志亲临视察指导。

7 月 27 日，省直机关工会召开 2010 ~ 2011 年度创先争优活动表彰大会。云南省国家税务局直属机关工会被评为“2010 - 2011 年度创先争优活动先进集体”，云南省国家税务局局党组书记、局长李鸿文被评为“支持工会工作的党政领导”，云南省国家税务局直属机关工会专职副主席张霞被评为“优秀工会工作者”，云南省国家税务局直属机关工会文体委员梁蕾燕被评为“优秀工会积极分子”。

8 月份

8 月 2 日，全省国税系统内控机制建设现场推进会在曲靖市国税局召开。省局李鸿文局长，曲靖市国税局领导班子成员，省局监察室、办公室、人事处、巡视办、督查内审处负责人，各州、市国税局纪检组长、监察室主任参加了会议。

8月2日，全省国税系统企业会计核算及所得税业务培训班在云南财经大学开班。来自全省16个州、市的100名所得税业务骨干在一个月的时间里接受会计学基础、企业会计准则、企业所得税法、税法与会计差异分析与协调及纳税评估等方面的系统培训。省局许赞霖副局长出席开班仪式并作重要讲话。

8月4日至5日，全省国税系统干部队伍和党风廉政建设工作会议在昆明召开，省局领导班子成员，各州、市国家税务局局长和纪检组长，省局机关各单位主要负责人参加了会议。省局李鸿文局长代表省局党组作工作报告。

8月9日至12日，省人大常委会对全省贯彻落实《中华人民共和国税收征收管理法》情况开展执法检查。先后深入昆明市、大理州地方政府、税务部门和企业，了解掌握税收征管法修订十年来在我省的实施情况。8月12日，检查组在昆明召开总结会议，专题听取省政府、省国家税务局、省地方税务局的汇报。省局李鸿文局长参加会议并就云南省国税系统学习、贯彻、落实税收征管法的有关情况向检查组作了汇报。

8月15日，省政府加快发展非公经济工作督导组就全省国税系统促进加快发展非公有制经济工作开展情况到省国税局进行督导检查。督导组先后考察了盘龙区国税局办税大厅和省局数据处理中心，并召开督导工作座谈会，省局蔡杰副局长作了工作汇报。

8月15日，云南省国家税务局获国家税务总局办公厅和中国注册税务师杂志社共同举办的“税收和注册税务师知识竞赛”活动组织奖三等奖。

8月15日至8月26日，全省国税系统第二期货物劳务税数据分析应用人才学习班在昆明举办。

8月20日，昆明市委宣传部、昆明市文明办在螺蛳湾国际商贸城举办“全国关爱农民工志愿服务活动启动仪式”。云南省国家税务局作为全国精神文明创建先进单位参加了启动仪式。

8月26日，省局召开全省国税系统开展《廉政准则》贯彻执行情况专项检查工作（视频）会议。省局李鸿文局长就全系统开展《廉政准则》贯彻执行情况专项检查工作进行了安排部署。

8月26日，云南省注册税务师协会举办以“依法支持·诚信执业”为主题的书画摄影展，作品来自我省注册税务师行业、省委统战部、省人事厅、全省国税系统、地税系统和其他省注税协会。

8月29日至9月2日，中国税务杂志社“三刊”宣传工作座谈会在云南召开，中国税务杂志社总编蔡宇、社长助理项会敏、发行处的部分领导以及陕西、吉林、河北、江西、河南、宁夏、内蒙、湖北、四川和湖南10个省区和部分市级国税局的有关人员参加了会议。

8月29日至9月3日，中国税务报社“优化纳税服务，创新社会管理”座谈会在云南召开。中国税务报社社长、总编辑张迪恳，副总编张四海，中国税务报社以及来自全国20个省（区、市）国税、地税系统的领导及相关人员应邀参加了座谈会。

8月29日至9月8日，全省国税系统县（市、区）国家税务局副局长科学发展主题培训班在江川培训中心举行。全省各县（市、区）国家税务局分管政务工作的副局长（或纪检组长）共136人参加培训。

8月30日，全省国税系统副处级领导干部竞争上岗笔试在昆明进行。

8月30日至9月1日，省局蔡杰副局长深入迪庆州国家税务局进行工作调研。

9月份

9月1日，省局蔡杰副局长深入丽江市国家税务局进行工作调研。

9月1日，省纪委检查考核组对云南省国家税务局创建廉政文化示范点进行检查考核。省局许赞霖副局长作创建活动情况汇报。

9月5日至9日，《注册税务师》杂志征订工作座谈会在昆明召开。中税协原副会长赵怀坦、《注册税务师》杂志社社长罗生亮、总编佘家金出席会议，并邀请北京、安徽、河南、海南、甘肃、天津、贵州、湖北、河边、内蒙、江西、青海、辽宁等省市注册税务师协会会长及有关人员参加座谈会。省注册税务师协会副会长、省局蔡杰副局长参加会议并致欢迎辞。

9月6日，全省国税系统副处级领导干部竞争上岗面试在昆明统一举行，共42人参加面试。省局李鸿文局长、蔡杰副局长、李杰副局长分别到面试现场进行巡考。

9月14日，省局召开党风廉政建设领导小组工作会议，省局党风廉政建设领导小组成员（省局领导、各处室主要负责人参加了会议）。

9月16日，省局召开党组中心组学习暨党组扩大会议，深入学习中共云南省委书记秦光荣在省委常委（扩大）会上的重要讲话和李纪恒代省长在省政府工作会议上的重要讲话精神。省局机关副处级以上干部参加会议。

9月19日至24日，中国注册税务师协会部门领导到云南注册税务师行业检查指导工作。检查组深入丽江方中税务师事务所、云南天赢税务师事务所进行重点抽查。

9月20日至24日，全省离退休厅级干部、担任过州市局长的离退休干部座谈会在昭通市召开。

9月21日至22日，全国税务学会会长座谈会在昆明召开。中国税务学会会长、原国家税务总局党组成员、副局长崔俊慧，中国税务学会副会长、原国家税务总局党组成员、总会计师张英惠，中国税务学会副会长兼秘书长、原国家税务总局党组成员董志林等领导出席会议。来自全国24个省、自治区、直辖市和计划单列市税务学会的领导、部分大专院校科研院所的专家学者以及部分省市国地税局的领导参加会议。会议期间，云南省委常委、常务副省长罗正富同志到会看望参会代表；省政府曹建方副省长出席会议开幕式并致欢迎辞；省局李鸿文局长代表云南国税、地税部门致辞；省税务学会会长段捷庆，省税务学会副会长、省局蔡杰副局长出席会议。

9月22日，省委宣传部、云南省思想政治工作研究会在昆明联合召开云南省思想政治工作经验交流会。云南省国家税务局被授予“全省思想政治工作先进集体”称号，省局李杰副局长作了经验交流发言。

9月22日，省局机关副处以上干部及各处室保密员参观了“全国窃密泄密案例警示教育展”。

9月25日，中国注册税务师等级考试云南考点考试工作在昆明圆满结束。

9月27日，云南省政协副主席陈勋儒率领省政协年度提案办理工作视察组到云南省国家税务局检查指导工作。省局李鸿文局长作了专题工作汇报。

9月28日，云南省国税局注册税务师管理中心和注册税务师协会主持召开全省部分税务师事务所所长座谈会。省局相关处室人员和云南天赢税务师事务所等12家税务师事务所所长参加座谈会。

10月份

10月14日至20日，省局《全面推动云南国税文化繁荣发展研究》重点课题研讨会在昆明召开。

10月17日，云南省国家税务局委托厦门大学培养软件工程专业硕士研究生班在昆明开班。省局许赞霖副局长出席开班仪式并作重要讲话。

10月18日至20日，云南省注册税务师行业工作会议暨2011年度注册税务师后续教育培训班在昆明举行。全省86家税务师事务所所长及业务骨干近300人参加了会议和培训。

10月21日，云南省国家税务局2011年度新录用人员初任培训班在云南财经大学举办。2011年全省国税系统128名新录用人员参加为期1个月的培训。省局许赞霖副局长出席开班仪式并作重要讲话。

10月20日至23日，中国国际税收研究会“边境口岸开发开放税收政策国际借鉴研究”执笔人会议在昆明召开。

10月24日，云南省国税局被省纪委命名为第一批云南省廉政文化示范点。

10月25日，省局李鸿文局长、李杰副局长深入德宏州国家税务局调研指导工作，看望慰问基层干部职工及离退休老干部。德宏州委常委、州人民政府副州长陈德金陪同调研。

10月25日，云南省国税系统2012年中央机关及其直属机构考试录用公务员网络报名资格审查工作圆满结束。全系统共设置120个职位，计划招录155人，共有16126人报名参考，9506人通过资格审查，平均竞争比例为61：1。

10月26日，省局李鸿文局长、李杰副局长深入省局综治维稳挂钩点保山市施甸县检查指导综治维稳工作。期间，还走访看望了施甸县国家税务局干部职工。

10月28日，省局举办《云南国税讲坛》第十八讲，邀请税务文化知名研究学者、国家税务总局扬州税务进修学院周敏教授作“文化管理—税务文化建设理论和实践”主题讲座。省局领导和机关全体干部职工参加了讲座，全省国税系统干部职工通过视频系统收看了直播。

10月29日至11月2日，省局李鸿文局长深入丽江市宁蒗县国税局，楚雄州永仁、元谋、武定县国税局，昆明市禄劝、富民县国税局调研指导工作，看望慰问广大基层干部职工。

10月31日，省直机关工委副巡视员何兆光带领调研督察组对云南省国税局学习型党组织建设示范点建设情况进行调研督察，省局李杰副局长汇报了有关情况。

10月31日至11月3日，全省国税系统2011年度督察业务培训在昆明举行，来自全省16个州市局从事执法督察工作的60多名业务骨干参加了此次培训。

11月份

11月3日，省局召开党组中心组学习暨党组扩大会议，传达学习了党的十七届六中全会精神。省局党组书记、局长李鸿文同志主持会议。

11月7日，省委、省政府授予云南省国税局等28家单位“2010年度社会治安综合治理维护稳定先进单位”称号。

11月7日至9日，全省国税系统普通发票管理专题培训在昆明举行，来自全省16个州市局的40多名普通发票管理工作业务骨干参加了此次培训。

11月8日至11日，全省国税系统企业所得税专题业务培训班在江川瑞文培训中心举行，来自全省国税系统100余名基层所得税业务骨干参加了培训。

11月10日，省局党组围绕“坚持以人为本执政为民理念，发扬密切联系群众优良作风”主题召开2011年度民主生活会。

11月14日至30日，全省税收信息化人才培训班在江川培训中心举行，来自全省16各州市近300名税收信息化人才参加了此次培训。

11月15日至17日，中组部干部一局公务员一处处长张艾兵、国家公务员局职位管理司副司长荣亮、国家税务总局人事司副司长王满平等一行6人先后到丽江市国税局、云南省国税局，采取座谈会、现场会的形式就行政执法类公务员管理试点工作进行调研，省委组织部、省公务员局相关同志应邀参与了调研工作。

11月16日，全省国税系统2011年度执法资格统一考试在昆明举行。全省国税系统共145人参加考试。

11月16日至19日，全省国税系统依法行政培训班在昆明举行。来自全省16个州市局分管局领导、法规科长、各县（市、区）局分管局领导近200人参加了此次培训。

11月17日，云南省国税局组织全省国税系统约一万余人举行《行政强制法》视频培训。

11月21日，全省国税系统稽查工作规程培训班在云南财经大学举办，全省80名各州市稽查局非省局稽查人才库人员参加了培训。

11月22日至23日，全省国税系统办公室工作会议在昆明召开。省局李杰副局长、办公室全体成员，各州、市国家税务局分管办公室工作的局领导和办公室主任参加了会议。会议期间，省局李鸿文局长亲临会议现场看望慰问了与会代表，并就做好办公室工作，强化政务服务做了重要指示。

11月22日至24日，全省国税系统纪检监察业务培训在江川培训中心举行。培训后通过考试对培训效果进行了检验，考试合格率为100%。

11月25日，在省总工会、省工信委、省国资委、省工商联共同召开的云南省班组建设工作表彰会上，云南省国税印刷厂电脑票据印刷（轮转）机组被授予“云南省班组建设模范班组”称号。

11月29日上午，云南省国家税务局举行了《行政强制法》考试，全局除出差、学习等人员外，共170人参加了此次考试。

11月30日，省局举办《云南国税讲坛》第十九讲，邀请国家税务总局法规司调研员、法学硕士、经济学博士王世宇作税收执法风险与渎职犯罪防范的专题讲座。省局领导和机关全体干部职工参加了讲座，全省国税系统干部职工通过视频系统收看了直播。

12月份

12月5日，云南省国税局党组书记、局长李鸿文同志主持召开党组扩大会议，传达学习了云南省第九次党代会精神。

12月6日，全省国税系统2011年科级领导干部任职培训班在中共云南省委党校如期举行。云南省国税局党组成员、副局长许赞霖出席了开班仪式，并作开班动员讲话。来自全省国税系统16个州市部分新任职的161名科级领导干部参加了此次培训。

12月7日上午，省局召开全局干部职工大会，就2011年度省局党组民主生活会征求的意见建议及整改措施进行了通报。受省局党组书记、李鸿文局长委托，省局党组成员、蔡杰副局长对相关内容进行通报，会议由省局党组成员、于智广副局长主持，省局党组成员、李杰副局长，省局党组成员、朵志红总经济师参加了会议。

12月12日至15日，全省国税系统巡视工作会议在昆明召开。各州、市国家税务局分管巡视工作的领导和负责巡视工作的人员以及省局机关办公室、人事、监察、教育、政策法规、督查内审、机关党办等处室的主要负责人参加了会议。

12月13日上午，韩国国税厅工作级别代表团一行7人到云南省国家税务局进行访问。

12月14日至16日，总局部分定点联系企业税收负担测算研讨会在云南昆明召开。

12月15日，全省国税系统2011年度财务决算布置会议在昆明召开。会议就2011年部门决算、基建决算、住房改革支出决算和企业决算表报表的编报口径进行了细致要求，为圆满完成2011年度财务工作奠定了良好基础。

12月17日至19日，中税协王文彦副会长一行到云南调研。

12月20日，云南省国家税务局被云南省人民政府复员退伍军人安置办公室表彰为“2010年度退役士兵接收安置工作先进单位”。

12月20日，中央精神文明建设指导委员会在北京召开全国精神文明建设工作表彰大会，云南国税系统包括云南省国家税务局（机关）、昭通市国家税务局（机关）、大理白族自治州国家税务局（机关）、临沧市国家税务局（机关）、保山市国家税务局（机关）在内的5个单位榜上有名，获得第三批“全国文明单位”荣誉称号。至此，全系统共有7家单位被中央文明委授予“全国文明单位”称号。

12月20日，省局举办《云南国税讲坛》第二十讲，邀请江苏省委党校公共管理教研部黄菡教授，作主题为“压力管理与心理调适”专题演讲。省局领导和机关全体干部职工参加了讲座，全省国税系统一万多名干部职工通过视频系统收看了直播。

12月21日，云南省常务副省长罗正富对云南国税干部职工为全省经济社会又好又快发展付出的辛勤劳动和做出的积极贡献表示感谢，并对云南国税工作做出重要批示。

12月23日，全省国税系统新任副处级领导干部任职谈话会在省局召开，省局党组书记、局长李鸿文出席会议并作重要讲话，李杰副局长以及人事、监察等部门相关同志参加了会议。

12月27日，省局《新形势下进一步加强云南国税系统干部队伍建设研究》重点课题研讨会在红河召开。

12月31日，云南省国税局召开全局干部职工大会，传达学习中央经济工作会议、全国税务工作会议暨全国税务系统依法行政工作会议以及省委九届二次全会精神。

12月31日，云南省常务副省长罗正富同志，省委常委、副省长李江同志率省级有关部门领导到省财政厅、人行昆明中心支行（省金库），呈贡区财政局、地税局、国税局和昆明市财政局亲切看望慰问基层财税干部职工，代表省委、省政府送去节日问候，并召开工作座谈会。

12月31日，省局李鸿文局长、朵志红总经济师看望慰问连夜加班组织决算的收入规划核算部门干部职工。

中央精神文明建设指导委员会关于表彰第三批全国文明城市（区）、文明村镇、文明单位的决定

2011 年 12 月 20 日

各省、自治区、直辖市和新疆生产建设兵团精神文明建设委员会，中央精神文明建设指导委员会各成员单位：

党的十七大以来，在以胡锦涛同志为总书记的党中央坚强领导下，各地各部门高举中国特色社会主义伟大旗帜，坚持以邓小平理论和“三个代表”重要思想为指导，深入贯彻落实科学发展观，紧紧围绕推动科学发展、促进社会和谐，以建设社会主义核心价值体系为根本，广泛开展创建文明城市、文明村镇、文明单位活动，社会主义精神文明建设取得巨大进展和显著成绩，城乡文明程度和公民文明素质不断提高，在促进经济社会又好又快发展、推动中国特色社会主义事业发展中发挥了重要作用，涌现出一批成绩突出、影响广泛的先进典型。

为充分展示精神文明创建活动的丰硕成果，进一步调动全社会参与精神文明创建活动的积极性，推动社会主义精神文明建设深入发展，中央文明委决定，授予长沙市等 27 个城市（区）全国文明城市（区）称号、北京市朝阳区高碑店乡高碑店村等 899 个村镇全国文明村镇称号、首都博物馆等 1794 个单位全国文明单位称号。同时，决定继续保留厦门市等 23 个城市（区）的全国文明城市（区）荣誉称号。

希望受表彰的城市（区）、村镇、单位珍惜荣誉，发扬成绩，再接再厉，在推进社会主义经济建设、政治建设、文化建设、社会建设以及生态文明建设和党的建设中，在促进经济社会全面进步和人的全面发展中，更好地发挥示范带头作用，为夺取全面建设小康社会新胜利、开创中国特色社会主义事业新局面作出新贡献。

第三批全国文明单位（云南省）

1. 云南省国家税务局（机关）
2. 昭通市国家税务局（机关）
3. 大理州国家税务局（机关）
4. 保山市国家税务局（机关）
5. 临沧市国家税务局（机关）

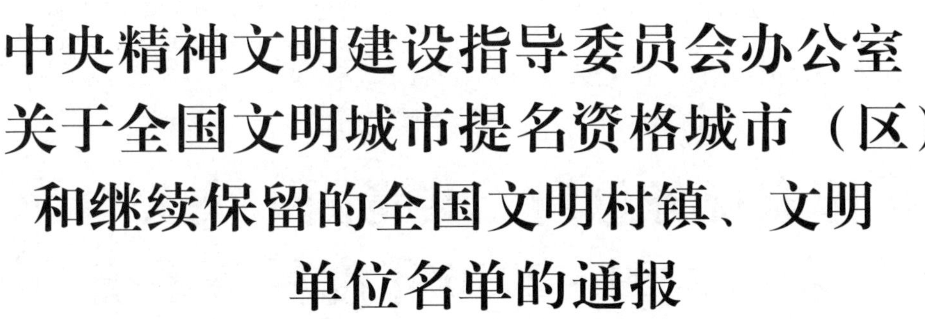

中央精神文明建设指导委员会办公室关于全国文明城市提名资格城市（区）和继续保留的全国文明村镇、文明单位名单的通报

2011 年 12 月 20 日　文明办〔2011〕23 号

各省、自治区、直辖市和新疆生产建设兵团文明办，中央和国家机关有关部门文明办：

党的十七大以来，在以胡锦涛同志为总书记的党中央坚强领导下，各地各部门高举中国特色社会主义伟大旗帜，坚持以邓小平理论和“三个代表”重要思想为指导，深入贯彻落实科学发展观，紧紧围绕推动科学发展、促进社会和谐，以建设社会主义核心价值体系为根本，广泛开展创建文明城市、文明村镇、文明单位活动，社会主义精神文明建设取得巨大进展和显著成绩，城乡文明程度和公民文明素质不断提高，在促进经济社会又好又快发展、推动中国特色社会主义事业发展中发挥了重要作用，涌现出一批成绩突出、影响广泛的先进典型。为充分展示精神文明创建活动的丰硕成果，进一步调动全社会参与精神文明创建活动的积极性，推动社会主义精神文明建设深入发展，经各省（区、市）文明委测评推荐，中央文明委批准，湖北省武汉市等 93 个城市（区）获得全国文明城市（区）提名资格。同时，在自查的基础上，经各省（区、市）文明委组织复查和中央文明办审核抽查，报中央文明委批准，继续保留北京市朝阳区南磨房乡等 637 个村镇全国文明村镇荣誉称号、北京市东城区民政局等 1320 个单位全国文明单位荣誉称号。

希望上述获提名资格的城市（区）和继续保留荣誉称号的村镇、单位珍惜荣誉，发扬成绩，再接再厉，在推进社会主义经济建设、政治建设、文化建设、社会建设以及生态文明建设和党的建设中，在促进经济社会全面进步和人的全面发展中，更好地发挥示范带头作用，为夺取全面建设小康社会新胜利、开创中国特色社会主义事业新局面作出新贡献。

附：1.《全国文明城市提名资格城市（区）名单》略

2.《继续保留荣誉称号的全国文明村镇、文明单位名单》

玉溪市国家税务局（机关）

澜沧拉祜族自治县国家税务局

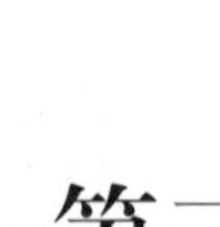

云南省人民政府关于表彰云南省第二十届劳动模范和先进工作者的决定

2011 年 4 月 27 日　云政发〔2011〕88 号

各州、市、县（市、区）人民政府，省直各委、办、厅、局：

2008 年以来，全省各族人民和广大职工在省委、省政府的正确领导下，认真贯彻落实科学发展观，齐心协力，顽强拼搏，真抓实干，为推动我省经济社会又好又快发展作出了重要贡献，涌现出一大批先进模范人物。为表彰他们的突出贡献，进一步调动全省广大职工在推进建设绿色经济强省、民族文化强省和中国向西南开放桥头堡战略目标中贡献智慧和力量，省人民政府决定授予周忠明等 184 名同志“云南省劳动模范”荣誉称号，授予李安等 114 名同志“云南省先进工作者”荣誉称号，并颁发奖章、证书和奖金。

希望受表彰的劳动模范和先进工作者珍惜荣誉，谦虚谨慎，戒骄戒躁，再接再厉，在各自的工作岗位上丰发挥模范表率作用，不断创造新业绩。省人民政府号如全省广在职工以劳动模范和先进工作者为榜样，进一步解放思想、开拓创新、扎实工作，努力在实施“十二五”规划中建功立业，为建设富裕民主文明开放和谐云南作出新的更大贡献。

附件：云南省第二十届劳动模范和先进工作者

二、云南省先进工作者

1. 陈志平　玉溪市国家税务局局长
2. 许建昆　云南省国家税务局调研员
3. 朱祥蓉　昭通市国家税务局货物和劳务税科副科长

国家税务总局　共青团中央关于表彰 2009～2010 年度税务系统全国青年文明号的决定

2011 年 6 月 14 日　国税发〔2011〕68 号

各省、自治区、直辖市国家税务局、地方税务局，共青团各省、自治区、直辖市委：

近年来，在党中央、国务院的正确领导下，全国税务系统认真贯彻党的十七大和十七届三中、四中、五中全会精神，以邓小平理论和“三个代表”重要思想为指导，深入贯彻落实科学发展观，扎实开展创先争优活动，全面推进依法行政、税制改革、纳税服务、税收征管、干部队伍和党风廉政建设等项工作，优化了税收法治环境，密切了税收征纳关系，树立了税务部门良好社会形象，税收职能得到有效发挥，服务经济社会发展成效显著。税务系统广大青年干部在其中充分发挥了生力军作用，在实践中谱写了新的篇章，涌现出了一大批社会形象良好的青年文明号争创集体。税务系统青年文明号创建机制不断完善，创建领域不断扩展，创建载体不断丰富，品牌影响不断扩大，成为培养青年人才、服务经济社会发展的有效载体，取得了良好的人才效应和社会效应。

为表彰先进，树立典型，进一步推动青年文明号创建活动在税务系统深入开展，在各地税务机关和当地团委共同评选、推荐并对候选单位集中公示的基础上，国家税务总局、共青团中央决定命名北京市昌平区国家税务局第一税务所等91个青年集体为2009～2010年度全国青年文明号（具体名单见附件）。

希望上述单位珍惜荣誉，戒骄戒躁，切实发挥青年文明号服务和凝聚广大青年的作用，团结带领广大青年干部立足本职岗位，努力提高税收业务水平，增强纳税服务能力，弘扬税务行业文明，创造一流工作业绩。全国税务系统要以邓小平理论和“三个代表”重要思想为指导，深入贯彻落实科学发展观，牢记为国聚财、为民收税的神圣使命，遵循依法行政的基本准则，坚持服务科学发展、共建和谐税收的工作主题，抓好纳税服务、税收征管的核心业务，推行专业化、信息化的管理方式，完善人才强税、廉洁从税的保障机制，建设法治、服务、责任、和谐、效能、廉洁的税务机关，推进税收事业科学发展，为全面建设小康社会、加快推进社会主义现代化做出新的更大贡献。

附件：

2009－2010年度税务系统全国青年文明号名单（云南省）

香格里拉县国家税务局办税服务厅

全国妇女“巾帼建功”活动领导小组关于表彰全国城乡妇女岗位建功先进集体、先进个人的决定

2011年2月24日　妇巾领字〔2011〕2号

2011年是全国妇女“巾帼建功”活动开展20周年。20年来，这项活动紧紧围绕党和国家工作的大局，牢牢把握经济改革发展的新机遇、新要求，号召广大妇女发扬自尊、自信、自立、自强精神，以高度的主人翁责任感积极投身祖国建设的宏伟大业，在促进经济社会发展中提升素质、建功立业、贡献力量，涌现了一大批优秀妇女群体和先进个人，取得了显著的经济效益、社会效益和人才效益。为表彰先进典型，弘扬时代精神，激励更多妇女立足岗位、创先争优，在各地、各有关部门认真评选推荐的基础上，全国妇联、中宣部、中直机关工委、中央国家机关工委、全国总工会、共青团中央、全国工商联、教育部、科技部、工业和信息化部、公安部、民政部、人力资源和社会保障部、交通运输部、卫生部、中国人民银行、国资委、国家税务总局、国家工商行政管理总局、国家旅游局、国家广播电影电视总局、中国银行、中国工商银行、中国建设银行、解放军总政治部25家全国妇女“巾帼建功”活动领导小组成员单位共同决定，授予上海市第一妇婴保健院微创病区等10个岗组（集体）“十佳全国巾帼文明岗”、天津市歌舞剧院国家一级演员关牧村等10名同志“十佳全国巾帼建功标兵”荣誉称号；授予北京同仁医院眼科中心等2019个岗组（集体）“全国巾帼文明岗”、石家庄市第四医院院长曹琴英等516名同志“全国巾帼建功标兵”荣誉称号；授予中央纪委机关妇工委主任张瑞学等194名同志“全国巾帼建功活动先进工作者”荣誉称号。

2011年是中国共产党成立90周年，是“十二五”规划的开局之年，也是深入贯彻落实科学发展观、加快经济发展方式转变实现跨越发展的关键一年。希望受表彰的先进集体和先进个人珍惜荣誉、再接再厉，锐意进取、再建新功。希望广大妇女以先进为榜样，创先争优、奋发有为，在推动科学发展、促进社会和谐中彰显妇女力量，为实现“十二五”规划的目标任务做出新的更大贡献。

附件：

全国巾帼文明岗名单（云南省）

1. 大理市国家税务局
2. 昭通市水富县国家税务局办税服务厅

全国巾帼建功活动先进工作者名单（云南省）

李鸿文　云南省国家税务局党组书记、局长

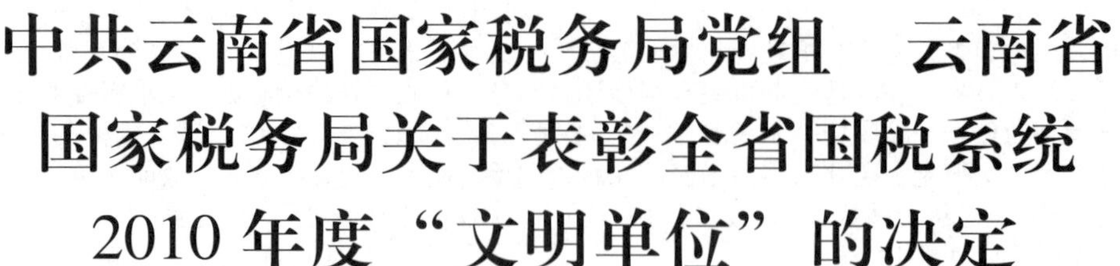

中共云南省国家税务局党组　云南省国家税务局关于表彰全省国税系统2010年度“文明单位”的决定

2011年2月24日　云国税党字〔2011〕16号

各州、市国家税务局党组：

2010年，全省国税系统在国家税务总局和省委、省政府的正确领导下，以邓小平理论和“三个代表”重要思想为指导，认真践行科学发展观，深入贯彻落实党的十七届四中、五中全会精神和省委八届九次、十次全会精神，始终牢记为国聚财、为民收税的神圣使命，围绕“和谐发展年”工作主题，大力加强精神文明建设，为全面完成税收工作任务，推动云南国税事业科学发展、创新发展、和谐发展提供了强有力的精神动力和思想政治保障，涌现出一批政治过硬、业务熟练、作风优良、执法公正、服务规范的先进典型。为表彰先进，弘扬正气，树立榜样，进一步激发广大干部职工立足本职，创优争先，爱岗敬业，奋斗奉献的积极性和创造性，把全省国税系统精神文明建设推上新的台阶，中共云南省国家税务局党组、云南省国家税务局决定：授予昆明市高新技术产业开发区国家税务局等20个县（市、区）国家税务局为“文明单位”称号。

希望受表彰的单位发扬成绩，再接再厉，开拓创新，争取更大的荣誉。全省国税系统要向他们学习，坚持以科学发展观为统领，切实把社会主义核心价值体系融入到精神文明建设的全过程，融入到国税工作的各个方面。各级国税机关要紧紧围绕省局党组提出的2011年“服务基层年”工作主题，进一步巩固和发展精神文明建设成果，团结一心，振奋精神，解放思想，开拓创新，求真务实，真抓实干，创造新的业绩，为促进国家和云南经济平稳较快发展和社会和谐稳定作出新的更大贡献，向建党90周年献礼！

附件：

云南省国税系统第十六批文明单位名单

昆明市
高新技术产业开发区国家税务局
宜良县国家税务局
嵩明县国家税务局
禄劝县国家税务局
昭通市
永善县国家税务局
曲靖市
麒麟区国家税务局
楚雄州
大姚县国家税务局
玉溪市
新平县国家税务局
红河州
弥勒县国家税务局
河口县国家税务局
文山州
马关县国家税务局
普洱市
思茅区国家税务局
大理州
南涧县国家税务局
漾濞县国家税务局
保山市
隆阳区国家税务局
德宏州
陇川县国家税务局
丽江市
华坪县国家税务局
怒江州
泸水县国家税务局
迪庆州
维西县国家税务局
临沧市
云县国家税务局

云南省国家税务局　云南省妇女联合会关于表彰全省国税系统2010年度“巾帼文明岗”的决定

2011年2月21日　云国税发〔2011〕43号

各州、市国家税务局，各州、市妇女联合会：

2010年，全省国税系统广大妇女干部职工以邓小平理论和“三个代表”重要思想为指导，认真学习贯彻党的十七届四中、五中全会精神，以科学发展观为统领，始终牢记为国聚财、为民收税的神圣使命，积极投身于“做时代新女性，创税收新业绩”的主题创建活动，围绕“和谐发展年”工作主题，广泛深入地开展以提高国税妇女干部整体素质为根本，以创建岗位文明、提高岗位技能、展示国税良好形象为主要内容的“巾帼建功”创建活动，为国税事业和谐发展做出了积极贡献，涌现出一批开拓进取、公正执法、爱岗敬业、业务熟练，服务优良、勇于创新、乐于奉献的先进单位。为表彰先进，树立典型，云南省国家税务局、云南省妇女联合会决定：授予昆明市经济技术开发区国家税务局税政科等21个单位为“巾帼文明岗”荣誉称号。

希望受表彰的单位谦虚谨慎，戒骄戒躁，不断创新，再创佳绩。全省国税系统广大干部职工要以受表彰单位为榜样，高举中国特色社会主义伟大旗帜，深入贯彻落实科学发展观，弘扬“自尊、自信、自立、自强”精神，勇于创新，开拓进取，团结奋斗，在“服务基层年”中，充分发挥妇女组织和妇女干部的积极作用，为促进云南国税科学发展、和谐发展、创新发展，促进国家和云南经济平稳较快发展和社会和谐稳定作出新的贡献。

附件：

云南省国税系统2010年度“巾帼文明岗”名单

昆明市

经济技术开发区国家税务局税政科

直属税务分局所得税科

昭通市

昭通市国家税务局稽查局

水富县国家税务局向家坝税务分局

曲靖市

陆良县国家税务局办税服务厅

楚雄州

牟定县国家税务局办税服务厅

玉溪市

华宁县国家税务局办税服务厅

红河州

开远市国家税务局人事教育科

文山州

马关县国家税务局办税服务厅

普洱市

景东县国家税务局收入核算股

澜沧县国家税务局办税服务厅

版纳州

景洪市国家税务局办税服务厅

大理州

宾川县国家税务局收入核算股

鹤庆县国家税务局收入核算股

洱源县国家税务局收入核算股

保山市

腾冲县国家税务局办税服务厅

德宏州

潞西市国家税务局芒市分局

丽江市

宁蒗县国家税务局办税服务厅

怒江州

贡山县国家税务局办税服务厅

迪庆州

香格里拉县国家税务局办税服务厅

临沧市

沧源县国家税务局办税服务厅

云南省国家税务局关于表彰“三读”活动“学习型机关”、“先进单位”和“读书标兵”的决定

2011 年 2 月 21 日　云国税发〔2011〕52 号

各州、市国家税务局，省局各单位：

2010 年 1 月 26 日，省委组织部、省委宣传部、省委省直机关工委下发了《关于在省直机关组织开展“爱读书读好书善读书”活动的通知》。省局党组高度重视，把此项活动作为深入学习实践科学发展观，提升国税干部思想、政治、品德、情操、能力、作风等综合素质的重要工作和政治任务来抓，把“三读”活动的范围和对象扩大到全系统广大干部职工。在“三读”活动中，全省国税系统紧紧围绕“和谐发展年”工作主题，紧密结合“学习型机关”、“学习型党组织建设”、“创先争优”活动、“三个一”主题实践活动，统筹安排部署，精心组织实施，确保“三读”活动既轰轰烈烈又扎扎实实地开展。全省国税系统“三读”活动取得了卓有成效的阶段性成果，涌现出一批“爱读书读好书善读书”的先进集体和先进个人。为进一步营造勤于学习、乐于奉献、创先争优的良好氛围，切实加强学习型国税机关和学习型党组织建设，促进云南国税队伍建设和党的建设，经省局党组决定：授予昆明市国家税务局（机关）等 20 个单位“学习型机关”荣誉称号；授予省局人事处等 40 个单位“读书先进单位”荣誉称号；授予卢国孝等 100 名同志“读书标兵”荣誉称号。

希望受表彰的单位和个人，谦虚谨慎，戒骄戒躁，百尺竿头，更进一步，取得新的更大的成绩。全省广大干部职工要向他们学习，学习他们刻苦钻研的学习态度、锲而不舍的学习精神、学必有果的学习能力、学以致用的良好学风，坚持自觉学习、团队学习、终身学习，不断提升学习力，不断提升综合素质，努力把学习成果转化为谋划工作的思路、促进工作的举措、领导工作的本领和推动工作的能力，为云南国税事业科学发展、和谐发展、创新发展作出新的更大的贡献。

附件：

云南省国家税务局“三读”活动“学习型机关”名单

昆明市
昆明市国家税务局（机关）
昭通市
昭通市国家税务局（机关）
镇雄县国家税务局
曲靖市
曲靖市国家税务局（机关）
师宗县国家税务局
楚雄州
武定县国家税务局
玉溪市
玉溪市国家税务局（机关）
澄江县国家税务局
红河州
红河州国家税务局（机关）
弥勒县国家税务局
文山州
广南县国家税务局
普洱市
普洱市国家税务局（机关）
西双版纳州
景洪市国家税务局
大理州
大理州国家税务局（机关）
保山市
龙陵县国家税务局
德宏州
盈江县国家税务局
丽江市
宁蒗县国家税务局
怒江州
兰坪县国家税务局
迪庆州
迪庆州国家税务局（机关）
临沧市
临沧市国家税务局（机关）

云南省国家税务局“三读”活动“先进单位”名单

省　局
所得税处
收入规划核算处
财务管理处
人事处

教育处
昆明市
盘龙区国家税务局
官渡区国家税务局
晋宁县国家税务局
石林县国家税务局
昭通市
昭阳区国家税务局
彝良县国家税务局
永善县国家税务局
曲靖市
马龙县国家税务局
富源县国家税务局
楚雄州
姚安县国家税务局
元谋县国家税务局
禄丰县国家税务局
玉溪市
江川县国家税务局
新平县国家税务局
红河州
开远市国家税务局
泸西县国家税务局
红河县国家税务局
文山州
西畴县国家税务局
麻栗坡县国家税务局
普洱市
镇沅县国家税务局
景东县国家税务局
西双版纳州
西双版纳州国家税务局（机关）
大理州
宾川县国家税务局
南涧县国家税务局
永平县国家税务局
保山市
隆阳区国家税务局办税服务厅
昌宁县国家税务局税政股
德宏州
梁河县国家税务局
畹町经济开发区国家税务局
丽江市
古城区国家税务局
华坪县国家税务局
怒江州
怒江州国家税务局（机关）
迪庆州
香格里拉县国家税务局
临沧市
凤庆县国家税务局
云县国家税务局

云南省国家税务局“三读”活动“读书标兵”名单

省　局
人　事　处　卢国孝
财务管理处　梁汝俗
稽　查　局　赵金友
办　公　室　谢云丹
政策法规处　和志刚
监　察　室　董　恒
货物和劳务税处　钱　瑜
所 得 税 处　苏若愚
征管和科技发展处　闫　泉
科　研　所　王军昆
昆明市
昆明市国家税务局　王　镶
昆明市国家税务局　刘小东
直属税务分局　李　瑾
高新开发区国家税务局　梁兴涛
经济技术开发区国家税务局　杨　静
旅游度假区国家税务局　王文清
盘龙区国家税务局　孙伟峰
五华区国家税务局　邹劲峰
西山区国家税务局　陈　舒
官渡区国家税务局　滕　凯
东川区国家税务局　唐　坤
安宁市国家税务局　杨　耀
呈贡县国家税务局　石旭辉
富民县国家税务局　杜　斌
宜良县国家税务局　张　丽
嵩明县国家税务局　李玉珍
禄劝县国家税务局　黄子华
寻甸县国家税务局　肖复舜
昭通市
昭通市国家税务局　郑元军
昭阳区国家税务局　周世贵
镇雄县国家税务局　刘益涛
彝良县国家税务局　丁国瑾
盐津县国家税务局　曾　勇
永善县国家税务局　廖锡彪
水富县国家税务局　赵幼曦
曲靖市
曲靖市国家税务局　顾光俊
曲靖市国家税务局　赵　娟
经济技术开发区国家税务局　李　娟
麒麟区国家税务局　余绍超
会泽县国家税务局　袁立新
宣威市国家税务局　沈应飞
罗平县国家税务局　夏仁超
楚雄州
楚雄州国家税务局　张炳华
楚雄州国家税务局　马继伟
楚雄市国家税务局　王　磊
大姚县国家税务局　徐　香

元谋县国家税务局　冯爱华
禄丰县国家税务局　宋玲珍
玉溪市
红塔区国家税务局　李　一
江川县国家税务局　康海波
澄江县国家税务局　普艳艳
华宁县国家税务局　李　非
新平县国家税务局　宋艳美
元江县国家税务局　高云华
红河州
开远市国家税务局　陆光汉
蒙自县国家税务局　余学昌
建水县国家税务局　尹丹丹
弥勒县国家税务局　卢　寒
泸西县国家税务局　张云迎
河口县国家税务局　陈光全
元阳县国家税务局　陈外平
红河县国家税务局　官　亮
文山州
文山州国家税务局　王　喆
文山县国家税务局　范洲顺
砚山县国家税务局　杨朝勇
西畴县国家税务局　谢鸿禧
丘北县国家税务局　杨丽芳
普洱市
普洱市国家税务局　明太兴
思茅区国家税务局　陈　健
宁洱县国家税务局　周　凡
镇沅县国家税务局　方斗云
景东县国家税务局　李　高
江城县国家税务局　朱晓玲
西双版纳州
景洪市国家税务局　李剧阳
勐腊县国家税务局　何春发
大理州
大理州国家税务局　董　杨
大理州国家税务局　盛　景
大理市国家税务局　史宾丽
漾濞县国家税务局　李先林
南涧县国家税务局　赵　周
洱源县国家税务局　张翠娟
剑川县国家税务局　段漶萍
鹤庆县国家税务局　阿林松
保山市
保山市国家税务局　陈艳萍
施甸县国家税务局　杨茂林
昌宁县国家税务局　董世林
德宏州
德宏州国家税务局　陈丽萍
梁河县国家税务局　张国灿
瑞丽市国家税务局　滕　扬
丽江市
玉龙县国家税务局　赵瑞刚
永胜县国家税务局　张继伟
宁蒗县国家税务局　李永国
怒江州
怒江州国家税务局　杨兆开
贡山县国家税务局　路　丽
迪庆州
迪庆州国家税务局　墨玉章
维西县国家税务局　王立新
临沧市
临沧市国家税务局　郑　瑛
临翔区国家税务局　王自荣
凤庆县国家税务局　巴玉慧
云县国家税务局　罗如瀚

云南省国家税务局局机关获奖项目及名单

一、2011年3月14日，被国家税务总局评为“税收收入预测准确率高单位”。

二、2011年4月1日，被中共云南省委、省人民政府表彰为“2008～2010年云南省禁毒人民战争先进集体”。

三、2011年5月4日，被国家税务总局评为“企业所得税收入分析材料上报受表扬单位”。

四、2011年5月4日，被财政部、国家税务总局表彰为“全国国税系统税收调查工作先进单位”。

五、2011年5月5日，被国家税务总局评为“2010年年报数据质量较好、定期开展培训取得较好成效单位”。

六、2011年5月9日，被中共云南省委表彰为“2010年度社会扶贫先进集体”。

七、2011年6月26日，被中共云南省委表彰为“全省先进基层党组织”。

八、2011年8月3日，被国家税务总局表彰为“2010年度全国税收会计统计报表工作优秀单位”。

九、2011年8月15日，被国家税务总局评为“对总局统一组织、部署的9户重点企业集团公司及其地（市）以上分支机构发票使用情况检查效果较好”单位。

十、2011年8月16日，被国家税务总局评为“企业所得税收入分析材料上报受表扬单位”。

十一、2011年9月1日，被中共云南省委、省人民政府表彰为“2010年度云南省社会治安综合治理维护稳定先进单位”。

十二、2011 年 9 月 6 日，税收宣传月活动项目被国家税务总局评为“ 2011 年全国税收宣传月活动优秀项目”。

十三、2011 年 9 月 6 日，被国家税务总局评为“2011 年上半年重点税源监控数据质量较好、上半年数据报送时效性较好单位”。

十四、2011 年 10 月 ，被中共云南省纪委命名为“云南省廉政文化示范点”。

十五、2011 年 11 月 29 日，被国家税务总局评为“企业所得税收入分析材料上报受表扬单位”。

十六、2011 年 12 月 20 日，云南省国家税务局（机关）被中央精神文明建设指导委员会表彰为“第三批全国文明单位”。

重大涉税案件

利益驱动　铤而走险　虚开增值税专用发票抵扣税款终难逃法网

——某精煤公司偷税案

本案特点：本案以收到的邻近省市发票协查函为线索，重点从票流、物流、资金流、运输流入手，对某精煤公司 2010 年 5 月至 6 月取得的 23 份增值税专用发票进行追踪，通过内查外调彻底查清该公司恶意取得套号虚开增值税专用发票并申报抵扣进项税的偷税事实。经与公安机关联合办案共抓获犯罪嫌疑人 7 名，检察机关提起公诉后，审判机关已作出一审判决。

一、案件背景情况

（一）案件来源：该案是楚雄市国家税务局稽查局收到贵州省贵阳市国家税务局稽查局协查函，称已证实某精煤公司从贵阳 × × 贸易有限公司和贵州 × × 钢铁商贸有限公司取得 23 份增值税专用发票，无业务往来。经楚雄市稽查局初查后分析确认，某精煤公司存在取得套号虚开增值税专用发票抵扣进项税的重大违法嫌疑，决定对某精煤公司立案稽查，并及时将案情向公安机关进行通报。

（二）纳税人基本情况：涉案企业为某精煤有限责任公司楚雄分公司，成立于 2009 年 10 月 29 日，法定代表人：刘 ×，属其他有限责任公司，注册资本 200 万元，独立核算，2009 年 11 月 1 日认定为增值税一般纳税人，属零售业，主要经营煤炭销售。

二、检查过程与检查方法

（一）检查预案

为抓住办案的有利时机，稽查局与公安机关及时沟通了案件情况，提请公安机关提前介入。2011 年 3 月 1 日，楚雄市国税局稽查局与楚雄市公安局经侦大队联合组成“3・01”发票案专案组。经初步调查分析，决定对该公司成立以来，即 2009 年 10 月 29 日至 2010 年 12 月 31 日期间的增值税纳税情况以及所有增值税专用发票的开具和取得情况进行深入检查。

（二）检查过程

1. 调取账簿、记账凭证及增值税专用发票进行全面检查。一是分类对物流、票流、资金流的数据进行统计分析，同时梳理银行账户存、取款资料。二是在对资金流的数据统计分析中，重点关注该公司出纳从银行取出的上百万元现金用于支付货款（支付对象为私营老板）的真实性。三是经对购、销发票数据统计比对，发现公司购、销、存的货物数据基本吻合，初步断定要从账务核算上确认有无真实货物交易的困难很大，要取得案件的关键性突破必须外调。

2. 内查外调，取得关键性证据。专案组将检查人员分为两组：一组继续从票流、资金流、物流、运输流入手，重点查找违法线索。另外一组开展外调，先后到贵阳市、曲靖富源县等地，对该公司 2010 年 5 ~ 6 月份取得的 23 份增值税专用发票进行调查，并调阅相关资料。经过内查外调，发现该公司有以下违法事实：（1）真票出处。23 份增值税专用发票是由贵阳市乌当区国税局于 2010 年 5 月 19 日和 5 月 26 日分别发售给贵阳 × × 贸易有限公司、贵州 × × 钢铁商贸有限公司使用的，两家公司只经营钢材，除此之外无其他经营。检查人员从两家购票企业使用的发票存根联和记帐联中证实，品名开具“钢材或建材”给“ × × 有限责任公司楚雄分公司”，企业名称中无“精煤”二字。开出的抵扣联和发票联同样是“钢材或建材”，发票已被贵州省贵阳市公安局经济犯罪侦查支队四大队收缴，23 份发票填开金额 651. 95 万元、税额 110. 83 万元，价税合计 762. 79 万元。（2）某精煤公司以支付开票费的方式取得的上述《贵州省增值税专用发票》是由陈 × × 提供的套号假票，无货物交易，该公司已申报抵扣了增值税进项税 110. 83 万元。（3）专案组对贵阳 × × 贸易有限公司填开发票的内容与某精煤公司取得发票上注明的内容进行比对发现：①发票代码、号码、密文、金额一致②购货单位名称不一致，即贵阳 × × 贸易有限公司开具的发票上注明的购货单位名称为“ × × 有限责任公司楚雄分公司”（无“精煤”二字），与工商登记注册名称不符③销货单位名称不一致，开票单位为“贵州××商贸有限公司”（无“钢铁”二字），与工商登记注册名称不符。④开具的货物名称不一致，贵阳××贸易有限公司所开具发票上注明的货物名称为“钢材”，而某精煤公司所取得发票上注明的货物名称为“无烟煤”。（4）通过对涉案当事人陈××和刘×的询问证实：某精煤公司在无业务往来的情况下通过陈××介绍，按开票金额的一定比例支付手续费后，取得了上述23份套号增值税专用发票。

三、违法事实及处理结果

（一）违法事实及作案手段。某精煤公司2010年5~6月在无任何实物交易的情况下，通过中间人介绍，以支付开票手续费的方式，非法取得套号虚开增值税专用发票23份，金额651.95万元，已申报抵扣增值税进项税额110.83万元。

（二）处理结果

1. 根据《最高人民法院关于适用〈全国人民代表大会常务委员会关于惩治虚开、伪造和非法出售增值税专用发票犯罪的决定〉的若干问题的解释》第一条、《国家税务总局关于加强增值税征收管理若干问题的通知》第二条、《国家税务总局关于纳税人取得虚开增值税专用发票处理问题的通知》第一条、第二条之规定，追缴增值税110.83万元。

2. 根据《中华人民共和国税收征收管理法》第三十二条之规定，依法加收滞纳金2.66万元。

3. 根据《国家税务总局关于纳税人取得虚开增值税专用发票处理问题的通知》第四条、《中华人民共和国刑法》第二百零五条、《中华人民共和国税收征收管理法》第七十七条和《行政执法机关移送涉嫌犯罪案件的规定》第三条之规定，将此案移送司法机关处理。

4. 经检察机关提起公诉，法院依法判处共同犯罪主犯刘×犯虚开增值税专用发票罪，判处有期徒刑4年，并处罚金人民币7万元；从犯孙×、郭××、陶××犯虚开增值税专用发票罪，判处有期徒刑4年，并处罚金人民币5万元；从犯李××、陈××、温××犯虚开增值税专用发票罪，判处有期徒刑3年，缓刑5年，并处罚金人民币5万元。

四、案件分析

（一）查处本案的体会

1. 领导重视，统一指挥，协同作战是查处大案要案的先决条件。发票协查案件，尤其是大案要案，一般都涉及外调，需要人力、财力和时间做保障，只有得到领导的重视和支持，统一协调指挥，不惜代价，才能将案件一查到底，查深查透，查出效果。

2. 税警一体，优势互补，形成合力，是查办此类案件的有效途径。该税案的告破，是税警联合办案的成功典范，是各方取长补短，优势互补，信息互通，结果共享的成功范例。在本案检查中，发现疑点就提请公安机关提前介入，借助公安机关的侦查方法和强制手段，及时对相关涉案人开展有针对性的讯问，取得第一手证言，防止相互串供和销毁证据，掌握办案的主动权，从而提高办案效率。

3. 选调精兵强将，采取机智果敢的灵活战术，是查办疑难案件的重要保证。套号虚开增值税专用发票抵扣进项税目前属高科技犯罪行为，隐蔽性大、危害性更大，识别其真伪的难度非常大。在对本案的检查中，抽调业务精，责任心强，工作认真细致的检查人员开展审计式稽查，同时到开票方进行大量外调取证，固定证据，使案件查办取得实质性突破。

4. 只有早发现、早行动、早布局，才能有效控制国家税款的大量流失。该案被发现后，稽查局及时采取措施在较短的时间内追补了已抵扣的增值税进项税额，并经检察机关批准，随同公安经侦抓捕了犯罪嫌疑人，堵住了作案源头，有效的、最大限度地控制了税款流失。

5. 移送司法机关的涉税案件一定要谨慎对待，既要达到震慑违法犯罪的目的，又要体现法律的宽严相济。税收案件不同于一般的经济犯罪案件，处理涉税案件的前提是国家税款得到挽回，税收秩序得到进一步好转。既要依法依规，程序合法，又要考虑其经济效应和社会效应。

（二）工作建议

1. 认票先识伪。目前增值税认证比对系统存在着不对假票和汉字信息认证识别的严重缺陷，容易让不法分子钻了空子，套开、虚开或克隆发票案件时有发生。税务管理人员在接到抵扣税款凭证时，首先要根据发票的特性从票面上来区分出真假发票，在“金税工程”认证系统功能提升之前，做到人机结合，力争把假发票在认证前就及早发现，提前预警，以减少只认证、不验票带来的执法风险和国家税款的流失。

2. 增值税专用发票的管理与认证是目前增值税管理工作中的一个薄弱环节，必须提高稽查敏锐性，加大对增值税专用发票的检查力度，同时加快配套法规建设，加大依法治税力度，加强对纳税人的税法宣传，提高公民的税收法制意识。

3. 税务部门应与司法机关加强合作。现行《征管法》对税务机关调查取证赋予的手段是有限的，税务部门与司法机关协作是查处偷逃税犯罪的有效方式。本案的取证过程是在司法机关的协助下才得以顺利进行的，税警合作，充分发挥各自优势，才能保证案件的成功查处。

设置账外账偷税被查处

——某实业公司偷税案分析

本案特点：本案是一起典型的利用“两套账”进行偷税的案件。检查人员通过深入生产经营场地，发现涉案企业实际生产经营状况与财务状况明显不相符的偷税线索，进而积极进行外调取证，最终查实涉案企业设置账外账偷税的违法事实。

一、案件背景情况

（一）案件来源：该案是红河州检察院的转办案件，转办方怀疑该公司可能存在偷逃国家税款的违法问题。

（二）纳税人基本情况：某实业公司是一家私营有限公司，成立于2004年12月13日。经营范围为选精煤、混煤、碳素、焦丁、焦粉生产加工销售。属增值税一般纳税人。2007年9月被民政部门认定为社会福利企业，享受增值税即征即退的税收优惠政策；2006～2008年经主管税务机关审批享受西部大开发免征企业所得税税收优惠政策。

二、检查过程及检查方法

（一）检查预案

一是迅速抽调业务骨干成立专案小组；二是查阅纳税征管资料，了解了纳税人的基本情况；三是确定检查重点，根据静态资料分析，专案组初步制定了掌握企业生产情况，确定了以审核账簿凭证为主，外围调查为重点的检查方案。

（二）检查具体方法

1. 深入企业一线，掌握生产经营状况

专案组在下发《税务检查通知书》的当天即开展入户稽查，检查人员首先找到相关人员对该公司所属矿山的设计生产能力、实际生产规模、生产数量以及销售情况等进行了询问了解，并深入生产经营场地，初步掌握了该公司“采、选、销”的生产经营流程及近年来的生产销售情况。

2. 认真检查账簿资料，发现可疑线索

专案组对该公司2005～2010年的财务账簿凭证进行了认真的核查，未发现重大涉税问题。是查前分析失误还是该公司本身就无违法问题？带着这个疑问专案组进行了小组内集中讨论，并细致地对整个核查过程进行了回顾。其中一个情况引起了专案组的关注：该公司在账簿中所记载收入的凭据都是增值税专用发票，涉及的销售对象均是增值税一般纳税人企业，主要是本地区以外的企业，这与专案组所了解掌握的该公司客户有出入，并且无普通发票及其他凭证入账，难道该公司的客户中没有增值税小规模纳税人企业或非增值税纳税人企业？这显然不符合常规。同时，专案组还发现：该公司的账簿收入凭证中缺少“过磅单”原始凭证，而其自制的表格式销售明细表中却清楚地记录着过磅数量。按行业惯例，该类企业出货时要过磅，货物运到购买方还要过磅，并以购买方的过磅数为实际销售数量。于是，专案组要求该公司提供原始“过磅单”凭据，财务人员以“过磅单”数量太多没有并入凭证装订、“过磅单”不在财务部门保管等借口搪塞，最后财务人员才在专案组人员的一再追问下提供了部分“过磅单”，并称其余“过磅单”因保管不善已无法找到。专案组人员立刻就该公司提供的“过磅单”进行认真核查，发现了在其所提供账目中反映往来以外的企业名称，找到了可疑线索。

3. 积极进行外调，固定相关证据

根据掌握的可疑线索，专案组开始了积极的外调工作。外调主要集中在本地区的几个焦化冶炼企业。专案组人员对外调企业的采购人员、财务人员就向涉案公司购买货物（选精煤、混煤等）的情况作了询问笔录，掌握了货物购进、运输方式、货款支付等相关情况，并对相关书证进行了证据提取。同时提取了外调企业向涉案公司购进货物入库时的过磅记录及关键的“过磅单”原始单据的复印件，固定证据，找到了案件突破口。

4. 税警联手，政策攻心，获取外账资料

专案组将外调情况及时向州稽查局作了汇报，并积极与公安经侦部门取得联系，得到公安机关的大力支持。在公安部门密切配合下，专案组对涉案公司的财务主管、主办会计及销售部相关人员进行了询问。在询问过程中，专案组人员择机向被询问人出示了外调取得的相关证据，要求被询问人作出合理解释，同时告知其涉税问题的严重性，并就相关税收法规及法律责任进行宣传教育，促使其主动配合检查，说清情况。在税警双方强大的政策攻势下，通过耐心开导消除了上述人员的顾虑，被询问人最终承认了涉案公司设置内外两套账隐匿销售收入的违法事实，并向专案组交出了所藏匿的内账全部资料。公安部门及时对涉案公司的内外两套账所有资料依法进行了调取。案件的检查取得了突破性进展，该公司的偷税问题浮出水面。

5. 细致审核内外两账资料，确定相关数据，查证涉案企业偷税事实

专案组将内外两套账相结合，逐一核实该公司2005～2010年的销售收入及相关成本、费用。（1）收入方面：该公司2005～2010年销售货物（精煤、中混煤、煤矸石）48.5万吨，共取得销售收入2.4亿元；销售废铁取得收入1.2万元；取得运输装卸费等价外费用1.5万元；补贴收入（增值税退税）581万元。（2）成本、费用方面：该公司2005年、2009年结转成本及相关费用支出合计3411.3万元。（注：该公司2006～2008年根据审批享受免征企业所得税三年的税收优惠，2010年其在所得税汇算清缴期内，故查核中对其相关数据未在此列入）（3）其他的核实。专案组核实该公司2005～2010年申报缴纳增值税707.6万元；发生主营业务税金及附加、营业外支出等合计253.9万元。至此，某实业公司偷税案的违法事实全部查实。

三、违法事实及其处理结果

（一）违法事实和作案手段

某实业公司销售货物，采取设立内外两套账的手段隐瞒销售收入，不如实进行纳税申报。2005～2010 年少申报缴纳增值税税款 1594.8 万元；2005 年、2009 年少申报缴纳企业所得税 325.3 万元。

（二）处理结果

1. 追缴增值税 1594.8 万元，追缴企业所得税 325.3 万元。

2. 根据《中华人民共和国税收征收管理法》第三十二条、第五十二条的规定，依法加收滞纳金。

3. 根据《中华人民共和国税收征收管理法》第六十三条的规定，定性为偷税，并处该公司 2006～2010 年少缴增值税 1501.8 万元 1 倍的罚款，罚款金额 1501.8 万元；并处 2009 年度少缴企业所得税 256.4 万元 1 倍的罚款，罚款金额 256.4 万元。

4. 根据《中华人民共和国税收征收管理法》第八十六条规定，对该公司 2005 年少缴增值税、企业所得税的行为免于税务行政处罚。

5. 上述违法行为已涉嫌触犯《中华人民共和国刑法》第二百零一条第一款的规定，根据《征管法》第七十七条和国务院《行政执法机关移送涉嫌犯罪案件的规定》第三条及有关规定，依法将该案移送司法机关处理。

四、案件分析

（一）查处本案的体会

1. 树立“办案”理念，不能就账查账。从本案来看，公司在账目制作时就考虑到了配比原则，入账的产品都是与入账的库存相配比的，仅从账上反映的购销存根本不可能发现账外经营的情况。如果稽查人员不进行深入细致地检查，仅“就账查账”，很容易被蒙混过关。因此，稽查人员要树立“办案”理念，拓宽查账思路，改变固有模式，充分利用调查信息，拟定具体检查方案；在突击调账时，要把握好主要控制点，全面掌握企业的生产经营情况和业务流程，销售网络、财务核算体系以及资金运转等情况，为查清案情提供保证；在实施检查时，要多法并举，并注重检查企业的电脑资料、存货状况、生产现场等，以求取得突破；同时，充分运用法律赋予的检查权，灵活运用稽查技巧，深入开户银行、重要客户及关联企业调查，通过检查账户、协查、询问等取证方式进行调查，以掌握充分和确凿的证据，锁定违法事实。

2. 找准突破口是成功查办案件的关键。在新的经济形势下，偷税手段越来越诡秘、偷税过程越来越隐蔽，偷税者提供的资料一般经过精心策划，从账面上很难发现大的涉税问题。稽查人员在检查过程中，一方面要善于使用涉案企业内部资料，利用其较真实的内部资料掌握其真实的情况；同时要全面了解其具体经营流程，从其经营流程中最真实反映经营状况的环节寻找突破口，并围绕疑点问题提取证据资料，用证据资料把涉税违法问题确定下来。调查企业的收入隐匿行为，必不可少的是要对业务经办人员进行询问，通过对参与流程的不同人员的询问，从中提取有用的线索。

3. 技术查账是提高案件查办效率的重要手段。专案组面对查获的大量杂乱、零散原始单据信息，进行分类、统计和分析，通过建立计算机电子表格，利用计算机多项功能作为辅助，极大地提高了办案效率和办案质量。我们既对获取的信息进行横、纵向比较，又对成本、费用、利润以及税负等信息进行重点比对，及时发现信息疑点。

4. 适时调整检查思路是逐步接近事实真相的有效途径。面对较复杂的案件，不仅要有检查预案还要有随机应变的能力。要根据具体检查情况，采取“三边”措施，即边检查、边分析、边整合，适时调整检查思路，少走弯路，不断明确检查重点，使检查工作逐步接近事实真相。

5. 综合应用调查方法，快速打开被动局面。

（1）获取相关循环单证，是核实销售的重要环节。

（2）获取股东个人银行储蓄账户，是检查应收账款是否落入个人账户的线索。

（3）询问相关知情人，是突破案件检查进展的关键。

（4）对产业上下游进行调查，掌握企业购销情况。

（5）调查物流中转环节，搞清货物运输去向和销售。

通过综合运用上述调查方法，从不同角度或渠道取得证据，查清企业的实际生产经营规模，把发现的问题及相关推断落实到实处，把案子办成铁案。

（二）工作建议

1. 日常税收征管中要加强税收法规政策的宣传，在让企业相关人员树立正确纳税意识的同时，还应树立相关的法律责任意识。

2. 税收管理员不仅应从企业报送的财务报表中了解企业生产经营情况，还应到企业生产经营场地进行实地调查，这样才能更全面的掌握企业生产经营状况。

3. 稽查人员对煤炭生产企业实施检查时，应从多方面核实企业真实的煤炭生产销售数量，从而确保稽查案件的检查质量。

云南省国家税务局系统信息化建设与应用情况统计表

截至日期：2011 年 12 月 31 日　　单位：万元、台、户、人、个、平方米

中小型计算机装备数量（台）	7	路由器数量（台）	703
PC 服务器装备数量（台）	1 283	与省级互联的外部门单位数（个）	8
其中：机龄 5 年以上（含 5 年）	1 003	安装防火墙数量（台）	53
存储设备总容量（TB）	109	入侵检测 IDS（台）	28
其中：磁盘阵列容量（TB）	97	漏洞扫描（套）	8
磁带库容量（TB）	12	安装杀毒软件的计算机数量（台）	16 945
PC 机装备数量（台）	15 247	部署桌面安全审计系统终端数量（台）	15 276
其中：台式机数量	13 879	省本级机房面积（m^2）	1 600
其中：机龄 5 年以上（含 5 年）	11 318	10KVA（含）以上 UPS 装备数量（台）	117
笔记本电脑数量	1 368	纳入计算机管理的纳税户数	997 990
其中：机龄 5 年以上（含 5 年）	952	其中：网上申报户数	68 701
当期报废 PC 机数量（台）	2 246	税库银联网纳税户数	58 279
打印机配备数量（台）	9 208	计算机当期处理纳税额（万元）	12 966 044. 24
交换机数量（台）	1 350	其中：网上申报税款（万元）	6 802 572. 69
其中：三层（含）以上交换机数量	170	全省信息技术人员数（人）	292
省内广域网联通节点数（个）	864	其中：信息中心高级技术人员数	1
其中：地市级节点	48	信息中心中级技术人员数	35
区县级节点	411	信息中心初级技术人员数	14
税务所级节点	405	信息技术人员当期参加培训人次	578

云南省国家税务局系统网络节点情况表

截至日期：2011 年 12 月 31 日　　　　单位：条

全省网络情况 / 州市	主线路情况						
	省级	州市级		县区级			分局、所级
	4M ATM	100M MSTP	10M MSTP	10M MSTP	6M MSTP	2M MSTP	2M SDH
省局	1						
昆明		1		5	2	13	14
玉溪			1	8			
迪庆			1			4	
文山			1			8	2
保山			1			5	9
普洱			1			10	2
怒江			1			4	3
楚雄			1			11	2
版纳			1			3	3
丽江			1			4	
大理			1			13	7
曲靖			1			10	10
昭通			1			11	
德宏			1			6	12
临沧			1			8	3
红河			1		1	13	1
合计	1	1	15	13	3	123	68
	1	16		139			68

云南省国家税务局系统辅助线路情况表

截至日期：2011 年 12 月 31 日　　单位：条

单位	州市级			区县级			分局及所级
	100M SDH（MSTP）	10M SDH（MSTP）	6M SDH（MSTP）	10M SDH（MSTP）	6M SDH（MSTP）	2M SDH（MSTP）	2M SDH（MSTP）
昆明	2			10	4	26	28
玉溪		2		16			
迪庆		1	1			8	
文山		2				16	4
保山		2				10	18
普洱		2				20	4
怒江		1	1			8	6
楚雄		2				22	4
版纳		1	1			6	6
丽江		2				8	
大理		2				26	14
曲靖		2				20	20
昭通		2				22	
德宏		2				12	24
临沧		2				16	6
红河		2			2	26	2
合计	2	27	3	26	6	246	136
	32			278			136

昭通市国家税务局（机关）

到敬老院慰问老年人

开展党风廉政建设责任制考核

2011 年 12 月 20 日，昭通市国家税务局局机关被中央文明委评为“全国文明单位”。

转变作风，打造一流团队。工作作风上，倡导尚法、精业、敬业的思想，提高工作效率，努力为纳税人和基层服务。生活作风上，建立各种平台，让大家有氛围、有环境、有平台树立良好的生活作风。

优化服务，促进征纳和谐。从纳税人满意的地方做起，从纳税人不满意的地方改起。各项服务措施的改革推行，极大地提升了国税机关的办税效率，一系列服务体系的建立，受到了社会各界和广大纳税人的好评和高度赞誉。

创新载体，做活国税文化。在“尚法、精业、包容、创新”的国税文化核心理念的引领下，开辟了机关“走廊文化”、基层“窗口文化”、小区“绿色环保文化”，有效开展“廉政文化”建设，扎实推进扶贫点“农家文化”。书法、国画、乐队等多种形式、多种载体活动，培养了职工高雅志趣，陶冶了干部高尚情操。

关注民生，共担社会风险。积极参与文明城区、文明社区和扶贫济困献爱心活动，投入人力、物力、财力切实开展挂钩扶贫点各项工作。

授予锦旗

召开青年干部座谈会

大理白族自治州国家税务局（机关）

2011 年 7 月，组团参加大理市委庆祝建党 90 周年歌咏比赛获一等奖

2011 年 12 月，大理白族自治州国家税务局机关被中央文明委授予第三批“全国文明单位”，国税工作受到各级党委、政府和上级局的充分肯定，受到广大纳税人和社会各界进一步认可。

2011 年，大理州国税局在省局和州委、州政府的正确领导下，深入贯彻落实科学发展观，大力组织税收收入、不断提升税源专业化管理能力、切实加强干部队伍建设的同时，扎实有效地开展文明创建工作。一是加大思想政治教育力度，引导干部职工牢固树立正确的世界观、人生观和价值观。结合建党 90 周年，扎实开展系列主题教育活动，广泛深入宣传社会主义核心价值体系。加强党风廉政建设和反腐倡廉建设，筑牢拒腐防变的思想防线。二是抓好学历教育和各类业务培训的基础上，着力构建富有学习力、创造力和竞争力的学习型国税系统。以人才兴税为先导、以“创先争优”为载体，实施“人才倍增计划”，实现人才梯级倍增。三是将国税文化作为精神文明建设的重要载体，大力倡导“六做十对”风气，形成“比工作、讲业绩，看奉献、树形象”的良好氛围。坚持从物质、行为、制度和精神等层面，丰富国税文化内涵，提升国税文化层次。四是强化系统共建意识，形成创建合力。开展“创先争优互倡”、“学习型组织示范点”、“四亮四评”、学习杨善洲先进事迹等活动，发挥先进典型的示范、带动和激励作用。在大理电视台、香港文汇报开辟专栏，深入开展税收宣传。开展青年志愿者活动，积极参与文明城市、文明市民、文明社区等共建活动。积极支持农村精神文明建设，参加“希望工程”、“春蕾计划”、支援灾区等各类社会公益活动，定期组织人员到扶贫挂钩点开展文明村建设活动，倡导健康、文明、科学的生活，不仅在物质上给予大力帮助，还送科技下乡，为帮扶对象提供智力支持。

为挂钩村小学生赠送图书

2011 年 4 月，在大理古城开展税收宣传月活动

2011 年 12 月，大理州国税局被中央文明委授予第三批“全国文明单位”

保山市国家税务局（机关）

2011年6月16日，云南省文明委考评组到保山国税检查考评申报全国文明单位工作

保山市国税局机关荣获“全国文明单位”荣誉称号

2011年，全市国税系统把文明创建工作摆在突出位置，坚持“两手抓、两手都要硬”的方针，遵循筑牢“依法治税、文明高效、担当责任、奉献社会、政通人和、科学发展”保山国税核心价值理念，按照“创建与促发展互动、创一流业绩，创建与建学习型组织互动、创一流素质，创建与人才强税互动、创一流队伍，创建与纳税服务互动、创一流作风，创建与创先争优互动、创一流形象”的目标要求，坚持上下联动、坚持创“三优”、坚持内外并举、坚持树国税品牌、坚持以文化人的工作思路，加大人、财、物投入，加强“硬件”和“软件”建设，建立健全制度体系，制作保山国税风采专题片，完善荣誉室和图书阅览室，加强走廊文化建设，美化绿化环境，积极开展扶贫助困公益活动，文明创建有新成效。

2011年12月20日，保山市国税局（机关）被中央文明委授予第三批“全国文明单位”称号；隆阳国税局届满并重新被省国税局授予“文明单位”称号；腾冲县国税局办税服务厅被省国税局省妇联授予“巾帼文明岗”称号；龙陵县国税局被省国税局授予“三读”活动“学习型机关”，隆阳区国税局办税服务厅、昌宁县国税局税政股分别被省国税局授予“三读”活动“先进单位”。

2011年9月9日，表彰全市国税系统第四批精神文建设先进个人

创党员示范岗

临沧市国家税务局（机关）

多年以来，临沧市国家税务局在地方党委、政府和上级主管部门的正确领导下，在省、市、区文明办的帮助指导下，坚持落实科学发展观，坚持“两手抓，两手都要硬”的方针，始终牢记“为国聚财，为民收税”的神圣使命，着力抓好税收职能作用的发挥；始终坚持服从服务于经济社会发展大局，着力提高国税部门服务经济社会发展的能力和水平；始终坚持税收工作主题，着力抓好强化税收征管和优化纳税服务两大核心业务；始终坚持抓好“两基”工作，着力提升基层工作水平和夯实基础工作；始终坚持求真务实、开拓创新的精神，着力探索提升重点行业、重点企业管理与服务的办法和措施；始终坚持以人为本，着力加强干部队伍建设，促进了临沧国税系统物质文明和精神文明建设，全面推进了临沧国税事业的科学发展、和谐发展。1999 至 2009 年市局机关连续四次被中共云南省委、省人民政府命名为文明单位。1998 年获得地级文明系统，2002 年被省精神文明建设指导委员会表彰为云南省创建文明行业工作先进单位，2010 年临沧市国税系统被中共临沧市委、市人民政府命名为第十二批文明行业。2011 年 12 月被中央精神文明指导委员会表彰为第三批文明单位。

开展发票管理业务培训

参加红土地之歌演讲比赛

荣获全国文明单位

玉溪市国家税务局（机关）

开展丰富多彩的业余活动，图为财税代表队参加聂耳合唱周比赛

玉溪市国家税务局（机关）连续三届荣膺“全国文明单位”称号

2011年12月，玉溪市国家税务局机关第三次被中央精神文明建设指导委员会命名为“全国文明单位”，连续三届荣膺“全国文明单位”称号，是云南省国税系统首家连续获此殊荣的州、市局。

创新价值理念，升华共同愿景。升华应收尽收价值理念内涵，把努力方向锁定于不断趋近于税源意义上的应收尽收，与时俱进的目标理念创新发挥了巨大的引领作用，升华为全体干部的共同愿景，转化为干部孜孜以求的具体行动，大大挖掘和激发了干部职工的潜在智慧和工作热情。

强化科学管理，打造一流业绩。围绕依法治税和优化服务两大职责，不断依托科技手段，完善科学管理，打造一流业绩。2008年至2011年，玉溪国税在全省国税系统税收执法管理运行情况按季度通报中，以较大的业务量、较低的过错率位居16个州市局前列。

坚持以人为本，焕发干部活力。玉溪市国税局加大以社会主义核心价值体系为核心的思想道德教育力度，致力打造全局性、多方位的大教育格局，积极营造崇尚科学、永续学习的浓厚氛围，被云南省国家税务局命名为“学习型机关”。

承担社会责任，热心公益事业。玉溪市国税局历来把承担社会责任、热心公益事业作为义不容辞的义务。投入人力财力物力，切实为新农村建设联系点、综治维稳联系点、彝族山苏聚居区结对帮扶点、扶贫联系点、困难党员和群众办实事，密切干群关系，共同推动经济文化建设。

全国文明单位复查工作报告会

全省国税系统文明创建现场观摩会在玉溪市国税局召开，图为参会人员翻阅创建资料、交流创建经验

澜沧拉祜族自治县国家税务局

国税文化建设荣誉室

2011 年，澜沧拉祜族自治县国家税务局紧紧围绕省局、市局党组工作思路和“服务基层年”工作主题，以组织收入为中心，以精神文明建设为抓手，加强队伍建设，严格依法治税，优化纳税服务，强化税收征管，提升工作水平，圆满完成各项工作任务。经第二届全国文明单位届满复查合格，征收大厅被中共普洱市委、市人民政府授予“巾帼建功先进集体”，县局被县人民政府授予“五五”普法“先进单位”。

改进作风促廉政。班子成员分别担任 5 个基层党支部书记，带领占在职人数 56% 的党员，自觉成为国税工作的中坚力量和廉洁自律的带头人。加强惩防体系建设，签订《廉政建设责任书》、《行风建设承诺书》，自觉接受社会监督。落实廉政建设“八项规定”，进一步细化公务接待、公车管理等制度，切实改进工作作风。在年度行风测评中，社会满意率达到 99.5%。

强化管理树形象。用制度规范行为，以公务员、执法、绩效为一体的综合考核，规范干部行为。开展“优秀党员”、“先进工作者”、“文明五好家庭”等评比活动，树立榜样。以“立足税收抓创建，抓好创建促税收”，大力倡导快乐工作、健康生活理念，充分发挥“全国文明单位”的引领作用。

优化服务抓收入。制发“纳税服务联系卡”，开展延时、预约等个性化服务，认真落实便民服务措施。不断整合办税厅窗口业务，实现“一站式”服务，把办税服务厅打造成面向社会的名片。以完善税源专业化管理体制为重点，优化专业团队运作模式，不断提高征管水平。通过税源分析、纳税评估、强化稽查等措施，大力组织税收收入，实现收入快速增长，2011 年共完成税收收入 2.29 亿元，比 2010 年增长 32.95%。

精神文明创建指导检查

廉政建设公开承诺签名

经常性开展健康有益的文体活动

组织业务学习

加强行业税收管理

昆明高新技术产业开发区国家税务局

副局长何玉玺深入昆明制药股份公司了解企业生产经营

党风廉政教育（二监）

新春团拜会

召开文明创建工作会议

高新区国税局在昆明市国税局、高新区管委会的正确领导下，以“六个坚持”内强素质，外树形象，扎扎实实开展了精神文明建设。

一是坚持“两手抓，两手都要硬”的方针，把文明建设列入重要议事日程，与税收工作同部署、同落实，同检查，形成主要领导亲自抓，分管领导具体抓，一级抓一级，层层抓落实的格局，确保精神文明建设工作的顺利开展。2000年以来每年均被评为市国税系统一级局，2003年、2009年被命名为昆明市国税系统“文明单位”，2004年、2011年被命名为云南省国税系统“文明单位”，局领导班子2006年被昆明市国税局评为“先进领导班子”，党支部被评为2007、2010年昆明市国税局“先进党组织”，1名干部获中央精神文明建设指导委员会授予“第二批全国精神文明建设先进工作者”称号，1名干部被评为云南省劳动模范。二是坚持加强和改进领导，领导班子在精神文明建设中发挥带头人作用，及时解决精神文明建设中的实际问题，严格遵守民主集中制原则，确保决策的正确性。三是始终坚持把加强教育培训、提高队伍素质作为推进高新国税事业发展的重要部分。组织开展政治理论学习、党风廉政教育和职业道德教育，强化业务技能培训，增强职工政治意识、大局意识和廉洁自律的自觉性，把“知荣辱，促文明，建和谐，谋发展”落实在税收征管的具体工作中，营造讲正气、讲团结、重实干、比奉献的良好氛围，队伍凝聚力、向心力和战斗力得以提高。先后有7名干部获昆明市国税系统“业务能手”称号，1名干部获云南省国税系统“业务能手”称号。四是坚持建立健全和落实各项规章制度，按照科学化、规范化、精细化管理要求，规范内部行政运转，确保政令畅通。五是始终坚持以人为本，经常性组织开展职工文体活动、献爱心活动等，陶冶性情，提高思想境界和道德情操，树立团结友爱、务实进取的国税形象。六是始终坚持依法治税，优化服务，通过加强税源管理，严格审批制度，加强日常检查，完善纳税服务，简化办税流程，努力营造良好的纳税环境，促进各种经济形式健康发展，自1993年建局至2011年实现税收连年递增创新高，累计组织收入183.4亿元，受到了高新区党工委、管委会的高度评价。2011年被昆明市政府评为财税系统先进单位，2005—2009年连续被高新区管委会评为“高新区有突出贡献先进集体”。

宜良国家税务局

全县创先争优现场观摩会在国税局召开

在省局文明单位创建过程中，宜良国税局以“三个代表”重要思想为指导，认真贯彻执行党的路线、方针、政策，贯彻落实科学发展观，认真抓好文明单位创建工作。一是以“两手抓，两手都要硬”的方针，围绕中心、服务大局，将创建任务量化分解、责任到人，纳入年终目标管理考核，实行“一票否决”。二是牢记“为国聚财、为民收税”神圣使命，以社会主义核心价值体系建设为根本，以强班子、带队伍、优环境、提素质为抓手，围绕税收工作抓好精神文明建设，以精神文明建设促进税收工作思路，深入贯彻落实《公民道德建设实施纲要》，加强和改进思想政治工作，加大教育培训力度，开展税务职业道德教育，廉洁自律教育和社会主义精神文明教育。三是坚持把文明创建与税收中心工作同部署、同落实、同检查、同奖惩，把精神文明建设纳入目标管理考核作为工作重点常抓不懈。四是领导班子高度重视精神文明建设，局长亲自作创建动员，在党组会议、职工大会上强调精神文明建设，带头宣讲精神文明建设，大力培育文明道德风尚，营造文明和谐的人文道德环境。五是认真抓好工作落实，促使全局上下物质文明、政治文明、精神文明和社会文明建设协调发展，干部职工以良好形象把国税局努力创建成上级放心、党和政府信任、人民满意的“文明单位”。

围绕目标认真开展制度机制建设

认真听取文指委的指导意见

业务考试提升技能

嵩明县国家税务局

嵩明县国家税务局以内强素质、外树形象为目标，以规范执法和文明服务为突破口，以提高干部队伍素质为基础，全力打造新型的精神文明创建工作机制。2011年再次被省、市国税局授予国税系统“文明单位”称号。

一、领导重视，机制保障，文明创建工作常抓不懈。进一步充实和加强了精神文明创建领导小组，修订完善了《嵩明县国家税务局精神文明制度》，加强活动的人力、物力和制度保障，强化措施落实，使创建工作步入了规范化、制度化轨道。

二、教育熏陶，正气引导，干部综合素质不断提高。以服务好纳税人为核心、以职业道德、社会公德、家庭美德教育为切入点，深入开展专题理论教育和日常思想政治教育活动，使广大干部职工坚定了理想信念，提高了政治觉悟，强化了文明意识，增强了干部职工的责任感和使命感。

三、监督检查，考核激励，文明创建工作求实重效。制定了加强精神文明创建工作规划，并纳入目标管理考核，狠抓文明创建工作落实，使文明创建工作长期有目标，阶段有任务，年年有重点，绩效有检查。

四、创新载体，丰富内容，文明创建工作深入持久。创新服务，构建“全员、全程、全能”办税服务厅规范化格局，开通办税“直通车”。按照“一人一窗”的标准，在办税服务厅设置6个“全职能”窗口，对所有操作软件按“一站式”要求进行编排，实现了“一个综合窗口、受办一切事情”的目标。和谐、优美的办税环境，优质、高效的个性化服务，赢得纳税人的好评。纳税人满意率持续保持达99.5%。

市局王镶局长到嵩明调研，与徐毅清县长等县领导亲切座谈

全县“创先争优”推进会在国税局召开，范如祥局长向参会人员介绍国税情况

规范化办税服务厅

禄劝彝族苗族自治县国家税务局

2011年3月，禄劝县国家税务局再次被中共云南省国家税务局党组、云南省国家税务局授予“文明单位”称号。创建的主要经验是：

一、突出一把手负责制，“四个文明”一起抓。形成党组统一领导，群团组织齐抓共管的工作机制，把文明创建工作与组织税收收入工作有机结合，使创建工作组织领导、责任分工、目标计划明确，工作团结协作，措施保障有力。

召开内控机制建设动员会

开展“创卫”活动

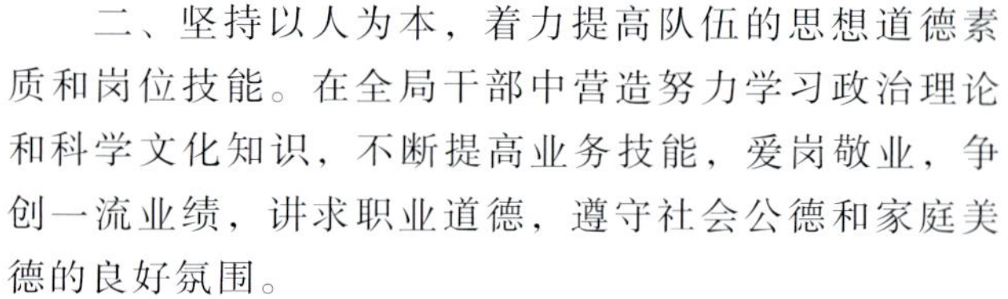

二、坚持以人为本，着力提高队伍的思想道德素质和岗位技能。在全局干部中营造努力学习政治理论和科学文化知识，不断提高业务技能，爱岗敬业，争创一流业绩，讲求职业道德，遵守社会公德和家庭美德的良好氛围。

三、围绕“五好”“五带头”认真开展“创先争优”活动。在活动中坚持以纳税人的需求为导向，以提升服务能力为需求，以纳税人满意为标准来开展“四亮四评”主题实践活动，严格落实首问责任制、限时办结制、延时纳税服务、服务承诺等制度。

签订《目标管理责任书》

云南省国税系统文明单位

永善县国家税务局

县文明办指导文明创建工作

永善县国家税务局按照省、市国税局的总体部署，以内强素质、外塑形象为措施，以文明单位创建为龙头，以文明行业创建为基础，广泛开展精神文明创建活动。于2011年2月，被云南省国家税务局评为文明单位。一是内强素质，建设高素质干部队伍。开展岗位技能竞赛，业务培训、读书交流等活动，充分发挥班子战斗堡垒和模范带头作用，强化股室负责人的管理意识，着力把全县国税干部队伍建设成作风优良、业务熟练、政治合格的铁军。二是外塑形象， 构建和谐国税。开展与所管纳税户签订《廉政公约》的回访调查，经过回访调查，纳税人对国税系统和国税干部的执法、服务满意率达98%以上。组织动员干部向灾区、挂钩扶贫联系点等捐款7万余元，捐物500余件。积极参加无偿献血活动，体现了国税干部的无价真情。开展了拔河、篮球、二人三脚接力、跳绳团体等团队比赛，丰富干部的业余生活，增强干部团队意识。

溪洛渡水电站税收联席会议

救灾捐款

职工参加拔河

麒麟区国家税务局

麒麟区国家税务局于2006年被云南省国家税务局授予“文明单位”称号。五年来，麒麟区国税局始终坚持依法治税、从严治队的工作方针，脚踏实地深入开展组织收入工作，着力加强基础建设和能力建设，突出科学管理、信息管理、服务管理，不断创新和发展税收文化软实力。2010年，麒麟区国税局组织国税收入突破12亿，大专以上学历干部占职工总数的89.1%，税收管理进一步向精细化、专业化、信息化迈进，政务公开、税收宣传、纳税服务进一步深化，地方党政领导对税收的重视和关心程度进一步提高，社会各界和纳税人对税收工作的理解和认同进一步改善。2010年12月经省局文明单位创建检查验收工作领导小组复查合格，2011年2月，云南省国家税务局再次授予麒麟区国家税务局“文明单位”称号。

召开纳税人座谈会听取意见和建议

多媒体汇报创建工作情况

加强业务学习交流

向检查验收工作小组汇报工作

检查验收组到办税服务厅了解情况

大姚县国家税务局

大姚县国税局全体干部职工

大姚县国家税务局以科学发展观为统领，开拓创新，克难奋进，秉承“忠诚服务、廉洁奉献、文明高效、和谐创新”理念，以组织收入为中心，以和谐税收为着力点，按照“管理上以人为本、工作上统筹兼顾、服务上优质高效、发展上力求和谐”的目标要求，税收收入持续增长，税收征管稳步推进，纳税服务不断优化，队伍素质显著提高，国税形象持续增强。建立了一支奋发向上、团结协作、顽强拼搏、顾全大局、无私奉献的国税干部队伍。经省局考核验收，荣获第十六批“文明单位”称号。

“创新”、“发展”、“和谐”演讲比赛

税干深入企业生产车间了解生产经营情况

开展文体活动

召开深入学习实践科学发展观动员会

新平县国家税务局

2011 年 2 月中层干部竞职演讲

全员行动抗旱救灾

组织干部职工参加消防安全技能培训

给联系点的孩子们分发学习用品

与六竜村小学的孩子们欢度“六·一”儿童节

2011 年，新平县国税局紧紧围绕“服务基层年”工作主题，按照省市国税局工作思路和部署，认真贯彻落实科学发展观，依法治税，强化管理，着力提高税源控管能力，提升信息管税水平，规范税收执法行为，完善纳税服务体系，增强干部队伍活力，全力抓好组织收入工作，国税收入首次突破 10 亿元大关，创历史新高，并实现连续十年无新增欠税，实现“十二五”国税工作良好开局。同时新平国税局始终把文明创建摆在突出位置，坚持“两手抓，两手都要硬”的方针，把物质文明、政治文明、精神文明建设贯穿到各项工作始终，做到相互统一，相互协调，共同发展。除继续保持办税服务厅“全国巾帼文明岗”荣誉称号、玉溪市国税局命名的“文明单位”荣誉称号、县委县政府授予的新平县第六届“文明单位”荣誉称号、市委市政府授予的玉溪市第六届“文明单位”荣誉称号、省委省政府授予的云南省第 12 批“文明单位”荣誉称号以外，2011 年被云南省国家税务局命名为第十六批“文明单位”，被云南省国家税务局、玉溪市国家税务局命名为“三读”活动“先进单位”，被新平县委县政府授予新农村建设指导员“先进派出单位”等，文明创建工作又向前迈入了一个新的起点。

弥勒县国家税务局

开展税收宣传活动

税干到企业核实固定资产

中层以上干部到监狱接受警示教育

省级“巾帼文明岗”团队合影

弥勒县国家税务局把开展创建“文明单位”活动作为推进新时期国税事业发展的一项核心工程，创建工作指导思想明确，目标清晰，内容具体，措施有力。成立领导小组及办公室，形成党组统一领导、党政齐抓共管、人事组织协调，全局积极参与的齐抓共管局面，并把文明创建贯穿税收工作每一环节。一是为纳税人提供13项便民措施。二是适应国税工作服务于全县经济发展大局的需要，30余次深入各企业、各乡镇开展税收调研，切实解决纳税人的困难和问题。三是加强党风廉政建设，认真开展警示教育和内控机制建设排查风险点“回头看”活动。四是大力推进国税文化建设。充分利用各种节日开展寓庄于谐、寓教于乐的文体活动，积极组织国税干部参加义务劳动。2011年向贫困家庭、扶贫点、“四群”工作联系点捐款共计1.57万元。利用现有资源开展诗、书、画、摄影、知识竞赛。五是拓展服务领域，全面推行“八公开”，不断优化纳税服务手段，推进优质服务、特色服务。六是强化业务学习培训，获全州国税系统第九届业务能手竞赛获团体二等奖,3人获“业务能手”称号。通过开展创建活动，国税干部队伍的整体素质进一步提高，税干职工精神面貌焕然一新。2011年被云南省国家税务局命名为“文明单位”，开创“两个文明”建设的新局面。

河口瑶族自治县国家税务局

参加全县“三下乡”活动，为桥头乡捐助资金

在建党九十周年之际，党员进社区开展入党宣誓、义务劳动

税干深入纳税户广泛开展税收宣活动

局党组班子看望慰问贫困大学生

2011年，河口县国家税务局被云南省国家税务局命名为“全省国税系统第十六批文明单位”。

加强组织领导。成立以党组书记、局长为组长，党组成员为副组长，各部门负责人为成员的创建工作领导小组，形成上下联动、部门协调配合、人人参与的创建工作格局。

营造创建氛围。召开创建省局文明单位动员大会，对创建工作进行总动员。同时，要求全体干部职工和党、工、妇社团组织积极行动起来，群策群力共同营造良好的文明创建氛围。

落实创建措施。把文明创建工作纳入年度工作目标管理，明确创建工作目标和措施。将文明创建工作与税收工作一起布置、一起检查、一起考核、一起奖惩，既推动各项税收工作的开展，又把创建措施真正落到实处。

丰富创建载体。按照创建工作要求，制定创建省局文明单位工作计划，撰写事迹材料，编制创建图片和创建文档，并与河口县委办公室、县委接待处联合举办创先争优、爱岗敬业文艺晚会，与县地方税务局开展拔河、羽毛球等比赛，进一步丰富创建活动载体，提升创建工作质量。

马关县国家税务局

州、县局领导与基层税干合影留念

近年来，马关县国税局坚持把文明创建工作与保证税收收入任务完成、加强干部队伍建设、精神文明建设和党风廉政建设等有机地结合起来，与税收业务工作同部署、同落实、同检查、同奖惩，不断提高干部队伍素质和拒腐防变的意识和能力，树立了良好的国税形象，为完成各项税收工作任务提供了强大的动力支持，2011年被云南省国家税务局授予“文明单位”荣誉称号。

一是加强领导，建章立制。成立了以党组书记、局长任组长，分管局领导任副组长，各分局、股室负责人为成员的文明创建工作领导小组。制定了《马关县国家税务局创建文明单位十二五规划》和年度工作计划，把文明创建工作融入税收业务工作的每一个环节，形成了主要领导负总责，分管领导亲自抓，各分局、股室及党、团、工、青、妇组织齐抓共管的文明创建工作格局。

二是提升素质，完善服务。全面提高干部职工业务、政治素质，通过“群众提”、“当面问”、“多方求”、“对比找”等方法，查找执法和服务中存在的问题和不足，以纳税人满意与否作为衡量纳税服务工作的唯一标准。

三是加强道德教育，树立窗口形象。以贯彻落实《公民道德建设实施纲要》为主线，认真组织干部职工学习“八荣八耻”，深入开展社会主义荣辱观和爱国主义、集体主义、社会主义教育以及职业道德、社会公德、家庭美德教育，知荣明耻、敬业奉献、尊老爱幼、互帮互助的精神在全局蔚然成风。

四是强征管，抓收入。加强税源管理，强化组织收入工作，圆满地完成了上级下达的税收任务，为促进地方经济社会又好又快发展提供了强有力的财力保障。

入户开展纳税辅导

王天达局长深入马关县开展“服务基层年”工作调研

税法宣传座谈会

“税收宣传月”活动

开展税源调研，加强税收征管

拔河比赛

思茅区国家税务局

思茅区国税局巾帼建功选进集体

参加区属单位2011年春节职工拔河比赛荣获第五名

在建党90周年庆祝大会上高唱爱国歌曲

参加区委宣传部组织的清风茶韵廉政文艺汇演比赛荣获三等奖

迎春职工趣味运动会

2011年，思茅区国家税务局在普洱市国家税务局和区委、区政府的正确领导下，以邓小平理论和“三个代表”重要思想为指导，深入贯彻落实科学发展观，文明创建各项工作取得丰硕成果。结合创建第二批云南省文明城市和“巾帼建功”活动，以窗口服务为重点，对干部服务态度、文明礼仪以及工作中出现的苗头性、倾向性问题作出引导和规范；开展“迎春趣味运动会”、“春节走访送温暖”、“红土地之歌演讲比赛”、“环保杯征文竞赛”、“清风茶韵廉政专题文艺汇演比赛”等多项活动并取得可喜成绩；区局工会不断创新活动方式，带领职工参观爱国主义教育基地、铁皮石斛种植基地等，提升干部职工科技人文素质。同时，依靠自身力量制作文明创建多媒体光盘和巾帼建功宣传光盘，突出文明建设成果。先后被普洱市委、普洱市人民政府、普洱市总工会授予“巾帼建功”先进集体和“工人先锋号”荣誉称号。三名干部的书法、摄影和征文作品分别荣获国家税务总局一等奖和优秀作品奖。积极参与社会公益、扶贫、捐赠活动，先后向扶贫挂钩点龙潭乡黄草坝村捐助善款和提供烤烟帮扶资金共计1.85万元，震灾捐款、“见义勇为”爱心捐款等共计2.29万元。在思茅区委组织的第四批新农村建设工作中，本局派出的一名干部被中共思茅区委员会、思茅区人民政府授予“群众满意的人民勤务员”荣誉称号，进一步彰显国税机关良好的社会形象。2011年，继“文明单位”荣誉称号届期满后，经重新申报再次获得省局“文明单位”称号。

参加迎茶节走旅游环线活动

思茅区国税局书报阅览室

为挂钩扶贫点黄草坝村援建的村务公开栏

南涧彝族自治县国家税务局

2011年2月，南涧彝族自治县国家税务局被云南省国家税务局命名为“文明单位”。

南涧县国税局在文明创建工作中，以科学发展观为统领，切实担负起“为国聚财、为民收税、支持地方经济发展”三项重任，推动税收工作与文明创建工作相互促进，共同发展。税收收入从1994年国地分设时的几百万元提高到2011年的1.02亿元，为全县经济和社会发展作出了应有的贡献。文明创建始终坚持以人为本、从严治队，重视思想建设和制度建设，健全干部管理机制，加强对干部的教育、管理、监督和考核，努力建设一支文明高效的干部队伍。以创建学习好、团结好、勤政好、廉洁好的“四好”班子为目标，切实抓好班子自身建设。积极关心社会公益事业，踊跃参加公益活动，积极参与“文明林”建设活动，倡议“人栽一棵文明树，我与文明共成长”，推动文明创建工作。2006年1月被南涧县委、县政府命名为“文明单位”；2009年9月被大理州委、州政府命名为“文明单位”；2009年12月被云南省委、省政府命名为“文明单位”。2007年、2010年，在南涧县企业评议行政和经济管理部门工作中，分别以97.41%和98.25%满意率两次获得全县第一名。

2011年6月21日，在南涧河祥临公路沿线栽种“文明林”

2011年7月18日，在周保中将军故居接受红色教育洗礼，重温入党誓词

2011年11月11日，南涧县委副书记、县长吉向阳（左）到国税局检查指导工作，并为《南涧国税志》题词

纳税服务

漾濞彝族自治县国家税务局

唱响漾濞国税之歌

开展税收宣传

2011 年 2 月，漾濞彝族自治县国家税务局被云南省国家税务局命名为“文明单位”。

漾濞县国家税务局始终牢记为国聚财、为民收税的神圣使命，围绕国税工作主题，以组织收入工作为中心，大力加强精神文明建设，认真抓好系统内外文明单位创建工作，国税工作取得了丰硕成果。一是组织收入持续增长，税收服务经济社会发展的能力不断增强。2011 年国税收入首次突破 6000 万元大关，达到 6860 万元，占全县财政总收入的 43.34%，同比增收 1495 万元，增长 27.85 %。二是税源管理工作进一步加强，税收征管质量和效率不断提高。三是加强政风行风建设，提高纳税服务质量，国税形象进一步提升。多年来，在全县行风评议中保持前列。四是干部队伍建设更加有力，干部职工工作能力和业务素质不断提高，党建工作和精神文明创建不断加强，国税文化建设更加丰富。通过开展纪念建党 90 周年爱国歌咏比赛，回顾党的光辉历程，弘扬党的丰功伟绩，凝聚人心，促进和谐；组织干部职工唱响漾濞国税之歌《彝山蓝色映像》；完成《漾濞国税志》编撰出版工作，全方位呈现漾濞国税发展脉络及取得的辉煌业绩，构建漾濞国税人共有的精神家园；以工会活动的形式开展丰富多彩的文体活动，激发队伍活力，增强凝聚力、向心力；坚持不懈地抓好党风廉政建设工作，保持了机构分设至今干部职工违法违纪“零记录”。

文明单位考核验收

县局领导班子

隆阳区国家税务局

向地震灾区爱心捐款

国庆唱红歌比赛

2011年，隆阳区国家税务局在上级局和区委、区政府的领导下，坚持以邓小平理论和"三个代表"重要思想为指导，深入学习贯彻十七大和十七届五中、六中全会精神，全面落实科学发展观，围绕"服务基层年"的各项工作要求，结合本单位实际提出了"坚持以人为本，实施人文关怀，树立以税为家，打造和谐国税"的隆阳国税精神，精神文明建设取得了丰硕的成果。一是把精神文明建设纳入年度工作计划，列入议事日程，建立"一把手"主抓，分管领导具体抓，上下协同一起抓的领导体制和责任机制，做到年初有安排，年中有检查，年底有考核，常抓常议。二是深化思想道德教育，抓实干部理想信念教育，引导广大国税干部树立正确的世界观、人生观、价值观和荣辱观。三是落实收入目标责任制，采取强化税收计划管理、重点税源管理、一般纳税人监控管理、个体户分类管理等一系列科学化、精细化管理手段，确保税收收入持续快速增长。四是认真落实党风廉政责任制和社会治安综合治理责任制，广泛接受纳税人监督，全年无税务干部违法违纪行为。五是美化环境，改善生活。积极开展"美在家庭"、创建"无毒社区""平安隆阳""树行业形象"等活动，营造家居优美、办公场所整洁、绿色消费，生活方式科学文明的生活环境。六是关心社会公益事业，奉献爱心。2011年1月组织干部职工向扶贫联系点——瓦房乡油房村捐款16500元；2011年3月组织干部职工向盈江地震灾区捐款23800元；2011年4月给予烤烟挂钩村——蒲缥镇杞木林村10000元的资金支持；2011年5月向扶贫联系点——瓦房乡油房村提供35000元扶贫资金；2011年6月向面山绿化点——河图镇提供20000元的绿化资金，以实际行动支持了面山造林绿化工作，促进了生态文明建设。

通过全体国税干部职工的共同努力，精神文明创建工作得到了区委、区政府和上级局的充分肯定，2011年隆阳区国家税务局被云南省国家税务局评为云南省国税系统"爱读书、读好书、善读书"活动先进单位；2011年隆阳区国家税务局被云南省国家税务局命名为文明单位。

2011年被云南省国家税务局授予"文明单位"

2011荣获云南省国税系统"爱读书读好书"先进单位

巾帼文明先进集体

陇川县国家税务局

集体照

2011年度，陇川县国家税务局精神文明创建工作再创佳绩，获省国税系统第十六批“文明单位”殊荣，实现组织收入和精神文明创建“两不误”、“两丰收”。

在创建过程中，陇川县国家税务局着力从五个方面全方位、多层次的抓好创建活动：一是抓组织领导，营造创建氛围；二是抓思想教育，进一步夯实政治工作基础；三是抓作风纪律，坚持依法治税，从严执纪；四是抓学习培训，促进干部文化素质和专业技术水平大幅提高；五是抓职业道德和优质服务，树立爱岗敬业、高效运行、清正廉洁的国税形象。

硅厂调研

植树节活动

财经运动会

新班子照片

大厅检查

税收宣传进校园

党风廉政建设考核

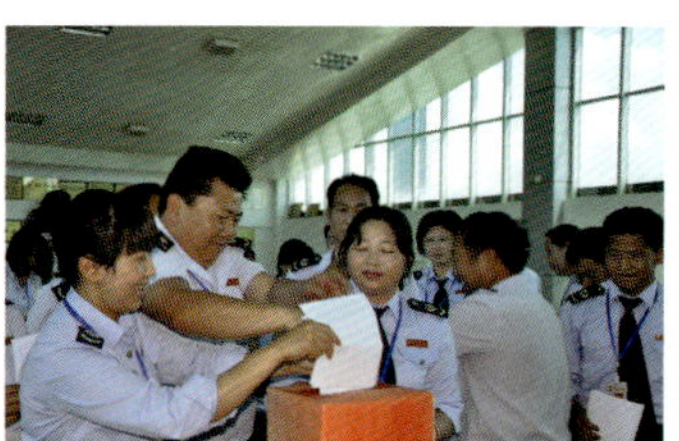

民主选举

大厅人员集体照

企业纳税评估

总结陇川县国税局的创建经验，得益于以下几点：一是领导重视是前提。精神文明建设涉及层面广，部门多，领导重不重视直接关系到创建成果。二是全民参与是关键。众人拾柴火焰高，要自上而下、统一思想，变“要我做”为“我要做”，人人参与共建活动。三是服务大局是目的。必须紧扣“组织收入”这个中心开展文明创建，坚决杜绝“两张皮”现象。四是持之以恒是保证。积土成山，积水成渊，文明创建工作是一项长期系统工程，非一朝一夕能够完成，要克服“牌子到手、创建到头”的思想，始终保持创建工作的积极性、连贯性和持久性，抓好巩固促发展，注重提高创建工作的水平，让祖国边陲的文明之花更加绚烂绽放。

华坪县国家税务局

在“十二五”开局之年，华坪县国税局以科学发展观为统领，紧紧围绕“服务科学发展、共建和谐税收”和“服务基层年”的主题，坚持依法治税，从严治队，大力弘扬求真务实精神，着力“抓队伍建设，打牢文明建设基础；抓活动载体，提升文明建设绩效；抓组织收入工作，凸显文明建设业绩”，全面推进全局精神文明建设，不断提高机关软实力。以开展建党90周年纪念活动为契机，组织干部职工重温入党誓词、参观华坪革命纪念馆、参加以“颂歌献给党”为主题的歌咏比赛，强化干部党性宗旨教育。认真开展学习杨善洲同志先进事迹活动、以“勤政务实、廉洁高效”为主题的作风建设活动，加强干部职工对廉洁自律、爱岗敬业、乐于奉献精神的教育引导。在抓文明创建工作中，紧紧抓住“规范执法、优质服务”的重点，认真贯彻落实各项税收政策，基于纳税人满意，实行“办税八公开”，积极推广网上办税、“12366”服务热线，健全服务体系，加大制度建设，不断提升精神文明创建水平。通过精神文明创建的辐射力，华坪县国税局在县人大组织的行风评议中取得100%满意率的好成绩，全年以组织收入为中心的各项工作任务也圆满完成，取得“十二五”良好开局。

积极开展税收宣传

开展健康的文体活动

清明追忆革命先烈

泸水县国家税务局

借文艺演出开展税法宣传

认真学习税收征管系统

摄影小组在观摩学习

州县领导深入工业园区企业开展税收调研

泸水县国家税务局紧紧围绕省局提出的“服务基层年”工作主题，以组织收入为中心、以“两手抓，两手都要硬”为工作方针、以精神文明建设促进税收工作为着力点，深入开展文明创建活动，自2009年12月被省委、省政府表彰为“文明单位”以来，2011年1月又被云南省国家税务局命名为云南省国税系统“文明单位”。

一是深入开展组织收入工作。加强税源分析，夯实重点税源管理，积极推进纳税评估、发票管理、稽查管税，准确把握税收收入趋势。

二是深入开展文明创建活动。以开展“创先争优”活动、“四亮四评”活动、建设学习型党组织为契机，不断改进和优化纳税服务措施，内强素质，外树形象，扎实推进各项税收工作。

三是深入开展党风廉政工作。进一步推进内控机制建设，强化权力制约，完善反腐倡廉工作格局，不断提高反腐倡廉、廉洁自律的能力。

四是深入开展内部行政管理。不断修改、完善目标管理责任制，严格考核奖惩，形成一套既有工作规范、工作标准，又有过程监督、保证落实的工作机制。

五是深入开展干部队伍建设。不断开展示范教育、警示教育、风险防范和岗位廉政教育，重点抓好干部职工专业化培训，鼓励干部参加“三师”资格考试，加强党纪、政纪条规的学习，加大政风、行风建设力度。

维西傈僳族自治县国家税务局

团结奋进的干部队伍

国税、地税、公安、检察院等多部门开展预防和打击经济犯罪联席会议

组织向杨善洲同志学习植树活动

年终总结表彰大会

党风廉政会议暨廉政责任书签定仪式

党员在植树

2011年，维西傈僳族自治县国家税务局坚持“依法治税”全面落实各项税收政策，加强征管，优化纳税服务，深化队伍建设，扎实推进党风廉政建设，充分发挥国税机关职能作用。全年共组织收入6241.23万元，同比增长33.42%，首次突破6千万元大关，为地方经济快速发展和社会和谐稳定做出了积极贡献，为“十二五”开好了头。

2011年，维西傈僳族自治县国家税务局四项措施抓好干部队伍建设，并取得成效，被云南省国家税务局命名为“文明单位”。一是始终把班子建设作为干部队伍建设的龙头来抓。以理想信念和求真务实教育为重点，坚持每月一次党组学习会议、每季度一次党组（扩大）理论学习会议；制定并认真落实党组会、局长办公会议事规则；坚持民主集中制，落实重大决策广泛征求群众意见、领导班子集体研究；认真开展巡视工作，完成了领导班子分工调整，班子分工更加合理；领导班子求真务实不断改进作风，执政能力得到进一步提高。二是不断完善干部选拔任用机制，充分调动干部的积极性和主动性。全体干部集体观念不断增强，精神面貌得到了根本改善，真正做到“以局为家、局荣我荣”，形成了上下一心、共谋发展的良好局面。三是与时俱进，修改和完善各项制度。建立完善县局上、下班制度、学习制度、信息报送制度、党风廉政建设责任制实施办法、公务接待管理办法、财务管理办法、车辆管理办法、目标责任制、上下级谈话制度等，并且领导带头执行，明显改善了机关作风。四是秉持“以国为根、以税为业、以学为乐、以绩为真、以廉为荣”的国税核心价值理念，积极开展和参与各种文化教育、文艺活动，报送书法、摄影、绘画、文学作品，丰富了干部职工的精神文化生活，有效巩固和促进了全局精神文明创建工作。

2011年1月，维西县国家税务局局长王立新同志被云南省国家税务局授予“读书标兵”称号。2011年7月，维西傈僳族自治县国家税务局党支部被维西县委表彰为“先进基层党组织”。2011年7月1日，在全县“庆祝建党90周年党史知识竞赛”中，维西县国家税务局荣获二等奖。

慰问离退休干部　　党组中心组学习会议现场

税收宣传月启动仪式　　县局领导班子

云县国家税务局

组队参加县委政府组织的建党 90 周年歌咏比赛

表彰“三读”标兵

与爱华社区开展文明共建活动——党总支书记副局长陈桂伟为爱华社区赠送税法书籍及文体用品

税警联合在云南澜沧江啤酒节上对少数民族进行税法宣传

2011 年，云县国税局紧紧围绕省局“服务基层年”工作主题，按照“为国聚财，为民收税”的税收工作宗旨和省市国税局工作思路和部署，深入贯彻落实科学发展观，坚持以人为本，以优化税收环境，营造和谐国税，服务小康社会为己任，坚持“巩固、提升、创新、求实、发展”的原则，以努力建设“和谐型、学习型、平安型、健康型”国税团队为目标，依法治税，强化管理，着力提高税源控管

提升信息管税水平，规范税收执法行为，完善纳税服务体系，增强干部队伍活力；全力抓好组织收入工作的同时，结合行业工作特点，坚持“两手抓，两手都要硬”的方针，将文明创建工作作为抓班子、带队伍、树形象的全局性、基础性的工作摆在突出位置，与各项国税工作同部署、同检查、同落实，形成上下联动、左右互动、全面覆盖、拼搏争先、整体推进的创建局面，促进了云县国税事业的全面、持续、科学发展，全年共计组织国税收入 3.76 亿元。连续 17 年获全市国税系统目标管理考核一等奖，行政执法保持零投诉，行风效能建设成效明显，在全县中央、省、市垂直管理部门和县级执法部门行风测评中名列前茅。

党组班子研精神文明建设及究创先争优工作

组队参加 2012 啤酒节龙舟赛

工会主席副局长张学庆为税法教育基地云县一中学生发放宣传材料